McGraw-Hill
Diccionario
del
Argot

El Sohez

Delfín Carbonell Basset

Prólog de Luis María Anson

McGraw·Hill

New York   Chicago   San Francisco   Lisbon   London   Madrid   Mexico City
Milan   New Delhi   San Juan   Seoul   Singapore   Sydney   Toronto

The McGraw-Hill Companies

Library of Congress Cataloging-in-Publication Data

Carbonell Basset, Delfín.
    McGraw-Hill diccionario del argot: el sohez / Delfín Carbonell Basset.
       p.   cm.
    Includes bibliographical references and index.
    ISBN 0-07-140695-6
    1. Spanish language—Slang Dictionaries.   I. Title: McGraw-Hill diccionario del argot.

   PC4971 .C383   2002
   467'.09—dc21   2002032413

1 2 3 4 5 6 7 8 9 0   DOC/DOC   1 0 9 8 7 6 5 4 3 2

ISBN 0-07-140695-6

McGraw-Hill books are available at special quantity discounts to use as premiums and sales
promotions, or for use in corporate training programs. For more information, please write to
the Director of Special Sales, Professional Publishing, McGraw-Hill, Two Penn Plaza, New York,
NY 10121-2298. Or contact your local bookstore.

This book is printed on acid-free paper.

DEDICO ESTE TRABAJO a mi maestro lexicógrafo don Camilo José Cela, marqués de Iria Flavia, cuyo *Diccionario secreto* abrió el camino y marcó pautas difíciles de superar. Y como todo mi trabajo lo desarrollo en solitario, cosa que quizá sea buena porque, como apunta Camilo José Cela: «...el trabajo en equipo suele ser la muleta de la mediocridad compartida y la patente de corso de la holganza» (obra de común, obra de ningún), a veces titubeo y dudo de mi labor y su posible valor. Pero esta vez he contado con el apoyo, el aliento y los ánimos de este maestro que además me ha regalado tiempo, sugerencias —que fuese un diccionario de autoridades, por ejemplo— y el título de esta obra.

Estoy, pues, en deuda con Vd. y le ruego que acepte este libro, donde le cito 880 veces, y pase por alto los muchos defectos que tiene, porque, eso sí, ha sido compuesto con entusiasmo, perseverancia, fe y mucha paciencia.

Le dedica este libro con la mejor intención del mundo su afectísimo,

delfín carbonell basset

Los académicos que confeccionan el Diccionario de la RAE no han aprendido lo que quiere decir un *francés* o *griego* en la práctica sexual [...] en la publicidad de los periódicos se puede hallar la oferta del francés, del griego y otras labores, pero los diccionarios no aclaran nada.

JAIME CAMPMANY, *ABC*, 15-2-98.

El idioma no se fabrica en una destilería gramatical sino que va por donde le sale de los mismísimos.

JAIME CAMPMANY, *ABC*, 31-1-99.

Oye [...] esto debe ser el castellano de que hablan que hablamos [...] Cómo va a ser eso español... Español sería decir ahora en alto: ¡Vete a tomar por saco!
Anda, ¿y por qué sales ahora con eso de defecar? Ahora no hay que andarse con pudores científicos [...] ya ves, lees cualquier revistucha y verás con qué claridad se nombra todo, y es que donde esté lo natural, chico, donde esté lo natural...

ALONSO ZAMORA VICENTE, *Mesa, sobremesa*.

La eternidad del idioma es funcional, es continuidad. Está siempre haciéndose y deshaciéndose.

FRANCISCO UMBRAL, *Mortal y rosa*.

Pero de vosotros, sohez, y baxa canalla, no hago caso.

MIGUEL DE CERVANTES, *El Quijote*, t. I, cap. 3.

Este vergonzante temor a llamar las cosas por su nombre, manifestación blandengue de la represión verbal, está cristalizando en expresiones pedantuelas o irrisorias que convierten nuestro idioma, antaño tan colorido, en una aséptica máquina de fabricar eufemismos.

JUAN MANUEL DE PRADA, *ABC*, 5-7-98.

Índice

Prólogo

Cuando la hermana del Rey Bermudo II de Galicia era conducida a Córdoba para incorporarse al harén de Almanzor, en calidad de esclava, dijo finamente a los oficiales gallegos que la custodiaban y escoltaban: «Los pueblos deben poner su confianza en las lanzas de sus soldados más que en el coño de sus mujeres».

Según Sánchez-Albornoz, lo rahez es una de las características profundas del *homo hispanus*. El monje Beato del monasterio de Liébana era en el año 785 tan mal hablado como algunos de los camioneros que hacen hoy la ruta del bacalao. En el siglo IX apodaban *Boca Mala* a un hermano del obispo Fredosindo, tan complaciente con Alfonso III. Y los testimonios del lenguaje soez desde la Edad Media hasta nuestros días, lo mismo en los sectores populares que en los dirigentes, son incontables. En España existe una cultura del taco todavía no suficientemente estudiada.

Delfín Carbonell ha levantado sobre sus solos hombros la obra hercúlea de un *Diccionario sohez* del español grosero y mal hablado, chabacano y de baja estofa, un diccionario de insultos e injurias, necesario para el más profundo conocimiento del idioma y científicamente admirable.

No se trata de un trabajo ligero, aunque sea individual. Delfín Carbonell ha utilizado un impresionante aparato bibliográfico para redactar este diccionario que el lector tiene entre las manos y que es el primero de lenguaje jergal y argótico, documentado con citas de autoridad. El escritor ha aprovechado el gran esfuerzo del CREA (Corpus de Referencia del Español Actual) de la Real Academia Española, tomando de él 2 500 citas. Añade de su propia recopilación otras 18 000. El *Diccionario secreto* de Camilo José Cela está extensa y reconocidamente presente en la obra de Carbonell. Pero el autor incorpora 8 000 artículos.

Es de justicia subrayar que Carbonell ha redactado un diccionario, en verdad, de autoridades: cada expresión o vocablo va acompañado de un texto que lo autoriza. Estamos ante una obra ingente, ante un autor que conoce la ciencia del lenguaje popular, se ha impregnado de sus lodos más profundos y ha puesto orden y concierto a la caravana de las palabras soeces que, en tantas ocasiones, definen con especial precisión el sentimiento del pueblo español.

LUIS MARÍA ANSON
De la Real Academia Española

Introducción

Llamo SOHEZ a este libro por ser un diccionario que trata del español popular, familiar, chabacano, de baja estofa, grosero, infame, malhablado y que resulta ofensivo para los delicados.[1] El título de este diccionario es un regalo de Camilo José Cela; la hache intercalada es cosa mía. He recuperado esta *h* que utilizaron Sebastián de Covarrubias en su *Tesoro de la lengua castellana o española* (1611) y el *Diccionario de autoridades* (1726-39*)* y los otros diccionarios de la Academia hasta 1822, porque así, creo, me aparto de la connotación de 'obsceno' o 'sucio' que, incorrectamente, adquirió la palabra en el siglo XIX, y también por su impacto visual. El vocabulario que se incluye es, pues, sohez en el sentido de 'popular, desenfadado, cotidiano, coloquial, familiar, callejero, malhablado, que empleamos para comunicarnos con vecinos, amigos, conocidos y parientes de manera no estándar, relajada e informal'. Rehúyo *argot,*[2] *jerga, germanía* porque ninguna de estas voces describe lo que en inglés se conoce como *slang,*[3] ni el léxico que reseño, aunque hay de todo, incluso marginal.

---

[1] En los siguientes ejemplos se puede apreciar la evolución gráfica y el cambio semántico de la palabra *so(h)ez*:

«**sohez** Palabra antigua, vale baxo, infame, de poco valor...» Sebastián de Covarrubias, *Tesoro de la lengua castellana o española*, 1611.

«**sohez** Baxo, infame [...] o lo que es despreciable.» *Diccionario de autoridades*, 1726-1739.

«**soez** Pícaro, bribón, malvado.» Esteban de Terreros y Pando, *Diccionario castellano*, 1788.

«**sohez** adj. Lo mismo que *soez*.» Ac. 1822.

«**soez** Torpe, grosero, zafio, bárbaro.» J. B. Guim, *Gran diccionario de la lengua castellana*, 1863.

«**soez** 'De baja estofa', 'vil, grosero', 1437. Teniendo en cuenta que la grafía antigua es *sohez* y que es palabra tardía [...] *soez* volvió a entrar en circulación gracias al *Quijote* [...] que algunos, sólo desde el siglo pasado, han empleado incorrectamente con el sentido de 'sucio' u 'obsceno'.» Joan Coromines, *Breve diccionario etimológico de la lengua castellana*, 1961.

«**soez** 'Grosero'. Ofensivo o hiriente para una persona delicada.» María Moliner, *Diccionario de uso del español,* 1966.

«**soez** Que ofende por ser grosero o de mal gusto: *nos hizo un gesto soez.*» *Gran diccionario de la lengua española*, Larousse, 1996.

Ver también la entrada **sohez** en este diccionario.

[2] Luis Besses dijo en su *Diccionario de argot español*: «...he titubeado antes de consignar la palabra *argot* como principal epígrafe de este modesto ensayo...».

[3] «Slang. 1. Very informal usage in vocabulary and idiom that is characteristically more metaphorical, playful, elliptical, vivid, and ephemeral than ordinary language [...] 2. (in English and other languages) speech and writing characterized by the usage of vulgar and socially taboo vocabulary and idiomatic expressions.» *Random House Webster's Unabridged Dictionary,* CD-Rom. Jonathan Lighter, en la introducción a su *Historical Dictionary of American Slang*, lo define: «An informal, nonstandard, nontechnical vocabulary composed chiefly of novel-sounding synonyms for standard words and phrases». Esta definición no hace referencia al léxico tabú, non sancto.

No hago juicios de valor y no empleo coletillas o apostillas como *malsonante, vulgar, ofensivo, coloquial, familiar, figurado, grosero, lenguaje juvenil, rural, despectivo, irónico, informal, obsceno, marginal,*[4] porque a mi entender[5] la lexicografía debe ser descriptiva, no normativa.[6] Me abstengo también de registrar procedencias u orígenes geográficos que tan engañosos pueden —y suelen— ser, especialmente en lenguaje informal o sohez.[7] Todas las palabras empleadas en español pertenecen al español, independientemente de su país o lugar de nacimiento. Ya va siendo hora de que superemos las limitaciones geográficas. Que el lector juzgue, si quiere. Las palabras, las unidades fraseológicas, ni son buenas ni malas, depende de cómo se interpreten y del tiempo y el lugar y la persona, e inclusive del estado emocional de los participantes en la comunicación.[8] Pero estas son cuestiones sociológicas, no lingüísticas y mucho menos lexicográficas. Y no nos hagamos ilusiones: el lenguaje es, después de todo, una herramienta de trabajo, un código.[9]

Creo que la lexicografía debe estar al servicio del estudioso de todo nivel cultural. Hay que compilar diccionarios que no sean un galimatías para un sector amplio del público, sino una fuente de información. Sospecho que si no se compran, ni se consultan, los diccionarios es porque son, las más de las veces, incomprensibles para el

---

[4] El lexicógrafo norteamericano Philip Gove dijo: «Lexicography should have no traffic with guesswork, prejudice or bias or with artificial notions of correctness and superiority. It must be descriptive *and* not prescriptive». Ver Jonathon Green, *Chasing the Sun* (New York, Henry Holt and Campmany, 1966), p. 453. También será útil recordar lo que dijo Camilo José Cela en su *Diccionario secreto*: «...los diccionarios, al heredarse los unos a los otros, se copian, aún con mayor inconsciencia que descaro, las fórmulas mágicas que empiezan con el *úsase también* o que señalan matizaciones en tal grado sutiles e inaprehensibles —familiar, figurado, irónico...— que su verdad llega a ser tan subjetiva como múltiple y, por ende, mentirosa; pienso que quizá pueda resultar sana la poda en semejante selvosa proliferación de observaciones». Un diccionario de *argot*, con varias ediciones y todavía en librerías, define *terno*, 'conjunto de chaqueta, pantalón y chaleco', como 'traje' y dice que es «argot de los marginados». Y *enema*, 'lavativa', es «argot de las prostitutas». ¿Por qué? ¡Averígüelo Vargas! Y algunos escriben *lenguaje juvenil* detrás de algún vocablo. ¡Veremos lo juvenil que es dentro de 20 años! Si es que existe.

[5] «...y que, si yerro, me corrija quien sepa de correcciones (absténganse los aficionados)...» Camilo José Cela, *Diccionario del erotismo.*

[6] Hay quien no lo cree así, naturalmente. La insigne lexicógrafa Concepción Maldonado dice: «Porque no basta con saber qué significa una palabra; es importante saber también si un término es vulgar, o malsonante, o coloquial, ya que eso va a determinar el contexto en que lo utilicemos (si es que decidimos utilizarlo)». *El fondo de las palabras* (Ediciones SM, s.f. y s.l.). Y Menéndez Pidal también dijo en *El diccionario que deseamos*: «El diccionario total no ha de ser selectivo por el silencio u omisión de lo reprobable, sino calificando la voz desde el punto de vista lingüístico, histórico y *de su estimación social...*». (La cursiva es mía.) Aunque Camilo José Cela dice en el excelente preámbulo a su *Diccionario secreto*: «La lexicografía —o arte de componer diccionarios— es la demografía o arte de componer censos de las palabras, y nada ha de importarle, a sus efectos, la conducta de las mismas palabras que registra».

[7] En libros sobre vocabulario colombiano, bonaerense, andaluz, navarro, venezolano, se registran voces como propias de esos lugares que se pueden oír, por ejemplo, en Madrid cualquier día de mercado. Don Ramón Menéndez Pidal ya apuntó esto en 1945 *(El diccionario que deseamos)*: «Así vemos que muchas voces que se dicen provinciales de Soria o de Salamanca o de Andalucía son de uso bastante más general».

[8] «Es preciso que lo procaz, chabacano o escatológico sea tratado por la semántica y la lexicología. Pues a decir verdad, las palabras consideradas en sí mismas, no son ni buenas ni malas, ni indecentes ni delicadas.» Jaime Martín, *Diccionario de expresiones malsonantes del español* (Madrid, Istmo, 1979). Y Hugh Rawson dice en su excelente *Wicked Words* (New York, Crown Publishers, 1989): «But what makes these words so *bad*? Why should they provoke such violent responses? [...] The answer, of course, lies in the context. The meaning of words change considerably, according to who says them, to whom, and in what circumstances». Pág. 3. Los hay pudibundos, como José Javier Gil y César Muñoz, que dicen: «El lenguaje grosero, soez, malsonante no es signo de libertad ni de progresismo, sino de mal gusto» (*La Radio: teoría y práctica,* 1986).

[9] Ver Gerardo Martínez Criado, «Piaget y Vygotsky», en Vicente Bermejo, ed., *Desarrollo cognitivo* (Madrid, Síntesis, 1994). Ver también Fernando Lázaro Carreter, *El dardo en la palabra*: «La lengua debe ser tratada como instrumento». Pág. 90. Pero esto tiene mal arreglo. El *Libro de estilo* de *El País* lo expresa con claridad: «Expresiones malsonantes. Las expresiones vulgares, obscenas o blasfemas están prohibidas».

lector medio. Por este motivo he reducido al mínimo las abreviaturas y símbolos. También trato de ser muy parco en las definiciones, teniendo presente que no es este un diccionario general. Empleo muchas referencias cruzadas para evitar que el estudioso se pierda y no encuentre lo que busca.[10] Los nombres de autores y publicaciones periódicas, así como los títulos de las obras, quedan claros y de fácil entendimiento y no son criptogramas como en otros diccionarios.

Es este un diccionario de autoridades. Todo lo aquí reseñado, vocablo o expresión, va refrendado, al menos, por un texto que lo autorice.[11] He respetado a autores y citaciones con sus, a veces, extravagantes y personales maneras de puntuar o acentuar y con su ortografía heterodoxa, sin utilizar *sic*. En muchos artículos hay diferentes citaciones de autores españoles e hispanoamericanos. El criterio ha sido apoyarse en obras publicadas, en ambos lados del Atlántico (libros, revistas, periódicos, diccionarios), principalmente en los últimos cuarenta años, aunque en algunas ocasiones cito a los clásicos; como también programas de televisión, canciones, etc. Es decir, lo mismo que hace hoy en Estados Unidos el equipo de lexicógrafos del *Oxford English Dictionary*.[12] He consultado el fichero de la RAE y a partir del 15 de noviembre de 1998 he tenido acceso al Corpus de Referencia del Español Actual, CREA, de la Real Academia Española, donde he conseguido citaciones para las entradas menos conflictivas. Creo que soy el primero en sacar partido de esta excelente base de datos que la Academia pone a disposición de los estudiosos de la lengua castellana.

En EL SOHEZ consta quién ha utilizado la palabra y dónde y así no queda huérfana de cita que la autorice, que levante acta de su existencia fehaciente, tal como hacen el *Diccionario de autoridades,* el *Diccionario histórico,* de la RAE, el *Diccionario de construcción y régimen de la lengua castellana,* de Rufino José Cuervo, el *Oxford English Dictionary,* el *Dictionnaire de la langue française,* de Émile Littré[13], y el novísimo *Historical Dictionary of Ame-*

[10] Para la fraseología he seguido las pautas de «Idioms: the wild creatures of our talk: genus and species» (*Indiana English Journal, 7,* Fall-Winter, 1972), de mi buen amigo Edward Gates, de la North American Dictionary Society. Remito al lector al *Manual de fraseología española* (Gredos, 1996), de la Dra. Gloria Corpas.

[11] El ingrediente principal e importante de la lexicografía es la citación (ver, por ejemplo, *Chasing the Sun,* de Jonathon Green), que le falta a los diccionarios de hoy. Los ejemplos inventados *ad hoc* están por fuerza viciados, ya que el compilador se convierte en juez y parte. Creo que los diccionarios monolingües no se deben hacer así, por muy *de uso y prácticos* que sean. Exigen del lector un acto de fe: tiene que creer que el ejemplo es un fiel reflejo de la realidad y que no se ha hecho violencia para que se ajuste a la definición. A este respecto dice José Francisco Ruiz Casanova en *ABC*, 2.10.99: «Las oraciones que, como ejemplos ilustrativos, incluyen los tratados lingüísticos no suelen, precisamente, ser un alarde de estilo ni de imaginación compositiva. En muchos casos, la siempre enojosa búsqueda del ejemplo adecuado en obras literarias se sustituye por la frase de cosecha propia que se ajusta totalmente a su cometido». La importancia de la citación no es nada nuevo. John Locke en su *An Essay Concerning Human Understanding* (1689) dice: «The proper significance and use of terms is best to be learned from those who in their writings and discourses appear to have had the clearest notions, and applied to them their terms with the exactest choice and fitness». Sin embargo, y a la vista de lo que dicen, por ejemplo, Antonio Moreno Sandoval y José Álvaro Porto Dapena (*Revista de Libros,* n.º 33, septiembre, 1999), parece que hay, en la lexicografía española actual, un cierto desinterés en el tema de la citación. Me llega la noticia de la aparición del *Diccionario del español actual* de Manuel Seco, Olimpia Andrés y Gabino Ramos, un trabajo de equipo que sí incorpora citaciones, principalmente de periódicos. Y por ser un trabajo antiguo en el tiempo —30 años de redacción— no ha utilizado el CREA de la Academia. Esta publicación indica un cambio importante, quizá trascendental.

[12] «Ever since Oxford University Press set up a U.S.-based office for dictionaries in 1996, its American lexicographers have been compiling lists and gathering evidence from newspapers, magazines, broadcast sources, the Internet and World Wide Web —even from advertising such as billboards and grocery coupons. *All are legitimate sources for documenting new-word use.*» (La cursiva es mía.) Frank Abate, *The San Francisco Chronicle & Examiner,* 3.1.99.

[13] «La grande oeuvre de Littré est le monumental *Dictionnaire de la langue française* [...] Son originalité réelle et son intérêt, aujourd'hui encore, viennent du fait qu'il présente pour chaque article un choix important de citations qui en font une sorte de somme de la littérature française.» Encyclopédie Microsoft Encarta, 97. En el artículo **Littré, Émile**

rican Slang, de Jonathan Lighter[14], entre otros. No es siempre fácil encontrar citaciones para estas voces, como ya reconocía la Academia en su *Diccionario de autoridades* y en el *Diccionario histórico*: «Algunas de las palabras que reconocemos como de uso corriente, en especial las familiares, provinciales y jergales, se registran en el presente Diccionario sin texto que las autorice. El léxico de 1726 dio buena justificación de esta falta. "Aun con toda esta providencia —decía— obliga la necesidad a que una u otra vez falten autoridades para algunas voces, singularmente para aquellas cuya vulgaridad las excluye de escritos serios y no ha logrado el cuidado encontrarlas en los de asunto jocoso..." Justo es reconocer, sin embargo, que la omisión no siempre implica la no existencia de la voz en la lengua escrita...».[15]

La elección de los autores no refleja ni mis inclinaciones o aficiones literarias ni supone su valor como escritores. Esto es cuestión de gustos, naturalmente. Algunos son más conocidos que otros, más o menos favorecidos por el público y la crítica, pero todos son nativos que reflejan su idioma como ellos lo usan,[16] con todas las ventajas y desventajas que esto implica. Tratemos de ser fieles al lenguaje y a sus creadores, hablantes y escritores, y seamos notarios de la realidad de una lengua que cambia y crece.[17]

Es importante recordar que las citas, claro, están fuera de contexto. No es este diccionario un centón, pero sí he intentado que las frases ilustrativas fuesen interesantes, mordaces, audaces, anecdóticas y representativas.[18] Quizá compongan una pequeña antología del idioma desenfadado que sorprenderá a más de uno.

En muy contadas entradas (exactamente cuarenta y nueve) me he visto obligado a depender de fuentes orales, principalmente de mis alumnos y parientes. Siempre he constatado y verificado la información y doy el nombre del primer comunicante.

Las citas son documentales[19] y, en muchos casos, ejemplos de uso, acta oficial de su uso. Pero también he añadido tras el símbolo I ▪ ejemplos inventados por mí para tratar

XVI

[14] «...not until Jonathan Lighter's *Historical Dictionary of American Slang* (1994 *et seq.*) would readers find the level of citations that would be expected in the *OED* or any other dictionary...» Jonathon Green, *Chasing the Sun* (New York, Henry Holt and Co., 1996).

[15] Real Academia Española, *Diccionario Histórico* (1933-36). Pero esta no es la manera de hacerlo. Deberíamos recopilar las citaciones de fuentes orales fidedignas, de hablantes en su actividad cotidiana. Según Javier Aguilera Araújo, de Telefónica, se producen en España 200 millones de llamadas telefónicas al día que pueden constituir 1 000 millones de palabras, locuciones y modismos, lo que representa un verdadero corpus del idioma. Un banco de datos de 180 millones de palabras no es nada; puede representar, a lo sumo, 3 000 libros, nada más.

[16] Todo esto *cum grano salis*, ya que nos dice Camilo José Cela: «Los escritores, a remolque del uso, vicioso con frecuencia, de su contorno (señálanse en cada momento las excepciones que se quieran), admiten y autorizan formas de decir incómodas a la esencia misma del lenguaje o, lo que resulta todavía más peligroso, divorciadas del espíritu del lenguaje». (*Diccionario secreto,* 1969.) Además, sospecho que algunos autores se documentan en diccionarios, en vez de hacerlo directamente de la realidad oral. Y hay autores que sólo confían, como autoridades, en escritores cuya calidad literaria ha sido avalada por la crítica. Así leemos en *Léxico de la borrachera*, del doctor don Germán Suárez Blanco: «Cuando un vocablo aparece en una *obra literaria cuya calidad ha sido contrastada por los críticos*, lo aceptamos aunque no encontremos confirmación del mismo en el lenguaje hablado ni en otros escritos» (la cursiva es mía).

[17] «La Academia ha demostrado, de nuevo, que es fiel al lenguaje y, sobre todo, a los creadores del lenguaje, a los hablantes. Notaria de la realidad y reflejo de una lengua que crece.» *ABC*, «Viaje al diccionario de la RAE», 18.10.98.

[18] James Murray habló de la dificultad de entresacar citas interesantes: «I fear [...] that we cannot dream of giving to the book this *literary* interest of being a readable collection of pithy sentences or elegant extracts...». Elisabeth Murray, *Caught in the Web of Words: James Murray and the Oxford English Dictionary* (New Haven, Yale University Press, 1977).

[19] A propósito del significado de las citas y de su brevedad, dice John Willinsky del *Oxford English Dictionary*: «...the definitive element of the abbreviated testimony is often the writer and/or work cited rather than the meaning of the citation. The elements of meaning arising from the excerpted text are suspended within a web of words that cannot be cited completely». *The Empire of Words, the Reign of the OED* (Princeton, Princeton University Press, 1994), p. 198.

de esclarecer y reforzar el modo de empleo y las definiciones, cuando juzgo que es necesario. Estos ejemplos son *ad hoc*, claro está, y posiblemente reflejen mi sentido del humor.

Las palabras también nacen, mueren, perduran o desaparecen. Es la selección natural en la lucha por la existencia léxica, como apuntó Charles Darwin.[20] Sólo el tiempo nos dirá cuáles han muerto en combate o han logrado sobrevivir. Pero aunque a veces efímero, su paso por el idioma en un momento dado debe quedar registrado, para que en el futuro no ocurra como con los *duelos y quebrantos* de Don Quijote.

Tras el símbolo ✔ amplío información de algunas palabras o frases que pudiera ser interesante para el lector profano, o para remitir a autores o títulos de importancia donde se pueda recabar más información, pero no para dar etimologías, pues este diccionario sólo pretende registrar evidencias. No es, tampoco, un diccionario histórico, que queda pendiente. Aunque cito frecuentemente el DRAE, para sorpresa de muchos, y a José María Iribarren.[21]

No creo que el léxico de este diccionario afecte a la sensibilidad del lector porque a estas alturas ya nadie se sorprende del vocabulario sohez que se emplea en periódicos, revistas, cine y obras literarias por autores de prestigio, incluso premios Nobel de literatura. Este uso actual desenfadado del idioma queda reflejado en las páginas que siguen.

Desde el *Diccionario de argot*, de Luis Besses, algunos emplearon la fórmula de dividir el libro en dos partes: lenguaje informal y lenguaje estándar, como si de un diccionario bilingüe se tratara. No he seguido este sistema. EL SOHEZ es también, en cierta medida, diccionario ideológico o de sinónimos donde se pueden hallar los términos afines más corrientes. Se busca la palabra estándar, o término parecido —que va precedido de un asterisco (*)—, lo que dará como resultado la lista de las principales voces afines que se encuentran en el libro. Es simplemente una pequeña ayuda. Para facilitar también la ayuda al lector, existe un segundo tipo de asterisco (•), que aparece en las locuciones afines y va situado delante de la palabra que tiene entrada propia en el diccionario.

Este *Diccionario sohez* es mío porque yo lo he diseñado, lo he compilado y he decidido qué entraba en él y qué no, y los autores que iban a servir de autoridades, las citas entresacadas de mis lecturas, así como las definiciones. Es, por tanto, una obra personal. Ya dijo Ortega[22] que «no es lícito censurar a un autor porque no abriga las mismas intenciones [...] que nosotros tenemos». No está exento de defectos, pero lo he hecho lo mejor que he podido y no he regateado ni esfuerzos ni tiempo ni rigor, y sólo yo he trabajado en él, no es labor de equipo alguno. Soy yo el único responsable. Es, pues, un diccionario de autor, con todas las ventajas y graves inconvenientes que esto conlleva.

En el Primer Coloquio Galego de Fraseoloxía[23] reclamé en mi pequeña ponencia una independencia de la lexicografía bilingüe española de la hegemonía foránea. Aquí repito lo dicho, pero para añadir también la necesidad de más trabajos lexicográficos autóctonos en este campo. No todos, pero algunos de los diccionarios existentes están compuestos al desgaire.

---

[20] «The survival or preservation of certain favored words in the struggle for existence is natural selection.» *The Origin of Species by Means of Natural Selection, or the Preservation of Favored Races in the Struggle for Life* (New York, A. L. Burt, Publisher, 1871?).

[21] Que en estas cuestiones es el autor español más plagiado. He visto páginas enteras copiadas de su *El porqué de los dichos* sin citarlo.

[22] José Ortega y Gasset, *El espectador* (Madrid, Revista de Occidente, 1963).

[23] Primer Coloquio Galego de Fraseoloxía, dirigido por Xesús Ferro, Santiago de Compostela, septiembre de 1997: «Elaboración dun diccionario bilingüe castelán-inglés». *Actas do I Coloquio Galego de Fraseoloxía* (Santiago de Compostela, Centro Ramón Piñeiro, 1998).

La lista, por orden alfabético, de todos los nombres propios, muchos recogidos en el CREA, que aparecen en el diccionario, se ha colocado al final. A continuación, se encuentra la bibliografía de textos consultados y leídos de primera mano, con las fechas de publicación.

Doy las gracias a todos los autores de los diccionarios consultados, a los escritores, a los periódicos y revistas citados, a la RAE, porque sin su colaboración este diccionario no se hubiese podido compilar. Gracias a María Dolores Seijas Cotarelo, responsable de ficheros de la Real Academia Española. Estoy en deuda con Javier Gimeno de Priede por su deferencia para conmigo. Y he tenido la suerte de contar con la inmejorable ayuda de Eladio Pascual Foronda, a quien siempre estaré agradecido. Quiero mencionar a Luis María Anson, José María Carrascal, Jesús García Ramos, Gloria Corpas Pastor y Silvano Alonso Díaz-Toledo por su gentileza y apoyo. Gracias igualmente a Enrique Vicién Mañé por sus atinadas sugerencias y por el esfuerzo que ha hecho en la edición. Al principio, Óscar Carbonell García me ayudó con los ordenadores y sus enigmas; gracias por ello. También me han inspirado y animado Frederick Furnivall, William Minor, Herbert Coleridge, Eric Partridge y, el más importante, Sir James Murray, cuyo lema *nihil est melius quam vita diligentissima* trato de emular.

Me es muy grato poder comunicar al lector que todo lo expresado *ut supra* ha recibido el visto bueno de doña Genoveva de Bergareche y Méndez, profesora en partos, vecina (tercero C) de don C. J. Cela y gran admiradora de don Francisco Umbral, escritor, del que dice que está para comérselo.[24]

Ducunt fata volentem, nolentem trahunt.[25]

delfín carbonell basset

---

[24] Así lo atestigua don Camilo José Cela en su artículo de *ABC* del 25 de octubre de 1998, día de los santos Crisanto y Daría.

[25] L. A. Séneca, *Epistolae,* ep. 107, en Oswald Spengler, *Der Untergang des Abendlandes.*

Abreviaturas bibliográficas
y de antropónimos

Ac   Diccionarios de la Real Academia Española, con el año de la edición.

AI   Juan de Dios Luque *et al.*, *El arte del insulto*, 1997.

CL   Clave, *Diccionario de uso del español actual*, 1998.

CJC   Camilo José Cela.

CO   Comunicación oral; palabra o locución recopilada oralmente.

DA   Real Academia Española, *Diccionario de autoridades*, 1726-1739.

DCB   Delfín Carbonell Basset, *Diccionario castellano e inglés de argot y lenguaje informal*, 1997.

DE   Camilo José Cela, *Diccionario del erotismo*, 1976.

DF   Delfín Carbonell Basset, *Diccionario fraseológico*, 1995.

DH   Real Academia Española, *Diccionario histórico de la lengua española*, 1972.

DRAE   *Diccionario de la Real Academia Española*, 1992.

DS   Camilo José Cela, *Diccionario secreto*, 1969.

DTE   Rafael del Moral, *Diccionario temático del español*, 1998.

FV   Fernando Varela *et al.*, *Diccionario fraseológico del español moderno*, 1994.

IND   Miguel Tirado Zarco, *Indiccionario*, 1989.

JM   Jaime Martín, *Diccionario de expresiones malsonantes del español*, 1974.

JGR   Jesús García Ramos, *Lenguajes marginales*, 1994.

JMO   Juan Manuel Oliver, *Diccionario de argot*, 1987.

JV   Juan Villarín, *Diccionario de argot*, 1979.

LA   Larousse, *Diccionario práctico de locuciones*, 1993.

LB   Luis Besses, *Diccionario de argot español ó lenguaje jergal, gitano, delincuente profesional y popular*, 1905.

MM   María Moliner, *Diccionario de uso del español*, edición en CD-Rom.

Ra   Ramoncín, *El tocho cheli*, 1993.

RAE   Fichero Real Academia Española.

RAE-CREA   Real Academia Española: Corpus de Referencia del Español Actual.

S   Julia Sanmartín Sáez, *Diccionario de argot*, 1998.

SC   Sebastián de Covarrubias, *Tesoro de la lengua castellana o española*, 1611.

VL   Víctor León, *Diccionario de argot*, 1980.

Abreviaturas gramaticales y símbolos

adj.	adjetivo
adv.	adverbio
cf.	confer *(compárese)*
excl.	exclamación
expr.	expresión
interj.	interjección
pron.	pronombre
ref.	refrán
s.	sustantivo
s. pl.	sustantivo plural

❙	Separa las citaciones.
❙▪	Introduce un ejemplo de uso inventado.
✓	Introduce información complementaria.
▶	Remisión a otras voces o expresiones.
*	Señala los artículos con palabras y expresiones afines.
⋆	En una expresión afín, señala la palabra en la que se encuentra dicha expresión.

Estructura de los artículos

Señala un artículo con palabras y expresiones afines

Remisión a otro artículo

Título de la obra

Introduce información complementaria

Acepciones o expresiones numeradas

Citación

Señala la palabra en la que se encuentra esta expresión

Categoría gramatical

Definición

Separa las citaciones

Autor de la citación

Introduce un ejemplo de uso inventado

*contento cf. (afines) alegre como unas castañuelas, saltos de *alegría, alegría de la huerta, loco de *alegría, más contento que unas *pascuas, marcha, dichosos los *ojos, subidón, estar de *buenas, tan campante, correrse de gusto.

exonerar ▶ *vientre, exonerar el vientre (intestino).*

flato *s.* ventosidad.
«Ella se traga automáticamente su sopita y casi inmediatamente empieza con los flatos y demás lindezas intestinales...» Chumy Chúmez, *Por fin un hombre honrado.* ✓ en castellano estándar es una acumulación de gases en el intestino.

flauta *s.* pene.
«Huy, te veo el flautín.» El Jueves, 6-12 octubre, 1993. ▪ «Flauta. Es metáfora formal (el pene semeja una flauta).» DE.
2. bocadillo grande.
«Jordi en su pupitre con la flauta de chorizo.» Elena Pita, El Mundo, 1.8.98. ▪ «Vamos a tomarnos una flauta y una birra.»
3. tocar la flauta *expr.* masturbarse.
«Desabrochó el pantalón y se puso a tocar la flauta...» Andreu Martín, *El señor Capone no está en casa.*

Aa

abajo, los de abajo *expr.* los pobres, los desheredados de la fortuna.

«...dando las nalgas a los de arriba y patadas a los de abajo...» Enrique Espinosa, *Jesús el bisabuelo y otros relatos,* 1995, RAE-CREA.

*abandonar cf. (afines) ▶ *despedir.*

abanico *s.* cárcel.

«—Estuvo varias veces en el abanico. —En la cárcel, el viejo traduce.» Raúl del Pozo, *Noche de tahúres.* ❙ «Abanico. La cárcel de Madrid.» LB. ❙ «También falta *abanico,* cárcel,...» Ricardo Senabre, El Cultural, El Mundo, 24.10.99.

aberronchos *s. pl.* testículos.

«Aberronchos, testículos.» JV. ❙ «Aberroncho. Güevo, cojón...» Ra. ❙ ▪ «Tiene los aberronchos inflaos el tío ése, de tanto mirar a las chavalas.» ✔ no se ha podido documentar fuera de diccionarios.❙

abierta *adj.* y *s.* mujer promiscua.

«...pues en este país se piensa que cuando una mujer dice que es muy demócrata quiere decir que es muy abierta, o sea muy libertina, una lanzada, una loca, una salida, una perdida, lo que ustedes quieran.» Francisco Umbral, Diario de Mallorca, 17.3.76, citado en DE. ❙ «Abierta. Mujer de vida alegre.» DE.

abillar *v.* llegar, venir.

«Abillar, venir.» LB. ❙ «Abillar, venir, llegar.» JV. ❙ «Abillar/abiyar/abiyelar/abelar... 2. Venir.» S. ❙ «Abiyar. Aparecer, surgir...» Ra. ❙✔

no se ha podido documentar fuera de diccionarios.❙

abogadillo *s.* abogado sin éxito profesional.

«Puso su confianza en [...] un abogadillo mañoso, el licenciado Cepeda.» R. Levillier, *Descubrimiento norte Argentina,* DH. ❙ «...leguleyo, abogadillo, picapleitos (abogado).» AI. ❙ ▪ «Mi hermana se quiere casar con un abogadillo de Albacete que no tiene dónde caerse muerto.»

*abogado cf. (afines) abogado de secano, abogadillo, alivio, amparo, bogui, buscapleitos, leguleyo, manzanillo, papelista, picapleitos, remedio.

abogado de secano *s.* persona que sin ser abogado se cree docta en leyes.

«El licenciado sabelotodo. El abogado de secano. El maestro ciruela.» A. Zamora Vicente, *Historias de viva voz.* ❙ «Don Lorenzo el garañón, / abogado de secano...» Jose-Vicente Torrente, *Los sucesos de Santolaria.* ❙ «Lo cogió un abogado de secano y lo mareó.» Antonio Alcalá Venceslada, *Voc. andaluz,* DH. ❙ ▪ «Ustedes los abogados de secano me hacen mucha gracia, todo lo arreglan y todo lo saben sin haber estudiado derecho.» ✔ DRAE: «1. fig. y fam. Letrado que no ejerce ni sirve para ello».❙

*abonar cf. (afines) ▶ *pagar.*

aborricar *v.* embrutecer.

«...la teledicción que atenta a la mente humana, minimiza su capacidad intelectual, aborrica a los niños...» A. Matías Guiu, *Cómo engañar a Hacienda.* ▌ «Aborricarse. ¿No es acaso muy expresivo este verbo en sentido de embrutecerse?» R. Restrepo, *Apuntaciones,* DH.

aborto *s.* persona fea.

«No sé qué ha visto de atractivo en ella. ¡Si es un aborto!» JM. ▌ «—Pregúntale al Yeti, que quiso tener rollo con ella y ella no le dio cancha para nada. —No me extraña, el Yeti es un aborto.» José Luis Martín Vigil, *Los niños bandidos.* ▌ «...un aborto de chacha...» Andrés Berlanga, *La gaznápira.* ▌ «Abortón. Ser humano... alucinantemente feo.» R. Montero, *Diccionario de nuevos insultos...* ▌ ■ «¡Qué aborto de tía te has tirado, qué fea, macho!»

2. producto literario de mala calidad.

«En la literatura, como en la vida, también hay abortos.» C. J. Cela, *Carta a una profesora,* DH.

abrazar *v.* detener, apresar.

«Abrazar: detener, apresar.» JMO. ▌ «Abrazado. Detenido.» VL. ▌ «Ir/llevar abrazado. (delincuencia) Ir detenido.» S. ▌ ■ «A ése lo llevan abrazao los polis por haber robado un bolso en esos almacenes.» |✓ no se ha podido documentar fuera de diccionarios.|

*abrazo, abrazar cf. (afines) achuchar, achuchón, darse el *lote.

abrelatas *s.* criminal especializado en abrir cajas de seguridad.

«Abrelatas: Delincuente profesional especializado en la apertura de cajas de seguridad.» JGR. ▌ ■ «Necesitamos un abrelatas experto y profesional para abrir esta caja de caudales.» |✓ no se ha podido documentar fuera de diccionarios.|

abrigo, de abrigo *expr.* importante, grande, mucho, intenso, peligroso, terrible.

«De abrigo. Dícese de aquel, reputado por su osadía o su falta de principios, al que conviene mantener a cierta distancia.» J. Calvo-Sotelo, céd. Ac., DH. ▌ «Mi prima es así, y respecto a mi primo... también es de abrigo.» L. Tapia, *Así vivimos,* DH. ▌ «Se ha comprado un coche de abrigo. Por lo menos habrá costado tres millones de pese-

tas.» FV. ▌ ■ «En este pueblo hace un frío de abrigo.»

abrir *v.* practicar una operación quirúrgica.

«Y... y... ¿te tuvieron que abrir?» A. Zamora Vicente, *Desorganización.*

2. no abrir la boca ▶ boca, no (sin) abrir la boca.

3. abrirse *v.* irse, marcharse.

«Comienza el tufo navideño. Yo me abro.» Carlos Boyero, El Mundo, 14.12.98. ▌ «¡Ah, estas no son horas de venir a ninguna parte, así que vete abriéndote!» Juan Madrid, *Cuentas pendientes.* ▌ «Fuera, Fierro y Raúl, que han quedado con Yoni en Graf, se abren en un Doscientos blanco.» José Ángel Mañas, *Historias del Kronen.* ▌ «¡Que te abras, tío, que te abras de una vez.» Juan Madrid, *Cuentas pendientes.* ▌ «La mujer se puso en pie [...] Me abro, Molina.» Juan Madrid, *Turno de noche.* ▌ «Debemos abrirnos mientras se calman las cosas.» José Raúl Bedoya, *La universidad del crimen.* ▌ «Y esa mierda de polis pisándonos los talones... Nos abrimos al extranjero.» Mariano Sánchez, *Carne fresca.* ▌ «...pero a cambio de que por la noche te abras cuando me empiece a trabajar al del pendiente.» Jaime Romo, *Un cubo lleno de cangrejos.* ▌ «La sobremesa duró, pues, un café y una disculpa. Y con los mejores deseos, me abrí sin más.» Ernesto Parra, *Soy un extraño para ti.* ▌ «¡Está bien, pero si vienen a por mí yo me abro!» José Luis Martín Vigil, *Los niños bandidos.*

4. abrirse de piernas (muletas, patas) *expr.* invitación sexual por parte de la mujer; acto sexual de la mujer.

«Yuli se abrió de piernas.» Juan Madrid, *Cuentas pendientes.* ▌ «Acuéstate y ábrete de piernas.» C. Ducón, *El hotel de las orgías.* ▌ «...en qué estarán pensando las chorvas cuando se abren de piernas, así como así...» Felipe Navarro (Yale), *Los machistas.* ▌ «A ésas les importa poco, se abren de patas y ¡hala!, p'alante. Lo único que quieren es rabo.» Juan Madrid, *Crónicas del Madrid oscuro.* ▌ «Yo empecé en la calle hasta que conocí a Pablito... Y entonces, pues, te abrías de piernas y dejabas hacer...» M. Vázquez

Montalbán, *El delantero centro fue asesinado al atardecer.* ▌ «Hay que dejarse seducir, incluso a sabiendas. Hay que abrirse de piernas...» Fernando Repiso, *El incompetente.* ▌ «...parece haber sido dispuesto para que las dos se abran de piernas, tanto si les gusta el tomate como si no, y ellas se abren.» Juan Marsé, *Si te dicen que caí.* ▌ «¿Tú también hiciste lo de desnudarte y abrirte de piernas?» Andreu Martín, *El señor Capone no está en casa.* ▌ «Abre los ojos que te quiero ver / abre las piernas que te quiera más.» Extremoduro, CD, 1997: *Iros todos a tomar por culo, Buscando la luna.* ▌ «...pero en seguida se lo quita todo y, en pelota viva, se abre de piernas como pidiendo voluntarios.» Andreu Martín, *Prótesis.*

abucharar(se) *v.* acobardar(se), intimidar(se).

«Si se pone gallito, le das un truco y se abuchara.» El Gran Wyoming, *Te quiero personalmente.*

abuela, ser pocos y parir la abuela *expr.* éramos muchos y ahora somos más.

«¡Mira qué bien! Éramos pocos y parió la abuela.» José Sanchis Sinisterra, *Los figurantes,* 1991, RAE-CREA. ▌ «Y por si éramos pocos, parió la abuela...» Ramón Ayerra, *La lucha inútil,* 1984, RAE-CREA. ▌ «Pues éramos pocos y nos parió la abuela, ¿o era la burra?...» B. Pérez Aranda *et al.*, *La ex siempre llama dos veces.*

abuelaca *s.* soldado que tiene pendiente menos de seis meses para licenciarse.

«Abuelo o abuelaca. Se pasa el día pensando lo poco que le queda para ser bisa.» M. Ángel García, *La mili que te parió.*

abuelete *s.* anciano, viejo.

«La edad puede ser motivo de insulto: fósil, momia [...] pureta, vejestorio, carcamal, carroza, carrozón, viejales... viejo chocho, chocheras [...] abuelete...» AI.

abueli *s.* abuelo-a, padre o madre de los padres de una persona.

«¿No te parece fantástico abueli?» Marisa López Soria, *Alegría de nadadoras.* ▌ «La madre de mi padre, o sea mi abueli, es muy mayor.»

abuelo *s.* anciano, viejo, persona mayor.

«Se oyó su bronco gruñir de abuelo.» Antonio Machado, *Soledades,* DH. ▌ «Carmen se ha casado con un abuelo que le dobla la edad.» ✓ DRAE: «fig. Hombre anciano».▌

2. soldado a quien faltan más de seis meses para licenciarse.

«Abuelo o abuelaca. Se pasa el día pensando lo poco que le queda para ser bisa.» M. Ángel García, *La mili que te parió.* ▌ «Entre militares, soldado que ha visto llegar un segundo reemplazo de soldados a su destino con posterioridad al suyo.» JMO. ▌ «Soldado al que le quedan menos de seis meses de servicio militar.» VL. ▌ «Abuelo. 2. Soldado que ha cumplido más de la mitad del servicio militar...» S. ▌ «En el servicio militar, los abuelos no curran nada.»

3. el número 90.

«En la lotería de cartones, nombre que familiarmente suelen dar al número noventa.» DH. ▌ «En la lotería de cartones, el número noventa.» MM. ▌ «¿Qué número han cantado? El abuelo.» ✓ por *lotería de cartones* debe entenderse *bingo.*▌

abur *interj.* adiós.

«Hasta mañana. Abur.» Juan Marsé, *La muchacha de las bragas de oro.* ▌ «Agur, Zugasti, hasta la próxima vez.» Ignacio Aldecoa, *Gran sol,* DH. ▌ «No quiero tratos contigo, así de clarito. Abur.» Juan Marsé, *Si te dicen que caí.* ✓ *abur, agur, ahúr,* del vasco *agur.* DRAE: «interj. Se usa para despedirse».▌

aburrición *s.* aburrimiento.

«¿Qué hace a estas horas en el casino? ¡Yo! Morirme de aburrición.» Pío Baroja, *Camino de perfección,* DH. ▌ «Aburrición. Usual en Albacete.» A. Zamora Vicente, céd. Ac., DH. ▌ «Aburrición, aburrimiento, zangarriana, murria. Criticado por Cuervo, admitido por la academia.» Uribe, papeleta Ac. ▌ «Las tardes de invierno aquí en casa todo el día es una aburrición.» ✓ DRAE: «f. fam. aburrimiento».▌

aburrido, más aburrido (despistado) que un pulpo en un garaje (que visitar un túnel, que un mono, que un domingo sin fútbol) *expr.* muy aburrido, despistado.

«...y sin dejar de sonreír de aquí para allá y más aburrido que un pulpo en un garaje...» A. Zamora Vicente, *Mesa, sobremesa.* ▌ «Es como si yo metiera a Rafa [...] en La Fabriqueta. ¿Qué pasaría? Un pulpo en un garaje.» M. Vázquez Montalbán, *Los alegres muchachos de Atzavara.* ▌ «...todo el día como un pelele de un lado para otro, más despistado que un pulpo en un garaje...» José María Amilibia, *Españoles todos.* ▌ «¿Qué ocurre cuando se somete a una operación gracias a la que recupera el sentido de la vista? Pues que el hombre se encuentra como un pulpo en un garaje...» El Mundo, Metrópoli, 23.4.99. ▌ «No hay nada más aburrido que visitar un túnel.» Alfredo Bryce Echenique, *La vida exagerada de Martín Romaña,* 1981, RAE-CREA. ▌ «...más aburrido que un mono.» Ramón Ayerra, *La lucha inútil,* 1984, RAE-CREA. ▌ «...más aburrido que un domingo sin fútbol.» Antonio Skármeta, *El cartero de Neruda,* 1986, RAE-CREA.

*aburrir(se), aburrido cf. (afines) aburrición, aburrir hasta las piedras, aburrirse como lechugas, aburrirse como ostras, aburrirse como un muerto, aburrirse como un trapense, aburrirse como una mona, aburrirse soberanamente, amuermarse, más aburrido que un domingo sin fútbol, castaña, entierro de tercera, jodienda, lata, moñazo, morirse de *asco, muermo, muerto, peñazo, ser un *pestiño, plasta, plomizo, plomo, posma, rollo, rollo patatero, rollo repollo, tostón.

aburrir, aburrir hasta las piedras *expr.* aburrir mucho.

«Pero cuando te pones así de coñazo, aburres hasta las piedras.» Fernando Martínez Laínez, *Andante mortal.* ▌ ▗▘ «Es un peñazo de tío que se pasa el día hablando de lo mismo. Aburre hasta las piedras.»

2. aburrirse como lechugas *expr.* aburrirse mucho.

«...los caballeros se aburrían como lechugas en sus casas.» M. Ángel García, *La mili que te parió.*

3. aburrirse como ostras *expr.* aburrirse mucho.

«Son dos niños ordenancistas, consecuentes, dos niños que juegan al tren, aunque se aburren como ostras,...» C. J. Cela, *La colmena.* ▌ «¡Luego te mandan a un sitio de estos y te aburres como una ostra!» Miguel Martín, *Iros todos a hacer puñetas.* ▌ «Se aburren como ostras hasta que ella se queda embarazada...» Gomaespuma, *Familia no hay más que una.* ▌ «Se aburre como una ostra y se agarra al primero que llega...» Lourdes Ortiz, *Picadura mortal.* ▌ «Playa de San Juan. Agosto. Y yo más aburrida que una ostra.» Ragazza, agosto, 1997.

4. aburrirse como un muerto *expr.* aburrirse mucho.

«...se aburre como un muerto aquí en el campo.» Álvaro Bermejo, *E lucevan le stelle,* 1992, RAE-CREA.

5. aburrirse como un trapense *expr.* aburrirse mucho.

«Su marido se aburre como un trapense.» Francisco Herrera Luque, *En la casa del pez que escupe el agua,* 1985, RAE-CREA.

6. aburrirse como una mona *expr.* aburrirse mucho.

«Los técnicos profesionales se aburrían como monas...» Gomaespuma, *Grandes disgustos de la historia de España.* ▌ «Al final vas a conseguir que piense que te aburres más que una mona...» B. Pérez Aranda *et al., La ex siempre llama dos veces.*

7. aburrirse soberanamente *expr.* aburrirse mucho.

«Me aposté ante el concesionario y me aburrí soberanamente durante toda la mañana.» C. Pérez Merinero, *El ángel triste.* ▌ «...habíamos quedado con amigos míos y eso le aburre soberanamente.» C. Rico-Godoy, *Cuernos de mujer.*

abusar *v.* violar, forzar sexualmente a una persona.

«Un día se la llevó engañada detrás de unas tapias por los campos del tío Mereje, y abusó de ella.» José Gutiérrez-Solana, *Madrid, escenas y costumbres, Obra literaria, I.* ▌ «...pero volvió a nuestra casa una noche que mi madre no estaba y abusó de mí, entérate.» Jesús Ferrero, *Lady Pepa.* ▌ «Yo estaré oculto entre el heno del pajar donde unos soldados borrachos abusarán de unas jóvenes aldeanas.» Álvaro de Laiglesia, *Se prohíbe llorar,* DH. ❙ «...y en una crisis de enajenación total intentó abusar del párroco del pueblo una tarde que lo encontró evacuando debajo de una higuera...» El Gran Wyoming, *Te quiero personalmente.* ❙ «...le arrancó la ropa a tirones, abusó de ella.» Pau Faner, *Flor de sal.* ✔ DRAE: «Hacer objeto de trato deshonesto a una persona de menor experiencia, fuerza o poder».❙

abuso *s.* aprovechamiento excesivo.
«¡Qué abuso! Dejarse invitar a diario.» DH. ❙ «Me han cobrado de más. Ha sido un verdadero abuso.» DCB. ❙▪ «¡Esto es un abuso! ¡No pienso pagar esta factura!»

2. trato sexual impuesto, obligado.
«Mucho látigo, mi amito; y muchos abusos con las muchachas de tala.» Coll y Toste, *Leyendas Puertorriqueñas III,* DH. ❙▪ «La chica dice que el abuso ocurrió en el ascensor y a punta de navaja.»

*acabado cf. (afines) escoñado, fastidiado, gibado, hecho una *mierda, ir de *culo, jodido, muerto.

acabar, acabar con *v.* matar, asesinar.
«Fue un error acabar con ellos en el sitio.» Joaquín Leguina, *Tu nombre envenena mis sueños,* 1992, RAE-CREA. ❙ «Además, ¿por qué no acabar con él de una vez por todas?» Jesús Ferrero, *Belver Yin,* 1986, RAE-CREA. ❙ «Acabaré contigo, Lepprince.» Eduardo Mendoza, *La verdad sobre el caso Savolta.* ❙ «No quiero exponerme a que te hayan liquidado y me estén esperando para acabar también conmigo.» Andreu Martín, *Lo que más quieras.* ❙▪ «La bebida va a acabar contigo, ya verás...»

2. ¡acabáramos! *excl.* ¡ahora comprendo!, ¡ya!
«Pero, todo eso, ¿para qué? —Pues para no ensuciar de sudor la tela. —...Acabáramos...» Juan Antonio de Zunzunegui, *El chiplichandle,* DH. ❙ «exclamación con que el hablante celebra haber salido de una duda.» JMO. ❙▪ «¿Entonces, se llama Encarna y no Maite? ¡Acabáramos!» ✔ también *¡acabara ya!, ¡acabáramos de una vez!*❙

3. se acabó lo que se daba *expr.* el final, ya está, esto es todo.
«Chema, se acabó lo que se daba...» Pedro Casals, *La jeringuilla.* ❙ «Los del aparato no han aguantado ni siquiera el efecto (Fernando) Morán y han dicho que se acabó lo que se daba.» Jaime Campmany, ABC, 19.7.98. ❙ «...vino lo del follón judicial y la cárcel, y, claro, se acabó lo que se daba.» C. Pérez Merinero, *Días de guardar.* ❙ «Bebía los vientos por apartarle de la delincuencia, pero lo enchiqueraron y se acabó lo que se daba.» José Luis Martín Vigil, *Los niños bandidos.*

4. ser el acabose *expr.* el fin, un drama, el colmo, el no va más.
«¡Es el acabóse! —exhaló ella.» Manuel Hidalgo, *El pecador impecable.* ❙ «Entonces es ya el acabóse y la recaraba...» A. Sopeña Monsalve, *El florido pensil.* ❙ «Sería el acabóse.» C. Pérez Merinero, *Días de guardar.* ❙▪ «Esto es el acabose para nosotros.» ✔ DRAE: «m. Solo se usa en la fr. *ser una cosa el acabose,* con que se denota haber llegado una cosa a su último extremo. Suele tener sentido peyorativo y expresa ruina, desolación o desastre».❙

acai *s.* ojo.
«Me lo han dicho tus acais.» Canción *Tú me camelas,* Antena 3 TV, 18.4.98. ❙ «Parece que se le encandilaban a usted los sacais.» J. Mas, *La orgía,* DH. ❙ «Acai. Ojo, cliso.» Ra. ❙▪ «La chorba tiene unos acais grandes y negros y una boca perfecta.» ✔ *acais* o *sacais.*❙

acampedo *s.* acampada y borrachera.
«Acampedo. Actividad que combina aire puro y pasión etílica. Consiste en irse de acampada provisto de buenas reservas de alcohol.» Joseba Elola, *Diccionario de jerga juvenil,* El País Semanal, 3.3.96. ❙ «Acampedo. Acampada al aire libre con una buena reserva de bebidas alcohólicas...» S. ❙▪ «Este fin de semana vamos de acampedo. ¿Te vienes?» ✔ no se ha podido documentar fuera de diccionarios.❙

acaramelados *adj.* darse los enamorados muestras de afecto.
«...estaban paseando por el jardín de la Parroquia tan acaramelados...» Juan Marsé, *Si*

te dicen que caí. ✔ DRAE: «fig. y fam. Darse los enamorados con visibles muestras de su mutuo cariño».❙

*acariciar cf. (afines) achuchar, achuchón, aprovecharse, dar un *repaso, darse el *banquete, darse el *lote, darse el *palo, darse la *fiesta, darse la *paliza, darse un *repaso, darse un *verde, magrear, meter *mano, pajabar, pajabear, pillar, sobar, toquetear.

aceite, perder aceite *expr.* ser homosexual.

«¿Pierdes aceite? Entonces yo seré tu mecánico particular. Me llamo Jorge y estoy de lo más dotado...» El Jueves, 8-14 abril, 1998. ❙ «...no pretenderás que se lo diga a tu hermano, ese sólo sabe apretar cuando va al baño, pierde aceite, lo sabemos de toda la vida...» Jaime Romo, *Un cubo lleno de cangrejos.* ❙ «Pierde más aceite que un 1500 subiendo el puerto de Pajares.» CO, varias personas. ❙■■ «Tu amigo Daniel pierde aceite cosa fina. Se le van los ojos tras los chavales.»

aceituna *s.* testículo.

«Aceitunas: testículos.» JMO. ❙ «Aceitunas. Testículos de reducido tamaño.» S. ✔ no se ha podido documentar fuera de diccionarios.❙

2. cambiar el agua a las aceitunas *expr.* orinar.

«Presión meadera. Es jocosa, aunque también achulada, como cambiar el agua a las castañas, al canario, o mudar el caldo de las aceitunas...» José M.ª Zabalza, *Letreros de retrete y otras zarandajas.* ❙ «Se usa sólo en la frase *cambiar el agua a las aceitunas,* mear (el hombre o el animal macho, naturalmente)...» DE.

aceituno *s.* guardia civil.

«Aceituno: Guardia Civil.» Manuel Giménez, *Antología del timo.* ❙ «Aceituno. Miembro de la Guardia Civil.» JGR. ✔ por el uniforme verde oliva.❙

acelerador, pisar (apretar) el acelerador *expr.* apresurarse, conducir de prisa.

«Y en vez de parar, apretó el acelerador al tiempo que cerraba los ojos.» Álvaro de Laiglesia, *Se prohíbe llorar,* DH. ❙■■ «Pisa el acelerador o llegaremos tarde.»

acera, de la acera de enfrente (de la otra acera) *expr.* ser homosexual.

«Una cosa es que seamos comprensivos [...] con los de la acera de enfrente y otra [...] que nos vayamos todos a tomar por el culo.» M. Vázquez Montalbán, *Los alegres muchachos de Atzavara.* ❙ «Tampoco es que pertenezca a la otra acera, sencillamente es amanerado.» R. Gómez de Parada, *La universidad me mata.* ❙ «Ya no vivimos juntos. ¿No se habrá pasado a la acera de enfrente?» Almudena Grandes, *Las edades de Lulú.* ❙ «...y en realidad algo había de eso, pero por esta acera, no por la de enfrente, ¿no?» José Luis Martín Vigil, *Los niños bandidos.* ✔ también *de la otra acera.*❙

acerrador *s.* confidente, delator.

«Y si no estuvo más en el maco es porque siempre fue de acerrador [...] confidente de la policía.» Raúl del Pozo, *Noche de tahúres.* ✔ Guim, 1863, reseña como germanía su definición: «criado de la justicia».❙

*achantar cf. (afines) ▶ *asustar.*

achantar *v.* callarse, no replicar.

«Vienes, me dices que tal, luego me das el piro, y yo achanto, ¿es ése el tema?» El Gran Wyoming, *Te quiero personalmente.* ✔ DRAE: «Callarse resignadamente o por cobardía».❙

achantar la muy ▶ *muy,* achantar la muy.

acharnegado *adj.* propio del charnego, del habitante de Cataluña que no es catalán.

«Es mucho mayor que sus compañeros, pero por el aspecto acharnegado y la manera de vestir apenas se distingue de ellos.» Juan Marsé, *La oscura historia de la prima Montse.* ✔ ▶ *charnego.*❙

achicharrar(se) *v.* matar, asesinar a tiros.

«Me iría de putamadre que se achicharraran entre ellos.» Pedro Casals, *Disparando cocaína.* ❙ «A fin de ocultar el temor a que me achicharren...» Cristóbal Zaragoza, *Y Dios en la última playa.* ❙■■ «Unos mafiosos han achicharrado al vecino en la peluquería; lo han dejado como un colador.»

2. pasar calor.

«...aquí calienta más el sol en el invierno que en ninguna otra parte de Madrid, y en los meses de verano se achicharra uno.» José Gutiérrez-Solana, *Madrid, escenas y costumbres, Obra literaria, I.* ▮ ▮■ «O instalamos aire acondicionado o nos achicharramos este verano en casa, como siempre.»

3. quemarse del sol.

«En el invierno os heláis en el campo y en el verano os achicharráis.» Ignacio Aldecoa, *El fulgor y la sangre.* ▮■ «Has estado demasiado al sol y te has achicharrado.» ✓ DRAE: «prnl. fig. Experimentar un calor excesivo, quemarse, por la acción de un agente exterior (como aire, sol, etc.)».▮

achispado *adj.* ebrio, borracho.

«...ya a las tantas, aparece él un poco achispado...» Virtudes, *Rimel y castigo.* ▮ «A veces parezco como achispado...» Metal Hurlant, 1981. ▮ «Tenían pellejos de vino y andaban siempre achispados.» Pau Faner, *Flor de sal.* ▮ «Claro que todos parecían algo achispados...» Carmen Laforet, *Isla,* DH. ▮ «Un poco achispada, Raquel...» María Antonia Valls, *Tres relatos de diario.* ▮ «Rió un poco achispado.» Cristóbal Zaragoza, *Y Dios en la última playa.* ▮ ▮■ «No me gusta que vengan los empleados achispados a trabajar. Da mal ejemplo.» ✓ «bebido, semi-ebrio», explica el *Nuevo diccionario de la lengua castellana,* Guim, 1863.▮

achispar(se) *v.* embriagarse, emborracharse.

«Habíamos bebido el vino de su porrón hasta achisparnos.» Juan Goytisolo, *Fin de fiesta,* DH. ▮ «Algunos nobles se achisparon con el vino...» Pau Faner, *Flor de sal.* ✓ DRAE: «Poner casi ebria a una persona».▮

achuchar *v.* abrazar, manosear, toquetear con fines eróticos.

«¿Cual era la razón de que una enfermera robusta se dejara achuchar por un paciente que no estaba para trotes?» Pgarcía, *El método Flower.* ▮ «Viajaba una moza [...] frescachona. A su lado, achuchándola con la ca-

dera por falta de espacio...» Álvaro de Laiglesia, *Fulana de tal,* DH.

achuchón *s.* abrazo, tocamiento erótico.

«...y baja al Metro a la expectativa, a ver si es verdad eso de los achuchones.» A. Zamora Vicente, *Historias de viva voz.* ▮ «Viene a Madrid de cuando en cuando para darme un achuchón.» Álvaro de Laiglesia, *Sólo se mueren los tontos,* DH. ▮ «...unos achuchones y un beso en la boca...» Juan Marsé, *Si te dicen que caí.* ▮ ▮■ «¡Deja que te dé un achuchón, anda guapísima!»

ácido *s.* LSD.

«Vivía de trabajillos temporales y trapicheaba con ácido...» Cristina Pérez Schlichting, ABC, 19.4.98.

aciguatar *v.* arrestar.

«Aciguatar: detener.» JMO. ▮ «Aciguató al criminal y se lo llevó a la cárcel.» Antonio Alcalá Venceslada, *Voc. andaluz,* DH. ▮■ «Le aciguataron los polis casi enseguida del atraco y cumple condena en Carabanchel desde hace diecinueve meses.» ✓ DRAE: «atisbar, acechar».▮

aclararse *v.* enterarse, comprender, salir de dudas.

«¿Qué don José? ¡El tío de Sigüenza, macho, que no te aclaras!» José María Amilibia, *Españoles todos.* ▮ «...el gachó no se aclaraba.» Mariano Tudela, *Últimas noches del corazón.* ▮ «¿Sí o no? No os aclaráis...» You, marzo, 1998. ▮ «Que no te aclaras, Sarnita.» Juan Marsé, *Si te dicen que caí.* ▮ «...que no te aclaras.» Ramón Ayerra, *Los ratones colorados.* ▮■ «¡Que no te aclaras, tonto! ¿Cómo quieres que te lo diga?»

***acobardar(se)** cf. (afines) ▶ *asustar(se).*

acojona(d)o *adj.* acobardado, amilanado, asustado.

«Yo estoy acojonado, Robín, esto no hay quien lo pare, es como el cólera morbo.» C. J. Cela, *Mazurca para dos muertos.* ▮ «Estamos acojonados, ahora que la Academia permite usar esta palabra sin penar al usuario.» Francisco Umbral, El Mundo, 31.1.98. ▮ «Mi hipótesis es que los chavales se echaron para atrás, acojonados, y se quitaron a Granados de en medio.» Lourdes Ortiz, *Picadura mortal.* ❙ «Eres un acojonado y jamás podrás triunfar en la vida.» DS. ❙ «¡Que eres un acojonado!» Beatriz Pérez Aranda *et al.*, *La ex siempre llama dos veces.*

2. nervioso, asustado.

«¿Para cuando esperáis para dar un viva? Estáis acojonados.» J. L. Castillo-Puche, *El vengador,* citado en DE. ❙ «Estoy aquí, acojonao, sin saber qué hacer.» José Ángel Mañas, *Historias del Kronen.* ❙ «Estoy acojonado por lo que pueda ocurrir en cuanto este texto salga a la luz...» Aníbal Lector, *Qué leer,* 27.11.98. ❙✔ ambas acepciones se aplican a la mujer también.❙

acojonador *adj.* que asusta, que impone respeto.

«El chato sacó un cuchillo acojonador y nos costó trabajo sujetarlo.» DS.

acojonante *adj.* que asusta, que impresiona.

«Sales a la calle y la sensación de patearlas en solitario es acojonante...» El Jueves, 8-14 abril, 1998. ❙ «Los ingleses son gente acojonante.» P. Antilogus, J. L. Festjens, *Anti-guía de los conductores.* ❙ «...chaquetón tres cuartos, abrochado por una botonadura acojonante.» Miguel Martín, *Iros todos a hacer puñetas.* ❙ «...el perro que te recibe es de alto bordo... con unas fauces acojonantes...» Ladislao de Arriba, *Cómo sobrevivir en un chalé adosado.* ❙ «Es un mamotreto acojonante. Era una tempestad acojonante.» DE. ❙ «...soltaba una parida tras otra. La que me pareció más acojonante fue una...» C. Pérez Merinero, *La mano armada.* ❙ «...ahí comienza esa acojonante actitud de los franceses...» Anacristina Rossi, *María la noche,* 1985, RAE-CREA.

2. bueno, excelente, estupendo.

«...tronco, eso sí que sería acojonante...» José Ángel Mañas, *Historias del Kronen.*

acojonar(se) *v.* acobardar(se), atemorizar(se), asustar(se).

«Es el de (Camilo José) Cela un culto que acojona incluso a sus fieles, antes clientes que leales...» Leopoldo Alas, A las barricadas, 22-28 junio, 1998. ❙ «¿Qué se ha creído este tío? Que puede llegar aquí a acojo

narnos...» M. Vázquez Montalbán, *La rosa de Alejandría.* ❙ «Ahora ves a un negro y te acojonas...» El Banquillo, 28.1.98. ❙ «Me muero de celos y me acojona no poder...» Almudena Grandes, *Malena es un nombre de tango.* ❙ «Salimos por separado porque estábamos acojonados y nos fuimos por patas...» José Ángel Mañas, *Mensaka.* ❙ «No me voy a acojonar.» Ignacio Fontes, *Acto de amor y otros esfuerzos.* ❙ «Acojonar es dominar, meter miedo, imperar...» Rafael García Serrano, *Diccionario para un macuto.* ❙ «Una mirada que acojona, vamos.» A. Gómez Rufo, *Cómo ligar con ese chico que pasa de ti o se hace el duro.* ❙ «Algo en sus ojos enfermos [...] acojonó al tipo...» Juan Marsé, *Si te dicen que caí.*

2. achantar(se).

«Yo no sé cómo se lo aguantan [...] un cabo acojonar así al pueblo entero.» Ángel Palomino, *Un jaguar y una rubia.* ❙ «...mimar a nuestra prensa y acojonar a los pardillos de la oposición en el parlamento...» Jaime Romo, *Un cubo lleno de cangrejos.* ❙ «En este caso, que es a toda una vida, la cosa me acojona.» Manuel Llorente, «José Hierro», El Mundo, ABC, 13.12.98. ❙ «...y el alma acojonada por todo lo que he hecho a lo largo de mi vida.» Fernando G. Tola, *Mis tentaciones.* ❙▪ «Si el jefe se pone a gritar, ante todo no te acojones, que es peor.» ✔ en sus enmiendas y adiciones al diccionario la RAE quiere incluir *acojonar* como: «vulg. Impresionar profundamente, dejar estupefacto».❙

acojone *s.* miedo, susto, impresión.

«...los grandes funerales, el acojone de un *Te Deum* en las Huelgas de Burgos...» Francisco Umbral, *La derechona.* ❙ «¡Qué acojone!» Fernando Martín, *Cómo aprobar todo sin dar ni chapa.* ❙ «Alberto intentó pasárselo, pero Rubén se negaba argumentando acojone personal.» Eloy Arenas, *Los vecinos de mis vecinos son mis vecinos.* ✔ C. J. Cela dice en su Diccionario del erotismo: «De *acojonar* y el sufijo *-e,* que refuerza el significado; es forma popular, usual en el lenguaje hablado.»❙

acoplado *s.* persona que se agrega o une a un grupo.

«—Siéntate. —Gracias. Vengo con acopla-do.» Florencio Sánchez, *Los muertos,* DH. ❚ ◾ «Me siento como un acoplao cuando voy con vosotros.»

acoplamiento *s.* copulación.

«...como si realmente ambos cuerpos des-conociesen la forma correcta de efectuar razonablemente su acoplamiento...» Ra-món Ayerra, *Los ratones colorados.*

acoplarse *v.* copular.

«Decía usted que Pepa sólo se había aco-plado con otros dos...» Jesús Ferrero, *Lady Pepa.*

acoqui *adv.* aquí, pagar en el acto.

«...el camarero colocaba la nota delante de sus narices... —No la quiero, me marcho. —Ya está abierta, así que *acoqui.*» El Gran Wyoming, *Te quiero personalmente.*

acordarse del padre (madre, fa-milia) de alguien ▶ *padre, acordarse del padre (madre, familia) de alguien.*

*acostarse cf. (afines) acostarse con las *gallinas, empiltrarse, ir a chafar la *oreja, meterse en el sobre, meterse en la piltra, piltrear, ponerse *horizontal.

acostarse *v.* copular.

«Y lo principal: que me había acostado con Juanqui.» Ragazza, n.° 101. ❚ «...descubrir que su mujer se ha estado acostando con otro.» Manuel Hidalgo, *Azucena, que juega al tenis.* ❚ «El mencionado sujeto trató de enamorar a la señora y le propuso que se acostara con él...» José Raúl Bedoya, *La universidad del crimen.* ❚ «Tengo más que pro-bado que ya se ha acostado varias veces con mi mujer...» Jesús Ferrero, *Lady Pepa.* ❚ «No puede moverse y la mujer se le acues-ta con cualquiera.» Luis Goytisolo, *Las afueras.* ❚ «...de lo contrario ya me habría propuesto que nos acostáramos...» María Antonia Valls, *Tres relatos de diario.* ❚ «Coop (Gary Cooper) fue el mayor follador que ha existido. Se atropellaban por llevárselo a la cama. Iban a acostarse con él en su ca-merino portátil...» El Mundo, 22.1.99. ❚ «Lo que necesito ahora mismo es acostarme con usted, si no es molestia.» Fernando Re-piso, *El incompetente.* ✔ DRAE: «Mantener

relación sexual una persona con otra. Ú. con la prep. *con.*»❚

*acto sexual cf. (afines) ▶ *cópula sexual.*

*acto sexual, hacer el acto sexual cf. (afines) ▶ *copular.*

acto, acto sexual *s.* cópula.

«Acto sexual. Cópula carnal.» DE. ✔ DRAE: «coito».❚

2. hacer acto de presencia *expr.* presen-tarse, llegar.

«...han querido evitar los llanos verbos *pre-sentarse, aparecer,* u otro cualquiera que allí hiciera buen papel. Lo de *acto de presencia* les resultaba más fino, más culto, infinita-mente más actual.» Fernando Lázaro Ca-rreter, *El dardo en la palabra.*

*acuchillar cf. (afines) bardear, chirlar, churinar, mojar, pinchar, sirlar.

acudir a la llamada de la natura-leza ▶ *naturaleza, llamada de la natura-leza.*

acusica *s.* persona que acusa, delator.

«Portabales es un acusica: lo dice Goya-nes...» El Jueves, 6-12 octubre, 1993. ❚ «...de pequeño todos los niños del barrio le llamaban gordo, empollón, acusica, cobar-de, gallina...» Gomaespuma, *Grandes dis-gustos de la historia de España.* ✔ DRAE: «adj. acusón. Ú. t. c. s.».❚

adán *s.* desaseado, desastrado, sucio.

«Adán pop. un adán. Un sucio, un descui-dado.» LB. ❚ «Y, cuando contestó que iba de lo más adecuado, lo dejamos. Para ada-nes ya tenemos los nuestros.» Virtudes, *Ri-mel y castigo.* ❚ «Adán. Se aplica a un hombre descuidado o desastrado en su arreglo per-sonal.» MM. ✔ es estándar y, como indica María Moliner, se escribe con minúscula.❚

adefesio *s.* persona, cosa fea.

«Pelleja, vieja perturbada, guarra, adefesio, miserable...!» Jesús Ferrero, *Lady Pepa.* ❚ «Ese adefesio me ha puesto de mala leche.» C. Pérez Merinero, *Días de guardar.* ❚ «Cuándo va a terminar el Ayuntamiento las obras de esa escalera y va a privarnos a los ojos bilbaínos de la afrenta de ese an-tiestético adefesio de tablas.» Juan Antonio de Zunzunegui, *Ay, estos hijos.* |✓ DRAE: «Persona o cosa ridícula, extravagante o muy fea.» Esta acepción aparece por primera vez en Ac. 1852: «Suele llamarse así a la persona ridícula o extravagantemente vestida.»|

adiós, adiós, muy buenas *expr.* expresión fatalista.

«¿Que no hay nada?, pues adiós muy buenas.» Andreu Martín, *Amores que matan, ¿y qué?*

2. decir adiós a algo *expr.* perder la esperanza de recobrarlo, renunciar a algo.

«He tenido que decirle adiós a mis estudios de piano; no tengo tiempo de ir al conservatorio.» FV. | «Pero si te caes, dile adiós al coche. ¿Entiendes?» Juan Madrid, *El cebo.* | «Decir adiós a algo. Despedirse de ello: no tener esperanzas de recobrarlo o conseguirlo.» MM.

adonis *s.* hombre atractivo.

«...si además es honrado y caballero, acaba por hacerse amar, aunque no sea un Adonis.» J. M.ª de Pereda, *Esbozos,* DH. | «...de la calenturienta mente de Julio Ramos ha nacido este adonis bien entendido que protagoniza [...] el primer comic gay de España.» El Mundo, La luna del siglo XXI, n.° 11, 18.12.98. |■" «Carmela ha conocido a un adonis, buenísimo.» |✓ DRAE: «m. fig. Joven hermoso».|

adoquín *s.* bobo, necio, torpe.

«Es un adoquín que no quiere hacer las paces con su hermana.» Antonio Alcalá Venceslada, *Voc. andaluz,* DH. | «...llamábamos adoquines a los del Círculo Recreativo...» Ángel Palomino, *Un jaguar y una rubia.* | «Adoquín. Tonto, ignorante.» R. Montero, *Diccionario de nuevos insultos...* |■" «No terminará la carrera nunca que para las matemáticas Pedro es un adoquín.» |✓ por las piedras de pavimentar, que son muy duras. Es estándar.|

adornar la frente (el frontal) *expr.* ser infiel la pareja.

«Tu mujer te los pone. Te adorna el frontal.» Jose-Vicente Torrente, *Los sucesos de Santolaria.* |■" «Juan no sabe que su mujer le adorna la frente con todos los que puede.»

aduana *s.* tienda de compra y venta de objetos robados.

«Lugar oculto donde los ladrones guardan lo robado.» DH. | «Aduana. Tienda de compra y venta de objetos robados.» Ra. |■" «Iremos a una aduana donde podremos vender todo el botín que tenemos.» |✓ «Lugar o local clandestino en que los ladrones juntan o acumulan las cosas hurtadas.», Guim, 1863.|

***adulador** cf. (afines) adulón, cepillón, chaquetero, cobero, cobista, comepollas, lameculos, lamerón, lameruzas, pelota, pelotero, pelotillero, que regala los oídos, rosca, tirahuevos, tiralevitas. |✓ ▶ *adular.*|

***adular** cf. (afines) bailar el **agua,* dar **betún,* hacer el **caldo gordo,* dar **coba,* besar el **culo,* chupar el **culo,* comer el **culo,* lameculos, levita, pelota, hacer la **pelota,* pelotear, peloterismo, pelotillero, dorar la **píldora.*

adulón *s.* adulador.

«Tenía toda la pinta de una clásica celestina, afligida y devota [...] adulona y gárrula.» J. L. Castillo-Puche, *Paralelo 40,* DH. | «Adulón. En lenguaje familiar, adulador.» DH. |■" «Eres un adulón y siempre estás lamiéndole el culo al jefe.» |✓ DRAE: «adj. fam. Adulador servil y bajo. Ú. m. c. s.».|

afanar *v.* hurtar, robar.

«Afanar. Hurtar, coger.» LB. | «...tus ahorros anteriores y las diez mil de las que afanaste al tío del Alfa-Romeo...» Andreu Martín, *Prótesis.* | «Mucho me temo que me han afanado la cartera en el autobús.» CL. | «...un hijo que se dedicaba a la lucrativa profesión de afanar carteras en los tranvías...» Ignacio Aldecoa, *El fulgor y la sangre.* | «...las gallinas... Sí. Que las afanaste del chalet del catedrático...» Rafael García Serrano, *Diccionario para un macuto.* | «Luego se desvió hasta la sección de perfumería, donde afanó un *eau de toilette...*» María Antonia Valls, *Tres relatos de diario.* | «La bisutería y los trapos que le había afanado...» C. Pérez Merinero, *La mano armada.* |✓ DRAE: «vulg. Hurtar, estafar, robar».|

***afectuoso, término afectuoso** cf. (afines) ▶ *palabra cariñosa.*

afeitar *v.* pasar rozando sin tocar, a punto de atropellar o golpear.

«El último trozo de metralla, después de afeitarle el pico a una cigüeña, rebotó en la campana.» Álvaro de Laiglesia, *Se prohíbe llorar,* DH. ▌ «Rozar, tocar apenas, pasar muy cerca.» DH. ▌◼ «Ese coche que ha pasado zumbando casi nos afeita, tío.»

*afeminado cf. (afines) amanerado, amaricarse, amariconado, amariconarse, amariposado, maricoide, mariconil, mariquita, que tiene un *ramalazo, rarillo, sarasa, sarasate, sarasón. ▌✔ ▶ *homosexual.*▌

afeminado *adj.* y *s.* que es y actúa como homosexual.

«Son una colección de afeminados.» Ignacio Aldecoa, *El fulgor y la sangre.* ▌ «Ir a la peluquería con frecuencia no es de afeminados.» Álvaro de Laiglesia, *Fulanita,* DH. ▌ «...su acento, levemente afeminado...» Luis Romero, *La corriente,* DH. ▌ «...un sultán afeminado y saltimbanqui...» Eduardo Mendoza, *La ciudad de los prodigios.* ▌ «Un hombre joven un poco afeminado...» Isabel Hidalgo, *Todas hijas de su madre,* 1988, RAE-CREA.

*afirmación cf. (afines) equilicuá, hala, vale, ya.

aflojar (la bolsa, el bolsillo) *v.* pagar, abonar.

«...no tuvo más remedio que aflojar el bolsillo.» Selgas, *Nuevas hojas,* DH. ▌ «Si Esteve afloja y tenemos perras...» Juan Goytisolo, *La resaca,* DH. ▌◼ «¡Afloja la pasta que me debes o te parto la cara!» ✔ ▶ *mosca, guita.*▌

aforar *v.* pagar, abonar.

«Aforar: Pagar, subvencionar, aportar.» JV. ▌ «Aforar. Apoquinar.» VL. ▌ «Aforar, aforar la pasta: pagar, cobrar.» JMO. ▌ «Aforar. Pagar el sueldo.» S. ▌ «Aforar. Poner, pagar...» Ra. ▌◼ «¿Cuánto tenemos que aforar cada uno?» ✔ no se ha podido documentar fuera de diccionarios.▌

afoto *s.* foto, fotografía.

«Por fin he logrado salir en una afoto.» A las barricadas, 18-24 mayo, 1998. ▌ «Egsposición de afotos tísticas.» A las barricadas, 18-24 mayo, 1998. ▌ «No sabes qué ilusión tan grande tuve al recibir tu carta y tu afoto...» P. Perdomo Azopardo, *La vida golfa de don Quijote y Sancho.*

afro *s.* peinado con el pelo muy cardado.

«Una muchacha negra, de peinado afro y dentadura perfecta.» Eduardo Liendo, *Los platos del diablo,* 1985, RAE-CREA. ▌ «Sí, hombre, y al rap, y me dejaría el pelo afro...» José María Sanz, Loquillo, El Mundo, 16.8.99. ▌ «Lleva un peinado afro de rizos muy pequeños.» CL. ▌◼ «Ahora llevan afros hasta las blancas, macho.»

agarrada, tener una agarrada *expr.* pelea, discusión.

«Pendencia o riña, pero no solamente de palabra...» F. J. Santamaría, *Mexicanismos,* DH. ▌ «Buena agarrada tuvimos...» Miguel Delibes, *Cinco horas con Mario.* ▌◼ «Vamos a tener una agarrada de miedo a cuenta del dinero que me debe el Saturnino.»

agarraderas *s. pl.* pechos.

«Agarraderas: Los pechos de la mujer.» L. Sandoval, *Dicc. Guatemaltequismos,* DH. ▌◼ «Era un aborto de tía pero tenía unas agarraderas de infarto y jodía de miedo.»

2. tener (buenas) agarraderas *expr.* tener influencias.

«El tal marqués, como es alguien en Madrid, pues tiene agarraderas en todas partes...» Ignacio Aldecoa, *El fulgor y la sangre.* ▌ «Y sin las agarraderas del gobernador, no sé qué va a ser de Quico Banderas.» Alejandro Núñez Alonso, *Gloria,* DH. ▌◼ «Pedro dice que no debemos preocuparnos porque tiene agarraderas en el Ayuntamiento.»

agarrado *adj.* y *s.* avariento, tacaño.

«Agarrao. Mezquino, avaro.» LB. ▌ «No seas tan agarrado y páganos una ronda.» CL. ▌ «La avaricia y la usura son plagas [...] A esta perversión corresponden muchos insultos: agarrado [...] apretado [...] cuentagarbanzos [...] rácano, roña, roñica, roñoso, tacaño [...] catalán, puño en rostro [...] cicatero...» AI. ▌ «...que aquí el que crió un cerdo lo mata de noche y a escondidas [...] son unos agarraos, hijo.» Juan Marsé, *Si te dicen que caí.* ▌ «...por ahí se dice que Ricardo es bastante agarrado...» Andreu Martín, *Amores que matan, ¿y qué?* |✓ DRAE: «fig. y fam. Tacaño, mezquino».|

2. más agarra(d)o que un chotis (tango) *expr.* muy tacaño.

«Lo que pasa es que tú eres más agarrado que un chotis.» José María Amilibia, *Españoles todos.* ▌ «...ser más agarrado que un chotis...» AI. ▐▄▀ «No le pidas ni un céntimo a tu tío. Es más agarrao que un tango.»

agarrarla *expr.* embriagarse.

«¿Te acuerdas de la que agarramos en la fiesta de nuestro pueblo?» Ignacio Aldecoa, *El fulgor y la sangre.*

¡agárrate! *excl.* exclamación de admiración, sorpresa.

«Y luego, agárrate, un Mercedes.» J. Jiménez Martín, *Ligar no es pecado.* ▌ «...es una cueva miserable en la que la putilla vive con... agárrate bien que te vas a caer...» M. Vázquez Montalbán, *El delantero centro fue asesinado al atardecer.* ▌ «Pero a Nuria se le mete en la cabeza que hay que pintar el almacén, porque hay que poner orden y, agárrate que resulta que quiere...» Andreu Martín, *Amores que matan, ¿y qué?* ▐▄▀ «¡Eusebio se casa con la Loli, que está preñá! ¡Agárrate!»

agenciarse *v.* obtener, conseguir.

«si no se resuelve pronto lo de la conserjería tendré que agenciarme un complemento.» Miguel Delibes, *Diario de un cazador,* DH. ▌ «...los zapatos de tacón que traía puestos no le iban en absoluto con el *look* que se había agenciado un par de horas antes.» María Antonia Valls, *Tres relatos de diario.* ▐▄▀ «Me he agenciado dos entradas para el partido del domingo.» |✓ DRAE: «Procurar o conseguir alguna cosa con diligencia o maña. Ú. t. c. prnl.».|

agilipolla(d)o *adj.* y *s.* necio, bobo, que se comporta como gilipollas.

«...llamar violentos a los asesinos que ejercen el terror en vez de llamarlos terroristas queda así como agilipollado.» Antonio Mingote, ABC, 27.1.98. ▌ «...decisiones agilipolladas en plena borrachera de coca.» Pedro Casals, *La jeringuilla.* ▌ «...según la cara y bolsillo del agilipollado turista.» Ramón

Escobar, *Negocios sucios y lucrativos de futuro.* ▌ «Ramón, que siempre anda medio agilipollado por la vida...» José Ángel Mañas, *Historias del Kronen.* |✓ dice C. J. Cela, *Diccionario secreto*: «La diferencia entre *gilipollas* y *agilipollado* se establece en función de la permanencia o transitoriedad del estado: se *es* gilipollas y se *está* agilipollado.»|

agilipollamiento *s.* acción y efecto de agilipollarse.

«La mujer lo sometió a una terapéutica de agilipollamiento y ya ves cómo está.» DS.

agilipollar(se) *v.* volverse tonto, atontarse, aturdirse.

«Que uno va y con el encierro se agilipolla, naturaca...» A. Zamora Vicente, *Historias de viva voz.* ▌ «*La Bella Turquesa* lo agilipolló con sus encantos.» DS. ▐▄▀ «Te estás agilipollando cada día más desde que te has jubilado.»

agonías *s.* pesimista, agorero, triste.

«No me seas agonías...» Lucía Etxebarría, *Beatriz y los cuerpos celestes.* ▌ «Agonías. Pusilánime, agorero, pesimista...» R. Montero, *Diccionario de nuevos insultos...* ▐▄▀ «Esta mujer siempre está quejándose de todo y todo lo ve negro, es una agonías de campeonato.»

¡agua! *excl.* grito de aviso.

«...y éste, parado en el umbral, hizo con la cabeza un gesto en dirección a la calle. —Agua —dijo. Los tres socios se agruparon a la puerta...» Arturo Pérez-Reverte, *La piel del tambor.* ▌ «Agua: aviso de la llegada de la policía.» Manuel Giménez, *Antología del timo.* ▌ «...el nervioso golpeteo de unos nudillos sobre la madera. ¡Agua! El sonido de una sirena invadió la calle.» Almudena Grandes, *Las edades de Lulú* ▌ «Dar el ¡agua! significa en caliente que la poli está cerca.» Juan Madrid, *Crónicas del Madrid oscuro.* ▌ «¡Agua! ¡Madera!» Mariano Sánchez, *La sonrisa del muerto.* |✓ empleado por criminales para avisar que viene la policía. ▶ *agua, dar el agua.*|

2. agua chirle ▶ *aguachirle(s).*

3. aguas mayores *expr.* defecar.

«...damos un volante para Poseidón (luego Neptuno). Siempre que sean aguas mayores. Si son aguas menores...» Virtudes, *Ri-*

mel y castigo. ‖ «Cuando los niños, en lugar de un dedo, levantan dos es que las aguas son mayores...» José M.ª Zabalza, *Letreros de retrete y otras zarandajas.*

4. aguas menores *expr.* orinar.

«Siempre que sean aguas mayores. Si son aguas menores, recomendamos otro dios, el dios Urólogo...» Virtudes, *Rimel y castigo.* ‖ «No tirar de la cadena tras hacer aguas menores...» Fernando G. Tola, *Cómo hacer absolutamente infeliz a un hombre.* ‖ «Su monarquía de usted hace agua y aguas. Aguas menores...» Arturo Pérez-Reverte, *El maestro de esgrima,* 1988, RAE-CREA.

5. bailar el agua *expr.* adular, halagar.

«...con la excepción de los chivatos, que siempre me vigilaron a la espera de cualquier cosa de la que pudieran informar a los funcionarios para bailarles el agua.» Victoriano Corral, *Delitos y condenas.* ‖ «Yo, boba de mí, le bailo el agua.» Pedro Casals, *Disparando cocaína.*

6. cambiar el agua a las olivas (a las aceitunas, a las castañas, a los garbanzos, al canario, al jilguero) *expr.* orinar.

«El senador don Casiodoro Jorquera Camarzana, que pasaba por allí, había entrado en el guáter del pub a cambiarle el agua al canario.» C. J. Cela, ABC, 25.1.98 ‖ «Agua. Mudar el agua a las castañas. Orinar.» LB. ‖ «Presión meadera. Es jocosa, aunque también achulada, como cambiar el agua a las castañas, al canario, o mudar el caldo de las aceitunas...» José M.ª Zabalza, *Letreros de retrete y otras zarandajas.* ‖ «Se usa sólo en la frase *cambiar el agua a las aceitunas,* mear (el hombre o el animal macho, naturalmente)...» DE.

7. como agua de mayo *expr.* deseado, necesitado y bien recibido.

«Martínez lo estaría esperando como agua de mayo.» Ernesto Parra, *Soy un extraño para ti.* |✓ DRAE: «1. loc. fam. con que se pondera lo bien recibida o lo muy deseada que es alguna persona o cosa.»|

8. con el agua al cuello *expr.* situación apurada y difícil.

«Toda la vida con el agua al cuello, trabajando hasta las nueve y las diez...» Ana Diosdado, *Trescientos veintiuno, trescientos veintidós,* 1991, RAE-CREA. ‖ «...si volvía al escenario de su hurto era porque estaba con el agua al cuello...» Fernando Arrabal, *La torre herida por el rayo,* 1982, RAE-CREA.

9. dar el agua *expr.* dar el aviso, prevenir.

«Dar el ¡agua! significa en caliente que la poli está cerca.» Juan Madrid, *Crónicas del Madrid oscuro.* ‖ «Un niño alto, lleno de mocos, [...] unos metros más allá de la furgoneta Mercedes desde la que con un teléfono móvil están atentos para dar el agua, para avisar de que llega la pasma (policía).» Virginia Ródenas, ABC, 8.11.98. ‖ ▪ «El chico de Pascual es el que da el agua mientras su padre monta los triles.»

10. hacer agua *expr.* ir, marchar mal un negocio o cosa, no tener fundamento algo.

«...destaparían una coartada que hacía agua por todas partes.» Andreu Martín, *Lo que más quieras.* ‖ «Su monarquía de usted hace agua y aguas. Aguas menores...» Arturo Pérez-Reverte, *El maestro de esgrima,* 1988, RAE-CREA.

11. hacer aguas *expr.* orinar.

«Se prohibe hacer aguas (meos) bajo multa de cien sestercios.» C. J. Cela, ABC, 14.6.98. ‖ «...uno va a los cafés y los encuentra llenos de escritores escribiendo dramas y artículos, tomando café con leche y haciendo aguas.» C. J. Cela, *El gallego y su cuadrilla.* ‖ «Lugar público destinado en las poblaciones para que los transeúntes puedan hacer aguas.» DRAE. ‖ «Su monarquía de usted hace agua y aguas. Aguas menores...» Arturo Pérez-Reverte, *El maestro de esgrima,* 1988, RAE-CREA. ‖ «¿No ibas a hacer aguas?» C. Pérez Merinero, *La mano armada.* |✓ es estándar. No confundir con ▸ *hacer agua.*|

12. hacerse la boca agua *expr.* alegrarse uno mucho por algo al recordar su sabor.

«Se me hace la boca agua.» José Donoso, *Casa de campo,* 1978, RAE-CREA. ‖ «...se me hace agua la boca nada más que de imaginar que...» Mario Benedetti, *Primavera con una esquina rota,* 1982, RAE-CREA. |✓ ▸ *boca, hacerse la boca agua.*|

aguachirle(s) *s.* bebida de mala calidad.

«El viajero [...] sorbió aquella noche una de las peores aguachirles de las que se guarda memoria histórica.» C. J. Cela, *Viaje al Pirineo de Lérida.* ▮ «...de café no tenía nada, excepto el color; es aguachirle, pero sienta bien...» Eleuterio Sánchez, *Camina o revienta.* ▮ «...y terminó en un santiamén de adecentarse para la dura sesión de aguachirle...» Jaime Romo, *Un cubo lleno de cangrejos.* ▮ «El expresso es muy amargo. Muy fuerte. —Preparar aguachirle con esta maravilla...» Pedro Casals, *Hagan juego.* ✓ DRAE: «f. Cualquier bebida o alimento líquido, como vino, caldo, miel, etc., sin fuerza ni sustancia».▮

aguachirri *s.* líquido, sopa, café, bebida de baja calidad.

«Aguachirri: comida sin tropezones ni sustancias, o bebida floja, por ejemplo, café poco cargado.» F. Guerra Navarro, *Contr. Lex. Gr. Cana.* DH.

aguador *s.* el que avisa de la llegada de la policía.

«En este caso la puesta en escena la realiza un numeroso grupo de personas (echador, apostadores, aguadores...)» Manuel Giménez, *Antología del timo.* ✓ por ▸ *agua, dar el agua.*▮

aguafiestas *adj.* y *s.* pesimista, triste.

«¿No puedes decirle a ese aguafiestas que ahueque?» Juan Madrid, *Un beso de amigo.* ▮ «Mi humorismo no es de ninguna manera como el de otros, un humorismo aguafiestas.» R. Gómez de la Serna, *Automoribundia.* ▮ «Pero el general Longa [...] es un aguafiestas.» Tomás Salvador, *Cuerda de presos,* DH. ▮■ «Siempre encuentra peros a todo y va por ahí con una cara así de larga. Es un aguafiestas.» ✓DRAE: «com. Persona que turba cualquier diversión o regocijo.»▮

***aguantar** cf. (afines) aguantar *carros y carretas, apechar, ¿no queréis *caldo? Pues dos tazas, chupar, tener poca *correa, joderse, jorobarse, aguantar *mecha, armarse de *paciencia, tener buenas *espaldas, tragar *quina, paciencia y barajar, sanjoderse cayó en lunes, ir *tirando, tragar saliva. ✓ ▸ *paciencia.*▮

aguantar, ¡aguanta! *excl.* ¡paciencia!, ¡tranquilidad!

«Pero tú aguanta hasta mañana...» José Ángel Mañas, *Historias del Kronen.* ▮■ «Todo quedará perfecto. Aguanta y ya verás, jodido de mierda.»

2. aguantar un pelo *expr.* tener paciencia, esperar.

«¡No, por tu padre, aguanta un pelo! No puedes estornudar...» Juan José Alonso Millán, *Sólo para parejas,* 1993, RAE-CREA. ▮■ «Le dije que aguantase un pelo porque no iba a dejar que me achuchase.»

3. ¡te aguantas! *expr.* fastidiarse, resignarse.

«Si no te gusta, te aguantas.» CL. ▮■ « ¡Te aguantas si te han despedido por ladrón!»

águila *s.* persona astuta, taimada.

«El caguetas no es un águila en los tratos...» Andrés Berlanga, *La gaznápira.* ▮■ «¡Vaya águila estás tú hecho, Claudio!» ✓ Guim, 1863, «germ. Ladrón astuto, sagaz, mañoso». Para el DRAE es «persona de mucha viveza y perspicacia.»▮

agujero *s.* vulva, órgano genital de la mujer.

«Porque, desengáñate Sara, todos buscan lo mismo, cerdos machistas: ¡el agujerito!» Andrés Berlanga, *La gaznápira.* ▮ «Coño: agujero, almeja, aparato, castaña, chichi, concha, chocho, chumino, chupajornales, conejo, higo, raja, seta.» José M.ª Zabalza, *Letreros de retrete y otras zarandajas.* ▮■ «Alfredo la coló a la Mercedes en el agujero y se la folló pero bien.»

2. sitio desagradable.

«Lo que pasa es que ya ves cómo estamos en este agujero...» Rafael Mendizábal, *Mala yerba,* 1989, RAE-CREA. ▮ «¿Creías que era fácil vivir en este agujero, eh?» José María Guelbenzu, *El río de la luna,* 1981, RAE-CREA. ▮■ «¡Estoy harta de vivir en este agujero de mierda. Quiero una casa de verdad!»

3. agujero del culo *s.* ano.

«Pero no me bastó con eso; levanté el rostro y procedí a lamerle el agujero del culo. ¡Era delicioso!» C. Ducón, *El hotel de las orgías.* ▮ «...no eres uno de esos subnormales capaces de soplar las velas de una tarta con el agujero del culo.» Ray Loriga, *Héroes*, 1993, RAE-CREA. ▌«La excitación le oprime el agujero del culo, no le permite estar quieto, casi le ahoga.» Andreu Martín, *Prótesis*. ▌▪▪ «Intenté meterle el dedo por el agujero del culo pero no se dejó.»

agur *expr.* adiós.
«Bravísimo. ¡Chúpate esa! Ya tenemos coche [...] abur.» B. Pérez Galdós, *La familia de León Roch*. ▌▪▪ «Nos veremos pasado mañana. ¡Agur!» ✓ ▸ también *abur.*▌

ahorcarse *v.* contraer matrimonio.
«Ahorcarse. Casarse.» VL. ▌«Ahorcarse: casarse.» JMO. ▌▪▪ «Carlos ya se ha ahorcado. Se casó con Matilde la semana pasada.» ✓ no se ha podido documentar fuera de diccionarios.▌

ahorrillos *s. pl.* pequeña cantidad de dinero extra.
«Me cansé y como tenía unos ahorrillos...» Juan Madrid, *Las apariencias no engañan*. ▌▪▪ «Me voy de vacaciones porque tengo unos ahorrillos, poca cosa.»

ahuecar *v.* irse, marcharse.
«¿No puedes decirle a ese aguafiestas que ahueque?» Juan Madrid, *Un beso de amigo*. ▌ «¿Es que no hay otro sitio en toda la casa? Anda, ahueca de ahí...» Gomaespuma, *Familia no hay más que una*.

2. ahuecar el ala ▸ *ala, ahuecar el ala.*

aire *expr.* darse prisa.
«...anda, paga y aire, que tengo el coche tapando la calle...» Ramón Ayerra, *Los ratones colorados*. ▌▪▪ « ¡No te duermas! ¡Aire!»

2. salir, marcharse.
«Esto no es un balneario ni un circo, les dijo, así que aire. Y las puso de patitas en la calle...» Arturo Pérez-Reverte, *La piel del tambor*. ▌ «Y tú, aire. Venga, date el piro.» Juan Madrid, *Turno de noche.*

3. al aire *expr.* desnudo, sin tapar.
«...que asco, la niñita en la ventana con las tetas al aire...» Fernando G. Tola, *Cómo hacer absolutamente infeliz a un hombre*. ▌«Hacen bien en salir como salen con sus cosas al aire. Si yo pudiera, también haría lo mismo...» Chumy Chúmez, *Por fin un hombre*

honrado. ▌ «...siempre con las chichas al aire...» Andrés Berlanga, *La gaznápira*. ▌«...le eché un vistazo a las tetorras. Las llevaba al aire...» C. Pérez Merinero, *Días de guardar*, 1981, RAE-CREA. ▌«Jovencitas de piercing y ombligo al aire que brillan con orgullo propio sobre los marmolillos que tienen alrededor.» La Luna, El Mundo, 30.4.99.

4. al aire de uno *expr.* al ritmo de uno, a su manera.
«También hay quien lo utiliza como letrina, lo que significa que aún se trata de personas que andan a su aire y que han perdido la fe.» José M.ª Zabalza, *Letreros de retrete y otras zarandajas*. ▌«Mickey Rourke ha sido demandado por su casera, que asegura que el actor dejaba a sus perros orinar a su aire dentro de la mansión que le había alquilado.» Ragazza, julio, 1997. ▌«Insistió en que así obraría más a mi aire, y mi comportamiento resultaría más natural.» Ernesto Parra, *Soy un extraño para ti*. ▌«Tú juega a tu aire.» M. Vázquez Montalbán, *El delantero centro fue asesinado al atardecer.* ▌ «Todo el mundo hablaba a la vez, los borrachos cantaban, cada cual a su aire...» Eduardo Mendoza, *La verdad sobre el caso Savolta.* ▌ «...en mi casa cada cual ha ido siempre a su aire.» B. Pérez Aranda *et al.*, *La ex siempre llama dos veces.*

5. darle un aire a uno *expr.* darle algo a uno, no sentirse bien.
«Pobrecito, le ha dado un aire y miren las cosas que hace.» Rambla, n.º 18.

6. darse aires ▸ *dar, darse aires.*

7. tomar el aire *expr.* dar un paseo.
«...tomando el aire antes de...» Jaime Bayly, *Los últimos días de la prensa*, 1996, RAE-CREA. ▌▪▪ «Después de cenar siempre vamos a tomar el aire al parque.»

ajo *s.* dosis de LSD.
«Ajo. Nombre que recibe el LSD...» Joseba Elola, *Diccionario de jerga juvenil*. ▌«Ajo: Dósis pequeña de L.S.D.» JGR. ▌«Ajo. Dosis pequeña de ácido lisérgico.» S. ▌«Ajo. Ácido, tripi.» Ra. ✓ no se ha podido documentar fuera de diccionarios.▌

2. estar (meter) en el ajo *expr.* ser, hacer partícipe, estar al tanto.

«Además, con Eddie en el ajo, podía correr sangre.» Pgarcía, *El método Flower*. ▌ «...el voto debe reservarse para los que compiten, para los que están en el ajo.» Álvaro de Laiglesia, *Hijos de Pu*. ▌ «Y Eulalia, ¿también estaba en el ajo?» Pedro Casals, *La jeringuilla*. ▌ «...unos diez o veinte tipos que están en el ajo del asesinato...» Ramón Escobar, *Negocios sucios y lucrativos de futuro*. ▌ «En cuanto a Miss Topcheck, estaba en el ajo desde el principio...» Metal Hurlant, 1998. ▌ «...hasta a mí, que estaba en el ajo, se me puso mal cuerpo.» Fernando Martín, *Cómo aprobar todo sin dar ni chapa*. ▌ «...don Francisco de Quevedo, al que siempre los editores meten en el ajo...» José Gutiérrez-Solana, *Madrid callejero, Obra literaria, II*. ▌ «¡Ya sabía que tú también estabas en el ajo!» R. Montero, *Diccionario de nuevos insultos...* ▌ «Tu mujer está muy en el ajo de lo que se lleva...» C. Rico-Godoy, *Cómo ser infeliz y disfrutarlo*. ☑ «Asunto sospechoso, negocio poco decente y algo turbio, en que se mezclan varias personas...», Guim, 1863.▌

ajumado *adj.* y *s.* ebrio, borracho.
«Jacinta no se atrevió a decir borracho. [...] Dilo, hija. Di ajumao, que es más bonito y atenúa un poco la gravedad de la falta.» B. Pérez Galdós, *Fortunata y Jacinta*. ▌ «...el borracho [es] ajumao, borrachín, [...] cogorzas, [...] esponja, beodo,... mamado,...» AI. ▌ «Lo que me contó hace años un cliente ajumado es lo siguiente...» C. Pérez Merinero, *Días de guardar*. ▌ ▄ «El portero de nuestro edificio está siempre ajumao.» ☑ Luis Besses, *Diccionario de argot español*, «Ajumarse: emborracharse». El *Diccionario histórico* dice: «se dice del hombre de cabellera larga...».▌

ajuntarse *v.* ser amigos.
«¡Cuántas veces hemos oído decir a los niños: yo no me ajunto contigo!» Cullen, *Arcaísmos lex.*, DH. ▌ «No le ajunta a Milosevic.» Noticias, Telecinco, 30.7.99. ▌ ▄ «Yo no me ajunto con esos, que son maricas.»

al fondo a la derecha ▶ *fondo, al fondo a la derecha*.

ala, ahuecar el ala *expr.* irse, marcharse.
«...y lo mejor era cubrirse las espaldas ahuecando el ala.» C. Pérez Merinero, *Días de guardar*. ▌ «—Ahueca el ala, Nena, o te estampo contra la pared.» Andreu Martín, *Prótesis*. ▌ «Ahuecar el ala. Marcharse.» LB. ☑ ▶ *culo, ahuecar el culo*.▌

2. del ala *expr.* elipsis de pesetas.
«Cinco, seis, & del ala. Cinco, seis & pesetas.» Luis Besses, *Diccionario de argot español*. ▌ «La carta advertía que esperaban recibir, al menos, 15.000 del ala.» Andreu Martín, *El señor Capone no está en casa*. ▌ ▄ «La cena de las narices me ha costado treinta mil del ala.»

3. tocado del ala *expr.* demente, loco.
«...pero no sé por qué me parece que está un poco tocado del ala...» Miguel Martín, *Iros todos a hacer puñetas*.

alambre *s.* persona delgada.
«Si uno es alto, flaco y más bien endeble, se le llamará: alambre [...] chupado [...] escoba [...] espárrago [...] espingarda; fideo [...] palillo [...] saco de huesos...» AI.

alante *adv.* delante, adelante.
«Hay que volver a las esencias, pero muleta alante y pata alante.» El Mundo, 30.5.96. ▌ «Para atrás y para alante.» J. L. Alonso de Santos, *Pares y Nines*, 1989, RAE-CREA. ▌ «Desde el siglo pasado, por lo menos, anda por los arrabales del idioma ese *alante*, como sustituto de *adelante*.» Fernando Lázaro Carreter, *El dardo en la palabra*. ▌ ▄ «Esos dos van por ahí alante.» ☑ ▶ *palante*.▌

*alardear cf. (afines) chulear, darse aires, darse *pote, echarse *faroles, fantasmear, fardar, niquelar, ponerse *moños, tirarse el *folio, tirarse el *moco, tirarse el *rollo, tirarse *pegotes.

albaneses *s. pl.* dados de jugar.
«m. pl. En germanía, dados de jugar.» DH. ▌ «Del color blanco parten las siguientes derivaciones: la sábana, es blanca, es alba [...] los dados, por lo mismo, son albaneses...» Salillas, *Lenguaje delincuente español*, DH.

*albañil cf. (afines) alondra.

albondiguilla *s.* mucosidad nasal seca.
«Pelotilla de moco seco.» DH. ▌ «Se aplica a las pelotillas de moco seco que hacen a ve-

ces los chicos con el que sacan de las narices.» MM. ▌ «No pringuéis el mantel con albondiguillas, por favor, que me da mucho asco.» ✔ se llaman así porque son secos y parecen albóndigas pequeñas. ▶ *pelotillas.*▐

2. hacer albondiguillas *expr.* hacer pelotillas con las mucosidades nasales secas.
«Hacer albondiguillas. Andarse con los dedos en la nariz.» LB. ▌ «¿Cuántas veces te he dicho que es de pésima educación hacer albondiguillas?» CL. ▌▪ «Los tíos, en cuanto paran en un semáforo se ponen a hacer albondiguillas con los mocos.» ✔ ▶ *pelotillas.*▐

alcachofa *s.* vulva, órgano genital de la mujer.
«...a lo que replica ella [...] que a ella no la hace callar ni [...] y que ella dice lo que le sale de la alcachofa que qué pasa.» Eduardo Mendoza, *Sin noticias de Gurb.* ▌▪ «Ella se había abierto de piernas y el tío le estaba magreando la alcachofa.»

alcance, de pocos alcances *expr.* de escasa inteligencia, bobo, tonto.
«¡Luzmán, no cambiarás nunca! ¡Qué pocos alcances tienes!» Javier Garcimartín, *La posada del arenal,* 1994, RAE-CREA. ✔ sobre alcance dice el DRAE: «fig. Capacidad física, intelectual o de otra índole que permite realizar o abordar ciertas cosas o acceder a ellas. *Las cuestiones metafísicas están fuera de mi alcance».*▐

***alcohólico** cf. (afines) ▶ *ebrio.*

alcornoque *s.* bobo, necio, torpe.
«—Pues yo no quiero tierras. —Pues las conquistaron con las armas tus abuelos, alcornoque.» L. Martínez Kleiser, *Carcajada,* DH. ▌«Alcornoque. Se dice de una persona de poca penetración, de marcada estupidez.» Guim, 1863. ▌«¿No acabas de comprender pedazo de alcornoque, que...» José Donoso, *Casa de campo,* 1978, RAE-CREA. ▌«¡Pero si yo niego la menor, alcornoque!» Leopoldo Alas, Clarín, *La regenta,* 1884. ▌▪ «¡Estúpido, más que estúpido! ¡Eres un alcornoque!» ✔ del árbol del mismo nombre. Se intensifica con *pedazo de...*▐

aldaba, de puta aldaba *expr.* bueno, grande.
«...jodió la sábana con un desgarrón de puta aldaba...» Ramón Ayerra, *Los ratones colorados.* ▌▪ «Tiene una mancha en el techo de puta aldaba.»

aldabas *s. pl.* pechos de mujer.
«Aldaba. Mellizo, pecho, teta.» Ra. ▌«Aldabas: pechos femeninos.» JV. ▌«Aldabas: pechos femeninos.» JMO. ▌«Aldabas. Tetas.» VL. ▌«Aldabas. Pechos.» S. ▌▪ «Es una tía muy alta y cuando me acerco casi me pone las aldabas en la boca.» ✔ no se ha podido documentar fuera de diccionarios.▐

2. asidero, orejas.
«Aldaba. pl. En germanía, asas u orejas.» DH.

3. influencias.
«Tener, agarrarse de, a, buenas aldabas: contar con buen apoyo.» Mateus, *Prov. Ecuatorianos,* DH.

***alegre** cf. (afines) ▶ *contento.*

alegre *adj.* ebrio, borracho.
«Él se puso alegrote y consiguió poner alegrotas a las muchachas.» Antonio Alcalá Venceslada, *Voc. andaluz,* RAE. ▌«La mecanógrafa estaba alegre, casi borracha.» P. Álvarez, *Dos caminos,* RAE. ▌«Alegre. Más o menos bebido, más o menos achispado...» Guim. ▌«Si a un individuo se le tacha de borracho ya existe intención despectiva en la expresión; no es lo mismo que decir alumbrado, bebido, alegre, chispa...» Ángel Palomino, *Insultos, cortes e impertinencias.* ▌▪ «Creo que Encarna sólo ha tomado una copita y ya está alegre y restregándose con todos.» ✔ DRAE: «8. fig. y fam. Excitado vivamente por haber bebido vino u otros licores con algún exceso».▐

2. alegre (contento) como unas castañuelas *expr.* muy alegre.
«...continuamos dándole al copetín más contentos que unas castañuelas...» C. Pérez Merinero, *Días de guardar.* ▌«...uno ha nacido para estar siempre alegre como unas castañuelas...» José Gutiérrez-Solana, *Madrid, escenas y costumbres, Obra literaria, I.* ▌«Alegres como unas castañuelas, los angelitos se despiden de la señorita con un

beso.» Juan Marsé, *La oscura historia de la prima Montse.* ❙ «Y doña Fernanda más contenta que unas castañuelas.» B. Pérez Aranda *et al.*, *La ex siempre llama dos veces.* ❙ «De André Gide se puede decir casi todo menos que fuera alegre como unas castañuelas.» Manuel Hidalgo, El Mundo, 4.9.99. ✔ también *más alegre que unas castañuelas.*❙

alegría, alegría de la huerta *expr.* persona muy alegre.

«El Greco, a lo que parece, no era la alegría de la huerta...» Manuel Hidalgo, El Mundo, 1.5.99. ❙ «No necesitas ser la alegría de la huerta, el ambiente ayuda mogollón...» Ragazza, julio, 1997. ❙ «No veo a nuestra alegría de la huerta, a nuestro Tomate.» M. Sánchez Soler, *Festín de tiburones.*

2. dar saltos de alegría *expr.* estar muy alegre.

«En la tele una señora está dando saltos de alegría...» Jordi Sierra i Fabra, *El regreso de Johnny Pickup,* 1995, RAE-CREA. ❙ «...dar saltos de alegría por algo bueno que me ha pasado...» Manuel Hidalgo, *Azucena, que juega al tenis.* ❙ «Kofi Annan cree que es prematuro ponerse a dar saltos de alegría.» El País, 4.5.99.

3. loco de alegría *expr.* muy contento, alegre.

«El conde estaba loco de alegría.» Juan Ramón Zaragoza, *Concerto Grosso,* 1981, RAE-CREA. ❙ «...y todo el mundo se puso loco de alegría...» Miguel Barnet, *Gallego,* 1981, RAE-CREA.

alegrías *s. pl.* genitales masculinos.

«Un ratón de lo más bribonzuelo mordisqueaba las alegrías.» Ramón Ayerra, *La lucha inútil,* 1984, RAE-CREA. ❙ «Como el bañador le estaba grande se le veían las alegrías al viejo.» JM. ❙ «...que ninguna sombra perturbe las alegrías que vienen con el hombre al mundo colgando de la minina...» Ramón Ayerra, *Los ratones colorados.* ❙▪ «La Asun es una guarra; enseguida me metió mano a las alegrías, la muy puta.»

alelado *adj.* bobo, necio, torpe.

«¿Pues qué le sucede? Llevaba cara de alelado.» Corín Tellado, *Mamá piensa casarse.* ❙

«...se me borraron las palabras de la frente y debí quedar con cierto aire de alelada.» Ángel A. Jordán, *Marbella story.* ❙ «¿Te has quedado alelado?» Juan Madrid, *El cebo.* ❙ ▪ «Se ha quedao alelao y medio bizco mirando a tu mujer.»

alemanita *s.* masturbación.

«...es la pajillera del cine Rueda, la llaman Carmen la Capitana [...] La llaman también la Alemanita. ¿Entendés? Ale-manita, ale-manita.» Mariano Sánchez, *Carne fresca.* ❙ «...la alemana la tengo siempre aquí..., ja, ja, ale... manita, ale... manita, ale... manita. ¿Lo pillas?» Jaime Romo, *Un cubo lleno de cangrejos.*

alerón *s.* sobaco.

«Por otra parte, se recoge *alerones* por *axilas,* pero no la locución —frecuentísima— *cantarle a uno los alerones...*» Ricardo Senabre, El Cultural, El Mundo, 24.10.99. ❙ «Alerón: axila, sobaco.» JMO. ❙ «Alerón. Sobaco.» VL. ❙ «Alerón. Sobaco.» S. ❙ ▪ «Las nórdicas tienen pelo en los alerones que les huelen un montón.»

2. cantar los alerones ▸ cantar, cantar los alerones.

alfiler, no caber (ni) un alfiler *expr.* lleno, lleno de gente.

«—No puede ser. Se presentó Leguineche sin avisar —mentí— para quedarse a dormir. No cabe un alfiler.» Ernesto Parra, *Soy un extraño para ti.* ❙ «En la habitación ya no cabía un alfiler...» B. Pérez Aranda *et al.*, *La ex siempre llama dos veces.*

algo por el estilo *expr.* similar, parecido.

«...alguna puñetera alergia a las distracciones de la vida o algo por el estilo...» Ramón Ayerra, *Los ratones colorados.*

aligerar *v.* robar.

«Hasta diez millones le aligeró a un paciente para curarle de algo incurable...» Manuel Giménez, *Antología del timo.*

2. aligerar(se) *v.* irse, marcharse.

«Aligerar. Irse, marcharse.» Joseba Elola, *Diccionario de jerga juvenil,* El País Semanal, 3.3.96. ❙ ▪ «¡Aligérate pronto, macho, que vas a llegar tarde!» ❙ «Te pone un trozo de tortilla de patata delante del plato, un vaso de agua y un trozo de pan y te diga que venga, que aligeres...» Elvira Lindo, MiPaís, El País, 20.11.99.

3. aligerarse por la verdú *expr.* marcharse, irse.

«Me aligeré por la verdú en cuanto me dieron el queo de que...» Raúl del Pozo, *Noche de tahúres.*

alipori *s.* vergüenza ajena.

«Un humor bastante alemán, que a mí personalmente, me produce un alipori irrefrenable.» A. Ussía, ABC, 3.1.99. ❙ «Dice Alfonso Guerra que Císcar le produce vergüenza ajena, o sea, alipori o *lipori,* como escribía D'Ors y como defiende mi empecinado amigo Pepe García Baró.» Jaime Campmany, ABC, 24.5.98. ❙ «No hablemos más de este Álvaro, porque me está dando el alipori.» Terenci Moix, *Garras de astracán.* ❙ «Oigo a Cristina (Almeida) por la radio, en la propia caricatura de su voz, y siento una mijita de alipori.» Antonio Burgos, El Mundo, 15.2.98. ❙ «La gripe me ha regalado el sentido de la vergüenza ajena, del alipori.» A. Ussía, ABC, 1.3.98. ❙ «Me da alegría no sentir aquella vergüenza y alipori que los andaluces experimentamos...» El Mundo, 13.6.94.

aliviar *v.* robar, hurtar.

«Aliviar. Robar.» LB. ❙ «...mientras el carterista aliviaba a la víctima, un tercero debía distraer a ésta...» Juan Goytisolo, *La resaca,* RAE. ❙ ◼ «En el metro, y como te descuides, te alivian la cartera en un abrir y cerrar de ojos.»

aliviarse *v.* defecar, orinar.

«...sin indicación alguna, aliviándose a tientas, y a los que se llega por intuición u olfato.» José M.ª Zabalza, *Letreros de retrete y otras zarandajas.* ✓ DRAE: «5. fig. Descargar de superfluidades el cuerpo o sus órganos. Ú. t. c. prnl.».❙

alivio *s.* abogado.

«Alivio: abogado.» Manuel Giménez, *Antología del timo.* ❙ «Alivio. Abogado defensor. Procurador.» LB. ❙ «Alivio. Abogado.» JGR. ❙ «Alivio: abogado defensor.» JMO. ❙ ◼ «El preso de la ciento catorce dice que necesi-

ta un alivio para defenderse, aunque es inocente.» ✓ Guim en su *Nuevo diccionario de la lengua castellana,* 1863, dice: «Germ. Descargo que da el que está preso.»❙

allá, allá tú (usted, él, etc.) *expr.* atenerse a las consecuencias.

«Eso no es cosa mía. Si usted les teme, allá usted.» Geno Díaz, *Genocidio.*

2. estar p'allá *expr.* demente, loco.

«Pero usted está p'allá, señora, vaya lenguaje.» C. Rico-Godoy, *Cómo ser infeliz y disfrutarlo.* ❙ «Eres tú la que estás p'allá.» C. Rico-Godoy, *Cómo ser infeliz y disfrutarlo.*

3. no muy allá *expr.* no muy bueno.

«Hombre, hay uno. Lo que pasa es que no es muy allá.» Álvaro Pombo, *Los delitos insignificantes.*

alma, con toda el alma *expr.* muchísimo, con fuerza, con ahínco.

«...y hablando con voz baja y pastosa que yo detestaba con toda mi alma.» Fernando G. Tola, *Mis tentaciones.* ❙ «Kus Kus le arreó una patada con toda su alma...» Álvaro Pombo, *El héroe de las mansardas de Mansard,* 1983, RAE-CREA.

2. alma de cántaro *expr.* buena persona.

«Pues pregúntala ya, alma de cántaro» Eduardo Mendicutti, *El palomo cojo,* RAE-CREA. ❙ «Yo porque soy un alma de cántaro, que si no...» Eduardo Mendoza, *La ciudad de los prodigios.* ❙ ◼ «Pobre Matías, es un alma de cántaro y todos se aprovechan de él.»

3. caérsele a uno el alma a los pies *expr.* decepcionarse, desilusionarse.

«Cuando llego se me cae el alma a los pies.» Eduardo Mendoza, *Sin noticias de Gurb.*

4. ir como alma que lleva el diablo ▶ *diablo.*

5. (ni) un alma *expr.* nadie.

«No había un alma en toda la calle.» Juan Marsé, *Si te dicen que caí.*

6. no poder con el alma *expr.* muy cansado, agotado.

«¡Pero si esta criatura no puede con su alma!» Juan Marsé, *Últimas tardes con Teresa.* ❙ «...y luego arrean al caballo que no puede con su alma.» José Gutiérrez-Solana, *Madrid, escenas y costumbres, Obra literaria, I.*

7. almas gemelas *expr.* personas que tienen personalidad parecida.

«Tenemos almas gemelas, Carvalho.» M. Vázquez Montalbán, *El delantero centro fue asesinado al atardecer.*

almeja *s.* vulva, órgano genital de la mujer.

«Ah, me acaricio la almeja [...] el chocho... ¡Cuánto me hago gozar!» C. Ducón, *El hotel de las orgías.* ▌ «Gran ovación y petición de pelambrera [...] y almeja.» Amelia Díe y Jos Martín, *Antología popular obscena.* ▌ «...se estremeció y se estiró cuando hundí mi lengua voraz entre los labios de su almeja.» C. Ducón, *El hotel de las orgías.* ▌ «¡Tu almeja es una maravilla! Cómo rezuma de jugo pegajoso en mis dedos, zorra.» SM Comix, n.° 29. ▌ «Coño: agujero, almeja, aparato, castaña, chichi, concha, chocho, chumino, chupajornales, conejo, higo, raja, seta.» José M.ª Zabalza, *Letreros de retrete y otras zarandajas.* ▌ «Venga, vete poniendo el chorro de la ducha en la almeja que no quiero olores en el coche.» Jaime Romo, *Un cubo lleno de cangrejos.* ▌ «...me dijo que lo legal era bajarme al pilón y coloqué mis bembos sobre su almeja, fresquita y húmeda...» C. Pérez Merinero, *La mano armada.*

2. cantar la almeja *expr.* oler la vulva, el órgano genital de la mujer.

«...una catequista, la almeja le cantaba a incienso, la tuve sentada en mis narices...» Juan Marsé, *Si te dicen que caí.*

almirante *s.* portero uniformado de edificio.

«Almirante: portero, conserje de finca urbana.» Manuel Giménez, *Antología del timo.* ▌ «...regresé al arroyo y respondí con un gruñido a las reverencias del almirante [...] y eché un ojo alrededor para ver si había algún chocho loco que me petase.» C. Pérez Merinero, *La mano armada.* ▌▪" «El almirante de la casa de Don Agapito no creo que te deje pasar vestido así.»

almóndiga *s.* albóndiga.

«También se puede decir almóndigas; es una vulgaridad, pero lo admite la Real Aca-

demia.» María Teresa Campos, *Cómo librarse de los hijos antes de que sea demasiado tarde.*

almudena *s.* cementerio.

«La Almudena, cementerio (de Madrid).» JV. ▌▪" «Más tarde o más temprano todos vamos a acabar en la Almudena.»

alobao *adj.* atontado.

«Alobao: atontado.» Ángel Palomino, *Insultos, cortes e impertinencias.*

2. *s.* persona de mal carácter.

«Alobao. Persona de carácter áspero, agrio, desagradable.» IND.

alondra *s.* albañil.

«Alondra: albañil.» Manuel Giménez, *Antología del timo.* ▌ «Alondra: albañil.» JV. ▌▪" «El alondra ése del andamio lleva tortilla de patatas en la tartera, como los de antes.»

alpargata, darle (a golpe de) a la alpargata *expr.* andar, caminar, pasear.

«Si quieres viajar a Alicante, vete a golpe de alpargata.» P. Perdomo Azopardo, *La vida golfa de don Quijote y Sancho.* ▌▪" «Hemos venido a golpe de alpargata, despacito, sin prisas.»

alpiste *s.* comida.

«Alpiste. Algo pá picar, para papear flojito mientras se hace tiempo...» Ragazza, julio, 1997. ▌ «Alpiste. Comida.» JMO. ▌ «Darle al alpiste: comer.» JMO. ▌ «Alpiste. Comida.» VL. ▌▪" «A ése lo que más le gusta es el alpiste que le prepara su mujer.»

2. dinero.

«Dinero... alpiste.» DH. ▌ «Dejar a alguien sin alpiste. Privar a una persona de los medios de vida.» DH.

3. bebida alcohólica, vino.

«Pa que ninguno esté triste, le mentamos el alpiste?» DH. ▌ «Alpiste: vino, bebida alcohólica.» JMO. ▌ «El alpiste: el vino.» JV. ▌ «Alpiste. Bebida alcohólica, especialmente vino.» VL. ▌ «Alpiste. Vino o bebida alcohólica.» S. ▌ «Alpiste. Vino...» Ra. ▌ «Alpiste. Bebida espiritosa.» Germán Suárez Blanco, *Léxico de la borrachera.*

altar, llevar (pasar por el) al altar *expr.* casarse.

«Frecuentemente en las construcciones *ir al altar,* casarse, y *llevar al altar a una persona,* casarse con ella.» DH. ❚▰ «Han tenido que pasar por el altar porque ella andaba con bombo, ¿sabes?»

alterne *s.* prostitución.

«Era como si mi tieta Remei se dedicara al alterne.» M. Vázquez Montalbán, *Los alegres muchachos de Atzavara.*

2. chica de alterne *s.* cabaretera, camarera de barra americana.

«Existe la tendencia de asociar la camarera de alterne con la prostituta.» DH. ❚ «Relación complaciente, que puede llegar o no a la prostitución, de camareras y cabareteras, llamadas también chicas de alterne, de algunos establecimientos públicos, con sus clientes.» Germán Suárez Blanco, *Léxico de la borrachera.* ❚ «Felisa trabaja de chica de alterne en un bar de la carretera de Andalucía.» DCB.

alto, **alto copete** *expr.* importante.

«...un caballero portugués, dejó traslucir que de alto copete, pero...» Gonzalo Torrente Ballester, *Filomeno, a mi pesar,* 1988, RAE-CREA. ❚ «Parecían extraños pájaros de alto copete...» Arturo Uslar Pietri, *Oficio de difuntos,* 1976, RAE-CREA. ❚▰ «Tus amigos no son de alto copete, son unos mierdas pobretones.»

2. por todo lo alto *expr.* costoso, lujoso.

«...tendrá un entierro por todo lo alto...» Andrés Berlanga, *La gaznápira.* ❚ «Una casa de putas por todo lo alto que se han montado los Tanos cerca de la Diagonal. A todo tren.» Andreu Martín, *Lo que más quieras.*

altramuz *s.* clítoris.

«...pero en cuanto que le mordí el altramuz se dejó de protestas y se dedicó por entero a menearse al compás de mis lengüetazos.» C. Pérez Merinero, *La mano armada.*

alturas *s. pl.* los que mandan, los jefes.

«Sigue con esto, y hazme un informe para pasarlo a las alturas.» Fernando Martínez Laínez, *La intentona del dragón.*

2. a estas alturas *expr.* en este momento, en este punto.

«Pero a mí me parece que el hombre, a estas alturas, debía haber superado...» Fernando Repiso, *El incompetente.*

alucinante *adj.* asombroso, inaudito.

«Me parece alucinante que alguien como ella...» Ragazza, n.° 101. ❚ «Es un sitio súper alucinante.» You, enero, 1998. ❚▰ «Lo que hace con su marido es verdaderamente alucinante, parece mentira.»

alucinar *v.* asombrar, impresionar, sorprender.

«No llegó a asegurar que *alucina* de alegría.» Fernando Lázaro Carreter, *El dardo en la palabra.* ❚ «Me alucina la manera de tomarnos a coña la época que nos ha tocado vivir, (a coña pero dando caña, eso sí).» El Jueves, 21-28 enero, 1998. ❚ «Es bastante chungo porque las dos me alucinan.» Ragazza, n.° 100. ❚ «Aluciné en colores.» Fernando Martín, *Cómo aprobar todo sin dar ni chapa.* ❚ «Él sintióse intimidado. Al poco, creía alucinar.» Terenci Moix, *Garras de astracán* ❚ «...rocíate con impulse en cualquier parte de tu cuerpo [...] y alucinarás en colores.» Ragazza, junio, 1998. ❚ «¡¡Este tío alucina, este tío alucina!!» Ernesto Parra, *Soy un extraño para ti.* ❚ «Echa una panorámica en redondo y alucina al ver el desorden...» Manuel Quinto, *Estigma.* ❚▰ «Me quedo alucinada con las cosas que dices, Juan.» ✓ DRAE: «Sorprender, asombrar, deslumbrar. Ú. t. c. prnl.».❚

alucine *adj.* sorprendente, inaudito, chocante, sorpresa.

«¿Pero qué dice este tío? Va de alucine.» M. Vázquez Montalbán, *La rosa de Alejandría.* ❚ «...y menea la cabeza con la misma cara de alucine.» José Ángel Mañas, *Sonko95.*

aluego *adv.* luego, después.

«Aluego las tías también podrán haser lo propio con el paquetamen...» El Jueves, 6-12 julio, 1994. ❚ «Aluego el gordo se escapó...» Ángel Palomino, *Un jaguar y una rubia.* ❚▰ «Aluego te lo cuento.»

alumbrado *adj.* ebrio, borracho.

«Es frecuente que cuando alguien está alegre, alumbrado, encandilado, por la acción del alcohol...» Ángel Rosenblat, *Buenas y malas palabras,* DH. ❚ «Si a un individuo se le tacha de borracho ya existe intención despectiva en la expresión; no es lo mismo que decir alumbrado, bebido, alegre, chispa...» Ángel Palomino, *Insultos, cortes e impertinencias.* ❙ «¡Ese borracho! ¡Casi lo esnucó! ¿Te fijaste? ¡Qué alumbrado iba!» Germán Suárez Blanco, *Léxico de la borrachera.* ❙ ◾ «No me gusta que vuelvas a casa alumbrao, haciendo eses.»

alunizaje *s.* rotura de cristal de escaparate para robar.

«Dos detenidos tras robar por el método del alunizaje en una peletería.» El País, 11.11.99.

ama *s.* prostituta que desempeña el papel dominante en la relación masoquista.

«Disciplina: amas sádicas, masoquistas, obedientes...» Anuncios clasificados, El Mundo, 30.10.98.

2. ama de putas *s.* regentadora de prostíbulo.

«Ama: entre las prostitutas, la dueña de mancebía.» F. Ruiz Morcuende, céd. Ac., DH. ❙ ◾ «De joven hizo la carrera en París, pero ahora es ama de putas de una casa de postín.»

amanerado *adj.* y *s.* homosexual.

«Cubre la retaguardia, amanerado anda cerca.» R. Gómez de Parada, *La universidad me mata.* ❙ ◾ «Será todo lo macho que tú digas, pero yo creo que es amanerado.»

2. afeminado.

«Dicen de él que es un amanerado» O. Andrés, céd. Ac., DH. ❙ ◾ «Alberto no es maricón, lo que se dice maricón, es sólo un poco amanerado.» ☑ la definición del DRAE ha quedado desfasada: «2. Hacerse una persona afectada, rebuscada y falta de naturalidad en el modo de actuar, hablar, etc.»❙

amanillar *v.* esposar, detener, arrestar.

«Pero si te has tapujao, vuelvo, te amanillo y luego te modifico la geró.» Juan Madrid, *Las apariencias no engañan.*

*amante cf. (afines) amante, amiga, amor, apaño, entretenida, fulana, gigoló, querida, querido, querindonga, retirar.

amante *s.* compañero sexual y amoroso fuera del matrimonio.

«Otto fue mi amante, no mi esposo, nunca estuvimos casados.» Juan Madrid, *Un beso de amigo.* ❙ «...y está todos los días de congresos y para mí que tiene una amante...» Fernando G. Tola, *Cómo hacer absolutamente infeliz a un hombre.* ❙ «...ni Tomás ni su amante, y muchísimo menos yo...» Ángel A. Jordán, *Marbella story.* ❙ ◾ «La amante de mi marido es una mujer encantadora y bonita.»

amañar *v.* alterar, preparar o disponer algo con engaño.

«Pienso con frecuencia en cómo hubiera sido acogido el esfuerzo interpretativo de Castro en esta hora en que una historia tan amañada como todas las historias...» ABC, 24.3.82. ❙ ◾ «Esos amañan los naipes cuando juegan con tontos como tú.»

amapolas *s.* persona de ideas políticas de izquierdas.

«Amapolas: izquierdistas (rojos).» Ángel Palomino, *Insultos, cortes e impertinencias.* ❙ «Amapolas: Izquierdistas (rojos), políticos de oposición.» JV.

amargado *s.* triste, pesimista.

«Un quejica y un amargao es lo que es ése.» Virtudes, *Rimel y castigo.* ❙ «...cascarrabias, amargao...» AI. ❙ ◾ «Se queja de todo porque está amargada y avinagrada.»

amaricarse *v.* afeminarse.

«Fuera de España el cigarrillo se apicaró más, hasta afeminarse [...] y como amaricado ganarse la camaradería de las mujeres.» F. Ortiz, *Contrapunto cubano,* DH.

amariconado *adj.* y *s.* afeminado.

«Dice muchos chistes y habla con voz amariconada.» José Gutiérrez-Solana, *Madrid callejero, Obra literaria, II.* ❙ «En su lapicero llevaba como paraguas un condón de color rosita, un poco amariconado para mi gusto.» C. Pérez Merinero, *La mano armada.* ❙ «Ellos se quedan en casa cuidando de los niños y haciendo la limpieza en tanto que ellas van a la oficina, en las que no pocas veces ejercen altos cargos de autoridad. ¡Bah, amariconados!» Lorenzo López Sancho, ABC, 6.5.79. ☑ DRAE: «adj. Afeminado».❙

amariconarse *v.* afeminarse, acobardarse.

«Eres un cagao, Lolo [...] Te has amariconao.» Juan Madrid, *Turno de noche.* ❙ «En ese colegio se amariconó irremisiblemente.» DE. ❙ «¿Se ha amariconado la banca?» J. Giménez-Arnau, *Cómo forrarse y flipar con la gente guapa.* ❙ «Yo lo veo amariconarse por días.» Carmen Martín Gaite, *Fragmentos de interior,* DH.

amarillo *s.* chino, oriental.
«Cuando me dio la lipotimia en Japón y eché la pota delante de todos esos amarillos...» Juanma Iturriaga, *Con chandal y a lo loco.* ❙ «...aborricados alemanes, algún jodío amarillo,...» Ramón Ayerra, *Los ratones colorados.* ❙ ▪ «Es de mal tono llamar amarillo a un oriental, pero, chica, hay tantos ahora que, no sé.»

amariposado *adj.* afeminado, homosexual.
«Da la impresión de ser un poquito amariposado.» DH. ❙ «Apariposado. 2. Coloquial, afeminado.» CL. ❙ «Da la impresión de ser un poquito amariposado.» JM. ❙ ▪ «El nuevo profesor parece algo amariposado.»

amarre *s.* acción de trucar o marcar los naipes.
«...porque nunca entendió el amarre o arte de arreglar los naipes para hacer fullerías.» Raúl del Pozo, *Noche de tahúres.*

ambidextro *adj.* bisexual.
«Leonardo DaVinci, italiano, fue pintor, famoso juguetero. Inventor, hermoso y ambidextro.» Néstor Caballero, *Las bisagras o Macedonio perdido entre los ángeles,* 1982, RAE-CREA. ❙ «Al parecer el marido de Encarna no es marica, es ambidextro, que ya es otra cosa.» DCB. ❙ ▪ «Los ambidextros tienen más posibilidades de ligar, ¿verdad?»

ambiente *s.* sitios frecuentados por homosexuales, propio de homosexuales y lesbianas.
«Cuando la conocí, trabajaba de chef en un café de ambiente...» Lucía Etxebarría, *Beatriz y los cuerpos celestes.* ❙ «...se convirtieron en un hecho cotidiano las agresiones a los turistas que acudía a los locales de ambiente.» Lorenzo Marina, El Mundo, 2.10.99. ❙ «...sitios donde se pueda ir a tomar algo, luego, por la noche, así, sitios con algo de

ambiente, ¿me entiendes?» Jaime Romo, *Un cubo lleno de cangrejos.* ❙ «Un pub de ambiente en la calle Santo Tomé.» José Luis Martín Vigil, *Los niños bandidos.* ❙ «...por la noche, la juerga seguirá en Chueca, y en los locales de ambiente —qué expresión más antigua, por Dios...» Eduardo Mendicutti, El Mundo, 26.6.99. ❙ «Chico de 26 años busca pareja atractiva con nivel universitario, buen nivel social y fuera del ambiente...» El Mundo, Metrópoli, 23.4.99. ❙ «Porque los gays, explican los propietarios de algunos bares de ambiente, solemos tener...» El Mundo, 19.8.99.

2. tener mal ambiente *expr.* mala reputación.
«Parece que la baronesa tiene mal ambiente; no es la primera vez que suena su nombre.» Ángel Palomino, *Madrid, costa Fleming.*

ambulante, enciclopedia (libro, biblioteca) ambulante *adj.* experto, que sabe mucho.
«...el Sr. Toussaint no era tan sólo una asombrosa enciclopedia ambulante en cuestiones coloniales...» Antonio Velasco Piña, *Regina,* 1987, RAE-CREA. ❙ «Una enciclopedia ambulante, pues.» Guillermo Chao Ebergenyl, *De los altos,* 1991, RAE-CREA. ❙ «Sandra es una enciclopedia ambulante.» DCB. ❙ ▪ «Laura es un diccionario ambulante. Se sabe todas la palabras que le pregunto.»

-amen sufijo coloquial que denota conjunto: *bolamen, braguetamen, caderamen, cojonamen, cueramen, huevamen, muslamen, paquetamen, patillamen, pechamen, testiculamen, tetamen,* etc. ❙✓ «...sufijo macarrónico -men o -amen, irónica y fingidamente científico, que denota conjunto; es voz festiva, ▸ *Diccionario del erotismo,* C. J. Cela.❙

amén, en un decir amén (Jesús, esta boca es mía) *expr.* rápidamente, con prontitud.
«...ella se volverá vieja y gorda en un decir amén.» Eduardo Mendoza, *La verdad sobre el caso Savolta.* ❙ «...en un avemaría, en un decir amén, en un dos por tres...» DTE. ❙ «Estos cambios tampoco se habían podido hacer en un decir Jesús.» Eduardo Mendo-

za, *La ciudad de los prodigios.* ❙ ␣ «Terminaré el trabajo en menos que cuesta decir esta boca es mía.»

amiga *s.* querida, amante.
«El matiz está en [...] tener una amiga en La Moraleja o en Pozuelo...» Francisco Umbral, *La derechona.* ❙ «...cuidar el coche no cuesta caro. Mucho menos que mantener una amiguita.» P. Antilogus, J. L. Festjens, *Anti-guía de los conductores.* ❙ «...alguna enchufada del dire, cualquier amiguita de Dios sabe qué consejero.» Andrés Berlanga, *La gaznápira.* ❙ «Amante o persona que mantiene relaciones sexuales con otra fuera del matrimonio [...] Alguna vez referido a homosexuales.» DH.

***amigo** *cf.* (afines) ajuntarse, amigo del alma, basca, cagar y mear juntos, cheli, chorvo, colega, colegui, filili, fulano, gachó, guripa, jambo, manuel, paisa, panda, pavo, peña, a partir un *piñón, punto, tete, tío, tron, tronco, tronqui.

amigo *s.* tratamiento amistoso.
«Y te decía: Amigo, no me dejes colgado.» Ray Loriga, *Héroes,* 1993, RAE-CREA. ❙ «Te lo pongo fácil. Amigo.» Santiago Moncada, *Siempre en otoño,* 1993, RAE-CREA. ❙ ␣ «Eh, amigo, ¿me dice la hora?»

2. amigo de lo ajeno *expr.* con tendencia al robo, ladrón.
«Llegó a la casa sin su cartera porque se encontró con un amigo en el camino. Un amigo de lo ajeno.» Mercurio, núm. 49568, 1981, DH. ❙ ␣ «No dejes solo a Pepe porque es muy amigo de lo ajeno y te birlará cualquier cosa.»

3. amigo del alma *expr.* amigo íntimo.
«Amigo del alma. El amigo o amiga íntima, de toda confianza,...» J. B. Guim, *Nuevo diccionario de la lengua castellana.* ❙ ␣ «Pepe es mi amigo del alma y le hago todos los favores que necesite.» ✔ estándar.❙

4. el mejor amigo del hombre *expr.* perro.
«Es probable que el perro sea el mejor amigo del hombre...» C. Rico-Godoy, *Cómo ser una mujer y no morir en el intento.* ❙ ␣ «Siempre se ha dicho que el perro es el mejor amigo del hombre.»

amiguete *s.* persona conocida.
«...cuatro chismorreos para vengarse de algún amiguete del Club.» Fernando Savater, *Caronte aguarda,* 1981, RAE-CREA. ❙ «¿Quién será el amiguete de Papadoc?» Cristóbal Zaragoza, *Y Dios en la última playa.* ❙ «...muy hermanados, muy amiguetes ya...» Ramón Ayerra, *Los ratones colorados.*

2. hacerse amiguete *expr.* entablar amistad.
«Hazte amiguete del jefe y verás cómo te va bien en la empresa.» DCB. ❙ ␣ «Nos hicimos amiguetes en la mili.»

amiguismo *s.* favoritismo.
«...me ha llevado a pensar si no estamos ante un extendido caso de amiguismo.» Radio Clásica, revista RNE, marzo, 1999. ❙ «Los asistentes al curso de la Magdalena coincidieron conmigo, mayoritariamente, en señalar el amiguismo como primera causa del descrédito en que el género (la crítica literaria) chapotea.» R. Gullón, ABC, 17.9.84, DH. ❙ ␣ «Hay mucho amiguismo en política hoy en este país.» ✔ DRAE: «1. m. Tendencia y práctica de favorecer a los amigos en perjuicio del mejor derecho de terceras personas».❙

amonado *adj.* ebrio, borracho.
«...ni tan siquiera hubiera podido con el peso de la maza, de tan amonado como andaba.» Andrés Berlanga, *La gaznápira.* ❙ ␣ «Evaristo anda amonao otra vez.»

amoñarse *v.* embriagarse.
«Amoñarse. Emborracharse.» Germán Suárez Blanco, *Léxico de la borrachera.*

amor ▸ amorcito.

***amor, hacer el amor** *cf.* (afines) ▸ copular.

amor *s.* novio, amante.
«¿Quieres que te ponga otro poco al fuego, amor?» Julio Cortázar, *Rayuela.* ❙ «Nunca había tenido un amor que me durase tan poco tiempo.» Fernando Fernán Gómez, *El viaje a ninguna parte,* 1985, DRAE-CREA. ❙ «Yo tuve un amor secreto.» Eduardo Mendicutti, *El palomo cojo,* 1991, RAE-CREA. ❙ ␣ «El amor de mi hermana es alto, rico y soltero.»

2. hacer el amor *expr.* copular.

«*Hacer el amor* es una expresión bonita. *Follar* es una expresión fea.» Manuel Hidalgo, *Azucena, que juega al tenis.* ▌«¿Y por qué dices siempre follar, en vez de hacer el amor?» Almudena Grandes, *Las edades de Lulú.* ▌«...la llevó en su coche a un descampado y allí mismo quiso hacerle el amor.» Cuca Canals, *La hescritora.* ▌«...mi mujer estaba dormida cuando esa furcia y yo hicimos el amor...» Fernando Martínez Laínez, *Andante mortal.* ▌«Y algunos dicen de eso, que es hacer el amor.» Ángel Palomino, *Las otras violaciones.* ▌«¿Has hecho el amor con Dick?» Corín Tellado, *Mamá piensa casarse.* ▌«Al fin sucedió lo que tenía que suceder: hicimos el amor.» José Raúl Bedoya, *La universidad del crimen.* ▌«...verbos que designan el acoplamiento sexual, hoy sustituidos en gran medida por el atildado *hacer el amor.*» Fernando Lázaro Carreter, *El dardo en la palabra.* ▌«...se lo encontraba intentando hacerle el amor...» El Gran Wyoming, *Te quiero personalmente.* ▌«¿Haciendo el amor? —Qué fina eres, hija.» Jaime Romo, *Un cubo lleno de cangrejos.* ▌«Daniel, sólo quiero hacer el amor contigo. ¿Cuánto tiempo hace que no follamos, Daniel?» Andreu Martín, *Por amor al arte.* ✓ en su *Diccionario del erotismo* dice C. J. Cela: «Es eufemismo de muy antigua utilización, frecuentemente usado ya en la literatura clásica latina tanto para las relaciones heterosexuales como para las homosexuales.» El DH dice: «cortejar o galantear».▌

3. por el amor de Dios *expr.* exclamación de sorpresa, de ruego.

«Pues, por el amor de Dios, échele una mano...» Luis Mateo Díez, *El expediente del náufrago,* 1992, RAE-CREA. ▌«Dígame, por el amor de Dios, si no le dieron...» Eduardo Mendoza, *La ciudad de los prodigios.* ▌«Basta, por el amor de Dios.» Ernesto Sábato, *Abaddón el exterminador,* 1974, RAE-CREA. ▌◼ «¡Deja ya de jorobar, por el amor de Dios!»

amorcillado *adj.* obeso, grueso.

«El americano era un tipo rubicundo y amorcillado...» Ángel A. Jordán, *Marbella story.*

amorcito *s.* término cariñoso.

«¡Huy, cómo defiende el caballero a su amorcito norteamericano!» José Donoso, *Donde van a morir los elefantes,* 1995, RAE-CREA. ▌«Amor, amorcito mío, te extrañé tanto...» Cristina Bain, *El dolor de la ceiba,* 1993, RAE-CREA. ▌◼ «Amorcito, ven y dame un beso.»

¡amos anda! *excl.* vamos, venga. Exclamación de incredulidad.

«amos anda, pero si ya...» Rafael García Serrano, *Diccionario para un macuto.* ▌◼ «¡A mí no me engañas más. ¡Amos anda!» ✓ ▶ *vamos.*▌

2. ¡amos ya! *excl.* venga ya, vamos, venga.

«¡Amos ya..., Salinas!» Pedro Casals, *La jeringuilla.* ✓ de *vamos ya.*▌

amoto *s.* motocicleta.

«Vienen con las amotos y todo.» Telemadrid, Sucedió en Madrid, 20.3.98. ▌«Mañana enviaré a buscar lo que queda del amoto.» El Jueves, 6-12 octubre, 1993. ▌«Para vivir hay que hacer toda suerte de idioteces estúpidas (ya saben: playa, cachas, amoto...)» A las barricadas, 22-28 junio, 1998. ▌◼ «Me he comprao una amoto chula de verdá.» ✓ por *moto.*▌

amparo *s.* abogado.

«En germanía: letrado o procurador que favorece al preso.» DH. ▌«Amparo. Abogado defensor.» Ra. ▌«Amparo: Letrado defensor del turno de oficio.» JGR. ▌◼«No tengo dinero para abogados. Ya me darán uno de oficio, un amparo.» ✓ en lenguaje talegario, *abogado de oficio.* DRAE: «letrado o procurador que favorece al preso».▌

ampli *s.* amplificador.

«...grita Fran por el micrófono, y deja su guitarra apoyada en el ampli.» José Ángel Mañas, *Mensaka.*

amuermar(se) *v.* aburrir(se), hastiar.

«...*amuermarse,* aburrirse...» Fernando Lázaro Carreter, *El dardo en la palabra.* ▌«Hecho un coñazo. Amuerma a los muermos.» Terenci Moix, *Garras de astracán.*

analfa *s.* pueblerino, analfabeto.

«Analfa: analfabeto.» Ángel Palomino, *Insultos, cortes e impertinencias.* ▌«Analfas: analfabetos, iletrados.» JV.

analfabestia *s.* pueblerino, cazurro.

«...descubres que es puro pelota, imposible, inútil, analfabestia.» R. Montero, *Diccionario de nuevos insultos...* ▌▪ «El vecino del primero es un analfabestia de cuidao, el tío. ¡Qué bruto es!»

anarco *s.* anarquista.

«...los rojos, los laicos, los republicanos [...] los anarcos...» Francisco Umbral, *La derechona.*

ancha *s.* calle, ciudad.

«Ancha. Ciudad.» LB. ▌ «Ancha: la calle, la ciudad.» JMO. ▌ «Ancha: Ciudad.» JGR. ▌ «Ancha. Ciudad, urbe.» Ra. ▌ «Ancha: ciudad.» JV. ▌ «Ancha. Ciudad. Calle.» S. ▌▪ «La chica del Matías se pasa la vida en la ancha porque es más puta que las gallinas.» ▐✔ no se ha podido documentar fuera de diccionarios.▌

ancho, a las anchas de uno *expr.* a gusto, bien.

«...le dejo que se ría a sus anchas.» C. Pérez Merinero, *Días de guardar.*

2. quedarse tan (más) ancho (que largo) *expr.* a gusto, muy satisfecho.

«Si no se les da la razón [...] se quedan tan anchas, torciendo el gesto...» A. Gómez Rufo, *Cómo ligar con ese chico que pasa de ti o se hace el duro.* ▌ «...los ponen en la calle y se quedan tan anchos.» Javier Ortiz, El Mundo, 31.7.99. ▌▪ «Le insulté y le abofeteé y me quedé más ancha que larga.»

anchoa *s.* pene.

«La anchoa: el pene.» JV. ▌ «Anchoa. Nabo, zupo, pene.» Ra. ▌▪ «Si me chupas la anchoa te doy un caramelo.» ▐✔ no se ha podido documentar fuera de diccionarios.▌

2. anchoas *s. pl.* gafas de sol.

«Anchoas. Gafas de sol.» Joseba Elola, *Diccionario de jerga juvenil,* El País Semanal, 3.3.96. ▌ «Anchoas. Gafas de sol.» S. ▌▪ «Es tan gilipuertas que lleva anchoas, de esas muy oscuras, hasta cuando va al cine.» ▐✔ no se ha podido documentar fuera de diccionarios.▌

*anciano cf. (afines) abuelete, abueli, abuelo, carcamal, carroza, carrozón, chocheras, fósil, matusa, momia, pureta, re-

tablo, retro, tercera edad, vejestorio, vejete, viejales, viejo chocho, yute.

andadas, volver a las andadas *expr.* reincidir, volver sobre lo mismo.

«La madre volvió a las andadas.» María Antonia Valls, *Para qué sirve un marido.* ▌ «Whitney ha roto el silencio y ha vuelto a las andadas.» Gema Suárez, ABC, 3.1.99. ▌ «...y se volvió a su barco, como gato escaldado, sin ganas de volver a las andadas.» Eduardo Mendoza, *La verdad sobre el caso Savolta.* ▌ «¿No volverías a las andadas?» José Luis Martín Vigil, *Los niños bandidos.*

*andar cf. (afines) ir a *pata, ir en el *dos, coger el *dos, ir a golpe de *calcetín, ir en el coche de *San Fernando, ir en *zapatobús.

andar, ¡anda que...! *expr.* mira que.

«Pero anda que tú también te las traes.» Santiago Moncada, *Cena para dos,* 1991, RAE-CREA. ▌ «Pues anda, que no va a aprender de ti.» Fernando Fernán Gómez, *El viaje a ninguna parte,* 1985, RAE-CREA.

2. ¡anda ya! *excl.* exclamación de rechazo, incredulidad.

«¡Anda ya, sin saber cantar ni na, meneando el culo...» Fernando Quiñones, *Las mil y una noches de Hortensia Romero,* 1979, RAE-CREA. ▌▪ «No me creo que te hayan despedido del empleo después de tantos años. ¡Anda ya!»

3. andar con *v.* frecuentar la compañía amorosa de alguien.

«El viejo degenerado anda con una chica.» Silvina Ocampo, *Cornelia frente al espejo,* 1988, RAE-CREA. ▌ «Él anda con una japonesita que tiene la vulva...» Agustín Cuzzani, *Disparen sobre el zorro gris,* 1988, RAE-CREA. ▌▪ «Mi hermana anda ahora con uno de Bilbao, que dice que es ingeniero.»

4. andar de medio lado *expr.* ebrio, borracho.

«Andar de medio lado: Estar un poco borracho.» Germán Suárez Blanco, *Léxico de la borrachera.*

ande *adv.* dónde.

«Pero... ¿ande dejamos los...?» El Jueves, 6-12 octubre, 1993. ▌ «Ande (donde). Expresa el lugar.» IND.

andoba *s.* individuo, persona.

«El andoba que tiene monos en la cara pone en nuestro conocimiento que él podría haber sido alguien...» Eduardo Mendoza, *Sin noticias de Gurb.* ▌ «...porque el andova es un guaje de mucho cuidado...» A. Zamora Vicente, *Mesa, sobremesa.* ▌ «El andova es un zángano mal criado...» C. J. Cela, *La colmena.* ▌ «Tiene andovas que le pagarán a precio de oro el poder tirarse a una chica principiante...» A. Matías Guiu, *Cómo engañar a Hacienda.* ▌ «A saber lo que necesitará la andoba...» Pedro Casals, *La jeringuilla.* ✓ andoba o andova.▌

2. prostituta.

«...una elementa; una tal; una cualquiera; una de esas; una tipa; una fulana; una andova; [...] una individua...» AI. ✓ andoba o andova.▌

andorga *s.* vientre.

«...ese otro coñazo que se está llenando la andorga a base de bien...» A. Zamora Vicente, *Mesa, sobremesa.* ✓ DRAE: «f. fam. vientre, cavidad inferior del cuerpo».▌

andorra *s.* prostituta.

«...andorra, que viene de andar y no del principado pirenáico.» AI. ✓ ▶ también *andorrera.*▌

andorrera *s.* prostituta.

«Dícese más comúnmente de las mujeres, en sus respectivas terminaciones fem. de corredoras, paseantes, rondadoras, callejeras, etc.» J. B. Guim, *Nuevo diccionario de la lengua castellana.* ▌ «Andorrera. Prostituta callejera, buscona.» DE. ▌■ «La calle de la Montera en Madrid está siempre llena de andorreras.»

andova ▶ *andoba.*

anfeta *s.* anfetamina.

«No parecen anfetas corrientes, ni tampoco crack.» Fernando Martínez Laínez, *La intentona del dragón.* ▌ «...lleva anfeta por un tubo...» Rambla, n.º 18. ▌ «¿Coca, costo, tío? ¿Un poquito de anfeta?» Juan Madrid, *Crónicas del Madrid oscuro.* ▌ «La última anfeta...» Mariano Sánchez, *Carne fresca.* ▌ «¿Qué me dices del tráfico de anfetas?» Pedro Casals, *Disparando cocaí-*

na. ▌ «Liar a un farmacéutico para que le suministre una ristra de anfetas...» J. Giménez-Arnau, *Cómo forrarse y flipar con la gente guapa.* ▌ «...ni tripis, ni anfetas; un porro a veces, que el chocolate es sano, te relaja...» José Luis Martín Vigil, *Los niños bandidos.*

anglicón *s.* persona de nacionalidad inglesa.

«¿Cuánto tiempo vas a estar de vacaciones con los anglicones?» Pedro Casals, *La jeringuilla.* ▌■ «Me echo a temblar cuando hay partido de fútbol y vienen los anglicones.» ✓ combinación de *anglo* y *maricón.* Se emplea sólo para hombres.▌

angustia *s.* cárcel.

«Angustia. Ger. Cárcel.» J. B. Guim, *Nuevo diccionario de la lengua castellana.* ▌■ «Angustia por cárcel porque se pasa mal, ¿no?»

anillos, caérsele a uno los anillos *expr.* humillarse; no impórtale a uno hacer algo.

«¡Pues a mí no se me caen los anillos!» Eloy Arenas, *Los vecinos de mis vecinos son mis vecinos.*

animal *s.* persona indeseable.

«El maestro es un trompeta. Un pedazo de animal.» DH. ▌ «Nuna: eres un animal.» Agustín Cerezales, *Escaleras en el limbo,* 1991, RAE-CREA. ▌ «Tú sí que eres un animal.» Sergi Belbel, *Caricias,* 1991, RAE-CREA. ▌■ «Me has roto la cremallera, bruto, eres un animal.»

anisetes *s. pl.* pastillas de droga.

«Eran los anisetes que me habían vendido de palo la noche anterior.» Cristina Pérez Schlichting, ABC, 19.4.98.

***ano** cf. (afines) agujero del culo, ano, brisero, bul, bull, cacas, ojo del *culo, jebe, ojal, ojete, ojo moreno, orificio, popa, recto, retaguardia, rulé, saco de la mierda, tirapedos.

ano *s.* orificio donde termina tubo disgestivo.

«...no me lamas los esfínteres del ano...» C. J. Cela, *Oficio de tinieblas 5.* ▌ «Venid, y empinadme / La picha; despúes / A todos del ano / Pliegues quitaré.» Alejo Montado, *Parodia cachonda del diablo mundo,* en DE.

2. ir de ano *expr.* tener mala suerte, quedar defraudado.

«—Es de esperar que con la democracia nos suban los sueldos. —Sí, vas de ano, Robustiano.» JM. ❙ ▪▪ «Si no llegamos a tiempo vamos de ano, tío.» ❙✔ no se ha podido documentar fuera de diccionarios.❙

anormal *adj. y s.* bobo, necio, torpe.

«Comprenderá usted que para que el jefe de Protocolo, en funciones, yéndome a esperar al aeropuerto, me hubiera parecido antipático, tendría que ser un anormal.» J. Calvo-Sotelo, *Una muchachita de Valladolid,* DH. ❙ «Eso era todo. Sin duda era un anormal...» Juan Goytisolo, *Juegos de manos,* DH. ❙ ▪▪ «Es anormal porque lo que hace no es normal.»

antena *s.* oreja.

«¡Tiene unas antenas!» Daniel Devoto, *Paremiología mus. Porteña,* DH. ❙ «¿Con esas antenas oirás bien, no?» DCB.

2. estar con la antena puesta *expr.* escuchar a hurtadillas; estar al tanto, alerta.

«Pasé toda la mañana con la antena puesta por ver si oía algo del asunto...» Joaquín Leguina, *Tu nombre envenena mis sueños,* 1992, RAE-CREA. ❙ «Tenía la antena puesta en todo lo que hablábamos.» DH. ❙ ▪▪ «No digas nada importante porque el jefe está siempre con la antena puesta.»

3. poner la antena ▸ *poner, poner (aplicar) la antena.*

antes, de los de antes (de la guerra) *expr.* bueno, de calidad.

«...y mire que las paredes son gruesas, ¿eh?, que son de antes de la guerra.» Andreu Martín, *Amores que matan, ¿y qué?* ❙ ▪▪ «El nuevo ministro es un demócrata de los de antes.» ❙✔ se entiende de la guerra civil, 1936-39. ▸ *guerra, de antes de la guerra.*❙

antigualla *s.* antiguo, pasado de moda.

«Te pareceré una antigualla...» Halcón, *Desnudo pudor,* DH. ❙ ▪▪ «La vieja del tercero es una antigualla y tiene la casa llena de antiguallas también.» ❙✔ DRAE: «despect. Mueble, traje, adorno o cosa semejante que ya no está de moda».❙

*****antiguo** cf. (afines) antigualla, año de la pera, más antiguo (viejo) que el *cagar, camp, año de *catapún, del año de la *Picó.

antología, de antología *expr.* estupendo, maravilloso, extraordinario.

«Esa faena, con toro, habría sido de antología.» J. Vidal, El País, 21.3.89. ❙ ▪▪ «Los chistes que cuenta Matías son de antología, de veras.»

anzuelo, tragarse (picar, morder, el anzuelo *expr.* dejarse engañar.

«Lo más recomendable es no formular ningún tipo de comentario y simular que nos tragamos el anzuelo...» Carmen Pérez Tortosa, *¡Quiero ser maruja!* ❙ «...mordía el anzuelo y pasaba por el aro...» Ramón Ayerra, *Los ratones colorados.* ❙ «...para ver si el viajero pica el anzuelo.» Julio Llamazares, *El río del olvido,* 1990, RAE-CREA. ❙ «...te largaste a París a ver a Yon, te tragaste el anzuelo...» Juan Luis Cebrián, *La rusa.* ❙ «...el procurador romano había mordido el anzuelo.» J. J. Benítez, *Caballo de Troya I,* 1984, RAE-CREA. ❙ «¡Se tragó el anzuelo! ¡Pondrá dinero...!» Alberto Vázquez-Figueroa, *La taberna de los cuatro vientos,* 1994, RAE-CREA. ❙ «Yo, el comemierda, había mordido el anzuelo.» Jesús Díaz, *La piel y la máscara,* 1996, RAE-CREA.

añil *s.* billete de diez mil pesetas.

«Añil: Billete de diez mil pesetas.» JGR. ❙ «Añiles: billetes de quinientas pesetas.» JV. ❙ «Añil. Billete de diez mil pesetas.» Ra. ❙ «Añil. Billete de diez mil pesetas.» S. ❙ ▪▪ «Se llaman añiles por el color.» ❙✔ no se ha podido documentar fuera de diccionarios.❙

año, año de la pera (de la polca, de la nana, de la cachetada, de la catapún) *expr.* muy antiguo, de hace mucho tiempo, viejo.

«...una caja de pastillas de la tos del año de la polca...» C. J. Cela, *La colmena.* ❙ «...pantalones de casimir anchos y del año de la pera...» Guillermo Morón, *El gallo de las espuelas de oro,* 1986, RAE-CREA. ❙ «En el año de la nana.» Víctor Alba, *El pájaro africano,* 1975, DRAE-CREA. ❙ «Es que pone usted películas del año de la cachetada...» Felipe

ano
28

Santander, *Y el milagro,* 1984, RAE-CREA. ▮ «...un Seat 1430 del año de la catapún...» Jaume Ribera, *La sangre de mi hermano,* 1988, RAE-CREA. ▮◾ «Estos métodos que emplean en sus investigaciones son del año de la pera.»

2. de buen año *expr.* grueso, gordo.
«...tripuda, culona, mucha boca, de buena lampadora de embutido [...] —Pues parece que está de buen año.» Miguel Sánchez-Ostiz, *Un infierno en el jardín,* 1995, RAE-CREA. ▮ «Todos coincidían en que el niño estaba de buen año y hasta de buen ver.» Fernando Arrabal, *La torre herida por el rayo,* 1982, RAE-CREA.

3. estar de buen año *expr.* buen aspecto, guapo, atractivo.
«Vi a un sereno que impartía el amor con una chacha de buen año.» J. L. Castillo-Puche, *Hemingway,* DH. ▮◾ «Tu mujer está de buen año y tiene un buen polvo, tío.»

aónde *adv.* dónde, adónde.
«¿Aónde está la prójima?» Luciano G. Egido, *El corazón inmóvil,* 1995, RAE-CREA. ▮ «Aonde (Adonde) A qué lugar, dónde.» IND.

apa ▶ *upa.*

apaga y vámonos *expr.* dar por terminado algo.
«Si no está usted dispuesto a pagar más por mi coche, entonces apaga y vámonos, porque no pienso regalárselo.» FV. ▮◾ «Si no va a venir el hijoputa de tu marido, apaga y vámonos.» ✓ dice J. M.ª Iribarren: «Dos sacerdotes se apostaron a quién de ellos decía la misa en menos tiempo. Y como el uno oyera que el otro, en lugar del *Introibo ad altare Dei,* empezaba diciendo *Ite, Misa est,* le dijo al monaguillo: *Apaga y vámonos.»* El *Diccionario práctico de locuciones,* de Larousse, dice lo mismo.▮

apalancar(se) *v.* colocarse, ponerse, sentarse, quedarse, sin intención de moverse.
«Nos apalancamos un rato en el sofá y quedamos para ir mañana a la piscina.» You, n.° 3. ▮ «¿Por qué se apalancan los hijos adultos, e incluso añosos, en el hogar familiar?» María Teresa Campos, *Cómo li-*

brarse de los hijos antes de que sea demasiado tarde. ▮ «Busco una mesita donde poner el huevo y me apalanco allí.» C. Pérez Merinero, *Días de guardar.* ✓ en sus adiciones la RAE propone: «pron. Colq. Acomodarse en un sitio sin querer moverse de él».▮

2. copular.
«Sin renunciar a follarse a una, a jodérsela, a picársela, zumbársela, tirársela, calzársela, cepillársela, apalancársela.» Luis Goytisolo, *Recuento,* en DE.

apañado *adj. y s.* habilidoso, mañoso.
«Ser apañado: ser habilidoso.» JMO. ▮ «Apañado. Persona habilidosa o que logra solucionar algún problema.» S. ▮ «Cuidadoso y hábil para hacer las cosas...» MM. ▮ «Apañao. Persona que es mañosa.» IND. ▮ ◾ «Jacinto es muy apañado en casa, o eso dice su mujer.» ✓ DRAE: «adj. fig. Hábil, mañoso para hacer alguna cosa».▮

apaño *s.* trabajo rápido y mal hecho.
«Me enteré cuando ya todo el apaño se había realizado...» Joaquín Leguina, *Tu nombre envenena mis sueños,* 1992, RAE-CREA. ▮ «Le advierto que no es un arreglo definitivo; es sólo un apaño y nada más.»

2. arreglo.
«Lo de Luis y su mujer no es más que un apaño.» Rafael Mendizábal, *Feliz cumpleaños, Sr. Ministro,* RAE-CREA. ▮◾ «Tengo un apaño con los de la tienda y les pago cuando puedo. Y ellos se esperan, claro.»

3. amante, querido, encuentro sexual.
«Según dicen, Rosicler tiene más de un apaño...» C. J. Cela, *Mazurca para dos muertos.* ▮ «La amiga de Pascuala se ha chivado a la patrona y Pascuala se ha tenido que marchar antes de que la corran de vergüenza... Pascuala era un apaño...» Jorge Cela Trulock, *Compota de adelfas,* en DE. ▮ «Es un poco cutre y a veces van los camioneros con sus apaños...» Jaime Romo, *Un cubo lleno de cangrejos.* ▮ «...había binguera que no hacían ascos a un apaño ocasional antes de regresar a casa...» Miguel Sánchez-Ostiz, *Un infierno en el jardín,* 1995, RAE-CREA. ▮◾ «Pepe y Matilde dicen que están casados, pero yo creo que son un apaño.» ✓ también *arreglo.*▮

aparato *s.* aparato dental.

«Me miro los dientes porque, aunque ya no llevo aparato...» Ragazza, junio, 1998. ▪ ▪ «El dentista dice que la niña tiene los dientes torcidos y habrá que ponerle un aparato.»

2. teléfono.

«—¿Martín Vigil? —Sí, al aparato.» José Luis Martín Vigil, *Los niños bandidos.* ▪ ▪ «Dile a Jaime que se ponga al aparato, que quiero hablar con él.»

3. pene.

«Era una presencia tan ridícula —su aparato, quiero decir—, que estuve a punto de proponerle que me tomara por detrás...» Lucía Etxebarría, *Amor, curiosidad, prozac y dudas.* ▪ «Si tu madre no me quiere / porque no tengo perrillas / no sabe que el aparato / me llega hasta las rodillas.» Amelia Díe y Jos Martín, *Antología popular obscena.* ▪ «...y sacando su propio aparato comenzó a cascársela como un poseso.» José María Amilibia, *Españoles todos.* ▪ «...si me presento en tu casa con la pretensión de llevarme tu aparato genital.» Álvaro de Laiglesia, *Hijos de Pu.* ▪ «Borrell, que no tiene pelo de tonto, se habrá dado cuenta de que aquí gana el que tiene el aparato.» Jaime Campmany, ABC, 19.4.98.

4. pistola, arma de fuego

«...me ve el aparato y digo con toda la firmeza y calma de que soy capaz: —Todo el mundo manos arriba. Esto es un atraco.» C. Pérez Merinero, *Días de guardar.*

aparcacoches *s.* el que aparca coches, especialmente en la vía pública.

«En la próxima entrega os descubriré cómo esquivar a los aparcacoches.» Mala impresión, revista de humor con caspa, n.° 1. ✓ ▸ *gorrilla.*▪

aparcar *v.* dejar, abandonar.

«Y el tío me tiene aparcado aquí por la cara.» José Luis Martín Vigil, *Los niños bandidos.* ▪ ▪ «Rocío aparca a su marido en casa y se larga de compras.»

aparearse *v.* copular.

«En la urbanización Vista Hermosa, Verónica y Miguel se aparearon siguiendo la última movida que consiste en copular en público como los perros...» Raúl del Pozo, El Mundo, 15.8.98. ▪ «Cuando llega la época de aparearse, ellas...» Fernando Martín, *Cómo aprobar todo sin dar ni chapa.* ▪ «...sus amigos periodistas, siempre locos por aparearse...» Jaime Romo, *Un cubo lleno de cangrejos.* ✓ DRAE: «Juntar las hembras de los animales con los machos para que críen. Ú. t. c. prnl.».▪

*aparentar cf. (afines) darse *aires, fardar, echar *faroles, tirarse el *folio, fulada, hacer el fantasma, hacer el fantasmón, tirarse el *moco, dar el pego, tirarse el *pegote, darse *pote, la procesión va por dentro.

aparición, hacer su aparición *expr.* llegar, venir.

«...yo hice mi aparición intempestiva...» Sealtiel Alatriste, *Por vivir en quinto patio,* 1985, RAE-CREA. ▪ «Cuando estoy a punto de hacer mi aparición, entra Zulema...» Marcela Serrano, *Antigua amiga mía,* 1995, RAE-CREA. ▪ ▪ «Hicieron su aparición a las dos de la mañana.»

apayarse *v.* para los gitanos o quinquis, adoptar las costumbres y forma de vida de los payos.

«...cuando me apayé como un indio se americaniza...» Eleuterio Sánchez, *Camina o revienta.*

apearse en marcha *expr.* coitus interruptus, extraer el pene antes de eyacular.

«No había entonces diafragmas, píldoras ni término medio: o joder con funda o apearse en marcha por la tremenda...» Fernando Sánchez-Dragó, «Anábasis», en *Antología del cuento español.* ▪ ▪ «Nosotros no usamos condones cuando follamos. Yo me apeo en marcha y ya está. Creo que es seguro.»

apechar *v.* sufrir, aguantar.

«Pero hube de apechar con estas incomodidades...» Ángel A. Jordán, *Marbella story.* ✓ DRAE: «intr. fig. apechugar, cargar con una obligación ingrata. Ú. generalmente con la prep. con».▪

*apelativo para desconocidos cf. (afines) amigo, jefe, macho, maestro, tío, tronco.

*apestar cf. (afines) cantar la *almeja, cantar, jumear, jumelar, oler a *rayos, rugir. ▶ *olor corporal.*

apimplarse *v.* embriagarse.
«Apimplarse: emborracharse.» JMO. ▌ «Apimplarse. Emborracharse.» VL. ▌◾ «El vecino se apimpla enseguida que toma un par de vinos.» ✓ ▶ *empimplar, pimplar.*▌

apio *adj.* homosexual.
«...le pregunté, sosteniendo en mi izquierda los organillos del apio aquel.» C. Pérez Merinero, *La mano armada.* ▌ «Me da que el nuevo pasante es apio, ¿verdad?» DCB. ▌ «...jotos de México / Sarasas de Cádiz / Apios de Sevilla.../» Federico García Lorca, *Oda a Walt Whitman,* en DE.

apiolao *s.* muerto, asesinado.
«Apiolao: muerto, asesinado.» JV. ▌◾ «Los enfermeros y médicos del SAMUR encontraron a un apiolao en el cuarto piso.» ✓ ▶ *apiolar.*▌

apiolar *v.* matar, asesinar.
«Salvador Puig Antich, el hombre apiolado en el palo por razones políticas...» C. J. Cela, ABC, 14.2.99. ▌ «Apioló a una vendedora de tomate, el Picao. La vendedora de tomates se quedó descuajeringada...» Francisco Candel, *Donde la ciudad cambia su nombre.* ▌ «...cualquiera diría que hace falta llevar a nadie a despoblado para apiolarlo...» A. Zamora Vicente, *Mesa, sobremesa.* ▌ «¿Y por qué cree que lo han apiolado los jugadores?» Raúl del Pozo, *Noche de tahúres.* ▌ «...si moro pilla y viola, el oficial le apiola. O sea que un servidor [...] te fusila.» Álvaro de Laiglesia, *Hijos de Pu.* ▌ «...yo, precisamente yo, había apiolado al gobernador.» Andrés Bosch, *Mata y calla.* ▌ «...y cada dos por tres la mafia te apiola a un tío y aquí paz y después gloria...» Ramón Ayerra, *Los ratones colorados.* ▌ «...han pasado cerca de sesenta años, exactamente cincuenta y siete, desde que el verdugo apioló a mi pobre títere Pascual Duarte...» C. J. Cela, ABC, 20.6.99. ✓ DRAE: «fig. y fam. Matar, a uno».▌

aplaudir, aplaudir el belfo *expr.* abofetear, golpear.
«Para que vaya entrando en razón y no dé más la lata le aplaudo el belfo un par de veces...» C. Pérez Merinero, *Días de guardar.* ▌ ◾ «Como sigas así te van a aplaudir el belfo, y ya verás.»

2. aplaudir la cara *expr.* abofetear.
«A ese le voy a aplaudir la cara.» La casa de los líos, Antena 3 TV, 12.4.98. ▌◾ «Te van a aplaudir la cara a base de bien como sigas hablando así.»

apoquinar *v.* pagar, contribuir.
«...usted hará que alguien apoquine...» A. Zamora Vicente, *Mesa, sobremesa.* ▌ «Bueno, apoquinan muy poco por cada botella...» P. Perdomo Azopardo, *La vida golfa de don Quijote y Sancho.* ▌ «Aquí, ¿quién apoquina?» A. Zamora Vicente, *Desorganización.* ▌ «...el Fortuna III, para el que han apoquinado, a razón de 100 millones por barba, las mayores empresas y bancos españoles.» Jesús Cacho, El Mundo, 6.8.99. ▌ «...las pastas, el alquiler del piano y el pianista se pagarán entre todos. De manera que si tu quieres ser de la cuadrilla, ya estás apoquinando.» Pío Baroja, *El árbol de la ciencia.*

apretado *s.* miserable, tacaño.
«La avaricia y la usura son plagas [...] A esta perversión corresponden muchos insultos: agarrado [...] apretado [...] cuentagarbanzos [...] rácano, roña, roñica, roñoso, tacaño [...] catalán, puño en rostro [...] cicatero...» AI.

apretar *v.* copular.
«Hacer el amor. Apretar y empujar son maneras vulgares de expresarlo.» Joseba Elola, *Diccionario de jerga juvenil,* El País Semanal, 3.3.96. ▌ «yo no sé qué hacer y tú tan quieta / que no me entero cuando aprietas.» Extremoduro, CD, 1997: *Iros todos a tomar por culo, Pedra.* ▌◾ «Cuando aprieto me corro enseguida.»

aprovecharse *v.* tocar, manosear, toquetear con fines sexuales.
«El moro se aprovechó de Gela...» Raúl del Pozo, *Noche de tahúres.* ▌ «...donde había oscuridad [...] se aprovechó de lo lindo, manoseando a Ari...» El Siglo, 27.3.97. ▌◾ «Pedro se ha aprovechado de mí bien cuando bailábamos.»

apta *adj.* película autorizada para todos los públicos.

> «Por cierto que la película debe ser verdísima. No la harán aquí. Y aunque la hicieran no sería apta.» F. Vizcaíno Casas, *Hijas de María.*

apuntarse a un bombardeo *expr.* apuntarse a cualquier evento, a cualquier cosa, sea lo que sea.

> «El caso es no parar en ningún momento. Te apuntas a un bombardeo.» Ragazza, agosto, 1997. ▌«Tú te apuntas a un bombardeo.» M. Sánchez Soler, *Festín de tiburones.* ▌«Había señoras adornadas de tardofranquismo, fans de la misa en latín y gente que se apunta a un bombardeo.» Carmen Rigalt, El Mundo, 29.5.99.

aquí, de aquí allá *expr.* largo, mucho, grande.

> «¿No has visto nunca cuando a las vacas o a los cerdos los pinchan aquí, y sale un chorro como de aquí allá?» Andreu Martín, *Prótesis.*

2. de aquí (ahí) te espero *expr.* grande, importante, de consideración, bonito, estupendo.

> «...y que me saca el bartolillo y que me empieza a hacer una gallarda de aquí te espero...» Ramón Ayerra, *Los ratones colorados.* ▌«Para ellos no hay nada más injusto que una cara bonita y un cuerpo de aquí te espero...» Antonio Lozano, Qué leer, enero, 1999. ▌«Nada, que se organizó un zipizape de aquí te espero.» Juan Madrid, *Un beso de amigo.* ▌«Recuerdo haber leído, en una pared, un anuncio de aquí te espero.» José M.ª Zabalza, *Letreros de retrete y otras zarandajas.* ▌«...con eso de tener los labios gruesos y una pinta de zorrón de aquí te espero, se los lleva de calle...» A. Gómez Rufo, *Cómo ligar con ese chico que pasa de ti o se hace el duro.* ▌«Un astrólogo que padece un cuelgue de anís de aquí te espero...» J. Giménez-Arnau, *Cómo forrarse y flipar con la gente guapa.* ▌«...un cabronazo, como todos ellos, de ahí te espero...» C. Pérez Merinero, *Días de guardar.* ▌«...dos ojos de carnero, y unos cuernos de aquí te espero...» Manuel Martínez Mediero, *El niño de Belén,* 1991, RAE-CREA. ▌«...en las manos del jo-

ven un pistolón de aquí te espero...» J. L. Alonso de Santos, *La estanquera de Vallecas,* 1981, RAE-CREA. ▌«...para armar una marimorena de aquí te espero...» Fernando Sánchez-Dragó, *El camino del corazón,* 1990, RAE-CREA.

3. estar hasta aquí *expr.* harto, cansado, hastiado.

> «Estoy harta, ¿sabe? Estoy hasta aquí.» Juan Madrid, *Un beso de amigo.* ▌«Ya estoy hasta aquí de oír hablar en serio a tanta gente...» R. Humberto Moreno-Durán, *El toque de Diana,* 1981, RAE-CREA. ▌«...porque estoy hasta aquí de las navegaciones...» Adriano González León, *Viejo,* 1995, RAE-CREA.

arajai *s.* cura, sacerdote.

> «Arajay. Sacerdote.» JGR. ▌«Arajái: sacerdote.» Manuel Giménez, *Antología del timo.* ▌«Arajay. Fraile.» LB. ▌«Arajai. Sacerdote, cura, fraile.» Ra.

araña *s.* comprador o vendedor de objetos robados.

> «Araña. Receptador de objetos robados.» JGR. ▌«Araña. Perista. Individuo que recibe, guarda, vende o cambia objetos robados.» Ra. ▌⬛ «Le venderé al araña del Rastro las joyas que robamos el otro día.» ✔ «Persona aprovechada y vividora.» MM.▌

arate *s.* sangre.

> «Arate. Periodo menstrual.» LB. ▌«Arate. Sangre.» JMO. ▌«Arate. Plasma, sangre.» Ra. ▌«Arate: sangre.» JV. ▌«Arate. Sangre.» VL. ▌«Arate. Sangre.» S. ✔ no se ha podido documentar fuera de diccionarios.▌

*árbitro cf. (afines) colegiado, trencilla.

árbol *s.* pene.

> «—Me voy a correr si continúas [...] Su árbol salía del tiesto erguido orgullosamente, respondiendo al reclamo de su esmerada jardinera.» Mariano Sánchez, *Carne fresca.*

arco de triunfo *s.* testículos, la entrepierna.

> «No me das miedo, Juanito, me paso tu furia por el arco de triunfo. Y se tocó la entrepierna.» Mariano Sánchez, *Carne fresca.*

arder, arder por los cuatro costados *expr.* quemarse completamente.

«Ardía por los cuatro costados.» J. Satué, *El desierto de los ojos,* 1986, RAE-CREA.

2. estar que arde *expr.* estar difícil, complicado, enfadado.

«El hombre está que arde esta mañana y tú tienes la obligación de avivar el fuego.» Fernando G. Tola, *Cómo hacer absolutamente infeliz a un hombre.* ▌ «...pues la situación está que arde.» José Raúl Bedoya, *La universidad del crimen.* ▌ «La cosa está que arde...» A. Gómez Rufo, *Cómo ligar con ese chico que pasa de ti o se hace el duro.* ▌ ▪▪ «No vengas por casa que la cosa está que arde.»

3. ir que arde uno *expr.* tener uno más que suficiente.

«...todos le dicen Jacinto el del Bizco y va que arde.» Ángel Palomino, *Un jaguar y una rubia.* ▌ «...un almanaque y vas que ardes, chata.» Juan Marsé, *Si te dicen que caí.*

ardilla ▶ *polvorilla.*

arenisca *s.* cocaína.

«¿Una rayita? [...] No será una, serán diez, y mientras se empapuzan de arenisca, Julio...» Jesús Ferrero, *Lady Pepa.*

ariete *s.* pene.

«Zack afianzó las dos manos contra la pared y embistió con el ariete [...] Carla gritó de dolor...» Andreu Martín, *El señor Capone no está en casa.* ▌ «Garañones de aspecto sórdido con pinta de estibador portuario, felices poseedores de arietes de treinta centímetros.» Lucía Etxebarría, *Amor, curiosidad, prozac y dudas.* ▌ «Ariete. Es metáfora formal en óptimo señalamiento (el pene semeja un ariete).» DE. ✔ ▶ el *Soneto secreto que escribió una beata a la polla de un clérigo, en acción de gracias,* en DE.▌

***armas** cf. (afines) aparato, armónica, bardeo, cacharra, cacharro, calentador, chatarra, cheira, chirla, churi, corte, curra, fusca, hierro, hierros, mojada, pincho, pinchosa, pipa, pisti, pistolo, pusca, sirla, trasto.

arma *s.* pene.

«Es met. formal y funcional (la pija semeja un arma y como tal se comporta)...» C. J. Cela, *Diccionario secreto.* ✔ ▶ también *armado, estar (ir) armado; arma, pasar por las armas.*▌

2. pasar por las armas *expr.* copular.

«Practicar el coito: pasar por las armas.» DTE.

3. ser alguien de armas tomar *expr.* ser peligroso, de difícil trato.

«Mujer de temperamento. De armas tomar.» Natalia Lago, El Mundo, 19.4.99. ▌ «Gente de armas tomar, de acuerdo...» P. Antilogus, J. L. Festjens, *Anti-guía de los conductores.* ▌ «De armas tomar, igual que su madre...» María Antonia Valls, *Tres relatos de diario.* ▌ «El padre de fulano ha resultado ser un rojo de armas tomar...» Juan Marsé, *Si te dicen que caí.* ▌ «...ha llegado la hora de dejar clarito que es una mujer de armas tomar (o sea, un cruce de hiena y caballo...» B. Pérez Aranda *et al., La ex siempre llama dos veces.* ▌ «Mujer de temperamento. De armas tomar.» El Mundo, 19.4.99.

***armado** cf. (afines) armado hasta los dientes, empipar, ir ***empalmado.**

armado, armado hasta los dientes *expr.* con muchas armas.

«...fue un revuelo de policías armados hasta los dientes.» Jaime Romo, *Un cubo lleno de cangrejos.* ▌ «...se ocultaban tres pistoleros armados hasta los dientes...» M. Sánchez Soler, *Festín de tiburones.*

2. estar (ir) arma(d)o *expr.* tener el pene erecto, tener una erección.

«Los moros siempre van armados y atacan a cualquier agujero aunque sea de caballero...» Raúl del Pozo, *Noche de tahúres.* ▌ «...carne bajo la falda oscura hasta los pies, y yo armado, de bragueta quiero decir...» Cristóbal Zaragoza, *Y Dios en la última playa.* ▌ ▪▪ «Cuando mi novio se pone delante de mí, armao, se me pone la carne de gallina.»

***armarla** cf. (afines) ▶ *jaleo.*

armarla *v.* promover, organizar lío, bronca.

«¡Este cabrón va a dejar que se vayan los músicos y me la arma!» Miguel Martín, *Iros todos a hacer puñetas.*

2. armarse de paciencia ▶ *paciencia, armarse de paciencia.*

3. armarse de valor *expr.* prepararse para afrontar una situación difícil.

«El Imbécil se me pegó como una lapa y yo me armé de valor y...» Elvira Lindo, MiPaís, El País, 31.7.99.

4. armar(se) la marimorena *expr.* promover, organizar gran conmoción, pelea, bronca.

«...lo bastante para levantar una partida y armar la marimorena.» C. J. Cela, *El gallego y su cuadrilla.* ▌ «No se lo va usted a creer pero por no armar la marimorena...» Marisa López Soria, *Alegría de nadadoras.* ▌ «...armó la marimorena, con recochineo, ordenando reformar los servicios...» José M.ª Zabalza, *Letreros de retrete y otras zarandajas.* ▌ «...Dar palos de ciego y armar marimorenas internacionales contra el criterio de fiscales y jurisprudentes...» Jaime Campmany, ABC, 25.10.98. ▌ «...para armar una marimorena de aquí te espero...» Fernando Sánchez-Dragó, *El camino del corazón,* 1990, RAE-CREA. ▌ «Claro está que a Borrell no le interesa una investigación judicial, larga y rigurosa, sino una marimorena política...» Jaime Campmany, ABC, 14.3.99. ▌✍ «El menda aquél armó la marimorena en la fiesta porque le querían cobrar de más.» ✔ «marimorena, riña, pendencia», Luis Besses. Para el DRAE: «f. fam. Riña, pendencia, camorra».▌

armario, encerrado (estar) en el armario *expr.* ocultar la condición de homosexual.

«...evidentemente, encerraditos en el armario, si utilizamos la gráfica expresión que ya ha cuajado para referirse al hecho de mantener oculta la identidad sexual.» El Mundo, 17.10.99.

2. salir del armario *expr.* admitir uno públicamente su homosexualidad.

«...admite en público su homosexualidad, una actitud que los colectivos gays denominan salir del armario.» El País, 13.10.99. ✔ del inglés *come out of the closet.*▌

armónica *s.* metralleta.

«La armónica dice ella a la metralleta...» Cristóbal Zaragoza, *Y Dios en la última playa.*

aro, pasar (entrar) por el aro *expr.* convencer, obligar a aceptar algo, resignarse.

«Claro que llegaría el momento en que no habría más remedio que pasar por el aro.» Severiano F. Nicolás, *Las influencias.* ▌ «Al final, los profesores hacían pasar por el aro a casi todo el personal...» Ladislao de Arriba, *Cómo sobrevivir en un chalé adosado.* ▌ «No sé, no sé si ése va a entrar por el aro.» Ignacio Aldecoa, *El fulgor y la sangre.* ▌ «...pero al ver que de ningún modo entraba yo por el aro...» Eleuterio Sánchez, *Camina o revienta.* ▌ «Y a él le resultaba humillante que su novia tuviera que pasar por el aro.» Mariano Sánchez, *Carne fresca.* ▌ «Ahora tengo a una tía que está entrando por el aro...» P. Perdomo Azopardo, *La vida golfa de don Quijote y Sancho.* ▌ «...y no hay manera de hacerle entrar por el aro.» Victoriano Corral, *Delitos y condenas.* ▌ «...mordía el anzuelo y pasaba por el aro...» Ramón Ayerra, *Los ratones colorados.*

2. aros *s. pl.* grilletes, esposas.

«Los aros: los grilletes, las esposas.» JV. ▌ «Aros. Grilletes, esposas, pulseras.» Ra. ▌ «Aros: manillas de hierro con que se sujeta al preso por las muñecas.» JGR. ▌✍ «¡Y la pasma le puso los aros delante de su mujé y lo churumbele!»

arradio *s.* aparato de radio.

«Algún día seré héroe del arradio, pero antes tengo que estudiar.» A las barricadas, 22-28 junio, 1998.

arrastre, estar (quedar) para el arrastre *expr.* en malas condiciones, muy enfermo.

«Hay que buscar una actividad [...] que responda exactamente a lo que quieres y no te deje para el arrastre.» Juanma Iturriaga, *Con chandal y a lo loco.* ▌ «...se desperdigaron y quedaron para el arrastre.» Gomaespuma, *Grandes disgustos de la historia de España.* ▌ «...los días que he pasado en casa de Tere me han dejado para el arrastre.» C. Rico-Godoy, *Cómo ser infeliz y disfrutarlo.* ▌ «Si estoy para el arrastre, hijo.» Juan Marsé, *Si te dicen que caí.* ▌ «Encima, ¡sin dormir! Voy a quedar para el arrastre.» Pedro Casals, *Hagan juego.*

¡arrea! *excl.* darse prisa.

«Arrea.» Ilustración, Comix internacional, 5. ❙ ▪️ «¡Venga, arrea que llegamos tarde!»

arreando que es gerundio ▶ *gerundio.*

arrear *v.* golpear.

«¿Le has arreado?» C. J. Cela, *La colmena.* ❙ «Sin pensárselo dos veces, la madre le arreó un estupendo sopapo...» Javier Maqua, *Invierno sin pretexto,* 1992, RAE-CREA. ❙ «Kus Kus le arreó una patada con toda su alma...» Álvaro Pombo, *El héroe de las mansardas de Mansard,* 1983, RAE-CREA. ❙ ▪️ «Esos gritos que oyes es que la vecina le está arreando a su marido otra vez.»

arrechucho *s.* indisposición física leve.

«...¿estaba Maime aquí cuando al *Gaseosa* le dio el arrechucho?» Ernesto Parra, *Soy un extraño para ti.* ❙ «Nunca he tenido una enfermedad seria, sólo algún que otro arrechucho.» CL. ❘✔ DRAE: «2. fam. Quebranto leve de salud».❘

arreglo ▶ *apaño.*

arrejuntarse *v.* convivir sin estar casados, amancebarse.

«Hace mucho que viven arrejuntados.» JM. ❙ «...tan buena gente que son por separado y la que arman si se arrejuntan.» Ramón Ayerra, *La lucha inútil,* 1984, RAE-CREA. ❙ ▪️ «Los del quinto piso creo que no están casados, se han arrejuntado.»

arrestado *cf.* (afines) ▶ *detenido.*

arrestar *cf.* (afines) aciguatar, amanillar, colocar, echar el guante, empaquetar, enchironar, endiquelar, entalegar, entrullar, hacer la *gamba, ligar, pescar, trincar.

arriba *cf.* (afines) apa, upa.

arriba, aquí arriba *s.* cabeza.

«Y no es mentira, porque tú no estás bien de aquí arriba.» M. Vázquez Montalbán, *La rosa de Alejandría.*

2. de arriba *expr.* gratis.

«De arriba: gratis, a cuenta de otro.» Germán Suárez Blanco, *Léxico de la borrachera.*

3. estar arriba *expr.* estar en la cárcel.

«Arriba. Cárcel de Carabanchel de Madrid.» JGR. ❙ «Arriba. Maco de Carabanchel.» Ra. ❙ «Ir p'arriba o estar arriba. Ir a la cárcel o estar en ella.» VL. ❙ «Llevar a alguien para arriba: detenerlo, encarcelarlo.» JMO. ❙ «Arriba. Cárcel, en especial, la de Carabanchel.» S. ❙ ▪️ «Está arriba desde el martes, que vino la poli y se lo llevó.» ❘✔ cárcel de Carabanchel, en Madrid, que se clausuró definitivamente el 27 de octubre de 1998. No se ha podido documentar fuera de diccionarios.❘

4. los de arriba *s.* los que mandan.

«...pero en ese país ganaban siempre los de arriba, los riquitos...» Pedro Vergés, *Sólo cenizas hallarás (bolero),* 1980, RAE-CREA. ❙ «...que los de arriba sientan más cariño por los de abajo...» Guillermo Chao Ebergenyl, *De los altos,* 1991, RAE-CREA. ❙ «...dando las nalgas a los de arriba y patadas a los de abajo...» Enrique Espinosa, *Jesús el bisabuelo y otros relatos,* 1995, RAE-CREA. ❙ «Los de arriba siempre deciden por nosotros.» DCB.

5. órdenes de arriba *expr.* órdenes de los que mandan, de los jefes.

«A Macario le ordena lo que le parece; cuando le nota remiso dice que son órdenes de arriba y termina la cuestión.» Miguel Martín, *Iros todos a hacer puñetas.*

arribota *adv.* muy arriba.

«...allá arribota, en la punta del país...» Ramón Ayerra, *Los ratones colorados.*

arrope *s.* vulva, órgano genital de la mujer.

«Cuando la prensa de la costa diviniza a busconas con cuentakilómetros en el arrope...» Raúl del Pozo, El Mundo, 24.8.99.

arrugado *s.* cobarde, miedoso.

«El cobarde, para su vergüenza y escarnio, posee una buena gama de sinónimos... blandengue, blandurri, arrugado...» AI.

arrugar(se) *v.* amedrentar(se), achantar(se).

«...en el momento de ser arrestado se atrevió a tratar de arrugar a los policía con aquello de ¡No saben ustedes con quién están hablando!» Manuel Giménez, *Antología del timo.* ❙ «Espera y verás, no sea que te arrugues tú el primero.» Juan Marsé, *Si te dicen que caí.* ▌«Ni siquiera el efecto 2000 me amilana. Ni me arrugan las burlas de esos escribidores incrédulos...» Jorge Márquez, ABC, 14.3.99. ▌«Pepa no tomó el billete, quiá, se arrugó...» Ramón Ayerra, *Los ratones colorados.* ▌■ «Cuando se pone a dar voces así es que literalmente me arrugo.»

2. perder la erección el pene.

«...ni que decir tiene que se me arrugó en el acto, ella se quedó pálida y quieta, muy quieta...» Ramón Ayerra, *Los ratones colorados.*

arte, **como por arte de magia** *expr.* inexplicablemente.

«De pronto, como por arte de magia, desaparecieron los hombretones y aparecieron unos obreros...» Care Santos, *El tango del perdedor.*

artillería *s.* genitales masculinos.

«Artillería. Órganos genitales.» DE. ▌■ «Se abrió la bragueta, sacó la artillería y me metió la polla por el culo.»

asaltacunas *s.* persona cuya pareja es mucho más joven.

«Como creen que mi novia es más joven que yo, todos creen que soy un asaltacunas.» CO, Javier Carro García. ▌■ «Mi cuñada sale ahora con un jovencillo de veinte; es una asaltacunas.» |✓ ▶ *cuna, reventar una cuna.*|

asaltapisos *s.* ladrón que roba en pisos.

«No soy un asaltapisos, me aclara.» A. Matías Guiu, *Cómo engañar a Hacienda.*

asco, hacer ascos *expr.* rechazar, no gustar.

«Volcado irrefrenablemente a la subsecretaría de lo que sea, no le hace ascos a la poltrona ministerial...» Máximo, *Animales políticos.* ▌«...había bingueras que no hacían ascos a un apaño ocasional antes de regresar a casa...» Miguel Sánchez-Ostiz, *Un infierno en el jardín,* 1995, RAE-CREA. ▌«¿Le haces ascos al dinero negro?» M. Vázquez Montalbán, *La historia es como nos la merecemos.* ▌«...porque en cuestiones de catre se ligó a la Nuria, que como puedes ver no está para hacerle ascos.» Fernando Martínez Laínez, *Bala perdida.*

2. ir hecho un asco *expr.* desastrado, en mal estado, sucio.

«No, si está todo hecho un asco...» Gomaespuma, *Grandes disgustos de la historia de España.* ▌■ «No quiero que salgas hecho un asco, debes ir arreglado y bien vestido.» ▌«El baño está hecho un asco.» José Ángel Mañas, *Sonko95.*

3. morirse de asco *expr.* aburrirse, pasarlo mal.

«...si no nos morimos de asco en un rincón.» Antonio Martínez Ballesteros, *Pisito clandestino,* 1990, RAE-CREA. ▌«...se hubiera muerto de asco en cualquier rincón...» Jorge Márquez, *La tuerta suerte de Perico Galápago,* 1995, RAE-CREA. ▌«...te meten en la cárcel a que te mueras allí de asco, o de otra cosa peor.» J. L. Alonso de Santos, *Trampa para pájaros,* 1990, RAE-CREA.

ascua, **estar (tener) sobre (en) ascuas** *expr.* estar impaciente, expectante, ansioso.

«Me tiene sobre ascuas, como se dice vulgarmente.» Eduardo Mendoza, *La verdad sobre el caso Savolta.* ▌«No me tengas en ascuas, cuéntamelo, por favor.» B. Pérez Aranda *et al., La ex siempre llama dos veces.*

asentaderas *s. pl.* culo, nalgas.

«...que tenía suficientes senos y asentaderas...» Alejandro Jodorowsky, *Donde mejor canta un pájaro,* 1992, RAE-CREA. ▌«...un pegajoso calor que notó en sus asentaderas.» Torcuato Luca de Tena, *Los renglones torcidos de Dios,* 1979, RAE-CREA. ▌«La agarré por las asentaderas cuando su marido estaba distraído y no rechistó la tía.» DCB. |✓ DRAE: «1. f. pl. fam. Nalgas».|

*asentimiento cf. (afines) ▶ *afirmación.*

aseo *s.* retrete.

«Ni váter, ni servicios, ni aseos, ni lavabos. El cuarto de baño [...] es un cuarto de baño y nada más.» A. Ussía, *Tratado de las buenas maneras.* ▌«Me encierro en el aseo de caballeros para descifrar el mensaje con toda tranquilidad.» Eduardo Mendoza, *Sin noticias de Gurb.*

*asesinar cf. (afines) ▶ *matar.*

*asesino cf. (afines) buchantero, destripaniños, maraor.

asfixiado *s.* nervioso, abrumado, triste. «Cada vez que, asfixiado por circunstancias hostiles, ha tenido que apencar...» El Mundo, 20.2.95. ▮ ▪ «Estoy asfixiado de tanto problema, familia y trabajo, macho.»

así como así *expr.* como si tal cosa, sin dar importancia. «—¿Qué te ha dicho? —No sé, tonterías. Que él no puede ampliar la plantilla de vendedores así como así.» Juan Marsé, *La oscura historia de la prima Montse.* ▮ «Así como así. Como si tal cosa. Me pidió así como así que le prestara un millón de pesetas.» MM.

asín *adv.* así. «Fortunata no tenía educación... Decía indilugencias, golver, asín...» B. Pérez Galdós, *Fortunata y Jacinta.* ▮ «Asín no hay forma de haser reportajes ecológicos...» El Jueves, 13.5.98. ▮ «No te pong'asín...» María Antonia Valls, *Para qué sirve un marido.* ▮ «Asina. De esta manera, de tal modo.» IND. ▮ ▪ «Las cosas no se hacen asín, creo yo, vamos.»

asina ▶ *asín.*

asínque *adv.* así que. «...bien que le viene tener un marido, asínque no se queje tanto.» María Antonia Valls, *Para qué sirve un marido.*

asqueroso *s.* indeseable. «¡No se te ocurra, asqueroso!» Juan Madrid, *Un beso de amigo.* ▮ «...ése es un asqueroso, está allí porque tiene que estar...» Alejandro Morales, *La verdad sin voz, 1979,* RAE-CREA. ▮ «¡Deténganlo, métanlo preso! [...] Es un asqueroso.» Luis Gasulla, *Culminación de Montoya, 1975,* RAE-CREA.

asta *s.* pene. «...con sus pezones tiesos y erectos, como si saludaran a una bandera erótica. Rafi seguía con el asta firme.» A. Matías Guiu, *Cómo engañar a Hacienda.*

astado ▶ *cabrón.*

astilla *s.* soborno, porción de beneficios ilícitos.

«...amistades que dicen poseer y para las cuales piden una pequeña astilla.» Manuel Giménez, *Antología del timo.* ▮ «Astilla. Parte proporcional del producto de un robo.» Manuel Giménez, *Antología del timo.* ▮ «Fue entonces cuando se presentó El Colorao para cobrar su astilla...» Eleuterio Sánchez, *Camina o revienta.* ▮ «...sin gastar un chavo en propinas, regalines y astillas...» Ramón Ayerra, *Los ratones colorados.*

astillar *v.* dividir, repartir dinero de procedencia dudosa. «Astillar. Repartir dinero o botín fruto de algún delito.» Ra. ▮ «Astillar: Repartir equitativamente la especie de lo robado.» JGR. ▮ ▪ «Después de una operación, los ladrones astillan lo recaudado.» ✓ no se ha podido documentar fuera de diccionarios.▮

*astuto cf. (afines) águila, cazacopas, cuco, fullero, lagarta, lagartona, saber *latín, lince, pájara, pájaro, sabérselas todas, zorro.

asunto *s.* vulva, órgano genital de la mujer. «Ni hablar, además es paticorta..., demasiado peluda, podía haberse depilado un poco el asunto.» Jaime Romo, *Un cubo lleno de cangrejos.* ▮ ▪ «La portera me enseñó el asunto y las tetas, pero no sé por qué. A lo mejor quería joder, la tía.» DCB.

2. pene. «...ya podía ser una niña, que lo mismo le daba, se abría la bragueta y decía que le mirase el asunto...» Ángel Palomino, *Un jaguar y una rubia.* ▮ ▪ «Se pone en la playa sin bañador, con el asunto al aire, gordo y tieso.»

3. amorío. «¿Qué le pasará a la condenada? Seguramente nada. O un buen asunto que le ha caído.» Mariano Tudela, *Últimas noches del corazón.* ▮ ▪ «Yo ahora tengo un asunto con una viuda que tiene un culo de impresión.» ✓ también *asuntillo.*▮

*asustar(se) cf. (afines) abucharar, acojonador, acojonante, acojonarse, amariconarse, arrugarse, cagarse de miedo, cagarse del susto, cagarse en los pantalones, cagarse encima, cagarse por las patas abajo, cagarse, callarse, carne de gallina, dar un vuelco el *corazón, dejar tieso, echarse a *temblar, hacerse un *nudo en la garganta, hombre del saco, jiñarse, mearse en los pantalones, mearse encima, poner los *cojones por corbata, rajarse, toser.

atacado *adj.* histérico, nervioso.

«Yo, cada vez que lo oía, me ponía *atacá*.» María Antonia Valls, *Para qué sirve un marido.* ❚ «Estar atacado. Estar acelerado, nervioso.» Joseba Elola, *Diccionario de jerga juvenil,* El País Semanal, 3.3.96.

atar, atado y bien atado *expr.* muy controlado.

«Todo estaba atado y bien atado.» M. Vázquez Montalbán, *La soledad del manager,* 1977, RAE-CREA. ❚ «El general creía que lo había dejado todo atado y bien atado.» DCB.

2. atar corto *expr.* dominar, coartar a alguien en su libertad.

«Despido energía y sé que soy un vago / a mí no me ata corto nadie.» Extremoduro, CD, 1997: *Iros todos a tomar por culo, Pedra.*

3. de atar *expr.* demente, loco.

«...pero vas a acabar majara perdida; lo tuyo es de atar, tía.» Andrés Berlanga, *La gaznápira.* ❚ «...merezco lo que me hagan porque estoy de atar.» J. Giménez-Arnau, *Cómo forrarse y flipar con la gente guapa.* ✓ ▶ *loco, loco de atar.*❚

4. estar uno para que lo aten *expr.* demente, loco.

«Estás para que te aten, Amelia, venir hasta aquí a ver camisetas.» Ángel Palomino, *Todo incluido.*

atasabar *v.* asesinar, matar.

«Atasabar: asesinar.» Manuel Giménez, *Antología del timo.* ❚ «Atasabar. Cometer un homicidio.» JGR. ✓ ▶ *tasabar.*❚

***ataúd** cf. (afines) caja, pijama (chaleco, traje) de madera.

aterrizar *v.* llegar, venir.

«Cuando aterricé en Hollywood tuve que hacer toda clase de trabajos...» Ragazza, n.° 93. ❚ «...acababa de llegar de vacaciones y estaba aterrizando...» María Antonia Valls, *Tres relatos de diario.* ❚ «Señorita, por

favor, déjeme aterrizar en mi cargo y ya veremos.» Jaime Romo, *Un cubo lleno de cangrejos.* ❚■ «Los amigos siempre aterrizan en casa a la hora de merendar.»

atizar *v.* golpear.

«Le estuve atizando hasta que me dolió el brazo.» Juan Madrid, *Crónicas del Madrid oscuro.* ❚ «...le atizó una palmadita en el culo...» Juan Marsé, *El embrujo de Shangai,* 1993, RAE-CREA. ❚ «Matilde le atizó un manotazo...» Emma Cohen, *Muerte dulce,* 1993, RAE-CREA. ❚ «...íbamos los tres en el coche, y la tía que nones. El Sevillano se cabreó y le atizó. Nos la follamos los dos.» José Luis de Tomás García, *La otra orilla de la droga,* 1984, RAE-CREA. ❚■ «Mi mujer le ha atizado a la vecina a base de bien; la ha dejado para el hospital.»

2. atizar por detrás (el ojete) *expr.* sodomizar.

«El tal Henri era un poco julandrón y lo que iba buscando era que yo le atizara por el ojete. Se quedó con las ganas. Yo por el culo no le doy ni a las mujeres. Mi padre decía que era cosa de maricones.» C. Pérez Merinero, *Días de guardar.* ❚■ «Le robaron en un descampado y le atizaron por detrás.»

***atontado** cf. (afines) alobao, atontado, írsele a uno la *olla, zombi.

atonta(d)o *adj.* bobo, necio, torpe.

«¿Me escuchas, atontado?» Juan Marsé, *El embrujo de Shangai,* 1993, RAE-CREA. ❚ «Eguren regresaba baldado, agotado, atontado, calmado.» Miguel Sánchez-Ostiz, *Un infierno en el jardín,* 1995, RAE-CREA. ❚■ «Desde que Pedro conoció a esa chica de la tienda anda como algo atontao, el pobre.»

atornillarse los labios *expr.* besarse.

«Hacer cola para el autobús atornillándose los labios.» R. Gómez de Parada, *La universidad me mata.*

atorrante *s.* persona indeseable.

«Me asustas tanto como una vieja en moto [...] y menos aún tu pandilla de atorrantes.» Juan Madrid, *Un beso de amigo.* ❚ «Un tipo barbudo y con pinta de atorrante...» Juan Madrid, *Las apariencias no engañan.* ❚ «Según Aurelio, ahora los albergues están llenos de atorrantes, parados, yonquis, sudacas, negratas...» Juan Madrid, *Crónicas del Madrid oscuro.* |✔ DRAE: «Argent. Desfachatado, desvergonzado».|

atraca *s.* atracador.

«...tontos, choris de poca monta, atracas de recortada, descuideros...» Raúl del Pozo, *Noche de tahúres.* ▌ «El ministro en persona me ha pedido que trinquemos al atraca que le ha quitado la cartera a ese tío...» Fernando Martínez Laínez, *La intentona del dragón.*

atracarse *v.* comer en demasía, darse un atracón.

«En la fiesta se atracaron de pasteles.» CL. ▌ «Nos hemos atracado de turrón estas Navidades, chico.» DCB.

atraco *s.* robo a mano armada.

«Por lo visto los chorizos que lo guindaron, lo emplearon en el atraco a una sucursal bancaria...» Ernesto Parra, *Soy un extraño para ti.* ▌ ▪ «El atraco fue perpetrado por dos putas y un maricón, con pistolas y navajas.»

2. precio exorbitante.

«...consideró el proyecto de Amary como un atraco...» Fernando Arrabal, *La torre herida por el rayo,* 1982, RAE-CREA. ▌ ▪ «Considero esta factura exorbitante y no la pago porque es un atraco, por eso.»

*atractiva cf. (afines) ▶ *mujer atractiva.*

atrás ▶ *patrás.*

atrasa(d)o *s.* deficiente mental, bobo, necio, torpe.

«...siempre fui un atrasado...» Guillermo Cabrera Infante, *La Habana para un infante difunto,* 1986, RAE-CREA. ▌ ▪ «El nuevo portero parece un poco atrasao, ¿no?»

atravesado, tener atravesado a alguien *expr.* tenerle antipatía a alguien.

«A ese Sraffa lo tengo atravesado.» Anacristina Rossi, *María la noche,* 1985, RAE-CREA. ▌ ▪ «Tengo atravesado al jefe, que es un cabronazo.»

atributos *s. pl.* genitales masculinos, testículos.

«...la famosa fotografía de Emilo Butragueño con sus atributos pendulantes preside la estancia.» Óscar López, Qué leer. ▌ «...así que desnúdate y enséñame tus atributos antes.» Anónimo, *Obsesiones impúdicas.* ▌ «...su padre también era Cintet de la Polla, se conoce que por esta comarca los atributos y los apodos son hereditarios...» C. J. Cela, *Viaje al Pirineo de Lérida.* ▌ «...en algunos casos llegan a operarse sus atributos masculinos...» F. Vizcaíno Casas, *Hijos de papá.* ▌ «¡Ya quisieran muchos tener unos atributos viriles de ese tamaño!» Álvaro de Laiglesia, *Hijos de Pu.* ▌ «...es un varón y tiene los atributos del varón, y que nadie se escandalice...» Juan Marsé, *La oscura historia de la prima Montse.* ▌ «...clérigo famoso por sus atributos, ¡con qué generosidad lo dotó la madre naturaleza!» C. J. Cela, ABC, 6.12.98. ▌ «...normalmente hacen que se desnuden y gastan bromas sobre sus atributos viriles.» M. Ángel García, *La mili que te parió.*

atufado *adj.* lleno, harto.

«Atufado. Estar atufado es estar harto.» Joseba Elola, *Diccionario de jerga juvenil,* El País Semanal, 3.3.96. ▌ «Atufar. 3. Hartarse.» S. ▪ «Estoy atufado de tanto trabajo.» |✔ no se ha podido documentar fuera de diccionarios.|

aúpa, de aúpa *expr.* difícil, peligroso.

«Las hermanas de Pepe Luis, las Princesas, eran de aúpa, de armas tomar...» Francisco Candel, *Donde la ciudad cambia su nombre.* ▌ «Unos son más que otros, y el que he traído [...] es de aúpa.» Carlos Zeda, *Historias de Benidorm.* ▌ «Los Borgia eran de aúpa.» Rafael García Serrano, *Diccionario para un macuto.* ▌ «Paco tiene un carácter de aúpa.» DCB. ▌ «El mosqueo de Lucio debió ser grande, vamos, de aúpa.» Juan Madrid, *Crónicas del Madrid oscuro.* ▌ «...pero es que los jueces —otra panda de aúpa—...» C. Pérez Merinero, *Días de guardar.* ▌ «...salvo Inés Oriol y Sisita Miláns, que son dos afrancesadas de aúpa.» Francisco Umbral, «La boda», El Mundo, 23.10.98. ▌ «El Papa nos está dando a los interesados un veranito caliente de aúpa.» Manuel Hidalgo, El Mundo, 30.7.99. ▌ «...fue un socialista de aúpa en su tiempo.» Cristóbal Zaragoza, *Y Dios en la última playa.*

2. grande, bueno.

«Debe tener una tranca de aúpa.» Juan Madrid, *Un beso de amigo.* ❚ «Me entra un cabreo de aúpa.» C. Pérez Merinero, *Días de guardar.* ❚ ◼ «Nos comimos unos bocatas de aúpa.» |✔ ▸ también *upa.*|

autoconsuelo *s.* masturbación.

«Con el insinuante movimiento de sus majestuosas curvas, estas profesoras han provocado [...] gran número de enamoramientos y no pocos autoconsuelos por parte de la prole estudiantil.» Fernando Martín, *Cómo aprobar todo sin dar ni chapa.*

autoestop, hacer autoestop *expr.* solicitar que le lleven a uno en coche.

«Siempre que vea alguien haciendo autostop en una carretera me acordaré de ti.» José Luis Martín Vigil, *Los niños bandidos.* ❚ ◼ «Hicimos autoestop desde Madrid hasta Oslo, para que veas.» |✔ *autoestop, auto stop, autostop.*|

autoestopista *s.* persona que solicita que le lleven en coche.

«...como el camionero que se dispone a violar a la autoestopista que lo ha parado haciendo dedo.» Pgarcía, *El método Flower.* ❚ ◼ «No cojas a ningún autoestopista por la carretera porque es muy peligroso.»

automática *s.* lavadora.

«La lavadora es la automática.» Gomaespuma, *Familia no hay más que una.* ❚ ◼ «Si pones la automática, lávame la camisa gris, porfa.»

*automóvil cf. (afines) bote, buga, cacharro, cafetera, cafetera rusa, carraca, carro, chatarra, cochazo, cuatro latas, escarabajo, fiambrera, haiga, kunda, lata, loca, roda, rodante, rula, seiscientos, stradivarius, tartana.

*automóvil viejo cf. (afines) carraca, cacharro, cafetera, cafetera rusa, chatarra, lata, tartana.

aventi *s.* aventura.

«...eres mi mujer ideal, como dicen en las pelis de aventis...» Francisco Umbral, *Madrid 650.* ❚ «Historias contadas en tabernas, sexo clandestino, aventis de tebeos, azañas de *El hombre enmascarado.*» El correo de las letras, marzo/abril, 1998. ❚ «Tú siempre rumiando aventis...» Juan Marsé, *Si te dicen que caí.*

aventura *s.* relación amorosa, sexual.

«Odiaba pensar que alguien lo interpretara como una vulgar aventura.» Luis Camacho, *La cloaca.* ❚ «Este es el relato de la que entonces llamé mi aventura...» Ángel A. Jordán, *Marbella story.* ❚ ◼ «Tuve una aventura con una africana que me arreó unas purgaciones de miedo.»

avestruz, hacer el avestruz *expr.* ignorar la evidencia, la realidad.

«Es triste tener que reconocer esto, pero no vale cerrar los ojos a la evidencia, ni hacerse el avestruz.» Jaime Campmany, ABC, 14.3.99.

aviado, estar (ir) aviado *expr.* tenerlo difícil.

«...podemos pegarnos un morrón, y como están los precios de los fármacos, estamos aviados.» José M.ª Zabalza, *Letreros de retrete y otras zarandajas.* |✔ «Frase irónica para expresar que la persona en cuestión está en una situación difícil...» MM.|

avinagrado *s.* pesimista, triste, amargado.

«...triste y avinagrado...» Eduardo Mendoza, *La ciudad de los prodigios.* ❚ «...su perra, mustia, ladradora, nada ladradora, de carácter avinagrado...» Miguel Sánchez-Ostiz, *Un infierno en el jardín,* 1995, RAE-CREA. ❚ ◼ «Encima de ser fea, la vecina tiene un carácter avinagrado y difícil.»

avión, hacer el avión *expr.* fastidiar, hacer perjuicio.

«Hacer el avión. Hacer una mala pasada.» VL. ❚ «Hacer el avión: perjudicar, molestar.» JMO. ❚ «hacer el avión. Realizar una mala acción contra una persona.» S. ❚ ◼ «Me han hecho el avión a base de bien; me han estafado.» |✔ no se ha podido documentar fuera de diccionarios.|

*avisar cf. (afines) agua, dar el *agua, ja, ojo con lo que dices, dar el *queo.

avizorar *v.* ver, observar.

«De vez en cuando avizoro la puerta —no vaya a ser que se presente alguien y me coja en bragas...» C. Pérez Merinero, *Días de guardar.*

avizores *s. pl.* ojos.

«Los avizores: Los ojos.» JV. ❙ «Avizores. Ojos.» LB. ❙ «Avizor. Ojo, cliso, acai.» Ra. ❙ ▪ «Tiene los avizores abiertos siempre, por lo que pueda pasar.» ❙✓ no se ha podido documentar fuera de diccionarios.❙

ayudante técnico sanitario *expr.* practicante, enfermero.

«...y a los practicantes, ayudantes técnicos sanitarios y ahora, según síntomas, diplomados en enfermería.» DE.

ayunas, estar (quedarse) en ayunas *expr.* no saber, ignorar.

«¿O es que usted está en ayunas de lo que pasa?» Alfonso Chase Brenes, *El pavo real y la mariposa,* 1996, RAE-CREA. ❙✓ DRAE: «fig. y fam. Sin tener noticia de alguna cosa, o sin penetrarla o comprenderla. Ú. m. con los verbos *quedar* o *estar*».❙

azafato *s.* masculino de azafata.

«...intervienen [...] ocho bailarinas, ocho chicas piscina, seis azafatos, cuatro moni-

tores...» ABC, 14.2.98. ❙▪ «Llaman azafatos a los auxiliares de vuelo para que no sean menos que las chicas.»

azotea *s.* cabeza.

«Dios sepa qué ideas te cruzarán por la azotea en estos momentos...» A. Zamora Vicente, *Mesa, sobremesa.* ❙ «No, si tu tienes la azotea que si te la sacuden caen bellotas de tanto estudiar...» Jaime Romo, *Un cubo lleno de cangrejos.* ❙ «Tengo un lío en la azotea que no me aclaro.» C. Pérez Merinero, *Días de guardar.* ❙▪ «Se ha pegado un golpe en la azotea de padre y muy señor mío.»

2. estar mal (no estar bien) de la azotea *expr.* demente, loco, enfermo mental.

«...ese hombre no estaba bien de la azotea...» Ángel Palomino, *Las otras violaciones.*

azulgrana *adj.* y *s.* relativo al F.C. Barcelona.

«Los azulgrana cumplieron con profesionalidad.» El País Digital, 21.4.97. ❙ «...desea que Ronaldo prosiga en el club azulgrana...» ABC Electrónico, 37408, 1997. ❙▪ «Los azulgrana han ganado la liga otra vez.»

Bb

B, en (por) B *expr.* sueldo fuera de nómina; dinero que no se declara a Hacienda.

«...unas gratificaciones especiales en B. [...] le explicó que se trataba de dinero que no figuraba en nómina...» Luis Camacho, *La cloaca.* ▌«Hay que meter por B 500 millones.» El Mundo, 22.10.99.

baba, caérsele la baba a uno *expr.* gustar mucho, entusiasmarse, rogocijarse.

«Se te cae la baba cuando sueñas estar tumbado en un solarium inundado de cuerpos Danone...» Juanma Iturriaga, *Con chandal y a lo loco.* ▌«Él no lo quiere decir, pero se le cae la baba por la vecina de enfrente.» José Sánchez Boudy, *Cubanismos, 1978,* RAE. ▌«Se le cae la baba oyendo al líder de la mayoría...» Máximo, *Animales políticos.* ▌«Sé natural [...] que no se te caiga la baba cuando te hable...» You, enero, 1998. ▌«A los papis de Esther, no les molaba nada que fuese modelo, y ahora, se les cae la baba.» Ragazza, julio, 1997. ▌«...se te caía la baba saludando a las amistades...» Ramón Ayerra, *Los ratones colorados.*

2. cambiar babas *expr.* besarse.

«Cambiar babas. Besarse en la boca.» VL. ▌«Cambiar babas: besarse las parejas en la boca.» JMO. ✔ no se ha podido documentar fuera de diccionarios.▌

3. mala baba *expr.* mala intención.

«Esa gente tiene muy mala baba.» Francisco Candel, *Donde la ciudad cambia su nombre.* ▌«Es que lo que habéis hecho en Jope, macho, tiene mala baba...» Ángel Palomino, *Todo incluido.* ▌«...la adrenalina invadió su cerebro y la mala baba le desbordó la boca...» Eloy Arenas, *Los vecinos de mis vecinos son mis vecinos.* ▌«Me parece que tiene un poco de mala baba...» B. Pérez Aranda *et al., La ex siempre llama dos veces.* ▌«...grandullón él y mala baba...» Ramón Ayerra, *Los ratones colorados.* ▌◼ «¡Tiene una mala baba el tío ése!» ✔ en sus enmiendas y adiciones al diccionario, la RAE quiere incluir: «mala baba. Fig. mala intención».▌

Babia, estar en Babia *expr.* distraído, descentrado.

«Debes estar muy en babia si te has dado cuenta ahora.» Jose-Vicente Torrente, *Los sucesos de Santolaria.* ▌«...peor para él, porque luego se lo cargan y la poli en Babia.» M. Vázquez Montalbán, *El delantero centro fue asesinado al atardecer.* ▌«Estaban en babia, ciegos, sin esperanza...» Juan Marsé, *Si te dicen que caí.* ▌«Vivió y murió en el santo equilibrio de los cornudos de las tierras de Babia.» Chumy Chúmez, *Por fin un hombre honrado.* ▌◼ «¡Presta atención a lo que te digo, que parece que estás en babia!» ✔ DRAE: «fr. fig. y fam. Estar distraído y como ajeno a aquello de que se trata». J. M.ª Iribarren cita, entre otros, a Sbarbi, *Florilegio de refranes:* «Entiéndese comúnmente por Babia el país de los tontos...».▌

baboso *adj. y s.* despreciable, indeseable.

«Ese perro baboso...» Juan Madrid, *Las apariencias no engañan.* ▌«Llevaba allí dos días y no sólo no avanzaba nada, sino que tenía que ingeniármelas para jugar al ratón y al gato con aquel baboso.» Lourdes Ortiz, *Picadura mortal.* ▮ «Ella también depende como yo de ese cabrón del Alberto, de su hermano Ezequiel y un baboso al que dicen Primi.» Mariano Sánchez, *Carne fresca.* ▮ «Sin amenazas, baboso.» Juan Marsé, *Si te dicen que caí.* ▮ «...la nariz más afilada o con el corte de pelo más baboso.» Álex de la Iglesia, *Payasos en la lavadora.* ▮▪ «El jefe es un baboso de mierda que maltrata a los empleados a traición.»

2. rijoso, lujurioso, lascivo.

«...cogió al baboso aquel por el brazo, muy suavemente, y le dijo: "¿Por qué no deja en paz a la señorita?"» Juan Marsé, *La oscura historia de la prima Montse.* ▮ «A las empleadas las persigue hasta en los lavabos. Es un baboso, esa es la pura verdad.» J. Bonet, *Terraza 79,* DH. ▮ «Su madre no estaba, sólo había hombres babosos, sonrientes...» Jaime Romo, *Un cubo lleno de cangrejos.* ▮ «Y ha renegado de los besos babosos y pestilentes del Caro...» Andreu Martín, *Prótesis.* ▮ «...haré todas las guarradas que el viejo baboso decrépito Dorsay quiera.» Sergi Belbel, *Elsa Schneider,* 1991, RAE-CREA. ✓ *Nuevo diccionario de la lengua castellana,* 1863: «ridículamente obsequioso con las damas». Y el DRAE dice: «fig. y fam. Enamoradizo y rendidamente obsequioso con las mujeres. Aplícase solo a los hombres. Ú. t. c. s. m.».▮

bacalá(da) *s.* vulva, órgano genital de la mujer.

«La bacalá: Aparato genital femenino.» JV. ▮ «Bacalada: la vulva.» JMO. ▮▪ «A la Francisca le güele la bacalá un montón.» ✓ no se ha conseguido documentar fuera de diccionarios.▮

bacalao ▶ *bakalao.*

bacalao *s.* vulva, órgano genital de la mujer.

«Pues yo le dicho a usted que a mí el olor a bacalao me pone como un burro.» El Jueves, 13.5.98. ▮ «Se autodefinen como grandes conocedores de la fauna bacalao...» R. Gómez de Parada, *La universidad me mata.* ▮ «...los pescaderos siempre le gritan a la fu-

lanorra que para qué va a comprar nada con el bacalao que lleva encima...» Jaime Romo, *Un cubo lleno de cangrejos.* ▮ «...y todavía menos que un perdis de pueblo, aficionado al bacalao, te rasque el parrús y te fabrique un bombo...» Juan Benet, *En la penumbra.* ✓ proviene de la creencia de que el órgano genital femenino huele a pescado. C. J. Cela dice en su DE: «Es eufemismo literario, no poco soez y quizás alusivo al olor de las partes genitales», y en una de sus citas de Espronceda, Canto II, *La casada,* escribe: «/Luego, ¡cuán sucias son las puñeteras!, siempre les huele a bacalao el nido».▮

2. cortar el bacalao *expr.* ser persona que manda.

«Cada oficio tiene sus reglas y gentes que cortan el bacalao.» M. Vázquez Montalbán, *Los alegres muchachos de Atzavara.* ▮ «...pero codearse con los que cortan el bacalao ofrece muchísimo más interés.» Carmen Posadas, *Yuppies, jet set, la movida y otras especies.* ▮ «...prefirió quedarse [...] cortando el bacalao.» Gomaespuma, *Grandes disgustos de la historia de España.* ▮ «...nostalgia de los tiempos en que Franco cortaba el bacalao...» Samuel Picot, Qué leer, septiembre, 1998. ▮ «No hay más que verte en la tele junto al ministro para darse cuenta de que el que corta el bacalao eres tú...» Jaime Romo, *Un cubo lleno de cangrejos.* ▮ «El cura ejercía de censor de prensa y de cine, era quien cortaba el bacalao...» Jaime Romo, *Un cubo lleno de cangrejos.* ▮ «Tú cortas el bacalao en casa de los Spaldi...» Andreu Martín, *El señor Capone no está en casa.*

3. ¡te conozco bacalao, aunque vayas disfrazao! *expr.* saber las intenciones que tiene alguien.

«Dícese por la persona que trata de engañarnos y adivinamos o presentimos su intención...» Caballero, *Modismos,* DH. ▮▪ «Sé lo que tramas y no me engañas. ¡Te conozco bacalao, aunque vayas disfrazao!» ✓en sus enmiendas y adiciones al diccionario la RAE quiere incluir: «Te conozco bacalao. Fr. coloq. Ú. Para indicar que se conocen las intenciones o el modo de actuar de alguien».▮

bacheado *adj.* con baches.

«...se ha asfaltado todo el circuito que antes estaba bacheado.» La Moto, junio, 1992. ✔ del verbo estándar *bachear*.❘

badajo *s.* pene.

«Es que si me hace una faena [...] ¡le corto el badajo!» Miguel Martín, *Iros todos a hacer puñetas*. ❘ «...y al tío se le puso dura y la tiene como un senegalés, menudo badajo...» Jaime Romo, *Un cubo lleno de cangrejos*. ❘ «Con tu chuletería me estás empezando a tocar el badajo. ¿Me oyes?» Mariano Sánchez, *La sonrisa del muerto*. ❘ «Tiró y tiró del badajo hasta que consiguió que retirara la lengua de su higo.» C. Pérez Merinero, *La mano armada*. ❘ ▪ «Nunca decía pene, sino badajo.» ✔ DRAE: «m. Pieza metálica, generalmente en forma de pera, que pende en lo interior de las campanas, y con la cual se golpean estas para hacerlas sonar. En los cencerros y esquilas suele ser de madera o hueso».❘

2. sacarle brillo al badajo *expr.* masturbar(se).

«Luego comencé a sacarle brillo al badajo. [...] cogí una bragas azules de esas caladitas, corriéndome con ellas.» C. Pérez Merinero, *La mano armada*.

badana, zurrar (curtir, tundir, sobar, sacudir, zumbar, cascar, tostar, calentar) la badana *expr.* golpear, pegar.

«Los pícaros riojanos se zurran la badana de verdad unos a otros.» Jaime Campmany, ABC, 12.4.98. ❘ «...no vaya a ser que lo tomen como una prueba de machismo y me zurren la badana.» Felipe Navarro (Yale), *Los machistas*. ❘ «...quien estuviese dispuesto a curtirle la badana a Casimiro...» Jose-Vicente Torrente, *Los sucesos de Santolaria*. ❘ «Cuando los muchachos de guardia le calentaron la badana yo me hice el desentendido.» Juan Madrid, *Las apariencias no engañan*. ❘ «Ha dado en zurrarle la badana y la pobre, en cuanto lo siente llegar bebido, se mete debajo de la cama...» Ignacio Aldecoa, *El fulgor y la sangre*. ❘ «Te vas a ir de este pueblo. Pero primero te vas a ir de vareta. Llévatelo al cuartelillo, Arévalo, y que le zurren la badana.» Antonio Gala, *Petra Regalada,* 1980, RAE-CREA. ❘

«Cuatro negrotes de mierda zurrándole la badana a un país que conquistó América.» Eduardo Mendoza, *La verdad sobre el caso Savolta*. ❘ «...quieta o te zurro la badana de verdad...» Ramón Ayerra, *Los ratones colorados*. ✔ Sebastián de Covarrubias, en *Tesoro de la lengua castellana o española* de 1611, dice acerca de *badana*: «y de aquí se dixo çurrar a uno la badana quando le han tratado mal». Y el *Diccionario de autoridades* dice: «Zurrar la badana. Vale lo mismo que tratar a uno mal de palabra ú de obra, y de ordinario se entiende por aporrearlo. Es locución mui usada en estilo familiar».❘

badanas *s.* persona inútil.

«Badanas: inútil.» Ángel Palomino, *Insultos, cortes e impertinencias*. ❘ «Badanas: inútil.» JV. ❘ «Badanas: persona lerda o inútil.» JMO. ❘ «Badanas. Inútil, inepto, incapaz.» Ra. ❘ «Persona floja y perezosa. Ú. m. en pl. *Tu yerno es un badanas.»* DRAE. ❘ ▪ «El nuevo peón es un badanas y no sirve pa ná.» ✔ no se ha podido documentar fuera de diccionarios.❘

bailar *v.* robar.

«A Carlos le bailaron en la fiesta. (Al emborracharse le robaron toda la plata.)» F. Chacín, DH. ❘ ▪ «Le han bailao la cartera al guiri ése con todos los documentos y el dinero.»

2. intercambiar cifras o cosas por error.

«Le entregó el papel con la nueva fecha impreso en ordenador. A Jacinto le bailaron los números...» El Mundo, 10.5.95. ❘ «...la ficha de la selección catalogada por el arquitecto Julio Cano Lasso [...] fue numerada con el guarismo 85 [...] con el número 84 [...] figuraba la ficha del edificio perteneciente a la empresa Martini & Rossi [...] Las fichas bailaron [...]» El País, 31.7.99. ❘ ▪ «Has bailado los número y en vez de poner un millón novecientas mil, has escrito nueve millones cien mil.»

baile agarrao *expr.* baile en que la pareja está en contacto.

«...la cabecita sobre el hombro de usted [...] (como en un baile agarrao, mejilla contra mejilla.)» José Luis Sampedro, *La sonrisa etrusca*. ❘ «...y se baila agarrao al compás de un organillo...» José Gutiérrez-Solana, *Ma-*

drid, escenas y costumbres, Obra literaria, I. ❙ «¿Es grave pecado el baile agarrado?» C. J. Cela, ABC, 25.10.98. ❙ «...bailan agarrao en los dormitorios...» Juan Marsé, *Si te dicen que caí.* ❙ ⚑ «Yo prefiero el baile agarrao cuando la tía está buena.» ✔ también *bailar agarrao.*❙

bailódromo *s.* lugar para bailar, baile.
«Bailódromo Puerto Plata.» Cartel calle Orense, Madrid. ❙ «Bailódromo latino, el Club.» Cartel calle Orense 22, Madrid. ❙ «El bailódromo.» Jaime Romo, *Un cubo lleno de cangrejos.* ❙ «Los sudamericanos en Madrid van a sus propios bailódromos.» DCB.

bailongo *s.* persona que le gusta bailar.
«No fuma ni bebe, pero en cuanto puede se va a la disco. ¡Es súper bailongo!» Ragazza, agosto, 1997.

2. baile, lugar para bailar.
«...un bailongo, de pura orquesta típica...» José Luis Najenson, *Memorias de un erotómano y otros cuentos,* 1991, RAE-CREA. ❙ «...de un edificio bajo y pobremente iluminado, de donde se escapaban desconcertantes notas, que nos indicó la presencia del bailongo.» Ernesto y Alberto Che Guevara, *Viaje por Sudamérica,* 1992, RAE-CREA. ❙⚑ «Después de cenar iremos a un bailongo de aquí cerca que tiene una orquesta estupenda.»

baileteo *s.* baile.
«...el cuerpo de la chica que se nos escapa en el baileteo...» José Andrés Rojo, *Hotel Madrid,* 1988, RAE-CREA. ❙ «Es sábado, habéis quedado para ir de baileteo...» Ragazza, n.° 101. ✔ de *baileteear.*❙

bajar el tono *expr.* bajar la voz, hablar quedo.
«Chalán, baja el tono...» Jaume Ribera, *La sangre de mi hermano,* 1988, RAE-CREA. ❙ «...baja el tono y concluye...» C. Pérez Merinero, *Días de guardar,* 1981, RAE-CREA. ❙ ⚑ «¡Baje usted el tono que no estoy sordo!»

bajar el volumen ▸ *bajar el tono.*

bajarse al pilón ▸ *pilón, bajar al pilón.*

bajarse los pantalones ▸ *pantalones, bajarse los pantalones.*

baji *s.* suerte, ventura.
«...se llama mala suerte, mala racha, mal baji...» Raúl del Pozo, *Noche de tahúres.* ✔ Luis Besses reseña la palabra en su diccionario de 1905.❙

bajini, por lo bajini *expr.* en voz baja, cuchicheando.
«Me dijo por lo bajini [...] y luego alzó la voz...» M. Vázquez Montalbán, *Los alegres muchachos de Atzavara.* ❙ «...vivaracha y locuaz, sabe muchos chistes y canta flamenco por lo bajini...» Ángel Palomino, *Las otras violaciones.* ❙ «Pero andáis hablando por lo bajinis, que jode mucho más.» Miguel Martín, *Iros todos a hacer puñetas.* ❙ «...rezonga por lo bajini para no enseñar el plumero.» Ladislao de Arriba, *Cómo sobrevivir en un chalé adosado.* ❙ «...se le oyó contestar por lo bajinis...» Marisa López Soria, *Alegría de nadadoras.* ❙ «Culoblando cantaba por lo bajinis unas guajiras...» C. J. Cela, *El espejo y otros cuentos.* ❙ «Para ayudarle empezó a cantar por lo bajini la letra de la canción que...» Jaime Romo, *Un cubo lleno de cangrejos.* ❙ «...después de haber chapurreado por lo bajini algún latinajo que no hay dios que entienda...» C. Pérez Merinero, *Días de guardar.* ✔ también *bajinis.*❙

bajo, bajo de forma *expr.* triste, alicaído, cansado.
«...insistieran y que se le veía francamente bajo de forma...» Javier García Sánchez, *El Alpe d'Huez,* 1994, RAE-CREA. ❙ ⚑ «No tengo ganas de nada. No me encuentro bien. Hoy estoy bajo de forma.»

2. repasar (aliviarse) los bajos *expr.* copular.
«Nos gustaría encontrarla para que nos repase los bajos...» Mariano Sánchez, *Carne fresca.* ❙ «...un compañero de piso y él iban juntos todas las semanas a aliviarse los bajos al barrio chino...» Jaime Romo, *Un cubo lleno de cangrejos.*

bajón *s.* descenso de euforia, de los efectos de una droga.
«...en la agonía de la resaca y del bajón...» Raúl del Pozo, *La novia.* ❙ «A veces le hace a una sentirse mucho mejor, a veces muy inestable, con bajones, muy variable.» Ju-

dit Mascó, El Mundo, 21.8.99. ▮ «Luego se fue a casa, le había entrado el bajón...» José Ángel Mañas, *Sonko95*.

bakalaero *s.* al que le gusta el bakalao o música electrónica.

«Fiestero. Bakalaero.» Joseba Elola, *Diccionario de jerga juvenil,* El País Semanal, 3.3.96.

bakalao *s.* música electrónica.

«...los jóvenes bailaban hasta la madrugada salsas, bakalao y samba.» Raúl del Pozo, *Noche de tahúres.* ▮ «...pero ahora lo que mola es bakalao sofisticado, o música electrónica (que es como se llama en los States)...» Onofre Varela, A las barricadas, 18-24 mayo, 1998. ▮ «¿La música bacalao interpretada [...] con dicho tipo de instrumentos...?» Radio Clásica, revista RNE, marzo, 1999. ▮ «Con el bakalao —así llaman los iniciados a esta armonía disgregadora...» Álex de la Iglesia, *Payasos en la lavadora.*

bala, bala perdida *s.* persona irresponsable.

«Entre todos decidieron que yo era un bala perdida y que era necesario hacerme entrar en razón...» Care Santos, *El tango del perdedor.* ▮ «...le han convertido en un bala perdida...» Santiago Moncada, *Caprichos,* 1992, RAE-CREA. ▮ «...yo fui un bala perdida hasta que conocí a Teresa...» Javier Marías, *Corazón tan blanco,* 1992, RAE-CREA. ☑ DRAE: «fig. y fam. tarambana, persona sin juicio».▮

2. como una bala *expr.* muy de prisa.

«El Audi da marcha atrás y sale como una bala.» Fernando Martínez Laínez, *La intentona del dragón.* ▮ «...el gobernador se ha ido como una bala.» Andrés Bosch, *Mata y calla.* ▮ ◼ «El coche iba como una bala y derrapó en la curva.»

3. tirar con bala *expr.* tener mala intención.

«...que ahora los microbios tiran con bala...» Ramón Ayerra, *Los ratones colorados.* ▮ «Mi novio, el de los chistes, decía que estaba gorda, pero los mariquitas, ya se sabe, tiran con bala.» Adolfo Marsillach, *Se vende ático,* 1995, RAE-CREA.

balcón *s.* pechos de mujer.

«Balcón. Pecho de la mujer o más bien el conjunto de ambos.» DE.

baldear *v.* apuñalar.

«...estamos para baldear el inmenso...» Francisco Umbral, *La derechona.*

baldeo *s.* arma blanca.

«Me sentiría más tranquilo si te guardaras el baldeo...» Juan Madrid, *Cuentas pendientes.* ▮ «...agarrarle de la barbilla y pasarle el baldeo por la yugular.» Juan Madrid, *Turno de noche.* ▮ «Algunas de las locuciones malditas actuales se mantienen todavía en la pureza de significados que les atribuyera la germanía de la Edad Media: cuchillo (baldeo)...» JV. ▮ «Yo le llamo baldeo a la navaja, otros cheira o mojada [...] Y sé de otros que la mencionan como pinchosa...» Juan Madrid, *Crónicas del Madrid oscuro.* ▮ «Llamábamos a la espada baldeo.» Lope de Rueda, *Obras,* 1895, DH. ▮ «Sacó un baldeo y me tiró una puñalada...» Victoriano Corral, *Delitos y condenas.* ▮ ◼ «¡Menuda escabechina le hicieron al Eleuterio anoche con un baldeo. En urgencias le han tenido que dar veinte puntos!»

2. cuchillada, navajazo.

«En un momento del baldeo, Leocadio pasó ante la celda...» M. Vázquez Montalbán, *La historia es como nos la merecemos.*

baliche *s.* mala persona, rufián.

«Son baliches, son cerdos, lo peor.» Raúl del Pozo, *Noche de tahúres.*

ballena *s.* obeso, grueso.

«ballena; barrigón; bola de sebo; [...] vaca; fofona; fondona;...» AI. ▮ «...y se fueron balanceando burlonamente sus rubicundos traseros... —¡Menudas ballenas!» Eduardo Mendoza, *La verdad sobre el caso Savolta.* ▮ «...y foca, vaca o ballena a una dama metida en carnes?» Fernando Lázaro Carreter, *El dardo en la palabra.* ▮ ◼ «Desde que se casó, y con la buena vida que se pega, se ha convertido en una ballena.»

ballenato *s.* obeso, grueso.

«¿Te refieres a esa especie de ballenato que llevaban a bordo?» José Manuel Caballero Bonald, *Toda la noche oyeron pasar pájaros,* 1981, RAE-CREA. ▮ ◼ «Tu cuñada está hecha un ballenato. ¡Gordísima!»

balones *s. pl.* pechos grandes de mujer. «Balones. Tetas grandes.» VL. ▌«Balón. Pecho.» S. ▌▪ «¡Vaya balones que tiene tu mujer, Paco! ¡Qué tetazas!» ▌✓ no se ha podido documentar fuera de diccionarios.▌

baluba *s.* soldado de primer reemplazo.
«Peluso. También llamado *baluba, bulto,* etc. Es el nuevo, el recién llegado. Tiene que cumplir las órdenes de los veteranos.» M. Ángel García, *La mili que te parió.*

bamba *s.* zapatilla.
«Son los zapatos, don Clemente; si traigo las bambas no me entero.» Miguel Martín, *Iros todos a hacer puñetas.* ▌«...tus pies calzados con bambas y calcetines blancos se movían silenciosos y lentos...» Juan Marsé, *La oscura historia de la prima Montse.*

banana *s.* pene.
«...me cogió por banda con la pretensión de darle unas chupaditas a mi banana.» C. Pérez Merinero, *La mano armada.*

banca *s.* cantidad de dinero en juegos de azar.
«Banca. Cantidad de dinero que pone el que lleva el naipe.» DH. ▌▪ «¿Cuánto dinero hay en la banca?»

***bancarrota** cf. (afines) ▶ dinero, sin dinero.*

banda, cerrarse en banda *expr.* negarse a algo.
«El amor que siente por sus hijas es tan grande que se cierra en banda ante cualquier crítica...» B. Pérez Aranda *et al., La ex siempre llama dos veces.*

2. coger por banda *expr.* ajustar las cuentas, regañar.
«El caso es que ambos nos cogieron a Emilio y a mí por banda y no hubo modo de negar la existencia de P.» Luis Mateo Díez, *El expediente del náufrago,* 1992, RAE-CREA. ▌«...un hijo de su santa madre te había cogido por banda en un barco...» Manuel Hidalgo, *Azucena, que juega al tenis.* ▌▪ «El jefe me cogió por banda y me dio el día, tío.»

bandarra *s.* persona indeseable, pendenciera.
«...él con aquella pinta de chino taimado, y ella que parecía una bandarra.» Andreu Martín, *Amores que matan, ¿y qué?*

bandera, de bandera *adj.* bueno, estupendo, atractivo.
«Me comenta la estupenda Beni Armada, una mujer de bandera...» Matías Antolín, El Mundo, 17.1.99. ▌«Solanbo fue siempre un echao p'alante, un conquistador, un fornicador de bandera.» Carlos Zeda, *Historias de Benidorm.* ▌«El Eutiquiano era un cliente de bandera...» Jose-Vicente Torrente, *Los sucesos de Santolaria.* ▌«Era una mujer, una mujer de bandera, y llamaba demasiado la atención.» Darío Fernández Flórez, *Lola, espejo oscuro* (citado por CJC en *Diccionario del erotismo*). ▌«Ya podía ser una mujer de bandera la que anduviera sola por la calle...» Ignacio Aldecoa, *El fulgor y la sangre.* ▌«Si una mujer de bandera, o joven de buena planta...» Jaime Campmany, ABC, 9.8.98. ▌«...a los veintidós años serás un bombón de chavala, una tía de las de bandera, como dice un poco horteramente tu padre o tu abuelo.» A. Gómez Rufo, *Cómo ligar con ese chico que pasa de ti o se hace el duro.* ▌«Ahí era nada estar con esas chavalas de bandera...» Juan Madrid, *Crónicas del Madrid oscuro.* ▌«Una mujer bandera.» DE. ▌«...una mujer de bandera y con las piernas larguísimas.» J. Giménez-Arnau, *Cómo forrarse y flipar con la gente guapa.* ▌«...playas cojonudas, tías de bandera y toda la pesca...» C. Pérez Merinero, *Días de guardar.* ▌«Y la compañía de bandera, la vieja y magnífica Iberia...» A. Ussía, ABC, 4.7.99. ▌✓ DRAE: «loc. adj. Excelente en su línea».▌

2. estar con la bandera roja *expr.* tener la menstruación.
«Cuando la recluta lleve bandera roja, deberá prever que el enemigo ataque por la retaguardia.» A. Jiménez, *Picardía mexicana,* en DE.

3. hasta la bandera *expr.* lleno de gente.
«La sala del hotel donde se habían convocado estuvo hasta la bandera...» Fernando Gracia, *El libro de los cuernos.* ▌«...y en lenguaje torero, podemos decir que presenta

siempre un lleno hasta la bandera.» R. Gómez de Parada, *La universidad me mata.* ✓ ▸ *lleno, lleno hasta la bandera.*|

bando, **del bando contrario (pasarse de bando)** *expr.* ser, convertirse en homosexual.

«Era guapa no guapo, antes de pasarse de bando debía de haber sido un hombre feo, chocante...» Almudena Grandes, *Las edades de Lulú.* ▌ ◾ «No sé por qué pero me parece que el portero de mi casa tiene andares de ser del bando contrario.»

2. del otro bando *expr.* homosexual.

«No creo que sea del otro bando porque tiene novia y se va a casar.» DCB. ✓ ▸ también *bando, del bando contrario.*|

banquete, **darse el banquete** *expr.* toquetearse, sobarse.

«Me estuve dando el banquete con la Irene y acabé con un dolor de huevos que no me lamía.» DE. ▌ «Darse el banquete. Magrearse.» VL. ▌ ◾ «La Pili y tu marido están en la cocina dándose el banquete, si tú me entiendes.»

banquillo, **chupar banquillo** *expr.* permanecer un jugador en el banquillo sin participar en el partido.

«Chupar banquillo. Permanecer un jugador en el banquillo durante todo el encuentro o gran parte de él.» VL. ▌ «Chupar banquillo. Permanecer durante todo el tiempo que dura un partido en el banquillo o banco donde se encuentran los reservas y el entrenador.» S. ▌ ◾ «Al Klosinski le hacen chupar banquillo todos los partidos porque el entrenador quiere castigarlo.» ✓ no se ha podido documentar fuera de diccionarios.|

bañera *s.* antigua tortura policial que consiste en introducir la cabeza del detenido en un recipiente con agua hasta que está a punto de ahogarse y entonces se saca.

«Para él, mantenerse callado era peor tortura que la bañera o el quirófano juntas.» M. Sánchez Soler, *Festín de tiburones.*

***baño** cf. (afines) aseo, al fondo a la derecha, báter, beque, caga(d)ero, caga(d)ora, cagatorio, cagódromo, común, eva-

cuatorio, excusado, garita, guáter, inodoro, jardín, jiñadero, lavabo, meadero, meódromo, mezquita de Ben-a-Mear, mingitorio, número 100, paraíso, quiosco de necesidad, secreta, servicio(s), tigre, trono, wáter closet.

baño de sangre *s.* masacre, carnicería.

«...esto se va a convertir en un baño de sangre. Todos sabemos que ellos ganaron...» Alfonso Chase Brenes, *El pavo real y la mariposa,* 1996, RAE-CREA. ▌ «...y la población aterrorizada esperaba un baño de sangre. Son como bestias...» Isabel Allende, *Eva Luna,* 1987, RAE-CREA. ▌ «¿Quién saldría ganando con el baño de sangre?» Pedro Casals, *Disparando cocaína.* ▌ ◾ «La batalla fue terrible y murieron muchos. Un verdadero baño de sangre.»

baraja, **jugar con dos barajas** *expr.* engañar, actuar con falsedad.

«Me parece que estás jugando con dos barajas, Ponce.» Andreu Martín, *Por amor al arte.* ▌ «Tanto que ha decidido jugar con dos barajas en el concurso de la privatización...» El País Digital, 8.5.97.

2. romper la baraja *expr.* dejar de cooperar, dejar de participar.

«...aquí o jugamos todos o rompemos la baraja.» Juan Marsé, *Últimas tardes con Teresa.*

baranda *s.* persona importante.

«¿Cuál? ¿La del traje verde? Es la baranda máxima de la División de Contrainteligencia.» Pilar Urbano, *Yo entré en el Cesid.* ▌ «¿Se ha ido Enrique? A comer con el baranda.» Ángel Palomino, *Las otras violaciones.* ▌ «Vamos a ver al baranda.» Rambla, n.° 3. ▌ «...lo que mandases tú, tú serías el baranda.» José Luis Martín Vigil, *Los niños bandidos.* ▌ «...se la ofreció el supremo capitoste, con otra reverencia y que el baranda mantuvo a medias con la rigidez que requería...» Juan García Hortelano, *Gramática parda,* 1982, RAE-CREA. ✓ DRAE: «m. vulg. despect. Deixis para referirse a una persona».|

2. jefe.

«Lo que ganan [...] es repartido por el baranda de colla o burlanga...» Manuel Giménez, *Antología del timo.* ▌ «Y todo gracias a que mi marido es el baranda de la Maestranza.» Manuel Martínez Mediero, *El niño de Belén,* 1991, RAE-CREA. ❚ ▪" «Vamos a trabajar, rápido, que viene el baranda y nos despide.»

3. comisario de policía.
«Tú eres un baranda de la pestañi.» Juan Madrid, *Flores, el gitano.* ❚ ▪" «Me ha interrogao el baranda para ver si aceptamos su reducción de jornal.»

baratillo *adj.* barato, de escasa calidad.
«Conjunto de cosas de lance, o de poco precio, que están en venta en paraje público.» DH. ❚ «Es negro y dorado y parece de baratillo, pero un tipo como el Lolo no llevaría bisutería en la muñeca.» Andreu Martín, *Prótesis.* ❚ ▪" «Juanita viste ropa baratilla.» ❙✔ quiere ser un eufemismo dulcificante por *barato.*❙

barato, en plan barato *expr.* gastando poco dinero.
«Fuimos a Puerto Rico en plan barato. Nos gastamos muy poco.» CO, D. C. Marshall. ❚ ▪" «Nosotros vivimos en plan barato porque el mierda de mi marido no gana casi nada».

barba *s. pl.* barbudo.
«En la tercera ventanilla un barbas nos dice que vayamos al número uno.» José Ángel Mañas, *Historias del Kronen.* ❚ «La mujer gritó y tropezó con el barbas.» Juan Madrid, *Las apariencias no engañan.* ❚ «El tío —un barbas con pinta de intelectual, es decir, un chaval que no le ha dado un palo al agua desde que...» C. Pérez Merinero, *Días de guardar.* ❚ ▪" «De esos que ves allí, el barbas es el jefe.» ❙✔ ▸ *barbudo.*❙

2. *s. pl.* vulva, órgano genital de la mujer.
«Barbas, vulva.» DE. ❚ «El barbas, la vulva.» JMO. ❙✔ no se ha podido documentar fuera de diccionarios.❙

3. por barba *expr.* cada uno, por persona.
«A kilo por barba.» Arturo Pérez-Reverte, *La piel del tambor.* ❚ «...el Fortuna III, para el que han apoquinado, a razón de 100 millones por barba, las mayores empresas y bancos españoles.» Jesús Cacho, El Mundo, 6.8.99. ❚ «Lo que pasa es que a diecio-

cho duros por barba...» Mariano Tudela, *Últimas noches del corazón.* ❚ «Dos por barba.» Severiano F. Nicolás, *Las influencias.* ❚ «Tocamos a uno por barba.» Jose-Vicente Torrente, *Los sucesos de Santolaria.* ❚ ▪" «Invitar a mis amigos me ha salido a diez mil por barba.» ❙✔ DRAE: «loc. adv. Por cabeza o por persona».❙

4. si sale con barba, San Antón, y si no, la Purísima Concepción *expr.* si no es una cosa, es otra.
«...y si sale con barba, san Antón, y, si no, Purísima Concepción.» Fernando Repiso, *El incompetente.* ❚ «Y si sale con barba, San Antón, y si no, la Purísima Concepción...» José Sanchis Sinisterra, *Los figurantes,* 1991, RAE-CREA.

bárbaro *adj.* bueno, estupendo.
«Te quedó bárbaro —dijo.» Jesús Díaz, *La piel y la máscara,* 1996, RAE-CREA. ❚ «Conseguí un departamento bárbaro por Montserrat.» Jorge Andrade, *Un solo Dios verdadero,* 1993, RAE-CREA. ❚ ▪" «El viaje por el Amazonas ha resultado una experiencia bárbara.»

barbudo *s.* hombre con barba.
«Hay otros dos desconocidos: un barbudo y avispado fraile, sin edad, y un caballero...» Juan Marsé, *La oscura historia de la prima Montse.* ❙✔ ▸ *barba.*❙

barcelonada *s.* escapada a Barcelona.
«...barcelonadas son las escapadas a la capital para ir de burilla.» Juan Marsé, *La oscura historia de la prima Montse.*

barcelonear *v.* ir de parranda a Barcelona.
«...noches de luna llena, a barcelonear con una prima suya...» Juan Marsé, *La oscura historia de la prima Montse.*

bardaja *s.* homosexual.
«...entre los bardajas entregados a la prostitución.» Ángel Palomino, *Insultos, cortes e impertinencias.* ❙✔ ▸ *bardaje.*❙

bardaje *s.* homosexual.
«Laercio decía que Aristóteles era un bardaje. ¿Qué sería un bardaje?» Julio Ramón Ribeyro, *Los geniecillos dominicales,* 1983, RAE-CREA. ❚ «...le dijo que era un

cornudo, y su mujer una putana, y sus hijos unos bardajes.» V. Espinel, *Vida del escudero Marcos de Obregón,* (citado por CJC en su *Diccionario del erotismo*). ▌ ▪▀ «Un bardaje es un homosexual pasivo, el que toma por el culo y le gusta mucho.» ▌✔ para el DRAE y Julio Casares es *sodomita paciente*. María Moliner lo define como *invertido pasivo*. Aparece en Ac. por primera vez en 1817.▌

bardear *v.* acuchillar.
«Bardear: Apuñalar.» JGR. ▌ ▪▀ «Me han bardeado bien el cuerpo esos cabrones. Tengo puntos por todo el cuerpo.» ▌✔ no se ha podido documentar fuera de diccionarios.▌

bardeo *s.* cuchillo, navaja.
«Tío, ese bardeo te lo regalé yo.» Lucía Etxebarría, *Beatriz y los cuerpos celestes.* ▌ «...la rancia costumbre popular española de tirar de navaja, sacar la faca, el *bardeo* o la *churi* y tirarse unos *chirlos*...» Luis Antonio de Villena, *La faca,* El Mundo, 18.10.98. ▌ «—¿Y se dejó? —Con un bardeo en el cuello, tú dirás.» J. L. Martín Vigil, *Los niños bandidos.*

bareta ▸ *vareta.*

bareto *s.* bar, taberna.
«Aquella discoteca lujosísima [...] no tenía nada que ver con los baretos del distrito.» Almudena Grandes, *Modelos de mujer.* ▌ «...la macrofiesta, la fiesta discreta o el bareto...» El Mundo, 2.1.99. ▌ «Una noche quedamos todas a las doce, en un bareto que tenía mogollón de movida.» Ragazza, n.° 101. ▌ «...cosas que te han pasado en casa o en el insti, o en algún bareto...» A. Gómez Rufo, *Cómo ligar con ese chico que pasa de ti o se hace el duro.* ▌ «...antes de meterme en un bareto cerca de casa...» José Ángel Mañas, *Sonko95.* ▌ ▪▀ «Me encontré a la Asun en un bareto de Malasaña, borracha como una cuba.»

barra, barra americana *s.* bar de alterne.
«...tenía afición a los calcetines blancos, las corbatas chillonas de seda estampada [...] y las putas de barra americana.» Arturo Pérez-Reverte, *La piel del tambor.* ▌▪▀ «Pepe conoció a su mujer en una barra americana donde hacía de chica de alterne.»

2. barra fija *s.* pene.
«...le señalo el cimborrio a la fulana y le digo: —Anda, súbete a la barra fija y a ver cómo te portas.» C. Pérez Merinero, *Días de guardar.*

3. no (sin) pararse en barras *expr.* actuar sin considerar las consecuencias.
«...la pareja se atizaba leña fina sin pararse en barras...» Ramón Ayerra, *Los ratones colorados.*

barragana *s.* concubina.
«La barragana de turno —me juego un huevo— seguro que pone las bragas a media asta en cuanto...» C. Pérez Merinero, *Días de guardar.* ▌ «Quizá sea su querida, una barragana, pensó Onofre.» Eduardo Mendoza, *La ciudad de los prodigios.* ▌ «...las noches de amor del extremeño y su barragana, el cuerpo de ella lampiño y canela...» Carlos Fuentes, *El naranjo,* 1993, RAE-CREA. ▌✔ DRAE: «f. Concubina en general.»▌

barriga *s.* estómago.
«Como sigas bebiendo tanta cerveza vas a tener una buena barriga.» CL. ▌▪▀ «¡Menuda barriga tiene tu cuñado de tanta cerveza!»

2. embarazo.
«Barriga, embarazo. Es castellano coloquial de muy antiguo uso.» DE. ▌ «Pues Pilar llegó con los tres niños pequeños y su barriga...» María Antonia Valls, *Tres relatos de diario.* ▌ «A un hombre que habéis criado / le dais el melón calado / y la mujer con barriga.» Lope de Vega, *Obras,* DH.

3. hacer una barriga (panza) *expr.* dejar embarazada.
«¿Y la panza que me hiciste, qué? —En cuanto nos casamos abortaste.» C. Pérez Merinero, *El ángel triste.* ▌ «¡Si cuando le dieron el tiro en los huevos ya había hecho una barriga a su chavala!» José Luis Martín Vigil, *Los niños bandidos.* ▌▪▀ «Si le has hecho una barriga a la Patro tendrás que casarte con ella.»

4. rascarse la barriga ▸ *rascar, rascarse la barriga.*

5. sacar la barriga de mal año *expr.* comer mucho.
«¿Queréis sacar la barriga de mal año con mis rentas?» Bretón, *A Madrid me vuelvo,*

DH. ❘ ▪️ «No pienso invitarles más; se lo han comido todo y han sacada la barriga de mal año.»

barrigón *s.* estómago prominente; persona que tiene un estómago prominente.

«Estefanía [...] está carente de tripa y tú eres barrigona.» Ladislao de Arriba, *Cómo sobrevivir en un chalé adosado.* ❘ «Maricarmen es una niña, pero el barrigón ha marcado una etapa de su vida...» Juan Madrid, *Crónicas del Madrid oscuro.* ❘ ▪️ «El profesor de alemán tiene un barrigón que mete miedo.»

2. obeso, grueso.

«ballena; barrigón; bola de sebo; [...] vaca; fofona; fondona;...» AI.

barrigudo *s.* persona de estómago prominente.

«...para defender los derechos de los barrigudos.» Guillem Balagué, El Mundo, 7.8.99.

barrila, dar la barrila *expr.* molestar, fastidiar.

«¿Por qué no te abres? Me estás dando la barrila.» Juan Madrid, *Flores, el gitano.* ❘ «...la gitana se creyó en la obligación de darme la barrila.» C. Rico-Godoy, *Cuernos de mujer.* ❘ «Preferían Madrid porque en Toledo les daban la barrila los cardenales y no les dejaban...» El Mundo, 18.5.94. ❘ «Quienes todos los días nos dan la barrila con/contra Fidel Castro, no tienen nada que decir...» El Mundo, 10.1.94. ❘ «Hemos estado toda la tarde dando la barrila y mosqueando a los boqueras.» José Luis Martín Vigil, *Los niños bandidos.* ❘ ▪️ «¡Venga, acepto, pero no me des la barrila más!»

barrilar *v.* quejarse.

«...está barrilando don Felipe contra la Constitución...» Francisco Umbral, *La derechona.* ❘ ▪️ «¡Deja ya de barrilar contra todo, imbécil!»

barrilero *s.* quejica, protestón.

«Barrilero: protestón.» Ángel Palomino, *Insultos, cortes e impertinencias.* ❘ «Barrilero: alborotador.» JGR. ❘ «Barrilero: Rebelde, protestatario.» JV. ❘ «Barrilero. Cascarrabias, protestón, bronquista...» Ra. ❘ ▪️ «Un barri-

lero es un escandaloso protestón que no para de quejarse de todo. Un mierda, en resumen.»

barrio, barrio chino *s.* barrio de prostitución y mal vivir.

«Parecen todos maricas de barrio chino...» M. Vázquez Montalbán, *Los alegres muchachos de Atzavara.* ❘ «Hicieron algunas fotos de las calles más estrechas del Barrio Chino...» Francisco Candel, *Los hombres de la mala uva.* ❘ «Poco antes de llegar al mugriento barrio chino...» Miguel Martín, *Iros todos a hacer puñetas.* ❘ «A mi padre no le hacía ninguna gracia que yo conociera a la perfección hasta el último antro del Barrio Chino...» Care Santos, *El tango del perdedor.* ✔️ «Denominación unívoca de la zona ciudadana en la que se encuentran las casas de prostitución y toda su secuela de industrias subsidiarias. En España tiene gran notoriedad la de Barcelona...» comenta sobre esto C. J. Cela en su *Diccionario del erotismo.* El *Libro de estilo,* El País, dice: «Así se denomina en muchos casos [sic] al sector de una ciudad en donde se concentran los burdeles. Se escribe en redonda.»❘

2. barrio de los calvos *s.* cementerio.

«Barrio de los calvos. Cementerio.» VL. ❘ «Barrio de los calvos: cementerio.» JMO. ❘ «4. Barrio de los calvos. Cementerio.» S. ❘ ▪️ «Todos acabaremos en el barrio de los calvos, tarde o temprano, pero seguro.» ✔️ no se ha podido documentar fuera de diccionarios.❘

3. barrio rosa *expr.* barrio de una ciudad donde se concentran homosexuales.

«Las patrullas policiales vigilarán con especial atención el barrio rosa, para prevenir cualquier incidente.» Lorenzo Marina, El Mundo, 2.10.99.

4. el otro barrio *expr.* la muerte, el más allá.

«Dudo mucho que volvamos a vernos, como no sea en el otro barrio.» Claudio Sánchez-Albornoz, en Joaquín Villanueva, *Ramón Menéndez Pidal.* ❘ «...despachado piadosamente hacia el otro barrio...» Jaime Campmany, ABC, 15.3.98. ❘ «Téngale Dios en el cielo / que el que usted baile o se esfuerce / a sentir, ni más ni menos / le sirve en el otro barrio.» Ramón de la Cruz, *Obras,* DH. ▌«Si se va al otro barrio, yo, la viuda alegre...» Manuel Hidalgo, *Azucena, que juega al tenis.* ▌«Aunque todavía hay tontos del bote que con un pie en el otro barrio...» Pedro J. Ramírez, *David contra Goliat,* 1995, RAE-CREA.

5. irse al otro barrio *expr.* morir.

«Carlos V que estaba ya a punto de irse para el otro barrio, tuvo tiempo suficiente para...» Gomaespuma, *Grandes disgustos de la historia de España.* ▌«...se había marchado al otro barrio sin dejarla ni un duro.» Fernando Martínez Laínez, *Bala perdida.* ▌▗ «Si no te cuidas y con la poca salud que tienes, te vas al otro barrio en dos días, chico.»

6. mandar al otro barrio *expr.* matar, asesinar.

«...y si se nos va el pulso, en vez de privarlo, a lo mejor lo mandamos al otro barrio.» Jose-Vicente Torrente, *Los sucesos de Santolaria.* ▌«Tenía miedo que Escamilla le hiciera la cama y le mandara al otro barrio.» C. Pérez Merinero, *La mano armada.* ▌«En cuanto le descubran le mandan al otro barrio.» JM. ▌▗ «Han mandado al otro barrio al prestamista de la calle; dos tiros lo han dejado seco.»

barrote, entre barrotes (rejas) *expr.* en la cárcel.

«A partir de ese día se acabó el relajo que da contemplarlos entre barrotes.» Carmen Pérez Tortosa, *¡Quiero ser maruja!* ▌«No sufro con paciencia saber a mi hijo entre barrotes.» José Luis Martín Vigil, *En defensa propia,* 1985, RAE-CREA. ▌«Metedlos entre barrotes que va para allá el comisario de policía...» J. M.ª Gironella, *Los hombres lloran solos,* 1986, RAE-CREA. ▌▗ «El banquero Conde acabó entre barrotes.»

bartola, tumbarse (tirarse, tenderse) a la bartola *expr.* haraganear, holgazanear, estar ocioso.

«Para estar tirado a la bartola hay que valer.» Manuel Hidalgo, *El pecador impecable.* ▌«Yo te aseguro, como soy gorrino, / que no hay en esta vida miserable, / gusto como tenderse a la bartola...» Iriarte, *Fábulas,* DH. ▌«No pierdas el tiempo tirada a la bar-

tola.» Ragazza, agosto, 1997. ▌«Cuando ya me las prometía tan felices tomando el solecito tumbada a la bartola...» B. Pérez Aranda *et al., La ex siempre llama dos veces.* ▌✔ Guim: «Panza arriba, como un holgazán sin cuidarse de nada, sin pena alguna...»▌

bartolillo *s.* pene.

«...y que me saca el bartolillo y que me empieza a hacer una gallarda de aquí te espero...» Ramón Ayerra, *Los ratones colorados.*

bartolo *s.* víctima.

«Bartolo: víctima de un delito.» JGR. ✔ no se ha podido documentar fuera de diccionarios.▌

bártulos, liar los bártulos *expr.* morir(se).

«Bártulos liar los bártulos. Morir.» VL. ▌«Bártulos: liar los bártulos: morir.» JMO. ▌▗ «Me ha dicho el médico que está muy mal y que un día de estos lía los bártulos y se nos va.» ✔ la expresión estándar significa marcharse, irse: «Arreglarlo todo para una mudanza o un viaje», DH. No se ha podido documentar fuera de diccionarios.▌

barullo, a barullo *adv.* mucho, gran cantidad.

«...peluqueros y modistos y esteticistas a barullo...» A. Zamora Vicente, *Mesa, sobremesa.* ▌«Mayonesa, toda la que quieras [...] Y croquetas a barullo.» Ángel Palomino, *Un jaguar y una rubia.* ▌▗ «Este año hay fiestas a barullo.»

basca *s.* panda de amigos.

«Te vas a encontrar más a gusto en grupos pequeños, donde te hallas más segura que en grandes bascas.» Ragazza, n.° 101. ▌«La mayoría de la basca allí congregada fuma como chimeneas...» R. Gómez de Parada, *La universidad me mata.* ▌«...se hubiera entendido mejor que con toda esta basca.» Miguel Martín, *Iros todos a hacer puñetas.* ▌«Que esta basca huele a rancio.» Rambla, n.° 18. ▌«...salvo que el juicio se celebre bajo un régimen autoritario, en cuyo caso puede ser encausada toda la basca...» Fernando Martín, *Cómo aprobar todo sin dar ni chapa.* ▌«...porque se vaya con una basca de argentinos a Tarragona...» Ernesto Parra, *Soy un extraño para ti.* ▌*basca,* peña o grupo de troncos...» Fernando Lázaro Carreter, *El dardo en la palabra.* I «...estábamos en la calle principal y toda la basca de las terrazas...» José Ángel Mañas, «Recuerdo», Áccent, julio-agosto, 1999.

2. vómito.

«¿Se imaginan a la Raquel medio fiambre, o fiambre entera, y ustedes metiéndose los dedos en la boca para forzar la basca?» C. Pérez Merinero, *Días de guardar.* I✔ DRAE: «Ansia, desazón e inquietud que se experimenta en el estómago cuando se quiere vomitar.»I

base *s.* cocaína.

«Cocaína: coca, crack, nieve, farlopa, perico, basuko, base...» El Mundo, Magazine, 21.11.99.

2. a base de *expr.* componente principal, ingrediente necesario.

«...nos vamos por ahí a tomar unos pinchos. Pero a base de barato, ¿eh?» Ángel A. Jordán, *Marbella story.* I «¡Cuántas oposiciones fueron ganadas gracias a noches en blanco, a base de anfetas!» Pedro Casals, *Disparando cocaína.*

3. a base de bien *expr.* mucho, muy bien, muy bueno.

«Pues búscalo; se os pagará a base de bien.» Ignacio Aldecoa, *El fulgor y la sangre.* I «Le voy a decir a Flores que me estás jodiendo la marrana a base de bien.» Juan Madrid, *Flores, el gitano.* I «No me tira el comer [...] Claro esto no quita que algún día haga una comida a base de bien.» Luis Goytisolo, *Las afueras.* I «...mi Alvarito se iba entonando a base de bien.» B. Pérez Aranda *et al., La ex siempre llama dos veces.* I «Saco la pistola de la guantera, compruebo que funciona a base de bien.» C. Pérez Merinero, *Días de guardar.*

basilisco, estar (ponerse) hecho un basilisco *expr.* muy enfadado.

«Se puso hecho un basilisco y salió al camino con el martillo levantado.» Trueba, *Cuentos Vizcaínos,* DH. I■⁻ «El jefe está hecho un basilisco hoy y no para de gritar y maldecir.» I✔ DRAE: «estar muy airado».I

basta *s.* mano.

«...los felices tiempos en que todo cristo

metía la basta para regalar una joyita...» Francisco Umbral, *La derechona.* I «Basta: mano.» JMO. I «Querélame las bastas. El viejo truco. Instintivamente, Miguel le enseñó las manos...» Andreu Martín, *Prótesis.* I■⁻ «Todos meten la basta en el saco del dinero y lo sacan a puñados.»

bastante *adv.* mucho, muy.

«Siempre fue bastante histérica.» Adolfo Marsillach, *Se vende ático,* 1995, RAE-CREA. I «Es bastante elemental...» Arturo Pérez-Reverte, *El maestro de esgrima,* 1988, RAE-CREA. I «Lo pasé bastante mal.» Chica hoy, revista juvenil, n.° 130. I■⁻ «Esto es bastante difícil, ¿no crees?»

bastar, bastarse y sobrarse uno *expr.* ser uno capaz de hacer algo solo, sin ayuda alguna.

«No se aburrirá: él se basta y se sobra para darse conversación.» María Sarmiento, El Mundo, 11.9.99. I «Me basto y me sobro para verme las caras con esta botella...» Fernando Sánchez-Dragó, *El camino del corazón,* 1990, RAE-CREA. I «Yo misma me basto y me sobro para hacer lo que me dé la gana...» Mercedes Salisachs, *La gangrena,* 1975, RAE-CREA. I «Me las arreglo sola, me basto y me sobro...» C. Rico-Godoy, *Cómo ser una mujer y no morir en el intento.*

bastardo *s.* persona indeseable.

«...escuchadme, bastardos...» Jesús Ferrero, *Lady Pepa.* I «...no podemos perder de vista a ese bastardo.» J. J. Benítez, *Caballo de Troya I,* 1984, RAE-CREA.

baste *s.* dedo.

«Bastes: dedos.» Manuel Giménez, *Antología del timo.* I «Baste. Dedo.» JGR. I■⁻ «Le metió los bastes en los ojos.» I✔ ▶ *basto.*I

bastear *v.* obtener huellas dactilares, fichar.

«Bastear: Efectuar la reseña dactiloscópica para identificación policial o penal.» JGR. I «Basteado: fichado, con antecedentes penales.» JMO. I■⁻ «Al llegar a la comi, enseguida y lo primero que te hacen es bastearte, para la posteridá.» I✔ De *bastes,* dedos. Estándar: «tramar, urdir y echar bastas», DH. No se ha podido documentar fuera de diccionarios.I

bastez *s.* basteza, ordinariez, grosería.

«Ha dicho que les huele el sobaco. Fíjate qué bastez.» JM. ❚ ▪▪ «Me ha dicho el jefe que le gustaría chuparme las tetas. ¡Fíjate qué bastez!» ❙✓ no se ha podido documentar fuera de diccionarios.❙

basto *adj.* baja calidad y mal gusto.

«Y aun más porque mi capa tosca y basta.» Moreto, *Comedias,* DH. ❚ ▪▪ «Son unos zapatos bastos y mal hechos.» ❙✓ DRAE: «grosero, tosco, sin pulimento».❙

2. grosero.

«Pero acá la gente basta, grita, bota y patalea...» G. del Castillo, *Obras,* DH. ❚ ▪▪ «No sea usted basto, señor, y no me meta mano aquí delante de todos.»

3. dedo.

«...faltaba decir que esto que tenéis entre los bastos es un espabilaburros...» JV. ❚ «Bastes / Bastos. Dedos.» S. ❙✓ ▸ *baste.*❙

bastón *s.* pene.

«Es metáfora formal (el pene semeja un bastón). Pene.» DE. ❙✓ Juan Manuel Oliver en su *Diccionario de argot* reseña también *bastón de mando.*❙

basuko ▸ *bazuco.*

basura *s.* bobadas, tontería.

«¡Eso que estás diciendo es basura y tú lo sabes de sobra!» CO, Rocío García Barroso.

2. algo malo, inferior.

«He aquí la idea, el acento, la chispa de vida, el rayo de luz que brota de aquella basura.» Alarcón, *Diario,* DH. ❚ ▪▪ «La basura que nos dan en televisión destruye el cerebro.»

batacazo, (darse un) batacazo *expr.* caer(se), caída.

«Cuando uno espera confiado, ¡pum!, viene el batacazo.» Benito Pérez Galdós, *Miau.* ❚ «...y sonrió como cuando uno se da un batacazo de una forma tonta.» Eduardo Mendicutti, *Fuego de marzo,* 1995, RAE-CREA. ❚ «Mi suegra se ha dado un batacazo bajando las escaleras de padre y muy señor mío.» DCB. ❙✓ DRAE: «golpe fuerte y con estruendo que da alguna persona cuando cae».❙

batallitas, contar batallitas *expr.* rememorar tiempos pasados.

«Don Isidoro Sarmiento es un noble anciano que luchó en el bando republicano de la guerra civil y que ha torturado contando batallitas [...] a sus hijos, nietos y biznietos...» El Jueves, 8-14 abril, 1998. ❚ «...ellos contarían sus batallitas, ajenos por completo a mi dolor.» Eleuterio Sánchez, *Camina o revienta.* ❚ «¡Batallitas que cuenta el papá carrozón!» Gregorio Cámara Villar, en A. Sopeña Monsalve, *El florido pensil.* ❚ «Explica batallitas y da el coñazo.» M. Ángel García, *La mili que te parió.* ❚ «...llegan a la isla con lo puesto y ya con alguna castaña de más encima, y batallitas para parar un tren...» Ramón Ayerra, *Los ratones colorados.*

báter *s.* retrete.

«El báter, el servicio, el excusado, la toilette...» Carmen Posadas, *Yuppies, jet set, la movida y otras especies.* ❙✓ ▸ *váter.*❙

batera *s.* batería, instrumento musical.

«...luego metemos la batera y el bajo y así las canciones salen como churros.» José Ángel Mañas, *Historias del Kronen.*

batería *s.* corazón.

«La batería: el corazón.» JV. ❚ «Batería. Patata, corazón.» Ra. ❚ ▪▪ «Me ha dicho el médico que tengo la batería mal y que moriré pronto de un ataque.» ❙✓ no se ha podido documentar fuera de diccionarios.❙

Batuecas, estar en las Batuecas *expr.* estar distraído, ausente.

«Y ahí me dio una plática don Secundino, por estar en las Batuecas.» A. Sopeña Monsalve, *El florido pensil.* ❙✓ Batuecas es comarca de la provincia de Salamanca, cerca de las Hurdes.❙

batuta *s.* palanca para forzar cajas de caudales.

«Batuta, palanqueta.» JGR. ❚ «Batuta. Palanqueta.» VL. ❚ «Batuta, palanqueta.» JMO. ❚ «Batuta. Palanqueta...» S. ❚ «Batuta. Palanqueta, brava.» Ra. ❚ ▪▪ «Para forzar una caja de caudales no hay nada como una buena batuta, tío.» ❙✓ no se ha podido documentar fuera de diccionarios.❙

2. llevar la batuta *expr.* estar al mando.

«¡Yo llevo la batuta!» M. Sánchez Soler, *Festín de tiburones.* ❚ «Los gitanos son los que llevan la batuta...» El Mundo, 29.8.99. ❘✓ DRAE: «Dirigir una corporación o conjunto de personas, determinando lo que se ha de hacer o la conducta que se ha de seguir».❘

baúl *s.* preñez, embarazo.

«...dejándose preñar, pensaban, como justo castigo por haberse dejado embaular (haberle hecho un baúl)...» Francisco Candel, *Los hombres de la mala uva.*

bautista *s.* mayordomo, chófer.

«Bautista. Mayordomo.» VL. ❚ «Bautista: chófer.» JMO. ❚ «Bautista. Criado, mayordomo.» S. ❚◼ «No sé por qué pero la gente cree que todos los mayordomos se llaman Bautista.» ❘✓ no se ha podido documentar fuera de diccionarios.❘

bautizar *v.* aguar.

«Hay mil taberneros curas, que bautizan el licor.» Moreto, *Comedias,* DH. ❚ «Tratándose del vino, mezclarlo con agua.» DH. ❚ «...vino del país, coño, aunque esté bautizado...» Juan Marsé, *Si te dicen que caí.* ❚ «Don Fernando ha bautizado un cantarillo de vino. ¿Cómo le puso de nombre? Aguado.» Germán Suárez Blanco, *Léxico de la borrachera.* ❘✓ DRAE: «Tratándose del vino, mezclarlo con agua».❘

baza, meter baza *expr.* entremeterse.

«Ya ni me digno a meter baza. No puedo más.» Jordi Sierra i Fabra, *El regreso de Johnny Pickup,* 1995, RAE-CREA. ❚ «...y hablaba sin dejar meter baza a nadie.» Carmen Martín Gaite, *Nubosidad variable,* 1992, RAE-CREA. ❚◼ «Estamos muy ocupados, así que no vengas a meter baza en este asunto porque no te concierne.»

bazofia *s.* comida mala.

«...que le dijera que llamara un taxi y pagara la bazofia que les habían dado...» Ignacio Carrión, *Cruzar el Danubio,* 1995, RAE-CREA. ❚ «...acostumbrarse a vivir sucio fue como acostumbrarse a comer bazofia...» Javier Memba, *Homenaje a Kid Valencia,* 1989, RAE-CREA. ❚◼ «En mi casa comemos la bazofia repugnante que

hace la bruja de mi mujer.» ❘✓ DRAE: «Comida poco apetitosa.»❘

bazuco *s.* producto de cocaína.

«...cuando fumaba bazuco.» Pedro Casals, *Disparando cocaína.* ❚ «Cocaína: coca, crack, nieve, farlopa, perico, basuko, base...» El Mundo, Magazine, 21.11.99.

beata *s.* peseta.

«...y además mediante el pago de casi dos mil de estas beatas, leandras, rubias, claudias o bernabeas a punto de desaparecer sumergidas en el euro.» Jaime Campany, ABC, 31.1.99. ❚ «Beata, moneda de una peseta.» LB. ❚ «Beatas: Pesetas.» JV. ❚ «Beata. Peseta.» JMO. ❚ «Beata. Peseta.» VL. ❚ «Beata. Peseta.» S. ❚◼ «Dos mil beatas y estamos en paz, tronco.»

*beato *cf.* (afines) beato, cagacirios, chupacirios, comehostias, meapilas, measalves, rata de sacristía.

beato *s.* persona que muestra celo religioso.

«¿Desde cuándo te has hecho tan beato?» Cristóbal Zaragoza, *Y Dios en la última playa.* ❚ «...quién iba a decirme a mí que mi marido iba a parar en beato.» Mercedes Salisachs, *La gangrena,* 1975, RAE-CREA. ❚ «Los insultos religiosos [...] se podrían clasificar en varios grupos [...] los insultos que muestran un celo religioso excesivo [...] beato, cagacirios, comehostias, [...] pichasanta, meapilas, measalves... tragasantos, tragavemarías [...] chupacirios [...] comehostias [...] rata de sacristía.» AI. ❚ «De estarse tres horas de rodillas al lado de las beatas.» B. Pérez Galdós, *La de Bringas,* DH. ❘✓ DRAE: «fig. Que afecta virtud. Ú. t. c. s. fam. Hombre que frecuenta mucho los templos y se dedica a toda clase de devociones».❘

*beber *cf.* (afines) achisparse, agarrarla, amoñarse, apimplarse, beber como un cosaco, beber más de la cuenta, chatear, chiquitear, chisparse, cocerse, cogerla, cogerla *llorona, colocarse, columpiarse, copear, darle a la *botella, darle al *pimple, darle al *vino, echar un *trago, echarse al *coleto, empimplar, empinar el *codo, encubatarse, encurdar, ir haciendo ochos, jalarse, mamar, mojar, montarse en la *uva, pegarle al *frasco, pescar una *merluza, pillar una *zorra, privar, remojar el *gaznate, soplar, tostarse.

beber, beber como un cosaco (como una esponja) *expr.* beber mucho.

«...que como buen ruso bebía como un cosaco...» Álvaro de Laiglesia, *Hijos de Pu.* ▮ «...fuman como carreteros, beben como cosacos y dicen tacos...» Manuel Hidalgo, *Azucena, que juega al tenis.* ▮ «...beben como cosacos y ella empezó a protestar con verdadera energía...» José M.ª Zabalza, *Letreros de retrete y otras zarandajas.* ▮ «...el tal Jenaro bebía como un cosaco en el bar de la estación.» Mariano Sánchez, *La sonrisa del muerto.* ▮ «...los domingos los paso de garito en garito, bebiendo como una esponja...» Lucía Etxebarría, *Amor, curiosidad, prozac y dudas.*

2. beber más de la cuenta *expr.* embriagarse.

«Con toda probabilidad había bebido más de la cuenta...» José Manuel Caballero Bonald, *Toda la noche oyeron pasar pájaros,* 1981, RAE-CREA.

bebercio *s.* bebida.

«Más bebercio.» Mala impresión, revista de humor con caspa, n.° 1. ▮ «...con tanto bebercio, cómo coño va a armar...» Ramón Ayerra, *Los ratones colorados.* ▮ ▪ «Silverio le da al bebercio cantidubi.»

***bebida** cf. (afines) aguachirles, aguachirri, alpiste, bebercio, botella, chato, chupito, clara, copazo, copeo, copichuela, de garrafa, drinki, garrafón, gasolina, latigazo, licoreta, lingotazo, matarratas, pelotazo, priva, sople, sopleo, taponazo, tiento, trago, trallazo, trinque, vidrio, vino, zurriagazo.

bebido *adj.* ebrio, borracho.

«...se montó en un taxi, un tanto bebido, y le dio al taxista la dirección del cementerio...» José M.ª Zabalza, *Letreros de retrete y otras zarandajas.* ▮ «Y como estoy un poco bebido.» Manuel Tamayo y Baus, *Obras,* DH. ▮ «...que yo nunca he estado tan bebida como para perder la memoria.» C. Pérez Merinero, *El ángel triste.* ▮ «Si a un individuo

se le tacha de borracho ya existe intención despectiva en la expresión; no es lo mismo que decir alumbrado, bebido, alegre, chispa...» Ángel Palomino, *Insultos, cortes e impertinencias.* ▮ «Abrigo es contra el frío / estar bien bebido.» Germán Suárez Blanco, *Léxico de la borrachera.* ✔ DRAE: «adj. Que ha bebido en demasía y está casi embriagado».▮

beborcio ▶ *bebercio.*

beibi *s.* persona joven.

«¿Has pensado que tienes de todo, que estás hecho un beibi, que eres el amo del mundo?» A. Zamora Vicente, *Historias de viva voz.* ▮ «...venga, desnúdate, beibi...» Ángel Palomino, *Las otras violaciones.* ✔ del inglés *baby.*▮

belfo, aplaudir el belfo ▶ *aplaudir, aplaudir el belfo.*

bella de noche *s.* prostituta.

«...escapadas periódicas a Mallorca, a Torremolinos, a Sitges, a Cadaqués, y en invierno a Cortina con bellas de una noche...» Juan Marsé, *La oscura historia de la prima Montse.*

bellota *s.* micrófono diminuto.

«Hablaba crípticamente, con la engreída sospecha de que podían haberme puesto una bellota en el teléfono.» Pilar Urbano, *Yo entré en el Cesid.*

bemoles *s. pl.* testículos.

«Para hacerlo aun más odioso la víctima es una niña. Tiene bemoles que nos pongan esto en la sobremesa del primer domingo después de Reyes.» Federico Marín Bellón, ABC, 10.1.99. ▮ «Tampoco lo es la posguerra, tampoco la franquiada y sus exquisitos bemoles...» A. Zamora Vicente, *Mesa, sobremesa.* ▮ «Frente a la negra boca de la puerta de toriles se postró de rodillas Rivera, con dos bemoles.» Vicente Zábala de la Serna, ABC, 26.4.98. ▮ «Para triunfar hay que tener bemoles.» Mónica Naranjo, El Mundo, 19.4.98. ▮ «Menelao montó un ejército de mil pares de bemoles...» Cómic erótico, tomo IV, n.° 21 al 24. ▮ «También tiene bemoles, añadió.» B. Pérez Galdós, *La desheredada,*

DH. ❚ «¡Pues sí que tiene bemoles el asunto...!» Fernando Repiso, *El incompetente.* ✓ es eufemismo por *cojones.* Se emplea en expresiones como *la cosa tiene bemoles, esto tiene bemoles,* etc.❚

bendito *s.* bobo, buena persona.
«Sencillo y de pocos alcances.» DH. ❚ «Don Fulano es un bendito, es un alma de Dios, un pobrecito.» Bretón, *El amigo mártir,* DH. ❚ «Es un pedazo de carne bautizada. Un bendito.» M. Vázquez Montalbán, *El delantero centro fue asesinado al atardecer.* ❚ ▪ «La bendita de tu tía ha sufrido mucho ayudándonos a todos.» ✓ DRAE: m. y f. Persona sencilla y de pocos alcances».❚

beneficiar(se) *v.* copular (con).
«...no hacen sino buscar la ocasión de beneficiarse a cuantas señoritas se les ponen en un punto de mira.» Pgarcía, *El método Flower* ❚ «...le quemó el vello del pubis con un encendedor y luego se la benefició por su sitio...» Francisco Umbral, *Madrid 650.* ❚ «...y si me beneficio a una nena como esa del calzón de cuero, menudo bingo que hago...» Ángel Palomino, *Las otras violaciones.* ❚ «El tío se beneficiaba a sus víctimas tras el desvirgue...» Felipe Navarro (Yale), *Los machistas.* ❚ «¿Y sabe usted si acabó beneficiándose, o sea cepillándose, ya me entiende, a la Encarna...?» C. J. Cela, «Noviciado, salida noviciado», en *Antología del cuento español.* ❚ «...fueron los seis hermanos mayores los que se la beneficiaron...» María Antonia Valls, *Para qué sirve un marido.* ❚ «Bueno, pues no las viola, cambiamos el argumento, las seduce, vamos, se las beneficia.» Juan Madrid, *Crónicas del Madrid oscuro.* ❚ «...no nos hemos quedado contentos y deseamos beneficiarnos a su hija.» Mariano Sánchez, *Carne fresca.* ❚ «...haciéndose pasar por la cabra a la que el pastor se beneficia.» Jaime Romo, *Un cubo lleno de cangrejos.* ✓ es el varón el que se beneficia a la mujer. Para C. J. Cela, DE, es castellano coloquial.❚

beo *s.* vulva, órgano genital de la mujer.
«Beo. Vulva.» DE. ❚ «Beo. Coño.» VL. ✓ no se ha podido documentar fuera de diccionarios.❚

beodo *adj. y s.* ebrio, borracho.
«Era la hora en la que los beodos salían de las tabernas...» Sebastián Juan Arbó, *La espera.* ❚ «...y tan fuerte cantaba el miliciano bebido como el soldado beodo.» Álvaro de Laiglesia, *Hijos de Pu.* ❚ «...con movimientos torpes, indicativos de estar algo beodo...» Fernando Martínez Laínez, *Andante mortal.* ❚ «...uno corre el riesgo de que lo miren como si estuviera beodo.» Fernando Martín, *Cómo aprobar todo sin dar ni chapa.* ❚ «Y unos cayeron beodos...» José Zorrilla, *Obras,* DH. ❚ «El beodo experimentó un escalofrío.» Eduardo Mendoza, *La verdad sobre el caso Savolta.* ✓ «Vale lo mesmo que borracho; hombre que está tomado del vino.» Sebastián de Covarrubias, *Tesoro de la lengua castellana o española,* 1611. Nótese que dice *hombre.*❚

beque *s.* retrete.
«Retrete: excusado, común, cien, secreta, letrina, garita, casilla, beque, evacuatorio, quiosco de necesidad.» José M.ª Zabalza, *Letreros de retrete y otras zarandajas.* ❚ «En los barcos, retrete de la marinería.» DH.

berenjena *s.* pene.
«...y no me atrevía a meterme una berenjena de tanta envergadura.» Terenci Moix, *Garras de astracán.* ❚ «No le enseñes la berenjena a las señoras, Jaimito.» DCB. ❚ «Berenjena. 1. Pene.» DE.

berenjenal *s.* pelea, disputa, embrollo.
«...estamos metidos en un berenjenal.» Ángel Palomino, *Todo incluido.* ❚ «¡Oh, marquesa!... ¡En qué berengenal [sic] me mete V.?» Alarcón, *Cosas que fueron,* DH. ❚ «...Bercebú y Fallamón nos metió en este berenjenal.» Juan Eslava Galán, *En busca del unicornio,* 1987, RAE-CREA. ❚ «Me he metido en un asunto que es un berenjenal del copón.» Pedro Casals, *Disparando cocaína.* ❚ «¡Si no fuera por lo que han hecho a esa pobre chica, me iba yo a meter en este berenjenal!» M. Sánchez Soler, *Festín de tiburones.* ❚ «...se está metiendo en un berenjenal que tenía difícil salida.» B. Pérez Aranda *et al., La ex siempre llama dos veces.* ❚ ▪ «Jacinto se ha metido en un buen berenjenal; ha dejado preñá a la hija del sargento.»

berreante *s.* acusador, delator, confidente.

«Ha llamado el Fitro, camello y uno de mis mejores berreantes.» Fernando Martínez Laínez, *La intentona del dragón.* ▌ «Berreante. Chota, confidente, membrillo.» Ra.

berrear *v.* delatar, acusar.

«Berrear. Acusar.» JGR. ▌ «Berrear: delatar a un compañero de delitos.» Manuel Giménez, *Antología del timo.* ▌ ◾ «Ése berrea en cuanto la poli le dé dos hostias.»

berza *s.* borrachera, borracho.

«Cuando alcanzaron una berza razonable abandonaron el bar...» Pgarcía, *El método Flower.* ▌ «...porque la mayor parte del día y de la noche el Rengue andaba berza.» Juan Madrid, *Crónicas del Madrid oscuro.*

2. berzas *s.* bobo, necio, torpe.

«...el marido que es un berzas, que siempre está de mal humor...» Manuel Hidalgo, *Azucena, que juega al tenis.* ▌ «¿Tú sabes qué demonios han venido a hacer aquí el cura y el berzas del alcalde?» Ignacio Aldecoa, *El fulgor y la sangre.* ▌ ◾ «Ese berzas se va a cagar el negocio.» ✔ también *berzotas.*▐

berzotas *s.* bobo, necio, torpe.

«Claro, berzotas.» José María Amilibia, *Españoles todos.* ▌ «...uno está tan tranquilo, tan feliz, contemplando a los demás berzotas con los nervios de punta...» P. Antilogus, J. L. Festjens, *Anti-guía de los conductores.* ▌ «...que no pasaban de ser unos berzotas.» P. Perdomo Azopardo, *La vida golfa de don Quijote y Sancho.* ▌ «—Muy rico, sí señor —dice el berzotas chasqueando los labios.» C. Pérez Merinero, *Días de guardar.* ✔ DRAE: «com. fig. Persona ignorante o necia.»▐

besar, besar el suelo *expr.* caer de bruces.

«Besar el suelo: golpear el suelo con la cara al caer bruscamente.» JMO. ▌ «Besar el suelo. Caer de bruces.» LB. ▌ «Tropecé en el escalón y besé el suelo.» CL. ▌ ◾ «La vieja se dio un batacazo y besó el suelo. ¡Sangraba que no veas!» ✔ no se ha podido documentar fuera de diccionarios.▐

2. bésame el culo ▶ *culo, besar el culo.*

*besarse *cf.* (afines) atornillarse los labios, cambiar *babas, besuquearse, darse el *bistec, pasar el *chicle, darse la *fiesta, darse el *filete, darse la *lengua, darse el *lote, morrearse, darse un *morreo, chupar los *morros, papearse los *morros, darse el *palo, darse el *pico, intercambiar *saliva.

beso *s.* colisión, golpe, encontronazo.

«Golpe violento que mutuamente se dan dos personas en la cara o en la cabeza, o el que se dan las cosas cuando se tropiezan unas con otras.» RAE. ▌ «*Beso:* Choque, encontronazo.» MO. ▌ «Beso: colisión, encontronazo, choque, alcance de vehículos.» JV. ▌ «Acción y efecto de chocar o besarse dos cosas...» MM. ▌ ◾ «¡Menudo beso se han dado esos coches en la autopista!» ✔ no se ha podido documentar fuera de diccionarios.▐

2. beso con rosca *s.* beso apasionado.

«...un concurso de besos en la boca... ¿Bilabial o con rosca?» M. Vázquez Montalbán, *Los alegres muchachos de Atzavara.*

3. beso (de) tornillo *s.* beso apasionado.

«Ayer publicaba este periódico la foto de un beso de tornillo que le atizaba una rubia [...] a un legionario...» Manuel Hidalgo, *El Mundo,* 9.7.99. ▌ «*El rápido* fue el que le dio su primer beso de tornillo, como se decía entonces...» María Antonia Valls, *Tres relatos de diario.* ▌ «Me dio un beso de tornillo de los que hacen época.» Ragazza, julio, 1997. ▌ ◾ «Pepe me dio un beso de tornillo que me dejó alelada y sin respiración.»

4. beso negro *expr.* chupar o lamer el ano.

«¿Quieres que te dé un beso negro?» José Luis Muñoz, *Pubis de vello rojo.* ▌ «Y esta semana en mis superdescuentos, tengo de oferta el beso negro.» El Jueves, 8-14 abril, 1998. ▌ «¡Te voy a dar yo a ti beso negro!» El Jueves, 6-12 octubre, 1993. ▌ «Al Sr. Matías le gusta el beso negro y luego una paja.» DCB.

bestia *s.* persona indeseable, baja, ruin.

«...viene aquí a refocilarse y a saciarse de amor carnal como una bestia...» Chumy Chúmez, *Por fin un hombre honrado.* ▌ «Eres un bestia.» Juan Madrid, *El cebo.* ▌ «...se esconde una mala bestia, zafia —sobre todo zafia— y maloliente...» Álex de la Iglesia, *Payasos en la lavadora.*

2. a lo bestia *expr.* sin contemplaciones; en exceso; brutalmente.

«...otro negocio de mensajeros de papeletas blancas a lo bestia, hablando de la gente...» Miguel Sánchez-Ostiz, *Un infierno en el jardín,* 1995, RAE-CREA. ❚ «...pone en marcha el Land Rover y acelera a lo bestia...» Jaime Ribera, *La sangre de mi hermano,* 1988, RAE-CREA. ❚◼ «¡No me chupes las tetas a lo bestia que me haces daño, joder!»

besugo *s.* bobo, necio, torpe.

«...se le notaba en la cara de besugo que ponía cuando andaba de mala leche...» Joaquín Leguina, *Tu nombre envenena mis sueños,* 1992, RAE-CREA. ❚ «¿Habrá mayor besugo que un servidor?» Ramón Gil Novales, *El doble otoño de mamá bis,* 1979, RAE-CREA.

2. diálogo (conversación) de besugos *expr.* conversación inane, absurda.

«Lopovsky cortó el diálogo de besugos.» C. Rico-Godoy, *Cómo ser infeliz y disfrutarlo.*

besuquear(se) *v.* besarse.

«Serían capaces de besuquearle los carrillos y traerle caramelos.» Emilia Pardo Bazán, *Obras,* DH. ❚ «Besuquear, besar muchas veces y con continuación.» Esteban de Terreros y Pando, *Diccionario castellano.* ❚ ◼ «La portera se besuquea con el viejo del quinto derecha. La he visto yo.» ✔ DRAE: «tr. fam. Besar repetidamente».❚

beta, tirar de beta *expr.* copular.

«Tirar de beta. Joder.» VL. ❚◼ «Matías sólo piensa en tirar de beta.» ✔ para Juan Villarín *tirar de veta* es masturbarse. No se ha podido documentar fuera de diccionarios.❚

betoven *adj.* anticuado, viejo.

«Betoven: anticuado.» Ángel Palomino, *Insultos, cortes e impertinencias.*

betún *s.* persona de raza negra.

«...el auge de la inmigración africana está dando lugar a una nueva oleada de vocablos antinegros como *negrata, negraco,* o expresiones como *ser más negro que el betún...*» AI. ❚◼ «No me gusta que llames betunes a los de raza negra.»

2. dar betún *v.* halagar, adular.

«Dar betún: adular.» JMO. ❚ «Dar betún. Alabar, elogiar; ensalzar.» LB. ❚ «Si te han hecho ese regalo no es porque te estimen, sino porque tienes un puesto muy importante en la empresa y quieren darte betún.» FV. ❚◼ «Habrá que darle betún al jefe para que esté contento hoy.» ✔ no se ha podido documentar fuera de diccionarios.❚

3. quedar a la altura del betún *expr.* quedar mal, portarse mal.

«Quedar a la altura del betún: quedar en posición desairada.» JMO. ❚ «Quedar a la altura del betún: quedar mal.» LB. ❚◼ «Al no asistir a la boda de mi hija en octubre, han quedado a la altura del betún.» ✔ no se ha podido documentar fuera de diccionarios.❚

bi *adj.* bisexual.

«El Txente es bi desde siempre y eso lo sabíamos todos.» F. Vizcaíno Casas, *Hijos de papá.* ❚ «...que yo de loca a tope no ejerzo, yo voy de bi, de bi totá...» J. Giménez-Arnau, *Cómo forrarse y flipar con la gente guapa.* ❚◼ «Dicen que la mujer del director es bi y que va detrás de todos y de todas en el banco, a espaldas de su marido, eso sí.»

biberón, hacer el biberón *expr.* felación.

«Biberón: El pene (sentido de activación sexual oral.)» VL. ❚ «Biberón. Felación.» JMO. ❚ «Biberón. Felación en la que se ingiere el semen.» VL. ❚ «Biberón. Felación en la que se traga el semen.» S. ❚◼ «La guarra intentó hacerme el biberón pero yo quería follar.» ✔ no se ha podido documentar fuera de diccionarios.❚

Biblia en verso *expr.* complicado, difícil, el colmo, mucho.

«Rafa es la leche, la releche y la Biblia en verso...» El Mundo, 25.5.96. ❚ «...llegan las dos con los bolsos, las bolsas, los paquetes y la Biblia en verso.» Andreu Martín, *Prótesis.*

biblio *s.* biblioteca.

«Aquí le pillas. En clase y en la biblio.» Ragazza, junio, 1998. ❚ «Vamos a la biblio después de clase.» CO, Sandra Carbonell.

bici *s.* bicicleta.

«Y un sereno cuenta que tras haber sido víctima del robo de su bici...» Antonio J. Gómez Montejano, *Las doce en punto y sereno.* ▌ «...prefieren aprender a correr la bici, metiendo la garrilla por debajo de la barra...» Andrés Berlanga, *La gaznápira.* ▌ «Un fin de semana en la montaña o pasear en bici...» You, marzo, 1998. ▌ «...se encargaría de meter las bicis en camiones...» Eduardo Mendoza, *Sin noticias de Gurb.*

bicicleta, en bicicleta *expr.* demasiado, la caraba, el colmo.

«...la hostia en bicicleta con los tíos...» Ramón Ayerra, *Los ratones colorados.* ▌ «En fin, la monda en bicicleta.» C. Pérez Merinero, *La mano armada.*

2. hacer la bicicleta *expr.* hacer correr a alguien cogiéndole por el cogote y el culo de los pantalones.

«Lo tiraron del bar haciéndole la bicicleta.» CO, Delfín Marshall. ✔ se agarra a la persona del cuello y del culo de los pantalones y se le impulsa.▐

3. bicicletas *s. pl.* gafas.

«Bicicletas: gafas.» JMO. ▌ «Bicicleta. Gafas.» S. ▌ «Es una chica muy guapa y lleva bicicletas que, por cierto, le sientan muy bien.» DCB. ✔ no se ha podido documentar fuera de diccionarios.▐

bicho *s.* portero, conserje.

«Glorieta de Bilbao, discretísimo. Imagínate, no tiene bicho, o sea portero...» Anuncios clasificados, El País, 21.8.98.

2. *s.* pene.

«...se ponía caliente de inmediato y, estuviera donde estuviese, tenía que sacar el bicho y sacudirlo cerrando los ojos como un colegial.» Andreu Martín, *El señor Capone no está en casa.* ▌ «El bicho asomó entre los faldones del batín y llamó la atención de Marjorie...» Andreu Martín, *El señor Capone no está en casa.*

3. mal bicho *s.* mala persona.

«...y tiene cara de hijoputa y mal bicho.» M. Vázquez Montalbán, *La rosa de Alejandría.* ▌ «Te prevengo que es un bicho y no respeta...» Juan Marsé, *La muchacha de las bragas de oro.* ▌ «Mal bicho, fam. Persona mal inclinada o de perversa intención.» DH. ▌ «Era un mal bicho la Fueguiña...» Juan Marsé, *Si te dicen que caí.* ▌ «Y no es porque sea un mal bicho o un hijoputa de cuidado...» C. Pérez Merinero, *Días de guardar.*

4. todo bicho viviente *expr.* todos, todo el mundo.

«...lo fue contando a todo bicho viviente...» A. Zamora Vicente, *Mesa, sobremesa.* ▌ «Lo mejor sería abrir a tiros la puerta trasera que daba al jardín y cargarse a todo bicho viviente que estuviese dentro.» Fernando Martínez Laínez, *La intentona del dragón.*

bidón *s.* furgón policial.

«Bidón. Furgón de las fuerzas de seguridad del Estado.» Ra. ▌ «Bidón: Furgón policial para el transporte de detenidos.» JGR. ▌ ▪ «Ha pasado la poli con el bidón lleno de delincuentes, entre ellos tu hermano.» ✔ no se ha podido documentar fuera de diccionarios.▐

biela *s.* pierna.

«La lucha constante contra esas bielas que se niegan a moverse.» Javier García Sánchez, *El Alpe d'Huez,* 1994, RAE-CREA. ▌ «Biela. Cacha, pierna.» Ra. ▌ «Biela. Pierna.» S. ▌ ▪ «Me duelen las bielas de tanto bailar.»

*****bien** cf. (afines) ▶ *bueno.*

*****bien vestido** cf. (afines) ▶ *elegante.*

bien, no estar bien *expr.* demente, loco.

«No está bien. Mi marido no está bien. Y Mariquita se llevó un dedo a la sien.» M. Vázquez Montalbán, *La rosa de Alejandría.*

bigote, de bigote(s) *expr.* bueno, estupendo.

«Y el dueño del Veneciano se abre con un mosqueo de bigotes.» José Ángel Mañas, *Sonko95.* ▌ «¿Cómo va el asunto? De bigote.» Rafael García Serrano, *Diccionario para un macuto.* ▌ «Se ve que preparáis un festejo de bigote.» Rafael García Serrano, *Diccionario para un macuto.* ▌ «La situación era de bigote...» Ángel A. Jordán, *Marbella story.* ▌ «De bigotes: de importancia, de envergadura, de excepción.» JV. ▌ «De bigotes: expresión que refuerza e intensifica como un superlativo la palabra o frase a que acompaña...» JMO. ▌ «Nos creará unos problemas de bigotes.» JM. ▌ «Estupendo, extraordinario, sensacional.» VL. ▌ «de bigote. De importancia y consideración.» S. ▌ ▪ «Mi novio me ha regalado un brillante de tres pares de bigotes.» ✓ en sus enmiendas y adiciones al diccionario la RAE quiere incluir: «de bigote o de bigotes. Loc. Adj. Coloq. Fig. Difícil, severo. 2. Muy grande, excepcional».▌

2. bigotes *s.* hombre, hombre que lleva bigote.

«Hombre, especialmente dicho del que tiene energía.» DH. ▌ «El bigotes ya se está metiendo otra vez en el coche...» José Ángel Mañas, *Sonko95.* ▌ «A mí, en concreto, me llamaban gafitas o bigotes.» Juan Madrid, *Crónicas del Madrid oscuro.* ▌ ▪ «El bigotes que habla con el guardia es mi hermano.»

3. estar hasta el bigote *expr.* harto.

«Ya no aguanto más porque estoy de ti hasta el bigote. ¡Que te zurzan!» Idígoras y Pachi, El Mundo, 9.8.99.

4. mover (menear) el bigote *expr.* comer.

«Menear el bigote: comer.» JMO. ▌ «Mover o menear el bigote. Comer.» VL. ▌ «mover el bigote. Comer.» S. ▌ ▪ «Mi marido está todo el día en la cocina moviendo el bigote y bebiendo cerveza.» ✓ no se ha podido documentar fuera de diccionarios.▌

bille *s.* billete de mil pesetas.

«Billetes de mil pesetas (también [...] billes...)» Joseba Elola, *Diccionario de jerga juvenil,* El País Semanal, 3.3.96. ▌ ▪ «Le he dado tres billes para que compre algo de papear.» ✓ de billete.▌

billetaje *s.* mucho dinero.

«Y te llevaste todo el billetaje que tenía...» Francisco Umbral, *Madrid 650.* ▌ ▪ «Estas vacaciones pasadas nos han costado un billetaje. Veremos cuando llegue la cuenta de la Visa.»

*billete cf. (afines) añil, bille, billete, billete verde, boniato, bonis, charli, cromo, de los grandes, lechuga, lila, lombarda, napo, papel, papiro, pepino, rana, sábana, talego, verde. ✓ ▸ *dinero.*▌

billete *s.* dinero, billete de mil pesetas.

«¿Y si te dijera que te puedes llevar doscientos billetes por un trabajo sencillo?» Juan Madrid, *Cuentas pendientes.* ▌ «Puse cuatro billetes encima de la mesa.» Juan Madrid, *Las apariencias no engañan.* ▌ «Ha salido por treinta billetes...» P. Perdomo Azopardo, *La vida golfa de don Quijote y Sancho.* ▌ «Son cuarenta billetes.» C. Pérez Merinero, *Días de guardar.* ▌ ▪ «¿Cuántos billetes ha costado la cena?»

2. billete verde *s.* billete de mil pesetas.

«...me explicó que existen pañuelos por valor de veinte billetes verdes...» R. Gómez de Parada, *La universidad me mata.* ✓ ▸ *verde.*▌

bingo *excl.* exclamación: eureca, hemos acertado, exacto.

«Si acepta el ofrecimiento, bingo.» Juanma Iturriaga, *Con chandal y a lo loco.* ▌ «Cuando a Álvaro ya casi no le quedaba dedo de tanto marcar, ¡bingo!, consiguió hablar con ella...» B. Pérez Aranda *et al., La ex siempre llama dos veces.* ✓ del inglés *bingo, beankeno.* DRAE: «m. Juego de azar variedad de lotería».▌

binguear *v.* ir al bingo.

«¡Que salí yo a binguear con mis comadres y al volver...» Terenci Moix, *Garras de astracán.*

binguero *s.* jugador de bingo.

«...había bingueras que no hacían ascos a un apaño ocasional antes de regresar a casa...» Miguel Sánchez-Ostiz, *Un infierno en el jardín,* 1995, RAE-CREA. ▌ «...fritangas, basura, bingueros, chaperos y delincuentes...» El Universal, 1997, RAE-CREA.

birlador *s.* timador.

«Ese doctor no es un birlador, sino un membrillo y un santo...» Raúl del Pozo, *Noche de tahúres* ▌ ▪ «David es un birlador que vive del cuento, del timo y de la estafa.»

birlar *v.* robar.

«Era conducida por un ladronzuelo que se la había birlado...» Antonio J. Gómez Montejano, *Las doce en punto y sereno.* ▌ «...y el mentecato de Fruela se deja en Jacometrezo a su nena sola y embalada para que yo se la birle a la vista de todo Madrid...» Ángel Palomino, *Las otras violaciones*. ❙ «...se ven muchas chapelas en los tendidos; las mismas que han birlado a Iñaki...» Miguel Martín, *Iros todos a hacer puñetas*. ❙ «Hace mucho tiempo lo detuve por casualidad birlándole la música a un padrino en la estación de Atocha.» Juan Madrid, *Las apariencias no engañan*. ❙ «4. Fig. y fam. Hurtar, estafar, quitar con malas artes.» DH. ❙ «El radiocassette del coche se lo robaron dos años atrás. Y no le birlarían otro, palabra.» Ernesto Parra, *Soy un extraño para ti*. ❙ «...El Chino sacó la cartera que acababa de birlar en el metro...» Andreu Martín, *Amores que matan, ¿y qué?* ❙ «En política se birlan mayorías como se birlan esposas.» Raúl del Pozo, El Mundo, 14.7.99. ✔ DRAE: «fig. y fam. Quitar con malas artes». Diccionario de autoridades: «En la germanía es lo mismo que estafar».❙

birle *s.* robo.

«...el birle de las cintas con las imágenes molestas para Felipe González...» Jaime Campmany, ABC, 9.10.99.

birlibirloque, por arte de birlibirloque *expr.* como por encanto, misteriosamente.

«...estaba tan nerviosa y los taponazos me sentaron tan bien (demasiado bien) que por arte de birlibirloque mis manos no respondían...» B. Pérez Aranda *et al.*, *La ex siempre llama dos veces*. ❙ «Arte de birlibirloque (birlibiquibirloque, sin la abreviación) significa en castellano arte del encantamiento o desaparición de algo por procedimientos misteriosos o extraordinarios...» Jaime Campmany, ABC, 9.10.99.

birlochar *v.* estafar, engañar, embaucar.

«Birloche. Germ. Birlesco: ladrón, rufián...» DH. ❙ «Le han birlochao otra vez los de la moto.» DCB. ✔ es variante de *birlar*.❙

birra *s.* cerveza.

«¿Y tú qué? Bebiendo birras todo el puto día, ¿no?» El Jueves, 21-28 enero, 1998. ❙ «Era la fiesta de la cerveza y tomamos mogollón de birras.» Ragazza, n.° 100. ❙ «Es

malo para la salud, pero porros y birra hasta el ataúd.» R. Gómez de Parada, *La universidad me mata*. ❙ «Pides otra birra o algo más fuerte...» A. Gómez Rufo, *Cómo ligar con ese chico que pasa de ti o se hace el duro*. ❙ «Píllame una birra bien fría para el filete.» Jaime Romo, *Un cubo lleno de cangrejos*. ❙ «...y empezaban a beber unas birras...» Juan Madrid, *Crónicas del Madrid oscuro*.

birreo *s.* beber cervezas.

«También podéis acompañar el birreo con unas patatas fritas...» Mala impresión, revista de humor con caspa, n.° 1.

birria *adj. y s.* malo, en mal estado, de baja calidad.

«Las mejillas me llegan al escote, las ojeras marcadas, hinchadas, la piel fláccida y grisácea, sin contar con el pelo, hecho una auténtica birria...» C. Rico-Godoy, *Cómo ser infeliz y disfrutarlo*. ❙ «...la falda que ya está hecha una birria...» Juan Marsé, *Si te dicen que caí*. ❙ «...también ocurre que cuando a una birria alguien le dice ¡guapa!...» Ángel Palomino, *Insultos, cortes e impertinencias*.

bisa *s.* bisabuelo-a.

«Abuela, ¿no sería por ella, por la bisa, lo que dijo...» Marisa López Soria, *Alegría de nadadoras*. ❙ «Nadie pidió un objeto por el simple hecho de que para la bisa Angustias hubiera sido querido...» María Antonia Valls, *Tres relatos de diario*.

2. soldado a punto de licenciarse.

«Bisa o bisabuelo. Viene a ser el general de los soldados [...] Le gusta pasear si sólo me quedan quince días...» M. Ángel García, *La mili que te parió*.

bisagra ▶ *doblar, doblar (tirar de) la bisagra*.

*bisexual cf. (afines) ambidextro, bi, irle de todo a uno, ir a *motor y a vela, a pelo y a pluma, hacer los dos *palos, redondo, todo *terreno.

bisnear *v.* trapichear.

«Yo bisneo todo lo que puedo.» Jesús Ferrero, *Lady Pepa*.

bisneo *s.* trapicheo.

«Después le vuelve a hablar de su bisneo...» Jesús Ferrero, *Lady Pepa*.

bisnes *s.* pequeño negocio, trapicheo.
«Amor mío, habla con el francés. Dile que esté preparado para un bisnis.» Mariano Sánchez, *Carne fresca.* ▌«Después le pidió a mi marido cuarenta gramos de heroína para hacer un bisnis con unos yonquis...» M. Sánchez Soler, *Festín de tiburones.* ▌«El Valma me propuso que fuera su confite a cambio de hacer un bisnes con él.» M. Sánchez Soler, *Festín de tiburones.* ▌⬛ «Ahora el Paco se dedica al bisnes.» ✓ del inglés *business*, negocio, asunto. También *bisni* y *bisnis.*▌

bisni ▶ *bisnes.*

bisnis ▶ *bisnes.*

bistec, darse el bistec *expr.* besarse.
«Bistec: lengua.» JMO. ▌«Darse el bistec. Besarse introduciendo la lengua en la boca.» VL. ▌«Pepa y tu marío están en el pasillo dándose el bistec. Te lo digo porque soy una buena amiga y pa que lo sepas.» DCB. ✓ *bistec,* lengua. No se ha podido documentar fuera de diccionarios.▌

bisuta *s.* bisutería.
«Bisuta: Bisutería.» JGR. ▌«Bisuta. Bisutería.» S. ▌«Bisuta. Bisutería.» VL. ▌⬛ «No, lo que le mangamos a la vieja no eran joyas, bisuta pura y nada más.» ✓ no se ha podido documentar fuera de diccionarios.▌

*bizco *cf.* (afines) mirar contra el gobierno, vizconde.

bizco, quedarse bizco *expr.* sorprenderse, admirar(se).
«...si supieras lo que llevabas aquí detrás te quedabas bizco.» Cristóbal Zaragoza, *Y Dios en la última playa.* ▌«...un día voy a hacer un arreglo que se va a quedar bizco.» José Luis de Tomás García, *La otra orilla de la droga,* 1984, RAE-CREA. ▌«He visto a cada tunante de quedarse bizco.» Ramón Ayerra, *La lucha inútil,* 1984, RAE-CREA. ▌⬛ «¡Que te vas a quedar bizco mirando a ese monumento de tía!»

bizcocho, mojar el bizcocho ▶ *churro, mojar el churro.*

bla, bla, bla *expr.* efecto de habla, implica que se ha dicho algo de poca importancia.

«Resulta que me ha surgido una oportunidad cojonuda para irme y bla bla bla.» José Ángel Mañas, *Sonko95.* ✓ posiblemente del inglés *blah, blah.*▌

blanca *s.* heroína.
«Heroína: caballo, nieve, blanca, pico, morfo, chino...» El Mundo, Magazine, 21.11.99.

2. estar sin blanca *expr.* sin dinero.
«Bueno, estábamos sin blanca, no querrías que volviéramos andando.» José Luis Martín Vigil, *Los niños bandidos.* ▌«Hazme un favor, hombre, estoy sin blanca...» Juan Marsé, *Últimas tardes con Teresa.* ✓ una *blanca* era medio *maravedí durante el reinado de Felipe* II. ▶ *El porqué de los dichos* de Iribarren para más información. Covarrubias dice en su *Tesoro de la lengua castellana o española,* 1611, «No aver blanca, no tener dinero».▌

blancanieves *s.* homosexual, afeminado.
«Sí, señores, soy un obseso sexual y a mucha honra. Más vale ser rápido de bajos que un blancanieves del montón.» C. Pérez Merinero, *Días de guardar.*

blanco *adj.* persona sin antecedentes policiales.
«Blanco: Individuo que carece de antecedentes policiales.» JGR. ▌«Blanco. Delincuente sin antecedentes, limpio.» Ra. ▌⬛ «A ése no le pesca la poli porque está blanco por completo.»

2. cobarde, débil.
«...era un moralista *El Feto,* miraba a los *blancos* sin cortedad, los clavaba como apuñalando aquellos ojillos negros...» Ángel Palomino, *Las otras violaciones.* ▌«Sólo sirven para alguno que sea tan blanco que se deje matar de media noche abajo.» Miguel de Cervantes, *Novelas,* DH.

3. blanco como la pared *expr.* asustado, acobardado.
«El forastero, blanco como la pared, trata de hacer un comentario.» Alfonso Sastre, *Jenofa Juncal,* 1986, RAE-CREA. ▌«...uno de esos oprobiosos blanco como la pared que vomitaba sangre en una esquina...» Asenjo Sedano, *Eran los días largos,* 1982, RAE-CREA. ▌⬛ «Cuando le he dicho que posiblemente venga su suegra de visita, se ha puesto blanco como la pared.»

blanda *s.* la cama.

«La blanda: la cama.» JMO. ▌ «Blanda. Almohada.» Ra. ▌ «Blanda. Cama.» S. ▌▪" «No quiere trabajar y se pasa el día en la blanda, tumbao, durmiendo.» |✓ no se ha podido documentar fuera de diccionarios.|

blandengue *s.* persona débil, cobarde, miedosa.

«El cobarde, para su vergüenza y escarnio, posee una buena gama de sinónimos... blandengue, blandurri, arrugado...» AI. ▌▪" «Plántale cara y no seas blandengue.»

blando ▶ *blandengue.*

blandurri *s.* cobarde, miedoso.

«El cobarde, para su vergüenza y escarnio, posee una buena gama de sinónimos... blandengue, blandurri, arrugado...» AI.

blanquear *v.* convertir dinero ilegal en legal.

«...en Gibraltar se hacía contrabando de tabaco, de drogas y se blanqueaba dinero proveniente del narcotráfico.» Gomaespuma, *Grandes disgustos de la historia de España.* ▌▪" «Blanquear dinero es peligroso pero produce muchos beneficios a muchos.»

blanqueo *s.* efecto de blanquear dinero.

«Aubert fue denunciado por presunto blanqueo de dinero...» El Mundo, 20.2.95. ▌ «...que tienen como misión detectar el blanqueo de dinero...» Caretas, Perú, 43101, 1996, RAE-CREA. ▌▪" «El blanqueo de dinero es un negocio que reporta grandes beneficios a los narcotraficantes.»

blanqueras *s.* enfermero.

«El forense pega un silbido a fin de que entren los blanqueras de la ambulancia.» Manuel Quinto, *Estigma.*

bledo, (no) importar (dar) un bledo *expr.* no importar, tener sin cuidado.

«Si lo demás funcionara, esas pelanduscas me importarían un bledo.» Terenci Moix, *Garras de astracán.* ▌ «...y lo demás les importa un bledo...» P. Antilogus, J. L. Festjens, *Anti-guía de los conductores.* ▌ «...Les importa un bledo, que diría Gable...» Federico Marín Bellón, ABC, 10.1.99. ▌ «En realidad me importa un bledo cómo se llame...» Arturo Pérez-Reverte, *La piel del tambor.* ▌ «...ya

que a ellos la ubicación del agujero les importa un bledo.» Álvaro de Laiglesia, *Hijos de Pu.* ▌ «...porque les importa un bledo...» José M.ª Zabalza, *Letreros de retrete y otras zarandajas.* ▌ «Me importaba un bledo estar trompa, incluso hacer el ridículo.» C. Rico-Godoy, *Cómo ser infeliz y disfrutarlo.* ▌ «...a ti, qué te importa. Te da un bledo, los ojos de tu madre.» Egon Wolff, *Háblame de Laura,* 1986, RAE-CREA. ▌ «Me importa un bledo.» Raúl del Pozo, El Mundo, 3.8.99.

2. no valer un bledo *expr.* no tener valor, no valer.

«Rufián cuya virtud no vale un bledo.» Alarcón, *La Alpujarra,* DH. ▌▪" «El nuevo programa de Teleséis no vale un bledo.»

***bobadas** cf. (afines) basura, capullada, carajada, chorrada, chuminada, gansada, gilipolleces, gilipollez, dejarse de *hostias, huevada, melonada, memeces, mierda, parida, patochada, pelotudez, pendejada, pijada, pijotada, pollas en vinagre, rollo, rollo patatero, soplapollez, vaina.

bobales *adj.* bobo, necio, torpe.

«Bobales. Tonto, estúpido.» S. ▌ «Bobales. Tonto, estúpido.» VL. ▌ «Bobales: bobo, tonto.» JMO. |✓ no se ha podido documentar fuera de diccionarios. El DRAE reseña: «bobalías com. fam. Persona muy boba».|

bobalicón *s.* bobo, necio, torpe.

«...Gurb, a quien debía explicar los pasajes más picantes, porque a bobalicón no había quien le ganara.» Eduardo Mendoza, *Sin noticias de Gurb.* ▌ «La imagino de ojos tristes y un poco bobalicona...» Jesús Ferrero, *Lady Pepa.* ▌ «Es un bobalicón.» Eugenio Hartzenbusch, *Obras,* DH. |✓ DRAE: «adj. fam. aum. de bobo. Ú. t. c. s.».|

bobarrón ▶ *bobalicón.*

bóbilis, de bóbilis *expr.* gratis.

«Un rollo, ¿sabes? Pero tiene la ventaja de que me saco el veraneo de bóbilis.» Ángel A. Jordán, *Marbella story.* ▌ «Además, valgo yo mucho / para que mi mano logre / un galán sólo por cartas / y así [...] de bóbilis, bóbilis.» Bretón, *Lo vivo y lo pintado,* DH. ▌▪" «A Jaime le encanta vivir de bóbilis al tío.» |✓ ya lo utilizó Cervantes en el *Quijote* como *de vobis, vobis,* como nos recuerda Juan Ignacio Ferreras. Iribarren dice: «Diego Clemencín tiene casi por seguro que el original del *Quijote* diría *bóbilis, bóbilis*». El eminente cervantista estadounidense James A. Parr, de la Universidad de California, comenta: «...su origen viene de la palabra *bobo* con terminación latina en *bilis* para hacerla más ridícula».|

*__bobo__ cf. (afines) ▸ *tonto.*

*__boca__ cf. (afines) boquino, buzón, hocico, jeta, morro, morros, muy, pico, pozo.

__boca, a pedir de boca__ *expr.* como uno quiere y desea.

> «Hasta ahora las cosas [...] están saliendo a pedir de boca.» C. Pérez Merinero, *Días de guardar.*

__2. con la boca abierta__ *expr.* sorprendido.

> «Venecia es una ciudad que te deja con la boca abierta...» SúperPop, abril, 1990. ▌ «Me las dan y salgo echando virutas, dejándoles con la boca abierta.» C. Pérez Merinero, *Días de guardar.*

__3. dar boca__ ▸ *dar, dar boca.*

__4. de boca en boca__ *expr.* por todos, por todas partes, de general conocimiento.

> «...el nombre de ella empezó a circular de boca en boca...» Antonio Larreta, *Volavérunt,* 1980, RAE-CREA. ▌ «De boca en boca corrió la noticia...» Arturo Uslar Pietri, *La visita en el tiempo,* 1990, RAE-CREA.

__5. dejar con la palabra en la boca__ *expr.* marcharse sin escuchar lo que se dice.

> «...dejándome, como vulgarmente se dice, con la palabra en la boca.» Fernando Repiso, *El incompetente.* ▌ «...me quedaba con el auricular en la oreja y la palabra en la boca.» B. Pérez Aranda *et al., La ex siempre llama dos veces.* ▌ «...es capaz de dejarte con la palabra en la boca.» Ángeles Caso, *El peso de las sombras,* 1994, RAE-CREA.

__6. en un decir esta boca es mía__ ▸ *amén, en un decir amén (Jesús, esta boca es mía).*

__7. hacerse la boca agua__ *expr.* desear algo al verlo.

> «Decir Valencia bastaba para que a cualquiera [...] se le hiciera la boca agua.» Rafael García Serrano, *Diccionario para un ma-*

cuto. ▌ «La boca se me hace agua.» G. del Castillo, *Obras,* DH.

__8. irse de la boca__ *expr.* hablar más de la cuenta, revelar un secreto.

> «...que le quede claro que su silencio será recompensado y que si se va de la boca en fin, ya me entiendes.» Jaime Romo, *Un cubo lleno de cangrejos.*

__9. írsele a uno la fuerza por la boca__ *expr.* hablar mucho, hacer proyectos sin fundamento.

> «Se te va la fuerza por la boca, pulido.» Mariano Sánchez, *Carne fresca.* ▌ «...es donde se ve a los tíos que los tienen bien puestos, a los que no se les va toda la fuerza por la bocaza...» C. Pérez Merinero, *Días de guardar.* ▌ «...se le va la fuerza por la boca...» Ramón Ayerra, *Los ratones colorados.*

__10. no decir esta boca es mía__ *expr.* permanecer callado, no decir nada.

> «No dijo esta boca es mía.» Miguel Martín, *Iros todos a hacer puñetas.* ▌ «Negaba y negaba con la cabeza y no decía esta boca es mía.» Manuel Hidalgo, *Azucena, que juega al tenis.* ▌ «Marchena no había dicho esta boca es mía desde el asunto de Prada...» Juan Madrid, *Flores, el gitano.* ▌ «...además, la tertulia, en la que podía jurar sin verlo que no diría esta boca es mía...» Ernesto Parra, *Soy un extraño para ti.* ▌ «Personaje que te abruma defendiéndose de las críticas posibles antes que digas esta boca es mía.» R. Montero, *Diccionario de nuevos insultos...* ▌ «...sin dar tiempo a que el contrario pueda decir esta boca es mía.» B. Pérez Aranda *et al., La ex siempre llama dos veces.*

__11. no (sin) abrir la boca__ *expr.* no decir nada, no hablar, callar.

> «Quiero tu palabra de que no vas a abrir la boca.» Juan Madrid, *Las apariencias no engañan.* ▌ «Moisés no abre la boca...» Andrés Berlanga, *La gaznápira.* ▌ «La mujer maltratada se fue sin abrir la boca, sin denunciar la agresión...» El Mundo, 30.10.98.

__12. partir la boca__ *expr.* golpear en la cara.

> «...te voy a partir la boca y aquí te quedas y vete a Parla a mamarla.» Jaime Romo, *Un cubo lleno de cangrejos.* ▌ ▪ «¡Como sigas hablando así un día de estos te van a partir la boca!»

13. tapar la boca *expr.* hacer callar.

«A alguien que quisiera taparle la boca...» M. Vázquez Montalbán, *La historia es como nos la merecemos.*

bocadillo *s.* letrero que aparece cerrado por una línea en tebeos, historietas y otras publicaciones con dibujos.

«...me pintará bigotazos y me pondrá bocadillos con alguna parida...» A. Zamora Vicente, *Mesa, sobremesa.*

bocas *s.* cantamañanas, irresponsable.

«Qué bocas el menda.» José Ángel Mañas, *Historias del Kronen.*

bocata *s.* bocadillo.

«¿...cómo se transportaban las tropas y los pertrechos, cuando la intendencia cortaba para el bocata?» Fernando Fernán Gómez, ABC, 8.2.98. I «¡Eh, tú, tío, deja el bocata, joder, y sepáralos!» Pilar Urbano, *Yo entré en el Cesid.* I «El bocata. ¿El bocata ya?» Miguel Martín, *Iros todos a hacer puñetas.* I «...emboban al personal, no sólo al personal de bocata y cocacola.» Jaime Campmany, ABC, 18.10.98. I «...y empezó a comerse el bocata sin que nadie le dijera nada.» María Antonia Valls, *Tres relatos de diario.*

bocazas *s.* chismoso.

«Trabaja en Mateu y va y viene de Almería. Es un bocazas...» Juan Madrid, *Un beso de amigo.* I «Soy indiscreto, bocazas, fantasma y mezquino...» Fernando G. Tola, *Mis tentaciones.* I ■▪ «No seas bocazas y deja de llevar y traer chismes y contar la vida de todos.»

2. engreído, fanfarrón.

«Pero su justificación de Camilo J. Cela ante la carta en la que se ofrece como delator de la censura del régimen, arguyendo que era muy joven y que hay que comprender el contexto histórico en vez de atribuirlo a su personalidad de bocazas bronco y autoritario, es francamente sospechosa.» Ignacio Merino, El Mundo, La Esfera, 20.3.99. I «Natural. Si es que sois mucho más enrollados y salaos que los hermanos bocazas...» Ragazza, n.° 101. I «Se llama fanfarrones a quienes se dicen valientes y no lo son... El fanfarrón tiene

muchas variantes: sietemachos... gallito... valentón... matón... bocazas... tragahombres... matasiete...» AI.

3. persona habladora.

«¡Se os oye todo, os advierto! Tú, Lucas, eres un bocazas.» Miguel Martín, *Iros todos a hacer puñetas.* I «...y callé de un manotazo al bocazas que explicaba con tono profesional...» C. Pérez Merinero, *El ángel triste.* I «Está un momento callado, pero un bocazas es un bocazas.» C. Pérez Merinero, *Días de guardar.* I «Tengo la boca blanda. Soy una bocazas.» M. Vázquez Montalbán, *El delantero centro fue asesinado al atardecer.*

boceras *s.* engreído, fanfarrón.

«...siempre fue de derechas, de derechas de toda la vida, igualito que el voceras éste del homenaje.» A. Zamora Vicente, *Mesa, sobremesa.* I «¡Callar, boceras, mandrias, si no queréis que os dé un sopapo...» José Gutiérrez-Solana, *Madrid, escenas y costumbres, Obra literaria, I.* I «¿Por qué no ha querido usted bailar con él? —Porque es un boceras; un tío antipático...» Pío Baroja, *El árbol de la ciencia.* I ■▪ «Jorge se pasa la vida hablando de grandezas. Es un voceras.» ✔ María Moliner dice: «se aplica con desprecio a una persona, por boba, por inoportuna, etc.».I

bocinazo, dar el bocinazo *expr.* delatar, informar.

«Dar el bocinazo: avisar, informar, especialmente a la policía.» JMO. I «Dar, pegar el bocinazo. Transmitir una información de modo confidencial.» S. I ■▪ «No podemos actuar hoy porque alguien le ha dado el bocinazo a la madera.» ✔ no se ha podido documentar fuera de diccionarios.I

bodega(s) *s. pl.* borracho.

«Bodega. Aplícase a la persona ansiosa de beber, que bebe mucho habitualmente.» Germán Suárez Blanco, *Léxico de la borrachera.* I ■▪ «Eres un bodegas, siempre borracho.»

bodegón *s.* restaurante barato, taberna.

«¿Pues no es afrenta grande ver a un hombre de honra ir cada día con su jarro al bodegón?» *Tragedia Policiana*, DH. I ■▪ «Yo me niego a comer en ese bodegón. Quiero ir a un restaurante bien.» |✓ DRAE: «m. Sitio o tienda donde se guisan y dan de comer viandas ordinarias».|

bodegoncillo ▸ *bodegón.*

bodi *s.* cuerpo.

«...pero que se quisiera enrollar conmigo tal como lo intentó, eso ya era demasiado pa mi bodi...» José Luis Martín Vigil, *Los niños bandidos.*

bodrio *s.* obra de mala calidad.

«...acudir a clase a tragarse un bodrio espantoso...» R. Gómez de Parada, *La universidad me mata.* ▮ «En fin, es un bodrio como un piano.» C. Pérez Merinero, *Días de guardar.* ▮ «...queda muy bien haber estrenado un bodrio del peculiar carota.» A. Ussía, ABC, 19.7.98. ▮ «...y cuando lo aceleras para que sea bailable [...] se convierte en un bodrio.» Alejandro Sanz, La Revista del Mundo, 30.8.98. |✓ DRAE: «cosa mal hecha, desordenada o de mal gusto: *Ese cuadro es un bodrio; en ese teatro no representan más que bodrios*».|

2. mujer fea.

«Joder, qué bodrio [...] Si nace más fea nace mancha...» El Jueves, 6-12 octubre, 1993.

bofe, echar el bofe *expr.* cansado, fatigado, sin aliento.

«...y a los pocos minutos entra echando el bofe un camarero con los cafés.» Fernando Martínez Laínez, *La intentona del dragón.* ▮ «Llegué al teléfono echando el bofe.» Ernesto Parra, *Soy un extraño para ti.* ▮ «El infeliz, echando el bofe a cuatro patas sobre la alfombra...» Fernando Repiso, *El incompetente.* ▮ «...pero aun así llego al rellano del quinto echando el bofe.» C. Rico-Godoy, *Cómo ser infeliz y disfrutarlo.* ▮ «Entre tanto toso, echo el bofe...» Fernando G. Tola, *Mis tentaciones.* |✓ bofe es el pulmón de las reses.|

bofetada, no tener ni media bofetada *expr.* ser físicamente endeble.

«...y no consiente bravatas a ningún limeño. Y menos a aquél, que no tenía media bofetada.» Ángel Palomino, *Un jaguar y una rubia.* ▮ «Estoy más en forma que muchos de estos jovenzuelos que no tienen media bofetada.» Pedro Casals, *Hagan juego.* ▮ «Lo

considero un poco retrasado mental y dice que no tiene ni media bofetada.» Andreu Martín, *Prótesis.* ▮ ▪ «Grita mucho y es muy fanfarrón, pero Pedro no tiene ni media bofetada.»

2. sentar como una bofetada *expr.* no gustar, tomar a mal.

«...pero, obviamente, me sentó como una bofetada.» Fernando Repiso, *El incompetente.*

bofia *s.* agente de policía.

«¿Bofia?» Juan Madrid, *Un beso de amigo.* ▮ «Juraría que el bofia que han picado era el nuestro.» Juan Marsé, *Si te dicen que caí.* ▮ «Los bofias están al acecho por si pasa algo hoy en el poblado.» Juan Madrid, *Un beso de amigo.* ▮ «No le hubiera importado que aquella locaza se hubiera ido de la lengua para ganarse la pasta que ofrecían los bofias.» Andreu Martín, *Amores que matan, ¿y qué?*

2. la policía.

«...y todo aquello era una mala partida que le jugaba la bofia.» Juan Antonio de Zunzunegui, *El supremo bien.* ▮ «El Torégano era de la bofia, de la secreta...» Francisco Candel, *Donde la ciudad cambia su nombre.* ▮ «Si tiene que insultar a un coche de la policía, grite: bazofia de bofia...» P. Antilogus, J. L. Festjens, *Anti-guía de los conductores.* ▮ «Era famoso porque se desmayó cuando los de la bofia se acercaron a él...» Raúl del Pozo, *Noche de tahúres.* ▮ «Una vez entró la bofia y no le pilló nada.» A. Matías Guiu, *Cómo engañar a Hacienda.* ▮ «Una cosa es hacerle ciertas confidencias a Rebollo y otra muy distinta que el parte circule por todos los despachos de la bofia.» Pedro Casals, *Disparando cocaína.* ▮ «...una cheka de esas que aun funcionan pero ahora en manos de la bofia...» Juan Marsé, *Si te dicen que caí.* |✓ en sus enmiendas y adiciones al diccionario la RAE quiere incluir: «f. vulg. Cuerpo policial».|

bogui *s.* abogado.

«Bogui. Abogado particular.» JGR. ▮ «Bogui. Aboguindi, letrado.» Ra. ▮ «Bogui. Abogado.» S. ▮ ▪ «Bogui debe de venir de boguindi, abogado, ¿no?» |✓ no se ha podido documentar fuera de diccionarios.|

bola *s.* mentira.

«Don Martín estaba hablando [...] Me hacen gracia las bolas que suele ensartar.» Bretón, *Marcela,* DH. ❚ «Las bolas grandes son las que mejor se tragan.» P. Perdomo Azopardo, *La vida golfa de don Quijote y Sancho.* ❚ ◾ «No creas lo que te dice Matías que siempre está contando bolas.»

2. libertad carcelaria.

«—¿Pero no estabas en Zamora? —Me dieron bola ayer.» José Luis Martín Vigil, *Los niños bandidos.* ❚ ◾ «Al Jorobas ya le han dado bola en el penal.»

3. cabeza.

«¿Y salió herido? Sí, amigas; enalmagróle la bola.» León, *Merchante,* DH.

4. bola de billar *s.* calvo.

«...sólo ofenden a calvos [...] bola de billar, calvorota; pelao; cocoliso...» AI. ❚ «Su calva relucía como una bola de billar con bigote...» Mariano Sánchez, *Carne fresca.* ❚ ◾ «¡Chico, has perdido todo el pelo; te has quedado como una bola de billar!»

5. bola de sebo *s.* persona gruesa, obesa.

«ballena; barrigón; bola de sebo; [...] vaca; fofona; fondona;...» AI. ❚ ◾ «¡Quita de ahí, gordinflón, bola de sebo!»

6. bolas *s.* testículos.

«Si vas a Calatayud / pregunta por la Fabiola / que es igual que la Dolores / pero le entra hasta las bolas.» Amelia Díe y Jos Martín, *Antología popular obscena.* ❚ «Testículos, bolas, canicas, cataplines, chismes, colgajos, criadillas, huevamen, pelés, pelotas, péndulos, pesas.» José M.ª Zabalza, *Letreros de retrete y otras zarandajas.* ❚ «...hizo lo que le había dicho y rindió pleitesía a mis bolas.» C. Pérez Merinero, *La mano armada.* ❚ ◾ «Te voy a dar una patada en las bolas que vas a ver.»

7. dar bola *expr.* ayudar.

«...el trampolín que necesitaba nuestro mercado para apoyar a artistas a los que no se da bola en ningún sitio.» Javier Pérez de Albéniz, Magazine, El Mundo, 14.11.99.

8. en bolas *expr.* desnudo.

«...en posición de decúbito prono —o porno— totalmente en bolas y con la chistorra en trance de ser devorada.» A. Ussía, *Trata-do de las buenas maneras.* ❚ «...un sitio de esos con calefacción, donde bailas en bolas sin ver que te ven...» Ernesto Caballero, *Squash,* 1988, RAE-CREA. ❚ «Salir un poco en bolas no me apetece. Quitarme un camisón...» Cambio 16, 27.8.90. ❚ ◾ «La Carmen anda por casa en bolas y la ven los vecinos por las ventanas.» ✓ se aplica a ambos sexos.❚

9. estar hasta las bolas *expr.* estar harto.

«Estar hasta las bolas: estar harto.» JMO. ❚ «El jefe dice que está hasta las bolas de tanto gandul que hay aquí.» DCB.

10. ir uno a su bola *expr.* hacer uno lo que quiere.

«Aquí cada cual va a su bola.» Carmen Martín Gaite, *Irse de casa.* ❚ «Porque así estás más libre para ir y ligotear a tu bola.» Ragazza, junio, 1998. ❚ «...nadie ya tiene fe en mí, el polaco va a su bola... ¡Todo es una mierda!» Cómic Jarabe, n.º 4, 1996. ❚ «Y me dejó en paz, a mi bola, pero claro yo...» Jaime Romo, *Un cubo lleno de cangrejos.* ❚ «Combínalos a tu bola.» Ragazza, julio, 1997. ❚ «Con Florita le cuesta porque va a su bola...» B. Pérez Aranda *et al., La ex siempre llama dos veces.* ❚ «Irán a su bola y no se meterán en tus cosas.» SúperPop, junio, 1999. ❚ «...Ruiz Gallardón (a su bola, como siempre)...» Carmen Rigalt, El Mundo, 19.6.99.

11. írsele a uno la bola *expr.* enloquecer; olvidar.

«Pero, yo qué sé, si a mí se me va la bola y trato a todo el mundo como la mierda porque mi mujer me ha dejado...» José Ángel Mañas, *Mensaka.*

12. no dar pie con bola *expr.* no hacer algo bien, equivocarse.

«...embadurna nuestro cerebro con chupe de trompetero y no nos deja dar pie con bola.» José M.ª Zabalza, *Letreros de retrete y otras zarandajas.* ✓ ▸ *bolo, no dar pie con bolo.*❚

bolamen *s.* testículos.

«Bolamen. Los dos cojones.» VL. ❚ «¡Qué infección sería que tenía el bolamen a reventar!» JM. ❚ «Bolamen: los testículos.» JMO. ❚ «Bolamen. Testículos de gran tamaño.» S. ❚ ◾ «Y allí, en el baile, delante de todos, la tía va y me mete mano al bolamen y luego me desabrocha la bragueta.» |✓ no se ha podido documentar fuera de diccionarios.|

bolata *s.* preso excarcelado.
«Bolata: ladrón excarcelado.» JMO. ▌ «Bolata. Criminal absuelto, expresidiario.» Ra. ▌ «Bolata. Recluso que ha sido puesto en libertad.» S. ▌ ◾ «Un bolata es un preso excarcelado.» |✓ no se ha podido documentar fuera de diccionarios.|

bolero *s.* persona que transporta droga.
«Abren en canal a un *bolero* que murió tras estallarle la cocaína.» La Razón, 23.11.99.

boleta, dar la boleta *expr.* despedir, despachar.
«Y gracias si no te dan la boleta de despido y te quedas con el desempleo...» Ángel Palomino, *Madrid, costa Fleming.* ▌ ◾ «Le han dado la boleta a Silverio en la empresa y ahora busca trabajo.»

boleto, dar el boleto *expr.* despedir, despachar, dejar plantado.
«Apáñatelas para que sea él quien te dé el boleto.» Ragazza, agosto, 1997.

boli *s.* bolígrafo.
«...dispongo sobre la mesa lo necesario para escribir una carta: una resma de papel, falsilla, tintero, plumilla, mango, papel secante, un boli (de refuerzo),...» Eduardo Mendoza, *Sin noticias de Gurb.* ▌ «...acoplar las piezas de los bolis Bic.» R. Gómez de Parada, *La universidad me mata.* ▌ «¡Jacinto, coge papel y boli!» Cómic Jarabe, n.° 4, 1996. ▌ «Se piensa que porque tiene un boli en la mano tiene más cojones que tú.» M. Vázquez Montalbán, *El delantero centro fue asesinado al atardecer.* ▌ «Compro unos cuantos cartones y saco un boli...» C. Pérez Merinero, *Días de guardar.*

bolinga *adj.* borracho, ebrio.
«Tete, estás muy bolingas.» Joseba Elola, *Diccionario de jerga juvenil,* El País semanal, 3.3.96. ▌ «...tropezando, más que andando, Luisín y otros tres bolingas con gafas de sol.» José Ángel Mañas, *Sonko95.*

bollaca *s.* lesbiana.
«Sois un par de bollacas que oléis muy mal.» Francisco Umbral, *Madrid 650.* ▌ ◾

«La nueva locutora tiene cara de ser una bollaca de mucho cuidado.» |✓ Besses dice de *bollera*: «mujer aficionada a las de su sexo».|

bollacata *s.* lesbiana.
«Pero tú no eres una bollacata por naturaleza, María. A ti te metió en el vicio la Juana...» Francisco Umbral, *Madrid 650.*

bolleo *s.* lesbianismo.
«Bolleo. Lesbianismo.» JV. ▌ «Bolleo: lesbianismo.» JMO. ▌ «Bolleo. Lesbianismo.» Ra. ▌ ◾ «Saturnino dice que en su oficina hay mucho bolleo entre las ejecutivas, pero yo no me lo creo.» |✓ no se ha podido documentar fuera de diccionarios.|

bollera *s.* lesbiana.
«Dos tías juntas acaban siempre en bolleras.» Francisco Umbral, *Madrid 650.* ▌ «...había topado con una demencial secta de bolleras...» Pgarcía, *El método Flower.* ▌ «Que va para boyera.» Jaime Romo, *Un cubo lleno de cangrejos.* ▌ —¿Eres bollera o qué?» El Jueves, 10-16 marzo, 1999. ▌ «Yo no soy una bollera y, sin embargo, me he acostado con alguna de mis amigas.» Victoriano Corral, *Delitos y condenas.* ▌ «Pues sí, Álex tiene un par de amigas bolleras...» José Ángel Mañas, *Sonko95.* ▌ ◾ «¿Cómo se llama la tenista bollera que se acuesta con todas las chicas?» |✓ para el DRAE es *persona que hace o vende bollos*.|

bollería *s.* lesbianismo.
«La otra no sé si es que no le hacía ascos a la bollería [...] pero el caso fue que complació a la fati y se pusieron coño contra coño.» C. Pérez Merinero, *La mano armada.*

bollicao *s.* persona joven y atractiva.
«Si usted no quiere pasar por retablo, carroza, o retro; si ya no se puede decir que sea un bollicao o una yogurcito...» Luis Ignacio Parada, ABC, 13.12.98. ▌ «Imagínate un bollycao como él sirviendo copas...» Ragazza, julio, 1997. ▌ «...las bollicao están enganchadas al biomanán, al espermicida...» Luis Ignacio Parada, ABC, 1.8.99.

bollo *s.* vulva, órgano genital de la mujer.
«¡Qué bollo tan excelente / hacen las de San Vicente!» A. Ussía, *Coñones del Reino de*

España. ▎■̃ «Consuelo tiene un bollito, un chocho muy atractivo pero le huele a bacalao siempre.»

2. pelea, alboroto.

«No te quiero decir, qué bollo.» A. Zamora Vicente, *Historias de viva voz.* ▎«...quien acuda a ese diccionario no encontrará entre las acepciones de la palabra bollo ninguna que convenga a uno de los sentidos en que más se utiliza popularmente, esto es, [...] jarana, tango, cacao, tomate, follón, jaleo,...» Rafael García Serrano, *Diccionario para un macuto.* ▎■̃ «No me gusta que armes un bollo delante de los invitados; así que no bebas más de la cuenta esta noche.»

3. lío, dificultad.

«Pero me estoy armando un bollo, así es que vamos por partes...» José Luis Martín Vigil, *Los niños bandidos.* ▎■̃ «Qué bollo han tenido mis padres esta mañana. Se oían los gritos desde el patio.»

4. lesbianismo.

«Yo pienso que tiende al bollo...» Terenci Moix, *Garras de astracán.* ▎«Éstas acaban haciéndose un bollo...» Francisco Umbral, *Madrid 650.*

5. persona atractiva.

«¿Es posible resistir 24 horitas al lado de este macizón? ¡Pues está dificililo! ¡Menudo bollo!» Ragazza, junio, 1998.

6. cofradía del bollo *expr.* lesbianismo.

«Cuidado con la niña, tía, que esta señora es de la cofradía del bollo.» Terenci Moix, *Garras de astracán.*

7. hacer bollos *expr.* relaciones sexuales lésbicas.

«Hacerse el bollo: lesbianismo.» JV. ▎«Hacer bollos: practicar el lesbianismo.» JMO. ▎«Hacer bollos. Practicar el lesbianismo.» VL. ▎«Hacer un bollo: tener relación sexual dos o más mujeres.» Ra. ▎«hacer un bollo. Mantener relaciones sexuales dos mujeres a la vez. [sic]» S. ▎■̃ «Creo que la mujer del jefe y la criada hacen bollos, las muy guarras.» ✔ no se ha podido documentar fuera de diccionarios.▎

bolo *s.* pene, genitales del hombre.

«Hala, hala, machos ibéricos, todos a quitarse el pirulí que la operación va a ser gra-

tis total. ¡Arrancarse el bolo y a extirparse el paquete!» Jaime Campmany, ABC, 16.4.99. ▎«Me dio un balonazo en todo el bolo.» JM. ▎«Bolo (miembro viril): lo llaman en algunos lugares vulgarmente.» IND.

2. persona natural de Toledo.

«...injusto atribuir los supuestos errores de un conductor al hecho de ser sacerdote, vestir de pana, llevar un vehículo matriculado en Toledo (¡Bolo tenías que ser!) o ser negro.» Ángel Palomino, *Insultos, cortes e impertinencias.*

3. *s. pl.* dados de juego.

«los bolos: los dados.» JMO. ▎«Bolo. Dado.» Ra. ▎«Bolo. Dado.» VL. ▎«Bolo. Dado.» S. ▎■̃ «Ésos juegan con bolos chungos y siempre ganan.» ✔ no se ha podido documentar fuera de diccionarios.▎

4. no dar pie con bolo *expr.* no acertar, no hacer las cosas bien.

«Esta noche ya estás que no das pie con bolo.» M. Romero Esteo, *El vodevil de la pálida, pálida, pálida rosa,* 1979, RAE-CREA. ✔ ▸ *bola, no dar pie con bola.*▎

bolsa *s.* testículos.

«Bolsa. Testículo o más bien el conjunto de ambos.» DE. ▎«Siempre se ponen protección para la bolsa.» JM. ▎■̃ «En los campos nudistas los tíos van con la bolsa al aire.»

bolsillero ▸ *picador.*

boludo *s.* bobo, necio.

«Boludo. Argentina, gilipollas.» R. Montero, *Diccionario de nuevos insultos...* ▎«...y lo cataloga de grandísimo boludo.» J. Giménez-Arnau, *Cómo forrarse y flipar con la gente guapa.*

bomba ▸ *bombona.*

bomba *adj.* atractiva, guapa.

«Bomba. Referido a la mujer, muy buena, óptima; es castellano coloquial que funciona preferentemente con el verbo estar.» DE. ▎■̃ «He conocido a la nueva directora y, francamente, está bomba la tía.»

2. *s.* sorpresa.

«Nunca falta un quítame allá esas pajas que caiga como una bomba.» Fernán Caballero, *Clemencia,* DH. ▎■̃ «El suicidio del director ha sido una bomba para todos.»

3. caer como una bomba *expr.* sentar mal.

«El picante me cae como una bomba.» CL.

4. pasarlo bomba *expr.* divertirse.

«...como si le gustase, como si lo estuvieran pasando bomba...» José María Carrascal, *Mientras tenga mis piernas.* ▌ «Me lo pasé bomba rodando Cinco en familia.» Ragazza, n.° 101. ▌ «Se lo pasará bomba...» A. Zamora Vicente, *Mesa, sobremesa.* ▌ «Lo pasó bomba.» Carlos Zeda, *Historias de Benidorm.* ▌ «...hay quien lo hace y lo pasa bomba...» Ángel Palomino, *Todo incluido.* ▌ «...y vete donde quieras por toda la gloria, así te lo pasarás bomba charlando con todas las almas buenas que encuentres...» J. Jiménez Martín, *Ligar no es pecado.* ▌ «...mientras los de arriba lo pasan bomba a costa de los que trabajan...» Ramón Escobar, *Negocios sucios y lucrativos de futuro.* ▌ «...lo estaba pasando bomba aquella calurosa tarde en la Gran Vía.» Álvaro Pombo, *Los delitos insignificantes.* ▌ «...y les liga, y se deja invitar, y se lo pasa bomba...» Ramón Ayerra, *Los ratones colorados.*

bombardeo, apuntarse a un bombardeo ▶ *apuntarse a un bombardeo.*

bombazo *s.* éxito.

«La película puede ser un auténtico bombazo.» Álvaro Bermejo, *E lucevan le stelle,* 1992, RAE-CREA. ▌▄▀ «La nueva novela del famoso autor es un bombazo.»

bombero, ideas de bombero *expr.* ideas estrafalarias y absurdas.

«Nicolás tiene ideas de bombero —sentenció la señora...» Eduardo Mendoza, *La verdad sobre el caso Savolta.* ▌ «¡Tienes ideas de bombero!» Torcuato Luca de Tena, *Los renglones torcidos de Dios,* 1979, RAE-CREA.

bombo *s.* alarde, publicidad.

«...porque el texto de lo que se recitaba iba claramente destinado al autobombo...» José Ruiz-Castillo Ucelay, *Relatos inciertos.* ▌✔ DRAE: «fig. Elogio exagerado y ruidoso con que se ensalza a una persona o se anuncia o publica alguna cosa».▐

2. embarazo.

«...es que yo en la obra estoy preñada en la escena final, con un bombo así de grande.»

Jaime Romo, *Un cubo lleno de cangrejos.* ▌ «Es lo que comentó [...] cuando le dijeron que estaba embarazada [...] Cómo explicar el bombo?» Ragazza, julio, 1997. ▌ «Llegará a España dentro de unos [...] seis meses, con mucho bombo y platillo...» Andreu Martín, *Por amor al arte.* ▌ «...y todavía menos que un perdis de pueblo, aficionado al bacalao, te rasque el parrús y te fabrique un bombo...» Juan Benet, *En la penumbra.*

3. a bombo y platillo *expr.* con gran alarde, con mucha algarabía.

«A su espalda, el estruendoso portazo anunciaba a bombo y platillo la imposibilidad de una fuga.» Mariano Sánchez, *Carne fresca.* ▌ «El primer empujón a tan distinguido comité, lo dieron [...] a bombo y platillo.» Rafael García Serrano, *Diccionario para un macuto.* ▌ «Fue diciéndolo a bombo y platillo y se enteró todo el pueblo.» CL.

4. hacer (dejar con) un bombo *expr.* dejar embarazada.

«...no menstrúa porque el compañero le ha hecho un bombo.» Javier Fernández de Castro, *La novia del capitán,* 1987, RAE-CREA. ▌▄▀ «Si te haces un bombo a la criada tendrás que casarte con ella.»

5. tener la cabeza como un bombo ▶ *cabeza, tener (poner) la cabeza como un bombo.*

bombón *s.* persona atractiva, guapa.

«Cuéntame cómo haces para tener un bombón como Gwyneth coladito por ti?» Ragazza, junio, 1998. ▌ «¡Menudos tres días que me pasé con la niña! ¡Un verdadero bombón!» Mariano Tudela, *Últimas noches del corazón.* ▌ «Aquel bombón se aleja sonriendo precediendo a otra chica que...» Manuel Giménez, *Antología del timo.* ▌ «Un bombón que sabía llevar su posible viudez con serenidad...» Lourdes Ortiz, *Picadura mortal.* ▌ «...como muy tarde a los veintidós años serás un bombón de chavala...» A. Gómez Rufo, *Cómo ligar con ese chico que pasa de ti o se hace el duro.* ▌ «...mientras él se lo montaba en las playas del Brasil con el bombón de secretaria.» El Gran Wyoming, *Te quiero personalmente.* ▌ «...las cuatro páginas que hemos dedicado a ese bombón rubito...» You, enero, 1998. ✔

también se utiliza para hombres. También *bombonazo* y *bomboncito*. En sus enmiendas y adiciones al diccionario la RAE quiere incluir: *1. Bis. Coloq. Fig. Mujer joven y atractiva.* ▸ *bombonazo*.|

bombona *s.* coche de la policía.
«Bombona: vehículo policial.» JGR. ▪ «Bombona. Vehículo de las fuerzas de seguridad del estado.» Ra. ▪ «Bombona. Coche de la policía.» S. ▪ ▪ «Al incendio del edificio acudieron tres coches de bomberos y cuatro bombonas de la poli.» |✔ no se ha podido documentar fuera de diccionarios.|

2. pulmón.
«Las bombonas: los pulmones.» JMO. ▪ «Bombona. Pulmón.» Ra. ▪ «Las bombonas: los pulmones.» JV. |✔ no se ha podido documentar fuera de diccionarios.|

bombonazo *s.* persona atractiva; aumentativo de bombón.
«Ana, en cuanto lo vio... Es de bandera... Es ideal. Un bombonazo.» Pedro Casals, *La jeringuilla.* |✔ ▸ *bombón*.|

boniato *s.* billete de mil pesetas.
«Boniato: billete de 1.000 pesetas.» Manuel Giménez, *Antología del timo.* ▪ ▪ «Préstame un par de boniatos que ya hablaremos.»

2. pene.
«Boniato. fig. Pene. / Al Cristo de La Laguna / no le tengo que rezar: / mi novio me dio el boniato / y me lo volvió a quitar.» Alfonso O'Shanahan, *Gran diccionario del habla canaria.* ▪ «...pero antes quiere probar el boniato. La puntita nada más.» Juan Marsé, *Si te dicen que caí.*

3. cabeza.
«En cambio, en el interior de mi boniato, se quedó su retrato...» Ernesto Parra, *Soy un extraño para ti.*

4. bobo, necio, torpe.
«Boniato: torpe.» Ángel Palomino, *Insultos, cortes e impertinencias.*

bonis *s.* billetes de mil pesetas.
«Bonis. Billetes de mil pesetas.» Joseba Elola, *Diccionario de jerga juvenil,* El País Semanal, 3.3.96. ▪ «No es de extrañar que la Co-

munidad Europea se empeñe en unificar la moneda [...] talegos, libras, pelas, los bonis...» R. Gómez de Parada, *La universidad me mata.*

boñiga *s.* excremento, especialmente de animales.
«Masan el pan con las nalgas; cuécenlo con leña de boñigas.» E. Salazar, *Cartas,* DH. ▪ «Las calles de este pueblo están llenas de boñigas de vaca.» CL. ▪ ▪ «Eso que ves en el suelo es una boñiga, ¿no lo ves?» |✔ familiar pero estándar.|

boñigo ▸ *boñiga.*

boquera *s.* funcionario de prisiones.
«Boquera. Funcionario de prisiones.» JGR. ▪ «Boquera/boqui: funcionario de prisiones.» Manuel Giménez, *Antología del timo.* ▪ «No he pensado preguntarle al boquera.» Eleuterio Sánchez, *Camina o revienta.* ▪ «...sólo que hay un perro que me busca las cosquillas y no me voy a dejar pisar por un boqueras...» José Luis Martín Vigil, *Los niños bandidos.* |✔ ▸ *boqui*.|

2. boqueras *s.* confidente, delator.
«—¿Es suficiente o tengo que pagarte más por la información? —¡No soy un boqueras!» Juan Madrid, *Las apariencias no engañan.*

boquerón *s.* persona sin importancia, desgraciado.
«Boquerón: arruinado, donnadie.» Ángel Palomino, *Insultos, cortes e impertinencias.*

2. dejar boquerón *expr.* defraudar.
«Muchas veces las parejas cortan, a esa edad, porque el chico quiere seguir avanzando y ella le deja boquerón, le dice que nones, que se niega a llegar al acto sexual.» A. Gómez Rufo, *Cómo ligar con ese chico que pasa de ti o se hace el duro.*

boqui *s.* funcionario de prisiones.
«Hay un funcionario, un boqui, que me la tiene jurada.» José Luis Martín Vigil, *Los niños bandidos.* ▪ «Algunos boquis le llamaban sucio...» Javier Memba, *Homenaje a Kid Valencia,* 1989, RAE-CREA. |✔ ▸ *boquera*.|

boquilla *s.* engreído, jactancioso.
«Boquilla: jactancioso.» Ángel Palomino, *Insultos, cortes e impertinencias.* ▪ «Boquilla.

Hablador, parlanchín, charlatán.» Ra. ▮ «Boquilla: presuntuoso, jactancioso, hablador.» JV. ▮ ▮ «El boquilla de tu cuñado está siempre haciendo el fantasma.»

2. de boquilla *expr.* hablar o prometer sin intención de cumplir.

«...que los hombres de boquilla mucho pero, luego, se rajan enseguida.» María Antonia Valls, *Para qué sirve un marido.* ▮ «...pero eso será de boquilla; nada más que de boca.» José Gutiérrez-Solana, *Madrid, escenas y costumbres, Obra literaria, I.* ▮ «...y cuidan de su virtud lo suficiente como para escandalizar al más pintado, ¡pero casi siempre de boquilla!» A. Gómez Rufo, *Cómo ligar con ese chico que pasa de ti o se hace el duro.* ▮ «Era un contrapunto a tanto amante de boquilla.» M. Sánchez Soler, *Festín de tiburones.* ▮ «O sea que yo de boquilla, nada.» José Luis Martín Vigil, *Los niños bandidos.* ▮ «PSOE, demócratas de boquilla.» El Mundo, 16.7.99.

boquino *s.* boca.

«Boquino. Boca.» VL. ▮ ▮ «¡Cierra el boquino, desgraciao, si no quieres que te la parta a hostias!» ✓ no se ha podido documentar fuera de diccionarios.▮

bordado, salir bordado *expr.* salir bien.

«Paco, te ha salido bordado. Me dijo que te felicitara...» Luis Mateo Díez, *La fuente de la edad,* 1986, RAE-CREA. ▮ ▮ «Estoy muy contento porque el examen me ha salido muy bien, me ha salido bordado.»

borde *adj. y s.* persona indeseable, antipática.

«Vale, vale, no te me pongas borde.» Javier Marías, *Mañana en la batalla piensa en mí.* ▮ «Bueno, era sólo una pregunta, no te pongas borde.» José Ángel Mañas, *Historias del Kronen.* ▮ «Es que antes he estado muy borde, lo reconozco.» C. Rico-Godoy, *Cómo ser una mujer y no morir en el intento.* ▮ «Ese borde. Ese borde tiene la culpa de todo.» M. Vázquez Montalbán, *La rosa de Alejandría.* ▮ «Si tú no te hubieras puesto borde no habría pasado esto.» Luis Camacho, *La cloaca.* ▮ «...pues llévatelo en el bolso, porfa, que a mí se me ha terminado y mi madre está borde...» A. Gómez Rufo, *Cómo ligar con ese chico que pasa de ti o se hace el duro.* ▮

«Era educado, respetuoso y nunca armaba ruido ni se ponía borde cuando le daba el mono.» Juan Madrid, *Crónicas del Madrid oscuro.* ▮ «...lo menos que tienes que hacer es mosquearte con ellos, poner malas caras o estar hecha una borde en casa.» Ragazza, agosto, 1997. ▮ «...fama peor que la del gafe o el cenizo, o el borde, o el malafollá...» Ramón Ayerra, *La lucha inútil,* 1984, RAE-CREA. ✓ DH: «Dícese del hijo o hija nacidos fuera del matrimonio.»▮

borlas *s. pl.* testículos.

«Bola: testículo.» JMO. ▮ «Borlas. Cojones.» VL. ▮ «Borlas. Testículos.» S. ✓ no se ha podido documentar fuera de diccionarios.▮

***borrachera** cf. (afines) acampedo, berza, bufa, castaña, cebollón, ceguera, chispa, ciego, cogorza, colocón, coloque, cuelgue, curda, dormirla, jindama, juma, cogerla *llorona, melocotón, melopea, merluza, mierda, moco, mona, dormir la *mona, moña, moscorra, nota, pea, pedal, pedo, pelotazo, pítima, tablón, tajada, tea, toña, torrija, tostada, tranca, trompa, turca.

borrachín *s.* borracho.

«...los que nos quedamos como cucas [...] nosotros somos los borrachines.» A. Zamora Vicente, *Mesa, sobremesa.* ▮ «...es un borrachín ansioso que se lo chupó todo la primera semana.» Alberto Vázquez-Figueroa, *Manaos.* ▮ «Yo conocí a un borrachín sin suerte.» Juan Madrid, *Un beso de amigo.* ▮ «Familia de borrachines (no sería justo hablar de alcohólicos)...» Juan Marsé, *La oscura historia de la prima Montse.* ▮ «También quiero el nombre de un cura que ya no sé si es cura, pero que es un borrachín...» Jaime Romo, *Un cubo lleno de cangrejos.* ▮ «...no le daba derecho a traer a unos borrachines y a una *whore*...» Rafael Ramírez Heredia, *Al calor de campeche.* ✓ DH: «Borrachín. Voz usada en Colombia y en España: el que tiene el vicio de beber en grado menor que el borracho ordinario.»▮

***borracho** cf. (afines) ▶ *ebrio.*

borracho *adj. y s.* ebrio.

«...y se emborracha a diario con vino fino, cuando alguien le recrimina el vicio él suele argumentar que no se conoce borracho malo ni maricón bueno.» C. J. Cela, ABC, 17.5.98. ❙ «Aguardiente y vino, borracho fino.» ref. ❙ «¡Haragán! ¡Borracho!» Leandro Fernández de Moratín, *El médico a palos,* DH. ❙ «...y giran sobre los talones como borrachos...» Juan Marsé, *La oscura historia de la prima Montse.* ❙ «Si a un individuo se le tacha de borracho ya existe intención despectiva en la expresión; no es lo mismo que decir alumbrado, bebido, alegre, chispa...» Ángel Palomino, *Insultos, cortes e impertinencias.*

2. borracho perdido *expr.* completamente ebrio.

«Al señor Horteza lo han encontrado borracho perdido en algunas ocasiones...» Andreu Martín, *Por amor al arte.*

3. ni borracho *expr.* nunca, jamás, de ninguna manera.

«Si no contara con él, no me metía en este caso... ni loco. Ni borracho.» Pedro Casals, *La jeringuilla.* ❙💬 «Ni borracho me casaría contigo, so fea.»

borrachón *s.* ebrio, borracho.

«Un asqueroso y puerco borrachón...» Ramón Ayerra, *La lucha inútil,* 1984, RAE-CREA.

borrachuelo *s.* ebrio, borracho.

«Él es mentecato y algo borrachuelo.» Miguel de Cervantes, *Teatro,* DH. ❙💬 «Tu hermana bebe mucho; es una borrachuela.»

borrachuzo *s.* ebrio, borracho.

«...le dedica a Ernest Hemingway dos adjetivos de rompe y rasga: borrachuzo y machista.» Carmen Rigalt, El Mundo, 10.7.99. ❙ «Déjalos, hombre, que son jóvenes, rebate un borrachuzo de acento gallego...» Ajoblanco, n.° 104. ❙ «...por muy lord que fuera no dejaba de ser un borrachuzo que...» Lucía Etxebarría, *Beatriz y los cuerpos celestes.* ❙ «En su querella hubiera presentado a su anciano progenitor como un borrachuzo...» M. Sánchez Soler, *Festín de tiburones.* ❙ «Borrachuzo es el trompa de la faja a rastra...» Ángel Palomino, *Insultos, cortes e impertinencias.* ❙ «...y se marchó luego a Liverpool con el inglés borrachuzo, el que se cagaba en la quinta copa...» Ramón Ayerra, *Los ratones colorados.*

borrar, borrar del mapa *expr.* matar, asesinar.

«Porque lo primero que pensé es que me había borrado del mapa, si bien enseguida me di cuenta de que eso no era posible, puesto que estaba pensando.» B. Pérez Aranda *et al., La ex siempre llama dos veces.* ❙💬 «¡Te voy a pegar una tunda que te voy a borrar del mapa!»

2. borrarse *v.* marcharse.

«El instinto le avisaba de que tenían que borrarse de allí lo antes posible...» Fernando Martínez Laínez, *La intentona del dragón.*

borrega *s.* bola utilizada en el juego de los pastos.

«El *tanga* no aguardó a que Rogelio levantara el cubilete, lo hizo él mismo. Debajo estaba la borrega.» Juan Madrid, *Flores, el gitano.*

2. borregas *s. pl.* timo por el cual se venden monedas falsas como si fuesen auténticas y antiguas.

«...se dedicaba a estafar a numerosas personas a las que colocaba unas monedas de oro o borregas alegando que le habían sido legadas por una anciana...» Manuel Giménez, *Antología del timo.*

borrón y cuenta nueva *expr.* expresión empleada para olvidar algo pasado y empezar de nuevo.

«En una palabra, borrón y cuenta nueva.» C. Pérez Merinero, *Días de guardar.*

bos *s.* persona importante, jefe.

«El bos: el jefe.» JV. ❙ «Bos. Jefe.» VL. ❙ «Bos. Jefe.» S. ❙ «Bos. Baranda, jefe, amo.» Ra. ❙💬 «Gómez es el bos de este tinglao.» ✔ no se ha podido documentar fuera de diccionarios. Del inglés *boss.*❙

bota, ponerse las botas *expr.* comer mucho.

«...este verano me pongo las botas a base de bien...» A. Zamora Vicente, *Mesa, sobremesa.* ❙ «En cuanto vieron aparecer a la mujer con las dos bandejas, se miraron con ojos de nos vamos a poner las botas.» Pedro Casals, *La jeringuilla.* ❙💬 «En la boda de Cosme había de todo. Nos pusimos las botas a base de bien.»

2. magrearse, tocarse.

«Las botas es lo que se van a poner, decía alguna envidiosa.» J. L. Castillo-Puche, *Hicieron partes.* ▌ ▪ «Magrear sin llegar a la cópula.» DE. ▌ ▪ «He estado bailando con ella en la oscuridad y me he puesto las botas.» ▌✔ DH: «Enriquecerse o lograr extraodinaria conveniencia.»▌

botar *v.* despedir, despachar, echar, marcharse.

«Tío, pregúntale por las buenas. O dile que se bote, que tú...» Ernesto Parra, *Soy un extraño para ti.* ▌ ▪ «En esa empresa han botado a mucha gente este año.»

2. estar que bota uno *expr.* estar enfadado, furioso.

«Esto y mil cosas más exige sacrificios sólo por parte del elector, que vota, pero está que bota.» A. Matías Guiu, *Cómo engañar a Hacienda.* ▌ «fig. y fam. Manifestar alguien su ira o su alegría de alguna manera. Está que bota.» DRAE.

botarate *s.* necio, tonto, imbécil, insensato, majadero.

«Pero Gerardo era un botarate. Un imbécil que nunca supo ser fiel a su mujer...» Corín Tellado, *Mamá piensa casarse.* ▌ «Si yo no vengo, no es porque necesite el auxilio de botarates como usted.» Alarcón, *El niño de la bola*, DH. ▌✔ DRAE: «hombre alborotado y de poco juicio».▌

bote *s.* automóvil.

«Bote. Automóvil.» VL. ▌ «El Chirupi ha mangao un bote grande que quiere ventilarse.» DCB. ▌✔ no se ha podido documentar fuera de diccionarios.▌

2. papelera.

«Tira estos papeles al bote y no se hable más.» CO, Marypaz García Barroso.

3. propina de camareros.

«Aquí, el bote, dando a entender donde guardan las propinas.» José M.ª Zabalza, *Letreros de retrete y otras zarandajas.* ▌ «Gracias, señor; peseta que regala el señor, al bote.» P. Perdomo Azopardo, *La vida golfa de don Quijote y Sancho.*

4. chupar del bote ▶ *chupar, chupar del bote.*

5. dar el bote *expr.* despedir, despachar.

«Pero, ¿para qué? ¿Para darme el bote del piso?» Ernesto Parra, *Soy un extraño para ti.* ▌ ▪ «Yo trabajaba como el que más y aún así me dieron el bote.»

6. darse el bote *expr.* marcharse, irse.

«No digas nada. Paga y nos damos el bote.» Fernando Martínez Laínez, *Andante mortal.* ▌ ▪ «Cuando empezó la pelea yo me di el bote.»

7. de bote en bote *expr.* lleno de gente.

«La pequeña terraza del restaurante estaba de bote en bote...» Pedro Casals, *La jeringuilla.* ▌ «Los domingos se llena de bote en bote. Y la gente se hacina como rebaño...» José Gutiérrez-Solana, *Madrid callejero, Obra literaria, II.* ▌ «Ni reparé en que la tasca estaba de bote en bote...» Ernesto Parra, *Soy un extraño para ti.* ▌ «...comprando en el híper, primero de mes —o sea de bote en bote—.» B. Pérez Aranda *et al., La ex siempre llama dos veces.*

8. en el bote (saco) *expr.* tener algo o a alguien seguro.

«Si quieres meterte a una madre en el bote...» Elvira Lindo, *Manolito gafotas.* ▌ «Cuando a un chico le ocurre esto, es que ya está en el bote.» Ragazza, n.° 101. ▌ «Eugenita viene conmigo a donde yo la lleve, que la tengo en el bote...» A. Zamora Vicente, *Historias de viva voz.* ▌ «Me alegro de que hayas venido, lo tienes en el bote.» Ángel Palomino, *Madrid, costa Fleming.* ▌ «Tú te lo pierdes. Ahora que le tenías en el bote.» Ángel Palomino, *Un jaguar y una rubia.* ▌ «...entonces convéncete de que nada es imposible y de que está en el bote.» A. Gómez Rufo, *Cómo ligar con ese chico que pasa de ti o se hace el duro.* ▌ «Entonces lo tendrás en el bote y podrás copiar sin miedo.» Fernando Martín, *Cómo aprobar todo sin dar ni chapa.* ▌ «Con ese optimismo ya nos tienes en el bote.» Ragazza, agosto, 1997. ▌ «...tratándolas con miramiento para que las tengas en el bote...» P. Perdomo Azopardo, *La vida golfa de don Quijote y Sancho.* ▌ «...me ha ganado por completo, me tiene en el bote...» B. Pérez Aranda *et al., La ex siempre llama dos veces.* ▌ «¿Dónde está la Lola, ya la tienes en el saco?» Juan Marsé, *Últimas tardes con Teresa.*

botella, darle (atizarle, pegarle) a la **botella** *v.* beber, emborracharse.

«...empinar el codo; [...] darle al alpiste, pegarle a la botella...» AI. ❚ «Tiene aspecto de pegarle a la botella más de la cuenta...» Fernando Martín, *Cómo aprobar todo sin dar ni chapa.* ❚ «...con los ojos brillantes por el vino, porque le atizaba bien a la botella...» «Fernando Martínez Laínez, *Bala perdida.* ❚ ◖ «El profesor de Historia le pega a la botella cantidá. ¿Lo has notado?»

botica, tener la botica abierta *expr.* tener la bragueta desabrochada, abierta.

«Tener la botica abierta. Tener la bragueta abierta.» VL. ❚ «Botica: bragueta.» JMO. ❚ ◖ «Juan tiene la botica abierta y se le ven el pajarito y los huevos.» ✓ también *tener la sacristía abierta.* No se ha podido documentar fuera de diccionarios.❘

botón, como muestra vale un botón *expr.* un ejemplo.

«Pero, en fin, como muestra [...] basten estos pocos botones...» Fernando Repiso, *El incompetente.*

2. botones *s. pl.* pezones.

«Botones. Pezones.» VL. ❚ «Botones. Pezones.» S. ❚ ◖ «Y Maruja se sacó unas tetas de muérete con unos botones duros como piedras.» ✓ no se ha podido documentar fuera de diccionarios.❘

3. botones *s.* testículos.

«Botones: eufemismo por cojones.» JMO. ❚ «Botones. Cojones.» VL. ❚ «Botones. Testículos.» S. ❚ ◖ «Petra dice que su novio tiene unos botones pequeñitos, pequeñitos, pero una picha muy larga.» ✓ no se ha podido documentar fuera de diccionarios.❘

botoncito *s.* clítoris.

«Con el pulgar y el índice, masajeaba activamente su botoncito...» Olga Karsen, *La depravada.*

braga, estar hecho una braga *expr.* cansado.

«No puedo. Estoy hecho una braga.» Película *Todo en un día,* Telecinco, 5.6.99. ❚ «Estoy reventado. Lo que se dice hecho una braga.» JM. ❚ «Estar hecho una braga. Muy cansado.» VL. ❚ «Estar hecho una braga: muy cansado.» JMO. ❚ «Estar hecho una

braga: cansado, abatido, destrozado.» JV. ❚ ◖ «Después de todo un día bregando y trabajando, he llegado a casa hecho una braga.»

2. bragas *s.* cobarde, miedoso.

«...el tema de la virilidad enlaza en español el miedo con la falta de autoridad (se presupone que el líder debe ser valiente)... De ahí bragas, bragazas, calzorras, calcitas, faldero.» AI.

3. (pillar, coger, estar) en bragas *expr.* desprevenido.

«...se va a acabar el curso académico y me pillarán los exámenes en bragas.» Terenci Moix, *Garras de astracán.* ❚ «...una derecha puteada, desconcertada y en bragas...» Francisco Umbral, *La derechona.* ❚ «...se desvelan para que eso no ocurra y les pille en bragas la llegada del 92.» Ladislao de Arriba, *Cómo sobrevivir en un chalé adosado.* ❚ «...varias personas, severas profesoras incluidas, te devoran con la mirada para pillarte en bragas, dando por sentado que no tienes ni pajolera idea de lo que te preguntan.» Fernando Martín, *Cómo aprobar todo sin dar ni chapa.* ❚ «Estamos en bragas y es cuestión de agarrarse a un clavo ardiendo...» Andreu Martín, *Por amor al arte.* ❚ «De vez en cuando avizoro la puerta —no vaya a ser que se presente alguien y me coja en bragas...» C. Pérez Merinero, *Días de guardar.* ✓ también *con las bragas bajadas* o *caídas.*❘

bragado *adj.* valiente, atrevido.

«¡Vaya hombre bragado!» Jose-Vicente Torrente, *Los sucesos de Santolaria.* ❚ «Aplícase a la persona de resolución enérgica y firme.» DH. ❚ «Me gusta que seas bragado.» Alfredo Montaño, *Andanzas del indio Vicente Alonso,* 1995, RAE-CREA. ❚ «Se enrolla la sotana negra en la cintura para que se le vean los pantalones de hombre y el revolver de hombre guapo y bragado.» Guillermo Morón, *El gallo de las espuelas de oro,* 1986, RAE-CREA.

bragazas *s.* hombre cobarde dominado por su mujer.

«...Fulanita se los pone a Menganito, que nunca se entera porque es un bragazas...» Manuel Hidalgo, *Azucena, que juega al tenis.*

▌«...aunque en realidad no tengo ni pantalones; sólo tengo bragas, unas modestas bragas de lo que soy: un bragazas.» Chumy Chúmez, *Por fin un hombre honrado.* ▌«...Manola se dirigió a él y le ordenó: tú te callas, bragazas.» María Antonia Valls, *Tres relatos de diario.* ✓ C. J. Cela cita el *Diccionario de la Real Academia Española*, 1780: «Hombre que es cobarde, floxo, y de poco o ningún provecho.» El DH dice: «Hombre que se deja dominar o persuadir con facilidad, especialmente por las mujeres.»▌

2. mujer estúpida.

«Se lleva las manos a la cara y la muy bragazas comienza a llorar.» C. Pérez Merinero, *Días de guardar.*

bragueta *s.* testículos.

«...le contestaba con gestos obscenos con la lengua y le quería palpar la bragueta.» Chumy Chúmez, *Por fin un hombre honrado.* ▌«Bragueta. Ambos cojones.» DS. ▌«Metralla metió una mano entre sus muslos, como sopesándose la bragueta.» Juan Goytisolo, *La resaca,* citado por C. J. Cela en su *Diccionario secreto.*

2. pene.

«Bragueta. Pene.» DE.

3. oír (entender) por la bragueta (como los gigantes) *expr.* no entender bien.

«Siempre hace lo contrario de lo que le dicen. Parece que entiende por la bragueta.» FV. ▌«...oír por la bragueta; oír por la bragueta como los gigantes...» AI. ▌▪ «Tendrás que decírselo dos veces porque ése oye por la bragueta, como los gigantes.»

4. tirar de bragueta *expr.* copular.

«...pero se ha dado una vida de órdago; ha comido, bebido y tirado de bragueta de largo...» José Gutiérrez-Solana, *Madrid callejero, Obra literaria, II.*

braguetamen *s.* órganos sexuales masculinos.

«Pues no estaban sopesándose el braguetamen los muy gilipollas.» JM.

braguetazo, dar (pegar) el (un) braguetazo *expr.* casarse con alguien de superiores medios económicos.

«Mi padre quiso dar el braguetazo y vivir lo mejor posible...» El Mundo, 5.2.98. ▌

«¿Estarías dispuesto a admitir que se trató de un braguetazo?» Juan Marsé, *La muchacha de las bragas de oro.* ▌«Menudo braguetazo.» F. Vizcaíno Casas, *Hijas de María.* ▌«...yo puedo dar un braguetazo y hacerme Marqués...» Miguel Martín, *Iros todos a hacer puñetas.* ▌«Yo vine a vivir aquí porque di un desafortunado braguetazo...» Chumy Chúmez, *Por fin un hombre honrado.* ▌«Lo cierto es que aquella familia humilde dio un braguetazo, un poco raro pero braguetazo al fin de cuentas.» Jaime Romo, *Un cubo lleno de cangrejos.* ▌«Menudo braguetazo dio con mi hijo...» Eloy Arenas, *Los vecinos de mis vecinos son mis vecinos.* ▌«Si es usted una dama de buen ver y en mente tiene pegar un braguetazo...» J. Giménez-Arnau, *Cómo forrarse y flipar con la gente guapa.*

braguetero *s.* mujeriego.

«...el tío tiene sesenta años y es un braguetero inverecundo...» Ángel Palomino, *Un jaguar y una rubia.*

brasa(s) *s.* pesado, inoportuno, reiterativo.

«¡Tres meses aguantando a este brasa!» Cómic Jarabe, n.° 4, 1996. ▌«Brasas. El tío pesado que no te deja ni a sol ni a sombra, o tu madre cuando te da la vara para que salgas del baño...» Ragazza, julio, 1997. ▌«Eres un brasas.» La casa de los líos, Antena 3 TV, 7.2.99.

2. dar la brasa *expr.* molestar, incordiar, ser, hacerse el pesado.

«Les dio tanto la brasa a sus papis que con sólo cinco añitos, fue a un casting...» Ragazza, n.° 101. ▌«No des la brasa.» Lucía Etxebarría, *Beatriz y los cuerpos celestes.* ▌«...la nómina de cantantes italianos venidos a dar la brasa a nuestras costas es infinita.» Ramón de España, El País, 25.7.99.

brava *s.* herramienta para abrir cajas de caudales.

«Brava. Palanqueta.» LB. ▌«Brava: palanqueta.» JGR. ▌«Brava. Palanqueta utilizada por los de la cuerda para forzar puertas, ventanas, cajas fuertes, armarios, etc.» Ra. ▌«Esta maría parece difícil. Menos mal que hemos traído la brava.» DCB. ✓ no se ha podido documentar fuera de diccionarios.▌

2. por las bravas *expr.* a la fuerza, sin contemplaciones.

«...yo era más partidario de entrar con [Francisco] Umbral por las bravas.» B. Pérez Aranda *et al.*, *La ex siempre llama dos veces.* ❙ ▪ «Quiere ampliar el negocio así porque sí, por las bravas, pase lo que pase.»

brazo, brazo de mar *expr.* elegante, atildado.

«...puesto que la función de esas putas consiste en ponerse detrás de las mesas, hechas un brazo de mar.» Andrés Bosch, *Mata y calla.* ❙ «...ayer te vi luciendo a la Pepa, tan chulo, un brazo de mar...» Ramón Ayerra, *Los ratones colorados.*

2. con los brazos cruzados *expr.* haraganear, estar ocioso, sin hacer nada.

«No voy a quedarme aquí con los brazos cruzados...» Augusto Roa Bastos, *Vigilia del almirante,* 1992. ❙ «¿Me voy a quedar con los brazos cruzados mientras puteas a mi madre?» M. Vargas Llosa, *La tía Julia y el escribidor,* 1977, RAE-CREA. ❙ ▪ «No ha entrado ni un cliente en la tienda; hemos estado con los brazos cruzados toda la tarde.»

3. (no) dar uno su brazo a torcer *expr.* (no) ceder; obstinarse.

«...pues he dado mi brazo a torcer y he vuelto con mi maleta.» María Antonia Valls, *Para qué sirve un marido.* ❙ «Pero aquel requeté ribereño no daba su brazo a torcer.» Rafael García Serrano, *Diccionario para un macuto.* ❙ «...la mayoría damos nuestro brazo a torcer y cedemos.» Carmen Pérez Tortosa, *¡Quiero ser maruja!*

4. recibir con los brazos abiertos *expr.* dar un buen recibimiento, aceptar sin reservas.

«En todos lados me recibían con los brazos abiertos.» C. Pérez Merinero, *Días de guardar.*

brea, dar brea *expr.* golpear.

«Cuando den brea, a saltar y...» J. Giménez-Arnau, *Cómo forrarse y flipar con la gente guapa.*

brete, poner en un brete *expr.* poner en situación complicada o difícil.

«No hacen más que poner en un brete al gobierno...» A. Zamora Vicente, *Historias de viva voz.* ❙ «Puesto el santo en el riguroso brete de tribulaciones interiores las más difíciles.» Cornejo, *Crón. de San Francisco,* DH. ❙ «Quizá tú puedas tomar conciencia de que su pillada me pone en un brete.» Ernesto Parra, *Soy un extraño para ti.* ✔ DH: «Aprieto sin efugio o evasivas.» DRAE: «fig. Aprieto sin efugio o evasiva. Ú. por lo común en las frases estar, y poner, en un brete».❙

breva *s.* vulva, órgano genital de la mujer.

«Breva. Vulva.» JMO. ❙ ▪ «La mujer del jefe resbaló, cayó y se le vió la breva.» ✔ no se ha podido documentar fuera de diccionarios.❙

2. no caerá esa breva *expr.* no tendremos la suerte de que ocurra.

«Me iría de putamadre que se achicharraran entre ellos [...] No caerá esa breva.» Pedro Casals, *Disparando cocaína.* ❙ «No caerá esa breva.» B. Pérez Aranda *et al.*, *La ex siempre llama dos veces.*

brisero *s.* nalgas, culo, ano.

«...llegan palpitando de miedo, temiendo que les den por el brisero...» Raúl del Pozo, Horóscopo, El Mundo, 30.9.99. ❙ «Brisero. Culo.» Ra.

*bronca *cf.* (afines) ▶ *jaleo.*

bronca *s.* pelea, discusión, trifulca.

«...que nos vamos de guerra esta noche, que los troyanos tienen ganas de bronca.» Cómic erótico, tomo IV, n.° 21 al 24. ❙ «No me armes bronca que saldrás perdiendo.» Picón, *Obras,* DH. ❙ ▪ «Las broncas en mi casa son cada día más sonadas.» ✔ DRAE: «f. Riña o disputa ruidosa».❙

2. pesado, pelmazo.

«Y sus amigos no son unos broncas.» Médico de familia, Telecinco, 27.10.98. ❙ «Bronca. Persona pesada.» VL. ❙ ▪ «El bronca de tu hermano me está dando la brasa sin parar.»

3. echar (soltar) la bronca *expr.* regañar.

«...el jefe me echa la bronca.» C. Pérez Merinero, *Días de guardar.* ❙ «...y me suelta la bronca porque tengo el cuarto muy desordenado...» Chica hoy, revista juvenil, n.° 130.

4. tener (armar) una bronca *expr.* pelea, disputa.

«...y se armó la bronca.» Felipe Victoria Zepeda, *La casta divina,* 1995, RAE-CREA. ❙ ▪ «Mis padres han tenido otra bronca esta noche y hemos tenido que llamar a la policía.»

bronce, ligar bronce ▶ *ligar, ligar (pillar) bronce.*

bronce, gente del bronce *expr.* mala gente.

«...con influencia y amigos entre la gente del bronce.» Fernando Martínez Laínez, *Bala perdida.* ❙ «Los del bronce: gentuza, delincuentes, putas, chorizos, asesinos.» Ra. ❙ «La muerte y la enfermedad, los toros y las procesiones, las riñas de gallos y los bailes de la gente del bronce...» C. J. Cela, Prólogo, José Gutiérrez-Solana, *Obra Literaria, I.*

bruja *s.* mujer indeseable e insoportable.

«Y esta bruja lo sabe...» Ladislao de Arriba, *Cómo sobrevivir en un chalé adosado.* ❙ «...esta bruja me las paga...» Ramón Ayerra, *Los ratones colorados.* ❙ ▪ «La bruja de mi mujer dice que quiere pintar la casa y comprar más muebles.» ❘✔ DRAE: «fig. y fam. Mujer fea y vieja».❙

brutal *adj.* bueno, excelente, extraordinario.

«Brutal. Magnífico, extraordinario.» VL. ❙ «Brutal: vocablo que actúa como intensificador... con el significado de muy grande, [...] excelente, excepcional.» JMO. ❙ «Brutal. Magnífico, excelente.» S. ❙ «Fue una experiencia inenarrable, brutal.» DCB. ❘✔ no se ha podido documentar fuera de diccionarios.❙

bruto, más bruto que un arado *expr.* muy bruto.

«Disimula y haz como que no te das cuenta de que es más bruto que un arado.» A. Gómez Rufo, *Cómo ligar con ese chico que pasa de ti o se hace el duro.*

bu *s.* ser imaginario para asustar a los niños.

«Jorge Cienfuegos apareció como si fuese un marimanta de rostro verdino. Un espectro. Un bu.» Pedro Casals, *Disparando cocaína.*

bucano *s.* confidente, delator.

«Han sido siempre buenos colaboradores de la justicia. Les dicen bucanos, es decir, soplones...» Raúl del Pozo, *Noche de tahúres.*

buchantero *s.* asesino a sueldo.

«Buchantero: Pistolero profesional.» JGR. ❙ ▪ «Pepe ha contratado a un buchantero para que le haga un trabajito.»

buche *s.* estómago.

«Me palpaba el buche cuando era jovencillo y estaba tan vacío que...» M. Vázquez Montalbán, *La historia es como nos la merecemos.* ❙ «Llévame a sacar el buche, / esta noche de mal año.» Ramón de la Cruz, *Obras, DH.* ❙ «...y llenar el buche con la canonjía del presupuesto...» ABC Electrónico, 38899, 1997. ❙ «Mete el buche que así no puedo probarte.» JM. ❘✔ DRAE: «fam. Estómago de las personas. *Cristóbal ha llenado bien el buche*».❙

buco *s.* dosis de heroína por vena.

«Tengo que darme un buco, dame una dosis, por tu madre.» Juan Madrid, *Turno de noche.* ❙ «Si me doy otro buco se me va a quitar todo esto que me está pasando.» Juan Madrid, *Crónicas del Madrid oscuro.* ❙ «Buco. Dosis de heroína por la vena.» Joseba Elola, *Diccionario de jerga juvenil.*

buena-o, estar a buenas con alguien *expr.* llevarse bien con alguien.

«...pues es amigo del pagano, te interesa estar a buenas con él...» Juan Marsé, *Si te dicen que caí.*

2. estar buena-o *expr.* sexualmente atractivo.

«Excelentes maneras, las de Álvaro, para una petarda que se limitaba a estar buena.» Terenci Moix, *Garras de astracán.* ❙ «Si la tía estuviera muy buena...» M. Vázquez Montalbán, *La rosa de Alejandría.* ❙ «Dime con quién andas y si está buena, me la mandas.» R. Gómez de Parada, *La universidad me mata.* ❙ «...aquella desconocida que está más buena que el pan.» Manuel Giménez, *Antología del timo.* ❙ «Niñapijo, que buena estás.» Juan Marsé, *Últimas tardes con Teresa.* ❙ «¿Por qué querías ver a Emilia? Me habían dicho que estaba muy buena.» Juan Madrid, *Las apariencias no engañan.* ❙ «¿Te has fijado lo buena que estaba Carmela con ese vestido?» Juan Madrid, *Flores, el gitano.* ❚ «Brad Pitt está más bueno que nunca.» Ragazza, agosto, 1997. ❙✔ también *buenísima-o, buenorra-o* y *buenaza-o.*❙

3. estar de buenas *expr.* contento, de buen humor.

«...hoy no he oído discutir a los jubilados del tercero derecha. Deben estar de buenas...» María Antonia Valls, *Para qué sirve un marido.* ❚🔲 «Como tu padre está de buenas hoy, le puedes pedir lo que quieras.»

4. hacerla buena *expr.* equivocarse, estropear.

«...después de todo lo que has preparado [...] ¡La has hecho buena!» Jose-Vicente Torrente, *Los sucesos de Santolaria.*

5. por las buenas *expr.* de buen grado, con buen talante.

«Con los judíos, los Reyes Católicos lo intentaron primero por las buenas...» A. Sopeña Monsalve, *El florido pensil.* ❚ «...sabía que si aquel tipo decidía llevarse los seis grandes por las buenas, ninguno de aquellos jóvenes soñadores haría nada para detenerle.» Lourdes Ortiz, *Picadura mortal.*

6. ser buena *expr.* mujer promiscua.

«...y la niña, que debe ser buena [...] porque anda que pasearse en bragas por la casa sabiendo que la está mirando un sátiro...» Fernando G. Tola, *Cómo hacer absolutamente infeliz a un hombre.*

7. tener una buena *expr.* tener una pelea, bronca, disputa.

«Me parece que vais a tener con ella una buena.» Ignacio Aldecoa, *El fulgor y la sangre.*

*buena persona cf. (afines) ▶ *persona buena.*

buenazo *s.* buena persona.

«Aquel profesor de física era un buenazo, un papanatas, un despistado atroz...» Antonio Colinas, *Un año en el sur*, 1990, RAE-CREA. ❚ «...también porque el director era un buenazo...» L. Palou, *Carne apaleada,* 1975, RAE-CREA. ❙✔ DRAE: «fam. Dícese de la persona pacífica o de buen natural. Ú. t. c. s.».❙

buenísima ▶ *buena.*

*bueno cf. (afines) acojonante, de puta *aldaba, de antes de la guerra, de aúpa, de bandera, bárbaro, a base de bien, de bigotes, brutal, de campeonato, cañero, cañí, chachi, chachipén, chanchi, chévere, chipén, chipendi lerendi, chuchi piruli, chulo, chuparse los dedos, chupi, chupilerendi, de cine, cojón de mico, cojón de pato, un cojón, de cojones, de tres pares de *cojones, cojonudo, dabuten, dabuti, demasiado para el cuerpo, fenómeno, fetén, flipante, lo gordo, guachi, guapo, guay, guay del Paraguay, güeno, de antes de la guerra, de la hostia, legal, de marca, de miedo, de muerte, olé, de pecado, de película, piruli, pistonudo, pomada, popelín, potable, de primera, súper, teta, vacas gordas, virguero.

bueno *s.* el héroe.

«...una película de buenos y malos...» Ángel Palomino, *Todo incluido.* ❚ «...y le contaría un cuento maravilloso donde los buenos serían buenos y los malos serían malos...» Andreu Martín, *El señor Capone no está en casa.*

2. estar bueno ▶ *buena.*

3. ir bueno *expr.* estar ebrio, borracho.

«...llevar una buena tajada, ir bueno...» AI.

4. ser una persona más buena que el pan *expr.* persona buena.

«...Cosme Puerto es más bueno que el pan, una persona dinámica, humana, equilibrada...» El Mundo, 16.8.99.

buenorra *adj.* muy atractiva.

«Morir carbonizado al lado de esta tía buenorra después de atracar un Banco es como...» C. Pérez Merinero, *Días de guardar.*

bufa *s.* flatulencia silenciosa y maloliente.

«Bufa: ventosidad expelida por el ano.» JMO. ❚ «Bufa. Garlopo, pedo, ril.» Ra. ❚ «Bufa. Pedo, ventosidad.» S. ❙🔲 «Esa señora es muy guapa pero se tira unas bufas que apestan.» ✔ no se ha podido documentar fuera de diccionarios.❙

2. borrachera.

«Bufa: Borrachera (Cuba).» Germán Suárez Blanco, *Léxico de la borrachera.*

bufado *adj.* ebrio, borracho.
«Sus amigos confesaron a los agentes que estaba bufada [...] aquello no era una borrachera más.» Las Provincias, 9.8.99.

bufanda, hacer la bufanda *expr.* sexo oral.
«Hacer la bufanda. Realizar el cunnilinguo o la felación.» VL. ▌«Bufanda: cunnilinguo.» JMO. ▌▟«La señora de la limpieza le está haciendo la bufanda al jefe. A ésa le aumentan el sueldo, ya verás.» ✔ no se ha podido documentar fuera de diccionarios.▌

buga *s.* coche.
«Yo es que no tengo buga...» José Ángel Mañas, *Historias del Kronen.* ▌«Buga. Dícese de todo coche importante.» Francisco Umbral, *Diccionario cheli.* ▌«En buga a quelo. En coche a casa.» R. Gómez de Parada, *La universidad me mata.* ▌«Este timo tiene una variedad llamada del buga en marcha...» Manuel Giménez, *Antología del timo.* ▌«Jefe, el padre de Marcos se ha comprado un buga de alucine...» Ladislao de Arriba, *Cómo sobrevivir en un chalé adosado.* ▌«Al ver *cabronazo* escrito en su precioso buga...» Ragazza, julio, 1997. ▌«...que mañá me va a tocá la primi, me voy a comprá un buga...» J. Giménez-Arnau, *Cómo forrarse y flipar con la gente guapa.* ▌«Como usted está obligado a cambiar de buga...» J. Giménez-Arnau, *Cómo forrarse y flipar con la gente guapa.* ▌«¡Si algún colega tuyo manga un buga...!» José Luis Martín Vigil, *Los niños bandidos.* ✔ también *bugata, bugati.*▌

buitre *s.* aprovechado, gorrón.
«Buitre. Gorrón, aprovechado, egoísta.» VL. ▌«Buitre: aprovechado, gorrón.» JMO. ▌«Buitre. Sujeto aprovechado.» S. ▌▟«No seas buitre y no te aproveches tanto de los demás.» ✔ no se ha podido documentar fuera de diccionarios.▌

buitrear *v.* gorronear.
«Buitrear. Gorronear, aprovecharse.» VL. ▌«Buitrear, gorronear, aprovecharse de los demás.» JMO. ▌▟«Manuel vive principalmente de buitrear a los demás.»

buja *s.* homosexual activo, sodomita.
«...se lo di un día a un buja que me seguía...» Ambrosio de la Carabina, *Don Juan notorio.*

bujarra *s.* homosexual activo, sodomita.
«Bujarras, no me estéis ladrando a las orejas.» Miguel de Cervantes, *Teatro,* DH. ▌«Bujarra. El que se prostituye con maricones.» Ra. ▌«Bujarra. Homosexual.» S. ▌«Bujarra: homosexual masculino.» JMO. ▌«Bujarra. Homosexual activo.» VL. ▌▟«Unos bujarras le han quitado la cartera a don Genaro y le han dado por el culo.»

bujarro *s.* homosexual.
«...que bujarro como era, con la flor amarilla en la cabeza...» Rafael Ramírez Heredia, *Al calor de campeche.*

bujarrón *s.* homosexual activo, sodomita.
«¡A ese! ¡Al bujarrón!» Francisco Umbral, *El Giocondo.* ▌«No era asunto mío si le daban palizas y se dedicaba a hacer chapas con bujarrones maduros...» Juan Madrid, *Cuentas pendientes.* ▌«No me gustó nunca ese bujarrón mahometano.» Raúl del Pozo, *Noche de tahúres.* ▌«Conciliador entre amigos enfadados. Tapadera de bujarrones.» Ladislao de Arriba, *Cómo sobrevivir en un chalé adosado.* ▌«...un bujarrón de unos veinticinco años dando por el culo a un maricón de unos cuarenta, mientras este último mamaba a otro...» Eleuterio Sánchez, *Camina o revienta.* ▌«...tiburones de braguéta triste, y de bujarrones dedicados a la crónica rosa.» Jaime Romo, *Un cubo lleno de cangrejos.* ▌«...que el nene nos ha salío bujarrona...» J. Giménez-Arnau, *Cómo forrarse y flipar con la gente guapa.* ▌«...a ver si así deja de poner el culo el bujarronazo de él...» Juan García Hortelano, *Gramática parda,* 1982, RAE-CREA. ✔ del latín *bulgarus, búlgaro.*▌

bujarronear *v.* practicar la homosexualidad.
«Enseguida empezó a bujarronear por Madrid y alcanzó fama de maricón.» Raúl del Pozo, *Noche de tahúres.*

bujero *s.* agujero.
«...que se fugue los capitales por el bujero excusado...» Francisco Nieva, *Delirio de amor hostil o el barrio de Doña Benita,* 1978, RAE-CREA. ▌«Quería hacer un bujero

en la madera con un destornillador.» JM. ❙ ▪ «La piedra ha hecho un bujero en el cristal asín de grande.»

bul *s.* nalgas, ano.

«Ano. Es caló...» DE. ❙ «Bul: culo.» JV. ❙✔ ▸ *bull*.❙

bull *s.* culo, nalgas, ano.

«...discusiones sobre si el cero era el culo [...] el cero no era sino el bull.» Raúl del Pozo, *Noche de tahúres.* ❙ «Te voy a meter la fusca por el bull.» Raúl del Pozo, *Noche de tahúres.* ❙✔ *bul* reseña Luis Besses, así como Manuel Giménez en su *Antología del timo.*❙

bulla *s.* culo, nalgas.

«Calibrar el bulla: palpar el culo.» R. Gómez de Parada, *La universidad me mata.* ❙ «Bulla. Ruido. También se usa para referirse al trasero.» Joseba Elola, *Diccionario de jerga juvenil,* El País Semanal, 3.3.96.

bullarengue *s.* nalgas voluminosas.

«Bullarengue. Beo, caca, bulla, trasero, culo.» Ra. ❙ «Bullarengue: culo.» JMO. ❙ «Bullarengue. Culo de mujer, especialmente el voluminoso.» VL. ❙ ▪ «A la gorda ésa le he tocado yo el bullarengue.»

bulo *s.* mentira, rumor, chisme.

«Corren muchos bulos y la mayoría sólo son eso: bulos.» F. Vizcaíno Casas, *Hijos de papá.* ❙ «El bulo nace como puede y donde puede, pero rara vez deja de tener algún fundamento...» Rafael García Serrano, *Diccionario para un macuto.* ❙✔ DRAE: «m. Noticia falsa propalada con algún fin.»❙

*bulto en la cabeza cf. (afines) chichón, chirlo.

bulto *s.* testículos.

«Decía una señora, personaje celiano, a ese bailarín se le nota mucho el bulto.» Jaime Campmany, ABC, 16.4.99. ❙ «Bulto: pene y testículos.» JMO.

2. soldado de primer reemplazo.

«Peluso. También llamado *baluba, bulto,* etc. Es el nuevo, el recién llegado. Tiene que cumplir las órdenes de los veteranos.» M. Ángel García, *La mili que te parió.*

3. escurrir el bulto *expr.* eludir, evitar responsabilidad o riesgo.

«...todos los componentes del núcleo familiar escurren el bulto, se escaquean...» Ladislao de Arriba, *Cómo sobrevivir en un chalé adosado.* ❙ «Y a declarar la guerra contra quienes traten de ayudarles a escurrir el bulto.» Pedro Casals, *Disparando cocaína.* ❙ «Parells, usted quiere escurrir el bulto.» Eduardo Mendoza, *La verdad sobre el caso Savolta.* ❙ «Así, entre el desprecio del funcionario y el rencor de sus colegas (de cuya venganza, cuando llega el caso, le es muy difícil escurrir el bulto...» Victoriano Corral, *Delitos y condenas.* ❙ «—¿Y qué pasó? —Que el Marujo escurrió el bulto.» Andreu Martín, *Prótesis.*

burda *s.* puerta.

«Burda. Puerta.» LB. ❙ «Burda: puerta.» JMO. ❙ «Burda. Puerta, portezuela.» Ra. ❙ «Burda. Puerta.» VL. ❙ «Burda: puerta.» JV. ❙ «Burda. Puerta.» S. ❙✔ no se ha podido documentar fuera de diccionarios.❙

burdel *s.* prostíbulo.

«...dialogaba con las cuatro dueñas del burdel.» Jose-Vicente Torrente, *Los sucesos de Santolaria.* ❙ «El burdel en el que nuestras pacientes prueban el poder de sus nuevos encantos...» SM Comix, n.° 29. ❙ «Mancebía o lupanar.» DH. ❙ «Me echaron del burdel porque estaba enferma...» Care Santos, *El tango del perdedor.* ❙ «...follarse una esclava mora en el burdel de la calle San Juan...» Pau Faner, *Flor de sal.*

bureo, ir de (darse un) bureo *expr.* ir de juerga; pasear.

«...van con su perro como si sacasen de bureo a la dama de las camelias...» Ramón Ayerra, *Los ratones colorados.* ❙ «Con que, pues todos están / juntos aquí de bureo, / empecemos el jaleo...» José Zorrilla, *Obras,* DH. ❙ ▪ «Por la mañana iremos al museo y por la noche de bureo.»

burla *s.* jugador profesional.

«Eso son calumnias de burlas.» Raúl del Pozo, *Noche de tahúres.* ❙✔ ▸ también *burlanga.*❙

burlador *s.* jugador profesional.

«Burlador. Persona que mueve los cubiletes en el juego de los triles.» S. ❙ «Burlador. Jugador, timbero.» Ra. ❙ «Burlador: timador.» JV. ∎ ▪ «El suegro de Jacinta es un burlador de primera. Lo hace todo, cartas, triles, etc.» ✓ para Luis Besses, 1906, es *burladó*. No se ha podido documentar fuera de diccionarios.∎

burlanga *s.* jugador profesional.

«...un canalla, un calvo vergonzante, un burlanga capaz de vender a su anciana madre...» Arturo Pérez-Reverte, *La piel del tambor.* ∎ «Burlanga, que ahora significa jugador, en otros tiempos quería decir persona que se va pronto de la mojarra.» Raúl del Pozo, *Noche de tahúres.* ∎ «Burlanga. Embaucador que se dedica a la práctica de juegos callejeros de apuestas (triles, pastos, etc.).» JGR. ∎ «Burlanga: trilero. Por extensión jugador de ventaja.» Manuel Giménez, *Antología del timo.* ∎ «...había un corro con los eternos burlangas [...] gente que sólo piensa en el burle...» Eleuterio Sánchez, *Camina o revienta.*

burlar apostar a las cartas, dados, caballos.

«País de burlangas, por supuesto [...] Hasta Cervantes burlaba. Cervantes era un auténtico jugador.» Raúl del Pozo, *Noche de tahúres.* ∎ ▪ «La única actividad conocida de este individuo es burlar, burlar a todo. Es un jugador empedernido.»

burle *s.* juego.

«...gente que sólo piensa en el burle [...] todo lo vende. Algunos hasta el culo, para pagar y seguir jugando.» Eleuterio Sánchez, *Camina o revienta.*

burra *s.* bicicleta, motocicleta.

«Burra. Moto.» Joseba Elola, *Diccionario de jerga juvenil,* El País Semanal, 3.3.96. ∎ «...lo siento por tu burra, macho, aunque el placer de haber ganado no tiene precio...» El Jueves, 6-12 octubre, 1993. ∎ «...cómprate una bicicleta [...] hacer un esfuerzo y salir [...] en tu flamante burra.» Juanma Iturriaga, *Con chandal y a lo loco.* ∎ ▪ «He visto a Indurain con su burra por la carretera.»

2. autobús.

«Burra. Autobús urbano.» JGR. ∎ «El Rastro está lleno de picaores que se dedican a los guiris que bajan de las burras.» DCB.

burraca *s.* prostituta venida a menos.

«Con el pijo el diestro está valiente y obliga a la burraca a dar un suspiro.» Amelia Díe y Jos Martín, *Antología popular obscena.* ∎ «Burraca. Lumi, prostituta, burracona.» Ra.

burrada *s.* necedad, estupidez, barbaridad.

«...estos muchachos de ahora, que no saben decir más que burradas...» A. Zamora Vicente, *Desorganización.* ∎ «Todo por esa burrada de la elevación del salario mínimo, señores.» Ángel Palomino, *Madrid, costa Fleming.* ∎ «...y aun en esto hacían mil burradas.» Mateo Alemán, *Guzmán de Alfarache,* DH.

2. grosería.

«Por semejante atrevimiento han dejado de entrar muchas mujeres [...] pero otras compran [...] pasteles [...] para oírle decir [...] burradas...» Miguel Martín, *Iros todos a hacer puñetas.* ∎ «...no digas burradas va, a mí no se me entrega en la calle ningún tío, tiene que ser en la cama...» Cristóbal Zaragoza, *Y Dios en la última playa.* ∎ ▪ «¡Me fastidian los tíos babosos que me dicen burradas por la calle!»

3. mucho, gran cantidad.

«Mimi Rogers se ha descolgado pidiendo una burrada de pasta por el divorcio.» SúperPop, abril, 1990. ∎ ▪ «Te va a costar una burrada la boda de tu hija.»

burrear *v.* engañar, timar, tomar el pelo.

«...y la plática de uno o dos largueros hasta conseguir burrearle convenientemente.» Manuel Giménez, *Antología del timo.* ∎ «...en esto de burrear sólo cuesta trabajo el empiece, luego va todo de seguido y se puede acabar muy mal...» Ramón Ayerra, *Los ratones colorados.* ∎ «Burrear. Timar.» JGR.

burro *s.* bobo, necio, torpe.

«¡Qué burros eran!» C. J. Cela, *Mazurca para dos muertos.* ∎ «Tiene tres hijos, a cual más burro.» Máximo, *Animales políticos.* ∎ «No seas burro...» M. Sánchez Soler, *Festín de tiburones.* ✓ DRAE: «fig. y fam. asno, hombre rudo y de poco entendimiento. Ú. t. c. adj.».∎

2. terco.

«Es que estos sitios me ponen burro.» M. Sánchez Soler, *Festín de tiburones.* ∎ ▪ «Acepta el dinero, no seas burro.»

3. percha con ruedas para transportar ropa.

«...con el [...] nombre de burro se denominan unas cosas que son, sencillamente, una larga percha con ruedas y barras arriba y abajo...» You, marzo, 1998.

4. bajarse (apearse) del burro *expr.* ceder.

«Lees demasiadas novelas. Bájate del burro y recuerda que eres la señora de Cebollero.» Jose-Vicente Torrente, *Los sucesos de Santolaria.* ▌ «Y no hubo quien le apease del burro.» Rafael García Serrano, *Diccionario para un macuto.* ▌ «Yo ya le he preguntado [...] pero no se apea del burro.» Andreu Martín, *Por amor al arte.* ▌ «Se ha empeñado en llamar a todo Dios y no hay quien la baje del burro.» C. Pérez Merinero, *Días de guardar.* ▌ «¡Pues no, no doy mi brazo a torcer y no me bajo del burro y ya está!»

5. no ver tres en un burro ▶ ver, no ver tres (dos) en un burro.

6. poner(se) burro *expr.* excitarse sexualmente.

«No me extraña que te la pusiera dura, tío, me estás poniendo burro tú a mí por teléfono.» Almudena Grandes, *Las edades de Lulú.* ▌ «Pues yo le dicho a usted que a mí el olor a bacalao me pone como un burro.» El Jueves, 13.5.98.

7. ponerse burro *expr.* empecinarse, obstinarse.

«Antes me puse burro y ahora lo siento. Lo siento mucho.» Álvaro Pombo, *Los delitos insignificantes.*

burrocracia *s.* burocracia.

«Burrocracia. Burocracia.» VL. ▌ «Burrocracia. Burocracia.» S. ▌ «La burrocracia en este país lo impide todo, paraliza toda iniciativa.» ✓ no se ha podido documentar fuera de diccionarios.▌

buscalíos *s.* persona pendenciera.

«...matones, chivatos y buscalíos.» Eleuterio Sánchez, *Camina o revienta.*

buscapleitos *s.* abogado.

«...cargante buscapleitos.» R. Montero, *Diccionario de nuevos insultos...* ▌ «Tú ya conoces los tejemanejes de ese buscapleitos.» Mercedes Salisachs, *La gangrena,* 1975,

RAE-CREA. ▌ «Ese buscapleitos es un malo y perderás el pleito si te representa.»

2. persona camorrista, pendenciera e indeseable.

«...están atestados de vagos, pandilleros, buscapleitos, ladrones, borrachos y demás...» Carlos Sánchez, *Un grito desesperado,* 1992, RAE-CREA. ▌ «...además de contrabandista, bebedor y buscapleitos.» Guillermo Morón, *El gallo de las espuelas de oro,* 1986, RAE-CREA.

buscarse la vida ▶ vida, buscarse la vida.

buscona *s.* mujer promiscua.

«...y las cachondas como mi hija, tan buscona que no se ha conformado con un hombre de su raza, de sexo normal...» Chumy Chúmez, *Por fin un hombre honrado.* ▌ «...por más que tuviera sólo quince años para dieciséis, podía ser una calentorra buscona, de las que saben aprovechar...» Jaime Romo, *Un cubo lleno de cangrejos.* ▌ «Una cosa es estar insinuante y otra parecer una buscona.» You, enero, 1998.

2. prostituta.

«Había tres clases de prostitutas [...] ramera, cantonera o buscona...» José Deleito y Piñuela, *La mala vida en la España de Felipe IV.* ▌ «...entre perros, borrachos, mendigos, busconas y bocas, encontramos por fin a Tripy...» Raúl del Pozo, *Noche de tahúres.* ▌ «Andorrera. Prostituta callejera, buscona.» DE. ▌ «Y aunque tan buenas no sean, / son mejores que busconas.» Juan Ruiz de Alarcón, *Comedias,* DH. ▌ «¿Que mi madre fue una buscona y que sobrinas, primas y hermanas fueron buenas vividoras?» P. Perdomo Azopardo, *La vida golfa de don Quijote y Sancho.* ✓ para Luis Besses, 1906, es *prostituta libre.* DRAE: «f. ramera».▌

buseto *s.* autobús.

«Buseto: Autobús.» JGR. ▌ «Buseto. Autobús.» Ra. ▌ «Buseto. Autobús.» S. ▌ «Buseta. En zonas del español meridional, microbús.» CL. ✓ no se ha podido documentar fuera de diccionarios.▌

butifarra *s.* pene.

«Le saqué la butifarra y nos besamos.» C. Pérez Merinero, *La mano armada.* ▌ «Es metáfora formal (el pene semeja una butifarra). Pene.» DE. ❚ «Butifarra: pene.» JV.

2. corte de manga, gesto ofensivo de rechazo.

«...y ese violento ademán que, popularmente, se ha dado en llamar butifarra.» Fernando Repiso, *El incompetente.* ❚ «...éste se encogió de hombros y luego hizo butifarra con el brazo...» Juan Marsé, *Si te dicen que caí.*

butrón *s.* agujero, apertura hecha para robar.

«...tomó el dinero que tenía guardado desde antes de cumplir condena en un butrón...» Mariano Sánchez, *Carne fresca.* ❚ «Butrón: Abertura de un hueco, de pequeño tamaño, en una pared, techo o suelo por el que se penetra al lugar elegido para efectuar un robo.» JGR. ❙✓ para Luis Besses, *butrón* es un abismo. DRAE: «Entre delincuentes, agujero hecho en suelos, techos o paredes para robar.»❙

butronero *s.* especialista del butrón.

«Butronero. Delincuente profesional especializado en el robo por el procedimiento del butrón.» JGR.

buzón *s.* boca grande.

«Buzón. Boca grande.» VL. ❚ «Buzón: boca muy grande.» JMO. ❚ «Buzón. Boca grande.» S. ❚ ▪■ «Tiene la boca tan grande que parece un buzón.» ❙✓ no se ha podido documentar fuera de diccionarios.❙

Cc

ca *s.* apócope de casa.

«...lo llevaremos a ca mi madre.» Francisco Candel, *Donde la ciudad cambia su nombre.* ▮ «...la gente le dice casa de la Dolores, ca la Duloras...» C. J. Cela, *Viaje al Pirineo de Lérida.* ▮ «Yo estuve en ca Cleopatra.» Virtudes, *Rimel y castigo.* ▮ «—¿Dónde trabaja tu hombre? —En ca el Mingayerro.» Ángel Palomino, *Un jaguar y una rubia.*

2. apócope de cada.

«Yo sé bien quién es ca uno de los de abajo.» J. M.ª de Pereda, *Obras,* DH. ▮ «El guardia le puso a la gorda una multa de mil pesetas por cateta, por cruzar la calle por donde no debía, y ella le entregó dos mil. Ella había entendido por *ca teta.*» DCB.

3. apócope de calle.

«Una en la ca Toledo y otra en Jacometrezo.» Juan Antonio de Zunzunegui, *El supremo bien.*

4. nada, ni hablar.

«¡Ca, Salinas! ¡Ca!» Pedro Casals, *La jeringuilla.* ✔ DRAE: «1. interj. fam. ¡quia!».▮

cabales, no estar uno en sus cabales *expr.* demente, loco.

«La creo capaz de degollarnos. Esa chica no está en sus cabales.» Alberto Vázquez-Figueroa, *Manaos.* ▮ «Para cualquier director de prisiones en sus cabales, un tipo como yo tenía que resultar, cuando menos, incómodo.» Victoriano Corral, *Delitos y condenas.*

cabalgada *s.* copulación.

«Le estallaba la bragueta. Todo empezó como un juego y todo terminó en una cabalgada, moviéndose los dos...» Raúl del Pozo, *La novia.*

cabalgar *v.* sodomizar.

«Os haré cabalgar de balde putas honestas.» *La lozana andaluza,* RAE-CREA. ▮ «Ponte de rodillas. Baja la espalda, bájala. No te va a doler... Quirós cabalgaba sobre el culo de Ortega como un crío.» Álvaro Pombo, *Los delitos insignificantes.* ▮◼ «Se rumorea que el mayordomo cabalga al suegro del señor, que es de la cáscara amarga.»

2. copular.

«Mi pareja no me cabalga bien [...] ¿Y tú?» Anuncios clasificados, ABC, 21.1.98 ▮ «...Riquelme se echó saliva en el pene y la cabalgó.» Juan Madrid, *Crónicas del Madrid oscuro.* ▮ «Erika lo cabalga hábilmente y las piezas de ambos encajan a la perfección.» Andreu Martín, *Por amor al arte.* ▮ «...los calzoncillos [...] tírelos en cualquier parte y cabálgueme ahora.» Olga Karsen, *La depravada.* ▮ «...pues no se hable más y vamos a ver qué tal se cabalga esta jaca... pero si se escurre la tía...» Ramón Ayerra, *Los ratones colorados.* ▮◼ «A ver si me cabalgo a la vecina del cuarto porque le tengo unas ganas que no veas.»

caballista *s.* preso que tiene autoridad sobre los otros.

«Caballista. Preso que maneja gran poder en la cárcel.» JGR. ▮ «Caballista. Recluso en situación de privilegio.» Ra. ▮ «Caballista. Preso que dispone de abundante dinero en la cárcel.» VL. ▌«Caballista. Persona que posee una gran cantidad de dinero y financia operaciones ilegales.» S. ▌◾«Esta cárcel está dominada por los caballistas que hacen lo que quieren.» ✔ no se ha podido documentar fuera de diccionarios.▌

caballo *s.* mujer grande.

«Cuando era pequeña me veía como caballuna...» You, n.° 3. ▌«...con la buena boda que podría haber hecho, y cargando con ese caballo percherón...» María Antonia Valls, *Tres relatos de diario.* ▌◾«Fernando sale ahora con una tía que es un caballo, le saca a él la cabeza.» ✔ dice Guim en el *Diccionario castellano* de 1863: «La persona de genio muy fuerte, altanero indomable; especialmente la muger muy vana, orgullosa y dominante».▌

2. heroína.

«Tiene tres papelinas de caballo, de buen caballo, que servirá para ayudarte a pasar el día.» Juan Madrid, *Turno de noche.* ▌«Parecía medio alelada y Martín supuso que el caballo no era ninguna novedad para ella.» Fernando Martínez Laínez, *La intentona del dragón.* ▌«...más tarde heroína, posteriormente coca, al amanecer aguardiente, y luego otro poco de caballito...» Jesús Ferrero, *Lady Pepa.* ▌«Si vuelves a moverte te quedas sin caballo.» Juan Madrid, *Flores, el gitano.* ▌«Primero les vendo el caballo; luego les sigo hasta Valencia y les quito la mercancía.» M. Sánchez Soler, *Festín de tiburones.* ▌«Venían sudacas o moracas o italianos cargados de papelinas, enganchaban a las niñas al caballo...» Andreu Martín, *Lo que más quieras.* ▌«Heroína: caballo, nieve, blanca, pico, morfo, chino...» El Mundo, Magazine, 21.11.99. ✔ DRAE: «coloq. Por influjo del inglés, heroína».▌

3. caballo blanco *s.* socio capitalista.

«Ser el caballo blanco. Familiarmente, la persona que paga las fiestas y otros excesos de los demás.» Caballero, *Modismos,* DH. ▌◾«Para montar esta obra teatral, y aparte de buenos actores, lo que necesitamos es un caballo blanco.»

4. de caballo *expr.* grande, mucho, de importancia.

«...no hay nada mejor que pillar una gripe de caballo.» Eduardo Mendicutti, El Mundo, 2.1.99. ▌«Me despierto con una resaca de caballo, pero satisfecho...» Eduardo Mendoza, *Sin noticias de Gurb.* ▌«...unas anginas de caballo.» A. Zamora Vicente, *Historias de viva voz.* ▌«Es un enfriamiento de caballo.» M. Vázquez Montalbán, *La rosa de Alejandría.* ▌«Hay gente que tras las vacaciones pilla unas depres de caballo que les dejan hechos pura mierda...» El Jueves, 6-12 octubre, 1993. ▌«Aquella noche eché uno de los mejores polvos de mi vida con una jamaicana que me pegó unas purgaciones de caballo.» Fernando Martínez Laínez, *La intentona del dragón.*

5. tenerlos como el caballo de Espartero *expr.* testículos grandes.

«...con dos cosas en su sitio que son la envidia del Caballo de Espartero.» Miguel Martín, *Iros todos a hacer puñetas.*

cabaretera *s.* mujer que trabaja en un cabaré, prostituta.

«...anuncios de senos puntiagudos y duros y viciosas cabareteras morfinómanas clavándose la jeringuilla en el muslo...» Juan Marsé, *Si te dicen que caí.*

caber, ¡métetelo (guárdatelo) donde te quepa! *expr.* expresión ofensiva de rechazo.

«Te has ganado los dos billetes. Guárdatelos donde te quepan.» Juan Madrid, *Un beso de amigo.* ▌«También a él puedes metértelo donde te quepa.» C. Pérez Merinero, *La mano armada.* ▌«Tu música te la metes por donde te quepa.» Juan Madrid, *Las apariencias no engañan.*

2. no caber un alfiler ▶ *alfiler, no caber (ni) un alfiler.*

cabestro *s.* hombre cuya mujer es infiel.

«Bueno, visto así a lo mejor aquel cabestro tenía razón...» Ángel Palomino, *Las otras violaciones.* ▌«¿O cuando [...] alguien cuente el consabido chiste de cabestros?» Manuel Hidalgo, *Azucena, que juega al tenis.* ▌«Cabestro. Por traslación se llama el marido que consintiendo que su mujer sea adúltera, busca y lleva los galanes, haciendo oficio de alcahuete.» DA. ▌«Murió, y le volteé con un pie para no ver su cara de cabestro...» C. Pérez Merinero, *Días de guardar.* ▌«...maldije mi mala suerte, y al ver al cabestro del comisario...» C. Pérez Merinero, *La mano armada.* ✓ DRAE: «Buey manso que suele llevar cencerro y sirve de guía en las toradas.»▌

***cabeza** cf. (afines) aquí arriba, azotea, bola, boniato, cabezota, cachola, cacumen, calabaza, caletre, casco, cebolla, chima, chinostra, chirimoya, chola, chota, coca, cocamen, coco, cocorota, coronilla, crisma, gaita, melón, mollera, molondra, olla, pelota, pepino, sesera, tapa de los sesos, tarro, tejado, terrazo, torrado.

cabeza *s.* glande.

«...se la acariciaba hasta arrancar de entre los pliegues del prepucio una cabeza rotunda, color rojo pasión...» Terenci Moix, *Garras de astracán.* ▌▪ «Me he hecho daño en la polla, en la cabeza.»

2. cabeza cuadrada *s.* alemán.

«No hay nada como soltarle una parida a un cabeza cuadrada de una compañía de discos.» Jordi Sierra i Fabra, *El regreso de Johnny Pickup,* RAE-CREA. ▌▪ «Creo que a los alemanes se les llama cabezas cuadradas por su rigidez de ideas, ¿no?»

3. cabeza cuadrada *s.* tozudo, obstinado.

«Cabeza cuadrada. Persona de mentalidad rígida, inflexible.» VL. ▌«Cabeza cuadrada: hombre tozudo y poco ágil mentalmente, que sólo rige su comportamiento de modo acorde a esquemas preestablecidos.» JMO. ▌▪ «No seas cabeza cuadrada y haz las paces con Juan, anda.»

4. cabeza de alcornoque *expr.* bobo, necio, torpe.

«Tonto, cabeza de alcornoque.» A. Rabanales, *Uso tropológico,* DH.

5. cabeza de caca *s.* bobo, necio, torpe.

«...oye, cabeza de caca...» Carlos Fuentes, *Cristóbal Nonato,* 1987, RAE-CREA.

6. cabeza de chorlito *expr.* bobo, necio, torpe.

«...decidí hacer una experiencia muy representativa, que me ayudara a poner orden en aquellas cabezas de chorlito.» A. Zamora Vicente, *Historias de viva voz.* ▌«...se con-

tentarán recibiendo dos [...] por cabeza de chorlito...» P. Antilogus, J. L. Festjens, *Antiguía de los conductores.* ▌«Álvaro, padre inocente; Concha, candorosa cabeza de chorlito.» Ángel Palomino, *Madrid, costa Fleming.* ▌«Título: Txoriburu. Cabeza de chorlito. Autora: Adún Balzola.» Qué leer, septiembre, 1998.

7. cabeza (de) huevo *s.* intelectual.

«Se topó en verdad con un fantástico muestrario de personajes. Uno de ellos es el sabelotodo Humpty Dumpty, con cabeza de huevo.» Amando de Miguel, *La perversión del lenguaje,* RAE. ▌«El otro día unos cabezas de huevo de esos que piensan y hablan...» M. Vázquez Montalbán, *El delantero centro fue asesinado al atardecer.*

8. cabeza de la polla *s.* glande.

«Cabeza de la polla: el glande.» JMO. ▌«Cabeza de polla.» R. Montero, *Diccionario de nuevos insultos...* ▌«Tengo la cabeza de la polla roja como un tomate y me pica mucho. ¿Qué será?» DCB. ✓ no se ha podido documentar fuera de diccionarios.▌

9. cabeza de mosquito ▶ *cabeza, cabeza de chorlito.*

10. cabeza de turco *s.* persona que carga con las culpas.

«La solución no era otra que entregar a la ley una cabeza de turco.» C. Pérez Merinero, *Días de guardar.*

11. cabeza hueca ▶ *cabeza, cabeza de chorlito.*

12. cabeza rapada *s.* individuo agresivo de ideas conservadoras y fascistas.

«Calvo. Término despectivo para referirse a los cabezas rapadas.» Joseba Elola, *Diccionario de jerga juvenil,* El País Semanal, 3.3.96. ▌«...hace temer que las agresiones homófobas a manos de cabezas rapadas se multipliquen.» Lorenzo Marina, El Mundo, 2.10.99.

13. calentar la cabeza *expr.* enfadar.

«¡Y déjame de historias porque como me calientes la cabeza te voy a dar un par de golpes...» Manuel Longares, *La novela del corsé,* 1979, RAE-CREA. ▌«Y guárdate esas novecientas pesetas para cuando encuentres algo que te convenga, sin necesidad de calentar la cabeza a nadie.» Juan Benet, *En la penumbra.* ▌«...porque como me calientes la cabeza te voy a dar un par de golpes...» Manuel Longares, *La novela del corsé,* 1979, RAE-CREA.

14. comer la cabeza *expr.* molestar, fastidiar.

«...ése sí, no deja de engullir, y nos come la cabeza con los últimos hits...» José Ángel Mañas, *Sonko95.*

15. de cabeza *expr.* recto, derecho, inmediatamente.

«He de cogerle, o se va de cabeza a la cama...» Jordi Sierra i Fabra, *El regreso de Johnny Pickup,* 1995, RAE-CREA. ▌«...luego no iba a ir de cabeza al infierno...» Javier García Sánchez, *La historia más triste,* 1991, RAE-CREA.

16. de la cabeza a los pies *expr.* completamente.

«...todo de blanco de la cabeza a los pies...» Severo Sarduy, *Pájaros de la playa,* 1993, RAE-CREA.

17. echarse las manos a la cabeza *expr.* escandalizarse, sorprenderse.

«No me impresiona lo más mínimo imaginar a Bertrand descuartizando cadáveres: los forenses, como los carniceros, no hacen otra cosa y... nadie se echa las manos a la cabeza.» Jesús Ferrero, *Lady Pepa.*

18. estar (andar) mal de la cabeza *expr.* demente, loco.

«Estás borracho si piensas que voy a hacer eso. De veras tú estás mal de la cabeza.» Juan Madrid, *Cuentas pendientes.* ▌◾ «Fernando hace cosas que demuestran que está mal de la cabeza.» ✓ ▸ *cabeza, no estar bien de la cabeza.*▌

19. levantar cabeza *expr.* sobreponerse ante una situación adversa o precaria.

«Están en lo de siempre [...] Nunca levantarán cabeza.» A. Matías Guiu, *Cómo engañar a Hacienda.*

20. metérsele algo en la cabeza a alguien *expr.* obcecarse, empeñarse por algo.

«Pero a Nuria se le mete en la cabeza que hay que pintar el almacén...» Andreu Martín, *Amores que matan, ¿y qué?*

21. no caber en la cabeza *expr.* no concebir, no imaginar.

«...no me cabía en la cabeza que su enfermedad podría tener tan fatal y rápido desenlace.» José Gutiérrez-Solana, *Madrid callejero, Obra literaria, II.*

22. no estar bien de la cabeza *expr.* demente, loco.

«Aquel muchacho no estaba bien de la cabeza.» J. L. Castillo-Puche, *Hicieron partes.* ▌ «Tú nunca has estado bien de la cabeza, Muriel.» Juan Madrid, *El cebo.* ✓ ▸ *cabeza, estar (andar) mal de la cabeza.*▌

23. perder la cabeza *expr.* ofuscarse, perder la capacidad de razonar.

«Entonces, cuando él estaba perdiendo la cabeza, Teresa dijo que...» Juan Marsé, *Últimas tardes con Teresa.*

24. picar (chafar) la cabeza a alguien *expr.* golpear, pegar.

«Le pica la cabeza con el tirso...» Homero Aridjis, *Gran teatro del fin del mundo,* 1989, RAE-CREA. ▌◾ «¡Te voy a picar la cabeza si tocas eso otra vez!»

25. por cabeza *expr.* por cada uno, por persona.

«...cada plato, uno por cabeza, y luego vuelta a empezar...» Juan Eduardo Zúñiga, *Largo noviembre de Madrid,* 1980, RAE-CREA. ▌ «Es decir que se gana siete solas por cabeza.» Julio Ramón Ribeyro, *Los geniecillos dominicales,* 1983, RAE-CREA.

26. quebraderos de cabeza *expr.* problemas.

«Ése sí dará quebraderos de cabeza.» Rafael Argullol, *La razón del mal,* 1993, RAE-CREA. ▌ «...hay que saber si este chico merece realmente la pena, si todos los quebraderos de cabeza que te va a dar...» *You,* enero, 1998. ▌ «Bastantes quebraderos de cabeza nos traerá esa dichosa huelga.» Eduardo Mendoza, *La verdad sobre el caso Savolta.*

27. quitar algo de la cabeza *expr.* disuadir, desistir, olvidar.

«Que se te quite de la cabeza.» Ángel Vázquez, *La vida perra de Juanita Narboni,* 1976, RAE-CREA. ▌ «No, no lo verás, que se te quite de la cabeza.» Ángel Vázquez, *La vida perra de Juanita Narboni,* 1976, RAE-CREA. ▌

«Tú me quitaste de la cabeza la idea de la gasolinera y ahora...» Jesús Ferrero, *Lady Pepa.* ❚ «...pero no lograba quitarme de la cabeza la idea...» Almudena Grandes, *Las edades de Lulú.* ❚ «No puedo quitarme de la cabeza la sensación de que...» La Luna, El Mundo, 18.6.99.

28. romperse la cabeza *expr.* pensar, cavilar.

«¡Estoy yo aquí rompiéndome la cabeza para que, luego, vosotros...!» Fernando Repiso, *El incompetente.*

29. sentar la cabeza *expr.* hacerse juicioso.

«...hasta que conoció a Jack y sentó la cabeza y el culo.» M. Vázquez Montalbán, *El delantero centro fue asesinado al atardecer.* ❚ «Gracias a ello parece que Cristina ha sentado la cabeza...» SúperPop, junio, 1999. ❚ «Ahora he sentado la cabeza...» Chica hoy, revista juvenil, n.° 130.

30. si [...] levantara la cabeza *expr.* expresión para recordar a un difunto y su posible reacción ante un hecho.

«...si Marcelo levantara la cabeza...» Ángel Palomino, *Un jaguar y una rubia.* ❚ «Ay si mi hombre levantara la cabeza.» José Luis Alegre Cudós, *Minotauro a la cazuela,* 1982, RAE-CREA. ❚ «Si tu padre levantara la cabeza...» Josefina R. Aldecoa, *Mujeres de negro,* 1994, RAE-CREA.

31. subírsele a uno algo a la cabeza *expr.* envanecerse.

«La medalla al mérito policial con distintivo rojo de primera clase, que había conseguido, se le subió a la cabeza.» Juan Madrid, *El cebo.*

32. tener la cabeza bien amueblada *expr.* ser culto, inteligente.

«...parecías sensata, calmosa y a la vez con carácter; y, en fin, tenías la cabeza bien amueblada.» Andrés Berlanga, *La gaznápira.*

33. tener (poner) la cabeza como un bombo *expr.* tener (causar) dolor de cabeza.

«No me hables tan alto, por favor, que tengo la cabeza como un bombo...» José Ángel Mañas, *Historias del Kronen.* ❚ «Tengo la cabeza [...] como un bombo.» Jaime Romo, *Un cubo lleno de cangrejos.* ❚ «...debe

de estar poniéndole la cabeza como un bombo.» Andreu Martín, *Por amor al arte.* ❚ «Me bajo con la cabeza como un bombo. Le echo una maldición.» C. Pérez Merinero, *Días de guardar.*

34. tener la cabeza en su sitio *expr.* ser razonable, tener sentido común.

«Al camino y Dios dirá de su cabeza en su sitio, atropella, en los horrores de la digestión, un confuso, un neblinoso párate.» C. J. Cela, *Judíos, moros y cristianos,* Comunicación de Abraham Madroñal, RAE. ❚ ▪ «Si necesitas consejo acude a Genaro que ése sí tiene la cabeza en su sitio.»

35. tener la cabeza llena de pájaros *expr.* ideas descabelladas e irreales; ser irresponsable.

«...y encima tiene la cabeza llena de pajaritos.» Cuca Canals, *La hescritora.* ❚ «Es atractiva y simpática pero tiene la cabeza llena de pájaros...» You, enero, 1998. ✓ ▸ *tener pájaros en la cabeza.*❙

36. tener la cabeza sobre los hombros ▸ *cabeza, tener la cabeza en su sitio.*

37. tener pájaros en la cabeza *expr.* ideas descabelladas e irreales; ser irresponsable.

«Entonces era un muchacho con demasiados pájaros en la cabeza...» Juan Madrid, *El cebo.* ✓ ▸ *tener la cabeza llena de pájaros.*❙

38. traer de cabeza *expr.* causar problemas, preocupar.

«...a mí las historias de esa casa me traen de cabeza...» Ángel Vázquez, *La vida perra de Juanita Narboni,* 1976, RAE-CREA. ❚ «...un par de hernias discales que me traían de cabeza.» Santiago Moncada, *Siempre en otoño,* 1993, RAE-CREA. ❚ «Cloti cambió de opinión dos veces. Nos traía de cabeza.» B. Pérez Aranda *et al., La ex siempre llama dos veces.*

cabezada, echar una cabezada *expr.* dormir un poco.

«...tardaron una hora en comprender que no estaba echando una cabezadita...» Cristina Frade, El Mundo, 26.2.98.

cabezón *adj.* terco.

«Según otros autores es imbécil, basto, venado, histérico, snob, cabezón...» Ignacio

Fontes, *Acto de amor y otros esfuerzos.* ▌ «Pero sí, la verdad sea dicha, me libré por cabezona...» Marisa López Soria, *Alegría de nadadoras.* ▌ «...y vióse, al cabo, tildado de cabezón, ignorante de la vida...» Cómic Jarabe, n.º 4, 1996. ▌ «¡No seas cabezón, razona un poco!» Mariano Sánchez, *Carne fresca.* ▌ «...a ver si te hacen más caso. Son unos cabezones.» Eduardo Mendoza, *La verdad sobre el caso Savolta.*

cabezota *s.* cabeza grande.
«Persona que tiene la cabeza muy grande.» DH. ▌▪▀ «Es un bebé muy guapito pero con una cabezota así.»

2. terco.
«El tipejo me insistía, cabezota él...» A. Zamora Vicente, *Historias de viva voz.* ▌ «¡Está bien, cabezota!» Juan Madrid, *Un beso de amigo.* ▌ «Persona terca, testaruda.» DH. ▌ «Pero el tío es tan cabezota que se empeña en que no...» José Ángel Mañas, *Sonko95.*

cable, cruzársele a alguien los cables *expr.* enfadarse, perder los estribos.
«Parece que a Ventura se le cruzaron los cables por algo y...» Juan Madrid, *Cuentas pendientes.* ▌ «...la derecha tradicional, la española entre otras, anda con los cables cruzados...» Javier Reverte, A las barricadas, 18-24 mayo, 1998. ▌ «...cuando te enamoras de esa manera, los cables se te cruzan.» A. Gómez Rufo, *Cómo ligar con ese chico que pasa de ti o se hace el duro.* ▌ «...cuando él se levanta con el cable cruzado y empieza a soltarles la bronca...» Jaime Romo, *Un cubo lleno de cangrejos.*

2. perder el hilo de lo que uno piensa o dice.
«...pero desde que no bailo la muñeira cada jueves se me cruzaron los cables.» Terenci Moix, *Garras de astracán.* ▌ «Al más pintado se le cruzan los cables un día y ya está...» M. Vázquez Montalbán, *Los alegres muchachos de Atzavara.* ▌ «Vaya, vaya, ya te han cruzado los cables...» Jaime Romo, *Un cubo lleno de cangrejos.* ▌ «...a los cinco minutos se le cruzan los cables y no suelta ni una palabra.» SúperPop, junio, 1999.

3. echar un cable *expr.* ayudar.
«Siempre me echaba un cable y cada día que pasaba le quería más.» Ragazza, n.º

100. ▌ «...los de la Junta pensaron que iba a echarles un cable.» Miguel Martín, *Iros todos a hacer puñetas.* ▌ «...el cura le echa un cable, le perdonan...» Eleuterio Sánchez, *Camina o revienta.* ▌ «¿Te pirras por el chico de otra? Te echaremos un cable...» Ragazza, julio, 1997. ▌ «Precisamente para que no te desanimes y consigas tus propósitos, te echamos un cable en la página 32.» You, enero, 1998. ✓ también *cabo, echar un cabo.*▐

cabo, de cabo a rabo *expr.* completamente, de principio a fin.
«...acostúmbrate a esta imagen, porque el bombón latino se va a pasar tres meses recorriendo nuestro país de cabo a rabo.» Ragazza, julio, 1997. ▌ «Empezó por leerse de cabo a rabo el legajo...» Pedro Casals, *Disparando cocaína.* ▌ «Se ha leído un *Cambio 16* de cabo a rabo.» Andreu Martín, *Por amor al arte.*

2. echar un cabo ▸ *cable, echar un cable.*

cabra *s.* bicicleta, motocicleta.
«Cabra, moto de motocross.» VL. ▌ «Cabra, motocicleta.» JMO. ▌ «Cabra. Motocicleta.» S. ▌▪▀ «De chico yo me pasaba el día montado en mi cabra dando vueltas por las calles.» ✓ no se ha podido documentar fuera de diccionarios.▐

2. eufemismo por cabrón.
«...estos cabras no dan una ni escarmientan...» A. Zamora Vicente, *Mesa, sobremesa.* ▌ «...me va a dar la noche este par de cabras...» Ángel Palomino, *Las otras violaciones.* ▌ «...y ponía mantequilla la muy cabra hasta en los chipirones en su tinta...» Álvaro Pombo, *El metro de platino iridiado,* 1990, RAE-CREA.

3. demente, loco.
«...qué coño pasa contigo, que estás tan formal, con lo cabra que eres...» Cristóbal Zaragoza, *Y Dios en la última playa.*

4. estar como una (puta) cabra *expr.* demente, loco.
«Sergio ha salido a ti, está como una cabra.» C. Rico-Godoy, *Cómo ser una mujer y no morir en el intento.* ▌ «...como una cabra está ese tío.» Ángel Palomino, *Las otras violaciones.* ▌ «Estás como una cabra.» Fernando Schwartz, *La conspiración del golfo.* ▌

«...un reloj que está como una cabra...» Miguel Martín, *Iros todos a hacer puñetas.* ❚ «¡Tú estás como una cabra!» Almudena Grandes, *Las edades de Lulú.* ❚ «Está como una cabra.» Eleuterio Sánchez, *Camina o revienta.* ❚ «¿Y si fuese verdad que estoy como una cabra?» Ángel Palomino, *Un jaguar y una rubia.* ❚ «...porque creo que estás como una cabra.» Álvaro Pombo, *El metro de platino iridiado,* 1990, RAE-CREA. ❚ «Pensó: Estoy como una cabra.» Álvaro Pombo, *Los delitos insignificantes.* ❚ «No soy yo la que está como una cabra...» C. Rico-Godoy, *Cómo ser infeliz y disfrutarlo.* ❚ «Loco... —masculló. —Como una cabra.» M. Sánchez Soler, *Festín de tiburones.*

cabreado *adj.* enfadado.
«Volvió insatisfecho, picado, cabreado...» José María Carrascal, *Mientras tenga mis piernas.* ❚ «Sí, preguntando por ti, y por cierto, la mar de cabreado.» Juan Madrid, *Cuentas pendientes.* ❚ «La primera noche y ya estás cabreada, no hay quien te entienda.» Fernando Martínez Laínez, *Andante mortal.* ❚ «...tan alejada de la prepotencia de Lady Di cuando está cabreada...» A. Gómez Rufo, *Cómo ligar con ese chico que pasa de ti o se hace el duro.* ❚🔊 «No me hablo con Sonia porque estoy muy cabreado con ella por el plantón de ayer.»

cabreante, ser cabreante *expr.* irritante, que enfada.
«...pequeño ingenio, amigo, sólo da para un trabajo cabreante y un sueldo corriente.» El Mundo, 3.12.96, RAE-CREA. ❚🔊 «Es francamente cabreante tener que hacer las mismas preguntas una y otra vez sin recibir respuestas.»

cabrear(se) *v.* enfadar(se).
«Me cabrean los chavales. Vámonos de aquí.» Ángel María de Lera, *Los clarines del miedo.* ❚ «Me estaba empezando a cabrear...» A. Zamora Vicente, *Historias de viva voz.* ❚ «Cabrearse. Enfadarse, amoscarse.» Caballero, *Modismos,* DH. ❚ «Como venga un atracador y te coja con tan poco dinero, se va a cabrear y se va a liar a tiros.» C. Pérez Merinero, *El ángel triste.* ❚ «Si me cabreas, de una leche te pongo los dientes por peineta.» José Luis de Tomás García, *La*

otra orilla de la droga, 1984, RAE-CREA. ✓ DRAE: «fig. y fam. Enfadar, amostazar, poner a alguien malhumorado o receloso. Ú. m. c. prnl.».❚

cabreo *s.* enfado.
«Adiós al cabreo permanente.» Ragazza, n.° 101. ❚ «...se va a morir sin frescos y con el cabreo de no haber visto...» Francisco Umbral, *La derechona.* ❚ «...y con un cabreo de tamaño natural...» A. Zamora Vicente, *Historias de viva voz.* ❚ «Normalmente los cabreos la ponen en trance de alcohol.» Mariano Tudela, *Últimas noches del corazón.* ❚ «...el jefe de la tribu en cuestión agarró un cabreo...» Ragazza, julio, 1997. ❚ «Y un cabreo de mono que me costó...» Fernando G. Tola, *Mis tentaciones.* ❚🔊 «El jefe tiene un cabreo de miedo por lo de la factura del teléfono, ¿sabes?»

cabrita *s.* prostituta que trabaja para un proxeneta.
«...y a última hora, los macarras de Montera con sus cabritas.» Juan Madrid, *Las apariencias no engañan.*

cabritada *s.* mala acción.
«Cabritada. Acción malintencionada y generalmente injusta, que fastidia mucho o causa gran perjuicio.» JM. ❚ «Cabritada. Mala pasada, acción malintencionada o indigna contra alguien.» VL. ❚ «Cabritada: acción malintencionada y con ánimo de perjudicar.» JMO. ❚ «Cabritada. Acción perjudicial y perniciosa contra alguien.» S. ❚ «Cabritada. f. Acción malintencionada.» DRAE. ❚🔊 «Lo que Paco nos ha hecho es una verdadera cabritada que no tiene nombre.» ✓ no se ha podido documentar fuera de diccionarios.❚

cabrito *s.* cliente de prostituta.
«Las golfas y los cabritos en la puerta de al lado.» Ángel Palomino, *Madrid, costa Fleming.* ❚ «El gachó me decía: Es verdad nunca me has pedido nada; pero yo te lo doy todo. Y firmaba: tu cabrito.» Mariano Tudela, *Últimas noches del corazón.* ❚ «Vicky [...] Ahora tenía que buscarse un cabrito que le soltara pasta con la que comprarse el próximo pico.» Juan Madrid, *Flores, el gitano.* ❚ «Cabrito, cliente de la prostituta.» DE.

✓ Luis Besses ya reseña la palabra en 1905, *cliente de prostituta,* en su *Diccionario de argot español* de 1905. DRAE: «Cliente de casas de lenocinio.»|

2. persona indeseable.

«...que toca javas y pasacalles para que los cabritos estén entretenidos...» C. J. Cela, *Mazurca para dos muertos.* ▮ «Es como una vida virtual de cabritos y descojonados...» El Jueves, 13.5.98. ▮ «El cabrito del centurión me ha asignado guerras púnicas...» M. Ángel García, *La mili que te parió.* ▮ ▪▪ «No quiero saber nada de Paco porque es un cabrito de mierda y muy agresivo.»

3. hombre cuya mujer es infiel.

«Desde hace dos horas y media estoy como un cabrito aquí sentado...» Pilar Urbano, *Yo entré en el Cesid.* ▮ «Se sentaron en un café que hay en un chaflán, y el cabrito pidió café y coñac para todos.» C. J. Cela, *La colmena.* ▮ «...veraneando en nuestra finca Los Cabritos, latifundio llamado así por el ganado caprino [...] y no con ánimo de alusión peyorativa a sus propietarios masculinos.» Álvaro de Laiglesia, *Hijos de Pu.* «Al cabrito no parecían estorbarle los devaneos de la dulce enemiga...» Pau Faner, *Flor de sal.* ✓ DRAE: «fig. cabrón, el que consiente el adulterio de su mujer».|

4. insulto para hombre.

«Y es un cabrito...» Miguel Martín, *Iros todos a hacer puñetas.* ▮ «Al cabrito de mi yerno sólo le anima el ritmo...» Chumy Chúmez, *Por fin un hombre honrado.* ▮ «Anda, cabrito, que todos tenéis tías a manta.» Juan Madrid, *Crónicas del Madrid oscuro.* ▮ «...Serás cabrito...» Juan Marsé, *Si te dicen que caí.* ▮ «¡Vete a la mierda, cabrito!» Andreu Martín, *El señor Capone no está en casa.* ▮ «Y, el muy cabrito, vivió hasta los ochenta.» Manuel Hidalgo, El Mundo, 4.9.99.

cabro *s.* hombre indeseable.

«...y había visto a esos patas haciéndose al cabro ése...» José Ángel Mañas, *Sonko95.*

cabrón *s.* palabra ofensiva para el hombre.

«El ¡cabrón! con el que Jorge remata la frase suena como un mazazo...» Fernando Martínez Laínez, *Andante mortal.* ▮ «¡Habla de una vez, cabrón!» Juan Madrid, *Un beso de amigo.* ▮ «Me ha dicho ese cabrón que tú me darás la liquidación.» Juan Madrid, *Las apariencias no engañan.* ▮ «¡Cabrón de gitano!» Juan Madrid, *Flores, el gitano.* ▮ «¡Tú a mí no me dices eso, so cabrón!» Pilar Urbano, *Yo entré en el Cesid.*

2. persona indeseable, que hace malas pasadas y cabronadas.

«Término que no he visto recogido por los cabrones de la Academia.» Jaime Campmany, ABC, 22.1.98. ▮ «Y yo que te lo contaba todo, cabrón, que eres un cabrón...» Almudena Grandes, *Modelos de mujer.* ▮ «Ese cabrón de la revista pone en tela de juicio...» Terenci Moix, *Garras de astracán.* ▮ «...este oficio lo heredé de mi padre, que el tío cabrón fue lo único que me dejó.» Manuel Vicent, *Pascua y naranjas,* en DE. ▮ «¡Pero qué quiere este cabrón...!» Miguel Martín, *Iros todos a hacer puñetas.* ▮ «Serías un perfecto cabrón si no hicieras un libro inspirado en el natural, que es la madre de todas las ciencias...» José Gutiérrez-Solana, *Madrid callejero, Obra literaria, II.*

3. hombre cuya mujer es infiel.

«¡Pero qué cachonda me pones, cabrón!» C. J. Cela, *Mazurca para dos muertos.* ▮ «Eutelo es un cabrón que me revuelve las tripas.» C. J. Cela, *Mazurca para dos muertos.* ▮ «Este cabrón de Carrero ha estado aquí para ver si me callo... Pero, en ese momento, lo de cabrón era un rumor extendido. Así se aseguraba en Madrid. Y cuando le trasladan la frase a Carrero, éste la toma en toda la significación del término.» Luis María Anson, *Don Juan.* ▮ «Mira qué cara de cabrón tiene ese del martillo.» Miguel Martín, *Iros todos a hacer puñetas.* ▮ «Si no hubiera cabrones, no habrían putas.» ref. ▮ «Viejo con moza casado, o vive cabrito o muere cabrón.» ref. ✓ Sebastián de Covarrubias en 1611 dijo: «del latín *caper,* animal conocido, símbolo de la lujuria». Y añadió: «Llamar a uno *cabrón* en todo tiempo y entre todas las naciones es afrentarle. Vale lo mismo que *cornudo,* a quien su mujer no le guarda lealtad». C. J. Cela define el término como «cónyuge del adúltero» en su *Diccionario del erotismo,* que es la mejor definición hoy en día. Guim define así la palabra: «El casado que a sabiendas lleva los llamados *cuernos,* o consiente o autoriza de algún modo el adulterio de su infiel mitad.»|

4. pedazo de cabrón insulto.

«¡Esta vez vas a pillar a tu padre, pedazo de cabrón!» Miguel Martín, *Iros todos a hacer puñetas.*

5. un cabrón de *expr.* algo desagradable, indeseable.

«¡Vaya cabrón de día que hemos tenido!» CO, D. C. Marshall. ❚▪■ «Un cabrón de jefe es lo que nos ha tocado a todos con el Sr. Velázquez.»

cabrona *s.* mujer cuyo marido es infiel.

«Soy una cabrona...» Paloma Pedrero, *El color de agosto,* 1988, RAE-CREA. ❚▪■ «Rosa es una cabrona porque su marido se acuesta con casi todas las vecinas, y ella lo sabe.»

2. mujer indeseable.

«...pero dame el divorcio de una vez porque estoy hasta los huevos de aguantarte, tía cabrona.» Terenci Moix, *Garras de astracán.* ❚ «Estas tías son unas cabronas.» Miguel Martín, *Iros todos a hacer puñetas.* ❚ «¡Cabrona! ¿Quiere que me vea en un Cotolengo por su culpa?» Terenci Moix, *Garras de astracán.* ❚ «...por orden de esa bruja cabrona.» Jaime Bayly, *Los últimos días de la prensa,* 1996, RAE-CREA. ❚ «¿Pero quién te has creído que eres tú, cabrona?» Jaime Romo, *Un cubo lleno de cangrejos.* ❚ «Viví con una tía un tiempo, pero me dejó la cabrona.» C. Rico-Godoy, *Cómo ser infeliz y disfrutarlo.* ❚ «Veintisiete compañeros del cuerpo asesinó la cabrona.» Alfonso Sastre, *Jenofa Juncal,* 1986, RAE-CREA. ❚ «Las tías son jodidas. Son unas cabronas.» Andreu Martín, *Lo que más quieras.* ❚ «Quizá fue el sexto sentido que esa cabrona de periodista, que ves ahí, en la barra, lleva dentro...» Fernando Martínez Laínez, *Bala perdida.* ❚ «Si oyeses sus discusiones tan a menudo como yo no defenderías a esa cabrona.» C. Pérez Merinero, *El ángel triste.* ❚ «¡Dime cabrona, con quién anduviste revolcando...» David Martín del Campo, *Las rojas son las carreteras,* 1976, RAE-CREA. ❚ «Y se morirá de risa, la muy cabrona...» Terenci Moix, *Garras de astracán.* ❚ «Muy pocas... Una buena, cien cabronas... Te lo digo yo... ¿Y tú por qué no te has casado, eh?» Juan Madrid, *Flores, el gitano.*

3. mujer aguantadora.

«...esa ramera cabrona sólo fornica bien con...» Arturo Azuela, *La casa de las mil vírgenes,* 1983, RAE-CREA. ❚ «La cabrona de mi hermana siempre consigue...» José Ángel Mañas, *Historias del Kronen.* ❚ «Planchas y friegas y limpias para tu familiota porque eres una cabrona, tía.» DCB.

4. mujer ardiente.

«Benice luce los ojos azules y es muy alegre en la cama, muy cabrona.» C. J. Cela, *Mazurca para dos muertos.* ❚ «...va bajando hasta dar con mi picha, que, después del castigo que la muy cabrona me infligió durante toda la noche...» C. Pérez Merinero, *Días de guardar.*

5. *adj.* maldita.

«...no hay nadie [...] cabrona puerta pesada...» Alejandro Morales, *La verdad sin voz,* 1979, RAE-CREA. ❚ «...cómo chingan todos, cabrona cabeza, cómo me duele...» Alejandro Morales, *La verdad sin voz,* 1979, RAE-CREA.

6. entre amigos, palabra cariñosa.

«Va vestida [Carmen Sevilla] de riguroso negro [...] Está guapa, la cabrona.» Carmen Rigalt, El Mundo, 19.8.99.

cabronada *s.* mala experiencia, mala acción.

«También es cabronada —decía Mariano barriéndose las zapatillas de cuadros con la punta de la escoba.» Francisco Umbral, *El Giocondo.* ❚ «...José María Calviño que hizo de la televisión una cueva de facinerosos de la información, y una cabronada que le jugó Alfonso Guerra...» Jaime Campmany, ABC, 11.2.98. ❚ «...todos se han chupado alguna cabronada de este benefactor público...» A. Zamora Vicente, *Mesa, sobremesa.* ❚ «Hay nieve, hielo. ¡Todas las cabronadas del mundo!» P. Antilogus, J. L. Festjens, *Anti-guía de los conductores.* ❚ «A mí no me hagas más esta cabronada.» Miguel Martín, *Iros todos a hacer puñetas.* ❚ «...aún le quedaban muchas cabronadas por hacer.» Álvaro de Laiglesia, *Hijos de Pu.* ❚✔ DH: «Acción infame que permite alguno contra su honra.» DA: «Esta voz la ha ampliado el ínfimo vulgo, para significar qualquier acción o suceso que le enoja y disgusta...»|

2. cosa inoportuna e incómoda.

«Podemos crear un fondo de resistencia para las cabronadas.» Miguel Martín, *Iros todos a hacer puñetas.* ❚ «Cualquier incomodidad grave e importuna que hay que aguantar por alguna consideración.» DE. ❚ ▪️ «Esto de tener que contar y meter las cartas en los sobres es una cabronada, tío.»

3. frase ofensiva.

«Pero es que un poco, César, un poco, estar, como tú dices, un poco sorprendido es una cabronada, ya ves tú.» Álvaro Pombo, *Los delitos insignificantes.* ❚ ▪️ «Llevarse el dinero que teníamos para terminar el mes ha sido un cabronada.»

cabronazo *s.* aumentativo de cabrón.

«¡Atrévete, cabronazo!» Miguel Martín, *Iros todos a hacer puñetas.* ❚ «Me has llamado puta y tú eres un cabronazo y un machista de mierda.» Fernando G. Tola, *Cómo hacer absolutamente infeliz a un hombre.* ❚ «¿Serás cabronazo? Si te consultamos es porque eres perito, cuernos.» Mercedes Salisachs, *La gangrena,* 1975, RAE-CREA. ❚ «Al ver *cabronazo* escrito en su precioso buga...» Ragazza, julio, 1997. ❚ «...la llamó tía zorra, borracha, perra, y añadió que su marido era un cabronazo.» Pío Baroja, *El árbol de la ciencia.* ✔️ DA: «El hombre que no solo consiente el adulterio de su muger, sino que tiene tan perdida la vergüenza, que no se le da nada de que lo sepan los otros, ó hace gala de ello.»❘

2. persona indeseable.

«Con lo majo que parecía y ha resultado ser un cabronazo.» R. Gómez de Parada, *La universidad me mata.* ❚ «¡Qué cabronazo eres...! ¡Ahí te quedas!» C. Pérez Merinero, *El ángel triste.* ❚ «Como decía un cura que había en mi pueblo —un cabronazo, como todos ellos...» C. Pérez Merinero, *Días de guardar.* ❚ «Que eres un cabronazo de tomo y lomo.» Juan Marsé, *Últimas tardes con Teresa.*

3. *adj.* maldito.

«¿Qué se sabe del cabronazo del Kim?» Juan Marsé, *El embrujo de Shangai,* 1993, RAE-CREA. ❚ «Este cabronazo coche me lleva por la calle de la amargura. Siempre está estropeado.» DCB.

cabroncete *s.* término casi cariñoso para una mala persona.

«A mandar, cabroncete, a mandar» J. M.ª Gironella, *Un millón de muertos,* Comunicación de Abraham Madroñal, RAE. ❚ «Ese cabroncete se empeña en pedirme cinco duros...» Rosa Chacel, *Barrio de Maravillas,* 1976, RAE-CREA. ❚ «El cabroncete del obispo entra en el campo y...» C. Pérez Merinero, *Días de guardar.* ❚ «Y tú lo mismo, cabroncete...» José Luis Martín Vigil, *En defensa propia,* 1985, RAE-CREA.

cabronería *s.* mala acción.

«...el chiquillo lloraba por causa de la dentición o por cabronería personal.» José María Conget, *Todas las mujeres,* 1989, RAE-CREA. ❚ «¿Ha hecho un puto cursillo en Oxford? ¿Master en cabronería, especialidad en hijoputismo?» Álex de la Iglesia, *Payasos en la lavadora.*

caca *adj. y s.* malo, de mala calidad.

«Tengo yo cuerpo para leerme esa basura de exámenes, cuarto y mitad de caca.» Iván Vikinski, A las barricadas, 11-17 mayo, 1998. ❚ ▪️ «Me ha regalado para mi cumpleaños una pluma caca, de esas de Hong Kong.»

2. *adj.* expresión para reprender a los niños.

«Jaimito, eso no se hace. ¡Caca!» DCB. ❚ «Quando las amas quieren que el niño no coma alguna cosa que le ha de hacer mal, le dizen que es caca...» Sebastián de Covarrubias, *Tesoro de la lengua castellana o española.*

3. *s.* excremento.

«La vida empieza con lágrimas y caca.» Francisco de Quevedo y Villegas, *Obras,* DH. ❚ «Aprovecho la oportunidad para analizar la composición del agua en la zona: hidrógeno, oxígeno y caca.» Eduardo Mendoza, *Sin noticias de Gurb.* ❚ «...una chapuza, una cáscara, un asco de vertedero, una basura, una caca...» A. Ussía, ABC, 15.3.98. ❚ «...ni la naftalina ni la historia pudieron con la avalancha de caca...» A. Zamora Vicente, *Mesa, sobremesa.* ❚ «O sea, que lo de hacer ganchillo, pasar la aspiradora, quitarle la caca al nene y todas esas cosas, para tu puñetero padre.» Felipe Navarro (Yale), *Los machistas.* ❙ «...te voy a llenar de caca la palangana...» Miguel Martín, *Iros todos a hacer puñetas.* ❙ «...y el que no pueda pagar su parte que coma las cacas de la abuela.» Chumy Chúmez, *Por fin un hombre honrado.* ❙ «...olía a caca de gato...» Juan Marsé, *Si te dicen que caí.* ❙ «...es en la caca y en los meaos...» Adriano González León, *Viejo,* 1995, RAE-CREA. ❙ «Mierda, excremento, caca, catalina, chorizo, ñorda, plasta, jiña, polisón.» José M.ª Zabalza, *Letreros de retrete y otras zarandajas.* ❙ «El que a caca mata, a caca muere.» Francisco Herrera Luque, *En la casa del pez que escupe el agua,* 1985, RAE-CREA. ❙ «...no quiero lavarme me tiraré un pedo no me limpiéis la caca me gusta la mierda seca así mi culo no tiene frío...» Sergi Belbel, *Caricias,* 1991, RAE-CREA. ❙ «La caca, callarla, limpiarla o taparla.» ref. ❙✔ Sebastián de Covarrubias dice en su *Tesoro de la lengua castellana o española* de 1611: «El estiércol que se vacía del vientre. Está tomado de los niños, que se ensuzian en la cama [...] y por esto los suelen dar unos açotillos.» Guim dice: «El excremento que arrojan o expelen los niños pequeños.»❙

4. caca de la vaca *expr.* no, en absoluto, para nada.

«Caca de la vaca: No, nada, (negación), mentira.» JV. ❙ «Caca de la vaca: expresión que indica que la palabra o frase a que acompaña, carece de valor, es de calidad ínfima.» JMO. ❙ «¡Caca de la vaca! Expresión de contrariedad, rechazo o negación.» VL. ❙ «Caca de vaca. Expresión empleada para mostrar el disgusto que...» S. ❙◼ «Sobre el negocio que nos han propuesto yo digo que caca de la vaca y no se hable más.» ❙✔ no se ha podido documentar fuera de diccionarios.❙

5. de caca *expr.* de poca importancia o calidad.

«¿Y quién me lió? Tú, pelotillero de caca.» Ramón Ayerra, *La lucha inútil,* 1984, RAE-CREA.

6. hacer caca *v.* defecar.

«Muñequita viciosa. Te hago pis y caca, y lloro si no me das las 10.000.» Manda Güebos, El Jueves, n.° 1083. ❙ «...hace cacas en el lugar más inoportuno...» Ladislao

de Arriba, *Cómo sobrevivir en un chalé adosado.* ❙ «¿Pero no puedes dejarme en paz ningún día mientras hago caca?» Fernando G. Tola, *Cómo hacer absolutamente infeliz a un hombre.* ❙ «Mi suegro a recordar sus grandezas pasadas, mi suegra a eructar y hacerse cacas...» Chumy Chúmez, *Por fin un hombre honrado.* ❙ «El enano llora insistentemente y se hace caca y pis...» Gomaespuma, *Familia no hay más que una.* ❙ «Cuando le saqué el tema de Gibraltar me dijo que se estaba haciendo caca y que le perdonara.» Gomaespuma, *Grandes disgustos de la historia de España.* ❙✔ ñoñería por *cagar.*❙

7. ser una caca *expr.* malo, de baja calidad.

«...Y me dice que si de verdad pienso que la mili es una caca.» José Ángel Mañas, *Historias del Kronen.* ❙◼ «Estoy leyendo una novela del autor tal que es una caca.» ❙✔ en sus enmiendas y adiciones al diccionario la RAE quiere incluir: «3. Bis. Coloq. Fig. Cosa de poco valor o mal hecha. *Ese libro es una caca».*❙

cacao *s.* pelea, embrollo.

«...bollo... jarana, tango, cacao, tomate, follón, jaleo, ensalada...» Rafael García Serrano, *Diccionario para un macuto.* ❙ «...ya me curarán cuando acabe el cacao.» M. Ángel García, *La mili que te parió.*

2. lío.

«¿Y si no está en el cacao de Madrid o en el cacao de Bilbao...?» M. Romero Esteo, *El vodevil de la pálida, pálida, pálida rosa,* 1979, RAE-CREA. ❙ «Para cacao el que habéis armado la abuela y tú...» Rafael Mendizábal, *La abuela echa humo,* 1990, RAE-CREA. ❙◼ «Tenías que haber visto el cacao que se armó cuando se perdió el contrato que había que firmar.»

3. cacao mental *expr.* lío, confusión mental.

«...tengo un cacao mental...» Rambla, n.° 18. ❙ «Quizá tengo un pequeño cacao mental.» El Mundo, 8.8.96. ❙◼ «De tanto estudiar tengo ahora un cacao que no me entero.» ❙✔ en sus enmiendas y adiciones al diccionario la RAE quiere incluir: «cacao mental. Coloq. Confusión mental».❙

cacas *s.* ano, nalgas.

«El cacas es el trasero.» Joseba Elola, *Diccionario de jerga juvenil,* El País Semanal, 3.3.96.

❚ «El caca: Los glúteos, el culo.» JV. ❚ «El caca. El culo» VL. ❚ «Caca: culo.» JMO. ❚ «Caca. Nalgas.» S. ❚◼ «¿No te parece que eso del cacas, refiriéndose a culo, es de muy mal gusto?» ✓ no se ha podido documentar fuera de diccionarios.❚

cacatúa *s.* mujer fea.
«Las cacatúas marbellíes, que ya no pueden operarse ni de clítoris...» Raúl del Pozo, El Mundo, 24.8.98. ❚◼ «La vedete es una cacatúa pintada. ¿Por qué la dejan salir al escenario?»

cacear *v.* pedir, mendigar.
«Cacear, mendigar.» JGR. ❚ «Cacear. Mangar, pedir, mendigar.» Ra.

cachar *v.* copular.
«Me reventó una granada y me voló la pinga, conchasumadre. ¿Sabes lo que es querer cachar y no poder? ¿Sabes lo que es tener una hembra mojadita pidiendo pinga...?» Jaime Bayly, *Los últimos días de la prensa,* 1996, RAE-CREA.

cacharra *s.* motocicleta.
«Cacharra: ciclomotor.» JGR. ❚◼ «¡Vaya cacharra que se ha comprado Juan! ¿Es una Yamaha?» ✓ no se ha podido documentar fuera de diccionarios.❚

2. escopeta de cañones recortados; pistola.
«Cacharra. Así llaman a la pistola los muy familiarizados con ella...» Rafael García Serrano, *Diccionario para un macuto.* ❚ «...os va mucho el rollo de las drogas. Yo paso de cacharras y de fuscos.» José Luis de Tomás García, *La otra orilla de la droga,* 1984, RAE-CREA. ❚ «...le encañono, colocándole la boca de mi cacharra directamente sobre el corazón.» Victoriano Corral, *Delitos y condenas.* ✓ ▶ *cacharro.*❚

3. cacharras *s. pl.* pechos de mujer.
«Las cacharras: tetas, pechos.» JV. ❚ «Las cacharras. Las tetas.» VL. ❚ «Las cacharras: los pechos de la mujer.» JMO. ❚◼ «Ni se te ocurra tocarle las cacharras a la Luisa, que se enfada.» ✓ no se ha podido documentar fuera de diccionarios.❚

cacharrazo *s.* golpe fuerte.
«...en el Land-Rover camino de Algeciras, se pegó un cacharrazo con una camioneta que repartía cocacola...» Manuel Hidalgo, *Azucena, que juega al tenis.* ❚ «Cacharrazo: golpe violento.» JMO. ❚ «¡Menudo cacharrazo me he dado con la puerta.» DCB. ✓ no consta en el DRAE.❚

cacharro *s.* automóvil viejo.
«Durante una hora no hice sino llenar el cenicero de mi cacharro...» Pgarcía, *El método Flower.* ❚ «Estacionó el polvoriento cacharro de Rebollo entre dos ultimomodelo...» Pedro Casals, *La jeringuilla.* ❚ «...intenté controlar aquel maldito cacharro que se precipitaba a velocidad de vértigo hacia...» Elvira Lindo, *La ley de la selva,* 1995, RAE-CREA. ❚ «...casi no pudo disimular su contento; aquel cacharro no valdría más de diez mil.» Emma Cohen, *Muerte dulce,* 1993, RAE-CREA. ❚ «...el mismo cacharro negro con gasógeno...» Juan Marsé, *Si te dicen que caí.* ❚ «...enemigo personal del dueño del cacharro. Destrozó la cerradura de una de las portezuelas...» Andreu Martín, *El señor Capone no está en casa.* ❚◼ «Con ese cacharro que tienes por coche dudo que llegues a Barcelona.»

2. pistola.
«lo fácil que era llegar hasta las armas, el desorden, el mal estado en que se conservan los cacharros...» Andreu Martín, *El señor Capone no está en casa.* ❚ «...no me lo pienso más y saco el cacharro. Estoy detrás de la vieja y el tío del mostrador no me ve la pistola.» C. Pérez Merinero, *Días de guardar.* ❚◼ «Saca el cacharro, le pega un tiro y el tipo cae muerto.» ✓ ▶ *cacharra.*❚

3. aparato.
«Estaba grabando una cosa. ¡Tío, deberías ver este cacharro, es alucinante!» Jordi Sierra i Fabra, *El regreso de Johnny Pickup,* 1995, RAE-CREA. ❚ «No pensarás que vas a salir de aquí con ese cacharro, ¿no?» Ana Diosdado, *Trescientos veintiuno, trescientos veintidós,* 1991, RAE-CREA. ❚◼ «Ese cacharro de televisión que tenemos se ha vuelto a estropear.»

cachas *s. pl.* nalgas.
«...también le gusta palparle las tetas y las crujientes cachas.» C. J. Cela, *Mazurca para dos muertos.* ❚ «Culo: nalgas, cachas, culamen, pompis, popa, posteridad, jebe, oje-

te, saco.» José M.ª Zabalza, *Letreros de retrete y otras zarandajas.* ❙ «No. No me gustan sus cachas.» Cristóbal Zaragoza, *Y Dios en la última playa.* ❙ ▪ «Me duelen las cachas de tanto montar a caballo.»

2. *s.* hombre atractivo.

«Para sentirse cachas y bien, el ser humano necesita sobar entre seis y ocho horitas...» *El Jueves,* n.º 1083. ❙ «Cristian. Cachas, guapísimo.» Anuncio clasificado, ABC, 12.7.98. ❙ «—Yo, según tú, estoy muy bien... —Tú estás cachas, claro.» Álvaro Pombo, *Los delitos insignificantes.* ❙ «¿Te suena un director general recién nombrado, guaperas, que va de cachas...» Jaime Romo, *Un cubo lleno de cangrejos.* ❙ «Un cachas de los que sólo sueltan la pluma de paseo cuando están en confianza.» Jaime Romo, *Un cubo lleno de cangrejos.* ❙ «Y un espectáculo de *strip-tease* con los tíos más cachas que eligen entre los de un book de modelos.» Luis Ignacio Parada, ABC, 5.9.99.

3. *s.* hombre fuerte.

«Jo, qué cachas están estos dos nadadores.» JM. ❙ «Ahora cuando le veo hecho un cachas...» Juanma Iturriaga, *Con chandal y a lo loco.* ❙ «Ya saben: playa — cachas...» A las barricadas, 22-28 junio, 1998. ❙ «Estos pseudos-geos suelen ser unos cachas de anchos hombros, alta talla y cintura de banderillero.» El Gato Encerrado, 3-9 julio, 1998. ❙ «...Dorotea con el primo cachas...» Andrés Berlanga, *La gaznápira.* ❙ «El cachas. Se pasa el día haciendo gimnasia.» M. Ángel García, *La mili que te parió.*

cachazas *s.* cobarde, miedoso.

«Hay variantes eufemísticas de los insultos para la cobardía, que se forman a partir de la imagen negativa de la tranquilidad... cachazas, cachazudo, [...] manso.» AI.

cachazudo ▶ *cachazas.*

cachete, dar un cachete *expr.* golpear con la palma de la mano.

«¿Tú eres mi criado? Luego bien te puedo dar un cachete.» Lope de Rueda, *Obras,* DH. ❙ «Golpe que con el puño cerrado se da en la cabeza o en la cara.» DH. ❙ «El golpe que se da con el puño cerrado y por de-

baxo del braço [...] o por estar la mano cacha...» Sebastián de Covarrubias, *Tesoro de la lengua castellana o española.* ❙ ▪ «Le han despedido del colegio porque les daba cachetes a sus alumnos.» ✔ es estándar.❙

cachifollar(se) *v.* estropear(se).

«¿Quién ha cachifollado el televisor?» CO, Rocío García Barroso. ❙ ▪ «Se ha cachifollado la lavadora otra vez.» ✔ Variante de *escachifollarse.*❙

Cachimbambas, en las Cachimbambas *expr.* muy lejos.

«...en Albacete, en Madrid o en las Cachimbambas.» M. Vázquez Montalbán, *La rosa de Alejandría.*

cacho maricón (cabrón, mierda, sota, puta) *s. cacho* refuerza la palabra a la que acompaña.

«¡Que sea la última vez que me jodes el sueño, cacho maricón!» El Jueves, 6-12 octubre, 1993. ❙ «Era un caballero, cacho sota, carantigua...» Ramón Ayerra, *La lucha inútil,* 1984, RAE-CREA. ❙ «¡Anda, pasa por el dormitorio, cacho cabrón!» Juan José Alonso Millán, *El guardapolvo,* 1990, RAE-CREA. ❙ «¡Joder, hostia puta, cacho cabrón!» Sergi Belbel, *Caricias,* 1991, RAE-CREA. ❙ «Métete con los de tu talla, cacho mierda...» Alejandro Gándara, *La media distancia,* 1984, RAE-CREA.

cachola *s.* cabeza.

«¿Quieres que te parta en dos la cachola como si fuera un níspero?» C. J. Cela, *Mazurca para dos muertos.* ❙ ▪ «Creo que el nuevo profe anda mal de la cachola.»

cachondada *s.* algo divertido.

«Cachondá: Broma, juego, burla.» JV. ❙ «Cachondada cosa divertida.» JMO. ❙ ▪ «Lo que le hicimos al jefe el día de su cumpleaños fue una cachondada.» ✔ no se ha podido documentar fuera de diccionarios.❙

cachondearse *v.* burlarse, guasearse.

«Se cachondean del director general de TVE sacándolo en el vídeo...» Jaime Campmany, ABC, 11.2.98. ❙ «Manuel del Palacio se cachondea de Antonio Alcalá Galiano.» A. Ussía, *Coñones del Reino de España.* ❙ «Y se cachondeaba de ambos...» Pgarcía, *El méto-*

cac

98

do Flower. ❚ «Cachondéate.» Juan Madrid, *Las apariencias no engañan.* ❚ «Cachondearse. Burlarse de uno, hacerle perder la paciencia.» LB. ❚ «Regodearse, estar de chacota, burlarse con sorna.» DH. ❚ «Llegaban juntos, en grupo, y se cachondeaban de la guerra...» Eduardo Mendoza, *La verdad sobre el caso Savolta.* ❚ ▪ «No te cachondees del profesor que aunque parece chocho, no lo es y tiene muy malas pulgas.»

cachondeo *s.* broma, diversión.
«...Mientras las mujeres ríen, unas con cachondeo y otras con resignación.» C. J. Cela, *Mazurca para dos muertos.* ❚ «...una parodia con propósito de cachondeo.» Jaime Campmany, ABC, 11.2.98. ❚ «...viva el cachondeo...» A. Zamora Vicente, *Mesa, sobremesa.* ❚ «...esta procesión es un cachondeo...» Miguel Martín, *Iros todos a hacer puñetas.* ❚ «...Aristófano Alegría que, como su nombre indica, es un fanático del cachondeo...» Ángel Palomino, *Un jaguar y una rubia.* ❚ «...los tres con cara de coña y ganas de cachondeo.» José María Amilibia, *Españoles todos.*

2. estar de cachondeo *expr.* estar de broma, de guasa.
«¿Es que cree que estoy de cachondeo?» Antonio Martínez Ballesteros, *Pisito clandestino,* 1990, RAE-CREA. ❚ ▪ «Siempre estás de cachondeo; no te tomas nada en serio.»

3. tomar a cachondeo *expr.* tomar a broma.
«Doña Concha, le prohíbo tomar a cachondeo las verdades sagradas en que yo...» A. Zamora Vicente, *Mesa, sobremesa.* ❚ «...que parece que se lo tome todo a cachondeo.» Andreu Martín, *Por amor al arte.*

cachondez *s.* excitación sexual.
«...sin que nadie caiga en la cuenta del estado de cachondez en que se quedan tras el sabio sobeteo.» Felipe Navarro (Yale), *Los machistas.* ❚ «...que se tome por las buenas un calmante que apague su cachondez.» Álvaro de Laiglesia, *Hijos de Pu.* ❚ «...había en todo él como una cachondez efímera, provisional...» Juan Marsé, *Últimas tardes con Teresa.* ✔ Guim, 1863: «Lascivia, lujuria, el apetito desordenado y torpe; concupiscencia.»❘

cachondo *adj.* y *s.* sexualmente excitado.
«Lo normal es que el chorbo que recibió las campanadas en pelota picada fuera un cachondo exhibicionista.» Jaime Campmany, ABC, 3.1.98. ❚ «...de joven debió haber sido muy hospitalaria y cachonda...» C. J. Cela, *Mazurca para dos muertos.* ❚ «¡Vamos no seas estúpida, cachonda. Ahora vas a gozar a tope.» SM Comix, n.° 29. ❚ «¡Pero qué cachonda me pones, cabrón!» C. J. Cela, *Mazurca para dos muertos.* ❚ «Y le inculcó a la niña eso de leer tanto, porque él era muy de Cervantes y, cuando se ponía cachondo, de don C. J. Cela.» Terenci Moix, *Garras de astracán.* ❚ «...mi santa esposa está tan cachonda y se lo pasa tan bien follando...» Álvaro de Laiglesia, *Hijos de Pu.* ❚ «...está buena la chavala [...] está cachonda.» Juan Marsé, *La oscura historia de la prima Montse.* ❚ «Cuando te contaba que hacíamos el amor los tres, te ponías muy cachonda.» Fernando G. Tola, *Mis tentaciones.* ❚ «Un rey de Francia cachondo, rodeado de alcahuetas, anda siempre de ronda embozado.» Leandro Fernández de Moratín, *Obras,* DH. ✔ en 1880 Alejo Montado escribió *Parodia cachonda del diablo mundo.* DRAE: «adj. Dícese de la perra salida». Y Guim, 1863, añade: «y por ext. Vulg. A la muger torpemente sensual».❘

2. persona graciosa, divertida.
«Ya se sabe que en este país siempre hay celtiberos cachondos que lo echan todo a broma.» Jaime Campmany, ABC, 1.2.98. ❚ «...o el castañazo verbal y contundente de los poetas satíricos, coñones y cachondos...» A. Ussía, *Coñones del Reino de España.* ❚ «Ya no es la de antes, la sexagenaria cachonda y casquivana...» Chumy Chúmez, *Por fin un hombre honrado.* ❚ «Cachondo. Burlón, guasón.» LB. ❚ «¡Qué importa que sean tan inconscientes, si son tan cachondas!» José Gutiérrez-Solana, *Madrid callejero, Obra literaria, II.* ❚ «Empiezas a reírte con tus amigas; son unas cachondas.» A. Gómez Rufo, *Cómo ligar con ese chico que pasa de ti o se hace el duro.* ❚ «...qué tío cachondo.» Jorge Cela Trulock, *Compota de adelfas,* en DE.

3. *s.* divertido, gracioso.
«...lo cachondo vino cuando se suicidó...» Ramón Ayerra, *Los ratones colorados.*

4. cachondo mental *s.* obseso sexual.

«...por indeseable, por machista y por cachondo mental, le impusieron una multa de cincuenta mil pesetas...» Felipe Navarro (Yale), *Los machistas.* ▌«...un asturiano que era un cachondo mental...» Ragazza, agosto, 1997. ▌◾ «Tu madre es una cachonda mental que sólo habla de follar. ¡Qué asco de tía!»

5. cachondo mental *s.* persona divertida y graciosa.

«Mucho más sutil Miguel Ramos Carrión, que se atreve con el soneto. Un cachondo mental don Miguel...» A. Ussía, *Coñones del Reino de España.* ▌«Soy un cachondo mental.» José Luis Moreno, El Mundo, 11.8.98. ▌◾ «El primo de Alberto sí que es un chachondo mental. Invítalo a la fiesta de mañana.»

6. estar cachondo *expr.* ser gracioso.

«Estaría cachondo que una chica que hace descorche ganara una demanda por acoso sexual.» El Gran Wyoming, *Te quiero personalmente.*

7. poner(se) (estar) cachondo *expr.* excitar(se) sexualmente.

«Con tantos brebajes no lo vas a poner cachondo, lo vas a poner enfermo.» Miguel Sierra, *Palomas intrépidas,* 1990, RAE-CREA. ▌«...me besa y se frota contra mí hasta que me pone cachondo...» José Ángel Mañas, *Historias del Kronen.* ▌«Calla, tío, que me pongo cachondo.» José Luis Martín Vigil, *En defensa propia,* 1985, RAE-CREA. ▌◾ «Mirar estas revistas eróticas me ponen cachondo, tío.»

cachondón ▶ *cachondo.*

cachoso *s.* hombre atractivo.

«Mi hermana sale ahora con un cachoso que además es inteligente el tío y tiene dinero.» CO, Rocío García Barroso. ✓ de *cachas.*▌

cachupín *s.* en América se llama así al español allí establecido.

«...uno de nuestros principales príncipes aztecas, a quien los cachupines quemaron las plantas de su pies...» José Raúl Bedoya, *La universidad del crimen.* ▌«Mote que se aplica al español que pasa a la América

Septentrional y se establece en ella.» DH. ✓ DRAE: «m. y f. despect. fam. Amér. Español establecido en América». ▶ *gachupín.*▌

cacumen *s.* cabeza, inteligencia.

«...que hay que tener muy poco cacumen para pensar que por eso se desvirga una.» Terenci Moix, *Garras de astracán.* ▌«O sea, gana el triple que una servidora, y además sin gastar un átomo del fósforo del cacumen.» Ernesto Parra, *Soy un extraño para ti.* ▌◾ «A ver si te estrujas el cacumen y solucionas la cuestión del dinero.» ✓ DRAE: «fig. y fam. Agudeza, perspicacia».▌

***cadáver** cf. (afines) ▶ *muerto.*

cadenas *s.* engreído, fanfarrón.

«Cadenas: Presumido.» Ángel Palomino, *Insultos, cortes e impertinencias.* ▌«No te creas nada de lo que diga, que es un cadenas.» JM. ▌«Cadenas: Fatuo, presumido.» JV. ▌«Ser un cadenas: ser fatuo y presuntuoso.» JMO. ▌«Cadenas. Individuo presuntuoso, jactancioso.» VL. ▌«Cadenas. Sujeto jactancioso y fanfarrón.» S. ▌◾ «Es un cadenas el Juan porque se pasa la vida hablando de sus dineros y de que si gana el oro y el moro.»

caderamen *s.* caderas.

«¡Vaya caderamen que tiene la del cuarto!» JM. ▌«Caderamen. Caderas de mujer.» VL. ▌«el caderamen: las caderas.» JMO. ▌«Caderamen. Caderas de gran dimensión.» S. ▌◾ «La novia de Pepe tiene un caderamen de muérete. ¡Y se cimbra que no veas!» ✓ DRAE: «m. fam. Caderas de mujer, generalmente voluminosas». No se ha podido documentar fuera de diccionarios. ▶ *-amen.*▌

caer, caer bien (mal) *expr.* (no) gustar una persona.

«Caía bien entre las damas y poseía el don de entretenerlas.» J. M.ª de Pereda, *Nubes de estío,* DH. ▌«¿Sí? Pues yo creo que esa chica no, fíjate. A mí me cae bien.» María Antonia Valls, *Tres relatos de diario.* ▌◾ «Rigoberta es muy descarada y malasombra y me cae muy mal. No la soporto.»

2. caer gordo *expr.* no agradar, no gustar.

«¿Yo te caía gorda?» Almudena Grandes, *Malena es un nombre de tango.* ▌«Paquita no comprende bien lo que le pasa, pero últimamente le cae gordo el que alguien le pregunte lo que hace...» Mariano Tudela, *Últimas noches del corazón*. ▌«Ese señor me cae gordo.» Ángel Palomino, *Todo incluido*. ▌«...aprovechas para soltarles un par de nombres que te caigan gordos. Que se jodan.» Fernando Martínez Laínez, *La intentona del dragón*. ▌«En España los hechos, las cosas o las gentes caen bien, o caen gordos.» Geno Díaz, *Genocidio*. ▌«Medidas que tienen que ser nuevas y de campeonato para que no caigan gordas...» José M.ª Zabalza, *Letreros de retrete y otras zarandajas*. ▌«¿Empiezan a caerte gordas, tus amigas?» Juan Marsé, *La oscura historia de la prima Montse*. ▌«...me caía gordo de cojones.» C. Pérez Merinero, *Días de guardar*. ✔ DRAE: «fr. fig. Serle antipático, desagradable».▌

3. estar al caer *expr.* a punto de llegar.
«Faltan algunos minutos para las cinco y Sempere debe estar al caer.» C. Pérez Merinero, *Días de guardar*.

4. no tener dónde caerse muerto ▶ *muerto, no tener dónde caerse muerto*.

*****caerse** cf. (afines) batacazo, besar el suelo, darse una *culada.

café, café con leche *s.* homosexual.
«Carlo, fumador y susurrante [...] pájaro de café con leche, pobre sexual...» Francisco Umbral, *El Giocondo*. ▌■■«Pedro es café con leche que frecuenta los bares de ambiente de Hortaleza.»

2. estar de (tener) mal café *expr.* estar de mal humor, tener mal genio.
«El ingente trabajo de Mihura no ha tenido continuadores, lo cual a él, por cierto, le pondría de muy mal café.» Manuel Hidalgo, El Mundo, 10.5.98. ▌«...solamente recuperarían su natural si me tirase por un balcón, su natural mal café quiero decir...» A. Zamora Vicente, *Mesa, sobremesa*. ▌«La gente está de mal café porque mañana es lunes...» M. Vázquez Montalbán, *La rosa de Alejandría*. ▌«...a casi todos se les nota el mal café.» Ángel Palomino, *Madrid, costa Fleming*. ▌«Como estos saquen a relucir su mal café, se va a armar la de San Quintín.» Ignacio Aldecoa, *El fulgor y la sangre*.

cafelito *s.* café.
«...y le doy merienda aparte los días de mucho trajín, un cafelito con ensaimada...» A. Zamora Vicente, *Historias de viva voz*. ▌«Bebiendo un cafelito, eh...» El Jueves, 6-12 octubre, 1993. ▌«Nos tomamos unos cafelitos, ¿hace?» Juan Madrid, *Turno de noche*. ▌«¿Hace un cafelito?» Manuel Hidalgo, *Azucena, que juega al tenis*. ▌«Un camillero le da un cafelito con galletitas...» Ramón Escobar, *Negocios sucios y lucrativos de futuro*. ▌«Siéntense, por favor, les prepararé un cafelito.» Juan Madrid, *Flores, el gitano*. ▌«Un cafelito sólo...» M. Vázquez Montalbán, *El delantero centro fue asesinado al atardecer*. ▌«Un cafetito o un cafelito.» J. Giménez-Arnau, *Cómo forrarse y flipar con la gente guapa*.

cafeta *s.* cafetería.
«Vamos a la cafeta después de clase.» CO, Sandra Carbonell.

cafetera *s.* automóvil viejo.
«...comprar un coche barato está muy bien, pero ¿cómo estar seguro de que no te endiñan una cafetera con ruedas?» P. Antilogus, J. L. Festjens, *Anti-guía de los conductores*. ▌■■«¿Con esta cafetera quieres viajar a Barcelona?» ✔ DRAE: «fig. y fam. Vehículo viejo que hace mucho ruido al andar».▌

2. en mal estado, enfermo.
«ser una cafetera o estar hecho una cafetera: estar enferma y achacosa una persona o estar estropeado y con mal funcionamiento un aparato o máquina.» JMO. ▌■■«Este año he tenido muchos problemas de salud; estoy hecho una cafetera.»

3. cafetera rusa *s.* automóvil viejo.
«cafetera (rusa). Aparato o automóvil en mal estado o funcionamiento.» VL. ▌■■«Miguel va a todas partes en una cafetera rusa que se ha comprado, un viejo Oldsmobile.»

cafre *s.* zafio, bestia, bruto.
«¡Pero serás cafre!» M. Sánchez Soler, *Festín de tiburones*. ▌«A la muy cafre le da por esconderlas...» B. Pérez Aranda *et al.*, *La ex siempre llama dos veces*.

cagacirios *s.* beato.
«Los insultos religiosos [...] se podrían clasificar en varios grupos [...] los insultos que muestran un celo religioso excesivo [...]

beato, cagacirios, comehostias, [...] pichasanta, meapilas, measalves... tragasantos, tragavemarías [...] chupacirios [...] comehostias [...] rata de sacristía.» AI.

cagada *s.* error.
«Cagada se dice de una acción ridícula, mal meditada o de un éxito infeliz.» Esteban de Terreros y Pando, *Dicc., DH.* ▮ «Que para noche de boda, muy buena cagada has hecho.» Diego de Torres Villarroel, *Obras, DH.* ▮ «...así como lo de la deuda externa, que por la cagada de cuatro reverendos hijos de puta...» Varios autores, *Cuentos de fútbol,* 1995, RAE-CREA. ▮ «...jugar con cinco delanteros es una cagada táctica...» ABC Electrónico, 25.9.97. ▮▪" «Se me ha escapado y le he dicho al jefe que fuiste tú el que estropeó el ordenador central. ¡Qué cagada! Lo siento.»

2. excremento.
«...moscas y sus cagadas.» Andrés Berlanga, *La gaznápira.* ▮ «...retratos de toreros, políticos y escritores, llenos de cagadas de mosca.» José Gutiérrez-Solana, *Madrid callejero, Obra literaria, II.* ▮ «Mi mayor cagada.» José M.ª Zabalza, *Letreros de retrete y otras zarandajas.* ▮ «Y unas materias asquerosas, como son cagadas, orines.» Diego de Torres Villarroel, *Obras, DH.* ▮ «Era una selva Europea, una cagada de selva.» Jaime Collyer, *Cien pájaros volando,* 1995, RAE-CREA. ▮ «...tener que pisar tantos escombros y tanta cagada, tanta mierda junta.» Javier Memba, *Homenaje a Kid Valencia,* 1989, RAE-CREA. ▮ «Una experiencia arqueológica. Ver cagada petrificada de dinosaurio.» Rodolfo Santana, *Santa Isabel del vídeo,* 1992, RAE-CREA. ▮ «...tan diminuta que parece una cagada de mosca en mitad del cielo.» Jordi Sierra i Fabra, *El regreso de Johnny Pickup,* 1995, RAE-CREA.

3. malo, de mala calidad.
«Era una selva europea. Una cagada de selva, pero selva al fin...» Jaime Collyer, *Cien pájaros volando,* 1995, RAE-CREA. ▮ «...leída literalmente es una cagada...» Ernesto Sábato, *Abaddón el exterminador,* 1974, RAE-CREA.

cagadera *s.* diarrea.
«Es oírle y te da la cagadera.» R. Montero, *Diccionario de nuevos insultos...*

cagadero *s.* retrete.
«Cagadero. El sitio donde la gente vulgar suele ir a exonerar el vientre...» Real Academia Española, *Diccionario de autoridades.* ▮ «...salón, dormitorio, cocina y cagadero...» Alejandro Jodorowsky, *Donde mejor canta un pájaro,* 1992, RAE-CREA. ▮ «Cagaero (cagadero) Llaman así al corral.» IND. ▮▪" «Es un tipo zafio y malhablado que llama al lavabo cagadero.»

cagado *s.* cobarde.
«Eres un cagao, Lolo [...] Te has amariconao.» Juan Madrid, *Turno de noche.* ▮ «...los cagados del segundo Banco...» C. Pérez Merinero, *Días de guardar.* ▮ «...Te asarán a ti antes por cagada.» M. Lázaro, *Humo de Beleño,* 1986, RAE-CREA. ▮ «Si el cagado de Peralta...» C. Pérez Merinero, *La mano armada.* ▮▪" «Tengo miedo a la operación de hernia porque soy un cagao, lo siento.» ✓ El *Diccionario de autoridades* dice: «Cagado. Se llama por desprecio metaphoricamente al hombre que es para poco y sin espíritu.» DRAE: «adj. fig. y fam. Cobarde, miedoso, de poco espíritu. Ú. t. c. s.».▮

2. sucio, lleno de excrementos.
«La mujer sucia, la casa cagada y la cara lucia.» Horozco, *Refranero, DH.* ▮ «Y en los dos perillanes se ve cumplido el refrán de quien con niños se acuesta cagado se levanta.» Villarroel, *Obras, DH.*

3. asustado.
«...va cagado y temblón.» Fernando Martínez Laínez, *Bala perdida.* ▮ «Al segundo que te saquen vas a estar cagado y llamando a tu mamacita...» Luis Sepúlveda, *Un viejo que leía novelas de amor,* 1989, RAE-CREA.

4. cagado de miedo *expr.* muy asustado.
«...esas viejas comatosas que viven en esas casas, que están siempre cagadas de miedo...» Manuel Hidalgo, *Azucena, que juega al tenis.* ▮ «Allí trasladan a los refugiados, o chapados, los cagados de miedo que piden protección de los boquis...» Andreu Martín, *Lo que más quieras.* ▮▪" «El vecino me ha amenazado de muerte y, francamente, estoy cagado de miedo.»

caga(d)ora s. lavabo, retrete, baño.
«Sandra está en la cagaora, cagando.» CO, Vicenta Basset. ▮ «Cagadero. Aseo, retrete.» S. ▮ ▪ «Si vas a la cagaora, tráeme un peine.»

cagaina s. timorato, cobarde.
«...y el pobretón cagaina como yo no tiene derecho más que a ir tirando...» A. Zamora Vicente, *Mesa, sobremesa.*

cagajón s. excremento.
«...excremento de cabra y cinco cagajoncitos disueltos en vino blanco curan la ictericia...» C. J. Cela, *Oficio de tinieblas 5.* ▮✔ DRAE: «m. Porción del excremento de las caballerías».▮

2. cobarde, miedoso.
«...insultos doblemente ofensivos gracias al elemento escatológico y tabú para manchar (nunca mejor dicho) el honor del interpelado: [...] cagón, cagajón, cagarria, jiñado, rilado, culeras, mojaculos [...] mierda, mierdica...» AI.

cagaleches s. persona impaciente que trata de hacerlo todo de prisa.
«(la abuela es una cagaleches con la manía de limpiar todo, que *cosa hecha no corre prisa*)...» Andrés Berlanga, *La gaznápira.*

cagalera s. miedo.
«...a cuenta de la cagalera que arrasa a todo el país...» Andrés Berlanga, *La gaznápira.* ▮ «...si no porque me había entrado la cagalera de que iba a coger una pulmonía y que podía palmar...» Varios autores, *Cuentos de fútbol,* 1995, RAE-CREA. ▮ «A Álvaro le entró una cagalera imponente y se pasó todo el tiempo...» B. Pérez Aranda *et al., La ex siempre llama dos veces.* ▮ «...y el otro pie en el alero de las ventanas, y arriba, y arriba, con esa sensación de cagalera y de mareo...» Andreu Martín, *Prótesis.*

2. cagalera(s) s. diarrea.
«No están incluidas las ciruelas verdes, que dan cagalera.» Juanma Iturriaga, *Con chandal y a lo loco.* ▮ «...la cagalera de su pobre suegro...» A. Zamora Vicente, *Mesa, sobremesa.* ▮ «...el otro día tuve una cagalera que se podría hasta embotellar...» R. Gómez de Parada, *La universidad me mata.* ▮ «Hala, hasta luego. ¡Buen huoper! ¡Disfruta de las cagaleras!» José Ángel Mañas, *Historias del Kronen.* ▮ ▪ «Está en el servicio otra vez. Creo que tiene cagaleras.»

cagando leches ▸ *cagar, cagando leches.*

cagar v. defecar.
«¡Mamá, mamá! ¿Por qué papá cagaba por la boca?» C. J. Cela, *Mazurca para dos muertos.* ▮ «¿No sería posible hacer alguna manipulación genética para que caguen menos estos obreros?» El Jueves, 21-28 enero, 1998. ▮ «Ayer cagué duro, hoy cago blando: ¿qué mierda me reservará el futuro?» R. Gómez de Parada, *La universidad me mata.* ▮ «Se empeñó en contarle a todo el mundo que me había cagado...» Ray Loriga, *Lo peor de todo.* ▮ «...sí, anda, aprovecha ahora que estás en el campo, porque como cagues en casa lo vas a poner todo perdido, guarro.» El Víbora, n.° 143. ▮ «A cagar bajé del tren / Como cagar, cagué bien, / pero me jodí / que me quedé en el andén.» José M.ª Zabalza, *Letreros de retrete y otras zarandajas.* ▮ «Comer bien y cagar fuerte y no tener miedo a la muerte.» ref. ▮ «Al monte me fui a cagar, / y cagué un montón de mierda. / A eso le llamo yo cagar, / y no a estos cagones de mierda, /que dice que van a cagar, / y no cagan una mierda.» José M.ª Zabalza, *Letreros de retrete y otras zarandajas.* ▮ «Aquel que con miedo se caga en la silla.» *Canc. de Baena,* DH. ▮ «Es como si me pidiera que le mirase mientras caga. Que oliera sus pedos.» Álvaro Pombo, *Los delitos insignificantes.* ▮ «...una vomitada más y todo sale, tengo que cagar...» Alejandro Morales, *La verdad sin voz,* 1979, RAE-CREA. ▮ «...donde se come no se caga.» M. Sánchez Soler, *Festín de tiburones.* ▮ «Mear claro, cagar duro, peer fuerte y darle tres higas a la muerte.» ref. ▮✔ del latín *cacare.* Es estándar pero todavía es palabra maldita. Covarrubias dice en su *Tesoro de la lengua castellana o española* de 1611: «Es una de las palabras que se han de escusar, aunque sea de cosa tan natural, por la decencia.» La idea persiste.▮

2. parir.
«¡La madre que os ha cagado!» José Luis de Tomás García, *La otra orilla de la droga,* 1984, RAE-CREA. ▮ «...iba por el mundo

como su madre lo cagó.» C. Pérez Merinero, *La mano armada.*

3. estropear, malograr.

«...le habíamos cagado la siesta, tras haberle cagado ayer mi esposa la noche...» Alfredo Bryce Echenique, *La vida exagerada de Martín Romaña,* 1981, RAE-CREA.

4. cagando hostias *expr.* muy de prisa.

«...y salimos cagando hostias.» Raúl del Pozo, *Noche de tahúres.*

5. cagando leches *expr.* muy de prisa.

«A lo que respondía el ministro al día siguiente con expresiones como [...] 'ir echando o cagando leches' (por ir a toda velocidad)...» Eduardo Mendoza, *La ciudad de los prodigios.* ▌ «Pero sal cagando leches.» Andreu Martín, *Por amor al arte.* ▌◾ «He visto a Marco que iba cagando leches por la calle Velázquez.»

6. cagarla *v.* equivocarse, cometer error.

«Por Santa Clara el que se monta en tren la caga...» C. J. Cela, *Viaje al Pirineo de Lérida.* ▌ «¡Sabía que José Mari acabaría cagándola con el medicamentazo...» El Jueves, n.° 1083. ▌ «El silencio es el carisma que Aznar no tiene, pero de pronto se ríe y la caga.» Francisco Umbral, *La derechona.* ▌ «Entonces, la has cagado, majete.» Miguel Martín, *Iros todos a hacer puñetas.* ▌ «Siempre que intento encumbrarte, la cagas.» Miguel Martín, *Iros todos a hacer puñetas.* ▌ «¡La hemos cagao!» Gomaespuma, *Familia no hay más que una.* ▌ «Pues la estamos cagando.» Jaime Romo, *Un cubo lleno de cangrejos.* ▌ «Y menos ahora que la han cagado...» Andreu Martín, *El señor Capone no está en casa.* ▌ «...no vaya a ser que la caguemos...» Ramón Ayerra, *Los ratones colorados.*

7. cagarla bien (de sobra) *expr.* equivocarse, cometer error, hacer algo mal.

«...ya la había cagado de sobra durante la época de regente...» Gomaespuma, *Grandes disgustos de la historia de España.* ▌◾ «Me da la impresión de que esta vez la has cagado pero que muy bien, y veremos cómo acaba esto.»

8. cagarse *v.* asustarse, atemorizarse, acobardarse.

«¿Te cagas?» C. J. Cela, *Mazurca para dos muertos.* ▌ «Y yo, cagándome, le digo: A las

órdenes de usía, mi general.» Eduardo Mendoza, *La ciudad de los prodigios.* ▌ «Es que yo me cagué [...] de la angustia me se soltó el vientre...» El Jueves, 6-12 octubre, 1993. ▌ «...y tuvo que hacer un gran esfuerzo para no cagarse...» Fernando Martínez Laínez, *La intentona del dragón.* ▌ «El diestro se levanta demudado, cagándose de miedo...» José Gutiérrez-Solana, *Madrid, escenas y costumbres, Obra literaria, I.*

9. cagarse de frío *expr.* pasar mucho frío.

«Me estoy cagando de frío.» Javier Daulte, *Desde la noche llamamos,* 1994, RAE-CREA.

10. cagarse de miedo *expr.* asustado, asustarse.

«El diestro se levanta demudado, cagándose de miedo...» José Gutiérrez-Solana, *Madrid, escenas y costumbres, Obra literaria, I.* ▌ «Ya verás como se caga de miedo en cuanto se lo digas.» JM. ▌ «...porque yo también me estoy cagando de miedo...» Alfredo Bryce Echenique, *La vida exagerada de Martín Romaña,* 1981, RAE-CREA. ▌ «Tampoco me van a matar como a un conejo, porque éste es un conejo que dispara y más de un mono se va a cagar de miedo...» José Luis Martín Vigil, *Los niños bandidos.* ▌ «E incluso después de cagarme de miedo en el estudio...» El País Semanal, 25.7.99.

11. cagarse de risa *expr.* reír mucho.

«...vos te estabas cagando de risa?» Roma Mahieu, *La gallina ciega,* 1980, RAE-CREA.

12. cagarse del susto *expr.* asustarse mucho.

«...he pasado el día, se lo confieso, cagado del susto...» Jorge Edwards, *El anfitrión,* 1987, RAE-CREA.

13. cagarse en *expr.* insultar, maldecir.

«Diez de cada diez conductores de la comunidad de Madrid se están cagando en estos momentos en los empresarios de las gasolineras.» El Jueves, 21-28 enero, 1998. ▌ «...y me metía en la cama después de beberme un gran trago de vino y cagarme en todos los santos...» José Gutiérrez-Solana, *Madrid callejero, Obra literaria, II.* ▌ «Cágate en la puta madre del director.» El Jueves, n.° 1079. ▌ «Me cago en la leche.» El Gran Wyoming, *Te quiero personalmente.* ▌◾ «¡Me cago en la madre que te parió, hijoputa!»

14. cagarse en Dios *excl.* blasfemia.
«Me cago en Dios. ¡Es mentira...!» Juan Luis Cebrián, *La rusa.*

15. cagarse en el copón *expr.* blasfemia.
«Blasfemo se caga [...] en el copón...» Raúl del Pozo, *Noche de tahúres.*

16. cagarse en el padre de uno *expr.* ofender al padre de uno.
«División de opiniones, unos se cagan en su padre y otros en su madre.» Amelia Díe y Jos Martín, *Antología popular obscena.* ▌«...una gachí fetén se caga en tu padre y luego se busca otro pajarito...» Ramón Ayerra, *Los ratones colorados.*

17. cagarse en los pantalones *expr.* asustarse.
«...sólo con entrar en comisaría ya se caga en los pantalones...» M. Vázquez Montalbán, *La soledad del manager,* 1972, RAE-CREA. ▌▪▪ «Cuando el Sr. juez ve a su mujer en la sala se caga en los pantalones.» ▽ ▸ *ensuciarse en los pantalones (los calzoncillos).*▌

18. cagarse en todo *expr.* jurar, maldecir, insultar.
«...se murió al sol, en un ribazo, cagándose en todo.» Ignacio Aldecoa, *El fulgor y la sangre.* ▌«...después de cagarse en todo, se mete en la cama, con las botas puestas...» José Gutiérrez-Solana, *Madrid callejero, Obra literaria, II.*

19. cagarse encima *v.* asustarse; sorprenderse.
«Si tú supieras quién es te cagabas encima.» Cristóbal Zaragoza, *Y Dios en la última playa.* ▌«...porque de otro modo me hubiera cagado varias veces encima...» Alfonso Sastre, *Los hombres y sus sombras,* 1991, RAE-CREA. ▌▪▪ «Tiene tanto miedo que se caga encima, el muy cabrón.»

20. cagarse por las patas abajo *expr.* acobardarse.
«Eso no quiere decir que los jugadores sean muy machos. Algunos se cagan por las patas abajo cuando les envidan.» Raúl del Pozo, *Noche de tahúres.*

21. cagar y mear juntos *expr.* ser muy amigos, estar siempre juntos.
«Para mí que la Toni y la Chelo son bollacas. Nunca se separan. Cagan y mean juntas.» CO, Vicenta Basset.

22. coger cagando *expr.* pillar en el acto, en el mismo momento de hacer algo.
«...y cogemos a dos tipos lo que se dice cagando. Quiero decir que están repantingados...» C. Pérez Merinero, *Días de guardar.*

23. de (para) cagarse *expr.* impresionante.
«El Agustín era para cagarse, vamos.» Juan Madrid, *Crónicas del Madrid oscuro.* ▌«Es normal que los laxantes queden excluidos de la seguridad social porque el medicamentazo es para cagarse.» El Jueves, n.° 1083. ▌▪▪ «Antón se ha comprado un coche de cagarse.»

24. doler más que el cagar *expr.* doler mucho.
«...me dolió más que el cagar.» Alfredo Bryce Echenique, *La vida exagerada de Martín Romaña,* 1981, RAE-CREA.

25. me cago en diez *expr.* maldición que expresa contrariedad, enojo.
«¡Coño, Bouvila, me cago en diez...» Eduardo Mendoza, *La ciudad de los prodigios.* ▌«¡Me cago en diez, ahora sí que me cierran el club!» Juan Madrid, *Las apariencias no engañan.* ▌«¡Dale allí, me cago en diez! ¡Duro!» Rafael García Serrano, *Diccionario para un macuto.* ▌«¡Mirad quien ha venido a visitarnos, me cago en diez!» Eduardo Mendoza, *La verdad sobre el caso Savolta.* ▌«¡Cago en diez!» Fermín Cabal, *¿Fuiste a ver a la abuela?,* 1979, RAE-CREA. ▽ *diez* es eufemismo por *Dios.* ▸ *cagüen.*▌

26. me cago en Dios *expr.* interjección de enfado y rechazo.
«Yo quería decir hijo de puta o me cago en Dios o algo, pero al final nunca decía nada.» Ray Loriga, *Lo peor de todo.* ▌«¡Coño! ¡Hostia! ¡Me cago en Dios!» M. Vázquez Montalbán, *La rosa de Alejandría.* ▌«...vamos a matarlo. Me cago en Diosss.» Rambla, n.° 29.

27. me cago en la hostia *expr.* exclamación de enojo.
«Me cago en la hostia... Estos aquí otra vez.» Lucía Etxebarría, *Beatriz y los cuerpos celestes.* ▽ ▸ también *hostia, ¡me cago en la hostia!*▌

28. me cago en la leche *expr.* exclamación de enfado.

«Y en cuanto al que hablaba bien, me cago en la leche, es que me dejó espatarrao...» M. Vázquez Montalbán, *Los alegres muchachos de Atzavara.* ▌«Coño, joder, me cago en la leche.» Fernando G. Tola, *Cómo hacer absolutamente infeliz a un hombre.* ▌«¡Me cago en la leche, es que alucinas...» Juan Madrid, *Flores, el gitano.* ▌«Esto parecía una feria, me cago en la leche...» Juan Madrid, *Crónicas del Madrid oscuro.* ▌«¡Me cago en la leche! ¡Sí, me cago en la leche!» C. Pérez Merinero, *Días de guardar.*

29. me cago en la leche que te han dado *excl.* exclamación de enojo hacia alguien.

«Me cago en lo colorado / y en la leche que te han dado...» José M.ª Zabalza, *Letreros de retrete y otras zarandajas.* ▌■ «¡Me cago en la leche que te han dado, cabrón de mierda!»

30. me cago en la madre que te parió *excl.* exclamación de enojo hacia alguien.

«...pero si me haces sangre, me cago en la madre que te parió.» C. J. Cela, *Mazurca para dos muertos.* ▌«¡Mecagüen la madre que lo parió!» Rambla, n.° 3. ▐ hay muchas expresiones parecidas: *me cago en la puta que te parió, me cago en la hostia, me cago en tus muertos, me cago en tu alma,* etc.▐

31. me cago en la mar (serena, salada) *expr.* maldición que expresa contrariedad, enojo.

«¡Nunca había pisado El Gavilán, me cago en la mar!» Juan Madrid, *Las apariencias no engañan.* ▌«¡Uña de aquí, mecagüenlamarsalá!» Andrés Berlanga, *La gaznápira.* ▌«¿Cómo quieres que te lo diga? ¡Me cago en la mar!» Juan Madrid, *Flores, el gitano.* ▌«¡Me cago en la mar salada!» Juan Madrid, *Crónicas del Madrid oscuro.*

32. me cago en la puta *excl.* exclamación de enojo equivalente a maldita sea.

«Me cago en la puta de oros. ¡Ya me he dejado las llaves dentro otra vez!» DE. ▌«Me cago en la puta, no sé si va a poder ser...» José Ángel Mañas, *Sonko95.* ▌■ «¡No toques eso, me cago en la puta!» ▐ también *me cago en la puta de oros, en la puta de bastos.*▐

33. me cago en tu padre *expr.* maldito seas.

«...lo que quieren es medrar con disimulo aunque el jefe se esté cagando en su padre...» C. J. Cela, *Mazurca para dos muertos.* ▌«...para evitarles a los grupos y asociaciones del feminismo internacional la molestia de cagarse en mi padre, que en gloria esté...» Felipe Navarro (Yale), *Los machistas.*

34. me cago en tu (puta) madre *expr.* maldito seas.

«Pero si me dice que yo, Ken Follet, Clancy y compañía somos autores de best sellers me cago en su puta madre.» Arturo Pérez-Reverte, Qué leer, enero, 1999.

35. me cago en tus muertos *excl.* maldito seas.

«Primero se cagó en tus muertos...» M. Vázquez Montalbán, *La rosa de Alejandría.* ▌«...todo el barrio lo sabe, me van a oír, me cago en sus muertos...» Juan Marsé, *Últimas tardes con Teresa.* ▌«¡Venga ya, Lulú, me cago en tus muertos, vete a tomar por el culo...» Almudena Grandes, *Las edades de Lulú.* ▌«Me cago en tus muertos.» Fernando Martínez Laínez, *Bala perdida.* ▌«Me acuerdo de ti / me cago en tus muertos.» Extremoduro, CD, 1997: *Iros todos a tomar por culo, Bribriblibli.* ▌■ «No quiero verte más. ¡Me cago en tus muertos!»

36. ni cagando *expr.* imposible, difícil por mucho esfuerzo que se haga.

«Y te apuesto lo que quieras que a diez minutos no llegas ni cagando.» Jaime Bayly, *Los últimos días de la prensa,* 1996, RAE-CREA. ▌«Ni cagando, compadrito.» Jaime Bayly, *Los últimos días de la prensa,* 1996, RAE-CREA.

37. pillar cagando *expr.* desprevenido.

«pillar cagando. Sorprender desprevenido a alguien.» VL. ▌«Pillar cagando (a alguien): es hallarle desprevenido.» JMO. ▌■ «Démonos prisa que si no nos van a pillar cagando.» ▐ no se ha podido documentar fuera de diccionarios.▐

38. (que) te cagas *excl.* impresionante, grande, importante, bien.

«¿El Papa o Fidel? Puestos a elegir, Fidel. Tiene un pueblo que te cagas.» El Mundo, 31.1.98. ▌«Nosotros nos lo hemos pasado que te cagas...» R. Gómez de Parada, *La universidad me mata.* ❙ «...la mierda ésta quema [...] que te cagas.» Virtudes, *Rimel y castigo.* ❙ «...la mejor colección de boleros de España. Con unas letras que te cagas.» Ladislao de Arriba, *Cómo sobrevivir en un chalé adosado.* ❙ «...simpáticos y guapetones que bailan y cantan que te cagas.» You, marzo, 1998.

39. ser más antiguo (viejo) que (el) cagar *expr.* my antiguo, viejo.
«Ser más viejo que el mear, que el mear de pie, que el cagar... Muy viejo, muy antiguo.» VL. ❙ «Ser más viejo, o antiguo que cagar... son expresiones que por comparación indican la extrema vejez física o el atraso en las costumbres de alguien o algo.» JMO. ❙ ▪ «Ese invento tuyo es más antiguo que el cagar, macho.» ✓ no se ha podido documentar fuera de diccionarios.❙

40. ser más feo que cagar *expr.* muy feo.
«Ser más feo que cagar: por comparación indica la extrema fealdad de algo o alguien.» JMO. ❙ «Feo. Ser más feo que el cagar.» VL. ❙ ▪ «Vicente se ha casado con una tía más fea que cagar.» ✓ no se ha podido documentar fuera de diccionarios.❙

41. vete a cagar *excl.* vete a paseo. Expresión de rechazo.
«¡Vete a cagar!» El Jueves, 6-12 octubre, 1993. ❙ «...que se vayan a cagar.» Gomaespuma, *Grandes disgustos de la historia de España.* ❙ ▪ «Deja de molestar. ¡Que te he dicho que te vayas a cagar, tío!»

cagarria *s.* cobarde, miedoso.
«...insultos doblemente ofensivos gracias al elemento escatológico y tabú para manchar (nunca mejor dicho) el honor del interpelado: [...] cagón, cagajón, cagarria, jiñado, rilado, culeras, mojaculos [...] mierda, mierdica...» AI.

cagarrinas *s. pl.* diarrea.
«...se ha hecho un chalet con veintidós retretes, y agrega que ojalá le sobrevengan cagarrinas a dicho sujeto y los encuentre todos ocupados.» Eduardo Mendoza, *Sin noticias de Gurb.* ❙ «Seguro que nos metieron matarratas para darnos cagarrinas.» M. Vázquez Montalbán, *El delantero centro fue asesinado al atardecer.*

cagarro *s.* excremento.
«...los culos [...] pensamos qué bonitos [...] si no existiera pensaríamos: puaj, por aquí salen los cagarros...» El Jueves, 13.5.98. ❙ «¿Qué ve la escritora en un papel en blanco cuando Manuel la deja? Un pozo negro. Un hombre enfermo. Un cagarro.» Cuca Canals, *La hescritora.*

cagarruta *s.* excremento.
«Con ustedes el magacine Cagarrutas Danzarinas...» El Jueves, 8-14 abril, 1998. ❙ «También me recogéis cagarrutas de oveja, que no hay mejor abono para los geraneos.» María Teresa Campos, *Cómo librarse de los hijos antes de que sea demasiado tarde.* ❙ «Y mézclase pan, boñiga, cagarruta y gallinaza.» Villarroel, *Obras,* DH. ❙ ▪ «Ahora todas las calles están llenas de cagarrutas.» ✓ DRAE: «f. Porción de excremento de ganado menor y, por ext., de otros animales».❙

cagata *s.* cobarde.
«Son gángsters cagatas, ventajistas de poca monta.» Raúl del Pozo, *Noche de tahúres.*

cagatintas *s.* oficinista.
«Cagatintas. En sentido despectivo, oficinista.» Caballero, *Modismos,* DH. ❙ ▪ «Mi hermana se ha casado con un cagatintas que no gana un real.» ✓ DRAE: «m. fam. despect. oficinista».❙

2. escritor mediocre.
«No sé qué pensará esta morralla cagatintas...» A. Zamora Vicente, *Mesa, sobremesa.* ❙ ▪ «Sus libros son malísimos porque es un cagatintas, nada más.»

cagatorio *s.* lavabo, retrete, baño.
«El que está en el cagatorio / y tiene dura la masa, / ¿quién dirá que allí no pasa / las penas del Purgatorio?» Anónimo, DH. ❙ ▪ «Marta está otra vez en el cagatorio, debe tener cagaleras.»

cagódromo *s.* lavabo, retrete, baño.
«Una vez en el cagódromo corrí un discreto velo sobre el cerrojo para que no hubiera interruptus...» C. Pérez Merinero, *La mano armada.* ❙ «Cagódromo. Váter.» VL. ❙ «Cagódromo: retrete, letrina.» JMO. ❙ «Cagódromo. Retrete.» S. ❙ ▪ «Tenías que ver el cagódromo que tienen en su casa, qué sucio.»

cagón *s.* cobarde, timorato.

«Pasa, hombre, no seas cagón...» Ladislao de Arriba, *Cómo sobrevivir en un chalé adosado.* ▌«...insultos doblemente ofensivos gracias al elemento escatológico y tabú para manchar (nunca mejor dicho) el honor del interpelado: [...] cagón, cagajón, cagarria, jiñado, rilado, culeras, mojaculos [...] mierda, mierdica...» AI. ▌«Al monte me fui a cagar, / y cagué un montón de mierda. / A eso le llamo yo cagar, / y no a estos cagones de mierda, /que dice que van a cagar, / y no cagan una mierda.» José María Zabalza, *Letreros de retrete y otras zarandajas.* ▌«Cagón. Por traslación significa el que tiene poco ánimo y es mui cobarde.» *Diccionario de autoridades,* 1726, DH. ▌«De puro cagón nos hiciste a todos la puñeta.» Ricardo Montero, *Diccionario de nuevos insultos, maldiciones y expresiones soeces.* ▌«Está bien, soy un cagón... tengo miedo.» Roma Mahieu, *La gallina ciega,* 1980, RAE-CREA. ▌«Es un cagón de retaguardia...» Rodolfo Santana, *Mirando al tendido,* 1991, RAE-CREA. ☑ DRAE: «fig. y fam. Dícese de la persona muy medrosa y cobarde. Ú. t. c. s.».▌

2. niño.

«Gracias, Pera, para alimentar a mi cagón.» Alejandro Jodorowsky, *Donde mejor canta un pájaro,* 1998, RAE-CREA. ▌«...pobrecillo —decía ella acariciándole el culo—. Mi cagoncito.» Tiempo, 30.4.90. ▌◾ «El cagón de tu hijo es insoportable; no para de berrear.»

3. que defeca.

«La paloma es un animal cagón.» P. Antilogus, J. L. Festjens, *Anti-guía de los conductores.* ▌«...habían abierto una profunda zanja para el alcantarillado, donde los cagones dejaban allí sus señales, encontrándolo propicio para bajarse las bragas.» José Gutiérrez-Solana, *Madrid callejero, Obra literaria, II.* ▌«Que exonera el vientre muchas veces.» DH.

cagoncete *s.* niño.

«...a cambiarle los pañales al cagoncete...» ABC Electrónico, 42826, 1997. ▌◾ «Los del quinto tienen dos cagoncetes más guapos y gorditos, son preciosos.»

cagüen *expr.* me cago en.

«¡Cagüen tos sus muertos!» R. Gómez de Parada, *La universidad me mata.* ▌«¡Cagüen tal!» Miguel Martín, *Iros todos a hacer puñetas.* ▌«¡Me cagüen...!» María Teresa Campos, *Cómo librarse de los hijos antes de que sea demasiado tarde.*

cagueta(s) *s.* cobarde, timorato.

«...se refiere especialmente al perverso de San Sebastián y al pávido cagueta de Bilbao...» A. Ussía, ABC, 1.2.98. ▌«¡Caballero, no se quede como un cagueta a la puerta del taller!» P. Antilogus, J. L. Festjens, *Anti-guía de los conductores.* ▌«A Cristóbal Escolano Larriba, por mote el Caguetas...» Andrés Berlanga, *La gaznápira.* ▌«...porque es un cagueta y no ha metido en vara a los curas...» Ignacio Aldecoa, *El fulgor y la sangre.* ▌«¡Si hubiese cogido unas purgaciones a tiempo, este hijo mío, no sería tan caguetas, no señor!» Juan Marsé, *La oscura historia de la prima Montse.* ▌«¡A ver si encima de maricón eres un cagueta!» Álvaro Pombo, *Los delitos insignificantes.* ▌«...si es una broma, coño, dijo, caguetas,...» Juan Marsé, *Si te dicen que caí.*

caguetis *s.* miedo.

«Caguetas / Caguetis. Miedo.» S. ▌«Les entra la caguitis al pensar en el despido.» JM. ▌«Caguetis: miedo, cobardía.» JMO. ▌«Caguetis. Miedo.» VL. ▌◾ «Lo siento, pero le tengo caguetis a la operación.» ☑ *caguitis* es variante. No se ha podido documentar fuera de diccionarios.▌

caguitis ▸ *caguetis.*

caiga quien caiga *expr.* pase lo que pase, actuar sin considerar las consecuencias.

«Pase lo que pase, cueste lo que cueste, y caiga quien caiga, hay que apostar por un paraíso de confort...» J. Giménez-Arnau, *Cómo forrarse y flipar con la gente guapa.* ▌«Y vas, caiga quien caiga, ¿no? O sea, a la desesperada...» José Luis Martín Vigil, *Los niños bandidos.*

Caín, pasar las de Caín *expr.* pasarlo mal, sufrir, padecer.

«Sufrir, padecer, trabajar mucho.» DH. ▌«Hay que ver cómo pasa las de Caín el pobre...» B. Pérez Aranda *et al.*, *La ex siempre llama dos veces*. ❚ ▪ «Los inmigrantes pasaron las de Caín hasta que se abrieron camino en Nueva York.»

cairel *s.* pie.
«Me jumean los caireles. Me huelen los pies.» R. Gómez de Parada, *La universidad me mata.*

caja *s.* ataúd.
«Quedó su cuerpo depositado en una caja o ataúd decente.» Diego de Torres Villarroel, *Obras,* DH. ❚ ▪ «Ayer estuve hablando con él y ahora ya está en la caja, para que veas.» ✓ estándar coloquial.❚

2. caja b *s.* dinero negro, ilegal.
«Remedios cobra en dinero negro [...] Mi mujer la paga por caja B.» Ladislao de Arriba, *Cómo sobrevivir en un chalé adosado.*

3. caja tonta *s.* televisión.
«...pese a los recursos técnicos que la caja tonta tenía, sus platós...» El Mundo, 11.11.95. ❚ «Por si fuera poco, en los últimos años la mal llamada caja tonta se ha convertido también en una fábrica de talentos.» El Mundo, 18.6.99. ❚ «...ante la inesperada ofensiva de los pediatras contra la caja tonta.» Carlos Fresneda, El Mundo, 6.8.99. ❚ «La evidencia me la dio uno de los más grandes talentos de la denostada caja, Narciso Ibáñez Serrador...» Concha García Campoy, ABC, 9.10.99. ❚ ▪ «La caja tonta es un gran invento pero embrutece al personal.»

4. echar (despedir) a alguien con cajas destempladas *expr.* despedir, echar a alguien con malos modos.
«...creyó que su negocio peligraba e intentó echarlo de allí a [sic] cajas destempladas.» María Antonia Valls, *Tres relatos de diario.* ❚ «¿Lo despido con cajas destempladas...?» Mario Vargas Llosa, *La tía Julia y el escribidor,* 1977, RAE-CREA. ❚ «...echó a Felipe de la casa con cajas destempladas.» Ignacio Solares, *Nen, la inútil,* 1994, RAE-CREA. ✓ el *Diccionario de autoridades* dice: «En la milicia es echar de alguna compañía o Regimiento al soldado que ha cometido algún delito ruin e infame, por lo cual no se le quiere tener dentro de las tropas: para cuyo efecto se destemplan las cajas (los

tambores), y, tocándolas, se le sale acompañado hasta echarle del lugar.» ▸ *El porqué de los dichos* de J. M.ª Iribarren.❚

5. fuera de caja *expr.* incómodo, fuera de lugar.
«A este sentirse fuera de caja, de saberse engorro y pegote...» Ángel Palomino, *Madrid, costa Fleming.*

cajón, ser de cajón *expr.* lo normal, lo que se debe hacer.
«Era un asunto de cajón.» Fernando Repiso, *El incompetente.* ❚ «No. Pero es de cajón.» Lidia Falcón, La Revista del Mundo, 8.8.99. ✓ DRAE: «fr. fig. y fam. Ser evidente, obvia, estar fuera de toda duda o discusión».❚

cala *s.* peseta.
«El hermano de Lady Di cobra 2500 calas por visitar su tumba.» El Jueves, 21-27 enero, 1998. ❚ «...pues nada, tres mil calas.» Juan Madrid, *Un beso de amigo.* ❚ «...va y se lía con unos niños bien que le den dos mil calas...» Ernesto Caballero, *Squash,* 1988, RAE-CREA. ❚ «Ofrecen diez mil calas por lo bajo.» Andreu Martín, *Amores que matan, ¿y qué?* ❚ «Yo era un joven escritor sin una cala...» C. Pérez Merinero, *La mano armada.* ❚ ▪ «Me debes veinte calas de ayer, de la merienda que pagué yo.» ✓ de *calandria.* No en DRAE.❚

calabacín *s.* pene.
«Me bajo los pantalones y los calzoncillos —recién estrenados esta mañana, sin palominos ni nada— y, al contemplar el calabacín que me gasto, se lleva las manos a la cara...» Carlos Pérez Merinero, *Días de guardar.*

calabaza *s.* cabeza.
«...y se movió arriba y abajo con un frenesí del carajo —sobre todo eso, del carajo— al tiempo que con su calabaza...» C. Pérez Merinero, *La mano armada.* ❚ «...concluían por pegarse garrotazos en la calabaza.» José Gutiérrez-Solana, *Madrid callejero, Obra literaria, II.* ❚ ▪ «Con esa calabaza que tienes ya te podías poner a estudiar, chico.»

calabazas, dar calabazas *expr.* rechazar proposición amorosa.

«Porque a mí me parece que nadie trabaja bien cuando sufre dolor de estómago [...] o porque Fulanita le acaba de dar calabazas fenomenales.» Álvaro de Laiglesia, *Hijos de Pu.* ❙ «La abuela también te había llamado mula terca [...] cuando le diste calabazas [...] al Caguetas en su última tentativa...» Andrés Berlanga, *La gaznápira.* ❙ «...como vuelva con calabazas, que es como antes se definían los noes de las chicas. Ahora se dice que te han dado un corte.» A. Gómez Rufo, *Cómo ligar con ese chico que pasa de ti o se hace el duro.* ❙ «...y está seguro de que cualquier chica que le dé calabazas se arrepentirá cuando lo piense dos veces.» You, enero, 1998. ❙ «Serenata ideal para quien te ha dado calabazas...» R. Montero, *Diccionario de nuevos insultos...* ❙ «Yo creo que en el PSOE las únicas personas que no le han dado calabazas a Borrell...» Jaime Campmany, ABC, 7.2.99. ✓ DRAE: «fig. y fam. Desairar o rechazar la mujer al que la pretende o requiere de amores». Ahora los hombres también dan calabazas.❙

2. suspender examen.
«Exigía gran rigor en los exámenes y sus clases eran de obligada asistencia bajo pena de lesa calabaza.» Andreni, A las barricadas, 1-7 junio, 1998. ❙ «Como no estudies te van a dar calabazas, so tonto.» DCB. ✓ DRAE: «fr. fig. y fam. Reprobar a uno en exámenes».❙

calada *s.* chupada de cigarrillo o cigarro.
«...dio otra calada al cigarrillo...» Ángel A. Jordán, *Marbella story.* ❙ «Le di la última calada a mi último cigarrillo...» Cómic Jarabe, n.° 4, 1996. ❙ ▪ «¿Me das una calada del pito ése que fumas?» ✓ es castellano estándar.❙

calamata *s.* calamares.
«—Bocata de calamata marchando. —Me retiré a un extremo de la barra.» Jorge Martínez Reverte, *Demasiado para Gálvez,* 1979, RAE-CREA.

calambre *s.* diversión.
«...si quiere saber dónde se pueden echar unas risas, ver modeleo de altura o disfrutar de un calambre a tope...» Luis Ignacio Parada, ABC, 13.12.98.

calandria *s.* peseta.
«...*calandrias,* pesetas...» Fernando Lázaro Carreter, *El dardo en la palabra.* ❙ ▪ «Ese viejo con sombrero me ha dado cien calandrias de propina.»

calar *v.* percatarse, darse cuenta.
«Estas ropas [...] les caen peor que a un obispo dos pistolas, así que por ahí se les puede calar.» Manuel Giménez, *Antología del timo.* ❙ «...Roberto y Pedrín se disfrazan [...] pero los malos los calan nada más verlos.» A. Sopeña Monsalve, *El florido pensil.*

calati *s.* peseta.
«Calati: peseta.» JGR. ❙ «Calatis: pesetas.» JV. ❙ «Calati. Peseta, cala, púa, pela.» Ra. ❙ ▪ «He tenido que soltar cuatrocientas calatis por el tabaco, tío.» ✓ no se ha podido documentar fuera de diccionarios.❙

calavera *s.* hombre mujeriego y atolondrado.
«De joven era un calavera, un vivalavirgen juerguista...» Jaume Ribera, *La sangre de mi hermano,* 1988, RAE-CREA. ❙ «...audaz y temerario, sino un calavera más bien apocado...» ABC Cultural, 24.5.96. ❙ ▪ «Ella es una mártir porque su marido le ha salido calavera.» ✓ DRAE: «fig. Hombre dado al libertinaje».❙

calcado ▶ *clavado.*

calcetín *s.* condón.
«Calcetín. Es metáfora formal (el preservativo semeja un calcetín).» DE. ❙ «Calcetín. Preservativo.» JMO. ❙ ▪ «Sin calcetín yo no te follo, tía.»

2. ir a golpe (darle al, tirar de) de calcetín *expr.* caminar, ir a pie.
«...me subí el cuello de la chaqueta para protegerme del frío y le di al calcetín...» C. Pérez Merinero, *La mano armada.* ❙ «Ir a golpe de calcetín.» JM. ❙ «Lo mejor de esto de tirar de calcetín es que no se le escapa a uno [...] ninguna tía.» C. Pérez Merinero, *Días de guardar.* ❙ ▪ «Hemos venido a golpe de calcetín desde mi casa.»

calcitas *s.* cobarde, miedoso.
«...el tema de la virilidad enlaza en español el miedo con la falta de autoridad (se pre-

supone que el líder debe ser valiente)... De ahí bragas, bragazas, calzorras, calcitas, faldero.» AI.

calco, echar un calco *expr.* copular.
«Es castellano coloquial que se usa en la locución *echar un calco,* echar un polvo.» DE.

2. calcos *s. pl.* zapatos, pies.
«Calcos. Vale por zapatos y su origen es anterior al nacimiento del cheli...» Francisco Umbral, *Diccionario cheli.* ▌«Calco: zapato.» Manuel Giménez, *Antología del timo.* ▌«...y comprobó que el césped que pisaba le había empapado los calcos y los calcetines.» Fernando Martínez Laínez, *La intentona del dragón.* ▌«Quitándose los ponientes / torna al calco de su vía.» J. Hidalgo, *Romances de germanía,* DH.

calcorros ▶ *calco, calcos.*

calda *s.* calor.
«Con la calda que hay, en el centro hay para exhibición de carnes...» El Víbora, n.° 143. ▌«Calda. Caliente.» DH.

caldo *s.* gasolina.
«Caldo. Gasolina.» VL. ▌«Caldo. Gasolina.» S. ▌«Caldo. Gasolina, gasofa.» Ra. ▌«Caldo: gasolina.» JGR. ▌■ «Para en esa gasolinera a comprar dos mil de caldo.» ✓ no se ha podido documentar fuera de diccionarios.▌

2. caldo de teta *s.* leche.
«...con mi voz más triste y rastrera murmuré: —Nene caldo-teta, caldo-teta nene...» Juan Marsé, *La oscura historia de la prima Montse.*

3. hacer el caldo gordo *expr.* adular, ayudar.
«...los mismos charnegos que hicieron el caldo gordo al franquismo...» Vázquez Montalbán, *La soledad del manager,* 1977, RAE-CREA. ✓ DRAE: «fr. fig. y fam. Obrar de modo que aproveche a otro, involuntaria o inadvertidamente por lo general».▌

4. ¿no quieres caldo? Pues dos tazas *expr.* tener que aguantar, aceptar, más de lo que uno quería.
«¿No quieres caldo? Pues toma dos tazas.» B. Pérez Aranda *et al., La ex siempre llama dos veces.*

5. poner a caldo *expr.* regañar, criticar.
«...¿es que tú no has tenido nunca un muerto así, en casa, de esos que se van, que se van, y duran y duran, y te ponen a caldo?» A. Zamora Vicente, *Mesa, sobremesa.* ▌«Le puse a caldo un rato y luego dije que bueno...» José Ángel Mañas, *Sonko95.* ▌«...una chica a la que todos ponen a caldo.» Gomaespuma, *Familia no hay más que una.* ▌«...utilizaron las libertades de prensa [...] para poner a caldo la monarquía...» Gomaespuma, *Grandes disgustos de la historia de España.* ▌«La han puesto a caldo en Madrid.» Tómbola, Telemadrid, 29.10.98. ▌«Hasta que la pilló mi padre y la puso a caldo...» María Antonia Valls, *Tres relatos de diario.* ▌«...cuando Pote Huerta, un joven editor *high tech* con un par de buenas razones puso a caldo a los grandes tiburones del mundo editorial...» Qué leer, enero, 1999.

6. ponerse a caldo *expr.* excitarse sexualmente.
«¿Ves?, tanto mirar debajo de las mesas, te pones a caldo y la que paga el pato es tu novia.» Ángel Palomino, *Las otras violaciones.* ▌«El del brazo en cabestrillo aprovecha el susto de la tía del lacito para arrimarse todavía más a ella. Le está poniendo la retaguardia a caldo.» C. Pérez Merinero, *Días de guardar.*

cale *s.* calefacción.
«Pon la cale que ya hace frío en la casa.» CO, Vicenta Basset. ▌■ «¿Está puesta la cale, que hace un frío que pela?»

calé *s.* gitano.
«Pero esa boda estará mal vista entre los calés.» Francisco Umbral, *Balada de gamberros.* ▌«Un chiquilicuatro y un calé...» Ángel María de Lera, *Los clarines del miedo.* ▌■ «A los calés, a los gitanos, les gusta mucho bailar y cantar.»

calentador *s.* pistola.
«Empecemos a hablar como amigos y según vaya el rollo, guardaré el calentador.» Andreu Martín, *El señor Capone no está en casa.*

calentar *v.* golpear, pegar.
«...si no me satisfaces de verdad conocerás la madera que va a calentarte... ¿compren-

dido?» SM Comix, n.º 29. ▌ «Dime que nunca has calentado a alguien que me voy a mear de risa.» Juan Madrid, *Flores, el gitano*. ▌«Con razón mucha o poca, / la espalda calentar al más robusto...» Eugenio Hartzenbusch, *Obras,* DH. ▌▪ «¡Te voy a calentar el culo como te portes mal, Jaimito!»

2. enfadar.

«Será cara dura. No me calientes, Balbino...» Ramón Ayerra, *La lucha inútil,* 1984, RAE-CREA. ▌«Mira, Nuri, no me calientes que nosotros poemos ser muy bestias...» Javier García Sánchez, *La historia más triste,* 1991, RAE-CREA. ▌ «Me vinieron a decir eso y yo, pues me calenté, ya le digo, el que me busca me encuentra.» Juan Madrid, *Crónicas del Madrid oscuro.* ▌ «No calientes a tu padre con tanta pregunta que luego te pega un sopapo y verás.» DCB. |✓ DRAE: «prnl. fig. Enfervorizarse en la disputa o porfía».|

3. excitar sexualmente.

«Habíamos quedado en que no habría relaciones sexuales mientras durara el tratamiento... Me calenté. A cualquiera le pasa.» Raúl Sánchez, *Adriana.* ▌ «Se calienta imaginando a la jamaicana, cimbreando su cuerpo...» José Luis Muñoz, *Pubis de vello rojo.* ▌▪ «Me calienta verla con esa minifalda y ese escote de muérete.»

calentón *s.* subida de excitación sexual.

«...y un calentón le encendía hogueritas por todo el cuerpo...» Ramón Ayerra, *La lucha inútil,* 1984, RAE-CREA. ▌▪ «Josefa y yo nos hemos dado un calentón en el cine que me duelen hasta los cojones.» |✓ ▶ *huevo, recalentón de huevos.*|

2. *s.* hombre excitado sexualmente.

«...le dejé meterme mano en el cine y se puso a mamar, el muy calentón.» R. Montero, *Diccionario de nuevos insultos...* ▌▪ «El viejo del tercero es un calentón que trata de arrimarse en el ascensor.» |✓ ▶ *calentona.*|

calentona *s.* mujer promiscua.

«Si fuera al revés, si una mujer adoptara esa actitud, enseguida la llamarían calentona.» María Antonia Valls, *Para qué sirve un marido.* ▌ «...eran las que mis primos y los hermanos de mis compañeras de colegio llamaban calentonas...» María Antonia Valls,

Tres relatos de diario. ▌ «Va por el mundo promocionando su castidad, con el secreto deseo de que no la crean y la confundan con una calentona.» R. Montero, *Diccionario de nuevos insultos...* ▌ «Es usted una golfa y una calentona.» Vanessa Davies, *Un premio inesperado.* |✓ no en DRAE. ▶ *calentón.*|

calentorra *s.* mujer promiscua.

«Tendré que ponerte freno antes de que acabes conmigo, calentorra.» Terenci Moix, *Garras de astracán.* ▌ «...por más que tuviera sólo quince años para dieciséis, podía ser una calentorra buscona, de las que saben aprovechar...» Jaime Romo, *Un cubo lleno de cangrejos.* ▌ «Para convencer a esa calentorra hay que meterle el nabo entre las patas.» Andreu Martín, *El señor Capone no está en casa.* ▌▪ «Juana mira mucho a los hombres, me parece una calentorra.»

calentorro *adj. y s.* sexualmente excitado.

«...haciendo reír con picardías de viejo calentorro.» Luis Landero, *Juegos de la edad tardía,* 1989, RAE-CREA. ▌▪ «Mi marido es un calentorro que me mete mano a todas horas y no me deja en paz.»

calentura *s.* excitación sexual.

«...coge el ofertante la pluma para transmitir [...] el nebuloso volcán encendido en tantas vigilias célibes; mas como esa calentura célibe es impudorosa...» Manuel Longares, *La novela del corsé,* 1979, RAE-CREA. ▌ «...cuando ambos andaban con el demonio de la calentura, él le confesó...» Rafael Ramírez Heredia, *Al calor de campeche.* ▌▪ «En cuanto me desnudo a mi marido le da la calentura y me lleva a la cama.»

caletre *s.* inteligencia, ingenio, cabeza, talento.

«...quizá recién inventado en el caletre de la Paquita...» Mariano Tudela, *Últimas noches del corazón.* ▌ «...me salió del caletre cuando buscaba nombre a la empresa.» M. Vázquez Montalbán, *La historia es como nos la merecemos.* ▌ «Hombres todos de chapa y de caletre, / que pueden gobernar...» Miguel de Cervantes, *Teatro,* DH. |✓ DRAE: «1. m. fam. Tino, discernimiento, capacidad».|

calibre, ser del mismo calibre *expr.* ser igual.

«Y todas las excursiones eran del mismo calibre.» A. Sopeña Monsalve, *El florido pensil.* ▌ «Era aquel don Pánfilo Natera, que con Villa y otros del mismo calibre hizo la revolución...» Tomás Mojarro, *Yo, el valedor,* 1985, RAE-CREA. ▌ «...y toda una serie de amenidades del mismo calibre...» Miguel Sánchez-Ostiz, *Un infierno en el jardín,* 1995, RAE-CREA.

calicata(s) *s. pl.* nalgas.

«Calicatas: culo, glúteos.» JV. ▌ «Calicatas: culo, nalgas.» JMO. ▌ «Calicatas. Culo.» VL. ▌ «Calicata. Jebe, caca, culo, glúteo.» Ra. ▌ «Las calicatas es el nombre del culo, pero yo prefiero pompis porque es mucho más finolis.» DCB. ✓ no se ha podido documentar fuera de diccionarios.▌

caliche *s.* coito.

«El caliche: el coito.» JV. ▌ «Caliche: coito.» JMO. ▌ «Caliche. Polvo, flis, kiki.» Ra. ✓ no se ha podido documentar fuera de diccionarios.▌

2. echar un caliche *expr.* copular.

«Caliche: coito.» JMO. ▌ «Viene a la capital tan sólo por echar un caliche.» JM. ▌ «El caliche: el coito.» JV. ▌ «Esta noche voy a ver si echo un caliche con la hija de la portera.» DCB. ✓ no se ha podido documentar fuera de diccionarios.▌

calientabraguetas *s.* mujer que acepta escarceos pero niega el acto sexual.

«...recházalos con una sonrisa y un poco de conversación, pero con claridad, sin ambigüedades, que, si no, terminarán por pensar que eres una calientabraguetas.» A. Gómez Rufo, *Cómo ligar con ese chico que pasa de ti o se hace el duro.* ▌ «Es por la calientabraguetas de la Fueguiña...» Juan Marsé, *Si te dicen que caí.* ▌ «Resumiendo, que tengo que ir más de calientabraguetas para tener éxito...» Jaime Romo, *Un cubo lleno de cangrejos.* ▌ «Con la Luisa no llegarás jamás a nada, es una calientabraguetas que quiere llegar virgo al matrimonio.» DS. ✓ ▶ *calientapichas, calientapollas.*▌

calientapichas *s.* mujer que acepta escarceos pero niega el acto sexual.

«Calientapichas: la mujer (o el homosexual) que consiente en caricias sexuales preliminares, pero no admite llegar a la satisfacción de la cópula.» JMO. ▌ «Calientapichas. Mujer que consiente el magreo pero no la cópula sexual.» VL. ▌ «Calientapichas. Mujer que excita (o parece que excita) a los hombres, o se deja acariciar y tocar pero no consiente en llegar al coito.» S. ▌ «No me gusta bailar con tu mujer porque es una calientapichas. ¿Lo sabías?» DCB. ✓ no se ha podido documentar fuera de diccionarios.▌

calientapollas *s.* mujer que acepta escarceos pero niega el acto sexual.

«Andrés tomó la mano de aquella escueta versión de tradicional calientapollas mística que tan locos parecía volverles a todos...» Almudena Grandes, *Modelos de mujer.* ▌ «Pero, ¿de qué se las da ese crío? Es un vulgar calientapollas.» Terenci Moix, *Garras de astracán.* ▌ «Bah, las tías son todas iguales. Unas calientapollas.» José Ángel Mañas, *Historias del Kronen.* ▌ «El calentón que me ha metido en la entrepierna no tiene nombre. Calientapollas se llama esa figura femenina, por si no lo saben.» C. Pérez Merinero, *Días de guardar.* ▌ «Ya te has puesto el vestido de calientapollas.» Miguel Martín, *Iros todos a hacer puñetas.* ▌ «Es una calientapollas, dictaminó en seguida Rovira...» Manuel Hidalgo, *Azucena, que juega al tenis.* ✓ para Cela, en DE, es «término despectivo que se aplica a la mujer que, permitiendo e incluso propiciando el magreo y aun coadyuvando a él, se niega al coito».▌

caliente *adj.* sexualmente excitado.

«...y después dicen que las italianas...; una negra es más caliente.» José María Carrascal, *Mientras tenga mis piernas.* ▌ «...Lynne notó que el flujo se le escapaba a raudales, y supo que Jonathan tenía que haberse dado cuenta de lo caliente que estaba...» Vanessa Davies, *Un premio inesperado.* ▌ «dijo Micaela / este tío está caliente.» Amelia Díe y Jos Martín, *Antología popular obscena.* ▌ «Estaba caliente, cachonda en el sentido clásico del término.» Almudena Grandes, *Las edades de Lulú.* ▌ «Lo más importante de una mujer es que sea caliente.» Juan Madrid, *Un beso de amigo.* ▮ «...y la tía va más caliente que una perra en celo.» Andreu Martín, *Prótesis.* ▮ «Caliente, se dice con particularidad de las hembras de los animales que están en celo.» Esteban de Terreros y Pando, *Diccionario castellano,* 1786. ✓ admite *poner(se) caliente, estar caliente.*▮

2. ebrio.

«...y se ponen ciegos de cerveza con lo que llegan al restaurante ya calentitos.» Gomaespuma, *Familia no hay más que una.* ▮ «En viéndolos calientes de licor...» Céspedes, *Soldado Píndaro,* DH. ▮▪ «Saturnino ha bebido mucho y anda bastante caliente.»

3. *s.* obseso sexual.

«Caliente o caliente mental. Persona obsesionada por el sexo.» VL. ▮ «Caliente: sexualmente fogoso.» JMO. ▮ «Caliente: ardiente, en celo.» JV. ▮ «Ser caliente. Tener un gran apetito sexual.» S. ▮▪ «Tu primo es un caliente que trata de sobarme constantemente.» ✓ DRAE: «fr. fig. Ser lujurioso, muy propenso al apetito sexual». No se ha podido documentar fuera de diccionarios.▮

4. *s.* jerga marginal.

«Caliente. Argot de la delincuencia profesional.» JGR. ▮ «Caliente: jerga en la que se entienden los delincuentes.» Manuel Giménez, *Antología del timo.* ▮ «En caliente puta es lumis, cisnes o jais, que viene de alhajai o alhajada, o sea, llena de joyas.» Juan Madrid, *Crónicas del Madrid oscuro.*

5. patata caliente ▶ *patata, patata caliente.*

6. poner(se) caliente *expr.* excitar(se) sexualmente.

«Eso lo dije para ponerla caliente y que se acostara conmigo.» Andreu Martín, *El señor Capone no está en casa.* ▮▪ «No es prudente que el niño mire esas revistas guarras porque se pone caliente.»

calimocho *s.* vino y coca cola.

«...de un tiempo a esta parte se ha consolidado el calimocho como compañero de fatigas de la litrona...» Mala impresión, revista de humor con caspa, n.° 1. ▮ «Hacíamos pellas para beber calimocho.» ABC, 19.4.98. ▮ «Puestos de hamburguesas, calimocho, churros y bocadillos de panceta servían de recibimiento al festivalero antes de entrar...» El Mundo, 24.8.98. ▮ «A ver si saben hacer calimocho.» Pedro Casals, *Disparando cocaína.* ▮ «...miles de individuos amarrrados a litronas llenas de calimocho y las botas insumisas manchadas de vomitonas.» La Luna, El Mundo, 18.6.99. ▮ «Me acerco a un puesto ambulante y pido un kalimotxo, bebida autóctona que consiste fundamentalmente en vino malo y Coca-Cola.» Álex de la Iglesia, *Payasos en la lavadora.*

2. cópula, copular.

«Eché un calimocho con una negrales —del Camerún decía que era—.» C. Pérez Merinero, *Días de guardar.*

caliqueño, echar un caliqueño *expr.* copular.

«Eché un caliqueño con una negrales.» C. Pérez Merinero, *Días de guardar.* ▮ «...y allí echaba el hombre sus buenos caliqueños, sobre todo cuando aterrizaban pupilas nuevas, y como era amigo de la madame...» Ramón Ayerra, *Los ratones colorados.* ▮ «Tendría que haber puticlubs de guardia, como las farmacias. Así me iría ahora [...] y perdería el tiempo echando algún caliqueño que otro.» C. Pérez Merinero, *Días de guardar.*

calisto *s.* gitano.

«Xalixto: gitano.» Manuel Giménez, *Antología del timo.* ▮ «Calisto. Gitano.» JGR. ▮ «Calixto. Gitano, calorro.» Ra. ✓ tiene la variante *calixto.* No se ha podido documentar fuera de diccionarios.▮

calitrompa *adj.* ebrio, borracho.

«...pero anda algo calitrompa.» Andrés Berlanga, *La gaznápira.*

callado, más callado que un muerto *expr.* persona muy tranquila y de pocas palabras.

«...El Pituso, un tapón fornido y dicharachero, tieso y más callado que un muerto.» M. Sánchez Soler, *Festín de tiburones.*

*callar(se) cf. (afines) achantar, no abrir la *boca, tapar la *boca, chitón, echar el *cierre, meterse la lengua en los *cojones,

cal

114

correr un tupido velo, cortar, cremallera, meterse la lengua en el *culo, echar el cierre, achantar el *mirlo, no decir ni *mu, hacer *mutis, achantar la *muy, no decir *palabra, cerrar el *pico, no decir ni *pío, callarse como *putas, callar como un *puto.

callazo ▶ *callo.*

***calle** cf. (afines) ancha, ca, licha, polvorosa, rue.

calle, calle (camino) de la amargura *expr.* experiencia estresante y angustiosa.

«Vive con la abuela a la que trae por la calle de la amargura.» Gomaespuma, *Familia no hay más que una.* ▌ «Lo traía por la calle de la amargura, diciéndole siempre lo que tenía que hacer.» María Antonia Valls, *Tres relatos de diario.* ▌ «...me resolvería un problema que desde hace años me trae por la calle de la amargura.» C. Pérez Merinero, *Días de guardar.* ▌ «El trabajo le lleva por el camino de la amargura.» You, marzo, 1998. ▌ «...y aquello me traía por la calle de la amargura...» Mercedes Salisachs, *La gangrena,* 1975, RAE-CREA. ▌ «...no hay derecho a que me traiga arrastrada por la calle de la amargura.» Carmen Martín Gaite, *Nubosidad variable,* 1992, RAE-CREA.

2. echar a (plantar en) la calle *expr.* despedir, despachar.

«El asunto que me aproxima a mí a esta casa, no se manipula ni especifica echándome a mí a la calle sin oírme.» J. M.ª de Pereda, *Obras,* DH. ▌ ▪▀ «Por motivos de reestructuración en la empresa, me han echado a la calle.»

3. en la calle *expr.* desempleado, parado.

«Y me quedé en la calle, en la que me hallo con mi mujer y dos hijos pequeños.» José Cadalso, *Obras,* DH. ▌ ▪▀ «Fracasó mi empresa y me he quedado en la calle otra vez.»

4. estar al cabo de la calle *expr.* saber, estar enterado.

«Bastaba con decir *la charla* para que cualquiera estuviese al cabo de la calle.» Rafael García Serrano, *Diccionario para un macuto.* ▌ «Todo el mundo en el vecindario estaba al

cabo de la calle de la relación existente entre ambos...» María Antonia Valls, *Tres relatos de diario.*

5. hacer la calle *expr.* ejercer la prostitución.

«...me preguntaba el motivo de que Celia estuviera haciendo la calle...» Javier Marías, *Mañana en la batalla piensa en mí.* ▌ «Siempre man dao pena las pobres, hacer la calle pa poder comer.» El Jueves, n.º 1083. ▌ «...se ganaba muy bien la vida haciendo la calle en el centro de la ciudad.» A. Matías Guiu, *Cómo engañar a Hacienda.* ▌ «¡Ya estoy hasta el coño de hacer la calle y que tú no hagas nada!» M. Vázquez Montalbán, *El delantero centro fue asesinado al atardecer.* ▌ «Si me preocupo por ella no es para meterla en chirona. ¿Qué hace? ¿La calle?» Andreu Martín, *El señor Capone no está en casa.* ▌ «La madre hace la calle, ya lo sabes...» J. L. Martín Vigil, *Los niños bandidos.*

6. ir a la puta calle *expr.* despedir, despachar.

«Si oigo queja sobre ti, te irás a la puta calle.» Juan Madrid, *Turno de noche.* ▌ «¡Si dices a alguien que me has visto reír, te vas a la puta calle!» Miguel Martín, *Iros todos a hacer puñetas.* ▌ «esa es mi regla de oro. Ese desgraciado no la ha aprendido... y a la puta calle.» Juan Madrid, *Las apariencias no engañan.*

7. llevar de calle *expr.* hacer conquistas amorosas, tener éxito con el sexo opuesto.

«...y un cuerpo perfectamente moldeado por el ejercicio físico, debía llevarse de calle a las chicas.» Luis Camacho, *La cloaca.* ▌ «Aquí no baila más que la gente de pupila, los que se traen de calle a las mujeres...» José Gutiérrez-Solana, *Madrid, escenas y costumbres, Obra literaria, I.* ▌ «...enseguida te pones bueno y sales a llevarte a las chavalas de calle.» Ignacio Aldecoa, *El fulgor y la sangre.* ▌ «...con eso de tener los labios gruesos y una pinta de zorrón de aquí te espero, se los lleva de calle...» A. Gómez Rufo, *Cómo ligar con ese chico que pasa de ti o se hace el duro.* ▌ «Eres el más alto, el más guapo, el de los ojos azules, siempre te las has llevado de calle y todo eso...» Jaime Romo, *Un cubo lleno de cangrejos.* ▌ «Con la pinta que tiene se las lleva de calle.» Ragazza, julio, 1997. ▌ «Salgo con esta pinta y me las llevo de calle.» Andreu Martín, *El señor Capone no está en casa.* ▌ «...se las llevaba de calle...» Ramón Ayerra, *Los ratones colorados.*

callejera *s.* prostituta que hace la calle.
«Callejera, la mujer que calleja... Algunas veces se toma por prostituta.» Esteban de Terreros y Pando, *Diccionario castellano.* ▌ «Mi barrio está bien durante el día, pero por la noche salen las callejeras y se pone la cosa mal.» DCB.

callo *s.* persona fea.
«No sabemos si a George Michael le pesan los años o los kilos, pero lo cierto es que se ha convertido en un callo con mayúsculas.» You, n.° 3. ▌ «...si no fuesen tan callos estarían listas, imagínate, con las nalgas moradas, en una casa con tanto tío suelto.» Ángel Palomino, *Las otras violaciones.* ▌ «...casi todas las buenas hermanas suelen ser bastante callos, más feas que Picio...» José María Amilibia, *Españoles todos.* ▌ «Uy, ésta [...] cayo malayo sin remisión...» El Jueves, 6-12 octubre, 1993. ▌ «...por lo guapas y amables que son las enfermeras. En los hospitales hay cada callo y cada cardo...» Álvaro de Laiglesia, *Hijos de Pu.* ▌ «...a esos callos no hay quien les mueva el esqueleto.» Luis Mateo Díez, *La fuente de la edad,* RAE-CREA. ☑ también *callo calígulo, malayo, callazo.*▌

2. dar el callo *expr.* trabajar.
«Pero el español cae en la trampa porque está cansado de dar el callo y quiere que le llegue el maná de arriba...» José M.ª Zabalza, *Letreros de retrete y otras zarandajas.* ▌ «...uno ha venido a este mundo a dar el callo...» Ramón Ayerra, *Los ratones colorados.*

3. pisar el callo *expr.* molestar, incordiar.
«Yo también tengo muy mala leche, pero sale muy de vez en cuando. Tienen que pisarme mucho el callo.» Ramón García, El Mundo, 7.8.99.

caló *s.* gitano.
«Al fin y al cabo, usted es caló, señor Flores.» Juan Madrid, *Turno de noche.*

2. idioma gitano.
«El pasota de hoy, aunque sin proponérselo, chamulla algo el carcelario, larga lo que puede en caló... chana cantidubi la jerigonza coloquial...» JV.

calorro *s.* gitano.
«...pero juego mi jurdó, y no soy un calorro de chabola, tengo domicilio...» Raúl del Pozo, *Noche de tahúres.* ▌ «Calorro: individuo de la etnia gitana.» Manuel Giménez, *Antología del timo.* ▌ «Si no eres un calorro como ellos, no te aceptan. Llevan su vida a su manera.» José Luis de Tomás García, *La otra orilla de la droga,* 1984, RAE-CREA. ▌ ◼ «Dos calorros y un payo.»

calostro *s.* semen.
«Calostros: líquido seminal.» JV. ▌ «Calostro. Semen. Mancha que produce el líquido seminal.» Ra. ▌ «Calostro: el semen.» JMO. ▌ «Calostro. Semen.» S. ☑ no se ha podido documentar fuera de diccionarios.▌

calveras *s.* calvo.
«La vieja se ha pirado con su leche a cuestas y ha ocupado su sitio un tío calveras con ojos saltones.» C. Pérez Merinero, *Días de guardar.* ▌ «Un calveras moreno con bigote y cazadora de cuero...» Andreu Martín, *Amores que matan, ¿y qué?*

***calvo** cf. (afines) bola de billar, calveras, calvorota, cocoliso, pelao, pelón, rizos.

calvo *s.* cabeza rapada, individuo agresivo de ideas conservadoras y fascistas.
«Calvo. Término despectivo para referirse a los cabezas rapadas.» Joseba Elola, *Diccionario de jerga juvenil,* El País Semanal, 3.3.96.

calvo, barrio de los calvos ▸ *barrio, barrio de los calvos.*

calvo ▸ *ocasión, la ocasión la pintan calva.*

calvorota *s.* calvo.
«Me he visto en el espejo como soy: calvorota...» A. Zamora Vicente, *Historias de viva voz.* ▌ «Blas Herrero Martínez tenía la cabeza pequeñita y muy apepinada y era bisojo y algo dentón, calvorota y pechihundido...» C. J. Cela, *El gallego y su cuadrilla.* ▌ «...va a evitar que se te asen los sesos, ape-

nas protegidos por los cuatro pelos de la calvorota.» Ladislao de Arriba, *Cómo sobrevivir en un chalé adosado.* ❚ «...ahora un calvorota de cabeza apepinada al que faltaban tres dientes...» Alberto Vázquez-Figueroa, *Caribes,* 1988, RAE-CREA.

calzarse *v.* copular.

«Mire, yo me he calzado a muchos hombres, muchos, pero aún no he encontrado la horma de mi zapato.» Manuel Hidalgo, *El pecador impecable.* ❚ «...amores de una menor siempre acarrean desgracias, y más si es el profesor el que a la alumna se calza.» Jaime Campmany, ABC, 9.8.98. ❚ «Sin renunciar a follarse a una, a jodérsela, a picársela, zumbársela, tirársela, calzársela, cepillársela, apalancársela.» Luis Goytisolo, *Recuento,* en DE. ❚ «A un chorbo que entró conmigo y compartía mi chabolo lo sacaron del período para calzárselo entre tres.» José Luis Martín Vigil, *Los niños bandidos.* ❚ «...se la había calzado ese día un marinerín gallego...» Ramón Ayerra, *Los ratones colorados.*

calzón, bajarse los calzones *expr.* humillarse.

«Mi corazón, acorazado como un callo / aún necesita saber como te pones al ver / cuando se bajan los calzones.» Extremoduro, CD, 1997: *Iros todos a tomar por culo, Tu corazón.*

calzonazos *s.* cobarde.

«...este fulano, fulángano, fulanganazo, calzonazos, maricón...» A. Zamora Vicente, *Mesa, sobremesa.* ❚ «...bueno por naturaleza, pacífico, calzonazos, incapaz de matar una mosca...» Ignacio Fontes, *Acto de amor y otros esfuerzos.* ❚ «...ocasión que aprovechó el resto de la tripulación para huir, calzonazos.» Gomaespuma, *Grandes disgustos de la historia de España.* ❚ «Pues lárgate, no te necesitamos, eres un calzonazos, un estorbo.» Mariano Sánchez, *Carne fresca.* ❚ «Todos sois igual: calzonazos de mierda. ¡Fuera, lárgate!» Juan Marsé, *La oscura historia de la prima Montse.* ❚ «...una especie de mesa camilla con gafas de mariposa que hacía de guardasecretos del anterior director, un calzonazos al que sólo le gustaban...» Jaime Romo, *Un cubo lleno de cangrejos.* ❚ «Lo dije para po-

nerte en ridículo, calzonazos.» Andreu Martín, *El señor Capone no está en casa.* ❚ «Se da media vuelta y va en busca del jerez. Desde luego, los hay calzonazos.» C. Pérez Merinero, *Días de guardar.*

2. hombre dominado por su mujer.

«Era como un padre demasiado calzonazos...» Terenci Moix, *Garras de astracán.* ❚ «¿Es que tú te has creído que yo soy un calzonazos, como el marido de tu hermana o como la puta de tu prima?» M. Vázquez Montalbán, *La rosa de Alejandría.* ❚ «El drama del débil del calzonazos, del títere dominado por la perversidad lerda y necia de su mujer.» A. Ussía, ABC, 19.7.98. ❚ «...no te casarás, como tu abuela, con un calzonazos, que no hay otro palabro para él...» Andrés Berlanga, *La gaznápira.* ❚ «...qué calzonazos, unos chisgarabís de la cabeza a los pies...» Ramón Ayerra, *Los ratones colorados.* ❚ «Dice usted que es ridículo el ser un calzonazos y que es un pobre hombre todo Juan Lanas.» Mariano José de Larra, *Obras,* DH. ✓ DRAE: «m. fig. y fam. Hombre de carácter débil y condescendiente».❚

calzoncillos, bajarse los calzoncillos *expr.* humillarse.

«Me bajo los pantalones y los calzoncillos...» C. Pérez Merinero, *Días de guardar.* ❚ ◼ «Me niego a bajarme los calzoncillos y aceptar esa oferta tan baja.»

2. dejar en calzoncillos *expr.* dejar sin dinero a alguien.

«Las últimas facturas de ropa y calzado para los niños me han dejado en calzoncillos; no me queda dinero ni para un café.» FV. ❚ «Dejar en calzoncillos. Dejar sin dinero (especialmente en el juego).» VL. ❚ «Dejar a alguien en calzoncillos. Dejar a alguien sin dinero.» S. ❚ ◼ «Anoche en el Casino me dejaron en calzoncillos.» ✓ no se ha podido documentar fuera de diccionarios.❚

calzonudo *s.* cobarde.

«¡Imbécil! ¡So tío calzonudo!» Geno Díaz, *Genocidio.*

calzorras *s.* cobarde, miedoso.

«...el tema de la virilidad enlaza en español el miedo con la falta de autoridad (se presupone que el líder debe ser valiente)... De ahí bragas, bragazas, calzorras, calcitas, faldero.» AI.

*cama cf. (afines) blanda, camastro, catre, cine de las sábanas blancas, flex, horizontal, petaca, piltra, piltrosa, pulguero, sobre.

cama, cama redonda *s.* coito a tres o más.

«¿No has participado nunca en camas redondas?» C. Ducón, *El hotel de las orgías.* ▌ «No. Eran como camas redondas, sexo en grupo.» Andreu Martín, *Por amor al arte.* ▌ «Prueba a hacer cama redonda con ellos...» Antonio Martínez Ballesteros, *Pisito clandestino,* 1990, RAE-CREA. ▌ «No sé, irán a hacer cama redonda con los de allí...» J. L. Alonso de Santos, *Vis a vis en Hawai,* 1992, RAE-CREA. ▌ «Citas lésbicas, sodomía, tríos, escenas de celos, camas redondas, peleas a brazo partido entre machos y hembras...» Luis Antonio de Villena, El Mundo, 6.8.99. ▌▪ «Se rumorea que el vecino, su mujer y su cuñada hacen cama redonda.»

2. hacer la cama *expr.* engañar.

«Tenía miedo que Escamilla le hiciera la cama y le mandara al otro barrio.» C. Pérez Merinero, *La mano armada.*

3. llevarse (meterse) a la cama *expr.* acostarse con alguien, copular.

«A lo mejor como estamos de suerte y vamos monísimas, nos llevamos a la cama un buen tío.» Ángel A. Jordán, *Marbella story.* ▌ «Coop (Gary Cooper) fue el mayor follador que ha existido. Se atropellaban por llevárselo a la cama. Iban a acostarse con él en su camerino portátil...» El Mundo, 22.1.99. ▌ «Continúa atrincherado en el sofá sin intención de meterse en la cama con ella.» El Mundo, La Luna, 23.4.99.

camaján *s.* extranjero que se aprovecha de la pobreza del país que visita.

«Basta con observarles un poco: o son unos camajanes, o son unos bobos...» Las Provincias, revista MH, 17-23 julio, 1999. ✓ cubanismo.▌

*camarero cf. (afines) camareta, camaruta, copera, fregota.

camareta *s.* camarero.

«Camareta. Camarero, camata.» Ra. ▌ «Camareta. Camarero.» VL. ▌▪ «A ver si logras que el camareta nos traiga el postre.» ✓ no se ha podido documentar fuera de diccionarios.▌

camaruta *s.* camarera.

«La camaruta trajo las bebidas...» C. Pérez Merinero, *La mano armada.* ▌ «Camaruta: camarera de bar de alterne.» JMO. ▌ «Camarera de bar de alterne.» VL. ▌ «Camaruta. Camarera de puticlub.» Ra. ▌ «Camaruta. Camarera de un bar de alterne.» S. ▌▪ «Pídele a la camaruta una ración de pulpo y tres cañas.»

camastro *s.* cama vieja y sucia.

«Trasnochar para el penitente era meterse en el camastro a eso de las doce.» Juan Benet, *En la penumbra.* ✓ DRAE: «m. despect. Lecho pobre y sin aliño».▌

cambiar el agua a las aceitunas (al canario, a las castañas) ▶ *agua, cambiar el agua a las olivas (a las aceitunas, a las castañas, a los garbanzos, al canario, al jilguero).*

cambio, a las primera de cambio *expr.* de repente.

«...y me mandaron al cuerno a las primeras de cambio.» Javier Tomeo, *Amado monstruo,* 1985, RAE-CREA. ▌ «...gente que le hubiera ido con el cuento a las primeras de cambio.» Almudena Grandes, *Las edades de Lulú.* ▌ «...te acaban pillando —y bien— a la primera de cambio.» B. Pérez Aranda *et al., La ex siempre llama dos veces.*

camelar *v.* engañar, timar, embaucar.

«...intentaba camelar a un posible cliente...» Juan Madrid, *Turno de noche.* ▌ «Sexos alquilados y predispuestos a lo que salga, y a camelar a quienes se les indique.» J. Giménez-Arnau, *Cómo forrarse y flipar con la gente guapa.* ▌▪ «Siempre que vas al Rastro te camelan, tonto, más que tonto.»

2. galantear, seducir, gustar, querer.

«...si se encontraba con el moro o con alguien al que no camelara...» Raúl del Pozo, *Noche de tahúres.* ▌ «...son las mujeres las que manejan el cotarro y organizan las fiestas, o sea que es a ellas a quienes debe usted camelar...» Carmen Posadas, *Yuppies, jet set, la movida y otras especies.* ▌ «De momento recibe un fuerte abrazo de tu tronco que te camela un montón.» José Luis Martín Vigil, *Los niños bandidos.* ▌■" «Manolo me quiere camelar, pero no me gusta porque es muy patoso.»

camelleo *s.* acción de vender droga.

«...o canto todo lo que sé del camelleo que te marcas y digo quién es el díler...» Andreu Martín, *Por amor al arte.*

camello *s.* vendedor minorista de droga.

«Retrato del enloquecido mundo de los camellos [...] Y es que cuando un negocio se tuerce en el mundo de la droga...» Ragazza, n.° 101. ▌ «Desde la taberna veía la plaza de Chueca y la puerta del restaurante. Los travestis, los camellos y los colgados de la plaza...» Juan Madrid, *Cuentas pendientes.* ▌ «Camello. Dícese del traficante de droga al detall.» Francisco Umbral, *Diccionario cheli.* ▌ «...en el rollo de la coca pueden ser camellos, coqueros o las dos cosas.» Pedro Casals, *La jeringuilla.* ▌ «Todas estas putas camellas se parecen.» Juan Madrid, *Turno de noche.* ▌ «...lugares y barrios de la ciudad frecuentados por drogadictos y camellos...» A. Matías Guiu, *Cómo engañar a Hacienda.* ▌ «...una cola interminable de sirleros, camellos baratos, trileros, desparramadores, toperos, drogatas, mecheros...» Juan Madrid, *Crónicas del Madrid oscuro.*

camelo *s.* engaño, estafa, timo.

«...ya no saben qué inventar [...] han gastado todos los camelos en estos años.» Ángel Palomino, *Las otras violaciones.* ▌ «He tratado de reflejar poco más o menos el camelo...» Manuel Giménez, *Antología del timo.* ▌ «Ya lo sé, que son unos malparidos, que todo esto es un camelo...» Juan Marsé, *La oscura historia de la prima Montse.* ▌■" «No firmé el primer contrato que me ofrecieron porque sabía que era un camelo.» ✔ es estándar.▌

*caminar cf. (afines) a golpe de alpargata, ir a *pata, ir en el *dos, coger el *dos, ir a golpe de *calcetín, ir en el coche de *San Fernando, ir en *zapatobús.

camino, ir por buen camino *expr.* estar acertado, seguir la diligencias correctas.

«Vamos por buen camino.» Pedro Casals, *Hagan juego.* ▌ «...las pesquisas van por buen camino y que no nos preocupemos...» C. Pérez Merinero, *Días de guardar.*

camión, estar como un camión *expr.* persona atractiva.

«Lo que es la Dori, está como un camión.» JM. ▌ «Estar como un camión: ser muy atractivo o atractiva físicamente.» JMO. ▌ «Estar como un camión. Tener muy buen tipo una mujer, estar muy buena.» VL. ▌ «Estar como un camión. Tener un cuerpo magnífico, en general, dicho de la mujer.» S. ▌ «¡Estás como un camión, tía!» DCB. ✔ no se ha podido documentar fuera de diccionarios.▌

camisa, hasta la camisa *expr.* todo.

«...se lo había llevado todo [...] hasta la camisa.» Javier Memba, *Homenaje a Kid Valencia,* 1989, RAE-CREA.

camiseta, sudar la camiseta ▸ *sudar, sudar la camiseta (el kilo).*

camp *adj.* antiguo, pasado de moda.

«...a la exquisita apreciación del camp sin haber alcanzado los más exigentes estadios del gusto.» Terenci Moix, *Garras de astracán.* ▌ «Camp. Lo camp no es lo cursi, sino el culto deliberado (e irónico), de lo cursi.» Francisco Umbral, *Diccionario cheli.* ▌ ■" «A mi mujer le encanta la música camp de los años sesenta.»

campana, lanzar las campanas al vuelo *expr.* celebrar, gritar victoria.

«...en cuanto que aclaran algo lanzan las campanas al vuelo...» C. Pérez Merinero, *Días de guardar.* ▌ «...están lanzando demasiado pronto las campanas al vuelo...» Javier García Sánchez, *El Alpe d'Huez,* 1994, RAE-CREA.

2. oír campanas y no saber dónde *expr.* no estar bien informado.

«...lo confunden todo. Han oído campanas y no saben dónde.» Pedro Casals, *Disparando cocaína.*

3. tocar la campana *v.* masturbarse.

«Tocar la campana: masturbarse el hombre.» JMO. ❙ «Tocar la campana. Masturbarse el hombre.» VL. ❙ «Tocarse la campana. Masturbarse el hombre.» S. ❙▪" «En mis tiempos en el colegio, si te tocabas la campana decían que te quedabas ciego.» ❙✓ no se ha podido documentar fuera de diccionarios.❙

campanada, dar la campanada *expr.* sorprender, llamar la atención.

«...no supo sobreponerse a la ruptura con su novio y decidió dar la campanada...» Manuel Giménez, *Antología del timo.* ❙ «...intervino en series como *Cheers,* y ha dado el campanazo con *Friends...*» You, marzo, 1998. ❙✓ también *campanazo.*❙

campanillas, de campanillas *adj.* famoso, conocido.

«...me llevó a un restorán de campanillas...» Gonzalo Torrente Ballester, *Filomeno, a mi pesar,* 1988, RAE-CREA. ❙▪" «González es un pintor de campanillas muy cotizado.»

2. importante, influyente.

«...un padrino de campanillas, un senador nada menos...» María Manuela Reina, *Reflejos con cenizas,* 1990, RAE-CREA. ❙ «Nada de boda de campanillas.» J. M.ª Gironella, *Los hombres lloran solos,* 1986, RAE-CREA. ❙ «Gente de campanillas...» Cristóbal Zaragoza, *Y Dios en la última playa.* ❙▪" «Pertenece a una familia de campanillas de Vigo.»

campante, tan campante *expr.* contento, satisfecho, bien.

«Es que se está muriendo [...] Pero [...] si ayer estaba tan campante.» J. L. Castillo-Puche, *Hicieron partes.* ❙ «...se había largado de vacaciones, tan campante...» Pgarcía, *El método Flower.* ❙✓ DRAE: «ufano, satisfecho».❙

campeonato, de campeonato *expr.* bueno, importante.

«...dos beatas, naturaca, dos puritanas de campeonato...» A. Zamora Vicente, *Mesa, sobremesa.* ❙ «Quiero llevar todos los condimentos de la paella para que me salga de campeonato.» A. Zamora Vicente, *Historias de viva voz.* ❙ «...le colgaban dos tetas de

campeonato...» M. Vázquez Montalbán, *Los alegres muchachos de Atzavara.* ❙ «La cocaína va a convertirse en un problema de campeonato.» Pedro Casals, *La jeringuilla.* ❙ «Mis padres, que tenían una jeta de campeonato...» Juan Manuel de Prada, «Aquel verano, aquel bañador», El Mundo, 1.8.98. ❙ «Martín Eguren tenía una resaca de campeonato.» Miguel Sánchez-Ostiz, *Un infierno en el jardín,* 1995, RAE-CREA. ❙ «...la gozada fue de campeonato, lenta y apaciguada...» Ramón Ayerra, *Los ratones colorados.*

camuñas *s.* personaje imaginario, feo, para asustar a los niños.

«¿Qué está diciendo este Camuñas?» Francisco Nieva, *Delirio de amor hostil o el barrio de Doña Benita,* 1978, RAE-CREA.

cana, echar una cana al aire *expr.* divertirse, ir de juerga, de diversión.

«...entre ellos varios reporteros, entre ellos uno del diario sensacionalista *The Sun,* que habían sido alertados de su cana al aire...» Cristina Frade, El Mundo, 5.10.99. ❙ «—Ya ve usted, a echar una canita al aire.» C. J. Cela, *El espejo y otros cuentos.* ❙ «¡Juerga! Por fin voy a poder echar una canita al aire, o dos o tres...» Cómic erótico, tomo IV, n.° 21 al 24. ❙ «...y todo por querer echar una cana al aire cuando ya la tisis se le tenía muy comidito...» Ramón Ayerra, *Los ratones colorados.*

2. peinar canas *expr.* ser viejo.

«Usted mismo, que ya peina canas y parece tan circunspecto...» Fernando Repiso, *El incompetente.*

canalillo, ser más viejo que el canalillo *expr.* muy viejo.

«Ser más viejo que el canalillo: ser muy viejo.» JMO. ❙ «Esa costumbre es más vieja que el canalillo.» DCB. ❙✓ se refiere al Canal de Isabel II, en Madrid. No se ha podido documentar fuera de diccionarios.❙

canario *s.* pene.

«Canario. Pene.» JMO. ❙ «Canario. Es euf., quizá apoyado en el sonido inicial, que llevaría a carajo. 1. Pija.» DS. ❙ «Tengo escocido el canario.» JM. ❙▪" «En esa playa van los tíos con el canario al aire.»

canario, cambiar el agua al canario ▶ *agua, cambiar el agua a las olivas (a las aceitunas, a las castañas, a los garbanzos, al canario, al jilguero).*

canción, la misma canción *expr.* el mismo tema.

«¡Coño con los comunistas éstos, es que siempre estáis con la misma canción!» Gomaespuma, *Grandes disgustos de la historia de España.*

candela, repartir candela *expr.* pegar, golpear.

«...frente de Teruel donde se repartía candela por todo lo alto.» Rafael García Serrano, *Diccionario para un macuto.*

candonga(s) *s. pl.* dinero, pesetas.

«Candonga. Peseta.» VL. ▮ «Candonga: peseta.» JMO. ▮ «Candonga. Peseta.» JV. ▮◪ «Vas a tener que soltar las candongas si quieres venir al banquete, que no es gratis.»

2. testículos.

«En Colombia y Ecuador, testículo.» DE.

canear *v.* golpear.

«Le había caneado y luego, por iniciativa personal, se había ofrecido a ayudarme.» Ernesto Parra, *Soy un extraño para ti.* ▮ «No me tires chinas que te caneo.» JM. ▮◪ «Si me sigues mirando así te caneo, eh.»

canelo *s.* bobo, necio, torpe.

«Date cuenta si son canelos...» A. Zamora Vicente, *Mesa, sobremesa.* ▮◪ «No seas canelo y cóbrale todo lo que puedas que don Francisco es rico.»

2. hacer el canelo *expr.* permitir abuso, hacer el tonto, hacer el ridículo.

«Y como juzgó que iba a hacer el canelo, me dio la dádiva de un besico de amor.» P. Perdomo Azopardo, *La vida golfa de don Quijote y Sancho.* ▮ «...cansada de hacer el papelón, el indio, el canelo...» Ramón Ayerra, *Los ratones colorados.* ▮ «...estaba haciendo el canelo con él...» C. Pérez Merinero, *La mano armada.* ▮◪ «Siempre haces el canelo y te dejas engañar, so bobo.»

cangri *s.* cárcel.

«Recordaron la cangri como si hubieran pasado en ella tiempos felices.» Andreu

Martín, *Lo que más quieras.* ▮ «Cangri: Cárcel.» JGR. ▮ «Cangri. Talego, maco, trena.» Ra. ▮ «Cangri. Cárcel.» VL. ▮ «Cangri: la cárcel.» JMO.

2. cangri(s) *s.* iglesia.

«Cangri. Iglesia, capilla.» LB. ▮ «Cangris: Iglesia, templo, capilla.» JV. ▮ «Cangri: iglesia.» JMO. ▮ «Cangri. Templo, iglesia, parroquia.» Ra. ▮ «Cangri. Iglesia.» VL. ✓ no se ha podido documentar fuera de diccionarios.▮

cangrilero *s.* mendigo de iglesia.

«...duerme todas las noches un cangrilero [...] Suele pedir por ahí, en la iglesia de San Ramiro...» Juan Madrid, *Turno de noche.* ▮ «Llevaba en el bolsillo cuatro mil quinientas que había sacado de cangrilero en la iglesia...» Juan Madrid, *Crónicas del Madrid oscuro.*

cangueli(s) *s.* miedo.

«...temblándole un poco las piernas igual que el primer día, pero no de cangueli sino de debilidad.» Juan Marsé, *Si te dicen que caí.* ▮ «Si no era la rigidez de la muerte sería, entonces, la del cangueli.» B. Pérez Aranda *et al., La ex siempre llama dos veces.* ▮◪ «Me da canguelis la oscuridad.»

canguelo *s.* miedo.

«...sépase quien es Medina, buen canguelo se atragantó cuando estiró la patita el señor del Pardo...» A. Zamora Vicente, *Mesa, sobremesa.* ▮ «Te entra un raro canguelo y cada tipo que viene de frente te parece un delincuente...» El Jueves, 8-14 abril, 1998. ▮ «Pero como el atracador se ponga nervioso y le entre el canguelo está listo...» Ángel Palomino, *Las otras violaciones.* ▮ «Nunca le he visto tan acojonao [...] Tenía canguelo de verdad.» Fernando Martínez Laínez, *La intentona del dragón.* ▮ «Más canguelo tendría que darte lo que puedan hacerte los traficantes de coca...» Pedro Casals, *La jeringuilla.* ▮ «...y no se sabe a cuál de ellas le daba más canguelo...» Gomaespuma, *Grandes disgustos de la historia de España.* ▮ «...no probara una gota de alcohol ni se dejara vencer por el canguelo.» Ernesto Parra, *Soy un extraño para ti.* ▮ «...el canguelo de que apareciera un guardia...» P. Perdomo Azopardo, *La vida golfa de don Quijote y Sancho.* ▮

«Menos mal que tenía tanto canguelo que no abrió la boca ni para respirar...» C. Pérez Merinero, *Días de guardar*. |✓ DRAE: «m. fam. Miedo, temor».|

canguis *s.* miedo.

«También puede ser el terror a la responsabilidad, lo que se llama en cristiano canguis.» C. Rico-Godoy, *Cómo ser una mujer y no morir en el intento*. ▮ «...don Tancredo, que salió con un canguis que no se podía tener...» José Gutiérrez-Solana, *Madrid, escenas y costumbres, Obra literaria, I.*

canguro *s.* cuidador de niños.

«...cuidado [...] al contratar los servicios de una canguro [...] además de dejar al niño o niños solos...» Manuel Giménez, *Antología del timo.* ▮ «Las *baby-sitters*. Aquí les hemos puesto el zoológico nombre de canguros y no encuentro nada que justifique [...] tan disparatada traducción.» Ladislao de Arriba, *Cómo sobrevivir en un chalé adosado.* ▮ «Tranquilo, tío, soy la canguro de tu monstruo...» Rambla, n.° 29.

2. coche policial.

«Canguro: Furgón celular de la Guardia Civil que realiza el traslado de presos entre distintos centros penitenciarios.» JGR. ▮ «Me llevaron perfectamente custodiado con una guardia más que triple en un canguro y dos coches de policía...» Eleuterio Sánchez, *Camina o revienta.*

cani *s.* pequeño, niño.

«Eso lo hacíamos cuando éramos canis.» José Ángel Mañas, *Mensaka.* ▮ «...la primera asignatura, según los golfos, que tiene que aprender un cani...» Raúl del Pozo, *Noche de tahúres.* ▮▪ «En el colegio jugaba en un equipo de fútbol de canis.» |✓ de canijo.|

canicas *s. pl.* testículos.

«Pero Nick no quería tocarla aún. También el saco de las canicas se había dilatado...» Vanessa Davies, *Un premio inesperado.* ▮ «Testículos, bolas, canicas, cataplines, chismes, colgajos, criadillas, huevamen, pelés, pelotas, péndulos, pesas.» José M.ª Zabalza, *Letreros de retrete y otras zarandajas.* ▮ «Niño que se te ven las canicas.» DS. ▮▪ «La tía le abrió la bragueta y le metió mano a las canicas.»

canijo *s.* pequeño, persona pequeña.

«En cuanto a los menudos [...] su estatura los hermana en el grupo de los retacos: [...] canijo [...] chaparro; chaparrete [...] enano... esmirriado... mediohombre; [...] microbio; pigmeo; renacuajo; retaco; [...] taponcete...» Juan de Dios Luque *et al.*, *El arte del insulto.* |✓ DRAE: «1. adj. fam. Débil y enfermizo. Ú. t. c. s. 2. Por ext., bajo, pequeño. Ú. t. c. s.»|

canoa, ir en canoa *expr.* vivir bien.

«Ir en canoa: ir cómodamente, estar económicamente muy desahogado.» JMO. ▮ «Ir en canoa: Nadar en la abundancia.» JV. ▮ «Ir en canoa: estar montado, ser rico, nadar en la abundancia.» Ra. ▮▪ «Vamos en canoa desde que nos tocó la lote.» |✓ no se ha podido documentar fuera de diccionarios.|

***cansado** cf. (afines) bajo de forma, cataplasma, con la lengua fuera, deshecho, echar el *bofe, fosfatina, grogui, guiñapo, estar hasta *aquí, hasta el *culo, hecho *cisco, hecho *migas, hecho *polvo, hecho *puré, hecho *trizas, hecho una *braga, hecho una *mierda, hecho unos *zorros, matado, molido, muerto, no poder con el *alma, no poder tenerse en *pie, partido en dos, picadillo, puré, reventado. |✓ ▶ harto.|

cant, ser un cant ▶ *kant, ser un kant.*

cantada *s.* error, fallo.

«...también que has hecho una cantada de miedo; lo han debido hacer puré...» Alfonso Sastre, *Análisis de un comando,* 1979, RAE-CREA.

2. confidencia, información.

«...careos de la policía después de una cantada.» Fanny Rubio, *La sal del chocolate,* 1992, RAE-CREA. ▮▪ «Les han detenido a todos como resultado de una cantada de algún hijoputa.»

cantado *adj.* conocido, sabido.

«Que la raza de don Leonardo era cosa cantada...» Ramón Ayerra, *La lucha inútil,* 1984, RAE-CREA.

cantamañanas *s.* engreído, fanfarrón.

«...no has conocido a más hombre que al cantamañanas de Pepe...» Antonio Martínez Ballesteros, *Pisito clandestino,* 1990, RAE-CREA. ▌ «Albert era un cantamañanas, un fantasioso, un idiota...» Clara Sánchez, *El palacio varado,* 1995, RAE-CREA. ▌ ◾ «No hay que hacerle caso a Roberto porque es un cantamañanas.» ✓ DRAE: «com. fam. Persona informal, fantasiosa, irresponsable, que no merece crédito».▌

cantar *v.* chivarse, denunciar.

«El yonqui cantó de plano en cuanto le hicieron el quirófano y Seisdedos dio con sus huesos en el talego.» Mariano Sánchez, *Carne fresca.* ▌ «En cuanto se le quite el mono lo larga todo [...] Canta por peteneras...» Juan Madrid, *Turno de noche.* ▌ «Es verdad que los bucanos cantaron muy pronto todo tipo de detalles sobre...» Raúl del Pozo, *Noche de tahúres.* ▌ «Para darle matarile siempre hay tiempo. Esta puede cantar muchas cosas todavía.» Fernando Martínez Laínez, *La intentona del dragón.* ▌ «Y si sé algo de ese Otto, te lo canto, pierde cuidado.» Juan Madrid, *Un beso de amigo.* ▌ «Hice cantar a todos los soplones de la ciudad.» Cómic Jarabe, n.° 4, 1996. ▌ «Si no nos dejáis pasar, llamo a la policía y lo canto todo.» El Gran Wyoming, *Te quiero personalmente.* ▌ «...o canto todo lo que sé del camelleo que te marcas y digo quién es el díler...» Andreu Martín, *Por amor al arte.* ✓ DRAE: «fig. y fam. Descubrir o confesar lo secreto». ▶ *cante, dar el cante.*▌

2. heder, oler mal.

«...que se prohíba también oler a pies, o cantar a sobaquina...» A. Ussía, ABC, 4.7.99. ▌ «...una catequista, la almeja le cantaba a incienso, la tuve sentada en mis narices...» Juan Marsé, *Si te dicen que caí,* en DE. ▌ «Cantar los sobacos.» DRAE. ▌ «Te veo con un vaso en la mano, o te canta el aliento a priva...» Andreu Martín, *Lo que más quieras.* ▌ «¡A Encarna le canta la boca que da miedo!» DCB. ▌ «...le canta a usted el sobaquillo cosa mala.» Ángel Palomino, *Insultos, cortes e impertinencias.*

3. confesar crimen.

«¡El sargento se pondrá muy contento cuando le hable de usted! ¡Le complicaré la existencia si no canta, muchacho!» Pgarcía, *El método Flower.* ▌ «...se asustó como una

mujerzuela y cantó, cantó mejor que un mirlo.» Eleuterio Sánchez, *Camina o revienta.*

4. llamar la atención, ser obvio.

«Eres un hortera y canta muchísimo que eres de Carabanchel.» Lucía Etxebarría, *Beatriz y los cuerpos celestes.* ▌ «Cantar. Llamar la atención peligrosamente una cosa, persona, grupo, conducta.» Francisco Umbral, *Diccionario cheli.* ▌ «¿Y cómo llamas al que pringa en un golpe cantado?» Mariano Sánchez, *Carne fresca.* ▌ «Tía, vas a cantar cantidad.» María Antonia Valls, *Tres relatos de diario.* ▌ «Su forma de vestir canta mucho.» DRAE. ▌ «...y no hay cosa que cante tanto como las prendas de cuero nuevas...» Carmen Posadas, *Yuppies, jet set, la movida y otras especies.*

5. cantar como los ángeles *expr.* cantar muy bien y con buena voz.

«Con su tipo, lo más que le hubiera dicho yo a Edith Piaff era que cantaba como los ángeles...» Ernesto Parra, *Soy un extraño para ti.*

6. cantar de plano *expr.* revelar secreto, confesar, chivarse.

«Te ha hecho cantar de plano y todo el barrio está hablando de nosotros.» Juan Marsé, *Últimas tardes con Teresa.* ▌ «...y en cuanto le apretaron las clavijas [...] cantó de plano.» Victoriano Corral, *Delitos y condenas.*

7. cantarlas claras *expr.* hablar claro, decir la verdad.

«Pero Ud. sabe que un servidor acostumbra a cantarlas claras...» Fernando Repiso, *El incompetente.*

8. cantar las cuarenta *expr.* regañar.

«Don Miguel Cavero le ha cantado las cuarenta. ¡Qué bríos!» Jose-Vicente Torrente, *Los sucesos de Santolaria.* ▌ «¿Y qué procedencia tendría aquel otro de cantarle a uno las cuarenta?» Marisa López Soria, *Alegría de nadadoras.* ▌ «Sí, iría a verle a su trabajo y le cantaría las cuarenta.» C. Pérez Merinero, *El ángel triste.* ▌ «...llamó inmediatamente a su hijo para cantarle las cuarenta.» B. Pérez Aranda *et al., La ex siempre llama dos veces.*

9. cantar los alerones *expr.* oler los sobacos, las axilas.

«Por otra parte, se recoge *alerones* por axilas, pero no la locución —frecuentísima—

cantarle a uno los alerones...» Ricardo Senabre, El Cultural, El Mundo, 24.10.99.

10. ser otro cantar *expr.* ser cuestión o tema completamente diferente.

«Al fin y al cabo, fabricar los niños es una tarea más bien agradable y bastante sencilla. Parirlos y criarlos es otro cantar...» C. Rico-Godoy, *Cómo ser infeliz y disfrutarlo.* ❙ «Ese es otro cantar.» Pau Faner, *Flor de sal,* 1986, RAE-CREA. ❙ «...del contrato de trabajo, que eso es otro cantar...» Fanny Rubio, *La sal del chocolate,* 1992, RAE-CREA. ❙ «Pero que te presentes en su dormitorio todas las noches con esa cara de chivo, es otro cantar.» Fernando G. Tola, *Mis tentaciones.* ❙ «¿Tú ves, hombre? Eso ya es otro cantar.» Cristóbal Zaragoza, *Y Dios en la última playa.*

cántaros *s. pl.* pechos grandes.

«Cántaros. Tetas gordas.» VL. ❙ «Cántaros. Pechos de gran tamaño.» S. ❙ ⬛ «La tía tenía unos cántaros así de grandes y un culo que parecía un pandero.» ✔ no se ha podido documentar fuera de diccionarios.❙

cantarra *s.* chivato, informador, confidente.

«Cantarra: Delator.» JGR. ❙ «Cantarra. Chivato, chota, delator.» Ra. ❙ «Cantarra: delator.» JV. ❙ ⬛ «Marcial es un cantarra que creo que está a sueldo de la poli.» ✔ no se ha podido documentar fuera de diccionarios.❙

cante *s.* información, soplo.

«...si le decimos que sabemos que el fulano ese de la política la tiene protegida y que le vamos a ir con el cante de que está tuberculosa...» Jaime Romo, *Un cubo lleno de cangrejos.* ❙ «...me contó que los de la brigada habían dado un cante.» Ernesto Parra, *Soy un extraño para ti.*

2. dar el cante *expr.* hacer una escena, llamar la atención.

«Claro, no les mola salir con una chica que va dando el cante...» Ragazza, n.° 101. ❙ «...tocan el timbre del piso de enfrente para dar el cante a los vecinos...» Raúl del Pozo, *Noche de tahúres.* ❙ «...lo cual no quiere decir que os dé el cante para que quitéis de en medio a Torrente...» Juan Madrid, *Un beso*

de amigo. ❙ «...corres el riesgo de dar más el cante que un negro desnudo en la sede del KKK de Alabama.» Fernando Martín, *Cómo aprobar todo sin dar ni chapa.* ❙ «De esta guisa, la pareja de españoles se dedicó a dar el cante en tierras alemanas...» Ana Alonso Montes, El Mundo, 16.8.99.

3. dar el cante *expr.* regañar.

«Cante: bronca, regañina, reconvención.» JV. ❙ «Dar un cante o el cante: reconvenir, reñir.» JMO. ❙ «Reprimenda, regañina.» Ra. ❙ ⬛ «A Rocío le gusta darme el cante en la calle y organizar grescas.» ✔ no se ha podido documentar fuera de diccionarios.❙

4. dar el cante *expr.* delatar.

«Pero a ti te debo el que no estuviese a estas horas en la comisaría de Chamartín dando el cante de todos nosotros.» Francisco Umbral, *Madrid 650.*

cantidad *adv.* mucho.

«Hablas cantidad, ¿eh?» Juan Madrid, *Cuentas pendientes.* ❙ «...el de los ojos verdes me iba cantidad.» Pgarcía, *El método Flower.* ❙ «Mira, tío, déjame tranquilo que paso de ti y de esa Dora, cantidad.» Juan Madrid, *Un beso de amigo.* ❙ «El próximo curso voy a estudiar en la Universidad de los Ángeles. Me apetece cantidad.» Luis Camacho, *La cloaca.* ❙ «Mira, tú me gustas cantidad.» Juan Madrid, *Crónicas del Madrid oscuro.* ❙ «Es evidente que con tanta agitación la gente suda cantidad...» C. Rico-Godoy, *Cómo ser infeliz y disfrutarlo.* ❙ «Lo paso cantidad de bien...» Chica hoy, revista juvenil, n.° 130.

cantidubi *adv.* mucho.

«El pasota de hoy, aunque sin proponérselo, chamulla algo el carcelario, larga lo que puede en caló... chana cantidubi la jerigonza coloquial...» JV. ❙ «Eso es porque el pijotorum ayuda cantidubi.» Rafael Mendizábal, *La abuela echa humo,* 1990, RAE-CREA.

canto, al canto *expr.* enseguida, inmediatamente.

«Ni insectos ni nada; dinero al canto.» P. Perdomo Azopardo, *La vida golfa de don Quijote y Sancho.* ❙ «...toma ya, crisis al canto.» Lucía Etxebarría, *Amor, curiosidad, prozac y dudas.* ❙ «Era morena y cantaba con acento andaluz... [...] paja segura al canto.» José María Amilibia, *Españoles todos.*

2. darse con un canto en los dientes *expr.* darse por satisfecho.

«Tal como se está dando la tarde, mientras no acabe en la comisaría me doy con un canto en los dientes.» C. Pérez Merinero, *Días de guardar.*

cantonera *s.* prostituta.

«...no como esas que, bueno, esas, las que ve de cantoneras en cuanto anochece...» A. Zamora Vicente, *Historias de viva voz.* |✓ DRAE: «ramera, mujer que por oficio tiene relación carnal con hombres». El *Diccionario de autoridades* dice: «La persona ociosa, vagabunda y mal entretenida, que anda todo el día y noche de esquina buscando ocasiones de hacer algo malo para mantenerse.»|

cantor *s.* chivato, delator, informador.

«Cantor: delator.» JV. | «Cantor. Membrillo, soplón, chota.» Ra. |▪︎ «No nos podemos fiar de Pancracio porque es un cantor a sueldo de la madera.» |✓ no se ha podido documentar fuera de diccionarios.|

cantoso *adj.* que se nota mucho, llamativo.

«...en España queda muy cantoso un socialista manguillón.» Francisco Umbral, *La derechona.* | «...un par de cuadros más llamativos y cantosos que los demás.» José Ángel Mañas, *Sonko95.*

canutas, pasarlas canutas *expr.* pasarlo mal, pasar dificultades.

«...donde se ve a los cristianos pasándolas canutas con los romanos en los talones.» La Luna, El Mundo, 9.7.99. | «No me quejo aunque también las paso canutas...» Ragazza, n.° 101. | «...me acuerdo como si fuera ahora, las pasó canutas.» A. Zamora Vicente, *Historias de viva voz.* | «Pues yo las he pasado canutas...» Carlos Zeda, *Historias de Benidorm.* | «...el que viene escarranchado en la borriquilla, que es el que las pasó canutas.» Miguel Martín, *Iros todos a hacer puñetas.* | «...ni eres hijo de importante, las pasas canutas.» A. Matías Guiu, *Cómo engañar a Hacienda.* | «Y los adolescentes las pasan canutas porque están incomprendi-

dos...» Antonio Baños, Qué leer, junio, 1998. | «...las pasaba canutas pensando en lo que podían hacer sus compañeros y en lo poco que hacía él.» Juan Madrid, *Crónicas del Madrid oscuro.* | «Ahora mismo las estoy pasando canutas...» Fernando G. Tola, *Mis tentaciones.*

canutazo, dar un canutazo *expr.* telefonear.

«Canutazo. Telefonazo.» VL. | «Canutazo: telefonazo, llamada telefónica.» JMO. | «Canutazo. Llamada telefónica.» Ra. |▪︎ «Bueno, pero si no puedes venir, dame un canutazo.» |✓ no se ha podido documentar fuera de diccionarios.|

canuto *s.* porro, cigarrillo de hachís.

«...y acababan en la cama, donde, al terminar, en vez de un pitillo cada uno, se fumaban un canuto entre los dos.» Almudena Grandes, *Malena es un nombre de tango.* | «...empezaron robando un coche por vacilar o fumándose un canuto...» M. Vázquez Montalbán, *Los alegres muchachos de Atzavara.* | «Ha fumado un canuto...» C. Rico-Godoy, *Cómo ser una mujer y no morir en el intento.* | «Para quedarte enano, un canuto en cada mano.» R. Gómez de Parada, *La universidad me mata.* | «Un olor a marihuana se extendió por la biblioteca [...] me puso el canuto en la boca.» Pgarcía, *El método Flower.* | «¿Fumas canutos?» Almudena Grandes, *Las edades de Lulú.* | «Termina de desayunar y se enciende un canuto.» Eloy Arenas, *Los vecinos de mis vecinos son mis vecinos.* | «...el porro, la *trompeta*, el *canuto*, el *cono* o *varillo* aluden al cigarro de tabaco con achís o marihuana...» Fernando Lázaro Carreter, *El dardo en la palabra.*

2. teléfono.

«Sí. No digas nada más por el canuto.» José Luis de Tomás García, *La otra orilla de la droga*, 1984, RAE-CREA. | «Canuto. Teléfono.» JGR.

3. no saber hacer la o con un canuto *expr.* tener escasos conocimientos.

«Yo no sé hacer la o con un canuto.» Eduardo Mendoza, *La verdad sobre el caso Savolta.* | «...en cuestión de fogones no sabe hacer la o con un canuto.» Ladislao de Arriba, *Cómo sobrevivir en un chalé adosado.* |

«No saben hacer la O con un canuto...» Miguel Delibes, *La hoja roja,* 1986, RAE-CREA.

caña *s.* vaso de cerveza de barril.

«¡Dos cañas, Ricardo!» Juan Madrid, *Un beso de amigo.* ❚ «...y se iba también de cañas...» Juan Madrid, *Crónicas del Madrid oscuro.* ❚■ «¿Quieres una caña de cerveza?» ✔ castellano estándar.❙

2. dar (meter) caña *expr.* golpear, regañar.

«Me viene a la mente el recuerdo de James Bond, que más persistía cuanto más caña le daban.» Eduardo Mendoza, *Sin noticias de Gurb.* ❚ «¡Caña a los sociatas, que los vote su madre!» El Jueves, 21-28 enero, 1998. ❚ «Me alucina la manera de tomarnos a coña la época que nos ha tocado vivir, (a coña pero dando caña, eso sí).» El Jueves, 21-28 enero, 1998. ❚ «Mira, tío, ya está bien que te lleven dando caña a lo largo de la historia...» Virtudes, *Rimel y castigo.* ❚ «En el trayecto de vuelta la mujer empieza a meter caña.» Gomaespuma, *Familia no hay más que una.* ❚ «...y los moriscos que se anden con ojo, que como nos mosqueemos un poco también les damos caña.» Gomaespuma, *Grandes disgustos de la historia de España.* ❚ «Dale caña y así no te volverán a pillar.» You, marzo, 1998. ❚ «...y no soy racista pero a tanto negro en España hay que darle caña.» Ricardo Montero, *Diccionario de nuevos insultos, maldiciones y expresiones soeces.* ❚ «...metiéndose caña y armando un ruido de la hostia...» Carlos Pérez Merinero, *Días de guardar.* ✔ también *kaña.*❙

3. acelerar vehículo.

«¡¡¡Todo listo!!! Voy a darle caña...» Rambla, n.° 19. ❚■ «Métele caña al coche que éste aguanta.»

4. presionar, obligar, forzar.

«Dale caña al cuerpo...» Juanma Iturriaga, *Con chandal y a lo loco.* ❚ «Lo que más me encanta de tu deliciosa carta es que me des caña...» Tía Julia, Qué leer, septiembre, 1998. ❚ «Colasa metiendo caña...» Ricardo Elizondo, *Setenta veces siete,* 1987, RAE-CREA. ❚■ «Roberto es un vagoneta y no trabaja si no le meten caña a base de bien.»

5. ir (conducir) a toda caña *expr.* de prisa.

«Conduzco a toda caña por la M-30 hasta la salida de Ventas...» José Ángel Mañas, *Mensaka.* ✔ también *dar* o *meter caña.*❙

cañería *s.* vena, arteria.

«Conferencia sobre el colesterol [...] que tuvo como eslogan Morir con las cañerías limpias.» Juanma Iturriaga, *Con chandal y a lo loco.* ❚■ «El médico me ha dicho que tengo las cañerías hechas polvo.»

cañero *adj.* bueno, estupendo.

«Se han pasado al rock puro, aunque manteniendo guitarras cañeras y la carismática voz de Vedder.» Ragazza, n.° 101. ❚ «...la hemos cambiado entera porque era muy ligera. La hemos hecho supercañera.» El Mundo, La Luna del siglo XXI, n.° 11, 18.12.98. ❚ «En California tienen uno de los sellos más cañeros del planeta.» La Luna, El Mundo, 18.6.99.

cañí *adj.* castizo, español típico.

«...más que adornos un borrico cañí...» A. Zamora Vicente, *Mesa, sobremesa.* ❚ «Pero tampoco haya que exagerar en este desdoro lo que hubiere de cañí...» I. Ruiz Quintano, ABC, 11.10.98. ❚ «...hacía desnudos artísticos, ja, ja, para el *Playboy,* versión cañí...» Jaime Romo, *Un cubo lleno de cangrejos.* ❚■ «La España cañí, la de siempre.» ✔ para el DRAE es simplemente: «adj. De raza gitana. Ú. t. c. s.».❙

2. bueno, estupendo.

«...la cuñada del defensa búlgaro [...] está cañí...» A las barricadas, 22-28 junio, 1998.

caño, a caño libre *expr.* mucho, mucha cantidad.

«...la secta necesitaba dólares a caño libre...» Pgarcía, *El método Flower.*

cañón *adj. y s.* persona atractiva.

«Imagínate: el cañón que te ligaste el verano pasado te llama por teléfono...» Ragazza, n.° 100. ❚ «Todas las de la pandilla estábamos locas por Luis. ¡Es que es un cañón!» Ragazza, n.° 100. ❚ «Aplicado a la mujer, buena, sexualmente atractiva.» DE. ❚ «La primera es una rubia cañón, imponente...» Ignacio García May, *Operación ópera,* 1991, RAE-CREA. ❙ «...venga cariño, vaya pedal, eres un cañón...» Raúl del Pozo, *La novia.*

2. al pie del cañón *expr.* en su puesto, preparado.

«...se incorpora a su trabajo. Ya está usted de nuevo al pie del cañón.» Jesús Ferrero, *Lady Pepa.* ❙ «...y hemos de estar al pie del cañón...» José Luis Alegre Cudós, *Sala de no estar,* 1982, RAE-CREA.

cañonazo *s.* en el fútbol, fuerte lanzamiento del balón.

«Cañonazo. Chut potente.» VL. ❙ «Cañonazo. Disparo de la pelota con gran potencia.» S. ❙ «¡Menudo cañonazo ha dado el delantero centro!» DCB. ❙✔ no se ha podido documentar fuera de diccionarios.❙

2. persona muy atractiva.

«...y el resto de la noche conocí a dos cañonazos y pasé ampliamente de ellos...» Ragazza, n.° 100.

cao, quedarse, dejar cao ▶ *K.O. dejar (poner) K.O.*

capa, de capa caída *expr.* en decadencia.

«Se vuelve a valores de ética enraizados en el ser humano. El yuppie está de capa caída.» Juan Mateo, ABC, 6.12.98. ❙ «Pero luego ha ido de capa caída y tan mal que ha tenido que marcharse...» M. Vázquez Montalbán, *El delantero centro fue asesinado al atardecer.* ❙ «¿Cómo va? —De capa caída, señor Lepprince.» Eduardo Mendoza, *La verdad sobre el caso Savolta.*

capado *s.* cobarde, miedoso.

«El cobarde, para su vergüenza y escarnio, posee una buena gama de sinónimos... no tener cojones, no tener huevos, pichafloja, capado, capón, castrado, deshuevado...» AI.

capar *v.* disminuir, rebajar.

«...un peso todavía sin capar...» Tomás Mojarro, *Yo, el valedor,* 1985, RAE-CREA. ❙▪ «David entrega en casa el sueldo capado.»

capi *s.* capitán.

«...el capi ya viene bebido.» Cómic Jarabe, n.° 4, 1996.

capicúa *s.* mujer fea, persona fea.

«Capicúa: Feo, cara de culo.» Ángel Palomino, *Insultos, cortes e impertinencias.* ❙▪ «Es gorda y una capicúa de mucho cuidado.» ✔ del catalán *cap-i-cua.* En castellano porque tiene la cara como el culo.❙

capiscar *v.* comprender.

«Capiscar: Entender, asimilar, discernir.» JV. ❙ «Capiscar: entender, comprender.» JMO. ❙ «Capiscar. Entender, comprender.» VL. ❙ «Capiscar. Entender, comprender.» S. ❙ «Sí, capisco lo que me dices, pero no me convences nada.» CL. ❙▪ «Se lo he explicado dos veces pero el tío que no capisca, vamos.» ✔ no se ha podido documentar fuera de diccionarios. Luis Besses reseña *chapescar* por comprender.❙

capitoste *s.* persona importante, jefe.

«...para muchos de aquellos capitostes él no era más que un comerciante...» J. L. Castillo-Puche, *Hicieron partes.* ❙ «Ahora es un capitoste, tiene hasta secretaria privada.» Juan Madrid, *Las apariencias no engañan.* ❙ «...se la ofreció al supremo capitoste, con otra reverencia y que el baranda mantuvo a medias con la rigidez que requería...» García Hortelano, *Gramática parda,* 1982, RAE-CREA. ❙▪ «Los capitostes han decidido que tomaremos todos las vacaciones en septiembre.» ✔ castellano estándar.❙

capítulo, llamar a capítulo *expr.* llamar la atención, regañar.

«...un gobernador la llamó a capítulo y dijo: leche, Culibaja...» Ramón Ayerra, *Los ratones colorados.*

capón *s.* golpe en la cabeza con los nudillos.

«...me pone las esposas y me mete en un coche-patrulla de un capón.» Eduardo Mendoza, *Sin noticias de Gurb.* ❙ «...un anillo gordo para que los capones hagan más daño...» Gomaespuma, *Grandes disgustos de la historia de España.* ✔ DRAE: «m. fam. Golpe dado en la cabeza con el nudillo del dedo corazón».❙

2. castrado, sin valor, sin hombría.

«Mientras tanto, el hombre capón había cogido un taxi, como si en vez de haber perdido los cojones...» Felipe Navarro (Yale), *Los machistas.* ❙ «No seas capón. ¿Capón yo?» Pedro Casals, *La jeringuilla.*

3. cobarde, miedoso.

«El cobarde, para su vergüenza y escarnio, posee una buena gama de sinónimos... no tener cojones, no tener huevos, pichafloja, capado, capón, castrado, deshuevado...» AI.

capote, echar un capote *expr.* ayudar en situación dificultosa.

«...que quiso echarle un capote a Raimón...» El País Digital, 11.9.97.

2. para el capote de uno *expr.* para uno, en voz queda.

«...entonces no pude por menos de pensar para mi capote, como decía un sabio latino:...» José Gutiérrez-Solana, *Madrid callejero, Obra literaria, II.* ❙ «Pienso, para mi capote, que antes de que me mande al cuerno debo abandonarla.» José M.ª Zabalza, *Letreros de retrete y otras zarandajas.*

capullada *s.* bobada, tontería.

«Capullada: tontería, estupidez.» JMO. ❙ «Capullada. Chorrada, idiotez, gilipollez.» Ra. ❙ «Capullada. Sandez, necedad.» VL. ❙ «Esteban rasgó el labio. —¡Bah, capulladas! —exclamó.» Manuel Vicent, *Pascua y naranjas,* citado en DS.

capullo *s.* bobo, necio, torpe.

«Primero os violaremos y luego os mataremos, capullos.» El Jueves, 21-27 enero, 1998. ❙ «...no queda otro remedio que reconocer que el propio Almunia es exactamente el prototipo del subcampeón nato de cualquier concurrrido concurso de capullos.» Pedro J. Ramírez, El Mundo, 8.3.98. ❙ «Aquellos a los que adelantan (unos capullos).» P. Antilogus, J. L. Festjens, *Anti-guía de los conductores.* ❙ «¿Y qué tiene?, dice que le ha preguntado la muy capulla.» María Antonia Valls, *Tres relatos de diario.* ❙ «¡Os metía cuatro tiros a los dos, capullos!» El Gran Wyoming, *Te quiero personalmente.* ❙ «Llama capullo al comandante durante la jura de bandera.» M. Ángel García, *La mili que te parió.* ❙ «Cantamañanas. Capullo.» Juan Marsé, *Si te dicen que caí.* ❙ «Es que ni lo dudó la muy capulla.» B. Pérez Aranda *et al., La ex siempre llama dos veces.*

2. pene.

«Y si no puede ser ni lo uno ni lo otro, pues que cada perro se lama su capullo...» Felipe Navarro (Yale), *Los machistas.* ❙ «Conocida es la copla que recuerdo haber oído de muchacho: / Porque una vez no atiné / lo proclamas con orgullo. / Otra vez me colgaré / un farol en el capullo / y en cada huevo un quinqué.» DE. ❙ ◼ «No me acaricies el capullo que me voy a correr.»

3. persona indeseable.

«¡Calla ya, capullo!» Eloy Arenas, *Los vecinos de mis vecinos son mis vecinos.* ❙ «Ese tipejo es un capullo y nunca te hará un favor.» CL. ❙ ◼ «El vecino es un capullo de mierda que no hace más que joder la marrana.»

4. persona sin experiencia.

«Tú espera a ver, capullo.» El Jueves, 6-12 octubre, 1993. ❙ ◼ «Es nuevo en la fábrica, es un capullo.»

5. glande.

«Me baja más los pantalones y me come el capullo...» José Ángel Mañas, *Historias del Kronen.* ❙ «Cambiarás de comedia, cogerás el rifle y te pondrás el salacot en el capullo.» Vázquez Azpiri, *Fauna,* en DE. ❙ «vulgar: glande.» CL. ❙ «Tiene una marcha en la cama que no es normal y me quería poner coca en el capullo y cosas así...» José Luis Martín Vigil, *Los niños bandidos.* ❙ «Tenía el capullo rojo y gordo. Total, que se lo tuve que chupar.» DCB. ✔ Nebrija ya define este término.❙

6. prepucio.

«...subiendo y bajando la piel del bálano sobre el glande amoratado... —Debe de dolerte el capullo.» José Luis Muñoz, *Pubis de vello rojo.* ❙ «Capullo. Prepucio.» VL. ❙ «Capullo: prepucio, glande.» JMO. ❙ «Tenía un pequeño eczema en el capullo.» JM. ❙ «Capullo. Prepucio.» S. ❙ ◼ «Me tienen que cortar el capullo porque tengo fimosis.»

7. salirle algo del capullo a alguien *expr.* dar la gana algo a alguien.

«¿Y si no le sale del capullo vas a obligarle?» JM. ❙ ◼ «Pues no me sale del capullo trabajar el sábado, para que veas.»

*cara *cf.* (afines) careto, filosa, gaita, jeró, jeta, morro.

cara *s.* desvergüenza, frescura, cinismo.

«Hay que espabilarse, mi capitán, hay que tener arrestos y cara, mucha cara.» C. J.

Cela, *La colmena*. ❚ «Hace falta mucha cara.» Ángel Palomino, *Todo incluido*. ❚ «¿Cómo iba a tener cara para explicármelo?» Manuel Hidalgo, *Azucena, que juega al tenis*. ❚ «El chaval tiene mucha cara por cobrarle.» Lourdes Ortiz, *Picadura mortal*. ❚ «¡Habráse visto un tío con cara!» C. Pérez Merinero, *El ángel triste*. ❚ «Tiene más cara que un buey con paperas.» Ángel Palomino, *Insultos, cortes e impertinencias*.

2. desvergonzado, fresco, gorrón, cínico. «Se puede ser cara, no idiota.» Mala impresión, revista de humor con caspa, n.° 1. ❚ «...zapatos de piel cara, camisas precio caro, corbatas de firma cara. Es un cara.» A. Matías Guiu, *Cómo engañar a Hacienda*. ❚ «Existen sablistas y gorrones que se las arreglan para actuar sin rubor... caradura, cara, tener más cara que espalda, carota, fresco, frescales, [...] jeta, jetudo [...] vivales [...] tener un morro que se lo pisa...» AI. ❚ «Eres un cara que pretendes secunde tu faena.» P. Perdomo Azopardo, *La vida golfa de don Quijote y Sancho*.

3. aplaudir la cara ▶ aplaudir, *aplaudir la cara*.

4. caérsele a uno la cara de vergüenza *expr.* sufrir, pasar mucha vergüenza.
«¡A mí se me caería la cara de vergüenza!» Carmen Resino, *Pop y patatas fritas*, 1991, RAE-CREA. ❚ «Comparo (para mis adentros) este piso con el mío y se me cae la cara de vergüenza.» Eduardo Mendoza, *Sin noticias de Gurb*. ❚ «(Un inciso: ¿No se nos cae la cara de vergüenza cuando nos quejamos de la poca presencia de la lengua castellana en Internet...» Víctor de la Serna, El Mundo, 30.7.99.

5. cara bonita *s.* guapa.
«...cara bonita.» You, marzo, 1998. ❚ ▪▪ «Oye, cara bonita, ¿quieres bailar conmigo?»

6. cara como un mapa *expr.* cara golpeada y ensangrentada.
«Además de llevar la cara como un mapa, tenía dos costillas flojas, y muy doloridas.» Andrés Bosch, *Mata y calla*.

7. cara de cemento (armado) *s.* descaro, frescura, desfachatez.
«Sigue la cara de cemento armado, ma-

cho...» Alonso Zamora Vicente, *Mesa, sobremesa*. ❚ ▪▪ «Juan me ha pedido dinero otra vez, con lo que me debe. Tiene la cara de cemento armado.» ✔ también de *cemento armado*.❘

8. cara de chiste *expr.* expresión ridícula en la cara.
«Cara de chiste. Semblante ridículo que mueve a risa.» Víctor León, *Diccionario de argot*. ❚ «Tener cara de chiste... tener cara cómica...» JMO. ❚ ▪▪ «Con esa cara de chiste que tienes y esos andares te va a costar casarte.»

9. cara de cordero degollado *expr.* cara de víctima.
«...chicos solos que vienen a pedirme copas a la barra con cara de cordero degollado...» Lucía Etxebarría, *Amor, curiosidad, prozac y dudas*.

10. cara de culo *expr.* cara fea.
«Evidente, ya sabía yo que con esta cara de culo y este cuerpo no hacía hoy negocio.» B. Pérez Aranda *et al.*, *La ex siempre llama dos veces*. ❚ «...porque así, con esta cara de culo que tengo ahorita...» Jaime Bayly, *Los últimos días de la prensa*, 1996, RAE-CREA.

11. cara de espada *expr.* larga y seria.
«Cuando vi a Bernardo con cara de espada, me paré fingiendo tranquilidad...» José Raúl Bedoya, *La universidad del crimen*.

12. cara de haba *s.* cara adusta, de enfado.
«Solamente a mí me pones cara de haba esta tarde.» Fernando G. Tola, *Cómo hacer absolutamente infeliz a un hombre*.

13. cara de invierno *expr.* cara seria, severa.
«Cara de invierno: Expresar o denotar seriedad con el semblante, adusto, malhumorado.» JV. ❚ «Tener cara de invierno: estar serio o de mal humor.» ❚ ▪▪ «Mi mujer siempre pone cara de invierno, pase lo que pase.» ✔ no se ha podido documentar fuera de diccionarios.❘

14. cara de juez *s.* cara adusta, inexpresiva.
«Tener cara de juez... tener el gesto serio...» JMO. ❚ «Cara de sargento, cara de juez... Semblante severo, adusto y desagradable.»

VL. ∎ ◼ «Cuidado que el sargento trae hoy cara de juez.»

15. cara de mala leche *expr.* semblante adusto.

«Alex Comas era alto, desgarbado, tenía cara de mala leche...» Pedro Casals, *Disparando cocaína.* ∎ «Un policía [...] joven, alto y fuerte, con cara de mala leche.» Andreu Martín, *Por amor al arte.* ∎ ◼ «Mi suegra siempre tiene cara de mala leche.»

16. cara de mierda *s.* cara fea, estúpida.

«Ese tipo con el chamberguillo, con su cara de mierda, me mira.» Álex de la Iglesia, *Payasos en la lavadora.*

17. cara de no haber roto un plato en su vida *expr.* aspecto de ser una buena persona.

«Su imponente carrocería y una carita de no haber roto un plato en su vida.» Ragazza, agosto, 1997. ∎ «...siempre pone cara de no romper un plato...» R. Montero, *Diccionario de nuevos insultos...* ∎ «...y todo como si no hubiese roto un plato...» Ramón Ayerra, *Los ratones colorados.*

18. cara de palo *s.* cara seria, inexpresiva.

«Y se puso la cara de palo de sopetón como una careta.» Ricardo Fernández de la Reguera, *Vagabundos provisionales.* ∎ «...y tras mirarle con cara de palo...» Pedro Casals, *Disparando cocaína.* ∎ «Suele decirse del profesor severo que [...] examina o pregunta con cara de palo...» Ángel Palomino, *Insultos, cortes e impertinencias.*

19. cara de pedo *s.* cara fea, descompuesta.

«¿Quién se anima a cambiarme en diez minutos la cara de pedo que traigo?» B. Pérez Aranda *et al., La ex siempre llama dos veces.*

20. cara (de) pijo ▶ carapijo.

21. cara de pocos amigos *s.* cara de enfado.

«Una de las enfermeras se acercó a mí con cara de pocos amigos y me dijo...» Pilar Pedraza, *La pequeña pasión,* 1990, RAE-CREA. ∎ «Elías, con cara de pocos amigos...» Igor Delgado Senior, *Sub-América,* 1992, RAE-CREA. ∎ «...un zambo flaco y maduro con cara de pocos amigos.» Pedro Casals, *La jeringuilla.* ✓ Guim dice en su diccionario:

«Tener cara de pocos amigos; tener aspecto repulsivo, fisonomía antipática por lo mal humorada y ceñuda, parecer de genio áspero o intratable, y otras cosas por el estilo.»∎

22. cara de póquer *expr.* cara inexpresiva.

«Pues, tú, como cuando lo del Concorde, cara de póquer y veremos a ver.» Pilar Urbano, *Yo entré en el Cesid.* ∎ «...y Rafa ponía cara de póquer cuando dijo...» M. Vázquez Montalbán, *Los alegres muchachos de Atzavara.* ∎ «El relaciones públicas puso cara de póquer.» M. Vázquez Montalbán, *El delantero centro fue asesinado al atardecer.* ∎ «El abogado puso cara de póquer...» Pedro Casals, *Disparando cocaína.* ∎ «...no tuvimos más huevos que quedarnos en la sala con cara de póker para no montar un numerito.» B. Pérez Aranda *et al., La ex siempre llama dos veces.* ✓ posiblemente del inglés americano *poker face. Póquer* o *póker.*∎

23. cara de sargento *s.* cara adusta.

«...quien, con su habitual cara de sargento, le informó...» Gilberto Chávez, *El batallador,* 1986, RAE-CREA. ∎ ◼ «La cocinera es muy seria, con cara de sargento siempre.»

24. cara de vinagre *s.* cara adusta, de mal humor.

«A Javi se le puso la cara de vinagre...» Alejandra Vallejo-Nágera, Blanco y Negro, 10.1.99. ∎ «Entró Balbino con cara de vinagre, se plantó frente al alcalde...» Ramón Ayerra, *La lucha inútil,* 1984, RAE-CREA.

25. cara dura *s.* fresco, descarado, aprovechado.

«Además de hipócrita, tenía una cara dura impresionante.» Pgarcía, *El método Flower.* ∎ «¡Qué cara más dura!» B. Pérez Aranda *et al., La ex siempre llama dos veces.*

26. cara lavada *expr.* sin maquillar.

«Entre el *look* neohippy en plan cara lavada...» Ana Parrilla, El Mundo, La Luna, 23.4.99. ∎ «...pertenece a esa clase de mujeres que lucen mejor en bermudas, a cara lavada y con una melena...» Carmen Rigalt, El Mundo, 10.7.99.

27. cara o culo *expr.* cara o cruz.

«...los chavales que tiran las chapetas contra la barbacana jugando al cara o culo.»

Andrés Berlanga, *La gaznápira*. ✔ ▶ también *culo, cara o culo*.|

28. cruzar la cara *expr.* abofetear.

«No me mires así que te cruzo la cara.» M. Vázquez Montalbán, *La historia es como nos la merecemos.*

29. dar la cara *expr.* responsabilizarse, afrontar los hechos.

«...luego ha llamado a la policía sin dar la cara.» Ángel Palomino, *Un jaguar y una rubia.* ▌«El señorito Conrado le obligó a dar la cara...» Juan Marsé, *Si te dicen que caí.*

30. echar en cara *expr.* reprochar.

«Sus amigos le echarán cosas en cara...» You, marzo, 1998. ▌«No es por echarte nada en cara...» P. Perdomo Azopardo, *La vida golfa de don Quijote y Sancho.*

31. echarle cara a algo *expr.* atreverse descaradamente.

«Le sorprendieron robando en un supermercado, pero él le echó cara al asunto y salió sonriendo y saludando a todo el mundo.» FV. ▌«Échale cara y pídele tres mil pesetas.» DCB.

32. echarse a la cara *expr.* ver, conocer, enfrentarse.

«Eres el tipo con más cabeza y más cojones que me he echado a la cara.» Alberto Vázquez-Figueroa, *Caribes,* 1988, RAE-CREA.

33. llenar la cara de aplausos ▶ *aplaudir, aplaudir la cara.*

34. llenar la cara de dedos *expr.* abofetear.

«Merecedor de que le llenen la cara de dedos.» R. Montero, *Diccionario de nuevos insultos...*

35. partir (romper) la cara a alguien *expr.* golpear, pegar.

«El viajero cree que ni vale la pena partirles la cara de un sopapo.» C. J. Cela, *Viaje al Pirineo de Lérida.* ▌«Como vuelva a tocarme le parto la cara.» Severiano F. Nicolás, *Las influencias.* ▌«Me observa fijamente con una media sonrisa irónica... Le partiría la cara.» A. Matías Guiu, *Cómo engañar a Hacienda.* ▌«¡Te voy a romper la cara, Ricardo!» Juan Madrid, *Un beso de amigo.* ▌«...si yo fuera más lanzado, le habría partido la cara...» Luis Camacho, *La cloaca.* ▌«Si se trata de meter a Adolfo y a Roberto en chirona o a partirle la cara a ese Guillermo...» Lourdes Ortiz, *Picadura mortal.* ▌«El hombre que le partiría la cara a Sisita si a ésta se le ocurriese hacerle un pipí encima.» Jaime Romo, *Un cubo lleno de cangrejos.*

36. partirse la cara con alguien *expr.* pelear, golpearse con alguien.

«...había terminado como Sancho Panza, creyendo en la isla de Barataria y partiéndose la cara con cualquier engreído que pusiera en duda su existencia.» Ernesto Parra, *Soy un extraño para ti.*

37. poner la cara como un mapa *expr.* golpear en la cara.

«Además de llevar la cara como un mapa, tenía dos costillas flojas, y muy doloridas.» Andrés Bosch, *Mata y calla.* ▌■▶«En la pelea de anoche le pusieron a Pepe la cara como un mapa.» ✔ ▶ *cara, cara como un mapa*.|

38. poner mala(s) cara(s) *expr.* demostrar enfado.

«...lo menos que tienes que hacer es mosquearte con ellos, poner malas caras o estar hecha una borde en casa.» Ragazza, agosto, 1997.

39. por la bella cara de uno *expr.* gratis, porque sí.

«...Mogol consiguió cenar de gracia por su bella cara, en varias fondas y cafés...» Eduardo Mendoza, *La ciudad de los prodigios.*

40. por la cara (bonita) *expr.* gratis, sin esfuerzo.

«Te regalaremos por tu cara bonita una biografía con una fotos de alucine de Hanson.» Ragazza, junio, 1998. ▌«¿Tuvisteis que pagar algo o fue por la cara?» F. Vizcaíno Casas, *Hijos de papá.* ▌«...creí que todos veníamos por la cara...» Miguel Martín, *Iros todos a hacer puñetas.* ▌«¿Qué te crees tú, que te van a aprobar por tu cara bonita?» Severiano F. Nicolás, *Las influencias* ▌«...ha tenido la suerte de resultar agraciado con un magnífico premio [...] por su cara bonita.» Manuel Giménez, *Antología del timo.* ▌«Y sin pagar impuestos sucesorios [...] Por la cara.» Pedro Casals, *La jeringuilla.* ▌«A ése [...] se lo hacía yo por su cara bonita.» Care Santos, *El tango del perdedor.* ✔ Rafael García Serrano lo llama *crédito facial*.|

41. romper (partir) la cara a alguien *expr.* golpear.

«Yo le rompo la cara y tú vigilas para que su familia no se meta.» Francisco Candel, *Donde la ciudad cambia su nombre.* ▌«¡Déjame que le rompa la cara y lo eche de aquí!» Juan Madrid, *Cuentas pendientes.* ▌▪▪ «Un día de estos te van a romper la cara por mierda, por cabrón.»

42. tener (ser un) cara dura *expr.* frescura, desfachatez, atrevimiento.

«Además de hipócrita, tenía una cara dura impresionante.» Pgarcía, *El método Flower.* ▌ «No debes confiar en él, porque es un cara dura de tomo y lomo.» JM.

43. tener más cara que culo (que espalda) *expr.* fresco, desvergonzado, gorrón.

«Existen sablistas y gorrones que se las arreglan para actuar sin rubor... caradura, cara, tener más cara que espalda, carota, fresco, frescales, [...] jeta, jetudo [...] vivales [...] tener un morro que se lo pisa...» AI. ▌▪▪ «¿Sabes que me ha vuelto a pedir dinero prestado el jeta de tu primo? ¡Tiene más cara que espalda, el tío!»

44. verse las caras *expr.* tener una confrontación.

«...saldré algún día y nos veremos las caras.» José Raúl Bedoya, *La universidad del crimen.*

caraba, ser la caraba *expr.* difícil, sorprendente, inverosímil.

«Tienes un paraguas que es la caraba. Se empapa uno más que otra cosa.» JM. ▌«¡Tú eres la caraba en bicicleta! No sólo engañas a tu mujer, sino que además le consumes el capital para vivir sin trabajar.» FV. ▐✓ Abarca expresiones como *la caraba en siete tomos, la caraba en bicicleta,* etc. DRAE: «Ser algo o alguien fuera de serie, extraordinario, tanto para bien como para mal.»▐

carabina *s.* persona que supervisa a pareja de novios.

«...anunció la boda de su hija Alexia, que ha sido carabina de su prima Cristina...» Jaime Peñafiel, El Mundo, 13.12.98. ▌«...su primer pretendiente, un barbero, y Mariquita hacía de carabina cuando iban a pasear por el puerto.» M. Vázquez Montal-

bán, *La rosa de Alejandría.* ▌«La carabina era como se llamaba [...] a la señorita de compañía que iba siempre con la chica...» F. Vizcaíno Casas, *Hijos de papá.* ▌«Luego, la pareja y su carabina se dirigió a la Gran Vía...» C. Pérez Merinero, *El ángel triste.* ▌▪▪ «No me gusta ir de carabina cuando mi hermana sale con su novio.» ▐✓ castellano familiar pero estándar.▐

caracol *s.* hombre cuya mujer es infiel.

«Y si a mi marido, algunos / maridísimos de bien, / yo sé que al sol han de hallarse / caracoles más de seis.../» Francisco de Quevedo y Villegas, *Califica a su marido una moza de buena calidad,* en DE. ▌«Caracol: Cornudo.» Ángel Palomino, *Insultos, cortes e impertinencias.*

caraculo *s.* persona fea.

«...porque así, con esta cara de culo que tengo ahorita...» Jaime Bayly, *Los últimos días de la prensa,* 1996, RAE-CREA. ▌«Caraculo. Insulto.» VL. ▌▪▪ «Yo me quedo con la morenaza y tú con la caraculo de su amiga.»

caradura *s.* fresco, desvergonzado.

«...según he creído entender, es la más caradura, la más pendón y la más atrevida...» A. Gómez Rufo, *Cómo ligar con ese chico que pasa de ti o se hace el duro.* ▌▪▪ «Jaime se intenta ligar a todas las casadas de la oficina, es un caradura.»

2. gorrón, aprovechado.

«Existen sablistas y gorrones que se las arreglan para actuar sin rubor... caradura, cara, tener más cara que espalda, carota, fresco, frescales, [...] jeta, jetudo [...] vivales [...] tener un morro que se lo pisa...» AI.

carajada *s.* tontería, bobada, mala pasada.

«No le haría esa carajada a mi mujer.» Revista Hoy, Chile, 5.5.97. ▌«Cinco años en esta carajada y ¿qué es lo que he sacado?» Santiago García, *El paso,* 1988, RAE-CREA. ▌▪▪ «A mí no me vengas con esas carajadas; me gusta la seriedad.» ▐✓ de *carajo.*▐

carajillo *s.* café con coñac o anís.

«Un carajillo a estas horas no lo aguantaría ni yo...» Terenci Moix, *Garras de astracán.* ▌ «Un carajillo al fin y al cabo es la bebida más adecuada para un hombre que se está yendo al carajo.» Álvaro de Laiglesia, *Hijos de Pu.* ✔ DRAE: «m. Bebida que se prepara generalmente añadiendo una bebida alcohólica fuerte al café caliente».❙

carajo *excl.* exclamación de enojo.

«¡Siéntese, carajo!» José Raúl Bedoya, *La universidad del crimen.* ❙ «...estuvo muy en boga una copla que decía: En Francia dicen *mon Dieu* / y en Italia *giusto celo*; /aquí decimos *¡carajo!* / y se hunde el mundo entero.» DE. ❙ «¡Carajo yo lo vi!» Vicente Leñero, *La mudanza,* 1979, RAE-CREA. ❙ «Sin vos se irá el ajo, so carajo.» ref. ❙ ▪ «¡Carajo, ya me he dejado el dinero en casa otra vez!» ✔ Guim comenta sobre la voz *caraja*: «Interj. Vulgar impropia de la cultura y buena educación. Es imitación de otra más indecente, terminada en o en lugar de la a, que se omite por decencia.»❙

2. *s.* pene.

«Diálogos del coño y del carajo.» A. Ussía, *Coñones del Reino de España.* ❙ «A mí y a todo el que le cuelgue algo de la entrepierna, aunque sea un carajillo de nada.» Felipe Navarro (Yale), *Los machistas.* ❙ «Doble contra sencillo que les pega un bocado en la punta del carajo.» C. Pérez Merinero, *Días de guardar.* ❙ «A cama dura, carajo tieso.» ref. ❙ «Le bajo las bragas y me encuentro con todo su triángulo de las Bermudas al aire. La punta de mi carajo se dirige hacia allí...» C. Pérez Merinero, *Días de guardar.* ✔ En *Competencia de amor,* poema anónimo c. 1835: *Cual de burro es mi carajo / y mis cojones de toro, / y me dicen: vales más oro / que tiene arenas el Tajo.* ▶ C. J. Cela, Revista de Occidente, Tercera época, n.° 4, así como su *Diccionario del erotismo.* La RAE incluyó esta voz en 1979 en su diccionario.❙

3. al carajo *excl.* exclamación de rechazo.

«¡Al carajo, quienes dejan escapar viva la ocasión!» C. J. Cela, *Viaje al Pirineo de Lérida.*

4. chupar (la punta de) el carajo a alguien *expr.* frase de rechazo e insulto.

«Estoy harto de argumentarte y de pedirte disculpas; si no te conformas, ¡chúpame el carajo!» DE.

5. del carajo *adj.* maldito, de miedo.

«...no hay faena más jodida que alimentar a esta opatulea de tilingos del carajo...» A.

Zamora Vicente, *Mesa, sobremesa.* ❙ «...si lo intentas te metes en un lío del carajo.» Miguel Martín, *Iros todos a hacer puñetas.* ❙ «Quita de en medio, cojudo del carajo...» Ángel Palomino, *Un jaguar y una rubia.* ❙ «Cuando el grajo vuela bajo hace un frío del carajo.» ref. ❙ «¡Grito lo que me sale de la punta del carajo!» C. Pérez Merinero, *El ángel triste.* ❙ «...perdidas en el centro de un tumulto civil del carajo...» Juan Marsé, *Si te dicen que caí.*

6. del carajo *adj.* estupendo, maravilloso, impresionante.

«Esto es un invento del carajo, se lo juro por mi madre.» Miguel Martín, *Iros todos a hacer puñetas.* ❙ ▪ «Bartolomé se ha comprado una casa del carajo; tienes que verla.»

7. ¿dónde carajo...? *expr.* ¿dónde demonios...?

«...nunca tengo ni idea adónde coño voy, ni de dónde carajo...» Alberto Vázquez-Figueroa, *Caribes,* 1988, RAE-CREA. ❙ «¿Y su mujer dónde carajo se metió?» Cristina Bain, *El dolor de la ceiba,* 1993, RAE-CREA. ❙ ▪ «¿Dónde carajo está esa calle?»

8. el carajo la vela *expr.* el colmo.

«Dice (*Xabier*) Arzalluz en el centenario de (*Josep*) Tarradellas que el catalán era el *carajo la vela.* [...] Nadie sabemos aquí lo que es *el carajo la vela,* pero lo hemos dicho siempre. Suena a taco de mesón castellano, suena a diccionario de Cela, suena a la España malhablada en romance.» Francisco Umbral, El Mundo, 22.1.99.

9. en el quinto carajo *expr.* muy lejos.

«...al Ritz o al quinto carajo.» C. Rico-Godoy, *Cuernos de mujer.* ❙ «Vive en un apartamento que está en el quinto carajo.» JM. ❙ «En el quinto carajo: muy lejos.» JMO. ❙ «En el quinto carajo. Muy lejos.» VL. ❙ ▪ «La casa de Matías está en el quinto carajo y tardaremos mucho en llegar.»

10. estar hasta el (mismísimo, la punta del) carajo *expr.* muy harto.

«¡No puedo más! ¡Estoy hasta el carajo de tanta monserga!» DE.

11. (no) importar un (tres) carajo(s) *expr.* ser indiferente.

«...les importa un carajo lo que opinen Santos Alonso, Baltasar Porcel o Ernesto

Ayala-Dip.» Arturo Pérez-Reverte, El Cultural, El Mundo, 24.10.99. ▌«A mí me importa tres carajos quién tuvo la culpa...» Raúl Sánchez, *Adriana*. ▌«A mí me importa un carajo la felicidad de la chica.» El Gran Wyoming, *Te quiero personalmente*. ▌«...en mis celos, la mujer que los provoca me importa un carajo...» Andrés Bosch, *Mata y calla*. ▌▪▪ «No me importa un carajo que te cases con ese malnacido.»

12. irse al carajo *expr.* estropearse, arruinarse, malograrse.

«...no sé ya ni qué planes siguen adelante ni qué planes se han ido al carajo...» Pilar Urbano, *Yo entré en el Cesid*. ▌«Vueztro bar ze iba al carajo...» José Ángel Mañas, *Sonko95*. ▌«Campana sin badajo, que se vaya al carajo.» ref. ▌«Y si tampoco está el ama / Al carajo la posada /» Amelia Díe y Jos Martín, *Antología popular obscena*. ▌«Un carajillo, al fin y al cabo, es la bebida más adecuada para un hombre que se está yendo al carajo.» Álvaro de Laiglesia, *Hijos de Pu*. ▌«...estamos a punto de irnos todos al carajo...» Luis Camacho, *La cloaca*. ▌«Precios del café que se iban al carajo.» Pedro Casals, *Disparando cocaína*. ▌«Así se ha ido el bar al carajo.» José Ángel Mañas, *Sonko95*.

13. mandar al carajo *expr.* expresión de rechazo.

«Martín está a punto de gritar, mandar al carajo la jubilación y patear al personaje que tiene delante.» Fernando Martínez Laínez, *La intentona del dragón*. ▌«¡Vete al carajo!» Gabriel García Márquez, *Cien años de soledad*. ▌«¡Vete al carajo!» Juan Madrid, *Un beso de amigo*. ▌▪▪ «Si te importuna con sus preguntas, mándalo al carajo y acabas antes.»

14. ni qué carajo *expr.* ni qué cosa.

«¡Qué creador ni qué carajo!» Sergio González, *Las provisiones,* 1975, RAE-CREA.

15. no saber un carajo *expr.* no saber, no estar informado en absoluto.

«¿Eh? ¡Contéstame! No sabes un carajo, ¿verdad?» Fernando del Paso, *Palinuro de México,* 1977, RAE-CREA. ▌«¿Sabes a partir de qué? De que no sabíamos un carajo lo que había pasado.» Héctor Aguilar Camín, *El error de la luna,* 1995, RAE-CREA.

16. no valer un carajo *expr.* valer poco.

«No valer un carajo. No tener ningún valor, no servir para nada.» VL. ▌«No valer un carajo: no tener ninguna importancia, no valer nada.» JMO. ▌«No valer un carajo. No servir para nada.» S. ▌«En esta vida nada vale un carajo, tío.» DCB. ▌✓ no se ha podido documentar fuera de diccionarios.▌

17. ¡qué carajo! *excl.* qué demonios.

«Y vos, Quique, se puede saber qué carajo pensás?» Ernesto Sábato, *Abaddon el exterminador,* 1974. ▌«Porque, a fin de cuentas, qué carajo, ¿han olvidado ya el testamento espiritual de...?» P. Antilogus, J. L. Festjens, *Anti-guía de los conductores*. ▌«...pensando que qué carajo le iba a decir a La Francesa...» Rodrigo Fresán, *Historia argentina,* 1991, RAE-CREA. ▌«¿Qué carajo es este barullo?» DE. ▌▪▪ «Si se queda sin postre por venir tarde, que se joda, qué carajo.»

18. un carajo *expr.* negación.

«¿Me das veinte duros? ¡Un carajo! Yo a ti no te doy ni la hora.» DE. ▌▪▪ «¡Un carajo te voy yo a devolver el dinero!»

caramba *excl.* exclamación de sorpesa, extrañeza.

«...pero qué descuidados son ustedes, caramba, qué descuidados...» Vicente Leñero. *La mudanza,* 1979, RAE-CREA. ▌«Ah, caramba, esto es demasiado.» Juan Luis Cebrián, *La rusa*. ▌✓ es eufemismo por *carajo*. DRAE: «interj. con que se denota extrañeza o enfado».▌

caramelo *s.* pene.

«...sentían lo mismo que si la nena les estuviera chupando el caramelo... babeaban como si ya hubieran conseguido penetrarla con sus vergas...» Andreu Martín, *El señor Capone no está en casa*.

2. a punto de caramelo *expr.* preparado, a punto.

«Seguro que la paja estaba ya a punto de caramelo y necesitaba ya el último achunchoncito. Se lo di.» C. Pérez Merinero, *Días de guardar,* 1981, RAE-CREA. ▌«La nenita está a punto de caramelo.» Andreu Martín, *El señor Capone no está en casa*. ▌«Nadie diría que en un sitio así se puede

encontrar un Banco tan a punto de caramelo.» C. Pérez Merinero, *Días de guardar.*

carapijo *s.* bobo, necio, torpe.

«Carapijo: tonto, bobo.» JMO. ▮ «Carapijo.
Tonto, estúpido.» VL. ▮ «Carapijo. Se emplea como expr. insultante equivalente a
tonto o majadero.» JM. ▮ «Carapijo. Persona fea, tonta o lela.» S. ▮▰ «El carapijo de tu
marido ha perdido una buena oportunidad
otra vez.» ✓ no se ha podido documentar
fuera de diccionarios.▮

carapolla *s.* bobo, necio.

«...el hijoputa del gordo, carapolla creo que
se llamaba...» José Ángel Mañas, *Historias
del Kronen.*

carasucia *s.* el número 13.

«...Carmina, que te lo guardo como oro en
paño, el carasucia, el 13 pelao, [...] tú no
sabes la afición que hay por el trece.»
Ángel Palomino, *Las otras violaciones.*

caray *excl.* exclamación de sorpresa, extrañeza, contrariedad.

«...¡qué caray!» Fernando Repiso, *El incompetente.* ▮ «¿Quieres decirme qué caray te
pasa?» Eduardo Mendoza, *La verdad sobre
el caso Savolta.* ✓ es variación de *carajo.*
DRAE: «interj. ¡caramba!».▮

carbón, se acabó el carbón *expr.* acabado, concluido.

«A éstos se les acabó el carbón.» Francisco
Nieva, *La carroza de plomo candente,* 1976,
RAE-CREA. ▮ «Pues ya me he hartado. Se
acabó el carbón.» Ramón Ayerra, *La lucha
inútil,* 1984, RAE-CREA. ▮▰ «Venga, se acabó el carbón; terminemos por hoy.»

carburar *v.* pensar, razonar.

«...valiente viudita [...] sin carburar absolutamente nada...» A. Zamora Vicente, *Mesa,
sobremesa.* ▮ «Ya no carburas, chaval, te la
pelas demasiado.» Juan Marsé, *Si te dicen
que caí.*

2. funcionar.

«¿Vos estuviste usando mi moto? Dónde
metiste el pie que ahora no carbura.» Agustín Cuzzani, *Disparen sobre el zorro gris,*
1988, RAE-CREA. ▮▰ «En esta casa ya no
carbura ningún electrodoméstico, todos
están estropeados.»

carca *s.* conservador, reaccionario.

«...a algunos les atraen las chicas con el
pelo muy cortito. ¡Qué carcas!» Ragazza,
n.° 101. ▮ «Si los carcas me favorecían...» A.
Zamora Vicente, *Historias de viva voz.* ▮ «Su
padre es catedrático, senador carca y terra-
teniente...» Ángel Palomino, *Las otras violaciones.* ▮ «...tenía una gran habilidad para
entenderse con los que tenían la sartén del
mango, fueran carcas o socialeros.» J. L.
Castillo-Puche, *Hicieron partes.* ▮ «...mis amigos me llaman carca.» Álvaro de Laiglesia,
Hijos de Pu. ▮ «¿Sabe que tiene un tipo espléndido? Los carcas de la familia habrán
intentado tirársela.» Lourdes Ortiz, *Picadura mortal.* ▮ «¿Acaso ha querido propasarse
contigo, ese carca?» Juan Marsé, *La oscura
historia de la prima Montse.* ✓ «Carca. No
debe emplearse en un texto informativo.
Despectivo para referirse a personas de
ideas retrógradas. Es diminutivo de *cara-
cunda,* gallego-portugués que designaba a
los absolutistas del XIX.» El País, *Libro de estilo.*▮

carcajearse *v.* reírse, mofarse.

«...qué bien se lo sabía él de antemano
todo, siempre se carcajeaba...» A. Zamora
Vicente, *Mesa, sobremesa.* ▮ «Se carcajeaban
de sus conquistas y de su atractivo.» JM. ▮
▰ «Nos han timado y encima se han carca-
jeado de nosotros.» ✓ DRAE: «intr. Reír a
carcajadas. Ú. t. c. prnl.».▮

carcamal *s.* anciano.

«...la culpa de todo la tenía Ventura, que
era un carcamal y se dejaba comer el tarro.» Juan Madrid, *Cuentas pendientes.* ▮ «Los
carcamales somos así, vamos de una cosa
a otra, según mana el recuerdo...» A. Zamora Vicente, *Historias de viva voz.* ▮ «...se
pitorrean de los patinazos y equivocaciones continuas del carcamal.» R. Gómez de
Parada, *La universidad me mata.* ▮ «Michino
es un carcamal, un inútil...» Andrés Berlanga, *La gaznápira.* ▮ «El *usted* mismo se está
desvaneciendo [...] recibirlo es ya privilegio de algunos carcamales...» Fernando Lázaro Carreter, *El dardo en la palabra.* ▮ «Una
sociedad no puede ser aleccionada por carcamales.» P. Perdomo Azopardo, *La vida
golfa de don Quijote y Sancho.* ▮ «¿Sabíais eso,

carcamales?» Juan Marsé, *Si te dicen que caí.* ▌«Ahora ser comunistas es de carcamales.» Lidia Falcón, La Revista del Mundo, 8.8.99. ✓ DRAE: «m. fam. Persona decrépita y achacosa. Suele tener valor despectivo. Ú. t. c. adj.».▌

carcasa *s.* cuerpo, tipo.
«Carcasa: aspecto físico, cuerpo.» JMO. ▌«Carcasa. Cuerpo humano.» S. ▌«Encarna no vale mucho de cara pero tiene una carcasa que ya, ya.» DCB. ✓ no se ha podido documentar fuera de diccionarios.▌

carcelario *s.* argot penitenciario.
«El pasota de hoy, aunque sin proponérselo, chamulla algo el carcelario, larga lo que puede en caló...» JV. ▌▞«Los funcionarios de prisiones entienden todos el carcelario que emplean los reclusos.»

*cárcel *cf.* (afines) abanico, angustia, arriba, barrotes, cangri, chiquero, chirona, chupano, estaribel, gayola, hotel, jaula, maco, macuto, pandero, rejas, saco, sombra, talego, targui, trapa, trena, trullo, tubo, universidad. ✓ ▶ *celda de cárcel.*▌

cardar *v.* copular.
«Los tíos os dormís en seguida después de cardar y eso nos da tiempo a las tías para mirar aquí y allá.» Andreu Martín, *Amores que matan, ¿y qué?*

cardillo *s.* bebedor de vino blanco.
«...como *tagamina* en Andalucía cataloga a los borrachos de vino tinto, mientras *cardillos* lo hace con los de blanco.» José M.ª Zabalza, *Letreros de retrete y otras zarandajas.*

cardo *s.* persona desagradable y fea.
«Los dúos que nunca fallan: la cardo y la tía buena.» You, n.° 3. ▌«Si sus ambiciones se limitan a ligar con algún cardo...» P. Antilogus, J. L. Festjens, *Anti-guía de los conductores.* ▌«En los hospitales hay cada callo y cada cardo...» Álvaro de Laiglesia, *Hijos de Pu.* ✓ en el DRAE *persona arisca.*▌

2. cardo borriquero *expr.* persona desagradable y fea.
«Siempre ha sido así, un cardo borriquero.» A. Zamora Vicente, *Historias de viva voz.* ▌«...hay que tener ganas, porque ya entonces era un cardo borriquero...» María An-

tonia Valls, *Tres relatos de diario.* ▌▞«Es una mujer adusta, agria, malhumorada, un cardo borriquero.»

careto *s.* cara.
«...pero ya vimos su careto en *La ley de Los Ángeles.*» Ragazza, n.° 100. ▌«Perejil sólo encontraba desolación en el malhumorado careto que lo miraba desde el espejo...» Arturo Pérez-Reverte, *La piel del tambor.* ▌«¡No quiero que mi careto esté en todas partes!» Ragazza, n.° 101. ▌«¿Te acuerdas del careto de la vieja del Renol...?» José Ángel Mañas, *Historias del Kronen.* ▌«Somos policías —remachó uno alto, de careto afilado.» Ignacio Fontes, *Acto de amor y otros esfuerzos.* ▌«...aparece ligeramente rezagado y asoma el careto por una esquina, como chupando cámara...» Carmen Rigalt, El Mundo, 1.8.98. ▌«...necesitamos a alguien que ponga el careto...» Cómic Jarabe, n.° 4, 1996. ▌«¿Has visto el careto del tío? ¡Parece más inofensivo que una mosca...!» Mariano Sánchez, *Carne fresca.* ▌«Alegra el careto...» J. Giménez-Arnau, *Cómo forrarse y flipar con la gente guapa.* ▌«Le vi el careto durante medio minuto.» Mariano Sánchez, *La sonrisa del muerto.*

2. desvergonzado, fresco, cínico.
«Qué careto...» Pedro Casals, *Disparando cocaína.* ▌▞«¡Qué careto eres, pedirme dinero otra vez!» ✓ sinónimo de *cara.*▌

carga, volver a la carga *expr.* insistir.
«El chico se va a Toledo y la madre vuelve a la carga. Se pone seria...» Gomaespuma, *Familia no hay más que una.* ▌«El aldeano vuelve a la carga.» Geno Díaz, *Genocidio.*

cargado *adj.* ebrio.
«Estás un poco cargado —insistía ella.» Francisco Umbral, *El Giocondo.* ▌«...bien es verdad que iba cargado, llevaba unas copas, pero leche, todos soplamos, eso le puede ocurrir a cualquiera...» Ramón Ayerra, *Los ratones colorados.* ▌«Estar cargado: Estar ebrio.» LB. ▌▞«Según él, ha bebido unas copitas nada más pero yo creo que va bastante cargado.»

2. cargado como un burro *expr.* muy cargado de peso.

«El otro día me ve que salgo del taxi cargada como una burra...» Eloy Arenas, *Los vecinos de mis vecinos son mis vecinos*.

3. cargado como una mula *expr.* muy cargado de peso.

«El resultado de todo esto es que allí estaba yo [...] cargado como una mula...» M. Ángel García, *La mili que te parió*.

cargarse *v.* matar, asesinar.

«Cuando éste se enamora de Grace, se da cuenta de que cargándose a su rico y tacaño marido mata dos pájaros de un tiro.» Ragazza, n.° 101. ▌«A ése me lo cargo yo.» Francisco Candel, *Donde la ciudad cambia su nombre*. ▌«...te has cargado a Ventura y te vamos a mandar al trullo.» Juan Madrid, *Cuentas pendientes*. ▌«¿Que te cargas a un viejo? Tres puntos menos.» P. Antilogus, J. L. Festjens, *Anti-guía de los conductores*. ▌«Me los voy a cargar.» Fernando Martínez Laínez, *La intentona del dragón*. ▌«Acababa yo de cumplir veinte años, cuando no tuve más remedio que cargarme a un explotador.» Álvaro de Laiglesia, *Hijos de Pu*.

2. suspender en examen.

«Al profe no le moló nada. Me cargó.» José Ángel Mañas, *Mensaka*. ▌■ «Me han cargado en física otra vez.»

3. romper, estropear, quitar.

«...pienso que me lo he podido cargar yo solito y se me abren las carnes...» Miguel Martín, *Iros todos a hacer puñetas*. ▌«...y cuando creía que iba a dar jaque mate al rey, resultaba que sólo me estaba cargando la torre...» Lourdes Ortiz, *Picadura mortal*. ▌«¡Ostras! ¡Me he cargado una teja!» Ilustración, Comix internacional, 5. ▌■ «¡Caramba, me he cargado la nevera!»

4. acabar con.

«...Aznar sacó la ley del fútbol gratis [...] y se cargó de un plumazo el proyecto...» Jaime Campmany, ABC, 6.3.98.

cargársela *v.* castigar, recibir castigo.

«Nada, éste, que como lo vea don Luciano se la va a cargar.» J. L. Castillo-Puche, *Hicieron partes*. ▌«Cuando sea reina los judíos se la van a cargar!» Gomaespuma, *Grandes disgustos de la historia de España*. ▌«...no se puede pegar a ningún pequeño delante de las señoritas porque te la cargas.» Elvira Lindo, MiPaís, El País, 16.10.99. ▌■ «Si se entera tu marido de que anoche llegaste a las tantas, te la vas a cargar.»

cargo, hacerse cargo *expr.* comprender, enterarse.

«—Nuestra situación es muy delicada. Espero que se hará usted cargo. Naturalmente que yo me hacía cargo.» Victoriano Corral, *Delitos y condenas*.

carillena *adj.* de cara gruesa, llena.

«Dijo que no a una chica carillena, que quería venderle no sé qué...» Pedro Casals, *La jeringuilla*.

***cariñoso, término cariñoso** cf. (afines) ▸ *palabra cariñosa*.

carnal, trato carnal *expr.* cópula, coito.

«¡Trato carnal! [...] Tiene usted una manera de hablar que es tronchante, vamos.» Manuel Hidalgo, *El pecador impecable*.

carne, carne de gallina *expr.* susto, sorpresa.

«Se le hizo un nudo en la garganta y se le puso carne de gallina...» Andreu Martín, *Amores que matan, ¿y qué?*

2. carne muerta *s.* cadáver, muerto.

«Lola, la propietaria del bar del pueblo se lo dijo esa misma mañana: Josefa, eres carne muerta.» El Mundo, 7.2.98.

3. en carnes vivas *expr.* desnudo.

«Estas señoras se ponen en carnes vivas delante de los hombres.» P. Perdomo Azopardo, *La vida golfa de don Quijote y Sancho*.

4. ¡eso es carne y no lo que pone mi madre en el puchero! *expr.* piropo de mal gusto.

«¡Guapa! ¡Maciza! ¡Eso es carne y no lo que pone mi madre en el puchero!» DCB.

5. metido (entrado) en carnes *adj.* grueso, obeso.

«Y de verdad que no era pequeño mérito para un cincuentón metido en carnes.» Germán Sánchez Espeso, *La reliquia*. ▌«...se escuchaban los gritos malsonantes de un pedigüeño a quien una señorona entrada en carnes le acababa de negar la limosna...» Care Santos, *El tango del perdedor*. ▌«...exclama a mi lado un hombre metido en carnes.» C. Rico-Godoy, *Cómo ser infeliz y disfrutarlo.* ❙ «...cuatro mujeres semidesnudas, entradas en carnes, depiladas...» Eduardo Mendoza, *La verdad sobre el caso Savolta.*

6. negocio de la carne *expr.* prostitución.
«...desde lo más remoto de los tiempos, ha encontrado cobijo el negocio de la carne...» Antonio J. Gómez Montejano, *Las doce en punto y sereno.*

7. pedazo (cacho) de carne con ojos ▸ *pedazo, pedazo (cacho) de carne con ojos (bautizada).*

8. poner (meter) toda la carne en el asador *expr.* arriesgarse, correr un gran riesgo.
«...empezaba a hacer el ridículo y decidió poner toda la carne en el asador.» Eduardo Mendicutti, El Mundo, 5.6.99.

carnicero *s.* cirujano incompetente.
«Carnicero. Cirujano incompetente.» JMO. ❙ «Carnicero. Cirujano incompetente.» VL. ❙ «Carnicero. Médico, sobre todo cirujano, que es incompetente y causa males irreparables o grandes cicatrices.» S. ❙ «Ese carnicero casi me mata al extirparme el apéndice.» CL. ❙ «Un cirujano que se equivoca o que no le sale bien una operación se convierte automáticamente en un carnicero.» DCB. |✓ no se ha podido documentar fuera de diccionarios.|

***caro** cf. (afines) más caro que un hijo tonto, costar (pagar) un huevo, costar un pico, costar un riñón, por las nubes, un ojo de la cara.

caro, costar (salir) más caro que un hijo tonto (idiota) *expr.* costar muy caro.
«...me salía más cara que un hijo idiota.» José Raúl Bedoya, *La universidad del crimen.*

2. cara mitad *s.* mujer, esposa.
«Continuaba allí cuando, en carnaval, la cara mitad del caballerizo se puso un bonito vestido...» Pau Faner, *Flor de sal.* ❙ ▪ «El jefe es un palurdo; habla de su mujer diciendo mi cara mitad.»

carota *s.* desvergüenza, frescura.
«¡Vaya morro! ¡Qué carota!» Fernando Martínez Laínez, *Andante mortal.* ❙ «Pero aquella carota, aquella atención respetuosa del tipo...» Juan Marsé, *La oscura historia de la prima Montse.* ❙ ▪ «No tiene carota el tío ni nada. Me ha pedido dinero otra vez. ¡Qué carota!» |✓en sus enmiendas y adiciones al diccionario la RAE quiere incluir: «com. Coloq. Fig. caradura».|

2. desvergonzado, fresco, gorrón, caradura.
«¡Descarado, más que descarado! ¡Eres un carota!» C. J. Cela, *La colmena.* ❙ «...personajillos de cuarta fila, de nescientes y cantamañanas, carotas y robaperas...» Jaime Campmany, ABC, 11.2.98. ❙ «...la única razón que teníais en contra de los que ya nos habíamos aupado, los valientes y carotas...» A. Zamora Vicente, *Mesa, sobremesa.* ❙ «...queda muy bien haber estrenado un bodrio del peculiar carota.» Alfonso Ussía, ABC, 19.7.98. ❙ «Un carota, un cara muy cara...» A. Zamora Vicente, ABC, 17.5.98. ❙ «...se comprobó que sus necesidades sociales eran las propias de un carota como él.» Manuel Giménez, *Antología del timo.* ❙ «...el carota de Palau y yo esperando que llegarais...» Juan Marsé, *Si te dicen que caí.* ❙ ▪ «El carota de tu hermano ha estado aquí otra vez a pedirme favores.» |✓ DRAE, adición de artículo: «com. Coloq. Fig. caradura».|

carpanta *s.* hambre.
«Carpanta. Hambre violenta.» DRAE. ❙ «Carpanta. Hambre.» MM. ❙ «Carpanta. Apetito, hambre.» LB. ❙ «Carpanta. Hambre.» S. ❙ «Carpanta: hambre.» JMO. ❙ «No he comido nada y ahora tengo una carpanta que me comería un buey.» CL. ❙ ▪ «De repente me ha entrado una carpanta que sería capaz de comerme un hipopótamo.» |✓ por primera vez en Ac. 1984. ▸ *hambre*. No se ha podido documentar fuera de diccionarios.|

2. glotón, persona que come mucho.
«Y si encima come mucho, más delito tiene, por tragón, carpanta, comilón,... tragaldabas, zampabollos, [...] zampatortas, come más que una lima...» AI. ❙ «Por la misma época que Aldecoa, a Sánchez-Silva, que había pasado más hambre que Carpanta...» José María Ortiz, ABC, 23.5.99. |✓ Carpanta era un personaje del TBO muy glotón, pero que pasaba hambre y no comía nunca.|

carpetazo, dar carpetazo *expr.* archivar, interrumpir, dar por terminado un asunto.

«Tómate el gusto de tenerlas encerradas unas horas, suéltalas y dale carpetazo al asunto.» Jose-Vicente Torrente, *Los sucesos de Santolaria.* ❚ «No es extraño que le den carpetazo como suicidio.» Juan Madrid, *Las apariencias no engañan.* ❚ «Si la cosa se dejaba como estaba y se daba carpetazo el tiempo actuaba en favor suyo.» Lourdes Ortiz, *Picadura mortal.* ❚ «Y dio carpetazo al asunto sin más.» Pedro Casals, *Disparando cocaína.* ❚ «El PSOE da carpetazo al fraude de Jaén con la expulsión del denunciante.» El Mundo, 19.2.99. ❚ «...dio carpetazo el asunto.» Manuel Quinto, *Estigma.*

carraca *s.* automóvil viejo.

«Tuvieron suerte. La carraca se desvió hacia el Tibidabo y pudieron gozar del aire...» Pedro Casals, *La jeringuilla.* ❚ ◾ «Roberto pasó a recogerme con una carraca de coche que tiene que casi no andaba.»

carracuca ▶ *viejo, más viejo que Carracuca.*

carrera, hacer la carrera ▶ *hacer, hacer la carrera.*

carrerilla, de carrerilla *expr.* de corrido, sin parar y sin pensar.

«...habló de carrerilla, como el niño que recita una lección bien aprendida.» Jose-Vicente Torrente, *Los sucesos de Santolaria.* ❚ «Lo solté de carrerilla, atropellándome...» Almudena Grandes, *Las edades de Lulú.* ❚ «Yo me aprendí la frase de carrerilla...» Eduardo Mendicutti, *El palomo cojo,* 1991, RAE-CREA. ❚ «Desde la época en que nuestros bisabuelos aprendían de carrerilla esta copla...» José Manuel Vidal, El Mundo, 15.8.99. ✓ DRAE: «loc. adv. fam. De memoria y de corrido, sin enterarse mucho de lo que se ha leído o estudiado. Ú. principalmente con los verbos decir y saber».❚

2. hacer a alguien la carrerilla *expr.* agarrar a alguien de los pantalones y de la nuca y hacerle correr.

«Ayer vi como a ése le lanzaban de un bar haciéndole la carrerilla.» CO, D. C. Marshall.

carrete, dar carrete *expr.* dar conversación, hablar.

«...dándole carrete para que se lo regale...» Andrés Berlanga, *La gaznápira.* ❚ «¿Y por qué ella me dio carrete?» Raúl del Pozo, *La novia.*

carretera, finiquito y carretera *expr.* fuera, largo, vete.

«...mala sombra, a la vuelta lo venden tinto, finiquito y carretera, y no se supo más de él...» Ramón Ayerra, *Los ratones colorados.*

carro *s.* automóvil.

«Si alguno de los que vais tiene carro, cojonudo...» Mala impresión, revista de humor con caspa, n.° 1. ❚ «...me robaron el carro...» Juanma Iturriaga, *Con chandal y a lo loco.* ❚ «Le tengo que decir a Carmeli que le pida a su padre el carro.» A las barricadas, 1-7 junio, 1998. ❚ «...una adolescente con las *pantaletas* (bragas) por las rodillas en el asiento trasero de un carro (automóvil).» J. M. Gómez, canción de Molotov, El Mundo, La luna del siglo XXI, 9.10.98. ❚ ◾ «Los antiguos dicen auto, y los jóvenzuelos dicen carro por automóvil.»

2. aguantar (soportar, pasar por, tragar) carros y carretas *expr.* aguantar mucho.

«...pero que había pasado por carros y carretas...» Carmen Martín Gaite, *Nubosidad variable,* 1992, RAE-CREA. ❚ «...en tiempos pasados han tragado carros y carretas...» ABC Electrónico, 39234, 1997, RAE-CREA. ❚ «Miguel Rodríguez tragó carros y carretas.» El Mundo, 3.10.94. ❚ ◾ «He tenido que aguantar en este empleo carros y carretas porque tengo familia y necesito el dinero.»

3. apearse (bajarse) del carro *expr.* renunciar a algo.

«...hace treinta años quise bajarme del carro... [...] —¿Y qué te impidió hacerlo? —La enfermedad de Sole.» Juan Marsé, *La muchacha de las bragas de oro.* ❚ ◾ «Quieras que no, tendrás que apearte del carro y hacer lo que te pide tu familia.»

4. para el carro *excl.* exclamación exigiendo calma.

«Para el carro.» Pedro Casals, *La jeringuilla.* ❚ «¡Para el carro, tío, que no nos corre nadie!» DCB. ❚ «No paraba el carro ni a la de tres.» Ramón Ayerra, *La lucha inútil,* 1984, RAE-CREA.

5. para parar un carro *expr.* mucho.

«...hubo sorpresas y emociones fuertes para parar un carro.» B. Pérez Aranda *et al., La ex siempre llama dos veces.* ❚■ «Matías tiene dinero como para parar un carro.» ✓ ▸ *tren, para parar un tren (carro).*❚

6. tirar del carro *expr.* trabajar, ayudar, cooperar.

«Hoy trabaja diez horas diarias y a veces catorce, y está dispuesto a tirar del carro mientras el cuerpo aguante...» Máximo, *Animales políticos.*

carrocería *s.* cuerpo, tipo.

«Sólo un actor con su talento y carrocería podría protagonizar la peli...» Ragazza, n.° 101. ❚ «...y busca, entre las empleadas, chicas de carrocería atractiva...» Ángel Palomino, *Todo incluido.* ❚ «...zona de cuidados personales en la que se trata sobre todo la carrocería.» Juanma Iturriaga, *Con chandal y a lo loco.* ❚ «Todo va bien, Tomás, ¿y tú? La carrocería aguanta, pero...» Juan Madrid, *Un beso de amigo.* ❚■ «¡Vaya carrocería que tiene la novia de Javier!»

carroza *s.* homosexual anciano.

«...y la inclinación terminaba en una felación. La realizaban caballeros carrozas, que ya no podían aspirar a recibir otros favores de los jovencitos.» Terenci Moix, *Garras de astracán.* ❚ «Carroza. Dícese del homosexual de edad que todavía pretende aparentar.» Francisco Umbral, *Diccionario cheli.* ❚■ «Cuando era maricón jovencito ligaba mucho, ahora que es un carroza sólo va con chaperos.»

2. anciano.

«Hay algunos tipos así, algo carrozas, que están lo que se dice fenómeno.» A. Zamora Vicente, *Historias de viva voz.* ❚ «...se divierte más con los carrozas que con los de su edad...» C. Rico-Godoy, *Cómo ser una mujer y no morir en el intento.* ❚ «Los carrozas solían aguantar unos minutos y por fin se retiraban, desencajados...» F. Vizcaíno Casas, *Hijos de papá.* ❚ «(el carroza del peluquín en plan Hércules Poirot...» Ladislao de Arriba, *Cómo sobrevivir en un chalé adosa-*

do. ❚ «Eres un carroza simpático, tío.» Ernesto Parra, *Soy un extraño para ti.* ❚ «Si usted no quiere pasar por retablo, carroza, o retro; si ya no se puede decir que sea un bollicao o una yogurcito...» Luis Ignacio Parada, ABC, 13.12.98. ❚ «...no entiende nada y es un carroza.» Juan Luis Cebrián, *La rusa.* ✓ en sus enmiendas adiciones al diccionario la RAE quiere incluir: «adj. Coloq. Viejo. Apl. A pers.».❚

carrozón *adj. y s.* mayor, anciano, viejo.

«El concierto en memoria de la princesa [...] hará las delicias de un público mayormente carrozón y clásico.» El Mundo, 28.2.98. ❚ «Así como a la planta jóvenes van mayormente las carrozonas...» Francisco Umbral, *La derechona.* ❚ «¡Batallitas que cuenta el papá carrozón!» Gregorio Cámara Villar, en A. Sopeña Monsalve, *El florido pensil.* ❚ «...un bellezo entonado por la edad, nada carrozón de otro lado...» Ramón Ayerra, *Los ratones colorados.*

carta, guardar una carta en la manga *expr.* reservarse algo para ganar.

«¿Se guardaba más cartas en la manga?» Pedro Casals, *Hagan juego.*

2. poner las cartas boca arriba *expr.* hablar con franqueza, sin tapujos.

«Su madre se ha encargado sin piedad de poner las cartas boca arriba.» José Luis Martín Vigil, *Los niños bandidos.*

3. tomar cartas en un asunto *expr.* intervenir en un asunto.

«...el padre y el hermano de Rosario creyeron preciso tomar cartas en el asunto...» P. Perdomo Azopardo, *La vida golfa de don Quijote y Sancho.* ❚ «...decidí tomar cartas en el asunto y encarrilar a semejante mastuerzo...» Ramón Ayerra, *Los ratones colorados.*

cartel, tener cartel *expr.* tener buena reputación.

«Quien tiene cartel, vende.» Prensa libre, Guatemala, 43101, 1997. ❚■ «Ganará las elecciones porque siempre ha tenido buen cartel.»

*carterista cf. (afines) bolsillero, datilero, tomador del *dos, músico, picador, piquero, ratero, sañero.

cartilla, leer la cartilla *expr.* reprender.

«Cuando entras, el jefe te lee la cartilla...» José Raúl Bedoya, *La universidad del crimen.* ▌ «Sin duda Mario le había leído la cartilla.» José Luis Martín Vigil, *Los niños bandidos.* ▌ «...el guardia de seguridad los paró antes de entrar y les leyó la cartilla...» Ana Alonso Montes, El Mundo, 16.8.99. ▌ «...para que mis queridos superiores no me leyeran la cartilla.» C. Pérez Merinero, *La mano armada.*

cartón *s.* vale de papel o cartulina empleado como dinero en la cárcel.

«Cartón: Vales de papel con varios colores que se emplean a modo de dinero corriente dentro de la cárcel.» JGR. ▌ «Cartón. El dinero de las prisiones, consistente por lo general en vales de papel.» Ra. ▌ «Cartón: vales que en la cárcel sustituyen el dinero.» JMO. ▌ «Cartones. Vales que sustituían al dinero en la cárcel.» VL. ▌ «Cartones: Vales que reemplazan al dinero en el interior de las prisiones.» JV. ▌ «Cartón. Vale que equivalía a dinero en la cárcel.» S. ✔ no se ha podido documentar fuera de diccionarios.▌

cartucheras *s. pl.* grasas en las caderas de la mujer.

«¿Desea eliminar las cartucheras de sus caderas?» Anuncio, Antena 3 TV, 21.2.99.

cartulaje *s.* baraja.

«Cartulaje. Naipes de escaso o de ningún valor.» LB. ▌ «Cartulaje: la baraja.» JMO. ▌ «Cartulaje. Baraja.» VL. ▌ «Cartulaje. Cartas de la baraja.» S. ▌ ▪ «Para jugar al póquer con esos necesitamos cartulaje nuevecito, sin estrenar.» ✔ no se ha podido documentar fuera de diccionarios.▌

casa abierta ▶ *casa, casa de cuento.*

*casa de prostitución cf. (afines) casa abierta, burdel, casa: de camas, de citas, de compromiso, de cuento, de fulanas, de lenocinio, de mal vivir, de mala nota, de masajes, de niñas, de prostitución, de putas, de relax, de señoras, de tapadillo, de tías, de tolerancia, de trato, pública, lechería, lupanar, mancebía, meublé, putíbulo.

casa, como Pedro por su casa *expr.* con confianza, sin cumplidos, con naturalidad.

«Cualquier persona andará [...] en agosto por Madrid como Pedro por su casa.» Geno Díaz, *Genocidio.*

2. como una casa *expr.* muy grande.

«Una verdad como una casa.» El Mundo, 25.5.96. ▌ «Y eso es una memez como una casa.» ABC Electrónico, 8218, 1997, RAE-CREA. ▌ «...desde luego un pedazo de caca de vaca como una casa...» El Mundo, 31.3.96. ▌ ▪ «Una trola como una casa.»

3. casa de camas *s.* prostíbulo.

«casa de putas, de señoras, de mujeres, de fulanas, de camas, de cuento, de mala nota, [...] de compromisos,... prostíbulo.» JMO.

4. casa de citas *s.* prostíbulo, lugar de encuentro de parejas para actividades sexuales.

«Sólo al anochecer entran las parejas en el vagón, ellas con prisa y ojos bajos, como si entrasen en una casa de citas...» Francisco Umbral, *Madrid 650.* ▌ «...frecuentaba el taller de doña Delia, una casa de citas en la calle de Eloy Gonzalo...» Ángel Palomino, *Las otras violaciones.* ▌ «Será al fin en una casa de citas. ¿Están para eso, no?» Fernando Sánchez-Dragó, «Anábasis», en *Antología del cuento español.* ▌ «Yo había oído hablar de casas de citas donde la gente podía obtener dormitorios...» Antonio Escohotado, tr., *Mi vida secreta.* ▌ «...ejercen la prostitución en casas de citas, clubs o tienen relación con lesbianas.» José M.ª Zabalza, *Letreros de retrete y otras zarandajas.* ▌ «¿Desde cuando utilizas tu casa como prostíbulo? [...] Casa de citas.» Mariano Sánchez, *Carne fresca.* ✔ para María Moliner es «burdel». Para Julio Casares es «albergue destinado al alojamiento temporal de parejas de amantes».▌

5. casa de comidas *s.* restaurante barato.

«...de la arriba citada casa de comidas...» El Mundo, 23.8.95. ▌ «Cuando salieron de la casa de comidas...» Eduardo Mendoza, *La ciudad de los prodigios.* ✔ DRAE: «figón, casa donde se guisan cosas ordinarias».▌

6. casa de compromiso *s.* prostíbulo.

«...abrir una casa de compromiso, nada más que eso...» Eugenio Noel, *Las siete cucas,*

1927, RAE-CREA. ✓ DRAE: «de compromiso, o de compromisos. 1. casa de citas».‖

7. casa de cuento *expr.* prostíbulo.

«Soledad [...] no piensa retirarse del negocio porque las cosas le van bastante bien: Podría vender la barcaza e instalar una casa de cuento por todo lo alto o un bar de esos que...» Luis Cantero, *Narraciones de color turquesa* (citado por CJC en su *Diccionario del erotismo*). ‖ «casa de putas, de señoras, de mujeres, de fulanas, de camas, de cuento, de mala nota, [...] de compromisos,... prostíbulo.» JMO. ‖ ▪ «Donde vivo, en el tercero, hay una casa de cuento con unas tías de muérete.»

8. casa de fulanas *s.* prostíbulo.

«Yo prefiero cerrar antes de convertir la peluquería en una casa de fulanas.» Ignacio Aldecoa, *El fulgor y la sangre.* ‖ «casa de putas, de señoras, de mujeres, de fulanas, de camas, de cuento, de mala nota, [...] de compromisos,... prostíbulo.» JMO. ‖ «Mi marido no va a casas de fulanas. Ya me tiene a mí.» DCB.

9. casa de golfas ▸ *golfa, casa de golfas.*

10. casa de lenocinio *s.* prostíbulo.

«...es dueña de una casa de lenocinio, donde ejercen su oficio diez mujeres del partido.» Jose-Vicente Torrente, *Los sucesos de Santolaria.* ‖ «Casa de lenocinio. Casa de mujeres públicas.» DRAE.

11. casa de locos *s.* casa de salud mental.

«...antes de cruzar el umbral de aquella casa de locos.» Torcuato Luca de Tena, *Los renglones torcidos de Dios,* 1979, RAE-CREA.

12. casa de locos *s.* casa donde reina el desconcierto.

«No grites, que esto parece una casa de locos.» Gomaespuma, *Familia no hay más que una.* ‖ «Lo mejor sería pagar lo que se debe y cambiar de pensión, esto es una casa de locos.» Juan Marsé, *La oscura historia de la prima Montse.* ‖ ▪ «Me voy. Aquí no se puede vivir. Esto es una casa de locos.»

13. casa de mal vivir *s.* prostíbulo.

«...muchas de estas casas fueron de mal vivir...» José Gutiérrez-Solana, *Madrid, escenas y costumbres, Obra literaria, I.* ‖ «La Saturna abrió la puerta de la casa de mal vivir...»

Eugenio Noel, *Las siete cucas,* citado por CJC en su *Diccionario del erotismo.*

14. casa de mala nota *s.* prostíbulo.

«...casas de mala nota y hospicios, manicomios, tabernas...» Francisco Umbral, *La derechona.* ‖ «...dirigirse a cierta casa de mala nota y preguntar por Rosiña.» Germán Sánchez Espeso, *La reliquia.* ‖ ▪ «Arriba hay una casa de mala nota, por el trajín de gente que sube y baja a todas horas de la noche.»

15. casa de masajes *s.* prostíbulo.

«...él me ha hablado de una casa de masajes que solía frecuentar, en la calle de Loreto.» Andreu Martín, *Por amor al arte.* ‖ «...vigilar las casas de masajes a la búsqueda de un diputado...» Juan Luis Cebrián, *La rusa.*

16. casa de niñas *s.* prostíbulo.

«...siempre tendrá José Borrell el recurso de fundar una cadena de prostíbulos, burdeles, mancebías, casas de niñas...» Jaime Campmany, ABC, 20.3.98. ‖ «Encargada de una casa de [...] niñas.» P. Perdomo Azopardo, *La vida golfa de don Quijote y Sancho.* ‖ ▪ «Hay una nueva casa de niñas en la calle de la Ballesta que es de aúpa.»

17. casa de prostitución *s.* prostíbulo.

«¿Que un día antes de su boda fue detenida su suegra por ser madame de una casa de prostitución...?» Mariano Sánchez, *Carne fresca.*

18. casa de putas *s.* prostíbulo.

«Gaudencio, en la casa de putas donde se gana la vida, ejecuta un repertorio de piezas bastante variado.» C. J. Cela, *Mazurca para dos muertos.* ‖ «A mi tío Paco le pillaron a la salida de una casa de putas...» Ray Loriga, *Lo peor de todo.* ‖ «Debo aclarar a mis lectores que Borrell no ha dicho casa de putas, sino prostíbulo o burdel.» Jaime Campmany, ABC, 1.3.98. ‖ «No obstante, donde los moros se hicieron los amos [...] fue en las casas de putas.» Miguel Martín, *Iros todos a hacer puñetas.* ‖ «¡Es una casa de putas! ¡Ahí están encerradas un montón de niñas!» Juan Madrid, *Flores, el gitano.* ‖ «Explícame cómo funciona tu casa de putas.» Mariano Sánchez, *Carne fresca.* ‖ «Había mejorado mucho el nivel gastronómico de las casas de putas...» M. Vázquez Montalbán, *La historia es como nos la merecemos.* |✓| *Casa de lenocinio* para el DRAE. Ni María Moliner ni *Clave* la reseñan. ▸ *puta.*|

19. casa de relax *expr.* prostíbulo.

«...y las putitas que ha ido manteniendo hasta que ha descubierto las casas de relax.» M. Vázquez Montalbán, *El delantero centro fue asesinado al atardecer.* I «Ahora dirijo una casa de relax...» José Ángel Mañas, *Sonko95.*

20. casa de señoras *expr.* prostíbulo.

«casa de putas, de señoras, de mujeres, de fulanas, de camas, de cuento, de mala nota, [...] de compromisos,... prostíbulo.» JMO. I ▪" «Mi vecina regenta una casa de señoras y gana pasta gansa, la tía.»

21. casa de tapadillo *s.* prostíbulo.

«...dejaron el campo libre a las nuevas generaciones mientras ellas instalaban casas de tapadillo o institutos de masajes exóticos.» Felipe Navarro (Yale), *Los machistas.*

22. casa de tías *s.* prostíbulo.

«casa de putas, de señoras, de mujeres, de fulanas, de camas, de cuento, de mala nota, [...] de compromisos,... de tías... prostíbulo.» JMO. I «Mi barrio está plagado de casas de tías. Es terrible.» DCB.

23. casa de tócame Roque *expr.* casa donde reina el desconcierto y la falta de disciplina.

«...y conforme avanzaba el día, como en casa de tócame Roque...» Javier Maqua, *Invierno sin pretexto,* 1992, RAE-CREA. I «Ni que fuera este convento la casa de tócame Roque...» Manuel Martínez Mediero, *El niño de Belén,* 1991, RAE-CREA.

24. casa de tolerancia *s.* prostíbulo.

«...propietaria de la casa de tolerancia denominada Casa de la Amparito...» Jose-Vicente Torrente, *Los sucesos de Santolaria.* |✓| DRAE: «de tolerancia. 1. Lupanar, mancebía».|

25. casa de trato *expr.* prostíbulo.

«Eso prueba el desatino de las autoridades al quitar las casas de trato donde los hombres por pocos duros, encontraban toda clase de mujeres.» P. Perdomo Azopardo, *La vida golfa de don Quijote y Sancho.* |✓| DRAE: «de trato. 1. casa de mujeres públicas».|

26. casa pública *s.* prostíbulo.

«Casa pública 1. casa de mujeres públicas.» DRAE. I «.../ y entrar en casas públicas tapados, / ocupando aposentos reservados./» José de Espronceda, *La mujer,* Canto V, citado en DS. |✓| el Diccionario de autoridades dice: «Casa pública. La de mugeres de mal vivir, llamada mancebía...»|

*casarse cf. (afines) ahorcarse, dar el sí, despedida de soltero, llevar al **altar,* dar el **braguetazo,* casarse de penalty, casarse por detrás de la iglesia, casarse por el sindicato de las prisas, pasar por la **iglesia,* pasar por la **vicaría.*

casarse, casarse de penalty *expr.* casarse a la fuerza, por estar la mujer embarazada.

«...a la pobre chica le cuentan los meses y los días para averiguar si se casó de penalty.» Carmen Rigalt, El Mundo, 24.7.99. I «...espero que me nazca algún nieto, ya sea por la vía normal del matrimonio, ya sea por algún penalty de alguno de mis hijos.» A. Ussía, ABC, 22.2.98. I «Que vamos a tener un hijo. ¡Chema, eso hay que celebrarlo! Tantos años [...] y ahora marcas de penalty.» Ángel Palomino, *Las otras violaciones.* I «...ahí la tienes, a los dieciséis años, casada de penalty...» F. Vizcaíno Casas, *Hijos de papá.* I «Se casa muy joven, de penalty, con una chica...» Gomaespuma, *Familia no hay más que una.*

2. casarse por detrás de la iglesia *expr.* convivir sin estar casados legalmente.

«Se arrejuntaron, y se casaron por detrás de la iglesia.» Pedro Casals, *Disparando cocaína.* I «Casarse por detrás de la iglesia.» LB. I ▪" «Creo que el jefe y su mujer están casados por detrás de la iglesia, me da por pensar.»

3. casarse por el sindicato de las prisas *expr.* casarse a la fuerza, por estar la mujer embarazada.

«Parece que se han casado por el sindicato de las prisas; un par de meses después de la ceremonia tuvieron el primer niño.» FV. I «Sindicato de las prisas: casarse por haber quedado embarazada la mujer.» JMO. I «Casarse por el sindicato de las prisas. Casarse por un embarazo no deseado.» S. I

«Mi vecina ha tenido que casarse por el sindicato de las prisas. Estaba de tres meses.» DCB. |✓ no se ha podido documentar fuera de diccionarios.|

4. no casarse con nadie *expr.* mantener la independencia, no comprometerse.

«No me caso con nadie. ¿Comprendéis?» J. M.ª Gironella, *Los hombres lloran solos,* 1986, RAE-CREA. ▌«¡Te lo digo muy claro! ¡Yo no me caso con nadie!» Radio Madrid, 12.8.91, RAE-CREA. ▌◾ «No acepto regalos ni sobornos porque yo no me caso con nadie.» |✓ el DRAE reseña la frase como familiar.|

cascado *s.* estropeado, usado.

«Tenía el matrimonio un Telefunken de antes de la guerra, bastante cascado ya...» F. Vizcaíno Casas, *Hijos de papá.* ▌«Aunque tal vez pronto me quedaré sin ella porque está vieja y muy cascada.» Francisco Candel, *Los hombres de la mala uva.* ▌«...hasta el viejo, con lo cascado que está.» Pgarcía, *El método Flower.* ▌«Tan cascado él...» Fernando Repiso, *El incompetente.* ▌◾ «Este coche está ya cascado.» |✓ castellano estándar.|

cascar *v.* hablar, charlar.

«¡Pues como se ponga a cascar, vamos listos!» JM. ▌«¡Todo el día cascando con los amigotes en la taberna de Onofre!» DCB.

2. golpear.

«Anda, vete pa casa. ¿No ves que te van a cascar de nuevo?» Francisco Candel, *Donde la ciudad cambia su nombre.* ▌«...estuve en la guerra donde más cascaron, casi me matan...» José María Amilibia, *Españoles todos.* ▌«...siempre los cascaron en batallas terrestres...» Álvaro de Laiglesia, *Hijos de Pu.* ▌«Cascar. Verbo comodín, con muchos significados [...] morir [...] pegar...» Rafael García Serrano, *Diccionario para un macuto.* ▌◾ «Mi padre me ha cascao otra vez por ver películas de tías en porra.»

3. morir.

«...son muy propensos a volver a Europa en cuanto cascan.» A. Zamora Vicente, *Mesa, sobremesa.* ▌«O sea que cuando casque el padre, Martina millonaria.» C. Rico-Godoy, *Cómo ser una mujer y no morir en el intento.* ▌«...su suegra estaba muy mal desde hacía tres años, pero que no acababa de

cascar, más dura que el hierro...» José María Amilibia, *Españoles todos.* ▌«...porque la mujer [...] le disminuyó las defensas y cascó.» Miguel Martín, *Iros todos a hacer puñetas.* ▌«Cascar. Verbo comodín, con muchos significados [...] morir [...] pegar...» Rafael García Serrano, *Diccionario para un macuto.* |✓ ▸ *cascar, cascarla.*|

4. tragar, aguantar.

«...aquellas tenebrosas semanas santas que nos cascamos los de mi quinta, los que éramos niños en los años 60.» El Jueves, 8.4.98.

5. estropear, romper.

«...no saben muy bien si la rotura se produce al caer o si primero se casca la cadera sola...» Manuel Hidalgo, *Azucena, que juega al tenis.*

6. cascarla *v.* morir(se).

«Porque a los poquísimos días de sostener esta conversación, Ramiro [...] la cascó.» Álvaro de Laiglesia, *Hijos de Pu.* ▌◾ «Cuando tu tío la casque vas a ser rico, ¿eh?» |✓ ▸ *cascar 3.*|

7. cascársela *v.* masturbarse.

«Sí, mujer, aquel que en vez de ocuparse se la cascaba en el salón para ahorrarse los cuartos.» C. J. Cela, *Mazurca para dos muertos.* ▌«Y cáscatela si te vienen las ganas...» Juan Madrid, *Cuentas pendientes.* ▌«...siento yo un placer tan grande como si me la cascara.» A. Ussía, *Coñones del Reino de España.* ▌«Las putas y alcahuetas de Madrid, de 1839, lo escribió Casto Cascósela y Pingalisa.» C. J. Cela, Revista de Occidente, Tercera época, n.º 4. ▌«...y sacando su propio aparato comenzó a cascársela como un poseso.» José María Amilibia, *Españoles todos.* ▌«Tú te la cascas demasiado.» José Luis Martín Vigil, *Los niños bandidos.* ▌«...y granos en la cara de tanto cascársela...» Ramón Ayerra, *Los ratones colorados.*

cáscara, ser de la cáscara amarga *expr.* homosexual.

«Dicen de él que es de la cáscara amarga.» CL. ▌«De la cáscara amarga. Dícese de un hombre afeminado.» JM. ▌«...el periodismo deportivo de cáscara amarga...» Varios autores, *Cuentos de fútbol,* 1995, RAE-CREA. ▌«O era una loca o era una tía de la cáscara amarga.» Luis Mateo Díez, *La fuente de la edad,* 1986, RAE-CREA. ▌«De la cáscara amarga.» DTE. ▌▃ «Creo que Vicente es de la cáscara amarga por la manera que mira a los tíos y por sus andares.» ✔ eufemismo muy usado por *maricón.* Iribarren dice que en un principio la expresión significaba *tener ideas avanzadas.* El *Diccionario de autoridades* (1726-39) añade que significa «ser travieso y valentón», y el DRAE dice «ser persona de ideas muy avanzadas», y Luis Besses en su *Diccionario de argot español* (1905) explica que es «ser republicano», pero aconsejo mucho tacto al emplear la frase.▌

cáscaras *s. pl.* testículos.

«...he de trabajar por cáscaras.» Ángel A. Jordán, *Marbella story.* ▌ «...el embajador Cereceda no tuvo más cáscaras que leerse la novela y presentarla.» Juan Palomo, El Cultural, El Mundo, 24-30.5.2000.

2. exclamación.

«¡Cáscaras! y qué pesado es el pedantón y qué insolente.» DS.

cascarón, (recién) salido del cascarón *expr.* sin experiencia, joven.

«...y me pareció una chica inexperta, recién salida del cascarón.» C. Pérez Merinero, *El ángel triste.* ▌ «Aún no ha salido del cascarón y ya tiene presunción.» ref. ▌ «...que todavía no has salido del cascarón...» Miguel Delibes, *La hoja roja,* 1986, RAE-CREA.

cascarrabias *s.* persona gruñona.

«...porque son importantes, porque son cascarrabias, porque son ancianos o memos de nacimiento...» Ángel Palomino, *Todo incluido.* ▌ «Cascarrabias. com. fam. Persona que fácilmente se enoja, riñe o demuestra enfado.» DRAE.

casco *s.* cabeza.

«...darte con la palma de la mano en el cogote... No veas cómo te queda el casco.» Iván Vikinski, A las barricadas, 18-24 mayo, 1998.

2. condón.

«Lo que casi ligo es una candidiasis, guapa. Un percusionista cubano empeñado en que él no se ponía el casco más que en tiempos de guerra.» Jaime Romo, *Un cubo lleno de cangrejos.*

3. calentar(se) los cascos *expr.* enfadar(se).

«...le calentaron los cascos el cuñado y su hijo...» Juan Marsé, *Si te dicen que caí.* ▌ «Pero ésa es otra historia. No hay que calentarse los cascos adelantando acontecimientos.» C. Pérez Merinero, *Días de guardar.*

4. ligera de cascos *expr.* mujer promiscua.

«Tenía fama de entretener amoríos con menestralas y de atender a los desvíos de algunas casadas ligeras de cascos...» Jose-Vicente Torrente, *Los sucesos de Santolaria.* ▌ «...otras, en cambio, han caído [...] por ser muy ligeras de cascos...» Virtudes, *Rimel y castigo.* ▌ «...señoritas socialmente despreciadas por hermosas, ligeras de cascos, cursis y anodinas...» Ramón Escobar, *Negocios sucios y lucrativos de futuro.*

5. romperse los cascos *expr.* esforzarse.

«Y estoy harto ya de romperme los cascos intentando empollar.» Pedro Casals, *La jeringuilla.*

*casi cf. (afines) faltar el canto de un *duro, por los pelos.

casillas, sacar de sus casillas *expr.* enfadar.

«No me hagas esas preguntas tan tontas porque sabes que eso me saca de mis casillas.» CL. ▌ «...y si viene la Asuntita a sacarle a uno de sus casillas, usted me dirá.» Ángel Palomino, *Un jaguar y una rubia.* ▌ «Te saca de las casillas a fuerza de reunir...» R. Montero, *Diccionario de nuevos insultos...* ▌ «...me estaba también sacando de mis casillas.» B. Pérez Aranda *et al., La ex siempre llama dos veces.* ▌ «...y todo lo que rodeaba a la muerte me sacaba de mis casillas, me ponía enfermo.» José María Amilibia, *Españoles todos.* ✔ DRAE: «hacer perder la paciencia».▌

casillero *s.* marcador de tantos en los juegos.

«En el minuto treinta subió el segundo gol al casillero.» CL.

casita, a casita que llueve *expr.* vamos a casa.

«Pues nada, pues casarnos, un par de testigos, el mismo sacristán, se dan unas propinas y a casita que llueve.» Álvaro Pombo, *Los delitos insignificantes.*

caso, caso (perdido) *s.* persona difícil, imposible.

«...con todo a tu favor, eres un caso perdido.» Santiago Moncada, *Cena para dos,* 1991, RAE-CREA. ❚ «Ya me voy, a veces creo que eres un caso perdido.» Alejandro Morales, *La verdad sin voz,* 1979, RAE-CREA. ❚ ◼ «Es imposible que entre en razón, es terca y difícil, es un caso perdido.» ✓ para el DRAE es *persona de mala conducta cuya enmienda no es de esperar.*❙

2. hacer caso omiso *expr.* no hacer ningún caso.

«Al verme hizo un gesto de desagrado, del que hice caso omiso...» José Raúl Bedoya, *La universidad del crimen.* ❚ «...y le lame la vulva, haciendo caso omiso de sus gritos cortos y jadeantes...» José Luis Muñoz, *Pubis de vello rojo.* ❚ «...bajo la severa mirada del gobernador, haciendo caso omiso de sus instrucciones...» Andrés Bosch, *Mata y calla.*

3. pongamos (pongo) por caso *expr.* por ejemplo.

«Te sale de ahí un pájaro, pongamos por caso una codorniz.» Ignacio Aldecoa, *El fulgor y la sangre.* ❚ «Si usted concursa con su hija, pongo por caso...» Carmen Pérez Tortosa, *¡Quiero ser maruja!*

casoplón *s.* casa grande.

«El casoplón es, pues, una casa grande de gente más o menos conocida, de familia de recientes adinerados...» A. Ussía, *Tratado de las buenas maneras.*

casorio *s.* boda, casamiento.

«Espero que sí porque el casorio empieza a las seis y media.» B. Pérez Aranda *et al., La ex siempre llama dos veces.* ❚ «Hicieron un casorio que ya anunciaba la separación.» CL. ❚ ◼ «Para el casorio de mi nieta me voy a comprar un traje nuevo.» ✓ es castellano estándar.❙

casquete *s.* cópula.

«...un casquete, tonto.» Juan Madrid, *Cuentas pendientes.* ❚ «El borrico de Colás le espetó cierta fámula consentidora después de un casquete interruptus...» Fernando

Sánchez-Dragó, «Anábasis», en *Antología del cuento español.* ❚ ◼ «Ese viejo no tiene artritis, lo que necesita es un casquete con una tía buena.»

2. echar un casquete *expr.* copular.

«¿Para qué va a ser? Para que echemos un casquete, tonto.» Juan Madrid, *Cuentas pendientes.* ❚ «Ven aquí, vamos a echar un casquete.» Juan Madrid, *Crónicas del Madrid oscuro.* ❚ ◼ «Anoche echamos un casquete de órdago tu mujer y yo.»

castaña *adj.* borracho, ebrio.

«Llegaba castaña a la roulote y le hacía la vida imposible a la chica con sus celos.» Juan Madrid, *Crónicas del Madrid oscuro.*

2. *s.* vulva, órgano genital de la mujer.

«Coño: agujero, almeja, aparato, castaña, chichi, concha, chocho, chumino, chupajornales, conejo, higo, raja, seta.» José M.ª Zabalza, *Letreros de retrete y otras zarandajas.* ❚ «...cuando no estás en el bar mamando, que dónde te metes. —En la castaña de su tía.» Juan Marsé, *Si te dicen que caí.* ❚ «Castaña: Llama el vulgo al aparato genital femenino.» IND. ❚ ◼ «Le subí las faldas y le metí mano a la castaña pero me arreó un sopapo de miedo.»

3. *s.* borrachera.

«...la cerveza se cuenta por hectolitros y el objetivo es pasar un buen rato y cocerse, agarrarse una buena castaña.» R. Gómez de Parada, *La universidad me mata.* ❚ «¡Salud amigos! Si sigues así cogerás una buena castaña.» Fernando Martínez Laínez, *Andante mortal.* ❚ «Una noche unos amigos traen al hijo con una castaña como un piano.» Gomaespuma, *Familia no hay más que una.* ❚ «...los vocablos pedo y mierda, que expresan una intoxicación etílica, capitaneando [...] mona, merluza, melopea, pítima, tajada, moco, tablón, cogorza, moscorra, castaña, melocotón...» José M.ª Zabalza, *Letreros de retrete y otras zarandajas.* ❚ «Uno que tiene una castaña como un piano me dice que necesita el dinero...» José M.ª Zabalza, *Letreros de retrete y otras zarandajas.* ✓ DRAE: «fig. y fam. Borrachera».❙

4. *s.* golpe.

«...ponte a mi lado, y si alguien se arrima, castaña que te crío.» Francisco Candel,

Donde la ciudad cambia su nombre. ❚ «...baila sin perder el paso y no dejes que te sacuda otra castaña como ésa...» Ángel Palomino, *Un jaguar y una rubia.* ❚ «¡No os podéis imaginar qué castaña nos hemos pegado!» Antonio Martínez Ballesteros, *Pisito clandestino,* 1990, RAE-CREA. ✔ DRAE: «fig. y fam. Golpe, trompazo, choque».❙

5. *s.* año.

«...tendría cerca de las cuarenta castañas bien presentado...» Ramón Ayerra, *Los ratones colorados.* ❚ «¡Si ahora estamos así [...] qué será de nosotros cuando cumplamos cincuenta castañas!» CL. ❚ ▪ «Te advierto que yo ya tengo cincuenta castañas, ¿eh?»

6. *adj.* pesado, aburrido, tedioso.

«...Tenga cuidado con España que anda toda llena de fantasmas y fantasmones, y son una castaña...» M. Romero Esteo, *El vodevil de la pálida, pálida, pálida rosa,* 1979, RAE-CREA.

7. *s.* malo, de escasa calidad.

«Este programa de ordenador que has comprado es muy malo y no funciona bien. Es una castaña.» CO, ▪ «Esto no es un televisor, es una castaña.»

8. *s.* testículo.

«Desenvaino y oreo mis castañas pilongas.» C. Pérez Merinero, *Días de guardar.*

9. a toda castaña *expr.* muy de prisa.

«A toda pastilla y a toda castaña.» El Mundo, 15.6.96.

10. dar la castaña *expr.* engañar, timar.

«...y otras veces, con mejores o peores muletas, son capaces de dar la castaña a quien se les ponga por delante.» Manuel Giménez, *Antología del timo.* ❚ «Con toda seguridad, darle castaña...» Manuel Martínez Mediero, *El niño de Belén,* 1991, RAE-CREA. ✔ DRAE: «fr. fig. y fam. Engañarle».❙

11. ni castaña *expr.* nada en absoluto.

«...el público de a ciegas no ve ni castaña...» El País, 9.10.92.

12. sacar las castañas del fuego *expr.* hacer algo que le corresponde hacer a otro, ayudándole.

«La jinete salvó al empresario las castañas del fuego.» Eliseo Alberto, *La eternidad por fin comienza,* 1992, RAE-CREA. ❚ «¡Claro, si los amigos le sacan las castañas del fuego!» Fanny Rubio, *La sal del chocolate,* 1992, RAE-CREA. ✔ el DRAE da una definición enigmática: «fr. fig. y fam. Ejecutar en beneficio de otro alguna cosa de la que puede resultar daño o disgusto para sí».❙

13. toma castaña *excl.* fastídiate.

«...estupendo, que se joda, se acaba de abrasar, toma castaña...» A. Zamora Vicente, *Mesa, sobremesa.* ❚ «¡Toma castaña!» Ángel Palomino, *Todo incluido.* ❚ «¡Toma castaña, oye!» Pgarcía, *El método Flower.* ❚ «¡Toma castaña!» R. Montero, *Diccionario de nuevos insultos...*

castañazo *s.* golpe.

«...la vida pública española [...] ha estado afortunadamente expuesta al leve fustazo, el aguijón intencionado o el castañazo verbal...» A. Ussía, *Coñones del Reino de España.* ✔ DRAE: «m. fam. Golpetazo, puñetazo».❙

2. dar(se), arrear(se), pegar(se) un castañazo(s) golpear.

«...y pensando en lo que no debía, pegándose el gran castañazo.» Javier García Sánchez, *La historia más triste,* 1991, RAE-CREA. ❚ «...porque me habían dicho que te habías pegado un castañazo en el coche...» Antonio Martínez Ballesteros, *Pisito clandestino,* 1990, RAE-CREA. ❚ ▪ «Mi mujer me ha dado un castañazo, señor juez, que me ha dejado grogui.»

castaño, pasarse de castaño oscuro *expr.* ir más allá de lo tolerable.

«...ya se pasaba de castaño oscuro y se rio del juego de palabras.» Carmen Martín Gaite, *Nubosidad variable,* 1992, RAE-CREA. ❚ «¡Capitán, esto pasa de castaño oscuro!» Miguel Ángel Rellán, *Crónica indecente de la muerte del cantor,* 1985, RAE-CREA. ❚ «Las cosas pasaban ya de castaño oscuro.» B. Pérez Aranda *et al., La ex siempre llama dos veces.* ❚ «Pasa ya de castaño oscuro el empleo de tal vocablo.» Fernando Lázaro Carreter, *El dardo en la palabra.*

castañuelas, estar (alegre) como unas castañuelas ▶ alegre, alegre (contento) como unas castañuelas.

castigado sin salir *expr.* castigado a estar en casa.

«...cada vez que llegaba a casa y se encontraba a Marcelo castigado sin salir.» Almudena Grandes, *Las edades de Lulú*. ▌▪ «No puedo ir a jugar porque estoy castigado sin salir.» ✓ empleado por niños y adolescentes.▌

castrado *s.* miedoso, cobarde.

«...un relamido fofón, otro castrado por la señoritinga de su mamá...» Andrés Berlanga, *La gaznápira*. ▌«El cobarde, para su vergüenza y escarnio, posee una buena gama de sinónimos... no tener cojones, no tener huevos, pichafloja, capado, capón, castrado, deshuevado...» AI.

castro *s.* celda.

«Castro: Celda.» JGR. ▌«En lenguaje talegario un castro es una celda.» DCB. ✓ no se ha podido documentar fuera de diccionarios.▌

casual, al casual *expr.* con disimulo.

«...el portero de la casa de al lado, que es un tío cochino y rijoso, que se acerca y se deja caer, buscando el magreo como al casual.» Mariano Tudela, *Últimas noches del corazón*.

2. por un casual *expr.* por casualidad.

«¿Va usted a Zaragoza; por un casual a cumplir una promesa?» C. J. Cela, *Viaje a la Alcarria*. ▌«¡Asesínale si, por un casual, se le ocurre venir!» A. Zamora Vicente, *Historias de viva voz*. ▌«¿Usted no será cazador, por un casual?» Andrés Berlanga, *La gaznápira*. ▌«Si por un casual, al nene o a la nena les apetece jugar a algo distinto...» María Teresa Campos, *Cómo librarse de los hijos antes de que sea demasiado tarde*. ▌«Si por un casual se refiere a mi hermano, sepa...» P. Perdomo Azopardo, *La vida golfa de don Quijote y Sancho*. ▌«El hecho de que su nombre apareciese en los papeles por un casual...» Fernando Martínez Laínez, *Bala perdida*.

catalán *s.* tacaño, miserable.

«La avaricia y la usura son plagas [...] A esta perversión corresponden muchos insultos: agarrado [...] apretado [...] cuentagarbanzos [...] rácano, roña, roñica, roñoso, tacaño [...] catalán, puño en rostro [...] cicatero...» AI. ▌«Ser un catalán: ser interesado y poco espléndido.» JMO.

catalina *s.* excremento.

«...andaban negros desde que unos moránganos habían soltado una catalina yendo en el tren...» Andrés Berlanga, *La gaznápira*. ▌«Mierda, excremento, caca, catalina, chorizo, ñorda, plasta, jiña, polisón.» José M.ª Zabalza, *Letreros de retrete y otras zarandajas*. ▌«Caca, cagada, catalina, chorizo, mierda, ñorda, plasta.» JM. ▌▪ «Dame un trapo para limpiarme la suela del zapato porque he pisado una catalina en la calle.» ✓ el DRAE la define como excremento *humano*.▌

cataplá *s.* ventosidad.

«Llamada también repollo y col, tiene la característica, que no es tela marinera, en colaboración con las alubias y otras legumbres, de ser promotora del llamado *cataplá*.» José M.ª Zabalza, *Letreros de retrete y otras zarandajas*.

cataplasma, estar hecho una cataplasma *expr.* estar enfermo, cansado.

«¡Abuelo, acuéstese temprano, mañana va a estar usted hecho una cataplasma!» A. Zamora Vicente, *Historias de viva voz*.

cataplines *s. pl.* testículos.

«...pero sí amagó un golpe, eso sí, con los cataplines de corbata.» A. Ussía, *Coñones del Reino de España*. ▌«Si no rechista, se ha quedado sin cataplines y más tieso que una tabla.» Felipe Navarro (Yale), *Los machistas*. ▌«Venga, que estoy hasta los cataplines de estar aquí.» Juan Madrid, *Turno de noche*. ▌«¿Cómo puedes tú ver la mano de la Providencia arrancándole los cataplines a un sacerdote?» Álvaro de Laiglesia, *Hijos de Pu*. ▌«...tiene que salirse al parque [...] a enseñar los cataplines.» Marisa López Soria, *Alegría de nadadoras*. ▌«Testículos, bolas, canicas, cataplines, chismes, colgajos, criadillas, huevamen, pelés, pelotas, péndulos, pesas.» José M.ª Zabalza, *Letreros de retrete y otras zarandajas*. ▌«Acabo de la puta moda hasta los mismísimos cataplines.» C. Pérez Merinero, *Días de guardar*. ✓ es eufemismo ñoño por *cojones*.▌

2. estar hasta los cataplines *expr.* harto.

«Sí, estamos hasta los ladrillos, ovarios, cataplines, etc. de locutores que...» A las barricadas, 22-28 junio, 1998.

3. ponerle a alguien los cataplines de corbata *expr.* asustar.

«El pensamiento de que a alguien se le ocurriera prender una cerilla les puso los cataplines de corbata.» Fernando Martínez Laínez, *La intentona del dragón.* |✓ también *poner los cojones por corbata.*|

catapún, año de (la) catapún *expr.* viejo, antiguo.

«...el humor de estos dos permanece en la perra gorda del año catapún.» Carlos Toro, El Mundo, 2.1.99.

cate *s.* golpe.

«Me cago en la madre que te parió. ¡Te voy a dar un cate!» Rambla, n.° 18. I «...le había dado un cate de nudillo...» Ramón Ayerra, *Los ratones colorados.* I ▪ «Si no te callas te voy a dar un cate que te vas a acordar de mí.»

2. suspenso.

«...como si nos faltara el aire para respirar o cosecháramos cate tras cate en los exámenes.» A. Gómez Rufo, *Cómo ligar con ese chico que pasa de ti o se hace el duro.* I ▪ «Me han dado un cate en física.» |✓ DRAE: «Nota de suspenso en los exámenes.»|

catear *v.* suspender asignatura, examen.

«Me las van a catear todas... Todas.» Pedro Casals, *La jeringuilla.* I «Le conté mi historia de pe a pa, llorando como escolar cateado.» Ernesto Parra, *Soy un extraño para ti.* I «Alex también catea pero consigue trabajo...» SúperPop, junio, 1999. I ▪ «Me han cateado otra vez en lengua.» |✓ DRAE: «tr. fig. y fam. Suspender en los exámenes a un alumno».|

catecismo *s.* baraja, naipes.

«...nadie como Ventajas para manipular el catecismo de las cuarenta hojas o de las cincuenta y cinco en la baraja de póquer.» Raúl del Pozo, *Noche de tahúres.*

catedral, como una catedral *expr.* muy grande.

«...fue un error como una catedral.» C. Pérez Merinero, *Días de guardar.* I «Tras su apariencia de vaquería rubia, se escondía una lesbiana como una catedral.» Mercedes Salisachs, *La gangrena,* 1975, RAE-CREA.

cátedro *s.* profesor, catedrático.

«...pero me daba mucho corte levantarme delante de todos, incluido el cátedro...» Manuel Hidalgo, *Azucena, que juega al tenis.*

cateto *s.* bobo, necio, torpe, pueblerino.

«Hay que ser un cateto de tomo y lomo para creerse...» A. Zamora Vicente, *Historias de viva voz.* I «Pero, ¿qué dices? Eres un cateto.» Rambla, n.° 24. I «...cateto, se dijo a sí mismo.» Juan Marsé, *Últimas tardes con Teresa.* I «...definió la boina de esta manera: Es una cosa que se levanta y debajo hay un cateto.» Rafael García Serrano, *Diccionario para un macuto.* I «Pues resulta que el guardia le puso a mi mujer una multa por cruzar la calle indebidamente y le dijo que tenía que pagar mil pesetas por cateta. Y mi mujer le dio dos mil, claro.» DCB. |✓ para el DRAE es un *lugareño palurdo.*|

católico, no estar católico *expr.* no estar bien, no sentirse bien.

«Últimamente no está usted nada católico, don Honorio.» Manuel Hidalgo, *El pecador impecable.* I ▪ «El tiempo no está muy católico esta semana.» |✓ DRAE: «fig. y fam. Sano y perfecto. Ú. por lo común en la fr. no estar muy católico».|

catre *s.* cama.

«El tío debe ser un flan en el catre.» P. Antilogus, J. L. Festjens, *Anti-guía de los conductores.* I «...porque en cuestiones de catre se ligó a la Nuria, que como puedes ver no está para hacerle ascos.» Fernando Martínez Laínez, *Bala perdida.* I ▪ «Fernando se pasa el día en el catre, durmiendo.»

2. llevarse a alguien al catre *expr.* copular.

«La conocí en el Barceló [...] y a la semana escasa, el día de mi cumpleaños, ¡zas, al catre!» C. J. Cela, *La colmena.* I «¿Es eso lo que alguien pensó de ti, Azucena? ¿Que estabas a tiro, que llevarte al catre era coser y cantar?» Manuel Hidalgo, *Azucena, que juega al tenis.* I «...Carmen Maldonado aprovechó para llevárselo al catre.» María Antonia Valls, *Tres relatos de diario.* I «Eran pocas las que repetían la experiencia, pero no solía faltarle una chica que llevarse al catre, como solía decir.» El Gran Wyoming, *Te quiero personalmente.* ▌ «...desplegando en cada fiesta [...] estrategias de seducción para llevarse al catre a alguna de las múltiples...» Jaime Romo, *Un cubo lleno de cangrejos.* ▌ «¡Esa brasileña es dinamita pura, Carlitos! ¡Me la llevo al catre!» Mariano Sánchez, *La sonrisa del muerto.*

caucho, quemar caucho ▶ *quemar, quemar caucho.*

cazacopas *s.* gorrón.
«Cazacopas: Aprovechado, fresco, astuto, egoísta, explotador.» JV. ▌ «Cazacopas. Caradura, aprovechado, jeta.» Ra. ▌ ▪ «No quiero que Pedro venga con nosotros esta noche porque es un cazacopas.» ✓ no se ha podido documentar fuera de diccionarios.▌

cazallero *s.* borracho.
«Cazallero: bebedor.» JMO. ▌ «Cazalloso: borracho, beodo.» JV. ▌ ▪ «José Luis tiene voz de cazallero por teléfono, de tanto que bebe.» ✓ para el DRAE es *natural de Cazalla.* No se ha podido documentar fuera de diccionarios.▌

cazalloso ▶ *cazallero.*

cazo *s.* persona fea.
«...menudo cazo está hecha la Garbo.» Ángel Palomino, *Todo incluido.* ▌ ▪ «Además de tonta es un cazo que asusta a cualquiera.»

2. meter el cazo ▶ *meter, meter el cazo.*

3. poner (pasar) el cazo *expr.* pedir dinero sin merecerlo.
«El Presidente de la Generalitat les dice, una vez pasado el cazo,...» Francisco Umbral, *La derechona.* ▌ ▪ «Mi nieta no quiere trabajar pero poner el cazó eso sí.» ✓ de ▶ *cacear.*▌

cazurro *s.* pueblerino, paleto.
«...pregunta por la llave de la secretaría a un viejo cazurro con gorra del Ayuntamiento...» José Gutiérrez-Solana, *Madrid callejero, Obra literaria, II.* ▌ «Volvió a enfilar el pasillo y lo recorrió hasta el final dejando clavados a aquel par de cazurros.» Andreu Martín, *El señor Capone no está en casa.* ▌ ▪ «Es un patán, un cazurro que siempre nos deja mal en las fiestas.» ✓ DRAE: «adj. fam. Malicioso, reservado y de pocas palabras. Ú. t. c. s.».▌

ce por be *expr.* completamente, minuciosamente, con todo detalle.
«Se lo expliqué todo ce por be y no me pareció que se asustase.» José Luis Martín Vigil, *Los niños bandidos.*

cebado *adj.* obeso, grueso.
«...el cuerpo galano y florido, vistoso y cebado...» Manuel Longares, *La novela del corsé*, 1995, RAE-CREA. ▌ ▪ «Está cebao el tío porque no para de comer chocolate y dulces.»

cebolla *s.* cabeza.
«Cebolla. Cabeza.» S. ▌ «Cebolla. Cabeza.» VL. ▌ «Cebolla. Cabeza.» JMO. ▌ ▪ «Ese niño me ha tirado una piedra que me ha dado en toda la cebolla; me ha salido un chichón y todo.» ✓ no se ha podido documentar fuera de diccionarios.▌

cebolleta *s.* pene.
«Se ha puesto detrás de la tía y le arrima la cebolleta con descaro.» C. Pérez Merinero, *Días de guardar.* ▌ «Y van y le dicen que les enseñe la cebolleta.» JM. ▌ «Cebolleta: Nombre vulgar del miembro viril del hombre.» IND. ▌ ▪ «A Andrés le gusta el baile agarrao porque así puede restregar la cebolleta.» ✓ también *cebolla.*▌

cebollo *s.* bobo, necio, torpe.
«Las tías sois la pera, dicen los cebollos.» C. Rico-Godoy, *Cómo ser una mujer y no morir en el intento.* ▌ «...aquella colección de cebollos [...] que componíamos el grupo...» Rafael García Serrano, *Diccionario para un macuto.*

cebollón *s.* borrachera.
«Como el alcohol de la mañana reposa aún en el estómago, el cebollón nocturno supera la media habitual...» R. Gómez de Parada, *La universidad me mata.* ▌ «...Kiko y su colega se están pillando un cebollón de cuidado...» José Ángel Mañas, *Sonko95.*

cecom *s.* central de comunicaciones.
«La Central de Comunicaciones se llama Cecom en todas partes.» Pilar Urbano, *Yo entré en el Cesid.*

cedé *s.* disco compacto.
«...se dejaba, en días alternos, llevar por la música que su monitor de hymgazz pin-

chaba en el cedé de la salita llena de espejos.» Jaime Romo, *Un cubo lleno de cangrejos.* ❙ «...se me ha estropeado el tocadiscos y sólo puedo poner cedés...» Lucía Etxebarría, *Amor, curiosidad, prozac y dudas.*

cegato *s.* ciego, miope.

«Tú es que estás cegato.» Pilar Urbano, *Yo entré en el Cesid.* ❙ «¡Si estás cegato, hijo mío, calamidad!» A. Zamora Vicente, ABC, 1.3.98. ❙ «Tú, árbitro, no puedes ver bien porque eres un cegato.» M. Vázquez Montalbán, *El delantero centro fue asesinado al atardecer.* ❙ «...pues el otro, el cegato...» A. Zamora Vicente, *Mesa, sobremesa.* ❙ «...hay que buscar cines [...] con la última fila alcahueta y los acomodadores cegatos...» Ángel Palomino, *Madrid, costa Fleming.* ❙ «Además de cegato, idiotis...» Ramón Escobar, *Negocios sucios y lucrativos de futuro.* ❙ «Suerte tiene usted de ser cegato, que si no, le daba...» Eduardo Mendoza, *La verdad sobre el caso Savolta.* ❙ «Después del retrato robot que se han marcado con la cegata de la mujer...» C. Pérez Merinero, *Días de guardar.* ❙✓ el DRAE dice: «corto de vista o de vista escasa».❙

ceguera *s.* borrachera.

«¿Estás versado acerca de los cuelgues [...] toñas, cegueras...?» J. Giménez-Arnau, *Cómo forrarse y flipar con la gente guapa.*

ceja, llevar (metérsele, tener) entre ceja y ceja *expr.* obstinarse, empecinarse; odiar, tener mala voluntad hacia alguien.

«Al sujeto en cuestión, de nombre Ricardo, se le había metido entre ceja y ceja montar un negocio de hostelería...» María Antonia Valls, *Tres relatos de diario.* ❙ «Y aunque me metieron en chirona, él me tiene entre ceja y ceja...» Elena Quiroga, *Escribo tu nombre,* 1965, RAE-CREA. ❙ «...siempre habrá alguien que te lleve obsesivamente entre ceja y ceja.» Carmen Rigalt, La Revista del Mundo, 8.8.99.

2. ponerse hasta las cejas *expr.* comer mucho.

«No tengas cara, no se te ocurra pedir sacarina para el café con leche después de ponerte hasta las cejas.» Juanma Iturriaga, *Con chandal y a lo loco.*

*celda de cárcel** cf. (afines) castro, chabolo, chupano, diablo, horno, nevera. ❙✓ ▸ *cárcel.*❙

celestina *s.* mujer que actúa de intermediaria en relaciones sexuales entre hombre y mujer.

«...el marido burlado la dueña celestina etcétera...» C. J. Cela, *Oficio de tinieblas 5.* ❙✓ DRAE: «Por alusión al personaje de la *Tragicomedia de Calisto y Melibea.* 1. f. fig. alcahueta.»❙

celestineo *s.* proxenetismo.

«...tan esclavizada a la vergüenza de su celestineo...» Mercedes Salisachs, *La gangrena,* 1975, RAE-CREA. ❙ ■ «A la suegra de Fernando le gusta el celestineo y se gana unas perrillas consiguiendo chavalas para los viejos de la vecindad.»

celo, estar en celo *expr.* tener apetito sexual.

«A mí me pareció que olía a eso, a estar en celo...» Chumy Chúmez, *Por fin un hombre honrado.* ❙ ■ «Tu mujer tiene ganas de joder, se conoce que está en celo la muy puta.» ❙✓ DRAE: «Apetito de la generación en los irracionales.»❙

*cementerio** cf. (afines) almudena, barrio de los calvos, gusanera, el otro barrio, patio de los callados.

cemento ▸ *cara, cara de cemento (armado).*

cencerro, estar como un cencerro *expr.* demente, loco, chiflado.

«Esta forastera está como un cencerro.» Manuel Giménez, *Antología del timo.* ❙ «Está como un cencerro, vaya tío, madre mía.» Juan Madrid, *Flores, el gitano.* ❙ «...ése está como un cencerro.» Elvira Lindo, *Manolito gafotas.* ❙ «Mostachos está como un cencerro.» Cristóbal Zaragoza, *Y Dios en la última playa.*

cenetero *s.* del sindicato Confederación Nacional del Trabajo.

«Cenetero: perteneciente al sindicato CNT.» JMO. ❙ «Cenetero: Cenetista, afiliado al sindicato de la CNT.» VL. ❙ ■ «Los dos son sindicalistas. Andrés es ugetista y Juan cenetero.» ❙✓ también *cenetista.* No se ha podido documentar fuera de diccionarios.❙

cenizo *s.* pesimista, agorero.

«Después de lo que yo he hecho por disimular, viene este cenizo a proclamarlo.» A. Zamora Vicente, *Mesa, sobremesa.* ❙ «No seas cenizo.» Severiano F. Nicolás, *Las influencias.* ❙ «Y si los Casco sois tan cenizos como parece...» Álvaro de Laiglesia, *Hijos de Pu.* ❙ «...ella te quiere, tú la quieres, ¿sí?, pues no seas cenizo...» Manuel Hidalgo, *Azucena, que juega al tenis.* ❙ «El pupas. También llamado gafe o cenizo. A éste le pasa de todo.» M. Ángel García, *La mili que te parió.* ❙ «...pero de buena gana les mandaba a tomar por el culo por cenizos...» C. Pérez Merinero, *Días de guardar.* ❙ «...so capullo, griego cenizo, que no haces más que llorar...» Ramón Ayerra, *Los ratones colorados.* ❙✓ para el DRAE es *aguafiestas.*❙

2. tener el cenizo *expr.* mala suerte.

«Siempre he tenido el cenizo.» Eleuterio Sánchez, *Camina o revienta.* ❙▪ «Parece que tengo el cenizo. El otro día se estropeó la tele y hoy me he torcido un tobillo.»

céntimo, ni un céntimo *expr.* nada de dinero.

«...no quería aceptar ni un céntimo.» Andrés Berlanga, *La gaznápira.*

2. sin un céntimo *expr.* sin dinero.

«...había llegado sin un céntimo...» José Lezama Lima, *Oppiano Licario,* 1977, RAE-CREA. ❙▪ «Con tanto gasto me he quedado sin un céntimo.» ✓ el céntimo de peseta ya ha desaparecido de la circulación. La frase sigue vigente.❙

cenutrio *s.* bobo, necio, torpe.

«...qué ganas de aguar la fiesta tiene el cenutrio éste...» A. Zamora Vicente, *Mesa, sobremesa.* ❙ «¡cómo iba a consultarla si la muy cenutria no debe saber ni el alfabeto para buscar algo en la enciclopedia!» B. Pérez Aranda *et al., La ex siempre llama dos veces.* ❙ «El gorderas, con una sonrisita de cenutrio, va y le pregunta que si está segura...» C. Pérez Merinero, *Días de guardar.* ❙ «Cenutrio: Torpe.» Ángel Palomino, *Insultos, cortes e impertinencias.*

cepa, como una cepa *expr.* ebrio.

«Estar como una cepa. Estar borracho.» VL. ❙ «Está como una cepa; se ha bebido una botella entera de coñac.» FV. ❙ «Estar como una cepa. Estar borracho.» S. ❙ «Estar como una cepa. Estar borracho.» JMO. ❙▪ «Iba como una cepa al volante y por eso se la pegó.» ✓ no se ha podido documentar fuera de diccionarios.❙

cepillarse *v.* copular.

«Todos ustedes saben que a mí ya me pasó la edad de beber mal vino [...] cepillarme sietemesinas de desecho...» C. J. Cela, ABC, 15.3.98. ❙ «Isabel II en la caballeriza y un apuesto burro cepillándosela.» A. Ussía, *Coñones del Reino de España.* ❙ «...yo sé que tú te cepillabas a Llago, a alguien hay que cepillarse en la cárcel...» Francisco Umbral, *Madrid 650.* ❙ «¿Y sabe usted si acabó beneficiándose, o sea cepillándose, ya me entiende, a la Encarna...?» C. J. Cela, «Noviciado, salida noviciado», en *Antología del cuento español.* ❙ «...sólo hacen este tipo de favores cuando están por la labor de tirarse a las beneficiadas, pero nunca cuando ya se las han cepillado.» María Antonia Valls, *Para qué sirve un marido.* ❙ «¿Es ésta la cola para cepillarse a la Penélope?» Cómic erótico, tomo IV, n.° 21 al 24. ❙ «...se cepilla a Amilcar Barca y sus hermanos...» José M.ª Zabalza, *Letreros de retrete y otras zarandajas.* ❙ «Las cifras escritas a bolígrafo rojo eran sin duda las tarifas que habían pagado por cepillarse a las niñas.» Mariano Sánchez, *Carne fresca.* ❙ «Sin renunciar a follarse a una, a jodérsela, a picársela, zumbársela, tirársela, calzársela, cepillársela, apalancársela.» Luis Goytisolo, *Recuento,* en DE. ❙ «A lo mejor, cuando subas, te pide a ti que te la cepilles. Es insaciable.» Andreu Martín, *El señor Capone no está en casa.*

2. matar, asesinar.

«Esperemos que Dios envíe una calamidad colectiva y se los cepille.» A. Zamora Vicente, *Mesa, sobremesa.* ❙ «Cada día está más claro que a los marqueses se los cepilló la familia por la herencia.» Francisco Umbral, *Madrid 650.* ❙ «...y de qué forma más tonta ha ido a morir, toda la brigada tras él, y se lo cepilla un señor que no mata una mosca...» Ángel Palomino, *Las otras violaciones.* ❙ «...se la cepillaron con tan buena maña que llegaron a dar el pego al forense...» Pedro Casals, *La jeringuilla.* ❙ «Lo menos se han cepillao a cinco.» Rafael García Serrano, *Diccionario para un macuto.* ❚ «¡Y te juro que tarde o temprano me cepillaré a Raymon!» Jesús Ferrero, *Lady Pepa.* ❚ «El cabrón de Ricardo se estaba dando el lote con una tipa. Desde que me cepillé a su mujer no hacía otra cosa.» C. Pérez Merinero, *El ángel triste.*

3. malgastar, usar, utilizar.

«¡Te has cepillado la loción de afeitar y el Aqua...» J. L. Alonso de Santos, *Pares y Nines,* 1989, RAE-CREA. ❚ «Mi marido, en cambio, se cepilla la paga en vino y putas.» DCB.

4. suspender.

«...me cepillaron en el examen de reválida y mi padre...» Ángel Palomino, *Todo incluido.* ❚✒ «Con el siguiente examen me cepillo a todos los alumnos de la clase.»

5. comer, beber.

«...es bajito, gordete (buenos bollos se habrá cepillado...» R. Gómez de Parada, *La universidad me mata.* ❚ «En cuanto termine el partido y me cepille estas latitas de cerveza me las piro.» C. Pérez Merinero, *Días de guardar.* ❚ «Me meto una pirula discretamente en la boca y me cepillo la copa de un trago...» José Ángel Mañas, *Sonko95.*

cepillón *s.* adulón, servil.

«Cepillón: adulador.» JMO. ❚ «Cepillón. Adulón.» VL. ❚✒ «Me encantan los alumnos cepillones, me hacen sentir importante.» ✓ no se ha podido documentar fuera de diccionarios.❙

ceporro *s.* bobo, necio.

«...ceporro de tía...» Ramón Ayerra, *Los ratones colorados.* ❚ «...suplica, humíllate, pedazo de ceporro...» Cristóbal Zaragoza, *Y Dios en la última playa.* ❚✒ «No le encargues la tarea a Fernando que es un ceporro y la hará mal, seguro.» ✓ de uso familiar. «Persona torpe e ignorante», dice el DRAE.❙

cera, dar cera *expr.* golpear.

«Dar cera: golpear.» JMO. ❚ «Dar cera: golpear, propinar patadas.» JV. ❚ «Dar cera. Maltratar, golpear.» Ra. ❚✒ «En este colegio es al contrario: los alumnos son los que dan cera a los profesores; ya tenemos uno en el hospital de la paliza que le han dado.»

✓ no se ha podido documentar fuera de diccionarios.❙

cerapio *s.* cero, suspenso.

«Cerapio. Cero.» VL. ❚ «Cerapio. Cero.» S. ❚ «Cerapio: cero.» JMO. ❚✒ «Me han dado un cerapio en matemáticas otra vez.» ✓ no se ha podido documentar fuera de diccionarios.❙

cerda *s.* mujer, chica joven.

«A Pedro no le mola nada hablar conmigo de su cerda.» José Ángel Mañas, *Historias del Kronen.* ❚ «Se autodefinen como grandes conocedores de la fauna bacalao, ganado, gallinas, cerdas, zorras...» R. Gómez de Parada, *La universidad me mata.*

2. mujer disoluta.

«Pues a estas que ves aquí, sí. Por que son unas cerdas.» Carlos Zeda, *Historias de Benidorm.* ❚ «Soy una guarra, soy una puta, soy una cerda, soy...» El Gran Wyoming, *Te quiero personalmente.*

cerdada *s.* mala pasada, jugada sucia.

«Cerdás: cochinadas, faenas.» JV. ❚ «Cerdada: mala acción.» JMO. ❚ «Cerdada. Mala pasada, acción malintencionada o indigna.» VL. ❚ «Cerdada. Acción ruin e innoble.» S. ❚ «Es muy propio de él hacer estas cerdadas.» JM. ❚✒ «No me hablo con Esteban por la cerdada que me hizo el otro día.» ✓ no se ha podido documentar fuera de diccionarios.❙

cerdo *adj.* sucio.

«Al mear hay que tener cuidado con ciertas cosas: queda muy cerdo salpicarse los pantalones...» Mala impresión, revista de humor con caspa, n.° 1. ❚ «...enormes montañas de polvo y basura... ¿Tan cerdos somos?» R. Gómez de Parada, *La universidad me mata.* ❚ «...pero reaccionó como lo que es en realidad: una cerda.» Álvaro de Laiglesia, *Hijos de Pu.*

2. obsceno, disoluto, rijoso.

«Siempre tiene a punto el chiste más cerdo...» R. Gómez de Parada, *La universidad me mata.* ❚ «...asqueroso, cerdo, marrano...» Fernando G. Tola, *Cómo hacer absolutamente infeliz a un hombre.* ❚ «Ese tipo cerdo me ha excitado...» José Luis Muñoz, *Pubis de vello rojo.*

3. _s._ desaliñado.

«Es un cerdo.» Almudena Grandes, _Malena es un nombre de tango._ ▌«¡Cerdo de mierda!» P. Antilogus, J. L. Festjens, _Anti-guía de los conductores._ ▌«Si no fuera por nosotras... Irían hechos unos cerdos.» Virtudes, _Rimel y castigo._

4. _s._ grueso.

«Martín dice que don Roberto que es un cerdo ansioso...» C. J. Cela, _La colmena._ ▌▄ «Se ha puesto hecha un cerdo de tanto comer dulces y chocolate con churros.»

5. _s._ persona indeseable.

«...y se enamoró de mí y me escribía, y eso dejé por ti, pedazo de cerdo...» Almudena Grandes, _Modelos de mujer._ ▌«...en lugar de fijarse en mí, se trabaja a una cerda de económicas.» Terenci Moix, _Garras de astracán._ ▌«Charo se acostumbró entonces a llamar cerdo a casi todo el mundo.» Ángel Palomino, _Todo incluido._ ▌«Es un cerdo, siempre ha sido un cobarde.» Ignacio Fontes, _Acto de amor y otros esfuerzos._ ▌«¡Cerdos! ¡Hijos de satanás!» Luis Camacho, _La cloaca._ ▌«¿Qué insinúas, cerda, qué insinúas?» Lourdes Ortiz, _Picadura mortal._ ▌«¿Pero qué querrá? ¿A qué espera? ¡Es un cerdo!» A. Gómez Rufo, _Cómo ligar con ese chico que pasa de ti o se hace el duro._ ▌«...amaneció con una pintada en la fachada: Hay que matar al cerdo de (Santiago) Carrillo, decía. Al atardecer habían escrito debajo: Carrillo, ten cuidado te quieren matar al cerdo.» María Antonia Valls, _Tres relatos de diario._

6. _s._ comilón.

«...no hace falta que haga nada para que se note que es un cerdo...» Jorge Martínez Reverte, _Demasiado para Gálvez,_ 1979, RAE-CREA. ▌▄ «No me gusta invitarle porque es un cerdo, se lo come todo.»

7. _s._ persona indeseable y disoluta.

«Creo que al cerdo de mi novio le gusta lo que hace esa guarra.» El Jueves, n.° 1079. ▌«¡Tápate un poco o echa las cortinas, cerda!» Metal Hurlant, 1981. ▌«¡Valiente tía cerda!» Pío Baroja, _El árbol de la ciencia._

8. _s._ anfetamina.

«...calcinar el tabique nasal como si esnifases cal viva. Quizá por esa razón los consumidores habituales lo llamen cerdo.» Álex de la Iglesia, _Payasos en la lavadora._

cerebro ▸ _lavar el cerebro._

cerebro de mosquito _s._ bobo, necio.

«Tienes cerebro de mosquito.» Virgilio Piñera, _El ring,_ 1990, RAE-CREA. ▌«...esta pareja con cerebro de mosquito que vive en el séptimo...» Enrique Vila-Matas, _Suicidios ejemplares,_ 1991, RAE-CREA. ▌▄ «Ricardo es un cerebro de mosquito que no hace nada a derechas.»

cerilla, hacer la cerilla _expr._ pasar el dedo a contrapelo por la cabeza.

«No le hagas la cerilla a tu hermano pequeño que le vas a hacer daño.» CO, Óscar Carbonell García.

cernícalo _s._ persona grosera y tarda.

«Joder, qué cernícalo...» El Jueves, 6-12 octubre, 1993. ▌«...cuando el muy burro, el muy cernícalo...» Andrés Berlanga, _La gaznápira._

*cero cf. (afines) cerapio, rosco, roscón.

cero, cero a la izquierda _s._ persona sin importancia.

«Si te lo repito siempre, Brígida, yo aquí soy un cero a la izquierda.» A. Zamora Vicente, _Historias de viva voz._ ▌«Ezequiel pasaba inadvertido como un cero a la izquierda...» Juan Madrid, _Crónicas del Madrid oscuro._ ▌«...en la Unión Europea, es un cero a la izquierda.» El Jueves, 10-16 marzo, 1999. ▌«Mi mujer no es un cero a la izquierda y puede tener sus negocios.» Emiliano Pérez Bonilla, El Mundo, 31.7.99. ☑ para el DRAE, _ser inútil o no valer para nada._▌

2. empezar de cero _expr._ desde el principio, sin experiencia previa.

«...y se me ha ocurrido empezar de cero para avivar las cenizas de mi imperio.» Carmen Pérez Tortosa, _¡Quiero ser maruja!_

cerrado de mollera ▸ _mollera, duro (cerrado) de mollera._

cerrar a cal y canto _expr._ cerrar herméticamente.

«¿pero qué habrá ahí, que sea tan importante como para que la bisa Angustias lo tuviera cerrado a cal y canto?» María Antonia Valls, _Tres relatos de diario._ ▌«...y aquella horrible falda de color verduzco cerrada a cal y canto con un imperdible...» Jaime Romo, *Un cubo lleno de cangrejos.* ▌ «La entrada de la Congregación Dominica Virgen de Atocha, estaba ayer cerrada a cal y canto.» El Mundo, 16.8.99.

cerumen *s.* cera.

«¡Qué no, hombre! ¡Que es su doble de cerumen, que fue expuesto en el Circo del Rock...» Ragazza, n.° 93.

cerve *s.* cerveza.

«Lo demás fue lo de menos, las rondas de cerve fueron seguidas...» Rafael Ramírez Heredia, *Al calor de campeche.*

*cerveza cf. (afines) birra, birreo, caña, cerve, garimba, litrona, rubia, rubio.

cetro *s.* pene.

«¿Así que también tú tienes un cetro? ¿Qué pasa, que eres un rey? Más o menos, ahora mismo te lo enseño...» Cómic erótico, tomo IV, n.° 21 al 24.

chabola *s.* casa.

«Se afeita dos veces por semana y tiene en su chabola un poster de Mateo Morral...» Máximo, *Animales políticos.*

chabolo *s.* celda.

«Chabolo: celda carcelaria.» Manuel Giménez, *Antología del timo.* ▌ «Y llevamos así toda la tarde en los chabolos...» José Luis Martín Vigil, *Los niños bandidos.* ▌ «Tú compartías chabolo con el chivato del caso Sabino Romero antes de que te trasladaran a este módulo.» José Ángel Mañas, *Sonko95.*

2. casa.

«¡Vaya chabolo guapo que tienes!» Telecinco, 10.2.98. ▌ «Con suerte, erigiremos un *chavolo* habitable; pero también es posible acabar construyendo una cocina en llamas y achicharrante.» Rosa Montero, El País Semanal, 25.7.99.

chacha *s.* sirvienta.

«Se podría haber sacado en limpio por referencias quién era la chacha.» B. Pérez Galdós, *Miau.* ▌ «...comportarse como una puta en la cama y una chacha en el resto de la casa), ahora se está entrenando un poco más en su faceta marujil.» El Mundo, La Luna, 25.6.99. ▌ «...se lo había oído contar

a una chacha manchega...» A. Zamora Vicente, *Historias de viva voz.* ▌ «Estoy más que harta de ser tu chacha.» SM Comix, n.° 29. ▌ «...un aborto de chacha...» Andrés Berlanga, *La gaznápira.* ▌ «Según declaraciones de la chacha dominicana...» Gomaespuma, *Grandes disgustos de la historia de España.* ▌ «Acostumbraba Penélope a merendar en un parque cercano a la casa [...] punto de encuentro de chachas, soldados...» María Antonia Valls, *Tres relatos de diario.* ▌ «...pinches, lacayos, meninas, camareros, chachas...» J. Giménez-Arnau, *Cómo forrarse y flipar con la gente guapa.* ✓ de muchacha.▌

chachais *s. pl.* pechos.

«Chachais, Chuchais: pechos femeninos.» JMO. ▌ «Chachai. Teta, limón, aldaba, pecho de mujer.» Ra. ▌ «Las chachais; tetas, senos, pechos femeninos.» JV. ✓ no se ha podido documentar fuera de diccionarios.▌

cháchara, estar (ir) de cháchara *expr.* conversar, charlar sobre asuntos sin importancia.

«Hablar, ir de cháchara, filosofar.» Manuel Hidalgo, *Azucena, que juega al tenis.* ▌ «Los aguardaba fuera, de cháchara con el señor Josué o con el portero...» Miguel Delibes, *Madera de héroe,* 1987, RAE-CREA. ▌ ▟ «Ahora llamo a mi mujer. Está de cháchara en el portal.» ✓ DRAE: «1. f. fam. Abundancia de palabras inútiles. 2. Conversación frívola.»▌

chacharear *v.* hablar mucho.

«Tu madre está chachareando con una vecina.» P. Perdomo Azopardo, *La vida golfa de don Quijote y Sancho.*

chache (el) *s.* yo, el que habla.

«Oiga, que la gabardina y lo que va dentro es del chache, ¿sabe?» Película *El día de los enamorados.* ▌ «El chache: yo.» JMO. ▌ ▟ «Aquí el único que tiene que currar, como siempre, es el chache éste.»

chachi *adj.* bueno, estupendo, excelente.

«Como nos dio sus señas, puedes presumir de línea directa con él. ¡Chachi que sí!» Ragazza, n.° 101. ▌ «Se me da chachi.» Terenci Moix, *Garras de astracán.* ▌ «...nada impide que la portezuela trasera sea azul.

¡Es chachi!» P. Antilogus, J. L. Festjens, *Anti-guía de los conductores.* ▌ «Chachi: bueno, de buena calidad.» Manuel Giménez, *Antología del timo.* ▌ «...con estos brevísimos datos ha quedado patente que la inquisición española fue un periodo chachi...» Gomaespuma, *Grandes disgustos de la historia de España.* ▌ «¿Estás seguro de que lleva cuarenta kilos? Chachi.» El Gran Wyoming, *Te quiero personalmente.* ▌ «...binomio chachi para megalómanos corrompidos.» J. Giménez-Arnau, *Cómo forrarse y flipar con la gente guapa.* ▌ «Aunque bien mirado lo que sería chachi, lo que se dice chachi, es tener una secretaria...» C. Pérez Merinero, *Días de guardar.* ▌ «...así que técnicamente lo hicimos chachi...» José Luis Martín Vigil, *Los niños bandidos.* |✔ ▶ también *chanchi.*|

2. chachi piruli *expr.* estupendo, excelente, fantástico.
    «Bar Chachi piruli.» Cartel anuncio de bar en Denia, Valencia. |✔ ▶ *chuchi piruli.*|

chachipé *adj.* estupendo, excelente.
    «La tienes ya tiesa, ¿eh? / ¡Chachipé.» Ambrosio de la Carabina, *Don Juan notorio.*

chachipen *s.* bueno, estupendo, excelente.
    «Chachipen: Muy bueno.» Ángel Palomino, *Insultos, cortes e impertinencias.* ▌ «...porque hacer de chica en este juego me sale chachipé, como para ganarme un Oscar...» Elvira Lindo, *Manolito gafotas.* |✔ *chachipén* o *chachipé.*|

chafar *v.* estropear.
    «...y teníamos los billetes y, a última hora, Abel nos la chafó...» Ángel Palomino, *Todo incluido.* ▌■ «Arsenio me ha chafado la venta del coche, el muy puto.»

chai *s.* prostituta.
    «...Montgomery el Desmayado que vivía de las chais y de los bujarras...» Raúl del Pozo, *Noche de tahúres.* ▌ «Chai. Prostituta.» LB. ▌ «Chai. Prostituta joven con buen aspecto.» Ra.

chalado *adj.* y *s.* demente, loco.
    «...es más tonto que una vaca, más imprudente que un loro, más chalado que una cabra...» A. Ussía, ABC, 15.3.98. ▌ «...él era un chalado siempre con la manía de...» A.

Zamora Vicente, *Mesa, sobremesa.* ▌ «Que lo dejes, viejo, ¿no lo oyes, so chalado?» Rosa Montero, *La hija del caníbal.* ▌ «Mi mujer dice que tengo una vena de chalado...» M. Vázquez Montalbán, *Los alegres muchachos de Atzavara.* ▌ «Al médico del sofá es al único que ibas a hacer la cusqui, una chalá menos...» Ángel Palomino, *Las otras violaciones.* ▌ «Aquí las hubieran llamado cuatro chalás...» Virtudes, *Rimel y castigo.* ▌ «...lo califican de chalao...» P. Perdomo Azopardo, *La vida golfa de don Quijote y Sancho.*

2. enamorado.
    «Chalao. Perdidamente enamorado.» LB. ▌ «Estás chalada por él, como Maruja...» Juan Marsé, *Últimas tardes con Teresa.* ▌■ «Pues sí, estoy chalado por la vecina del quinto que está como un tren.» |✔ DRAE: «adj. fam. Alelado, falto de seso o juicio. Ú. generalmente con el verbo estar. Ú. t. c. s.».|

chaladura *s.* locura.
    «...pero donde se ponga la chaladura de Larios que se quiten todas las demás...» M. Vázquez Montalbán, *La rosa de Alejandría.* ▌ «Chaladuras, ¿qué va a decir?» J. L. Castillo-Puche, *Hicieron partes.* ▌ «Hoy todo el mundo tiene su chaladura.» Ignacio Aldecoa, *El fulgor y la sangre.* ▌■ «Ahora a Manolo le ha dado la chaladura de coleccionar postales.»

chalarse *v.* perder el juicio, enloquecer.
    «Chalar. Del gitano. 1. tr. Enloquecer, alelar. Ú. t. c. prnl.» DRAE. ▌ «Chalarse. Chiflarse.» VL. ▌ «Chalar: enloquecer.» JMO. ▌ «Tal cúmulo de desgracias acabaron por chalarlo.» CL. |✔ no se ha podido documentar fuera de diccionarios.|

chaleco de madera ▶ *madera, pijama (chaleco) de madera.*

chalequero *s.* persona que frecuenta prostitutas.
    «Chalequero: Que frecuenta el trato de las prostitutas.» Ángel Palomino, *Insultos, cortes e impertinencias.*

chalupa *adj.* demente, loco.
    «...el padre en la cárcel por rojillo y la madre medio chalupa de tantas penas...» A. Zamora Vicente, *Mesa, sobremesa.* ▌ «¿Se ha vuelto usted chalupa?» A. Zamora Vicente,

Historias de viva voz. ❙ ▪ «No hagas esas cosas raras en la calle, que se van a creer que estás chalupa.»

2. volverse chalupa *expr.* perder el juicio, enloquecer.
«Volver a uno chalupa. Perder el juicio.» LB. ❙ ▪ «Se volvió chalupa y tuvieron que internarlo en un siquiátrico.»

chamullar *v.* hablar.
«También chamullaba cosas de esas que se aprenden todos los loros...» A. Zamora Vicente, *Historias de viva voz.* ❙ «Hacerse entender en una jerga. Hablar.» Manuel Giménez, *Antología del timo.* ❙ «...le presentó una pareja algo rara, chamullando inglés...» Ramón Ayerra, *Los ratones colorados.*

chamulle *s.* jerga.
«...Miguel le enseñó las manos con las palmas hacia arriba, con lo que demostró que entendía el chamulle...» Andreu Martín, *Prótesis.*

chamusquina, oler a chamusquina *expr.* que causa desconfianza, duda, sospecha.
«...el Alcalde despierta de un codazo a su mujer para que escuche, que *esto me huele a chamusquina.*» Andrés Berlanga, *La gaznápira.* ❙ «Ya me barruntaba yo que olían a chamusquina.» C. Pérez Merinero, *Días de guardar.* ❙ «...pero me dijo que, de todos modos, a ella le olía a chamusquina.» Eduardo Mendicutti, *El palomo cojo,* 1991, RAE-CREA.

chanar *v.* comprender.
«¿Qué pasa? ¿No me chanas?» Andreu Martín, *Lo que más quieras.* ❙ «El pasota de hoy, aunque sin proponérselo, chamulla algo el carcelario, larga lo que puede en caló... chana cantidubi la jerigonza coloquial...» JV.

chanchi *adj.* bueno, estupendo, excelente.
«Bueno, todo salió chanchi, menos lo del idioma.» A. Zamora Vicente, *Historias de viva voz.* ❙ «Ese pibe está chanchi piruli y m'endiquela en cuanto le guipo.» Santiago Moncada, *Siempre en otoño,* 1993, RAE-CREA. ❙ ▪ «Una peli chanchi de veras.» ❙✔ ▸ también *chachi.*❙

chanelar *v.* comprender.
«Yo que ustedes metería en el lío a Blasfemo. Él sabe de la parvarí. Chanela.» Raúl del Pozo, *Noche de tahúres.* ❙ «Chanelar es comprender.» Alicia Misrahi, Qué leer, junio, 1998.

changa *s.* timo, estafa.
«Changa: engaño.» JMO. ❙ «Changa: engaño...» JV. ❙ ▪ «Si vas al Rastro, cuidado que no te cuelen una changa, macho.» ❙✔ no se ha podido documentar fuera de diccionarios.❙

changar *v.* engañar, timar.
«¿Por qué nos lo changan? ¿Por qué nos lo joden?» Pilar Urbano, *Yo entré en el Cesid.*

chapa *s.* agente de policía.
«Chapa: Funcionario no uniformado del Cuerpo Nacional de Policía.» JGR. ❙ «...los simples policías, uniformados o de la escala ejecutiva, llamados los chapas.» Juan Madrid, *Flores, el gitano.* ❙ «Antonio quiso protestar y decirle al chapa aquel que...» José Luis de Tomás García, *La otra orilla de la droga,* 1984, RAE-CREA. ❙ ▪ «Un chapa ha detenido al Vítor esta mañana.»

2. gargajo, flema.
«Chapa. Escupitajo, lapo.» Ra. ❙ ▪ «Alguien me ha escupido una chapa el pantalón. ¡Qué asco!»

3. placa de identificación de la policía.
«Suele ir provisto de peta y chapa totalmente falsas.» Manuel Giménez, *Antología del timo.* ❙ ▪ «Me enseñó la chapa y me puso las esposas. Así como lo oyes.»

4. moneda de cien pesetas.
«Chapa. Moneda de veinte duros.» Joseba Elola, *Diccionario de jerga juvenil,* El País Semanal, 3.3.96. ❙ ▪ «De todo el dinero que he traído sólo me quedan tres chapas.»

5. ficha o cartón empleado en burdeles.
«Polvo, tanto. Francés, cuanto. Cada chapa sólo daba derecho a un servicio...» Fernando Arrabal, *La torre herida por el rayo,* 1982, RAE-CREA.

6. tapón metálico para botellas.
«En el cubo de la basura hay una chapa de Coca-Cola.» Juan José Alonso Millán, *Pasarse de la raya,* 1991, RAE-CREA. ❙ «La afi-

ción por coleccionar es propia de muchos [...] Desde chapas, pasando por cromos...» El Mundo, 16.8.99. ✓ DRAE: «Tapón metálico que cierra herméticamente las botellas.»|

7. hacer chapas *expr.* prostitución homosexual.

«El Nené es chapero, tío. Hace chapas.» Juan Madrid, *Cuentas pendientes.* ▌«...yo me voy a la rambla a hacer chapas.» M. Vázquez Montalbán, *Los alegres muchachos de Atzavara.* ▌«...y cuando no te guste, si te he visto no me acuerdo, y yo a hacer chapas en plan de tirada...» M. Vázquez Montalbán, *El delantero centro fue asesinado al atardecer.* ▌«Primero hacía chapas y luego se metió a locaza...» Andreu Martín, *Lo que más quieras.* ▌■ «Mi padre perdió el empleo hace ya seis meses pero va tirando haciendo chapas por la noche. Mi madre no lo sabe, claro.» ✓ antiguamente en los burdeles los clientes adquirían vales o chapas con los que pagaban los servicios. ▶ *chapa* 5.|

8. hacer chapas *expr.* servicios de prostituta.

«...apenas sí habría hecho dos chapas en toda la noche y era sábado...» Juan Marsé, *Si te dicen que caí.*

9. no dar (pegar) chapa *expr.* haraganear, gandulear, estar ocioso.

«Medio punto por regalarte algo, porque no has dado ni chapa.» R. Gómez de Parada, *La universidad me mata.* ▌«...en que mi madre no ha pegado ni chapa, en que mi madre es la enferma imaginaria...» Manuel Hidalgo, *Azucena, que juega al tenis.* ▌■ «Desde que se jubiló, Silverio no da chapa en todo el día.»

10. sin chapa *expr.* sin dinero.

«...guionista, articulista, sablista..., lo que viene a suponer lo de: ni chapa hoy, la semana que viene me liquidan!» Ernesto Parra, *Soy un extraño para ti.* ▌«Te ha dicho que está sin chapa y que esta vez te toca a ti pagarlo todo...» Ragazza, julio, 1997. ▌«Nos deja sin chapa y no nos quiere dar la revancha...» J. L. Alonso de Santos, *La estanquera de Vallecas,* 1981, RAE-CREA. ▌■ «Estoy sin chapa hasta el viernes que cobro.»

chapar *v.* encerrar, cerrar, especialmente las celdas de la prisión.

«Era puntual a la hora de chapar, respetuoso en los recuentos y disciplinado...» Mariano Sánchez, *Carne fresca.* ▌«Allí trasladan a los refugiados, o chapados, los cagados de miedo que piden protección de los boquis...» Andreu Martín, *Lo que más quieras.*

2. estudiar.

«Joder, esto está más muerto que una iglesia. Si queréis os invito a una copa y luego chapo.» Lucía Etxebarría, *Beatriz y los cuerpos celestes.*

chaparrete ▶ *chaparro.*

chaparro *s.* persona pequeña.

«En cuanto a los menudos [...] su estatura los hermana en el grupo de los retacos: [...] canijo [...] chaparro; chaparrete [...] enano... esmirriado... mediohombre; [...] microbio; pigmeo; renacuajo; retaco; [...] taponcete...» AI. ✓ DRAE: «fig. Persona rechoncha. Ú. t. c. adj.».|

chaparrón *s.* regañina, rapapolvo.

«Fuster aguantó sin rechistar el chaparrón...» Severiano F. Nicolás, *Las influencias.* ▌«Y yo me quedaré aquí a aguantar el chaparrón y a dar la cara por ti...» Luis Camacho, *La cloaca.* ✓ DRAE: «And. y P. Rico. Riña, regaño, reprimenda.»|

chapero *s.* hombre que se prostituye con otros hombres, prostituto.

«Comienza el turismo sexual, la venta de carne humana, jineteras y chaperos.» Jaime Campmany, ABC, 23.1.98. ▌«Ignoraba que al catalancito que nace voluntarioso no le gana ni el más experto chapero de los madriles.» Terenci Moix, *Garras de astracán.* ▌«Ahora cuando los socialistas se convierten en chaperos...» Jaime Campmany, ABC, 31.5.98. ▌«...decían que si era bujarrón, que si buscaba chaperos.» Raúl del Pozo, *Noche de tahúres.* ▌«Chulos negros y chaperos adolescentes.» Mariano Sánchez, *Carne fresca.* ▌«...travestis, prostitutas, chaperos, chulos, macarras, chorizos, navajeros, heroinómanos, camellos...» María Antonia Valls, *Tres relatos de diario.* ▌«¿Sería hacerle un favor o lo contrario? Buscarle un chapero decente, un buen chico...»

Álvaro Pombo, *Los delitos insignificantes.* ▌ «...hay chaperos con pantalones ceñidos...» José Luis Muñoz, *Pubis de vello rojo.* ▌ «Se llama Andrew Cunanan y es un chapero (prostituto) de lujo de 27 años.» El País, 17.7.97. ✓ DRAE: «Adición artículo. M. jerg. Homosexual masculino que ejerce la prostitución.»▌

chapucero *adj.* malo, inferior, mal hecho.

«...hay mafias ilegales, muy chapuceras, que llevan tiempo detrás de este sector...» Juan José Millás, *Tonto, muerto, bastardo e invisible.* ▌ «Por chapucero, por colocarle una bomba a un policía en su coche...» Juan Madrid, *El cebo.* ▌ ▪ «Como persona es agradable pero es un sastre chapucero que hace los trajes muy mal.»

2. *s.* el que trabaja mal.

«Antonio, eres un chapucero.» Arturo Uslar Pietri, *La visita en el tiempo,* 1990, RAE-CREA. ▌ «...Cortabanyes, el menos hábil y el más chapucero...» Eduardo Mendoza, *La verdad sobre el caso Savolta.* ▌ ▪ «Gerardo dice que es ebanista, pero la realidad es que es un chapucero de mierda, que trabaja la madera muy mal.»

*chapuza *cf.* (afines) apaño, chapuza, remiendo, tente mientras cobro.

chapuza *s.* malo, inferior, mal hecho.

«No parece exagerado afirmar que nos encontramos en el país de la chapuza...» Jaime Campmany, ABC, 1.5.98. ▌ «...incluso podían hacer chapuzas de manera extraoficial...» F. Vizcaíno Casas, *Hijos de papá.* ▌ «Hizo una chapuza horrorosa y me cobró una cantidad desmesurada...» Eduardo Mendoza, *La verdad sobre el caso Savolta.* ▌ ▪ «Esa empresa no tiene buenos productos, se especializa en chapuzas de lo peor.» ✓ DRAE: «Obra hecha sin arte ni esmero.»▌

2. mal profesional.

«Dio unas cuantas voces cagándose en la madre que parió a todos esos chapuzas.» Juan Luis Cebrián, *La rusa.* ▌ ▪ «Para la reforma necesitamos un profesional y no nos sirve cualquier chapuza, por barato que sea.»

3. empleo, trabajo extra.

«...cosechando éxito tras éxito con esas chapuzas...» Javier Fernández de Castro, *La novia del capitán,* 1987, RAE-CREA. ▌ ▪ «Ahora que cobro el paro me gano dinero extra con una o dos chapuzas al mes.»

4. trabajo mal hecho.

«Hizo una chapuza horrorosa y me cobró una cantidad...» Eduardo Mendoza, *La verdad sobre el caso Savolta.*

5. chapuzas *s.* trabajador incompetente.

«Ya sabe que nuestra gente es muy chapuzas.» Juan Luis Cebrián, *La rusa.* ▌ «El protagonista de *Manos a la obra*, un chapuzas, vago y caradura...» Member's Magazine, Holiday Gym, diciembre, 1999.

chaquetero *adj.* que cambia de parecer o ideología, según la conveniencia; adulador.

«Chaquetero y apóstata y, además, feo de llorar.» A. Ussía, *Coñones del Reino de España.* ▌ «Y usted un chaquetero y un baboso.» Fermín Cabal, *Tú estás loco, Briones,* 1978, RAE-CREA. ▌ ▪ «No te fíes de Gonzalo porque es un chaquetero.» ✓ DRAE: «1. adj. fam. Que chaquetea, que cambia de opinión o de partido por conveniencia personal. 2. fam. Adulador, tiralevitas.»▌

charco *s.* el océano Atlántico.

«Agustín Remesal cruzó el charco para presentar en Madrid *El enigma del Maine*...» El correo de las letras, marzo/abril, 1998. ▌ «No voy a meter en el recibo del teléfono de Ana el clavo de mis llamadas al otro lado del charco...» Pedro Casals, *Disparando cocaína.* ▌ ▪ «Lejos están los tiempos cuando había que cruzar el charco para labrarse un porvenir.»

charla, dar la charla *expr.* aburrir, regañar.

«Darle la charla a alguien, aburrirle con una conversación larga y que no le interese; regañarle, hacerle consideraciones acerca de su mal comportamiento.» JMO. ▌ «Miguel, no des la charla, Miguel.» José Ángel Mañas, *Historias del Kronen.* ▌ ▪ «¡No me des la charla otra vez con el asunto del dinero!» ✓ no se ha podido documentar fuera de diccionarios.▌

charlao, echar un charlao *expr.* hablar, conversar.

«...bajé al sotanillo donde estaba el archivo a marcarme un charlao con Gancedo...» Carlos Pérez Merinero, *La mano armada.* ▮ «Echar un charlao. Charlar, conversar.» VL. ▮ «Paso a recogerte y echamos un charlao.» JM.

charlas *s.* hablador.

«Jorge Rivera es un charlas.» CO, Susana Jimeno Munuera.

charleta *s.* charla, conversación.

«...algunas veces me quedo de charleta con las chicas de los clubes si no hay clientes...» Juan Madrid, *Crónicas del Madrid oscuro.* ▮ «...hay que darles charleta a los jefes de Estado en las cenas de gala...» Carmen Rigalt, El Mundo, 3.8.99. ▮ «...siempre tienen tiempo para una charleta, un chiste.» C. Rico-Godoy, *Cuernos de mujer.*

charli *s.* billete de mil o cinco mil pesetas.

«Charli: Billete de mil pesetas.» JGR. ▮ «Charlis: Billetes de cinco mil pesetas (Carlos III).» JV. ▮ «Charli. Carlín, billete de cinco mil pelas.» Ra. ✓ no se ha podido documentar fuera de diccionarios.▮

charlotear *v.* hablar, conversar sobre asuntos triviales.

«...atravesaron muy cerca de mí, charloteando...» Manuel Mújica Láinez, *El escarabajo,* 1982, RAE-CREA. ▮◾ «Las señoras están ahí, en la cocina, charloteando de sus cosas.»

charnego *s.* en Cataluña, inmigrante de otras comunidades.

«Catalana (no. Charnega), rubiales, pechugona...» Fernando Sánchez-Dragó, «Anábasis», en *Antología del cuento español.* ▮ «¿Hay una vida más allá? ¿Pueden charnegos entrar en el reino del cielo?» Rafael Metlikovez, A las barricadas, 11-17 mayo, 1998. ▮ «Las demás, jadeantes y sudorosas, miran de reojo a la charneguita, su paciencia y su tristeza...» Juan Marsé, *La oscura historia de la prima Montse.* ▮ «...los mismos charnegos que hicieron el caldo gordo al franquismo...» M. Vázquez Montalbán, *La soledad del manager,* 1977, RAE-CREA. ▮✓ catalán *xarnego*: «...un xarnego, un murcia-

no...» Juan Marsé, *Últimas tardes con Teresa.* ▮ «Charnego. Denominación despectiva empleada en Cataluña para los emigrantes que proceden de otras comunidades españolas. No debe emplearse, salvo en citas textuales.» El País, *Libro de estilo.*▮

charrar *v.* hablar, conversar.

«...debió de charrar con la abuela...» Andrés Berlanga, *La gaznápira.* ▮ «...para que luego lo vaya charrando por ahí a quien lo quiera oír.» Gabriel García Badell, *Funeral por Francia,* 1975, RAE-CREA. ▮ «...Juliana [...] charra y charra sin parar...» Andrés Berlanga, *La gaznápira.* ▮◾ «Rafael está siempre charra que te charra; me pone la cabeza como un bombo.» ✓ DRAE: «intr. vulg. Charlar».▮

charro *adj.* de mal gusto.

«...de mediana edad, y un toque algo charro en sus patillas...» Fernando Savater, *Caronte aguarda,* 1981, RAE-CREA. ▮ «Cuando actúa sale con una camisa muy charra llena de colorines y lentejuelas.» CL. ▮◾ «Ese vestido que te has puesto me parece un poco charro para la fiesta que ofrece el embajador.»

chasco *s.* sorpresa, corte.

«Al ver una de las fotos que le habían hecho para el desfile, se llevó un chasco.» Ragazza, julio, 1997. ▮ «¡Pa chasco que no molesta!» Ernesto Caballero, *Squash,* 1988, RAE-CREA. ▮ «Ja, Jaa. ¡Buen chasco!» José María Guelbenzu, *El río de la luna,* 1981, RAE-CREA. ▮◾ «La invité al cine y para chasco vino con su marido.» ✓ DRAE: «fig. Decepción que causa a veces un suceso contrario a lo que se esperaba. *Bravo chasco se ha llevado Mariano*».▮

chasis *s.* cuerpo, tipo.

«...cuántas solteritas quisieran tener su chasis...» Ángel Palomino, *Las otras violaciones.* ▮ «Lista y además con el chasis potente.» M. Sánchez Soler, *Festín de tiburones.* ▮◾ «Mira, Amparo, eres un poco boba pero con ese chasis llegarás lejos.»

2. quedarse en el chasis *expr.* quedarse muy delgado, flaco.

«...me estoy quedando en el chasis.» Manuel Hidalgo, *Azucena, que juega al tenis.* ▮

«De seguir el régimen me quedo en el chasis.» JM. ❚ «Con tanta dieta y tanto régimen de adelgazamiento te estás quedando en el chasis.» FV. ❙✔ DRAE: «fr. ponerse, o quedarse, en los huesos».❙

chata s. escopeta de cañones recortados.
«Cuando ya tenían el botín, el Pelos se había puesto tan histérico que apretó el gatillo de su chata sin darse cuenta y los perdigones...» Mariano Sánchez, *Carne fresca.* ❚ «Chata: Escopeta con los cañones y la culata recortados.» JGR. ❚ «Chata: escopeta con cañones y culata recortados.» Manuel Giménez, *Antología del timo.*

2. la muerte.
«La chata: la muerte.» JMO. ❚ «Chata. Cierta, igualadora, muerte, parca.» Ra. ❚ «la chata. 1. And. La muerte.» DRAE. ❚ «Llevo tantos años malucho que cuando venga la chata, será una alegría, te lo digo yo.» DCB. ❙✔ no se ha podido documentar fuera de diccionarios.❙

3. orinal.
«Orinar es desbeber [...] y se hace en un bacín, [...], tiesto, [...] chata, perico, vaso de noche... que son acepciones del orinal.» José M.ª Zabalza, *Letreros de retrete y otras zarandajas.* ❙✔ DRAE: «Chata. f. Bacín plano, con borde entrante y mango hueco, por donde se vacía. Se usa como orinal de cama para los enfermos que no pueden incorporarse.»❙

chatarra s. monedas fraccionarias.
«Menos calderilla, claro. Yo chatarra no quiero.» C. Pérez Merinero, *Días de guardar.* ❚.▪ «No me des más monedas que ya llevo los bolsillos llenos de chatarra.»

2. coche malo.
«Además, no suelen entender demasiado de coches, así que a menudo es posible hacer o pasar un montón de chatarra por un modelo de gama alta...» P. Antilogus, J. L. Festjens, *Anti-guía de los conductores.* ❚.▪ «Vino a recogerme en un choche, bueno, una chatarra que daba vergüenza.»

3. armas de fuego.
«Chatarra: Arma de fuego.» JGR. ❚ «Chatarra. Cualquier arma de fuego.» Ra. ❚ «Chatarra: armas.» JMO.

4. joyas, bisutería.
«Y me he puesto toda la chatarra que he encontrado en el joyero.» Juan José Alonso Millán, *El guardapolvo,* 1990, RAE-CREA. ❚.▪ «Dice que le han robado joyas valiosas pero no era más que chatarra.»

chatear v. beber chatos de vino.
«...andar desde la mañana a la noche chateando con los amigotes, o zascandileando.» Juan García Hortelano, *Mucho cuento,* 1987, RAE-CREA. ❚.▪ «Siempre chateando por los bares y jugando a los naipes.» ❙✔ estándar.❙

2. conversar por internet.
«Cuando estamos chateando necesitamos un apodo (*nickname*), de manera que durante la conexión...» Julio María Plágaro Repollés, *Herramientas electrónicas para autores y traductores.* ❚ «...me marchaba corriendo a casa para conectarme a internet y chatear con otra gente.» Chica hoy, revista juvenil, n.° 130. ❙✔ del inglés *to chat,* charlar.❙

chateo s. acción de beber chatos.
«Dos parejas jóvenes en las mesas y los habituales del chateo...» Cristóbal Zaragoza, *Y Dios en la última playa.* ❚.▪ «A Rafael le gusta mucho ir de bares, de chateo y juerga.»

chatero s. que charla a través del ordenador y la red.
«Quien quiera introducirse en el mundo de los chats (un espacio dedicado a las charlas entre internautas)... es probable que los navegantes no tengan problemas con la jerga de los chateros.» Tribuna, 19.4.99.

chati s. palabra cariñosa.
«Sí, chati, soy yo...» Virtudes, *Rimel y castigo.* ❚ «Entonces, chati, no se me ocurre nada.» Álvaro Pombo, *Los delitos insignificantes.* ❚ «Bueno, chati, ¿así que tenemos boda?» Fernando Fernán Gómez, *Las bicicletas son para el verano,* 1982, RAE-CREA.

chatito s. palabra cariñosa.
«¿Qué tienes, chatita? ¿Por qué lloras corazón?» Jorge Ibargüengoitia, *El atentado,* 1975, RAE-CREA. ❙✔ ▸ *chato 2.*❙

chato s. vasito de vino.
«¿Vamos a tomarnos unos chatos?» C. J. Cela, *La colmena.* ❚ «...a tomar un chato de

tintorro y a cantar.» A. Zamora Vicente, *Historias de viva voz.* ▌«Entró en una taberna para tomar un chato para animarse...» Severiano F. Nicolás, *Las influencias.* ▌«...después de raptar a un guardia de la porra se fueron con él a tomar unos chatos a Córdoba...» Rafael García Serrano, *Diccionario para un macuto.* ▌«...va con ellos a tomar unos chatos.» Gomaespuma, *Familia no hay más que una.* ▌«...para echar una partidita y tomarse un par de chatos.» Virtudes, *Rimel y castigo.* ▐✔ para Luis Besses, *Diccionario de argot español,* 1905: «vaso para beber vinos andaluces».▌

2. palabra cariñosa.
«Estoy pensando, chata, que lo que a mí me hace falta es...» Mariano Tudela, *Últimas noches del corazón.* ▌«¡Chata, te voy a chupar el morro...!» Carlos Giménez, A las barricadas, 18-24 mayo, 1998. ▌«¿Has visto, chata, qué pico de oro?» Juan Madrid, *Un beso de amigo.* ▌«¡Ven aquí, chata, que te voy a morder!» José M.ª Zabalza, *Letreros de retrete y otras zarandajas.* ▌«Es el humor político, el humor político, chato...» Álvaro Pombo, *Los delitos insignificantes.* ▌«Oye, Encarna, chata: he pensado que podíamos formar sociedad.» C. J. Cela, *El espejo y otros cuentos.* ▌«...un almanaque y vas que ardes, chata.» Juan Marsé, *Si te dicen que caí.*

chava *s.* niño, chico, joven.
«Y la muchacha, mi chava...» Jorge López Páez, *Doña Herlinda y su hijo y otros hijos,* 1993, RAE-CREA. ▌«...muchacho alto que venía abrazado de una chava.» Juan Villoro, *La noche navegable,* 1980, RAE-CREA. ▌▗▞ «Dos chavas jugaban a la pelota en la calle.»

chaval *s.* niño, chico, joven.
«...es que ese chaval es gilipollas...» Almudena Grandes, *Modelos de mujer.* ▌«Hubiera cedido mi plaza a algún chaval si me hubiesen seleccionado.» El Mundo, 7.2.98. ▌«¡Vaya suertecita! ¡Nos tocó el gordo, chaval!» A. Zamora Vicente, *Historias de viva voz.* ▌«Cuatro chavales con ganas de ensuciar las paredes.» M. Vázquez Montalbán, *La rosa de Alejandría.* ▌«Encontró a unos chavales.» Ricardo Fernández de la Reguera, *Vagabundos provisionales.* ▐✔ el DRAE dice *del caló chavale.* ▶ *chavala.*▌

2. estar hecho un chaval *expr.* tener aspecto juvenil.
«Estás hecho un chaval. Estás hecho un pimpollo.» DTE.

chavala *s.* chica, joven.
«Oye, no me digas, chavala, ni que nos lo fuéramos a comer nosotros, el flan...» A. Zamora Vicente, *Mesa, sobremesa.* ▌«A estas horas lo que sobran son chavalas.» C. J. Cela, *La colmena.* ▌«Yo no bromeo, chavala.» Juan Marsé, *Si te dicen que caí.* ▐✔ ▶ *chaval.*▌

chavea *s.* niño, chico, joven.
«...las malas noticias de los chaveas, que no estudian, que no trabajan, que no...» A. Zamora Vicente, *Mesa, sobremesa.* ▌«...porque quiere ponerme bajo control, como Manoletín, el chavea del chotis...» Jaime Campmany, ABC, 31.10.99. ▌«...él mismo me sacó del apuro el chavea...» Fernando Quiñones, *Las mil y una noches de Hortensia Romero,* 1979, RAE-CREA.

chaveta *adj.* demente, loco.
«Tampoco estaba muy bien de la chaveta...» Francisco Candel, *Donde la ciudad cambia su nombre.* ▌«...un guía que pierde la chaveta...» Ángel Palomino, *Todo incluido.* ▌▗▞ «Estás chaveta y no sabes lo que dices, tío.»

2. estar mal de la chaveta *expr.* demente, loco.
«Tampoco estaba muy bien de la chaveta...» Francisco Candel, *Donde la ciudad cambia su nombre.* ▌«Si esto no es muestra de que la Humanidad —así, con mayúscula y todo— está mal de la chaveta...» C. Pérez Merinero, *Días de guardar.* ▌▗▞ «Rafael acabó en un siquiátrico porque estaba mal de la chaveta.»

3. perder la chaveta *expr.* enloquecer, volverse loco.
«Eh, mira qué hembras, ¿no son para perder la chaveta?» Eduardo Mendoza, *La ciudad de los prodigios.* ▌«Ha perdido la chaveta desde que no encuentra a su Papadoc.» Cristóbal Zaragoza, *Y Dios en la última playa.* ▌«...un guía que pierde la chaveta...» Ángel Palomino, *Todo incluido.* ▌«...perdió la chaveta montándose diariamente lo del

yoga...» R. Montero, *Diccionario de nuevos insultos...* ▌▗▪«Víctor ha perdido la chaveta y se cree Napoleón.»

chavo *s.* poco dinero.

«...sin gastar un chavo en propinas...» Ramón Ayerra, *Los ratones colorados.* ▌ «Nadie hubiera dado un chavo por la honestidad del sujeto.» Ramón Ayerra, *La lucha inútil,* 1984, RAE-CREA. ▌▗▪«Hemos comprado un chalet por dos chavos.»

2. estar sin un chavo *expr.* sin dinero.

«...ni un puto chavo.» R. Montero, *Diccionario de nuevos insultos...* ▌ «...sin un chavo, sin haber comido...» J. L. Ramos Escobar, *El olor del popcorn,* 1993, RAE-CREA. ▌▗▪«Préstame algo porque estoy sin un chavo, anda.»

chay ▶ *chai.*

che *s.* oriundo de Valencia, valenciano.

«...hubo en Valencia una milicia armada... Los ches le cogieron la vuelta...» Rafael García Serrano, *Diccionario para un macuto.* ▌ «...qué más da que Pedro se dé gusto contra los ches.» M. Vargas Llosa, *La tía Julia y el escribidor,* 1977, RAE-CREA. ▌▗▪«Los ches perdieron el partido de ayer.»

cheira *s.* cuchillo, navaja.

«Yo le llamo baldeo a la navaja, otros cheira o mojada [...] Y sé de otros que la mencionan como pinchosa...» Juan Madrid, *Crónicas del Madrid oscuro.*

cheli *s.* argot madrileño; castizo, de Madrid.

«Cheli. Dialecto juvenil español.» Francisco Umbral, *Diccionario cheli.* ▌«La banda madrileña más cheli graba su disco más elaborado.» El Mundo, 19.2.99. ▌ «Mucha gente joven en Madrid habla cheli, que es un castellano achulado.» DCB.

2. amigo, compañero, colega.

«El cheli, sin decir ni mú, entró en la habitación y volvió a salir...» Lourdes Ortiz, *Picadura mortal.* ▌«...el señorito no es más que un blanquillo que prueba meterse a cheli barriobajil.» Francisco Nieva, *Delirio de amor hostil o el barrio de Doña Benita,* 1978, RAE-CREA. ▌▗▪«Saca el güisqui, cheli, para el personal.»

chepa *s.* joroba; jorobado.

«¿Qué más motivos que haber nacido así, chepa...?» Luciano G. Egido, *El corazón inmóvil,* 1995, RAE-CREA.

2. subírsele (colgarse, montarse) a la chepa de uno *expr.* regañar, abusar.

«...nada tendría importancia de no ser porque, al final, terminan colgados de tu chepa.» Carmen Pérez Tortosa, *¡Quiero ser maruja!* ▌«...y ahora se me quiere montar en la chepa.» M. Sánchez Soler, *Festín de tiburones.* ▌▗▪«Si no tienes más carácter con los alumnos se te van a subir a la chepa y verás entonces.»

chévere *adj.* bonito, bueno, estupendo, excelente.

«Vas a cobrar lo que pidas. Es chévere.» Pedro Casals, *Disparando cocaína.* ▌«Ya se sabe quién es el padre del hijo que espera esa muchacha chévere...» Jaime Peñafiel, El estilo de El Mundo, 14.11.99. ▌«En Caracas conocí a un joven chévere.» CL. ▌«Qué vida tan chévere se estaba pegando.» Pedro Vergés, *Sólo cenizas hallarás (bolero),* 1980, RAE-CREA. ✔ DRAE: «Col. y Venez. Excelente.»▐

*chica *cf.* (afines) beibi, chavala, chicazo, churri, chuti, gachí, guayabo, lola, marmota, muñeca, titi, periquita, periquito, pibita, pimpollo, pollita, virguito, yogurcito, yogurina.

chica alegre *expr.* prostituta.

«Pues que el genereal [...] llevaba una chica alegre en el coche, una colombiana.» Jaime Romo, *Un cubo lleno de cangrejos.*

chicazo *s.* chica que se comporta como un muchacho.

«Para su hija mayor, como es un poco chicazo, Álvaro pensó en un perro...» B. Pérez Aranda *et al., La ex siempre llama dos veces.*

chicharra *s.* colilla de porro.

«Chicharra: colilla o punta de cigarrillo o porro.» JMO. ▌ «Chicharra. Colilla, pava.» Ra. ▌ «Chicharra. Colilla de porro.» VL. ▌ «Chicharra. Colilla de un cigarrillo de droga blanda.» S. ✔ no se ha podido documentar fuera de diccionarios.▐

2. timbre.

«Menos mal, hombre, que ha sonado la chicharra y se acabó el invento.» C. Pérez Merinero, *Días de guardar.*

3. hablar como una chicharra *expr.* hablar mucho.

«fr. fig. y fam. Ser muy hablador.» DRAE. ▌ «Es una persona inaguantable que se pasa el día hablando; habla como una chicharra.» FV. ▌ ▰ «Cuando se juntan tres hombres, hablan como chicharras.» ✓ no se ha podido documentar fuera de diccionarios.▐

4. micrófono escondido.

«...revisé detrás de los cuadros, en las tripas del televisor, en busca de una chicharra registradora de mis más pequeños suspiros.» Juan Luis Cebrián, *La rusa.*

chicharrera *s.* calor.

«Chicharrera: calor.» JMO. ▌ «La chicharrera: el calor.» JV. ▌ «¡Qué chicharrera hace hoy, tía! Por lo menos tenemos 45 grados a la sombra.» DCB. ✓ no se ha podido documentar fuera de diccionarios.▐

chichas *s.* cuerpo, carnes.

«...siempre con las chichas al aire, escruta perdida!» Andrés Berlanga, *La gaznápira.*

chichi *s.* vulva, órgano genital de la mujer.

«Paco, no me gusta esto de alumbrarme el chichi con una linterna...» El Jueves, 11-17 febrero, 1998. ▌ «...y no como los hijos legítimos, que eran todos frutos del amor y de no lavarse el chichi después de la sagrada unión de los cuerpos y las almas.» Felipe Navarro (Yale), *Los machistas.* ▌ «Tiene el chichi húmedo.» R. Gómez de Parada, *La universidad me mata.* ▌ «Coño: agujero, almeja, aparato, castaña, chichi, concha, chocho, chumino, chupajornales, conejo, higo, raja, seta.» José M.ª Zabalza, *Letreros de retrete y otras zarandajas.* ▌ «La tía se pone a horcajadas sobre mí, se encasqueta mi polla en su chichi, yo la agarro por la cintura y empezamos un meneo de no te menees...» C. Pérez Merinero, *Días de guardar.* ▌ «...anda, papaíto que luego vamos a sacar un café con leche del chichi...» Jaime Romo, *Un cubo lleno de cangrejos.* ▌▰ «Hueles a chichi. ¿Has estado con alguna tía?»

chichinabo *adj.* de poca importancia.

«...poder exigir al director de una sucursal bancaria de chichinabo la radiografía de sus clientes...» Pedro Casals, *La jeringuilla.* ▌ ▰ «A mí me propones cosas serias, no negocios de chichinabo.» ▌ ✓ *de chicha y nabo.*▐

chichón *s.* bulto en la cabeza, resultado de un golpe.

«¿Te duele? Se te ha formado un chichón de mucho cuidado.» Juan Madrid, *Las apariencias no engañan.* ✓ DRAE: «m. Bulto que de resultas de un golpe se hace en el cuero de la cabeza».▐

chicle, pasar el chicle *expr.* besar.

«Pasarle el chicle: comerle los morros.» R. Gómez de Parada, *La universidad me mata.*

chiflado *s.* demente, loco.

«Todos pensarán que es un cornudo chiflado...» Fernando Martínez Laínez, *Andante mortal.* ▌ «¡Esa es una historia de chiflados...» Pgarcía, *El método Flower.* ▌ «...sonrió al hombre por cortesía mientras se preguntaba si no se trataría de un tipo chiflado.» Severiano F. Nicolás, *Las influencias.* ▌ «...pervertidos de todas las razas y tamaños, putos, putas, travestis, especulantes, beatos, chiflados...» Fernando Martínez Laínez, *La intentona del dragón.* ▌ «Estás chiflado.» Fernando Martínez Laínez, *Andante mortal.* ▌ «Tú estás chiflado.» Corín Tellado, *Mamá piensa casarse.*

2. chiflado por *expr.* enamorado de, loco por.

«...y en Madrid siempre ha habido chiflados por los sellos...» José Gutiérrez-Solana, *Madrid callejero, Obra literaria, II.* ▌ «...el hijo del Embajador de España que está chiflado por ti.» Francisco Herrera Luque, *En la casa del pez que escupe el agua,* 1985, RAE-CREA. ▌▰ «Me he enamorado, estoy chiflada por el vecino de arriba.»

chifladura *s.* demencia, locura.

«Se le ha metido la chifladura de la heroicidad en la chinostra...» Ignacio Aldecoa, *El fulgor y la sangre.* ✓ J. M.ª Iribarren en su *El porqué de los dichos* cita a Nicolás Estévanez, *Fragmentos de mis memorias,* sobre esta palabra: «El comandante Sanz [...] Había servido algún tiempo en Filipinas, y él fue quien nos importó la chifladura la enfermedad y el nombre [...] Él mismo confesaba no estar en su sano juicio.»|

chiflar *v.* gustar.

«Sí, también queso. ¡Camembert! A ella le chifla y a él no le va mal.» Mariano Tudela, *Últimas noches del corazón.* ▌ «Le chiflan las faldas...» Pgarcía, *El método Flower.* ▌ «...los aires de comandanta que se daba la gachí y le chiflaba meter cizaña y jalear a tía Victoria.» Eduardo Mendicutti, *El palomo cojo,* 1991, RAE-CREA. ▌ «A mí las manifestaciones siempre me han chiflado.» C. Pérez Merinero, *Días de guardar.* ▌ «...a quien siempre le ha chiflado lo teatral...» Cristóbal Zaragoza, *Y Dios en la última playa.* ▌ ▪ «No lo puedo remediar, chica, pero me chiflan los gordos.»

2. chiflarse *v.* enloquecer.

«Con el tiempo, Van der Vich se fue chiflando...» Eduardo Mendoza, *La verdad sobre el caso Savolta.*

chillón *adj.* de mal gusto.

«Macetas de cerámica chillona...» Soledad Puértolas, *Queda la noche,* 1989, RAE-CREA. ▌ «A ver, no, este amarillo está muy chillón...» J. L. Ramos Escobar, *El olor del popcorn,* 1993, RAE-CREA. ▌✓ DRAE: «fig. Aplícase a los colores demasiado vivos o mal combinados».|

chima *s.* cabeza.

«Chima. Cabeza.» S. ▌ «Chima: cabeza.» JV. ▌ «Chima. Cabeza, coco.» Ra. ▌ «Chima: cabeza.» JMO. ▌ ▪ «Me he dado un golpe en la chima que me he quedado atontado.» ▌✓ no se ha podido documentar fuera de diccionarios.|

2. vulva, órgano genital de la mujer.

«Le he tocado la chima a Encarna en el cine.» DCB.

china *s.* pedacito de hachís para un porro.

«...sacó una china de un bolsillo, la calentó y me pasó un cigarrillo.» Almudena Grandes, *Las edades de Lulú.* ▌ «...andaba como loca buscando dos talegos para fumarse una china de caballo.» Juan Madrid, *Crónicas del Madrid oscuro.* ▌ «Entonces fui a Malasaña y compré una china. No tuve ningún problema.» María Antonia Valls, *Tres*

relatos de diario. ▌ «...un grupo de mozalbetes que pasaban chinas.» Ernesto Parra, *Soy un extraño para ti.*

2. tocarle a uno la china *expr.* tener, cargar con la peor parte.

«...hubo tiros en la Puerta del Sol y ya ves, le tocó la china a una pobre mujer que vendía lotería...» Ignacio Aldecoa, *El fulgor y la sangre.* ▌ «Tocarle a alguien la china. Ser a él, entre varios, a quien ha correspondido una mala suerte.» MM. ▌ «¡Me ha tocado la china con estos...!» Mariano Sánchez, *La sonrisa del muerto.* ▌ ▪ «No sé como se las arreglan en esta empresa de mierda pero a mi siempre me toca la china. Siempre tengo que ir a hacer recados.» ▌✓ J. M.ª Iribarren explica muy bien el origen de esta expresión en un juego infantil con una china, piedra, negra, en su *El porqué de los dichos.*|

chinador *s.* navajero, el que acuchilla.

«No sé qué dirán los skinheads chinadores...» Raúl del Pozo, El Mundo, 7.8.99.

chinar *v.* cortar, herir.

«Chinar. Cortar, rajar.» LB. ▌ «Chinar. Cortar.» JGR. ▌ «Chinar se dice también a cortarse...» Juan Madrid, *Crónicas del Madrid oscuro.* ▌ ▪ «Al Tomás le han chinao la cara por chamullar más de la cuenta.»

¡chínchate! *excl.* ¡fastídiate!

«Tú lo has querido, así que ¡Chínchate!» MM. ▌ ▪ «Me ha tocado la lotería. ¡Chínchate!»

chinche *s.* persona pesada, molesta y reiterativa.

«...(un hombre sumamente pulcro y chinche que otorgaba gran importancia a la puntualidad de los almuerzos y las cenas)...» Álvaro Pombo, *Los delitos insignificantes.* ▌✓ DRAE: «com. fig. y fam. Persona chinchosa. Ú. t. c. adj.».|

2. morir (caer) como chinches *expr.* morir muchos.

«...mi mujer contrajo la terrible enfermedad [...] y así los habitantes de Gibraltar iban cayendo como chinches...» Gomaespuma, *Grandes disgustos de la historia de España.*

chinchorrero *s.* correveidile, metomentodo, chismoso.

«Lapieza salía en su defensa llamándole chinchorrero.» Gabriel García Badell, *Funeral por Francia,* 1975, RAE-CREA. ❙ «Ya está muerto el chinchorrero.» Augusto Roa Bastos, *Vigilia del almirante,* 1992, RAE-CREA. ❙ ➡ «La vecina es una chinchorrera que no para de llevar y traer cuentos.» ❙✔ DRAE: «adj. fig. y fam. Que se emplea en chismes y cuentos con impertinencia y pesadez».❙

chingada *s.* cópula; molestia, incordio.
«Octavio Paz se enfrentó en su hermoso libro *El laberinto de la soledad* a una palabra tabú en la cultura mexicana: la chingada.» J. M. Gómez, canción de Molotov, El Mundo, La luna del siglo XXI, 9.10.98.

chingado *adj.* estropeado, enfermo.
«Está muy chingado con la tos, se le oye desde un kilómetro.» Juan Marsé, *Si te dicen que caí.* ❙ «...como si fuera el Barón Rojo, chingao...!» Rafael Ramírez Heredia, *Al calor de campeche.* ❙➡ «La caja de cambios del coche está chingada.»

chingar *v.* popular.
«...pero es que hay gente que hace lo mismo en su casa: chinga a oscuras.» El Jueves, 11-17 febrero, 1998. ❙ «Hay quien usa corpiño pa chingar.» El Jueves, 8.4.98. ❙ «...la vamos a chingar...» José Raúl Bedoya, *La universidad del crimen.* ❙ «Molotov conjuga el verbo *chingar* con la misma intensidad con que los raperos norteamericanos escupen su *fuck*. El verbo en cuestión se puede traducir en dos sentidos que tiene el españolismo *joder*: su primer significado es *follar*, y el segundo, *molestar*.» J. M. Gómez, canción de Molotov, El Mundo, La luna del siglo XXI, 9.10.98. ❙ «...además de chingársela por todos los hoteles de Europa.» Pedro Casals, *Disparando cocaína.* ❙ «Chinga bien sin ver a quién.» ref. «...terminan en la redacción de una revista contando como chinga usted como una descosida con el jardinero...» J. Giménez-Arnau, *Cómo forrarse y flipar con la gente guapa.* ❙ «Mean Chingan.» Amelia Díe y Jos Martín, *Antología popular obscena.* ❙ «...adaptándose al papel de heroína dura que no teme que la chinguen, no sé nada, jolines...» Juan Marsé, *Si te dicen que caí.* ❙

«...cómo chingan todos, cabrona cabeza, cómo me duele...» Alejandro Morales, *La verdad sin voz,* 1979, RAE-CREA. ❙ «¿Sabes lo que te pasa a ti, Luis? [...] Que chingas poco.» Andreu Martín, *Prótesis.* ❙✔ «chingar, fornicar», Luis Besses, *Diccionario de argot español,* 1905.❙

2. molestar, incordiar.
«Molotov conjuga el verbo *chingar* con la misma intensidad con que los raperos norteamericanos escupen su *fuck*. El verbo en cuestión se puede traducir en dos sentidos que tiene el españolismo *joder*: su primer significado es *follar*, y el segundo, *molestar*.» J. M. Gómez, canción de Molotov, El Mundo, La luna del siglo XXI, 9.10.98. ❙ «Chingar: fastidiar.» Amelia Díe y Jos Martín, *Antología popular obscena.* ❙ «Me chingan los gringos.» DE. ❙➡ «Jaime me ha estado chingando todo el día con el asunto del dinero que le debo.» ❙✔ Es voz caló, incorporada por el castellano coloquial y presente en América, muy especialmente en México, Cela, según DE.❙

chingón *s.* copulador.
«...no tenemos por qué ser unos machos ininterrumpidos, chingones insomnes empeñados en demostrar nuestra masculinidad.» Juan Manuel de Prada, ABC, 8.5.98.

chinito *s.* persona de origen oriental.
«...desde entonces, todos los orientales de mirada oblicua son chinitos...» Ángel Palomino, *Todo incluido.* ❙ «Y enseña un reloj de Hong Kong... se trata de un modelo que los chinitos han vendido mucho en los cuarteles.» Miguel Martín, *Iros todos a hacer puñetas.* ❙ «Una vez tuve amores con una negra de Martinica, con una chinita que vino con un circo...» Jaime Campmany, ABC, 14.6.98.

***chino** cf. (afines) amarillo, chinorri.

chino *s.* ininteligible, incomprensible.
«Dale al yoga y al tai-chi. ¿Que te suena a chino?» Ragazza, junio, 1998. ❙ «Dejé de estudiar chino en el bachillerato... Prueba ahora en castellano.» Juan Madrid, *Las apariencias no engañan.* ❙ «Pero bueno, ¿es que hablo en chino?» Gomaespuma, *Grandes disgustos de la historia de España.* ❙ «...y

todo lo que me decía aquel hombre me sonaba a chino.» Cómic Jarabe, n.° 4, 1996. ∎ ▗ «Eso es chino para mí.»

2. restaurante chino.
«...me invitaba a comer, y nos fuimos a un chino.» Luis Camacho, *La cloaca.*

3. heroína.
«Sólo se ve a un conductor solitario fumándose un chino de heroína: un taxista.» Virginia Ródenas, ABC, 8.11.98. ∎ «Chino. Heroína inhalada tras ser quemada sobre un papel de plata.» Joseba Elola, *Diccionario de jerga juvenil.* ∎ «Heroína: caballo, nieve, blanca, pico, morfo, chino...» El Mundo, Magazine, 21.11.99.

4. engañar como a un chino *expr.* engañar.
«Nunca deben utilizarse palabras o frases que resulten ofensivas para una comunidad. Por ejemplo, *le hizo una judiada, le engañó como a un chino, eso es una gitanería.*» El País, *Libro de estilo.*

5. irse de chinos *expr.* ejercer la prostitución.
«...quiero que me protejas. —¿Pero si no te vas de chinos con los clientes, qué es lo que quieres, que sea tu manager?» El Gran Wyoming, *Te quiero personalmente.*

6. trabajo de chino *expr.* labor ardua, minuciosa y difícil.
«...un trabajo de chinos, pero lo conseguimos...» Ángel Palomino, *Todo incluido.* ∎ «Trabajo de chino. Trabajo de paciencia.» LB.

chinorri *s.* niño.
«...se acata como todas pero queda una chinorri casi fascinante...» Ángel Palomino, *Todo incluido.* ∎ «Achanta la muy, chinorri. Esta vez no vienes.» Rambla, n.° 3. ∎ «Lo conozco desde que era un chinorri.» Juan Madrid, *Flores, el gitano.*

2. chino, oriental.
«...estos chinorris no admiten propina.» Ángel Palomino, *Todo incluido.*

chinostra *s.* cabeza.
«Se le ha metido la chifladura de la heroicidad en la chinostra y cualquier día le da por organizar un batallón...» Ignacio Aldecoa, *El fulgor y la sangre.*

chipé ▸ *chipén.*

chipén *adj.* bueno, excelente.
«...las angulas tienen un aspecto de lo más chipén.» C. Pérez Merinero, *Días de guardar.* ∎ ▗ «Un restaurante chipén en una calle chipén.» ✓ del caló *chipé.*∎

chipendi lerendi *expr.* bueno, excelente, bien.
«...cuatro meses de vacaciones, [...] varios trienios, dos extraordinarias, vamos, de chipendi lerendi...» A. Zamora Vicente, *Mesa, sobremesa.* ∎ «...y hubieran visto canela fina, cosa de chipén.» José Gutiérrez-Solana, *Madrid, escenas y costumbres, Obra literaria, I.*

chipichí *s.* vulva, órgano genital de la mujer.
«La infanta doña Eulalia / se rascaba el chipichí con una dalia / La infanta doña Isabel / se rascaba el chipichí con un clavel.» Amelia Díe y Jos Martín, *Antología popular obscena.*

chipichusca *s.* prostituta.
«Esa chipichusca se llamaba Soledad Tiburcio y no sabemos más de ella...» Manuel Quinto, *Estigma.* ∎ ▗ «Petra dice que su hija es enfermera pero yo creo que es una chipichusca de burdel barato.»

chiquero *s.* cárcel.
«Yo no quiero volver al chiquero.» Película *Nunca fuimos ángeles.* ∎ ▗ «Ya sabes que si robas vuelves al chiquero.»

chiqueteo, ir de chiqueteo *expr.* ir de bares, a beber chiquitos.
«Pues vamos de chiqueteo.» Cristóbal Zaragoza, *Y Dios en la última playa.*

chiquichaca *s.* copulación.
«¿Por qué no hacéis el chiquichaca?» José María Amilibia, *Españoles todos.*

chiquilicuatre *s.* persona de poca importancia.
«Chiquilicuatre le llamaba.» Marisa López Soria, *Alegría de nadadoras.* ✓ DRAE: «m. fam. chisgarabís».∎

chiquitajo *s.* pequeño.
«...por algo la compañía es grande y el crucerista chiquitajo.» Álvaro de Laiglesia, *Hi-*

jos de Pu. ❚ ◾ «Como su mujer es muy pequeña pues le han salido los hijos chiquitajos.» ✓ como indica el sufijo, es peyorativo.❚

chiquitas, no andarse con chiquitas *expr.* no tener miramientos.

«...por tratarse de un amigo no nos andamos con chiquitas, nos vamos quedando con cosas de tu propiedad...» Ramón Escobar, *Negocios sucios y lucrativos de futuro.* ❚ «...y no se puede andar uno con chiquitas...» José M.ª Zabalza, *Letreros de retrete y otras zarandajas.* ❚ «¡Pues sí que me ando yo con chiquitas!» Fernando Repiso, *El incompetente.* ❚ «No te andas con chiquitas, ¿eh?» Pedro Casals, *Hagan juego.*

chiquitear *v.* beber, beber chiquitos.

«Ve usted que me los tomo a sorbitos, me los chiquiteo.» Jorge López Páez, *Doña Herlinda y su hijo y otros hijos,* 1993. ❚ ◾ «Los viernes los paso con los amigos, de bares, chiquiteando.»

chiquiteo *s.* acción de chiquitear.

«...es muy superior al de los vinos que llegan de Bilbao, elaborados especialmente para el chiquiteo...» Miguel Martín, *Iros todos a hacer puñetas.* ❚ «No tengo ganas de comer. Pues vamos de chiquiteo.» Cristóbal Zaragoza, *Y Dios en la última playa.*

chiquito *s.* vasito de vino.

«...ya que con mucha frecuencia se escuchan las acepciones de chato, chiquito...» José M.ª Zabalza, *Letreros de retrete y otras zarandajas.* ❚ «...charlan amistosamente mientras disfrutan de sus txiquitos.» Álex de la Iglesia, *Payasos en la lavadora.*

chiri *s.* agente de policía.

«Chiri. Munipa, pitufo, guindilla.» Ra. ❚ «Chiri. Policía municipal.» S. ❚ ◾ «Los chiris se han liado a palos con los huelguistas y han detenido a dos.» ✓ no se ha podido documentar fuera de diccionarios.❚

chirimbiquis *s. pl.* dados.

«Chirimbiquis: dados.» JMO. ❚ «Chirimbiqui. Juego de dados.» Ra. ❚ ◾ «Se pasa el día jugando a los chirimbiquis, a los dados.» ✓ no se ha podido documentar fuera de diccionarios.❚

chirimbolo *s.* vulva, órgano genital de la mujer.

«A la Mariloli / le ha pillado el toro / le ha metido el cuerno / por el chirimbolo.» Amelia Díe y Jos Martín, *Antología popular obscena.*

2. mobiliario urbano.

«Un recurso contra la cesión del mobiliario urbano, conocido como chirimbolos...» El Mundo, 18.3.99.

chirimoya *s.* cabeza.

«...andará mal de la chirimoya pero nos entierra a todos.» Miguel Ángel Rellán, *Crónica indecente de la muerte del cantor,* 1985, RAE-CREA. ❚ ◾ «¡Vaya golpe que me he dado en la chirimoya!»

chiringo ▸ *chiringuito.*

chiringuito *s.* bar, taberna al aire libre.

«Todo el local era lo que llaman en Cataluña, con mucha propiedad, un chiringuito.» Álvaro de Laiglesia, *Hijos de Pu.* ❚ ◾ «A Pedro se le ve mucho por los chiringuitos de moda de Madrid.» ✓ al aire libre.❚

chirivitas, ver chirivitas *expr.* marearse, perder el conocimiento.

«...y veo tantas chirivitas que me distraigo y no puedo pensar.» Luis Landero, *Juegos de la edad tardía,* 1989, RAE-CREA. ❚ ◾ «Veo chirivitas del golpe que me he dado contra la pared, tío.»

chirla *s.* vulva, órgano genital de la mujer.
«Chirla: genitales femeninos.» JMO. ❚ «Chirla. Coño.» VL. ❚ «La chirla. Aparato genital femenino.» JV. ❚ «Chirla. Órganos genitales femeninos.» S. ❚ ◾ «Esa tía huele mal, seguro que no se lava la chirla.» ✓ no se ha podido documentar fuera de diccionarios.❚

2. navaja.

«Chirla: Navaja, cuchillo, objeto punzante.» JV. ❚ «Chirla. Navaja.» VL. ❚ «Chirla: navaja o cuchillo.» JMO. ❚ «Chirla. Navaja.» S. ✓ no se ha podido documentar fuera de diccionarios.❚

chirlar *v.* apuñalar, acuchillar.

«Chirlar: herir con cuchillo o navaja.» JMO. ❚ «Chirlar. Atracar, robar con navaja.» VL. ❚ «Chirlar. Pinchar, acuchillar, apuñalar.» Ra. ❚ «Chirlar. Efectuar un robo armado con una navaja.» S. ❙ «Chirlar: apuñalar, acuchillar.» JV. ✔ no se ha podido documentar fuera de diccionarios.❙

chirlata *s.* prostituta.

«...verle en atavío de mozo de mulas o de menda de chirlata...» Ramón Ayerra, *La lucha inútil,* 1984, RAE-CREA. ❙ ◼ «Una chirlata es una puta barata.»

chirlo *s.* bulto, golpe en la cabeza.

«...marcado por un chirlo en la mejilla.» Carlos Rojas, *El ingenioso hidalgo y poeta Federico García Lorca,* 1980, RAE-CREA. ❙ «El hombre cuyo rostro cruzaba un chirlo dio un manotazo...» Eduardo Mendoza, *La verdad sobre el caso Savolta.* ✔ el DRAE lo define como germanía: «golpe que se da a otro».❙

2. cuchillada, navajazo.

«...la rancia costumbre popular española de tirar de navaja, sacar la faca, el *bardeo* o la *churi* y tirarse unos *chirlos*...» Luis Antonio de Villena, *La faca,* El Mundo, 18.10.98.

chirona *s.* cárcel.

«...y que a punto estuvo de acabar en chirona, acusado de falta de colaboración...» Antonio J. Gómez Montejano, *Las doce en punto y sereno.* ❙ «Y aunque me metieron en chirona, él me tiene entre ceja y ceja...» Elena Quiroga, *Escribo tu nombre,* 1965, RAE-CREA. ❙ «...aparece la chica embarazada, el mafioso en chirona...» Juan Bonilla, El Mundo, 7.3.98. ❙ «Sí [...] cuando tú estabas en chirona...» A. Zamora Vicente, *Historias de viva voz.* ❙ «Han metido al Rafi otra vez en chirona.» A. Matías Guiu, *Cómo engañar a Hacienda.* ❙ «Trullo. Prevención, corrección, calabozo, chirona, saco.» Rafael García Serrano, *Diccionario para un macuto.* ❙ «Yo vengo de Madrid a defender a esos chicos y a meter en chirona al asesino.» Lourdes Ortiz, *Picadura mortal.* ❙ «Pero despertaba en chirona, bajo las barbas infectas del carcelero.» Pau Faner, *Flor de sal.* ✔ DRAE: «f. fam. cárcel de presos. Ú. con la prep. en y sin artículo en las frs. *meter,* o *estar, en chirona*».❙

chisgarabís *s.* persona entremetida de poco juicio.

«...qué calzonazos, unos chisgarabís de la cabeza a los pies...» Ramón Ayerra, *Los ratones colorados.*

chisme *s.* algo no especificado.

«...diciendo que la próstata era un chisme mal inventado...» Luciano G. Egido, *El corazón inmóvil,* 1995, RAE-CREA. ❙ ◼ «No quiero que compres más chismes para la casa que luego no sabemos dónde meterlos.»

2. habladuría, rumor.

«...no te rías de mí, corsito, que aquí un chisme de mujer puede derribar un imperio.» Luis Ricardo Alonso, *El supremísimo,* 1981, RAE-CREA. ❙ «...como quien se prepara para oír un chisme...» Luis Britto García, *La misa del esclavo,* 1980, RAE-CREA. ✔ DRAE: «m. Noticia verdadera o falsa, o comentario con que generalmente se pretende indisponer a unas personas con otras o se murmura de alguna».❙

3. pene.

«Chisme. Pija.» DS. ❙ «Chisme. Picha.» VL. ❙ «Se pilló el chisme con la cremallera.» JM. ❙ «El chisme: genitales masculinos o femeninos.» JMO. ✔ no se ha podido documentar fuera de diccionarios.❙

4. vulva, órgano genital de la mujer.

«El chisme: genitales masculinos o femeninos.» JMO. ❙ «Chisme. 2. Coño.» DS. ❙ «Le hizo daño el tocólogo cuando le metió los dedos por el chisme.» JM. ❙ «Chisme. Coño.» VL. ✔ no se ha podido documentar fuera de diccionarios.❙

5. chismes *s. pl.* testículos.

«Testículos, bolas, canicas, cataplines, chismes, colgajos, criadillas, huevamen, pelés, pelotas, péndulos, pesas.» José M.ª Zabalza, *Letreros de retrete y otras zarandajas.*

chismorrear *v.* murmurar, contar chismes.

«...tipas empingorotadas que habían estado chismorreando...» Esther Tusquets, *El mismo mar de todos los veranos,* 1978, RAE-CREA. ❙ «Dos señoras estaban chismorreando...» Eduardo Mendicutti, *El palomo cojo,* 1991, RAE-CREA. ✔ DRAE: «intr. Contarse chismes mutuamente varias personas».❙

*chismoso cf. (afines) bocazas, chinchorrero, chismoso, correveidile, cotilla, liante, lioso, portera, voceras.

chismoso *s.* murmurador, cerreveidile.

«Si yo fuese un chismoso vulgar...» Juan Pedro Aparicio, *Lo que es del César,* 1981, RAE-CREA. ▮ «¿No irás tú, como un chismoso, por ahí hablando de lo que hacemos...?» Ignacio Amestoy, *Gernika, un grito, 1937,* 1995, RAE-CREA. ✔ DRAE: «adj. Que chismea o es dado a chismear. Ú. t. c. s.».▮

chispa *adj. y s.* ebrio, borrachera.

«Chispa. Coger una chispa. Embriagarse.» LB. ▮ «Si a un individuo se le tacha de borracho ya existe intención despectiva en la expresión; no es lo mismo que decir alumbrado, bebido, alegre, chispa...» Ángel Palomino, *Insultos, cortes e impertinencias.* ▮ «Chispa. Dicen que tiene el que está borracho, beodo.» IND. ▮▪ «No bebas más que ya estás chispa.»

2. *s.* una pizca, un poquito.

«...una chispa de ingenio...» Fernando del Paso, *Palinuro de México,* 1977, RAE-CREA. ▮ «...una chispa distraída...» Tomás Eloy Martínez, *Santa Evita,* 1995, RAE-CREA. ▮ ▪ «Creo que se te ha ido la mano una chispa con la sal.»

3. electricista.

«Chispa(s). Electricista.» VL. ▮ «El chispa ya está al llegar y enseguida pone la luz.» CO, Sr. Cabello. ✔ también *chispas.*▮

4. echar (sacar) chispas *expr.* enfadado, estar enojado.

«...le ha dicho que no y el cubano está que echa chispas.» Juan Madrid, *Las apariencias no engañan.* ▮ «Me bajé del coche echando chispas...» C. Rico-Godoy, *Cuernos de mujer.* ▮ «Cómo va a estar, echando chispas.» Juan Madrid, *Crónicas del Madrid oscuro.* ▮ «Debe estar sacando chispas porque es un imbécil y...» Andreu Martín, *El señor Capone no está en casa.* ▮▪ «Jaime echa chispas otra vez por lo de la deuda.»

chisparse *v.* embriagarse.

«¿Y quieres chisparte ya? Es que yo no me chispo tan fácil. [...] Venga, pon otro vaso.» Ángel María de Lera, *Los clarines del miedo.*

chispazo *s.* un poco de licor.

«...puso en el vaso un culín de ginebra, lo que se dice un chispazo...» Ramón Ayerra, *Los ratones colorados.*

chiste, chiste verde *s.* chiste obsceno.

«El Partido de los Verdes se desmarca de estas acciones citando un chiste verde, que no vamos a explicar...» Manda Güebos, El Jueves, n.º 1083. ▮ «...hablan por los codos, sonríen, cuentan chistes verdes y políticos...» Carlos Zeda, *Historias de Benidorm.* ▮ «Con los amigos de la oficina uno se ríe, cuenta chistes verdes, explica conquistas falsas...» A. Matías Guiu, *Cómo engañar a Hacienda.* ▮ «...algunos sabían qué era un chiste verde...» Fernando Lázaro Carreter, *El dardo en la palabra.*

2. chiste viejo *s.* historia, chiste muy conocido.

«...igual que si se tratara de un chiste viejo...» Juan Marsé, *Últimas tardes con Teresa,* 1966, RAE-CREA. ▮ ▪ «Pedro siempre cuenta chistes viejos, ya conocidos por todos.»

chistero *s.* persona que cuenta chistes.

«Chistero: artista de variedades que cuenta chistes en un espectáculo.» JMO. ▮ «En ese cafetín tienen bailarinas y un chistero.» DCB. ✔ no se ha podido documentar fuera de diccionarios.▮

chistorra *s.* pene.

«...en posición de decúbito prono —o porno— totalmente en bolas y con la chistorra en trance de ser devorada.» A. Ussía, *Tratado de las buenas maneras.*

chita, a la chita callando *expr.* secretamente, disimuladamente.

«Yo creo que Ana Botella, a la chita callando, está haciendo bastante más por la promoción política de las maromas que lo que hizo Carmen Romero.» Jaime Campmany, ABC, 24.1.99. ▮ «Lourdes, hija, tú siempre oyéndonos, ahí a la chita callando...» A. Zamora Vicente, *Mesa, sobremesa.* ▮ «...el hijo del Borreguero, quien, a la chita callando, vino a dar con un manojo de billetes...» J. L. Castillo-Puche, *Hicieron partes.* ▮ «A la chita callando. En secreto.» LB. ▮ «¡Como estos tíos se lo montan todo a la chita callando!» Miguel Martín, *Iros todos a hacer puñetas.* ▮ «...que sólo aspira a tener el riñón cubierto, y a la chita callando intenta atizar...» José M.ª Zabalza, *Letreros de retrete y otras zarandajas.* ▌ «Bribón, pícaro, chupa-sangre a la chita callando.» R. Montero, *Diccionario de nuevos insultos...* ▌ «...empezó a llorar a la chita callando...» Juan Marsé, *Si te dicen que caí.* ✓ en *El porqué de los dichos,* José M.ª Iribarren dice: «La frase —dice Ro-dríguez Marín en *Cantos populares españo-les*—, debe de haberse originado del juego de las chitas. Chita era la taba con que ju-gaban los chicos de otras épocas.»▌

chitón *adv.* silencio, a callar.

«Tiene pasta... eso se dice, porque él, chi-tón.» Juan Madrid, *Las apariencias no enga-ñan.* ▌ «Usted es un súbdito y, por lo tanto, ¡chitón!» Fernando Repiso, *El incompetente.* ▌ «...cómo se meaban del susto los pantalo-nes al decirles chitón...» Juan Marsé, *Si te dicen que caí.* ▌ «Mi padre fue el primero en descubrirlos y dijo ¡chitón!» B. Pérez Aran-da *et al., La ex siempre llama dos veces.* ▌ ▞ «¡Chitón! ¡No hables, que oigo un ruido!»

chiva, estar como una chiva *expr.* de-mente, loco.

«...comprendí que estaba como una chi-va.» R. Humberto Moreno-Durán, *El toque de Diana,* 1981, RAE-CREA. ▌ «Y... o está como una chiva o es un tesoro...» M. Ro-mero Esteo, *El vodevil de la pálida, pálida, pá-lida rosa,* 1979, RAE-CREA. ▌ ▞ «Las cosas raras que hace Rodrigo demuestran que está como una chiva, el pobre.»

*chivarse cf. (afines) berrear, cantar, dar el *bocinazo, desembuchar, irse de la *muy, piar, soplar.

chivata *s.* chivato, informador, delator.

«No es buen oficio el de chivato...» Lour-des Ortiz, *Picadura mortal.* ▌ «No alardees en público de haberle engañado (hay chivatos en todas partes).» Fernando Martín, *Cómo aprobar todo sin dar ni chapa.* ▌ ▞ «El chivata de tu primo nos metió en un buen lío con la poli.» ✓ *chivata* o *chivato.*▌

2. linterna.

«Chivata. Linterna.» JGR. ▌ ▞ «La poli les pescó con una pusca y una chivata.»

chivatar *v.* chivarse, informar, delatar.

«...ese tipo que nos atendió sospecha y presiento que nos va a chivatar.» José Raúl Bedoya, *La universidad del crimen.*

chivatazo *s.* acción de delatar.

«Pero esto de los chivatazos al por mayor y de las delaciones de fraudes...» El Jueves, 21-28 enero, 1998. ▌ «En cuanto a los chi-vatazos, todo el mundo dice conocer ca-sos...» Fernando Martín, *Cómo aprobar todo sin dar ni chapa.* ▌ «Claro que nunca se nos ocurrió que las niñas siempre lo sabían y que a lo mejor el chivatazo iba por ahí.» B. Pérez Aranda *et al., La ex siempre llama dos veces.*

chivatero *s.* chivato, delator.

«...asegurándome de que no hay ojos chi-vateros por el horizonte...» Ramón Esco-bar, *Negocios sucios y lucrativos de futuro.*

*chivato cf. (afines) ▶ *delator.*

chivato *s.* en el taxi, piloto verde que in-dica disponibilidad.

«Con un chivato así era como seguir a un taxi libre.» Ernesto Parra, *Soy un extraño para ti.* ▌ ▞ «Ese taxi lleva el chivato encen-dido, dale el alto.»

2. informador, delator.

3. alarma acústica.

«Chivato: Sistema acústico de alarma de comercios, viviendas, vehículos, etc.» JGR. ▌ ▞ «Trataron de forzar la puerta de la tien-da pero saltó el chivato.»

chocar esos cinco ▶ *cinco, chocar esos cinco.*

chocar la pala ▶ *pala, chocar la pala.*

chocarla *v.* estrechar la mano.

«Chóquela, amigo.» M. Vázquez Montal-bán, *La rosa de Alejandría.* ▌ ▞ «Chócala, Pe-dro. ¿Cómo estás?»

chocha *s.* vulva, órgano genital de la mujer.

«La chocha: órganos sexuales femeninos.» JV. ▌ «Chocha: vulva.» JMO. ▌ «Chocha. Pa-rrús, chumino. Órganos sexuales femeni-nos.» Ra. ▌ ▞ «¡Mujer, no te rasques la cho-cha delante de todo el mundo!» ✓ no se ha podido documentar fuera de diccionarios.▌

chocheras *s.* senil, anciano.

«La edad puede ser motivo de insulto: fó-sil, momia [...] pureta, vejestorio, carcamal, carroza, carrozón, viejales... viejo chocho, chocheras [...] abuelete...» AI. ▌▪■ «El director del banco es un viejo chocheras.»

chochete *s.* mujer joven.

«Chochete: jovencita.» JV. ▌ «Chochete. Chavala.» VL. ▌ «Chochete: muchacha.» JMO. ▌▪■ «Es un chochete la que sirve las copas.» ▐✔ no se ha podido documentar fuera de diccionarios.▐

2. vulva, órgano genital de la mujer.

«Yo, con mi chochete...» C. Pérez Merinero, *Días de guardar.* ▌▪■ «La tía tenía el chochete mojado y peludo.»

chochín *s.* vulva, órgano genital de la mujer.

«¿Y qué, majete, te crees que voy a dar el chochín por un miserable arete?» R. Montero, *Diccionario de nuevos insultos...*

chocho *adj.* senil.

«¡Qué chocha resultó la marquesota!» Terenci Moix, *Garras de astracán.* ▌▪■ «El padre de Cristina está chocho.» ▐✔ DRAE: «adj. Que chochea».▐

2. *s.* vulva, órgano sexual de la mujer.

«Ya me suda el chocho con tanto lloro...» Manuel Quinto, *Estigma.* ▌«Un contador de chistes verdes, por ejemplo, al coño le llama chocho. ¡Vaya cursilería!» Carmen Rigalt, El Mundo, 31.1.98. ▌«Por lo de las tetas ya transige mi madre. Es por lo del chocho lo que la pone a parir.» Terenci Moix, *Garras de astracán.* ▌«...se llama Maricarmen, sabes, a la que le había dedicado una canción diciendo que cómo le encantaría follársela y comerle el chocho, aunque huele a pescado...» José Ángel Mañas, *Historias del Kronen.* ▌«...aquella mujer se le antojaba una mandona [...] así que volvió a meterle el calzador en el chocho [...] dando velocidad a su muñeca para que la señora se corriese...» Manuel Hidalgo, *El pecador impecable.* ▌«Y luego te voy a comer el chocho en 33 posturas diferentes.» Rambla, n.° 24. ▌«Chocho. Partes genitales de la mujer.» LB. ▌«...al personal se le hace el pito gaseosa, y el chocho litines...» Manuel Hidalgo, *Azucena, que juega al tenis.* ▌«¡Vaya chocho baboso!» SM Comix, n.° 29. ▌«Me acerco a la tía, la trinco bien trincada y comienzo a darle con la sin hueso en todo el chocho.» C. Pérez Merinero, *Días de guardar.* ▐✔ el DRAE dice: «en el uso vulgar de algunas regiones, vulva». Leandro Fernández de Moratín, *El desafío del carajo y el chocho,* de 1821: «Escuchando del chocho las razones, / con la punta besando los cojones.» ▶ C. J. Cela, Revista de Occidente, Tercera época, n.° 4.▐

3. comer el chocho *expr.* hacer sexo oral a la mujer, cunnilingus.

«En la tele hay una escena de lesbianas: una rubia se está dejando comer el chocho por una morena.» José Ángel Mañas, *Historias del Kronen.*

chocholoco *s.* mujer tarambana.

«Trate a todas las conductoras de zorra [...] Añada chocholoco para introducir una nota más humana.» P. Antilogus, J. L. Festjens, *Anti-guía de los conductores.* ▌«...y eché un ojo alrededor para ver si había algún chocho loco que me petase.» C. Pérez Merinero, *La mano armada.* ▌▪■ «La nueva directora es un chocholoco, la pobre.»

chochona *s.* homosexual amanerado.

«Cuéntale tus penas a la chochona...» El Mundo, La Luna del siglo XXI, n.° 11, 18.12.98. ▌«Con bastante mala suerte, por cierto, porque una de las manitas de la chochona acierta de lleno en mi ojo izquierdo.» Álex de la Iglesia, *Payasos en la lavadora.* ▌▪■«El nuevo empleado es una chochona de mucho cuidado.»

chochotriste *s.* mujer sin aliciente, triste.

«Chochotriste: Mujer sosa, desaboría.» VL. ▌▪■ «Manuela es un chochotriste, más sosa la pobre.» ▐✔ no se ha podido documentar fuera de diccionarios.▐

chochuelo *s.* vulva, órgano genital de la mujer.

«Se ha llenado de sangre / todo el chochuelo /» Amelia Díe y Jos Martín, *Antología popular obscena.* ▐✔ ▶ chocho.▐

chocolate *s.* hachís.

«Chocolate: achís.» Manuel Giménez, *Antología del timo.* ▌«El chocolate lo pasa en la placita de Suchil.» Ernesto Parra, *Soy un extraño para ti.* ▌«el *costo,* el chocolate o *tate,* la *mandanga* o el *fumo* designan el hachís...» Fernando Lázaro Carreter, *El dardo en la pa-*

labra. ▌ «...ni tripis, ni anfetas; un porro a veces, que el chocolate es sano, te relaja...» José Luis Martín Vigil, *Los niños bandidos.*

chocolatero *s.* drogadicto.
«Chocolatero: Drogadicto.» Ángel Palomino, *Insultos, cortes e impertinencias.*

chocolatina *s.* moneda de cien pesetas.
«...por tan sólo un par de chocolatinas —monedas de veinte duros...» J. Giménez-Arnau, *Cómo forrarse y flipar con la gente guapa.*

chola *s.* cabeza.
«Ni se le pasó por la chola que no las volvería a ver...» A. Zamora Vicente, *Mesa, sobremesa.* ▌ «Déjalo. Está aviado. Se ha dejado la chola en el cristal.» Fernando Martínez Laínez, *La intentona del dragón.* ▌ «...arrear una respetuosa coz a la chola del tipo cada vez que intentaba flotar y asomaba la gaita...» Ramón Ayerra, *Los ratones colorados.* ▌ «...que se les metió en la chola el carácter sagrado del viajero...» Ramón Ayerra, *Los ratones colorados.*

2. inteligencia, juicio.
«Se me ocurrió a mí. A mi chola.» El Jueves, 13.5.98. ▌▪ «Pregúntale al vecino del cuarto, don Simón, que tiene mucha chola y seguro que lo sabe.»

3. mal de la chola *expr.* loco.
«Ese pata estaba mal de la chola.» José Ángel Mañas, *Sonko95.*

chollo *s.* suerte.
«...total, que le pedí dos mil pelas mensuales y cinco mil por aprobado, menudo chollo...» Ángel Palomino, *Las otras violaciones.* ▌▪ «Trabajo poco y me pagan bien, es un chollo este empleo.»

2. ganga.
«...la capa [...] es un chollo...» Ignacio Fontes, *Acto de amor y otros esfuerzos.* ▌ «¡Por fin has encontrado el chollo que buscabas!» You, enero, 1998. ▌ «...menudo chollo...» Ramón Ayerra, *Los ratones colorados.* ▌✓ DRAE: «m. fam. ganga, cosa apreciable que se adquiere a poca costa o con poco trabajo».▌

chorbito *s.* persona joven.
«¿Te acuerdas del chorbito que escribía...» Terenci Moix, *Garras de astracán.*

chorbo *s.* persona joven.
«...un chorbo se quedó en porretas junto a la fuente.» Jaime Campmany, ABC, 3.1.98. ▌ «O sea, las tetas de esta chorba te ponen cachondo.» C. Rico-Godoy, *Cómo ser una mujer y no morir en el intento.* ▌ «...y se encontraba al marido en la cama con otra chorba.» Jaime Campmany, ABC, 1.2.98. ▌ «Ya no el efebo ideal, pero todavía un chorbito pasable.» Terenci Moix, *Garras de astracán.* ▌ «Y el chorvo insiste...» M. Vázquez Montalbán, *La rosa de Alejandría*

chori *s.* ladrón.
«...gente del trile, consortes que actuaban de primos en el timo, tontos, choris de poca monta, atracas de recortada...» Raúl del Pozo, *Noche de tahúres.* ✓ también *choro.*▌

choricear *v.* robar.
«Choricear: hurtar, robar, sustraer.» JV. ▌ «Choricear: chorizar.» JMO. ▌ «Choricear. Levantar, chorar, sustraer, robar, desvalijar.» Ra. ▌ «Ha choriceao un jamón de jabugo, cosa buena de verdá.» DCB. ✓ no se ha podido documentar fuera de diccionarios.▌

choriceo *s.* acción de choricear, robar.
«...todo el choriceo que se les atribuya parece en ellos cosa de costumbre.» Jaime Campmany, ABC, 9.10.99. ▌ «Dicho sea en honor de la verdad y a fin de hacer justicia, a esto del choriceo no le tenía demasiada afición.» Francisco Candel, *Donde la ciudad cambia su nombre.* ▌ «Insisto en que no veo qué pinta un caso de presunto choriceo en una revista tan seria...» M. Vázquez Montalbán, *La historia es como nos la merecemos.*

choricero *s.* ladrón.
«...sólo que la María Kodana de Roldán nos salió asímismo choricera...» Francisco Umbral, El Mundo, 28.2.98. ▌▪ «No se le puede confiar dinero ni nada a Jaime porque es un choricero de mierda, el tío.» ✓ para el DRAE una choricera es *máquina de hacer chorizos.*▌

chorizar *v.* robar.
«También tenía afición a chorizar alguna cosa.» Francisco Candel, *Donde la ciudad cambia su nombre.* ▌ «...y no daba tiempo a

que nadie tuviera la tentación de chorizar algo en el supermercado.» El Jueves, 6-12 octubre, 1993. ▌«Cuernos. La herencia. Chorizarle el negocio. Otra mujer...» Pedro Casals, *La jeringuilla.*

chorizo *s.* ladrón.

«Tenía que robarme el móvil un chorizo con la familia en Perú.» El Jueves, 21-28 enero, 1998. ▌«...había robado, era un chorizo y me esperaba la cárcel.» Jesús Cacho, *M. C. un intruso en el laberinto de los elegidos.* ▌«...tenía, además, un hermano chorizo y otro carterista.» Francisco Candel, *Donde la ciudad cambia su nombre.* ▌«En los buenos tiempos [...] ese chorizo estaría ya en la trena.» Fernando Martínez Laínez, *La intentona del dragón.* ▌«Si fuera un choricillo sin importancia, nadie le diría nada...» Juan Madrid, *Flores, el gitano.* ▌«...pululan verdaderas hordas de rateros, ladrones, chorizos, peristas, sañeros, palquistas y chulos capaces de tirar de cabritera por un quítame allá esas pajas...» Isidro, ABC, 10.4.56. ▌«Yo no he dicho que seas un chorizo.» Álvaro Pombo, *Los delitos insignificantes.* ▌«Por lo visto los chorizos que lo guindaron, lo emplearon en el atraco a una sucursal bancaria...» Ernesto Parra, *Soy un extraño para ti.* ▌«Ése es un chorizo. Cuidado con la cartera.» Pedro Casals, *Disparando cocaína.* ▐ el *Libro de estilo*, El País, dice: «Chorizo. No se debe emplear como equivalente de *ratero, descuidero* o ladronzuelo.»▌

2. excremento alargado.

«Mierda, excremento, caca, catalina, chorizo, ñorda, plasta, jiña, polisón.» José M.ª Zabalza, *Letreros de retrete y otras zarandajas.* ▌«Caca, cagada, catalina, chorizo, mierda, ñorda, plasta.» JM. ▌▞«Límpiate las suelas de los zapatos porque creo que has pisado un chorizo de persona.»

3. pene.

«Pene. Denominación de parte del sexo masculino, que con más vulgaridad se denomina [...] chorizo, churro, chorra, chuzo, cimbel, minga, minina, nabo, pilila, pija, pistola, pluma, polla, porra, verga, etcétera...» José M.ª Zabalza, *Letreros de retrete y otras zarandajas.* ▌▞«Elías se sacó un chorizo enrojecido y se lo metió a la chorba de

un sólo meneo.» ▐ en el *Diccionario secreto* de Cela se registra como «met. formal (la pija semeja un chorizo)».▌

4. persona indeseable.

«...estoy harto de todas las chorizas que vienen aquí a acostarse conmigo...» Francisco Umbral, *El Giocondo.* ▌«...hasta las choricillas que Clinton se cruza por los pasillos de la Casa Blanca...» El Mundo, 5.2.98. ▌«...la muy choriza se siente en condiciones de hacer una carrera como la de Juana...» Francisco Umbral, *Madrid 650.* ▌«...cógelo, coño, chorizo, no me hagas quedar en evidencia...» M. Vázquez Montalbán, *Los alegres muchachos de Atzavara.*

chorlito *s.* cliente de prostituta.

«Chorlito. Persona que frecuenta la prostitución.» Ra. ▌«Chorlito: cliente de prostituta.» JMO. ▌«Chorlito. Cliente de prostituta.» VL. ▌«Me cayó un chorlito algo enrevesadillo.» JM. ▌«Chorlito. Cliente de una prostituta.» S. ▌▞«Me cayó un chorlito anoche que quería que me dejase dar por el culo, chica.» ▐ no se ha podido documentar fuera de diccionarios.▌

2. bobo, necio, torpe.

«¿Cómo es posible que todavía caigan como chorlitos ante tamaña burrada?» Ramón Escobar, *Negocios sucios y lucrativos de futuro.* ▌▞«Le engañarán porque es un chorlito.» ▐ ▶ *cabeza, cabeza de chorlito.*▌

3. cabeza de chorlito ▶ *cabeza, cabeza de chorlito.*

choro *s.* ladrón.

«Puedo hacerte una lista de todos los choros que van a cada bar de este distrito...» Juan Madrid, *Turno de noche.* ▌«Choro: Ladrón.» Ángel Palomino, *Insultos, cortes e impertinencias.* ▐ ▶ *chori.*▌

chorra *adj.* y *s.* bobo, necio, torpe.

«Lo fácil sería hacer una historia chorra, trufada de chistes...» El Jueves, 21-28 enero, 1998. ▌«...los locutores chorra que no saben en qué emplear su tiempo.» Mala impresión, revista de humor con caspa, n.º 1. ▌«...como me repetía, en esas contestaciones tan chorras...» A. Zamora Vicente, *Mesa, sobremesa.* ▌«Es un chorras pero contesta...» A. Zamora Vicente, *Mesa, sobreme-*

sa. ▌ «Bautizar con nombres largos y chorras...» El Jueves, 6-12 octubre, 1993. ▌ «Conversación chorra compuesta de monosílabos.» María Antonia Valls, *Para qué sirve un marido.* ▌ «A simple vista parece la típica serie chorra de familias, pero tiene un trasfondo...» A las barricadas, 1-7 junio, 1998. ▌ «Si hubieses visto la página 109 [...] no me harías preguntas tan chorras!» Metal Hurlant, 1981. ▌ «La muy chorra se cree que me interesa la chatarra...» C. Pérez Merinero, *Días de guardar.* ▌ «...no hagas el chorra y a lo tuyo...» Ramón Ayerra, *Los ratones colorados.* ▌ «...ese asesor del Presidente, un chorra y un resentido...» Juan Luis Cebrián, *La rusa.*

2. pene.

«La chorra es como un abanico, cuanto más la agitas más te gusta.» R. Gómez de Parada, *La universidad me mata.* ▌ «Pene. Denominación de parte del sexo masculino, que con más vulgaridad se denomina [...] chorizo, churro, chorra, chuzo, cimbel, minga, minina, nabo, pilila, pija, pistola, pluma, polla, porra, verga, etcétera...» José M.ª Zabalza, *Letreros de retrete y otras zarandajas.* ▌ «...con mucho alarde, tiraron de chorra y mearon a la que hacía estriptis...» Ramón Ayerra, *Los ratones colorados.* ▌ «El gitano se sacó la chorra y se la enseñó a los guardias que miraban atónitos.» ✓ C. J. Cela dice en su *Diccionario secreto*: «Prob. aféresis de pichorra...» y cita esta copla: «Mientras tú estás en la cama / con las teticas calientes, / yo estoy bajo tu ventana / con la chorra hasta los dientes», en su DE.▌

chorrada *s.* bobada, tontería, sandez.

«...en cuanto se aplican a la política, chorrada va chorrada viene...» A. Zamora Vicente, *Mesa, sobremesa.* ▌ «Bueno, pues quedamos mañana los cuatro para la chorrada ésta.» R. Gómez de Parada, *La universidad me mata.* ▌ «¡Qué chorradas se te ocurren, mamá!» María Teresa Campos, *Cómo librarse de los hijos antes de que sea demasiado tarde.* ▌ «Que la radio pública esté soltando chorradas mientras las demás se adelantan...» Jaime Romo, *Un cubo lleno de cangrejos.* ▌ «Cada vez que me pegan un corte es por una chorrada...» You, enero, 1998. ▌ «...Carola, la más gamberra— haciendo el ganso para que se rieran de sus chorradas...» Ragazza, julio, 1997. ▌ «No se lo conté a nadie porque a mí me parecía una chorrada.» Ragazza, n.° 101.

2. chorradas *s. pl.* ¡bobadas!, ¡tonterías!

«...llega la mujer y pregunta chorradas...» A. Zamora Vicente, *Historias de viva voz.* ▌ «¡No te preocupas más que de comprar chorradas!» Ladislao de Arriba, *Cómo sobrevivir en un chalé adosado.* ▌ «Chorradas; sé que el hijo pequeño era un tarambana...» Lourdes Ortiz, *Picadura mortal.* ▌ «Nada, no sé nada de nada. ¡Chorradas!» José Hierro, El Mundo, Magazine, 14.11.99.

3. decir (hacer) chorradas *expr.* decir (hacer) bobadas.

«...nos conminó a que dejásemos de decir chorradas...» Lucía Etxebarría, *Beatriz y los cuerpos celestes.* ▌ «Este André, siempre diciendo chorradas...» Metal Hurlant, 1981. ▌ «Pobre Melisa, se pasa la vida haciendo chorradas...» C. Rico-Godoy, *Cómo ser infeliz y disfrutarlo.* ▌ «No digas chorradas.» M. Vázquez Montalbán, *Los alegres muchachos de Atzavara.* ▌■ «¡Habla en serio y deja de decir chorradas!»

chorrear *v.* hacer o decir chorradas.

«No creo que le guste chorrear a personas mayores delante de un niño.» Miguel Martín, *Iros todos a hacer puñetas.*

chorro, como los chorros del oro *expr.* muy limpio y reluciente.

«Si tengo una virtud, ésa es la de ser un tío más limpio que los chorros del oro, si es que no son unos palurdos y saben lo que es un chorro del oro.» C. Pérez Merinero, *Días de guardar.*

chorvo *s.* hombre joven, amigo.

«Chorvo. El que acompaña a una jai.» Francisco Umbral, *Diccionario cheli.* ▌ «Ese chorvo, para que te enteres, ya ha firmado que ella lo montó todo...» M. Vázquez Montalbán, *El delantero centro fue asesinado al atardecer.* ▌ «...no la llevó a cenar donde estaba su antiguo lío, un chorvo de aquí te espero...» Ramón Ayerra, *Los ratones colorados.* ✓ también, y más empleado, ▶ *chorbo.*▌

chota s. chivato, informador, confidente. «...pues los chotas y algunos boquis...» Eleuterio Sánchez, *Camina o revienta.* ▌«Porque van a confundirlo con la chota...» José Raúl Bedoya, *La universidad del crimen.* ▌ ▪ «Pérez es un chota que se lo cuenta todo al jefe, que es un hijoputa.» ✓ ▶ choto.▌

2. cabeza.

«Pero no, empezamos a darle a la chota y lo que es tan sencillito se complica de cojones.» C. Pérez Merinero, *Días de guardar.*

3. estar como una chota *expr.* demente, loco.

«Está chota, chota perdido.» M. Vázquez Montalbán, *La rosa de Alejandría.* ▌▪ «A Jaime lo han tenido que internar en un siquiátrico porque está como una chota.»

4. no estar bien de la chota *expr.* demente, loco.

«No debo estar bien de la chota.» C. Pérez Merinero, *Días de guardar.*

chotearse *v.* burlarse.

«Ahora a Alfonso Guerra se le chotean todos...» Jaime Campmany, ABC, 24.5.98. ▌ «La prensa empieza a chotearse, y el ministro me ha dicho que esto se parece a Chicago...» Fernando Martínez Laínez, *La intentona del dragón.* ▌ «Cada día me recuerda más al abuelo de *Ha llegado un ángel* de Marisol, se choteaba Lucas...» Ernesto Parra, *Soy un extraño para ti.* ▌ «Existen criaturas, descolgadas de su tiempo, que se chotean de la cirugía estética...» J. Giménez-Arnau, *Cómo forrarse y flipar con la gente guapa.* ▌ «Aquel viejecito chuzón, capaz de chotearse en las propias barbas de la muerte.» Pau Faner, *Flor de sal.*

choteo s. burla, guasa.

«...¿tú te das cuenta del choteo que se iba a organizar en la comisaria cuando te viesen llegar para denunciar a un loro?» C. J. Cela, *La colmena.* ▌ «La periquita miró a los polis con cierto aire de choteo y, luego...» Fernando Martínez Laínez, *La intentona del dragón.* ▌ «...le dijo con gentil choteo una egregia personalidad española.» Rafael García Serrano, *Diccionario para un macuto.* ▌ «...dijo que también Esperanza Aguirre, en una exaltación feminista, creía que Anasagasti

era Ana Sagasti. Este choteo a costa de la cultura de la ministra...» Jaime Campmany, ABC, 18.10.98. ▌ «O sea: un choteo.» Fernando Repiso, *El incompetente.* ▌ «Sin choteo.» Mariano Sánchez, *La sonrisa del muerto.*

chotis, ser más agarrao que un chotis ▶ agarrado, ser más agarra(d)o que un chotis (tango).

choto s. pene.

«...haceme el favor de sacudirme el choto (pene)...» R. Montero, *Diccionario de nuevos insultos...*

chubasquero s. condón.

«Chubasquero es metáfora formal y funcional (el preservativo se fabrica de tejido impermeable y protege como un chubasquero). Preservativo.» DE. ▌ «—Tomo pastillas, ¿y tú? —Yo el chubasquero...» M. Sánchez Soler, *Festín de tiburones.* ▌▪ «Siempre me asusta que se rompa el chubasquero cuando follo a la Encarna.»

chucha s. peseta.

«Introduzco los dátiles en los bolsillos y saco tres monedas de cien chuchas.» Manuel Quinto, *Estigma.* ▌ «...cuatro fruslerías de cena y unas copas, las diez mil chuchas...» Ramón Ayerra, *Los ratones colorados.* ▌ ▪ «He pagado trescientas chuchas por este trasto.»

2. mujer que visita al preso para encuentro sexual.

«Chucha: Amante o compañera sentimental de un interno que le visita en los contactos vis a vis.» JGR. ▌ «Chucha. Amante de un preso.» S. ▌▪ «La chucha del Carmelo le ha arreao un sifilazo.» ✓ no se ha podido documentar fuera de diccionarios.▌

chuchi piruli *adv.* estupendo, maravilloso, bueno.

«Lo dicho, lo vamos a pasar chuchi piruli...» Antonio Martínez Ballesteros, *Pisito clandestino,* 1990, RAE-CREA. ✓ ▶ chachi, chachi piruli.▌

chucho s. perro.

«...siempre podéis mangarle la comida al perro [...] que no os dé asco: no está tan malo; pues no saben nada los chuchos...» Mala impresión, revista de humor con caspa, n.° 1. ▌«...vaya niña ésa del chucho, ya se cagó el perrito...» A. Zamora Vicente, *Mesa, sobremesa.* ▌«Lo siento chucho... no te hagas ilusiones...» A las barricadas, 22-28 junio, 1998. ▌«...la verdad es que es un chucho asqueroso...» Gomaespuma, *Familia no hay más que una.* ▌«Un día se le inflaron los cojones, cogió al chucho, le arreó una leche...» C. Pérez Merinero, *Días de guardar.* ▌«Fuera, chucho, fuera...» C. Rico-Godoy, *Cuernos de mujer.*

chuchurrido *adj.* con mal aspecto, mustio.

«...a ésa lo que le pasa es que tiene chuchurrío el chumino.» Eduardo Mendicutti, *El palomo cojo,* 1991, RAE-CREA. ✓ DRAE: «1. adj. fam. And. Marchito, ajado, agostado.»▌

chueco *adj.* malo, pésimo, fraudulento.

«...me había iniciado nuevamente en los negocios chuecos...» José Raúl Bedoya, *La universidad del crimen.* ✓ DRAE: «adj. Amér. Estevado, patituerto».▌

chufa *s.* golpe.

«...se despeña haciendo montañismo, se da chufas morrocotudas en coches y motos...» Manuel Hidalgo, *Azucena, que juega al tenis.* ✓ DRAE: fig. y fam. Bofetada, tortazo».▌

chulada *s.* bonito.

«La casa entonces era una chulada, eso sí, con la distribución pueblerina.» Jenny E. Hayen, *Por la calle de los anhelos,* 1993, RAE-CREA. ▌▪«Es una chulada de moto.»

2. acción de chulear.

«...por la chulada de robar un coche tan caro...» Álvaro de Laiglesia, *Hijos de Pu.*

chulángano *s.* proxeneta.

«...retrocede apresuradamente hasta donde espera el taxista, que es gracioso de tertulia y tiene una vena de chulángano.» Ángel Palomino, *Todo incluido.* ▌«...ya sabes quien, ese chulángano rubio que andaba con la Rainierita.» Ángel A. Jordán, *Marbella story.* ▌▪«No eres abogado. Eres un chulángano de mierda que explotas a tu mujer que tiene que hacer la carrera para mantenerte.»

2. bravucón, atrevido.

«...pasándose la lengua de un carrillo a otro, empezó a decirte chulángano, tendiéndote la mano...» Andrés Berlanga, *La gaznápira.*

chulango *s.* proxeneta.

«Chulango: chulo.» JMO. ▌«Chulango. Chulo.» VL. ▌«Pepe es el chulango de la Petra.» DCB. ✓ no se ha podido documentar fuera de diccionarios.▌

chulaperas *s.* proxeneta.

«Chulaperas: chulo.» JV. ▌«Chulapera. Chulo.» Ra. ▌«Paco es un chulaperas que vive a costa de las esquineras de la Montera.» DCB. ✓ no se ha podido documentar fuera de diccionarios.▌

chulear *v.* fanfarronear, presumir.

«...risitas y grititos y chicos chuleando...» Óscar Tusquets Blanca, *Todo es comparable,* 1998, RAE-CREA. ▌«Marcelo siempre se está chuleando delante de sus amigos.» DCB.

2. vivir a costa de una mujer prostituyéndola.

«¡Mira que chulear a la moza!» Carlos Zeda, *Historias de Benidorm.* ▌«...le suelta guita al chorvo. Se la está chuleando...» Juan Madrid, *Un beso de amigo.* ▌«Tienes aquí una amiga puta [...] Fuiste el amor de su vida, la chuleaste...» Eleuterio Sánchez, *Camina o revienta.* ▌«Tú chuleas a gallinas viejas.» Mariano Sánchez, *Carne fresca.* ▌«Si alguien chulea a mi Alicia, no puede ser otro que ese Enrique Palau...» Andreu Martín, *Amores que matan, ¿y qué?*

3. maltratar.

«No puedo creer que te chuleen. Penia.» Isabel Hidalgo, *Todas hijas de su madre,* 1988, RAE-CREA. ▌▪«¡No consiento que chulees a mi hermana, so cabrón!»

4. gorronear dinero.

«Que me va a chulear 10 duros.» El Jueves, n.° 1079.

chuleras *s.* proxeneta.

«Chuleras. Chulo.» VL. ▌«Chuleras. Chulo.» JMO. ▌«Chuleras: chulo.» JV. ✓ no se ha podido documentar fuera de diccionarios.▌

chulería *s.* acción de chulear.

«La habitual chulería de los pilotos se ha superado ahora.» Antonio Gala, El Mundo, 31.1.98. ▌«...la chulería del señor Major frente al ecu...» Francisco Umbral, *La derechona.* ▌«...desde la chulería de la mierda de galones que llevaba y los tacones...» M. Vázquez Montalbán, *Los alegres muchachos de Atzavara.* ▌«Vaya portento de chulería.» El Jueves, 6-12 octubre, 1993. ▌«Menos chulerías conmigo.» Fernando Arrabal, *La torre herida por el rayo,* 1982, RAE-CREA.

chulesco *adj.* propio de chulos.

«...la sonrisa chulesca.» Luis Ricardo Alonso, *El supremísimo,* 1981, RAE-CREA.

chuleta *adj.* y *s.* atrevido, descarado, sinvergüenza.

«...es un mánager musical algo chuleta...» Revista Lecturas, 6.3.98. ▌«...pero, la verdad es que con el chuleta del Pirulí...» A. Zamora Vicente, *Historias de viva voz.* ▌«¿El arquetipo del italiano chuleta...» P. Antilogus, J. L. Festjens, *Anti-guía de los conductores.* ▌«...Arregui, deportista y chuleta...» Fernando Martínez Laínez, *La intentona del dragón.* ▌«Cuando don José Ortega y Gasset intervino en las Constituyentes [...] los chuletas de la mayoría le dijeron en castizo...» Rafael García Serrano, *Diccionario para un macuto.* ▌«¡Anda que no he visto hacer esto en las películas! Es un toque la mar de chuleta.» C. Pérez Merinero, *Días de guardar.* ▌«Sus ademanes son los de un perfecto chuleta.» Manuel Quinto, *Estigma.*

2. *s.* contestaciones escritas para copiar en un examen.

«...consigue salvar la distancia y atraer así el examen del compañero [...] a la hora de sacar las [...] tradicionales chuletas...» R. Gómez de Parada, *La universidad me mata.* ▌«Solo sabía algunos temas, muy pocos. Para los demás tenía que hacer chuletas...» Severiano F. Nicolás, *Las influencias.* ▌«Antes de la invención de las chuletas, los políticos griegos y romanos se valían de la mnemotecnia para aprender de memoria sus discursos.» El Mundo, 14.6.98. ▌«Chuleta. Tira de papel hábilmente dispuesta con cálculos y fórmulas, que poder copiar en el examen, sin que lo advierta el tribu-

nal.» LB. ▌«...en el transcurso de un examen de literatura para el que yo me había preparado una chuleta...» Gomaespuma, *Grandes disgustos de la historia de España.* ▌«...jamás me pasó una chuleta; jamás me dejó un cortaplumas...» Fernando Repiso, *El incompetente.*

3. golpe.

«Chico, qué chuleta te ha sacudido.» Ángel Palomino, *Un jaguar y una rubia.*

4. chuleta de huerta *s.* patata.

«...donde ponían sus carritos los vendedores de cacahuetes, bellotas, naranjas y las chuletas de huerta.» José Gutiérrez-Solana, *Madrid callejero, Obra literaria, II.*

chuli *adj.* bonito, estupendo.

«¡Ospeee! ¡Qué chuli!» Cómic erótico, tomo IV, n.º 21 al 24. ▌«Llevaba una peluca, gafas, ropa chuli guay...» José Contreras, El Mundo, 17.1.98.

chulo *adj.* y *s.* bueno, bonito, estupendo.

«...llegas hasta el barrio de Florentín —con mogollón de garitos chulos para salir de marcheta nocturna.» Ragazza, n.º 101. ▌«¡Qué corbata más chula llevas!» JM. ▌«...tienen un tacón fino de cojones y un lacito en la puntera de lo más chulo.» C. Pérez Merinero, *Días de guardar.* ▌«Las fotos de la Luna que publicaron hace una semana eran chulísimas.» Ana Sánchez Rodríguez, El País Semanal, 25.7.99.

2. elegante, presumido.

«Parecía un chulo de barrio de película norteamericana.» M. Vázquez Montalbán, *Los alegres muchachos de Atzavara.* ▌«Mirar qué chulo viene el Amilibia...» José María Amilibia, *Españoles todos.* ▌«...con su gorra de plato más chula que la de un general americano.» Andrés Berlanga, *La gaznápira.* ▌«...contra este chulo bronceado...» Jaime Romo, *Un cubo lleno de cangrejos.* ▌▪ «¡Qué chula vas! ¿De boda?»

3. valiente, atrevido, descarado.

«Rufino [...] hizo público delante de sus amistades que él era más chulo que nadie.» El Jueves, 21-27 enero, 1998. ▌«Hasta hace poco tiempo, Felipe González era el chulo del serrallo y no se le atrevía ningún otro gallito.» Jaime Campmany, ABC, 24.5.98. ▌

«...pero Gavira, sin su mujer, quedaba reducido a un chulo advenedizo y con dinero...» Arturo Pérez-Reverte, *La piel del tambor.* ❚ «...el entrenador [...] un chulo que con los hielos glaciares de enero andaba en mangas de camisa...» Miguel Martín, *Iros todos a hacer puñetas.* ❚ «Te pones muy chulo ahora porque llevas la sotana...» Miguel Martín, *Iros todos a hacer puñetas.* ❚ «¿Ya no te haces el chulo, ¿verdad?» Juan Madrid, *Un beso de amigo.*

4. insulto.

«Dame el gustazo de moverte, chulo de mierda.» Juan Madrid, *Las apariencias no engañan.* ❚ «¡Maricones como tú los encuentro a patadas! ¡Chulo! ¡Maricón!» C. Pérez Merinero, *El ángel triste.* ❚ «¡Chulo, niño bonito, chulo de mierda!» Pilar Urbano, *Yo entré en el Cesid.* ❚ «Asqueroso, más que asqueroso, chulo.» Juan Madrid, *Cuentas pendientes.*

5. *s.* proxeneta.

«Giuseppina a quien su chulo enviaba a trabajar a distintas ciudades de Italia...» El Mundo, 22.2.98. ❚ «Cualquier chulo de lujo no aceptaría otra cosa.» Terenci Moix, *Garras de astracán.* ❚ «El andova es un zángano malcriado que nació para chulo...» C. J. Cela, *La colmena.* ❚ «Si no ha metido las narices en eso algún chulo...» M. Vázquez Montalbán, *La rosa de Alejandría.* ❚ «...la puta [...] intentaba zafarse del chulo.» Juan Manuel de Prada, ABC, 18.4.98. ❚ «¡Es que a las putas no se les pregunta porque si no sus chulos se cabrean!» El Jueves, 8.4.98. ❚ «...porque era un macarra repugnante, un chulo de la peor especie.» Almudena Grandes, *Las edades de Lulú.* ❚ «No tiene chulo, ni falta que le hace: Su chulo sigue siendo el caballo.» Juan Madrid, *Crónicas del Madrid oscuro.* |✓ estándar.|

6. *s.* hombre elegante.

«...los que se traen de calle a las mujeres, los chulos...» José Gutiérrez-Solana, *Madrid, escenas y costumbres, Obra literaria, I.*

7. chulo de putas *expr.* hombre indeseable.

«¿Te acuerdas del *Martillo de Oro,* aquel chulo de putas tan salao que te presenté?» M. Vázquez Montalbán, *El delantero centro fue asesinado al atardecer.* ❚ «Mira, yo no soy un chuloputas...» Andreu Martín, *Amores que matan, ¿y qué?* ❚ «Después me enteré de que me habían condenado por chulo de putas.» C. Pérez Merinero, *Días de guardar.* ❚ «Un ajuste de cuentas de algún chulo de putas.» M. Vázquez Montalbán, *La soledad del manager,* 1977, RAE-CREA. ❚ «El tío era un chuloputas desagradable y mal educado.» José Ángel Mañas, *Sonko95.*

8. más chulo que un ocho *expr.* muy chulo, atrevido, descarado.

«Más chulo que un ocho me planto y se lo pregunto.» C. Pérez Merinero, *Días de guardar.*

9. ponerse chulo *expr.* hacerse el atrevido, el fanfarrón.

«Ese desgraciado se puso chulo y le tuve que dar un guantazo.» Juan Madrid, *Flores, el gitano.* ❚ «No te pongas chulo que me marcho y no vuelvo.» Fernando G. Tola, *Mis tentaciones.* ❚▪ «El viejo se puso chulo y no quería pagar, pero le obligué.»

chuloputas ▸ *chulo, chulo de putas.*

chuminada *s.* bobada, tontería.

«...pero el concejal dictaminó con ferocidad: no me vengas con chuminadas que os privatizo.» Juan Manuel de Prada, ABC, 18.4.98. ❚ «...y te decían, ¡ale, cachondo!, o cualquier chuminada por el estilo.» Fernando Sánchez-Dragó, «Anábasis», en *Antología del cuento español.* ❚ «...no vamos a perder el tiempo con chuminadas.» Ángel Palomino, *Madrid, costa Fleming.* ❚ «...a lo aburrido o inútil se le califica de chuminada o coñazo.» El Jueves, 6-12 octubre, 1993. ❚ «¿Qué coño te importan esas chuminadas tan disparatadas?» Andrés Berlanga, *La gaznápira.* ❚ «Decían que les daba corte y chuminadas por el estilo.» Fernando Martín, *Cómo aprobar todo sin dar ni chapa.* ❚ «Cualquier chuminada le hacía soltarse la melena y el cristo se montaba...» Ramón Ayerra, *La lucha inútil,* 1984, RAE-CREA.

chumino *s.* vulva, órgano genital de la mujer.

«Orientóse en su camino / por el olor a chumino /» Amelia Díe y Jos Martín, *Anto-*

logía popular obscena. ▌ «Coño: agujero, almeja, aparato, castaña, chichi, concha, chocho, chumino, chupajornales, conejo, higo, raja, seta.» José M.ª Zabalza, *Letreros de retrete y otras zarandajas.* ▌ «La jodía está todo el día rascándose el chumino.» Juan Madrid, *Crónicas del Madrid oscuro.* ▌ «Me vuelven loco los chuminos de niña bien con sus braguitas de encaje.» Mariano Sánchez, *Carne fresca.* ▌ «El támpax que lleva colocado en su chumino me sentó como una patada en salva sea la parte.» C. Pérez Merinero, *Días de guardar.* ▌ «...andaría por los dieciséis, dos tetas como mandarinas y un chumino afeitadito a la mohicana y esponjoso...» Ramón Ayerra, *Los ratones colorados.* ▌ «Otras se suelen meter / A falta de un buen pepino, / los dedos en el chumino / Hasta que les da placer.» J. de Vargas Ponce, *Lo que es y lo que será.* |✔ ▶ C. J. Cela, *Revista de Occidente, Tercera época, n.° 4.*|

chunga *s.* broma, chanza.

«¡Justo ahora!, diez o cien años de soportar la chunga impertinente de ese fracasado.» Ernesto Parra, *Soy un extraño para ti.*

2. con chunga *expr.* con guasa, a broma.

«...se puso a silbar con cierta chunga...» Ricardo Fernández de la Reguera, *Vagabundos provisionales.*

3. estar de chunga *expr.* estar de broma, de buen humor.

«Ya está de chunga, Pepe.» M. Vázquez Montalbán, *El delantero centro fue asesinado al atardecer.*

4. tomar a chunga *expr.* tomar a broma.

«Serían capaces de tomarlo a chunga...» A. Zamora Vicente, *Historias de viva voz.*

chungalis *adj.* malo, de baja calidad.

«...aunque las pipas que llevaban los vigilantes son muy chungalis, son revólveres Llama...» Juan Madrid, *Crónicas del Madrid oscuro.*

chungo *adj.* malo.

«No te preocupes, quedarse soltero tampoco es tan chungo...» El Jueves, 11-17 febrero, 1998. ▌ «...considerando entre risitas si no era de lo más chungo que a su prima la hubiesen desvirgado el día de la Purísima.» Terenci Moix, *Garras de astracán.* ▌

«Tengo un problema muy chungo.» El Jueves, 6-12 octubre, 1993. ▌ «Tenía un sueldo bastante chungo...» El Mundo, La Luna, 25.6.99.

2. estropeado, mal.

«Llevo gafas porque con el ojo chungo veo poco.» C. Rico-Godoy, *Cómo ser una mujer y no morir en el intento.* ▌ «Las cosas están muy chungas, se lo digo yo...» Juan Madrid, *Flores, el gitano.* ▌ «El giro de Chemari no me ha llegado y estoy algo chunga de dinero.» Ángel A. Jordán, *Marbella story.* ▌ ■ «Hoy no te puedo acompañar a correr porque tengo la rodilla izquierda un poco chunga.»

3. enfermo.

«Yo tengo entendido que está muy chungo ahora...» José Ángel Mañas, *Historias del Kronen.* ▌ «¿Cómo te va? Yo cada vez más chungo. Lo estoy pasando muy mal.» José Luis de Tomás García, *La otra orilla de la droga,* 1984, RAE-CREA.

4. falso.

«...pero nosotros tenemos copias de papeles chungos y ciertos originales comprometedores...» M. Sánchez Soler, *Festín de tiburones.* ▌ ■ «Los falsificadores pasan los billetes chungos poco a poco.»

5. tenerlo (ser) chungo *expr.* difícil.

«La verdad es que lo tienes chunguillo, pero nada es imposible...» Ragazza, n.° 100. ▌ «Es bastante chungo porque las dos me alucinan.» Ragazza, n.° 100. ▌ «...pues no tía no conmigo lo tienes chungo.» José Ángel Mañas, *Mensaka.* ▌ «...el resultado positivo en los exámenes más chungos.» Fernando Martín, *Cómo aprobar todo sin dar ni chapa.* ▌ «Ahora lo tengo un poco chungo...» Pedro Casals, *Disparando cocaína.*

chupa *s.* chaqueta, cazadora.

«El tal Javier llevaba también chupa de cuero...» Juan Madrid, *Crónicas del Madrid oscuro.* ▌ «Debió de pensar que con dejar la chupa en casa...» B. Pérez Aranda *et al., La ex siempre llama dos veces.* ▌ «Y ahora estaba allí, sonriente, con sus vaqueros ajustados y su chupa de falso cuero chorreando cremalleras...» José Luis Martín Vigil, *Los niños bandidos.* ▌ «...y luego lo meto en el bolsillo de la chupa.» José Ángel Mañas, *Sonko95.*

chupacirios *s.* beato.

«Los insultos religiosos [...] se podrían clasificar en varios grupos [...] los insultos que muestran un celo religioso excesivo [...] beato, cagacirios, comehostias, [...] pichasanta, meapilas, measalves... tragasantos, tragavemarías [...] chupacirios [...] comehostias [...] rata de sacristía.» AI. ▌ «...el aspirante a chupacirios en tales altares...» J. Giménez-Arnau, *Cómo forrarse y flipar con la gente guapa.*

chupado *adj.* muy fácil.

«No es difícil. Está chupado.» TVE1, 24.4.98. ▌ «Cállate, coño... que me pones nervioso tanto llorar. Además esto está chupao... Ahora vas a ver.» Rambla, n.° 19. ▌ «Esto está chupado.» Eleuterio Sánchez, *Camina o revienta.* ▌ «Es que esto está chupado.» José Luis Martín Vigil, *Los niños bandidos.* ▌ «Unos cuantos Pizarros y Corteses, dos mandobles, un estacazo al jefe... *chupao,* está *chupao.*» A. Sopeña Monsalve, *El florido pensil.* ▌ «Está chupado engañarlas...» Fernando Martín, *Cómo aprobar todo sin dar ni chapa.* ▌ «Esto está chupado, es cuestión de pillarle el punto.» Jaime Romo, *Un cubo lleno de cangrejos.* ▌ «Nos encontramos en una época en la que está chupao atracar un banco...» Victoriano Corral, *Delitos y condenas.* ▌ «...con ese tipazo y un rostro así de seductor, lo tiene chupado...» Ragazza, julio, 1997. |✔ DRAE: «(Adición de acepción) 2. Bis. Coloq. Fig. Muy fácil.»|

2. delgado, flaco.

«Ese chaval bajito y rubio [...] delgado y chupado.» La Moto, junio, 1992. ▌ «...buena moza, chupada de cara, escasa de busto...» Jose-Vicente Torrente, *Los sucesos de Santolaria.* ▌ «¿Quién ha dicho que para ser guapa hay que estar chupada?» You, marzo, 1998. ▌ «...más fea que pegarle a un padre, chupada, con los dientes fuera...» J. L. Alonso de Santos, *Trampa para pájaros.* ▌ «Estar más chupado que la pipa de un indio.» DTE. ▌◻ «Tiene un novio chupao y muy alto, la Antonia.»

chupajornales *s.* vulva, órgano genital de la mujer.

«Coño: agujero, almeja, aparato, castaña, chichi, concha, chocho, chumino, chupa-jornales, conejo, higo, raja, seta.» José M.ª Zabalza, *Letreros de retrete y otras zarandajas.* ▌ «Chupajornales: aparato genital femenino.» JV.

chupano *s.* celda de aislamiento en la cárcel.

«¡Dejadles! Sois gilipollas. ¿No veis que salen del chupano?» Eleuterio Sánchez, *Camina o revienta.* ▌◻ «Si un preso se pone violento, al chupano de cabeza.»

chupapollas *s.* persona que hace felación.

«...lo tuyo ya es lo pervertido, lo infame, chupapollas...» Álvaro Pombo, *El héroe de las mansardas de Mansard,* 1983, RAE-CREA. ▌ «Mira, hay un par de negritas con labios de chupapollas...» José Ángel Mañas, *Sonko95.* |✔ se emplea como insulto.|

chupar *v.* sexo oral.

«Confiese ser cierto que obligó a la víctima a chuparle la polla.» F. Vizcaíno Casas, *Historias puñeteras.* ▌ «¿Estudias o trabajas? La chupo, tío.» Terenci Moix, *Garras de astracán.* ▌ «Os teníamos que haber dejado solos para que le chuparas la polla.» José Ángel Mañas, *Mensaka.* ▌ «No es preciso relatar / como sus putas esposas / fueron con él a follar / y a chupársela, mimosas.» Amelia Díe y Jos Martín, *Antología popular obscena.* ▌ «¿Se la chupo, jefe?» Juan Madrid, *Un beso de amigo.* ▌ «Chupe, chupe, chúpemelo —ordenaba ella.» Manuel Hidalgo, *El pecador impecable.* ▌ «Quirós se abrió la cremallera de la bragueta. —Chúpamela un poquito, como el otro día, sé que eso te gusta...» Álvaro Pombo, *Los delitos insignificantes.* ▌ «...discutían frecuentemente porque él quería que se la chupara y Celia se negaba a ello.» Andreu Martín, *Por amor al arte.* ▌ «Todos los amiguitos del gran Durruti me la chupáis...» Juan Marsé, *Si te dicen que caí.* ▌ «...de lametones, de sodomizaciones, de perversiones con gatos a los que previamente se ha arrancado los dientes para que se la chupen a uno sin peligro.» Andreu Martín, *El señor Capone no está en casa.* ▌ «Chúpasela al viejo, que es lo tuyo.» Juan Marsé, *Últimas tardes con Teresa.* ▌ «...a menos que prefieras subir directamente a las habitaciones a hacer el kiki. ¿Te apetece?

Follo de maravilla. Te la chupo y me lo trago.» Jaume Ribera, *La sangre de mi hermano,* 1988, RAE-CREA.

2. aprovecharse.

«...si ha estado siempre chupando del régimen a base de bien...» A. Zamora Vicente, *Mesa, sobremesa.*

3. aguantar, soportar.

«...con la carrera que nos hemos chupado para alcanzar el tren...» A. Zamora Vicente, *Historias de viva voz.* ▌«Después de chuparme a pata limpia los cuatro pisos llego molido a la calle.» C. Pérez Merinero, *Días de guardar.* ▌«...cuando el estrellato nos alcanza implica la posibilidad de chupar unas hostias.» El Mundo, 22.1.99. ▌«El cabrito del centurión me ha asignado guerras púnicas. No veas. Es que me las chupo todas.» M. Ángel García, *La mili que te parió.*

4. beber.

«...es un borrachín ansioso que se lo chupó todo la primera semana.» Alberto Vázquez-Figueroa, *Manaos.* ▌«...siempre tenía como hambre retrasada y chupaba más vino que un mosquito.» José Gutiérrez-Solana, *Madrid callejero, Obra literaria, II.*

5. chupar banquillo *v.* estar un futbolista sin jugar.

«...el defensa búlgaro [...] me ha dicho que tiene almorranas de tanto chupar banquillo...» A las barricadas, 22-28 junio, 1998. ▌«Yo principalmente chupé banquillo.» Periodistas, Telecinco, 19.4.99. ▌■▪ «El nuevo fichaje del Teruel F.C. casi nunca juega, se pasa los partidos chupando banquillo.»

6. chupar del bote *expr.* gorronear, vivir a costa de otros.

«...que vienen de su pueblo a Madrid a repartirse los cargos y plazas que reparte un ministro paisano que chupa del bote.» José Gutiérrez-Solana, *Madrid, escenas y costumbres, Obra literaria, I.* ▌«falote, que ya está bien chupar del bote.» Gomaespuma, *Grandes disgustos de la historia de España.* ▌«Que esos dos pasmas chupaban del bote de los negocios del Chino.» Andreu Martín, *Amores que matan, ¿y qué?* ▌■▪ «No le gusta trabajar, sólo quiere vivir chupando del bote.»

7. chuparse los dedos *expr.* gustoso, bueno, apetitoso.

«Pues mi señora hace un cordero asado [...] para chuparse los dedos.» María Antonia Valls, *Tres relatos de diario.* ✓ ▶ *dedo, (no) chuparse el dedo.*▌

8. chúpate ésa *expr.* fastídiate.

«...ande, chúpese esa.» A. Zamora Vicente, *Historias de viva voz.* ▌«...se le entró el *chúpate ésa* como lo más cercano...» Fernando Lázaro Carreter, *El dardo en la palabra.* ▌«Ande, chúpese ésa.» A. Zamora Vicente, «En la plaza, media mañana», en *Antología del cuento español.* ▌«Chúpate esa, marquesa.» Álvaro de Laiglesia, *Hijos de Pu.* ▌«Os voy a incordiar durante 56 carillas... ¡Chúpate ésa!» Geno Díaz, *Genocidio.* ▌«...le mira con fiereza. Chúpate ésa.» Andreu Martín, *Por amor al arte.*

9. no chuparse el dedo *expr.* no ser tonto.

«...una advertencia al mismo tiempo de que estaba allí enfrente y no se chupaba el dedo.» Álvaro de Laiglesia, *Hijos de Pu.* ▌■▪ «Ahí donde lo ves, Jacinto no se chupa el dedo.»

chupatintas *s.* oficinista.

«¡Tú prefieres el contigo pan y cebolla! Y por eso quieres dejarme por un chupatintas.» Luis Camacho, *La cloaca.* ▌«...y los perdigones empujaron hacia atrás al desgraciado chupatintas. Quedó seco...» Mariano Sánchez, *Carne fresca.* ▌«...estos escritores liberales resulta que siempre han sido chupatintas en la censura...» Rafael García Serrano, *Diccionario para un macuto.* ▌«Aguirre, es usted un cantamañanas. Aguirre, va usted a terminar de chupatintas en la Renfe...» Jaime Romo, *Un cubo lleno de cangrejos.* ▌«¡Yo donde pongo el ojo pongo la bala, chupatintas!» M. Sánchez Soler, *Festín de tiburones.* ✓ DRAE: «m. despect. Oficinista de poca categoría».▌

chupete *s.* pene.

«Chupete: pene.» JV. ▌«Chupete: pene.» JMO. ▌■▪ «¡Venga, abre la boca, métete el chupete y no pares hasta que me corra!»

chupetón *s.* succión en alguna parte del cuerpo que deja huella.

«...dándome un beso de chupetón...» Sealtiel Alatriste, *Por vivir en quinto patio,* 1985, RAE-CREA. ❚ ▪" «¿Quién te ha hecho ese chupetón que llevas en el cuello, so puta?» |✔ DRAE: «m. Acción y efecto de chupar con fuerza».|

2. persona que chupa, que hace felación.
«...deploro los malos momentos por los que transcurren tanto Clinton como la becaria chupetona.» A. Ussía, ABC, 11.2.98.

chupi *adj.* bueno, excelente.
«¿Quieres pasarlo chupi guay?» Eduardo Mendoza, *Sin noticias de Gurb.* ❚ «Pero lo estás pasando chupi.» Ángel Palomino, *Todo incluido.* ❚ «...tanto mi esposa como yo nos lo pasamos chupi.» Álvaro de Laiglesia, *Hijos de Pu.* ❚ «...y con mis acuarelas pintamos la portada en colores. ¡Quedará chupi!» Ilustración, Comix internacional, 5. ❚ ▪" «¿Qué tal el examen? ¡Chupi!»

chupilerendi *adj.* bueno, excelente.
«...que han abierto un cabaret pipa, de chupilerendi...» Ramón Ayerra, *Los ratones colorados.*

chupito *s.* bebida, trago.
«Veinte jóvenes despampanantes fueron contratados para que, detrás de la barra, vendan sus besos junto a un chupito de licor...» ABC, 17.5.98. ❚ «¿Qué le pongo? Un chupito de anís.» Juan Madrid, *Flores, el gitano.* ❚ «Está bien, sin que sirva de precedente, pero sólo un chupito...» Jaime Romo, *Un cubo lleno de cangrejos.* |✔ es estándar. DRAE: «m. Sorbito de vino u otro licor».|

2. vasito de vino.
«Se cree que en lugar de copa, el trofeo consistirá en un vaso de chupito.» El Jueves, 8.4.98. ❚ «...caben en un vaso de chupito.» SúperPop, junio, 1999. ❚ ▪" «Tenemos copas y vasos de chupitos, pequeños.»

chupón *s.* persona aprovechada.
«Que saca dinero u otro beneficio con astucia y engaño.» DRAE. ❚ «Sólo se arrima a nosotros cuando vamos de tasqueo. Es un chupón.» JM. ❚ «Chupón. El que vive a costa de otros.» IND. ❚ «No quiero que invites al cabrito de Blas porque es un chupón, un

mangante de mierda.» DCB. |✔ no se ha podido documentar fuera de diccionarios.|

2. jugador peligroso.
«...los jugadores más peligrosos son los chupones —en el argot de porteros...» Matías Prats *et al., Guía erótica del fútbol.*

chuquel ▸ *chusquel.*

churi *s.* navaja.
«...la rancia costumbre popular española de tirar de navaja, sacar la faca, el *bardeo* o la *churi* y tirarse unos *chirlos*...» Luis Antonio de Villena, *La faca,* El Mundo, 18.10.98. ❚ ▪" «El tipo sacó un churi asín de grande y se lo clavó al guiri.»

churinar *v.* acuchillar.
«Churinar. Acuchillar; asesinar: herir.» LB. ❚ «Churinar: apuñalar.» JGR. ❚ «Churinar. Apuñalar, acuchillar.» Ra. ❚ ▪" «Me han churinao, tío, llévame al hospital.»

churumbel *s.* niño.
«...guárdese usted su churumbé, que lo que es este timo no le ha salido.» B. Pérez Galdós, *Fortunata y Jacinta.* ❚ «Y ve a una gitana con dos lechoncillos bajo el brazo —igual que si llevara dos churumbeles.» Francisco Candel, *Donde la ciudad cambia su nombre.* ❚ «Luego, una gitana [...] con el clásico churumbel al brazo...» Francisco Candel, *Los hombres de la mala uva.* ❚ «La mujer se lo pensó un poco y contempló al churumbel.» Fernando Martínez Laínez, *La intentona del dragón.* ❚ «...debía de ser tan primitivo como aquel envejecido churumbel...» Fernando Repiso, *El incompetente.* |✔ para Luis Besses es *churumbelo, hijo.*|

churri *s.* chica, jovencita.
«Pero por qué no cambias al programa ése donde salen las churris medio desnudas haciendo aerobic...» Cómic Jarabe, n.° 4, 1996. ❚ «Joder tu churri, como se pone, dice.» José Ángel Mañas, *Sonko95.* ❚ ▪" «Esa churri con la que hablabas tiene un tipazo de miedo.»

churro *s.* pene.
«Pene. Denominación de parte del sexo masculino, que con más vulgaridad se denomina [...] chorizo, churro, chorra, chuzo, cimbel, minga, minina, nabo, pilila,

pija, pistola, pluma, polla, porra, verga, etcétera...» José M.ª Zabalza, *Letreros de retrete y otras zarandajas.* ❚ «¡Ojalá te coja el propietario de este churro y te traspase!» C. Pérez Merinero, *La mano armada.* ❚ ▪ «Se abrió la braqueta, sacó el churro y lo enseñó al personal».

2. cosa mal hecha.

«Porque prefiero cosértelo tranquila, sin estas prisas, que me está saliendo un churro.» Ana Rossetti, *Alevosías,* 1991, RAE-CREA. ❚ ▪ «Ese cuadro que has comprado es un churro, tío» |✓ DRAE: «fam. chapuza, cosa mal hecha».|

3. valenciano de habla castellana.

«En la huerta compadecían a los churros. ¡Infelices! Iban a ganarse un jornal...» Vicente Blasco Ibáñez, *La barraca,* 1898, RAE-CREA. |✓ DRAE: «1. adj. Val. Dícese de los aragoneses y de los habitantes de la parte montañosa del Reino de Valencia que hablan castellano con rasgos aragoneses.»|

4. como churros *expr.* en gran cantidad.

«...así las canciones salen como churros.» José Ángel Mañas, *Historias del Kronen.* ❚ «Hace unos años las colecciones de novelas policiales de consumo inmediato se vendían como churros...» Juan Madrid, *La novela negra,* 1990. ❚ «...que los editores venden como churros.» Marcos Ricardo Barnatán, *Con la frente marchita,* 1989, RAE-CREA.

5. mandar a alguien a freír churros *expr.* echar, despedir a alguien de mala manera, con malos modales.

«Mandar a alguien a freír churros: despedirle de modo despectivo y con enfado.» JMO. ❚ «¡Vete a freír churros! Frase de rechazo y desprecio.» VL. ❚ «Las condiciones de trabajo eran inaceptables, así que mandé todo a freír churros y me busqué otro empleo.» FV. ❚ ▪ «¡Vete a freír churros y déjame tranquilo ya de una vez!» |✓ no se ha podido documentar fuera de diccionarios.|

6. mojar el churro *expr.* copular.

«Los hay muy sistemáticos en eso de mojar el churro.» JM. ❚ «Mojar el churro: acción de fornicar el hombre.» JMO. ❚ «Mojar el chu-rro. Joder el hombre.» VL. ❚ «Mojar el churro. Fornicar el hombre.» Sanmartín Sáez, *Diccionario de argot.* ❚ «¿Pero qué clase de pruebas de adulterio necesita el tribunal? ¿Acaso quieren una foto en que se vea al cónyuge en la cama con su amante y mojando el churro?» FV. |✓ no se ha podido documentar fuera de diccionarios.|

chusco *s.* flatulencia.

«Luego se tira un chusco. Laura se va a la acera de enfrente, llamándole cerdo.» José Ángel Mañas, *Historias del Kronen.*

2. ser (tener de) chusco *expr.* ser gracioso.

«...pero no para reírse, a ver, qué tiene de chusco el rabo del negro, nada...» Ramón Ayerra, *Los ratones colorados.* |✓ DRAE: «adj. Que tiene gracia, donaire y picardía. Ú. t. c. s.».|

chusma *s.* persona indeseable.

«Está liada con un chusma que trabaja de pinchadiscos...» La casa de los líos, Antena 3 TV, 12.4.98.

chusmero *s.* persona indeseable.

«Gente que no quiere admitir en su círculo a mafiosos ni chusmeros.» Pedro Casals, *La jeringuilla.*

chusquel *s.* perro.

«Chuquel: Perro.» Ángel Palomino, *Insultos, cortes e impertinencias.*

2. chivato, informador, delator.

«Peluco odia a los chusqueles y está muy bien educado en chachunó...» Raúl del Pozo, *Noche de tahúres.* ❚ «Uno que colabora... Ah, un chusquel...» Manuel Quinto, *Estigma.* ❚ ▪ «Entre criminales un chusquel es un chivato.»

3. interno, preso, que tiene la confianza de los funcionarios.

«Chusquel: Interno que goza de cierta confianza por parte de los funcionarios y actúa como colaborador de éstos.» JGR. ❚ «El chusquel ayuda a los guardias en sus tareas.» DCB.

chusquero *s.* en el ejército, el que asciende a oficial desde soldado raso.

«Los profesionales son lejiatas y los suboficiales chusqueros...» AI. |✓ DRAE: «adj. fig.

y fam. Dícese del suboficial o del oficial del ejército que ha ascendido desde soldado raso. Ú. t. c. s.».|

chutar(se) *v.* funcionar.

«El taller no chuta como antes.» El comisario, Telecinco, 3.5.99. ▮ «¿Crees que chutará este nuevo plan?» DCB.

2. inyectarse droga.

«Se ha chutado esta tarde. Aparte algún canuto.» José Luis de Tomás García, *La otra orilla de la droga,* 1984, RAE-CREA. ▮ «y te quedan muchas venas por chutar.» Extremoduro, CD, 1997: *Iros todos a tomar por culo, Bribriblibli.* ▮ «Carmen parece *chutada* de entusiasmo.» Carmen Rigalt, El Mundo, 19.8.99. ▮ «...juntaba todos los restos de sangre y me los *chutaba*...» El Mundo, 5.10.99.

3. ir que chuta uno *expr.* tener bastante, suficiente.

«...me dijeron que era zorrino, pero sí, sí, conejo y va que chuta...» A. Zamora Vicente, *Mesa, sobremesa.* ▮ «Eso y una manzana y va que chuta.» M. Vázquez Montalbán, *La rosa de Alejandría.* ▮ «Ahora te quedas en la raíz cuadrada de un ángel, y vas que chutas.» Manuel Hidalgo, *Azucena, que juega al tenis.* ▮ «...dos botellas de anís del Mono y va que chuta el moreno.» A. Sopeña Monsalve, *El florido pensil.* ▮ «Con medio millón voy que chuto.» Andreu Martín, *Prótesis.*

chute *s.* dosis de droga inyectada.

«Luego nos damos el chute. Tengo tres papelas.» Juan Madrid, *Turno de noche.* ▮ «Pero tenías para cuatro o cinco chutes y no querías darme.» M. Vázquez Montalbán, *El delantero centro fue asesinado al atardecer.* ▮ «Me agencio cuatro o cinco chutes y me guardo uno para la mañana.» Juan Madrid, *Crónicas del Madrid oscuro.* ▮ «...ese tipo nos entregaría la cabeza de su propio padre en bandeja por un chute.» M. Sánchez Soler, *Festín de tiburones.*

chuti *s.* mujer joven, chica.

«Ésta es mi chuti.» La casa de los líos, Antena 3 TV, 28.9.98. ▮▪ «Dos chutis vienen hacia nosotros y una de ellas parece preñá.» ✔ para Luis Besses *chuti* es leche.|

chuzo *s.* pene.

«Pene. Denominación de parte del sexo masculino, que con más vulgaridad se denomina [...] chorizo, churro, chorra, chuzo, cimbel, minga, minina, nabo, pilila, pija, pistola, pluma, polla, porra, verga, etcétera...» José M.ª Zabalza, *Letreros de retrete y otras zarandajas.*

2. *s.* ebrio, borracho.

«Todo esto, claro, sin que yo me enterara, ya ves lo chuzo que iba.» José Ángel Mañas, *Sonko95.*

3. caer (llover, nevar) chuzos de punta *expr.* llover o nevar mucho.

«Honorio dormía así aun en invierno, por más que helara o cayeran chuzos de punta.» Manuel Hidalgo, *El pecador impecable.* ▮ «¿No ves que caen chuzos de punta?» Eduardo Mendoza, *La verdad sobre el caso Savolta.* ▮▪ «Están cayendo chuzos de punta. Coge el paraguas.»

cíclope, ir de cíclope *expr.* cotilla, mirón.

«Ir de cíclope. Es aquella persona que no hace más que observar a los demás, un cotilla integral.» Ragazza, junio, 1998.

cicatero *s.* miserable, tacaño.

«La avaricia y la usura son plagas [...] A esta perversión corresponden muchos insultos: agarrado [...] apretado [...] cuentagarbanzos [...] rácano, roña, roñica, roñoso, tacaño [...] catalán puño en rostro [...] cicatero...» AI.

ciego *adj.* ebrio, borracho.

«...y menos mal que voy ciego y no me entero de ná...» Mala impresión, revista de humor con caspa, n.° 1. ▮ «Ciegos. Todo el mundo ciego [...] no podían dar ni un paso.» M. Vázquez Montalbán, *Los alegres muchachos de Atzavara.* ▮ «Una de las noches, cuando le dejé ciego de vino en su apartamento...» Raúl del Pozo, *Noche de tahúres.* ▮ «...pones ciego de ron al marido de la más potable.» Ladislao de Arriba, *Cómo sobrevivir en un chalé adosado.* ▮ «...y se ponen ciegos de cerveza con lo que llegan al restaurante ya calentitos.» Gomaespuma, *Familia no hay más que una.* ▮ «Cuando se ponía ciego a cubatas...» Juan Madrid, *Cró-*

nicas del Madrid oscuro. ▌ «...todos regresamos ciegos, unos de garrafa y otros de nieve o de mierda.» El Mundo, 1.26.95.

2. *s.* cupón de la O.N.C.E.

«Ahora yo me compro un ciego, y [...] de entrada mi vida ha cambiado...» El Jueves, 11-17 febrero, 1998. ▌✓ Organización Nacional de Ciegos de España.▌

3. *s.* borrachera, intoxicación.

«El Fierro, como te decía, se pilló tal ciego...» José Ángel Mañas, *Historias del Kronen.* ▌ «Pidió que le dejaran una moto para darse una vuelta para ver si se le pasaba el ciego que llevaba.» Sucedió en Madrid, Telemadrid, 24.4.98. ▌ «Llevo un ciego del copón.» Joseba Elola, *Diccionario de jerga juvenil,* El País Semanal, 3.3.96. ▌✓ el *Libro de estilo,* El País, dice: «Ciego. En jerga, el que está bajo los efectos de la droga. No debe utilizarse.» ▌

4. gastar menos que un ciego en novelas *expr.* tacaño, miserable.

«...gastar menos que Tarzán en corbatas; gastar menos que un ciego en novelas...» AI.

5. ponerse ciego *expr.* comer o beber o hacer algo en exceso.

«Ponte ciego de sexo.» El Jueves, 21-27 enero, 1998. ▌ «Ponerse ciego: colmarse de bebida o de droga.» Germán Suárez Blanco, *Léxico de la borrachera.* ▌◾ «¡Has bebido demasiado! ¡Te has puesto ciego, tío!»

cielín ▸ *cielito.*

cielito *s.* palabra cariñosa.

«...y le gustaba acariciar las manos de los clientes y decirles *cariño* y *cielito.*» Juan Madrid, *Crónicas del Madrid oscuro.* ▌ «Ese lunar que tiene, cielito lindo, junto a la boca...» Tomás Mojarro, *Yo, el valedor,* 1985, RAE-CREA. ▌ «Este cielito lindo, lindo cielito, que canto aquí...» Jas Reuter, *La música popular de México,* 1980, RAE-CREA. ▌✓ ▸ *cielo.*▌

cielo *s.* palabra cariñosa.

«Siempre fue Chemari conmigo un cielo de hombre.» Ángel A. Jordán, *Marbella story.* ▌◾ «Carlos es un cielo de hombre!» ▌✓ ▸ *cielito.*▌

2. poner el grito en el cielo ▸ *grito, poner el grito en el cielo.*

3. subir al cielo *expr.* morirse.

«Morir: subir al cielo.» DTE. ▌ «Cuando una de esas cantantes muera no tiene más que lanzar una de esas fermatas y ya, subir al cielo...» Emilio Carballido, *Las cartas de Mozart,* 1975, RAE-CREA.

cien, a cien por hora *expr.* muy de prisa.

«Su cerebro trabaja a cien por hora...» Andreu Martín, *Por amor al arte.*

2. cien por cien *expr.* completamente, por completo.

«No es fiable al cien por cien.» Juan Madrid, *Flores, el gitano.*

3. número cien ▸ *número, número cien.*

4. poner a cien (a mil) *expr.* enfadar, enfurecer.

«La desfachatez de Antonio me pone a cien otra vez.» C. Rico-Godoy, *Cómo ser una mujer y no morir en el intento.* ▌◾ «Me pone a cien que me hagas esperar tanto tiempo.»

5. poner a cien (a mil) *expr.* enardecer sexualmente.

«La polla se me pone a cien y yo no le echo el freno.» C. Pérez Merinero, *Días de guardar.* ▌ «Un cuerpo como el tuyo la pone a una a cien.» Terenci Moix, *Garras de astracán.* ▌ «...y comienzan un tórrido juego amoroso que pone al hombre a ciento y pico...» Manuel Giménez, *Antología del timo.* ▌ «Las chicas apasionadas los ponen a mil...» SúperPop, junio, 1999. ▌ «La motivación es como los afrodisíacos: *exalta. Sublima, pone a cien.*» Matías Prats *et al., Guía erótica del fútbol.* ▌ «...me pone a cien sentir una buena polla anclada en mi boca.» José Luis Muñoz, *Pubis de vello rojo.* ▌ «Te toco las tetas y el corazón se me pone a cien.» Alfonso Armada, *Sin maldita esperanza,* 1994, RAE-CREA. ▌ «La polla se me pone a cien...» C. Pérez Merinero, *Días de guardar.* ▌ «...casi un roce, que me puso el corazón a mil.» SúperPop, junio, 1999.

ciento y la madre *expr.* mucha gente, gentío.

«...un relato con un rebaño de ciento y la madre...» Marisa López Soria, *Alegría de na-*

dadoras. ❚ «...una cuando se casa con señor divorciado y con hijos, en realidad se está casando con ciento-y-la madre, nunca mejor dicho.» B. Pérez Aranda *et al., La ex siempre llama dos veces.* ❚ «Circunstancias de la abundancia: Ciento y la madre.» DTE. ☑ para el DRAE es *muchedumbre de personas.*❙

cierre, echar el cierre *expr.* callar(se).
«Echa el cierre, Robespierre. Expresión achulada con la que se invita a callar.» VL. ❚ «¡Echa el cierre ya de una puta vez y déjame tranquilo!» DCB.
2. terminar las actividades del día en el trabajo.
«...ya podemos echar el cierre.» Cristóbal Zaragoza, *Y Dios en la última playa.* ❚ ◼ «Echemos el cierre y larguémonos de la tienda que ya es tarde.»

ciervo *s.* hombre cuya mujer es infiel.
«...y del Ministro de Cultura Ricardo de la Cierva dijo: El ciervo Ricardo es un anunciante de fascículos por televisión.» J. L. M. Amando de Gutiérrez, *La ambición del César,* 1989, RAE-CREA. ❚ ◼ «"En un ciervo astado me ha convertido mi mujer", clama el alcalde del pueblo al enterarse de la infidelidad de su mujer.»

***cigarrillo** cf. (afines) cilindrín, pito, plajo, truja.

***cigarrillo de droga** cf. (afines) bazuco, canuto, chicharra, cono, pava, petardo, porro, tacha, toba, trompeta, varillo.

cigarrín *s.* pene.
«...a la vista de una hembra bien plantada, se me encendía el cigarrín...» C. Pérez Merinero, *La mano armada.*

cigarros *s. pl.* guardias civiles.
«Cigarros. Patrulla de la civila.» Ra. ❚ «Cigarros: Patrulla de la Guardia Civil.» JGR. ❚ «Creo que ahí a la entrada del pueblo hay dos cigarros esperando.» DCB. ☑ no se ha podido documentar fuera de diccionarios.❙

cigüeña, esperar (venir, llegar, traer) la cigüeña *expr.* embarazo, parir.
«...para el caso de que llegase la cigüeña.» J. M.ª Gironella, *Los hombres lloran solos,* 1986, RAE-CREA. ❚ «...esperando un nene, que la cigüeña de París le trajo puntualmente...»

El Siglo, 1.4.97. ❚ «...esperaban para junio la llegada de la cigüeña...» J. M.ª Gironella, *Los hombres lloran solos,* 1986, RAE-CREA. ❚ ◼ «La señora tiene la tripa gorda porque está esperando la cigüeña.»

cigüeño *s.* guardia civil.
«Es un cigüeño señora. No hemos robado nada.» Jesús Torbado, *El peregrino,* 1993, RAE-CREA. ❚ ◼ «Los cigüeños son los encargados de la vigilancia en carreteras.» ☑ ▸ *cigarros.*❙

cilindrín *s.* cigarrillo.
«Encendí un cilindrín.» Eduard José, *Buster Keaton está aquí,* 1991, RAE-CREA. ❚ ◼ «Tengo que fumar, tía, ¿tienes un cilindrín?»
2. pene.
«Cilindrín: pene.» JMO. ❚ «Cilindrín. Pene de escasas dimensiones...» Ra. ❚ «Cilindrín. Pene.» S. ❚ ◼ «El niño se sacó el cilindrín y se lo enseñó a la profesora.» ☑ ✔ el *Diccionario secreto* de C. J. Cela, bajo *cilindro.* No se ha podido documentar fuera de diccionarios.❙

cilindro *s.* pene.
«si meter pretendes el cilindro / en el coño candeal de la Pitona.» ☑ de *Arte de las putas* de Nicolás Fernández de Moratín, citado por C. J. Cela en su *Diccionario secreto.*❙

cimbel *s.* pene.
«Pene. Denominación de parte del sexo masculino, que con más vulgaridad se denomina [...] chorizo, churro, chorra, chuzo, cimbel, minga, minina, nabo, pilila, pija, pistola, pluma, polla, porra, verga, etcétera...» José M.ª Zabalza, *Letreros de retrete y otras zarandajas.* ❚ ◼ «Y la tía me bajó los pantalones y me chupó el cimbel.» ☑ en su *Diccionario secreto,* Cela dice que «es metáfora funcional. (La pija se comporta como un cimbel, señuelo o reclamo.)»❙

cimborrio *s.* pene.
«Cuando estoy empalmado, lo que se dice empalmado, le señalo el cimborrio a la fulana y le digo:» C. Pérez Merinero, *Días de guardar.* ❚ «...se sacó de los manteos el cimborrio, un cacho de polla de aquí te espero...» Ramón Ayerra, *Los ratones colorados.*

cinco, chocar esos cinco *expr.* estrechar la mano.

«Venga, choca esos cinco. Sin rencor, ¿eh?» José María Guelbenzu, *El río de la luna,* 1981, RAE-CREA. ▌«Sophie y mi hermana chocan los cinco.» José Ángel Mañas, *Sonko95.* ▌«Francis, choca esos cinco...» Mariano Arias, *El silencio de las palabras,* 1991, RAE-CREA. ▌▪ «¿Cómo estás, Pepe? ¡Choca esos cinco!»

2. cinco contra uno *expr.* masturbarse, masturbación.

«Tiempos de no jalarse una rosca, de cinco contra uno por las noches, de salivosos besos a hurtadillas...» Fernando Sánchez-Dragó, «Anábasis», en *Antología del cuento español.* ▌«...y no me quedó más remedio que jugar con mi capullo al cinco contra uno.» C. Pérez Merinero, *La mano armada.* ▌▪ «Jaimito se hace el cinco contra uno en el retrete.»

3. no tener ni (estar sin) cinco *expr.* sin dinero.

«¿Qué vamos a hacer el día que no tenga ni cinco?» José Raúl Bedoya, *La universidad del crimen.* ▌▪ «No tengo ni cinco, estoy arruinado.»

cine, de cine *expr.* bonito, bueno, extraordinario.

«Desde la entrada principal puedes contemplar la cara oculta de las rocas. ¡De cine!» Ragazza, n.° 101. ▌«Ahí era nada estar con esas chavalas de bandera (qué digo de bandera, de cine)...» Juan Madrid, *Crónicas del Madrid oscuro.* ▌«...había estado la noche anterior con Carmen Maldonado y se lo había pasado de cine.» María Antonia Valls, *Tres relatos de diario.* ▌«Tiene una casa de cine: más de veinte habitaciones, piscina y campo de tenis.» FV.

2. el cine de las sábanas blancas *expr.* la cama.

«Tuve que salirme del cine de las sábanas blancas...» C. Pérez Merinero, *La mano armada.*

cintura, cintura de avispa *s.* cintura estrecha.

«Ahí van unos ejercicios por si quieres declararles la guerra a los michelines y tener una cintura de avispa.» You, marzo, 1998.

2. meter en cintura *expr.* imponer disciplina, llamar al orden.

«Brígida es una buena chica, aunque algo sucia; a ver si tú la metes en cintura.» Ignacio Aldecoa, *El fulgor y la sangre.* ▌«Si mi hijo no te pone en cintura, lo haré yo.» Pau Faner, *Flor de sal.*

cinturón, apretarse el cinturón *expr.* tener que reducir gastos.

«...y nos están obligando a apretarnos el cinturón...» Juan José Alonso Millán, *Sólo para parejas,* 1993, RAE-CREA.

cipo *s.* pene.

«Tengo un cipo muy fino con la forma de un pepino, que por delante echa gotas y le cuelgan dos pelotas.» R. Gómez de Parada, *La universidad me mata.*

cipostio *s.* lío, jaleo.

«¡Este país es la hostia! Ante un cipostio como el de los lodos tóxicos nadie acepta su responsabilidad...» El Jueves, 13.5.98.

cipote *s.* pene.

«¡Pasen, señoras y señores, a contemplar el auténtico órgano del Anticristo, el más descomunal cipote [...] de toda la península Ibérica.» C. J. Cela, *Mazurca para dos muertos.* ▌«Como verás es un artístico objeto de goma hecho a imitación exacta del gigantesco cipote que exhibe en las películas ese joven...» Terenci Moix, *Garras de astracán.* ▌«Cuando yo era pequeñito / me daban la leche en bote / ahora que soy mayorcito / yo la doy con el cipote.» Amelia Díe y Jos Martín, *Antología popular obscena.* ▌«Una de sus supersticiones consistía en acariciar el cipote a Apolo...» Raúl del Pozo, *Noche de tahúres.* ▌«¿Y qué diferencia hay entre un cipote y una pilila? La misma que entre una langosta y una gamba.» Álvaro de Laiglesia, *Hijos de Pu.* ▌«Cógele rápido su cipote, aún no has terminado el trabajo, zorra!» SM Comix, n.° 29. ▌«...cada palo aguanta su vela y cada perro se lame su cipote.» Francisco Umbral, El Mundo, 26.2.98. ▌«En vez de sacar buenas tías para que se nos anime un poco el cipotito nos aplican...» C. Pérez Merinero, *Días de guardar.* ▌«¡Cuidado, no te vayas a escaldar el cipote...!» Ramón de España, El

País, 25.7.99. ▌ «...le arrancaba de cuajo el cipote y le dejaba bramar...» Pau Faner, *Flor de sal*. ▯ Cela dice en su *Diccionario secreto* que «es met. formal (la pija semeja un cipote ant. porra, quizá der. de var. de cepo, pie de tronco de árbol...)». El DRAE recoge la voz como *miembro viril*.▌

cirio *s.* lío, pelea, trifulca.

«Cirio. Vale por escándalo, alboroto, etc.» Francisco Umbral, *Diccionario cheli*. ▌ «¿Por qué no te dejas de cirios y te diviertes con la Paula?» Juan Madrid, *Las apariencias no engañan*.

2. pene.

«Y en la otra mano el cirio del delirio gordo como el culo de un sordo.» M. Romero Esteo, *El vodevil de la pálida, pálida, pálida rosa, 1979*, RAE-CREA. ▌ ▰ «Salió desnudo y con un cirio así de largo entre las piernas.»

3. montar (armar, organizar) un cirio *expr.* organizar lío, trifulca, jaleo.

«Esa mujer está organizando un buen cirio.» Pilar Urbano, *Yo entré en el Cesid*. ▌ «...lo pillaron en pleno refocilo vacuno, o sea, arreándole a la vaca, y se organizó el cirio.» Felipe Navarro (Yale), *Los machistas*. ▌ «...en cualquier momento puede llegar la poli y montarnos un cirio...» El Gato Encerrado, 3-9 julio, 1998. ▌ «Cuidado, que puedo montar un cirio.» Andreu Martín, *Amores que matan, ¿y qué?* ▌ «Total, que se armó el cirio, en vocabulario de su uso.» José Luis Martín Vigil, *Los niños bandidos*. ▌ «...en la calle se ha armado un cirio de cojones...» Manuel Quinto, *Estigma*.

4. montar (armar, organizar) un cirio a alguien *expr.* regañar.

«...y no sé [...] haberme montado un cirio por haber leído la carta.» Manuel Hidalgo, *Azucena, que juega al tenis*. ▌ «...pero no me vais a montar un cirio por eso, ¿no?» José Ángel Mañas, *Sonko95*. ▌ «En la época de la facultad montaba unos cirios espantosos.» Manuel Hidalgo, *Azucena, que juega al tenis*. ▌ ▰ «Si me montas un cirio delante de la familia del jefe te rompo la cara a hostias.»

ciruelas *s.* testículos.

«...sacó ahora las cálidas ciruelas de amor, bien gordas y bien llenas...» Olga Karsen, *La depravada*.

ciruelo *s.* bobo, necio, torpe.

«Ciruelo. Tonto, bobo.» VL. ▌ «Ciruelo: tonto, bobo.» JMO. ▌ «Ser un ciruelo. Ser lelo, tonto.» S. ▌ ▰ «No aprende porque es un ciruelo.» ▯ para el DRAE es *hombre muy necio e incapaz*. No se ha podido documentar fuera de diccionarios.▌

2. pene.

«El cura de Bayona / duerme en el suelo / porque ha roto la cama / con el ciruelo.» Amelia Díe y Jos Martín, *Antología popular obscena*. ▌ «Qué suave es la sustancia del ciruelo: / por tu vida, Manuel, no me la saques...» Ignacio Fontes, *Acto de amor y otros esfuerzos*. ▌ «La moza que ve un nudista / y no mira para el cielo, / o es tonta de nacimiento / o conoció ya el ciruelo.» Jose-Vicente Torrente, *Los sucesos de Santolaria*. ▌ ▰ «Después de tanto joder se le puso el ciruelo como enrojecido.» ▯ para información ▶ el *Diccionario secreto* de C. J. Cela.▌

＊cirujano *cf.* (afines) carnicero, galeno, jarabe, matasanos, medicucho.

cisco *s.* pelea, jaleo, alboroto.

«Pero para eso no tenía que montar este cisco...» Andreu Martín, *Por amor al arte*. ▌ «...parece ser que el viejo de la barba estuvo un poco apartado de todo el cisco...» Andreu Martín, *Prótesis*. ▌ «Llegaron cuatro matones y se armó en seguida un cisco.» FV.

2. hacer cisco *expr.* cansar, fatigar, estropear.

«...a costa de beber lo que te echen y hacerme cisco el hígado.» Ángel A. Jordán, *Marbella story*. ▌ «¿Que no? Estoy hecha cisco.» Severiano F. Nicolás, *Las influencias*. ▌ «...se ocultaban tras un archivador hecho cisco.» Andreu Martín, *El señor Capone no está en casa*. ▌ ▰ «Este paseo por el campo me ha dejado hecho cisco. ¡Qué cansancio!»

cisne *s.* prostituta.

«...pero en lengua vulgar y germanesca, las traficantes con su cuerpo eran designadas con los más variados vocablos, tales como cisne...» José Deleito y Piñuela, *La mala vida en la España de Felipe IV*. ▌ «En caliente puta es lumis, cisnes o jais, que viene de alhajai o alhajada, o sea, llena de joyas.» Juan Madrid, *Crónicas del Madrid oscuro.*

cita, casa de citas *s.* prostíbulo.

«Por su tamaño y estructura arquitectónica, esta casa de citas de la Grecia antigua...» El Mundo, 22.2.98. ▌«Por la hora piensa que voy para una casa de citas, a bregar con una prostituta...» Edgardo Rodríguez Juliá, 1986, RAE-CREA. ▌◼ «Las casas de citas para actividades sexuales son ya cosa del pasado.» ✔ ▶ *casa, casa de citas.*▌

2. casa de citas *s.* donde se alquilan habitaciones por horas.

«Yo nunca había estado en una casa de citas.» Guillermo Cabrera Infante, *La Habana para un infante difunto,* 1986, RAE-CREA. ▌«¿Con quién has venido antes aquí? ¿Es tu casa de citas? Elisa palidece...» Beatriz Guido, *La invitación,* 1979, RAE-CREA. ▌◼ «Las casas de citas ahora son habitaciones de hoteles o apartamentos que alquilan por horas.»

3. cita a ciegas *expr.* encuentro amoroso con desconocido-a.

«Cita a ciegas con un desconocido.» Ragazza, julio, 1997. ▌«Ojo con las citas a ciegas.» SúperPop, junio, 1999.

ciudadano (gente, mujer, hombre) de a pie *s.* persona corriente.

«Percibo la voz colérica de un individuo que en nombre de los ciudadanos de a pie, cuya representación ostenta...» Eduardo Mendoza, *Sin noticias de Gurb.* ▌«Y al pobre ciudadano de a pie, que es quien mantiene este boato...» A. Matías Guiu, *Cómo engañar a Hacienda.* ▌«María Rosa pretendía cazar dos o tres testimonios sobre la diversa Marbella, de gentes de a pie...» Ángel A. Jordán, *Marbella story.* ▌«A la Iglesia (no al curilla de a pie)...» Gomaespuma, *Grandes disgustos de la historia de España.* ▌«Carmen Maldonado, como la mayoría de los ciudadanos de a pie...» María Antonia Valls, *Tres relatos de diario.* ▌«...políticos de todas las camadas y periodistas de a pie...» Jaime Romo, *Un cubo lleno de cangrejos.* ▌«Soy una mujer de a pie de 59 años...» La Vanguardia, 23.2.99.

civil *s.* guardia civil.

«Si no es por los civiles yo creo que algo malo hubiera sucedido.» Ángel María de Lera, *Los clarines del miedo.* ▌«Los cojones de un civil.» Amelia Díe y Jos Martín, *Antología popular obscena.* ▌«...no querrán meterse en líos, que los civiles no andan con bromas...» Jose-Vicente Torrente, *Los sucesos de Santolaria.* ▌«¿Y si los propios Civiles se han llevado a Gabriela a escondidas y está ahora en la prisión de Molina...?» Andrés Berlanga, *La gaznápira.*

civilón *s.* guardia civil.

«Aquello estaba trufado de civilones.» Pilar Urbano, *Yo entré en el Cesid.* ▌«Estos civilones retirados son más espabilados que la puñeta.» C. Pérez Merinero, *Días de guardar.*

2. mujer dominante.

«...sargento, guardia civil, civilón, civilona, para un autoritarismo excesivo en la mujer.» AI.

civilona ▶ *civilón.*

clapar *v.* dormir.

«Es que se me seca el gaznate y toso y ronco y con tanto jaleo no clapo.» El Jueves, n.° 1083. ▌«Clapar. Dormir.» Joseba Elola, *Diccionario de jerga juvenil,* El País Semanal, 3.3.96. ▌◼ «Si te pasas el día en la cama clapando, no vas a aprobar ni una asignatura.»

clara *s.* cerveza con gaseosa.

«Vulgarismos o coloquialismos como clara (la bebida a base de cerveza)...» José Antonio Millán, Babelia, El País, 31.7.99.

2. a las claras *expr.* sin tapujos.

«...lo da a entender bien a las claras.» Juana Fondona, *Deporte y gimnasia para masoquistas.*

clareo, dar(se) un clareo *expr.* dar un paseo.

«Clareo. Paseo, marcha, fuga.» JMO. ▌«Darse un clareo. Dar una vuelta, pasear.» VL. ▌«Clareo: Marcha, escapada, huida, paseo, fuga.» JV. ▌«Darse un clareo: irse, hacerse un mutis, desvanecerse.» Ra. ▌◼ «Carmen y su novio se han ido a darse una clareo por el parque.» ✔ no se ha podido documentar fuera de diccionarios.▌

clariver *adj.* claro, clarividente.

«Pero al final le pido los folios y luego los leo en casa. Son de un clariver infalible...» Francisco Umbral, El Mundo, 22.2.98.

claro, más claro que el agua *expr.* fácil de comprender, simple.

«...el asunto está más claro que el agua: su hija Asuntita es un pendón.» Ángel Palomino, *Un jaguar y una rubia.* ▮ «Estaba más claro que el agua.» Juan Madrid, *Crónicas del Madrid oscuro.* ▮ «Por lo menos hay una cosa que está más clara que el agua...» Pedro Casals, *Disparando cocaína.* ▮ «Más claro, el agua.» Fernando Repiso, *El incompetente.* ▮ «...ya que está más claro que el agua lo que pasa.» C. Pérez Merinero, *Días de guardar.*

2. tenerlo (llevarlo) claro *expr.* difícil.

«Pero lo llevas claro, tía...» Almudena Grandes, *Las edades de Lulú.* ▮ «Quieren cazarme, que les conduzca hasta Juan. ¡Lo tienen claro!» Mariano Sánchez, *Carne fresca.* ▮▪ «Lo tengo claro con el cliente moroso. Ése no me paga, te lo digo yo.»

3. tenerlo (llevarlo) claro *expr.* estar seguro, no tener dudas.

«El seminarista sale a la placita porque tiene muy claro el sentido de la obediencia.» Miguel Martín, *Iros todos a hacer puñetas.* ▮ «Quien pretenda encasillar a Rafael Argullol lo lleva claro...» Margarita Rivière, Qué leer, 27.11.98. ▮ «Siempre lo he tenido muy claro que quería ser tenista...» Ragazza, agosto, 1997. ▮▪ «Yo lo tengo muy claro y si se pone tonta me divorcio de ella y ya está.»

claudia *s.* peseta.

«...y además mediante el pago de casi dos mil de estas beatas, leandras, rubias, claudias o bernabeas a punto de desaparecer sumergidas en el euro.» Jaime Campany, ABC, 31.1.99. ▮▪ «He pagado diez mil claudias por el arreglo de la lavadora.»

clavada *s.* factura abusiva.

«Clavada. Cobro abusivo.» VL. ▮ «Clavada. Factura elevada y excesiva.» S. ▮ «¡Menuda clavada la del restaurante! Nos han visto venir.» DCB. ⋎ no se ha podido documentar fuera de diccionarios.▮

clavado *adj.* idéntico en el físico.

«Y ahora, Enrique, dime quién es, clavao...» Ángel Palomino, *Las otras violaciones.* ▮ «...en eso eres Ramira clavada...» Andrés Berlanga, *La gaznápira.* ▮ « Las comparaciones entre Gwyneth y la madre de éste, la fallecida Grace Kelly, no se han hecho esperar. Todo el mundo asegura que son clavaditas.» SúperPop, junio, 1999. ▮▪ «Marcela es clavada a su hermana.»

clavadito ▸ *clavado.*

clavar *v.* cobrar de más.

«Pero risa de la buena, la que tendrá el gordo después de clavarnos casi seis mil pesetas.» Ángel Palomino, *Todo incluido.* ▮ «Clavamos en la priva.» El Jueves, 6-12 octubre, 1993. ▮ «Iremos a un lugar donde no nos claven.» Ángel A. Jordán, *Marbella story.* ▮▪ «Me clavaron veinte mil por la cena. Una estafa.»

clavarse en seco *expr.* parar repentinamente.

«...el coche del padre de familia puede hacer movimientos bruscos o clavarse en seco...» P. Antilogus, J. L. Festjens, *Anti-guía de los conductores*

clavársela *v.* copular.

«...os gusta que os la claven, pero no lo decís, aunque lo estáis deseando...» José María Carrascal, *Mientras tenga mis piernas.* ▮ «...cuando tenga el honor de clavártela, amor, vas a dar saltos de tigre.» Ramón Ayerra, *Los ratones colorados.* ▮▪ «Matilde es muy zorrona, se la clavé el primer día que salí con ella.»

clavel, no tener un clavel *expr.* sin dinero.

«Y la Sole no tiene un clavel, que esa lumi ya sólo putea de oído.» Manuel Quinto, *Estigma.*

clavo *s.* chivato, informador, delator.

«Clavo: informador / espía.» JGR. ▮ «Matías es un clavo que trabaja pa la plasta, que le paga bien.» DCB. ⋎ no se ha podido documentar fuera de diccionarios.▮

2. pene.

«Clavo: pene.» JMO. ▮ «Clavo. Pene, picha, rabo, zupo.» Ra. ▮▪ «La Petra no consiente que le metan el clavo a menos que le paguen.» ✓ C. J. Cela en su *Diccionario secreto* cita a Quevedo, Góngora, Samaniego y Pérez de Ayala entre los que han empleado la palabra con este significado.|

3. resaca, dolor de cabeza.

«Tengo algo de clavo y no puedo recordar con mucha nitidez qué pasó la noche anterior.» José Ángel Mañas, *Historias del Kronen.* ▮ «No tengo clavo y estoy relativamente despejado...» José Ángel Mañas, *Historias del Kronen.* ▮ «...pero pronto cada uno opta por otro tipo de combustible elegido según lo que le produce menor clavo.» Carmen Posadas, *Yuppies, jet set, la movida y otras especies.* ✓ DRAE: «5. jaqueca.»|

4. dinero que se cobra de más.

«Vaya clavo por alquilar una tabla.» El Jueves, 6-12 julio, 1994. ▮ «No voy a meter en el recibo del teléfono de Ana el clavo de mis llamadas al otro lado del charco...» Pedro Casals, *Disparando cocaína.*

5. agarrarse a un clavo ardiendo *expr.* utilizar cualquier solución.

«Estamos en bragas y es cuestión de agarrarse a un clavo ardiendo...» Andreu Martín, *Por amor al arte.*

6. como un clavo *expr.* puntual.

«...dentro de una hora. Estaré allí como un clavo.» Mercedes Salisachs, *La gangrena,* 1975, RAE-CREA. ▮ «Aquí estaré como un clavo, que se dice.» Alfonso Sastre, *El viaje infinito de Sancho Panza,* 1984, RAE-CREA. ▮ ▰ «Estaré allí a las dos en punto, como un clavo.»

7. dar en el clavo *expr.* acertar.

«Y a punto estuvo de dar en el clavo...» Ernesto Parra, *Soy un extraño para ti.* ▮ «Hasta que por fin dio en el clavo.» Pedro Casals, *Disparando cocaína.*

8. de clavo *expr.* extra, dinero de más.

«...había incluido 600.000 pesetas de clavo...» Manuel Giménez, *Antología del timo.* ▮ ▰ «Nos han metido cinco mil pelas de clavo en la factura.»

9. echar un clavo *expr.* copular.

«...la verdad es que vengo muy quemao... sólo tengo ganas de echar un clavete.» Cómic erótico, tomo IV, n.° 21 al 24. ▮ ▰ «Es-

tuvimos tonteando la Encarna y yo en la fiesta y por fin echamos un clavo en el garaje.»

10. meter un clavo ▸ *clavo, echar un clavo.*

11. no dar clavo *expr.* no trabajar, ser indolente.

«...porque es más vago [...] que la chaqueta de un guardia. No da ni clavo.» B. Pérez Aranda *et al., La ex siempre llama dos veces.*

12. sin un clavo *expr.* sin dinero.

«Ahora no puedo llevar la moto a casa, no tengo donde meterla y estoy sin un clavo. Por favor no me dejes en la estacada.» Juan Marsé, *Últimas tardes con Teresa.* ▮ ▰ «Estoy sin un clavo desde que compré la casa.» ▮ «No tengo un clavo hasta fin de mes, que es cuando cobro.»

****cliente de prostituta** cf. (afines) cabrito, chalequero, chorlito, ir de putas, putero, torero.

clisar *v.* mirar.

«Clisar. Mirar.» S. ▮ «Clisar. Ver, mirar.» VL. ▮ «Paco está ahí, clisando a los guiris.» DCB. ✓ no se ha podido documentar fuera de diccionarios.|

cliseras *s. pl.* gafas.

«Cliseras. Gafas.» JGR. ▮ «Clisera. Gafa, antiparras.» Ra. ▮ ▰ «Quítate las cliseras y ponte lentillas, que estarás más guapa, tía.» ✓ también *clisas.*|

clisos *s. pl.* ojos.

«Cliso: ojo.» Manuel Giménez, *Antología del timo.* ▮ «Agáchate. Este barrio está lleno de clisos nocturnos.» Rambla, n.° 3. ▮ «...y se le animan los clisos a la estrella de la gobi...» Manuel Quinto, *Estigma.* ▮ ▰ «Ten los clisos muy abiertos por si las moscas.» ✓ incorporado en el DRAE.|

clitoriana fría *s.* mujer frígida.

«¡Y yo que creía que mi hija era una de esas clitorianas frías de caverna...» Chumy Chúmez, *Por fin un hombre honrado.*

****clítoris** cf. (afines) altramuz, botoncito, pepitilla, pipa.

coba *s.* banco.

«Coba: entidad bancaria.» Manuel Giménez, *Antología del timo.* ✓ *vesre* de *banco.*|

2. dar coba v. adular.

«La Mary empezó a darme mucha coba para que yo le dejase...» Eduardo Mendicutti, *El palomo cojo,* 1991, RAE-CREA. ❚ «No es por darte coba...» Luis Ricardo Alonso, *El supremísimo,* 1981, RAE-CREA. ❚ ◼ «Dale coba al jefe y verás como te ganas un ascenso bueno.»

*cobarde cf. (afines) acojonao, arrugado, blanco, blandengue, blandurri, bragas, bragazas, cachazas, cagado, cagaina, cagarria, cagata, cagón, cagueta, calcitas, calzonazos, calzonudo, calzorras, capado, capón, castrado, cobardica, cobardón, no tener *cojones, culeras, culero, descojonado, deshuevado, gallina, faltar *huevos, jiñado, manso, miedica, mierda, mojaculos, nena, pichafloja, puto, rajado, rilado.

cobardica s. cobarde.

«Gracias por ayudarme, cobardica.» El Jueves, n.º 1083. ❚ «Pero el pueblo chino de entonces [...] era más bien cobardica, impotente...» Álvaro de Laiglesia, *Hijos de Pu.* ❚ ◼ «No seas tan cobardica y métete en el agua, que no está tan fría.»

cobardón s. cobarde, timorato.

«...yo soy un cobardón...» A. Zamora Vicente, *Mesa, sobremesa.*

cobear v. halagar.

«¡Están ustedes aviados, señores de la derecha-romana-nacional-sindicalista! ¡Cuando no cobean, mienten!» Javier Marías, ABC Cultural, 13.2.98.

cobero s. adulador.

«Cobero: adulador.» JMO. ❚ «Cobero. Persona aduladora.» S. ❚ «Cobero: adulador.» JV. ❚ «Víctor es un cobero que se pasa la vida dando coba a los demás para sacar algo, claro.» DCB. ✓ *da coba.* No se ha podido documentar fuera de diccionarios.❚

cobista s. adulador.

«Pero retomemos a Marcial, poeta y jurista, vago y licencioso, un pelota de la época, cobista de Nerón...» A. Ussía, *Coñones del Reino de España.* ✓ también *cobero.*❚

cobrar v. recibir un castigo corporal.

«¿Lo veis? El primero que va a *cobrar* soy yo.» Miguel Martín, *Iros todos a hacer puñetas.* ❚ «Me preguntó que si quería cobrar, le contesté que sí y me metió una paliza...» Eloy Arenas, *Los vecinos de mis vecinos son mis vecinos.*

2. tente mientras cobro ▶ *tente mientras cobro.*

cobre, batir(se) el cobre expr. golpear(se), pegar(se).

«Se baten el cobre sin contemplaciones.» Noticias, Telecinco, 24.8.98. ❚ «Medita bien tu decisión, porque yo no me voy a batir el cobre por ti nunca más.» Care Santos, *El tango del perdedor.*

coca s. cabeza.

«Coca: cabeza.» JV. ❚ «Coca: cabeza.» JMO. ❚ «El niño se ha hecho daño en la coca otra vez.» DCB. ✓ no se ha podido documentar fuera de diccionarios.❚

2. coca cola.

«Una pizza bien crujiente, una coca y un heladito de postre...» Ragazza, junio, 1998. ❚ ◼ «Nos tomamos dos cocas y un bocata chorizo.»

3. cocaína.

«Coca. Cocaína.» JGR. ❚ «Ha tenido algunos problemas con la coca...» You, marzo, 1998.

cocacolizar v. hacer adicto a la coca cola.

«Han apeado al emperador del altar y lo han cocacolizado...» Ángel Palomino, *Todo incluido.*

*cocaína cf. (afines) arenisca, bazuco, coca, crack, farlopa, nieve, perico, raya, speedball. ✓ ▶ *droga.*❚

cocamen s. cabeza.

«...cocamen, por coco (comernos el cocamen)...» Ricardo Senabre, El Cultural, El Mundo, 24.10.99.

cocer(se) v. planear, organizar, tramar, meditar alguna cosa.

«...con el oído presto al parche de lo mejor y más calentito que se cuece por aquí...» Manuel de la Fuente, ABC, 29.9.99. ❚ «Quiere transmitir al resto de los mortales que él sabe lo que se cuece...» Onofre Varela, A las barricadas, 11-17 mayo, 1998. ▌ «Algo importante debe cocerse en ese km. 19.» Cómic Jarabe, n.º 4, 1996. ▌ «...mientras yo permanecía en la casa, cosas importantes se estaban cociendo.» Lourdes Ortiz, *Picadura mortal.* ▌ «...no me llevaría las manos a la cabeza si me confirmasen que entre esa gente que mete en su casa con la fulanilla pasota se cuece algo entre maricas...» Ernesto Parra, *Soy un extraño para ti.* ▌ «Decidirás abrirte para ver qué se cuece por ahí.» You, marzo, 1998. ▌ ❚ «¿Qué están esos dos cociendo ahí dentro, cuchicheando?»

2. embriagarse.

«...donde la cerveza se cuenta por hectólitros y el objetivo es pasar un buen rato y cocerse...» R. Gómez de Parada, *La universidad me mata.* ▌ «Mi amigo el fabricante se cuece como el propio pan...» Raúl del Pozo, *Noche de tahúres.* ▌ ❚ «Se han cocido bien en la fiesta de cumpleaños. Andaban todos haciendo eses.»

cochazo *s.* coche grande y lujoso.

«Es posible que alguno de la pandilla haya olvidado algo dentro del cochazo...» Álvaro de Laiglesia, *Hijos de Pu.* ▌ «El Cristóbal sueña con un cochazo, y por eso ahorra no desayunando...» Andrés Berlanga, *La gaznápira.*

*coche cf. (afines) ▶ *automóvil.*

*coche de policía cf. (afines) bidón, bombona, canguro, lechera, tocinera, yogurtera, zeta.

coche de San Fernando ▶ *San Fernando, ir en el coche de San Fernando.*

*coche viejo cf. (afines) ▶ *automóvil.*

cochinada *s.* mala acción.

«...no parará de hacer cochinadas a todo quisque...» A. Zamora Vicente, *Mesa, sobremesa.* ▌ ❚ «Marcharse con todo el dinero y dejarnos aquí tirados es una verdadera cochinada.»

2. acto pecaminoso y concupiscente.

«Periquito y yo nos metíamos detrás de un sofá, en su casa o en la mía, y hacíamos cochinadas con toda delectación y esmero.» C. J. Cela, ABC, 12.7.98. ▌ «...y la gente comenzó a hablar de democracia y otras co-

chinadas por el estilo...» Felipe Navarro (Yale), *Los machistas.* ▌ «Pues alguna cochinada tendrá que ser. Viniendo como vienes de París.» Álvaro de Laiglesia, *Hijos de Pu.* ▌ «...lo que tenía entre las piernas se me ponía duro, muy duro, que me encantaba pensar en cochinadas.» José María Amilibia, *Españoles todos.*

cochinería ▶ *cochinada.*

cochino *adj.* maldito.

«¡A ver si logro recordar de una cochina vez!» Mariano Tudela, *Últimas noches del corazón.* ▌ «Reconcomido seguramente por la cochina envidia, el tío de Froilán no ha querido ser menos...» Carmen Rigalt, El Mundo, 1.8.98. ▌ «Yo nunca estuve con esa gente. ¡Es un cochino montaje!» Ramón Escobar, *Negocios sucios y lucrativos de futuro.* ▌ ❚ «Yo no pienso pelear con Carmen por unas cochinas pesetas.»

cochino *adj. y s.* persona indeseable.

«Puta, cochina, marrana,» Amelia Díe y Jos Martín, *Antología popular obscena.* ✓ DRAE: «fig. y fam. Persona grosera, sin modales. Ú. t. c. adj.».

2. sucio y desastrado.

«Trinchera es la prenda más cochina que llevan los pollos pera, en la trinchera.» Rafael García Serrano, *Diccionario para un macuto.* ▌ ❚ «No seas tan cochino y lávate y péinate antes de salir.» ✓ DRAE: «fig. y fam. Persona muy sucia y desaseada. Ú. t. c. adj.».

3. libidinoso, lujurioso, rijoso.

«...le deslizó una mano bajo las faldas a la robusta enfermera, el muy cochino...» Pgarcía, *El método Flower.* ▌ «Llamar por teléfono a alguna cuñada y hacerle proposiciones cochinas.» Fernando G. Tola, *Mis tentaciones.*

cocido *adj.* ebrio, borracho.

«Lo fácil sería hacer una historia chorra, trufada de chistes del Papa cocido de ron, con jineteras...» El Jueves, 21-28 enero, 1998. ▌ «Las tías estaban cocidas, pero cocidas de verdad y el único que quilaba, pues yo.» Juan Madrid, *Crónicas del Madrid oscuro.* ▌ ❚ «Se ve que tu padre ha estado dándole a la botella porque está completamente cocido.»

coco *s.* cabeza.

«Cuéntanos esto de tu éxito. ¿Se te ha subido al coco o vas de normal por la vida?» Ragazza, n.° 100. ❚ «Como te dé un silletazo en el coco verás...» El Jueves, n.° 1083. ❚ «Estás loco del coco, tío.» A. Matías Guiu, *Cómo engañar a Hacienda.* ❚ «Hay que cultivar el coco.» A. Gómez Rufo, *Cómo ligar con ese chico que pasa de ti o se hace el duro.* ❚ «...aquí, en mi coco, tenía toda la mierda de la ciudad.» M. Vázquez Montalbán, *El delantero centro fue asesinado al atardecer.* ❚ ❚▰ «Dame una aspirina porque me duele el coco mucho.»

2. cópula sexual.

«Échame otro coco.» Joseba Elola, *Diccionario de jerga juvenil,* El País Semanal, 3.3.96. ❚ ▰ «Lo que tu hijo necesita es un coco con una tía buena, y verás como se le pasan todos los males.»

3. persona fea.

«Coco: feo.» JMO. ❚ «Coco. Horrible. Feo en grado superlativo.» Ra. ❚▰ «Mi novia es un poco coja pero la tuya es un coco, tío.» ✔ no se ha podido documentar fuera de diccionarios.❘

4. personaje imaginario que asusta a los niños.

«Atilano es el gran coco de la batalla de Teruel...» Rafael García Serrano, *Diccionario para un macuto.* ❚ «¡El Lute me roba; alerta, a las armas, aquí está el coco.» Eleuterio Sánchez, *Camina o revienta.* ❚ «No soy el coco, ni vengo a hacerla ningún daño.» Lourdes Ortiz, *Picadura mortal.* ❚ «...quieren hacer ver que el mando único es el coco.» Cristóbal Zaragoza, *Y Dios en la última playa.* ❚ ▰ «Si no te callas y dejas de llorar, llamaré al coco y te llevará y hará confitura con tu sangre.» ✔ Covarrubias decía en 1611 y en su *Tesoro de la lengua castellana o española*: «En lenguaje de los niños vale figura que causa espanto.»❘

5. comer el coco *expr.* manipular, convencer.

«Cualquiera le come el coco a Ventura, esto es el acabose.» Juan Madrid, *Cuentas pendientes.* ❚ «Empiezas a comerte el coco...» El Jueves, 8-14 abril, 1998. ❚ «Han visto demasiadas películas, demasiada tele y les han comido el coco.» M. Vázquez Montalbán, *Los alegres muchachos de Atzavara.* ❚ «...esta modalidad de venta [...] se queda reducida a una comida de tarro o de coco...» Manuel Giménez, *Antología del timo.* ❚ «...porque los viejos tienen un mal rollo y si dejas que te coman el coco...» Andrés Berlanga, *La gaznápira.* ❚ «...que os comen el coco, os sacan un dineral...» Gomaespuma, *Familia no hay más que una.* ❚ «Es una comedura de coco, chico.» Mariano Sánchez, *Carne fresca.* ❚ «Lo que pasa es que te tiene comido el coco: que si eres una inútil, que dónde vas a ir por la vida sin él...» Eloy Arenas, *Los vecinos de mis vecinos son mis vecinos.* ❚ «No te dejes comer el coco, si a ti no te apetece, que se busquen la vida.» You, marzo, 1998. ❚ «...montó en cólera [...] e intentó comerle el coco a la niña...» B. Pérez Aranda *et al., La ex siempre llama dos veces.*

6. comerse el coco *expr.* preocuparse.

«...se pasa sus buenos ratos en la Bolsa [...] comiéndose el coco con otros pirados como él.» Manuel Hidalgo, *Azucena, que juega al tenis.* ❚ «No os comáis el coco.» El Gran Wyoming, *Te quiero personalmente.* ❚ «Pues no te comas el coco si no sabes qué ponerte...» You, enero, 1998. ❚ «No te comas el coco.» Andreu Martín, *Amores que matan, ¿y qué?* ❚ «Son los puretas, los que lo programan todo, los que se comen el coco...» José Luis Martín Vigil, *Los niños bandidos.* ❚ «No te comas malamente el coco, ¿me entiendes?» José Luis de Tomás García, *La otra orilla de la droga,* 1984, RAE-CREA. ❚ «Si hay algo que te come el coco no te lo guardes.» SúperPop, junio, 1999.

7. darle al coco *expr.* pensar, cavilar.

«Lo único que hay que hacer es darle al coco y saber sacar partido a tus posibilidades.» You, enero, 1998.

8. echar un coco *expr.* copular.

«Échame otro coco.» Joseba Elola, *Diccionario de jerga juvenil,* El País Semanal, 3.3.96. ❚ «Echar un coco. Fornicar.» S. ❚ «Echar un coco. Hacer el amor.» Joseba Elola, *Diccionario de jerga juvenil*, El País semanal, 3.3.96. ❚ «Estuvimos bailando y cuando la puse bien caliente echamos un coco en la cocina.» DCB. ✔ no se ha podido documentar fuera de diccionarios. ▸ coco 2.|

9. estar mal del coco *expr.* demente, loco.

«Yo tengo una medicina para los que están mal del coco.» Juan Madrid, *Flores, el gitano.* ▮ ▪ «Si te casas con esa furcia es que estás mal del coco.»

10. estrecho de coco *expr.* de poca inteligencia.

«La baronesa, tambaleante de andares y estrecha de coco...» Carmen Rigalt, El Mundo, 10.10.99.

11. hasta el coco *expr.* harto.

«...estaba hasta el coco de mis ironías, de mis frases de doble sentido...» A. Zamora Vicente, *Mesa, sobremesa.* ▮ «Terminé hasta el coco de mi obligación.» A. Ussía, ABC, 24.2.99. ▮ «...hasta los ojos; [...] hasta las narices; [...] hasta el coco...» DS.

12. lavado de coco *expr.* acto de convencer, persuadir.

«...había sometido a sus hijas a un lavado de coco infernal.» B. Pérez Aranda *et al., La ex siempre llama dos veces.* ✔ del inglés *brainwash.*|

13. romperse el coco *expr.* cavilar, pensar.

«¡Rómpete el coco y sácale partido!» Ragazza, n.° 101.

14. tener mucho coco *expr.* intelectual, inteligente.

«Coco: inteligencia.» JMO. ▮ «Tener mucho coco. Ser una persona muy inteligente.» S. ▮ ▪ «Juana sale con un tío que tiene mucho coco y que ha escrito varios libros.» ✔ no se ha podido documentar fuera de diccionarios.|

cocoliso *s.* calvo.

«...sólo ofenden a calvos [...] bola de billar, calvorota; pelao; cocoliso...» AI.

cocorota *s.* cabeza.

«...hacemos competiciones de gapos a ver quien acierta en la cocorota.» José Ángel Mañas, *Sonko95.* ▮ «Te invito a almorzar [...] de soledad estoy hasta el cocorote.» Corín Tellado, *Mamá piensa casarse.* ▮ «Cocorota. Cabeza.» VL. ▮ «Cocorota. Cabeza.» JMO. ▮ «Cocorota. Cabeza.» S. ✔ también *cocorote.*|

cocorote ▸ *cocorota.*

cocota *s.* prostituta.

«...elegir una postal de cocota...» Manuel Longares, *La novela del corsé,* 1979, RAE-CREA. ▮ ▪ «La Consuelo es una cocota de postín que va con tíos de dinero.»

2. cabeza.

«Cocota. vulg. Cabeza humana.» DRAE. ▮ ▪ «Agacha la cocota que te vas a dar con el marco de la puerta.»

cocotero *s.* cabeza.

«...toda una sarta de memeces que te han ido metiendo en el cocotero desde que eras un mocoso...» C. Pérez Merinero, *Días de guardar.*

cocreta *s.* croqueta.

«La señorita Pirula es una chica joven [...] que aún no hace mucho más de un año decía *denén, leñe* y *cocreta.*» C. J. Cela, *La colmena.* ▮ «Existe un rasgo común a todo el personal de la cafetería: pronunciar cocretas...» R. Gómez de Parada, *La universidad me mata.*

codearse con *v.* tener trato social con alguien.

«Esta chica siempre se ha codeado con famosos...» You, marzo, 1998. ✔ DRAE: «prnl. fig. Tener trato habitual, de igual a igual, una persona con otra o con cierto grupo social».|

codo, clavar los codos *expr.* estudiar.

«Es la primera en clavar los codos ante un examen próximo...» R. Gómez de Parada, *La universidad me mata.*

2. empinar el codo *expr.* beber, embriagarse.

«A lo mejor es que era muy bilbaíno, y lo que le iba era solamente la pura juerga, la juerga sin más, empinar el codo y reírse mucho...» José María Amilibia, *Españoles todos.* ▮ «...le sugerimos que deje de empinar el codo...» P. Antilogus, J. L. Festjens, *Anti-guía de los conductores.* ▮ «Y un poco aficionados a empinar el codo y a cazar volátiles...» Rafael García Serrano, *Diccionario para un macuto.* ▮ «...y se lleva bien con la gente menuda, y también con quienes empinan el codo.» Andrés Berlanga, *La gazná-*

pira. ▌ «¡Y te diré una cosa, ahora sólo empina el codo cuando está con él.» Jesús Ferrero, *Lady Pepa.* ▌ «No parece sino que empinando el codo se nos fuesen a abrir las puertas del paraíso.» C. Pérez Merinero, *Días de guardar.* ✔ Primitivamente se dijo *alzar el codo* y *beber de codo.* Luego se dijo *alzar el codo.* Después, *levantar el codo,* y en el siglo XIX, tanto *alzar* como *levantar* fueron desalojados por otro verbo, y hoy la forma corriente es *empinar el codo.* Citado por Iribarren en su *El porqué de los dichos,* de la *Introducción a la lexicografía moderna* de Julio Casares.▐

3. hablar (charlar) por los codos *expr.* ser muy locuaz.

«Llega sofocada, como salida de un ajetreado safari, y hablando por los codos de su increíble aventura.» Marina Pino, *Cómo montártelo por el morro.* ▌ «Allí chachareó hasta por los codos...» P. Perdomo Azopardo, *La vida golfa de don Quijote y Sancho.* ▌ «...aquella tarde hablamos hasta por los codos...» P. Perdomo Azopardo, *La vida golfa de don Quijote y Sancho.* ▌ «...El resto del público [...] hablaba por los codos...» Carmen Rico-Godoy, *Cómo ser infeliz y disfrutarlo.* ▌ «...derrocha amabilidad y habla por los codos...» R. Gómez de Parada, *La universidad me mata.* ▌ «...y ella contesta al saludo y charla por los codos.» José Gutiérrez-Solana, *Madrid, escenas y costumbres, Obra literaria, I.* ▌ «...no se podía estar quieto ni un momento y hablaba hasta por los codos...» J. Jiménez Martín, *Ligar no es pecado.* ▌ «...habla por los codos de sí mismo, de sus negocios, de sus aspiraciones...» Eduardo Mendoza, *La verdad sobre el caso Savolta.* ▌ «...ha sido él quien ha intentado serenarme hablando desde el primer momento por los codos.» B. Pérez Aranda *et al., La ex siempre llama dos veces.* ▌ «Charlaba por los codos.» Carmen Rico-Godoy, *Cuernos de mujer.*

4. romperse (darle a, hincar) los codos *expr.* estudiar mucho.

«A partir de ahora, se acabaron las acampadas de fin de semana. ¡A hincar los codos!» Fernando Martín, *Cómo aprobar todo sin dar ni chapa.* ▌ «Si quiero aprobar el examen tendré que hincar los codos.» CL. ▌

«Voy a tener que pasarme todo el mes dándole a los codos para poder aprobar el examen de geografía.» DCB.

cofa, dar por cofa *expr.* sodomizar.

«...un turco que tiene de cocinero, y que como él también hace a pelo y a pluma, y daban por cofa al tío y se follaban a la tía...» Ramón Ayerra, *Los ratones colorados.*

coger *v.* copular.

«Un caballero en Argentina nunca coge a una mujer sin su consentimiento.» DS. ✔ dice Cela en su *Diccionario secreto*: «el verbo coger es impronunciable en la Argentina, donde significa, exclusivamente, realizar el coito, y los caballeros de aquel país no pueden coger dulcemente del brazo a una dama para ayudarle a cruzar la calle, sino que se ven obligados a agarrarla (asirla fuertemente)». DRAE: «vulg. Amér. Realizar el acto sexual».▐

2. coger el dos ▶ *dos, ir (venir) en el dos.*

3. coger onda ▶ *onda, coger (la) onda.*

*****coger desprevenido** cf. (afines) coger en **bragas,* con las manos en la masa, coger de **marrón.*

cogerla *v.* embriagarse.

«Cogerla. Emborracharse.» VL. ▌ «Cogerla: emborracharse.» JMO. ▌ «Cogerla. Columpiarse, emborracharse.» Ra. ▌ «Cogerla: emborracharse.» JV. ▌ «Pepe la ha cogido buena esta noche. Va haciendo eses.» DCB. ✔ no se ha podido documentar fuera de diccionarios.▐

cogorza *adj.* ebrio, borracho.

«...estaba cogorza, no sé lo que me dieron, algo que yo no pedí...» Ángel Palomino, *Todo incluido.* ▌ «Estar cogorza, merluza, trompa. Estar con copas.» Carmen Posadas, *Yuppies, jet set, la movida y otras especies.* ▌ ⊷ «La fiesta fue un verdadero éxito. Acabamos todos cogorza antes de las dos de la mañana.»

2. *s.* borrachera.

«Por mi parte, doy por olvidada la cogorza de Madrid.» A. Ussía, ABC, 3.1.99. ▌ «...se utiliza casi siempre una noche de cogorza y de confidencias como ambiente.» Pilar Urbano, *Yo entré en el Cesid.* ▌ «...y aquel año me agarré las peores cogorzas que me haya agarrado en todos los días de mi vida...» Lucía Etxebarría, *Amor, curiosidad, prozac y dudas.* ▌«Entretanto, uno de los amigos ha cogido una cogorza y está en el baño echando hasta la primera papilla.» Gomaespuma, *Familia no hay más que una.* ▌«Se cayó en las aguas del puerto en mitad de una de las impresionantes cogorzas que solía coger...» José Luis Muñoz, *Pubis de vello rojo.* ▌«...el de la cogorza vomitada y faltona, el curda degradado y sin remedio.» Ángel Palomino, *Insultos, cortes e impertinencias.* ▌«Es el aguador de la calle, que ha cogido una buena cogorza...» José Gutiérrez-Solana, *Madrid callejero, Obra literaria, II.* ▌«Yo sé cómo son las cogorzas...» Juan Madrid, *Flores, el gitano.* ▌«...lucían una cogorza de tomo y lomo...» Ramón Ayerra, *Los ratones colorados.* ▌«El trompas. No suele molestar mucho... Salvo los casos que la cogorza le da violenta...» M. Ángel García, *La mili que te parió.* |✔ ▶ *cogorza.*|

3. cogorza(s) *s.* bebido, borracho.

«...el borracho [es] ajumao, borrachín, [...] cogorzas, [...] esponja, beodo,... mamado,...» AI.

*__cohabitar__ cf. (afines) ▶ *copular.*

*__coito__ cf. (afines) ▶ *cópula sexual.*

coito anal *s.* sodomía.

«No descarta también una campaña televisiva a favor del coito anal sin preservativo...» El Jueves, 6-12 octubre, 1993.

cojear, saber de qué pie cojea uno *expr.* conocer a alguien bien.

«...ésa ya sé yo de qué pie cojea...» A. Zamora Vicente, *Mesa, sobremesa.* ▌«¡Si te conoceré yo de qué pie cojeas!» Severiano F. Nicolás, *Las influencias.* ▌■■«Yo hablaré con Jaime porque yo sé de qué pie cojea y le podré convencer.»

cojeras *s.* persona coja.

«El dueño del garito, un cojeras al que...» C. Pérez Merinero, *La mano armada.*

cojines *s. pl.* testículos.

«Cojines: testículos.» JMO. ▌«...los parónimos (cojín, cojón)...» DS. ▌■■«¡Unos cojines si te crees que voy a acompañarte!» |✔

para C. J. Cela, *Diccionario secreto,* es «piadosísimo, de uso infantil o remilgado».|

cojinetes *s. pl.* testículos.

«Anda ya, calla, y bésame los cojinetes.» R. Montero, *Diccionario de nuevos insultos...* ▌«Cojinetes: testículos.» JMO. ▌■■«Me he dado una ducha fría y se me han helado los cojinetes, tío.» |✔ Cela: «es piadosísimo y met. de int. festiva».|

cojitranca *s.* cojo.

«Un limpiabotas cojitranco...» Mariano Tudela, *Últimas noches del corazón.* ▌«...su mujer es cojitranca y muy morena; tiene puesta una toquilla blanca...» José Gutiérrez-Solana, *Madrid, escenas y costumbres, Obra literaria, I.* ▌«...el gran Floro, limpiabotas cojitranco, borrachuzo, malafollá...» Ramón Ayerra, *Los ratones colorados.* ▌■■«Ayer vi al cojitranca de tu marido corriendo tras unas chavalas muy guapas.» |✔ *cajitranca* o *cojitranco.*|

*__cojo__ cf. (afines) cojitranca, patachula, pataescombro.

cojón *s.* testículo.

«Cojón. Del latín *coleus,* a través del latín vulgar *coleus, -onis.* Nombre vulgar del testículo o gónada del macho...» DE. ▌«A buen jodedor, poca polla y mucho cojón.» ref. ▌«...es la sed de nunca acabar, cojón, y qué rico es el sople...» Ramón Ayerra, *Los ratones colorados.* ▌«Un martini sin aceituna es como un cojón sin compañero...» C. Pérez Merinero, *Días de guardar.* ▌«...con una cuchara afilada se dio un corte en un cojón...» Javier Memba, *Homenaje a Kid Valencia,* 1989, RAE-CREA. |✔ se remonta al año 1100 a.C. En su *Tesoro de la lengua castellana o española,* 1611, Covarrubias dice: «Algunas cosas curiosas avía que tratar en esta dicción, pero no se ha de dezir todo, especialmente escribiendo en romance.» Para una información completa, consultar el *Diccionario secreto* y el *Diccionario del erotismo* de C. J. Cela. ▶ también *cojones.*|

2. a cojón tendido *expr.* mucho.

«Ganábamos un buen jornal, es cierto, pero trabajábamos las ocho horas a cojón tendido.» DE.

3. cojón de mico *expr.* estupendo, bueno, excelente, grande.

«¡Aquéllos sí que eran hombres de cojón de mico, los de la generación del 98, y no los de ahora.» José Gutiérrez-Solana, *Madrid callejero, Obra literaria, II.* ▌«...es que esta montaña tiene un clima de cojón de mico.» Luis Goytisolo, *Recuento.* ▌«De cojón de fraile, de cojón de mico, de cojón de pato.» JM. ▌«...ellos vivían estupendamente, ¡de cojón de mico!» Cambio 16, 1.10.90. ▌✋ «Jaime ha pescado una borrachera de cojón de mico.»

4. cojón de pato *expr.* estupendo, bueno, grande.

«¿Cabe algo más surrealista que afirmar de una cosa que es de cojón de pato?» Rafael García Serrano, *Diccionario para un macuto.* ▌«De cojón de fraile, de cojón de mico, de cojón de pato.» JM.

5. costar (valer) un cojón *expr.* costar mucho.

«Pero ideológicamente valía un cojón...» Álvaro de Laiglesia, *Hijos de Pu.* ▌«Va peinadito de cojones y lleva un terno italiano de los que valen un cojón.» C. Pérez Merinero, *Días de guardar.* ▌✋ «Pues la operación de la nariz te va a costar un cojón.»

6. del cojón *expr.* grande, importante.

«...y el día que nos toque inspección nos va a caer una multa del cojón.» José Ángel Mañas, *Sonko95.*

7. un cojón *expr.* mucho, gran cantidad, bueno.

«Es un muchacho trabajador, serio, bien preparado, que vale un cojón.» DS. ▌«Va peinadito de cojones y lleva un terno italiano de los que valen un cojón.» C. Pérez Merinero, *Días de guardar.* ▌«Esta joya vale un cojón.» JM. ✔ ▶ *cojón 3.*▌

8. y un cojón *expr.* que te crees tú eso.

«¿Que te deje el tocadiscos?... ¡Y un cojón!» JM.

cojonamen *s.* testículos.

«La sola vista del torero, con su taleguilla ajustada y el cojonamen estallando, hacía verdaderos estragos entre el bello sexo.» DE.

cojonazos *s. pl.* testículos grandes.

«¿Has visto qué cojonazos tiene el tipo de la estatua?» JM. ▌«Cojonazos. Cojones grandes.» VL. ▌«Le cogí los cojonazos, tía, y se los apreté fuerte.» DCB.

2. *s.* hombre dominado por su mujer.

«Hombre que se deja llevar por la opinión ajena.» JMO. ▌«Creo que es un cojonazos, que en su casa es un cero a la izquierda.» JM. ▌«Cojonazos. Calzonazos, hombre demasiado condescendiente, de poco carácter.» VL. ▌«Es un cojonazos, incapaz de mantenerle la mirada a una mujer.» DS. ▌✋ «Hace todo lo que le dice su mujer porque es un cojonazos dominado por esa gorda.»

3. cachazudo, flemático.

«Hombre que tiene excesiva flema o calma.» JMO. ▌«Cojonazos. Cachazudo, voluble, estúpido.» JM. ✋ «¡Qué cojonazos es tu marido! Todo lo hace a su aire, despacio.» ✔ no se ha podido documentar fuera de diccionarios.▌

cojonera *s.* testículos.

«La cojonera: los testículos.» JMO. ▌«Cojonera. Los dos testículos.» VL. ▌✋ «Me duele la cojonera un montón hoy.» ✔ no se ha podido documentar fuera de diccionarios. ▶ *cojonera 2.*▌

2. pasarse algo (alguien) por el forro de la cojonera *expr.* frase de desprecio, indiferencia.

«...me lo paso por el forro de la cojonera.» Fernando Fernán Gómez, *El viaje a ninguna parte,* 1985, RAE-CREA.

cojonero ▶ *cojonudo.*

cojones *excl.* exclamación de fastidio, enfado.

«La puerta se cierra y cojones, digo yo que tengo un poco de razón en todo esto.» José Ángel Mañas, *Mensaka.* ▌«¡Cojones con la que nos ha venido encima» DE. ▌«Más alto, cojones..., más alto...!» Armando Valladares, *Contra toda esperanza,* 1985, RAE-CREA. ▌«¡No me des más la lata, cojones!» JM. ▌✋ «¡Cojones! ¡A ver si os calláis ya de una vez!» ✔ ▶ *cojón.*▌

2. *s. pl.* testículos.

«Comenzó a lamerle los cojones.» Vanessa Davies, *Un premio inesperado.* ▌«...o carne de pollos o cojones de gallos...» *Tratado de cetrería,* 1350. ▌«...todas me lamen entre las piernas, el culo, los cojones, la polla...» Fernando Arrabal, *La torre herida por el rayo,* 1982, RAE-CREA. |✓ *cojón* es el singular. Alejo Montado en su *Parodia de El diablo mundo,* 1880, dice: «Y coños, pichas, cojones, / Todo se ha de registrar / A la luz de la cera virgen / De un tremens cirio pascual...» ▸ C. J. Cela, «Papeleta breve de la primera acepción de una voz repescada por la Academia», Revista de Occidente, Tercera época, n.° 4.|

3. frescura.

«...viene a Madrid a inaugurar su obra, como si fuera Notre Dame, tiene cojones, Romanones...» Francisco Umbral, *La derechona.* ❚ «El muy hijo de perra tuvo los cojones de entrar aquí...» Alberto Vázquez-Figueroa, *Tuareg,* 1981, RAE-CREA. ❚ ◾ «¡Tiene cojones la cosa!»

4. valor, reaños.

«¡Cojones es lo que le falta a ese tío!» C. Pérez Merinero, *El ángel triste.* ❚ «Yo seré un chorizo, pero con cojones, no me tengo que poner un uniforme para ir tangando por ahí.» El Gran Wyoming, *Te quiero personalmente.* ❚ «Un tipo con tales cojones no se encuentra a menudo...» Alberto Vázquez-Figueroa, *Tuareg,* 1981, RAE-CREA.

5. *s.* bobo, necio.

«¿Y este cojones no es extranjero, jero?» Lo más plus, Canal Plus, 13.1.96.

6. amarrar la vaca por los cojones *expr.* despropósito.

«Querer volar en esa bicicleta es como querer amarrar la vaca por los cojones.» DS.

7. arrastrarle a uno los cojones *expr.* ser perezoso, cachazudo.

«Nunca podrá prosperar porque le arrastran los cojones...» DS.

8. arrugársele a uno los cojones *expr.* amedrentarse, atemorizarse.

«Lo vi tan grande y con semejante cara de bestia, que se me arrugaron los cojones.» DE. ❚ ◾ «Yo voy a mi mujer y le canto las cuarenta, porque a mí no se me arrugan los cojones, ¿sabes?»

9. cagarse en los cojones *expr.* frase de enojo y rechazo.

«¡Me cago en los cojones!» DE. ❚ «¡Ahora vas a ver tú, me cago en los cojones!» JM.

10. ¡chúpame los cojones! *expr.* ¡te aguantas!

«Lo que te digo no tiene vuelta de hoja y si no lo quieres entender, ¡chúpame los cojones!...» DS. ❚ ◾ «Si no te gusta, ya sabes: ¡chúpame los cojones!»

11. cogerse alguien los cojones con la tapa de un baúl *expr.* experimentar gran dolor físico.

«Ustedes, las mujeres, se pasan la vida hablando de los dolores del parto; ¡cómo se ve que nunca se cogieron los cojones con la tapa de un baúl!» DS.

12. cojones de caballo *s.* testículos grandes; gran valentía.

«...aquí sentado y con dos cojones de caballo, cojones como el que más.» M. Vázquez Montalbán, *Galíndez,* 1990, RAE-CREA. ❚ ◾ «Me ha dicho la Manuela que su marido tiene unos cojones así de grandes, cojones de caballo.»

13. comerse los cojones *expr.* frase que indica esfuerzo, valor, denuedo.

«...se comía los cojones.» Miguel Sánchez-Ostiz, *Un infierno en el jardín,* 1995, RAE-CREA. ❚ ◾ «Trabajaba que se comía los cojones el tío.»

14. con (dos) cojones *expr.* con valentía.

«...pero ella es una alcaldesa / con cojones hasta el alma...» Francisco Umbral, *La derechona.* ❚ «Eres el tipo con más cabeza y más cojones que me he echado a la cara.» Alberto Vázquez-Figueroa, *Caribes,* 1988, RAE-CREA. ❚ «Al escenario se sube a transmitir, se sube con cojones.» El Mundo, La Luna, 25.6.99.

15. cortar los cojones *expr.* capar, matar.

«Jerónimo le corta los cojones a Erasmo, así por las buenas, con lo que el otro muere...» Francisco Umbral, *Madrid 650.* ❚ «...desde que cortaron los cojones al general Custer...» Carlos Fuentes, *Cristóbal Nonato,* 1987, RAE-CREA.

16. dar (pegar) dos (tres) patadas en los cojones *expr.* enfadar, encordiar, molestar.

«Estos tíos que a las doce de la mañana se pasean con su periodiquito debajo del brazo [...] me pegan dos patadas en los cojones.» C. Pérez Merinero, *Días de guardar.*

17. de cojones *expr.* bueno, bien, excelente, extraordinario, mucho, grande, importante.

«...que hablo como Castelar [...] tiene que hablar de cojones.» Miguel Martín, *Iros todos a hacer puñetas.* ▌ «Lo que tiene es una borrachera de cojones.» Juan Madrid, *Crónicas del Madrid oscuro.* ▌ «Bailaba de cojones.» C. Pérez Merinero, *Días de guardar.* ▌ «Estos dos y yo nos hemos preparado una comida de cojones.» Luis Goytisolo, *Recuento.* ▌ «...en la calle se ha armado un cirio de cojones...» Manuel Quinto, *Estigma.* ▌ «...payasos con botas vaqueras y patillas [...], listos de cojones...» Álex de la Iglesia, *Payasos en la lavadora.* ▌ «Han pasado un miedo de cojones...» Alfonso Sastre, *Jenofa Juncal,* 1986, RAE-CREA.

18. de los cojones *adj.* maldito, que molesta y fastidia.

«Oiga, que el pajarito de los cojones me ha cagado en la mano.» Miguel Martín, *Iros todos a hacer puñetas.* ▌ «¡Joder con la horquilla de los cojones!» Fernando G. Tola, *Cómo hacer absolutamente infeliz a un hombre.* ▌ «...del proceso que había llevado a llenar la carpeta de los cojones con ramilletes de folios...» Jaime Romo, *Un cubo lleno de cangrejos.* ▌ «...la maquinita de los cojones.» Carmen Resino, *Pop y patatas fritas,* 1991, RAE-CREA. ▌ «¡A ver si me traes el coche de los cojones de una puñetera vez!»

19. de tres pares de cojones *expr.* bueno, excelente, extraordinario.

«De cojones, de cojones, éste es de tres pares de cojones.» A. Zamora Vicente, *Mesa, sobremesa.* ▌ «¡Que me oigan! ¡Me importa tres pares de cojones!» Juan Marsé, *La oscura historia de la prima Montse.* ▌ «...y en la puta calle hay un jaleo de tres pares de cojones.» C. Pérez Merinero, *Días de guardar.* ▌ «Ha sido una fiesta de tres pares de cojones.»

20. ¿dónde cojones...? *expr.* ¿dónde demonios...?

«¡Dime dónde cojones está la calle Legalidad de una puñetera vez!» Juan Marsé, *El embrujo de Shangai,* 1993, RAE-CREA. ▌ «¿Dónde cojones está la botella de coñac?»

21. echarle cojones *expr.* ser valiente, arriesgado.

«Tú échale cojones a la cosa. El fútbol sin cojones no es nada.» M. Vázquez Montalbán, *El delantero centro fue asesinado al atardecer.* ▌ «Para ir a hablarle de un aumento al jefe, hay que echarle cojones.»

22. faltar cojones *expr.* ausencia de valor, valentía.

«Lo que pasa es que le faltan cojones.» Miguel Sánchez-Ostiz, *Un infierno en el jardín,* 1995, RAE-CREA.

23. forro de los cojones ▶ *forro, forro de los cojones.*

24. hacer un frío de cojones *expr.* hacer mucho frío.

«...porque hacía un frío de cojones.» C. Rico-Godoy, *Cómo ser una mujer y no morir en el intento.* ▌ «...hace un frío que corta los cojones.» Fernando Sánchez-Dragó, *El camino del corazón,* 1990, RAE-CREA.

25. hacer uno lo que le sale (pasa) por los cojones *expr.* hacer uno su propia voluntad, lo que quiere.

«...para hacer lo que le pasa por los cojones y como le pasa por los cojones.» M. Vázquez Montalbán, *La soledad del manager,* 1977, RAE-CREA.

26. hasta los (mismísimos) cojones *expr.* muy harto.

«Me tiene hasta los cojones ya...» Almudena Grandes, *Malena es un nombre de tango.* ▌ «Estamos hasta los cojones de salvadores de patrias.» El Jueves, n.° 1083. ▌ «Estoy empezando a estar hasta los cojones de todo.» José Ángel Mañas, *Historias del Kronen.* ▌ «Estoy hasta los cojones.» M. Vázquez Montalbán, *La rosa de Alejandría.* ▌ «Filstrup estaba hasta los cojones.» Ignacio Fontes, *Acto de amor y otros esfuerzos.* ▌ «...estoy hasta los cojones del gitano.» Juan Madrid, *Flores, el gitano.* ▌ «Estoy hasta los cojones de todo esto.» Álvaro Pombo, *Los delitos insignificantes.* ▌ «¡Estoy hasta los cojones de pijas como tú!» Jaime Romo, *Un cubo lleno de cangrejos.* ▌ «...porque estoy hasta los cojones de que aquí todo el mundo me amenace...» Eloy Arenas, *Los vecinos de mis vecinos son mis vecinos.* ▌ «...tenía que estar hasta los cojones, hasta los mismísimos cojones...» Ramón Ayerra, *Los ratones colorados.* ❙ «Me tiene usted hasta los cojones de tanta Paulina...» Emma Cohen, *Muerte dulce,* 1993, RAE-CREA.

27. hinchársele (inflársele) los cojones a alguien *expr.* perder la paciencia.

«hincharse (me, te, le) los cojones. Frase que expresa hartura de la circunstancia o agotamiento de la paciencia...» DE. ❙ «Un día se le inflaron los cojones, cogió al chucho, le arreó una leche...» C. Pérez Merinero, *Días de guardar,* 1981, RAE-CREA. ❙ «Así las cosas, un buen día lo ves claro, se te inflan los cojones y dices...» C. Pérez Merinero, *Días de guardar.* ❙ «No me hinches los cojones.» José Ángel Mañas, *Historias del Kronen.* ❙ ▪ «Como se me hinchen los cojones os mando a todos a la mierda, cabrones.»

28. importar tres (pares de) cojones *expr.* no importar.

«¡Me importa tres cojones!» Fernando Martínez Laínez, *Andante mortal.* ❙ «¡Me importa tres pares de cojones!» Juan Marsé, *La oscura historia de la prima Montse.* ❙ ▪ «Me importa tres cojones que te vayas o que te quedes.»

29. ¡los cojones! *excl.* exclamación de indignación.

«Y que nadie nos venga con el rollo de que los camioneros son buena gente. ¡Los cojones, buena gente!» P. Antilogus, J. L. Festjens, *Anti-guía de los conductores.* ❙ ▪ «¿Que tu me vas a pegar un puñetazo a mí? ¡Los cojones!»

30. mandar cojones *expr.* frase que expresa mala suerte.

«Manda cojones; a la Pantellaría otra vez.» Miguel Delibes, *Madera de héroe,* 1987, RAE-CREA.

31. ¡me tocas los cojones! *excl.* exclamación de mucho enfado.

«¿Y bien? ¡Me toca los cojones!» Fernando Martínez Laínez, *Andante mortal.* ❙ ▪ «¡A mí tú me tocas los cojones! ¿Sabes?»

32. meterse (algo) en los cojones *excl.* exclamación de rechazo.

«Ahora le diré al gordo, al jefe, que se meta la placa en los cojones.» Raúl del Pozo, *Noche de tahúres.* ❙ ▪ «Ya no quiero que me prestes el coche. ¡Métetelo en los cojones!»

33. meterse hasta los cojones *expr.* estar muy involucrado, comprometido.

«Me metí hasta los cojones en ese berenjenal y fue milagroso que saliese vivo.» DE. ❙ «Estoy metido hasta los cojones en este trabajo y hasta que lo termine no podré disfrutar de un día de descanso.» FV. ❙ ▪ «Estamos metidos en ese negocio sucio hasta los cojones.»

34. meterse la lengua en los cojones *expr.* callarse.

«Tú, a lo tuyo, métete la lengua en los cojones y defiende el empleo.» DE. ❙ «Métete la lengua en los cojones y cierra la boca, ¿eh?» JM. ❙ ▪ «Dile que se calle y que se meta la lengua en los cojones.»

35. no haber (tener, quedar) más cojones *expr.* no haber alternativa, no haber más remedio.

«A él no le quedaron más cojones que escapar...» Pgarcía, *El método Flower.* ❙ «Si no hay más cojones. ¡No hay más cojones!» Miguel Martín, *Iros todos a hacer puñetas.* ❙ «...no tendré más cojones que ceder.» Emma Cohen, *Muerte dulce,* 1993, RAE-CREA. ❙ «Como a aquella hora ya no habían autobuses, no hubo más cojones que recorrer a pie los 20 kilómetros.» FV. ❙ «No quiero ir a la boda pero no voy a tener más cojones que mandar un regalo.» DCB.

36. ¡no hay cojones que valgan! *expr.* exclamación.

«Si tenemos que hacerlo, hagámoslo, y no hay cojones que valgan.» DCB. ❙ ▪ «¡No hay cojones que valgan! ¡Hay que hacerlo ahora!»

37. no tener cojones *expr.* ser cobarde, miedoso.

«El cobarde, para su vergüenza y escarnio, posee una buena gama de sinónimos... no tener cojones, no tener huevos, pichafloja, capado, capón, castrado, deshuevado...» AI.

38. ¡olé (vivan) tus cojones! *expr.* frase de aprobación.

«...telegrama, como aquel que el rey Borbón envió a su amigo el general Silvestre, ¡olé tus cojones!» El Mundo, 28.7.95. ❙ «Así se da un pase de pecho. ¡Olé tus cojones!» JM. ✓ ▶ *huevo, olé tus huevos.*❙

39. pasarse algo por (el forro) los cojones *expr.* frase de desprecio, indiferencia.

«Yo me paso a ti y al señor Ventura por los cojones.» Juan Madrid, *Cuentas pendientes.* ▌ «Ésa orden se la pasa (o me la paso) por los cojones; aunque lo echen (o me echen) a la calle...» DS. ▌ «...y pasarse por los cojones, con perdón, a Trujillo...» M. Vázquez Montalbán, *Galíndez,* 1990, RAE-CREA. ▌ «¡Tú te pasas lo más sagrado por el forro de los cojones!» Leopoldo Azancot, *Los amores prohibidos,* 1980, RAE-CREA. ▌ «...esa sensación de orfandad a la que te refieres, se la van a pasar muy pronto los portugueses por el forro de los cojones.» Luis María Anson, *Don Juan.* ✓ también *pasárselo por el forro de los cojones.*▐

40. poner los cojones encima de la mesa *expr.* hacer valer la autoridad.

«...y al final va a intentar gobernar, como vulgarmente se ha dicho en este país, poniendo los cojones encima de la mesa...» El Jueves, 6-12 octubre, 1993. ▌ ◼ «A ver si pones los cojones encima de la mesa ya de una vez y nos dejamos de tanto pitorreo.»

41. ponerle a alguien los cojones por corbata *expr.* asustar, achantar.

«Por mis huevos que le casco una OPA que se le van a poner de corbata...» El Jueves, 6-12 octubre, 1993. ▌ «...los cojones [...] se los pongo de corbata.» Miguel Martín, *Iros todos a hacer puñetas.* ▌ «...y le llamó todo lo que una mujer debe llamar a un hombre cuadrado para ponerle los cojones por corbata: cabrón, maricón, hijo de puta y fascista.» M. Vázquez Montalbán, *El delantero centro fue asesinado al atardecer.* ▌◼ «A ese cabrón le voy yo a poner los cojones por corbata.» ✓ no siempre se emplea la palabra *cojones.* Cuando se intenta ser finolis, se omite, pero la idea sigue igual.▐

42. por cojones *expr.* a la fuerza.

«Una cosa es que las respete, y otra muy distinta es que tenga que practicarlas por cojones.» Alberto Vázquez-Figueroa, *Caribes,* 1988, RAE-CREA. ▌ «...pues se tenían que quedar por cojones...» Fernando Quiñones, *Las mil y una noches de Hortensia Romero,* 1979, RAE-CREA. ▌ ◼ «Tendrás que hacerlo por cojones, como todos los demás.»

43. ¡por los cojones...! *expr.* negación enfática.

«¡Por los cojones vas a ver tú el dinero que te debe la Encarna!» DCB. ▌ «Estoy ya cansado de hacer recados. ¡Por los cojones voy a salir otra vez de casa!» FV.

44. ¡qué (quién) cojones...! *excl.* ¡qué (quién) demonios...!

«¿Y a mí qué cojones se me ha perdido ahí?» Emma Cohen, *Muerte dulce,* 1993, RAE-CREA. ▌ «Pero, ¿qué cojones tienes que hacer?» Fernando Fernán Gómez, *El viaje a ninguna parte,* 1985, RAE-CREA. ▌ «¿Qué cojones es lo que has dicho?» DCB. ▌ «¿Quién cojones me va a contar...?» Ray Loriga, *Héroes,* 1993, RAE-CREA. ▌ «¡Qué cojones discutirlo, hijo de puta!» José Ángel Mañas, *Mensaka.* ▌ «¿Qué cojones pasa?» Luis Camacho, *La cloaca.* ▌ «¿Qué cojones quieres ahora?» Rafael García Serrano, *Diccionario para un macuto.* ▌ «¿Qué cojones cree que puedo hacer en esta habitación...?» Andreu Martín, *El señor Capone no está en casa.* ▌ «¡Qué cojones van a encoger los huesos, si son de cal!» Víctor Chamorro, *El muerto resucitado,* 1984, RAE-CREA.

45. ¡qué [...] ni qué cojones! *expr.* negación, rechazo.

«¿Dinero? ¡Qué dinero ni qué cojones!» DCB. ▌ «Quisiera marcharme porque me siento muy cansado. —¡Qué cansancio ni qué cojones!» FV. ▌ «Qué modernizarse ni qué cojones.» JM.

46. sacar los cojones *expr.* hacer alarde de valentía.

«No saques los cojones que ya no tienes.» M. Vázquez Montalbán, *Galíndez,* 1990, RAE-CREA.

47. salirle de los cojones a alguien *expr.* porque, como, uno quiere, sin rendir cuentas a nadie.

«Señora, a lo largo de toda mi vida he comido filetes como me ha salido de los cojones.» Terenci Moix, *Garras de astracán.* ▌ «Porque no me sale a mí de los cojones, ¿vale?» Juan Madrid, *Crónicas del Madrid oscuro.* ▌ «...no me sale de los cojones quitar el coche de aquí.» C. Rico-Godoy, *Cómo ser infeliz y disfrutarlo.* ▌ «...yo le doy a la beefeater, primero porque tiene más calidad, es más rica, y segundo, porque me sale de los cojones...» Ramón Ayerra, *Los ratones colorados.* ▮ «¡No me sale de los cojones!» Fernando Fernán Gómez, *El viaje a ninguna parte,* 1985, RAE-CREA. ▮ «¡Porque me ha salido de los cojones!» C. Pérez Merinero, *La mano armada.*

48. sentar como una patada en los cojones *expr.* sentar mal, contrariar mucho.

«Me sentó como una patada en los cojones levantarme de madrugada.» JM. ▮◾ «Pagarle las once mil del ala me sentó como una patada en los cojones.»

49. tener a alguien cogido por los cojones *expr.* dominar.

«...le tienen miedo al García, un tío bien informado que los tiene cogidos por los cojones.» M. Vázquez Montalbán, *El delantero centro fue asesinado al atardecer.* ▮ «Puto cabrón, me tiene cogido por los cojones.» José Ángel Mañas, *Sonko95.* ▮◾ «Los de la oposición nos tienen cogidos por los cojones. ¿Qué podemos hacer?»

50. tener cojones *expr.* tener flema.

«Me habéis hecho esperar una hora. ¡Tenéis unos cojones!» JM. ▮◾ «Pedro se lo toma todo con mucha calma. ¡Tiene unos cojones el tío!»

51. tener (muchos) cojones *expr.* duro, valiente, intrépido.

«Tírala si tienes cojones.» Miguel Martín, *Iros todos a hacer puñetas.* ▮ «...porque tengo tantos cojones como el que más y soy capaz de partirles la cara...» Álvaro de Laiglesia, *Hijos de Pu.* ▮ «Tiene más cojones que cualquiera de vosotros...» Juan Madrid, *Un beso de amigo.* ▮ «...pero no tiene cojones para jugársela en el momento llegado.» Eleuterio Sánchez, *Camina o revienta.* ▮ «...creo que tiene más cojones que los que yo tenía de joven...» Alejandro Sanz, La Revista del Mundo, 30.8.98. ▮ «¡Tú no tienes cojones para plantarle cara!» DE. ▮ «Se piensa que porque tiene un boli en la mano tiene más cojones que tú.» M. Vázquez Montalbán, *El delantero centro fue asesinado al atardecer.* ▮ «Pero como no tengo cojones para mataros...» Fernando G. Tola, *Mis tentaciones.* ▮ «Atrévete. No tienes cojones.» Fernando Martínez Laínez, *Bala perdida.*

52. tener cojones (la cosa, Romanones) *expr.* ser inaudito.

«...viene a Madrid a inaugurar su obra, como si fuera Notre Dame, tiene cojones, Romanones...» Francisco Umbral, *La derechona.* ▮ «¡Tiene cojones la cosa...!» Rafael García Serrano, *Diccionario para un macuto.* ▮ «Tiene cojones la cosa, hijo.» Fernando G. Tola, *Mis tentaciones.* ▮ «...tiene cojones la cosa...» Ramón Ayerra, *Los ratones colorados.* ▮ «Tendría cojones que se me olvidase ahora...» José Ramón de la Morena, *Los silencios de El Larguero,* 1995, RAE-CREA. ▮ «Tiene cojones, Romanones.» Francisco Umbral, El Mundo, 30.9.96.

53. tener el mundo cogido por los cojones *expr.* vivir bien.

«Paco está a las mil maravillas. Tiene el mundo cogido por los cojones en este momento.» DCB. ▮ «Ahora que tiene ese empleo de portero se cree que tiene el mundo cogido por los cojones.» J. Carro García.

54. tener los cojones bien puestos (cuadrados) *expr.* valiente, duro, intrépido.

«El viejo Trueba tiene los cojones bien puestos...» Isabel Allende, *La casa de los espíritus,* 1982, RAE-CREA. ▮ «...la última vez que te voy a ver con los cojones puestos.» José María del Val, *Llegará tarde a Hendaya,* 1981, RAE-CREA. ▮ «La selva está llena de peligros. Hay que tener los cojones cuadrados para dedicarse a explorador.» FV.

55. tener los cojones en su sitio *expr.* valiente, duro, intrépido.

«Tengo los cojones en su sitio y veo venir los acontecimientos con tranquilidad.» DE. ▮ «Yo admiro a Marcelo un montón. Tiene los cojones en su sitio.» DCB. ✔ también *tener los cojones bien puestos.*▮

56. tener los cojones gordos ▸ gordo, tener los cojones gordos.

57. tener los santos cojones de... *expr.* tener la desfachatez de.

«...tantos santos cojones...» M. Romero Esteo, *El vodevil de la pálida, pálida, pálida rosa,* 1979, RAE-CREA. ▮◾ «Después de todos los favores que le he hecho, Jacinto ha tenido los santos cojones de negarme el saludo.»

58. ¡tócame los cojones! *expr.* frase de rechazo.

«...tócame los cojones.» Miguel Sánchez-Ostiz, *Un infierno en el jardín,* 1995, RAE-CREA.

59. tocar los cojones *expr.* molestar, importunar.

«Mira que le avisamos [...] todo el día con la jodida videocámara, tocando los cojones al personal.» El Jueves, n.° 1079. ▍ «...¿por qué me tienes siempre que tocar los cojones de esa manera?» C. Rico-Godoy, *Cómo ser una mujer y no morir en el intento.* ▍ «No me toque los cojones, comisario.» Fernando Martínez Laínez, *La intentona del dragón.* ▍ «No sabíamos qué hacer y nos hemos dicho: vamos a tocarles los cojones a los Povedilla.» El Jueves, 6-12 julio, 1994. ▍ «Deja ya de tocarme los cojones.» Jaime Romo, *Un cubo lleno de cangrejos.* ▍ «...no nos toques demasiado los cojones...» M. Vázquez Montalbán, *El delantero centro fue asesinado al atardecer.* ▍ «...se pasa el día tocándome los cojones...» Luis María Anson, *Don Juan.*

60. tocar los cojones *expr.* no importar.

«A él la política le toca los cojones.» JM. ▍▪ «Lo que tú pienses de mí me toca los cojones, ¿sabes?»

61. tocarse (rascarse) los cojones *expr.* haraganear, estar ocioso.

«¿Y qué hacían sus enfermeros, aparte de tocarse los cojones?» Fernando Martínez Laínez, *La intentona del dragón.* ▍ «La pereza se relaciona con entretenimientos sexuales [...] tocarse los huevos, rascarse los cojones, tocarse la pera...» AI. ▍ «...miren como se toca los cojones el jefe mientras nosotros apencamos...» Ramón Ayerra, *Los ratones colorados.* ▍▪ «Has estado todo el día tocándote los cojones sin abrir un libro.»

62. tonto de los cojones *expr.* necio, bobo.

«Soy un tonto de los cojones, que me quedé a dos velas por no saber moverme a tiempo.» DE. ▍ «...cuando de un individuo se dice que es un *tonto de los cojones;* suena peor...» Ángel Palomino, *Insultos, cortes e impertinencias.* ▍▪ «El tonto de los cojones del vecino me ha hecho una gotera en la cocina.»

63. y unos cojones *expr.* que te crees tú eso.

«Te estás pasando un pelín. —¡Y unos cojones!» Juan Madrid, *El cebo.*

cojonudamente ▶ *cojonudo.*

cojonudo *adj.* bueno, estupendo, extraordinario.

«...al fin y al cabo la vida era un sitio cojonudo para vivir.» Almudena Grandes, *Malena es un nombre de tango.* ▍ «Tú ya lo tenías claro, eh, eras cojonudo, tío.» El Jueves, 21-28 enero, 1998. ▍ «Tienes una densidad planetaria cojonuda esta semana.» El Jueves, 11-17 febrero, 1998. ▍ «¿Cómo ha quedado? Cojonudo, de verdad, cojonudo.» Jesús Cacho, *M. C. un intruso en el laberinto de los elegidos.* ▍ «y de exuberantes tetas / una gachí cojonuda.» Amelia Díe y Jos Martín, *Antología popular obscena.* ▍ «Una tía cojonuda.» M. Vázquez Montalbán, *Los alegres muchachos de Atzavara.* ▍ «¡Las monjas son unas tías cojonudas!» Miguel Martín, *Iros todos a hacer puñetas.* ▍ «...qué tíos más cojonudos, y qué divertidos...» Fernando G. Tola, *Cómo hacer absolutamente infeliz a un hombre.* ▍ «¡Cojonudo! —le interrumpió Quique.» Luis Camacho, *La cloaca.* ▍ «Cojonudo es el adjetivo que califica a un hombre cuando es valiente, bueno, noble, desprendido...» Rafael García Serrano, *Diccionario para un macuto.* ▍ «¡Qué moto más cojonuda, Carmela!» Juan Madrid, *Flores, el gitano.* ▍ «...he visto la foto tan cojonuda que le han publicado del suceso.» María Antonia Valls, *Tres relatos de diario.* ✔ DRAE: «adj. vulg. Estupendo, magnífico, excelente».▍

cola *s.* pene.

«...100 como propina a la niñera por calentarme la cola y ponérmela a punto.» Amelia Díe y Jos Martín, *Antología popular obscena.* ▍ «Yo al hombre lo comparo con un trozo de bacalao: si le quitas la cola, le quitas lo más salao.» R. Gómez de Parada, *La universidad me mata.* ▍ «Las hubo descaradas, que al muchacho le midieron la cola a palmos...» Germán Sánchez Espeso, *La reliquia.* ▍ «No puede ser femenina la coca-cola, teniendo cola...» José M.ª Zabalza, *Letreros de retrete y otras zarandajas.* ▍ «Dama de gran abolengo licenciada en colas masculinas.» R. Montero, *Diccionario de nuevos insultos...* ❙ «Es muy alta, y parece que va a salirle una cola, no se asusten, de sirena.» Manuel Hidalgo, El Mundo, 16.7.99. ❙▪ «Jaime tiene una cola dura y larga.» ❙✔ ▶ el *Diccionario secreto* de C. J. Cela, p. 257.❙

2. grupo de personas que esperan turno.
«¡Esa, a la cola, que acaba de llegar!» Severiano F. Nicolás, *Las influencias.* ❙▪ «Estaba en la cola para entrar al cine pero me fui.» ❙✔ es estándar.❙

3. traer (llevar, tener) cola *expr.* reportar graves consecuencias.
«Se me remejen las entrañas cada vez que acude a mi mente la cola que trajo aquella llamada...» Pedro Casals, *Disparando cocaína.* ❙ «La cosa no habría traído cola si el muerto...» Pau Faner, *Flor de sal.* ❙ «...se sabía que iba a traer cola la condena dictada por el Tribunal Supremo...» Ramón Pi, ABC, 31.10.99.

colado, estar colado por *expr.* enamorado.
«Estás coladísima por los huesitos de Alez y por fin te has enrollado con él.» Ragazza, n.° 101. ❙ «¡Estamos coladísimos!» Carlos Zeda, *Historias de Benidorm.* ❙ «...estaba colado por la pequeña desdichada criatura y habló con doña Delia.» Ángel Palomino, *Las otras violaciones.* ❙ «...una tía por la que el sargento estaba colado.» Pgarcía, *El método Flower.* ❙ «Sigues coladita. Ese chico te tiene loca...» You, marzo, 1998. ❙ «Alfredo está cada día más colado por Ana.» SúperPop, junio, 1999. ❙▪ «Estoy colado por la profesora de historia, tío.»

colador, dejar como un colador *expr.* matar a tiros.
«...y dejaron como a un colador al hermano del director.» El Mundo, 31.3.95. ❙ «Tenía el cuerpo como un colador. Los de la Social, que fueron quienes descubrieron el cadáver...» Joaquín Leguina, *Tu nombre envenena mis sueños,* 1992, RAE-CREA. ❙▪ «La poli comenzó a disparar y dejaron al raptor como un colador.»

colarse *v.* saltarse la vez.
«Redondo [...] intentó colarse a un veterano militante.» El Mundo, 25.4.98. ❙ «Señora,

yo seré el último en todo caso. Son como mulas, se cuelan, te empujan...» M. Vázquez Montalbán, *La rosa de Alejandría.* ❙ «...y un hijoputa de la otra fila lo aprovecha para colársele.» P. Antilogus, J. L. Festjens, *Anti-guía de los conductores.* ❙▪ «¡Eh, eh, esa vieja que se cuela. Espere turno como todos.»

2. equivocarse.
«Creías que había sido yo... ¿verdad?... ¡Pues te has colado!» JM.

colchonero *s.* del equipo de fútbol Atlético de Madrid.
«Nunca hemos sabido bien si a los jugadores del Atlético de Madrid les llaman colchoneros por la camiseta o por los calzoncillos.» Matías Prats *et al., Guía erótica del fútbol.*

cole *s.* colegio.
«Papá los llevará al cole.» Eduardo Mendoza, *Sin noticias de Gurb.* ❙ «Dejó el cole para unirse al grupo, pese a la negativa de mami.» Ragazza, n.° 101. ❙ «No llegamos al cole. ¿Qué hace papai?» Revista Lecturas, 6.3.98. ❙ «Cosme, ya con quince años y con experiencias sexuales con chicas del cole...» A. Matías Guiu, *Cómo engañar a Hacienda.* ❙ «Nos toca pasar por sus oficinas de paso para el cole...» Corín Tellado, *Mamá piensa casarse.* ❙ «Catorce horas para meterme en el campo de concentración del cole.» Pedro Casals, *Disparando cocaína.*

colega *s.* amigo, compañero.
«¡Eh, Mauri! ¿Qué passa, colega?» El Jueves, 21-28 enero, 1998. ❙ «Prefiero a los colegas de mi barrio.» Ragazza, n.° 100. ❙ «Hola, colega. Años sin verte.» Lucía Etxebarría, *Beatriz y los cuerpos celestes.* ❙ «Es posible, colegas, que algún día...» P. Antilogus, J. L. Festjens, *Anti-guía de los conductores.* ❙ «Me alegra verte, Toni, colega.» Juan Madrid, *Las apariencias no engañan.* ❙ «Son tus colegas, pero esta es mi casa.» José Ángel Mañas, *Mensaka.* ❙ «Vaya corte para la colega...» Fernando Martínez Laínez, *Bala perdida.*

colegiado *s.* árbitro.
«...una acción que no fue castigada por el colegiado...» El Mundo, 15.10.95. ❙ «...la afición se pone total y absolutamente con-

tra el colegiado...» Supergarcía, Cadena Cope, 1997, RAE-CREA. ❙ ▪ «El colegiado saca la tarjeta amarilla.» ✔ «Colegiado. Este habitual sinónimo de *árbitro* (de cualquier deporte) es aceptable cuando se trate de árbitros españoles...» El País, *Libro de estilo*.❙

colegueo *s.* amiguismo, amistad.

«En este mundo de colegueo, la vida privada se incrusta en la vida pública...» ABC, 28.6.98. ❙ «...tenía todo lo sucedido muy presente cuando empezó su colegueo con Pedro...» José Contreras, El Mundo, 17.1.98. ❙ «Años atrás, el colegueo le llevó a participar en una película...» El Mundo, 22.1.99.

colegui *s.* amigo, compañero.

«Llevarte genial con los otros tíos —en plan colegui, ¿eh?» Ragazza, n.° 100. ❙ «A una, que lleva el pelo bicolorinero —naranja por el colegui Paco...» A las barricadas, 22-28 junio, 1998. ❙ «Joer, coleguis, con esto del verano cada año ocurre mismamente igual.» El Jueves, 6-12 julio, 1994. ❙ «Pero tranquis, coleguis...» Rambla, n.° 18. ❙ «...y yo daría cualquier cosa por ver a un colegui encuerado, para reírme.» Francisco Umbral, El Mundo, 17.10.98.

coleta, cortarse la coleta *expr.* retirarse de una actividad.

«...o sea, ese día me corto la coleta, tiro la esponja...» Caretas, Perú, 41944, 1996. ❙ «...con 50 años de distancia desde que Juanita se corta la coleta...» El País Digital, 30.9.97. ❙ ▪ «El gerente decidió cortarse la coleta por fin y jubilarse.» ✔ en el DRAE.❙

coleto, echarse (tirarse) al coleto *expr.* comer, beber.

«...el que más y el que menos se echa al coleto su copichuela...» A. Zamora Vicente, *Mesa, sobremesa*. ❙ «¡Un par de martinis bien secos! Se los echaba al coleto en menos de diez minutos...» Mariano Tudela, *Últimas noches del corazón*. ❙ «...esta garrafa [...] que podía habérmela tirado al coleto de un trago...» Miguel Martín, *Iros todos a hacer puñetas*. ❙ «...y echándose al coleto alguna botellita...» Ramón Ayerra, *Los ratones colorados*. ❙ «Por la noche se echó tanto vino al coleto

que se durmió...» Pau Faner, *Flor de sal*. ❙ ▪ «Ojo con Paco que ya se ha echado cuatro copas al coleto y tiene que conducir esta noche.»

colgado *adj.* enamorado.

«Le escribí otra carta donde le ponía un millón de cursilerías, como que me encantaba su sonrisa, y que llevaba mogollón de tiempo colgada por él.» Ragazza, n.° 101. ❙ «¿Que te quedas colgada de un niño en Amsterdam?» You, n.° 3. ❙ «La chica [...] seguía colgada de ese chico...» A. Gómez Rufo, *Cómo ligar con ese chico que pasa de ti o se hace el duro*. ❙ «Creo que estoy colgada con este tío.» Juan Luis Cebrián, *La rusa*. ❙ ▪ «Me da la impresión que Pilar está colgada por Genaro.»

2. demente, loco.

«Sí, el Rafita. A veces pasa por la gestoría de mi padre. También estaba colgao, este!» El Jueves, 21-28 enero, 1998. ❙ «Se te puede pegar un colgado muy plasta.» Ragazza, n.° 101. ❙ «¿Qué langosta le has dado al colgado ese?» Jaime Romo, *Un cubo lleno de cangrejos*. ❙ ▪ «¡Qué cosas hace tu hijo! ¡Debe estar colgado!»

3. dependiente de, enganchado a droga.

«Así que ahora Rosa vive colgada del prozac...» Lucía Etxebarría, *Amor, curiosidad, prozac y dudas*. ❙ «...aquel extraño personaje preguntándose interiormente si se trataría de un loco o estaría colgado.» Luis Camacho, *La cloaca*. ❙ «...una muchacha bastante ebria, con cara de colgada crónica.» Jesús Ferrero, *Lady Pepa*. ❙ «Los niños y los viejos estamos colgados de la cocacola y hasta de la pepsi.» Francisco Umbral, El Mundo, 19.6.99. ❙ «para estar tan colgado / hace falta echarle güevos /» Extremoduro, CD, 1997: *Iros todos a tomar por culo, Bribriblibli*. ✔ «Colgado. Cuando se refiere al que padece adicción a la droga, escríbase en cursiva.» El País, *Libro de estilo*.❙

4. se aplica cuando un programa de ordenador deja de funcionar.

«Para terminar, no ha de olvidarse que un programa de ordenador se puede quedar colgado en cualquier momento...» Julio María Plágaro Repollés, *Herramientas electrónicas para autores y traductores*.

combro *s.* cuartel de la guardia civil.

«Combro. Cuartel de la Guadia Civil.» JGR. ▌ «Combro: comisaría.» JMO. ▌ «Combro. Cuartel de la Guardia Civil.» S. ▌ «Lo pescaron y está en el combro.» DCB. ✓ no se ha podido documentar fuera de diccionarios.▌

comecocos *s.* televisor, televisión.

«A ese comecocos universal que es la tele...» El Mundo, 30.9.96. ▌▪ «Se pasa el día delante del comecocos, viendo dibujos animados.»

2. cosa que influye adversamente; complicado.

«En cualquier caso es un comecocos.» M. Vázquez Montalbán, *El delantero centro fue asesinado al atardecer.* ▌▪ «La oferta del mercado es tal que se ha convertido en un verdadero comecocos.»

comedero *s.* restaurante.

«...siempre han sido famosas las patatas de este comedero...» A. Zamora Vicente, *Mesa, sobremesa.* ▌ «El decorado de aquel lujoso comedero...» Fernando Martínez Laínez, *La intentona del dragón.* ▌ «...y recurrió al *fast lunch* de un comedero próximo.» Ángel A. Jordán, *Marbella story.*

comehombres *s.* mujer sexualmente agresiva.

«Me encantan chiquititas, manejables y cariñosas. No me van nada las comehombres.» Ragazza, n.° 100.

comehostias *s.* beato.

«Los insultos religiosos [...] se podrían clasificar en varios grupos [...] los insultos que muestran un celo religioso excesivo [...] beato, cagacirios, comehostias, [...] pichasanta, meapilas, measalves... tragasantos, tragavemarías [...] chupacirios [...] rata de sacristía.» AI. ▌ «...sus ojos se posan en el paquete —¡y qué paquete!— que luce el comehostias a modo de tarjeta de presentación.» C. Pérez Merinero, *La mano armada.*

comemierda *s.* persona indeseable; bobo, necio.

«Eres un comemierda y te vas a aguantar con nuestra música.» Juan Madrid, *Las*

apariencias no engañan. ▌ «Hija, Lola, no me pongas esa cara, porfa. Venga, tía, no seas comemierda.» Juan Madrid, *Crónicas del Madrid oscuro.* ▌ «...comemierda sólo...» R. Montero, *Diccionario de nuevos insultos...* ▌ «Yo, el comemierda, había mordido el anzuelo.» Jesús Díaz, *La piel y la máscara,* 1996, RAE-CREA. ▌▪ «Pepe es una malapersona, un comemierdas.»

comepollas *s.* adulador.

«Comepollas: lameculos tradicional.» R. Gómez de Parada, *La universidad me mata.*

***comer** cf. (afines) atracarse, sacar la *barriga de mal año, mover el *bigote, ponerse las *botas, ponerse hasta las *cejas, cepillarse, ponerse *ciego, echarse al *coleto, comer a dos carrillos, comer como una lima, condumiar, dar buena *cuenta de, despachar, jalar, jamar, limar, manducar, pegar un *meneo, ponerse *morado, papear, pastar, meterse entre *pecho y espalda, picar, pulir, ponerse como el *quico, sopear, tragar, tripear, hacer por la *vida, zampar, zumbarse.

comer *v.* practicar el sexo oral.

«El qué va a ser [...] comérselo a una tía, coño.» Lucía Etxebarría, *Amor, curiosidad, prozac y dudas.* ▌ «Yuli abrió las piernas. Cómemelo, anda, que tengo que ir a la compra enseguida.» Juan Madrid, *Cuentas pendientes.* ▌ «Se lavó el coño con cuidado por si a Nick le apetecía comérselo.» Vanessa Davies, *Un premio inesperado.* ▌ «...la profesora tenía la cabeza escondida entre sus muslos, se la estaba comiendo...» Almudena Grandes, *Las edades de Lulú.* ▌ «Y luego te voy a comer el chocho en 33 posturas diferentes.» Rambla, n.° 24. ▌ «¿O es que la nena se puso a cantar ópera mientras te la comía?» Jaime Romo, *Un cubo lleno de cangrejos.* ▌ «Me gusta hacer el amor con muchas posturas, arrodillarme para comerte por delante...» Anuncios clasificados, ABC, 9.8.99. ▌ «...es una de tus amiguitas que estuvo el otro día comiéndole la tranca a Ordallaba...» José Ángel Mañas, *Sonko95.*

2. padecer, sufrir.

«Me comí tres años de cárcel, en Valdemoro.» El Mundo, 5.10.99.

3. comer a dos carrillos *expr.* comer mucho.

«Los más prácticos comen, a dos carrillos, un medio cordero asado...» José Gutiérrez-Solana, *Madrid callejero, Obra literaria, II.* ❚ «...encontré a los forzudos comiendo a dos carrillos...» Eduardo Mendoza, *La verdad sobre el caso Savolta.* ❚ «...en el Pantano de San Juan y comiendo a dos carrillos en el restaurante de la presa.» M. Sánchez Soler, *Festín de tiburones.*

4. comer como una lima (como un cerdo, como un pepe) *expr.* comer mucho.

«Comió como una lima tres platos y dos postres, estaba muerto de hambre...» Almudena Grandes, *Las edades de Lulú.* ❚ «Y si encima come mucho, más delito tiene, por tragón, carpanta, comilón,... tragaldabas, zampabollos, [...] zampatortas, come más que una lima...» AI. ❚ «...traga como una lima y bebe por lo hondo...» Mariano Tudela, *Últimas noches del corazón.* ❚■▪ «Marina está gordita porque come como una lima.»

5. comer el coco ▶ *coco, comer el coco.*

6. comer el coño ▶ *coño, comer el coño.*

7. comer la oreja *expr.* insinuaciones amorosas.

«Comer la oreja: tirar los tejos.» R. Gómez de Parada, *La universidad me mata.* ❚ «Comerle la oreja a alguien. Tirar los tejos, ligar.» Joseba Elola, *Diccionario de jerga juvenil,* El País Semanal, 3.3.96.

8. comer la polla *expr.* practicar la felación.

«Me come la polla hasta que me empalmo, me pone un condón y me ayuda a quitarme las botas.» José Ángel Mañas, *Historias del Kronen.* ❚ «¿Le has comido la polla a un tío alguna vez?» Almudena Grandes, *Las edades de Lulú.* ❚■▪ «Me estuvo comiendo la polla antes de que volviese su madre.»

9. comer los morros ▶ *morro, chupar (comer) el (los) morro(s).*

10. dar de comer al conejo *expr.* copular.

«Dar de comer al conejo. Fornicar el hombre.» S. ❚ «Dar de comer al conejo: fornicar.» JMO. ❚ «Dar de comer al conejo. Joder el hombre.» VL. ❚■▪ «Como el marido se ha ido de viaje, creo que esta noche le voy a dar de comer al conejo de la vecina.» ❙✔ no se ha podido documentar fuera de diccionarios.❙

11. comerse el asfalto *expr.* conducir a mucha velocidad.

«Aquellos payasos enlatados ignoraban el auténtico sentido de las expresiones *pisar a fondo,* [...] *comerse el asfalto...*» P. Antilogus, J. L. Festjens, *Anti-guía de los conductores*

12. comerse el mundo *expr.* ser emprendedor, valiente, arrojado.

«...son chicos marchosos y divertidos dispuestos a comerse el mundo en dos bocados.» SúperPop, junio, 1999.

13. estar como para comérselo *expr.* persona muy atractiva.

«Como marido [...] seguro que está para comérselo.» Ragazza, julio, 1997. ❚ «...porque es una pibita que no veas como está, que está para comérsela.» José Luis Martín Vigil, *Los niños bandidos.*

14. ni comes ni dejas comer *expr.* no dejar hacer.

«...ni come ni deja comer...» J. J. Benítez, *Caballo de Troya I,* 1984, RAE-CREA. ❚ «Felipe es que tu padre ni come ni deja comer...» Manuel Martínez Mediero, *Juana del amor hermoso,* 1982, RAE-CREA. ❚■▪ «No nos deja hacer nada; ni come ni deja comer.»

15. (no) comerse una rosca *expr.* (no) conseguir nada, especialmente logros sexuales.

«...mi presencia había dejado de pasar desapercibida. Tenía veintitrés años y por fin me comí una rosca.» Juanma Iturriaga, *Con chandal y a lo loco.*

16. sin comerlo ni beberlo *expr.* sin haber participado, sin haber intervenido.

«...y de repente, sin comerlo ni beberlo, te encuentras metido en un lío...» Metal Hurlant, 1981. ❚ «Hace cosa de una semana y sin comerlo ni beberlo me vi envuelto en un alarmante aluvión de palabras...» C. J. Cela, ABC, 7.2.99. ❚ «Sin comerlo ni beberlo, te puede tocar, tan ricamente.» B. Pérez Aranda *et al., La ex siempre llama dos veces.*

*cometer errores cf. (afines) cagarla, escoñarla, joderla, meter el cazo, meter el *remo, meter la pata, parirla, dar un *patinazo, no dar *pie con bola, pifiarla, pinchar, pringarla.

comi s. comisaría.

«Y que si nos llevaban a la comi ya veríamos quién reía el último.» A. Zamora Vicente, *Historias de viva voz.* ❙ ▪ «Después de la pelea acabamos todos en la comi.» ❙✓ de *comisaría.*❙

2. comisario de policía.

«...le respondió el comisario. Porque, según decía el Neque, el comi sabe perfectamente que a ellas también les gusta hacerlo.» Andreu Martín, *Lo que más quieras.*

*comida** cf. (afines) alpiste, bazofia, comida basura, comida de cuchara, condumio, cuchipanda, jala, jalancia, jalandria, jamancia, manduca, manducamiento, manducancia, manducatorio, manduquela, papeo, pienso, zampa.

comida basura s. comida rápida.

«...trabaja quince horas al día, se alimenta de comida basura...» Marisa López Soria, *Alegría de nadadoras.* ❙ ▪ «La gente engorda porque come mucha comida basura importada de los Estados Unidos.»

comida de cuchara *expr.* comida tradicional, de sentarse a la mesa.

«Todos necesitamos una buena comida de cuchara de vez en cuando.» DCB. ❙ ▪ «Yo tengo gustos simples para comer y me gusta la comida de cuchara.»

comillas, entre comillas *expr.* entre paréntesis, con reservas.

«Luego agregó, entre comillas, que no debería haber tomado su consejo...» Ednodio Quintero, *La danza del jaguar,* 1991, RAE-CREA. ❙ «La vida se normalizó, entre comillas, durante un tiempo...» Pedro Vergés, *Sólo cenizas hallarás (bolero),* 1980, RAE-CREA. ❙ «Pedro Camacho es un intelectual entre comillas.» M. Vargas Llosa, *La tía Julia y el escribidor,* 1977, RAE-CREA. ❙ ▪ «Entre comillas, Pedro es rico.»

comilón s. glotón, persona que come mucho.

«Y si encima come mucho, más delito tiene, por tragón, carpanta, comilón,... tragal-

dabas, zampabollos, [...] zampatortas, come más que una lima...» AI. ❙ ▪ «No debes invitar a Pedro a cenar porque es un comilón.»

comino s. niño.

«...a los niños más pequeños se les apoda cariñosamente cominos...» A. Ussía, *Tratado de las buenas maneras.*

2. no importar un comino *expr.* no importar en absoluto.

«A Campillo le importa un comino que no les hayan dado fiesta.» Andreu Martín, *Prótesis.*

cómix s. tebeo, revista infantil para adultos.

«Cómix. Historieta ilustrada undergroun.» VL. ❙ ▪ «Ya no compra libros, sólo lee cómix.» ❙✓ del inglés *comic book.*❙

compa s. compañero.

«Pero yo para los compas tengo escondida una botella de güisqui.» C. Rico-Godoy, *Cómo ser una mujer y no morir en el intento.*

compañero sentimental s. persona que hace vida marital con otra.

«Gorrionesito vive en Osuna, en casa de su compañera sentimental.» C. J. Cela, ABC, 17.5.98. ❙ «Decir compañero sentimental es como decir aire gaseoso, con el agravante de la cursilería.» Juan Manuel de Prada, ABC, 5.7.98. ❙ «(Usan mucho, por cierto, lo del compañero sentimental, pero eso no viene a cuento.)» Fernando Lázaro Carreter, *El dardo en la palabra.*

compi s. cómplice, compañero.

«René, el rapero de Aqua, pasa de salir con su compi Lena.» Ragazza, n.° 101. ❙ «He querido conocer a los concejales socialistas y comunistas, viejos compis, aunque más jóvenes que yo.» Francisco Umbral, El Mundo, 22.2.98. ❙ «...para encontrar [...] algún viejo compi, que ya era también penene...» Andrés Berlanga, *La gaznápira.*

completo s. servicio sexual completo.

«Especial griego natural, seguido del francés más completo de Madrid.» Anuncios clasificados, El Mundo, 13.5.99. ❙ «...la cerda que tenía un lenocinio para gente letrada en la calle Princesa Guayarmina, servicio completo, con pianola y lavaje...» Ramón Ayerra, *Los ratones colorados.*

*complicado cf. (afines) de aúpa, aviado, la Biblia en verso, en un brete, ni cagando, caraba, caso perdido, chino, chungo, tenerlo *claro, crudo, cuesta arriba, de culo, la de Dios, costar *Dios y ayuda, duro de pelar, embolado, estacada, follón, hueso duro de roer, jodido, latazo, mochuelo, moradas, tenerlo *negro, palabras mayores, difícil de pelar, peludo, petardo, putada, estar con la *soga al cuello, hacer la *vida imposible.

*cómplice cf. (afines) compi, espabilao, filo, gancho, tapia.

*comprender cf. (afines) acabáramos, aclararse, capiscar, hacerse *cargo, chanar, chanelar, más claro que el agua, coscarse, caer en la *cuenta, diquelar, coger *onda, ni papa, pescar, pillar.

compromiso marital *expr.* cópula, coito.

«...una pertinaz impotencia [...] me impide cumplir con mi señora el compromiso marital.» Manuel Hidalgo, *El pecador impecable.*

común *s.* lavabo, retrete, baño.

«A la palabra letrina, le sustituyó la de garita, que expresaba lo mismo, pero con menos extensión, y posteriormente, común, que es el lugar destinado al mismo uso...» José M.ª Zabalza, *Letreros de retrete y otras zarandajas.* ❚▪■ «Fernando está en el común otra vez porque tiene diarrea.»

comuna *s.* reunión de gente que convive y comparte todo.

«...o le espere su tronco en una comuna de Salamanca...» Ernesto Parra, *Soy un extraño para ti.*

comunero *s.* comunista.

«...el obispo comunero Acuña...» Jesús Alviz Arroyo, *Un solo son en la danza,* 1982, RAE-CREA. ❚▪■ «Desde que se desintegró la Unión Soviética que ya no quedan comuneros.»

concha *s.* vulva, órgano genital de la mujer.

«¡Y la niña que me tocaba la concha era mi amiguita Mirta!» Terenci Moix, *Garras de astracán.* ❚ «Coño: agujero, almeja, aparato, castaña, chichi, concha, chocho, chumino, chupajornales, conejo, higo, raja, seta.» José M.ª Zabalza, *Letreros de retrete y otras zarandajas.* ❚ «Vocablo español con que se aplica el tradicional insulto argentino de *la concha de tu madre.*» R. Montero, *Diccionario de nuevos insultos...* ❚ «Venga, levántate la falda y dame tu concha.» Olga Karsen, *La depravada.* ❚ «Me reventó una granada y me voló la pinga, conchasumadre. ¿Sabes lo que es querer cachar y no poder? ¿Sabes lo que es tener una hembra mojadita pidiendo pinga...?» Jaime Bayly, *Los últimos días de la prensa,* 1996, RAE-CREA. ❚▪■ «En verano Maite se quita el biquini y enseña las tetas y la concha en las playas nudistas.»

conchabeo *s.* amiguismo, enchufismo.

«...sin más criterio que el amiguismo y el conchaveo.» Carmen Posadas, *Yuppies, jet set, la movida y otras especies.* ✔ muchas palabras recogidas en este diccionario se suelen escribir con variantes.❚

concheto *s.* bobo, necio, torpe.

«Borges era un concheto, como dicen ustedes, o como decimos en España, un gilipollas, dijo el pasado miércoles Pérez Reverte...» El Mundo, 23.4.99.

concho *excl.* eufemismo por coño.

«...ha sido un gol fenomenal, qué concho.» Juan Pedro Aparicio, *Retratos de ambigú,* 1989, RAE-CREA. ❚ «Esfuércese, concho.» Miguel Delibes, *La hoja roja,* 1986, RAE-CREA. ❚ «Ay, concho, Estanislao...» Pedro Vergés, *Sólo cenizas hallarás (bolero),* 1980, RAE-CREA. ❚▪■ «¡Concho, qué haces ahí con las tetas al aire!»

condenado *adj.* maldito.

«...pues el condenado inquisidor se ha marchado ya.» Ednodio Quintero, *La danza del jaguar,* 1991, RAE-CREA. ❚ «¡Y como corre el condenado!» Ignacio García May, *Operación ópera,* 1991, RAE-CREA. ❚ «¿Es vuestro ese condenado pato...?» Tomás Mojarro, *Yo, el valedor,* 1985, CREA-CORDE. ❚▪■ «¿Dónde has aparcado el condenado coche?»

2. como un condenado *expr.* mucho, en gran cantidad.

«...pero así y todo seguía tiritando como un condenado.» Eleuterio Sánchez, *Camina o revienta.*

*condón cf. (afines) calcetín, casco, chubasquero, condón, forro, funda, gabardina, globo, goma, impermeable, paraguas, preserva.

condón *s.* preservativo.

«...primero la condonaba (la embutía en condones), después la perdonaba...» C. J. Cela, ABC, 14.6.98. ▌ «Estos condones me están pequeños y se pueden romper.» ✓ para información sobre el origen de la palabra, consultar a C. J. Cela, *Diccionario secreto*, en *condón*.▌

condumiar *v.* comer.

«Condumiar. Comer, jalar, trapiñar.» Ra. ▌ «Condumiar: comer, ingerir.» JV. ▌ «¡Ya está Paco condumiando otra vez! ¡Nos va a dejar sin cenar!»

condumio *s.* comida.

«Mucho boato, mucha presentación pero a la hora del condumio...» Terenci Moix, *Garras de astracán.* ▌ «Acabado nuestro condumio la ayudé a recoger los platos.» Pgarcía, *El método Flower.* ▌ «En aquel resignarse y aguantar le iba el condumio diario...» Jose-Vicente Torrente, *Los sucesos de Santolaria.* ▌ «...arroz, que ya entonces constituía el condumio básico del pueblo chino.» Álvaro de Laiglesia, *Hijos de Pu.* ▌ «Si el abono de estos condumios [...] sirviera de reducción declaratoria, constarían y Hacienda...» A. Matías Guiu, *Cómo engañar a Hacienda.* ▌ «El condumio olía mal y a la luz del día su aspecto era desalentador.» Eleuterio Sánchez, *Camina o revienta.* ✓ para el DRAE es: «m. fam. Manjar que se come con pan; como cualquier cosa guisada».▌

coneja *s.* mujer que tiene muchos hijos.

«Tuvo que irse y tuvo que dejar de acostarse porque aquello era una coneja, no hacía más que tocara un hombre y pum.» Fernando Quiñones, *Las mil y una noches de Hortensia Romero,* 1979, RAE-CREA. ▌ «...te pasas la vida pariendo, como una coneja...» Lourdes Ortiz, *Luz de la memoria,* 1976, RAE-CREA. ▌ «La mujer de Pancho es una coneja que ya tiene cinco hijos.» ✓ DRAE: «fig. Hembra que pare muy a menudo».▌

conejo *s.* vulva, órgano genital de la mujer.

«Mi conejito dura más que el de las pilas esas. Menuda marcha tiene mi conejito.» Manda Güebos, n.° 27. ▌ «Ya el eufemismo del conejo. El más viejo y logrado sinónimo de coño.» A. Ussía, *Coñones del Reino de España.* ▌ «La Loles tenía un conejo / chiquito y juguetón / que a los diecisiete años / a su novio le enseñó» Amelia Díe y Jos Martín, *Antología popular obscena.* ▌ «...y aunque llevara braguitas era como si no llevara, dc fina que era la tela y tan pegada al conejo...» Juan Marsé, *Si te dicen que caí.* ▌ «...excitada, sin sueño, con el conejo en carne viva y con las ganas.» Manuel Hidalgo, *El pecador impecable.* ▌ «Teníais al lobo feroz en casa, hambriento de un hermoso y solvente conejo catalán, y vosotras tan confiadas...» Juan Marsé, *La oscura historia de la prima Montse.* ▌ «...soldados y jóvenes estudiantes, que compran las obras festivas y escandalosas de a real el tomo y que siempre tienen gran aceptación: *Los polvos de la Juanita, El coño de la Pilar, El conejo de la Amparo,* [...] *Gracias y desgracias de ojo del culo...*» José Gutiérrez-Solana, *Madrid callejero, Obra literaria, II.* ▌ «Te vamos a quemar el conejo, chavala.» Juan Marsé, *Si te dicen que caí,* en DE. ✓ eufemismo por *coño.* En *Antología popular obscena,* de Díe y Martín se lee: «Conejo: coño, chocho; es posible que la sinonimia provenga de la remota similitud entre la piel del conejo y el vello del Monte de Venus, en retruécano obsceno y poético a la vez por tersura, suavidad y espesura.» En su *Diccionario del erotismo,* C. J. Cela dice: «Es eufemismo por disfraz fónico apoyado en el sonido inicial...»▌

2. dar de comer al conejo ▶ *comer, dar de comer al conejo.*

confi *s.* confianza.

«Confi. Confianza.» VL. ▌ «Confi. Confianza.» S. ▌ «Yo se lo diré a Matías porque tenemos mucha confi los dos.» ✓ no se ha podido documentar fuera de diccionarios.▌

confitá *s.* chivatazo.

«Ya te lo he dicho, es una confitá.» Juan Madrid, *Flores, el gitano.*

confite *s.* chivato, delator.

«Tú te has tirado de confite de la Brigada Político-Social la tira de tiempo.» Juan Madrid, *Cuentas pendientes.* ❚ «Confite: confidente de la policía.» Manuel Giménez, *Antología del timo.* ❚ «Vamos a movilizar a los confites y a echar un vistazo...» Juan Madrid, *Turno de noche.* ❚ «El Valma me propuso que fuera su confite a cambio de hacer un bisnes con él.» M. Sánchez Soler, *Festín de tiburones.* ❚ «Los confites de la zona lo conocían...» Andreu Martín, *Amores que matan, ¿y qué?* ❚ ▪ «En lenguaje marginal un confite es un chivato, un soplón.» ✓ síncopa: *confidente.* ▶ Jesús García Ramos.❚

*conformista cf. (afines) bragazas, calzonazos, cojonazos, huevazos, panoli, tenerlos *gordos.

confundir la gimnasia con la magnesia *expr.* tomar una cosa por otra, confundirse, equivocarse.

«Tan memo que confunde la gimnasia con la magnesia.» R. Montero, *Diccionario de nuevos insultos...* ❚ ▪ «No te armes un lío; no confundas la gimnasia con la magnesia.»

confusión, sumirse en un mar de confusiones *expr.* dudar mucho, cavilar.

«La proposición del señor Joaquín me ha sumido en un mar de confusiones.» Eduardo Mendoza, *Sin noticias de Gurb.*

conguito *s.* negro.

«...seguro que si se opera se va a poner como un conguito.» Adolfo Montoya, *La cirugía estética,* 1995, RAE-CREA.

cono *s.* cigarrillo de marihuana.

«...el *porro,* la *trompeta,* el *canuto,* el *cono* o *varillo* aluden al cigarro de tabaco con achís o marihuana...» Fernando Lázaro Carreter, *El dardo en la palabra.*

*conocer a alguien cf. (afines) tener a alguien *fichado.

conocer a alguien como si le hubiera parido *expr.* conocer a alguien muy bien.

«...todo un caballero, le conozco como si le hubiese parido...» Ramón Ayerra, *Los ratones colorados.*

*conocimiento, perder el conocimiento cf. (afines) quedarse *cao, ver *chirivitas, ver las *estrellas, quedarse *fuera de combate, grogui.

conquistador *s.* seductor.

«Naturalmente, pretendí saber hasta dónde es cierta su fama de conquistador...» Ángel A. Jordán, *Marbella story.*

*conseguir cf. (afines) agenciarse, gorronear, dar un *sablazo, salir ganando, llegar y besar el *santo.

consentido *adj.* y *s.* persona cuya pareja es infiel y lo consiente.

«Y para colmo resultó ser la costilla del caballerizo consentido.» Pau Faner, *Flor de sal.*

*conserje cf. (afines) ▶ *portero.*

consolador *s.* pene artificial.

«Enemas, consoladores gigantes, látigo...» El Jueves, 11-17 febrero, 1998. ❚ «...caí en la cuenta de que lo que vibraba era un consolador. Me daba morbo, sí.» Lucía Etxebarría, *Amor, curiosidad, prozac y dudas.* ❚ «Tienes que meterte cada día un consolador.» Terenci Moix, *Garras de astracán.* ❚ «...las dos tuvieron claro que la idea había puesto caliente a la más experta. Lynne que en un extremo del consolador dentro de la vagina...» Vanessa Davies, *Un premio inesperado.* ❚ «...te compraré en alguna parte un consolador de verdad, para ti sola.» Almudena Grandes, *Las edades de Lulú.* ❚ «Mar, rubia espectacular, 19 años, 1.70. Morbosísima. Con mi aro y mis consoladores. Gozaremos en todas partes.» Anuncios clasificados, El Mundo, 30.10.98. ❚ «Observa cómo su amante se sujeta el enorme consolador de caucho...» José Luis Muñoz, *Pubis de vello rojo.*

consolar *v.* copular.

«...una viudita que necesita consuelo.» Juan Marsé, *Si te dicen que caí.* ❚ ▪ «A aquella viuda que conociste en el Retiro la consuela el portero de nuestro edificio, día sí, día no.»

consorcia *s.* esposa, mujer.

«Con la mitad de la semanada que los hombres entregan a la consorcia, mejor dicho, con la mitad que no entregan...» Francisco Candel, *Donde la ciudad cambia su nombre.* ✓ DRAE: «Unión o compañía de los que viven juntos. Se aplica principalmente a la sociedad conyugal.»|

consuma(d)o *s.* botín de un robo.

«...llevaba el consumao en una bolsa de deportes...» Juan Madrid, *Crónicas del Madrid oscuro.*

contacto carnal *s.* cópula, coito.

«...yo le propongo: tengamos contacto carnal, demos goce legítimo a nuestros sentidos...» Manuel Hidalgo, *El pecador impecable.*

contar, no contarla(lo) *expr.* morir.

«Con la cosa de los nervios cierra los ojos y suelta el volante [...] Una criada que empujaba un cochecito de niño por poco no lo cuenta.» C. Pérez Merinero, *Días de guardar.*

2. ¿y a mí qué me cuentas? *expr.* no me importa.

«¿Sabe quién es un tal Gregorio Liñán? —No,... ¿y a mí qué me cuentas?» Pedro Casals, *Disparando cocaína.*

3. y para de contar *expr.* y poco o nada más.

«...hay que dar prioridad al vestido, al lugar de la celebración y a lo invitados. Y pare usted de contar.» B. Pérez Aranda *et al.*, *La ex siempre llama dos veces.* ▌ «Si alguien me preguntara qué pintores conozco, diría que Piero della Francesca, Tàpies y pare usted de contar.» Eduardo Mendoza, *Sin noticias de Gurb.*

*contento cf. (afines) alegre como unas castañuelas, saltos de *alegría, alegría de la huerta, loco de *alegría, más contento que unas *pascuas, marcha, dichosos los *ojos, subidón, estar de *buenas, tan campante, correrse de gusto.

contento *adj.* ebrio.

«Contento. Euf. Por borracho.» Germán Suárez Blanco, *Léxico de la borrachera.*

2. más contento que unas pascuas ▸ *pascua, estar (más contento que) como unas pascuas.*

contrahecho *s.* feo, de cuerpo deforme.

«...patizambo, contrahecho.» Augusto Roa Bastos, *Vigilia del almirante,* 1990, RAE-CREA. ▌ «Enfermo, contrahecho, despreciado...» Arturo Uslar Pietri, *La visita en el tiempo,* 1990, RAE-CREA. ▌ ▪▪ «Juan se ha casado con una contrahecha, una tía fea de Jarafuel, ¿sabes?» ✓ DRAE: «adj. Que tiene torcido o corcovado el cuerpo. Ú. t. c. s.».|

contraria, llevar la contraria *expr.* oponerse a las ideas, opiniones de alguien.

«...dando a entender que no podría soportar que le llevaran la contraria.» Andreu Martín, *Por amor al arte.*

convidada *s.* convite, fiesta de gente humilde.

«La convidada consistía en anís o en coñac, a elegir...» Francisco Candel, *Donde la ciudad cambia su nombre.* ▌ ▪▪ «Hemos ido a una convidada por el bautizo del hijo del jefe.»

coña *s.* molestia.

«...y tenía una roseola en un carrillo que le cabreaba la mar, y siempre andaba con pomadas y coñas...» A. Zamora Vicente, *Historias de viva voz.* ▌ «Tener que hacer eso es una coña.» JM.

2. tarea ardua, aburida.

«Coña. Asunto o actividad molesta y tediosa.» S. ▌ «Coña. Cosa molesta, desagradable, fastidiosa.» VL. ▌ «Tener que barrer el pasillo todos los días es una coña de verdad.» DCB. A. Ussía, *Coñones del Reino de España.*

3. broma.

«Pero un auténtico desconocido, ¿eh? Sin coñas.» Francisco Umbral, *El Giocondo.* ▌ «Mire, don Camilo, déjese usted de coñas, que a veces pienso si no está usted de coña.» C. J. Cela, *Mazurca para dos muertos.* ▌ «Tenía como siempre la ironía a flor de piel, la coña fresca, la sorna punzante...» Luis María Anson, ABC Literario, 30.1.98. ▌ «¡Déjate de coñas que te conozco!» Juan Madrid, *Las apariencias no engañan.* ▌ «Usted me confunde, caballero —le advierto con coña.» Ernesto Parra, *Soy un extraño para ti.* ▌ «Evidentemente, y coñas aparte,...» Pedro Casals, *Disparando cocaína.*

4. eufemismo por *coño*.

«¡Joder como habláis, coña!» Juan Madrid, *Cuentas pendientes*. ❚ «Coña, deja pasar a la anciana...» Miguel Martín, *Iros todos a hacer puñetas*. ❚ «Espérate, coña, que ahora digo lo del pirindolo. ¿Verdad que saliste de hombre, Nuria?» Radio Madrid, 10.9.91.

5. dar la coña *expr.* molestar.

«Deja de dar la coña, Manolo, y fuma.» José Ángel Mañas, *Historias del Kronen*. ❚◾ «Esa tía siempre está dando la coña con la limpieza de la casa.»

6. de coña *expr.* de broma.

«...los cuartos de baño eran como de coña...» M. Vázquez Montalbán, *Los alegres muchachos de Atzavara*.

7. dejarse de coña *expr.* dejarse de bromas, en serio.

«Hay que afeitar todos los toros, dejémonos de coña.» Javier Villán, El Mundo, 10.7.99.

8. estar de coña *expr.* estar de broma.

«...a veces pienso si no está usted de coña.» C. J. Cela, *Mazurca para dos muertos*. ❚ «Están de coña desde que se levantan.» JM.

9. ni de coña *expr.* negación absoluta, de ninguna de las maneras.

«...los nativos no se ligarán a una Cindy Crawford ni de coña.» El Jueves, 11-17 febrero, 1998. ❚ «¿Y creéis que aquellos [...] se ganaban el sueldo? Ni de coña.» Lucía Etxebarría, *Amor, curiosidad, prozac y dudas*. ❚ «No vamos a encontrar entradas ni de coña.» José Ángel Mañas, *Historias del Kronen*. ❚ «Fernando Morán para el ayuntamiento, pero (Cristina) Almeida ni de coña...» A las barricadas, 22-28 junio, 1998. ❚ «¡Por las buenas no le sacas tú a un zorro un abrigo ni de coña!» Virtudes, *Rimel y castigo*. ❚ «¿Votar en favor de una opción transformadora? ¡Ni de coña!» Javier Ortiz, El Mundo, 26.6.99.

10. ser la coña *expr.* ser el colmo.

«Ser la coña. Ser el colmo, el no va más, lo insólito, lo inaudito.» VL. ❚ «Ser la coña: expresión vacía de significado que actúa como intensificador o superlativo de lo que se afirma en el contexto en que figura.» JMO. ❚ «Lo que le hacen a uno en esta empresa es la coña, macho.» DCB.

11. tomar a coña *expr.* tomar a broma.

«Me alucina la manera de tomarnos a coña la época que nos ha tocado vivir, (a coña pero dando caña, eso sí.)» El Jueves, 21-28 enero, 1998. ❚◾ «Tú te lo tomas a coña, pero es una cosa muy seria.»

coñazo *s.* persona, cosa molesta y pesada.

«Menudo coñazo el señor Machado...» Terenci Moix, *Garras de astracán*. ❚ «Si no me hubieran asqueado abligándome a leer el Cid o al coñazo de Góngora a los 14 años...» Juan Bonilla, El Mundo, 7.3.98. ❚ «Por ejemplo, no tienes que ser un coñazo de marca mayor, una pesada...» A. Gómez Rufo, *Cómo ligar con ese chico que pasa de ti o se hace el duro*. ❚ «...porque a nosotros no nos gusta la música coñazo...» El Mundo, La Luna, 25.6.99. ❚◾ «No para de darme la lata porque es un coñazo, el tío.»

2. persona indeseable.

«Cuando dos coñazos se buscan acaban por encontrarse.» Terenci Moix, *Garras de astracán*. ❚◾ «El coñazo de tu tío nos ha hecho la puñeta otra vez.»

3. trabajo arduo.

«¡Vaya coñazo me ha caído!» Terenci Moix, *Garras de astracán*. ❚◾ «Este trabajo es un coñazo.»

4. cosa, situación, aburrida y pesada.

«Los piropos se multiplicaron cuando llegó a la fiesta que, en justa compensación, resultó sin embargo un coñazo insoportable.» Almudena Grandes, *Modelos de mujer*. ❚ «Ya ves qué charla. Que si iba a repetir otra vez, que si mi hermano. Qué coñazo.» José Ángel Mañas, *Mensaka*. ❚ «...a lo aburrido o inútil se le califica de chuminada o coñazo.» El Jueves, 6-12 octubre, 1993. ❚ «...cualquier anécdota de su vida resulte una pizca, solo una pizca, menos coñazo de lo que es...» Gabriel Albiac, El Mundo, 16.8.99.

5. dar el coñazo *expr.* molestar, incordiar.

«Entonces, ¿por qué me da el coñazo?» Pgarcía, *El método Flower*. ❚ «¡El viejo no se murió! Sigue allí dando el coñazo.» Ignacio Fontes, *Acto de amor y otros esfuerzos*. ❚ «El padre es un desastre con las manos [...] se dedica a dar el coñazo a la madre...» Go-

maespuma, *Familia no hay más que una.* ▌
«...es lo suficientemente joven para llevar el pelo como le salga de las narices, sin que nadie le dé el coñazo.» Fernando Martín, *Cómo aprobar todo sin dar ni chapa.* ▌ «¡Y esta imbécil lleva ya dos horas dándome el coñazo!» Álvaro Pombo, *Los delitos insignificantes.* ▌ «Explica batallitas y da el coñazo.» M. Ángel García, *La mili que te parió.*

¡coñe! *excl.* eufemismo por coño, indica sorpresa, enfado, disgusto.

«Pues en el mar, coñe.» Gomaespuma, *Grandes disgustos de la historia de España.* ▌ «¡Coñe, que se ponga a la cola, como los demás!» JM.

coñearse *v.* burlarse.

«—No me diga —me coñeé como pude...» Ernesto Parra, *Soy un extraño para ti.* ▌ «Las chicas se coñean de él que da gusto.» JM.

coñeo *s.* burla.

«Coñeo. Burla, chunga, guasa.» VL. ▌ «Coñeo: burla, chanza.» JMO. ▌ ◾ «¡Vaya coñeo que os traéis conmigo hoy, majos! ¿Por qué no vais a reiros de vuestra madre?»

coñete *s.* vulva pequeña, joven.

«Se hace a un lado y yo penetro. Al corredor, no a su coñete, no me sean mal pensados.» C. Pérez Merinero, *Días de guardar.* ▌ ◾ «Le he visto el coñete a la vecinita de enfrente cuando se desnudaba.»

confusionar *v.* confundir.

«Los sondeos sólo sirven para confusionar a la gente...» Francisco Umbral, *La derechona.*

¡coñi! *excl.* exclamación eufemística.

«¡Ni chinos ni nada, coñi!» Virtudes, *Rimel y castigo.* ▌ «—Coñi —exclamó María Eulalia...» Juan Marsé, *Últimas tardes con Teresa.* ▌ ◾ «¡Coñi, ya me he dejado la cartera en casa otra vez!» ⩗ de *coño.*▌

coñito ▶ *coñete.*

¡coño! *excl.* exclamación, muletilla verbal, empleada por ambos sexos.

«...y si cumplo años es que no me he muerto, coño.» Antonio Mingote, Blanco y Negro, 10.1.99. ▌ «¡Ya era hora, coño»

coñ
218

Eduardo Mendoza, *Sin noticias de Gurb.* ▌ «¡Quieto aquí, coño...!» Miguel Martín, *Iros todos a hacer puñetas.* ▌ «Pero, coño, todo tiene un límite.» Virtudes, *Rimel y castigo.* ▌ «¿Qué coño es esto?» Jesús Díaz, *La piel y la máscara,* 1996, RAE-CREA. ▌ «Cerrad la puerta, coño.» JM.

2. *s.* vulva, órgano genital de la mujer.

«...me lavé todo bien lavado, me lavé las tetas y el coño...» C. J. Cela, *Mazurca para dos muertos.* ▌ «Nos matábamos a pajas pero ninguno había visto un coño vivo en su vida.» Ray Loriga, *Lo peor de todo.* ▌ «Un contador de chistes verdes, por ejemplo, al coño le llama chocho. ¡Vaya cursilería!» Carmen Rigalt, El Mundo, 31.1.98. ▌ «A coño regalado no le mires los pelos.» R. Gómez de Parada, *La universidad me mata.* ▌ «Encima de la batería hay una foto de una gorda que se está metiendo la pata de una mesa por el coño.» José Ángel Mañas, *Mensaka.* ▌ «...y en realidad descubre que no le importa nada mostrar el coño a los viejos...» Francisco Umbral, *Madrid 650.* ▌ «...cuando ya Germain Greer había enseñado el coño a toda página en Schuck...» M. Vázquez Montalbán, *Los alegres muchachos de Atzavara.* ▌ «Ver tus tetas. Tu coño. Si es posible bien abierto...» Javier Marías, *Corazón tan blanco.* ▌ «...a mí me gustan las niñas con coño de niña...» Almudena Grandes, *Las edades de Lulú.* ▌ «Buenos días Petra, te doy diez céntimos si me enseñas el coño.» Raúl del Pozo, *La novia.* ▌ «...y cantaban las coplas llenas de coños y otras palabras sucias y soeces...» José Gutiérrez-Solana, *Madrid, escenas y costumbres, Obra literaria, I.* ▌ «Cuatro cosas hay que en darlas está su valer: el dinero, el placer, el saber y el coño de la mujer.» ref. ▌ «En coño putesco no hay parentesco.» ref. ▌ «No pido calidades ni linajes; / que no es mi pija libro del becerro, / ni muda el coño, por el don, visajes.» Francisco de Quevedo y Villegas, *Poesías,* 1597. ⩗ del latín *cunnum* que ha dado el inglés *cunt* (posiblemente), el alemán *kunte,* el francés *con,* el italiano *conno,* el catalán *cony* y el portugués *cono.* Para el DRAE *es voz malsonante.* Alejo Montado en su *Parodia de El diablo mundo,* 1880, dice: «Y coños, pichas, cojones, / Todo se ha de registrar / A la luz de la cera virgen / De un tremens cirio pascual.» ▸ C. J. Cela, «Papeleta breve de la primera acepción de una voz repescada por la Academia», Revista de Occidente, Tercera época, n.° 4. Aparece por primera vez en Ac. 1983.|

3. al coño... *expr.* frase de rechazo.

«¡Al coño la Navidad!» Igor Delgado Senior, *Sub-América,* 1992, RAE-CREA.

4. comer el coño *expr.* lamer la vulva, hacer sexo oral a la mujer, cunnilinguo.

«...hembra mía, querida mía, puta, puta, puta, niña chiquita para comerme el coño.» J. Martín Artajo, *Fiesta a oscuras,* en DE. ▌«¿Otra vez quieres que te coma el coño?» C. Pérez Merinero, *La mano armada.* ▌▪" «Primero le comí el coño y luego le metí el cipote hasta los cojones.»

5. comer (vivir) del coño *expr.* prostituirse.

«Vivir del coño: ejercer la prostitución.» JMO. ▌«Comer del coño. Ejercer la prostitución.» VL. ▌«La Marta ahora come del coño.» DCB. ✔ no se ha podido documentar fuera de diccionarios.|

6. cómo coño... *expr.* expresión de incredulidad.

«¿... cómo coño va a saber lo que significa...?» Jesús Díaz, *La piel y la máscara,* 1996, RAE-CREA.

7. coño de tu madre *expr.* expresión ofensiva.

«Hijo de puta... el insulto más soez, grave y violento, equivalente al *coño de tu madre* venezolano. Del mismo son pseudoeufemismos: hijo de la Gran Bretaña, de mala madre, de tal.» José M.ª Zabalza, *Letreros de retrete y otras zarandajas.*

8. ¿dónde coño...? *expr.* ¿dónde demonios...?

«¿Se puede saber dónde coño está la salida?» Ignacio Fontes, *Acto de amor y otros esfuerzos.* ▌«¡Pero dónde coño se ha metido Zapatones?» Miguel Martín, *Iros todos a hacer puñetas.* ▌«Quieres saber dónde coño está la banda.» Ray Loriga, *Héroes,* 1993. RAE-CREA. ▌«¿Dónde coño tienes el teléfono?» Andreu Martín, *El señor Capone no está en casa.* ▌▪"«¿Dónde coño has escondido las llaves que no las veo?»

9. el coño de la Bernarda *expr.* no tomar en serio.

«...unas bragas transparentes, el coño de la Bernarda...» Felipe Navarro (Yale), *Los machistas.* ▌«¿Me habéis tomado por el coño de la Bernarda o qué?» JM.

10. en el quinto coño *expr.* muy lejos.

«La casa tiene el pequeño inconveniente de que está lejos. [...] está, como dice Lucas, en el quinto coño.» Miguel Martín, *Iros todos a hacer puñetas.* ▌«...llegué a Ciudad Lineal, quinto coño donde estaban ubicados...» C. Pérez Merinero, *La mano armada.* ▌▪" «Pedro ahora vive lejos de Madrid, muy lejos, en el quinto coño.»

11. estar hasta el (mismísimo) coño *expr.* estar una mujer harta, cansada.

«¡Ya estoy hasta el coño de hacer la calle y que tú no hagas nada!» M. Vázquez Montalbán, *El delantero centro fue asesinado al atardecer.* ▌▪" «¡Estoy hasta el mismísimo coño de que vengas tan tarde todas las noches!»

12. pasarse por el coño *expr.* despreciar, no importar.

«Pasarse por el coño. Frase de indiferencia, desprecio o superioridad.» VL. ▌«Pasárselo por el coño. No importar nada.» S. ▌«Pasarse algo o a alguien por el coño: despreciarle, no hacerle caso.» JMO. ▌▪" «A la guarra del quinto me la paso yo por el coño, ¿sabe usted?»

13. picar el coño *expr.* tener la mujer deseo sexual.

«Un chico de dieciocho o veinte años como él era el sueño de cualquier mujer a la que le picara el coño.» C. Pérez Merinero, *El ángel triste.* ▌«...argumentaba ella, a la que el coño le picaba como si algún gracioso hubiese echado en él un kilo de polvos picapica.» C. Pérez Merinero, *El ángel triste.* ▌«Por la manera que tiene de mirarme, diría que a la mujer del jefe le pica el coño hoy.» DCB.

14. por qué coño *expr.* por qué demonios.

«¿Por qué coño me miran con esa cara?» Álex de la Iglesia, *Payasos en la lavadora.*

15. qué coño... *expr.* qué demonios...

«A veces no sé qué coño pasa...» Ray Loriga, *Lo peor de todo.* ▌«Pero lo importante es saber a qué coño va el papa a Cuba.» El Jueves, 21-28 enero, 1998. ▌«¡Qué coño va a ser guardia!» Pilar Urbano, *Yo entré en el Cesid.* ▌ «¡Qué coño hago yo aquí!» Lucía Etxebarría, *Amor, curiosidad, prozac y dudas.* ▌ «¿Qué coño pasa?» A. Zamora Vicente, *Historias de viva voz.* ▌ «...¿a ti qué coño te importa?» M. Vázquez Montalbán, *La rosa de Alejandría.* ▌ «¿Qué coño le importa a Lulú que yo le ponga los cuernos a mi novia?» Almudena Grandes, *Las edades de Lulú.* ▌ «¿Quieres decirme de una puñetera vez qué coño pasa?» Luis Camacho, *La cloaca.* ▌ «¿Pero qué coño está diciendo ese cretino?» Juan Madrid, *Flores, el gitano.* ▌ «¡Qué coño me cuentas, niña...!» Ángel Palomino, *Un jaguar y una rubia.* ▌ «¿Qué coño pasa?» Ray Loriga, *Héroes,* 1993, RAE-CREA. ▌ «¡Qué coño van a saber ni van a saber!» C. Pérez Merinero, *Días de guardar.*

16. qué coño de *expr.* que causa enfado.

«Qué coño de estanterías... ¡Qué trabajo nos están dando!» JM.

17. qué... ni qué coño *expr.* expresión de incredulidad.

«¡Qué guerrero ni qué coño!» Adriano González León, *Viejo,* 1995, RAE-CREA.

18. salir del coño *expr.* dar la gana.

«¡La cuento como me sale del coño!» Terenci Moix, *Garras de astracán.* ▌ «No me sale del coño.» El Gran Wyoming, *Te quiero personalmente.* ▌ «¿Tan mal estás? —Estoy como me sale del coño.» M. Vázquez Montalbán, *El delantero centro fue asesinado al atardecer.* ▌ ▄▀ «Me he comprado la bici porque me ha salido del coño. ¿Pasa algo?»

19. tocarse el coño *expr.* haraganear la mujer.

«...mientras la empleada trabaja, la señora se está tocando el coño...» Eloy Arenas, *Los vecinos de mis vecinos son mis vecinos.*

20. vete al coño *expr.* frase de rechazo.

«Vete al coño.» Pedro Vergés, *Sólo cenizas hallarás (bolero),* 1980, RAE-CREA.

coñocaliente *s.* mujer promiscua.

«...empezó a relacionarse con la bruja aquella con la que terminó casándose, era un coñocaliente a la que llamaban la sacarina...» Jaime Romo, *Un cubo lleno de cangrejos.*

coñón *s.* bromista.

«¡Hola, don Coñón del Carajo!» Carlos Zeda, *Historias de Benidorm.* ▌ «A. Ussía, Coñones del Reino de España.» A. Ussía, *Coñones del Reino de España.*

copa, llevar una(s) copa(s) (de más) *expr.* ebrio.

«Tú has bebido una copa de más.» Ignacio Aldecoa, *El fulgor y la sangre.* ▌ «...bien es verdad que iba cargado, llevaba unas copas, pero leche, todos soplamos, eso le puede ocurrir a cualquiera...» Ramón Ayerra, *Los ratones colorados.*

copazo *s.* bebida, trago.

«Ni se me apetece un copazo, que antes tan bien me sentaba para calmar el bajonazo.» Mariano Tudela, *Últimas noches del corazón.*

copear *v.* beber alcohol.

«Copear. Tomar copas de vino. Emborracharse con frecuencia.» Germán Suárez Blanco, *Léxico de la borrachera.*

copeo, ir de copeo *expr.* ir de bares, de copas.

«...y si tu problema es que no te gusta demasiado ir de copeo, intenta encontrar alguna bebida sin alcohol...» You, enero, 1998. ▌ «...era el momento del copeo más activo, la hora soñada de cada día...» Ramón Ayerra, *Los ratones colorados.*

copera *s.* camarera de bar de alterne.

«No quiero que el señorito Alberto ande diciendo por ahí que folla gratis con la mejor de mis coperas.» Raúl Sánchez, *Adriana.*

copichuela *s.* bebida, trago.

«copichuela: copa, bebida alcohólica.» JMO. ▌ «Copichuela. Copa.» VL. ▌ «Copichuela. Copa de bebida alcohólica.» S. ▌ «Te juro que sólo he tomado un par de copichuelas.» DCB. ✓ no se ha podido documentar fuera de diccionarios.▌

copión *s.* imitador.

«Por copión, entre otras cosas.» Rodrigo Rey Rosa, *Lo que soñó Sebastián,* 1994, RAE-CREA. ✓ DRAE: «adj. Dícese de la persona que copia o imita obras o conductas ajenas. Ú. t. c. s. y generalmente en sent. despect.».▌

copla, andar en coplas *expr.* ser de conocimiento público, ser objeto de murmuraciones.

«No quieres andar en lenguas, y andarás en coplas...» Domingo Miras, *Las brujas de Barahona,* 1978, RAE-CREA. ❚ «Andaba en coplas la mujer de su caballerizo, moza galana...» Pau Faner, *Flor de sal.* ❚ ▪ «Sus problemas conyugales andan en coplas por todo el barrio.»

2. la misma copla *expr.* el mismo cuento, historia.

«...siempre la misma copla, que me aburrías...» Miguel Delibes, *Cinco horas con Mario,* 1966, RAE-CREA. ❚ «...me salió con la misma copla nada menos...» José María de Pereda, *Peñas arriba,* 1895, RAE-CREA. ❚ ▪ «Me contó que tenía problemas con la bebida y un mes después me vino con la misma copla.»

3. quedarse con la copla *expr.* percatarse, darse cuenta, enterarse.

«Primero me lo dijo un chaval del barrio que se cabreó conmigo: le partí la cara, pero me quedé con la copla.» José María Amilibia, *Españoles todos.* ❚ «Al joven Licinio Salinas aquello le sonaba a música celestial, pero se quedó con la copla.» Pedro Casals, *Disparando cocaína.* ❚ ▪ «No estaba la cosa muy clara, pero me quedé con la copla y le pregunté otra vez al día siguiente.»

copón, del copón *expr.* grande, importante.

«Si compráis frutos secos tenéis que acordaros de comprar más birra porque dan una sed del copón,» Mala impresión, revista de humor con caspa, n.° 1. ❚ «...hubo un tiroteo del copón.» Andreu Martín, *Por amor al arte.* ❚ «...nos encontramos con un tinglado del copón.» Pedro Casals, *Disparando cocaína.* ❚ «...como no espabiles, te vas a encontrar con un disgusto del copón...» Andreu Martín, *Por amor al arte.* ❚ «Vas dejando un rastro del copón...» M. Sánchez Soler, *Festín de tiburones.* ❚ «Yo me marco un farde del copón agarrando al criminal...» Manuel Quinto, *Estigma.* ❚ «...y el traumatólogo me echó una bronca del copón...» C. Rico-Godoy, *Cuernos de mujer.*

2. ser el copón (bendito) *expr.* el colmo, grande, cualquier cosa.

«...estaba con una depre del copón bendito...» B. Pérez Aranda *et al., La ex siempre llama dos veces.* ❚ «Aunque haya ido a un colegio de monjas o al copón bendito.» Andreu Martín, *Prótesis.* ❚ ▪ «Estoy de ti hasta los cojones. Eres el copón, coño.»

*cópula sexual cf. (afines) acoplamiento, cabalgada, calimocho, casquete, chingada, chiquichaca, coco, compromiso marital, contacto carnal, dormida, eso, feliciano, follada, follaje, follamenta, folleteo, follique, jodienda, meneo, meteisaca, palo, pollazo, polvazo, polvete, polvo, polvo de albañil, polvo de gallo, quile, quiqui, revolcón, tracatá, trato *carnal, zurriagazo.

*cópula sexual rápida cf. (afines) polvo de albañil, polvo de gallo.

*copular cf. (afines) abrirse de piernas, de muletas, de patas, acoplarse, acostarse, hacer el *amor, apalancarse, aparearse, apretar, pasar por las *armas, repasar los *bajos, beneficiarse, tirar de *beta, tirar de *bragueta, cabalgar, cachar, echar un *calco, echar un *caliche, calimocho, echar un *caliqueño, calzarse, cama redonda, llevarse a la *cama, cardar, echar un *casquete, llevar al *catre, cepillarse, chingar, mojar el *churro, echar un *clavo, echar un *coco, coger, dar de comer al *conejo, consolar, cosa pecaminosa, hacer la *cosa, culear, darle al flex, dormir, emplumar, empujar, encamarse, endiñarla, ensartar, hacer un *favor, echar un *flete, follar, folletear, foqui foqui, fumarse, funcionar, limpiar el *fusil, gozar, hacerlo, hacérselo, llevarse al *huerto, jalar, joder, joder más que las gallinas, jodérsela, machacar, hacer uso de *matrimonio, meterla en caliente, metisaca, mojar, mojar el pizarrín, mojar la salchicha, montar, ñacañaca, ocupar, ordeñar, echar un *palo, penetrar, hacerlo como los perros, picar, pasar por la *piedra, pinchar, dar *polla, echar un *polvo, poseer, quilar, revolcarse, darse un *revolcón, soplársela, taladrar, tirarse, tomate, trabajarse, trajinar, trincar, tumbarse, usar, echar una *vaina, poner una *vara, ventilarse, vientre con vientre, zumbarse a alguien.

coquero *s.* cocainómano.

«Los que están metidos en el rollo de la coca igual pueden ser camellos que coqueros, que las dos cosas.» Pedro Casals, *La jeringuilla.* ❚ «...relaciones turbias, lameculos, serpentinas coqueros...» J. Giménez-Arnau, *Cómo forrarse y flipar con la gente guapa.*

corajay *s.* moro, árabe.

«Corajay: moro, árabe.» Manuel Giménez, *Antología del timo.* ❚ «Corajay. Moro. Por extensión, cualquier árabe.» JGR.

corazón *s.* palabra cariñosa.

«¿Qué tienes, chatita? ¿Por qué lloras corazón?» Jorge Ibargüengoitia, *El atentado,* 1975, RAE-CREA. ❚ ◗ «Mira, corazón, a una tía como tú no hay quien la aguante.»

2. agradecer de todo corazón *expr.* agradecer mucho.

«Quiero que sepa que lo que me dijo antes se lo agradezco de todo corazón. Se lo juro.» José Luis Martín Vigil, *Los niños bandidos.*

3. con el corazón en la mano (con la mano en el corazón) *expr.* honradamente, honestamente.

«La verdad, con el corazón en la mano, señora...» Ramón Escobar, *Negocios sucios y lucrativos de futuro.* ❚ «Con la mano en el corazón quiero decir...» Andrés Bosch, *Mata y calla.* ❚ «...abiertamente, sinceramente; con el corazón en la mano.» Fernando Repiso, *El incompetente.* ❚ «Rosa, con la mano en el corazón, dime la verdad...» Eduardo Mendoza, *La verdad sobre el caso Savolta.*

4. con (harto) todo el dolor de mi corazón *expr.* hacer algo por obligación y a pesar de uno mismo.

«Con harto dolor de mi corazón, como diría algún mamonazo de esos que se dedica a escribir novelas...» C. Pérez Merinero, *Días de guardar.*

5. corazón roto *s.* decepción sentimental.

«Con el corazón roto, Íñigo decidirá irse a Venezuela...» SúperPop, junio, 1999.

6. dar un vuelco el corazón *expr.* asustarse, sorprenderse.

«Al jefe le dio un vuelco el corazón.» El Gran Wyoming, *Te quiero personalmente.* ❚ «Me dio un vuelco el corazón, como suele decirse...» Fernando G. Delgado, *La mirada del otro,* 1995, RAE-CREA.

7. de (todo) corazón *expr.* sinceramente, en serio.

«...les deseo que pierdan la guerra de todo corazón.» Eduardo Mendoza, *La verdad sobre el caso Savolta.*

8. tener el corazón en un puño *expr.* estar angustiado.

«Pero sin estridencias, con mucho valor, aunque tuviera el corazón en un puño.» SúperPop, mayo, 1989.

9. romper corazones *expr.* enamorar.

«Yo no voy por ahí rompiendo corazones.» Ragazza, julio, 1997.

corazoncito, tener su corazoncito *expr.* ser romántico, tener sentimientos.

«...porque por la misma regla de tres, las lechugas y zanahorias también tienen su corazoncito.» Ragazza, julio, 1997.

corbato *s.* ejecutivo.

«La chica me da una tarjetita con un clip. Me la pongo y me meto en el ascensor con dos corbatos que no hacen más que agobiarme hablando de un campo de golf.» José Ángel Mañas, *Mensaka.*

¡corcho! *excl.* exclamación eufemística.

«Corcho: eufemismo de coño.» JMO. ❚ «Corcho. Caramba.» S. ❚ ◗ «¡Corcho! ¿Qué ha pasado aquí?» ❘✔ de *coño.*❘

córcholis *expr.* exclamación por cojones.

«...y a mí, ¿dónde córcholis me toca ir?» Eduardo Mendoza, *La ciudad de los prodigios.* ❚ «Y se van, y yo me digo, ¡córcholis!, ¿qué tendremos en el altillo?» Félix de Azúa, *Diario de un hombre humillado,* 1987, RAE-CREA. ❘✔ también *recórcholis.*❘

cordero, cara de cordero degollado *expr.* cara de víctima.

«...chicos solos que vienen a pedirme copas a la barra con cara de cordero degollado...» Lucía Etxebarría, *Amor, curiosidad, prozac y dudas.* ❘✔ ▶ *cara, cara de cordero degollado.*❘

2. ojos de cordero degollado *expr.* ojos blandos, de víctima.

«...trataba de despertar su compasión mirándola con ojos de cordero degollado.» Almudena Grandes, *Las edades de Lulú.*

cornamenta *s.* efecto de llevar cuernos la persona, sufrir la infidelidad de la pareja.

«Ante las mismas narices de Matías se coció el guiso de su cornamenta.» Jose-Vicente Torrente, *Los sucesos de Santolaria.* ▌ «Cornudo, cornamenta,...» José M.ª Zabalza, *Letreros de retrete y otras zarandajas.* ▌ «...maridos cornudos, que se aguantan la cornamenta con decoro y resignación...» Luciano G. Egido, *El corazón inmóvil,* 1995, RAE-CREA. ▌ «Lo que sí es seguro es que el pobre Matt Dillon debe andar por ahí con problemas de peso por la cornamenta...» Ragazza, n.° 101. ▌ «...estar solo en esta sociedad de cornamentas agresivas...» A. Zamora Vicente, *Mesa, sobremesa.* ▌ «Qué enorme cornamenta se le fragua en la frente...» A. Ussía, *Coñones del Reino de España.* ▌ «Cómo llevar la cornamenta con dignidad...» C. Rico-Godoy, *Cuernos de mujer.*

2. poner la cornamenta *expr.* ser maritalmente infiel.

«...el gran recaudo en que sus esposos las tenían sería causa de la mucha cornamenta que ellas solían ponerles.» Juan Eslava Galán, *En busca del unicornio,* 1987, RAE-CREA. ▌✒ «Maite ya le ha puesto la cornamenta a su marido.»

corneta *s.* hombre cuya mujer es infiel.

«Corneta: cornudo.» JMO. ▌✒ «El vecino es un corneta. Su mujer se la pega con todo el mundo.» ✓ eufemismo por *cornudo.* No se ha podido documentar fuera de diccionarios.▌

cornificar *v.* engañar al cónyuge o pareja.

«Cornificar. Ser infiel al cónyuge o a la pareja.» VL. ▌ «Cornificar: poner cuernos, engañar a la pareja.» JMO. ▌✒ «Hay tíos que piden a gritos que les cornifiquen, no me digas tú a mí.» ✓ no se ha podido documentar fuera de diccionarios.▌

cornudo *s.* hombre cuya mujer es infiel.

«Dicen que Fina mató al marido a disgus-

tos pero no es verdad, los cornudos resisten como leones.» C. J. Cela, *Mazurca para dos muertos.* ▌ «Y en un descuido del presunto cornudo, escapa a todo correr.» F. Vizcaíno Casas, *Historias puñeteras.* ▌ «...que habrán pensado, primero que soy un estrecho, y, segundo, que soy un cornudo.» M. Vázquez Montalbán, *Los alegres muchachos de Atzavara.* ▌ «...te roban, te matan y te joden oliendo a colonia, chorizos, cornudos, mala gente...» Ángel Palomino, *Las otras violaciones.* ▌ «George es un cornudo en esencia y en presencia...» Felipe Navarro (Yale), *Los machistas.* ▌ «...eres un soberano cornudo. ¡Un cornudo de solemnidad! ¡Un cornudo de campanillas!» Jose-Vicente Torrente, *Los sucesos de Santolaria.* ▌ «Vivió y murió en el santo equilibrio de los cornudos de las tierras de Babia.» Chumy Chúmez, *Por fin un hombre honrado.* ▌ «¡No quiero ser un cornudo! ¡No quiero ser un cornudo!» Fernando Gracia, *El libro de los cuernos.* ▌ «Soy el mayor cornudo de Barcelona.» Eduardo Mendoza, *La verdad sobre el caso Savolta.* ▌ «La gente le llamaba el Cornudo, se reían de él.» Andreu Martín, *El señor Capone no está en casa.* ▌ «...maridos cornudos, que se aguantan la cornamenta con decoro y resignación...» Luciano G. Egido, *El corazón inmóvil,* 1995, RAE-CREA. ▌ «El cornudo es el postrero que lo sabe.» ref. ✓ Diccionario de autoridades: «Methaforicamente se le da este nombre al marido a quien su muger ofende, bien que lo ignore o consienta.» Y Sebastián de Covarrubias dice: «Es el marido cuya muger le haze trayción, juntándose con otro y cometiendo adulterio.» Del latín *cornutus.*▌

cornúpeta *s.* hombre cuya mujer es infiel.

«Cornudo: Cabra. Bicorne. Cornúpeta.» Fernando Gracia, *El libro de los cuernos.* ▌ «...el cornúpeta imaginario...» P. Perdomo Azopardo, *La vida golfa de don Quijote y Sancho.* ▌✒ «Jacinto es un cornúpeta porque su mujer se acuesta con todos.»

coronar *v.* ser infiel la pareja.

«...no me extraña nada de lo que dicen por ahí, si le corona o no le corona la mujer...» A. Zamora Vicente, *Mesa, sobremesa.*

coronilla *s.* cabeza.

«No debo volar ni andar sobre la coronilla si no quiero ser tenido por excéntrico.» Eduardo Mendoza, *Sin noticias de Gurb.* ▌ «...tiene puesto un largo delantal como los que llevan en la Inclusa y una boina cubre su coronilla...» José Gutiérrez-Solana, *Madrid, escenas y costumbres, Obra literaria, I.*

2. acabar hasta la coronilla *expr.* hartarse, no aguantar más.

«Es difícil que un consumidor habitual de diarios —y no digamos el comprador de libros— no acabara hasta la coronilla de las reediciones, homenajes, dibujos, opiniones, artículos...» Álvaro Colomer, Leer, octubre, 1999.

3. estar hasta la coronilla *expr.* estar harto.

«Mire, mis padres están hasta la coronilla, no saben qué hacer...» Ángel Palomino, *Madrid, costa Fleming.* ▌ «Me marcho porque estoy hasta la coronilla de todos vosotros.» Severiano F. Nicolás, *Las influencias.* ▌ «¡Calla, Tomaso, que me tienes hasta la coronilla...» Gomaespuma, *Grandes disgustos de la historia de España.* ▌ «...porque ella sabía de buena tinta que estaba hasta la coronilla de su marido...» María Antonia Valls, *Tres relatos de diario.* ▌ ▛ «Estamos hasta la coronilla de tener que comer siempre lo mismo en esta casa.» ✓ estándar. MM: «Harto de cierta cosa.»▌

4. llevar de coronilla *expr.* llevar de cabeza.

«Estos son los mafiosos que llegan aquí bien trajeados y bien conectados y llevan de coronilla hasta a la policía.» M. Vázquez Montalbán, *El delantero centro fue asesinado al atardecer.*

correa, tener poca correa *expr.* tener mal carácter, aguantar poco las bromas.

«Tiene mucha guasa el chaval. Y poca correa.» Ricardo Fernández de la Reguera, *Vagabundos provisionales.*

correr, correr que se las pela uno *expr.* ir muy rápido.

«...la hacen caer y luego corren que se las pelan.» Juan Marsé, *La oscura historia de la prima Montse.* ▌ «Robledo [...] corre que se las pela.» C. Pérez Merinero, *Días de guardar.*

2. correr un tupido velo *expr.* acallar, silenciar.

«Sobre estos hechos, y algunos más pintorescos todavía, siempre se había corrido un tupido velo...» Jaime Romo, *Un cubo lleno de cangrejos.*

3. correrla *v.* ir de juerga, beber.

«¡Mira que ayer la corristeis bien!» Germán Suárez Blanco, *Léxico de la borrachera.*

4. correrse *v.* experimentar orgasmo, eyacular.

«¿Te corriste? ¿Es que no lo notaste? Dispensa, estaba distraída.» C. J. Cela, *Mazurca para dos muertos.* ▌ «Coño que no has de joder, déjalo correr(se).» R. Gómez de Parada, *La universidad me mata.* ▌ «¡No me dirás que te has corrido!» Terenci Moix, *Garras de astracán.* ▌ «...me lo marcaba con la hija del boticario y todas las mujeres se corrían mirando.» Terenci Moix, *Garras de astracán.* ▌ «Bueno, yo tampoco me he enterado cuando tú te has corrido.» Almudena Grandes, *Malena es un nombre de tango.* ▌ «...así, así, ha, ha, me voy a correr, me voy a correr, me corro, me corro, me estoy corriendo...» José Ángel Mañas, *Historias del Kronen.* ▌ «...y mis muslos se separan para siempre [...] Me corro.» Almudena Grandes, *Las edades de Lulú.* ▌ «¿Placer? ¿Quiere decir que si me corrí...?» Fernando Martínez Laínez, *Andante mortal.* ▌ «...así que volvió a meterle el calzador en el chocho [...] dando velocidad a su muñeca para que la señora se corriese de una maldita vez.» Manuel Hidalgo, *El pecador impecable.* ▌ «¡Vamos, doctor, córrase a tope en mi boca!» SM Comix, n.º 29. ▌ «...y nunca jodo en los cementerios, coño, creo que no sería capaz de correrme...» Juan Marsé, *La oscura historia de la prima Montse.* ▌ «...habían mermado sus dotes de amante... Se corría en un santiamén...» Mariano Sánchez, *Carne fresca.* ▌ «Quiero sentir vuestras dos pollas correrse al mismo tiempo.» José Luis Muñoz, *Pubis de vello rojo.* ▌ «...pero polvos como ésos seguro que no los ha conocido en su puta vida; se corría que daba gusto...» C. Pérez Merinero, *Días de guardar.*

5. correrse de gusto *expr.* muy contento.

«Me estoy corriendo de gusto.» Jaime

Romo, *Un cubo lleno de cangrejos.* ▌ ▪ «Se corría de gusto cuando le hablaba de lo mucho que me había gustado su última conferencia en el Ateneo.»

6. correrse encima (en los pantalones) *expr.* eyacular en los pantalones.

«...los dos estaban a punto de correrse en los pantalones.» Andreu Martín, *El señor Capone no está en casa.* ▌ ▪ «Sólo con que me mire esa chavala, me corro en los pantalones.»

correveidile *s.* chismoso.

«No falta un correveidile y lo que comenzó...» Jenny E. Hayen, *Por la calle de los anhelos,* 1993, RAE-CREA. ▌ «...la paciente correveidile de la sección de madres...» Fanny Rubio, *La sal del chocolate,* 1992, RAE-CREA. ▌ ▪ «No le cuentes lo de mi embarazo a Jacinta porque es una correveidile de mucho cuidado.» ▐ *correvedile* también. Estándar de *corre, ve y dile.* DRAE: «com. fig. y fam. Persona que lleva y trae cuentos y chismes».▐

correvidile ▶ *correveidile.*

corrida *s.* eyaculación.

«Es para limpiar la corrida que me ha soltao el yanki en los pantalones.» El Jueves, 21-28 enero, 1998. ▌ «...una ricura meneándose la austríaca, y se la veía con ganas de gozar [...] hasta que se fue de naja a grandes voces [...] y terminada su corrida, cuando a él empezaba a animársele el piringulo...» Ramón Ayerra, *Los ratones colorados.* ▌ «Yo estaba alucinado, disfrutando con la corrida [...] y ella aprovechó [...] Me agarró la polla...» C. Pérez Merinero, *La mano armada.*

corriente, seguir la corriente *expr.* aceptar lo que dice alguien sin contradecirle.

«No tengo más huevos que poner cara de gilito y seguirle la corriente...» C. Pérez Merinero, *Días de guardar.*

corta, a la corta o a la larga *expr.* más tarde o más temprano.

«...pero, en definitiva, el general, a la corta o a la larga, siempre sacó adelante sus propósitos...» Rafael García Serrano, *Diccionario para un macuto.*

2. ¡corta, Blas, que no me vas! *expr.* expresión para ordenar que se calle alguien.

«¡Corta Blas, que no me vas!» JM. ▌ «Encabeza expresiones achuladas para pedir a alguien que corte lo que está diciendo. Corta Blas, que no me vas.» VL. ▌ «No hables tanto que me mareas. ¡Corta, Blas, que no me vas!» DCB. ▐ no se ha podido documentar fuera de diccionarios.▐

3. ¡corta ya! *excl.* ¡ya está bien!, ¡para ya!

«Oye, corta, corta ya...» Juan José Alonso Millán, *Pasarse de la raya,* 1991, RAE-CREA. ▌ ▪ «Deja de incordiar y corta ya.»

cortado *adj.* tímido.

«Cortado: tímido.» JMO. ▌ «Cortado: avergonzado, cohibido.» JV. ▌ «Cortado. Tímido, cohibido.» VL. ▌ «Cortado. Persona tímida.» S. ▌ ▪ «Es tan cortado que no te meterá mano a menos que le animes un poco.» ▐ no se ha podido documentar fuera de diccionarios.▐

cortar *v.* terminar.

«¡Corta, tío!» Lucía Etxebarría, *Beatriz y los cuerpos celestes.* ▌ «Nena, corta y déjanos. Bárbara y yo todavía no hemos terminado.» Lourdes Ortiz, *Picadura mortal.* ▌ ▪ «Corta la cháchara que no nos conduce a nada.»

2. terminar relación amorosa.

«¡Me tocas un pelo y corto contigo!» José Ángel Mañas, *Mensaka.* ▌ «...la menor infidelidad es causa justificada para cortar.» A. Gómez Rufo, *Cómo ligar con ese chico que pasa de ti o se hace el duro.* ▌ ▪ «Vicenta y Juan cortaron hace mucho tiempo.»

3. callarse.

«¡Corta y rema, que vienen los vikingos, tío!» Juan Madrid, *Flores, el gitano.* ▌ «¡Corta Blas, que no me vas!» JM. ▌ «Corta Blas, que no me vas.» DTE.

4. cortar trajes ▶ *traje, cortar trajes.*

cortarse *v.* cohibirse, ser tímido.

«¡No te cortes un pelo con él!» Ragazza, n.° 101. ▌ «Si no hay nada en particular que te moleste o te preocupe, no te cortes y escríbenos de todas formas.» El Mundo, La luna del siglo XXI, 9.10.98. ▌ ▪ «No te cortes y entra a la tienda a preguntar si necesitan dependiente.»

2. no (sin) cortarse un pelo *s.* no ser tímido, no cohibirse.

«...se forraba a su costa palpándola a brazo partido, sin cortarse un pelo.» Pgarcía, *El método Flower.* ❙ «No se corta un pelo a la hora de timar a todo el que puede...» Manuel Giménez, *Antología del timo.* ❙ «...llevaba una minifalda vaquera [...] y el tío con toda la mano dentro. Y no creas que se cortaban un pelo.» Fernando G. Tola, *Cómo hacer absolutamente infeliz a un hombre.* ❙ «...no se cortó un pelo y soltó una trola...» Gomaespuma, *Grandes disgustos de la historia de España.* ❙ «El tipo no se cortó un pelo y allá donde nos movíamos aparecía como un rayo...» B. Pérez Aranda *et al.*, *La ex siempre llama dos veces.*

cortazo *s.* réplica ofensiva.

«Cuando le he preguntado a Carmen si quería venir al cine conmigo, me ha dado un cortazo de espanto, tío.» C. Pérez Merinero, *Días de guardar.* ❙✔ ▸ también *corte.*❙

corte *s.* navaja, cuchillo.

«Corte: navaja.» JGR. ❙ «Corte. Navaja.» VL. ❙ «Corte. Navaja, bardeo, pincho.» Ra. ❙ «Corte: navaja.» JMO. ❙ «Corte. Navaja.» S. ❙ «El gitano ése lleva un corte así de grande y es muy peligroso.» DCB. ❙✔ no se ha podido documentar fuera de diccionarios.❙

2. réplica ofensiva.

«...y me soltó que yo era un enano. ¡Qué corte!» Ragazza, n.° 100. ❙ «...le acaba de dar un buen corte, menos mal...» A. Zamora Vicente, *Mesa, sobremesa.* ❙ «¿Menudo corte, porque el hombre ha venido ya varias veces.» María Teresa Campos, *Cómo librarse de los hijos antes de que sea demasiado tarde.*

3. corte de manga ▸ *manga, hacer un corte de manga(s).*

4. corte de pelo, tener (quedar) pocos cortes de pelo *expr.* restarle a una persona poco tiempo de vida.

«...él ya estaba muy delicado de salud y sabía que no le quedaba ni un corte de pelo...» Manuel Hidalgo, *El pecador impecable.* ❙✔ tiene muchas variantes.❙

5. dar corte *expr.* dar vergüenza.

«No le dé corte porque eso le pasa a muchos.» C. J. Cela, *Soliloquio de la amanecida,* ABC, 28.6.98. ❙ «Ahora te toca preguntar a ti. Joder, si es que ya me da corte.» R. Gómez de Parada, *La universidad me mata.* ❙ «Lo que pasa es que le da corte abrazarte, besarte...» Ragazza, n.° 101. ❙ «A mí me daba un poco de corte que mis defensores fueran una niña y mi hermano pequeño.» Elvira Lindo, MiPaís, El País, 16.10.99.

6. dar un corte *expr.* rechazar.

«...como vuelva con calabazas, que es como antes se definían los noes de las chicas. Ahora se dice que te han dado un corte.» A. Gómez Rufo, *Cómo ligar con ese chico que pasa de ti o se hace el duro.*

cortesana *s.* prostituta cara.

«Y escucha las lecciones muy galanas / que doy a las famosas cortesanas.» Nicolás Fernández de Moratín, *Arte de las putas.* ❙ «Leí una novela picaresca sobre las aventuras de una cortesana y sus amantes.» CL.

cortina de humo *s.* maniobra para ocultar algún hecho o acción.

«...una burda cortina de humo que encubría sus celos...» Carlos Trías, *El encuentro,* 1990, RAE-CREA. ❙ «...simplemente una cortina de humo, un intento de salvar la cara...» Javier Alfaya, *El traidor melancólico,* 1991, RAE-CREA. ❙ «En cuanto empiezas a hacerle preguntas sobre el tema, corre una cortina de humo y ya está.» DCB. ❙✔ para el DRAE sigue siendo cosa de militares: «fig. Mar. y Mil. Masa densa de humo, que se produce artificialmente para ocultarse del enemigo».❙

corto, andar corto (justo) de dinero *expr.* tener poco dinero.

«...y además iba muy justa de dinero...» Juan Marsé, *La oscura historia de la prima Montse.* ❙▪ «A estas alturas del mes siempre ando corto.» ❙ «Como su madre siempre se quejaba de andar corta de dinero...» María Antonia Valls, *Tres relatos de diario.* ❙▪ «Te pagaré mañana porque hoy ando un poco corto.»

2. corto (de cerveza) *s.* cerveza.

«Corto: vaso de cerveza menor que la caña.» JMO. ❙ «Corto. Media caña de cerveza.» Ra. ❙▪ «Nos hemos tomado seis cortos de cerveza y una ración de anchoas.»

3. ni corto ni perezoso *expr.* sin pensárselo, inmediatamente.

«Ellas, ni cortas ni perezosas, se lanzaron a bailar...» Ragazza, julio, 1997. ▌ «¿Cómo dices?, le preguntó Álvaro, y ella ni corta ni perezosa le espetó que ¡ni hablar!» B. Pérez Aranda *et al.*, *La ex siempre llama dos veces.* ▌ «Ni corto ni perezoso, Andrés acude a hablar con Alfredo...» Fernando Martínez Laínez, *Bala perdida.*

4. no quedarse uno corto *expr.* no ser menos.

«La de [...] Clifton fue una melopea [...] de muerte, pero la borrachera de sus amigos no se quedó corta.» Cristina Frade, El Mundo, 26.2.98. ▌ ▪ «El tío taxista aquel me insultó a base de bien, pero yo no me quedé corto y le llamé cabrón y marica.»

cosa *s.* vulva, órgano genital de la mujer.
«Cosa. Coño.» VL. ▌ «Cosa. Genitales femeninos.» S. ▌ «La cosa: así se denomina a los genitales masculinos y femeninos.» JMO. ▌ «La cosa: los órganos sexuales.» JV. ▌ «Cosa. Órgano genital del hombre o la mujer.» JM. ▌ ▪ «Mi abogada me enseñaba la cosa con las piernas abiertas mientras me hablaba de la minuta.» ✓ no se ha podido documentar fuera de diccionarios.▌

2. algo innominado.
«...mil variedades de enfrentarse a esa cosa...» José Andrés Rojo, *Hotel Madrid,* 1988, RAE-CREA. ▌ «...me molesta esa cosa ahí atrás...» José Luis Cabonli, *Terapia de vidas pasadas,* 1995, RAE-CREA.

3. pene.
«...apenas quedó solo con la hermosa / cuando, esgrimiendo su terrible cosa...» Ignacio Fontes, *Acto de amor y otros esfuerzos.* ▌ ▪ «El bedel le enseñó la cosa a la señora de la limpieza.»

4. a otra cosa, mariposa *expr.* expresión para dar por terminado un tema, trabajo, faena.
«Se largó con los cuadros, y a otra cosa, mariposa.» Andreu Martín, *Por amor al arte.* ▌ «Cerró los ojos para no verme, y a otra cosa, mariposa...» C. Pérez Merinero, *La mano armada.* ▌ ▪ «En cuanto terminemos el trabajo aquí nos largamos, y a otra cosa, mariposa.»

5. como quien no quiere la cosa ▸ *querer, como quien no quiere la cosa.*

6. cosa de niños *expr.* fácil.
«...me pareció cosa de niños...» Luciano G. Egido, *El corazón inmóvil,* 1995, RAE-CREA. ▌ ▪ «Es cosa de niños, verás, déjame a mí.»

7. cosa fina *expr.* mucho.
«Y la luz me irrita los ojillos cosa fina.» Mala impresión, revista de humor con caspa, n.° 1.

8. cosa mala *expr.* mucho.
«Sólo hay una vieja petardo que se enrolla con el tío del mostrador cosa mala.» C. Pérez Merinero, *Días de guardar.* ▌ «...le canta a usted el sobaquillo cosa mala.» Ángel Palomino, *Insultos, cortes e impertinencias.* ▌ ▪ «Hemos tenido que pagar en el hotel por un tubo, cosa mala.»

9. cosa mala *s.* feo, desagradable.
«Pero qué tontería, ni que fuese una cosa mala...» Rosa Chacel, *Barrio de Maravillas,* 1976, RAE-CREA. ▌ ▪ «Pedro debe estar enfermo porque ahora parece una cosa mala.»

10. cosa pecaminosa *s.* copular.
«...donde los adúlteros le daban con ahínco a la cosa pecaminosa...» Ramón Ayerra, *Los ratones colorados.*

11. estar con la cosa *expr.* tener la menstruación.
«estar con la cosa. Estar con la menstruación.» VL. ▌ «Estar una mujer con la cosa: tener la menstruación.» JMO. ▌ «tener la cosa. Tener la menstruación.» S. ▌ ▪ «Pepa no ha querido joder hoy por que dice que está con la cosa.» ✓ no se ha podido documentar fuera de diccionarios.▌

12. hacer la cosa *expr.* copular.
«Hacer la cosa, copular.» DE. ▌ «hacer cosas, hacer la cosa: tener relaciones sexuales.» JMO. ▌ «Creo que tu marido y su profesora de inglés están ahí haciendo la cosa, ¿sabes?» DCB. ✓ no se ha podido documentar fuera de diccionarios.▌

13. hacer uno sus cosas *expr.* defecar, orinar.
«...los perros del vecindario que han salido de la mínima parcela a hacer sus cosas, husmean...» Ladislao de Arriba, *Cómo so-*

brevivir en un chalé adosado. ❙ ▪ «Durante el viaje hemos parado un rato porque Matilde tenía que hacer sus cosas.»

14. las cosas como son *expr.* la verdad sea dicha.

«...pues que no, hija, que no, las cosas como son, y en las bodas se cuela mucho hambriento.» Álvaro Pombo, *Los delitos insignificantes.* ❙ ▪ «No te puedo pagar porque no tengo dinero, las cosas como son.»

15. poca cosa ▶ *poca, poca cosa.*

16. poquita (poca) cosa *expr.* pequeño, endeble.

«Poquita cosa. Ninguno le hacía caso al verla tan esquelética...» P. Perdomo Azopardo, *La vida golfa de don Quijote y Sancho.* ❙ «...era bajito, calvo, poca cosa, pero jodedor como él sólo...» Ramón Ayerra, *Los ratones colorados.* ❙✔ ▶ *poca, poca cosa.*❙

cosaco, beber como un cosaco ▶ *beber, beber como un cosaco (como una esponja).*

coscarse *v.* comprender, enterarse.

«...y no cabe otro remedio que decir que Felipe II no se coscaba.» Manuel Hidalgo, El Mundo, 1.5.99. ❙ «Ya te coscarás del asunto y te pondrás las pilas rápidamente.» Ragazza, n.° 101. ❙ «Va a comer con una tía a la que le he estado pinchando el teléfono y no se ha coscado.» Juan Madrid, *Cuentas pendientes.* ❙ «El monitor, que se ha coscado de que pasa algo, se levanta de su asiento.» José Ángel Mañas, *Mensaka.* ❙ «Pues la madre de A.J. se debe haber coscao, porque no suelta a su hijito ni a la de tres.» Ragazza, junio, 1998. ❙ ▪ «Ya te lo he explicado dos veces. ¿Te coscas o no, macho?»

cosecha propia (de mi) *expr.* de uno, de su propia invención.

«*Old before I die*, un temazo de cosecha propia que ya es número uno...» Ragazza, julio, 1997. ❙ «...así como algunos añadidos de mi cosecha.» Juan Benet, *En la penumbra.* ❙ «...casi todos son de mi propia cosecha; es decir, alguien me los ha gritado.» Ángel Palomino, *Insultos, cortes e impertinencias.* ❙ «Es decir, (y esto es de mi cosecha)...» Carmen Rigalt, El Mundo, 7.8.99.

coser y cantar *expr.* fácil.

«...el primer ejercicio ha sido para él coser y cantar.» Severiano F. Nicolás, *Las influencias* ❙ «...estabas a tiro, que llevarte al catre era coser y cantar.» Manuel Hidalgo, *Azucena, que juega al tenis.* ❙ «No es tan sencillo como coser y cantar...» José M.ª Zabalza, *Letreros de retrete y otras zarandajas.* ❙ «El resto va a ser coser y cantar.» Ragazza, agosto, 1997. ❙ «...llegar a un acuerdo con él sería coser y cantar.» Fernando Martínez Laínez, *Bala perdida.* ❙ ▪ «Para mí escribir un artículo de periódico es muy fácil, es simplemente coser y cantar.»

cosita, ser una cosita de gusto *expr.* persona o cosa indeseable.

«Desde luego que habéis tenido suerte al casarse tu hermana porque la tía es una cosita de gusto.» DCB. ❙✔ no se ha podido documentar fuera de diccionarios.❙

cosquillas, buscar las cosquillas a alguien *expr.* enfadar, buscar pendencia con alguien.

«La oposición es muy puñetera y no para de buscarme las cosquillas.» A. Zamora Vicente, *Historias de viva voz.* ❙ «...sólo que hay un perro que me busca las cosquillas y no me voy a dejar pisar por un boqueras...» José Luis Martín Vigil, *Los niños bandidos.* ❙ «Ya que las madres solteras están sacralizadas, hay que buscarles las cosquillas a las casadas.» Carmen Rigalt, El Mundo, 24.7.99.

costar, costar Dios y ayuda *expr.* costar mucho trabajo, esfuerzo.

«...una especie de toronjil a la vinagreta que costaba Dios y ayuda tragar.» A. Zamora Vicente, *Historias de viva voz.* ❙ «...lo que me costó correrme, Dios y ayuda...» Ramón Ayerra, *Los ratones colorados.*

2. costar un huevo (y la yema del otro) *expr.* costar mucho, ser muy caro.

«...ser detective en la selva cuesta un güevo y la yema del otro.» Rafael Ramírez Heredia, *Al calor de campeche.* ❙ ▪ «El viaje de vacaciones a México me ha costado un huevo y la yema del otro. He quedado casi en la ruina.»

3. costar un pico *expr.* costar mucho, ser caro.

«Le habrá costado un pico. Calle, calle, señora Mercedes; usted se merece esto y más...» Eduardo Mendoza, *Sin noticias de Gurb*. ▌«Pero mamá, eso puede costar un pico...» Joaquín Carbonell, *Apaga... y vámonos,* 1992, RAE-CREA.

4. costar (salir por, valer) un riñón (un ojo de la cara) *expr.* caro, costoso.

«...son expertos en este tipo de bisutería que cuesta un riñón.» Carmen Posadas, *Yuppies, jet set, la movida y otras especies.* ▌«...resulta que al final un hijo sale por un ojo de la cara...» A. Gómez Rufo, *Cómo ligar con ese chico que pasa de ti o se hace el duro.* ▌«...estoy estudiando una *Enciclopedia Gastronómica* que me ha costado un ojo de la cara...» M. Vázquez Montalbán, *El delantero centro fue asesinado al atardecer.* ▌«Le salió la broma por un ojo de la cara.» Carmen Resino, *Pop y patatas fritas,* 1991, RAE-CREA. ▌«O como un pintor estremecido por el absurdo, cuyos cuadros cuestan un riñón.» Fernando Repiso, *El incompetente.* ▌«De manera que hacerme con un ejemplar me salió por un ojo de la cara. Pagué dos mil pesetas...» Victoriano Corral, *Delitos y condenas.* ▌«Aquí las flores para los muertos valían un ojo de la cara.» Miguel Barnet, *Gallego,* 1981, RAE-CREA. ✔ también *costar un cojón.* ▶ *riñón, costar un riñón.*▐

costilla *s.* esposa, mujer.

«Por cierto que mi costilla, la Neme, está que muerde...» A. Zamora Vicente, *Historias de viva voz.* ▌«...daba vueltas y más vueltas en el lecho al lado de su costilla, sin poder conciliar el sueño.» Jose-Vicente Torrente, *Los sucesos de Santolaria.* ▌«Menos mal que la prensa no utiliza términos como *parienta, jefa,* mi *señora* o *costilla,* de uso, entre popular y castizo...» Manuel Hidalgo, El Mundo, 23.7.99. ▌«Y para colmo resultó ser la costilla del caballerizo consentido.» Pau Faner, *Flor de sal.*

costo *s.* hachís, droga.

«Ella me pedía tabaco o coca-cola y después costo, ya que se le había acabado.» Raúl del Pozo, *Noche de tahúres.* ▌«...son capaces de gastarse la pensión de su abuela [...] para pillar costo...» Onofre Varela, A las barricadas, 18-24 mayo, 1998. ▌«Pása-

me el costo.» Joseba Elola, *Diccionario de jerga juvenil,* El País Semanal, 3.3.96. ▌«¿Coca, costo, tío?» Juan Madrid, *Crónicas del Madrid oscuro.* ▌«Eso significa que hasta por lo menos el lunes no voy a pegar ojo, a menos que continúe dándole al costo y masturbándome.» María Antonia Valls, *Tres relatos de diario.* ▌«el *costo,* el chocolate o *tate,* la *mandanga* o el *fumo* designan el hachís...» Fernando Lázaro Carreter, *El dardo en la palabra.* ▌«Los bocatas se los hace de costo, y se fuma hasta los cordones de las zapatillas.» M. Ángel García, *La mili que te parió.* ▌«...tenga lo que tenga lo comparte, sea dinero, sea costo, una chupa, una piba...» José Luis Martín Vigil, *Los niños bandidos.* ✔ «Costo. En jerga *hachís.* Puede emplearse si se explica su significado.» El País, *Libro de estilo.*▐

cotarro, ser el amo del cotarro *expr.* persona que manda, el que dirige.

«Dominar. Ser el amo del cotarro.» DTE.

cotilla *s.* chismoso.

«...y cierre las vistas a los vecinos cotillas que privan de intimidad.» Ladislao de Arriba, *Cómo sobrevivir en un chalé adosado.* ▌«Recelaba cualquier nueva injerencia del cotilla del recepcionista.» Ángel A. Jordán, *Marbella story.* ▌«...no callas ni debajo del agua, tus amigas te llaman cotilla...» You, enero, 1998. ▌«Pedro es un cotilla y le gusta saber las intimidades de todos.» ✔ Según Iribarren la palabra debe su origen a una tal *tía Cotilla,* una asesina condenada a muerte en 1838. Sus crímenes la hicieron famosa. El DRAE dice: «persona amiga de chismes y cuentos».▐

cotorra *s.* persona habladora.

«Alejandro pensó que, además de cotorra, era goloso...» Terenci Moix, *Garras de astracán.* ▌«Por cierto, estos famosos hablaban como cotorras, sin descanso...» A. Zamora Vicente, *Historias de viva voz.* ▌«¡Vaya cotorras! Suelen ser dos [...] Son amigas...» R. Gómez de Parada, *La universidad me mata.* ▌«...siendo sus inesperadas visitas solo [sic] superadas en espanto por las de un inspector de Hacienda o un vecino cotorra.» Antonio Lozano, Qué leer, septiembre, 1998. ▌«Cállate de una vez, cotorra.»

Eduardo Mendoza, *La verdad sobre el caso Savolta*. ▌ «*...cotorra* a la charlatana.» Fernando Lázaro Carreter, *El dardo en la palabra*. ✓ DRAE: «fig. y fam. Persona habladora».▌

2. vieja fea.

«Malditas cotorras. Les hubiera retorcido el cuello a todas.» José María Amilibia, *Españoles todos*. ▌▪ «La mujer de Víctor es una cotorra, más fea que pegarle a un padre con un calcetín sudao.»

crack *s.* estimulante muy peligroso derivado del clorhidrato de cocaína.

«No parecen anfetas corrientes, ni tampoco crack.» Fernando Martínez Laínez, *La intentona del dragón*.

cráneo, ir (traer) de cráneo *expr.* tener mala suerte, no tener éxito o aceptación.

«O cada uno habla de lo que sabe o vamos de cráneo.» ABC, 9.10.99. ▌«Vas de cráneo, tío. María José nos dejó en paz.» A. Zamora Vicente, *Mesa, sobremesa*. ▌«...este asunto me puede traer de cráneo...» Ángel Palomino, *Las otras violaciones*. ▌«Y ha andado el hombre de cráneo.» Felipe Navarro (Yale), *Los machistas*. ▌«Pues conmigo andaba de cráneo.» Pgarcía, *El método Flower*. ▌«...si tanto les preocupa esa nueva cocaína... que los lleva de cráneo por su pureza...» Pedro Casals, *La jeringuilla*. ▌«...me doy cuenta de que sin estudios vas de cráneo...» José Luis Martín Vigil, *Los niños bandidos*. ▌▪ «Vamos de cráneo en este negocio, estamos perdiendo hasta la camisa.»

credo, en un credo *expr.* rápidamente, pronto, en poco tiempo.

«De pronto apareció una lamia, dispuesta a zampárselo en un credo.» Pau Faner, *Flor de sal*.

creer, no te lo crees ni tú *expr.* negación absoluta.

«Eso no te lo crees ni tú.» DTE.

creído *s.* vanidoso.

«Además, es un chulo y un creído...» Juan Madrid, *El cebo*. ▌«Y yo iba muy creído...» Sealtiel Alatriste, *Por vivir en quinto patio*, 1985, RAE-CREA. ▌«Esto no es una competición, ¡y las creídas no molan nada!» You, enero, 1998. ✓ el DRAE reseña la palabra como adjetivo: «adj. fam. Dícese de

la persona vanidosa, orgullosa o muy pagada de sí misma».▌

cremallera *s.* silencio.

«...todos tenemos mucho que callar. O sea que cremallera...» Francisco Umbral, *Madrid 650*. ▌«Vale, pero cierra la cremallera.» Raúl del Pozo, *Noche de tahúres*.

2. echar (cerrar) la cremallera *expr.* no decir nada, callarse.

«Y a sanjoderse. Y a echar la cremallera.» Pedro Casals, *Disparando cocaína*. ▌«Le mostré la chapa [...] y cerró la cremallera.» C. Pérez Merinero, *La mano armada*. ▌▪ «¡Echa la cremallera ya que estoy harta de oírte!»

cremalleragate *s.* escándalo sexual de la presidencia de EE.UU.

«Y es que la reciente desestimación de la demanda por acoso sexual presentada por la ex funcionaria Paula Jones no ha logrado apagar las llamas del cremalleragate, como se conoce popularmente al asunto.» Julio A. Parrado, El Mundo, 19.4.98. ✓ traducción del inglés *zippergate*, que a su vez proviene del famoso *Watergate*.▌

cretino *s.* bobo, necio, tonto.

«¡No seas cretino!» Miguel Martín, *Iros todos a hacer puñetas*.

criadillas *s. pl.* testículos.

«Y ustedes, pollerones, dónde tienen las criadillas que permiten este abuso contra una pobre criatura indefensa. ¡Maricas!» Gabriel García Márquez, *La increíble y triste historia de la Cándida Eréndira y de su abuela desalmada*. ▌«Testículos, bolas, canicas, cataplines, chismes, colgajos, criadillas, huevamen, pelés, pelotas, péndulos, pesas.» José M.ª Zabalza, *Letreros de retrete y otras zarandajas*. ▌▪ «Creo que he cogido una enfermedad porque me pican mucho las criadillas.»

crisma *s.* cabeza.

«...obstáculos colocados adrede para que el ciudadano se rompa la crisma...» P. Antilogus, J. L. Festjens, *Anti-guía de los conductores*. ▌«Para ser exactos, unos se impacientan y otros esperan que te rompas la crisma...» Arturo Pérez-Reverte, *La piel del tambor*. ▌«La crisma le partiría yo a más de un guarro.» Manuel Hidalgo, *El pecador im-*

pecable. ▌ «...un día me voy a romper la crisma.» Gomaespuma, *Familia no hay más que una.* ▌ «Para que no te rompas la crisma.» M. Sánchez Soler, *Festín de tiburones.*

cristiano *s.* persona innominada.

«...para tirarle una lanzada o un tarantán al primer cristiano que yerre más allá de las propias trincheras.» Jaime Campmany, ABC, 13.3.98. ▌ «Por muchas gritos que un cristiano dé allí...» Jose-Vicente Torrente, *Los sucesos de Santolaria.* ▌ «Cualquier cristiano busca la desenfilada por instinto...» Rafael García Serrano, *Diccionario para un macuto.*

2. idioma castellano, términos comprensibles.

«También puede ser el terror a la responsabilidad, lo que se llama en cristiano canguis.» C. Rico-Godoy, *Cómo ser una mujer y no morir en el intento.* ▌ «¿Hablas cristiano?» Alberto Vázquez-Figueroa, *Manaos.* ▌ «A mí, don Lorenzo, me habla usted en cristiano o de lo contrario no nos entenderemos.» Jose-Vicente Torrente, *Los sucesos de Santolaria.* ▌ «En cristiano vulgar sería algo así como...» R. Montero, *Diccionario de nuevos insultos...* ▌ «Hablando en cristiano...» P. Perdomo Azopardo, *La vida golfa de don Quijote y Sancho.* ▌ «En cristiano, alteración fraudulenta de balances.» M. Sánchez Soler, *Festín de tiburones.*

cristo *s.* lío, jaleo.

«Vaya un cristo de palabreo y morralla...» Ramón Ayerra, *La lucha inútil,* 1984, RAE-CREA. ▌ «Cualquier chuminada le hacía soltarse la melena y el cristo se montaba...» Ramón Ayerra, *La lucha inútil,* 1984, RAE-CREA. ▌ «Que me armes este cristo porque no enrosco los tapones...» C. Rico-Godoy, *Cómo ser una mujer y no morir en el intento.* ✓ probablemente de la expresión *armarse la de Dios es Cristo.*▌

2. armar(se) la de Dios es Cristo *expr.* armar(se) lío, pendencia, alboroto.

«Armar la de Dios es Cristo. Se aplica a las pendencias donde todos gritan y ninguno se entiende.» J. M.ª Iribarren, *El porqué de los dichos.* ▌ «...se va a armar la de Dios es Cristo...» Víctor Chamorro, *El muerto resucitado,* 1984, RAE-CREA.

3. donde Cristo dio las tres voces *expr.* muy lejos.

«...estaba allí, encima de la montaña, a pleno sol, donde Cristo dio las tres voces...» M. Vázquez Montalbán, *Los alegres muchachos de Atzavara.* ▌ «...y le mandarán allá donde Cristo dio las tres voces...» J. Giménez-Arnau, *Cómo forrarse y flipar con la gente guapa.* ▌ «...donde cristo dio las tres voces...» Ramón Ayerra, *Los ratones colorados.* ▌ «...no sólo está donde Cristo dio las tres voces, sino que...» Fernando Arrabal, *La torre herida por el rayo,* 1982, RAE-CREA. ✓ Cristo rechazó al Maligno en el desierto con tres frases.▌

4. donde Cristo perdió el gorro (la gorra) *expr.* muy lejos.

«Tiene el piso allá, donde Cristo perdió la gorra.» JM. ▌ «...y mi marido es de allí donde Cristo perdió el gorro.» Conversación, 1992, RAE-CREA. ▌■ «He tenido que ir donde Cristo perdió el gorro para encontrar un vestido igual.» ✓ también *donde Cristo dio las tres voces, donde Cristo perdió el mechero y donde Colón perdió el gorro.*▌

5. hecho un Cristo *expr.* ensangrentado, magullado, con mal aspecto.

«Esto lo han dejado hecho un Cristo, comisario.» Fernando Martínez Laínez, *La intentona del dragón.* ▌ «...la falda rasgada de arriba a abajo y la cara hecha un cristo, con un labio partido...» Fernández de Castro, *La novia del capitán,* 1987, RAE-CREA. ▌ «...qué horror de alaridos y de sangre, la cara hecha un cristo...» Ramón Ayerra, *Los ratones colorados.* ▌ «...el pelo hecho un Cristo.» C. Rico-Godoy, *Cuernos de mujer.*

6. ni Cristo *adv.* nadie.

«En esta oficina no te echa una mano ni Cristo.» JM. ▌ «Pelmazo a quien no le aguanta ni Cristo.» R. Montero, *Diccionario de nuevos insultos...* ▌ «...porque a esta punta no llega ni Cristo...» Ariel Dorfman, *La muerte y la doncella,* 1995, RAE-CREA. ▌■ «Ni Cristo puede comprender lo que pasa en este país.»

7. ni Cristo (Dios) que lo fundó *expr.* en absoluto.

«...ni acelgas, ni tronchos, ni judías verdes, ni cristo que lo fundó.» Andrés Berlanga,

La gaznápira. ▌ «...yo no fui compañero de su marido ni Cristo que lo fundó.» Ángel Palomino, *Un jaguar y una rubia.* ▌ «Ni ése se parece a mí ni Cristo que lo fundó.» C. Pérez Merinero, *Días de guardar.* ▌ «...ni es lengua ni Dios que lo fundó...» Ramón Ayerra, *Los ratones colorados.*

8. sentar (caer, ir) como a un Cristo (santo, obispo) dos pistolas *expr.* sentar, ir mal.

«...un guardaespaldas queda normal junto a un dictador, un cura queda fatal incluso junto a la señora del dictador. Como a un Cristo dos pistolas, vamos.» Manuel Hidalgo, El Mundo, 30.10.98. ▌ «...lo que se dice un Cristo con dos pistolas...» Fernando Sánchez-Dragó, *El camino del corazón,* 1990, RAE-CREA. ▌ «...caer en el hedonismo y la fantasía que son a la carne como a un santo dos pistolas...» Manuel Martínez Mediero, *Juana del amor hermoso,* 1982, RAE-CREA. ▌ «Estas ropas [...] les caen peor que a un obispo dos pistolas, así que por ahí se les puede calar.» Manuel Giménez, *Antología del timo.*

9. todo Cristo *s.* todos, todo el mundo.

«...siempre que hay una fiesta de tres capas, todo cristo llega tarde...» A. Zamora Vicente, *Mesa, sobremesa.* ▌ «...en cuestiones de minina, a la larga —y a veces también a la corta—, no hay secretos y todo cristo se empapa...» Ramón Ayerra, *Los ratones colorados.* ▌ «...pero era sábado y los sábados salía todo Cristo...» José Ángel Mañas, «Recuerdo», Áccent, julio-agosto, 1999.

***criticar** cf. (afines) chismorrear, poner a *caldo, poner a *parir, cortar *trajes, poner como chupa de dómine, poner verde.

cromo *s.* billete falso.

«Los billetes falsos, también llamados cromos...» Manuel Giménez, *Antología del timo.*

2. hecho un cromo *expr.* muy elegante, bien vestido.

«...y el Capo [...] va hecho un cromo...» Ramón Ayerra, *Los ratones colorados.*

croyazo *s.* eyaculación.

«Menudo croyazo tuvo Pedro.» CO, María Gallego, 15.4.98.

cruasán *s.* croissant.

«...pasteles, tartas de todas clases, cruasanes rellenos de jamón...» Juan Madrid, *Cuentas pendientes.*

crudo *adj.* difícil.

«Crudo. Vale por difícil. Tío, con la pasma lo tienes crudo.» Francisco Umbral, *Diccionario cheli.* ▌ «Aquellos que no pueden soportar el estilo musical, lo tienen crudo...» Juanma Iturriaga, *Con chandal y a lo loco.* ▌ «Lo tiene crudo.» Francisco Umbral, El Mundo, 14.7.98. ▌ «...son ayuditas a las que el buscavidas sólo recurre cuando [...] lo tiene crudo.» Marina Pino, *Cómo montártelo por el morro.* ▌ «A tu edad (tu madre puede que lo tenga más crudo)...» A. Gómez Rufo, *Cómo ligar con ese chico que pasa de ti o se hace el duro.* ▌ «Porque desde luego, Tom lo tiene crudo.» SúperPop, abril, 1990. ▌ «A partir de este momento las cosas empiezan a ponerse crudas para todos...» B. Pérez Aranda *et al., La ex siempre llama dos veces.* ▌ «Lo tienes muy crudo, tía.» Fernando Martínez Laínez, *Bala perdida.* ▌ «Tú, chaval, me parece que lo llevas crudo.» José Ángel Mañas, *Sonko95.*

2. gasolina.

«...permitiéndose el lujo de poner crudos en una gasolinera que hay al final de esta calle,...» Francisco Umbral, *Madrid 650.*

3. dinero crudo *s.* dinero en metálico.

«¿Qué es dinero crudo? En papel, no en cheque.» Raúl del Pozo, *Noche de tahúres.*

cruz, hacerse cruces *expr.* sorprenderse, admirarse de algo.

«Cuando las legítimas herederas fueron informadas acerca del montante real de la herencia, se hacían cruces...» María Antonia Valls, *Tres relatos de diario.* ▌ «...se hacían cruces al comprobar que no es verdad...» SúperPop, mayo, 1989. ▌ «Hasta mi comadre que es ahora madame de una casa de postín se hace cruces de lo aprovechadas que son estas chicas...» M. Vázquez Montalbán, *La historia es como nos la merecemos.*

cuadra(d)o *adj.* hombre fuerte y atractivo.

«El menda está cuadrado. Le podemos encargar de llevar los bártulos...» Paloma Pedrero, *Invierno de luna alegre,* 1989, RAE-CREA. ▌■ «Paco es un tío cuadrao.»

cualquiera *s.* prostituta, indeseable.

«Ahora es Yarito, la niña ejemplar, embarazada como una cualquiera...» Ángel Palomino, *Madrid, costa Fleming.* ▌«...la individua ésa, una cualquiera, una mujer de la calle...» F. Vizcaíno Casas, *Hijos de papá.* ▌«Yo soy lo que ustedes llaman una cualquiera, pero desde que decidí serlo...» Jose-Vicente Torrente, *Los sucesos de Santolaria.* ▌«Pero aquella mujer de dudosa reputación no era una cualquiera.» Ignacio Aldecoa, *El fulgor y la sangre.* ▌«...reciben a desconocidos en sus casas como si fueran unas cualquiera...» Ramón Escobar, *Negocios sucios y lucrativos de futuro.* ▌«...una elementa; una tal; una cualquiera; una de esas; una tipa; una fulana; una andova; [...] una individua...» AI. ✓ para el DRAE es *persona de poca importancia o indigna de consideración.*▌

cuarta *s.* ración de pan.

«—¿Tú qué me das? —La cuarta de la merienda de toda la semana.» Ilustración, Comix internacional, 5.

2. de cuarta *expr.* de poca categoría, de baja estofa.

«Quiero decir que ni bucean en la miseria, ni son hijos de pobres analfabetos inermes, ni acudían a cualquier escuela de cuarta.» ABC, 19.4.98.

cuarto, de tres al cuarto *expr.* de poca importancia, monta.

«Los años de vida callejera, comiendo en restaurantes de tres al cuarto.» Mariano Sánchez, *Carne fresca.* ▌«...porque cualquier terrorista de tres al cuarto puede hacer que se le mojen los pantalones...» Jaime Romo, *Un cubo lleno de cangrejos.* ▌«...ni mucho menos a las órdenes de un detective de tres al cuarto...» Andreu Martín, *Por amor al arte.* ▌«...la incertidumbre y la aventurilla de tres al cuarto.» Fernando G. Tola, *Mis tentaciones.* ▌«...y no payasitos de tres al cuarto.» M. Sánchez Soler, *Festín de tiburones.* ▌«En la foto que le mostré al maqui de tres al cuarto que me había agenciado...» B. Pérez Aranda *et al., La ex siempre llama dos veces.* ▌«...pero no siendo un

palurdo, un mastuerzo de tres al cuarto...» Ramón Ayerra, *Los ratones colorados.*

2. cuarto oscuro *s.* en un bar, lugar de encuentro anónimo de homosexuales.

«Porque el presidente debió pasar muy cerca de alguno de esos bares en cuyo fondo, sin luz directa [...] en el cuarto oscuro manos buscan sexo, y salen pirindolas por los orificios [...] ni el trasero pregunta cómo se llama la caricia...» Luis Antonio Villena, El Mundo, 19.4.98. ▌«...con cuarto oscuro (una habitación sin luz en la que casi cualquier variedad sexual está permitida)...» El Mundo, 19.8.99. ▌«...un cuarto oscuro al que entras y no sabes quién te va a meter mano, a quien se la endiñas o quien te trabaja el solomillo...» El Jueves, 11-17 febrero, 1998. ✓ del inglés *dark room.*▌

3. cuartos *s. pl.* dinero.

«...al final acabaré dejándoselo a las niñas, que lo vendan todo y se repartan los cuartos...» C. J. Cela, *Mazurca para dos muertos.* ▌«Al muerto le llevaron los cuartos y le cortaron las orejas.» C. J. Cela, *Viaje a la Alcarria.* ▌«...y me sacaban los cuartos con mil pretextos...» A. Zamora Vicente, *Historias de viva voz.* ▌«...sin preocuparse de cerrar el cajón de los cuartos...» Jose-Vicente Torrente, *Los sucesos de Santolaria.* ▌«...ese sinvergüenza ha venido aquí a robarnos los cuartos...» Ángel Palomino, *Un jaguar y una rubia.* ▌«El Estanislao, al día siguiente, se fue a la caja de ahorros y retiró sus cuartos.» C. J. Cela, *El espejo y otros cuentos.* ▌«¿Crees que nos jugamos la piel limpiando las masías para que luego vosotros os llevéis los cuartos?» Juan Marsé, *Si te dicen que caí.* ✓ la reseña el DRAE.▌

4. dar tres cuartos al pregonero *expr.* divulgar, revelar secreto, informar.

«Habla más bajo, no tenemos por qué dar tres cuartos al pregonero.» C. J. Cela, *La colmena.* ▌«...así se hará todo sin dar tres cuartos al pregonero.» Antonio Gala, *Petra Regalada,* 1979, RAE-CREA.

5. ir al (cuarto de) baño *expr.* defecar.

«...fue al cuarto de baño seis veces en una hora.» Gomaespuma, *Grandes disgustos de la historia de España.*

6. ni qué ocho cuartos *expr.* expresión negativa de rechazo, de enfado.

«Pero qué cara ni qué ocho cuartos.» Antonio Gala, *Los bellos durmientes,* 1994, RAE-CREA. ❚ «...qué pasión ni qué ocho cuartos: lo erótico no es nunca apasionado.» Álvaro Pombo, *El metro de platino iridiado,* 1990, RAE-CREA. ❚ «¡Qué feo ni qué ocho cuartos!» Carlos Pérez Merinero, *La mano armada.* ❚ ❚ «—No le has dado propina. —¿Con lo que nos ha respondido? Qué propina ni qué ocho cuartos. Que le den por el culo.»

7. sacar los cuartos *expr.* engañar, timar, estafar.

«...será ella quien le saque los cuartos...» Ramón Escobar, *Negocios sucios y lucrativos de futuro.*

8. tres cuartos de lo mismo *expr.* exactamente lo mismo.

«calculo que en la zona roja pasaba tres cuartos de lo mismo, y aún aseguraría que más...» Rafael García Serrano, *Diccionario para un macuto.* ❚ «Con las novelas sucede tres cuartos de lo mismo...» Francisco Candel, *Los hombres de la mala uva.* ❚ «Y en el ámbito escolar, tres cuartos de lo mismo.» A. Sopeña Monsalve, *El florido pensil.* ❚ «...al de los libros le ocurría tres cuartos de lo mismo con editores y autores.» María Sarmiento, La Esfera, El Mundo, 8.5.99. ❚ «Tres cuartos de lo mismo me pasa con las películas de terror.» Javier Ortiz, El Mundo, 26.6.99.

cuatro, cuatro cuartos *expr.* poco dinero.

«...y le compró todas las monedas al padre de la chica por cuatro cuartos...» Armando Matías Guiu, *Cómo engañar a Hacienda.* ❚ «Mi tío al morir sólo dejó cuatro cuartos.» DCB.

2. cuatro latas *s.* antiguo coche Renault 4-L.

«...se frotó las manos para entrar en calor y perjuró que repararía la calefacción del Cuatro Latas.» M. Sánchez Soler, *Festín de tiburones.*

3. cuatro ojos ▶ *cuatrojos.*

4. por los cuatro costados *expr.* completamente, por todas partes, mucho.

«Rebosas optimismo por los cuatro costados...» You, marzo, 1998. ❚ «Ardía por los cuatro costados.» J. Satué, *El desierto de los ojos,* 1986, RAE-CREA. ❚ «...provocará que desbordes optimismo por los cuatro costados.» Chica hoy, revista juvenil, n.° 130. ❚ «Hablaba por los cuatro costados.» M. Sánchez Soler, *Festín de tiburones.*

cuatrojos *s.* persona que lleva gafas.

«Cuatrojos: cuatro ojos, persona que utiliza gafas.» JMO. ❚ «¡Cuatro ojos, cuatro ojos!» Juan Madrid, *Crónicas del Madrid oscuro.* ❚ «No estoy nervioso... El que está como un flan eres tú, cuatroojos.» C. Pérez Merinero, *Días de guardar.* ❚ «...siempre acaba insultándome y llamándome cuatroojos...» Elvira Lindo, *Manolito gafotas.* ❚ ❚ «La cuatrojos de tu prima no ve tres en un burro.» ✓ de *cuatro ojos.*❙

cuba, como una cuba *expr.* ebrio.

«...los que nos quedamos como cubas, como pellejos, nosotros somos los borrachines.» A. Zamora Vicente, *Mesa, sobremesa.* ❚ «...bromista y borracho como una cuba.» P. Antilogus, J. L. Festjens, *Anti-guía de los conductores.* ❚ «...todos han elegido pareja menos el que estaba como una cuba que dormita la mona en un sofá.» Gomaespuma, *Familia no hay más que una.* ❚ «...y Florencio, que estaba como una cuba, dormía como un muerto.» José Gutiérrez-Solana, *Madrid callejero, Obra literaria, II.* ❚ «Tu madre estaba como una cuba, borracha, y le arrojó una lámpara...» Mariano Sánchez, *Carne fresca.* ❚ «A las tres de la tarde ya había conseguido ponerse como una cuba.» Andreu Martín, *El señor Capone no está en casa.* ❚ «Tú estabas como una cuba, ya me acuerdo...» José Luis Muñoz, *Pubis de vello rojo.* ❚ «Borracho como una cuba.» Ángel Palomino, *Insultos, cortes e impertinencias.*

cubata *s.* cubalibre, ron con coca cola.

«Fíjense en mí: condenao por corrupción y tomándome un cubata en casa.» El Jueves, 21-28 enero, 1998. ❚ «...en la barra de la Oveja siniestra, con un cubata en la mano...» A. Zamora Vicente, *Historias de viva voz.* ❚ «Oye, me tomaría un cubata.» F.

Vizcaíno Casas, *Hijos de papá*. ❙ «Pagamos el cubata y nos fuimos.» María Antonia Valls, *Para qué sirve un marido*. ❙ «Cuando se ponía ciego a cubatas...» Juan Madrid, *Crónicas del Madrid oscuro*. ❙ ▪ «Nos tomamos dos cubatas y una cerveza. Nada más.»

cuca *s.* peseta.
«...necesité 420.000 cucas para estudiar no sé qué gilipollez durante un mes.» B. Pérez Aranda *et al.*, *La ex siempre llama dos veces*. ❙ «Me deshice de ello por cuatrocientas mil cucas.» JM. ❙ «Me guardo el dinero —treinta mil cucas a ojo de buen cubero...» C. Pérez Merinero, *Días de guardar*. ❙ ▪ «Dame cuatro mil cucas y estamos en paz.»

2. prostituta.
«Ramera. Eugenio Noel, en su novela *Las siete cucas*, juega con el concepto...» DE.

3. cucaracha.
«4. Bis. Abrev. Cucaracha.» DRAE.

cucaracha *s.* clérigo.
«La chica, al percatarse de la presencia del cucaracha hace intención de levantarse del banquillo...» C. Pérez Merinero, *La mano armada*. ❙ «Cucaracha: sacerdote, cura.» JV. ❙ «El cucaracha ése dice misa con una parsimonia que exaspera.» DCB. ❙ ✔ porque vestían de negro.❙

cuchicuchi *s.* palabra afectuosa.
«Tratamiento cariñoso, entre enamorados, bastante cursi.» JMO. ❙ «¡Oye, cuchicuchi, ven a darme un besito, anda!» DCB. ❙ ✔ no se ha podido documentar fuera de diccionarios.❙

***cuchillo** cf. (afines) ▶ *armas*.

cuchipanda *s.* reunión con comida y bebida.
«...celebraremos el reencuentro con una cuchipanda.» Eduardo Mendoza, *Sin noticias de Gurb*. ❙ ✔ MM: «Francachela. Juerga.»❙

cuchitril *s.* lugar desagradable.
«No sé cómo puedes vivir en este cuchitril inmundo.» CL. ❙ ▪ «El pobre Juan vive en un cuchitril sin luz.» ❙ ✔ en castellano estándar es *habitación estrecha y desaseada*.❙

cuco *adj.* agradable, mono.
«...un estuche de colonia y perfume en-vuelto en papel de celofán, que queda de lo más cuco.» Gomaespuma, *Familia no hay más que una*. ❙ ▪ «¡Qué gorrito tan cuco lleva el niño!»

2. astuto.
«Es muy cuco y, si te ha dicho eso, es porque quiere algo de ti.» CL. ❙ «Cuco: taimado.» JMO. ❙ ▪ «Cuidado con Marcial que en los negocios es muy cuco.»

cuelgue *s.* borrachera.
«Un astrólogo que padece un cuelgue de anís de aquí te espero...» J. Giménez-Arnau, *Cómo forrarse y flipar con la gente guapa*.

cuello, jugarse el cuello *expr.* arriesgarse mucho.
«...me juego el cuello...» Juan José Millás, *Tonto, muerto, bastardo e invisible*.

2. tener (estar con) la soga al cuello *expr.* estar en una situación apurada.
«...tenía la soga al cuello y había decidido suicidarse al no encontrar escapatoria.» P. Perdomo Azopardo, *La vida golfa de don Quijote y Sancho*.

cuenta, ajustar las cuentas *expr.* regañar, castigar.
«...era el encargado de ajustarles las cuentas a los enemigos, chivatos y traidores, que se portaban mal...» Álvaro de Laiglesia, *Hijos de Pu*. ❙ «Al tandem Quejereta, Javier Marías les ajusta las cuentas...» Qué leer, junio, 1998.

2. ajuste de cuentas *expr.* entre criminales, asesinato por venganza; revancha.
«Un ajuste de cuentas de algún chulo de putas.» M. Vázquez Montalbán, *La soledad del manager*, 1977, RAE-CREA. ❙ «...un lamentable y siniestro ajuste de cuentas de especuladores y evasores de capitales...» Javier Fernández de Castro, *La novia del capitán*, 1987, RAE-CREA. ❙ «(La Divina Comedia) El testamento de un genio que incluye un tenso ajuste de cuentas con su época...» Ignacio Merino, El Mundo, 15.8.99.

3. caer en la cuenta *expr.* comprender algo por fin.
«...pero he reflexionado y he caído en la cuenta...» P. Perdomo Azopardo, *La vida golfa de don Quijote y Sancho*. ❙ «Y si todavía

no caes en la cuenta de dónde sale este chicarrón...» Ragazza, julio, 1997. ❚ «Entonces he caído en la cuenta de que no estaba sentado en ninguno de los muebles de la biblioteca...» Andrés Bosch, *Mata y calla.* ❚ «Hay probabilidades de que [...] caiga usted en la cuenta...» Fernando Repiso, *El incompetente.* ✔ DRAE: «1. fr. fig. y fam. Venir en conocimiento de una cosa que no lograba comprender o en que no había parado la atención».❙

4. dar buena cuenta de *expr.* comer.

«Dar cuenta, es decir, contar, informar, no les basta: el énfasis inflacionario les empuja a ese dar buena cuenta, como si estuvieran hambrientos ante una fuente de gambas.» Fernando Lázaro Carreter, *El dardo en la palabra.*

5. más de la cuenta *expr.* más de lo normal.

«...me entretuve más de la cuenta.» Javier Marías, *Corazón tan blanco,* 1992, RAE-CREA. ❚ «...para no importunarles más de la cuenta.» Eduardo Mendoza, *La verdad sobre el caso Savolta.*

6. pedir cuentas *expr.* exigir responsabilidades.

«Lo relacionarán con la rubia muerta y vendrán a pedirle cuentas.» Andreu Martín, *Por amor al arte.*

*cuenta de restaurante cf. (afines) dolorosa, nota, susto.

cuentagarbanzos *s.* miserable, tacaño.

«La avaricia y la usura son plagas [...] A esta perversión corresponden muchos insultos: agarrado [...] apretado [...] cuentagarbanzos [...] rácano, roña, roñica, roñoso, tacaño [...] catalán, puño en rostro [...] cicatero...» AI.

cuentero *s.* timador.

«Un cuentero, también llamado *lengua veloz* aprovecha la circunstancia para abordar a un conductor a quien ofrece videos...» Ramón Escobar, *Negocios sucios y lucrativos de futuro.*

cuento *s.* historia para timar a alguien.

«Grupos de entre dos y cuatro personas ponen en escena el cuento y sorprenden al listo...» Manuel Giménez, *Antología del timo.*

2. casa de cuento ▶ *casa, casa de cuento.*

3. cuento chino *s.* mentira, embuste.

«...se había montado todo el cuento chino de que si las niñas no debían ir...» B. Pérez Aranda *et al., La ex siempre llama dos veces.* ❚ «Viene aquí con el cuento chino de que el tío se murió...» William Shand, *La transacción,* 1980, RAE-CREA. ❚ «Ella se inventaría un cuento chino...» Renato Prada Oropeza, *Larga hora: la vigilia,* 1979, RAE-CREA. ❚▪▪ «Si te dice que no lo puede conseguir, no le creas, es un cuento chino para no pagar.»

4. ir con el cuento *expr.* revelar secreto a terceros.

«¿Y si va con el cuento a la pasma?» José Luis de Tomás García, *La otra orilla de la droga,* 1984, RAE-CREA. ❚ «...lo oyó todo y luego le fue usted con el cuento, ¿no?» Andreu Martín, *El señor Capone no está en casa.*

5. (no) venir a cuento *expr.* no ser oportuno, no tener relación con lo que se trata.

«...no viene a cuento colocar en la lista de vips...» El Mundo, 21.9.95. ❚ «Sin venir a cuento se pone a hablar del humanismo cristiano...» C. Pérez Merinero, *Días de guardar.* ❚ «El otro pareció adivinar sus reflexiones porque sin venir a cuento dijo...» Juan Benet, *En la penumbra.* ❚ «Esto, que es una obviedad, viene a cuento porque...» Jaime Torroja, PC Plus, octubre, 1999.

6. tener más cuento que Calleja *expr.* ser un fresco, caradura.

«Tienes más cuento que Calleja.» M. Sánchez Soler, *Festín de tiburones.* ❚ «Me parece que eres un golfo con más cuento que Calleja.» Rafael Mendizábal, *¡Viva el cuponazo!,* 1992, RAE-CREA. ❚ «Este tiene más cuento que Calleja.» Eduardo Mendicutti, *El palomo cojo,* 1991, RAE-CREA. ❚▪▪ «No te fíes de Marcial que tiene más cuento que Calleja.»

7. vivir del cuento *expr.* sin trabajar, a costa de otros.

«...eran tíos sin vocación que se metían en aquello para malvivir, porque ganaban cuatro perras o para vivir del cuento, ligando hoy con una...» M. Vázquez Montalbán, *Los alegres muchachos de Atzavara.* ❚ «Todo el mundo quiere vivir del cuento...»

Roger Wolf, El Mundo, 2.1.99. ❙ «...debe ser estupendo vivir del cuento...» Ramón de España, El País, 25.7.99.

cueramen *s.* desnudez.

«...bueno, pues va la chorba, ya despatarrada y en cueramen, por cierto qué pelambrera...» Fernando Sánchez-Dragó, «Anábasis», en *Antología del cuento español.*

cuerda, bajo cuerda *expr.* a escondidas.

«...se convertían a la verdadera religión, y luego, bajo cuerda, seguían con sus cosas...» A. Sopeña Monsalve, *El florido pensil.* ❙ «El resto de la paga se la daban bajo cuerda, como pluses y esas cosas...» Juan Madrid, *Crónicas del Madrid oscuro.* ❙ «Varias tiendas del centro de Berlín venden, bajo cuerda, parafernalia neonazi.» Ana Alonso Montes, El Mundo, 9.8.99.

2. de la cuerda de uno *expr.* del grupo de uno, de la panda de uno.

«...el rincón que raramente dejaba hollar a quien no fuese de su cuerda.» Pedro Casals, *La jeringuilla.*

cuerna *s.* infidelidad a la pareja.

«...que la cuerna es cosa de mucho peso, una cruz...» Ramón Ayerra, *Los ratones colorados.*

2. poner cuerna *expr.* ser infiel la pareja.

«...muy cocido porque su señora le pone cuerna...» Ramón Ayerra, *Los ratones colorados.*

cuerno, ¡al cuerno! *excl.* expresión de rechazo.

«...Vamos, hombre, vamos, un poco de formalidad. Dos reales de aspirina y [...] al cuerno.» A. Zamora Vicente, *Mesa, sobremesa.* ❙ «¡Al cuerno! Me quedo con estos amigos.» Carlos Zeda, *Historias de Benidorm.* ❙ «¡Al cuerno el consomé, la merluza y el yogurt!» Mariano Tudela, *Últimas noches del corazón.* ❙ «¡Al cuerno los niños!» Germán Sánchez Espeso, *La reliquia.*

2. ataque de cuernos *expr.* ataque de celos.

«...si el atropellado hubiese sido Santi Font se podría haber pensado también en el ataque de cuernos.» Pedro Casals, *La jeringuilla.* ❙ «Lo que tú tienes es un ataque de cuernos...» Telecinco, Periodistas, 15.11.98. ❙

«...el jefazo diría que tienes un ataque de cuernos.» Cristóbal Zaragoza, *Y Dios en la última playa.*

3. cuernos *s. pl.* infidelidad (por parte de hombre o mujer).

«...los cuernos han sido la base de coplas de ciego y canciones de pícaros.» Fernando Gracia, *El libro de los cuernos.* ❙ «¡La única cosa que tienes tú y no tiene mi marido son los cuernos!» Miguel Martín, *Iros todos a hacer puñetas.* ❙ «Los cuernos son la mayor desgracia que sufre un hombre...» Fernando Gracia, *El libro de los cuernos.* ❙ «Los cuernos de don Friolera», Ramón M.ª del Valle Inclán. ❙ «Canas y cuernos vienen a mozos y viejos.» *ref.* ✓ antaño se refería siempre al hombre. Ahora se habla de cuernos en ambos sexos.❙

4. importar un cuerno *expr.* no importar nada.

«...nos importaba un cuerno que se hubiese cargado a dos gángsters...» Andreu Martín, *El señor Capone no está en casa.* ❙ ◾▪ «Me importa un cuerno lo que haga o diga esa señora.»

5. irse al cuerno *expr.* estropearse, malograrse.

«...que se vayan al cuerno.» A. Zamora Vicente, *Mesa, sobremesa.* ❙ «...si los hombres no son honestos, todo se irá al cuerno...» Andrés Bosch, *Mata y calla.* ❙ ◾▪ «Todos sus proyectos se han ido al cuerno por fin.»

6. llevar cuernos *expr.* sufrir, soportar las infidelidades del cónyuge.

«El hombre es el único animal de este planeta al que le avergüenza llevar cuernos.» Fernando Gracia, *El libro de los cuernos.* ❙ «...llegó a hacerme creer que era virgo y quería enlazarme para tener un desgraciado que llevara dignamente los cuernos.» P. Perdomo Azopardo, *La vida golfa de don Quijote y Sancho.*

7. mandar al cuerno *expr.* regañar, rechazar.

«Lo que dan ganas es de mandar todo al cuerno.» C. J. Cela, *La colmena.* ❙ «Si pasa de ti para no perder oportunidades con otras tías, mándalo al cuerno!» Ragazza, n.º 101. ❙ «Pienso, para mi capote, que antes de que me mande al cuerno debo abandonarla.» José M.ª Zabalza, *Letreros de retrete y otras zarandajas.* ❙ «...si los ceñidos pantalones nos harían felices y mandar todo lo demás al cuerno.» Juan Marsé, *La oscura historia de la prima Montse.*

8. ni qué cuerno *expr.* exclamación de rechazo.

«¡Pero qué salvarse ni qué cuerno!» Francisco González Ledesma, *La dulce señorita Cobos.*

9. oler (saber) a cuerno quemado *expr.* muy desagradable.

«...tanta sorna le supo a cuerno quemado.» Mariano Sánchez, *La sonrisa del muerto.*

10. poner los cuernos *expr.* ser infiel a la pareja.

«Además le puso los cuernos a Ernesto (Hemingway)...» J. L. Castillo-Puche, El Mundo, 2.1.99. ❙ «Esa choriza no es digna de ponerle los cuernos a un hombre tan bueno.» Francisco Umbral, *El Giocondo.* ❙ «Hoy te voy a poner los cuernos con quien yo sé.» C. J. Cela, *Mazurca para dos muertos.* ❙ «Yo te ponía los cuernos con el chófer y con el butanero.» El Jueves, 11-17 febrero, 1998. ❙ «No me percaté de que me ponía los cuernos con otra chica hasta que...» Ragazza, n.° 100. ❙ «De vez en cuando me ponía los cuernos, para qué te voy a decir que no.» Almudena Grandes, *Malena es un nombre de tango.* ❙ «¡Pero a él le pueden poner los cuernos todos los días!» Miguel Martín, *Iros todos a hacer puñetas.* ❙ «¿Qué coño le importa a Lulú que yo le ponga los cuernos a mi novia?» Almudena Grandes, *Las edades de Lulú.* ❙ «...será porque no le pongo los cuernos y no me emborracho.» Juan Madrid, *Crónicas del Madrid oscuro.* ❙ «Qué desgraciado soy, todos me ponen los cuernos.» Andreu Martín, *El señor Capone no está en casa.* ❙ «¡Coartadas para los que ponen los cuernos!» SúperPop, junio, 1999.

11. qué cuernos *excl.* exclamación de sorpresa, enojo.

«¡Qué cuernos! Yo temía una trampa...» Rambla, n.° 29.

12. romperse los cuernos *expr.* trabajar mucho, esforzarse.

«Toma castaña, para que andes rompiéndote los cuernos en el campo con la gente, con las cuadrilla...» Ángel Palomino, *Ma-*

drid, costa Fleming. ❙ ■ «Me he roto los cuernos para poder terminar hoy.»

13. ¡y un cuerno! *excl.* ¡ya lo creo!, ¡no me lo creo!

«¡Y un cuerno! ¿Te enteras?» Juan Marsé, *Últimas tardes con Teresa.* ❙ ■ «¿Y tú dices que me quieres? ¡Y un cuerno!»

cuero *s.* cartera, billetero.

«Cuero: Billetero.» JGR. ❙ «Cuero. Cartera.» VL. ❙ «Cuero. Cartera.» S. ❙ «Cuero. Pelleja, billetero.» Ra. ❙ «Cuero: cartera, billetero.» JMO. ❙ «¡Me han robado el cuero del bolsillo del pantalón!» DCB. ❙✔ no se ha podido documentar fuera de diccionarios.❙

2. balón, pelota.

«...el balón ya no se designa sólo con sus habituales simples metonimias *esférico* o *cuero...*» Fernando Lázaro Carreter, *El dardo en la palabra.* ❙ «...despegándose de su marcador y corriendo en paralelo a él con el cuero controlado para iniciar la vertical a la portería.» M. Vázquez Montalbán, *El delantero centro fue asesinado al atardecer.*

3. en cueros *expr.* desnudo.

«...pasea en cueros por el outeiro Esbarrado, con las tetas mojadas y el pelo hasta la cintura.» C. J. Cela, *Mazurca para dos muertos.* ❙ «empresarios en pelotas / contribuyentes en cueros...» A. Ussía, *Coñones del Reino de España.* ❙ «...Lennon y su mujer [...] anuncian en cueros vivos una música desolada...» Ángel Palomino, *Madrid, costa Fleming.* ❙ «Andar en cueros tiene que ser lo más incómodo del mundo.» Jose-Vicente Torrente, *Los sucesos de Santolaria.* ❙ «...pide a sus adeptos la vida y la práctica del deporte en cueros vivos.» Jose-Vicente Torrente, *Los sucesos de Santolaria* ❙ «Todas las mujeres estaban también en cueros...» Manuel Hidalgo, *El pecador impecable.* ❙ «...los interrogatorios me los hacían en cueros vivos...» Eleuterio Sánchez, *Camina o revienta.* ❙ «...quien pierde una mano ha de quitarse una prenda hasta que todos se van quedando en puros cueros...» A. Gómez Rufo, *Cómo ligar con ese chico que pasa de ti o se hace el duro.*

cuerpazo *s.* cuerpo bonito.

«...y para que Victoria Oliver luzca su cuerpazo...» El Mundo, 11.5.94. ❙ «...pues no sería justo privar a los hombres de su cuerpa-*

zo...» El Mundo, 24.8.94. ∎▪ «Julia dice que Francisco tiene un cuerpazo de miedo.»

*cuerpo cf. (afines) bodi, carcasa, carrocería, chasis, chichas, cuerpazo, cuerpo serrano, esqueleto, percha, tipazo.

cuerpo, a cuerpo gentil *expr.* sin chaqueta, sin abrigo.

«...nos lanzábamos al viento y la lluvia a cuerpo gentil...» A. Zamora Vicente, *Historias de viva voz.* ∎ «...ni iría a cuerpo gentil...» Jaime Romo, *Un cubo lleno de cangrejos.*

2. cuerpo serrano *s.* cuerpo, tipo bonito.

«La secre salió de detrás de su mesa y enfiló su cuerpo serrano...» C. Pérez Merinero, *Días de guardar.* ∎ «...hay que mover el cuerpo serrano...» Ramón Ayerra, *La lucha inútil,* 1984, RAE-CREA. ∎ «...mostrando ante la prensa su cuerpo serrano...» Carmen Rigalt, El Mundo, 3.8.99.

3. darle gusto al cuerpo *expr.* hacer uno lo que le apetece.

«Salen a quemar toxinas y malos rollos, a darle gusto al cuerpo espantando el estrés...» Henrique Mariño, La Luna, El Mundo, 23.7.99.

4. de cuerpo presente *expr.* muerto.

«El pobrecito está ya de cuerpo presente.» C. Pérez Merinero, *La mano armada.*

5. en cuerpo y alma *expr.* plenamente, completamente.

«Durante muchos años se dedicó en cuerpo y alma a su hijo.» Luis Camacho, *La cloaca.* ∎ «...se entregó en cuerpo y alma al gobernador...» Andrés Bosch, *Mata y calla.*

6. hacer de cuerpo *expr.* defecar.

«...se bajaban las bragas donde mejor les cuadraba para hacer del cuerpo...» José Gutiérrez-Solana, *Madrid, escenas y costumbres, Obra literaria, I.* ∎ «...ya son cinco días sin levantarse ni para hacer de cuerpo, que no ha hecho.» Andrés Berlanga, *La gaznápira.* ∎▪ «No diga usted cagar, señora, diga hacer de cuerpo que es mucho más elegante y fino.»

7. mal cuerpo *expr.* encontrarse mal, enfermo.

«...en el VIP donde tomé una coca-cola para el mal cuerpo.» Raúl del Pozo, *Noche de tahúres.* ∎ «Me había quedado dormido nada más hablar con Tomás y ahora estaba de mal cuerpo...» Damián Alou, *Una modesta aportación a la historia del crimen,* 1991, RAE-CREA. ∎ «Y la situación de ese hombre me está poniendo de mal cuerpo.» J. J. Millás, *El desorden de tu nombre,* 1988, RAE-CREA. ∎▪ «No me encuentro bien hoy, tengo mal cuerpo.»

8. mientras el cuerpo aguante *expr.* mientras se tengan fuerzas.

«...comerá y beberá mientras el cuerpo aguante...» Fernando Martínez Laínez, *Andante mortal.*

9. pedir el cuerpo *expr.* gustar, apetecer, necesitar.

«...porque se lo pedía el cuerpo y se iba al río...» Francisco Umbral, El Mundo, 5.10.99. ∎ «Adelmo los divisa y exclama lo que le pide el cuerpo:» Miguel Martín, *Iros todos a hacer puñetas.* ∎ «¿Qué otra cosa podíamos hacer si eso es lo único que nos pide el cuerpo...?» Álvaro de Laiglesia, *Hijos de Pu.* ∎ «...virtuosos de la ocarina, devotos de la filosofía zen o lo que les pida el cuerpo.» Ladislao de Arriba, *Cómo sobrevivir en un chalé adosado.* ∎ «—Sí, señoría, le menté a su madre. —¿Por qué? —Porque me lo pedía el cuerpo.» Ángel Palomino, *Insultos, cortes e impertinencias.*

10. ser demasiado para el cuerpo *expr.* ser demasiado, muy bueno.

«Demasiado, excesivo para el cuerpo: expresión vacía de significado que intensifica de modo superlativo la frase o contexto a que acompaña.» JMO. ∎ «Ser demasiado para el cuerpo. Ser sensacional, increíble.» S. ∎ «¡demasiado pa mi cuerpo! Demasiado, increíble, inaudito.» VL. ∎ «Lo hemos pasado chachi, demasiado para el cuerpo, tío.» DCB. ✓ no se ha podido documentar fuera de diccionarios.∎

cuervo *s.* sacerdote, clérigo.

«O quizás el Elías no dice *señor cura* sino *cura* a secas, o más bien [...] el *cuervo*...» Andrés Berlanga, *La gaznápira.* ∎ «Cuervo. Clérigo.» LB. ∎▪ «A los curas se les llamaba cuervos porque iban vestidos de negro.»

cuesco *s.* ventosidad ruidosa.

«El instituto ya ha planeado fábricas movidas únicamente por cuescos y han diseñado unas tuberías especiales para recoger el preciado gas.» Manda Güebos, El Jueves, n.º 1083. ▌ «A un fresco, un cuesco.» ref. ▌ «...orinó largamente, sin cerrar la puerta, y soltó un cuesco...» Jaime Romo, Un cubo lleno de cangrejos. ▌ «Pedo. Es una ventosidad que se repele por el ano, y que, como sinónimos, tiene: cuesco, traque, pedorrera, ventear, irse,... zullón...» José M.ª Zabalza, Letreros de retrete y otras zarandajas. ▌ «Cuesco. Pedo.» LB. ✔ en el DRAE, pedo ruidoso.▌

2. tirarse (soltar) cuescos *expr.* peer.

«...Drake, desde la cubierta de su barco, puso el culo en pompa y se tiró un cuesco...» Gomaespuma, Grandes disgustos de la historia de España. ▌■ «No se te ocurra tirarte un cuesco delante del jefe.»

cuesta arriba *adv.* difícil.

«Se me pone muy cuesta arriba.» Manuel Hidalgo, Azucena, que juega al tenis. ▌ «Eso de que el Burbujas sea una casa de putas se me hace muy cuesta arriba.» Juan Madrid, Flores, el gitano.

cueva *s.* casa.

«Mañana pasaré por tu cueva a preguntártelo.» Juan Madrid, El cebo. ▌ «...que sola en su cueva, con dos cubos de agua...» P. Perdomo Azopardo, La vida golfa de don Quijote y Sancho.

2. calabozo de una comisaría.

«Cuando le hemos dicho por teléfono que el mismísimo Carvalho se había metido en la cueva...» M. Vázquez Montalbán, La rosa de Alejandría. ▌■ «Los polis me llevaron a la comi y me metieron en la cueva dos horas, tío, dos horas.»

cuidado, ¡cuidado con lo que dices! *excl.* precaución para no ofender, revelar secretos.

«Aquí hay que tener cuidado con lo que se dice.» Alberto Miralles, Comisaría especial para mujeres, 1992, RAE-CREA. ▌ «Mi hermano que le dice que cuidado con lo que dice.» José Ángel Mañas, Historias del Kronen. ▌ «...ten cuidado con lo que dices...» Adolfo Marsillach, Feliz aniversario, 1991, RAE-CREA. ▌■ «Cuidado con lo que dices en la reunión porque te rompo la cara.»

2. de (mucho) cuidado *expr.* mucho, grande, importante.

«He averiguado que eres una lesbiana de mucho cuidado...» Pgarcía, El método Flower. ▌ «¿Te duele? Se te ha formado un chichón de mucho cuidado.» Juan Madrid, Las apariencias no engañan. ▌ «Manolín tiene cara de mono pero es un follador de cuidado.» DE. ▌ «Se montó un lío de cuidado...» Gomaespuma, Grandes disgustos de la historia de España. ▌ «...pero a mí no me extrañaría nada porque ésta es una golfa de mucho cuidado.» Eloy Arenas, Los vecinos de mis vecinos son mis vecinos. ▌ «...el jefe de la tribu en cuestión agarró un cabreo de cuidado...» Ragazza, julio, 1997. ▌ «¿No sabes que soy un fisgón de cuidado?» Andreu Martín, Por amor al arte. ▌ «...el tal Dominicano era un tacaño de mucho cuidado.» M. Ángel García, La mili que te parió. ▌ «Y no es porque sea un mal bicho o un hijoputa de cuidado...» C. Pérez Merinero, Días de guardar.

3. de mucho cuidado *expr.* peligroso.

«...el andova es un guaje de mucho cuidado...» A. Zamora Vicente, Mesa, sobremesa. ▌ «Tengo la impresión de que Felipe González es un jeta desaprensivo de mucho cuidado.» Javier Ortiz, El Mundo, 25.4.98. ▌ «¡Un veleidoso de mucho cuidado!» P. Antilogus, J. L. Festjens, Anti-guía de los conductores. ▌ «...un ex ranger de cuidado llamado Francisco Hamer.» Jesús Ferrero, Lady Pepa. ▌ «...de chico san Agustín era un robaperas saltabalates de mucho cuidado.» A. Sopeña Monsalve, El florido pensil. ▌ «...y hay unos negros, pintadas de azul las caras, con los morros muy abultados y su tipo de infeliz, y otros, de más cuidado...» José Gutiérrez-Solana, Madrid callejero, Obra literaria, II. ▌ «Un tipo de cuidado, este Antonio Pérez, que no es que tuviera amores con la Princesa de Éboli...» I. Merino, El Mundo, 17.10.98. ▌ «...Seisdedos, un atracador de cuidado...» Mariano Sánchez, La sonrisa del muerto.

4. tener (traer) sin cuidado *expr.* no importar.

«...lo de la corista a mi madre le tenía sin cuidado...» Jesús Ferrero, Lady Pepa. ▌ «...lo cual me trae completamente sin cuidado.» Fernando G. Tola, Mis tentaciones. ▌ «Aunque esto, en el fondo, le trae sin cuidado...» Eduardo Mendoza, *Sin noticias de Gurb.* ❚ «Ambas cuestiones me traen sin cuidado.» Juanma Iturriaga, *Con chandal y a lo loco.*

culada *expr.* acción de caer sobre las nalgas.

«¡Madre, qué culada!, exclamó Manolo.» Álvaro Pombo, *El héroe de las mansardas de Mansard,* 1983, RAE-CREA. ❚▞ «Me resbalé, caí y me di una culada de miedo.»

culamen *s.* nalgas.

«Culo: nalgas, cachas, culamen, pompis, popa, posteridad, jebe, ojete, saco.» José M.ª Zabalza, *Letreros de retrete y otras zarandajas.* ❚ «¡Con ese culamen que te has echado vas a levantar cadáveres!» DE. ❚▞ «Con ese culamen que tiene Carmen, y la manera que lo mueve, no me extraña que lleve a tanto tío detrás.»

culata *s.* nalgas.

«A Gayola le pesa demasiado la culata. Tú, en cambio tienes buenas piernas.» Cristóbal Zaragoza, *Y Dios en la última playa.* ❚▞ «La mujer del portero está buenísima. Tiene una culata así de grande, la tía.»

2. salir el tiro por la culata *expr.* resultar mal algo, salir fallido.

«Te salió el tiro por la culata, mi reina.» Ángel Vázquez, *La vida perra de Juanita Narboni,* 1976, RAE-CREA. ❚ «...y le sale el tiro por la culata.» Luis Clemente, *Kiko Veneno,* 1995, RAE-CREA.

culatazo ▶ *culada.*

culé *s.* aficionado del Barcelona F.C.

«Si, como dicen ustedes los culés, el Barça es más que un club, ¿qué es?» Borja Hemoso, El Mundo, 21.8.99.

culear *v.* mover las nalgas al copular.

«...y es muy chistoso verla darse solagos mientras culea...» C. J. Cela, *Mazurca para dos muertos.* ❚▞ «Vi al Sr. Juez, en cueros, encima de la señora de la limpieza, culeando como un poseso.»

culebrón *s.* serial televisivo.

«Nada nuevo hay que agregar en cuanto al eterno culebrón madridista...» El Mundo, 7.2.98. ❚ «...y no por ello comportarse como una heroína de culebrón cutre.» Terenci Moix, *Garras de astracán.* ❚ «...pero sólo un diálogo de culebrón resulta más patético que su figura...» R. Gómez de Parada, *La universidad me mata.* ❚ «...cuando nos sentamos frente al televisor lloramos con los culebrones.» Virtudes, *Rimel y castigo.* ❚ «Joder que si te sigo, vaya culebrón.» Jaime Romo, *Un cubo lleno de cangrejos.*

culera *s.* nalgas, parte trasera del pantalón.

«...restregando una cuchara de latón contra su culera...» Juan Benet, *En la penumbra.*

2. culeras *s.* persona que se preocupa en exceso.

«Ser un culeras: ser un miedoso o cobarde.» JMO. ❚ «Culeras. [...] excesivamente preocupado por algo.» VL. ❚▞ «Enrique es un culeras que se pasa el día preocupado por todo.»

3. culeras *s.* cobarde, miedoso.

«...insultos doblemente ofensivos gracias al elemento escatológico y tabú para manchar (nunca mejor dicho) el honor del interpelado: [...] cagón, cagajón, cagarria, jiñado, rilado, culeras, mojaculos [...] mierda, mierdica...» AI.

culero *s.* el que transporta droga en el ano.

«Trabajé una temporada en la Aduana de Algeciras [...] Yo mismo registraba a los culeros.» Raúl del Pozo, *Noche de tahúres.* ❚ «Creo que esa heroína la traen directamente de Irán. Y no la trae un culero.» Juan Madrid, *Flores, el gitano.* ❚ «Era un culero. Transportaba en el vientre casi medio kilo de chocolate.» José Luis Perceval, El Mundo, 15.8.99.

2. en Hispanoamérica, cobarde, inútil.

«Vete a la chingada, chivato culero...» José Raúl Bedoya, *La universidad del crimen.* ❚ «¡Defiéndete pinche indio culero!» Alfredo Montaño, *Andanzas del indio Vicente Alonso,* 1995, RAE-CREA. ❚ «Cuando le rompiera toda su madre al culero de Brady...» Rafael Ramírez Heredia, *El Rayo Macoy y otros cuentos,* 1984, RAE-CREA. ❚ «Cállate, culero...» Rafael Ramírez Heredia, *Al calor de campeche.*

3. homosexual.

«Homosexual: amariposado, bujarrón, culero...» DTE.

culete *s.* nalgas atractivas.

«...darle un azotillo en el culete a Mari Pili que está muy rica...» Ángel Palomino, *Insultos, cortes e impertinencias.* ▌ «...y movía el culete, dando respingos...» Eduardo Mendicutti, *El palomo cojo,* 1991, RAE-CREA.

culibajo *s.* persona de nalgas caídas.

«...anda, que la culibaja ésa que ha salido al teléfono...» A. Zamora Vicente, *Mesa, sobremesa.* ▌ «...un militar norteamericano está repitiendo con una japonesa, a lo mejor culibaja...» Ángel Palomino, *Todo incluido.* ▌ «...rebatió un regordete que además de cuellicorto era culibajo.» Álvaro de Laiglesia, *Hijos de Pu.* ▌ «Asuntita es culibaja pero esta peculiaridad anatómica no influye en sus ánimos.» Ángel Palomino, *Un jaguar y una rubia.*

culín *s.* pequeño remanente de líquido en un vaso.

«En el salón queda un culín de una botella de Chivas...» Ladislao de Arriba, *Cómo sobrevivir en un chalé adosado.* ▌ «Entró en un chiringuito que le salió al paso. Al primer culín...» Cristóbal Zaragoza, *Y Dios en la última playa.*

*culo cf. (afines) ▶ *nalgas.*

culo *s.* nalgas.

«...el llamar al pan pan y culo a las posaderas.» Eugenio Noel, *Las siete cucas,* 1927, RAE-CREA. ▌ «...nariz chata y cejas unidas, que les huele el culo a cabras...» José Gutiérrez-Solana, *Madrid callejero, Obra literaria, II.* ▌ «Me quitó las bragas, me atrajo bruscamente hacia sí, obligándome a apoyar el culo en el borde del sofá...» Almudena Grandes, *Las edades de Lulú.* ▌ «Nota: mantener siempre en contacto con el suelo un pie —cualquiera de los dos sirve— o el órgano externo denominado culo.» Eduardo Mendoza, *Sin noticias de Gurb.* ▌ «...el gusto de su entrepierna, lo terso de sus nalgas, la apertura de su culo...» Daniel Leyva, *Una piñata llena de memoria,* 1984, RAE-CREA. ▌ «...frotándoles el culo con un pimiento partido en dos...» C. J. Cela, *Mazurca para dos muertos.* ▌ «...poniendo su cabeza sobre mi almohada, poniendo su culo en el hueco del mío...» Jaime Camp-

many, ABC, 1.2.98. ▌ «Un culo mercenario no es lo mismo que un culo que se entrega por amor.» Terenci Moix, *Garras de astracán.* ▌ «...y los culos redondos y justos que revelaban los pantalones tejanos.» M. Vázquez Montalbán, *La rosa de Alejandría.* ▌ «Lo más que haré es ponerme una chincheta en el asiento, porque un pinchazo en el culo siempre ayuda...» Álvaro de Laiglesia, *Hijos de Pu.* ▌ «Se tiene pompis hasta los veinte meses de edad. A partir de ese momento, el culo es el culo.» A. Ussía, *Tratado de las buenas maneras, III,* 1995, RAE-CREA. ▌ «Quien mucho se baja el culo enseña.» ref. ▌◼ «Paco le toca el culo y las tetas a las tías en el metro, el guarro.» ✔ según Corominas la palabra aparece en 1155 en el *Fuero de Avilés.* Del latín *culus.* ▶ Preámbulo al *Diccionario secreto* de C. J. Cela. MM. dice: «nombre vulgar aplicado a las nalgas». Para el DRAE *culo* no es vulgar, simplemente nalgas.▐

2. a culo pajarero *expr.* desnudo.

«¿Quieres decir que les cedamos el prado [...] a unos franceses que toman el sol a culo pajarero?» Jose-Vicente Torrente, *Los sucesos de Santolaria.* ▌ «...no es cosa extraña que los amantes estén desvestidos y sin bragas, bien a culo pajarero...» Jaime Campmany, ABC, 9.8.98. ✔ DRAE: «loc. adv. Con las nalgas desnudas. Ú. principalmente con los verbos azotar y pegar».▐

3. ¡a tomar por el culo! *excl.* expresión de rechazo.

«Veteatomarporculo, veteatomarporculo, veteatomarporculo, repetí...» Almudena Grandes, *Modelos de mujer.* ▌ «...que se vaya a tomar por el culo...» José María Guelbenzu, *El río de la luna,* 1981, RAE-CREA. ▌ «¡Que se vaya a tomar por el culo!» Juan Madrid, *Cuentas pendientes.* ▌ «..., ruegan a esos mismos lectores papistas e integristas que se vayan a tomar por el culo. Gracias.» P. Antilogus, J. L. Festjens, *Anti-guía de los conductores.* ▌ «¡Vete a tomar por el culo!» Juan Madrid, *Turno de noche.* ▌ «...no tengo más remedio que deciros que os vayáis todos a tomar por el culo.» Miguel Martín, *Iros todos a hacer puñetas.* ▌ «¡Váyase a tomar por el culo!» C. Pérez Merinero, *El ángel triste.* ▌ «He estado a punto de contestarle que yo también le había dicho muchas veces que se fuera a tomar por el culo.» María Antonia Valls, *Tres relatos de diario.* ▌ «Hay gente que mantiene carreras artísticas por no decirse, ¡a tomar por el culo!» El País, 4.12.98. |✔ ▶ culo, ¡vete a tomar por el culo!|

4. a tomar por (el) culo *expr.* muy lejos.

«Y mañana tengo una reunión superimportante a las nueve en punto en la Renault, que está a tomar por culo.» C. Rico-Godoy, *Cuernos de mujer.*

5. agujero del culo ▶ agujero, agujero del culo.

6. ahuecar el culo *expr.* irse, marcharse.

«También es típico que el jeta explique por qué no piensa ahuecar el culo de la poltrona...» El Jueves, 13.5.98. |✔ ▶ ala, ahuecar el ala.|

7. arriesgar el culo *expr.* arriesgar mucho.

«Tendrás que arriesgar el culo si quieres ganar dinero en este negocio.» CO, Marypaz García Barroso.

8. besar el culo *expr.* adular.

«...pero cuando les he prometido un reportaje sobre el motel en la revista casi me besan el culo.» Jaime Romo, *Un cubo lleno de cangrejos.* ▌ «...era para ir en procesión y besarle el culo al flaco ese...» Varios autores, *Cuentos de fútbol,* 1995, RAE-CREA. ▌ «...estoy cansado de besarle el culo al que sea...» Alejandro Morales, *La verdad sin voz,* 1979, RAE-CREA. ▌ «¿Cuántos culos has besado...?» P. Perdomo Azopardo, *La vida golfa de don Quijote y Sancho.* ▌ «Dile a papá que le beso el culo.» Jesús Díaz, *La piel y la máscara,* 1996, RAE-CREA. ▌ «Ir todos en procesión a besarle el culo al flaco ése...» Varios autores, *Cuentos de fútbol,* 1995, RAE-CREA.

9. cachetes del culo *s.* los dos hemisferios de las nalgas.

«...agitan otra vez los cachetes del culo...» Carlos Fuentes, *El naranjo,* 1993, RAE-CREA. ▌■ «A la vecina le salían los cachetes del culo por el pantaloncito que llevaba.»

10. caerse de culo *expr.* sorprenderse.

«Que son de caerse de culo.» Terenci Moix, *Garras de astracán.* ▌ «Casi se cae de

culo.» Andreu Martín, *El señor Capone no está en casa.* ▌ «...y los pibes se caen de culo...» Varios autores, *Cuentos de fútbol,* 1995, RAE-CREA. |✔ DRAE: «fig. y fam. Quedarse atónito y desconcertado ante algo inesperado».|

11. calentar el culo *expr.* golpear, pegar.

«Toñi, deja ya de comerte la arena que te voy a calentar el culo, demonio de niña.» Lucía Etxebarría, *Amor, curiosidad, prozac y dudas.* |✔ ▶ culo, poner el culo caliente.|

12. cara de culo ▶ caraculo.

13. cara o culo *expr.* cara o cruz.

«...los chavales que tiran las chapetas contra la barbacana jugando al cara o culo.» Andrés Berlanga, *La gaznápira.*

14. chupar el culo *expr.* adular.

«Lo malo de los pelotas no es que chupen el culo...» José M.ª Zabalza, *Letreros de retrete y otras zarandajas.* ▌ «Uno que ha vivido chupándole el culo al señor y que ahora se pasea entre nosotros con aires de grandeza.» Lourdes Ortiz, *Picadura mortal.*

15. chupar el culo *expr.* lamer el ano.

«Le gusta que le chupen el culo antes de que se la metan.» DCB.

16. comer el culo *expr.* adular; lamer el ano.

«Comer el culo. Acariciar el ano con la lengua.» VL. ▌ «A Nati le gusta que le coman el culo antes de follar.» DCB.

17. con el culo *expr.* sin pensar o reflexionar.

«...hay opiniones, como las de (Camilo José) Cela, que parecen emitidas con el culo: una parte del cuerpo a la que [...] se ha referido de manera sospechosa a lo largo de su obra.» Juan Bonilla, El Mundo, 14.6.98.

18. con el culo al aire *expr.* desnudo.

«...el marido con el culo al aire, junto a esa muchacha misteriosa...» Ángel Palomino, *Las otras violaciones.* ▌ «...ha dejado a las feministas en estado de estupefacción y con el culo al aire.» Felipe Navarro (Yale), *Los machistas.* ▌ «De tal guisa y con el culo al aire [...] Ramón inició una carrera hasta su portal...» Eloy Arenas, *Los vecinos de mis vecinos son mis vecinos.* ▌ «Con Regina he quedado con el culo al aire en dos aspectos...» Manuel Hidalgo, *Azucena, que juega al tenis.* ▌ «...y siguen dejando con el culo al aire a diestros y a comentaristas apócrifos.» Javier Villán, El Mundo, 10.7.99. ▌ «Azaña nunca se retrató con el culo al aire.» Francisco Umbral, El Mundo, 17.6.96.

19. con el culo al aire *expr.* desprevenido, en situación precaria o indefensa.

«La persona que tenía pensada ha tenido que marcharse a París y ahora me encuentro con el culo al aire.» C. Pérez Merinero, *Días de guardar.* ▌ «...dejando a Mario Conde con el culo al aire.» Jesús Cacho, El Mundo, 7.2.90. ▌ «Desesperar: quedarse con el culo al aire.» DTE.

20. con el culo al aire *expr.* pobre, sin recursos, sin protección.

«El sentido ético [...] viene inspirado en San Martín de Tours, en partir la capa, o sea, por quedarnos todos con el culo al aire...» Francisco Umbral, El Mundo, 26.1.98.

21. con la hora pegada al culo *expr.* justo de tiempo, tarde.

«A lo que respondía el ministro al día siguiente con expresiones como 'ir con la hora pegada al culo' (por ir justo de tiempo)...» Eduardo Mendoza, *La ciudad de los prodigios.* ▌ «Aunque madrugue, siempre va con la hora pegada al culo.» JM.

22. culo de mal asiento *s.* persona inquieta que cambia mucho de lugar, trabajo.

«Creo que Cela es un culo de mal asiento...» Manuel Hidalgo, El Mundo, 2.10.99. ▌ «Ya sabes como es tu padre, un culo de mal asiento.» Juan Marsé, *El embrujo de Shangai,* 1993, RAE-CREA. ▌ «¡Cuando yo digo que eres culo de mal asiento!» JM. ▌ «Lo que pasa es que no sabes lo que quieres. Eres un culo de mal asiento y otros te han malmetido...» Luis Landero, *Juegos de la edad tardía,* 1989, RAE-CREA. ▌ «...culo de mal asiento, se separó al año siguiente...» Max Aub, *La calle de Valverde.* ▌ «Irse: tener culo de mal asiento.» DTE. ✓ dice J. M.ª Iribarren: «La expresión alude, no al trasero del hombre, sino al culo de las vasijas que cuando no es plano, hace que aquéllas bai-

len.» DRAE: «fig. y fam. Persona inquieta que no está a gusto en ninguna parte».▌

23. culo de pera *expr.* nalgas prominentes y colgantes.

«...qué horror, qué culo de pera...» Juan Marsé, *Últimas tardes con Teresa.*

24. culo de vaso *s.* piedra preciosa de imitación.

«fig. y fam. Piedra falsa que imita alguna de las preciosas.» DRAE. ▌ «Intentaban colarle al joyero un culo de vaso.» JM.

25. culo de vaso ▸ *gafas, gafas de culo de vaso (de botella).*

26. culo en pompa *expr.* con las nalgas al aire, enseñándolas.

«...Drake, desde la cubierta de su barco, puso el culo en pompa y se tiró un cuesco...» Gomaespuma, *Grandes disgustos de la historia de España.* ▌ «...su entrada en Melilla tuvo lugar sobre una camioneta, de bruces en la caja y con el culo en pompa.» Ramón Ayerra, *Los ratones colorados.*

27. culo gordo *s.* obeso, de nalgas prominentes.

«Las piernas flacas y el culo gordo.» Enrique Espinosa, *Jesús el bisabuelo y otros relatos,* 1995, RAE-CREA. ▌ «No puedo evitar fijarme en su culo gordo...» José Ángel Mañas, *Historias del Kronen.* ▌🗨 «El culo gordo de tu novio dice que no viene a verte hoy.»

28. culo veo, culo quiero *expr.* envidioso, imitador.

«...y todos quieren la misma medida, ya sabes tú, culo veo, culo quiero...» A. Zamora Vicente, *Historias de viva voz.* ▌ «...porque el imbécil es culo-veo-culo-quiero, y como no le hagan el mismo disfraz...» Elvira Lindo, *Manolito gafotas.*

29. dar la patada en el culo *expr.* despedir, despachar.

«...dimitir dos meses antes de que le den la patada en el culo y lo pongan en la puta calle.» Luis Camacho, *La cloaca.* ▌🗨 «A Roberto le van a dar la patada en el culo un día de estos en su empresa, ya verás.»

30. dar (tomar, recibir) por el culo *expr.* molestar, incordiar, engañar.

«Bueno, tío, ¿quieres que firmemos un buen contrato o que nos den por el culo?»

José Ángel Mañas, *Mensaka.* ❚ «...bajándonos los pantalones para que nos den bien por el culo los europeos...» José Ángel Mañas, *Historias del Kronen.* ❚ «Lo que más admira es lo quietos que se están los muertos, lo dóciles que son, cómo se dejan robar, saquear, buscar y rebuscar, y hasta dar por el culo...» Francisco Umbral, *Madrid 650.* ❚ «...me estoy cansando de tanto recibir por el culo...» José Ángel Mañas, *Sonko95.* ❚ «¡Quién habrá esperando a que pase pa saltarme sobre mi pa sodomizarme o darme pol culo!» El Jueves, 8-14 abril, 1998. ❚ «Ya iba siendo hora de que fuera yo quien le diera por el culo.» Andreu Martín, *El señor Capone no está en casa.* ❚ «...que lo mismo roban el tabaco al compañero que terminan dándole por el culo.» B. Pérez Aranda *et al., La ex siempre llama dos veces.* ❚ «Estos tíos que no se pueden estar callados me dan por el culo cantidad.» C. Pérez Merinero, *Días de guardar.* ❚ «Yo sé que me está dando por el culo...» José Ángel Mañas, *Sonko95.*

31. dar (tomar) por el culo *expr.* sodomizar.

«Lo único que quieres es que te den por el culo, que te den por el culo, que te den por el culo.» Ray Loriga, *Lo peor de todo.* ❚ «...visto y no visto les despelotaron y les dieron por el culo repetidas veces...» Ramón Ayerra, *Los ratones colorados.* ❚ «Primero dame a mí pol culo que luego les daré yo a ellos.» El Jueves, n.° 1083. ❚ «Sí, mi padre decía que era cosa de maricones eso de dar por el culo, pero en mis sueños me gusta.» C. Pérez Merinero, *Días de guardar.* ❚ «Una lata de tomates / que le sacaron del ano / cuando le dieron por culo / a Juan Sebastián Elcano.» Amelia Díe y Jos Martín, *Antología popular obscena.* ❚ «(Camilo José) Cela [...] agregó que él se limitaba a no tomar por el culo:» El País, 25.7.98. ❚ «A ese verdulero lo que hay que darle es mucho por el culo.» José M.ª Zabalza, *Letreros de retrete y otras zarandajas.* ❚ «¿Será verdad [...] que a Russell le gustaba que le dieran por el culo?» C. Pérez Merinero, *El ángel triste.* ❚ «Me dio por el culo y me pagó cinco mil pesetas.» Álvaro Pombo, *Los delitos insignificantes.* ❚ «...cuando ella ya se había dejado dar por el culo.» Andreu Martín, *Por amor al arte.* ❚ «El tal Henri era un poco julandrón y lo que iba buscando era que yo le atizara por el ojete. Se quedó con las ganas. Yo por el culo no le doy ni a las mujeres. Mi padre decía que era cosa de maricones.» C. Pérez Merinero, *Días de guardar.* ❚ «...muy machos pero en caso de necesidad dan por el culo a cualquiera.» Luis Landero, *Juegos de la edad tardía,* 1989, RAE-CREA. ❚ «No descarto la posibilidad de que uno de esos individuos —o más de uno— me diera por el culo mientras dormía. [...] se trata de un hecho verificable empíricamente.» Álex de la Iglesia, *Payasos en la lavadora.* ❚ «Ya puede daros mucho por el culo.» Luis Mateo Díez, *El expediente del náufrago,* RAE-CREA. ❚ «Te voy a dar por el culo, pequeña.» José Luis Muñoz, *Pubis de vello rojo.*

32. dar (pegar) una patada en el culo *expr.* golpear, pegar.

«Chaval, colócate en la fila que te voy a dar una patada en el culo.» Miguel Martín, *Iros todos a hacer puñetas.* ❚ «...sonríe casi agradecido cuando sólo es despedido a gritos y no le pegan una patada en el culo...» Ángel Palomino, *Un jaguar y una rubia.* ❚ «...para que me boten así, de una patada en el culo...» Jaime Bayly, *Los últimos días de la prensa,* 1996, RAE-CREA.

33. en el culo del mundo *expr.* muy lejos.

«No digas gilipolleces, Alberto. Tu casa está en el culo del mundo.» José Ángel Mañas, *Historias del Kronen.* ❚ «...seguía con la impresión de que no era yo la que estaba allí, en el culo del mundo, entre absolutos desconocidos...» C. Rico-Godoy, *Cómo ser infeliz y disfrutarlo.* ❚ «Ni que Guadalajara fuera el culo del mundo...» B. Pérez Aranda *et al., La ex siempre llama dos veces.* ❚ «Etamos en el culo é mundo. Con su acento cordobés.» Max Aub, *La gallina ciega,* 1971, RAE-CREA.

34. enseñar el culo *expr.* enseñar parte del cuerpo; vestir con poca ropa.

«Con la minifalda que lleva va enseñando el culo.» JM. ❚ «...cuando él enseña el culo en el baile...» Fernando Quiñones, *Las mil y una noches de Hortensia Romero,* 1979, RAE-CREA.

35. hasta el culo *expr.* lleno.

«Me jode ir al Kronen los sábados por la tarde porque está hasta el culo de gente.» José Ángel Mañas, *Historias del Kronen.*

36. hasta el culo *expr.* harto, cansado.

«Últimamente estoy hasta el culo de beber cerveza.» José Ángel Mañas, *Historias del Kronen.*

37. hasta que uno se caiga de culo *expr.* hasta que se harte.

«...cuando la constitución no regula el derecho de los ciudadanos a dar vueltas a las plazas, quiere decir que pueden darlas hasta que se caigan de culo.» Miguel Martín, *Iros todos a hacer puñetas.*

38. ir (traer) de culo *expr.* estar, ser difícil, complicado.

«Es que al ser menos tiempo lo aprovechas más. Pero vas más de culo.» El Jueves, 6-12 octubre, 1993. ▌«Y estaba perfectamente relacionado con la dichosa idea que tan de culo me había traído las últimas semanas...» Ernesto Parra, *Soy un extraño para ti.* ▌«Me dijo: Bromuro, vamos de culo...» M. Vázquez Montalbán, *El delantero centro fue asesinado al atardecer.* ▌«Pues vas de culo, guapa.» Miguel Sierra, *Lejos del paraíso,* 1986, RAE-CREA. ▌«...voy de cráneo o de culo...» A. Zamora Vicente, *Mesa, sobremesa.* ▌«...vas jodido, vas como Angulo, de culo...» Ramón Ayerra, *Los ratones colorados.*

39. ir de culo y contra el viento *expr.* ser difícil, tenerlo difícil.

«Esto no va a resultar; vamos de culo y contra el viento.» CO, Laura Carbonell. ▌▄«No terminarás el diccionario en la vida. Vas de culo y contra el viento, macho.»

40. irse algo a tomar por el culo *expr.* estropearse, malograrse.

«El asunto de las urbanizaciones se fue a tomar por el culo.» JM. ▌«...que me vaya a tomar por el culo...» José María Guelbenzu, *El río de la luna,* 1981, RAE-CREA. ▌▄«Hace ya meses que la tienda que tenía se fue a tomar por el culo. Ahora tengo un buen empleo, que es mejor.»

41. irse alguien a tomar por el culo *expr.* dejar de molestar, frase de rechazo.

«...lo que estaba deseando era que dejase de llorar sobre mi hombro y se fuera a to-

mar por el culo, pero él ni se enteraba...» C. Pérez Merinero, *La mano armada.* ▌✔ ▶ *culo, ¡vete a tomar por el culo!*▌

42. lamer el culo *expr.* halagar.

«Ya verá como no me equivoco: le lamerá el culo a Vuestra Majestad cuantas veces haga falta...» Luis María Anson, *Don Juan.* ▌«¿Te hubiera gustado más verme sacar bandera blanca y lamerle el culo al gran desalmado?» Ángel Palomino, *Todo incluido.* ▌«...y lamerle disimuladamente el culo al decano...» R. Gómez de Parada, *La universidad me mata.* ▌«O lamiendo el culo a este director, a aquel guionista, al ayudante de dirección de más allá.» Fernando Fernán Gómez, ABC, 28.6.98. ▌«...a quien habitualmente le lamía el culo...» Jesús Díaz, *La piel y la máscara,* 1996, RAE-CREA. ▌«¡A mí no me van a obligar a lamerle el culo a ningún político!» Ana Magnabosco, *Santito mío,* 1990, RAE-CREA.

43. lamer el culo *expr.* pasar la lengua por el ano.

«...el párroco de Rodemplo, le lamió el culo a su cocinera...» Emilio Carballido, *Las cartas de Mozart,* 1975, RAE-CREA.

44. limpiar el culo a alguien *expr.* adular.

«...les mandarán como a Pío a limpiarle el culo a Franco...» Javier Figuero, *UCD,* 1981, RAE-CREA.

45. limpiarse el culo con *expr.* menospreciar.

«Me limpio el culo con tu corbata...» Alfonso Armada, *Sin maldita esperanza,* 1994, RAE-CREA. ▌«Limpiarse el culo con algo. Despreciar alguna cosa.» VL. ▌«A mí que me pongan todas las multas que quieran, total ¡me voy a limpiar el culo con ellas!» DE. ▌«Limpiarse el culo con algo o pasárselo por el culo: expresión con que manifestamos el máximo desprecio hacia el referente a que se aplica.» JMO. ▌«A mí no me asusta el cabrón ése de mierda. Me limpio el culo con él y toda su parentela.» DCB.

46. mandar a tomar por el culo *expr.* frase de rechazo.

«El mejor día para mandar a tomar por el culo a tu jefe es el día que aciertes los seis del gordo de la primitiva.» El Jueves, 11-17 febrero, 1998. ❙ «Cuando volvía a cabrearme y estaba a punto de mandarle a tomar por el culo...» Pgarcía, *El método Flower.* ❙ «Desde entonces si le preguntas de qué pie cojea te manda a tomar por el mismísimo culo...» Miguel Martín, *Iros todos a hacer puñetas.* ❙ «...me estaba pidiendo el cuerpo era levantarme y mandarle a tomar por culo.» C. Rico-Godoy, *Cómo ser infeliz y disfrutarlo.*

47. meterse (guardarse) algo en el culo *expr.* expresión de rechazo.

«¡Y otra vez que me saques las manzanas podres, te las he de meter por el culo.» C. J. Cela, *Mazurca para dos muertos.* ❙ «Lo quería verde. Éste te lo puedes meter por el culo.» C. Pérez Merinero, *El ángel triste.* ❙ «Que se metan la ciudad en el culo...» M. Vázquez Montalbán, *El delantero centro fue asesinado al atardecer.* ❙ «Te lo metes todo en el culo.» Fernando G. Tola, *Mis tentaciones.* ❙ «¡Y métase el termómetro por el culo!» Fernando del Paso, *Palinuro de México,* 1977, RAE-CREA. ❙ «Así que métase su plata en el culo...» Jaime Bayly, *Los últimos días de la prensa,* 1996, RAE-CREA. ❙ ▪ «¿No me quieres prestar el millón? ¡Pues métetelo en el culo, so cabrón!»

48. meterse la lengua en el culo *expr.* callarse.

«¡Métase la lengua en el culo!» Ernesto Parra, *Soy un extraño para ti.* ❙ «¿Por qué no se mete usted la lengua en el culo, amigo?» JM. ❙ «Y la lengua te la metes en el culo.» Cristóbal Zaragoza, *Y Dios en la última playa.* ✔ también *meterse la lengua en los cojones.*❙

49. mojarse el culo *expr.* arriesgarse, participar.

«¡Tú siempre de voyeur! ¡Mójate el culo alguna vez!» M. Vázquez Montalbán, *Los alegres muchachos de Atzavara.* ❙ «...que yo sepa tú no te vas a mojar el culo en este asunto.» Luis Camacho, *La cloaca.* ❙ «Poco a poco se moja el culo...» Juan Marsé, *Si te dicen que caí.* ❙ «Hace legión la gente que es capaz de perder el culo delante de un toro, pero no de mojárselo para coger peces.» Javier Ortiz, El Mundo, 26.6.99. ❙ «Pero, nada [...] El Chava ya no se moja el culo, tito, te lo digo yo...» Andreu Martín, *Prótesis.*

50. mover el culo *expr.* ir, irse, ponerse en movimiento, en acción.

«Dejaos de andar de perfil y moved el culo.» Juanma Iturriaga, *Con chandal y a lo loco.* ❙ «Estoy en Presidencia. Mueve el culo. Tenemos tres muertos.» Jaime Romo, *Un cubo lleno de cangrejos.* ❙ «...y yo no volví a mover el culo, con perdón, hasta que...» Fernando Sánchez-Dragó, *El camino del corazón,* 1990, RAE-CREA.

51. nacer de culo ▶ *nacer, nacer de culo.*

52. ojo del culo *s.* ano.

«El beso en el ojo del culo.» A. Ussía, *Coñones del Reino de España.* ❙ «...el último en el ojo del culo...» Amelia Díe y Jos Martín, *Antología popular obscena.* ❙ «¡Qué bueno es hacerse romper el ojo del culo.» SM Comix, n.° 29. ❙ «...soldados y jóvenes estudiantes, que compran las obras festivas y escandalosas de a real el tomo y que siempre tienen gran aceptación: *Los polvos de la Juanita, El coño de la Pilar, El conejo de la Amparo,* [...] *Gracias y desgracias de ojo del culo...*» José Gutiérrez-Solana, *Madrid callejero, Obra literaria, II.* ❙ «Se fue, se fue por el ojo del culo...» Javier Maqua, *Invierno sin pretexto,* 1992, RAE-CREA. ❙ «...la piedrita tenía que pasar por el ojo del culo.» Julio Cortázar, *Rayuela,* 1963, RAE-CREA.

53. partirse el culo (de risa) *expr.* reírse.

«Jorge Maíz se parte el culo y rechina como si fuera a morirse de la risa.» Ray Loriga, *Lo peor de todo.* ❙ «Yo casi me parto el culo de risa.» Isabel Hidalgo, *Todas hijas de su madre,* 1988, RAE-CREA.

54. pasarse algo por el culo *expr.* mostrar indiferencia extrema hacia algo.

«Pues mire, me paso por el culo su papelucho.» P. Antilogus, J. L. Festjens, *Anti-guía de los conductores.*

55. pensar con el culo *expr.* tener ideas absurdas y descabelladas.

«...deje usted de pensar con el culo.» Jaime Collyer, *Cien pájaros volando,* 1995, RAE-CREA. ❙ «Pensar con el culo. Pensar de manera disparatada.» VL.

56. perder el culo *expr.* desvivirse por, afanarse.

«La gente pierde el culo con la pintura, pero nadie sabe nada de dibujo.» Ray Loriga, *Lo peor de todo.* ▌«Muchos pierden el culo por llegar a jefes o presidentes.» A. Matías Guiu, *Cómo engañar a Hacienda.* ▌«...es incapaz de ayudarme, y sin embargo, con otras pierde el culo...» Eloy Arenas, *Los vecinos de mis vecinos son mis vecinos.* ▌«...te diremos por dónde van los gustos de los chicos. Por un lado pierden el culo por chicas tan...» You, enero, 1998. ▌«Es de los que pierde el culo en cuantito les llama el jefe.» JM. ▌«...una noticia así nos podría hacer perder el culo...» Jaime Bayly, *Los últimos días de la prensa,* 1996, RAE-CREA. ▌«Hace legión la gente que es capaz de perder el culo delante de un toro, pero no de mojárselo para coger peces.» Javier Ortiz, El Mundo, 26.6.99.

57. perder el culo *expr.* darse prisa, apurarse.

«Con la lluvia no sé qué pasa que todo dios pierde el culo...» Manuel Hidalgo, *El pecador impecable.* ▌«El ratero, viendo que le perseguían, iba que perdía el culo.» JM. ▌«Él me miró asustado y salió que perdía el culo...» Luis Landero, *Juegos de la edad tardía,* 1989, RAE-CREA.

58. poner (dejar, tener) el culo como un bebedero de patos *expr.* sodomizar.

«...y me deja claro de que si algún día quiero dejarle el culo como un bebedero de patos, lo puedo hacer...» Jaime Romo, *Un cubo lleno de cangrejos.*

59. poner(se de) el culo *expr.* ceder, aceptar, humillarse.

«Pero ¿no cree usted que se han puesto de culo? —Hombre, de culo... lo que se dice de culo...» Eduardo Mendoza, *La verdad sobre el caso Savolta.* ▌«¿Pero qué se ha creído ese tipo? ¡Sólo me faltaba poner el culo!» JM. ▌■ «Si queremos que firme el contrato tendremos que poner el culo y aceptar todas sus condiciones.»

60. poner el culo caliente *expr.* golpear, pegar.

«Si no te vas a la cama ahora mismo, te pongo el culo caliente, Jaimito.» DCB. ✓ no se ha podido documentar fuera de diccionarios.▌

61. ¡que te den por el culo! *excl.* expresión de rechazo.

«Sal y que te den por el culo, maricón!» Ray Loriga, *Lo peor de todo.* ▌«¡Que le den por el culo a él y al sargento!...» José María Carrascal, *Mientras tenga mis piernas.* ▌«¡Anda y que te den mucho por el culo, guapo!» Miguel Martín, *Iros todos a hacer puñetas.* ▌«Pues mira tío que le den por el culo a la zorra ésta.» José Ángel Mañas, *Mensaka.*

62. romper el culo (a patadas) *expr.* golpear, dar una paliza.

«Cuando te agarre te rompo el culo a patadas.» Jorge Andrade, *Un solo Dios verdadero,* 1993, RAE-CREA. ▌«...para masacrarles el culo a patadas.» Rodolfo Santana, *Mirando al tendido,* 1991, RAE-CREA. ▌«...mira que te rompo el culo ahora mismo...» Félix de Azúa, *Diario de un hombre humillado,* 1987, RAE-CREA.

63. romperse el culo (trabajando, estudiando) *expr.* hacer gran esfuerzo, trabajar, estudiar duro.

«Me he roto el culo para poder terminar a tiempo.» DCB. ✓ no se ha podido documentar fuera de diccionarios.▌

64. salir de culo *expr.* malograrse, estropearse.

«...me han salido tantas veces de culo las cosas estos años...» A. Zamora Vicente, *Historias de viva voz.*

65. sentar el culo a alguien *expr.* regañar, golpear.

«...triturar... o sentar el culo a alguien.» Ángel Palomino, *Insultos, cortes e impertinencias.*

66. ser culo y mierda *expr.* estar unidos, estar siempre juntos.

«Nunca fue muy bien aceptada y, aunque todas las mejores familias de Albacete son culo y mierda, es decir, se ven entre ellos, se hablan entre ellos, se mezclan sólo con los suyos...» M. Vázquez Montalbán, *La rosa de Alejandría.*

67. tener el gusto en el culo *expr.* tener mal gusto.

«...unos calcetines de lana de a cinco dólares, con cuadros verdes y blancos bastante horrendos, que tiene el gusto en el culo.» Pgarcía, *El método Flower.*

68. traer de culo *expr.* poner dificultades.
«Al principio la universidad traía a la gente de culo...» R. Gómez de Parada, *La universidad me mata.*

69. ¡vete a tomar por el culo! *expr.* exclamación de rechazo.
«¡Vete a tomar por el culo!» C. Pérez Merinero, *El ángel triste.* ❙ «—¡Váyase a tomar por el culo!» Miguel Sánchez-Ostiz, *Un infierno en el jardín,* 1995, RAE-CREA. ❙ «...y si no, váyase a tomar por el culo.» Raúl del Pozo, *Noche de tahúres.* ❙ «¡Venga ya, Lulú, me cago en tus muertos, vete a tomar por el culo...» Almudena Grandes, *Las edades de Lulú.* ❙ «Puedes irte a tomar por el culo, cabrón.» Pedro Zarraluki, *La historia del silencio,* 1994, RAE-CREA. ❙ «...que se vaya a tomar por el culo...» José María Guelbenzu, *El río de la luna,* 1981, RAE-CREA. ❙✔ ▶ *culo, a tomar por (el) culo.*❙

culón *s.* obeso, de nalgas prominentes.
«...y alguna otra casada o soltera, jovenzuelas ellas, tetudas y culonas...» Francisco Candel, *Donde la ciudad cambia su nombre.* ❙ «...tetona, culona y buena pa culiar...» José Raúl Bedoya, *La universidad del crimen.* ❙ «...representaban mujeres ligeras de ropa y muy culonas que tenían gran aceptación entre los vejestorios...» José Gutiérrez-Solana, *Madrid callejero, Obra literaria, II.*

culona *s.* mujer de nalgas prominentes.
«Después llegó una funcionaria culona peinada por su peor enemiga...» Jaime Romo, *Un cubo lleno de cangrejos.* ❙ «Lo mejor de esto de tirar de calcetín es que no se le escapa a uno [...] ninguna tía. Las hay de todos los colores. Altas, bajitas, tetudas, de Castellón de la Plana; culonas, sin culo...» C. Pérez Merinero, *Días de guardar.*

cultureta *s.* intelectual.
«Siempre gastaba algún capricho de cultureta, inadecuado las más de las veces...» Ernesto Parra, *Soy un extraño para ti.*

cumple *s.* cumpleaños.
«...les dio un besazo y les firmó un autógrafo. Y encima era el cumple de una de ellas, ¡qué regalazo!» Ragazza, n.° 101. ❙ «Un cumple con porros. Lo celebré con achís, alcohol, tripis y coca...» ABC, 19.4.98. ❙ «El abuelo se ha muerto, ya veis. ¡Tan pancho que estaba el otro día, cuando su cumple!» A. Zamora Vicente, ABC, 17.5.98. ❙ «Sea por el cumple, la onomástica, Navidad...» Ladislao de Arriba, *Cómo sobrevivir en un chalé adosado.*

cumpliditos *adj.* por lo menos, si no más.
«...y a los 11 años cumpliditos partió a su primer convento...» Alfredo Bryce Echenique, *Magdalena peruana y otros cuentos,* 1986, RAE-CREA. ❙✔ siempre hablando de edad.❙

cumplidos ▶ *cumpliditos.*

cumplir *v.* funcionar sexualmente el hombre.
«No le apetecía cumplir con aquella mujer voraz y, sobre todo, estaba muy poco seguro de poder cumplir.» Francisco Umbral, *El Giocondo.* ❙ «...pero, al medio día, cuando voy a casa, que te diga ella cómo y cuántas veces cumplo...» Felipe Navarro (Yale), *Los machistas.* ❙ «...un servidor tiene que cumplir una noche de estas...» Miguel Martín, *Iros todos a hacer puñetas.* ❙ «...se llevan mejor con sus amigos y les quieren, en el fondo, más que a sus mujeres, a quienes también quieren, por supuesto, y con quienes cumplen...» Álvaro Pombo, *Los delitos insignificantes.* ❙ «...y cumplió con las lumis para demostrarles que le interesaba más el quile que la charla.» Andreu Martín, *Lo que más quieras.*

cuna, reventar una cuna *expr.* ir con mujeres más jóvenes.
«Reventar una cuna: suele decirse [...] porque siempre alguien incurre en infanticidio y se lía con una niña...» R. Gómez de Parada, *La universidad me mata.* ❙✔ ▶ *asaltacunas.*❙

cunda ▶ *kunda.*

cundero ▶ *kundero.*

cuneta, quedarse en la cuneta *expr.* quedarse atrás, vencido.
«...muy pocos se retiran con dinero suficiente [...] Son los más los que se quedan en la cuneta.» Juan Madrid, *Un beso de amigo.*

*__cunnilinguo__ cf. (afines) comer el *chocho, comer el *coño, cunnilinguo, lamer, bajar al *pilón, sexo oral.

__cunnilinguo__ *s.* lamer la vulva.

«Del latín *cunnum linguere,* lamer el coño.» DE.

*__cura__ cf. (afines) arajai, cucaracha, cuervo.

__cura, en menos que se santigua un cura loco__ *expr.* muy deprisa.

«En menos que se santigua un cura loco me tuvo a sus espaldas, dispuesto a bautizarle con la bocacha del trasto apoyada en la coronilla.» Ernesto Parra, *Soy un extraño para ti.*

__2. este cura__ *s.* yo.

«...ya veremos quien celebra las bodas de plata o de lo que sean, que este cura parece que no está muy decidido...» A. Zamora Vicente, *Historias de viva voz.* ❚ «Expresión humorística con que alguien se refiere a sí mismo.» MM. ❚◘ «El único que gana un jornal en esta casa es este cura, ¿te enteras?» |✔ Luis Besses, *Diccionario de argot español,* 1905, «este cura: yo, mi misma persona».|

__3. vivir como un cura__ *expr.* vivir bien.

«...has vivido hasta hoy como un cura, y no te has quejado nunca.» Ana Diosdado, *Trescientos veintiuno, trescientos veintidós,* 1991, RAE-CREA. ❚◘ «Desde que Juan se casó con la rica del pueblo que vive como un cura.»

__curata__ *s.* sacerdote.

«...la iglesia es que la tiene tomada [...] ¿pero es que no se trabajan ellos la muerte, o sea los curatas?» Francisco Umbral, *Madrid 650.*

__curda__ *adj.* y *s.* ebrio, borracho.

«Son los curda quienes han invitado a los kurdos.» Diario 16, 12.2.99. ❚ «Y, je, je, ya estabas curda, tío.» Juan Madrid, *Cuentas pendientes.* ❚ «...nunca estarán curdas, sino, todo lo más, ligeramente indispuestos...» A. Zamora Vicente, *Mesa, sobremesa.* ❚ «...el de la cogorza vomitada y faltona, el curda degradado y sin remedio.» Ángel Palomino, *Insultos, cortes e impertinencias.* ❚ «Los curdas eran autores de no pocos disturbios que obligaban al sereno a intervenir...» Antonio J. Gómez Montejano, *Las doce en punto y sereno.* ❚ «A los curdas —sobre todo si son tías— hay que seguirles el rollo.» C. Pérez Merinero, *Días de guardar.* ❚ «Alcohólico, empinalcodo, curda.» P. Antilogus, J. L. Festjens, *Anti-guía de los conductores.* ❚ «La comparsa de los curdas.» José Gutiérrez-Solana, *Madrid callejero, Obra literaria, II.*

__2.__ borrachera.

«Hasta que se les pasó la curda.» Pau Faner, *Flor de sal.* ❚ «¡Si es que agarran unas curdas fenomenales!» JM. ❚ «Vaya, qué buena curda que llevas.» B. Pérez Galdós, *Fortunata y Jacinta.* ❚◘ «¡Vaya curda que agarraste anoche en la fiesta!»

__curdela__ *adj.* y *s.* ebrio.

«Curdela: borracho.» JV. ❚ «Si les enseñas el pico o el trago, serán las más picotas y las más curdelas... Por eso yo nunca dejaba a las mías que privaran ni se acercaran a la mandanga.» Andreu Martín, *Lo que más quieras.* ❚◘ «López anda siempre curdela de bar en bar. Es un borrachín.»

__curichi__ *s.* avaro, tacaño.

«Curichi: tacaño, avaricioso.» JMO. ❚ «Curichi. Roñoso, tacaño.» Ra. ❚ «Eres un curichi, tío. Invítanos a unos chatos, anda.» DCB. |✔ no se ha podido documentar fuera de diccionarios.|

__curiosona__ *s.* mujer fisgona.

«Qué mala es mi mamá y qué curiosona.» C. Rico-Godoy, *Cómo ser infeliz y disfrutarlo.*

__curra__ *s.* cuchillo.

«Curra. Navaja.» VL. ❚ «Curra en lenguaje marginal es una navaja y no es de uso corriente.» DCB. |✔ no se ha podido documentar fuera de diccionarios.|

__currante__ *s.* obrero, trabajador.

«A los que están en la primera etapa se les denomina niños; a los de la segunda, currantes; y a los de la tercera, jubilados.» Eduardo Mendoza, *Sin noticias de Gurb.* ❚ «Somos unos auténticos currantes a la hora de ganarnos...» Ragazza, n.° 101. ❚ «Los otros currantes parecen figuras de cera.» C. Pérez Merinero, *Días de guardar.*

__currar__ *v.* golpear, pegar.

«Les han currado fuerte...» Rambla, n.° 3. ❚ «...cuando me pasé un poco creí que me curraban, Chino.» Andreu Martín, *Amores que matan, ¿y qué?* ▌■ «Su marido les curra a todos en casa cosa fina, ¿sabes?»

2. trabajar.

«...y acabará usted pidiendo el té en inglés mientras los siervos de Murica y Priego se lo curran...» Francisco Umbral, El Mundo, 28.1.98. ▌ «...y no cabe mejor loa a quien *curra* en cualquier *curre*...» Fernando Lázaro Carreter, *El dardo en la palabra.* ▌ «Después iría al Club de Melodías, donde sabía el Boleros curraba cuando no estaba en la cárcel.» Juan Madrid, *Las apariencias no engañan.* ▌ «Soy un puto vago. ¿Cómo voy a obligar a otros a currar?» El Jueves, 21-28 enero, 1998. ▌ «Las historias de amor hay que currárselas.» Ragazza, n.° 100. ▌ «Curraba en una ejecutiva pero lo han echado.» Juan Madrid, *Cuentas pendientes.*

currata *s.* trabajador, empleado.

«El empresario Cuevas dice [...] que los curratas y los sindicatos...» Francisco Umbral, *La derechona.*

curre *s.* trabajo, tarea.

«...y no cabe mejor loa a quien *curra* en cualquier *curre*...» Fernando Lázaro Carreter, *El dardo en la palabra.*

currela *s.* trabajador, obrero.

«A ver, no se va a dejar a los currelas que se tiren el folio en plan solivato!» JV.

currelante *s.* trabajador, obrero.

«Currelante: trabajador.» JV. ▌ «Currelante. Trabajador, currante, currito.» Ra. ▌ «Currelante: trabajador.» JMO. ▌■ «Yo soy un pobre currelante que se tiene que levantar a las cinco todos los días.» ✓ no se ha podido documentar fuera de diccionarios.▐

currelar *v.* robar.

«Currelar: robar.» JMO. ▌ «Currelar. 3. Robar.» S. ▌ «Curelar. Hurtar.» LB. ▌■ «Se han currelao un coche y un reloj de oro.» ✓ no se ha podido documentar fuera de diccionarios.▐

2. trabajar.

«A mí me está que este tío no currela [...] Menudo zascandil está hecho.» A. Zamora Vicente, *Mesa, sobremesa.* ▌ «¿Dónde currelabas tú antes?» José María Amilibia, *Espa-*

ñoles todos. ▌ «...tal vez decida currelar de lechero...» P. Perdomo Azopardo, *La vida golfa de don Quijote y Sancho.* ▌■ «Mi marío está currelando en el tajo.» ✓ Luis Besses en su *Diccionario de argot* lo registra como *curelar.*▐

currele *s.* trabajo, tarea.

«...pero a las siete de la mañana estoy en pie como un cabrón, ducha fría y al currele...» Ramón Ayerra, *Los ratones colorados.* ▌■ «El currele cada vez me gusta menos, que quieres que te diga.»

currelo *s.* trabajo.

«...y en cuanto dejamos de trabajar una semana, ya estamos como locos por volver al currelo...» José María Amilibia, *Españoles todos.* ▌ «...el castigo que mandó a la humanidad fue precisamente lo que consideró peor, el currelo.» José M.ª Zabalza, *Letreros de retrete y otras zarandajas.*

currito *s.* obrero, trabajador.

«...se las ven y se las desean todas las noches para hacer la pirula a pardillos y curritos...» Ángel Palomino, *Las otras violaciones.* ▌■ «Los curritos toman cazalla en los bares por la mañana.»

2. títere de guiñol.

«¿Quién quiere ver una función de curritos? ¡Es gratis!» Ilustración, Comix internacional, 5.

3. dar un currito *expr.* golpear, pegar.

«Está con el jefe. Y vaya coñazo que está montando, tío. Voy a tener que darle dos curritos.» Juan Madrid, *Cuentas pendientes.* ▌ «Pues eso, voy, les pego un currito a los troyanos, vuelvo... ¿vale?» Cómic erótico, tomo IV, n.° 21 al 24. ▌■ «Te van a dar un currito que vas a ver. Pórtate bien.» ✓ también *curro.*▐

curro *s.* trabajo.

«El Greco [...] había oído decir que había curro en El Escorial.» Manuel Hidalgo, El Mundo, 1.5.99. ▌ «No tengo curro.» El Jueves, n.° 1079. ▌ «...pero que sepas que si encuentras curro es gracias a la labor de Júpiter, no a la del gobierno.» El Jueves, 11-17 febrero, 1998. ▌ «Es un profesor a quien no le gusta nada su curro, pero gana un montón de pelas, por eso no lo deja.» Ragazza, n.° 100. ▌«El señor Ventura tiene una empresita y se gana la vida la mar de bien. Y nos da curro a algunos amigos, como a ti ahora.» Juan Madrid, *Cuentas pendientes.* ▌«¡Y eso ya lo haces cada día para ir al curro!» M. Ángel García, *La mili que te parió.* |✔ DRAE: «m. coloq. Trabajo, acción y efecto de trabajar».|

currutaca *s.* prostituta.
«Currutaca. Lumi, puta, prostituta.» Ra. ▌«Currutaca: prostituta, usado frecuentemente como insulto.» JMO. ▌■ «Si quieres insultar y enfadar a la cerda del tercero centro, llámala currutaca y verás.» |✔ no se ha podido documentar fuera de diccionarios.|

cursi, más cursi que un guante *expr.* muy cursi.
«Pero a pesar de que era más cursi que un guante...» M. Vázquez Montalbán, *Los alegres muchachos de Atzavara.*

curva de la felicidad *expr.* estómago prominente.
«...se le insinuaba una leve curva de la felicidad...» Eduard José, *Buster Keaton está aquí,* 1991, RAE-CREA. ▌«Y ahora tan empanzonados y con la curva de la felicidad propiciada por sus whiskies.» Fernando del Paso, *Palinuro de México,* 1977, RAE-CREA. |✔ se supone que esta barriga es consecuencia del matrimonio y debido a la *felicidad* del marido.|

cusca, hacer la cusca *expr.* molestar, incomodar.
«Los pobres estábamos bien hechos la cusca.» Juan Antonio de Zunzunegui, *El supremo bien.* ▌«En cuanto uno se duerme [...] ya le están haciendo la cusca.» C. J. Cela, *Viaje a la Alcarria.* ▌«Aplasta el cigarrillo en el cenicero, porque al hombre le hace la cusca el humo del tabaco rubio.» Mariano Tudela, *Últimas noches del corazón.* |✔ ▶ *cusqui.*|

cusqui, hacer la cusqui *expr.* molestar, incomodar.
«Cualquiera diría que te diviertes haciendo la cusqui al ciudadano...» A. Zamora Vicente, *Historias de viva voz.* ▌«Al médico del

sofá es al único que ibas a hacer la cusqui...» Ángel Palomino, *Las otras violaciones.* ▌«...que las otras tribus [...] me hagan la cusqui...» Fernando Repiso, *El incompetente.*

cutre *adj.* malo, de baja calidad, sórdido.
«Ignoro cuanto tiempo puede resistir mi organismo las condiciones de vida de este planeta tan cutre.» Eduardo Mendoza, *Sin noticias de Gurb.* ▌«El resto fue un conjunto de retales con pequeños destellos de humor perdidos en un conjunto cutre.» Encarna Jiménez, *El Mundo,* 2.1.99. ▌«¿Por qué en lugar de una tromba de información y valoración han recurrido a esta parida cutre...?» Francisco Umbral, *El Mundo,* 12.2.98. ▌«A ver quién es el guapo que le dice a Sadam Hussein que lleva puesta una corbata cutre.» A. Ussía, *ABC,* 19.4.98. ▌«Radio Leganés Independiente es una emisora bastante cutre...» María Antonia Valls, *Para qué sirve un marido.* ▌«Se prendó de la herencia del cutre abogado y el cutre abogado creyó...» Carmen Rigalt, *El Mundo,* 26.6.99. ▌«La casa que Cristina León buscó para Carmen era de lo más cutre...» María Antonia Valls, *Tres relatos de diario.* ▌«Muchas veces los telefonillos de estos apartamentos cutres tenían fallos...» Jaime Romo, *Un cubo lleno de cangrejos.* ▌«¡Y qué triste todo, tú, qué cutre...!» Andreu Martín, *Amores que matan, ¿y qué?*

cutreidad *s.* acción de cutre, lo que es cutre.
«Lo que importa y duele es la cutreidad de estas elecciones...» Francisco Umbral, *La derechona.*

cutrerío *s.* acción de ser cutre, lo que es cutre.
«Qué te hace suponer que yo haya tenido algún contacto con este cutrerío?» Terenci Moix, *Garras de astracán.*

cutrez *s.* acción de ser cutre, lo que es cutre.
«...quien de verdad tiene la culpa de la pobretería y la cutrez con que tantos chinos viven en Madrid...» Luis Antonio de Villena, *El Mundo,* 15.8.99.

Dd

dabute ▶ *dabuten.*

dabuten *adj.* bueno, estupendo, bonito.

«¡Golpe más bien dado! —murmuró un chulo—. Ese chico es de buten.» B. Pérez Galdós, *La desheredada.* ❚ «¡De abute! Los hemos despistado.» Rambla, n.º 18. ❚ «Dabuten. Estupendo.» JMO. ❚ ▪ «La mujer ésa de la esquina está dabuten.» ✓ también ▶ *dabuti, dabute, debuten.* Del alemán *gut, guten.* ▶ J. M.ª Iribarren, *El porqué de los dichos,* donde se explica que la palabra ya queda documentada en *La verbena de la paloma,* 1894, y antes en el *Nuevo diccionario de la lengua castellana,* 1863, de J. B. Guim, donde se dice: «En lenguaje gitanesco se usa en la locución *á bute...*»❙

dabuti *adj.* bueno, estupendo, bonito.

«¿No es buena idea? Dabuti.» Juan Madrid, *Turno de noche.* ❚ «Su padre poseía negocios que él nunca supo bien en qué consistían, pero que le iban dabuti...» Gomaespuma, *Grandes disgustos de la historia de España.* ❚ —Y usted es el escritor. —El tronco de éste. —Dabuti.» José Luis Martín Vigil, *Los niños bandidos.* ❚ «...una comuna de Salamanca, donde se lo han montado da buti, oye.» Ernesto Parra, *Soy un extraño para ti.* ❚ «El Rotos era un tipo *da buti* como se dice ahora.» Fernando Martínez Laínez, *Bala perdida.* ✓ también *dabuten, dabute, debuten, da buti.*❙

dado, ir dado *expr.* recibir sorpresa, sorprenderse.

«Si se creen que nos han sorprendido, van dados.» P. Antilogus, J. L. Festjens, *Antiguía de los conductores.*

***dados** cf. (afines) albaneses, bolos.

dandi *s.* hombre elegante.

«...altanería de su refinamiento de dandi.» Luciano G. Egido, *El corazón inmóvil,* 1995, RAE-CREA. ❚ «Soy el dandi de los versitos...» Fanny Rubio, *La sal del chocolate,* 1992, RAE-CREA. ❚ ▪ «El cuñado de Marcial es un hombre muy elegante, es un dandi. Sale a la calle que parece un figurín.» ✓ del inglés *dandy.* DRAE: «m. Hombre que se distingue por su extremada elegancia y buen tono».❙

dante *s.* homosexual.

«...dante no es poeta o genio, sino *homosexual...*» Ángel Palomino, *Insultos, cortes e impertinencias.* ❚ «Dante: homosexual que practica la sodomía activa.» JMO.

dar *v.* golpear.

«¡Dale duro!» Eduardo Mendoza, *La verdad sobre el caso Savolta.* ❚ ▪ «¿Dónde te has dado?»

2. sodomizar.

«Era muy versátil. Hacía pajas, mamadas, daba y tomaba según...» Almudena Grandes, *Las edades de Lulú.* ❚ «Según la ley de Mahoma, tan maricón es el que da como el que toma.» DE. ❚ «Con una novia de ese calado, a la muerte, pensará el legionario, que le vayan dando.» Manuel Hidalgo, El Mundo, 9.7.99.

3. ahí me las den todas *expr.* expresión de indiferencia ante lo que le acaece a otro y a uno no le afecta.

«Por más que los astronautas floten ya por el espacio como Pedro por su casa, y ahí me las den todas.» Fernando Repiso, *El incompetente.* ▌ «...le comunicaron que en Sevilla le habían quemado en efigie, y él exclamó: —¡Ahí me las den todas!» J. M.ª Iribarren, *El porqué de los dichos.*

4. dale *excl.* exclamación de ánimo, de repetición.

«Y dale morena.» José Martín Recuerda, *Las arrecogías del beaterio de Santa María Egipciaca,* 1977, RAE-CREA. ▌ «Que toma que dale...» José Martín Recuerda, *Las arrecogías del beaterio de Santa María Egipciaca,* 1977, RAE-CREA. ▌ «...tienes demasiada tendencia a estar todo el día dale que dale a la lengua...» Lourdes Ortiz, *Luz de la memoria,* 1976, RAE-CREA. ▌◼ «¡Bien hecho! Venga. ¡Dale!»

5. dale que (te) dale *expr.* expresión que indica insistencia.

«Y el tío dale que te dale con el arranque.» Juan Madrid, *Crónicas del Madrid oscuro.*

6. dale que te pego *expr.* expresión que indica insistencia en algo.

«Entretanto yo, dale que te pego con el llanto.» B. Pérez Aranda *et al., La ex siempre llama dos veces.* ▌ «Y dale que te pego con que soy yo la equivocada...» B. Pérez Aranda *et al., La ex siempre llama dos veces.* ▌ «Y el edecán, dale que te pego.» Jesús Pardo, El Mundo, 21.11.99. ▌ «Uno tan tranquilo, y ellos, dale que te pego, sufriendo...» C. Pérez Merinero, *Días de guardar.* ▌ «Regreso a la nave y dale que te pego.» Eduardo Mendoza, *Sin noticias de Gurb.* ▌ «Dale que te pego y dale que te pego, el picha brava se fue de naja y exhaló un suspiro...» C. Pérez Merinero, *La mano armada.*

7. dar boca *expr.* hablar, conversar.

«Dar boca: conversar.» JMO. ▌ «Dar boca. Dar conversación, entretener con la charla.» VL. ▌◼ «¡Siempre dando boca a las vecinas!» ✔ no se ha podido documentar fuera de diccionarios.▌

8. dar el bocinazo ▸ *bocinazo.*

9. dar el día (la cena, la noche) ▸ *día, dar el día (la cena, la noche).*

10. dar el pase ▸ *pase, dar el pase.*

11. dar el sí *expr.* casarse, aceptar en matrimonio.

«Me retiré antes de que la pava diese el sí al emperifollado macho...» Gonzalo Torrente Ballester, *Filomeno, a mi pesar,* 1988, RAE-CREA. ▌ «...la señorita Corrales por fin me dio el sí...» Francisco Herrera Luque, *En casa del pez que escupe el agua,* 1985, RAE-CREA. ▌◼ «Por fin la convencí y me dio el sí; nos casaremos pronto.»

12. dar (echar) marcha atrás *expr.* cambiar de opinión.

«...entendería que no había otro remedio que dar marcha atrás...» Fernando G. Delgado, *La mirada del otro,* 1995, RAE-CREA. ▌ «...mentalmente echaba marcha atrás y se perdía...» Javier García Sánchez, *La historia más triste,* 1991, RAE-CREA. ▌ «Ahora le resultaba imposible dar marcha atrás,» García Sánchez, *La historia más triste,* 1991, RAE-CREA. ▌◼ «Parecía que aceptaba la idea, pero después dio marcha atrás y no firmó el contrato.»

13. dar por (atrás) detrás ▸ *detrás.*

14. dar (tomar) por donde amargan los pepinos *expr.* sodomizar.

«Les han dado por donde amargan los pepinos.» P. Antilogus, J. L. Festjens, *Anti-guía de los conductores.* ▌ «¿Qué hago yo ahora? Irte a tomar por donde amargan los pepinos.» Miguel Martín, *Iros todos a hacer puñetas.* ▌ «...al Javi ese, que le vayan dando por donde amargan los pepinos.» Ladislao de Arriba, *Cómo sobrevivir en un chalé adosado.* ▌ «...mucha calma y que la den por donde amargan los pepinos...» Ramón Ayerra, *Los ratones colorados.*

15. dar por el saco ▸ *saco, dar (tomar) por (el) saco.*

16. dar puerta ▸ *puerta, dar puerta.*

17. darla con queso *expr.* engañar con malas artes.

«Pues te la ha dado con queso.» J. L. Alonso de Santos, *La estanquera de Vallecas,* 1981, RAE-CREA. ✔ dice J. M.ª Iribarren: «Esta expresión proviene de la antigua armar con queso, que, según Covarrubias en su *Tesoro*, significa cebar a alguno con alguna niñería para cogerle como al ratón.» ▸ también *queso, darla con queso.*|

18. darle a algo *expr.* hacer algo con asiduidad.
«...empinar el codo; [...] darle al alpiste, pegarle a la botella...» AI. ❙ «¡Serán borrachos los tíos, mira, mira como le dan al vino peleón!» Mariano Sánchez, *La sonrisa del muerto.* ❙ ▪ «Creo que Asunción le da a las drogas.»

19. darle a la muy *expr.* hablar mucho.
«Darle a la muy: [...] hablar demasiado.» JMO. ❙ «Darle a la muy. Hablar mucho.» VL. ❙ ▪ «Le gusta darle a la muy y se pasa el santo día de charla con las vecinas.»

20. darle a (romperse, desgastarse) los codos ▸ *codo, romperse (darle a, hincar) los codos.*

21. darle a los libros ▸ *codo, romperse los codos.*

22. darle a uno algo *expr.* sufrir un ataque de nervios.
«¡Perico, hijo, que te va a dar algo!» Jorge Márquez, *La tuerta suerte de Perico Galápago,* 1995, RAE-CREA. ❙ «Richard Crompton..., Sartre, ¡a mí me va a dar algo!» Francisco Melgares, *Anselmo B o la desmedida pasión por los alféizares,* 1985, RAE-CREA. ❙ ▪ «Casi me da algo cuando la vi bajar de aquel cochazo enorme.»

23. darle al flex *expr.* copular.
«...siempre colado por ella como un príncipe azul deseando oírla reír, bueno y darle al flex, que es muy normal, ¿no?» Ángel Palomino, *Las otras violaciones.*

24. darse aire *expr.* darse prisa, ir de prisa.
«Darse aire. Apresurarse.» MM. ❙ ▪ «A ver si te das un poco más de aire porque este artículo tenemos que terminarlo hoy.» |✓ no se ha podido documentar fuera de diccionarios.|

25. darse aires *expr.* presumir, aparentar, vanagloriarse.
«...replicó la mujer dándose aires...» Alberto Vázquez-Figueroa, *Tuareg,* 1981, RAE-CREA. ❙ «Se mueve por todo lo alto, dándose aires...» R. Humberto Moreno-Durán, *El toque de Diana,* 1981, RAE-CREA.

26. darse el banquete ▸ *banquete, darse el banquete.*

27. darse el lique *expr.* irse, marcharse, largarse.
«Darse el lique. Marcharse» VL. ❙ «Darse el lique. Irse.» JMO. ❙ «Darse el lique: irse, marcharse, ausentarse, desaparecer.» JV. ❙ «Darse el lique: esfumarse, huir, ocultarse, desaparecer.» Ra. ❙ «Darse el lique. Marcharse.» S. ❙ ▪ «En cuanto le mencioné el tema del dinero, se dio el lique rápido.» |✓ no se ha podido documentar fuera de diccionarios.|

28. darse el lote ▸ *lote, darse (pegarse) el lote.*

29. darse el piro *expr.* irse, marcharse.
«Y tú, aire. Date el piro.» Juan Madrid, *Turno de noche.* ❙ «Suelte lo que sea y dese el piro.» Pgarcía, *El método Flower.* ❙ «Como me toquen las quinielas me esfumo, me doy el piro.» Juan Madrid, *Un beso de amigo.* ❙ «Tengo dos días para encontrar a mi hermana antes de que nos demos el piro los tres.» Mariano Sánchez, *Carne fresca.* ❙ «Vienes, me dices que tal, luego me das el piro, y yo achanto, ¿es ése el tema?» El Gran Wyoming, *Te quiero personalmente.* ❙ «...se dará el piro dejando a vuesa merced lleno de bichos.» P. Perdomo Azopardo, *La vida golfa de don Quijote y Sancho.* ❙ «...su avión se daba el piro por la noche...» Ramón Ayerra, *Los ratones colorados.*

30. darse la paliza ▸ *paliza, darse la paliza.*

31. darse un morreo ▸ *morreo, darse un (el) morreo.*

32. dársela a alguien *expr.* ser infiel a la pareja.
«¿Me quieres decir qué pensarías tú? Pues que te la estaba dando con otro, naturalmente.» C. Rico-Godoy, *Cómo ser una mujer y no morir en el intento.*

33. dárselas de ▸ *aire, darse aires.*

34. no dar ni los buenos días ▸ *hora, no dar ni la hora.*

35. no dar una *expr.* no acertar, no hacer nada bien.

«...que te tienes que saber un montón de palabras raras y si te equivocas, la cagas, que no das ni una.» A. Sopeña Monsalve, *El florido pensil.* ▌ «Caramba, no doy una esta noche, no sé qué me pasa...» Eduardo Mendoza, *La verdad sobre el caso Savolta.* ▌ «No das una.» Juan Marsé, *Si te dicen que caí.*

36. para dar y vender (tomar) *expr.* mucho, en gran cantidad, en abundancia.

«Los ordenadores de la NIU nos darán datos p'a dar y vender.» Pedro Casals, *Disparando cocaína.* ▌ «Circunstancias de la abundancia: Para dar y tomar.» DTE.

37. que te (le, os, les) den *expr.* que te den por el culo.

«...por nosotros como si te tiras de un quinto piso con las gafas puestas. Que te den.» Juanma Iturriaga, *Con chandal y a lo loco.* ▌ «¡Que le den a usted mucho, señor Tadeo! ¡Que le den a tu padre!» Miguel Martín, *Iros todos a hacer puñetas.* ▌ «¡Que te den!, dijo ella.» Virtudes, *Rimel y castigo.* ▌ «Si reúne las dos cosas, de fábula, pero si es un perla, ¡que le den!» You, enero, 1998.

*dar la mano cf. (afines) ▶ *mano, estrechar la mano.*

dardo *s.* pene.

«...y hunde nuevamente su dardo erecto en la boca de la muchacha...» C. Ducón, *El hotel de las orgías.* ▌ «Genaro tiene un gran dardo.» A las barricadas, 22-28 junio, 1998.

datilear *v.* robar.

«Datilear: robar.» JV. ▌ «Datilear: hurtar, robar.» JMO. ▌ «Datilear. Hurtar.» S. ▌ ▪ «Es un experto en el arte de datilear carteras.» ✔ no se ha podido documentar fuera de diccionarios.▌

datilera *s.* mano.

«Datilera: mano.» JMO. ▌ «Datilera: mano.» JV. ▌ ▪ «No pongas la datilera en ese cajón con dinero.» ✔ no se ha podido documentar fuera de diccionarios.▌

datilero *s.* ladrón, carterista.

«Datilero: Carterista.» Ángel Palomino, *Insultos, cortes e impertinencias.* ▌ «Datilero: carterista.» JV. ▌ «Datilero: ratero, carterista.» JMO. ▌ ▪ «No hay quien viva en este barrio entre putas, chulos, datileros y polis.»

dátiles *s.* dedos, manos.

«¡Cuidado con las manos, señores, que los dátiles van al pan!» Juan Madrid, *Cuentas pendientes.* ▌ «...les gusta el pendoneo más que comer con los dátiles.» Virtudes, *Rimel y castigo.* ▌ «Moviendo mis dátiles por esos parajes descubro una cosa dura.» C. Pérez Merinero, *Días de guardar.* ▌ «Introduzco los dátiles en los bolsillos y saco tres monedas de cien chuchas.» Manuel Quinto, *Estigma.* ▌ ▪ «¡Saca los dátiles del pastel, que ya lo probarás luego!»

de aquí te espero ▶ *aquí, de aquí (ahí) te espero.*

de seguida *adv.* en seguida, inmediatamente.

«Éste preguntaba antes si sabréis de seguida si ganáis...» Miguel Signes Mengual, *Antonio Ramos, 1977*, RAE-CREA. ▌ «Las alegrías de seguida se pasan.» Eduardo Mendoza, *La verdad sobre el caso Savolta.* ✔ DRAE: «2. Inmediatamente.»▌

débil, económicamente débil *expr.* pobre.

«Un barrio para millonarios económicamente débiles...» Ángel Palomino, *Un jaguar y una rubia.*

debuten *adj.* estupendo, maravilloso.

«...después de pasarte un fin de semana de buten...» A. Zamora Vicente, *Historias de viva voz.* ✔ ▶ *dabuten.*▌

decir, decir que no *expr.* no creer algo.

«Eso es mentira, listo, lo que pasaba es que me apretaba. —...diga que no, Majestad.» Gomaespuma, *Grandes disgustos de la historia de España.*

2. no decir (ni) ahí te pudras *expr.* ignorar a alguien, no tenerle en consideración.

«Pero es que últimamente no me dice ni ahí te pudras.» M. Vázquez Montalbán, *El delantero centro fue asesinado al atardecer.*

dedillo, saber (conocer) al dedillo *expr.* saber, conocer muy bien, a la perfección.

«...dedicándose a las contratas de obras públicas, cuyas triquiñuelas conocía al dedillo...» Jose-Vicente Torrente, *Los sucesos de Santolaria.* ▌ «Todos los que coincidimos con Ovaldo en algún bar conocemos al dedillo la historia del amor de su vida.» Juan Madrid, *Crónicas del Madrid oscuro.* ▌«Si lleva muchos años en el establecimiento, se conocerá al dedillo todas sus dependencias...» Victoriano Corral, *Delitos y condenas.* ▌«...porque los dos conocían al dedillo el procedimiento...» Ramón Ayerra, *Los ratones colorados.* ▌«...un repertorio que se conoce al dedillo en toda la amplia variedad de estilos.» El Mundo, La Luna, 25.6.99. ▌«El joven rey quiere conocer al dedillo sus cuentas para recortar gastos...» El Mundo, 6.8.99.

*dedo cf. (afines) baste, basto, dátiles.

dedo, cogerse (pillarse) los dedos *expr.* equivocarse, cometer error.

«Lo único malo fue que me pillé los dedos...» Gomaespuma, *Grandes disgustos de la historia de España.* ▌«Lo más seguro es que se pille los dedos.» Luis Goytisolo, *Las afueras.*

2. hacer dedo *expr.* hacer auto estop.

«...como el camionero que se dispone a violar a la ingenua autoestopista que lo ha parado haciendo dedo.» Pgarcía, *El método Flower.* ▌«Pasan pocos coches y no paraba ni Dios [...] haces dedo y deben pensar que les apuntas con un arma.» José Luis Martín Vigil, *Los niños bandidos.* ▌■ «Hice dedo desde Madrid hasta Barcelona.»

3. hacerlo con el dedo ▶ *dedo, meter(se) el dedo.*

4. hasta que San Juan baje el dedo *expr.* mucho tiempo.

«Aquí nos quedamos hasta que San Juan baje el dedo. Te lo digo yo.» Ignacio Aldecoa, *El fulgor y la sangre.*

5. meter(se) el dedo *expr.* masturbarse la mujer.

«Señorita, no se meta el dedo, es infeccioso...» Amelia Díe y Jos Martín, *Antología popular obscena.* ▌«encontróse en una fuente / con que la niña inocente / se estaba metiendo el dedo.» Amelia Díe y Jos Martín, *Antología popular obscena.* ▌«Meterse el dedo. Masturbarse la mujer.» DE. ▌■ «Fui al cine con Encarna, la bollera ésa, y me metió el dedo, la guarra, pero me corrí de gusto porque me lo hizo muy bien.»

6. (no) chuparse el dedo *expr.* (no) ser tonto, bobo, necio.

«A mí no me han dedicado ninguna jota, y eso demuestra que no se chupan el dedo...» Jose-Vicente Torrente, *Los sucesos de Santolaria.* ▌«¿Es que creéis que me chupo el dedo?» Juan Madrid, *Flores, el gitano.* ▌«...pero no penséis que me chupo el dedo...» Juan Marsé, *Si te dicen que caí.* ▌«Verónica, amiga, deja de chuparte el dedo y dedícate a enterarte de lo que ocurre a tu alrededor.» B. Pérez Aranda *et al., La ex siempre llama dos veces.* ▌«¿Qué crees, que me chupo el dedo?» Juan Marsé, *Últimas tardes con Teresa.* ▌«Y yo no me chupo el dedo. Yo no me chupo nada...» Andreu Martín, *Lo que más quieras.*

7. no mover un dedo *expr.* no ayudar, no esforzarse.

«Pues yo no estoy dispuesta a mover un dedo...» Jesús Ferrero, *Lady Pepa.* ▌«Nadie movió un dedo para ayudarle.» Pau Faner, *Flor de sal.* ▌«Me ha pedido que le ayude, pero es una persona tan antipática, que no pienso mover un dedo por él.» FV.

8. para chuparse los dedos *expr.* muy bueno, apetitoso.

«...las servimos bien doraditas. Y están, con perdón, como para chuparse los dedos...» Fernando Repiso, *El incompetente.* ▐✓ ▶ *dedo.*▐

*defecar cf. (afines) aguas mayores, aliviarse, hacer *caca, cagar, hacer uno sus *cosas, hacer de *cuerpo, hacer una *diligencia, ensuciarse en los pantalones, escagarruzarse, plantar la *estaca, evacuar, hacérselo encima, poner el *huevo, jiñar, soltar *lastre, llamada de la *naturaleza, necesidades mayores, hacer las *necesidades, plantar un *pino, hacer *popó, hacer *pos, ir al *servicio, ir al *váter, descargar el *vientre, evacuar el *vientre, exonerar el *vientre, hacer de *vientre, visitar al Sr. Roca.

defecar *v.* expulsar excrementos por el ano.

«...se aman con gran pleitesía y defecan con discreta solemnidad...» C. J. Cela, *Oficio de tinieblas 5.*

defender a capa y espada *expr.* defender a ultranza.

«...Bill Gates, el pasado 21 de julio, defiende a su ex compañero a capa y espada...» ABC, 13.12.98.

defensor de causas pobres *s.* persona idealista que sale en defensa del oprimido.

«El leguleyo todavía sacaba jugo a su añeja fama de defensor de causas pobres...» M. Sánchez Soler, *Festín de tiburones.*

*****dejar** cf. (afines) dar *calabazas, dejar, dar el *pase, dar la *patada, plantar, mandar con *viento fresco.

dejar, dejar en el sitio ▶ *sitio, dejar en el sitio.*

2. dejar plantado *expr.* dejar, abandonar.

«...la Benita, la hija de la pescadera, ha dejado plantado a su novio...» Ignacio Aldecoa, *El fulgor y la sangre.* ▌ «...y ahora me deja plantada en medio de la vida...» C. Rico-Godoy, *Cómo ser infeliz y disfrutarlo.* ✓ ▶ *plantar.*▌

3. dejar preñá ▶ *preñá(da), dejar preñá.*

4. dejar seco *expr.* matar, asesinar.

«...le dieron con una botella de gaseosa de las grandes y lo dejaron sequito, lo que se dice sequito.» C. J. Cela, *Mazurca para dos muertos.* ▌ «...pero del coche negro surgió un cañón. Lo dejaron seco.» Jesús Ferrero, *Lady Pepa.* ▌ «Has estado a punto de matarme. ¿Qué querías, dejarme seca, verdad?» El Gran Wyoming, *Te quiero personalmente.* ▌ «...y los perdigones empujaron hacia atrás al desgraciado chupatintas. Quedó seco...» Mariano Sánchez, *Carne fresca.* ▌▪ «Le dieron un palo en la cabeza que lo dejó seco al pobre Genaro.»

5. dejar tieso ▶ *tieso, estar (quedarse, dejar) tieso.*

6. no dejar ni a sol ni a sombra *expr.* no dejar solo nunca, seguir a alguien constantemente.

«Está siempre a mi lado, no me deja ni a sol ni a sombra.» José María Amilibia, *Españoles todos.*

*****delante** cf. (afines) alante, palante.

delante, llevarse a alguien por delante *expr.* matar.

«...si sólo se trata de que se han llevado por delante a un viejo.» P. Antilogus, J. L. Festjens, *Anti-guía de los conductores.* ▌ «De algo hay que morir [...] y quizá me lo lleve por delante.» Alberto Vázquez-Figueroa, *Manaos.* ▌ «...y caer en el tiroteo tras llevarse a alguien por delante.» Ignacio Fontes, *Acto de amor y otros esfuerzos.* ▌ «Sabina... se ha llevado por delante a dos maridos...» Miguel Martín, *Iros todos a hacer puñetas.* ▌ «...un camión que venía a toda velocidad [...] estuvo a punto de llevársela por delante.» Luis Camacho, *La cloaca.* ▌ «...tu novio se ha fugado de Carabanchel llevándose a tres por delante. ¿Lo has oído en la radio?» Mariano Sánchez, *Carne fresca.* ▌ «Además, no quería llevarme por delante a ningún niñato o alguna niñata...» C. Pérez Merinero, *El ángel triste.* ▌ «...y se llevó por delante el proyecto de refundación de Alianza Popular...» Jesús Cacho, El Mundo, 6.8.99.

delantera *s.* pechos, senos.

«...pero dentro de diez años, cuando se te caiga esa delantera que tienes y puedas ponerte a jugar al fútbol con tus pechos...» Lucía Etxebarría, *Amor, curiosidad, prozac y dudas.* ▌ «Está mejor de tetas [...] que de culo; mira con detenimiento esa hermosa delantera...» José María Amilibia, *Españoles todos.* ▌ «...esbelta y vulgar, con el aburrimiento en la cara pero con una gran delantera.» M. Sánchez Soler, *Festín de tiburones.* ▌▪ «Con esa delantera y esas piernas, chica, puedes conseguir lo que te propongas.»

*****delatar** cf. (afines) ▶ *informar.*

*****delator** cf. (afines) acerrador, berrante, boqueras, bucano, cantarra, cantor, chivata, chivatero, chota, confite, chusquel, clavo, largón, membrillo, perro, voceras.

*****delgado** cf. (afines) alambre, quedarse en el *chasis, chupado, escoba, espárrago, espingarda, fideo, en los huesos, jirafa, larguirucho, lombriz, palillo, saco de huesos.

*****demasiado** cf. (afines) ▶ *colmo.*

demasiado *adj.* excesivo.

«*Demasiao* [...] ha especializado una función autónoma (un *coche demasiao*) con el significado de excesivo; cuenta con la variante barcelonesa de *(qué) fuerte,* ya bastante difundida por Madrid.» Fernando Lázaro Carreter, *El dardo en la palabra.*

2. demasiado para el cuerpo *expr.* demasiado, excesivo.

«Demasiado para el cuerpo, pienso...» Carmen Rigalt, El Mundo, 26.6.99.

demasié, ser demasié *expr.* demasiado, increíble, mucho.

«Oiga, no se ponga usted rancio... Demasié, como dicen ahora.» A. Zamora Vicente, *Mesa, sobremesa.* ❚ «Miguelito se conforma con retratarse de tal guisa, sin más ostentaciones. Lo otro sería demasié.» Felipe Navarro (Yale), *Los machistas.* ❚ «...le daba un repaso demasié. Con una mano le trasegaba el culo enseñando al personal sus braguitas...» A. Matías Guiu, *Cómo engañar a Hacienda.* ❚ «Pero es que, lo del sol, es ya demasié...» Ángel A. Jordán, *Marbella story.* ❚ «Me he metido en una que es demasié.» Pedro Casals, *Disparando cocaína.* ❚ «...pero que un perro de éstos nos levante la mano, eso ya es demasié...» José Luis Martín Vigil, *Los niños bandidos.* ❚ ◾ «Lo que te ha dicho el jefe me parece demasié.»

*demente cf. (afines) ▸ *loco.*

demonio, ¿dónde demonio(s)...? *excl.* exclamación de duda y enfado.

«¿Dónde demonios se habrá metido Papadoc?» Cristóbal Zaragoza, *Y Dios en la última playa,* 1981. ❚ «¿Dónde demonios se habrá metido ese maldito nativo?» Ernesto Caballero, *Quinteto de Calcuta,* RAE-CREA. ❚ ◾ «¿Dónde demonios está el cuchillo grande?»

2. llevarse a uno los demonios *expr.* estar muy enfadado.

«Tú también puedes ser un lunático. Si se te llevan los demonios por algo que ha ocurrido, ocurre o ocurrirá...» El Mundo, La luna del siglo XXI, 9.10.98.

3. qué (quién) demonios *expr.* expresión de enfado.

«...las solapas de la trinchera levantadas

preguntándose qué demonios ha sido de aquel...» José María Guelbenzu, *El río de la luna,* 1981, RAE-CREA. ❚ «¿de quién demonios estás hablando?» Juan Benet, *En la penumbra.* ❚ ◾ «¿Quién demonios es ese Mateo de quien tanto hablas?»

deneí *s.* documento nacional de identidad.

«Más tarde me enteré de que andan detrás de una plastificadora para hacerles deneís falsos a los que tienen que salir de la prisión...» Pilar Urbano, *Yo entré en el Cesid.*

dentera, dar dentera *expr.* dar, tener envidia.

«El fulano les dio dentera hablando de las mujeres, que según él tragaban de lo lindo.» Rafael García Serrano, *Diccionario para un macuto.* ✓ DRAE: «fig. y fam. envidia, pesar del bien ajeno».❚

*deposición cf. (afines) ▸ *excremento.*

depósito, vaciar el depósito ▸ *vaciar, vaciar el depósito.*

depre *adj.* y *s.* deprimido, depresión.

«Más depre que nunca.» Eduardo Mendoza, *Sin noticias de Gurb.* ❚ «¿Sabes qué hacen los famosos de Hollywood cuando tienen la depre?» Ragazza, n.° 101. ❚ «Hay gente que tras las vacaciones pilla unas depres de caballo...» El Jueves, 6-12 octubre, 1993. ❚ «El domingo amanecí con una depre de caballo.» Pgarcía, *El método Flower.* ❚ «Coge unas depres que no vean...» C. Pérez Merinero, *Días de guardar.* ❚ «...la bajada es mejor y no hay depre...» Pedro Casals, *La jeringuilla.* ❚ «Todo el mundo que estaba con la depre la llamaba.» Manuel Hidalgo, *Azucena, que juega al tenis.* ❚ «A las nueve y media ya se ha pasado la depre.» A. Gómez Rufo, *Cómo ligar con ese chico que pasa de ti o se hace el duro.* ❚ «...estaba con una depre del copón bendito...» B. Pérez Aranda *et al., La ex siempre llama dos veces.* ❚ «...le hizo la autopsia y estaba ese día con la depre —cuernos— y no daba ni tomaba...» Ramón Ayerra, *Los ratones colorados.*

deprimente *adj.* y *s.* pesimista.

«...y le miró como si tuviera delante al ser más deprimente de Lej.» Jesús Ferrero,

Ópium, 1986, RAE-CREA. ▌ ▪▪ «La deprimente de mi mujer anda por ahí quejándose de todo y de todos.»

*deprisa cf. (afines) ▶ *rápido.*

deprisa y corriendo *expr.* deprisa y de mala manera, sin pensar.

«Las predicciones del oráculo no se hacen deprisa y corriendo...» Marina Pino, *Cómo montártelo por el morro.*

derecho, no haber derecho *expr.* no ser aceptable, no estar bien.

«...no hay derecho a que me traiga arrastrada por la calle de la amargura.» Carmen Martín Gaite, *Nubosidad variable,* 1992, RAE-CREA.

derechona *s.* la derecha política.

«...de modo que si toda la oposición a la derechona va a ser así, tenemos neofranquismo hasta las mil.» Francisco Umbral, El Mundo, 12.2.98. ▌ «¿Qué queremos decir con derechona? Depende. Unas veces se trata de la extrema derecha, otras de la derecha bancaria o gobernante...» Francisco Umbral, *La derechona.* ▌ «...para lograr, ¡al fin!, ganarle las próximas elecciones a la derechona.» Lorenzo López Sancho, ABC, 17.4.98.

derrapar las neuronas ▶ *neurona.*

derrochador *s.* despilfarrador, malgastador.

«...existen pocos insultos para los dilapidadores manirroto, derrochador, despilfarrador, tener un agujero en la mano, quemarle el dinero en las manos...» AI. ✔ DRAE: «adj. Que derrocha o malbarata el caudal. Ú. t. c. s.».▌

derrota *s.* locuaz, hablador.

«Derrota: charlatán.» JMO. ▌ «Derrota: Delincuente que se autoinculpa o acusa a otros.» JGR. ▌ ▪▪ «El derrota de mi amigo Pablo se pasa el día hablando.» ✔ no se ha podido documentar fuera de diccionarios.▌

derrotarse *v.* reconocerse culpable de un delito.

«El chico se ablanda y decide derrotarse.» Juan Madrid, *Turno de noche.* ▌ «Sólo cuando vieron a la tipa muy nerviosa, a punto de derrotarse,...» Mariano Sánchez, *Carne fresca.*

*desaliñado cf. (afines) ▶ *sucio.*

desaparecer, desaparecer de escena *expr.* marcharse, irse.

«...desaparecí, estuve en el limbo hasta los cuarenta.» Juan Carlos Onetti, *Dejemos hablar al viento,* 1979, RAE-CREA. ▌ «Desaparecer de escena irse, huir, morirse.» JMO. ▌ «Desaparecer de escena. Irse, marcharse de un lugar, quitarse de en medio.» VL. ▌ ▪▪ «Yo desaparezco de escena, me largo, me las piro.»

2. hacer desaparecer *expr.* matar, asesinar.

«¿Su proyecto para hacerla desaparecer...?» Francisco González Ledesma, *La dulce señorita Cobos.*

desasnar *v.* enseñar, educar.

«...se dedicaban a desasnar a las jóvenes generaciones...» Jose-Vicente Torrente, *Los sucesos de Santolaria.* ▌ «Don Elías, que me desasnó sin sacudirme un mal capón...» Ángel Palomino, *Un jaguar y una rubia.* ▌ «...en la actualidad está desasnándose de latín en el seminario de Comillas...» José Gutiérrez-Solana, *Madrid callejero, Obra literaria, II.* ✔ DRAE: «tr. fig. y fam. Hacer perder a alguien la rudeza, o quitarle la rusticidad por medio de la enseñanza. Ú. t. c. prnl.».▌

desastre *s.* fracaso.

«La velada resultó un desastre...» Almudena Grandes, *Las edades de Lulú.* ▌ «Qué desastre —exclamó.» Luis Mateo Díez, *El expediente del náufrago,* 1992, RAE-CREA. ▌ ▪▪ «La función ha sido un verdadero desastre.» ✔ DRAE: «m. Desgracia grande, suceso infeliz y lamentable».▌

2. inútil, desmañado, inepto.

«Los ineptos [...] tampoco están muy bien considerados [...] torpón [...] patoso [...] manazas [...] desastre [...] negao [...] más inútil que la polla del Papa...» AI.

descabezar un sueñecito (un sueño) *expr.* dormir.

«...pero las palmas y los meneos impiden al duque descabezar un sueño senil.» Eduardo Alonso, *Flor de jacarandá,* 1991, RAE-CREA. ▌ «...vagabundos que aprovechaban la oscuridad para descabezar un sueño bajo techado...» Eduardo Mendoza, *La ciudad de los prodigios*. ❙ ◾ «El papá está descabezando un sueñecito antes de comer.»

descafeinado *adj.* que no es auténtico, un remedo, imitación.

«...en la pierna descafeinada, como yo la llamo, tengo menos fuerza que una muñeca de trapo...» Miguel Martín, *Iros todos a hacer puñetas*. ❙ «El Alfonso Guerra que salía por la pantalla era un Alfonso Guerra descafeinado, un sucedáneo, un injuriador *light*...» Jaime Campmany, ABC, 18.10.98.

*****descarado** cf. (afines) cara, tener la *cara de cemento armado, tener más *cara que culo, caradura, tener un *careto, carota, más cuento que Calleja, frescales, fresco, jeró, jeta, tener mucho *morro, tener un *morro que se lo pisa, tener mucho *rostro, tener *tupé, vivales.

descarnada *s.* la muerte.

«¡Qué próxima está la descarnada!» Fernando Repiso, *El incompetente*.

descarriada *s.* prostituta.

«Descarriada; mujer de mal vivir; mujer del arroyo; mujer de la vida; mujer de vida alegre; mujer de casa pública; mujer de la carrera; mujer de vida airada; [...] perdida...» AI.

descerebrado *s.* bobo, necio, torpe.

«...los descerebrados de turno proferían sus mayúsculas sandeces...» Julio Martínez Mesanza, ABC, 20.6.99. ❙ «...sois unos bestias, sois unos descerebraos...» Pilar Urbano, *Yo entré en el Cesid*. ❙ «Que si drogatas descerebrados...» Pedro Casals, *La jeringuilla*. ❙ «La Real Academia Española ha admitido [...] un gran número de palabras, entre las que figuran *descerebrado, facha, emporrado, estriptís,* y *litrona*...» ABC, 18.10.98. ❙ «...cretino, que eres un cretino, un descerebrado.» C. Rico-Godoy, *Cómo ser infeliz y disfrutarlo*. ❙ «...entre el público juvenil más descerebrado y convencido de su modernidad, facherío soezmente encubierto...» Carlos Boyero, El Mundo, 11.9.99.

descojonado *adj.* cobarde, pusilánime.

«Es como una vida virtual de cabritos y descojonados que necesitan unos de otros.» El Jueves, 13.5.98.

descojonante *adj.* gracioso, divertido.

«Es descojonante tu hermano, de verdad.» JM. ❙ «Descojonante. Gracioso, divertido.» VL. ❙ «Descojonante: muy gracioso.» JMO. ❙ «...la comparación es en sí misma estrambótica, descojonante, vamos...» M. Vázquez Montalbán, *El delantero centro fue asesinado al atardecer*. ❙ ◾ «Fue una fiesta descojonante de veras, qué risa.» ✓ no se ha podido documentar fuera de diccionarios.❙

descojonarse *v.* reírse.

«¿Qué coño le has contado a mi hermana para que se esté descojonando?» José Ángel Mañas, *Historias del Kronen*. ❙ «...la sola idea de que a un hombre, aunque sea un bailarín, le llenaran el camerino de flores es que nos descojonó...» M. Vázquez Montalbán, *Los alegres muchachos de Atzavara*. ❙ «Mucha gente se ha descojonado de risa...» Felipe Navarro (Yale), *Los machistas*. ❙ «Y mi mujer se descojona porque dice que le recuerda mucho a la vaca que ríe...» Miguel Martín, *Iros todos a hacer puñetas*. ❙ «Descojonarse de risa equivale a nos hartamos de reír...» Rafael García Serrano, *Diccionario para un macuto*. ❙ «Sería para descojonarse.» C. Pérez Merinero, *El ángel triste*. ❙ «Pues no sé [...] lo cierto es que lo que ocurre es tan dramático que te descojonas.» El Mundo, La luna del siglo XXI, n.° 11, 18.12.98. ❙ «...y no recuerdo si entonces me ruborizo o me descojono...» Carlos Boyero, El Mundo, 9.7.99.

descojone *s.* diversión, risa, gracia.

«...de ese intolerable mal rollo (no puedo evitar el descojone) cuando escucho las soflamas feministas...» El Mundo, 21.9.95. ❙ ◾ «¡Qué gracioso fue todo! Fue el descojone!»

descolgado *adj.* desconectado.

«...el pelo canoso, el mismo cuerpo gordinflón y como descolgado...» Eduardo Mendicutti, *Fuego de marzo*, 1995, RAE-CREA. ❙ «...me dijo qué bueno sentirme descolgado del barrio...» Juan Marsé, *El embrujo de Shangai*, 1993. ❙ ◾ «Estoy completamente descolgado de mis amigos madrileños desde que vivo en Toledo.»

descolgarse *v.* llegar de improviso, sin previo aviso.

«...digo será Amelia, porque, a ver, descolgándose a estas horas...» Carmen Martín Gaite, *Nubosidad variable,* 1992, RAE-CREA. ▌ ▪ «Mi amigo Paco tiene la mala costumbre de descolgarse por casa para charlar, sin llamar ni nada.»

descoñarse ▸ *escoñar, escoñarse.*

descornarse *v.* hacer un gran esfuerzo, trabajar mucho.

«...¡termina una carrera como ésta, siete años descornándome...!» Ángel Palomino, *Madrid, costa Fleming.* ▌ «Yo descornándome a trabajar y vosotras...» Ignacio Aldecoa, *El fulgor y la sangre.*

descosido, como un descosido *expr.* mucho, con avidez, con intensidad.

«...mientras yo follaba como una descosida indiferente a aquel...» Almudena Grandes, *Las edades de Lulú.* ▌ «...bebía coca-cola como un descosido...» Carmen Rigalt, El Mundo, 15.8.98. ▌ «...usted es hijo de albañil [...] y lee como un descosido.» Tía Julia, Qué leer, 27.11.98. ▌ «...así, arreando, de bote y voleo, como un descosido...» Fernando Repiso, *El incompetente.* ▌ «...terminan en la redacción de una revista contando como chinga usted como una descosida con el jardinero...» J. Giménez-Arnau, *Cómo forrarse y flipar con la gente guapa.* ▌ «Los papás hablan de golf como descosidos.» Carmen Rigalt, El Mundo, 21.8.99. ▌ «Tosí como un descosido.» C. Pérez Merinero, *La mano armada.* ✔ DRAE: «expr. fig. y fam. que significa el ahínco o exceso con que se hace una cosa».▌

descuadernada *s.* baraja de naipes.

«El propio Ventajas no sólo tira la desencuadernada, también trabaja el camello.» Raúl del Pozo, *Noche de tahúres.*

descuajaringado ▸ *descuajeringado.*

descuajeringado *adj.* estropeado.

«El nuestro sigue siendo un país descuajeringado, en el que el guión se escribe con muy pocos finales...» Pedro J. Ramírez, El Mundo, 10.5.98. ▌ «...rehabilita los cuerpos

descuajaringados...» Ángel Palomino, *Todo incluido.* ✔ *descuajaringado* o *descuajeringado.*▌

descuidero *s.* ladrón que aprovecha descuidos.

«...choris de poca monta, atracas de recortada, descuideros, peras y toperos de palanqueta.» Raúl del Pozo, *Noche de tahúres.* ▌ «Y esos descuideros que acechan el paso de un paleto...» José Gutiérrez-Solana, *Madrid, escenas y costumbres, Obra literaria, I.* ▌ «...y con antecedentes como descuidero, topista, sirlero...» Juan Madrid, *Flores, el gitano.* ▌ «Los descuideros esperaban el momento del agobio, el instante final de las aglomeraciones...» Mariano Sánchez, *La sonrisa del muerto.* ✔ DRAE: «adj. Se aplica al ratero que suele hurtar aprovechándose del descuido ajeno. Ú. t. c. s.».▌

desemar *v.* disfrazarse.

«El timador, para poder engañar a sus víctimas, irá desemao precisamente en la forma que el primo menos se lo espere.» Manuel Giménez, *Antología del timo.*

desembuchar *v.* confesar, contar, explicar.

«¡Desembucha y prometo no contárselo al sargento!» Pgarcía, *El método Flower.* ▌ «Pues desembucha rápido, que tengo que hacer y se me cansa el oído.» Juan Madrid, *Un beso de amigo.* ▌ «Desembuche, pero rápido.» Lourdes Ortiz, *Picadura mortal.* ▌ «Vale. Tú desembucha.» Andreu Martín, *Por amor al arte.* ▌ «Habla, maldita, desembucha...» Juan Marsé, *Si te dicen que caí.* ▌ «Llevo un año tirando de la lengua a Fernando Sánchez-Dragó para que desembuche el nombre del ganador del próximo premio Fernando Lara de novela...» María Sarmiento, El Mundo, 11.9.99. ✔ DRAE: «fig. y fam. Decir alguien todo cuanto sabe y tenía callado».▌

desenfundar *v.* retirar el pene de la vulva.

«...hasta que me vino, que andaba muy salido de madre, desenfundé y la dije, Narcisa...» Ramón Ayerra, *Los ratones colorados.*

desengancharse *v.* abandonar, dejar, desconectar, especialmente el consumo de drogas.

«¿Te has desenganchado en el tiempo que has estado arriba?» José Luis de Tomás García, *La otra orilla de la droga,* 1984, RAE-CREA. ❙ «...el buscador ha de elegir desengancharse de la realidad...» Manuel Longares, *La novela del corsé,* RAE-CREA. ❙ ◗ «Por fin Claudio se ha desenganchado de la droga.»

desenlace fatal *expr.* muerte.
«...y ya se descubriría todo cuando llegara el fatal desenlace.» J. Jiménez Martín, *Ligar no es pecado.*

desfasar *v.* excederse.
«Desfasar. Excederse, pasarse de la raya.» Joseba Elola, *Diccionario de jerga juvenil,* El País Semanal, 3.3.96.

desflorar *v.* desvirgar, desflorar.
«...pero me vine porque desfloré a una muchacha y su padre me iba a matar.» José Raúl Bedoya, *La universidad del crimen.* ❙ «Ése lo que quiere es desflorarla él antes que otro...» Care Santos, *El tango del perdedor.*

desfondar *v.* desvirgar, desflorar.
«El que desfonde a mi hija y no se case, lo rajo.» P. Perdomo Azopardo, *La vida golfa de don Quijote y Sancho.*

desgraciar *v.* desvirgar, desflorar.
«A ésa la han desgraciado, se alegró pensando en su hermana...» Ana Rossetti, *Alevosías,* 1991, RAE-CREA. ❙ «Hacerla una desgraciada.» JM. ❙ ◗ «A Sole la desgració el portero de la finca en un descuido de su madre.»

deshecho *adj.* cansado, trastornado, afectado.
«Azaña debe estar deshecho con la muerte de Melquiades...» Joaquín Leguina, *Tu nombre envenena mis sueños,* 1992, RAE-CREA. ❙ «Se sintió deshecho como Porta...» Javier Memba, *Homenaje a Kid Valencia,* 1989, RAE-CREA. ❙ «...estaba vencido y deshecho...» Javier Memba, *Homenaje a Kid Valencia,* 1989, RAE-CREA. ❙ ◗ «Marta no ha venido porque dice que está deshecha. Ha estado escribiendo todo el día.»

deshuevado *s.* cobarde, miedoso.
«El cobarde, para su vergüenza y escarnio, posee una buena gama de sinónimos... no tener cojones, no tener huevos, pichafloja, capado, capón, castrado, deshuevado...» AI.

deshuevar *v.* castrar.
«Pero, cortarse los cojones, deshuevarse por un pronto...» Felipe Navarro (Yale), *Los machistas.*

*desilusión cf. (afines) caérsele a uno el *alma a los pies, corazón roto, mi gozo en un pozo.

*desistir cf. (afines) apearse del burro, bajarse del carro.

desmadrarse *v.* salirse de los cauces normales de conducta, actuar con desenfreno.
«...las cosas fueron desmadrándose.» Miguel Sánchez-Ostiz, *Un infierno en el jardín,* 1995, RAE-CREA. ❙ «...Jaime se estaba desmadrando por momentos...» Javier García Sánchez, *La historia más triste,* 1991, RAE-CREA. ❙ «...todavía tiene algún sentido llamar de esta manera al desmadrado deseo de los machos...» Adolfo Marsillach, *Se vende ático,* 1995, RAE-CREA. ❙ «...como si aquel inquilino pretendiera desmadrarle el presupuesto del agua...» M. Vázquez Montalbán, *El delantero centro fue asesinado al atardecer.* ❙ ◗ «En cuanto tomaron unos tragos se desmadraron y empezaron a follar.» ✔ DRAE: «prnl. fig. y fam. Conducirse sin respeto ni medida, hasta el punto de perder la mesura y la dignidad».❙

desmadre *s.* escándalo, lío, descontrol.
«...y a cargarse todas las guarradas de veinte siglos de desmadres.» Felipe Navarro (Yale), *Los machistas.* ❙ «El desmadre regional de centros superiores de nivel universitario en las autonomías es la causa de esta perniciosa situación académica...» Enrique Suárez de Puga, El País, 4.12.98. ❙ «Este desmadre se reflejó en el alto grado de intoxicaciones etílicas...» El Mundo, 2.1.99. ❙ ◗ «Desde que el jefe se fue de vacaciones que la empresa en un verdadero desmadre.»

desmanotado *s.* torpe, desorganizado.
«...encima se regodea más aún llamándote la gaznápira o la desmanotá...» Andrés Berlanga, *La gaznápira.* ✔ incomprensiblemente el DRAE dice: «adj. fig. y fam. Apo-

cado, pusilánime. Ú. t. c. s.». MM: «torpe de manos o para cualquier clase de cosas».▮

desmirlador *s.* el que desmirla, cortador de orejas.

«En el ambiente se les llama desmirladores, porque en otro tiempo les cortaban una oreja a los morosos.» Raúl del Pozo, *Noche de tahúres.*

desmirlar *v.* cortar una oreja.

«Desmirló a Pedro... ¿Qué quiere decir? Que le cortó la oreja.» Raúl del Pozo, *Noche de tahúres.* ▮ «Ya sabes [...] que a nadie le parten la pierna o lo desmirlan por no pagar. Eso son cuentos.» Raúl del Pozo, *Noche de tahúres.* ✓ DRAE: «desmirlado: adj. Germ. desorejado, infame».▮

desnudar, como su madre (Dios) lo trajo (echó, parió) al mundo ▶ *mundo, como su madre (Dios) lo trajo (echó, parió) al mundo.*

desnudar, desnudar con la mirada *expr.* mirar libidinosamente, con lujuria.

«—Y, en lugar de apurar este momento de sosiego, me desnuda con la mirada...» Luciano G. Egido, *El corazón inmóvil,* 1995, RAE-CREA. ▮▰ «El profesor de mi hijo es un verde que me desnuda con la mirada.»

*desnudarse cf. (afines) despelotarse, empelotarse, estriptis, ponerse en *pelotas.

*desnudo cf. (afines) al aire, en bolas, en carnes vivas, cueramen, en cueros, a culo pajarero, con el culo al aire, despechugada, despelotado, despelotarse, empelotarse, encuerado, estriptis, ligero de ropas, como su madre lo trajo al *mundo, paños menores, a pelo, en pelota, en pelota viva, en pelotas, ponerse en *pelotas, porreta.

*despachar cf. (afines) ▶ *despedir.*

despachar *v.* matar, asesinar.

«Quizá los habían ya despachado a todos y, a ver, para qué guardar las armas usadas.» A. Zamora Vicente, *Historias de viva voz.* ▮▰ «Al mafioso lo han despachado de dos tiros en la nuca.» ✓ DRAE: «fig. y fam. matar, quitar la vida. Ú. t. c. prnl.».▮

2. comer.

«A su izquierda, una mujer de mediana edad despachaba un perrito caliente...» Severiano F. Nicolás, *Las influencias.*

despampanante *adj.* sorprendentemente bonito, llamativo.

«Veinte jóvenes despampanantes fueron contratados...» ABC, 17.5.98. ▮ «¡Una chica despampanante!» Rambla, n.° 3. ✓ DRAE: «adj. fig. Pasmoso, llamativo, que deja atónito por su buena presencia u otras cualidades».▮

despechugada *adj.* con los pechos desnudos.

«No dejaba de ser chocante que [...] no le importase hablar despechugada...» Pgarcía, *El método Flower.*

despedida de soltero *expr.* fiesta previa al matrimonio para festejar al novio o novia.

«La improvisada despedida de soltero a la que...» Juan García Hortelano, *Mucho cuento,* 1982, RAE-CREA. ▮ «Tú y yo vamos a celebrar mi despedida de soltero.» Ugo Ulive, *El dorado y el amor,* 1989, RAE-CREA.

*despedir cf. (afines) botar, dar calabazas, dar con la *puerta en las narices, dar el *boleto, dar el *bote, dar el *pasaporte, dar el *pase, dar la *boleta, dar la *patada, dar la *patada en el culo, dar *puerta, dejar, echar, echar a la *calle, echar con cajas destempladas, enseñar la *puerta, irse a la puta *calle, largar, mandar a freír *churros, mandar a *freír espárragos, mandar a *paseo, mandar con *viento fresco, poner de *patitas en la calle, dejar plantado, tirar a *patadas.

despedir(se), despedirse a la francesa *expr.* marcharse sin despedirse.

«Como después de la desgracia te escapaste al extranjero de aquella forma, a la francesa, sin querer ver a nadie...» Juan Marsé, *La oscura historia de la prima Montse.*

2. despedirse de *expr.* dar por perdido.

«Inténtalo mañana mismo, si no despídete de cobrar lo que te queda.» Juan José Alonso Millán, *Oportunidad: bonito chalet familiar,* 1991, RAE-CREA. ▮ «Arruga la palabreja o despídete de mi pitanza.» Ramón Gil Novales, *El doble otoño de mamá bis,* 1979, RAE-CREA. ❙ ▪ «Ya te puedes despedir del coche que le has prestado a Pepe; te vas a ver negro para recuperarlo.»

despellejar *v.* murmurar, hablar mal de alguien.

«...algunas vecinas que en pequeñas tertulias conspiradoras despellejan al personal...» Eloy Arenas, *Los vecinos de mis vecinos son mis vecinos.* ❙ «Mi mujer y la tuya están ahí, en la cocina, despellejando a todo el mundo.» DCB.

2. despellejar vivo *v.* castigar, maltratar físicamente.

«...haber conseguido tomarse la justicia por su mano despellejándole vivo personalmente...» Alberto Vázquez-Figueroa, *Caribes,* 1988, RAE-CREA. ❙ «Te voy a despellejar vivo hasta que te pongas blanco o rojo...» José Luis Alegre Cudós, *Minotauro a la cazuela,* 1982, RAE-CREA. ❙ ▪ «Te voy a despellejar vivo si tocas mis cosas otra vez.»

despelotado *adj.* desnudo.

«En efecto, sobre la cubierta se paseaban despelotados...» M. Vázquez Montalbán, *Los alegres muchachos de Atzavara.* ❙ «...me lo estoy temiendo, saldrá a la calle despelotada para satisfacer no sé qué necesidades interiores.» Chumy Chúmez, *Por fin un hombre honrado.* ❙ «...el sacristán, el muy puerco, siempre mostrándole tías despelotadas...» Cristóbal Zaragoza, *Y Dios en la última playa.*

despelotarse *v.* desnudarse.

«...lo mejor es prescindir de los aparatos e irse despelotando a medida que aumenta la temperatura...» Eduardo Mendoza, *Sin noticias de Gurb.* ❙ «...visto y no visto les despelotaron y les dieron por el culo repetidas veces...» Ramón Ayerra, *Los ratones colorados.* ❙ «Y el chico, ni corto ni perezoso, se nos ha despelotado...» El Jueves, n.° 1079. ❙ «Ya que no tienes prejuicios para despelotarte en el cine...» Ragazza, n.° 100. ❘✓ DRAE: «prnl. fam. Desnudarse, quitarse la ropa».❙

despelote *s.* desmadre, desarreglo, lío.

«...tendrán vía libre a nuestros mares y ríos, haciéndonos la puñeta y contaminan-

do pantanos, depósitos de agua y alimentos. Total, el despelote.» José M.ª Zabalza, *Letreros de retrete y otras zarandajas.*

despelotez *s.* acción de despelotarse.

«Pero si afino la mirada veo que la despelotez ha contagiado también a nuestras amigas...» M. Vázquez Montalbán, *Los alegres muchachos de Atzavara.*

despendolarse *s.* vivir, actuar alocadamente.

«Sor Ana (Que se despendola también)...» Manuel Martínez Mediero, *El niño de Belén,* 1991, RAE-CREA. ❙ «...andábamos inquietos y despendolados, aunque nadie tanto como Diego.» Juan García Hortelano, *Mucho cuento,* 1987, RAE-CREA. ❙ ▪ «Paco está completamente despendolado, el tío.» ❘✓ DRAE: «prnl. fam. Desmadrarse, conducirse alocadamente».❙

despiporrante ▶ *despiporre.*

despiporre *s.* diversión, muy divertido.

«...disparate y despiporre pasaron por la mente...» Carlos Fuentes, *Cristóbal Nonato,* 1987, RAE-CREA. ❙ «...al despiporre del despiporre al esperpento del esperpento...» Enrique Espinosa, *Jesús el bisabuelo y otros relatos,* 1995, RAE-CREA. ❙ ▪ «El despiporre fue cuando Pedro se quitó los pantalones en la fiesta.»

despistado, más despistado que un pulpo en un garaje ▶ *aburrido, más aburrido (despistado) que un pulpo en un garaje (que visitar un túnel, que un mono, que un domingo sin fútbol).*

desplumar *v.* timar, engañar, robar, dejar sin dinero.

«...estafan en Barajas a los turistas extranjeros [...] hay hoteles madrileños que tienen que fletar furgonetas y microbuses al aeropuerto para traerse a sus clientes antes de que los desplumen.» El Jueves, n.° 1083. ❙ «Me desplumaron y hasta tuve que andar a vueltas con el fiscal del distrito...» A. Zamora Vicente, *Historias de viva voz.* ❙ «...el viajero consiguió desplumar a sus benefactores.» C. J. Cela, *Viaje al Pirineo de Lérida* ❙ «...siente el necio vértigo de juntarse con afamados miembros del hampa, acudía a dejarse desplumar.» Pgarcía, *El método Flower.* ▮ «...y en sólo siete años... consiguió desplumarla.» María Antonia Valls, *Tres relatos de diario.* ✓ DRAE: «fig. pelar, quitar los bienes; dejar a alguien sin dinero».▮

*desprevenido cf. (afines) pillar en bragas.

desteñido *s.* negro, persona de raza negra.
«No se deben emplear palabras como desteñido para referirse a los negros.» CO, Sandra Carbonell.

desternillar(se) de risa *expr.* reírse mucho.
«A unas mujeres, esto de gota a gota las desternillaba.» Francisco Candel, *Los hombres de la mala uva.* ▮ «Abuela, vengo desternillada de la risa.» Marisa López Soria, *Alegría de nadadoras.* ▮ «...aquella señora se lo pasaba en grande. Se desternillaba.» Fernando Repiso, *El incompetente.* ▮ ▪ «¡Me desternillaba de risa viéndole a cuatro patas!» ✓ DRAE: «fig. Reírse mucho, sin poder contenerse».▮

destrempar *v.* sorprender.
«La verdad es que en este mundo cada vez hay más cosas que le destrempan a uno.» Animalia, año XI, 1998.

2. *v.* quedarse fláccido el pene.
«Destrempar. Poner la picha fláccida.» VL. ▮ «Destrempar. Perder el pene la erección.» S. ✓ no se ha podido documentar fuera de diccionarios. ▶ *trempar.*▮

destripaniños *s.* asesino de niños.
«Arregui [...] queda encargado de dar su merecido al destripaniños.» Fernando Martínez Laínez, *La intentona del dragón.*

desvirgamiento *s.* acción de desvirgar.
«En realidad, fue un desvirgamiento con gritos, sangre y todas las de la ley.» Andrés Bosch, *Mata y calla.*

desvirgar *v.* quitar la virginidad, desflorar.
«Adolescente guapísima. Desesperada sexualmente. Recién desvirgada.» Anuncios clasificados, El Mundo, 10.5.98. ▮ «Llamó en seguida a Lola, la madre de la desvirga-

da...» F. Vizcaíno Casas, *Hijos de papá.* ▮ «...universitaria progresista, moderna, fresca, deportiva y tiempo ha desvirgada por propia iniciativa...» Juan Marsé, *La oscura historia de la prima Montse.* ▮ «Me ha desvirgado, le dice entre sollozos.» José Luis Muñoz, *Pubis de vello rojo.* ▮ «La tía ha tardado en dejarse desvirgar...» José Ángel Mañas, *Sonko95.* ▮ ▪ «A Merche la desvirgaron unos gitanos en un bar de mala muerte.» ✓ DRAE: «tr. Quitar la virginidad a una doncella».▮

*detener cf. (afines) ▶ *arrestar.*

*detenido cf. (afines) estar *arriba, entre barrotes, entre rejas. ✓ ▶ *preso.*▮

detrás, dar (tomar, poseer) por detrás *expr.* sodomizar.
«...Pablo, que es analfabeto y sólo piensa en que le den por detrás, que es lo que le gusta.» Andrés Bosch, *Mata y calla.* ▮ «Escultural. Piernas de infarto. Poséeme por detrás en mi despacho.» Anuncios clasificados, ABC, 7.1.98. ▮ «Si vas a Calatayud / pregunta por Montserrat / que es igual que la Dolores / y se deja por detrás.» Amelia Díe y Jos Martín, *Antología popular obscena.* ▮ «Dar por detrás. Dar por el culo.» DE. ▮ «Resumiendo, que basta con que les dejes pensar que te pueden dar por delante o por detrás...» Jaime Romo, *Un cubo lleno de cangrejos.* ▮ ▪ «Creo que anoche el botones del hotel le estaba dando por detrás al portero de la finca.» ✓ Alejo Montado en su *Parodia cachonda del diablo mundo* escribe: «En un lupanar se mete / Y allí dentro [...] la mar / Toman la mujer y el hombre / por delante y por detrás.» ▶ C. J. Cela, «Papeleta breve de la primera acepción de una voz repescada por la Academia», Revista de Occidente, Tercera época, n.° 4. ▶ *dar, dar por (atrás) detrás.*▮

devolver *v.* vomitar.
«Yo también sentí ganas de devolver, me levanté y fui a la baranda, me incliné hacia el agua y eché el café del desayuno.» Mayra Montero, *Tú, la oscuridad,* 1995, RAE-CREA. ▮ «Le entran a uno ganas de devolver. Esta gentuza...» Fernando Schwartz, *La conspiración del golfo.* ▮ «No aguanta el al-

cohol y siempre lo devuelve. Devolvió porque le hizo daño la comida.» CL. |✔ DRAE: «fam. vomitar lo contenido en el estómago».|

devorahombres *s.* mujer ardiente, promiscua.

«...mis hermanas se metían mucho conmigo por promiscua y devorahombres.» Lucía Etxebarría, *Amor, curiosidad, prozac y dudas.*

día, dar el día (la cena, la noche) *expr.* enfadar, amargar, estropear el día (la noche, etc.) a alguien.

«Ya estarás tranquila. Hoy me has dado el día.» Ignacio Aldecoa, *El fulgor y la sangre.* | «Aquel zangolotino con patas de gallo me estaba dando el día.» Fernando Repiso, *El incompetente.* | «Os invito. —Mejor que no. Nos daría la cena.» Jaime Romo, *Un cubo lleno de cangrejos.* | «El muy cabrón tenía pedigrí. Se había propuesto darme la noche y a fe que lo estaba consiguiendo...» C. Pérez Merinero, *La mano armada.*

2. día fatal *s.* día aciago.

«El viernes es un día fatal para mí.» Adolfo Marsillach, *Se vende ático,* 1995, RAE-CREA. | «Hoy precisamente tengo un día fatal.» C. Rico-Godoy, *Cómo ser una mujer y no morir en el intento.* |◾ «Hoy ha sido un día fatal para todos y estamos muy tristes.»

3. estar al día *expr.* estar bien informado, al tanto de los acontecimientos.

«...la que está más al día de la música...» You, enero, 1998.

4. más días que longanizas *expr.* mucho tiempo.

«Claro, Aguirre, hay más días que longanizas...» Jaime Romo, *Un cubo lleno de cangrejos.*

diablo *s.* celda de castigo.

«Diablo: Celda de castigo.» JGR. | «Diablo. Celda de castigo.» JMO. | «Diablo. Calabozo. Celda de castigo.» Ra. | «Diablo. Celda de castigo.» S. |◾ «El diablo es una celda de castigo para corrección de los presos indomables.» |✔ no se ha podido documentar fuera de diccionarios.|

2. de mil diablos *expr.* grande, importante, farragoso.

«...tengo un lío de mil diablos...» Eduardo Mendoza, *La verdad sobre el caso Savolta.*

3. ir como alma que lleva el diablo *expr.* rápido, a gran velocidad.

«...huía de Palacio como alma que lleva el Diablo, como suele decirse.» Ramón Hernández, *El secreter del rey,* 1995, RAE-CREA. | «...eché a correr escaleras abajo como alma que lleva el diablo...» Carmen Martín Gaite, *Nubosidad variable,* 1992, RAE-CREA. | «...ensilló el caballo y salió disparado como alma que lleva el diablo...» Ednodio Quintero, *La danza del jaguar,* 1991, RAE-CREA. | «Cuántas veces habré visto a mi hermana como alma que lleva el diablo en dirección a la peluquería. En una se dejó un piño en la escalera...» La Noche de Madrid, enero, 1999. | «...los marineros remando como alma que lleva el diablo...» Pau Faner, *Flor de sal.*

4. pobre diablo ▶ pobre, pobre diablo.

5. qué diablos... *excl.* exclamación de enojo, admiración, sorpresa.

«¿Qué diablos es lo que hace que determinada novela sea clasificada...» Juan Madrid, *La novela negra,* 1990.

diantre *excl.* eufemismo por demonio.

«¡Sí que lo consiguió, diantre!» Jesús Ferrero, *Lady Pepa.*

*****diarrea** cf. (afines) cagadera, cagaleras, cagarrinas, irse por la pata abajo, tener la *tripa suelta, irse de *vareta, mal del *viajero, vientre suelto.

diarrea verbal *expr.* gran locuacidad.

«...de los que los cínicos llamaban parresia o diarrea verbal...» El Mundo, 15.3.95. |◾ «Los políticos hablan mucho en general, pero éste tiene diarrea verbal, el tío.»

dicar *v.* mirar, observar.

«Dicar. Ver.» LB. | «Dicar: ver, mirar, observar, descubrir.» JV. | «Dicar: ver, mirar.» JMO. | «Dicar. Mirar, ver, observar.» Ra. | «Dicar: Ver, mirar, observar, vigilar.» JGR. | «Dicar. Ver, mirar.» S. |◾ «Cada mañana, se dedica a dicar a los guiris que llegan a la estación central para ver de robarles.» |✔ no se ha podido documentar fuera de diccionarios.|

dicho y hecho *expr.* resueltamente, con rapidez, sin titubeos.

«Lo de vivir juntos lo decidimos en un santiamén. Dicho y hecho.» B. Pérez Aranda *et al., La ex siempre llama dos veces.*

dichoso *adj.* molesto, maldito.

«¡Dichoso niño!» A. Zamora Vicente, *Desorganización.* ▌ «Casimiro había tenido que esperar hasta para casarse a recibir su parte de la dichosa herencia.» J. L. Castillo-Puche, *Hicieron partes.* ▌ «Pues sí; la secretaria dichosa no sabemos qué le daría al jefe...» J. Jiménez Martín, *Ligar no es pecado.*

*diente cf. (afines) pala, perlaos, piñá, piñata, piño, ratoncito Pérez.

diente, darse con un canto en los dientes *expr.* darse por satisfecho.

«Una putada, lo sé, pero ya me podía dar con un canto en los dientes...» B. Pérez Aranda *et al., La ex siempre llama dos veces.*

2. enseñar los dientes *expr.* amenazar.

«¿Hay que enseñar los dientes? ¡Bueno, hombre, pues se enseñan...» Fernando Repiso, *El incompetente.*

3. poner los dientes largos a alguien *expr.* darle envidia a alguien.

«Miras el escaparate de esa pastelería y se te ponen los dientes largos.» LA. ▌ «Mostrarse descortés: poner los dientes largos.» DTE. ▌ «El agente 007... nos ponía los dientes largos a toda una generación de reprimidos sexuales.» Fernando Sánchez-Dragó, *El camino del corazón,* 1990, RAE-CREA. ▌ «Y todos los colegas, claro, con los dientes largos.» José Ángel Mañas, *Historias del Kronen.*

diez, ni diez *expr.* nada.

«Ni diez... nada.» JMO. ▌ «Ni diez: nada.» JV. ▌▪ «Lo siento, pero de lo dicho ayer, ni diez.» |✔ no se ha podido documentar fuera de diccionarios.|

*difícil cf. (afines) con el agua al cuello, estar que *arde, de armas tomar, de aúpa, aviado, Biblia en verso, en un brete, ni cagando, la caraba, caso perdido, trabajo de *chino, chungo, tenerlo *claro, crudo, cuesta arriba, ir de *culo, difícil de *cojo-

nes, la de Dios, costar *Dios y ayuda, duro de pelar, embolado, estacada, follón, hueso duro de roer, jodido, latazo, mochuelo, pasarlas *moradas, tenerlo *negro, palabras mayores, difícil de *pelar, peludo, petardo, putada, puto, releche, soga al cuello, hacer la *vida imposible. |✔ ▶ *complicado*.|

difícil de cojones ▶ *cojones, de cojones.*

díler *s.* traficante de drogas.

«La droga la recibían de otro revendedor que a su vez la tomaba de un díler...» Juan Madrid, *Flores, el gitano.* ▌ «...o canto todo lo que sé del camelleo que te marcas y digo quién es el díler...» Andreu Martín, *Por amor al arte.* |✔ del inglés *dealer*.|

diligencia, hacer una diligencia *expr.* defecar.

«Excretar: hacer una diligencia.» DTE.

dineral *s.* mucho dinero.

«Casimiro se lo pasó muy bien (y usted, en su caso), a pesar del dineral que debió costarle.» Juan Madrid, *Crónicas del Madrid oscuro.* ▌ «...que os comen el coco, os sacan un dineral...» Gomaespuma, *Familia no hay más que una.* ▌ «...que ganan un dineral...» José Gutiérrez-Solana, *Madrid callejero, Obra literaria, II.* |✔ DRAE: «m. Cantidad grande de dinero».|

*dinero cf. (afines) ahorrillos, alpiste, astillar, en B, banca, billetaje, billete, blanquear, blanqueo, caja B, candongas, cartón, pasar el *cazo, céntimo, chavo, clavo, de clavo, colorado, crudo, cuartos, dineral, dinero extra, dinero negro, dos *duros, extra, fajo, gañota, gastar un congo, guil, guinda, guita, jando, jurdel, jurdó, lana, manteca, mariposa, mazo, monis, monises, mosca, panocha, panoja, parné, pasta, pasta gansa, pasta larga, pastizara, pastón, pastorra, pastuzo, pela, pela larga, pellizco, percal, perra, cuatro *perras, perra gorda, perras, tres perras gordas, un pico, plata, dos reales, estar *seco, tela, viruta. |✔ ▶ también *sin dinero* ▶ *billete*.|

*dinero cf. (afines) ▶ *mucho dinero.*

*__dinero, poco dinero__ cf. (afines) chavo, andar *corto, cuatro *cuartos, dos *duros, cuatro *perras, tres *perras gordas, ni para pipas, dos *reales.

*__dinero, sin dinero__ cf. (afines) sin blanca, en calzoncillos, sin chapa, sin un chavo, sin cinco, no tener un *clavel, sin un clavo, andar *corto, cuatro *cuartos, no tener un *duro, sin un duro, sin una perra, limpio, con una mano delante y otra detrás, pelado, pelar, no tener una *perra, sin una perra, sin una peseta, pillado, ni para pipas, a la cuarta pregunta, ni un real, sin un real, estar *tieso, estar a dos *velas, volcado.

__dinero, dinero crudo__ ▶ _crudo, dinero crudo._

2. dinero extra _s._ dinero sobrante.

«No hubiera sabido en qué emplear un dinero extra.» Vlady Kociancich, _La octava maravilla,_ 1982, RAE-CREA. ❙ «(Y aquí estaba el origen del crimen) darle dinero extra.» Guillermo Cabrera Infante, _La Habana para un infante difunto,_ 1986, RAE-CREA. ❙ ◢ «Este dinero extra es para mí y lo voy a gastar como me dé la gana.»

3. dinero negro _s._ dinero oculto a hacienda.

«...a base de OPAS, pelotazos, convolutos, fondo de reptiles, dinero negro...» Francisco Umbral, _La derechona._ ❙ «...los ministros de Hacienda que están negros con el dinero negro.» A. Matías Guiu, _Cómo engañar a Hacienda._ ❙ «Compró el chalé [...] con dinero negro.» Pedro Casals, _La jeringuilla._ ❙ «Remedios cobra en dinero negro.» Ladislao de Arriba, _Cómo sobrevivir en un chalé adosado._ ❙ «...disponía del llamado dinero negro...» J. Jiménez Martín, _Ligar no es pecado._ ❙ «...y la parte del león en dinero negro, negrísimo...» Pedro Casals, _Disparando cocaína._ ❙ «¿Le haces ascos al dinero negro?» M. Vázquez Montalbán, _La historia es como nos la merecemos._

__diñarla__ _v._ morir.

«¡Que se abrasaba, que se abrasaba! ¡Que le pusieran hielo! Y la diñó.» Francisco Candel, _Donde la ciudad cambia su nombre._ ❙ «...pues, sí señor, la diñó, ¿y qué?» A. Zamora Vicente, _Mesa, sobremesa._ ❙ «El paja-rraco se lo miró, parpadeó un poco, y la diñó.» M. Vázquez Montalbán, _Los alegres muchachos de Atzavara._ ❙ «La había diñado...» Pgarcía, _El método Flower._ ❙ «Buenooo, pero un día u otro tendrás que diñarla... ¿No te parece, compadre?» Rambla, n.° 19. ❙ «No resbales [...] de lo contrario aquí la diñas.» Eleuterio Sánchez, _Camina o revienta._ ❙ «En vuestro argot [...] unas veces decís _palmar;_ otras, _diñar;_ otras, _cascar_ y aún empleáis circunloquios como _poner el pijama de madera_ o _criar malvas_...» Rafael García Serrano, _Diccionario para un macuto._ ❙ «...y aunque a primera vista parece que están para diñarla, echan el pulso y hacen el pectoral...» José Gutiérrez-Solana, _Madrid callejero, Obra literaria, II._

Dios, como Dios manda _expr._ como debe ser o hacerse.

«...una restauración de la colegiata [...] como Dios manda.» Jose-Vicente Torrente, _Los sucesos de Santolaria._ ❙ «...y se puedan casar como Dios manda.» Álvaro de Laiglesia, _Hijos de Pu._ ❙ «Había actuado como Dios manda.» Andreu Martín, _Amores que matan, ¿y qué?_ ❙ «...el régimen de visitas no pudo ser cumplido como Dios manda...» B. Pérez Aranda _et al., La ex siempre llama dos veces._ ❙ «Desde pequeñitos nos enseñaron a vivir como Dios manda.» Paco López Diago, El Mundo, 6.8.99. ❙ «...un detenido que se negaba a cantar como Dios manda.» C. Pérez Merinero, _La mano armada._

2. costar Dios y ayuda _expr._ necesitar un gran esfuerzo, ser difícil.

«Parar un taxi me cuesta Dios y ayuda.» C. Pérez Merinero, _Días de guardar._

3. dejado de la mano de Dios _expr._ abandonado, desatendido.

«Sobre el campo, dejado de la mano de Dios, el sol parecía como entretenerse en acerar los brillos del agua remansada.» C. J. Cela, _El espejo y otros cuentos._ ❙ «...nacido en un barrio dejado de la mano de Dios...» J. Giménez-Arnau, _Cómo forrarse y flipar con la gente guapa._ ❙ «La celda es morada de pobres diablos o de sujetos dejados de la mano de dios.» Jaime Campmany, ABC, 14.3.99. ❙ «...aquella casa solariega [...] se me antojaba tabuco dejado por la mano de

Dios...» P. Perdomo Azopardo, *La vida golfa de don Quijote y Sancho.*

4. ¡Dios mío! *excl.* exclamación.

«¡Dios mío! Un esfuercito más...» Enrique Espinosa, *Jesús el bisabuelo y otros relatos,* 1995, RAE-CREA. ❚ «Daniel, Ay Dios mío... Dios mío...» Rodolf Sirera, *Indian summer,* 1991, RAE-CREA. ❚ «...sobrevivir a las catástrofes que me aguardan, Dios mío, lo lograré...» Carlos Fuentes, *Cristóbal Nonato,* 1987, RAE-CREA. ❚ ▪ «¡Dios mío! ¿Qué ha ocurrido?»

5. Dios sabe *expr.* expresión que indica ignorancia, incredulidad.

«...alguna enchufada del dire, cualquier amiguita de Dios sabe qué consejero.» Andrés Berlanga, *La gaznápira.* ❚ ▪ «No la he visto desde Dios sabe cuándo.»

6. la de Dios *expr.* difícil.

«Pero encontrar el patio de butacas ya era la de Dios.» Ignacio Fontes, *Acto de amor y otros esfuerzos.*

7. montar (armar, organizar) la de Dios es Cristo *expr.* organizar jaleo, alboroto, trifulca.

«...grita, vocifera y arma la de Dios es Cristo, que dicen en Madrid.» Francisco Candel, *Donde la ciudad cambia su nombre.* ❚ «El día que me canse de esta situación voy a armar la de Dios.» FV. ❚ «¡Aquí se arma la de Dios es Cristo!» Geno Díaz, *Genocidio.* ❚ «...avisaron a mis padres y se armó la de Dios es Cristo.» SúperPop, mayo, 1989. ❘✔ José M.ª Iribarren dice en su *El porqué de los dichos*: «según muchos, la expresión proviene de las controversias que se organizaron en el Concilio de Nicea al discutirse la doble naturaleza, humana y divina, de Jesucristo».❘

8. ni Dios *expr.* nadie.

«No se enteró ni Dios.» C. J. Cela, *Viaje a la Alcarria.* ❚ «Eso de que la radio está estropeada no se lo traga ni Dios.» Juan Madrid, *Flores, el gitano.* ❚ «...para que [...] no duerma la siesta ni Dios.» Ladislao de Arriba, *Cómo sobrevivir en un chalé adosado.* ❚ «Bloquea el edificio y que no salga ni Dios.» Jaime Romo, *Un cubo lleno de cangrejos.* ❚ «Le asesinan a usted, Carvalho, y no se entera ni Dios.» M. Vázquez Montalbán, *El delantero*

centro fue asesinado al atardecer. ❚ «...no es capaz de torearlo ni Dios.» Javier Villán, El Mundo, 10.7.99.

9. ni para Dios *expr.* nunca.

«Peralta no se estaba calladito ni pa Dios.» C. Pérez Merinero, *La mano armada.*

10. no haber Dios *expr.* nadie.

«...ten cuidado con un jilipollas que se te tira al terreno de juego y no hay Dios que le quite el esférico...» Miguel Martín, *Iros todos a hacer puñetas.* ❚ «No hay Dios que te entienda...» Juan Marsé, *Si te dicen que caí.* ❚ «...después de haber chapurreado por lo bajini algún latinajo que no hay dios que entienda...» C. Pérez Merinero, *Días de guardar.*

11. que venga Dios y que lo vea *expr.* frase que refuerza lo expresado en la que precede.

«Si eso no es arte que venga Dios y que lo vea.» C. Pérez Merinero, *Días de guardar.* ❚ «...si se han acabado las injusticias que venga Dios y que lo vea.» Lidia Falcón, La Revista del Mundo, 8.8.99.

12. sea lo que Dios quiera *expr.* expresión fatalista de conformidad que acepta algo como irremediable.

«Yo solo me río con este jueguito de palabras y cierro los ojos. Que sea lo que Dios quiera.» C. Pérez Merinero, *Días de guardar.* ❚ «Tráetelo. Que sea lo que Dios quiera.» C. Rico-Godoy, *Cómo ser una mujer y no morir en el intento.* ❚ «Gritó: Que sea lo que Dios quiera.» Raúl del Pozo, *La novia.* ❚ «...me dijo: Que sea lo que Dios quiera.» C. Pérez Merinero, *Días de guardar.*

13. todo Dios *s.* todos, todo el mundo.

«...se colocaba bien temprano a la puerta de su casa e invitaba a todo Dios que pasaba por allí.» Francisco Candel, *Donde la ciudad cambia su nombre.* ❚ «...que ya tiene aparato de radio todo Dios...» José María Amilibia, *Españoles todos.* ❚ «...lo expone en una galería y lo va a ver todo dios.» Manuel Hidalgo, *Azucena, que juega al tenis.* ❚ «Con la lluvia no sé qué pasa que todo dios pierde el culo...» Manuel Hidalgo, *El pecador impecable.* ❚ «...suelto un eructo que deja a todo dios más petrificado y confuso que la puñeta.» C. Pérez Merinero, *Días de guardar.* ❚ ▪ «En América to Dios trabaja.»

14. vivir como Dios *expr.* vivir bien y trabajando poco.

«...ya no es dios, pero vive como Dios...» Ángel Palomino, *Todo incluido.* ❚ «Que viven como Dios a costa de los paganos.» A. Matías Guiu, *Cómo engañar a Hacienda.* ❚ «El tío soltero vive como Dios...» Gomaespuma, *Familia no hay más que una.* ❚ «...vivía como dios y no tenía desgaste alguno.» María Antonia Valls, *Tres relatos de diario.* ❚ ■" «Le tocó la lotería y ahora vive como Dios, el tío.»

dique seco *s.* en el paro, desempleado.

«Me ha dicho que le despidieron y que ahora está en casa, en dique seco.» CO, Mariano Martín Elices. ❚ «Ana Obregón tiene dos meses en el dique seco por lo menos.» España Norte a Sur, TVE1, 16.9.99. ❙✓ posiblemente traducción del inglés *dry dock.*❙

diquelar *v.* comprender.

«Parece mentira que no me diqueles las bromas.» Juan Antonio de Zunzunegui, *El supremo bien.* ❚ «¡Tu no diquelas na, Pirula, lo que se dice na!» Francisco Candel, *Donde la ciudad cambia su nombre.*

2. ver, mirar, observar.

«...aguarda un poco a que la diquele, si está buena, por supuesto, si no que la den por culo...» Ramón Ayerra, *Los ratones colorados.*

dire *s.* director, jefe.

«Que te apuntes las horas extra y te des un buen lote con el dire...» Ángel Palomino, *Las otras violaciones.* ❚ «...alguna enchufada del dire, cualquier amiguita de Dios sabe qué consejero.» Andrés Berlanga, *La gaznápira.* ❚ ■" «El dire está de mal humor hoy. Cuidado con lo que le dices.»

disciplina inglesa *expr.* sadomasoquismo.

«Para mí que tiene que ser un degenerado. Yo creo que le gusta la disciplina inglesa.» R. Gómez de Parada, *La universidad me mata.* ❚ ■" «En ese burdel te aplican la disciplina inglesa más atroz, si te gustan esas cosas, claro.»

disco *s.* discoteca.

«Por la noche, márcate un dance en la disco del hotel...» Ragazza, n.° 101. ❚ «¡¡Te acosaré, te seduciré y en la disco te poseeré!!» Cómic Jarabe, n.° 4, 1996. ❚ «El bareto, la disco o la plena calle [...] son sitios...» A. Gómez Rufo, *Cómo ligar con ese chico que pasa de ti o se hace el duro.* ❚ ■" «Vamos a celebrar mi cumpleaños en una disco del centro.»

2. perorata.

«A todos les soltaba el mismo disco.» Severiano F. Nicolás, *Las influencias.* ❚ «Colocar o soltar el disco es tanto como plantear ante alguien algo monótono, previsto o difícil. Lo mismo vale decir con respecto a rollo.» Rafael García Serrano, *Diccionario para un macuto.*

3. estar con el disco rojo *expr.* tener la menstruación.

«Estar con el disco rojo: tener la menstruación.» JMO. ❚ «El disco rojo: la menstruación.» JV. ❚ «Estar con el disco rojo. Tener la menstruación.» VL. ❚ ■" «Cuando Claudia está con el disco rojo no quiere ni que la acaricie, y menos tener relaciones.» ❙✓ no se ha podido documentar fuera de diccionarios.❙

4. un disco rayado *expr.* conversación repetitiva y aburrida.

«No tengo nada que decirle a usted. Ese disco está rayado...» Arturo Pérez-Reverte, *La piel del tambor.* ❚ «Y vuelta a empezar con Bob. El disco rayado con el resumen benigno de la historia.» Pedro Casals, *La jeringuilla.* ❚ «Mientras me ponía este disco rayado y se zampaba tres porras con el café...» Manuel Hidalgo, *Azucena, que juega al tenis.* ❚ «Parezco un disco rayado...» C. Pérez Merinero, *Días de guardar.* ❚ ■" «Siempre repites lo mismo, una y otra vez, pareces un disco rayado.»

*discutir *cf.* (afines) ▶ *pelear.*

diseño, de diseño *expr.* de marca.

«...sillas de astronauta y lámparas de diseño...» Emma Cohen, *Muerte dulce,* 1993, RAE-CREA. ❚ «Un gélido paraíso de diseño...» Antonio Gala, *Los bellos durmientes,* 1994, RAE-CREA. ❚ «...como zombis después de haberse metido drogas de diseño como quien come cacahuetes.» Miguel Sánchez-Ostiz, *Un infierno en el jardín,* 1995, RAE-CREA. ❚ ■" «Ropa de diseño.»

disfrutar a saco *expr.* disfrutar mucho.
«...lo que mola es tener los sentidos abiertos y disfrutar a saco.» El Mundo, La Luna, 25.6.99.

disloque *s.* el colmo.
«Las tomateras, cuando prenden bien son el disloque.» J. L. Castillo-Puche, *Hicieron partes.*

disminuido psíquico *s.* eufemismo por subnormal, bobo, necio.
«...vuelvo a casa agotada de trabajar y de cuidar subnormales que ya estoy harta de llamarles disminuidos psíquicos para no ofender a sus familiares.» Chumy Chúmez, *Por fin un hombre honrado.*

disparado, ir (correr, salir) disparado *expr.* ir deprisa, rápido.
«...y sin preocuparse de cerrar el cajón de los cuartos [...] corrió disparado hacia el bullicio del otro lado de la plaza.» Jose-Vicente Torrente, *Los sucesos de Santolaria.* I «...y de nuevo sale disparado bajando la calle hacia el resplandor de la avenida.» Fernando Martínez Laínez, *La intentona del dragón.* I «Las moscas se sobresaltaron y salieron disparadas para volver enseguida...» Ángel María de Lera, *Los clarines del miedo.* I «...ensilló el caballo y salió disparado como alma que lleva el diablo...» Ednodio Quintero, *La danza del jaguar,* 1991, RAE-CREA.

*****disputa** cf. (afines) ▶ *pelea.*

distraer *v.* hurtar, robar.
«...y un día *distraje* del comedor una cuchara con la que preparé una ganzúa.» Victoriano Corral, *Delitos y condenas.* I✔ DRAE: «Tratándose de fondos, malversarlos, defraudarlos.»I

díver *adj.* divertido.
«Sol, playa, dunas, mogollón de deportes acuáticos... ¿Qué tal una semanita en plan díver?» Ragazza, n.º 101. I▪ «¡Vamos a cenar en el jardín. Qué díver!»

*****divertido** cf. (afines) cachondada, cachondo, descojonante, despiporre, díver, marchoso, monda, el no va *más, mearse (cagarse, partirse) de risa, pocholada, risa, tronchante.

divertido *adj.* bonito, atractivo.
«¿A que llevo unos zapatos muy divertidos? Mira qué tejado más divertido tiene esa casa.» A. Ussía, *Tratado de las buenas maneras.* I «...un chándal divertido quedará muy bien.» Carmen Posadas, *Yuppies, jet set, la movida y otras especies.* I▪ «De un tiempo a esta parte se habla mucho de llevar ropa divertida.»

*****divertirse** cf. (afines) darse un *verde, desmadrarse, despendolarse, divertirse como un *enano, echar una *cana al aire, echar unas *risas, farra, ir de *bureo, ir de *jarana, ir de *juerga, ir de *marcha, ir de *parranda, ir de *pingoneo, ir de *putas, pasarlo a *base de bien, pasarlo *bomba, pasarlo *chipendi lerendi, pasarlo en grande, pasarlo *fenomenal, pasarlo *fenómeno, pasarlo pipa, pasarlo *teta, ser la *reoca.

divertirse como un enano ▶ *enano, disfrutar (divertirse, trabajar) como un enano.*

dni *s.* documento nacional de identidad.
«...así que la primera vez que perdió el DNI...» El Mundo, 31.3.96. I «Además de fotocopia del DNI.» El Mundo, 31.3.96. I «...condenados por estafa por el fraude de los DNI falsos...» El Mundo, 13.4.96. I «...la documentación, el pasaporte y un DNI que acredita que nací en 1946...» Pilar Nasarre, *El país de nunca jamás,* 1993, RAE-CREA. I▪ «Para cobrar el cheque en el banco tendrás que enseñar el DNI.» I✔ se pronuncia ▶ *deneí.*I

do, dar el do de pecho *expr.* hacer el máximo esfuerzo.
«...la mayoría es la que manda y nos fuerza a dar el do de pecho...» B. Pérez Aranda *et al., La ex siempre llama dos veces.*

doblar, doblar el espinazo *expr.* trabajar.
«...eres interceptado por un suboficial con evidentes intenciones de hacerte doblar el espinazo.» M. Ángel García, *La mili que te parió.*

2. doblar (tirar de) la bisagra *expr.* trabajar.
«...no hay más narices ni más procedimiento que doblar la bisagra...» Rafael Sánchez Ferlosio, *El Jarama,* 1956, RAE-

CREA. ▌«No quieran ver cómo los camareros tiraban de bisagra.» C. Pérez Merinero, *Días de guardar.* ▌▪" «Hay que doblar la bisagra un poco más si queremos terminar este trabajo el viernes, tío.»

3. doblar(la) *v.* morir.

«Un instante después, cuando el toro dobló...» Vicente Zábala de la Serna, ABC, 26.4.98. ▌«Doblarla. Morirse.» VL. ▌▪" «Estuvo en el hospital un mes y finalmente dobló.»

doblete *s.* doble, dos, doble jornada laboral.

«El partido de fútbol es un doblete, con un tiempo de recuperación...» Matías Prats *et al., Guía erótica del fútbol.* ▌«Tenía el mismo mal humor que si hubiera estado trabajando siete días seguidos en jornada intensiva y haciendo doblete.» B. Pérez Aranda *et al., La ex siempre llama dos veces.*

dólar, estar montado en el dólar
▸ *montar, estar montado en el dólar.*

dolorosa *s.* la cuenta, la factura.

«la dolorosa. La cuenta, el importe.» VL. ▌«la dolorosa: la factura, la cuenta.» JMO. ▌«La dolorosa: la factura, la cuenta.» JV. ▌«dolorosa. Factura, cuenta.» S. ▌▪" «¿Le has pedido al camarero que traiga la dolorosa?» ▐✓ no se ha podido documentar fuera de diccionarios.▐

domingas *s. pl.* pechos de mujer.

«...que se entretenga con las domingas de doña Clementina.» Jaime Campmany, ABC, 4.1.98. ▌«El lugar donde las pelanduscas se muestran con las domingas al aire libre.» Terenci Moix, *Garras de astracán.* ▌«Las domingas de las féminas, tan apetecibles...» A. Ussía, *Tratado de las buenas maneras.* ▌«Y cuidado, para que no se dejen ni mirar de reojo las domingas...» Ramón Escobar, *Negocios sucios y lucrativos de futuro.* ▌«...trató de recoger las domingas para que no se las tocase.» C. Pérez Merinero, *La mano armada.*

domingo, ir (ponerse, vestido) de domingo *expr.* ir, ponerse elegante, llevar puestas buenas prendas.

«...mucamas vestidas de domingo...» Fernando Sánchez-Dragó, *El camino del cora-*

zón, 1990, RAE-CREA. ▌«...la gente vestida de domingo...» Carlos Pérez San Emeterio, *Historia de los viajes en avión,* 1991, RAE-CREA. ▌«...un joven golfo de barrio disfrazado de domingo.» M. Vázquez Montalbán, *La soledad del manager,* 1977, RAE-CREA. ▌«...me di cuenta de que se había vestido de domingo...» Eduardo Mendicutti, *El palomo cojo,* 1991, RAE-CREA.

dominguero *s.* conductor inexperto que utiliza el automóvil sólo los días festivos.

«Se ve que esto es una pareja pequeñoburguesa, un matrimonio de utilitario, unos domingueros de parcela y suegra.» Francisco Umbral, *La derechona.* ▌«¡Gilipollas! ¡Imbécil! ¡Dominguero!» P. Antilogus, J. L. Festjens, *Anti-guía de los conductores.* ▌«...se me puso al lado un Simca 1000 con la clásica familia dominguera.»

don, Don Juan *s.* seductor de mujeres.

«Ana se dirigió a tres donjuanes bien puestos que acababan de entrar en el local.» Pedro Casals, *La jeringuilla.* ▌«Se destinaba la copla a muchachas dubitativas en beneficio de los donjuanes...» Rafael García Serrano, *Diccionario para un macuto.* ▌▪" «El jefe se cree un don Juan y va detrás de las chicas de la oficina, sin gran resultado.» ▐✓ DRAE: «m. Seductor de mujeres».▐

2. don nadie *s.* persona sin importancia.

«...me veo en la obligación de recordarle que es un don nadie...» A. Zamora Vicente, *Mesa, sobremesa.* ▌«...aquella muchacha rica que decidió casarse con un don nadie...» Jose-Vicente Torrente, *Los sucesos de Santolaria* ▌«...se trata de un piernas, un confitero, un don nadie...» Miguel Martín, *Iros todos a hacer puñetas.* ▌«Yo te lo diré: un muerto de hambre, un don nadie...» Juan Madrid, *Un beso de amigo.* ▌«¡Es un don nadie! ¡Igual que tú!» Luis Camacho, *La cloaca.*

don Preciso ▸ *preciso.*

donde *adv.* casa de.

«Paloma, voy donde Joaquín.» CO, Mamen de la Asunción. ▌«Yo igual lo que hago es echarme un sueñito en el sillón ese maravilloso y luego vamos donde el chico...» Jaime Romo, *Un cubo lleno de cangrejos*. ❚ ■ᵖ «Vamos donde Celestino, que nos ha invitao a cenar chuletas.» ❙✔ DRAE: «prep. En casa de, en el sitio de. *Estuve donde Antonio; el banco está donde la fuente*».❙

doña *s.* mujer, esposa.
«...los niños duermen en los asientos traseros y la Doña cierra la boca durante treinta segundos...» P. Antilogus, J. L. Festjens, *Anti-guía de los conductores*.

2. doña Perfecta *s.* mujer perfeccionista y fatua.
«Él era un loco y tú demasiado sensata. Doña Perfecta te llamaba.» Antonio Gala, *¿Por qué corres, Ulises?*, 1975, RAE-CREA.

doparse *v.* drogarse.
«Aunque mi padre se dopó...» Álvaro de Laiglesia, *Hijos de Pu*. ❚ «El yuppi se dopa con coca y el colegial con sellos de correos y cáscaras de plátano.» Francisco Umbral, El Mundo, 21.7.98. ❙✔ del inglés *dope*.❙

doping *s.* acción de doparse, drogarse.
«Lo que pasa es que todos los días vemos en torno nuestro el doping del tabaco, del alcohol, de la tele.» Francisco Umbral, El Mundo, 21.7.98. ❚ «La historia de la humanidad es la historia del doping.» Juana Fondona, *Deporte y gimnasia para masoquistas*.

dormida *s.* dormir, sueño; cópula, coito.
«Vale por una dormida con una mujer facista.» J. M.ª Gironella, *Un millón de muertos,* 1961. ❚ «Come fuerte y luego se echa una dormida. Así, ¿quién no engorda?» JM.

dormilón *s.* persona que duerme mucho.
«Buenos días, dormilón.» Jaime Salom, *La piel del limón*, 1976, RAE-CREA. ❚ «Se aplica a la persona que duerme demasiado o que duerme a cualquier hora.» MM. ❚ «Dormilón. adj. fam. Muy inclinado a dormir. Ú. t. c. s.» DRAE. ❚ ■ᵖ «Pedro duerme más de nueve horas al día. Es un dormilón.»

*dormir *cf.* (afines) cabezada, clapar, descabezar un sueñecito, dormida, dormir a pierna suelta, como un bendito, como un ceporro, como un lirón, como

un tronco, como una marmota, dormirla, quedarse *filete, quedarse *frito, hacer seda, como un leño, como un lirón, meditar, pegar *ojo, chafar la *oreja, piltrear, quedarse *roque, sobar, quedarse *sopa, como un tronco.

dormir *v.* copular.
«Uno se harta de pegar tiros, después se acoje a un lugar cómodo, un inocente salón de peluquería de señoras, se atiza una rica cena, se toma un café, y a dormir con una mujer de bandera...» Luis Romero, *Tres días de julio,* en DE. ❚ «...irnos a dormir con unas chicas muy simpáticas que vivían en la calle de la Reina.» José Gutiérrez-Solana, *Madrid callejero, Obra literaria, II.* ❚ ■ᵖ «La mujer del profesor duerme con todos los hombres que conoce.»

2. dormir a pierna suelta (tendida) *expr.* dormir mucho y profundamente.
«...masas acezantes que van de un andén a otro, clamor de anuncios, Duerma a pierna suelta, Pisos en...» A. Zamora Vicente, *Historias de viva voz.* ❚ «...y dormían a pierna suelta, desnudos como dos recién nacidos...» Raúl Sánchez, *Adriana.* ❚ «¡Sí, hasta el perro estaba durmiendo a pata suelta!» M. Ángel García, *La mili que te parió.* ❚ «...de manera que era preferible dejarles dormir a pierna suelta.» José Luis Martín Vigil, *Los niños bandidos.* ❚ «Dormir: dormir a pierna suelta; dormir a pierna tendida.» DTE.

3. dormir como un bendito *expr.* dormir mucho y profundamente.
«Tú dormías como un bendito en la butaca.» Eduardo Mendoza, *La verdad sobre el caso Savolta.* ❚ «...y mis dos marineros dormían como benditos.» José Luis Martín Vigil, *Los niños bandidos.*

4. dormir como un ceporro *expr.* dormir profundamente.
«...menos mal que dormías como un ceporro y no te has enterado...» Álvaro Pombo, *El metro de platino iridiado,* 1990.

5. dormir como un leño ▸ *leño, como un leño.*

6. dormir como un lirón *expr.* dormir mucho y profundamente.

«...excepto el lunes, que libran y se lo pasan durmiendo como lirones.» Jesús Ferrero, *Lady Pepa.*

7. dormir como un tronco *expr.* dormir mucho y profundamente.

«...pero a los diez minutos dormía en el sofá como un tronco.» Luis Camacho, *La cloaca.* ▌«...pero empiezo a cabecear y acabo dormido como un tronco. Quizá sea la edad.» M. Vázquez Montalbán, *El delantero centro fue asesinado al atardecer.*

8. dormir como una marmota *expr.* dormir mucho y profundamente.

«Dormir: dormir como una marmota.» DTE. ▌«Mírala, dormida como una marmota.» Miguel Sierra, *Lejos del paraíso,* 1986, RAE-CREA.

9. dormir la mona ▶ *mona, dormir la mona.*

10. dormirla *v.* dormir para que se pasen los efectos de una borrachera.

«Se tumba en los asientos traseros a dormirla.» Ernesto Caballero, *Nostalgia del agua,* 1996, RAE-CREA. ▌«¿Cómo que Feliz Navidad y a dormirla?» Ignacio García May, *Operación ópera,* 1991, RAE-CREA. ▌«¡Ándate a dormirla!» Demetrio Aguilera Malta, *Una pelota, un sueño y diez centavos,* 1988, RAE-CREA. ▌«Sí, mejor te vas a dormirla.» C. Rico-Godoy, *Cuernos de mujer.* ▌◾ «Has bebido demasiado; te aconsejo que vayas a dormirla.»

dos, cada dos por tres *expr.* a menudo, con frecuencia.

«...es facilísimo celebrar aniversarios de algo cada dos por tres...» Álvaro Colomer, Leer, octubre, 1999. ▌«Miles de personas muriendo cada dos por tres.» A las barricadas, 18-24 mayo, 1998. ▌«Gibraltar permaneció completamente indefensa, siendo víctima de las incursiones de los piratas cada dos por tres.» Gomaespuma, *Grandes disgustos de la historia de España.* ▌«Lo ponía en una poesía que venía en el libro de lecturas y que el Briones recitaba cada dos por tres...» A. Sopeña Monsalve, *El florido pensil.* ▌«Y esto que cuando niños andábamos a golpes cada dos por tres...» Luis Goytisolo, *Las afueras.* ▌«...se emborrachaba cada dos por tres...» Juan Madrid, *Cró-*

cas del Madrid oscuro. ▌«...lo peor de todo es tener que hacerte la cera cada dos por tres.» La Noche de Madrid, enero, 1999. ▌«...porque uno no puede estar yendo al water cada dos por tres.» Andreu Martín, *Prótesis.* ▌«Sólo faltaba que ese disgusto se lo dieran a uno cada dos por tres.» Elvira Lindo, *Manolito gafotas.*

2. dos perras ▶ *perra, cuatro (dos) perras.*

3. en un dos por tres *expr.* con facilidad, rapidez.

«...y el médico te lo va a solucionar en un dos por tres.» A. Gómez Rufo, *Cómo ligar con ese chico que pasa de ti o se hace el duro.* ▌◾ «Esto está fácil y lo terminaremos en un dos por tres.»

4. ir (venir) en el dos *expr.* caminar, ir a pie.

«Ir en el dos: andar, caminar.» JV. ▌«Coger o tomar el dos, largarse, irse.» VL. ▌«Tomar el dos. Escapar, marcharse.» LB. ▌«Vosotros habéis venido en coche pero yo, como siempre, he venido en el dos.» DCB. ▌✓ no se ha podido documentar fuera de diccionarios.▌

5. tomador (tocador) del dos *expr.* carterista, ratero.

«...fueron viendo algunas caras conocidas, maricas, pobres, descuideros, tomadores del dos, sablistas de oficio...» C. J. Cela, *La colmena.* ▌«Y, además, puedo decirles que eres *tocador del dos,* ¿se dice así? y creo que recordaré qué días, y dónde, y a quién le birlaste la cartera.» Andreu Martín, *Amores que matan, ¿y qué?*

dotado *adj.* al referirse a un hombre, que posee órganos sexuales grandes.

«Joven militar, dotadísimo.» El Jueves, 11-17 febrero, 1998. ▌«...en pie para sacudirse la arena y que se viera una vez más lo bien dotado que estaba bajo el tanga.» M. Vázquez Montalbán, *Los alegres muchachos de Atzavara.* ▌«...no puedo aspirar a que encima le guste, luego, bueno, cuanto..., cuanto mejor dotados estén, pues...» Almudena Grandes, *Las edades de Lulú*

drama, hacer un drama *expr.* exagerar una situación.

«...Juan, estas cosas pasan. Lo mejor es no hacer un drama, Juan.» Ignacio Carrión,

Cruzar el Danubio, 1995, RAE-CREA. ▮ «—Bueno, no vas a hacer un drama a causa del tono de mi voz.» Nut Arel Oregat, *Para un jardín en otoño*, 1985. ▮ ▪ «Hemos perdido mucho en este negocio, pero no hay que hacer un drama; ya nos arreglaremos.»

drinki ▸ *trinque*.

*droga cf. (afines) ácido, ajo, anfeta, anisetes, arenisca, bazuco, blanca, canuto, china, chocolate, chute, coca, color, cono, costo, crack, esnifar, farlopa, fumo, grifa, mandanga, maría, mierda, morfa, nieve, papela, papelina, pasti, penta, perico, petardo, picarse, pico, pincharse, pintura, porro, raya, speedball, tate, tirito, tripis, trompeta, varillo.

*drogadicto cf. (afines) chocolatero, drogado, drogata, drogota, picota, pincharse, rebañabotes, yonkarra, yonki, yonqui.

drogado *s.* persona drogada, drogadicto.
«...igual lo atropelló un borracho... o un drogado.» Pedro Casals, *La jeringuilla*.

drogata *s.* drogadicto.
«Digo yo si será un drogata o si...» Terenci Moix, *Garras de astracán*. ▮ «Pueden ser modelos, ojos de papá, pintores, drogatas ilustrados...» Carmen Posadas, *Yuppies, jet set, la movida y otras especies*. ▮ «Laura, si quisiese, podría heredar la clientela de drogatas de Eulalia...» Pedro Casals, *La jeringuilla*. ▮ «...un drogata malagente, un chapucero.» Juan Madrid, *Las apariencias no engañan*. ▮ «Uno de los grandes del narcotráfico dándome lecciones sobre tratamiento de drogatas.» Pedro Casals, *Disparando cocaína*. ✓ ▸ *drogota*.▮

drogota *s.* drogadicto.
«Tengo a un fulano del que apenas sé nada muerto en mi cuarto de trabajo: drogota, fichado...» Ernesto Parra, *Soy un extraño para ti.* ✓ también ▸ *drogata*.▮

dueña de burdel *s.* regentadora de prostíbulo.
«...comenzó de dueña de burdel en Carmona y acabó de corredora de putas...» Ramón Ayerra, *Los ratones colorados*.

dulce, de dulce *expr.* elegante, guapo.
«...pero Tránsito viene de dulce: con el pelo cardado, a lo Duquesa de Alba...» Miguel Martín, *Iros todos a hacer puñetas*.

dupa *s.* víctima.
«Dupa: Víctima de un hecho delictivo.» JGR. ▮ «La policía interrogó al dupa que se negó a describir a los trileros.» ✓ no se ha podido documentar fuera de diccionarios. ¿Del inglés *dupe*?▮

dura, tenerla (ponerse) dura *expr.* ponerse el pene en erección.
«Toma, para que te conserven las tetas duras, las tetas duras es lo que más dura me la pone.» C. J. Cela, *Mazurca para dos muertos*. ▮ «...la historia me la puso dura y eso que no conocía a su hermana Elisa.» Ray Loriga, *Lo peor de todo*. ▮ «Me la pone dura, mi vieja.» Terenci Moix, *Garras de astracán*. ▮ «Cuando siento que está dura otra vez, me quito los pantalones.» José Ángel Mañas, *Mensaka*. ▮ «...tiene usted un modo de explicar la cosa que me la pone dura.» Pgarcía, *El método Flower*. ▮ «No me extraña que te la pusiera dura, tío, me estás poniendo burro a mí por teléfono.» Almudena Grandes, *Las edades de Lulú*. ▮ «...y al tío se le puso dura y la tiene como un senegalés, menudo badajo...» Jaime Romo, *Un cubo lleno de cangrejos*.

*duro cf. (afines) duro, machacante, pavo, peso, tejo.

*duro, tener el miembro viril duro cf. (afines) ▸ *erección*.

¡duro! *excl.* exclamación de ánimo.
«...él solito dejará su hígado a tiro de tu dinamita, entonces no lo pienses: ¡duro!» Ángel Palomino, *Un jaguar y una rubia*.

2. *s.* cinco pesetas.
«...pensando que allí regalaban los billetes de veinte duros en las taquillas del metro.» M. Vázquez Montalbán, *La rosa de Alejandría*. ▮ «Robar un coche no cuesta un duro.» P. Antilogus, J. L. Festjens, *Anti-guía de los conductores*. ▮ ▪ «Yo he pagado veinte duros por esto.»

3. ¡anda y que te den dos duros! *expr.* exclamación de rechazo.

«Pues mira, rico, ¡que te den dos duros!» Gomaespuma, *Grandes disgustos de la historia de España.* ▌■ « ¡Dile a Pedro que vaya y que le den dos duros, que ya está bien y no aguantamos más!»

4. dos duros *expr.* poco dinero.

«...como un corralón donde habían habitaciones a dos duros...» Fernando Quiñones, *Las mil y una noches de Hortensia Romero,* 1979, RAE-CREA. ▌«...recorren la sierra de Gredos con un macuto y dos duros. Las pijas saben comprar en rebajas...» Raúl del Pozo, *La novia,* 1995, RAE-CREA. ▌■ «Por dos duros nada más te lo cuenta todo.»

5. duro de mollera ▸ *mollera, duro (cerrado) de mollera.*

6. duro de pelar *expr.* difícil.

«No sé por qué, pero algo me decía que él no sería tan duro de pelar como el indio.» Lourdes Ortiz, *Picadura mortal.* ✓ ▸ *pelar, difícil (duro) de pelar.*▐

7. estar a las duras y a las maduras *expr.* atenerse a o sufrir lo bueno con lo malo, las ventajas con las desventajas.

«Hay que estar a las duras y a las maduras.» José Luis Martín Vigil, *Los niños bandidos.*

8. faltar el canto de un duro *expr.* casi, por poco.

«Si no nieva esta noche le faltará el canto de un duro.» C. Rico-Godoy, *Cómo ser una mujer y no morir en el intento.* ▌«...una racha de buenos naipes y me anticipé por el canto de un duro...» Fernando Sánchez-Dragó, *El camino del corazón,* 1990, RAE-CREA. ▌«Si

no es puta le falta el canto de un duro...» C. Pérez Merinero, *La mano armada.* ▌■ «Te faltó el canto de un duro para ganar.»

9. hacerse el (ser) duro *expr.* fingir que se es fuerte, actuar con fuerza.

«Se hace el duro [...] Déjame que le sacuda yo.» Juan Madrid, *Un beso de amigo.* ▌«Cómo ligar con ese chico que pasa de ti o se hace el duro.» A. Gómez Rufo.

10. lo que faltaba para el duro *expr.* lo que faltaba.

«Y tu señora abuela, ¿se queda en casa? ¿No...? ¡Pues nos avía...! ¡Lo que faltaba para el duro!» A. Zamora Vicente, *Historias de viva voz.* ▌«Hombre, lo que faltaba para el duro.» C. Pérez Merinero, *Días de guardar.*

11. más falso que un duro de madera *expr.* muy falso.

«...pero eres más falsa que un duro de madera.» Juan Madrid, *Un beso de amigo.*

12. no tener un duro *expr.* no tener dinero.

«Invítame a esto que no tengo un duro.» Ignacio Fontes, *Acto de amor y otros esfuerzos.* ▌«¿No me habías dicho que no tenéis ni un duro, que estáis en la miseria...?» C. Rico-Godoy, *Cuernos de mujer.*

13. sin un duro *expr.* sin dinero.

«...ya en Madrid y sin un duro, tuve la suerte de tener un amigo...» A las barricadas, 1-7 junio, 1998. ▌«¿Dónde me meto yo en una noche como ésta y sin un duro?» José Luis Martín Vigil, *Los niños bandidos.*

Ee

*ebrio cf. (afines) ajumado, alegre, alumbrado, amonado, andar de medio lado, bebido, beodo, bolinga, borracho, borracho perdido, borrachón, borrachuelo, borrachuzo, ir *bueno, bufado, caliente, calitrompa, cargado, castaña, cepa, chispa, ciego, cocido, cogorza, colocado, contento, llevar unas *copas de más, cuba, curda, curdela, empinalcodo, hacer *eses, esponja, jumera, mamado, merluza, llevar una *mierda como un piano, moco, mojao, estar con la *mona viva, haciendo *ochos, pedo, a medios *pelos, picareta, pilili, piripi, piruli, privado, rodado, sopa, soplado, tajada, tostado, trompa, trompas, uva, vacilón, ver doble, con vino.

echador s. el contratado para echar de un local a los clientes inoportunos.

«El camarero hace gestos con la cabeza y llama al echador.» C. J. Cela, *La colmena.*

2. timador de triles, trilero.

«Echador: persona que maneja las fallas o cartas en el juego de los triles.» Manuel Giménez, *Antología del timo.*

echa(d)o p'alante *adj.* valiente, atrevido, audaz.

«Solano fue siempre un echao p'alante.» Carlos Zeda, *Historias de Benidorm.* ▮ «...puesto que *Mascarada* es un poema echao p'alante, que tiene tan poco pudor en todo...» Pere Gimferrer, ABC Literario, 8.5.98. ▮ «es frescachona. Echá p'alante que dicen.» A. Matías Guiu, *Cómo engañar a Hacienda.* ▮ «...un puñado de tíos echados palante...» Álvaro de Laiglesia, *Hijos de Pu.* ▮ «Los de levante, muy echaos p'alante, pero cuando hay que peligrar, bien se echan p'atrás.» ref. ▮ «El otro día me lo comentaba un guiri muy simpático, muy echao palante...» M. Vázquez Montalbán, *El delantero centro fue asesinado al atardecer.* ▮ «Teresa Berganza sigue siendo echada p'alante.» El Mundo, 19.4.99. ✓ *para adelante.*▮

echando chispas ▸ *chispa, echar (sacar) chispas.*

*echar cf. (afines) ▸ *despedir.*

echar *v.* despachar, despedir de empleo. «Le han echado de presidente.» MM. ▮ ▰ «Hoy ya han echado a tres más en mi empresa.» ✓ DRAE: «Deponer a uno de su empleo o dignidad, impidiéndole el ejercicio de ella».▮

2. ¡echa el cierre, Robespierre! *expr.* callarse, permanecer en silencio.

«Echa el cierre, Robespierre. Expresión achulada con la que se invita a callar.» VL. ▮ ▰ «¡Ya está bien de tanto parloteo! ¡Echa el cierre, Robespierre!»

3. echar a patadas *expr.* despachar sin contemplaciones.

«No vengas porque te echaré a patadas.» Sebastián Juan Arbó, *La espera.* ▮ ▰ «Le echaron a patadas del cine porque se puso a gritar como un loco.» ✓ ▸ *patada, tirar (echar) a patadas.*▮

4. echar (despedir) con cajas destempladas *expr.* despachar sin contemplaciones.

«Esta es la segunda vez que vienen a pedirme dinero [...] la próxima vez les arrojo de casa con cajas destempladas.» FV. ▪ ▪ «A Juan le han echado del trabajo con cajas destempladas, de mala manera.» ✓ el *Diccionario de autoridades* (1726-39) dice: «Echar con cajas destempladas. En la milicia es echar de alguna compañía o Regimiento al soldado que ha cometido algún delito ruin e infame, por el cual no se le quiere tener dentro de las tropas: para cuyo efecto se destemplan las cajas (los tambores), y, tocándolas, se le sale acompañado hasta echarle del lugar.» ▸ también *El porqué de los dichos* de J. M.ª Iribarren y Larousse, *Diccionario práctico de locuciones.* ▸ *caja, echar (despedir) a alguien con cajas destempladas.*|

5. echar el cierre *expr.* callarse, permanecer en silencio.

«¡Echa el cierre ya de una que ya has dicho bastante!» DCB. ▪ ▪ «¡Hasta que echó el cierre y se calló, no sabes todo lo que largó!» ✓ ▸ *echar, echa el cierre, Robespierre.*|

6. echar el guante *expr.* arrestar, detener.

«La plasta le echó el guante cuando intentaba atracar una gasolinera de la calle Ríos Rosas.» DCB. ▪ «La policía acaba de echarle el guante a un peligroso delincuente y le ha metido en la cárcel.» FV.

7. echar el resto ▸ *resto, echar el resto.*

8. echar los perros ▸ *perro, echarle a uno los perros.*

9. echar para atrás *expr.* sorprender.

«...una violencia tan fuerte que echaba para atrás.» El País, 4.5.99.

10. echar por tierra ▸ *tierra, echar (tirar) por tierra.*

11. echar sapos y culebras *expr.* estar muy enfadado, despotricar.

«Estar irritado: echar sapos y culebras.» DTE. ▪ «Se marchó muy enfadado, echando sapos y culebras.» FV. ▪ «Está ahí, echando sapos y culebras otra vez. Da asco tener que aguantar a este hombre.» DCB. ▪ «...vertiendo sobre su memoria sapos y culebras.» Ramón Ayerra, *La lucha inútil,* 1984, RAE-CREA. ▪ «El ciego echaba sapos y culebras por la boca...» Javier Maqua, *Invierno sin pretexto,* RAE-CREA.

12. echar un cable ▸ *cable, echar un cable.*

13. echarse una dormida ▸ *dormida.*

eclipsarse *v.* irse, marcharse.

«...se mudaba a otra banqueta más extrema de la fila, muy renuente a eclipsarse.» José Ruiz-Castillo Ucelay, *Relatos inciertos.*

edad, tercera edad ▸ *tercera edad.*

eje, partir por el eje *expr.* malograr, estropear, enfadar.

«...tener que ayudar a mi madre, eso me parte por el eje.» Manuel Gutiérrez Aragón, *Morirás de otra cosa,* 1992, RAE-CREA.

*ejecutivo cf. (afines) corbato, yupi.

*elegante cf. (afines) brazo de mar, chulo, hecho un *cromo, dandi, ir de *domingo, de dulce, fardón, figurín, guaperas, molón, pera, pincel, pintao, puesto, de punta en blanco, de tiros largos.

elementa *s.* prostituta; mujer peligrosa.

«...sólo encontré una sospechosa, esta señorita Amalia. Eso digo yo; una elementa.» Ángel Palomino, *Madrid, costa Fleming.* ▪ «...una elementa; una tal; una cualquiera; una de esas; una tipa; una fulana; una andova; [...] una individua...» AI. ▪ «Elementas: Prostitutas, arriscadas, chulas.» JV.

elepé *s.* disco de larga duración.

«Anda, dale la vuelta al elepé...» A. Zamora Vicente, *Historias de viva voz.* ✓ del inglés *LP, long playing record.*|

eliminar *v.* matar, asesinar.

«¿Quién tenía interés en eliminarlo?» Arturo Uslar Pietri, *Oficio de difuntos,* 1976, RAE-CREA. ▪ «Hace años que hemos dado a Adriano por muerto, de modo que eliminarlo es sólo cuestión de...» José Donoso, *Casa de campo,* 1978, RAE-CREA. ▪ «A Juan lo eliminaron unos gangsters de Filadelfia que vinieron a Madrid para eso.» DCB. ✓ DRAE: «Matar, asesinar».|

*embarazada cf. (afines) tener *barriga, estar con el *bombo, llevar *bombo, esperar la *cigüeña, en estado de buena *esperanza, estar *gorda, preñá, encinta, estar con el *paquete.

*embarazar cf. (afines) hacer una *barriga, embaular, hacer *madre, hacer una *panza, hacer un *bombo, dejar *preñá, hacer un *paquete, dejar con *bombo.

embarque *s.* situación complicada y turbia, casi siempre impuesta.

«Qué embarque, hija.» Fernando Quiñones, *Las mil y una noches de Hortensia Romero,* RAE-CREA. ▌«No puede ser una orden, sino una oficiosidad. O un embarque.» Juan Luis Cebrián, *La rusa.* ▌▪▪ «¡En qué embarque te has metido, Dios mío!» ▯✔ DRAE: «fig. Acción y efecto de obligar a alguien a intervenir en una empresa difícil o arriesgada».▌

embaular *v.* dejar embarazada.

«...por haber marrado en la carrera dejándose preñar [...] como justo castigo por haberse dejado embaular (haberle hecho un baúl)...» Francisco Candel, *Los hombres de la mala uva.*

embolado *s.* situación o asunto complicado, difícil; problema.

«...la asistenta se va a las cinco y aquí deja el embolado.» Ladislao de Arriba, *Cómo sobrevivir en un chalé adosado.* ▌«Calla, tía, no me hables: menudo embolado.» María Antonia Valls, *Tres relatos de diario.* ▌«Lo que no rebajaba un ápice la magnitud del embolado en que se había metido.» Ernesto Parra, *Soy un extraño para ti.* ▌«...dejándome, eso sí, sin intención, el embolado de su hermano.» José Luis Martín Vigil, *Los niños bandidos.* ▌«Vaya embolado familiar.» Fernando Martínez Laínez, *Bala perdida.* ▯✔ DRAE: «fam. Problema, situación difícil».▌

*emborracharse cf. (afines) ▶ *beber.*

embotellamiento *s.* congestión de tráfico.

«Especialista de los embotellamientos, el lector los aprovecha para leer...» P. Antilogus, J. L. Festjens, *Anti-guía de los conductores.* ▌▪▪ «No se mueve el tráfico porque hay un embotellamiento por una colisión.»

embrague, patinar el embrague *expr.* demente, loco.

«Unos, con buena pinta, y otros, a los que les patina el embrague.» José M.ª Zabalza, *Letreros de retrete y otras zarandajas.*

eme *s.* mierda.

«¿El Molino, esto es el Molino? ¡Esto es una eme!» Francisco Candel, *Échate un pulso, Hemingway,* citado por CJC, *Diccionario del erotismo.* ▌«El Perú se está yendo derechito a la eme...» Jaime Bayly, *Los últimos días de la prensa,* 1996, RAE-CREA.

emilio *s.* mensaje electrónico.

«Un correo electrónico (un *emilio*) no exige ni encabezamiento, ni formalismos.» Carmen Rigalt, El Mundo, 14.7.99. ▌«El correo electrónico está basado en el envío y recepción de mensajes electrónicos (cariñosamente emilios...» Julio María Plágaro Repollés, *Herramientas electrónicas para autores y traductores.* ▌«(Mi emilio gcorpas.um.)» CO, Gloria Corpas. ▌«¿ordenador o computadora?, ¿pitos o flautas?, ¿emilio o e-mail?» Fernando Arrabal, ABC, 2.5.99. ▯✔ del inglés *e-mail,* electronic mail.▌

empalar *v.* sodomizar.

«Empalar: penetración anal.» R. Gómez de Parada, *La universidad me mata.*

empalmado, estar empalmado *expr.* tener el pene en erección.

«La picha... parece mismamente el miembro de un tío empalmado...» Álvaro de Laiglesia, *Hijos de Pu.* ▌«El terror de los efebos empalmado con una tía.» Pgarcía, *El método Flower.* ▌«Le puse la mano en la entrepierna. Estaba empalmado.» Almudena Grandes, *Las edades de Lulú.* ▌«Ve quitándote la ropa... mira lo empalmados que venimos.» Juan Madrid, *Crónicas del Madrid oscuro.* ▌«La respiración le iba a cien. El corazón le latía con fuerza. Estaba empalmado.» María Antonia Valls, *Tres relatos de diario.*

2. gustar algo.

«Estar empalmado con algo es estar eufórico, emocionado o cautivado por algo.» Joseba Elola, *Diccionario de jerga juvenil,* El País Semanal, 3.3.96.

3. portar armas.

«...y que siempre iba empalmado, es decir, con una navaja grande en el bolsillo...» José Contreras, El Mundo, 17.1.98. ▌«Empalmado. Pop. ir empalmado. Llevar navaja abierta y oculta en la manga.» LB.

empalmarse *v.* conseguir erección del pene, excitarse sexualmente.

«...y se lo dijeron allí mismo, hasta que no te empalmes, no te soltamos, rico...» Almudena Grandes, *Modelos de mujer.* ▌«...una de las cerdas le mordisquea los pezones y le chupa la polla hasta que se empalma.» José Ángel Mañas, *Historias del Kronen.* ▌«...o lo que es peor: que todo el mundo se diera cuenta de que estaba empalmado.» José María Amilibia, *Españoles todos.* ▌«El terror de los efebos empalmado con una tía.» Pgarcía, *El método Flower.* ▌«Esta me la chupa y a la otra se lo muerdo... No sigo porque me estoy empalmando sin tino.» C. Pérez Merinero, *Días de guardar.* ✓ para Luis Besses es *prepararse para herir por sorpresa con la navaja.* ▸ empalmado.▌

empanada mental *expr.* confusión mental.

«...al final tiene una empanada mental que no distingue un ciclomotor de una reproducción de Las Meninas...» Miguel Martín, *Iros todos a hacer puñetas.* ▌«...crees a pies juntillas lo que te dice una amiga que está más perdida que tú y entre una y otra termináis con una gran empanada mental.» You, marzo, 1998. ▌▪ «Jaime tiene una empanada mental de espanto. No sabe qué hacer, si casarse o no.»

empaparse *v.* enterarse.

«Todo por tu manía de las cosas baratas. No te acabas de empapar...» A. Zamora Vicente, *Historias de viva voz.* ▌«...y me lo empapo...» F. Vizcaíno Casas, *Hijas de María.* ▌«El arte es coco, coco, ¿te empapas?» Andreu Martín, *Por amor al arte.* ▌«Menda habla cuando quiere, para que te empapes.» Juan Marsé, *Si te dicen que caí.* ▌«...en cuestiones de minina, a la larga —y a veces también a la corta—, no hay secretos y todo cristo se empapa...» Ramón Ayerra, *Los ratones colorados.* ▌«...tenemos ganas de marcha, ¿te empapas?» Andreu Martín, *Prótesis.*

empaquetar *v.* detener, arrestar, poner en dificultades.

«¡Pero sin que me vea el Coronel, para empaquetaros antes de que deje de ser Teniente.» Miguel Martín, *Iros todos a hacer*

puñetas. ▌▪ «Lo empaquetaron después del robo y le cayeron veinte años a la sombra.»

empatarse *v.* irse con o juntarse con un turista.

«...y me dijo que el hombre que había en la otra mesa me ofrecía 100 dólares si me empataba con él.» Las Provincias, revista MH, 17-23 julio, 1999. ✓ principalmente en Cuba.▌

empelotarse *v.* desnudarse.

«Empelotarse. Quedarse en pelota.» DS.

emperifollar(se) *v.* acicalar(se), arreglar(se).

«No emperifolles tanto al niño que parece un muñeco.» CL. ▌«Carmen se ha emperifollado y se ha largado con un tío viejo en un cochazo de miedo.» DCB.

empiltrarse *v.* acostarse.

«...lo cual, sin duda, constituye el récord mundial de la cosa del empiltramiento.» Felipe Navarro (Yale), *Los machistas.* ▌«Empiltrarse. Acostarse, meterse en la cama.» VL. ▌▪ «A Roque le gusta empiltrarse pronto en invierno.» ✓ ▸ *piltra.*▌

empimpar *v.* beber, emborracharse.

«...se empimpaba los festivos y vísperas...» Ramón Ayerra, *Los ratones colorados.*

empimplar *v.* beber, emborracharse.

«Y ahí nos empimplamos lo que más te guste.» Álvaro Pombo, *Los delitos insignificantes.*

empinalcodo *s.* borracho, ebrio.

«Alcohólico, empinalcodo, curda.» P. Antilogus, J. L. Festjens, *Anti-guía de los conductores.*

empinar *v.* ponerse el pene en erección.

«Y el caso es que no pudo hacer nada, no se empinó. ¡Atiza!, ¿tan mal está la tía, tan jodida?» Juan Marsé, *Si te dicen que caí,* en DE. ▌«Tuve que dejar de bailar porque se me empinaba.» JM. ▌▪ «Si no me chupas la polla no se me empina.»

empipar *v.* portar armas, ir armado.

«Empipar. Portar armas de fuego.» JGR. ▌▪ «Para este atraco tenemos que ir empipaos, por si viene la pasma.» ✓ ▸ *pipa.*▌

empleada de hogar *expr.* criada, sirvienta.

«...a las criadas se les dice empleadas del hogar...» DE. ❚ «Pasó su juventud en un Madrid en que las criadas eran aún siervas de la gleba y no empleadas del hogar...» José M.ª Zabalza, *Letreros de retrete y otras zarandajas.* ❚ «Con las empleadas de hogar no hay manera...» María Teresa Campos, *Cómo librarse de los hijos antes de que sea demasiado tarde.*

emplumar *v.* copular.

«...un poco parada en la cama pero sincera [...] a ver si la cogía a la vuelta de otro chárter y la emplumaba en condiciones, se iba a enterar...» Ramón Ayerra, *Los ratones colorados.*

empollar *v.* estudiar mucho.

«Empollar. Estudiar mucho; aplicarse al estudio.» LB. ❚ «Estudiar mucho, por ejemplo en vísperas de exámenes.» MM. ❚ «...y ambos codos reposan en actitud de empollar.» Carmen Pérez Tortosa, *¡Quiero ser maruja!* ✔ DRAE: «3. Entre estudiantes, preparar mucho las lecciones. Ú. a veces despectivamente».❚

empollón *s.* persona muy estudiosa.

«Los empollones inspiran hostilidad.» Terenci Moix, *Garras de astracán.* ❚ «...de pequeño todos los niños del barrio le llamaban gordo, empollón, acusica, cobarde, gallina...» Gomaespuma, *Grandes disgustos de la historia de España.* ❚ «Empollón. Buen estudiante; el que trabaja con ahínco, o se prepara mucho.» LB. ❚ «...de adolescente se sentaba delante en el colegio de El Pilar; un empolloncete...» Jaime Romo, *Un cubo lleno de cangrejos.* ❚ «...el empollón no tiene por qué ser ese niño repelente...» La Luna, TVE1, 26.1.89. ✔ DRAE: «adj. Dícese, despectivamente, del estudiante que prepara mucho sus lecciones, y se distingue más por la aplicación que por el talento. Ú. m. c. s.».❚

emporrarse *v.* drogarse fumando porros.

«...el famoso apóstrofe que el viejo profesor-alcalde dirigió aquella mañana a la emporrada y juvenil grey...» Fernando Martínez Laínez, *La intentona del dragón.* ❚ «La

Real Academia Española ha admitido [...] un gran número de palabras, entre las que figuran *descerebrado, facha, emporrado, estriptís, y litrona...*» ABC, 18.10.98.

empujar *v.* copular.

«Empujar: culminar.» R. Gómez de Parada, *La universidad me mata.* ❚ «Empujar. Hacer el amor.» Joseba Elola, *Diccionario de jerga juvenil,* El País Semanal, 3.3.96. ❚ «Dos horas empujando, tío, tu amiga estaba reseca...» Jaime Romo, *Un cubo lleno de cangrejos.* ❚✸ «La Petra y yo estuvimos empujando un buen rato hasta que nos corrimos.»

empurar *v.* castigar.

«Así que alégrate de que el sargento te haya empurado.» M. Ángel García, *La mili que te parió.*

enamoramiento nefando *expr.* enamoramiento entre personas del mismo sexo.

«...un marica con voz y ademanes de sarasa, con caídas y recaídas en enamoramientos nefandos...» Ángel Palomino, *Todo incluido.*

enamoriscado, estar enamoriscado de *expr.* casi enamorado.

«Enamorarse sin seriedad...» MM. ❚✸ «Jaime está enamoriscado de su profesora de piano.»

enano *s.* niño.

«En el salón le digo al enano que baje el volumen de la tele...» José Ángel Mañas, *Historias del Kronen.* ❚ «...y la abuela jugando al parchís con el enano.» M. Ángel García, *La mili que te parió.* ❚✸ «Los enanos no tienen vacas en el cole hasta mediados de junio.»

2. persona de baja estatura.

«En cuanto a los menudos [...] su estatura los hermana en el grupo de los retacos: [...] canijo [...] chaparro; chaparrete [...] enano... esmirriado... mediohombre; [...] microbio; pigmeo; renacuajo; retaco; [...] taponcete...» AI. ❚✸ «El presi de esa empresa no levanta un palmo del suelo, es un enano.»

3. pequeño.

«...arrimándole al pie de un espejo enano...» Germán Sánchez Espeso, *La mujer a*

la que había que matar, 1991, RAE-CREA. ▍
▪▪ «Javier se ha comprado un coche enano, alemán.»

4. disfrutar (divertirse, trabajar) como un enano *expr.* mucho, con intensidad.
«Disfrutaba como un enano con esa secuencia...» C. Pérez Merinero, *El ángel triste.* ▍ «Angustias y su amiga se debieron divertir como enanas...» B. Pérez Aranda *et al., La ex siempre llama dos veces.* ▍ «Trabajar como un enano.» DTE.

enantes *adv.* antes.
«...enantes no lo echaba tanto en falta,...» Andrés Berlanga, *La gaznápira.* ▍ «Enantes (antes): adv. Hace poco, hace un momento.» IND.

encabritar(se) *v.* enfadar(se).
«Hay algo que le encabrita, y es la falta de seriedad.» JM. ▍ «Encabritao: que está enfadado, enfurecido, fuera de sí.» IND. ▍ ▪▪ «No encabrites a tu suegro que ya está bastante encabritao, el pobre.»

encabronar *v.* enfadar.
«Todo esto les tiene fuera de sí, encabronados, endemoniados, sulfurados...» Jaime Campmany, ABC, 1.3.98. ▍ «A ver si nos metemos la lengua en el culo, ¿eh, Palau? —me dijeron Bundó y el Fusam encabronados...» Juan Marsé, *Si te dicen que caí,* en DE. ▍ «...pour épater le bourgeois (para encabronar al vecino, en traducción liberal).» J. Giménez-Arnau, *Cómo forrarse y flipar con la gente guapa.* ▍ «Si me levanto encabronao (y me ves sonreír) ahora. ¡Todos a sufrir!» Extremoduro, CD, 1997: *Iros todos a tomar por culo, Correcaminos estate al loro.* ▍ ▪▪ «Al profesor lo que más le encabrona es que se burlen de él a sus espaldas.»

2. enardecer sexualmente.
«¡Qué bestia eres tío! Me has encabronado del todo —exclamó admirativa.» A. Matías Guiu, *Cómo engañar a Hacienda.*

3. encabronarse *v.* enfadarse.
«No coma chicle delante de mí que me encabrona.» José Raúl Bedoya, *La universidad del crimen.* ▍ «Arzallus, cuando se cabrea, cuando se encabrona, resulta que habla en castellano.» Francisco Umbral, El Mundo,

22.1.99. ▍ «...se enredan y encabronan por falta de mujeres.» Jaime Campmany, ABC, 24.1.99. ▍ «...pero cuando se encabronan, madre e hija, quien acaba pagando el pato es una servidora.» B. Pérez Aranda *et al., La ex siempre llama dos veces.*

encamarse *v.* copular.
«Debe estar encamada con un camionero.» Francisco Umbral, *El Giocondo.* ▍ «Los Kennedy se encamaban más que las liebres...» Jaime Campmany, ABC, 1.2.98. ▍ «...a lo mejor nos encamamos...» María Antonia Valls, *Para qué sirve un marido.* ▍ «A estas horas la tía estará encamada con su chulo y muerta de risa en Marbella.» Luis Camacho, *La cloaca.* ▍ «Para librarte de mí y encamarte con ese pelanas.» C. Pérez Merinero, *El ángel triste.* ✔ DRAE: «prnl. Echarse o meterse en la cama por enfermedad».▍

encandilarse *v.* excitarse sexualmente.
«Encandilarse: Excitarse, hacer que el pene se ponga inhiesto.» Amelia Díe y Jos Martín, *Antología popular obscena.*

encanto *s.* término cariñoso para persona agradable.
«Ven aquí, encanto, que te voy a dar un beso.» DCB. ▍ «fig. Persona o cosa que suspende o embelesa.» DRAE. ▍ «...un encanto de niña.» Jesús Cacho, *Asalto al poder,* 1988, RAE-CREA. ▍ «Ella es como tú un encanto.» Ángel Vázquez, *La vida perra de Juanita Narboni,* 1976, RAE-CREA.

encanutarse *v.* fumar porros.
«...porque ésta es de las que se encanutan y se encubatan a tope.» Fernando Martínez Laínez, *Bala perdida.*

*****encarcelar** cf. (afines) ▶ *arrestar.*

encargado de finca urbana *expr.* portero, conserje.
«...a los porteros, encargados de fincas urbanas...» DE.

encargo, hecho de encargo *expr.* hecho expresamente, a propósito, ex profeso; muy, mucho.
«¡...eres más tozuda que hecha de encargo!» Andrés Berlanga, *La gaznápira.*

enchiquerar *v.* encerrar, encarcelar.

«Y ese hombre, ¿dónde está? Enchiquerao, bajo llave.» Francisco Candel, *Donde la ciudad cambia su nombre.* ▌ «Os lo traéis al Ayuntamiento, que lo enchiqueren, hasta que volvamos.» Ignacio Aldecoa, *El fulgor y la sangre.* ▌ «No me gustaría verme obligado a enchiquerarte.» Pedro Casals, *Disparando cocaína.* ▌ «Bebía los vientos por apartarle de la delincuencia, pero lo enchiqueraron y se acabó lo que se daba.» José Luis Martín Vigil, *Los niños bandidos.* ✔ MM: «fig. e inf. Encarcelar a alguien».▌

enchironar *v.* encarcelar.

«...la Brigada de Vicio [...] le sorprendía de aquella guisa iba a ser muy feliz enchironándole.» Pgarcía, *El método Flower.* ▌ «El juez ha decidido enchironarlos a los dos.» Manda Güebos, n.º 27. ▌ «Como tengan quince años o menos [...] os podrán enchironar.» El Jueves, n.º 1083. ▌ «El dueño de la vaca ha testificado que, desde que enchironaron al enamorado galán, la vaca daba menos leche.» Felipe Navarro (Yale), *Los machistas.* ▌ «Vosotros no enchironais a los vuestros, no me jodas.» Juan Madrid, *Turno de noche.* ▌ «...que ya estoy yo bien atento y al menor descuido nos enchirono.» María Antonia Valls, *Tres relatos de diario.* ▌ «Nuestro deber es enchironarte.» M. Sánchez Soler, *Festín de tiburones.* ▌ «...Lee y Cogan dirán lo mismo que tú porque, si no, los enchironan.» Andreu Martín, *El señor Capone no está en casa.*

enchufado *s.* que tiene influencias.

«...por donde han ido los muchos enchufados que en el mundo han sido.» R. Gómez de Parada, *La universidad me mata.* ▌ «...se tuvo que alistar en la Legión gracias a un capitán amigo suyo enchufado en la Federación.» Juan Madrid, *Un beso de amigo.* ▌ «Emboscado, enchufado, camuflado, y hasta mimetizado, se utilizaron...» Rafael García Serrano, *Diccionario para un macuto.* ▌ «El contrato es mío. Sin el enchufado de Bill, es mío. Seguro.» Pedro Casals, *Hagan juego.*

enchufe *s.* empleo obtenido por influencia y no méritos.

«El enchufe se lo buscó Macario, el demandadero de las monjas.» Miguel Martín, *Iros todos a hacer puñetas.* ▌ «¿Y esperas aprobar sin enchufe?» Severiano F. Nicolás, *Las influencias.* ▌ «...ya que cada vez sirven para menos los llamados enchufes.» Manuel Giménez, *Antología del timo.* ▌ «...te seguirá estando agradecida por tu enchufe...» Andrés Berlanga, *La gaznápira.* ▌ «El enchufe en su acepción de sueldo de guagua es tan antigua como la misma Administración...» Rafael García Serrano, *Diccionario para un macuto.*

2. influencia.

«Naturalmente, si tienes enchufe con algún socio...» Carmen Posadas, *Yuppies, jet set, la movida y otras especies.* ▌ «...por mucho que le dé al pico contando los enchufes de alto nivel que tiene su familia.» R. Montero, *Diccionario de nuevos insultos...*

enchufismo *s.* amiguismo, acción de favorecer a los amigos en detrimento de otros.

«Fraga apela a la autonomía local para no implicarse en el enchufismo.» El País, 21.3.98.

enchupanar *v.* encerrar en la celda de castigo, chupano.

«Estábamos los tres blancos, cadavéricos, de estar tanto tiempo *enchupanaos*...» Eleuterio Sánchez, *Camina o revienta.*

encinta *adj.* embarazada.

«La reina, al fin, estaba encinta.» Arturo Uslar Pietri, *La visita en el tiempo,* 1990, RAE-CREA. ▌ «Fermina estaba encinta de seis meses...» Gabriel García Márquez, *El amor en los tiempos del cólera,* 1985, RAE-CREA. ▌ «Se aplica a la mujer que ha concebido y va a tener un hijo.» MM. ▌ «Encinta. adj. f. embarazada.» DRAE. ▌ «Encinta: Mujer preñada, embarazada.» IND.

encoñar(se) *v.* enamorar(se).

«Los filetes se han encoñado tanto de mí que se dejan cortar como una mujer caliente.» Terenci Moix, *Garras de astracán.* ▌ «Me encoñé porque tenía la polla enorme y porque era un plusmarquista sexual.» Lucía Etxebarría, *Amor, curiosidad, prozac y dudas.* ▌ «lo cual que Juana [...] más o menos encoñada con Jerónimo...» Francisco Umbral, *Madrid 650.* ▌ «¿Sabes qué pienso?

Que está encoñada.» Juan Marsé, *La oscura historia de la prima Montse*. ▌ «¡Será posible, el chico este, que está encoñado con una fulana!» Care Santos, *El tango del perdedor*. ▌ «Pongo a parir a esta zorra encoñada...» José Ángel Mañas, *Sonko95*.

2. molestar, fastidiar.

«Cada cual por su lado encoña al del ayuntamiento...» J. Giménez-Arnau, *Cómo forrarse y flipar con la gente guapa*.

3. obsesionarse.

«...porque está el tío encoñado con el inglés de su hijo...» Fernando G. Tola, *Mis tentaciones*.

encubatarse *expr.* emborracharse con cubas libres.

«...porque ésta es de las que se encanutan y se encubatan a tope.» Fernando Martínez Laínez, *Bala perdida*.

encuerado *s.* desnudo.

«...y yo daría cualquier cosa por ver a un colegui encuerado, para reírme.» Francisco Umbral, El Mundo, 17.10.98. ▌✓ de *encuerar,* desnudar.▌

enculador *s.* sodomizador.

«El enculador estuvo dando vueltas a la manzana con el coche, porque había echado el ojo a un tipo.» JM. ▌▪ «Dicen que el viejo es enculador y que le gustan los mozalbetes.»

encular *v.* sodomizar.

«Me pondrías de espaldas y me encularías, ¿no es así?» Anónimo, *Obsesiones impúdicas*. ▌ «...voy a encularte, voy a romperte el culo con mi polla...» Ana Rossetti, *Alevosías,* 1991, RAE-CREA. ▌ «Luego volví a ocuparme de su sexo, y la enculé con los dedos.» C. Ducón, *El hotel de las orgías*. ▌▪ «El jefe intentó encularme pero me resistí porque tengo almorranas.»

encurdar *v.* emborrachar.

«...decide llamar al camarero y encargarle otra ronda de lo mismo, al tiempo que su amigo, ya encurdado hasta el entrecejo...» Fernando Martínez Laínez, *Andante mortal*.

endilgar *v.* endosar, arrear.

«Usted y Santos se empeñan en endilgarme no sé qué complicidad con el chófer.»

Juan Madrid, *Las apariencias no engañan*. ▌ «...agorero de los cojones, así le endilgase su propia un surtido caballuno.» Ramón Ayerra, *Los ratones colorados*. ▌✓ DRAE: «Encajar, endosar a otro algo desagradable o impertinente».▌

endiñarla *v.* copular, introducir el pene.

«...un cuarto oscuro al que entras y no sabes quién te va a meter mano, a quién se la endiñas o quién te trabaja el solomillo...» El Jueves, 11-17 febrero, 1998.

endiquelar *v.* agarrar, detener, arrestar.

«Quiero hablar con él [...] Si lo endiquelamos.» Juan Madrid, *Turno de noche*. ▌ «Ese pibe está chanchi piruli y m'endiquela en cuanto le guipo.» Santiago Moncada, *Siempre en otoño,* 1993, RAE-CREA.

*enfadado *cf.* (afines) estar que *arde, basilisco, que bota, cabreado, echar *chispas, llevarse a uno los *demonios, echar sapos y culebras, espumarajos, hecho una *furia, de mala *hostia, de mala *leche, estar *negro, subirse por las *paredes, andar de *piques, que trina, de mala *uva.

*enfadar(se) *cf.* (afines) calentar la *cabeza, cruzársele los *cables, cabrearse, calentar, calentar los cascos, sacar de sus *casillas, poner a *cien, dar dos patadas en los *cojones, buscar las *cosquillas, dar el *día, partir por el *eje, encabritarse, encabronar, englobarse, perder los *estribos, explotar, fundírsele a uno los plomos, poner el *grito en el cielo, poner de mala *hostia, de mala jeró, joder, de mala *leche, hinchar las *narices, ponerse *negro, subirse por las *paredes, dar cien *patadas, picarse, sacar de *quicio, rebotarse, repatear, reventar, sacar de *tino.

enfermedades secretas *s.* enfermedades venéreas.

«Don Francisco Robles y López-Patón, médico de enfermedades secretas,...» C. J. Cela, *La colmena*.

*enfermo *cf.* (afines) arrastre, cafetera, cataplasma, chingado, chungo, mal *cuerpo, fastidiado, hecho una *mierda, jodido, no estar *católico, pocho.

enfigado *adj.* enamorado.

«Van a pasear al parque Güell a darse el lote... Está enfigado, quién lo hubiera dicho.» Juan Marsé, *Si te dicen que caí,* en DE. |✔ del valenciano-catalán *figa,* higo, vulva. Se emplea en las regiones catalanohablantes.|

enganchado *adj.* ser adicto a algo.

«Llevaba años enganchado a esas pastillas.» Juan José Millás, *El desorden de tu nombre,* 1988, RAE-CREA. ❚ «Como hacen ahora, mezclando la heroína con la cocaína para que los tratamientos pierdan eficacia y mantengan enganchados a los toxicómanos...» Elena de Utrilla, ABC, 8.11.98. ❚ «...entonces estaba enganchado a la coca.» El Diario Vasco, 21.9.96. ❚ «...acabar enganchado a otras drogas más duras.» El Mundo, 29.12.94.

engañabobos *s.* timo, engaño, estafa.

«Engañabobos. Camelo, engaño.» JMO. ❚ «...había organizado una serie de conferencias para albardar un premio de postín, un engañabobos...» Miguel Sánchez-Ostiz, *Un infierno en el jardín,* 1995, RAE-CREA. |✔ para Juan Villarín es *desodorante.* Para María Moliner es *embaucador* o *farsante.*|

286

*engañar cf. (afines) amañar, anzuelo, jugar con dos *barajas, birlochar, burrear, hacer la *cama, canelar, dar la *castaña, changar, engañar como a un *chino, cornificar, sacar los *cuartos, dar por el *culo, desplumar, dar *gato por liebre, guindar, hacer la cama, hacérsela a alguien, llevar al *huerto, joder, jugársela a alguien, meterla, dar *palos, pastelear, pegársela a alguien, dar el *pego, tomar el *pelo, plática, hacer la *puñeta, putada, quedarse con alguien, darla con *queso, tragarse el *rollo, tangar, tomar por *tonto, trampa, trilar, hacer el *túnel, ver venir.

engañar *v.* ser infiel a la pareja sentimental.

«...me engañó y me puso los cuernos conmigo mismo...» Chumy Chúmez, *Por fin un hombre honrado.* ❚ «Es preferible que su mujer no sepa que la engaña.» JM.

*engañar a cónyuge cf. (afines) adornar la frente, engañar, jugársela, pegársela, poner el *gorro, poner los *cuernos.

*engaño cf. (afines) camelo, changa, engañabobos, estafa, palo, pirula, pufo, tangana, truque.

engendro *s.* persona fea.

«Colgado del brazo llevaba un engendro que no veas.» JM. ❚ «Engendro. Persona muy fea.» JMO. ❚.▪ «A mí me gustan las mujeres guapas, no los engendros como usted, señora.» |✔ DRAE: «Persona muy fea».|

englobarse *v.* enfadarse.

«...borracho, englobado, deprimido, cansado, eufórico...» José Ángel Mañas, *Sonko95.* ❚ «Englobarse. Enfadarse.» JV. ❚ «Englobarse: enfadarse.» JMO. ❚ «Tu jefe se engloba con facilidad.» DCB.

engrasar *v.* sobornar.

«Engrasar a alguien: sobornarle.» JMO. ❚ «Engrasar, sobornar.» VL. ❚ «Tenemos que engrasar al jefe de policía para que haga la vista gorda.» DCB. |✔ no se ha podido documentar fuera de diccionarios.|

*engreído cf. (afines) bocazas, boquilla, cadenas, cantamañanas, enterao, fantasma, fantasmón, fardón, ful, listillo, notas, voceras.

*enloquecer cf. (afines) chalarse, volverse *chalupa, chiflarse, grillarse, irse de la *bola, irse de la *olla, perder la *chaveta, pirarse, rayar. |✔ ▸ *loco.*|

enredo *s.* relación extramarital.

«...ella es sólo un enredo, cuestión de minina, el asueto de un hombre...» Ramón Ayerra, *Los ratones colorados.*

enrollar *v.* convencer.

«No intente enrollarme.» José Luis de Tomás García, *La otra orilla de la droga,* 1984, RAE-CREA. ❚.▪ «Juan me ha enrollado para que la acompañe a la India.»

2. gustar.

«...y unas cintas molonas de las cintas que más os enrollen...» Mala impresión, revista de humor con caspa, n.° 1.

3. enrollarse *v.* hablar, ser locuaz.

«Dime sí o no y no te enrolles.» Juan Madrid, *Las apariencias no engañan.* ❚ «Ayer se enrolló bien conmigo una gente y les pasé dos pentas.» José Luis de Tomás García, *La*

otra orilla de la droga, 1984, RAE-CREA. ▌
«Sólo hay una vieja petardo que se enrolla
con el tío del mostrador cosa mala.» C. Pérez Merinero, *Días de guardar.*

4. enrollarse *v.* tener amoríos.
«Lo típico, la chica con la que salía se enrolló con otro.» Ragazza, n.° 100. ▌ «Además,
estuvo enrollado con varias actrices.» Ragazza, n.° 101. ▌ «No quiero enrollarme
con nadie.» Juan Madrid, *Cuentas pendientes.* ▌ «...su señora está enrollada con un
guardia jurado...» Francisco Umbral, *Madrid 650.* ▌ «Dile que se enrolle bien conmigo, colega, que soy legal...» José Luis de
Tomás García, *La otra orilla de la droga,*
1984, RAE-CREA. ▌■ «Juan se ha enrollao
con una camarera.»

5. enrollarse *v.* aburrir, cansar.
«¡Jo, la gente mayor se enrolla...!» JM.

6. enrollarse como las persianas *expr.*
hablar mucho.
«¡Uy, que no! Te enrollas más que una per-
siana.» Álvaro Pombo, *Los delitos insignificantes.* ▌■ «Llego tarde porque me ha en-
tretenido Juan que se enrolla como las
persianas, el tío.»

7. no te enrolles, charles boyer *expr.* no
hables tanto.
«Pero que no te enrolles, charlesboyes, que
para una vez que nos ponemos a estudiar,
empiezas a decir tonterías...» A. Sopeña
Monsalve, *El florido pensil.*

ensartar *v.* copular.
«En treinta segundos estoy ensartada hasta los testículos.» C. Ducón, *El hotel de las
orgías.*

**ensuciarse en los pantalones (los
calzoncillos)** *expr.* defecar.
«En la enfermería le desnudaron; [...] se había ensuciado en los pantalones.» José Gutiérrez-Solana, *Madrid, escenas y costumbres,
Obra literaria, I.* ▌ «Llora; tendrá hambre o se
habrá ensuciado.» Ignacio Aldecoa, *El fulgor y la sangre.*

entalegar *v.* encarcelar.
«Quiere que entaleguemos al que ha birla-
do la cartera a ese personajillo.» Fernando
Martínez Laínez, *La intentona del dragón.* ▌
«Ya había estado entalegado y tenía ficha.»

Pedro Casals, *Disparando cocaína.* ▌■ «Si me
entalegan otra vez, te diré dónde tengo el
botín del último atraco.»

**entendederas, duro (corto) de en-
tendederas** *expr.* corto de entendimiento, bobo, necio.
«...como si se considerase un tarado mental, duro de entendederas...» C. Pérez Merinero, *La mano armada.*

***entender** cf. (afines) ▶ *comprender.*

entender *v.* ser homosexual.
«...sólo tienen que preguntar ¿entiendes? a
la persona que le gusta para saber si puede
ligar con ella...» Tiempo, 27.9.89. ▌ «Quería
desviar el caso a un asunto de homosexuales. Entiende. Por eso no puede ver a las
tordas.» Raúl del Pozo, *Noche de tahúres.* ▌
«Busco chico que entienda, discreto y
poco exigente. Dejar aquí el teléfono.»
Francisco Umbral, *El Giocondo.* ▌ «En una
fiesta gay me preguntaban: ¿entiendes?, y
yo decía: Claro, hablo español. Después
me contaron el verdadero significado de la
palabra.» Carlos Orellana, revista Elle,
agosto, 1998. ▌ «Chicos que entienden.
Desde 43/ptas. minuto. Mayores 18 a.»
Anuncios clasificados, El Mundo, 18.10.98.
▌ «...el Agostiú, que tendrá un montón de
hijos pero para mí que entiende...» Jaime
Romo, *Un cubo lleno de cangrejos.* ▌ «Interesado en conocer camioneros y conductores
de autobuses que entiendan.» El Mundo,
Metrópoli, 23.4.99.

2. entender de *expr.* saber, ser experto en.
«No entiende nada de fútbol.» CL. ▌■ «Yo
no entiendo nada de aparatos eléctricos.»

3. entenderse *v.* tener relaciones sexuales con alguien.
«...o le decimos a la parroquia que se entiende usted con la señora de Gómez...» C.
J. Cela, «Noviciado, salida noviciado», en
Antología del cuento español. ▐ DRAE: «Tener
hombre y mujer alguna relación de carácter amoroso recatadamente, sin querer que
aparezca en público».▌

entendido *adj.* homosexual.
«Su compañero es un cromo: de punta en
blanco, yo creo que entendido. Una buena

pareja bien avenida y complementaria.» Antonio Gala, *Más allá del jardín*.

enterado *s.* listo, sabihondo, fatuo.

«...y el fulano dijo, tú qué sabes, venga, desnúdate que sois todas unas enteradillas.» Ángel Palomino, *Las otras violaciones*. ▌ «Esta vez, el enterado era un bizco con boina negra y traje de pana...» F. Vizcaíno Casas, *Hijos de papá*. ▌ «...porque el (José Ángel) Mañas es un tío auténtico, pijo, pero *auténtiko* y *enterao*...» Antonio Baños, Qué leer, junio, 1998. ▌ «Manola dijo que era un *enterao*...» María Antonia Valls, *Tres relatos de diario*. ▌ «No te creas todo lo que dicen las enteradillas.» You, marzo, 1998. ▌ «El joven enteradillo de hoy puede...» El Mundo, La Luna, 26.2.99. ▌ «Y escúchame una cosa: no te subas a la parra ni te hagas el enterado.» Andreu Martín, *Prótesis*.

enterarse, no enterarse *expr.* estar despistado.

«¡Que la ronda ya está pagada! ¡Estás que no te enteras!» JM. ▌ «Que no te enteras, Contreras.» La Vanguardia, 23.2.99. ▌ ■▪ «¡Que no te enteras, tío, que no es hoy el cumpleaños de Petra, que es mañana, so bobo!»

2. no enterarse de la película *expr.* estar despistado, no saber lo que ocurre.

«...lo lógico sería dejarme solo en casa un buen rato para que los devorara a gusto y luego hacer como si no se enterase de la película.» Pedro Casals, *Hagan juego*.

entierro de tercera *expr.* aburrido.

«En el hall hay menos cachondeo que en un entierro de tercera.» C. Pérez Merinero, *Días de guardar*. ▌ «Parecer un entierro de tercera. Estar muy aburrida una reunión.» VL. ▌ ■▪ «Esta fiesta de cumpleaños es peor y más triste y aburrida que un entierro de tercera.»

ento(d)avía *adv.* todavía.

«...resulta que en este país entoavía hay mucha gente que se dedica al deporte...» El Jueves, 8.4.98. ▌ «¡Que yo me acuerdo entodavía cuando te besaba!» Extremoduro, CD, 1997: *Iros todos a tomar por culo, Buscando la luna*. ▌ «Entoavía: Aún, hasta el momento.» IND.

entoligar *v.* encarcelar.

«¿Que por qué me entoligaron? Bueno, en realidad no iban a por mí, iban a por Legrand. Yo pagué el pato.» C. Pérez Merinero, *Días de guardar*.

entrada, de entrada *expr.* para empezar, de primeras.

«Cuando llegó a su casa borracho y a altas horas de la noche, su mujer no quiso pedirle explicaciones y, de entrada, le dio dos bofetadas.» FV. ▌ «Bueno, pues el resultado es infalible: al vecino, de entrada, se le endereza la cara...» Eloy Arenas, *Los vecinos de mis vecinos son mis vecinos*. ▌ «De entrada aceptamos sus condiciones; ahora estudiemos los detalles.» LA.

entrar *v.* tratar de entablar amistad.

«Supongo que esperar a que me entre alguien con una frase menos tópica que la que tú acabas de utilizar.» Lucía Etxebarría, *Beatriz y los cuerpos celestes*. ▌ «...no están dispuestos a llevarse un corte y antes de entrar a una chica prefieren pensárselo mucho.» A. Gómez Rufo, *Cómo ligar con ese chico que pasa de ti o se hace el duro*.

2. no entrar ni salir *expr.* no comprometerse, permanecer indiferente.

«Naturalmente, lo disculpaba todo. O, por lo menos, no entraba ni salía en nada.» Fernando Repiso, *El incompetente*. ▌ «Nosotros ni entramos ni salimos en esta cuestión...» A. Serrano Pareja, *Coleccionismo de sellos*, 1979, RAE-CREA.

entraysale *s.* criminal que entra y sale de la cárcel con frecuencia.

«Rafi es un entraysale. Ha estado muchas veces en la trena.» A. Matías Guiu, *Cómo engañar a Hacienda*.

entrepierna *s.* partes sexuales, testículos, vulva.

«El tipo observa cómo tosiendo, rascándose la entrepierna, metiéndose [...] el dedo en la nariz.» P. Antilogus, J. L. Festjens, *Anti-guía de los conductores*. ▌ «Hace poco tiempo se despenalizaron los delitos de la entrepierna.» Felipe Navarro (Yale), *Los machistas*. ▌ «Por último, bebiendo a lengüetadas la entrepierna y la raja de las nalgas...» C. Ducón, *El hotel de las orgías*. ▌ «...encuentran el sentido de la vida en dar satisfacción a su entrepierna...» R. Gómez de Parada, *La universidad me mata.* ❚ «El calentón que me ha metido en la entrepierna no tiene nombre. Calientapollas se llama esa figura femenina, por si no lo saben.» C. Pérez Merinero, *Días de guardar.* ❚ «Le puse la mano en la entrepierna. Estaba empalmado.» Almudena Grandes, *Las edades de Lulú.* ❚ «...vivía al margen [...] de todo y se pasaba por la entrepierna...» María Antonia Valls, *Tres relatos de diario.* ❚ «...el gusto de su entrepierna, lo terso de sus nalgas, la apertura de su culo...» Daniel Leyva, *Una piñata llena de memoria,* 1984, RAE-CREA.

entretenida *s.* amante.
«...donde creo recordar que tuvisteis una entretenida, o como dicen aquí, una querida...» Juan Perucho, *Pamela,* 1983, RAE-CREA. ❚ «Yo no soy ni una entretenida ni un juguete.» Jaime Salom, *La piel del limón,* 1976, RAE-CREA. ❚ «Entretenida. Amante a la que mantiene un hombre.» VL. ❚ «...a la mujer de un gobernador y a la entretenida de un clérigo...» Ramón Ayerra, *Los ratones colorados.* ❚ «Carlota es la entretenida del jefe.» DCB.

entrullar *v.* encarcelar.
«...y el señor Roldán que es como el decano de Carabanchel, por lo que lleva entrullado.» Francisco Umbral, El Mundo, 28.2.98. ❚ «...mientras los entrullados se ponen cantosos...» Francisco Umbral, *La derechona.* ❚◼ «Al Mateo le entrullaron por robar a punta de pistola en una joyería de la calle de Alcalá.»

envainársela *v.* cambiar de opinión por miedo o por la fuerza.
«Le enseñé el prólogo al viejo y se la envainó rápido.» Ángel Palomino, *Todo incluido.* ❚ «Vale más envainársela a tiempo que andar luego a golpe de pleitos.» Jose-Vicente Torrente, *Los sucesos de Santolaria.* ❚ «Me parece que voy a tenérmela que envainar.» Pedro Casals, *Disparando cocaína.*

envergue *s.* acción de tener una erección.
«...la mosca del amor [...] que Muza y otros necesitan para el envergue...» Raúl del Pozo, *Noche de tahúres.*

época, que hacen época *expr.* que marcan un hito.
«Sus fiestas van a ser de las que hacen época.» Javier Ortiz, El Mundo, 25.9.99.

equilicuá *adv.* sí, ya, eso es, así es.
«¿Por qué?, equilicuá, tú lo has dicho!» Andrés Berlanga, *La gaznápira.* ❚◼ «—¿Así, tú crees que el Real Madrid ganará la Copa? —Equilicuá.»

equipo, caerse con todo el equipo *expr.* fracasar.
«¿Puede un director consagrarse al primer intento? Sin duda. Y caerse con todo el equipo en su siguiente intentona.» El Mundo, La luna del siglo XXI, 9.10.98. ❚ «...la cosa está en no entrarle por derecho a la mafia, te caes con todo el equipo...» Ramón Ayerra, *Los ratones colorados.*

*equivocarse *cf.* (afines) no dar pie con *bola, hacerla *buena, cagarla, cagarla bien, colarse, confundir la gimnasia con la magnesia, cogerse los *dedos, joderla, meter el *cazo, meter el *remo, meter la *pata, el número cambiado, parirla, dar un *patinazo, pringarla.

*erección *cf.* (afines) armado, arrugarse, destrempar, empalmado, empalmarse, impotente, ponerse *gorda, tenerla *dura, tenerla tiesa, tenerlo tieso.

erre que erre *expr.* obstinadamente, tercamente.
«Pero ellos erre que erre con sus lechugas, escarolas, tomates...» Ladislao de Arriba, *Cómo sobrevivir en un chalé adosado.* ❚ «¡Pero, chico, tú erre que erre, a meter las narices donde nadie te llama!» Juan Madrid, *Las apariencias no engañan.* ❚ «...cuando no siguen erre que erre con comprarnos los archiperris viejos...» Andrés Berlanga, *La gaznápira.* ❚ «Osvaldo, sin embargo, erre que erre, sin dar su brazo a torcer...» Juan Madrid, *Crónicas del Madrid oscuro.* ❚ «...y continuaba erre que erre no queriendo dar su brazo a torcer...» C. Pérez Merinero, *El ángel triste.* ❚ «El tío pesadísimo, erre que erre...» María Antonia Valls, *Tres relatos de diario.* ❚ «Lucas Climent, erre que erre hacia el estanque...» Ernesto Parra, *Soy un extraño para ti.* ❚ «Y usted, erre que erre,

machachón y obsesivo.» A. Ussía, ABC, 14.3.99. ▌«Ella, erre que erre, sigue con sus lagrimitas.» C. Pérez Merinero, *Días de guardar.*

*error cf. (afines) cagada, cantada, metedura de pata, panipén, patinazo, pifia, plancha.

*error, cometer errores cf. (afines) ▸ *equivocarse.*

esa, una de esas *expr.* prostituta.
«...una elementa; una tal; una cualquiera; una de esas; una tipa; una fulana; una andova; [...] una individua...» AI.

esaborío *adj.* soso.
«El pueblo entero está contigo, esaborío...» A. Zamora Vicente, *Historias de viva voz.* ▌ «Esaborío (Desaborido): adj. Llámase al soso, poco vivo.» IND.

escabechar *v.* matar, asesinar.
«Matar a alguien, particularmente con arma blanca.» MM. ▌ «fig. y fam. Matar a mano airada, y ordinariamente con arma blanca.» DRAE. ▌ «Si me escabechan, recuerda que tengo un seguro de vida a tu nombre.» DCB.

escacharrado *adj.* estropeado, roto.
«...primero la santa viuda nos ha escacharrado la pianola...» M. Romero Esteo, *El vodevil de la pálida, pálida, pálida rosa,* 1979. ▌ «En ese instante Lucas Climent celebró llevar una pistola, aunque estuviese escacharrada y sin munición.» Ernesto Parra, *Soy un extraño para ti.* ▌ «Escacharrao: que está muy roto, en malas condiciones.» IND.

escacharrar(se) *v.* estropear(se).
«...primero la santa viuda nos ha escacharrado la pianola...» M. Romero Esteo, *El vodevil de la pálida, pálida, pálida rosa,* 1979, RAE-CREA. ▌ «Dio tal golpe al despertador que lo escacharró.» CL. ▌ «Romper, destrozar o estropear alguna cosa.» MM.

escachiflado *adj.* estropeado, roto.
«...píldoras para la jodida tensión, y para la mearrera, y para los bronquios... Total, un héroe escachiflado...» A. Zamora Vicente, *Historias de viva voz.* ▌⬛ «¡En esta casa todos los electrodomésticos están escachiflados!»

escachifollarse *v.* estropear, romper.
«...volviese a cagarla por enésima vez con el invento de redimir prostitutas y escachifollar usuarios...» Fernando Sánchez-Dragó, «Anábasis», en *Antología del cuento español.* ▌ ⬛ «Se ha escachifollao el aire acondicionado otra vez, con el calor que hace.» ✓ ▸ también *cachifollar(se).*▌

escagarruzarse *v.* defecar.
«Cambia los pañales al niño que ha vuelto a escagarruzarse.» CL. ▌ «prnl. vulg. Hacer de vientre involuntariamente.» DRAE. ▌⬛ «Huele mal el abuelo porque se ha escagarruzado encima.»

escalfar *v.* matar.
«¡Y como pille a la abuelita, la escalfo!» El Jueves, 21-28 enero, 1998.

¡escampa! *excl.* ¡vete!, ¡márchate!
«¡Escampa! ¡Lárgate!» VL. ▌⬛ «¡Venga! ¡Escampa! No te quiero ver por aquí.» ✓ no se ha podido documentar fuera de diccionarios.▌

escaparate *s.* pechos.
«Pero eran tan gordezuelas [...] y el escaparate mostraba un aspecto de lo más presentable.» C. Pérez Merinero, *La mano armada.* ▌ «En la portada de casi todas las revistas, tías de un escaparate descomunal.» JM. ▌ «Teticas. Diminutivo al pecho de la mujer, llamado también escaparate, limones, mostrador, tetamen, etc.» José M.ª Zabalza, *Letreros de retrete y otras zarandajas.* ▌⬛ «Vaya escaparate tiene tu cuñada, tiene unos pitones de órdago.»

escape, a escape *expr.* con rapidez.
«...y si necesita algo, me da con los nudillos en el tabique que me levanto a escape...» Andrés Berlanga, *La gaznápira.*

escaqueao ▸ *escaqueón.*

escaquearse *v.* eludir obligaciones.
«Felipe se ha escaqueado.» El Jueves, 6-12 octubre, 1993. ▌ «...y cuando trataba de escaquearse para no verse obligado a prestar oído...» Ramón Ayerra, *La lucha inútil,* 1984, RAE-CREA. ▌ «...aunque la sección de novios podía escaquearse.» José María Guelbenzu, *El río de la luna,* 1981, RAE-CREA. ▌ «Lo debías haber hecho tú, pero como te escaqueas y no apa-

reces nunca por ningún sitio.» C. Rico-Godoy, *Cómo ser una mujer y no morir en el intento.* ❙ «Es una buena manera de escaquearse...» M. Ángel García, *La mili que te parió.* ❙✔ DRAE: «prnl. fam. Eludir una tarea u obligación».❙

escaqueón *s.* vago, gandul, perezoso, que elude el trabajo.

«La capacidad de trabajo es casi una virtud, por lo que la correspondiente ristra de insultos fustiga a quienes huyen de él: [...] remolón;... manta;... rompesillas;... escaqueao;... zanguango;... más vago que la chaqueta de un guardia;...; no dar golpe; [...] no pegar golpe;...» AI. ❙◆ «Es un escaqueón el mierda de Pedro y no nos ayudará.» ❙✔ también *escaqueao,* ▸ *escaquearse.*❙

escarabajo *s.* coche Volkswagen.

«Se me había olvidado que hoy tenemos que pasar la puta Iteuve del escarabajo.» José Ángel Mañas, *Historias del Kronen.* ❙ «El escarabajo de color verde oliva ascendió por las curvas y contracurvas de Vallvidrera...» Pedro Casals, *La jeringuilla.*

escena, aparecer en escena *expr.* venir, llegar.

«...tenemos que aparecer en escena con cierta grosería...» Manuel Gutiérrez Aragón, *Morirás de otra cosa,* 1992, RAE-CREA. ❙ «Cuando apareció en escena...» Fernando Fernán Gómez, *El viaje a ninguna parte,* 1985, RAE-CREA. ❙◆ «Estábamos viendo el partido cuando apareció en escena mi cuñado con su secretaria.»

2. hacer (montar) una escena *expr.* organizar un escándalo en público.

«¿Vas a hacerme una escena aquí, junto a tus compañeros?» Juan Madrid, *El cebo.*

escoba ▸ *vender, no vender(se) una escoba.*

escoba, rabo (palo) de escoba *s.* muy delgado, flaco.

«Si uno es alto, flaco y más bien endeble, se le llamará: alambre [...] chupado [...] escoba [...] espárrago [...] espingarda; fideo [...] palillo [...] saco de huesos...» AI. ❙◆ «Es guapilla la mujer de Pepe, pero muy flaca, un rabo de escoba.»

escondidas, a escondidas *expr.* ocultamente, ocultándose.

«...blancos y calientes senos de la nodriza que, a escondidas, me besaba...» Ramón Hernández, *El secreter del rey,* 1995, RAE-CREA. ❙ «...le prohíbe mendigar a la servidumbre para comer a escondidas.» Ana María Moix, *Vals negro,* 1994, RAE-CREA.

escoñamiento *s.* acción de escoñar, estropear, malograr.

«...esperando, durante no sé cuántos años [...] el escoñamiento del Sha...» Felipe Navarro (Yale), *Los machistas.*

escoñar *v.* estropear, malograr.

«...y las restricciones económicas internacionales [...] lo están escoñando todo.» Luis María Anson, *Don Juan.* ❙ «...le pegas un cantazo y le escoñas la luneta de atrás.» Ángel Palomino, *Las otras violaciones.* ❙ «Me he escoñado el brazo, pero ha sido el golpe...» José Luis de Tomás García, *La otra orilla de la droga,* 1984, RAE-CREA. ❙ «...algunos con libros encima, otro, con más suerte, escoñado en el suelo.» Ernesto Parra, *Soy un extraño para ti.*

2. escoñarse *v.* estropearse, hacerse daño, malograrse.

«Uno se intoxicó, otro se escoñó por la escalera interior...» C. Rico-Godoy, *Cómo ser una mujer y no morir en el intento.* ❙ «Cámbiame esa lámpara de sitio que con el salto del tigre se me está (d)escoñando la clientela.» *El Jueves,* 21-28 enero, 1998. ❙ «¡Otro año que me escoñan la salida estos maricas.» Miguel Martín, *Iros todos a hacer puñetas.* ❙ «...navegaba a media máquina porque la otra media se había escoñao al zarpar...» Álvaro de Laiglesia, *Hijos de Pu.* ❙ «...no hay nada como desgraciarse, escoñarse.» Juan Marsé, *Si te dicen que caí.*

escopetado *adj.* rápido, deprisa.

«Creo que sale tan escopetado de casa porque le tiene pavor a la melancolía.» C. Rico-Godoy, *Cómo ser una mujer y no morir en el intento.* ❙◆ «No le pude decir nada porque iba escopetao el tío.» ❙✔ VL. y JMO. reseñan *escopeteado.*❙

escote, pagar a escote ▸ *pagar, pagar a escote.*

escote de vértigo *s.* escote muy abierto que muestra parte del pecho de la mujer.

«Margarita llevaba un vestido con un escote de vértigo que lo enseñaba todo.» DCB. |✓ ▶ *vértigo, de vértigo.*|

escribidor *s.* mal escritor.

«Hubo algún ilustre escribidor de entonces que...» A. Zamora Vicente, *Mesa, sobremesa.* ▌«Saludos, escribidores...» A las barricadas, 3-14 junio, 1998. ▌«Este escribidor vio en *inhumar* del latín *humus*, tierra), por la humareda que soltamos cuando nos meten en el horno...» Fernando Lázaro Carreter, *El dardo en la palabra.* ▌«Ni siquiera el efecto 2000 me amilana. Ni me arrugan las burlas de esos escribidores incrédulos...» Jorge Márquez, ABC, 14.3.99. |✓ DRAE: «fam. Mal escritor».|

esculpida *adj.* mujer atractiva.

«¡Cómo estás, hija! ¡Estás esculpida!» JM. ▌«Mira a esa tía que cruza la calle. Está esculpida. ¡Para comérsela!» DCB.

escupir *v.* pagar, abonar.

«Escupir: pagar.» JMO. ▌«Escupir. Apoquinar, pagar.» VL. ▌◾«Tuvieron que escupir cuarenta mil cada uno por la cena.» |✓ no se ha podido documentar fuera de diccionarios.|

escupitajo *s.* salivazo.

«...el escupitajo le cayó en el pecho.» Mayra Montero, *Tú, la oscuridad,* 1995, RAE-CREA. ▌«...salió como un gran escupitajo de leche.» Ignacio Amestoy, *Gernika, un grito, 1937,* 1995, RAE-CREA. |✓ DRAE: «m. fam. Saliva, flema o sangre escupida».|

escurrir el bulto ▶ *bulto, escurrir el bulto.*

escurrirse *v.* eyacular.

«...y veía ya cerca el gustirrinín, va la tía y se escurre; pero, chica, le dijo, que todavía no me ha venido...» Ramón Ayerra, *Los ratones colorados.* ▌«Escurrirse: alcanzar el orgasmo.» JMO. ▌«Escurrirse. Eyacular el semen.» VL. ▌«...pues no se hable más y vamos a ver qué tal se cabalga esta jaca... pero si se escurre la tía...» Ramón Ayerra, *Los ratones colorados.* ▌«Escurrirse. Ponerse cachondo, lubrificarse,

humedecerse.» Ra. ▌◾«Se escurrió enseguida que me metió la polla.»

eses, hacer eses *expr.* ebrio, borracho.

«...ir haciendo ochos, ir haciendo eses... estar como una cuba.» AI. ▌«...tropezándome con la gente y haciendo eses...» Carmen Martín Gaite, *Nubosidad variable,* 1992, RAE-CREA. ▌«Va escupiendo mondas de pipas y camina haciendo eses deliberadas.» Miguel Delibes, *La hoja roja,* 1986, RAE-CREA. ▌«...parcialmente borrachos, abandonaron la comisaría haciendo eses.» Álex de la Iglesia, *Payasos en la lavadora.*

esférico *s.* balón.

«...ten cuidado con un jilipollas que se te tira al terreno de juego y no hay Dios que le quite el esférico...» Miguel Martín, *Iros todos a hacer puñetas.* ▌«...el balón ya no se designa sólo con sus habituales simples metonimias *esférico* o *cuero*...» Fernando Lázaro Carreter, *El dardo en la palabra.*

esfínter *s.* músculo que controla la apertura y cierre del ano.

«No me lamas el esfínter del ano con precipitación irresponsable...» C. J. Cela, *Oficio de tinieblas 5.*

esfumarse *v.* marcharse, irse, desaparecer.

«Que como me toquen las quinielas me esfumo, me doy el piro.» Juan Madrid, *Un beso de amigo.* ▌«Cuando íbamos a pedirle aclaraciones sobre la lista, la buscavidas se había esfumado camino del aeropuerto.» Marina Pino, *Cómo montártelo por el morro.* ▌«Si tienes la mala suerte de que te toque, trata de esfumarte.» Fernando Martín, *Cómo aprobar todo sin dar ni chapa.* ▌«Lolita se había esfumado.» Mercedes Salisachs, *La gangrena,* 1975, RAE-CREA. ▌«...tan vívido y cutre que su agresividad sexual se esfumó...» Miguel Delibes, *Madera de héroe,* 1987. ▌«Se esfumó otra vez y fue...» Andreu Martín, *Amores que matan, ¿y qué?* ▌«—Espere, voy a ver. Y se esfuma.» C. Pérez Merinero, *Días de guardar.* ▌«El Lobito quería que nos esfumáramos...» José Luis Martín Vigil, *Los niños bandidos.*

esgraciao *s.* desgraciado.

«¡No te arrimes, esgraciao!» C. J. Cela, *El gallego y su cuadrilla.*

esmirriado *s.* persona pequeña y endeble.

«En cuanto a los menudos [...] su estatura los hermana en el grupo de los retacos: [...] canijo [...] chaparro; chaparrete [...] enano... esmirriado... mediohombre; [...] microbio; pigmeo; renacuajo; retaco; [...] taponcete...» AI. |√ DRAE: «adj. fam. Flaco, extenuado, consumido».|

esnifador *s.* tubo para aspirar droga por la nariz.

«Sacó el esnifador y se lo ofreció a Monse.» Jaime Romo, *Un cubo lleno de cangrejos.*

esnifar *v.* aspirar droga por la nariz.

«...su jefe mueve la cabeza y le despide, su hijo esnifa cola, los negros de barrio organizan una movida...» P. Antilogus, J. L. Festjens, *Anti-guía de los conductores.* ▌«Él la metió en la heroína. Primero empezó esnifándola por la nariz...» Raúl del Pozo, *Noche de tahúres.* ▌«...la pincharon por primera vez, esnifó coca, fumó porros...» A. Matías Guiu, *Cómo engañar a Hacienda.* ▌«¿Esnifa también?» Pedro Casals, *La jeringuilla.* ▌«No seas capullo, nena. Digo nieve de esa otra que se esnifa por la nariz.» Ladislao de Arriba, *Cómo sobrevivir en un chalé adosado.* ▌«Prada terminó de esnifar una enorme raya de coca...» Juan Madrid, *Flores, el gitano.* ▌«¿Es coca? [...] Le contesté que sí y, sin perder un minuto, la esnifó en tres o cuatro rayas. Estaba puesto, muy puesto.» M. Sánchez Soler, *Festín de tiburones.* ▌«...calcinar el tabique nasal como si esnifases cal viva. Quizá por esa razón los consumidores habituales lo llamen cerdo.» Álex de la Iglesia, *Payasos en la lavadora.*

esnucar(se) *v.* desnucar(se), matar(se).

«¡Ese borracho! ¡Casi lo esnuco! ¿Te fijaste? ¡Qué alumbrado iba!» Germán Suárez Blanco, *Léxico de la borrachera.* ▌«Esnucar: matar dando un golpe en la nuca.» IND.

eso *s.* copulación.

«Después del beso viene eso.» ref.

2. ¡eso no se hace! ▶ *¡eso no se toca!*

3. ¡eso no se toca (coge)! *expr.* expresión para regañar a un niño.

«Eso no se toca, no se ve, no se huele...» L. Palou, *Carne apaleada,* 1975, RAE-CREA. ▌

«Y el culo de momento se ve pero no se toca.» Juan José Alonso Millán, *Sólo para parejas,* 1993, RAE-CREA. ▌«Rafita, eso no se coge, caca!» Eloy Arenas, *Los vecinos de mis vecinos son mis vecinos.*

4. ¿y eso? *expr.* ¿por qué?

«—Tengo el estómago un poco descompuesto [...] —¿Y eso? —Algo que me ha sentado mal.» C. Pérez Merinero, *El ángel triste.* ▌«No, yo no bailo. —¿Y eso? —Eso es mi amiga y tampoco baila.» CO, chiste popular.

espabilaburros *s.* diccionario.

«¡Ah!, faltaba decir que esto que tenéis entre los bastos es un espabilaburros, o por lo menos así lo llaman los saneras.» JV. ▌«Espabilaburros. Enciclopedia, diccionario. Libros en general.» Ra. |√ no se ha podido documentar fuera de diccionarios.|

espabilado *s.* cómplice de timador.

«Espabilao: Cómplice del toquero en el timo del tocomocho.» JGR. ▌«En el timo del tocomocho, el espabilao es el que hace de tonto.» DCB. ▌«Espabilado. El que va con el toquero para dar el tocomocho. Listo.» Ra. |√ no se ha podido documentar fuera de diccionarios.|

espada *s.* llave falsa, ganzúa.

«Ya está la espada hincada [...] Ahora a girar... sí, ya viene [...] ¡clic!» Eleuterio Sánchez, *Camina o revienta.* ▌«Espada. Ganzúa/llave falsa/llave en general.» JGR. ▌«Espada. Llave.» Ra.

2. estar entre la espada y la pared *expr.* estar en una situación apurada.

«Tu socio, entre la espada y la pared, aceptó retirarse del caso y olvidarse de ti...» Andreu Martín, *Por amor al arte.* ▌«Me pone entre la espada y la pared.» José Luis Martín Vigil, *Los niños bandidos.*

espadista *s.* ladrón de pisos.

«Espadista: Delincuente que opera con llaves falsas o ganzúas.» JGR. ▌«...estaba catalogado como uno de los mejores espadistas de Madrid, profesión de la que ya quedan pocos.» Juan Madrid, *Las apariencias no engañan.* ▌«La policía sabía que el Titi era uno de los mejores espadistas del país...» Andreu Martín, *Amores que matan,*

¿y qué? ❙ «...todos los delincuentes habituales: toperos, espadistas, piqueros, mecheros...» Victoriano Corral, *Delitos y condenas.* ❙ «Santi Potros, por el metro de Sevilla un espadista disfrazado de Fernando III, el Santo...» Raúl del Pozo, El Mundo, 14.7.99.

espalda, a espaldas de alguien *expr.* sin que se entere, sin que lo sepa.

«Su madre le dio unas pesetas para que la viera, incluso quizá de espaldas a su padre.» M. Vázquez Montalbán, *La historia es como nos la merecemos.*

2. a las espaldas *expr.* experiencia que implica sufrimiento.

«A los cincuenta y seis años y con más de treinta años de cárcel a las espaldas no es fácil...» Victoriano Corral, *Delitos y condenas.*

3. caerse (echar, tirar) de espaldas *expr.* sorprenderse.

«Las herederas son dos señoras muy conocidas, si te digo los nombres te caes de espaldas...» Ángel Palomino, *Las otras violaciones.* ❙ «...un insoportable olor a tabacazo casi me echa de espaldas...» María Antonia Valls, *Tres relatos de diario.* ❙ «...tiene un *sex appeal* que tira de espaldas...» You, enero, 1998. ❙ «El vino era que tiraba de espaldas...» José María Amilibia, *Españoles todos.*

4. donde la espalda pierde su (casto) nombre *expr.* nalgas, posaderas.

«...desde la nuca hasta donde la espalda pierde su nombre.» María Antonia Valls, *Tres relatos de diario.* ❙◨ «Pepe puso su mano en, bueno, donde la espalda pierde su casto nombre. ¿Comprendes?» ✔ MM: «Eufemismo jocoso con que se alude a las nalgas.»❙

5. guardarse la(s) espalda(s) *expr.* protegerse.

«También me sé guardar las espaldas.» Andreu Martín, *Amores que matan, ¿y qué?*

6. tener buenas espaldas *expr.* fuerte.

«...era mozallón de buenas espaldas...» Pau Faner, *Flor de sal,* 1986, RAE-CREA. ❙◨ «Jorge tiene buenas espaldas y sabe aguantar infortunios y de todo.»

espantajo ▸ *espantapájaros.*

espantapájaros *s.* persona fea.

«Debía parecer un espantapájaros...» Javier García Sánchez, *La historia más triste,* 1991, RAE-CREA. ❙ «...con los brazos extendidos como un espantapájaros...» Rafael Alberti, *El adefesio,* 1977, RAE-CREA. ❙◨ «Carmen es muy inteligente y agradable pero es un espantapájaros, la pobre.»

espanto, de espanto *expr.* grande, importante.

«...tanto mi señora como su dueña eran dos zorronas de espanto...» P. Perdomo Azopardo, *La vida golfa de don Quijote y Sancho.*

2. estar curado de espanto *expr.* no sorprenderse ya por nada.

«Si hay alguien curado de espanto ése es Juan.» José Luis Martín Vigil, *Los niños bandidos.* ❙ «...pero una está curada de espanto.» Eduardo Mendoza, *Sin noticias de Gurb.*

española *s.* película española.

«En el Progreso ponen una española. Dicen que está bien.» Joaquín Leguina, *Tu nombre envenena mis sueños,* 1992, RAE-CREA.

2. hacerse una española *expr.* masturbarse la mujer.

«Hacerse una española. Masturbarse, aplicado a las chicas.» Joseba Elola, *Diccionario de jerga juvenil.* ❙ «Hacerse una española. Masturbarse una mujer.» S. ✔ no se ha podido documentar fuera de diccionarios.❙

españolada *s.* película española de mala calidad.

«Comediuchas de tercera, españoladas que han desprestigiado fatalmente a nuestro cine.» José Ángel Mañas, *Sonko95.*

esparatrapo *s.* esparadrapo.

«Esparatrapo: especie de tela que se pega.» IND.

espárrago *s.* persona alta y delgada.

«Si uno es alto, flaco y más bien endeble, se le llamará: alambre [...] chupado [...] escoba [...] espárrago [...] espingarda; fideo [...] palillo [...] saco de huesos...» AI. ❙◨ «El espárrago de tu cuñada debería comer un poco más, la pobre, que está en los huesos.»

2. irse (mandar) a freír espárragos *expr.* malograrse; rechazar con enfado.

«...pero no sin antes hacerte un *peeling* para erradicar los granitos; si no, el glamour se irá a freír espárragos.» You, enero, 1998. ❙ «Cualquier día de estos va a explotar y te vas a ir a freír espárragos.» C. Pérez Merinero, *El ángel triste.* ❙ ◼ «No tengo ganas de aguantarte ni un minuto más. ¡Vete a freír espárragos!» ✓ ▶ también *freír, mandar a freír espárragos.*❙

3. mandar a freír espárragos *expr.* rechazar con malos modos.

«Se manda a freír espárragos.» Virtudes, *Rimel y castigo.* ❙ «Acabo por mandarla a freír espárragos y me la pelo.» C. Pérez Merinero, *Días de guardar.* ❙ «...y el que no que se fuese a freír espárragos...» C. Pérez Merinero, *Días de guardar.*

espatalán *s.* mezcla de español y catalán.

«Los estudiantes de esa asignatura [...] no aprenderán así ni español ni catalán, sino una suerte de espatalán (español-catalán)...» Francisco Umbral, El Mundo, 8.7.98.

espatarrarse ▶ *abrir, abrirse de piernas (muletas, patas).*

esperanza, estar en estado de buena esperanza *expr.* embarazada.

«...viuda, había regresado en estado de buena esperanza.» Héctor Sánchez, *El héroe de la familia,* 1988, RAE-CREA. ❙ «...María Luisa de Orleans, quien, en estado de buena esperanza, le decían...» Juan Perucho, *Pamela,* 1983, RAE-CREA. ❙ ◼ «Mi mujer está en estado de buena esperanza otra vez.»

esperar ▶ *aquí, de aquí (ahí) te espero.*

esperma *s.* semen.

«...sujetándole la cabeza de suerte que no pueda esquivar el pegajoso esperma que le llena la garganta rápidamente...» C. Ducón, *El hotel de las orgías.* ✓ DRAE: «amb. semen, secreción de las glándulas genitales del sexo masculino».❙

espeta *s.* inspector de policía.

«Espeta: miembro de la policía de paisano.» Manuel Giménez, *Antología del timo.* ❙ «Eso de que me quitara de patear las calles como un espeta de pro...» C. Pérez Merinero, *La mano armada.* ❙ ◼ «Tres guardias y un espeta han detenido al famoso ladrón.»

espich *s.* discurso, perorata.

«¡Caramba, Mario, me ha dejado usted planchadita! ¡Mi madre, qué espich!» A. Zamora Vicente, *Mesa, sobremesa.* ❙ «Espich. Perorata.» VL. ✓ del inglés *speech.*❙

espicha(d)o *s.* cadáver, muerto.

«Espichado: muerto.» JMO. ❙ ◼ «Un accidente terrible: habían dos espichaos en la acera.» ✓ de *espicharla,* morir.❙

espicharla *v.* morir.

«La pobre está muy ilusionada. Si mi mujer espichara, todo se arreglaría, pero es más fuerte que un roble.» Eduardo Mendoza, *La ciudad de los prodigios.* ❙ «...allí me entraron unos calambres que creí que espichaba.» B. Pérez Galdós, *Fortunata y Jacinta.* ❙ «Date prisa, tú, o ésta la espicha por el camino.» Fernando Martínez Laínez, *La intentona del dragón.* ❙ «¿Qué sabe de su abuelo? —La espichó.» Lourdes Ortiz, *Picadura mortal.* ❙ «Sus aspiraciones se centran en hallar un sitio cómodo y calentito [...] y espicharla lo más tarde posible.» Fernando Martín, *Cómo aprobar todo sin dar ni chapa.* ✓ DRAE: «fr. verbal. Morir, acabar la vida».❙

espid ▶ *speed.*

espina, dar mala espina *expr.* recelar, esperar algo malo, no fiarse.

«...el gerundio que has usado me da mala espina.» R. Humberto Moreno-Durán, *El toque de Diana,* 1981, RAE-CREA. ❙ «Caballeros, a mí Prim me da mala espina.» Arturo Pérez-Reverte, *El maestro de esgrima,* 1988, RAE-CREA.

espingarda *s.* persona alta y delgada.

«Si uno es alto, flaco y más bien endeble, se le llamará: alambre [...] chupado [...] escoba [...] espárrago [...] espingarda; fideo [...] palillo [...] saco de huesos...» AI. ❙ «Espindarga: mujer alta y desgarbada.» IND. ✓ DRAE: «2. Escopeta de chispa y muy larga».❙

esponja *s.* ebrio, borracho.

«...el borracho [es] ajumao, borrachín, [...] cogorzas, [...] esponja, beodo,... mamado,...» Al. ❚ «Yo, que nunca he sido bebedor, me asombra al ver cómo hay esponjas como Julia que se entregan a la bebida tan de mañana.» C. Pérez Merinero, *El ángel triste.*

***esposa** *cf.* (afines) cara mitad, consorcia, costilla, doña, jefa, legítima, media naranja, parienta, prójima, santa, señora, vieja.

***esposas** *cf.* (afines) aros, gemelas, grillos, hermanas, hierros, manguitos, pulseras.

espuela, echar (tomar) la espuela *expr.* último trago, bebida.

«...invitó al último vaso. ¿Hace la espuela?» C. J. Cela, *Viaje al Pirineo de Lérida.* ❚ «Tomaron la espuela y fueron hacia la salida...» Pgarcía, *El método Flower.* ❚ «Denegaron mi invitación a tomar la espuela en un barecito cercano...» Ángel A. Jordán, *Marbella story.* ❚ ▪ «Echemos la espuela antes de marcharnos, ¿vale?»

espumarajos, echar espumarajos por la boca *expr.* estar muy enfadado.

«Avanzan erizados y bestiales echando espumarajos por la boca.» Augusto Roa Bastos, *Vigilia del almirante,* 1992, RAE-CREA. ❚ «...por lo mínimo me levanta la mano y echa espumarajos por la boca.» Jesús Alviz Arroyo, *Un sólo son en la danza,* 1982, RAE-CREA. ❚ ▪ «Juan está echando espumarajos por la boca y lanzando improperios contra toda la familia.»

esqueleto *s.* cuerpo humano.

«Allí, los grupos musicales de moda, dale que te pego al bombo y al esqueleto...» A. Zamora Vicente, *Historias de viva voz.* ❚ «...había que sacarlo de los locales entre cuatro o cinco porque acababa con el esqueleto deshecho.» M. Vázquez Montalbán, *Los alegres muchachos de Atzavara.* ❚ «A los cuarenta y cinco minutos de exposición, el esqueleto de Carvalho ya estaba harto de la poca imaginación de su dueño para combinar las vértebras...» M. Vázquez Montalbán, *El delantero centro fue asesinado al atardecer.*

2. mover (sacudir) el esqueleto *expr.* bailar, moverse.

«...me pregunto cómo este dios caribeño puede mover tan deliciosamente el esqueleto sin apearse del traje...» Carmen Rigalt, El Mundo, 2.1.99. ❚ «...y jamás suben ni bajan en el ascensor, porque necesitan mover el esqueleto.» Pilar Urbano, *Yo entré en el Cesid.* ❚ «...parejas que habían empezado a salir a la pista [...] a mover el esqueleto...» M. Vázquez Montalbán, *La rosa de Alejandría.* ❚ «...oyendo música y moviendo el esqueleto...» A. Gómez Rufo, *Cómo ligar con ese chico que pasa de ti o se hace el duro.* ❚ «...al menos se puede ingresar en la danza y sacudir hasta el alba el esqueleto...» Roger Wolf, El Mundo, 2.1.99. ❚ «...se nos pasará la noche sin que movamos un poco el esqueleto.» Luis Mateo Díez, *La fuente de la edad,* 1986. ❚ ▪ «Esta noche vamos a mover el esqueleto en esa discoteca nueva del centro.»

esquilmar *v.* empobrecer a uno con malas artes.

«...o deja de esquilmar los bolsillos y haciendas de primos o julais...» Manuel Giménez, *Antología del timo.* |✓ DRAE: «fig. Menoscabar, agotar una fuente de riqueza sacando de ella mayor provecho que el debido».|

esquinazo, dar esquinazo *expr.* desembarazarse, deshacerse de alguien.

«¡Arranca, esa pájara nos ha dado esquinazo!» Mariano Sánchez, *Carne fresca.* ❚ «Maime había dado esquinazo a su copain...» Ernesto Parra, *Soy un extraño para ti.* ❚ «Sus antiguos amigos le daban esquinazo...» Fernando Martínez Laínez, *Bala perdida.* ❚ ▪ «A ver si le damos esquinazo a tu primo que siempre se cuelga de nosotros.»

esquinera *s.* prostituta.

«...y se trasladaban a los barrios bajos en busca de diversión con mujeres esquineras, en tugurios o prostíbulos de lo más inmundo.» J. Jiménez Martín, *Ligar no es pecado.* ❚ ▪ «Mi barrio está lleno de esquineras que nos dan mala fama a todos los que vivimos ahí.» |✓ ▸ *esquinero.*|

esquinero *s.* prostituto.

«La madrugada del sábado, por los bordes de Chueca, barrio de la libertad y de la dulce transgresión [...] esquineros y marchosos de fin de semana y damas del desquicie...» Luis Antonio Villena, El Mundo, 19.4.98. |✔ ▶ *esquinera*.|

estaca *s*. pene.
«Estaca. Es metáfora formal en óptimo señalamiento (el pene semeja una estaca). Pene.» DE. |◾ «El maestro le clavó la estaca a la enfermera que aullaba de placer.»

2. plantar la estaca *expr*. defecar.
«¿Quién ha sido el cabrón que ha plantado la estaca fuera de la taza?» DCB. ▮ «Algún desgraciao ha plantao la estaca cerca de mi puerta.» JM. ▮ «Plantar o clavar la estaca: defecar.» JMO. ▮ «Plantar la estaca. Cagar.» VL. ▮ «Plantar la estaca. Defecar.» S. |✔ no se ha podido documentar fuera de diccionarios.|

estacada, dejar en la estacada *expr*. abandonar a alguien en apuros, no prestar ayuda en una situación difícil.
«¿Me vas a dejar en la estacada?» Andreu Martín, *Amores que matan, ¿y qué?* ▮ «Vamos, como si le hubiera dejado en la estacada. Un estacazo es lo que le voy a dar...» C. Pérez Merinero, *Días de guardar*. ▮ «Ahora no puedo llevar la moto a casa, no tengo donde meterla y estoy sin un clavo. Por favor no me dejes en la estacada.» Juan Marsé, *Últimas tardes con Teresa*. |✔ DRAE: «fr. fig. Abandonarlo, dejándolo comprometido en un peligro o mal negocio».|

estaciones, hacer las estaciones *expr*. ir de taberna en taberna.
«Seguimos su senda por los establecimientos donde hacía las estaciones.» Luis Mateo Díez, *El expediente del náufrago*, 1992, RAE-CREA. ▮◾ «Rodolfo debe de haber estado haciendo las estaciones otra vez, porque viene completamente borracho.»

estado interesante *s*. embarazada.
«...sin respetar para nada el estado interesante de Mariola...» José Ruiz-Castillo Ucelay, *Relatos inciertos*

*estafa cf. (afines) ▶ *timo.*

estafa *s*. engaño, timo.
«¿Es o no es una estafa?» Miguel Ángel Rellán, *Crónica indecente de la muerte del cantor*, 1985, RAE-CREA. ▮ «La estafa fue gorda, gordísima.» L. Palou, *Carne apaleada*, 1975, RAE-CREA. |✔ DRAE: «f. Acción y efecto de estafar».|

*estafador cf. (afines) ▶ *timador.*

estampa, maldita sea tu estampa *excl*. frase de rechazo e insulto.
«¡Toni... viejo! ¡Maldita sea tu estampa!» Juan Madrid, *Un beso de amigo.*

estampita *s*. timo: se vende un sobre repleto de billetes falsos.
«Parece mentira, pero el tocomocho, la estampita [...] se siguen produciendo...» Manuel Giménez, *Antología del timo.*

estanco *s*. comisaría de policía, cuartelillo de la Guardia Civil.
«Estanco: Cuartel de la Guardia Civil.» JGR. ▮ «Estanco. Cuartelillo de la civila.» Ra. ▮ «Estanco. Cuartel de la Guardia Civil.» S. |◾ «La pasma nos llevaron al estanco a todos y nos ficharon.» |✔ no se ha podido documentar fuera de diccionarios.|

estar, estar como quiere *expr*. muy atractivo sexualmente.
«...y se iba diciendo: Ana está como quiere... ¡Como quiere!» Pedro Casals, *La jeringuilla*. |◾ «La nueva cajera de la sucursal del banco está como quiere, la señora. ¡Qué buenorra!»

2. estar por *expr*. estar enamorado, interesado por.
«...no tenías ni idea de que ese chico estuviese por ti.» A. Gómez Rufo, *Cómo ligar con ese chico que pasa de ti o se hace el duro*. ▮ «A veces pienso que mi amigo el fotógrafo está por mí...» María Antonia Valls, *Tres relatos de diario.*

estaribel *s*. centro de detención, cárcel.
«Zacarías acaba de salir del estaribel, niño.» Juan Madrid, *Flores, el gitano*. ▮ «En argot cárcel se puede decir, maco, talego, trullo y estaribel que es caló gitano.» Juan Madrid, *Crónicas del Madrid oscuro.*

estirado *adj*. presuntuoso, vanidoso.
«¡Menuda pinta de estirado que tiene en esta foto!» B. Pérez Aranda *et al.*, *La ex siempre llama dos veces*. |✔ DRAE: «fig. Entonado y orgulloso en su trato con los demás».|

estomagante *adj.* asqueroso, repugnante.

«...no le va a dar limosna ni Dios, aunque se ponga unas pústulas adhesivas que le dan un aspecto realmente estomagante.» Eduardo Mendoza, *Sin noticias de Gurb.* ▌ «...no me le dan sus eternas frases cariñosas y sus cumplidos estomagantes...» A. Zamora Vicente, *Mesa, sobremesa.* ▌ «...ese argentino estomagante...» C. Rico-Godoy, *Cuernos de mujer.*

estómago, estómago de hierro colado *expr.* estómago fuerte.

«Hay que tener un estómago de hierro.» M. Vázquez Montalbán, *La soledad del manager,* 1977, RAE-CREA. ▌ ▟ «Jaime come de todo y nada le sienta mal porque tiene un estómago de hierro colado.»

2. tener mucho estómago *expr.* tener mucho valor para tener relaciones sexuales con una persona muy fea.

«...yo me pongo en el lugar de sus pretendientes y lo comprendo: hay que tener estómago.» B. Pérez Aranda *et al.*, *La ex siempre llama dos veces.*

estopa, dar (repartir, sacudir) estopa *expr.* golpear, pegar.

«...un detective nipón sacude estopa, él solo, a cuatro mangantes...» Ángel Palomino, *Todo incluido.* ▌ «Me ha estado sacudiendo estopa hasta que ha querido.» Juan Madrid, *Turno de noche.* ▌ «...respiraba la hostilidad desorientada de unos inspectores que no sabían cuándo se podía repartir estopa.» Mariano Sánchez, *Carne fresca.* ▌ «Nadie pelea de frente salvo los griegos de la antigüedad y mira cómo les dieron estopa.» Jaime Romo, *Un cubo lleno de cangrejos.*

estoque ▶ *estaca.*

***estrechar la mano** cf. (afines) ▶ *mano, estrechar la mano.*

estrecho *s.* cripto homosexual.

«Pero no era cuestión de hacerse los estrechos a aquellas alturas...» M. Vázquez Montalbán, *Los alegres muchachos de Atzavara.* ▌ ▟ «El jefe es un estrecho y no quiere que nadie sepa que es maricón.»

2. persona convencional, pudibunda.

«Felipe II, al menos en esto, era un estre-

cho, no estaba al loro.» Manuel Hidalgo, El Mundo, 1.5.99. ▌ «Tú te vienes conmigo a casa. Y no te hagas la estrecha.» Francisco Umbral, *El Giocondo.* ▌ «...pues también tiene complejo de virginidad, de novicia, de estrecha y de antigua...» Francisco Umbral, *La derechona.* ▌ «Que vienes de ver más de cien mil [...] y ahora te haces la estrecha porque te enseño una sola.» Ángel Palomino, *Todo incluido.* ▌ «Ni siquiera Lidia, que a la hora de la verdad es una estrecha.» Manuel Hidalgo, *Azucena, que juega al tenis.* ▌ «No puedes andar de estrecha por la vida...» A. Gómez Rufo, *Cómo ligar con ese chico que pasa de ti o se hace el duro.* ▌ «Hay otra que también me gusta, pero se hace la estrecha.» Juan Marsé, *Si te dicen que caí.*

estrellas, ver las estrellas *expr.* sentir dolor intenso.

«...se me hincaban sus púas en la carne, y cada línea que escribía me hacía ver las estrellas.» Álvaro de Laiglesia, *Hijos de Pu.* ▌ «...le importaría menos que a cualquier otro ver las estrellas.» Álvaro de Laiglesia, *Hijos de Pu.*

estrenar *v.* desvirgar.

«Es eufemismo de intención festiva. Desvirgar.» DE. ▌ ▟ «A la Claudia la estrené yo el mes pasado, ¿sabes?»

estribo, perder los estribos *expr.* enfadarse, perder el control de uno mismo.

«Debería contar [...] uno de los métodos favoritos para ver si perdía los estribos...» Eleuterio Sánchez, *Camina o revienta.* ▌ «¡No confundamos la tortura con perder los estribos!» Juan Madrid, *Flores, el gitano.* ▌ «...intentando no perder los estribos.» B. Pérez Aranda *et al.*, *La ex siempre llama dos veces.* ▌ «...y te llevan a un punto en que tú pierdes los estribos, te vuelven loco...» José Luis Martín Vigil, *Los niños bandidos.* ▌ «...perderían los estribos ante los chismorreos...» Chica hoy, revista juvenil, n.° 130.

estriptis *s.* acto de desnudarse con picardía al son de música.

«...siempre con amigos crápulas, borracheras, estriptises, viajes a los países nórdicos...» Juan Marsé, *La oscura historia de la prima Montse.* ✓ del inglés *strip-tease.*▌

*estropeado cf. (afines) chungo, escacharrado, escachiflado, jodido, matado, muerto.

*estropear(se) cf. (afines) aguantar, aguar la *fiesta, cachifollarse, cagar, cargarse, cascar, chafar, dar el *día, echar a *perder, escacharrarse, escachifollarse, escoñamiento, escoñar, escoñarse, fastidiarse el *invento, follar, hacer el *avión, hacer la *pascua, hacerla *buena, irse a hacer *puñetas, irse a la *mierda, irse a la *porra, irse a tomar por el *culo, irse a tomar por el *saco, irse al *carajo, irse al *cuerno, irse al *garete, irse al *traste, joderla bien, joderse, joderse el invento, jorobar, partir por el *eje, repatear, reventar, salir de *culo, toma del frasco, Carrasco.

*estudiar cf. (afines) chapar, darle a los *codos, romperse los *codos, desgastarse, romperse el *culo estudiando, empollar, darle a los *libros, quemarse las *pestañas.

estupa s. policía de la Brigada de Estupefacientes.
 «...y los estupas que te embroncan al menor traspié...» Pedro Casals, *La jeringuilla.* ❚ «El chocolate lo pasa en la placita de Súchil. Allí se lo monta de Burger King, mientras no incordien los estupas.» Ernesto Parra, *Soy un extraño para ti.* ❚ «...la brigada de estupefacientes, se llama la *estupa*...» Fernando Lázaro Carreter, *El dardo en la palabra.* ❚ «Caímos en manos de uno de la Estupa...» M. Sánchez Soler, *Festín de tiburones.*

estupenda *adj.* mujer atractiva.
 «El caso de la señora estupenda.» Miguel Mihura, *El caso de la señora estupenda.* ❚ «Aguardé ansioso el turno de las señoras, estupendas, como Remedios Cervantes...» Carlos Toro, El Mundo, 2.1.99. ❚ «Estoy cansado de ver anuncios sobre cosas tan dispares como llaves inglesas o coches en los que el reclamo es una señora estupenda.» José Vela, PC Plus, julio-agosto, 1999. ❚ ◾ «La mujer del jefe es una tía estupenda.»

estupendo *adj.* maravilloso.
 «Está todo estupendo, Rodrigo.» Álvaro Pombo, *El metro de platino iridiado,* 1990, RAE-CREA. ❚ «Un apartamento estupendo...» Fernando Savater, *Caronte aguarda,* 1981, RAE-CREA. ❚ ◾ «¿Cincuenta mil por la radio? Estupendo.»

eterno descanso *expr.* la muerte.
 «...fuera de los sacos terreros también se puede descansar, pero ese descanso suele ser el eterno descanso.» Rafael García Serrano, *Diccionario para un macuto.*

evacuar *v.* defecar.
 «...y yo le dije que tendrían que dormir y comer, y evacuar...» A. Sopeña Monsalve, *El florido pensil.* ❚ «...en la última semana sólo la vi en pie un par d veces, preparando la infusión ésa [...] recomendada para evacuar...» Ernesto Parra, *Soy un extraño para ti.*

evacuatorio *s.* retrete.
 «Antes de que la denominación de estos lugares, donde se tienen los vasos para exonerar el vientre [...] llevasen los nombres de evacuatorios, servicios e incluso retrete, pasó tiempo.» José M.ª Zabalza, *Letreros de retrete y otras zarandajas.* ❚ «...las criadas que abortan en los evacuatorios públicos...» C. J. Cela, *Oficio de tinieblas 5.*

ex *s.* antiguo cónyuge.
 «...hablaré con él otra vez, le prometo a mi ex...» Jordi Sierra i Fabra, *El regreso de Johnny Pickup,* 1995, RAE-CREA. ❚ «Al principio espació sus visitas, no por discreto, sino porque secretamente daba la razón a mi ex.» Ernesto Parra, *Soy un extraño para ti.* ❚ «Ya me gustaría a mí que mi ex palmara así...» C. Rico-Godoy, *Cómo ser infeliz y disfrutarlo.* ❚ «Y que siga la fiesta, porque si este acontecimiento se produce con nuestro marido y su ex de protagonistas...» Carmen Pérez Tortosa, *¡Quiero ser maruja!* ❚ «La ex siempre llama dos veces.» B. Pérez Aranda *et al.*

*excelente cf. (afines) ▸ *bueno.*

*excremento cf. (afines) boñiga, boñigo, caca, cagada, cagajón, cagarro, cagarruta, catalina, chorizo, jiña, mierda, mojón, morcillo, ñorda, pesa, pino, plasta, polisón, popó, pupú, tifa, truño.

excusado *s.* retrete.
 «El caso es que la señorita de Oviedo no tuvo tiempo de ir al excusado y se le salió

el aire corrompido por la tripa cagadora.» Felipe Navarro (Yale), *Los machistas.* ❚ «El báter, el servicio, el excusado, la toilette...» Carmen Posadas, *Yuppies, jet set, la movida y otras especies.* ❚ «...no tiene paciencia para llegar al excusado.» Miguel Martín, *Iros todos a hacer puñetas.* ❚ «...cuando las Obras Completas del ilustre pensador abastezcan un excusado de escasa clientela...» Rafael García Serrano, *Diccionario para un macuto.* ❚ «...por ejemplo retrete, excusado, lavabos, servicio, cuarto de baño, water, etc.» Margarita Fraga Iribarne, ABC, 9.8.98. ❚ «Retrete: excusado, común, cien, secreta, letrina, garita, casilla, beque, evacuatorio, quiosco de necesidad.» José M.ª Zabalza, *Letreros de retrete y otras zarandajas.* |✔ estándar por *excusado de decir.*|

exitazo *s.* gran éxito.
«...bárbaro, de puta madre, palabra. Buenísimo. Un exitazo si os lo montáis bien...» Carmen Resino, *Pop y patatas fritas,* 1991. RAE-CREA. ❚ «Miremos ahora el otro lado de la cuestión, el exitazo si hubiera salido bien...» Juan Luis Cebrián, *La rusa.* ❚▪ «La fiesta de cumpleaños fue un exitazo.»

exonerar ▸ *vientre, exonerar el vientre (intestino).*

*experto cf. (afines) hacha, manitas.

explicarse *v.* pagar, abonar dinero.
«Pero el que desee seguir jugando tiene que explicarse.» Raúl del Pozo, *Noche de tahúres.* ❚ «¡A ver si te explicas, tío, que ya hemos soltado la mosca todos!» DCB.

explotar *v.* enfadarse repentina y alborotadamente.

«Yo soy muy paciente y aguanto mucho, pero como explote, te vas a enterar de lo que es bueno.» CL. ❚ «En cuanto vio que le faltaba dinero, explotó como un energúmeno.» DCB.

expulsión gaseosa *expr.* ventosidad.
«Por muy aliviada que se quedara la criaturita tras la expulsión gaseosa...» Felipe Navarro (Yale), *Los machistas.*

extra *s.* dinero sobrante, adicional.
«Trabaja como masajista y gana un extra tocando la guitarra en el metro...» You, marzo, 1998. ❚▪ «Este extra por la colaboración editorial me lo voy a gastar en un viaje a París.»

extranjis, de extranjis *expr.* ocultamente, a escondidas.
«¿Dándose el lote con un novio metido en la casa de extranjis?» Ladislao de Arriba, *Cómo sobrevivir en un chalé adosado.* ❚ «La única que se podía comprar de extranjis estaba más caliente que el coño de la Bernarda...» C. Pérez Merinero, *Días de guardar.* ❚ «En vista de que si lo plantean en casa no va a colar, prefieren hacerlo de extranjis.» Gomaespuma, *Familia no hay más que una.* ❚ «...se había llevado los cuartos de extranjis...» Pedro Casals, *Disparando cocaína.* ❚ «...tampoco por vender jabón de estranquis a las artistas...» Juan Marsé, *Si te dicen que caí.* |✔ para el DRAE es de tapadillo, ocultamente.|

*eyacular cf. (afines) apearse en marcha, correrse, correrse encima, escurrirse, irse, marcha atrás, irse de *naja, nevar, vaciarse, venirse, de bareta, tirar de vareta, irse de *veta.

Ff

fábula, de fábula *expr.* fabuloso, estupendo.

«Si reúne las dos cosas, de fábula, pero si es un perla, ¡que le den!» You, enero, 1998.

facha *s.* aspecto físico.

«A pesar de su facha de tigretón...» Ragazza, n.° 93. ▌ «...y las chicas tienen la misma facha que la amiga de mi tío.» F. Vizcaíno Casas, *Hijas de María.* ▌ «Con esta facha se ve a Tori Spelling saliendo de los bares.» You, n.° 3. ▌ «Se debió casar con mi padre, a pesar de su facha...» Lourdes Ortiz, *Picadura mortal.* ▌▪ «¿No irás a ir a la fiesta con esa facha?»

2. fascista, persona de ideas retrógradas y reaccionarias.

«...a este racista sin tacha, a este bobo, a este pedazo de facha...» A. Ussía, ABC, 15.3.98. ▌ «...es relativamente normal que un pijo sea facha...» Mala impresión, revista de humor con caspa, n.° 1. ▌ «...fachas, derivación castiza, menospreciante y burlona de fascista o faschistas, digo yo...» Rafael García Serrano, *Diccionario para un macuto.* ▌ «El Charlton Heston es un poco facha y la Ava Gardner estaba como un tren.» Juan Madrid, *Crónicas del Madrid oscuro.* ▌ «La Real Academia Española ha admitido [...] un gran número de palabras, entre las que figuran *descerebrado, facha, emporrado, estriptís* y *litrona*...» ABC, 18.10.98. ▌ «...¿seré facha y no me habré enterado? Siempre se me supuso un talante abierto, dialogante y liberal.» María Antonia Valls, *Tres relatos de diario.* ▌ «...si quieres acabar con los fachas, quítales la cartera.» Juan Marsé, *Si te dicen que caí.* |✔ «Facha. En un texto noticioso nunca debe emplearse como sinónimo de *facista.*» El País, *Libro de estilo.*▌

fachada *s.* apariencia física de una persona.

«El chico es algo más que fachada...» You, enero, 1998. |✔ DRAE: «fig. y fam. presencia, aspecto, figura del cuerpo humano. *Fulano tiene gran fachada*».▌

facherío *s.* acción de ser facha.

«...entre el público juvenil más descerebrado y convencido de su modernidad, facherío soezmente encubierto...» Carlos Boyero, El Mundo, 11.9.99.

*fácil *cf.* (afines) chupado, claro, cosa de niños, coser y cantar, estar *hecho, ser cosa *hecha, a huevo, mamado, maría, mascado, pan comido, en dos *patadas, tirado, a la vista está.

fácil *adj.* refiriéndose a mujer, promiscua.

«...habré parecido por mi comportamiento una mujer fácil...» Antonio Gala, *¿Por qué corres, Ulises?,* 1975, RAE-CREA. ▌ «No soy una mujer fácil, no se confunda, replicó la joven...» Ramón Hernández, *El secreter del rey,* 1995, RAE-CREA. ▌ «...que no me la pude tirar porque estaba con el mes, pero no por otra cosa, que se da fácil, y es que yo la tenía muy trabajada...» José María Amilibia, *Españoles todos.* ▌▪ «Las chicas que se acuestan con el primero que pasa, son fáciles y acaban con todo tipo de enfermedades.» |✔ ▸ también *mujer, mujer fácil.*|

facilona ▸ *fácil.*

facu *s.* facultad universitaria.

«El decano de la Facu.» A las barricadas, 1-7 junio, 1998.

faena, estar en plena faena *expr.* estar copulando.

«...y llegado el colérico esposo al sitio de marras, les pilló en plena faena y mira por dónde se vino abajo y empezó a lloriquear a los pies de la cama...» Ramón Ayerra, *Los ratones colorados.*

fajo *s.* mucho dinero.

«—Te fijaste en el fajo. —Ya lo creo, un capital.» Javier Marías, *Mañana en la batalla piensa en mí.* | «Mira que si don Roque se hubiera dejado algún fajo de billetes en el traje de amortajar.» J. L. Castillo-Puche, *Hicieron partes.* | «...y... había un fajo...» Jaime Romo, *Un cubo lleno de cangrejos.* |▪ «Ha sacado un fajo así para pagar el taxi.»

fajo de billetes ▸ *fajo.*

faldas *s. pl.* mujeres.

«Le chiflan las faldas.» Pgarcía, *El método Flower.* | «...te embarcas en alguna historia de faldas...» Juan Marsé, *Últimas tardes con Teresa.* |✔ DRAE: «pl. fam. Mujer o mujeres, en oposición al hombre. *Cuestión de faldas. Aficionado a faldas*».|

2. líos (asuntos, historias, fregados) de faldas *expr.* amoríos del hombre.

«Los líos de faldas de Clinton han conseguido levantar el interés del país por la política...» Julio A. Parrado, El Mundo, 19.4.98. | «...cuantiosos enredos monetarios, los asuntos de faldas (como se decía antes, ahora también son de pantalones)...» El Conde de Montarco, ABC, 17.5.98. | «No tiene líos de faldas...» Ángel Palomino, *Madrid, costa Fleming.* | «Santi Font está hecho una buena pieza... Líos de faldas.» Pedro Casals, *La jeringuilla.* | «No me hice la idea de que alguien casado con aquella mujer pudiera necesitar un lío de faldas...» Juan Madrid, *Un beso de amigo.* |

«¿Le inquietaba un lío de faldas entre su amado Richi y mi ex...?» Ernesto Parra, *Soy un extraño para ti.* | «Desertor del somatén por fregao de faldas...» Máximo, *Animales políticos.* | «...te embarcas en alguna historia de faldas...» Juan Marsé, *Últimas tardes con Teresa.*

faldero *adj.* y *s.* mujeriego.

«Aquí no hay vergüenza. Los viejos falderos y los nuevos ricos y los ejecutivos...» Ángel Palomino, *Madrid, costa Fleming.* | «Soy más faldero que la madre que me parió...» José M.ª Zabalza, *Letreros de retrete y otras zarandajas.* |▪ «Bartolomé es un faldero que se va detrás de toda mujer que se le pone a tiro.» |✔ el DRAE sólo reseña *fig. Aficionado a estar entre mujeres.*|

2. de mujeres.

«...marcó un hito en la villa y en sus historias falderas.» Jose-Vicente Torrente, *Los sucesos de Santolaria.*

fallas *s.* naipes.

«Fallas: naipes empleados por los trileros.» Manuel Giménez, *Antología del timo.*

*fallecer cf. (afines) ▸ *morir.*

falo *s.* pene.

«El falo del otro hombre [...] la folla con rudas sacudidas...» C. Ducón, *El hotel de las orgías.* | «¿Será verdad que estos individuos tienen el falo del tamaño del patriotismo de mi suegro?» Chumy Chúmez, *Por fin un hombre honrado.* | «...los fláccidos falos sirven de pasto a las gaviotas...» C. J. Cela, *Oficio de tinieblas 5.* | «Magdalena comenzó a desabotonar la bragueta de Honorio [...] y sacó su miembro, y continuó bailando con el falo de él sujeto entre las manos.» Manuel Hidalgo, *El pecador impecable.* |✔ para el DRAE es *miembro viril.* Para Julio Casares, *Diccionario ideológico de la lengua española,* el falo es un pene. Para María Moliner es: *(...símbolo del órgano masculino de la generación, usado, por ejemplo, en la celebración de los misterios báquicos. En lenguaje culto y, especialmente, con referencia a su representación como símbolo o atributo sexual.)* ▸ *pene.*|

falseras *s.* persona falsa, hipócrita.

«Falseras: Hipócrita.» Ángel Palomino, *Insultos, cortes e impertinencias.*

falso, más falso que Judas *expr.* muy falso.

«¿Qué querrá ese danzante, más falso que Judas?» Pedro Ortiz-Armengol, *Aviraneta o la intriga,* 1994, RAE-CREA. ❚ «...el más falso que Judas propala...» Manuel Longares, *La novela del corsé,* 1979, RAE-CREA. ❚ «Tu suegra es más falsa que Judas. Pero qué te voy a contar a ti.» DCB.

2. más falso que un duro de madera ▶ *duro, más falso que un duro de madera.*

faltar *v.* ofender, insultar.

«—Ladrón que roba al ladrón... —Oiga, no es necesario faltar.» Mariano Sánchez, *Carne fresca.* ❚ «Conversación educada y correcta, pero crispada. Sin faltarnos, sin levantarnos la voz...» María Antonia Valls, *Tres relatos de diario.*

faltón *s.* persona que ofende e insulta.

«El chicuelo inoportuno y faltón...» Fernando Sánchez-Dragó, 1990, RAE-CREA. ❚ «Ahí van las Brujas Buenas —solía decir el más faltón de nosotros.» Vicente Molina Foix, *La quincena soviética,* 1988, RAE-CREA. ❚ ▪ «Juan es un faltón que está siempre insultando a las mujeres de la oficina.» ✓ MM: «Propenso a cometer faltas de respeto...».❙

familia bien ▶ *gente, gente (familia) bien.*

*famoso cf. (afines) de campanillas, sonado.

fan *s.* admirador, hincha.

«Ya no puedes ser mi fan entusiasta, no puedes ser mi espectadora de primera fila...» Manuel Hidalgo, *Azucena, que juega al tenis.* ❚ «Los fans del autor de *Antichrist Superstar* llegan a tal grado de devoción...» Ragazza, julio, 1997. ❚ ▪ «Las fans de los grupos musicales jóvenes gritan y se emocionan mucho.» ✓ del inglés *fan, fanatic.*❙

fanales *s. pl.* ojos.

«Fanales. Ojos.» LB. ❚ «Fanales: ojos.» JV. ❚ «Fanales: ojos.» JMO. ❚ «Fanal. Cliso, acai, ojo.» Ra. ❚ ▪ «La rubia tiene unos fanales y una boca de muérete, tío.» ✓ no se ha podido documentar fuera de diccionarios.❙

fandango *s.* lío, jaleo.

«Cuando acabe todo este fandango te traigo y lo recoges.» María Antonia Valls, *Tres relatos de diario.* ❚ ▪ «¡Menudo fandango se armó cuando Paco descubrió que le habíamos roto el ordenador!»

2. fandango mental *s.* confusión mental.

«A partir de ahí empezó su patético fandango mental.» Fernando Repiso, *El incompetente.*

fanegas *s. pl.* persona obesa.

«Fanegas: Obeso, grueso, gordo.» JV. ❚ «Fanegas. Obeso, rollizo, orondo, graso.» Ra. ❚ «Fanegas. Obeso. Gordo.» S. ❚ «Fanegas: llaman al que está muy gordo y lento.» IND. ❚ ▪ «El fanegas que acompaña a Lola es el marido.» ✓ Sin embargo para Luis Besses es *inocente.* No se ha podido documentar fuera de diccionarios.❙

fanfa *s.* fanfarrón.

«Déjale. —dice Navarro.— ¿No ves que es un fanfa?» Juan Marsé, *Si te dicen que caí.*

fantasma *s.* presuntuoso, presumido.

«Otro fantasma, pero en la más cómica acepción del término...» José María Fajardo, *La epopeya de los locos,* 1990, RAE-CREA. ❚ «Soy indiscreto, bocazas, fantasma y mezquino...» Fernando G. Tola, *Mis tentaciones.* ✓ DRAE: «fig. Persona entonada, grave y presuntuosa».❙

fantasmada *s.* acción de fantasmón.

«¡A qué viene esa fantasmada de tirarte tres meses sin fumar...?» Fernando G. Tola, *Mis tentaciones.*

fantasmear *v.* alardear, presumir.

«Eres igual que el Roberto, siempre fantasmeando...» José Ángel Mañas, *Historias del Kronen.* ✓ ▶ *fantasma.*❙

fantasmón *s.* presuntuoso, presumido.

«...farsante, vanidoso, fantasmón.» R. Montero, *Diccionario de nuevos insultos...* ✓ *fantasma.*❙

fardao ▶ *fardón.*

fardar *v.* alardear, presumir, pavonearse.

«Si no me hubiera gastado la última peseta en comprar regalos a todo quisque para fardar [...] ahora podríamos...» Eduardo

Mendoza, *Sin noticias de Gurb*. ❚ «Además, así puedes fardar de que los chicos también nos leen.» Ragazza, n.º 101. ❚ «Por fardar de futuribles, que no quede.» A. Zamora Vicente, *Historias de viva voz*. ❚ «...empezaron robando un coche por vacilar o fumándose un canuto por fardar...» M. Vázquez Montalbán, *Los alegres muchachos de Atzavara*. ❚ «Fardar. Molar. Ostentación pública de los progresos logrados con la práctica...» Juanma Iturriaga, *Con chandal y a lo loco*. ❚ «No se cultivan ajos tiernos para fardar, sino para lograr una satisfacción íntima...» Ladislao de Arriba, *Cómo sobrevivir en un chalé adosado*. ❚ «Le encanta tirarse pegotes y fardar.» M. Ángel García, *La mili que te parió*. ❚ «...simplemente porque está bien visto y se farda un montón.» J. Giménez-Arnau, *Cómo forrarse y flipar con la gente guapa*. ❙✔ DRAE: «intr. fig. y fam. Presumir, jactarse, alardear».❙

farde *s.* acción de fardar.
«O sea que colócame a alguien para el farde.» Terenci Moix, *Garras de astracán*. ❚ «...lo bien que lo vas a pasar contando que te han violado; menudo farde, chati, anda, que te llevo en el coche...» Ángel Palomino, *Las otras violaciones*. ❚ «...les gusta además ciertos deportes arriesgados y de mucho farde...» Carmen Posadas, *Yuppies, jet set, la movida y otras especies*. ❚ «...porque el hotelito, aun sin farde alguno, funciona muy bien...» Ángel A. Jordán, *Marbella story*. ❚ «Yo me marco un farde del copón agarrando al criminal...» Manuel Quinto, *Estigma*.

fardo ▶ *fati*.

fardón *s.* engreído, cantamañanas.
«Y le acarició la corbata. ¿Valentino?, dijo él, fardón.» Terenci Moix, *Garras de astracán*. ❚ «No vamos a interrumpir un recital tan fardón...» Terenci Moix, *Garras de astracán*. ❚❚ «Déjate de cuentos chinos y fantasmadas, fardón, que eres un fardón.» ❙✔ DRAE: «adj. fam. Dícese de la persona que habitualmente alardea de algo. Ú. m. c. s.».❙

2. elegante.
«...con el Pirulí, que es un fardón macarrero...» A. Zamora Vicente, *Historias de viva voz*. ❚ «Fardón. Molón, elegante, puesto.» Ra. ❚❚

«El hermano de Pedro fue a la boda hecho un fardón porque le gusta vestir bien.»

fario *s.* suerte.
«Por eso ya no se ponen ahí los travestis, les da mal fario.» Javier Marías, *Mañana en la batalla piensa en mí*. ❚ «Si hay algo en el mundo que me da asco son las serpientes. Y además tienen mal fario.» Terenci Moix, *Garras de astracán*. ❚ «...Landeiro es un desgraciado porque tiene el mal fario...» Carlos Zeda, *Historias de Benidorm*. ❚ «(Gonzalo) Santonja espantó el mal fario aclarando que la pérdida...» Juan Manuel de Prada, ABC, 29.5.98. ❚ «De ahí que circulara el rumor de que el emplazamiento tenía mal fario...» María Antonia Valls, *Tres relatos de diario*. ❚ «...sus primero días de funcionamiento están marcados por el mal fario.» El Mundo, 22.1.99. ❚ «Entró con mal fario, tito, y lo enviaron a la de castigo...» Andreu Martín, *Prótesis*.

2. agorero.
«¿No les parece milagroso en tiempos del fútbol, del coche, de la televisión, cuando los malos farios anunciaban la desaparición de la lectura...» José María Carrascal, ABC, 31.5.98.

farla *s.* cocaína.
«La farla está rica pero dura y cuesta machacarla.» José Ángel Mañas, *Sonko95*. ❙✔ ▶ *farlopa*.❙

farlopa *s.* cocaína.
«¿Es farlopa? ¿No me habías dicho que no tenías?» Jaime Romo, *Un cubo lleno de cangrejos*. ❚ «Farlopa: cocaína.» Manuel Giménez, *Antología del timo*. ❚ «Farlopa. Cocaína.» JGR.

2. cocainómano.
«Pero le han mirado las narices y han descubierto que tenía las fosas nasales de platino. Los americanos no quieren que lleve el paraguas nuclear un farlopa...» Raúl del Pozo, El Mundo, 21.8.99.

faro ▶ *faros*.

farol *s.* acción jactanciosa para despistar.
«Me he tirado un farol y he intentado...» C. Rico-Godoy, *Cómo ser una mujer y no morir en el intento*. ❚ «...nunca más se le ocurrió

reincidir en el farol, porque sus compañeros, naturalmente ofendidos por el alarde...» F. Vizcaíno Casas, *Hijas de María.* ▌ «...lo que le ha venido diciendo últimamente no es más que un farol.» Mariano Tudela, *Últimas noches del corazón.* ▌ «...si el mastuerzo del supermercado no se había tirado un farol, que no era muy posible, Maime estaba en el pueblo...» Ernesto Parra, *Soy un extraño para ti.* ▌ «...pues a esas mujeres les gusta echarse faroles.» P. Perdomo Azopardo, *La vida golfa de don Quijote y Sancho.* ▌ «...y un poco de suerte; tampoco hay que tirarse faroles...» C. Pérez Merinero, *Días de guardar,* 1981, RAE-CREA. ▌ «Le había dicho que todo había sido un farol, un truco de la chica...» Andreu Martín, *Amores que matan, ¿y qué?* ▐✔ DRAE: «fig. Hecho o dicho jactancioso que carece de fundamento. Ú. m. en la fr. tirarse un farol».▌

2. echarse (marcarse, tirarse) faroles
expr. fingir, presumir sin fundamento.
«El propietario [...] no se ha tirado un farol, a juzgar por los hechos.» Miguel Martín, *Iros todos a hacer puñetas.* ▌ «No te atreverás, así que no te marques faroles...» María Antonia Valls, *Para qué sirve un marido.* ▐■ «Todos sabemos que vienes de una familia quiero y no puedo que se marca faroles como si fueran alguien.» ▌ «Se había tirado un farol a cambio de que lo invitaran.» Juan Madrid, *Crónicas del Madrid oscuro.* ▌ «¿No te estarás marcando un farol?» Juan Madrid, *Las apariencias no engañan.*

farolada *s.* jactancia, reto.
«...parece que es una jactancia, pero no, en absoluto, no es una farolada.» Manuel Llorente, El Mundo, ABC, 13.12.98.

farolear *v.* jactarse, vanagloriarse, fingir sin fundamento.
«¿No hemos estado faroleando, como tú dices, durante mucho tiempo?» Fernando Schwartz, *La conspiración del golfo.* ▌ «...vive un Sastre que escribe cosas contra los curas —faroleó el tío.» P. Perdomo Azopardo, *La vida golfa de don Quijote y Sancho.* ▐■ «Estoy al tanto de tu situación económica, así que no farolees conmigo.» ▐✔ DRAE: «intr. fam. Fachendear o papelonear».▌

farolillo rojo *expr.* el último, el que va a la cola.
«...el Betis como farolillo rojo de la temporada...» Telecinco, noticias, 27.10.98.

faros *s. pl.* ojos.
«...miré a la pechugona con cara de perdonavidas y le dije con los faros que se retirase...» C. Pérez Merinero, *La mano armada.* ▌ «Faros: los ojos.» JMO. ▌ «Faros. Ojos.» VL. ▐■ «La doctora de la clínica tiene unos faros enormes y azules, que dejan alelado.»

2. echar los faros *expr.* mirar con interés.
«Echar los faros: mirar.» JMO. ▌ «Echar los faros. Mirar.» VL. ▐■ «Mario le está echando los faros a tu cuñada.» ▐✔ no se ha podido documentar fuera de diccionarios.▌

farra, ir de farra *expr.* divertirse.
«...el caso era como si yo también hubiera estado de farra.» Manuel Hidalgo, *Azucena, que juega al tenis.* ▐■ «Esta noche es la despedida de soltero de mi primo y vamos de farra.» ▐✔ DRAE: «f. Juerga, jarana, parranda».▌

farruco *adj.* obstinado, bravucón, insolente.
«Uno que venía con el portugués, muy farruco, dijo...» Germán Sánchez Espeso, *La reliquia.* ▌ «...si te pones farruco, te meto de cabeza entre las ascuas de la fragua...» Andrés Berlanga, *La gaznápira.* ▌ «...la Liris de los cojones poniéndose farruca...» Ramón Ayerra, *Los ratones colorados.* ▐✔ DRAE: «fam. Valiente, impávido».▌

fastidiado *adj.* enfermo, estropeado.
«...tal vez ligeramente fastidiado, pero sólo ligeramente.» Esther Tusquets, *El mismo mar de todos los veranos,* 1978, RAE-CREA. ▌ «Y lo escribió estando muy fastidiado de los pulmones...» Pedro Casals, *Disparando cocaína.*

*fastidiar cf. (afines) ▶ *estropear.*

fastidio *s.* molestia, disgusto, dificultad.
«...y miró a Lorena con fastidio.» Pedro Zarraluki, *La historia del silencio,* 1994, RAE-CREA. ▌ «Ella hizo un ademán de fastidio.» Javier García Sánchez, *La historia más triste,* 1991, RAE-CREA. ▌ «¡Qué fastidio!» Javier García Sánchez, *La historia más triste,* 1991, RAE-CREA. ▐■ «Esto de hacer la cama to-

dos los días es un fastidio.» |√ MM: «Disgusto que se experimenta por un contratiempo de poca importancia.»|

fatal *adj.* muy mal.

«Llevaba varios días durmiendo fatal.» Arturo Pérez-Reverte, *La piel del tambor.* ▌ «A mí es que la cocina me repatea y encima lo hago fatal porque no tengo paciencia...» Eloy Arenas, *Los vecinos de mis vecinos son mis vecinos.* ▌ ▄▀ «La cena ha estado fatal. Estuve fatal en el examen. Es un coche fatal.» DCB.

fati(s) *s.* persona gruesa.

«...se había transformado en un sonrosado [...] mofletudo, que motivaba burlas y bromas de todo el barrio. ¡Pero si te estás poniendo como un fati.» J. L. Castillo-Puche, *Hicieron partes.* ▌ «Gordos, gordísimos. Mucho, mucho más fatis que el gordo de *El gordo y el flaco.*» Pedro Casals, *Hagan juego.* ▌ «La otra no sé si es que no le hacía ascos a la bollería [...] pero el caso fue que complació a la fati y se pusieron coño contra coño.» C. Pérez Merinero, *La mano armada.* ▌ ▄▀ «Desde que tuvo al bebé que Marta se ha puesto hecha una fati.»

***fatigado** cf. (afines) ▶ *cansado.*

fatigar *v.* trabajar, robar.

«...se comprende que no estoy fatigando las joyerías de la Gran Vía y Serrano.» Francisco Umbral, El Mundo, 12.6.99.

favor, estar como para hacerle un favor *expr.* estar sexualmente atractivo.

«No le arriendo la ganancia al pobre chaval. Si la tía no está para algo es para hacerle un favor.» C. Pérez Merinero, *Días de guardar.* ▌ «La del medio está para hacerle un favor.» JM. ▌ «Estar para hacerle un favor y darle las gracias: ser guapo, atractivo.» JMO. ▌ ▄▀ «¡Qué guapa es usted, señora! ¡Qué tipazo y qué culo tiene! ¡Está como para hacerle un favor!»

2. hacer un favor *expr.* copular.

«Favor. Cópula carnal, coito.» DE. ▌ «...más puta que las gallinas! ¡Alegre como unas castañuelas y siempre dispuesta a hacer un favor.» Juan Marsé, *La oscura historia de la prima Montse,* citado en C. J. Cela, *Diccionario del erotismo.* ▌ «Está como para hacerle un fa-

vor.» Jaime Romo, *Un cubo lleno de cangrejos.* ▌ «Favor. Polvo, kiki...» Ra. ▌ «...pregunta por la Dolores, que es una chica muy guapa y amiga de hacer favores...» Canción muy popular. ▌ «Ni en mis días más malos [...] le hubiese hecho yo un favor a aquel loro.» C. Pérez Merinero, *La mano armada.*

***fea** cf. (afines) ▶ *feo.*

***felación** cf. (afines) chupar, comer, comer la polla, hacer el *biberón, hacer el *francés, hacer el *sifón, hacer la *bufanda, hacer la *trompeta, lamer, mamada, mamar, sexo oral, tocar la *trompeta.

feliciano *s.* cópula, coito.

«...sus compañeros se enterarán bien de lo que vale un peine y de lo que vale un feliciano a deshoras...» Felipe Navarro (Yale), *Los machistas.* ▌ «Yo me haría primero una manola con sus tetas [...] y luego le echaría un feliciano.» C. Pérez Merinero, *Días de guardar.* |√ Es voz que se usa en las expresiones *echar, sacudir* o *soltar un feliciano,* DE.|

***feliz** cf. (afines) ▶ *contento.*

felpudo *s.* vulva, órgano genital de la mujer.

«Felpudo: Aparato genital femenino.» JV. ▌ «Felpudo. Vello del pubis de la mujer. Por ext. El coño.» VL. ▌ «Felpudo: genitales femeninos.» JMO. ▌ «Felpudo. Chocho, chichi, fafarique.» Ra. ▌ «Me enseñó el felpudo que me puso majareta, de bueno que estaba.» DCB. |√ no se ha podido documentar fuera de diccionarios.|

2. vello del pubis de la mujer.

«Felpudo: genitales femeninos.» JMO. ▌ «Felpudo. Vello del pubis de la mujer. Por ext. El coño.» VL. ▌ «Felpudo. Vello pubiano de la mujer.» JM. ▌ ▄▀ «La Paca tiene un felpudo negro y un coño así de grande.» |√ no se ha podido documentar fuera de diccionarios.|

fenomenal *adj.* grande, estupendo, divertido.

«...tenía un éxito fenomenal.» Eduardo Mendicutti, *El palomo cojo,* 1991, RAE-CREA. ▌ «...tengo que contarte algo fenomenal.» Juan Pedro Aparicio, *Retratos de ambigú,* 1989, RAE-CREA. ▌ «Lo pasamos fenomenal, papá.» A. Ussía, *Tratado de las buenas maneras,* 1995, RAE-CREA. ❚ «...ya lo hice para Miss España y lo pasé fenomenal.» ABC Electrónico, 8127, 1997, RAE-CREA. ❚ ▪ «No es posible pasarlo fenomenal cuando tienes un fuerte dolor de cabeza.» ✓ para María Moliner es: «(neologismo inf. y vulgar, no incluido en el D. R. A. E.)».❙

fenómeno *adj.* bueno, estupendo, maravilloso.

«¿Que si me ha ido bien? Fenómeno, sí señor, fenómeno.» A. Zamora Vicente, *Desorganización.* ❚ «...es chilena y baila y canta fenómeno.» José Raúl Bedoya, *La universidad del crimen.* ❚ «Una película fenómeno. Una tía fenómeno. Hace un tiempo fenómeno para ir de campo.» DCB.

***feo** cf. (afines) aborto, adefesio, bodrio, cacatúa, callo, capicúa, cara de culo, cara de mierda, cara de pedo, caraculo, cardo, cardo borriquero, cazo, coco, contrahecho, cotorra, engendro, espantapájaros, feo con ganas, feto, foca, horror, loro, malhecho, más feo que el *cagar, más feo que pegarle a un padre con un calcetín sudao, pestuzo, petardo, picio, piruja, vaca, yeti.

feo, hacer un feo *expr.* hacer un desaire.

«Pues hay que tener resignación, pues de nada sirve hacerle un feo al destino.» Manuel Hidalgo, *El pecador impecable.* ❚ «Después de la comida, mientras toma una copita, *por no hacer un feo...*» Gomaespuma, *Familia no hay más que una.* ❚ «...se dejan por no hacer un feo...» A. Sopeña Monsalve, *El florido pensil.*

2. ponerse feo *expr.* tomar mal cariz, embrollarse algo.

«Si encuentra a un rico tan tahúr como él y las cosas se ponen feas...» Marina Pino, *Como montártelo por el morro.*

3. ser feo con ganas *expr.* muy feo.
«Es feo con ganas.» Ramón Ayerra, *La lucha inútil,* 1984, RAE-CREA. ❚ ▪ «Tu hija es una buena persona, pero es fea con ganas.»

4. ser más feo que cagar ▸ *cagar, ser más feo que cagar.*

5. ser más feo que el sobaco (el culo) de un mono *expr.* muy feo.

«Es más feo que el sobaco de un mono.» Ángel Palomino, *Insultos, cortes e impertinencias.* ❚ «Eres más feo que el culo de un mono.» Ángel Palomino, *Insultos, cortes e impertinencias.*

6. ser más feo que pegarle a un padre (con un calcetín sudao) *expr.* muy feo.

«Más feo que pegar a un padre.» JM. ❚ «Ser más feo que pegarle a un padre (con un calcetín sudao).» VL. ❚ «...más fea que pegarle a un padre, chupada, con los dientes fuera...» J. L. Alonso de Santos, *Trampa para pájaros.* ❚ ▪ «El novio de Juani es más feo que pegarle a un padre con un calcetín sudao.»

7. ser más feo que Picio (cagar, un dolor, que un pecado, que el culo de una mona, que un dolor de muela) *expr.* muy feo.

«...un pintor y gigante de Luarca más feo que Picio...» Fernando Sánchez-Dragó, *El camino del corazón,* 1990, RAE-CREA. ❚ «El loco era más feo que un dolor...» José Luis Martín Vigil, *En defensa propia,* 1985, RAE-CREA. ❚ «...el cabello lacio, delgada, más fea que un pecado mortal.» P. Perdomo Azopardo, *La vida golfa de don Quijote y Sancho.* ❚ «Más feos que Picio se fueron poniendo...» Marisa López Soria, *Alegría de nadadoras.* ❚ «...aunque el niño sea un zopenco, más feo que Picio.» Gomaespuma, *Familia no hay más que una.* ❚ «Más feo que el culo de una mona.» JM. ❚ «...tres gurriatas más feas que picio...» Ramón Ayerra, *Los ratones colorados.* ❚ «Ser más feo que un dolor de muelas.» DTE. ✓ ▸ *Picio.*❙

festivalero *s.* asistente a festivales de música.

«Puestos de hamburguesas, calimocho, churros y bocadillos de panceta servían de recibimiento al festivalero antes de entrar...» El Mundo, 24.8.98.

fetén *adj.* estupendo, bien, bueno.

«¡Jesús qué raid! ¡San Senén! / Pero el éxito fetén...» A. Ussía, *Coñones del Reino de España.* ❚ «...don Ramón Gómez de la Serna, pensador fetén.» A las barricadas, 3-14 junio, 1998. ❚ «Todos los entierros a los que he asistido, que han sido muchos, ninguno tan fetén como ése...» María Antonia Valls, *Tres relatos de diario.* ❙ «Es una panda fetén.» Eduardo Mendoza, *La verdad sobre el caso Savolta.* ❙ «¿La información es fetén?» M. Sánchez Soler, *Festín de tiburones.* ❙ «El tipo, un carajote con pinta de becerro y maneras de meapilas que se la saca con papel de fumar, le da a la húmeda en plan fetén.» C. Pérez Merinero, *Días de guardar.* ❙ «...una gachí fetén se caga en tu padre y luego se busca otro pajarito...» Ramón Ayerra, *Los ratones colorados.* ✔ DRAE: «adj. invar. fam. Sincero, auténtico, verdadero, evidente».❙

2. *s.* lo mejor, lo bueno.
«...pero la fetén es que quien realmente se está poniendo las botas es el patrón...» A. Zamora Vicente, *Mesa, sobremesa.* ❙ «No hay más que una forma, la fetén, y ahora no se puede...» Ignacio Aldecoa, *El fulgor y la sangre.*

3. *s.* auténtico, serio.
«...La tercera Giraldilla, la buena, la fetén.» El Mundo, 21.8.99. ❙ «El auténtico festival de Woodstock, el fetén, se celebra...» El Mundo, 16.8.99.

feto *s.* persona fea.
«La ves sin pintar ni arreglar y resulta un feto.» JM. ❙ «Feto. Persona muy fea.» VL. ❙ «Feto: muy feo.» JMO. ❙ «Feto. Feo, horrible.» S. ❙ «Ser un callo. Ser un esperpento. Ser un feto.» DTE. ❙◗ «Yo no quiero salir con ese feto de tía.» ✔ no se ha podido documentar fuera de diccionarios.❙

fiado *adj.* a crédito.
«A no ser que la moza le deje su piel como prenda, no le deje al fiado ni un pañuelo.» Manuel Giménez, *Antología del timo.* ❙◗ «He comprado el pan fiado. Ya pagaré a fin de mes.» ✔ del verbo *fiar.* DRAE: «loc. adv. con que se expresa que uno compra, vende, contrata o juega sin dar o tomar de presente lo que debe pagar o recibir».❙

fiambre *s.* cadáver.
«...se da también una cuarta etapa o condición, no retribuida que es la de fiambre...» Eduardo Mendoza, *Sin noticias de Gurb.* ❙ «...para no andar ahora estorbando con este muerto de miércoles, como ustedes dicen, para no molestar a nadie con esta porquería de fiambre...» Gabriel García Márquez, *La increíble y triste historia de la Cándida Eréndira y de su abuela desalmada.* ❙ «La prójima no quería follones, metió el fiambre en el maletero...» Pgarcía, *El método Flower.* ❙ «Tuve que hacerlo. ¿Y el fiambre de la puerta?» Fernando Martínez Laínez, *La intentona del dragón.* ❙ «Añádele encima el fiambre de una mula de postín...» Pedro Casals, *La jeringuilla.* ❙ «...observa el trajín de los enfermeros, cargando y descargando fiambres.» Jesús Ferrero, *Lady Pepa.* ❙ «Hasta entre fiambres hay clases. Si pagas más curas y más cocheros.» J. M.ª Gironella, *Los cipreses creen en Dios,* RAE. ❙ «Encima tenía un fiambre en el armario al que tenía que buscar...» Ernesto Parra, *Soy un extraño para ti.* ❙ «¿Nos podemos llevar el fiambre o hemos de esperar a que se descomponga?» Eduardo Mendoza, *La verdad sobre el caso Savolta.* ❙ «...comprobar qué contenía la cartera del fiambre.» Andreu Martín, *El señor Capone no está en casa.* ✔ DRAE: «m. fig. y fam. cadáver».❙

fiambrera *s.* coche fúnebre, funeraria.
«Fiambrera: la funeraria.» JV. ❙ «Fiambrera: furgón del forense.» JMO. ❙ «Fiambrera. Furgón del forense.» VL. ❙ «Fiambrera. Coche fúnebre.» Ra. ❙ «Fiambrera. Funeraria.» S. ❙◗ «Ya ha llegado la fiambrera para llevarse al difunto del quinto derecha que la espichó ayer.» ✔ no se ha podido documentar fuera de diccionarios.❙

fiar, no fiarse ni de la madre de uno *expr.* no fiarse en absoluto.
«Hombre, no es que me parezca bien que Periquillo no se fíe ni de su madre...» A. Sopeña Monsalve, *El florido pensil.*

2. no fiarse un pelo *expr.* no fiarse en absoluto, recelar.
«No me fío un pelo de los investigadores privados.» Pgarcía, *El método Flower.*

3. no ser de fiar *expr.* no ser digno de crédito o de confianza.
«Se te ve enseguida que no eres de fiar.» Andreu Martín, *Por amor al arte.* ❙ «Por aquí merodean tipos que no son de fiar.» Juan Marsé, *Últimas tardes con Teresa.*

ficha *s.* delincuente.

«Ficha: delincuente con amplio historial delictivo.» Manuel Giménez, *Antología del timo.* ▌ «Un ficha es un delincuente que ha estado muchas veces en la cárcel.» DCB. ▌ «Ficha, individuo de cuidado.» VL. ▌ «Maleante con numerosos antecedentes.» JGR. ✓ no se ha podido documentar fuera de diccionarios.▌

fichado, estar fichado *expr.* tener antecedentes policiales.

«Tu padre estaba fichado. Lo habían echado de la fábrica de zapatos...» Eduard José, *La buena letra,* 1992, RAE-CREA. ▌ «Por otra parte está bastante fichado y yo creo que sólo por lo influyente que es su padre no han tratado de echarle la mano encima.» Josefina R. Aldecoa, *Mujeres de negro,* 1994, RAE-CREA. ▌ «...figuran sendas fotografías del individuo fichado.» Eduardo Mendoza, *La verdad sobre el caso Savolta.*

2. tener a alguien fichado *expr.* conocer bien a uno, estar alguien bajo sospecha.

«...él tampoco era trigo limpio; la policía le tenía fichado por mover mierda en varias ocasiones.» Eduard José, *Buster Keaton está aquí,* 1991, RAE-CREA. ▌▪ «A Gabriel lo tenemos ya muy fichado y sabemos exactamente cómo va a actuar.» ✓ DRAE: «fig. y fam. Refiriéndose a una persona, ponerla en el número de aquellas que se miran con prevención y desconfianza».▌

fichar *v.* justificar la llegada o entrada al trabajo.

«En el descanso tiene que presentar la tarjeta perforada que demuestre que ha fichado en el reloj de control...» Rafael Sánchez Ferlosio, *Vendrán más años malos y nos harán más ciegos,* 1993, RAE-CREA. ▌ «...las estrellas acuden a los rodajes como los obreros a las fábricas, con la diferencia de que ellos no fichan.» SúperPop, mayo, 1989. ▌▪ «Me largo porque tengo que fichar antes de las nueve; si no mi costilla me mata.» ✓ DRAE: «Marcar en una ficha, por medio de una máquina con reloj, la hora de entrada y salida de un centro de trabajo, como justificación personal de asistencia y puntualidad».▌

fichero vertical *s.* papelera.

«Limpia la mesa de papeles y archívalos en el fichero vertical; no sirven para nada.» CO, Luis Lorenzo Rubio.

fideo *s.* persona alta y delgada.

«Los dúos que nunca fallan: la fideo y la bolita.» You, n.° 3. ▌ «Si sigues trabajando mucho y comiendo poco, te vas a poner como un fideo.» FV. ▌▪ «Estás hecho un fideo. Tienes que engordar un poco.»

2. fideos *s. pl.* mucosidad nasal.

«Los fideos: los mocos.» JV. ▌ «los fideos: los mocos.» JMO. ▌ «Fideo. Moco, vela.» Ra. ▌▪ «¡Límpiate los fideos, cacho guarro!» ✓ no se ha podido documentar fuera de diccionarios.▌

fiera *s.* persona violenta y maleducada.

«Se ponía hecho un fiera. Mi madre no podía decir nada.» José Luis Alegre Cudós, *Sala de no estar,* 1982, RAE-CREA. ✓ DRAE: «fig. Persona cruel o de carácter malo y violento».▌

fiesta *s.* asunto.

«¡Claro, capullo! ¡Que no te enteras de la fiesta!» Rambla, n.° 18.

2. aguar la fiesta *expr.* estropear la fiesta, el asunto, el negocio, la alegría.

«Ve con tus amigos, Perico, no te quiero aguar la fiesta.» Eduardo Mendoza, *La verdad sobre el caso Savolta.*

3. darse la fiesta *expr.* sobarse, toquetearse, besarse.

«Darse la fiesta: expresión con que se manifiesta que se han tenido escarceos amorosos con alguien.» JMO. ▌ «Darse la fiesta: sobar, palpar, toquetear a una mujer.» JV. ▌ «Darse la fiesta. Joder o sobarse.» VL. ▌ «La pareja se estaba dando la gran fiesta delante de todo el personal.» JM. ▌ «Darse la fiesta: acariciarse, meterse mano, sobarse.» Ra. ▌ «Darse la fiesta. Fornicar.» S. ✓ no se ha podido documentar fuera de diccionarios.▌

4. tener la fiesta en paz *expr.* estar en armonía, sin peleas ni discusiones.

«¡No me fastidies Concha y tengamos la fiesta en paz!» Gomaespuma, *Familia no hay más que una.* ▌ «Tengamos la fiesta en paz, Fede...» Juan Madrid, *El cebo.* ▌ «No, oiga. Tengamos la fiesta en paz.» C. Rico-

Godoy, *Cómo ser infeliz y disfrutarlo.* ❙ ▪ «Con vosotros a la mesa es imposible tener la fiesta en paz.» ✓ DRAE: «tengamos la fiesta en paz. 1. expr. fig. y fam. que se emplea para pedir a una persona, en son de amenaza o consejo, que no dé motivo de disturbio o reyerta».❙

figurín *s.* persona exageradamente elegante.
«...abrió la puerta a Maruja que venía casi casi de figurín.» Ángel A. Jordán, *Marbella story.* ❙ «Lo más sorprendente de todo el atuendo era el horrible color casi amarillo de los zapatos de larga punta, tipo italiano. Un figurín.» Lourdes Ortiz, *Picadura mortal.* ❙ «Un figurín con pinta de mariquita.» Andreu Martín, *El señor Capone no está en casa.* ❙ «Hecho un figurín el tío, siempre a la última.» José Ángel Mañas, *Sonko95.* ✓ DRAE: «fig. Lechuguino, gomoso».❙

fijo *adj.* seguro.
«De momento he dejado de comprar [...] y el día menos pensado dejaré de fumar. ¡Fijo, vamos!» El Jueves, 13.5.98.

fig

310

fila *s.* inquina, manía, ojeriza.
«...es un borde de mucho cuidado y me tiene fila porque no le compro los espárragos.» Ladislao de Arriba, *Cómo sobrevivir en un chalé adosado.* ❙ «coger fila a uno es [...] mirarle con malos ojos, tener prejuicios respecto a él.» Rafael García Serrano, *Diccionario para un macuto.*

2. fila de los mancos *expr.* última fila de los cines donde las parejas se acariciaban.
«...y al regalarla con mis honestos besos, en la fila de los mancos, se me quedaba pálida...» P. Perdomo Azopardo, *La vida golfa de don Quijote y Sancho.*

3. el último de la fila *expr.* la persona menos importante.
«Yo soy el último de la fila, el que menos vende...» Luis Clemente, *Kiko Veneno,* 1995, RAE-CREA. ❙ «Continúa con la sensación de ser el último de la fila.» La Vanguardia, 2.7.95. ❙ «Se cree importante Pedro pero en realidad es el último de la fila.» DCB.

filar *v.* mirar, ver.
«Filar. Observar, mirar.» LB. ❙ «Filar: Ver, mirar, observar.» JV. ❙ «Filar: mirar.» JMO. ❙

«Filar. Ver, mirar, observar.» VL. ❙ «Filar: Vigilar.» JGR. ❙ «Filar. Guipar, otear, dicar.» Ra. ❙ ▪ «Me parece que nos han filao esos dos guardias.» ✓ no se ha podido documentar fuera de diccionarios.❙

filete, darse (pegarse) el filete *expr.* besarse, tocarse.
«Cuando meten un gol se dan el filete, se amontonan y casi se cubren.» Jaime Campmany, ABC, 19.4.98. ❙ «...menudo filete se esta pegando el tío. Petri tenía las faldas levantadas...» José María Amilibia, *Españoles todos.* ❙ «Darse la lengua, darse el filete.» DE. ❙ «Veía las manos del maromo de turno por dentro de la ropa dándose el filete sin importarles la gente que pasaba.» Juan Madrid, *Crónicas del Madrid oscuro.* ❙ «La Real Academia Española ha admitido [...] la expresión *darse el filete*, que nada tiene de gastronómico.» ABC, 18.10.98. ❙ «Lo que necesita ésta es darse un buen filete con alguien que la trabaje bien las zonas castas.» Isabel Hidalgo, *Todas hijas de su madre,* 1988, RAE-CREA.

2. quedarse (estar) filete *expr.* dormirse.
«Filete: Dormido, adormilado.» JV. ❙ «Estar filete: dormido o adormilado.» JMO. ❙ «Estar o quedarse filete. Estar o quedarse dormido.» VL. ❙ «Quedarse filete: dormirse, calmarse.» Ra. ❙ «Es la primera vez que me quedo filete en el cine, te lo juro.» DCB. ✓ no se ha podido documentar fuera de diccionarios.❙

fili *s.* filipino, oriental.
«Poco después, la fili entra y dice algo.» José Ángel Mañas, *Historias del Kronen.*

filili *s.* amigo, compañero.
«Filili. Amigo, colega.» Alejandra Vallejo-Nágera, *La edad del pavo.* ❙ «...filili no es tonto o mequetrefe; quien te dice *filili* te está llamando *amigo*.» Ángel Palomino, *Insultos, cortes e impertinencias.*

filo *s.* el que hace de tonto en el timo de la estampita.
«...sorprenden al listo de turno con el plante que fingirá haber encontrado el filoso...» Manuel Giménez, *Antología del timo.* ❙ «Filoso: Personaje que interpreta el papel de tonto en el timo de la estampita.» JGR. ❙ «Filo.

Uno de la cuerda que hace de tonto en el timo de la estampita.» Ra. |✔ también *filoso*.|

filosa *s.* cara, semblante.

«Filosa: cara.» JMO. | «Filosa. Cara, rostro.» VL. | «Filosa: Cara, rostro, semblante.» JV. | «Filosa. Filós, palmo, jeta, cara.» Ra. | «Filosa. Cara.» S. |▪ «Mayte tiene la filosa llena de granos.» |✔ Para Luis Besses y Jesús García Ramos es *espada* y *navaja*. No se ha podido documentar fuera de diccionarios.|

filtrar *v.* divulgar información secreta o confidencial.

«Y mucho ojo, no queremos que se filtre esto.» Juan Madrid, *Flores, el gitano.* | «Pero imagínese que se filtra lo de los anónimos...» M. Vázquez Montalbán, *El delantero centro fue asesinado al atardecer.* |▪ «El secretario del Ministro fue el que filtró la información a la prensa.» |✔ traducción de la palabra inglesa *leak.*|

*fin de semana cf. (afines) finde.

fina *adj.* promiscua.

«...parecía una chica fina. Eso es precisamente lo que era.» Juan Madrid, *Las apariencias no engañan.* | «...se quiere dar el piro con la tronca. Y no veas si es fina.» El Gran Wyoming, *Te quiero personalmente.* | «¡Pues no es fina la tía ni ná. Se ha cepillado a medio barrio!» DCB.

finde *s.* fin de semana.

«...llama urgentemente a tu superamiga y ¡a preparar el finde más divertido del año!» Ragazza, n.° 100. | «Finde. Abreviatura de fin de semana en dialecto pijo.» Joseba Elola, *Diccionario de jerga juvenil,* El País Semanal, 3.3.96. | «Desde Gijón se exporta el proyecto de abrir instalaciones deportivas durante las noches de los finde como alternativa a discotecas y bares.» El Gato Encerrado, 3-9 julio, 1998. | «...así sin más me dice que me vaya con ellos a pasar el finde fuera...» La Noche de Madrid, enero, 1999. | «Yo después del finde nada...» José Ángel Mañas, *Sonko95.*

firma, de firma *expr.* de marca comercial conocida, auténtico.

«Mucho sillón con borlas y mucho cuadro de firma...» Carmen Martín Gaite, *Nubosidad variable,* 1992, RAE-CREA. |▪ «Andrés compra siempre ropa de firma porque dice que así se siente mejor.»

*flaco cf. (afines) ▶ *delgado.*

flan, como (hecho) un flan *expr.* muy nervioso.

«No estoy nervioso... El que está como un flan eres tú, cuatroojos.» C. Pérez Merinero, *Días de guardar.* | «Iba al examen como un flan.» CL. | «El día antes de la boda estaba como un flan, estaba nervioso perdido.» S.

flato *s.* ventosidad.

«Ella se traga automáticamente su sopita y casi inmediatamente empieza con los flatos y demás lindezas intestinales...» Chumy Chúmez, *Por fin un hombre honrado.* |✔ en castellano estándar es una acumulación de gases en el intestino.|

flauta *s.* pene.

«Huy, te veo el flautín.» El Jueves, 6-12 octubre, 1993. | «Flauta. Es metáfora formal (el pene semeja una flauta).» DE. | «Desabrochó el pantalón y se puso a tocar la flauta...» Andreu Martín, *El señor Capone no está en casa.* |▪ «Al vecino le gusta pasearse por la casa con la flauta el aire, que la tiene muy pequeñita, por cierto.»

2. bocadillo grande.

«Jordi en su pupitre con la flauta de chorizo.» Elena Pita, El Mundo, 1.8.98. |▪ «Vamos a tomarnos una flauta y una birra.»

3. tocar la flauta *expr.* masturbarse.

«Desabrochó el pantalón y se puso a tocar la flauta...» Andreu Martín, *El señor Capone no está en casa.*

flete, hacer (echar) un flete *expr.* copular.

«Flete. Cópula carnal. Es castellano coloquial que se usa especialmente en la frase *echar un flete.*» DE. |▪ «Ayer no hice ni un flete, tía, parece que los tíos ya no quieren follar.»

fletera *s.* prostituta.

«...una puta de postín no una fletera de la calle...» Guillermo Cabrera Infante, *La Ha-*

bana para un infante difunto, 1986, RAE-CREA. ▮«Cuba. Cliente de la fletera o prostituta.» DRAE.

flex *s.* cama.

«Cuando las mujeres proclaman que si quieres un agujero, te compras un donuts, o el flex para quien lo trabaje...» Felipe Navarro (Yale), *Los machistas.* |✔ ▸ *dar, darle al flex.*|

flipado *adj.* drogado, emocionado.

«Parece que vayas flipado, ¿qué te pasa?» Juan Marsé, *La muchacha de las bragas de oro.* ▮ «Flipado. Drogado. Por extensión, estar emocionado con algo, deslumbrado, atontado, incluso enamorado.» Francisco Umbral, *Diccionario cheli.* ▮ «...poeta flipado, visionario, turbador y lúdico...» El Mundo, 13.4.96. |✔ ▸ *flipar.*|

flipante *adj.* bueno, estupendo, maravilloso.

«Estupendo, maravilloso, fenomenal y flipante.» Adolfo Marsillach, *Se vende ático,* 1995, RAE-CREA. ▮▮ «Es un actor verdaderamente flipante; nunca he visto uno tan bueno.»

flipar *v.* gustar, disfrutar.

«Para ir a ver. Y flipar con el realismo sangriento de algunas escenas.» Ragazza, n.° 101. ▮ «Me flipa que me paren por la calle o que me den la mejor mesa en un restaurante.» Ragazza, n.° 101. ▮ «...el exotismo del bolero con esas letras, entre lo sublime y lo ridículo, la flipaban.» Ladislao de Arriba, *Cómo sobrevivir en un chalé adosado.* ▮ «Al principio les flipa eso, pero les gusta porque así también hay más temas de conversación.» A. Gómez Rufo, *Cómo ligar con ese chico que pasa de ti o se hace el duro.* ▮ «¿Te flipa el mar?» José Luis Martín Vigil, *Los niños bandidos.*

2. sorprender(se).

«Literatura inglesa... Flipo. En primer lugar...» Lucía Etxebarría, *Beatriz y los cuerpos celestes.* ▮ «Esperadle leyendo este libro. Flipará y no querrá volver a ir...» Juanma Iturriaga, *Con chandal y a lo loco.* ▮ «Fliparlo. Sorprenderse, disfrutarlo. Ya no se dice flipar, queda antiguo.» Joseba Elola, *Diccionario de jerga juvenil,* El País Semanal, 3.3.96. ▮

«Que el tío se ha flipado conmigo, que me quiere contratar para actuar...» Paloma Pedrero, *Invierno de luna alegre,* 1989, RAE-CREA. ▮ ▪ «Cuando la vi disfrazada de hombre, es que yo flipaba.» |✔ también *flipar en colores.*|

3. enloquecer.

«...don Quijote es un pavo que se ha quedado pallá. Por eso flipa y ve a su maroma por todos lados.» José Ángel Mañas, *Mensaka.*

flipe *s.* gozada.

«Sus melodías etéreas e hipnotizantes son el mejor tranquilizante... ¡Verás qué flipe!» Ragazza, n.° 101. ▮ «...el número de febrero [...] nos aumenta el flipe, cada vez lo hacéis mejor.» Rambla, n.° 19. ▮ «¡Menudo flipe!» Alicia Misrahi, Qué leer, junio, 1998. ▮ «Y a Vicente se le debió de olvidar y tuvo un flipe...» Juan Madrid, *Crónicas del Madrid oscuro.* ▮ «¡qué flipe!...» José Ángel Mañas, *Sonko95.*

floja, traérsela floja (pendulona) a uno *expr.* no importar, tener sin cuidado.

«...a mí el homenaje a usted me la trae floja...» A. Zamora Vicente, *Mesa, sobremesa.* ▮ «...esos líos que se traen ahora en Washington con los dimes y diretes sobre el Presidente Clinton y su bella esposa me la traían floja...» Lorenzo López Sancho, ABC, 3.4.98. ▮ «O sea, a usted el Jack se la trae floja.» El Jueves, 13.5.98. ▮ «A ellos esas minucias se la traían completamente floja.» Ladislao de Arriba, *Cómo sobrevivir en un chalé adosado.* ▮ «La respetabilidad y mitos como ése se la traían floja.» Lourdes Ortiz, *Picadura mortal.* ▮ «Como comprenderás, a mí lo que fuese o dejase de ser tu marido me la trae floja.» C. Pérez Merinero, *El ángel triste.* ▮ «Mira, a mí me la trae pendulona...» Jaime Romo, *Un cubo lleno de cangrejos.* ▮ «Me la traen floja los análisis.» Pedro Casals, *Disparando cocaína.* ▮ «...les digo las cosas a la cara y me la traen floja porque no les tengo miedo...» José Luis Martín Vigil, *Los niños bandidos.*

foca *s.* mujer fea y obesa.

«...y foca, vaca o ballena a una dama metida en carnes?» Fernando Lázaro Carreter, *El dardo en la palabra.* ▮ «Ideal para salidos o para casados con focas como Adela.» Manuel Hidalgo, *Azucena, que juega al tenis.* ❙ «...hay más de una foca de esas que sólo vienen a comer paella...» El Jueves, 6-12 julio, 1994. ❙ «¡Gorda foca!» Juan Madrid, *Flores, el gitano.* ❙ «Apenas comía y me quedé en los huesos. ¡Lo peor es que yo me veía foca!» Ragazza, n.° 101. ❙ «Persona gruesa. No sé qué comerá ese chico pero... ¡menuda foca!» CL. ❙ «¿Has visto como se ha puesto fulanita de tal? ¡Está como una foca, horrible!» Lorraine C. Ladish, *Me siento gorda.* ❙ «¡Como sigas tomando cañas te vas a poner como una foca!» Carmen Pérez Tortosa, *¡Quiero ser maruja!* ❙ ▪ «No comprendo cómo te pudiste casar con esa foca que debe pesar cien kilos, si no más.»

fofona *s.* grueso, gordo.
«ballena; barrigón; bola de sebo; [...] vaca; fofona; fondona;...» AI.

folio, tirarse (darse, marcarse) el folio *expr.* presumir, alardear, pavonearse.
«...yo de esto no tengo ni puta idea, pero de todas formas me marcaré el folio.» C. Pérez Merinero, *Días de guardar.* ❙ «A ver, no se va a dejar a los currelas que se tiren el folio en plan solivato!» JV.

follá, mala follá *expr.* mala suerte.
«...también es mala follá, se me ha acabado el rollo...» A. Zamora Vicente, *Mesa, sobremesa.*

2. mal genio, mala intención.
«¡Te está bien empleado! Te advertí que tenía mala follá.» JM.

follable *adj.* que es digno de, o se puede follar.
«...porque estos anunciantes de seguros e hipotecas se conservan perfectamente follables.» A las barricadas, 18-24 mayo, 1998. ❙ «De pronto dijo: Esta tía es material follable.» Manuel Hidalgo, *Azucena, que juega al tenis.* ❙ «...tíos buenos, macizos, rubiales, marchosos, de quita y pon, follables...» Andrés Berlanga, *La gaznápira.*

follada *s.* coito, cópula.
«...no lo ha matado una follada sino un superpolvazo.» Pgarcía, *El método Flower.*

follador *s.* persona que copula mucho.
«Con el aspecto de cuitado, de tuberculoso

prácticamente, lo mismo era un follador...» Manuel Hidalgo, *Azucena, que juega al tenis.* ❙ «...Isabel II, pechugona y castiza, cachonda y folladora...» A. Ussía, *Coñones del Reino de España.* ❙ «María es la gran folladora de la Hueva...» Francisco Umbral, *Madrid 650.* ❙ «Y un buen follador puede coordinar el sube y baja del oleaje con el mete y saca del follaje.» Álvaro de Laiglesia, *Hijos de Pu.* ❙ «...en la que nos presenta a un individuo amoral, follador empedernido, oportunista...» María Sarmiento, El Mundo, 2.1.99. ❙ «...y los machos negros son desde luego los mejores folladores...» SM Comix, n.° 29. ❙ «Coop (Gary Cooper) fue el mayor follador que ha existido. Se atropellaban por llevárselo a la cama. Iban a acostarse con él en su camerino portátil...» El Mundo, 22.1.99. ✔ para el DRAE un follador es *el que afuella en una fragua.* Para Luis Besses, *Diccionario de argot español,* 1905, un follador es *el que levanta los fuelles del órgano.*❙

2. aparato follador *s.* pene.
«Fíjense bien en los restos de este aparato follador.» Rambla, n.° 3.

313

follaje *s.* cópula, coito.
«Se autodefinen como grandes conocedores de la fauna bacalao, ganado, gallinas [...] y de la flora (peras, manzanas, melones, follaje...» R. Gómez de Parada, *La universidad me mata.* ❙ «Y un buen follador puede coordinar el sube y baja del oleaje con el mete y saca del follaje.» Álvaro de Laiglesia, *Hijos de Pu.* ❙ «No se crean, allí lo llaman follaje, como si tal cosa, como algo normal, vamos.» Virtudes, *Rimel y castigo.* ❙ «En cuestiones de follaje hay que andar vivo y no dejar escapar ni una.» DE. ✔ en su primera acepción el DRAE dice: «conjunto de hojas de los árboles y otras plantas».❙

follamenta *s.* coito, cópula.
«...ya sólo hablan de follamenta y sólo ven lo buena que está...» Juan Marsé, *Si te dicen que caí.*

follar *s.* copular.
«Y por supuesto que daría un brazo por follar durante un mes con la hermosísima Carolina.» Carlos Boyero, El Mundo, 9.7.99. ❙ «...quiere decirse que aquí se folla poco, que la gente está mal follada...» Fran-

cisco Umbral, El Mundo, 12.2.99. ❙ «Hacerse pajas es bueno, pero follando se conoce gente.» R. Gómez de Parada, *La universidad me mata.* ❙ «Pero son cuatro las tías que follan y cinco mil los que hacemos cola.» M. Vázquez Montalbán, *Los alegres muchachos de Atzavara.* ❙ «Hacer el amor es una expresión bonita. Follar es una expresión fea.» Manuel Hidalgo, *Azucena, que juega al tenis.* ❙ «Bien, resulta que fue mamá quien te folló.» Juan Marsé, *La muchacha de las bragas de oro.* ❙ «Los tíos que se follaban a todas las chicas guapas...» Ray Loriga, *Lo peor de todo.* ❙ «Su marido prefiere follarte a ti antes que a ella.» El Jueves, n.° 1079. ❙ «Mucho contacto físico pero de follar, nones.» Terenci Moix, *Garras de astracán.* ❙ «...rodamos encima de la cama, pegándonos sin dejar de follar...» Almudena Grandes, *Malena es un nombre de tango.* ❙ «Un tuerto y una tuerta / se fueron a follar a una huerta /» Amelia Díe y Jos Martín, *Antología popular obscena.* ❙ «Yo feliz sin soledad y follando sin parar...» Álvaro de Laiglesia, *Hijos de Pu.* ❙ «...no se preocupen por sus niñas cuando no lleguen a casa: estarán follando en un Mercedes con matrícula de Cádiz...» Raúl del Pozo, El Mundo, 15.8.98. ❙ «¿Y todavía le quedan ganas de follar?» María Antonia Valls, *Tres relatos de diario.* ❙ «La vida, al fin y al cabo, la mayor parte no es follar...» Álvaro Pombo, *Los delitos insignificantes.* ❙ «...y me follaron uno tras otro, cada día uno...» Andreu Martín, *El señor Capone no está en casa.* ❙ «...a menos que prefieras subir directamente a las habitaciones a hacer el kiki. ¿Te apetece? Follo de maravilla. Te la chupo y me lo trago.» Jaume Ribera, *La sangre de mi hermano,* 1988, RAE-CREA. ❙ «...para irnos este verano a la costa a follar como monos.» Luis Landero, *Juegos de la edad tardía,* 1989, RAE-CREA. ❙✔ *La Real Academia* explica que *follar* significa *soplar con el fuelle.* En la acepción 4 dice: «practicar el coito». ▸ *Diccionario secreto* de C. J. Cela para ampliar información. Según Corominas, del latín *follis,* fuelle.❙

2. fastidiar, molestar, castigar.
«Dios mío [...] Y yo leyendo novelas en horas de servicio [...] como se lo digan al Lamorgue me folla.» Rambla, n.° 19. ❙ «Me marché porque me estaba follando oír tanta tontería.» DE. ❙ ▪ «Dile a ése que deje de follarnos y que se vaya a la mierda ya de una vez.»

3. estropear, fastidiar.
«Se me ha follado el coche y he tenido que venir en tranvía.» DE.

4. que te folle un burro (un gorila, un pez) *expr.* expresión de rechazo.
«Que les folle un burro. Adiós.» Fernando Martínez Laínez, *Andante mortal.* ❙ «Anda y que te folle un gorila.» C. Pérez Merinero, *Días de guardar.* ❙ «¡Que os folle un pez!» José Ángel Mañas, *Sonko95.*

5. ¡que te follen! *excl.* exclamación de rechazo.
«Pareces Clint Eastwood en una de ganaderos pobre y buenos. Que te follen.» Francisco Umbral, El Mundo, 30.8.98. ❙ «Vete de aquí y deja de molestar. ¡Que te follen!» DCB.

folletear *v.* copular.
«Folletear: Copular.» JV. ❙ «Folletear: fornicar.» JMO. ❙ «Folletear. Realizar el acto sexual.» Ra. ❙ «Folletear. Fornicar con frecuencia.» S. ❙ ▪ «No entres en el cuarto porque tus abuelos están folleteando otra vez.» ❙✔ no se ha podido documentar fuera de diccionarios.❙

folleteo *s.* cópula, coito.
«...quizá gaste braguero y hasta se reglamentará el folleteo con un manual de quiosco.» A. Zamora Vicente, *Mesa, sobremesa.* ❙ «No nos convienen, Mateo, porque el folleteo no nos compensa de la ausencia de conversación.» Manuel Hidalgo, *Azucena, que juega al tenis.* ❙ «...Bernardino quedó empalagado de tanta cortesía y folleteo...» Ramón Ayerra, *Los ratones colorados.*

follique *s.* copulación.
«...un pequeño bosque [...] con hondonadas muy apañadas para el follique...» Ramón Ayerra, *Los ratones colorados.*

follón *s.* situación difícil, complicada.
«...la batalla de los Arapiles, que debió ser un follón de no te menees...» A. Zamora Vicente, *Historias de viva voz.* ❙ «Pudiste meterte en un buen follón...» Ángel Palomino,

Las otras violaciones. ▌ «Los días y las noches de aquel primer invierno, a pesar de todo el trágico follón que sacudía el país...» Álvaro de Laiglesia, *Hijos de Pu.* ▌ «...vienen cuando más follón hay para que no se les note...» Miguel Martín, *Iros todos a hacer puñetas.* ▌✓ DRAE: «Asunto pesado o enojoso».▌

2. lío, dificultad, complicación.

«En fin, a lo que estamos: volvamos al follón teresiano.» A. Zamora Vicente, *Historias de viva voz.* ▌ «Que tratándose de un follón de tamaña naturaleza...» Miguel Martín, *Iros todos a hacer puñetas.* ▌ «...muy cerca de un pueblo en el que hubo follón desde el primer momento.» Álvaro de Laiglesia, *Hijos de Pu.* ▌ «...vino lo del follón judicial y la cárcel, y, claro, se acabó lo que se daba.» C. Pérez Merinero, *Días de guardar.*

3. confusión, desorden, alboroto.

«Don Federico desapareció la tarde antes de comenzar el follón.» J. L. Castillo-Puche, *Hicieron partes.* ▌ «...jarana, tango, cacao, tomate, follón, jaleo, ensalada...» Rafael García Serrano, *Diccionario para un macuto.* ▌ «Me había llevado hasta aquellos follones...» Ángel A. Jordán, *Marbella story.* ▌ «¿Has estado en el follón ése?» Juan Marsé, *La oscura historia de la prima Montse.* ▌ «Esto de la Revolución francesa fue un follón que se lió en Francia...» M. Ángel García, *La mili que te parió.* ▌■ «Cuando se oyeron las sirenas, aquello fue un follón. Todo el mundo corría de un lado para otro.»

4. armar (provocar) follón *expr.* crear situación desagradable, complicada.

«...déjalos tranquilos que pasen el control de pasaportes; mejor no armar follón...» Ángel Palomino, *Todo incluido.* ▌ «Estás armando mucho follón...» Andreu Martín, *Por amor al arte.* ▌ «El snowboard ha logrado incluso provocar follones hasta ahora reservados a las estrellas más viciosas del pop.» El Mundo, La Luna, 26.2.99. ▌■ «¡Qué follón se armó en el teatro el otro día!»

follonero *s.* persona que organiza alborotos, líos.

«¡Adiós a los folloneros, los puns, los jipis y los drogadizos...!» El Jueves, 10-16 mar-

zo, 1999. ▌ «Follonero: llaman al alborotador, desvergonzado, descarado.» IND.

follonista *s.* persona que organiza alborotos, líos.

«Follonista: ver follonero.» JMO. ▌ «Follonista. Pendenciero.» VL. ▌ «Follonista. Alborotador.» S. ▌■ «Han despedido a Petra del banco porque es una follonista y se pasaba el día metiéndose con todos y alborotando.» ✓ no se ha podido documentar fuera de diccionarios.▌

fondelo *s.* taberna, bar de baja estofa.

«Fondelo. Borrachería, antro.» Ra. ▌ «Fondelo: taberna.» JMO. ▌ «Fondelo: Tabernucho.» JV. ▌■ «Suelo comer en ese fondelo de la esquina porque es muy económico, aunque un poco sucio.» ✓ no se ha podido documentar fuera de diccionarios.▌

fondín ▶ *fondelo.*

fondo, al fondo a la derecha *expr.* retrete.

«...y el camarero, muy serio, le indica al fondo a la derecha, que es por lo general donde suelen estar localizados los servicios en los bares...» José M.ª Zabalza, *Letreros de retrete y otras zarandajas.* ▌■ «¿Los servicios? —¡Al fondo a la derecha!»

2. hacer fondo *expr.* pararse el Paso de una procesión de Semana Santa.

«...cuando el Paso se detenga —haga fondo, en argot semanasantero...» Miguel Martín, *Iros todos a hacer puñetas.*

3. tocar fondo *expr.* llegar a lo más profundo, a los límites.

«Comenzábamos a tocar fondo en el dolor.» Benedicto Revilla, *Guatemala: el terremoto de los pobres,* 1976, RAE-CREA. ▌ «...sin preocupaciones que nos hagan tocar fondo en lo real.» Victoria Ocampo, *Testimonios,* 1977, RAE-CREA.

fondón *adj.* obeso, gordo.

«Sabina, como las otras catalinas fondonas de nuestra Acción Católica...» Felipe Navarro (Yale), *Los machistas.* ▌ «La clienta es fondona...» Miguel Martín, *Iros todos a hacer puñetas.* ▌ «...era mujer fondona y tenía fama de pegarle fuerte a la bola.» Pedro Casals, *La jeringuilla.* ▌ «Porque mi pobre hija ya está desgastada y medio fondona...» Chumy Chúmez, *Por fin un hombre honrado.* ▌ «El travesti era alto, fondón...» Juan Madrid, *Flores, el gitano.* ▌ «¿De qué me estaba hablando aquel crío fondón...» Fernando Repiso, *El incompetente.* ▿ DRAE: «1. adj. fam. y despect. Dícese de quien ha perdido la gallardía y agilidad por haber engordado».▌

fonducho ▶ *fondelo.*

fonta *s.* fontanero.
«Esta tarde va a venir el fonta a arreglar el grifo.» CO, Rocío García Barroso.

foqui foqui *s.* copular, coito.
«¿Focki-focki? Pues bueno...» El Jueves, 13.5.98. ▌ «Cuando ando en lo mejor del foqui-foqui me despierto.» C. Pérez Merinero, *Días de guardar.* ▌▪ «¿Qué tal el foqui foqui con mi hermana anoche?»

*fornicar cf. (afines) ▶ *copular.*

foro *s.* Madrid.
«30 kilómetros para dar la vuelta al foro. La fiesta de la bicicleta este año...» El Mundo, 2.10.99. ▌ «...entre los castizos del Foro que utilizan como patrón oro de la virilidad los ostentosos testículos...» Moncho Alpuente, El País, 25.7.99. ▌ «Se le conoce hasta en el andar que es del foro.» José M.ª Zabalza, *Letreros de retrete y otras zarandajas.* ▌ «...los madrileños no consintieron que en el Foro hubiera catedral hasta que llegaron los socialistas.» Raúl del Pozo, Horóscopo, El Mundo, 30.9.99.

forofo *s.* admirador, seguidor, hincha.
«Para las forofas de las pelis de la época...» Ragazza, n.° 101. ▌ «...y, finalmente, a manotazos, fueron reduciendo a los encrespados forofos...» F. Vizcaíno Casas, *Hijas de María.* ▌ «...entusiasta deportivo, de forofo...» Ángel Palomino, *Todo incluido.* ▌ «Dos o tres forofos [...] que piensan que un partidillo nunca viene mal.» R. Gómez de Parada, *La universidad me mata.* ▌ «...para ciertos lectores forofos, el escritor y los personajes emanados de su imaginación...» Juan Manuel de Prada, ABC, 29.5.98.

forrapelotas *s.* bobo, necio, torpe.
«¡Valiente pandilla de forrapelotas!» Jose-Vicente Torrente, *Los sucesos de Santolaria.*

forrar *v.* golpear, pegar.
«No mujer, lo que quiero decir es que si yo le digo eso a mi marido me forra.» Eloy Arenas, *Los vecinos de mis vecinos son mis vecinos.*

2. estar forra(d)o *expr.* rico, pudiente.
«...un tipo riquísimo. Forrado de millones.» Rosa Montero, *La hija del caníbal.* ▌ «Primero, porque mi marido me inspiraba un asco espantoso. Segundo, porque me ha dejado forrada...» Terenci Moix, *Garras de astracán.* ▌ «Juan está forrado. Pero eso sí, paga el precio: se pasa la vida encerrado en el despacho...» Pedro Casals, *La jeringuilla.* ▌ «...oh, el Capo, forrado de pesetas...» Ramón Ayerra, *Los ratones colorados.* ▌▪ «Los nuevos vecinos deben de estar forraos, por los coches que tienen.»

3. forrarse *v.* ganar mucho dinero, enriquecerse.
«Deja que te dé la buena y te forras —tocó uno de los escapularios.» Juan Madrid, *Cuentas pendientes.* ▌ «¡Viaje a oriente, un best-seller de Andrés Varela!, os forráis.» Ángel Palomino, *Todo incluido.* ▌ «Ahora cuando le veo hecho un cachas y forrándose con las películas...» Juanma Iturriaga, *Con chandal y a lo loco.* ▌ «...menos arena y menos ladrillo en las casas que construyen... se forran.» A. Matías Guiu, *Cómo engañar a Hacienda.* ▌ «Y encima te estás forrando.» Juan Madrid, *Crónicas del Madrid oscuro.* ▌ «...tú, con lo que te diré, te forras.» Andreu Martín, *Por amor al arte.* ▌ «En Londres se le considera carro de negro que se ha forrado con la trata...» J. Giménez-Arnau, *Cómo forrarse y flipar con la gente guapa.* ▌ «...lo más probable es que hubiera vuelto a dar con mis huesos en la cárcel o que me hubiese forrado de millones con los atracos...» Victoriano Corral, *Delitos y condenas.*

4. forrar(se) los bolsillos *expr.* enriquecer(se).
«Como buena americana caprichosa y ya entrada en años, forraba los bolsillos de Paco hasta la saciedad.» Mercedes Salisachs, *La gangrena,* 1975, RAE-CREA. ▌▪ «Amadeo se ha forrao los bolsillos con la importación de gusanos de seda.»

forro s. preservativo, condón.

«Forro. Es metáfora funcional. Preservativo, condón.» DE. ❚ «...entre forro y forro (preservativo)...» R. Montero, *Diccionario de nuevos insultos...*

2. forro de los cojones s. escroto.

«Escroto: forro de los cojones.» Extremoduro, CD, 1997: *Iros todos a tomar por culo.* ❚ «Nuestro Premio Nobel, el mejor escritor español vivo, no es alguien que se pase la ley por el forro de sus cojones, ni que exonere el intestino en el tejado de la justicia.» Matías Antolín, El Mundo, 12.9.99.

3. forros s. pl. testículos.

«Libertad grita el alcalde / para hacer el burro a modo, / y de cosas que me callo / nos quiere enseñar los forros.» Jose-Vicente Torrente, *Los sucesos de Santolaria.*

4. ni por el forro (de los colgantes) expr. en absoluto, para nada.

«¿Sabe cómo funciona su tele, eh? ¡Ni por el forro de los colgantes!» P. Antilogus, J. L. Festjens, *Anti-guía de los conductores.* ❚ ▪ «No vas a ver el dinero que me prestaste ni por el forro.»

5. tener forro expr. ser rico.

«Tener forro: riqueza.» JV. ❚ «Tener forro: ser rico.» JMO. ❚ «Tener forro: tener hacienda, ser acaudalado.» Ra. ❚ ▪ «Quiero que Juan sea mi socio porque sé que tiene forro.» ✓ no se ha podido documentar fuera de diccionarios.❚

fortachón s. hombre fornido, fuerte.

«Pero poseo un marido fortachón y gitano...» Igor Delgado Senior, *Sub-América,* 1992, RAE-CREA. ❚ «Has conocido a uno muy fortachón...» Andrés Berlanga, *La gaznápira.* ❚ ▪ «Qué fortachón es el guarda jurado de esta tienda.» ✓ DRAE: «adj. fam. Recio y fornido; que tiene grandes fuerzas y pujanza».❚

fortunón s. gran fortuna.

«...montó el almacén de madera y luego una serrería. ¿Y así ha hecho el fortunón?» J. L. Castillo-Puche, *Hicieron partes.*

forzar v. violar.

«...la violó su padre... Cuando ya estaba comprometida con Abaddon, la fuerza su padre.» Jesús Ferrero, *Lady Pepa.*

fosa, cavar uno su propia fosa expr. matarse, buscarse uno su perdición.

«Pero, si le ha matado, Búfalo se ha cavado su propia fosa.» Jaume Ribera, *La sangre de mi hermano,* 1988. ❚ ▪ «Lo que tú estás haciendo, con tu manera de actuar, es simplemente cavando tu propia fosa.»

fosfatina, hacer fosfatina expr. perjudicar, destruir, causar un gran daño.

«Un peso mosca rápido te haría fosfatina en el primer asalto.» Juan Madrid, *Un beso de amigo.* ❚ «Sus perlas hicieron fosfatina mi coral.» Vicente Molina Foix, *La quincena soviética,* 1988, RAE-CREA.

2. hecho (reducido a) fosfatina expr. cansado.

«...estabas ya reducido a fosfatina desde un principio...» A. Zamora Vicente, *Historias de viva voz.* ❚ ▪ «Ha trabajado tanto limpiando la casa que ahora está hecha fosfatina.»

fosfo adj. fosforescente, fosforito.

«Para el macho, el marcapaquetes azul fosfo...» Juanma Iturriaga, *Con chandal y a lo loco.* ❚ ▪ «Me gustan los colores fosforitos y vivos.»

fósil s. viejo, anciano.

«La edad puede ser motivo de insulto: fósil, momia [...] pureta, vejestorio, carcamal, carroza, carrozón, viejales... viejo chocho, chocheras [...] abuelete...» AI. ❚ «Afina, mma-mma, que tú vas de fósil con varices...» J. Giménez-Arnau, *Cómo forrarse y flipar con la gente guapa.*

fostiar v. golpear.

«Ésta me viene con que su novio la fostia y su padre la violaba...» José Ángel Mañas, *Sonko95.* ❚ «Fostiar. Golpear, zurrar, maltratar.» Ra. ❚ «Fostiar: hostiar.» JMO. ❚ «Fostiar. Golpear.» S.

fotero s. fotógrafo.

«¿Qué foteros? Si no son fotógrafos.» Antena 3 TV, La casa de los líos, 8.2.98. ❚ «...Los periodistas gráficos, los *foteros*...» El Mundo, 21.8.99.

*fotografía cf. (afines) afoto.

francés s. felación.

«Una voz de mujer dice: qué queréis?, ¿un completo?, ¿un francés? Si queréis un francés os lo hago por tres mil cada uno.» José Ángel Mañas, *Historias del Kronen*. ▌ «Mientras conduzco me harás un francés.» El Jueves, n.º 1079. ▌ «Los académicos que confeccionan el Diccionario de la RAE no han aprendido lo que quiere decir un *francés o griego* en la práctica sexual [...] en la publicidad de los periódicos se puede hallar la oferta del francés, del griego y otras labores, pero los diccionarios no aclaran nada.» Jaime Campmany, ABC, 15.2.98. ▌ «La felación se seguirá llamando francés y no 'norteamericano' como pedía EE.UU. El Presidente Clinton sostenía que su país ha hecho más que ningún otro para popularizar tan placentera práctica.» Manda Güebos, El Jueves, n.º 1083. ▌ «Henriette. Rubia, nórdica, estudiante de español, dominando francés.» Anuncio clasificado, sección Relax, ABC, 12.7.98. ▌ «...y qué contraste con la activa sabiduría (manual, francés, completo) de las profesionales del placer...» Jaime Romo, *Un cubo lleno de cangrejos*.

franchute *s.* persona de nacionalidad francesa.

«...dispuesto a proclamar el lema del barón de Coubertin, que ahora resulta que no es de Coubertin, sino de no recuerdo qué abate franchute...» Jaime Campmany, ABC, 20.3.98. ▌ «...cuando uno tiene razón hay que dársela, aunque sea un franchute.» Andrés Berlanga, *La gaznápira*. ▌ «...cuando regentaba el lenocinio discreto de una coronela franchute...» Ramón Ayerra, *Los ratones colorados*. ▌◤ «Mi hermana Micaela se casó con un franchute y ahora viven en París.»

2. idioma francés.

«Ni jota, porque es franchute y esta lengua ya no se lleva...» Terenci Moix, *Garras de astracán*. ▌◤ «Me he apuntado a un curso de franchute porque quiero visitar París el año que viene.»

frasco, pegarle (darle) al frasco *expr.* beber mucho.

«Y es que hay que ser puntual para todo, hasta para pegarle al frasco.» José María Amilibia, *Españoles todos*.

2. toma del frasco, Carrasco *expr.* chincharse, fastidiarse.

«...y toma del frasco, Carrasco, y no te espabiles, que verás...» A. Zamora Vicente, *Mesa, sobremesa*. ▌ «¡Toma del frasco, Carrasco!» Fernando Repiso, *El incompetente*.

fregado *s.* asunto dificultoso, enojoso, lío.

«...bollo... jarana, tango, cacao, tomate, follón, jaleo, ensalada, fregado...» Rafael García Serrano, *Diccionario para un macuto*. ▌ «En saber cuál es, exactamente, el papel que esas dos desempeñaban en este fregado.» Jaime Romo, *Un cubo lleno de cangrejos*. ▌ «Ella ni se sospechaba en el fregado en que andaba metido...» Ernesto Parra, *Soy un extraño para ti*. ▌ «Vaya un fregado del copón.» Pedro Casals, *Disparando cocaína*.

fregatriz *s.* señora de la limpieza.

«...viendo como está el corral de contratación de fregatrices...» J. Giménez-Arnau, *Cómo forrarse y flipar con la gente guapa*.

fregota *s.* camarero.

«Fregotas: camareros.» JV. ▌ «Fregota. Camareta, camarero.» Ra. ▌ «Fregota. Camarero.» S. ▌◤ «Bartolomé trabaja de fregota en un bar de mala muerte.» ✓ no se ha podido documentar fuera de diccionarios.▌

freír *v.* matar, asesinar.

«...chasquidos de las armas automáticas al ser montadas... —¿Le frío, jefe?» Jaime Romo, *Un cubo lleno de cangrejos*. ▌ «...el segundo le untaba al primero la culata del revólver con mierda para que no pudiera sacar rápido, y entonces lo freía a tiros.» Cómic Zona 84, n.º 3. ▌ «Suéltame o te frío...» José Luis Muñoz, *Pubis de vello rojo*. ▌ «Un día nos van a freír a todos.» Juan Marsé, *Si te dicen que caí*. ▌ «...porque si no lo haces os frío a los dos.» Cristóbal Zaragoza, *Y Dios en la última playa*.

2. freír un paraguas *expr.* expresión de desprecio.

«...y a James Bond que le frían un paraguas.» Eduardo Mendoza, *Sin noticias de Gurb*.

3. mandar a freír espárragos *expr.* rechazar y regañar a alguien.

«En otro momento de su vida habría enviado a freír espárragos a Peregil...» Arturo Pérez-Reverte, *La piel del tambor.* I ▪◾ «Cuando lleguemos nos van a mandar a freír espárragos en casa, por no haber telefoneado.» |✓ ▸ también *espárragos, irse (mandar) a freír espárragos.*|

4. mandar a freír monas *expr.* rechazar, regañar a alguien.

«...al primero que le plantea un problema por pequeño que sea, le manda a freír monas.» Gomaespuma, *Familia no hay más que una.*

frente, dos dedos de frente *expr.* inteligencia.

«Nadie con dos dedos de frente podía esperar que Rusia transformara su economía de la noche a la mañana.» Luis Ignacio Parada, ABC, 1.11.98. I «En lo sucesivo debía actuar con dos dedos de frente.» Ernesto Parra, *Soy un extraño para ti.* I «Ud. es víctima de la más cruel de las cegueras. Ud. tiene los dos dedos escasos de su frente sumidos en las tinieblas...» Fernando Repiso, *El incompetente.* I «Estar tonto: no tener dos dedos de frente.» DTE.

fresca, soltar (decir) cuatro frescas *expr.* decirle a alguien las verdades, hablarle con claridad.

«...déjame a mí que le voy a soltar cuatro frescas a ese bromista.» B. Pérez Aranda *et al., La ex siempre llama dos veces.* I «Voy a subir a decirles cuatro frescas.» A. Zamora Vicente, *Historias de viva voz.*

frescales *s.* desvergonzado, descarado, gorrón.

«Cuca, que este tío es un frescales. Le he sorprendido mirándote.» A. Zamora Vicente, *Historias de viva voz.* I «El que pasa por la guerra como invitado, y también el frescales que sin tener ni pizca de cobarde...» Rafael García Serrano, *Diccionario para un macuto.* I «Existen sablistas y gorrones que se las arreglan para actuar sin rubor... caradura, cara, tener más cara que espalda, carota, fresco, frescales, [...] jeta, jetudo [...] vivales [...] tener un morro que se lo pisa...» AI. I «Todos sois unos frescales...» P. Perdomo Azopardo, *La vida golfa de don Quijote y Sancho.* |✓ género común, invariable en número: *la frescales, los frescales.*|

fresco *s.* desvergonzado, descarado, gorrón.

«Señor o padre Arzalluz, usted es un fresco. Por lo menos.» Antonio Gala, El Mundo, 7.2.98. I «Existen sablistas y gorrones que se las arreglan para actuar sin rubor... caradura, cara, tener más cara que espalda, carota, fresco, frescales, [...] jeta, jetudo [...] vivales [...] tener un morro que se lo pisa...» AI. I «Ese tío es un fresco. ¡No seas fresco! ¡Qué fresco eres!» DCB.

2. quedarse (ser) (más) tan fresco (que una rosa, lechuga) *expr.* no importar, no inmutarse.

«...mintiendo a culo batiente y quedándose tan frescos como una lechuga.» José M.ª Zabalza, *Letreros de retrete y otras zarandajas.* I «Esto se lo he oído al portavoz de la Unión Progresista de Fiscales, y se ha quedado tan fresco...» José María Carrascal, ABC, 8.11.98. I «Ser más fresco que una lechuga.» DTE. I «...y volví a la calle fresco como una lechuga.» C. Pérez Merinero, *La mano armada.*

3. traer al fresco *expr.* no importar, traer sin cuidado.

«De hecho a los traperos de la mente les trae al fresco que también ellos hayan triunfado...» Mercedes Salisachs, ABC, 13.12.98. I «Eso de las horas me la trae al fresco.» Miguel Martín, *Iros todos a hacer puñetas.* I «Claro que a ti, Azucena, todo esto te trae al fresco...» Manuel Hidalgo, *Azucena, que juega al tenis.* I «...pero semejante asunto me trae al fresco...» Rafael García Serrano, *Diccionario para un macuto.* I «A más de uno nos trae al fresco en principio bastante al fresco saber si el narrador de *Todas las almas* coincide o no con el autor...» Carles Barba, Qué leer, junio, 1998. I «...a pesar de que la cuestión sexual la traía al fresco...» El Gran Wyoming, *Te quiero personalmente.*

frescura *s.* desvergüenza, descaro.

«...que no había tocado por su perversa frescura demoniaca...» Luciano G. Egido, *El corazón inmóvil,* 1995. I ▪◾ «¡Qué frescura que tiene tu amiga Merche por invitarse ella solita a la fiesta y traer a sus amistades!»

fresón *s.* glande.

«Fresón: glande.» R. Gómez de Parada, *La universidad me mata.*

fría *adj.* frígida.

«Quizá aquella mujer fría...» Néstor Luján, *Los espejos paralelos,* 1991, RAE-CREA. ❙ ◨
«Claudia es una mujer muy fría que no se calienta ni aunque le chupes el coño.»

*frío, hacer frío *cf.* (afines) hacer un frío que corta los cojones, hacer un frío que pela, hacer un *gris.

frío, hacer un frío del carajo (de cojones) *expr.* hacer mucho frío.

«Cuando el grajo vuela bajo hace un frío del carajo.» ref. ❙ «Hace un frío de cojones.» Álex de la Iglesia, *Payasos en la lavadora.* ❙ «...y hace un frío de cojones porque han debido dejar las ventanas abiertas...» José Ángel Mañas, *Sonko95.* ❙ «...porque hacía un frío de cojones.» C. Rico-Godoy, *Cómo ser una mujer y no morir en el intento.* ✔ ▶ *cojones, hacer un frío de cojones.*❙

2. hacer un frío que corta los cojones *expr.* hacer mucho frío.

«...expresa intensidad; suele aplicarse al frío. Por el invierno, en la moto, se te cortan los cojones de frío.» DE. ❙ «...hace un frío que corta los cojones.» Fernando Sánchez-Dragó, *El camino del corazón,* 1990, RAE-CREA. ✔ ▶ *cojones, hacer un frío de cojones.*❙

3. hacer un frío que pela *expr.* hacer mucho frío.

«Hace un frío que pela.» Fernando G. Tola, *Cómo hacer absolutamente infeliz a un hombre.* ❙ «Por ese boquete de irracionalidad entran todos los males de la historia, todos los males de Felipe (González) y hace un frío que pela.» Francisco Umbral, El Mundo, 25.7.98. ❙ «Hace un frío que pela...» José Gutiérrez-Solana, *Madrid callejero, Obra literaria, II.* ❙ «Hacía un frío que pelaba.» Gomaespuma, *Grandes disgustos de la historia de España.* ❙ «Otra vez la calefacción descacharrada... ¡Aquí hace un frío que pela!» ABC, Gente Menuda, 10.1.99. ❙ «Te espero abajo. Date prisa. Hace un frío que pela.» Pedro Casals, *Disparando cocaína.* ❙ «Y hace un frío que pela.» Eduardo Mendoza, *La verdad sobre el caso Savolta.*

4. pelarse de frío *expr.* pasar frío.

«...te pelas de frío si es invierno o te asas si es verano...» M. Ángel García, *La mili que te parió.*

fritanga *s.* alimentos fritos y muy grasosos.

«Había almorzado con un comisario en un pequeño figón que hedía a fritanga...» Pedro Casals, *La jeringuilla.* ❙ «Todo son aromas de fritangas de aceites de tercera y de guisos de latas de conservas...» Chumy Chúmez, *Por fin un hombre honrado.* ✔ DRAE: «f. Fritada, especialmente la abundante en grasa. A veces se usa en sentido despectivo».❙

frito, traer (tener) frito *expr.* molestar, incordiar, hartar.

«A mí me traían frito.» A. Zamora Vicente, *Historias de viva voz.* ❙ «...y se sentó otra vez a darle al manubrio y ya me tenía frito...» M. Vázquez Montalbán, *Los alegres muchachos de Atzavara.* ❙ «Con lo limpio, mira, con lo limpio, sólo con lo limpio, ya me tenía frita.» Álvaro Pombo, *Los delitos insignificantes.* ❙ «El rollo éste me trae frito.» Álvaro Pombo, *Los delitos insignificantes.* ❙ «...y uno de la panda no paraba de meterse conmigo, me tenía frita.» Ragazza, julio, 1997. ❙ «Me tenía frito, sudando de una habitación a otra...» Elvira Lindo, *Manolito gafotas.*

2. quedarse (estar) frito *v.* morirse.

«...la guapa actriz María Montez se quedó frita por haberse metido en un baño demasiado caliente.» Mariano Tudela, *Últimas noches del corazón.* ❙ «Muerte dudosa. Aunque esté frito y enterrado si nuestros médicos dicen que no es que no.» Ramón Escobar, *Negocios sucios y lucrativos de futuro.* ❙ «...dentro de unos segundos quedarán fritos...» Cómic Zona 84, n.º 3. ❙ ◨ «Sufrió mucho pero con los dos palos en la cabeza se quedó frito.»

3. quedarse frito *expr.* quedarse dormido, dormir.

«No sé cómo acaba la película, porque me quedé frito.» C. Rico-Godoy, *Cómo ser una mujer y no morir en el intento.* ❙ «...el amor te viene a ti muy bien para coger el sueño, te quedas frita en el acto...» Manuel Hidalgo,

Azucena, que juega al tenis. ❚ «...y al llegar aquí se ha quedado frita, no se tenía en pie...» Almudena Grandes, *Las edades de Lulú.* ❚ «Uy, por Dios, qué boba, ¡si me estoy quedando frita! —dijo restregándose los ojos.» Manuel Hidalgo, *El pecador impecable.* ❚ «...la niña se había quedado frita en lo mejor de la explicaera...» Marisa López Soria, *Alegría de nadadoras.* ❚ «...si la tía se ha quedado tan frita es porque seguro que se ha hecho un pajote. No hay nada para quedarse grogui [...] como hacerse una macoca.» C. Pérez Merinero, *Días de guardar.* ❚ «Me he debido quedar frita pensando en el puñetero dinero.» C. Rico-Godoy, *Cómo ser una mujer y no morir en el intento.*

frotársela *v.* masturbarse.
«Que se la froten, que se la sacudan, que le hagan alcanzar el orgasmo como sea...» Luis Goytisolo, *Recuento,* citado en DE. ❚■ «Paca se frota mirando revistas guarras.»

fu, ni fu ni fa *expr.* así, así.
«Nada de particular. Nada nuevo. Ni fu ni fa.» DTE. ✓ DRAE: «loc. fam. con que se indica que algo es indiferente, que no es ni bueno ni malo».❙

fudre *s.* borracho.
«...que en el futuro no sea como él, que no sea un fudre, un pellejo de vino...» Miguel Sánchez-Ostiz, *Un infierno en el jardín,* 1995, RAE-CREA. ❚ «...se trata de un pobre diablo lleno de zumo como un fudre, y disparatando por ello...» Ramón Ayerra, *La lucha inútil,* 1984. ❚ «Fudre: borracho, alcoholizado, bebedor.» JV. ❚ «Fudre: le dicen al que bebe mucho vino.» IND. ❚ «El marido de la Encarna es un fudre y un ladrón y un maltrabaja.» DCB. ✓ DRAE: «m. Pellejo, cuba; recipiente para el vino, generalmente de gran tamaño».❙

fuego, coger (hacer) un fuego *expr.* marcharse, irse.
«De vez en cuando, se asoma a la puerta, para dar el ja, o el queo, si viene la goma, porque el juego está prohibido y a veces hay que *hacerse un fuego,* que no es otra cosa que pirarse.» José M.ª Zabalza, *Letreros de retrete y otras zarandajas.*

2. poner la mano en el fuego *expr.* confiar plenamente, tener certeza, estar seguro.
«Cuando los socialistas han puesto la mano en el fuego por alguien, casi siempre se la han quemado.» Jaime Campmany, ABC, 9.10.99. ❚ «...aunque por ella no pondría yo la mano en el fuego...» Antonio Limón, *Andalucía, ¿Tradición o cambio?,* 1988, RAE-CREA. ❚ «¿Serías capaz de poner la mano en el fuego segura de que no existe...?» Alberto Vázquez-Figueroa, *La taberna de los cuatro vientos,* 1994, RAE-CREA.

fuelle *s.* capacidad respiratoria.
«...y empezaba a atender a la clienta con el fuelle muy agigolado por el correteo...» Ramón Ayerra, *Los ratones colorados.* ❚ «Él es joven y ágil y nosotros unos carrozas que nos falta el fuelle.» Juan Madrid, *Turno de noche,* RAE.

fuera *excl.* exclamación de rechazo.
«Todos sois igual: calzonazos de mierda. ¡Fuera, lárgate!» Juan Marsé, *La oscura historia de la prima Montse.*

2. fuera de combate *expr.* quedar, ser vencido.
«Nuestra meta es dejar fuera de combate al adversario...» Arturo Pérez-Reverte, *El maestro de esgrima,* 1988, RAE-CREA. ❚ «Al paso por Candrei, eran Podovan, Defilippis y Fornara los que quedaban fuera de combate.» Javier García Sánchez, *El Alpe d'Huez,* 1994, RAE-CREA. ❚ «Y allí le habría degollado, pues no tenía bolsa que darle, de no ponerle fuera de combate con oportuno rodillazo en los genitales.» Pau Faner, *Flor de sal,* 1986, RAE-CREA. ✓ ▶ también *combate, quedarse (poner) fuera de combate.*❙

3. fuera de serie *expr.* extraordinario, fantástico.
«Era un culo fuera de serie, que yo de eso entiendo un rato...» Pgarcía, *El método Flower.* ❚■ «El concierto ha sido fuera de serie y muy profesional.»

4. ser de fuera *expr.* forastero, de otra ciudad.
«Todo el mundo es de fuera.» Conversación 3, RAE-CREA. ❚ «No conocemos las cos-

tumbres porque somos de fuera, ¿sabe?» DCB. ❚ «Para el que es de fuera puede ser que...» Oral, Ma.1, 1981, RAE-CREA.

fuerte *adj.* sorprendente, inaudito, chocante.

«Pero de no ser así sería un asesinato, y eso es muy fuerte.» Luis Camacho, *La cloaca.* ❚ «Tener que contemplar una escena como ésta, de la propia esposa de uno, es demasiado fuerte para un hombre de bien...» Almudena Grandes, *Las edades de Lulú.* ❚ «¡Qué fuerte!» María Antonia Valls, *Tres relatos de diario.* ❚ «Demasiao [...] ha especializado una función autónoma (un *coche demasiao*) con el significado de excesivo; cuenta con la variante barcelonesa de *(qué) fuerte,* ya bastante difundida por Madrid.» Fernando Lázaro Carreter, *El dardo en la palabra.* ❚ «Sí, joder, qué fuerte.» José Ángel Mañas, *Sonko95.* ❚ «Pero trazar la historia de la inquisición sin ver algunos de sus abundantísimos documentos es fuerte.» El Cultural, El Mundo, 21.11.99.

ful *adj.* falso, malo.

«Dentro de estos fules hay uno especialmente peligroso [...] el policía ful.» Manuel Giménez, *Antología del timo.* ❚ «Una ful es algo malo, penoso, de mala calidad.» Joseba Elola, *Diccionario de jerga juvenil,* El País Semanal, 3.3.96. ❚ «Decía una jefa que oficiaba de dama inglesa ful.» Miguel Sánchez-Ostiz, *Un infierno en el jardín,* 1995. ❚ «Dicen que va de policía ful.» José Luis de Tomás García, *La otra orilla de la droga,* 1984, RAE-CREA. ❚➡ «Es un empleado ful en una empresa mierda.» ☑ DRAE: «adj. Germ. Falso, fallido».❙

fulada *s.* montaje para aparentar un crimen que no ha sucedido.

«Una fulada. Así llamábamos en la Brigada a los casos que no eran más que un montaje de la propia víctima para cobrar...» Andreu Martín, *Por amor al arte.*

fulana *s.* prostituta.

«...mientras que las fulanas se van a la cama con el primero que pillan.» Miguel Delibes, *Cinco horas con Mario.* ❚ «La gente decía que tenía los ojillos así, chuchurríos, de tanto ir con fulanas.» Francisco Candel,

Donde la ciudad cambia su nombre. ❚ «...una elementa; una tal; una cualquiera; una de esas; una tipa; una fulana; una andova; [...] una individua...» AI. ❚ «...mamá siempre dice fulana, porque puta es una palabra que le hace daño.» Lourdes Ortiz, *Picadura mortal.* ❚ «Piensas que soy una fulana, ¿no?» José María Amilibia, *Españoles todos.* ☑ ▸ también *fulano.* DRAE: «Ramera o mujer de vida airada».❙

2. amante, querida.

«...sé de buena tinta que podría ser una que ahora vive en el Ritz en plan de fulana de un concejal...» Juan Marsé, *Si te dicen que caí,* citado por CJC, *Diccionario del erotismo.* ❚ «Dicen que es su fulana...» Andreu Martín, *Por amor al arte.*

3. casa de fulanas ▸ *casa, casa de fulanas.*

fulaneo *s.* prostitución.

«En el coche recuesta la cabeza en mi hombro y me cuenta sus desdichas conyugales y sus primeros pasos en el fulaneo.» Juan Marsé, *La muchacha de las bragas de oro.*

fulángano *s.* hombre, tipo.

«A mí, ya ves, este fulángano, tan héroe...» A. Zamora Vicente, ABC, 17.5.98. ☑ de fulano.❙

fulano *s.* persona, individuo.

«...hace un par de días vengo viendo a dos fulanos que parecen vigilarte...» Eduardo Mendoza, *La ciudad de los prodigios.* ❚ «...ojalá haga Dios que no me toque al lado de ese fulano...» A. Zamora Vicente, *Mesa, sobremesa.* ❚ «...fulanos enigmáticos, aventureros sin curriculum...» Ángel Palomino, *Todo incluido.* ❚ «¡Cómo se lo monta esta fulana!» Miguel Martín, *Iros todos a hacer puñetas.* ❚ «Este fulano, aunque ande en estado agónico...» Carlos Boyero, El Mundo, 11.9.99.

fulero *s.* que es falso.

«Fuleros. O falsos. Aquellos individuos que hacen ver que son poseedores de una determinada cualificación...» Manuel Giménez, *Antología del timo.* ❚ «...cualificadas sectas de gerifaltes y fuleros.» J. Giménez-Arnau, *Cómo forrarse y flipar con la gente guapa.*

fullero *s.* jugador de cartas de ventaja, tahúr.

«Fullero de pluma.» Pedro Casals, *Disparando cocaína.* ▌«¡Eres la jugadora más fullera y sucia que he conocido en mi vida!» CL. ▌«No juegues a las cartas con él porque es un fullero.» DCB. ▌«Fullero: el que es astuto para engañar, que hace trampas en el juego.» IND.

2. persona indeseable.

«...lo que de verdad nos habría gustado esa noche era verte actuar, fullero.» Juan Marsé, *Si te dicen que caí.*

fullín *s.* nalgas.

«...se tendría que callar y meterse la lengua en el fullín, es decir en el culo...» Pedro Vergés, *Sólo cenizas hallarás (bolero),* 1980, RAE-CREA.

fumado *adj.* drogado.

«Estaba como siempre, con esa pinta de ir fumao y no enterarse de nada.» R. Gómez de Parada, *La universidad me mata.*

fumador empedernido *s.* persona que fuma mucho.

«...era una fumadora empedernida.» Juan Marsé, *Si te dicen que caí.*

fumar, fumar como un carretero *expr.* fumar mucho.

«La han pillado más delgada que nunca, desarreglada y fumando como un carretero.» You, n.° 3. ▌«...fuman como carreteros, beben como cosacos y dicen tacos...» Manuel Hidalgo, *Azucena, que juega al tenis.* ▌«Neve tiene una manía [...] fumar como un carretero.» Ragazza, agosto, 1997. ▌«...fumaba como un carretero...» Javier Maqua, *Invierno sin pretexto,* 1992, RAE-CREA.

2. fumarse *v.* copular.

«...semanas despúes me la fumé y era más clitoriana que la madre que la parió.» C. Pérez Merinero, *Días de guardar.* ▌«Fumarse. Copular.» DE. ▌«...me fumé por el culo a una de las bailaoras del tablao...» C. Pérez Merinero, *Días de guardar.* ✓ Luis Besses, *Diccionario de argot español:* «Fumarse a una. Poseer a una mujer.»|

3. fumarse la clase *expr.* no asistir a clase.

«...Falcón se fuma la clase de las nueve todos los días...» Ángel Palomino, *Las otras*

violaciones. ▌«A partir de las seis nos encerrábamos en el taller, nosotros solos, y así nos fumábamos las clases de dibujo, religión...» José María Amilibia, *Españoles todos.* ▌«...la excusa perfecta para fumarse un par de horas de clase...» R. Gómez de Parada, *La universidad me mata.* ▌«Paco muchas veces se fumaba las clases.» A. Matías Guiu, *Cómo engañar a Hacienda.* ▌«Enfrente del colegio hay unos billares y el chico ha decidido fumarse la clase...» Gomaespuma, *Familia no hay más que una.*

fumo *s.* hachís.

«el *costo,* el chocolate o *tate,* la *mandanga* o el *fumo* designan el hachís...» Fernando Lázaro Carreter, *El dardo en la palabra.*

***funcionar** cf. (afines) carburar, chutar, pitar.

funcionar *v.* en el hombre, tener erección, ser capaz de copular.

«Que me engaña [...] ya lo sé yo; si no funciona en casa, en algún sitio tiene que funcionar.» Miguel Martín, *Iros todos a hacer puñetas.* ▌«¡Quita de ahí, viejales! ¡Si a ti ya no te funciona ni poniéndote pegamín!» DE.

2. funcionarse a alguien *v.* copular.

«Funcionarse a una tía/o. Hacer el amor.» Joseba Elola, *Diccionario de jerga juvenil,* El País Semanal, 3.3.96. ▌◼ «Me han dicho que el vecino del cuarto se está funcionando a la viuda del segundo.»

funcionaria *s.* prostituta.

«...*funcionaria,* que viene de *funcionar* (argot *fornicar*...)» AI.

***funcionario** cf. (afines) funcioneta.

funcioneta *s.* funcionario, empleado del gobierno.

«La tenían clavada en una pared con unas chinchetas. Esto es para decorar, dijo la funcioneta.» Miguel Sánchez-Ostiz, *Un infierno en el jardín,* 1995, RAE-CREA. ▌◼ «Los funcionetas de los ministerios me están haciendo la vida muy difícil con tanto vuelva usted mañana.»

funda *s.* condón.

«No había entonces diafragmas, píldoras ni término medio: o joder con funda o apearse en marcha...» Fernando Sánchez-

Dragó, «Anábasis», en *Antología del cuento español*. ❙ ▪ «Es aconsejable usar funda cuando se acuesta uno con desconocidas.»

fundir *v.* gastar, dilapidar dinero.

«Al final, me lo gasté todo, me lo fundí muy de prisa, hasta la última peseta...» Almudena Grandes, *Las edades de Lulú*. ❙ «Tienes un ático para ti sola —dijo mamá— y te fundes al mes lo que medio país se gana trabajando diez horas diarias...» Jaime Romo, *Un cubo lleno de cangrejos*. ❙ «En unos días se han fundido varios miles de pesetas...» José Manuel Gómez, La Luna, El Mundo, 23.7.99. ❙ «...juego de la Bolsa: todas las mañanas acudía al centro de Atlanta para fundirse sus ahorros en operaciones de alto riesgo...» El Mundo, 31.7.99.

2. fundírsele a uno los plomos *expr.* enfadarse, trastornarse.

«¿Que nos alegremos que haya gente con los plomos fundidos?» Ramón Ayerra, *La lucha inútil*, 1984, RAE-CREA. ❙ «Si te comes el coco, se te pueden fundir los plomos, y a ver qué puede pasar.» José Luis de Tomás García, *La otra orilla de la droga*, 1984. ❙ ▪ «A tu mujer se le funden los plomos enseguida y se pone a dar voces como una loca, que poco aguante tiene.»

funguelé *s.* bola de la ruleta.

«Enrique sabe por la mirada de los croupiers en qué número se ha parado el funguelé, el mosquito de marfil.» Raúl del Pozo, *Noche de tahúres*.

furcia *s.* prostituta.

«La furcia dice que ella es la única que puede vanagloriarse de algo...» Eduardo Mendoza, *Sin noticias de Gurb*. ❙ «La ropa interior distingue mucho a la mujer que la lleva. La de las furcias es vulgar.» Terenci Moix, *Garras de astracán*. ❙ «...que vaya collares que traen las furcias éstas...» A. Zamora Vicente, *Mesa, sobremesa*. ❙ «A menos que, por ejemplo, [...] se le haya acercado una furcia...» C. Rico-Godoy, *Cómo ser una mujer y no morir en el intento*. ❙ «...se metía con dos furcias al tiempo hasta que las agotaba...» Jaime Romo, *Un cubo lleno de cangrejos*. ❙ «Además ahora hace la mala vida, dicen [...] Una furcia.» Juan Marsé, *Si te dicen que caí*. ❙ «...y cuatro chicas con pinta de furcias

agotadas...» Andreu Martín, *Prótesis*. ❙ ▪ «La mayor parte de las que trabajan en esa cafetería son furcias.»

furciángana *s.* prostituta.

«...y tener que estar aquí escuchando a estas furciánganas...» A. Zamora Vicente, *Mesa, sobremesa*.

furcio *adj.* mujeriego.

«...se pincha penicilina para rebajarse los gonococos, que los tíos furcios no paran de contagiar.» A. Matías Guiu, *Cómo engañar a Hacienda*.

furia, hecho una furia *expr.* muy enfadado.

«La chica se fue hecha una furia.» Juan Madrid, *Las apariencias no engañan*. ❙ «...se puso hecho una furia...» J. Jiménez Martín, *Ligar no es pecado*. ❙ «Se va a poner hecha una furia.» Andreu Martín, *El señor Capone no está en casa*.

furor, hacer furor *expr.* causar sensación.

«...que en ese tiempo hacía furor en Génova.» Augusto Roa Bastos, *Vigilia del almirante*, 1992, RAE-CREA. ❙ «...justo en medio del tercer acto de una Traviata dolorosa y arrebatada que hacía furor.» Ángeles Caso, *El peso de las sombras*, 1994. ❙ ▪ «El disco nuevo de Nacho Campillo está haciendo furor en Europa.»

fusca *s.* pistola.

«Tú eres la última mierda pinchada en un palo. Te voy a meter la fusca por el bull.» Raúl del Pozo, *Noche de tahúres*. ❙ «Fusca: pistola.» Manuel Giménez, *Antología del timo*. ❙ «...es uno de los mayores orgullos de nosotros los mexicanos: tener una buena fusca con cachas de plata...» José Raúl Bedoya, *La universidad del crimen*. ❙ «Seisdedos, ¿eh? ¿Para empuñar una fusca no tenías bastante con cinco?» Mariano Sánchez, *Carne fresca*. ❙ «...y hago que se aligere amagándole otro golpe con la fusca.» C. Pérez Merinero, *Días de guardar*. ❙ ▪ «Sacó la fusca y se lió a tiros con la poli.»

fusco *s.* revólver.

«...y se echó la mano al lugar de la espalda donde los gorilas guardan el fusco.» El Mundo, 16.7.94. ❙ «Fusco: Revólver.» JGR. ✓ ▸ *fusca*.❙

fusil, limpiar el fusil *expr.* copular.

«...una secretaria que te hiciese el trabajo pesado, como, por ejemplo, contar el dinero y limpiarte el fusil de vez en cuando.» C. Pérez Merinero, *Días de guardar.*

fusilar *v.* plagiar, copiar.

«La comedia es una mala copia de un vodevil francés y muchos versos han sido fusilados de una obra del propio...» A. Ussía, *Coñones del Reino de España.* I «...unos pendientes y/o una sortija fusilada de Poiray por el joyero de toda la vida...» Carmen Posadas, *Yuppies, jet set, la movida y otras especies.* I «...cuando [...] tuvo dos cuartillas [...] se las pasaba a Gabry para que las leyera. ¡Hosti, tú, esto es cojonudo! ¿De dónde lo has fusilado?» Andrés Berlanga, *La gaznápira.* I ◼ «Ha fusilado la letra de sus canciones.» I✓ DRAE: «fig. y fam. Plagiar, copiar trozos o ideas de un original sin citar el nombre del autor».I

futbolero *adj.* y *s.* aficionado al fútbol; relacionado con el fútbol.

«...reverencian tanto a los que las encabezan como los *futboleros* al *pichichi* de turno.» Práxedes Castro González, El Mundo, 11.9.99. I «Qué infante futbolero no soñó, apenas dio sus primero pasos...?» La Nación, Costa Rica, 39783, 1996, RAE-CREA. I «...otras labores más placenteras y agradables, como una porra futbolera...» R. Gómez de Parada, *La universidad me mata.*

Gg

gabacho *s.* francés, persona de Francia.
«Napoleón Bonaparte. General del ejército gabacho.» Juanma Iturriaga, *Con chandal y a lo loco.* ▮ «Ciertos gabachos son siempre igual, qué le vamos a hacer...» Rafael García Serrano, *Diccionario para un macuto.* ▮ «Todos suponen que está en Francia y son los gabachos los que...» Andreu Martín, *Por amor al arte.* ▮ «Los gabachos desembarcaron disciplinadamente...» Pau Faner, *Flor de sal.* ▮◪ «Mi profesor de francés es un gabacho de Burdeos, pero es buen pedagogo, ¿sabes?»

gabardina *s.* preservativo, condón.
«Es metáfora funcional (el preservativo cubre el pene como una gabardina).» DE. ▮ «Se corre más cómodo sin gabardina...» Ernesto Parra, *Soy un extraño para ti.*

gachas, echar las gachas *expr.* vomitar.
«Echar las gachas: vomitar.» JMO. ▮ «Gachas: vomitona, devuelto.» JV. ▮ «Gacha. Pava, vómito.» Ra. ▮◪ «Bebieron tanto en mi fiesta de cumpleaños que echaron las gachas todos, todos.» ✔ no se ha podido documentar fuera de diccionarios.▮

gachí *s.* mujer, chica.
«Ya está bien de abrazar a la gachí delante de la gente.» Francisco Umbral, *Balada de gamberros.* ▮ «A lo que íbamos de las gachís... Aquí hemos visto dos que están superiores.» Ángel María de Lera, *Los clarines del miedo.* ▮ «...ni darse por enterados cómo enseñan las gachís el muslamen...» A. Zamora Vicente, *Mesa, sobremesa.* ▮ «...pero es insufrible la gachí...» C. Rico-Godoy, *Cómo ser infeliz y disfrutarlo.* ▮ «tras una moza forzuda / de carnes finas y prietas / y de exuberantes tetas / una gachí cojonuda.» Amelia Díe y Jos Martín, *Antología popular obscena.* ▮ «...un teatro lleno de gachises en bikini...» Ángel Palomino, *Todo incluido.* ▮ «También se podría incluir *gachí*, que significaba en caló *mujer no gitana.*» AI. ▮ «...uno tiene su gancho con las gachises...» Juan Madrid, *Crónicas del Madrid oscuro.* ▮ «...se lía la cosa y nos apuntamos a dos gachises de puta aldaba...» Ramón Ayerra, *Los ratones colorados.* ✔ el plural puede ser *gachís* o *gachises.* Masculino *gachó.*▮

gachó *s.* individuo, hombre.
«El gachó de los monos le dice que deje ya de dar el [...] y que se calle.» Eduardo Mendoza, *Sin noticias de Gurb.* ▮ «¡Qué pelmazo el gachó!» Terenci Moix, *Garras de astracán.* ▮ «...son repistonudos estos gachós, sí señor...» A. Zamora Vicente, *Mesa, sobremesa.* ▮ «¡Menuda broma gastaba el gachó!» J. L. Castillo-Puche, *Hicieron partes.* ▮ «Le he visto, al tuyo, esta vez es muy guapo el gachó.» Juan Marsé, *La oscura historia de la prima Montse.* ▮ «...y en cuanto nos hemos dado la vuelta ha salido pitando el gachó.» El Gran Wyoming, *Te quiero personalmente.* ▮ «Tiene categoría de subdirector general adjunto eventual y tratamiento de *gachó.*» Máximo, *Animales políticos.* ✔ femenino *gachí.*▮

gachupín *s.* en México, español.
«...viene todas las temporadas el gachupín...» Ramón Ayerra, *Los ratones colorados.* ✓ ▸ *cachupín.* DRAE: «1. m. y f. despect. fam. Amér. Español establecido en América».|

gafado, estar gafado *expr.* tener mala suerte.
«Pero estoy gafado. Ya me ocurrió en Amsterdam...» Carlos Zeda, *Historias de Benidorm.* ▌▪▪ «¡Esta tienda debe de estar gafada porque no vendemos nada!» ✓ verbo *gafar.*|

gafancia *s.* mala suerte.
«Hablaba yo precisamente con mi amigo [...] sobre el gafe y las gafancias.» Raúl del Pozo, *Noche de tahúres.* ▌ «Vista la gafancia que se desprende del relato del teniente...» Álvaro de Laiglesia, *Hijos de Pu.* ▌ «...vigilan sus menores gestos por si de ellos se desprende la gafancia.» Rafael García Serrano, *Diccionario para un macuto.*

gafar *v.* traer mala suerte.
«...decía [...] que el retratarse le gafaba.» Rafael García Serrano, *Diccionario para un macuto.* ✓ ▸ también *gafado, gafancia.*|

*gafas** cf. (afines) anchoas, bicicletas, cliseras, gafas de culo de vaso, lupos, plomos, vidrios, vitrinas.

gafas *s.* persona que lleva lentes, gafas.
«El gafas dice que la casa es suya...» M. Vázquez Montalbán, *La rosa de Alejandría.* ▌ ▪▪ «Rómpele la cara al gafas, a ver si aprende...»

2. gafas de culo de vaso (de botella) *s. pl.* gafas de cristales gruesos.
«Odio mi narizota, mi pelo lacio y estas gafas de culo de vaso.» Ragazza, n.° 93. ▌ «Usaban sendas gafas de culo de botella.» Fernando Martín, *Cómo aprobar todo sin dar ni chapa.* ▌ «...con sus gafas de culo de vaso...» María Antonia Valls, *Tres relatos de diario.* ▌ «Yo le recordaba bajito, más bien rellenito y con gafas de culo de vaso...» Ragazza, agosto, 1997. ▌ «...la tía se gasta unos cristales en las gafas que parecen culos de botellas...» C. Pérez Merinero, *Días de guardar.* ▌ «Sus gafas de culo de vaso...» Javier Maqua, *Invierno sin pretexto,* 1992,

RAE-CREA. ▌ «Sus ojitos me mirarán asustados, escondidos tras los dos vidriosculo-de-vaso.» Álex de la Iglesia, *Payasos en la lavadora.*

*gafas, persona que lleva gafas** cf. (afines) gafas, gafitas, gafudo, gafoso, gafotas, cuatrojos, cuatro ojos, vidrios.

gafe *adj.* y *s.* que atrae, o causa, o tiene mala suerte.
«Y lo bueno es que, de resultas, heredé, y ahí sí que no fui gafe.» A. Zamora Vicente, *Historias de viva voz.* ▌ «Y sobre todo aquella tarde que venía acompañado de un gafe.» Raúl del Pozo, *Noche de tahúres.* ▌ «No seas gafe, hombre.» Álvaro de Laiglesia, *Hijos de Pu.* ▌ «Hay personas con gafe, asuntos con gafe, ciudades con gafe, dinastías con gafe, negocios con gafe...» Rafael García Serrano, *Diccionario para un macuto.* ▌ «No sea gafe.» Mariano Sánchez, *Carne fresca.* ▌ «...ése es un barrio gafe, un barrio gafe, justo detrás del cementerio, lo que es tapia con tapia.» Álvaro Pombo, *Los delitos insignificantes.* ▌ «El pupas. También llamado gafe o cenizo. A éste le pasa de todo.» M. Ángel García, *La mili que te parió.* ▌ «...fama peor que la del gafe o el cenizo, o el borde, o el malafollá...» Ramón Ayerra, *La lucha inútil,* 1984, RAE-CREA.

gafitas *s.* persona que lleva lentes, gafas.
«Salgo al rellano y me meto en uno de los ascensores con un gafitas jovencito.» José Ángel Mañas, *Mensaka.* ▌ «Oye, gafitas, ¿echamos un polvito?» Juan Madrid, *Crónicas del Madrid oscuro.* ▌ «Era un gafitas, poca cosa, y la tía se había casado con él.» C. Pérez Merinero, *Días de guardar.* ▌ «Un gafitas con pinta de genio de la informática...» Pedro Casals, *Hagan juego.* ▌ ▪▪ «Ya de pequeño era muy miope y mis compañeros me insultaban llamándome gafitas.»

gafoso *s.* persona que lleva lentes, gafas.
«Es flaca, huesosa, altota, gafosa, antipática...» A. Zamora Vicente, *Mesa, sobremesa.* ▌ «Tú estabas jugando con un gafoso...» Manuel Hidalgo, *Azucena, que juega al tenis.* ▌ «Una vieja gafosa, con el pelo recogido...»

Juan Madrid, *Las apariencias no engañan.* ▌ «...o las gafas de un gafoso.» Ángel Palomino, *Insultos, cortes e impertinencias.*

gafotas *s.* que lleva lentes, gafas.

«...y le llamaban gafotas, cobarde, gallina...» Gomaespuma, *Grandes disgustos de la historia de España.* ▌ «Me cae muy bien el gafotas Edu...» Carlos Boyero, El Mundo, 14.12.98. ▌ «...el hecho de que un niño llegue al llanto porque sus compañeros le llaman *gafotas,* o *gordinflas...*» Concepción Maldonado, *El fondo de las palabras.* ▌ «Manolito gafotas.» El Mundo, La Luna, 25.6.99.

gafudo *s.* persona que lleva lentes, gafas.

«Para mayor perplejidad del efebo, aquel gafudo tenía hechuras de atleta clásico.» Terenci Moix, *Garras de astracán.*

gaita *s.* cabeza, cara.

«El auriga asomó la gaita y dijo...» Fernando Sánchez-Dragó, «Anábasis», en *Antología del cuento español.* ▌ «Eso me dijo la tía que asomó la gaita por la mirilla.» José María Amilibia, *Españoles todos.* ▌ «...cuando asoman la gaita para respirar...» Miguel Martín, *Iros todos a hacer puñetas.* ▌ «...arrear una respetuosa coz a la chola del tipo cada vez que intentaba flotar y asomaba la gaita...» Ramón Ayerra, *Los ratones colorados.* ▌ «...levantó sus manoplas de mi gaita...» C. Pérez Merinero, *La mano armada.*

2. molestia, encordio.

«¡Déjate de gaitas! Vámonos...» Jose-Vicente Torrente, *Los sucesos de Santolaria.*

galeno *s.* médico.

«...hizo llamar a un médico. Después que el galeno lo examinó...» José Raúl Bedoya, *La universidad del crimen.* ▌ «Pensaron incluso secuestrar a un galeno...» Fernando Martínez Laínez, *Bala perdida.* ▌ «¿Dónde está el fiambre? —pregunta el galeno.» Manuel Quinto, *Estigma.* ▌ «...que si le iba a poner él en persona al galeno las almorranas en los morros, que si se pensaba el matasanos...» A. Zamora Vicente, *Mesa, sobremesa.* ✓ DRAE: «m. fam. Médico, persona autorizada para ejercer la medicina».▌

gallarda, hacer(se) una gallarda *expr.* masturbar(se).

«Las mujeres siempre quieren algo, jefe, siempre buscan algo. Yo me hago una gallarda, o dos, y eso que me ahorro en hembras...» Francisco Umbral, *Madrid 650.* ▌ «Más cansado que hacerle una gallarda a un cadáver.» Maruja Torres, El País, 17.1.96.

galleta *s.* golpe con la mano, bofetada.

«En cuanto te vea se acabó la historia. No tiene ni media galleta.» Juan Madrid, *Un beso de amigo.* ▌ «...y le arreé dos galletas.» C. Pérez Merinero, *Días de guardar.* ▌ ▪ «Este ojo morado es el resultado de una galleta del jefe.» ✓ DRAE: «fam. Cachete, bofetada».▌

2. a toda galleta *expr.* a mucha velocidad, con rapidez.

«...mi amigo Escámez hasta hizo un musical a toda galleta.» Francisco Umbral, El Mundo, 19.6.99.

3. dar (arrear) una galleta *expr.* golpear(se).

«...y dijo que algún día había de tener ocasión de darle el par de galletas que se tenía ganadas.» B. Pérez Galdós, *Fortunata y Jacinta.* ▌ «El señor Juan se dio la galleta y falleció.» J. Jiménez Martín, *Ligar no es pecado.* ▌ ▪ «La seño me ha arreado una galleta por hablar en clase.»

gallina *s.* cobarde.

«Le decían el Gallina no porque fuera cobarde, sino porque en su tiempo, en la posguerra...» Raúl del Pozo, *Noche de tahúres.* ▌ «No es menos cobarde por ejemplo el canario flauta que una *gallina...*» Fernando Lázaro Carreter, *El dardo en la palabra.* ▌ «El instinto le avisaba de que tenían que borrarse de allí lo antes posible, pero tampoco querían parecer gallinas...» Fernando Martínez Laínez, *La intentona del dragón.* ▌ «Eres peor que una hiena, cobarde como una gallina...» José Raúl Bedoya, *La universidad del crimen.* ▌ «...de pequeño todos los niños del barrio le llamaban gordo, empollón, acusica, cobarde, gallina...» Gomaespuma, *Grandes disgustos de la historia de España.* ✓ DRAE: «com. fig. y fam. Persona cobarde, pusilánime y tímida. *Esteban es un gallina*».▌

2. mujer joven.

«Se autodefinen como grandes conocedores de la fauna bacalao, ganado, gallinas...» R. Gómez de Parada, *La universidad me mata.*

3. cantar la gallina *expr.* rendirse.

«Yo quiero vivir con una mujer que me haga feliz. Al fin cantó la gallina.» Fernando G. Tola, *Cómo hacer absolutamente infeliz a un hombre.* ❚ ◾ «O cantas la gallina o te rompo el brazo.» ❙✔ DRAE: «fig. y fam. Confesar uno su equivocación o su falta cuando se ve obligado a ello».❙

4. carne de gallina *expr.* asustarse.

«...mientras contemplaba sus piernas destrozadas. Ponían carne de gallina.» Fernando Martínez Laínez, *La intentona del dragón.* ❚ ◾ «Se me puso carne de gallina cuando me dijo lo que tenía que abonar por la reparación.»

5. levantarse (acostarse) con las gallinas *expr.* levantarse, acostarse temprano.

«Casimiro era un gran trabajador, que se levantaba con las gallinas...» Jose-Vicente Torrente, *Los sucesos de Santolaria.* ❙ «Se levantaba con las gallinas y pasaba a la biblioteca, donde le aguardaba González...» Lourdes Ortiz, *Picadura mortal.* ❙ «...no tiene televisión, ni radio, se acuesta con las gallinas...» Julio Llamazares, *El río del olvido,* 1990, RAE-CREA. ❙ «...se levantaba con las gallinas.» Miguel Sánchez-Ostiz, *Un infierno en el jardín,* 1995, RAE-CREA.

gallinero *s.* asientos del último piso de cine o teatro.

«Yo sacaba entrada de *gallinero,* en todo lo alto, que era más barata.» A. Sopeña Monsalve, *El florido pensil.* ❙ «Se ven en lo alto del gallinero, las piernas largas con pantalones de pana y alpargatas malolientes...» José Gutiérrez-Solana, *Madrid callejero, Obra literaria, II.* ❙ «¿Sabías que trabaja en la última fila del gallinero?» Juan Marsé, *Si te dicen que caí.* ❙ «...se ha pasado del gallinero a un palco de honor en el entreacto...» Marina Pino, *Cómo montártelo por el morro.* ❙ «Cuando Lepprince reapareció en el palco partió el primer disparo del gallinero.» Eduardo Mendoza, *La verdad sobre el caso Savolta.* ❙✔ La pa-

labra *gallinero* en su actual acepción de paraíso de los teatros, debió nacer hacia 1840 [...] aplicada [...] a la denominada cazuela, en la que sólo tenían entrada las mujeres. Sigue J. M.ª Iribarren con más información interesante sobre esta palabra en su *El porqué de los dichos.*❙

gallito *s.* fanfarrón, presumido, jactancioso.

«Y estaba a punto de ponerse gallito...» Terenci Moix, *Garras de astracán.* ❙ «Escúchame, gallito. Habéis venido a mi casa a molestarme...» Juan Madrid, *Las apariencias no engañan.* ❙ «Se llama fanfarrones a quienes se dicen valientes y no lo son... El fanfarrón tiene muchas variantes: sietemachos... gallito... valentón... matón... bocazas... tragahombres... matasiete...» AI. ❙ «Muy gallito me pareces tú a mí.» C. Pérez Merinero, *El ángel triste.* ❙ «Que siga de gallito en España...» El Jueves, 10-16 marzo, 1999.

gallo *s.* pene.

«...pero no traten de mamarme gallo porque los jodo.» José Raúl Bedoya, *La universidad del crimen.*

2. *s.* nota falsa al cantar o hablar.

«Ninguna cantaba, todas soltaban gallos penosos.» Carlos Toro, El Mundo, 2.1.99. ❙ «Desafinar, dar mal una nota.» LB. ❙ ◾ «El tenor soltó un gallo que puso los pelos de punta al público.» ❙✔ es estándar. El DRAE dice: «fig. y fam. Nota falsa y chillona que emite el que canta, perora o habla».❙

3. en menos que canta un gallo *expr.* rápidamente, en seguida.

«Ya verás en cuanto llegues y tomes confianza con ellos [...] se te pasa la tristura en menos que canta un gallo.» Ignacio Aldecoa, *El fulgor y la sangre.* ❙ «...ya se está desabrochando con prisa desaforada y en menos que canta un gallo ya tiene fuera la pájara.» Jaime Campmany, ABC, 9.8.98. ❙ «...porque en menos que canta un gallo se puso de pie...» J. Jiménez Martín, *Ligar no es pecado.* ❙ «...las mazmorras del citado castillo se llenaron en menos que canta un gallo.» Gomaespuma, *Grandes disgustos de la historia de España.* ❙ «Ese dolor te lo quito yo en menos que canta un gallo.» Pedro Casals, *Disparando cocaína.* ❙ «En menos de lo que canta el gallo le pondrá en contacto con la modernidad.» J. Giménez-Arnau, *Cómo forrarse y flipar con la gente guapa.* ❙ «...y en menos que canta un gallo guardo las bolsas en el portaequipajes.» C. Pérez Merinero, *Días de guardar.*

4. otro gallo nos cantara (cantaría) *expr.* sería otra cuestión, sería una situación mejor.

«Si la lechada de las pajas fuera una fuente de energía, otro gallo nos cantaría a los españoles...» C. Pérez Merinero, *Días de guardar.* ❙ «Si yo tuviera tan buena camarada, otro gallo me cantara.» Pau Faner, *Flor de sal.* ❙ «Otro gallo nos cantaría si los días tuvieran 25 horas...» Carlos Fresneda, Magazine, El Mundo, 24.10.99.

gallofa *s.* mentira, embuste.

«...vendedoras de lotería y toda esa gallofa entrañable que habita la Puerta del Sol vendiendo juguetes...» Francisco Umbral, El Mundo, 14.12.98.

gallumbos *s. pl.* calzoncillos.

«Ya verás cuando te enteres de lo sucedido, se te van a caer los gallumbos.» Eleuterio Sánchez, *Camina o revienta.* ❙ «pero sin nada debajo más allá de los gallumbos...» Juanma Iturriaga, *Con chandal y a lo loco.* ✓ ▸ *gayumbos.*❙

gamba, dar la gamba *expr.* molestar.

«¿Sabes lo que hacen los famosos de Hollywood cuando tienen la depre, además de darle la gamba a los amigos?» Ragazza, n.° 101.

2. hacer la gamba *expr.* detener, arrestar.

«—Como me hagan la gamba otra vez, me buscan la ruina.» José Luis de Tomás García, *La otra orilla de la droga,* 1984, RAE-CREA.

3. meter la gamba *expr.* equivocarse.

«¡Que has metido la gamba!» Antena 3 TV, Manos a la obra. ❙ «No seas tonto, no metas la gamba por precipitación e imprudencia...» Eleuterio Sánchez, *Camina o revienta.* ❙ «Lo suficiente como para meter la gamba.» Rafael Mendizábal, *La abuela echa humo,* 1990, RAE-CREA. ❙ «Metió la gam-

ba, amigo.» Ernesto Parra, *Soy un extraño para ti.* ❙ ◼ «Creo que con lo que le has dicho al jefe has metido la gamba, tío.» ✓ variación de *meter la pata.*❙

gamberrear *v.* hacer el gamberro.

«...al primero que me gamberree me lo cargo.» C. J. Cela, *El espejo y otros cuentos.*

gamboso *s.* bobo, necio.

«Gamboso: patoso.» Ángel Palomino, *Insultos, cortes e impertinencias.* ✓ porque *mete la gamba.*❙

gana, con ganas *expr.* mucho, muy, con avidez.

«La casa por dentro es hortera con ganas...» C. Rico-Godoy, *Cómo ser infeliz y disfrutarlo.* ❙ «...los muerden con ganas.» Eduardo Galeano, *Días y noches de amor y de guerra,* 1978, RAE-CREA. ❙ «Caraján se rió con ganas...» José Carreras, *Autobiografía,* 1989, RAE-CREA.

2. (no) darle la (real) gana a uno *expr.* (no) querer hacer algo uno sin importarle los demás.

«—Pruébate la chaqueta... —No me da la gana.» Juan Benet, *En la penumbra.* ❙ «...imponer lo que a ellos les daba la real gana.» Arturo Alepe, *La paz, la violencia: testigos de excepción,* 1985, RAE-CREA. ❙ «...cuando les dé la real gana de irse.» José María Guelbenzu, *El río de la luna,* 1981, RAE-CREA. ❙ «Mi padre es mi padre. Tiene derecho a decirme lo que le dé la gana. Pero tú te la vas a ganar.» Elena Quiroga, *Escribo tu nombre,* 1965, RAE-CREA. ✓ DRAE: «fr. fam. En lenguaje poco culto, querer hacer una cosa con razón o sin ella».❙

3. quedarse con las ganas *expr.* no obtener la satisfacción deseada.

«...quiso conquistar de nuevo el Peñón, pero se quedó con las ganas...» Gomaespuma, *Grandes disgustos de la historia de España.* ❙ «Pero en esa ocasión me quedaría con las ganas...» Rodolfo Bojorge, *La aventura submarina,* 1992, RAE-CREA.

ganado *s.* mujeres.

«Se autodefinen como grandes conocedores de la fauna bacalao, ganado, gallinas, cerdas...» R. Gómez de Parada, *La universidad me mata.*

ganancia, no arrendar la ganancia *expr.* expresión que indica que se tienen dudas sobre el buen resultado de algo.

«No le arriendo las ganancias al pobre chaval.» C. Pérez Merinero, *Días de guardar.* ▌ «...que si se va con él no le arriendo la ganancia.» Manuel Longares, *La novela del corsé,* 1979, RAE-CREA. ▌ «Desde luego, hija, no te arriendo la ganancia.» Carmen Martín Gaite, *Fragmentos de interior,* 1979, RAE-CREA.

ganar, ganársela *v.* recibir castigo.

«No, si tú todavía te la vas a ganar, estoy viendo.» Rafael Sánchez Ferlosio, *El Jarama,* 1956, RAE-CREA. ▌ «Mi padre es mi padre. Tiene derecho a decirme lo que le dé la gana. Pero tú te la vas a ganar.» Elena Quiroga, *Escribo tu nombre,* 1965, RAE-CREA. ▌▪ «Como sigas alborotando, te la vas a ganar, ya verás.»

2. no ganar para *expr.* no dar abasto, verse uno con más de lo que puede abarcar, soportar, pagar.

«El tío no ganaba para traumas.» Fernando Repiso, *El incompetente.* ▌ «¡Y yo no gano para sustos!» Griselda Gambaro, *Del sol naciente,* 1984, RAE-CREA. ▌ «¡No gano para medias, Julio!» Jorge Martínez Reverte, *Demasiado para Gálvez,* 1979, RAE-CREA. ▌ «¿Es que no vamos a ganar pa sustos? ¿Es que tu molondra no va a tener arreglo?» J. López Almagro, RAE.

3. tener (llevar) las de ganar *expr.* tener ventaja, salir victorioso.

«Entonces era fácil para un hombre tener las de ganar ante la justicia...» Rosa Regàs, *Azul,* 1994, RAE-CREA. ▌ «...en ese terreno llevaba las de ganar por la sencilla razón...» Carmen Martín Gaite, *Nubosidad variable,* 1992, RAE-CREA. ▌ «La compañía hubiera tenido todas las de ganar...» Fernando Arrabal, *La torre herida por el rayo,* 1983, RAE-CREA. ▌ «...terreno en el que siempre había sido maestro y llevaba las de ganar.» Carmen Martín Gaite, *Fragmentos de interior,* 1976, RAE-CREA.

gancho *s.* cómplice.

«Los que más juegan son los chiquillos, los gitanillos. Algunos hacen de gancho.» Francisco Candel, *Donde la ciudad cambia su*

nombre. ▌ «El tercero es el *enganchador,* equivalente al llamado *gancho* en el argot moderno, es decir, el encargado de atraer con ardides y garatusas a los incautos, para que en la timba los desplumen.» José Deleito y Piñuela, *La mala vida en la España de Felipe IV.* ▌ «Almunia utiliza como gancho en su campaña al ministro Barrionuevo.» El Mundo, 6.4.98. ▌ «La anciana ve el billete de 5.000 y en ese mismo momento aparecen los ganchos que la convencen.» Manuel Giménez, *Antología del timo.* ▌ «...y no le resultó difícil encontrar a dos o tres más que han hecho de gancho...» Almudena Grandes, *Las edades de Lulú.*

2. que atrae, que convence.

«Dicen que el doctorcito tiene gancho entre las mujeres desocupadas, putas de la Costa Fleming...» Felipe Navarro (Yale), *Los machistas.* ▌ «Tiene gancho con las mujeres, pero se habla de que no le interesaban.» Juan Madrid, *Un beso de amigo.* ▌▪ «Los supermercados tienen ofertas en algunos artículos que son el gancho para atraer a los tontos.» ✔ la definición del DRAE no tiene desperdicio: «1. fr. fig. y fam. Poseer una persona cualidades persuasivas, habilidad, atractivo personal, etc. Dícese especialmente de la mujer que se da maña para conseguir novio».▌

*gandul cf. (afines) ▶ *haragán.*

gandulear *v.* haraganear, estar ocioso.

«Estás todo el día ganduleando y vas a suspender todo.» CL. ▌▪ «Jaime está todo el día sin hacer nada, ganduleando.» ✔ de gandul: holgazán, perezoso.▌

gandulitis, tener gandulitis (aguda) *expr.* ser muy vago, perezoso.

«Vaya una gandulitis que nos traemos todos esta mañana.» Rafael Sánchez Ferlosio, *El Jarama,* 1956, RAE-CREA. ▌▪ «Lorenzo no trabaja, parece que tiene esa enfermedad que se llama gandulitis aguda.» ✔ de una imaginaria enfermedad derivada de gandul.▌

ganga *s.* lo que se compra a buen precio.

«¡Ciento ochenta mil pesetas! ¡Una ganga!» Juan José Alonso Millán, *Sólo para pa-*

rejas, RAE-CREA. ❚ «¡Adquirido! Señora, se lleva usted una ganga.» Juan José Alonso Millán, *Oportunidad: bonito chalet familiar,* 1991, RAE-CREA. ❚■" «La casa ha sido una verdadera ganga por ese precio tan bajo.» |✓ es estándar. RAE: «fig. Cosa apreciable que se adquiere a poca costa o con poco trabajo. Ú. mucho en sentido irónico para designar cosa despreciable, molesta».|

2. no ser una ganga *expr.* ser dificultoso, malo y una carga.

«Casarse con tu cuñada es una pasada porque no es precisamente una ganga la tía.» DCB. |✓ RAE: «Ú. mucho en sentido irónico para designar cosa despreciable, molesta».|

gansada *s.* bobada, tontería.

«¡Ya sabía yo que hoy terminaríamos haciendo alguna gansada!» Juan Marsé, *El embrujo de Shangai,* 1993, RAE-CREA. ❚ «Y no vas a garantizar cualquier gansada que haya dicho...» Ernesto Sábato, *Abaddón el exterminador,* 1974, RAE-CREA. |✓ DRAE: «f. fig. y fam. Hecho o dicho propio de ganso, persona rústica o patosa».|

ganso, hacer el ganso *expr.* gastar bromas, tontear.

«...Carola, la más gamberra— haciendo el ganso para que se rieran de sus chorradas...» Ragazza, julio, 1997.

gañán *s.* hombre tosco y vulgar, pueblerino.

«...nunca soportó a Carlos que le parecía un gañán...» Raúl del Pozo, *La novia,* 1995, RAE-CREA. |■" «Es muy rico pero en cuanto abre la boca se nota que es un gañán.» |✓ para MM es *hombre fuerte y tosco.*|

gañota *s.* dinero que se juega, el montón.

«Tenemos ya treinta mil en la gañota.» CO, Juan Ramón Rodríguez Barroso.

gapo *s.* gargajo, escupitajo.

«¿Quién coño ha sido el hijoputa?, dice Luisín girándose y tocándose la espalda para limpiarse el gapo.» José Ángel Mañas, *Sonko95.*

gara *s.* estación de ferrocarril o de metro.
«Gara: Estación de tren.» JV. ❚ «Gara: estación, andén.» JMO. ❚ «Gara. Estación de

metro o ferrocarril.» JGR. ❚ «Gara. Estación de tren.» Ra. ❚■" «Han ido a la gara a esperar al Amadeo que viene de Sevilla.» |✓ del francés *gare.* No se ha podido documentar fuera de diccionarios.|

garabatillo, de garabatillo *expr.* de poca importancia.

«...se empleaba después para señalar acciones sin importancia, cotidianas [...] acciones de garabatillo.» Rafael García Serrano, *Diccionario para un macuto.*

garabatos *s. pl.* letra, caligrafía mal hecha, mal formada e ilegible.

«Aquellos garabatos inconclusos no eran más que la coartada criptográfica...» J. J. Armas Marcelo, *Madrid, distrito federal,* 1994, RAE-CREA. ❚ «...aparecen lápidas surcadas de oscuros garabatos...» Félix de Azúa, *Diario de un hombre humillado,* 1987, RAE-CREA. ❚■" «Estos garabatos son ilegibles, seguro que los ha escrito un médico.» |✓ es estándar. DRAE: «Rasgo irregular hecho con la pluma, el lápiz, etc.».|

garbanzos *s.* el sustento, el trabajo o la actividad que proporciona un modo de vida.

«...pero no estoy en condiciones de jugarme los garbanzos.» Ángel Palomino, *Todo incluido.* ❚ «Echó una ojeada al malabarista que se descornaba en la pista ganándose los garbanzos...» C. Pérez Merinero, *Días de guardar.* ❚ «...hay que comer para poder llevar los garbanzos a casa...» Salvador Alsius, *Catorce dudas sobre el periodismo en televisión,* 1997, RAE-CREA. ❚ «...lo mío no tenía mérito porque no me pagaba los garbanzos...» Julián García Candau, *Madrid-Barça. Historia de un desamor,* 1996, RAE-CREA.

2. contar los garbanzos *expr.* escatimar el dinero de la casa.

«Mi marido me ha estado contando los garbanzos toda la vida.» CO, Rocío García Barroso.

garbeo, darse un garbeo *expr.* dar un paseo, una vuelta.

«Han vuelto a traer la Fátima a la parroquia luego de un garbeo por todo el distrito.» Francisco Candel, *Los hombres de la mala uva.* ▮ «Durante cuatro días me di un garbeo por el casino...» Raúl del Pozo, *Noche de tahúres.* ▮ «También se dieron un garbeo por aquí los fenicios...» A. Sopeña Monsalve, *El florido pensil.* ▮ «Vengo de dar un garbeo...» M. Vázquez Montalbán, *El delantero centro fue asesinado al atardecer.* ▮ «...y se han dado un garbeo por Montmartre...» C. Pérez Merinero, *Días de guardar.* |✓ DRAE: «m. Paseo, acción de pasearse. Se usa sobre todo en la fr. *dar* o *darse un garbeo*».|

garete, irse al garete *expr.* estropearse, fracasar, malograrse.

«Así que esto se va al garete.» M. Vázquez Montalbán, *La rosa de Alejandría.* ▮ «...todo se irá al garete alguna vez...» A. Zamora Vicente, *Mesa, sobremesa.* ▮ «...los tipos se dan cuenta y todo se va al garete...» Ramón Escobar, *Negocios sucios y lucrativos de futuro.* ▮ «Dos de las naves más importantes [...] se fueron al garete.» Gomaespuma, *Grandes disgustos de la historia de España.* ▮ «...no quería que mi momentáneo equilibrio sexual se fuera al garete...» C. Pérez Merinero, *El ángel triste.* ▮ ▪ «El negocio que monté con un socio industrial se fue al garete al poco tiempo.»

gárgaras, ir(se, mandar) a hacer gárgaras *expr.* despachar, echar, rechazar de malos modos.

«El gángster, claro, mandó a la policía a hacer gárgaras.» Eduardo Mendicutti, El Mundo, 5.6.99. ▮ «Acabas de adelantar un camión por la derecha, un armatoste que si te pisa un callo, nos vamos todos a hacer gárgaras.» A. Zamora Vicente, *Historias de viva voz.* ▮ «El hombre nuevo se fue a hacer gárgaras...» A. Zamora Vicente, *Historias de viva voz.* ▮ «Comprenderás que mi fe se haya ido a hacer gárgaras...» Álvaro de Laiglesia, *Hijos de Pu.* ▮ «...y si era preciso rapar sílabas para que pegase, se rapaban, igual que la preposición iba a hacer gárgaras por idénticas razones...» Rafael García Serrano, *Diccionario para un macuto.* ▮ «Le envié a hacer gárgaras...» Ángel A. Jordán, *Marbella story.* ▮ «Si se pone en plan niño pequeño y te monta un pollo, le mandas a hacer gárgaras...» Ragazza, agosto, 1997.

garibolos *s. pl.* garbanzos.

«Garibolo. Garbanzo.» JGR. ▮ «Garibolo. Garbanzos, gabis.» Ra. |✓ no se ha podido documentar fuera de diccionarios.|

garimba *s.* cerveza.

«Garimba: cerveza.» Manuel Giménez, *Antología del timo.* ▮ «Garimba. Rubia, birra, biera.» Ra. ▮ ▪ «Entremos en la cervecería de la esquina a tomar unas garimbas, tío.»

garita *s.* retrete.

«A la palabra letrina, le sustituyó la de garita...» José M.ª Zabalza, *Letreros de retrete y otras zarandajas.*

garito *s.* establecimiento de baja estofa.

«Sousa no se anda con chiquitas y no está protegiendo sólo un garito de putas muy jóvenes...» Juan Madrid, *Flores, el gitano.* ▮ «...y localizaron la pequeña puerta de atrás del garito.» Andreu Martín, *El señor Capone no está en casa.* ▮ «Luego éste se sirve una copa y me comenta que en septiembre empieza en un garito a dos calles de allí...» José Ángel Mañas, *Sonko95.*

2. bar.

«...harás que tu hogar sea tan divertido como un garito de moda.» Ragazza, agosto, 1997.

garlito, caer en el garlito *expr.* caer en la trampa.

«Caer en el garlito. Verse atrapado por aquello mismo que intentaba uno rehuir.» J. M.ª Iribarren, *El porqué de los dichos.* ▮ «...era el de aquel doctor en Filosofía y Letras a quien metió en el garlito...» P. Perdomo Azopardo, *La vida golfa de don Quijote y Sancho.* ▮ ▪ «Eleuterio en el garlito por atraco a mano armada y falsificación de documentos públicos.» |✓ DRAE: «1. fr. fig. y fam. caer en el lazo».|

garra *s.* mano.

«...sin cuchillo ni tenedor como sus antepasados que sólo utilizaban las garras...» Chumy Chúmez, *Por fin un hombre honrado.* ▮ ▪ «Tan pronto le eche las garras encima, vas a ver lo que es bueno.» |✓ DRAE: «fig. Mano del hombre».|

garrafa, (bebida) de garrafa *expr.* bebida inferior, de mala calidad.

«...aunque poco debía importarle eso a la gente ya que aguantaban sin protestar las bebidas de garrafa, las aglomeraciones y la falta de ventilación.» Juan Madrid, *Las apariencias no engañan.* ▌«El doping del político es la sangre y el doping del soldado en nuestra guerra civil era el coñac de garrafa.» Francisco Umbral, El Mundo, 21.7.98. ▌«Apestas a coñac de garrafa, le dijo sin mirarle.» Cristóbal Zaragoza, *Y Dios en la última playa.* ▌«...han cambiado su coñac de garrafa por el Napoleón...» Francisco Umbral, *La leyenda del César visionario,* 1991, RAE-CREA. ▌«...todos regresamos ciegos, unos de garrafa y otros de nieve o de mierda.» El Mundo, 1.26.95. ▌«...bebimos el vodka con ansiedad. Era de garrafa de verdad, sin adulterar...» C. Rico-Godoy, *Cómo ser infeliz y disfrutarlo.* ✓ ▶ *garrafón.*▌

garrafón s. bebida inferior.
«La fiesta del periódico. Creo que nos dieron garrafón.» Telecinco, Periodistas, 21.12.98. ▌«Garrafón: dícese de cualquier clase de bebida que no es de buena calidad y que los jóvenes consumimos para no gastarnos la paga de la semana.» F. Gutiérrez, El Mundo, 9.8.99. ✓ ▶ *garrafa.*▌

garrulo s. persona tosca y vulgar.
«Son ustedes unos garrulos y unos prosaicos...» Ladislao de Arriba, *Cómo sobrevivir en un chalé adosado.* ▌«...le llevó a participar en una película de título bien elocuente: *La matanza caníbal de los garrulos lisérgicos...*» El Mundo, 22.1.99. ✓ el DRAE reseña la definición clásica: «fig. Dícese de la persona muy habladora o charlatana».▌

garute s. necio, tonto.
«Garute: Víctima de un delito.» JGR. ▌«Garute. Víctima.» Ra. ▌▪«En lenguaje marginal, un garute es un primo, un bartolo, un víctima, uno al que se engaña con facilidad.» ✓ no se ha podido documentar fuera de diccionarios.▌

gas s. energía.
«...parecía haber perdido bastante gas.» Ángel A. Jordán, *Marbella story.*

2. ir a todo gas *expr.* ir de prisa, a mucha velocidad; completamente, fuerte.
«...va a todo gas...» Francisco Candel, *Don-*

de la ciudad cambia su nombre. ▌«No hace ni pizca de frío —al contrario, la calefacción está a todo gas...» C. Pérez Merinero, *Días de guardar.* ▌«...y se vaya a hacer puñetas a todo gas.» A. Zamora Vicente, *Historias de viva voz.* ▌«El sedán siguió a todo gas y se perdió tras la primera esquina...» Pgarcía, *El método Flower.* ▌«Timos a todo gas.» Manuel Giménez, *Antología del timo.* ✓ DRAE: «loc. adv. A toda velocidad».▌

***gas intestinal** cf. (afines) bufa, cuesco, pedo, pedorrera, ril.

gaseosa, hacerse una gaseosa *expr.* masturbarse.
«Le entró después del bailoteo tal dolor de pelotas, que se hizo una gaseosa en los servicios.» JM. ▌«Creo que Juan se está haciendo una gaseosa en su cuarto.» DCB. ✓ no se ha podido documentar fuera de diccionarios.▌

gasofa s. gasolina.
«¿Sabes a cuánto va la gasofa?» El Jueves, 11-17 febrero, 1998. ▌«¿Tu papi echa gasofa en las estaciones BP?» Ragazza, agosto, 1997. ▌▪«Para en la gasolinera de la esquina a por gasofa para el viaje.» ✓ también *gasola.*▌

gasola ▶ *gasofa.*

gasolina s. bebida alcohólica.
«...invitaba a los mozos y con un ¡a joder, vamos a fundir unas pesetas en gasolina!...» Andrés Berlanga, *La gaznápira.*

gasolinero s. empleado de gasolinera.
«...el padre del gasolinero asesinado y el presunto atracador aumentaron la frecuencia de sus viajes...» José Contreras, El Mundo, 17.1.98.

gastar, gastar menos que Tarzán en corbatas *expr.* ser tacaño, miserable.
«Venga ya, que gastas menos que Tarzán en corbatas.» Juan Marsé, *Últimas tardes con Teresa.* ▌«...gastar menos que Tarzán en corbatas; gastar menos que un ciego en novelas...» AI.

2. gastar un congo *expr.* gastar mucho dinero.
«...un reloj de muñeca que le va a entusiasmar. Me he gastado un congo.» B. Pérez Aranda *et al., La ex siempre llama dos veces.*

gatillazo *s.* impotencia sexual pasajera.

«...que Dios me perdone, pero si mi esposo vuelve a dar gatillazo después del mucho dinero que me costó, le juro a usted que lo mato...» C. J. Cela, *Mazurca para dos muertos.* ▮ «...la escena de sexo más dura de toda mi carrera y que perdió los papeles por primera vez: gatillazo.» El Mundo, La Luna, 25.6.99. ▮ «Viagra [...] por el módico precio de 70.000 pesetas [...] un remedio contra el gatillazo.» Jaime Peñafiel, El Mundo, 10.5.98. ▮ «...es un pasaporte directo a la impotencia y el gatillazo.» P. Antilogus, J. L. Festjens, *Anti-guía de los conductores.* ▮ «A no ser que algún hombre sea propenso al gatillazo pertinaz, que no lo creo.» Felipe Navarro (Yale), *Los machistas.* ▮ «¡Audaz teoría para justificar los gatillazos de las últimas noches!» Álvaro de Laiglesia, *Hijos de Pu.* ▮ «...la mayoría de tus jefes de lo que sea seguro que tienen miedo de enseñarla, o del gatillazo...» Jaime Romo, *Un cubo lleno de cangrejos.* ▮ «...sufrió un terrible gatillazo al intentar mantener relaciones sexuales con su novia...» M. Ángel García, *La mili que te parió.* ▮ «Después de nuestro primer encuentro —gatillazo con la morena americana...» C. Pérez Merinero, *Días de guardar.*

gatito *s.* vulva, órgano genital de la mujer.

«¡Enséñame el gatito, Nena!, y ella se levantaba la sucísima bata gris...» Andreu Martín, *Prótesis.*

gato, buscar los tres pies al gato *expr.* complicar innecesariamente una situación o asunto.

«...tampoco seas mal pensada, que siempre le estás buscando los tres pies al gato.» B. Pérez Aranda *et al.*, *La ex siempre llama dos veces.*

2. cuatro gatos *expr.* poca gente.

«...y nos quedamos como en familia. Nada. Cuatro gatos.» Ladislao de Arriba, *Cómo sobrevivir en un chalé adosado.* ⎷ MM: «un número de personas que se considera insignificante».▮

3. dar gato por liebre *expr.* engañar, dar una cosa por otra.

«...y dime ahora mismo cómo conseguiremos dar gato por liebre a tu distinguida clientela.» Jesús Ferrero, *Lady Pepa.* ▮ «No es el lector antiguo, ingenuo, al que pueden dar gato por liebre.» Juan Madrid, *La novela negra,* 1990.

4. tener gato *expr.* tener manía, ojeriza.

«A lo mejor tiene gato.» Noticias, Telecinco, 25.9.98. ▮ «Gato: Aversión, ojeriza, odio, antipatía, aborrecimiento, enemistad.» JV.

gay *adj.* y *s.* homosexual.

«...no podía pasar una noche sin frecuentar los bares gay, era digno de lástima.» Terenci Moix, *Garras de astracán.* ▮ «¿No serás gay?» José Ángel Mañas, *Mensaka.* ▮ «...ahora hay que decir gays, antes era otra la palabra, gays, queda mejorcillo, también tienen derecho a la vida...» A. Zamora Vicente, *Mesa, sobremesa.* ▮ «...si asistían o dejaban de asistir al espectáculo gay que anunciaba cierto localito...» Ángel A. Jordán, *Marbella story.* ▮ «Pues lo llevas claro, tía, es gay, ¿sabes?» Almudena Grandes, *Las edades de Lulú.* ▮ «El culo puede aguantar [...] además es menos importante a no ser que seas gay.» José María Carrascal, *Mientras tenga mis piernas.* ▮ «El gay español consume en su ocio entre 40 000 y 60 000 pesetas.» El Mundo, 22.2.98. ▮ «...las opiniones de Cela sobre los gays carecen de importancia: lo que diga un señor que ha demostrado con obcecada insistencia que no podemos esperar de sus manifestaciones otra cosa que su afán por escandalizar...» Juan Bonilla, El Mundo, 14.6.98. ▮ «...incluso de algún que otro gay de esos que antes se llamaban maricones.» C. J. Cela, Desayunos RNE, TV2, 28.12.95, citado en AI. ▮ «Pero Albertito, el cinquillo es un juego de mariquitas... —Mamá, ahora se dice gays...» María Teresa Campos, *Cómo librarse de los hijos antes de que sea demasiado tarde.* ⎷ del inglés *gay.* El DRAE no la reseña.▮

gayismo *s.* homosexualidad.

«...estuve un mes sin sentir deseos eróticos por ninguna mujer: Incluso pensé seriamente en el gayismo.» A. Matías Guiu, *Cómo engañar a Hacienda.*

gayola *s.* cárcel.

«Gayola. fig. y fam. Cárcel de presos.» DRAE. ❚ «Gayola. Cárcel.» J. B. Guim, *Nuevo diccionario de la lengua castellana.*

2. masturbación.

«las pajas, peras, gayolas o gallardas de Blas son como los éxtasis de santa Teresa...» Francisco Umbral, *Madrid 650.* ❚ «Eso de que la picha se le iba a arrugar con la gayola era un cuento chino...» C. Pérez Merinero, *La mano armada.* ✓ esta acepción no la reseña el DRAE.❚

3. hacerse una gayola *expr.* masturbarse.

«Hacerse una macoca. Masturbarse (también hacerse una gayola).» Joseba Elola, *Diccionario de jerga juvenil,* El País Semanal, 3.3.96. ❚ «Antes nos decían que si nos hacíamos gayolas nos quedaríamos ciegos.» DCB.

gayumbos *s. pl.* calzoncillos.

«Dice que le encantaría poder jugar al fútbol en primera división. ¡Cómo le iban a sentar los gayumbillos de futbolero!» Ragazza, n.º 101. ❚ «Javi me trae ropa suya, una camisa a cuadros, unos gayumbos, unos pantalones.» José Ángel Mañas, *Mensaka.* ❚ «...pero sin nada más allá de los gallumbos...» Juanma Iturriaga, *Con chandal y a lo loco.* ❚ «Si la pibita se pone las pilas le levanta hasta las gomas de los gayumbos.» El Gran Wyoming, *Te quiero personalmente.* ❚ «...una tremenda obsesión por tener miles de gayumbillos limpios.» B. Pérez Aranda *et al., La ex siempre llama dos veces.* ✓ el DRAE no recoge la palabra. Luis Besses, 1906, sí la reseña. También ▸ *gallumbos.*❚

gaznápiro *adj. y s.* necio, tonto, torpe.

«¡Quién sabe si serás, de veras, una gaznápira!» Andrés Berlanga, *La gaznápira.* ❚ «No me refiero a términos como *galápago, náufrago, gaznápiro*...» Ángel Palomino, *Insultos, cortes e impertinencias.* ✓ DRAE: «palurdo, simplón, torpe...».❚

gaznate, remojar (refrescar) el gaznate *expr.* beber.

«...se desnudó a tientas, refrescó el gaznate con un sorbo de cocacola tibia...» Fernando Sánchez-Dragó, *El camino del corazón,* 1990, RAE-CREA. ❚■￭ «Antes de continuar

andando vamos a remojar el gaznate en ese bar de la esquina, ¿vale?»

gazuza *s.* hambre.

«Tenía gazucilla, de veras, y, luego,...» A. Zamora Vicente, *Mesa, sobremesa.* ❚ «...el viajero, con la gazuza cantándole polcas en la panza...» C. J. Cela, *Viaje al Pirineo de Lérida.* ❚ «No quiero nada, no tengo gazuza.» P. Perdomo Azopardo, *La vida golfa de don Quijote y Sancho.* ❚ «Hambre más que mediana, vehemente, que da pocas treguas.» J. B. Guim, *Nuevo diccionario de la lengua castellana.*

gemelas *s. pl.* esposas, grilletes.

«Gemelas: Grilletes.» JGR. ❚ «Gemelas. Gemelos. Grilletes, esposas.» Ra. ❚■￭ «Lo llevaba la pasma con las gemelas puestas.» ✓ no se ha podido documentar fuera de diccionarios.❚

genial *adj.* maravilloso.

«Las personas más insoportables son los hombres que se creen geniales...» Ragazza, n.º 101. ❚ «...y sólo tienes un objetivo, estar impresionante. ¡Genial!» Ragazza, n.º 101. ❚ «Esto es genial, exclaman ya nuestros lectores...» P. Antilogus, J. L. Festjens, *Anti-guía de los conductores.* ❚■￭ «Es una idea genial, de veras.» ✓ DRAE: «magnífico, estupendo».❚

*genitales masculinos cf. (afines) ▸ *testículos.*

gente, buena gente *expr.* persona(s) honrada(s) y cabal(es).

«Entonces como nosotros. Todos somos buena gente.» María Manuela Reina, *Reflejos con cenizas,* 1990, RAE-CREA. ❚ «Por otra parte el director es buena gente y se interesa por estos casos...» José Luis Martín Vigil, *Los niños bandidos.* ❚ «Buena gente, buena gente... Sí, señor...» Juan de la Cabada, *Pasados por agua,* 1981, RAE-CREA. ❚■￭ «Carlos es buena gente, sí señor.»

2. gente de dinero *s.* gente importante.

«La gente de dinero imita a los aristócratas.» Raúl del Pozo, *La novia,* 1995, RAE-CREA. ❚ «...la fuga de capitales, síntoma evidente de que la gente de dinero estaba recobrando la confianza...» Antonio Velasco Piña, *Regina,* 1987, RAE-CREA. ❚■￭ «Es gente de dinero que vive muy bien.»

3. gente (familia) bien *expr.* de clase social alta.

«...era médico de mi familia y de toda la gente bien de la ciudad...» Eduardo Mendicutti, *El palomo cojo,* 1991, RAE-CREA. ▮ «Niños y niñas de familias bien, a bordo de...» Carmen Rigalt, El Mundo, 21.8.99. ▮ «Mamó la ideología del odio a España en una familia bien...» Raúl del Pozo, El Mundo, 28.8.99. ▮◼ «Son gente bien y se nota por lo refinados y elegantes que son.»

4. gente gorda *s.* gente importante.

«La agencia, que me ha mandado a hacer gente gorda.» Ángel A. Jordán, *Marbella story.* ▮◼ «La gente gorda del Ayuntamiento viene a girar una visita a las instalaciones mañana temprano.»

5. gente guapa *s.* gente famosa que aparece en revistas y televisión.

«Le gustaba ver a la gente corrompiéndose a su alrededor; observar a tanto cretino junto a él; estar rodeado de gente guapa, nunca intelectual...» Ian Gibson, Qué leer, junio, 1998. ▮ «...la denominada gente guapa —colectivo de narcisos reciclados...» J. Giménez-Arnau, *Cómo forrarse y flipar con la gente guapa.* ▮ «...la gente guapa de las finanzas pugnaban por...» M. Sánchez Soler, *Festín de tiburones.*

*gente importante cf. (afines) alto copete, campanillas, gente bien, gente de dinero, ringorrango.

geró ▶ *jeró.*

gerundio, arreando (resumiendo, preguntando, etc.) que es gerundio *expr.* expresión festiva sin significado específico.

«Resumiendo que es gerundio...» C. Pérez Merinero, *Días de guardar.* ▮ «Preguntando, que es gerundio.» Inocente, Interviú, 24.5.99.

geve *s.* ano.

«Si vas a Calatayud / pregunta por Maritere / que es igual que la Dolores / y tiene más grande el geve.» Amelia Díe y Jos Martín, *Antología popular obscena.* ▮✔ ▶ también *jebe.*▮

gibar ▶ *jibar.*

gibar, a gibarse tocan *expr.* expresión de resignación.

«¡A gibarse tocan! —era la frase para la resignación.» Rafael García Serrano, *Diccionario para un macuto.* ▮ «Hay que jibarse...» José M.ª Zabalza, *Letreros de retrete y otras zarandajas.*

2. ¡no te giba! *excl.* exclamación de rechazo.

«Dice que me he pasao el disco, ¡no te giba!» JM. ▮ «Y a nosotras. No te giba.» J. Giménez-Arnau, *Cómo forrarse y flipar con la gente guapa.* ▮◼ «El del taller dice que tenemos que pagar diez mil más. ¡No te giba!»

gigoló *s.* amante de mujer adinerada.

«...una especie de inconveniente personaje costero y gigoló...» José Ruiz-Castillo Ucelay, *Relatos inciertos.* ▮✔ DRAE: «Amante joven de una mujer de más edad y que lo mantiene».▮

gil ▶ *gili.*

gili *s.* bobo, necio.

«...porque últimamente se ha vuelto un rato gili...» Eduardo Mendoza, *Sin noticias de Gurb.* ▮ «...para niños desvalidos o gili, que de todo tenemos...» A. Zamora Vicente, *Mesa, sobremesa.* ▮ «Si das la vuelta a la manzana a pie no te va a servir de nada, gili...» P. Antilogus, J. L. Festjens, *Anti-guía de los conductores.* ▮ «Nos está dando la noche y tú ahí, como un gili...» Fernando Martínez Laínez, *Andante mortal.* ▮ «...se expone a quedar como un gili ante la policía...» Ramón Escobar, *Negocios sucios y lucrativos de futuro.* ▮ «...se entretiene en ir pelando unos pájaros, y el muy jilí, el marrano, les deja sólo unas cuantas plumas...» José Gutiérrez-Solana, *Madrid, escenas y costumbres, Obra literaria, I.* ▮ «...el argumento es como sigue: un gil, yuppy, ejecutivo él...» Juan Madrid, *Crónicas del Madrid oscuro.* ▮ «Calla, gil. No está el tema para chistes.» El Gran Wyoming, *Te quiero personalmente.* ▮ «...un señorito vanidoso e insoportable, dice, un hijo de papá, niño bien, jili, pijo y pera, universitario en coche sport...» Juan Marsé, *La oscura historia de la prima Montse.* ▮✔ de *gilipollas.* De *gil,* en la literatura clásica española. Cela dice en su *Diccionario secreto*: *Gil es nombre que se aplica a los rústicos del teatro español primitivo.* ▸ *gilipollas*.|

giliflautas *s.* bobo, necio.

«...y mencionaba a los envidiosos, los estreñidos, los medianos, los giliflautas, los alienados, los donnadie...» Carlos Murciano, «El lecheagria», ABC, 16.8.98. ▮ «...le dan el Premio Nobel (Cela, por ejemplo) y el ministro llamado de Cultura [...] (Jorge Semprún, por ejemplo) no va a Estocolmo. Giliflautas.» Jaime Campmany, ABC, 6.9.98.

gilimierdas *s.* bobo, necio.

«...lo que no hay que ser es gilimierdas...» Francisco Umbral, *La derechona*.

gilipichas ▸ *gilipollas*.

gilipichi *s.* bobo, necio.

«En cambio la gilipichi de Nela puede ir como le da la gana.» Alejandra Vallejo-Nágera, Blanco y Negro, 10.1.99.

gilipija *s.* bobo, necio.

«Allá tú con tus aficiones de gilipija, pero no vengas a joderme la siesta...» Francisco Umbral, *Madrid 650*.

gilipollada *s.* bobada, sandez.

«Gilipollada. Acción propia de gilipollas, tontería, ridiculez.» DE. ▮ «¡Eso es una bobada, una gilipollada tuya!» DCB.

gilipollas *adj.* y *s.* bobo, necio.

«Borges era un concheto, como dicen ustedes, o como decimos en España, un gilipollas, dijo el pasado miércoles Pérez Reverte...» El Mundo, 23.4.99. ▮ «...por haberse difundido que la nueva edición incorporará el vocablo *gilipollas*, se han lanzado voces de burla y jarana...» Fernando Lázaro Carreter, *El dardo en la palabra*. ▮ «El viajero [...] se da una vueltecita por el pueblo. En el café se encuentra al gilipollas que se tropezara en Gerri...» C. J. Cela, *Viaje al Pirineo de Lérida*. ▮ «Lo que sois vosotros es unos gilipollas.» Francisco Umbral, *El Giocondo*. ▮ «Pero como Andrés es gilipollas perdido, por mucho que te guste...» Almudena Grandes, *Modelos de mujer*. ▮ «...eres roñoso y avaricioso e hipócrita, y, a ratos perdi-

dos, un poco gilipollas...» A. Zamora Vicente, *Mesa, sobremesa*. ▮ «...ten cuidado con un jilipollas que...» Miguel Martín, *Iros todos a hacer puñetas*. ▮ «Otra pregunta gilipollas.» C. Pérez Merinero, *El ángel triste*. ▮ «Los jóvenes pusieron sus motos en marcha y cuando ya partían le llamaron gilipoyas y mamón.» M. Vázquez Montalbán, *El delantero centro fue asesinado al atardecer*. |✓ «Gil es nombre de varón que se aplica con frecuencia a los rústicos del teatro español primitivo, cuyo matiz cómico y carácter proverbial fue ya señalado por Covarrubias; de Gil proviene el despectivo *gil* y de éste [...] *gilipollas*.» C. J. Cela *Diccionario del erotismo;* también su *Diccionario secreto*.|

2. persona indeseable.

«Fui un gilipollas, hija. Y perdóname la palabra.» Rosa Montero, *La hija del caníbal*. ▮▮▪ «No hables con ése porque es un gilipollas, un mierda.»

gilipollear *v.* hacer gilipolleces, gilipolladas.

«El pobre no hace más que gilipollear.» DE. ▮ «...entra la Adelina Ceregumil en un salón de té a gilipollear con otras finolis y a cortar un traje a la fulanita porque si le va o no le va el lápiz de labios que usa...» Ramón Ayerra, *Los ratones colorados*.

gilipolleces, decir gilipolleces *expr.* decir tonterías, bobadas.

«Y te darás cuenta de las gilipolleces que hacías y te dará vergüenza recordarlas...» José Ángel Mañas, *Historias del Kronen*. ▮ «...y tan tarde para darme la paliza con esas gilipolleces, con esas manías tuyas...» Sergi Belbel, *Caricias*, 1991, RAE-CREA. ▮ «¡Hasta ahora no habéis dicho más que gilipolleces!» JM. ▮ «...para no perder el tiempo en gilipolleces me estrujé las meninges tratando de dar con una buena coartada...» C. Pérez Merinero, *La mano armada*.

gilipollez *s.* bobadas, tontería.

«...giraban por una pista de patinaje con la música hilvanada al oído, sonámbulas de megafonía y gilipollez.» Francisco Umbral, El Mundo, 30.8.98. ▮ «...aunque tampoco es esa gilipollez de que somos muy trabajadores.» El Mundo, La Luna, 25.6.99. ▮ «Desde que andan por el barrio estos con sus religiones New Age y estas gilipolleces...» El Jueves, n.º 1079. ❚ «Es una gilipollez.» José Ángel Mañas, *Mensaka*. ❚ «...cuesta un poco de esfuerzo mental aceptar la jilipollez soberana de la jai.» Felipe Navarro (Yale), *Los machistas*. ❚ «¡Jo, tío! ¡Qué gilipollez más cuca!» A. Matías Guiu, *Cómo engañar a Hacienda*. ❚ «...para que se preste a hacer [...] tal sarta de jilipolleces...» A las barricadas, 22-28 junio, 1998. ❚ «Era una gilipollez.» Jaime Campmany, ABC, 18.10.98. ❚ «Ni usted mismo se cree la mitad de todas esas gilipolleces...» Ernesto Parra, *Soy un extraño para ti*. ❚ «Es increíble que te pases las horas viendo gilipolleces...» C. Rico-Godoy, *Cómo ser infeliz y disfrutarlo*.

gilipuertas *s.* bobo, necio, torpe.
«...aquí se esconde el prestigio para toda esta chusma de gilipuertas vanidosos...» A. Zamora Vicente, *Mesa, sobremesa*. ❚ «¿Y quién contribuyó a que se fuera al traste? Ese gilipuertas.» Corín Tellado, *Mamá piensa casarse*. ✓ de *gili* y *puertas,* palabra que pretende ser menos hiriente.❘

gilito *s.* bobo, necio.
«No tengo más huevos que poner cara de gilito y seguirle la corriente...» C. Pérez Merinero, *Días de guardar*. ❚ «251 millones para el *gilito*...» Martín Prieto, El Mundo, 21.8.99.

gilitonto *s.* necio, tonto.
«...porque nunca falta un gilitonto que se asuste.» Mariano Tudela, *Últimas noches del corazón*.

gilorio *adj.* necio, bobo, lelo.
«El pavo no puede ser más gilorio.» El Gran Wyoming, *Te quiero personalmente*.

gimnasia, confundir (tener que ver) la gimnasia con la magnesia *expr.* no saber, ignorar, confundirse.
«¿Qué tendrá que ver la gimnasia con la magnesia?» Álvaro de Laiglesia, *Hijos de Pu*. ❚ ▪ «No se entera el pobre, confunde la gimnasia con la magnesia.»

giñar ▶ jiñar(se).

gitano *s.* sucio, desastrado, desaseado.
«Cochino y maloliente como tropa de gitanos.» C. J. Cela, *La familia de Pascual Duar-* te. ❚ «...y tú Nuria abróchate la blusa y recógete el pelo, pareces una gitana.» Juan Marsé, *La oscura historia de la prima Montse*. ❚ ▪ «No me gusta que vayas desarreglado, como un gitano.»

2. timador, embaucador.
«El gitano si no la hace a la entrada, la hace a la salida.» ref. ❚ ▪ «Tu hijo es un gitano y no se puede hacer negocios con él.» ✓ DRAE: «fig. y fam. Que estafa u obra con engaño. Ú. t. c. s.».❘

glande *s.* cabeza del pene.
«Vi que se masturbaba cada vez con más saña. Noté cómo su glande, de vez en cuando, tocaba la piel satinada de mis nalgas.» C. Ducón, *El hotel de las orgías*. ❚ «Parece como si se hubiera producido una explosión interna del glande del pene.» Rambla, n.º 3. ✓ para el DRAE es *cabeza del miembro viril.*❘

globo *s.* preservativo, condón.
«Globo. Preservativo, condón.» DE. ❚ «Vamos a comprar globos en esa farmacia por si se nos ocurre ir de putas después de la fiesta.» DCB.

2. aturdimiento producido por la droga.
«El globo es como cuando miras una de esas láminas de *El ojo mágico*. Al principio lo ves todo borroso, incluso te duele la cabeza, hasta que —de repente— FLASH...» José Ángel Mañas, *Sonko95*.

3. globos *s. pl.* pechos de mujer.
«Lynne comenzó a masajearlo con los globos, pero no lo encontró demasiado excitante.» Vanessa Davies, *Un premio inesperado*. ❚ «Se quitó el sostén y me enseñó unos globos de muérete.» DCB.

gobi *s.* comisaría de policía.
«¿Es usted del gobi, señor inspector? Sí, del Centro.» Juan Madrid, *Turno de noche*. ❚ «Gobi: comisaría de policía.» Manuel Giménez, *Antología del timo*. ❚ «En caliente comisaría se llama *gobi* y viene del apócope de Gobierno Civil...» Juan Madrid, *Crónicas del Madrid oscuro*. ❚ «...y se le animan los clisos a la estrella de la gobi...» Manuel Quinto, *Estigma*. ✓ de *gobierno civil*. ▶ Jesús García Ramos.❘

godo *s.* En las Islas Canarias, español de la Península.

«En Canarias nos llaman godos...» José Ángel Mañas, *Historias del Kronen.* ▌«—¿Goda? Asentí. —No se ven por aquí muchos godos.» Lourdes Ortiz, *Picadura mortal.* ▌«Godo quiere decir peninsular, no es ninguna deshonra.» José Luis Martín Vigil, *Los niños bandidos.* ▌«...llegar así, de godo jodido y desgraciado, y colocarse de auxiliar de portero...» Ramón Ayerra, *Los ratones colorados.* ▌◼ «Mi prima Josefa se ha casado con un godo de Valladolid.»

golfa *s.* mujer promiscua.

«Yo no sé lo que es peor, si el hambre o la mugre; los hombres prefieren la mugre pero las mujeres nos quedamos con el hambre, a lo mejor hay alguna golfa que no.» C. J. Cela, *Mazurca para dos muertos.* ▌«En el amor y en el hogar, una señora. En la cama, una golfa.» Terenci Moix, *Garras de astracán.* ▌«...era ya casi una voz de golfa de bar de camareras...» C. J. Cela, *La colmena.* ▌«Las golfas y los cabritos en la puerta de al lado.» Ángel Palomino, *Madrid, costa Fleming.* ▌«Las niñas, en aquellos años infantiles, al menos las de mi vecindad, eran unas golfas y andaban todo el día proponiéndonos marranadas...» Chumy Chúmez, *Por fin un hombre honrado.* ▌«Es usted una golfa y una calentona.» Vanessa Davies, *Un premio inesperado.*

2. prostituta.

«Las últimas golfitas del cabaret de las Llamas...» C. J. Cela, *Viaje a la Alcarria.* ▌«...y él me dejó por golfa...» María Antonia Valls, *Para qué sirve un marido.* ▌«La golfa esa no ha salido a su madre, que yo sepa...» Chumy Chúmez, *Por fin un hombre honrado.* ▌«Ya verás qué panda más fenomenal [...] y qué golfas nos hemos agenciado.» Eduardo Mendoza, *La verdad sobre el caso Savolta.* ▌«Me da celos que te mires a esa golfa.» José Luis Muñoz, *Pubis de vello rojo.* ▌«Bueno, ¿y cómo lo llamamos? ¿Prostituta, ramera, mujerzuela, meretriz, cortesana, zorra, golfa, suripanta, perdida, hetaira, pendón...?» Ana Diosdado, *Trescientos veintiuno, trescientos veintidós,* 1991, RAE-CREA. ▌◼ «Ese bar de la esquina está lleno de golfas por la noche. Golfas de puta madre, eso sí.» |✔ DRAE: «f. ramera».|

3. casa de golfas *s.* prostíbulo.

«...casa de furcias, de golfas...» JMO. ▌«No quiero que te gastes el dinero en casas de golfas. Ya tienes a tu mujer.» DCB. |✔ no se ha podido documentar fuera de diccionarios.|

golfante *s.* perezoso, holgazán.

«...estaba allí sólo por la cara, de golfante, como estuvo antes Forcat.» Juan Marsé, *El embrujo de Shangai,* RAE-CREA. ▌«...una conducta de caballero educado y no de señorito golfante.» Gonzalo Torrente Ballester, *Filomeno, a mi pesar,* 1988, RAE-CREA. ▌◼ «Tu marido es un golfante y por eso no encuentra trabajo, porque no quiere encontrarlo.»

golferas *s.* sinvergüenza, pillo.

«...dando vida a Toni, un manager musical un tanto golferas.» Revista Lecturas, 6.3.98. ▌«Lo menos afinado, el par de golferas de la página 21...» A las barricadas, 3-14 junio, 1998. ▌◼ «Tu hijo Enrique es un golferas de mucho cuidado que vive del cuento.»

golfo *s.* sinvergüenza, pillo.

«Ahora en verano, los chicos llevan esos chalecos sin nada debajo que a mí me parecen cosas [...] de golfo de poca monta...» M. Vázquez Montalbán, *Los alegres muchachos de Atzavara.* ▌«...que lo que se dice a golfo y pendón no me gana ni dios...» Ramón Ayerra, *Los ratones colorados.* |✔ DRAE: «m. y f. Pillo, vagabundo. Ú. t. c. adj.».|

golpe, a golpe de alpargata *expr.* a pie, caminando.

«Si quieres viajar a Alicante, vete a golpe de alpargata.» P. Perdomo Azopardo, *La vida golfa de don Quijote y Sancho.*

2. de golpe (y porrazo) *expr.* de repente, inmediatamente.

«Así, de golpe y porrazo sin ningún motivo que justifique está decisión repentina.» Álvaro de Laiglesia, *Hijos de Pu.* ▌«...aparecieron de golpe...» Javier García Sánchez, *La historia más triste,* 1991, RAE-CREA. ▌«Estábamos hablando tranquilamente y, de golpe y porrazo, la tía se largó.» You, enero, 1998. ▌«...cuando ahora, de golpe y porrazo, se enteraba...» B. Pérez Aranda *et al., La ex siempre llama dos veces.*

3. golpe bajo *expr.* observación, frase ofensiva.

«Eso ha sido un golpe bajo.» Luis Camacho, *La cloaca.* ❙ ■ «Lo que ha dicho tu suegra acerca de mis aficiones ha sido un golpe bajo, la guarra.»

4. no (sin) dar (pegar ni) golpe *expr.* haraganear, estar ocioso.

«Pero eso de que no des ni golpe, no; vamos, que eso, no.» C. J. Cela, *El gallego y su cuadrilla.* ❙ «Los que están en el paro no dan golpe.» Terenci Moix, *Garras de astracán.* ❙ «...y se dedicó a pasear con las chicas que conocía, y a no dar golpe...» A. Zamora Vicente, *Desorganización.* ❙ «...cosa muy necesaria si una desea vivir sin dar golpe.» María Antonia Valls, *Para qué sirve un marido.* ❙ «...todos sueñan con enriquecerse sin dar golpe...» A. Matías Guiu, *Cómo engañar a Hacienda.* ❙ «...allí donde hacía falta un fulano que no diese golpe...» Ángel Palomino, *Un jaguar y una rubia.* ❙ «Con él lo podías conseguir todo. Incluso no dar ni golpe.» C. Pérez Merinero, *Días de guardar.* ❙ «La capacidad de trabajo es casi una virtud, por lo que la correspondiente ristra de insultos fustiga a quienes huyen de él: [...] remolón;... manta;... rompesillas;... escaqueao;... zanguango;... más vago que la chaqueta de un guardia;...; no dar golpe; [...] no pegar golpe;...» AI. ❙ «Con lo bien que podías estar en tu casa, hecha una reina, sin pegar golpe.» María Antonia Valls, *Tres relatos de diario.* ❙ «...conmover el corazón de los forasteros y no dar golpe.» J. J. Benítez, *Caballo de Troya I,* 1984, RAE-CREA. ❙ «Llevaba varios días trabajando con la idea. Dicho de otro modo: en casa sin dar golpe.» Ernesto Parra, *Soy un extraño para ti.*

*golpear *cf.* (afines) afeitar, aplaudir el belfo, aplaudir la cara, arrear un *castañazo, arrear un *sopapo, arrear una hostia, hostiar, arrear una torta, arrear, atizar, batir el *cobre, calentar, calentar el *culo, canear, cascar, currar, dar, dar brea, dar *caña, dar *cera, dar *estopa, dar *guantazos, dar *jarabe de palo, dar *leña, dar más *palos que a una estera, dar *palos, dar para el *pelo, dar *poco, dar su *merecido, dar una leche, dar un cachete, dar un *castañazo, dar un *currito, dar un *curro, dar un *meneo, dar un *repaso, dar un *zambombazo, dar una *chufa, dar una *galleta, dar una *hostia, dar una *leche, dar una patada en el *culo, dar una zurra, dar, forrar, fostiar, guantazo, hacer la cara nueva, hacer *trizas, hostiar, largar un *sopapo, llenar la cara de dedos, mano larga, noquear, palizón, partir la boca, partir la cabeza, partir la *cara, partir los *morros, patada en las pelotas, picar la cabeza, poner el *culo caliente, poner la *cara como un mapa, poner las *pilas, poner *suave, repartir *candela, repartir tortas, romper el *culo, romper la *cara, romper las costillas, romper las *narices, sacudir, sacudir el *polvo, sacudir un *palo, sentar el *culo, zambombazo, zumbar, zurrar, zurrar la badana.

golpiza *s.* zurra, paliza.

«A ver si te pasas de listo y terminas por llevarte una buena golpiza!» Geno Díaz, *Genocidio.*

goma *s.* condón, preservativo.

«...ya te he dicho que no soy profesional. Ah, y estoy superlimpio. ¿Te has traído gomas?» Juan Madrid, *Cuentas pendientes.* ❙ «Como Emma tiene varices y no quiere arriesgarse a tomar la pastilla, tenemos que funcionar con gomitas...» Carlos Zeda, *Historias de Benidorm.* ❙ «...invertí tres machacantes en un estuche de cinco gomas...» Fernando Sánchez-Dragó, «Anábasis», en *Antología del cuento español.* ❙ «¿Se puso una goma? No, no sé, no me fijé.» Almudena Grandes, *Las edades de Lulú.* ❙ «¿Preñada? ¿Seguro? —Ella dice que fue una goma que se rompió una noche.» Jaime Romo, *Un cubo lleno de cangrejos.* ❙ «Ver un gato allí habría resultado más extraño que ver una goma usada.» Juan Marsé, *Si te dicen que caí.* ❙ ✔ ▸ *gomita.*❙

2. policía.

«De vez en cuando, se asoma a la puerta, para dar el ja, o el queo, si viene la goma, porque el juego está prohibido y a veces hay que *hacerse un fuego,* que no es otra cosa que pirarse...» José M.ª Zabalza, *Letreros de retrete y otras zarandajas.*

3. gomas *s. pl.* agente de policía.

«Gomas: policía uniformado.» JGR. **I** «Gomas. Policías uniformados.» Ra. **I✓** no se ha podido documentar fuera de diccionarios.I

4. quemar goma *expr.* ir deprisa en automóvil.

«El tío salió quemando goma...» José Luis Martín Vigil, *Los niños bandidos.*

5. toma geroma, pastillas de goma *expr.* expresión de rechazo.

«¡Toma geroma, pastillas de goma!» Ilustración, Comix internacional, 5.

gomita *s.* preservativo, condón.

«¡Ey, Vicky!... ¿Unas gomitas?... ¿Un mechero?...» Juan Madrid, *Flores, el gitano.* **I✓** ▸ *goma.*I

gorda, armar la (una) gorda *expr.* armar jaleo, escándalo.

«La Feli creyó que era entonces cuando se iba a armar la gorda.» J. L. Castillo-Puche, *Hicieron partes.* **I** «...se empezaron a correr las voces de que se armaba una gorda contra Inglaterra...» Gomaespuma, *Grandes disgustos de la historia de España.*

2. estar gorda *expr.* embarazada.

«Academia como expresión propia de Chile: estar embarazada. Entiendo que es de ámbito general.» DE. **I ▪ª** «Me da la impresión de que Matilde está gorda otra vez, y no hace nada que dio a luz, ¿no?»

3. estar sin una (perra), no tener una (perra) gorda *expr.* sin dinero.

«No lleva encima ni una perra gorda...» C. J. Cela, *La colmena.* **I ▪ª** «Estamos todos sin una perra gorda hasta fin de mes.»

4. hacer la vista gorda *expr.* fingir, disimular, pasar por alto.

«Eso era pecado entonces, pero no había más colegio en el pueblo y se hacía la vista gorda.» A. Matías Guiu, *Cómo engañar a Hacienda.*

5. no habérselas uno visto tan (más) gordas *expr.* no haber uno estado en una situación tan buena.

«...las señoras no paran de pedir entremeses variados [...] siempre exigen otros diferentes [...] parece que les ha hecho la boca un fraile y en su vida se las han visto más

gordas...» A. Zamora Vicente, *Mesa, sobremesa.* **I✓** el DRAE dice, erróneamente: «no haberse encontrado en situación tan difícil o comprometida».I

6. ponerse gorda *expr.* tener una erección.

«...la acaricié la manita y se dejó [...] y se me puso gorda como un demonio...» Ramón Ayerra, *Los ratones colorados.* **I** «...lo que ésta quiere es ponérmela gorda.» José María Amilibia, *Españoles todos.*

7. tenerla (ponérsele) gorda *expr.* erección del pene.

«...al franciscano de las misiones se le ponía más gorda que a ti, lo menos el doble.» C. J. Cela, *Mazurca para dos muertos.* **I** «...los hay a quienes se les pone gorda dándole gusto al dedo...» C. J. Cela, *Mazurca para dos muertos.* **I** «¡Qué gorda la tienes, macho!» Terenci Moix, *Garras de astracán.* **I** «Cada vez que la veía cogiendo una salchicha, ay, ya me la ponía gorda...» José María Amilibia, *Españoles todos.*

gorderas *s.* obeso, grueso.

«Está diciendo al maricón de playa que la atiende —un gorderas fofote...» C. Pérez Merinero, *Días de guardar.*

gordinfla(s) *s.* obeso, grueso.

«...el hecho de que un niño llegue al llanto porque sus compañeros le llaman *gafotas*, o *gordinflas*...» Concepción Maldonado, *El fondo de las palabras.* **I** «...parecían menos gordinflas, algo esbeltos si se me apura...» Ramón Ayerra, *Los ratones colorados.* **I** «Después salió un chico de la taberna, un gordinflas con una cara abultada...» José Gutiérrez-Solana, *Madrid, escenas y costumbres, Obra literaria, I.*

gordinflón *s.* persona obesa, gruesa.

«El gordinflón ése, sí.» Miguel Martín, *Iros todos a hacer puñetas.* **I** «Gordiflón. Excesivamente grueso. Sólo es aplicable a personas.» J. B. Guim, *Nuevo diccionario de la lengua castellana.* **I** «No quería salvar también al judas gordinflón ese...» Carlos Fuentes, *Cristóbal Nonato,* 1987, RAE-CREA. **I** «...estúpido gordinflón que pretende ser campeón...» R. Montero, *Diccionario de nuevos insultos...*

*gordo cf. (afines) ▶ *grueso.*

gordo *adj.* grande, importante, fuerte.
«Tenemos un problema. Un problema gordo.» Luis Camacho, *La cloaca.* ▮ «Cometí el error de preguntarle a Chelo si estaría dispuesta a hacerme un favor muy gordo...» Almudena Grandes, *Las edades de Lulú.* ▮ «Todos tienen cara de bruto, sueltan palabrotas de las más gordas y se bajan en todas las estaciones a beber vino...» José Gutiérrez-Solana, *Madrid callejero, Obra literaria, II.* ▮ «Apuesto a que estáis escapando de algo muy gordo...» Andreu Martín, *El señor Capone no está en casa.* ▮ «Algo gordo está pasando.» Cristóbal Zaragoza, *Y Dios en la última playa.* ▮ ▪ «Un problema gordo.» ✓ ▶ *gente, gente gorda.* Y también ▶ *gorda.*▮

2. *s.* obeso, grueso.
«Bueno, sí me llaman la gorda, porque el equipo médico y yo somos casi íntimos...» Virtudes, *Rimel y castigo.* ▮ «...de pequeño todos los niños del barrio le llamaban gordo, empollón, acusica, cobarde, gallina...» Gomaespuma, *Grandes disgustos de la historia de España.* ▮ ▪ «Eva es una gorda fea, sucia e insoportable.» ✓ DRAE: «adj. Que tiene muchas carnes».▮

3. caer gordo ▶ *caer, caer gordo.*

4. lo gordo *expr.* lo bueno, lo importante.
«Ahora viene lo gordo. Había dos enfermeros...» A. Zamora Vicente, *Mesa, sobremesa.*

5. tenerlos gordos *expr.* testículos grandes.
«...pues el tío va y la dice que [...] los tiene muy gordos, usted ya me entiende, qué vergüenza me daría repetirlo...» Ángel Palomino, *Un jaguar y una rubia.*

gorila *s.* hombre fuerte.
«...revelaban sus orígenes como boxeadores o luchadores. Los bautizó como los gorilas.» Luis Camacho, *La cloaca.* ▮ «...tres colegas suyos con pinta de gorilas...» C. Pérez Merinero, *El ángel triste.*

2. guardaespaldas, seguridad de lugares públicos.
«20 años desde que se disecó el último gorila de las montañas y se sigue exhibiendo en la entrada de una discoteca.» El Jueves, 11-17 febrero, 1998. ▮ «Esos sucesivos gorilas que contrata Estefanía no se sabe bien si son para guardarle la espalda...» Jaime Campmany, ABC, 3.4.98. ▮ «El gorila que lo había traído bajó, abriendo la portezuela para que se subiese...» Pgarcía, *El método Flower.* ▮ «...durante sus horas libres se gane un sobresueldo como gorila de una discoteca.» Mariano Sánchez, *Carne fresca.* ▮ «...contratando a gorilas para almohadillar su seguridad física, untando a leguleyos...» J. Giménez-Arnau, *Cómo forrarse y flipar con la gente guapa.* ▮ «Le divertía el sofoco que se había adueñado de los dos gorilas.» Andreu Martín, *El señor Capone no está en casa.* ▮ ▪ «Trabaja en una discoteca haciendo de gorila.»

gorra, de gorra *expr.* gratis, sin pagar, a costa ajena.
«El viajero, que barruntó que almorzaba de gorra...» C. J. Cela, *Viaje al Pirineo de Lérida.* ▮ «Cómo ir por la vida de gorra...» Mala impresión, revista de humor con caspa, n.° 1. ▮ «...pero bien que se aprovechaba de ellas [...] siempre de gorra...» A. Zamora Vicente, *Mesa, sobremesa.* ▮ «Ellos vienen el día de la inauguración para beber de gorra...» Andreu Martín, *Amores que matan, ¿y qué?* ▮ «¡Coño, a mí me dijeron que era una película de gorra...! ¡De guerra, burro, de guerra...!» Andreu Martín, *Prótesis.* ▮ ▪ «Estas bebidas son de gorra.» ✓ expresión que ya aparece en Guzmán de Alfarache, por ejemplo. ▶ J. M.ª Iribarren.▮

gorrilla *s.* aparcacoches espontáneo.
«...los gorrillas que están en los aparcamientos... estas personas que señalan donde hay un hueco libre a cambio de la voluntad.» El Mundo, 24.8.98. ▮ «...guardacoches, gorrilla...» AI. ▮ «Un aparcacoches del camposanto... le juró hasta la saciedad... Cerró los oídos a los juramentos del gorrilla...» José Contreras, El Mundo, 17.1.98. ✓ ▶ *aparcacoches.*▮

gorrino *s.* sucio, desastrado.
«Y no me enfiles con el hocico, gorrino!» Miguel Ángel Rellán, *Crónica indecente de la muerte del cantor,* 1985, RAE-CREA. ▮ «Bien se veía que el tal don Simón era un gorrino...» Carmen Gómez Ojea, *Cántiga de*

agüero, 1982, RAE-CREA. ❚ ▪ «¡Eres una gorrina! ¡Lávate!» ✔ DRAE: «fig. Persona desaseada o de mal comportamiento en su trato social».❙

2. rijoso, lujurioso, obsceno, indecente.
«Tienes que ponerte el pijama a oscuras, porque sería horrible que te viese desnudar. No seas gorrino.» F. Vizcaíno Casas, *Hijos de papá*. ❚ «¡Machácatela en tu casa, gorrino!» Mariano Sánchez, *Carne fresca*. ❚ «Por unos instantes pareció que se decidía a entrar en un cinema gorrino...» Juan García Hortelano, *Gramática parda*, 1982, RAE-CREA. ❚ «¿Eso también figura en la función, gorrinos...?» Juan Marsé, *Si te dicen que caí*.

gorrista ▶ *gorrón*.

gorro, donde Colón perdió el gorro *expr.* muy lejos.
«...esas que corren por ahí, por donde Colón perdió el gorro.» Fernando Repiso, *El incompetente*. ✔ también ▶ cristo, donde Cristo perdió el gorro (la gorra).❙

344

2. estar hasta el gorro *expr.* harto.
«Semana internacional de la moda. Ropa con denominación de origen. ¡Hasta el gorro!» ABC, 14.2.98. ❚ «A lo mejor es que tu mujer está hasta el gorro de que le pongas los cuernos.» C. Rico-Godoy, *Cómo ser una mujer y no morir en el intento*. ❚ «...por muy serio que sea el Grupo Recoletos y por muy hasta el gorro que estén...» A las barricadas, 3-14 junio, 1998. ❚ «Hasta el gorro estoy de semejante tropa...» Ladislao de Arriba, *Cómo sobrevivir en un chalé adosado*. ❚ «...algunos estaban ya hasta el gorro de tanta agua.» A. Sopeña Monsalve, *El florido pensil*. ❚ «Perdona, pero es que ¡estoy hasta el gorro!» Álvaro Pombo, *Los delitos insignificantes*. ❚ «Estoy hasta el gorro de ti, de este piso, de esta calle, de esta ciudad.» M. Vázquez Montalbán, *El delantero centro fue asesinado al atardecer*. ❚ «...porque los habitantes de este pueblo desde luego que debían estar hasta el gorro...» José Jiménez Lozano, ABC, 14.2.99. ❚ «...te hacen arrepentirte de haber elegido ese fastuoso restaurante porque estás hasta el gorro de que te metan...» B. Pérez Aranda *et al.*, *La ex siempre llama dos veces*.

3. poner el gorro *expr.* ser infiel [a] la pareja.
«Poner el gorro. Poner los cuernos. En acepción que no registra la Academia.» DE. ❚ ▪ «A Juan su mujer le pone el gorro con todos sus amigos, la muy puta.»

***gorrón** cf. (afines) buitre, cazacopas, gorrista, gorrón, mangante, sablista.

gorrón *s.* persona que acepta invitaciones y nunca paga.
«...el gorrón profesional es como el buen espía...» Mala impresión, revista de humor con caspa, n.° 1. ❚ «Entre los amigos le tienen por gorrón.» JM. ❚ «Estudiante que en las universidades, colegios, etc. vive siempre de gorra...» J. B. Guim, *Nuevo diccionario de la lengua castellana*. ✔ DRAE: «adj. Que tiene por hábito comer, vivir, regalarse o divertirse a costa ajena. Ú. t. c. s.».❙

gorronear *v.* obtener gratis, sablear.
«Tu queridísima hermana te gorronea ese jersey tan moloqui que tienes guardado...» Ragazza, n.° 101. ❚ «Abandonaba sus actividades y se pasaba el día gorroneando copas de anís y farias...» Juan Madrid, *Crónicas del Madrid oscuro*. ❚ «Le gorroneé el periódico al encargado...» C. Pérez Merinero, *La mano armada*. ✔ DRAE: «intr. Comer o vivir a costa ajena».❙

gota, como dos gotas de agua *expr.* de idéntico parecido.
«...han encontrado dos chicos como dos gotas de agua.» SúperPop, mayo, 1989.

goteras *s.* alifafes, achaques.
«Ya era muy mayor, tenía muchas goteras y, en fin, lo que tenía que suceder ha sucedido.» Manuel Hidalgo, *El pecador impecable*.

gozada *s.* gran gozo, maravilla.
«...había salido antes con un chaleco de punto amarillo que era una gozada...» F. Vizcaíno Casas, *Hijos de papá*. ❚ «La picha danesa [...] es una gozada. Parece mismamente el miembro de un tío empalmado.» Álvaro de Laiglesia, *Hijos de Pu*. ❚ «Porque no me negarán que es una gozada escribir...» Carmen Rigalt, El Mundo, 26.6.99.

gozar *v.* copular el hombre.

> «Hubo de emplear toda clase de artimañas hasta gozarla.» JM. ▌ «Gozar a una mujer; tener coito con ella.» J. B. Guim, *Nuevo diccionario de la lengua castellana.*

gozo, mi gozo en un pozo *expr.* expresión de desencanto y decepción.

> «Pero mi gozo en un pozo.» C. Pérez Merinero, *Días de guardar.*

gracia *s.* ocurrencia, dicho agudo, chistoso.

> «...dar la mejor impresión posible, reír las gracias aunque sean estupideces...» A. Gómez Rufo, *Cómo ligar con ese chico que pasa de ti o se hace el duro.* ▌ «Miguel imitaba las gracias de su padre...» Eloy Arenas, *Los vecinos de mis vecinos son mis vecinos.* ▌✔ DRAE: «Chiste, dicho agudo, discreto y de donaire».▌

2. hacer una gracia ▶ *hacer, una gracia.*

3. no hacer (maldita la) gracia *expr.* no gustar.

> «A mi padre no le hacía ninguna gracia que yo conociera a la perfección hasta el último antro del Barrio Chino...» Care Santos, *El tango del perdedor.* ▌ «...a la que maldita la gracia que le hace el jueguecito.» B. Pérez Aranda *et al., La ex siempre llama dos veces.*

4. un millón de gracias *expr.* muchas gracias.

> «Caray, Patty, un millón de gracias, dijo él...» Jaime Bayly, *Los últimos días de la prensa,* 1996, RAE-CREA. ▌■ «Un millón de gracias por su ayuda.»

gracieta *s.* gracia, broma.

> «El vídeo publicitado ayer por Rubalcaba y Conde se limita a hacer presuntas gracietas,...» El Mundo, 10.2.98.

graciosete *s.* persona que se cree graciosa.

> «Después de cada supuesto chiste, el graciosete sonríe...» R. Gómez de Parada, *La universidad me mata.* ▌ «Aunque muchos graciosetes ramplones que le conocieron de joven...» Álvaro de Laiglesia, *Hijos de Pu.*

*gracioso cf. (afines) cachondo, chusco, descojonante, despiporrante, despiporre, monda, para morirse, pera, risa, tronchante.

*grande cf. (afines) ▶ *importante.*

grande, a lo grande *expr.* con lujo, ostentación, sin escatimar.

> «...te ofrecemos una participación como socio capitalista y luego a vivir a lo grande.» Ramón Escobar, *Negocios sucios y lucrativos de futuro.* ▌ «Me lo pasé a lo grande.» Javier Ortiz, El Mundo, 11.9.99. ▌✔ DRAE: «loc. adv. Con lujo extraordinario».▌

2. de los grandes *s.* billete de mil pesetas.

> «Le ha dao dos de los grandes.» JM. ▌ «Pidió cuatro billetes de los grandes por el mueble.» JM. ▌ «Seis de los grandes.» Lourdes Ortiz, *Picadura mortal.* ▌■ «Esto te va a costar diez de los grandes.»

3. pasarlo en grande *expr.* divertirse.

> «Yo le he visto a usted pasárselo en grande.» M. Vázquez Montalbán, *La rosa de Alejandría.* ▌ «A mí la caza me aburre, pero él lo pasa en grande...» Ángel Palomino, *Un jaguar y una rubia.* ▌ «...eres muy ingeniosa y la gente se lo pasa en grande contigo.» You, marzo, 1998.

grano, al grano *expr.* sin rodeos, derechos al tema.

> «Al grano y di lo que piensas.» Jose-Vicente Torrente, *Los sucesos de Santolaria.* ▌ «¡Vaya hombre bragado! ¡Y que va al grano, sin dolerle prendas!» Jose-Vicente Torrente, *Los sucesos de Santolaria.* ▌ «...pero a él le interesaba ir al grano...» J. Jiménez Martín, *Ligar no es pecado.* ▌ «Pero, coño, vayamos al grano.» Pedro Casals, *Disparando cocaína.* ▌ «¡Hombre, no se puede ir tan al grano...!» Fernando Repiso, *El incompetente.* ▌ «Vayamos al grano.» Eduardo Mendoza, *La verdad sobre el caso Savolta.* ▌✔ el DRAE marea la perdiz: «fr. fig. y fam. Atender a la sustancia cuando se trata de alguna cosa, omitiendo superfluidades; y así se manda o recomienda también, diciendo: al grano».▌

*gratis cf. (afines) de arriba, bóbilis, por la cara, por su bella *cara, chupar del bote, de gorra, gorronear, de guagua, por la jeta, mangar, de momio, por el morro, por la patilla.

greña, ir (andar) a la greña *expr.* pelear, reñir.

«Lo cierto es que siempre vamos a la greña. Por cosas, lo reconozco, a veces sin importancia.» Marisa López Soria, *Alegría de nadadoras.* ❚ «Por mucho que anden a la greña...» Pedro Casals, *Disparando cocaína.* ❚ «Sólo tenía una hermana y siempre andaban a la greña.» Manuel Quinto, *Estigma.* ❚ «Los políticos, a la greña.» El Mundo, 16.7.99.

griego *s.* sexo anal.

«Los académicos que confeccionan el Diccionario de la RAE no han aprendido lo que quiere decir un *francés* o *griego* en la práctica sexual [...] en la publicidad de los periódicos se puede hallar la oferta del francés, del griego y otras labores, pero los diccionarios no aclaran nada.» Jaime Campmany, ABC, 15.2.98. ❚ «...anuncios de sexo libre donde se ofrecen las variantes más normales y las más desquiciadas: griego, fenicio, egipcio, sánscrito, ruso, sado...» A. Matías Guiu, *Cómo engañar a Hacienda.* ❚ «Venga por aquí otro día y le hago el griego, jefe. Hay que tratar bien el body.» Juan Madrid, *Las apariencias no engañan.* ❚ «...las fulanas de ahora, mucho griego, mucho inglés, pero poco aprende mi marido con ellas.» Manuel Hidalgo, *El pecador impecable.* ❚ «Te gusta más hacerlo como los griegos.» José Luis Muñoz, *Pubis de vello rojo.*

grifa *s.* marihuana.

«Cannabis: hachís, costo, chocolate, grifa, marihuana, hierba, porro...» El Mundo, Magazine, 21.11.99.

grifo *s.* bar, taberna.

«Grifo: Bar, cervecería de moda.» JGR. ❚ «Grifo. Bar, bareto, borrachería.» Ra. ❚ ◪ «Creo que han ido al nuevo grifo de la calle de Atocha.» ☑ no se ha podido documentar fuera de diccionarios.❙

grifota *s.* consumidor de grifa.

«Generalmente estos individuos son golfos, tirados y degenerados, alcohólicos, grifotas...» Eleuterio Sánchez, *Camina o revienta.* ❚ «Que ser gri-fo-ta no es un crimen...» J. Giménez-Arnau, *Cómo forrarse y flipar con la gente guapa.*

grillado *adj. y s.* loco, demente.

«Así está de grillada. Anda, no le des más vueltas.» Lucía Etxebarría, *Beatriz y los cuerpos celestes.* ❚ «...corría peligro de verse perjudicada por las grilladas conjeturas...» Ernesto Parra, *Soy un extraño para ti.* ❚ «...con los excesos verbales y gestuales de un viejo grillado.» Juan Marsé, *El embrujo de Shangai,* 1993, RAE-CREA. ❚ «¿Pero no ve que está tonticano, completamente grillado? ¡Si no hace otra cosa que ir de aquí para allá!» Gabriel García Badell, *Funeral por Francia,* 1975, RAE-CREA. ☑ el DRAE define: «adj. ant. Que tiene grillos».❙

grilladura *s.* locura.

«Y llega Felipe González que le ha pillado la grilladura del coco como a Napoleón en Santa Elena...» Jaime Campmany, ABC, 19.2.98.

grillarse *v.* enloquecer, perder la razón.

«Grillarse: enloquecer, ser alocado.» JMO. ❚ «Grillarse. Chiflarse.» VL. ❚ «Dicen que se grilló tras la muerte de su marido y sus dos hijos en un accidente.» CL. ☑ RAE: «2. fig. y fam. guillarse, chiflarse». No se ha podido documentar fuera de diccionarios.❙

grillera *s.* vehículo de la policía.

«Grillera: Vehículo policial empleado en las operaciones policiales para conducción de detenidos.» JGR. ❚ «Grillera: furgoneta policial en que se transporta a los detenidos.» JMO. ❚ «Grillera. Furgón policial para la conducción de detenidos.» VL. ❚ «Grillera. Vehículo de las fuerzas de seguridad del Estado que se utiliza en las redadas.» Ra. ☑ no se ha podido documentar fuera de diccionarios.❙

*****grilletes** *cf.* (afines) ▸ *esposas.*

grillos *s. pl.* esposas, grilletes.

«Grillos: esposas.» Manuel Giménez, *Antología del timo.* ❚ «Grillos. Cualquier cosa embarazosa que impide o dificulta el movimiento.» J. B. Guim, *Nuevo diccionario de la lengua castellana.* ❚ «Grillos. Grilletes. Pulseras de hierro para los detenidos.» Ra.

gringada *s.* americanada, producto o acción propia de gringos, norteamericanos.

«...la tele no ayuda, porque nos han colocado una de esas gringadas violentas...» A. Zamora Vicente, *Mesa, sobremesa.*

gringo *s.* norteamericano.

«...el embajador de México fue en el Madrid del 36 más decidido que el embajador gringo en Moscú...» Rafael García Serrano, *Diccionario para un macuto.* ❚ «...para facilitar la introducción en el mercado gringo.» Pedro Casals, *Disparando cocaína.* ☑ J. B. Guim, en *Nuevo diccionario de la lengua castellana,* de 1863, dice: «Voz usada familiarmente en esta frase popular *hablar en gringo* en vez de *hablar en griego,* en un lenguaje ininteligible, etc. que no se entiende.»❙

gris, hacer un gris *expr.* hacer frío.

«Abríguese bien. ¡Hace un gris!» Pedro Casals, *Disparando cocaína.* ❚◼ «Qué día más malo. ¡Qué gris hace ahí fuera hoy!» ☑ DRAE: «fam. Frío, o viento frío. *¡Hace un gris!*»❙

2. grises *s. pl.* individuos de la Policía Armada franquista.

«Hay, y un par de grises vigilando el portal de la embajada.» Pilar Urbano, *Yo entré en el Cesid.* ❚ «...llegó a rector más por su habilidad para el diálogo y para contener algaradas estudiantiles o excesos de los grises que por su ambición...» ABC, 5.4.98. ❚ «En cuanto había un follón llamaba al gobernador civil y teníamos a los grises en la fábrica.» M. Vázquez Montalbán, *Los alegres muchachos de Atzavara.* ❚ «Los grises nos breaban la espalda con porras que escocían...» A las barricadas, 1-7 junio, 1998. ❚ «...hoy, a pagar la multa —me compelía el gris.» P. Perdomo Azopardo, *La vida golfa de don Quijote y Sancho.* ❚ «...el gris se tira al suelo dejando de disparar unos segundos.» Juan Marsé, *Si te dicen que caí.*

grito, a grito pelado *expr.* gritando, dando voces.

«...se ponen a cotorrear sobre sus dolencias [...] a menudo a grito pelado...» Manuel Hidalgo, *Azucena, que juega al tenis.* ❚ «...y se ponían a cantar a grito pelado.» Eduardo Mendoza, *La verdad sobre el caso Savolta.* ❚ «...acabé en mitad de la calle persiguiendo a Álvaro a grito pelado.» B. Pérez Aranda *et al., La ex siempre llama dos veces.*

2. pedir a gritos *expr.* necesitar, querer con mucha urgencia.

«...la joven camarera regresó moviendo con descaro la melena rubia que pedía a gritos una nueva mano de tinte...» Luis Camacho, *La cloaca.*

3. poner el grito en el cielo *expr.* enfadarse, indignarse.

«...primero me lo creo todo y luego pongo el grito en el cielo.» B. Pérez Aranda *et al., La ex siempre llama dos veces.* ❚ «...ponía el grito en el cielo por su niño...» A. Zamora Vicente, *Historias de viva voz.*

4. último grito *expr.* última moda.

«...pañuelo a juego y me tocaba con un sombrero último grito.» Pgarcía, *El método Flower*

gritona *s.* mujer vocinglera.

«...dicharachera, gritona y despreocupada...» J. J. Armas Marcelo, *Madrid, distrito federal,* 1994, RAE-CREA. ❚ «...cómo había sido capaz de casarme con una mujer tan gritona.» Sealtiel Alatriste, *Por vivir en quinto patio,* 1985, RAE-CREA. ❚◼ «Tu mujer es una gritona, no sé como la aguantas, macho.»

grogui, quedarse, dejar grogui *expr.* fuera de combate, dormido, cansado.

«Lo hemos dejado grogui.» Rambla, n.° 19. ❚ «Imagínate que no te dejo grogui y te soliviantas.» El Gran Wyoming, *Te quiero personalmente.* ❚ «...si la tía se ha quedado tan frita es porque seguro que se ha hecho un pajote. No hay nada para quedarse grogui [...] como hacerse una macoca.» C. Pérez Merinero, *Días de guardar.* ❚ «...el gordo, que a todo esto había estado grogui en el suelo...» José Ángel Mañas, «Recuerdo», Áccent, julio-agosto, 1999. ☑ del inglés *groggy,* de *Old Grog,* apodo del Almirante inglés Edward Vernon.❙

grone *s.* persona de raza negra.

«...sepultar definitivamente la arraigada costumbre grone de poblar los equipos juveniles con clones criollos de los televisivos afroamericanos.» Caretas, Perú, 4.12.97. ☑ es vesre, por *negro.*❙

*grueso *cf.* (afines) amorcillado, ballena, ballenato, barrigón, bola de sebo, metido en carnes, cebado, culo gordo, culón, fanegas, fati, foca, fondón, gorderas, gordinfla, gordinflón, gordo, grueso, hipopótamo, tonel.

grueso *adj.* gordo, obeso.
«...un hombre grueso de cuello largo...» Vicente Molina Foix, 1988, RAE-CREA. ▌ «...sujeto maduro, grueso, de ojos abolsados y bondadosos...» Gilberto Chávez, *El batallador,* 1986, RAE-CREA. ▌ «Era grueso, con un vientre prominente...» J. J. Benítez, *Caballo de Troya I,* 1984, RAE-CREA. ✓ DRAE: «adj. Corpulento y abultado».▌

guachi *adj.* bueno, bonito, estupendo.
«Los matices entre guay, guachi y superguachi son secretos...» A. Ussía, *Tratado de las buenas maneras, II,* 1996, RAE-CREA.

guagua *s.* autobús.
«...acuden allí en guagua, en carro público...» Rosario Ferré, *La batalla de las vírgenes,* 1993, RAE-CREA. ✓ DRAE: «Can., Cuba, P. Rico y Sto. Dom. Ómnibus que presta servicio en un itinerario fijo».▌

2. niño de pecho.
«La guagua lloraba mucho y yo la mecía...» VVAA, *Vida y palabra campesina,* 1986, RAE-CREA. ▌ «La guagua se había hecho caca...» José Donoso, *Donde van a morir los elefantes,* 1995, RAE-CREA. ✓ DRAE: «1. f. NO Argent., Bol., Col., Chile, Ecuad. y Perú. Rorro, niño de teta. En Ecuador es com.».▌

3. de guagua *expr.* gratis, sin esfuerzo o pago.
«...como si aquí me las dieran todas de guagua...» A. Zamora Vicente, *Mesa, sobremesa.* ▌◾ «A tus parientes no les gusta trabajar, les gusta vivir de guagua.» ✓ DRAE: «loc. adv. fam. de balde».▌

guai ▸ *guay.*

guaje *s.* chico, muchacho.
«...el andova es un guaje de mucho cuidado...» A. Zamora Vicente, *Mesa, sobremesa.*

guano, mandar al guano *expr.* frase de rechazo, eufemismo por mandar a la mierda.
«Si hace unos años, pocos, a esta irlandesa le predicen el futuro y le cuentan lo que le está ocurriendo, seguramente manda al

guano a la vidente por loca...» Pilar Maurell, El Mundo, 10.10.99.

guantazos, dar guantazos *expr.* golpear, pegar.
«Así que procura no darle un guantazo a tu jefe, por mucho que se lo merezca...» El Jueves, 8-14 abril, 1998. ▌ «Se pegaba dos guantazos cruzándose la cara y dejándose los dedos señalados.» Gomaespuma, *Familia no hay más que una.* ▌ «Es la sorpresa del primer guantazo...» Ángel Palomino, *Un jaguar y una rubia.* ▌ «Un par de patadas y unos guantazos.» Juan Madrid, *Crónicas del Madrid oscuro.* ✓ DRAE: «m. Golpe que se da con la mano abierta».▌

guante, echar el guante *expr.* detener, apresar.
«Un asesino anda suelto y no son ustedes capaces de echarle el guante.» Fernando Martínez Laínez, *Andante mortal.* ▌ «...la Benemérita se vio y se deseó para echarle el guante.» Ignacio Aldecoa, *El fulgor y la sangre.* ▌ «...en plena calle sin que la bofia le echara el guante.» Andreu Martín, *El señor Capone no está en casa.* ▌ «Con esa pista la policía actuó y a la semana echó el guante en Valencia a los culpables...» José Luis Martín Vigil, *Los niños bandidos.* ▌ «...cometió un verdadero rosario de errores, a consecuencia de los cuales le echaron el guante.» Victoriano Corral, *Delitos y condenas.*

*guapa cf. (afines) ▸ *mujer atractiva.*

guaperas *s.* elegante.
«Álvaro Montalván, guaperas ocasional y sin porvenir en la vida.» Terenci Moix, *Garras de astracán.* ▌ «Estoy harta de guaperas presuntuosos.» CL. ▌ «Sinio era un guaperas...» Juan Madrid, *Crónicas del Madrid oscuro.*

2. persona atractiva.
«...Es Ray, el guaperas. Y no sólo guapetón es el chaval, sino que, además...» Ragazza, n.° 101. ▌ «¿Así que es usted el guaperas?» Terenci Moix, *Garras de astracán.* ▌ «Pues empápate, guaperas, que eres un guaperas...» A. Zamora Vicente, *Historias de viva voz.* ▌ «Mortíferamente guapo, diría yo. Eres un guaperas, Lucas.» Juan Madrid,

Turno de noche. ▌«El guaperas del 5 B tiene que informar al Consejo.» Ladislao de Arriba, *Cómo sobrevivir en un chalé adosado.* ▌«Y Jorge Juste es ese guaperas que fue novio de la (Ana) Obregón.» Carmen Rigalt, El Mundo, 11.8.98. ▌«¿Te suena un director general recién nombrado, guaperas...» Jaime Romo, *Un cubo lleno de cangrejos.*

guapetón *adj.* muy guapo.

«Seguro que te mueres por decirle a nuestro chico lo guapetón, salao y enrollado que es.» Ragazza, julio, 1997. ✔ aumentativo de guapo.▌

guapo *adj.* bueno.

«Guapo. Bueno.» Joseba Elola, *Diccionario de jerga juvenil,* El País Semanal, 3.3.96. ▌«Sin embargo, como cliente dejaba guapos dividendos.» Ernesto Parra, *Soy un extraño para ti.* ▌«Móntate una fiesta guapa...» You, enero, 1998. ▌«Aquí la gente es guapa, oye, nada que ver con los madriles, que hay tanto hijo de puta...» José Luis Martín Vigil, *Los niños bandidos.*

2. bonito.

«¡Vaya chabolo guapo que tienes!» Telecinco, 10.2.98. ▌«En esta sección de complementos para el litroneo podemos incluir un radiocassette guapo de esos a pilas...» Mala impresión, revista de humor con caspa, n.° 1. ▌«Tiene una casa muy guapa.» CL. ▌«Joder, qué detalle más guapo...» C. Pérez Merinero, *La mano armada.*

3. palabra que expresa insulto, menosprecio.

«¡Qué ganas te tengo, guapo!» Juan Madrid, *Un beso de amigo.* ▌■ «¿Te has creído que el dinero lo regalan, guapa?»

4. valiente.

«...y que al primero que bajase, al más guapo que le pidiese cuentas, le pintaría un jabeque en las tripas...» José Gutiérrez-Solana, *Madrid, escenas y costumbres, Obra literaria, I.* ▌«Unas señas muy precisas [...] pero, ¿quién era el guapo?» Rafael García Serrano, *Diccionario para un macuto.* ▌«¿Quién es el guapo que alegra los ojos...» Fernando Repiso, *El incompetente.*

5. ponerse guapo ▶ *ponerse, ponerse guapo.*

guardado *s.* encarcelado.

«...un pequeño préstamo para llevar tabaco a su hijo que está guardado...» Raúl del Pozo, *Noche de tahúres.*

guardapolvos *s.* vulva, órgano genital de la mujer.

«Guardapolvos. Órgano genital de la mujer. Vagina. Ha cogido frío en el guardapolvos.» JM. ▌«Guardapolvos. Órgano genital femenino.» S. ✔ no se ha podido documentar fuera de diccionarios.▌

guardar *v.* encarcelar.

«Ya han guardado al menda que te sacó la navaja.» Raúl del Pozo, *La novia.*

2. guardarse muy mucho *expr.* cuidarse de, evitar.

«...cuando me vino la primera regla me guardé muy mucho de decírselo a nadie...» Lucía Etxebarría, *Amor, curiosidad, prozac y dudas.*

*guardia civil *cf.* (afines) aceituno, cigarros, cigüeño, civil, civilón, iguales, pareja, picoleto, piojo verde, sapo, vampiro, verde.

guardia civil *s.* mujer dominante.

«...sargento, guardia civil, civilón, civilona, para un autoritarismo excesivo en la mujer.» AI.

guardia de la porra *s.* agente de policía.

«Con el jaleo, claro, aparece un guardia de la porra...» C. Pérez Merinero, *Días de guardar.* ▌«...van a protestar e incluso llamar a los guardias de la porra...» Virtudes, *Rimel y castigo.*

guarida *s.* casa.

«...si el que cambia de guarida y permite...» J. Giménez-Arnau, *Cómo forrarse y flipar con la gente guapa.*

guarra *adj. y s.* insulto popular para referirse a lo que se considera una mujer indeseable.

«Guarras e impertinentes suelen ser sus principales apelativos...» R. Gómez de Parada, *La universidad me mata.* ▌«Y encima, la muy guarra, está delgada...» María Antonia Valls, *Para qué sirve un marido.* ▌«Pelleja, vieja perturbada, guarra, adefesio, miserable...!» Jesús Ferrero, *Lady Pepa.* ▌«...o abrimos del todo la verja o no revisa nada, la tía guarra.» Gomaespuma, *Grandes disgus-*

tos de la historia de España.▮ «Qué tía guarra.» Pío Baroja, *El árbol de la ciencia.*

2. *s.* mujer indeseable, disoluta, promiscua. «¡Usurera! ¡Guarra! Que te comes el pan de los pobres.» C. J. Cela, *La colmena.*▮ «Creo que al cerdo de mi novio le gusta lo que hace esa guarra.» El Jueves, n.° 1079.▮ «¡NO! ¡Guarra, más que guarra!» Terenci Moix, *Garras de astracán.*▮ «La piba es la típica guarra de esas de cuarenta años...» José Ángel Mañas, *Mensaka.*▮ «¡Qué guarra es! ¡La chupa bien!» C. Ducón, *El hotel de las orgías.*▮ «No he visto tía más guarra...» Amelia Díe y Jos Martín, *Antología popular obscena.*▮ «Las mujeres que se ponen a tomar el sol en las playas concurridas con los pechos al aire son unas guarras...» C. Rico-Godoy, *Cómo ser una mujer y no morir en el intento.*▮ «Lo que quieren es demostrar que las esposas virtuosas pueden ser tan guarras como las putas.» C. Ducón, *El hotel de las orgías.*▮ «Soy una guarra, soy una puta, soy una cerda, soy...» El Gran Wyoming, *Te quiero personalmente.*▮ «...lleno de tías guarras y viudas pedorras...» P. Perdomo Azopardo, *La vida golfa de don Quijote y Sancho.*

3. no tener ni guarra *expr.* no tener ni idea. «Yo no tengo ni guarra de solfeo...» José Ángel Mañas, *Historias del Kronen.*▮ «No tienez [sic] ni guarra, macho...» José Ángel Mañas, *Sonko95.*

guarrada *s.* obscenidad. «...donde los chicos del instituto escribían esas guarradas.» Sonia García Soubriet, *Bruna,* 1990, RAE-CREA.▮ «...a mí esas guarradas no me interesaban ni de joven...» M. Vázquez Montalbán, *La soledad del manager,* 1981, RAE-CREA.

2. repulsivo, sucio. «Si nadie te presta un imperdible, utiliza un chicle para pegarlo. Es una guarrada pero es mejor que...» Ragazza, n.° 93.▮ «No deben estar limpias, pero tampoco hechas una guarrada...» Juanma Iturriaga, *Con chandal y a lo loco.*

3. actividades sexuales extrañas. «Le está haciendo todas las guarradas que un tío puede hacerle a una tía en casos semejantes...» C. Rico-Godoy, *Cómo ser una mujer y no morir en el intento.*▮ «...haré todas

las guarradas que el viejo baboso decrépito Dorsay quiera.» Sergi Belbel, *Elsa Schneider,* 1991, RAE-CREA.▮ RAE: «fig. Acción sucia e indecente».▮

guarrear *v.* hacer guarrerías, ensuciar. «Así que para guarrear no hacía falta ir tan lejos.» Virtudes, *Rimel y castigo.*▮ DRAE: «Hacer guarrerías».▮

guarreras *s.* persona desaseada. «Originales del Anselmo, el guarreras.» A las barricadas, 18-24 mayo, 1998.▮ «Por favor, no invites a Carlos a cenar, que es un guarreras y me da mucho asco.»

2. rijoso, obsceno, libidinoso. «...que estos santurrones eran unos guarreras y unos raros...» Ramón Ayerra, *Los ratones colorados.*

guarrería *s.* acción o cosa pecaminosa, lujuriosa, obscena. «No será una de esas guarrerías eléctricas, que te las metes y se menean para hacerte cosquillas.» Álvaro de Laiglesia, *Hijos de Pu.*▮ «¿Qué clase de guarrerías estarían haciendo?» Ladislao de Arriba, *Cómo sobrevivir en un chalé adosado.*▮ «...la vi ese día en el parque, haciendo guarrerías con un tipo.» Fernando Martínez Laínez, *Andante mortal.*▮ «Me dio la impresión de que estaba haciendo guarrerías con la mano, ¿entiende, señor inspector?» Juan Madrid, *Crónicas del Madrid oscuro.*

guarri *s.* guarro. «...se negó a rodar hasta que un dentista le blanqueara la dentadura con láser. ¡Será guarri!» Ragazza, junio, 1998.

guarriguarri *s.* prostituta. «Guarriguarri. Prostituta o mujer libertina. Precintaron el bar la otra semana, por las guarriguarris.» JM.▮ «Tu hermano sale ahora con una guarriguarri.» CO, Marta García Barroso.▮ «Petra es una guarriguarri que se gana la vida haciendo la carrera.»▮ no se ha podido documentar en escritos.▮

guarrindongo *adj.* malo, asqueroso, sucio. «Gazpacho guarrindongo.» María Teresa Campos, *Cómo librarse de los hijos antes de que sea demasiado tarde.*▮ «...una especie de halo mate y guarrindongo...» Carmen Ri-

galt, El Mundo, 17.7.99. ▮ «No seas guarrindonga y lávate los dientes después de
comer.» CL. ▮ «¡Hey, guarrindonga! ¡Si te
pillo, te despedazo!» R. Gómez de Parada,
La universidad me mata.

guarro *s.* insulto.

«Marianín, guarro, se pide, ¿oyes?, se pide.»
Miguel Martín, *Iros todos a hacer puñetas.*

2. *adj. y s.* desaliñado, sucio.

«La guarrona que antes se ha sacado el parné del tetamen, salta y dice que de eso
nada, monada.» Eduardo Mendoza, *Sin noticias de Gurb.* ▮ «...llevan mugre en la plantilla de las bambas y de esos zapatos que
son como ortopédicos. ¡No se los quitan ni
para dormir, los muy guarros!» Terenci
Moix, *Garras de astracán.* ▮ «Y que hay mucho guarro que no se lava...» Lucía Etxebarría, *Amor, curiosidad, prozac y dudas.* ▮ «Habla del estado de su cocina. De sus
calzoncillos. Incluso de las uñas de sus
pies. ¿Quiere pasar por un guarro ante sus
vecinos...?» P. Antilogus, J. L. Festjens,
Anti-guía de los conductores. ▮ «...entre una
multitud entrapajada con prendas sumamente típicas y sumamente guarras también...» Álvaro de Laiglesia, *Hijos de Pu.* ▮
«Qué guarro, ¡tocarse las pelotas sin lavarse las manos...» Miguel Martín, *Iros todos a
hacer puñetas.* ✔ DRAE: «fig. y fam. Persona sucia y desaliñada».▮

3. persona indeseable.

«...ahí trabaja el guarro que tuve que echar
de mi casa...» Miguel Martín, *Iros todos a
hacer puñetas.* ▮ «Que se lo pregunten a los
guarros de Washington...» Jesús Ferrero,
Lady Pepa. ▮ «...eres un guarro y no te
aguanto...» Fernando G. Tola, *Cómo hacer
absolutamente infeliz a un hombre.* ▮ «...tacha-
da de guarra y descastada...» Ramón Ayerra, *Los ratones colorados.*

4. lascivo, lujurioso.

«Coplas guarras las de ambos bandos...»
Álvaro de Laiglesia, *Hijos de Pu.* ▮ «Esta noche me la como yo a esta. Será guarro.» M.
Vázquez Montalbán, *La rosa de Alejandría.* ▮
«...buscaba en la estantería la película más
guarra...» María Antonia Valls, *Para qué sirve un marido.* ▮ «...el hombre de negocios
que se arrepiente de ser un guarro y se sui-

cida.» Álvaro de Laiglesia, *Hijos de Pu.* ▮
«...tú podrías hacer cositas feas con tu hermano. —Hay que ver qué guarro eres.» C.
Pérez Merinero, *El ángel triste.*

guarrona *s.* mujer indeseable y promiscua.

«...ahora le contaba algo muy interesante a
la guarrona, que asentía con la cabeza.» C.
Rico-Godoy, *Cómo ser una mujer y no morir
en el intento.*

guasa, de (con) guasa *expr.* de broma,
de burla.

«...le diría en plan de guasa que se creía el
hombre más listo del universo...» Miguel
Sánchez-Ostiz, *Un infierno en el jardín,*
1995, RAE-CREA. ▮ «...determinar cuándo
un ministro está o no está en plan de guasa...» Eduardo Mendoza, *La ciudad de los
prodigios.* ▮ «...cuando se la quería alegrar y
dar ánimos, en tono de guasa amable...»
Javier Marías, *Corazón tan blanco,* 1992,
RAE-CREA. ▮ «Ella lo mira con una sorpresa teñida de guasa y él...» Ana Diosdado,
Trescientos veintiuno, trescientos veintidós, 1991,
RAE-CREA. ▮ «Penia imita a las gallinas
mirando a alces con guasa, ésta se pica.»
Isabel Hidalgo, *Todas hijas de su madre,* 1988,
RAE-CREA. ✔ el DRAE dice: «estar de guasa. 1. fr. fig. y fam. Hablar en broma».▮

guateque *s.* fiesta, reunión.

«Era un guateque a puerta cerrada que
ofrecían...» El Mundo, La luna del siglo XXI,
n.° 11, 18.12.98. ▮ «...porque tienen un
guateque en casa de la señorita Nuria...» F.
Vizcaíno Casas, *Hijos de papá.* ▮ «Me llevó
[...] un par de horas localizar el chalé donde solía hacer guateques con sus amigos...» Juan Madrid, *Un beso de amigo.* ▮
«Los padres han decidido volver antes de
lo previsto y aparecen en pleno guateque.»
Gomaespuma, *Familia no hay más que una.* ▮
«¡Vaya guateque que va a dar usted!» Ernesto Parra, *Soy un extraño para ti.* ✔ DRAE:
«Fiesta casera, generalmente de gente joven, en que se merienda y se baila».▮

guáter *s.* retrete.

«El senador don Casiodoro Jorquera Camarzana, que pasaba por allí, había entrado en el guáter del pub a cambiarle el agua

al canario.» C. J. Cela, ABC, 25.1.98. |✔ de la voz inglesa *water closet.* ▸ **váter.**|

guay *adj.* bueno, excelente, bonito.

«¿Quieres pasarlo chupi guay?» Eduardo Mendoza, *Sin noticias de Gurb.* ❚ «Porque se dio de narices con Alejandro y su equipo de gente guay.» Ragazza, n.° 101. ❚ «...prefiero pagar la multa y seguir fumando porque, chica, es tan guay.» A. Zamora Vicente, *Historias de viva voz.* ❚ «Pero, ¿a que era un tío guay?» Luis Camacho, *La cloaca.* ❚ «¡Música de la guay!» Carmen Resino, *Pop y patatas fritas,* 1991, RAE-CREA. ❚ «El cock-tail también resultó guay, ¿verdad. Mamá?» María Manuela Reina, *Reflejos con cenizas,* 1990, RAE-CREA. ❚ «Todo el mundo quiere ser guai...» Roger Wolf, El Mundo, 2.1.99. ❚ «Los matices entre guay, guachi y superguachi son secretos...» A. Ussía, *Tratado de las buenas maneras, II,* 1996, RAE-CREA.

2. guay del Paraguay *expr.* bueno, bonito, excelente.

«Guay... guay del Paraguay...» Rafael Mendizábal, *¡Viva el cuponazo!,* 1992, RAE-CREA.

guayabo *s.* mujer joven.

«...Santi Font iba con una ojazos. Vaya guayabo, pensó Salinas.» Pedro Casals, *La jeringuilla.* ❚ «...pero en cuanto sale un guayabo de diez mil el polvo para arriba...» M. Vázquez Montalbán, *El delantero centro fue asesinado al atardecer.* ❚ «Ese guayabo no puedo dejármelo perder...» Pedro Casals, *Disparando cocaína.* ❚ «No sabía que le gustaban los guayabos...» Juan Marsé, *Si te dicen que caí.* ❚ «Un día entró Legrand acompañado de un guayabo con más clase que un purasangre...» C. Pérez Merinero, *Días de guardar.* |✔ DRAE: «m. fam. Muchacha joven y agraciada».|

güeno *adj.* bueno.

«¡Olé por la gente güena!» José Gutiérrez-Solana, *Madrid, escenas y costumbres, Obra literaria, I.*

guerra, dar guerra *expr.* dar quehaceres, trabajos, molestias.

«...el Alcalde les promete en voz baja que no les dará nada de guerra...» Andrés Ber-

langa, *La gaznápira.* ❚ «Ay, Sebastián, cuánta guerra te estoy dando...» J. Jiménez Martín, *Ligar no es pecado.* ❚ «...¡cuidado que habré dado guerra yo!» José Luis Martín Vigil, *Los niños bandidos.* ❚ «Me dan mucha guerra —decía Maruja— y por las noches no hay quien les haga acostar.» Juan Marsé, *Últimas tardes con Teresa.* ❚ «...y como dé mucha guerra, punto y raya...» Ramón Ayerra, *Los ratones colorados.* |✔ DRAE: «fig. y fam. Causar molestia; no dejar tranquilo a uno. Se dice especialmente de los niños».|

2. de antes de la guerra *expr.* bueno, tradicional, genuino.

«...y mire que las paredes son gruesas, ¿eh?, que son de antes de la guerra.» Andreu Martín, *Amores que matan, ¿y qué?* ❚ «Es un hombre de los de antes de la guerra...» Victoriano Corral, *Delitos y condenas.*

3. pedir (querer) guerra *expr.* provocar sexualmente.

«¿Que qué le pasaba? Que iba pidiendo guerra, eso le pasaba.» C. Pérez Merinero, *Días de guardar.* ❚ «A lo mejor es que quiere guerra [...] Debería atreverme a tocarla [...] Y si se cabrea, que le den por el culo.» José María Amilibia, *Españoles todos.*

güevas *s. pl.* testículos.

«...empecé a quemarle las piernas, el culo, las güevas y el pito...» José Raúl Bedoya, *La universidad del crimen.*

güevo *s.* testículo.

«¿Porque tu padre tenga unos güevos así de grandes?» Miguel Martín, *Iros todos a hacer puñetas.* ❚ «O me engañé, cosa que no sabré, cosa que me importa un güevo.» Fernando G. Tola, *Mis tentaciones.* ❚ «...ser detective en la selva cuesta un güevo y la yema del otro.» Rafael Ramírez Heredia, *Al calor de campeche.* ❚ «para estar tan colgado / hace falta echarle güevos /» Extremoduro, CD, 1997: *Iros todos a tomar por culo, Bribriblibli.* ❚▪ «Me chupó los güevos y me la puso dura.» |✔ ▸ *huevo.*|

güevón *s.* bobo, necio.

«...y mucho menos un güevón como usted.» José Raúl Bedoya, *La universidad del crimen.* |✔ ▸ también *huevón.*|

güisqui *s.* whisky.

«Hay una partida de güisqui y puros frescos.» Juan Madrid, *Las apariencias no engañan.* ▌«Roberto me trae otro güisqui.» José Ángel Mañas, *Historias del Kronen.* ▌«...lo malo era que Pecho pasó el consumo de güisqui y no había plata pa'esperar mucho...» Gustavo Luis Carrera, *Cuentos,* 1980, RAE-CREA.

güito *s.* testículo.

«Acabo de prensa hasta los mismísimos güitos.» C. Pérez Merinero, *Días de guardar.*

guil *s.* dinero.

«Guil. No tener un guil es no tener dinero.» Joseba Elola, *Diccionario de jerga juvenil,* El País Semanal, 3.3.96. ▌«...me quedo sin un guil hasta fin de mes.» Ellas son así, Telecinco, 7.4.99. ▌■ «Mucho guil vas a necesitar para arreglar esta casa bien.»

guillado *s.* loco, demente.

«...¿te presentarías en la sierra para abordar un par de cuestiones con ese guillado?» Ernesto Parra, *Soy un extraño para ti.*

guilladura *s.* locura, demencia.

«Así les llamas tú, inventos, como diciendo chaladuras, guilladuras, tonterías.» Manuel Hidalgo, *Azucena, que juega al tenis.* ✓ DRAE: «f. fam. Acción y efecto de guillarse o chiflarse».▌

guillársela *v.* marcharse, irse.

«Guillársela. Irse.» VL. ▌«Guillarse: escapar, morir.» JMO. ▌«Guillarse. Desaparecer, marcharse.» LB. ▌«Guillarse: abandonar, marcharse, escaparse, huir, irse, fugarse.» JV. ▌«Dos de los rehenes se guillaron durante la noche.» CL. ▌■ «Nosotros nos la guillamos de aquí, por lo que pueda pasar.» ✓ DRAE: «fr. verbal fam. pirárselas». No se ha podido documentar fuera de diccionarios.▌

guinda *s.* dinero.

«La guinda: el dinero.» JV. ▌«Guinda: el dinero.» JMO. ▌■ «Me han sacao toda la guinda que tenía para comprar la cena de hoy.» ✓ no se ha podido documentar fuera de diccionarios.▌

guindar *v.* robar, hurtar, timar, engañar.

«El cerillero era carterista, aun después de retirarse guindaba de broma [...] y devolvía

las sañas.» Raúl del Pozo, *Noche de tahúres.* ▌«...hacen ver que son poseedores de una determinada cualificación para tangar o guindar a sus víctimas.» Manuel Giménez, *Antología del timo.* ▌«No sería el primero, a mí un comisario me guindó un Ronson chapado en oro...» Jaime Romo, *Un cubo lleno de cangrejos.* ▌«Por lo visto los chorizos que lo guindaron, lo emplearon en el atraco a una sucursal bancaria...» Ernesto Parra, *Soy un extraño para ti.* ▌■ «A Matías le han guindao la bicicleta en el Retiro.» ✓ el DRAE da esta definición: «fam. Lograr una cosa en concurrencia con otros. *Gaspar guindó el empleo*».▌

guindilla *s.* agente de policía.

«...sonríe Tadeo, el cabo de los guindillas...» Miguel Martín, *Iros todos a hacer puñetas.* ▌«Me ha dicho el pavo que le ha dado el dinero al *guindilla*, pero dice que él no tiene nada.» El Gran Wyoming, *Te quiero personalmente.* ▌«En la zarzuela, dos guindillas bailaban con dos chulapas.» CL. ▌«Ellos lo tomaron a pitorreo, y lo calificaron de guindilla honorario, muermo de tío, no seas paliza, cosas así.» Ángel Palomino, *Insultos, cortes e impertinencias.* ✓ J. B. Guim, *Nuevo diccionario de la lengua castellana,* 1863, «mote dado en Madrid a los agentes de la P., es decir, á los llamados de protección y seguridad pública, instituidos en 1843, por alusión al pompon colorado, parecido a un pimiento encarnado, que llevaban en el tricornio...» ▶ también J. M.ª Iribarren, *El porqué de los dichos.* Aparece en Ac. por primera vez en 1914: *despect. y fam. Guardia municipal.*▌

guindón *s.* ladrón.

«Guindón: Ladrón.» Ángel Palomino, *Insultos, cortes e impertinencias.* ▌«Guindón: ladrón.» JMO. ▌«Guindón. Ladrón.» VL. ▌«Guindón: Ladrón.» JV. ▌«Guindón. Guinda, guindaleras, choro.» Ra. ▌«Guindón. Ladrón.» S. ▌«Las calles y los comercios están llenos de guindones ahora.» DCB.

guiñapo, hecho un guiñapo *expr.* en mal estado, cansado.

«Una aventura tal vez vulgar [...] pero que, vulgar y todo, me había dejado lo que se llama hecha un guiñapo.» Ángel A. Jordán, *Marbella story.*

guiño, hacer un guiño *expr.* hacer una señal.

«...quiso aclararme con un guiño picaresco...» Vicente Molina Foix, *La quincena soviética,* 1988, RAE-CREA. ▮ «...ya me ha hecho un guiño sorprendente...» J. M.ª Gironella, *Los hombres lloran solos,* 1986, RAE-CREA. ▮▰ «Cuando te haga un guiño, sacas el café y las pastas.» ▯ estándar familiar.▮

guipar *v.* mirar, ver.

«...estoy seguro de que se le quitan las frivolidades en cuanto se guipe...» A. Zamora Vicente, *Mesa, sobremesa.* ▮ «Los guipé y desaparecí.» Raúl del Pozo, *Noche de tahúres.* ▮ «Es como si el bachiller Fernando de Rojas hubiese guipado el porvenir...» Rafael García Serrano, *Diccionario para un macuto.* ▮ «Me basta y me sobra con guipar a una...» Andrés Berlanga, *La gaznápira.* ▮ «Ya es vieja y no guipa nada...» Juan Marsé, *Si te dicen que caí.* ▮ «Ese pibe está chanchi piruli y m'endiquela en cuanto le guipo.» Santiago Moncada, *Siempre en otoño,* 1993, RAE-CREA. ▮ «...por el solo placer de guipar porción tan suculenta.» Pau Faner, *Flor de sal.* ▯ DRAE: «tr. vulg. Ver, percibir, descubrir».▮

guiri *adj. y s.* extranjero.

«Los viajeros que aterricen en Barajas —da igual que sean guiris o no—» Chano Montelongo, El Mundo, 15.8.99. ▮ «¿Estoy como qué?, pregunta ella con acento guiri muy marcado.» José Ángel Mañas, *Historias del Kronen.* ▮ «Los guiris más modernos y petardos flipan con la isla de Ibiza.» You, n.° 3. ▮ «Esa guiri está volviendo locos a los jefes.» Raúl del Pozo, *Noche de tahúres.* ▮ «...rimbombante carta suscrita por alguna empresa con nombre sonoro y generalmente guiri...» Manuel Giménez, *Antología del timo.* ▮ «...porque prefiere otras plazas con más gente que pueda dar dinero, como la plaza de Santa Ana, llena de guiris...» Juan Madrid, *Crónicas del Madrid oscuro.* ▮ «Los guiris desconocen que en días de nieve, hielo y granizo no se lidia.» J. Giménez-Arnau, *Cómo forrarse y flipar con la gente guapa.* ▮ «...porque todo estaba hasta los topes de guiris.» B. Pérez Aranda *et al., La ex*

siempre llama dos veces. ▯ para Luis Besses y Jaime Martín, es *guardia civil.* J. M.ª Iribarren aporta más información sobre esta acepción en su *El porqué de los dichos.*▮

guirilandia *s.* el extranjero, otros países.

«...de marchita por guirilandia.» Ragazza, junio, 1998.

guita *s.* dinero.

«Es temprano, León, sube a tu cuarto y trae guita.» B. Pérez Galdós, *La familia de León Roch.* ▮ «...me he puesto a vigilarla y le suelta guita al chorvo.» Juan Madrid, *Un beso de amigo.* ▮ «¿Qué oigo? ¿Me estás pidiendo guita?» Terenci Moix, *Garras de astracán.* ▮ «Yo no tengo guita, no soy banquero.» Juan Madrid, *Turno de noche.* ▮ «Podemos sacar más guita y mucho más rápidamente...» Rambla, n.° 18. ▮ «...ahora vamos a hablar de guita.» José Raúl Bedoya, *La universidad del crimen.* ▮ «Aflojar. Pagar, entregar dinero... A veces el compl. es *la mosca, la pepa, la guita...*» DH. ▮ «*Money, money, money,* bienvenida sea la guita...» J. Giménez-Arnau, *Cómo forrarse y flipar con la gente guapa.* ▮ «Ando muy mal de guita, pero te pagaré todo.» M. Sánchez Soler, *Festín de tiburones.* ▮ «¿De cuánta guita disponemos?» Andreu Martín, *Prótesis.* ▯ DRAE: «f. fam. Dinero contante».▮

gumia *s.* prostituta.

«Me pega que Muza reclutaba gumias para los jeques, porque muchas veces lo he visto en la cafetería discutiendo con muchachas extranjeras...» Raúl del Pozo, *Noche de tahúres.*

guri *s.* agente de policía.

«El otro día me lo comentaba un guri muy simpático, muy echao palante...» M. Vázquez Montalbán, *El delantero centro fue asesinado al atardecer.* ▮ «Guri: policía.» JMO. ▮ «Guri. Policía Municipal.» JGR. ▮ «Guri. Policía municipal. Guardia uniformado.» VL. ▮ «Guri. Guardia jurado. Policía municipal.» Ra. ▯ agente del Cuerpo Nacional de Policía.▮

guripa *s.* policía.

«...piesplanos, pasmarote, madero, gris, guripa (policía).» AI. ▮ «...y un comandante como una torre ordena a un guripa...» Cristóbal Zaragoza, *Y Dios en la última playa.* ❚.▪ «Los guripas son mala gente que no nos deja robar cuanto queremos.»

2. individuo, persona.

«Oye, guripa, [...] ¿Es ésa una forma correcta de saludar?» Álvaro de Laiglesia, *Hijos de Pu.* ❚ «Bueno, ya vale, guripa...» Rambla, n.° 19. ❚ «No seas guripa...» Juan Marsé, *La oscura historia de la prima Montse.* ❚ «Cállate ya, guripa,...» Juan Marsé, *Si te dicen que caí.*

gusa *s.* hambre.

«...noté una cierta gusa...» Ernesto Parra, *Soy un extraño para ti.* ❚ «Gusa: hambre, necesidad, mengua.» JV. ❚ «Gusa. Hambre.» VL. ❚ «Gusa: hambre.» JMO. ❚ «Chico, tengo una gusa que no me veo.» JM. ❚ «Les ha entrado un poco de gusa.» Terelu Campos, Con T de tarde, Telemadrid, 21.12.98. ❚ «...unos bocadillos de jamón para matar la gusa.» P. Perdomo Azopardo, *La vida golfa de don Quijote y Sancho.* ❚ «...la cosa de la gusa...» Ramón Ayerra, *Los ratones colorados.*

gusanera *s.* cementerio.

«Porque no se pueden dar órdenes desde la gusanera.» Marcial Suárez, *Dios está lejos,* 1987, RAE-CREA. ❚ «...todos con un futuro hacia la gusanera.» Juan Carlos Onetti, *Dejemos hablar al viento,* 1979, RAE-CREA. ❚ «Gusanera: tumba, cementerio.» JMO. ❚ «La gusanera: la tumba, cementerio sacramental.» JV. ❚ «Gusanera: el cementerio.» Ra. ❚ «Gusanero. Cementerio.» S.

gusanillo *s.* interés.

«...pero conoció a un amigo de su hermano y le entró el gusanillo de la interpretación.» You, marzo, 1998.

2. trago para matar el gusanillo *expr.* bebida alcohólica que se toma en ayunas, a veces a primera hora del día.

«Para matar el gusanillo, ¿eh? Me dijo cordial el camarero.» Jorge Martínez Reverte, *Demasiado para Gálvez,* 1979, RAE-CREA. ❚ «Brindando a su salud, pimplaron la se-

gunda. Eran las seis de la tarde, pero tan sólo empezaban a matar el gusanillo.» Fernando Arrabal, *La torre herida por el rayo,* 1983, RAE-CREA. ❚✔ CREA: «fr. fig. y fam. Beber aguardiente en ayunas».❚

gusanito *s.* pene.

«...en uno de aquellos momentos de falsa e inútil pasión, mi cuñada [...] me dijo algo que se refería a mi gusanito.» Chumy Chúmez, *Por fin un hombre honrado.*

*gustar *cf.* (afines) caerse la baba, caer bien, camelar, chiflar, pedir el cuerpo, empalmado, enrollar, flipar, gustar a rabiar, irle a uno, latir, molar, molar un pegote, petar, poner las pilas, pirrarse, privar, hacer tilín, beber los vientos por.

gustar, gustar a rabiar *expr.* gustar mucho.

«Entusiasmarse: gustar a rabiar.» DTE. ❚ «A María le gustaban a rabiar las novelas radiofónicas.» L. Palou, *Carne apaleada,* 1975, RAE-CREA. ❚✔ ▶ rabiar, a rabiar.❚

2. gustar más que comer con los dedos (dátiles) *expr.* gustar mucho.

«...numerosos testimonios de amigas [...] a las que les gusta el pendoneo más que comer con los dátiles.» Virtudes, *Rimel y castigo.* ❚ «...le gusta joder más que comer con los dedos.» C. Pérez Merinero, *La mano armada.*

3. no gustar (agradar) (ni) un pelo *expr.* no gustar en absoluto.

«...sabes que estas bromas no me agradan un pelo.» C. Pérez Merinero, *El ángel triste.* ❚✔ ▶ pelo, no gustar un pelo.❚

gustirrinín *s.* mucho placer.

«...una ricura meneándose la austríaca, y se la veía con ganas de gozar [...] hasta que se fue de naja a grandes voces [...] y terminada su corrida, cuando a él empezaba a animársele el piringulo y veía ya cerca el gustirrinín...» Ramón Ayerra, *Los ratones colorados.*

Hh

haba *s.* pene.

«Es metáfora formal (el pene semeja, relativamente, una haba...)» DE. ▌ «Podría levantarse en su honor un monolito granítico con una farola en la punta del haba.» DE.

habido y por haber *expr.* mucho, muchos.

«Ha acabado ya con la enumeración de todos los libros habidos y por haber y cede la palabra al gobernador...» C. Pérez Merinero, *Días de guardar.*

***hablador** cf. (afines) bocazas, charlas, chicharra, cotorra, derrota, ser un *disco rayado, enrollarse como las persianas, largón, loro, hablar como un *loro, mojarreras, rollero, parlanchín, sacamuelas.

***hablar** cf. (afines) abrir la boca, irse de la *boca, írsele a uno la fuerza por la boca, de boquilla, cantarlas claras, dar *carrete, poner las *cartas boca arriba, cascar, chacharear, chamullar, charlao, charlotear, charrar, chicharra, dar boca, darle a la muy, despellejar, enrollarse, cuatro *frescas, hablar largo y tendido, hablar en plata, hablar más de la cuenta, hablar más que un loro, hablar pestes, hablar por los cuatro costados, pegar la *hebra, largar, darle a la *lengua, no tener pelos en la *lengua, liarse, medir las palabras, irse de la *muy, pegarle al *nakel, no decir una *palabra más alta que la otra, palique, al pan pan y al vino vino, parlotear, echar *pestes, piar, abrir el *pico, darle al pico, no soltar *prenda, puchelar, punto en boca, callarse como *putas, rajar, gastar *saliva, cortar trajes.

hablar, dar (mucho) que hablar *expr.* dar ocasión para que otros murmuren o critiquen.

«Eres una vergüenza para nosotros —vociferó él—, un escándalo para tu madre y para mí, que nunca hemos dado que hablar en este barrio.» Care Santos, *El tango del perdedor.*

2. dar mucho que hablar *expr.* tener éxito, hacerse famoso.

«...porque este cantautor va a dar mucho que hablar...» You, enero, 1998.

3. haber mucho que hablar *expr.* no estar una situación clara.

«En caso de que fueran matrimonio realmente, que de eso también habría mucho que hablar.» Andreu Martín, *Amores que matan, ¿y qué?*

4. hablar (conversar) largo y tendido *expr.* hablar mucho.

«Lo invito esta noche a que nos tomemos unas copas para que conversemos más largo y tendido...» José Raúl Bedoya, *La universidad del crimen.*

5. hablar en plata *expr.* hablar claro, sin rodeos.

«Eso fue claramente una invitación al magreo.» JM. ▌ «Aquí, hablando en plata, magreo. Lo ideal, decía ella, hubiera sido empezar con los afrodisíacos.» Vicente Molina Foix, *La quincena soviética,* 1988, RAE-CREA. ▌ «Hablando en plata... que no son de la misma hornada...» Pedro Casals, *La jeringuilla.* |✔ DRAE: «loc. adv. fig. y fam. Brevemente, sin rodeos ni circunloquios».|

6. hablar más de la cuenta *expr.* hablar más de lo necesario, revelar un secreto.

«Ya puedes hablar más de la cuenta.» El Mundo, 19.2.99.

7. hablar más que un loro (papagayo) *expr.* hablar mucho.

«Víctor habla como un papagayo.» DF.

8. hablar pestes de *expr.* hablar mal, murmurar.

«...le habían hablado pestes de los catalanes...» Eduardo Mendoza, *La ciudad de los prodigios.*

9. hablar por los cuatro costados *expr.* hablar mucho.

«Hablaba por los cuatro costados.» M. Sánchez Soler, *Festín de tiburones.* |✔ ▸ *cuatro, cuatro costados.*|

*hablar mal de alguien cf. (afines) ▸ *criticar.*

hablar (charlar) por los codos ▸ *codo, hablar (charlar) por los codos.*

hacer, hacer aguas ▸ *agua, hacer agua.*

2. hacer como si... *expr.* fingir.

«Déjeme el espejito y haga como si se estuviera retocando el maquillaje.» Ignacio García May, *Operación ópera,* 1991, RAE-CREA. ▌«Contesta el teléfono y haz como si fueses la secretaria, por favor.» DCB.

3. hacer el amor ▸ *amor, hacer el amor.*

4. hacer el avión ▸ *avión, hacer el avión.*

5. hacer el fantasma (el fantasmón) ▸ *fantasma.*

6. hacer el indio (mico, oso) *expr.* hacer el payaso, el ridículo.

«...me han tomado por gilipollas, que se han reído de mí, que he hecho el indio.» Manuel Hidalgo, *Azucena, que juega al tenis.* ▌«Nada de hacer el indio con el paraguas.» Manuel Hidalgo, *El pecador impecable.* ▌«...lo último que yo deseaba era ponerme bueno de repente e irme por ahí a hacer el indio.» Eduardo Mendicutti, El Mundo, 2.1.99. ▌«...cansada de hacer el papelón, el indio, el canelo...» Ramón Ayerra, *Los rato-*

nes colorados. ▌«Hacer el indio, mico, oso.» DTE. ▌«Hacer el indio es expresión que hemos de borrar de nuestros labios.» Fernando Lázaro Carreter, *El dardo en la palabra.* ▌ ▪ «A Juan le gusta mucho hacer el indio cuando tenemos visitas.»

7. hacer el memo ▸ *memo.*

8. hacer eses ▸ *eses, hacer eses.*

9. hacer fosfatina ▸ *fosfatina, hacer fosfatina.*

10. hacer la calle *expr.* prostituirse.

«Conduje en silencio porque me preguntaba el motivo de que Celia estuviera haciendo la calle si se trataba de Celia.» Javier Marías, *Mañana en la batalla piensa en mí.* ▌«Pues verá... Yo estaba haciendo la calle en mi esquinita de todos los días...» Rambla, n.° 3. ▌▪ «La mujer de Pascual hace la calle ahora desde que su marido perdió el empleo.»

11. hacer la cama *expr.* engañar, embaucar, timar.

«...se desencajó el día de la Asamblea cuando comprendió que le habían hecho la cama...» El Mundo, 30.10.95. ▌▪ «Esos dos nos han hecho la cama. ¿Cuánto nos han sacado?»

12. hacer la carrera *expr.* prostituirse.

«Todos los días llegan por Príncipe Pío y por Atocha doscientas niñas como tú, dispuestas a hacer la carrera como sea.» Francisco Umbral, *El Giocondo.* ▌«...me supongo que a estas alturas estará por Murcia haciendo la carrera...» José Ruiz-Castillo Ucelay, *Relatos inciertos.* ▌«...no se drogan, ni se embriagan hasta el escándalo, ni hacen la carrera al pie de un farol...» Ángel Palomino, *Madrid, costa Fleming.* ▌«Hacen la carrera. El chalaneo con viejos campesinos...» P. Perdomo Azopardo, *La vida golfa de don Quijote y Sancho.* ▌«...su madre hacía la carrera en El Perchel de Málaga...» Ramón Ayerra, *Los ratones colorados.* ▌▪ «Para comprarme las cosas que me gustan voy a tener que hacer la carrera.» |✔ Luis Basses: «Hacer la carrera: recorrer las calles una prostituta.»|

13. hacer la pelota ▸ *pelota, hacer la pelota.*

14. hacer la puñeta ▶ *puñeta, hacer la puñeta.*

15. hacer las necesidades de uno ▶ *necesidades, hacer alguien sus necesidades.*

16. hacer seda *expr.* dormir.

«Hacer seda: dormir» JMO. ❙ «Seda. Hacer seda. Dormir.» VL. ❙ «Su mayor felicidad es hacer seda.» JM. ❙ «Hacer seda: dormir.» Ra. ❙ «Mi mujer se pasa la mañana haciendo seda y la casa patas arriba.» DCB. ❙ «Hacer seda: dormir.» JV. ❙✔ no se ha podido documentar fuera de diccionarios.❙

17. hacer un favor ▶ *favor, hacer un favor.*

18. hacer una gracia *expr.* gastar una broma, hacer un chiste, cuchufleta.

«Un grupo de adolescentes, chicas y chicos emparejados compiten en hacer gracias...» Miguel Martín, *Iros todos a hacer puñetas.* ❙ «...un día, por hacer una gracia y demostrarnos...» Pedro Zarraluki, *La historia del silencio,* 1994, RAE-CREA. ❙ «...lo dijo por decir algo chocante, por hacer una gracia...» Álvaro Pombo, *El metro de platino iridiado,* 1990, RAE-CREA.

19. hacerlo *v.* copular, tener relaciones sexuales.

«Ellos lo hacen un par de veces al mes, o sea que...» JM. ❙ «...metí el coche en un parking y me la hice.» Fernando G. Tola, *Cómo hacer absolutamente infeliz a un hombre.* ❙ «Pues claro, rica, tú en historia —prosiguió cariñosamente Basilisco— copiaste o te lo hacías con la monja.» Jaime Romo, *Un cubo lleno de cangrejos.* ❙ ▪ «La noche del miércoles, Clotilde y yo estuvimos magreándonos un buen rato en el sofá y luego lo hicimos en la cama de mis padres.»

20. hacérsela a alguien *expr.* engañar, embaucar, timar.

«Otra vez, otra vez me la ha hecho.» Luis Salazar, *La otra selva,* 1991, RAE-CREA. ❙▪ «Oye José María, por una vez, vale, pero no me la intentes hacer otra vez, ya está bien.»

21. hacérselo *v.* copular, masturbar(se).

«...yo no soy una viudita flamenca con picores en el chocho [...] ni tengo, por tanto, tentaciones de hacérmelo con un garrafón.» Manuel Hidalgo, *El pecador impecable.*

22. hacérselo encima *expr.* defecar en la ropa interior.

«...tenía que hacer esfuerzos sobrehumanos para no hacérselo todo encima.» Gomaespuma, *Grandes disgustos de la historia de España.* ❙ «Pues es don Senén, el pobre ya casi no habla y se lo hace todo encima. Le tengo que limpiar yo.» Juan Madrid, *Crónicas del Madrid oscuro.*

23. no valer ni lo que costó de hacer *expr.* no valer nada.

«Ese hijo tuyo no vale ni lo que costó de hacer.» DCB.

hacha *s.* experto.

«...pero en lo que es un hacha y no tenía rival era en encontrarle los parecidos a la gente...» Eduardo Mendicutti, *Fuego de marzo,* 1995, RAE-CREA. ❙▪ «Para solucionar este problema llama a Pedro, es un hacha el tío.» ❙✔ DRAE: «fr. fig. y fam. Ser muy diestro o sobresalir en cualquier actividad».❙

*hachís *cf.* (afines) canuto, china, chocolate, costo, fumo, mandanga, mierda, petardo, tate. ❙✔ ▶ *droga.*❙

haiga *s.* coche grande y espectacular.

«Nos vamos a Barcelona en tu haiga y Ana se queda con el Volkswagen, ¿de acuerdo?» Pedro Casals, *La jeringuilla.* ❙ «El Haiga grande y perfumado como un cuarto de baño era un Buick negro.» Juan Marsé, *Si te dicen que caí.*

hala *adv.* sí, de acuerdo, vale.

«...yo redacto y usted lo firma. ¡Hala! a dar guerra a otro lugar...» Gabriel García Badell, *Funeral por Francia,* 1975, RAE-CREA. ❙ «¡Pues, hala! ¿Se encuentra bien?» Gabriel García Badell, *Funeral por Francia,* 1975, RAE-CREA. ❙ «¡Hala! Me voy a la verbena.» Luis Landero, *Juegos de la edad tardía,* 1989, RAE-CREA. ❙ «¡Pues hala! ¡A correr!» Ragazza, agosto, 1997. ❙ «Pues, hala, a tirarse al monte...» J. Giménez-Arnau, *Cómo forrarse y flipar con la gente guapa.*

*halagar *cf.* (afines) bailar el *agua, dar *betún, cepillar, cobear, dar *coba, dar *jabón, hacer la pelota, jalear, lamer *culos, regalar los oídos, hacer la *rosca, tirar la levita.

hambre, hambre canina *expr.* mucha hambre.

> «Tengo un hambre canina.» Jaime Romo, *Un cubo lleno de cangrejos.* ❚ «Lo malo —o lo bueno, según se mire— que tiene el tirar de pata es que te entra un hambre canina.» C. Pérez Merinero, *Días de guardar.*

2. pasar (tener) más hambre que Carpanta *expr.* pasar, tener mucho hambre.

> «Por la misma época que Aldecoa, a Sánchez-Silva, que había pasado más hambre que Carpanta...» J. M.ª Ortiz, ABC, 23.5.99. ❘✓ Carpanta era un personaje del TBO.❘

3. ser más listo que el hambre ▶ *listo, más listo que el hambre.*

*haragán cf. (afines) escaqueón, gandulitis aguda, huevudo, maltrabaja, mandria, manta, más vago que la chaqueta de un guardia, pasota, perro, piernas, rácano, rata, remolón, rompesillas, vagoneta, vagueras, zanguanguo.

*haraganear cf. (afines) estar con los brazos cruzados, no dar chapa, escaquearse, gandulear, gandulitis aguda, no dar golpe, hacer el perro, hacer el indio, hacer el quico, matar la araña, no dar palo al agua, racanear, rascarse la barriga, tocarse los huevos.

*harto cf. (afines) atufado, hasta aquí hemos llegado, hasta el bigote, las bolas, la punta del carajo, los cataplines, el coco, los cojones, la coronilla, el culo, el gorro, los huevos, los ladrillos, el moño, las narices, los ovarios, los pelos, las pelotas, la polla, las tetas, quemado. ❘✓ ▶ *cansado.*❘

harto *adj.* cansado, hastiado.

> «Los fotógrafos están hartos de oír esa frase.» Ignacio Carrión, *Cruzar el Danubio,* 1995, RAE-CREA. ❚ «...siempre dicen que están hartos de tanto exiliado...» Rafael Ramírez Heredia, *El Rayo Macoy y otros cuentos,* 1984, RAE-CREA. ❘✓ p.p. del verbo hartar. DRAE: «fig. Fastidiar, cansar. Ú. t. c. prnl.».❘

hasta aquí hemos llegado *expr.* se ha terminado, hemos acabado.

> «...me dio fuerza para decir: Hasta aquí hemos llegado.» Natalia Lago, El Mundo, 19.4.99.

heavy *adj.* duro, fuerte, exagerado.

> «Es que lo de los maricones es un poco heavy. Lo del intercambio de parejas ya es otra cosa.» El Víbora, n.° 143. ❚ «¡hostia, qué heavy ha quedado!» El Mundo, La Luna, 25.6.99. ❘✓ inglés por *pesado.*❘

hebra, pegar la hebra *expr.* hablar, charlar.

> «...en este Madrid es muy difícil encontrar un rincón calladito y cómodo para hablar, y pegaremos la hebra...» A. Zamora Vicente, *Mesa, sobremesa.* ❚ «Sólo dos o tres muchachas pegaban la hebra con presuntos clientes...» M. Vázquez Montalbán, *La rosa de Alejandría.* ❚ «...no es muy dado al alterne con el mujerío del local, pega la hebra con Paquita y termina sentándose con ella...» Mariano Tudela, *Últimas noches del corazón.* ❚ «No sabía con quién pegar la hebra para disimular.» María Antonia Valls, *Para qué sirve un marido.* ❚ «Coge confianza y pega la hebra conmigo.» C. Pérez Merinero, *Días de guardar.* ❚ «A ver si viene alguien a la barra para pegar la hebra...» Ladislao de Arriba, *Cómo sobrevivir en un chalé adosado.* ❚ «Y en el caso de que así fuese, se pegaba la hebra un ratito.» Rafael García Serrano, *Diccionario para un macuto.*

hecho, estar hecho *expr.* fácil de hacer, rápido.

> «De acuerdo —dijo Lorenzo— eso está hecho.» J. Semprún, *Autobiografía de Federico Sánchez,* 1977, RAE-CREA. ❚ «Si el bicho asoma, eso está hecho.» Juan Pedro Aparicio, *Retratos de ambigú,* 1989, RAE-CREA. ❚✎ «Yo me encargo de redactar el informe. Eso está hecho, ya verás.»

2. hecho un flan ▶ *flan, como (hecho) un flan.*

3. hecho una mierda ▶ *mierda, hecho una mierda.*

4. ser cosa hecha *expr.* fácil de hacer.

> «Déjame que pinte la habitación yo que es cosa hecha, ya verás.» DCB.

*heder cf. (afines) ▶ *apestar.*

hendidura *s.* vulva, órgano genital de la mujer.

«...mientras continúa derramando lefa en la hendidura golosa de la mujer.» José Luis Muñoz, *Pubis de vello rojo.*

hermanas *s. pl.* grilletes, esposas.

«La hermanas: esposas (grilletes).» JV. ▌ «Hermanas: las esposas.» JMO. ▌ «Hermanas. Grilletes, esposas.» Ra. ▌ «Hermana. Esposas.» S. |✔ no se ha podido documentar fuera de diccionarios.|

hermano pequeño *s.* pene.

«¿Qué es un juguete? Todo aquello que nos sirve para jugar. Sí, pero el hermanito pequeño, el gatito y el perrito nos sirven para jugar y no son juguetes.» Francisco Candel, *Los hombres de la mala uva.* ▌ «¡Joder con la polla! [...] Se ha olido el festín... A los hermanos pequeños hay que consentírselo todo...» C. Pérez Merinero, *Días de guardar.* ▌ «...y eso sólo viene de las satisfacciones que trae el hermanito pequeño, the little brother, que dicen los ingleses...» Ramón Ayerra, *Los ratones colorados.*

herramienta *s.* pene.

«Es metáfora formal y funcional (el pene semeja una herramienta y como tal se comporta).» DE. ▌ «Te ruego que transmitas [...] mi propuesta de que le sea tributado un homenaje de ámbito nacional al dueño de la herramienta, honra y prez de la patria...» DE. ▌ «...dirige su boca a mi herramienta, que se va animando con el toqueteo...» C. Pérez Merinero, *Días de guardar.* ▌ «Con buena picha bien se jode, refrán que alude a la facilidad que proporciona la buena herramienta.» DE.

hetero *adj.* heterosexual.

«En la pista bailaban jovencitas más despreocupadas, que podían haber estado en una discoteca hetero sin llamar en absoluto la atención...» Lucía Etxebarría, *Beatriz y los cuerpos celestes.* ▌ «Si una historia es divertida y funciona, te puedes reír tanto si eres homo como hetero.» El Mundo, La Luna, 25.6.99.

hideputa *s.* hijo de puta.

«...la tal Marina hideputa...» Carlos Fuentes, *El naranjo,* 1993. ▌ «...del inspector que era eso, un hideputa y un emboscado y un inútil...» Miguel Sánchez-Ostiz, *Un infierno en el jardín,* 1995, RAE-CREA. ▌ «Contracción de hijo de puta.» DE. |✔ ▶ *hijo, hijo de puta.*|

hielo, romper el hielo *expr.* vencer timidez; entablar conversación con alguien.

«La Luisa que siempre tiene que romper el hielo, hizo un diagnóstico...» Elvira Lindo, *Manolito gafotas.*

hierba *s.* cannabis.

«...anoche todo fue un poco confuso [...] Tal vez esa *hierba* era muy fuerte...» Raúl Sánchez, *Adriana.* ▌ «...lo que yo buscaba era conseguir hierba.» Lourdes Ortiz, *Picadura mortal.* ▌ «Cannabis: hachís, costo, chocolate, grifa, marihuana, hierba, porro...» El Mundo, Magazine, 21.11.99.

hierro *s.* pistola, arma.

«Hierro: pistola, por extensión cualquier arma.» Manuel Giménez, *Antología del timo.* ▌ «Al ver que yo voy detrás con el hierro, baja el tono...» C. Pérez Merinero, *Días de guardar.* ▌■ «Si la poli te pesca con el hierro encima, agárrate.»

2. hierros *s. pl.* armas.

«Órdenes del jefe. No quiere que entre gente con hierros.» Juan Madrid, *Las apariencias no engañan.* ▌■ «La poli les pescó con los hierros encima y a punto de atracar un banco.»

3. esposas, grilletes.

«¿Le pongo los hierros, comisario?» Juan Madrid, *Cuentas pendientes.*

higa, importar una higa *expr.* no importar.

«...sin importarle una higa la filiación de sus mayores, dedicaba lo mejor de sus afanes...» Jose-Vicente Torrente, *Los sucesos de Santolaria.* ▌ «...había dejado de importarle una higa.» Fernando Repiso, *El incompetente.* ▌ «A mí tu salud me importa una higa, tía.» Juan Benet, *En la penumbra.* |✔ para María Moliner es frase vulgar. ▶ *higo.*|

hígados *s.* testículos.

«...dice que el Hojalata era hombre de muchos hígados [...] lo demostró con el suicidio que se trajo.» José Gutiérrez-Solana,

Madrid, escenas y costumbres, Obra literaria, I. ❙ «tener hígados. Tener coraje, valentía.» VL.

higo *s.* vulva, órgano genital de la mujer.

«¿Notas algo? ¿El higo húmedo quizás?» El Jueves, 13.5.98. ❙ «Higo. órgano sexual femenino.» LB. ❙ «Coño: agujero, almeja, aparato, castaña, chichi, concha, chocho, chumino, chupajornales, conejo, higo, raja, seta.» José M.ª Zabalza, *Letreros de retrete y otras zarandajas.* ❙ «...para cuando le toque al higo de tu hermana.» R. Montero, *Diccionario de nuevos insultos...* ❙ «cada vez que te miro te como el higo / cada vez que te miro me como el tarro /» Extremoduro, CD, 1997: *Iros todos a tomar por culo, Quemando tus recuerdos.* ❙ «Tiró y tiró del badajo hasta que consiguió que retirara la lengua de su higo.» C. Pérez Merinero, *La mano armada.* ❙ ▪ «En las playas del extranjero las tías se pasean con el higo al aire.»

2. (no) importar un higo *expr.* no importar.

«No me importa un higo lo que pienses.» DF.

higuera, estar (andar, vivir) en la higuera *expr.* estar distraído, ausente.

«¡Tú estás en la higuera, chica!» J. L. Castillo-Puche, *Hicieron partes.* ❙ «Florencio vivía en la higuera.» Jose-Vicente Torrente, *Los sucesos de Santolaria.* ❙ «...me he bebido un litro de café, pero aún sigo en la higuera.» C. Pérez Merinero, *Días de guardar.* ❙ «...yo me entero por una buena amiga, porque yo estaba en la higuera...» Ignacio Aldecoa, *El fulgor y la sangre.* ❙ «...a ver ese vermut blanco dulce, y esa gordon, copón, que andáis en la higuera.» Ramón Ayerra, *Los ratones colorados.* ❙ ▪ «No sabes nada. Estás en la higuera, hijo.»

hija, hija de la dulzura *s.* prostituta.

«La Turca gobernaba un acreditado establecimiento donde las hijas de la dulzura expendían encanto a duro...» Rafael García Serrano, *Diccionario para un macuto.*

2. hija de la noche *s.* prostituta.

«...él es un niño. Y ella una hija de la noche...» F. Vizcaíno Casas, *Hijos de papá.*

3. hija del pecado *s.* prostituta.

«¡Hasta las hijas del pecado!» Jose-Vicente Torrente, *Los sucesos de Santolaria.*

hijaputa *s.* mujer indeseable.

«...escasos temas interesantes [...] me asigna la hijaputa de mi redactora jefe...» María Antonia Valls, *Tres relatos de diario.* ✓ ▶ *hijoputa.*❙

hijo, cada (todo, cualquier) hijo de vecino *expr.* todos, uno cualquiera.

«Le pasa a todo hijo de vecino —incluso a él mismo.» Ragazza, julio, 1997. ❙ «...cada hijo de vecino tiene sus palabras habituales...» C. J. Cela, ABC, 7.2.99. ❙ «En fin, las cosas que pueden interesarle a todo hijo de vecino.» C. Pérez Merinero, *Días de guardar.*

2. cualquier (cada, todo) hijo de vecino *expr.* cualquier persona, todos.

«Supongo que se amorrarían al asaltaparapetos como cada hijo de vecino...» Rafael García Serrano, *Diccionario para un macuto.* ❙ «Aquí no hay privilegios de ningún tipo; aquí tiene usted que pagar impuestos como cualquier hijo de vecino.» FV. ❙ «Podrá pensar así o asá, como cada hijo de vecino...» José Jiménez Lozano, Blanco y Negro, 10.1.99. ❙ «El escritor es, como cada hijo de vecino, un animal de costumbres...» C. J. Cela, ABC, 18.7.99. ❙ «Quizá podríamos vivir en un mundo feliz si cada hijo de vecino practicase deporte.» Henrique Mariño, La Luna, El Mundo, 23.7.99.

3. el hijo de mi madre *expr.* yo, el que habla.

«El hijo de mi madre ya no va a darte ni un cochino duro.» DCB.

4. hijo de cerda *s.* persona indeseable, hijo de puta.

«También le llamaron el patatero [...] y también hijo de cerda...» Elena Pita, El Mundo, 1.8.98.

5. hijo de la Gran Bretaña *expr.* eufemismo por hijoputa.

«Peter Maxwell es un [...] hijo de la Gran Bretaña —dicho sea sin ánimo de ofender...» Felipe Navarro (Yale), *Los machistas.* ❙ «Hijo de puta... el insulto más soez, grave y violento, equivalente al *coño de tu madre* venezolano. Del mismo son pseudoeufemismos: hijo de la Gran Bretaña, de mala madre, de tal.» José M.ª Zabalza, *Letreros de retrete y otras zarandajas.* ❙ «...escupiendo a la pérfida Albión y a los hijos de la Gran Bretaña.» Francisco Umbral, El Mundo, 30.10.98. ❙ ◾ «Ese hijo de la Gran Bretaña me ha dicho cosas terribles, el muy cabrón.»

6. hijo de la gran puta *expr.* persona muy indeseable.

«¡Arbitro, hijo de la gran puta!» El Jueves, 8-14 abril, 1998. ❙ «¡Que unos hijos de la gran puta...!» Miguel Martín, *Iros todos a hacer puñetas.* ❙ «Todos los acusados sois [...] unos hijos de la gran puta.» Álvaro de Laiglesia, *Hijos de Pu.* ❙ «...el milico Pantoja hijo de la gran puta...» Ángel Palomino, *Un jaguar y una rubia.* ❙ «Se llama Manuel Flores y es un hijo de la grandísima puta.» Juan Madrid, *Flores, el gitano.* ❙ «...asesino y chantajista, hijo de la gran puta.» Ernesto Parra, *Soy un extraño para ti.* ❙ «...me parece un hijo de la gran puta.» Fernando G. Tola, *Mis tentaciones.*

7. hijo de mala madre *expr.* hijo de puta, indeseable.

«¿Que a veces sabe comportarse como un deliberado hijo de mala madre...?» Arturo Pérez-Reverte, *La piel del tambor.* ❙ «Valiente canijo ese hijo de mala madre.» Corín Tellado, *Mamá piensa casarse.* ❙ «Hijo de puta... el insulto más soez, grave y violento, equivalente al *coño de tu madre* venezolano. Del mismo son pseudoeufemismos: hijo de la Gran Bretaña, de mala madre, de tal.» José M.ª Zabalza, *Letreros de retrete y otras zarandajas.* ❙ «...decir hijo de mala madre.» R. Montero, *Diccionario de nuevos insultos...* ❙ «...solté una larga sarta de calumnias, injurias, brutalidades y embustes que enloquecieron a aquellos pobres hijos de mala madre...» Andrés Bosch, *Mata y calla.*

8. hijo de papá *expr.* muchacho de clase bien, mimado, engreído.

«...un señorito vanidoso e insoportable, dice, un hijo de papá, niño bien, jili, pijo y pera, universitario en coche sport...» Juan Marsé, *La oscura historia de la prima Montse.*

9. hijo de pelandusca *s.* hijo de puta.

«Pero si por casualidad [...] el aludido es un auténtico hijo de pelandusca...» Ángel Palomino, *Insultos, cortes e impertinencias.*

10. hijo de perra *expr.* hijo de puta.

«Un modo cruel y doloroso de cargarse a un tipo, aunque fuese un hijo de perra como él.» Pgarcía, *El método Flower.* ❙ «Nos han tiroteado. Esos hijos de perra.» Pilar Urbano, *Yo entré en el Cesid.* ❙ «Pero parecerá que está naciendo un hijo de perra.» Álvaro de Laiglesia, *Hijos de Pu.* ❙ «¡Hijo de perra! —le gritó.» Juan Madrid, *Un beso de amigo.* ❙ «¡Será cínico el hijo de perra!» Chumy Chúmez, *Por fin un hombre honrado.* ❙ «Valiente hijo de perra.» Eleuterio Sánchez, *Camina o revienta.* ❙ «...hijos de perra, dijo el Capo bajando la barandilla...» Ramón Ayerra, *Los ratones colorados.*

11. hijo de pu *expr.* hijo de puta.

«Álvaro de Laiglesia, Hijos de Pu.» Álvaro de Laiglesia, *Hijos de Pu.* ❙ ◾ «Pepe es un hijo de pu y un guarro.»

12. hijo de puta *expr.* persona indeseable.

«...se conoce que el hijo de puta, usted dispense...» C. J. Cela, *Mazurca para dos muertos.* ❙ «Luego siempre hay unos hijos de puta que no te pueden ver, por lo que sea...» Antonio Mingote, Blanco y Negro, 10.1.99. ❙ «Después de cada patada el nuevo volvía a repetirlo: ¡Hijo de puta!» Ray Loriga, *Lo peor de todo.* ❙ «Ramona, hija de la gran puta...» Almudena Grandes, *Malena es un nombre de tango.* ❙ «...con los hijos de puta que han venido a este país, sólo para traficar, vender droga...» El Banquillo, 28.1.98. ❙ «Nací hijo de puta y muero hijo de puta.» Gabriel García Márquez, *Cien años de soledad.* ❙ «También es un perfecto hijo de puta.» Rodrigo Fresán, *Historia argentina,* 1991, RAE-CREA. ❙ «Las putas al poder, sus hijos ya lo están.» Graffiti anónimo, citado en AI. ✔ para María Moliner «hoy es el insulto más soez y violento que se puede usar». Para el *Diccionario Clave* es simplemente «persona a la que se considera malvada o despreciable». Y para C. J. Cela, *Diccionario del erotismo,* «es probablemente el dicterio más común y violento del castellano».❙

13. hijo de Satanás *expr.* persona muy indeseable.

«Los dictadores, aunque sean hijos de Satanás, en el sentido coloquial del término...» Manuel Hidalgo, El Mundo, 30.10.98.

14. hijo de su madre *expr.* hijo de puta.

«Conque este es el hijo de su madre que...» R. Gómez de Parada, *La universidad me mata.* ▌ «...porque en cuanto te arrimes me voy para el hijo de tu madre y le saco los mismísimos entresijos...» Ignacio Aldecoa, *El fulgor y la sangre.* ▌ «¡La culpa es de ese hijo de su madre de Fermín!» Juan Marsé, *La oscura historia de la prima Montse.*

15. hijo de tal *expr.* eufemismo por hijo de puta.

«...a una tía que la llama puta, hija de tal, cerda, ¡no veas!» Andrés Berlanga, *La gaznápira.* ▌ «Hijo de puta... el insulto más soez, grave y violento, equivalente al *coño de tu madre* venezolano. Del mismo son pseudoeufemismos: hijo de la Gran Bretaña, de mala madre, de tal.» José M.ª Zabalza, *Letreros de retrete y otras zarandajas.* ▌ ▪ «Lo único que se puede decir de tu jefe es que es un hijo de tal.»

16. hijo predilecto *s.* pene.

«Cuando me va la pareja, puedo ser un jinete implacable, pero cuando no me va, mi hijo predilecto se niega a crecer...» M. Vázquez Montalbán, *Los alegres muchachos de Atzavara.*

hijoputa *s.* persona indeseable.

«...los hijoputas mandan en la vida del prójimo...» C. J. Cela, *Mazurca para dos muertos.* ▌ «Conduce con prudencia que te va a salir un hijoputa por la derecha sin respetar el stop.» El Jueves, 11-17 febrero, 1998. ▌ «un gachó de horca y cuchillo / mala leche, bruto y pillo / un verdadero hijoputa.» Amelia Díe y Jos Martín, *Antología popular obscena.* ▌ «¡Cabrón! ¡Hijoputa!» P. Antilogus, J. L. Festjens, *Anti-guía de los conductores.* ▌ «Y no es porque sea un mal bicho o un hijoputa de cuidado...» C. Pérez Merinero, *Días de guardar.* ▌ «...y el ijoputa [sic] debía de estar muy moco porque se quedó un momento flipao...» José Ángel Mañas, «Recuerdo», Áccent, julio-agosto, 1999.

hijoputada *s.* mala acción.

«...una acción maligna es *hijoputada*...» Ángel Palomino, *Insultos, cortes e impertinencias.*

hijoputesco *adj.* propio del hijoputa, de mala persona.

«...y no es tampoco la tonta mansedumbre ni la hijoputesca astucia que caracterizan nuestro subdesarrollo...» Juan Marsé, *La oscura historia de la prima Montse.*

hijoputismo *s.* hecho de hacer hijoputadas.

«¿Ha hecho un puto cursillo en Oxford? ¿Master en cabronería, especialidad en hijoputismo?» Álex de la Iglesia, *Payasos en la lavadora.*

hincar el pico *expr.* morir.

«¡Ya sé que tanto se les da que hinque el pico!» Andrés Berlanga, *La gaznápira.* ▌ ▪ «¿Ha hincado el pico ya el vecino que estaba tan enfermo?»

hincarla *v.* morir.

«...porque el señor Teo la hinca, ya lo creo que la hinca. Y doña Tere [...] otra vez viuda...» J. Jiménez Martín, *Ligar no es pecado.*

hincha *s.* entusiasta de un equipo deportivo.

«...los hinchas afilan los abrecartas con el distintivo de su club, se rompen las gafas para armarse de cristales rotos...» Juana Fondona, *Deporte y gimnasia para masoquistas.* ▌ ▪ «El gilipollas ése que grita tanto dice que es hincha del Real Madrid.» ✓ es estándar.▌

hinchapelotas *s.* persona pesada y molesta.

«Y el resto no son más que hinchapelotas, hijos de puta o cretinos.» Ernesto Sábato, *Sobre héroes y tumbas,* citado en DE.

hinchar a uno las narices ▸ *narices, hinchar las narices.*

hinchar el perro ▸ *perro, hinchar el perro.*

híper *s.* hipermercado.

«...atuendo para comprar en el híper...» Ladislao de Arriba, *Cómo sobrevivir en un chalé adosado.* ▌ «...se ocupa de llenar el maletero de su coche de bolsas del híper...» Carmen Pérez Tortosa, *¡Quiero ser maruja!* ▌ «...comprando en el híper, primero de mes —o sea de bote en bote—» B. Pérez Aranda et al., *La ex siempre llama dos veces.*

hipo, que quita el hipo *expr.* sorprendente, maravilloso, atractivo.

«Tiene 21 años y unos ojos que quitan el hipo.» Ragazza, n.° 101. ❙ «...tiene una pasta gansa, aparte de una moto que quita el hipo.» El Jueves, 8-14 abril, 1998. ❙ «...he dado a luz un niño moreno y casi negroide, con una pinta de berebere que quita el hipo.» Álvaro de Laiglesia, *Hijos de Pu.* ❙ «Legrand solía dejar unas propinas de las que quitan el hipo.» C. Pérez Merinero, *Días de guardar.* ❙ ◢ «Es una morena escultural que quita el hipo.»

hipopótamo *s.* persona obesa.

«Una matrona voluminosa como un hipopótamo, amasaba una pasta blanca...» Eduardo Mendoza, *La verdad sobre el caso Savolta.* ❙ «Franz debía ser más bien un hipopótamo.» Agustín Cerezales, *Escaleras en el limbo,* 1991, RAE-CREA. ❙ ◢ «El hipopótamo de tu suegra dice que está enamorada y se quiere casar. Chúpate ésa.»

historia, eso es otra historia *expr.* ser otra cuestión.

«Ahora cruza las piernas y enciende un pito —pito el que le iba a meter yo, pero ésa también es otra historia...» C. Pérez Merinero, *Días de guardar.* ❙ «...mejor dicho, fue él quien se separó, pero eso es otra historia.» C. Rico-Godoy, *Cómo ser infeliz y disfrutarlo.* ❙ «Pero ésa es otra historia. No hay que calentarse los cascos adelantando acontecimientos.» C. Pérez Merinero, *Días de guardar.* ❙ «Me intriga, eso sí, su escaso parecido. Pero ésa es otra historia y espero que alguien me la cuente en otra ocasión.» Rafael Puyol, El Mundo, 19.11.99.

2. ser historias *expr.* chismes, habladurías sin fundamento.

«Tampoco lo sé. Yo creo que esto son historias.» Cristóbal Zaragoza, *Y Dios en la última playa.* ❙ «Todo esto son historias...» Alfredo Bryce Echenique, *Magdalena peruana y otros cuentos,* 1986, RAE-CREA. ❙ «Eso del mal de ojo son historias.» DF.

hocico *s.* boca.

«...Martín Marco se atreve a asomar los hocicos, después de la hora de la comida, por el Hall del Palace.» C. J. Cela, *La colme-*

na. ❙ «El de las bubas asomó el hocico desde las sombras del interior.» Cristóbal Zaragoza, *Y Dios en la última playa.* ❙✓ DRAE: «Boca del hombre cuando tiene los labios muy abultados».❙

2. meter el hocico en *expr.* entremeterse.

«No metas el hocico en mis asuntos.» DF.

hoja, no tener vuelta de hoja *expr.* no tener alternativa, no tener remedio.

«...hay temas que no admiten vuelta de hoja...» You, marzo, 1998. ❙ «...una fecha es una fecha y no hay más vuelta de hoja.» B. Pérez Aranda *et al., La ex siempre llama dos veces.* ❙✓ DRAE: «fr. fig. y fam. Ser incontestable».❙

hombre cf. (afines) chorbo, colega, colegui, cristiano, fulángano, fulano, gachó, guripa, individuo, jambo, macho, machote, manuel, muñeco, pavo, punto, tío, tipo, tronco.

hombre atractivo cf. (afines) adonis, bollo, bombón, bombonazo, cachas, achoso, cañón, como un camión, como un pan, cuadrado, dandi, de buen *año, de dulce, de pelo en pecho, fortachón, guaperas, guapetón, hombretón, macho, machote, macizo, macizón, mazas, molón, percha, pincel, pinceles, pocholo, queso, rico, tarzán, tiarrón, tío bueno.

hombre burlado cf. (afines) astado, cabestro, cabrito, cabrón, caracol, ciervo, corneta, cornudo, cornúpeta, manso, novillo, venado. ❙✓ ▶ *infiel.*❙

hombre dominado cf. (afines) bragazas, calzonazos, cojonazos, huevazos, juanlanas, pobre diablo, tirillas.

hombre fuerte cf. (afines) cachas, cuadrao, fortachón, gorila, grandullón, mazas, mula, mulo, musculitos.

hombre mujeriego cf. (afines) calavera, mujeriego, pendón, pichabrava.

hombre pequeño cf. (afines) mediohombre, milhombres, tirillas.

hombre *s.* marido.

«Chucho, mi marido, o sea: mi hombre, mi cónyuge que le dicen...» A. Zamora Vicente, *Historias de viva voz.* ❙ «—¿Dónde trabaja tu hombre? —En ca el Mingayerro.» Ángel Palomino, *Un jaguar y una rubia*. ❚ «Ay si mi hombre levantara la cabeza.» José Luis Alegre Cudós, *Minotauro a la cazuela*, 1982, RAE-CREA.

2. hombre de la calle *s.* persona normal, corriente.

«El hombre de la calle contempla todo ello con desagrado y con temor.» José María Carrascal, ABC, 6.12.98.

3. hombre de paja *s.* persona que representa a otro que es el verdadero responsable.

«...Savolta era el hombre de paja de Van der Vich en España...» ❘✓ del inglés *straw man*.❘

4. hombre de pelo en pecho *expr.* hombre viril.

«...lo del bigote es material para hombres de pelo en pecho.» Rafael García Serrano, *Diccionario para un macuto*. ❚ «...un torero de pelo en pecho» Javier Villán, El Mundo, 10.7.99. ❘✓ ▶ también *hombre*.❘

5. hombre de provecho *s.* hombre de bien, trabajador y cumplidor.

«Y viven felices e irresponsables con sus músicas y sus drogas [...] jamás serán hombres de provecho...» Chumy Chúmez, *Por fin un hombre honrado*.

6. hombre del saco *s.* ente imaginario para asustar a niños.

«...y algunos lloraban porque habían visto al hombre del saco o al tío sacamantecas...» Luciano G. Egido, *El corazón inmóvil*, 1995, RAE-CREA. ❚ «Allí figuraban los sueños, las esperanzas, el hombre del saco, el alma...» Alejandro Dolina, *El ángel gris*, 1993, RAE-CREA. ❚■ «Si no callas ya, llamo al hombre del saco para que te lleve.»

7. hombre hecho y derecho *expr.* hombre de verdad.

«Con el tío con el que hice mejores migas fue con Bertrand, un hombre ya hecho y derecho...» C. Pérez Merinero, *Días de guardar*.

8. hombre orquesta *expr.* persona que desempeña varias actividades al mismo tiempo.

«No había sector de la vida pública en el cual el hombre orquesta de Gil Cánocas no

interviniera.» Eliseo Alberto, *La eternidad por fin comienza*, 1992, RAE-CREA. ❚ «...recordando los tiempos en que era hombre orquesta en los suplementos culturales...» Jorge Edwards, *El anfitrión*, 1987, RAE-CREA.

9. hombre sencillo *expr.* simple.

«El gran General se preciaba de él como hombre sencillo que había logrado superarse.» Gioconda Belli, *La mujer habitada*, 1992, RAE-CREA. ❚ «...una verdadera conmoción en el ánimo del Poeta, un hombre sencillo que ejercía de discreto ayudante...» J. Campos Reina, *Un desierto de seda*, 1990, RAE-CREA.

hombreriega *s.* mujer aficionada a los hombres.

«...y luego que las gachises, las muy jodidas, pues también son muy hombreriegas...» Juan Madrid, *Crónicas del Madrid oscuro*.

hombretón *s.* hombre grande, bien parecido; muchacho que ya es casi un hombre.

«De pronto, como por arte de magia, desaparecieron los hombretones y aparecieron unos obreros...» Care Santos, *El tango del perdedor*. ❚ «El hombretón levantaba su copa...» Ignacio Padilla, *Imposibilidad de los cuervos*, 1994, RAE-CREA. ❚ «...aquel hombretón guapo y delicado se había ido...» Ángeles Caso, *El peso de las sombras*, 1994, RAE-CREA. ❘✓ el DRAE simplemente dice: «1. m. aum. de hombre».❘

hombro, arrimar el hombro *expr.* trabajar, cooperar en una tarea, o en algo.

«¿Mayorcita, don Honorio? Pues si es mayorcita que arrime más el hombro, que hay bien de quehaceres en la casa...» Manuel Hidalgo, *El pecador impecable*. ❚ «Los partidos no arriman el hombro al feminismo.» Lidia Falcón, La Revista del Mundo, 8.8.99.

2. mirar por encima del hombro a alguien *expr.* menospreciar, ignorar, desdeñar a alguien.

«Mostrarse descortés: mirar por encima del hombro.» DTE. ❚ «Desde que lo han ascendido, mira a todo el mundo por encima del hombro.» LA.

homo *s.* homosexual.

«Si una historia es divertida y funciona, te puedes reír tanto si eres homo como hetero.» El Mundo, La Luna, 25.6.99.

*homosexual *cf.* (afines) perder *aceite, de la acera de enfrente, afeminado, amanerado, amariposado, ambiente, apio, salir del *armario, del bando contrario, del otro bando, bardaja, bardaje, blancanieves, buja, bujarra, bujarro, bujarrón, bujarronear, café con leche, carroza, de la cáscara amarga, hacer chapas, chochona, culero, dante, entender, entendido, estrecho, gay, gayismo, homo, hueca, invertido, jibia, jula, julandrón, loca, locandis, locaza, malvaloca, mamporrero, manflorita, marica, maricón, maricón de playa, maricona, mariconada, mariconazo, mariconear, mariconeo, mariconería, mariconerío, mariconero, mariconismo, mariposa, mariposón, mariquita, masculino, de misa de ocho, a motor y a vela, muerdealmohadas, novicia, tener un *ramalazo, ser del *ramo del agua, reinona, sarasa. ✓ ▸ *afeminado*.⎮

*honrado *cf.* (afines) guay, legal, limpio, normal, sano.

hora, hora muerta *s.* hora libre entre actividades.

«Dos horas ¿muertas? La pausa de la comida lanza a la calle a una multitud de empleados con horario partido...» El País Semanal, 26.9.99. ⎮ «Tengo clase de 8 a dos de la tarde pero a las once tengo una hora muerta.» DCB. ⎮ «No sabíamos qué hacer en las horas muertas.» FV.

2. no dar ni la hora *expr.* muy tacaño, no dar nada.

«¿Me das veinte duros? ¡Un carajo! Yo a ti no te doy ni la hora.» DE. ⎮ «No le pidas dinero a Pepe, porque no da ni la hora.» FV.

3. pasarse las horas muertas *expr.* mucho tiempo.

«¿Te pasas las horas muertas leyendo...?» Chica hoy, revista juvenil, n.° 130.

horizontal *s.* prostituta.

«Horizontal. Prostituta cara y elegante.» JM. ⎮ «Horizontal. Altiva prostituta...» R.

Montero, *Diccionario de nuevos insultos...* ⎮ «Horizontal. Prostituta de categoría.» Ra. ⎮ ▪ «La chica que vive arriba es una horizontal de postín.»

2. cama.

«Bueno, ya es hora de pillar la horizontal.» José Ángel Mañas, *Historias del Kronen.*

3. ponerse horizontal *expr.* acostarse.

«...que también es buena coña, este ponerte horizontal cada lunes y cada martes...» A. Zamora Vicente, *Historias de viva voz.* ⎮ «...muchachas adictas a la posición horizontal.» Ángel Palomino, *Madrid, costa Fleming.*

hormiga *s.* vendedor de droga.

«Los camellos, también llamados hormigas...» Juan Madrid, *Flores, el gitano.*

horno *s.* celda de castigo.

«Horno: celda de castigo.» JGR. ⎮ «Horno. Celda de castigo.» Ra. ⎮ ▪ «El horno es la celda de castigo en los presidios y cárceles.» ✓ no se ha podido documentar fuera de diccionarios.⎮

2. no estar el horno para bollos *expr.* no ser el momento adecuado o propicio.

«¡A mí déjame en paz con lo de la niña que no está el horno para bollos!» Eloy Arenas, *Los vecinos de mis vecinos son mis vecinos.* ⎮ «...tengamos la fiesta en paz que no está el horno para bollos.» Juan Madrid, *El cebo.* ⎮ «Dejar tranquilas a las mujeres y vigilad, que no está el horno para bollos.» Victoriano Corral, *Delitos y condenas.*

horror *s.* persona fea.

«...mi personaje era un verdadero horror...» Jesús Díaz, *La piel y la máscara,* 1996. ⎮ ▪ «Tienes que ver a la novia de Juan, tío. Es un horror.»

2. horrores *adv.* mucho.

«...le caía alguna gotita a los ojos y picaba horrores.» Tía Julia, Qué leer, septiembre, 1998. ✓ DRAE: «fam. Cantidad muy grande. En pl., ú. t. c. adv.: *se divierten horrores*».⎮

hortera *adj.* de mal gusto.

« Lo malo es la interpretación provinciana, maximalista y hortera que hacen los concejales de Olot...» Francisco Umbral, El Mundo, 28.1.98. ⎮ «Fue el único detalle hortera que le vi entonces y en los días sucesivos.» M. Vázquez Montalbán, *Los alegres muchachos de Atzavara.* ❚ «El chándal es la prenda más cómoda del guardarropa del ciudadano actual [...] la más hortera.» Ladislao de Arriba, *Cómo sobrevivir en un chalé adosado.* ❚ «Eres más hortera que un condón con cremallera.» CO, Sandra Carbonell.

2. sentimental.

«...lo que añoran es un entresuelo en Manoteras. Esta es la política hortera que nos van a hacer.» Francisco Umbral, *La derechona.* ❚ «las películas horteras no me van para nada.» Álvaro de Laiglesia, *Hijos de Pu.*

3. *s.* persona pretenciosa, vulgar y de mal gusto.

«Un hortera es un tipo que conduce un utilitario como si fuera un Fórmula 1, un tipo que siempre lleva un llavero en la mano, un tipo que va con gafas de sol en pleno invierno...» Manuel Hidalgo, *Azucena, que juega al tenis.* ❚ «No hay escalera sin barandilla ni hortera sin zapatos de rejilla.» Almudena Grandes, *Modelos de mujer.* ❚ «No puedo ir a una velada formal vestido de hortera.» Terenci Moix, *Garras de astracán.* ❚ «...pontificaba un hortera que aquella noche había acertado cuatro plenos...» Álvaro de Laiglesia, *Hijos de Pu.* ❚ «...debe ser ajusticiado inmediatamente por hortera.» A. Ussía, *Tratado de las buenas maneras.* ❚ «Guillermo no podía evitar un aspecto de horterilla de barrio que no conseguía ser agresivo.» Lourdes Ortiz, *Picadura mortal.* ❚ «...bailan señoritos calaveras, modistillas y horteras...» José Gutiérrez-Solana, *Madrid, escenas y costumbres, Obra literaria, I.* ✓ Gutiérrez-Solana se refiere al hortera de antaño, al dependiente de comercio, como lo define el DRAE: «m. En Madrid, apodo del mancebo de ciertas tiendas de mercader».❙

horterada, ser una horterada *expr.* ser algo de mal gusto.

«Pero, peor que eso, es una horterada fascista.» Francisco Umbral, *El Mundo,* 12.2.98. ❚ «Porque te ha abandonado tu desodorante es su horterada preferida...» Ángel Palomino, *Las otras violaciones.* ❚ «¿Quién comprará estas horteradas?» Ladislao de Arriba, *Cómo sobrevivir en un chalé adosado.*

horterez *s.* mal gusto.

«Imperia, que conocía la horterez suprema de Miami...» Terenci Moix, *Garras de astracán.*

horterismo *s.* mal gusto.

«Todo su horterismo se vería redimido por el estallido de las pasiones en su estado más elemental...» Terenci Moix, *Garras de astracán.*

horterizar *v.* acción de ser hortera.

«El rollo rumbero creo que la *horteriza* bastante. Y la salsa y el merengue también.» Alejandro Sanz, La Revista del Mundo, 30.8.98.

hosti *excl.* exclamación eufemística por *hostia(s).*

«Hosti, jefe. Me alegro de que se haya dado cuenta de que existo.» M. Vázquez Montalbán, *El delantero centro fue asesinado al atardecer.*

hostia(s) *excl.* exclamación de sorpresa, asombro.

«No señor, soy tortillera. ¡Hostia!» Terenci Moix, *Garras de astracán.* ❚ «¡Hostias! Te has puesto realmente guapa.» Raúl Sánchez, *Adriana.* ❚ «¡hostia, qué heavy ha quedado!» El Mundo, La Luna, 25.6.99. ✓ DRAE: «interj. vulgar de sorpresa, asombro, admiración, etc.».❙

2. *s.* golpe.

«¿Se puede saber qué miras tú? Pues te vas a llevar dos hostias, mira por donde.» Almudena Grandes, *Modelos de mujer.* ❚ «...bastaron cuatro hostias para que el administrador cantara...» M. Vázquez Montalbán, *La rosa de Alejandría.* ❚ «Yo creo que con un par de hostias le ablandamos, y algo nos contará.» Fernando Martínez Laínez, *La intentona del dragón.* ❚ «Más adelante esto le valdría unas cuantas hostias...» Eleuterio Sánchez, *Camina o revienta.* ✓ DRAE: «vulg. Bofetada, tortazo».❙

3. dar, (arrear, pegar, sacudir, plantar) una hostia *expr.* golpear, pegar, zurrar.

«¿Tienes miedo de que te pegue una hostia?» C. J. Cela, *Mazurca para dos muertos.* ❚ «Juan comenzó dándose de hostias contra su propia cara.» Manda Güebos, n.° 27. ❚ «...como llores desde el balcón vuelvo a subir y te planto dos hostias.» José Luis Sampedro, *La sonrisa etrusca*. ❙ «Déjeme que le sacuda un par de hostias.» Juan Madrid, *Cuentas pendientes*. ❙ «...un día te van a arrear más hostias que las que hay juntas en todas las iglesias, ya verás.» Juan Marsé, *Si te dicen que caí*. ❙ ▪ «Te voy a arrear una hostia que te voy a romper las narices.» ❙✓ también *dar hostias*.❙

4. darse de hostias *expr.* pegarse, pelearse.
«...por jóvenes, cuyas condiciones para introducirse en ella consiste en darse de hostias sin prisas y sin pausas...» Carlos Boyero, El Mundo, 11.9.99.

5. darse (pegarse, arrearse) una hostia *expr.* darse un golpe.
«Buxadé se pegó una hostia con su coche.» Andreu Martín, *Por amor al arte*.

6. de la hostia *expr.* bueno, estupendo, maravilloso.
«...reconcentrado como la elevación de la hostia...» M. Vargas Llosa, *Elogio de la madrastra*, 1988, RAE-CREA. ❙ «...cuatro modelos con unos cuerpos de la hostia...» Fernando Fernán Gómez, *El viaje a ninguna parte*, 1985, RAE-CREA.

7. de la hostia *expr.* mucho, gran cantidad.
«Mi viaje de la hostia de horas toca a su fin...» Jordi Sierra i Fabra, *El regreso de Johnny Pickup*, 1995, RAE-CREA.

8. de la hostia *expr.* maldito, insoportable.
«...un muermo de la hostia...» Andrés Berlanga, *La gaznápira*. ❙ «...metiéndose caña y armando un ruido de la hostia.» C. Pérez Merinero, *Días de guardar*. ❙ ▪ «Deja de tocar ese piano de la hostia.»

9. dejarse de hostias *expr.* parar de decir, hacer bobadas, tonterías.
«...su hijo tenía que conseguirlo: instalarse en el despacho más alto y dejarse de hostias.» Jaime Romo, *Un cubo lleno de cangrejos*.

10. estar de mala hostia *expr.* enfadado.
«Tratar con gentuza siempre me pone de mala hostia.» José Ángel Mañas, *Mensaka*. ❙ «Es un tipo muy desagradable, que siempre está de mala hostia.» JM.

11. ir a toda hostia (echando hostias) *expr.* de prisa.
«...y cruza por el paso de cebra a toda hostia.» José Ángel Mañas, *Sonko95*. ❙ «...podéis ir a toda hostia a por más...» Mala impresión, revista de humor con caspa, n.° 1. ❙ «Irse: salir echando hostias.» DTE. ❙ «¿Cómo cojones habrá conseguido bajar a toda hostia...?» José Ángel Mañas, *Sonko95*. ❙ ▪ «Cuando vi a Martín, iba el tío a toda hostia. Parecía que tenía prisa.»

12. la hostia *expr.* el colmo, el no va más, inaudito.
«...qué bosques y montes, la hostia...» Ignacio Fontes, *Acto de amor y otros esfuerzos*. ❙ «Los catalanes es que sois la hostia.» Terenci Moix, *Garras de astracán*. ❙ «Es que eres la hostia, en serio.» Almudena Grandes, *Malena es un nombre de tango*. ❙ ▪ «Nos divertimos la hostia.»

13. la hostia en vinagre *expr.* el colmo, el no va más, inaudito.
«La hostia en vinagre. Me cago en los muertos del obispo.» Fernando Martínez Laínez, *La intentona del dragón*.

14. la hostia puta *expr.* exclamación de enojo y contrariedad.
«¡Joder, hostia puta, cacho cabrón!» Sergi Belbel, *Caricias*, 1991, RAE-CREA.

15. llenar la cara de hostias *expr.* abofetear.
«¡A ver si te lleno la cara de hostias!» Ilustración, Comix internacional, 5. ❙ «Le daba pena aquella chica tan leída [...] a la que le había llenado la cara de hostias un borracho...» M. Vázquez Montalbán, *El delantero centro fue asesinado al atardecer*.

16. mala hostia *expr.* enfado.
«El pecoso, que es el que ha tirado la lata, mira a David con mala hostia.» José Ángel Mañas, *Mensaka*. ❙ «...la fama de mala hostia que tenemos los pelotaris.» Jaime Romo, *Un cubo lleno de cangrejos*.

17. ¡me cago en la hostia! *excl.* exclamación de enfado.
«Me cago en la hostia. Siempre están igual.» José Ángel Mañas, *Historias del Kronen*. ❙ ▪ «¡Me cago en la hostia! ¡Fuera de aquí o llamo a la policía!»

18. ni hostias *expr.* ni nada.

«Ni palabras, ni pastillas invisibles, ni hostias.» Cuca Canals, *La hescritora.* ❚ «...sin autores preferidos, sin películas inolvidables ni hostias de ninguna clase...» Juan Marsé, *La oscura historia de la prima Montse.*

19. no tener ni media hostia *expr.* ser físicamente insignificante, débil.

«¡Si ese tío no tenía ni media hostia!» El Jueves, n.º 1083. ❚ «¿Que no te atreves con el Curro? ¡Pero si no tiene ni media hostia!» JM.

20. poner(se) de mala hostia *expr.* enfadar(se), enojar a alguien.

«Hay un asqueroso culebrón sudaca y voy a cambiar el canal porque me ponen de mala hostia esas zorronas sudamericanas...» José Ángel Mañas, *Mensaka.* ❚ ▪ «No me digas esas cosas que me pones de mala hostia, coño.»

21. ponerse de mala hostia *expr.* enfadarse, enojarse.

«Tratar con gentuza siempre me pone de mala hostia.» José Ángel Mañas, *Mensaka.* ❚ ▪ «Me pone siempre de mala hostia que te presentes en mi casa sin llamar antes.»

22. ¡qué hostias...! *excl.* exclamación de indiferencia.

«Joder, que hostia...» Ignacio Fontes, *Acto de amor y otros esfuerzos.* ❚ «¿Qué hostias pinta un cura en estas historias?» Andrés Berlanga, *La gaznápira.* ❚ ▪ «¿Qué hostias quiere usted ahora?»

23. ser la hostia *expr.* ser el colmo, inaudito.

«¿Quieres que firmemos un buen contrato o que nos den por el culo? Eres la hostia...» José Ángel Mañas, *Mensaka.* ❚ «...es que las tías son la hostia, tú, tienen la cabeza llena de escaparates.» Fernando G. Tola, *Cómo hacer absolutamente infeliz a un hombre.* ❚ «Yo me fumo un porro y paso de todo; pero esto es la hostia...» José Luis Martín Vigil, *Los niños bandidos.*

hostiar *v.* golpear, pegar.

«¡Y les voy a hostiar si no dejan de mirarte!» Terenci Moix, *Garras de astracán.* ❚ «Tú quieres que te hostie.» M. Vázquez Montalbán, *El delantero centro fue asesinado al atardecer.*

hóstilis *excl.* eufemismo por *hostia.*

«...sacudió las manos haciendo chasquear los dedos y, señalándome, les dijo a sus compañeros esta sola palabra: Hóstilis.» Jaime Campmany, ABC, 17.4.98.

hostión *s.* golpe fuerte.

«¡Qué hostión, madre mía!» Miguel Martín, *Iros todos a hacer puñetas.*

hotel *s.* cárcel.

«Hotel: cárcel. Por ampliación, cualquier calabozo.» Manuel Giménez, *Antología del timo.* ❚ «Ahora vive a costa del Estado; está en la cárcel, que es el Hotel cutre de la delincuencia...» A. Matías Guiu, *Cómo engañar a Hacienda.* ❚ ▪ «Cuando estuve en el hotel por darle una paliza al cabrón aquel, no se comía mal y engordé.» ✓ también *hotel del estado, hotel rejas.*❙

hoy, es para hoy *expr.* hay que hacerlo inmediatamente; dar prisa a alguien.

«Oye, Navarro, no te enrolles más que es para hoy.» Juan Madrid, *Flores, el gitano.*

hoyo, estar con un pie en el hoyo
▶ *mundo, estar con un pie en el otro mundo (en la sepultura, en el hoyo).*

hueca *s.* homosexual.

«Hueca. Homosexual masculino.» VL. ❚ «Hueca: homosexual masculino.» JMO. ❚ «Hueca. Homosexual, maricón.» JV. ❚ «Hueca: Homosexual masculino.» JGR. ❚ «Hueca. Maricón, limaraza, homosexual.» Ra. ✓ no se ha podido documentar fuera de diccionarios.❙

huelebraguetas *s.* detective privado.

«Aquí los detectives sólo se utilizan para recoger informes prelaborales y destapar bajas de enfermedad fingidas. Esas son las labores principales de los huelebraguetas, que es uno de los apelativos cariñosos con que se les designa...» Ernesto Parra, *Soy un extraño para ti.* ❚ «Te crees muy listo, huelebraguetas.» M. Vázquez Montalbán, *El delantero centro fue asesinado al atardecer.*

huelemierdas *s.* persona indeseable.

«...pero se le han iluminado los ojos con lo del crecepelos al huelemierdas este...» Juan José Millás, *Tonto, muerto, bastardo e invisible.*

huerto, llevar al huerto *expr.* engañar, timar, estafar, robar.

«El demandadero se lo llevaba al huerto con la soltura de un candidato a la Presidencia del Gobierno.» Miguel Martín, *Iros todos a hacer puñetas.* ▌«...cuando está de negocios, está de negocios y no hay quien se lo lleve al huerto.» Jaime Romo, *Un cubo lleno de cangrejos.* ▌◾ «Esos listillos nos quieren llevar al huerto. Y yo digo que no debemos dejar que nos embauquen.»

2. copular.

«Un cuerpo de escándalo y una cara cuasi perfecta, le han servido para llevarse al huerto cinematográfico a Winona Ryder.» Ragazza, n.° 93. ▌«Yo le aconsejaría a la señora [...] que un día se liara la manta a la cabeza y [...] se llevara al huerto a su George...» Felipe Navarro (Yale), *Los machistas.* ▌«Puede que al final consigas llevarte al chico al huerto...» A. Gómez Rufo, *Cómo ligar con ese chico que pasa de ti o se hace el duro.* ▌«Pero la verdad es que ella, las dos, me forzaron a hacerlo, me llevaron al huerto...» José Luis Martín Vigil, *Los niños bandidos.* ▌«...cuando consiguió llevársela al huerto descubrió el horrible secreto, lo que parecía un tetamen...» Ramón Ayerra, *Los ratones colorados.*

hueso, estar (quedarse) en los huesos *expr.* muy delgado.

«Tres excelentes actrices que no están en los huesos y que, sin embargo, triunfan en el cine...» You, marzo, 1998. ▌«Me quedé en los huesos y con los nervios hechos trizas...» Victoriano Corral, *Delitos y condenas.* ▌«Mala salud: quedarse en los huesos.» DTE. ✓ DRAE: «fr. fig. y fam. Estar sumamente flaco».▌

2. estar uno por los huesos de alguien *expr.* estar enamorado.

«Te espero a las 9.30. Habrá comida (gratuita) y bebida [...] R.S.V.P. Estoy por tus huesos.» Eduardo Mendoza, *Sin noticias de Gurb.*

3. hueso de la risa *expr.* el codo.

«...pero por lo general con su bebe, con su hueso de la risa, con su punto flaco...» Ramón Ayerra, *La lucha inútil,* 1984, RAE-CREA. ▌«Cada vez que me doy en el hue-

so de la risa me quedo jodido durante unos minutos.» DCB. ✓ también *hueso gracioso.*▌

4. hueso duro de roer *expr.* cosa, persona difícil y complicada.

«Vaya, este lector es un hueso duro de roer. No pasa nada.» Juanma Iturriaga, *Con chandal y a lo loco.* ▌«El hueso más duro de roer es, sin embargo, el más importante: el director de la cárcel...» Victoriano Corral, *Delitos y condenas.*

5. hueso gracioso ▸ *hueso, hueso de la risa.*

6. la sin hueso *s.* lengua.

«Hueso, soltar la sin hueso. Fr. fig. y fam. Hablar con demasía.» Boletín RAE, mayo-agosto, 1998. ▌«...su marido era un diestro manipulador de la sin hueso.» R. Humberto Moreno-Durán, *El toque de Diana,* 1981, RAE-CREA. ▌«...por eso mete la pata, pues por darle a la sin hueso le monta conversación al primero...» Francisco Herrera Luque, *En casa del pez que escupe el agua,* 1985, RAE-CREA. ▌«Me acerco a la tía, la trinco bien trincada y comienzo a darle con la sin hueso en todo el chocho.» C. Pérez Merinero, *Días de guardar.* ✓ DRAE: «fr. La lengua».▌

7. quedarse en los huesos *expr.* adelgazar, perder mucho peso.

«Te vas a quedar en los huesos. Te va a dar una anemia.» C. Rico-Godoy, *Cómo ser infeliz y disfrutarlo.*

huevada *s.* tontería, bobada.

«—¿Es una huevada lo que pregunté, don Pablo?» Antonio Skármeta, *El cartero de Neruda,* 1986, RAE-CREA. ▌«...y a vos se te ocurre una huevada...» Eduardo Rovner, *Último premio,* 1981, RAE-CREA. ▌◾ «¡No digas esas huevadas!»

huevamen *s.* testículos.

«Usted, su tío el canónigo y su padre me rascan el huevamen, ¿se entera?» DE. ▌«Testículos, bolas, canicas, cataplines, chismes, colgajos, criadillas, huevamen, pelés, pelotas, péndulos, pesas.» José M.ª Zabalza, *Letreros de retrete y otras zarandajas.*

huevazos *s. pl.* testículos grandes.

«Tiene unos huevazos el tío así de grandes y redondos, y peludos.» DCB. ▌«Huevazos. Cojonazos.» JM.

2. *s.* hombre dominado por su mujer.

«¡Estás hecho un huevazos!» DE. ❚ «Javier es un huevazos que sólo hace lo que le manda su mujer.» DCB.

3. *s.* hombre conformista y aguantador.

«¡Pero este papanatas es como su madre! ¡Un huevazos!» Juan Marsé, *La oscura historia de la prima Montse.* ❚ «David es un huevazos, un conformista que no lucha por nada.» DCB. ❚ «Unos cuantos huevazos contra tantos muertos.» Diario Clarín, Argentina, 7337, 1997, RAE-CREA.

huevo *s.* un testículo.

«También hay que tener cuidado al cerrar la bragueta con no pillarse un huevo...» Mala impresión, revista de humor con caspa, n.º 1. ❙✓ ▶ *huevos.* DRAE: «vulg. testículo. Ú. m. en pl.».❙

2. *s.* mucho, gran cantidad.

«¡Os quiero un huevo, tías!» Felipe Navarro (Yale), *Los machistas.* ❚ «...pop guitarrero con un toque electrónico que mola un huevo...» Ragazza, junio, 1998. ❚ «Pero a lo mejor sale un novelista en espatalán y vende un huevo...» Francisco Umbral, El Mundo, 8.7.98. ❚ «...sabía un huevo de Ciencias Naturales.» Gomaespuma, *Grandes disgustos de la historia de España.* ❚ «...y ya estamos en lo de los aparatos electrónicos y Eduardo —que entiende un huevo...» Lourdes Ortiz, *Luz de la memoria,* 1976, RAE-CREA. ❚ «Me gustará un huevo leerlo.» C. Pérez Merinero, *La mano armada.* ❚ «...que si pasa el tiempo luego te cuestan un huevo...» Lourdes Ortiz, *Luz de la memoria,* 1976, RAE-CREA. ❚ «...sabe un huevo y la yema del otro este Roque en materia de sople...» Ramón Ayerra, *Los ratones colorados.* ❚ «...sabe un huevo en materia de moránganos, pues por oficio mercadea con ellos...» Ramón Ayerra, *Los ratones colorados.*

3. *s. pl.* testículos.

«...si te dejas agarrar los huevos al principio, está perdido...» José María Carrascal, *Mientras tenga mis piernas.* ❚ «Ricardo se rasca los huevos y vuelve a mirarme con mala hostia.» José Ángel Mañas, *Mensaka.* ❚ «...y era tan pura en el hablar, que nunca usó, por ejemplo, la palabra huevos...» F. Vizcaíno Casas, *Hijos de papá.* ❚ «...le sopesó los hue-vos, le anduvo en el culo, y el pito...» Ramón Ayerra, *Los ratones colorados.* ❚ «Que me han dicho que tú tienes unos huevos hermosos. Y él me dice...» Ana Magnabosco, *Santito mío,* 1990, RAE-CREA. ❚ «...coloca sus huevos, apartando cuidadosamente el pito...» Álex de la Iglesia, *Payasos en la lavadora.* ❚ «...como un nabo /del que cuelga un par de huevos.» Ambrosio de la Carabina, *Don Juan notorio.*

4. a huevo *expr.* fácil, barato.

«Y eso es ponérnoslo a huevo; que se ve claramente que nos necesitan muchísimo.» A. Sopeña Monsalve, *El florido pensil.* ❚ «Lo he tenido a huevo...» Juan Madrid, *Flores, el gitano.* ❚ «Tenerlo a huevo: dícese de la facilidad que le estamos dando para tener en su empresa...» El País, 13.11.99.

5. chúpame un huevo *expr.* exclamación de rechazo.

«A ver si descargamos más rápido. ¡Chúpame un huevo! Y a mí la yema del otro.» El Jueves, 6-12 octubre, 1993.

6. echarle huevos *expr.* tener valor, armarse de valor.

«Hay que pasarse por el forro de los huevos a la competencia [...] Y echarle huevos [...] pa hundirla y acabar con ella.» El Jueves, 6-12 octubre, 1993. ❚ «...tenemos que echarle más huevos al asunto, hacer más pupa...» Juan Marsé, *Si te dicen que caí.*

7. estar hasta los (mismísimos) huevos *expr.* harto.

«...pero dame el divorcio de una vez porque estoy hasta los huevos de aguantarte, tía cabrona.» Terenci Moix, *Garras de astracán.* ❚ «¿No es cierto que en España siempre estamos hasta los huevos de lo que sea?» El Jueves, 6-12 octubre, 1993. ❚ «¡Estamos hasta los huevos!» El Jueves, 6-12 octubre, 1993. ❚ «Acababa harto, hasta los mismos huevos.» C. Pérez Merinero, *El ángel triste.* ❚ «Estoy hasta los mismísimos de pagar a Hacienda.» El Jueves, 6-12 octubre, 1993. ❚ «Estoy hasta los huevos.» José Ángel Mañas, *Sonko95.* ❚◼ «Estoy hasta los mismísimos huevos de que te pases el día criticándome, Matilde.»

8. faltar (no tener) huevos *expr.* faltar valentía, ser cobarde, miedoso.

«No llore, hombre, o es que no tiene huevos.» José Raúl Bedoya, *La universidad del crimen.* ▌«Pero se ve que a Llago le faltan huevos para eso...» Francisco Umbral, *Madrid 650.* ▌«De lo que me arrepiento de verdad es de no haber tenido huevos para vaciarle el cargador en la cabeza.» Juan Madrid, *Flores, el gitano.* ▌«El cobarde, para su vergüenza y escarnio, posee una buena gama de sinónimos... no tener cojones, no tener huevos, pichafloja, capado, capón, castrado, deshuevado...» AI.

9. hacer uno algo cuando le sale de los huevos *expr.* hacer uno algo cuando quiere, sin imposición de otros.

«...y cuando le sale de los huevos dispara y se carga a dos...» Jaime Romo, *Un cubo lleno de cangrejos.*

10. hacer uno lo que le salga de los huevos *expr.* hacer uno su voluntad.

«Franco puede hacer en España lo que le salga de los huevos sin que nadie...» Luis María Anson, *Don Juan.* ▌«Al próximo lo lleváis directamente a la residencia, o a la morgue, o adonde os salga de los huevos...» El Gran Wyoming, *Te quiero personalmente.*

11. hinchársele a uno los huevos *expr.* hartarse.

«...al subversivo se le hinchaban los huevos.» Marco Antonio Flores, *La siguamonta,* 1993, RAE-CREA.

12. (no) importar un huevo *expr.* no importar en absoluto.

«...los verdaderos delincuentes salen de la cárcel como si les importara un [...] un... huevo.» Miguel Martín, *Iros todos a hacer puñetas.*

13. manda huevos *expr.* expresión de hastío y cansancio.

«...(Felipe) Trillo cuando [...] dijo por el micrófono [...] manda huevos.» Francisco Umbral, El Mundo, 17.7.98.

14. no tener (quedar) más huevos *expr.* no tener más remedio.

«...no me quedaban más huevos que acudir...» C. Pérez Merinero, *La mano armada.* ▌«...no tuvimos más huevos que quedarnos en la sala con cara de póker para no montar un numerito.» B. Pérez Aranda *et al.*, *La*

ex siempre llama dos veces. ▌«No tengo más huevos que poner cara de gilito y seguirle la corriente...» C. Pérez Merinero, *Días de guardar.*

15. olé tus huevos *excl.* exclamación de ánimo y aprobación.

«Olé tus huevos. ¡Menudo gol!» El Jueves, 6-12 octubre, 1993. ✓ ▸ *cojones, olé (vivan) tus cojones.*▌

16. pagar (costar) un huevo *expr.* costar mucho dinero.

«...ser detective en la selva cuesta un güevo y la yema del otro.» Rafael Ramírez Heredia, *Al calor de campeche.* ▌«El veraneo me costó un huevo.» DCB. ✓ a veces se añade la coletilla *y la yema del otro.*▌

17. pasarse por (el forro de) los huevos *expr.* despreciar, desdeñar.

«Hay que pasarse por el forro de los huevos a la competencia.» El Jueves, 6-12 octubre, 1993. ▌«...se pasa el compromiso por los huevos.» R. Montero, *Diccionario de nuevos insultos...* ▌«Tus ayudas me las paso yo por los huevos.» Andreu Martín, *Prótesis.*

18. picar un huevo *expr.* estar sexualmente excitado.

«Canciones de moda cuyo estribillo decía: Me pica un huevo, ¿qué voy a hacer si me pica un huevo?» Animalia, año XI, 1998.

19. pillar (agarrar) de (por) los huevos *expr.* dominar, controlar.

«Hay que pasarse pol forro los huevos a la competencia. Hay que pillarlos de los huevos por sorpresa...» El Jueves, 6-12 octubre, 1993. ▌«¿Te das cuenta de que les tienes agarrados de los huevos?» Jaime Romo, *Un cubo lleno de cangrejos.*

20. pisar huevos *expr.* ir, proceder con lentitud, con cautela.

«Avanzar, avanzar hasta que encontremos al de Parma. Es que deben ir pisando huevos.» Gomaespuma, *Grandes disgustos de la historia de España.* ▌«Ya no tenía que entrar pisando huevos, atemorizada...» Rosario Ferré, *La batalla de las vírgenes,* 1993, RAE-CREA. ▌«...así que le meto un bocinazo a un Mazda que va pisando huevos...» José Ángel Mañas, *Sonko95.*

21. poner el (un) huevo *expr.* defecar.

«Poner el huevo. Cagar.» Rafael García Serrano, *Diccionario para un macuto.*

22. ¡qué te frían un huevo! *excl.* expresión de rechazo.

«Le mandé a que le friesen un huevo.» Pgarcía, *El método Flower.*

23. recalentón de huevos *expr.* excitación sexual.

«...se llamaba entonces un recalentón de huevos.» Fernando Arrabal, *La torre herida por el rayo,* 1982, RAE-CREA.

24. salir de los huevos *expr.* porque uno quiere, porque le da la gana.

«¿Así que tus vas a ir al colegio?, yo les decía que no me sale de los huevos...» José Luis Martín Vigil, *Los niños bandidos.*

25. tener huevos *expr.* ser valiente, audaz.

«Eso no tiene usted huevos para decírmelo en la calle.» Ladislao de Arriba, *Cómo sobrevivir en un chalé adosado.* ❚ «...la Rosa tiene más huevos que él...» Juan Marsé, *Últimas tardes con Teresa.* ❚ «...no tienen los huevos para confrontar al profe...» Alejandro Morales, *La verdad sin voz,* 1979, RAE-CREA.

26. tener los huevos bien puestos
▸ *huevo, un par de huevos.*

27. tener los huevos bien puestos *expr.* ser valiente, audaz.

«...demuestra que tienes bien puestos los huevos.» Luis Sepúlveda, *Un viejo que leía novelas de amor,* 1989, RAE-CREA.

28. tener más huevos que el caballo de Espartero *expr.* ser muy valiente.

«...entre los castizos del Foro que utilizan como patrón oro de la virilidad los ostentosos testículos del équido (tener más huevos que el caballo de Espartero.» Moncho Alpuente, El País, 25.7.99. ✓ ▸ *caballo, tenerlos como el caballo de Espartero.*❙

29. tocar los huevos *expr.* molestar, incordiar.

«Como se atrevan a tocarme los huevos, yo se los tocaré a ellos...» Andreu Martín, *Por amor al arte.* ❚ «Como me lo encuentre un día y me toque los huevos, lo descuertizo, vamos...» José Ángel Mañas, *Sonko95.*

30. tocarse los huevos *expr.* haraganear, estar ocioso.

«La pereza se relaciona con entretenimientos sexuales [...] tocarse los huevos, rascarse los cojones, tocarse la pera...» AI. ❚ «¿Y qué hacen aquí, además de bañarse y tocarse los huevos todo el día?» Juan Marsé, *Últimas tardes con Teresa.* ❚◼ «Los empleados están todos los días tocándose los huevos, y así no puede ser.»

31. (y) un huevo *expr.* negación y rechazo.

«Y sus amigas pensaron: y un huevo, rica.» Terenci Moix, *Garras de astracán.* ❚ «Y además, nadie lo conseguiría [...] ¡y un huevo!» P. Antilogus, J. L. Festjens, *Anti-guía de los conductores.* ❚ «Tú no estás detenido. [...] —Y un huevo.» Andreu Martín, *Prótesis.*

32. un par de huevos *expr.* valiente, arrojado; valentía, arrojo.

«Me fui a por el escritor y le dije, así, de buenas a primeras, con un par de huevos...» M. Vázquez Montalbán, *Los alegres muchachos de Atzavara.* ❚ «¡No lo dude, un chiste de mil pares de huevos!» P. Antilogus, J. L. Festjens, *Anti-guía de los conductores.*

huevón *s.* perezoso, bobo, necio.

«¡Usted es un huevón, carajo!» J. Giménez-Arnau, *Cómo forrarse y flipar con la gente guapa.* ❚ «...cuanto más grande más huevón.» R. Montero, *Diccionario de nuevos insultos...* ✓ DRAE: «vulg. Méj. Holgazán, flojo». ▸ también *güevón.*❙

huevudo *adj.* estupendo, maravilloso.

«Es un delantero centro huevudo.» DE. ❚ «Huevudo. Cojonudo.» JM.

2. *s.* perezoso, vago, necio.

«¡Eres huevudo: heredas de tu abuela y te dan el timo del portugués!» DS. ❚«Huevudo, inflagaitas...» DTE. ❚◼ «¡Qué huevudo es tu hijo; a ver si le pones a hacer algo, anda!»

húmeda *s.* lengua.

«La húmeda por lengua se usa en lenguaje barriobajero.» DCB. ❚ «...al menos eso es lo que me ha contado, espero que se le suelte la húmeda cuando le empecemos a dar el cava.» Jaime Romo, *Un cubo lleno de cangrejos.* ❚ «Pero ellos hacen el paripé y le dan a la húmeda.» C. Pérez Merinero, *Días de guardar.* ▌ «No le des tanto a la húmeda y ponte a trabajar.» CL. ▌ «El tipo, un carajote con pinta de becerro y maneras de meapilas que se la saca con papel de fumar, le da a la húmeda en plan fetén.» C. Pérez Merinero, *Días de guardar.*

humo, bajarle a uno los humos *expr.* poner a alguien bajo control.

«...le han bajado un poco los humos...» Fernando Martínez Laínez, *Bala perdida.*

2. hacerse humo *expr.* irse, marcharse.

«Ahora, el chulo se ha hecho humo llevándose los beneficios del negocio...» Andreu Martín, *Amores que matan, ¿y qué?*

3. malos humos *expr.* malos modales, mal genio.

«...se dañó nuestra convivencia por los malos humos que nos despertaban los niños y el cansancio acumulado...» María Teresa Campos, *Cómo librarse de los hijos antes de que sea demasiado tarde.*

humor de perros *expr.* mal humor, mal genio.

«...está de un humor de perros...» Manuel Hidalgo, *Azucena, que juega al tenis.* ▌ «...estaba de un humor de perros.» Gomaespuma, *Grandes disgustos de la historia de España.* ▌ «Hace días que duermo mal, me levanto cansada y con un humor de perros.» María Antonia Valls, *Tres relatos de diario.*

hurona *s.* prostituta.

«...guarra; hurona; lagarta; loba; lea...» AI. ▌ «Hurona. Lumi, burracona, prostituta.» Ra. ▌ ▪ «Ese bar de mala muerte que hay en tu calle está plagao de huronas, chulos y otra gente de mal vivir.»

*hurtar cf. (afines) ▶ *robar.*

Ii

idas y venidas *expr.* trajín, movimiento, actividades de un lado para otro.
«Tenía un informe completo de sus idas y venidas en el...» M. Vázquez Montalbán, *La historia es como nos la merecemos.*

idea, no tener idea *expr.* no saber.
«No tengo ni la menor idea.» Jesús Ferrero, *Lady Pepa.*

2. ▶ *puta, no tener ni puta idea.*

3. ▶ *zorra, no tener ni zorra (idea).*

4. tener mala idea *expr.* mala intención.
«...se llevaron el tesoro litúrgico, que hay que tener mala idea.» Gomaespuma, *Grandes disgustos de la historia de España.*

ido *adj.* demente, loco.
«...y tú, a tus nueve años embebidos y flacos, te quedas ida...» Andrés Berlanga, *La gaznápira.* ▌ «Yo también tuve un amigo ido, Nic...» Jesús Ferrero, *Lady Pepa.* ▌ «Si sonaba el teléfono y yo no estaba en casa, él contestaba diciendo que estaba ida.» María Antonia Valls, *Tres relatos de diario.* ▌ «Hablara de lo que hablase, Jorge Cienfuegos daba la impresión de estar ido.» Pedro Casals, *Disparando cocaína.*

iglesia, pasar por la iglesia *expr.* casarse.
«...si es que la Pepa es mi mujer, la que pasó por la iglesia...» Ramón Ayerra, *Los ratones colorados.*

*ignorante cf. (afines) analfa, analfabestia, cateto, cazurro, isidro, paleto, palurdo, patán, pueblerino.

*ignorar cf. (afines) ▶ *saber, no saber.*

iguales *s. pl.* guardia civil.
«Pasaron los tiempos en que los iguales y los maderos nos asesinaban.» Raúl del Pozo, *Noche de tahúres.* ▌ «Iguales. Pareja de aceituno, picoletos.» Ra. ▌■▀ «Dos iguales apostados a la salida del pueblo están multando a todos los coches que no paran en el stop.»

2. *s. pl.* cupón de la O.N.C.E.
«Camino del coche volvió a topar con el ciego y su niño [...] y se les acercaban los compradores de iguales...» M. Vázquez Montalbán, *La rosa de Alejandría.* ▌ «...fue a darle a un vendedor de iguales...» F. Vizcaíno Casas, *Hijos de papá.* ✓ O.N.C.E.: Organización Nacional de Ciegos de España.▌

ilu *s.* ilusión.
«¿Salimos? Oh, qué bien. Me hace mucha ilu.» Terenci Moix, *Garras de astracán.* ▌ «¡Qué ilu! ¿Podría besarme con lengua?» Forges, A las barricadas, 11-17 mayo, 1998.

impermeable *s.* profiláctico, condón.
«Impermeable: preservativo.» JMO. ▌ «Impermeable. Preservativo, condón.» VL. ▌ «Impermeable, preservativo. Por los escaparates en Amsterdam, ves impermeables de todos los colores.» JM. ▌■▀ «Si vas al parque del Oeste a pasear encuentras impermeables por todas partes. Es un asco y una vergüenza.» ✓ no se ha podido documentar fuera de diccionarios.▌

*importante cf. (afines) de abrigo, de puta *aldaba, de aquí allá, de aquí te espero, de aúpa, de caballo, que te cagas, como una casa, como una catedral, cojón de mico, cojón de pato, del copón, el copón, de mucho cuidado, de mil diablos, de espanto, fenomenal, gordo, a lo grande, en grande, horrores, de la leche, de marca mayor, de no te menees, morrocotudo, de muerte, de tres pares de *narices, de padre y muy señor mío, como un piano, como la copa de un pino, como puños, tamaño gigante, tamaño natural, tomo y lomo.

importante, tío importante s. persona de autoridad.

«Búfalo Obongo, le llaman. Un tío importante que se ha cargado a un tal Ramón...» Jaume Ribera, *La sangre de mi hermano,* 1988, RAE-CREA. ▌«Lo que ocurre es que Parda es un tío importante.» Juan Madrid, *Flores, el gitano.* ▌«Así que matan a un tío importante de ETA en Bélgica y nadie se entera.» Juan Luis Cebrián, *La rusa.* ▌◾«Mi hermano quiere convertirse en un tío importante en el negocio de la carne. ¿Y por qué no?»

*importar, no importar cf. (afines) no importar un *bledo, no importar un *cuerno, por mí como si te la cascas, traer sin cuidado, traérsela *floja a uno, traer al fresco, por mí como si te la *machacas, importar un *pimiento, importar un *pito, importar un *rábano, no importar una mierda, plin, importar tres puñetas, resbalar.

importar tres cojones ▶ *cojones, importar tres (pares de) cojones.*

importar tres puñetas ▶ *puñeta, importar tres puñetas.*

importar un bledo ▶ *bledo, (no) importar (dar) un bledo.*

2. importar un carajo ▶ *carajo, (no) importar un (tres) carajo(s).*

3. importar un cuerno ▶ *cuerno, importar un cuerno.*

4. importar un higo ▶ *higo, (no) importar un higo.*

5. importar un huevo ▶ *huevo, (no) importar un huevo.*

6. importar un pepino ▶ *pepino, (no) importar un pepino.*

7. importar un pimiento ▶ *pimiento, no valer (importar, apetecer) un pimiento.*

8. importar un pito ▶ *pito, (no) importar un pito.*

9. importar un rábano ▶ *rábano, (no) importar un rábano.*

10. importar una higa ▶ *higa, importar una higa.*

11. importar una mierda ▶ *mierda, (no) importar una mierda.*

impotente s. hombre cuyo pene no logra la erección.

«Este niño pudiera ser tuyo si no fueras impotente.» Fernando G. Tola, *Cómo hacer absolutamente infeliz a un hombre.* ▌«...porque además de ser impotente soy prostático.» Chumy Chúmez, *Por fin un hombre honrado.*

impresentable adj. grosero, basto, malo.

«Esa mujer es una gorda impresentable.» Francisco Umbral, TVE1, agosto, 1998. ▌«...y agrupar aquí todo lo impresentable, indeseable, petardo y pastoso...» PC Actual, julio-agosto, 1998. ▌◾«Torcuato es impresentable, desagradable e ignorante.»

in adj. de moda.

«Lo que sí conviene, y de hecho es indispensable, es dar el pego, aparecer en las discotecas más in del momento...» Roger Wolf, El Mundo, 2.1.99. ✓ anglicismo.▌

inaugurar v. desflorar, desvirgar.

«Le hice un favor, la inauguré, la dejé más suave que un guante...» Andreu Martín, *Lo que más quieras.*

*incauto cf. (afines) bartolo, capullo, dupa, garute, julandrón, julay, lila, palomo, pardillo, primarrón, primavera, primo, pringao.

*incordiar cf. (afines) ▶ *molestar.*

*indeseable cf. (afines) borde, cabrón, capullo, cerdo, coñazo, gilipollas, guarro, hijoputa, macarra, majadero, malnacido, mamón, maqui, merdoso, mierda, mierdoso, pelma, pelmazo, puerco, puñetero, puto, tontarra.

indio, hacer el indio ▶ *hacer, hacer el indio (mico, oso).*

individua *s.* mujer, prostituta.

«...una elementa; una tal; una cualquiera; una de esas; una tipa; una fulana; una andova; [...] una individua...» AI. ❚ «¡No quiero que me engañes con una individua que usa los támpax de mi misma medida!» Adolfo Marsillach, *Feliz aniversario,* 1991, RAE-CREA.

individuo *s.* persona innominada.

«m. y f. fam. Persona cuyo nombre y condición se ignoran o no se quieren decir.» DRAE. ❚ «Sale con un individuo al que no soporto.» CL. ❚ «Dos individuos salieron del coche y se liaron a tiros con la bofia.» DCB. ❚ «...dejando paso a un individuo que vestía la toga...» J. J. Benítez, *Caballo de Troya I,* 1984, RAE-CREA. ❚ «Por fin, un individuo de facciones abotargadas...» Eduardo Mendoza, *La ciudad de los prodigios.*

infarto, de infarto *adj.* impresionante, maravilloso.

«...podrías encontrar alguna ganga o alguna oferta de infarto.» You, n.° 3. ❚ «...y el final es de infarto.» Jordi Sierra i Fabra, *El regreso de Johnny Pickup,* RAE-CREA. ❚ «Ella sí que hace bien las tortillas de patatas. Las hace de infarto.» C. Pérez Merinero, *Días de guardar.* ❚ «...tuvimos que ver su descenso de infarto...» Javier García Sánchez, *El Alpe d'Huez,* 1994, RAE-CREA. ❚ «Particular, rubia espectacular, ojos azules, cuerpo de infarto.» Anuncios clasificados, El Mundo, 13.5.99. ❚■ «He conocido en la playa a una morena de infarto.»

***inferior** cf. (afines) ▶ *malo.*

***infiel, infidelidad** cf. (afines) adornar la frente, cabestro, cabrito, cabrón, cabrona, caracol, ciervo, consentido, poner la *cornamenta, corneta, cornificar, cornudo, cornúpeta, coronar, poner *cuerna, poner los *cuernos, dársela a alguien, engañar, poner el *gorro, jugársela a alguien, marido burlado, novillo, pegársela, ponérselos, venado. ✔ ▶ *hombre burlado.*❚

infierno, al infierno *excl.* exclamación de rechazo.

«¿Es que pretendes que nos manden al infierno?» Miguel Delibes, *Madera de héroe,* 1987, RAE-CREA. ❚■ «¡Vete al infierno y deja de molestar!»

inflagaitas *s.* bobo, necio.

«¿Se acuerda usted de aquel inflagaitas del Estanislao, que quería ser torero?» C. J. Cela, «Noviciado, salida noviciado», en *Antología del cuento español.* ❚ «...un vate entre inflagaitas y minimalista...» C. J. Cela, ABC, 6.9.98. ❚ «Si que va empollado ese inflagaitas.» Pedro Casals, *Disparando cocaína.* ❚ «...y se quedó en finolis e inflagaitas...» Ramón Ayerra, *Los ratones colorados.*

inflapollas *s.* bobo, tonto.

«Inflapollas: bobo, tonto, usado como insulto.» JMO. ❚ «Inflapollas. Tonto, estúpido, majadero.» VL. ❚ «Inflapollas. Imbécil, estúpido. Es idiota hasta decir basta. Un inflapollas.» JM. ✔ no se ha podido documentar fuera de diccionarios.❚

***influencias** cf. (afines) agarraderas, aldabas, enchufado, enchufe, tener *mano.

infollable *adj.* inaguantable, insoportable.

«...un mogollón infollable, tía.» Andrés Berlanga, *La gaznápira.*

***informador** cf. (afines) ▶ *delator.*

***informar** cf. (afines) berrear, cantar, chivatar, chivatazo, dar buena *cuenta de, dar el bocinazo, dar el *cante, dar tres *cuartos al pregonero, desembuchar, irse de la *muy, largar, piar, soplar.

ingeniero *s.* persona suficiente, pedante, vanidosa.

«...Las cuatro ingeniosidades que han captado a lo largo de su vida, y con eso se las quieren dar de ingenieros...» JV. ❚ «Ingeniero. Vanidoso, petulante, tunante, purista.» Ra. ❚ «Ingeniero: Pedante.» Ángel Palomino, *Insultos, cortes e impertinencias.*

inodoro *s.* retrete.

«...y la blancura y esferidad freudiana de lavabos, baños, inodoros, bidés y demás fritos variados...» José M.ª Zabalza, *Letreros de retrete y otras zarandajas.* |✓ MM: «desprovisto de olor, particularmente de mal olor. Retrete inodoro». Y el DRAE: «Aplícase especialmente a los aparatos que se colocan en los escusados de las casas y en los evacuatorios públicos para impedir el paso de los malos olores. Ú. m. c. s. m.»|

inopia, estar en la inopia *expr.* distraído, tonto.

«Como sigue en la inopia le pego un pisotón que le hace exclamar un ¡Ay!...» C. Pérez Merinero, *Días de guardar.* ▌«...Luis estuvo en la inopia hasta el desastre...» José Luis Martín Vigil, *Los niños bandidos.*

inri, para más inri *expr.* y para colmo.

«Y, para más inri, hoy se había presentado el día...» Ernesto Parra, *Soy un extraño para ti.* ▌«...difícil de apreciar en esta tierra nuestra, el país de Cervantes para más inri...» José Jiménez Lozano, ABC, 14.2.99.

insaciable *adj.* y *s.* de grandes necesidades sexuales.

«Universitaria. Insaciable. Quiero disfrutar a tope del sexo mientras estés en Madrid.» Anuncio clasificado, ABC, 12.7.98.

*insolente cf. (afines) ▸ *descarado.*

*insoportable cf. (afines) bronca, coñazo, moñazo, muermo, palizas, peñazo, pesado, plasta, plomizo, plomo, rollazo, rollo.

insti *s.* instituto de enseñanza.

«Cuando llegaba del insti ya me había llamado un par de veces.» Ragazza, n.° 100. ▌«...cosas que te han pasado en casa o en el insti, o en algún bareto...» A. Gómez Rufo, *Cómo ligar con ese chico que pasa de ti o se hace el duro.*

instrumento *s.* pene.

«Van todos con su instrumento en la mano [...] Me refiero, naturalmente, a los instrumentos de tocar.» F. Vizcaíno Casas, *Hijos de papá.* ▌«Es metáfora funcional de intención festiva (el pene o la vulva funcionan como instrumentos).» DE. ▌«Me hunde su hermoso instrumento más profundamente aún...» Olga Karsen, *La depravada.* ▌«...hace que ella le menee los huevos le empuñe el instrumento...» Ambrosio de la Carabina, *Don Juan notorio.*

interesar, no interesar un pito *expr.* no interesar en absoluto.

«A los tres, las vicetiples no parecían interesarles un pito...» F. Vizcaíno Casas, *Hijos de papá.*

*intoxicación alcohólica cf. (afines) ▸ *borrachera.*

*intoxicado cf. (afines) ▸ *ebrio.*

inútil, ser más inútil que la polla del Papa *expr.* torpe, inepto; que no sirve.

«Los ineptos [...] tampoco están muy bien considerados [...] torpón [...] patoso [...] manazas [...] desastre [...] negao [...] más inútil que la polla del Papa...» AI.

invento, fastidiarse (jorobarse, joderse, desbaratarse) el invento *expr.* estropearse un asunto.

«...decidieron aparearse de acuerdo con sus preferencias sentimentales, y esto fue lo que fastidió el invento.» María Antonia Valls, *Para qué sirve un marido.* ▌«Pero algún soplón les desbarató el invento.» Gomaespuma, *Grandes disgustos de la historia de España.* ▌«Ha salido el mozo intelectual. Y nos ha jodido el invento.» M. Murillo Gómez, *Dogma de fe,* 1986, RAE-CREA. ▌«Y fue ahí donde el invento se jodió.» José Luis Martín Vigil, *Los niños bandidos.* ▌«En la época victoriana, habría hecho carrera, pero el Partido Laborista le jorobó el invento.» Felipe Navarro (Yale), *Los machistas.* |✓ ▸ *joder, joderse el invento.*|

invertido *s.* homosexual.

«...su instinto sexual se torcerá y será para siempre un invertido.» Jesús Ferrero, *Lady Pepa.* ▌«Y los invertidos tenían una particular inclinación al melodrama.» Terenci Moix, *Garras de astracán.* ▌«...estábamos aislados cuarenta o cincuenta delincuentes, de los que doce o catorce eran invertidos.» Victoriano Corral, *Delitos y condenas.* ▌«...el *maricón* no es un invertido; sólo es un pequeño canalla...» Ángel Palomino, *Insultos, cortes e impertinencias.*

invidente *s.* ciego.

«Por ejemplo, nunca llaman a los viejos la tercera edad; a los ciegos, invidentes...» Carmen Posadas, *Yuppies, jet set, la movida y otras especies.*

invierno, **tener cara de invierno** ▸ *cara, cara de invierno.*

*invitación sexual cf. (afines) abrirse de muletas, abrirse de piernas.

*ir(se) cf. (afines) abrirse, aligerarse, liar los ***bártulos,** darse el ***bote,** mover el ***culo,** coger el ***dos,** darse el lique, darse el piro, darse puerta, desaparecer de escena, escampa, esfumarse, guillársela, largarse, hacer la ***maleta,** coger el ***montante,** salir de ***naja,** salir por ***patas,** por piernas, pies para qué os quiero, pirárselas, pitando, coger ***puerta,** volar, darse el ***zuri.**

ir *v.* eyacular.

«Tiene usted mucho swing [...] tanto que yo [...] ¡Hostia que voy, que voy, que voy!» Terenci Moix, *Garras de astracán.* ▌«2. Eyacular el semen.» DE. |✔ ▸ *irse.*|

2. tratar, de lo que trata un asunto.

«...pero cuéntaselo tú, mujer, que sabes mejor de qué va.» M. Vázquez Montalbán, *La rosa de Alejandría.* ▌«Los dos saben de qué va el asunto...» Juan Madrid, *La novela negra,* 1990.

3. a lo que iba (voy) *expr.* como iba diciendo.

«Bien. Pues a lo que iba, el otro día y ya hartos de...» Marisa López Soria, *Alegría de nadadoras.* ▌«Bueno, a lo que voy,...» You, marzo, 1998. ▌«A lo que iba: a las gentes, esto del saludo glacial les causa muchísimo respeto.» Fernando Repiso, *El incompetente.* ▌«...y, a lo que voy, Hildegarda de Bingen no se debe ordenar por Bingen [...] sino por Hildegarda.» Radio Clásica, revista RNE, marzo, 1999. ▌«Pero, a lo que íbamos: hoy...» Fernando Repiso, *El incompetente.* ▌«A lo que iba. Un buen día...» C. Pérez Merinero, *Días de guardar.*

4. ir a lo de uno *expr.* estar uno interesado sólo en sus propios asuntos.

«Va a lo suyo.» Javier García Sánchez, *El Alpe d'Huez,* 1994, RAE-CREA.

5. ir a por *expr.* ir por, buscar algo.

«De momento no he hecho otra cosa desde que me levanté, excepto bajar a por el periódico...» María Antonia Valls, *Tres relatos de diario.* ▌«...no te cases con tu novio, que ése va a por tu dinero, que es un piernas, y qué razón tenía...» Almudena Grandes, *Modelos de mujer.*

6. ir a por todas *expr.* hacer algo hasta las últimas consecuencias.

«...el Alcalde iba a por todas...» Ramón Ayerra, *La lucha inútil,* 1984, RAE-CREA. ▌«...por lo que pudiera suceder, a partir de ahora iría a por todas...» Emma Cohen, *Muerte dulce,* 1993, RAE-CREA. ▌«Está bien, iremos a por todas pero con precauciones.» M. Sánchez Soler, *Festín de tiburones.*

7. ir como un rayo ▸ *rayo, como un rayo.*

8. ir con *v.* asociarse con.

«En todo caso quiero quitarles al muchacho que va con ellas...» Alfredo Bryce Echenique, *Magdalena peruana y otros cuentos,* 1986, RAE-CREA. ▌◾«Gabriel va con chulos, maleantes y putas.»

9. ir de *expr.* hacerse, dárselas de.

«Es que nunca he ido de estrella.» Ragazza, julio, 1997.

10. ir de culo ▸ *culo, ir (traer) de culo.*

11. ir echando leches ▸ *leche(s), echando leches.*

12. ir (correr) que se mata uno *expr.* muy de prisa, a gran velocidad.

«Este coche corre que se mata.» FV. ▌«Iba que se mataba por la calle de Alcalá abajo.» DCB.

13. ir que se mata uno *expr.* tener suficiente, bastante.

«Treinta talegos para cada uno [...] Veinte y vais que os matáis.» Almudena Grandes, *Las edades de Lulú.* ▌«A partir de ahora vamos que nos matamos con el brasero.» María Teresa Campos, *Cómo librarse de los hijos antes de que sea demasiado tarde.*

14. ir volando *expr.* ir de prisa.

«Voy volando; perdón, quiero decir, voy inmediatamente...» Ángel Palomino, *Todo incluido.*

15. irle a uno *expr.* gustar.

«Hube de ahuyentarlos con la amenaza de llamar un guardia, aunque el de los ojos verdes me iba cantidad.» Pgarcía, *El método Flower.* ▌«Me gusta follar con tíos que me van.» A. Matías Guiu, *Cómo engañar a Hacienda.* ▌«Que es muy zorra [...] y a los tíos les van las zorras.» Eloy Arenas, *Los vecinos de mis vecinos son mis vecinos.* ▌■ «Jaime dice que eso de estudiar no le va.»

16. irse *v.* experimentar orgasmo.

«Eyaculación precoz. ¡Me voy, me voy! ¿Ya? ¿Tan pronto?» El Jueves, 21-28 enero, 1998. ▌«Nunca había gozado tanto. No pude aguantar mucho y me fui rápidamente, y me quedé un rato como atontado.» José María Amilibia, *Españoles todos.* ▌«...me decidí a hablar... Me voy. Entonces me penetró...» Almudena Grandes, *Las edades de Lulú.*

17. irse *v.* morir.

«José Antonio Plaza que hace muy poquito que se ha ido.» Antena 3 TV, 9.1.99.

18. irse a la carrera *expr.* irse muy deprisa.

«Y a media peli te vas a la carrera.» El Jueves, 8-14 abril, 1998.

19. irse a la porra ▶ *porra, a la porra.*

20. irse de la bola ▶ *bola, írsele a uno de la bola.*

21. irse de la lengua ▶ *lengua, irse de la lengua.*

22. irse de la muy ▶ *muy, irse (largar por) la muy.*

23. irse de la olla ▶ *olla, irse de la olla.*

24. irse pitando *expr.* irse, marcharse de prisa.

«Me voy pitando. Ya llego tarde al hotel. Adiós.» Jesús Ferrero, *Lady Pepa.*

25. irse (cagarse) por la pata abajo *expr.* diarreas.

«Los viejos mueren de una [...] cagueta... ya sabes, Por las patitas abajo...» A. Zamora Vicente, *Mesa, sobremesa.* ▌«...le entraba el tembleque a Isabel de Inglaterra y se iba por las patas abajo.» Gomaespuma, *Grandes disgustos de la historia de España.* ▌«Morgado dice que está que se caga por la pata abajo...» Jaime Romo, *Un cubo lleno de cangrejos.* ▌«Con decirles que se pasó toda la tarde en los servicios cagándose patas abajo y vomitando...» C. Pérez Merinero, *Días de guardar.* ▌■ «Hay que llamar al médico porque este tío se nos va por la pata abajo.» ✔ también *patas abajo.*▌

26. ni ir ni venir *expr.* no importar, serle a uno indiferente algo.

«Ya lo ves: a mí ni me va ni me viene. No me preocupa.» Ignacio Aldecoa, *El fulgor y la sangre.* ▌«...Sam tuvo la feliz idea de participar en una contienda que ni le iba ni le venía...» María Antonia Valls, *Tres relatos de diario.* ▌«Hace tiempo que ni me va ni me viene, pero es que no tenía posibilidad de enfrentarme a la situación.» El Gran Wyoming, *Te quiero personalmente.* ▌«Claro que a mí, lo que os ocurra, ni me va ni me viene.» Eduardo Mendoza, *La verdad sobre el caso Savolta.* ▌«...y los más jóvenes, dado que ni les va ni les viene, me lo perdonen.» Manuel Hidalgo, El Mundo, 4.9.99.

27. ser el no va más *expr.* el o lo mejor.

«¡Es el no va más!, ¡es el no va más!» Manuel Hidalgo, *El pecador impecable.* ▌«Crees que es el no va más. Te consideras enamorada.» Santiago Moncada, *Cena para dos,* 1991, RAE-CREA. ▌«...el segundo fabuloso, el tercero el no va más, el cuarto, ése sí...» María Manuela Reina, *Alta seducción,* 1989, RAE-CREA. ▌■ «Este corredor de fondo es el no va más.»

28. ¡vete, salmonete! *expr.* frase humorística de rechazo.

«Anda vete, salmonete.» Elvira Lindo, *Manolito gafotas.*

***ir de bares** cf. (afines) chatear, ir de *chateo, hacer las *estaciones, tasquear.

***ir deprisa** cf. (afines) pisar el acelerador, dar caña, ir como alma que lleva el diablo, escopetao, ir a toda hostia, ir echando leches, ir que se mata uno, quemar caucho, a todo meter, tumbar la aguja, volar.

isidro *s.* en Madrid, paleto, pueblerino.
«...en casa me daba, cuando salía con los isidrones aquellos, dinero para tomar el tranvía...» A. Zamora Vicente, *Historias de viva voz.* ❙ «...los isidros que vienen a Madrid con sus trajes regionales...» José Gutiérrez-Solana, *Madrid, escenas y costumbres, Obra literaria, I.* ❙ ▪ «Antiguamente para las fiestas, Madrid se llenaba de isidros.» ✔ los pueblerinos que venían a Madrid a las fiestas de San Isidro, patrón de la villa.❙

italianini *s.* italiano.
«Una prima donna brinda sus cloqueos, cuatro italianini...» Eduardo Alonso, *Flor de jacarandá,* 1991, RAE-CREA. ❙ «El italianini debía estar ansioso por revolcarse con ella...» Andreu Martín, *El señor Capone no está en casa.* ❙ ▪ «El Museo del Prado está lleno de italianinis en verano.»

italiano *s.* restaurante italiano.
«...saldría a tomar una pasta al italiano más próximo.» Ángel A. Jordán, *Marbella story.* ❙ «Aquel día fui a un italiano...» Juan José Millás, *Tonto, muerto, bastardo e invisible.*

izquierdo *s.* corazón.
«El izquierdo: el corazón.» JV. ❙ «Izquierdo. Patata, corazón.» Ra. ❙ ▪ «El izquierdo le está dando problemas a Juan y teme morir de un infarto.» ✔ no se ha podido documentar fuera de diccionarios.❙

Jj

ja *s.* aviso, advertencia.

«De vez en cuando, se asoma a la puerta, para dar el ja, o el queo, si viene la goma, porque el juego está prohibido y a veces hay que *hacerse un fuego*, que no es otra cosa que pirarse...» José M.ª Zabalza, *Letreros de retrete y otras zarandajas*.

2. mujer.

«Y que esa ja no es artista de cine ni nada...» P. Perdomo Azopardo, *La vida golfa de don Quijote y Sancho*.

jabeque *s.* herida, corte.

«...y que al primero que bajase, al más guapo que le pidiese cuentas, le pintaría un jabeque en las tripas...» José Gutiérrez-Solana, *Madrid, escenas y costumbres, Obra literaria, I*.

jabón, dar jabón *v.* halagar.

«¡Y conste que no lo digo para darles jabón!» Miguel Martín, *Iros todos a hacer puñetas*. ▮ «¡Menos jabón y al grano!» Mariano Sánchez, *Carne fresca*. ▮ «—Creo que usted no es un delincuente. —Sin jabón, hermano.» Ernesto Parra, *Soy un extraño para ti*. ▮ «Dar jabón. Alabar, elogiar, ponderar.» LB. ▮ «Hay que darles jabón, y decirles que son muy profesionales...» Pedro Casals, *Disparando cocaína*. ▮ ◾ «Al jefe hay que darle jabón a base de bien para que trague.»

jaca *s.* mujer atractiva.

«Viene colgado del brazo de una jaca belga, pelirroja...» Carlos Zeda, *Historias de Benidorm*. ▮ ◾ «Intenté follarme a la jaca rubia aquella, pero na, no se dejó.»

jaco *s.* heroína.

«En los viejos tiempo surtía de jaco a Gela Geisler.» Raúl del Pozo, *Noche de tahúres*. ▮ «Las chicas de ahora, empujadas por el jodío jaco...» Manuel Giménez, *Antología del timo*. ▮ «¡Quería que yo le marcara a unos camellos cuando tuvieran jaco...» M. Sánchez Soler, *Festín de tiburones*.

jai *s.* mujer.

«...pero eso de que las jais son mucho más temerarias que los maromos...» Jaime Campmany, ABC, 20.3.98. ▮ «...sólo se trabaja el pasado en función del futuro, y la tía de anoche en función de la jai de mañana.» Francisco Umbral, *Madrid 650*. ▮ «Ese bailecito del viejales con la jai...» A. Zamora Vicente, *Historias de viva voz*. ▮ «jai. Mujer joven. Viene del quinqui já, que a su vez viene del caló.» Francisco Umbral, *Diccionario cheli*. ▮ «¡Quietos, esa jai es nuestra!» Fernando Martínez Laínez, *La intentona del dragón*. ▮ «...tiene una jai muy pechugona a la que dicen la Choni.» M. Sánchez Soler, *Festín de tiburones*.

2. prostituta.

«En caliente puta es lumis, cisnes o jais, que viene de alhajai o alhajada, o sea, llena de joyas.» Juan Madrid, *Crónicas del Madrid oscuro*.

jaimito *s.* niño travieso.

«Por alusión a Jaimito, que es un personaje típico de chistes verdes y de gamberradas.» CL. ▮ «Jaimito. Niño travieso y ocurrente.»

VL. ▌«...que pareces Jaimito.» Eduardo Mendicutti, *El palomo cojo,* 1991, RAE-CREA.

jala ▸ *jalancia.*

jalancia *s.* comida.
«Jalancia: comida.» JMO. ▌«Jalancia: alimentación, comida.» JV. ▌«Jalancia. Manduca, jala, zampa.» Ra. ▌■ «A ése le gusta la jalancia más que na.» ✓ no se ha podido documentar fuera de diccionarios.▌

2. las ganancias en el juego de los triles.
«Lo que ganan (en el argot *la jalancia*) es repartido por el baranda de la colla...» Manuel Giménez, *Antología del timo.*

jalandria ▸ *jalancia.*

jalar *v.* comer.
«...y eran lo que se dice otros tiempos. Tiempos de no jalarse una rosca...» Fernando Sánchez-Dragó, «Anábasis», en *Antología del cuento español.* ▌«A todas les encanta hablar de sexo, pero ninguna se jala una rosca.» Manuel Hidalgo, *Azucena, que juega al tenis.* ▌«Los de la Brigada Interior no se jalan una rosca.» Juan Madrid, *Flores, el gitano.* ▌«...no me jalo una rosca.» C. Pérez Merinero, *Días de guardar.* ▌«Lo que yo tengo es hambre de hambre, de jalar...» Juan Marsé, *Si te dicen que caí.* ▌«¿Ustedes que son, de los que tardan trece minutos en jalarse un cocido o de los que pierden el tiempo...» C. Pérez Merinero, *Días de guardar.* ▌«A la gente a la que le gusta follar, jalar bien, no les vienen ganas de suicidarse.» M. Vázquez Montalbán, *La historia es como nos la merecemos.* ✓ ya lo registra LB. DRAE: «fam. Comer con mucho apetito».▌

2. copular.
«...ocurrió lo que tenía que ocurrir, que la pacifiqué un poco, entró en razón y me la jalé sobre la arena...» Ramón Ayerra, *Los ratones colorados.*

3. beber, emborracharse.
«Si ayer cuando nos topamos / no pude hacerme pa un lao, / no fue por rivalizarte, / sino que estaba jalao.» Germán Suárez Blanco, *Léxico de la borrachera.*

jalear *v.* animar, azuzar.
«...los aires de comandanta que se daba la gachí y le chiflaba meter cizaña y jalear a

tía Victoria.» Eduardo Mendicutti, *El palomo cojo,* 1991, RAE-CREA. ▌«La vuelven a jalear y ella se jalea.» José Martín Recuerda, *Las arrecogías del beaterio de Santa María Egipciaca,* 1977, RAE-CREA. ▌■ «No le jalees porque estamos perdidos, no parará nunca de hacerlo.» ✓ DRAE: «Animar con palmadas, ademanes y expresiones a los que bailan, cantan, etc. Ú. t. c. prnl.».▌

*jaleo cf. (afines) armar un *pitote, armar(se) la marimorena, armarla, berenjenal, bollo, bronca, cacao, cante, cipostio, cirio, cisco, desmadre, despelote, embarque, fandango, follón, fregado, jaleo, jarana, jari, la de Dios, liarla, marimorena, merienda de negros, montar la de *Dios es Cristo, montar un cacao, montar un *cirio, montar un *número, pajarraca, pelotera, pitote, poner el *grito en el cielo, quilombo, taco, tomate, trifulca, tener una *buena, zapatiesta, zipizape.

jaleo *s.* lío, escándalo, alboroto.
«No les va mal un poco de jaleo para que aprendan.» Elena Quiroga, *Escribo tu nombre,* 1965, RAE-CREA. ▌«Pues ha habido jaleo en algunos sitios.» Elena Quiroga, *Escribo tu nombre,* 1965, RAE-CREA. ▌«...danza de zapateado, de golpeado, de jaleo sin música...» Miguel Ángel Asturias, *Papá verde,* 1954. ▌«¿Qué te parece, Ignacio? ¿No será mucho jaleo?» J. M.ª Gironella, *Un millón de muertos,* 1961, RAE-CREA. ▌■ «Ricardo está metido en un jaleo de miedo.» ✓ DRAE: «fam. Diversión bulliciosa. 5. fam. Alboroto, tumulto, pendencia».▌

jalón *s.* robo con tirón.
«Jalón. Tirón violento de un bolso u otro objeto para robarlo.» VL. ▌«Jalón: tipo de robo por el sistema del tirón.» JMO. ▌«...me la trincó, y del jalón que me dio...» Fernando Quiñones, *Las mil y una noches de Hortensia Romero,* 1979, RAE-CREA. ▌■ «Por los alrededores de los museos los ladrones practican el robo por el método del jalón.»

jamancia *s.* comida.
«Ya en el tren le llegó la hora de la jamancia al pituso...» A. Zamora Vicente, *Historias de viva voz.*

jamar *v.* comer.

«No te mosquees que sí vamos a jamar a un seven.» José Ángel Mañas, *Historias del Kronen.* ❙ «Porque mientras tú bebes, los demás siguen jamando y te quedarás sin nada...» Juanma Iturriaga, *Con chandal y a lo loco.* ❙ «Le saco los ojos y me los jamo.» Andreu Martín, *Lo que más quieras.* ❙ ▪ «Vamos a jamar que tengo un hambre que me muero.» ✓ DRAE: «tr. fam. Tomar alimento, comer. 2. Ú. t. c. prnl.».❙

jamás de los jamases *expr.* nunca.

«Jamás de los jamases hay que resignarse.» Andrés Berlanga, *La gaznápira.* ❙ «Jamás de los jamases había ido a un hospital...» Jesús Ferrero, *Lady Pepa.* ❙ «En jamás de los jamases la nicotina había logrado hollar aquel santuario.» Pedro Casals, *Disparando cocaína.* ✓ la locución completa es *en jamás de los jamases.*❙

jambo *s.* individuo, hombre o mujer.

« Jambo. Hombre listo.» LB. ❙ «Jambo. Hombre.» JGR. ❙ «Jambo, a, hombre, mujer.» JMO. ❙ «Jambo: hombre, individuo, desconocido.» JV. ❙ «Jambo-a, hombre, mujer.» VL. ❙ «Jambo. Individuo, sujeto, menda.» Ra. ✓ no se ha podido documentar fuera de diccionarios.❙

jamón, jamón de mono *expr.* cacahuetes.

«Bueno, dame jamón de mono...» P. Perdomo Azopardo, *La vida golfa de don Quijote y Sancho.* ❙ «El aperitivo del día es jamón de mono, refiriéndose a los cacahuetes...» José M.ª Zabalza, *Letreros de retrete y otras zarandajas.* ✓ ▸ también *mono.*❙

2. ¡y un jamón! *excl.* exclamación de incredulidad.

«¿Fracasado el alumno? ¡Y un jamón!» Fernando Martín, *Cómo aprobar todo sin dar ni chapa.*

jando *s.* dinero.

«A lo largo de la historia del toreo, casi todas las reapariciones lo han sido por la panoja, jurdeles, parneses, jandos, diversas formas con que los andaluces nombran a los billetes de curso legal.» El Mundo, Magazine, 18.5.91.

japuta *s.* mujer indeseable.

«La japuta es siempre chica y el mote le viene de la aversión que logra crear hacia

su persona...» R. Gómez de Parada, *La universidad me mata.*

jarabe *s.* médico.

«Jarabes: los jarabes, los médicos.» JV. ❙ «Jarabe. Doctor, galeno, médico.» Ra. ❙ ▪ «Se le llama jarabe al médico porque recetaban jarabes para todo. Tampoco había otra cosa que recetar, claro.» ✓ no se ha podido documentar fuera de diccionarios.❙

2. dar jarabe de palo (fresno, porra) *expr.* golpear, pegar.

«...y sin respeto a la diferencia de edad, le hubiera dado una mano de jarabe de fresno...» Jose-Vicente Torrente, *Los sucesos de Santolaria.* ❙ «...ha perdido la memoria. A ver si el jarabe de porra se la hace recobrar.» A. Sopeña Monsalve, *El florido pensil.* ❙ ▪ «Por el ojo morao que lleva, seguro que le han dao jarabe de palo a ése.» ✓ DRAE: «expr. coloq. que alude a una paliza como medio de disuasión o de castigo».❙

jarana *s.* lío, alboroto, juerga, diversión.

«...bollo, [...] jarana, tango, cacao, tomate, follón...» Rafael García Serrano, *Diccionario para un macuto.* ❙ «Y qué jarana si la vinieran a ver.» Tomás Mojarro, *Yo, el valedor,* 1985, RAE-CREA. ❙ «...beber, bailar y armar jarana.» Alberto Omar, *Hoy me he levantado trascendente,* 1989, RAE-CREA. ❙ «...siempre de jarana por ahí.» Cristóbal Zaragoza, *Y Dios en la última playa.* ❙ «Siempre con ganas de jarana, templado como unas castañuelas.» Andrés Berlanga, *La gaznápira.* ❙ «...desde que empezó esa jarana...» Jesús Alviz Arroyo, *Un solo son en la danza,* 1982, RAE-CREA. ❙ «Menos la que le gusta la jarana, la diversión...» P. Perdomo Azopardo, *La vida golfa de don Quijote y Sancho.* ❙ ▪ «Siempre que mi madre llega borracha a casa tenemos jarana.»

jarca *s.* grupo de personas.

«...toda esta jarca se empezaría a escandalizar si me oyera...» A. Zamora Vicente, *Mesa, sobremesa.* ✓ DRAE: «fig. y fam. p. us. Conjunto de muchas cosas diversas o de una misma especie, pero sin orden ni concierto».❙

jardín *s.* retrete.

«Románticos que lo denominan jardín, por la costumbre de mandar a las gentes a este lugar cuando en las casas no existía un sitio concreto.» José M.ª Zabalza, *Letreros de retrete y otras zarandajas.* ▌ «Jardín. Retrete.» LB. ▌ ▪▪ «Lourdes está en el jardín porque tiene diarrea.»

jari *s.* lío, desconcierto, alboroto.
«¡Menudo jari ¡Vaya lío!» R. Gómez de Parada, *La universidad me mata.*

jarroncho *s.* restos de comida entre los dientes.
«Cualquiera besa a ese tío, lleva jarronchos siempre.» CO, María Gallego, 15.4.1998.

jaula *s.* cárcel, prisión.
«Jaula: cárcel.» JMO. ▌ «La jaula: la cárcel.» JV. ▌ «Jaula. Trena, trullo, cárcel.» Ra. ▌ ▪▪ «Me he tirado cuatro meses en la jaula por insultar al Cardenal.» ▌✓ no se ha podido documentar fuera de diccionarios.▌

2. jaula abierta (pájaro muerto) *expr.* expresión festiva que indica que alguien lleva la bragueta abierta.
«Los solterones siempre podéis llevar la jaula abierta.». M. Vázquez Montalbán, *La soledad del manager,* 1977, RAE-CREA. ▌ ▪▪ «Ricardo, ¡jaula abierta, pájaro muerto! ¡Abróchate la bragueta!»

jebe *s.* nalgas, ano.
«Culo: nalgas, cachas, culamen, pompis, popa, posteridad, jebe, ojete, saco.» José M.ª Zabalza, *Letreros de retrete y otras zarandajas.* ▌ «Si gritas, te abro el jebe hasta las orejas...» Manuel Quinto, *Estigma.* ▌ «Le tapé los ojos con las manos y le arrimé la cebolleta a su jebe. Al sentir la polla...» C. Pérez Merinero, *La mano armada.* ▌ «Jebe. Ano, culo. Es voz caló —que vale por agujero— presente en la jerga popular.» DE. ▌✓ ▸ también *geve.* Para Besses *jebe* es simplemente *agujero.*▌

jefa *s.* esposa, mujer.
«Y [...] además de tener a la cajera, tiene a Milagros, la mujer legítima, la jefa, que se pasa todos los días unas horas en la tienda...» Ángel Palomino, *Todo incluido.* ▌ «Les ha colocado la jefa unos pomposos gorros de cocinero...» Miguel Martín, *Iros todos a hacer puñetas.* ▌ «Menos mal que la prensa no utiliza términos como *parienta, jefa,* mi

señora o *costilla,* de uso, entre popular y castizo...» Manuel Hidalgo, El Mundo, 23.7.99.

jefazo *s.* persona importante.
«...qué mala bestia, pero, a ver, es el jefazo...» A. Zamora Vicente, *Mesa, sobremesa.* ▌ «Los jefazos de la música no creían en mí.» Mónica Naranjo, El Mundo, 19.4.98. ▌ ▪▪ «Desde que se ha convertido en jefazo, a Pedro no hay quien le hable.»

jefe *s.* entre gente de baja estofa, tratamiento de respeto hacia un superior.
«¿Oiga, jefe, cuánto va a tardar?» Juan Madrid, *Cuentas pendientes.* ▌ «...buena moto, jefe, ya usted lo ve...» Francisco Umbral, *Madrid 650.* ▌ «A ver, jefe, qué se debe.» C. Pérez Merinero, *Días de guardar.* ▌ «Por cinco mil leandras ya podrá dar todo esto, eh, jefe.» M. Vázquez Montalbán, *La rosa de Alejandría.* ▌ «Cuanto tiempo sin verlo, jefe.» Juan Madrid, *Un beso de amigo.*

2. encargado, director, superior.
«Un poco rápido, ¿no, jefe?» Juan Madrid, *Flores, el gitano.* ▌ ▪▪ «El jefe nos ha comunicado que este mes no puede pagar a nadie.» ✓ DRAE: «m. Superior o cabeza de un cuerpo u oficio».▌

jeringa *s.* pene.
«Es metáfora formal y funcional el pene semeja una jeringa e inyecta el semen...» DE.

jeringar *v.* molestar, incordiar.
«No tienes que pincharte [...] ni jeringar a los vecinos...» A. Zamora Vicente, *Historias de viva voz.* ▌ «Pasa [...] pasa que me has jeringado.» Pedro Casals, *La jeringuilla.* ▌ «Eso le va a jeringar mucho. ¡No te jeringa!» JM. ▌ ▪▪ «¡Deja ya de jeringar, coño!» ✓ eufemismo por *joder.* DRAE: «fig. y fam. Molestar o enfadar. Ú. t. c. prnl.».▌

jeró *s.* audacia, frescura, insolencia.
«Me quería ligar por la jeró.» José Luis de Tomás García, *La otra orilla de la droga,* 1984, RAE-CREA. ▌ «La jeró que tiene tu hermana Marta es ya como demasiado.» DCB.

2. la cara.
«Lo van a sinastrar en cuanto chipre la jeró.» Fernando Martínez Laínez, *La inten-*

tona del dragón. ❙ «Pero si te has tapujao, vuelvo, te amanillo y luego te modifico la geró.» Juan Madrid, *Las apariencias no engañan.* ❙ «El vientecillo me daba en la jeró...» C. Pérez Merinero, *La mano armada.* ❙ «Por la jeró: gratis, de balde.» Ra. ❙ ▪ «Tiene la jeró el Jaime que parece un mapa de la paliza que le han dado.» ❘✔ jeró o geró.❘

3. persona, tipo.

«¡Pasa, jeró, hace tiempo que te esperábamos.» Cómic Jarabe, n.° 4, 1996.

4. poner (estar) de mala jeró *expr.* enfadar(se), poner(se) de mal humor, talante.

«No quiero que vengas a mi fiesta porque siempre estás de mala jeró, tío.» CO, Laura Lynn Carbonell.

jet *s.* ociosos nuevos ricos.

«...la clase elevada, la jet...» A. Zamora Vicente, *Historias de viva voz.* ❙ «Llegaron de sus remotísimas islas en el séquito de algunas conocidas damas de la jet...» Ladislao de Arriba, *Cómo sobrevivir en un chalé adosado.* ❙ «...se ha convertido en uno de los ventanales por donde la jet set se asoma al mundo.» Ángel A. Jordán, *Marbella story.* ❙ ▪ «Los de la jet van a Marbella a las fiestas elegantes.» ❘✔ del inglés *jet set.* ▶ *yet.*❘

jeta *s.* boca, labios.

«Todo depende de la jeta de los niños, claro.» P. Antilogus, J. L. Festjens, *Anti-guía de los conductores.* ❙ «...y nos cautivó con su jeta de pillo.» Ragazza, junio, 1998. ❙ «Que nosotros sepamos, aquí no ha metido la jeta.» Fernando Martínez Laínez, *La intentona del dragón.* ❙ «...también le puse un pañuelo apretado en la jeta pa que no gritara.» José Raúl Bedoya, *La universidad del crimen.* ❙ «Por un pavo cualquiera puede darle un puñetazo en toda le jeta.» Eleuterio Sánchez, *Camina o revienta.*

2. frescura, caradura.

«A los chicos les basta con tener jeta y cierto desparpajo mundano...» El Mundo, 8.4.98. ❙ «Mis padres, que tenían una jeta de campeonato...» Juan Manuel de Prada, «Aquel verano, aquel bañador», El Mundo, 1.8.98. ❙ ▪ «Hay que tener jeta para pedir otro favor.»

3. fresco, caradura, gorrón.

«Jeta, que eres un jeta.» Juan Madrid, *Cuentas pendientes.* ❙ «¿Cómo va a presumir de un automóvil soberbio un tío que tiene una jeta impresentable?» P. Antilogus, J. L. Festjens, *Anti-guía de los conductores.* ❙ «Su hijo de usted es un jeta.» Chumy Chúmez, *Por fin un hombre honrado.* ❙ «Existen sablistas y gorrones que se las arreglan para actuar sin rubor... caradura, cara, tener más cara que espalda, carota, fresco, frescales, [...] jeta, jetudo [...] vivales [...] tener un morro que se lo pisa...» AI.

4. cara, rostro.

«La jeta también es mía.» El Jueves, n.° 1079. ❙ «Le sacudió flojo en la jeta con la mano abierta.» Juan Madrid, *Las apariencias no engañan.* ❙ «Y vuestras mujeres y todos vosotros asomáis la jeta y me veis...» Ángel Palomino, *Un jaguar y una rubia.* ❙ «Antes me trago *Lo que el viento se llevó* que ver tu jeta de plexiglás encarnando un hampón, vecino.» Ernesto Parra, *Soy un extraño para ti.* ❙ «...habló el bachiller Rosendo Cañizales, larguirucho y con la jeta volteada...» Guillermo Morón, *El gallo de las espuelas de oro,* 1986, RAE-CREA. ❙ ▪ «No asomes la jeta por esta casa hasta que me pagues lo que me debes.» ❘✔ DRAE: «2. fam. Cara humana».❘

5. asomar la jeta *expr.* llegar, venir, hacer acto de presencia.

«...sin atreverse a asomar la jeta.» Ángel María de Lera, *Los clarines del miedo.*

6. por la jeta *expr.* gratis, de balde.

«¡Pues no va uno que se marea, así por la jeta!» C. Pérez Merinero, *Días de guardar,* 1981. ❙ ▪ «Entraremos a la fiesta y comeremos por la jeta, ya verás.»

jetudo fresco, gorrón.

«Existen sablistas y gorrones que se las arreglan para actuar sin rubor... caradura, cara, tener más cara que espalda, carota, fresco, frescales, [...] jeta, jetudo [...] vivales [...] tener un morro que se lo pisa...» AI.

jibar *v.* molestar, incordiar.

«...y si los distribuidores no jibasen con tantas letras a los productores...» José M.ª Zabalza, *Letreros de retrete y otras zarandajas.*

jibia *s.* homosexual.

«Jibia: homosexual ostensible.» Manuel Giménez, *Antología del timo.* ▌ «Jibia. Invertido, homosexual. El grupo lo formaban jibias y demás tipos raros.» JM. ▌ «Me sonrió como un jibia de los buenos y dejé que me acariciase la mejilla...» C. Pérez Merinero, *La mano armada.* ▌ ▪▀ «En mi oficina hay de todo: tortilleras, jibias, bisexuales, de todo, chico.»

jilipollez ▶ *gilipollez.*

jinda *s.* miedo.

«Por eso tenía jinda, estaba blanco...» Eleuterio Sánchez, *Camina o revienta.*

jindama *s.* miedo, temor.

«...nos matarían para dormir tranquilos porque les metemos la jindama en el cuerpo nada más que con dejarnos ver...» Ángel Palomino, *Las otras violaciones.* ▌ «...llama de jindama...» Joan Manuel Serrat, canción.

2. borrachera.

«Jindama. Borrachera.» Germán Suárez Blanco, *Léxico de la borrachera.*

jinetear *v.* prostituirse.

«...decidí jinetear porque en mi casa no había nada de nada...» Las Provincias, revista MH, 17-23 julio, 1999.

jinetera *s.* prostituta.

«Lo fácil sería hacer una historia del Papa cocido de ron, con jineteras...» El Jueves, 21-28 enero, 1998. ▌ «Comienza el turismo sexual, la venta de carne humana, jineteras y chaperos.» Jaime Campmany, ABC, 23.1.98. ▌ «La mayoría de las jineteras, tarde o temprano, por amor o por interés, se acaban marchando.» Las Provincias, revista MH, 17-23 julio, 1999. ▌ «...ha extirpado cualquier vestigio de libertad, además de recrear el paraíso canalla de *jineteras*...» Luis María Anson, La Razón, 16.11.99.

jineterismo *s.* prostitución.

«...el deporte es para muchas jóvenes una alternativa al jineterismo...» El Mundo, 29.8.99.

jiña *s.* excremento.

«Símbolos del franquismo renegridos de orines y jiña...» Miguel Sánchez-Ostiz, *Un infierno en el jardín,* 1995. ▌ «...de lo que se trataba era de un vertedero de jiña...» Miguel Sánchez-Ostiz, *Un infierno en el jardín,* 1995. ▌ «Mierda, excremento, caca, catalina, chorizo, ñorda, plasta, jiña, polisón.» José M.ª Zabalza, *Letreros de retrete y otras zarandajas.* ▌ ▪▀ «Cuando termines de cagar, tapa la jiña con algo, con una piedra, por ejemplo.»

2. miedo.

«Jiña. Miedo, aprensión, temor.» Ra. ✓ ▶ *jiñado.*▌

jiñadero *s.* retrete.

«San Juan de la Cruz, con la cabeza en un jiñadero...» Raúl del Pozo, El Mundo, 8.5.99.

jiñado *s.* cobarde, miedoso.

«...insultos doblemente ofensivos gracias al elemento escatológico y tabú para manchar (nunca mejor dicho) el honor del interpelado: [...] cagón, cagajón, cagarria, jiñado, rilado, culeras, mojaculos [...] mierda, mierdica...» AI. ▌ «Jiñao: se le dice al miedoso, apocado.» IND.

jiñar(se) *v.* defecar.

«Giñar: cagar.» Amelia Díe y Jos Martín, *Antología popular obscena.* ▌ «Jiñar. Defecar.» R. Gómez de Parada, *La universidad me mata.* ▌ «¡A lo mejor está giñando!» Miguel Martín, *Iros todos a hacer puñetas.* ▌ «...y cuando jiña el bicho, cuando suelta lastre con perdón...» Ramón Ayerra, *Los ratones colorados.*

2. acobardarse, tener miedo.

«Dice que tiene que hablar conmigo inmediatamente y que lo persiguen. Estaba giñado de miedo.» Fernando Martínez Laínez, *La intentona del dragón.* ▌ «...y me giñé patas abajo cuando me acordé de mi deserción...» C. Pérez Merinero, *La mano armada.* ▌ «Jiñarse: Acobardarse, amilanarse.» IND. ✓ también *giñar.*▌

jiñarla *v.* cometer error.

«No sabes lo que estás haciendo. La estás jiñando, hombre...» Manuel Quinto, *Estigma.*

jipi *s.* hippie, persona contestataria, desastrada y con pelos largos.

«Ni siquiera nos han dejado la rebeldía: la

agotaron todos los putos marxistas y los jipis de su época.» José Ángel Mañas, *Historias del Kronen*. ▌ «Si los miras —al del Kleenex, al pobre de la cajita de cartón, al jipi de la flauta...» Alex de la Iglesia, *Payasos en la lavadora*.

jirafa *s.* persona alta y delgada.
«...dice la jirafa alejándose al oír que suena un móvil en algún lado.» José Ángel Mañas, *Sonko95*. ▌ «Un jirafa: muy alto.» JMO. ▌ «Jirafa. Persona muy alta.» VL. ▌ «Ese jugador de baloncesto es una jirafa.» CL. ▌■ «El jugador es altísimo, es una jirafa, el tío.»

¡jo! *excl.* exclamación eufemística.
«...me acuerdo, jo, que no llevo ningún documento credencial encima.» Pilar Urbano, *Yo entré en el Cesid*. ▌ «¡Jo, cómo has pringado ya el librito...» A. Zamora Vicente, *Mesa, sobremesa*. ▌ «Qué vamos a hacerle. ¡Jó...!» P. Antilogus, J. L. Festjens, *Anti-guía de los conductores*. ▌ «Jo, qué coñazo.» Fernando G. Tola, *Cómo hacer absolutamente infeliz a un hombre*. ▌ «¡Jo! ¡Otra vez...» Ragazza, julio, 1997. ▌ «...jo, pues es fina, verás; el padre, que era militar y muy putero, de este personal que se trabaja el puterío con seriedad, a conciencia...» Ramón Ayerra, *Los ratones colorados*. ▌✔ apócope de *joder*.▌

¡jobar! *excl.* exclamación eufemística por joder.
«Sí, sí, jobar, todos legales, con todas las de la ley...» A. Zamora Vicente, *Mesa, sobremesa*. ▌ «Jobar. Interj. Coloq. Eufem. Expresa irritación, enfado, asombro.» Boletín RAE, mayo-agosto, 1998. ▌■ «¡Jobar! ¡Ya me he olvidado otra vez de llamar a Petra!» ▌ eufemismo por *joder*.▌

jodedor *s.* fornicador, copulador.
«De jodedor pasé a jodido, y tuve que huir...» Álvaro de Laiglesia, *Hijos de Pu*. ▌ «Braulia [...] Que siempre ha sido jodedora ella...» Francisco García Pavón, *El rapto de las sabinas,* citado por CJC en su *Diccionario del erotismo*. ▌ «...era bajito, calvo, poca cosa, pero jodedor como él sólo...» Ramón Ayerra, *Los ratones colorados*.

¡joder! *excl.* exclamación de gran enojo y contrariedad.
«¡Joder, con esta mierda de muerto!» C. J.

Cela, *Mazurca para dos muertos*. ▌ «Pues infórmeme, joder, que yo en casa tengo uno...» Terenci Moix, *Garras de astracán*. ▌ «Joder, qué tíos...» Francisco Umbral, *La derechona*. ▌ «¡Joder! Eso me distancia mucho de él.» Alberto García-Alix, ABC Cultural, 29.5.98. ▌ «¡Joder! ¡Lo que nos faltaba!» Miguel Martín, *Iros todos a hacer puñetas*. ▌ «¡Joder qué noche!» Fernando Martínez Laínez, *La intentona del dragón*. ▌ «Joder qué facha.» Virtudes, *Rimel y castigo*. ▌ «¡Joé con la casualidad!» A. Ussía, ABC, 12.7.98. ▌ «¡Qué mundo más guarro, joder!» Jesús Ferrero, *Lady Pepa*. ▌ «Joer, no pretenderás que me lea este tocho para mañana...» C. Rico-Godoy, *Cómo ser infeliz y disfrutarlo*.

2. exclamación de admiración.
«Joder, vaya moto que te has comprado.» JM. ▌ «Aparte Ana María Matute y Umbral, joder.» Manuel Llorente, «José Hierro», El Mundo, ABC, 13.12.98.

3. *v.* copular.
«Ha estado jodiendo otra vez a Charo.» Juan Madrid, *Cuentas pendientes*. ▌ «Pío Nono agradecido / a los dones de Isabel, / le da *bula singularis* / para que pueda joder.» A. Ussía, *Coñones del Reino de España*. ▌ «...se dio un hartón de joder con las palaciegas...» Ramón Ayerra, *Los ratones colorados*. ▌ «Cuando las ganas de joder aprietan ni el trasero de los muertos se respeta.» Chumy Chúmez, *Por fin un hombre honrado*. ▌ «...el otro hombre empieza a joderla furiosamente...» C. Ducón, *El hotel de las orgías*. ▌ «Y entre tanto que impasibles / Cien mil matrimonios joden / Amparados por la ley /» Alejo Montado, *Parodia cachonda del diablo Mundo,* 1880, ▶ C. J. Cela, Revista de Occidente, Tercera época, n.° 4. ▌ «Tengo más hambre que Dios / y más frío que un gitano / y más ganas de joder / que un borrico en el verano». Chumy Chúmez, *Por fin un hombre honrado*. ▌ «Yo no tengo dinero para barceloradas, y nunca jodo en los cementerios, coño...» Juan Marsé, *La oscura historia de la prima Montse*. ▌ «Sólo piensas en joder.» C. Pérez Merinero, *El ángel triste*. ▌ «Joder no joderemos, pero, joder, qué ganas tenemos.» C. Pérez Merinero, *Días de guardar*. ▌ «No me jodas en el suelo / como

si fuera una perra / que con esos cojonazos / me llenas el coño de tierra.» Álex de la Iglesia, *Payasos en la lavadora*. ✓ con *follar* la palabra más popular para este menester. ▸ Corominas. Primero *hoder*, del latín *futuere*, copular. La fecha de 1332-54 aparece en la inscripción de un manuscrito de Granada: *fodido sea*. Para el DRAE es voz malsonante: «Practicar [sic] el coito, fornicar. Ú. t. c. tr.». Aparece por primera vez en Ac. 1983.▮

4. *v.* enfadar, enojar, fastidiar.

«Si hay alguien que se fastidia porque vendo muchos libros que se joda.» Arturo Pérez-Reverte, Qué leer, enero, 1999. ▮ «Me jode mucho que me manipulen en la prensa.» Ragazza, n.° 100. ▮ «¿Doscientas mil pesetas? ¡No me jodas!» Juan Madrid, *Cuentas pendientes.* ▮ «¡El hijoputa del pincha que le jode que yo tenga un grupo mejor que el suyo...» José Ángel Mañas, *Mensaka.* ▮ «Y si jodido me ves / las putas me curarán /» Amelia Díe y Jos Martín, *Antología popular obscena.* ▮ «De jodedor pasé a jodido, y tuve que huir...» Álvaro de Laiglesia, *Hijos de Pu.* ▮ «Me jode que encima quede yo por embustero.» JM. ▮ «No me jodas más, Pacheco...» Juan Madrid, *Flores, el gitano.* ✓ DRAE: «tr. fig. Molestar, fastidiar. Ú. t. c. prnl. y c. intr.».▮

5. timar, engañar.

«¿Por qué nos lo changan? ¿Por qué nos lo joden?» Pilar Urbano, *Yo entré en el Cesid.* ▮ «Hay mil formas de joderles.» Juan Marsé, *Si te dicen que caí.* ▮ « Mi socio me ha jodido llevándose todo el capital.» DCB.

6. molestar, importunar.

«Me jodes cantidad, tío.» Juan Madrid, *Cuentas pendientes.* ▮ «¿Por qué cuando entro en la bañera vienes a joderme?» C. Rico-Godoy, *Cómo ser una mujer y no morir en el intento.* ▮ «¿No puedes ya dejar de joder?» Ladislao de Arriba, *Cómo sobrevivir en un chalé adosado.* ▮ «¡Entonces deje ya de joder y de atemorizar al chico!» Luis Camacho, *La cloaca.* ▮ «¡Ya está jodiendo el de siempre!» Cómic Jarabe, n.° 4, 1996. ▮ «A las mujeres les joden los borrachos.» Juan Madrid, *Crónicas del Madrid oscuro.*

7. estropear, malograr.

«Habéis jodido viva toda la operación!» Pi-

lar Urbano, *Yo entré en el Cesid.* ▮ «...tendrán que irse a su país a levantar el suyo, no ha intentar joderme el mío.» El Banquillo, 28.1.98. ▮ «...la coca cola jode bastante el estómago.» Mala impresión, revista de humor con caspa, n.° 1. ▮ «¡Que sea la última vez que me jodes el sueño, cacho maricón!» El Jueves, 6-12 octubre, 1993. ▮ «Se ha pasado la tarde ensayando y me ha jodido la siesta.» Ladislao de Arriba, *Cómo sobrevivir en un chalé adosado.* ▮ «He sufrido mucho estos tres meses para joderlo ahora.» Fernando G. Tola, *Mis tentaciones.* ▮ «...con tantas copas gratis le estábamos jodiendo las ganancias del día...» C. Pérez Merinero, *La mano armada.*

8. ¡a joderse tocan! *expr.* exclamación de resignación.

«Pues si has perdido el empleo, ¡a joderse tocan, chico!» DCB. ▮ «¡A joderse tocan!, frase que indica resignación.» VL. ▮ «A joderse tocan... exclamaciones coloquiales con que se realza lo inevitable...» JMO.

9. ¡hay que joderse! *expr.* expresión de contrariedad y enfado.

«Hay que joderse, qué habré hecho yo...» Fernando G. Tola, *Mis tentaciones.*

10. ¡hay que joderse! *excl.* hay que fastidiarse, resignarse.

«¡Hay que joderse, que bien se está solo!» C. J. Cela, *Mazurca para dos muertos.* ▮ «Hay que joderse con esta turbamulta burguesa, egoísta y calculadora...» A. Zamora Vicente, *Mesa, sobremesa.* ▮ «¡Hay que joderse!» Miguel Martín, *Iros todos a hacer puñetas.* ▮ «Hay que joderse. ¿Y por qué nos tenemos que ir?» Juan Madrid, *Flores, el gitano.*

11. joder la marrana ▸ *marrana, joder la marrana.*

12. joder más que las gallinas *expr.* copular mucho.

«Esta chica que te digo jode más que las gallinas.» JM. ✓ ▸ *puta, ser más puta que las gallinas.*▮

13. joderla *v.* cometer errores.

«La jodimos. Mientras, el semáforo se ha cerrado.» P. Antilogus, J. L. Festjens, *Antiguía de los conductores.* ▮ «Si te cogen la hemos jodido.» José Luis de Tomás García, *La otra orilla de la droga,* 1984. ▮ «Es capaz de hacerse adicto al zen y la hemos jodido.» Jordi Sierra i Fabra, *El regreso de Johnny Pickup*. ❚ ▪️ «Te encargo este trabajo pero si la jodes te deslomo.»

14. joderla (bien) *expr.* estropear, perjudicar, molestar, incordiar.

«¡Anda que la ha jodido bien el tío!» JM. ❚ «¡La ha jodío bien el idiota del jefe!» DCB. ✓ ▸ *joderla*.❚

15. joderse *v.* estropearse.

«El caso es que son numerosas las ocasiones en que se joden estas fotocopiadoras y le joden a uno.» R. Gómez de Parada, *La universidad me mata*. ❚ ▪️ «Se ha jodido el programa del ordenador y no podemos trabajar.»

16. joderse *v.* aguantarse.

«Me refiero a que si te jodes y te aguantas un poco puedes decir: mira yo también hago muchas cosas que no me gustan.» Ray Loriga, *Lo peor de todo*. ❚ «Tanto joderse uno —murmuraba el coronel Aureliano Buendía. Tanto joderse uno para que lo maten a uno seis maricas...» Gabriel García Márquez, *Cien años de soledad*. ❚ «Entonces lo único que podemos hacer es asumirla, y jodernos...» Terenci Moix, *Garras de astracán*. ❚ «Te llamo a las once y te jodes y te levantas.» José Ángel Mañas, *Historias del Kronen*.

17. joderse el invento *expr.* malograrse algo.

«...estamos a punto de irnos todos al carajo y de que se joda el invento por culpa de una secretaria de mierda...» Luis Camacho, *La cloaca*. ❚ «...y si nos jodes el invento lo vas a pagar de una manera irreparable.» Mariano Sánchez, *Carne fresca*. ❚ «O hacemos algo o este gilipollas nos jode el invento.» Eloy Arenas, *Los vecinos de mis vecinos son mis vecinos*.

18. jodérsela *v.* copular con una mujer.

«La invitó a cenar en un restauran de postín y después se la jodió.» JM.

19. ¡jódete! *excl.* fastídiate.

«Jódete, macho...» A. Zamora Vicente, *Mesa, sobremesa*. ❚ «J.D.T. Todo junto viene a simplificarlo: jódete.» Jordi Sierra i Fabra, *El regreso de Johnny Pickup*, 1995, RAE-CREA. ❚ «Benita, jódete, Benita, muérete...» Emilio Carballido, *Fotografía en la playa*, 1984, RAE-

CREA. ❚ «¡Mánchate el karma y jódete!» Luis Olmo, *Marina*, 1995, RAE-CREA.

20. ¡no (me) jodas! *excl.* exclamación de enfado.

«No me jodas.» Juan Madrid, *Turno de noche*. ❚ «Mire, no me joda, me estoy hartando.» Ignacio Fontes, *Acto de amor y otros esfuerzos*. ❚ «¡No me jodas, Flores! ¡Tú sabes que todo eso es mierda...» Juan Madrid, *Flores, el gitano*. ❚ «Hombre, no me jodas...» Andreu Martín, *Prótesis*. ❚ ▪️ «¿Patricia se ha casado con Paco? ¡No jodas!»

21. ¡no jodas! *excl.* no me digas.

«...nos van a vetar la entrada en el mercado común. ¡No jodas!» Gomaespuma, *Grandes disgustos de la historia de España*.

22. ¡no te jode! *excl.* hasta ahí podíamos llegar.

«Aquí no hay ningún *flash*. ¡No te jode! El más barato cuesta cinco mil duros.» Arturo Pérez-Reverte, *La piel del tambor*. ❚ «Me van a canonizar por eso, no te jode.» Miguel Martín, *Iros todos a hacer puñetas*. ❚ «...no te jode, y ellos tan responsables, qué tíos más cojonudos...» Fernando G. Tola, *Cómo hacer absolutamente infeliz a un hombre*. ❚ «...yo ceno todos los días, no te jode.» Juan Madrid, *Flores, el gitano*. ❚ «¿Y tú lo preguntas? [...] ¡No te jode, el filósofo!» Mariano Sánchez, *Carne fresca*. ❚ «¿No te jode, la señora marquesa?» Eduardo Mendoza, *La verdad sobre el caso Savolta*. ❚ «Porque con esas trescientas vete tú a sacar beneficios, no te jode.» José Ángel Mañas, *Sonko95*.

23. nos ha jodido (mayo con sus flores) *expr.* expresión de rechazo, desprecio.

«Nos ha jodío mayo si no llueve.» JM. ❚ «...nos ha jodido mayo con sus flores...» Ramón Ayerra, *Los ratones colorados*.

24. ¡nos ha jodido! *excl.* pues claro, naturalmente.

«...quiere pasar las Navidades en Brasil. Y yo, ¡nos ha jodido!» C. Rico-Godoy, *Cómo ser una mujer y no morir en el intento*. ❚ «¡Qué país! ¡Nos ha jodido!» A. Ussía, *Coñones del Reino de España*. ❚ ▪️ «¿Quiere que le pague él? ¡Claro, nos ha jodido!»

25. para acabarla de joder *expr.* y para colmo.

«Pues no veas qué mosquitos y que mierda

comida y pa acabarla de joder, al Tobías le robaron.» El Jueves, 6-12 octubre, 1993.

26. ¡pues te jodes! *expr.* exclamación de rechazo equivalente a: pues te fastidias, te aguantas.

«¡Pues te jodes!» Rafael Mendizábal, *Mala yerba,* 1989, RAE-CREA. ▮ ▰ «¡Si se ha roto, pues te jodes y lo arreglas!» ✓ ▸ *a joderse tocan.*▮

27. qué (quién) joder... *expr.* qué (quién) diablo...

«¿Y quién joder eres tú?» José Luis Muñoz, *Pubis de vello rojo.*

28. ¡que se joda...! *excl.* exclamación de rechazo e indiferencia.

«Si eso coincide con el bien de España, pues el bien de España; y si no coincide, que se joda España.» Luis María Anson, *Don Juan.* ▮ «...estupendo, que se joda, se acaba de abrasar.» A. Zamora Vicente, *Mesa, sobremesa.* ▮ «Eso es. Que se jodan y se resignen...» María Antonia Valls, *Tres relatos de diario.* ▮ «Anda y que se joda.» C. Pérez Merinero, *Días de guardar.* ▮ «Si el Chava no quiere ayudarlo, que se joda.» Andreu Martín, *Prótesis.* ▮ ▰ «¡Qué se joda el empleo de mierda!»

29. ¡que te jodan! *excl.* expresión de rechazo e insulto.

«...pues no tía no conmigo lo tienes chungo. Que te jodan.» José Ángel Mañas, *Mensaka.* ▮ ▰ «Si no te gusta como llevo el negocio, pues ¡que te jodan!»

jodido *adj.* difícil, complicado.

«...el señor Ventura ya no es lo que era antes, es jodido, pero es así...» Juan Madrid, *Cuentas pendientes.* ▮ «Jodido oficio.» M. Vázquez Montalbán, *La rosa de Alejandría.* ▮ «Lo jodido son los que pasan la droga, los que explotan...» Andreu Martín, *Amores que matan, ¿y qué?* ▮ «¡Es un tema de lo más jodido!» A las barricadas, 3-14 junio, 1998. ▮ «Eso es jodido, Julio, muy jodido.» Juan Madrid, *El cebo.* ▮ «Óscar León y tú habéis sufrido una experiencia muy jodida.» Pedro Casals, *Disparando cocaína.* ▮ «Si eso es cierto, Dallara, es un jodido problema.» Andreu Martín, *El señor Capone no está en casa.* ▮ ▰ «Este tipo de trabajo tan minucioso es muy jodido de hacer bien.»

2. *adj.* maldito.

«Eres una jodida analfabeta.» Francisco Umbral, *El Giocondo.* ▮ «Y el jodido don Cosme, ¿sigue soplando en el bombardino?» C. J. Cela, *Mazurca para dos muertos.* ▮ «...y las jodidas patatas fritas.» Ray Loriga, *Lo peor de todo.* ▮ «El jodío Toni está a verlas venir.» Juan Madrid, *Cuentas pendientes.* ▮ «No ha venido ni una jodida vez.» DE. ▮ «Y la culpa de todo era el dinero, del jodido dinero.» C. Pérez Merinero, *El ángel triste.* ▮ «¿Cómo coño sé que lo que tengo delante es un ordenador si es posible que aquel jodido payaso del tintero no existiera fuera de mi memoria?» Álex de la Iglesia, *Payasos en la lavadora.*

3. *adj.* acabado, sin posibilidades.

«Entonces el que estará jodido y bien jodido será Vuestra Majestad.» Luis María Anson, *Don Juan.* ▮ «Así que si nos hacemos más altos, pues que más jodidos, a ver si no.» A. Zamora Vicente, *Historias de viva voz.* ▮ «En este país el artista está jodido; no se le respeta por lo que es...» Alejandro Morales, *La verdad sin voz,* 1987, RAE-CREA. ▮ ▰ «Tengo que dejar este negocio porque está muy, pero que muy jodido.»

4. *adj.* estropeado.

«Por eso todo está jodido.» Gerardo María, *Fábrica de conciencias,* 1980, RAE-CREA. ▮ ▰ «Se ha jodido la televisión otra vez.»

5. *adj.* enfermo.

«...Cervantes andaba muy jodido de la dentadura...» A. Zamora Vicente, *Mesa, sobremesa.* ▮ «Este San Román está jodido...» Gilberto Chávez, *El batallador,* 1986, RAE-CREA. ▮ «...el que está jodido es el Chepa. Dicen que el pinchazo ha sido cosa fea.» José Luis de Tomás García, *La otra orilla de la droga,* 1984, RAE-CREA. ▮ «¿Tan mal está la tía, tan jodida?» Juan Marsé, *Si te dicen que caí.* ▮ «Yo tengo el estómago jodido...» José Ángel Mañas, *Sonko95.*

6. *s.* persona indeseable.

«Cagar alegres, / cagar contentos, / pero jodíos / hacerlo dentro.» José M.ª Zabalza, *Letreros de retrete y otras zarandajas.* ▮ «...y eso que era casado el jodío...» Ramón Ayerra, *Los ratones colorados.*

7. *adj.* estar fastidiado, contrariado.

«Está jodido el pobre: le va o está muy mal.» DE. ❚ «Me dijo que estaba jodido porque no podía ver a Clara...» Juan Madrid, *Crónicas del Madrid oscuro.* ❚ «...me hizo llegar a Barcelona, pero más jodido que nunca...» Alfredo Bryce Echenique, *La vida exagerada de Martín Romaña,* 1981, RAE-CREA. ❚ «Melesio, que no jugó, parecía estar más jodido que nosotros...» Jorge López Páez, *Doña Herlinda y su hijo y otros hijos,* 1993.

jodienda *s.* dificultad, fastidio.

«...el inicio de un nuevo año de putadas y jodiendas.» B. Pérez Aranda *et al., La ex siempre llama dos veces.* ❚ «Eh, pero qué jodienda es ésta...» J. Martín Artajo, *Fiesta a oscuras,* citado por CJC en su DE. ❚ «...no haría falta tanto socialismo y tanta jodienda.» Eduardo Mendoza, *Sin noticias de Gurb.* ❚ «No sé si podré terminar este trabajo pronto porque es una jodienda.» DCB.

2. aburrimiento, tristeza.

«Pero lo peor es que la jodienda dura mucho, no es cosa de un mes o de dos.» Juan Madrid, *Crónicas del Madrid oscuro.* ❚ ▪ «La vida de soltero es una jodienda, ¿no?»

3. coito, cópula.

«...una jodienda extraordinaria...» Pgarcía, *El método Flower.* ❚ «...joder, follaje, jodienda, polvo...» José M.ª Zabalza, *Letreros de retrete y otras zarandajas.* ❚ «La coca es la coca y la jodienda es la jodienda.» M. Vázquez Montalbán, *El delantero centro fue asesinado al atardecer.* ❚ «...tras oir tanta jodienda / no poer ser yo jodida...» Ambrosio de la Carabina, *Don Juan notorio.*

jolín *excl.* ñoñismo por joder.

«Y su taco preferido es: jolines.» Juan Marsé, *Si te dicen que caí,* citado por CJC en su DE. ❚ «Está bien, es digno (¡jolín!), lo ha hecho Martí Ripoll...» Cómic Zona 84, n.° 3. ❚ «¡Jolín! —se defendía el cura...» Álvaro de Laiglesia, *Hijos de Pu.* ❚ «Jolín, qué vago que eres.» José Ángel Mañas, *Sonko95.* ❚ «...jolín, un trato es un trato.» Juan Marsé, *Si te dicen que caí.* ✔ dice Cela: «es ñoñismo en deformación eufemística apoyada en el sonido inicial y causada por disfraz fónico del significado originariamente obsceno. Joder».❚

jolines *excl.* ñoñismo por joder y variante de jolín.

«...adaptándose al papel de heroína dura que no teme que la chinguen, no sé nada, jolines...» Juan Marsé, *Si te dicen que caí.*

¡jopé! *excl.* ñoñismo por joder.

«¡Jope, abuela, qué pasión!» Marisa López Soria, *Alegría de nadadoras.* ❚ «...jadeó a base de bien, jopé, y cómo bufaba el tipo...» Ramón Ayerra, *Los ratones colorados.* ❚ «—¡Jopé, qué rápido!» Andreu Martín, *Prótesis.* ❚ ▪ «¡Jopé! Ya estamos otra vez igual, cometiendo errores a diestro y siniestro.»

jornalero *s.* jugador de azar que sólo pretende ganar lo suficiente para vivir.

«...se dice jugador de sistema, de los llamados jornaleros.» Raúl del Pozo, *Noche de tahúres.*

¡joroba! *excl.* exclamación eufemística por *joder.*

«¡Joroba! ¿Es que queréis saberlo todo?» Ángel María de Lera, *Los clarines del miedo.* ❚ «(Eufem. Por *joder*) interj. Coloq. Eufem. Expresa irritación, enfado, asombro, etc.» Boletín RAE, mayo-agosto, 1998.

jorobar *v.* molestar, fastidiar, estropear.

«¡Si no os estáis quietos y no dejáis de jorobar, os rompo el alma!» Ángel María de Lera, *Los clarines del miedo.* ❚ «¡No me jorobes más!» Luis Olmo, *Marina,* 1995, RAE-CREA. ❚ «No le voy a jorobar con la historia de mis librejos.» A. Zamora Vicente, *Mesa, sobremesa.* ❚ «En la época victoriana, habría hecho carrera, pero el Partido Laborista le jorobó el invento.» Felipe Navarro (Yale), *Los machistas.* ❚ «¿A quién no le ha jorobado la máquina cuando el anterior cliente...» R. Gómez de Parada, *La universidad me mata.* ❚ «¡No jorobes!» Virtudes, *Rimel y castigo.* ❚ «Se le puede ver en el Jardín Botánico, jorobado, bajo el peso de su última amante...» El Mundo, 21.9.96. ❚ «Le operaron de una hernia y está muy jorobado.» Radio Madrid, 25.7.91. ✔ RAE: «tr. fig. y fam. Fastidiar, molestar. Ú. t. c. prnl.».❚

2. jorobarse *v.* aguantarse.

«¡Hay que jorobarse con esta juventud!» Ana Magnabosco, *Santito mío,* 1990, RAE-

CREA. ▮ «...es de lo más fastidioso, pues a jorobarse y haber escogido un trabajo no tan rentable...» Juan García Hortelano, *Gramática parda,* 1982, RAE-CREA. ▮ ▪ «Si no te gusta la cena, pues te jorobas y te la comes, como todos.»

jorobeta(s) *s.* jorobado.

«¿Y sabe cómo le han puesto al jorobetas?» Demetrio Aguilera Malta, *Una pelota, un sueño y diez centavos,* 1988, RAE-CREA. ▮ «Uno, medio jorobeta, con la nariz casi caída...» Torcuato Luca de Tena, *Los renglones torcidos de Dios,* 1979, RAE-CREA. ▯ DRAE: «m. fam. Jorobado, corcovado. Ú. t. c. adj.».▮

jota, no saber (entender) ni jota *expr.* saber, entender poco.

«...Cervantes no entiende jota de nuestra actual situación política.» A. Zamora Vicente, *Mesa, sobremesa.* ▮ «...no entiende nada de nada, es que ni jota.» A. Zamora Vicente, *Historias de viva voz.* ▮ «...sabiendo de antemano que no entenderá ni jota y se aburrirá...» Álvaro de Laiglesia, *Hijos de Pu.*

juanlanas *s.* hombre innominado, desgraciado, pobre.

«A mí, hombre de la calle, un piernas, un juanlanas, me convirtieron en algo especialísimo...» A. Zamora Vicente, *Historias de viva voz.*

jubilata *s.* jubilado.

«No compares; al bar del señor Joaquín y la señora Mercedes sólo iban jubilatas.» Eduardo Mendoza, *Sin noticias de Gurb.* ▮ «...que dicen que van a hacer otro vídeo, ahora con el dóberman comiéndole por las enagüillas a una jubilata en Benidorm...» Francisco Umbral, *La derechona.* ▮ «Vamos a ir a ver al jubilata.» Raúl del Pozo, *Noche de tahúres.*

judas *s.* persona falsa e indeseable.

«Los llamó mercenarios y judas que traicionan al pueblo.» *El proceso,* 1996, RAE-CREA. ▮ «No quería salvar también al judas gordinflón ese...» Carlos Fuentes, *Cristóbal Nonato,* 1987, RAE-CREA. ▮ «Judas: dícese del perverso, traidor, desleal.» IND. ▯ DRAE: «m. fig. Hombre alevoso, traidor».▮

judiada *s.* mala acción.

«...y allí no ponía ya nada de marxismos, judiadas y masones...» A. Sopeña Monsalve, *El florido pensil.* ▮ «...encabritados por la judiada que le había hecho...» C. Pérez Merinero, *La mano armada.* ▮ «Nunca deben utilizarse palabras o frases que resulten ofensivas para una comunidad. Por ejemplo, *le hizo una judiada, le engañó como a un chino, eso es una gitanería.*» El País, *Libro de estilo.* ▯ el MM dice «acción propia de judíos» aunque añade: «acción mal intencionada». Y el DRAE: «f. Acción mala, que tendenciosamente se consideraba propia de judíos». El *Clave* dice: «acción malintencionada o perjudicial».▮

juego de los pastos *s.* timo callejero con tres cartas, o bolita escondida bajo tres cubiletes.

«Pues bien, se trata del timo de los triles o de los pastos, otro de los clásicos.» Manuel Giménez, *Antología del timo.* ▮ «Pastos: juego de apuestas callejero, consistente en adivinar dónde se encuentra una bolita de papel que es escondida alternativamente bajo tres tapones o cubiletes.» JGR. ▮ ▪ «Parece mentira pero mucha gente pica con el juego de los pastos y pierden hasta la camisa.»

juego de los triles *s.* timo callejero con tres cartas o bolita escondida bajo tres cubiletes o cáscaras de nuez.

«Pues bien: se trata del timo de los triles...» Manuel Giménez, *Antología del timo.* ▮ «Juego de apuestas callejero que consiste en adivinar una carta, enseñada previamente, entre otras dos que se manipulan con trampas.» JGR.

juerga *s.* diversión, fiesta.

«En las fiestas no participaba de la juerga de los demás.» José María Conget, *Todas las mujeres,* 1989, RAE-CREA. ▮ «Menuda juerga armaron.» Miguel Delibes, *La hoja roja,* 1986, RAE-CREA. ▮ ▪ «Parece que los vecinos de al lado tienen una juerga esta noche por el ruido que se oye.» ▯ DRAE: «1. f. En Andalucía, diversión bulliciosa de varias personas, acompañada de cante, baile flamenco y bebidas. 2. Por ext., en el uso general, holgorio, parranda, jarana».▮

2. ir de juerga *expr.* ir de fiesta, de parranda.

«¿Ir al teatro es ir de juerga?» Rosa Chacel, *Barrio de Maravillas,* 1976, RAE-CREA.

juerguecilla *s.* juerga.

«...seguro que estos señores se están corriendo una juerguecilla.» Juan José Alonso Millán, *Pasarse de la raya,* 1991, RAE-CREA. ▮ «...cuando la juerguecilla va tomando color...» Ramón Ayerra, *La lucha inútil,* 1984. ▮ ▪ «Esta noche tenemos una juerguecilla en el casino. ¿Quieres venir?»

jueves, estar en medio como el jueves *expr.* obstruir con la presencia de uno, molestar.

«...dice que siempre estoy en medio, como el jueves.» Elvira Lindo, *Manolito gafotas.*

jugar, jugar con *expr.* tratar sin seriedad.

«...no juegues con la comida.» Ana Rossetti, *Alevosías,* 1991, RAE-CREA. ▮ «...es un compromiso con el que hay que cumplir, no juegues con el matrimonio...» Fernando G. Delgado, *La mirada del otro,* 1995, RAE-CREA. ▮ «Y no juegues con los venenos.» Antonio Larreta, *Volavérunt,* 1980, RAE-CREA. ▮ ▪ «No dejes que los chicos jueguen con la escopeta que está cargada.»

2. jugar sucio *expr.* actuar con malas artes.

«Tu Jehová nos juega sucio.» Juan Carlos Gené, *Ulf,* 1988, RAE-CREA. ▮ «Él no juega sucio.» Henry Díaz Vargas, *Más allá de la ejecución,* 1984, RAE-CREA. ▮ ▪ «No podemos hacer negocios con Jaime porque juega sucio.»

3. jugarse el tipo *expr.* arriesgarse.

«Salinas, te estás jugando el tipo...» Pedro Casals, *Disparando cocaína.*

4. jugarse los cuartos (las pesetas, el dinero) *expr.* arriesgar algo.

«...esta vez te estás jugando los cuartos de veras.» Pedro Casals, *Disparando cocaína.*

5. jugársela a alguien *expr.* engañar, timar.

«Me la han jugado entre todos.» Antonio Gala, *Más allá del jardín.* ▮ «...los ojos muy abiertos porque por cualquier parte se te puede colar alguien y jugártela...» Ángel Palomino, *Madrid, costa Fleming.* ▮ «...hasta mi mejor amigo me la está jugando!» R.

Montero, *Diccionario de nuevos insultos...* ▮ ▪ «¡Si me la juegas otra vez te mato!»

6. jugársela a alguien *expr.* serle infiel a la pareja.

«Cree que me la ha jugado. Yo se la voy a jugar a él.» José Luis Alegre Cudós, *Minotauro a la cazuela,* 1982, RAE-CREA. ▮ «¡Maldita sombra, me la ha jugado otra vez!» Javier García Sánchez, *La historia más triste,* 1991, RAE-CREA. ▮ ▪ «Carla se la juega a Ricardo con el vecino de al lado.»

7. (no) saber uno con quién se juega los cuartos (las pesetas) *expr.* contrincante, oponente peligroso.

«...es un chuleta que no sabe con quién se juega los cuartos y se está buscando la ruina...» A. Sopeña Monsalve, *El florido pensil.* ▮ «De manera que íbamos de pillo a pillo, y aquel juez demostró saber con quién se estaba jugando los cuartos.» Victoriano Corral, *Delitos y condenas.*

jujana *s.* engaño.

«Todo jujana, Eleuterio, todo jujana y engaño.» Eleuterio Sánchez, *Camina o revienta.*

jula *s.* homosexual.

«...jula, julandrón, marica...» Fernando Lázaro Carreter, *El dardo en la palabra.* ▮ «Ningún hombre lo sabe, a no ser que sea jula, ¿no?, o sea maricón.» José Luis Martín Vigil, *Los niños bandidos.* ▮ ▪ «Esos julas van por las esquinas buscando jovencillos.» |✓ ¿de julandrón?|

julai ▶ *julay.*

julandrón *s.* homosexual.

«Luego un julandrón con acento de pijo se acerca...» José Ángel Mañas, *Historias del Kronen.* ▮ «...jula, julandrón, marica...» Fernando Lázaro Carreter, *El dardo en la palabra.* ▮ «El tal Henri era un poco julandrón y lo que iba buscando era que yo le atizara por el ojete. Se quedó con las ganas. Yo por el culo no le doy ni a las mujeres. Mi padre decía que era cosa de maricones.» C. Pérez Merinero, *Días de guardar.*

julay *s.* persona ingenua que es fácilmente engañada, timada.

«Se llama el Julai y no quiere ser conocido por otro nombre...» M. Vázquez Montalbán, *Los alegres muchachos de Atzavara*. ▌«Era la época dorada en la que los julais se hinchaban a darse barrigazos en los apartamentos sin costarles un duro.» Felipe Navarro (Yale), *Los machistas*. ▌«...esquilmar los bolsillos y haciendas de los primos o julais...» Manuel Giménez, *Antología del timo*. ▌«Tiene una cara de julai este tío que...» A las barricadas, 3-14 junio, 1998. ▌«Aquí no se trata de montar un auto de fe [...] sino de pasar a unos cuantos julais por la garlopa de la justicia.» Francisco Umbral, El Mundo, 25.7.98. ▌«...dado que yo era un julai y debía aprender...» Eleuterio Sánchez, *Camina o revienta*. ▌«Nos ha visto. Este julai nos ha visto.» M. Vázquez Montalbán, *El delantero centro fue asesinado al atardecer*. ▌«Un don nadie, un pipiolo, un julai.» Andreu Martín, *Amores que matan, ¿y qué?*

juma *s.* borrachera.

«Podía haber elegido otro camión que no fuese el mío para dormir la juma, ¿no?» Francisco Umbral, *El Giocondo*.

jumear *v.* oler mal.

«Me jumean los caireles. Me huelen los pies.» R. Gómez de Parada, *La universidad me mata*.

jumelar *v.* oler mal.

«...y si le jumela el sobaco, lávese y cállese.» J. Giménez-Arnau, *Cómo forrarse y flipar con la gente guapa*.

jumera *adj.* ebrio, borracho.

«...el tal chulo le arreó una paliza con ocasión de hallarse jumera, ya que no soplaba de habitual por la cosa de Alá...» Ramón Ayerra, *Los ratones colorados*.

juntarse con *v.* asociarse, tener relación con.

«Dijo que él no se junta con reaccionarios...» Pedro Vergés, *Sólo cenizas hallarás*

(bolero), 1980, RAE-CREA. ▌«...qué ambiente frecuenta, si se droga o se junta con gente que le haga...» Jaume Ribera, *La sangre de mi hermano,* 1988, RAE-CREA. ▌«...año de 1944 cuando se junta con Perón...» Abel Posse, *La pasión según Eva,* 1995, RAE-CREA. ▌ ▞ «No quiero que te juntes con Lola porque es una puta.»

jurar, jurar en arameo *expr.* maldecir, decir palabrotas.

«...y Honorio se puso a jurar en arameo...» Manuel Hidalgo, *El pecador impecable*. ▌ «...no paró de llorar amargamente y jurar en arameo...» B. Pérez Aranda *et al.*, *La ex siempre llama dos veces*.

2. tenérsela jurada a alguien *expr.* jurar venganza.

«Se asegura que lleva explosivos bajo la capa negra y se la tienen jurada los fiscales...» Máximo, *Animales políticos*. ▌ «Ese viejo zorro me la tiene jurada y no descansará hasta verme muerto.» Eduardo Mendoza, *La verdad sobre el caso Savolta*. ▌ «Hay un funcionario, un boqui, que me la tiene jurada.» José Luis Martín Vigil, *Los niños bandidos*. ▌ «...en tu casa recibiste una puñalada de un tipo que te la tenía jurada.» Carmen Rigalt, La Revista del Mundo, 8.8.99.

jurdel *s.* dinero.

«A lo largo de la historia del toreo, casi todas las reapariciones lo han sido por la panoja, jurdeles, parneses, jandos, diversas formas con que los andaluces nombran a los billetes de curso legal.» El Mundo, Magazine, 18.5. 91.

jurdó *s.* dinero.

«...por supuesto, pero juego mi jurdó.» Raúl del Pozo, *Noche de tahúres*. ▌ «...porque con ese jurdó no le llega para la apuesta más pequeña.» Raúl del Pozo, *Noche de tahúres*. ▌ ▞ «Trae acá el jurdó, tío, que es de tós.»

Kk

kant, ser un Kant *expr.* ser un cantamañanas.

«Me carga Pedro por ser un kant.» CO,
Sandra Carbonell.

kely ▶ *queli.*

kiki ▶ *quiqui.*

kilo *s.* un millón de pesetas.

«¡Y los muy cretinos piden doscientos kilos!
¡Ya puestos, podrían haber pedido mil!»
Rosa Montero, *La hija del caníbal.* ❚ «Cogí a
uno que salía del casino y que decía que había perdido veinte kilos.» José Ángel Mañas,
Mensaka. ❚ «Es un trabajo fácil [...] a kilo por
barba.» Arturo Pérez-Reverte, *La piel del tambor.* ❚ «Por cuánto te salió? —Kilo y medio,
creo.» Jaime Romo, *Un cubo lleno de cangrejos.*
❚ «Le sobra la pasta y quiere tirarla [...] Le
puedes sacar hasta dos quilos.» Andreu
Martín, *Lo que más quieras.*

kiosko de necesidad ▶ *quiosco de
necesidad.*

K.O., dejar (poner) K.O. *expr.* dejar fuera de combate.

«La puso K.O. a Renée de un botellazo...»
Alfredo Bryce Echenique, *La vida exagerada
de Martín Romaña,* 1981, RAE-CREA. ❚ «Ha
dado usted al doctor y lo ha dejado
K.O....» J. L. Alonso de Santos, *La estanque-
ra de Vallecas,* 1981, RAE-CREA. |✔ del in-
glés *knocked out.*|

kunda *s.* vehículo, coche, automóvil para
el transporte.

«Éste no es el único vehículo o kunda que
hace de medio de transporte de drogadictos hasta este flamante poblado.» Virginia
Ródenas, ABC, 8.11.98.

kundero *s.* repartidor, conductor, de
droga.

«Los kunderos, que reciben una parte de la
droga como pago por el viaje, se reparten
por todo el recorrido.» Virginia Ródenas,
ABC, 8.11.98.

Ll

la *pron.* pene.

«Lo que no cuenta el muy bocazas es los polvos que le echaba a la Raquel, cómo se la mamaba ella, [...] qué tal estaba en pelota viva.» C. Pérez Merinero, *Días de guardar.* ❚ «Toda entera voy a meterla, mi amor» DE. ❚ «Será un niño pero está deseando que se la metan.» Terenci Moix, *Garras de astracán.* ❚ «...primero te pide disculpas y después te la mete hasta lo más hondo...» R. Montero, *Diccionario de nuevos insultos...* ❚ «Le gustaría llevar un cartel colgado del pecho que pusiera: No tengáis miedo, tíos, yo la mamo.» Juan Madrid, *Crónicas del Madrid oscuro.* ❙✓ dice Cela: «es pronombre que se conduce como antonomasia. Pene, en cualquiera de sus denominaciones femeninas».❙

labia *s.* facilidad de palabra, facilidad para convencer.

«Usted mucha labia, pero cada noche hay más tiros y más muertos.» Fernando Martínez Laínez, *La intentona del dragón.* ❚ «Tiene una labia...» Ragazza, julio, 1997. ❙✓ DRAE: «1. f. fam. Verbosidad persuasiva y gracia en el hablar».❙

labios, no despegar los labios *expr.* permanecer callado, no decir nada.

«Mantenerse callado mientras otros hablan o estando en una reunión.» MM. ❚ ■ «Cuando yo esté explicando cómo se va a desarrollar el negocio, tú no despegues los labios y metas la pata.» ✓ DRAE: «fr. fig. Callar o no contestar».❙

labor, no estar por la labor *expr.* no estar dispuesto a hacer algo.

«Si no estás por la labor de sudar, siempre te queda el jacuzzi...» Juanma Iturriaga, *Con chandal y a lo loco.* ❚ «Necesito alas, ánimos, una inteligencia cómplice a mi lado, y tú no estás por la labor.» Manuel Hidalgo, *Azucena, que juega al tenis.* ❚ «Francisco, el alcalde, no está por la labor de abrir el corralillo y darle sepultura...» Andrés Berlanga, *La gaznápira.* ❚ «La respuesta de los estados fue clara: no estaban por la labor.» Luis María de Puig, *Historias de la Unión Europea,* 1994, RAE-CREA. ❚ «El Príncipe no está por la labor.» Luis María Anson, *Don Juan.*

lacha *s.* vergüenza.

«...cortados todos por el mismo patrón: mucho farde y poca lacha...» Ángel Palomino, *Todo incluido.* ❚ «Lacha. Pundonor, vergüenza, coraje. El Eustaquio es hombre de poca lacha.» JM.

lado, dar de lado *expr.* ignorar, no hacer caso.

«Apartarse de su amistad o rehuirle.» MM. ❚ «Es un oportunista y busca mi amistad sólo porque le conviene; pero no sé qué excusa puedo encontrar para darle de lado.» FV. ❚ ■ «Desde que no salgo con su hermana que Felipe me da de lado.»

ladrar *v.* peer.

«Ladrar. Tirarse un pedo.» Joseba Elola, *Diccionario de jerga juvenil,* El País Semanal, 3.3.96. ❚ ■ «Alguien ha ladrado aquí porque huele a huevos podridos.»

ladrillo *s.* libro, cosa, persona pesada, aburrida.

«...es un tipo cultivado que se lee unos ladrillos enormes.» Mala impresión, revista de humor con caspa, n.º 1. ▌«Menudo ladrillo debía ser el mamotreto.» C. Pérez Merinero, *La mano armada.* ▌«Sus obras (Alfonso Sastre), auténticos ladrillos, monumentales tostones, han sido todas subvencionadas con dinero público.» A. Ussía, ABC, 19.7.98.

2. cosa, persona pesada, aburrida, inaguantable.

«...sus artículos, qué coñazos sus artículos, qué ladrillos...» A. Zamora Vicente, *Mesa, sobremesa.* ▌«...suelen ser unos ladrillos infumables, más pesados que un manual de informática...» R. Gómez de Parada, *La universidad me mata.* ▌«...ladrillo de tía, qué voces...» Ramón Ayerra, *Los ratones colorados.*

3. estar hasta los ladrillos *expr.* harto.

«Sí, estamos hasta los ladrillos, ovarios, cataplines, etc. de locutores de radio que...» A las barricadas, 22-28 junio, 1998.

*****ladrón** *cf.* (afines) abrelatas, amigo de lo ajeno, asaltapisos, chori, choricero, chorizo, choro, datilero, descuidero, espadista, guindón, manguillón, mechero, merchero, músico, palero, palquista, picador, piquero, randa, ratero, revienta pisos, sañero, sirlero, soñarrera, tironero, traquero, trilero, trollista.

lagarta *s.* mujer astuta y perversa.

«Aquella lagarta le sacaba los dineros...» Mariano Tudela, *Últimas noches del corazón.* ▌«...es para confirmar que todas somos unas lagartas, menos su madre...» Virtudes, *Rimel y castigo.* ▌«Lo que ocurre es que es una lagarta asquerosa.» Ignacio Aldecoa, *El fulgor y la sangre.* ▌«Yo nunca le vi pirado pero en cuanto me di cuenta de que la largarta esa le iba detrás...» M. Vázquez Montalbán, *El delantero centro fue asesinado al atardecer.* ✓ DRAE: «fig. y fam. Mujer pícara, taimada. Ú. t. c. adj.». ▸ *lagartona.*▌

lagartona *s.* mujer astuta y perversa.

«...mira tú por donde, esas lagartonas, y él que es un aprovechado...» A. Zamora Vicente, *Mesa, sobremesa.* ▌«Una lagartona, una verdadera lagartona, contra esas mujeres los hombres no tienen ninguna defensa.» C. J. Cela, *Mazurca para dos muertos.* ▌«Ojo con esas lagartonas que van por la calle detrás de los rapaces de buena familia...» A. Zamora Vicente, *Historias de viva voz.* ▌«...el pobre Marianito cayó en las garras de una lagartona...» F. Vizcaíno Casas, *Hijos de papá.* ▌«¡Anda que si se lo barruntara la muy lagartona... te podías preparar!» Jose-Vicente Torrente, *Los sucesos de Santolaria.* ▌«Si la tata fuera una lagartona capaz de provocar...» Jaime Romo, *Un cubo lleno de cangrejos.* ▌«Porque tú serías de mírame y no me toques, lagartona.» Antonio Gala, *Petra Regalada,* 1979, RAE-CREA. ✓ ▸ *lagarta.*▌

lamebotas *s. pl.* Persona, aduladora rastrera y vil.

«Mostrarse descortés: ser un lamebotas.» DTE.

lameculos *s.* persona aduladora, rastrera y vil.

«...manipulado en demasiadas ocasiones por lameculos y sinvergüenzas...» Arturo Pérez-Reverte, El Cultural, El Mundo, 24.10.99. ▌«¿Y si toda la historia del pensamiento humano estuviese formada por una gigantesca orgía de perros falderos, vendidos o lameculos?» Terenci Moix, *Garras de astracán.* ▌«Todos sabemos que Fernando Fernández sólo apoya a los verdaderos lameculos...» José Ángel Mañas, *Mensaka.* ▌«El ejecutivo agresivo es odioso con los subordinados y profundamente lameculos con quien le interesa.» A. Ussía, *Tratado de las buenas maneras.* ▌«...fueron en sus tiempos los primeros de la clase [...] y además lameculos...» P. Antilogus, J. L. Festjens, *Anti-guía de los conductores.* ▌«Lolita seguía conmigo, en el bar de la casa de abastos, con su siempre soñoliento rostro, enfadada, por lo que se impone, y por los lameculos.» José M.ª Zabalza, *Letreros de retrete y otras zarandajas.* ▌«¡Lameculos! ¡Qué poco vas a durar sin confesarte!» Juan Marsé, *La oscura historia de la prima Montse.* ▌«...relaciones turbias, lameculos, serpentinas coqueros...» J. Giménez-Arnau, *Cómo forrarse y flipar con la gente guapa.* ▌«Como ven, para pelota y lameculos, yo.» C. Pérez Merinero, *Días de guardar.* |✓ DRAE: «com. vulg. Persona aduladora y servil».|

lamer *v.* hacer felación, cunnilinguo, sexo oral.

«Lámemela un poquito antes de que te la meta, anda.» DCB. ▌«Lamer: practicar el cunnilinguo o la felación.» JMO. ▌«Lamer. Felación, cunnilingus.» Ra.

lamer el culo ▶ *culo, lamer el culo.*

lamerón *s.* adulador.

«A todos los lamerones se los llevará un alud político...» Francisco Umbral, El Mundo, 2.1.99. ▌«No soy un lamerón. Yo simplemente me río cuando el jefe cuenta un chiste gracioso, eso es todo.» DCB.

lameruzas *s.* adulador.

«...es un tío la mar de cachondo; algo lameruzas, pero vale...» Ramón Ayerra, *Los ratones colorados.*

lampar *v.* mendigar, gorronear.

«El gigoló del bañador de raso seguía lampando en una banqueta del bar...» José Ruiz-Castillo Ucelay, *Relatos inciertos.* ▌«...aquellos señoritos que estaban lampando...» J. L. Castillo-Puche, *Hicieron partes.* ▌«...y en ocasiones algún vecino solía perpetuar alguna excursión y lamparte unos leños...» Ernesto Parra, *Soy un extraño para ti.*

lana *s.* dinero.

«¿Cuánta lana traes para gastar?» José Raúl Bedoya, *La universidad del crimen.* ▌▪ «¿Cuánta lana vas a necesitar para pagar las deudas que tienes?»

lanzada *s.* mujer promiscua.

«...pues en este país se piensa que cuando una mujer dice que es muy demócrata quiere decir que es muy abierta, o sea muy libertina, una lanzada, una loca, una salida, una perdida, lo que ustedes quieran.» Francisco Umbral, Diario de Mallorca, 17.3.76, citado en DE.

lanzarse a *expr.* emprender una acción sin reflexionar convenientemente.

«Se lanzó a gastar dinero.» DCB. ▌«prnl. Empezar una acción con mucho ánimo o con irreflexión.» DRAE.

lapa, **pegarse como una lapa** ▶ *pegar, pegarse como una lapa.*

lapicero *s.* pene.

«En su lapicero llevaba como paraguas un condón de color rosita, un poco amariconado para mi gusto.» C. Pérez Merinero, *La mano armada.* ▌«Miembro viril. Mucho movimiento le das tú al lapicero, jovencito.» JM. ▌«Lapicero. Picha.» VL. ▌«Lapicero: pene.» JMO. ▌«Lapicero. Pene.» S. ▌«Lapicero. Ciruelo, tronco, nabo.» Ra.

lapo *s.* gargajo, escupitajo.

«Escupido de aspecto asqueroso.» *Atlas lingüístico de Andalucía, 1972.* ▌«Cartagena: esputo.» Revista de dialectología y tradiciones populares, II. ▌«No seas guarro y deja de echar lapos.» CL. ▌▪ «Me han escupido un lapo en el coco desde una ventana.» |✓ en castellano estándar es un *golpe, cachete, bofetada.*|

largar *v.* hablar.

«Las malas lenguas empezaron a largar.» Terenci Moix, *Garras de astracán.* ▌«No veas como largan esas pájaras tortilleras.» Juan Madrid, *Cuentos pendientes.* ▌«...ya están largando de que si las amnistías...» A. Zamora Vicente, *Mesa, sobremesa.* ▌«Largamos sobre una hidra que crea nuevos términos a ritmo desenfrenado.» JV. ▌«¡Que sí, coño, ya vale! ¿Es que no puedes dejar de largar?» Cómic Jarabe, n.° 4, 1996. ▌«...y que ella, con lo que le gusta, empiece a largar y termine ofreciéndole sus servicios al mismísimo Ministro.» Jaime Romo, *Un cubo lleno de cangrejos.* ▌«Pues si se emperra en no largar...» Ernesto Parra, *Soy un extraño para ti.* ▌«...largaron sin parar por la televisión estatal.» J. Giménez-Arnau, *Cómo forrarse y flipar con la gente guapa.*

2. despedir, despachar.

«Por la noche intentó venir a mi habitación y yo le largué con cajas destempladas.» Mariano Tudela, *Últimas noches del corazón.* ▌«...les daba la liquidación y las largaba con viento fresco.» Pgarcia, *El método Flower.* ▌«En cuanto acabe de hacerles el trabajo sucio me largan también.» Juan José Millás, *Tonto, muerto, bastardo e invisible.*

3. informar.

«Le van quitando la fama, largando lo que debe delante de sus amigos y compañeros de trabajo.» Raúl del Pozo, *Noche de tahúres.*

4. largar por la muy ▶ *muy, irse (largar por) de la muy.*

5. largar un sopapo ▶ *sopapo, arrear (largar) un sopapo.*

6. largarse *v.* irse, marcharse.

«...Amadeo de Saboya, un efímero rey de España que llega horrorizado y se larga mucho más horrorizado todavía.» A. Ussía, *Coñones del Reino de España.* ❚ «...solamente para comprobar que yo me había largado de veras...» A. Zamora Vicente, *Historias de viva voz.* ❚ «...te largaste sin decir adiós.» J. Jiménez Martín, *Ligar no es pecado.* ❚ «...la tagala se va a acabar largando con un negro a Filadelfia...» J. Giménez-Arnau, *Cómo forrarse y flipar con la gente guapa.* ✓ DRAE: «prnl. fam. Irse o ausentarse uno con presteza o disimulo».❚

7. largarse con viento fresco *expr.* marcharse, irse.

«Acabo con los espárragos y me largo con viento fresco.» José M.ª Zabalza, *Letreros de retrete y otras zarandajas.* ❚ «...dos tipos me amenazaron con una navaja y me instaron a que me largara con viento fresco.» Lourdes Ortiz, *Picadura mortal.*

8. ¡lárgate! *excl.* exclamación de rechazo.

«...sonaba a algo parecido a ¡Lárgate, lárgate!» Miguel Sánchez-Ostiz, *Un infierno en el jardín,* 1995. ❚ «Si vas a largarte, lárgate.» Vicente Leñero, *La mudanza,* 1975, RAE-CREA. ❚ «...déjame en paz, desaparécete de mi vista, me das asco, no quiero verte o lárgate.» C. Cuahtémoc Sánchez, *Un grito desesperado,* 1992, RAE-CREA.

9. ¡largo! *excl.* fuera.

«¡Largo, largo! Aquí no se puede estar.» A. Zamora Vicente, *Desorganización.*

largas, dar largas *expr.* posponer, aplazar.

«Le di un poco de largas, dejé que me llamara...» SúperPop, mayo, 1989. ❚ «...venga de darme largas, y largas, y largas, la puta que le trajo al mundo...» Ramón Ayerra, *Los ratones colorados.*

largo, ir para largo *expr.* durar mucho.

«Me parece que va para largo.» Pau Faner, *Flor de sal.* ❚ «...la historia va para largo.» Juan Luis Cebrián, *La rusa.*

2. largo y tendido *expr.* refiriéndose a hablar o escribir, mucho.

«Sobre [...] los delincuentes y el resto de aparato encargado de defender el orden tenía yo ganas de escribir largo y tendido.» Juan Madrid, *Flores, el gitano.* ❚ «En mi carta anterior te había hablado largo y tendido del tío...» Ricardo Cano Gaviría, *Una lección de abismo,* 1991, RAE-CREA. ❚ «Apenas hablaron de cuatro o cinco cosas, pero largo y tendido y con muchos detalles.» Pedro Vergés, *Sólo cenizas hallarás (bolero),* 1980, RAE-CREA. ❚ «...el Tilches hablaba largo y tendido con el señor del Naranjo y en su casa...» Arturo Azuela, *La casa de las mil vírgenes,* 1983, RAE-CREA. ❚ «Habla con él largo y tendido.» Ragazza, agosto, 1997. ❚ «...le dije nebulosamente que quería conversar con ella largo y tendido.» Andrés Bosch, *Mata y calla.* ✓ ▶ *hablar, hablar (conversar) largo y tendido.*❚

largón *s.* hablador, chivato, cuentista.

«A Aznar no lo a traído el GAL, la corrupción ni el largón de Roldán, que es que no calla.» Francisco Umbral, *La derechona.* ❚ «Largón: Pedante.» Ángel Palomino, *Insultos, cortes e impertinencias.*

larguero *s.* en los timos, el que da el cuento y convence.

«...y la plática de uno o dos largueros hasta conseguir burrearle convenientemente.» Manuel Giménez, *Antología del timo.* ❚ «Timador que engaña a los incautos con su convincente locuacidad.» JGR.

larguirucho *s.* persona alta y delgada.

«Antes eras un niño larguirucho pero ahora estás muy guapo.» CL. ❚ «...habló el bachiller Rosendo Cañizales, larguirucho y con la jeta volteada...» Guillermo Morón, *El gallo de las espuelas de oro,* 1986, RAE-CREA. ❚ «...contemplando a aquel individuo flaco y larguirucho...» J. J. Benítez, *Caballo de Troya I,* 1984, RAE-CREA. ✓ DRAE: «adj. fam. Aplícase a las personas y cosas desproporcionadamente largas respecto de su ancho o de su grueso».❚

lástima, hecho una lástima *expr.* en mal estado.

«El secretario quedó hecho una lástima.» Arturo Pérez-Reverte, *La piel del tambor.*

lastre, soltar (lanzar) lastre *expr.* defecar.

«Cuando suelto lastre ella no me deja...» C. Pérez Merinero, *Días de guardar.* ▮ «...y cuando jiña el bicho, cuando suelta lastre con perdón...» Ramón Ayerra, *Los ratones colorados.* ▮ ▪ «Cuando termines de lanzar lastre, Carlos, tira de la cadena y abre la ventana.»

lata *s.* coche viejo.

«...y el peseto amenaza con el dedo a uno de los coches que hay detrás suyo y se mete en su lata y le veo arrancar...» José Ángel Mañas, *Mensaka.* ▮ ▪ «Esa lata con cuatro ruedas que conduces no tiene nada que ver con un coche.»

2. dar la lata *expr.* molestar.

«Carrasclás, carrasclás, ya dejó de dar la lata...» A. Zamora Vicente, *Historias de viva voz.* ▮ «...por culpa de sus padres que los echan al mundo [...] a que den la lata.» Ladislao de Arriba, *Cómo sobrevivir en un chalé adosado.* ▮ «...Matthews que ya entonces daba la lata.» Rafael García Serrano, *Diccionario para un macuto.* ▮ «...pero durante el camino siguió dando la lata sin parar.» Almudena Grandes, *Las edades de Lulú.* ▮ «...nos pueden dar la lata.» Jaime Romo, *Un cubo lleno de cangrejos.* ▮ «Dar la lata. Molestar, fastidiar, importunar.» LB. ▮ «Ha venido a darme la lata con esa historia de las acciones...» Eduardo Mendoza, *La verdad sobre el caso Savolta.* ▮ «Para que vaya entrando en razón y no dé más la lata le aplaudo el belfo un par de veces.» C. Pérez Merinero, *Días de guardar.*

3. ser una lata *expr.* pesado, aburrido.

«...hay quien se sentirá ya siempre vencido y quien se sentirá ya siempre vencedor, una lata...» A. Zamora Vicente, *Mesa, sobremesa.* ▮ «Para mí era una lata, pero me pareció tan preocupada que accedí.» Juan Marsé, *La oscura historia de la prima Montse.* ▮ «Conversación pesada, molesta.» LB.

latazo *s.* situación muy difícil y aburrida.

«...nunca pensé que a cambio de tres noches de placer tendría que soportar tantos latazos.» Terenci Moix, *Garras de astracán.* |✓ DRAE: «lata, fastidio, pesadez».|

latigazo *s.* bebida, trago.

«Entonados por los latigazos empezaron a hacer planes para la mañana...» M. Vázquez Montalbán, *Los alegres muchachos de Atzavara.* ▮ «Latigazo. Trago.» LB. ▮ ▪ «Un latigazo de coñac de vez en cuando no va mal.»

latín, saber latín *expr.* astuto, listo.

«La Amparito, que sabía mucho latín, dio las gracias...» Jose-Vicente Torrente, *Los sucesos de Santolaria.* ▮ «El gachó ése sabe latín.» Pedro Casals, *Disparando cocaína.*

latir *v.* gustar.

«Lo que me late de París es su ambiente...» El País, 4.5.99. |✓ posiblemente acelera los latidos del corazón.|

latoso *adj.* molesto.

«Y todo por esa curva latosa.» A. Zamora Vicente, *Historias de viva voz.* ▮ «Hay muchos otros, pero no quiero ser latoso, porque luego pasa lo que pasa...» José M.ª Zabalza, *Letreros de retrete y otras zarandajas.*

lavabo *s.* retrete.

«Ni váter, ni servicios, ni aseos, ni lavabos. El cuarto de baño...» A. Ussía, *Tratado de las buenas maneras.* ▮ «...por ejemplo retrete, excusado, lavabos, servicio, cuarto de baño, water, etc.» Margarita Fraga Iribarne, ABC, 9.8.98.

lavar el cerebro *expr.* manipular psicológicamente.

«¡Y si me compras la revista te damos un vale por un lavado de cerebro gratis!» El Jueves, 13.5.98. ▮ «...impulsada por años de insensibilidad, lavado de cerebro y reflejos pavlovianos...» Cómic Zona 84, n.° 43. ▮ «...alienación, terror, lavado de cerebro, inquisición...» Juan Marsé, *La oscura historia de la prima Montse.* ▮ ▪ «A Jacinto le tienen lavado el cerebro esos amigotes suyos.»

lea *s.* prostituta.

«...guarra; hurona; lagarta; loba; lea...» AI. ▮ «Lea. Puta, lumi, buscona.» Ra. ▮ ▪ «Las leas te van a sacar la sangre, además del sueldo, imbécil y te van a arrear una enfermedad.»

leandra *s.* peseta.

«...y además mediante el pago de casi dos mil de estas beatas, leandras, rubias, claudias o bernabeas a punto de desaparecer sumergidas en el euro.» Jaime Campany, ABC, 31.1.99. ▌«...pero esos cuatro papiros de cien leandras...» A. Zamora Vicente, *Historias de viva voz.* ▌«Por cinco mil leandras ya podrá dar todo esto, eh, jefe.» M. Vázquez Montalbán, *La rosa de Alejandría.* ▌ ◾ «Cien mil leandras me piden por la reparación del televisor.»

lechada *s.* semen.

«Si la lechada de las pajas fuera una fuente de energía, otro gallo nos cantaría a los españoles...» C. Pérez Merinero, *Días de guardar.*

leche(s) *excl.* exclamación que denota disgusto, enfado, contrariedad.

«Pero es que aquello no era hacer caridad, ¡leche!» Francisco Candel, *Donde la ciudad cambia su nombre.* ▌«Yo he corrido mucha tierra, leche, mucha tierra...» A. Zamora Vicente, *Desorganización.* ▌«No amague con la tripa, leche...» Miguel Martín, *Iros todos a hacer puñetas.* ▌«...que eso es hacerme perder el tiempo, leches...» José Ángel Mañas, *Sonko95.* |✔ ▶ *leche(s).*|

2. *s.* semen.

«Mi tratamiento consiste en decirte el precio cuando está a punto de correrte: 80 000 sin IVA. A nueve de cada diez se le corta la leche durante una hora, ya en la primera sesión.» Manda Güebos, El Jueves, n.° 1083. ▌«Pues si tenemos de joder antojos / y se llenan de leche los cojones», José de Espronceda (?), *La casada,* ▶ C. J. Cela, Revista de Occidente, Tercera época, n.° 4. ▌ ◾ «Solté la leche por todas partes, por la alfombra, por las sábanas, por la blusa de la chica...»

3. golpe.

«...un mamporro, o una leche, o una torta o un coscorrón.» A. Ussía, *Coñones del Reino de España.* ▌«...le arreaba dos leches duras, dos leches de esas que hacen daño...»

M. Vázquez Montalbán, *Los alegres muchachos de Atzavara.* ▌«¡Halá qué leche me ha dado!» Miguel Martín, *Iros todos a hacer puñetas.* ▌«Un día se le inflaron los cojones, cogió al chucho, le arreó una leche...» C. Pérez Merinero, *Días de guardar,* 1981, RAE-CREA. ▌«Tuve que pegarle una leche para que no se pusiera histérica.» Eduardo Mendicutti, *Fuego de marzo,* 1995, RAE-CREA. ▌«...antes de que nos demos una leche y me trinquen [...] con las manos en la masa.» C. Pérez Merinero, *Días de guardar.* ▌«Si me cabreas, de una leche te pongo los dientes por peineta.» José Luis de Tomás García, *La otra orilla de la droga,* 1984, RAE-CREA.

4. mal humor, mal genio.

«Pero estaba de una leche terrible. Que se jodiera.» Pgarcía, *El método Flower.*

5. a toda leche *expr.* muy de prisa.

«...al caer se le cruzó un camión de 16 ruedas a toda leche que acabó con su vida.» El Jueves, n.° 1079. ▌«Y, además, te lleva a donde quiera, ¡y a toda leche!» P. Antilogus, J. L. Festjens, *Anti-guía de los conductores.* ▌«Y se fueron a toda leche.» Gomaespuma, *Grandes disgustos de la historia de España.* ▌«En vez de hablar, susurra. Y lo hace a toda leche.» Carmen Rigalt, «Nicolás Redondo», La Revista del Mundo, 13.12.98.

6. cara de mala leche *expr.* cara de enfado, expresión adusta.

«En el hotel de la Montaña, una estrella de cine compone su mejor cara de mala leche mientras los figurantes...» C. J. Cela, *Viaje al Pirineo de Lérida*

7. dar(se) [arrear(se), pegar(se)] una leche *expr.* golpear(se), pegar(se).

«...tuvo que pegarle una leche para que no se pusiera histérica...» Eduardo Mendicutti, *Fuego de marzo,* 1995, RAE-CREA. ▌«Se pegó una leche por conducir a exceso de velocidad.» FV. ▌ ◾ «¡Te voy a dar una leche que te voy a mandar al hospital!»

8. de la leche *adj.* maldito, grande, enorme.

«Me pescaron dentro de un coche, con un colocón de la leche.» José Luis de Tomás García, *La otra orilla de la droga,* 1984, RAE-

CREA. ▌«...en el abismo que la luz de la leche abrió en la penumbra...» Juan Benet, *Saúl ante Samuel,* 1980, RAE-CREA. ▌◼ «Apaga la televisión de la leche, que ya me está jorobando.»

9. ¿dónde leche(s)...? *expr.* ¿dónde demonios...?

«¿Dónde leches tienes el dinero?» DCB.

10. echando leches *expr.* de prisa, a gran velocidad.

«El gallego se fue echando leches.» Francisco Candel, *Donde la ciudad cambia su nombre.* ▌«A las seis salí del café echando leches.» C. Pérez Merinero, *Días de guardar.* ▌◼ «Lárgate al banco echando leches a cobrar este talón de dos millones.»

11. estar de mala leche *expr.* enfadado, enojado.

«Entonces empezó a llover, las primeras gotas gordas, cargadas de mala leche.» Almudena Grandes, *Malena es un nombre de tango.* ▌«¡Estoy de mala leche, sí!» Álvaro Pombo, *Los delitos insignificantes.* ▌◼ «Si estás de mala leche te va a subir la tensión por las nubes.»

12. la leche que has mamado (te han dado) *excl.* insulto de rechazo.

«La leche que han mamado.» Miguel Martín, *Iros todos a hacer puñetas.* ▌«¡La leche que te han dado!» Virtudes, *Rimel y castigo.*

13. leches *adv.* no, en absoluto.

«Ni no sé qué, ni leches...» Gomaespuma, *Grandes disgustos de la historia de España.* ▌«Ni caramba ni leches.» Luis Goytisolo, *Las afueras.* ◼ «¿Qué si voy a hacerlo yo? ¡Leches!» ✓ ▶ *leche(s).*▌

14. mala leche *s.* enfado, enojo, mala disposición.

«Y es que (Francisco) Umbral es un mirlo blanco y generoso, con la mala leche imprescindible y ni un gramo más.» Jaime Campmany, ABC, 13.9.98. ▌«De carácter no sé [...] Lo que seguro tiene es muy mala leche.» Arturo Pérez-Reverte, *La piel del tambor.* ▌«...un sentido del humor que le permite reírse de sí mismo [...] Eso le quita la mala leche.» Fernando Martínez Laínez, *La intentona del dragón.* ▌«¿Ves como no tienes mala leche?» Francisco Candel, *Los hombres de la mala uva.* ▌«Eso va a ser de la

mala leche.» Virtudes, *Rimel y castigo.* ▌ «Mala leche [...] mala uva.» Rafael García Serrano, *Diccionario para un macuto.* ▌«...excepto aquellas que [...] tienen muy mala leche.» Fernando Martín, *Cómo aprobar todo sin dar ni chapa.* ▌«...el denuesto, el vejamen, la ofensa y la mala leche.» Jaime Campmany, ABC, 18.10.98. ▌«Ahí tuviste un poco de mala leche, Lupita.» Elvira Lindo, *La ley de la selva,* 1995, RAE-CREA. ▌ «Te levantas de mala leche.» C. Rico-Godoy, *Cómo ser una mujer y no morir en el intento.* ▌«...y le mola exhibir su mala leche en público, que tiene más morbo.» B. Pérez Aranda *et al., La ex siempre llama dos veces.*

15. mala leche *s.* de mal humor, mala disposición, malas intenciones.

«Tenía una mala leche la buena señora...» El Gran Wyoming, *Te quiero personalmente.* ▌ «Siempre decía esa pijada hasta que un día se topó con un barman de mala leche...» Carmen Resino, *Pop y patatas fritas,* 1991, RAE-CREA.

16. mala leche *s.* persona indeseable, de malas intenciones.

«...es el más pendenciero y el más mala leche de todos...» José Gutiérrez-Solana, *Madrid, escenas y costumbres, Obra literaria, I.*

17. mala leche *expr.* mala suerte.

«Pues mala leche.» Andreu Martín, *Por amor al arte.*

18. ¡me cago en la leche! *excl.* maldición, maldita sea.

«Un poli es un poli siempre, te lo digo yo, me cago en la leche...» Juan Madrid, *Cuentas pendientes.* ▌«...me cagüen la leche, mi Teniente.» Miguel Martín, *Iros todos a hacer puñetas.* ▌«Me cago en la leche.» El Gran Wyoming, *Te quiero personalmente.*

19. ni leches *expr.* ni nada.

«—¡Hombre, Paco —¡Ni Paco ni leches!» Mariano Sánchez, *Carne fresca.* ▌«Así que ni reverencias ni leches.» J. Giménez-Arnau, *Cómo forrarse y flipar con la gente guapa.*

20. poner(se) de mala leche *expr.* enfadar(se).

«Eso de tener la cara llena de látex y estirada por los lados, ¡me ponía de mala leche!» Ragazza, n.° 101. ▌«Y me pone de mala leche que me estén chupando la sangre.» A.

Gómez-Arcos, 1991, RAE-CREA. ❙ «Si hay algo que me ponga de mala leche son las sesiones...» Almudena Grandes, *Las edades de Lulú*. ❙▪▀ «Dice que su mujer se pone de mala leche cuando llega a casa borracho.»

21. qué leches *expr.* qué demonios.
«Pero ¿qué leches estás diciendo?» M. Vázquez Montalbán, *El delantero centro fue asesinado al atardecer*.

22. quinta leche *expr.* muy lejos.
«Es que para cuatro días de fiesta se monta un viaje a la quinta leche para notar que viaja...» El Jueves, 8.4.98. ❙ «Es lo que me faltaba, una casa llena de escaleras y de recovecos en la quinta leche, con el tráfico como está.» C. Rico-Godoy, *Cómo ser infeliz y disfrutarlo*.

23. ser la leche *expr.* ser el colmo.
«¡Vaya!, Silvia, eres la leche.» Pedro Casals, *Disparando cocaína*.

24. ser una leche algo (alguien) *expr.* ser el colmo, inaudito.
«Si llegan a estar, eso hubiera sido la leche.» José Ángel Mañas, *Historias del Kronen*. ❙ «Tercero, en efecto, es la leche porque se hace la última criba.» R. Gómez de Parada, *La universidad me mata*. ❙ «Este tío es la leche.» Manuel Giménez, *Antología del timo*. ❙ «¡Joder, Vicente, eres la leche!» Eloy Arenas, *Los vecinos de mis vecinos son mis vecinos*. ❙▪▀ «Este encargo que me han dado es la leche, es increíble.»

25. tener mala leche ▶ *leche(s), mala leche.*

26. ¡(y) una leche! *excl.* exclamación de rechazo.
«Paga y te hacemos Presidente. ¡Una leche!» Miguel Martín, *Iros todos a hacer puñetas*. ❙ «Una leche podía haber estudiado yo, mi padre era ordenanza...» Ángel Palomino, *Un jaguar y una rubia*. ❙ «¡Y una leche!» Jordi Sierra i Fabra, *El regreso de Johnny Pickup*, 1995, RAE-CREA.

lecheagria *s.* persona envidiosa, rencorosa y de mal carácter.
«*El lecheagria* te pone zancadillas, te tira piedras desde el borde del camino, intenta lapidarte, te increpa al paso, [...] le da la vuelta a tus palabras, te señala con el dedo, te clasifica, te disfraza...» Jaime Campmany, citado por Carlos Murciano, «El lecheagria», ABC, 16.8.98.

lechera *s.* coche de policía.
«...desde una bocacalle y cortándonos el paso de algún modo, nos salió una lechera de la Policía Nacional.» José Luis Martín Vigil, *Los niños bandidos*. ❙ «lechera. Coche/policía.» Francisco Umbral, *Diccionario cheli*. ❙ «...unos ojos atónitos y serios tras los cristales de la lechera policial...» Juan Luis Cebrián, *La rusa*. ❙▪▀ «En esa lechera se llevan al Cojo a la comisaría.»

lechería *s.* prostíbulo.
«La lechera, sí señores / ha puesto una lechería / donde dicen que trabaja / más de noche que de día...» DE. ❙ «Lechería: Lupanar.» JGR. ❙ «Lechería. Casa de putas, sauna,...» Ra. ❙ «Lechería: prostíbulo.» JMO. ❙▪▀ «Dos calle más abajo hay una lechería con unas putas de puta madre.»

lechero, mal lechero *s.* persona indeseable.
«...son producto de cabronadas de mal lechero como la que acabo de contar...» M. Vázquez Montalbán, *Los alegres muchachos de Atzavara*. ❙✔ porque tiene *mala leche*.❙

lechuga *s.* billete de mil pesetas.
«Me levanté y rebusqué en la cartera. Saqué una lechuga y la deposité en la mesa.» ❙ «Lechuga: billete de 1.000 pesetas.» Manuel Giménez, *Antología del timo*.

lechuzo *s.* bobo, necio, torpe.
«No derroches tantos arredros, lechuzo, que no te van a hacer provecho.» Francisco Nieva, *La carroza de plomo candente,* 1976, RAE-CREA. ❙✔ sin embargo el DRAE dice: «fig. y fam. Hombre que se asemeja en algo a la lechuza. Ú. t. c. adj.».❙

2. guardia jurado nocturno.
«A los vigilantes jurados que prestan servicio de noche se les denomina lechuzos, [...] en alusión a la nocturnidad de estas aves.» JGR.

lefa *s.* semen.
«Un gominolo asqueroso con el pelo lleno de lefa.» José Ángel Mañas, *Historias del Kronen*. ❙ «Líquido eyaculado por el hombre:

lefa.» Amelia Díe y Jos Martín, *Antología popular obscena*. ❚ «...mientras continúa derramando lefa en la hendidura golosa de la mujer.» José Luis Muñoz, *Pubis de vello rojo*. ❚ «...me contentaba con tirármela y darle su ración de lefa.» C. Pérez Merinero, *La mano armada*. ❚ «Todavía en cuclillas, recoge con la mano la lefa que empieza a gotear del culo...» José Ángel Mañas, *Sonko95*. ❚ «Choda en jerga estadounidense significa lefa...» El País, 5.6.99. ❚ ▪ «¡Cuidado con la polla que me va a salir la lefa a chorros!»

legal *adj.* honrado, bueno.

«Ir de legal por la vida.» Ragazza, n.° 100. ❚ «Eduardo es un tío muy legal.» Ragazza, n.° 101. ❚ «...Vicente lo aceptaba bien porque era un tío muy legal...» M. Vázquez Montalbán, *Los alegres muchachos de Atzavara*. ❚ «Los motoristas de la Guardia Civil son unos tíos muy legales, sobre todo eso, legales.» P. Antilogus, J. L. Festjens, *Antiguía de los conductores*. ❚ «¿Por qué odiaba a Muza? Porque no era legal.» Raúl del Pozo, *Noche de tahúres*. ❚ «...uno se acostumbra a aceptar la vida como viene, uno se habitúa a ser legal...» Jesús Ferrero, *Lady Pepa*. ❚ «...la cosa sería más legal, más sencilla...» A. Gómez Rufo, *Cómo ligar con ese chico que pasa de ti o se hace el duro*. ❚ «...y parecía un tipo legal...» C. Rico-Godoy, *Cómo ser infeliz y disfrutarlo*.

legañas *s. pl.* secreción de los ojos una vez seca.

«Muchas mañanas me levanto con los ojos llenos de legañas.» CL. ❚ «...pendiente de una mosca que sobrevolaba sus legañas.» Javier Maqua, *Invierno sin pretexto*, 1992, RAE-CREA. ✓ DRAE: «1. f. Humor procedente de la mucosa y glándulas de los párpados, cuajado en el borde de estos o en los ángulos de la abertura ocular».❚

legión *s.* grupo numeroso de gente.

«Hace legión la gente que es capaz de perder el culo delante de un toro, pero no de mojárselo para coger peces.» Javier Ortiz, El Mundo, 26.6.99.

legítima *s.* esposa.

«Los niños [...] ya están encordiando; odia la letanía rezongadora de su legítima...» Ladislao de Arriba, *Cómo sobrevivir en un chalé adosado*. ❚ «Entre semana, siempre que podía desmarcarse de su legítima, Molina se presentaba en el diminuto apartamento de Cristina...» María Antonia Valls, *Tres relatos de diario*.

legua, a la legua *expr.* ser aparente, reconocerse con facilidad.

«...pero se notaba a la legua que es una mujer honesta.» El Mundo, 8.8.96. ❚ «A ella se le notaba a la legua también...» Manuel Hidalgo, *Azucena, que juega al tenis*. ❚ «...pero se veía a la legua que tanta bofia junta no le hacía la más mínima gracia...» C. Pérez Merinero, *La mano armada*. ❚ «Me eché a reír, porque se le veía el plumero a cinco leguas.» José Luis Martín Vigil, *Los niños bandidos*. ❚ «...pero se conoce a la legua quién es y que no sabe fingir la voz.» José Gutiérrez-Solana, *Madrid callejero, Obra literaria, II*. ✓ DRAE: «locs. advs. figs. Desde muy lejos, a gran distancia».❚

leguleyo *s.* abogado.

«...y añadirá su firma, un garrapato retorcido, firma de leguleyo...» A. Zamora Vicente, *Mesa, sobremesa*. ❚ «...en tales trances sólo suelen salir bien parados los leguleyos.» Pedro Casals, *La jeringuilla*. ❚ «Ni tenía la menor referencia de un leguleyo de confianza...» Ernesto Parra, *Soy un extraño para ti*. ❚ «...contratando a gorilas para almohadillar su seguridad física, untando a leguleyos...» J. Giménez-Arnau, *Cómo forrarse y flipar con la gente guapa*. ❚ «El leguleyo todavía sacaba jugo a su añeja fama de defensor de causas pobres...» M. Sánchez Soler, *Festín de tiburones*. ✓ DRAE: «m. y f. Persona que trata de leyes no conociéndolas sino vulgar y escasamente».❚

lejiata *s.* soldado profesional, legionario.

«...los profesionales son lejiatas y los suboficiales son chusqueros...» AI.

*lejos *cf.* (afines) en las Cachimbambas, el quinto *carajo, el quinto *coño, donde Cristo dio las tres voces, donde Cristo perdió el gorro, a tomar por el *culo, en el culo del mundo, donde Colón perdió el *gorro, quinta leche, lejotas, en el fin del *mundo, en la quinta *puñeta, en el quinto infierno, en el quinto pino.

lejos, sin ir más lejos *expr.* precisamente, exactamente, sin complicarlo más.
«Muchas. Esta mañana sin ir más lejos.» Lidia Falcón, La Revista del Mundo, 8.8.99.

lejotas *adv.* lejos.
«...un aeroplano volando allá lejotas...» Andrés Berlanga, *La gaznápira*. |✓ no está registrado en ningún diccionario consultado.|

lelo *adj.* bobo, atontado.
«...quizá logremos acercarnos al campo unos días y olvidarnos de toda esta pringue soñolienta, se me antoja que están todos medio lelos...» A. Zamora Vicente, *Mesa, sobremesa*. | «...en cada una de esas familias, sólo había un hijo medio lelo.» María Antonia Valls, *Tres relatos de diario*. | «Tipo tan especial e incalificable que es capaz de presumir de lelo.» R. Montero, *Diccionario de nuevos insultos...* | «Susana es una lela...» Juan Marsé, *Si te dicen que caí*. | «Tienen cara de lelos.» C. Pérez Merinero, *Días de guardar*. | «La madre, que ya estaba medio lela...» Fernando Martínez Laínez, *Bala perdida*. |▪ «Paco está completamente lelo, el pobre.» |✓ DRAE: «adj. Fatuo, simple y como pasmado. Ú. t. c. s.».|

lej
406

*****lengua** cf. (afines) la sin hueso, húmeda, mojarra, muy.

lengua, andar en lenguas *expr.* ser objeto de murmuraciones.
«No quieres andar en lenguas, y andarás en coplas...» Domingo Miras, *Las brujas de Barahona*, 1978, RAE-CREA.

2. con la lengua fuera *expr.* deprisa, cansado.
«Parece que ahora el francés va con la lengua fuera...» Javier García Sánchez, *El Alpe d'Huez*, RAE-CREA. | «Llegué a casa con la lengua fuera.» B. Pérez Aranda *et al.*, *La ex siempre llama dos veces*.

3. darle a la lengua *expr.* hablar mucho.
«El merluzo del taxista es de los que le dan a la lengua sin tino.» C. Pérez Merinero, *Días de guardar*. | «Si te pasas el día dándole a la lengua no vas a terminar el proyecto nunca.» DCB.

4. dar(se) (la) lengua *v.* besar(se) apasionadamente.
«Ella me mira un momento, luego se me lanza al cuello y me empieza a dar lengua.» José Ángel Mañas, *Mensaka*. | «...veo a Lolita en una situación intermedia, en la que sin dejar de dar la lengua...» José M.ª Zabalza, *Letreros de retrete y otras zarandajas*. | «...foto en la que aparecía en camiseta interior y pantalones de pijama, dándose la lengua con su mujer...» Andrés Bosch, *Mata y calla*.

5. irse de la lengua *expr.* revelar secreto.
«...en España se sabe siempre todo, lo que pasa es que la gente cree que no y se va de la lengua.» Jaime Campmany, ABC, 26.4.98. | «Sólo su confesor conocía el alcance de sus bienes terrenales y a él lo untaba oportunamente para que no se fuera de la lengua.» María Antonia Valls, *Tres relatos de diario*. | «...siempre hay algún chivato que se va de la lengua.» Victoriano Corral, *Delitos y condenas*. | «...el Neque se había ido de la lengua...» Andreu Martín, *Lo que más quieras*. |▪ «No te vayas de la lengua y lo cuentes todo porque es un secreto que te cuento muy confidencialmente.»

6. lengua larga *s.* maldecir, insultar.
«Se dice de la lengua de la persona maldiciente.» MM. | «No hagas caso de Paquito; tiene la lengua muy larga.» Mercedes Salisachs, *La gangrena*, 1975, RAE-CREA. | «Calla Mairena, que tienes la lengua muy larga.» Francisco Nieva, *Coronada y el toro*, 1982, RAE-CREA. | «¡Cállate y no digas nada más, que tienes la lengua muy larga!» DCB.

7. malas lenguas *s. pl.* gente murmuradora.
«Malas lenguas las hubo y las habrá.» Germán Sánchez Espeso, *La reliquia*. | «Las malas lenguas dicen que al quitarse los calzoncillos...» Gomaespuma, *Familia no hay más que una*. | «...y su colección de joyas robadas, según las malas lenguas.» Máximo, *Animales políticos*. | «En el 71 (según malas lenguas) se va a Sudamérica con muchos millones.» Andreu Martín, *Por amor al arte*. | «Pero las malas lenguas se soltaron...» Juan Marsé, *Últimas tardes con Teresa*.

8. meterse la lengua en el culo *expr.* callarse.

«Dile a tu jefe que se puede meter la lengua en el culo.» DCB. ▌ «A ver si nos metemos la lengua en el culo, ¿eh, Palau? —me dijeron Bundó y el Fusam encabronados...» Juan Marsé, *Si te dicen que caí,* en DE.

9. no morderse la lengua *expr.* expresar las ideas sin reparos.

«...donde tampoco se mordían la lengua para contestarle al sujeto aquel...» Rafael García Serrano, *Diccionario para un macuto.* ▌ «Y es que Lidia no se muerde la lengua.» Carmen Rigalt, La Revista del Mundo, 8.8.99. ▌ «Urra y Cabrera no se muerden la lengua...» El Mundo, 16.8.99.

10. no tener (sin) pelos en la lengua *expr.* no tener reparos en hablar con claridad.

«Clarito. Sin pelos en la lengua.» Juan Marsé, *La oscura historia de la prima Montse.* ▌ «Ya me lo habían dicho, que no tienen pelos en la lengua.» Juan Marsé, *La oscura historia de la prima Montse.* ▌ «...seductora, *glamourosa,* ambiciosa y sin pelos en la lengua...» El País Semanal, 25.7.99.

11. tirar de la lengua *expr.* sonsacar información.

«...y la tirábamos de la lengua, anda, Anita, y qué hacen, y cómo se portan...» Ramón Ayerra, *Los ratones colorados.* ▌ «Llevo un año tirando de la lengua a Fernando Sánchez Dragó para que desembuche el nombre del ganador del próximo premio Fernando Lara de novela...» María Sarmiento, El Mundo, 11.9.99.

*lentes cf. (afines) ▶ *gafas.*

lentorro *adj.* y *s.* muy lento.

«...la palabra un recalcitrante retintín, un tonillo lentorro y guasón.» Ramón Ayerra, *La lucha inútil,* 1984, RAE-CREA. ▌ ◗ «No encargues a Jaime que lo haga porque es un lentorro y tardará mucho en hacerlo.»

leña, dar (repartir) leña *expr.* golpear, pegar.

«El teniente [...] estaba a punto de ordenar a sus hombres que empezaran a repartir leña.» Francisco Candel, *Donde la ciudad cambia su nombre.* ▌ «¡Leña, leña! ¡Duro con ellos!» A. Zamora Vicente, *Historias de viva voz.* ▌ «Pero he leído una novela suya y muchos de sus artículos. Le da leña al gobierno.» Luis Camacho, *La cloaca.* ▌ «Lo que no es igual es dar leña que recibirla. Satisface mucho más el darla.» Rafael García Serrano, *Diccionario para un macuto.* ▌ «...hubiera dado tiempo a acercarse a la Guardia Civil y no hubiera habido leña.» Ignacio Aldecoa, *El fulgor y la sangre.* ▌ «...se presentaron quince o veinte falangistas y empezaron a repartir leña...» Juan Marsé, *Si te dicen que caí.*

leñazo *s.* golpe, trompazo.

«¡Qué leñazo, Dios mío! ¡Se mata, de esta se mata!» DCB. ▌ «Leñazo. m. fam. Golpe dado con un leño, garrote, etc.» DRAE.

leñe *excl.* exclamación eufemística por *leche.*

«Doña Rosa dice con frecuencia *leñe*...» C. J. Cela, *La colmena.* ▌ «¡Leñe, qué esmirriao!» Ángel María de Lera, *Los clarines del miedo.* ▌ «Ni respirar te dejan, leñe...» A. Zamora Vicente, *Historias de viva voz.* ▌ «¡Leñe, os reventé!» José Gutiérrez-Solana, *Madrid, escenas y costumbres, Obra literaria, I.* ▌ «¡No corráis por el pasillo, leñe!» Gomaespuma, *Familia no hay más que una.* ▌ «¡Deja de hacer la payasa, leñe, y búscate un novio!» Juan Madrid, *Flores, el gitano.* ▌ «No juguemos, leñe, no juguemos.» Fernando Repiso, *El incompetente.*

leño *s.* agente de policía.

«Leño. Funcionario de policía.» JGR. ▌ «Leño. Madero, pasma.» Ra. ▌ «Leño. 2. Policía.» S. ✔ no se ha podido documentar fuera de diccionarios.▌

2. como un leño *expr.* dormir profundamente.

«Sólo necesito un trago de coñac para caer como un leño. Mañana estaré mucho mejor.» Fernando Martínez Laínez, *Bala perdida.*

leonera *s.* lugar sucio y desorganizado.

«Tu habitación es una leonera porque siempre tienes todo tirado por el suelo.» CL. ▌ «Este armario está hecho una leonera.» Ángel Vázquez, *La vida perra de Juanita Narboni,* 1976, RAE-CREA. ▌ «Aquí huele a tigre. A ver si ventila la habitación, señor Eusebio. ¡Vaya una leonera!» Javier Maqua, *Invierno sin pretexto,* 1992, RAE-CREA. ❙ ■" «Tu cuarto es una leonera. Yo me largo.» |✔ DRAE: «fig. y fam. Aposento habitualmente desarreglado y revuelto».❙

leones *s. pl.* dados cargados.
«Leones: dados trucados.» Manuel Giménez, *Antología del timo.* ❙ «...los tahúres de los presidios..., echan los leones y dejan pelados a los primos...» Eleuterio Sánchez, *Camina o revienta.* ❙ ■" «No juegues a los dados con esos porque usan leones y lo perderás todo.»

Lepe, saber más que Lepe ▶ *saber, saber más que Lepe.*

lerdo *adj.* necio, tonto, torpe.
«...hasta el más lerdo puede respirar tranquilo.» C. Pérez Merinero, *Días de guardar.* |✔ DRAE «fig. Tardo y torpe para comprender o ejecutar una cosa».❙

lesbi *s.* lesbiana.
«Ya sabes lo que pasa. A veces te salen lesbi y te montan el rollo de la ternura clitórica...» Cristóbal Zaragoza, *Y Dios en la última playa,* 1981. ❙ ■" «Esa lesbi acosa a todas las chicas de la oficina.»

lesbia *s.* lesbiana.
«...y ahora recreándome con el par de lesbias que se comen el coñito, lo que faltaba para el duro...» Ramón Ayerra, *Los ratones colorados.*

*lesbiana cf. (afines) ambiente, bollaca, bollera, lesbi, lesbia, machorra, machota, marimacho, del sindicato de la harina, tiorra, torti, tortillera.

lesbiana *s.* mujer que gusta de mujeres.
«...y se intercambiaron besos y consignas su novia es lesbiana y a tu primo le resulta cómodo y reconfortador que sea lesbiana.» C. J. Cela, *Oficio de tinieblas 5.* ❙ «...ejercen la prostitución en casas de citas, clubs o tienen relación con lesbianas.» José M.ª Zabalza, *Letreros de retrete y otras zarandajas.* ❙ «He averiguado que eres una lesbiana de mucho cuidado...» Pgarcía, *El método Flower.* |✔ DRAE: «f. Mujer homosexual».❙

letanía *s.* pesadez, reiteración.
«Letanía. Coloq. Fig. Insistencia larga y reiterada. *No vengas con esa letanía.*» Boletín RAE, mayo-agosto, 1998. ❙ «...rezongaba como una letanía...» Isabel Allende, *La casa de los espíritus,* 1982, RAE-CREA. |✔ para el DRAE es: «fig. y fam. Lista, retahíla, enumeración seguida de muchos nombres, locuciones o frases».❙

leto *s.* bobo, necio, atontado.
«...dejó a todo el mundo leto...» Ramón Ayerra, *La lucha inútil,* 1984, RAE-CREA. ❙ ■" «Esos letos son tan requetegilipuertas que no saben dónde van.» |✔ de *paleto.*❙

levantabraguetas ▶ *levantapollas.*

levantapollas *s.* mujer que excita sexualmente al hombre pero que no realiza el coito.
«Levantapollas. Mujer que enardece sexualmente a un hombre, pero no accede a la cópula.» JM. ❙ «Tu mujer es una levantapollas.» DCB. |✔ no se ha podido documentar fuera de diccionarios.❙

levantar *v.* quitar, robar.
«Vas tan de prisa o tan despacio que te lo van a levantar.» Ragazza, n.° 100. ❙ «Val le ha levantado la novia a Quentin.» Ragazza, n.° 101. ❙ «...podrían levantarles la cartera a todos los ingenuos...» Francisco Umbral, *Madrid 650.* ❙ «Menudo gilipollas. Lo planta, le levantan el coche y encima se preocupa por lo que le habrá pasado a ella.» Luis Camacho, *La cloaca.* ❙ «El pollo que lleva la viruta es un gil. Le haces un registro rutinario y le levantas la pasta.» El Gran Wyoming, *Te quiero personalmente.* ❙ ■" «Me han levantao tó el dinero que llevaba de la paga de navidá.»

2. conquistar sexualmente.
«A ver si me levanto una buena gachí.» DE. ❙ «...levantarse a un tío delante de sus narices...» Siete vidas, Telecinco, 29.5.99.

3. levantársele a uno *expr.* ponerse el pene erecto.
«Sí. Él se ha ido con dos negras. [...] Sólo se le levanta con dos negras...» M. Vázquez Montalbán, *La rosa de Alejandría.* ❙ «¡Estoy acabado! ¡¡No se me levanta!!» Rambla, n.° 29. ❙ «Con todas sus mañas [...] trataba de

levantármela...» C. Pérez Merinero, *El ángel triste.* ▌ «—Podíamos pegar un polvo de poema de Baudelaire. —La poesía no me la levanta.» M. Vázquez Montalbán, *El delantero centro fue asesinado al atardecer.* ▌ «¡No me digas que ya no se te levanta!» C. Pérez Merinero, *Días de guardar.*

4. no levantar ni esto (ni un palmo) del suelo *expr.* ser de baja estatura.

«Es muy chiquitillo, no levanta ni esto del suelo...» José Luis Martín Vigil, *Los niños bandidos.* ✓ ▸ *palmo, no levantar un (dos, tres) palmo(s) del suelo.*▌

levita *s.* adulador.

«Eso es lo que es ese sapo, un sinvergüenza, un levita.» Lourdes Ortiz, *Picadura mortal.*

liado, estar liado *expr.* tener relaciones amorosas y sexuales.

«¡No estoy liado con Carmela ni con nadie, coño!» Juan Madrid, *Flores, el gitano.* ▌ «...Me ha confesado que estuvo liada con Prada...» Juan Madrid, *Flores, el gitano.* ▌ «...se rumorea que está liada con el Príncipe Alberto de Mónaco.» SúperPop, junio, 1999. ✓ *amancebado* para Luis Besses.▌

2. ocupado, con mucho trabajo.

«Vamos a estar liados aquí hasta las tantas.» Ángel Palomino, *Un jaguar y una rubia.* ▌ «Ahora estoy liado y no puedo atenderte.» CL. ▌ ▟ «Últimamente estamos muy liados en la fábrica, por eso tenemos que quedarnos más horas.»

liante *s.* persona chismosa y entremetida.

«...desconfías porque crees que yo soy como tú, una liante...» Manuel Gutiérrez Aragón, *Morirás de otra cosa,* 1992, RAE-CREA. ▌ «...aclamados ya como vencedores, el infatigable Varlet, el liante jacobino François...» José María Fajardo, *La epopeya de los locos,* 1990, RAE-CREA. ▌ «Yo no quería ir pero ese liante me convenció.» CL. ▌▟ «No hagas caso de lo que dice Carla porque es una lianta.»

liarla *v.* armar escándalo, poner dificultades.

«El jefe la va a liar cuando sepa que hemos perdido toda la información.» DCB. ▌ «Como la líes otra vez, nos echarán y no

nos dejarán volver.» CL. ▌▟ «Estoy seguro de que como se entere que su mujer se los pone, la lía.»

2. liarse *v.* hablar mucho.

«...echar una parrafada con Marx, que se lía de parranda dialéctica...» Lauro Olmo, *Pablo Iglesias,* 1984, RAE-CREA. ▌▟ «Ahí están las dos, liadas, dale que te pego.»

3. liarse *v.* tener relación sexual ilícita.

«Moncho y Mariví no sólo se conocieron, sino que se liaron.» Carmen Rigalt, El Mundo, 28.1.98. ▌ «Yo llevaba varios meses liado con una cajera...» José Raúl Bedoya, *La universidad del crimen.* ▌ «Si te fueses a curar me liaba con el primer tío rico que me sacase de querida.» C. J. Cela, *La colmena.* ▌ «Ya estaba liada con el Duncan...» Ángel Palomino, *Madrid, costa Fleming.* ▌ «No te pega que esté liado con el jubilado. ¡Vaya morbo!» R. Gómez de Parada, *La universidad me mata.* ▌ «Serías capaz de liarte con él...» Ignacio Aldecoa, *El fulgor y la sangre.* ▌ «...al salir del internado lo primero que hizo fue liarse con un tenista portento.» Cómic erótico, tomo IV, n.° 21 al 24. ▌ «Fernando, estoy destrozado, Marisa se ha liado con un gilipollas.» Fernando Gracia, *El libro de los cuernos.*

libertina *s.* mujer promiscua.

«...pues en este país se piensa que cuando una mujer dice que es muy demócrata quiere decir que es muy abierta, o sea muy libertina, una lanzada, una loca, una salida, una perdida, lo que ustedes quieran.» Francisco Umbral, Diario de Mallorca, 17.3.76, citado en DE. ✓ también *libertino.*▌

libra *s.* moneda de cien pesetas.

«Mejor perder cinco libras que meternos en un lío.» Lucía Etxebarría, *Beatriz y los cuerpos celestes.* ▌ «...pero aquí el menú cuesta siete libras...» José Ángel Mañas, *Mensaka.* ▌ «Sólo m'a dao tres libras p'al papeo.» R. Gómez de Parada, *La universidad me mata.* ▌ «No te has ganado la libra, Cuquita.» Juan Madrid, *Un beso de amigo.* ▌ «El parné es lo único que lo mueve. Por una libra pone a su madre...» Eleuterio Sánchez, *Camina o revienta.* ▌ «Es como si no tuviéramos ni una libra en el bolsillo...» A. Gómez Rufo, *Cómo ligar con ese chico que pasa de ti o se hace el duro.* ▌ «...unas libras y hay aquí troncos que han manejado kilos.» José Luis Martín Vigil, *Los niños bandidos.*

libro, el libro de las cuarenta hojas *s.* baraja, naipes.

«El libro de las cuarenta hojas. La baraja.» LB.

2. libro de misa *s.* baraja, naipes.

«El libro misa: la baraja.» JV. ▌ «El libro de misa: la baraja.» JMO. ▌ «Misa. Carta.» Ra. ▌ «Las misas. Baraja.» Ra. ▌ ▄▀ «Pepe lleva siempre el libro de misa encima por si algún panoli quiere jugar con él al póquer.» |✔ no se ha podido documentar fuera de diccionarios.|

licha *s.* calle.

«De noche hay que pasar por la iglesia. Tienen muy controladas las lichas y están deseando pillarnos.» Rambla, n.° 3. ▌ «Licha. Calle.» LB.

licoreta *s.* bebida alcohólica.

«La licoreta. La bebida.» VL. ▌ «Licoreta: Bebida resultante de combinar un licor con un refresco.» JGR. ▌ ▄▀ «La licoreta va a ser tu perdición, te lo digo yo.» |✔ no se ha podido documentar fuera de diccionarios.|

ligar *v.* detener, arrestar.

«Ligar: aprehender a alguien, detenerlo.» JMO. ▌ «Ligar. Detener.» VL. ▌ «Ligar: apresar, detener, arrestar, aprehender.» JV. ▌ «Ligar. Arrestar, detener, aprehender, apresar.» Ra. ▌ ▄▀ «La pasma se lo ligó al día siguiente del atraco y ahora está en Carabanchel.» |✔ no se ha podido documentar fuera de diccionarios.|

2. conquistar sexualmente, entablar relación amorosa.

«Y vale que ligar es estupendo, pero...» Almudena Grandes, *Modelos de mujer.* ▌ «Las nativas de este signo tendrán la oportunidad de ligarse esta semana a un sujeto parecido a Richard Gere.» El Jueves, 11-17 febrero, 1998. ▌ «...era el niño guapo con el que todas las chicas querrán ligar.» Ragazza, n.° 100. ▌ «...pero no tengo ni un solo minuto para ligar...» Almudena Grandes, *Malena es un nombre de tango.* ▌ «...esos no ligan ni con cera vaticana...» Ángel Palomino, *Todo incluido.* ▌ «Sólo en el caso de que liguen...» Virtudes, *Rimel y castigo.* |✔ DRAE: «fig. y fam. Entablar relaciones amorosas pasajeras». Y en el Boletín RAE, mayo-agosto, 1998, RAE: «Ligar. Coloq. Fig. Entablar relaciones amorosas o sexuales pasajeras».|

3. pescar, coger, pillar.

«Lo primero que hice fue ligar un taxi.» C. Pérez Merinero, *Días de guardar.*

4. ligar (pillar) bronce *expr.* tomar el sol.

«Si estás a punto de empezar tus vacaciones y aun no has pillado bronce, aquí te desvelamos unos trucos para que tu piel...» You, n.° 3. ▌ «...madres semidormidas ligando bronce...» El Gato Encerrado, 3-9 julio, 1998. ▌ «*ligar bronce*, ponerse moreno...» Fernando Lázaro Carreter, *El dardo en la palabra.* ▌ «Cuando la marabunta deja de ligar bronce, los chicos juegan al fútbol en la playa.» Ragazza, agosto, 1997.

ligero de ropa *expr.* casi desnudo.

«...es cierto que en muchas de sus películas aparece muy ligerito de ropa...» Ragazza, julio, 1997.

light *adj.* ligero, suave.

«En España hacemos remedos, representaciones, imitaciones light.» ABC, 12.4.98. ▌ «La versión light de este continuo enredo entre críticos y artistas...» Juan Palomo, ABC Cultural, 10.4.98. ▌ «El Alfonso Guerra que salía por la pantalla era un Alfonso Guerra descafeinado, un sucedáneo, un injuriador *light*...» Jaime Campmany, ABC, 18.10.98. |✔ palabra inglesa.|

ligón *s.* mujeriego, simpático y agradable con el sexo opuesto.

«¡Vaya body tiene! ¿A que parece un ligón?» Ragazza, n.° 100. ▌ «Lo que nunca debes permitir es que el ligón de turno hable mal de tu amiga...» You, n.° 3. ▌ «¿Tú un ligón? Un piernas, y gracias.» Rafael García Serrano, *Diccionario para un macuto.* ▌ «César es vanidoso, presume de ligón...» María Teresa Campos, *Cómo librarse de los hijos antes de que sea demasiado tarde.* ▌ «Ligón. Que entabla con frecuencia relaciones amorosas o sexuales.» Boletín RAE, mayo-agosto, 1998. ▌ «¡Será ligón, el tío!» Ragazza, julio, 1997. ▌ «¡Ay, si yo les contara!, que diría el taxista ligón.» C. Pérez Merinero, *Días de guardar.* ❚ «...es lo que tiene la fama de ligón y el que te pillen en las rinconeras dándote el lote con las tías...» Ramón Ayerra, *Los ratones colorados.* |✓ ▸ ligona.|

ligona *s.* prostituta, mujer promiscua.
«Ligón. Es un vulgarismo bastante admitido y que toma auténtica carta de naturaleza de insulto en su sentido femenino, ya que *ligona* viene a ser sinónimo de pelandusca o prostituta.» Zabalza, *Letreros de retrete y otras zarandajas.* |✓ ▸ ligón.|

ligotear *v.* conquistar amorosamente, entablar relaciones amorosas.
«...así que no habrá problemas a la hora de ligotear.» Ragazza, n.° 101. |✓ variante de ▸ ligar.|

ligoteo *s.* acción de ligotear.
«Así que se nos acabaron las juergas y el ligoteo.» Ragazza, junio, 1998. ❚ «...los chicos lo tenemos mucho más crudo con esto del ligoteo.» A. Gómez Rufo, *Cómo ligar con ese chico que pasa de ti o se hace el duro.*

ligue *s.* pareja sentimental o sexual ocasional, esporádica.
«...esto del windsurf les proporcionaba amistades muy cosmopolitas y ligues con mozas...» C. J. Cela, ABC, 13.9.98. ❚ «¿Novias? No, ligues.» Terenci Moix, *Garras de astracán.* ❚ «¡Qué va a ser! Pues que Charo tiene un ligue nuevo, un hombre.» Juan Madrid, *Cuentas pendientes.* ❚ «No meten al ligue en casa.» Ladislao de Arriba, *Cómo sobrevivir en un chalé adosado.* ❚ «Fue un ligue, el clásico ligue...» Ángel A. Jordán, *Marbella story.* ❚ «Ligue. Acción y efecto de ligar, entablar relaciones amorosas o sexuales pasajeras.» Boletín RAE, mayo-agosto, 1998.

lila *s.* bobo, necio.
«Por teléfono, el señor Suárez habla en voz baja, atiplada, una voz de lila, un poco redicha...» C. J. Cela, *La colmena.* ❚ «...y un conde cuya historia yo respeto le bautizó de sabio siendo un lila.» A. Ussía, *Coñones del Reino de España.* ❚ «...golfas refinadas capaces de meter en líos al lord o al petrolero tejano —que siempre es un lila—» Ángel

Palomino, *Todo incluido.* ❚ «¿Es que piensa que somos lilas?» Fernando Martínez Laínez, *La intentona del dragón.* ❚ «Lila. Tonto.» LB. ❚ «Serías lila.» P. Perdomo Azopardo, *La vida golfa de don Quijote y Sancho.* ❚ «...un cuerpo largo pero delgado que correspondía a aquella cara lila...» M. Vázquez Montalbán, *La rosa de Alejandría.*

2. billete de cinco mil pesetas.
«Lila: billete de 5.000 pesetas.» Manuel Giménez, *Antología del timo.*

lima, comer (tragar) como una lima
▸ comer, comer como una lima (como un cerdo, como un pepe).

limar *v.* comer.
«...limas de tal modo que al paso que llevas vas a dejarnos a todos a dos velas.» Luis Mateo Díez, *La fuente de la edad,* 1986, RAE-CREA.

limbo, estar en el limbo *expr.* no saber, ignorar, no estar al tanto.
«Estar tonto: estar en Babia, estar en el limbo.» DTE. ❚ «...está en el limbo desde hace más de diez años...» Luis Mateo Díez, *El expediente del náufrago,* RAE-CREA. ❚ «Estuve en el limbo hasta los cuarenta. Hablo de años...» Juan Carlos Onetti, *Dejemos hablar al viento,* 1979, RAE-CREA.

limones *s. pl.* pechos de mujer.
«Teticas. Diminutivo al pecho de la mujer, llamado también escaparate, limones, mostrador, tetamen, etc.» José M.ª Zabalza, *Letreros de retrete y otras zarandajas.* ❚ «...limón, cojón en Góngora, teta en Alberti...» DS. ❚ «...pechitos como limones.» Juan Marsé, *Si te dicen que caí.* ❚ «10.52 pechos: [...] limones, mamellas, mostrador, pitones...» DTE.

limpia *s.* limpiabotas.
«Vaya un calor que hace —dijo el limpia.» Arturo Pérez-Reverte, *La piel del tambor.* ❚ «Los limpias, los vendedores de lotería, hasta las señoras de la limpieza...» Raúl del Pozo, *Noche de tahúres.* ❚ «Los limpias vuelven a prosperar... ¿Por qué la gente vuelve a limpiarse los zapatos?» M. Vázquez Montalbán, *El delantero centro fue asesinado al atardecer.* ❚ «Nada más entrar, Medio Pedo, el limpia y tabaquero del local...» C.

Pérez Merinero, *La mano armada.* ✓ DRAE: «m. fam. abrev. de limpiabotas».|

limpiar *v.* robar.

«...este individuo al que me refiero, detenido en Bilbao, limpió a conciencia el bar...» Manuel Giménez, *Antología del timo.* ▮ «...tener que cargar con un sentimiento de culpa por haberse dejado limpiar.» J. Giménez-Arnau, *Cómo forrarse y flipar con la gente guapa.* ▮ «...acabarás tú, o sea, limpiando carteras en el metro, así acabarás tú.» Juan Marsé, *Si te dicen que caí.* ▮ «...que atrae la atención del cliente mientras que su socio le limpia la cartera...» Victoriano Corral, *Delitos y condenas.*

limpio *adv.* sin dinero.

«Me han dejado limpio en esa partida de póker.» DCB. ▮ «...cuatro navajeros que, por lo demás, le habían dejado limpio.» José Luis Martín Vigil, *En defensa propia,* 1985, RAE-CREA. ▮ ◼ «No tengo ni un euro. Estoy limpio.»

2. honrado, sin antecedentes.

«...el acoso policial, el acoso judicial, y yo estoy limpio, yo no he hecho nada...» Miguel Sánchez-Ostiz, *Un infierno en el jardín,* 1995, RAE-CREA. ▮ «Tú conoces a gente limpia.» Andreu Martín, *Prótesis.* ▮ ◼ «Podemos hacer negocios con ese corredor de fincas porque está limpio.»

3. limpio como una patena *expr.* muy limpio.

«...más limpio que una patena...» Mariano Sánchez, *La sonrisa del muerto.*

4. sacar en limpio (claro) *expr.* sacar en conclusión.

«¿Y qué sacaría en limpio?» Juan Madrid, *Flores, el gitano.* ▮ «Lo único que he sacado en claro es que no tiene dinero.» MM. ▮ «Lo peor es que te meterás en un [...] lío y no sacarás [...] nada en limpio.» Eduardo Mendoza, *La verdad sobre el caso Savolta.* ▮ «Le pedí al canónigo que hiciera memoria, y algo sacamos en limpio.» Fernando Martínez Laínez, *Bala perdida.*

lince *s.* persona astuta, lista.

«...y Ospina, que era un lince, debió prever que...» Arturo Alepe, *La paz, la violencia: testigos de excepción,* 1995, RAE-CREA. ▮ «...él,

tan lince de caletre...» Pedro Laín Entralgo, *Descargo de conciencia,* 1976, RAE-CREA. ✓ DRAE: «fig. Persona aguda, sagaz. Ú. t. c. adj.».|

lindo, de lo lindo *expr.* mucho.

«...sufrieron siempre de lo lindo.» Álvaro de Laiglesia, *Hijos de Pu.* ▮ «Les dimos de lo lindo.» Juan Madrid, *Las apariencias no engañan.* ▮ «...temerosos de Dios (aunque los que se encargan de administrar los divinos dogmas de cualquier religión atraquen de lo lindo...» Ramón Escobar, *Negocios sucios y lucrativos de futuro.* ▮ «...y se abren paso a empellones, sobando a las mujeres de lo lindo.» José Gutiérrez-Solana, *Madrid callejero, Obra literaria, II.* ▮ «Tu máxima aspiración va a consistir en pasar el *freetime* en un lugar fresquito y agradable, con compañía para darle al pico de lo lindo.» Ragazza, agosto, 1997. ▮ «...se cena fuerte y se bebe de lo lindo.» J. Giménez-Arnau, *Cómo forrarse y flipar con la gente guapa.* ✓ DRAE: «Mucho o con exceso.»|

lingotazo *s.* trago de bebida alcohólica.

«Por eso, Jacques Santer se pega los lingotazos que se pega, y se le encienden las mejillas.» Jaime Campmany, ABC, 13.12.98. ▮ «En la mano derecha lleva una botella y la levanta. —¿Quieres un lingotazo?» C. Rico-Godoy, *Cómo ser infeliz y disfrutarlo.* ▮ «Se sacudió un lingotazo...» Andreu Martín, *El señor Capone no está en casa.* ▮ «Para tener más sentido del humor y no defraudarle me tomé dos lingotazos de no sé qué...» B. Pérez Aranda *et al., La ex siempre llama dos veces.* ▮ «¡Que se había atizado unos buenos lingotazos...» Manuel Quinto, *Estigma.*

*lío cf. (afines) ▶ *jaleo.*

lío *s.* pelea.

«Mi padre y yo hemos tenido un buen lío a cuenta del coche, como siempre.» MM. ▮ «Lío: fig. y fam. Barullo, gresca, desorden.» DRAE.

2. *s.* problema.

«Mi padre era de los pocos que sabían el lío del zapatero.» Francisco Candel, *Los hombres de la mala uva.* ▮ «Lo peor es que te meterás en un [...] lío y no sacarás [...] nada en limpio.» Eduardo Mendoza, *La verdad sobre el caso Savolta.* ❚ «Te vas a meter en un lío del carajo.» Pedro Casals, *Hagan juego.* ❚ ▪▪ «¡No te consiento que me armes líos en público!»

3. *s.* amoríos ilícitos, amancebamiento.

«Si ella es tonta y él es listo, es un plan / Si los dos son listos, es un lío.» Amelia Díe y Jos Martín, *Antología popular obscena.* ❚ «Es un barrio muy golfo. Aquí vienen a parar todos los líos de Madrid.» Ángel Palomino, *Madrid, costa Fleming.* ❚ «...frecuentaba de tapadillo la casa de la Encarna y entretenía un lío con una de las pupilas...» Jose-Vicente Torrente, *Los sucesos de Santolaria.* ❚ «¿Tenía algún lío fijo, Eulalia?» Pedro Casals, *La jeringuilla.* ❚ «...incluso cuando se trata de un lío que ellos quieren quitarse de encima...» C. Rico-Godoy, *Cómo ser infeliz y disfrutarlo.*

4. *s.* persona que mantiene con otra relaciones amorosas ilícitas.

«...no la llevó a cenar donde estaba su antiguo lío, un chorvo de aquí te espero...» Ramón Ayerra, *Los ratones colorados.*

5. hacerse (armarse) un lío *expr.* confundirse, aturdirse.

«...desorientadísimo, perplejo, hecho un lío.» Fernando Repiso, *El incompetente.*

lioso *s.* entremetido, liante, chismoso.

«Tu amigo es muy lioso y lo que te ha contado es mentira.» CL. ❚ «Paco, eres un lioso que me has metido en un lío de miedo.» DCB. ✓ *liante* también. DRAE: «Que trata de indisponer a unas personas con otras».❚

lipendi *s.* necio, tonto, paleto.

«En este tipo de golfemia o se está muy puesto o peca uno de lipendi.» JV.

lipori *s.* vergüenza ajena.

«Dice Alfonso Guerra que Císcar le produce vergüenza ajena, o sea, alipori o *lipori*, como escribía D'Ors y como defiende mi empecinado amigo Pepe García Baró.» Jaime Campmany, ABC, 24.5.98. ✓ ▸ *alipori*.❚

lique ▸ *dar, darse el lique.*

liquidar *v.* matar, asesinar.

«Y si no lo liquida ella, me lo cargo yo, ¿entendido?» Alberto Vázquez-Figueroa,

Manaos. ❚ «...los amigos del colegio de su hija me han intentado liquidar.» Juan Madrid, *Un beso de amigo.* ❚ «...debió presentarse Arthur pensando que a su jefe ya lo habían liquidado...» Pgarcía, *El método Flower.* ❚ «¡Hemos liquidado a Joe!» Metal Hurlant, 1981. ❚ «...os cepillasteis a un tendero..., y ahora acabáis de liquidar al ex cow boy Howard Hall...» Jesús Ferrero, *Lady Pepa.* ❚ «...Margarita había ido expresamente a liquidar a Mijas...» Lourdes Ortiz, *Picadura mortal.* ❚ «Y por eso él liquidó a las dos chicas.» Andreu Martín, *Por amor al arte.* ❚ «No quiero exponerme a que te hayan liquidado y me estén esperando para acabar también conmigo.» Andreu Martín, *Lo que más quieras.*

lirio *s.* bobo, necio, torpe.

«Lirio: Cándido.» Ángel Palomino, *Insultos, cortes e impertinencias.* ❚ «Lirio: bobo, tonto.» JMO. ❚ «¡Vaya lirios!» C. Pérez Merinero, *La mano armada.*

lirón, quedarse (dormir, estar, ser) como un lirón *expr.* dormir.

«Esa mujer es un lirón y duerme más de doce horas diarias.» CL. ❚ «Despidieron al vigilante nocturno porque se pasaba la noche durmiendo como un lirón.» FV. ✓ ▸ *dormir, dormir como un lirón.*❚

lisa *adj.* poco pecho en la mujer.

«Dícese de la mujer de tetas poco notorias.» DE.

liso como una tabla de planchar *expr.* muy liso y duro.

«Y que su madre, viuda y con el vientre siempre más liso que una tabla de planchar.» Juan Marsé, *Si te dicen que caí.*

lista negra *s.* lista de las personas non gratas.

«...no cabe duda de que estoy en su lista negra.» Luis Goytisolo, *Estela de fuego que se aleja,* 1984, RAE-CREA. ❚ «...arrestados o desaparecieron de acuerdo con una lista negra que manejaba la policía...» Isabel Allende, *La casa de los espíritus,* 1982, RAE-CREA. ❚ ▪▪ «Ramiro está en la lista negra de los editores y por eso no puede publicar sus novelas.»

listillo *s.* sabelotodo, persona que presume de saberlo todo.

«Que ningún listillo intente localizar estos puntos en una costa de acosados de determinada...» Ladislao de Arriba, *Cómo sobrevivir en un chalé adosado.* ❙ «Un listillo que tenía manipulado el taxímetro...» Chano Montelongo, 15.8.99. ❙ «También, Aureliano, un listillo de zapato de tafilete, me dio un letrero...» José M.ª Zabalza, *Letreros de retrete y otras zarandajas.* ❙ «Siempre ha habido listillos...» Ramón García, El Mundo, 7.8.99.

listo, más listo que el hambre *expr.* muy listo, que aguza mucho el ingenio.

«ahí la tienes, más lista que el hambre y en cambio toda su vida destripando terrones...» Andrés Berlanga, *La gaznápira.* ❙ «El Maximino, ahí donde usted lo ve [...] es más listo que el hambre.» C. J. Cela, *El espejo y otros cuentos.* ❙ «Eres más listo que el hambre.» Pedro Casals, *Disparando cocaína.* ❙ «...es más lista que el hambre...» Ramón Ayerra, *Los ratones colorados.*

2. pasarse de listo *expr.* equivocarse, errar por exceso de confianza.

«¡A ver si te pasas de listo y terminas por llevarte una buena golpiza!» Geno Díaz, *Genocidio.* ❙ «No te pases de lista ni te deprimas...» A. Gómez Rufo, *Cómo ligar con ese chico que pasa de ti o se hace el duro.* ❙ «Seisdedos pensó que aquellos tipos se pasaban de listos...» Mariano Sánchez, *Carne fresca.*

litrona *s.* botella de cerveza de un litro.

«Entre el champán y las litronas debe haber un término medio.» Terenci Moix, *Garras de astracán.* ❙ «Sobre el banco había dos cascos de litronas vacías...» Juan Madrid, *Cuentas pendientes.* ❙ «Nada de Huertas ni Viaducto, mundos de poetas pobres, picados tristes y orgías de litrona...» Francisco Umbral, *Madrid 650.* ❙ «Atención a la caída de litronas.» P. Antilogus, J. L. Festjens, *Anti-guía de los conductores.* ❙ «...y, claro, pegarle duramente a la litrona Mahou...» A las barricadas, 22-28 junio, 1998. ❙ «La Real Academia Española ha admitido [...] un gran número de palabras, entre las que figuran *descerebrado, facha, emporrado, estriptís,* y *litrona*...» ABC, 18.10.98. ❙ «...y que se

vaya a la playa con una litrona...» Jaime Romo, *Un cubo lleno de cangrejos.* ❙ «...colillas de todos los tamaños y litronas vacías.» Manuel Quinto, *Estigma.* ❙ «...miles de individuos amarrrados a litronas llenas de calimocho y las botas insumisas manchadas de vomitonas.» La Luna, El Mundo, 18.6.99.

llamar a alguien de todo *expr.* insultar.

«Recibió a los guardias insultándolos y llamándoles de todo.» Ignacio Aldecoa, *El fulgor y la sangre.* ❙ «—Diga los insultos. —Me llamó de todo.» Ángel Palomino, *Insultos, cortes e impertinencias.*

*llegar cf. (afines) abillar, aparecer en *escena, aparición, asomar la *jeta, aterrizar, descolgarse, estar al *caer, hacer *acto de presencia, venir en el *dos.

llegar *v.* tener éxito.

«En esta profesión, para llegar hay que trabajar mucho.» DCB.

2. hasta ahí podíamos llegar *expr.* no, en absoluto.

«...de ninguna manera, no puedo consentir que te andes gastando el dinero conmigo, hasta ahí podíamos llegar...» Ramón Ayerra, *Los ratones colorados.*

3. hasta aquí hemos llegado ▶ *hasta aquí hemos llegado.*

*lleno de gente cf. (afines) hasta la bandera, de bote en bote, hasta el culo, hasta los topes.

lleno, lleno a rebosar *expr.* muy lleno.

«Odio entrar en un bar y ver que está lleno a rebosar...» Álex de la Iglesia, *Payasos en la lavadora.*

2. lleno hasta la bandera *expr.* muy lleno.

«...y en lenguaje torero, podemos decir que presenta siempre un lleno hasta la bandera.» R. Gómez de Parada, *La universidad me mata.* ❘✔ ▶ *bandera, hasta la bandera.*❘

llevar al catre ▶ *catre, llevarse a alguien al catre.*

llevar las de ganar ▶ *ganar, tener (llevar) las de ganar.*

llorar, llorar a lágrima viva *expr.* llorar con desconsuelo.

«...agradeciendo a los demás que no rompieran a llorar a lágrima viva.» Andreu Martín, *El señor Capone no está en casa.*

2. llorar a moco tendido *expr.* llorar con desconsuelo.

«Sólo sé que salieron del salón, y la señorita iba llorando a moco tendido...» Andreu Martín, *Amores que matan, ¿y qué?* ▌«Llorar: llorar a moco tendido.» DTE. ▌«¿Lloras a moco tendido cada vez que...?» Chica hoy, revista juvenil, n.° 130. |✓ ▶ también *moco, llorar a moco tendido.*|

llorica *s.* persona que se queja mucho.

«¡La gente es muy llorica!» A. Zamora Vicente, *Historias de viva voz.* ▌«La hora, amigos pesimistas, acojonados y lloricas, ha llegado.» P. Antilogus, J. L. Festjens, *Anti-guía de los conductores.* ▌«Que no seas llorica, joder. Aunque seas diabético...» José Ángel Mañas, *Historias del Kronen.* ▌ ▪▪ «No prestes atención a Jaime porque es un llorica y se queja siempre de vicio.»

lloricón *adj.* persona sentimental.

«...dominaba y doblegaba al macho lloricón...» Carlos Fuentes, *Cristóbal Nonato,* 1987, RAE-CREA. ▌«¡Viejo gagá y lloricón!» Egon Wolff, *Kindergarten,* 1977, RAE-CREA. ▌ ▪▪ «Mi suegro es un lloricón, un pobre sentimentaloide.»

llorón *s.* persona que se queja mucho.

«Eso es lo que haremos exactamente, maldito llorón.» Fernando Martínez Laínez, *Andante mortal.* ▌«...dejes de hacer el papel de argentinito llorón...» Nelly Fernández Tisconia, *Made in Lanus,* 1986, RAE-CREA. |✓ DRAE: «Que llora, especialmente el que llora mucho y fácilmente. Ú. t. c. s.».|

llorona, cogerla (darle a uno) llorona *expr.* borrachera que hace llorar y entristecerse.

«...pero nos dio triste, una borrachera llorona...» Almudena Grandes, *Las edades de Lulú.* ▌«Cogerla o darle llorona: emborracharse y ponerse triste a consecuencia de lo bebido.» JMO.

llover, como quien oye llover *expr.* sin hacer caso, sin importar.

«Los camareros, como quien oye llover, se van marchando del mostrador...» C. J. Cela, *La colmena.* ▌«...hala y hala y hala, se los oirían como quien oye llover.» A. Zamora Vicente, *Historias de viva voz.* ▌«Como quien oye llover, Honorio continuó...» Manuel Hidalgo, *El pecador impecable.* ▌«...y don Leopoldo como quien oye llover...» Andrés Berlanga, *La gaznápira.* ▌«Al viejo estas cuestiones no parecían afectarle. Escuchaba a Claudina como quien oye llover...» Luis Goytisolo, *Las afueras.* ▌«Como si oyera llover.» C. Pérez Merinero, *El ángel triste.* ▌«Lic hizo como si oyera llover...» Pedro Casals, *Disparando cocaína.* ▌«Mientras me vestía, la oía como quien oye llover.» C. Pérez Merinero, *Días de guardar.* ▌«Lic no dijo nada. Como quien oye llover.» Pedro Casals, *Hagan juego.*

2. llover a cántaros *expr.* llover mucho.

«...mi terraza se había secado, a pesar de que seguía lloviendo a cántaros.» María Antonia Valls, *Tres relatos de diario.* ▌«¡Empieza a llover a cántaros!» Ignacio García May, *Operación ópera,* 1991, RAE-CREA. ▌«Llovía a cántaros y cortaba la piel un viento frío...» José Luis Martín Vigil, *Los niños bandidos.* ▌«Estuvo lloviendo a cántaros varios días.» Miguel Barnet, *Gallego,* 1981, RAE-CREA.

lluvia dorada *s.* oferta sexual que consiste en orinar sobre el hombre.

«Puticlub Manoli. Prueba nuestro Doñana. Lluvia dorada con marismas...» El Jueves, 13.5.98. ▌ ▪▪ «En esa casa de putas se especializan en lluvia dorada.»

lo *pron.* vulva.

«...reina, no me hagas reír que aborto, seguro que tú lo tienes ya más abierto que un paraguas.» Juan Marsé, *Si te dicen que caí.*

2. pene.

«...mámaselo...» C. Ducón, *El hotel de las orgías.* ▌«—Mamá, ¿la luz se come? —No, ¿Por qué? —Porque he pasado por el cuarto de la criada y he oído al papa decir: Apaga la luz y métetelo en la boca.» CO, chiste popular. ▌«...y están muy diestras en ponerlo tieso...» Nicolás Fernández de Moratín, *Arte de las putas.* ✔ C. J. Cela dice en su *Diccionario del erotismo*: «es pronombre que se conduce como antonomasia por lo que quisiera designarse».❙

loba *s.* mujer promiscua.

«Déjate de historias y vete por él, como una loba, que no pasa nada.» A. Gómez Rufo, *Cómo ligar con ese chico que pasa de ti o se hace el duro.* ❙ ▪ «La Encarna es una loba que va detrás de todos los hombres del barrio.»

loca *s.* homosexual.

«Protesto. Yo no soy una loca, nunca he sido una loca.» Terenci Moix, *Garras de astracán.* ❙ «A Manuel Benítez Carrasco, folclórico y loca...» A. Ussía, *Coñones del Reino de España.* ❙ «Lo que más le ha dolido es que le ha llamado loca reprimida...» M. Vázquez Montalbán, *Los alegres muchachos de Atzavara.* ❙ «No sólo nos refugiábamos en la oscuridad los cinéfilos, sino los vagabundos, las pajilleras, las locas...» Raúl del Pozo, *Noche de tahúres.* ❙ «...y un niño con las hormonas del revés, predispuesto a convertirse en una loca de remate.» Álvaro de Laiglesia, *Hijos de Pu.* ❙ «...Edgar J. Hoover... era una locaza que por las noches se disfrazaba de Esmeralda la Zíngara para su placer y el de sus amigos, en fiestas privadas llenas de alcohol y de nenitos.» Maruja Torres, *Qué leer,* 27.11.98. ✔ *travestido que ejerce la prostitución callejera,* JGR. ▸ *locaza.*❙

2. automóvil.

«—¿Qué coche? —Una loca, un buga preparado, ya verás.» José Luis Martín Vigil, *Los niños bandidos.*

locandis *s. pl.* homosexual amanerado.

«¿Esa locandis? A esa le ponen una teta delante y se desmaya...» Terenci Moix, *Garras de astracán.*

locatis *adj.* y *s.* demente, loco.

«¿No es asombroso que una locatis como yo pueda razonar con tanta lógica?» Álvaro de Laiglesia, *Hijos de Pu.* ❙ «Un poco tristona y locatis...» Ragazza, julio, 1997. ❙ «Placer de financieros y locatis.» El Mundo, 20.4.96. ❙ «Sé muy bien lo que quiere el

viejo locatis...» Juan Marsé, *El embrujo de Shangai,* 1993, RAE-CREA.

2. estar locatis por *expr.* enamorado de.

«Estoy locatis por Maite porque la tía está buenísima.» DCB. ❙ «Locatis: loco, alocado.» JMO. ✔ ▸ *loco, loco por.*❙

locaza *s.* homosexual.

«¡Es que es una locaza, hija mía, es que es una locaza!» Terenci Moix, *Garras de astracán.* ❙ «Primero hacía chapas y luego se metió a locaza...» Andreu Martín, *Lo que más quieras.* ✔ ▸ *loca.*❙

*loco cf. (afines) cencerro, chalado, chalupa, chaveta, chiflado, chiva, chota, colgado, como un cencerro, como una cabra, como una chiva, como una chota, como una regadera, faltar un *tornillo, grillado, guillado, ido, locatis, loco de atar, majara, majareta, majarón, mal de la *azotea, mal de la *cabeza, mal de la *chaveta, mal de la *olla, mal del *coco, mochales, no estar *bien, no estar bien de la *cabeza, no estar uno en sus *cabales, pasado, patinar el *embrague, pirado, regadera, sonado, sonaja, tarumba, tocado, tocado del *ala, tronado, zumbado.

loco, a lo loco *expr.* sin reflexionar, sin pensar.

«Navidad: Consumo aconseja no dejarse llevar por las compras a lo loco.» ABC, 13.12.98. ❙ «...pensaba que no me escuchaba, que me hacía hablar a lo loco...» Almudena Grandes, *Las edades de Lulú.* ❙ «Debatiéndose a lo loco...» Juan García Hortelano, *Gramática parda,* 1982, RAE-CREA. ❙ «A lo mejor alguno te la coge a lo loco...» M. Romero Esteo, *El vodevil de la pálida, pálida, pálida rosa,* 1979, RAE-CREA.

2. como un loco *expr.* sin pensar, con ansia y rapidez.

«...a estas horas debe estar riéndose de mí como un loco.» M. Vázquez Montalbán, *La soledad del manager,* 1977, RAE-CREA. ❙ «Busqué al niño como un loco por la casa...» Leopoldo Panero, *El lugar del hijo,* 1976, RAE-CREA.

3. hacerse el loco *expr.* fingir que no se sabe para evitar responsabilidades, desentenderse de algo.

«¡Bien clarito está! No te hagas el loco.» El Caballero Audaz, *El demonio en el corazón*. ▍ «Mudo. No dice nada. Se hace el loco, a ver si hay suerte.» Juanma Iturriaga, *Con chandal y a lo loco*. ▍ «Los estamos ayudando y se hacen el loco.» Pedro Casals, *La jeringuilla*. ▍ «...no se inquieta y se hace el loco...» Fernando Martínez Laínez, *Andante mortal*. ▍ «Al menos tendría un pretexto para hacerme el loco y que no se me notara tenso como un alambre.» Ernesto Parra, *Soy un extraño para ti*. ▍ «Me dejan hacer porque yo me hago el loco...» M. Vázquez Montalbán, *El delantero centro fue asesinado al atardecer*. ▍ «...le dijo que había hablado con el perista, pero éste se hacía el loco.» Fernando Martínez Laínez, *Bala perdida*. ▍ «...y el cerdo de él se hizo el loco...» Ramón Ayerra, *Los ratones colorados*.

4. loco de atar *s.* demente, loco.
«Como Sebas no está loco, lo que se dice loco, loco de atar...» Manuel Hidalgo, *Azucena, que juega al tenis*. ▍ «No me llevaría ninguna sorpresa si en el uniforme de la Agencia se dijera que ese loco de atar lleva de matute algún asunto de drogas...» Ernesto Parra, *Soy un extraño para ti*. ▍ «Estás loca de atar.» José Luis Muñoz, *Pubis de vello rojo*. ▍ «Un loco de atar.» Cristóbal Zaragoza, *Y Dios en la última playa*. ✓ ▶ *atar, de atar*.▍

5. loco por *expr.* muy enamorado, muy interesado.
«¿Me estás indicando que le diga a Tania que estoy loco por ella?» Corín Tellado, *Mamá piensa casarse*. ▍ «Pero ésta es distinta, está loca por ti o por lo menos eso le ha dicho a su madre...» Care Santos, *El tango del perdedor*. ▍ «...un hermano gemelo de Imhoteo loco por conocer Londres.» El Mundo, La Luna, 25.6.99. ▍▪ «Pedro está loco por Cristina, aunque no lo diga.»

6. ni loco *expr.* nunca, de ninguna manera.
«Joaquín Leguina para el ayuntamiento, pero (Cristina) Almeida ni loco.» A las barricadas, 22-28 junio, 1998. ▍ «Si no contara con él, no me metía en este caso... ni loco. Ni borracho.» Pedro Casals, *La jeringuilla*.

7. volver loco a alguien *expr.* enamorar.
«...ese maromo de pelo largo y raya en medio, que se sienta a tu lado en clase y te vuelve loquita.» Ragazza, julio, 1997.

lola *s.* chica, muchacha.
«Por favor, son lolas de 19 ó 20 años que se visten de manera...» Revista Hoy, Chile, 23-29 diciembre, 1996.

2. lolas *s. pl.* pechos.
«Qué buenas lolas. ¡Parecen operadas!» El País, 14.10.99.

loma *s.* mano.
«...y el otro miró las manos (las bastas, las lomas, las datileras),...» Andreu Martín, *Prótesis*. ▍ «Loma: mano.» JV. ▍ «Loma. Mano.» VL. ▍ «Loma: mano.» JMO. ▍ «Loma. Mano.» Ra. ▍ «Loma. Mano.» S. ▍▪ «Me he roto la loma con el golpe que he dado contra la puerta.»

lombarda *s.* billete de cinco mil pesetas.
«...hay que amontonar mucha lombarda (billete de cinco mil).» J. Giménez-Arnau, *Cómo forrarse y flipar con la gente guapa*.

lombriz *s.* persona muy delgada.
«¿Cómo se llama esa lombriz con bigote que han sacado al final?» Fernando Fernán Gómez, *El viaje a ninguna parte*, 1985, RAE-CREA. ▍ «...mujer libre, bajo su forma ya casi de lombriz...» Javier Memba, *Homenaje a Kid Valencia*, 1989, RAE-CREA. ▍▪ «Tu novia está hecha una lombriz. Es un saco de huesos, la pobre.»

loncha *s.* dosis de cocaína para aspirar por la nariz.
«Me curro dos lonchas sobre el lomo de la billetera y luego dejo la papela encima de la cisterna...» José Ángel Mañas, *Sonko95*.

longaniza *s.* pene.
«¿Qué tienes papá / bajo la camisa? Dos melocotones / y una longaniza.» Amelia Díe y Jos Martín, *Antología popular obscena*.

longuis, hacerse el longuis *expr.* disimular.
«Venga, tío, no te hagas el longuis.» Juan Marsé, *La muchacha de las bragas de oro*. ▍ «...de momento, ha decidido hacerse el longuis.» Fernando Martínez Laínez, *La intentona del dragón*. ▍ «Ella, refocilándose, se hizo el longuis...» Pedro Casals, *Disparando*

cocaína. ▌ «¿De qué tienes miedo?, haciéndose el longuis...» Juan Marsé, *Si te dicen que caí*. ☑ DRAE: «fr. fig. y fam. Hacerse el distraído».▌

look *s.* aspecto físico.

«...contribuirán poco al interesante cambio de look que comento.» Fernando Lázaro Carreter, *El dardo en la palabra*. ▌ «Los chavales fueron construyendo sus propios mundos con aficiones, novietes y novietas, cambios de *look*, y todas esas cosas.» María Teresa Campos, *Cómo librarse de los hijos antes de que sea demasiado tarde*. ▌ ◾ «¡Veo, Encarna, que has ido a la peluquería y llevas un nuevo look! ¡Te hace más joven!»

***loquear** cf. (afines) chalarse, grillarse, irse de la bola, irse de la olla, perder la chaveta.

loquero *s.* psiquiatra, psicólogo.

«¡Acabaré como una loquera, con tanto demente a mi alrededor!» Terenci Moix, *Garras de astracán*. ▌ «Cuando (Javier) Arzallus sufre el ataque de furia [...] habría que llamar a los loqueros y dejarlo en manos del psiquiatra.» Jaime Campmany, ABC, 28.6.98. ▌ «Un loquero de barba negra y bata blanca...» Eduardo Mendoza, *La verdad sobre el caso Savolta*. ▌ ◾ «Tengo pensamientos extraños. Creo que debo ir a un loquero a ver qué es lo que me pasa.»

lorenzo *s.* el sol.

«Cuando se ponían a cantar, y no paraban en toda la santa tarde, que si el sol se llamaba Lorenzo y otras chorradas...» Vázquez Azpiri, *Fauna*, citado en DE.

loro *s.* mujer fea.

«...qué sandeces estará largando ese loro enjoyado acerca de las patatas...» A. Zamora Vicente, *Mesa, sobremesa*. ▌ «¿Sabes quién va a venir esta tarde? Algún loro, como si lo viera.» C. J. Cela, *La colmena*. ▌ «Descorazona nuestra falta de equidad al designar a la fea con el nombre elocuente de *loro*...» Fernando Lázaro Carreter, *El dardo en la palabra*. ▌ «Ni en mis días más malos [...] le hubiese hecho yo un favor a aquel loro.» C. Pérez Merinero, *La mano armada*. ▌ ◾ «¿Quién es el loro, la vieja pintarrajeada, que está hablando con tu hermana?»

2. persona muy locuaz.

«Te prometo, Paradella, que el indio es un loro.» Vlady Kociancich, *La octava maravilla*, 1982, RAE-CREA. ▌ ◾ «El loro de tu mujer me ha vuelto loco con tanta conversación.»

3. aparato de radio.

«Ayer mañana oía yo a Bono por el loro reprochar a doña Loyola de Palacio unas declaraciones...» Jaime Campmany, ABC, 6.2.98. ▌ «...aprieto la tecla de play del loro que está al lado de la cama...» Lucía Etxebarría, *Amor, curiosidad, prozac y dudas*. ▌ «Lo dijeron por el loro. Yo estaba cansado de sobar, porque en el campo se duerme a todas horas...» José Luis Martín Vigil, *Los niños bandidos*. ▌ ◾ «Baja el volumen del loro que estoy estudiando, tío.»

4. al loro *expr.* atención, cuidado.

«...una serie que TVE estuvo emitiendo en Navidad y que, ¡al loro!, volverá a emitir en Semana Santa...» Ragazza, n.° 101. ▌ «¡Al loro!» Alicia Misrahi, Qué leer, junio, 1998.

5. estar al loro *expr.* prestar atención, estar atento, al tanto.

«Felipe II, al menos en esto, era un estrecho, no estaba al loro.» Manuel Hidalgo, El Mundo, 1.5.99. ▌ «Si tuviera un amante, entonces estaría al loro.» C. Rico-Godoy, *Cómo ser una mujer y no morir en el intento*. ▌ «...y nosotros estamos al loro...» Francisco Umbral, *Madrid 650*. ▌ «Por lo menos estaremos al loro.» Fernando Martínez Laínez, *La intentona del dragón*. ▌ «Al loro con ellas...» Fernando Martín, *Cómo aprobar todo sin dar ni chapa*. ▌ «Todo está en saber estar al loro y hacer por no caer en ese pozo que es ruina total...» José Luis Martín Vigil, *Los niños bandidos*. ▌ «Correcaminos estate al loro.» Extremoduro, CD, 1997: *Iros todos a tomar por culo*.

6. hablar más que un loro (papagayo) ▸ hablar, hablar más que un loro (papagayo).

lote, darse (pegarse) el lote *expr.* abrazarse, besarse, acariciarse.

«...lleva a Purita al cine, le gusta darse el lote antes de irse a la cama...» C. J. Cela, *La colmena*. ▌ «...al hacer llorar a Pepe porque Sebas se pegaba el lote con Paolo...» M.

Vázquez Montalbán, *Los alegres muchachos de Atzavara.* ❚ «Subimos a mi habitación, cerramos la puerta y empezamos a darnos el lote.» Ragazza, n.° 101. ❚ «A mi alrededor no hay nada interesante: una pareja se está dando el lote en una esquina.» José Ángel Mañas, *Historias del Kronen.* ❚ «...lo que les mueve básicamente es pegarse el lote.» You, n.° 3. ❚ «...se pegaron el lote padre y ella le hizo una paja...» Manuel Hidalgo, *Azucena, que juega al tenis.* ❚ «Darse, o pegarse, el lote. Hablando de una pareja, besuquearse, manosearse.» Boletín RAE, mayo-agosto, 1998. ❚ «El cabrón de Ricardo se estaba dando el lote con una tipa. Desde que me cepillé a su mujer no hacía otra cosa.» C. Pérez Merinero, *El ángel triste.* ❚ «...escondida tras la estantería [...] y dándose el lote con Molina.» María Antonia Valls, *Tres relatos de diario.* ❚ «Van a pasear al parque Güell a darse el lote... Está enfigado, quién lo hubiera dicho.» Juan Marsé, *Si te dicen que caí.* ❚ «Por arriba, mucho tirar de arte, pero por los bajos se está dando el gran lote.» C. Pérez Merinero, *Días de guardar.* ❚ «...es lo que tiene la fama de ligón y el que te pillen en las rinconeras dándote el lote con las tías...» Ramón Ayerra, *Los ratones colorados.*

*lsd cf. (afines) ácido, ajo, tripis. |✓ ▸ *droga.*|

lucero del alba s. cualquiera persona, quien sea.
«...siempre dispuesto a darse de hostias con el lucero del alba, y a pregonarlo, por supuesto...» Ramón Ayerra, *Los ratones colorados.*

luces, corto de luces ▸ *luces, de cortas (pocas, escasas) luces.*

luces, de cortas (pocas, escasas) luces *expr.* de poca inteligencia, corto entendimiento.
«Pero, buenos o malos, de muy cortas luces.» A. Sopeña Monsalve, *El florido pensil.* ❚ «...entre Cádiz y Sevilla vive un señorito prepotente, haragán, de pocas luces...» Samuel Picot, Qué leer, septiembre, 1998. ❚ «...algunas gentes de buena fe pero de escasas luces...» Fernando Repiso, *El incompe-*

tente. ❚ «Es terca, perezosa, corta de luces...» Eduardo Mendoza, *La verdad sobre el caso Savolta.* ❚ «...zampabollos en edad de merecer pero corto de luces...» Ramón Ayerra, *Los ratones colorados.*

lumbrera *s.* persona inteligente.
«Lumbrera. Persona insigne y esclarecida.» DRAE. ❚ «Que es una lumbrera, toda una escolástica.» P. Perdomo Azopardo, *La vida golfa de don Quijote y Sancho.* ❚ «Una lumbrera, vaya.» Juan Marsé, *Si te dicen que caí.* ❚◼ «España es un país de listos, de entendidos, lleno de lumbreras que lo saben todo.»

lumi *s.* prostituta.
«...cuando tiramos del carrito de la compra, cuando ajustamos precio con una lumi, cuando acuchillamos a una vieja en un semáforo...» Francisco Umbral, *La derechona.* ❚ «Lumi: prostituta.» Manuel Giménez, *Antología del timo.* ❚ «...serán necesarios varios años de talego para que me recree mirando el culo a una lumi que posa.» Eleuterio Sánchez, *Camina o revienta.* ❚ «...sólo pasaron a significar *puta* cuando entraron en el argot castellano, como les pasó también a lumi... que en principio significaba simplemente muchacha.» AI. ❚ «...dos conocidas que estuvieron allí de lumis.» Juan Madrid, *Flores, el gitano.* ❚ «...llevaban a una lumi de lujo en el coche...» Jaime Romo, *Un cubo lleno de cangrejos.* ❚ «Por si se desconoce a tal deidad o lumi, añadiremos que...» J. Giménez-Arnau, *Cómo forrarse y flipar con la gente guapa.* |✓ Guim, 1863, dice: «Lumia. Puta, ramera, mujer de malas costumbres, que inficionando las fuentes de la vida, introduce la desolación en el seno de las familias». El DRAE incorpora *lumia, ramera,* en 1936.|

lumia ▸ *lumi.*

lumiasca *s.* prostituta.
«Pues dime dónde puedo encontrar a la lumiasca...» Manuel Quinto, *Estigma.* |✓ ▸ *lumi.*|

lumpen *s.* clase social marginada.
«...él tenía muchos contactos con el lumpen, extraños amigos, delincuentes habituales, gente que se había encontrado en la

cárcel...» Almudena Grandes, *Las edades de Lulú.* ❚ «...y tú me dirás en qué queda esta incursión tuya en el mundo del lumpen...» María Antonia Valls, *Tres relatos de diario.*

luna, en la luna *expr.* despistado, no estar atento.

«No paró hasta conseguir lo que se proponía... Y ella en la luna, la pobre.» Juan Marsé, *La oscura historia de la prima Montse.* ❚ «...y estaba siempre en la luna...» Juan Marsé, *Si te dicen que caí.*

lupanar *s.* prostíbulo.

«Tienes que hablar con tu hija, porque esta casa se está transformando en un lupanar.» Chumy Chúmez, *Por fin un hombre honrado.* ❚ «...permite que la gran sacerdotisa del lupanar...» C. J. Cela, *Oficio de tinieblas 5.* |✔ es voz estándar. Para el DRAE es *mancebía, casa de prostitución.*|

lupas ▸ *lupos.*

lupos *s. pl.* gafas, lentes.

«No se separa de sus impenetrables gafas [...] el misterioso chico Martini se quita las lupas [...] ¡Está arrebatador!» Ragazza, agosto, 1997. ❚ «El ciego de la ONCE lleva lupos. ¿Para qué?» DCB. |✔ *lupos* o *lupas.*|

luto, uñas de luto ▸ *uñas, uñas de luto.*

Mm

macaco *s.* bobo, necio.

«Estúpido, tonto, sandio.» RAE. ❙ «Las señoritas solteras son bastante desaforadas, traspasando los límites de la flirtation y llegando a los mayores extremos del sobamiento. Juanito, aunque parece un macaco, es de los que más soban.» J. Valera, *Cartas,* RAE. ❙ «No hagas nada que pueda avergonzarle. —¿En qué perjudico yo a ese macaco?» Elena Quiroga, *La sangre,* RAE. ❙ ✒ «Eres un macaco que nunca serás nada en la vida.»

2. agente de policía.

«Macaco: vigilante jurado de seguridad.» Manuel Giménez, *Antología del timo.* ❙ «Macaco. Guindilla, pitufo.» Ra. ❙ «Macaco. Policía uniformado.» S. ❙ ✒ «Los macacos han hecho una redada por el barrio y se han llevado detenidos a varios camellos.»

macanudo *adj.* estupendo.

«Macanudo, así no hay equívocos.» Terenci Moix, *Garras de astracán.* ❙ «¿Qué puede hacer un tipo como yo [...] al que todo le sale bien, que vive macanudamente lleno de salud, de dinero y de amor?» Álvaro de Laiglesia, *Hijos de Pu.* ❙ «Che, pero es macanudo, una piba con el pelo rojo...» José Luis Muñoz, *Pubis de vello rojo.* ❙ «Los gringos se quedaron con unas bases macanudas a precio de ganga...» Pedro Casals, *Disparando cocaína.* ❙ «...un chichón macanudo que se había hecho en la frente...» Ramón Ayerra, *Los ratones colorados.* ❙ ✒ «Te voy a presentar a una mujer guapísima, macanuda de verdad.» ❙✓ DRAE: «adj. fam. Amér.

Bueno, magnífico, extraordinario, excelente, en sentido material y moral».❙

macarra *adj. y s.* insulto para hombre.

«No te has enterado todavía, macarra.» Juan Madrid, *Turno de noche.* ❙✓ del francés *maquereau.*❙

2. *s.* proxeneta.

«...había sido amante de toreros, macarras, hombres públicos, intelectuales de izquierdas, intelectuales de derechas...» Francisco Umbral, *El Giocondo.* ❙ «Mira Toni, me parece que te has pasado. A nosotras no nos hacen falta macarras.» Juan Madrid, *Cuentas pendientes.* ❙ «Gritos de la mujer [...] Llegada del macarra de turno...» Manuel Giménez, *Antología del timo.* ❙ «...el barón entra en una wisquería donde tres pirucas se lo enrollan.... y se larga perseguido por los macarras...» Rambla, n.° 29. ❙ «...porque era un macarra repugnante, un chulo de la peor especie...» Almudena Grandes, *Las edades de Lulú.* ❙ «A mí no me interesan las putas, sino los macarras.» Andreu Martín, *Amores que matan, ¿y qué?*

3. persona indeseable.

«...como los señoritos andaluces de toda la vida o los macarras de los años veinte.» Terenci Moix, *Garras de astracán.* ❙ «...entró un tipo con todo el aspecto de macarra.» José Luis Martín Vigil, *Los niños bandidos.* ❙ «Intenta parecer macarra diciendo que...» Mala impresión, revista de humor con caspa, n.° 1. ❙ «Un par de camareros bastante macarras atienden la barra.» José Ángel

Mañas, *Mensaka*. ❚ «Quintanilla, que es un macarra, le estuvo dando el turre todo el tiempo.» Manuel Hidalgo, *Azucena, que juega al tenis*. ❚ «Vestía como cualquiera de esos macarras de gestos indolentes...» Juan Madrid, *Flores, el gitano*.

4. ▶ *macarrilla*.

macarrilla *adj*. y *s*. de mal gusto, de mal aspecto.

«...con un traje blanco de macarrilla que parece robado.» Jaume Ribera, *La sangre de mi hermano*, 1988, RAE-CREA. ❚ ◾ «No me gusta ese coche que te has comprado. Con tantos colores y cosas colgando me parece un poco macarrilla.» ✔ ▶ también *macarra*.❙

2. proxeneta.

«El macarrilla con dos o tres máquinas en la calle no tenía nada que hacer.» Andreu Martín, *Lo que más quieras*.

3. persona barriobajera.

«...surgió toda una generación de macarrillas que al grito de ¡viva el rollo!...» La Luna, El Mundo, 18.6.99. ❚ «...pero tomo buena nota del rostro del macarrilla para...» Fernando Martínez Laínez, *La intentona del dragón*.

macarrón *s*. proxeneta, chulo.

«...a ver si se tumban un príncipe o, en su defecto, un macarrón italiano.» Francisco Umbral, El Mundo, 7.2.98. ❚ «Y tú quieta, ¿eh? Quieta o te quedas sin macarrón.» Andreu Martín, *Prótesis*. ❚ «...ex-tramoyista, ex-mago profesional, hoy día perista, carterista y macarrón.» Andreu Martín, *Amores que matan, ¿y qué?* ❚ «Los macarrones que les chupan las venas las tratan a patadas.» Andreu Martín, *Lo que más quieras*.

machaca *s*. toxicómano que trabaja para los traficantes de drogas.

«La primera vez que oí la palabra *machaca* fue hace 12 años cuando conocí de lleno el mundo de la droga.» El Mundo, 5.10.99. ❚ «Los machacas (toxicómanos esclavos de los traficantes) trabajan a destajo en el asentamiento de Las Barranquillas...» Virginia Ródenas, ABC, 8.11.98. ❚ «Machaca: Individuo que vigila para dar la voz de alarma mientras se desarrolla el comercio clandestino de drogas.» JGR. ❚ «...comienza la

pelea con los machacas al servicio de los vendedores y cuyo trabajo es convencer a los compradores de que el género de su jefe es mejor...» ABC, 14.3.99.

2. portero de un club.

«El machaka de la puerta se me queda fichando...» José Ángel Mañas, *Sonko95*.

machacante *s*. cinco pesetas.

«...busqué una farmacia e invertí tres machacantes en un estuche de cinco gomas...» Fernando Sánchez-Dragó, «Anábasis», en *Antología del cuento español*. ❚ «Perdí más de doscientos machacantes, jefe.» Pgarcía, *El método Flower*. ❚ «Machacante. Moneda de cinco pesetas.» LB. ❚ ◾ «Le di cincuenta machacantes de propina al camarero.»

machacar *v*. gastar.

«Doce mil pesetas me acabo de machacar en la ostrería ésa...» Ángel Palomino, *Todo incluido*.

2. entrenar con pesas.

«Machacarse. Entrenar.» Juanma Iturriaga, *Con chandal y a lo loco*.

3. incordiar, molestar.

«...la hijaputa de mi redactora jefe, quien parece haber venido al mundo a machacarme...» María Antonia Valls, *Tres relatos de diario*. ❚ «...porque tus padres van a estar machacándote hasta que apruebes.» You, marzo, 1998. ❚ «Es que no puedo más, nos está machacando vivos.» B. Pérez Aranda *et al.*, *La ex siempre llama dos veces*.

4. recriminar(se).

«Si la pifias, perdónate, ten en cuenta que machacarse no conduce a nada...» You, enero, 1998. ❚ «...tú pones un precio y luego dejas que te machaquen...» Judit Mascó, El Mundo, 21.8.99.

5. copular.

«...cuando se la machacó de primeras [...] de aqueste polvo vendrá uno que dará mucho que hablar...» Ramón Ayerra, *Los ratones colorados*.

6. machacársela *v*. masturbarse.

«Esta películas pornográficas están pensadas para tímidos insatisfechos sexuales, de ésos que se contentan con machacársela.» FV. ❚ «Te la machacas. [...] se aplica a la masturbación del hombre.» José M.ª Zabalza, *Letreros de retrete y otras zarandajas.* ▮ «Si te la machacas, luego no querrás joder conmigo.» DCB. ▮ «Se quitó el vicio de machacársela.» JM. ▮ «¡Machácatela en tu casa, gorrino!» Mariano Sánchez, *Carne fresca.* ▮ «...me saco la polla y empiezo a machacármela...pero sigo sin correrme...» José Ángel Mañas, *Sonko95.*

7. por mí como si te la machacas *expr.* expresión de indiferencia.

«¿Yo, celosa? Por mí como si te la machacas, guapo...» C. Rico-Godoy, *Cómo ser una mujer y no morir en el intento.* ▮ «Te la machacas. Vulgarismo que denota burla y desdén.» José M.ª Zabalza, *Letreros de retrete y otras zarandajas.* ▮ «Ésa es la toalla —bromeó Basi— que usa el cura para limpiarse cuando se la machaca.» Jaime Romo, *Un cubo lleno de cangrejos.* ▮ ▪ «Puedes hacer lo que quieras. ¡Por mí como si te la machacas!»

machacón *adj.* repetitivo, pesado.

«...machaconas canciones que en teoría ayudan a sobrellevar el esfuerzo.» Juanma Iturriaga, *Con chandal y a lo loco.* ✔ DRAE: «adj. Que repite algo con insistencia y pesadez. Ú. t. c. s.».▮

machada *s.* bravuconada.

«No me digas, mami; qué machada, ¿eh?, qué tíos.» Ángel Palomino, *Todo incluido.*

machista *adj.* y *s.* hombre que considera a las mujeres seres inferiores.

«Les trató de groseros, de imbéciles, ridículos y, como era de esperar, de machistas.» Terenci Moix, *Garras de astracán.* ▮ «Es la mejor para desautorizar y subyugar a los maridos machistas.» A. Zamora Vicente, *Historias de viva voz.* ▮ «Me has llamado puta y tú eres un cabronazo y un machista de mierda.» Fernando G. Tola, *Cómo hacer absolutamente infeliz a un hombre.* ✔ el DRAE dice de *machismo*: «m. Actitud de prepotencia de los varones respecto de las mujeres».▮

macho *excl.* término afectuoso.

«En fin, macho, que uno se siente protegido con tan buenos amigos...» Terenci Moix, *Garras de astracán.* ▮ «Macho, tienes un cuerpo que parece un maniquí de esos

de las farmacias.» M. Vázquez Montalbán, *Los alegres muchachos de Atzavara.* ▮ «¡Que me he realizado, macha...!» F. Vizcaíno Casas, *Hijos de papá.* ▮ «...todo está resuelto, macho.» Miguel Martín, *Iros todos a hacer puñetas.* ▮ «¿Sabéis qué decimos nosotras...? ¡Que les den abrótano, macho!» Virtudes, *Rimel y castigo.* ▮ «¡Toni, macho!» Juan Madrid, *Las apariencias no engañan.* ▮ «...no te quedes conmigo, macha.» Andrés Berlanga, *La gaznápira.* ▮ «¡Corta el rollo, Navarro, macho!» Juan Madrid, *Flores, el gitano.* ✔ también se emplea en femenino.▮

2. *s.* apelativo para hombre.

« Le digo que no entiendo nada y me responde que no hay nada que entender, me llama macho y añade que la vida es así...» Eduardo Mendoza, *Sin noticias de Gurb.* ▮ «Por aquellas fechas aun no se decía *macho*, sino *hombre de Dios*, o *muy señor mío*.» A. Zamora Vicente, *Mesa, sobremesa.* ▮ «Macho, pareces un sereno.» Mariano Sánchez, *Carne fresca.* ▮ «En total siete años, macho.» Andreu Martín, *Prótesis.* ▮ «...también tú te haces viejo, macho...» Cristóbal Zaragoza, *Y Dios en la última playa.*

3. hombre viril, varonil.

«Que uno es todavía muy macho, Dupont.» Francisco Umbral, *Balada de gamberros.* ▮ «...a una dama de gusto le va mejor con ellas que con los machos, señora.» Terenci Moix, *Garras de astracán.* ▮ «...y uno pensaba en lo macho que eran estos tíos...» Francisco Candel, *Los hombres de la mala uva.* ▮ «...menos aquellos noviembreros que se levantaron por puro machos...» Ángel Palomino, *Un jaguar y una rubia.* ▮ ▪ «Roberto se cree muy hombre, muy macho, porque le zurra a su mujer.»

machorra *s.* lesbiana.

«¡Anda machorra! ¡Me llama machorra!» A. Zamora Vicente, *Historias de viva voz.* ▮ «Toma nota de esto, Carmen. Es una machorra integral.» JM. ▮ ▪ «Carmen es una machorra que tiene tres queridas en la oficina, nada menos.»

machota *s.* lesbiana.

«Una machota del copón, como su propio nombre indica.» C. Pérez Merinero, *Días de guardar.*

machote *s.* hombre fuerte y viril.

«Machote. Hombre viril.» J. Martínez Álvarez, *Voc. bable castellan,* RAE. ▌ «Aumentativo de macho, hombre muy valiente, fuerte y corpulento.» Muñoz Reyes, *Bolivianismos,* RAE. ▌ «...aquí no hay ningún machote, no hemos ganado ninguna batalla de juventud.» Juan Marsé, *La oscura historia de la prima Montse.* ▌▪ «Luciano es un machote y no llora aunque le hagas daño cuando le das por el culo.»

2. saludo.

«Saludo entre amigos. Machote tú, sanote.» Luis Carandell, *Dicc. Madrileño,* RAE. ▌▪ «¡Hola, machote! Qué te cuentas?»

macizo *adj.* y *s.* persona atractiva.

«El macizo de la panda es aspirante a actor.» Ragazza, n.° 100. ▌ «...sale de un Banco apuntando a una tía maciza de verdad.» C. Pérez Merinero, *Días de guardar.* ▌ «Tú lo que tienes que hacer [...] es buscarte un tío macizo que te enseñe a follar y que le den morcilla a tu padre y a tu novio.» Fernando Martínez Laínez, *Bala perdida.* ▌ «¿Queréis saberlo todo de los tíos más macizos de la música?» Ragazza, n.° 101. ▌ «Dais lo que los hombres ya tenemos. En cambio las macizas de este temple...» Terenci Moix, *Garras de astracán.* ▌ «...encantadora joven que está un rato maciza...» Manuel Giménez, *Antología del timo.* ▌ «...pensó que no sólo parecía la zorra más maciza con la que se había topado en su vida...» Fernando Martínez Laínez, *La intentona del dragón.* ▌ «...Pirri sale otra vez con la maciza del 4 H.» Ladislao de Arriba, *Cómo sobrevivir en un chalé adosado.* ▌ «¡Si cojo yo a un tío macizo como ése...» Andrés Berlanga, *La gaznápira.* ▌ «...y te despiertas abrazada a un macizo.» El Mundo, La luna del siglo XXI, 9.10.98. ▌ «¡Guapa! ¡Maciza!» Juan Madrid, *Crónicas del Madrid oscuro.* ▌ «Una voz de cuarentona sin pudor gritó: ¡Macizo!» Eloy Arenas, *Los vecinos de mis vecinos son mis vecinos.* ▌ «...tras los cristales, la silueta de un hombre de corte macizo.» Ernesto Parra, *Soy un extraño para ti.* ▌ «Tráetela a la maciza.» Cristóbal Zaragoza, *Y Dios en la última playa.*

macizón *s.* aumentativo de macizo.

«¿Es posible resistir 24 horitas al lado de este macizón?» Ragazza, junio, 1998.

macizorro *s.* aumentativo de macizo.

«¡Una botellita de vino, macizorra!» José Ángel Mañas, *Mensaka.*

maco *s.* cárcel.

«Van a terminar todos los burlas en el maco, por hijos de puta.» Raúl del Pozo, *Noche de tahúres.* ▌ «Le cogieron y metieron, tras apalearle, en el maco.» Eleuterio Sánchez, *Camina o revienta.* ▌ «Maco: Prisión.» JGR. ▌ «En argot cárcel se puede decir, maco, talego, trullo y estaribel que es caló gitano.» Juan Madrid, *Crónicas del Madrid oscuro.* ▌ «Sólo por esto valía la pena largarse del maco.» Mariano Sánchez, *Carne fresca.* ▌ «A Fernando, sin embargo, no le hace mucha gracia cambiar de cárcel. —Y en los macos nuevos no funciona nada...» Juan Carlos de la Cal, El Mundo, 30.10.98. ▌ «¡Tu hermano llevaba dos años en el maco!» José Luis Martín Vigil, *Los niños bandidos.* ▌ «Hilario le contó que el de la navaja había salido del maco.» Raúl del Pozo, *La novia.*

macoca, hacerse una macoca *expr.* masturbarse.

«Hacerse una macoca. Masturbarse.» Joseba Elola, *Diccionario de jerga juvenil,* El País Semanal, 3.3.96. ▌ «...si la tía se ha quedado tan frita es porque seguro que se ha hecho un pajote. No hay nada para quedarse grogui [...] como hacerse una macoca.» C. Pérez Merinero, *Días de guardar.*

macró *s.* proxeneta.

«Explotador de mujeres que actúa en la trata de blancas.» Guarnieri, *Habla del boliche,* RAE. ▌ «...del francés maquereau, es el explotador de mujeres o tratante de blancas.» Chiappara, *Glos. Lunfardo,* RAE. ▌▪ «El macró ése para el que trabajas de puta es un cabrón que te va a arruinar la vida.» ✓ del francés *maquereau.* ▌

macutazo *s.* mentira, rumor.

«Nada más llegar a Málaga nos invaden los rumores taurómacos. [...] El Macutazo no falta en ninguna feria, porque todo el mundo sabe *de muy buena fuente* que se va a producir un cambio importante...» RAE. ❚ «Macutazo. Mil. Rumor, noticia oficiosa, bulo.» DRAE. ❚▪ «Eso es un rumor, un macutazo que te han dado, sin fundamento.»

macuto *s.* cárcel, presidio.

«Macuto: cárcel, calabozo.» JMO. ❚ «Macuto: Cárcel.» JGR. ❚ «Macuto: cárcel, presidio, penal.» JV. ❚ «Macuto. Talego, trena, cárcel.» Ra. ❚ «Macuto. Cárcel.» S. ❚▪ «Macuto es la cárcel, talego, trullo.» ❘✔ no se ha podido documentar fuera de diccionarios.❘

madaleno *s.* agente de policía.

«No os preocupéis —decía un enterado magdaleno— saldréis bien del consejo de guerra.» Eleuterio Sánchez, *Camina o revienta.* ❚ «Madaleno: Funcionario policial.» JGR. ❚▪ «Le he vendido una papelina a un tipo y resulta que era un madaleno.» ❘✔ *madaleno, magdaleno.*❘

madam, de la madam *expr.* de la policía.

«Tú no eres de la madam que a esos me los huelo yo a cien kilómetros...» Manuel Quinto, *Estigma.* ❚ «Madán. Cuerpo Nacional de Policía.» JGR.

madama *s.* regentadora de prostíbulo.

«...más puta que todas las gallinas del universo mundo y sea dicho con respeto a las madamas...» A. Zamora Vicente, *Mesa, sobremesa.* ❚ «Madama. Ama de burdel.» DE. ❚ «¿Que un día antes de su boda fue detenida su suegra por ser madam de una casa de prostitución...?» Mariano Sánchez, *Carne fresca.* ❚▪ «La vecina de arriba es la madama de la casa de compromiso de la esquina.»

madame *s.* regentadora de prostíbulo.

«¡No me manchéis las sábanas!— ordenó la madame alejándose por el pasillo.» Mariano Sánchez, *Carne fresca.* ❚ «Hasta mi comadre que es ahora madame de una casa de postín...» M. Vázquez Montalbán, *La historia es como nos la merecemos.* ❚ «...y allí echaba el hombre sus buenos caliqueños, sobre todo cuando aterrizaban pupilas nuevas, y como era amigo de la madame...» Ramón Ayerra, *Los ratones colorados.* ❚ «Aunque ya era tarde y estaban para cerrar la madame me recibió con la obsequiosa

deferencia de costumbre.» C. Pérez Merinero, *La mano armada.*

madera *s.* la policía.

«¿Quién si no iba a saltar desde un primer piso huyendo de la madera?» R. Gómez de Parada, *La universidad me mata.* ❚ «En el argot de los rufianes y de la madera un periquito es un policía inexperto.» Raúl del Pozo, *Noche de tahúres.* ❚ «Pues abriéndonos, que tenemos aquí a la madera.» Fernando Martínez Laínez, *La intentona del dragón.* ❚ «Oye, ¿esta no será de la madera?» Almudena Grandes, *Las edades de Lulú.*

madera, pijama (chaleco) de madera ▶ *pijama, pijama (chaleco, traje) de madera.*

madera, tener madera de *expr.* tener facilidad para algo.

«Tienes madera de dibujante de cómics.» Pedro Casals, *Hagan juego.* ❘✔ ▶ *pasta, tener pasta de santo.*❘

madero *s.* agente de policía.

«En ese momento nos fijamos en un par de maderos que están de pie en la acera, haciendo un control.» Lucía Etxebarría, *Amor, curiosidad, prozac y dudas.* ❚ «Vaya, así que los tres hemos sido maderos.» Juan Madrid, *Cuentas pendientes.* ❚ «...descubre la presencia de guardianes, sepultureros, maderos y otros enemigos.» Francisco Umbral, *Madrid 650.* ❚ «Colabora con los maderos: pégate a ti mismo.» R. Gómez de Parada, *La universidad me mata.* ❚ «A ella ningún madero le había dado nunca la razón en nada.» Fernando Martínez Laínez, *La intentona del dragón.* ❚ «...no serás tan hijo de puta como para haberme metido una madera aquí...» Almudena Grandes, *Las edades de Lulú.* ❚ «En caliente (argot de los delincuentes) policía se dice: maderos, pasma, plasta, planchaos, señores, pestañi.» Juan Madrid, *Crónicas del Madrid oscuro.* ❚ «Había un madero mayor en la puerta que debía estar un poco paranoico...» Jaime Romo, *Un cubo lleno de cangrejos.* ❘✔ una mujer policía es *una madera.*❘

madraza *s.* madre consentidora que mima a los hijos.

«Carolina, en plan madraza.» El Mundo, 30.7.99. ❚ «Ludovica se echa a llorar como una madraza arrepentida de su dureza con sus crías.» Ana María Moix, *Vals negro,* 1994, RAE-CREA. ✓ DRAE: «f. fam. Madre muy condescendiente y que mima mucho a sus hijos».।

madre, acordarse de (mentar a) la madre de alguien *expr.* ofender a la madre de alguien, insultar.

«No tuve más remedio que acordarme de su madre.» Pgarcía, *El método Flower.* ▌ «Y cuando me rasco, me acuerdo de la madre que parió a todas las tribus negras que visité.» Álvaro de Laiglesia, *Hijos de Pu.* ▌ «...un mico se masturbaba impunemente, o una lora parlanchina te mentaba la madre.» José Raúl Bedoya, *La universidad del crimen.* ▌ «Un hombre conducido ante el juez por mentarle la madre al guardia...» Ángel Palomino, *Insultos, cortes e impertinencias.*

2. de puta madre ▸ *puta, de puta madre.*

3. ¡el hijo de su madre! *expr.* eufemismo de hijo de puta.

«¡El hijo de su madre, y cómo fingía el muy zorro!» C. J. Cela, *La familia de Pascual Duarte.*

4. hacer madre *expr.* dejar embarazada a una mujer.

«He dicho que no está mal para sus años, y la pones en pelotas en un centro de camioneros jubilados y la hacen madre.» M. Vázquez Montalbán, *La rosa de Alejandría.*

5. la madre del cordero *expr.* el meollo, lo importante de la cuestión.

«Y que ésta era, precisamente, la madre del cordero.» Fernando Repiso, *El incompetente.*

6. la madre que lo trajo al mundo *expr.* eufemismo por puta madre.

«Más onomatopéyico que la madre que lo trajo al mundo.» Rafael García Serrano, *Diccionario para un macuto.*

7. la (puta) madre que (te) parió... *expr.* insulto.

«¡La madre que parió al fundador del partido revolucionario ese y a toda su parentela...!» Almudena Grandes, *Modelos de mujer.* ▌ «¡La madre que os parió a todos!» Pilar Urbano, *Yo entré en el Cesid.* ▌ «...cómo está esto de mojao. La madre que lo parió.» A. Zamora Vicente, *Desorganización.* ▌ «...más raros que la madre que les parió...» M. Vázquez Montalbán, *Los alegres muchachos de Atzavara.* ▌ «La madre que parió al tío de las gafas negras...» Ángel Palomino, *Las otras violaciones.* ▌ «¡Qué tiempos, la madre que me parió!» Mariano Tudela, *Últimas noches del corazón.* ▌ «¡La madre que parió al Macario!» Miguel Martín, *Iros todos a hacer puñetas.* ▌ «La puta madre que los parió.» Andreu Martín, *Amores que matan, ¿y qué?* ▌ «...que si los agujeros en la capa de ozono, que si la madre que lo parió.» Ladislao de Arriba, *Cómo sobrevivir en un chalé adosado.* ▌ «¡La madre que parió al gordo ése!» Gomaespuma, *Grandes disgustos de la historia de España.* ▌ «...que si los nitratos que si el ganado que si la madre que los parió...» Ángel Palomino, *Un jaguar y una rubia.* ▌ «¡La madre que os parió, a dormir!» Juan Marsé, *La oscura historia de la prima Montse.*

8. madre soltera *s.* mujer que tiene hijos y no está casada.

«...pero al fin y al cabo ella es madre soltera.» María Antonia Valls, *Tres relatos de diario.* ▌◼ «Paquita es madre soltera y ya tiene cuatro chicos guapísimos.»

9. sacar de madre *expr.* exagerar, sacar de quicio.

«Vamos, Carmen, no saques la cosa de madre.» C. Rico-Godoy, *Cómo ser una mujer y no morir en el intento.* ▌◼ «Me saca de madre que sea tan sinvergüenza y aprovechón, el gilipollas ése.»

10. salirse de madre *expr.* exagerar, perder la compostura.

«...suele ser circunspecto, bien medido, saliéndose únicamente de madre cuando habla de su profesión de contratista de obras...» Mariano Tudela, *Últimas noches del corazón.* ▌ «...temiendo tras el viraje brusquísimo que a fuerza de excusas el río volviera a salirse de madre.» Jose-Vicente Torrente, *Los sucesos de Santolaria.* ▌ «Toda impertinencia moral que se salga de madre...» Fernando Repiso, *El incompetente.*

11. ¡tu (su) madre! *excl.* exclamación de enfado, de rechazo.

«¡El perro me ha hecho pipí en el pantalón! ¡Su madre!» FV. ▌ «¡Su madre, qué abrigo de pieles!» JM.

madriguera *s.* vulva, órgano sexual de la mujer.

«...una reina follando pero tenía veneno en la madriguera...» Ramón Ayerra, *Los ratones colorados.*

madriles *s. pl.* Madrid.

«Raúl, con sus vaqueros ajustadísimos [...] podía llegar a tener un notable éxito en los madriles.» Terenci Moix, *Garras de astracán.* ❙ «¿Qué haces por los madriles?» Severiano F. Nicolás, *Las influencias.* ❙ «Hasta un hermanito de Kennedy anduvo barzoneando su piedad por los Madriles...» Rafael García Serrano, *Diccionario para un macuto.* ❙ «Bueno, niño... en los madriles hay más vida, más negocio.» Juan Madrid, *Flores, el gitano.* ❙ «Aquí la gente es guapa, oye, nada que ver con los madriles, que hay tanto hijo de puta...» José Luis Martín Vigil, *Los niños bandidos.*

madrugón *s.* acción de levantarse muy temprano.

«...y del madrugón del domingo para ir a cazar...» Andrés Berlanga, *La gaznápira.* ❙ «Ha sido duro, sobre todo por los madrugones, pero nos divertimos mucho.» You, enero, 1998. |✔ DRAE: «m. fam. Acción de madrugar, levantarse muy temprano».❙

maestro *s.* expresión que emplean los obreros para dirigirse a alguien que creen superior.

«Se está calentito ahí, ¿eh, maestro?» A. Zamora Vicente, *Desorganización.* ❙ ◾ «Oiga, maestro, ¿dónde descargamos el camión?»

magín *s.* imaginación, inteligencia.

«Los fabricantes de juguetes se esmeran y exprimen el magín inventando...» Francisco Candel, *Los hombres de la mala uva.* ❙ «Ni siquiera el anuncio sibilino de aquella bonita voz masculina me alborotó el magín.» Ángel A. Jordán, *Marbella story.* ❙ «Exprímanse el magín, señores.» M. Vázquez Montalbán, *El delantero centro fue asesinado al atardecer.* |✔ DRAE: «m. fam. imaginación».❙

magrear *v.* sobar, toquetear.

«Dime una cosa Riansares, ¿a las chicas no se les puede hablar mientras se las ma-

grea?» Juan García Hortelano, *Gente de Madrid,* citado por CJC en DE. ❙ «Cuando sale el sacristán, la agarra sin miramientos y pretende taparle la boca enfurecida con aquellas manazas negras, tan duras y ásperas que su mujer dice que la lastima cuando la magrea.» Gonzalo Torrente Ballester, *Saga fuga,* RAE. ❙ «Sobar, palpar, pellizcar a una mujer [...] Óptica de varón.» Álvaro García Meseguer, *Lenguaje y discriminación sexual,* RAE. ❙ «Me meto la mano en el bolsillo y me magreo un poco la polla.» C. Pérez Merinero, *Días de guardar.* ❙ «Tal vez sólo obtendré un magreo de viejo chocho...» Juan Marsé, *La muchacha de las bragas de oro.* |✔ DRAE: «tr. fig. vulg. Sobar, manosear lascivamente una persona a otra».❙

magreo *s.* acción de magrear.

«Eso fue claramente una invitación al magreo.» JM. ❙ «Aquí, hablando en plata, magreo. Lo ideal, decía ella, hubiera sido empezar con los afrodisíacos.» Vicente Molina Foix, *La quincena soviética,* 1988, RAE-CREA.

magué *s.* pene.

«Magué: miembro viril o pene.» Ambrosio de la Carabina, *Don Juan notorio.* ❙ «El coño de doña Inés / el magué de Juan Tenorio.» Ambrosio de la Carabina, *Don Juan notorio.*

majadero *adj.* bobo, necio.

«Déjese de estupideces, viejo majadero...» Miguel Ángel Asturias, *El Papa verde,* RAE. ❙ «Concha [...] añadió [...] No seas majadero.» Emilia Pardo Bazán, *Cuentos, Marineda,* RAE. ❙ «...ni madame Bovary, ni su marido, ni el majadero de Homais son interesantes.» José Ortega y Gasset, *Meditaciones del Quijote,* RAE. |✔ DRAE: «adj. fig. Necio y porfiado. Ú. t. c. s.».❙

majara *adj. y s.* demente, loco.

«Claro que está majara como yo. Por eso nos entendemos.» Francisco Umbral, *El Giocondo.* ❙ «¡Qué hacen los tres tenores cantando un chotis con acento de Lavapiés y metidos en un frac en vez de arrebujarse en el mantón de Olga Ramos? Estamos majaras.» Jaime Campmany, ABC, 7.1.98. ❙ «Socorro. ¡Está majara!» Rambla, n.° 29. ❙

«Primero el majara ese quiere hablar contigo.» M. Vázquez Montalbán, *La rosa de Alejandría.* ▌ «Esta tía está majara.» María Antonia Valls, *Tres relatos de diario.* ▌ «La señora estaba cada vez más majara.» El Gran Wyoming, *Te quiero personalmente.* ▌ «...me estoy volviendo majara perdida.» B. Pérez Aranda *et al., La ex siempre llama dos veces.*

majareta *adj.* y *s.* demente, loco.

«¿Me estaré volviendo majareta?» Eduardo Mendoza, *Sin noticias de Gurb.* ▌ «Cuando descubre a don Fernando haciéndole señas, esboza una sonrisa (anda, pero si es el majareta)...» Carlos Zeda, *Historias de Benidorm.* ▌ «...durante el proceso usted se va a volver majareta perdido.» J. Giménez-Arnau, *Cómo forrarse y flipar con la gente guapa.* ✓ DRAE: «com. Persona sumamente distraída, chiflada. Ú. t. c. adj.».▐

majarón *adj.* demente, loco.

«Vamos a acabar todos chalaos detrás de ese majarón.» M. Vázquez Montalbán, *La rosa de Alejandría.* ✓ aumentativo de *majara.*▐

428

majete *adj.* agradable, simpático.

«Tus padres van a estar muy majetes y pararán poco en casa.» Ragazza, n.° 101. ▌ «Entonces, la has cagado, majete.» Miguel Martín, *Iros todos a hacer puñetas.* ✓ de *majo.*▐

majo *adj.* agradable, simpático.

«...qué majo es; ¡ay hija! no seas así, preséntamelo; no seas egoísta.» Miguel Delibes, *Cinco horas con Mario.* ▌ «De verdad, Acisclo, el novillo es majo y valiente.» Ángel María de Lera, *Los clarines del miedo.* ▌ «Anda, majo, acércame una croquetita.» Carlos Zeda, *Historias de Benidorm.* ▌ «...su hermano le había llevado a un bar muy majo...» José María Amilibia, *Españoles todos.* ▌ ▪ «El nuevo empleado es un tío majo.» ✓ DRAE: «fam. Aplícase a una persona o cosa que gusta por su simpatía, belleza u otra cualidad».▐

***mal** cf. (afines) ▸ *enfermo.*

mal, mal nacido *expr.* hijo de puta.

«¡Te mataré, mal nacida!» A. Matías Guiu, *Cómo engañar a Hacienda.* ▌ «Le ordenó que movilizara a todos sus hombres para encontrar al mal nacido hijo de puta que ha-

bía matado a...» Andreu Martín, *El señor Capone no está en casa.* ▌ «...pero como soy un manirroto y un mal nacido pues todavía no lo he hecho.» C. Pérez Merinero, *Días de guardar.*

2. mal nombre *s.* apodo.

«...Demetrio, por mal nombre Demetrio el Viudo...» Ramón Ayerra, *La lucha inútil,* 1984, RAE-CREA. ▌ «...hay malas lenguas en el cuartel, que dicen que el mal nombre de Pingajo te viene de lo siguiente...» J. M.ª Rodríguez Méndez, *Bodas que fueron famosas del Pingajo y la Fandanga,* 1976, RAE-CREA. ▌ ▪ «A don Jacinto se le conoce por el mal nombre de *patachula.*»

3. mal pensado *adj.* y *s.* el que sospecha malas intenciones en los demás.

«Sos un mal pensado.» Eduardo Pavlovsky, *Cámara lenta,* 1979, RAE-CREA. ▌ «¡Coño, Manuel, mira que tú eres mal pensado!» Miguel Barnet, *Gallego,* 1981, RAE-CREA. ▌ «No hay que ser tan mal pensado.» Joaquín Leguina, *Tu nombre envenena mis sueños,* 1992, RAE-CREA.

4. mala pata ▸ *pata, mala pata.*

5. mala sombra *s.* mala suerte, mal fin.

«Pero enredarse con curas tiene mala sombra.» Arturo Pérez-Reverte, *La piel del tambor.* ▌ «...mala sombra, a la vuelta lo venden tinto, finiquito y carretera, y no se supo más de él...» Ramón Ayerra, *Los ratones colorados.* ✓ DRAE: «3. fig. y fam. Tener mala suerte». ▸ también *malasombra.*▐

***mal gusto** cf. (afines) basto, charro, hortera, horterada, macarrilla, vulgaris.

***mal hecho** cf. (afines) ▸ *chapuza.*

mala, estar (ponerse) mala *expr.* tener la menstruación.

«La tocará ponerse mala pasado mañana.» A. Zamora Vicente, *Desorganización.* ▌ «Ponerse mala. Tener el mes.» A. Ussía, *Tratado de las buenas maneras.* ▌ ▪ «Mi mujer y yo hoy no podemos follar porque está mala.»

malababa *s.* indeseable, malintencionado.

«...Cristina Almeida ha llamado a Ruiz Gallardón hipócrita, cínico, pedante y malababa. Toma ya.» Francisco Umbral, El Mundo, 9.7.99.

malafollá *adj.* mal genio, mala intención.

«...el gran Floro, limpiabotas cojitranco, borrachuzo, malafollá...» Ramón Ayerra, *Los ratones colorados.*

Málaga, salir de Málaga y caer en malagón *expr.* de una situación precaria a otra peor.

«Es que sale uno de Málaga y se mete en malagón.» Gomaespuma, *Grandes disgustos de la historia de España.*

malage *adj.* malintencionado, indeseable.

«No le hagas caso. Es un tío *malage* que ha querido hacer una gracia.» Ángel María de Lera, *Los clarines del miedo.* ❙ «Es un tío malage que está avisando constantemente...» Jaime Campmany, ABC, 11.10.98. ✔ también *malaje.* DRAE: «adj. And. Dícese de la persona desagradable, que tiene mala sombra. Ú. t. c. s.».❙

malaleche *s.* persona de mal carácter, de malas intenciones.

«En mi profesión hay que parecer un malaleche... y si lo eres de veras, mejor.» Pedro Casals, *La jeringuilla.* ❙ «Tales dones le hacen, a mi juicio, primo hermano del malaleche, persona de mala intención...» Carlos Murciano, «El lecheagria», ABC, 16.8.98. ❙ «...los clásicos malaleche que empiezan la jornada buscando culpables de cualquier cosa.» R. Montero, *Diccionario de nuevos insultos...*

malasombra *s.* persona indeseable.

«Me crece la uña del dedo gordo del pie izquierdo cada vez que me acuerdo de él, tan malasombra era.» A. Zamora Vicente, *Historias de viva voz.* ❙ «Desde luego que son mala sombra, eh.» Gomaespuma, *Grandes disgustos de la historia de España.* ❙◾ «No se te ocurra ni acercarte a Pedro porque es un malasombra de mucho cuidado.» ✔ el DRAE suaviza el significado de la palabra: *com. Persona patosa.* ▶ también *mala sombra.*❙

malaspulgas *s.* persona indeseable, de mal carácter.

«...malaspulgas; aborrecido...» AI.

malaúva *s.* persona indeseable de mal carácter y malas intenciones.

«...un tercio zaporreto y malaúva, con aires de gallito reculo.» C. J. Cela, *La catira,* RAE. ❙ «No sólo eso: miraba alto, que es señal de malaúva.» J. Vidal, El País, 22.5.89. ❙ «Mala uva: persona dañosa.» IND. ❙◾ «El capitán es un malaúva que sólo sabe joder y jorobar a todo quisqui.»

2. mala intención.

«...pero la chavala, qué jeta, qué malaúva en los ojos al notar que la miraban embobados...» Juan Marsé, *Si te dicen que caí.*

malcriado *adj.* y *s.* de mala educación, descortés, niño consentido.

«Entonces te seguía de mala gana, encontrándote petulante y malcriada...» Julio Cortázar, *Rayuela,* RAE. ❙ «No sea malcriado, vos, chito...» Miguel Ángel Asturias, *El Papa verde,* RAE. ❙◾ «Tus hijos son unos malcriados.» ✔ DRAE: «adj. Falto de buena educación, descortés, incivil. Dícese, por lo común, de los niños consentidos y maleducados».❙

¡maldición! *excl.* exclamación de sorpresa y contrariedad.

«Imprecación que se dirige contra una persona o cosa, manifestando enojo y aversión hacia ella.» RAE. ❙ «¡Maldición!» González Grano, *Esp. De J. L. Castillo-Puche,* RAE. ❙ «¡Maldición! He perdido el tren por cuarta vez esta semana.» DCB.

maldita sea *excl.* exclamación de gran disgusto.

«¡Maldita sea, por qué no acabamos de una vez!» Juan Madrid, *Un beso de amigo.* ❙ «Maldita sea, carajo...» Jorge Icaza, *Huasipungo,* 1934, RAE-CREA. ❙ «Maldita sea ella y el que...» *Lazarillo de Tormes,* 1554, RAE-CREA. ❙ «No jodas, ¡maldita sea!» Phanor Terán, *Eulalia,* 1982, RAE-CREA. ❙ «No sé por qué maldita sea estoy aquí.» M. Vargas Llosa, *La tía Julia y el escribidor,* 1977, RAE-CREA. ❙◾ «Ya se ha roto el coche otra vez. ¡Maldita sea!»

2. maldita sea tu estampa *expr.* maldición.

«...maldita sea su estampa y todos sus muertos.» Andreu Martín, *El señor Capone no está en casa.*

*maldito cf. (afines) cabronazo, del carajo, cochino, de los cojones, condenado, dichoso, de la hostia, jodido, de la leche, maldito, de la mierda, de las narices, pajolero, de la puñeta, puñetero, puto, repajolero, santo.

maldito *adj.* voz condenatoria que implica malo, miserable, rechazable.

«Os confieso que no me hace maldita la gracia.» Antonio Machado, *Juan Mairena,* RAE. ▌«Maldita la falta que me hacen en el limbo pajes, escuderos ni rodrigones.» Emilia Pardo Bazán, *Cuentos nuevos,* RAE. ▌«Es así como se tiene que hablar en este maldito pueblo sin río, pueblo de pozos...» Federico García Lorca, *La casa de Bernarda Alba,* RAE. ▌«Maldita la gracia que me hacía salir con ellos...» José María Amilibia, *Españoles todos.* ▌ ◾ «No sé dónde está la maldita herramienta que me acaban de prestar.» |✓ cultismo procedente del lat. *maledictum.*|

2. *s.* persona insignificante.

«Por alusión al verso del Tenorio *¡Cuán gritan esos malditos!*» J. S. Serna, *Dicc. Manchego,* RAE. ▌«Mote injurioso que se da a personas perversas o nefastas.» RAE.

maleta *s.* torpe.

«Individuo flojo, inútil, inhábil.» Romero, RAE. ▌«Maleta. Persona torpe o principiante.» LB. ▌«Persona torpe, incapaz, de movimientos torpes que no puede hacer algo simple.» Muñoz Reyes, *Bolivianismos,* RAE. ▌«No trates de arreglar el microondas porque eres un maleta.» DCB.

2. hacer la maleta *expr.* marcharse, irse, prepararse para mudarse de sitio.

«¡Haz la maleta y vete!» DF. ▌«Me temo que con las nuevas medidas de ahorro de personal, dentro de poco la mayoría de nosotros tendrá que preparar las maletas y buscarse otro empleo.» FV.

*malgastar dinero cf. (afines) cepillarse, fundir, patearse, reventar.

malhablado *s.* desvergonzado, sohez en el hablar.

«El devoto Caragol era iracundo y malhablado como un profeta cuando considera en peligro su fe.» Vicente Blasco Ibáñez,

Mare Nostrum, RAE. ▌«...contaba sin fin de anécdotas que giraban en torno a los exabruptos del jefe, riojano malhablado.» Julio Caro Baroja, *Los Baroja,* RAE. ▌ ◾ «No me gusta que invites a Miguel Ángel a cenar porque es un malhablado y los niños repiten luego en la escuela las palabrotas que dice.»

malhecho *s.* persona fea.

«La persona de cuerpo mal formado o contrahecho.» RAE. ▌ ◾ «Eso no es un hombre, es un malhecho que asustaría a cualquiera.»

maljode *s.* persona indeseable, fastidiosa.

«Maljode: persona que está siempre descontenta y protesta contra todo.» JMO. ▌«Maljode: Descontento, disconforme, protestón.» JV. ▌«Maljode. Piante, protestón, rebelde.» Ra. |✓ no se ha podido documentar fuera de diccionarios.|

malnacido *s.* persona indeseable.

«...su antiguo oficial, aquel mal nacido...» Miguel Martín, *Iros todos a hacer puñetas.* ▌«Sois unos cobardes y unos [...] malnacidos...» Rambla, n.° 29. ▌«Uno tiene derecho en la vida a ser mal nacido, hijo de puta, pero no ingrato.» José Raúl Bedoya, *La universidad del crimen.* ▌«Aun a riesgo de parecer un malnacido tengo que reconocer que estaba deseando que estirase la pata.» C. Pérez Merinero, *El ángel triste.* ▌«Unos mal nacidos. Una mal nacida.» M. Vázquez Montalbán, *El delantero centro fue asesinado al atardecer.*

*malo cf. (afines) bodrio, caca, charro, chungo, cutre, ful, ful de estambul, mangui, mierda, ser una *patata, petardo, plástico.

malo *s.* persona que trabaja mal y con desgana.

«Malo: chapucero, ful, fulero.» MM. ▌ ◾ «Mariano es un malo arreglando electrodomésticos.»

2. el malo *s.* el enemigo, el contrincante.

«—Las necesitamos para defendernos. —¿De quién? —De los malos.» Gomaespuma, *Grandes disgustos de la historia de España.* ▌«...y le contaría un cuento maravilloso donde los buenos serían buenos y los malos serían malos...» Andreu Martín, *El señor Capone no está en casa.* ▌▪ «Para mi familia yo siempre soy el malo, el culpable de todo.»

3. el malo de la película *expr.* el culpable, el malhechor, el que sufre las culpas de otros.

«...una película de buenos y malos...» Ángel Palomino, *Todo incluido.* ▌ «Soy el malo de las películas y me apasiona el juego.» Lourdes Ortiz, *Picadura mortal.* ▌▪ «No sé cómo me las arreglo pero yo soy siempre el malo de la película, el culpable de todo.»

4. más malo que un pecado *expr.* muy malo.

«El dinero, aunque sea más malo que un pecado, ayuda a vivir.» Ignacio Aldecoa, *El fulgor y la sangre.*

*malograr cf. (afines) ▶ *estropear.*

malote *s.* mala persona.

«En el parque de la plaza, mal iluminada por las tres farolas, tres malotes sentados en un banco.» José Ángel Mañas, *Mensaka.*

malparido *s.* persona indeseable.

«Ya lo sé, que son unos malparidos...» Juan Marsé, *La oscura historia de la prima Montse.* ▌ «¡Sois unos malparidos, cago en vuestras madres!» Eduardo Mendoza, *La verdad sobre el caso Savolta.*

malqueda *s.* persona informal.

«...el malqueda ese no le iba a llamar ni diez minutos, ni tres días después.» Ernesto Parra, *Soy un extraño para ti.* ▐ DRAE: «com. fam. Persona que no cumple sus promesas o falta a su deber».▐

maltrabaja *s.* holgazán, perezoso.

«Maltrabaja: holgazán.» MM. ▌ «El Jurado contestaba con displicencia. Largo de allí, maltrabaja.» Vicente Blasco Ibáñez, *Cañas y barro*, RAE. ▐ DRAE: «com. fam. Persona haragana, perezosa».▐

malvaloca *s.* homosexual.

«...le dije al inglés que iba a avisar a la policía, no veas al malvaloca, se puso histérica...» Ramón Ayerra, *Los ratones colorados.*

malvas, criar malvas *expr.* muerto y enterrado.

«...si se descuida un poco llega tarde y con su biógrafo ya cadáver y criando malvas en el otro mundo...» C. J. Cela, *Mazurca para dos muertos.* ▌ «Si nos hubiese intereseao pelarlo, ya hace tiempo que estaría criando malvas.» El Jueves, 21-28 enero, 1998. ▌ «...el otro palmará cuando Dios quiera, estilo guerra civil. Pero los dos, ¡a criar malvas...!» A. Zamora Vicente, ABC, 17.5.98. ▌ «En 1981 la Abuela estará criando malvas como tu padre...» Andrés Berlanga, *La gaznápira.* ▌ «En vuestro argot [...] unas veces decís *palmar*; otras, *diñar*; otras, *cascar* y aún empleáis circunloquios como *poner el pijama de madera* o *criar malvas...*» Rafael García Serrano, *Diccionario para un macuto.* ▌ «...desde que nuestra querida Conchita se fue a criar malvas.» C. Pérez Merinero, *El ángel triste.* ▌ «Pronto criará malvas.» Juan Marsé, *Si te dicen que caí.* ▌ «...si dentro de tres días ese tío no está criando malvas, puede venir a arrancarme la cabeza.» Andreu Martín, *El señor Capone no está en casa.* ▌ «Que pase el acusado, ordenará el señor juez. No es posible, señoría. En este momento se encuentra muy ocupado criando malvas.» Jaime Campmany, ABC, 19.3.99.

mamachocho *s.* niño enmadrado.

«Mamachocho, llaman al niño enmadrado» IND.

mamada *s.* felación.

«Después de la mamada, todo se disolvió para Ortega en besos infantiles...» Álvaro Pombo, *Los delitos insignificantes.* ▌ «...dentro de lo que se puede hacer, es la mamada, o que me la metas por el culo...» Ramón Ayerra, *Los ratones colorados.* ▌ «El programa de TV española sólo conseguirá mi solidaridad el día que aconseje un buen polvo, mamada y cunnilinguo...» El Jueves, n.° 1079. ▌ «¿Qué prefieres, un trabajo de tetas o una mamada?» Vanessa Davies, *Un premio inesperado.* ▌ «No sé a qué viene esto de pedirles disculpas a los negros si la que hacía las mamadas era una blanca.» El Jueves, 8-14 abril, 1998. ▌ «Si vas a Calatayud / pregunta por Mari Clara / que es igual que la Dolores / y te hace una mamada.» Amelia

Díe y Jos Martín, *Antología popular obscena.* ▌ «Chico, te estás poniendo pesado. Querías una mamada y la has tenido, ¿no?» Rambla, n.° 24. ▌ «Mientras tanto la chica va deprisa pensando que con dos o tres mamadas tendrá suficiente.» Juan Madrid, *Crónicas del Madrid oscuro.*

2. hacer una mamada *expr.* practicar una felación.

«Lo mejor es ir de putas a Tarragona, tú, y que te hagan una buena mamada.» Luis Goytisolo, *Recuento,* citado por CJC, DE. ▌ «Si vas a Calatayud / pregunta por Mari Clara / que es igual que la Dolores / y te hace una mamada.» Amelia Díe y Jos Martín, *Antología popular obscena.* ▌ «...y aquí hay un testigo que me he hecho la mamada...» Ambrosio de la Carabina, *Don Juan notorio.* ▌ «Si me hace usted una mamada le doy veinte duros, señora.» DCB.

mamado *adj. y s.* fácil.

«Estar mamado. Ser fácil de resolver.» S. ▌ «Mama(d)o. Fácil, sencillo.» VL. ▌ «Mamado: fácil, sencillo.» JMO. ▌◼ «Yo creo que lo puedes hacer. Es muy fácil; está mamao.» ✓ no se ha podido documentar fuera de diccionarios.▌

2. ebrio.

«¿Dormido aún? ¿O un poco mamao?» José María Carrascal, *Mientras tenga mis piernas.* ▌ «Los extranjeros se pasan el día mamados...» F. Vizcaíno Casas, *Hijos de papá.* ▌ «Mamao. Borracho.» LB. ▌ «Esta noche me emborracho bien, me mamo bien mamao, pa no pensar...» Letra de tango. ▌ «...se había personado en aquella plaza bien mamado y alborotando mucho.» Ramón Ayerra, *La lucha inútil,* 1984, RAE-CREA. ▌✓ para el DRAE es *vulgar.*▌

mamador *s.* persona que hace felación, sexo oral.

«Búsquenle los mamadores / cérquenle los pajilleros.» Ambrosio de la Carabina, *Don Juan notorio.*

mamar *v.* beber alcohol, embriagarse.

«Beber vino o licores. Ese se ha ido de este mundo bien mamau (aludiendo a un bebedor empedernido).» J. M.ª Iribarren, *Voc. navarro,* RAE. ▌ «Emborracharse, beber al-

cohol sin medida.» Muñoz Reyes, *Bolivianismos,* RAE. ▌ «Mamarse. Emborracharse.» Guarnieri, *Dicc. Rioplatense,* RAE. ▌ «...cuando no estás en el bar mamando, que dónde te metes. —En la castaña de su tía.» Juan Marsé, *Si te dicen que caí.* ▌◼ «Se ha mamao toda la botella de un trago.»

2. hacer felación, sexo oral.

«...se vino a una de estas calles a mamársela al hijoputa...» Javier Marías, *Mañana en la batalla piensa en mí.* ▌ «Mientras ella me la mama recuerdo una canción que cantábamos los chavales...» C. Pérez Merinero, *Días de guardar.* ▌ «Mámale el glande [...] mámaselo...» C. Ducón, *El hotel de las orgías.* ▌ «Hacer el acto sexual con la boca.» RAE. ▌ «Le gustaría llevar un cartel colgado del pecho que pusiera: No tengáis miedo, tíos, yo la mamo.» Juan Madrid, *Crónicas del Madrid oscuro.* ▌ «...te voy a partir la boca y aquí te quedas y vete a Parla a mamarla.» Jaime Romo, *Un cubo lleno de cangrejos.* ▌ «Lo que no cuenta el muy bocazas es los polvos que le echaba a la Raquel, cómo se la mamaba ella, [...] qué tal estaba en pelota viva.» C. Pérez Merinero, *Días de guardar.* ▌✓ para María Moliner *mamarla* es *dejarse engañar.* Para el DRAE: «mamarse a uno. 1. fr. fig. y fam. Vencerlo, aturrullarlo; engañarlo duramente». Aconsejo discreción, con los debidos respetos.▌

mamarracho *s.* persona poco seria o digna de respeto.

«¡Pues vete a restablecer lo que quieras a la puta calle, mamarracho!» Eduardo Mendoza, *La verdad sobre el caso Savolta.* ▌ «Vaya mamarracho.» C. Pérez Merinero, *Días de guardar.* ▌ «Lo mismo puede decirse de las terminadas en acho [...] mamarracho...» Ángel Palomino, *Insultos, cortes e impertinencias.*

mamas *s. pl.* pechos.

«...una mujer con barbas llorando leche por las mamas...» Eliseo Alberto, *La eternidad por fin comienza,* 1992, RAE-CREA. ▌ «...apropiado para ocultar las prominentes mamas, colgantes como higos...» Ednodio Quintero, *La danza del jaguar,* 1991, RAE-CREA. ▌✓ DRAE: «Anat. Teta de los mamíferos».▌

mamellas *s. pl.* pechos.

«Del catalán mamella. Teta.» DE. ▌«Mamellas: pechos, senos, tetas.» JV. ▌«Mamellas: pechos femeninos.» JMO. ▌«Mamellas. Tetas.» VL. ▌ «Mamella. Teta, seno.» Ra. ▌ «Mamellas. Pechos de mujer.» S. ▌ «Es una borde. No me dejó ni que le acariciase las mamellas.» DCB. ▌ «Mamella. Pecho de mujer.» IND. ▌ «10.52 pechos: [...] limones, mamellas, mostrador, pitones...» DTE. ▐✓ no se ha podido documentar fuera de diccionarios.▌

mamerto *s.* bobo, necio, torpe.

«Que nos saque las castañas del fuego el mamerto aquel, ¿no?» JM. ▌«Mamerto. Estúpido.» S. ▌ «Mamerto. Tonto, estúpido.» VL. ▌ «Mamerto: tonto, bobo.» JMO. ▌ «El nuevo jefe es un mamerto de mucho cuidado. Veremos qué estropicio organiza en el departamento.» DCB. ▐✓ no se ha podido documentar fuera de diccionarios.▌

mamón *s.* persona indeseable.

«Anda, vete por ahí a que te dé el aire, mamón.» C. J. Cela, *Mazurca para dos muertos.* ▌ «...entonces tome el metro y no venga jodiendo, ¿eh, mamón?» P. Antilogus, J. L. Festjens, *Anti-guía de los conductores.* ▌«Hasta que el mamón de Paco el Preso gimió desgarradamente...» Miguel Martín, *Iros todos a hacer puñetas.* ▌ «Hasta que te mueras tú, mamón.» Miguel Martín, *Iros todos a hacer puñetas.* ▌▪▪ «No seas tan mamón y maljode y ayúdanos a empujar el coche.»

2. persona que hace felaciones.

«...qué suerte encontrarla, y con su risa plena de mamona...» Juan Marsé, *Si te dicen que caí,* citado en DE. ▌ «¡Mamona de pollas, chocho insaciable, pendón asqueroso!» Vanessa Davies, *Un premio inesperado.* ▪▪ «El director es un mamón que se la chupa al secretario y al portero.»

mamonazo *adj. y s.* insulto.

«¡Mamonazoooo, no me dejes aquí tirao! ¡Vuelve!» El Jueves, 6-12 octubre, 1993.

2. *s.* persona indeseable.

«Los aumentativos suelen tener buena fortuna en nuestra lengua: cabrón, mamonazo, putón, mujerona, reinona...» Francisco Umbral, *La derechona.* ▌ «Los que le adelan-

tan (unos mamonazos).» P. Antilogus, J. L. Festjens, *Anti-guía de los conductores.* ▌ «¡Mamonazooo, no me dejes aquí tirao! ¡Vuelve!» El Jueves, 6-12 octubre, 1993. ▌ «Con harto dolor de mi corazón, como diría algún mamonazo de esos que se dedica a escribir novelas...» C. Pérez Merinero, *Días de guardar.*

mamoncete *s.* bebé.

«...abandonó su mamoncete en los brazos de una pareja de novios...» Félix Huerta Tejadas, ABC, 14.11.57, RAE. ▌ «Es tan ruda la molestia de llevar a un mamoncete, que no vale la pena...» W. Fernández Flórez, *La nube enjaulada.* ▌ «Los mamoncetes tienen todos la misma pinta y puede uno confundirlos fácilmente.» C. Pérez Merinero, *Días de guardar.*

mamporrero *s.* necio, bobo; homosexual.

«Marcos Lacla, secretario / recién cambiado de acera, / municipal mamporrero, verá pronto el arca llena.» Jose-Vicente Torrente, *Los sucesos de Santolaria.* ▌ «...de mamporrero de esa rata de Elósegui.» Juan Madrid, *Un beso de amigo.* ▌ «Mamporrero: inútil, tonto [...] homosexual.» JMO. ▌«Fue mamporrero de un ex ministro y...» C. Pérez Merinero, *La mano armada.*

mamporro *s.* golpe con la mano.

«Si no llega a ser cura y además es amigo mío, le doy un par de buenos mamporros.» Gutiérrez Gamero, *Mis primeros ochenta años,* RAE. ▌ «Si es que me ha soltao un mamporro totalmente aquí...» R. Pérez de Ayala, *Troteras,* RAE. ▐✓ DRAE: «m. fam. Golpe, coscorrón, puñetazo».▌

manazas *s.* torpe en quehaceres manuales.

«...y era un manazas, seguro que no sabía malear el hierro al rojo vivo.» Andrés Berlanga, *La gaznápira.* ▌ «Hay mucho manazas por ahí suelto...» Lourdes Ortiz, *Picadura mortal.* ▌ «Los ineptos [...] tampoco están muy bien considerados [...] torpón [...] patoso [...] manazas [...] desastre [...] negao [...] más inútil que la polla del Papa...» AI. ▌ «...es usted una manazas, me ha podido matar.» C. Rico-Godoy, *Cuernos de mujer.* ▌

«Estás poco centrada y bastante manazas.» Ragazza, agosto, 1997. |✔ DRAE: «com. vulg. Torpe de manos, desmañado. *Ser un manazas*».|

mancebía *s.* prostíbulo.

«Las paredes de estas mancebías están muy maltratadas...» José Gutiérrez-Solana, *Madrid callejero, Obra literaria, II.* |✔ DRAE: «f. Casa de prostitución».|

***manchas en ropa interior** cf. (afines) ▶ *suciedad, suciedad en ropa interior.*

manco, no ser manco *expr.* ser experto, avispado.

«Por supuesto que ellos no son mancos e intentan sobrevivir manejando la navaja o empuñando la pipa o la recortada...» José Luis Martín Vigil, *Los niños bandidos.* ❙ «...no hay quien le quite la pelota [...] pero en esto de hacerla tú no eres manco...» Miguel Martín, *Iros todos a hacer puñetas.*

mandado *s.* pene.

«Entonces Roque se desabrocha la bragueta y deja en libertad un mandado que le cae [...] hasta la rodilla.» C. J. Cela, *Mazurca para dos muertos.* ❙ «Lo digo sin doble intención: el mandado de Clinton ya no puede dar más de sí.» Carmen Rigalt, El Mundo, 31.1.98.

2. recadero.

«...delega en algún adjunto (léase mandao) del departamento...» R. Gómez de Parada, *La universidad me mata.* ❙ «Pero la presencia múltiple de Felipe resulta perfectamente comprobable [...] en las testificaciones de los mandados...» Jaime Campmany, ABC, 29.5.98. ❙ «...no era más que una enfermera chusquera y una mandada, por mucho pisto que se diese...» Eduardo Mendicutti, *El palomo cojo,* 1991, RAE-CREA. |✔ DRAE: «Persona que ejecuta una comisión por encargo ajeno».|

mandamás *s.* persona importante.

«...fue, hasta su jubilación, oficial mandamás de los juzgados marbellíes.» J. C. Villanueva, El Mundo, 9.7.99. ❙ «Son la hija y el yerno de un mandamás del Central.» M. Vázquez Montalbán, *Los alegres muchachos de Atzavara.* ❙ «Todo el rato subsistió [...] la

sensación de que Bolart era un mandamás...» Francisco Candel, *Los hombres de la mala uva.* ❙ «El otro bajó la vista, y al momento sonó el interfono con la voz del mandamás.» Fernando Martínez Laínez, *La intentona del dragón.* ❙ «...dijo el mandamás de los financieros...» Pedro Casals, *La jeringuilla.* ❙ «...cuando los mandamases se meten en la cueva...» Andrés Berlanga, *La gaznápira.* ❙ «El mandamás es el jefe irresponsable, caprichoso y audaz...» Rafael García Serrano, *Diccionario para un macuto.* ❙ «Es uno que resplandece como mandamás.» José M.ª Zabalza, *Letreros de retrete y otras zarandajas.* ❙ «...el estúpido mandamás que no se entera...» R. Montero, *Diccionario de nuevos insultos...* ❙ «...el mandamás que le dicen, el alcalde de barrio...» Juan Marsé, *Si te dicen que caí.* |✔ DRAE: «com. fam. Nombre que se da irónicamente a la persona que desempeña una función de mando».|

2. mandamases *s. pl.* los que mandan, los que tienen el poder.

«Y allí nació la rivalidad de los mandamases, que ya duraría toda la guerra.» Álvaro de Laiglesia, *Hijos de Pu.* ❙ «...y eso siempre molesta a esos mandamases que creen acaparar todo el poder.» José Luis Martín Vigil, *Los niños bandidos.* ❙■❚ «Los mandamases han decidido que este mes tenemos que trabajar ocho horas más.»

mandanga *s.* hachís.

«el *costo,* el chocolate o *tate,* la *mandanga* o el *fumo* designan el hachís...» Fernando Lázaro Carreter, *El dardo en la palabra.* ❙ «Si les enseñas el pico o el trago, serán las más picotas y las más curdelas... Por eso yo nunca dejaba a las mías que privaran ni se acercaran a la mandanga.» Andreu Martín, *Lo que más quieras.*

2. pene.

«...te dan ganas de olvidarte de que es lunes y de que la tienes un poco floja y de ponerte sobre ella y tirar de vareta. Se iba a despertar con toda la mandanga dentro...» C. Pérez Merinero, *Días de guardar.*

mandar a freír monas ▶ *freír, mandar a freír monas.*

mandarria *s.* pene.

«...gustaba de cortejar a su dama con la mandarria fuera de la bragueta...» Ramón Ayerra, *Los ratones colorados.*

mande *excl.* sí, dígame, repita.

«Florencio pertenece a esta vieja escuela que cuando les llaman, contestan: Mande.» A. Matías Guiu, *Cómo engañar a Hacienda.* ▌«¿Mande? Digo que si usted cree que su óbito, o sea su defunción...» C. J. Cela, ABC, 13.9.98. ▌«Uno de los campesinos lo miró parpadeando, sin comprender. —¿Mande? —dijo.» Andreu Martín, *El señor Capone no está en casa.*

mandíbula batiente *expr.* a carcajadas.

«...le decía a mandíbula batiente y como descoyuntándose.» Fernando Repiso, *El incompetente.*

mando *s.* mando a distancia del televisor.

«El dominio verdadero de la televisión llegó con el mando...» Virtudes, *Rimel y castigo.* ▌■ «En mi familia el que se apodera del mando cambia los canales de la tele cada dos minutos.»

mandria *s.* haragán, perezoso.

«Cállate, so mandria...» Ignacio Aldecoa, *El fulgor y la sangre.* ✓ para Luis Besses es *cobarde.* Se equivoca el DRAE cuando dice: «Ar. Holgazán, vago. Ú. t. c. s.».▌

manduca *s.* comida.

«Así que mi sobrino se fue a un colmado de la avenida no sé cuántos, que reciben manduca española...» Terenci Moix, *Garras de astracán.* ▌«...escondían rápidamente la manduca [...] debían temer que yo se la fuera a quitar.» A. Zamora Vicente, *Historias de viva voz.* ▌«O vienes a las dos o no hay manduca.» Juan Madrid, *Las apariencias no engañan.* ▌«Hay otros parroquianos afanados en la charla y en la manduca.» Manuel Hidalgo, El Mundo, 2.1.99.

manducamiento *s.* comida.

«...eso se llama disimulo para agenciarse un buen manducamiento...» A. Zamora Vicente, *Mesa, sobremesa.*

manducancia *s.* comida.

«Manducancia: dícese del sustento diario del hombre.» IND.

manducar *v.* comer.

«Así no tendremos más que echar el arroz y, hala, a manducar.» A. Zamora Vicente, *Historias de viva voz.* ▌«Se había manducado él solo unas cuantas raciones de jamón...» C. Pérez Merinero, *La mano armada.* ▌■ «Me paso el día manducando de todo. A este paso voy a engordar.» ✓ DRAE: «intr. fam. comer, tomar alimento. 2. tr. fam. comer determinado alimento».▌

manducatorio *adj.* y *s.* acción de comer.

«...repartía sendas tajadas entre los oficiales de aquella fiesta, los cuales, después de enviarlas al buche, previas ligeras ceremonias manducatorias...» G. Gamacho, *Lex. Maldonado,* RAE. ▌«...asimilación por vía manducatoria.» R. Pérez de Ayala, ABC, 25.6.59.

manduquela ▶ *manduca.*

manflorita *s.* homosexual.

«...como *marica* (y sus aumentativos), *sarasa* o *manflorita*...» Fernando Lázaro Carreter, *El dardo en la palabra.* ▌«¿Qué son? —preguntó Fermín a un hombre. ¿Son ladrones? —No, son manfloritas.» Pío Baroja, *La selva oscura,* RAE. ▌«Manflorita. Hombre afeminado, cobarde y débil» Guarnieri, *Habla del boliche,* RAE. ▌«...yo mismo me apostrofé por ser un manflorita tan redomado...» C. Pérez Merinero, *La mano armada.* ▌«Manflorita: homosexual.» JMO. ✓ ▶ también *monflorita.* DRAE: «adj. p. us. Dícese del hombre afeminado. Ú. m. c. s.».▌

manga, hacer un corte de manga(s) *expr.* gesto ofensivo con el dedo índice al tiempo que se golpea ese brazo con la otra mano.

«Y lo normal es que los cuarenta intelectuales de marras le hagan un corte de mangas a Josep Borrell.» Jaime Campmany, ABC, 6.9.98. ▌«...había interpuesto denuncia ante el Consejo General del Poder Judicial contra un juez por darme un corte de mangas, dejando el puño cerrado, menos el dedo corazón, y todo ello lo hizo mirando al público.» F. Vizcaíno Casas, *Historias puñeteras.* ▌«Pero ella le hizo corte de mangas a la opinión pública.» Terenci Moix, *Garras de astracán.* ▌«Esto, si las cosas iban bien, que, si no, un buen corte de mangas que le hacía.» A. Zamora Vicente, *Historias de viva voz.* I «Susana, sin pensárselo dos veces, le hizo un corte de mangas a la contestación...» Felipe Navarro (Yale), *Los machistas.* I «¡Y con dos cojones le dio un corte de mangas!» Luis Camacho, *La cloaca.* I «...él contesta haciéndole un corte de manga y llamándole cabrón.» José Gutiérrez-Solana, *Madrid callejero, Obra literaria, II.* I «Setién se ha encargado de dedicarles continuos y permanentes cortes de mangas.» A. Ussía, ABC, 13.12.98. I «Nos hicieron un corte de mangas y se fueron...» Eduardo Mendoza, *La verdad sobre el caso Savolta.* |✓| Iribarren, en su *El porqué de los dichos*, dice que la expresión *hacer la peseta* significa *burlarse, levantando el dedo de en medio y cerrando los demás.*|

2. manga por hombro *expr.* en desorden.

«...aun cuando tuvieran la guarida manga por hombro...» María Antonia Valls, *Tres relatos de diario.* I «Creo que España anda manga por hombro, debido a lo poco y lo mal que se folla.» Francisco Umbral, El Mundo, 12.2.99. ✓ DRAE: «andar manga por hombro. 1. fr. fig. y fam. Estar algo en gran abandono y desorden».|

3. sacarse algo de la manga *expr.* inventarse algo.

«Y se sacó de la manga que [...] era preferible hacer los entrenamientos también por la tarde.» Matías Prats *et al., Guía erótica del fútbol.*

4. ser más corto que la manga de un chaleco *expr.* tímido, apocado.

«No creo que Víctor venga a la fiesta porque es más corto que la manga de un chaleco.» DF.

mangancia *s.* acción de mangar, gorronear; robar.

«...han sido muchos años de cacicazgo y de mangancia...» A. Zamora Vicente, *Mesa, sobremesa.* I «...sólo hallo divagación, racaneo y mangancia...» Ramón Ayerra, *La lucha inútil,* 1984, RAE-CREA.

mangani *s.* desgraciado, persona de poca importancia.

«Quitando el accidente de las muertes de Paquito y Raquel —dos manganis que se

guro que no valía la pena que siguieran viviendo; en el fondo les he hecho un favor...» C. Pérez Merinero, *Días de guardar.*

mangante *s.* chupóptero, sablista, gorrón.

«...sin saber cómo ni por qué, siempre acaba enamorándose de los más mangantes.» Eduardo Mendoza, *Sin noticias de Gurb.* I «¿Profeta? Tú lo que eres es un mangante, un chorizo.» Juan Madrid, *Cuentas pendientes.* I «...un detective nipón sacude estopa, él solo, a cuatro mangantes...» Ángel Palomino, *Todo incluido.* I ■ «Mi yerno es una mangante que está siempre pidiéndome dinero.»

mangar *v.* robar.

«...meten el palo al pobrecito que ha mangado a lo mejor 30 000 pesetas...» El Banquillo, 28.1.98. I «Si sois muy glotones y estáis muy desesperados siempre podéis mangarle la comida al perro...» Mala impresión, revista de humor con caspa, n.° 1. I «Hacíamos pellas para beber calimocho y fumarnos los primeros porros. Yo mangaba de la caja.» Cristina Pérez Schlichting, ABC, 19.4.98. I «Tenga: lo he mangado de una obra...» Miguel Martín, *Iros todos a hacer puñetas.* I «...aprovecha algún despiste del hermano para mangarle el jersey nuevo.» Gomaespuma, *Familia no hay más que una.* I «Luego camino hasta donde tengo aparcado el coche. Anda que si me lo han mangado...» C. Pérez Merinero, *Días de guardar.*

2. gorronear.

«¡Buen tinglado se han mangado sus paisanos con lo de la iglesia!» Andrés Berlanga, *La gaznápira.* I «...decidió uno lanzarse a mangar...» J. Giménez-Arnau, *Cómo forrarse y flipar con la gente guapa.* I ■ «Pedro manga de todo, especialmente tabaco y vino.»

mango *s.* pene.

«...no es más que un jodío negro. [...] Sí, pero creo que esta gente tiene un mango que asusta.» Miguel Martín, *Iros todos a hacer puñetas.*

mangoneo *s.* corrupción, enchufismo, estafa.

«...a usted le va el mangoneo, y su caldo de cultivo es el descontrol.» J. Giménez-Arnau, *Cómo forrarse y flipar con la gente guapa.* ✓ para el DRAE es «m. fam. Acción y efecto de mangonear o entremeterse».|

manguera *s.* pene.

«Imagínate lo que hubiera podido prosperar, en cualquier parte del mundo, tanto el prepotente poseedor de la manguera como su eficaz *partenaire*.» DE. ▌ «...maravillado por la cantidad y la intensidad que fluyó el maná de la manguera.» C. Pérez Merinero, *La mano armada.*

mangui *adj.* falso, malo.

«Mangui: afirmaciones peculiares...» Alicia Misrahi, Qué leer, junio, 1998. ▌ «Mangui: malo, que carece de valor o calidad; falso, no auténtico.» VL.

2. *s.* mendigo.

«Los padres del rifo cobraban un fijo o comisión sobre la recaudación del mangui.» Manuel Giménez, *Antología del timo.* ▌ «El mangui que murió de sida enamorado de Maribel Verdú en la última película de Ricardo Franco.» Elena Pita, El Mundo, 1.8.98. ▌ «Mangui: pedigüeño, ladrón.» Manuel Giménez, *Antología del timo.* ▌ «¿Me afeito? Así parezco un mangui.» Eleuterio Sánchez, *Camina o revienta.* ▌ «...con peligro de ser tachado de vulgar mangui.» J. Giménez-Arnau, *Cómo forrarse y flipar con la gente guapa.*

manguillón *s.* ladrón.

«...en España queda muy cantoso un socialista manguillón.» Francisco Umbral, *La derechona.*

manguitos *s. pl.* esposas, grilletes.

«Manguitos: grilletes.» JGR. ▌ «Manguito. Esposas.» S. ▌ «Manguito. Grilletes, esposas.» Ra. ▌ «Manguitos: esposas, grilletes.» JMO. ▌ ▪ «Lo primero que han hecho los monos al detenerme es ponerme los manguitos.»

manguta *s.* desgraciado, maleante.

«¡No me asustas, manguta de mierda!» Mariano Sánchez, *Carne fresca.* ▌ «Y, de repente, volvió a cavilar como un manguta...» M. Sánchez Soler, *Festín de tiburones.* ▌ «No me cabrea ser manguta...» Mariano Sánchez, *La sonrisa del muerto.*

mani *s.* manifestación.

«La mani espontanea tiene detrás un montaje ideológico, social, una dinámica de lucha de clases y un fondo antiguo y revolucionario...» Francisco Umbral, El Mundo, 7.3.98. ▌ «Uno considera que la larga caída de Felipe González comenzó con la primera huelga general que le montó el proletariat, acompañada de monumental mani.» Francisco Umbral, El Mundo, 3.7.98. ▌ «Otros, en cambio, pensaban, id a las manis, pobres bolcheviques.» Luis Portonovo, A las barricadas, 1-7 junio, 1998.

manido *adj.* viejo, pasado, anticuado, muy sabido.

«...que no hicieron sino canturrear manidos estribillos...» Miguel de Unamuno, *Andanzas y visiones de España,* RAE. ▌ «...y cuán lejos estamos con ellas del manido silogismo...» Antonio Machado, *Juan Mairena,* RAE. ▌ «...Una excusa muy manida.» Carmen Rigalt, El Mundo, 21.8.99. ▌ «Esa es una historia muy manida y llevada y traída, tío.» DCB. ✓ DRAE: «Dícese de asuntos o temas muy trillados».|

manifa *s.* manifestación.

«...le partieron la cara en el Transfer de Manhattan, en una manifa...» Ira Mix, A las barricadas, 22-28 junio, 1998.

manitas *s.* que hace reparaciones y arreglos con facilidad.

«El manitas es un espécimen característico de estos colectivos...» Ladislao de Arriba, *Cómo sobrevivir en un chalé adosado.* ▌ «El padre es un manitas y está todo el día arreglando cosas en la casa.» Gomaespuma, *Familia no hay más que una.* ▌ «...algunos manitas se lo preparan ellos.» Fernando Martín, *Cómo aprobar todo sin dar ni chapa.*

2. hacer manitas *expr.* acariciarse las manos una pareja.

«Leo, en cambio que don Jordi Pujol, después de hacer manitas con el Presidente Aznar en la Moncloa...» Lorenzo López Sancho, ABC, 17.4.98. ▌ «Van a pensar que hacemos manitas.» Cristóbal Zaragoza, *Y Dios en la última playa.*

manivela s. pene.

«...la de pajas que me hice en mi tierra, algunos días hasta me dolía la muñeca de tanto darle a la manivela...» Ramón Ayerra, *Los ratones colorados.*

*mano cf. (afines) basto, datilera, garra, loma, manopla, pezuña, zarpa.

*mano, estrechar la mano cf. (afines) chocar esos cinco, chocar la pala, chocarla.

mano, a manos llenas *expr.* gran cantidad, mucho.

«...según él cuenta, ha tirado el dinero a manos llenas con las mujeres, el vino y el juego...» José Gutiérrez-Solana, *Madrid callejero, Obra literaria, II.* ▌«Ha recibido en herencia muchos millones, pero como gasta el dinero a manos llenas, en poco tiempo se va a quedar sin nada.» FV.

2. con las manos en la masa *expr.* en el momento de perpetrar una mala acción o crimen.

«...y eso pasa o bien por cogerle con las manos en la masa...» M. Vázquez Montalbán, *El delantero centro fue asesinado al atardecer.* ▌«...antes de que nos demos una leche y me trinquen [...] con las manos en la masa.» C. Pérez Merinero, *Días de guardar.* ▌«Lo cogieron con las manos en la masa, conduciendo el coche robado.» DCB. ▌«Lo colocaron con las manos en la masa...» Extremoduro, CD, 1997: *Iros todos a tomar por culo, Pepe Botika.*

3. dejado de la mano de Dios ▶ *dios, dejado de la mano de Dios.*

4. echar una mano *expr.* ayudar.

«...en cualquier momento te echaba una mano.» Juan Madrid, *Flores, el gitano.* ▌«No puedo hacerlo. ¿Me echas una mano, por favor?» DF. ▌«Te echaremos una mano en lo que precises...» Fernando Martínez Laínez, *Bala perdida.* ▌«Has venido por tu propio pie para charlar un rato y echar una mano.» Andreu Martín, *Prótesis.*

5. echarse (llevarse) las manos a la cabeza *expr.* sorprenderse, escandalizarse.

«Primero se echaron las manos a la cabeza porque no se lo podían creer.» You, enero, 1998.

6. estar con una mano delante y otra detrás *expr.* sin dinero, pobre.

«...ignoran si cuando acabe el chollo les van a dejar con una mano delante y otra atrás...» A. Matías Guiu, *Cómo engañar a Hacienda.* ▌«Desde que perdió el empleo que está con una mano detrás y otra delante.» DF. ▌«Seguro que salgo de aquí con una mano atrás y otra delante.» Eduardo Mendoza, *Sin noticias de Gurb.* ✔ también *con una mano detrás y otra delante.*▌

7. hacerse una mano *expr.* masturbarse.

« Me tendré que hacer una mano otra vez porque la parienta no quiere joder.» CO, Fermín Rodríguez. ✔ probablemente de *manola.*▌

8. írsele la mano a uno *expr.* excederse.

«Al Chimbo se le ha ido la mano...» Fernando Martínez Laínez, *Bala perdida.*

9. ¡las manos quietas! *expr.* no tocar.

«Bailemos todo lo que quieras, Paco, pero las manos quietas.» DCB. ✔ también *¡quietas las manos, que las manos van al pan!*▌

10. llegar a las manos *expr.* confrontación física, pelea, pegarse.

«Pero cuando estaban a punto de llegar a las manos...» A. Sopeña Monsalve, *El florido pensil.*

11. llevar (traer) entre manos *expr.* estar ocupado con algún asunto, negocio.

«...confió enseguida en él y le explicó lo que se traían entre manos.» Fernando Martínez Laínez, *Bala perdida.*

12. mano larga *expr.* ser propenso a golpear.

«Que tienes la mano muy larga tú...» Miguel Martín, *Iros todos a hacer puñetas.* ▌«El profesor de inglés tiene la mano larga.» DF. ✔ ▶ *tener las manos largas.*▌

13. mano sobre mano *expr.* ocioso.

«Me parece absurdo, mira, que te pases las horas mano sobre mano sabiendo muy bien...» Juan Marsé, *Últimas tardes con Teresa.*

14. manos a la obra ▶ *poner manos a la obra.*

15. meter mano *expr.* tocar, sobar, magrear.

«...bailan a los acordes de un gramófono de maleta y se meten mano sin mayor recato.» C. J. Cela, *Viaje al Pirineo de Lérida.* ▌ «...los chicos han empezado a meter mano a las chicas...» Miguel Martín, *Iros todos a hacer puñetas.* ▌ «...un concejal ha intentado aprovecharse [...] que se vaya a meterle mano a su señora...» Ángel Palomino, *Madrid, costa Fleming.* ▌ «...lo que motivó que Fabián se dirigiera a la chacha monísima [...] y aprovechase la ocasión para meterle mano...» F. Vizcaíno Casas, *Hijos de papá.* ▌ «A su edad, en su estado de salud, y con una enfermera poderosa a la que metía mano...» Pgarcía, *El método Flower.* ▌ «El chulo está con su novia, muy arrimado, metiéndola mano...» José Gutiérrez-Solana, *Madrid, escenas y costumbres, Obra literaria, I.*

16. poner la mano en el fuego ▶ *fuego, poner la mano en el fuego.*

17. poner la mano encima *expr.* tocar, pegar.

«Sí, sólo he conocido a un hombre; sólo uno me ha puesto la mano encima.» P. Perdomo Azopardo, *La vida golfa de don Quijote y Sancho.*

18. poner manos a la obra *expr.* comenzar una tarea, afanarse.

«Paciencia, pongamos manos a la obra.» Cómic Zona 84, n.° 3. ▌ «Así que pusimos manos a la obra...» José Luis Martín Vigil, *Los niños bandidos.* ▌ «Antes de ponerte manos a la obra, es preferible que tengas...» You, enero, 1998.

19. quemarle a uno el dinero en las manos *expr.* se dice del que despilfarra, malgasta el dinero.

«...existen pocos insultos para los dilapidadores manirroto, derrochador, despilfarrador, tener un agujero en la mano, quemarle el dinero en las manos...» AI.

20. saber (conocer) como la palma de la mano *expr.* saber (conocer) muy bien.

«Conoce como la palma de la mano el cuartel...» M. Ángel García, *La mili que te parió.*

21. tener las manos largas *expr.* ser proclive a golpear con facilidad.

«Propensión a golpear, particularmente a los niños.» MM. ▌▪▪ «No te acerques a ese grandullón porque el tío tiene las manos largas y te arrea seguro.» ☑ ▶ *mano, mano larga.*▌

22. tener mano *expr.* tener influencia.

«El cubano tiene mucha mano, tiene mano con la pasma y tiene mano con todo el mundo.» Juan Madrid, *Las apariencias no engañan.* ▌ «¿Tienes mano con los forenses?» Luis Camacho, *La cloaca.*

23. tener un agujero en la mano *expr.* ser derrochador.

«...existen pocos insultos para los dilapidadores manirroto, derrochador, despilfarrador, tener un agujero en la mano, quemarle el dinero en las manos...» AI.

manojo, ser (estar hecho) un manojo de nervios *expr.* muy nervioso.

«El afortunado, la noche del 22 de abril, estará hecho un manojo de nervios...» El Mundo, 20.11.96. ▌ «Ser uno un manojo de nervios. Ser muy nervioso y fácilmente irritable.» DRAE. ▌▪▪ «Ha ido al aeropuerto a esperar a su novia dos horas antes porque estaba hecho un manojo de nervios.»

manola, hacerse una manola *expr.* masturbarse.

«Hazte una manola, Pepe, que no tengo ganas. Bueno, ahora vuelvo...» El Jueves, n.° 1083. ▌ «Manola, masturbación.» VL. ▌ «Yo, antes de entrar, siempre dejo bien sentado que no me gusta hacer el *acto* porque lo encuentro antihigiénico y muchos se conforman con una manola.» Interviú, núm. 97, 23-29 marzo, 78. RAE. ▌ «Luego bajaba una pezuña y te hacía una manola de las de ver la osa mayor y toda la hostia.» C. Pérez Merinero, *Días de guardar.* ▌ «No te hagas manolas delante de los niños, Juan.» DCB.

manolo ▶ *manuel.*

manolo *s.* el sol.

«Llevamos unos días que el manolo aprieta de firme [...] Al borde de diciembre, o sea en invierno, y las cabras de manga corta por la calle...» Miguel Delibes, *Diario de un emigrante,* RAE. ▌ «Manolo: el sol.» JMO.

manopla *s.* mano.

«...levantó sus manoplas de mi gaita...» C. Pérez Merinero, *La mano armada.*

manosearse *v.* masturbarse.

«Yo estaba aturdido oyéndole decir aquellas cosas a mí, a un pobre viudo reciente y deprimido. ¿Te manoseas? —me preguntó de improviso.» Chumy Chúmez, *Por fin un hombre honrado.*

manso *s.* cobarde, miedoso.

«Hay variantes eufemísticas de los insultos para la cobardía, que se forman a partir de la imagen negativa de la tranquilidad... cachazas, cachazudo, [...] manso,» AI.

2. hombre cuya mujer es infiel.

«Déjalas estar, sobre todo si tienen amo aunque se trate de un manso idiota.» Cristóbal Zaragoza, *Y Dios en la última playa.*

manta *s.* persona inútil.

«A pesar de que el niño es más bien un manta sigue esperanzado en que poco a poco se haga jugador...» Gomaespuma, *Familia no hay más que una.* ❚ «El centro de datos no es fiable [...] Esos tíos son unos mantas.» Juan Madrid, *Flores, el gitano.* ❚ «...empecé a considerarle a usted, por lo menos, un manta...» Fernando Repiso, *El incompetente.* ❚ ▪ «El manta de Carlos ha sido incapaz de terminar el proyecto a tiempo.»

2. *s.* haragán, vago, perezoso.

«...lo que tú quieres es pasarte la vida en la cama. ¡So manta!» Ignacio Aldecoa, *El fulgor y la sangre.* ❚ «La capacidad de trabajo es casi una virtud, por lo que la correspondiente ristra de insultos fustiga a quienes huyen de él: [...] remolón;... manta;... rompesillas;... escaqueao;... zanguango;... más vago que la chaqueta de un guardia;...; no dar golpe; [...] no pegar golpe;...» AI. ❚ ▪ «No te cases con ese manta que no da palo al agua y vivirás en la miseria.»

3. a manta *expr.* mucho, gran cantidad, en abundancia.

«Le digo que hay muchos, a manta...» A. Zamora Vicente, *Historias de viva voz.* ❚ «...porque ahí tendrán negritos para deslomar a manta...» Jaime Campmany, ABC, 14.6.98. ❚ «Hubo palos a manta...» Juan Madrid, *Un beso de amigo.* ❚ «Anda, cabrito, que todos tenéis tías a manta.» Juan Madrid, *Crónicas del Madrid oscuro.* ❚ «...por aquí debe haber polis a manta.» C. Pérez Merinero, *Días de guardar.* ❚ «...que para follar a manta no hay que ser zote, que hay que ser listo...» Ramón Ayerra, *Los ratones*

colorados. ❚ «...hoy todo será fiesta, van a caer los copetines a manta...» Ramón Ayerra, *Los ratones colorados.* ❚ ▪ «Tuvimos clientes a manta en la tienda la semana pasada.» ✓ DRAE: «Ú. en la frase fig. y fam. a manta, o a manta de Dios. loc. adv. *En abundancia. Regar a manta. Ha llovido a manta. Traen uvas a manta de Dios*».❙

4. liarse la manta a la cabeza *expr.* decidirse a actuar sin importar consecuencias.

«Llegó a tal grado el fiasco de Rosario que también se lió la manta a la cabeza y se puso unos pantalones...» P. Perdomo Azopardo, *La vida golfa de don Quijote y Sancho.* ❚ «Así pues, sumergido en esa desesperación oceánica, me lié la manta a la cabeza y por vez primera en mi vida...» Juan Marsé, *Si te dicen que caí.*

5. tirar de la manta *expr.* descubrir el secreto, dejar de cooperar.

«...si usted tira de la manta y va a la policía...» Francisco Domene, *Narrativa actual almeriense.* ❚ «Si alguien tirara de la manta y pusiera al descubierto todos los pequeños, medianos y grandes trapicheos...» Victoriano Corral, *Delitos y condenas.*

manteca *s.* dinero.

«¿Sabe usted la manteca que voy a perder, señor inspector?» Juan Madrid, *Turno de noche.* ❚ «Manejaba manteca?» Juan Madrid, *Las apariencias no engañan.* ❚ «No creas que sólo movemos color, también cassetes, tocatas, pelucos, pastillas, en fin todas chucherías que producen manteca.» Rambla, n.° 3. ❚ «...un punto fino a la hora de repartir manteca...» Ramón Ayerra, *Los ratones colorados.*

mantenida *s.* querida, mujer que vive a costa de un hombre a cambio de mantener relaciones sexuales.

«...descubrí que Vicente era el amante de Rafa, su mantenido...» M. Vázquez Montalbán, *Los alegres muchachos de Atzavara.* ❚ «...había hecho jurar a su mantenida, por la salud de sus antepasados...» Joaquín Belda, *El cojín,* citado por CJC en su DE. ❚ «Conozco a una mantenida que lo ha tratado.» Juan Marsé, *Si te dicen que caí.* ✓ ahora también se usa en masculino. El DRAE dice: «f. Mujer que vive a expensas de un hombre con el que mantiene relaciones sexuales extramatrimoniales».|

mantenido ▸ *mantenida.*

manú *s.* persona, individuo.
«¿Adónde querrá najar este manú?» Fernando Martínez Laínez, *La intentona del dragón.* ❙ «Manú, vente con nosotros a tomar unos chatos de vino, anda.» DCB. ❙ «Manú o manús. Hombre, individuo, sujeto, elemento.» VL. ❙ «Manú: hombre.» JMO. ❙ «Manús. Tipo, individuo, manuel.» Ra.

manual, hacer(se) un manual *expr.* masturbar(se).
«...y qué contraste con la activa sabiduría (manual, francés, completo) de las profesionales del placer...» Jaime Romo, *Un cubo lleno de cangrejos.* ❙ «Manuel un manual (prost.) una masturbación.» VL. ❙ «La vecina le está haciendo un manual a tu marido, en el ascensor.» DCB.

manubrio *s.* pene.
«Manubrio: pene.» JV. ❙ «...a la gente que padece de insomnio les digo que le den al manubrio. Mano de santo.» C. Pérez Merinero, *Días de guardar.* ❙ «A Jacinto le gusta sacar el manubrio delante de la gente.» DCB.

manuel *s.* hombre, tipo, individuo.
«Manuel: 1. Hombre. 2. Tratamiento cariñoso como tío, colega.» JMO. ❙ «Manuel/a. Individuo.» Ra. ❙ «Eh, señor... vea usted por donde anda —gritó un manolo.» Pedro Antonio de Alarcón, *El escándalo,* RAE. ❘✔ *manuel* o *manolo.*|

manuela, hacer(se) una manuela *expr.* masturbar(se).
«Manuela: masturbación.» JMO. ❙ «Manuela. Masturbación.» VL. ❙ «Manuela. Manopla, manola, gayola, masturbación.» Ra. ❙ «Me hago una manuela a la semana, religiosamente, los sábados.» DCB.

manzanillo *s.* recadero, mandado, subalterno.
«Ahora tengo que compartir el despacho con dos manzanillos.» CO, Luis Lorenzo Rubio. ❙ «...cuando no ejercen de manzanillos de los que acogen a su sombra protectora...» Miguel de Unamuno, *Ensayos,* RAE. ❙ «Lo cierto fue que el grupo de hombres a los cuales desde entonces se les llamó *manzanillos* y que estaba formado por los barrenderos, los tranviarios y no sé qué otras gentes comandadas por varios jefes...» Jaranillo Arango, *Mem. Simoncito,* RAE.
2. político sin escrúpulos.
«Manzanillo. Político sin escrúpulos, que mira sólo al lucro personal.» R. Restrepo, *Apuntaciones,* RAE. ❙ «Si Dios no lo remedia, los politicastros y manzanillos arruinarán la acción comunal...» J. A. León Rey, *Diálogos,* RAE.
3. abogado.
«manzanillo, tinterillo, abogadillo.» A. Mora Montes-Figueroa, *Glos. Alec.* RAE.

mañana será otro día *expr.* expresión con la que se da por terminado el día o la tarea.
«Mañana será otro día —dijo.» Pedro Casals, *Disparando cocaína.*

maquearse *v.* vestir(se) con elegancia, lucirse.
«Maqueado: ir vestido de forma elegante.» JMO. ❙ «Ir bien vestido, especialmente con prendas vistosas.» VL. ❙ «Pues luego me salía yo a la calle, con mi trajecito encima, bien maqueado...» Rafael Sánchez Ferlosio, *El Jarama.* ❙ «Envidia de que maqueo y tengo un oficio y soy un especialista con carnet de primera.» Alfonso Grosso, *El capirote,* RAE. ❙ «...a las dominicanas les gusta cantidad vestirse bien y maquearse de cosas caras.» Juan Madrid, *Crónicas del Madrid oscuro.* ❙ «A mí siempre me gusta ir bien maqueado, causar buena impresión...» C. Pérez Merinero, *Días de guardar.*

maquero *s.* funcionario de prisiones.
«Maquero. Funcionario de prisiones.» JGR. ❙ «Maquero. Carcelero, boqui.» Ra. ❙ ◼ «Los maqueros tratan siempre de portarse muy bien con los presos.» ❘✔ no se ha podido documentar fuera de diccionarios.|

maqueto *s.* español afincado en el País Vasco.
«Los maquetos ya lo son por venir de tierra extraña, pero también son los vascos que viven su amor a España...» A. Ussía, ABC, 15.3.98. ❙ «Maketo. De este modo desig-

nan los vascos al que no es de su tierra.» Rafael García Serrano, *Diccionario para un macuto.* ❙ «...sean cien por cien del país o al 50 por ciento, o simplemente maquetas...» A. Ussía, ABC, 6.12.98. ❙ «...el grupito de obreros medio achispados, maketos en su mayoría...» Cristóbal Zaragoza, *Y Dios en la última playa.*

maqui *s.* persona indeseable y barriobajera.

«Va vestido con pantalones apretados y calcetines blancos, muy maki.» José Ángel Mañas, *Historias del Kronen.* ❙ «En la foto que le mostré al maqui de tres al cuarto que me había agenciado...» B. Pérez Aranda *et al.*, *La ex siempre llama dos veces.* ❙ ➜ «El marido de tu hermana tiene aspecto de maqui, el tío.» ❙✔ *maki* o *maqui*, de *macarra*.❙

maquillar *v.* alterar la apariencia de algo para que parezca mejor de lo que es.

«Tabacalera, Telefónica y otras empresas maquillan sus resultados...» El País, Negocios, 25.7.99. ❙ «Gitanos marítimos, que también los hay, habían maquillado este viejo cascarón...» Álvaro de Laiglesia, *Hijos de Pu.* ❙ «Acusan al gobierno de Nicaragua de intentar maquillar las cifras para no desatar la alarma.» ABC, 8.11.98. ❙ «Dicen que todos los políticos maquillan la verdad.» CL. ❙ ➜ «Me da la impresión de que el contable ha maquillado los números de este balance.»

máquina *s.* prostituta.

«El macarrilla con dos o tres máquinas en la calle no tenía nada que hacer.» Andreu Martín, *Lo que más quieras.*

2. a toda máquina *expr.* a gran velocidad.

«Pero prefiero pensar a toda máquina, aceleradamente...» Mariano Tudela, *Últimas noches del corazón.*

3. máquina de escribir *s.* ametralladora.

«¿Por qué no les dices a tus amigos que se metan las máquinas de escribir en el culo?» Andreu Martín, *El señor Capone no está en casa.*

mar, la mar de *expr.* mucho, muy.

«¡Anda que no he visto hacer esto en las películas! Es un toque la mar de chuleta.»

C. Pérez Merinero, *Días de guardar.* ❙ «...y es que somos la mar de raros, porque cuando estamos en el trabajo no paramos de piarlas por el trabajo, suspirando porque se acabe cuanto antes...» José María Amilibia, *Españoles todos.* ❙✔ DRAE: «1. loc. adv. Mucho, abundantemente.»❙

2. ir (estar) hecho un brazo de mar ➤ *brazo, brazo de mar.*

mara *s.* gente.

«...les caía mal la mara que frecuentaba ese bar [...] tarde o temprano tenía que armarse pajarraca.» Rambla, n.° 3. ❙ «Mara. Confusión, gentío.» LB. ❙ «Mara. Vulgo, plebe, populacho, turba.» Ra. ❙✔ Aparece en Ac. 1983 como *vulg. Gente, gentío, muchedumbre.*❙

maraor *s.* asesino.

«Marar, matar.» JMO. ❙ «Marar. Matar.» VL. ❙ «Marar: Asesinar.» JGR. ❙ «Marador. Asesino, criminal.» Ra. ❙ «Cuidado con ése que es un maraor.» DCB. ❙✔ de *marar*, asesinar. No se ha podido documentar fuera de diccionarios.❙

marca, de marca *expr.* bueno, conocido.

«...lo menos tienes dos docenas muy de marca, muy caros...» Manuel Hidalgo, *Azucena, que juega al tenis.* ❙ «...en envases de marca...» Andrés Berlanga, *La gaznápira.* ❙ «Hay muchos que quieren ser de izquierdas pero de mentirijillas, de nombre, de marca, de etiqueta...» Juan Francisco Martín Seco, El Mundo, 9.7.99.

2. de marca mayor *expr.* grande, importante.

«El tal Domenicos Theotocopoulus [...] fue un genio de marca mayor.» Manuel Hidalgo, El Mundo, 1.5.99. ❙ «Por ejemplo, no tienes que ser un coñazo de marca mayor, una pesada...» A. Gómez Rufo, *Cómo ligar con ese chico que pasa de ti o se hace el duro.* ❙ «...y en un funeral de marca mayor...» Francisco Nieva, *Coronada y el toro,* 1982, RAE-CREA.

marcha *s.* animación, alegría, fiesta.

«Sí, es verdad, no salgo nada de marcha.» Ragazza, n.° 100. ❙ «Gente, marcha, shopping... Con estas perspectivas, no te resistirás al encanto de Tel Aviv.» Ragazza, n.° 101. ❙ «Si una cosa tienes asegurada es la marcha sin pausa ni sosiego...» You, n.° 3. ▌ «...si eres una chica con marcha...» You, enero, 1998. ▌«Pero no íbamos a estar toda la vida de marcha.» Raúl del Pozo, *La novia,* 1995, RAE-CREA. ▌ «Buenos estaríamos hoy si pensáramos como vosotros, que una relación que incluya un poco de marcha ha de ser forzosamente seria.» Jordi Sierra i Fabra, *El regreso de Johnny Pickup,* 1995, RAE-CREA. ☑ para Luis Besses *los de la marcha son los ladrones.*▌

2. a marchas forzadas *expr.* muy deprisa, con esfuerzo.

«La sonrisa acid house se impone a marchas forzadas...» SúperPop, mayo, 1989. ▌ «Si embargo, últimamente (meses) esa confianza se está resquebrajando a marchas forzadas...» Radio Clásica, revista RNE, marzo, 1999. ▌ «...aprende español a marchas forzadas.» C. Rico-Godoy, *Cuernos de mujer.*

3. marcha atrás *expr.* retirar el pene y eyacular fuera.

«La marcha atrás es lo más seguro. No te fíes nada...» You, marzo, 1998.

4. ¡marchando! *excl.* exclamación empleada por camareros para indicar que el pedido se prepara.

«Camarero, marchando una de güisqui...» José Luis Alegre Cudós, *Sala de no estar,* 1982, RAE-CREA. ▌ «—Bocata de calamata marchando. —Me retiré a un extremo de la barra.» Jorge Martínez Reverte, *Demasiado para Gálvez,* 1979, RAE-CREA. ▌ «¡Marchando un bocata!» La Luna, El Mundo, 18.6.99. ▌ ▞ «¡Marchando dos bocatas de chorizo y dos claras!»

*marchar(se) cf. (afines) ▸ *ir.*

marcheta ▸ *marcha.*

marchoso *adj.* activo, aficionado a la diversión, divertido.

«Ya sabía yo que tú eras un tío marchoso...» M. Vázquez Montalbán, *La rosa de Alejandría.* ▌ «Las gafas de sol Inkognito, la línea más marchosa de Polaroid...» Ragazza, n.° 101. ▌ «...el ser humano necesita sobar entre seis y ocho horitas: Hay quien no las echa no por marchoso si no...» El Jueves, n.° 1083. ▌ «*marchoso,* activo, decidido,

divertido, audaz...» Fernando Lázaro Carreter, *El dardo en la palabra.*

margaritas, criar margaritas *expr.* muerto y enterrado.

«Estar criando margaritas: estar muerto y enterrado.» JMO. ▌ «Criar margaritas. Estar muerto y enterrado.» S. ▌ «Juan hace años que está criando margaritas. Creí que te habías enterado. Murió de un infarto.» DCB. ▌ «Criar margaritas. Estar muerto y enterrado.» VL. ☑ no se ha podido documentar fuera de diccionarios. ▸ *malvas.*▌

mari *s.* ama de casa a tiempo completo.

«Oído a una mari a la salida del mercado, refiriéndose...» Mala impresión, revista de humor con caspa, n.° 1. ☑ ▸ *maruja.*▌

maría *s.* caja de caudales.

«María: caja de caudales.» Manuel Giménez, *Antología del timo.* ▌ «María: Caja fuerte.» JGR.

2. asignatura fácil.

«Los primeros días del curso habla de su asignatura como si fuera la maría del año.» R. Gómez de Parada, *La universidad me mata.* ▌ «Las marías: entre estudiantes se llama así a las asignaturas de escasa entidad, que se aprueban fácilmente.» JMO. ☑ El País, *Libro de estilo:* «María. En jerga, marihuana. También, asignatura poco importante. No debe emplearse en ninguno de los dos casos.»▌

3. mariguana.

«...le quitaron la medalla por fumar marihuana. Soy del [...] Canadá, donde la maría es cuatro veces más potente de lo normal.» El Mundo, La Luna, 26.2.99. ▌ «María. En jerga, marihuana.» El País, *Libro de estilo.* ▌ «...dice cogiendo un porro de maría que hay medio apagado...» José Ángel Mañas, *Sonko95.*

4. las tres marías *expr.* apelativo para tres mujeres que siempre van juntas.

«Las tres marías. Insulto dirigido a tres mujeres que suelen ir juntas. A veces se añade: *la caca, la mierda y la porquería.*» VL. ▌ «Las tres marías...» Isabel Allende, *La casa de los espíritus,* 1982, RAE-CREA. ▌▞ «Ya han llegado las tres marías: Juana, Pepa y Dolores, que siempre van juntas.»

marica *adj.* y *s.* insulto.

«¡Descarada! ¡Marica!» Pgarcía, *El método Flower.* ▌ «No me asustas, marica, que eres un marica...» Juan Marsé, *Últimas tardes con Teresa.*

2. *s.* homosexual.

«...todos estáis muy divertidos en la cama, los hombres, las mujeres, los maricas, las lesbianas, todos.» Francisco Umbral, *El Giocondo.* ▌ «...por eso hay más tortilleras que maricas...» C. J. Cela, *Mazurca para dos muertos.* ▌ «Soltaría la alarma el marica del bailarín.» Francisco Umbral, *Balada de gamberros.* ▌ «¡Qué asco! ¡Es dulce! ¡Es vino de maricas!» Miguel Martín, *Iros todos a hacer puñetas.* ▌ «Quita allá, ¿pero no ves que es marica?» B. Pérez Galdós, *Fortunata y Jacinta.* ▌ «...seres débiles, decadentes, enfermizos y con harta frecuencia bastante maricas.» Álvaro de Laiglesia, *Hijos de Pu.* ▌ «Un marica, no sé, estaba allí porque había apuñalado a su novio...» Almudena Grandes, *Las edades de Lulú.* ▌ «Más de la mitad de nuestros grandes hombres de letras son maricas, y no por eso dejan de sacar un libro al año.» Álvaro Pombo, *Los delitos insignificantes.* ▌ «...no me llevaría las manos a la cabeza si me confirmasen que entre esa gente que mete en su casa con la fulanilla pasota se cuece algo entre maricas...» Ernesto Parra, *Soy un extraño para ti.* ▌ «...siempre dijo que era un juego de maricas.» Juan Marsé, *Si te dicen que caí.* ✓ del diminutivo de María, Marica. Puede ser también *una marica.*▌

3. *s.* maruja, mujer de su casa.

«...donde se apretujaban frascos de Yacutín (*el perfume de la marica moderna*),» Andreu Martín, *Amores que matan, ¿y qué?*

maricastaña ▶ *tiempo, tiempo (año) de maricastaña.*

maricoide *adj.* afeminado.

«...un mediquín funcionario, tartaja y maricoide...» A. Zamora Vicente, *Mesa, sobremesa.*

maricón *s.* insulto.

«Genín, maricón, baja de la farola o llamo a un guardia.» Miguel Martín, *Iros todos a hacer puñetas.* ▌ «...si un conductor estuvo a punto de atropellarnos, podemos gritarle *maricón* o *mariconazo* pero es muy poco probable que lo tildemos de *mariposa, pluma, reinona.*» AI. ▌ «¡Maricones como tú los encuentro a patadas! ¡Chulo! ¡Maricón!» C. Pérez Merinero, *El ángel triste.* ✓ DRAE: «Insulto grosero que se usa con o sin su significado preciso». Aparece en Ac. por primera vez en 1884.▌

2. *s.* homosexual.

«C. J. Cela no es maricón.» A las barricadas, 22-28 junio, 1998. ▌ «...y esos maricones sin dejar sitio...» José María Carrascal, *Mientras tenga mis piernas.* ▌ «O esa plaga americana que les da a los maricones...» Terenci Moix, *Garras de astracán.* ▌ «...pero Rodrigo era maricón, desde luego.» Almudena Grandes, *Malena es un nombre de tango.* ▌ «Yo es que ver un maricón y darle una hostia, todo es uno.» Terenci Moix, *Garras de astracán.* ▌ «...esta era la historia de una retorcida venganza [...] de la honorable y puritana sociedad contra sus odiados maricones...» Carlos Boyero, El Mundo, 8.4.98. ▌ «El hijo de mi vecina / se compró un traje marrón / y dice que lo ha ganado / haciendo de maricón.» Amelia Díe y Jos Martín, *Antología popular obscena.* ▌ «...los inescrutables designios de la Providencia y el alma misteriosa de los maricones.» Juan Marsé, *La oscura historia de la prima Montse.* ▌ «Un maricón es un maricón, un tío al que le gustan los tíos y no tiene por qué ir por ahí moviendo el culo... Y una maricona es un hombre que parece una mujer amariconada.» M. Vázquez Montalbán, *Los alegres muchachos de Atzavara.* ▌ «Eso es lo que había descubierto: que el tipo aquel era maricón...» Álvaro Pombo, *Los delitos insignificantes.* ▌ «El tal Henri era un poco julandrón y lo que iba buscando era que yo le atizara por el ojete. Se quedó con las ganas. Yo por el culo no le doy ni a las mujeres. Mi padre decía que era cosa de maricones.» C. Pérez Merinero, *Días de guardar,* 1981, RAE-CREA. ▌ «Para provocar la conversación de Carlos le dijo una vez que Hernán Cortés, natural de su propio pueblo, era maricón.» Raúl del Pozo, *La novia.* ✓ Sebastián de Covarrubias dice en su *Tesoro de la lengua castellana o española*: «Hombre afeminado que se inclina a hazer cosas de muger, que llaman por otro nombre marimaricas; como al contrario dezimos marimacho a la muger que tiene desembolturas de hombre.» José Deleito y Piñuela en su *La mala vida en la España de Felipe IV* dice: «A los hombres del sexo equívoco o poco acusado les llamaban mariones.» Y el DRAE nos dice: «m. vulg. Hombre afeminado, marica. Ú. t. c. adj. vulg. Invertido, sodomita».❙

3. *s.* persona indeseable.

«...me fui porque los vecinos gritaban y se peleaban y se llamaban puta y maricón.» Ray Loriga, *Lo peor de todo.* ❙ «¡A la cocina, maricón!» José Ángel Mañas, *Mensaka.*

4. maricón de mierda insulto.

«Eres un cerdo de sangre fría, impotente, maricón de mierda...» Juan Madrid, *Un beso de amigo.*

5. maricón de playa *s.* homosexual.

«Según el premio Nobel de Literatura C. J. Cela, en cambio, (Federico García) Lorca era un maricón de playa.» Sergi Pàmies, A las barricadas, 22-28 junio, 1998. ❙ «Está diciendo al maricón de playa que la atiende —un gorderas fofote...» C. Pérez Merinero, *Días de guardar.*

6. maricón del culo *s.* homosexual.

«Lo haces dudar, maricón del culo.» Cristóbal Zaragoza, *Y Dios en la última playa.*

7. maricón el último *expr.* expresión de ánimo para no llegar o ser el último.

«Como si fuésemos niños que estuviéramos jugando a Maricón el último, todos emprendimos una carrera llena de codazos y zancadillas.» C. Pérez Merinero, *El ángel triste.*

maricona *s.* homosexual.

«Un maricón es un maricón, un tío al que le gustan los tíos y no tiene por qué ir por ahí moviendo el culo... Y una maricona es un hombre que parece una mujer amariconada.» M. Vázquez Montalbán, *Los alegres muchachos de Atzavara.* ❙ «Pero, mariconas, no os habéis percatado hasta ahora de que...» Terenci Moix, *Garras de astracán.* ❙ «...seguro que la maricona del Silvanda se folla a todos los angelitos negros que le pi-

den limosna...» Francisco Umbral, *Madrid 650.* ❙ «¡Pero no tienes un duro, pedassso de marikona!» Rambla, n.° 18. ❙ «...en el patio de una cárcel llena de chorizos, rojos y mariconas...» M. Vázquez Montalbán, *La historia es como nos la merecemos.* ❙ «Era una maricona babosa y vieja...» Andreu Martín, *Prótesis.*

mariconada *s.* acción propia de homosexual.

«¡En el penal de Ocaña nos hemos de ver por culpa de tus mariconadas!» Terenci Moix, *Garras de astracán.* ❙ «Asumo lo de la mariconada, pero rechazo lo de cursi.» Terenci Moix, *Garras de astracán.* ❙ «Es una palabra desagradable... Seducción. Una mariconada.» Álvaro Pombo, *Los delitos insignificantes.* ❙ «...dejar un campo sembrado de minas me parece una mariconada, ja, ja.» Jaime Romo, *Un cubo lleno de cangrejos.* ❙ «...obsesionado por ser escritor aunque le pareciera más bien cursi, algo así como una mariconada...» Ignacio Merino, El Mundo, 13.12.98. ✓ DRAE: «f. vulg. Acción propia del maricón».❙

2. mala acción.

«...no me hagas esto cobarde, menuda mariconada.» Gomaespuma, *Grandes disgustos de la historia de España.* ❙ «...la *cabronada* es perjudicial, la *mariconada* es molesta...» Ángel Palomino, *Insultos, cortes e impertinencias.*

3. lo que es poco serio, sin importancia.

«Las cortezas de cerdo [...] son uno de los grandes manjares que la Creación, en su infinita bondad, ha regalado al hombre... El Beluga es una mariconada.» Álex de la Iglesia, *Payasos en la lavadora.* ❙ «...yo no estoy para perder el tiempo con mariconadas.» Juan Marsé, *Si te dicen que caí.*

mariconazo *s.* aumentativo de maricón, homosexual.

«Un gracioso, ¿eh, mariconazo?» Pgarcía, *El método Flower.* ❙ «...te voy a partir la boca. So mierda, mariconazo.» Rambla, n.° 18. ❙ «...si un conductor estuvo a punto de atropellarnos, podemos gritarle *maricón* o *mariconazo* pero es muy poco probable que lo tildemos de *mariposa, pluma, reinona.*» AI. ❙ «...he tenido que ponerme de rodillas delante de Luis Utrilla y de ese mariconazo...» Fernando G. Tola, *Mis tentaciones.* ‖ «¡Qué bien inventas, mariconazo, es igual que una peli!» Juan Marsé, *Si te dicen que caí.* ‖ «...un mariconazo que hizo de travesti mucho tiempo...» Andreu Martín, *Lo que más quieras.* ‖ «Si no te hubieras peinado de Lola Flores, mariconazo...» Terenci Moix, *Garras de astracán.* ‖ «¿Habéis visto al mariconazo de Míchel como ha fallado el penalti?» José Ángel Mañas, *Historias del Kronen.*

mariconear *v.* hacer algo sin seriedad, sin rigor o interés.
> «Escaquearse. Dícese del que parece que hace [...] También se utiliza el término mariconear...» Juanma Iturriaga, *Con chandal y a lo loco.*

2. ser homosexual.
> «Se dice que Pedro Sáinz Rodríguez mariconea un poco. Tampoco demasiado.» Francisco Umbral, *La leyenda del César visionario,* 1991, RAE-CREA. ‖ «...coño, no vengaiz a mariconear en mi bar.» José Ángel Mañas, *Sonko95.*

mariconeo *s.* acción de ser homosexual.
> «El mariconeo no hace vender revistas...» Terenci Moix, *Garras de astracán.*

mariconera *s.* bolso de mano que llevan algunos hombres.
> «...familias de madre con casquete teñido de rubio y padres con mariconera y cámara de vídeo...» Manuel Hidalgo, *Azucena, que juega al tenis.* ‖■ «Pedro es un poco sarasa y hasta lleva mariconera y todo.»

mariconería *s.* acción de homosexual.
> «...y luego, para postre, la mariconería;» Ramón Ayerra, *Los ratones colorados.* ✓ DRAE: «f. vulg. Cualidad de maricón».|

mariconerío *s.* homosexualidad.
> «Se trataba de uno de los condenados juegos de palabras que Basilisco se traía hechos de casa para solaz y recreo del mariconerío nocherniego de la corte...» Jaime Romo, *Un cubo lleno de cangrejos.*

mariconil *adj.* afeminadamente, afeminado.
> «El corintelladismo es aumentativo y nefasto, conforme, pero más lo es el raphae-

lismo televisivo y mariconil.» Juan Marsé, *La oscura historia de la prima Montse.*

mariconismo *s.* homosexualidad.
> «...contra mariconismo practicado, supositorios Puri.» José M.ª Zabalza, *Letreros de retrete y otras zarandajas.*

marido, marido burlado *s.* marido cuya mujer le es infiel.
> «...el marido burlado la dueña celestina etcétera...» C. J. Cela, *Oficio de tinieblas 5.*

2. marido dominado ▸ *hombre dominado.*

***marihuana** cf. (afines) canuto, cono, maría, petardo, porro, trompeta, varillo. |✓ ▸ *droga.*|

marimacho *s.* mujer hombruna, lesbiana.
> «...sabes de sobra que las niñas que estudian, a la larga, unos marimachos.» Miguel Delibes, *Cinco horas con Mario.* ‖ «...pero a los cretinos les gustaba que las cretinas anduvieran por ahí haciendo el marimacho...» Virtudes, *Rimel y castigo.* ‖ «...Alfonso creía que era un oficio de golfas o de marimachos...» Andrés Berlanga, *La gaznápira.* ‖ «...mujeres ¡Que fuman! ¡Que se atreven a llevar PANTALONES!... ¡Marimachos!» A. Sopeña Monsalve, *El florido pensil.* ‖ «...piernas de musculadas pantorrillas, autoritaria, marimacha...» Juan Marsé, *La oscura historia de la prima Montse.* |✓ ▸ información en *maricón.* El DRAE dice: «m. fam. Mujer que en su corpulencia o acciones parece hombre».|

marimandona *s.* mujer que le gusta mandar.
> «Quizá por esto llevaba la voz cantante y marimandona un letrero en bastardilla...» José M.ª Zabalza, *Letreros de retrete y otras zarandajas.* ‖ «La una, una marimandona, como tú...» María Antonia Valls, *Tres relatos de diario.* ‖ «Corre mucha burra con un genio de mil demonios y mucha marimandona sin nada en la mollera.» Terenci Moix, *Garras de astracán.*

marimorena ▸ *armarla, armarse la marimorena.*

marinero *s.* homosexual.
> «Marinero, frecuente substitutivo de homosexual [...] y que para Cela forma,

como sinónimo [...] ha sido admitido como bueno, trayendo su uso el empobrecimiento del lenguaje al que quisieron servir.» José M.ª Zabalza, *Letreros de retrete y otras zarandajas.* ✓ también *marica, mariposa, maricón, mariquita, mariposón,* etc.|

mariposa *s.* homosexual.

«...si un conductor estuvo a punto de atropellarnos, poemos gritarle *maricón* o *mariconazo* pero es muy poco probable que lo tildemos de *mariposa, pluma, reinona.*» AI. | «El mangui lanzó un aullido, una sonrisa y le besó en la cara con ademanes de mariposa.» Mariano Sánchez, *Carne fresca.* | ▪ «Me parece que mi profesor de inglés es un mariposa por la manera que tiene de acariciarme el culo.» ✓ DRAE: «m. fam. Hombre afeminado u homosexual».|

2. peseta, dinero.

«Las mariposas? Luego deduje que las mariposas eran pesetas.» Raúl del Pozo, *Noche de tahúres.* ✓ esta definición la registra ya Luis Besses, 1905, en su *Diccionario de argot español.*|

3. a otra cosa mariposa *expr.* cambiar de tema, de ocupación, de asunto.

«Había sido toda su vida el clásico buen tipo con pelo corto, corbata y bigote mimosón, y de pronto, zas, a otra cosa mariposa.» Ramón Escobar, *Negocios sucios y lucrativos de futuro.* | «...que cuando nota el vientre atascado se toma un purgante y a otra cosa mariposa.» José M.ª Zabalza, *Letreros de retrete y otras zarandajas.* | «...cuando un tío no te hace caso. Se pasa de él y a otra cosa mariposa.» A. Gómez Rufo, *Cómo ligar con ese chico que pasa de ti o se hace el duro.*

mariposón *s.* homosexual.

«Elíseo se fue, mariposón, considerando entre risitas si no era más...» Terenci Moix, *Garras de astracán.* | «Pese a ser medio mariposón Henri era buen chaval.» C. Pérez Merinero, *Días de guardar.* | «Mariposón. Ver Mariposa: homosexual, marica.» JMO. | «...Una selva abrumada de mariposones voraces...» Ramón Ayerra, *Los ratones colorados.*

mariquita *s.* homosexual.

«El hijo de doña Margot, que en paz descanse, era mariquita, ¿sabe usted?» C. J.

Cela, *La colmena.* | «Sabía que nada hay más nocivo para la personalidad de una mujer que el mariquita que la pone en un altar...» Terenci Moix, *Garras de astracán.* | «Así lo hice y me puse en plan mariquita pendón delante del espejo...» M. Vázquez Montalbán, *Los alegres muchachos de Atzavara.* | «Cómo se pondrá mi público de mariquitas cuando salga al escenario...» Terenci Moix, *Garras de astracán.* | «Federico es un mariquita.» A las barricadas, 22-28 junio, 1998. | «...consigue a un mariquita al que le hace el amor.» José Raúl Bedoya, *La universidad del crimen.* | «...el tipo que entraba tras el mariquita...» Andreu Martín, *El señor Capone no está en casa.* | «Ni que fuese medio mariquita.» A. Gómez Rufo, *Cómo ligar con ese chico que pasa de ti o se hace el duro.* | «Os quedan tres días y sólo tenéis el nombre de un chulo mariquita.» Mariano Sánchez, *Carne fresca.* | «...a lo mejor era un mariquita porque por los movimientos...» Andreu Martín, *Por amor al arte.* | «Mi novio, el de los chistes, decía que estaba gorda, pero los mariquitas, ya se sabe, tiran con bala.» Adolfo Marsillach, *Se vende ático,* 1995, RAE-CREA. ✓ versión finolis de *maricón.*|

2. caja de caudales.

«Mariquita: caja de caudales.» JMO. | «Mariquita. Marí, caja fuerte.» Ra. | ▪ «Necesitamos una batuta para abrir esta mariquita que hemos trincao.» ✓ no se ha podido documentar fuera de diccionarios.|

marisabidilla *s.* mujer pedante.

«Josefina Cuéllar le pareció un poco marisabidilla; había estudiado en un colegio de Francia.» Pío Baroja, *La juventud perdida,* RAE. | «...las ridiculeces de las marisabidillas, y de las marquesas...» Mariano José de Larra, *Artc.,* RAE. | «¡Es usted una impertinente! ¡Una marisabidilla!» Lourdes Ortiz, *Picadura mortal.* | «...unos auténticos bichos: presumidas, retorcidas, marisabidillas y malévolas...» A. Gómez Rufo, *Cómo ligar con ese chico que pasa de ti o se hace el duro.* ✓ DRAE: «1. f. fam. Mujer que presume de sabia».|

marmolillo *s.* necio, tonto.

«Jovencitas de piercing y ombligo al aire que brillan con orgullo propio sobre los marmolillos que tienen alrededor.» La Luna, El Mundo, 30.4.99. ⋁ para el DRAE es *zote*.|

marmota *s.* chica de servir, criada.

«...una sorda escaramuza en la retaguardia de cualquier cine y [...] el culo de una marmota inclinada para fregar.» Fernando Sánchez-Dragó, «Anábasis», en *Antología del cuento español.* ▮ «...no sé por qué no vamos a cumplir las marmotas, que también tenemos nuestro corazoncito.» Juan Antonio de Zunzunegui, *El supremo bien.* ▮ «...y unos versos alusivos que canturreaban las marmotas por los patios de Madrid...» A. Zamora Vicente, *Historias de viva voz.* ▮ «...trabaja en lo mismo que tú ahora, marmota del mismo señorito...» Juan Marsé, *Si te dicen que caí.* ▮ «...y un día que el de Segovia se trajinaba a una marmota...» Ramón Ayerra, *Los ratones colorados.* ⋁ DRAE: «fig., fam. y despect. criada, mujer dedicada al servicio doméstico».|

maromo *s.* sujeto, persona, novio, novia.

«Yo creo que Ana Botella, a la chita callando, está haciendo bastante más por la promoción política de las maromas que lo que hizo Carmen Romero.» Jaime Campmany, ABC, 24.1.99. ▮ «Y es que una peli de miedo es la excusa perfecta para abrazarte a ese maromo que te hace tanta gracia...» Ragazza, n.° 101. ▮ «...pero eso de que las jais son mucho más temerarias que los maromos...» Jaime Campmany, ABC, 20.3.98. ▮ «...don Quijote es un pavo que se ha quedado pallá. Por eso flipa y ve a su maroma en todos lados.» José Ángel Mañas, *Mensaka.* ▮ «A la salida le espera siempre un maromo de cerca de dos metros de altura...» R. Gómez de Parada, *La universidad me mata.* ▮ «¡Calla, calla, esta mañana se me ha sentado delante un maromo en pantalón corto...!» El Víbora, n.° 143. ▮ «¿A qué dices que se dedica tu maromo?» Ángel A. Jordán, *Marbella story.* ▮ «Veía las manos del maromo de turno por dentro de la ropa dándose el filete sin importarles la gente que pasaba.» Juan Madrid, *Crónicas del Madrid oscuro.* ▮ «Te quedarías viuda por segunda vez y tendrías que buscarte un nuevo maromo...» C. Pérez Merinero, *El ángel triste.*

marrana, joder la marrana *expr.* molestar, incordiar, perjudicar.

«Le voy a decir a Flores que me estás jodiendo la marrana a base de bien.» Juan Madrid, *Flores, el gitano.* ▮ «...ya está bien de joder la marrana haciendo composiciones con cuadros famosos...» A. Zamora Vicente, *Mesa, sobremesa.* ▮ «Ese tío puede joder la marrana...» Juan Madrid, *Turno de noche.* ▮ «—Cómo te gusta hacer frases. —Y a ti joder la marrana». Juan Marsé, *La oscura historia de la prima Montse.* ▮ «Estamos jodiendo la marrana.» Jaime Romo, *Un cubo lleno de cangrejos.* ▮ «...lleva años jodiendo la marrana con su promesa de tirar la toalla.» R. Montero, *Diccionario de nuevos insultos...* ▮ «Y tu madre, aquí todo el día jodiendo la marrana, con que si fumo o dejo de fumar...» Fernando G. Tola, *Mis tentaciones.* ▮ «...estaba plantada allí en medio, jodiendo la marrana a base de bien.» C. Pérez Merinero, *Días de guardar.* ▮ «...va mejor ir a lo loco por la vida, para no joder la marrana...» Ramón Ayerra, *Los ratones colorados.* ▮ «¡No jodas la marrana más de lo que está!» Cristóbal Zaragoza, *Y Dios en la última playa.*

marranada *s.* acción o cosa libertina, rijosa, obscena, indecorosa.

«El libro es una marranada, pero lo firma un médico...» Ángel Palomino, *Todo incluido.* ▮ «...tú no sabes lo que es estar metido en un confesionario oyendo marranadas...» Miguel Martín, *Iros todos a hacer puñetas.* ▮ «...debía avergonzarse porque es masajista de marranadas, no terapéuticas.» Chumy Chúmez, *Por fin un hombre honrado.* ▮ «...lo ensucian todo y rompen la valla y encima hacen marranadas con estas chicas...» Juan Marsé, *Últimas tardes con Teresa.* ⋁ DRAE: «fig. y fam. Suciedad moral, acción indecorosa o grosera».|

2. mala acción.

«¡No lo tendrá usted amaestrado para que haga esta marranada!» Miguel Martín, *Iros todos a hacer puñetas.*

marrano *s.* persona desaliñada, sucia, desastrada.

«¡Son unas marranas! No, no son unas marranas.» Francisco Umbral, *Balada de gamberros.* ▮ «Puta, cochina, marrana...» Amelia

Díe y Jos Martín, *Antología popular obscena*. ▮
«Y luego las muy marranas, las muy guarras [...] me ponen todo el patio de pelos que da asco.» José Gutiérrez-Solana, *Madrid, escenas y costumbres, Obra literaria, I*. ▮ ▪▪
«¡Eres un marrano! ¡Llevas más de tres semanas sin tomar una ducha!» |✓ DRAE: «fig. y fam. Persona sucia y desaseada. Ú. t. c. adj.».|

2. persona libertina, impúdica, rijosa.
«Cuando vuelvas a tu casa serás una perfecta marrana. Tu marido ya no te reconocerá.» C. Ducón, *El hotel de las orgías*. ▮ «No es posible que una mujer tan religiosa de toda la vida se haya convertido de repente en la marrana que se ha convertido...» Chumy Chúmez, *Por fin un hombre honrado*. ▮ «...porque no le gustaba cómo [...] una serie de marranos iban a ligar tíos.» José M.ª Zabalza, *Letreros de retrete y otras zarandajas*. ▮ «...el firme propósito de no pensar más en ellas, todas son unas marranas.» Juan Marsé, *La oscura historia de la prima Montse*.

marrón *s.* problema, asunto enojoso, desagradable.
«...y ya me han dado algún palo... ¡Fue un marrón!» Ragazza, n.° 100. ▮ «Marrón alude al antiguo color marrón de las carpetas de los juzgados, donde se archivan los procesos judiciales.» Juan Madrid, *Crónicas del Madrid oscuro*. ▮ «Nos van a meter un marrón del carajo.» M. Sánchez Soler, *Festín de tiburones*.

2. pillar (coger, comerse, tragarse) de marrón *expr.* cargar con la culpa, sufrir las consecuencias.
«No te digo el marrón que me he comido con el regalito...» José Ángel Mañas, *Historias del Kronen*. ▮ «Al gobierno de Sagasta le coge la tormenta deshonrosa del desastre nacional. Hizo méritos suficientes para tragarse el marrón.» El Mundo, 24.1.98. ▮ «...se ha comido ya tantos marrones que le da igual ocho que 80.» El Mundo, 19.1.99. ▮ «¿Qué marrón te comiste el otro día, eh, Laura?» José Ángel Mañas, *Mensaka*. ▮ «Lo he tenido que hacer, si no, me como el marrón...» Juan Madrid, *Turno de noche*. ▮ «¡Llámanos o te haremos comerte el marrón! ¡Fuera!» Mariano Sánchez, *Carne fresca*.

«...se puede formar un revuelo de cojones; y luego, el marrón me lo como yo.» El Gran Wyoming, *Te quiero personalmente*. ▮ «...estoy totalmente saturado después del marrón que nos estamos comiendo desde ayer.» Jaime Romo, *Un cubo lleno de cangrejos*.

marronazo *s.* aumentativo de marrón.
«...y le pilló el marronazo de lleno...» Gomaespuma, *Grandes disgustos de la historia de España*. ▮ «Hay que ser discreto para que el negocio dure y sobre todo para no comerte un marronazo de trena.» El Gato Encerrado, 3-9 julio, 1998.

maru *s.* de maruja, ama de casa a tiempo completo.
«Pero es que las secres de tu oficina son todas una panda de marus.» Lucía Etxebarría, *Amor, curiosidad, prozac y dudas*.

maruja *s.* ama de casa a tiempo completo.
«Brindaremos por las marujas y los deprimidos.» Terenci Moix, *Garras de astracán*. ▮ «Admitámoslo: a sus ojos yo soy un putón. A los míos, ella es una maruja.» Lucía Etxebarría, *Amor, curiosidad, prozac y dudas*. ▮ «Sí, pero yo no soy una maruja...» María Antonia Valls, *Para qué sirve un marido*. ▮ «Pero lo cierto es que el respeto hacia la última voluntad de un ser humano debe prevalecer sobre las ansias de marujas de la literatura.» Álvaro Colomer, Leer, octubre, 1999. ▮ «Ser maruja es un estado episódico de mi vida...» Eloy Arenas, *Los vecinos de mis vecinos son mis vecinos*. ▮ ▪▪ «Las mujeres ya no quieren convertirse en marujas y encerrarse en casa de por vida. Quieren estudiar y trabajar.» |✓ ▸ *mari, maru, marujona*.|

marujear *v.* hacer cosas propias de maruja.
«...las lenguas anabolenas marujean que las mamás están buscando casar a la yogurina con el heredero.» Francisco Umbral, El Mundo, 2.1.99.

marujeo *s.* acción de marujear.
«...interesados en el color de los calcetines de tal o cual escritor, pero, de refilón, llegan a un público ávido de marujeos cultu-

rales.» Álvaro Colomer, Leer, octubre, 1999. ▌«Yo tengo mi cuota de marujeo.» Carmen Rigalt, Telva, febrero 1998. ▌«Ya el marujeo se aprestaba a dictar...» Terenci Moix, Garras de astracán.

marujero adj. perteneciente al marujeo.
«La cultura nunca estorba, como dice la alcaldesa de Olot, o debiera decirlo, dado el carácter marujero de la dama...» Francisco Umbral, El Mundo, 28.1.98.

marujil adj. de maruja.
«Te sorprenderá la parte marujil que lleva en su interior una mujer deprimida.» Terenci Moix, Garras de astracán. ▌«...comportarse como una puta en la cama y una chacha en el resto de la casa), ahora se está entrenando un poco más en su faceta marujil.» El Mundo, La Luna, 25.6.99.

marujismo s. ser maruja, ama de casa a tiempo completo.
«¿Acaso el marujismo de esos programillas matinales no provoca un cierto aumento de la adrenalina?» El Jueves, 6-12 octubre, 1993.

marujón adj. propio de las marujas.
«...porque el periodismo vaginal y marujón es el único que hoy se lee de verdad en España...» Francisco Umbral, La derechona.

marujona s. ama de casa a tiempo completo.
«Ella nunca fue una beata y, desde luego, distaba mucho de ser una marujona.» Terenci Moix, Garras de astracán. ▌«A ustedes, las marujonas, lo que les pasa...» María Antonia Valls, Para qué sirve un marido. ▌«Eso tú, que te pasas el día en la cocina hecha una marujona.» Eloy Arenas, Los vecinos de mis vecinos son mis vecinos. |✓ de ▶ maruja.|

más, a más no poder expr. completamente, exhaustivamente.
«...sé que se trata de un favor engorroso a más no poder, pero quisiera pedirte...» Ernesto Parra, Soy un extraño para ti. ▌«...era manso a más no poder.» Fernando Repiso, El incompetente. ▌«...gente liberada a más no poder.» J. Giménez-Arnau, Cómo forrarse y flipar con la gente guapa. ▌«...jodido a más no poder...» Ramón Ayerra, Los ratones colorados.

2. el no va más expr. el colmo, lo mejor, lo insuperable.
«...pero calzaba unas wambas que eran el novamás.» Pedro Casals, Disparando cocaína.

3. estar de más expr. sobrar, ser innecesario.
«...le llamó el jefe y le dijo: yo me sé de uno que está de más aquí...» Ramón Ayerra, Los ratones colorados.

masa, coger con las manos en la masa ▶ mano, con las manos en la masa.

masajes, casa de masajes ▶ casa, casa de masajes.

mascachapas s. necio, tonto.
«Mascachapas: Tonto, ignorante, sucio, estólido.» JV. ▌«Mascachapas: tonto, bobo; frecuentemente usado como insulto.» JMO. ▌«Mascachapas. Ignaro, zote, cenutrio, salpicón.» Ra. ▌▪ «No le encargues la tarea a Juan que es un mascachapas de marca mayor.» |✓ no se ha podido documentar fuera de diccionarios.|

masca(da) s. semen.
«Mascá: semen, mancha seminal.» JV. ▌«Mascada. Semen.» S. ▌«Mascada: eyaculación.» JMO. ▌«Mascada. Lefa, semen, salpicón.» Ra. |✓ no se ha podido documentar fuera de diccionarios.|

2. devolver (aflojar, soltar) la mascada expr. vomitar.
«Mascada. Comida devuelta después de ingerirla.» Esteva, Voces entrerr., RAE. ▌«Aflojar o soltar la mascada, vomitar.» RAE. ▌▪ «No devuelvas la mascada aquí, delante de todo el cuerpo diplomático, hombre.»

mascado s. fácil.
«...y aunque todo ello es cosa mascada, más que sabida...» Ramón Ayerra, La lucha inútil, 1984, RAE-CREA. ▌«Piensas mucho, pero hay que dártelo todo mascado...» Javier García Sánchez, La historia más triste, 1991, RAE-CREA. ▌▪ «Este trabajo que me han dado está más que mascao. Termino enseguida.»

mascarón s. pene.
«Honorio hizo saliva, refrotó el ojete de la señora y volvió a situar su mascarón en la abertura.» Manuel Hidalgo, El pecador impecable.

masculinidad *s.* pene.

«Quizá en lo único que no ha exagerado es en el mísero tamaño de su masculinidad, como él llama a lo que también llama con frecuencia su pilila o su gusanito...» Chumy Chúmez, *Por fin un hombre honrado.*

masculino *s.* homosexual.

«Masculino: dícese del hombre (es un decir) que usa más su culo que los tíos corrientes.» Álvaro de Laiglesia, *Hijos de Pu.*

maseluca *s.* naipes.

«Confiemos que lo hayan matado los de la maseluca. Quiero decir los del naipe.» Raúl del Pozo, *Noche de tahúres.* ▌ «Maseluca. Naipe, carta.» Ra.

masoca *s.* masoquista.

«Es un tío muy raro. Es masoca, y yo creo que es también homosexual...» José Ángel Mañas, *Historias del Kronen.* ▌ «masoca. Masoquista, según una simplificación muy frecuente en el cheli.» Francisco Umbral, *Diccionario cheli.* ▌ «Anarquistas masocas: Colabora con los maderos: pégate a ti mismo.» R. Gómez de Parada, *La universidad me mata.* ▌ «...cuando se machacaban con el látigo [...] se corrían, eran masocas, ¿comprendes?» Almudena Grandes, *Las edades de Lulú.* ▌ «Yo tengo poco de masoca.» Álvaro Pombo, *Los delitos insignificantes.* ▌ «En su relación —platónica o no— con mi ex se comportaba como un masoca.» Ernesto Parra, *Soy un extraño para ti.* ▌ «Creo que le gusta la marcha, debe de ser masoka.» B. Pérez Aranda *et al.*, *La ex siempre llama dos veces.*

mástil *s.* pene.

«Cuando ella se acostó a su lado y acomodó su cuerpo junto al suyo, él tembló con el mástil desplegado y a punto...» Mariano Sánchez, *Carne fresca.*

mastuerzo *s.* necio, tonto.

«No conocen insultos como cabrón, hijoputa o gilipollas, todo lo más sandio y mastuerzo.» Andrés Berlanga, *La gaznápira.* ▌ «Lo digo por el mastuerzo de tu ex.» B. Pérez Aranda *et al.*, *La ex siempre llama dos veces.* ▌ «Hay gente que ha venido al mundo a poner el culo, y este mastuerzo es uno de ellos.» C. Pérez Merinero, *Días de guardar.* ▌

«...decidí tomar cartas en el asunto y encarrilar a semejante mastuerzo...» Ramón Ayerra, *Los ratones colorados.* ▌✔ DRAE: «fig. Hombre necio, torpe, majadero. Ú. t. c. adj.».▌

*masturbador *cf.* (afines) masturbador, onanista, pajero, pajillera, pajillero.

masturbador *s.* persona que (se) masturba.

«...pero desde mi punto de vista de psicóloga diplomada pienso que era un masturbador.» Chumy Chúmez, *Por fin un hombre honrado.* ▌ «Conectaron enseguida y cambió el rumbo de (Salvador) Dalí. Gala era muy práctica y él un tímido morboso, un gran masturbador que [...] no había tenido relaciones sexuales completas.» Ian Gibson, *Qué leer*, junio, 1998. ▌✔ el DRAE reconoce la masturbación pero prefiere ignorar la existencia del masturbador.▌

*masturbarse *cf.* (afines) alemanita, autoconsuelo, cascársela, cinco contra uno, frotársela, hacerse la *puñeta, hacerse un *manual, hacerse una *española, hacerse una *gallarda, hacerse una *gaseosa, hacerse una *gayola, hacerse una *mano, hacerse una *manola, hacerse una *manuela, hacerse una *paja, hacerse una *pera, hacérselo, machacársela, manosearse, masturbarse, meneársela, meterse el *dedo, ordeñar, pajillearse, pajote, pecado solitario, pelársela, pera, sacarse brillo al badajo, sacudírsela, subir pieles, tocar la *campana, tocar la flauta, tocársela, toquetearse, vicio solitario, zumbarse.

masturbar(se) *v.* friccionar órgano genital para sentir placer.

«...dejé de masturbarme cuando entré en la Academia.» C. J. Cela, *ABC*, 12.7.98. ▌ «...como no faltan los inconvenientes, el sujeto tenía uno, el más grave y molesto: la manía de masturbarse todas las noches contemplando [...] la fotografía de su novia.» José Raúl Bedoya, *La universidad del crimen.* ▌ «Y mientras el Mallolet se entretenía masturbando a su perro.» Luis Goytisolo, *Recuento,* citado por CJC en su DE. ▌ «Eso significa que hasta por lo menos el lunes no voy a pegar ojo, a menos que continúe dándole al costo y masturbándome.» María Antonia Valls, *Tres relatos de diario*. ▌ «...y se masturba a la luz de la linterna...» Juan Marsé, *La oscura historia de la prima Montse*. ▌ «...mientras ella procedía a masturbarse.» C. Pérez Merinero, *El ángel triste*. ▌ «Hay muchos temas que despiertan la curiosidad natural de las hijas: ¿cómo se masturba su madre?» El Mundo, 17.10.98. ▌ «En no sé qué canal estaban dando una película porno. Me fumé un par de porritos viéndola y me masturbé.» María Antonia Valls, *Tres relatos de diario*. ▌ «Hoy me soñé al despertar que te follaba sin parar / siempre lo mismo y desperté / ya no me vuelvo a masturbar.» Extremoduro, CD, 1997: *Iros todos a tomar por culo, Amor casto*. |✔ DRAE: «masturbar: tr. Practicar la masturbación. Ú. m. c. prnl. 1. f. Estimulación de los órganos genitales o de zonas erógenas con la mano o por otro medio para proporcionar goce sexual».|

mata, a salto de mata *expr.* de forma improvisada.

«...y aunque había que preparar las cosas a salto de mata le pusimos mucha voluntad.» B. Pérez Aranda *et al.*, *La ex siempre llama dos veces*.

matado *adj.* cansado, fatigado, estropeado.

«Estoy trabajando solo y voy a estar matado.» José Ángel Mañas, *Historias del Kronen*. ▌ «matado. Por cansado. Lo que antes se decía estar muerto.» Francisco Umbral, *Diccionario cheli*. ▌ «Matado. Muy cansado.» Romero, céd. Ac., RAE. ▌ «Matá: arruinada, destrozada...» JV. ▌ «Matado/a. Cansado, agotado, desfallecido.» Ra. ▌ «Estar matado. Estar cansado.» S. ▌ «Estar matado. Estar muy cansado o abatido.» VL. ▌ «Matado: cansado.» JMO. ▌ ▪ «Mi coche está matao, el pobre, y no creo que valga la pena arreglarlo ya.»

2. *s.* fracasado.

«Matao: arruinado, perdido, pobre, enfermo.» JV. ▌ «Ser un matado. Ser una persona sin recursos económicos.» S. ▌ «Matado/a. Arruinado, empobrecido.» Ra. ▌ «Matado: cobarde, acabado.» JMO. ▌ ▪ «El hermano de mi novia es un matao que

nunca hará nada en la vida.» |✔ no se ha podido documentar fuera de diccionarios.|

*****matar** cf. (afines) acabar con, achicharrar, apiolar, atasabar, borrar del mapa, cargarse, cepillarse, churinar, cortar los *cojones, dar el *pasaporte, dar el *paseo, dar la *puntilla, dar *matarile, dar muley, dejar como un *colador, dejar en el *sitio, dejar seco, despachar, eliminar, escabechar, escalfar, esnucar, freír, hacer *desaparecer, levantar la tapa de los *sesos, liquidar, llenar de *plomo, llevarse por *delante, mandar al otro *barrio, mulabar, mullar, pasar a mejor *vida, pasear, pelar, picar, quitar de enmedio, rebanar la *nuez, tasabar, tasilar, trincar, tumbar, ventilarse.

matar, llevarse a matar *expr.* llevarse mal con alguien.

«...se llevan a matar con las antiguas parejas de la dinastía...» Tomás Cres, *Aproximación a la telenovela*, 1987, RAE-CREA.

2. matar el tiempo *expr.* entretenerse ociosamente en quehaceres sin importancia.

«Yo mataba el tiempo en el despacho, analizando...» Juan Luis Cebrián, *La rusa*. ▌ «Sin embargo los que matan el tiempo con los naipes...» Raúl del Pozo, *Noche de tahúres*. ▌ «Para matar el tiempo hasta que abran el taller.» José Ángel Mañas, *Historias del Kronen*. ▌ «No sabe en qué matar el tiempo el resto del día.» Manuel Hidalgo, *Azucena, que juega al tenis*.

3. matarlas callando *expr.* hacer algo malo fingiendo bondad.

«...a mí me llaman el mátalas callando, o sea, como quien no quiere la cosa...» Daniel Leyva, *Una piñata llena de memoria*, 1984, RAE-CREA. ▌ «...el devastador sex appeal de Bruce Willis, que no es tan guapo ni tan limpito, pero las mata callando...» Carmen Rigalt, El Mundo, 17.7.99.

4. matarse *v.* hacer gran esfuerzo.

«Se mata a trabajar con poco resultado.» MM. ▌ «Este coche corre que se mata.» FV. ▌ «...porque en el banco donde se mataba trabajando...» Alfredo Bryce Echenique, *La vida exagerada de Martín Romaña*, 1981, RAE-CREA. ▌ «...mientras mi prima Fátima se mataba a trabajar...» Eduardo Mendicut-

mat

452

ti, *Fuego de marzo,* 1995, RAE-CREA. ❙ «Se mata por los amigos.» MM. ❙▪❚ «Me tendré que matar para hacerlo, pero terminaré a las cinco.»

5. para que lo maten a uno *expr.* mal, en mal estado.

«Hoy he estado para que me maten, pero vas a decir que no tuve suerte con el estoque.» Ángel Palomino, *Un jaguar y una rubia.*

matarile, dar matarile *expr.* matar, asesinar.

«A esta tía un día me la cargo. Por mi santa madre que le doy matarile.» Juan Madrid, *Cuentas pendientes.* ❙ «Claro que son perseguidos, sobre todo cuando le dan a alguien matarile.» Raúl del Pozo, *Noche de tahúres.* ❙ «Para darle matarile siempre hay tiempo.» Fernando Martínez Laínez, *La intentona del dragón.* ❙ «Amo matón / Matarile al maricón.» J. M. Gómez, canción de Molotov, El Mundo, La luna del siglo XXI, 9.10.98. ❙ «...y si no os entregáis os vamos a dar matarile.» M. Sánchez Soler, *Festín de tiburones.* ❙ «Habéis dado matarile a un tipo indefenso...» Mariano Sánchez, *La sonrisa del muerto.*

matarratas *s.* bebida alcohólica de mala calidad.

«Y vino, pero no me traigas del más barato, que sabe a matarratas.» Care Santos, *El tango del perdedor.* ❙ «Les devolvió el favor invitándoles a matarratas y se despidieron tan amigos...» Andreu Martín, *El señor Capone no está en casa.* ❙ «A ti tampoco te está sentando bien este matarratas.» C. Pérez Merinero, *La mano armada.* ❙✔ DRAE: «fig. y fam. Aguardiente de ínfima calidad».❙

matasanos *s.* médico incompetente.

«...que si le iba a poner él en persona al galeno las almorranas en los morros, que si se pensaba el matasanos...» A. Zamora Vicente, *Mesa, sobremesa.* ❙ «Digan lo que digan los matasanos, continúo siendo la más gorda.» Terenci Moix, *Garras de astracán.* ❙ «Anda con tantos enredos don Julián, el matasanos,» Jose-Vicente Torrente, *Los sucesos de Santolaria.* ❙ «Nada grave, si hubiese un matasanos cerca para curarla.» Fernando Martínez Laínez, *La intentona del dragón.* ❙ «El matasanos viste con absoluto descuido y trae un pepito de ternera...» Manuel

Quinto, *Estigma.* ❙ «En mi infancia se hablaba más del matasanos, refiriéndose con sorna al médico de cabecera.» José Antonio Jauregui, La Revista del Mundo, 8.8.99. ❙✔ *mata sanos* para Luis Besses, *Diccionario de argot español.* DRAE: «m. fig. y fam. Curandero o mal médico».❙

matasiete *s.* fanfarrón, presumido, jactancioso.

«Se llama fanfarrones a quienes se dicen valientes y no lo son... El fanfarrón tiene muchas variantes: sietemachos... gallito... valentón... matón... bocazas... tragahombres... matasiete...» AI. ❙ «...con el desplante chulesco del matasiete.» Fernando Savater, *Invitación a la ética,* 1982, RAE-CREA.

mates *s. pl.* matemáticas.

«Un día le pregunté a mi madre si podía venir un compi a explicarme el examen de mates.» Ragazza, n.° 101. ❙ «...quedaréis como unos chicos aplicados que se divierten con una materia tan sagrada como las mates...» Juanma Iturriaga, *Con chandal y a lo loco.* ❙ «El mejor momento para intentar seducirlo no es [...] antes de empezar un examen de mates.» A. Gómez Rufo, *Cómo ligar con ese chico que pasa de ti o se hace el duro.*

matón *s.* rufián asalariado.

«Su trabajo de matón en... en ese club, no es para un hombre de su categoría.» Juan Madrid, *Las apariencias no engañan.* ❙ «Los matones de Tito, los que estaban vigilando mi casa.» Luis Camacho, *La cloaca.* ❙✔ DRAE: «m. fig. y fam. Hombre jactancioso y pendenciero, que procura intimidar a los demás».❙

2. fanfarrón, presumido, jactancioso.

«Se llama fanfarrones a quienes se dicen valientes y no lo son... El fanfarrón tiene muchas variantes: sietemachos... gallito... valentón... matón... bocazas... tragahombres... matasiete...» AI.

matraca *s.* molestia.

«¡Qué matraca la tía ésta!» R. Gómez de Parada, *La universidad me mata.*

2. dar la matraca *expr.* molestar, incordiar.

«...en aquel poblachón que tanto elogia, y nos da la matraca con sus calles...» A. Zamora Vicente, *Mesa, sobremesa.* ❙ «...el Cristóbal ya no se atreverá a darte la matraca...» Andrés Berlanga, *La gaznápira.* ❙ «Dar matraca, molestar, importunar.» LB. ❙ «...no quieres que venga nadie a darte la matraca, ni siquiera tu pareja.» Eduardo Mendicutti, El Mundo, 2.1.99. ❙ «...no dejaba de darle la matraca a la chica...» Andreu Martín, *Amores que matan, ¿y qué?*

3. matracas *s. pl.* matemáticas.
«...empezó a contarle a su padre cosas de su vida, le confesó tener problemas con las matracas y con una niña de quinto de EGB.» Eloy Arenas, *Los vecinos de mis vecinos son mis vecinos.*

***matrimonio** cf. (afines) ▶ *casarse.*

matrimonio, usar (hacer uso de) del matrimonio *expr.* copular.
«...durante los años que duraba su penitencia, no podía usar del matrimonio ni celebrar nuevas nupcias...» Fernando Gracia, *El libro de los cuernos.* ❙ «...tenía la mala costumbre de orinarla cada vez que hacía uso de matrimonio...» Ramón Ayerra, *Los ratones colorados.*

matusa *s.* anciano, viejo.
«No se enterarán, son dos matusas, tienen ya oxidado el radar.» Ángel Palomino, *Todo incluido.* ❙ ◼ «Mi abuelo juega al dominó en la plaza del pueblo con otros matusas como él.»

Matusalén, más años que Matusalén *expr.* muy viejo.
«...iba colgada del brazo de un bujarrón con más años que Matusalén...» Pedro Casals, *Disparando cocaína.*

matute, de matute *expr.* a escondidas, ilegalmente.
«Pinochet pretende irse de matute, escapando a la acción de la justicia...» Fernando López Agudín, El Mundo, 7.8.99. ❙ «No me llevaría ninguna sorpresa si en el uniforme de la Agencia se dijera que ese loco de atar lleva de matute algún asunto de drogas...» Ernesto Parra, *Soy un extraño para ti.* ❙ «...podrían haberle colocado algún explosivo de matute.» Pedro Casals, *Disparando cocaína.* ❘✔ DRAE: «de matute. 1. loc. adv. A escondidas, clandestinamente».❙

matutero *s.* estafador, timador.
«...y entre él y Linares pusieron al matutero como un eccehomo.» C. Pérez Merinero, *La mano armada.*

maxi *s.* maxifalda, falda larga.
«...puesta de maxi o mini... creo que con las misma me voy a desvestir...» Marisa López Soria, *Alegría de nadadoras.*

maxibusto *s.* pechos grandes.
«Zilda. Madura. Maxibusto. Hoteles.» Anuncio clasificado, ABC, 12.7.98.

mayúsculo, error (susto, sorpresa) mayúsculo *adj.* muy grande.
«Mi sorpresa fue mayúscula cuando vi aparecer bajo el envoltorio la pulsera...» Care Santos, *El tango del perdedor.*

maza *s.* jugador profesional.
«Mazas, es decir, jugadores profesionales duros, que no van sino con las mejores cartas.» Raúl del Pozo, *Noche de tahúres*

2. mazas *s.* hombre fornido.
«El mazas. Fácilmente reconocible por sus ajustadas camisetas de manga corta que le marcan todo...» Juanma Iturriaga, *Con chandal y a lo loco.* ❙ ◼ «El gimnasio está lleno de mazas que no hacen más que enseñar los músculos.»

mazo *adv.* y *s.* mucho, gran cantidad.
«¡Pues menos mal que lo es un encanto y se enrolla mazo con...» Ragazza, n.° 101. ❙ «Soltó un mazo de guita.» Lucía Etxebarría, *Beatriz y los cuerpos celestes.* ❙ «Aprovecha para relajarte y dormir un mazo...» Ragazza, junio, 1998. ❙ «Pilota mazo.» Joseba Elola, *Diccionario de jerga juvenil,* El País Semanal, 3.3.96. ❙ «...mola mazo, tu vieja.» Jaime Romo, *Un cubo lleno de cangrejos.*

2. *s.* pene.
«mazo. Miembro viril.» A. Mora Montes-Figueroa, *Glos. Alec.,* RAE.

3. *s.* mucho dinero.
«Mazo. Dinero en abundancia.» Pereira de Padilla, *Léx.,* RAE. ❙ ◼ «Me ha costado un mazo la boda de mi hija.»

meada *s.* orín.
«...tarros repletos de líquido urinario, también denominado pis, pipí y meada...» José

M.ª Zabalza, *Letreros de retrete y otras zarandajas.* ❙ «Vi el charquito que había dejado su meada y corrí hasta la cocina.» C. Pérez Merinero, *El ángel triste.* ✔ DRAE: «meada: f. Porción de orina que se expele de una vez».❙

2. echar (soltar, escapársele) una meada *expr.* orinar.

«...pueden en seguida echar una larga, olímpica y cálida meada...» Francisco Umbral, *La derechona.* ❙ «Yo creo que al que se le ha escapado la meá ha sido a Pijiles.» Carlos Zeda, *Historias de Benidorm.* ❙ «...para echar alguna de estas cosas: un sueño, un polvo, o una meada...» Álvaro de Laiglesia, *Hijos de Pu.* ❙ «Tranquilo, hombre, tranquilo, que sólo venimos a echar una meada.» Manuel Hidalgo, *Azucena, que juega al tenis.* ❙ «...sale a dar una vuelta, a echar una meadita o algo así...» Fernando Martín, *Cómo aprobar todo sin dar ni chapa.* ❙ «¿También te has olvidado de la meada que soltaste en el pasillo?» Carlos Pérez Merinero, *El ángel triste.*

meadero *s.* retrete.

«...en tiempos cantarina y orgullosa ferrada y hoy meadero de canes...» C. J. Cela, *Viaje al Pirineo de Lérida.* ❙ «...y algunos meaderos en perfecto estado de desinfección.» Juanma Iturriaga, *Con chandal y a lo loco.* ❙ «Macho, cuando por fin vas corriendo al meadero y te pones allí, ya con la gota en la punta del capullo...» Andreu Martín, *Prótesis.*

meaos *s. pl.* orines.

«...mejor que una silla de extensión salpicada por los meaos...» Adriano González León, *Viejo,* 1995, RAE-CREA. ❙ «...por eso cuando los meaos de Julito Montero...» Guillermo Morón, *El gallo de las espuelas de oro,* 1986, RAE-CREA. ❙ «...es en la caca y en los meaos...» Adriano González León, *Viejo,* 1995, RAE-CREA. ❙▪ «Yo no saco a la calle este colchón con manchas de meaos.»

meapilas *s.* beato, santurrón.

«¿Por qué te has traído a este meapilas?» Película *Belle époque.* ❙ «...habrá que usar como abono o como mecha la literatura meapilas...» A. Zamora Vicente, *Mesa, sobremesa.* ❙ «...es como una película medio pornográfica a la que una estricta censura de meapilas...» Ángel Palomino, *Las otras violaciones.* ❙ «Yo no soy un meapilas.» Miguel Martín, *Iros todos a hacer puñetas.* ❙ «...el cura, que por ser castrense no era nada beato ni meapilas.» Álvaro de Laiglesia, *Hijos de Pu.* ❙ «Seguro que le ha hecho ya un lugar en el testamento a este meapilas, me dije.» C. Pérez Merinero, *El ángel triste.* ❙ «...es por toda esta panda de meapilas que nos ha tocado hoy.» El Gran Wyoming, *Te quiero personalmente.* ❙ «Que tú seas un meapilas no me importa...» C. Rico-Godoy, *Cómo ser infeliz y disfrutarlo.* ❙ «...otros van a hacer el indio a la Meca o a besarle las manos al meapilas del Papa...» C. Pérez Merinero, *Días de guardar.*

mear(se) *v.* orinar.

«¡Mira que ir a mearse al coche...!» A. Zamora Vicente, *Desorganización.* ❙ «Que el cura no vaya a mear sin que yo lo sepa.» Arturo Pérez-Reverte, *La piel del tambor.* ❙ «¡Y dile a Regino que no salgan a mear los hermanos del Paso!» Miguel Martín, *Iros todos a hacer puñetas.* ❙ «...y entonces él se meaba y se hacía cacas...» Manuel Hidalgo, *El pecador impecable.* ❙ «...Félix no podía ir a mear.» A. Sopeña Monsalve, *El florido pensil.* ❙ «...hasta que concluía por caer al suelo, meándose en las sayas o haciéndolo de pie...» José Gutiérrez-Solana, *Madrid callejero, Obra literaria, II.* ❙ «¿Quién es el ser que primero hace pis, luego mea y por fin (en el hospital) orina?» Fernando Arrabal, *El Mundo,* 18.10.98. ❙ «...cómo se meaban del susto los pantalones al decirles chitón...» Juan Marsé, *Si te dicen que caí.* ❙ «Si quieres ver a tu compañera andar, párate a mear.» ref. ✔ Joan Corominas documenta la palabra hacia el año 1400. DRAE: «Del lat. *meiere,* vulg. *meiare.* 1. intr. Expeler orina, orinar. Ú. t. c. tr. y c. prnl.».❙

2. ganar, superar.

«Fran me dejaba dos calles de ventaja y aun así me meaba, corría como cien o doscientas veces más que yo.» Ray Loriga, *Lo peor de todo.*

3. mearse de gusto *expr.* sentir mucho placer.

«...sueña que mete un gol histórico y se mea de gusto.» ABC Electrónico, 38899, 1997.

4. mearse de miedo *expr.* tener mucho miedo.

«El toro se mea de miedo...» El Mundo, 25.5.95. ▌ «Sé que Ícaro se mea de miedo...» David Martín del Campo, *Las rojas son las carreteras,* 1976, RAE-CREA.

5. mearse (de risa) *expr.* reírse.

«...y le estallaba la carcajada y nos meábamos...» M. Vázquez Montalbán, *Los alegres muchachos de Atzavara.* ▌ «...algunas viejas parecen que se mean de risa, llevándose las manos a la cabeza.» José Gutiérrez-Solana, *Madrid callejero, Obra literaria, II.* ▌ «Dime que nunca has calentado a alguien que me voy a mear de risa.» Juan Madrid, *Flores, el gitano.*

6. mearse en los pantalones *expr.* asustarse.

«¡Pero si yo me meo en los pantalones al empezar a hablar!» Víctor Márquez Reviriego, ABC, 23.5.99.

7. mearse encima *expr.* asustarse.

«...se meó encima...» Javier Memba, *Homenaje a Kid Valencia,* 1989, RAE-CREA. ▌ ▪ «Se va a mear encima cuando se entere de lo que ha pasado en la boda.»

mearrera *s.* acción y efecto de orinar.

«...todo son incordios: la tos, la mearrera, el mal genio, la avaricia...» A. Zamora Vicente, *Historias de viva voz.*

measalves *s.* beato, santurrón.

«Measalves. Persona gazmoña, hipócrita que aparenta ser devota.» J. S. Serna, *Dicc. Manchego,* RAE. ▌ ▪ «Juan es un measalves que se pasa el día en misa rezando el rosario, y luego las mata callando, el mamón.»

¡mecachis! *excl.* interjección ñoña.

«...la imposibilidad, ¡mecachis!, de acudir a clase...» R. Gómez de Parada, *La universidad me mata.* ▌ «Y Franco volvió a cerrar los ojitos y exclamó: ¡Mecachis!» Gomaespuma, *Grandes disgustos de la historia de España.* ▌ ▪ «¡Mechachis! Ya me he dejado la cartera en casa otra vez.» ✔ DRAE: «interj. de extrañeza, o de enfado».▌

2. mecachis en diez *interj.* interjección ñoña.

«...mecachis en diez, bueno, esto parece que rula...» Ramón Ayerra, *Los ratones colorados.*

3. mecachis en la mar (salada) *interj.* interjección ñoña.

«¡Mecachislamarsalada!» Fernando Repiso, *El incompetente.*

¡mecagoen! *excl.* exclamación de enojo.

«Mecagüendiós, que peazo dormitorio.» El Víbora, n.° 143. ▌ ▪ «¡Mecagoen! Ya se ha largado ese cabrón sin pagar.» ✔ también *mecagüen.*▌

mecha *s.* hurto en tiendas.

«Mecha. Procedimiento que consiste en escamotear objetos, ocultándolos entre las piernas.» LB. ▌ «Procedimiento delictivo de hurto consistente en sustraer efectos de tiendas y almacenes mediante técnicas de escamoteo.» JGR. ▌ «Mecha. Tipo de robo.» S. ✔ no se ha podido documentar fuera de diccionarios.▌

2. a toda mecha *expr.* muy deprisa, mucho volumen.

«...levanta la mano sin volverse y sigue tecleando a toda mecha y con dos dedos.» José Ángel Mañas, *Sonko95.* ▌ «Jefe que no puede controlar la rebeldía de sus manos: en cuanto ven un escote se le van solas, a toda mecha.» R. Montero, *Diccionario de nuevos insultos...* ▌ «...alucina con la idea de salir de allí a toda mecha.» J. Giménez-Arnau, *Cómo forrarse y flipar con la gente guapa.* ▌ «...tuvo que poner la televisión a toda mecha.» Fernando Martínez Laínez, *Bala perdida.*

3. aguantar mecha *expr.* resignarse, aguantar con paciencia.

«Lo que tiene mérito es aguantar que le martiricen a uno [...] aguantar mecha y sin tomar una aspirina...» Álvaro de Laiglesia, *Hijos de Pu.* ▌ «Aguantar mecha: Sufrir con paciencia.» LB. ✔ DRAE: «fr. fig. y fam. Sufrir o sobrellevar resignado una reprimenda, contrariedad o peligro».▌

mechero *s.* ladrón.

«...los mecheros, los traficantes de drogas, de mujeres y de dinero...» Ángel Palomino, *Las otras violaciones.* ▌ «Mechera. Ladrona que esconde entre las piernas lo robado.» LB. ▌«...una cola interminable de sirleros, camellos baratos, trileros, desparramadores, toperos, drogatas, mecheros...» Juan Madrid, *Crónicas del Madrid oscuro.* ▌«¡Ladrona, mechera, guarra!» Fernando G. Tola, *Mis tentaciones.* ▌«...todos los delincuentes habituales: toperos, espadistas, piqueros, mecheros...» Victoriano Corral, *Delitos y condenas.* ▌«Celia era una vieja, antigua mechera...» Fernando Martínez Laínez, *Bala perdida.*

medallas, ponerse medallas *expr.* vanagloriarse, alabarse.

«Y no me pongo medallas pero es verdad que he aprendido mucho a su lado.» M. Vázquez Montalbán, *El delantero centro fue asesinado al atardecer.*

media, media naranja *s.* cónyuge, consorte.

«Mi esposa, mi señora, mi media naranja. Mi mujer.» Carmen Posadas, *Yuppies, jet set, la movida y otras especies.* ▌«...encontré a mi media naranja.» Cómic Jarabe, n.° 4, 1996. ▌«Si este pleito por su dura condición nunca se zanja es porque nadie procura hallar su media naranja...» E. Blasco, *Noches en vela,* RAE. ▌«Encontrar su media naranja. Frase. fig. y fam. Hallar una mujer a quien se elige por esposa.» Segovia, *Argentinismos,* RAE. ▌«...este mes puede aparecer por fin tu media naranja.» Ragazza, agosto, 1997. ▌«...pero si quiere ir con su media naranja o con sus queridos hijos.» Carmen Pérez Tortosa, *¡Quiero ser maruja!* ▌«Aunque hasta ahora no ha encontrado a su media naranja...» El País, 4.5.99. ▐✓ DRAE: «fig. y fam. El marido o la mujer, el uno respecto del otro».▌

2. no gustar ni media *expr.* no gustar.

«Molar cero [...] es cuando algo no te gusta ni media, cuando no lo soportas.» Ragazza, junio, 1998.

*médico cf. (afines) ▶ *cirujano.*

medicucho *s.* médico incompetente.

«Y no me digas que llame a don Román, que el medicucho tampoco me va a creer...» Mariano Tudela, *Últimas noches del corazón.* ▌«Me parece que ese medicucho no le ha acerta-

do.» Ignacio Aldecoa, *El fulgor y la sangre.* ▌■ «El Dr. Pérez se cree una eminencia pero no es más que un medicucho de pueblo.»

mediohombre *s.* hombre pequeño.

«En cuanto a los menudos [...] su estatura los hermana en el grupo de los retacos: [...] canijo [...] chaparro; chaparrete [...] enano... esmirriado... mediohombre; [...] microbio; pigmeo; renacuajo; retaco; [...] taponcete...» AI.

medir las palabras *expr.* hablar sin ofender.

«...pero había que medir las palabras.» José Luis de Tomás García, *La otra orilla de la droga,* 1984, RAE-CREA. ▌«...no era cosa habitual en ella: había comenzado a medir las palabras.» Estela Canto, *Ronda nocturna,* 1980, RAE-CREA.

meditar *v.* dormir.

«Meditar: dormir.» JV. ▌■ «Siempre medito después de comer, pero en la cama y con pijama, eh.» ✓ no se ha podido documentar fuera de diccionarios.▌

mejillones, llevar mejillones en las uñas *expr.* llevar las uñas sucias.

« Lleva las manos sucias y las uñas con mejillones.» CO, María Gallego, 15.4.98.

mejorando lo presente *expr.* excusa por una frase fuera de tono, o que se cree que puede ofender.

«Eso es una sarta de sandeces... Se dice 'mejorando lo presente'.» A. Zamora Vicente, *Mesa, sobremesa.* ▌«Él que era listo —mejorando lo presente— como yo cogía onda.» C. Pérez Merinero, *Días de guardar.* ▌■ «Renato es un hijoputa cabrón, mejorando lo presente.»

mejorato, lo mejorato *s.* lo mejor.

«...nunca os dejaré de comprar [...] que sois lo mejorato del mercado.» Rambla, n.° 19.

melenas *s.* persona con pelo largo.

«Se llama Salvador, es un melenas.» Juan Madrid, *Un beso de amigo.*

melenudo *s.* persona contestataria de pelo largo.

«En el bar hay poca gente. Las mesas vacías, un par de melenudos jugando al futbolín,» José Ángel Mañas, *Mensaka.* ▍ «...una policía fiel y dedicada a encarcelar melenudos gritones...» Juan Madrid, *Las apariencias no engañan.* ▍ «...parecen carecer de eficacia contra los melenudos y los que muestran su mugre como blasón de libertad.» José M.ª Zabalza, *Letreros de retrete y otras zarandajas.* ▍ «...lo cierto es que siempre genera una predisposición negativa, por parte del profesor hacia el melenudo.» Fernando Martín, *Cómo aprobar todo sin dar ni chapa.* ▍ «¿Había visto usted a ese melenudo alguna vez?» Andreu Martín, *Amores que matan, ¿y qué?* |✔ DRAE: «adj. Que tiene abundante y largo el cabello. Ú. t. c. s.».|

melocotón *s.* borrachera.

«...los vocablos pedo y mierda, que expresan una intoxicación etílica, capitaneando [...] mona, merluza, melopea, pítima, tajada, moco, tablón, cogorza, moscorra, castaña, melocotón...» José M.ª Zabalza, *Letreros de retrete y otras zarandajas.*

2. melocotones *s. pl.* testículos.

«¿Qué tiene papá / bajo la camisa? / Dos melocotones / y una longaniza.» Amelia Díe y Jos Martín, *Antología popular obscena.*

melón *s.* cabeza.

«...con estos melones qué productividad querrán que tengamos...» A. Zamora Vicente, *Mesa, sobremesa.* ▍ «Esta pelada que tengo en el melón, es de la cuerda...» José Gutiérrez-Solana, *Madrid callejero, Obra literaria, II.* ▍ «¿Qué, te duele el melón?» JM. ▍ ◾ «Se cayó de espaldas y se dio un golpe en el melón.»

2. bobo, necio.

«¡Está claro, pedazo de melón!» José María Amilibia, *Españoles todos.* |✔ DRAE: «fig. y fam. Hombre torpe o necio».|

3. *s. pl.* pechos, senos.

«Despampanante travesti de Canarias. Dos buenos melones y un superplátano.» Manda Güebos, n.º 41. ▍ «...mete la mano aquí, por el escote [...] a los que como poco se debía tachar de melones.» Ramón Ayerra, *Los ratones colorados.* ▍ «Es metáfora formal (las tetas semejan melones). Se usa generalmente en plural.» DE. ▍ «...una negraca en sujetador y con bragas de cuero

azul se abalanza sobre ellos y pega los melones contra el parabrisas.» José Ángel Mañas, *Sonko95.*

melonada *s.* tontería, bobada.

«...como si se dispusiese a meterse en la cama diciendo la última sarta de melonadas que suelen dejar caer los casados al acostarse...» Ramón Ayerra, *Los ratones colorados.*

meloncio *s.* necio, tonto.

«Meloncio. Arg. Muy tonto, insulto, necio, bobo.» V. Al-Andalus VIII, 1943, RAE. ▍ «Meloncio. (insulto) Tonto, necio, bobo.» J. M.ª Iribarren, *Voc. navarro,* RAE. ▍ «¿Conoces tú, meloncio, mujer descrita mejor?» Eugenio Noel, *Las siete cucas,* RAE.

melopea *s.* borrachera.

«...y el sonido del clamoroso abucheo que le dedicó el público de Madrid aquella mala tarde de su inoportuna melopea.» A. Ussía, ABC, 3.1.99. ▍ «...no les llegaban los pies al suelo, de la melopea...» Leopoldo Alas, A las barricadas, 1-7 junio, 1998. ▍ «Melopea: borrachera.» LB. ▍ «...los vocablos pedo y mierda, que expresan una intoxicación etílica, capitaneando [...] mona, merluza, melopea, pítima, tajada, moco, tablón, cogorza, moscorra, castaña, melocotón...» José M.ª Zabalza, *Letreros de retrete y otras zarandajas.* ▍ «No sé si fue la melopea de Julio Iglesias, el pequeño cabreo que ella tenía, o sabe Dios...» C. Pérez Merinero, *El ángel triste.* ▍ «La de [...] Clifton fue, sin lugar a dudas, una melopea de muerte...» Cristina Frade, El Mundo, 26.2.98. |✔ DRAE: «vulg. Embriaguez, borrachera».|

membrillo *s.* bobo, necio, tonto, víctima.

«¿Pichones? Sí, puntos, membrillos, víctimas.» Raúl del Pozo, *Noche de tahúres.* ▍ «...estafó a un membrillo toscano hasta catorce mil ducados...» Raúl del Pozo, *Noche de tahúres.* ▍ «Cualquier profesor, por membrillo que fuese, te cazaría a la primera.» Fernando Martín, *Cómo aprobar todo sin dar ni chapa.* ▍ «Que no hombre, que no, no me seas membrillo, tú dile eso...» Jaime Romo, *Un cubo lleno de cangrejos.* ▍ «Deduzco que te casaste con el membrillo aquél por el que me dejaste.» Carmen Pérez Tortosa, *¡Quiero ser maruja!*

2. chivato, delator.

«membrillo. Chivato.» Francisco Umbral, *Diccionario cheli*. ❚ «Membrillo: confidente de la policía.» Manuel Giménez, *Antología del timo*.

memeces *s. pl.* bobadas, sandeces, tonterías.

«...una sarta de memeces sobre el feminismo o algo así.» Manuel Hidalgo, *Azucena, que juega al tenis*. ❚ «...la guerra contra la droga y otras memeces de la policía...» El Mundo, 30.9.95. ❚ «...toda una sarta de memeces que te han ido metiendo en el cocotero desde que eras un mocoso...» C. Pérez Merinero, *Días de guardar*. ❚ ◾ «Esas memeces se las dices a tu madre.»

memez ▶ *memeces.*

memo *s.* necio, tonto.

«Se aplica con desprecio y, generalmente, con enfado, a la persona que demuestra falta de inteligencia, discreción u oportunidad.» MM. ❚ «Pero es igualmente cierto que sólo un memo podría dejar de darse cuenta de algo turbador...» Juan Marsé, *La oscura historia de la prima Montse*. ❚ «Si es que no me canso de repetírtelo. ¡Eres un memo! Memo perdido.» C. Pérez Merinero, *El ángel triste*. ❚ «...no hacía más que atragantarse con las bebidas, el muy memo.» Ernesto Parra, *Soy un extraño para ti*. ❚ «Voy a contarle a este memo lo equivocado que está.» Eduard José, *Buster Keaton está aquí,* 1991, RAE-CREA. ❚ «Se trata de Pajuelo que creo que es un memo.» Manuel Martínez Mediero, *Lola, la divina,* 1989, RAE-CREA. ❚ «...y tiene fama de memo.» Ángel Palomino, *Insultos, cortes e impertinencias*. ✔ DRAE: «adj. Tonto, simple, mentecato. Ú. t. c. s.».❚

memoria de elefante *expr.* buena memoria.

«Pero Garzón tiene memoria de elefante.» José María Ortiz, ABC, 20.11.99.

menda *s.* persona, individuo, sujeto, tipo.

«¿Y quien se va a convertir en la risa de cualquiera que tenga un dedo de frente? A Reyes de Río, que es esta menda.» Terenci Moix, *Garras de astracán*. ❚ «¡Hay que joder-

se con el menda!» Juan Madrid, *Cuentas pendientes*. ❚ «Pues he hablado con el menda y he quedado para mañana.» José Ángel Mañas, *Historias del Kronen*. ❚ «...es una actitud de candidez incalificable abrir la puerta a un/a menda...» Manuel Giménez, *Antología del timo*. ❚ «Empezamos a correr el kilómetro y el menda se me rila a la mitad.» El Gato Encerrado, 3-9 julio, 1998. ❚ «O sea, que le dice usted al menda ese de la inmobiliaria que...» Eloy Arenas, *Los vecinos de mis vecinos son mis vecinos*. ❚ «No sé qué hacer. Si sacar la pistola ya o esperar a que la menda liquide y se pire.» C. Pérez Merinero, *Días de guardar*.

2. yo, uno, el que habla.

«Sólo que uno, o sea menda, lo conoce bien y sabe que, en el fondo,...» Felipe Navarro (Yale), *Los machistas*. ❚ «Dice la chavala que otro domingo prefiere el biógrafo. Menda se apunta.» Reta Eslava, RAE. ❚ «A menda no se le da esquinazo.» Ramón M.ª del Valle Inclán, *Baza,* RAE. ❚ «¡Pues si vas de machista, tío, te has equivocado de peli con mi menda.» Ernesto Parra, *Soy un extraño para ti*. ❚ «Menda habla cuando quiere, para que te empapes.» Juan Marsé, *Si te dicen que caí*. ❚ «...La Lupe no es nada comparada con mi menda.» B. Pérez Aranda *et al.,* *La ex siempre llama dos veces*. ✔ según Ropero Núñez, *Léxico caló*: «Menda es un pronombre de origen gitano que, a través del flamenco, ha pasado al lenguaje popular, donde ha echado firmes raíces.» DRAE: «pron. pers. fam. Germ. Yo. Ú. con el verbo en 3.ª persona. Ú. t. precedido de el, este, mi».❚

menear, de no te menees *expr.* impresionante, grande, importante.

«...cuando me quise dar cuenta tenía encima una merluza de tente y no te menees...» Miguel Delibes, *Diario de un emigrante*. RAE. ❚ «...la batalla de los Arapiles, que debió ser un follón de no te menees...» A. Zamora Vicente, *Historias de viva voz*. ❚ «...y me marché de casa con un cabreo de no te menees.» M. Vázquez Montalbán, *Los alegres muchachos de Atzavara*. ❚ «La familia en pleno pilló un enfado de no te menees...» A. Matías Guiu, *Cómo engañar a Hacienda*. ❚ «...un dolor de riñones de no te menees.» Ladislao de Arriba, *Cómo sobrevivir en un chalé adosado.* ▌ «...se ponen un escote de no te menees...» A. Gómez Rufo, *Cómo ligar con ese chico que pasa de ti o se hace el duro.* ▌ «...le pegaba a la alfombra una paliza de no te menees...» María Antonia Valls, *Tres relatos de diario.* ▌ «...además tenía un lío familiar de no te menees...» M. Vázquez Montalbán, *El delantero centro fue asesinado al atardecer.* ▌ «...me espera una semana de no te menees...» C. Pérez Merinero, *Días de guardar.* ▌ «Era un hipocondriaco de no te menees.» Manuel Hidalgo, El Mundo, 4.9.99.

2. meneársela *v.* masturbar(se).

«...mi tía Micaela, que era hermana de mi madre, me la meneaba todas las noches en un rincón...» C. J. Cela, *Mazurca para dos muertos.* ▌ «...se la iba a meter de un momento a otro, el otro se la meneaba con la mano...» Almudena Grandes, *Las edades de Lulú.* ▌ «Siempre fue muy buena para conmigo, cuando era muchacho me la meneaba todas las noches...» C. J. Cela, *Mazurca para dos muertos.* ▌ «Mas como el hombre se asía / a la silla y no escuchaba, / ella se la meneaba.» A. Ussía, *Coñones del Reino de España.* ▌ «Aquí se caga, aquí se mea y el que tiene tiempo se la menea.» A las barricadas, 22-28 junio, 1998. ▌ «Parece que se la estaba meneando.» Rambla, n.° 3. ▌ «Estará allí ahora meneándosela a alguien por doscientas pesetas...» Mariano Sánchez, *Carne fresca.* ▌ «...la señora Gregoria que estaba meneándosela a un cliente...» Joaquín Belda, *Las noches del Botánico,* en DE. ▌ «...se la coge con papel de fumar incluso a la hora de meneársela.» R. Montero, *Diccionario de nuevos insultos...* ▌ «...se la meneaban hojeando la revista *Crónica,* que venía llena de vicetiples y bañistas...» Juan Marsé, *Si te dicen que caí.* ▌ «...me agarro la polla con la mano buena. Comienzo a meneármela.» C. Pérez Merinero, *Días de guardar.*

meneo *s.* cópula, coito.

«Novara solía regañarla pero tarde o temprano se le pasaba el cabreo, cuando arreciaban las ganas del meneo.» Fernando Martínez Laínez, *La intentona del dragón.* ▌ «...un meneo de no te menees.» C. Pérez Merinero, *Días de guardar.*

2. dar un meneo *expr.* golpear, pegar.

«...me dio un meneo divertidísimo en los riñones...» A. Ussía, *Tratado de las buenas maneras,* 1992, RAE-CREA. ▌ «Te espera un buen meneo por haber hecho novillos de clase.» CL. ▌ ■ «Le voy a dar un meneo a ese cabrón que va a parar al hospital.» ✓ DRAE: «fig. y fam. Vapuleo, tunda».▌

3. pegar (dar) un meneo *expr.* beber, echar un trago; comer.

«...le pegó un meneo a la botella.» Ramón Ayerra, *La lucha inútil,* 1984, RAE-CREA.

meninges, estrujarse las meninges *expr.* pensar, cavilar.

«...para no perder el tiempo en gilipolleces me estrujé las meninges tratando de dar con una buena coartada...» C. Pérez Merinero, *La mano armada.*

menorero *s.* persona a quien le gustan los menores.

«Maricón menorero, te voy a partir el cuello si te veo otra vez con ella.» Raúl del Pozo, *La novia.*

menos, en menos que se santigua un cura loco ▸ cura, en menos que se santigua un cura loco.

mensaca *s.* mensajero.

«Sí, soy un mensaca y a mucha honra.» Antena 3 TV, La casa de los líos, 25.1.98. ▌ «Ustedes que tienen mucha calle, ¿han visto algún empleado de Banco, mensaca, inspector de Hacienda, aparejador...» Francisco Umbral, El Mundo, 8.3.98. ▌ «¿Quién es? ¡Mensaca!» El Jueves, 13.5.98. ▌ «Mensaka.» José Ángel Mañas, *Mensaka.*

*****mensajero** *cf.* (afines) mensaca, trompo.

*****menstruación** *cf.* (afines) bandera roja, estar con la cosa, estar con el disco rojo, estar mala, tener el mes, la tía Pepa, periódico, periodo, tener los pintores, tener la regla, estar con el semáforo rojo, tener el tomate, tener visita.

mente retorcida *expr.* mala intención, malas ideas.

«En su mente retorcida por la coca y el alcohol...» J. J. Armas Marcelo, *Madrid, distri-*

to *federal,* 1994, RAE-CREA. ▌«Estás loca. Tienes la mente retorcida.» Javier Maqua, *Invierno sin pretexto,* 1992, RAE-CREA. ▌▪▪ «Tu madre siempre piensa que estamos haciendo guarradas porque tiene una mente retorcida.»

mentecato *s.* bobo, necio.
 «...un puñado de pelos arrastra tanto como ese Ford último modelo que has birlado a Dios sabe qué mentecato.» Jesús Ferrero, *Lady Pepa.*

*****mentira** cf. (afines) bola, bulo, cuento chino, gallofa, macutazo, milonga, de pega, renuncio, rollo, rollo macabeo, rollo patatero, trola.

mentira, mentira (y) gorda *s.* embuste exagerado.
 «¡Mentira y gorda!» Juan Marsé, *Últimas tardes con Teresa.* ▌▪▪ «¡Mentira y gorda, lo has roto tú porque lo sé, me lo han dicho!»

2. parecer mentira *expr.* ser inaudito.
 «Le parecía mentira que hubiese podido sentir las mismas emociones con dos hombres distintos...» Luis Camacho, *La cloaca.* ▌ «...me parece mentira que Até se lo haya creído...» Isabel Hidalgo, *Todas hijas de su madre,* 1988, RAE-CREA. ▌ «...parece mentira que no hayan subido el precio.» Ángel Vázquez, *La vida perra de Juanita Narboni,* 1976, RAE-CREA.

mentira como una casa ▸ *mentira (y) gorda.*

mentirijilla, de mentirijillas *expr.* de broma, no de verdad.
 «A la gente le gustan los crímenes de mentirijilla, en el cine o en las novelas...» Fernando Martínez Laínez, *Andante mortal.*

meo, echar un meo *expr.* orinar.
 «Yo entro, echo un meo y suspiro aliviado.» José Ángel Mañas, *Historias del Kronen.* ▌ «Voy a echar un meo a ver si me la veo.» CO, Óscar Carbonell García.

2. meos *s. pl.* orines.
 «En su primera versión, los billetitos decían: Se prohíbe hacer aguas (meos) bajo multa de cien sestercios.» C. J. Cela, ABC, 14.6.98. ▌ «¡Que lo empujaremos con buen vino, no con esos meos de curas que bebéis vosotros!» Geno Díaz, *Genocidio.*

meódromo *s.* retrete.
 «...los anarcos me sacaban, cuando, bien escoltado, iba a entrar en el meódromo.» A. Zamora Vicente, *Historias de viva voz.* ▌ «Me calzo las zapatillas y me voy al meódromo.» C. Pérez Merinero, *Días de guardar.*

meón *s.* que orina mucho.
 «Meona, vieja meona.» Ángel Palomino, *Las otras violaciones.* ▌ «...la noche que fracasé como hombre ante mi cuñada venía del baño después de haber fracasado como meón.» Chumy Chúmez, *Por fin un hombre honrado.* ✔ una de las definiciones del DRAE es de antología: «f. fam. p. us. Mujer, y más comúnmente niña recién nacida».▌

mequetrefe *s.* persona de poca importancia.
 «La vicepresidenta ha preferido aguantar al mequetrefe que tiene por marido...» Pedro Casals, *Hagan juego.* ▌ «...fili no es tonto o mequetrefe; quien te dice *fili* te está llamando *amigo.»* Ángel Palomino, *Insultos, cortes e impertinencias.* ✔ DRAE: «m. fam. Hombre entremetido, bullicioso y de poco provecho».▌

mercancía *s.* testículos.
 «Los hábiles dedos de la muchacha recorrieron aquella piel erecta ya palpitante, y después su mano [...] sopesó la mercancía curvando sus dedos como un cuenco.» Mariano Sánchez, *Carne fresca.*

merchar *v.* robar.
 «Merchar: robar.» JMO. ▌«Merchar: robar.» JV. ▌«Merchar. Chorar, robar, hurtar.» Ra. ▌ «Se dedica a merchar porque es un merchero fetén, cosa fina, macho.» DCB. ✔ no se ha podido documentar fuera de diccionarios.▌

merchero *s.* ladrón.
 «...los violadores, los forajidos, los rufianes, los estafadores, los parricidas, los atracadores, los mercheros, los traficantes de drogas...» Ángel Palomino, *Las otras violaciones.* ▌▪▪ «Cuidado cuando vayas por la Gran Vía porque está llena de mercheros.»

merdoso *s.* persona indeseable.

«El merdoso del jefe no quiere contribuir a la fiesta.» DCB. ❚ «Merdoso: llaman así al que causa asco.» IND. ✔ para María Moliner es *sucio, asqueroso*.❚

merecido, dar (recibir) su merecido *expr.* castigar, golpear.

«Ya está bien, Boleros. Ya le has dado su merecido.» Juan Madrid, *Las apariencias no engañan.*

merendola *s.* merienda abundante y buena.

«...y las merendolas campestres con las niñas...» B. Pérez Aranda *et al., La ex siempre llama dos veces.*

merengue, ponerse merengue *expr.* tierno, romántico.

«...y qué granujonas se ponen las abubillas cuando se ponen merengues, señor bendito...» Ramón Ayerra, *Los ratones colorados.*

meretriz *s.* prostituta.

«No quiero escuchar más tus pecadores vocablos ni ver tu libidinosa figura de mortífera meretriz.» Ramón Escobar, *Negocios sucios y lucrativos de futuro.* ✔ C. J. Cela dice en su DE: «es voz culta de uso muy antiguo en castellano y que aparece ya en el *Libro de Aleixandre*».❚

merienda de negros *expr.* desarreglo, desorden, lío, desajuste.

«La asamblea era una merienda de negros y no llegamos a ninguna conclusión.» CL. ❚ «...y son los capullos, y es la merienda de negros...» M. Romero Esteo, *El vodevil de la pálida, pálida, pálida rosa,* 1979, RAE-CREA. ✔ DRAE: «1. fig. y fam. Confusión y desorden en que nadie se entiende».❚

merluza *adj.* y *s.* ebrio, borracho.

«...cogorza, merluza, trompa. Estar con copas.» Carmen Posadas, *Yuppies, jet set, la movida y otras especies.* ❚ ▪ «Rafa es un merluza, un alcohólico que no dejará de beber nunca.»

2. *s.* borrachera.

«...empezó a beber pacharán como si fuera agua del Carmen, y se agarró una merluza...» Manuel Hidalgo, *Azucena, que juega al tenis.* ❚ «...cuando me quise dar cuenta tenía

mer
462

encima una merluza de tente y no te menees...» Miguel Delibes, *Diario de un emigrante,* RAE. ❚ «Por Navidad murió su padre de otra merluza no marítima...» González Anaya, *Oración,* RAE. ❚ «Hay quien se toma la merluza en vaso.» Germán Suárez Blanco, *Léxico de la borrachera,* RAE. ✔ DRAE: «fig. y fam. Embriaguez, borrachera».❚

3. pescar (agarrar, coger) una merluza *expr.* emborracharse.

«...pescar una merluza...» J. M.ª Gironella, *Gritos de la tierra,* RAE. ❚ «Coger una merluza. Embriagarse.» LB. ❚ «...empezó a beber pacharán como si fuera agua del Carmen, y se agarró una merluza...» Manuel Hidalgo, *Azucena, que juega al tenis.*

merluzo *s.* bobo, necio, tonto.

«...se califica a sí mismo de burro, despistado y merluzo...» Ángel Palomino, *Las otras violaciones.* ❚ «¿Aquel merluzo de conserje que tenéis de perro guardián?» Manuel Hidalgo, *Azucena, que juega al tenis.* ❚ «El merluzo del taxista es de los que le dan a la lengua sin tino.» C. Pérez Merinero, *Días de guardar.* ❚ «Una palabra que resuene, que golpee, que irrite; una palabra sencilla: ¡Merluzo!» Ángel Palomino, *Insultos, cortes e impertinencias.* ❚ «...que no le ocurra lo que a aquel —un merluzo, por descontado...» Ramón Ayerra, *Los ratones colorados.* ✔ DRAE: «m. fig. y fam. Hombre bobo, tonto».❚

mes, tener (estar, andar con) el mes *expr.* tener la menstruación.

«Tener el mes: estar la mujer en periodo de menstruación.» Amelia Díe y Jos Martín, *Antología popular obscena.* ❚ «Si no estuviera con el mes, esta noche te llevaba a la cama.» José María Amilibia, *Españoles todos.* ❚ «Ponerse mala. Tener el mes.» A. Ussía, *Tratado de las buenas maneras.* ❚ «Justo: empieza con el mes. Pues menudo carácter se le pone a la niña con la menstruación.» María Teresa Campos, *Cómo librarse de los hijos antes de que sea demasiado tarde.* ❚ «Andaba con el mes y no solíamos follar en esos días.» C. Pérez Merinero, *El ángel triste.* ❚ ▪ «Cuando Carla tiene el mes, no hay quien pueda hablarle de nerviosa que se pone.»

mesca *s.* mescalina.

«La mesca la cortan cantidati... lleva anfeta por un tubo...» *Rambla*, n.º 18.

mesmo *adj.* mismo.

«Mesmo: (mismo) denota semejanza, similitud.» IND. ▌«Porque no es lo mismo que lo mesmo, ¿no cree?» Laura Esquivel, *Como agua para chocolate,* 1989, RAE-CREA. ▌«...ha ido muy bien esa humildad, que aquí mesmo te la voy a recompensar...» Domingo Miras, *Las brujas de Barahona,* 1978, RAE-CREA.

metedura de pata *s.* error, pifia.

«Primera metedura de pata.» Jaime Romo, *Un cubo lleno de cangrejos.* ▌■「 «¡Qué metedura de pata cuando le preguntaste al conde si su mujer era su hija!» |✓ también *metedura de remo.* ▶ también *pata, metedura de pata.*|

meteisaca *s.* cópula, coito.

«El violento y rápido mete y saca los hace resollar al unísono...» José Luis Muñoz, *Pubis de vello rojo.* |✓ ▶ *metisaca.*|

metementodo *s.* persona entremetida y liante.

«...porque es una metementodo y una chivata...» Eduardo Mendicutti, *El palomo cojo,* 1991, RAE-CREA. ▌«A callar y a tus cosas, metementodo, que yo sé muy bien...» José Sanchís Sinisterra, *Lope de Aguirre, traidor,* 1986, RAE-CREA. ▌■「 «Luis es un metementodo que lo quiere saber y controlar todo.» |✓ el DRAE sólo reseña *metomentodo*: «com. fam. Persona que se mete en todo, entrometida».|

metepatas *s.* persona inoportuna que habla cuando no debe.

«...y la sensación de inoportunidad, de vergüenza y de metepatas es idéntica.» C. Rico-Godoy, *Cómo ser infeliz y disfrutarlo.* ▌«Edad mediana, bastante hortera y metepatas...» Juan José Alonso Millán, *Pasarse de la raya,* 1991, RAE-CREA. ▌«...de lo que se enteró un metepatas el día en que, viéndole tan frescachón...» Ramón Ayerra, *La lucha inútil,* 1984, RAE-CREA. |✓ DRAE: «com. Persona que mete la pata; inoportuno, indiscreto».|

meter, a todo meter *expr.* a gran velocidad, a mucho volumen.

«...y se oye el tocadiscos a todo meter, a pesar de las dobles ventanas.» Ernesto Parra, *Soy un extraño para ti.* ▌«...los que no sólo no disimulan, sino que, soltando plumas a todo meter...» Ángel Palomino, *Insultos, cortes e impertinencias.* ▌«...en un coche deportivo de color rojo y salió a todo meter, con los neumáticos chirriando...» Varios autores, *Cuentos de fútbol,* 1995, RAE-CREA. ▌«En casa sonaba a todo meter una música nada habitual...» Manuel Hidalgo, *Azucena, que juega al tenis.*

2. meter el cazo *expr.* cometer error.

«Meter el cazo: equivocarse, cometer una indiscreción.» JMO. ▌«Meter el cazo. Equivocarse, pifiarla.» VL. ▌«Meter el cazo. Cagarla, equivocarse.» Ra. ▌«Meter el cazo: confundirse, errar, precipitarse.» JV. ▌«Meter el cazo. Equivocarse.» S. |✓ no se ha podido documentar fuera de diccionarios.|

3. meter la pata ▶ *pata, meter la pata.*

4. meter mano ▶ *mano, meter mano.*

5. meter un dedo ▶ *dedo, meter(se) el dedo.*

6. meterla *v.* introducir el pene.

«Será un niño pero está deseando que se la metan.» Terenci Moix, *Garras de astracán.* ▌«...dentro de lo que se puede hacer, es la mamada, o que me la metas por el culo...» Ramón Ayerra, *Los ratones colorados.* ▌«¿Se la has metido ya?» Anónimo, *Obsesiones impúdicas.* ▌«la seguí / se la metí / se la saqué / y a los nueve meses / tuvo un bebé.» Amelia Díe y Jos Martín, *Antología popular obscena.* ▌«Pero si nos contaras otra vez cómo has podido meterla, podríamos ayudarte mejor [...] (y recalcaba socarrón lo de *meterla*).» Andrés Berlanga, *La gaznápira.* ▌«Porque no puedo soportar que me la metan...» Andreu Martín, *Amores que matan, ¿y qué?* ▌«...tiene una respiración tan entrecortada que no parece sino que se la estoy metiendo.» C. Pérez Merinero, *Días de guardar.* ▌■「 «Le estuve chupando las tetas y tan pronto se descuidó, se la metí.»

7. meterla *v.* embaucar, engañar.

«...en fin, que si no anda uno con cien ojos, te la meten...» Ramón Ayerra, *Los ratones colorados.*

8. meterla en caliente *expr.* copular.

«...se me antoja que hoy no la metemos en caliente...» Ramón Ayerra, *Los ratones colorados.*

9. meterse con alguien *expr.* abusar de alguien, insultarle.

«Apenas llegó a la capital argentina, Arturo Pérez-Reverte declaró la guerra a los argentinos al meterse con la figura del fallecido escritor Jorge Luis Borges.» El Mundo, 23.4.99. ❚ «Pues no te metas con Feliciano.» Adolfo Marsillach, *Feliz aniversario,* 1992, RAE-CREA. ❚ «...tú, no te metas con los barberos que te voy a...» Joaquín Leguina, *Tu nombre envenena mis sueños,* 1992, RAE-CREA.

10. meterse uno algo donde le quepa *expr.* expresión de rechazo.

«...te vas a meter el apartamento de El Escorial donde te quepa. ¿Me has entendido?» Adolfo Marsillach, *Se vende ático,* 1995. ❚ «...la ideíta te la puedes meter donde te quepa.» José Sanchis Sinisterra, *El cerco de Leningrado,* 1995, RAE-CREA. ❚ ▪ «No me interesa. ¡Métetelo donde te quepa!» |✓ es eufemismo por *meterse uno algo por el culo.*|

11. meterse uno donde no le llaman *expr.* inmiscuirse en los asunto ajenos sin haber sido invitado a hacerlo.

«No gustará que me meta donde no me llaman.» M. Vázquez Montalbán, *La historia es como nos la merecemos.*

metisaca *s.* acto de copular.

«...la negraza y yo llegásemos a un acuerdo y nos fuésemos por ahí a darle al metisaca.» C. Pérez Merinero, *Días de guardar.* |✓ ▸ *meteisaca.*|

metralla *s.* monedas, calderilla.

«No me pagues con toda esa metralla, quiero papel.» DCB. ❚ «Metralla: calderilla.» JMO.

metralleta *s.* individuo, persona.

«¡Eh, Marcelo, que llama un metralleta para el puesto de trabajo!» Cómic Jarabe, n.° 4, 1996.

meublé *s.* prostíbulo.

«...con ese aspecto de edificio sellado que tienen los *meublés*...» M. Vázquez Montalbán, *La rosa de Alejandría.* ❚ «...Manoli es de Barcelona, emporio de los *meublés*...» Fernando Sánchez-Dragó, «Anábasis», en *Antología del cuento español.* ❚ «...no podemos llevarlas al meublé de la playa...» F. Vizcaíno Casas, *Hijos de papá.* ❚ «...azafatas, [...] y colchón de hierba acrílica —cual si de un meublé se tratara.» Matías Prats *et al.*, *Guía erótica del fútbol.* ❚ «...al entrar en la habitación del meublé.» Juan Marsé, *Si te dicen que caí.* |✓ también *meblé.* Del francés *maison meublé.* El País, *Libro de estilo*: «Palabra francesa utilizada en Cataluña para *casa de citas*».|

meuca *s.* prostituta.

«...siempre arrastrándose por los bares y las casas de meucas más tiradas.» Juan Marsé, *Si te dicen que caí.* |✓ del catalán.|

mezquita de Ben-a-Mear *s.* retrete, urinario.

«Váter. Mezquita de ben-i-mea.» VL. ❚ «Mezquita de Ben-a-Mear... urinario, letrina, retrete.» JMO. ❚ ▪ «Luis está otra vez en la mezquita de Ben-a-Mear.» |✓ no se ha podido documentar fuera de diccionarios.|

mi menda lerenda ▸ *menda.*

michelines *s. pl.* grasa en la cintura.

«Esa gordinflona, la de los michelines...» A. Zamora Vicente, *Mesa, sobremesa.* ❚ «...dedos vigorosos, culo grande, algo de bigote, dos michelines en la barriga...» Fernando Sánchez-Dragó, «Anábasis», en *Antología del cuento español.* ❚ «...parece que un terremoto ha derrumbado sus caderas y el tocino y los michelines de esa excitante zona...» Miguel Martín, *Iros todos a hacer puñetas.* ❚ «...escoge las prendas que disimulen mejor los michelines...» You, marzo, 1998. ❚ «Se pellizcó un michelín incipiente...» Pedro Casals, *Hagan juego.*

michino *s.* gato.

«¿Qué daño le hacía a usted el gatito? Michino, michino, toma...» C. J. Cela, *La colmena.*

micifuz *s.* gato.

«¡Bah! Un ratoncito nada más. Ya se irá, consideró micifuz...» Kosme del Teso, *Introducción a la informática para torpes,* 1993, RAE-CREA.

mico *s.* bobo, necio.

«Vamos, habráse visto semejante mico...» Luis Mateo Díez, *La fuente de la edad,* 1986, RAE-CREA. ❚ ▪ «Tu novio no es más que un mico, el pobre.»

2. niño.

«Desde que era un mico, Sarah quería ser artista.» Ragazza, n.° 101. ❚ «Mico: equivale a pequeñajo.» IND.

micro *s.* micrófono.

«...hay que repetir por el micro que los músicos son...» El Mundo, 22.1.99. ❚ «Micro: micrófono.» JMO.

microbio *s.* niño pequeño.

«Microbio. Niño pequeño.» VL. ❚ «Microbio: pequeño.» JMO. ❚ «Microbio. Niño pequeño.» S. ❚ ▪ «Tú, microbio, ven aquí que te voy a dar un caramelo.» ❙✓ no se ha podido documentar fuera de diccionarios.❙

2. persona pequeña.

«En cuanto a los menudos [...] su estatura los hermana en el grupo de los retacos: [...] canijo [...] chaparro; chaparrete [...] enano... esmirriado... mediohombre; [...] microbio; pigmeo; renacuajo; retaco; [...] taponcete...» AI. ❚ «Microbio: pequeño.» JMO.

miedica *s.* cobarde, miedoso.

«¡Qué miedica es usted para tener un aspecto tan bestia!» Terenci Moix, *Garras de astracán* ❚ «...dijo que mataría al señor Juan, pero seguramente era un miedica, porque si es otro le hace pagar caro...» J. Jiménez Martín, *Ligar no es pecado.* ❚ «Yo, que soy un miedica...» Gabriel Albiac, El Mundo, 16.8.99. ❙✓ DRAE: «adj. despect. fam. Miedoso. Ú. t. c. s.».❙

mieditis *s.* miedo.

«Es el recluta que aprende a superar su mieditis como tripulante...» Ragazza, n.° 101. ❚ «¿no te entró mieditis, Asun, con la que dicen que se ha armado allí?» Ignacio Aldecoa, *El fulgor y la sangre.* ❚ «...no hace falta ser médico de cabecera para diagnosticar que la causa no es otra que mieditis aguditis...» C. Pérez Merinero, *Días de guardar.*

miedo, cagarse de miedo ▶ *cagar, cagarse de miedo.*

2. de miedo *adj.* bueno, bien, estupendo.

«El presidente del gobierno se lo pasó ayer de miedo con las historias *picantes* que los pescadores de Peñíscola contaron...» El País, 21.8.98. ❚ «...madrileña, estudiante de derecho, de 19 años... escribe de miedo.» Ragazza, julio, 1997. ❚ ▪ «La Venancia tiene unas tetas de miedo, macho.»

3. mearse de miedo *expr.* tener mucho miedo.

«El toro se mea de miedo...» El Mundo, 25.5.95. ❙✓ ▶ *mear(se), mearse de miedo.*❙

4. tener a algo más miedo que a un nublado *expr.* tener mucho miedo.

«...se mete debajo de la cama porque le tiene más miedo que a un nublado.» Ignacio Aldecoa, *El fulgor y la sangre.*

5. una de miedo ▶ *terror, una de terror (de miedo).*

miembro *s.* pene.

«¡Sí, es cierto: puso su miembro ante mí y dijo... chúpalo que va ensendío!» El Jueves, 11-17 febrero, 1998. ❚ «¡No me toque el miembro que me da cosquillas!» Terenci Moix, *Garras de astracán.* ❚ «Por fin se arrodilló entre sus muslos, con el miembro rampante, y le abrió los labios de la vulva...» Vanessa Davies, *Un premio inesperado.* ❚ «Un miembro grueso y duro se introduce en su vagina...» C. Ducón, *El hotel de las orgías.* ❚ «...y un cerebelo y un miembro... pequeños, pequeños.» Ira Mix, A las barricadas, 1-7 junio, 1998. ❚ «Magdalena comenzó a desabotonar la bragueta de Honorio [...] y sacó su miembro, y continuó bailando con el falo de él sujeto entre las manos.» Manuel Hidalgo, *El pecador impecable.* ❚ «...uno por uno de aquellos negros con figura de gorila, le iba metiendo su miembro al muchachito.» José Raúl Bedoya, *La universidad del crimen.* ❚ «Pronto advertí que me tocaba el miembro y que lo sacaba de su madriguera.» C. Pérez Merinero, *El ángel triste.* ❚ «...las cremas para conservar la dureza del miembro durante horas y horas, un siglo con el rabo tieso...» Ramón Ayerra, *Los ratones colorados.* ❚ «...en otras épocas cortaban el miembro a los que sodomizaban a sus mujeres...» Raúl del Pozo, *La novia.*

mierda *adj.* y *s.* insulto.

«...mierda, que eres un mierda...» Miguel Martín, *Iros todos a hacer puñetas.*

2. *adj.* malo, pésimo.

«Ya ves, qué mierda de tiempo.» M. Vázquez Montalbán, *La rosa de Alejandría.* ▮ ▪▪ «Una empresa mierda.»

3. *s.* excremento.

«Los tíos como Peña Enano van siempre detrás de la mierda ajena y así nunca se enteran de cómo les apesta el culo.» Ray Loriga, *Lo peor de todo.* ▮ «La mierda cuanto más se revuelve más huele.» ref. ▮ «Mierda, excremento, caca, catalina, chorizo, ñorda, plasta, jiña, polisón.» José M.ª Zabalza, *Letreros de retrete y otras zarandajas.* ▮ «Al monte me fui a cagar, / y cagué un montón de mierda. / A eso le llamo yo cagar, / y no a estos cagones de mierda, /que dice que van a cagar, / y no cagan una mierda.» José M.ª Zabalza, *Letreros de retrete y otras zarandajas.* ▮ «Da igual el conde Lequio que el guardia civil, la señora Moldes que la señora Flores, el galán que la galana: todo es mierda.» Carmen Rigalt, El Mundo, 12.6.99. ✔ Joan Corominas: «de uso común en todas las épocas».▮

4. *s.* bobadas, tonterías.

«Con todas las demás mierdas que me ha traído...» Virtudes, *Rimel y castigo.* ▮ ▪▪ «Lo que me cuentas es mierda y no tengo por qué aguantarlo, ¿sabes?»

5. *s.* persona indeseable.

«Tú eres un mierda, un chulillo, y yo soy alguien en este país.» Francisco Umbral, *El Giocondo.* ▮ «Yo llevo faldas y tú gastas pantalones pero tampoco te atreves conmigo porque eres un desgraciado y un mierda...» C. J. Cela, *Mazurca para dos muertos.* ▮ «...coge esa lámpara y ata los pies y las manos de este mierda con el cable.» Rosa Montero, *La hija del caníbal.* ▮ «...mierda, que eres un mierda...» Miguel Martín, *Iros todos a hacer puñetas.* ▮ «...me ha llamado para que lo defienda contra esos mierdas...» Andreu Martín, *Por amor al arte.* ▮ «...perdone: es usted un mierda.» Álex de la Iglesia, *Payasos en la lavadora.*

6. *s.* enfermedad venérea.

«Oye, ¿te ha pegado alguna mierda?» Juan

Marsé, *Si te dicen que caí.* ▮ ▪▪ «Nicolás se fue de putas en Londres y ha cogido una mierda de miedo.»

7. *s.* mala calidad, malo.

«...hay muertos que quedan bien de cualquier manera, en cambio hay otros que son una calamidad, vamos, una mierda.» C. J. Cela, *Mazurca para dos muertos.* ▮ «Y no te hagas la tonta: mi matrimonio es una mierda.» Antonio Gala, *Más allá del jardín.* ▮ ▪▪ «Este programa es una mierda.»

8. *s.* hachís.

«Mierda: hachís de baja calidad.» Manuel Giménez, *Antología del timo.* ▮ «¿Sabes quién es el mayor distribuidor de mierda de toda la isla?» Lourdes Ortiz, *Picadura mortal.* ▮ «A ver si la juventud no va a tener derecho a pegarle a la rica mierda que sube el moro.» J. Giménez-Arnau, *Cómo forrarse y flipar con la gente guapa.*

9. *s.* cobarde, miedoso.

«...insultos doblemente ofensivos gracias al elemento escatológico y tabú para manchar (nunca mejor dicho) el honor del interpelado: [...] cagón, cagajón, cagarria, jiñado, rilado, culeras, mojaculos [...] mierda, mierdica...» AI.

10. *s.* borrachera.

«...los vocablos pedo y mierda, que expresan una intoxicación etílica, capitaneando [...] mona, merluza, melopea, pítima, tajada, moco, tablón, cogorza, moscorra, castaña, melocotón...» José M.ª Zabalza, *Letreros de retrete y otras zarandajas.* ▮ «Haciendo tan buenas migas con la intendencia estoy cogiendo una mierda de cuidado.» C. Pérez Merinero, *Días de guardar.* ✔ ▸ *mierda, llevar una mierda como un piano.*▮

11. de mierda *adj.* malo, desagradable, maldito, indeseable.

«Qué nochecita de mierda, ¿no?» Francisco Umbral, *El Giocondo.* ▮ «Así aprenderían estas especies protegidas de mierda, dice.» Eduardo Mendoza, *Sin noticias de Gurb.* ▮ «¡Largo de ahí, parva de la mierda!» C. J. Cela, *Mazurca para dos muertos.* ▮ «...qué cojones tiene la cosa, esta mierda de motor...» P. Antilogus, J. L. Festjens, *Anti-guía de los conductores.* ▮ «¡...cojo de mierda!» Miguel Martín, *Iros todos a hacer puñetas.* ▮ «Me has llamado puta y tú eres un cabronazo y un machista de mierda.» Fernando G. Tola, *Cómo hacer absolutamente infeliz a un hombre.* ▮ «Tienes que entrar por la puerta de atrás [...] zorra de mierda.» Juan Madrid, *Flores, el gitano.* ▮ «En Argentina a los españoles nos llaman gallegos de mierda.» Francisco Umbral, El Mundo, 12.6.99. ▮ «...jodidos burgueses de mierda...» Cristóbal Zaragoza, *Y Dios en la última playa.*

12. hecho una mierda *expr.* estropeado, enfermo, cansado.

«Hay gente que tras las vacaciones pillan unas depres de caballo que les dejan hechos pura mierda...» El Jueves, 6-12 octubre, 1993. ▮ «El avión quedó hecho una mierda.» JM.

13. irse a la mierda *expr.* expresión de rechazo.

«Anda y irse a la mierda ya duna puta vez.» El Jueves, 6-12 octubre, 1993. ▮ «Que se vayan a la mierda tu familia y sus manías.» JM. ⋁ ▸ *mierda, vete a la mierda.*▮

14. irse a la mierda *expr.* malograrse algo.
«Esto se viene abajo. Esto se va a la mierda.» Álvaro Pombo, *Los delitos insignificantes.*

15. llevar una mierda como un piano *expr.* ebrio, borracho.

«El apestoso sustantivo equivale a borrachera. Lleva una mierda como un piano.» Rafael García Serrano, *Diccionario para un macuto.* ▮◼«El marido de la vecina lleva hoy una mierda como un piano.» ⋁ ▸ *mierda 10.*▮

16. mandar a la mierda *expr.* rechazar de mala manera.

«...yo soy un cobardón, pero debería mandarle a la puñetera mierda...» A. Zamora Vicente, *Mesa, sobremesa.* ▮ «Nos ha mandado a la mierda.» Jose-Vicente Torrente, *Los sucesos de Santolaria.* ▮ «Estaba deseando encontrarme con Adolfo para mandarle a la mierda por haber incumplido el pacto de silencio...» Lourdes Ortiz, *Picadura mortal.* ▮ «Le mandé a la mierda y salí.» C. Pérez Merinero, *El ángel triste.* ▮ «¿por qué no la has mandado a la mierda?» B. Pérez Aranda *et al., La ex siempre llama dos veces.* ▮ «...o no salgo por las noches o dejo de ser educada y los mando a la mierda.» Susana Besa, El Mundo, 9.8.99.

17. más mierda que el palo de un gallinero *expr.* muy sucio.

«Los tebeos colgaban de cuerdas que iban de lado a lado de la pared, y tenían más mierda que el palo de un gallinero.» A. Sopeña Monsalve, *El florido pensil.* ▮ «Mira el mantel, los vasos, los cubiertos..., ¡Tienen más mierda que el palo de un gallinero!» JM.

18. me cago en la mierda *expr.* expresión de rechazo e indignación, enfado.

«¡cagón la mierda!» El Jueves, 6-12 octubre, 1993.

19. mierda seca *s.* persona indeseable, de poca importancia.

«¡Mierda seca!» Eduardo Mendoza, *La verdad sobre el caso Savolta.*

20. no importar una mierda *expr.* no importar en absoluto.

«A la condesa y al suizo les importa una mierda la leche y todo lo demás.» Andrés Bosch, *Mata y calla.*

21. no valer una mierda *expr.* tener o ser de poco valor.

«...aquello no valía una mierda.» José Manuel Caballero Bonald, *Toda la noche oyeron pasar pájaros,* 1981, RAE-CREA.

22. pagar mierda *expr.* pagar muy poco dinero.

«...le pagan mierda por hacer chapuzas.» Juan Madrid, *Un beso de amigo.*

23. qué mierda... *expr.* qué diantre..., qué demonios...

«...que dejen su dirección y que digan qué mierda han venido a hacer aquí.» Fernando Martínez Laínez, *Andante mortal.*

24. ser una mierda *expr.* baja calidad, malo.

«Aunque ahora mismo, dueño del bar como soy, pues bueno, tampoco me veo, esto es una mierda...» Juan Madrid, *Cuentas pendientes.* ▮◼«Este asunto es una mierda.»

25. tonto de la mierda *expr.* muy bobo, necio.

«...tonto de la mierda... muy tonto.» JMO. ▮◼«No hables más, so tonto de la mierda.»

26. ¡una mierda! *excl.* exclamación de contrariedad, de rechazo.

«¡Y una mierda!» Fernando Martínez Laínez, *La intentona del dragón.* ▮ «El amor será libre, la pareja abierta. Y una mierda.» Manuel Hidalgo, *Azucena, que juega al tenis.* ❙ «Y una mierda.» Jordi Sierra i Fabra, *El regreso de Johnny Pickup,* 1995, RAE-CREA. ❙ «Una mierda vas a ser tú el rey...» Elvira Lindo, *Manolito gafotas.*

27. ¡vete a la mierda! *excl.* exclamación de rechazo.

«¡Iros a la mierda!» C. J. Cela, *Mazurca para dos muertos.* ❙ «¡Vete a la mierda, compadre!» Gabriel García Márquez, *Cien años de soledad.* ❙ «¡Dile que se vaya a la mierda!» Juan Madrid, *Cuentas pendientes.* ❙ «¡Váyase usted a la mierda!» Mariano Tudela, *Últimas noches del corazón.* ❙ «¡Paso de ti, vete a la mierda!» Fernando G. Tola, *Cómo hacer absolutamente infeliz a un hombre.* ❙ «¡Vete a la mierda!» Andreu Martín, *Por amor al arte.* ❘✔ ▸ *mierda, irse a la mierda.*❘

28. ¡vete a la mierda en bote! ▸ *mierda, ¡vete a la mierda!*

mierdecilla ▸ *mierdoso.*

mierdica *s.* cobarde, miedoso, asustadizo.

«...insultos doblemente ofensivos gracias al elemento escatológico y tabú para manchar (nunca mejor dicho) el honor del interpelado: [...] cagón, cagajón, cagarria, jiñado, rilado, culeras, mojaculos [...] mierda, mierdica...» AI. ❙ «Venga, vámonos, no seas mierdica.» JM.

mierdoso *s.* persona indeseable.

«...y vosotros estabais jalando el levitón a un mierdoso forastero...» Ángel Palomino, *Un jaguar y una rubia.* ❙ «De momento, voy a interrogar a ese mierdoso.» Manuel Quinto, *Estigma.*

miga, hacer (buenas) migas con *expr.* congeniar, llevarse bien con alguien.

«Yo hice muy buenas migas con todos ellos y mi poesía fue acogida como realmente no merece.» Federico García Lorca, *Carta a Melchor Fernández Almagro,* RAE. ❙ «Con el tío con el que hice mejores migas fue con Bertrand, un hombre ya hecho y derecho...» C. Pérez Merinero, *Días de guardar.* ❙ «Hay que tomarse una copa antes o, por lo menos, hacer buenas migas.» Vir-

tudes, *Rimel y castigo.* ❙ «...no es persona con la que yo pueda hacer buenas migas.» Lourdes Ortiz, *Picadura mortal.* ❙ «Lamentaba que su mujer y yo no hiciésemos buenas migas...» Eduardo Mendoza, *La verdad sobre el caso Savolta.* ❙ «A usted y a Pulido, ya que han hecho buenas migas...» Mariano Sánchez, *La sonrisa del muerto.* ❙ «Leo había hecho buenas migas hace tiempo con uno de sus hijos...» Fernando Martínez Laínez, *Bala perdida.* ❘✔ DRAE: «1. fr. fig. y fam. Avenirse bien en su trato y amistad, o al contrario». Para Iribarren es metáfora alusiva a las migas que hacen los pastores.❘

2. hecho migas *expr.* cansado, fatigado.

«Lo de ir descalza ha sido una barbaridad. Va a estar en cama ocho días con los pies hechos migas.» Leopoldo Alas, Clarín, *La regenta.* ❙ «Estoy deshecho. Estoy hecho migas.» DTE. ❙ ▪ «Me voy a dejar caer en la cama unos minutos porque estoy hecho migas de tanto teclear.»

3. tener miga *expr.* importancia, enjundia, meollo.

«El Lebrijano es el primer gitano de la historia que recibe una medalla al trabajo. La cosa tiene miga...» El Mundo, 3.10.99. ❙ «Pues la cosa tiene miga.» Marisa López Soria, *Alegría de nadadoras.* ❙ «Esto, por lo que se refiere a los problemas espaciales, porque tampoco los temporales dejan de tener miga.» Gonzalo Torrente Ballester, *Sombras,* RAE.

mil, poner a mil ▸ *cien, poner a cien (a mil).*

milagro, ni de milagro *expr.* difícil, imposible.

«Con el agua que cae no conseguirás un taxi ni de milagro.» Cristóbal Zaragoza, *Y Dios en la última playa.*

milhombres *s.* hombre pequeño y jactancioso.

«Milhombres. Común. Sobrenombre irónico que se aplica al individuo de baja estatura y altanero.» Suárez, *Voc. cubano,* RAE. ❙ «Milhombres. Apodo que se da al hombre pequeño y bulliciosos.» Antonio Alcalá Venceslada, *Voc. andaluz,* RAE. ❙ ▪ «Oye, milhombres, no se te ocurra tocar a mi mujer otra vez porque te mato.» |✓ DRAE: «1. m. fam. Apodo que se da al hombre pequeño y bullicioso y que no sirve para nada».|

mili *s.* servicio militar.

«...Y me dice que si de verdad pienso que la mili es una caca.» José Ángel Mañas, *Historias del Kronen.* ▌«El señor Aznar ha prometido suprimir la mili...» Francisco Umbral, *La derechona.* ▌«...aunque yo he tenido que cambiar dos veces desde que vine de la mili.» M. Vázquez Montalbán, *Los alegres muchachos de Atzavara.* ▌«Gracias a la mili había aprendido a escribir...» Severiano F. Nicolás, *Las influencias.* ▌«...porque él también se las podía dar de viajado, la mili recién licenciada...» Andrés Berlanga, *La gaznápira.*

milico *s.* militar.

«...el milico Pantoja el hijo de la gran puta...» Ángel Palomino, *Un jaguar y una rubia.* ▌«Llegó a decirse por lo bajini: 30.000 personas es lo que hicieron desaparecer los milicos.» El País, 4.5.99.

militronche *s.* militar, soldado.

«El demonio del militronche ese.» Toro Gisbert, *Voces and., RAE.* ▌«¡El demonio del militronche ese que no nos quita ojo!» Fernán Caballero, *Día de Reyes, RAE.* ▌«Mira, mujer, que no me gustan los militronchos en casa...» Palma, *Tradiciones peruanas, RAE.* ▌«El militroncho, al otro extremo de la mesa...» José Ángel Mañas, *Sonko95.*

militroncho ▶ *militronche.*

millonetis *s.* rico, millonario.

«No me puedo creer que tú hayas caído en las garras de un millonetis retrasado...» Manuel Hidalgo, *Azucena, que juega al tenis.*

milonga *s.* cuento, embuste, mentira.

«...es una actitud de candidez incalificable abrir la puerta a un/a menda que viene con una milonga...» Manuel Giménez, *Antología del timo.* ▌«Así que, con menos milongas que de costumbre...» Manuel Hidalgo, *Azucena, que juega al tenis.* ▌«Me gustaría tenerte cara a cara [...] para ver si entonces te atrevías a colocarme [...] milongas.» Eleuterio Sánchez, *Camina o revienta.* ▌«Tiende a

dar el coñazo con temas como el antitabaquismo, el deporte, la vida sana y otras milongas light.» Fernando Martín, *Cómo aprobar todo sin dar ni chapa.* ▌«¡No me vengas con milongas, que esa disculpa la he inventado yo!» Mariano Sánchez, *Carne fresca.* ▌«...llamadas a amigos comunes a quienes cuenta milongas para que tomen partido a su favor...» B. Pérez Aranda *et al., La ex siempre llama dos veces.*

minga *s.* pene.

«Al ver la pistola al lado de sus narices se olvida de la cebolleta y se le encoge la minga como un matasuegras.» C. Pérez Merinero, *Días de guardar.* ▌«Pensando en tu novia, Andrés, / te depilas pecho, axilas, / pubis, minga, piernas, pies...» A. Ussía, *Coñones del Reino de España.* ▌«...dijo que el tal Corderito era pura minga, pero que, en lo demás...» Germán Sánchez Espeso, *La reliquia.* ▌«Pene. Denominación de parte del sexo masculino, que con más vulgaridad se denomina [...] chorizo, churro, chorra, chuzo, cimbel, minga, minina, nabo, pilila, pija, pistola, pluma, polla, porra, verga, etcétera...» José M.ª Zabalza, *Letreros de retrete y otras zarandajas.* ▌«Chúpame la minga, Dominga, que vengo de Francia...» C. Pérez Merinero, *Días de guardar.* ▌«...un holandés de dos metros, trompa, claro, me echó mano a la minga...» Ramón Ayerra, *Los ratones colorados.* |✓ ▶ Cela, sus *Diccionario secreto* (segunda parte) y *Diccionario del erotismo.*|

mingitorio *s.* retrete, urinario.

«...se escabulló y se encerró en el mingitorio.» C. Pérez Merinero, *La mano armada.*

mingo ▶ *minga.*

mingurri *s.* persona de poca importancia.

«La pasma sólo coge a los mingurris...» C. Pérez Merinero, *Días de guardar.*

mini *s.* un litro de alcohol.

«...se originan cruentas batallas por conseguir un mini de cerveza...» R. Gómez de Parada, *La universidad me mata.* ▌«...Cristóbal compartiendo un mini de cerveza con rockeros...» El Mundo, 24.8.98. ▌«Más allá hay un grupito de chavales bebiéndose un mini entre ellos a la puerta de...» José Ángel Mañas, *Sonko95.*

2. minifalda.

«...puesta de maxi o con mini [...] creo que con las mismas me voy a desvestir...» Marisa López Soria, *Alegría de nadadoras.*

minifaldera *s.* mujer que lleva minifalda.

«Siguiendo a la minifaldera fueron a parar a una sala llena de mesas...» Manuel Giménez, *Antología del timo.*

minina *s.* pene.

«Luisito tiene una hermosa minina.» A. Ussía, *Coñones del Reino de España.* ▮ «Y según cuentan memorias / de su historia peregrina / ha ganado más victorias / que su espada, su minina.» Amelia Díe y Jos Martín, *Antología popular obscena.* ▮ «...no se puso verdaderamente contento hasta que no me vio la minina.» Álvaro de Laiglesia, *Hijos de Pu.* ▮ «El Extremadura venció por la minina al Diter Zafra.» Andrés Berlanga, *La gaznápira.* ▮ «...en cuestiones de minina, a la larga —y a veces también a la corta—, no hay secretos y todo cristo se empapa...» Ramón Ayerra, *Los ratones colorados.*

minino *s.* vulva, órgano genital de la mujer.

«Todo el mundo hablaba de Madame Christine y su minino...» Mayra Montero, *Tú, la oscuridad,* 1995, RAE-CREA. ▮◾ «Le intenté meter mano al minino y se dejó hacer, la guarra.»

2. gato.

«...el bestial minino llevaba [...] un infortunado roedor...» Manuel Hidalgo, *El pecador impecable.* ▮ «Gillian es alérgica a los gatos [...] tuvieron que construir un robot con aspecto de minino...» Ragazza, julio, 1997.

miope cf. (afines) ▶ *gafas.*

mirada, clavar la mirada *expr.* mirar con atención.

«Clavar la mirada en una cosa. Fig. Contemplarla con marcada atención y fijeza. Aplícase también a las personas.» Segovia, *Argentinismos,* RAE. ▮ «Por dos veces clavó la mirada en su espada...» Asenjo Sedano, *Eran los días largos,* 1982, RAE-CREA. ▮ «Al levantar los ojos de la mesa, donde tenía

clavada la mirada...» Eduardo Mendoza, *La ciudad de los prodigios.*

2. echar (una) mirada *expr.* mirar, ver.

«Echaba [...] atónitas miradas al horizonte.» Esteban Echevarría, *El matadero,* RAE. ▮ «El echar una mirada hacia atrás, al ver el camino recorrido...» Pío Baroja, *Disc. Recep. Ac.,* RAE. ▮◾ «Tienes que echar una mirada a las cortinas que he comprado a ver si te gustan.»

3. matar (fusilar) con la mirada *expr.* mirar con odio y desprecio.

«Porque tenía que volver a matarlo con la mirada...» Luciano G. Egido, *El corazón inmóvil,* 1995, RAE-CREA. ▮ «Luis mismo estaba fusilándolo con la mirada...» Javier García Sánchez, *La historia más triste,* 1991, RAE-CREA.

4. mirada asesina *expr.* mirada de odio.

«...gritando con la violencia en la boca y la mirada asesina en busca de una víctima.» Luciano G. Egido, *El corazón inmóvil,* 1995, RAE-CREA. ▮ «Ante la mirada asesina de Alfonso.» Eloy Herrera, *Un cero a la izquierda,* 1976, RAE-CREA. ▮◾ «La mujer del tabernero me ha lanzado una mirada asesina.»

miranda *s.* persona que simplemente mira.

«Para que los de detrás puedan estar de miranda.» Ernesto Caballero, *Squash,* 1988, RAE-CREA. ▮◾ «No he ido a la obra a trabajar, sólo he ido de miranda.»

mirar cf. (afines) clisar, desnudar con la mirada, dicar, diquelar, echar los *faros, filar, guipar, mirada asesina, clavar la *mirada, echar una *mirada, matar con la *mirada, mirar de medio lado, mirón, echar el *ojo, no quitar *ojo, tirar de *ojo, ir de *pestaña, pipear, echar un *vistazo.

mirar, de mírame y no me toques *expr.* ser frágil, delicado.

«Una retina muy frágil, de mírame y no me toques.» Javier Maqua, *Invierno sin pretexto,* 1992, RAE-CREA. ▮ «Porque tú serías de mírame y no me toques, lagartona.» Antonio Gala, *Petra Regalada,* 1979, RAE-CREA.

2. mirar contra el gobierno *expr.* ser bizco.

«...sé mirar contra el gobierno (esto es fácil), sé poner cara de tonto...» C. J. Cela,

Viaje al Pirineo de Lérida. ✓ DRAE: «fr. fig. y fam. bizquear».|

3. mirar de medio lado *expr.* mirar despectivamente.

«El viejo te miraba de medio lado, como diciendo que él había hecho todo lo posible...» Andreu Martín, *Prótesis.*

mirillas *s. pl.* ojos.

«Las mirillas: los ojos.» JMO. | «Las mirillas: los ojos.» JV. | «Mirillas. Ojos.» S. | ▪ «El tipo ése se cubre las mirillas con unas gafas negras pa que no se le note la cara de idiota que tiene.» ✓ no se ha podido documentar fuera de diccionarios.|

mirlo, achantar (aguantar) el mirlo *expr.* callar, no decir nada.

«Mirlo. Aguantar el mirlo. Callarse, no replicar.» LB. | «...y yo me le miro y me le digo, tú achanta el mirlo o de la convidá que te arreo no te reconoce ni tu padre.» Juan Goytisolo, *Señas de identidad,* RAE. ✓ el DRAE sólo reseña: «soltar el mirlo. 1. fr. fig. y fam. Empezar a charlar».|

2. mirlo (blanco) *s.* persona extraordinaria, excepcional, servicial.

«...El filósofo griego sabía bien lo que buscaba: algo así como un mirlo blanco o un trébol de cuatro hojas.» Carlos Valverde, ABC, 9.3.79. | «La Ascensión ha cogido un marido que es un mirlo.» J. M.ª Iribarren, *Voc. navarro,* RAE. | «¿Quién querría renunciar a semejante mirlo blanco...?» María Antonia Valls, *Tres relatos de diario.* | «¿Me hablará desde la cama de ese mirlo blanco?» Pedro Casals, *Disparando cocaína.* ✓ para el DRAE es: «Ser de rareza extraordinaria».|

mirón *s.* persona que mira con curiosidad y concupiscencia.

«O quién sabe, pensé, si me contempla con algún tipo de excitación, con algún placer de mirón...» Fernando G. Delgado, *La mirada del otro,* 1995, RAE-CREA. | «Le movía una especie de curiosidad de mirón, que llenaba el vacío de su vida frustrada...» Luciano G. Egido, *El corazón inmóvil,* 1995, RAE-CREA. | ▪ «Carlos es un mirón y le gusta atisbar por la ventana cómo se desnudan las vecinas de su casa.»

misa, ir a misa algo *expr.* ser verdad, ser irrefutable, indiscutible.

«Lo que te ha dicho de esa Montse va a misa.» Juan Madrid, *Las apariencias no engañan.* | «...lo que opina él no tiene por qué ir a misa.» You, enero, 1998.

2. libro de misa ▶ *misal.*

3. no saber de la misa la media (la mitad) *expr.* ignorar, no estar bien informado.

«Tú no eres más que una mocosa que no sabe de la misa la media.» C. J. Cela, *La colmena.* | «Mira, Maxi, tu vienes del pueblo y no sabes de la misa la media.» Severiano F. Nicolás, *Las influencias.* | «Por eso te haces la ingenua y parece que no sabes de la misa la media en asuntos...» A. Gómez Rufo, *Cómo ligar con ese chico que pasa de ti o se hace el duro.* | «...pensarán los lectores que no saben, como se dice, de la misa la mitad...» Eduardo Mendoza, *La verdad sobre el caso Savolta.* | «Me parece que no sabes de la misa la mitad.» Pedro Casals, *Hagan juego.* | «...ese Gedeón no sabe de la misa la media...» Ramón Ayerra, *Los ratones colorados.* ✓ DRAE: «fr. fig. y fam. Ignorar una cosa o no poder dar razón de ella».|

4. ser de misa de ocho *expr.* homosexual.

«Javier dice que el gimnasio está lleno de gente de misa de ocho.» CO, Javier Melús.

misal *s.* baraja.

«...me han hablado muchas veces de la baraja. El misal.» Raúl del Pozo, *Noche de tahúres.* ✓ también *libro de misa.*|

***miserable** cf. (afines) ▶ *tacaño.*

miseria, miseria y compañía *expr.* muy poco.

«—Dos en diez años. —Miseria y compañía.» M. Vázquez Montalbán, *El delantero centro fue asesinado al atardecer.* | «...patatas y garbanzos, nada, miseria y compañía...» Juan Marsé, *Si te dicen que caí.*

2. miserias *s.* persona agorera, triste.

«Tío Miserias, desdichado, cornudo, boñiga de vaca...» P. Perdomo Azopardo, *La vida golfa de don Quijote y Sancho.*

mismísimos *s. pl.* testículos.

«¡Estoy hasta los mismísimos!» B. Pérez Aranda *et al., La ex siempre llama dos veces.* |

«El idioma no se fabrica en una destilería gramatical sino que va por donde le sale de los mismísimos.» Jaime Campmany, ABC, 31.1.99. ▌«Estoy hasta los mismísimos de pagar a Hacienda.» El Jueves, 6-12 octubre, 1993. ✓ se refiere a los *cojones* o *huevos*. ▶ *huevo, estar hasta los (mismísimos) huevos.*▌

mitad, cara mitad ▶ *caro, cara mitad.*

mocarras ▶ *mocoso.*

mocarro *s.* mucosidad nasal.
«m. fam. Moco que por descuido cuelga de las narices sin limpiar.» DRAE. ▌«Se suena la mocarra con los dedos, el muy guarro.» DCB. ✓ *mocarro* o *mocarra.*▌

mochales *adj.* y *s.* demente, loco.
«...llegó incluso a tener fama de mochales.» José María Carrascal, *Nunca podrás volver a casa.* ▌«...era una vieja algo mochales, que se las daba de duquesa...» C. Pérez Merinero, *Días de guardar.* ▌«...he tenido que escuchar a ese profesor medio mochales...» A. Zamora Vicente, *Mesa, sobremesa.* ▌«...vegetando en una pequeña ciudad interior a la caza de un pobre mochales que se las da de Conde Drácula...» Manuel Quinto, *Estigma.* ▌«Tengo que ir al médico sin falta. Estoy mochales perdida.» C. Rico-Godoy, *Cuernos de mujer.* ▌«Estar mochales. Estar locamente enamorado, estar trastornado.» LB. ✓ DRAE: «adj. fam. Dícese de la persona chiflada o medio loca. Ú. m. con el verbo estar».▌

mochuelo, cada mochuelo a su olivo *expr.* cada cual a su sitio.
«...la cosa es que ya en el hotel, cada mochuelo a su olivo...» Ramón Ayerra, *Los ratones colorados.*

2. largarle (cargar con) a uno el mochuelo *expr.* culpar; soportar uno la parte difícil de algo.
«...mientras, uno va cargando con el mochuelo, como si aquí me las dieran todas de guagua...» A. Zamora Vicente, *Mesa, sobremesa.* ▌«...yo no vacilaba en cargarle el mochuelo al más gilipollas que tuviera al lado...» Fernando Martín, *Cómo aprobar todo sin dar ni chapa.* ▌«Cargarse el mochuelo. Llevar la peor parte en un trabajo.» LB. ▌«Si

sus intenciones eran cargarme el mochuelo, esa misma noche...» Ernesto Parra, *Soy un extraño para ti.* ▌«Cuando se puede cargar el mochuelo a un ajuste de cuentas...» Andreu Martín, *Lo que más quieras.* ✓ J. M.ª Iribarren explica que un andaluz y un gallego pidieron de cenar. Les advirtieron que no tenían más que una perdiz y un mochuelo. [...] Y cuando les sirvieron las dos aves, le propuso el gallego «Mira: aquí no hay más remedio que repartir... o tú te comes el mochuelo y yo la perdiz, o yo me como la perdiz y tú te cargas con el mochuelo; elige.» El gallego [...] exclamó tristemente: «¡No sé cómo te las arreglas que siempre me ha de tocar a mí el de la cabeza gorda!» ▶ su *El porqué de los dichos.*▌

*****moco** cf. (afines) albondiguillas, fideos, mocarras, mocarro, moco, moquita, panchito, pelotillas, velas.

moco *s.* mucosidad nasal.
«Miguelito, Belita, no os limpiéis los mocos en el respaldo, coño.» A. Zamora Vicente, *Historias de viva voz.* ▌«Sacarse un moco de las narices delante de la gente es una ordinariez.» A. Ussía, *Tratado de las buenas maneras.* ▌«Le di mi pañuelo y se limpió los mocos y las lágrimas.» Juan Madrid, *Un beso de amigo.* ▌«...solía untar mocos en la capucha de la trenca...» Gomaespuma, *Grandes disgustos de la historia de España.*

2. *s.* borrachera.
«...los vocablos pedo y mierda, que expresan una intoxicación etílica, capitaneando [...] mona, merluza, melopea, pítima, tajada, moco, tablón, cogorza, moscorra, castaña, melocotón...» José M.ª Zabalza, *Letreros de retrete y otras zarandajas.*

3. *adj.* ebrio, borracho.
«...y el ijoputa debía de estar muy moco porque se quedó un momento flipao...» José Ángel Mañas, «Recuerdo», Áccent, julio-agosto, 1999.

4. limpiarse los mocos *expr.* sonarse la nariz.
«De tal manera que nunca se sabía cuándo estaba limpiándose los mocos...» María Antonia Valls, *Tres relatos de diario.*

5. llorar a moco tendido *expr.* llorar mucho.

«...tenía la sucia cara aplastada contra el cristal de un escaparate de lujo estallante de luz y lloraba a moco tendido, como un hipnotizado, en silencio, sin consuelo.» Juan Marsé, *La oscura historia de la prima Montse.* |✔ ▶ también *llorar, llorar a moco tendido.*|

6. no ser moco de pavo *expr.* no ser despreciable, ser digno de tenerse en cuenta.

«Pero hay otras muchas razones no expuestas aquí que tampoco son moco de pavo...» Álvaro de Laiglesia, *Hijos de Pu.* ❚ «¡Que no es moco de pavo ni ná!» Rambla, n.° 3. ❚ «...diez millones de LPs que no es moco de pavo...» SúperPop, noviembre, 1988.

7. tirarse el moco *expr.* presumir, alardear, pavonearse.

«¿Y tú te tiras el moco de que eres el tronco perfecto?» J. Giménez-Arnau, *Cómo forrarse y flipar con la gente guapa.* ❚ «Está visto que no hay nada como liarse con un tío de pasta, tirarse el moco con Lequio y poner cara de incomprendida para triunfar.» You, n.° 3. ❚ «Aquel idiota cometió la ruindad de violar la intimidad de su novia sólo para tirarse el moco delante de mí.» Fernando G. Tola, *Mis tentaciones.*

mocoso *s.* chico, niño; joven inexperto.

«Según nos vamos, vemos un mocoso que viene corriendo detrás de una pelota.» José Ángel Mañas, *Historias del Kronen.* ❚ «Pero, ¿qué dice esta mocosa?» A. Zamora Vicente, *Mesa, sobremesa.* ❚ «...suéltele un sopapo, así, al azar, a uno de sus mocosos...» P. Antilogus, J. L. Festjens, *Anti-guía de los conductores.* ❚ «...se me había quedado una espantosa cara de panoli ante tan injusta venganza por parte de aquella mocosa...» Manuel Giménez, *Antología del timo.* ❚ «Cállate, mocoso.» Miguel Martín, *Iros todos a hacer puñetas.* ❚ «...y le preguntó de dónde había salido el mocoso aquel...» Germán Sánchez Espeso, *La reliquia.* ❚ «Cualquier mocoso le podía pedir una grillera, unas tenacillas...» Andrés Berlanga, *La gaznápira.* ❚ «Mocoso. Persona de poca edad, falto de experiencia.» LB. ❚ «Oye, mocosa, [...] an-

tes de que tú nacieras yo escribía guiones...» María Antonia Valls, *Tres relatos de diario.* ❚ «Comprenderá que no iba a dejar que un mocoso como vos...» Ernesto Parra, *Soy un extraño para ti.* ❚ «...en manos de un par de mocosos.» Fernando Repiso, *El incompetente.* ❚ «No dieron con la mocosa hasta el jueves por la mañana...» Andreu Martín, *El señor Capone no está en casa.* ❚ «...me enjaretó la mocosa de Clotilde.» B. Pérez Aranda *et al., La ex siempre llama dos veces.* ❚ «...toda una sarta de memeces que te han ido metiendo en el cocotero desde que eras un mocoso...» C. Pérez Merinero, *Días de guardar.* |✔ también *mocarras.*|

modernis *adj.* moderno.

«El festival más modernis de nuestro país...» Ragazza, junio, 1998.

mogollón *adj.* mucho, gran cantidad.

«Las energías telúricas pueden ser mogollón de perjudiciales.» El Jueves, n.° 1097. ❚ «Tienes mogollón de posibilidades.» Ragazza, n.° 100. ❚ «Jack y Rose conectan mogollón desde el primer momento.» Ragazza, n.° 101. ❚ «...en ese mogollón de bes y uves...» A. Zamora Vicente, *Historias de viva voz.* ❚ «Fetuccini a mogollón...» El Mundo, La luna del siglo XXI, 9.10.98. ❚ «El saber no ocupa lugar, pero cansa mogollón.» Fernando Martín, *Cómo aprobar todo sin dar ni chapa.* ❚ ▪ «Tengo mogollón de tiempo para terminar el trabajo, así que no me metas prisas.»

mojaculos *s.* cobarde, miedoso.

«...insultos doblemente ofensivos gracias al elemento escatológico y tabú para manchar (nunca mejor dicho) el honor del interpelado: [...] cagón, cagajón, cagarria, jiñado, rilado, culeras, mojaculos [...] mierda, mierdica...» AI. ❚ «Mojaculos: llaman al miedoso, temeroso.» IND.

mojada *s.* cuchillo, navaja.

«Yo lo llamo baldeo a la navaja, otros cheira o mojada [...] Y sé de otros que la mencionan como pinchosa...» Juan Madrid, *Crónicas del Madrid oscuro.* ❚ «Sirlero es el que sirla, o sea, roba con una navaja que también se llama sirla, baldeo, mojá, cheira...» Juan Madrid, *Crónicas del Madrid oscuro.*

mojamé *s.* árabe, moro.

«Todo como la seda. El mojamé, embalao con la rubia.» Pilar Urbano, *Yo entré en el Cesid.* ❚ «...dijo un mojamé.» Juan Marsé, *Si te dicen que caí.* ❚ «...gran cipote que les queda a los mojamés con la circuncisión...» Ramón Ayerra, *Los ratones colorados.* ❚ «Unos moros me la raptaron [...] Eso te pasa por querer tanto a los mojamés.» C. Pérez Merinero, *La mano armada.*

mojao *adj.* ebrio, borracho.

«Mojao. Borracho.» LB. ❚ «Mojao: Borracho, ebrio.» JV. ❚ «Mojado. Bolinga, lleno, ebrio.» Ra. ❙✔ no se ha podido documentar fuera de diccionarios.❙

mojar *v.* beber.

«Todo el día mojando por las tabernas. No vas a ser nadie. Nunca. Sólo un borrachín.» DCB. ❙✔ ▶ *mojar 5.*❙

2. copular.

«...la tía se me había quedado en el sitio. Y encima no llegaste a mojar...» Javier Marías, *Mañana en la batalla piensa en mí.* ❚ «Anunciaban un puticlub... y llevamos dos meses sin mojar.» El Jueves, 6-12 octubre, 1993. ❚ «La china está muy buena [...] Paras por ahí, en cualquier calle oscura, y mojamos los dos.» Fernando Martínez Laínez, *La intentona del dragón.* ❚ «Mi corazón, que lo perdí en un mes de mayo, / se lo encontraron en un bar donde se moja / con luces rojas.» Extremoduro, CD, 1997: *Iros todos a tomar por culo, Tu corazón.* ❙✔ moja el varón, claro.❙

3. *v.* acuchillar.

«...si uno saca el baldeo es para mojarlo.» Juan Madrid, *Crónicas del Madrid oscuro.* ❚ «El menda ése era todavía más pobre que yo, por eso lo mojé...» Juan Madrid, *Crónicas del Madrid oscuro.*

4. *v.* celebrar algo bebiendo.

«Hay que mojarlo: dícese como invitación a beber, con motivo del estreno, adquisición o acuerdo en algo.» Germán Suárez Blanco, *Léxico de la borrachera.* ❚ «Esto hay que celebrarlo. Esta noche nos vamos a mojar el éxito.» Eduardo Mendicutti, El Mundo, 9.8.99.

5. mojar el churro ▶ *churro, mojar el churro.*

6. mojar el pizarrín *expr.* copular el hombre.

«...lo que querían los hombres era mojar el pizarrín...» Miguel Martín, *Iros todos a hacer puñetas.*

7. mojar la salchicha *expr.* copular el hombre.

«La mujer es como el ketchup, sirve para mojar la salchicha.» R. Gómez de Parada, *La universidad me mata.*

8. mojarse *v.* comprometerse.

«No se descarta incluso que Bono tenga que esperar al día del escrutinio, para saber por quién de los dos mojarse.» El Jueves, 8.4.98.

mojarra *s.* lengua.

«¿Mojarra? Lengua.» Raúl del Pozo, *Noche de tahúres.*

2. irse de la mojarra *expr.* revelar secretos.

«Burlanga, que ahora significa jugador, en otros tiempos quería decir persona que se va de la mojarra.» Raúl del Pozo, *Noche de tahúres.*

mojarreras *s.* persona habladora, locuaz.

«Mojarreras: bocazas, hablador, presuntuoso.» JMO. ❚ «Mojarreras: bocaza, bocazas.» JV. ❚ «Mojarrero/a. Bocas, bocazas, largón.» Ra. ❚ «Mojarras. Hablador. Jactancioso.» S. ❙✔ no se ha podido documentar fuera de diccionarios.❙

mojarrón ▶ *mojarreras.*

mojón *s.* excremento.

«Una vieja se cagó / en lo alto de un alambre / Ay, chíviri... / y el mojón salió volando / porque le daba calambre /» Amelia Díe y Jos Martín, *Antología popular obscena.*

molar *v.* gustar.

«La muerte es que no mola nada.» Manuel Hidalgo, El Mundo, 9.7.99. ❚ «Mi hija ha dicho: mola, es guay.» El Jueves, 21-28 enero, 1998. ❚ «Pero como ese adjetivo es esdrújulo y largo que *canceroso* mola más...» Fernando Lázaro Carreter, *El dardo en la palabra.* ❚ «El tío que te mola [...] ¿te gusta también como amigo?» Ragazza, n.° 100. ❚ «No conozco a ningún chico que me mole de verdad.» Ragazza, n.° 100. ‖ «A mí me mola.» Lucía Etxebarría, *Beatriz y los cuerpos celestes.* ‖ «¡Eso sí que mola, caray!» P. Antilogus, J. L. Festjens, *Anti-guía de los conductores.* ‖ «...zapatillas [...] de esas que llevan aire en la suela, que molan mucho.» Gomaespuma, *Grandes disgustos de la historia de España.* ‖ «...mola mazo, tu vieja.» Jaime Romo, *Un cubo lleno de cangrejos.* ‖ «A los papis de Esther, no les molaba nada que fuese modelo, y ahora, se les cae la baba.» Ragazza, julio, 1997. ‖ «...y le mola exhibir su mala leche en público, que tiene más morbo.» B. Pérez Aranda *et al., La ex siempre llama dos veces.* ‖ «Se trata de un barrio residencial y a los mamones que viven aquí no les mola el ruido.» C. Pérez Merinero, *Días de guardar.*

2. molar cero *expr.* no gustar.

«Lo que me mola cero es que, al estar tan ocupados, nos vemos menos...» Ragazza, junio, 1998. ‖ «Molar cero [...] es cuando algo no te gusta ni media, cuando no lo soportas.» Ragazza, junio, 1998.

3. molar un pegote *expr.* gustar mucho.

«...pero es mi mejor amigo y mola un pegote.» Elvira Lindo, *Manolito gafotas.*

***molestar** cf. (afines) barrila, dar la *brasa, pisar el callo, chinche, chingada, chingar, dar tres patadas en los *cojones, tocar los *cojones, coña, dar la coña, coñazo, dar el *coñazo, dar por el *culo, cusca, cusqui, encoñar, fastidio, follar, traer *frito, gaita, dar la *gamba, dar *guerra, tocar los *huevos, jeringar, jibar, joder, joderse bien, jorobar, dar la lata, latoso, machacar, murga, con la música a otra parte, tocar las *narices, dar la *paliza, hacer la *pascua, dar cien *patadas, dejar en *paz, pejiguera, pelmada, tocar las pelotas, pimporrada, pinchar, dar la plasta, poner la cabeza como un tambor, hacer la *puñeta, putear, recochineo, repatear, rollazo, rollo, dar por el *saco, tabarra, dar el *turre, dar la *vara.

molido *adj.* cansado.

«...y terminábamos tan molidos que no podíamos levantar los brazos.» Juan Madrid, *Un beso de amigo.* ‖ «No había cogido el calzado adecuado y tenía los pies molidos.» El Gran Wyoming, *Te quiero personalmente.* ‖ «...y que encima hayas hecho de chófer todo el viaje. Estaba molida.» Jaime Romo, *Un cubo lleno de cangrejos.*

mollera *s.* cabeza.

«Corre mucha burra con un genio de mil demonios y mucha marimandona sin nada en la mollera.» Terenci Moix, *Garras de astracán.* ‖ «...Elías ha sido siempre un antojadizo y como se le meta en la mollera que le entierren en el corralillo, no les va a quedar otra.» Andrés Berlanga, *La gaznápira.* ‖ «Una historia así [...] no es para alguien a quien le queda una pizca de genio en la mollera.» Ernesto Parra, *Soy un extraño para ti.* ‖ «...y no hay quien le quite de la mollera que tiene diez quilos de más.» R. Montero, *Diccionario de nuevos insultos...* |✓ DRAE: «fig. Caletre, seso».|

2. duro (cerrado) de mollera *expr.* bobo, necio, retrasado.

«Claves para los más duros de mollera.» Juanma Iturriaga, *Con chandal y a lo loco.* ‖ «Hay algunos críos duros de mollera y hay que repetirles las cosas...» C. Pérez Merinero, *Días de guardar.* ‖ «¿Tan duro es de mollera?» Jesús Alviz Arroyo, *Un sólo son en la danza,* 1982, RAE-CREA. ‖ «...todo el mundo quiere la paz, aunque la perturben algunos radicales por ser duros de mollera.» Antonio Gala, El Mundo, 3.8.99. |✓ Iribarren: «Antiguamente, tener cerrada la mollera equivalía a ser machucho y sesudo. Era un elogio a la sensatez y a la cordura. En cambio se decía *aún no se le ha cerrado la mollera,* aludiendo al que no había madurado en seso, juicio y prudencia.»|

molón *s.* elegante.

«Molón. Elegante, bien vestido.» VL. ‖ «¿Por qué vienes así de molón, si hoy no es domingo?» JM. ‖ «Molón. Atractivo, elegante, gallardo, apuesto.» Ra. |✓ no se ha podido documentar fuera de diccionarios.|

2. *adj.* atractivo, bonito, guapo.

«¡Ya verás que mogollón de direcciones! Nosotros hemos seleccionado las más molonas para ahorrarte trabajito.» Ragazza, n.° 101. ‖ «Y luego se puso cariñosa: eres molón.» Raúl del Pozo, *La novia,* 1995. ‖ «Molón: bonito, bello, elegante.» JMO.

molondra *s.* cabeza.

«No le cabe en la boina la molondra.» C. Goigoechea, *Voc. riojano,* RAE. ▌«¿Es que no vamos a ganar pa sustos? ¿Es que tu molondra no va a tener arreglo?» J. López Almagro, RAE. ▌▟ «Es un chico formal y guapito él, pero tiene una molondra muy gorda.» ▚ DRAE: «f. Ál. y Murc. Cabeza grande».▌

momia *s.* viejo, anciano.

«La edad puede ser motivo de insulto: fósil, momia [...] pureta, vejestorio, carcamal, carroza, carrozón, viejales... viejo chocho, chocheras [...] abuelete...» AI.

momio, de momio *expr.* gratis, sin pagar.

«¡Ahí es nada ver semanalmente mis apellidos en letras de molde, asistir de momio a los estrenos de Echegaray.» F. Llanos Torriglia, *Disc. Recep. Ac.,* RAE. ▌«...se lo quiere llevar de momio.» J. J. Soler Fuente, *Museo Universal,* RAE. ▚ DRAE: «fig. Cosa que se adquiere a poca costa, ganga».▌

mona *s.* borrachera.

«Mona. Borrachera.» LB. ▌«Mona. Fig. Fam. Borrachera.» Ac. Arg. Registro habl., RAE. ▌«Mona. Borrachera, ebriedad...» Armas Chitty, *Voc. del hato,* RAE. ▌«...los vocablos pedo y mierda, que expresan una intoxicación etílica, capitaneando [...] mona, merluza, melopea, pítima, tajada, moco, tablón, cogorza, moscorra, castaña, melocotón...» José M.ª Zabalza, *Letreros de retrete y otras zarandajas.* ▌▟ «Tu marido ha bebido demasiado y con la mona que lleva no le dejes conducir el coche.» ▚ DRAE: «fig. y fam. Embriaguez, borrachera».▌

2. dormir la mona *expr.* dormir para que se pasen los efectos de una borrachera.

«El señor comisario me notifica que mis compañeros de farra han prestado declaración mientras yo dormía la mona.» Eduardo Mendoza, *Sin noticias de Gurb.* ▌«...ya debía estar en casa entre sábanas de hilo fino, durmiendo la mona.» Pgarcía, *El método Flower.* ▌«¡Venga, a dormir la mona!» Virtudes, *Rimel y castigo.* ▌«Tu hermana está durmiendo la mona...» Almudena Grandes, *Las edades de Lulú.* ▌«...cuando pensé que estaría durmiendo la mona y quise

meterme otra vez en la cama, otra vez me volvió a tirar...» Manuel Hidalgo, *El pecador impecable.* ▌«...todos han elegido pareja menos el que estaba como una cuba que dormita la mona en un sofá.» Gomaespuma, *Familia no hay más que una.* ▌«...con una tabla por asiento, donde duermen la mona...» José Gutiérrez-Solana, *Madrid callejero, Obra literaria, II.* ▌«A veces hay suerte y al volver a casa duerme la mona.» R. Montero, *Diccionario de nuevos insultos...* ▌«Creyendo que sólo estaba durmiendo la mona [...] aprovecharon para gastarle algunas bromas...» Cristina Frade, El Mundo, 26.2.98.

3. estar con la mona viva *expr.* ebrio.

«Estar uno con la mona viva. (Estar a la vista la borrachera de uno.)» Yrrázaval, *Chilenismos,* RAE.

4. irse (mandar) a freír monas *expr.* rechazar de mala manera.

«...tan pronto te invita como te manda a freír monas...» R. Gómez de Parada, *La universidad me mata.* ▌«...os podéis ir a freír monas.» C. Rico-Godoy, *Cuernos de mujer.* ▌«¡Anda freír monas! ¡Vete de aquí!» E. Peña Hernández, *Ref. Zoológico,* RAE. ▚ DRAE: «loc. fig. y fam. a freír espárragos. Ú. m. con el verbo mandar o con los imperativos de andar o irse».▌

5. más corrido que una mona *expr.* burlado, avergonzado.

«...y dejaba a los galanes más corridos que una mona...» Ramón Ayerra, *Los ratones colorados.*

6. pensar en la mona de Pascua *expr.* estar absorto, distraído.

«Estar en Babia, estar como distraído y ajeno a lo que se trata, pensar en las musarañas.» Gómez Orín, *Voc. nordeste Murcia,* RAE.

monada *s.* persona, cosa atractiva y encantadora.

«...no era yo la que había atraído su atención, sino una monada con traje de chaqueta.» C. Rico-Godoy, *Cómo ser una mujer y no morir en el intento.* ▌«...y tiene una chaquetita que es una monada.» Oral, 1991, RAE-CREA. ▌▟ «Ven, monada, que te voy a dar un beso.»

2. de eso nada, monada *expr.* expresión que indica negación, rechazo.

«La guarrona que antes se ha sacado el parné del tetamen, salta y dice que de eso nada, monada.» Eduardo Mendoza, *Sin noticias de Gurb.* ❚ «De eso nada, monada. Tú te las piras de aquí ahora mismo.» Juan Madrid, *Cuentas pendientes.* ✓ ▶ *nada, de eso nada (monada).*❚

monago *s.* monaguillo.

«¡Sursum corda, tío, como me decía el cura del pueblo cuando yo era monago...» A. Zamora Vicente, *Historias de viva voz.* ❚ «...como un monago obediente...» C. J. Cela, *Viaje al Pirineo de Lérida.* ✓ DRAE: «m. fam. monaguillo».❚

monazo ▶ *mono.*

monda *s.* divertido, gracioso.

«...aunque dice, en medio de una frase bien cortada, palabras poco finas, como la monda, o el despiporrio, y otras por el estilo.» C. J. Cela, *La colmena.* ❚ «Va a ser la monda.» Manda Güebos, n.° 27. ❚ «Aquella gente eran *(sic)* la monda.» Francisco Candel, *Donde la ciudad cambia su nombre.* ❚ «Mi primo es la monda hablando.» A. Zamora Vicente, *Mesa, sobremesa.* ❚ «Después: la monda.» P. Antilogus, J. L. Festjens, *Antiguía de los conductores.* ❚ «...me ha faltado un empleado que es quien maneja el tinglado de unas cuentas con las que hay un lío gordo... En fin, la monda.» Geno Díaz, *Genocidio.* ❚ «La gente se echó a la calle y los de los pisos superiores bajaron con los colchones [...] o sea la monda.» José Luis Martín Vigil, *Los niños bandidos.* ❚ «Los presuntos seres humanos que circulan en coche son la monda.» Javier Ortiz, El Mundo, 29.5.99. ❚ «En fin, la monda en bicicleta.» C. Pérez Merinero, *La mano armada.*

mondarse (de risa) *v.* reírse mucho.

«...díselo a algunos y verás como se mondan de risa.» Terenci Moix, *Garras de astracán.* ❚ «Al principio se mondan de risa al ver las pintas...» Gomaespuma, *Familia no hay más que una.* ❚ «Es para mondarse...» Juan Madrid, *El cebo.* ❚ «Con sólo verle, te mondas.» R. Montero, *Diccionario de nuevos insultos...* ❚ «Recordando sus ocurrencias y disparates, se mondaba de risa...» Fernando Repiso, *El incompetente.* ✓ ▶ también *risa, partirse (cagarse, descojonarse, mearse, mondarse, morirse, revolcarse) de risa.*❚

mondongo *s.* testículos, pene.

«...el susto de encontrarme con el mondongo del tío, que la cosa tiene tela...» Ramón Ayerra, *Los ratones colorados.*

monflorita *s.* homosexual.

«Me vienen al recuerdo determinadas historias de políticos monfloritas...» Jaime Campmany, ABC, 3.4.98.

mongolo *s.* retrasado mental.

«...y parecía mongolo el jodío.» Rambla, n.° 18.

moni(s) *s.* dinero.

«...todos los problemas ha[n] venido del monis.» Andreu Martín, *Amores que matan, ¿y qué?* ✓ ▶ *monises.*❚

monises *s. pl.* dinero.

«Además, tiene sus monises...» A. Zamora Vicente, *Historias de viva voz.* ❚ «Monis, es: dinero.» JMO. ❚￭ «Los monises que le diste los empleó en comprarse ropa cara.» ✓ del inglés *money.* También *monís.*❚

monja, vestir como una monja *expr.* vestir de manera anticuada y rancia.

«...tampoco te estamos pidiendo que vistas como una monja.» You, marzo, 1998.

mono *s.* agente de policía.

«¿Han metido las narices por ahí los monos?» Pedro Casals, *La jeringuilla.* ❚ «¿Quién tiene carta blanca? —Los monos, tío.» José Luis Martín Vigil, *Los niños bandidos.* ❚￭ «Los monos me han golpeado porque les he insultao, les he llamado monos.»

2. *s.* efecto de la abstinencia de droga, alcohol.

«Ah, ya tenía mono. Qué bien sienta esto.» José Ángel Mañas, *Historias del Kronen.* ❚ «...lo que está es con el mono [...] a la tarde, en cuanto se pique, le veremos tranquilo.» Francisco Umbral, *Madrid 650.* ❚ «Una vez pasado el síndrome de abstinencia, el mono, el cuerpo ya no necesita la sustancia...» Lorraine C. Ladish, *Aprender a querer.* ❚ «La muchacha que enseña los muslos sabe que dentro de un rato le va a empezar el monazo, van a empezar los tiritones y el dolor de cabeza...» Juan Madrid, *Crónicas del Madrid oscuro.* ▌«mono. Sintomatología aguda del drogadicto privado de su ración.» Francisco Umbral, *Diccionario cheli.* ▌«Vais a pasar el mono en el talego. Ya veréis que bien lo vais a pasar.» Juan Madrid, *Turno de noche.* ▌«Con todas esas bobadas de que no se pasa mono la han ido tolerando...» Pedro Casals, *La jeringuilla.* ▌«Era educado, respetuoso y nunca armaba ruido ni se ponía borde cuando le daba el mono.» Juan Madrid, *Crónicas del Madrid oscuro.*

3. *s.* ganas, deseo.

«—¿Tú por aquí? —Ya ves, tengo mono de vosotros.» María Antonia Valls, *Tres relatos de diario.*

4. cuatro monos *expr.* poca gente.

«Fuera quedan cuatro monos.» José Ángel Mañas, *Sonko95.*

5. el último mono *expr.* la persona menos importante.

«Seguro que el pobre hombre es el último mono de su casa o de la oficina.» Marisa López Soria, *Alegría de nadadoras.* ▌«...pongo la mano en el fuego por cualquiera, incluido el último mono...» Jaime Romo, *Un cubo lleno de cangrejos.* ▌«Pero si soy el último mono y además no soy de plantilla.» Antonio Martínez Ballesteros, 1990, RAE-CREA. ▌«Yo era un novato, el último mono como quien dice...» Luis Goytisolo, *Estela de fuego que se aleja,* 1984, RAE-CREA. ▌«...ya que la nostalgia de la recién abandonada vida civil se añade la sensación de ser el último mono del cuartel.» M. Ángel García, *La mili que te parió.*

6. estar (andar) de monos *expr.* estar enojadas dos personas.

«Ana García Obregón anda de monos con Davor Suker.» Jaime Campmany, ABC, 13.12.98. ✔ MM: «estar pasajeramente enfadadas dos personas entre sí».▌

7. hacer el mono *expr.* hacer el payaso.

«...fue y me apuntó a mí el primero, por hacer el mono...» A. Sopeña Monsalve, *El florido pensil.*

8. jamón de mono *expr.* cacahuetes.

«El aperitivo del día es jamón de mono, re-

firiéndose a los cacahuetes...» José M.ª Zabalza, *Letreros de retrete y otras zarandajas.*

9. mono de imitación *s.* persona que imita el comportamiento de otros.

«...yo procedía como un verdadero mono de imitación y copiaba con mis escasas luces lo que veía...» Ángel Ganivet, *Los trabajos del infatigable creador Pío Cid.* ▌«No tiene originalidad alguna; sólo hace lo que ve hacer a los demás. Parece un mono de imitación.» FV. ▌«fig. y fam. Persona que imita lo que hacen otros.» DRAE. ▌◾«Se viste y actúa exactamente igual que yo porque es un mono de imitación y no tiene personalidad.»

10. tener monos en la cara *expr.* se dice en respuesta a mirada impertinente.

«¿Qué pasa, tengo monos en la cara?» Ignacio Fontes, *Acto de amor y otros esfuerzos.*

monstruo *s.* persona de grandes cualidades.

«Haver [...] era un monstruo de inteligencia, de soberbia y de egoísmo.» J. M.ª Gironella, *Mujer, levántate.* RAE. ▌«...hijas, nietas, biznietas y descendientes de los monstruos atrás referidos.» Luis Astrana Marín, *Quevedo,* RAE.

monta, de poca monta *expr.* de poca importancia o valor.

«...gentecilla de poca monta.» Eduardo Mendoza, *La verdad sobre el caso Savolta.* ▌«Juntos habían atrapado a un atracador de poca monta llamado Juan...» M. Sánchez Soler, *Festín de tiburones.*

montante, coger el montante *expr.* marcharse, irse.

«Coger o tomar el montante. Marcharse precipitadamente.» Pardo Asso, *Dicc. Aragonés,* RAE. ▌«Coger el montante. Ponerse en viaje. Coger el portante.» J. M.ª Iribarren, *Voc. navarro,* RAE.

montar *v.* copular.

«Son muy hombres y además, como no tienen agobios, montan muy a lo bravo, da gusto con ellos.» C. J. Cela, *Mazurca para dos muertos.* ▌«Benicia [...] guarda la respiración y tú la montas como si estuviera muerta...» C. J. Cela, *Mazurca para dos muertos.* ▌«Se deja montar por las esposas ardientes y aburridas...» Máximo, *Animales políticos*. ▌ «Oye, ¿y tú sientes algo cuando te monta un tío?» M. Vázquez Montalbán, *El delantero centro fue asesinado al atardecer.*

2. estar montado en el dólar *expr.* rico.
«Se decía que Peregil era peón de un banquero montado en el dólar. Aquello olía a dinero...» Arturo Pérez-Reverte, *La piel del tambor*. ▌ ◾ «Desde que le tocó la lote que está montao en el dólar.»

3. montar un pollo ▶ *pollo, montar un (el) pollo.*

4. montárselo uno *expr.* vivir bien.
«¿No te gusta que hable de que eres un enchufado? Cómo te lo has montado, tío.» Juan Madrid, *Cuentas pendientes*. ▌ «¡Cómo se lo monta esta fulana!» Miguel Martín, *Iros todos a hacer puñetas*. ▌ «Hay que tener cuidado y montárselo bien...» María Teresa Campos, *Cómo librarse de los hijos antes de que sea demasiado tarde*. ▌ «¿Has aprendido a montártelo sola?» You, enero, 1998.

montón *expr.* mucho, gran cantidad.
«...mola más y se luce un montón quien lo emplea...» Fernando Lázaro Carreter, *El dardo en la palabra*. ▌ «La verdad es que llevar máscara llegó a afectarme un montón.» Ragazza, n.° 101. ▌ «Tendrás que moverte un montón.» Ragazza, n.° 101. ▌ «Lleva siempre CDs encima y farda un montón.» El Jueves, n.° 1083. ▌ «...les jode un montón que les adelanten.» P. Antilogus, J. L. Festjens, *Anti-guía de los conductores*. ▌ «La madre le encarga que vaya a por unos recaditos y tarda un montón.» Gomaespuma, *Familia no hay más que una*. ▌ «...jugaba mucho con mi niño y disfrutaba un montón.» Almudena Grandes, Qué leer, 27.11.98.

2. del montón *expr.* normal y corriente.
«Del montón. Vulgar, sin prendas relevantes.» LB. ▌ «Mi padre me ha dicho que eras un fenómeno. [...] No. Un poco por encima del montón.» M. Vázquez Montalbán, *El delantero centro fue asesinado al atardecer.*

monumento *s.* mujer atractiva.
«O sea, que podía tener doce chavalas de oro, una al mes, cola de monumentos, a millón por nena...» Ángel Palomino, *Las otras violaciones*. ▌ «Hace un año tenías que

haberla visto, un monumento.» Ángel Palomino, *Madrid, costa Fleming*. ▌ «¡Otro monumento!» El Jueves, 6-12 octubre, 1993. ▌ ◾ «Pedro me presentó a su novia, una chica guapísima, un monumento.» ✔ DRAE: «fig. y fam. Persona de gran belleza y bien proporcionada físicamente».▌

moña *s.* borrachera.
«Moña: (borrachera) Acto de beber en demasía.» IND.

moñazo *s.* aburrimiento, pesadez, aburrido.
«Se dice de una persona o de una cosa fastidiosa, cargante o aburrida.» JM. ▌ «¡Qué moñazo de conferencia!» DCB. ✔ no se ha podido documentar fuera de diccionarios.▌

moño *excl.* interjección eufemística por coño.
«Pues, ¿quiénes van a ser? Dos zorrones, dos vejestorios que llevan la cara llena de cal. ¡Moño! ¡Vaya unas señoritas!» José Gutiérrez-Solana, *Obra literaria, 1.*

2. estar hasta el moño *expr.* harto.
«Estoy hasta el moño de que los visones no me dejen ver los cuadros.» Terenci Moix, *Garras de astracán*. ▌ «Esta no te la perdono porque estoy hasta el moño...» C. Rico-Godoy, *Cómo ser una mujer y no morir en el intento*. ▌ «Doña Cloti debe estar hasta el moño de mis hijos.» Carlos Zeda, *Historias de Benidorm*. ▌ «Estoy de estos trocitos de cable [...] hasta el mismo moño.» José María Amilibia, *Españoles todos*. ▌ «...y ya estábamos hasta el moño.» Virtudes, *Rimel y castigo*. ▌ «Estoy hasta el moño de preparar comidas.» Juan Madrid, *Un beso de amigo*. ▌ «Estoy hasta el moño de la normalización ésta del lenguaje.» Marisa López Soria, *Alegría de nadadoras*. ▌ «...Clotilde, un poco hasta el moño de las niñas y de Genaro, decidió...» María Antonia Valls, *Tres relatos de diario*. ▌ «Me tienen ya hasta el moño.» Álvaro Pombo, *Los delitos insignificantes.* ✔ eufemismo por *coño*.▌

3. ponerse moños *expr.* presumir, alardear.
«Aquella familia, con tal de ponerse moños, gastaba una barbaridad.» Fernando Repiso, *El incompetente.*

moquero *s.* pañuelo para la nariz.

«...dobla el moquero cuidadosamente y, en vez de guardarlo, se acaricia con él la frente.» Miguel Martín, *Iros todos a hacer puñetas.* ❚ «...consiguen colocarnos uno o más paquetes de los susodichos moqueros de papel...» Manuel Giménez, *Antología del timo.* ❚ «...observan los residuos sonados antes de doblar cuidadosamente el moquero...» A. Ussía, *Tratado de las buenas maneras.* ❚ «Doña Eugenia salió a la calle y, algo más tranquila, guardó su moquero.» Manuel Hidalgo, *El pecador impecable.* ❚ «Las mujeres que restriegan moqueros y camisas en la balsa pequeña...» Andrés Berlanga, *La gaznápira.* ❚ «Tiré sobre el bidet el moquero de salteador de caminos y la cuerda.» Ernesto Parra, *Soy un extraño para ti.* ✓ DRAE: «m. Pañuelo para limpiarse los mocos».❚

moquita *s.* moco nasal muy acuoso.

«De vez en cuando se pellizcaba su nariz de payaso, para limpiarse la moquita, clara como agua, que se le escapaba por ella.» Concha Alós, *Los enanos.* ❚ «Su madre se pasó el envés de la mano por la punta de la nariz remangada y sorbió una moquita.» Miguel Delibes, *El camino,* RAE. ❚ «...añadió un vejete con la moquita colgando.» J. M.ª de Pereda, *Obras,* tomo IX, pág. 447, RAE.

moraca *s.* árabe, moro.

«Venían sudacas o moracas o italianos cargados de papelinas, enganchaban a las niñas al caballo...» Andreu Martín, *Lo que más quieras.* ❚ «Moraco/a. Guirufo, mojamé, árabe. Ra. ❚ «Moraco: moro.» JMO. ❚ ◼ «Barcelona está llena de moracas y negros.» ✓ ▸ *moraco.*❚

moraco *s.* árabe, moro.

«...aguardo a que los pringaos maten al moraco en el bar Simbad...» Manuel Quinto, *Estigma.* ❚ «Ríndete moraco de mierda.» Alfonso Armada, *La edad de oro de los perros,* 1989, RAE-CREA. ❚ «...conservamos insultos como [...] moraco, morube, mohamé...» AI. ❚ «¿Cuánto nos da el moraco por todo esto?» José Luis Martín Vigil, *En defensa propia,* 1985, RAE-CREA. ✓ no figura en el DRAE. ▸ *moraca, moranco, morángano.*❚

moradas, pasarlas moradas *expr.* pasar una situación apurada, difícil.

«Para que usted no las pase moradas voy a proveerle de un somero vocabulario básico...» Geno Díaz, *Genocidio.* ❚ «...me mandaron interno a Getafe a pasarlas moradas.» Ángel Palomino, *Un jaguar y una rubia.* ❚ «El hombre primitivo parece que las pasó moradas.» José M.ª Zabalza, *Letreros de retrete y otras zarandajas.*

morado, ponerse morado *expr.* disfrutar mucho, comer mucho.

«El señorito Diego se ha puesto morado, se ha servido a su antojo...» C. Rico-Godoy, *Cómo ser una mujer y no morir en el intento.* ❚ «...se habían puesto morados de canapés...» F. Vizcaíno Casas, *Hijos de papá.* ❚ «...se ponían morados de canapés.» Ángel A. Jordán, *Marbella story.* ❚ «Mientras me pongo morado de churros...» Eduardo Mendoza, *Sin noticias de Gurb.* ❚ «...pero te pones morado a tocar culos y tetas...» José María Amilibia, *Españoles todos.*

moranco *s.* moro, árabe.

«Prueba, moranco asqueroso.» Juan Marsé, *Si te dicen que caí.* ✓ ▸ *moraco.*❚

morángano *s.* moro, árabe.

«...andaban negritos desde que unos moránganos habían soltado una catalina yendo en el tren...» Andrés Berlanga, *La gaznápira.* ❚ «...sabe un huevo en materia de moránganos, pues por oficio mercadea con ellos...» Ramón Ayerra, *Los ratones colorados.* ✓ no figura en el DRAE.❚

morapio *s.* vino tinto barato.

«Los príncipes del morapio son muy bromistas...» P. Antilogus, J. L. Festjens, *Antiguía de los conductores.* ❚ «Y siguió dándole viajes al morapio de garrafón...» A. Matías Guiu, *Cómo engañar a Hacienda.* ❚ «¿Dónde guardas el morapio?» Pedro Casals, *Hagan juego.* ❚ «...cuando intentaba echar un trago [...] se le iba el morapio por las solapas...» Ramón Ayerra, *Los ratones colorados.* ✓ DRAE: «m. fam. Vino oscuro, tinto».❚

morcilla *s.* pene.

«Advirtió que la morcilla [...] se agitaba primero, luego se hinchaba y acababa por izarse...» Vanessa Davies, *Un premio inespe-*

rado. ▎ ▪" «Mira, Jacinto, no llames al pene morcilla, no me gusta. Prefiero verga, picha, pijo, por ejemplo.»

2. dar (tomar) morcilla *expr.* expresión de rechazo; sodomizar.

«Que te den morcilla.» C. Rico-Godoy, *Cómo ser una mujer y no morir en el intento.* ▎ «Que les den morcilla.» F. Vizcaíno Casas, *Hijas de María.* ▎ «En cuanto a N.C.G., que le den morcilla.» Eduardo Mendoza, *La verdad sobre el caso Savolta.* ▎ «Tú lo que tienes que hacer [...] es buscarte un tío macizo que te enseñe a follar y que le den morcilla a tu padre y a tu novio.» Fernando Martínez Laínez, *Bala perdida.* ▎▪" «¡Déjame tranquilo y vete a tomar morcilla!»

morcillo *s.* excremento alargado.

«...se pedorrea y suelta el morcillo...» Ramón Ayerra, *Los ratones colorados.*

morcillón *adj.* refiriéndose al pene, algo erecto.

«Pero no se contentó con dejar que su minga, ahora morcillona, se orease, sino que se introdujo...» C. Pérez Merinero, *La mano armada.*

morder el polvo *expr.* morir, ser vencido.

«...vas a morder el polvo en esta desigual batalla.» Alfonso Sastre, *El viaje infinito de Sancho Panza,* 1984, RAE-CREA. ▎ «...acabaré contigo, por satanás que te haré morder el polvo.» Alfonso Armada, *La edad de oro de los perros,* 1989, RAE-CREA. ▎ «Le ha hecho morder el polvo en todos los terrenos.» Fernando Arrabal, *La torre herida por el rayo,* 1982, RAE-CREA. ✓ ¿del inglés *bite the dust?*▎

mordida *s.* soborno, dinero para sobornar.

«Ahora lo que hay que hacer es vender mucho para recuperar esta mordida.» José Raúl Bedoya, *La universidad del crimen.* ▎ «Donde medre un buen enchufe a escala local y el consiguiente sobre, según se dice en España —al otro lado del mar se conoce como mordida...» J. Giménez-Arnau, *Cómo forrarse y flipar con la gente guapa.* ▎ «...arreglar cualquier conflicto laboral con mordidas o porras...» El Mundo, 15.2.95. ✓ DRAE: «fruto de cohechos o sorbornos».▎

morena *s.* noche.

«Morena. Noche, tiniebla, oscuridad.» Ra. ▎ «La morena: la noche.» JV. ▎ «La morena: la noche.» JMO. ▎ «Morena. Noche.» S. ✓ no se ha podido documentar fuera de diccionarios.▎

2. y lo que te rondaré, morena *expr.* mucho más, muchas veces más.

«Le tienes que dar ocho mil pesetas, ¡y lo que te rondaré morena!» Antonio Alcalá Venceslada, *Voc. andaluz,* RAE. ▎ «Me lo has dicho ya mil veces. —Y lo que te rondaré, morena.» J. M.ª Iribarren, *Voc. navarro,* RAE. ▎ «...los médicos están en huelga, y lo que te rondaré morena, y no pasa nada...» Antonio Burgos, El Mundo, 25.5.95.

moreno *s.* persona de raza negra.

«Moreno: africano. De raza negra.» Manuel Giménez, *Antología del timo.* ▎ «...dos botellas de Anís del Mono y va que chuta el moreno.» A. Sopeña Monsalve, *El florido pensil.* ▎ «Oye, moreno, que ya es la cuarta vez que te decimos que no se puede cantar en la calle...» María Antonia Valls, *Tres relatos de diario.*

morfa *s.* morfina.

«Heroína: caballo, nieve, blanca, pico, morfo, chino...» El Mundo, Magazine, 21.11.99. ▎ «morfa. Morfina.» Francisco Umbral, *Diccionario cheli.* ▎ «Morfa. Morfina.» Ra. ▎ «Morfa: morfina.» JMO. ✓ *morfa* o *morfo.*▎

morgue *s.* archivo policial.

«En casi todos los centros policiales del mundo el archivo se denomina la *morgue*.» Juan Madrid, *Flores, el gitano.*

*morir cf. (afines) irse al otro *barrio, liar los *bártulos, cascar, cascarla, morir como *chinches, subir al *cielo, no contarla, diñarla, doblarla, espicharla, quedarse *frito, hincar el pico, hincarla, irse, morder el polvo, con un pie en el otro *mundo, irse al otro *mundo, cerrar el *ojo, quedarse como un pajarito, palmarla, estirar la *pata, liar el petate, tener un *pie en la tumba, pringarla, reventar, doblar la *servilleta, quedarse en el sitio, quedarse *tieso, torcer la cabeza, pasar a mejor *vida, salir de esta *vida.

morir, morir de asco *expr.* esperar mucho, ser ignorado, aburrirse.

«En estas fechas nos podemos morir de asco si esperamos...» Rambla, n.º 18. |✔ ▶ también *asco, morirse de asco.*|

2. morir por su propia mano *expr.* suicidarse.

«Muere más quien muere por su propia mano...» Javier Marías, *Corazón tan blanco,* 1992, RAE-CREA. |▪■ «Se rumorea que el profesor murió por su propia mano y no de muerte natural.»

3. morirse de risa ▶ *risa, partirse (cagarse, descojonarse, mearse, mondarse, morirse, revolcarse) de risa.*

4. morirse de sueño *expr.* tener mucho sueño.

«...empezó a bostezar con esa cara de gustito que ponen los que se mueren de sueño y están a punto de dormirse.» Eloy Arenas, *Los vecinos de mis vecinos son mis vecinos.*

5. morirse por *expr.* desear mucho.

«Pero me muero por estar contigo, Nic, pero me muero por sentirte dentro...» Jesús Ferrero, *Lady Pepa.* |▪■ «Me muero por verte otra vez.»

6. ¡muérete! *expr.* expresión de rechazo.

«...harto, harto, harto, cállate de una vez, muérete de una vez...» Álvaro Pombo, *El héroe de las mansardas de Mansard,* 1983, RAE-CREA. |▪ «Cree en mí o no creas. O mejor, muérete. Estoy haciendo lo que puedo.» Ray Loriga, *Héroes,* 1993, RAE-CREA.

7. para morirse *expr.* muy gracioso.

«Es para morirse.» Jordi Sierra i Fabra, *El regreso de Johnny Pickup,* 1995, RAE-CREA. |▪ «...escondían un estalinista en su corazón y en sus relaciones personales que era para morirse.» José María Guelbenzu, *El río de la luna,* 1981, RAE-CREA. |▪■ «Lo que dices es para morirse.»

moro *s.* hombre posesivo y celoso.

«A ver si te me vas a poner moro ahora.» Fernando Martínez Laínez, *Andante mortal.* |▪ «...que no hay otro palabro para él, tan moro que no la dejaba ni resollar.» Andrés Berlanga, *La gaznápira.* |▪■ «Mi marido es un moro, muy celoso, y no me deja ir a bailar sola.»

2. Marruecos.

«Trabajé una temporada en la Aduana de Algeciras [...] con una compañera que palpaba a la vagineras que venían del moro.» Raúl del Pozo, *Noche de tahúres.* |▪ «Se bajaron al moro y el moro los pilló.» José Luis Perceval, El Mundo, 15.8.99.

morrada *s.* golpe, bofetada.

«...se cayó de cabeza de lo alto de una farola y se dio una morrada tremenda...» A. Sopeña Monsalve, *El florido pensil.* |▪ «¿A que te doy una morrada, Penelope?» Fernando Lázaro Carreter, *El dardo en la palabra.* |✔ DRAE: «guantada, bofetada».|

morrearse *v.* besar(se).

«Deja que transcurra el tiempo. Y es que el día en que te pilló morreándote con otra en el pub de la esquina está muy reciente.» Manda Güebos, El Jueves, n.º 1083. |▪ «Las chicas de la transición comenzaron a llenar los pubs y las discotecas, morreaban con sus chorvos delante de todo el mundo...» Felipe Navarro (Yale), *Los machistas.* |▪ «Y el fulano la morreaba a boca abierta succionándole la lengua...» A. Matías Guiu, *Cómo engañar a Hacienda.* |▪ «...y se la morreaba con saliva y con babas, como si la quisiera asfixiar.» Juan Manuel de Prada, «Aquel verano, aquel bañador», El Mundo, 1.8.98. |▪ «...atento a las parejas que se morreaban al entrar o salir de los locales...» Juan Madrid, *Crónicas del Madrid oscuro.* |▪ «...donde Maribel solía morrearse con Juanito...» María Antonia Valls, *Tres relatos de diario.* |✔ no figura en el DRAE.|

morreo *s.* besuqueo, beso.

«Me acordé de los morreos...» Lucía Etxebarría, *Amor, curiosidad, prozac y dudas.*

2. darse (un) el morreo *expr.* besarse.

«...miro sus medias rotas y me acerco y le doy un morreo.» José Ángel Mañas, *Mensaka.* |▪ «He aquí a Cameron en actitud cariñosa, dándose un morreo con el actor Ben Stiller...» Ragazza, n.º 101. |▪ «Las piscinas para el morreo, el achuchón y el previo acuerdo que culminaría en las habitaciones de la planta superior...» Terenci Moix, *Garras de astracán.* |▪ «Darse un morreo antes de empezar una clase...» R. Gómez de Parada, *La universidad me mata.* ❙ «...nos dimos un morreo en toda regla.» SúperPop, junio, 1999. ❙✔ no figura en el DRAE. Para el DRAE *morreo* es un juego de muchachos.❙

morro *s.* boca.

«...porque no me gusta que me pasen por los morros...» M. Vázquez Montalbán, *Los alegres muchachos de Atzavara.* ❙ «Laurita frunció el morro...» C. J. Cela, *La colmena.* ❙ «...arrodillados y apretujados de morros al altar...» Juan Marsé, *La oscura historia de la prima Montse.*

2. *s.* atrevimiento, descaro, desfachatez.

«Le echo mucho morro a todo por eso ligo mucho.» Ragazza, n.° 101. ❙ «O sea, que no sólo tiene buen tipo y buen pelo y mucho morro, sino que además es tonta, según tú.» C. Rico-Godoy, *Cómo ser una mujer y no morir en el intento.* ❙ «Llegar el último, trincar el botín en sus propias narices y salir indemne era demasiado morro.» El Gran Wyoming, *Te quiero personalmente.* ❙ «Huy, la gente qué morro tiene, ¿no?» Eloy Arenas, *Los vecinos de mis vecinos son mis vecinos.* ❙ «...y hay para rato porque algunas tienen un morro...» B. Pérez Aranda *et al.*, *La ex siempre llama dos veces.* ❙✔ ▸ *tener mucho morro.*❙

3. *s.* cara.

«...morro menos pronunciado, labios menos abultados, cejas en su sitio.» Manuel Hidalgo, *Azucena, que juega al tenis.* ❙▪️ «Se ha roto el morro del golpe que se ha dado.»

4. *s.* parte delantera de automóvil.

«...lo tiene aparcado en la esquina [...] y se le ve el morro.» Ladislao de Arriba, *Cómo sobrevivir en un chalé adosado.*

5. *s. pl.* boca, labios.

«Los morros se limpian con la manga de la camisa.» Mala impresión, revista de humor con caspa, n.° 1. ❙ «No lleva los morros pintarrajeados, ni cosa alguna llamativa...» A. Zamora Vicente, *Historias de viva voz.* ❙ «Todos ponen allí los morros.» Francisco Candel, *Los hombres de la mala uva.* ❙ «La mujer abre el corazón de carmín dibujado en sus labios carnosos —morros habría que decir...» Miguel Martín, *Iros todos a hacer puñetas.* ❙ «...separando el dedo meñique al llevarse el vaso a los morros.» Manuel

Giménez, *Antología del timo.* ❙ «...tenía entre las manos una dinamita que podía hacer estallar en tus mismísimos morros.» Manuel Hidalgo, *Azucena, que juega al tenis.* ❙ «Él la golpeó en los morros...» Andreu Martín, *Amores que matan, ¿y qué?*

6. *s. pl.* enfado.

«Por el tecleo de la máquina de escribir se sabe [...] si hay guateque, por los silencios si hay morros.» Ladislao de Arriba, *Cómo sobrevivir en un chalé adosado.* ❙✔ ▸ *morro, ponerse (estar) de morros.*❙

7. beber a morro *expr.* beber directamente de la botella.

«Destapé la primera botella que alcancé y bebí directamente a morro. Era ginebra.» Juan Madrid, *Un beso de amigo.* ❙ «Luego la botella de leche a morro, ¿no?» José Luis Martín Vigil, *Los niños bandidos.* ❙ «Mientras bebo a morro de la botella de Dyc...» Álex de la Iglesia, *Payasos en la lavadora.*

8. chupar (comer) el (los) morro(s) *expr.* besar.

«¡Chata, te voy a chupar el morro...» Carlos Giménez, A las barricadas, 18-24 mayo, 1998. ❙ «Pasar el chicle: comerle los morros.» R. Gómez de Parada, *La universidad me mata.* ❙✔ no figura en DRAE. ▸ *morro, papearse los morros.*❙

9. echarle morro *expr.* ser audaz, fresco, atrevido, descarado.

«Le echas más morro que un cura en un burdel...» Lucía Etxebarría, *Beatriz y los cuerpos celestes.* ❙ «Échale morro, imaginación, y quién sabe lo que te espera...» Ragazza, julio, 1997.

10. estar (andar) de morro(s) *expr.* cuando dos personas están enfadadas y no se hablan.

«La pescó su padre, le dio dos tortas, mandó a paseo al chico, y encima está, hoy, de morro...» Manuel Hidalgo, *El pecador impecable.* ❙ «¿Sabe que Mikel anda de morros con Begoñita?» Cristóbal Zaragoza, *Y Dios en la última playa.* ❙✔ ▸ *morros, ponerse (estar) de morros.*❙

11. papearse los morros *expr.* besarse.

«Ir al bar a seguir papeándose los morros respectivos.» R. Gómez de Parada, *La universidad me mata.*

12. partir (romper) los morros *expr.* golpear, pegar.

«Si no me contestas por las buenas lo que voy a preguntarte, te voy a romper los morros.» Juan Madrid, *Las apariencias no engañan.* ❘ «...a no ser que quieras que te parta los morros aquí mismo.» Jesús Ferrero, *Lady Pepa.* ❘ «Está claro que le voy a partir los morros.» Eduardo Mendoza, *La verdad sobre el caso Savolta.* ❘ «A ver si te parto los morros.» Juan Marsé, *Si te dicen que caí.* ❘ «Me es más violento que la vida se me escape entre los dedos que ver cómo le parten los morros a Rocky...» El Mundo, La luna del siglo XXI, 30.4.99.

13. pasar por el morro *expr.* echar en cara, recriminar.

«Si el asunto del chico traía complicaciones, no iba a ser yo quien se lo iba a venir relacionando y pasando por el morro.» Ernesto Parra, *Soy un extraño para ti.* |✓ ▸ *morro, restregar por los morros.*|

14. ponerse (estar) de morros *expr.* enemistarse, retirar la palabra.

«...la otra mitad tiene como obligación ponerse de morros y gruñir...» A. Zamora Vicente, *Mesa, sobremesa.* |✓ ▸ *morro, ponerse (estar) de morros.*|

15. por el morro *expr.* gratis, porque sí, con desfachatez.

«¡La jodida máquina se me había tragao 20 duros por el morro!» El Jueves, 11-17 febrero, 1998. ❘ «El agradecimiento de los estúpidos no tiene límites e incluso es posible sacar otra ronda por el morro.» Mala impresión, revista de humor con caspa, n.º 1. ❘ «...y telefoneaba por todo el morro a un novio alemán...» Juan Manuel de Prada, «Aquel verano, aquel bañador», El Mundo, 1.8.98. ❘ «Aquí nadie come por el morro. Hay que trabajar.»

16. restregar por los morros *expr.* echar en cara.

«Eso es para restregárselo por los morros...» El Jueves, 6-12 octubre, 1993. |✓ ▸ *morro, pasar por el morro.*|

17. tener (mucho) morro *expr.* desfachatez, descaro.

«...encima tiene el morro de decir que lo hace por sus hijos.» María Antonia Valls, *Para qué sirve un marido.* ❘ «¡Qué morro tienes!» Elvira Lindo, Soy Manolito, lo juro, MiPaís, El País, 13.11.99. ❘ ▪ «¡Qué morro tienes, chico! Te presentas en casa de tus padres todos los domingos a comer.»

18. tener un morro que se lo pisa *expr.* tener mucha frescura, descaro.

«Todos los responsables en mayor o menor grado se pasan la patata caliente con un morro que se lo pisan...» El Jueves, 13.5.98. ❘ «Los hay que tienen un morro que se lo pisan.» Juanma Iturriaga, *Con chandal y a lo loco.* ❘ «De lo que sí hacen gala los fules es de una presencia de ánimo imponente y de un morro que se lo pisan.» Manuel Giménez, *Antología del timo.* ❘ «Existen sablistas y gorrones que se las arreglan para actuar sin rubor... caradura, cara, tener más cara que espalda, carota, fresco, frescales, [...] jeta, jetudo [...] vivales [...] tener un morro que se lo pisa...» AI. ❘ «Que luego haya unos cuantos por ahí que tengan un morro que se lo pisen y se atrevan con todo...» A. Gómez Rufo, *Cómo ligar con ese chico que pasa de ti o se hace el duro.* ❘ «...eres una cínica y tienes un morro que te lo pisas.» María Antonia Valls, *Tres relatos de diario.*

19. torcer el morro *expr.* poner mala cara.

«Torcí el morro y me puse a buscarlo...» Ernesto Parra, *Soy un extraño para ti.* ❘ «¿Qué crees que harían? Torcer el morro.» Cristóbal Zaragoza, *Y Dios en la última playa.*

morrocotudo *adj.* estupendo, maravilloso, grande.

«Morrocotudo: muy bueno.» L. Otero, *Cubanismos,* RAE. ❘ «Morrocotudo. Magnífico, muy grande, abundante.» Ac. Arg., RAE. ❘ «Morrocotudo [...] Méx. Grande, formidable.» RAE. ❘ «Morrocotudo. P. Rico. Muy bien, a las mil maravillas.» Malaret, RAE. ❘ «El estupor de Antonio Tovar, cuando al día siguiente de ese morrocotudo discurso de (Adolfo) Hitler...» Pedro Laín Entralgo, *Descargo de conciencia,* RAE. ❘ «...una trucha morrocotuda...» Miguel Delibes, *Mis amigas las truchas.* ❘ «...una morrocotuda semana trágica en Barcelona, amén de sabrosillas huelgas...» José M.ª Zabalza, *Letreros de retrete y otras zarandajas.*

morrón *s.* golpe.

«Primero, porque ya no quedan casi árboles, y segundo, porque podemos pegarnos un morrón...» José M.ª Zabalza, *Letreros de retrete y otras zarandajas.* |✓ DRAE: «m. fam. Golpe, porrazo».|

morube *s.* árabe, moro.

«Morube(s), los moros.» BRAE, LXI, 1981, 308. | «Morube. [...] árabe.» Ra. | «Morube. Marroquí.» S. |▪ «Los morubes, los moracas del centro de Madrid tienen acojonaos a todos los del barrio.»

mosca *s.* dinero.

«Mosca. fam. Moneda corriente.» DRAE. | «Mosca. Dinero.» MM. | «Mosca. Dinero.» LB. | «Mosca. Dinero.» VL. | «Mosca. Tela, pasta, dinero.» Ra. | «Mosca. Dinero.» JV. | «Mosca: dinero.» JMO. | «Mosca. (juventud). Dinero.» S. | «Dinero: monis, mosca.» DTE. |✓ no se ha podido documentar fuera de diccionarios. Los menores de treinta años a los que hemos consultado ignoran el significado de esta voz.|

2. aflojar (soltar) la mosca *expr.* pagar, abonar, dar dinero.

«Pagar, entregar uno dinero...» DH. | «...qué apuros hubo de sudar el viajero hasta que sus económicos y recelosos cofrades de timba le aflojaron la mosca.» C. J. Cela, *Viaje al Pirineo de Lérida.* | «...los grandes almacenes para que los tontainas aflojen la mosca el día de San Valentín...» Fernando Sánchez-Dragó, *El camino del corazón,* 1990, RAE-CREA. | «...se correrá grandes juergas, aflojará la mosca...» Manuel Hidalgo, *El pecador impecable.* | «Soltar la mosca, pagar.» Santamaría, RAE. | «Es preciso reconocer que al público le cuesta soltar la mosca...» José M.ª Zabalza, *Letreros de retrete y otras zarandajas.* | «Si usted dice que se marcha es porque ha aflojado la mosca.» El Gran Wyoming, *Te quiero personalmente.* |✓ los menores de treinta años ignoran esta locución.|

3. como moscas *expr.* muchos, mucha cantidad.

«...no se explique que atrajese a los hombres como moscas...» ABC Cultural, 12.1.96. | «...pero quienes lo prueban por primera vez caen como moscas...» C. Rico-

Godoy, *Cómo ser una mujer y no morir en el intento.* | «La gente moría como moscas...» Alberto Vázquez-Figueroa, *Caribes.*

4. estar (andar) mosca *expr.* estar receloso.

«A medida que pasaba el tiempo, más mosca estaba.» Severiano F. Nicolás, *Las influencias.* | «...he encontrado tantas cosas raras en tan poco tiempo que ando mosca.» Juan Madrid, *Un beso de amigo.* | «Y la enfermera, que estaba mosca,...» M. Vázquez Montalbán, *El delantero centro fue asesinado al atardecer.*

5. estar con (tener) la mosca detrás de la oreja *expr.* recelar, sospechar.

«Aceptó, pero se le veía con la mosca detrás de la oreja.» Ernesto Parra, *Soy un extraño para ti.* | «Siempre me quedé con la mosca detrás de la oreja...» B. Pérez Aranda *et al., La ex siempre llama dos veces.* | «...para que yo tenga la mosca detrás de la oreja.» Ana Diosdado, *Trescientos veintiuno, trescientos veintidós,* 1991, RAE-CREA. |✓ DRAE: «fr. fig. Estar escamado, sobre aviso o receloso de algo».|

6. no matar una mosca *expr.* inofensivo, bueno, pacífico.

«...era bueno por naturaleza, pacífico, calzonazos, incapaz de matar una mosca...» Ignacio Fontes, *Acto de amor y otros esfuerzos.*

7. no oírse una mosca *expr.* tranquilo, callado, silencioso.

«El conferenciante, en una pausa, se afloja el nudo de la corbata. No se oye una mosca:...» Juan Marsé, *La oscura historia de la prima Montse.*

8. por si las moscas *expr.* por lo que pueda ocurrir, por si acaso.

«Pero sería mejor dejarle recado a esa señorita. Por si las moscas.» Pedro Casals, *Disparando cocaína.* | «...pero tampoco me atrevía a pensar en voz alta, por si las moscas.» B. Pérez Aranda *et al., La ex siempre llama dos veces.*

moscardón ▶ *moscón.*

moscardonear *v.* importunar, rodear, seguir.

«...y los pelotilleros que moscardonean a su alrededor...» A. Zamora Vicente, *Mesa, sobremesa.* |✓ no en el DRAE. Posiblemente de *moscardón, moscón.*|

moscón *s.* hombre que importuna a mujer.

«Ana, que ya se había hartado de esperar y de ahuyentar los moscones que acudían...» Pedro Casals, *La jeringuilla.* ❚ «...una incitación irónica que utiliza con los moscones antes de darles con la puerta en las narices.» Manuel Hidalgo, *Azucena, que juega al tenis.* ❚ «...ojo con los moscones.» Súper-Pop, junio, 1999. |✓ DRAE: «fig. y fam. Hombre pesado y molesto, especialmente en sus pretensiones amorosas». También *moscardón.*|

2. persona molesta.

«...y unos moscones de televisión filman a la gente que se asoma a los balcones.» José Ángel Mañas, *Sonko95.*

moscorra *s.* borrachera.

«...los vocablos pedo y mierda, que expresan una intoxicación etílica, capitaneando [...] mona, merluza, melopea, pítima, tajada, moco, tablón, cogorza, moscorra, castaña, melocotón...» José M.ª Zabalza, *Letreros de retrete y otras zarandajas.*

mostacho *s.* bigote.

«...me recuerda al general Silvestre. ¿No será por el mostacho?» C. J. Cela, *Mazurca para dos muertos.* ❚■ «André se ha dejado el pelo largo y mostachos.» |✓ muy galante el DRAE dice: «m. Bigote del hombre». Menos caballeroso, el *Diccionario Clave* dice: «bigote de una persona». MM. explica que es simplemente *bigote.*|

mostrador *s.* pechos.

«Teticas. Diminutivo al pecho de la mujer, llamado también escaparate, limones, mostrador, tetamen, etc.» José M.ª Zabalza, *Letreros de retrete y otras zarandajas.* ❚ «pechos: [...] limones, mamellas, mostrador, pitones...» DTE.

motero *s.* motociclista.

«...una caravana de moteros empieza a hacer ruido.» El Mundo, La luna del siglo XXI, 30.4.99. ❚ «Otra tribu que suele infiltrar es la de los moteros...» Mala impresión, revista de humor con caspa, n.° 1. ❚ «...y reúne rebaños de motos en Ortega y Gasset como

los auténticos moteros...» Francisco Umbral, *La derechona.* ❚ «Después de pasar una valla humana de seguridad, compuesta por moteros que intimidarían al más curtido...» El Mundo, 24.8.98. ❚ «Miles de moteros...» Noticias, Antena 3 TV, 9.1.99.

moto *s.* motocicleta.

«Abreviación de motocicleta.» DRAE. ❚■ «Con esta moto tan chula que me he comprado, saldré al campo los fines de semana que haga bueno.»

2. como una moto *expr.* nervioso, excitado.

«...llevaba una minifalda vaquera [...] y el palomo como una moto y ella espatarrada y la camisa abierta.» Fernando G. Tola, *Cómo hacer absolutamente infeliz a un hombre.* ❚ «...háblales de tu ordenador. Se ponen como motos.» Marisa López Soria, *Alegría de nadadoras.* ❚ «...pues yo estoy como una moto...» Jaime Romo, *Un cubo lleno de cangrejos.* ❚ «Luego te acostumbras y te pones como una moto.» C. Rico-Godoy, *Cómo ser infeliz y disfrutarlo.* ❚ «Adivinar intenciones y atenciones desmesuradas hacia mí me estaba poniendo como una moto.» B. Pérez Aranda *et al., La ex siempre llama dos veces.*

3. ir como una moto *expr.* rápido, lanzado.

«Supergarcía va como una moto.» ABC, 18.4.98.

*****motocicleta** cf. (afines) amoto, bici, burra, cabra, cacharra, moto, runra.

motor, ir a motor y a vela *expr.* bisexual.

«...era seboso, antipático y homosexual o, como alguien dijo, iba a motor y a vela, hacía los dos palos, era un todo terreno.» Raúl del Pozo, *Noche de tahúres.*

motoricón *s.* policía de tráfico, motorista.

«Se lo encontró un motoricón de Tráfico.» Pedro Casals, *Disparando cocaína.* ❚ «¡Se acabó el motorista! ¡Un motoricón menos!» P. Antilogus, J. L. Festjens, *Anti-guía de los conductores.* ❚ «Y los motoricones de tráfico a la que salta.» Pedro Casals, *La jeringuilla.* |✓ de moto y maricón.|

motorizado *adj.* tener, conducir, ir en automóvil.

«¿Vienes motorizado?» Jesús Ferrero, *Lady Pepa.*

mover el culo ▶ *culo, mover el culo.*

movida *s.* diversión, actividad.

«Verás como recargas las pilas para luego no perderte la movida noctámbula.» Ragazza, n.º 101. ❙ «...era lo que se había llamado la movida, igual que podría haberse llamado la corrida...» Fernando Martínez Laínez, *La intentona del dragón.* ❙ «...al que me recomendaron como una de los hombres de la movida marvellí...» Ángel A. Jordán, *Marbella story.* ❙ «...una de las más exquisitas del pop incubado por la movida, decía, a finales del año pasado...» El País, 4.12.98. ❙ «*movida* es una acción extraordinaria o particularmente intensa.» Fernando Lázaro Carreter, *El dardo en la palabra.* ❙ «...es un señor con ambiciones municipales que quiere nadar en la movida...» Francisco Umbral, El Mundo, 23.4.99. ❙ «La movida fue una explosión vital, no era un movimiento artístico ni cultural...» Pedro Almodóvar, ABC, 23.5.99.

2. *s.* disturbio.

«...su jefe mueve la cabeza y le despide, su hijo esnifa cola, los negros del barrio organizan una movida, su mujer llama al psiquiatra...» P. Antilogus, J. L. Festjens, *Antiguía de los conductores.*

3. pelea.

«He tenido movida con Kiko...» José Ángel Mañas, *Sonko95.*

móvil *s.* teléfono móvil.

«...una dama elegante con bolsas que hablaba por [...] móvil.» Arturo Pérez-Reverte, *La piel del tambor.*

mu *adv.* muy.

«Un ratón negro y con el rabo mu largo.» B. Pérez Galdós, *Miau.* ❙ «Eso es mu sagrao y mu peligroso.» Juan Antonio de Zunzunegui, *El supremo bien.* ❙ «¿Ves cómo es, que es *mu* bruto, *mu* bruto?» A. Sopeña Monsalve, *El florido pensil.* ❙ «Hay gente mu grosera.» C. Rico-Godoy, *Cómo ser infeliz y disfrutarlo.*

2. no decir ni mu *expr.* no decir nada, callarse.

«...no dijo ni mu alguien que bien pudiera haber apostillado algo.» A. Zamora Vicente, *Historias de viva voz.* ❙ «Chirla del río no

dice ni mu.» María Antonia Valls, *Para qué sirve un marido.* ❙ «...el Vaticano y los rojos están en buenas relaciones, así que no me dejan decir ni mu.» Ramón Escobar, *Negocios sucios y lucrativos de futuro.* ❙ «...y los españoles no dijeron ni mu sobre lo del aeropuerto...» Gomaespuma, *Grandes disgustos de la historia de España.* ❙ «Se calla y no dice ni mu...» José M.ª Zabalza, *Letreros de retrete y otras zarandajas.* ❙ «El cheli, sin decir ni mú, entró en la habitación y volvió a salir...» Lourdes Ortiz, *Picadura mortal.* ❙ «...la gorda se fue cerrando la puerta y sin decir ni mu.» Juan Marsé, *Si te dicen que caí.* ❙ «...el tío desapareciera diez minutos exactos sin decir ni mu...» B. Pérez Aranda *et al., La ex siempre llama dos veces.* ❙ «Sin parar motores ni decir ni mu salieron de estampida a la vez...» B. Pérez Aranda *et al., La ex siempre llama dos veces.* ❙ «De lo mío de esta mañana no dicen ni mu.» C. Pérez Merinero, *Días de guardar.* ❙ «Se pasó dos meses sin decir ni mu.» Andreu Martín, *Prótesis.* ✓ DRAE: «fr. fam. No decir palabra alguna, permanecer en silencio».❙

mua *adv.* sonido del beso.

«Y llega el tío y hace igual, antes de verme, mua, y mua, ¡qué cosas!» José Luis Martín Vigil, *Los niños bandidos.* ❙ ▬ «Y la vieja vino y me plantó dos besos: mua, mua.»

*****muchacha** cf. (afines) ▶ *chica.*

*****mucho** cf. (afines) a barullo, a base de bien, burrada, cantidad, cantidubi, para parar un *carro, cojón, de todos los *colores, hostia, huevo, a manta, mazo, mogollón, montón, a punta *pala, un porrón, tela, la tira, tope, para parar un tren.

*****mucho dinero** cf. (afines) billetaje, dineral, fajo, forrarse, un huevo, mazo, una pasta, pasta gansa, pasta larga, un pastón, pastuzo, pela larga, un pico, tela marinera.

*****mucosidad** cf. (afines) ▶ *moco.*

muerdealmohadas *s.* homosexual pasivo.

«A los maricones se les llama también muerdealmohadas porque meten la cabeza en la almohada y ponen el culo en pompa.» DCB. ✓ ¿del inglés *pillow biter?*❙

muermo *s.* aburrimiento.

«¡Y ahora vosotros podéis elegir! ¡O el muermo del pastor o...» El Jueves, n.º 1079. ❚ «Le molesta la rutina y el muermo.» Ragazza, n.º 101. ❚ «Hecho un coñazo. Amuerma a los muermos.» Terenci Moix, *Garras de astracán.* ❚ «...mejor te largas de aquí, tú, o sea pasas de este veraneo, un muermo de la hostia, tú...» Andrés Berlanga, *La gaznápira.* ❚ «¡Menudo muermo, colegas!» Fernando Martín, *Cómo aprobar todo sin dar ni chapa.* ❚ «...un muermo de la hostia...» Andrés Berlanga, *La gaznápira.* ❚ «Ellos lo tomaron a pitorreo, y lo calificaron de guindilla honorario, muermo de tío, no seas paliza, cosas así.» Ángel Palomino, *Insultos, cortes e impertinencias.*

2. ser un muermo *expr.* persona, cosa indeseable, aburrida, insufrible.

«Ni el muermo de su padre ni la analfabeta que tenía el mal gusto de compartir su lecho...» Terenci Moix, *Garras de astracán.* ❚ «Este sitio es un muermo.» Lucía Etxebarría, *Beatriz y los cuerpos celestes.* ❚ «Aquel moro se estaba revelando un muermo...» M. Vázquez Montalbán, *El delantero centro fue asesinado al atardecer.* ❚ ▪ «El nuevo jefe es un muermo. ¡Qué serio es el tío!»

***muerte** cf. (afines) el otro barrio, chata, descarnada, desenlace fatal, eterno descanso, pálida, pelona, sueño eterno.

muerte, de mala muerte *expr.* de poca importancia, ruin, bajo.

«...y una vez me dio entradas para que fuera a verle en una revista de mala muerte que se hizo durante el verano en el paralelo.» M. Vázquez Montalbán, *Los alegres muchachos de Atzavara.* ❚ «...lona de los rings y el albero de polazas portátiles de mala muerte.» Arturo Pérez-Reverte, *La piel del tambor.* ❚ «...pensiones y hoteles de mala muerte.» Juan Madrid, *Las apariencias no engañan.* ❚ «Una pensión de mala muerte.» Juan Marsé, *La oscura historia de la prima Montse.* ❚ «...pero de él vi en un teatro de mala muerte una obra, *Soledad*...» P. Perdomo Azopardo, *La vida golfa de don Quijote y Sancho.* ❚ «La hija de la Coñocolgante, una pajillera de mala muerte...» Andreu Martín, *Prótesis.*

2. de muerte *expr.* grande, fuerte.

«Además, hace un frío de muerte.» Eduardo Mendoza, *La verdad sobre el caso Savolta.* ❚ «La de [...] Clifton fue, sin lugar a dudas, una melopea de muerte...» Cristina Frade, El Mundo, 26.2.98. ❚ «...me ha dado un disgusto de muerte.» Eduardo Mendoza, *La verdad sobre el caso Savolta.*

3. (estar, ser) de muerte *expr.* bueno, maravilloso, estupendo, atractivo.

«¡El besugo estaba de muerte! —gritó.» Jaime Romo, *Un cubo lleno de cangrejos.* ❚ «...con unas medias bonitas y unos zapatos de tacón estarás de muerte.» You, enero, 1998. ❚ «¿Por qué hay chicos con un trasero de muerte?» SúperPop, junio, 1999. ❚ «Hay una tía, allí, la Rosa que le dicen, que está de muerte.» Andreu Martín, *Prótesis.*

***muerto** cf. (afines) carne muerta, de cuerpo presente, espichado, fiambre, apiolao, criar *malvas, criar *margaritas, palmera, panza arriba, con los pies por delante, estar *seco, bajo tierra, tieso.

muerto *adj.* cansado.

«Estoy muerto. Vamos a dormir un poco.» Raúl Sánchez, *Adriana.* ❚ «Hemos andado una barbaridad. Estoy muerto (se deja caer en una silla).» R. F. Guardia, *Magdalena Cost.,* RAE. ❚ «Este calor cruel nos tiene muertos.» Manuel Bretón de los Herreros, *Contra el furor filarmónico,* RAE. ❚ «Estoy muerto. Mi Cristina no para de tener antojos...» Eduardo Mendicutti, El Mundo, 15.8.99.

2. acabado, sin posibilidades.

«Macho, esto está muerto.» José Luis Martín Vigil, *En defensa propia,* 1985, RAE-CREA. ❚ ▪ «Estamos arruinados. Este negocio está muerto.»

3. *adj.* y *s.* aburrido, pesado.

«Este trabajo que te han largao es un muerto de mucho cuidao, tío.» DCB. ❚ «¿No pretenderéis dejarme esta tarde con este muerto?» RAE. ❚ «...¿no tienes alguna cinta que pongamos, para animar esto un poco? Eso. Que esto está como muy muerto.» Álvaro Pombo, *Los delitos insignificantes.*

4. destruido, estropeado.

«Muerto. Destruido, aniquilado, acabado...» Kossoff, *Voc. Herrera,* RAE.

5. *s.* lento, perezoso, calmoso.

«Con lo muerto que es, ni pensar que termine a tiempo.» C. Paz, *Glos. H. Cubana,* RAE. ▌ «Con ése amontona el trabajo. Es un muerto.» RAE.

6. *s.* persona abatida.

«Muerto. Dícese de la persona que muestra desaliento.» Julio Casares, *Diccionario ideológico de la lengua española.*

7. antes (ni) muerto *expr.* no, nunca, en absoluto.

«Cristina Almeida para la comunidad, pase, pero ¿Leguina para el ayuntamiento? ¡Antes muerto!» A las barricadas, 22-28 junio, 1998. ▌ «Vamos a la cama. Eso, ni muerta.» Fernando G. Tola, *Cómo hacer absolutamente infeliz a un hombre.*

8. cagarse en los muertos de alguien ▶ *cagar, me cago en tus muertos.*

9. cargar con (soltar, echar, largar a alguien con) el muerto *expr.* aceptar, dar la responsabilidad, culpar.

«Y me les sueltan los muertos que no han podido resolver, como es lógico.» A. Sopeña Monsalve, *El florido pensil.* ▌ «Cargar uno con el muerto. Echarle a uno el muerto.» Yrrárzaval, *Chilenismos,* RAE. ▌ «...para si un día hay algunas resultas cargarle el muerto a aquel infeliz...» J. Juárez, «El contrabandista», RAE. ▌ «Hacerle cargar a uno el muerto. Encargar a uno un asunto muy grave o delicado...» Mateus, *Prov. Ecuatorianos,* RAE. ▌ «¿Por qué quiere Adolfo, según usted, cargarles el muerto?» Lourdes Ortiz, *Picadura mortal.* ▌ «...para cargarnos a nosotros con el muerto...» Pedro Casals, *Disparando cocaína.*

10. muerto de hambre *s.* pobre, desgraciado.

«¿Por quién nos ha tomado ese muerto de hambre?» C. J. Cela, *La colmena.* ▌ «No eres más que un muerto de hambre...» Juan Madrid, *Un beso de amigo.* ▌ «¡Estos muertos de hambre!» Concha Alós, *Los enanos.* ▌ «Persona hambrienta, sin dinero; se usa como término injurioso.» Muñoz Reyes, *Bolivianismos,* RAE. ▌ «Muerto de hambre. Persona avarienta y mezquina.» C. J. Cela, *La catira,* RAE. ▌ «Un pobre sarasa muerto de hambre...» Juan Marsé, *Si te dicen que caí.*

11. muerto de miedo (hambre, sueño, risa, frío, sed, fatiga) *expr.* muy, en extremo.

«Ahí demostraron los ingleses que estaban muertos de miedo.» Gomaespuma, *Grandes disgustos de la historia de España.* ▌ «Fermín Salvochea, muerto de sueño, después de escucharlo un momento, se fue a dormir...» Ramón M.ª del Valle Inclán, *Baza,* RAE. ▌ «Estoy bastante cansado. Y muerto de sueño.» Antonio Buero Vallejo, *Madrugada,* RAE. ▌ «¡Germán! —gritó Currita muerta de miedo.» P. Coloma, *Pequeñeces,* RAE. ▌ «Ella porfía que ni hablar, que otras peinadoras hay muertas de risa...» Miguel Delibes, *Diario de un emigrante.* ▌ «...y me iba diciendo, muerto de risa:» J. Benavente, *La malquerida,* RAE. ▌ «Llegamos muertos de frío al lugar.» Miranda, *Diario,* RAE. ▌ «...abrumado por el cansancio y muerto de sed, y al verle llegar...» Mariano de Cavia, *Notas de sobaquillo,* RAE. ▌ «Andaban lentamente, muertos de fatiga.» Ricardo Fernández de la Reguera, *Perdimos el paraíso.*

12. muertos *s. pl.* alusión ofensiva a los antepasados.

«Alusión sarcástica a los antepasados de alguien, con sentido peyorativo o como insulto. No aparece en ninguno de los diccionarios consultados.» Uruburu, *Léx. Cordobés,* RAE. ▌✓ ▶ *cagar, me cago en tus muertos.*▌

13. no tener dónde caerse muerto *expr.* ser muy pobre.

«Ni herencias ni seguros. Ésa no tenía dónde caerse muerta.» M. Vázquez Montalbán, *La rosa de Alejandría.* ▌ «En mi pueblo [...] antes de la guerra había dos familias de antiguos ricos que no tenían donde caerse muertos.» Ignacio Aldecoa, *El fulgor y la sangre.* ▌ «...me haces quedar como una desgraciada que no tiene dónde caerse muerta.» Ramón Escobar, *Negocios sucios y lucrativos de futuro.* ▌ «No tiene ni donde caerse muerto.» Luis Goytisolo, *Las afueras.* ▌ «No tener en qué caerse muerto. Frase fig. y fam. Ser muy pobre.» Segovia, *Argentinismos,* RAE. ▌ «...y porque no tienes donde caerte muerto.» Miguel Delibes, *Diario de un emigrante.* ▌ «...como un perro rabioso, sin un rincón donde caerse muerto...» Juan Marsé, *La oscura historia de la prima Montse.* ❙ «...y usted en cambio resulta que no tiene dónde caerse muerto.» M. Vázquez Montalbán, *El delantero centro fue asesinado al atardecer.*

14. quitarse el muerto de encima *expr.* quitarse la responsabilidad, deshacerse de un problema.

«Por gratitud, por fe, por falta de recursos, por pragmatismo, por quitarse el muerto de encima... Llegan decenas de restos humanos, manantiales del conocimiento fundamental de la medicina...» Virginia Ródenas, ABC, 1.11.98. ❙ «No lo he olvidado, pero como tú bien dices, antes tengo que quitarme el muerto de encima...» Ernesto Parra, *Soy un extraño para ti.*

mui ▸ *muy.*

*mujer cf. (afines) chuti, doña, gachí, gallina, ganado, guayabo, individua, ja, jaca, jai, jambo, jefa, maruja, muñeca, pava, pimpollo, pollita, tía, tipa.

mujer, mujer alegre *s.* prostituta.

«Los socialistas, los masones, los separatistas, las mujeres alegres y los estudiantes eran un puñado de infames.» A. Sopeña Monsalve, *El florido pensil.*

2. mujer de bandera *expr.* muy atractiva.

«Era una mujer, una mujer de bandera, y llamaba demasiado la atención.» Darío Fernández Flórez, *Lola, espejo oscuro* (citado por CJC en *Diccionario del erotismo*). ❙ «Ya podía ser una mujer de bandera la que anduviera sola por la calle...» Ignacio Aldecoa, *El fulgor y la sangre.* ❙ «Si una mujer de bandera, o joven de buena planta...» Jaime Campmany, ABC, 9.8.98.

3. mujer de la calle *s.* prostituta.

«...una cualquiera, una mujer de la calle...» F. Vizcaíno Casas, *Hijos de papá.*

4. mujer de la carrera *s.* prostituta.

«Descarriada; mujer de mal vivir; mujer del arroyo; mujer de la vida; mujer de vida alegre; mujer de casa pública; mujer de la carrera; mujer de vida airada; [...] perdida...» AI.

5. mujer de la noche *s.* prostituta.

«...y mujeres de la noche, profesionales o no...» José Luis Muñoz, *Pubis de vello rojo.*

6. mujer de la vida *s.* prostituta.

«¿Cree usted que es sensato gastarse el dinero con una mujer de la vida a su edad?» Mariano Tudela, *Últimas noches del corazón.* ❙ «...y todas las mujeres de la vida que...» Jose-Vicente Torrente, *Los sucesos de Santolaria.* ❙ «Descarriada; mujer de mal vivir; mujer del arroyo; mujer de la vida; mujer de vida alegre; mujer de casa pública; mujer de la carrera; mujer de vida airada; [...] perdida...» AI. ❙ «Por la noche, en los días de invierno, estos soportales tomaban un aspecto trágico; mujeres de la vida, arrebujadas en los mantones...» José Gutiérrez-Solana, *Madrid callejero, Obra literaria, II.* ❙ «En los comienzos de cada mujer de la vida ha habido siempre un hombre...» P. Perdomo Azopardo, *La vida golfa de don Quijote y Sancho.* ❙ «Estaba bastante enrollado con una mujer de la vida...» Victoriano Corral, *Delitos y condenas.*

7. mujer de la vida airada *s.* prostituta.

«Mujer airada; mujer del arte. Prostituta.» MM. ❙✓ ▸ *mujer, mujer de vida airada.*❙

8. mujer de (la) vida alegre *s.* prostituta.

«Descarriada; mujer de mal vivir; mujer del arroyo; mujer de la vida; mujer de vida alegre; mujer de casa pública; mujer de la carrera; mujer de vida airada; [...] perdida...» AI. ❙ «...dos mujeres de las llamadas de vida alegre...» F. Vizcaíno Casas, *Historias puñeteras.*

9. mujer de mal vivir *expr.* prostituta.

«Chupona. Epíteto que suele darse en el estilo jocoso a las mujeres de mal vivir.» J. B. Guim, *Nuevo diccionario de la lengua castellana.* ❙ «Descarriada; mujer de mal vivir; mujer del arroyo; mujer de la vida; mujer de vida alegre; mujer de casa pública; mujer de la carrera; mujer de vida airada; [...] perdida...» AI. ❙▪▪ «No quiero que mi marido vaya con mujeres de mal vivir. ¡Ya me tiene a mí!»

10. mujer de mala vida *s.* prostituta.

«Declaran todos que [...] Eva es mujer de mala vida, adúltera...» Francisco Candel, *Los hombres de la mala uva.* ❙ «...mujeres de mala vida con grandes ojeras...» José Gutiérrez-Solana, *Madrid, escenas y costumbres, Obra literaria, I.*

11. mujer de rompe y rasga ▶ *romper, de rompe y rasga.*

12. mujer de vida airada *s.* prostituta.

«Descarriada; mujer de mal vivir; mujer del arroyo; mujer de la vida; mujer de vida alegre; mujer de casa pública; mujer de la carrera; mujer de vida airada; [...] perdida...» AI.

13. mujer de vida horizontal ▶ *horizontal.*

14. mujer decente *s.* mujer gazmoña, aburrida.

«...salir a la calle desnuda, le decía, era impropio de una mujer decente como ella...» Chumy Chúmez, *Por fin un hombre honrado.* ▮ «...era una mujer decente, bueno, decente más o menos...» Almudena Grandes, *Las edades de Lulú.* ▮ «Yo soy una romántica porque soy una mujer decente. Y soy una mujer decente porque soy española.» M. Romero Esteo, *El vodevil de la pálida, pálida, pálida rosa,* 1979, RAE-CREA. ▮ «Ella se consideraba una mujer decente.» Eduardo Mendoza, *La verdad sobre el caso Savolta.* ▮ «...las mujeres decentes de la época debían ser unas plastas...» María Antonia Valls, *Para qué sirve un marido.*

15. mujer del arroyo *s.* prostituta.

«Descarriada; mujer de mal vivir; mujer del arroyo; mujer de la vida; mujer de vida alegre; mujer de casa pública; mujer de la carrera; mujer de vida airada; [...] perdida...» AI.

16. mujer del partido *s.* prostituta.

«...es dueña de una casa de lenocinio, donde ejercen su oficio diez mujeres del partido.» Jose-Vicente Torrente, *Los sucesos de Santolaria.*

17. mujer fácil *s.* mujer promiscua.

«...pero no me parece justa la imagen que se da de nosotras como mujeres fáciles.» Las Provincias, revista MH, 17-23 julio, 1999. ▮✔ ▶ también *fácil.*▮

18. mujer fatal *s.* mujer seductora.

«...se meten en los sitios más espantosos, en los que se sabe que mujeres fatales se comen vivos a los guapos.» Fernando Schwartz, *La conspiración del golfo.* ▮▪■ «Josefa se cree una mujer fatal, y viste de negro y fuma cigarrillos orientales.»

19. mujer mala *s.* prostituta.

«...había algo innombrable y pecaminoso en aquella calle: tres casas de mujeres malas, tres burdeles clandestinos...» Ángel Palomino, *Las otras violaciones.* ▮ «Ahora es Yarito, la niña ejemplar, embarazada como una cualquiera, como una mujer mala...» Ángel Palomino, *Madrid, costa Fleming.* ▮ «Si este dinero, en vez de ahorrarlo, me lo hubiera gastado yendo de malas mujeres...» A. Matías Guiu, *Cómo engañar a Hacienda.*

20. mujer perdida ▶ *perdida.*

21. mujer pública *s.* prostituta.

«...la singular alianza de las mujeres públicas de la villa y los conservadores. Vivir para ver.» Jose-Vicente Torrente, *Los sucesos de Santolaria.*

22. reunión de mujeres *s.* fiesta de mujeres.

«Sonia va a reuniones de mujeres los jueves y los sábados, sin faltar. Dice que lo pasa en grande.» DCB.

*****mujer atractiva** cf. (afines) bollicao, bollo, bomba, bombón, bombonazo, buenorra, como un camión, cañón, cañonazo, chorba, esculpida, estupenda, guaperas, jaca, maciza, monada, monumento, mujer de bandera, negraza, percha, perita en dulce, sexi, tener un buen *polvo, tía buena, tipazo, que lo tira, como un tren, como para parar un *tren, de buen ver, virguito, yogurcito, yogurina.

*****mujer joven** cf. (afines) ▶ *chica.*

*****mujer promiscua** cf. (afines) abierta, ser *buena, buscona, calentona, calentorra, calientapollas, ligera de *cascos, coñocaliente, golfa, lanzada, levantapollas, libertina, ligona, loba, mujer fácil, pájara, pelandusca, pendón, pendona, perico, pindonga, pingo, putilla, tragona, zorra, zorrón, zorrona.

*****mujer que excita** cf. (afines) calientabraguetas, calientapichas, cerda, levantapollas.

*****mujeriego** cf. (afines) braguetero, calavera, faldero, furcio, ligón, pendón, perdis, pichabrava, pichaloca, playboy, putero, verde.

mujeriego *s.* hombre aficionado a las mujeres.

«Tomás es un mujeriego empedernido. ¿Y qué hombre no lo es?» Corín Tellado, *Mamá piensa casarse.* ❚ ▪" «Tu marido es un mujeriego, un putero de mierda que me mete mano cada vez que me ve.» ✔ DRAE: «Dícese del hombre dado a mujeres. Ú. t. c. s.».❚

mujerzuela *s.* prostituta.

«Y ahora, para colmo, pretendía telefonear a una puta de nombre amable después de haber pasado buena parte de la noche atemorizando a mujerzuelas de la Ballesta.» Mariano Sánchez, *Carne fresca.* ❚ «Bueno, ¿y cómo lo llamamos? ¿Prostituta, ramera, mujerzuela, meretriz, cortesana, zorra, golfa, suripanta, perdida, hetaira, pendón...?» Ana Diosdado, *Trescientos veintiuno, trescientos veintidós,* 1991, RAE-CREA. ❚ «Se apostó en el reducto Carolina, con un atajo de forajidos y mujerzuelas del arrabal.» Pau Faner, *Flor de sal.* ❚ «...deberías ser más respetuoso, ¿cómo traes a esa mujerzuela?» Sealtiel Alatriste, *Por vivir en quinto patio,* 1985, RAE-CREA. ✔ DRAE: «Mujer perdida, de mala vida».❚

mula *s.* hombre fuerte, musculoso.

«Estoy hecho una mula, y no está bien que yo lo diga, pero es verdad.» Juanma Iturriaga, *Con chandal y a lo loco.* ❚ ▪" «El marido de Carmen está hecho una mula desde que va al gimnasio.»

2. *s.* persona que trasporta drogas.

«Añádele encima el fiambre de una mula de postín y de uno de sus mejores amigos...» Pedro Casals, *La jeringuilla.* ❚ «Esos buscan la droga [...] Tomarme por una mula a mí...» Pedro Casals, *Disparando cocaína.*

3. terco como una mula *expr.* muy terco.

«Soy terco como una mula y duro no siento el dolor...» Extremoduro, CD, 1997: *Iros todos a tomar por culo, Pedra.*

mulabar *v.* matar, ajusticiar.

«Las huellas no dicen que mulabáramos al bujendí.» Raúl del Pozo, *Noche de tahúres.* ✔ la palabra la reseña Luis Besses en 1906.❚

muleta *s.* objeto utilizado como pantalla para robar.

«...otras veces con mejores o peores muletas, son capaces de dar la castaña...» Manuel Giménez, *Antología del timo.* ❚ «Muleta: Periódico o prenda de vestir que utiliza el carterista para disimular la sustracción.» JGR.

muley, dar muley *expr.* matar, asesinar.

«¿Por qué no la damos muley y la tiramos por ahí, en algún cubo de basura?» Fernando Martínez Laínez, *La intentona del dragón.* ✔ también *mulé.*❚

mullar *v.* matar.

«Mullar. Matar, asesinar.» Ra. ❚ «Mullar. Matar.» VL. ❚ «Mullar. Agredir con arma blanca a alguien.» S. ✔ no se ha podido documentar fuera de diccionarios y no reseña la voz Jesús García Ramos.❚

mulo ▶ *mula.*

mundo, caérsele (venírsele) a uno el mundo encima *expr.* agobiarse, desmoralizarse.

«A este muchacho se le había caído el mundo encima, me di cuenta.» José Luis Martín Vigil, *Los niños bandidos.*

2. como su madre (Dios) lo trajo (echó, parió) al mundo *expr.* desnudo.

«...no sólo hace falta que esté como su madre le trajo al mundo...» Mala impresión, revista de humor con caspa, n.° 1. ❚ «...para poder ver a la ciberaventurera como Dios —es un decir— la trajo al mundo.» El Mundo, 13.12.98. ❚ «Y el que se escapaba iba tan en cueros como su madre lo echó al mundo...» Juan Eslava Galán, *En busca del unicornio,* 1987, RAE-CREA. ❚ «Todos ellos andaban desnudos como su madre los parió...» Augusto Roa Bastos, *Vigilia del almirante,* 1992, RAE-CREA.

3. como vino al mundo *expr.* desnudo.

«...ahora mismo la desnudaría prenda por prenda hasta dejarla como vino al mundo y palparía sus pechos...» Cristóbal Zaragoza, *Y Dios en la última playa.*

4. en el culo del mundo ▶ *culo, en el culo del mundo.*

5. en el fin del mundo *expr.* muy lejos.

«Pero, ¿usted sabe donde cae eso de Australia? En el fin del mundo.» A. Zamora Vicente, *Desorganización.*

6. estar con un pie en el otro mundo (en la sepultura, en el hoyo) *expr.* estar a punto de morir.

«Hola, dije todavía con un pie en el otro mundo...» Damián Alou, *Una modesta aportación a la historia del crimen,* 1991, RAE-CREA. ▮ «Envejecer: estar con un pie en el hoyo, estar con un pie en el otro mundo, estar con un pie en la sepultura.» DTE.

7. irse (largarse) al otro mundo *expr.* morir.

«Cuando venga el tren —pensé— Estanislao se va para el otro mundo.» C. J. Cela, *Viaje a la Alcarria.* ▮ «...le han obligado a largarse al otro mundo...» A. Zamora Vicente, *Historias de viva voz.* ▮ «Se fue al otro mundo sin saber que le habían preparado los naipes...» Raúl del Pozo, *Noche de tahúres.* ▮ «Soy un pobre jubilado que quiere irse al otro mundo con la vanidad de haber publicado [...] un libro.» Severiano F. Nicolás, *Las influencias.* ▮ «...cualquier día le da un patatús como al señor Teo y se va con él al otro mundo.» J. Jiménez Martín, *Ligar no es pecado.* ▮ «...para que Dios se apiadara del alma del pobre Florencio, a quien ya consideraba en el otro mundo...» José Gutiérrez-Solana, *Madrid callejero, Obra literaria, II.* ▮ «...no queriendo dar su brazo a torcer, no queriendo irse de una puta vez al otro mundo.» C. Pérez Merinero, *El ángel triste.*

8. no ser nada del otro mundo *expr.* ser normal, corriente.

«¿Y si fuésemos al [...] museo de cera? [...] No es nada del otro mundo pero a mí siempre me ha gustado.» Jesús Ferrero, *Lady Pepa.* ▮ «Esta ciudad no es nada del otro mundo.» DF.

9. ponerse el mundo por montera *expr.* hacer uno lo que le place.

«Actuar según el propio criterio sin prestar atención a la opinión ajena.» LA. ▮ «...no dar cuenta a nadie, ponerse el mundo por montera...» DTE.

munipa *s.* policía municipal.

«...voy a explicar cómo se mea en la calle con estilo y sin que te pillen los munipas y te multen.» Mala impresión, revista de humor con caspa, n.° 1. ▮ «Mira la munipa ésa, que morbillo tiene...» El Jueves, 6-12 octubre, 1993. ▮ «Munipa: Policía municipal.» JGR. ✓ síncopa de *policía municipal.*▮

muntanbai *s.* bicicleta de montaña.

«Las bicis de montaña o muntabais...» Henrique Mariño, La Luna, El Mundo, 23.7.99. ✓ del inglés *mountain bike.*▮

muñeca *s.* chica, mujer joven, tratamiento cariñoso.

«Vamos, muñeca —dijo Víctor.» El Caballero Audaz, *El demonio en el corazón.* ▮ «¿Qué te parece, muñeca?» P. Antilogus, J. L. Festjens, *Anti-guía de los conductores.* ▮ «Mira, muñeca [...] estamos en un callejón sin salida...» José Raúl Bedoya, *La universidad del crimen.* ▮ «...¡cierra el pico, muñeca!» Ángel Palomino, *Un jaguar y una rubia.*

muñeco *s.* hombre, tratamiento cariñoso.

«Todo a su tiempo, muñeco.» Manuel Quinto, *Estigma.*

murciar *v.* hurtar, robar.

«Unas coles y unas patatas se las tenemos que murciar...» Francisco Candel, *Los hombres de la mala uva.* ✓ DRAE: «1. tr. Germ. Hurtar o robar».▮

murga, dar la murga *expr.* molestar, incordiar.

«Dar murga. Molestar, importunar.» LB. ▮ «...te aguarda en la fuente para darte la murga.» Andrés Berlanga, *La gaznápira.* ▮ «...Ponce de León seguía dando la murga...» Gomaespuma, *Grandes disgustos de la historia de España.* ▮ «Precisamente una tarde que no estaba dando la murga...» A. Sopeña Monsalve, *El florido pensil.* ▮ «Pensé que sólo faltaba una tuna para dar la murga para que el cuadro estuviese realmente completo.» C. Pérez Merinero, *El ángel triste.* ▮ «Y dentro de un rato empezarás a dar la murga con lo que quieres...» Fernando G. Tola, *Mis tentaciones.* ✓ de *murga.* MM: «banda callejera que toca música ligera».▮

*murmurador cf. (afines) ▶ *chismoso.*

*murmurar cf. (afines) chismorrear, cortar *trajes, poner a *caldo, andar en *coplas, despellejar, echar pestes de, andar en *lenguas, poner a *parir, poner *verde.

musarañas, pensar (mirar a las) en las musarañas *expr.* estar distraído, no estar atento.

«Si es que no me extraña; todo el día pensando en las musarañas.» Gomaespuma, *Familia no hay más que una.* ▌ «¿Cómo quieres comprender lo que dice el profesor si te pasas la clase mirando a las musarañas?» FV. ▌ «Pensaba en las musarañas.» Pedro Casals, *Disparando cocaína.* ▌ «...pensando siempre en una novia bonita... pensando en las musarañas.» Juan Marsé, *Si te dicen que caí.* ✓ DRAE: «fr. fig. y fam. No atender a lo que él mismo u otro hace o dice».▌

musculitos *s.* hombre musculoso.

«Nadie vuelve la cabeza, sólo el musculitos del casco (de moto) parece indignarse y tersa sus bíceps...» La Luna, El Mundo, 18.6.99. ▌ «El musculitos, que no deja de mirar su imagen en todas las copas...» Susana Besa, El Mundo, 9.8.99.

música *s.* cartera, billetera.

«Hace mucho tiempo lo detuve por casualidad birlándole la música a un padrino en la estación de Atocha.» Juan Madrid, *Las apariencias no engañan.* ▌ «Música: cartera.» JGR. ▌◼ «Jaime es carterista, músico y va detrás de las músicas, claro.»

2. irse (marcharse) con la música a otra parte *expr.* irse a molestar a otra parte.

«¡Podrían irse con la música a otra parte!» Metal Hurlant, 1981. ▌ «...que dijera a sus amigos [...] que estaban reunidos en el piso de arriba, que se fuesen con la música a otra parte.» Andrés Bosch, *Mata y calla.* ▌ «Así que pago, me levanto y me voy con la música a otra parte.» C. Pérez Merinero, *Días de guardar.* ▌ «...que ellas no pintan nada y que deberían irse con la música a otra parte.» B. Pérez Aranda *et al., La ex siempre llama dos veces.*

músico *s.* carterista.

«Músico: carterista.» JGR. ▌ «Músico. Car-

terista, piquero, tijerero.» Ra. ▌◼ «El músico es el ladrón que se especializa en carteras, el carterista, en otras palabras.»

muslamen *s.* piernas, muslos.

«...y los mariditos [...] sin hacer caso ni darse por enterados de cómo enseñan las gachís el muslamen...» A. Zamora Vicente, *Mesa, sobremesa.* ▌ «...cuando alguna se agacha y enseña el muslamen...» Ángel Palomino, *Las otras violaciones.* ▌ «...alusinar con los muslámenes.» El Jueves, 6-12 julio, 1994. ▌ «...echas mano al muslamen...» Ramón Ayerra, *Los ratones colorados.* ▌◼ «Tiene buen muslamen la mujer de Jaime, ¿te has fijado, tío?»

muslazos *s. pl.* muslos gruesos y atractivos.

«Se sube a la silla y le veo los muslazos.» C. Pérez Merinero, *Días de guardar.* ▌◼ «Marina tiene unos muslazos que dan ganas de meterles mano, tronco.»

mustafá *s.* árabe, moro.

«...y es que con estos mustafás hay que hilar fino...» Ramón Ayerra, *Los ratones colorados.*

mutis, hacer mutis (por el foro) *expr.* callarse.

«La Comunidad no puede hacer mutis por el foro en esta cuestión.» Manuel de la Fuente, ABC, 29.9.99. ▌ «Me despido de él, me saluda militarmente como mandan los cánones y hago mutis.» C. Pérez Merinero, *Días de guardar.* ▌ «Además de la acción de retirarse un actor de escena, se aplica, en lenguaje informal, a la de callarse.» MM. ▌ «Hicieron mutis porque les convenía.» JM. ▌ «Quiero hablar de otro letrero antes de hacer mutis.» José M.ª Zabalza, *Letreros de retrete y otras zarandajas.* ▌ «He dicho que te sientes. Y vosotros, mutis.» Juan Marsé, *Si te dicen que caí.* ▌◼ «En cuanto comenzaron a hablar de lo que había dicho, Paca hizo mutis y se largó con viento fresco.» ✓ se suele añadir la coletilla *por el foro.* DRAE: «2. Callar».▌

muva *s.* acción, diversión, jaleo.

«Muva. Agitación, revuelo, bullicio, turbación, conmoción.» Ra. ▌ «Muva: Idea de movimiento o agitación /disturbio /jaleo /

riña/ reyerta generalizada.» JGR. ▌ ▪▪ «La gente antigua iba a divertirse a lo que llamaban la muva, la diversión.» ▌✔ no se ha podido documentar fuera de diccionarios.▌

muy *s.* boca, lengua.

«¡Caramba, qué manera de tirarle a uno de la muy...» A. Zamora Vicente, *Historias de viva voz.* ▌ «La muy: la lengua, la boca.» JMO. ▌ «Mui. Comedor, boca, morro.» Ra. ▌✔ *muy* o *mui.*▌

2. achantar la muy *expr.* callarse.

«Podemos meterle miedo y el chaval achanta la muy...» Juan Madrid, *Turno de noche.* ▌ «Achanta la muy, chinorri...» Rambla, n.° 3. ▌ «Te amenazan con ponerte de patitas en la calle y tú achantas la mui como el primero.» JM. ▌ «—No quería molestar, es que me parecía que... —Achantando la muy.» Juan Madrid, *Crónicas del Madrid oscuro.* ▌✔ *muy* o *mui.*▌

3. darle a la muy ▸ *dar, darle a la muy.*

4. irse (largar por) de la muy *expr.* hablar, delatar.

«...vuelve a Madrid en su Honda [...] no tanto por recuperar a María como por impedir que se vaya de la mui...» Francisco Umbral, *Madrid 650.* ▌ «En los tiempos que corren lo mejor es no irse de la mui, dejarla quieta en remojo...» Ignacio Aldecoa, *El fulgor y la sangre.*

Nn

na *pron.* nada.

«Por na. No quiero saberlo.» Francisco Candel, *Donde la ciudad cambia su nombre.* ❚ «Pero la mili ya no es ná.» José Ángel Mañas, *Historias del Kronen.* ❚ «Yo no sé ná y no he querido saber ná.» Fernando Martínez Laínez, *La intentona del dragón.* ❚ «¿Qué ha sido? Na.» Rafael García Serrano, *Diccionario para un macuto.* ❚ «Pero ya ha visto que la sección sigue, o sea que de racismo anticlásico ná de ná.» Tía Julia, Qué leer, junio, 1998. ❚ «Es que na más verle...» R. Montero, *Diccionario de nuevos insultos...* ❚ «...que ni es socialista ni es na...» J. Giménez-Arnau, *Cómo forrarse y flipar con la gente guapa.* ❚ «¡Anda ya, sin saber cantar ni na, meneando el culo...» Fernando Quiñones, *Las mil y una noches de Hortensia Romero,* 1979, RAE-CREA. ❚ «¿Dónde voy yo sin hombre y sin ná?» El Mundo, 23.7.99.

nabo *s.* pene.

«Tú puedes hacer lo que te salga de la punta del nabo.» Rosa Montero, *La hija del caníbal.* ❚ «¡La punta del nabo te va a florecer a ti de tanto hacer mariconadas.» Terenci Moix, *Garras de astracán.* ❚ «...y me va tocando el nabo / por la calle de Alcalá /» Amelia Díe y Jos Martín, *Antología popular obscena.* ❚ «la burra levanta el rabo / el burro le mete el nabo.» Amelia Díe y Jos Martín, *Antología popular obscena.* ❚ «Pene. Denominación de parte del sexo masculino, que con más vulgaridad se denomina [...] chorizo, churro, chorra, chuzo, cimbel, minga, minina, nabo, pilila, pija, pistola, pluma, polla, porra, verga, etcétera...» José M.ª Zabalza, *Letreros de retrete y otras zarandajas.* ❚ «Para convencer a esa calentorra hay que meterle el nabo entre las patas.» Andreu Martín, *El señor Capone no está en casa.* ❚ ▪ «Si le metes el nabo a esa putilla de seguro que coges un sifilazo.»

nacer, nacer de culo *expr.* tener siempre mala suerte.

«Hay tíos que nacieron de pie, y otros que nacimos de culo.» Álvaro de Laiglesia, *Hijos de Pu.*

2. nacer de pie *expr.* tener siempre buena suerte.

«Hay tíos que nacieron de pie, y otros que nacimos de culo.» Álvaro de Laiglesia, *Hijos de Pu.*

nada, de eso nada, (monada) *expr.* no, en absoluto.

«¡Quiero ver ahora mismo la Licencia Fiscal...! ¡De eso nada!» Miguel Martín, *Iros todos a hacer puñetas.* ❚ «De eso nada, monada.» Ladislao de Arriba, *Cómo sobrevivir en un chalé adosado.* ❚ «Pues que te lo has creído tú. De eso nada, monada.» Gomaespuma, *Grandes disgustos de la historia de España.* ❚ «De eso, nada.» Geno Díaz, *Genocidio.* ❚ «De eso nada...» Lourdes Ortiz, *Picadura mortal.* ❚ «...para que sea el lector quien descubra el desencanto y decida que de eso nada.» María Antonia Valls, *Tres relatos de diario.*✔ ▶ *monada; de eso nada, monada.*❚

2. nada de nada *expr.* nada en absoluto.

«...Nina, que tan sólo habló cinco minutos

para no decir nada de nada.» Aníbal Lector, Qué leer, 27.11.98. ▮ «¿Así que de sufrir nada de nada?» Óscar López, Qué leer, 27.11.98. ▮ «...y termina por no haber banquero ni ná de ná...» Manuel Martínez Mediero, El niño de Belén, 1991, RAE-CREA.

3. no valer nada ▶ valer, no valer nada.

4. para nada expr. en absoluto.

«Quita, quita, lo que tiene que doler, y además qué desagradable, para nada.» Fernando G. Tola, Cómo hacer absolutamente infeliz a un hombre. ▮ «Los chicos te tienen pánico, un miedo exagerado, y para nada van a arriesgarse...» A. Gómez Rufo, Cómo ligar con ese chico que pasa de ti o se hace el duro. ▮ «No quiero ser raro, ni ir de esnob o con fama de difícil por la vida. ¡Para nada!» You, enero, 1998. ▮▪▀ «No te conozco para nada.»

*nadie cf. (afines) ni un alma, ni Cristo, ni Dios, no haber Dios, naide, ni una rata.

naide pron. nadie.

«...la frase de Rafael El Guerra: Después de mí, naide, y después de naide, Fuentes.» Antonio Burgos, El Mundo, 10.5.98. ▮ «Y cuando iba de sorche pelao con el brazo en garabitas naide se apercibía...» J. M.ª Rodríguez Méndez, Bodas que fueron famosas del Pingajo y la Fandanga, 1976, RAE-CREA. ▮ «Naide (nadie) ninguna persona que se vea.» IND. ▮▪▀ «Cuando voy a un entierro siempre pienso que no semos naide.»

naja, ir (salir) de naja expr. irse, marcharse, escaparse.

«...se le levanta la barriga como si fuese a ir de naja...» A. Zamora Vicente, Mesa, sobremesa. ▮ «...o a esos señores que la han atropellado y han salido de naja, a ésos había que fusilarlos...» Ángel Palomino, Las otras violaciones. ▮ «No era que yo le gustase como para salir de naja por ahí adelante los dos juntos...» Mariano Tudela, Últimas noches del corazón. ▮ «Era domingo, mucho jaleo, el acompañamiento salió de naja...» A. Zamora Vicente, Historias de viva voz. ▮ «...se metieron en un coche que les estaba esperando y salieron de naja.» Fernando Martínez Laínez, La intentona del dragón. ▮ «Si había que correr, le daría la mano y saldríamos de naja...» Almudena Grandes, Las edades de Lulú. ▮ «Diles que he vendido la exclusiva al Times por 300 kilos... verás como salen de najas.» Forges, Lecturas, 21.8.98. ▮ «Si tenemos que salir de naja...» Fernando Martínez Laínez, Bala perdida.

2. irse de naja expr. eyacular.

«...una ricura meneándose la austríaca, y se la veía con ganas de gozar [...] hasta que se fue de naja a grandes voces [...] y terminada su corrida, cuando a él empezaba a animársele el piringulo...» Ramón Ayerra, Los ratones colorados.

najar(se) v. marcharse, irse.

«Me najo de allí, güelvo a mi Españita, entro en Madriz...» B. Pérez Galdós, Fortunata y Jacinta. ▮ «Najar: huir. Salir corriendo.» Manuel Giménez, Antología del timo. ▮ «¿Adónde querrá najar este manú?» Fernando Martínez Laínez, La intentona del dragón.

nakel, pegarle al nakel expr. hablar mucho.

«Pegarle al nakel. Hablar como una cotorra.» Alejandra Vallejo-Nágera, La edad del pavo.

*nalgas cf. (afines) asentaderas, brisero, bul, bull, bulla, bullarengue, cacas, cachas, calicatas, culamen, culata, culera, culete, culibajo, culo, cachetes del *culo, culo de pera, culo gordo, culón, culona, donde la espalda pierde su casto nombre, fullín, jebe, nalgas, nalgatorio, pandero, pompis, popa, popó, posaderas, posteridad, rabo, retaguardia, retambufa, rulé, saco, saco de la mierda, superculo, tirapedos, tras, trasero.

nalgas s. pl. trasero, culo.

«...nalgas de varón y hembra...» C. J. Cela, Oficio de tinieblas 5. ▮ «Culo: nalgas, cachas, culamen, pompis, popa, posteridad, jebe, ojete, saco.» José M.ª Zabalza, Letreros de retrete y otras zarandajas. ▮ «...le pellizca las nalgas...» José Luis Muñoz, Pubis de vello rojo.

nalgatorio s. nalgas, culo.

«...y a continuación vuelta y media sin respirar, meneando mucho el nalgatorio...» Ángel Palomino, Un jaguar y una rubia.

nanay *adv.* negación.

«...Jaime se saca las manos de los bolsillos y dice que nanai.» José Ángel Mañas, *Sonko95.* ❚ «Pero nanay, que decían en el barrio.» Juan Antonio de Zunzunegui, *El supremo bien.* ❚ «A mí, muertitos de segunda, nanay... ¿Clarito?» A. Zamora Vicente, *Historias de viva voz.* ❚ «Intervenía otra que estaba metida casi enteramente dentro del secador: Nanay.» Ignacio Aldecoa, *El fulgor y la sangre.* ❚ «Le advertí que haría el traslado de los trastos de madrugada, antes de levantarse Serafín y de despertarse los críos, pero ella dijo que nanay.» Miguel Delibes, *Diario de un cazador.* ❚ «Yo también se los he pedido, y ¡nanay!» Ángel María de Lera, *Bochorno.* ❚ «Nanay, listo. Qué te has creído.» Juan Marsé, *Si te dicen que caí.* ❚ ◼ «No, señor, que he dicho que nanay; que no, vamos.» ✓ *nanay* o *nanai.* DRAE: «Expresión familiar y humorística con que se niega rotundamente una cosa.» MM. no lo registra. Por primera vez en Ac. 1970. Luis Besses registra *nanai* en 1905.❙

nan

498

2. nanay de la China *expr.* nada, negación absoluta.

«Nanay.— Negación: ¡Nanay de la China!» Cepas, *Voc. malagueño,* RAE. ❚ ◼ «Me ha querido vender unas chucherías pero le he dicho que nanay de la China.» ✓ ▶ *naranjas, naranjas de la China.*❙

nano *s.* niño, chico.

«Pues aguanta, nano.» José Luis de Tomás García, *La otra orilla de la droga,* 1984, RAE-CREA. ❚ «...y el nano presumido no era otro que un...» Ramón Ayerra, *La lucha inútil,* 1984, RAE-CREA. ❚ ◼ «¿Ha comido el nano ya?»

napia(s) *s.* nariz.

«Si arruga la napia, hay algo que no le gusta.» Ragazza, n.° 101. ❚ «...aún pega las napias a la barra de vez en cuando.» José Ángel Mañas, *Historias del Kronen.* ❚ «...me da en las napias que es un chantajista...» A. Zamora Vicente, *Mesa, sobremesa.* ❚ «...anima esa cara, que vamos a meterte un poco de polvo por esas napias.» José Ángel Mañas, *Historias del Kronen.* ❚ «Y al instante le había enchufado el frasco de amoniaco en la napia...» Ernesto Parra, *Soy un extraño*

para ti. ❚ «Tenía las napias pegadas a la tele cuando me asaltó la duda...» B. Pérez Aranda *et al., La ex siempre llama dos veces.* ❚ «...luego la tiré el bolso a la cara, que la dio en todas las napias...» Ramón Ayerra, *Los ratones colorados.*

napo *s.* billete de mil pesetas.

«Billete de mil pesetas (también [...] napos...)» Joseba Elola, *Diccionario de jerga juvenil,* El País Semanal, 3.3.96. ❚ «...talegos, las libras, las pelas, los bonis, los napos, los papeles, los pavos...» R. Gómez de Parada, *La universidad me mata.*

napoleón *s.* hijo de puta.

«Para él somos napoleones, hijos de puta.» Raúl del Pozo, *Noche de tahúres.*

naranja, media naranja ▶ *media, media naranja.*

naranjas *expr.* no, nada.

«En vez de no, nada, decimos a las personas de la familia o de mucha confianza: naranjas...» Membeño, *Hondureñismos,* RAE. ❚ «Entre nuestra germanía es costumbre para negar, contestar: Naranjas...» Tobón Betancourt, *Colombia,* RAE. ✓ DRAE: «interj. con que se denota asombro, extrañeza, desahogo, etc. Sirve también para negar, y equivale entonces a nones. Dícese también ¡naranjas chinas! y ¡naranjas de la China!».❙

2. *s. pl.* pechos.

«Naranjas, senos.» A. Mora Montes-Figueroa, *Glos. Alec.,* RAE.

3. naranjas de la China *expr.* no, nada, en absoluto.

«¿Que lo traen por la señal de los dedos? ¡Naranjas de la China!» Carlos Arniches, *Madrid castizo,* RAE. ❚ «¡En mi jurisdicción, naranjas de la China!» Juan Madrid, *El cebo.* ✓ ▶ *nanay, nanay de la China.*❙

narco *expr.* narcotraficante.

«Mientras los traficantes de armas hacen su siempre fructífero negocio, los narcos invaden el mundo...» Ramón Escobar, *Negocios sucios y lucrativos de futuro.* ❚ «Fiscal pide pena mayor para narcos.» El Nuevo Heraldo, EE.UU., 41306, 1997, RAE-CREA. ❚ «...por lo que me cuenta, yo creo que son narcos...» C. Rico-Godoy, *Cuernos de mujer.*

narcosala *s.* instalaciones de atención para el toxicómano.

«...narcosalas: instalaciones con condiciones higiénicosanitarias para que los toxicómanos puedan administrarse heroína.» ABC, 29.9.99. ▌«...José Manuel Maza calificó ayer de *hipocresía* la instalación de narcosalas por la Agencia Antidroga.» ABC, 9.10.99.

nardos, tirarse nardos *expr.* alabarse mutuamente.

«Mira, no hemos venido aquí a tirarnos nardos...» B. Pérez Aranda *et al.*, *La ex siempre llama dos veces.*

narices ▶ *nariz.*

narices, dar con la puerta en las narices *expr.* despedir, despachar de mala manera.

«...me echó de su casa y me dio con la puerta en las narices...» You, enero, 1998. ▌ «Si se acerca a ti, no le des con la puerta en las narices...» SúperPop, junio, 1999. ▌ «...una incitación irónica que utiliza con los moscones antes de darles con la puerta en las narices.» Manuel Hidalgo, *Azucena, que juega al tenis.*

2. de las narices *adj.* maldito, tonto, necio.

«El Miguelucho de las narices sacaba fotos de mis posibles deslices sin que yo me percatara.» A. Zamora Vicente, *Historias de viva voz.* ▌ «...que de forma injusta se libró del *numerus clausus* de las narices.» Fernando Martín, *Cómo aprobar todo sin dar ni chapa.* ▌ «El niño de las narices ha estado toqueteando el ordenador otra vez.» DCB.

3. de (tres pares de) narices *expr.* mucho, grande, importante.

«Se montó un revuelo en el Congreso de tres pares de narices.» Gomaespuma, *Grandes disgustos de la historia de España.* ▌ «Era guapa de narices aquella nórdica.» JM. ▌ «...Álvaro tenía un sofocón de tres mil pares de narices...» B. Pérez Aranda *et al.*, *La ex siempre llama dos veces.*

4. dejar (quedarse) con (un palmo) tres palmos de narices *expr.* burlar a alguien, chasquear, frustrar.

«Como puedes ver, los servicios de vuelos se quedan con tres palmos de narices.» Pedro Casals, *Disparando cocaína.* ▌ «...llegar a Guadalajara y encontrarse con tres palmos de narices.» B. Pérez Aranda *et al.*, *La ex siempre llama dos veces.* ▌ «Los que creímos en él nos quedamos con un palmo de narices.» LA. ▌ «...y dejar al propietario con un palmo de narices.» José María Guelbenzu, *El río de la luna,* 1981, RAE-CREA. ✓ DRAE: «fr. fig. y fam. Chasquearlo, privándolo de lo que esperaba conseguir».▌

5. en las propias narices de alguien *expr.* delante de alguien, en su presencia, con su conocimiento.

«Llegar el último, trincar el botín en sus propias narices y salir indemne era demasiado morro.» El Gran Wyoming, *Te quiero personalmente.*

6. hacer lo que a uno le sale de las narices *expr.* hacer uno su voluntad, lo que quiere.

«En una palabra, hacer lo que les salga de las narices, como de costumbre.» P. Antilogus, J. L. Festjens, *Anti-guía de los conductores.* ▌ «¿Tú qué te crees, que a mí se me puede coger y dejar cuando a ti te salga de las narices?» Fernando G. Tola, *Cómo hacer absolutamente infeliz a un hombre.*

7. hasta las (mismísimas) narices *expr.* harto, cansado.

«...aunque me gusta mi trabajo, estoy hasta las narices.» María Antonia Valls, *Para qué sirve un marido.* ▌ «Que estás de mí hasta las narices...» Álvaro Pombo, *Los delitos insignificantes.* ▌ ◼ «Dice tu mujer que está hasta las narices de ti.»

8. hinchar las narices *expr.* hartarse, enfadarse.

«...expuestos a morir en cuanto al enemigo se le hinchen las narices...» Álvaro de Laiglesia, *Hijos de Pu.* ▌ «Que ya se nos han hinchado las narices.» Gomaespuma, *Grandes disgustos de la historia de España.* ▌ «...que ya te estaban hinchando las narices con la tal Vanesita...» A. Gómez Rufo, *Cómo ligar con ese chico que pasa de ti o se hace el duro.* ▌ «Y cuando a Sara se le hincharon las narices, le dijo...» María Antonia Valls, *Tres relatos de diario.* ▌ «Como se me hinchen las narices, la armo.» Fernando Repiso, *El incompetente.*

9. meter las narices *expr.* inmiscuirse, entrometerse.

«Pero tampoco tenía por qué meter las narices en su vida.» Ernesto Parra, *Soy un extraño para ti.* ▮ «¿Quién te manda meter las narices donde no debes?» M. Vázquez Montalbán, *El delantero centro fue asesinado al atardecer.*

10. no ver (atisbar) más allá de las narices de uno *expr.* no darse cuenta de algo que es evidente.

«...incapaz de atisbar dos palmos más allá de sus narices...» Eduard José, *Buster Keaton está aquí,* 1991, RAE-CREA. ▮ «...el egoísmo no le deja ver más allá de sus narices...» M. Vargas Llosa, *El loco de los balcones,* 1993, RAE-CREA.

11. pasar (restregar) algo por las narices a alguien *expr.* demostrar algo a alguien con insistencia, reconvenirle, censurarle.

«...lo más probable es que se hubiera comprado ella el ramo para pasárselo por las narices.» B. Pérez Aranda *et al., La ex siempre llama dos veces.*

12. por narices *expr.* a la fuerza, por obligación.

«Se quedarán en el cuartel por narices.» JM. ▮ «...a la fuerza, por narices. Como siempre.» Fernando Repiso, *El incompetente.*

13. ¡qué narices! *excl.* qué demonios.

«...me pregunté por qué narices...» María Antonia Valls, *Para qué sirve un marido.* ▮ «¿Se puede saber qué narices queríais con tanta urgencia?» JM. ▮ ▰ «Vamos a celebrarlo a lo grande, cueste lo que cueste. ¡Qué narices!»

14. romper las narices *expr.* golpear, pegar.

«...solamente la severa educación intelectual que he recibido me impide romperte las narices...» José María Guelbenzu, *El río de la luna,* 1981, RAE-CREA. ▮ «...como si le rompieran las narices a sacudidas...» M. Vázquez Montalbán, *La soledad del manager,* 1977, RAE-CREA.

15. salirle a uno de las narices *expr.* porque uno quiere, porque sí.

«...es lo suficientemente joven para llevar el pelo como le salga de las nari-

ces, sin que nadie le dé el coñazo.» Fernando Martín, *Cómo aprobar todo sin dar ni chapa.*

16. tocar las narices *expr.* molestar.

«El colegio es un sitio horrible y sólo hay una manera de que no te toquen las narices: a tortas.» Ray Loriga, *Lo peor de todo.* ▮ «...a Ud., en el fondo, le tocaba las narices celebrar mi éxito.» Fernando Repiso, *El incompetente.*

17. tocarse las narices *expr.* haraganear.

«Zanganear. Tocarse las narices.» DTE.

18. ¡tócate las narices! *expr.* ¡aguántate!

«Desde luego... ¡tócate las narices!» Almudena Grandes, *Modelos de mujer.*

19. unas narices *expr.* negación.

«¿Quieres ver cómo te parto la boca? ¡Unas narices!» JM. ▮ «¡Narices! —chillaba uno.» Rafael García Serrano, *Diccionario para un macuto.*

narigo *s.* nariz.

«Narigo. Nariz.» VL. ▮ «Narigo. Nariz.» S. ▮ ▰ «Con ese narigo van a pensar que eres un elefante, tío.» ✔ no se ha podido documentar fuera de diccionarios.▮

*nariz *cf.* (afines) napia, narigo, narizotas, narpias, picota, tocha, trompa.

nariz ▸ *narices.*

nariz *s.* experto en perfumes, perfumista.

«¿Qué hay que hacer para convertirse en un *nariz?* Es una profesión poco conocida pero que se aprende.» Jacques Polge, *Secretos de belleza,* revista El Corte Inglés, junio, 1998. ▮ «El encargado de mezclar esencias recibe el nombre de nariz.» Signo Saber, Telemadrid, 13.8.99. ✔ ▸ *narices.*▮

2. meter la nariz *expr.* husmear, entrometerse, inmiscuirse.

«...porque María Rosa pretendía meter su naricilla [...] en la franja informativa de la droga...» Ángel A. Jordán, *Marbella story.*

narizotas *s. pl.* que tiene nariz grande.

«El que me ha empujado ha sido ese narizotas tan feo.» CL. ▮ «Otros llaman narizotas a un narigudo que le vendió claveles pochos...» Ángel Palomino, *Insultos, cortes e impertinencias.*

narpias *s. pl.* nariz.

«Narpias: Nariz, napias.» JV. ▌ «Narpias: narices.» JMO. ▌ «Narpia(s). Nariz.» VL. ▌ «Narpia. Nariz particularmente grande. Ya puede tener buen olfato con esas narpias.» JM. ▌ «Narpias. Napia.» Ra. ▌ ▪ «Con esas narpias pareces un payaso.» ✔ no se ha podido documentar fuera de diccionarios.▌

nasti *adv.* no, nada, en absoluto.

«Nasti —dijo su propietario reapareciendo.» Fernando Sánchez-Dragó, «Anábasis», en *Antología del cuento español*. ▌ «De eso nasti, monasti.» JM. ▌ «...pero de haberla metido donde se debe, nasti...» Ramón Ayerra, *Los ratones colorados*. ▌ ▪ «Me invitó al cine el gordo ése pero le dije que nasti, que invitase a otra.»

2. nasti de plasti (colasti) *expr.* nada, nada de nada, en absoluto.

«¿Esa Emilia no te contó nada? Nasti de plasti.» Juan Madrid, *Las apariencias no engañan*. ▌ «Mi jefa me dijo que de lo del dinero que me deben, nasti de plasti, que tengo que seguir esperando.» CL. ▌ «Pues nasti de plasti, jefe...» Juan Madrid, *Crónicas del Madrid oscuro*. ▌ «Pero ella, nasti colasti. Ni que sus tetas fueran de oro.» C. Pérez Merinero, *Días de guardar*. ▌ «Su padre era el dueño del bar y, si no pasábamos por la iglesia, nasti de plasti.» Andreu Martín, *Prótesis*.

natillas, echar las natillas *expr.* vomitar.

«Echar las natillas: vomitona de borracho.» Germán Suárez Blanco, *Léxico de la borrachera*.

naturaca *adv.* naturalmente.

«...qué foto tienen esas viejas, qué serán, dos beatas, naturaca...» A. Zamora Vicente, *Mesa, sobremesa*. ▌ «Naturaca (naturalmente): equivale a claro que sí, sin duda.» IND. ▌ ▪ «¿Puedo ir con vosotros? Naturaca.»

naturaleza, llamada de la naturaleza *expr.* defecar, orinar.

«Sé que el prostático puede amar [...] y que muchas veces lo que llamamos llamada de la naturaleza no es más que violentación de la naturaleza.» Chumy Chúmez, *Por fin un hombre honrado*.

*navaja cf. (afines) ▶ *armas.*

navajero *s.* atracador que asalta con arma blanca.

«La policía detiene a una banda de navajeros adolescentes nocturnos. Sus madres lloran.» Fernando Fernán Gómez, ABC, 28.6.98. ✔ DRAE: «adj. Que usa la navaja habitualmente con propósitos delictivos. Ú. t. c. s.».▌

nazareno *s.* estafador, timador.

«...vive en la calle Antonio López, en el barrio de los buscas, capas y nazarenos...» Raúl del Pozo, *Noche de tahúres*. ▌ «Nazareno: Estafador y procedimiento delictivo que consiste en abrir un local comercial, pedir género a crédito, venderlo a bajo precio y desaparecer...» JGR.

necesidades, hacer alguien sus necesidades *expr.* orinar, defecar.

«Un niño sin pantalón está en cuclillas, haciendo sus necesidades...» C. J. Cela, *Viaje a la Alcarria*. ▌ «Con lo que unos se gastan para hacer sus necesidades a gusto, otros tendríamos para comer un año.» C. J. Cela, *La colmena*. ▌ «...me caí en la zanja de las letrinas mientras hacía mis humildes necesidades...» Juan Marsé, *La muchacha de las bragas de oro*. ▌ «...las necesidades fisiológicas se realizan en baños convenientemente decorados por los usuarios...» R. Gómez de Parada, *La universidad me mata*. ▌ «...y se ven los vecinos unos a otros cuando bajan las escaleras a hacer sus necesidades.» José Gutiérrez-Solana, *Madrid, escenas y costumbres, Obra literaria, I*. ▌ «...pero no voy a seguir consintiendo que los perros de los demás hagan sus necesidades en la puerta...» Eloy Arenas, *Los vecinos de mis vecinos son mis vecinos*. ▌ «...con una esponja rosa y ayudarle a hacer sus necesidades.» Juan Marsé, *Si te dicen que caí*. ✔ también *necesidades fisiológicas*.▌

necesidades fisiológicas ▶ *necesidades, hacer alguien sus necesidades.*

necesidades mayores *expr.* defecar.

«Un excremento, una defecación. Lo que se dice una necesidad mayor.» Fernando Repiso, *El incompetente*.

necesitar como el pan *expr.* necesitar mucho.

«...desde niño necesitó la mentira lo mismo que el pan y el aire que respiraba.» Juan Marsé, *Últimas tardes con Teresa.*

nefando ▶ *enamoramiento nefando.*

***negación** cf. (afines) caca de la vaca, un huevo, de eso nada, *monada, nanay, nanay de la China, naranjas de la China, nasti, nasti de plasti, nen de nen, ni diez, ni mu, ni pun, nongana, nopi, ni patata, tararí, tararí que te vi, tururú.

negado *s.* torpe, inútil.

«Los ineptos [...] tampoco están muy bien considerados [...] torpón [...] patoso [...] manazas [...] desastre [...] negao [...] más inútil que la polla del Papa...» AI. ❚ «En cambio don Leopoldo es un negado para subir las cuestas...» Andrés Berlanga, *La gaznápira.* ❘✔ DRAE: «adj. Incapaz o totalmente inepto para una cosa. Ú. t. c. s.».❘

negarse en redondo *expr.* negarse completamente.

«La Luisa se negó en rotundo (o en redondo, no me acuerdo)...» Elvira Lindo, MiPaís, El País, 31.7.99. ❚ «El padre se negó en redondo a aceptarlo...» Javier Alfaya, *El traidor melancólico,* 1991, RAE-CREA. ❚ «Pero el pequeño se negó en redondo...» Fernando Arrabal, *La torre herida por el rayo,* 1982, RAE-CREA.

negra *s.* mujer morena y guapa.

«Negra: morena.» JV. ❘✔ también *negraza.*❘

2. tener la negra *expr.* mala suerte.

«Juega la cerradura inútilmente. ¡¡Tampoco!! ¡Si tendré yo la negra!» Enrique Jardiel Poncela, *Los ladrones,* RAE. ❚ «De un tiempo a la parte *(sic)* tenemos la negra.» Cristóbal Zaragoza, *Y Dios en la última playa.* ❚ ▪ «Todo me sale mal últimamente, parece que tengo la negra.» ❘✔ Iribarren cita a D. Julio Cejador, nota a la copla 739 del *Libro de Buen Amor,* del Arcipreste de Hita: «El tirar a suertes es cosa viejísima, por creer que Dios manifestaba así su voluntad. Así la suerte [...] hacíase en Grecia con habas blancas y negras, v. gr. para la elección de los magistrados públicos... La blanca era la venturosa; la negra la desventurada...»❘

3. pasarlas negras *expr.* pasar necesidades, tener mala suerte.

«Estuve a punto de ahogarme en una piscina y las pasé negras. Desde entonces sé cómo es la muerte.» Tomás Salvador, *Atracadores,* RAE. ❚ «...que yo con las negras las paso negras.» C. Pérez Merinero, *Días de guardar.* ❘✔ ▶ comentario en *negra, tener la negra.*❘

negraco *s.* persona de raza negra.

«...el auge de la inmigración africana está dando lugar a una nueva oleada de vocablos antinegros como *negrata, negraco,* o expresiones como *ser más negro que el betún...*» AI. ❚ «...una negraca en sujetador y con bragas de cuero azul se abalanza sobre ellos y pega los melones contra el parabrisas.» José Ángel Mañas, *Sonko95.*

negrales *s.* persona de raza negra.

«Eché un calimocho con una negrales —del Camerún decía que era—» C. Pérez Merinero, *Días de guardar.*

negrata *s.* persona de raza negra.

«...el auge de la inmigración africana está dando lugar a una nueva oleada de vocablos antinegros como *negrata, negraco,* o expresiones como *ser más negro que el betún...*» AI. ❚ «Según Aurelio, ahora los albergues están llenos de atorrantes, parados, yonquis, sudacas, negratas...» Juan Madrid, *Crónicas del Madrid oscuro.* ❚ «...por tanto la dureza en aumento y el movimiento pélvico del negrata bailón...» Jaime Romo, *Un cubo lleno de cangrejos.* ❚ «...un pijo blanco rebelde sin causa y un negrata enfadado...» La Luna, El Mundo, 18.6.99.

negraza *s.* mujer negra, mujer muy morena, en ambos casos atractiva.

«Cuando la negraza se levantó...» C. Pérez Merinero, *Días de guardar.* ❚ «Las negrazas del Brasil están buenísimas, macho.» DCB. ❘✔ también *negra.*❘

***negro** cf. (afines) betún, conguito, desteñido, grone, moreno, negrata, persona de color.

negro *s.* escritor asalariado.

«Así, él es lo que se llama un negro en el lenguaje literario.» Javier Marías, *Mañana* en la batalla piensa en mí. ▎«En 1962 trabajaba yo de negro en una editorial...» M. Vázquez Montalbán, *Los alegres muchachos de Atzavara.* ▎«¿En un negro? Sí, en alguien que escribe para los demás.» Raúl del Pozo, *Noche de tahúres.* ▎«Hacer de negro de un autor pagadísimo por cuatro cuartos.» Marina Pino, *Cómo montártelo por el morro.* ▎«Se dice que Cela podría haber utilizado un *negro,* quien le habría escrito el libro...» Juan Oliver, L. P. de Miguel, El Mundo, 9.5.99.

2. *s.* palabra cariñosa.

«Se dice también cariñosamente a la mujer morena, prieta.» Darío Rubi, *La anarquía del lenguaje en la América Española,* RAE. ▎«Palabra cariñosa que se designa al enamorado o enamorada.» Muñoz Reyes, *Bolivianismos,* RAE. ▎«Tratamiento cariñoso que suele darse a la persona querida.» Steel, *Dicc. Amer.,* RAE. ✔ en Andalucía y América.▎

3. *s.* tabaco negro.

«Negro: tabaco negro.» JMO.

4. estar (tener) negro *expr.* enfadado, enojado; difícil.

«Me tienes negro. Se usa por me tienes fastidiado...» Muñoz Reyes, *D. Bolivianismos,* RAE. ▎«...los ministros de Hacienda que están negros con el dinero negro.» A. Matías Guiu, *Cómo engañar a Hacienda.* ▎«Estar más negro que los cojones de un grillo.» DTE. ▎▪ «Estoy negro con toda la familia por el asunto de la herencia.»

5. merienda de negros ▸ *merienda, merienda de negros.*

6. pintarlo (todo) negro *expr.* expresar el lado negativo de algo.

«Chico, no sé [...] lo pintas todo muy negro...» Eduardo Mendoza, *La verdad sobre el caso Savolta.*

7. poner(se) negro *expr.* enfadar(se).

«Eso los ponía negros.» Virtudes, *Rimel y castigo.* ▎▪ «Me pone negro que seas tan descuidado con las cosas.»

8. tenerlo negro *expr.* tenerlo difícil.

«...el primer tema a solucionar es dónde hacerla, ya que si no hay sitio lo tenéis negro.» You, enero, 1998.

9. trabajar como un negro *expr.* trabajar mucho.

«Admiramos sobre todo su laboriosidad y su limpieza y a veces, al verle trabajar como un negro...» Chumy Chúmez, *Por fin un hombre honrado.* ▎«Si yo sacara adelante la fábrica, si ensanchara el negocio de una manera enorme, si trabajando como un negro ordenara todo esto que se desmorona...» Pío Baroja, *La casa de Aizgorri,* RAE.

10. verlo todo negro *expr.* adoptar actitud pesimista.

«Rafael estaba en uno de sus más terribles momentos de pesimismo, y lo veía todo negro.» Alejandro Pérez Lugín, *Ki ki ri ki,* RAE. ▎«...otras veces ha durado muy poco pero ahora lo veo muy negro, maldito desagradecido...» Juan Marsé, *Últimas tardes con Teresa.*

11. verse negro *expr.* tener, encontrar dificultades.

«...los Guardias Civiles y de Romanones se ven negros para mantener el orden...» José Gutiérrez-Solana, *Madrid callejero, Obra literaria, II.* ▎«...y me veía negro para rebajar muchas partidas de la cuenta...» J. M.ª de Pereda, *Peñas arriba,* RAE. ▎«Siendo los españoles tales como Santiago me los pinta, el pobre se va a ver negro con ellos...» Trueba, *Cuentos,* RAE.

nen de nen *expr.* no, nada en absoluto.

«Te he dicho que no, que nen de nen.» DCB. ▎«Nen o de nen...: fórmulas de rechazo o negación absoluta.» JMO. ▎«Nen de nen. Expresión de negación. Nada.» S. ▎«Nen de nen. Fórmula de negación.» VL.

nena *s.* cobarde.

«Puchades, eres un nena.» Manuel Quinto, *Estigma.*

nenguno *adj.* ninguno.

«Nenguno (ninguno). Nadie, ni tan sólo uno.» IND. ▎▪ «Ese gachó no tié nenguna casa, que lo sé yo muy bien.»

nervios, estar (atacar, poner) de los nervios *expr.* alterar, estar, poner, nervioso.

«Me estás poniendo de los nervios.» Juan Madrid, *Turno de noche.* ▎«Sí, guapa, pero tú estás de los nervios, que lo sé yo.» María Antonia Valls, *Para qué sirve un marido.* ▎

«Acabé de los nervios.» María Antonia Valls, *Para qué sirve un marido*. ❙ «Tengo una jaqueca horrible, cariño. Estoy de los nervios.» Jaime Romo, *Un cubo lleno de cangrejos*. ❙ «Lugo me atacaba los nervios.» Eduardo Mendoza, *La verdad sobre el caso Savolta*. ❙ «Silvia, la editora de Barcelona, está de los nervios porque tardo...» B. Pérez Aranda *et al.*, *La ex siempre llama dos veces*. ❙ ❚■❚ «Mis padres están de los nervios desde que les dije que quiero casarme.»

***nervioso** cf. (afines) acojonado, asfixiado, atacado, hecho un *flan, hecho un *manojo de nervios, como una moto, estar de los *nervios.

neura s. depresión, deprimido.
«...no tenían hijos y se ve que Encarna estaba muy neura.» M. Vázquez Montalbán, *La rosa de Alejandría*. ❙ «Parece que estaba harta de sus neuras azules...» Juan Marsé, *La muchacha de las bragas de oro*. ❙ «...sabe un güevo de Centroamérica, del País Vasco, pero se cura la neura en las rebajas...» Fernando G. Tola, *Cómo hacer absolutamente infeliz a un hombre*. ❙ «Sin embargo, Goya Toledo, [...] se muestra como una persona natural, al alcance de la mano, con sus neuras, sus inseguridades, su timidez...» Cecilia Ballesteros, El Mundo, La luna del siglo XXI, 9.10.98. ❙ «...que depende mucho de la neura que le sobrecoja ese día...» J. Giménez-Arnau, *Cómo forrarse y flipar con la gente guapa*. ❙ «Por todo lo que sé no era un tipo sujeto a depresiones o neuras de cualquier clase...» José Luis Martín Vigil, *Los niños bandidos*. ❙ «...y más aún si la cosa de la neura anda jodida...» Ramón Ayerra, *Los ratones colorados*.

2. neuras s. neurótico, deprimido.
«Los demás suelen quedarse con la imagen de que es un neuras...» You, marzo, 1998.

neurona, patinar (derrapar) las neuronas expr. tener confusión mental, despistarse; decir inanidades.
«A esos les patinan las neuronas.» Marisa López Soria, *Alegría de nadadoras*. ❙ «Te empieza a patinar la neurona con el tema...» Jaime Romo, *Un cubo lleno de cangrejos*. ❙ «Patinarle o derraparle a alguien las neuronas: expresión irónica con que

se significa que alguien dice incongruencias o absurdos.» JMO.

nevar v. eyacular semen.
«...esta noche va a nevar, entre las piernas de alguna...» L. Berenguer, *Marea escorada*, citado por CJC en su DE. ❙ ❚■❚ «Con tanto acariciarme la picha me corrí y le nevé por las piernas y por la falda.»

nevera s. calabozo, celda.
«Y lo cogen los boquis y: Tú a la nevera.» Andreu Martín, *Prótesis*. ❙ «Nevera. Celda de castigo.» Ra. ❙ «Nevera: Celda de castigo.» JGR. ❙ «Nevera: celda de castigo.» JMO. «Nevera. Celda de castigo.» S.

ni diez ▸ *diez, ni diez.*

ni qué... ▸ *carajo, ni qué.*

nido de amor s. lugar para copular.
«Es mi casa [...] el nido de amor, el palacio de la bella durmiente...» Manuel Hidalgo, *El pecador impecable*.

nieve s. cocaína.
«¿Seguiré teniendo nieve pura?» Pedro Casals, *La jeringuilla*. ❙ «No seas capullo, nena. Digo nieve de esa otra que se esnifa por la nariz.» Ladislao de Arriba, *Cómo sobrevivir en un chalé adosado*. ❙ «Mientras cierto caballero se sirve su copa de whisky y el camarero le trae su ración de *nieve*...» Ramón Escobar, *Negocios sucios y lucrativos de futuro*. ❙ «...se encontraron diez gramos de coca purísima, nieve de una calidad infrecuente...» Juan Madrid, *Flores, el gitano*. ❙ «¿Quieres nieve?» M. Vázquez Montalbán, *El delantero centro fue asesinado al atardecer*. ❙ «...en su red privada de distribución de nieve...» Pedro Casals, *Disparando cocaína*. ❙ «Heroína: caballo, nieve, blanca, pico, morfo, chino...» El Mundo, Magazine, 21.11.99.

niki ▸ *niqui.*

niña, niña bonita s. el número quince.
«...va a coincidir con los quince años, la niña bonita...» Rafael García Serrano, *Diccionario para un macuto*

2. casa de niñas ▸ *casa, casa de niñas.*

niñato s. joven presumido y jactancioso.
«¡Las niñatas de ventas!» Ángel Palomino, *Madrid, costa Fleming*. ❙ «Alejandro y sus efe-

bos geniales. Niñatos con aspecto eté-reo...» Terenci Moix, *Garras de astracán.* ▌ «...cuando terminéis, no seáis niñatos y no rompáis las botellas.» Mala impresión, revista de humor con caspa, n.° 1. ▌ «...estos niñatos que canta y cantan se pasan la noche con la guitarra al cuello...» A. Zamora Vicente, *Mesa, sobremesa.* ▌ «...el otro día estaban dos niñatos de caja hablando en los lavabos...» Ángel Palomino, *Las otras violaciones.* ▌ «...he visto a ese Charli y a los niñatos...» Juan Madrid, *Un beso de amigo.* ▌ «Además, no quería llevarme por delante a ningún niñato o alguna niñata...» C. Pérez Merinero, *El ángel triste.* ▌ «Un día volví y me vio el sustituto, un niñato que nada más echarme el ojo...» M. Vázquez Montalbán, *El delantero centro fue asesinado al atardecer.*

*niño cf. (afines) angelote, angelito, cagón, cagoncete, chava, chaval, chavalín, chavalote, chavea, chinorri, chiquillo, churumbel, criatura, crío, enano, jaimito, mamoncete, microbio, mocoso, nano, niño de teta, peque, pitufo, revoltoso, rorro, trasto.

niño *s.* pene.

«Cerró la puerta de golpe, se hurgó en los pantalones y sacó al niño. [...] él estaba sentado en la taza del water y el niño ya se había hecho mayor. Tenía la cabeza coloradota.» Andreu Martín, *El señor Capone no está en casa.*

2. el que con niños se acuesta, cagado se levanta *expr.* las malas compañías generan dificultades.

«El que con niños se acuesta, pensé asqueado.» Fernando Repiso, *El incompetente.* ▌ «Quien con niños se acuesta, cagado se levanta.» ref.

3. ni que niño muerto *expr.* exclamación de rechazo.

«¡Qué tinte ni que niño muerto!» C. J. Cela, *El gallego y su cuadrilla.* ▌ «Qué crisis ni qué niño muerto.» Lucía Etxebarría, *Amor, curiosidad, prozac y dudas.* ▌ «Con lo mal que te portas, qué bicicleta ni que niño muerto quieres que te regale.» CL. ✔ DRAE: «expr. fig. y fam. de desprecio de lo que otro dice».▌

4. niño bien *s.* joven de buena familia, engreído y presumido.

«...un señorito vanidoso e insoportable, dice, un hijo de papá, niño bien, jili, pijo y hubiera sugerido pera, universitario en coche sport...» Juan Marsé, *La oscura historia de la prima Montse.* ▌ «...los dos se habían reconocido, los dos niños bien de aquel momento...» Álvaro Pombo, *El metro de platino iridiado,* 1990, RAE-CREA. ✔ también *niño pera, niño de Serrano, niño gótico.*▌

5. niño bonito *s.* joven de buena familia, engreído y presumido; el favorito.

«Es un niño bonito que no quiere en su cuadrilla...» Geno Díaz, *Genocidio.* ▌■ «Juan es el niño bonito del jefe, pero es un cabrón.»

6. niño de papá *s.* joven de buena familia, engreído y presumido.

«...un pijo, un niño de papá...» José Luis Muñoz, *Pubis de vello rojo.*

7. niño de teta *s.* bebé, niño pequeño.

«Se le caía la baba ante el aparatoso escote cuya endidura central hubiera sugerido pensamientos obscenos a un niño de teta.» Andreu Martín, *El señor Capone no está en casa.* ▌■ «Es un rorro. Un niño de teta.»

8. niño gótico *s.* joven de buena familia, engreído y presumido.

«Los Medallas son niños góticos, puretas y muy peligrosos...» Rambla, n.° 3.

9. niño litri *s.* joven de buena familia, engreído y presumido.

«Al final se caen un día desmayados, como ese niño litri que se han llevado para adentro.» C. J. Cela, *La colmena.* ▌ «...él por locuela, y ella por niño litri...» Andrés Berlanga, *La gaznápira.*

10. niño mimado *expr.* el preferido de todos, mal acostumbrado.

«Nada, que es un niño mimado.» José Ángel Mañas, *Historias del Kronen.* ▌ «...toda la vida comportándose como un niño mimado.» Soledad Puértolas, *Queda la noche,* 1989, RAE-CREA. ▌■ «Óscar es el niño mimado de su mamá.»

11. niño pera *s.* joven engreído, presumido, gomoso.

«Niñas pera, guarras e impertinentes suelen ser sus principales apelativos...» R. Gómez de Parada, *La universidad me mata.* |✓ ▶ también *pera 4.*|

niquelar *v.* presumir.

«Esa negra niquelaba de marquesa.» Juan Madrid, *Las apariencias no engañan.* ▌ «Niquelar: presumir.» JMO.

niqui *s.* especie de camisa de manga corta que se lleva en verano.

«Rubio teñido, pinta de vidioclip repugnante, pantaloncillos de chándal —lo más— y niqui de redecilla negra ajustado. Me produce arcadas la palabra niqui...» Álex de la Iglesia, *Payasos en la lavadora.* ▌ «Allí estaba el chaval, luciendo en el niki esta caricatura de un soldado...» José Ángel Mañas, «Recuerdo», Áccent, julio-agosto, 1999.

nísperos, toma nísperos *excl.* chínchate, toma ya.

«...pero Alfredo di Stéfano goleaba a las dos Europas, la del Este y la del Oeste; goleaba a la democracia formal y a la democracia popular, toma nísperos.» Jaime Campmany, ABC, 17.4.98.

***no** *cf.* (afines) caca de la vaca, un huevo, leches, de eso nada, *monada, nanay, nanay de la China, naranjas de la China, nasti, nasti de plasti, nen de nen, ni diez, ni mu, ni pun, nongana, nopi, ni patata, tararí, tararí que te vi, tururú.

noche, noche de perros *expr.* mala noche, sin dormir.

«...aunque tuviera que enseñar los hombros en una noche de perros.» Carlos Toro, El Mundo, 2.1.99. ▌ «Sí, menuda noche de perros...» Eduardo Mendoza, *La verdad sobre el caso Savolta.* |✓ DRAE: «fig. y fam. La que se ha pasado muy mal. Ú. especialmente con los verbos pasar y tener».|

2. noche en blanco *s.* noche sin dormir.

«¡Cuántas oposiciones fueron ganadas gracias a noches en blanco, a base de anfetas!» Pedro Casals, *Disparando cocaína.* ▌ «...el parto, la depresión postparto, la cuarentena, la lactancia o el biberón cada tres horas y las noches en blanco...» María Antonia Valls, *Para qué sirve un marido.* ▌ «¿Que qué se hace una noche en blanco? Por ejemplo

dar vueltas en la cama...» Marisa López Soria, *Alegría de nadadoras.* ▌ «...necesita al menos cuatro horas de estudio y si se marcha tendrá que pasarse la noche en blanco...» Gomaespuma, *Familia no hay más que una.*

3. noche en vela *expr.* sin dormir.

«La verdad es que me pasé la noche en vela...» M. Ángel García, *La mili que te parió.*

4. noche toledana *s.* mala noche, noche sin dormir.

«Pasé una noche toledana. No conseguía dormirme...» C. Rico-Godoy, *Cómo ser infeliz y disfrutarlo.* ▌ «Aquella noche toledana, había hecho el pobre de tripas corazón.» Fernando Repiso, *El incompetente.* ▌ «Hace una noche toledana. Vengo aterido.» Eduardo Mendoza, *La verdad sobre el caso Savolta.* |✓ DRAE: «toledana. 1. fig. y fam. La que uno pasa sin dormir».|

nomás *adv.* nada más, simplemente.

«Nomás por pinches ocho meses que estuviste allí.» Alain Derbez, *Los usos de la radio,* 1988, RAE-CREA.

non, ir (estar) de non *expr.* solo, sin acompañamiento.

«...soy la única de los conocidos que está de non...» A. Zamora Vicente, *Mesa, sobremesa.* ▌▪ «Si aceptas la invitación a la fiesta no se te ocurra ir de non.»

nones *adv.* no.

«...usted es el único idóneo para cuidarla. Nones.» Pgarcía, *El método Flower.* ▌ «No puedo arriesgarme a que me diga que nones.» Pedro Casals, *La jeringuilla.* ▌ «Cuando las cosas están de nones, ni que cantes ni que bailes.» Germán Sánchez Espeso, *La reliquia.* ▌ «...Marruecos dijo que eso de autodeterminarse, nones.» Gomaespuma, *Grandes disgustos de la historia de España.* ▌ «Muchas veces las parejas cortan, a esa edad, porque el chico quiere seguir avanzando y ella le deja boquerón, le dice que nones, que se niega a llegar al acto sexual.» A. Gómez Rufo, *Cómo ligar con ese chico que pasa de ti o se hace el duro.* ▌ «...íbamos los tres en el coche, y la tía que nones. El Sevillano se cabreó y le atizó. Nos la follamos los dos.» José Luis de Tomás García, *La otra orilla de la droga,* 1984, RAE-CREA.

nongana *adv.* negación absoluta.

«Nongana: negativa.» JV. ▌«Nongano. Negación, negativa, rechazo, repulsa, no.» Ra. ▌«Nongano: no.» JMO. ✓ no se ha podido documentar fuera de diccionarios.▌

nopi *adv.* no, negación.

«Nopi. No.» V. Pastor, *Madrileñ.*, RAE. ▌▪ «Le he dicho a tu madre que del viaje nopi, que no se haga ilusiones.»

noquear *v.* golpear, pegar, chocar.

«...lanzándola contra un ventanal, rompiendo con su cabeza el gigantesco vidrio y dejándola totalmente noqueada.» José Raúl Bedoya, *La universidad del crimen.* ▌«Se pone en marcha la máquina de pegar, de noquear, de matar...» Ángel Palomino, *Un jaguar y una rubia.* ▌«Lo noquearon allí mismo...» Andreu Martín, *Lo que más quieras.* ✓ del inglés *knock.*▌

2. sorprender, chocar.

«...una expresión de abatimiento y conformidad, con una cara de aguardar el juicio final, que es noqueante...» Manuel Hidalgo, *Azucena, que juega al tenis.*

normal *adj.* corriente, común.

«Yo he llevado desde entonces una vida normal.» Javier Marías, *Corazón tan blanco.* ▌ «...capaz de desequilibrar a una persona normal.» Torcuato Luca de Tena, *Los renglones torcidos de Dios,* 1975, RAE-CREA.

nota *s.* la cuenta.

«El camarero dejó la nota sobre la mesa...» Juan García Hortelano, *Gramática parda,* 1982, RAE-CREA. ▌«...por temor a que Mercedes pidiera la nota al camarero...» Juan Benet, *En la penumbra.*

2. persona, individuo, sujeto.

«Nota. Individuo, despectivo. Se aplica también a los individuos que dan la nota.» Joseba Elola, *Diccionario de jerga juvenil,* El País Semanal, 3.3.96. ▌«Nota: persona que llama la atención. Individuo de cuidado.» Manuel Giménez, *Antología del timo.* ▌«Ayer el nota me llamó para darme el regalo de cumpleaños.» Iván Vikinski, A las barricadas, 18-24 mayo, 1998. ▌«Y por eso le he contado que yo no pude ser el que sirló a ese nota en San Bernardo...» Juan Madrid, *Crónicas del Madrid oscuro.*

3. borrachera.

«Nota (popular) borrachera. Con la nota que tiene, no creo que pueda bailar mucho.» C. Paz, *Glos. H. Cubana,* RAE.

4. casa de mala nota ▶ *casa, casa de mala nota.*

5. dar la nota *expr.* llamar la atención negativamente.

«Pero no voy a ir dando la nota. Siempre pregunto cuando voy a un acto si hay que ir de corbata o no.» Manuel Llorente, «José Hierro», El Mundo, ABC, 13.12.98. ▌«Lucirse, llamar la atención alguien; generalmente, por su censurable o extravagante comportamiento.» Pizarro, *Vpedroches,* RAE. ▌«Los que dan la nota...» Ragazza, junio, 1998. ▌«...hagan el favor, están ustedes dando la nota...» Ángel Palomino, *Madrid, costa Fleming.* ▌«¡Y ya está bien de dar la nota!» Cómic Jarabe, n.° 4, 1996. ▌«Te rodearás de gente sencilla y huirás de los colegas esnobs que sólo quieren dar la nota.» Ragazza, agosto, 1997. ▌«En España puede servir para dar la nota...» J. Giménez-Arnau, *Cómo forrarse y flipar con la gente guapa.* ▌«...pero no es recomendable saltarse la norma en demasía para evitar dar la nota.» Carmen Pérez Tortosa, *¡Quiero ser maruja!*

6. de (mala) nota *expr.* de (mala) reputación.

«Lo vi en El Gavilán, un club de mala nota adonde yo solía ir...» Juan Madrid, *Las apariencias no engañan.* ▌«...los nazarenos del Gran Poder, grandes de España [...] toreros de nota...» J. I. Luca de Tena, Disc. Recep. Ac., RAE. ▌«...cruzar de parte a parte el barrio de las mujeres de mala nota.» J. M.ª Gironella, *Los cipreses creen en Dios,* RAE. ▌«...siempre tengo presente el dicho de cierto moralista de nota...» Mansilla, *Una excursión II,* RAE.

7. nota musical falsa ▶ *gallo.*

8. notas *s.* el que llama la atención.

«Se aplica también a los individuos que dan la nota.» Joseba Elola, *Diccionario de jerga juvenil,* El País Semanal, 3.3.96. ▌«Esta noche has sido el notas de la fiesta.» La Noche de Madrid, enero, 1999. ▌«...porque han visto que no me gusta que lleguen unos notas vestidos de marcianos...» Raúl del Pozo, El Mundo, 29.5.99. ▌.▪ «El notas de tu suegro va por ahí haciendo reír.» |✔ también *nota,* ▸ *nota, 2.*|

notición *s.* noticia importante, sorprendente.

«...prepárate a oír un notición: han metido a Luis Trigo en la cárcel...» Mercedes Salisachs, *La gangrena,* 1975, RAE-CREA. ▌ «...al enterarme del notición...» Manuel Hidalgo, *Azucena, que juega al tenis.*

novicia *s.* homosexual.

«Novicia: Homosexual muy joven.» Ángel Palomino, *Insultos, cortes e impertinencias.* ▌ «Novicia: homosexual muy joven.» JMO. ▌ «Novicia. Mariquita adolescente.» Ra. ▌ «Novicia: Homosexual joven.» JV. ▌ «Novicia. Homosexual joven.» S. ▌.▪ «Jaime es el bujarrón y Carlos es la novicia en esa relación.»

noviete *s.* novio.

«Los chavales fueron construyendo sus propios mundos con aficiones, novietes y novietas, cambios de *look,* y todas esas cosas.» María Teresa Campos, *Cómo librarse de los hijos antes de que sea demasiado tarde.*

novillo *s.* hombre cuya mujer es infiel.

«Palabras del tipo *cornudo, cabrón, novillo,* ofenden gravemente...» Fernando Lázaro Carreter, *El dardo en la palabra.*

2. hacer novillos *expr.* no asistir a clase o trabajo.

«Ejecutivos con mala conciencia por andar haciendo novillos en viernes.» Pedro Casals, *La jeringuilla.* ▌ «...Felipe González lleva diez meses haciendo novillos (no va nunca, o sea que ni pisar.)» Francisco Umbral, El Mundo, 5.10.99. ▌.▪ «No se te ocurra hacer novillos hoy porque tenemos un examen muy importante.»

*novio cf. (afines) amor, maromo, noviete.

novio, parecer novios *expr.* personas que van siempre juntas.

«...es que parecían unos novios...» Manuel Martínez Mediero, *Las largas vacaciones de Oliveira Salazar,* 1991, RAE-CREA.

npi *s.* ni puta idea.

«¿Dónde estamos? N.P.I.» El Jueves, 6-12 octubre, 1993.

nube, estar algo por las nubes *expr.* muy caro.

«...pero no por falta de ganas, sino porque los alimentos están por las nubes y mal pesados...» José Gutiérrez-Solana, *Madrid callejero, Obra literaria, II.* ▌ «La carne de dinosaurio estaba por las nubes, por lo que había que sustituirla por ridículos bisontes...» José M.ª Zabalza, *Letreros de retrete y otras zarandajas.*

2. poner por las nubes *expr.* ensalzar, elogiar.

«...tú estás escribiendo la crónica y me pones por las nubes.» Ángel Palomino, *Un jaguar y una rubia.* ▌ «Alabar: poner por las nubes.» DTE.

nublado, temer más que a un nublado *expr.* temer mucho.

«...porque a mi hermana la temo más que a un nublado.» Luis Mateo Díez, *La fuente de la edad,* 1986, RAE-CREA.

nudo, hacerse un nudo en la garganta *expr.* asustarse, atemorizarse.

«Se le hizo un nudo en la garganta, sintió un mareo.» Andreu Martín, *El señor Capone no está en casa.*

nuez *s.* testículo.

«Es metáfora formal (los testículos semejan nueces).» DE. |✔ inglés *nuts.*|

2. rebanar la nuez *expr.* matar, asesinar.

«Lo hizo rápido, utilizando una navaja que le rebanó la nuez.» Fernando Martínez Laínez, *La intentona del dragón.*

número, coger (tomar) el número cambiado *expr.* equivocarse de persona o del comportamiento posible de ella.

«...el almeriense se confundió de tecla, le tomó el número cambiado, folló una vez a la Ingri...» Ramón Ayerra, *Los ratones colorados.* ▌ «¡Oye, rico, tú has tomado el número cambiado!» JM. ▌ «Tomar el número cambiado. Tomar el pelo, aprovecharse de la ingenuidad o tolerancia de alguien.» VL.

2. montar (hacer) un número *expr.* organizar una escena, escándalo, altercado.

«No nos hagas números, querida...» Francisco Umbral, *El Giocondo.* ▌ «Y aunque les monté un número a los dos, me quedé sin salir.» Ragazza, n.° 101. ▌ «...especialmente después de que uno de sus vigilantes montara un numerito ante los medios de comunicación.» ABC, 18.4.98. ▌ «Ha tenido mucha suerte [...] porque me ha pillado absolutamente desahogada y calmada. No le voy a hacer ningún número.» C. Rico-Godoy, *Cómo ser una mujer y no morir en el intento.* ▌ «...por aquello de montar números...» R. Gómez de Parada, *La universidad me mata.* ▌ «¿Pero una chica tan inteligente como tú me vas a montar un numerito?» María Antonia Valls, *Para qué sirve un marido.* ▌ «No puedo ir montando número...» Pedro Casals, *La jeringuilla.* ▌ «...y tengo que tolerar los números que has montado en el banco.» Luis Camacho, *La cloaca.* ▌ «Ya has montado el número. ¿Estás contento?» Lourdes Ortiz, *Picadura mortal.* ▌ «No era el mejor sitio para abalanzarse sobre el bolso del periodista para coger las fotos y montar otro numerito...» Jaime Romo, *Un cubo lleno de cangrejos.* ▌ «...no tuvimos más huevos que quedarnos en la sala con cara de póker para no montar un numerito.» B. Pérez Aranda *et al., La ex siempre llama dos veces.*|✔ también *numerito.*|

3. número cien *expr.* retrete.

«...y ahora estos lugares se esconden bajo títulos como W.C. o el número 100, en sitios apartados, con la timidez y vergüenza de lugares prohibidos.» José M.ª Zabalza, *Letreros de retrete y otras zarandajas.*

*__nunca__ cf. (afines) ni borracho, ni loco, ni para Dios, jamás de los jamases, antes muerto, cuando las *ranas críen pelo, ni a tiros.

Ññ

ñaca *adv.* toma, venga.

«Un día u otro, inevitablemente, terminan por meterse bajo sus neumáticos, ¡y ñaca!» P. Antilogus, J. L. Festjens, *Anti-guía de los conductores*

ñacañaca *s.* copular.

«...diciendo en público a su chica, ñacañaca, al tiempo que saca la lengua y hace gestos obscenos con las manos.» R. Montero, *Diccionario de nuevos insultos...*

ñoca *s.* vulva, órgano genital de la mujer.

«Ñoca. Chocho, coño, chichi, barbas.» Ra. ❚ «Ñoca. Órgano sexual femenino.» S. ✓ no se ha podido documentar fuera de diccionarios.❚

ñora *s.* señora.

«Ñora: apócope de señora.» Durán, T. *Cub. Ecuad.,* 1984, RAE. ❚ «Ñora: señora.» JMO. ❚ ■ «La ñora Mercedes.»

ñorda *s.* excremento.

«Mierda, excremento, caca, catalina, chorizo, ñorda, plasta, jiña, polisón.» José M.ª Zabalza, *Letreros de retrete y otras zarandajas.* ❚ «Ñorda. Excremento, plasta.» Pizarro, *Vpedroches,* RAE. ❚ «Caca, cagada, catalina, chorizo, mierda, ñorda, plasta.» JM. ❚ «Creo que el niño ha recogido una ñorda de perro y se la lleva a la boca. ¡Corre!» DCB.

ñordiga ▶ *ñorda.*

Oo

o, no saber hacer la o con un canuto
▶ *canuto, no saber hacer la o con un canuto.*

*obeso cf. (afines) ▶ *grueso.*

obrero ▶ *trabajador.*

*observar cf. (afines) ▶ *mirar.*

obseso sexual *s.* persona obsesionada
con cuestiones sexuales.
> «Si es un ligón empecinado, un obseso se-
> xual...» P. Antilogus, J. L. Festjens, *Anti-guía
> de los conductores.*

*obtener cf. (afines) ▶ *conseguir.*

oca, ser la oca *expr.* ser demasiado, el
colmo.
> «Estos extranjeros son la oca.» Miguel De-
> libes, *Diario de un emigrante,* RAE. ▌«Tu mu-
> jer ha desaparecido, Daniel. ¡Que esto es la
> oca!» Enrique Jardiel Poncela, *Los ladrones,*
> RAE. ▌▪ «Lo que me ha dicho el portero
> sobre ti me parece la oca.»

ocasión, la ocasión la pintan calva
expr. oportunidad propicia que no se
debe desaprovechar.
> «La ocasión la pintan calva y no la desa-
> provechó.» B. Pérez Aranda *et al., La ex
> siempre llama dos veces.* ✔ nos dice J. M.ª Iri-
> barren en su *El porqué de los dichos:* «Los ro-
> manos tenían una diosa llamada Ocasión,
> a la que pintaban como mujer hermosa,
> enteramente desnuda, puesta de puntillas,
> sobre una rueda, y con alas en la espalda o
> en los pies, para indicar que las ocasiones
> buenas pasan rápidamente. Representaban

a esta diosa con la cabeza adornada en torno de la frente con abundante cabellera y
enteramente calva por detrás, para expresar la imposibilidad de asir por los pelos a
las ocasiones...» ▌

ocho, ir haciendo ochos *expr.* ebrio, borracho.
> «...ir haciendo ochos, ir haciendo eses... es-
> tar como una cuba.» AI. ▌«Hacer el ocho,
> hacer ochos: emborracharse.» Germán
> Suárez Blanco, *Léxico de la borrachera.*

2. ser igual ocho que ochenta *expr.* no
importar, ser indiferente.
> «...se ha comido ya tantos marrones que le
> da igual ocho que 80.» El Mundo, 19.1.99.
> ▌«...en esos momentos de alta tensión am-
> biental le da igual ocho que ochenta.» Elvi-
> ra Lindo, *Manolito gafotas.*

ocupar *s.* copular.
> «Todos los días le compraban kilos de ca-
> ramelos y ella se los iba comiendo mien-
> tras los hombres la ocupaban.» Juan Ma-
> drid, *Flores, el gitano.*

¡oder! *excl.* ¡joder!
> «¡Oder! (¡joder!) interj. Denota, fastidio,
> enfado, asombro.» IND.

oficio, oficio más viejo del mundo *expr.*
prostitución.
> «...pensó que me dedicaba al oficio más
> viejo del mundo y corrió la voz por el ba-
> rrio.» María Antonia Valls, *Para qué sirve un
> marido.* ▌«...tienen entre ellas a una pro-
> fesional del oficio más viejo del mundo,

que usa bolas chinas congeladas...» Jaime Romo, *Un cubo lleno de cangrejos*. ▮ «...los escritores finos suelen llamar a esta profesión *el oficio más viejo del mundo*.» José María Amilibia, *Españoles todos*. ✓ ▸ *profesión más vieja (antigua) del mundo*.▮

2. ser del oficio *expr.* prostituta.

«¿Es que toda Pareja es del oficio?» Domingo Miras, *Las brujas de Barahona,* 1978, RAE-CREA. ▮■» «La Consuelo es del oficio, que la han visto en la calle de la Montera.»

3. sin (ni) oficio ni beneficio *expr.* no tener profesión ni futuro.

«...el marido de Dolores era alcohólico, sin oficio ni beneficio, que se pasaba el día de taberna en taberna...» Manuel Hidalgo, *El pecador impecable*. ▮ «...apuntando la treintena no tiene oficio ni beneficio...» María Teresa Campos, *Cómo librarse de los hijos antes de que sea demasiado tarde*. ▮ «Vítor no tiene oficio ni beneficio.» DF. ▮ «Hay un tipo, un pelanas, un médico en paro sin oficio ni beneficio.» Andreu Martín, *Amores que matan, ¿y qué?* ▮ «...después de haber soportado catorce memos, más o menos de mi edad, que no me han reportado ni oficio ni beneficio...» B. Pérez Aranda *et al.*, *La ex siempre llama dos veces*.

oíd

512

oído, aplicar el oído *expr.* prestar atención.

«Aplicar el oído: Oír con mucha atención, sin perder detalle.» Mota, *D. Comunicación,* RAE. ▮ «Aunque algunas veces aplique el oído a las cosas de Nápoles.» Suárez de Figueroa, *El pasajero,* RAE.

2. dar (prestar) oídos *expr.* hacer caso.

«...apenas he prestado oído a lo que dicen los hombres...» Juan Benet, *En la penumbra.* ▮ «...ningún cristiano debe dar oídos a estos apóstoles del error...» Groot, *Obras,* RAE. ▮ «Dieron oídos a esto los Reyes Católicos y...» Pedro Rivadeneyra, *Obras,* RAE. ▮ «Pues por ella entendí que Nisida daría oídos a las quejas de...» Miguel de Cervantes, *La galatea,* RAE. ▮ «Espero [...] que nuestros hermanos no prestarán oído [...] a mi súplica.» Maceo, *Escritos,* RAE.

3. entrar por un oído y salir por otro *expr.* hacer caso omiso, no prestar atención.

«Por un oído me entra y por otro me sale.» Tremblay, *Voc. García Lorca,* RAE. ▮ «Pero a él por un oído le entraba y por el otro le salía.» Arroyo Soto, *H. popular Costarricense,* RAE. ▮ «A Pacheco esto le entra por un oído y le sale por el otro.» José Ángel Mañas, *Sonko95.*

4. hacer oídos de mercader *expr.* hacerse el sordo, fingir que no se oye.

«Hice oídos de mercader.» Ernesto Parra, *Soy un extraño para ti.* ✓ DRAE: «1. fr. fig. Hacerse sordo y no querer oír lo que le dicen».▮

5. hacer oídos sordos *expr.* no escuchar, no prestar atención.

«...hace oídos sordos cuando Lisa le asegura que Nic llega siempre tarde...» Jesús Ferrero, *Lady Pepa.* ▮ «Éste hizo oídos sordos y descendió seguido del subteniente...» Miguel Ángel Asturias, *El Papa verde,* RAE. ▮ «...pero hice oídos sordos a sus imprecaciones.» C. Pérez Merinero, *El ángel triste.* ▮ «Haciendo oídos sordos a esas exigencias...» Carmen Pérez Tortosa, *¡Quiero ser maruja!* ▮ «Nos apretujábamos bien apretujados, haciendo oídos sordos a la música...» C. Pérez Merinero, *La mano armada.*

6. llegar a los oídos de alguien *expr.* enterarse.

«A mi oído llegó con vivo efeto, / De Margarita la amorosa fama...» Moreto, *Comedias,* RAE. ▮ «...que la conversación del Zayde, que así se llamaba, llegó a oídos del mayordomo.» *Lazarillo de Tormes,* RAE.

7. oído al parche ▸ *ojo, ojo (oído) al parche (a la caja).*

8. oído de tuberculoso (tísico) *expr.* tener agudeza de oído.

«Ten cuidado con lo que dices que él tiene oído de tuberculoso.» José Sánchez Boudy, *Cubanismos,* RAE. ▮ «Tener uno oído de tísico. Tenerlo muy agudizado.» C. E. Deive, *Dicc. Dominicanismos,* RAE. ▮ «Dicen que tengo oído de tísico, ¡qué tontería!» Francisco Domene, *Narrativa actual almeriense.*

9. prestar oídos ▸ *oído, dar (prestar) oídos.*

10. regalar los oídos *expr.* halagar.

«Regalar el oído. Decirle a uno lo que le agrada.» Pardo Asso, *Dicc. Aragonés,* RAE. ▮ «...y los seguidores de éste les regalaba los oídos perorándoles del sempiterno buen trato que aquel recibía...» C. Pérez Merinero, *El ángel triste.* ❚ «Bien poco te costaba regalar los oídos de los amigos...» J. A. Gabriel y Galán, *El bobo ilustrado,* 1986, RAE-CREA.

11. ser (hacerse) todo oídos *expr.* escuchar con atención.

«Soy todo oídos, le contesté.» José Raúl Bedoya, *La universidad del crimen.* ❚ «...y viendo el Cielo que su lecho baña / continuo el llanto, envuelto en sus gemidos, / los escuchó, que el Cielo es todo oídos.» Antonio Alcalá Venceslada, *Voc. andaluz,* RAE. ❚ «Perdone V. si no le comprendo... —repliqué, haciéndome todo oídos.» Pedro Antonio de Alarcón, *Novelas cortas, Historietas nacionales,* RAE. ❚ «Soy todo oídos.» Pedro Casals, *Disparando cocaína.*

oír, ver y callar *expr.* permanecer callado.

«...Concha, usted ahora a oír, ver y callar. Es lo más sano.» A. Zamora Vicente, *Mesa, sobremesa.* ❚ «Estar inactivo: oír, ver y callar.» DTE.

ojal *s.* ano.

«Ojal m. Ano.» VL. ❚ «Ojal: ano.» JMO. ❚ «Ojal. Colo, ojete, jebe.» Ra. ❚ «Ojal, el. El culo...» JV. ❚ «Intentó metérsela por el ojal pero el otro se resistió.» DCB. ✔ para C. J. Cela, *Diccionario del erotismo,* es *vulva.*❚

ojazos *s. pl.* ojos grandes y atractivos.

«Con unos ojazos y unas piernas.» J. L. Alonso de Santos, *Pares y Nines,* 1989, RAE-CREA. ❚ «...continúa en su sitio mirándome con esos ojazos...» C. Pérez Merinero, *Días de guardar.* ❚➡ «Consuelo tiene unos ojazos así de grandes, azules y con unas pestañas así de largas.»

2. *s.* persona con ojos grandes.

«La ojazos se acercó a la barra y pidió un refresco.» Pedro Casals, *La jeringuilla.*

ojete *s.* ano.

«El tal Henri era un poco julandrón y lo que iba buscando era que yo le atizara por el ojete. Se quedó con las ganas. Yo por el culo no le doy ni a las mujeres. Mi padre decía que era cosa de maricones.» C. Pérez Merinero, *Días de guardar.* ❚ «Partes del

pedo: / Infla, desinfla / música y olor/ abre ojete / cierra ojete / sopla pelos / cuenta que son siete /» Amelia Díe y Jos Martín, *Antología popular obscena.* ❚ «Honorio hizo saliva, refrotó el ojete de la señora y volvió a situar su mascarón en la abertura.» Manuel Hidalgo, *El pecador impecable.* ❚ «¡Le gustan esas pollas gordas de los negros en el ojete!» SM Comix, n.° 29. ❚ «...quizá haya sido el de don Dimas el ojete más reluciente de Monchel porque usaba periódicos...» Andrés Berlanga, *La gaznápira.* ❚ «...necesita el consuelo de varios individuos que sepan manipularle el ojete (culo).» R. Montero, *Diccionario de nuevos insultos...* ❚ «Te vamos a meter el boniato por el ojete.» Juan Marsé, *Si te dicen que caí.*

2. dar (atizar) por el ojete *expr.* sodomizar.

«El tal Henri era un poco julandrón y lo que iba buscando era que yo le atizara por el ojete. Se quedó con las ganas. Yo por el culo no le doy ni a las mujeres. Mi padre decía que era cosa de maricones.» C. Pérez Merinero, *Días de guardar,* 1981, RAE-CREA. ❚ «¡Te van a dar mucho por el ojete!» JM. ❚ «Asaltaron a Roberto anoche y le robaron, y encima le dieron por el ojete.» DCB.

*ojo cf. (afines) acais, avizores, clisos, ojos de *cordero degollado, fanales, faros, mirillas, ojazos, ojos seductores, semáforos.

ojo *s.* cuidado, precaución.

«Y mucho ojo, no queremos que se filtre esto.» Juan Madrid, *Flores, el gitano.* ❚ «Ojo. Mucho ojo.» Pedro Casals, *Disparando cocaína.*

2. abrir los ojos *expr.* poner sobreaviso, poner al tanto.

«Eso me ha abierto los ojos, me ha demostrado...» Juan Benet, *En la penumbra.*

3. cerrar el ojo *expr.* morir.

«Si tiene testamento, cuando cierre el ojo, quiero decir en el momento de fallecer...» J. Jiménez Martín, *Ligar no es pecado.*

4. con cien ojos *expr.* con precaución, con cuidado.

«...en fin, que si no anda uno con cien ojos, te la meten...» Ramón Ayerra, *Los ratones colorados.*

5. dichosos los ojos... *expr.* qué alegría... «Luego se volvió sonriente hacia mí: Dichosos los ojos, lindo don Diego...» Ernesto Parra, *Soy un extraño para ti.*

6. echar el ojo *expr.* reparar, fijarse en. «...el músico y productor de cine y televisión [...] le había echado el ojo...» El Jueves, 6-12 octubre, 1993. ▮▪ «Creo que ese viejo le ha echado el ojo a tu mujer.»

7. en un abrir y cerrar de ojos *expr.* con rapidez. «...y queda la plaza, en un abrir y cerrar de ojos, con un lleno rebosante...» José Gutiérrez-Solana, *Madrid, escenas y costumbres, Obra literaria, I.* ▮ «Cometieron el robo en un abrir y cerrar de ojos.» LA.

8. ir [andar(se)] con ojo *expr.* ir con cuidado. «Dile que se vaya con ojo, el comisario Vázquez lo busca.» Eduardo Mendoza, *La verdad sobre el caso Savolta.* ▮ «Por eso tienes que andar con mucho ojo.» Juan Benet, *En la penumbra.*

ojo
514

9. írsele los ojos a uno *expr.* mostrar interés. «...se me van los ojos cuando veo a una chica guapa.» Chica hoy, revista juvenil, n.° 130.

10. mucho ojo *expr.* mucho cuidado. «Ojo. Mucho ojo.» Pedro Casals, *Disparando cocaína.* ▮ «Y mucho ojo, no queremos que se filtre esto.» Juan Madrid, *Flores, el gitano.*

11. no quitar ojo (de encima) *expr.* mirar con interés. «Moisés no abre la boca, tú no le quitas ojo...» Andrés Berlanga, *La gaznápira.*

12. (no) (sin) pegar ojo *expr.* (no) dormir. «...al alcalde se le fueron las horas muertas sin pegar ojo.» Jose-Vicente Torrente, *Los sucesos de Santolaria.* ▮ «Se acababan las vacaciones y Casimiro no pegaba ojo con estos devaneos.» J. Jiménez Martín, *Ligar no es pecado.* ▮ «Eso significa que hasta por lo menos el lunes no voy a pegar ojo, a menos que continúe dándole al costo y masturbándome.» María Antonia Valls, *Tres relatos de diario.* ▮ «...pues yo estaba demasiado agitado por dentro como para pegar

ojo...» José Luis Martín Vigil, *Los niños bandidos.* ▮ «No pude pegar ojo hasta las cinco de la madrugada...» Victoriano Corral, *Delitos y condenas.*

13. ojo a la funerala *s.* ojo amoratado. «Luego se miró en el espejo: el ojo a la funerala.» Juan Marsé, *La muchacha de las bragas de oro.* ▮▪ «Pepe lleva un ojo a la funerala porque se peleó con el vecino ayer.»

14. ojo a la virulé *expr.* ojo estropeado. «...tanto mirar lo mismo. A la virulé tengo yo esta pupila.» Miguel Ángel Rellán, *Crónica indecente de la muerte del cantor,* 1985, RAE-CREA.

15. ojo (oído) al parche (a la caja) *expr.* cuidado, atención. «En la culata, ¡ojo al parche!» P. Antilogus, J. L. Festjens, *Anti-guía de los conductores.* ▮ «...cada cual con su brazo por el hombro del otro, y tras un ¡oído al parche!...» Andrés Berlanga, *La gaznápira.* ▮ «El Cabo cortó con un ¡chitón! y ojo al parche...» Andrés Berlanga, *La gaznápira.* ▮ «Es, un ojo al parche, una llamada de atención al manoseo, que va contra todas las normas de higiene...» José M.ª Zabalza, *Letreros de retrete y otras zarandajas.* ▮ «¡Eh, joven, oído al parche, que aquí no se viene a jugar!» Antonio Alcalá Venceslada, *Voc. andaluz,* RAE. ▮ «Ojo al parche.» M. Vázquez Montalbán, *El delantero centro fue asesinado al atardecer.* ▮ «Oído a la caja.» Javier de Burgos, *El difunto de...,* RAE. ▮✔ no en el DRAE. ▮ «...se levantan con la cabeza perdida, ¿oído al parche?...» Ramón Ayerra, *Los ratones colorados.* ▮ «...con el oído presto al parche de lo mejor y más calentito que se cuece por aquí...» Manuel de la Fuente, ABC, 29.9.99.

16. ojo avizor *expr.* alerta. «Descuide, señor, estaré ojo avizor.» Care Santos, *El tango del perdedor.* ▮ «...siempre vamos en grupos de seis, juntos, armados y ojo avizor.» P. Perdomo Azopardo, *La vida golfa de don Quijote y Sancho.* ▮ «Le encarezco que se mantenga ojo avizor...» Eduardo Mendoza, *Sin noticias de Gurb.* ▮✔ DRAE: «expr. Alerta, con cuidado».▮

17. ¡ojo con lo que dices! *expr.* aviso para que no ofenda el que habla.

«Sin ofender. Ojo con lo que dice.» Reyes Carbonell, *El hombre sobre el armario.* ❚ ■ «¡Ojo con lo que dice usted porque no tolero que me amenacen!»

18. ojo de buen cubero *expr.* aproximadamente, adivinando.

«A medida que iba poniéndose las neuronas a ojo de buen cubero...» Fernando Repiso, *El incompetente.* ❚ «Me guardo el dinero —treinta mil cucas a ojo de buen cubero...» C. Pérez Merinero, *Días de guardar.*

19. ojo de lince *s.* buena visión.

«Tiene ojo de lince para eso.» Miguel Barnet, *Gallego,* 1981, RAE-CREA. ❚ «Le encargué que en mi ausencia, con su ojo de lince vigilara.» Ednodio Quintero, *La danza del jaguar,* 1991, RAE-CREA.

20. ojo del culo ▶ *culo, ojo del culo.*

21. ojo moreno *s.* ano.

«...teniendo en cuenta su fístula anal congénita, diagnosticada desde siempre como floresconcia de las almorranas, que tanto le afeaban su único ojo moreno...» Carmen Gómez Ojea, *Cántiga de agüero,* 1982, RAE-CREA. ❚ ■ «Se agachó la tía y nos enseñó hasta el ojo moreno, macho.»

22. ojo negro *s.* ojo amoratado como resultado de un golpe.

«...y el ojo negro profundo de Josema...» M. Vázquez Montalbán, *Galíndez,* 1990, RAE-CREA.

23. ojos como platos *expr.* ojos muy abiertos que indican sorpresa.

«Doña Luisa, con los ojos abiertos como platos, dijo...» María Antonia Valls, *Tres relatos de diario.* ❚ «...anonadado, atónito, con los ojos como platos.» Juan Marsé, *Últimas tardes con Teresa.* ❚ «A Álex se le pusieron los ojos como platos.» José Ángel Mañas, *Sonko95.* ❚ ■ «Me miró con unos ojos como platos cuando le di la propina.»

24. ojos seductores *expr.* ojos sensuales.

«...cabello negro, los pechos erectos, ojos seductores.» Pau Faner, *Flor de sal.* ❚ ■ «Los ojos azules y seductores de Encarna me quitan el sueño.»

25. tener ojo *expr.* ir con cuidado, con precaución.

«Al Capitán Gonzalo, que tenga ojo. Se le

viene encima un blindao.» Rafael García Serrano, *Diccionario para un macuto.*

26. tirar de ojo *expr.* ver, mirar.

«Yo enciendo un cigarro, me cruzo de piernas y me limito a tirar de ojo.» C. Pérez Merinero, *Días de guardar.*

27. un ojo de la cara ▶ *costar, costar (salir por, valer) un riñón (un ojo de la cara).*

okupa *s.* el que ocupa edificio deshabitado, sin permiso.

«Anson, como un okupa de la Academia, se ha metido allí sin pagar la renta protocolaria...» Francisco Umbral, El Mundo, 9.2.98. ❚ «Batalla campal entre okupas y policías tras el desalojo por sorpresa de un edificio.» ABC, 11.2.98. ❚ «Porque los okupas son unos cerdos.» El Banquillo, 28.1.98.

okupación *s.* acción de okupar.

«La última reforma del Código Penal que califica la okupación como delito que puede ser castigado.» ABC, 22.3.98.

okupar *v.* ocupar edificio deshabitado.

«Un edificio dos veces okupado.» El País, 14.3.98.

¡ole! *excl.* hola.

«Ole: hola» JV. ❚ ■ «Ole, ¿cómo va la cosa?» ❙✔ de *hola.*❙

2. olé *adj.* estupendo, bueno.

«Si yo tuviera unos cuartos, me hacía enseguida con una tiendecilla en un barrio ole y me inflaba de oro.» Ignacio Aldecoa, *El fulgor y la sangre.* ❚ «Es el ole de los lisiados, de los pobres tiñosos...» Rafael Alberti, *Noche de guerra en el museo del Prado,* 1976, RAE-CREA. ❚ «En ese restaurante hacen unas paellas olé.» ❙✔ el DRAE sólo dice: «interj. con que se anima y aplaude. Ú. t. c. s. y en pl.». Puede ser *ole* u *olé.*❙

oler a chamusquina ▶ *oler mal.*

oler a tigre ▶ *tigre, oler a tigre.*

***oler mal** cf. (afines) ▶ *apestar.*

oler mal *v.* no gustar un asunto, barruntar algo malo.

«¿Qué te ha obligado a cambiar tanto? Algo me huele mal.» José Luis Alegre Cudós, *Minotauro a la cazuela,* 1982, RAE-

CREA. ▎■■ «Todo este asunto de la herencia de mi tía me huele mal; no las tengo todas conmigo.»

oligo *s.* necio, tonto, retrasado.

«Oligo. Oligofrénico. Se usa especialmente como insulto.» VL. ▎«Oligo. Oligofrénico. Loco.» S. ▎■■ «El oligo de tu primo quiere que le des empleo en tu fábrica.» ▎✔ de *oligofrénico*. No se ha podido documentar fuera de diccionarios.▎

olivas, cambiar el agua a las olivas ▸ *agua, cambiar el agua a las olivas (a las aceitunas, a las castañas, a los garbanzos, al canario, al jilguero).*

olla *s.* cabeza.

«...se le da mejor hacernos reír con personajes un poco idos de la olla.» Ragazza, n.° 100. ▎«No le des tantas vueltas a la olla y deja ya de cavilar.» DCB.

2. irse de la olla *expr.* ofuscarse, enloquecer.

«...se me fue un poco la olla con los putos ajos y dos meses en un hospital...» José Ángel Mañas, *Mensaka.* ▎«Estaba muy pillado de dinero y se me iba la olla de tanta droga.» Cristina Pérez Schlichting, ABC, 19.4.98. ▎«¡Eh! Que se te va la olla...» Jaime Romo, *Un cubo lleno de cangrejos.* ▎«Sería una estupidez que se te fuera la olla, cuando lo que mola es...» El Mundo, La Luna, 25.6.99. ▎«...en cuanto bebe se le va la olla y se enrolla...» José Ángel Mañas, *Sonko95.*

3. írsele a uno la olla (a Camboya) *expr.* quedarse atontado.

«...se me va la olla a Camboya, o sea, que me quedo colgarrón.» Elvira Lindo, *Manolito gafotas.*

4. mal de la olla *expr.* loco, demente.

«Está mal de la olla.» Chica hoy, revista juvenil, n.° 130.

5. olla de grillos *s.* sitio con mucho ruido y confusión.

«La tasca era una olla de grillos.» Eduardo Mendoza, *La verdad sobre el caso Savolta.*

*olor corporal cf. (afines) apestar, cantar, cantar los **alerones, rugir, olor a *sobaquina, tigre.* ▸ *apestar.*

ombligo, arrugársele a uno el ombligo *expr.* no atreverse, echarse atrás.

«Mucho cascar, mucho cascar, pero a la hora de la verdad se te arruga el ombligo.» R. García Serrano, *Diccionario para un macuto.*

2. ser el ombligo del mundo *expr.* ser el más importante.

«Con toda razón me advirtió que yo no era el ombligo del mundo...» B. Pérez Aranda *et al., La ex siempre llama dos veces.*

onanista *s.* masturbador.

«...y hasta dará la vuelta al mundo para disfrute de los internautas onanistas.» Carmen Rigalt, El Mundo, 1.8.98. ▎«Julián Zurraspa, onanista informal, nos explica por qué todo va mal.» Cómic Jarabe, n.° 4, 1996. ▎«Ninguna dudaba de que un tipo que miraba de esa manera debía de ser un onanista o, por ser fiel a los términos que ellas empleaban, un pajillero.» El Gran Wyoming, *Te quiero personalmente.*

onda *s.* entendimiento, comprensión, asunto.

«Iñaki, en otra onda —en la del tinto— ...» Miguel Martín, *Iros todos a hacer puñetas.* ▎«En el mostrador los filósofos del Valdepeñas no perdían onda.» Juan Madrid, *Un beso de amigo.* ▎«Pero lo cierto es que están mucho más en la onda.» Rambla, n.° 18.

2. cambiar la (de) onda *expr.* cambiar de tema.

«Muy bien. Cambiemos de onda pero...» Fernando Martínez Laínez, *Andante mortal.*

3. coger (la) onda *expr.* enterarse, comprender.

«...vale, parece que me coges la onda...» Ramón Ayerra, *Los ratones colorados.* ▎«En realidad, se puede, en un intento de coger onda, relacionarlo con el simbolismo.» José M.ª Zabalza, *Letreros de retrete y otras zarandajas.* ▎«Él que era listo —mejorando lo presente— como yo cogía onda.» C. Pérez Merinero, *Días de guardar.*

4. estar en la onda *expr.* estar al tanto, saber.

«Pero si por casualidad no está usted en la onda...» J. Giménez-Arnau, *Cómo forrarse y flipar con la gente guapa.*

onde *adv.* donde.

«Onde: (adonde): en un lugar, en qué lugar.» IND. ▌ «¿De onde venís? Del cerro quemao.» Francisco Tamayo, *El hombre frente a la naturaleza,* 1993, RAE-CREA. ▌ «En cuanto tenga un lugar onde llevarte...» Felipe Santander, *A propósito de Ramona,* 1981, RAE-CREA.

operar, como si te (le, os...) operan *expr.* expresión de indiferencia.

«Por mí, como si la operan...» Andreu Martín, *Por amor al arte.*

orden, a la orden del día *expr.* ser frecuente, cotidiano.

«...en aquel hogar el ascetismo estaba a la orden del día...» P. Perdomo Azopardo, *La vida golfa de don Quijote y Sancho.*

ordenata *s.* ordenador.

«Conecta rápidamente tu ordenata al mundo del ciberespacio, si quieres enterarte de lo último...» Ragazza, n.º 101. ▌ «...tiene que aspirar a un ordenata preparado para navegar...» Onofre Varela, A las barricadas, 18-24 mayo, 1998.

ordeñar *v.* masturbar, copular.

«Voy a ordeñar a Gaudencio, el pobre me da pena...» C. J. Cela, *Mazurca para dos muertos.* ▌ «...como usted se dedica a derrochar las preciosas eyaculaciones de los hombres que confían en su ropa interior... Para compensar la pérdida, usted tendrá que ordeñarme a mí.» Vanessa Davies, *Un premio inesperado.*

*orejas cf. (afines) aldabas, antenas, desmirlar, orejas de soplillo, orejones, orejotas.

oreja, chafar (planchar, pegar) la oreja *expr.* dormir.

«...y ninguno de los tres logró pegar la oreja...» Alfredo Bryce Echenique, *Magdalena peruana y otros cuentos,* 1986, RAE-CREA. ▌ «Planchar la oreja: dormir.» JMO.

2. comer la oreja a alguien *expr.* hablarle.

«Y en eso llega Pedro y me agarra la camiseta y empieza a comerme la oreja.» José Ángel Mañas, *Sonko95.*

3. con la oreja puesta *expr.* al tanto, preparado.

«Si no estuviera con la oreja puesta y el ojo abierto me dejabais...» Alberto Vázquez-Figueroa, *La taberna de los cuatro vientos,* 1994, RAE-CREA.

4. oreja de soplillo *expr.* oreja prominente.

«Reconoció al hombrón de orejas de soplillo que la estaba esperando.» Pedro Casals, *Disparando cocaína.*

5. orejas *s. pl.* pechos.

«orejas. Vale por pechos de la mujer.» Francisco Umbral, *Diccionario cheli.*

6. pegar la oreja *expr.* escuchar.

«...la cuestión está en pegar la oreja, que los maleantes están siempre hablando de fechorías.» A. Sopeña Monsalve, *El florido pensil.*

7. salir (chorrear) por las orejas *expr.* mucho, gran cantidad.

«...le salen mocasines hasta por las orejas.» Alfredo Bryce Echenique, *La vida exagerada de Martín Romaña,* 1981, RAE-CREA. ▌ «...bebí cerveza hasta que empezó a salírseme por las orejas.» Alfredo Bryce Echenique, *La vida exagerada de Martín Romaña,* 1981, RAE-CREA. ▌ «Chorreando whisky por las orejas...» Manuel Vicent, *Balada de Caín,* 1987, RAE-CREA.

orejones ▶ *orejotas.*

orejotas *s.* orejas grandes.

«...orejón; orejotas, Dumbo...» AI. ▌ «Pero mis orejotas crecen y oyen.» Carlos Fuentes, *Cristóbal Nonato,* 1987, RAE-CREA. ▌◾ «El novio de Carmen parece un tío majo pero tiene unas orejotas que parecen soplillos.»

órgano reproductor *s.* pene.

«...la mano que se desliza por la cremallera..., el despojo de lo que fue órgano reproductor...» Miguel Martín, *Iros todos a hacer puñetas.* ✓ también *órgano(s) sexual(es), genital(es).*▌

*órgano sexual femenino cf. (afines) ▶ *vulva.*

*órgano sexual masculino cf. (afines) ▶ *pene.*

*oriental cf. (afines) ▸ *chino.*

orificio *s.* ano.

«Culo: geve, orificio, rulé.» Amelia Díe y Jos Martín, *Antología popular obscena.*

*orinar cf. (afines) aliviarse, cambiar el agua a las olivas (a las aceitunas, a las castañas, a los garbanzos, al canario, al jilguero), desahogar la *vejiga, echar un *meo, echar una *caña, echar una *meada, hacer *aguas, hacer las *necesidades, hacer *pipí, hacer *pis, hacer uno sus *cosas, ir al *servicio, ir al *váter, llamada de la *naturaleza, lluvia dorada, mear, mearrera, mearse, orinar, vaciar el depósito, visitar al Sr. Roca.

orinar *v.* expulsar orina del cuerpo.

«...y después de orinarles en los oídos y en la boca se ríe de ellos y les susurra palabras inventadas...» C. J. Cela, *Oficio de tinieblas 5.* ❚ «¿Quién es el ser que primero hace pis, luego mea y por fin (en el hospital) orina?» Fernando Arrabal, El Mundo, 18.10.98.

oro, como los chorros del oro *expr.* muy limpio.

«...pues doy fe de que es señora más limpia que los chorros del oro...» P. Perdomo Azopardo, *La vida golfa de don Quijote y Sancho.* ❚ «Aseñorada, limpia como los chorros del oro...» Cristóbal Zaragoza, *Y Dios en la última playa.*

2. guardar como oro en paño *expr.* guardar muy bien algo que se considera muy valioso.

«Gracias al contrato de edición que guardo como oro en paño...» Victoriano Corral, *Delitos y condenas.*

3. hacerse de oro *expr.* enriquecerse.

«Iba pensando que aquel hijo bastardo se estaba haciendo de oro.» Pau Faner, *Flor de sal.*

4. prometer el oro y el moro *expr.* prometer mucho.

«...que aquel te prometió el oro y el moro y a la hora de la verdad...» R. Montero, *Diccionario de nuevos insultos...*

oso *s.* homosexual grande y peludo.

«Los osos (hombres grandes y peludos)...» Guillem Balagué, El Mundo, 9.8.99.

2. hacer el oso *expr.* hacer el payaso, hacerse el gracioso.

«Cuando se quedó viuda, dio en la flor de decir que yo hacía el oso.» B. Pérez Galdós, *Fortunata y Jacinta,* RAE. ❚ «Autores muy graves afirman que también sabía hacer el oso.» V. de la Fuente, *El sacristán,* RAE. ❚ ▪ «A Pedro le gusta mucho hacer el oso para que la gente se ría.»

ostra *s.* golpe.

«...y luego viene mi marido y me arrea un par de ostras...» M. Romero Esteo, *El vodevil de la pálida, pálida, pálida rosa,* 1979, RAE-CREA. ✓ eufemismo por *hostia.*❚

2. ¡ostras! *interj.* interjección por hostias.

«¡Ostras! No sé...» Judit Mascó, El Mundo, 21.8.99. ❚ «¡Ostras! ¡Me he cargado una teja!» Ilustración, Comix internacional, 5. ❚ ▪ «¡Ostras, qué caro es este restaurante!»

otro que tal ▸ *tal, otro que tal (parascual).*

ovarios, estar hasta los ovarios *expr.* harto.

«Sí, estamos hasta los ladrillos, ovarios, cataplines, etc. de locutores que...» A las barricadas, 22-28 junio, 1998.

2. tener los ovarios bien puestos *expr.* ser una mujer valiente.

«...es una rockera, con los ovarios bien puestos.» Jordi Sierra i Fabra, *El regreso de Johnny Pickup,* 1995.

oyes *adv.* oye.

«Tenemos un político lento, tardón, ya era hora, qué reposo, oyes,...» Francisco Umbral, *La derechona.* ❚ «Porque si no existiera [...] ¡Menuda chapuza, oyes!» El Jueves, 13.5.98. ❚ «Y, oyes, a mí eso me parece muy mal.» María Antonia Valls, *Para qué sirve un marido.*

ozú *excl.* jesús.

«Ozú —terciaba la Niña Puñales con su deje gitano...» Arturo Pérez-Reverte, *La piel del tambor.*

Pp

pa *prep.* para.

«Pa mí que te debías haber dejado también la enagua.» José Gutiérrez-Solana, *Madrid, escenas y costumbres, Obra literaria, I.* ▌ «...se ha informao del mundillo de las discotecas y todo eso *pa* poderlo reflejar de puta madre.» Antonio Baños, Qué leer, junio, 1998.

pachá, como un pachá *expr.* muy bien, lujosamente.

«El hijo desayuna como un pachá en la cama...» Gomaespuma, *Familia no hay más que una.* ▌ ▰ «Ahora que mis hijos se han emancipado y no tengo obligaciones, vivo como un pachá.»

pachas, a pachas *expr.* a medias, pagando cada cual su parte.

«Elena y yo lo llevábamos estudiado a pachas...» José Ángel Mañas, *Historias del Kronen.* ▌ «Pagar algo a pachas: pagar a partes iguales el importe de las consumiciones realizadas en grupo.» JMO.

pachorra *s.* lentitud, calma, flema, cachaza.

«Otro factor a tener en consideración es la pachorra propia de todo estudiante...» R. Gómez de Parada, *La universidad me mata.* ▌ «Se le ve sonriendo a la cámara con toda la pachorra del mundo...» C. Pérez Merinero, *Días de guardar.* ✓ DRAE: «f. fam. Flema, tardanza, indolencia».▌

pachucho *adj.* que padece alifafes, dolencias, que tiene mala salud.

«Debería trabajar menos y cuidar más su salud, está usted de lo más pachucho...» Manuel Hidalgo, *El pecador impecable.* ▌ «Solázate porque yo esté pachucha no vas a fastidiarte.» P. Perdomo Azopardo, *La vida golfa de don Quijote y Sancho.* ▌ «Mala salud: estar pachucho.» DTE. ✓ para el DRAE: «fig. y fam. Flojo, alicaído, desmadejado».▌

***paciencia** cf.* (afines) aguanta, aguantar, aguantar *mecha, aguantar un pelo, armarse de *paciencia, así es la *vida, jibarse tocan, con el tiempo y una caña, hacer de *tripas corazón, hinchársele los *cojones a alguien, paciencia de santo, paciencia y barajar, pasar por el *aro, que me parta un *rayo, sanjoderse tocan, Santas Pacuas, tener buenas *espaldas, tragar saliva. ✓ ▶ *aguantar.*▌

paciencia, armarse de paciencia *expr.* prepararse para aguantar.

«Armándose de paciencia Nicanor enciende un cigarrillo y le pregunta...» Jesús Ferrero, *Lady Pepa.* ▌ «Las que están a la busca de su amor romántico deberán armarse de paciencia.» Chica hoy, revista juvenil, n.° 130.

2. paciencia de santo *expr.* mucha paciencia.

«Precisan pareja con paciencia de santo.» A. Gómez Rufo, *Cómo ligar con ese chico que pasa de ti o se hace el duro.*

3. paciencia y barajar *expr.* resignación, paciencia, calma.

«Se ha terminado para ellos la paciencia y

barajar.» Fernando Arrabal, *La torre herida por el rayo,* 1982, RAE-CREA. ❚ «Exclamación con que alguien se anima a sí mismo o anima a otro a insistir o perseverar en una cosa después de un fracaso.» MM. ❚▪ «No podemos hacer nada ante este descalabro. Paciencia y barajar.»

Paco, venir el tío Paco con la rebaja *expr.* rebajar las expectativas que se tienen, ir a menos.

> «...lo pasan peor cuando viene el tío Paco con la rebaja.» Fernando Quiñones, *Las mil y una noches de Hortensia Romero,* 1979, RAE-CREA. ❚ «Ya vendrá el tío Paco con la rebaja...» Lourdes Ortiz, *Luz de la memoria,* 1976, RAE-CREA. ❚ «...porque puede venir don Paco con la rebaja en cualquier momento.» C. Rico-Godoy, *Cómo ser una mujer y no morir en el intento.*

*padre cf. (afines) papá, papi, papuchi.

padre, acordase del padre (madre, familia) de alguien *expr.* maldecir, ofender al padre de alguien.

> «Que no llame ningún modelo publicitario que me acuerdo en su padre.» Telemadrid, Todo depende, 13.11.98.

2. darse la vida padre *expr.* vivir bien.

> «...¿de qué se queja?, si se da la vida padre mientras que mi hijo está todo el día trabajando...» Eloy Arenas, *Los vecinos de mis vecinos son mis vecinos.* ❚▪ «Desde que se separó de su mujer que se da la vida padre.»

3. de padre y muy señor mío *expr.* grande, intenso.

> «El día que firme la escritura cojo una borrachera de padre y muy señor mío.» J. L. Castillo-Puche, *Hicieron partes.* ❚ «...pero sus novelas me parecen rollos macabeos de padre y muy señor mío...» Javier Tomeo, A las barricadas, 18-24 mayo, 1998. ❚ «Debe tener una uremia prerrenal de padre y muy señor mío.» Manuel Hidalgo, *El pecador impecable.* ❚ «...se pegaba unos lotes de padre y muy señor mío...» María Antonia Valls, *Tres relatos de diario.* ❚ «Tampoco ayudan heladas como la sufrida ayer en la madrugada, de padre y muy señor mío...» Ernesto Parra, *Soy un extraño para ti.*

4. ¡tu padre! *expr.* insulto.

> «¡Ay, tu padre!» Fernando Schwartz, *La conspiración del golfo.* ❚▪ «¿Yo soy un mierda? ¡Tu padre!»

paece *v.* parece.

> «Vamos, hombre. A veces paece que está usté abobao.» Reyes Carbonell, *El hombre sobre el armario.* ❚ «Paece. Equivale a creo, supongo, sospecho.» IND.

pagaderas *s.* el que sufraga los gastos.

> «Pagaderas: pagano.» JMO. ❚ «Pagaderas: víctima...» JV. ❚ «Pagaderas. Persona que paga los gastos, factura o cuenta.» S. ❚▪ «Julio será el pagaderas y tú y Matías lo organizáis todo.» ✔ no se ha podido documentar fuera de diccionarios.❙

paganini *s.* el que sufraga los gastos.

> «...pues ve que el felipismo se retira a sus cuarteles de invierno y chalets adosados mientras él sigue en el trullo como el paganini de toda la movida...» Francisco Umbral, *La derechona.* ❚ «Te recuerdo que es el cliente. Es decir, el paganini.» Pedro Casals, *La jeringuilla.*

pagano *s.* el que sufraga los gastos.

> «¿Pagano de pagar mucho?» Terenci Moix, *Garras de astracán.* ❚ «Pero, vamos. ¿Quién ha hecho de pagano?» M. Vázquez Montalbán, *Los alegres muchachos de Atzavara.* ❚ «...donde se le entrega un paquete con la marca impresa del aparato solicitado, paquete que el pagano se lleva...» Ramón Escobar, *Negocios sucios y lucrativos de futuro.* ❚ «Así que ese viejo es el pagano.» Rambla, n.° 18. ❚ «Este tipo de parásitos existirán mientras encuentren a paganos como ustedes...» M. Vázquez Montalbán, *El delantero centro fue asesinado al atardecer.* ❚ «...pues es amigo del pagano, te interesa estar a buenas con él...» Juan Marsé, *Si te dicen que caí.* ✔ DRAE: «m. fam. El que paga. Por lo común se da este nombre al pagador de quien otros abusan, y al que sufre perjuicio por culpa ajena aun cuando no desembolse dinero».❙

*pagar cf. (afines) a pachas, acoqui, aflojar, aflojar la *mosca, aforar, apoquinar, escupir, explicarse, pagar a escote, pagar un huevo, pagar mierda, pagar religiosamente, pagar un ojo de la cara, rascarse el bolsillo, retratarse, de rositas, sinpa, soltar.

pagar, **pagar a escote** *expr.* pagar a medias, cada uno una parte.

«La televisión compensa [...] Por sólo hablar de la pública, que son las que pagamos a escote...» M. Martín Ferrand, ABC, 6.3.98. ▌«...y aunque me fijé que pagaban a escote...» M. Vázquez Montalbán, *Los alegres muchachos de Atzavara.* ▌«...jamás ha conseguido de los demócratas invitados que paguen a escote.» Máximo, *Animales políticos.* ◡ DRAE: «loc. adv. Pagando cada uno la parte que le corresponde en un gasto común».▌

2. pagar (costar) caro *expr.* sufrir graves consecuencias.

«Si sigo así lo voy a pagar muy caro.» Eleuterio Sánchez, *Camina o revienta.*

3. pagar (costar) un ojo de la cara *expr.* ser costoso, caro.

«Y las autoescuelas cuestan un ojo de la cara.» P. Antilogus, J. L. Festjens, *Anti-guía de los conductores.* ▌◾ «Tuve que pagar un ojo de la cara por la estancia en aquel hotelucho.»

4. pagar religiosamente *expr.* pagar con puntualidad.

«...es buena persona y que paga religiosamente a la comunidad de vecinos...» Juanma Iturriaga, *Con chandal y a lo loco.* ▌«Si pagas religiosamente no tendrás problemas.» DF.

5. pagarla con *expr.* echar las culpas a alguien, regañar.

«...cuando alguno de sus hijos discutía con su mujer, la pagaba conmigo.» El Mundo, 5.10.99. ▌«...pero no la pagues con un pobre perro.» C. Rico-Godoy, *Cuernos de mujer.*

6. pagarlas *v.* sufrir las consecuencias, el castigo.

«¡Me las pagarás, vil mortal!» Cómic Zona 84, n.° 3. ◡ DRAE: «loc. verbal fam. Sufrir el culpable su condigno castigo o la venganza de que se hizo más o menos merecedor. Muchas veces se usa en son de amenaza. *Me la pagarás; me las has de pagar*».▌

pairo, **traer al pairo** *expr.* ser indiferente, no importar.

«...por otra parte, nos trae al pairo si es egipcio, griego, americano, judío, ruso...» Juanma Iturriaga, *Con chandal y a lo loco.* ▌«...el asunto me trae al pairo...» Juan García Hortelano, *Mucho cuento,* 1987, RAE-CREA.

paisa *s.* paisano, amigo.

«Mira, paisa, yo estaba en mi casa intentando vender alfombra a mon ami.» Gomaespuma, *Grandes disgustos de la historia de España.* ▌«...le pegan duro a la alfombra del paisa.» Miguel Sánchez-Ostiz, ABC, 9.10.99.

paja *s.* masturbación.

«...pedía perdón a Dios después de cada paja... Después, con los años seguí con las pajas.» Ray Loriga, *Lo peor de todo.* ▌«¿Ni siquiera una pajita?» Terenci Moix, *Garras de astracán.* ▌«Si vas a Calatayud / pregunta por Margarita / que es igual que la Dolores / pero te hace una pajita.» Amelia Díe y Jos Martín, *Antología popular obscena.* ▌«Lo menos selecto del comercio carnal disperso por aceras y barras americanas, en top-less de senos caídos y pajas rápidas...» Mariano Sánchez, *Carne fresca.* ▌«Si la lechada de las pajas fuera una fuente de energía, otro gallo nos cantaría a los españoles...» C. Pérez Merinero, *Días de guardar.* ▌«...y no parecía interesado en follarse a nadie en particular. El Rey de las Pajas, le llamaban.» Andreu Martín, *Prótesis.* ◡ ▸ también *paja, hacerse una paja, matarse a pajas.*▌

2. hacer(se) una paja *expr.* masturbar(se).

«Una vez tumbado en la cama, me hago una paja pensando en Amalia...» José Ángel Mañas, *Historias del Kronen.* ▌«...se animan a hacerse una paja, pero no llegan hasta el final porque se duermen...» Francisco Umbral, *Madrid 650.* ▌«y al mirar sus partes bajas / se hizo en su honor varias pajas» Amelia Díe y Jos Martín, *Antología popular obscena.* ▌«Pues ya puesto a querer [...] querrás también que te haga una paja...» Álvaro de Laiglesia, *Hijos de Pu.* ▌«...me voy yo a hacer una paja esta noche en su honor.» M. Vázquez Montalbán, *La rosa de Alejandría.* ▌«...se pusieron en la última fila [...] y ella le hizo una paja...» Manuel Hidalgo, *Azucena, que juega al tenis*. ▌ «Me haré una paja en tu honor.» C. Pérez Merinero, *El ángel triste*. ▌«Tú supones, mamón, tontoelculo, que no quiero confesar porque me hago pajas. Pajas como las que tú te haces, ¿verdad?» Juan Marsé, *La oscura historia de la prima Montse*. ▌«Dejarse tocar las tetillas dichosas. Desnudarse. Hacerse una paja quizá.» Álvaro Pombo, *Los delitos insignificantes*. ▌ «Por cien pelas te hago una paja en el wáter que te cagas.» José Luis Muñoz, *Pubis de vello rojo*. ▌ «He leído en un libro de mi padre que si te haces pajas te crecen pelos en la palma de las manos.» Fernando G. Tola, *Mis tentaciones*. ▌ «Me hago pajas por la noche... ¡Tú eres un degenerao! Masturbarse es pecado.» El Jueves, 11-17 febrero, 1998. ▌¿Eres tú el que anda por ahí diciendo que la madre de Luis hace pajas en el Roxi?» Juan Marsé, *Si te dicen que caí*. ▌ «...hacerte pajas hasta que te den calambres en las manos.» Ray Loriga, *Lo peor de todo*. ▌ «Luego me metí en la piltra y me hice una paja...» C. Pérez Merinero, *Días de guardar*. ▌ «...la de pajas que me hice en mi tierra, algunos días hasta me dolía la muñeca de tanto darle a la manivela...» Ramón Ayerra, *Los ratones colorados*. ▐✔ ambos sexos *se hacen pajas*, pero el DRAE y CL lo consideran *vulgar*.▌

3. matarse a pajas *expr.* masturbarse con frecuencia.

«Nos matábamos a pajas pero ninguno había visto nunca un coño vivo.» Ray Loriga, *Lo peor de todo*. ▌ «...ya tiene edad [Lulú] para matarse a pajas...» Almudena Grandes, *Las edades de Lulú*. ▌ «...había pasado la tarde matándose a pajas en el baño...» Lucía Etxebarría, *Amor, curiosidad, prozac y dudas*. ▐✔ ambos sexos *se matan a pajas*. Para Víctor León, *Diccionario de argot español*, la frase significa *masturbarse en exceso*. (¿cuántas veces es en exceso?, ¿quince?, ¿treinta y tres?).▌

4. paja mental *s.* pensar, cavilar mucho.

«...el otro día conduciendo por las calles de Los Ángeles, se hizo una paja mental...» Carmen Rigalt, El Mundo, 26.6.99. ▌ «No te olvides de decirle al cura que te enseñe el escritorio, arriba, en el cuarto que él usa

para sus pajas mentales.» Jaime Romo, *Un cubo lleno de cangrejos*.

pajabar *v.* tocar, sobar.

«Pajabar: magrear, sobar a alguien con obscenidad.» JMO. ▌ «Pajabar. Tocar obscenamente.» LB. ▌ «Pajabar. Magrear, sobar.» VL. ▌«Pajabar. Tocar, palpar.» Ineo Rebolledo, *A Chipicallí*, RAE. ▐✔ parece palabra de diccionario.▌

pajabear ▸ *pajabar.*

pájara *s.* prostituta, mujer indeseable, astuta.

«Las pájaras andaban por allí sentadas, habiéndose entre ellas, gastándose chanzas...» Francisco Candel, *Los hombres de la mala uva*. ▌ «...la Concepción, una mujer macilenta y canija que limpiaba antes [...] y que se metió a pájara.» Francisco Candel, *Los hombres de la mala uva*. ▌ «¡Arranca, esa pájara nos ha dado esquinazo!» Mariano Sánchez, *Carne fresca*.

2. *s.* mujer promiscua.

«Esa pájara viene por...» P. Perdomo Azopardo, *La vida golfa de don Quijote y Sancho*. ▌ ▟ «Cuidado con tu marido que la Asun es una pájara de cuidado.»

3. *s.* vulva.

«En Canarias, Colombia y Puerto Rico, vulva.» DE.

4. *s.* pene.

«...ya se está desabrochando con prisa desaforada y en menos que canta un gallo ya tiene fuera la pájara.» Jaime Campmany, ABC, 9.8.98.

pajarito *s.* pene.

«¿Y si interpreta que lo que quiero es verle el pajarito?» Virtudes, *Rimel y castigo*. ▌ «¿Qué ave es la que vuela más alto?» «Pues, el pajarito de un astronauta.» CO, chiste. ▌ «(masajéame) la pajarita y vas a ver cómo se pone...» R. Montero, *Diccionario de nuevos insultos...* ▌ «...una gachí fetén se caga en tu padre y luego se busca otro pajarito...» Ramón Ayerra, *Los ratones colorados*. ▐✔ *pajarito* o *pajarita*.▌

2. me lo ha dicho (contado) un pajarito *expr.* me lo han dicho, me han contado.

«Me ha dicho un pajarito que vas a hacer

una coproducción en Italia.» Fernando Lázaro Carreter, *El dardo en la palabra*. ❙ «¿Qué cómo lo sé? Me lo ha dicho un pajarito.» DF. ✓ «Ni en los secretos de tu cámara digas mal del rico, porque las aves del cielo llevarán la voz, y las que tienen alas harán saber la palabra.» *La Biblia*, Eclesiastés, 10.❙

3. quedarse como un pajarito *expr.* morir.

«Murió... se quedó como un pajarito hace unos días...» Cómic erótico, tomo IV, n.° 21 al 24. ❙ «Cuando llegó el doctor, ya era tarde: el anciano se había quedado como un pajarito, sin una queja de dolor.» FV. ❙◼ «Estaba muy enfermo el pobre y la noche pasada se ha quedado como un pajarito.»

4. quedarse (como un) pajarito *expr.* pasar frío, quedarse aterido de frío.

«...o es que me he quedado pajarito con el relente...» Francisco Melgares, *Anselmo B o la desmedida pasión por los alféizares,* 1985, RAE-CREA. ❙◼ «¡Me he quedado pajarito esperándote en la calle a cinco grados bajo cero!»

pájaro *s.* pene.

«La jai, una rubia alta, de senos bien puestos y andadura eléctrica, abrió con pesar la mano que ya empuñaba el pájaro y decidió irse...» Fernando Martínez Laínez, *La intentona del dragón*. ❙ «Llevas la bragueta despasada y ya sabes: jaula abierta, pájaro muerto.» DCB.

2. *s.* persona peligrosa, astuta.

«Este pájaro ha sido detenido en numerosísimas ocasiones...» Manuel Giménez, *Antología del timo*. ❙ «...un pájaro de cuentas que hizo la fortuna en Cuba.» A. Ussía, *Tratado de las buenas maneras*. ❙ «¿Quién es este pájaro?» Miguel Martín, *Iros todos a hacer puñetas*. ❙ «Un voluntario casado y algo pájaro...» Rafael García Serrano, *Diccionario para un macuto*. ❙ «Si ya te decía yo que el rey éste no tenía buena pinta. ¡Menudo pájaro!» Gomaespuma, *Grandes disgustos de la historia de España*. ❙ «Voy a telefonear a los de Alicante para que retengan al pájaro hasta que lleguéis.» Mariano Sánchez, *Carne fresca*. ❙ «¿Acaso aquel otro pájaro pinto cargado...» J. Giménez-Arnau, *Cómo forrarse y flipar con la gente guapa*. ❙ «...vigíleme a este pájaro mientras estoy fuera.» Eduardo

Mendoza, *La verdad sobre el caso Savolta*. ✓ DRAE: «fig. Hombre astuto y sagaz, que suele suscitar recelos. Ú. t. c. adj.». ▸ también *pájara*.❙

pájaro pinto ▸ *pájaro.*

pajarraca *s.* jaleo, bronca, lío.

«...tarde o temprano tenía que armarse pajarraca.» Rambla, n.° 3.

pajero *s.* masturbador.

«La culpa de que haya pajeros la tiene tanta represión y tan mala educación sexual.» JM. ❙ «Pajero. Masturbador.» VL. ❙ «Pajero. Pajillero.» JMO. ✓ no se ha podido documentar fuera de diccionarios.❙

pajillear(se) *v.* masturbar(se).

«Estaría gracioso que yo también me pajilleara...» C. Pérez Merinero, *Días de guardar*. ❙ «...los que antes decían transformista, tipos como el que tu pajilleaste...» Ramón Ayerra, *Los ratones colorados*.

pajillera *s.* prostituta, mujer que masturba.

«Perla hizo circular el rumor de que Cordelia Blanco se había vuelto pajillera...» Terenci Moix, *Garras de astracán*. ❙ «No sólo nos refugiábamos en la oscuridad los cinéfilos, sino los vagabundos, las pajilleras...» Raúl del Pozo, *Noche de tahúres*. ❙ «...es la pajillera del cine Rueda, la llaman Carmen...» Mariano Sánchez, *Carne fresca*. ❙ «Su madre, pintarrajeada, tiene aspecto de pajillera de cine barato...» Andreu Martín, *Por amor al arte*. ❙ «Esos primeros tanteos con las pajilleras del Roxi...» Juan Marsé, *Si te dicen que caí*. ❙ «La hija de la Coñocolgante, una pajillera de mala muerte...» Andreu Martín, *Prótesis*. ❙ «Todo el mundo paró de hablar, de darle a la priva y de meterle mano a las pajilleras...» C. Pérez Merinero, *La mano armada*. ✓ para Luis Besses, *Diccionario de argot*, 1905, es *prostituta de los suburbios*.❙

2. pajillero *s.* masturbador.

«El Rey consorte, / el mayor pajillero de la Corte.» A. Ussía, *Coñones del Reino de España*. ❙ «¡Poetas pajilleros, pobres bichos, pobres mequetrefes...» Jesús Ferrero, *Lady Pepa*. ❙ «Ninguna dudaba de que un tipo que miraba de esa manera debía de ser un onanista o, por ser fiel a los términos que ellas empleaban, un pajillero.» El Gran Wyoming, *Te quiero personalmente.* ▌ «...(Javier Álvarez) se confiesa pajillero, maricón, drogadicto, okupa, rojo, bizco y de Alcorcón.» El Mundo, 22.1.99. ▌ «Pues ya dijimos que también él era pajillero...» Terenci Moix, *Garras de astracán.* ▌ «Búsquenle los mamadores / cérquenle los pajilleros.» Ambrosio de la Carabina, *Don Juan notorio.*

pajolero *adj.* despreciable, maldito.

«...por lo general no tiene ni pajolera idea de servicio doméstico...» Ladislao de Arriba, *Cómo sobrevivir en un chalé adosado.* ▌ «No te daré ni un pajolero dato, si antes no llegamos a un acuerdo.» Pedro Casals, *Disparando cocaína.* ▌ «...y no les hice ni pajolero caso.» C. Pérez Merinero, *La mano armada.*✓ ▸ *repajolero.*▌

pajote, hacer(se) un pajote *expr.* masturbar(se).

«Me vas a hacer un pajote con las tetas bien hecho...eh.» Rambla, n.º 24. ▌ «...si la tía se ha quedado tan frita es porque seguro que se ha hecho un pajote. No hay nada para quedarse grogui [...] como hacerse una macoca.» C. Pérez Merinero, *Días de guardar.* ▌ «...sólo conocía el gustirrinín de los muchos pajotes que se hacía...» Ramón Ayerra, *Los ratones colorados.* ▌ «Los fines de semana nos reunimos tres o cuatro chicos en casa de Carlos y nos hacemos pajotes con fotos guarras de tías con el culo al aire.»

pala *s.* diente grande.

«Pala. Diente incisivo de las personas...» M. Torreblanca, *Hvillena,* RAE. ▌ «Petra tiene unas palas de miedo y ha tenido que ir al dentista para ver qué puede hacer con ellas.»

2. a punta (de) pala *expr.* mucho, gran cantidad.

«Sí, sí que vienen. A punta de pala.» Juan Madrid, *Turno de noche.* ▌ «Sobraban militares a punta pala.» Pilar Urbano, *Yo entré en el Cesid.* ▌ «Nosotras tenemos hombres a punta de pala.» Juan Madrid, *Cuentas pendientes.* ▌ «El español tiene el juego metido dentro, y juega la tira en cuanto puede y lo hace a punta de pala.» José M.ª Zabalza,

Letreros de retrete y otras zarandajas. ▌ «A medianoche había putas en la calle Montera a punta pala.»

3. chocar la pala *expr.* darse la mano.

«Este es el asunto. —Choca la pala.» Ramón Ayerra, *La lucha inútil,* 1984, RAE-CREA. ▌ «Hombre, Carlos, ¿cómo estás? ¡Choca esa pala!»

palabra, medir las palabras ▸ *medir las palabras.*

palabra, ser palabras mayores *expr.* ser importante, difícil.

«...los enredos de una tía de éstas, eso son palabras mayores...» Ramón Ayerra, *Los ratones colorados.*

2. no decir (soltar) palabra *expr.* callarse, no decir nada.

«...a los cinco minutos se le cruzan los cables y no suelta ni una palabra.» SúperPop, junio, 1999. ▌ «No digas palabra a nadie sobre nuestros planes.»

3. no decir una palabra más alta que la otra *expr.* ser comedido, respetuoso en el hablar.

«...y acabaría por convertirse en una mujercita buena y sumisa que nunca diría una palabra más alta que la otra.» Lucía Etxebarría, *Amor, curiosidad, prozac y dudas.*

4. tener unas palabras *expr.* discutir, pelear.

«...a Gregorio le sentó mal, pues tuvimos unas palabras.» Julio Feo, *Aquellos años,* 1993, RAE-CREA.

*palabra cariñosa *cf.* (afines) amor, amorcito, cabroncete, bomboncito, chati, chatita, chato, cielín, cielito, cielo, corazón, encanto, monada, prenda, ricura.

palabro *s.* palabra malsonante.

«Habiendo siempre sentido el taco o el palabro como ajenos a la expresión femenina...» Fernando Lázaro Carreter, *El dardo en la palabra.* ▌ «En fin, a pesar de que está de moda decir palabros...» A. Zamora Vicente, *Desorganización.* ▌ «El palabro ese es el nombre científico de la cocaína.» Pedro Casals, *La jeringuilla.* ▌ «...calzonazos, que no hay otro palabro para él...» Andrés Berlanga, *La gaznápira.* ▌ «...se obtenía la facultad de trabucar al encantado poniendo en su boca toda clase de palabros malsonantes...» Ramón Ayerra, *Los ratones colorados.*

2. *s.* palabra técnica.

«...francamente molesta cuando se teclean textos técnicos con numerosos *palabros* o con referencias a términos en otros idiomas...» Julio M.ª Plágaro Repollés, *Herramientas electrónicas para autores y traductores.*

palabrota *s.* palabra malsonante, maldición,.

«...recibió un impacto que le hizo llevarse las manos a la bragueta al tiempo que lanzaba unas palabrotas en latín...» Álvaro de Laiglesia, *Hijos de Pu.* ❙ «No soy mal hablado. Decir palabrotas es una estupidez que no resuelve nada.» A. Matías Guiu, *Cómo engañar a Hacienda.* ❙ «Y no digas palabrotas que te van a escuchar los niños.» Juan Madrid, *Flores, el gitano.* ❙ «En lugar de acudir al uso vulgar, trillado, patatero, de esas tres palabrotas...» Ángel Palomino, *Insultos, cortes e impertinencias.* |✓ El País, *Libro de estilo*: «Una palabrota pronunciada durante una entrevista no justifica su inclusión en el texto, cualquiera que sea la persona que la emitió».|

palanganero *s.* recadero y asistente en un prostíbulo.

«Palanganero de putas, desde las nueve de la noche a las tres de la madrugada.» M. Vázquez Montalbán, *La rosa de Alejandría.* ❙ «...no necesitan gastar dinero en publicidad porque siempre hay un coro de palanganeros dispuestos a jalear...» Arturo Pérez-Reverte, El Cultural, El Mundo, 24.10.99. ❙ «Cervantes, palanganero en una casa de alcahuetas...» Raúl del Pozo, El Mundo, 8.5.99. ❙ «Palanganero: Empleado de prostíbulo.» Ángel Palomino, *Insultos, cortes e impertinencias.* |✓ para el DRAE es *un mueble de madera o hierro.*|

2. *s.* curandero.

«Palanganero: Seudomédico clandestino que se dedica a tratar afecciones venéreas a las prostitutas utilizando remedios caseros.» JGR.

palanquetazo *s.* entrada en domicilio por la fuerza.

«...los que asaltan gasolineras y matan por un botín de cinco mil pesetas, los corruptores, los artistas del palanquetazo...» Ángel Palomino, *Las otras violaciones.* ❙ ▪ «Nos han dado el palanquetazo en el chalé y nos lo han robado todo.»

palante *adv.* adelante.

«A ésas les importa poco, se abren de patas y ¡hala!, p'alante. Lo único que quieren es rabo.» Juan Madrid, *Crónicas del Madrid oscuro.* ❙ «Palante (para alante): indica ir o pasar hacia adelante.» IND.

2. echado palante *expr.* atrevido, valiente, arriesgado.

«Teresa Berganza sigue siendo echada p'alante.» Natalia Lago, El Mundo, 19.4.99. ❙ «El otro día me lo comentaba un guri muy simpático, muy echao palante...» M. Vázquez Montalbán, *El delantero centro fue asesinado al atardecer.* ❙ «Porque tiene usted cara de ser un hombre muy echado para adelante...» P. Perdomo Azopardo, *La vida golfa de don Quijote y Sancho.* ❙ «...sólo me valió la pena aquel *echao p'alante* del vecino, tan oportuno, tan justo...» Fernando Lázaro Carreter, *El dardo en la palabra.* |✓ ▸ *echa(d)o p'alante.*|

palero *s.* ladrón, timador, mentiroso.

«Palero, mentiroso.» L. Pino, *Jerga,* RAE. ❙ «Jugador que en connivencia con el banquero [...] juega y gana partiendo después con él...» Santamaría, RAE. ❙ ▪ «La poli ha detenido a tres paleros y a un pera.»

paletismo *s.* ignorancia, embrutecimiento.

«Al turismo, sin duda, le debemos la salida de autarquía, del paletismo, de la pacatería.» Luis Ignacio Parada, ABC, 12.7.98.

***paleto** cf. (afines) ▸ *ignorante.*

paleto *s.* pueblerino, ignorante, tonto.

«Palacín parecía un paleto perdido en la ciudad...» M. Vázquez Montalbán, *El delantero centro fue asesinado al atardecer.* ❙ «...están todos los parientes paletos...» P. Perdomo Azopardo, *La vida golfa de don Quijote y Sancho.* |✓ DRAE: «adj. Dícese de la persona o cosa rústica y zafia. Ú. t. c. s.».|

pálida *s.* la muerte.

«Hubo una época en que ambos, ahora tan abandonados a la inexorabilidad de la dama Pálida, se hubieran fusilado el uno al otro, sin excluir la tortura previa.» Fernando Martínez Laínez, *Andante mortal.* ▌ ▪️ «Cuando llegue la pálida yo ya seré muy viejo y no creo que me importe.»

palillo *s.* persona alta y delgada.
«Si uno es alto, flaco y más bien endeble, se le llamará: alambre [...] chupado [...] escoba [...] espárrago [...] espingarda; fideo [...] palillo [...] saco de huesos...» AI. ▌ «Ser (o estar hecho) un palillo: se dice de una persona delgada.» NRFH VII, pág. 136, RAE. ▌ «Palillo. Persona muy delgada, sobre todo cuando es alta.» Alario di Filippo, *Lex. Colombianismos,* RAE.

palique *s.* conversación inane, cháchara.
«...y los hijos tienen que quedarse a darle palique al cura.» Gomaespuma, *Familia no hay más que una.* ▌ «...después de mucho palique, han firmado y rubricado que no han llegado a ninguna conclusión.» José M.ª Zabalza, *Letreros de retrete y otras zarandajas.* ▌ «No nos vamos a pasar aquí toda la mañana de palique.» Álvaro Pombo, *Los delitos insignificantes.* ▌ «Pero Elvira tenía ganas de palique.» Ernesto Parra, *Soy un extraño para ti.* ▌ «Pues siempre me cuido de tener los ojos abiertos y atento el oído al chismeo de los paliques.» P. Perdomo Azopardo, *La vida golfa de don Quijote y Sancho.* ▌ «...las mesas estaban ocupadas por celadores comiendo bocadillos y estudiantes de palique...» Juan Marsé, *Si te dicen que caí.* ✓ DRAE: «m. fam. Conversación de poca importancia».▌

2. estar de palique *expr.* hablar, conversar.
«Ayer estuvimos de palique hasta muy tarde.» FV. ▌ ▪️ «Siento llegar tarde pero es que he estado de palique con el cliente.»

*paliza cf. (afines) romper el culo a patadas, golpiza, palizón, soba, somanta, zurre.

paliza *adj. y s.* pesado, impertinente.
«Pues entonces, no seas paliza.» María Antonia Valls, *Para qué sirve un marido.* ▌ «Es un paliza.» Ángel A. Jordán, *Marbella story.* ▌ «Se quitó de en medio a la tía paliza que tenía por mujer...» C. Pérez Merinero, *El án-*gel triste. ▌ «...escuchar óperas palizas.» C. Pérez Merinero, *Días de guardar.* ▌ «*paliza, pelma...*» Fernando Lázaro Carreter, *El dardo en la palabra.* ▌ «Ellos lo tomaron a pitorreo, y lo calificaron de guindilla honorario, muermo de tío, no seas paliza, cosas así.» Ángel Palomino, *Insultos, cortes e impertinencias.* ✓ ▸ *paliza, palizas.*▌

2. *s.* pesado, pesadez, incordio.
«Me está cansando tanta paliza de nombres y castillos.» Fernando Martínez Laínez, *Andante mortal.* ▌ «...y también trago con las palizas de tu padre, también a mí me parece insoportable tu madre...» Fernando G. Tola, *Cómo hacer absolutamente infeliz a un hombre.*

3. dar la paliza *expr.* molestar, incordiar.
«Haz lo que quieras [...] pero no nos des la paliza con tus historias.» José María Amilibia, *Españoles todos.* ▌ «Saludos, escribidores [...] antes de daros la paliza a gusto, felicidades...» A las barricadas, 3-14 junio, 1998. ▌ «No te dan la paliza con sus cosas, pero te escuchan...» Manuel Hidalgo, *Azucena, que juega al tenis.*

4. dar la paliza *expr.* regañar.
«Nada como un reto para estimularme a daros la paliza.» Fernando Schwartz, *La conspiración del golfo.* ▌ «...y tan tarde para darme la paliza con esas gilipolleces, con esas manías tuyas...» Sergi Belbel, *Caricias,* 1991, RAE-CREA. ▌ «Suele dar la paliza a menudo para comprobar el poder de sus galones.» M. Ángel García, *La mili que te parió.* ▌ ▪️ «Me cabrea que me deis la paliza delante de todos, como si yo fuera un crío.»

5. dar una paliza *expr.* derrotar, vencer.
«Un día, después de un partido de baloncesto, en el que, por cierto, nos dieron una paliza...» SúperPop, junio, 1999.

6. darse la paliza *expr.* sobarse, tocarse, acariciarse.
«En el coche, comenzamos a darnos la paliza, pero Amalia me aparta y dice...» José Ángel Mañas, *Historias del Kronen.* ▌ «Porque si no, para divertirse un rato, una se da la paliza y ya está.» A. Gómez Rufo, *Cómo ligar con ese chico que pasa de ti o se hace el duro.*

7. darse la paliza *expr.* esforzarse, cansarse.

«Hoy me he dado la paliza preparando el examen: he permanecido ocho horas seguidas entre libros.» FV. ▌ «...en vez de darte la paliza de ir y volver el viernes.» José Ángel Mañas, *Historias del Kronen.* ▌ «Cuando tengo tiempo, cojo uno y me doy la paliza la tarde entera.» José Hierro, El Mundo, Magazine, 14.11.99.

8. palizas *s.* pesado, impertinente.

«Me largué de casa porque los viejos son unos palizas cargados de puñetas.» A. Matías Guiu, *Cómo engañar a Hacienda.* ▌ «¿Qué tripa se le habrá roto ahora al palizas ése?» Cómic erótico, tomo IV, n.° 21 al 24. ▌ «...Sobre todo los tíos. ¡Qué palizas se ponen...!» Marisa López Soria, *Alegría de nadadoras.* ▌ «...si yo no escribo libros es porque los prologuistas son siempre unos palizas.» B. Pérez Aranda *et al.*, *La ex siempre llama dos veces.* ▌ «...coño, Capo, eres un palizas, llevo la tira esperando...» Ramón Ayerra, *Los ratones colorados.* ✓ ▶ *paliza.*▌

palizón, dar un palizón *expr.* vencer, golpear.

«Me has dado un palizón de tomo y lomo.» M. Palacios, *Melodías,* RAE. ▌ «...estaban hartos de correr plazas y sufrir palizones...» Julio Escobar, *Itinerarios,* RAE. ▌▪ «El Barça le ha dado un palizón al Ajax.»

palma, llevarse la palma *expr.* sobresalir, ganar, ser más.

«...ni tienen cuidado ni nada, pero éste se lleva la palma...» Ramón Ayerra, *Los ratones colorados.* ▌ «En despiste te llevas la palma.» LA. ▌ «La mujer se lleva la palma en el martirio y en la lucha.» Volodia Teitelboim, *En el país prohibido,* 1988, RAE-CREA. ▌ «...Barcelona se lleva la palma.» A. Serrano Pareja, *Coleccionismo de sellos,* 1979, RAE-CREA.

palmar(la) *v.* morir.

«Le dijo a T: tu tía Elsa la ha empalmado; quería decir que la había palmado.» Ray Loriga, *Lo peor de todo.* ▌ «Demandar a Tabacalera es como demandar a una marca de whisky porque has palmado de cirrosis.» El Jueves, n.° 1079. ▌ «Debe estar a punto de palmar porque cada vez que le veo, le encuentro más delgado.» José Ángel Ma-

ñas, *Historias del Kronen.* ▌ «...los viejos están a punto de palmarla...» A. Zamora Vicente, *Mesa, sobremesa.* ▌ «Veremundo ya ha palmado.» Amelia Díe y Jos Martín, *Antología popular obscena.* ▌ «Se le disparó la presión arterial y la palmó...» Pgarcía, *El método Flower.* ▌ «El tío se puso a correr, y correr y, claro, cuando llegó la palmó.» Juanma Iturriaga, *Con chandal y a lo loco.* ▌ «Palmar [...] es una elegante, sencilla, despreocupada manera de decir algo tan tremendamente patético como esto: morir.» Rafael García Serrano, *Diccionario para un macuto.*

palmera *adj.* muerto.

«—Que el cura está palmera. —¿Qué? —dijo Montse. —Que está muerto...» Jaime Romo, *Un cubo lleno de cangrejos.*

palmo, no levantar un (dos, tres) palmo(s) del suelo *expr.* pequeño, de baja estatura.

«¿Conocen la cervecería Hamburgo...? Cuando yo no levantaba un palmo del suelo estaba en el mismo sitio en que está hoy.» Juan Madrid, *Un beso de amigo.* ▌ «Recuerdo que hace años, cuando aún no levantaba dos palmos del suelo, mi hijo me preguntó...» Chumy Chúmez, *Por fin un hombre honrado.* ▌ «Te ha visto de pequeña, cuando no levantabas un palmo del suelo.» Juan Madrid, *Flores, el gitano.* ✓ no en el DRAE. El *Diccionario fraseológico del español moderno* da la variante: «tres palmos del suelo».▌

palo *s.* timo, estafa, golpe.

«Entre los que tocan este palo o registro...» Manuel Giménez, *Antología del timo.* ▌ «El primo nos ha dado el palo. Me ha robado la pasta.» El Gran Wyoming, *Te quiero personalmente.* ▌ «¿Sabéis lo que vais a durar después de este palo?» Andreu Martín, *Lo que más quieras.*

2. *s.* cópula, eyaculación.

«...tenía la polla dura como el hierro, pero mi esperma no estaba tan listo para salir como en días posteriores para un segundo palo...» Antonio Escohotado, tr., *Mi vida secreta.* ▌ «...se encaprichó con él y se lo subió a la alcoba [...] dos palos muy hermosos...» Ramón Ayerra, *Los ratones colorados.* ▌▪ «Estás salidísimo. Necesitas un palo, tío.»

3. *s.* especialidad, asunto, tema.

«¡Corta el rollo, Héctor! Con lo celoso que tú eres lo último que yo iba a imaginar es que fueras de este palo.» El Víbora, n.° 143. ▌«Pretendió que yo cambiara de palo y se lo contó a la madre.» Juan Madrid, *Las apariencias no engañan.* ▌«...sus especialidades delictivas que en el argot policial llaman palos...» Juan Madrid, *Flores, el gitano.* ▌«Yo ya estaba de ese palo hasta las narices...» C. Pérez Merinero, *La mano armada.*

4. *s.* pago de una cantidad grande, excesiva de dinero.

«Millones. Un buen palo. No puedo pagarlo de una vez.» J. Jiménez Martín, *Ligar no es pecado.* ▌«...la operación de la señora Mercedes ha sido un palo...» Eduardo Mendoza, *Sin noticias de Gurb.*

5. *s.* pene.

«Aquí no hay más Humanidad que mis dos cojones y mi palito.» C. Pérez Merinero, *Días de guardar.* ▌«En 1.ª acepción es metáfora formal (el pene erecto semeja un palo).» DE.

6. *s.* desgracia, contratiempo.

«Ya sé que la mili es un palo, y que sería mucho más divertido estar en los carnavales...» M. Ángel García, *La mili que te parió.*

7. a palo seco *expr.* escuetamente, sin aditamentos.

«A mi me parece que hago novela, novela sin más, novela a palo seco, novela partiendo de mí mismo...» José María Amilibia, *Españoles todos.* ▌«Esto no me importaría mucho visto así, a palo seco...» Virtudes, *Rimel y castigo.* ✔ *Diccionario de autoridades* (1726-39): «frase de navegantes con que expresan el modo de navegar, recogidas del todo las velas...».▌

8. acabar a palos *expr.* pelear, regañar.

«Con Madrid acabaremos a palos, pero sin Madrid no iremos a ninguna parte...» Eduardo Mendoza, *La ciudad de los prodigios.*

9. dar (moler a) palos *expr.* golpear, pegar mucho.

«...de no ser por las circunstancias excepcionales me hubieran molido a palos.» Eleuterio Sánchez, *Camina o revienta.* ▌«...desde que molió a palos al tipo que la

tenía secuestrada...» Metal Hurlant, 1981. ▌◼ «Paco le ha dado palos a su mujer por no tenerle la cena preparada.»

10. dar palos *expr.* engañar, estafar.

«...como la jefa no sabía de números le daba *palos* en las cuentas...» El Mundo, 5.10.99.

11. dar palos de ciego *expr.* actuar sin saber, a tientas, al azar.

«¡Es tan triste ver cómo andan, dando palos de ciego, sin acertar con el camino!» J. M. Escrivá de Balaguer, *Surco,* 1986, RAE-CREA. ▌«...no hacían otra cosa que dar palos de ciego...» Juan Madrid, *Flores, el gitano.* ▌«...no sabemos si elegimos nuestras vidas y nuestras muertes, que son decididas por los palos de ciego de la cucaña de los días de cada cual sobre la Tierra.» C. J. Cela, ABC, 12.9.99.

12. dar (pegar, arrear) más palos que a una estera *expr.* golpear mucho.

«No tenerle miedo [...] Darle más palos que a una estera.» P. Perdomo Azopardo, *La vida golfa de don Quijote y Sancho.* ▌«Como no te apliques te voy a dar más palos que a una estera.» Gomaespuma, *Familia no hay más que una.*

13. darse el palo *expr.* sobarse, besarse, acariciarse.

«Pedro se da el palo con su cerda.» José Ángel Mañas, *Historias del Kronen.* ▌◼ «Pesqué a mi madre en el rellano dándose el palo con el vecino.»

14. de palo *expr.* falso, adulterado.

«Eran los anisetes que me habían vendido de palo la noche anterior.» Cristina Pérez Schlichting, ABC, 19.4.98.

15. de palo y tente tieso *expr.* fuerte, brutal.

«...no pueden emplearse los métodos de palo y tente tieso.» M. Sánchez Soler, *Festín de tiburones.*

16. echar un palo *expr.* copular.

«Se usa especialmente en la expresión *echar un palo,* copular.» DE. ▌«...pero esto de ir a echar el primer palito...» Ramón Ayerra, *Los ratones colorados.* ▌«Echamos un palo cada semana y aun dice que no cumplo.» JM.

17. hacer los dos palos *expr.* bisexual.

«...iba a motor y a vela, hacía los dos palos, era un todo terreno.» Raúl del Pozo, *Noche de tahúres.*

18. no dar (un) palo al agua *expr.* haraganear, estar ocioso.

«No doy palo al agua. No voy al cine. No cojo un libro...» Manuel Hidalgo, El Mundo, 10.7.99. ▌ «...tertulianos radiofónicos que no dan un palo al agua...» Miguel Sánchez-Ostiz, ABC, 1.2.98. ▌ «Mis compañeros no habían dado un palo al agua y se habían limitado a inventárselo todo.» Fernando Martín, *Cómo aprobar todo sin dar ni chapa.* ▌ «El Valentín se tiraba el día y la noche lamentándose de su suerte, sin dar palo al agua.» Juan Madrid, *Crónicas del Madrid oscuro.* ▌ «El tío —un barbas con pinta de intelectual, es decir, un chaval que no le ha dado un palo al agua desde que...» C. Pérez Merinero, *Días de guardar.* ▌ ▪ «No has dado palo al agua en todo el día y ahora tengo que terminar la tarea yo.»

19. quedarse de palo *expr.* sorprendido.

«De haber seguido con vida, probablemente se hubiera quedado de palo.» Gomaespuma, *Grandes disgustos de la historia de España.*

20. sacudir (pegar) un palo *expr.* golpear, pegar.

«...¿no podríamos aprovechar la ocasión para sacudirles un palo?» Fernando Schwartz, *La conspiración del golfo.*

paloma *s.* aguardiente y agua.

«Paloma: llámase a una copa de aguardiente y un vaso de agua.» IND.

palomino(s) *expr.* mancha fecal en la ropa interior baja.

«Chus, eres un cochino, que no te cambias el calzoncillo hasta que tiene palomino...» C. J. Cela, *La colmena.* ▌ «Me bajo los pantalones y los calzoncillos —recién estrenados esta mañana, sin palominos ni nada...» C. Pérez Merinero, *Días de guardar.* ▌ ▪ «Lleva palominos en los calzoncillos y le huelen los pies y los sobacos.» ✓ ▸ también *zurraspa.*▌

palomo *s.* ingenuo, tonto, víctima.

«...falso heroísmo, ocultación de la condición de primo, palomo o julai...» Manuel Giménez, *Antología del timo.* ▌ «Palomo: similar a pringao.» Manuel Giménez, *Antología del timo.* ▌ «...seduzca al palomo vestida por Jesús del Pozo.» J. Giménez-Arnau, *Cómo forrarse y flipar con la gente guapa.* ▌ ▪ «Yo no soy un palomo, pero me han engañado como a un tonto.»

palotes *s. pl.* escritura ilegible, escribir.

«Los palotes son, como sabéis, las rayas que el niño dibuja sobre el papel pautado, parte primera de la enseñanza de la escritura.» José Ortega Munilla, *Chispas,* RAE. ▌ «...Escribe cuatro palotes con letra de médico, que salga lo que Dios quiera...» Jaime Salom, *El baúl de los disfraces,* RAE. ▌ «No sabe ni los palotes. Dícese del que no sabe escribir.» Sanabria, *H. popular Vallegrande, Bol.,* RAE. ✓ DRAE: «Cada uno de los trazos que suelen hacer los niños en el papel pautado, como ejercicio caligráfico para aprender a escribir».▌

palquista *s.* ladrón.

«...pululan verdaderas hordas de rateros, ladrones, chorizos, peristas, sañeros, palquistas y chulos capaces de tirar de cabritera por un quítame allá esas pajas...» Isidro, ABC, 10.4.56. ▌ «No llegaban a habitar estos parajes personalidades ricamente desarrolladas tales como carteristas, mecheras, descuideras, palanquistas, palquistas o espadones, sino subdelincuentes apenas comenzados a formar.» Luis Martín Santos, *Tiempo de silencio,* RAE. ▌ «El palquista roba entrando por ventanas y terrazas de viviendas.» DCB.

palurdo *s.* bobo, necio, ignorante, pueblerino.

«...no aguanta una mala hora conviviendo con aquellos palurdos...» A. Zamora Vicente, *Mesa, sobremesa.* ▌ «Si tengo una virtud, ésa es la de ser un tío más limpio que los chorros del oro, si es que no son unos palurdos y saben lo que es un chorro del oro.» C. Pérez Merinero, *Días de guardar.* ▌ «...pero no siendo un palurdo, un mastuerzo de tres al cuarto...» Ramón Ayerra, *Los ratones colorados.*

pan, como un pan *expr.* atractivo, guapo.

«...y además que la mía [...] por muy tío que fuese, aunque tuviese unas pelotas como sandías de gordas, estaba como un pan...» Ramón Ayerra, *Los ratones colorados.*

2. del pan pringado *expr.* que se cree importante.

«...más de una de esas señoritas del pan pringado se han quedado para vestir santos...» Jose-Vicente Torrente, *Los sucesos de Santolaria.*

3. largo como un día sin pan *expr.* muy largo.

«...una carretera lisa y larga como un día sin pan.» C. J. Cela, *La familia de Pascual Duarte.*

4. llamar al pan, pan y al vino, vino *expr.* hablar con claridad, sin rodeos.

«...y allí llamamos al pan, pan y al vino, vino.» Rafael Mendizábal, *La abuela echa humo,* 1990, RAE-CREA. ▌«Chibás le decía al pan, pan, y al vino, vino...» Miguel Barnet, *Gallego,* 1981, RAE-CREA. ▌«Difícilmente caen en el tópico y cuando hablan es para llamar al pan pan y al vino vino, lo tengo comprobado.» José Luis Martín Vigil, *Los niños bandidos.*

5. pan comido *expr.* fácil, simple.

«...convencida de que aquello sería pan comido.» Eduardo Mendicutti, El Mundo, 5.6.99. ▌«...para un tipo como él la azafata era pan comido...» Ángel Palomino, *Las otras violaciones.* ▌«...a las diez de la noche siempre hay uno o dos o tres que se creen que eres pan comido.» Ángel Palomino, *Todo incluido.* ▌«¡Esto es pan comido!» Severiano F. Nicolás, *Las influencias.* ▌«Ahora lo de Gibraltar ya es pan comido, señores.» Gomaespuma, *Grandes disgustos de la historia de España.* ▌«...una vez conseguidas las preguntas, es pan comido encontrar papel idéntico al que se va a utilizar en el examen...» Fernando Martín, *Cómo aprobar todo sin dar ni chapa.*

6. ser más bueno que el pan ▶ *bueno, ser una persona más buena que el pan.*

7. un pedazo (cacho, trozo) de pan *s.* buena persona.

«Y al chico lo pintaba como un lila, un pedazo de pan.» Ángel Palomino, *Las otras violaciones.* ▌«Yo, a las buenas, soy un peda-zo de pan, se lo puede preguntar a cualquiera...» Juan Madrid, *Crónicas del Madrid oscuro.* ▌«Es un pedazo de pan.» M. Vázquez Montalbán, *El delantero centro fue asesinado al atardecer.* ▌«Juanito es un trozo de pan...» Andreu Martín, *Prótesis.* ▌«Y él es un cacho de pan.» José Ángel Mañas, *Sonko95.*

panchito *s.* mucosidad seca en la nariz.

«Límpiate el panchito de la nariz.» CO, María Gallego, 15.4.98.

2. cacahuete pelado y frito.

«Bueno, pues primero metió en el mueble sagrado los panchitos, las avellanas y esas cosas que pone mi madre a las visitas...» Elvira Lindo, *Manolito gafotas.*

pancho, tan pancho *expr.* tranquilo, a gusto.

«Me acuerdo de que brillaba en la oscuridad, dentro de su fanalico, tan pancha...» A. Zamora Vicente, *Historias de viva voz.* ▌«El tío se beneficiaba a sus víctimas tras el desvirgue eléctrico y se quedaba tan pancho.» Felipe Navarro (Yale), *Los machistas.* ▌«...Medina Sidonia sentenció a veinte de sus capitanes sediciosos. Y se quedó tan pancho.» Gomaespuma, *Grandes disgustos de la historia de España.* ▌«Porque puede que él esté más feliz que una aceituna en un vermú y tan pancho tumbado en la vida...» A. Gómez Rufo, *Cómo ligar con ese chico que pasa de ti o se hace el duro.* ▌«...y ahí se las ve triscando tan panchas...» Fernando Martín, *Cómo aprobar todo sin dar ni chapa.* ▌«...se limpiaba el culo con el Osservatore Romano y se quedaba tan pancho.» C. Pérez Merinero, *Días de guardar.* ▌«Mi abuelo soltó lo de *in person* y se quedó tan pancho.» Elvira Lindo, *Manolito gafotas.*

panda *s.* grupo de amigos.

«...Gabriela se entretenía en espiar por el Paseo a parejas, pandas, madres con cochecitos y solitarias chicas...» Andrés Berlanga, *La gaznápira.* ▮✓ DRAE: «Reunión de gente para divertirse.»▮

pandero *s.* nalgas.

«¿En agosto meas mosto? / ¿En enero en el pandero?» Amelia Díe y Jos Martín, *Antología popular obscena.* ▌«...un pandero que llenaría los calzones del mismísimo Charles

Barkley...» R. Gómez de Parada, *La universidad me mata*. ▮ «...separados los muslos hasta el pandero prominente,» Luis Goytisolo, *Los verdes de mayo hasta el mar,* citado por CJC en su DE. ▮ «Lolita, a quien no es tan fácil tocarle el pandero...» José M.ª Zabalza, *Letreros de retrete y otras zarandajas.* |✔ para Cela es también *vulva*.|

2. cárcel.

«Pandero. Penal.» JGR. ▮ «El pandero es más que una simple cárcel, es un penal.» DCB.

pánfilo *s.* necio, tonto.

«...me da por pensar lo gilipollas que son las tías. Ahí tienen a esa pánfila, por ejemplo.» C. Pérez Merinero, *Días de guardar.* |✔ DRAE: «adj. Muy pausado, desidioso, flojo y tardo en obrar. Ú. t. c. s.».|

panipén *s.* equivocación, error.

«...*popelín*, fantástico; *panipén*, equivocación...» Alicia Misrahi, Qué leer, junio, 1998. ▮ «Panipén. Pifia, desatino, error.» Ra.

panocha *s.* pelirrojo.

«¡Pero el tío panocha este! [...] ¡Empeñao en amargarle la vida a esta criatura!» Carlos Arniches, *Chica gato,* RAE. ▮ «...sus allegados le apodaban el Panocha.» M. Sánchez Soler, *Festín de tiburones.* ▮▪ «El panocha ése que cojea es el novio de la cajera.»

2. vulva, órgano genital de la mujer.

«...pero cuando quitó la tranca de la puerta no pudo evitar otra vez la mano del gavilán carnicero. "Me agarró toda la panocha", me dijo Divina Flor. "Era lo que hacía siempre cuando me encontraba sola por los rincones de la casa".» Gabriel García Márquez, *Crónica de una muerte anunciada,* RAE. ▮ «Panocha. Vulva.» Garza Cuarón, *Esp. Oaxaca,* RAE. ▮ «Panocha. Órgano genital de la mujer, vulva.» N.D. Col., RAE. |✔ C. J. Cela registra las acepciones *pene* y *vulva*.|

3. dinero.

«panocha. Fig. vul. Dinero.» Ac. RAE. ▮ «Panocha: dinero.» JMO.

panocha ▸ *repanocha, ser la repanocha.*

panoja *s.* dinero.

«A lo largo de la historia del toreo, casi todas las reapariciones lo han sido por la pa-

noja, jurdeles, parneses, jandos, diversas formas con que los andaluces nombran a los billetes de curso legal.» El Mundo, Magazine, 18.5. 91.

panojo *adj.* pelirrojo.

«Y como adjetivo, con referencia al color rubio apanojado; pelirrojo. Con persona de pelo panojo, mucho ojo.» López Vázquez, *Voc. Cantabria,* RAE. |✔ ▸ *panocha*.|

panoli *s.* bobo, necio.

«Susanita, la secre de marras, saltó que qué memez, que qué panoli...» A. Zamora Vicente, *Historias de viva voz.* ▮ «No me gusta fingir la risa y quedar como un panoli.» Ragazza, junio, 1998. ▮ «...que nadie esté seguro al medirlos por el rasero de su leyenda panoli.» Ángel Palomino, *Todo incluido.* ▮ «...y él agitaba su izquierda fanfarroneando delante del panoli de pantalón corto.» Juan Madrid, *Un beso de amigo.* ▮ «...pero bueno está llevarse una plancha de vez en cuando; pero no estar haciendo el panoli una y otra vez.» A. Gómez Rufo, *Cómo ligar con ese chico que pasa de ti o se hace el duro.* ▮ «Te he puesto al panoli ese en bandeja, y ahora te lo quieres llevar crudo.» El Gran Wyoming, *Te quiero personalmente.* ▮ «Me pareció que había alguien en su interior, un panoli que no me inquietó.» Ernesto Parra, *Soy un extraño para ti.* ▮ «...porque aquellos señoritos lo mismo podía ser dos panolis que...» Pío Baroja, *El árbol de la ciencia.* |✔ aparece en Ac. 1927, por primera vez: «adj. Vulg. Dícese de la persona simple y sin voluntad».|

pantaca *s.* pantalones.

«Pantaca. Pantalones.» S. ▮ «¡Mira qué pantaca se ha puesto ése hoy!» DCB. |✔ no se ha podido documentar fuera de diccionarios.|

pantalla, la pequeña pantalla *expr.* la televisión.

«...pasan de dos horas y media a tres delante de la pequeña pantalla.» Carlos Fresneda, El Mundo, 6.8.99.

pantalones, bajarse los pantalones *expr.* humillarse, ceder.

«...ha identificado a España con sus pantalonazos y no se los va a bajar tan fácilmente.» Francisco Umbral, *La derechona.* ❙ «El cobarde, para su vergüenza y escarnio, posee una buena gama de sinónimos... no tener cojones, no tener huevos, pichafloja, capado, capón, castrado, deshuevado...bajarse los pantalones...» AI. ❙ «...si viene cualquier piernas de otro partido legal y pone en duda nuestros principios doctrinales, nos bajamos inmediatamente los pantalones...» Andrés Bosch, *Mata y calla.* ❙ «...e incluso, muy a menudo, me bajo los pantalones...» Fernando Repiso, *El incompetente.*

2. llevar los pantalones *expr.* ostentar la autoridad, especialmente en casa.

«...y le propinó una fuerte bofetada para que supiera quién llevaba los pantalones en aquella casa.» Cuca Canals, *La hescritora.* ❙ «...disfrutaba de su trabajo de secretaria, disfrutaba, como vulgarmente se dice, *llevando los pantalones...*» Álvaro Pombo, *Los delitos insignificantes.*

panza, hacer una panza *expr.* dejar embarazada.

«...era catalana [...] le había hecho una panza su padrastro y se había ido de puta a Barcelona...» Ramón Ayerra, *Los ratones colorados.*

2. panza arriba *expr.* muerto.

«Sí, y si no lo llego a hacer, Clyde estaría panza arriba.» Jesús Ferrero, *Lady Pepa.*

panzón *adj.* y *s.* estómago, barriga abultada.

«Aparecieron dos rameras [...] eran gordas y panzonas.» J. M.ª Arguedas, *El zorro de arriba,* RAE. ❙ «Otras panzonas, esperando hijo.» Miguel Ángel Asturias, *Hombres de maíz,* RAE.

pañal, estar en pañales *expr.* no saber, tener poca experiencia.

«...los hombres no sabemos nada, afirmaba Trinidad, pero nada de nada, lo que se dice nada, estamos en pañales...» Ramón Ayerra, *Los ratones colorados.* ✔ DRAE: «1. fr. fig. y fam. Tener poco o ningún conocimiento de una cosa».❙

pañisero, hacer de pañisero *expr.* estar alerta para avisar la presencia de la policía.

«Pañisero: cómplice que participa, como vigilante, durante la perpetración de un delito.» JGR. ❙ «Pañisero. Maleante que vigila y avisa a sus cómplices cuando se presenta un peligro.» S. ❙ «pañisero. El que da el agua. El que actúa como vigilante en un acto delictivo.» Ra. ✔ no se ha podido documentar fuera de diccionarios.❙

paños menores *adj.* en ropa interior, casi desnudo.

«Lo bajaron arrastras del tren, lo dejaron en paños menores, lo ataron con una soga y lo tendieron en la vía...» Eduardo Mendoza, *La ciudad de los prodigios.* ❙ «Sería conveniente que no te exhibieras por ahí en paños menores.» Juan Marsé, *La muchacha de las bragas de oro.* ❙ «La disciplina comienza en el uniforme, y el uniforme comienza en los paños menores.» A las barricadas, 3-14 junio, 1998. ❙ «...no sólo porque los jugadores salían en pelota o en cueros. Es decir, en paños menores: camiseta y calzoncillos.» Matías Prats *et al.*, *Guía erótica del fútbol.*

pañuelo, el mundo es un pañuelo *expr.* coincidencia, casualidad.

«...el mundo es un pañuelo, se coló en el cuarto la menor de las nenas...» Ramón Ayerra, *Los ratones colorados.* ❙ «El mundo es un pañuelo.» Phanor Terán, *Eulalia,* 1982, RAE-CREA. ❙ «...con razón se dice que el mundo es un pañuelo.» Álvaro Pombo, *El metro de platino iridiado,* 1990, RAE-CREA.

2. pañuelo de los mocos *s.* pañuelo de bolsillo.

«...hasta los pañuelos de los mocos.» Gomaespuma, *Familia no hay más que una.*

papa, no saber (tener, comprender, entender) ni papa *expr.* no saber nada en absoluto.

«...en cuanto le sacan del castellano más castizo no entiende ni papa.» C. Pérez Merinero, *Días de guardar.* ❙ «Entre que yo no hablaba muy bien el inglés y que él no tenía ni papa de español...» Ragazza, agosto, 1997.

papaíto *s.* papá, término cariñoso.

«...cuéntale al papaito lo que sucede, papaito es bueno...» Ramón Ayerra, *Los ratones colorados.*

papanatas *s.* necio, tonto, simple.

«Pero, ¿qué estáis haciendo así, parados como papanatas?» Arturo Uslar Pietri, *Cam. El Dorado,* RAE. ❚ «Ahora bien, yo soy plenamente, íntegramente, uno de esos papanatas: apenas si he escrito...» José Ortega y Gasset, *Art.* RAE. ❚ «Un señor a quien los papanatas de la Facultad tenían por un genio.» Pío Baroja, *Dama errante,* RAE. ❚ «¡Pero este papanatas es como su madre!» Juan Marsé, *La oscura historia de la prima Montse.* ❚ «...bromazos de muy mal gusto, a los que mucho mejor habría sido oponerse, en vez de tragar como papanatas.» Javier Ortiz, El Mundo, 2.1.99. ❚ «¿Te das cuenta, Verónica de que eres más papanatas y vulnerable de lo que te crees?» B. Pérez Aranda *et al., La ex siempre llama dos veces.* ❚ «Aquel profesor de física era un buenazo, un papanatas, un despistado atroz...» Antonio Colinas, *Un año en el sur,* 1990, RAE-CREA. ❚ «No te burles, papanatas...» Mariano Sánchez, *La sonrisa del muerto.* ❙✔ DRAE: «1. com. fig. y fam. Persona simple y crédula o demasiado cándida y fácil de engañar».❙

papanatismo *s.* simpleza, estupidez.

«...se avergüenza de ser español el autor más mimado por el papanatismo cultural español...» A. Ussía, ABC, 19.7.98. ❙✔ el DRAE no reseña esta voz.❙

papear *v.* comer.

«¡Que vamos a pasar por un puto seven ileven a papear algo!» José Ángel Mañas, *Historias del Kronen.* ❚ «...estrenando ropa o zapatos nuevos y papeando bien.» El Jueves, 8.4.98. ❚ «Las dolorosas razones que obligan a quedarse a papear en los comedores...» R. Gómez de Parada, *La universidad me mata.* ❚ «¡Quiere decir algo así como dar de papear al caballo y resguardarlo del frío!» Rambla, n.° 24. ❚ «Alpiste. Algo pá picar, para papear flojito mientras se hace tiempo...» Ragazza, julio, 1997. ❚ «¡Qué descanso, Señor, papeando allí entre todos aquellos pibitos y pibitas...» José Luis Martín Vigil, *Los niños bandidos.*

papel *s.* billete de mil pesetas.

«Polaco coge la bolsita de coca, cuenta sesenta papeles y le paga.» José Ángel Ma-

ñas, *Mensaka.* ❚ «...un llavero de cinco papeles, unos calzoncillos de tres bonis o un cinturón de siete talegos...» R. Gómez de Parada, *La universidad me mata.*

2. periódico.

«Hay cosas que se ven y otras que están escritas en los papeles...» Carmen Rigalt, El Mundo, 26.6.99. ❚ «...es que prohíbe los papeles en general...» Francisco Umbral, *La derechona.* ❚ «Alfonsito, el niño de los recados, vuelve de la calle con el periódico. ¿Dónde has ido por el papel?» C. J. Cela, *La colmena.* ❚ «Luego tú lo cuentas en los papeles y te forras.» Juan Madrid, *Crónicas del Madrid oscuro.* ❚ «Los papeles dicen que los monos...» José Luis Martín Vigil, *Los niños bandidos.* ❚ «Te daban las gracias en los papeles y arreglado.» A. Zamora Vicente, *Historias de viva voz.* ❚ «...le publicaban edificantes articulitos en los papeles...» C. J. Cela, *El gallego y su cuadrilla.* ❚ «...el Presidente es el que sale en los papeles, pero yo soy el que tiene el poder.» Luis Camacho, *La cloaca.* ❚ «El hecho de que su nombre apareciese en los papeles por un casual...» Fernando Martínez Laínez, *Bala perdida.*

3. con papel de fumar *expr.* con miramientos, remilgos, pulcritud.

«El tipo, un carajote con pinta de becerro y maneras de meapilas que se la saca con papel de fumar, le da a la húmeda en plan fetén.» C. Pérez Merinero, *Días de guardar.* ❚ «...se la coge con papel de fumar incluso a la hora de meneársela.» R. Montero, *Diccionario de nuevos insultos...* ❚ «...anda, coño, un sinvergüenza como tú y cogiéndosela con papel de fumar, no te digo lo que hay...» Ramón Ayerra, *Los ratones colorados.*

4. papel del culo *s.* papel higiénico.

«Como no había papel del culo me he tenido que limpiar con la toalla.» DCB. ❙✔ también *papel del váter.*❙

papela *s.* documento, papel.

«En cuanto al político vasco que ha ido a Baqueira a que el Rey le firme importante papela...» Francisco Umbral, El Mundo, 2.1.99. ❚ «Ya no eres mi esposa. No hay pleito, ni partición de bienes: la papela y a la calle, como en el Islam.» Ángel Palomino, *Todo incluido.* ❚ «Según esta papela, todo para Toni [...] y su padre de albacea.» Pedro Casals, *La jeringuilla.* ▌«...del susto se le emborronaba la papela y se le jodía el plumín...» Ramón Ayerra, *Los ratones colorados.*

2. droga envuelta en papel.

«Otras veces rebuscaba en la basura para ver si alguien había tirado una *papela.*» El Mundo, 5.10.99. ▌✓ ▶ *papelina.*▌

papeleta *s.* asunto complicado, oneroso.

«Porque tiene encima una papeleta muy gorda...» Miguel Martín, *Iros todos a hacer puñetas.* ▌«Tu papaito te solventaba todas las papeletas.» Pedro Casals, *Hagan juego.* ▌✓ DRAE: «fig. y fam. Asunto difícil de resolver».▌

papelina *s.* droga envuelta en papel.

«...cortaban la droga recibida con lactosa y metadona machacada y pulverizada, y hacían papelinas de un octavo de gramo...» Juan Madrid, *Flores, el gitano.* ▌«Papelina: Envoltorio de papel con varias dobleces, que contiene en su interior una pequeña cantidad de droga.» JGR. ▌«...y policías *korruptos* y alijos y papelinas y *pakí* y *pallá*...» Antonio Baños, Qué leer, junio, 1998. ▌«Venían sudacas o moracas o italianos cargados de papelinas, enganchaban a las niñas al caballo...» Andreu Martín, *Lo que más quieras.* ▌✓ ▶ *papela.*▌

papelista *s.* abogado liante; persona embrolladora.

«...es un hombre [...] de intriga, papelista y que se entrometía en todo.» Guillermo Morón, *El gallo de las espuelas de oro,* 1986, RAE-CREA. ▌▀ «Es un papelista que ha ganado varios pleitos de poca monta.» ▌✓ para el DRAE es: «p. us. Persona que maneja papeles y tiene conocimiento de ellos».▌

papelito *s.* pequeño papel o actuación en obra teatral o película.

«Y me vio Miguel Mihura... Y me dio un papelito. Y luego otro más largo.» Fernando Fernán Gómez, *El viaje a ninguna parte,* 1985, RAE-CREA. ▌«Pero lo auténticamente destacable de esta cinta es el ojo clínico de Parker a la hora de ofrecerle un papelito [...] a la maravillosa July Ashton.» El Mun-

do, La Luna, 25.6.99. ▌▀ «Me han dado un papelito en la película que van a hacer; por algo se empieza, ¿no?»

papelón *s.* listo, sabihondo, fatuo.

«...jactancioso, papelón, pedante...» AI. ▌✓ MM: «persona que tiene el prurito de lucirse».▌

2. hacer el papelón *expr.* hacer el ridículo, el payaso.

«...cansada de hacer el papelón, el indio, el canelo...» Ramón Ayerra, *Los ratones colorados.* ▌«Como sea mentira que se va a acabar el mundo, menudo papelón acabo de hacer...» Idígoras y Pachi, El Mundo, 9.8.99.

papeo *s.* comida.

«Vamos ahora con el asunto del papeo.» Mala impresión, revista de humor con caspa, n.º 1. ▌«¡Papá, mamá, alguien se ha comido mi papeo!» El Víbora, n.º 143. ▌«...estaba prohibido recibir paquetes de comida, así que se creó inevitablemente la rutina del papeo...» Andreu Martín, *Lo que más quieras.*

papi *s.* padre.

«El problema es que no detesta lo bastante al reaccionario de su papi...» Leopoldo Alas, La Esfera, El Mundo, 24.4.99. ▌«...la fama de santurrón y comedido que aureoleaba al papi no veas cómo se ha disuelto.» A. Zamora Vicente, *Mesa, sobremesa.* ▌«A los papis de Esther, no les molaba nada que fuese modelo, y ahora, se les cae la baba.» Ragazza, julio, 1997.

papilla, echar (soltar) la (primera) papilla *expr.* vomitar.

«Entretanto, uno de los amigos ha cogido una cogorza y está en el baño echando hasta la primera papilla.» Gomaespuma, *Familia no hay más que una.* ▌«...yo estoy fatal, tengo ganas de echar hasta la primera papilla.» Jaime Romo, *Un cubo lleno de cangrejos.* ▌«Si no está echando hasta la primera papilla que tomó allá por el siglo diecinueve es que no está echando nada.» C. Pérez Merinero, *Días de guardar.* ▌«...echa uno hasta la primera papilla...» Ramón Ayerra, *Los ratones colorados.* ▌«...y si no me controlo un poco suelto la papillota allí mismo...» C. Pérez Merinero, *La mano armada.* ∎ ▪ «Pedro está echando la papilla en el baño. Trae una toalla limpia.»

2. hecho papilla *expr.* cansado, destrozado.

«Estaban lo que se dice hechos papilla.» A. Zamora Vicente, *Historias de viva voz.* ∎ «...el trabajador hecho papilla por un año entero de tajo...» P. Antilogus, J. L. Festjens, *Antiguía de los conductores.* ∎ ▪ «Dice que se ha acostado pronto porque está hecho papilla de la mudanza.»

papiro *s.* billete de mil pesetas.

«...pero esos cuatro pápiros...» A. Zamora Vicente, *Historias de viva voz.* ∎ «Papiro: billete de banco.» JMO. ✓ *pápiro* o *papiro.*∎

papo *s.* estómago.

«...cualquiera diría que se había echado al papo una cena tremenda.» C. J. Cela, *La colmena.*

2. *s.* vulva, órgano genital de la mujer.

«...niña que nunca tu dedo / en el papo te metiste...» Ambrosio de la Carabina, *Don Juan notorio.* ∎ «Papo. Nombre grosero dado al aparato genital femenino.» IND. ∎ «El papo: el aparato genital femenino.» JV. ∎ «Papo. Órgano genital femenino.» S. ∎ «Papo: órganos genitales femeninos.» JMO. ∎ «Mira como se le marca el papo con esos leotardos.» JM. ∎ «Papo. Coño.» VL.

3. *s. pl.* zapatos.

«Eres igual que un marido, te metes en mis trapos, te metes en mis papos...» M. Romero Esteo, *El vodevil de la pálida, pálida, pálida rosa,* 1979, RAE-CREA. ∎ ▪ «¡Qué papos tan bonitos me he comprado, pero los calcetines rojos creo que no pegan!»

paquetamen *s.* órganos sexuales masculino, testículos.

«Aluego las tías podrán hacer lo propio con el paquetamen...» El Jueves, 6-12 julio, 1994.

paquete *s.* testículos y pene.

«...y sus breves slips de baño parecían ex-profeso para resaltar el poder y la firmeza de un paquete sexual que era inevitable mirar.» M. Vázquez Montalbán, *Los alegres muchachos de Atzavara.* ∎ «Hala, hala, machos ibéricos, todos a quitarse el pirulí que

la operación va a ser gratis total. ¡Arrancarse el bolo y a extirparse el paquete!» Jaime Campmany, ABC, 16.4.99. ∎ «Este es mi paquete de medidas secreto» El Jueves, 11-17 febrero, 1998. ∎ «Juana admira la talla viva, rubia y barroca del paquete sexual de Jerónimo.» Francisco Umbral, *Madrid 650.* ∎ «Sus ideales de vida no van más allá de la calidad de su paquete.» R. Gómez de Parada, *La universidad me mata.*

2. el que se sienta detrás del conductor en una moto.

«...y que ande en moto, y que se estrelle contra un autobús con la otra de paquete.» Manuel Hidalgo, *Azucena, que juega al tenis.*

3. acompañante.

«La investigación la dirijo yo, tú estás a mis órdenes sin rechistar. Vienes de paquete.» Mariano Sánchez, *Carne fresca.*

4. estar con el paquete *expr.* embarazada una mujer.

«¿Dónde va usted señora con ese paquete?» Luis Carandell, *Vocabulario madrileño-castellano,* citado por CJC en su DE. ∎ ▪ «Mi mujer está con el paquete otra vez. Parece una coneja.»

5. marcar paquete *expr.* llevar los pantalones ajustados para que se noten los testículos.

«Los pantalones, nada de marcar paquete.» Juanma Iturriaga, *Con chandal y a lo loco.* ∎ «Es bueno que se le marque el paquete.» Terenci Moix, *Garras de astracán.* ∎ «Además me gusta utilizar mallas cuando voy por la calle, así, marcando paquetazo pero cuando me ven, me gritan macarra.» Romualdo Izquierdo, El Mundo, 8.3.98. ∎ «...guaperas que tanto marca paquete...» R. Montero, *Diccionario de nuevos insultos...*

6. meter un paquete *expr.* poner en dificultades.

«Como lo oyes. De lo contrario te meto un paquete...» Francisco Candel, *Los hombres de la mala uva.* ∎ «...es que no haces esto y te meten un paquete por menos de nada.» Miguel Martín, *Iros todos a hacer puñetas.* ∎ «¿Tú qué quieres —le repliqué—, que mañana me presente mamado y me metan un paquete?» C. Pérez Merinero, *La mano armada.*

7. soltar el paquete *expr.* dar a luz, parir.

«Soltar el paquete: parir.» DE.

paraca *s.* paracaidista.

«Te quedarás conmigo hasta que te admitan de voluntario en los paracas.» José Luis Martín Vigil, *Los niños bandidos.* ▌ «Paraca. Apócope de paracaidista. No debe emplearse.» El País, *Libro de estilo.*

paraguas *s.* profiláctico, condón.

«No tienes paraguas tú. ¿Y a mí qué más me da, mujer?» Eduardo Mendoza, *La verdad sobre el caso Savolta.* ▌ «Paraguas al canto. No se puede jugar con los chismes de mear.» JM. ▌ «En su lapicero llevaba como paraguas un condón de color rosita, un poco amariconado para mi gusto.» C. Pérez Merinero, *La mano armada.*

2. que le frían un paraguas *expr.* expresión de rechazo y repulsa.

«Que les frían un paraguas, senador.» Fernando Schwartz, *La conspiración del golfo.*

paraíso *s.* retrete.

«W.C. [...] Paraíso, por ser común a Adán y Eva y auténtico lugar de esparcimiento.» José M.ª Zabalza, *Letreros de retrete y otras zarandajas.*

parar, ¿dónde quieres ir a parar? *expr.* ¿qué propósito tienes?, ¿qué quieres decir?

«No sé a dónde quieres ir a parar.» Juan Benet, *En la penumbra.*

2. para parar un tren (carro) ▶ **tren, para parar un tren (carro).**

3. y pare usted de contar *expr.* y ya es bastante, y no más.

«...¿a qué había renunciado? A un trabajo estúpido, a unos amigos con los que no tenía nada que ver, a unas amigas pordioseras de cariño y cicateras de sexo, y pare usted de contar.» C. Pérez Merinero, *El ángel triste.* ▌ «Alguna que otra salida de Ricardo con clientes, y pare usted de contar.» C. Pérez Merinero, *El ángel triste.*

parche, oído (ojo) al parche ▶ **ojo, ojo (oído) al parche (a la caja).**

pardillo *s.* bobo, necio.

«El homenajeado, valiente pardillo.» A. Zamora Vicente, *Mesa, sobremesa.* ▌ «Consiste

en vender pastillas a unos pardillos.» Cristina Pérez Schlichting, ABC, 19.4.98. ▌ «Más tonta serías tú, Loly, perdona la franqueza, eso es de pardilla...» Ángel Palomino, *Las otras violaciones.* ▌ «Son unos pardillos.» Juan Madrid, *Un beso de amigo.* ▌ «¡Yo soy un genio! ¡Orson Wells a mi lado era un pardillo!» Jaime Romo, *Un cubo lleno de cangrejos.* ▌ ▰ «Ese pardillo se cree que me va a engañar.»

2. incauto, inocente, ingenuo.

«El billar es una mierda y está desnivelado, pero siempre hay algún pardillo que echa una partida.» José Ángel Mañas, *Historias del Kronen.* ▌ «¡Nos han cogido como pardillos! ¡Somos unos gilipollas!» Fernando Martínez Laínez, *La intentona del dragón.* ▌ «Me habían tomado el pelo miserablemente y yo, como una gran pardilla, que es lo que soy...» B. Pérez Aranda et al., *La ex siempre llama dos veces.* ▌ «Tú de pequeño jamás tuviste un tren eléctrico, y eso se nota, pardillo.» Mariano Sánchez, *La sonrisa del muerto.*

3. persona poco experimentada.

«La primera vez con un tío te puede ocurrir cualquier cosa, pero a la segunda es de pardillo.» Javier Marías, *Mañana en la batalla piensa en mí.* ▌ «No seas pardillo porque si lo intentas te metes en un lío del carajo.» Miguel Martín, *Iros todos a hacer puñetas.* ▌ «¡Eres un pardillo, no tienes ni puta idea de dónde te has metido!» Mariano Sánchez, *Carne fresca.* ▌ «Como una pardilla que carece del don de gentes...» J. Giménez-Arnau, *Cómo forrarse y flipar con la gente guapa.*

paredes, subirse por las paredes *expr.* enfadarse, estar muy enfadado.

«Y fue a poner el dedo en la llaga, porque yo estaba que me subía por las paredes.» Andreu Martín, *Amores que matan, ¿y qué?* ▌ ▰ «Se sube por las paredes cada vez que su novia le da plantón.»

pareja *s.* pareja de la guardia civil.

«...y al fin, poco antes de que llegase la pareja...» C. J. Cela, *El gallego y su cuadrilla.*

parguela *s.* homosexual, afeminado.

«La rojaza y el parguela empiezan una tuya-mía de gilipolleces que quiere pasar por una entrevista.» C. Pérez Merinero, *Días de guardar.*

parida *s.* bobada, tontería.

«Lo que no nos gustan son muchas de las paridas que se dan...» El Mundo, La Luna, 25.6.99. ❚ «Hagamos memoria y recordemos sus comentarios, sus miradas, su descarada risa y la hinchazón pectoral que le embarga tras haber vomitado media docena de paridas.» Carmen Rigalt, El Mundo, 31.1.98. ❚ «¿Por qué en lugar de una tromba de información y valoración han recurrido a esta parida cutre...?» Francisco Umbral, El Mundo, 12.2.98. ❚ «...me pintará bigotazos y me pondrá bocadillos con alguna parida...» A. Zamora Vicente, *Mesa, sobremesa.* ❚ «...pero te parece una parida publicitaria sin contenido real.» A. Gómez Rufo, *Cómo ligar con ese chico que pasa de ti o se hace el duro.* ❚ «¿Para qué diablos necesita un guionista?, basta pensar cualquier parida...» Ilustración, Comix internacional, 5. ❚ «Que está todo el santo día diciendo paridas...» R. Montero, *Diccionario de nuevos insultos...* ❚ «Sale el tío alto, el del frac de alquiler, y se pone a decir paridas, una tras otra.» Andreu Martín, *Prótesis.*

parienta *s.* esposa.

«Tu carácter pasional te llevará a hacer el amor esta semana ¡con tu propia esposa! Encender la llama de la pasión con la parienta, sólo lo puede hacer un Tauro.» El Jueves, 11-17 febrero, 1998. ❚ «A mí me pasó lo mismo con la cabrona de la parienta.» Juan Madrid, *Cuentas pendientes.* ❚ «...total, para cuatro días que vamos a estar aquí, que se lo pasen bien la parienta y los chavales.» José María Amilibia, *Españoles todos.* ❚ «...cuando un japonés se cansa de la parienta, ¿qué hace?» Ángel Palomino, *Todo incluido.* ❚ «Cuando su parienta me abre la puerta...» C. Pérez Merinero, *Días de guardar.* ❚ «...la parienta dormita en la cocina...» Ladislao de Arriba, *Cómo sobrevivir en un chalé adosado.* ❚ «...se dedica a aporrear a la parienta...» El Víbora, n.° 143. ❚ «Estuve en el cine con la parienta...» Juan Madrid, *Crónicas del Madrid oscuro.* ❚ «...tiene tres hijos pequeños y un detective para seguirle los pasos a la parienta cuando va a la compra...» Jaime Romo, *Un cubo lleno de cangrejos.* ❚ «Menos mal que la prensa no utiliza términos como *parienta, jefa*, mi *se-*

ñora o *costilla*, de uso, entre popular y castizo...» Manuel Hidalgo, El Mundo, 23.7.99.

parir, parirla *v.* cometer error.

«Alguien ha hablado más de la cuenta. ¡La hemos parido!» JM. ❚ «Parirla. Decir o hacer algo inoportuno o molesto.» S. ❚■* «Me parece que la hemos parido al venir aquí de improviso.» ❚✓ no se ha podido documentar fuera de diccionarios.❚

2. poner a parir *expr.* criticar, regañar.

«...por mucho que pongas a parir a quien tiene la sartén por el mango...» A. Zamora Vicente, *Mesa, sobremesa.* ❚ «Está hablando don Casimiro. Los pone a parir.» Jose-Vicente Torrente, *Los sucesos de Santolaria.* ❚ «¡Te van a poner a parir!» Miguel Martín, *Iros todos a hacer puñetas.* ❚ «...es sencillo ponerlos a parir recordándoles los cargos que antes ocuparon...» Álvaro de Laiglesia, *Hijos de Pu.* ❚ «De ponerle a parir, a cultivar su amistad.» El Gato Encerrado, 3-9 julio, 1998. ❚ «...la madre se encarga de poner a parir a la mujer del amigo.» Gomaespuma, *Familia no hay más que una.* ❚ «Ya me han contado que el otro día me pusiste a parir.» Eloy Arenas, *Los vecinos de mis vecinos son mis vecinos.* ❚ «...tengo ganas de poner a parir a alguien.» C. Rico-Godoy, *Cuernos de mujer.*

parlanchín *s.* persona que habla mucho.

«...se celebra otro tipo de charlas en las que el parlanchín es alguien famoso...» R. Gómez de Parada, *La universidad me mata.* ❚ «...tenía ganas y estaba de lo más parlanchín.» Ragazza, julio, 1997. ✓ DRAE: «adj. fam. Que habla mucho y sin oportunidad, o que dice lo que debía callar. Ú. t. c. s.».❚

parlao, echar un parlao *expr.* charlar, conversar.

«Echar un parlao. Charlar, conversar.» VL. ❚ «Echar un parlao. Hablar, conversar.» S. ❚✓ no se ha podido documentar fuera de diccionarios.❚

parlotear *v.* hablar, charlar.

«A base de parlotear con todo el mundo, puede que te enteres de algunos chollos interesantes.» Ragazza, n.° 101. ❚■* «Parloteas demasiado en clase y eso no le gusta a los profesores.»

parné *s.* dinero.

«...que sufren gustosos la humillación por el maldito parné.» C. García Campoy, ABC, 9.10.99. ▌«La guarrona que antes se ha sacado el parné del tetamen salta y dice...» Eduardo Mendoza, *Sin noticias de Gurb.* ▌«Ustedes no tendrán mucho parné, pero no carecerán del puchero.» B. Pérez Galdós, *Miau.* ▌«...y que se dedica a prestar parné.» Juan Antonio de Zunzunegui, *El supremo bien.* ▌«Tiene usted que prestarme un poco de parné hasta que cobre...» Terenci Moix, *Garras de astracán.* ▌«Se había hecho millonaria prestando parné...» A. Zamora Vicente, *Historias de viva voz.* ▌«Lo pagas por adelantado [...] El parné antes.» Juan Madrid, *Turno de noche.* ▌«...caer rendidas a los pies de los marqueses y el parné es algo que sólo se produce en épocas de hambre.» María Antonia Valls, *Para qué sirve un marido.* ▌«¿Hereda el parné...?» Pedro Casals, *La jeringuilla.* ▌«...lo hacen sin pretensiones de ganar parné, y aunque en determinados casos es preciso abonar una pequeña cantidad...» José M.ª Zabalza, *Letreros de retrete y otras zarandajas.* ▌«A lo largo de la historia del toreo, casi todas las reapariciones lo han sido por la panoja, jurdeles, parneses, jandos, diversas formas con que los andaluces nombran a los billetes de curso legal.» El Mundo, Magazine, 18.5.91. ✓ DRAE: «m. pop. dinero, moneda».▌

paro *s.* desempleo laboral.

«Yo es que no trabajo, estoy en el paro.» Juanma Iturriaga, *Con chandal y a lo loco.* ▌«Draper había quebrado hacia tres meses y yo no cobraba el paro...» Juan Madrid, *Un beso de amigo.* ▌«...en lugar de poner en la casilla correspondiente que estás en el paro...» M. Ángel García, *La mili que te parió.*

parra, subirse a la parra *expr.* insolentarse.

«Y a mí no me parece ni decente que con veinticinco años como tienes te subas a la parra y nos empieces con que si leches y con que si coños.» Álvaro Pombo, *Los delitos insignificantes.* ▌«...que si no, se sube a la parra...» Ramón Ayerra, *Los ratones colorados.* ▌«Y escúchame una cosa: no te subas a

la parra ni te hagas el enterado.» Andreu Martín, *Prótesis.* ▌«Pero ella se subió a la parra y empezó a decirme...» El Mundo, 20.11.96. ✓ DRAE: «Darse importancia, enorgullecerse. 3. Tomarse alguno atribuciones que no le corresponden».▌

parrafada, echar una parrafada *expr.* conversar, charlar.

«Tranquilo. Sólo quiero una parrafada con el botines.» Juan Madrid, *Un beso de amigo.* ▌«Anda, Santiago, hombre, baja un rato a echar una parrafada con los amigos...» Ignacio Aldecoa, *El fulgor y la sangre.* ▌■«Nos tomamos dos cervezas y echamos una parrafada, eso es todo.»

parranda, (ir) de parranda *expr.* ir a divertirse, de juerga.

«Qué, de parranda, ¿eh?» Eduardo Mendoza, *La verdad sobre el caso Savolta.* ▌«La una durmiendo y el otro de parranda.» Ángel Vázquez, *La vida perra de Juanita Narboni,* RAE-CREA.

parrús *s.* vulva, órgano genital de la mujer.

«...y todavía menos que un perdis de pueblo, aficionado al bacalao, te rasque el parrús y te fabrique un bombo...» Juan Benet, *En la penumbra.* ▌«...mientras no meta el parrús donde no debe ni ultraje el de los demás, que siempre es santo.» Terenci Moix, *Garras de astracán.* ▌«...y con un espejito contemplé en toda su extensión, el coño, el chocho, el perrús, la cosita...» M. Vázquez Montalbán, *Los alegres muchachos de Atzavara.* ▌«...la Marquesa del Parrús Angosto...» A. Ussía, *Tratado de las buenas maneras.* ▌«...le mostraba el paparrús, todo ello con mofa...» Ramón Ayerra, *Los ratones colorados.* ✓ también *perrús, paparrús.*▌

parte ▸ *salva sea la parte.*

partes *s. pl.* órganos sexuales externos.

«...y yo me paso los principios por un lugar que los humanos denominan partes.» Eduardo Mendoza, *Sin noticias de Gurb.* ▌«...al actor al que agarré de sus partes...» El Mundo, La Luna, 25.6.99. ▌«Por cierto, Fran, no cantes encima de mis partes, haz el favor...» José Ángel Mañas, *Mensaka.* ▌«...mire usté la casta que tiene el niño, que ni curarse ha querido con un puntazo en sus partes...» Ángel Palomino, *Las otras violaciones*. ▌ «...a lo mejor le da a usted una coz en las partes...» C. J. Cela, «Noviciado, salida noviciado», en *Antología del cuento español*. ▌ «Por qué se tapa las partes si lo que dice que le duele es la garganta?» El Jueves, 6-12 octubre, 1993. ▌ «...no tiene más remedio que demostrar [...] que está hasta las partes.» Virtudes, *Rimel y castigo*. ▌ «El oficial, en lugar de pegarle a papá una patada en salvas sean las partes le explicó...» Álvaro de Laiglesia, *Hijos de Pu*. ▌ «...ojalá que cojan una parasitosis en sus partes.» Chumy Chúmez, *Por fin un hombre honrado*. ▌ «...le acaricies disimuladamente sus partes por comprobar si le excitas algo.» A. Gómez Rufo, *Cómo ligar con ese chico que pasa de ti o se hace el duro*. ▌ «...mandó a las tres chicas a que fuesen al lavabo para lavarse sus partes íntimas...» Mariano Sánchez, *Carne fresca*. ▌ «Deme algo. Me duelen mucho las partes.» El Gran Wyoming, *Te quiero personalmente*. ▌ «Acomodó sus partes (que estaban empezando a soliviantarse) con un par de toques de sus dedos...» Jaime Romo, *Un cubo lleno de cangrejos*. ▌ «Suele morderle el cuello, la nariz... Un día se excedió y por poco le rebana sus partes.» Care Santos, *El tango del perdedor*. ✓ eufemismo por *partes genitales*. DA: «los instrumentos de la generación».▌

2. partes íntimas *s. pl.* órganos sexuales.
«...la suave pasta de miel y almendras molidas que los elegidos por Cleopatra lamían de sus partes íntimas.» Isabel Allende, *Afrodita*.

3. partes nobles *s.* órganos sexuales.
«Del taparrabos de esparto del salvaje [...] las partes nobles han recibido toda clase de envolturas.» J. Giménez-Arnau, *Cómo forrarse y flipar con la gente guapa*.

4. partes pudendas *s. pl.* órganos sexuales.
«De ahí que el Arte no excita, ni lo pretende. Se dirige al cerebro, no a las partes pudendas del lector.» Enrique Velázquez, *Nicolás Fernández de Moratín, Arte de las putas*. ▌ «...se tapa con una vieja maquinita de escribir, ni siquiera eléctrica, las partes pudendas...» C. J. Cela, ABC, 25.10.98.

5. partes vergonzosas *s. pl.* órganos sexuales.
«Las bragas [...] por más que se ciñan y cubran las partes vergonzosas y un pedazo de los muslos, no existen.» A. Ussía, *Tratado de las buenas maneras*.

partido en dos *expr.* cansado.
«...cabe pensar que Pepa más que partida en dos está pulverizada...» Jesús Ferrero, *Lady Pepa*.

pasa, hecho una pasa *expr.* muy viejo.
«Vi a Aurorita Boronat, hecha una pasa...» María Antonia Valls, *Tres relatos de diario*.

pasada, ser una pasada *expr.* sorprendente, excesivo, inaudito.
«La respuesta fue una pasada.» M. Vázquez Montalbán, *Los alegres muchachos de Atzavara*. ▌ «Este cacharro es una pasada» Lucía Etxebarría, *Beatriz y los cuerpos celestes*. ▌ «¡Hala, joder, mira ésa! ¡Qué pasada!» R. Gómez de Parada, *La universidad me mata*. ▌ «...interpretamos, en lenguaje coloquial, y al menos la hipérbole final como una pequeña pasada.» Radio Clásica, revista RNE, marzo, 1999. ▌ «...saldrá un tipo listo que le dirá que derrochar de tal forma es una pasada.» J. Giménez-Arnau, *Cómo forrarse y flipar con la gente guapa*.

pasa(d)o *s.* loco, demente.
«No estoy borracho ni pasao cuando creo escuchar nítidamente...» El Mundo, 9.7.99.

pasador *s.* el que pasa moneda falsa.
«Los billetes falsos [...] para ello se utilizan pasadores profesionales que se encargan de hacerlos circular.» Manuel Giménez, *Antología del timo*.

pasapiri *s.* pasaporte.
«Seguro que esos pasapiris guardan la copia del autógrafo... y de sus huellas dactilares...» Pedro Casals, *La jeringuilla*. ▌ «Pasapiri. Pasaporte.» JGR.

pasaporte, dar el pasaporte *expr.* rechazar, echar, despachar, despedir.
«El lenguaje de los gestos no es solamente las caras que pones... sino que abarca... tanto en lo detallista que seas como en las maneras que gastes de darle el pasaporte, cor-

tar o enamorarlo.» A. Gómez Rufo, *Cómo ligar con ese chico que pasa de ti o se hace el duro.*

2. matar, asesinar.

«No ha sido mi auto el único que iba tras el suyo hasta la casa donde le han dado el pasaporte.» Pgarcía, *El método Flower.* ▌ «Será un placer para mí ayudaros a darle el pasaporte.» Fernando Martínez Laínez, *La intentona del dragón.* ▌ «Estoy convencida de que a Rosario le han dado el pasaporte...» Lourdes Ortiz, *Picadura mortal.* ▌ «...pero como *matarile al maricón,* puede ser traducido por *darle el pasaporte al gay...*» J. M. Gómez, canción de Molotov, El Mundo, La luna del siglo XXI, 9.10.98. ▌ «...Capone y sus torpedos han decidido darme el pasaporte esta noche...» Andreu Martín, *El señor Capone no está en casa.*

pasar *v.* no importar, no gustar.

«Ellos odian que te hagas la interesante y finjas que pasas del tema.» Ragazza, n.° 101. ▌ «...pero te aseguro que paso de la televisión.» Ragazza, n.° 101. ▌ «Gracias por la invitación al cine, pero paso por esta vez.» ▌ «Yo, tronco, paso de que me toque el rabo un tío...» José Ángel Mañas, *Historias del Kronen.* ▌ «Me gustas tú porque pasas de todo y porque creo que me puedes dar lo que yo creo.» Álvaro Pombo, *Los delitos insignificantes.* ▌ «Pasa de todo.» Andreu Martín, *Amores que matan, ¿y qué?*

2. pasar de alguien *expr.* ignorar, no importarle a uno alguien.

« Me he manifestado contra María Corral cuando estaba en un cargo público, ahora paso de ella.» Eduardo Arroyo, El Mundo, 31.1.98. ▌ «Si pasa de ti para no perder oportunidades con otras tías, mándalo al cuerno.» Ragazza, n.° 101. ▌ «Mira, tío, déjame tranquilo que paso de ti y de esa Dora, cantidad.» Juan Madrid, *Un beso de amigo.* ▌ «Paso de ti, vete a la mierda.» Fernando G. Tola, *Cómo hacer absolutamente infeliz a un hombre.* ▌ «Ligar con ese chico que pasa de ti o se está haciendo el duro...» A. Gómez Rufo, *Cómo ligar con ese chico que pasa de ti o se hace el duro.*

3. pasarlas putas ▶ *puta, pasarlas putas.*

4. pasarse de castaño oscuro ▶ *castaño, pasarse de castaño oscuro.*

*****pasarlo mal** cf. (afines) morirse de *asco, pasar las de *Caín, pasarlas *canutas, pasarlas *moradas, pasarlas *negras, pasarlas putas.

pascua, estar (más contento que) como unas pascuas *expr.* alegre, contento.

«...Abdul se acuesta en su banco y se duerme, más contento que unas Pascuas.» Juan Madrid, *Crónicas del Madrid oscuro.* ▌ «Carmen Maldonado salió del periódico más contenta que unas pascuas.» María Antonia Valls, *Tres relatos de diario.* ▌ «Puchades estaba más contento que unas pascuas...» Manuel Quinto, *Estigma.* ▌■▪ «Desde que le tocó la lotería a Pedro que está más contento que unas pascuas.»

2. hacer la pascua *expr.* molestar, incordiar, fastidiar.

«...no fueran a ponerse por medio y hacernos la pascua.» M. Vázquez Montalbán, *La rosa de Alejandría.* ▌ «...para ponerme los cuernos y hacerme la pascua bendita.» Manuel Hidalgo, *Azucena, que juega al tenis.* ▌ «Íbamos a hacerles la pascua [...] a los de al lado y a ver qué pasaba.» Marisa López Soria, *Alegría de nadadoras.* ▌ «...la pone siempre en una de esas mesas, para complacerla y hacerme la pascua...» Andrés Bosch, *Mata y calla.* ▌ «...el pequeño monstruo se viene con nosotros, desde Guadalajara, a hacernos la pascua.» B. Pérez Aranda *et al.,* *La ex siempre llama dos veces.*

3. y Santas Pascuas *expr.* y ya está, y hay que conformarse, resignarse.

«...se compra otro y Santas Pascuas.» Juanma Iturriaga, *Con chandal y a lo loco.* ▌ «Lo respeto y santas pascuas.» María Antonia Valls, *Para qué sirve un marido.* ▌ «Así que se los di y santas pascuas.» Fernando Martín, *Cómo aprobar todo sin dar ni chapa.* ▌ «...cambiaba al siervo de nombre y santas pascuas...» J. Giménez-Arnau, *Cómo forrarse y flipar con la gente guapa.* ▌ «Tiró la mezcla que había quedado en una bolsa de basura y Santas Pascuas.» C. Pérez Merinero, *Días de guardar.* ▌ «...las orejas se encogen, y si no se encogen, te las corta un cirujano y santas pascuas.» Elvira Lindo, *Manolito gafotas.*

pase, dar el pase *expr.* despachar, despedir, echar.

> «...y le dio el pase...» Antonio Skármeta, *El cartero de Neruda,* 1986, RAE-CREA. ▮ ▪ «Cuando Sole le dio el pase a Andrés, éste se sumió en una gran depresión.»

*pasear cf. (afines) tomar el **aire, darle a la *alpargata, bureo, clareo, garbeo, paseata, estirar las *piernas, pingüi, rulo, voltio.

pasear *v.* asesinar, matar.

> «...porque a veces las milicias de abajo esperan a los que salen absueltos y los *pasean* por su cuenta.» Rafael García Serrano, *Diccionario para un macuto.*

paseata *s.* paseo.

> «...que tanto gustaba a Miguel de Unamuno cuando venía a Madrid a pegarse paseatas.» Francisco Umbral, El Mundo, 24.7.98.

*paseo cf. (afines) ▶ *pasear.*

paseo, dar el paseo *expr.* asesinar, matar.

> «...el ruido de los combates de la Ciudad Universitaria, los paseos, el hambre...» Fernando Fernán Gómez, ABC, 15.3.98. ▮ «Y cuando escribo caer, lo hago en su significado de muerte, de fusilamiento, de sangre, de *paseo,* con tiro en la nuca...» A. Ussía, ABC, 14.6.98. ▮ «...sacaban a las gentes de sus casas para darles el paseíllo...» Eleuterio Sánchez, *Camina o revienta.*

2. mandar (enviar) a paseo *expr.* despedir, rechazar.

> «Supongo que los habrás mandado a paseo, ¿no?» Pedro Casals, *La jeringuilla.* ▮ «...porque de seguro la mujer lo hubiera mandado a paseo.» Rafael Ramírez Heredia, *Al calor de campeche.* ▮ ▪ «En la empresa donde trabajo ya han mandado a paseo a tres.»

pasma *s.* la policía.

> «...los del Mini han visto a la pasma y sobre todo, que desde los tres o cuatro vehículos...» Pilar Urbano, *Yo entré en el Cesid.* ▮ «...aunque comprende que la pasma ya le estará buscando...» Francisco Umbral, *Madrid 650.* ▮ «En caliente (argot de los delincuentes) policía se dice: maderos, pasma, plasta, planchaos, señores, pestañi.» Juan Madrid, *Crónicas del Madrid oscuro.* ▮ «...los hay incluso que llegan al extremo de llamar a la pasma.» P. Antilogus, J. L. Festjens, *Anti-guía de los conductores.* ▮ «El cubano tiene mucha mano, tiene mano con la pasma y tiene mano con todo el mundo...» Juan Madrid, *Las apariencias no engañan.* ▮ «Un niño alto, lleno de mocos, [...] unos metros más allá de la furgoneta Mercedes desde la que con un teléfono móvil están atentos para dar el agua, para avisar de que llega la pasma (policía).» Virginia Ródenas, ABC, 8.11.98. ✓ para J. B. Guim, *Nuevo diccionario de la lengua castellana,* 1863, en germanía es un *centinela.*▮

2. *s.* agente de policía.

> «Que esos dos pasmas chupaban del bote de los negocios del Chino.» Andreu Martín, *Amores que matan, ¿y qué?* ▮ «...me doy cuenta de la presencia del pasma...» Manuel Quinto, *Estigma.* ▮ «...ése parece un pasma.» José Luis Muñoz, *Pubis de vello rojo.* ▮ «...sacó la cartera y le enseñó la chapa. Era un pasma.» Andreu Martín, *Prótesis.*

pasmado *s.* bobo, necio.

> «Y tú, pasmao, ya estás yendo por el periódico...» C. J. Cela, *La colmena.* ▮ «...está claro que el primer golpe de vista puede dejar pasmado a más de uno...» You, enero, 1998. ✓ DRAE: «Dícese de la persona alelada, absorta o distraída».▮

pasmarote *s.* necio, bobo.

> «No te quedes ahí como un pasmarote.» Andrés Berlanga, *La gaznápira.* ▮ «Pero no, continúan mirándome [...] como pasmarotes.» C. Pérez Merinero, *Días de guardar.* ▮ «...me vi abandonado en el vestíbulo de la estación del Norte, como un pasmarote, asido a una maleta repleta de sueños, soledades y nostalgias...» José Francisco Ventura, El Mundo, Metrópoli, 23.4.99.

2. *s.* agente de policía.

> «...piesplanos, pasmarote, madero, gris, guripa (policía).» AI.

pasmo *s.* extrañeza, sorpresa, atontamiento.

> «Es que como le veo así, que parece que le ha dado un pasmo.» El Gran Wyoming, *Te quiero personalmente.* ▮ «...creo que me va a dar un pasmo.» C. Rico-Godoy, *Cuernos de mujer.*

pasmuti *s.* policía, agente de policía.

«Pasmuti: Funcionario policial.» JGR. ❙ «Pasmuti. Funcionario de las fuerzas de seguridad del Estado.» Ra. ❙ ▪ «Ese pasmuti me ha puesto una multa.» ❙✓ no se ha podido documentar fuera de diccionarios.❙

paso, a un(os) paso(s) *expr.* cerca.

«...está ahí, a unos pasos.» Ignacio Aldecoa, *El fulgor y la sangre.*

pasón *s.* algo sorprendente, inaudito.

«Sólo el año pasado ganó casi 2.000 millones de pesetas. ¡Qué pasón!» Ragazza, n.º 101. ❙✓ de ▸ *pasada.*❙

pasota *s.* persona despreocupada y anárquica.

«No es que te haga el vacío, es que no se da cuenta. Es un pasota.» Ragazza, n.º 101. ❙ «Matías es un pasota que se gana la vida haciendo entrevistas para una agencia.» Revista Diez Minutos, 6.2.98. ❙ «...es un pasota de mucho cuidado.» A. Zamora Vicente, *Mesa, sobremesa.* ❙ «Le robaba al pasotilla de la Ducati...» Ignacio Fontes, *Acto de amor y otros esfuerzos.* ❙ «Nunca he sido un pasota...» Rambla, n.º 18. ❙ «...un tipo joven con el pelo rizado que vestía de forma desmañada y que más parecía un pasota que un policía...» C. Pérez Merinero, *El ángel triste.* ❙ «Su mirada solicitaba una tregua en favor de los dos pasotillas delincuentes.» Ernesto Parra, *Soy un extraño para ti.* ❙ «Menudos pasotas, estos artistas.» Andreu Martín, *Amores que matan, ¿y qué?*

pasotismo *s.* escepticismo, indiferencia, desinterés.

«¿No se pretenderá apartar a los jóvenes de su intervención limpia y romántica en la política? ¿... fomentar su pasotismo?» Matías Prats *et al., Guía erótica del fútbol.*

pasta *s.* dinero.

«Si (Alfonso) Sastre se avergüenza de ser español, me parece muy bien. Pero que no acepte más subvenciones y que devuelva la pasta.» A. Ussía, ABC, 19.7.98. ❙ «...con aquella gente no podía quedarme sin pasta...» M. Vázquez Montalbán, *Los alegres muchachos de Atzavara.* ❙ «Claro que te lo puedes permitir, pues con la pasta que ganas...» Ragazza, n.º 101. ❙ «¿Has estado a

punto de ir a la cárcel y todavía piensas en la pasta?» Lucía Etxebarría, *Amor, curiosidad, prozac y dudas.* ❙ «...y me dieran pasta para gastar...» Almudena Grandes, *Malena es un nombre de tango.* ❙ «Se supone que después de gastarte la pasta harás ejercicio...» Juanma Iturriaga, *Con chandal y a lo loco.* ❙ «...son capaces de lo que sea. Cualquier cosa por la pasta...» Manuel Giménez, *Antología del timo.* ❙ «...un chaquetón de mutón, que le ha costado una pasta.» Gomaespuma, *Familia no hay más que una.* ❙ «...se pusieron de acuerdo para venderla y repartirse la pasta...» María Antonia Valls, *Tres relatos de diario.* ❙✓ ▸ *pastón.*❙

2. buena pasta *expr.* mucho dinero.

«Pero buena pasta ya le dan.» Juan Luis Cebrián, *La rusa.*

3. gente de pasta gente rica.

«...por el gesto, son gente de pasta...» A. Zamora Vicente, *Mesa, sobremesa.* ▪ «Viven en una casa que parece un palacio; son gente de pasta.»

4. pasta gansa *s.* mucho dinero.

«...por la sabrosa y ambicionada pasta gansa...» Carlos Boyero, El Mundo, 18.6.99. ❙ «Oye, que cuesta mil pelas. ¡Es una pasta gansa!» Ragazza, n.º 101. ❙ «Tiene una pasta gansa, aparte de una moto que quita el hipo.» El Jueves, 8-14 abril, 1998. ❙ «Pues la verdad es que no tengo ni idea, pero me imagino que una pasta gansa.» Luis Camacho, *La cloaca.* ❙ «...y a los pobres se los rifaban, y a la menor les caía medio pollo o una pasta gansa...» A. Sopeña Monsalve, *El florido pensil.* ❙ «Creo que ahí hay pasta gansa...» Andreu Martín, *Por amor al arte.* ❙ «...vida nocturna iluminada por los neones de la pasta gansa.» M. Sánchez Soler, *Festín de tiburones.* ❙ «¡Sandra les dirá que es verdad porque yo le he dado una pasta gansa para que lo diga!» Andreu Martín, *El señor Capone no está en casa.*

5. pasta larga *s.* mucho dinero.

«Tú sacarás pasta larga con ese libro. Millones.» A. Matías Guiu, *Cómo engañar a Hacienda.* ❙ «Gano una pasta larga.» Álvaro Pombo, *Los delitos insignificantes.* ❙ ▪ «Ha gastado pasta larga con la boda de su hija.»

6. tener pasta de santo ▸ *santo*. |✓ ▸ *madera, tener madera de.*|

pastar *v.* comer.
   «Moscas lustrosas pastando en el mostrador de baquelita azul.» Cristóbal Zaragoza, *Y Dios en la última playa.* ‖ ▪◾ «Juan está en la cocina, pastando otra vez; no va a dejar nada en la nevera.»

pastel, descubrir(se) el pastel *expr.* descubrir el secreto, el engaño, el timo.
   «El problema viene después, cuando tienes que descubrir el pastel.» Juanma Iturriaga, *Con chandal y a lo loco.* ‖ «El pastel se descubrió cuando la Cruz Roja denunció al individuo...» Manuel Giménez, *Antología del timo.* ‖ «...se descubrió el pastel y empezaron los problemas.» J. Jiménez Martín, *Ligar no es pecado.* ‖ «¿Y no pensó su padre que tarde o temprano se descubriría el pastel?» Jesús Ferrero, *Lady Pepa.* ‖ «Había descubierto el pastel.» El Gran Wyoming, *Te quiero personalmente.*

pastelear *v.* engañar, estafar, timar.
   «...si crees que estoy pasteleando con las cuentas podemos ir ahora mismo a la oficina y mirar juntos los libros.» Eduardo Mendoza, *La verdad sobre el caso Savolta.* |✓ DRAE: «intr. fig. y fam. Contemporizar por miras interesadas».|

pasteleo *s.* timo con joyas falsas.
   «Los timos del pasteleo constituyen una de las variedades más extendidas dentro de los timos.» Manuel Giménez, *Antología del timo.*
   2. engaño, artificio.
   «...una interminable serie de estafas, sobornos, chantajes, pasteleos y abusos...» Andrés Bosch, *Mata y calla.*

pasti *s.* pastilla, droga.
   «El mundo es una pasti que Dios se ha comido en un burguer.» José Ángel Mañas, *Ciudad rayada.*

pastilla, a toda pastilla *expr.* de prisa, a gran velocidad, a alto volumen.
   «Cuando cojo mi Harley y la pongo a toda pastilla, se me olvidan todos los problemas.» Ragazza, n.º 101. ‖ «Las cosas fueron de mal en peor hasta aquel cumpleaños, que decidió celebrar a toda pastilla (nunca mejor dicho)...» Cristina Pérez Schlichting, ABC, 19.4.98. ‖ «El sale a toda pastilla de casa...» C. Rico-Godoy, *Cómo ser una mujer y no morir en el intento.* ‖ «Hay veces que cruzo por delante de su garito a toda pastilla para que no me pesque...» Manuel Hidalgo, *Azucena, que juega al tenis.* ‖ «El negocio de los copiadores piratas está proliferando a toda pastilla.» El Gato Encerrado, 3-9 julio, 1998. ‖ «Se vive a toda pastilla...» JV. ‖ «...te tortura a la hora de la siesta con el Raphael en compact-disc a toda pastilla...» R. Montero, *Diccionario de nuevos insultos...* ‖ «...música discotequera a toda pastilla...» Eduardo Mendicutti, El Mundo, 26.6.99.

pastizara *s.* dinero.
   «El dinero siempre se nota, y el Jero tiene ya buena pastora o pastizara en su refugio...» Francisco Umbral, *Madrid 650.*

pasto, a todo pasto *expr.* gran cantidad, mucho.
   «Todos queremos comilonas, buenas mujeres y holganza a todo pasto.» P. Perdomo Azopardo, *La vida golfa de don Quijote y Sancho.* ‖ «...me gusta el pisto y me has hecho pisto a todo pasto...» Manuel Hidalgo, *Azucena, que juega al tenis.* ‖ «...lagartos, sapos o pajarillos, hogueras a todo pasto...» Antonio Ruiz, *Acampar,* 1993, RAE-CREA.

pastón *s.* mucho dinero.
   «Como no tenía un duro, trabajé de camarero, organizando fiestas para extranjeros [...] ahorré un pastón y lo invertí todo en la escuela.» Telva, febrero, 1998. ‖ «Se te va un pastón, por lo que veo.» Terenci Moix, *Garras de astracán.* ‖ «Tiene casas, gana un pastón...» A. Matías Guiu, *Cómo engañar a Hacienda.* ‖ «¡Este señor tan bueno se deja aquí un pastón!» Miguel Martín, *Iros todos a hacer puñetas.* ‖ «Se sacaba un pastón, estaba ahorrando para comprarle un piso a su novio...» Almudena Grandes, *Las edades de Lulú.* ‖ «...dijo que las puestas de largo costaban un pastón, que nosotras no estábamos para gastos...» María Antonia Valls, *Tres relatos de diario.* ‖ «La casa, lo que es la casa, no. Pero el terreno [...] puede valer un pastón.» Jaime Romo, *Un cubo lleno de*

cangrejos. ❙ «Tal estampa daría un pastón.» J. Giménez-Arnau, *Cómo forrarse y flipar con la gente guapa.* ❙ «¡Esto vale un pastón!» José Luis Martín Vigil, *Los niños bandidos.*

pastorra *s.* dinero.

«Hace falta mucha pastorra para comprar un coche así como ése.» DCB. ❙✔ aumentativo de *pasta.*❙

pastos ▶ *juego, juego de los pastos.*

pastoso *adj.* farragoso.

«...y agrupar aquí todo lo imprestable, indeseable, petardo y pastoso...» PC Actual, julio-agosto, 1998.

pastuzo *s.* mucho dinero.

«¡No jodas! Eso es un pastuzo.» Lucía Etxebarría, *Beatriz y los cuerpos celestes.*

pata *s.* pierna.

«A mi pata. Esa era la palabra justa para describir una pierna espesa, gorda...» C. Rico-Godoy, *Cuernos de mujer.* ❙ «¡Qué patas más chulas tiene la tía cachonda ésa!» DCB. ❙✔ DRAE: «fam. Pierna de una persona».❙

2. persona indeseable.

«...y había visto a esos patas haciéndose al cabro ése...» José Ángel Mañas, *Sonko95.*

3. estirar la pata *expr.* morirse.

«...no ha nacido quien lo apuntille, quien le dé el certero cachetazo que le haga estirar la pata...» C. J. Cela, *La colmena.* ❙ «...buen canguelo se atragantó cuando estiró la patita el señor del Pardo...» A. Zamora Vicente, *Mesa, sobremesa.* ❙ «pero tuvo tal desdicha / que al verle estirar la pata / encogiósele la picha.» Amelia Díe y Jos Martín, *Antología popular obscena.* ❙ «...apenas acababa de cumplir los noventa años, Pu-Chi-Ling estiró la honorable pata.» Álvaro de Laiglesia, *Hijos de Pu.* ❙ «Tampoco estiró la pata, que dicen las gentes de hablar llano cuando uno se muere.» A. Matías Guiu, *Cómo engañar a Hacienda.* ❙ «Aun a riesgo de parecer un malnacido tengo que reconocer que estaba deseando que estirase la pata.» C. Pérez Merinero, *El ángel triste.* ❙ «...no era más que una forma cualquiera de estirar la pata.» Fernando Repiso, *El incompetente.* ❙✔ DRAE: «fr. fig. y fam. Morir».❙

4. ir (subir, tirar de) a pata *expr.* a pie, caminando.

«Se caracterizan por no dejar subir al chico de la tienda los pedidos por la escalera principal teniendo éste que cargar con la caja de aceites [...] a patita por la de servicio.» Gomaespuma, *Familia no hay más que una.* ❙ «Lo malo —o lo bueno, según se mire— que tiene el tirar de pata es que te entra un hambre canina.» C. Pérez Merinero, *Días de guardar.* ❙ «...y suben a pata hacia la plaza.» José Ángel Mañas, *Sonko95.* ❙ ▪ «Creo que será más rápido que vayamos a pata en vez de esperar el autobús.»

5. irse por la pata abajo ▶ *ir, irse (cagarse) por la pata abajo.*

6. mala pata *expr.* mala suerte.

«...un hombre honrado y de mala suerte, mala pata en esto del dinero...» C. J. Cela, *La colmena.* ❙ «...consulte con un experto pero, mala pata, no hay expertos...» P. Antilogus, J. L. Festjens, *Anti-guía de los conductores.* ❙ «¡Mira que es mala pata, coño...!» Álvaro de Laiglesia, *Hijos de Pu.* ❙ «Pero esto no puede ser. ¡Qué mala pata!» Marisa López Soria, *Alegría de nadadoras.* ❙ «También es mala pata.» María Antonia Valls, *Tres relatos de diario.* ❙ «Muy mala pata tiene este hombre, Álvarez Cascos...» Manuel Hidalgo, El Mundo, 22.1.99. ❙ «¡también es mala pata!» Fernando Repiso, *El incompetente.* ❙✔ DRAE: «expr. fam. Mala suerte».❙

7. metedura de pata *expr.* error.

«Es una realidad que el hospital que hace autopsias disminuye las discordancias, reduce las meteduras de pata de sus clínicos.» ABC, 1.11.98. ❙ «Primera metedura de pata.» Jaime Romo, *Un cubo lleno de cangrejos.* ❙✔ ▶ también *metedura de pata.*❙

8. meter la pata *expr.* equivocarse.

«Decidí no inventar, no fuese a enrollarme y meter la pata...» A. Zamora Vicente, *Mesa, sobremesa.* ❙ «He metido la pata hasta lo profundo...» J. L. Castillo-Puche, *Hicieron partes.* ❙ «...se desorientó y metió la pata...» Pgarcía, *El método Flower.* ❙ «Tadeo, según costumbre, mete la pata.» Miguel Martín, *Iros todos a hacer puñetas.* ❙ «Has estado a punto de meter la pata hasta el corvejón...» B. Pérez Aranda *et al., La ex siempre llama* dos veces. ❚ «...la primera vez que salimos a tomar vinos metí la pata porque le dije que dónde iba con el traje de los domingos.» José María Amilibia, *Españoles todos*.

9. pata chunga *s.* pierna rota, escayolada.

«Ni la pata chunga de Cloti nos iba a aguar lo que tan celosamente había estado preparando.» B. Pérez Aranda *et al.*, *La ex siempre llama dos veces*.

10. patas arriba *expr.* en desorden.

«Los conflictos del transporte público ponen patas arriba la ciudad.» ABC, 13.3.98. ❚ «Está la casa patas arriba.» Juan Madrid, *Flores, el gitano*. ❚ «...bien poco me molestaba que hubiesen puesto la casa patas arriba.» Eduardo Mendoza, *La verdad sobre el caso Savolta*. ❚ «...me están entreteniendo mientras me ponen el despacho patas arriba...» Andreu Martín, *El señor Capone no está en casa*. ❚ «...alguien que llegará de lejos y que pondrá patas arriba todas tus ideas...» SúperPop, junio, 1999. ❚ «El salón está patas arriba.» José Ángel Mañas, *Sonko95*.

11. patas para qué os quiero *expr.* ir de prisa, rápidamente.

«Y vuelven a la calle, patitas para qué os quiero, en busca de otro modelito...» Ramón Escobar, *Negocios sucios y lucrativos de futuro*.

12. salir (irse) por patas *expr.* marcharse, irse.

«Salimos por separado porque estábamos acojonados y nos fuimos por patas.» José Ángel Mañas, *Mensaka*. ❚ «Vamos, que ante la necesidad de salir por patas...» Gomaespuma, *Grandes disgustos de la historia de España*. ❚ ■ «Si empiezan a pelearse en el bar, tú y yo salimos por patas.»

patachula *s.* cojo.

«...acababan con la pata chula, la cabeza al revés...» Álvaro Pombo, *El metro de platino iridiado*, 1990, RAE-CREA. ❚ ■ «El jefe del taller es un patachula. ¿Te has fijado cómo cojea?»

patada, a patadas *expr.* en gran cantidad, mucho.

«¡Maricones como tú los encuentro a patadas! ¡Chulo! ¡Maricón!» C. Pérez Merinero, *El ángel triste*.

2. a patadas *expr.* de mala manera, sin modos.

«No vengas porque te echaré a patadas.» Sebastián Juan Arbó, *La espera*. ❚ «En Bogotá trata a su clientela a patadas.» Arturo Alepe, *La paz, la violencia: testigos de excepción*, 1985, RAE-CREA. ❚ «...es de los que hay que echar a patadas...» Joaquín Carbonell, *La televisión: Guía de supervivencia*, 1992, RAE-CREA.

3. dar cien patadas *expr.* molestar, sentar mal, enfadar.

«A mí esto de viajar me da cien patadas...» Álvaro de Laiglesia, *Hijos de Pu*.

4. dar la patada *expr.* despedir, despachar.

«...me han dado la patada y aún me pregunto por qué.» Ángel Palomino, *Todo incluido*.

5. dar la patada *expr.* deshacerse de compañero sentimental.

«Cuando vuelva de sus vacaciones le doy la patada.» Ángel Palomino, *Todo incluido*. ❚ ■ «La novia de Alfredo le ha dado la patada.»

6. en dos patadas *expr.* fácilmente, con rapidez.

«Eso es lo que he contado en este libro y no lo voy a ventilar en dos patadas...» Juana Fondona, *Deporte y gimnasia para masoquistas*. ❚ «...en dos patadas saltaban sobre su cuerpo y...» José M.ª Zabalza, *Letreros de retrete y otras zarandajas*.

7. patada en las pelotas *expr.* pegar, golpear.

«¡Si se vuelven a parar dales una patada en las pelotas...» Miguel Martín, *Iros todos a hacer puñetas*.

8. sentar (caer) como una patada en el culo (en los cojones, en las bolas) *expr.* sentar mal, no gustar.

«Le va a caer la noticia como una patada en las bolas.» JM.

9. tirar (echar) a patadas *expr.* despedir, despachar con malos modos.

«Cállate o te echo a patadas de aquí.» Juan Madrid, *Flores, el gitano*. ❚ ■ «En este local tiramos a patadas a los clientes que nos dan la coña.»

10. tratar a patadas *expr.* tratar mal, de mala manera.

«Los macarrones que les chupan las venas las tratan a patadas.» Andreu Martín, *Lo que más quieras.*

pataescombro *s.* cojo.

«Pata escombro: cojo.» JV. ▮ «Pataescombro. Langui, cojo.» Ra. ▮▪ «Quiere casarse con Perico que es tonto, pobre, feo y un pataescombro, encima.» ✓ no se ha podido documentar fuera de diccionarios.▮

patán *s.* hombre ignorante y grosero, pueblerino.

«Hollow era uno de estos patanes.» Andreu Martín, *El señor Capone no está en casa.* ▮▪ «Se comporta como un patán en todas partes y da vergüenza ir con él.» ✓ DRAE: «fig. y fam. Hombre zafio y tosco. Ú. t. c. adj.».▮

patata *s.* corazón.

«Izquierdo. Patata, corazón.» Ra.

2. vulva, órgano genital de la mujer.

«Patata: genitales externos femeninos.» JMO. ▮ «Patata. Coño, chichi, pillón.» Ra. ▮ «Patata. Órganos genitales femeninos.» S. ▮ «La patata: órgano genital femenino.» JV. ▮ «Patata. Coño.» VL. ✓ no se ha podido documentar fuera de diccionarios.▮

3. decir patata *expr.* expresión para pedir una sonrisa antes de tomar una foto de alguien.

«...pretende salir en todas sus fotos [...] uno se cansa de decir patata y deja de posar para tanta foto...» R. Gómez de Parada, *La universidad me mata.* ▮▪ «Venga, juntaos todos un poquito más y decir patata para que os haga la foto.»

4. ni patata *s.* no, en absoluto, nada.

«¿Entiendes algo de ruso? —Ni patata.» JM. ▮ «Ni patata: nada en absoluto.» JMO. ▮ «Ni patata. Absolutamente nada.» VL. ✓ no se ha podido documentar fuera de diccionarios.▮

5. patata caliente *s.* problema.

«Todos los responsables en mayor o menor grado se pasan la patata caliente con un morro que se lo pisan...» El Jueves, 13.5.98. ▮▪ «Para el Secretario de Estado norteamericano, la cuestión de los homosexuales en el gabinete se ha convertido en la patata caliente del año.» ✓ traducción directa del inglés *hot potato.*▮

6. ser una patata *expr.* malo, de calidad inferior.

«Ser una patata. Ser malo, carecer de cualidades.» VL. ▮ «Ser una patata: ser de mala calidad, no valer para nada.» JMO. ▮ «Ser una patata. Ser malo, pésimo.» S. ▮▪ «Este reloj que he comprado en la calle es una patata que se para constantemente.» ✓ no se ha podido documentar fuera de diccionarios.▮

patatín, (y) que (si) patatín, que (si) patatán *expr.* que si esto, que si lo otro.

«Y patatín y patatán, siempre las mismas pelotudeces.» Fernando Martínez Laínez, *Andante mortal.* ▮ «...que si esto con Franco no pasaba, que si patatín y si patatán, que si ahora no se trabaja...» C. Pérez Merinero, *Días de guardar.*

patatús, darle a uno un patatús *expr.* desmayo, ataque.

«A veces le daba un patatús y empezaba a temblar.» Francisco Candel, *Donde la ciudad cambia su nombre.* ▮ «...si se entera mi suegro le da un patatús y no duras en la empresa ni una semana...» Ángel Palomino, *Las otras violaciones.* ▮ «...agobiado por el stress, presionado por los gastos excesivos, le dio esto que la gente llama un patatús...» A. Matías Guiu, *Cómo engañar a Hacienda.* ▮ «A esta señora cualquier día le da un patatús...» J. Jiménez Martín, *Ligar no es pecado.* ▮ «Que está muerto [...] , le ha debido dar un patatús.» Jaime Romo, *Un cubo lleno de cangrejos.* ▮ «A ver si un día le da un patatús y las ratas se le comen los billetes.» M. Vázquez Montalbán, *El delantero centro fue asesinado al atardecer.* ✓ DRAE: «m. fam. Desmayo, lipotimia».▮

patearse *v.* malgastar, gastar dinero.

«El padre de Policarpo se había pateado una fortuna en vivir a su aire.» C. J. Cela, *Mazurca para dos muertos.* ▮▪ «Nos hemos pateado todo lo que sacamos de la herencia y casi sin darnos cuenta.»

2. patearse la calle (la ciudad) *expr.* deambular, trabajar por la calle.

«Reanudo la búsqueda de Gurb por el único método que conozco: patearme las calles.» Eduardo Mendoza, *Sin noticias de Gurb*. ❚ «Nosotros [...] pateándonos todas las ciudades...» R. Gómez de Parada, *La universidad me mata*. ❚ «Se van a unos grandes almacenes porque allí tienen de todo y no hay que patearse la ciudad de una tienda a otra.» Gomaespuma, *Familia no hay más que una*. ❚ «Ya me he pateado 40 veces los alrededores de Parla.» Cómic Jarabe, n.° 4, 1996. ❚ «Después transcurrieron dos días maravillosos pateando la Villa...» Ernesto Parra, *Soy un extraño para ti*. ❚ «¡Un par de piernas para patearse todas las pocilgas y una pistola para atemorizar a los degraciados!» M. Sánchez Soler, *Festín de tiburones*. ❚ «¿Y saldrán a hacer preguntas por ahí, a patear la calle?» Andreu Martín, *Amores que matan, ¿y qué?* ❚ «...decidí llamar a Juan, que patea más los suburbios...» José Luis Martín Vigil, *Los niños bandidos*.

pateo *s.* agente de policía.
«Pateo. Patrulla policial a pie.» JGR. ❚ ◾ «El pateo del barrio no hace más que dar vueltas a la manzana.» ✓ porque *se patea las calles*.❙

2. *s.* señal de desagrado, rechazo.
«...después de una noche de estreno fracasado que fue galardonado con un estruendoso pateo.» Fernando Gracia, *El libro de los cuernos*. ✓ DRAE: «m. fam. Acción de patear, en señal de enojo, de desagrado».❙

paticorto *adj.* de piernas cortas.
«...y vióse, al cabo, tildado de cabezón, ignorante de la vida y —lo que más le dolió— paticorto.» Cómic Jarabe, n.° 4, 1996.

patidifuso *adj.* asombrado, perplejo.
«Nos hemos quedao patidifusos del tó...» El Jueves, 8.4.98. ✓ DRAE: «adj. fig. y fam. Que se queda parado de asombro».❙

patilla, por la patilla *expr.* gratis, sin esfuerzo y con desvergüenza.
«Por la patilla: gratis.» JV. ❚ «Por la patilla: por la filós, gratis, de balde.» Ra. ❚ «De patilla o por la patilla: gratis, sin pagar.» JMO. ❚ «De patilla o por la patilla. Gratis, sin pagar.» VL. ❚ «De patilla. Gratis.» S. ✓ no se ha podido documentar fuera de diccionarios.❙

2. patilla(s) *s.* persona desvergonzada, caradura.
«El patillas [...] farolero, currante... se va con el rabito entre las piernas, cagándose en mi puta madre.» C. Pérez Merinero, *Días de guardar*.

patillamen *s.* las patillas.
«...su rostro oscuro, su pelo hirsuto, su patillamen...» Ramón Ayerra, *Los ratones colorados*.

patinazo, dar un patinazo *expr.* cometer error.
«Los patinazos más sonados que se producen a bordo...» Carmen Posadas, *Yuppies, jet set, la movida y otras especies*. ❚ «...esas cosas que pasan, un leve patinazo.» Manuel Hidalgo, *Azucena, que juega al tenis*. ❚ «...ya estoy muy mayor para estos patinazos.» María Antonia Valls, *Tres relatos de diario*. ❚ «Perpetrar un patinazo de este calibre en el interior de un programa...» PC Plus, julio-agosto, 1990. ❚ ◾ «Creo que has dado un patinazo al sacar a bailar a la mujer del jefe.»

patio *s.* asunto, negocio.
«Los sudacas llevan el patio, esto ya no es como antes...» Juan Madrid, *Las apariencias no engañan*. ❚ «No está el patio para ir de vacaciones...» El Jueves, 6-12 julio, 1994. ❚ «Con lo que ya no te cuento cómo dejaron el patio.» Gomaespuma, *Grandes disgustos de la historia de España*. ❚ «Por mucho que le fastidie a Angustias y sus secuaces, y a pesar de cómo estaba el patio...» B. Pérez Aranda *et al.*, *La ex siempre llama dos veces*. ❚ «...de modo que pudiera yo saber de qué manera estaba el patio antes de entrar en él, o sea por precaución.» José Luis Martín Vigil, *Los niños bandidos*. ❚ «Asegura que hay que ver cómo está el patio...» Eduardo Mendoza, *Sin noticias de Gurb*. ✓ Referencia al *patio de Monipodio* de la obra de Miguel de Cervantes, *Rinconete y Cortadillo*.❙

2. patio de los callados *s.* cementerio.
«Estoy en un tris de hacerle una paja para que el pobrecito se vaya al patio de los callados con un buen recuerdo.» C. Pérez Merinero, *Días de guardar*.

patitas, poner de patitas en la calle
expr. tirar, despachar, despedir a alguien.

«Y las puso de patitas en la calle.» Arturo Pérez-Reverte, *La piel del tambor.* ▮ «...se le echa una buena regañina y se le pone de patitas en la calle...» Álvaro de Laiglesia, *Hijos de Pu.* ▮ «Di un cálido beso de desagravio a mi voluntarioso acompañante y le puse de patitas en la calle...» Lourdes Ortiz, *Picadura mortal.* ▮ «...y Ana nos pone de patitas en la calle.» Pedro Casals, *Disparando cocaína.* ▮ «¿Sabes que su mujer lo ha puesto de patitas en la calle?» Juan Marsé, *Si te dicen que caí.* ▮ «...si no llega a ser porque era el dueño le ponen de patitas en la calle.» C. Pérez Merinero, *Días de guardar.* ✓ ▸ poner, *poner de patitas en la calle.*▮

patitos, los dos patitos *expr.* el número 22.

«Los dos patitos: el número veintidós.» JV. ▮ «Los dos patitos. El número veintidós en la lotería.» VL. ▮ «Los dos patitos: así se denomina al número veintidós.» JMO. ▮ «Los dos patitos. El número veintidós.» S. ✓ no se ha podido documentar fuera de diccionarios.▮

pato, pagar el pato *expr.* cargar con las consecuencias, las culpas, sin merecerlas.

«Claro que también a veces se paga el pato...» J. Jiménez Martín, *Ligar no es pecado.* ▮ «...hemos pagado el pato, ya verás como ahora dicen que el fuego ha sido culpa nuestra...» Juan Marsé, *Si te dicen que caí.* ▮ «¿Que por qué me entoligaron? Bueno, en realidad no iban a por mí, iban a por Legrand. Yo pagué el pato.» C. Pérez Merinero, *Días de guardar.* ▮ «...pero cuando se encabronan, madre e hija, quien acaba pagando el pato es una servidora.» B. Pérez Aranda *et al., La ex siempre llama dos veces.* ▮ «...y, en ese caso, quienes pagamos el pato somos los sufridos tortolitos...» B. Pérez Aranda *et al., La ex siempre llama dos veces.* ✓ «Llevar alguno el castigo que merece otro; de origen vulgar y tomado acaso de algún juego o diversión», dice Francisco de Paula Seijas Patiño, comentario a su *Cuento de cuentos,* de Quevedo, en Iribarren.▮

2. pato marea(d)o *s.* torpe.

«¡Qué mal baila ese hombre! ¡Parece un

pato mareado!» Luis Landero, *Juegos de la edad tardía,* 1989, RAE-CREA. ▮ ▪ «¡Deja que lo haga yo, que tú pareces un pato mareao!»

patochada *s.* bobada, tontería, despropósito.

«Rosa se negaba en redondo a tratar semejante patochada...» Juan García Hortelano, *Mucho cuento,* 1987, RAE-CREA. ▮ «...calificó como la típica patochada de mamá...» Miguel Delibes, *Madera de héroe,* 1987, RAE-CREA. ✓ DRAE: «f. Disparate, despropósito, dicho necio o grosero».▮

patoso *adj.* desmañado, inútil, inepto.

«¡Los viejos tocados con una gorra son unos patosos...» P. Antilogus, J. L. Festjens, *Anti-guía de los conductores.* ▮ «Los ineptos [...] tampoco están muy bien considerados [...] torpón [...] patoso [...] manazas [...] desastre [...] negao [...] más inútil que la polla del Papa...» AI. ▮ ▪ «Víctor es muy patoso bailando, el chico.» ✓ en el DRAE.▮

patrás, ni patrás *expr.* en absoluto, de ninguna manera.

«Le decimos que nada, y el tío, que no sonríe ni patrás.» José Ángel Mañas, *Sonko95.* ✓ *ni para atrás.*▮

pava *s.* mujer, muchacha.

«Cuando empezó a salir con la pava esa que no molaba nada...» José Ángel Mañas, *Mensaka.* ▮ «...dos criaturas a las que no debería ni mirar con turbios propósitos, inocentes pavas, Chirri dieciséis, Sisí dieciocho años...» Ángel Palomino, *Todo incluido.* ▮ «¡Y tú a ver si aprendes a joder, pava!» Rambla, n.° 24. ▮ «...lo que me apetece es una pava para ir al cine...» José Ángel Mañas, *Sonko95.* ▮ ▪ «Ahora salgo con una pava que tiene perras.» ✓ ▸ también en *pavo.*▮

2. colilla de cigarrillo.

«Pava: Colilla, punta de cigarrillo o cigarro.» JV. ▮ «Pava. Colilla.» VL. ▮ «Pava: colilla, punta de cigarrillo.» JMO. ▮ «Pava. Colilla. Parte pequeña de un cigarrillo.» Ra. ▮ «Pava. Colilla de un cigarro de droga.» S. ▮ ▪ «Agarra pavas del suelo y se las fuma. ¡A saber quién la habrá estado chupando!» ✓ no se ha podido documentar fuera de diccionarios.▮

3. autobús.

«Pava: Autobús interurbano.» JGR. ▮ «Pava. Bus interurbano. Transporte de extrarradio.» Ra. ✓ no se ha podido documentar fuera de este diccionario.▮

4. echar la pava *expr.* vomitar.

«...y vas a echar la pava precisamente en el objetivo...» Luis Mateo Díez, *La fuente de la edad,* 1986, RAE-CREA. ▮▪ «Se puso malo y echó la pava encima de la mujer del Sr. Ministro, nada menos.»

5. pelar la pava *expr.* conversación entre enamorados.

«¿Qué, pelando la pava?» Fernando Fernán Gómez, *El viaje a ninguna parte,* 1985, RAE-CREA. ▮ «¡Usted estaba aquí pelando la pava en este antro con la sueca!» Ignacio García May, *Operación ópera,* 1991, RAE-CREA.

pavo *s.* persona, individuo.

«Y me dice el pavo: yo soy un comerciante honrao.» El Jueves, n.° 1079. ▮ «Mira Santi, don Quijote es un pavo que se ha quedado pallá.» José Ángel Mañas, *Mensaka.* ▮ «Contesta según unos apuntes erróneos conseguidos de un tío del año pasado o de un pavo que estaba de coña...» R. Gómez de Parada, *La universidad me mata.* ✓ ▸ también en *pava.*▮

2. cinco pesetas.

«Y aquí nuestros gobernantes [...] dan cuatro miserables pavos para la investigación.» A. Zamora Vicente, *Mesa, sobremesa.* ▮ «...unificar la moneda [...] los talegos, las libras, las pelas, los bonis, los napos, los papeles, los pavos...» R. Gómez de Parada, *La universidad me mata.* ▮ «No iba a permitir que me estropease unos zapatos de cien pavos...» Pgarcía, *El método Flower.* ▮ «Luego, Salamone nos dio veinticinco pavos a los muchachos y nos fuimos a celebrarlo...» Fernando Martínez Laínez, *La intentona del dragón.* ▮ «...roban veinte pavos a la vieja...» C. Pérez Merinero, *Días de guardar.*

payá, quita payá *expr.* venga ya, deja ya, acaba ya.

«¿Está embarazada? ¡Quita payá!» Juan Madrid, *Un beso de amigo.*

payaso *s.* necio, tonto.

«El célebre payaso Miliki decía [...] que le daba una pena inmensa que la palabra payaso se hubiese convertido en un insulto.» AI. ▮▪ «No es una persona seria, Paco es un payaso.»

2. hacer el payaso *expr.* actuar sin seriedad.

«Deja ya de hacer el payaso y dime dónde lo has puesto.» Raúl Sánchez, *Adriana.* ▮ «¡Deja de hacer la payasa, leñe, y búscate un novio!» Juan Madrid, *Flores, el gitano.* ▮▪ «A Fidel le gusta hacer el payaso y gastar bromas.»

payo *s.* el que no es gitano.

«Son unos payos. Pero muy jovencitos.» Francisco Umbral, *Balada de gamberros.* ▮ «...pasado mañana [...] no hay prisa..., vengo por la rimpuesta, como dice el payo.» B. Pérez Galdós, *Fortunata y Jacinta.* ▮ «Serás más que reina, me dijo a mí el payo, y yo le creí.» Canción *María de la O.* ▮ «...pero que me traía por la Calle de la Amargura, gachó con el payo aquel.» A. Zamora Vicente, *Historias de viva voz.* ▮ «...sus compañeros le llaman Berjarilí, y los payos, como nosotros, Lagartija...» Raúl del Pozo, *Noche de tahúres.*

paz, dejar en paz *expr.* dejar de molestar o importunar.

«...pero le pido, por favor, que me deje en paz, que nos deje en paz.» C. Rico-Godoy, *Cómo ser infeliz y disfrutarlo.*

pazguato *s.* necio, bobo.

«...porque eran una comunidad bien asentada y lo suficientemente influyente como para no temer a semejante pazguato.» Gomaespuma, *Grandes disgustos de la historia de España.* ▮ «...y su compañero de faena sería ese pazguato barbilampiño...» Mariano Sánchez, *Carne fresca.* ▮▪ «No te metas en negocios con él porque es un verdadero pazguato.» ✓ DRAE: «adj. Simple, que se pasma y admira de lo que ve u oye. Ú. t. c. s.».▮

pe, de pe a pa *expr.* completamente, desde principio al fin.

«Les hemos demostrado de pe a pa que el coche es un invento magnífico...» P. Antilogus, J. L. Festjens, *Anti-guía de los conductores*. ❚ «Lic se lo contó todo de pe a pa.» Pedro Casals, *La jeringuilla*. ❚ «Me arranqué y confié al amigo, de pe a pa, mi historia, la historia de mi romancee relámpago...» Ángel A. Jordán, *Marbella story*. ❚ «...se lo voy a contar de pe a pa...» Juan Madrid, *Crónicas del Madrid oscuro*. ❚ «Hasta el último momento creo que pensé en relatarle de pe a pa todo lo sucedido...» Ernesto Parra, *Soy un extraño para ti*. ❚ «...aseguró que le contaría todo de pe a pa...» Pedro Casals, *Disparando cocaína*. ✔ Aparece en *La Celestina*.❙

pea *s.* borrachera.
«...se murió de la pea que cogió anoche...» Guillermo Morón, *El gallo de las espuelas de oro*, 1986, RAE-CREA. ❚ «Raro es el día que el yanqui no coge una pea.» JM.

peano *s.* pie.
«Me siento en el sofá poniendo los peanos encima de la mesita...» José Ángel Mañas, *Sonko95*.

pecado, estar de pecado *expr.* estar, ser muy atractivo; muy bueno.
«...tú andabas intentando hacértelo con el rubio de uno ochenta de detrás de la barra, que estaba de pecado...» A. Gómez Rufo, *Cómo ligar con ese chico que pasa de ti o se hace el duro*.

2. pecado nefando *expr.* sodomía.
«Si están a punto de cumplirse 10 años desde que cometiste aquello que tratabas de ocultar, un pufo económico, un amor secreto [...] un pecado nefando...» Manuel Vicent, El País, 25.7.99. ❚ «La sodomía hayábase extendida por todas las clases de la sociedad, a pesar de la pena de hoguera con que la castigaban las leyes. El *pecado nefando* o *crimene pessimo*, como se le denominaba...» José Deleito y Piñuela, *La mala vida en la España de Felipe IV*. ❚ «...un pecado nefando, o una doble vida ya puedes echarte a temblar.» Manuel Vicent, El País, 25.7.99.

3. pecado solitario *s.* masturbación.
«En el colegio nos contaban historias tremendas acerca del *pecado solitario*.» Fernando G. Tola, *Mis tentaciones*.

*__pecao__ cf. (afines) ▶ **feo.**

pechamen *s.* pecho.
«...se cubría el pechamen...» Ramón Ayerra, *Los ratones colorados*. ❙✔ ▶ *-amen*.❙

pecho, meterse entre pecho y espalda *expr.* comer, beber.
«Meterse entre pecho y espalda un plato de callos...» Juanma Iturriaga, *Con chandal y a lo loco*. ❚ «Y para descansar [...] media botella de coñac entre pecho y espalda...» Ángel Palomino, *Un jaguar y una rubia*. ❚ «...cohesionan a las masas y las hacen levantarse al alba, meterse un carajillo entre pecho y espalda...» Jaime Romo, *Un cubo lleno de cangrejos*. ❚ «...y yo me metí entre pecho y espalda una perdiz...» Jaime Campmany, ABC, 13.12.98. ❚ «Menudo chuletón se ha metido entre pecho y espalda...» Pedro Casals, *Disparando cocaína*. ❚ «...se metía entre pecho y espalda una arroba de bollos y otra de polvorones...» Ramón Ayerra, *Los ratones colorados*.

2. tomar a pecho *expr.* ofenderse, tomar con gran seriedad.
«Tras el rapapolvo que me dio Clara por tomarme las cosas tan a pecho y demostrarme de nuevo que soy bastante estúpida...» B. Pérez Aranda *et al.*, *La ex siempre llama dos veces*.

*__pechos__ cf. (afines) agarraderas, aldabas, balcón, balones, cacharras, cántaros, chachais, delantera, despechugada, domingas, escaparate, globos, limones, lolas, mamas, mamellas, maxibusto, melones, mostrador, naranjas, orejas, pechamen, pechuga, pechugona, pelonchas, pitones, teresas, tetas, tetamen, tetazas, teticas, tetillas, tetona, tetorras, tetuda, vanguardia.

pechuga *s.* pechos.
«...pechuga tempestuosa, moño de gitana...» Ángel Palomino, *Madrid, costa Fleming*. ❚ «¡Menudas pechugas que tiene ésa! ¡Ni la Sofía Loren!» DE. ❚ «Ponme una pensión, que no siempre te va a gustar tanto mi pechuga...» M. Vázquez Montalbán, *El delantero centro fue asesinado al atardecer*. ❚ «...de piernas largas y bien torneadas, caderas armoniosas, en su sitio y bien movidas, y pechuga rotunda y anhelante...» Victoriano Corral, *Delitos y condenas*.

pechugona *adj.* mujer de pecho prominente, voluminoso.

«Rubia pechugona. Completísimo. 5 000.» ABC, 15.2.98. ❙ «...la reina niña se ha convertido en Isabel II, pechugona y castiza...» A. Ussía, *Coñones del Reino de España.* ❙ «...rubiales, pechugona, labios de saxofonista...» Fernando Sánchez-Dragó, «Anábasis», en *Antología del cuento español.* ❙ «...a las descaradas de pitones [...] como él llamaba a las pechugonas...» Andrés Berlanga, *La gaznápira.* ❙ «La pechugona era una rolliza mujer que ya había cumplido los cincuenta...» Fernando Gracia, *El libro de los cuernos.* ❙ «...seguía siendo matrona sonriente y pechugona, con generoso escote.» Juan Marsé, *La oscura historia de la prima Montse.* ❙ «...cuatro pechugonas en flor que recorrían la calle bajo una lluvia de silbidos lascivos...» M. Vázquez Montalbán, *El delantero centro fue asesinado al atardecer.* ❙ «Es menuda, demasiado pechugona para su cuerpo delgado...» Andreu Martín, *Por amor al arte.* ❙ «...tiene una jai muy pechugona a la que dicen la Choni.» M. Sánchez Soler, *Festín de tiburones.* ❙ «Le sirvió una moza pechugona que por lo visto estaba acostumbrada a encorvarse para enseñar las tetas...» Pau Faner, *Flor de sal.*

pedal *s.* borrachera.

«Menudo pedal que trajo anoche el boticario. Se pasó la noche devolviendo.» Ladislao de Arriba, *Cómo sobrevivir en un chalé adosado.* ❙ «Yo, como ya estaba acostumbrado, pues resistí, que casi no se me notaba nada el pedal y quilé a gusto.» Juan Madrid, *Crónicas del Madrid oscuro.*

2. meter el pedal a fondo *expr.* acelerar.

«Cualquiera diría que llevas un seiscientos [...] Métele el pedal a fondo.» José Ángel Mañas, *Historias del Kronen.*

pedazo, hacer pedazos *expr.* destruir, matar.

«Lo han hecho pedazos.» Cristóbal Zaragoza, *Y Dios en la última playa.*

2. pedazo (cacho) de carne con ojos (bautizada) *s.* bobo, necio, tonto.

«Es un pedazo de carne bautizada. Un bendito.» M. Vázquez Montalbán, *El delantero centro fue asesinado al atardecer.* ❙ «Cacho de carne con ojos...» R. Montero, *Diccionario de nuevos insultos...* ❙ «Y dime, pedazo de carne con ojos...» José María Amilibia, *Españoles todos.* ❙ ◼ «No es nada inteligente esa chica. Es un pedazo de carne con ojos.»

pedestal, poner en un pedestal *expr.* ensalzar, admirar.

«Alabar: poner en un pedestal.» DTE. ❙ «Poner o tener a alguien en un pedestal: Considerarlo excelente...» LA. ❙ «...así como la que continúes teniéndola en un pedestal.» Ricardo Cano Gaviría, *Una lección de abismo,* 1991, RAE-CREA. ❙ «Ignacio, que tenía a su madre en un pedestal...» J. M.ª Gironella, *Los hombres lloran solos,* 1986, RAE-CREA.

pedo *adj.* ebrio, borracho.

«¡Estoy hasta las narices de que Jesús sólo se enrolle conmigo cuando va pedo...» Ragazza, n.° 101. ❙ «En este momento estoy un poco pedo.» José Ángel Mañas, *Mensaka.* ❙ «Todos acabamos súper pedo cantando viejas canciones.» Ragazza, junio, 1998. ❙ «En Argentina, México, Uruguay, pedo = borrachera.» R. Montero, *Diccionario de nuevos insultos...* ❙ «A estar pedo todo el día, leyendo novelas y follándome de vez en cuando a una pelandusca...» C. Pérez Merinero, *Días de guardar.* ❙ «Yo, al principio, cuando me lo dijo una noche que estaba pedo, no me lo creí.» C. Pérez Merinero, *Días de guardar.* ❙ «...(y debo de estar bien pedo, eso de andar haciendo jueguitos de palabras con mi nombre...» Rafael Ramírez Heredia, *Al calor de campeche.* ❙ «Mi vida en los últimos años ha sido ponerme pedo, quitarme pedo.» José Ángel Mañas, *Sonko95.*

2. *s.* flatulencia, gas intestinal.

«...lleno la nevera de sabandijas; pego mocos en las cortinas; grabo pedos en el contestador...» Eduardo Mendoza, *Sin noticias de Gurb.* ❙ «Con los gritos pasa como con los pedos; los propios no te joden ni la mitad que los ajenos.» Ray Loriga, *Lo peor de todo.* ❙ «El pedo es el grito de la mierda oprimida.» R. Gómez de Parada, *La universidad me mata.* ❙ «Tú sabes, él, tan roñoso, que, por no soltar, ni un pedo largaba...» A. Zamora Vicente, *Mesa, sobremesa.* ❙ «Hasta ahora, el pedo más sonoro, o, por lo menos más escandaloso, fue el que dicen que se tiró C. J. Cela [...] en el Senado.» Felipe Navarro (Yale), *Los machistas.* ▌ «Un eructo que soltó un hombre flaco [...] al que contestó el espolique con un gran pedo...» José Gutiérrez-Solana, *Madrid callejero, Obra literaria, II.* ▌ «Pedo. Es una ventosidad que se repele por el ano, y que, como sinónimos, tiene: cuesco, traque, pedorrera, ventear, irse,... zullón...» José M.ª Zabalza, *Letreros de retrete y otras zarandajas.* ▌ «Es como si me pidiera que le mirase mientras caga. Que oliera sus pedos.» Álvaro Pombo, *Los delitos insignificantes.* ▌ «...no quiero lavarme me tiraré un pedo no me limpiéis la caca me gusta la mierda seca así mi culo no tiene frío...» Sergi Belbel, *Caricias,* 1991, RAE-CREA. ▌ «Huele peor el pedo ajeno que el propio.» ref. ✔ para el DRAE es *ventosidad que se expele del vientre por el ano.*▌

3. *s.* borrachera, intoxicación.

«Ayer, por ejemplo, que nos fuimos todos al Castillo a bebernos unas botellas, el fierro pilló un pedo...» José Ángel Mañas, *Historias del Kronen.* ▌ «En una noche pedo, a Timoteo le arruinaron...» Raúl del Pozo, *Noche de tahúres* ▌ «...hemos estado bebiendo por ahí, y ahora está con un pedo que no se sostiene...» Almudena Grandes, *Las edades de Lulú.* ▌ «...los vocablos pedo y mierda, que expresan una intoxicación etílica, capitaneando [...] mona, merluza, melopea, pítima, tajada, moco, tablón, cogorza, moscorra, castaña, melocotón...» José M.ª Zabalza, *Letreros de retrete y otras zarandajas.* ▌ «Cogimos un pedo que...» Juan Madrid, *Crónicas del Madrid oscuro.* ▌ «Que te agarras unos pedos mortales.» Jaime Romo, *Un cubo lleno de cangrejos.* ▌ «...con los ojos inyectados en sangre y un pedo de mucho cuidado...» José Ángel Mañas, «Recuerdo», Áccent, julio-agosto, 1999.

4. cara de pedo ▶ *cara, cara de pedo.*

5. irse al pedo *expr.* frase de rechazo.

«¡Váyase al peo!» El Jueves, 11-17 febrero, 1998. ▌ «...y con todo esto, su media se va al pedo.» P. Antilogus, J. L. Festjens, *Antiguía de los conductores.* ▌ «¡Vete al pedo!» Ilustración, Comix internacional, 5.

6. no valer un pedo ▶ *mierda, no valer una mierda.*

7. soltar (tirarse, pegarse) pedos *expr.* expeler aire por el ano, peer.

«Oiga don Camilo, deje de tirarse pedos en la Academia que ahora hay una mujer.» El Jueves, n.° 1079. ▌ «...fumando puros, bailando mambos y tirándose pedos de los frijoles que se comió...» El Jueves, 21-28 enero, 1998. ▌ «...es un bendito y más normal que pegarse un pedo...» M. Vázquez Montalbán, *Los alegres muchachos de Atzavara.*

8. tirarse un pedo *expr.* expeler aire por el ano, peer.

«...pegadas las nalgas al brasero, comiendo castañas, bellotas y tirándose pedos.» José Gutiérrez-Solana, *Madrid callejero, Obra literaria, II.* ▌ «O están callados [...] con cara [...] de tirarse un pedo.» Manuel Hidalgo, *Azucena, que juega al tenis.* ▌ «...y cuando tengo ganas de tirarme un pedo en mi casa, resulta que no puedo porque está tu hermana...» Fernando G. Tola, *Cómo hacer absolutamente infeliz a un hombre.* ▌ «De pronto Valeria [...] arqueó sus piernas y se tiró un pedo...» Manuel Hidalgo, *El pecador impecable.*

pedorrearse *v.* peer.

«Que venga pronto / la lavativa / que ya no puedo / pedorrear,» Amelia Díe y Jos Martín, *Antología popular obscena.* ▌■ «Por favor, Sr. Antúnez, no se pedorree usted delante de los invitados. Vaya usted al baño.» ▌✔ DRAE: «intr. Echar pedos repetidos».▌

pedorrera *s.* acción de expulsar ventosidades repetidas.

«...pausa, golpe de tos, pedorrera en cascada, tic de hocico...» C. J. Cela, *Mazurca para dos muertos.* ▌ «No quería que él se encontrase con una fenomenal pedorrera a pocas horas de su boda.» Javier García Sánchez, *La historia más triste,* 1991, RAE-CREA. ▌■ «La pedorrera en la recepción me ha parecido de muy mal gusto, Jaime.»

pedorreta *s.* sonido hecho con la boca a imitación de flatulencia ruidosa.

«Pues pa que t'enteres, es un tío muy importante y, además, muy fino —e intercaló una pedorreta.» Ángel A. Jordán, *Marbella story*. ▌ «...dice tres o cuatro palabras, hace pedorretas...» Gomaespuma, *Familia no hay más que una*. ▌ «Hacer una pedorreta a los estrechos, cursis y amanerados del mundo de la ópera.» José Luis Moreno, El Mundo, 11.8.98. ▌ «...y le hacían cortes de mangas y pedorretas.» María Antonia Valls, *Tres relatos de diario*. ▌ «¡Cuánta solapada perfidia hubo en aquel desde luego, seguido de una pedorreta!» Fernando Repiso, *El incompetente*.

pedorro *adj.* y *s.* persona, cosa indeseable, estúpida.

«...quien será el bajista que sustituya al pedorro de Bill...» El Jueves, 6-12 octubre, 1993. ▌ «Decidí que, sin llegar tampoco a cortar mis relaciones, podía eliminar muchos encuentros pedorros.» Ernesto Parra, *Soy un extraño para ti.* ▌ «...lleno de tías guarras y viudas pedorras...» P. Perdomo Azopardo, *La vida golfa de don Quijote y Sancho.* ▌ «La muy pedorra apareció justo cuando nos disponíamos a sentarnos...» B. Pérez Aranda *et al.*, *La ex siempre llama dos veces.* ▌ «...una cuarentona con una gafotas que le sientan como un tiro y una cara de pedorra...» C. Pérez Merinero, *Días de guardar.* ▌ «...que te inmortalice en la piltra con esa pedorra que acabas de conocer...» Ramón de España, El País, 25.7.99. ✓ DRAE: «adj. Que echa pedos repetidos. Ú. t. c. s.».▌

2. ventosidad.

«...suelta pedorros como la abuela.» Juan Marsé, *Si te dicen que caí.*

*peer cf. (afines) ladrar, pedorrearse, rilarse, soltar un pedo, tirarse un *pedo, tirarse pedos, soltar *ventosidades.

pega, de pega *expr.* falso, de mentira.

«...soldados de pega, de esos a los que les gusta llevar uniforme y pavonearse y darse tono...» Rafael García Serrano, *Diccionario para un macuto.*

2. poner pegas *expr.* poner inconvenientes, dificultades.

«Poner pegas es objetar.» Rafael García Serrano, *Diccionario para un macuto.* ▌ «...porque si en un hospital como la Paz me ponían pegas, en el Ayuntamiento me iban a

poner más.» Ángel Palomino, *Un jaguar y una rubia.* ▌ «Espérate a verlo y no empieces a poner pegas antes de tiempo.» C. Rico-Godoy, *Cómo ser infeliz y disfrutarlo.*

*pegar cf. (afines) ▶ *golpear.*

pegar, no pegar ni con cola *expr.* no hacer juego, no ir bien.

«¿Cuántas veces te han dicho que no pegas con tu amiga ni con cola?» You, n.° 3.

2. pegar la hebra ▶ *hebra, pegar la hebra.*

3. pegar un palo ▶ *palo, sacudir (pegar) un palo.*

4. pegarle *v.* beber por vicio.

«¿No han conseguido los médicos retirarle del alcohol? ¿Cuando le pega al vodka tiene cerca el...?» El Jueves, 13.5.98. ▌ «...le pego de nuevo al whisky.» C. Pérez Merinero, *Días de guardar.*

5. pegarse como una lapa *expr.* seguir a alguien y convertirse en su sombra.

«Otra vez se te va a pegar como una lapa.» Juan Madrid, *El cebo.* ▌ «La besó y ella se pegó a él como una lapa.» Andreu Martín, *El señor Capone no está en casa.* ▌ «Pero se pegó como una lapa...» José María Amilibia, *Españoles todos.* ▌ «...se pega [...] como una lapa.» R. Montero, *Diccionario de nuevos insultos...* ▌ «El Imbécil se me pegó como una lapa y yo me armé de valor y...» Elvira Lindo, MiPaís, El País, 31.7.99. ▌ «Se pegó a mí como una lapa y me mordió el lobulillo...» C. Pérez Merinero, *La mano armada.*

6. pegársela *expr.* darse golpe, acabar mal.

«Usted va a ir por la vida de fracaso en fracaso, señor. Usted se la pegará.» Fernando Repiso, *El incompetente.* ▌ «Si sigues conduciendo a esa velocidad, un día vas a pegártela.» FV.

7. pegársela a alguien *expr.* ser infiel sexualmente.

«¿Tu pareja te la pega o no te la pega con el del butano?» El Jueves, 11-17 febrero, 1998. ▌ «...el buen Federico, golfante de todas todas, se la pegaba...» A. Zamora Vicente, *Mesa, sobremesa.* ▌ «...la vecina del segundo A se la pega a su marido con el del primero G...» A las barricadas, 22-28 junio, 1998. ▌«...marido que mata a su mujer porque se la pegaba con el carnicero...» Manuel Hidalgo, *Azucena, que juega al tenis*. ▌«¿No me la estarás pegando con otra?» El Gran Wyoming, *Te quiero personalmente*. ▌«Y esto es lo que pasa. —Esto, o todo lo contrario, que te la estén pegando y tú sin enterarte.» B. Pérez Aranda *et al.*, *La ex siempre llama dos veces*. ▌«Mi marido me la pega con otra.» C. Rico-Godoy, *Cuernos de mujer*.

8. pegársela a alguien *expr.* engañar.

«Si además te la pegaban hasta las vacas, ya me contarás.» A. Sopeña Monsalve, *El florido pensil*. ▌«Aunque improbable, también pudiera ser que hablara en clave para intentar pegársela.» El Gran Wyoming, *Te quiero personalmente*

pego, dar el pego *expr.* engañar, aparentar que se es importante.

«Con la gabardina abrochada y afeitado, no tenía mala pinta, podía dar el pego.» Juan Madrid, *Turno de noche*. ▌«...a poco que te arregles puedes estar buena, puedes dar el pego.» A. Gómez Rufo, *Cómo ligar con ese chico que pasa de ti o se hace el duro*. ▌«Lo que sí conviene, y de hecho es indispensable, es dar el pego, aparecer en las discotecas más in del momento...» Roger Wolf, El Mundo, 2.1.99. ▌«...me he puesto mis mejores galas y puede que hasta dé el pego...» C. Pérez Merinero, *Días de guardar*. ▌«Reglas que dan el pego.» J. Giménez-Arnau, *Cómo forrarse y flipar con la gente guapa*. ✓ Iribarren: «En el folleto titulado *El juego del monte y sus treinta trampas o secretos*, que publicó en el año 1898 el tafallés don Florentino Andueza, describe éste las diversas formas de *dar el pego* a las barajas. Consiste en pegar dos cartas.»▌

pegote *s.* persona que se agrega a otra y está de más.

«A este sentirse fuera de caja, de saberse engorro y pegote...» Ángel Palomino, *Madrid, costa Fleming*. ▌«...este libro puede usarse para tirarse el pegote intelectual en el autobús...» M. Ángel García, *La mili que te parió*. ▌■ «Me siento como un pegote con vosotros; no estoy cómodo.»

2. tirarse (marcarse) el pegote(s) *expr.* presumir, alardear, pavonearse.

«...quieres llamar la atención, o sea, que te quieres tirar el pegote...» Juanma Iturriaga, *Con chandal y a lo loco*. ▌«Le encanta tirarse pegotes y fardar.» M. Ángel García, *La mili que te parió*. ▌«...y circule por la avenida tirándose el pegote.» J. Giménez-Arnau, *Cómo forrarse y flipar con la gente guapa*. ▌«...pero no seas maula y no te tires pegotes a ti mismo...» Ramón Ayerra, *Los ratones colorados*. ▌«...que me birlan la joya y se marcan el pegote.» Manuel Hidalgo, El Mundo, 16.7.99.

*peinado cf. (afines) afro.

peinar *v.* registrar, buscar.

«Durante tres semanas, sus hombres han peinado todas las calles adyacentes.» Pilar Urbano, *Yo entré en el Cesid*. ▌■ «La policía peinó toda la zona sin encontrar al maleante que buscaba.»

peine, enterarse uno de lo que vale un peine *expr.* ser regañado, recibir reprimenda, castigo.

«...como un día nos enfademos se van a enterar de lo que vale un peine.» Gomaespuma, *Grandes disgustos de la historia de España*. ▌«Ahora te vas a enterar de lo que vale un peine.» C. Pérez Merinero, *La mano armada*.

pejiguera *s.* molestia, incordio.

«...ha perdido la costumbre de los triviales incordios, de las pejigueras y las incomodidades que son hábito en la vida...» Ángel Palomino, *Todo incluido*. ▌«...en cualquier caso, que un viejo tío pejiguera...» P. Antilogus, J. L. Festjens, *Anti-guía de los conductores*. ▌«...porque las haciendas, cuando no estás sobre ellas, se convierten en una pejiguera.» J. L. Castillo-Puche, *Hicieron partes*. ✓ DRAE: «f. fam. Cualquier cosa que sin traernos gran provecho nos pone en problemas y dificultades».▌

pela *s.* dinero.

«Todas las zonas pijas, de pelas...» El Banquillo, 28.1.98. ▌«Es un profesor al que no le gusta nada su curro, pero gana un montón de pelas, por eso no lo deja.» Ragazza, n.° 100. ▌«Aparte de las pelas, me hicieron hijo predilecto, con derecho a medalla.» A. Zamora Vicente, *Historias de viva voz.* ▌ «Igual tiene un ligue con una tía de pelas...» M. Vázquez Montalbán, *Los alegres muchachos de Atzavara.* ▌ «...y los pocos viajes que puedes hacer, cuando te dejan en casa o tienes pelas...» A. Gómez Rufo, *Cómo ligar con ese chico que pasa de ti o se hace el duro.* ▌ «...dime, pues, en qué me gasto las pelas...» Miguel Martín, *Iros todos a hacer puñetas.* ▌ ◼ «Las entradas me han costado muchas pelas como para no ir ahora.» ✓ de *pesetas.*▌

2. *s.* peseta.

«Me da dos mil pelas y me dice que me vaya a cenar al restaurante.» Eduardo Mendoza, *Sin noticias de Gurb.* ▌ «Oye, que cuesta mil pelas. ¡Es una pasta gansa!» Ragazza, n.° 101. ▌ «...aquí lo único que vale es la pela...» Rambla, n.° 18. ▌ «¿Tres mil pelas, pero es que va de jabugo la cosa?» María Teresa Campos, *Cómo librarse de los hijos antes de que sea demasiado tarde.* ▌ «Un traje [...] por veinte mil pelas.» María Antonia Valls, *Tres relatos de diario.*

3. pela larga *expr.* mucho dinero.

«...España está en venta y que todo Dios viene a invertir aquí porque sacan pela larga.» M. Vázquez Montalbán, *El delantero centro fue asesinado al atardecer.*

pelado *adj.* sin dinero.

«Oye, que con esta ronda me he quedado pelado.» José Ángel Mañas, *Historias del Kronen.* ▌ «Estábamos pelados, sin dinero para el taxi.» Raúl del Pozo, *Noche de tahúres.* ▌ «...echan los *leones* y dejan pelados a los *primos*.» Eleuterio Sánchez, *Camina o revienta.* ▌ «...andar tirando el dinero o estar más pelados que una rata.» A. Gómez Rufo, *Cómo ligar con ese chico que pasa de ti o se hace el duro.*

2. *s.* persona de poca importancia, desgraciado.

«Yo no tenía tratos con el árabe porque él me consideraba un pelado terminal.» Raúl del Pozo, *Noche de tahúres.* ▌ «...un pelado que llegó aquí con lo puesto.» Ramón Ayerra, *Los ratones colorados.* ▌ «¿Por qué razón va a ser un pelado?» Miguel Delibes, *La hoja roja,* 1986, RAE-CREA. ✓ ▶ *pelao.*▌

pelagatos *s.* persona de escasa importancia.

«¿Quién se acordaría de esos policías muertos de hambre, de esos pelagatos que le habían detenido?» Juan Madrid, *Flores, el gitano.* ✓ DRAE: «m. fig. y fam. Hombre insignificante o mediocre, sin posición social o económica».▌

pelambre *s.* vello del pubis.

«...notó grandes picores en la pelambre de la polla...» Ramón Ayerra, *Los ratones colorados.* ▌ «Sentí en mi bello pelambre el calor del líquido que vertía generosamente...» Olga Karsen, *La depravada.*

pelambrera *s.* vulva, órgano genital de la mujer; el vello del pubis.

«Gran ovación y petición de pelambrera...» Amelia Díe y Jos Martín, *Antología popular obscena.* ▌ «...pues va la chorba, ya despatarrada y en cueramen, por cierto, qué pelambrera...» Fernando Sánchez-Dragó, «Anábasis», en *Antología del cuento español.* ▌ «Cuando posó su mano en la pelambrera inferior, la violencia con que la chica juntó las piernas y las encogió...» Andreu Martín, *El señor Capone no está en casa.* ▌ ◼ «Le metí mano a la pelambrera, así por las buenas.»

pelanas *s.* persona de poca importancia.

«¡Jobar, con los fulanos, ni que fueran a descubrir el Dorado, grandísimos pelanas...!» A. Zamora Vicente, *Historias de viva voz.* ▌ «...había llegado la hora de demostrar que él no era un pelanas...» J. L. Castillo-Puche, *Hicieron partes.* ▌ «Otto es un pelanas...» Juan Madrid, *Un beso de amigo.* ▌ «¿Y tú te has tragado ese macutazo, pelanas?» Rafael García Serrano, *Diccionario para un macuto.* ▌ «Para librarte de mí y encamarte con ese pelanas.» C. Pérez Merinero, *El ángel triste.* ▌ «Y ahora viene usted, un pelanas, muy satisfecho de sí mismo...» Eduardo Mendoza, *La verdad sobre el caso Savolta.* ▌ «Hay un tipo, un pelanas, un médico en paro sin oficio ni beneficio.» Andreu Martín, *Amores que matan, ¿y qué?* ✓ DRAE: «1. m. fam. Persona inútil y despreciable».▌

pelandusca *s.* mujer promiscua.

«Si lo demás funcionara esas pelanduscas me importarían un bledo.» Terenci Moix,

Garras de astracán. ❚ «Un topless. El lugar donde las pelanduscas se muestran con las domingas al aire libre...» Terenci Moix, *Garras de astracán.* ❚ «...y a no dar golpe, y a ir de carnaval con tres o cuatro pelanduscas...» A. Zamora Vicente, *Desorganización.* ❚ «...porque de dónde habrán salido esas pelanduscas si tienen que pintarse los labios...» Virtudes, *Rimel y castigo.* ❚ «...dejar claro que no son ningunas pelanduscas de tres al cuarto o fulanas que reciben a desconocidos en sus casas...» Ramón Escobar, *Negocios sucios y lucrativos de futuro.* ❚ «...no para de decirle que se abrigue y que no se líe con pelanduscas.» M. Ángel García, *La mili que te parió.*

2. prostituta.

«Una onubense denuncia al párroco que le abofeteó en la calle. El sacerdote estima que la víctima es una pelandusca...» El Jueves, 11-17 febrero, 1998. ❚ «Les seguían docenas de pelanduscas que [...] ofrecían perversiones...» Pgarcía, *El método Flower.* ❚ «...no era una humilde lega de hábito limpio y mirada sumisa, sino una especie de pelandusca desgreñada, sudorosa, sin dientes y [...] embarazada.» Germán Sánchez Espeso, *La reliquia.* ❚ «A estar pedo todo el día, leyendo novelas y follándome de vez en cuando a una pelandusca...» C. Pérez Merinero, *Días de guardar.* ❚ «¡Venga, habla, pelandusca!» Metal Hurlant, 1981. ❚ «Angustias volvió a convertirme [...] en una pelandusca.» B. Pérez Aranda *et al., La ex siempre llama dos veces.*

pelañi ▶ *pela.*

pelao *s.* desgraciado, persona de poca importancia.

«Además no compare usted, doña Matilde, a ese pelao [...] con el novio de mi hija, que es catedrático...» C. J. Cela, *La colmena.* ❚ «Los pelaos esos se van a poner pardillos...» J. L. Castillo-Puche, *Hicieron partes.* ❚ «¡Pues entonces lárgate, pelao!» Metal Hurlant, 1981. ✓ ▶ *pelado.*

2. *s.* calvo.

«...sólo ofenden a calvos [...] bola de billar, calvorota; pelao; cocoliso...» AI.

pelar *v.* arruinar, dejar sin dinero.

«...organizó la partida en la que pelaron a Muza.» Raúl del Pozo, *Noche de tahúres*

2. matar.

«Si nos hubiese interesao pelarlo, ya hace tiempo que estaría criando malvas.» El Jueves, 21-28 enero, 1998.

3. masturbar.

«Un nabo, por cierto, que como no espabilara me iba a tener que pelar yo solito.» C. Pérez Merinero, *La mano armada.*

4. difícil (duro) de pelar *expr.* muy difícil de tratar, convencer o influir.

«Era un gato difícil de pelar...» C. Pérez Merinero, *La mano armada.* ❚ «No sé por qué, pero algo me decía que él no sería tan duro de pelar como el indio.» Lourdes Ortiz, *Picadura mortal.* ✓ ▶ *duro, duro de pelar.*

5. pelar vivo *expr.* castigar, regañar.

«Como no se porte bien Fernando, le voy a pelar vivo.» DCB.

6. pelársela *v.* masturbarse el hombre.

«Abdala se la pela.» P. Antilogus, J. L. Festjens, *Anti-guía de los conductores.* ❚ «Y si el nombrado era C. J. Cela, la voz unánime de los dos socios exclamaba: Ése viene y me la pela.» Leopoldo Alas, A las barricadas, 1-7 junio, 1998. ❚ «¿Qué hago yo mientras tanto? ¿Pelármela? ¡Ya soy un poco mayorcito para eso!» El Víbora, n.° 143. ❚ «Ya no carburas, chaval, te la pelas demasiado.» Juan Marsé, *Si te dicen que caí.* ❚ «Acabo por mandarla a freír espárragos y me la pelo.» C. Pérez Merinero, *Días de guardar.*

7. que se las pela *adv.* con rapidez.

«Corrían los parientes por la casa que se las pelaban, uno detrás de otro...» J. L. Castillo-Puche, *Hicieron partes.* ❚ «Y corre que se las pela.» Miguel Martín, *Iros todos a hacer puñetas.* ❚ «...corre que se las pela.» Juanma Iturriaga, *Con chandal y a lo loco.* ❚ «¡Hay que ver cómo irriga! ¡Irriga que se las pela!» Virtudes, *Rimel y castigo.*

peldaño *s.* año.

«Soy una gaditana de 16 peldaños...» You, marzo, 1998.

*pelea cf. (afines) ▶ *jaleo.*

*pelear cf. (afines) agarrada, armarse la *marimorena, berenjenal, bollo, bronca, buena, cacao, partirse la *cara con alguien, cirio, cisco, andar a la *greña, darse de *hostias, lío, llegar a las *manos, tener unas *palabras, acabar a *palos, pelotera, taco, tarifar, tomate, tirarse los *trastos a la cabeza, trifulca, zapatiesta, zipizape.

pelendengues *s. pl.* testículos, perendengues.

«Pelendengues. Llaman a las glándulas genitales masculinas.» IND. |✓ ▸ *perendengues*.|

pelés *s. pl.* testículos.

«Testículos, bolas, canicas, cataplines, chismes, colgajos, criadillas, huevamen, pelés, pelotas, péndulos, pesas.» José M.ª Zabalza, *Letreros de retrete y otras zarandajas.*

peli *s.* película.

«Ya sabes, como en las pelis: música tranqui, velas, champán...» Ragazza, n.° 100. ▮ «Es el Bogart de esta peli.» Francisco Umbral, El Mundo, 25.7.98. ▮ «Y a media peli te vas a la carrera.» El Jueves, 8-14 abril, 1998. ▮ «...se alquilaba unas pelis en el vidioclub...» Gomaespuma, *Grandes disgustos de la historia de España.* ▮ «Éste se cree el camionero de la peli de Spielberg.» Jaime Romo, *Un cubo lleno de cangrejos.* ▮ «Hemos ido al vidioclub y estamos viendo una peli.» Carmen Pérez Tortosa, *¡Quiero ser maruja!* ▮ «¡Qué bien inventas, mariconazo, es igual que una peli!» Juan Marsé, *Si te dicen que caí.*

peli(cula) porno *s.* película pornográfica.

«En no sé qué canal estaban dando una película porno. Me fumé un par de porritos viéndola y me masturbé.» María Antonia Valls, *Tres relatos de diario.* ▮ ▪ «Me gustan las pelis porno porque me ponen cachondo, tío.»

películas, contar películas *expr.* contar historias, dar excusas.

«A mí no me cuentes películas, Alonso, zarpa como estés.» Gomaespuma, *Grandes disgustos de la historia de España.*

2. de película *expr.* bueno, bonito, extraordinario.

«...y de repente, ¡plaf!, un frenazo, pero de película...» Miguel Delibes, *Cinco horas con Mario.* ▮ «Las oficinas de la constructora [...] estaban instaladas a todo lujo. De película.» Severiano F. Nicolás, *Las influencias* ▮ «...una casita grande, atestada de primores, escaleras, terrazas, solarios, en fin [...] de película.» A. Zamora Vicente, *Historias de viva voz.* ▮ «Fue una cena de película.» SúperPop, abril, 1990. ▮ «...le encontré acostado en la cama, con pijama y todo, durmiendo una siesta de película.» C. Rico-Godoy, *Cómo ser infeliz y disfrutarlo.*

3. de qué va la película *expr.* de qué trata el asunto.

«Estaban tan confundidos como nosotros, no tenían ni puñetera idea de qué iba la película...» María Antonia Valls, *Para qué sirve un marido.* |✓ ▸ *enterarse, no enterarse de la película*.|

4. no enterarse de qué va la película *expr.* no saber de qué trata un tema.

«Un redactor de la revista esotérica *Enigmas* no se enteró de la película y escribió un apasionado reportaje...» Qué leer, octubre, 1999. |✓ ▸ *película, de qué va la película*.|

5. película equis *expr.* película pornográfica.

«Su pene, que no tenía nada que envidiar, tal vez todo lo contrario, a los que había visto en películas equis...» Jaime Romo, *Un cubo lleno de cangrejos.* |✓ también *X*.|

6. película porno *s.* película pronográfica.

«...después de hacer de puta en una película porno...» Sergi Belbel, *Elsa Schneider,* 1991, RAE-CREA. ▮ «¿Tú me ves de actriz en una película porno con esta tripa?» Alfonso Sastre, *Los hombres y sus sombras,* 1991, RAE-CREA. |✓ ▸ *porno, película pornográfica*.|

peliculero *s.* cineasta, actor.

«...se quedó dormido y con la mente poblada de huríes saltarinas, peliculeras...» C. J. Cela, *Viaje al Pirineo de Lérida.*

pelímetro ▸ *pelín.*

pelín *s.* poco, poquito.

«...hasta parece que el traje de pingüino le queda un pelín grande.» Carmen Rigalt, El Mundo, 8.5.99. ▮ «Pasional, pelín celoso y posesivo, como buen leo.» Ragazza, n.° 101. ▌«Me parece, sin embargo, que se ha pasado un pelín...» Felipe Navarro (Yale), *Los machistas.* ▌ «Se ha pasado un pelín.» Miguel Martín, *Iros todos a hacer puñetas.* ▌ «Óscar se retrasará un pelín.» Pedro Casals, *Disparando cocaína.* ▌ «¡lástima que vayas un pelín retrasado!» M. Ángel García, *La mili que te parió.*

pellas, hacer pellas *expr.* no asistir a clase.

«...el casi nulo cargo de conciencia por hacer pellas es menor aún si...» R. Gómez de Parada, *La universidad me mata.* ▌ «Es el momento de hacer balances de berrinches por malas notas y pellas continuas.» María Teresa Campos, *Cómo librarse de los hijos antes de que sea demasiado tarde.* ▌ ▗ «Jaimito, que no se te ocurra hacer pellas hoy.»

pelleja *s.* prostituta.

«Pelleja, vieja perturbada, guarra, adefesio, miserable...!» Jesús Ferrero, *Lady Pepa.* ▌ «Lo que crees es que soy una pelleja.» P. Perdomo Azopardo, *La vida golfa de don Quijote y Sancho.* ▐✔ ▶ *pellejo.* El *Diccionario de autoridades* dice: «Vulgarmente se da este nombre [...] a la mujer de mal vivir...».▌

pellejo *s.* prostituta.

«No me voy a casar a tontas y a locas con el primer pellejo que salga.» Jose-Vicente Torrente, *Los sucesos de Santolaria.* ▌ «Pellejo. Prostituta de baja estofa.» LB. ▌ ▗ «Ésa es un pellejo. Se dedica a la prostitución porque dice que gana más que bordando.» ▐✔ ▶ *pelleja.* El *Diccionario del erotismo* de Cela añade que en México *pellejo* es una mujer atractiva.▌

2. salvar el pellejo *expr.* salvar la vida, escapar de algún peligro.

«...gracias a aquella misa extraordinaria salvaron todos el pellejo.» Álvaro de Laiglesia, *Hijos de Pu.*

pellero *s.* el que falta a clase, el que hace pellas.

«Marzo solo es el principio de la era dorada del césped, puesto que la afluencia de pelleros va aumentando conforme transcurre la primavera...» R. Gómez de Parada, *La universidad me mata.*

pellizco, un buen pellizco *expr.* una buena cantidad de dinero.

«Lo importante era casarse con ella y así contar con un buen pellizco del dinero de su suegro...» J. Jiménez Martín, *Ligar no es pecado.*

pelma *s.* persona pesada y desagradable.

«No seas pelma.» Francisco Candel, *Donde la ciudad cambia su nombre.* ▌ «...y sonríe al imaginarse lo poco que hubiera durado el pelma de la fonda,...» C. J. Cela, *Viaje al Pirineo de Lérida.* ▐✔ DRAE: «fig. y fam. Persona molesta e importuna».▌

pelmada, dar la pelmada *expr.* molestar, importunar.

«En lugar de dar la pelmada, como hicieron todos, yo me quedé en mi sitio...» Manuel Hidalgo, *Azucena, que juega al tenis.*

pelmazo *s.* persona pesada y desagradable.

«¡Diecinueve años aguantando a esta pelmaza!» Álvaro de Laiglesia, *Hijos de Pu.* ▐✔ DRAE: «fig. y fam. Persona molesta, fastidiosa e inoportuna».▌

pelo, desnudo.

«¡Van tan a pelo como los parió su madre!» Jose-Vicente Torrente, *Los sucesos de Santolaria.*

2. copular sin condón.

«Joder a pelo: fornicar sin usar preservativo.» JMO. ▌ «Joder a pelo. Joder sin preservativo.» VL. ▌ «Hacerlo a pelo tienes sus riesgos, ¿eh?» JM. ▌ ▗ «Follar a pelo es muy peligroso, especialmente si lo haces con Macarena.» ▐✔ no se ha podido documentar fuera de diccionarios.▌

3. a medios pelos *expr.* ebrio.

«Iñaki a medios pelos —que dicen en Salamora cuando se está borracho perdido—» Miguel Martín, *Iros todos a hacer puñetas.*

4. a pelo *expr.* sin ayuda, solo.

«Estos individuos, en ocasiones a pelo, es decir con el único señuelo de su labia...» Manuel Giménez, *Antología del timo.* ▌ «Veo que queda un culín en la botella de whisky y, sin hielo ni nada, a puro pelo, me lo bebo...» C. Pérez Merinero, *Días de guardar.*

5. a pelo y a pluma *expr.* bisexual.

«Vos hacés a pelo y a pluma o que coño hacés vos?» Francisco Umbral, *El Giocondo.* ❙ «Pues que le pega a todo, que lo hace a pelo y a pluma o si lo quieres más fino, que es polisexual...» F. Vizcaíno Casas, *Hijos de papá.* ❙ «Don Santiago el capellán / de las monjas del Carmelo / se follaba al sacristán / a sor Juana y sor Consuelo. /Don Salustio, el perillán, / hacía a pluma y a pelo, Donde las toman las dan.../» C. J. Cela, *Diccionario del erotismo.* ❙ «¿O también son ustedes de los chaqueteros que lo mismo hacen a pelo que a pluma?» C. Pérez Merinero, *Días de guardar.* ❙ «...un turco que tiene de cocinero, y que como él también hace a pelo y a pluma, y daban por cofa al tío y se follaban a la tía...» Ramón Ayerra, *Los ratones colorados.* ❙▪ «Gonzalo lo hace a pelo y a pluma, le es igual acostarse con uno u otro sexo.»

6. caérsele el pelo a uno *expr.* recibir castigo.

«Pues como no me la enseñe se te va a caer el pelo, ¡gilipollas!» Fernando Martínez Laínez, *La intentona del dragón.* ❙ «...pero como me vuelva a enterar yo [...] de que te vas de bureo a los bares [...] se te cae el pelo.» Ignacio Aldecoa, *El fulgor y la sangre.* ❙ «Sabía que mis padres lo descubrirían, que al regresar se me caería el pelo...» SúperPop, mayo, 1989. ❙ «¡Se os va a caer el pelo!» M. Sánchez Soler, *Festín de tiburones.* ❙ «¡Como pase la policía se nos va a caer el pelo!» José Ángel Mañas, *Sonko95.*

7. con pelos y señales ▶ *pelo, con pelos y señales.*

8. dar para el pelo *expr.* golpear, pegar, castigar.

«¡Ya os daría yo para el pelo, ya, si algún día me cabreara!» C. J. Cela, *La colmena.* ❙ «En ambas intentonas la flota española, al mando del Marqués de Santa Cruz, le dio para el pelo.» Gomaespuma, *Grandes disgustos de la historia de España.* ❙ «Algún día volverá, y os dará para el pelo a todos.» Andrés Bosch, *Mata y calla.* ❙▪ «Te voy a dar para el pelo como me saques monedas del bolso otra vez.»

9. de medio pelo *expr.* de poca categoría, de escasa importancia, de baja estofa.

«Harta de novios de medio pelo...» María Antonia Valls, *Para qué sirve un marido.* ❙ «Este espectáculo semanal se repite sábados y/o domingos en todas las urbanizaciones de medio pelo...» Ladislao de Arriba, *Cómo sobrevivir en un chalé adosado.* ❙ «...jerifalte, politiquillo o preboste de medio pelo.» El Jueves, 6-12 julio, 1994. ❙ «Como un profesional de medio pelo...» José M.ª Zabalza, *Letreros de retrete y otras zarandajas.* ❙ «Pero sólo encontraba novios de medio pelo...» María Antonia Valls, *Tres relatos de diario.* ❙ «...político de medio pelo.» Máximo, *Animales políticos.* ❙ «...un hostal de medio pelo en mitad de la ciudad...» B. Pérez Aranda *et al., La ex siempre llama dos veces.* ❙ «...porque era la primera boda que se negociaba. [...] Muchas de ellas de medio pelo.» Jaime Peñafiel, La Revista del Mundo, 8.8.99.

10. de pelo en pecho *expr.* refiriéndose al hombre, valiente, arrojado, viril.

«...un torero de pelo en pecho» Javier Villán, El Mundo, 10.7.99. ❙ «...lo del bigote es material para hombres de pelo en pecho.» Rafael García Serrano, *Diccionario para un macuto.* ❙✓ ▶ *hombre, hombre de pelo en pecho.*❙

11. estar hasta los pelos *expr.* harto.

«Inés le comenta a la otra que está hasta los pelos, que su padre la tiene harta...» Fernando Martínez Laínez, *Bala perdida.*

12. ni un pelo *expr.* en absoluto.

«—¿Es que no te fías? —Ni un pelo.» Juan Luis Cebrián, *La rusa.*

13. no cortarse un pelo ▶ *cortarse, no (sin) cortarse un pelo.*

14. no fiarse un pelo *expr.* no fiarse en absoluto.

«No me fío un pelo de esa bruja.» Andreu Martín, *El señor Capone no está en casa.* ❙ «...le lleva el dinerito a Gustavo a su casa que no se fía ni un pelo.» José Ángel Mañas, *Sonko95.* ❙ «No me fío un pelo de los investigadores privados.» Pgarcía, *El método Flower.* ✓ ▶ *fiar, no fiarse un pelo.*❙

15. no gustar un pelo *expr.* no gustar en absoluto.

«Pues que esta calma no me gusta un pelo.» Ernesto Parra, *Soy un extraño para ti.*

16. no tener pelos en la lengua ▶ *lengua, no tener (sin) pelos en la lengua.*

17. no tener un pelo de tonto (mentiroso, etc.) *expr.* no ser tonto, mentiroso.

«Esa tía no tenía un pelo de tonta...» Fernando Martínez Laínez, *La intentona del dragón.* ▌ «Yo no niego lo que digo, yo de mentirosa no tengo un pelo.» Ignacio Aldecoa, *El fulgor y la sangre.* ▌ «...puede que fuera ingenua, pero no tenía un pelo de tonta.» María Antonia Valls, *Tres relatos de diario.* ▌ «...no tengo ni un pelo de asesinador.» Andrés Bosch, *Mata y calla.* ▌ «Borrell, que no tiene pelo de tonto, se habrá dado cuenta de que aquí gana el que tiene el aparato.» Jaime Campmany, ABC, 19.4.98. ▌ «Sánchez, que no tiene un pelo de tonto, les vende que puede contactar con Alberto...» M. Vázquez Montalbán, *El delantero centro fue asesinado al atardecer.*

18. no tocar ni un pelo *expr.* no tocar.

«...alta, muy fina... pero no se deja tocar ni un pelo.» Juan Marsé, *Si te dicen que caí.*

19. (no) ver el pelo a alguien *expr.* no ver, no disfrutar de la presencia de alguien.

«El marido [...] se pasa el día trabajando y ni ella ni sus hijos le ven el pelo.» María Antonia Valls, *Para qué sirve un marido.* ▌ «Tu hermano tampoco te ve el pelo, está preocupado...» Juan Marsé, *Últimas tardes con Teresa.*

20. pelo cortado al cepillo *expr.* corte de pelo muy corto.

«Llevaba el pelo cortado a cepillo...» Fernando Schwartz, *La conspiración del golfo.* ▌ «¿Te refieres al del cabezo cortado a cepillo?» Eduard José, *Buster Keaton está aquí,* 1991, RAE-CREA.

21. pelos y señales *expr.* con todo detalle, minuciosamente.

«...era muy dado a narrar a amigos y conocidos, con pelos y señales, sus proezas amatorias.» Jose-Vicente Torrente, *Los sucesos de Santolaria.* ▌ «...te lo he contado mil veces con pelos y señales.» Jaime Romo, *Un cubo lleno de cangrejos.* ▌ «...y contar la historia de cada individuo con pelos y señales.» Álvaro de Laiglesia, *Hijos de Pu.* «Corderito lo recordaba con pelos y señales.» Germán Sánchez Espeso, *La reliquia.* ▌

«Una amiga suya nos cuenta la historia con pelos y señales.» Gomaespuma, *Grandes disgustos de la historia de España.* ▌ «Yo lo conté en casa, con pelos y señales, y espanté a mis padres.» A. Sopeña Monsalve, *El florido pensil.* ▌ «Por la cabeza me pasó que al confiarle todos los hechos con pelos y señales había escalfado un huevo.» Ernesto Parra, *Soy un extraño para ti.* ▌ «...también yo la recuerdo con pelos y señales...» Pedro Casals, *Disparando cocaína.* ▌ «...pedirle a Marta que me explicara con pelos y señales cuál era su relación...» C. Rico-Godoy, *Cómo ser infeliz y disfrutarlo.*

22. poner los pelos de punta *expr.* sorprender, atemorizar.

«A Lucas Climent le ponía los pelos de punta.» Ernesto Parra, *Soy un extraño para ti.* ▌ «...algunos literatos españoles son capaces de ponerles los pelos de punta al más valiente.» P. Perdomo Azopardo, *La vida golfa de don Quijote y Sancho.* ▌ «...la emoción te pone los pelos de punta, te hace llorar.» Álex de la Iglesia, *Payasos en la lavadora.*

23. por los pelos *expr.* por poco.

«Al tren se solía llegar por los pelos...» C. J. Cela, *El gallego y su cuadrilla.* ▌ «La hemos salvado por los pelos.» Andreu Martín, *Por amor al arte.* ▌ «Se han salvado por los pelos...» M. Vázquez Montalbán, *El delantero centro fue asesinado al atardecer.*

24. que pelos tengo yo en la cabeza *expr.* mucho, gran cantidad.

«Le he vendido más alhajas que pelos tengo yo en la cabeza.» B. Pérez Galdós, *Fortunata y Jacinta.*

25. tirarse de los pelos *expr.* desesperarse.

«...se tiró de los pelos.» Andreu Martín, *El señor Capone no está en casa.* ▌ «Se me ha retrasado la regla y estoy que me tiro de los pelos...» María Antonia Valls, *Para qué sirve un marido.* ▌ «El de Medina Sidonia estaba que se tiraba de los pelos.» Gomaespuma, *Grandes disgustos de la historia de España.* ▌ «Louis van Gaal se tira de los pelos, no entiende nada.» Alberto Gil, El Mundo, 9.8.99.

26. tomadura de pelo *expr.* engaño.

«...y no os tomo a mal la tomadura de pelo con mi traje nuevo...» José Jiménez Lozano, *El grano de maíz rojo,* 1988, RAE-CREA. ▌«¡No ves que es una tomadura de pelo de Penia!» José Jiménez Lozano, *El grano de maíz rojo,* 1988, RAE-CREA. ▌ «Esto es una tomadura de pelo...» B. Pérez Aranda *et al., La ex siempre llama dos veces.*

27. tomar el pelo *expr.* burlarse, engañar.
«Me pareció que me estaba tomando el pelo.» Lourdes Ortiz, *Picadura mortal.* ▌ «...como si alguien [...] le estuviera tomando el pelo.» Álvaro Pombo, *Los delitos insignificantes.* ▌ «O los militares fueron más listos que nosotros, o José les tomó el pelo.» Andrés Bosch, *Mata y calla.* ▌ «...una advertencia: no intenten tomarnos el pelo.» Eduardo Mendoza, *La verdad sobre el caso Savolta.*

28. venir (llegar) al pelo *expr.* venir bien, ser lo que uno desea en un momento dado.
«El testimonio de don José Pultura, enterrador de la ciudad, nos viene al pelo.» Gomaespuma, *Grandes disgustos de la historia de España.* ▌ «Llega como al pelo...» Fernando Martín, *Cómo aprobar todo sin dar ni chapa.* ▌ «Traté de darme un plazo. Pero me lo regaló el timbre de la puerta. Me vino al pelo.» Ernesto Parra, *Soy un extraño para ti.*

29. y yo con estos pelos *expr.* y yo sin preparar.
«Quieren hablar contigo. —¿Conmigo? Oh, vaya, vaya, y yo con estos pelos.» Andreu Martín, *El señor Capone no está en casa.* ▌ «¿Y cuando nos vamos? [...] Ay, madre. «¡Y con estos pelos!» La Noche de Madrid, enero, 1999.

pelón *s.* calvo, con poco pelo en la cabeza.
«...las miradas de un caballero gordezuelo y pelón.» Carmen Gómez Ojea, *Cántiga de agüero,* 1982, RAE-CREA. ▌ «...el robagallinas, el pobre loco pelón...» Francisco Umbral, *La leyenda del César visionario,* 1991, RAE-CREA. ▌◆ «¡Oye, Anselmo, te estás quedando muy pelón. Tendrás que comprarte una peluca!» ✔ DRAE: «Ecuad. Que tiene mucho pelo».▐

pelona *s.* la muerte.
«La pelona: la muerte.» JMO. ▌ «La pelona. La muerte.» VL. ▌◆ «Cuando llegue la pelona, que para entonces ya seré muy viejo,

estaré preparado y moriré a gusto.» ✔ no se ha podido documentar fuera de diccionarios.▐

pelonchas *s. pl.* pechos de mujer.
«Qué culo y qué pelonchas tiene la tía.» CO, Óscar Carbonell García.

pelota *s.* adulador.
«Sí. Y tú eres un pelota.» Francisco Umbral, *El Giocondo.* ▌ «pero retomemos a Marcial, poeta y jurista, vago y licencioso, un pelota de la época, cobista de Nerón...» A. Ussía, *Coñones del Reino de España.* ▌ «La *sita* Asunción estaba muy contenta de tener un nuevo niño pelota...» Elvira Lindo, *Manolito gafotas.* ▌ «Allí se sentaban todos, los pelotas en las primeras filas...» F. Vizcaíno Casas, *Hijos de papá.* ▌ «...hay que recuperar el viejo y manido término colegial de pelota...» R. Gómez de Parada, *La universidad me mata.* ▌ «El tío era bastante pelota y siempre, y siempre andaba intentando agradar a los jefes.» Juanma Iturriaga, *Con chandal y a lo loco.* ▌ «Parece que lo estoy viendo: (Álvarez) Cascos con la sonrisa abultada, rodeado de una infatigable cohorte de pelotas y meando sidra...» Carmen Rigalt, El Mundo, 1.8.98. ▌ «Por favor, señor —le dijeron los pelotillas de sus trajeados letrados— a usted no se le cobrará nada...» Ramón Escobar, *Negocios sucios y lucrativos de futuro.* ▌ «Te has convertido en un pelota.» Juan Madrid, *Flores, el gitano.* ▌ «El troquelador, que era un pelota, le informó...» María Antonia Valls, *Tres relatos de diario.* ▌ «...rezongó pensando en el pelota que firmaba al pie del artículo.» Pedro Casals, *Disparando cocaína.* ▌ «...me dice tan pelota como siempre con una sonrisa bobalicona y babeante.» C. Pérez Merinero, *Días de guardar.*

2. *s.* cabeza.
«Pelota, pop. Cabeza.» LB. ▌ «La pelota, la cabeza.» JV. ▌ «Tengo la pelota llena de fórmulas y ecuaciones.» JM. ▌ «...me siento bien, la pelota ahogada en un zumbido...» José Ángel Mañas, *Sonko95.* ▌ «...ya te cogeré, ya... y te romperé la pelota y te llenaré la cara de hostias...» Ilustración, Comix internacional, 5. ▌◆ «Creo que la maceta le ha dado en la pelota porque grita y gesticula mucho.»

3. *s.* halago, alabanza.

«...la técnica más efectiva es el arma arribista por excelencia: el halago, la pelota.» Carmen Posadas, *Yuppies, jet set, la movida y otras especies.*

4. *s. pl.* testículos.

«La culpa es de Javier García Sánchez que un buen día le preguntó a Alicia (Giménez-Bartlett) si le gustaba el deporte y ella le respondió que en cuestión de pelotas sólo le interesaban las del Buitre.» Óscar López, Qué leer. ▌«(Francisco) Umbral en cuero, o en pelota, de pelota, pelo, piel, no en pelotas, en plural, de pelota, testículo, en acepción que no reconoce el diccionario de la Academia.» C. J. Cela, ABC, 25.10.98. ▌«Tengo un cipo muy fino con la forma de un pepino, que por delante echa gotas y le cuelgan dos pelotas.» R. Gómez de Parada, *La universidad me mata.* ▌«¡Había que colgarlos de las pelotas!» El Mundo, 5.2.98. ▌«Concretamente, ha dicho Clinto, esta Paula Jones me ha inflado las pelotas.» El Jueves, n.º 1079. ▌«Se introdujo la polla de Nick hasta las pelotas.» Vanessa Davies, *Un premio inesperado.* ▌«Me encanta sentir el roce de tus pelotas bajo mi trasero.» Anónimo, *Obsesiones impúdicas.* ▌«¡qué pelotas tiene usted!» Amelia Díe y Jos Martín, *Antología popular obscena.* ▌«¡Si te vuelven a parar les das una patada en las pelotas!» Miguel Martín, *Iros todos a hacer puñetas.* ▌«Aguirre le dio un rodillazo en las pelotas que le hizo doblarse...» Fernando Martínez Laínez, *La intentona del dragón.* ▌«...un tío con unas pelotas enormes.» Rafael García Serrano, *Diccionario para un macuto.* |✓ ▶ *pelota, en pelota.*|

5. dar una patada en las pelotas ▶ *patada, patada en las pelotas.*

6. devolver la pelota *expr.* hacerle a uno lo mismo que ha hecho, dicho, etc.

«Le voy a devolver la pelota a ése haciendo exactamente lo que me ha hecho a mí.» CO, Marypaz García Barroso. ▌«...ánimo sereno y mente despierta para ejercitarse en esos civilizados juegos que se conocen vulgarmente como *devolver la pelota...*» Ángel Palomino, *Insultos, cortes e impertinencias.*

7. en pelota *expr.* desnudo.

«(Francisco) Umbral en cuero, o en pelota, de pelota, pelo, piel, no en pelotas, en plural, de pelota, testículo, en acepción que no reconoce el diccionario de la Academia.» C. J. Cela, ABC, 25.10.98. ▌«...figúrese, mil pelas diarias, mil, por corretear en pelota de aquí para allá...» A. Zamora Vicente, *Historias de viva voz.* ▌«El viajero escribe en pelota, en los hartos y pegajosos cueros del verano...» C. J. Cela, *Viaje al Pirineo de Lérida.* ▌«El pedazo de cretino tardó lo suyo en enterarse de que le había dejado solo, en pelota...» Pgarcía, *El método Flower.* ▌«¡Sigue en pelota y en plena calle!» Metal Hurlant, 1998. ▌«...resulta ya imposible, que los hablantes distingan con claridad *en pelotas* y *en pelota* y que no confundan esta última, el pellejo o cuero, con las témporas.» Fernando Lázaro Carreter, *El dardo en la palabra.* ▌«Se bañan en pelota.» Juan Madrid, *Crónicas del Madrid oscuro.* |✓ «Es expresión que no siempre quiere significar [...] *con las pelotas al aire...*» La Academia la hace derivar de *pelo* y Corominas sospecha que quizá tenga influjo de *pelo* o *piel...* ▶ C. J. Cela, *Diccionario del erotismo.* ▶ *pelotas, en pelotas.*|

8. en pelota (picada) viva *expr.* desnudo.

«...ponerte cómodo es andar en pelota picada.» Ladislao de Arriba, *Cómo sobrevivir en un chalé adosado.* ▌«Le dije que había amanecido en pelota picada, no sabía por qué.» Ángel A. Jordán, *Marbella story.* ▌«...un caballerete [...] posiblemente en pelota picada...» José M.ª Zabalza, *Letreros de retrete y otras zarandajas.* ▌«...para que ninguna contingencia pueda pillarte, como vulgarmente se dice, en pelota picada...» Fernando Martín, *Cómo aprobar todo sin dar ni chapa.* ▌«Lo que no cuenta el muy bocazas es los polvos que le echaba a la Raquel, cómo se la mamaba ella, [...] qué tal estaba en pelota viva.» C. Pérez Merinero, *Días de guardar.* ▌«La transición les cogió a todos in puribus, en pelota picada.» Luis María Anson, La Razón, 23.11.99.

9. en pelotas *expr.* desnudo.

«Eran revistas de tías en pelotas...» Ray Loriga, *Lo peor de todo.* ▌«Los Borbones en pelotas.» A. Ussía, *Coñones del Reino de Espa-*

ña. ❙ «Sigue la faena despojándola de la ropa y cuando la tiene en pelotas...» Amelia Díe y Jos Martín, *Antología popular obscena*. ❙ «¡Te vistes o te cojo del cuello y te saco a la calle en pelotas!» Juan Madrid, *Un beso de amigo*. ❙ «Un número que les gustaba consistía en hacerme andar en pelotas...» Eleuterio Sánchez, *Camina o revienta*. ❙ «...resulta ya imposible, que los hablantes distingan con claridad *en pelotas* y *en pelota* y que no confundan esta última, el pellejo o cuero, con las témporas.» Fernando Lázaro Carreter, *El dardo en la palabra*. ❙ «Por mí puedes salir en pelotas a la calle y coger una pulmonía.» C. Pérez Merinero, *El ángel triste*. ❙ «...y publica fotos de tías en pelotas...» María Antonia Valls, *Tres relatos de diario*. ✓ ▸ pelota, en pelota.❙

10. estar hasta las (mismísimas) pelotas *expr.* harto.

«La próxima vez conduces tú. Estoy hasta las pelotas.» Fernando Martínez Laínez, *La intentona del dragón*. ❙ «...yo también estoy hasta las pelotas...» José Ángel Mañas, *Sonko95*. ❙ «Te juro que me la pagas. Ya estoy hasta las pelotas de ti.» Fernando Martínez Laínez, *Andante mortal*. ❙ «...se han dado cuenta de que están hasta las mismísimas pelotas...» C. Pérez Merinero, *Días de guardar*. ✓ hasta las mujeres emplean la frase.❙

11. hacer la pelota *expr.* adular.

«...los presentadores le hacen mucho la pelota para quedar ellos como muy amigos...» Mala impresión, revista de humor con caspa, n.° 1. ❙ «...no hay quien le quite la pelota [...] pero en esto de hacerla tú no eres manco...» Miguel Martín, *Iros todos a hacer puñetas*. ❙ «...pero no me hagas más la pelota...» María Antonia Valls, *Para qué sirve un marido*. ❙ «El señor Sinfo siguió haciendo la pelota a su clienta.» J. Jiménez Martín, *Ligar no es pecado*. ❙ «Cómo hacer la pelota.» Carmen Posadas, *Yuppies, jet set, la movida y otras especies*. ❙ «No es por hacerte la pelota ni para que dejes de llorar...» A. Gómez Rufo, *Cómo ligar con ese chico que pasa de ti o se hace el duro*. JV/JM.

12. hacer uno lo que le sale de las pelotas *expr.* hacer uno su propia voluntad.

«...el Obispo puede hacer lo que le salga de las pelotas.» Miguel Martín, *Iros todos a ha-*

cer puñetas. ❙ «A ti fue al que no le salió de las pelotas abrir la iglesia ayer...» Miguel Martín, *Iros todos a hacer puñetas*.

13. hinchársele (inflársele) a uno las pelotas *expr.* hartarse, cansarse.

«Pero, bueno, tú ¿qué coño quieres? ¿Quieres que se me inflen las pelotas y te sacuda?» Juan Madrid, *Crónicas del Madrid oscuro*.

14. írsele a uno la pelota *expr.* ofuscarse, olvidársele a uno las cosas.

«...yo antes no era así de agresivo ni se me iba tanto la pelota...» José Ángel Mañas, *Mensaka*.

15. pasarle a uno la pelota *expr.* traspasar la responsabilidad a otro.

«Pasarse la pelota. Pasarse de uno a otro un asunto enojoso o la responsabilidad de algo.» VL. ❙ «Pasarse la pelota: esquivar la responsabilidad propia descargándola en otro.» JMO. ❙ ▪ «Vamos a ver si le podemos pasar la pelota a Tancredo y que él se haga cargo de este marrón.» ✓ no se ha podido documentar fuera de diccionarios.❙

16. ponerse en pelotas *expr.* desnudarse.

«He dicho que no está mal para sus años, y la pones en pelotas en un centro de camioneros jubilados y la hacen madre.» M. Vázquez Montalbán, *La rosa de Alejandría*. ❙ ▪ «Me han dicho que al vecino le gusta ponerse en pelotas en la playa.»

17. rayársele a uno la pelota *expr.* ofuscarse.

«No mola nada cuando se te raya la pelota...» José Ángel Mañas, *Mensaka*.

18. tener las pelotas bien puestas *expr.* ser atrevido, valiente.

«...te juro que era un tío con las pelotas bien puestas.» Andreu Martín, *Prótesis*.

19. tener (un par de) pelotas *expr.* ser atrevido, valiente.

«Cógela tú si tienes pelotas.» Miguel Martín, *Iros todos a hacer puñetas*. ❙ «¡Ése sí que tenía pelotas, sí señor!» Juan Madrid, *Crónicas del Madrid oscuro*. ❙ «...sin miedos ni poquedades ni vacilaciones, con un par de pelotas...» Ramón Ayerra, *Los ratones colorados*.

20. tocar las pelotas *expr.* molestar, incordiar.

«Deberás cargarte de paciencia porque tu jefe te estará tocando las pelotas toda la semana.» El Jueves, n.° 1079. ▌«Oye, macho, yo no sé lo que es esto, pero ya me está tocando las pelotas.» Virtudes, *Rimel y castigo.* ▌◾ «¡No me toque usted las pelotas y conteste la pregunta!»

21. tocarse las pelotas *expr.* haraganear, gandulear.

«...durante una buena temporada, me limité a tocarme las pelotas, tomar el sol...» C. Pérez Merinero, *Días de guardar.* ▌ «No es extraño que se haya muerto sin un céntimo en el bolsillo, porque se ha pasado toda la vida tocándose las pelotas.» FV. ▌ «...los polis estaban todo el puto día tocándose las pelotas.» C. Pérez Merinero, *La mano armada.*

pelotamen *s.* testículos.

«Eran dos tipos de la raza: el pelotamen de él estaba a juego con el tetamen de ella.» C. J. Cela, *Diccionario del erotismo.*

pelotazas ▶ *pelotas.*

pelotazo *s.* trago de bebida alcohólica.

«Primero vamos a servirnos el pelotazo, después te explico el juego.» Ángel Palomino, *Las otras violaciones.* ▌«Con las bebidas se hace un poco más ancha la manga, y te puedes meter un pelotazo en un momento dado...» Juanma Iturriaga, *Con chandal y a lo loco.* ▌ «...se sentó con nosotros y pidió al camarero un pelotazo.» Ángel A. Jordán, *Marbella story.* ▌ «...pidió un café cortado y un pelotazo de coñac.» Mariano Sánchez, *Carne fresca.* ▌ «...quizá el chico se ha preparado un pelotazo fuerte...» Ernesto Parra, *Soy un extraño para ti.* ▌«¿Tomamos un pelotazo?» M. Sánchez Soler, *Festín de tiburones.* ▌ «...al tragar su tercer pelotazo con mano temblorosa.» Mariano Sánchez, *La sonrisa del muerto.* ▌ «...beefeater con tónica, que nunca viene mal un pelotazo a tiempo...» Ramón Ayerra, *Los ratones colorados.*

2. borrachera.

«Menos mal que el nuevo pelotazo le curó de la melancolía que empezaba a devorarle...» Raúl del Pozo, *La novia,* 1995, RAE-

CREA. ▌◾ «¡Menudo pelotazo lleva Manuel! Ha bebido demasiado.»

3. ganancias ilícitas, enriquecimiento rápido.

«...la nueva cultura del pelotazo que parece instalarse en los aledaños del PP.» El País, 6.11.99. ▌«...negocio negro, que en Madrid se llamó pelotazo y en Barcelona no se llamó nada...» Francisco Umbral, El Mundo, 1.5.99. ▌«...un loor a la pobreza en la decadencia del pelotazo.» Jaime Campmany, ABC, 3.1.98. ▌«Barranco califica de pelotazo las actuaciones urbanísticas del PP en Arroyo del Fresno.» ABC, 13.3.98. ▌«Después de la España del pelotazo, la cultura del millón...» Francisco Umbral, *La derechona.* ▌«Que una mente de privilegio pa las finanzas, el pelotazo y el mangoneo tenga que ir...» El Jueves, 6-12 julio, 1994.

pelotear *v.* adular.

«Aunque tendrás que pelotear un poco a tus padres para que consientan...» Ragazza, julio, 1997.

peloteo *s.* ganancias, negocios ilícitos.

«Fariña desconocía los peloteos y trucos bancarios...» Ángel Palomino, *Madrid, costa Fleming.* ▌ «Mientras fueran capaces de mantener aquel peloteo...» Victoriano Corral, *Delitos y condenas.*

pelotera *s.* pelea, trifulca.

«...ya había tenido lugar algún tipo de pelotera entre ambos.» Damián Alou, *Una modesta aportación a la historia del crimen,* 1991, RAE-CREA. ▌◾ «Los vecinos siempre andan metidos en peloteras, dando voces y gritos y zurrándose.» ✔ DRAE: «f. fam. Riña, contienda o revuelta».▐

peloterismo *s.* adulación.

«No soporto el peloterismo indiscriminado.» Ragazza, n.° 100.

pelotero *s.* adulador.

«...de pequeño era servil y pelotero...» Álex de la Iglesia, *Payasos en la lavadora.*

pelotillas, hacer pelotillas *expr.* hurgarse la nariz y sacar mucosidades.

«...no coger frío para evitar catarros, no hacer pelotillas con los mocos...» Fanny Rubio, *La sal del chocolate,* 1992, RAE-CREA. ▌

■ «Creo que no es elegante hacer pelotillas delante de todos.» |✔ ▶ *albondiguillas*.|

pelotillero *s.* adulador, halagador.

«...fíjate cómo se amontona a su lado toda esa recua de pelotilleros...» A. Zamora Vicente, *Mesa, sobremesa*. ▮ «Que te apuntes las horas extra y te des un buen lote con el dire, pingüina, pelotillera...» Ángel Palomino, *Las otras violaciones*. ▮ «...todos los de tu familia habéis sido siempre muy pelotilleros...» Ángel Palomino, *Un jaguar y una rubia*. ▮ «...la mejor carrera es la de pelotillero.» Fernando G. Tola, *Mis tentaciones*. |✔ DRAE: «adj. fig. Que adula. Ú. t. c. s.».|

pelotudez *s.* bobada, tontería.

«Y patatín y patatán, siempre las mismas pelotudeces.» Fernando Martínez Laínez, *Andante mortal*.

pelotudo *s.* necio, tonto.

«Pelotudo Ramírez, una auténtica fuerza de la naturaleza...» Miguel Martín, *Iros todos a hacer puñetas*.

2. maravilloso, estupendo.

«...es una mujer guapísima, simpática, cachonda, en fin ¡qué voy a decirte!, es una mujer pelotuda.» DE. ▮ «Pelotudo: cojonudo.» JMO.

pelu *s.* peluquería.

«Me compré un modelazo para la ocasión, me fui a la pelu...» Ragazza, n.° 101. ▮ «A mí me parece que ése ya se ha arreglado con la Lucía por lo que dicen en la pelu.» Ignacio Aldecoa, *El fulgor y la sangre*.

peluca *s.* vello del pubis.

«¡Y qué bragas! De esas caladitas [...] por la que asoma toda la peluca.» C. Pérez Merinero, *Días de guardar*.

peluco *s.* reloj.

«El peluco es bueno, creo. Patek Philip.» Lucía Etxebarría, *Beatriz y los cuerpos celestes*. ▮ «Sí, no es un peluco chungo, pero ahora no cuesta cien mil.» Juan Madrid, *Cuentas pendientes*. ▮ «No creas que sólo movemos color, también cassettes, tocatas, pelucos, pastillas, en fin todas chucherías que producen manteca.» Rambla, n.° 3. ▮ «Abdul vende cadenitas de oro alemán, pelucos finos de Canarias...» Juan Madrid, *Crónicas del Madrid oscuro*. ▮ ■ «El Cotufas se dedica a birlar pelucos en el Rastro.»

pelucón *s.* pelo falso, peluca.

«¡Quítate ese pelucón que te veamos el pelo de costurera!» José Martín Recuerda, *Las arrecogías del beaterio de Santa María Egipcíaca,* 1980, RAE-CREA. ▮ «El viejo tenía los ojos verdes y un pelucón de platino...» Pau Faner, *Flor de sal*. ▮ ■ «Arturo me ha comentado que se va a comprar un pelucón para parecer más joven y poder ligar con las tías.»

peludo *adj.* difícil.

«Leo atentamente los periódicos para ver si puedo alquilar un piso. La cosa está peluda.» Eduardo Mendoza, *Sin noticias de Gurb*.

peluquín, ni hablar del peluquín *expr.* expresión de negación y rechazo.

«La zona del conductor: Ni hablar del peluquín.» P. Antilogus, J. L. Festjens, *Antiguía de los conductores*. ▮ «...porque seguramente tu marido te dirá que ni hablar del peluquín...» María Antonia Valls, *Para qué sirve un marido*. ▮ «Negarse a algo. Ni hablar del peluquín.» DTE.

peluso *s.* soldado de primer reemplazo.

«Peluso. También llamado *baluba, bulto,* etc. Es el nuevo, el recién llegado. Tiene que cumplir las órdenes de los veteranos.» M. Ángel García, *La mili que te parió*.

pena, a duras penas *expr.* con dificultad.

«Se calmó a duras penas.» Juan Madrid, *Un beso de amigo*. ▮ «...casi en la penumbra, iluminado a duras penas por siete farolas de color ámbar.» Mariano Sánchez, *La sonrisa del muerto*. ▮ «Despachaba con sus colaboradores íntimos y, a duras penas, despachaba...» Ángel Palomino, *Un jaguar y una rubia*. ▮ «Cientos de chicas rodean las calles adyacentes a la entrada, contenidas a duras penas, por los servicios de seguridad...» Ragazza, julio, 1997.

2. de pena *expr.* muy mal.

«Repite el dibujo porque éste te ha salido de pena.» CL. ▮ «Manolo conduce de pena.» FV.

3. hecho una pena *expr.* sucio, en mal estado.

«¡Por favor, pipas, no, que dejáis esto hecho una pena!» José Luis Martín Vigil, *Los niños bandidos.*

4. sin pena ni gloria *expr.* sin trascendencia.

«Un día más, sin pena ni gloria, como deben ser los días.» Álvaro Pombo, *Los delitos insignificantes.*

penalty, casarse de penalty ▶ *casarse, casarse de penalty.*

penca *s.* prostituta.

«...ése se enamore de una mujer como esa penca. Y el marido arriba, esperando.» Ángel Vázquez, *La vida perra de Juanita Narboni,* 1976, RAE-CREA. ▌◼ «Una penca es una puta barata, o sea: lo que tú eres, Encarna.»

2. pierna.

«¡Y qué pencas tienen!» Ramón Gil Novales, *El doble otoño de mamá bis,* 1975, RAE-CREA. ▌◼ «La tía tiene unas pencas largas y así como morcillosas, y con la minifalda se le ven mucho, ¿sabes?»

pencar *v.* trabajar.

«Me han hecho pencar.» Juan Marsé, *Si te dicen que caí.*

pendanga *s.* prostituta.

«Toda una vida de rectitud y seriedad para morir en casa de una pendanga.» Ángel Palomino, *Madrid, costa Fleming.* ▌ «Vete a sanarte con las pendangas que por unos duros se dejan sobar.» P. Perdomo Azopardo, *La vida golfa de don Quijote y Sancho.*

pendejada *s.* bobada, tontería.

«Olvídate de esas pendejadas.» Juan Madrid, *Crónicas del Madrid oscuro.* ▌ «Siempre está diciendo pendejadas.» CL. ▌ «Aquella mañana yo me le acercaba con cualquier pretexto y le decía pendejada tras pendejada...» Sealtiel Alatriste, *Por vivir en quinto patio,* 1985, RAE-CREA. ▌ «Todo esto me pareció una soberana pendejada, un disparate...» Carlos Fuentes, *Cristóbal Nonato,* 1987, RAE-CREA.

pendejo *s.* persona disoluta y licenciosa.

«...ahora resulta que eres la más pendeja de

todas, buen desengaño he tenido contigo, bonita.» Ángel Palomino, *Las otras violaciones.*

2. persona indeseable.

«Yo por eso me quejo y me quejo / porque aquí es donde vivo y ya no soy un pendejo.» J. M. Gómez, canción de Molotov, El Mundo, La luna del siglo XXI, 9.10.98. ▌ «Otra vez, pendeja, otra vez! ¡Sal de ahí, vamos!» Juan Madrid, *Flores, el gitano.* ▌ «...no ha cesado de hacer la guerra al pendejo de Rómulo...» Pedro Casals, *Disparando cocaína.*

pendón *s.* mujer promiscua.

«¿No pretenderás que yo te lleve a reunirte con este pendón...?» Terenci Moix, *Garras de astracán.* ▌ «Y él, hale, a pasearse en moto por ahí con un pendón.» Manuel Hidalgo, *Azucena, que juega al tenis.* ▌ «Pero qué hacéis, idiotas, subiendo a un marinero... Usted ha dicho que alcemos al pendón y éste es el más pendón de todos.» Gomaespuma, *Grandes disgustos de la historia de España.* ▌ «Además, esa pieza es un pendón como la copa de un pino, cambia de pareja con más frecuencia que de ropa interior...» A. Gómez Rufo, *Cómo ligar con ese chico que pasa de ti o se hace el duro.*

2. prostituta.

«...pero ¿de dónde has salido tú, pendón de arrastre...?» A. Zamora Vicente, *Mesa, sobremesa.* ▌ «Hace unos años hubieran dicho de ella que era un pendón...» María Antonia Valls, *Para qué sirve un marido.* ▌ «Hacer el pendón y luego pedir disculpas.» Virtudes, *Rimel y castigo.* ▌ «Si habláramos de otra yo sería la primera en pensar que la culpa es de ella, que hay mucho pendón por ahí suelto.» María Antonia Valls, *Tres relatos de diario.* ▌ «Esos pendones que van por la calle...» P. Perdomo Azopardo, *La vida golfa de don Quijote y Sancho.*

3. persona indeseable.

«El grandísimo pendón que debiera besar por donde usted pisa.» Jose-Vicente Torrente, *Los sucesos de Santolaria.* ▌ «Sí, señor, cuñada de ese pendón de Miguel.» Andreu Martín, *Prótesis.*

4. hombre mujeriego.

«Claro, con un marido tan pendón como Johnny...» Ragazza, junio, 1998. ▌ «Y supo que aquel Gerardo era un pendón si los había.» Corín Tellado, *Mamá piensa casarse.* ▌ «...que lo que se dice a golfo y pendón no me gana ni dios...» Ramón Ayerra, *Los ratones colorados.*

5. pendón verbenero *expr.* mujer muy promiscua.

«Sus ligues se acoplan a las características que podríamos denominar de pendón verbenero.» Gomaespuma, *Familia no hay más que una.* ▌ «Mujer que recorre los bailes; mujer de vida alegre.» LB. ▐✔ ▶ también *putón, putón verbenero.*▌

pendona *s.* mujer promiscua.

«Un tío que se relaciona con una pendona como ella tiene que ser tan sinvergüenza...» Andreu Martín, *Por amor al arte.* ▐✔ ▶ *pendón.*▌

pendonear *v.* prostituirse.

«Las jovencitas no deberían remolonear, pendoneando por la calle...» Fernando Schwartz, *La conspiración del golfo.* ▌ «...y me dije que seguro que se había ido a pendonear y a ponerme los cuernos...» C. Pérez Merinero, *La mano armada.*

pendoneo *s.* libertinaje.

«...numerosos testimonios de amigas [...] a las que les gusta el pendoneo más que comer con los dátiles.» Virtudes, *Rimel y castigo.* ▌ «Tanto pendoneo, coño, tanto merdé...» Juan Marsé, *La oscura historia de la prima Montse.*

2. ir de pendoneo *expr.* acción de pendonear.

«...nosotras siempre hemos sostenido que la culpa de todos sus pendoneos es de su marido...» Virtudes, *Rimel y castigo.* ▌ ▪▪ «Como te vayas de pendoneo otra vez, me divorcio de ti, so puta.»

péndulo *s.* pene.

«Ella le agarró el pene por sorpresa. ¿Y ese péndulo tan mono no sirve para nada?» Terenci Moix, *Garras de astracán.*

2. péndulos *s. pl.* testículos.

«Testículos, bolas, canicas, cataplines, chismes, colgajos, criadillas, huevamen, pelés, pelotas, péndulos, pesas.» José M.ª Zabalza, *Letreros de retrete y otras zarandajas.*

***pene** cf. (afines) ariete, anchoa, aparato, aparato *follador, árbol, arma, armado, arrugarse, asta, asunto, badajo, banana, barra fija, bartolillo, bastón, berenjena, bicho, bolo, boniato, bragueta, bulto, butifarra, calabacín, canario, capullo, carajo, caramelo, cebolleta, cetro, chisme, chistorra, chorizo, chorra, choto, chupete, churro, chuzo, cigarrín, cilindrín, cilindro, cimbel, cimborrio, cipo, cipote, cirio, ciruelo, clavo, cola, colgante, colita, dardo, estaca, falo, flauta, gallo, glande, gusanito, haba, hermano pequeño, herramienta, hijo predilecto, instrumento, jeringa, la, lapicero, lo, longaniza, magué, mandado, mandanga, mandarria, mango, manguera, manivela, manubrio, mascarón, masculinidad, mástil, mazo, miembro, minga, minina, mondongo, morcilla, morcillón, nabo, niño, órgano reproductor, pájara, pajarito, pájaro, palo, paquete, péndulo, pepino, pera, picha, pichina, pichita, pichorra, pico, pija, pijo, pijorra, pilila, pincelín, pinga, pingajo, pipí, pirindola, pirindolo, piringulo, pirulí, pirulina, pistola, pito, pitorro, pizarrín, plátano, pluma, polla, pollita, poronga, porra, príapo, rabo, salchicha, salchichón, sardina, sardineta, tallo, titola, tranca, trasto, vaina, vara, vena azul, verga, zanahoria.

***pene artificial** cf. (afines) consolador, picha danesa, vibrador.

penene *s.* profesor no numerario.

«En los setenta fue entre nosotros ejemplar compañero *penene*, y desde el penenazgo implacable [...] retratista [...] de aquella universidad nuestra.» Gregorio Cámara Villar, en A. Sopeña Monsalve, *El florido pensil.* ▌ «...para encontrar [...] algún viejo compi, que ya era también penene...» Andrés Berlanga, *La gaznápira.*

penetrar *v.* copular el varón.

«Puedo darte morbo como para conseguir que mantengas la erección después de correrte y que sigas penetrándome salvajemente hasta el infinito.» Anuncios clasificados, El Mundo, 10.5.98. ▌ «...babeaban como si ya hubieran conseguido penetrarla con sus vergas...» Andreu Martín, *El señor Capone no está en casa.* ▍ «Él la penetra sacando su miembro por la ranura abierta de la bragueta.» José Luis Muñoz, *Pubis de vello rojo.*

penta *s.* droga, pentadozina.

«Ayer se enrolló bien conmigo una gente y les pasé dos pentas.» José Luis de Tomás García, *La otra orilla de la droga,* 1984, RAE-CREA ▍ «Penta: Pentadozina (fármaco).» JGR.

peña *s.* grupo de amigos.

«...se establecen una serie de vínculos de lo más estrechos entre la peña que practica esta modalidad de viaje.» You, n.° 3. ✓ DRAE: «Corro o grupo de amigos o camaradas».▍

peñazo *adj. y s.* pesado, aburrido; murga.

«Harás todo lo posible por poner tus cosas al día, y lo conseguirás. Pero luego, mantenerlas, te resultará de lo más peñazo.» Ragazza, n.° 101. ▍ «Pues no veáis el peñazo que me ha dado mi abuela esta mañana...» F. Vizcaíno Casas, *Hijos de papá.* ▍ «...y nos fuimos unos días de cachondeo a Marbella: que no vea qué peñazo...» Miguel Martín, *Iros todos a hacer puñetas.* ▍ «...para recordar al editor Gonzalo Pontón cuando ironizó sobre Don Francisco Rico, rico, por lo peñazo que se había puesto...» Aníbal Lector, Qué leer, junio, 1998.

Pepa, la tía Pepa *expr.* menstruación.

«La tía Pepa, la tía Pepita. Menstruación.» VL. ▍ ▪ «Dolores no puede hacer el amor esta noche porque le ha venido la tía Pepa.» ✓ no se ha podido documentar fuera de diccionarios.▍

pepero *s.* miembro del Partido Popular, PP.

«...llegado del primer congreso del PADE —que no Padle—, esa escisión de peperos cuyo objetivo es representar a la derecha pata negra...» Carmen Rigalt, El Mundo, 9.2.98. ▍ «...pero al menos no te sacan al dóberman en trance de tirarse contra la yugular de los peperos.» Jaime Campmany, ABC, 11.2.98.

pepinazo *s.* golpe.

«...y se ponían como locos a arrear pepinazos.» Gomaespuma, *Grandes disgustos de la historia de España.*

pepino *s.* cabeza alargada.

«Asiente con el pepino que usa como cabeza...» C. Pérez Merinero, *Días de guardar.* ▍ ▪ «Cuidado con las escaleras, tío, que si te caes te vas a romper el pepino.»

2. billete de mil pesetas.

«Billete de mil pesetas (también [...] pepinos...)» Joseba Elola, *Diccionario de jerga juvenil,* El País Semanal, 3.3.96. ▍ ▪ «Sólo tengo un pepino para todo el fin de semana.»

3. moto, vespino.

«Me quito el casco, saco un sobre del cofre rojo que llevo en la parte trasera del pepino y entro.» José Ángel Mañas, *Mensaka.*

4. pene.

«Otras se suelen meter / A falta de un buen pepino, / Los dedos en el chumino / Hasta que les da placer.» J. de Vargas Ponce, *Lo que es y lo que será,* ▶ C. J. Cela, Revista de Occidente, Tercera época, n.° 4. ▍ «—Dadme un respiro, pidió. —Lo que te vamos a dar es un pepino.» Mariano Sánchez, *Carne fresca.*

5. dar (tomar) por donde amargan los pepinos ▶ *dar, dar (tomar) por donde amargan los pepinos.*

6. (no) importar un pepino *expr.* no importar.

«...para ver un fondo de armario que me importa un pepino que esté limpio o puerco.» A. Matías Guiu, *Cómo engañar a Hacienda.*

pepita ▶ *pepitilla.*

pepitilla *s.* clítoris.

«Estaba carenándole la pepitilla —joder qué diminutivo más cabrón y más mentiroso...» C. Pérez Merinero, *La mano armada.* ▍ «Pepitilla. Clítoris.» LB. ▍ «Pepitilla. Clítoris.» VL. ▍ «La pepita: el clítoris.» JMO. ▍ «Pepitilla. Clítoris.» S. ▍ ▪ «En cuanto le chupé la pepitilla se puso a dar voces y a llorar como una loca.»

pepsi *s.* pepsi-cola.

«Los niños y los viejos estamos colgados de la cocacola y hasta de la pepsi.» Francisco Umbral, El Mundo, 19.6.99.

peque *s.* niño.

«Déjala. Está con los dos peques, que tienen miedo; no los deja hasta que se duermen.» C. J. Cela, *La colmena*. ❙ «Hijo, ¡qué suertudo! Menudo viajecito te marcaste de peque...» Ragazza, n.º 101. ❙ «...los peques con los recordatorios cuando hacen la primera comunión...» Ramón Ayerra, *Los ratones colorados.*

pequeñajo *s.* persona pequeña.

«¿Te has fijado en ese pequeñajo de las gafitas?» A. Gómez Rufo, *Cómo ligar con ese chico que pasa de ti o se hace el duro.* ❙ ▪ «No sé como puedes salir con ese pequeñajo siendo tan alta como eres.»

pera *s.* el colmo, el no va más.

«La exposición sobre El Greco en el Museo Thyssen Bornemisza es buenísima. Es la pera.» Manuel Hidalgo, El Mundo, 1.5.99. ❙ «Estos suecos son la pera.» Carmen Rigalt, El Mundo, 28.8.99. ❙ «Mis dos hermanos son la pera...» Ragazza, n.º 101. ❙ «Las tías sois la pera.» C. Rico-Godoy, *Cómo ser una mujer y no morir en el intento.* ❙ «Regina, eres la pera.» Manuel Hidalgo, *Azucena, que juega al tenis.* ❙ «Total, es que los españoles somos la pera...» A. Sopeña Monsalve, *El florido pensil.* ❙ «Es que eres la pera, Antonio, luego dices que tengo mal carácter.» C. Rico-Godoy, *Cómo ser infeliz y disfrutarlo.* ❙ «El barrio era la pera, sí...» Juan Marsé, *Si te dicen que caí.*

2. perista, tratante de objetos robados.

«Conocemos a un pera —comprador de mala fe— que nos compra todo el oro que le llevemos.» Eleuterio Sánchez, *Camina o revienta.* ❙ «Pera: perista. Comprador de objetos robados.» Manuel Giménez, *Antología del timo.* ❙ «...cuando se trata de material robado hay que ponerse en manos de un perista o pera que se encarga de...» Victoriano Corral, *Delitos y condenas.* ❙✓ ▶ *perista.*❙

3. masturbación.

«Las pajas, peras, gayolas o gallardas de Blas son como los éxtasis místicos de santa Teresa...» Francisco Umbral, *Madrid 650.*

4. elegante, atildado, presumido.

«...sobre todo los que son de familia bien, o sea, la mayoría que van siempre muy peras.» Manuel Hidalgo, *Azucena, que juega al*

tenis. ❙ «...un señorito vanidoso e insoportable, dice, un hijo de papá, niño bien, jili, pijo y pera, universitario en coche sport...» Juan Marsé, *La oscura historia de la prima Montse.* ❙✓ ▶ también *niño, niño pera.*❙

5. pene.

«Pera. Miembro viril.» LB. ❙ «Pera. Org. genital masculino.» JM. ❙ «Pera: pene.» JMO. ❙ «Pera. Picha.» VL. ❙✓ no se ha podido documentar fuera de diccionarios.❙

6. hacerse (tocarse la) una pera *expr.* masturbar(se).

«...puedes hacerme una pera.» A. Ussía, *Coñones del Reino de España.* ❙ «Los seminaristas se hacen sendas peras.» A. Ussía, *Coñones del Reino de España.* ❙ «Sólo puedes vivir robusto y sano / y sólo darte gusto si tú quieres / hazte de vez en cuando alguna pera.../» DE. ❙ «Como los que espían a las parejas en el campo y luego se tocan la pera, a modo de consolación.» JM. ❙✓ Luis Besses dice que *pera* es *miembro viril.* Para Víctor León, *tocarse la pera* es *holgazanear.* ▶ *paja, hacer(se) una paja.* Para el DRAE es: *fr. fig. y vulg. masturbarse.*❙

7. pedirle peras al olmo *expr.* querer un imposible.

«Pero es claro que no se pueden pedir peras al olmo...» Fernando Repiso, *El incompetente.*

8. tocarse la pera *expr.* haraganear, estar ocioso.

«La pereza se relaciona con entretenimientos sexuales [...] tocarse los huevos, rascarse los cojones, tocarse la pera...» AI.

percal *s.* dinero.

«...el modo de revelar aquellas curvas que el pudor consiente enseñar, y aun exponer, siempre que entre los ojos y la carne se interponga un poco de percal...» Manuel Longares, *La novela del corsé,* 1979, RAE-CREA.

2. conocer el percal *expr.* ser entendido en algo.

«Conozco el percal. Pero son gente muy difícil.» Raúl del Pozo, *Noche de tahúres.*

percebe *s.* bobo, necio.

«Percebe. fig. y fam. Persona torpe o ignorante.» DRAE. ❙ «El percebe de Juan, el dentista, se cree que es alguien, el pobre. Es un enano.» DCB. ▌ «Sólo a un percebe como tú se le podía haber ocurrido esa tontería.» CL.

percha *s.* cuerpo, tipo.

«...porque yo tengo buena percha y buenos músculos...» M. Vázquez Montalbán, *Los alegres muchachos de Atzavara*. ▌ «¿Mi apariencia actual es solvente, quiero decir que con esta percha...» J. Giménez-Arnau, *Cómo forrarse y flipar con la gente guapa*.

2. persona atractiva.

«...varones que el personal femenino denomina guaperas y el resto llama, con un pelín de envidia, unos perchas.» El Gato Encerrado, 3-9 julio, 1998.

perder, echar(se) a perder *expr.* estropearse.

«Tengo unas cosas en la nevera que se están echando a perder.» Eduardo Mendoza, *Sin noticias de Gurb*. ▌ «La operación Trevijano lo echaría a perder todo.» Luis María Anson, *Don Juan*, 1994, RAE-CREA.

2. perder la chaveta ▸ *chaveta, perder la chaveta.*

perdida *s.* prostituta.

«La Fina es la perdida del pueblo.» Ángel María de Lera, *Los clarines del miedo*. ▌ «¿Qué me pasa? Ya lo ves [...] que has hecho de mí una perdida...» Ángel Palomino, *Todo incluido*. ▌ «¡No me compare usted con unas perdidas!» Jose-Vicente Torrente, *Los sucesos de Santolaria*. ▌ «Descarriada; mujer de mal vivir; mujer del arroyo; mujer de la vida; mujer de vida alegre; mujer de casa pública; mujer de la carrera; mujer de vida airada; [...] perdida...» AI. ▌ «Ellas también beben. ¡Perdidas!» Jesús Ferrero, *Lady Pepa*. ▌ «...pues en este país se piensa que cuando una mujer dice que es muy demócrata quiere decir que es muy abierta, o sea muy libertina, una lanzada, una loca, una salida, una perdida, lo que ustedes quieran.» Francisco Umbral, Diario de Mallorca, 17.3.76, citado en DE. ▌ «Entre nosotros a las mujeres como tú las llamamos perdidas.» P. Perdomo Azopardo, *La vida golfa de don Quijote y Sancho*. ▌ «Bueno, ¿y cómo lo llamamos? ¿Prostituta, ramera, mujerzue-

la, meretriz, cortesana, zorra, golfa, suripanta, perdida, hetaira, pendón...?» Ana Diosdado, *Trescientos veintiuno, trescientos veintidós*, 1991, RAE-CREA.

perdido *s.* persona disoluta.

«También yo era un perdido, un inmoral como tú...» Juan Marsé, *La oscura historia de la prima Montse*.

2. de perdidos al río *expr.* qué más da, qué importa.

«Ella dudó por un instante frunciendo los labios y extendiendo las manos, diciéndose: De perdidos al río.» Pedro Casals, *Disparando cocaína*. ▌ «No me atrevía a contárselo, pero de perdidos al río.» Manuel Martínez Mediero, *Juana del amor hermoso*, 1982, RAE-CREA. ▌ «...pensará: de perdidos al río.» Eduardo Mendoza, *La ciudad de los prodigios*.

3. ponerse perdido *expr.* ensuciarse.

«...se portaron muy mal y se pusieron perdidos de tierra...» C. J. Cela, *El gallego y su cuadrilla*. ▌ «...te estás poniendo perdida.» Manuel Hidalgo, *Azucena, que juega al tenis*. ▌ «...me pongo perdido y acabo tirando lo que queda del helado a una papelera.» Eduardo Mendoza, *Sin noticias de Gurb*.

perdis *s.* mujeriego, sinvergüenza.

«...de eso ya sabrás más que yo, perdis, que eres un perdis...» A. Zamora Vicente, *Historias de viva voz*. ▌ «Tú no debes relacionarte ahora con ninguno de estos perdis del barrio.» Ignacio Aldecoa, *El fulgor y la sangre*. ▌ «...y todavía menos que un perdis de pueblo, aficionado al bacalao, te rasque el parrús y te fabrique un bombo...» Juan Benet, *En la penumbra*. ✔ DRAE: «m. fam. Hombre de poco asiento y de moral laxa, perdulario. Ú. m. en las frases *ser un perdis, o estar hecho un perdis*».▌

perdiz, marear la perdiz *expr.* embrollar, confundir.

«¡Y deje de marear la perdiz, hombre!» M. Sánchez Soler, *Festín de tiburones*.

perdulario *s.* persona promiscua, disoluta.

«...más que un convento de monjas parecía un cubil de perdularias.» Germán Sánchez Espeso, *La reliquia*. ▌ «Para las mujeres era el

Tercio una especie de misterioso convento de perdularios a donde iba a parar *lo mejor de cada casa*.» Rafael García Serrano, *Diccionario para un macuto*. ▮ «En el pueblo sería una perdularia.» P. Perdomo Azopardo, *La vida golfa de don Quijote y Sancho*. ✔ DRAE: «Vicioso incorregible. Ú. t. c. s.».▮

perendengues *s.* testículos.
«...con tanto carnet de identidad, pasaportes y otros perendengues...» P. Perdomo Azopardo, *La vida golfa de don Quijote y Sancho*. ▮ «Pelendengues: llaman a las glándulas genitales masculinas.» IND.

*perezoso cf. (afines) ▶ *haragán.*

perica *s.* prostituta.
«Perica: Prostituta.» JGR. ▮ «...organiza orgías, como matrona de los traveros y la perica.» Raúl del Pozo, *Horóscopo*, El Mundo, 30.9.99. ▮ «—¿Y dónde está? —¿La perica? —No, ella, Montse.» Jaime Romo, *Un cubo lleno de cangrejos*. ✔ ▶ *perico.*▮

2. en los naipes, sota de oros.
«Perica (sota de oros): f. Llamada así en el juego del truque.» IND.

perico *s.* mujer promiscua.
«Un perico: golfa, prostituta.» JV. ▮ «¡Mira por dónde su hijo fue a enamorarse de un perico!» JM. ▮ «Perico: prostituta, se usa frecuentemente como insulto.» JMO. ▮ ▰ «Sara dice que es modelo de alta costura, pero en realidad es un perico que se acuesta con el primero que llega.»

2. periódico.
«Perico, periódico.» JGR. ▮ ▰ «Yo siempre leo el perico los domingos para enterarme de lo del fútbol.»

3. orinal.
«El orinal del niño. El perico del nene.» A. Ussía, *Tratado de las buenas maneras*. ▮ «Orinar es desbeber [...] y se hace en un bacín, [...], tiesto, [...] chata, perico, vaso de noche... que son acepciones del orinal.» José M.ª Zabalza, *Letreros de retrete y otras zarandajas*.

4. cocaína.
«No eres el único que tienes perico. Si no me lo vendes, cojonudo...» Juan Madrid, *Flores, el gitano*. ▮ «...soy una cerda, dadme

de todo, quiero más perico, más de todo, ven aquí, ven...» El Gran Wyoming, *Te quiero personalmente*. ▮ «Fíate tú si el perico sirve pa to...» J. Giménez-Arnau, *Cómo forrarse y flipar con la gente guapa*. ▮ «...pero no pasa nada, el Borja tiene el perico preparado para cuando quieras.» José Ángel Mañas, *Sonko95*.

5. en los naipes, caballo de bastos.
«Perico (caballo de bastos): nombre dado en el juego del truque.» IND.

6. perico el de los Palotes *expr.* uno cualquiera, cualquier persona.
«...y un cura, que podía ser alguien de la Biblia o Perico el de los Palotes...» El Mundo, 3.3.96.

perilla, de perilla(s) *expr.* conveniente, oportuno.
«Va de perillas: ninguna alarma, ningún tiro.» Juan Marsé, *Si te dicen que caí*.

2. perillas *s.* uno que lleva perilla.
«El otro camarero —un perillas guay con un pendiente en la ceja...» José Ángel Mañas, *Mensaka*.

perindola ▶ *pirindola.*

periódico *s.* menstruación.
«Todo principió una tarde en que Dulcinea estaba exangüe, malita... Sancho me aseveró, luego, que tenía el periódico, que le daba muy fuerte...» P. Perdomo Azopardo, *La vida golfa de don Quijote y Sancho*.

período *s.* menstruación.
«—Me baja el período. Con un ademán le di a entender que por mí podía ahogarse en un vaso de ginebra.» C. Pérez Merinero, *El ángel triste*. ✔ DRAE: «3. Menstruo de las mujeres y de las hembras de ciertos animales.»▮

peripatética *s.* prostituta.
«...un hogar desquiciado, entre una madre peripatética y un hermano en las nubes.» Francisco Melgares, *Anselmo B o la desmedida pasión por los alféizares*, 1985, RAE-CREA. ▮ ▰ «No es relaciones públicas como dice, es una peripatética de mala muerte.» ✔ porque *hace la calle.*▮

peripuesto *adj.* muy acicalado y puesto.
«...pronto llegaría Rafa muy peripuesto y

con una sonrisa alegre...» M. Vázquez Montalbán, *Los alegres muchachos de Atzavara*. |✔ DRAE: «adj. fam. Que se aderaza y viste con demasiado esmero y afectación».|

periquete, en un periquete *expr.* rápidamente.

«...y, recuperándose en un periquete...» Eduardo Mendicutti, El Mundo, 9.8.99. ❚ «Me despaché en un periquete.» Ernesto Parra, *Soy un extraño para ti.* ❚ «...llegando la solución en un periquete...» Ramón Ayerra, *Los ratones colorados.* ❚ «...había dicho esto lo apaño yo en un periquete...» Eduardo Mendicutti, *El palomo cojo,* 1991, RAE-CREA. ❚ «...se levantó el siroco y el mar se rizó en un periquete.» Pau Faner, *Flor de sal.* |✔ DRAE: «fam. Brevísimo espacio de tiempo. Ú. m. en la loc. adv. en un periquete».|

periquita ▶ *periquito.*

periquito *s.* persona joven.

«Me fijo en las primeras catorce periquitas que pasen y...» El Jueves, 6-12 octubre, 1993. ❚ «La encargada de abrir la pesada puerta blindada fue una periquita de curvas inquietantes...» Fernando Martínez Laínez, *La intentona del dragón.* ❚◾ «Ahora el viejo del tercero izquierda sale con un periquito que puede ser su nieta.» |✔ masculino o femenino indistintamente.|

2. policía novato.

«En el argot de los rufianes y de la madera, un periquito es un policía inexperto.» Raúl del Pozo, *Noche de tahúres.*

perista *s.* comerciante en objetos robados.

«Ellos nos evitan porque son carteristas, presidiarios, prestamistas, peristas...» Raúl del Pozo, *Noche de tahúres.* ❚ «No era de contrabando, sino producto de algún robo. Justo era perista, pero honrado.» Juan Madrid, *Las apariencias no engañan.* ❚ «...pululan verdaderas hordas de rateros, ladrones, chorizos, peristas, sañeros, palquistas y chulos capaces de tirar de cabritera por un quítame allá esas pajas...» Isidro, ABC, 10.4.56. ❚ «Un cementerio de coches [...] ocultaba el ir y venir de peristas y atracadores.» Mariano Sánchez, *Carne*

fresca. ❚ «...carterista, macarra ocasional y perista...» Andreu Martín, *Amores que matan, ¿y qué?* ❚◾ «Ramón es un perista muy conocido.» |✔ ▶ *pera.* DRAE: «com. Germ. Persona que comercia con objetos robados a sabiendas de que lo son».|

perita, ser una perita en dulce *expr.* persona agradable, atractiva.

«...porque esta perita en dulce te hace la boca agua.» Jesús Alviz Arroyo, *Un solo son en la danza,* 1982, RAE-CREA. ❚ «...que el pibe no estuviera bueno. ¡Una perita en dulce! ¡Desnudito allí! ¡Un bombón!» José Luis Martín Vigil, *En defensa propia,* 1985, RAE-CREA. ❚◾ «Va a ser difícil que tu cuñada se case porque no es precisamente una perita en dulce con el carácter que tiene.»

perla *s.* persona indeseable.

«Si reúne las dos cosas, de fábula, pero si es un perla, ¡que le den!» You, enero, 1998.

2. de perlas *expr.* muy bien, estupendo.

«...siempre hay algún manitas al que se le da de perlas.» Carmen Pérez Tortosa, *¡Quiero ser maruja!*

perlaos *s. pl.* dientes.

«Perlaos: dientes.» JV. ❚ «Perlao. Diente, piño.» Ra. ❚◾ «Nosotros los negros tenemos los perlaos mu blancos, ¿sausté?» |✔ no se ha podido documentar fuera de diccionarios.|

peros, poner (sacar) peros *expr.* objeciones, reparos.

«...no le ponga peros a esas esencias de olor...» J. Giménez-Arnau, *Cómo forrarse y flipar con la gente guapa.* ❚ «¡Y dale con los peros! ¡Odio tus peros! ¡Aborrezco tus peros!» Ignacio García May, *Operación ópera,* 1991, RAE-CREA. ❚ «Si dejaras los peros a un lado.» Jesús Alviz Arroyo, *Un sólo son en la danza,* 1982, RAE-CREA.

perra *s.* mujer indeseable.

«¡Olvídame, tía perra!» Juan Madrid, *Cuentas pendientes.*

2. peseta, dinero.

«...tú no tenías una mala perra para el billete...» A. Zamora Vicente, *Historias de viva voz.* ❚ «Lo que tiene que hacer, querido tío, es comerse hasta la última perra y no pensar en nadie más...» J. L. Castillo-Puche, *Hicieron partes.*

3. antigua moneda de cinco céntimos.

«Al final de la jornada contamos veinte pesetas en perras gordas.» José María Amilibia, *Españoles todos.*

4. prostituta, mujer disoluta.

«...oyendoos a ti y a esa perra jodiendo todo el santo día.» José Luis Muñoz, *Pubis de vello rojo.*

5. coger (darle) una perra uno *expr.* obstinarse, desear algo mucho, encapricharse.

«...son buenos pero pesados como todos los viejos y éstos más porque la abuela ha cogido una perra con los análisis...» Fernando G. Tola, *Cómo hacer absolutamente infeliz a un hombre.* ▌«No entendía cómo a la gente podía entrarle semejante perra con los Beatles...» Lucía Etxebarría, *Amor, curiosidad, prozac y dudas.*

6. cuatro (dos) perras *s.* poco dinero.

«...lo más probable es que le paguen cuatro perras...» C. J. Cela, *Viaje al Pirineo de Lérida.* ▌«Y todo por cuatro perras.» Andrés Berlanga, *La gaznápira.* ▌«Y cuatro perras que haya en el pueblo la gente os las da, y...» Fernando Fernán Gómez, *El viaje a ninguna parte*, 1985, RAE-CREA. ▌«...cuando el Ledesmes pase a mejor vida y cobre las cuatro perras del seguro...» Luis Mateo Díez, *El expediente del náufrago*, 1992, RAE-CREA. ▌«...a cambio de cuatro perras, han enderezado para siempre la tuerta suerte de mi destino.» Jorge Márquez, ABC, 14.3.99. ▌«...en dos minutos apalabras a un tío para que le dé un recado con plomo en la nuca a otro por cuatro perras...» Ramón Ayerra, *Los ratones colorados.*

7. no tener (ni) una perra *expr.* sin dinero, pobre.

«Sentía ahora la necesidad de humillar a antiguos compañeros de colegio que hoy tenían una carrera, pero no tenían una perra.» J. L. Castillo-Puche, *Hicieron partes.* ▌«...porque la familia de mi madre, mucho señorío, pero ni una perra.» Lourdes Ortiz, *Picadura mortal.* ✓ ▸ también *gorda; estar sin una (perra), no tener una (perra) gorda.*|

8. para ti la perra gorda *expr.* tú ganas, tú tienes razón.

«Bueno, me da igual. Para ti la perra gorda.» A. Zamora Vicente, *Historias de viva voz.* ▌«...pues bueno, digo, para ti la perra gorda, se arregló el asunto y hala...» Ramón Ayerra, *Los ratones colorados.*

9. perra chica *s.* moneda de cinco céntimos.

«...10 céntimos (perra gorda) y 5 céntimos (perrilla o perra chica)...» Roberto Escribano Martínez, El Mundo, 19.2.99.

10. perra gorda *s.* moneda, dinero.

«Me jugaría el brazo derecho contra una perra gorda a que...» Jose-Vicente Torrente, *Los sucesos de Santolaria.* ▌«...10 céntimos (perra gorda) y 5 céntimos (perrilla o perra chica)...» Roberto Escribano Martínez, El Mundo, 19.2.99. ✓ también *perra chica, perro chico, perro gordo.*|

11. perras *s. pl.* dinero.

«...y seguí [...] recibiendo mis buenas perronas de allá abajo, de la Pampa.» A. Zamora Vicente, *Historias de viva voz.* ▌«Como no puedes sacarle las perras te montas unas vacaciones pagadas.» Pedro Casals, *La jeringuilla.* ▌«Ahora vive [...] amontonada con un cochero que tiene la cara y la nariz llenas de herpes, pero que tiene perras.» José Gutiérrez-Solana, *Madrid, escenas y costumbres, Obra literaria, I.*

12. sin una perra *expr.* sin dinero.

«...y así le va. Sin una perra. De alquilado, de realquilado...» A. Zamora Vicente, *Desorganización.* ▌«...chico de otro pueblo cercano, malcarado, antipático, bueno y sin una perra...» P. Perdomo Azopardo, *La vida golfa de don Quijote y Sancho.* ▌■ «No te cases nunca con un hombre que no tenga una perra.»

13. tres perras gordas *expr.* poco dinero.

«...para tres perras gordas que saca con todo es, si es que las saca...» A. Zamora Vicente, *Mesa, sobremesa.*

perrería *s.* mala acción.

«...comentar las perrerías del profesor de turno y...» R. Gómez de Parada, *La universidad me mata.* ▌«Las perrerías que se le hicieron a este buen hombre fueron innumerables...» Gomaespuma, *Grandes disgustos de la historia de España.* |✔ DRAE: «fig. Acción mala o inesperada contra uno, jugarreta».|

perrito caliente *s.* salchicha entre el pan, con mostaza.

«...y sólo los espíritus más sensibles de la generación del perrito y la hamburger se vuelven contra eso...» Francisco Umbral, *El Mundo,* 1.7.99. | «A su izquierda, una mujer de mediana edad, despachaba un perrito caliente con su correspondiente vaso de leche.» Severiano F. Nicolás, *Las influencias.* | «Con Coca-Cola, perritos calientes y palomitas de maíz...» Ladislao de Arriba, *Cómo sobrevivir en un chalé adosado.* | «Decirle al Botines que estoy abajo comiendo unos perritos.» Juan Madrid, *Un beso de amigo.* |✔ del inglés *hot dog,* por su aspecto.|

*****perro** cf. (afines) el mejor *amigo del hombre, chucho, chuquel, chusquel.

perro *s.* delator, confidente.

«perro: delator.» JMO. | «Perro. Delator.» S. | «Perro. Confidente.» VL. |▪ «Es un perro que nos delató a la pasma.» |✔ no se ha podido documentar fuera de diccionarios.|

2. *s.* mala persona, indeseable.

«Saben qué profesores son [...] los más perros y conviene evitar.» R. Gómez de Parada, *La universidad me mata.*

3. *s.* vago, perezoso.

«Perro. Vago, gandul, servil.» VL. | «Perro. Vago.» JMO. | «Perro. Vagoneta, vago, holgazán.» Ra. |✔ no se ha podido documentar fuera de diccionarios.|

4. día de perros *expr.* mal tiempo atmosférico.

«Hace un día de perros. Lluvia y viento.» A. Zamora Vicente, *Desorganización.* | «Era un día de perros en el pueblo de Cinisi.» Fernando Martínez Laínez, *La intentona del dragón.*

5. echarle a uno los perros *expr.* regañar, reprender.

«Y además estaba aquel prestamista [...] a punto de echarle los perros...» Arturo Pérez-Reverte, *La piel del tambor.*

6. hacerlo (joder) como los perros *expr.* copular por detrás.

«Joder a estilo perro: fornicar estando la mujer a gatas.» JMO. |▪ «A mí me gusta follar como los perros. ¿Y a ti, Eva? ¿Te gusta que te monten por detrás?» |✔ no se ha podido documentar fuera de diccionarios.|

7. hinchar el perro *expr.* exagerar, abultar.

«...se hace hasta pornografía religiosa dándole la vuelta a las encíclicas o hinchando el perro a propósito de una homilía...» Ángel Palomino, *Todo incluido.* | «Se hinchó el perro socialdemócrata para frenar el dragón comunista español.» El Mundo, 11.2.94.

8. (no) atarse los perros con longanizas *expr.* (no) ser las cosas (tan) fáciles económicamente.

«La gente cree que allí atan los perros con longanizas, pero yo pienso que...» Miguel Signes Mengual, *Antonio Ramos,* 1976, RAE-CREA.

9. perro viejo *s.* persona experimentada, astuta.

«...qué me va usted a contar a mí, yo ya soy perro viejo y, en estas cosas...» A. Zamora Vicente, *Desorganización.* | «Pues no te sulfures y escucha la opinión de un perro viejo.» M. Sánchez Soler, *Festín de tiburones.* |▪ «Yo soy perro viejo y me di cuenta de que la tía era una guarra.»

perrús ▶ *parrús.*

*****persona activa y nerviosa** cf. (afines) ardilla, polvorilla, terremoto.

*****persona buena** cf. (afines) alma de cántaro, bendito, buenazo, cara de no haber roto un plato, pedazo de pan.

persona (hombre, mujer) de color *s.* persona de raza negra.

«Ese hombre de color y la mujer rubia que lo acompaña...» Antonio Muñoz Molina, *El invierno en Lisboa,* 1987, RAE-CREA. |▪ «A mí una persona de color me parece igual que los blancos.»

*****persona gruesa** cf. (afines) ▶ *grueso.*

*****persona importante** cf. (afines) que corta el *bacalao, baranda, bos, capitoste, tío *importante, jefazo, mandamás, peso pesado, pez gordo, pope, tío de *campanillas, vara.

*persona indeseable cf. (afines) animal, atorrante, badanas, bala perdida, baliche, bandarra, bastardo, bestia, boquerón, borde, buena *pieza, buscalíos, buscapleitos, cabrito, cabro, cabrón, cabronazo, cabroncete, cascarrabias, caso perdido, cerdo, cernícalo, cero a la izquierda, chalequero, chiquilicuatre, chisgarabís, chorizo, chusma, chusmero, cochino, comemierda, coñazo, cosita de gusto, don nadie, facha, falseras, faltón, fiera, follonero, follonista, fulano, fullero, gilipollas, guarreras, guarro, hijo de cerda, hijo de la gran puta, hijo de Satanás, hijoputa, hinchapelotas, huelemierdas, hueso duro de roer, jodido, judas, lamebotas, lecheagria, liante, listillo, llorica, lloricón, llorón, macarra, macarrilla, mal *bicho, mal *lechero, mala leche, malaleche, malasombra, malaspulgas, malaúva, maljode, malnacido, malo, malote, malparido, malqueda, mamarracho, mamón, mamonazo, manta, maqui, maricón, marrano, merdoso, metementodo, metepatas, mierda, mierda seca, mierdoso, mingurri, muermo, pájaro, papelista, pata, patillas, pedorro, pelado, pelagatos, pelanas, pelao, pelma, pelmazo, pendejo, pendón, perdido, perdulario, perla, perro, petardo, piernas, pinta, poca cosa, posma, puerco, puñetero, puteador, putero, puto, randa, rascatripas, retorcido, sentencias, soplapollas, tiñoso, tiparraco, tocacojones, trasto, ultra, vaina, vivalavirgen, vivales.

*persona que lleva gafas cf. (afines) ▶ gafas.

*persona sucia cf. (afines) ▶ sucio.

personal s. gente, personas.
«...se trata de una de las formas clásicas de tomarle el pelo al personal.» Manuel Giménez, Antología del timo. ▌ «...no seas ordinaria y no te pongas un sujetador debajo, que no le mola nada al personal.» A. Gómez Rufo, Cómo ligar con ese chico que pasa de ti o se hace el duro. ▌■ «Había mucho personal en la corrida de toros.»

pervertido s. vicioso, a quien le gusta el sexo no ortodoxo.
«...soy una viciosa, una pervertida, una golfa, una puta.» Manuel Hidalgo, El pecador impecable. ▌✓ ▶ vicioso. DRAE: «adj. Que pervierte. Ú. t. c. s.».▌

pesa s. cagada, excremento humano.
«Me siento en el váter y echo una pesa ligeramente descompuesta.» José Ángel Mañas, Historias del Kronen.

2. pesas s. pl. testículos.
«Testículos, bolas, canicas, cataplines, chismes, colgajos, criadillas, huevamen, pelés, pelotas, péndulos, pesas.» José M.ª Zabalza, Letreros de retrete y otras zarandajas.

pesado s. repetitivo e inaguantable.
«Es que te quiere. Solo que, como tu dices, es un poco pesada.» Sebastián Juan Arbó, La espera. ▌ «¿Qué tío más pesado!» El Víbora, n.º 143. ▌ «¡El que va en la caja, pesado, el que va en la caja!» Jesús Ferrero, Lady Pepa. ▌ «Como me puse pesado, a ver qué iba a hacer sino ponerme pesado...» Ángel Palomino, Un jaguar y una rubia. ▌ «Por ejemplo, no tienes que ser un coñazo de marca mayor, una pesada...» A. Gómez Rufo, Cómo ligar con ese chico que pasa de ti o se hace el duro. ▌ «Pero librarse de aquel pesado no era tarea fácil...» Care Santos, El tango del perdedor. ▌ «Es más pesado que Pavarotti vestido de buzo.» CO, Sandra Carbonell.

pesar, a pesar de los pesares expr. a pesar de todo.
«...si tenemos en cuenta que, a pesar de los pesares, aquel señor no entró en coma...» Fernando Repiso, El incompetente.

2. pesar como (más que) un muerto expr. pesar mucho.
«Pesa más que un muerto, se dice...» Ángel Palomino, Un jaguar y una rubia.

pesca, lo que se pesca expr. ver lo que hay, lo que pasa.
«...en la pensión nos juntábamos por las noches a ver lo que se pesca...» Francisco Umbral, La leyenda del César visionario, 1991, RAE-CREA.

2. no saber lo que se pesca *expr.* no saber, ignorar.

«Toda esta tropa que está aquí [...] no saben lo que se pescan...» A. Zamora Vicente, *Mesa, sobremesa.* ❚ «Jaime no tiene ni idea de esto. No sabe lo que se pesca.» DCB.

3. y toda la pesca *expr.* todo, y todo lo demás.

«...menudo tango, menudo, con pebeta y toda la pesca.» A. Zamora Vicente, *Mesa, sobremesa.* ❚ «...eh, paisanos, Saturnino y el otro, que os la dan con queso, que no os vais con mujeres, que ese par de pingos son tíos, que tienen pitorro y toda la pesca...» Ramón Ayerra, *Los ratones colorados.* ❚ «...una instalación con conmutador y toda la pesca...» Andrés Berlanga, *La gaznápira.* ❚ «...que pudiesen poner nervioso a mi chantajista y le hiciesen tirar de automática con silenciador y toda la pesca.» Ernesto Parra, *Soy un extraño para ti.* ❚ «...un niño primera comunión vestido de almirante, con chorreras y zapatos de charol y toda la pesca, con sus papás.» Juan Marsé, *Si te dicen que caí.* ❚ «Es lo malo que tienen las gafas oscuras. Son muy clandestinas y toda la pesca, pero ves menos que una polla dentro de una olla.» C. Pérez Merinero, *Días de guardar.* ❚ ◼ «Se ha llevado los libros, las mesas y toda la pesca.»

pescar *v.* agarrar, detener, arrestar.

«Quién pesca ahora a ese condenado.» B. Pérez Galdós, *La desheredada.* ❚ «Parece que pueden estar por aquí, por el distrito Centro. A ver si los pescamos.» Juan Madrid, *Turno de noche.* ❚ ◼ «Al julandrón ése de Genaro lo pescó la pasma ayer y está en Carabanchel.»

2. *v.* comprender.

«Repíteme otra vez el chiste porque todavía no lo he pescado.» CL. ❚ «Oye, no he pescado nada de lo que ha dicho. ¿Habla castellano?» DCB. ❚ «Pescar: fig. y fam. Entender, captar con rapidez el significado de algo.» DRAE.

pescatero *s.* pescadero.

«Pescatero parece ser que es una degeneración de la palabra castellana pescadero y la catalana peixater.» Francisco Candel, *Don-*

de la ciudad cambia su nombre. ❚ «Y, encima, la pescatera ésa es la peor lengua de Madrid.» Pedro Casals, *Disparando cocaína.*

*peseta cf. (afines) beata, cala, calandria, calati, candongas, chucha, claudia, cuca, leandra, mariposa, pela, perra, piastra, púa, rubia, rupia.

peseta, cambiar la peseta *expr.* vomitar.

«Cambiar la peseta: vomitar.» LB. ❚ «Cambiar la peseta: vomitar.» JMO. ❚ «Cambiar la peseta. Fr. vomitar.» VL. ❚ «Cambiar la peseta. Vomitar a consecuencia de haberse mareado o emborrachado.» Julio Casares, *Diccionario ideológico de la lengua española.* ❚ ◼ «Carlos ha bebido tanto que ha cambiado la peseta encima de la señora del jefe. ¡Qué horror!» ✓ no se ha podido documentar fuera de diccionarios.❚

2. estar sin una (no tener una) peseta *expr.* sin dinero.

«...del futuro negro y sin una peseta.» Antonio Buero Vallejo, *Lázaro en el laberinto,* 1986, RAE-CREA. ❚ «No tengo una peseta para poder ayudarte, chico, lo siento.» DCB.

3. hacer una peseta *expr.* ganar dinero.

«Catalina no perdía ocasión de hacer una peseta...» Miguel Martín, *Iros todos a hacer puñetas.*

4. pesetas *s.* tacaño, miserable.

«Juan es un miserable, un pesetas que no come por no gastar.» DCB. ❚ «Pesetas. Patero, rosquillero, pelas.» Ra. ❚ ◼ «El pesetas de tu marido se ha comprado un coche de cuarta mano, ¿no?»

5. pesetas *s.* taxista.

«El pesetas: el taxi.» JV. ❚ «Peseta. Taxista.» S. ❚ ◼ «A los taxistas les llaman pesetas por un servicio de taxis que había que costaba una peseta.» ✓ ▸ *pesetero, peseto.*❚

pesetero *s.* miserable, tacaño.

«Del catalán, lo primero que se dirá es que es pesetero...» Sergi Pàmies, A las barricadas, 11-17 mayo, 1998. ❚ «Hasta con su amigo Jesús Gil y Gil, al que con ayuda del pesetero doctor Ibáñez...» El Gato Encerrado, 3-9 julio, 1998. ❚ «Y todo por el parné. Y, Lic, que eres un pesetero.» Pedro Casals, *Disparando cocaína.* ❚ «La Baguette, pesetera donde las haya [...] se adjudicó todos los bienes...» B. Pérez Aranda *et al., La ex siempre llama dos veces.* |✔ DRAE: «adj. Aplícase a la persona aficionada al dinero; ruin, tacaño, avaricioso».|

2. taxista.

«Pesetero. Coche de plaza.» LB. ▌ «Pesetero. Taxista.» VL. ▌ «Pesetero... taxista.» Ra. ▌ |✔ MM: «Pesetero. Se aplica a un coche de alquiler en el que se pagaba una peseta por trayecto». Mariano Gómez Santos, *Vida de Gregorio Marañón,* 1977: «Algunas tardes, después de la consulta privada, Marañón toma un coche de alquiler, de los llamados peseteros, y va a casa de Galdós...».|

peseto *s.* taxista.

«El peseto se acerca a su coche y mira el lateral que abolló...» José Ángel Mañas, *Mensaka.* ▌ «Peseto: taxista, taxi.» JGR.

pesetón *s.* mancha dudosa, de orines o semen.

«Sólo me cabe la duda de si lo pones para mi comodidad, o para evitar que el colchón se llene de pesetones. —¡Qué barbaridad, qué términos!» El Gran Wyoming, *Te quiero personalmente.*

*pesimista *cf.* (afines) agonías, aguafiestas, amargado, asfixiado, avinagrado, bajo de forma, cenizo, deprimente, llorón, maljode, verlo todo *negro, pichatriste. |✔ ▶ *triste.*|

peso *s.* cinco pesetas.

«Veinte pesos he pagado por esto.» DCB. ▌ «Peso: moneda de cinco pesetas.» JMO. ▌ «Peso: Moneda de cinco pesetas, duro.» JV. |✔ no se ha podido documentar fuera de diccionarios.|

2. peso pesado *s.* persona importante.

«La mismísima Matilde Fernández, un peso pesado del PSOE.» Jesús Cacho, *Asalto al poder,* 1988, RAE-CREA. ▌ «Va a venir un peso pesado del banco para ver lo del préstamo que nuestra empresa ha solicitado.» DCB.

pestaña, ir de pestaña *expr.* ir sólo a mirar.

«Mola ir de pestaña. Ya le vale al tío.» El Mundo, 19.4.98.

2. tener pestaña *expr.* saber, inteligencia, entendimiento.

«Pregúntale a Evaristo porque tiene mucha pestaña y lo sabe todo, o casi todo.» DCB. ▌ «Tener pestaña. Ser perspicaz.» VL.

pestañear, sin pestañear *expr.* sin inmutarse.

«Mi primera reacción fue aceptarlo sin pestañear.» María Antonia Valls, *Tres relatos de diario.*

pestañi *s.* agente de policía.

«¿Tú eres Flores? [...] ¿El pestañi?» Juan Madrid, *Turno de noche.* ▌ «Pestañi: policía.» JGR.

2. la policía.

«Tú eres un baranda de la pestañi.» Juan Madrid, *Flores, el gitano.* ▌ «Pestañi: Policía.» JGR. ▌ «En caliente (argot de los delincuentes) policía se dice: maderos, pasma, plasta, planchaos, señores, pestañi.» Juan Madrid, *Crónicas del Madrid oscuro.*

pestes, echar pestes de alguien *expr.* hablar mal de alguien, menospreciar, injuriar.

«He escuchado a alguno [...] echar pestes ahora del ex candidato.» Juan Francisco Martín Seco, El Mundo, 30.7.99.

pestiño, ser un pestiño *expr.* aburrido, pesado.

«Pestiño: aburrimiento. Aburrido.» JMO. ▌ «Pestiño. Persona o cosa pesada, latosa, aburrida.» VL. ▌ «Había vuelto de Madrid con diez años menos después de quitarme de encima el pestiño de guión que tenía...» Ernesto Parra, *Soy un extraño para ti.*

pestuzo *s.* feo.

«Pestuzo. Tío feo.» Joseba Elola, *Diccionario de jerga juvenil,* El País Semanal, 3.3.96. ▌ «Pestuzo. Persona poco agraciada, fea.» S. ▌ ▪ «El marido de Consuelo es un pestuzo, igual que los hijos, otros pestuzos, y ella una guarra.»

peta *s.* identificación, documentación.

«Suele ir provisto de peta y chapa, totalmente falsos.» Manuel Giménez, *Antología del timo.*

2. cigarrillo de marihuana.

«Lo traigo, sí, encendido ya el peta y soltando una bocanada de humo...» José Ángel Mañas, *Sonko95.*

petaca *s.* cama.

> «¿Haces caca en la petaca?» Amelia Díe y Jos Martín, *Antología popular obscena.*

2. hacer la petaca *expr.* doblar la sábana superior de la cama para que no se pueda entrar.

> «Había sido compañero suyo en el noviciado y un día le había hecho la petaca en la cama.» Gomaespuma, *Grandes disgustos de la historia de España.* ▌ «La petaca. Se quita una sábana de una litera y la otra se dobla por la mitad, de manera que la parte de abajo haga de embozo y parezca que están puestas las dos.» M. Ángel García, *La mili que te parió.*

petar *v.* reventar, explotar.

> «Te vas a petar de risa, con perdón.» Eduardo Mendoza, *La verdad sobre el caso Savolta.* ☑ DRAE: «intr. fam. Agradar, complacer».▌

2. *v.* gustar.

> «...y eché un ojo alrededor para ver si había algún chocho loco que me petase.» C. Pérez Merinero, *La mano armada.*

petardeo *s.* acción de vanagloriarse, jactarse.

> «...gente cuya realidad poco tenía que ver con la frivolidad y el petardeo...» La Luna, El Mundo, 18.6.99. ▌ «Ha hecho de la mística una nueva forma de petardeo.» La Luna, El Mundo, 9.7.99.

petardista *s.* timador, embaucador.

> «¿De dónde sales, petardista?» Miguel Ángel Rellán, *Crónica indecente de la muerte del cantor,* 1985, RAE-CREA. ▌◼ «Jacinto es un petardista que vive de la estafa, del timo y del cuento.»

petardo *s.* persona fea e insufrible.

> «Tú no la necesitas. Déjalo para esas petardas...» Terenci Moix, *Garras de astracán.* ▌◼ «La guarra de tu prima es un petardo de mucho cuidado.»

2. *s.* persona inaguantable.

> «...pero con estas señoras, joder, qué tías, qué petardos...» A. Zamora Vicente, *Mesa, sobremesa.* ▌ «¿Qué es un paparazzi? Un petardo que te persigue...» Lucía Hoyos, revista Elle, agosto, 1998. *¡Qué petardos son los dos!* ▌ «Insonsolable y petardo

quejica que...» R. Montero, *Diccionario de nuevos insultos...* ▌ «Sólo hay una vieja petardo que se enrolla con el tío del mostrador cosa mala.» C. Pérez Merinero, *Días de guardar.*

3. *adj. y s.* pesado, malo, difícil.

> «El Quijote, me pareció un petardo.» Jorge Verstrynge, El Mundo, 12.9.99. ▌ «El típico abuelo o tío petardo...» Mala impresión, revista de humor con caspa, n.° 1. ▌ «El día 30 tendrá una de sus crisis de identidad. Estará en plan petardo.» Ragazza, agosto, 1997. ▌ «...y no quiero que me echen la culpa de tener que aguantar un petardo.» A. Zamora Vicente, *Mesa, sobremesa.* ▌ «...y agrupar aquí todo lo impresentable, indeseable, petardo y pastoso...» PC Actual, julio-agosto, 1998. ▌ «...esto de ser mujer a veces es un petardo: la cera, los kilos de más...» La Noche de Madrid, enero, 1999. ▌ ◼ «Me ha regalado un libro que es un petardo.»

4. *s.* cigarrillo de marihuana.

> «...en el apartamento había algunos petardos de marihuana y la policía, como siempre...» Ángel Palomino, *Madrid, costa Fleming.* ▌ «Petardo: cigarrillo de hachís o de marihuana.» JMO.

petate *s.* pertenencias.

> «Nos echen o no, el día menos pensado cojo el petate y me largo a casa.» José María Amilibia, *Españoles todos.* ▌ «Yo lo que voy a hacer es coger el petate para el pueblo.» J. L. Castillo-Puche, *Hicieron partes.* ▌◼ «Cogí el petate y me largué de casa.» ☑ DRAE: «fam. Equipaje de cualquiera de las personas que van a bordo».▌

2. liar el petate *expr.* morir.

> «Le daba pena aquel futuro cadáver, aquella premuerta que, algún día, tendría que liar el petate y quedarse como un pajarito.» Fernando Repiso, *El incompetente.*

peteneras, salir por peteneras *expr.* respuesta evasiva, despropósito.

> «Si te sale por peteneras, intenta al menos que te diga...» B. Pérez Aranda *et al., La ex siempre llama dos veces.* ▌ «...para ejemplo de cualquier otro cliente que pensara salirse por peteneras.» Andreu Martín, *Lo que más

quieras. ✓ DRAE: «fr. fig. y fam. Hacer o decir alguna cosa fuera de propósito».।

petimetre *s.* joven presumido.

«Caminaba decidida, un paso adelante de aquel petimetre con cara de pastel...» Andreu Martín, *El señor Capone no está en casa.* ✓ DRAE: «m. y f. Lechuguino, persona que se preocupa mucho de su compostura y de seguir las modas».।

pez *adj.* sin conocimientos, sin preparación, sin haber estudiado.

«Ya podían tomarlo para la hora de Física, porque si me sacan me pillan pez —se le oía decir a un colegial poco estudioso.» Rafael García Serrano, *Diccionario para un macuto.* ▌ «...elaborar las referentes a las materias en las que andas más pez.» Fernando Martín, *Cómo aprobar todo sin dar ni chapa.*

2. pez gordo *s.* persona importante, personaje.

«Las fiestas de Navidad en el cole, siempre tan llamativas, vienen muchos personajes, peces gordos, la monda.» A. Zamora Vicente, *Historias de viva voz.* ▌ «...y por eso vemos a tantos peces gordos en bólidos largos y estrechos.» P. Antilogus, J. L. Festjens, *Anti-guía de los conductores.* ▌ «Pero las autoridades grandes, los peces gordos...» Miguel Martín, *Iros todos a hacer puñetas.* ▌ «...mi primo es ingeniero de la hidroeléctrica y habla con los peces gordos.» José María Amilibia, *Españoles todos.* ▌ «...han conseguido invitar al pez gordo y van a rodearle de adulación...» Ángel Palomino, *Madrid, costa Fleming.* ▌ «Eso no lo gana ni mi jefe [...] que es un pez gordo.» Pedro Casals, *La jeringuilla.* ▌ «Vamos a cazar a los peces gordos en cuanto traten de blanquear los dividendos de la droga...» Pedro Casals, *Disparando cocaína.* ▌ «Comprometen a más de un pez gordo...» Andreu Martín, *El señor Capone no está en casa.* ▌ «Si por aquí pasan tantos peces gordos...» C. Pérez Merinero, *Días de guardar.*

pezuña *s.* pie.

«¿Puedes quitar las pezuñas de mi puerta, cabrón?» Juan Madrid, *Cuentas pendientes.* ▌ ◼ «Quita las pezuñas de encima de la mesa, so guarro.»

2. mano.

«Luego bajaba una pezuña y te hacía una manola de las de ver la osa mayor y toda la hostia.» C. Pérez Merinero, *Días de guardar.*

pian pianito *expr.* despacio, poco a poco.

«...llegará, pero a su paso, pian pianito [...] el gran Floro, limpiabotas cojitranco, borrachuzo, malafollá...» Ramón Ayerra, *Los ratones colorados.* ✓ DRAE: «loc. adv. fam. Poco a poco, a paso lento».।

piano, como un piano *expr.* grande, enorme, importante.

«Una noche los amigos traen al hijo con una castaña como un piano.» Gomaespuma, *Familia no hay más que una.* ▌ «En fin, es un bodrio como un piano.» C. Pérez Merinero, *Días de guardar.* ▌ «Lleva una mierda como un piano.» Rafael García Serrano, *Diccionario para un macuto.*

piante *s.* informador, delator.

«...sin dejar piante ni mamante...» Jesús Alviz Arroyo, *Un sólo son en la danza,* 1982, RAE-CREA. ▌ «Piante. Chivoli, fuscón, chota.» Ra.

piar *v.* hablar, quejarse.

«Tienes salud y monises. ¿A qué tanto piar, también tú.» A. Zamora Vicente, *Historias de viva voz.* ▌ «...todo el mundo piando, que no hay derecho, porque los ricos tal y cual...» Gomaespuma, *Grandes disgustos de la historia de España.* ▌ «A Víctor, que era la voz piante de la Cooperativa...» Ernesto Parra, *Soy un extraño para ti.*

2. informar, delatar.

«¿Quieres que se quede con tu jeta y la mía, que se ponga a piar a la pasma?» Andreu Martín, *Lo que más quieras.* ◼ «La policía le presionó pero Ricardo no pió, se mantuvo firme.»

3. piarlas *v.* quejarse.

«...y es que somos la mar de raros, porque cuando estamos en el trabajo no paramos de piarlas por el trabajo, suspirando porque se acabe cuanto antes...» José María Amilibia, *Españoles todos.* ▌◼ «Si ese imbécil que se pasa la vida piándolas, no está contento, que se vaya.»

piastra *s.* peseta.

«Si quiere seguir su camino, tendrá que pasar por esta puerta [...] el peaje es de 10 000 piastras.» El Jueves, 21-28 enero, 1998. ▌▪▪ «Treinta mil piastras me vale este peluco.»

pibe *s.* persona joven.

«La piba dice que muchas gracias, super cortante, y, nada más ver su cara, me pongo nervioso.» José Ángel Mañas, *Mensaka.* ▌ «Pibe, la cuestión es ésta: o el balón o el donuts.» Felipe Navarro (Yale), *Los machistas.* ▌ «Hay miradas descaradas, esas que obligan al pibe a mirarse la bragueta del pantalón...» A. Gómez Rufo, *Cómo ligar con ese chico que pasa de ti o se hace el duro.* ▌ «Tampoco emplea la prensa los juveniles *chica*, y *piba.*» Manuel Hidalgo, El Mundo, 23.7.99. ▌✓ DRAE: «m. y f. Argent. chaval, niño o joven».▐

pibita *s.* jovencita.

«Si la pibita se pone las pilas le levanta hasta las gomas de los gayumbos.» El Gran Wyoming, *Te quiero personalmente.*

pica *s.* revisor de billetes en el transporte público.

«—¿Un pica? ¿Qué es un pica? —Un revisor de tren, hombre.» José Luis Martín Vigil, *Los niños bandidos.*

picadero *s.* piso, sitio para relaciones sexuales.

«Sauna, baños, termas, balneario, ¿qué importa la denominación? Era el picadero preferido de las almas errantes que buscaban un refugio en las postrimerías de la noche madrileña.» Terenci Moix, *Garras de astracán.* ▌ «...y con que la echaran un polvo triste de vez en cuando en una habitación del Mónaco, o en el picadero de algún amigo...» Almudena Grandes, *Malena es un nombre de tango.* ▌ «...donde todo se lo gastan en [...] putas del barrio chino que ya no hay, mejor que al picadero borbónico de la Moncloa.» Francisco Umbral, *La derechona.* ▌ «Había convertido su casa en un picadero de los buenos.» C. Pérez Merinero, *El ángel triste.* ▌ «Un picadero de lujo, como quien dice.» Andreu Martín, *El señor Capone no está en casa.* ▌ «El picadero desconocido por todos, incluso por su familia.» Andreu Martín, *Amores que matan, ¿y qué?*

picadillo, hecho picadillo *expr.* muy cansado.

«Es que estoy hecho picadillo.» Álvaro Pombo, *Los delitos insignificantes.*

picador *s.* ladrón, carterista.

«Picador. Ladrón de carteras. Carterista.» Manuel Giménez, *Antología del timo.* ▌ «...todos los delincuentes habituales: toperos, espadistas, piqueros, mecheros...» Victoriano Corral, *Delitos y condenas.* ▌▪▪ «El picador es el carterista, el músico que se especializa en mangar carteras en sitios públicos.»

picadura *s.* marcas de inyecciones de droga.

«...hablan con las putas, que ocultan bajo las mangas de sus blusas fosforescentes los brazos llenos de picaduras.» Jesús Ferrero, *Lady Pepa.*

picapleitos *s.* abogado.

«Era el picapleitos que resuelve los asuntos sencillos.» Jose-Vicente Torrente, *Los sucesos de Santolaria.* ▌ «Ya ves en los líos que me mete el señor picapleitos.» Pedro Casals, *La jeringuilla.* ▌ «Me estoy poniendo profundo, tal vez demasiado para ser un picapleitos que trabaja en un banco.» Manuel Hidalgo, *Azucena, que juega al tenis.* ▌ «Menos psicología, imbécil, que vas a terminar de picapleitos en un despacho para divorciadas de dentistas.» Jaime Romo, *Un cubo lleno de cangrejos.*

picar *v.* hurtar, robar.

«Los que picaban carteras en los grandes almacenes y en el fútbol...» Raúl del Pozo, *Noche de tahúres.* ▌▪▪ «Creo que el vecino se dedica a picar carteras por el metro. Es un picaor.»

2. *v.* comer en pequeñas porciones.

«...para que la aspirina no me haga daño necesito picar algo.» Severiano F. Nicolás, *Las influencias* ▌ «No tengo ganas. He picado algo después del cine.» Juan Madrid, *Flores, el gitano.*

3. matar, asesinar.

«Picar. Matar.» VL. ▌ «Picar: matar.» JMO. ▌ «Picar. Mullar, asesinar, matar.» Ra. ▌▪▪ «Han picao al jefe. A palos, tío.» ✓ no se ha podido documentar fuera de diccionarios.▐

4. robar carteras.

«Picar. Hurtar carteras o monederos.» JGR.

5. copular.

«Sin renunciar a follarse a una, a jodérsela, a picársela, zumbársela, tirársela, calzársela, cepillársela, apalancársela.» Luis Goytisolo, *Recuento,* en DE. ❚ «Practicar el coito: picarla.» DTE.

6. algo para picar *expr.* algo de comer.

«Durante el primer tiempo ni se come ni se bebe, es en el descanso cuando la madre pone algo para picar.» Gomaespuma, *Familia no hay más que una.* ❚ ▪ «¡Venga, saca algo para picar que tenemos mucha hambre!»

7. picar el coño *expr.* estar sexualmente excitada la mujer.

«Para una tía que le pica el coño —me explica— la solución más fácil es coger un taxi...» C. Pérez Merinero, *Días de guardar.* ▪ «A Federica le pica el coño hoy, lo noto por la manera que mira la entrepierna de mi marido.»

8. picarse *v.* enfadarse, molestarse.

«Penia imita a las gallinas mirando a alces con guasa, ésta se pica.» Isabel Hidalgo, *Todas hijas de su madre,* 1988, RAE-CREA. ❚ «Te has picado con lo que dije.» Raúl del Pozo, *La novia.* ❚ «...mirando a Alces con guasa, ésta se pica. ¡La gallina lo serás tú!» Isabel Hidalgo, *Todas hijas de su madre,* 1988, RAE-CREA.

9. picarse *v.* inyectarse droga.

«...y tenían esa expresión en los ojos entre alelada y astuta que poseen los yonquis cuando se acaban de picar.» Juan Madrid, *Flores, el gitano.* ❚ «Para que no se lo noten en casa, se pica debajo de las tetas...» José Luis de Tomás García, *La otra orilla de la droga,* 1984, RAE-CREA.

picareta *adj. y s.* ebrio, borracho.

«Picareta. Alcohólico.» Jesús García Ramos, *Lenguajes marginales.* ❚ «Está mu picareta hoy, er (el) jodío.» Reyes Carbonell, *El hombre sobre el armario.*

picha *s.* pene.

«...mientras su lamentable picha, tiesa solamente a medias...» Almudena Grandes, *Las edades de Lulú.* ❚ «...porque hay quien nace con una picha que no es picha ni es nada...»

M. Vázquez Montalbán, *Los alegres muchachos de Atzavara.* ❚ «...pero ya dice nuestro refranero que 'picha española nunca mea sola'.» Francisco Umbral, *La derechona.* ❚ «Me acerqué a la reja / con la picha tiesa / Niña, ¿quieres verla?» Amelia Díe y Jos Martín, *Antología popular obscena.* ❚ «Ely seguía allí abajo [...] meneándose aquella picha pequeña...» Almudena Grandes, *Las edades de Lulú.* ❚ «...le llamaban pichita de oro.» Pau Faner, *Flor de sal.* ✔ Alejo Montado en su *Parodia de El diablo mundo,* 1880, dice: «Y coños, pichas, cojones, / Todo se ha de registrar / A la luz de la cera virgen / De un tremens cirio pascual...» ▸ C. J. Cela, «Papeleta breve de la primera acepción de una voz repescada por la Academia», Revista de Occidente, Tercera época, n.° 4.❚

2. con buena picha bien se jode *ref.* refrán que indica que con un buen pene se copula mejor.

«*Con buena picha bien se jode*, refrán que alude a la facilidad que proporciona la buena herramienta.» DE.

3. hacérsele a uno la picha un lío *expr.* hacerse un lío.

«Creo que se me ha hecho la picha un lío.» El Jueves, 21-28 enero, 1998. ❚ «¡A mí no me hace la picha un lío, hombre!» Felipe Navarro (Yale), *Los machistas.* ❚ «Me hago la picha un lío con tanto libro y agarro el teléfono y pido más hielo.» C. Pérez Merinero, *Días de guardar.*

4. picha corta y buen cojón, gran jodedor *ref.* refrán que defiende el pene pequeño.

«*Picha corta y buen cojón, gran jodedor*, refrán oído en Salamanca.» DE.

5. picha danesa *s.* consolador, pene artificial.

«La picha danesa [...] es una gozada. Parece mismamente el miembro de un tío empalmado...» Álvaro de Laiglesia, *Hijos de Pu.*

6. picha de oro *s.* hombre engreído.

«...una picha de oro este Benito...» Ramón Ayerra, *Los ratones colorados.* ❚ «Pichaoro.» DTE.

pichabrava *s.* hombre mujeriego.

«Porque esta pichabrava, este cipote fundamental del reino, no para el tío.» Felipe Navarro (Yale), *Los machistas.* ▌ «...te entra complejo de picha brava.» Manuel Hidalgo, *Azucena, que juega al tenis.* ▌ «Allí intimó con Óscar León, que al parecer es un picha-brava...» Pedro Casals, *Disparando cocaína.* ▌ «Dale que te pego y dale que te pego, el picha brava se fue de naja y exhaló un suspiro...» C. Pérez Merinero, *La mano armada.*

pichafloja *s.* sexualmente impotente.
«Ahora no recuerdo bien si me llamó pichafría o pichafloja...» Chumy Chúmez, *Por fin un hombre honrado.* ✓ ▶ también *pichafría.*▌

2. cobarde, miedoso.
«El cobarde, para su vergüenza y escarnio, posee una buena gama de sinónimos... no tener cojones, no tener huevos, pichafloja, capado, capón, castrado, deshuevado...» AI.

pichaflojez *s.* miedo.
«Para rebatir mi comentario sobre la pichaflojez de don Manuel...» A. Ussía, ABC, 25.1.98.

pichafría *s.* sexualmente impotente.
«...y cuantas te sacarán las pelas del riñón, grandísimo pichafría...» A. Zamora Vicente, *Mesa, sobremesa.* ▌ «...si el señor [...] se muestra tan picha-fría es porque no le dan la calefacción necesaria.» Felipe Navarro (Yale), *Los machistas.* ▌ «Por algo mi difunta esposa me dijo aquello de pichafría que tanto me ofendió entonces.» Chumy Chúmez, *Por fin un hombre honrado.* ✓ ▶ también *pichafloja.*▌

pichagorda ▶ *calzonazos.*

pichaloca *s.* mujeriego.
«...que eres un pichaloca, y cuando te aturullas con la cosa pierdes el tino...» Ramón Ayerra, *Los ratones colorados.*

pichasanta *s.* santurrón.
«Los insultos religiosos [...] se podrían clasificar en varios grupos [...] los insultos que muestran un celo religioso excesivo [...] beato, cagacirios, comehostias, [...] pichasanta, meapilas, measalves... tragasantos, tragavemarías [...] chupacirios [...] comehostias [...] rata de sacristía.» Juan de Dios Luque *et al., El arte del insulto.*

pichatriste *s.* hombre triste, alicaído.
«Es un pichatriste.» Gonzalo Suárez, *La reina roja.*

pichichi *s.* máximo goleador de la liga de fútbol.
«...reverencian tanto a los que las encabezan como los *futboleros* al *pichichi* de turno.» Práxedes Castro González, El Mundo, 11.9.99. ▌ «...acabó desquiciado y a merced del nuevo pichichi, el temible Ronaldo.» El Mundo, 30.9.96. ▌ «Y este curso prácticamente comparte pichichi con Rivaldo.» El País, 9.10.97.

pichicorta *s.* hombre que tiene el pene pequeño.
«A los jueces, las mujeres insatisfechas los han llamado de todo: pichicortas, pingajillos...» Felipe Navarro (Yale), *Los machistas.*

pichina *s.* pene.
«Como sigan así las cosas, van a sobrar las pichinas y vamos a sobrar los hombres.» JM. ▌ «Pichina: diminutivo de picha.» JMO. ▌ «Pichina. Picha de niño.» VL. ✓ no se ha podido documentar fuera de diccionarios.▌

pichirriquitín *s.* muy poquito.
«Yo estaba un poco piruli porque aunque había tomado un pichirriquitín...» Alberto Miralles, *Comisaría especial para mujeres,* 1992, RAE-CREA.

pichita *s.* pene de niño.
«Papá, a Pepita no le veo la pichita.» Carlos Zeda, *Historias de Benidorm.*

pichón *s.* incauto, necio, tonto.
«¿Pichones? Sí, puntos, membrillos, víctimas.» Raúl del Pozo, *Noche de tahúres.*

pichorra *s.* pene.
«Pichorra. Picha.» VL. ▌ «...buscando sin disimulos pasto a mi pichorra di...» Ambrosio de la Carabina, *Don Juan notorio.* ▌◼ «La testigo estaba buenísima y el juez tenía la pichorra en ristre.»

picio *s.* persona fea.
«...pero ellas son tres y vosotros sois dos, y una de ellas es un picio, y no se sabe cómo darle el esquinazo...» Manuel Hidalgo, *Azucena, que juega al tenis.* ▌ «Más feos que Picio se fueron poniendo...» Marisa López

Soria, *Alegría de nadadoras.* ❚ «...aunque el niño sea un zopenco, más feo que Picio.» Gomaespuma, *Familia no hay más que una.* ✓ DRAE: «expr. fig. y fam. Dícese de la persona excesivamente fea».❙

pico *s.* boca.

«Así que a tener el pico cerrado, que ya estoy de usted hasta las narices.» José María Amilibia, *Españoles todos.* ❚ «Nadie abre el pico si no es para protestar.» Carmen Pérez Tortosa, *¡Quiero ser maruja!* ❚ «No sólo sabía actuar con el pico sino también con los puños...» Fernando Martínez Laínez, *Bala perdida.* ❚■ «Ernesto tiene unas narizotas y un pico así de grande.»

2. *s.* beso.

«...entra un poco después y le da un pico en la boca.» José Ángel Mañas, *Mensaka.*

3. *s.* inyección de droga.

«pico. Inyección de droga.» Francisco Umbral, *Diccionario cheli.* ❚ «Pico: dosis de heroína.» Manuel Giménez, *Antología del timo.* ❚ «Si realmente mataron a esa mujer de un pico de *speedball*...» Pedro Casals, *La jeringuilla.* ❚ «Dame el pico, guarra... Dame el pico.» Juan Madrid, *Flores, el gitano.* ❚ «...al levantarme lo primero que hago es darme el pico de por las mañanas, que es el mejor de todos.» Juan Madrid, *Crónicas del Madrid oscuro.*

4. *s.* picoleto, policía, guardia civil.

«Los otros picos de la escolta saludaron y se quedaron cuadrados.» Eleuterio Sánchez, *Camina o revienta.* ❚ «Afuera sólo está el último control de los picos, la puerta por donde entran las visitas y luego la puta calle...» Mariano Sánchez, *Carne fresca.*

5. *s.* pene.

«Es metáfora formal (el pene semeja un pico, de ave o no, en el sentido de punta, objeto punzante.» DE. ❚ «Chile, pico = pene.» R. Montero, *Diccionario de nuevos insultos...*

6. abrir el pico *expr.* hablar, decir algo.

«El tío ni rechistó, claro, le puso el brazo perdido de mercromina y no abrió el pico...» Ángel Palomino, *Las otras violaciones.* ❚ «No abrí el pico, seguí inmóvil.» Juan Madrid, *Un beso de amigo.* ❚ «Si vuelves a abrir el pico te meto en el trullo.» El Gran Wyoming, *Te quiero personalmente.* ❚■ «Si abres el pico, te mato, tío.»

7. cerrar el pico *expr.* callarse.

«¡No me faltes! ¡Cierra el pico!» A. Zamora Vicente, *Historias de viva voz.* ❚ «Luego, se calló, y Sake también mantuvo el pico cerrado.» Fernando Martínez Laínez, *La intentona del dragón.* ❚ «...¡cierra el pico, muñeca!» Ángel Palomino, *Un jaguar y una rubia.*

8. costar un pico ▶ costar, costar un pico.

9. darle al pico *expr.* hablar, charlar.

«Tu máxima aspiración va a consistir en pasar el *freetime* en un lugar fresquito y agradable, con compañía para darle al pico de lo lindo.» Ragazza, agosto, 1997. ❚ «...pide un café [...] y se pone a darle al pico conmigo.» C. Pérez Merinero, *Días de guardar.* ❚ «...por mucho que le dé al pico contando...» R. Montero, *Diccionario de nuevos insultos...* ❚ «...porque la paz, además de una paloma que también da el pico...» Manuel Hidalgo, El Mundo, 9.7.99.

10. darse el pico *expr.* besarse.

«...supe que Chirla del Río iba todos los días a buscar a Fernando [...] Alberto se los encontraba dándose el pico...» María Antonia Valls, *Para qué sirve un marido.* ❚ «Ayer, en el portal de casa, dándose el pico con un mozalbete...» Manuel Hidalgo, *El pecador impecable.* ❚ «Academia no registra la expresión *darse el pico*, besarse, de uso frecuente.» DE.

11. hincar el pico ▶ hincar, hincar el pico.

12. ir(se) de picos pardos *expr.* irse de juerga.

«Bueno es que un hombre en la fuerza de la edad tenga mujer y evite los picos pardos.» Jose-Vicente Torrente, *Los sucesos de Santolaria.* ❚ «Pues menudo humor tengo yo para ir de picos pardos...» Manuel Hidalgo, *El pecador impecable.* ❚ «...salía por ahí de picos pardos...» Jaime Romo, *Un cubo lleno de cangrejos.* ❚ «...luego nos subimos al coche y nos vamos los cuatro de picos pardos...» Ramón Ayerra, *Los ratones colorados.* ❚■ «Sagrario y su marido se han ido de picos pardos esta noche.» ✓ J. M.ª Iribarren, *El porqué de los dichos*: «En su origen, la frase [...] significó irse con una mujer de la vida o moza de partido, y se dijo porque la ley obligaba a las tales a usar *jubón de picos pardos*, para distinguirlas de las mujeres decentes.»|

13. pico de oro *s.* persona de fácil oratoria.
«¡Qué pico de oro este don Arcadio!» A. Zamora Vicente, *Desorganización.* ❚ «Y furcia pico de oro, despachándose sobre el tema del día con la labia de un cura...» Fernando Sánchez-Dragó, «Anábasis», en *Antología del cuento español.* ❚ «¡Qué pico de oro! Anda que si en vez de rebotar sigue para fraile...» Jose-Vicente Torrente, *Los sucesos de Santolaria.* ❚ «¿Has oído qué forma de hablar? Toni siempre fue un pico de oro...» Juan Madrid, *Un beso de amigo.* ❚ «Eres un pico de oro.» Jaime Romo, *Un cubo lleno de cangrejos.* ❚ «¿Eso dice? ¡Qué piquito de oro!» M. Sánchez Soler, *Festín de tiburones.* ☑ *Diccionario de autoridades* (1726-39): «Epítheto que se dá al que con energía, discreción, agudeza y facundia, hace cualquier razonamiento».|

14. un pico *expr.* mucho dinero.
«Ely le preguntó si le quedaba dinero, nos había salido por un pico la cena...» Almudena Grandes, *Las edades de Lulú.*

Picó, del año de la Picó *expr.* antiguo, viejo.
«Es una canción del año de la Picó.» M. Vázquez Montalbán, *La rosa de Alejandría.*

picoleto *s.* policía, guardia civil.
«...también es bisnieto de un picoleto...» Raúl del Pozo, El Mundo, 22.8.99. ❚ «Aún recuerdo cuando pintabas en los lavabos lo de los picoletos, no sé qué...» El Jueves, 21-28 enero, 1998. ❚ «Sigo yendo cada quince días a ver a los picoletos para que me firmen el papel...» Juan Madrid, *Turno de noche.* ❚ «...los picoletos molestan a todo quinqui viviente...» Eleuterio Sánchez, *Camina o revienta.* ❚ «¿Y qué hacemos? Es un picoleto.» El Gran Wyoming, *Te quiero personalmente.* ❚ «Los picoletos tienen buena puntería...» José Luis Martín Vigil, *Los niños bandidos.*

picota *s.* nariz.
«Picota. Nariz.» VL. ❚ «Picota: la nariz.» JMO. ❚ «Picota. Toña, tocha, napia.» Ra. ❚ «Picota.

Nariz.» S. ☑ variante de *pico.* No se ha podido documentar fuera de diccionarios.|

2. *s.* drogadicto que se pone un pico.
«Si les enseñas el pico o el trago, serán las más picotas y las más curdelas... Por eso yo nunca dejaba a las mías que privaran ni se acercaran a la mandanga.» Andreu Martín, *Lo que más quieras.*

picotazo *s.* inyección.
«...todavía me acuerdo los picotazos que me metían las enfermeras...» José Ángel Mañas, *Mensaka.*

piculina *s.* prostituta.
«La revolución feminista estaba en marcha. Así que las entrañables piculinas de la época dorada...» Felipe Navarro (Yale), *Los machistas* ❚ «Sí, eso decían sus piculinas, que era virgen.» C. Pérez Merinero, *La mano armada.* ❚ «Piculina. Prostituta.» JGR. ❚◼ «Las piculinas del Retiro cobran poco pero no valen gran cosa.»

pie, a pie(s) juntillas *expr.* firmemente, sin duda alguna.
«Concluyó diciendo que si seguía a pies juntillas su asesoramiento...» B. Pérez Aranda *et al.*, *La ex siempre llama dos veces.* ☑ DRAE: «fig. Firmemente, con gran porfía y terquedad. *Creer a pie juntillas; negar a pie juntillo*».|

2. al pie de la letra *expr.* literalmente.
«Seguí las indicaciones de Lucas Climent al pie de la letra.» Ernesto Parra, *Soy un extraño para ti.* ❚ «Las modificaciones técnicas se realizan al pie de la letra.» ABC, 13.12.98. ❚ «Vas a seguir mis instrucciones al pie de la letra.» M. Sánchez Soler, *Festín de tiburones.*

3. andar (ir) con pies de plomo *expr.* con precaución, con cuidado.
«En historias de la droga hay que irse con pies de plomo.» Pedro Casals, *La jeringuilla.*

4. chupar un pie a uno *expr.* no importar a uno algo.
«...pero me di cuenta de que eso al Orejones le chupaba un pie.» Elvira Lindo, Mi-País, El País, 16.10.99.

5. ciudadano (gente, cura, periodista, mujer, etc.) de a pie ▸ *ciudadano, ciudadano (gente, mujer, hombre) de a pie.*

6. con buen (mal) pie *expr.* bien, de buena manera, con (buena, mala) suerte.

«...y para empezar el año con buen pie...» You, enero, 1998. ❚ «...comenzar con buen pie una urbanización...» Benedicto Revilla, *Guatemala: el terremoto de los pobres,* 1976, RAE-CREA. ❚ «...para empezar con buen pie, escribió...» Miguel Sánchez-Ostiz, *Un infierno en el jardín,* 1995, RAE-CREA. ❚ «Así se entra con buen pie.» J. M.ª Rodríguez Méndez, *Bodas que fueron famosas del Pingajo y la Fandanga,* 1976, RAE-CREA. ❚ «...la emisora decana madrileña entró con mal pie en la historia.» Lorenzo Díaz, *La radio en España,* 1992, RAE-CREA. ❚ «...se han levantado con mal pie, todo les ha salido al revés...» Jaume Ribera, *La sangre de mi hermano,* 1988, RAE-CREA. ❚ «El nuevo órgano de justicia nació con mal pie.» El Mundo, 15.12.96.

7. con los pies por delante *expr.* muerto.

«...del que solamente se sale con dinero, influencias o con los pies por delante.» José Raúl Bedoya, *La universidad del crimen.* ❚ «A través de aquel reducto se podía escapar quizá para siempre y con los pies por delante.» Mariano Sánchez, *Carne fresca.* ❚ «...y del posterior infarto que se llevó a papá con los pies por delante...» Ángel Palomino, *Las otras violaciones.*

8. con pies de plomo *expr.* con cautela, con cuidado.

«Aquello se estaba desarrollando mal desde el principio, y había que moverse con pies de plomo.» Ernesto Parra, *Soy un extraño para ti.* ❚ «Y váyase usted con pies de plomo...» Pedro Casals, *Disparando cocaína.* ❚ «...unos primeros pasos en libertad, pasos que tenían que ser necesariamente medidos de la manera más precisa y dados con pies de plomo...» Victoriano Corral, *Delitos y condenas.* ❚ «...y ahora a moverse con pies de plomo, que el portero es un hijo de perra...» Ramón Ayerra, *Los ratones colorados.*

9. de pies a cabeza *expr.* completamente.

«...es un géminis de pies a cabeza...» SúperPop, junio, 1999.

10. levantarse con el pie izquierdo *expr.* levantarse de la cama de mal humor.

«Cuando se levanta con el pie izquierdo es conveniente desaparecer de su vista.» M. Ángel García, *La mili que te parió.*

11. nacer de pie ▸ *nacer, nacer de pie.*

12. no dar pie con bola *expr.* cometer errores, no acertar.

«¿Se examina hoy? Y me temo que no ha dado pie con bola.» Severiano F. Nicolás, *Las influencias.* ❚ «...los cables se te cruzan, olvidas todo lo que sabías y ya no das pie con bola.» A. Gómez Rufo, *Cómo ligar con ese chico que pasa de ti o se hace el duro.* ❚ «...te pongan histérico y ya no des pie con bola...» Fernando Martín, *Cómo aprobar todo sin dar ni chapa.* ❚ «Cuando se toca este tema, refunfuña y María se pone nerviosa y no da pie con bola...» Francisco Domene, *Narrativa actual almeriense.* ❚ «Nunca dio pie con bola.» Andreu Martín, *Por amor al arte.* ❚ «...o se encubre el absurdo con algún estímulo [...] o no se da pie con bola.» Fernando Repiso, *El incompetente.* ❚ «En todo el día no di pie con bola.» C. Pérez Merinero, *Días de guardar.*

13. no poder(se) tenerse en pie *expr.* cansado, fatigado.

«Ella le rogó que por favor la dejara dormir un poco, que no podía ni tenerse en pie.» José Manuel Caballero Bonald, *Toda la noche oyeron pasar pájaros,* 1981, RAE-CREA. ❚ «Quizá no iba a ser capaz ni de tenerse en pie porque las rodillas le temblaban...» Rosa Montero, *Amado amo,* 1988, RAE-CREA.

14. no tener (ni) pies ni cabeza *expr.* no tener sentido o lógica.

«No tiene ni pies ni cabeza...» Carmen Boullosa, *Duerme,* 1994, RAE-CREA. ❚ «...estas discusiones me trastornan. No tienen pies ni cabeza.» Manuel Hidalgo, *Azucena, que juega al tenis.* ❚ «...las historias del exterior le parecían marcianadas sin pies ni cabeza...» Andreu Martín, *Lo que más quieras.* ✔ con las variantes *no tener pies ni cabeza, no tener ni pies ni cabeza, sin pies ni cabeza.*❚

15. pararle a uno los pies *expr.* oponerse a las pretensiones de alguien.

«Tenía que pararle los pies a Tito.» Luis Camacho, *La cloaca.* ❚ «Álvaro había conseguido pararle los pies a su ex...» B. Pérez Aranda *et al.*, *La ex siempre llama dos veces.* ❙ «No quiero que los políticos pierdan dinero en su trabajo, pero que tampoco se aprovechen de una situación favorable, sin que nadie les pare los pies.» Joan-Vicent Hernández, El Mundo, 7.8.99.

16. pies para qué os quiero *expr.* expresión que indica necesidad de huir, marcharse, que es el momento de huir, marcharse.

«¡Gloria a Dios en las alturas y pies para qué os quiero...» Francisco Nieva, *Coronada y el toro,* 1982, RAE-CREA. ❙ «...feriantes de los de manta al hombro y pies para qué os quiero...» Fernando Sánchez-Dragó, *El camino del corazón,* 1990, RAE-CREA. ❙ ⬛ «¡Qué viene la poli! ¡Pies para qué os quiero!»

17. poner (los) pies en polvorosa *expr.* salir deprisa, marcharse apresuradamente, huir.

«...apenas un mes después de conocer a Penélope puso pies en polvorosa y nunca más supimos de él.» María Antonia Valls, *Tres relatos de diario.* ❙ «...y pongo pies en polvorosa.» C. Pérez Merinero, *Días de guardar.* ❙ «Poner pies en polvorosa. Huir.» MM. ❙ «Sólo sabe poner pies en polvorosa. O sea, salir corriendo...» B. Pérez Aranda *et al.*, *La ex siempre llama dos veces.*

18. saber de qué pie cojea uno *expr.* conocer los defectos de alguien.

«...fue un lince mientras estaba en la Brigada porque en seguida sabía de qué pie cojeaban los que se enfrentaban con él.» Andreu Martín, *Prótesis.*

19. salir por pies *expr.* salir, marcharse precipitadamente, de prisa.

«Pero nosotros salimos por pies y no paramos hasta Covadonga...» A. Sopeña Monsalve, *El florido pensil.* ❙ «Habrá salido por pies, más histérica que otra cosa.» Ernesto Parra, *Soy un extraño para ti.* ❙ «te acaricio con las manos, te miro y salgo por pies.» Extremoduro, CD, 1997: *Iros todos a tomar por culo, Pedra.*

20. seguir en pie *expr.* continuar vigente. «...la invitación sigue en pie.» SúperPop, junio, 1999.

21. tener un pie en la tumba (sepultura) *expr.* estar a punto de morir.

«Toda esta retahíla que siempre se les dice a los viejos aunque estén ya con un pie en la sepultura...» J. Jiménez Martín, *Ligar no es pecado.*

*pie, ir a pie cf. (afines) ▸ *caminar.*

piedra, a tiro de piedra *expr.* cerca, a corta distancia.

«Aprovechando que Southampton estaba a tiro de piedra, se dio una vueltecita por allí.» María Antonia Valls, *Tres relatos de diario.* ❙ «...aquí con una estación de esquí tan próxima, y allí, ¡pásmate!, a un tiro de piedra de la selva...» Ernesto Parra, *Soy un extraño para ti.* ❙ «...estaba a tiro de piedra de la frontera...» Andreu Martín, *Por amor al arte.*

2. dejar (quedarse) de piedra *expr.* sorprender(se).

«Me deja usted de piedra.» Mariano Sánchez, *Carne fresca.* ❙ «Begoña se queda de piedra.» La Noche de Madrid, enero, 1999. ❙ «También el Chava se ha quedado de piedra.» Andreu Martín, *Prótesis.*

3. pasar por la piedra *expr.* copular.

«...chicas que a lo mejor están más sobadas que el culo de Susana, y que se le pongan en plan estrecho para sacudirlas y pasárselas por la piedra a la fuerza, muy macho...» Ángel Palomino, *Las otras violaciones.* ❙ «...(Honorato Mirabeau) [...] se enriquece pasándose por la piedra a muy altas damas de la corte, a monjas, a alguna que otra campesina...» C. J. Cela, *Diccionario del erotismo.* ❙ «Tu hermanita se ha pasado por la piedra a todo el barrio...» Juan Madrid, *Crónicas del Madrid oscuro.* ❙ «Se sabía feo con avaricia, pero más feo era Claudio y se pasó por la piedra a todo un imperio.» Jaime Romo, *Un cubo lleno de cangrejos.* ❙ «...a los cinco días de llegar a la isla se había pasado por la piedra a toda la plantilla del hotel, incluido el contable viejecito...» Ramón Ayerra, *Los ratones colorados.*

pienso *s.* comida.

«...esperando a que abrieran algunas casas de caridad donde les echaban el pienso gratis.» Andreu Martín, *El señor Capone no* está en casa. ❙ ▪▪ «Dan un pienso de puta madre en el restaurante ése.»

***piernas** cf. (afines) bielas, muslamen, patas, paticorto, pencas, remos, zanquilargo.

piernas *s.* persona sin importancia, vago, desgraciado.

«Lo que no sabe ese piernas desgraciado es...» C. J. Cela, *La colmena.* ❙ «Destaca la diferencia que media entre el señor Joaquín, a quien califica de piernas, y un hombre como yo, madrugador, laborioso y cumplido.» Eduardo Mendoza, *Sin noticias de Gurb.* ❙ «...no te cases con tu novio, que ése va a por tu dinero, que es un piernas, y qué razón tenía...» Almudena Grandes, *Modelos de mujer.* ❙ «...nunca pasé de ser un pobre hombre pobre, eso es, un piernas que no podía pagarse un viaje cómodo...» A. Zamora Vicente, ABC, 1.3.98. ❙ «Si estudio medicina, como quiere papá, seré un piernas.» A. Matías Guiu, *Cómo engañar a Hacienda.* ❙ «Un piernas es un tipo de escasa valía —humana, política, social, militar, sentimental— al que más bien se le desdeña...» Rafael García Serrano, *Diccionario para un macuto.* ❙ «Nadie puede ser un piernas con 481 partidos en Primera División...» Santiago Segurola, El País, 4.12.98. ❙ «A la tía le gusta largar cuando cree que los otros son unos piernas...» M. Vázquez Montalbán, *El delantero centro fue asesinado al atardecer.*

2. abrirse de piernas ▸ abrir, abrirse de piernas (muletas, patas).

3. estirar las piernas *expr.* pasear.

«Necesito estirar las piernas.» Luis Camacho, *La cloaca.* ❙ «Uno salió del coche a estirar las piernas...» Andreu Martín, *El señor Capone no está en casa.* ❙ «...está deseando darse un voltio por ahí y estirar un poco las piernas.» C. Pérez Merinero, *Días de guardar.*

4. hacerse las piernas *expr.* depilárselas.

«Hoy he ido a hacerme las piernas y he sufrido como una bestia.» C. Rico-Godoy, *Cuernos de mujer.*

5. lo que tiene uno entre las piernas *expr.* testículos.

«Para eso hay que tener cuarto de kilo más de lo que tú tienes entre las piernas.» Miguel Martín, *Iros todos a hacer puñetas.*

6. por piernas *expr.* irse precipitadamente, con rapidez.

«...tras la derrota del puente de Alcolea, Concha salió por piernas...» Gomaespuma, *Grandes disgustos de la historia de España.* ❙ «¿Cómo te lograste escapar? —Pues por piernas.» P. Perdomo Azopardo, *La vida golfa de don Quijote y Sancho.* ❙ «...y tú te salvaste por piernas...» Juan Marsé, *Si te dicen que caí.*

***pies** cf. (afines) pezuñas, pieses, pinreles, quesos, tachines.

piesplanos *s.* agente de policía.

«Los piesplanos, en cuanto les mostré la credencial, me dejaron paso expedito.» Pgarcía, *El método Flower.* ❙ «...piesplanos, pasmarote, madero, gris, guripa (policía).» AI. ❙ ▪▪ «El piesplanos ése le ha incautado la mercancía al vendedor ambulante.»

pieza, buena pieza *s.* persona de cuidado, peligrosa.

«Lo conocen muy bien en la comisaría de los Cármenes, es una buena pieza.» Juan Madrid, *Turno de noche.* ❙ «Santi Font está hecho una buena pieza...» Pedro Casals, *La jeringuilla.*

2. pieza de museo *expr.* importante, raro.

«¡He conseguido un disco único! ¡Una pieza de museo!» Damián Alou, *Una modesta aportación a la historia del crimen,* 1991, RAE-CREA. ❙ «Lo conservaré como una pieza de museo. Le pondré una placa.» Alberto Vázquez-Figueroa, *Tuareg,* 1981, RAE-CREA. ❙ ▪▪ «Tu coche me encanta, es una verdadera pieza de museo.»

3. quedarse de una pieza *expr.* sorprendido.

«Los parientes se quedaron de una pieza.» J. L. Castillo-Puche, *Hicieron partes.* ❙ «Diodor se quedó hecho una pieza.» Pau Faner, *Flor de sal.* ❙ «Yo me quedé de una pieza y me dije...» Pedro Sáinz Rodríguez, *Semblanzas.*

pifia *s.* error, falta, fracaso.

«...sería una buena pifia desde el estricto punto de vista narrativo...» Juan Marsé, *La* muchacha de las bragas de oro. ▌ «...transmitió una confusa mezcla de sentimiento de pifia y vehementes deseos de...» Juan García Hortelano, *Gramática parda,* 1982, RAE-CREA. ▌ «...por la primera picia que me hagas...» Ramón Ayerra, *Los ratones colorados.* ▌ ▪▪ «Esta pifia nos va a costar caro; seguro que perdemos al cliente.» |✓ también (?) *picia*.|

2. pifiarla *v.* cometer un error, equivocarse, fracasar.

«Por otra parte no quería armarle un escándalo para no pifiarla...» M. Vázquez Montalbán, *Los alegres muchachos de Atzavara.* ▌ «...después de que España la volviese a pifiar en el Mundial de fútbol...» Juanma Iturriaga, *Con chandal y a lo loco.* ▌ «Si la pifias, perdónate, ten en cuenta que machacarse no conduce a nada...» You, enero, 1998. ▌ «Es un modo arbitrario de no complicarse la vida usando nombres con los que a lo mejor la pifias.» Francisco Candel, *Donde la ciudad cambia su nombre.* |✓ DRAE: «Hacer una pifia en el billar o en los trucos».|

pigmeo *s.* persona pequeña.

«En cuanto a los menudos [...] su estatura los hermana en el grupo de los retacos: [...] canijo [...] chaparro; chaparrete [...] enano... esmirriado... mediohombre; [...] microbio; pigmeo; renacuajo; retaco; [...] taponcete...» AI. |✓ DRAE: «m. y f. Individuo perteneciente a los pueblos enanos que viven en las selvas de la región ecuatorial de África y en grupos aislados en las Filipinas, Borneo y Nueva Guinea».|

pija *s.* pene.

«Oh, villano, gran villano / no joderás a mi hija / hasta que tengas la pija / como del hombro a la mano.» Amelia Díe y Jos Martín, *Antología popular obscena.* ▌ «Pijas cortas, pijas desmayadas, pijas que no eran pijas, sino rudimentos de pija...» Germán Sánchez Espeso, *La reliquia.* ▌ «Pene. Denominación de parte del sexo masculino, que con más vulgaridad se denomina [...] chorizo, churro, chorra, chuzo, cimbel, minga, minina, nabo, pilila, pija, pistola, pluma, polla, porra, verga, etcétera...» José M.ª Zabalza, *Letreros de retrete y otras zarandajas.* ▌ «No pido calidades ni linajes; / que no es mi pija libro del becerro, / ni muda el coño,

por el don, visajes.» Francisco de Quevedo y Villegas, *Poesías,* 1597. |✓ ▶ C. J. Cela: *Diccionario secreto* y *Diccionario del erotismo* para una completa información. Covarrubias dice en su diccionario de 1611, *Tesoro de la lengua castellana o española*: la vellotilla del niño. ▶ *pijo*.|

pijada *s.* bobada, tontería.

«Sí, pero anda que no hay que aguantarle pijadas al yupi de Pat.» José Ángel Mañas, *Historias del Kronen.* ▌ «¡Dejaros de pijadas...» Miguel Martín, *Iros todos a hacer puñetas.* ▌ «...alfombras turcas o marroquíes, camafeos pompeyanos, escarabajos egipcios, o cualquier otra clase de pijada indígena.» Álvaro de Laiglesia, *Hijos de Pu.* ▌ «No quería volver, y menos por pijaditas.» Eleuterio Sánchez, *Camina o revienta.* ▌ «Va desde pijadas del calibre de...» José M.ª Zabalza, *Letreros de retrete y otras zarandajas.* ▌ «También aprendí a poner inyecciones, instalaciones eléctricas y otras pijadas, allí hay tiempo para todo.» Juan Marsé, *La oscura historia de la prima Montse.* ▌ «Siempre decía esa pijada hasta que un día se topó con un barman de mala leche...» Carmen Resino, *Pop y patatas fritas,* 1991, RAE-CREA.

pijama, pijama (chaleco, traje) de madera *s.* ataúd.

«...se conoce que todavía hago falta en el mundo, porque si no ya estaría en el cementerio con mi chaleco de madera...» Ignacio Aldecoa, *El fulgor y la sangre.* ▌ «En vuestro argot [...] unas veces decís *palmar*; otras, *diñar*; otras, *cascar* y aún empleáis circunloquios como *poner el pijama de madera* o *criar malvas*...» Rafael García Serrano, *Diccionario para un macuto.* ▌ «El jueves quiero a ese pichón en la jaula o con el traje de madera.» Mariano Sánchez, *Carne fresca.* ▌ «...tu propio pijamita de madera.» R. Montero, *Diccionario de nuevos insultos...* |✓ también *traje de pino*.|

pijerío *s.* relativo a gente pija, presumida.

«...y también eran idénticos sus accesorios, todos propios del pijerío.» Terenci Moix, *Garras de astracán.*

pijitonto *s.* necio, tonto.

«Basta decir que es el modelo de chica de Melrose Place, igual de pijitonta.» R. Gómez de Parada, *La universidad me mata*.

pijo *adj.* propio de pijos, jóvenes presumidos.

«...brujas industriales, según las denominaban en zonas pijas.» J. Giménez-Arnau, *Cómo forrarse y flipar con la gente guapa*. ‖ «...se piensa en el golf como un deporte pijo...» Raúl del Pozo, El Mundo, 15.8.99.

2. *s.* pene.

«Con el pijo el diestro está valiente y obliga a la burraca a dar un suspiro.» Amelia Díe y Jos Martín, *Antología popular obscena*. ‖ «...buscaba chaperos. A mí eso me da igual, que cada cual haga lo que quiera con su pijo.» Raúl del Pozo, *Noche de tahúres*. ‖ «¡Arrímale el pijo a una recién nacida y verás qué bien te lo hace!» Andreu Martín, *Lo que más quieras*. ✓ La palabra tiene varios refranes: *con buen pijo bien se jode, cuanto más largo es el pijo, más hondo lo mete.* ▸ *Diccionario secreto* de C. J. Cela. También ▸ *pija*.‖

3. *s.* joven presumido y afectado en el vestir, hablar y alternar.

«...los skin pijos se compran marcas que...» El Banquillo, 28.1.98. ‖ «Los pijos, sin embargo, parecían genéticamente dispuestos a reconocer un culo respingón...» Almudena Grandes, *Modelos de mujer*. ‖ «Hace de Jack un pintor que se enamora de una niña pija...» Ragazza, n.° 101. ‖ «La madrastra sería pija y tarada mental, pero en modo alguno perversa.» Terenci Moix, *Garras de astracán*. ‖ «También están los pijos que sólo quieren hablar de coches importados.» P. Antilogus, J. L. Festjens, *Anti-guía de los conductores*. ‖ «Era un pijo, un panoli...» Juan Madrid, *Crónicas del Madrid oscuro*. ‖ «...un señorito vanidoso e insoportable, dice, un hijo de papá, niño bien, jili, pijo y pera, universitario en coche sport...» Juan Marsé, *La oscura historia de la prima Montse*. ‖ «¡Estoy hasta los cojones de pijas como tú!» Jaime Romo, *Un cubo lleno de cangrejos*. ‖ ▪ «Marcial ahora se ha convertido en un pijo y viste con corbatita y zapatos de charol.»

4. *s.* insulto, desaire.

«¿Qué ha de suceder? Que yo le suelte un pijo. El lío luego,» Marisa López Soria, *Alegría de nadadoras*.

5. con buen pijo bien se jode *ref.* refrán que indica que para copular bien es mejor tener un buen pene.

«Con buen pijo bien se jode» ref.

6. ir de pijo sacado *expr.* mucho trabajo.

«A lo que respondía el ministro al día siguiente con expresiones como [...] 'ir de pijo sacado' (por estar abrumado de trabajo)...» Eduardo Mendoza, *La ciudad de los prodigios*.

7. no entender un pijo *expr.* no entender nada.

«...y festejaron las hazañas de sus héroes ante la mirada incrédula de sus padres, que no entendían un pijo.» Carlos Fresneda, El Mundo, 21.11.99.

8. no saber ni pijo *expr.* no saber nada.

«...de Maime no sabía ni pijo.» Ernesto Parra, *Soy un extraño para ti*.

pijorra *s.* pene.

«Tal como pintada / es mi pijorra ligera...» Ambrosio de la Carabina, *Don Juan notorio*.

pijotada *s.* bobada, sandez, tontería.

«Pijotada: tontería, cosa sin importancia.» JMO. ‖ «Pijotada. Estupidez.» VL. ‖ «Pijotada. Tontería.» S. ✓ no se ha podido documentar fuera de diccionarios.‖

pijotería *s.* bobada, necedad.

«...ya ves qué pijotería, qué más les dará...» Ángel Palomino, *Todo incluido*.

pijotero *s.* escrupuloso, tiquismiquis.

«...si estuviera en mi mano, ¡a buena hora no sanaba yo a ese pijotero!» Andrés Berlanga, *La gaznápira*. ‖ «...esta Marbella finisecular que rinde culto a pijoteros y bobones.» Carmen Rigalt, El Mundo, 24.8.99.

pila, cargar pilas *expr.* reponer fuerzas, descansar.

«A las 9 un buen desayuno para cargar pilas a tope.» Ragazza, julio, 1997. ‖ «...ha decidido irse bien lejos para cargar pilas.» El Mundo, 30.7.99.

2. poner las pilas a alguien *expr.* pegar, golpear.

«Poner las pilas a alguien. Darle una paliza.» VL. ❚ «Poner las pilas a alguien. Golpear a alguien.» S. ❚✒ «Como sigas insultando a la gente te van a poner las pilas bien.» |✓ no se ha podido documentar fuera de diccionarios.|

3. poner las pilas a alguien *expr.* gustar, entusiasmar.

«...se dio cuenta de que lo que a él le ponía más las pilas era ser actor.» Ragazza, n.° 101. ❚ «Para ponerle las pilas está su novia Inma del Moral...» El Mundo, 3.8.99.

píldora *s.* bala.

«...le metí una píldora entre ceja y ceja...» Cristóbal Zaragoza, *Y Dios en la última playa.*

2. dorar la píldora *expr.* engatusar, camelar, halagar, adular.

«...supo excitarle los ánimos, halagar lo peor de su ser y dorarle bien la píldora...» Jose-Vicente Torrente, *Los sucesos de Santolaria.* ❚ «Aunque el objetivo principal era otro, Sancho decidió dorar la píldora...» P. Perdomo Azopardo, *La vida golfa de don Quijote y Sancho.* ❚ «Tendrá a miles de personas todo el día a su alrededor adulándole y dorándole la píldora.» B. Pérez Aranda *et al., La ex siempre llama dos veces.* ❚ «Le doras la píldora, te la camelas, pierdes todo el tiempo que haga falta...» Andreu Martín, *Lo que más quieras.* |✓ DRAE: «fr. fig. y fam. Suavizar con artificio y blandura la mala noticia que se da a uno o la contrariedad que se le causa».|

pilila *s.* pene, pene pequeño.

«...toda la mañana en la cubierta de un yate enseñando la pilila.» Ramón de España, El País, 25.7.99. ❚ «¡El Orejones no tiene pilila!» Elvira Lindo, *Manolito gafotas.* ❚ «Todas las mañanas / cuando me levanto / tengo la pilila / más dura que un canto.» Amelia Díe y Jos Martín, *Antología popular obscena.* ❚ «Que tú tienes un cipote impresionante, mientras yo no paso de tener una pilila corriente.» Álvaro de Laiglesia, *Hijos de Pu.* ❚ «Que coma como quiera, que se toque la pilila en público...» Chumy Chúmez, *Por fin un hombre honrado.* ❚ «¿Quieres dejar de

tocarte la pilila? ¡Que te vas a quedar tísico!» El Víbora, n.° 143. ❚ «...parece que tenía la pilila un poco averiada. Su mujer se hartó...» Pedro Casals, *Disparando cocaína.* ❚ «...Sergio y Diego han vivido obsesionados con su pilila.» C. Rico-Godoy, *Cómo ser infeliz y disfrutarlo.* ❚ «...le arreo una leche con una maceta —que el cabrón del perro acababa de regar con su pilila.» C. Pérez Merinero, *Días de guardar.* |✓ DRAE: «m. y f. p. us. Argent. (Cuyo) y Chile. Persona andrajosa y sucia».|

pilili *adj.* ebrio, borracho.

«Estar pilili: estar borracho.» JMO. ❚ «Hoy está gracioso porque está pilili. Normalmente tiene muy mala leche.» DCB. |✓ no se ha podido documentar fuera de diccionarios.|

pilingui *s.* prostituta.

«...y las tinieblas se enseñorean de la ciudad, las pilinguis se colocan en las esquinas.» Antonio J. Gómez Montejano, *Las doce en punto y sereno.* ❚ «Me enteré de que eran unas pilinguis sus compañeras. De modo que la saqué de allí.» JM. ❚✒ «La Claudia es una pilingui, ¿sabes? Yo soy una mujer honrá.»

pillado *adj.* sin dinero.

«Curraba de mensajero y me robaron la moto [...] estaba muy pillado de dinero.» Cristina Pérez Schlichting, ABC, 19.4.98. ❚ «...tener una garantía de que no se quedará pillado si Manolo no paga...» María M. Fabián Maldonado, *Derecho Mercantil...,* 1997, RAE-CREA

pillar *v.* tocar, sobar.

«Es posible que sólo vaya contigo para pillar, pero enmascara sus intenciones porque es un maestro en eso de la seducción.» You, n.° 3.

2. comprender, entender.

«Para colmo —¿ya lo van pillando?— tuvimos que cambiarnos...» B. Pérez Aranda *et al., La ex siempre llama dos veces.*

3. coger, agarrar.

«...antes tengo que pillar esa pasta para dártela.» José Luis Martín Vigil, *Los niños bandidos.* ❚ «Voy a pillar copa.» José Ángel Mañas, «Recuerdo», Áccent, julio-agosto, 1999.

*pillar desprevenido cf. (afines) ▶ *desprevenido.*

pillastre *s.* pillo.

«Algún libraco que se habrá leído, el muy pillastre.» Manuel Quinto, *Estigma.* ▌ «¿Lo ves cómo sabes quién eres, pillastre?» Juan Marsé, *El embrujo de Shangai,* 1993, RAE-CREA. ▯✓ DRAE: «m. fam. pillo².».▌

pillo *s.* pícaro.

«...utilizar este libro como escudo para protegerse de pillos y truhanes...» Manuel Giménez, *Antología del timo.* ▯✓ DRAE: «1. adj. fam. Dícese del pícaro que no tiene crianza ni buenos modales. Ú. m. c. s. m.»▌

pilón, bajar al pilón *expr.* sexo oral, hacer sexo oral a la mujer, cunnilinguo.

«O sea, macho, que o te bajas al pilón o te compras un donuts.» Felipe Navarro (Yale), *Los machistas.* ▌ «...me dijo que lo legal era bajarme al pilón y coloqué mis bembos sobre su almeja, fresquita y húmeda...» C. Pérez Merinero, *La mano armada.* ▌ «No seas ignorante, leche. Bajarse al pilón no es ninguna aberración.» JM. ▌▪▪ «A Paquita le encanta bajarse al pilón.»

piltra *s.* cama.

«La mayoría de los españoles, sin embargo, se metió en la piltra al compás...» Carmen Rigalt, El Mundo, 2.1.99. ▌ «Luego nos damos el chute. Tengo tres papelas. ¿Y después? A la piltra.» Juan Madrid, *Turno de noche.* ▌ «En casa tomo dos o tres pastillas, me meto en la piltra y a sobar, caigo como una piedra.» Juan Madrid, *Crónicas del Madrid oscuro.* ▌ «¿Qué tal el sitio ese? —Bah, bien. Tiene una buena piltra...» Jaime Romo, *Un cubo lleno de cangrejos.* ▌ «...nunca se sale a brincos de la piltra.» Carmen Pérez Tortosa, *¡Quiero ser maruja!* ▌ «Luego me metí en la piltra y me hice una paja...» C. Pérez Merinero, *Días de guardar.* ▌ «...que te inmortalice en la piltra con esa pedorra que acabas de conocer...» Ramón de España, El País, 25.7.99. ▯✓ DRAE: «f. Germ. Cama¹ de las personas».▌

piltrear *v.* acostarse, dormir.

«...huir de los maleficios e irse al hotel a piltrear.» C. Pérez Merinero, *Días de guardar.* ▌ ▪▪ «El vecino piltrea pronto hoy, ¿no?»

piltrosa *s.* cama.

«Piltrosa: cama.» JMO. ▌ «Piltrosa: cama.» JV. ▌ «Piltrosa. Piltra, sobre, cama.» Ra. ▯✓ variación de *piltra.* No se ha podido documentar fuera de diccionarios.▌

pimiento, no valer (importar, apetecer) un pimiento (higo) *expr.* no valer nada, no tener valor, no importar.

«Cumplo años, pues los cumplo... Me importa un pimiento.» Antonio Mingote, Blanco y Negro, 10.1.99. ▌ «...asegurar que nadie vale un pimiento...» Álvaro de Laiglesia, *Hijos de Pu.* ▌ «...y les importa un pimiento la indumentaria...» A. Ussía, *Tratado de las buenas maneras.* ▌ «Le he dicho que no me apetecía un pimiento.» María Antonia Valls, *Tres relatos de diario.* ▌ «Los carniceros cortan la carne a su antojo, importándoles un pimiento las clasificaciones establecidas.» José M.ª Zabalza, *Letreros de retrete y otras zarandajas.* ▌ «La varona no valía un pimiento...» C. Pérez Merinero, *La mano armada.* ▌ «La verdad es que me importa un pimiento.» Andrés Bosch, *Mata y calla.* ▯✓ el pimiento se puede sustituir por *higo, bledo, carajo, pito, rábano,* etc.▌

pim
591

pimplar *v.* beber.

«¡Ni sabía que existe el brebaje susodicho! No existe porque se lo ha pimplado todo usted.» Terenci Moix, *Garras de astracán.* ▌ «...y eso que ni olemos a la legua todo lo que esta basura se pimpla...» A. Zamora Vicente, *Mesa, sobremesa.* ▌ «...comenzó a pimplar de lo lindo, cosa que no había hecho nunca.» J. L. Castillo-Puche, *Hicieron partes.* ▌ «A esas alturas tenemos que haber conseguido que se pimple un par de botellitas él solito...» Jaime Romo, *Un cubo lleno de cangrejos.* ▌▪▪ «Carmelo ha perdido el empleo porque pimpla más de la cuenta y va dando tumbos por la oficina.» ▯✓ ▶ *empimplar.*▌

pimple, darle al pimple *expr.* beber.

«...le daba requetebien al pimple y no perdonaba ocasión de mojar las tragaderas.» Ramón Ayerra, *La lucha inútil,* ▌▪▪ «¿Desde cuando le das tú al pimple?»

pimpollo *s.* mujer joven.

«No hace falta que nos acompañe tu pimpollo, conocemos la salida.» Fernando

Martínez Laínez, *La intentona del dragón.* ▌«Gemma Ruiz Cuadrado [...] hecha un pimpollo...» Carmen Rigalt, El Mundo, 1.8.98. ▌◼ «No hables con ese pimpollo porque tiene novio y es un tío violento.» |✔ DRAE: «fig. y fam. Niño o niña, y también el joven o la joven, que se distingue por su belleza, gallardía y donosura».|

pimporrada, dar la pimporrada *expr.* molestar, incordiar.

«Juan *(Benet)* podía recibirme con algo así como: ¿Qué, otra vez por aquí a dar la pimporrada?» Francisco Rico, «El juego del Tenorio», El País, 31.10.98.

pincel, ir (estar) como un pincel *expr.* atractivo, guapo, elegante.

«Iba como un pincel pero no le importó tumbarse en la yerba.» Noticias, TVE1, 5.8.99.

2. pinceles *adj.* y *s.* atractivo, guapo.

«...ir moneando de semejante guisa con el morenito pinceles...» Ramón Ayerra, *Los ratones colorados.*

pincelín *s.* pene.

«...el pincelín se le animaba y salía de su torpor...» Ramón Ayerra, *Los ratones colorados.*

pincha *s.* pinchadiscos, encargado de la música en discotecas.

«A él le hacía mucha ilusión tocar ahí y se lo había preguntado al dueño, que había dicho que lo arregláramos con el pincha.» José Ángel Mañas, *Mensaka.* ▌«Abre la puerta que da a la cabina del pincha...» José Ángel Mañas, *Sonko95.* ▌◼ «Ahora trabajo de pincha en una discoteca del centro.»

2. *s.* practicante, enfermero.

«Le dicen al que pone inyecciones.» IND. |✔ ▶ *pinchaculos.*|

pinchaculos *s.* practicante, enfermero.

«...pinchaculos (enfermero)» AI. |✔ ▶ *pincha.*|

pinchadiscos *s.* encargado de la música en discoteca.

«La pista estaba en el centro y a la izquierda se encontraba la cabina de Charli, el pinchadiscos.» Juan Madrid, *Las apariencias no engañan.* ▌«Siendo nuestras propias pinchadiscos, tendremos la posibilidad de regular el ambiente musical...» Carmen Pérez Tortosa, *¡Quiero ser maruja!* |✔ ▶ también *pincha.*|

pinchado, teléfono pinchado *expr.* escucha ilegal, teléfono intervenido.

«...que con el cuento de que tienes el teléfono pinchado, [...] invades su hogar con el único fin de llamar a costa de su presupuesto.» Eloy Arenas, *Los vecinos de mis vecinos son mis vecinos.*

pinchahígados *s.* navajero.

«Y al pobre ciudadano de a pie [...] le quita el reloj, por la calle, cualquier pinchahígados en libertad...» A. Matías Guiu, *Cómo engañar a Hacienda.*

pinchar *v.* molestar, incordiar.

«Por favor no me pinches que me vienen los berrinches.» M. Romero Esteo, *El vodevil de la pálida, pálida, pálida rosa,* 1979, RAE-CREA.

2. poner inyecciones.

«...había llevado consigo el maletín con las agujas necesarias, empezó a pinchar en el balneario...» J. M.ª Gironella, *Los hombres lloran solos,* 1986, RAE-CREA.

3. acuchillar.

«Pues tengo que pincharlos a todos y aluego registrarlos...» Ángel Palomino, *Un jaguar y una rubia.* ▌◼ «Al preso nuevo ya lo han pinchao y está en la enfermería muy malo.»

4. copular.

«...como no me folle al portero de guardia, me parece a mí que esta noche no pincho...» C. Pérez Merinero, *Días de guardar.*

5. pinchar teléfono *v.* intervenir un teléfono para escucha ilegal.

«Que le vigilen discretamente, y pínchale el teléfono.» Fernando Martínez Laínez, *La intentona del dragón.* ▌«Ni a exponerme a que hayan pinchado la línea...» Pedro Casals, *Disparando cocaína.* ▌«...condenó a un año de cárcel [...] a un marido que pinchó el teléfono de su domicilio para comprobar si su esposa le era infiel...» El Mundo, 7.5.99.

6. pincharse *v.* ser drogadicto, inyectarse droga.

«...fumaba, pero luego empezó a pincharse y ésta acaba donde yo sé.» Ángel Palomino, *Madrid, costa Fleming.* ▌ «¿Se pincha usted? Un poco, sólo cuando estoy con depre.» Jesús Ferrero, *Lady Pepa.* ▌ «De manera que Prada se ha venido hasta aquí para pincharse.» Juan Madrid, *Flores, el gitano.* ▌ «¿Por qué no me dijeron que Rosario se pinchaba?» Lourdes Ortiz, *Picadura mortal.* ▌ «Igual se pincha.» M. Vázquez Montalbán, *El delantero centro fue asesinado al atardecer.*

pinchazo *s.* inyección.
«Encontró la vena al segundo pinchazo.» José Luis de Tomás García, *La otra orilla de la droga,* 1984, RAE-CREA.
2. *s.* acción de intervenir teléfono, escucha ilegal.
«El pinchazo en la sede de HB en la capital alavesa...» El Mundo, 19.4.98.

pincho *s.* navaja.
«Pincho: navaja. Instrumento punzante fabricado por los reclusos.» Manuel Giménez, *Antología del timo.* ▌■▀ «El menda aquel me sacó un pincho así de grande y tuve que salir por piernas.»

pinchosa *s.* cuchillo, navaja.
«Yo le llamo baldeo a la navaja, otros cheira o mojada [...] Y sé de otros que la mencionan como pinchosa...» Juan Madrid, *Crónicas del Madrid oscuro.*

pindonga *s.* prostituta, mujer promiscua.
«Pindonga. Del latín *pendere,* quizá con influjo del castellano *pingo.*» DE. ▌ «La chica se está haciendo una pindonga de espanto.» JM.

pindonguear *v.* excitar sexualmente, prostituirse.
«¡Andas tras la pasta...! Para conseguirla te dedicas a pindonguear delante de Stephen.» Pgarcía, *El método Flower.*

pinga *s.* pene.
«Es metáfora funcional y, subsidiariamente, formal, (el pene pende o *pinga*); compárese con pingo.» DE. ▌ «Me reventó una granada y me voló la pinga, conchasumadre. ¿Sabes lo que es querer cachar y no poder? ¿Sabes lo que es tener una hembra mojadita pidiendo pinga...?» Jaime Bayly, *Los últimos días de la prensa,* 1996, RAE-CREA.

pingajo *s.* pene.
«...deslizó la mano por la cremallera de la bragueta y dejó a su albedrío el pingajo que fue órgano reproductor...» Miguel Martín, *Iros todos a hacer puñetas.*

pingo *s.* mujer promiscua.
«Pero qué tonta eres. ¿Qué pasa, que piensas que me he ido por ahí de pingos?» C. Rico-Godoy, *Cómo ser una mujer y no morir en el intento.* ▌ «...la que es pingo es pingo hasta que fallece.» Virtudes, *Rimel y castigo.* ▌ «...eh, paisanos, Saturnino y el otro, que os la dan con queso, que no os vais con mujeres, que ese par de pingos son tíos...» Ramón Ayerra, *Los ratones colorados.*
2. ir de pingo ▸ *pingoneo, ir de pingoneo.*
3. pingo verbenero *s.* mujer muy promiscua.
«...desperdigados por el mundo de pingo verbenero.» B. Pérez Aranda *et al., La ex siempre llama dos veces.* \✓ ▸ *putón, putón verbenero.*▌

pingoneo, ir de pingoneo *expr.* ir de juerga, de diversión.
«Irse de pingo.» Virtudes, *Rimel y castigo.* ▌■▀ «Esta noche vamos de pingoneo con los amigos de la oficina.»

pingüi, dar un pingüi *expr.* dar un paseo, vuelta.
«Vamos a dar un pingüi por el parque.» CO, Alicia Hernández Gómez. ▌ «Pingüi. Excursión, paseo.» S. ▌ «Darse un pingüi: pasear, salir.» Ra.

pingüino, traje de pingüino ▸ *traje, traje (vestir de) pingüino.*

pino, como la copa de un pino *expr.* grande, enorme.
«Vigile porque puede ser víctima de una estafa como la copa de un pino.» Manuel Giménez, *Antología del timo.* ▌ «Tuve un orgasmo como la copa de un pino.» C. Pérez Merinero, *La mano armada.* ▌ «...gritó un ¡Coño! como la copa de un pino...» A. Ussía, *Tratado de las buenas maneras.* ▌ «Es un cura como la copa de un pino.» Miguel Martín, *Iros todos a hacer puñetas.* ▌ «...porque es de gilipollas como la copa de un

pino.» Ladislao de Arriba, *Cómo sobrevivir en un chalé adosado.* ▌ «Además, esa pieza es un pendón como la copa de un pino, cambia de pareja con más frecuencia que de ropa interior...» A. Gómez Rufo, *Cómo ligar con ese chico que pasa de ti o se hace el duro.*

2. en el quinto pino ▶ *quinto, en el quinto pino.*

3. hacer el pino *expr.* adoptar posición invertida, cabeza abajo y pies arriba con las manos apoyadas en el suelo.

«...recorrer los treinta kilómetros haciendo el pino.» M. Ángel García, *La mili que te parió.* ▌ «...se acababa de partir una pierna haciendo el pino en el recreo...» B. Pérez Aranda *et al.*, *La ex siempre llama dos veces.* ▌ «En gimnasia, el profesor me obligaba a hacer el pino.» Álex de la Iglesia, *Payasos en la lavadora.*

4. plantar un pino *expr.* defecar.

«Plantar un pino. Cagar.» VL. ▌ ◼ «Pedro está ahí, detrás del coche, plantando un pino, porque no se podía aguantar para ir al retrete.» ✔ no se ha podido documentar fuera de diccionarios.▐

pin
594

pinreles *s. pl.* pies.

«Como hace años —no miento, años— que no me como un cocido encamino mis pinreles hasta Lhardy.» C. Pérez Merinero, *Días de guardar.* ▌ «...los bañistas cuando, en día fresco, meten la punta del pinrel en el agua.» Ramón Ayerra, *Los ratones colorados.* ▌✔ DRAE: «m. Germ. El pie de las personas. Ú. m. en pl.».▐

pinta *s.* sinvergüenza, mala persona.

«...hasta el tipo especializado en timos de mayor o menor envergadura, y que suele ser un verdadero pinta...» Victoriano Corral, *Delitos y condenas.*

2. pinta(s) *s.* apariencia, aspecto.

«Es lógico que te llamen así con las pintas que llevas.» Romualdo Izquierdo, El Mundo, 8.3.98. ▌ «Podrían pensar que se está usted riendo de su pinta...» P. Antilogus, J. L. Festjens, *Anti-guía de los conductores.* ▌ «Me encanta ir natural por la vida, pero sin llevar pintas.» Ragazza, n.º 93. ▌ «...nos divertíamos sacándole punta a las cosas, a las pintas de un presentador, a la ridiculez de

un concurso...» Manuel Hidalgo, *Azucena, que juega al tenis.* ▌ «...no sé cómo no os da vergüenza salir a la calle con esas pintas.» Gomaespuma, *Familia no hay más que una.*

3. tener buena pinta *expr.* tener buen aspecto.

«...un chiringuito que tenía muy buena pinta.» B. Pérez Aranda *et al.*, *La ex siempre llama dos veces.*

pintada, pintada como una careta *expr.* excesivamente maquillada una mujer.

«...una pelirroja [...] que iba pintada como una careta...» Pedro Casals, *La jeringuilla.*

2. pintada como una puerta *expr.* excesivamente maquillada.

«...no debía de ser mucho más alta que yo. Iba pintada como una puerta...» Almudena Grandes, *Malena es un nombre de tango.*

pintado, el más pintado *expr.* el más atrevido, el mejor, el más fuerte.

«...un guiño a tiempo o una sonrisa picarona pueden desarmar al más pintado...» You, enero, 1998. ▌ «Sorprenden al más pintado.» Espejo público, Antena 3 TV, 28.2.99.

2. salir (venir) que ni pintado *expr.* salir bien, quedar bien.

«...me salió que ni pintado.» Marisa López Soria, *Alegría de nadadoras.* ▌ «El snowboard le viene que ni pintado.» El Mundo, La Luna, 26.2.99.

pintamonas *s. pl.* pintor sin talento.

«A mi me impresiona la gente que sabe expresarse. Ni los pintamonas, ni los cantantes, ni los que hacen puentes me impresionan...» M. Vázquez Montalbán, *Los alegres muchachos de Atzavara.* ▌✔ DRAE: «com. fig. y fam. Pintor de corta habilidad».▐

pintao *adj.* elegante.

«...no veas la planta del Friti peleándose, to pintao...» Fernando Quiñones, *Las mil y una noches de Hortensia Romero,* 1979, RAE-CREA.

pintárselas uno solo *expr.* ser muy capaz de hacer alguna cosa sin ayuda.

«Pues conmigo va bien servida, porque para decir cosas elegantes me las pinto yo sola...» Ignacio Aldecoa, *El fulgor y la sangre.*

pintores, tener los pintores *expr.* menstruación.

«Cuando tengas los pintores voy a beberte la sangre con una pajita.» C. Pérez Merinero, *La mano armada*. ▌«Tener o estar con los pintores: tener la menstruación.» JMO. ▌«Tener los pintores. Tener la menstruación.» VL. ▌.■' «Lucia no pude ayudarnos hoy porque tiene los pintores y el primer día se siente mal.»

pintura *s.* droga en general.

«¿Tenéis pintura? —preguntó en voz baja.» Juan Madrid, *Flores, el gitano*.

2. no querer (poder) ver ni en pintura *expr.* no agradar algo o alguien.

«A ése no le quiero ver ni en pintura por aquí.» Ignacio Aldecoa, *El fulgor y la sangre*. ▌«Si te acaba de gritar que le dejes en paz, que no quiere verte ni en pintura...» A. Gómez Rufo, *Cómo ligar con ese chico que pasa de ti o se hace el duro*. ▌«Desdeñar. No poder ver a alguien ni en pintura.» DTE.

piñá *s.* dientes, dentadura.

«La piñá: la dentadura.» JV. ▌«Piña. Piñata, dentadura.» Ra. ▌«Piñá. Dentadura.» VL. ▌.■' «Nosotros los negratas tenemos buena piñá y no vamos al dentista.» ▌✔ no se ha podido documentar fuera de diccionarios.▌

piñata ▶ *piñá.*

piño *s.* diente.

«¿Te pido hora para el dentista? Tus piños están a punto de salir volando.» Al salir de clase, Telecinco, 12.5.98. ▌«Molar cero. No, no estamos enumerando los piños...» Ragazza, junio, 1998. ▌«...aquí a los dientes se les ha llamado piños toda la vida...» Miguel Martín, *Iros todos a hacer puñetas*. ▌«Cuántas veces habré visto a mi hermana como alma que lleva el diablo en dirección a la peluquería. En una se dejó un piño en la escalera...» La Noche de Madrid, enero, 1999. ▌«...y sale un morenazo con los piños demasiado blancos.» José Ángel Mañas, *Sonko95*.

piñón, estar a partir un piñón *expr.* muy amigos.

«...pues ahí le tienes ahora, a partir un piñón con los frailazos...» Ramón Ayerra, *Los ratones colorados*.

pío, no decir ni pío *expr.* no decir nada, callar.

«...ya te lo digo, ni pío...» A. Zamora Vicente, *Mesa, sobremesa*. ▌«Tan pronto me manda cartas que no puedo acabar de leer en un mes como no me dice ni pío.» M. Vázquez Montalbán, *La rosa de Alejandría*. ▌«Saiko no dijo ni pío fuera de las normales frases de respeto...» Ángel Palomino, *Todo incluido*. ▌«...hasta la fecha no han dicho ni pío.» Jose-Vicente Torrente, *Los sucesos de Santolaria*. ▌«No nos dirá ni pío. Secreto profesional.» Mariano Sánchez, *Carne fresca*. ▌«Ni pío del accidente de aviación.» Pedro Casals, *Disparando cocaína*.

piojo (verde) *s.* policía de tráfico.

«Piojo. Agente de tráfico de la Guardia Civil.» Manuel Giménez, *Antología del timo*. ▌.■' «Los piojos son los guardias civiles de tráfico.» ✔ también *piojos verdes*, por el uniforme color verde.▌

piojoso *adj.* indeseable, sucio, desastrado.

«¿En qué lengua hay que decírtelo, piojoso?» Ignacio Aldecoa, *El fulgor y la sangre*. ▌«¿Qué estás tramando ahora, piojoso...?» Juan Marsé, *Si te dicen que caí*. ▌.■' «Ese vecino nuevo es un piojoso.»

pipa *s.* pistola.

«En estos momentos si tuviera una pipa la liaría.» José Ángel Mañas, *Mensaka*. ▌«Hay fronteras de pipas y navajas, te pueden pinchar por un cigarro...» Raúl del Pozo, *Noche de tahúres*. ▌«pipa. Pistola.» Francisco Umbral, *Diccionario cheli*. ▌«Si sacas la pipa te acuerdas del día que naciste.» Fernando Martínez Laínez, *La intentona del dragón*. ▌«El Torrente con la pipa, dando voces...» Juan Madrid, *Un beso de amigo*. ▌«Dije que en cierto modo sí. Pero no que le descerrajara un tiro con la pipa.» Ernesto Parra, *Soy un extraño para ti*.

2. clítoris.

«...porque hay quien nace con una picha que no es picha ni es nada y en cambio hay chicas que nacen con una pipa que se la pueden enrollar en la cintura...» M. Vázquez Montalbán, *Los alegres muchachos de*

Atzavara. ❙ ▪ «A Consuelo le gusta que le laman la pipa, la pone a cien.» ❙✔ también *pipita, pepitilla.*❙

3. ayudante.

«Esta palabra, según cada jerga se utiliza como sinónimo de pistola o con el significado de ayudantes de músico, mozo de carga o utillero.» El País, *Libro de estilo.*

4. *adj.* estupendo, maravilloso, bien.

«...que han abierto un cabaret pipa, de chupilerendi...» Ramón Ayerra, *Los ratones colorados.*

5. ni para pipas *expr.* tener poco dinero.

«...encargó a sus abogados que le arreglasen un divorcio barato, que le costase quinientos o seiscientos millones, pero a ella le entraba la risa, seiscientos millones, ni para pipas.» Ángel Palomino, *Las otras violaciones.* ❙ «O sea, que ni para pelargón, ni para pipas ni para leches.» Felipe Navarro (Yale), *Los machistas.*

6. pasarlo pipa *expr.* divertirse.

«...y si no, ahí tienes a Picasso, lo pasaba pipa pintando cuadros horrorosos.» Ángel Palomino, *Las otras violaciones.* ❙ «No me lo pasaba tan pipa desde los viejos tiempos de La Codorniz...» A las barricadas, 3-14 junio, 1998. ❙ «Te lo pasarás pipa...» A. Matías Guiu, *Cómo engañar a Hacienda.* ❙ «...está ahora en Marbella pasándoselo pipa.» Carmen Rigalt, El Mundo, 17.7.99.

pipada *s.* chupada.

«...porque no he dado una pipada a un cigarrillo desde hace cuatro años...» M. Vázquez Montalbán, *Los alegres muchachos de Atzavara.*

pipar *v.* beber.

«Pipar. Beber en demasía, más de la cuenta.» IND. ❙ «Pipar. Chupar, absorber.» Ra. ❙ «Pipar: absorber, chupar.» JV. ❙✔ no se ha podido documentar fuera de diccionarios.❙

pipear *v.* mirar, observar.

«Pipear: vigilar, otear la presencia de algún peligro.» JMO. ❙ «Pipear. Mirar, observar con disimulo.» VL. ❙ «Pipear. Ver, divisar, mirar.» Ra. ❙ «Pipear. Vigilar.» S. ❙ ▪ «Me he dado cuenta cómo pipea Carlitos a la secretaria.» ❙✔ no se ha podido documentar fuera de diccionarios.❙

pipi *s.* piojo.

«Pipi. Piojo.» Ra. ❙ «Pipi: piojo.» JMO. ❙ ▪ «En ese colegio hay pipis, todos los niños los tienen.» ❙✔ no se ha podido documentar fuera de diccionarios.❙

2. soldado de infantería.

«Los soldados de infantería son pistolos o pipis...» AI.

pipí *s.* pene pequeño.

«...le gusta sobar a los niños... en cuanto se confían , les acaricia el culo y los muslos y el pipí...» C. J. Cela, *Mazurca para dos muertos.* ❙ «Fue Simonciño que me enseñó el pipí para que se lo tocase...» C. J. Cela, *Mazurca para dos muertos.*

2. *s.* orín.

«Aquello igual podía ser una mancha de sangre secular o el último pipí de los pobres perros callejeros...» M. Vázquez Montalbán, *La rosa de Alejandría.* ❙ «...tarros repletos de líquido urinario, también denominado pis, pipí y meada...» José M.ª Zabalza, *Letreros de retrete y otras zarandajas.* ❙ «...mientras no se le escape el pipí a la niña...» Juan Marsé, *Si te dicen que caí.* ❙ «...para concentrar su entusiasmo en los pipís y las cacas del recién nacido.» Carmen Rigalt, El Mundo, 24.7.99.

3. hacer pipí *expr.* orinar.

«En la carretera, el coche del padre de familia puede hacer movimientos bruscos o clavarse en seco por una razón absurda (ganas de hacer pipí...» P. Antilogus, J. L. Festjens, *Anti-guía de los conductores.* ❙ «Ni fuma, ni bebe, ni escupe, ni canta cosas de su tierra, ni hace pipí.» A. Matías Guiu, *Cómo engañar a Hacienda.*

pipiolo *s.* joven y presumido.

«Los pipiolos del Partido Independentista Puertorriqueño tratan de convencer a la población de las ventajas de dejar la tutela de EE.UU.» Carlos Fresneda, El Mundo, 14.12.98. ❙ «Y esto no es ninguna bobada de pipiolo, sino el colmo de la perogrullez.» José M.ª Zabalza, *Letreros de retrete y otras zarandajas.* ❙ «...y que rabos que se gastaban los pipiolos...» Jaime Romo, *Un cubo lleno de cangrejos.* ❙ «Cometió errores de pipiolo...» Ernesto Parra, *Soy un extraño para ti.* ▌«Está harto de ver cómo pipiolos de academia...» M. Ángel García, *La mili que te parió.* ▌«Un don nadie, un pipiolo, un julai.» Andreu Martín, *Amores que matan, ¿y qué?* |✔ DRAE: «1. m. y f. fam. Principiante, novato o inexperto. 2. m. Méj. Niño, muchacho».|

pique, irse a pique *expr.* acabar mal, terminarse, malograrse.

«...había vivido con una chica tres años hasta que la cosa se fue a pique...» María Antonia Valls, *Para qué sirve un marido.* ▌«Mira que si la herencia se va a pique...» J. Jiménez Martín, *Ligar no es pecado.* ▌«Mi *holding* se ha ido a pique...» Carmen Pérez Tortosa, *¡Quiero ser maruja!*

piquero *s.* ladrón, carterista.

«Los tahúres de la política [...] se acreditan como auténticos piqueros...» Raúl del Pozo, El Mundo, 14.7.99. |✔ ▶ *picador.*|

piques, andar de piques *expr.* estar enfadado con.

«Está obsesionada con la limpieza, así que siempre anda de piques con Rachel...» Ragazza, n.° 100.

piquito *s.* besito.

«Scully, guapa. ¿Y luego te corta dar un piquito a Mulder?» Ragazza, n.° 93.

pira *s.* huida, fuga.

«Todos teníamos ánimos, ya que trabajábamos todos en algo que nos llenaba de ilusión y esperanza: la pira.» Eleuterio Sánchez, *Camina o revienta.* ▌«—Sí, me voy a dar una vueltecita. —De pira, ¿eh? Es usted un pirantón, don Cleto.» Pío Baroja, *El árbol de la ciencia.* |✔ Ac. 1936: «*ir de pira.* Fr. En la jerga estudiantil, no entrar en clase».|

pirado *adj.* y *s.* demente, loco.

«¿Está pirado o qué?» Pgarcía, *El método Flower.* ▌«Estás lo que se dice pirada.» A. Zamora Vicente, *Historias de viva voz.* ▌«Y si realmente estoy tan pirada es por culpa de ellos.» C. Rico-Godoy, *Cómo ser una mujer y no morir en el intento.* ▌«Esa chica anda medio pirada...» Ángel Palomino, *Las otras violaciones.* ▌«...un estudiante pirao que anunciaba el fin del mundo para tras pasado maña-

na.» Ignacio Fontes, *Acto de amor y otros esfuerzos.* ▌«...comiéndose el coco con otros pirados como él.» Manuel Hidalgo, *Azucena, que juega al tenis.* ▌«Yo estaba ya completamente pirada...» Lourdes Ortiz, *Picadura mortal.* ▌«Yo nunca le vi pirado pero en cuanto me di cuenta de que la largarta esa le iba detrás...» M. Vázquez Montalbán, *El delantero centro fue asesinado al atardecer.* ▌«Tengo que estar muy pirada, o muy desesperada, para meterme en otra.» C. Rico-Godoy, *Cómo ser infeliz y disfrutarlo.*

pirarse *v.* enloquecer.

«...porque si sigo solo me voy a pirar de darle siempre vueltas al mismo rollo...» Ladislao de Arriba, *Cómo sobrevivir en un chalé adosado.*

2. marcharse, irse.

«De vez en cuando, se asoma a la puerta, para dar el ja, o el queo, si viene la goma, porque el juego está prohibido y a veces hay que *hacerse un fuego*, que no es otra cosa que pirarse...» José M.ª Zabalza, *Letreros de retrete y otras zarandajas.* ▌«No sé qué hacer. Si sacar la pistola ya o esperar a que la menda liquide y se pire.» C. Pérez Merinero, *Días de guardar.* ▌«Es la vida. Sobre todo si ella se pira con otro.» Ragazza, n.° 100. ▌«Así que dejó Santander y se piró a Madrid a probar suerte...» Ragazza, n.° 101.

3. pirárselas *v.* irse, marcharse.

«Se enfadó con Ventura, no sé por qué y se las piró al Brasil.» Juan Madrid, *Cuentas pendientes.* ▌«...hacía más de veinte años que el marido se las piró...» A. Zamora Vicente, *Historias de viva voz.* ▌«Dejé mi coche parado en una esquina cualquiera y me las piré...» María Antonia Valls, *Para qué sirve un marido.* ▌«...viene, toca, come y se las pira.» Juan Madrid, *Las apariencias no engañan.* ▌«Ostris [...] ¡se ha pirao!» Cómic erótico, tomo IV, n.° 21 al 24. ▌«Qué asco, tú, ¿nos las piramos?» Juan Madrid, *Crónicas del Madrid oscuro.*

pirata *s.* el que trabaja o negocia ilegalmente.

«Para combatir a los piratas, las casas discográficas...» El Gato Encerrado, 3-9 julio, 1998.

2. copia (fiesta, álbum) pirata *s.* copia fraudulenta.

«Como en el caso de las marcas, hay copias piratas que se adquieren en mercadillos...» Manuel Giménez, *Antología del timo.* ▌«El negocio de los copiadores piratas está proliferando a toda pastilla...» El Gato Encerrado, 3-9 julio, 1998. ▌«Este nuevo álbum, piratón, tiene algo en común con...» Ramoncín, Rambla, n.º 18. ▌«...además de estas 23 fiestas piratas...» El Mundo, 2.1.99.

pirindola *s.* pene.

«...le sacudía la pirindola con más entusiasmo de lo que requería la mera finalización de la meada...» Ramón Ayerra, *Los ratones colorados.* ▌«Porque el presidente debió pasar muy cerca de alguno de esos bares en cuyo fondo, sin luz directa [...] en el cuarto oscuro manos buscan sexo, y salen pirindolas por los orificios [...] ni el trasero pregunta cómo se llama la caricia...» Luis Antonio Villena, El Mundo, 19.4.98. |✔ tiene la variante *perindola.*|

pirindolo *s.* pene.

«Espérate, coña, que ahora digo lo del pirindolo. ¿Verdad que saliste de hombre, Nuria?» Radio Madrid, 10.9.91. ▌■■«Jaimito, no enseñes el pirindolo a las señoras de la parroquia, por favor.»

piringulo *s.* pene.

«...una ricura meneándose la austríaca, y se la veía con ganas de gozar [...] hasta que se fue de naja a grandes voces [...] y terminada su corrida, cuando a él empezaba a animársele el piringulo...» Ramón Ayerra, *Los ratones colorados.*

piripi *adj.* ebrio, borracho.

«¿Seré capaz de no ponerme piripi con dos martinis?» Virtudes, *Rimel y castigo.* |✔ DRAE: «adj. fam. Borracho. Ú. m. en la fr. *estar piripi*».|

piro, darse el piro ▶ *dar, darse el piro.*

pirrarse (por) *v.* gustar.

«No sé por qué rechaza las aglomeraciones cuando a él le pirran las reuniones...» M. Vázquez Montalbán, *Los alegres muchachos de Atzavara.* ▌«...y los monos se pirran por ser humanos...» Virtudes, *Rimel y castigo.* ▌

«Yo también me pirro por los dados.» Germán Sánchez Espeso, *La reliquia.* ▌«¿Te pirras por el chico de otra? Te echaremos un cable...» Ragazza, julio, 1997. |✔ DRAE: «prnl. fam. Desear con vehemencia una cosa. Solo se usa con la preposición por».|

piruca *s.* prostituta.

«...el barón entra en una wiskería donde tres pirucas se lo enrollan.» Rambla, n.º 29.

piruja *s.* mujer agria y fea.

«...vivía con una piruja llamada Celia...» Fernando Martínez Laínez, *Bala perdida.*

pirula *s.* timo, engaño.

«Las tías mencionadas nos hacían la pirula miserablemente.» El Jueves, n.º 1079. ▌«...pero se las ven y se las desean todas las noches para hacer la pirula a pardillos y curritos...» Ángel Palomino, *Las otras violaciones.* ▌«...te están haciendo la pirula, a ti y a los italianos.» Andreu Martín, *Lo que más quieras.* ▌■■«Creo que esos dos me han metido una pirula que me ha costado veinte mil claudias.»

2. pastilla.

«No veas lo rayao que me tienen las pirulas que me ha recetado el médico.» José Ángel Mañas, *Sonko95.*

3. de pirula *expr.* muy bien.

«...funcionaba de pirula...» Ramón Ayerra, *Los ratones colorados.*

piruli *adj.* bueno, estupendo, maravilloso.

«Lo dicho, lo vamos a pasar chuchi piruli...» Antonio Martínez Ballesteros, *Pisito clandestino,* 1990, RAE-CREA. ▌«Ese pibe está chanchi piruli y m'endiquela en cuanto le guipo.» Santiago Moncada, *Siempre en otoño,* 1993, RAE-CREA. ▌■■«Verás como te gusta. Es piruli.» |✔ ▶ *chanchi, chuchi piruli.*|

2. *s.* ebrio, borracho.

«Yo estaba un poco piruli porque aunque había tomado un pichirriquitín...» Alberto Miralles, *Comisaría especial para mujeres,* 1992, RAE-CREA.

pirulí *s.* pene.

«...mientras sus pobres mujeres se conforman con ver la televisión por si Kojac saca el pirulí...» Felipe Navarro (Yale), *Los ma-*

chistas. ❚ «La disposición del presi, la tradición de la Casa, la atracción al pirulí que mostraba la becaria...» Jaime Campmany, ABC, 9.8.98. ❚ «...un chulo al que llaman el Caramelo, porque le gusta que le chupen el pirulí...» Mariano Sánchez, *Carne fresca.* ❚ «¡No nos gusta que se agache demasiado ante nuestros pirulís!» M. Sánchez Soler, *Festín de tiburones.* ❚ «Y, coño, allí estaba Henri como un Pepe, dándole al pirulí...» C. Pérez Merinero, *Días de guardar.* ❚ «...y le zumbé el pirulí que parecía un dedo meñique, tan chiquilín...» Ramón Ayerra, *Los ratones colorados.* |✔ ▸ *Diccionario secreto* de C. J. Cela.|

pirulina *s.* pene.

«...en el caso de un caballero que al salir del excusado olvidó guardarse la pirulina.» Eduardo Mendoza, *Sin noticias de Gurb.*

pis *s.* orina.

«¿Admite, tolera o disculpa que se diga pis por pipí?» C. J. Cela, ABC, 5.7.98. ❚ «...que unos cuantos socialistas decidan [...] que es la hora del pis y se abstengan...» Francisco Umbral, *La derechona.* ❚ «Olía a sudor y a bronceador de coco, a crema Nivea, a pis de niño...» C. Rico-Godoy, *Cómo ser una mujer y no morir en el intento.* ❚ «La puerta del escenario [...] daba a una calleja oscura que olía a pis.» F. Vizcaíno Casas, *Hijos de papá.* ❚ «...la comida, el pis y la caca dentro del vehículo...» Ramón Escobar, *Negocios sucios y lucrativos de futuro.* ❚ «...tarros repletos de líquido urinario, también denominado pis, pipí y meada...» José M.ª Zabalza, *Letreros de retrete y otras zarandajas.*

2. en un pis pas *expr.* con rapidez.

«Hemos pasado en un pis pas del café para todos de Manuel Clavero a la España de los trotones...» Consuelo Álvarez de Toledo, El Mundo, 6.8.99. |✔ ▸ *plis.*|

3. hacer pis *expr.* orinar.

«Carlos y Camila. Posiblemente, se hacen pis en la piscina...» Jaime Peñafiel, El Mundo, 29.8.99. ❚ «Me levanto, hago pis, bebo un vasito de agua...» Eduardo Mendoza, *Sin noticias de Gurb.* ❚ «Muñequita viciosa. Te hago pis y caca, y lloro si no me das las 10.000.» Manda Güebos, El Jueves, n.º 1083. ❚ «Y termino de hacer pis.» José

Ángel Mañas, *Mensaka.* ❚ «Amelia ha hecho pis sobre el colchón de espuma del hotel.» Carlos Zeda, *Historias de Benidorm.* ❚ «...salió directamente del internado de monjas al matrimonio con aquel beato que hacía pis con los ojos cerrados.» Chumy Chúmez, *Por fin un hombre honrado.* ❚ «...suelen levantar un dedo, aludiendo a la necesidad de hacer pis.» José M.ª Zabalza, *Letreros de retrete y otras zarandajas.* ❚ «¿Quién es el ser que primero hace pis, luego mea y por fin (en el hospital) orina?» Fernando Arrabal, El Mundo, 18.10.98. ❚ «...pero en cierto momento la niña se soltó y se soltó para hacer pis junto a la barraca...» Juan Marsé, *La oscura historia de la prima Montse.*

pisar, pisar a fondo *expr.* conducir a mucha velocidad.

«Aquellos payasos enlatados ignoraban el auténtico sentido de las expresiones *pisar a fondo*...» P. Antilogus, J. L. Festjens, *Antiguía de los conductores*

2. pisar los talones *expr.* seguir muy de cerca.

«Un tipo que me va pisando los talones.» Ernesto Parra, *Soy un extraño para ti.* ❚ «...siguiéndole al trote, pisándole los talones...» Juan Marsé, *Si te dicen que caí.*

pisci *s.* piscina.

«El muy gallito salió de la pisci y me lanzó al agua.» Ragazza, n.º 100. ❚ «¿Ves qué bien? Ahora vamos a la pisci.» Ladislao de Arriba, *Cómo sobrevivir en un chalé adosado.*

pispa *s.* robo.

«...que ellos son gentes del dinero rápido, de la pispa y el tirón...» Francisco Umbral, *Madrid 650.*

pispar *v.* robar.

«...ese sitio adonde él baja a robar el puesto de un melonero, pegarse un pico, pispar una botella de jotabé o matar a un hombre, según.» Francisco Umbral, *Madrid 650.* ❚ «Pispar: robar.» JMO.

pisti *s.* pistola.

«Pisti: pistola.» JMO. ❚ «Pisti. Pistola.» VL. ❚ ▪ «Saca la pisti y asusta al memo ése.» |✔ no se ha podido documentar fuera de diccionarios.|

pisto, darse pisto *expr.* darse importancia.

«Ya estaba bien tanto presumir y darse pisto con la casita...» A. Zamora Vicente, *Historias de viva voz.* ❙ «...en la cárcel, donde los que poseen una sólida hoja de peculio se dan pisto...» José M.ª Zabalza, *Letreros de retrete y otras zarandajas.* ❙ «...no era más que una enfermera chusquera y una mandada, por mucho pisto que se diese...» Eduardo Mendicutti, *El palomo cojo,* 1991, RAE-CREA. ❙✔ DRAE: «fr. fig. y fam. Darse importancia».❙

*pistola cf. (afines) ▶ *armas.*

pistola *s.* pan de 250 grs.

«17.27 pan y forma. [...] hogaza, libreta, panecillo, pistola...» DTE. ❙▪️ «He comprado dos pistolas y medio kilo de queso para que cenemos en plan bien.»

2. *s.* pene.

«En la canción revolucionaria *La cucaracha* se dicen estos versos: Todas las mujeres lucen / en el pecho una amapola / y más abajito tienen / la funda de la pistola.» DE. ❙ «Pene. Denominación de parte del sexo masculino, que con más vulgaridad se denomina [...] chorizo, churro, chorra, chuzo, cimbel, minga, minina, nabo, pilila, pija, pistola, pluma, polla, porra, verga, etcétera...» José M.ª Zabalza, *Letreros de retrete y otras zarandajas.*

pistoleras *s. pl.* grasas en las caderas de la mujer.

«...brazos generosamente ajamonados, papada en tres pliegues, pistoleras de vaquero del Far West...» C. J. Cela, ABC, 11.10.98. ❙ «Para disimular la cintura ancha, la barriga, las pistoleras y el trasero...» You, marzo, 1998. ❙ «...aunque tengamos que abrirnos paso a caderazo limpio (para algo han de servirnos las pistoleras).» Carmen Pérez Tortosa, *¡Quiero ser maruja!*

pistolo *s.* pistola.

«Y dispara otro tiro del pistolo...» M. Romero Esteo, *El vodevil de la pálida, pálida, pálida rosa,* 1979, RAE-CREA. ❙▪️ «Dame el pistolo, rápido, que viene la pasma.»

2. *s.* soldado de infantería.

«Los soldados de infantería son pistolos o pipis...» AI.

pistón ▶ *pistonudo.*

pistonudo *adj.* bueno, estupendo.

«...el uso de los cotos de caza, son repistonudos estos gachós, sí señor...» A. Zamora Vicente, *Mesa, sobremesa.* ❙ «Este forro es pistonudo.» Miguel Martín, *Iros todos a hacer puñetas.* ❙ «¿Qué puede hacer para sufrir un tipo como yo, chambón y pistonudo...?» Álvaro de Laiglesia, *Hijos de Pu.* ❙ «Pistonudo —dijo Amén.» Juan Marsé, *Si te dicen que caí.*

pita *s.* pene.

«Pita: nombre grosero dado al miembro viril masculino.» IND.

pitada *s.* chupada.

«Saco un cigarro y lo enciendo. Le doy una pitada y se lo introduzco en la boca...» C. Pérez Merinero, *Días de guardar.*

pitagorín *s.* niño sabihondo.

«No es necesario ser ningún pitagorín para darse cuenta del verdadero problema...» B. Pérez Aranda *et al., La ex siempre llama dos veces.* ❙ «Eres un poco pitagorín...» Crónicas Marcianas, Telecinco, 21.12.98.

pitando *adv.* rápido, de prisa.

«¡Lárguese pitando!» P. Antilogus, J. L. Festjens, *Anti-guía de los conductores.* ❙ «...y en cuanto nos hemos dado la vuelta ha salido pitando el gachó.» El Gran Wyoming, *Te quiero personalmente.* ❙ «...hacer el envoltorio y salir pitando...» Carmen Martín Gaite, *Nubosidad variable,* 1992, RAE-CREA. ❙▪️ «Roberto ha escrito la carta pitando.»

pitar *v.* funcionar.

«...buenísimo, formidable, muy bien, eso pita, estupendamente...» Ángel Palomino, *Todo incluido.* ❙ «Fulano es un jefe que pita. El batallón tal pita muy bien [...] Quiere decirse con esto que el que pita es un elemento de provecho, destacado.» Rafael García Serrano, *Diccionario para un macuto.* ❙ «...ella acurrucada en el suelo y mirándole como un conejo asustado y él pensando esto no pita.» Juan Marsé, *Si te dicen que caí.* ❙▪️ «¿Pita la tele? No, se ha estropeado.» ❙✔ de la frase *no tocar pito.*❙

pitilín *s.* pene.

«De repente, noté por dentro del bañador que me crecía el hueso del pitilín por lo menos tres centímetros de golpe y sin avisar.» Juan Manuel de Prada, «Aquel verano, aquel bañador.» El Mundo, 1.8.98.

pitilina *s.* pene.

«Que yo veo muchas veces como se le encandila la pitilina y se la manosea con sus manitas, eso sí, todavía inocentes.» Chumy Chúmez, *Por fin un hombre honrado.*

pítima *s.* borrachera.

«Pítima. Borrachera.» MM. ▌«...despertando de la pítima una mañana...» María Luisa Mendoza, *El perro de la escribana,* 1982, RAE-CREA. ▌«...los vocablos pedo y mierda, que expresan una intoxicación etílica, capitaneando [...] mona, merluza, melopea, pítima, tajada, moco, tablón, cogorza, moscorra, castaña, melocotón...» José M.ª Zabalza, *Letreros de retrete y otras zarandajas.* ☑ esta acepción no la recoge Ac. hasta 1899. En 1837 la definición de Ac. era: «El emplasto o socrocio que se pone sobre el corazón para desahogarlo o alegrarlo».▌

pito *s.* pene.

«¡Qué no es para untárselo en el pito!» El Jueves, n.° 1079. ▌«...un perro callejero se puso pesadísimo en la parada del autobús intentando montarme. Del pito le salía una cosa rosa, brillante.» Lucía Etxebarría, *Amor, curiosidad, prozac y dudas.* ▌«...a ver si deja usted de oler a orines, que debe tener ya el pito en prolongada cuarentena...» A. Zamora Vicente, *Mesa, sobremesa.* ▌«Aunque el papa es infalible con la boca / a veces con el pito se equivoca.» Amelia Díe y Jos Martín, *Antología popular obscena.* ▌«En cueros, en ligas y con un pito ridículo totalmente tieso, su aspecto no podía ser más grotesco.» Pgarcía, *El método Flower.* ▌«...al personal se le hace el pito gaseosa y el chocho litines...» Manuel Hidalgo, *Azucena, que juega al tenis.* ▌«...nadie me ha visto el pito en esta casa.» Chumy Chúmez, *Por fin un hombre honrado.* ▌«Ahora cruza las piernas y enciende un pito —pito el que le iba a meter yo, pero ésa también es otra historia...» C. Pérez Merinero, *Días de guar-*

dar. ▌«Me refiero que nadie le ha cortado el pito en plena masturbación.» Rambla, n.° 3. ▌«...y con el agua corriente se lava el pito y los huevos...» Juan Marsé, *Si te dicen que caí.* ▌«...le sopesó los huevos, le anduvo en el culo, y el pito...» Ramón Ayerra, *Los ratones colorados.* ▌«...coloca sus huevos, apartando cuidadosamente el pito...» Álex de la Iglesia, *Payasos en la lavadora.*

2. *s.* cigarrillo.

«Oye, vamos a fumarnos un pito al water...» José María Amilibia, *Españoles todos.* ▌«...liaba su pito, lo encendía, chupaba un par de veces...» Andrés Berlanga, *La gaznápira.* ▌«Venga, fúmate un pito.» Fernando G. Tola, *Mis tentaciones.* ▌«Ahora cruza las piernas y enciende un pito —pito el que le iba a meter yo, pero ésa también es otra historia...» C. Pérez Merinero, *Días de guardar.* ▌☞«Dame un pito que hace horas que no fumo.»

3. *s.* voz estridente y desagradable.

«Pito. Se emplea para describir el sonido semejante al pito: Voz de pito.» MM. ▌«...voces roncas, flacas, de pito...» Juan Marsé, *La oscura historia de la prima Montse.* ☑ ▸ *pito, voz de pito.*▌

4. entre pitos y flautas *expr.* entre unas cosas y otras.

«Soy propietario de un automóvil marca Mercedes, valorado entre pitos, flautas, aduanas, impuestos, etc.» Álvaro de Laiglesia, *Hijos de Pu.* ▌«Y así, entre pitos y flautas...» Virtudes, *Rimel y castigo.* ▌«...y entre pitos y flautas de una y otro...» Ramón Escobar, *Negocios sucios y lucrativos de futuro.* ▌«El caso es que, entre pitos y flautas, treinta mil personas se convirtieron en pinchos morunos.» Gomaespuma, *Grandes disgustos de la historia de España.* ▌«No es tan sencillo como coser y cantar, y mucho menos que desbarrar con la cachiporra por pitos o flautas...» José M.ª Zabalza, *Letreros de retrete y otras zarandajas.* ▌«Que si estaba en una fase muy delicada. Que si pitos. Que si flautas.» Pedro Casals, *Disparando cocaína.* ▌«El caso es que entre pitos y flautas aún no habíamos conseguido...» B. Pérez Aranda *et al.*, *La ex siempre llama dos veces.*

5. estar pito *expr.* estar bien, sano, robusto.

«...los inviernos no pasan en balde para la abuela, aunque todavía esté tan pita...» Andrés Berlanga, *La gaznápira.*

6. (no) importar un pito *expr.* no importar en absoluto.

«Me importa un pito lo que diga el gobierno.» Xabier Arzalluz, Noticias, Antena 3 TV, 9.1.99. ▮ «...a los maridos no les importa un pito si la pareja está casada o si Amelia es hija de un tendero.» Ángel Palomino, *Todo incluido.* ▮ «Resulta que a Lucila le importó un pito ser frígida...» María Antonia Valls, *Para qué sirve un marido.* ▮ «...te importa un pito lo que digo.» Manuel Hidalgo, *El pecador impecable.* ▮ «...les importa un pito que les roben.» María Antonia Valls, *Tres relatos de diario.* ▮ «...esas banalidades le importaban un pito...» M. Vargas Llosa, *La tía Julia y el escribidor,* 1977, RAE-CREA.

7. no saber un pito de *expr.* no saber, no tener idea.

«...que no saben un pito de física...» Revista Hoy, Chile. ▮ «...los árbitros de mala leche que no saben un pito...» Varios autores, *Cuentos de fútbol,* 1995, RAE-CREA. ▮▪ «El profesor de geografía no sabe un pito de inglés.»

8. no valer un pito *expr.* ser de poco valor.

«Se compró una casa que no vale un pito, porque amenaza ruina.» FV. ✔ DRAE: «fr. fig. y fam. Ser inútil o de ningún valor o importancia».

9. pito, pito, gorgorito... *expr.* expresión para decidir entre varias alternativas.

«Cuando yo diga pito pito, gorgorito a la que le toque...» Manuel Martínez Mediero, *El niño de Belén,* 1991, RAE-CREA. ▮ «...me doy dos vueltas y pito pito, gorgorito...Tú...» Manuel Martínez Mediero, *El niño de Belén,* 1991, RAE-CREA.

10. tomar por el pito del sereno *expr.* burlarse de alguien, no tomar a alguien en serio.

«...incluso mi asistenta me toma por el pito del sereno.» C. Rico-Godoy, *Cómo ser una mujer y no morir en el intento.* ▮ «...estoy hasta el gorro de que me tomen por el pito del

sereno!» Álvaro Pombo, *Los delitos insignificantes.* ▮ «...y esto de que los súbditos le tomen a uno por el pito del sereno, debe de ser molestísimo.» Fernando Repiso, *El incompetente.* ▮ «Legrand, que me había tomado por el pito del sereno...» C. Pérez Merinero, *Días de guardar.* ✔ DRAE: «fr. fig. y fam. Darle poca o ninguna importancia».

pitofláutico *s.* que sufre de andropausia, supuesta menopausia masculina.

«...para que cuando sea hombre no acabe en lo que yo soy: un pitopáusico o un pitofláutico o como se diga.» Chumy Chúmez, *Por fin un hombre honrado.* ✔ ▶ *pitopáusico.*

pitones *s. pl.* pechos.

«...a las descaradas de pitones [...] como él llamaba a las pechugonas...» Andrés Berlanga, *La gaznápira.* ▮ «10.52 pechos: [...] limones, mamellas, mostrador, pitones...» DTE. ▮▪ «Maite, la de la carnicería, tiene unos pitones de mucho cuidado, y un culo de muerte.»

pitopáusico *s.* que sufre de andropausia, supuesta menopausia masculina.

«...lo que a mí me pasa es que soy un pitopáusico.» Chumy Chúmez, *Por fin un hombre honrado.* ▮ «Pitopáusico: Impotente.» Ángel Palomino, *Insultos, cortes e impertinencias.* ✔ ▶ *pitofláutico.*

pitorrearse *v.* burlarse, reírse de alguien.

«...se pitorreó de verla encanecida.» Pau Faner, *Flor de sal.* ▮ «...lo que más me fastidia es que se pitorree de todo el mundo...» Isabel Hidalgo, *Todas hijas de su madre,* 1988, RAE-CREA. ▮ «El público empieza a pitorrearse de los toreros.» José Gutiérrez-Solana, *Obra literaria.* ✔ DRAE: «prnl. Guasearse o burlarse de alguien».

pitorreo *s.* broma, chanza.

«Es posible que pueda ser una impertinencia escribir con tanta facilidad, tomando la literatura a pitorreo...» Álvaro de Laiglesia, *Hijos de Pu.* ▮ «Esto es casi un pitorreo y se merece un expediente.» Fernando Martínez Laínez, *La intentona del dragón.* ▮ «Ellos lo tomaron a pitorreo.» Ángel Palomino, *Insultos, cortes e impertinencias.*

pitorro *s.* pene.

«...eh, paisanos, Saturnino y el otro, que os la dan con queso, que no os vais con mujeres, que ese par de pingos son tíos, que tienen pitorro y toda la pesca...» Ramón Ayerra, *Los ratones colorados.*

pitote *s.* lío, jaleo, embrollo.

«Y ¡cómo no!, enfrentarme al pitote que la susodicha tenía...» Ernesto Parra, *Soy un extraño para ti.* ▌ ▪ «Vaya pitote tienen los vecinos. ¿Los oyes?»

2. armar un pitote *expr.* organizar trifulca, jaleo, alboroto.

«...si le esperaban para cederle el paso, ¿por qué le armaban al final un pitote?» Manuel Hidalgo, *Azucena, que juega al tenis.* ▌ ▪ «No me armes ningún pitote delante de todos.»

pitufo *s.* agente de policía.

«Pitufo. Policía municipal.» JGR. ▌ ▪ «Dos pitufos me han multado en la Nacional III.»

pitusín ▸ *pitufo.*

pituso ▸ *pitufo.*

pizarrín *s.* pene.

«Se conoce que hay más demanda, y más firme y angustiosa para que te quiten el pizarrín...» Jaime Campmany, ABC, 16.4.99. ▌ «...a usar el pizarrín si llega el caso, que no es pieza que haya puesto Dios de adorno en el cuerpo...» Ramón Ayerra, *Los ratones colorados.* ▌ «...estaba jugando a la ruleta rusa con mi pizarrín, dejé de meneármela y me hice el atento.» C. Pérez Merinero, *La mano armada.*

2. mojar el pizarrín ▸ *mojar, mojar el pizarrín.*

pizca, ni pizca *expr.* en absoluto.

«...aunque no me gustaba ni pizca...» Eleuterio Sánchez, *Camina o revienta.*

plaja ▸ *plajo.*

plajo *s.* cigarrillo.

«Alígerate un plajo, ¿quieres?» Francisco Umbral, *El Giocondo.* ▌ «Una plaja es un cigarrillo, gili.» José María Amilibia, *Españoles todos.* ▌ ▪ «Un plajo es un pito en lenguaje informal, o sea: un cigarrillo.» ✓ también *plaja.*▌

plan *s.* relación amorosa.

«¿Sabes si Gerardo, mi difunto marido, tenía [...] ligues, planes, al margen del matrimonio conmigo?» Corín Tellado, *Mamá piensa casarse.* ▌ «...y hacer planes más entretenidos que los que pueden hacerse con la muerte, que ni es plan ni es un plan, sino un puro aburrimiento.» Manuel Hidalgo, El Mundo, 9.7.99.

2. *s.* manera, asunto.

«...como clavarse una daga en la espalda todas las mañanas antes de ir a trabajar. Y claro, no era plan.» Gomaespuma, *Grandes disgustos de la historia de España.* ▌ «...y hacer planes más entretenidos que los que pueden hacerse con la muerte, que ni es plan ni es un plan, sino un puro aburrimiento.» M. Hidalgo, El Mundo, 9.7.99.

3. en plan *expr.* de manera, a manera de, como.

«...porque las prostitutas han sido siempre de derechas, aunque a algunas les fuera el centro, pero en plan vicioso.» Felipe Navarro (Yale), *Los machistas.* ▌ «...comienzo a andar en plan viejales arrastrando los pies.» C. Pérez Merinero, *Días de guardar.* ▌ «El tipo, un carajote con pinta de becerro y maneras de meapilas que se la saca con papel de fumar, le da a la húmeda en plan fetén.» C. Pérez Merinero, *Días de guardar.* ▌ «Entre el *look* neohippy en plan cara lavada...» Ana Parrilla, El Mundo, La Luna, 23.4.99. ▌ «Si se pone en plan niño pequeño y te monta un pollo, le mandas a hacer gárgaras...» Ragazza, agosto, 1997.

plancha *s.* error, falta.

«...todavía con su madre de cuerpo presente, pudo enterarse de la plancha del doctor.» F. Vizcaíno Casas, *Hijos de papá.* ✓ DRAE: fig. y fam. Desacierto o error por el cual la persona que lo comete queda en situación desairada o ridícula. Ú. m. en la frase hacer, o tirarse, una plancha».▌

planchao *s.* agente de policía.

«En caliente (argot de los delincuentes) policía se dice: maderos, pasma, plasta, planchaos, señores, pestañi.» Juan Madrid, *Crónicas del Madrid oscuro.*

plantar *v.* romper relación sentimental.

«No dejes que los chicos te planten a ti. Luego, plántalos tú antes.» Virtudes, *Rimel y castigo.* ❙ «...ha mantenido correspondencia con un novio, a quien recientemente decidió plantar.» María Antonia Valls, *Tres relatos de diario.* ❙ «...y ahora me deja plantada en medio de la vida...» C. Rico-Godoy, *Cómo ser infeliz y disfrutarlo.* ✓ ▸ *dejar, dejar plantado.*❙

plante *s.* papeles de periódico que simulan dinero.

«Grupos de entre dos y cuatro personas ponen en escena el cuento y sorpenden al listo de turno con el plante...» Manuel Giménez, *Antología del timo.*

2. *s.* huelga en una cárcel.

«En el lenguaje penitenciario, de los reclusos, plante significa lo mismo que huelga...» Victoriano Corral, *Delitos y condenas.*

plantón, dar plantón *expr.* no acudir a una cita y tener a alguien esperando.

«...he quedado con unas amigas en San Sebastián y no puedo darles plantón...» Gomaespuma, *Grandes disgustos de la historia de España.*

plasta *s.* policía.

«Cómo se nota que has sido de la bofia, la plasta.» Juan Madrid, *Las apariencias no engañan.* ❙ «¿Qué te ocurre, plasta?» Juan Madrid, *Las apariencias no engañan.* ❙ «En caliente (argot de los delincuentes) policía se dice: maderos, pasma, plasta, planchaos, señores, pestañi.» Juan Madrid, *Crónicas del Madrid oscuro.*

2. *s.* excremento.

«...y la lengua me cuelga tanto que he tenido que atarla al cinturón, porque ya me he comido cuatro plastas de perro...» Eduardo Mendoza, *Sin noticias de Gurb.* ❙ «...quizá debiera haber pasado unas semanas por la Facultad de Cine antes de engendrar este engendro, bodrio, plasta o cosa.» Francisco Umbral, El Mundo, 12.2.98. ❙ «Mierda, excremento, caca, catalina, chorizo, ñorda, plasta, jiña, polisón.» José M.ª Zabalza, *Letreros de retrete y otras zarandajas.* ❙ «El reconocimiento y superación de la plasta...» Fernando Repi-

so, *El incompetente.* ❙ «Caca, cagada, catalina, chorizo, mierda, ñorda, plasta.» JM.

3. *adj.* y *s.* aburrido, pesado.

«Se te puede pegar un colgado muy plasta.» Ragazza, n.º 101. ❙ «Uy, qué plasta eres, cariño.» Juan Madrid, *Cuentas pendientes.* ❙ «Se puso bastante plasta el individuo...» A. Zamora Vicente, *Mesa, sobremesa.* ❙ «El plasta. Personaje que, no contento con pasarse todo el día cultivándose el cuerpo, te lo cuenta.» Juanma Iturriaga, *Con chandal y a lo loco.* ❙ «...las mujeres decentes de la época debían ser unas plastas...» María Antonia Valls, *Para qué sirve un marido.* ❙ «...un nuevo género masculino que ejerce de plasta resentido...» Ira Mix, A las barricadas, 1-7 junio, 1998. ❙ «Déjame dormir, plasta.» Jaime Romo, *Un cubo lleno de cangrejos.* ❙ «Siempre me digo lo mismo pero acabo en su casa, ¡con lo plasta que es!» B. Pérez Aranda *et al.*, *La ex siempre llama dos veces.* ❙ «...desde una forense hasta un inspector plasta, pasando por un indigente.» La Luna, El Mundo, 9.7.99. ❙ «...era una plasta de mujer...» C. Pérez Merinero, *La mano armada.*

4. *s.* bobo, necio.

«Lo que ocurre, dice, es que yo siempre he ido de plasta por la vida.» Eduardo Mendoza, *Sin noticias de Gurb.* ❙ «Tu amiga Eva [...] es una plasta...» María Antonia Valls, *Tres relatos de diario.* ❙ «No te oigo nada, plasta.» Jaime Romo, *Un cubo lleno de cangrejos.* ❙ «Es usted un plasta.» Elvira Lindo, *Manolito gafotas.*

5. dar la plasta *expr.* molestar.

«En caso de que la cosa se ponga fea y veas que no para de darte la plasta, no lo dudes...» Ragazza, junio, 1998.

plástico, de plástico *expr.* de mala calidad.

«...y tú te volviste para adquirir el tresillo de plástico...» Andrés Berlanga, *La gaznápira.* ❙ «...un sillón de esos modernos de plástico...» C. Pérez Merinero, *Días de guardar.* ❙▪ «Es un piso cutre, con muebles de plástico.»

plata *s.* dinero.

«Pues mi problema es ése —dijo Patricio—: que no tengo plata.» Gabriel García Márquez, *La increíble y triste historia de la Cándida Erendira y de su abuela desalmada.* ❚ «Dios es el que sana y el médico lleva la plata.» Geno Díaz, *Genocidio.* ❚ «...dejé a deber cinco mil pelas en este bar y hoy que tenía la plata en el bolsillo y no estaba lejos...» María Antonia Valls, *Tres relatos de diario.* ❚ «...lo malo era que Pecho pasó el consumo de güisqui y no había plata pa'esperar mucho...» Gustavo Luis Carrera, *Cuentos, 1980*, RAE-CREA. ❚ «Y por muy poca plata, por cierto, se dijo.» Pedro Casals, *Disparando cocaína.*

2. hablar en plata ▶ *hablar, hablar en plata.*

plátano *s.* pene.
«Entonces, tú, si hiciéramos lo de nueve semanas y media... A mí dame un buen plátano y déjate de rollos macabeos.» El Jueves, 13.5.98. ❚ «Despampanante travesti de Canarias. Dos buenos melones y un superplátano.» Manda Güebos, n.° 41. ❚ «Besa de una forma la jodía, que pone el plátano duro hasta a un marica.» JM. ❚ ▪ «Ábrete la bragueta y enséñame el plátano y verás lo que le hago.»

plática *s.* historia, cuento para engañar.
«...y sorprenden al listo de turno con el plante que fingirá haber encontrado el filoso y la plática de uno de los largueros...» Manuel Giménez, *Antología del timo.* ❘✓ DRAE: «f. Conversación; acto de hablar una o varias personas con otra u otras».❚

plato, no haber roto un plato ▶ *cara, cara de no haber roto un plato en su vida.*

2. pagar los platos rotos *expr.* sufrir las consecuencias, cargar con la culpa.
«...pagó los platos rotos por ser de la familia...» El Mundo, 30.9.95.

playboy *s.* calavera, mujeriego.
«Muchos futbolistas, muchos playboys que son el playboy del siglo...» Francisco Umbral, El Mundo, 7.2.98. ❚ «...y también otros eruditos, historiadores y pleibois...» Francisco Umbral, *La derechona.* ❚ «Algunos le llaman playboy...» Ángel A. Jordán, *Marbella story.*

plin, a mí, plin *expr.* no importar, ser indiferente.
«...porque, la verdad, todo eso a mi: ¡plin!» A. Zamora Vicente, *Desorganización.* ❚ ▪ «Puedes comprar ese coche si quieres. A mí, plin.»

plis, en un plis plas *expr.* rápidamente.
«...y deseando subir la escalera en un plis plas...» María Antonia Valls, *Tres relatos de diario.* ❚ «...observando cómo, en un plis plas se metían TODOS a empujones en el ascensor.» B. Pérez Aranda *et al.*, *La ex siempre llama dos veces.* ❘✓ ▶ *pis.*❘

plomazo *s.* aburrido, pesado; hombre que importuna a la mujer.
«A mí no me importaría, pienso, tener uno pendiente de mí, aunque fuera un plomazo.» C. Rico-Godoy, *Cómo ser una mujer y no morir en el intento.* ❚ «Gente, música, fiesta, diversión y... plomazos.» Susana Besa, El Mundo, 9.8.99.

plomizo *adj.* aburrido, pesado.
«...es paradigma de aburrimiento, de perseverancia plomiza y truhanería...» Antonio Lozano, Qué leer, septiembre, 1998.

plomo *s.* aburrido, pesado.
«Aunque se pone usted hecho un plomo, me ha caído usted simpático...» A. Zamora Vicente, *Historias de viva voz.* ❚ «Qué plomo de tío, oye.» C. Rico-Godoy, *Cómo ser una mujer y no morir en el intento.* ❚ «Me gustan las duras como tú. ¡Plomo!» El Jueves, 6-12 octubre, 1993. ❚ «No seas plomo...» Pedro Casals, *La jeringuilla.* ❚ «...aquel amigote tan majo que siempre te pareció un plomo...» Ramón Escobar, *Negocios sucios y lucrativos de futuro.* ❚ «¿Es que no puedes dejar de largar? ¡Qué plomo!» Cómic Jarabe, n.° 4, 1996.

2. llenar de plomo *expr.* matar.
«...sus propios compadres le llenarán de plomo cuando menos se lo espere.» Fernando Martínez Laínez, *La intentona del dragón.*

3. plomos *s. pl.* gafas, lentes.
«Plomo. Antiparra, gafa.» Ra. ❚ «Los plomos: las gafas, los lentes.» JV. ❚ «Lleva plomos porque tiene miopía o algo así. Además se los ha puesto con cristales

ahumados, como él dice.» DCB. |✔ no se ha podido documentar fuera de diccionarios.|

pluma *s.* homosexual amanerado.

«Ya lo creo que entre los invitados se distinguía alguna pluma.» Ángel A. Jordán, *Marbella story.* ▌ «...si un conductor estuvo a punto de atropellarnos, podemos gritarle *maricón* o *mariconazo* pero es muy poco probable que lo tildemos de *mariposa, pluma, reinona.*» AI. ▌ «...supe que era primo de ellas... y una pluma exagerada por la que era famoso...» María Antonia Valls, *Tres relatos de diario.* ▌ «Un cachas de los que sólo sueltan la pluma de paseo cuando están en confianza.» Jaime Romo, *Un cubo lleno de cangrejos.* ▌ «Lo de hombre es una manera de hablar, porque tenía más plumas que un indio...» C. Rico-Godoy, *Cómo ser infeliz y disfrutarlo.* ▌ «...busca joven entre 25-35 años, atractivo y sin pluma...» El Mundo, Metrópoli, 23.4.99. ▌ «—Montijo es un maricón —dice uno que va soltando plumas por la vida.» Ángel Palomino, *Insultos, cortes e impertinencias.* ▌ «Pierde más pluma que una pelea de gallos.» CO, Sandra Carbonell.

2. *s.* pene.

«Pene. Denominación de parte del sexo masculino, que con más vulgaridad se denomina [...] chorizo, churro, chorra, chuzo, cimbel, minga, minina, nabo, pilila, pija, pistola, pluma, polla, porra, verga, etcétera...» José M.ª Zabalza, *Letreros de retrete y otras zarandajas.*

plumero, vérsele a uno el plumero *expr.* percatarse uno de las intenciones de otro.

«Que se te ve el plumero. ¿Qué plumero?» M. Vázquez Montalbán, *La rosa de Alejandría.* ▌ «¡Amos anda, que se te ve el plumero, Felipe!» José María Amilibia, *Españoles todos.* ▌ «...a su fingida y aséptica exposición se le ve el plumero.» Jose-Vicente Torrente, *Los sucesos de Santolaria.* ▌ «En la ropa de campo es donde más se le ve el plumero a los advenedizos...» Carmen Posadas, *Yuppies, jet set, la movida y otras especies.* ▌ «Se me ve totalmente el plumero.» José Luis Moreno, El Mundo, 11.8.98. ▌

«En ocasiones se les ve el plumero...» José M.ª Zabalza, *Letreros de retrete y otras zarandajas.* ▌ «...no suelen ser muy buenos como enseñantes y siempre se les acaba viendo el plumero.» Fernando Martín, *Cómo aprobar todo sin dar ni chapa.* ▌ «Se te va a ver el plumero.» María Antonia Valls, *Tres relatos de diario.* ▌ «Que se te ve el plumero, alcaldesa.» P. Perdomo Azopardo, *La vida golfa de don Quijote y Sancho.* ▌ «Siempre se le veía el plumero. Incluso él mismo se veía el plumero.» Fernando Repiso, *El incompetente.* ▌ «Éstos fueron más avispados que yo y le vieron el plumero inmediatamente.» B. Pérez Aranda *et al.*, *La ex siempre llama dos veces.* ▌ «Me eché a reír, porque se le veía el plumero a cinco leguas.» José Luis Martín Vigil, *Los niños bandidos.*

plumífero ▶ *plumilla.*

plumilla *s.* escritor.

«Pues bien, a la vista de las dentelladas comerciales, cualquier plumilla de hoy en día se ve en la obligación...» Álvaro Colomer, Leer, octubre, 1999. ▌ «Hay que comprender [...] que a los pobres *plumillas* seguramente se les encargan guiones al peso...» Viridiana, ABC, 9.1.99. ▌ «Plumilla; Periodista, escritor.» Ángel Palomino, *Insultos, cortes e impertinencias.* ▌ «Pero los periodistas literarios, los *plumillas*...» El Mundo, 21.8.99.

pluriempleado *adj.* que tiene varios empleos.

«De regreso a Uruguay será un pluriempleado hasta 1945...» ABC Cultural, 27.9.96. ▌◪ «Claudio está pluriempleado. Por el día es taxista y por la noche trabaja de chapero por las calles.» |✔ el DRAE define *pluriempleo* como: «m. Situación social caracterizada por el desempeño de varios cargos, empleos, oficios, etc., por la misma persona».|

*pobre cf. (afines) con el culo al aire, con una mano delante y otra detrás, económicamente *débil, estar a dos *velas, estar a la cuarta *pregunta, estar sin *blanca, estar sin un *chavo, estar sin una *gorda, estar *tieso, juanlanas, limpio, más pobre que las ratas, muerto de hambre, no tener dónde caerse *muerto, no tener un *duro, no tener una *perra, sin chapa, sin un céntimo, sin un real, sin una perra, tuercebotas, volcado.

pobre, de pobre(s) *expr.* inferior, de mala calidad.

«Total, que a la niña le quitan de la cabeza la idea de hacer una boda de pobres...» Gomaespuma, *Familia no hay más que una.* ❙ «Es un sombrero de pobre.» Sergio Corrieri, *Y si fuera así,* 1978, RAE-CREA. ❙ «Unas botas de pobre.» Antonio Muñoz Molina, *El invierno en Lisboa,* 1987, RAE-CREA. ❙ «Toda clase de documentos a precio de pobre.» Gabriel García Márquez, *El amor en los tiempos del cólera,* 1985, RAE-CREA.

2. pobre diablo *s.* hombre blandengue y de escaso empuje.

«...lo que era en el fondo: un pobre diablo de inteligencia apenas mediocre...» Julio Cortázar, *Reunión y otros relatos,* 1983, RAE-CREA. ❙ «...porque yo no soy más que un pobre diablo que nació en Cataluña...» Enrique Vila-Matas, *Suicidios ejemplares,* 1991, RAE-CREA. ❙✔ DRAE: «fig. y fam. Hombre bonachón y de poca valía».❙

3. ser más pobre que las ratas *expr.* ser muy pobre.

«No tener ni un céntimo. Ser más pobre que las ratas.» DTE.

poca, poca cosa *s.* cosa o persona de poca importancia o pequeña.

«Qué poca cosa, qué cosa más endeble era una vida humana...» J. M.ª Gironella, *Los hombres lloran solos,* 1986, RAE-CREA. ❙ «Es un tipo bajito, muy poca cosa...» Luis Landero, *Juegos de la edad tardía,* 1989, RAE-CREA. ❙ «Parecían lo que eran, poca cosa.» Miguel Sánchez-Ostiz, *Un infierno en el jardín,* 1995, RAE-CREA.

2. poca monta *expr.* sin importancia.

«Soy un político de poca monta.» María Manuela Reina, *Alta seducción,* 1989, RAE-CREA. ❙ «Son gángsters cagatas, ventajistas de poca monta...» Raúl del Pozo, *Noche de tahúres.* ✔ DRAE: «loc. De poca importancia».❙

pocho *adj.* indispuesto, enfermo.

«...la mayor parte de los viajeros está algo pocha...» A. Zamora Vicente, *Historias de viva voz.* ✔ DRAE: «Dícese de la persona floja de carnes o que no disfruta de buena salud».❙

2. *adj.* estropeado.

«...una col terrosa y un nabo pocho...» Luciano G. Egido, *El corazón inmóvil,* 1995, RAE-CREA. ❙ «Otros llaman narizotas a un narigudo que le vendió claveles pochos...» Ángel Palomino, *Insultos, cortes e impertinencias.* ✔ DRAE: «Dícese de lo que está podrido o empieza a pudrirse, especialmente de la fruta».❙

pocholada *s.* monada, lo que es bonito y divertido.

«Yo lo veo por Azucena, ya te digo, una pocholada, una chica estupenda...» Manuel Hidalgo, *Azucena, que juega al tenis.* ❙ «¡Vaya pocholada! Gadea, novia de Pocholo Martínez Bordiú, nos lo enseña todo.» Anuncio, El Mundo, 9.8.98.

pocholo *adj. y s.* mono, bonito.

«Allá voy, pocholo.» Ramón Gil Novales, *El doble otoño de mamá bis,* 1979, RAE-CREA ❙ «...señor guapo y pocholo...» Alberto Omar, *Hoy me he levantado trascendente,* 1989, RAE-CREA.

pocilga *s.* lugar sucio y desorganizado.

«...esas posibilidades me hubiera llevado hacia esta pocilga en el Bowery.» Boris Salazar, *La otra selva,* 1991, RAE-CREA. ❙ «¿Comer? ¿Comer en esta pocilga?» Ignacio Carrión, *Cruzar el Danubio,* 1995, RAE-CREA. ✔ DRAE: «fig. y fam. Cualquier lugar hediondo y asqueroso».❙

***poco** cf. (afines) chispa, miseria y compañía, pelímetro, pelín, pichirriquitín, pizca, por los pelos.

poco, dar poco *expr.* golpear, pegar.

«La situación es desesperada para nuestro colega. ¡Le van a dar poco de un momento a otro!» Rambla, n.° 29.

2. y un poco más *expr.* mucho.

«Los mirones se compadecieron de mí todo lo que quisieron y un poquillo más...» C. Pérez Merinero, *La mano armada.*

***poco dinero** cf. (afines) ▶ *dinero.*

poder, a más no poder ▶ *más, a más no poder.*

poker, cara de póker ▶ *cara, cara de pó-quer.*

polaco *s.* catalán.

«Un polaco en la corte del Rey Juan Carlos.» M. Vázquez Montalbán. ❚ «Polaco: catalán.» JMO. ❚ «Polaco. Catalán.» Ra. ❚ «Polaco. Catalán.» VL. ❚ «Polaco. Catalán.» S. ❚.■ «Parece ser que a los catalanes se les llama polacos porque hablan otro idioma; pero eso no creo que sea verdad.»

poli *s.* agente de policía.

«Los polis han precintado el café.» Francisco Umbral, *Balada de gamberros.* ❚ «Pero ya no somos polis. Hemos sido polis, que es diferente.» Juan Madrid, *Cuentas pendientes.* ❚ «El poli que vino a multarnos...» A. Zamora Vicente, *Historias de viva voz.* ❚ «No olvide que la nena es un poli.» P. Antilogus, J. L. Festjens, *Anti-guía de los conductores.* ❚ «¿Qué era ése entonces? ¿Comunista? ¿Anarquista? No, era poli.» A las barricadas, 11-17 mayo, 1998. ❚ «...por aquí debe haber polis a manta.» C. Pérez Merinero, *Días de guardar.*

2. *s.* la policía.

«Y uno de sus castigos por ser tan impresentable es limpiar los coches de la poli.» Ragazza, n.º 101. ❚ «...de cuidado, a quienes la poli no llega, por mucho que estiren el largo brazo de la ley.» Ramón Escobar, *Negocios sucios y lucrativos de futuro.* ❚ «...un chivatazo a la poli...» Ernesto Parra, *Soy un extraño para ti.*

3. *s.* polideportivo.

«Así que nos vamos para el poli y de camino...» El Gato Encerrado, 3-9 julio, 1998.

*policía cf. (afines) baranda, bofia, chapa, chiri, comi, espeta, estupa, gobi, goma, gomas, guardia de la porra, guindilla, guri, guripa, leño, macaco, madaleno, de la madam, madera, madero, mono, motoricón, munipa, pasma, pasmuti, pateo, periquito, pestañi, picoleto, piesplanos, piojo verde, pitufo, planchao, plasta, poli, polizonte, romano, sabueso, sapo, secreta, señores, submarino. ✓ ▶ *guardia civil.*

polisón *s.* excremento.

«Mierda, excremento, caca, catalina, chorizo, ñorda, plasta, jiña, polisón.» José M.ª Zabalza, *Letreros de retrete y otras zarandajas.*

políticamente correcto *expr.* que se puede decir sin ofender las normas establecidas.

«¿Cree que lo *políticamente correcto* es algo más que el triunfo del subterfugio y la ñoñería? Muy poco más.» C. J. Cela, ABC, 12.7.98. ✓ del inglés *politically correct* o *PC.*

polizonte *s.* policía.

«Nos recibió el sargento Coxe, un amigo hasta donde puede serlo un polizonte de un investigador privado.» Pgarcía, *El método Flower.* ❚ «Cuando llega a situaciones como esta, su instinto de polizonte puede más que todo...» Fernando Martínez Laínez, *La intentona del dragón.* ❚ «¿Qué sería de los niños si los polizontes la encerraban?» Eleuterio Sánchez, *Camina o revienta.* ❚ «...vino a verme un polizonte para interrogarme.» Jesús Ferrero, *Lady Pepa.*

polla *s.* pene.

«...luego le salió una polla gigante como la de un caballo...» Ray Loriga, *Lo peor de todo.* ❚ «La polla se me pone a cien y yo no le echo el freno.» C. Pérez Merinero, *Días de guardar.* ❚ «...pero si me chupaba la polla.» José Ángel Mañas, *Sonko95.* ❚ «T se fue con un tío que tenía la polla de ciento cincuenta centímetros...» Ray Loriga, *Lo peor de todo.* ❚ «Confiese ser cierto que obligó a la víctima a chuparle la polla.» F. Vizcaíno Casas, *Historias puñeteras.* ❚ «¿Es muy bonita su polla? Sí, muy bonita y muy tiesa.» A. Ussía, *Coñones del Reino de España.* ❚ «...que me chupes la polla.» José Ángel Mañas, *Mensaka.* ❚ «Me meto la mano en el bolsillo y me magreo un poco la polla.» C. Pérez Merinero, *Días de guardar.* ❚ «...se sacó de los manteos el cimborrio, un cacho de polla de aquí te espero...» Ramón Ayerra, *Los ratones colorados.* ❚ «La poya de don Quijote / una espuerta de ladillas / y una fórmula francesa / para joder en cuclillas.» Amelia Díe y Jos Martín, *Antología popular obscena.* ❚ «Dejo mi querida polla, con sus correspondientes huevos, a mi no menos querido amigo Vicente...» Álvaro de Laiglesia, *Hijos de Pu.* ▌ «La palabra polla no esta en el esquema mental de Romero...» El Gran Wyoming, *Te quiero personalmente.* ▌ «...cuando papá te ataque con la polla...» Almudena Grandes, *Las edades de Lulú.* ▌ «...y que el macho tuviese que esperar con su pollita erecta a que ella decidiese el momento.» Jaime Romo, *Un cubo lleno de cangrejos.* ▌ «Donde tengas la olla no metas la polla.» ref. ▌✓ del latín *pullus.* ▶ C. J. Cela, *Diccionario secreto,* donde registra que en Argentina y Bolivia es *carrera de caballos;* en Chile, *lotería, rifa;* en Argentina, Chile, Guatemala y Perú, *determinada forma de apuestas mutuas deportivas;* en México, *determinado lance en el juego del póquer,* así como *ponche de huevo.*▌

2. cabeza de la polla *s.* glande.

«También, cabeza de la polla.» R. Montero, *Diccionario de nuevos insultos...*

3. comer la polla ▶ comer, comer la polla.

4. dar polla *expr.* copular.

«...pero a estas pobres hijas, ¿las darán polla en condiciones allí?» Ramón Ayerra, *Los ratones colorados.*

5. donde tengas la olla no pongas la polla *expr.* donde trabajes no actúes sexualmente.

«Ya lo dice el brutal refrán castellano. Donde tengas la olla, no pongas la polla.» Jaime Campmany, ABC, 1.2.98.

6. estar hasta la polla *expr.* cansado y harto.

«...y luego me quieren vender el rollo sociata no te jode si es que estoy hasta la polla y menos mal que...» José Ángel Mañas, *Mensaka.* ▌ «...no les pago porque estoy hasta la polla de que me prohiban cosas en mi propia casa...» Eloy Arenas, *Los vecinos de mis vecinos son mis vecinos.* ▌ «Estoy hasta la polla.» José Ángel Mañas, *Sonko95.*

7. ni pollas *expr.* ni bobadas.

«Nada de negocio ni de pollas; a pulirlo bien pulido.» C. Pérez Merinero, *Días de guardar.* ▌ «Nada de poesía ni pollas.» Álex de la Iglesia, *Payasos en la lavadora.* ▌ «Ni Migue, ni Miguel, ni pollas, ¿vale?» Andreu Martín, *Prótesis.*

8. (ni que) pollas en vinagre *expr.* (ni qué) bobadas, tonterías.

«¡Qué UGT ni qué pollas en vinagre!» Miguel Martín, *Iros todos a hacer puñetas.* ▌ «Letreritos, petarditos y pollas en vinagre.» Juan Marsé, *Si te dicen que caí.*

9. polla de oro *s.* hombre de suerte, engreído.

«A Gema, que tiene cara de Virgen de rifa, yo no le habría consentido casarse con un polla de oro.» Francisco Umbral, *La derechona.*

10. polla fría *s.* hombre impotente.

«¡Pero cuánta polla fría anda por ahí suelta!» C. Pérez Merinero, *La mano armada.*

11. pollas *s.* hombre de pene grande.

«Espero que no sea un pollas, no vaya a dejarme en ridículo.» El Víbora, n.° 143.

12. salirle a uno de la polla *expr.* porque uno quiere.

«En este país trabaja el que le sale de la polla, lo que pasa es que la gente no quiere trabajar.» El Banquillo, 28.1.98.

13. sudar la polla *expr.* no importar, ser indiferente.

«¿Estás contento? No mucho. Hoy me suda la polla todo.» José Ángel Mañas, *Mensaka.*

14. tocar la polla *expr.* no importar, tener sin cuidado.

«Que le jodan con su tratamiento, me toca la polla...» José Ángel Mañas, *Sonko95.*

pollaboba *s.* necio, tonto.

«Pero no te hagas ilusiones, es un pollaboba.» El Jueves, 13.5.98. ▌ «...en un pleno de la corporación celebrado el pasado mes de diciembre mandó al alcalde a la mierda y lo llamó pollaboba...» Ana Santana, El País, 16.5.98.

pollazo *s.* cópula, coito.

«...la despoja del sostén y de las bragas y a continuación cuatro pollazos...» Amelia Díe y Jos Martín, *Antología popular obscena.* ▌ «...menudos pollazos la arreaba yo, que estaba tremenda...» Ramón Ayerra, *Los ratones colorados.*

pollita *s.* mujer joven, jovencita.

«...sufría muchísimo de niña crecidita ya medio pollita...» Álvaro Pombo, *El héroe de las mansardas de Mansard*, 1983, RAE-CREA. ❚ ■■ «Al viejo del quinto le han visto del brazo de una pollita cañón.» ❚✓ para el DRAE es: «m. y f. fig. y fam. Niño o niña de corta edad».❚

2. pene pequeño.

«...y que el macho tuviese que esperar con su pollita erecta a que ella decidiese el momento.» Jaime Romo, *Un cubo lleno de cangrejos.*

pollo *s.* gargajo, escupitajo.

«Pollo. Gargajo.» LB. ❚ «Pollo. Esputo.» MM. ❚ «Pollo. Gargajo.» VL. ❚ «Pollo: flema, escupitajo.» JMO. ❚ ■■ «Me ha escupido un pollo en el ojo, el muy hijoputa.» ❚✓ no se ha podido documentar fuera de diccionarios.❚

2. *s.* persona joven.

«...un par de señoritas soplando coñac y cuatro o cinco pollitos tarambanas jugándose los cuartos de casa a los dados.» C. J. Cela, *La colmena.* ❚ «Mire, usted, pollo,» Miguel Martín, *Iros todos a hacer puñetas.* ❚ «Estás hecho un pollo —le dijo Moreno, palmoteándole los hombros.» B. Pérez Galdós, *Fortunata y Jacinta.* ❚ «El pollo se acercaba a los transeúntes...» Manuel Giménez, *Antología del timo.* ❚ «El pollo que lleva la viruta es un gil. Le haces un registro rutinario y le levantas la pasta.» El Gran Wyoming, *Te quiero personalmente.* ❚ «¿Seis duros por esta americana? ¡Está usted loco, pollo!» C. J. Cela, *El espejo y otros cuentos.* ❚ «Otro asunto podía ser las pelas, quizá tuviese deudas con algún pollo mal carado...» Ernesto Parra, *Soy un extraño para ti.* ❚ «Estaba con una polla en el merendero.» P. Perdomo Azopardo, *La vida golfa de don Quijote y Sancho.* ❚ «El comportamiento de estos pollos no tenía explicación.» B. Pérez Aranda *et al., La ex siempre llama dos veces.* ❚✓ DRAE: «fig. y fam. Joven».❚

3. montar un (el) pollo *expr.* organizar un escándalo, alboroto.

«...o le montamos un pollo como los gabachos al Jospin.» El Jueves, n.° 1079. ❚ «Pero también nos echaron por discutir y montar el pollo.» Juan Madrid, *Cuentas pendientes.* ❚ «Y ya está, el pollo que se monta porque David no soporta que le digan que está loco.» José Ángel Mañas, *Mensaka.* ❚ «A ver si le vas a montar un pollo al pobre Pepe...» C. Rico-Godoy, *Cómo ser una mujer y no morir en el intento.* ❚ «Al final, Carmelina acaba montándole un pollo...» María Antonia Valls, *Para qué sirve un marido.* ❚ «...si a lo mejor en el autobús empujas a uno sin querer, te pueden montar un pollo tremendo.» Gomaespuma, *Grandes disgustos de la historia de España.* ❚ «Si se pone en plan niño pequeño y te monta un pollo, le mandas a hacer gárgaras...» Ragazza, agosto, 1997.

4. pollo litri *s.* joven presumido.

«¡De mí no se ríe ningún pollo litri!» El Caballero Audaz, *El demonio en el corazón.*

5. pollo pera *s.* joven presumido.

«Los pollos pera llevaban la trinchera lo más sucia posible...» Rafael García Serrano, *Diccionario para un macuto.* ❚ ■■ «Dile al niñato, al pollo pera ése que se largue con viento fresco.»

polvazo *s.* cópula, coito.

«y abriéndole los muslazos / Veremundo el conde noble / le sacudió tres polvazos.» Amelia Díe y Jos Martín, *Antología popular obscena.* ❚ «Aay, qué polvazo te voy a echar...» El Jueves, 13.5.98. ❚✓ aumentativo de ▶ *polvo.*❚

polvete *s.* cópula, coito.

«¿Me va usted a decir que la deja marchar sin echarle un polvete?» Terenci Moix, *Garras de astracán.* ❚ «...no tendría ningún inconveniente en disfrutar de un buen polvete vicioso.» P. Antilogus, J. L. Festjens, *Anti-guía de los conductores.* ❚ «Llegaremos a tiempo para echar un polvete en el hotel.» Fernando Martínez Laínez, *Andante mortal.* ❚ «Sábado, sabadete, camisa limpia y polvete.» A. Ussía, ABC, 6.12.98.

2. polvete del sábado *expr.* coito de fin de semana.

«La carambola, entérese, es al choque normal lo que la cama redonda al polvete del sábado por la noche.» P. Antilogus, J. L. Festjens, *Anti-guía de los conductores.* ❚ «...maridos aferrados al sábado, sabadete, camisa nueva y polvete.» Felipe Navarro (Yale), *Los machistas.* ❚ «Sábado, sabadete, camisa limpia y polvete.» José M.ª Zabalza, *Letre-*

ros de retrete y otras zarandajas. ▌«Sábado, sabadete, camisa limpia y polvete.» A. Ussía, ABC, 6.12.98.

polvo *s.* cópula, coito.

«...un poco caro que le ha salido el polvo al chico, sobre todo porque no llegó a echarlo...» Almudena Grandes, *Modelos de mujer.* ▌«Mujer pura es la que se halla limpia de polvo y paja.» Geno Díaz, *Genocidio.* ▌«El programa de TV española sólo conseguirá mi solidaridad el día que aconseje un buen polvo...» El Jueves, n.° 1079. ▌«...aunque de ese país se puede esperar cualquier cosa, me cuesta entender que de un polvo dependa políticamente nada.» El Mundo, 31.1.98. ▌«Lo que a ti te hace falta es un buen polvo. Lo estás pidiendo a gritos.» Lucía Etxebarría, *Amor, curiosidad, prozac y dudas.* ▌«Dos polvos y ya está hecho una mierda.» A. Matías Guiu, *Cómo engañar a Hacienda.* ▌«...soldados y jóvenes estudiantes, que compran las obras festivas y escandalosas de a real el tomo y que siempre tienen gran aceptación: *Los polvos de la Juanita, El coño de la Pilar, El conejo de la Amparo, [...] Gracias y desgracias de ojo del culo...*» José Gutiérrez-Solana, *Madrid callejero, Obra literaria, II.* ▌«...pero polvos como ésos seguro que no los ha conocido en su puta vida; se corría que daba gusto...» C. Pérez Merinero, *Días de guardar.* ▌«...un polvo da confianza a uno, seguridad, se pisa más fuerte, con más autoridad...» Ramón Ayerra, *Los ratones colorados.*

2. *s.* semen.

«El polvo manchó toda la sábana y parte de la colcha.» CO, Óscar Carbonell García.

3. *s.* persona con la que se copula bien.

«Hace falta ser de derechas para decir que la Thatcher tiene un buen polvo.» M. Vázquez Montalbán, *La rosa de Alejandría.* ▌▪ «Tu mujer tiene un buen polvo.»

4. *s.* heroína.

«Muza, un soplón, contrabandista, que traía talegos de polvo...» Raúl del Pozo, *Noche de tahúres.* ▌«¿De dónde vendrá el polvo?» Pedro Casals, *La jeringuilla.*

5. dejar hecho polvo *expr.* abatido, triste, en mal estado.

«Lo que descubre lo deja hecho polvo...» SúperPop, junio, 1999. |✔ ▸ *polvo, hecho polvo.*|

6. echar (pegar) un polvo *expr.* copular, fornicar.

«¿Pegamos un polvo?» El Jueves, 21-27 enero, 1998. ▌«Por eso hay tanto hombre que quiere hacer ejercicio echando polvos.» El Jueves, 8-14 abril, 1998. ▌«Por limpiar a la criada el caño y echarle unos polvos...» Amelia Díe y Jos Martín, *Antología popular obscena.* ▌«Te voy a echar un polvo glorioso.» Arturo Pérez-Reverte, *La piel del tambor.* ▌«...parece que a lo que va es a echar un polvo a lo Madame Buterfly.» Miguel Martín, *Iros todos a hacer puñetas.* ▌«Maldita la gracia, echas un polvo cada dos años y te quedas embarazada.» María Antonia Valls, *Para qué sirve un marido.* ▌«...don Venancio se pasó antes por casa de Leonor y le echó un polvo de gallo a la Modesta.» C. J. Cela, *Mazurca para dos muertos.* ▌«...me ha echado un polvo, el muy guarro...» Manuel Hidalgo, *El pecador impecable.* ▌«Yo te ofrezco a la mujer más bella de la tierra para que le pegues todos los polvos que desees...» Cómic erótico, tomo IV, n.° 21 al 24. ▌«Si fuera para echarle un polvo [...] la cosa cambiaría.» C. Pérez Merinero, *El ángel triste.* ▌«Pero después de tantos años echando polvos para el curriculum, el sexo me hastía.» María Antonia Valls, *Tres relatos de diario.* ▌«Echar un polvo. Fornicar.» LB. ▌«Caballero, ¿a estas horas del amanecer no le apetece pegar conmigo un polvo literario?» M. Vázquez Montalbán, *El delantero centro fue asesinado al atardecer.* ▌«Y todos contaban que Vito sudaba tinta cada día que se ponía cachondo y quería echarle un polvo a Gina...» Andreu Martín, *El señor Capone no está en casa.* ▌«Lo que no cuenta el muy bocazas es los polvos que le echaba a la Raquel, cómo se la mamaba ella, [...] qué tal estaba en pelota viva.» C. Pérez Merinero, *Días de guardar.* ▌«He echado un polvo enorme con una puta de Bilbao, que me ha pegado un sifilazo.» Manuel Hidalgo, *Azucena, que juega al tenis.* |✔ también *polvazo, polvito, polvete* y *polvata.*|

7. estar para un polvo *expr.* sexualmente atractivo.

«Estás para un polvo.» JM. ▌«...estar para echarle un polvo: ser atractivo físicamente.» JMO. ▌ ■ «Mira a la morena ésa de la tienda. Está para un polvo.»

8. hecho polvo *expr.* cansado, fatigado, exhausto.

«Mamá está hecha polvo.» Almudena Grandes, *Malena es un nombre de tango.* ▌ «No lo creas, Antonio, estos sobresaltos emocionales me alteran y me dejan hecha polvo.» C. Rico-Godoy, *Cómo ser una mujer y no morir en el intento.* ▌ «...y el flaco elegante, hecho polvo, compuso una canción...» Arturo Pérez-Reverte, *La piel del tambor.* ▌ «Me quedé hecho polvo, no daba crédito a lo que leía.» Manuel Hidalgo, *Azucena, que juega al tenis.* ▌ «...entramos en el metro como hechos polvo...» Elvira Lindo, *Manolito gafotas.* ▌ «Estaba hecho polvo, desollado...» Eleuterio Sánchez, *Camina o revienta.* ▌ «Los inquisidores estaban hechos polvo...» Gomaespuma, *Grandes disgustos de la historia de España.* ▌ «...y cada vez está más hecho polvo.» El Gran Wyoming, *Te quiero personalmente.* ▌ «Cuando rodé *La buena estrella* estaba hecho polvo...» You, enero, 1998. ▌ «Yo estaba hecha polvo de cansancio...» B. Pérez Aranda *et al., La ex siempre llama dos veces.*

9. polvo de albañil *expr.* cópula rápida.

«Las putas sois de lo más decepcionantes —dije, desdeñoso—. Sólo servís para el polvo de albañil.» C. Pérez Merinero, *La mano armada.*

10. polvo de gallo, echar un polvo de gallo *expr.* cópula rápida.

«...don Venancio se pasó antes por casa de Leonor y le echó un polvo de gallo a la Modesta.» C. J. Cela, *Mazurca para dos muertos.* ▌ ■ «Como me dijo que venía su marido temprano, echamos un polvo de gallo en la cocina.»

11. polvos de madre Celestina *expr.* supuestos polvos mágicos que todo lo curan.

«¿Qué polvo de la madre Celestina tendrá?» Pedro Casals, *Hagan juego.*

12. sacudir el polvo *expr.* regañar, golpear.

«...esos civilizados juegos que se conocen vulgarmente como *devolver la pelota,* [...] *sacudir el polvo...*» Ángel Palomino, *Insultos,*

cortes e impertinencias. ▌ «Le sacudí el polvo y me precipité sobre...» Ednodio Quintero, *La danza del jaguar,* 1991, RAE-CREA. ▌ «...ebrios e iracundos se sacudieron el polvo, menudeando cachetadas...» Manuel Mújica Láinez, *El escarabajo,* 1982, RAE-CREA.

13. tener un (buen) polvo *expr.* persona sexualmente atractiva, que copula bien.

«Qué polvo tiene el molino, / qué polvo la molinera...» Francisco Umbral, *Balada de gamberros.* ▌ «¡Menudo polvo tenía, el tío!» Terenci Moix, *Garras de astracán.* ▌ «...gozaba de la reputación de tener un polvo maravilloso.» El Mundo, 22.1.99.

polvorilla *s.* persona muy activa, inquieta, nerviosa.

«El hermano en cambio era una polvorilla.» Fernando Quiñones, *Las mil y una noches de Hortensia Romero,* 1979, RAE-CREA. ▌ «¡Otro maestro polvorilla!» Guillermo Schmidhuber de la Mora, *Cuarteto de mi gentedad,* 1985, RAE-CREA. ▌ «Esa polvorilla no puede estarse quieta un momento.» CL.

polvorosa *s.* la calle; marcharse, huir, irse.

«...y pongo pies en polvorosa.» C. Pérez Merinero, *Días de guardar.* ▌ «...los que practicaron el corso en las cloacas del Estado están en polvorosa.» Raúl del Pozo, El Mundo, 14.7.99. ▌ ■ «Cogió la polvorosa y ya no le hemos visto más.» ✓ DRAE: «adj. Que tiene mucho polvo».▌

pomada *s.* bueno, estupendo.

«La pomada. Cuando algo es la pomada es lo mejor, lo perfecto.» Joseba Elola, *Diccionario de jerga juvenil,* El País Semanal, 3.3.96.

2. dar pomada *expr.* ensalzar, alabar.

«Sin embargo sus (Vázquez Figueroa) miles de lectores nos preguntamos qué tendrá James Joyce, que no tenga él, para que los periodistas le den tanta pomada aunque no lo lea nadie.» Marisa Poveda, El Mundo, 17.10.98.

3. estar en la pomada *expr.* saber lo que se trama, lo que se urde, se maquina.

«Mercadean citas y títulos, llevan y traen consignas de última hora, están en la pomada.» Francisco Umbral, «Europas», El

Mundo, 24.7.99. ▌«Quiere transmitir al resto de los mortales que él sabe lo que se cuece, que él está en la pomada.» Onofre Varela, A las barricadas, 11-17 mayo, 1998. ▌«Para estar en la pomada hay que decir una y mil veces que la movida ha muerto.» Carmen Posadas, *Yuppies, jet set, la movida y otras especies.* ▌«Si quieres estar en el meollo del mogollón, en la pomada, lo que tienes que hacer...» Jaime Romo, *Un cubo lleno de cangrejos.*

pompis *s.* nalgas.

«Me apreté contra su lindo pompis...» Pgarcía, *El método Flower.* ▌«...complejo de pompis voy a tener, pues estaría lista si fuese a tener complejos...» Ángel Palomino, *Un jaguar y una rubia.* ▌«Culo: nalgas, cachas, culamen, pompis, popa, posteridad, jebe, ojete, saco.» José M.ª Zabalza, *Letreros de retrete y otras zarandajas.* ▌«...y papá tenía un pompis grande y con pelos...» Jaime Romo, *Un cubo lleno de cangrejos.* ▌«Se tiene pompis hasta los veinte meses de edad. A partir de ese momento, el culo es el culo.» A. Ussía, *Tratado de las buenas maneras, III,* 1995, RAE-CREA. ▌■ «Tu marido tiene la fea costumbre de darme una palmada en el pompis cuando me ve.» I✓ también *pompi.*।

poner, poner a punto *expr.* excitar sexualmente.

«A mí me ponen muy a punto las películas porno...» María Antonia Valls, *Para qué sirve un marido.*

2. poner a tono ▶ *tono, poner a tono.*

3. poner de patitas en la calle *expr.* despedir, despachar.

«...y ahora dime por qué te han puesto de patitas en la calle.» Juan Madrid, *Las apariencias no engañan.* ▌■ «A usted le voy a poner de patitas en la calle como vuelva a cometer el mismo error.» I✓ ▶ *patitas.*।

4. poner (aplicar) la antena *expr.* prestar atención.

«De un espanto he de hablarte. Aplica la antena. ¡Pon la antena, tío!»

5. poner la cabeza como un tambor (bombo) *expr.* importunar, molestar, producir dolor de cabeza.

«Te ponen la cabeza como un tambor.» Manuel Hidalgo, *Azucena, que juega al tenis.*

6. ponerle a alguien los cojones por (de) corbata ▶ *cojones, ponerle a alguien los cojones por corbata.*

7. ponerse *v.* drogarse.

«Luego entré en un programa de metadona y llevo tres meses sin *ponerme.*» El Mundo, 5.10.99.

8. ponerse guapo(a) *expr.* arreglarse.

«Pero ponte guapa, no vayas disfrazada de pordiosera.» Carmen Martín Gaite, *Nubosidad variable,* 1992, RAE-CREA. ▌■ «Ponte guapa que vamos a una fiesta esta noche.»

9. ponérselos *v.* ser infiel el cónyuge.

«...Fulanita se los pone a Menganito...» Manuel Hidalgo, *Azucena, que juega al tenis.* ▌«Tu mujer te los pone. Te adorna el frontal.» Jose-Vicente Torrente, *Los sucesos de Santolaria.* ▌«Se va su marido a la guerra y ni se los pone ni nada.» Virtudes, *Rimel y castigo.* ▌«...hay millones de hombres que quieren saber cuándo, cómo y por qué se los ponen...» Fernando Gracia, *El libro de los cuernos.* ▌«Que sí, hija, sí, me los pusiste bien puestos...» Carmen Resino, *Pop y patatas fritas,* 1991, RAE-CREA. I✓ se entiende que son los *cuernos.*।

pop *adj.* popular, moderno, propio de la juventud.

«Jóvenes cantantes pop...» E. González Ruiz, *La misión del ejército...,* 1977, RAE-CREA. ▌«...se han hecho ricas con el producto de sus discos pop.» Máximo, *Animales políticos.* ▌«El snowboard ha logrado incluso provocar follones hasta ahora reservados a las estrellas más viciosas del pop.» El Mundo, La Luna, 26.2.99. ▌«No una aportación al pop o al nuevo flamenco...» Luis Clemente, *Kiko Veneno,* 1995, RAE-CREA. I✓ DRAE: «adj. invar. Dícese de un cierto tipo de música ligera y popular derivado de estilos musicales negros y de la música folclórica británica. Ú. t. c. s. m.». Del inglés *popular: pop music, art,* etc.।

2. poco serio.

«...de cualquier sicólogo pop.» Nicolás Caparrós, *Crisis de familia,* 1977, RAE-CREA. ▌«...no era probable que la versión pop de la teoría de la relatividad...» Alina Quevedo, *Genes en tela de juicio,* 1996, RAE-CREA.

popa *s.* nalgas, ano.
«Al notar que un cuerpo extraño / le atravesaba la ropa / produciéndole algún daño / exclamó: si no me engaño / me están dando por la popa.» Amelia Díe y Jos Martín, *Antología popular obscena.* ▌ «Culo: nalgas, cachas, culamen, pompis, popa, posteridad, jebe, ojete, saco.» José M.ª Zabalza, *Letreros de retrete y otras zarandajas.*

pope *s.* persona importante.
«Por ejemplo, Bloom, que es un pope de la crítica literaria...» La vida según..., TVE1, 24.9.95, RAE-CREA. ▌ «...pero es sabido que el gran pope del surrealismo ya andaba chocheando...» ABC Cultural, 30.8.96. ▌ ▪ «Ése que ves ahí, el del puro, es el pope, el que manda.» ✓ para el DRAE es: «m. Sacerdote de la Iglesia ortodoxa griega».▌

popelín *adj.* fantástico, bueno.
«Chanelar es comprender; popelín, fantástico...» Alicia Misrahi, Qué leer, junio, 1998. ▌ «Popelín: Muy bueno.» Ángel Palomino, *Insultos, cortes e impertinencias.*

614

popeye *s.* marinero.
«...los marineros son popeyes...» AI.

popó *s.* nalgas.
«...amaneció con sarpullidos en el popó.» José Donoso, *Donde van a morir los elefantes,* 1995, RAE-CREA. ▌ «¿Sabes arquear el lomo, ronronear y echarle tierra a tu popó? El patito feo tuvo que reconocer que ignoraba...» Tomás Mojarro, *Yo, el valedor,* 1985, RAE-CREA. ▌▪ «Me he caído y ahora me duele el popó.»

2. *s.* excremento.
«Ni pipí ni popó.» Rambla, n.º 19.

3. hacer popó *expr.* defecar.
«Le bajó el pantalón y el calzón y lo sentó en la taza. —También quiero hacer popó.» Ignacio Solares, *Los mártires y otras historias,* 1992, RAE-CREA. ✓ ▶ *pupú.*▌

*poquito cf. (afines) ▶ *poco.*

porculear *v.* sodomizar.
«...con el que nos quieren porculear desde Carnaby Street...» JV.

porculizar *v.* sodomizar.
«Rezumábamos ganas de porculizar a todo dios, como se dice en mi tierra...» Felipe Navarro (Yale), *Los machistas.* ▌▪ «El viejo ése maricón ha intentado porculizarme pero yo no quiero, no me gusta.»

porfa *adv.* por favor.
«No dejes de hacerlo, porfa...» Pilar Urbano, *Yo entré en el Cesid.* ▌ «Penétrame otra vez, anda, por fa.» Almudena Grandes, *Malena es un nombre de tango.* ▌ «...Dámelo, mamá, dámelo, porfa, mamá...» El Víbora, n.º 143. ▌ «...pues llévatelo en el bolso, porfa, que a mí se me ha terminado y mi madre está borde...» A. Gómez Rufo, *Cómo ligar con ese chico que pasa de ti o se hace el duro.* ▌ «Juan, invítame a un irlandés, porfa...» Juan Madrid, *Crónicas del Madrid oscuro.* ▌ «...exigencia que a veces termina con el chantajista por fa.» Carmen Pérez Tortosa, *¡Quiero ser maruja!* ▌ «Y a mí me pones una copa, Armando, porfa.» José Ángel Mañas, *Sonko95.*

porno *adj.* pornográfico.
«...está cabreadísimo porque le han puesto el nombre del grupo a un web de porno gay...» Ragazza, n.º 101. ▌ «...en la esquina del cine porno para que no la confundan...» A. Zamora Vicente, *Mesa, sobremesa.* ▌ «Pasa sus días cultivando el huerto del monasterio, rezando y viendo las pelis pornos del Canal Plus...» El Jueves, 8-14 abril, 1998. ▌ «A mí me ponen muy a punto las películas porno...» María Antonia Valls, *Para qué sirve un marido.* ▌ «De todas formas siempre podrás posar en las revistas porno...» Juan Madrid, *Un beso de amigo.* ▌ «Yo siempre juego con tres barajas. Una española, una inglesa y otra porno, de esas que llevan tías en pelotas.» Andreu Martín, *Por amor al arte.*

2. *s.* película pornográfica.
«En un canal dan una porno y en otro...» C. Rico-Godoy, *Cuernos de mujer.*

3. revista porno *s.* revista pronográfica.
«Revistas porno. Son muy útiles para...» M. Ángel García, *La mili que te parió.* ▌ «...numerosos y variados objetos, revistas de lo porno, útiles de fumar, vasos mediados...» Ramón Ayerra, *Los ratones colorados.*

poronga *s.* pene.

«...no hay poronga (pene) que le venga bien...» R. Montero, *Diccionario de nuevos insultos...*

porra *s.* pene.

«Es metáfora formal (el pene semeja una porra).» DE. ▍ «Pene. Denominación de parte del sexo masculino, que con más vulgaridad se denomina [...] chorizo, churro, chorra, chuzo, cimbel, minga, minina, nabo, pilila, pija, pistola, pluma, polla, porra, verga, etcétera...» José M.ª Zabalza, *Letreros de retrete y otras zarandajas.* ▍ «...le sangra la porra.» J. Giménez-Arnau, *Cómo forrarse y flipar con la gente guapa.* ✓ Ac. 1780: «germ. El rostro».▍

2. *s.* especie de rifa.

«...otras labores más placenteras y agradables, como una porra futbolera...» R. Gómez de Parada, *La universidad me mata.*

3. *interj.* exclamación eufemística.

«Cuando se barre, se barre, ¡porra!» Geno Díaz, *Genocidio.*

4. a la porra *expr.* expresión de rechazo.

«Sí, sí, todo el mundo a la porra, ministros incluidos...» A. Zamora Vicente, *Historias de viva voz.* ▍ «A la porra, Antonio.» C. Rico-Godoy, *Cómo ser infeliz y disfrutarlo.* ▍ «...a la porra tú y Viajes Oporto...» Ángel Palomino, *Todo incluido.* ▍ ▪ «No quiero tener más trastos y más guarradas aquí. ¡A la porra!» ✓ procede de una expresión militar de castigo, por el gran bastón o porra que llevaba el tambor mayor, que era signo de castigo y arresto. ▶ Vicente Vega, *Diccionario ilustrado de frases célebres,* Barcelona, 1952 y citado por J. M.ª Iribarren. DRAE: «fig. y fam. a paseo».▍

5. mandar a la porra *expr.* expresión de rechazo y desdén.

«Hizo lesbianismo con una agresiva periodista italiana, y cuando las dos se mandaron a la porra...» Terenci Moix, *Garras de astracán.* ▍ «La gente me mandó a la porra...» A. Zamora Vicente, *Historias de viva voz* ▍ «¡Mándalo a la porra!» Ángel Palomino, *Madrid, costa Fleming.*

6. una porra (frita) *expr.* expresión de rechazo, negación, incredulidad.

«—Y lo estoy pensando. —Y una porra frita... Lo tenéis ya todo decidido...» Álvaro Pombo, *Los delitos insignificantes.*

porrada *s.* mucho, gran cantidad.

«Esos bólidos que cuestan una porrada de millones...» Francisco González Ledesma, *La dulce señorita Cobos.*

porrero *s.* fumador de porros.

«...encerrarle en el calabozo con los porreros y los sarasas...» Miguel Martín, *Iros todos a hacer puñetas.*

porreta, en porreta *expr.* desnudo.

«El (Francisco) Umbral de las fotos en porreta bien pudiera decir...» C. J. Cela, ABC, 25.10.98. ▍ «Siempre en porreta, regresó al dormitorio y buscó su ropa.» Andreu Martín, *El señor Capone no está en casa.* ▍ «...si supiese que no iba a pasar frío me metía en la cama en porreta...» C. J. Cela, *Mazurca para dos muertos.* ▍ «Sostiene a una Isabel II en porretas, con la corona en la cabeza.» A. Ussía, *Coñones del Reino de España.* ▍ «...pues todo el mundo va en porreta.» Juanma Iturriaga, *Con chandal y a lo loco.* ▍ «Cogeréis al barón en porreta.» Jose-Vicente Torrente, *Los sucesos de Santolaria.* ▍ «...me da apuro que me vea toda en porretas...» Manuel Hidalgo, *El pecador impecable.* ▍ «...y vende mejor el producto que aquel anuncio de gente en porretas...» J. Giménez-Arnau, *Cómo forrarse y flipar con la gente guapa.* ✓ también *en porretas.*▍

porrillo, a porrillo *expr.* en gran cantidad, mucho.

«...vete a saber, tantos viajes a porrillo...» A. Zamora Vicente, *Mesa, sobremesa.* ▍ «Pero enseguida le cogí el truco. Yo tiraba cafés a porrillo y ellos se los iban llevando...» José María Amilibia, *Españoles todos.* ▍ «Aparte de cabronadas, que las hizo a porrillo y bien gordas por cierto...» Álvaro de Laiglesia, *Hijos de Pu.* ▍ «...monjas preñadas se veían a porrillo.» Germán Sánchez Espeso, *La reliquia.*

porro *s.* cigarrillo de marihuana.

«Porros, robos de motos, coches y lo que no quiero ni imaginarme...» M. Vázquez Montalbán, *Los alegres muchachos de Atzavara.* ▍ «¿Quieres un porro?» Eleuterio Sánchez, *Camina o revienta.* ❚ «Pero... si sólo tenemos dos o tres porros.» Raúl Sánchez, *Adriana.* ❚ «En no sé qué canal estaban dando una película porno. Me fumé un par de porritos viéndola y me masturbé.» María Antonia Valls, *Tres relatos de diario.* ❚ «...el *porro*, la *trompeta*, el *canuto*, el *cono* o *varillo* aluden al cigarro de tabaco con achís o marihuana...» Fernando Lázaro Carreter, *El dardo en la palabra.* ❚ «El porro es mejor para dormir que las pastillas.» C. Rico-Godoy, *Cómo ser infeliz y disfrutarlo.* ❚ «Cannabis: hachís, costo, chocolate, grifa, marihuana, hierba, porro...» El Mundo, Magazine, 21.11.99.

porrón, un porrón *expr.* mucho, gran cantidad.

«Los invitados escuchamos un porrón de notas unidas...» ABC Cultural, 15.6.96. ❚ «...y recuerda que hay un porrón de responsables políticos de la época...» El Mundo, 28.7.95. ❚ ◾ «Eladio, tú y yo hemos invertido un porrón de horas en el proyecto.»

porsi *adv.* por si acaso.

«Seguramente será un auténtico caballero pero porsi cierre las puertas del coche y vigile sus pertenencias...» Manuel Giménez, *Antología del timo.*

portante, tomar (coger) el portante *expr.* marcharse.

«Casimiro era casado y tenía que coger el portante a las diez.» Juan Madrid, *Crónicas del Madrid oscuro.* ❚ «...en cuanto el paciente en cuestión coge el portante y vuelve a la esquina.» Ana Rossetti, *Alevosías,* 1991, RAE-CREA. ❚ «...al verme sin un ochavo, cogí el portante y me largué a París.» Fernando Sánchez-Dragó, *El camino del corazón,* 1990, RAE-CREA. ❚ «...fue el empujón decisivo para que Vera cogiera el portante.» El Mundo, 10.1.94. ❚ «Marcharse de un sitio con cierta precipitación o brusquedad.» MM. ❚ «Cogí el portante y le dejé...» C. Pérez Merinero, *La mano armada.*

portera *s.* chismoso, fisgón.

«No soy una portera fisgona, prosiguió el comisario...» Eduardo Mendoza, *La ver-*

dad sobre el caso Savolta. ❚ «Mi amigo es una portera y se pasa el día cotilleando.» CL. ❚ ◾ «Carlos me tiene frito, es una portera que lo cuenta todo y lleva y trae chismes.»

2. hasta la portera *expr.* todo el mundo.

«...abuelos, hermanos, vecinos y hasta la portera.» Joaquín Verdaguer, *El arte de fumar en pipa,* 1980, RAE-CREA.

*****portero** cf. (afines) almirante, bicho, encargado de finca urbana.

pos *conj.* pues.

«¡Uy, pos eso sí va a estar más difícil...» Felipe Santander, *Y el milagro,* 1984, RAE-CREA.

2. hacer pos *expr.* defecar.

«—Pues sí que has tardado tú haciendo pis. —Es que el nene también ha hecho pos.» Elvira Lindo, *MiPaís,* El País, 16.10.99.

posaderas *s. pl.* nalgas.

«...con las piernas cruzadas y tendida sobre un canapé, con las posaderas reflejándose en un espejo...» C. J. Cela, *Mazurca para dos muertos.* ❚ «¡Vamos..., menéate! ¡Menea las posaderas! ¡Qué culo tienes!» C. Ducón, *El hotel de las orgías.* ❚ «Me había puesto delante las posaderas y no me inmuté.» Pgarcía, *El método Flower.* ❚ «La clienta es fondona, desborda con las posaderas la capacidad de la silla...» Miguel Martín, *Iros todos a hacer puñetas.* ❚ «A su lado, tendido boca abajo, las posaderas al aire...» Jose-Vicente Torrente, *Los sucesos de Santolaria.* ❚ «Al tiempo que les doy descanso a mis posaderas pido una cerveza...» C. Pérez Merinero, *Días de guardar.* ✓ DRAE: «f. pl. Nalgas».❚

poseer *v.* copular el hombre.

«...y de pronto él aparcó en un recodo para poseerme, antes de llegar a casa quería poseerme.» Jesús Ferrero, *Lady Pepa.* ❚ «¡¡Te acosaré, te seduciré, y en la disco te poseeré!!» Cómic Jarabe, n.° 4, 1996. ❚ «...los que la conocían creían que podían poseerla sólo contándole que eso les ayudaría a soportar la carga cotidiana.» El Gran Wyoming, *Te quiero personalmente.* ❚ «Quiero más de ti, deseo más de ti, no puedo vivir sin poseerte...» P. Perdomo Azopardo, *La vida golfa de don Quijote y Sancho.* ❚ «Prefiero ganarme la vida dejándome poseer por un duro, a vivir en mi casa.» P. Perdomo Azopardo, *La vida golfa de don Quijote y Sancho.*

posibles, de posibles *expr.* rico, adinerado.

«A él no había más que verlo para conocer que era un hombre de posibles.» C. J. Cela, *Viaje a la Alcarria.* ❚ «...parece una señora importante, una señora de posibles.» C. J. Cela, *La colmena.* ❚ «...robos cometidos en viviendas de gente de posibles...» Manuel Giménez, *Antología del timo.* ❚ «Si yo tuviera posibles para que los chicos fueran a esquiar...» Miguel Martín, *Iros todos a hacer puñetas.* ❚ «Ya habla mucho de una de Rueda, que es de posibles, tiene de todo, según dicen...» Andrés Berlanga, *La gaznápira.* ❚ «...pero llegó uno que tenía más posibles que yo [...] y me la quitó.» J. Jiménez Martín, *Ligar no es pecado.* ❚ «Ahora que eran niñas con posibles y vivían en la opulencia...» María Antonia Valls, *Tres relatos de diario.*

posma *adj.* aburrido, pesado.

«...compadeciéndose del posma que tan silenciosamente...» Manuel Longares, *La novela del corsé,* 1979, RAE-CREA. ❚ «¡Qué hombre más posma!» El Caballero Audaz, *El demonio en el corazón.* ✓ DRAE: «com. fig. y fam. Persona lenta y pesada en su modo de obrar. Ú. t. c. adj.».❚

2. *s.* aburrimiento.

«...no es flema sino melsa y posma.» ABC Electrónico, 2.7.97.

3. persona aburrida y pesada.

«...y compadeciéndose del posma que tan silenciosamente sufría.» Manuel Longares, *La novela del corsé,* 1979, RAE-CREA.

posteridad *s.* nalgas, culo.

«Culo: nalgas, cachas, culamen, pompis, popa, posteridad, jebe, ojete, saco.» José M.ª Zabalza, *Letreros de retrete y otras zarandajas.*

postizo *adj.* pariente muy lejano o que no lo es de hecho.

«Ni que decir tiene que tu tatarabuela postiza...» Marisa López Soria, *Alegría de nadadoras.* ❚ «Dado que de todos modos la pro-

le postiza nos iba a fastidiar igual...» B. Pérez Aranda *et al., La ex siempre llama dos veces.* ❚◾ «Paco es mi primo postizo.»

postre, para postre *expr.* además, encima.

«Para postre, ahora le ha dado por montarse el cuento...» B. Pérez Aranda *et al., La ex siempre llama dos veces.* ❚ «...y luego, para postre, la mariconería;» Ramón Ayerra, *Los ratones colorados.*

pota, echar la pota *expr.* vomitar.

«Cuando me dio la lipotimia en Japón y eché la pota delante de todos esos amarillos...» Juanma Iturriaga, *Con chandal y a lo loco.* ❚ «...tan exageradamente cortés que te hace echar la pota.» R. Montero, *Diccionario de nuevos insultos...* ✓ ▸ *potar.*❚

potable *adj.* bueno, estupendo, atractivo.

«Me consuelo viendo que el hombre que a mí me había parecido potable era, de cerca, un hortera...» C. Rico-Godoy, *Cómo ser una mujer y no morir en el intento.* ❚ «Y ella, muy dulcemente, le dijo, con bastante acento, pero en un castellano potable...» F. Vizcaíno Casas, *Hijos de papá.* ❚ «...personajes de potable nivel tanto social como económico.» Álvaro de Laiglesia, *Hijos de Pu.* ❚ «Pones ciego de ron al marido de la más potable...» Ladislao de Arriba, *Cómo sobrevivir en un chalé adosado.* ❚ «...por lo menos he sacado tres o cuatro pero que muy potables...» Andrés Berlanga, *La gaznápira.* ❚ «Sancho aseguraba que metiéndole un saco por la cabeza, cortándole las piernas y reduciéndole el culo, estaba muy potable.» P. Perdomo Azopardo, *La vida golfa de don Quijote y Sancho.* ✓ DRAE: «fig. y fam. Pasable, aceptable».❚

potar *v.* vomitar.

«No quiero más o voy a acabar potando.» José Ángel Mañas, *Historias del Kronen.* ❚ «¿De comer? Buff, no, si casi poto del chop-suey.» Jaime Romo, *Un cubo lleno de cangrejos.* ❚ «...pagó al mesonero y se fue tras potar el zumo...» Pau Faner, *Flor de sal.* ✓ ▸ *pota, echar la pota.*❚

potativo ▸ *vomitivo.*

pote, darse pote *expr.* presumir, jactarse.

«...que se da el pote de los ismos, de lo abstracto.» José M.ª Zabalza, *Letreros de retrete y otras zarandajas.* ▮ «...pensaba que se la había inventado para darse pote...» Miguel Sánchez-Ostiz, *Un infierno en el jardín,* 1995, RAE-CREA. ▮ «¿Para darme pote ante vosotros?» Fernando Sánchez-Dragó, *El camino del corazón,* 1990, RAE-CREA. ▮ «Darse pote: presumir.» JMO. ▮ ◼ «Se da pote porque se ha casado con una tía rica que además está buenísima.» ✓ DRAE: «1. fr. fig. y fam. Darse postín, darse tono».▮

potorro *s.* vulva, órgano sexual de la mujer.

«Potorro. Coño.» VL. ▮ «Potorro. [...] chumino, chocho.» Ra. ▮ «Potorro: vulva.» JMO. ✓ no se ha podido documentar fuera de diccionarios.▮

potra *s.* buena suerte.

«...pues que le tocó la lotería. ¿No es potra?» A. Zamora Vicente, *Historias de viva voz.* ▮ «Verdaderamente, tienes una potra inigualable.» Ragazza, agosto, 1997.

poya ▶ *polla.*

pozo *s.* boca.

«Sólo sabes abrir el pozo para decir tonterías.» CL. ▮ «Pozo. Boca.» S. ▮ ◼ «No tiene boca, tiene un pozo enorme.» ✓ no se ha podido documentar fuera de diccionarios.▮

practicón *s.* persona que aprende o sabe a fuerza de práctica.

«...y todo lo que le faltaba de ciencia le sobraba de practicón.» Jose-Vicente Torrente, *Los sucesos de Santolaria.*

precio, inflar el precio *expr.* subir artificialmente el precio de una mercancía.

«Lo hemos incluido todo sin inflar el precio.» Anuncio, ABC, 12.7.98.

preciso, don Preciso *s.* persona que es o se cree indispensable.

«Si le acucia la prisa que vaya al colega más próximo. Yo no soy don Preciso.» Jose-Vicente Torrente, *Los sucesos de Santolaria.*

prefe *adj.* preferido.

«El *rafting* o el parapente pueden ser tus prefes.» Ragazza, agosto, 1997.

pregunta, estar a la cuarta pregunta *expr.* sin dinero.

«A veces sueltas unas paridas, como si estuvieras ya a la cuarta pregunta.» José Luis de Tomás García, *La otra orilla de la droga,* 1984, RAE-CREA. ▮ «Sin dinero. Me quedé a la cuarta pregunta.» LA. ✓ DRAE: «fr. fig. y fam. Estar escaso de dinero o no tener ninguno».▮

¡premio! *excl.* se ha conseguido.

«Ana (alzando su copa) ¡Premio!» Ernesto Caballero, *Quinteto de Calcuta,* 1996, RAE-CREA. ▮ ◼ «¡Ya lo has conseguido! ¡Premio!»

prenda *s.* término cariñoso.

«Oído y apuntado, prenda.» Terenci Moix, *Garras de astracán.* ▮ «¿En qué lo has notado, prenda?» Mariano Sánchez, *Carne fresca.* ▮ «¿Cómo te llamas, prenda?» M. Sánchez Soler, *Festín de tiburones.*

2. no soltar prenda *expr.* no hablar, no decir, no dar información.

«Primero él lo ocultó todo el tiempo que pudo y ahora somos nosotros los que no soltamos prenda...» M. Vázquez Montalbán, *La rosa de Alejandría.* ▮ «Yo seguía sin soltar prenda...» Manuel Hidalgo, *Azucena, que juega al tenis.* ▮ «...tú dile eso pero sin soltar prenda, para que no se le excite la curiosidad.» Jaime Romo, *Un cubo lleno de cangrejos.* ▮ «¿Qué quiere? —Hablar con usted. No suelta prenda.» Eduardo Mendoza, *La verdad sobre el caso Savolta.* ▮ «Son clientes del banco, pero no han soltado prenda.» Pedro Casals, *Hagan juego.*

prensa, buena (mala) prensa *expr.* buena, mala reputación.

«El boxeo, esa cruel, sangrienta burrada con buena prensa, con mala prensa...» Ángel Palomino, *Un jaguar y una rubia.* ▮ «A pesar de sus vaivenes, su relativa mala prensa y su reputación confusa...» A. Ussía, ABC, 4.7.99.

preñá(da) *adj.* embarazada.

«...de la vida o no de la vida, que la habían dejao preñá.» Fernando Quiñones, *Las mil y una noches de Hortensia Romero,* 1979, RAE-CREA. ▮ ◼ «Mi mujer está preñá otra vez.»

2. dejar preñá *expr.* dejar embarazada a una mujer.

«...de la vida o no de la vida, que la habían dejao preñá.» Fernando Quiñones, *Las mil y una noches de Hortensia Romero*sia Romero, 1979, RAE-CREA.

***preñar** cf. (afines) ▶ *embarazar.*

preserva *s.* preservativo, condón.

«...quiere decir goma, preserva de máquina [...] de bar...» Ira Mix, *A las barricadas,* 22-28 junio, 1998.

***preservativo** cf. (afines) ▶ *condón.*

preservativo *s.* profiláctico.

«Desenrolle el preservativo lo máximo posible a lo largo del pene en erección...¿lo sabías?» Rambla, n.° 24. ▌«Qué ridículo lo del anuncio de preservativos en TV.» Rambla, n.° 24.

presi *s.* presidente.

«...acaba de rebozarle el pantalón, con tomate, al presi de la mesa...» A. Zamora Vicente, *Mesa, sobremesa.* ▌«Jolín, tío, (contestó un travesti) a lo mejor el presi se quiere dar una vuelta por un cuarto oscuro...» El Mundo, 19.4.98. ▌«La disposición del presi, la tradición de la Casa, la atracción al pirulí que mostraba la becaria...» Jaime Campmany, ABC, 9.8.98. ▌«Sí, mi presi, ¿qué quieres?» Gomaespuma, *Grandes disgustos de la historia de España.*

***preso** cf. (afines) bolata, caballista, chusquel, quíe, taleguero.

presta *s.* prestamista.

«He soportado los chantajes urdidos por los prestas.» Raúl del Pozo, *Noche de tahúres.*

***presumir** cf. (afines) ▶ *alardear.*

***presuntuoso** cf. (afines) ▶ *engreído.*

preventivo *adj.* encarcelado.

«entodavía no lo han visto por su casa / lo tienen preventivo en una celda de castigo.» Extremoduro, CD, 1997: *Iros todos a tomar por culo, Pepe Botika.*

príapo *s.* pene.

«Señor, ¡qué hermoso príapo! ¡Qué pene!» Marisa López Soria, *Alegría de nadadoras.*

primarrón *s.* necio, tonto, primo.

«Concretamente en el campo de la germanía, llueven los primarrones que practican el hábito de arrimar a su expresión...» JV.

primavera *s.* tonto, bobo, ingenuo.

«Es un primavera, Hierro, en serio, buen negocio.» Andreu Martín, *Lo que más quieras.* ▌«Primavera. Primarrón, primo, bobalicón, ingenuo.» Ra.

prímer, ser prímer *expr.* tener primera opción, ser el primero.

«...y con ansiedad en el rostro exclamaron casi al tiempo: —¡Prime!» Eloy Arenas, *Los vecinos de mis vecinos son mis vecinos.* ▌«Para el postre yo soy prímer.» |✓ de *primero.* También *prime.*|

primera, de primera *expr.* bueno, excelente, de calidad.

«...para que constaten que sí hay servicios de primera en Yucatán.» Diario de Yucatán, 38231, 1996, RAE-CREA. ▌«El poder y el dinero fascinan, son un tapabocas de primera...» Miguel Sánchez-Ostiz, *Un infierno en el jardín,* 1995, RAE-CREA. ▌«Has organizado una fiesta de cumpleaños guay, de primera.»

primi *s.* lotería primitiva.

«...que mañá me va a tocá la primi, me voy a comprá un buga...» J. Giménez-Arnau, *Cómo forrarse y flipar con la gente guapa.*

primo *s.* necio, tonto.

«...quienes han incorporado tarde a sus vidas tal artefacto han hecho el primo.» Carmen Pérez Tortosa, *¡Quiero ser maruja!* ▌«Es un primo y siempre le estafan, allá donde va.»

2. *s.* persona ingenua, incauta.

«...esquilmar los bolsillos y haciendas de primos o julais...» Manuel Giménez, *Antología del timo.* ▌«...tenía a dos tangas a los que pagaba mil pesetas por cada primo que pescaban.» Juan Madrid, *Flores, el gitano.* |✓ DRAE: «fam. Persona incauta que se deja engañar o explotar fácilmente».|

prince ▶ *princesa.*

princesa *s.* homosexual.

«Princesa. Homosexual joven.» VL. ▌«Prince: homosexual, marica.» JV. ▌«Prince. Maricón, bujarra...» Ra. ❙ «Princesa. Homosexual joven.» S. ❙✔ también *prince.*❙

pringao *s.* necio, incauto.

«Sigo con él por eso, porque conoce a todo el mundo. Y porque tiene moto. Pero no me gusta realmente. Tampoco Santi, que es un pringao.» José Ángel Mañas, *Mensaka.* ❙ «Ahora son unos pringaos, unos analfabetos.» Raúl del Pozo, *Noche de tahúres.* ❙ «Le conté a ella que yo era un pringao y a lo que me dedico...» Juan Madrid, *Crónicas del Madrid oscuro.* ❙ «¡Déjalo, si es un pringao!» Eloy Arenas, *Los vecinos de mis vecinos son mis vecinos.* ❙ «...pero los pringaos que combatían de soldados rasos se van a quedar a dos velas.» Carlos Boyero, El Mundo, 18.6.99. ❙✔ DRAE: «m. y f. fig. y fam. Persona que se deja engañar fácilmente».❙

pringarla *v.* morir.

«...hay que tener cuidado que por menos de nada la pringas...» A. Zamora Vicente, *Mesa, sobremesa.* ❙ ▪ «Pringó el mendigo de la esquina de una tisis galopante.»

2. *v.* cometer error, hacer una pifia, equivocarse.

«De ahora en adelante hay que tener cautela, si no, la pringas, Trinidad.» C. J. Cela, *La colmena.* ❙ «Si te lo roban, pringas.» El Jueves, 21-28 enero, 1998. ❙ «...ahora sí que la pringamos...» A. Zamora Vicente, *Historias de viva voz.* ❙ ▪ «Si la pringas en este negocio, te jodes y lo pierdes todo.»

***prisión** cf. (afines) ▸ *cárcel.*

priva *s.* bebida.

«Pedro llega con dos botellas de plástico llenas de güiscola. Menos mal que alguien ha pensado en la priva...» José Ángel Mañas, *Historias del Kronen.* ❙ «La forma más utilizada es la priva por la bebida. Pegarle a la priva.» Francisco Umbral, *Diccionario cheli.* ❙ «Clavamos en la priva.» El Jueves, 6-12 octubre, 1993. ❙ «...para que la clientela se reconfortase de las pérdidas dándole a la priva.» Fernando Martínez Laínez, *La intentona del dragón.* ❙ «...ir la priva cantidá, gustar el alcohol...» Fernando Lázaro Carreter, *El dardo en la palabra.* ❙ «Ahora mismito en el bar sólo hay cuatro

o cinco personas dándole a la priva.» C. Pérez Merinero, *Días de guardar.* ❙ «Te veo con un vaso en la mano, o te canta el aliento a priva...» Andreu Martín, *Lo que más quieras.* ❙ «Aquí dándole al prive...» Fernando Martínez Laínez, *Bala perdida.* ❙✔ también *prive.*❙

privado *adj.* ebrio, borracho.

«¿Qué buscas? ¿Eres un privado? —Sí, un privado en casi todo.» Manuel Quinto, *Estigma.* ❙ «Privado: borracho.» JMO.

2. *s.* detective privado.

«¿Qué buscas? ¿Eres un privado? —Sí, un privado en casi todo.» Manuel Quinto, *Estigma.*

privar *v.* beber.

«...llama a sus colegas y vuelve a quedar para privar...» R. Gómez de Parada, *La universidad me mata.* ❙ «Si les enseñas el pico o el trago, serán las más picotas y las más curdelas... Por eso yo nunca dejaba a las mías que privaran ni se acercaran a la mandanga.» Andreu Martín, *Lo que más quieras.* ❙ «De tanto pensar / de perder el tiempo / de tanto privar /» Extremoduro, CD, 1997: *Iros todos a tomar por culo, Bribriblibli.*

2. *v.* gustar; dominar, estar vigente.

«En todos estos ambiciosos priva una idea estúpida: morir más rico que el vecino...» A. Matías Guiu, *Cómo engañar a Hacienda.* ❙ «Era el estuche de la panacea del gringo [...] y privó entre los cincuenta y los setenta.» J. Giménez-Arnau, *Cómo forrarse y flipar con la gente guapa.* ❙✔ DRAE: «Complacer o gustar extraordinariamente. *A Fulano le priva este género de pasteles».*❙

prive ▸ *priva.*

procesión, la procesión va por dentro *expr.* aparentar calma aunque por dentro se sufra.

«Tampoco es que esté muy sosegada, pero intento disimular. La procesión va por dentro.» B. Pérez Aranda *et al., La ex siempre llama dos veces.* ❙ «La procesión va por dentro.» Virgilio Piñera, *¿Un pico, o una pala?,* 1990, RAE-CREA. ❙ «...parece muy frío pero la procesión va por dentro.» La Vanguardia, 25.1.94.

productor *s.* obrero.

«...debía ser el día del productor.» Ignacio Fontes, *Acto de amor y otros esfuerzos.* ▌«...y explota al productor, que es el que paga...» José M.ª Zabalza, *Letreros de retrete y otras zarandajas.* ▌«Obrero tenaz, disciplinado y monárquico. Tiene el título de productor ejemplar...» Máximo, *Animales políticos.* ▌«Me recuerda aquellos años del franquismo en que los obreros eran llamados productores. Ser obrero era políticamente peligroso y obsceno...» M. Vázquez Montalbán, *El delantero centro fue asesinado al atardecer.*

productora del hogar *expr.* criada, sirvienta.

«...ordené a los vecinos que buscaran productoras del hogar que alhajaran la mansión...» P. Perdomo Azopardo, *La vida golfa de don Quijote y Sancho.*

profe *s.* profesor.

«Mes ideal para exponer un trabajo en público, para representar un papel en una obra de teatro, o incluso, como delegada de la clase frente a los profes.» Ragazza, n.° 101. ▌«Pero bueno, el profe me iba poniendo discos y yo pasé las tardes más felices de mi vida.» Terenci Moix, *Garras de astracán.* ▌«...no me entero de la mitad de las cosas que explican los profes...» Iván Vikinski, A las barricadas, 18-24 mayo, 1998. ▌«...se está examinando ahora de oposiciones a profe.» Juan Madrid, *Crónicas del Madrid oscuro.* ▌«El profe de física...» Cristóbal Zaragoza, *Y Dios en la última playa.*

profesión más vieja (antigua) del mundo *expr.* prostitución.

«Me decía una vieja amiga, catedrática de la profesión más vieja del mundo...» Manuel Giménez, *Antología del timo.*

profesor de educación general básica *expr.* maestro.

«A los maestros se les llama profesores de educación general básica...» DE. |✔ la Educación General Básica ya ha desaparecido.|

profesora de lengua francesa *s.* eufemismo por prostituta.

«Casas cita incluso como eufemismos de puta, [...] profesora de lengua francesa...» AI.

*profiláctico cf. (afines) ▶ *condón.*

programa basura *s.* programación televisiva de baja calidad.

«...Dover rechaza ir a programas basura de televisión...» El Mundo, La Luna, 25.6.99.

progre *adj.* y *s.* liberal, progresista.

«Defensores de causas progres...» Pilar Urbano, *Yo entré en el Cesid.* ▌«...obra valiente y magnífica de aquel clérigo progre, irreverente, tabernario, mujeriego...» A. Ussía, *Coñones del Reino de España.* ▌«...cómo sabe el curita progre rodearse de buenos elementos...» A. Zamora Vicente, *Mesa, sobremesa.* ▌«¿A que te parto la cara, progre de mierda?» Ladislao de Arriba, *Cómo sobrevivir en un chalé adosado.* ▌«...se dedica a aporrear progres en el barrio de Malasaña por tres mil pesetas diarias.» Juan Madrid, *Un beso de amigo.* ▌«...porque habíamos sido progres mucho tiempo, progres de libro, y hacíamos muchas cosas solamente por eso, porque quedaba progre...» Almudena Grandes, *Las edades de Lulú.* ▌«...porque eran asiduos de un pub muy progre de Puerta Cerrada...» Ernesto Parra, *Soy un extraño para ti.* |✔ en el DRAE no consta.|

prójima *s.* mujer, esposa.

«Me han dicho que tu prójima ha cogido el autobús.» Jordi Sierra i Fabra, *El regreso de Johnny Pickup,* RAE-CREA. ▌«¿Aónde está la prójima?» Luciano G. Egido, *El corazón inmóvil,* 1995, RAE-CREA. ▌«...no hay más que maromos escondiéndose para que no les coja en falta la prójima...» Ramón Ayerra, *Los ratones colorados.* ▌■ «No puedo invitaros a casa a unos chatos porque la prójima está de mala leche hoy, como siempre.»

2. *s.* mujer indeseable.

«La prójima no quería follones, metió el fiambre en el maletero y lo tiró por la primera cuneta...» Pgarcía, *El método Flower.*

proleta *adj.* y *s.* proletario, obrero.

«Con los funcionarios y los proletas juega el gobierno, juega el capital, juega la Seguridad Social...» Francisco Umbral, El Mundo, 16.7.99. ▌«...Holweide es un barrio proleta...» Mario Benedetti, *Primavera con una esquina rota,* 1982, RAE-CREA. ▌«Los proletas ahora comen en restaurantes y ya no llevan tarteras con tortillas y chorizo, como antes.» DCB.

*promiscua cf. (afines) ▶ *mujer promiscua.*

propi *s.* propina.

«...casi nunca hay sitio, y de propi...» A. Zamora Vicente, *Mesa, sobremesa.* ❙ ▪▪ «Saco buenas propis aparcando coches en la calle del restaurante.»

proposiciones *s. pl.* insinuaciones amorosas o sexuales.

«Pero mis proposiciones no son bien acogidas...» Francisco Nieva, *La señora Tártara,* 1980, RAE-CREA. ❙ «...recibía muchas proposiciones...» Eduardo Mendoza, *La ciudad de los prodigios.* ❙ ▪▪ «El jefe me ha hecho proposiciones y le he dicho que no porque soy una mujer mu honrá y llevo escapularios.»

prosti *s.* prostituta.

«...no fueron únicamente las circunstancias quienes cambiaron en el nombre de Tuta el prefijo Resti por el de Prosti, sino en buena medida una predisposición de la moza a la cachondería...» Álvaro de Laiglesia, *Hijos de Pu.* ❙ «Sus ojos miopósos siguieron el cuerpo de la prosti con intensidad.» A. Matías Guiu, *Cómo engañar a Hacienda.*

*prostíbulo cf. (afines) ▶ *casa de prostitución.*

*prostíbulo cf. (afines) ▶ *regentadora de prostíbulo.*

*prostitución cf. (afines) alterne, barrio chino, hacer la *calle, negocio de la *carne, hacer *chapas, irse de *chinos, fulaneo, jineterismo, oficio más viejo del mundo, putear, puteo, putería, puterío, putiferio. ❘✔ ▶ *homosexual.*❘

*prostituirse cf. (afines) alterne, chular, comer del *coño, echarse a la *vida, hacer *chapas, hacer la *calle, hacer la carrera, irse de *chinos, jinetear, meterse a *puta, pendonear, pindonguear, putear.

*prostituta cf. (afines) chica de *alterne, andoba, andorra, andorrera, bella de noche, burraca, buscona, cabaretera, cabrita, callejera, cantonera, chai, chica alegre, chica de barra americana, chipichusca, chirlata, cisne, cocota, cortesana, cualquiera, cuca, currutaca, descarriada, elementa, una de esas, esquinera, fletera, fulana, funcionaria, furcia, furciángana, golfa, guarriguarri, gumia, hija de la dulzura, hija de la noche, hija del pecado, horizontal, hurona, individua, jai, jinetera, lea, ligona, lumi, lumiasca, máquina, meretriz, meuca, mujer alegre, mujer de la calle, mujer de la carrera, mujer de la noche, mujer de la vida, mujer de la vida alegre, mujer de mal vivir, mujer de mala vida, mujer de vida airada, mujer del arroyo, mujer del partido, mujer mala, mujer pública, mujerzuela, ser del *oficio, pájara, pajillera, pelandusca, pelleja, pellejo, penca, pendanga, pendón, perdida, perica, perico, peripatética, perra, piculina, pilingui, pindonga, piruca, profesora de lengua francesa, prosti, pupila, puta, más puta que las gallinas, puta barata, puta de postín, puta tirada, putarranco, putilla, putón, putón barato, putón desorejado, putona, putorra, ramera, señorita de la noche, sota, taconera, tal, tanguista, tipa, tirada, titi, trabajadora de la calle, trota, trotacalles, trotera, zorra, zorrilla, zorrón, zorrona.

prostituto *s.* hombre que se prostituye.

«Se llama Andrew Cunanan y es un chapero (prostituto) de lujo de 27 años.» El País, 17.7.97.

prota *s.* protagonista.

«Así de coleguis posaron en una visita surprise a Madrid los tres protas de Rompecorazones...» Ragazza, n.° 101. ❙ «Es el prota de otra telecomedia de la Serie Negra...» El Jueves, 6-12 octubre, 1993. ❙ «Y luego vino lo del asesinato, cuando el prota localiza al amante de su mujer...» Manuel Hidalgo, *Azucena, que juega al tenis.* ❙ «Ahora, eso sí, el prota soy yo, ¿eh?» Juan Madrid, *Crónicas del Madrid oscuro.* ❙ «...me han seleccionado como prota y voy a pillar una pasta, mamá.» Jaime Romo, *Un cubo lleno de cangrejos.*

provo *adj.* provocativo.

«Odian la ropa demasiado provo.» Ragazza, n.° 101.

*proxeneta *cf.* (afines) chulángano, chulango, chulaperas, chuleras, chulo, chulo de putas, macarra, macarrilla, macarrón, macró.

púa *s.* peseta.
> «...el trabajito le iba a salir por unas cien mil púas...» Ernesto Parra, *Soy un extraño para ti.* ❙ «Deja mujer y huérfanos, dos de los cuales heredan las púas y las ideas de su padre.» Máximo, *Animales políticos.* ❙ «Diecisiete mil púas de mierda.» José Luis Martín Vigil, *Los niños bandidos.*

pub *s.* bar oscuro.
> «Es el de relaciones públicas de una cadena de pubs.» F. Vizcaíno Casas, *Hijos de papá.* ❙ «...había un artículo informando sobre el asalto al pub La Luciérnaga...» Juan Madrid, *Un beso de amigo.* ❘✓ del inglés *public house.*❘

publi *s.* publicidad.
> «Así que, a partir de ahora, se acabó eso de hacer zapping cuando viene la publi, ¿entendido?» Ragazza, junio, 1998.

publicitar *v.* difundir, hacer público.
> «El vídeo publicitado ayer por Rubalcaba y Conde se limita a hacer presuntas gracietas,...» El Mundo, 10.2.98.

pucha *adj. y s.* eufemismo por puta.
> «Mujer encinta. Ven aquí hi de pucha.» Romero Aridjis, *Espectáculo del año dos mil,* 1981, RAE-CREA. ❙ «Déjame hablar, pucha digo.» Ernesto Sábato, *Abaddon el exterminador,* 1974, RAE-CREA.

puchelar *v.* hablar.
> «Una vieja gaditana que puchelaba le dijo que era la Piquer con cojones.» Raúl del Pozo, El Mundo, 29.8.99.

pucherazo *s.* fraude electoral.
> «El *pucherazo* ha sido una querencia muy española...» Juan Francisco Martín Seco, El Mundo, 26.2.98.

pucherón *s.* locutor.
> «Pucherón: Locutor.» Ángel Palomino, *Insultos, cortes e impertinencias.*

*pudiente *cf.* (afines) ▶ *rico.*

*pueblerino *cf.* (afines) ▶ *ignorante.*

pueblerino *s.* persona zafia de escasa cultura.
> «...y el muchacho pueblerino que...» Eduardo Mendoza, *La ciudad de los prodigios.* ❙■ «A un pueblerino siempre se le conoce por la manera de hablar.» ✓ DRAE: «Dícese de la persona de poca cultura o de modales poco refinados. Ú. t. c. s.».❘

2. *adj.* zafio, grosero.
> «...esta pequeña ciudad de hábito pueblerino...» El Mundo, 16.7.94.

pueblucho *s.* pueblo pequeño e insignificante.
> «...el señor González nos dejara en ese pueblucho insignificante...» Enrique Araya, *La luna era mi tierra,* 1982, RAE-CREA. ❙ «Por supuesto que no aguanto los bichos del pueblucho de tu padre...» Ernesto Caballero, *Quinteto de Calcuta,* 1996, RAE-CREA.

puerco *s.* sucio, desaliñado.
> «...escupirla sobre la mesa, si será puerco...» Cristóbal Zaragoza, *Y Dios en la última playa.* ❙■ «El puerco de Carlos huele fatal y tiene un aspecto repugnante.»

2. persona indeseable.
> «No les está mal empleado a esos puercos.» Luis Camacho, *La cloaca.* ❙ «...qué ademanes de lacayo, el puerco...» Cristóbal Zaragoza, *Y Dios en la última playa.* ❙■ «¡Ya me has hecho otra mala pasada! ¡Eres un puerco!»

3. rijoso, libidinoso.
> «¡Sí, sí, artista! ¡Un puerco mirón, eso es usted!» Álvaro de Laiglesia, *Hijos de Pu.*

puerta *excl.* marcharse, irse.
> «¡Pues ya has terminado! ¡Venga, el dinero y puerta!» Juan Madrid, *Cuentas pendientes.* ❙ «puerta. Pegarse puerta: irse violentamente de un sitio.» Francisco Umbral, *Diccionario cheli.* ❙ «Si me lo vendes, cojonudo; si no, puerta...» Juan Madrid, *Flores, el gitano.* ❘✓ también *coger puerta, dar puerta, enseñar la puerta.*❘

2. coger (la) puerta *expr.* marcharse, irse.
> «¡Coge la puerta y piérdete!» M. Sánchez Soler, *Festín de tiburones.* ❙■ «Rocío dice que como le toque la lote coge puerta y sanseacabó.»

3. dar con la puerta en las narices ▶ *narices, dar con la puerta en las narices.*

4. dar puerta *expr.* despedir, despachar.

«Clara me dio puerta muy pronto.» Manuel Hidalgo, *Azucena, que juega al tenis.* ▌ «Como los Reyes Católicos se habían propuesto dejar a España como un solar [...] también dieron puerta a los moros...» A. Sopeña Monsalve, *El florido pensil.* ▌ «Si tiene usted un César en su vida, procure darle puerta cuanto antes...» María Teresa Campos, *Cómo librarse de los hijos antes de que sea demasiado tarde.* ▌ «...y cuando les deja de gustar, le dan puerta con una facilidad pasmosa.» A. Gómez Rufo, *Cómo ligar con ese chico que pasa de ti o se hace el duro.* ▌ «Aprovecha para dar portazo.» Ragazza, agosto, 1997. ▌ «Que por eso me has dado puerta.» Raúl del Pozo, *La novia.* ▌ «...a Jesús Mariñas le di puerta porque se inventaba las noticias...» Luis del Olmo, El Mundo, Magazine, 7.11.99.

5. enseñar la puerta *expr.* despedir, despachar de empleo, de casa.

«fr. fig. y fam. Echarle o despedirle de casa.» DRAE. ▌ «Me han enseñado la puerta hoy en el trabajo, Paca.» DCB.

6. pintada como una puerta ▶ *pintada, pintada como una puerta.*

¡pues te jodes! ▶ *joder, ¡pues te jodes!*

puesto, estar (andar) (muy) puesto *expr.* saber, ser entendido.

«La verdad es que uno no anda muy puesto en los versículos del Corán...» Felipe Navarro (Yale), *Los machistas.* ▌ «Está usted puesto —le halagó.» Raúl del Pozo, *Noche de tahúres.* ▌ «...como buena bibliotecaria está puestísima en todos estos temas...» María Antonia Valls, *Para qué sirve un marido.* ▌ «Ya vemos que estáis muy puestas...» Virtudes, *Rimel y castigo.* ▌ «En este tipo de golfemia o se está muy puesto o peca uno de lipendi.» JV. ▌ «...no creo que Carlos esté muy puesto en este tema.» María Teresa Campos, *Cómo librarse de los hijos antes de que sea demasiado tarde.* ▌ «...te lo digo porque te veo puesto en lo que pasa...» Jaime Romo, *Un cubo lleno de cangrejos.* ▌ «Últimamente estás puestísima en todo eso de los

regalos para las niñas.» B. Pérez Aranda *et al., La ex siempre llama dos veces.*

2. estar (andar) (muy) puesto *expr.* elegante, bien vestido.

«...seguir la moda es una esclavitud con tintes machistas, y ahora van todas de lo más puesto.» Carmen Posadas, *Yuppies, jet set, la movida y otras especies.* ▌ «Ana se dirigió a tres donjuanes bien puestos que acababan de entrar en el local.» Pedro Casals, *La jeringuilla.* ▌ «Cuando le conocí pensé que era marica, tan puesto, tan atildado.» Manuel Hidalgo, *Azucena, que juega al tenis.* ▌ «...vemos salir a mi hermana toda puesta.» Ragazza, julio, 1997.

3. *adj.* drogado.

«¿Es coca? [...] Le contesté que sí y, sin perder un minuto, la esnifó en tres o cuatro rayas. Estaba puesto, muy puesto.» M. Sánchez Soler, *Festín de tiburones.* ▌ «¿Tú ibas puesto?» José Ángel Mañas, *Sonko95.*

4. tenerlos bien puestos *expr.* ser valiente, arrojado, atrevido.

«...debía de tenerlos muy bien puestos.» Julio Llamazares, *El río del olvido,* 1990, RAE-CREA. ▌ «...es donde se ve a los tíos que los tienen bien puestos, a los que no se les va toda la fuerza por la bocaza...» C. Pérez Merinero, *Días de guardar.* ▌ «Yo tengo un par muy bien puesto.» José Luis Martín Vigil, *Los niños bandidos.* ▌ «...los hombres de verdad, los que los tienen bien puestos.» P. Antilogus, J. L. Festjens, *Anti-guía de los conductores.* ▌ «Pero no se arredró. Bolart los tiene bien puestos.» Francisco Candel, *Los hombres de la mala uva.* ✓ se refiere a los *cojones.* ▶ *cojones, tener los cojones bien puestos (cuadrados).*▌

pufo *s.* trampa, deuda, engaño.

«Si están a punto de cumplirse 10 años desde que cometiste aquello que tratabas de ocultar, un pufo económico, un amor secreto [...] un pecado nefando...» Manuel Vicent, El País, 25.7.99. ▌ «...los dueños del Madrid puto y literario, humo de bar vomitado, serrín en los meaderos, pufos sin pagar...» A. Ussía, *Coñones del Reino de España.* ▌ «¡Las dos historias apestan a pufo que te cagas!» El Jueves, 13.5.98. ▌ «El montante del pufo en esta ocasión es de casi siete mil millones.» Manuel Giménez, *Antología del timo.* ▌ «Ejecutivo inteligente que descubre un pufo gordísimo en su empresa multinacional...» Álvaro de Laiglesia, *Hijos de Pu.*

pulga, tener malas pulgas *expr.* mal carácter, mal genio.

«...la Eugenita tiene malas pulgas...» A. Zamora Vicente, *Historias de viva voz.* ▌ «Como el padre tenía malas pulgas Manuela buscó refugio en casa de una vecina...» A. Matías Guiu, *Cómo engañar a Hacienda.* ▌ «El padre mira a la madre con cara de malas pulgas.» Gomaespuma, *Familia no hay más que una.* ▌ «...ven aquí! —ordenó el carcelero de las malas pulgas.» Mariano Sánchez, *Carne fresca.* ▌ «...es muy respetado en esta plaza por sus malas pulgas...» José Gutiérrez-Solana, *Madrid callejero, Obra literaria, II.* ▌ «Joder, el bicho..., malas pulgas tiene.» Jaime Romo, *Un cubo lleno de cangrejos.* ▌ «...como denominaban en el cuerpo las malas pulgas del jefe superior.» M. Sánchez Soler, *Festín de tiburones.* ▌ «El tipejo me miraba con un careto de malas pulgas...» C. Pérez Merinero, *La mano armada.*

pulguero *s.* cama.

«Pulguero: cama.» JV. ▌ «Pulguero: Cama.» JGR. ▌ «Pulguero. Cama.» VL. ▌ «Pulguero: cama.» JMO. ▌ «Pulguero. Sobre, catre, cama.» Ra. ▌ «Pulguero. Colchón.» S. ▐ no se ha podido documentar fuera de diccionarios.▐

pulidor *s.* perista, tratante de objetos robados.

«Pulidos. Receptador de objetos de ilícita procedencia, que se encarga de su comercialización...» JGR. ▌ «Pulidor. El que vende clandestinamente objetos robados.» Ra. ▌ «Pulidor. Comprador de objetos robados.» S. ▐■ «El pulidor compra los objetos robados y luego los coloca.» ▐ no se ha podido documentar fuera de diccionarios.▐

pulir *v.* vender, gastar.

«¿Te llevas todos los libros? [...] Claro, no faltaba más. A lo mejor tengo que pulirlos.» José María Amilibia, *Españoles todos.* ▌ «Nada de negocio ni de pollas; a pulirlo bien pulido.» C. Pérez Merinero, *Días de*

guardar. ▌ «A los dieciocho ya era millonario [...] pero a los veinte se lo había pulido todo, gastando sin tasa...» El Jueves, 6-12 octubre, 1993. ▌ «...el sueldo de la oficina se lo pule íntegro en sí mismo.» Gomaespuma, *Familia no hay más que una.* ▌ «...le dan el paro, se pule el paro...» Juan Madrid, *Crónicas del Madrid oscuro.*

2. *v.* comer, tragar.

«Yo no soy de esos [...] que ponen en la sartén un trozo de tocino [...] cuatro huevos [...] y se los pulen...» Pgarcía, *El método Flower.* ▌ «...pilla los talegos y se pule la birra de un trago.» José Ángel Mañas, *Sonko95.*

pulpo *s.* hombre que toca a mujeres.

«Pulpo: Sobón, que toca excesivamente con intenciones eróticas.» Ángel Palomino, *Insultos, cortes e impertinencias.* ▌ «...está como un novio de pulpo y de besucón...» Ramón Ayerra, *Los ratones colorados.*

pulseras *s. pl.* esposas, grilletes.

«Es muy inteligente. Nunca le han puesto las pulseras, pero cuando una organización secreta...» Raúl del Pozo, El Mundo, 28.8.99. ▌ «Las pulseras: las esposas, los grilletes.» JV. ▌ «Pulsera. Grilletes, casaderas, esposas.» Ra. ▌ «las pulseras: las esposas.» JMO. ▌ «Pulseras. Esposas.» VL. ▌ «Pulseras. Esposas.» S. ▐■ «A ése la poli le ha puesto las pulseras y le acusa de robo a mano armada.»

pulso, a pulso *expr.* con gran esfuerzo.

«...cuando otros se lo están ganando a pulso.» Ernesto Parra, *Soy un extraño para ti.* ▐ MM: «con el propio esfuerzo...».▐

pun, ni pun *expr.* nada.

«¡Ni pun hijito! De técnica narrativa no tienes ni puta idea.» Álvaro de Laiglesia, *Hijos de Pu.* ▌ «¿Se sabe algo nuevo de Gregorio Liñán? —Ni pum.» Pedro Casals, *Disparando cocaína.*

punta *s.* antonomasia por punta de la polla.

«Los hermanos Pinzones eran unos [...] marineros. / Conquistaron la Saboya con la punta de la [...] espada.../» Canción popular estudiantil.

2. ponerse, ir de punta en blanco *expr.* elegante.

«Van de punta en blanco, hablan bajito, pausadamente...» A. Gómez Rufo, *Cómo ligar con ese chico que pasa de ti o se hace el duro.* ❚ «...tres o cuatro parejas de punta en blanco, corbatas de seda y toda la hostia...» Ramón Ayerra, *Los ratones colorados.* ❚ ❚ «He visto a Mercedes guapísima. Iba de punta en blanco.» ❙✔ DA: «armado en blanco, u de punta en blanco. Cubierto de armas blancas todo el cuerpo, desde los pies hasta la cabeza».❙

puntero *adj.* que sobresale, que aventaja.

«Ordenadores japoneses de tecnología puntera...» Juan Madrid, *Flores, el gitano.* ❚ «Nada que ver con la gente puntera de la época: la gente de banco y caja...» Miguel Sánchez-Ostiz, *Un infierno en el jardín,* 1995, RAE-CREA. ❙✔ DRAE: «Dícese de lo más avanzado o destacado dentro de su mismo género o especie».❙

626

puntilla, dar la puntilla *expr.* matar.
«Ya la vieja de mierda le había dado la puntilla.» M. Vázquez Montalbán, *El delantero centro fue asesinado al atardecer.*

2. la puntilla *expr.* el colmo, el remate.
«Los churros y el chocolate [...] le cayeron como piedras y el zumo de naranja del Palace fue la puntilla.» Pedro Casals, *Disparando cocaína.*

3. pasar sobre (por) algo de puntillas *expr.* someramente.
«...insinuaba mucho el sexo [...] aunque luego pasaba sobre él de puntillas.» Pgarcía, *El método Flower.*

punto *s.* persona, hombre, individuo.
«Bueno, que son dos puntos de mucho cuidado.» Andreu Martín, *Lo que más quieras.* ❚ ❚ «Paco es un punto de mucho cuidado, así que ¡ojo con él!»

2. *s.* en juegos de azar, jugador.
«...recorre las mesas de juego en el casino, alguno de los puntos le miran con desconfianza...» Raúl del Pozo, *Noche de tahúres.* ❙✔ DRAE: «El que apunta contra el banquero en algunos juegos de azar».❙

3. poner los puntos a alguien *expr.* hacer insinuaciones amatorias.
«...hasta que el capellán notó que le ponían los puntos...» Ramón Ayerra, *Los ratones colorados.*

4. poner los puntos sobre las íes *expr.* puntualizar, aclarar.
«...y me armé de valor para ponerle a Álvaro los puntos sobre las íes...» B. Pérez Aranda *et al., La ex siempre llama dos veces.* ❚ «Publica su autobiografía editorial, una obra plagada de nombres propios donde pone los puntos sobre las ís.» El Mundo, 10.10.99. ❙✔ DRAE: «fr. fig. y fam. Acabar o perfeccionar una cosa con gran minuciosidad».❙

5. punto en boca *expr.* silencio, no hablar.
«Decidió Sebas seguir punto en boca...» J. Jiménez Martín, *Ligar no es pecado.*

6. ¡(y) punto! *expr.* eso es todo, se terminó.
«Sí, claro, la Clotilde una bestia sin domar. Punto.» A. Zamora Vicente, *Mesa, sobremesa.* ❚ «A otra cosa, dejé el asunto aparcado y punto.» Corín Tellado, *Mamá piensa casarse.* ❚ «Richard y Rosy... ¡Una pareja feliz! Y punto.» Metal Hurlant, 1981. ❚ «¡Yo hago lo que me da la gana y punto!» Jesús Ferrero, *Lady Pepa.* ❚ «Es una hija de puta y punto.» C. Pérez Merinero, *El ángel triste.* ❚ «Nos hacemos con ella y punto.» El Gran Wyoming, *Te quiero personalmente.* ❚ «No había nada mejor que hacer: tirar por la calle de en medio. Punto.» Ernesto Parra, *Soy un extraño para ti.* ❚ «...os quedaréis sin saber nada de Schpruntz. Punto.» Andreu Martín, *El señor Capone no está en casa.* ❚ «...porque mi padre, que es quien conduce, se pierde siempre, y punto.» B. Pérez Aranda *et al., La ex siempre llama dos veces.* ❚ «Si nunca ha habido guardias, hoy no tiene por qué haberlos tampoco. Y punto.» C. Pérez Merinero, *Días de guardar.* ❚ «Que aquí no se hace sino lo que mandan ellos, y amén, punto redondo.» Javier Ortiz, El Mundo, 21.8.99.

puntual como clavos *expr.* muy puntual.
«...el Potro del Mantelete y la Niña Puñales aguardaban, puntuales como clavos.» Arturo Pérez-Reverte, *La piel del tambor.*

¡puñeta! *excl.* exclamación de sorpresa, contrariedad, indignación, alegría.

«Nunca como los míos. ¡Puñeta!» José Luis Sampedro, *La sonrisa etrusca.* ▌ «Mas juro que me importa una puñeta.» José de Espronceda (?), *La casada.* ▶ C. J. Cela, Revista de Occidente, Tercera época, n.° 4. ▌ «Interjección grosera muy propia de gachupines, que expresa enojo, ira...» F. J. Santamaría, *Mexicanismos,* citado por CJC en su DE. ▌ «¿Quieres callarte un poco, puñeta?» Ángel Palomino, *Un jaguar y una rubia.*

2. palabra que indica contrariedad, rechazo, enfado y que refuerza la que sigue.

«¿Usted qué puñeta quiere?» Antonio Gala, *Los buenos días perdidos,* 1972, RAE-CREA.

3. *s.* problema, dificultad, cosa desagradable, achaque.

«...Tourón está cargado de puñetas, ése está más loco que tú...» M. Vázquez Montalbán, *La rosa de Alejandría.* ▌ «Me largué de casa porque los viejos son unos palizas cargados de puñetas.» A. Matías Guiu, *Cómo engañar a Hacienda.* ☑ la palabra aparece en Ac. 1983 y la edición de 1989 recoge la acepción *masturbación.*▌

4. de la puñeta *expr.* maldito.

«Pero no seas cobarde, científica de la puñeta...» Fanny Rubio, *La sal del chocolate,* 1992, RAE-CREA. ▌ «...pero lo mío es causado por la catalítica de la puñeta.» Eduard José, *Buster Keaton está aquí,* 1991, RAE-CREA. ▌■ «El coche de la puñeta me está saliendo por un ojo de la cara,»

5. hacer la puñeta *expr.* molestar, incordiar, perjudicar.

«Por este lado, comentó Rius y Taulet, nos hacen un favor; por todo lo demás, la puñeta.» Eduardo Mendoza, *La ciudad de los prodigios.* ▌ «...buscaba cargarse a Franco de cualquier manera, para lo cual les hacía la puñeta a todos los españoles...» F. Vizcaíno Casas, *Hijos de papá.* ▌ «A mí las infusiones de manzanilla siempre me hicieron la puñeta...» Mariano Tudela, *Últimas noches del corazón.* ▌ «...sus piratas nos hacían la puñeta abordando nuestros barcos...» Gomaespuma, *Grandes disgustos de la historia de Es-*

paña. ▌ «...tendrán vía libre a nuestros mares y ríos, haciéndonos la puñeta y contaminando pantanos, depósitos de agua y alimentos.» José M.ª Zabalza, *Letreros de retrete y otras zarandajas.* ▌ «De puro cagón nos hiciste a todos la puñeta.» R. Montero, *Diccionario de nuevos insultos...*

6. hacer la puñeta *expr.* engañar.

«¿Se estarán haciendo la puñeta?» Demetrio Aguilera Malta, *Una pelota, un sueño y diez centavos,* 1988, RAE-CREA. ▌«El concesionario de coches usados nos hizo la puñeta bien, el muy cabrón.» DCB.

7. hacerse la puñeta *expr.* masturbarse.

«Ella lo advirtió. ¿Se estaría haciendo la puñeta? Ya casi no jugaba con las pelotas.» Demetrio Aguilera Malta, *Una pelota, un sueño y diez centavos,* 1988, RAE-CREA.

8. importar tres puñetas *expr.* no importar.

«...las libertades de ellos, no las del pueblo que les importa tres puñetas...» Eloy Herrera, *Un cero a la izquierda,* 1976, RAE-CREA. ▌■ «Que venga o no a la fiesta me importa tres puñetas, ¿sabe usted?»

9. ir(se) a hacer puñetas *expr.* frase de rechazo.

«...ojalá les caiga en la comida un raticida de ésos que ponen en los sótanos y se vayan a hacer puñetas...» A. Zamora Vicente, *Mesa, sobremesa.* ▌ «¡Vete a hacer puñetas, anda!» Juan Madrid, *Flores, el gitano.* ▌ «...al final uno se enciende en gusanos y a hacer puñetas.» Cristóbal Zaragoza, *Y Dios en la última playa.*

10. irse (marcharse) a hacer puñetas *expr.* malograrse, estropearse.

«...en cuanto la dé el telele con el primer rascatripas que se la camele todo se marcha a hacer puñetas volando...» Ramón Ayerra, *Los ratones colorados.*

11. la quinta puñeta *expr.* lejos.

«...siempre anda de pendoneo por todas partes, que si La Coruña, que si Londres, que si la quinta puñeta...» A. Zamora Vicente, *Mesa, sobremesa.*

12. mandar (enviar) a hacer puñetas *expr.* deshacerse de, rechazar algo o alguien de mala manera.

«...cada cual a su aire y a hacer puñetas...»
A. Zamora Vicente, *Mesa, sobremesa.* ▌
«...me veré en la precisión / de mandarte a
hacer puñetas.» Jose-Vicente Torrente, *Los
sucesos de Santolaria.* ▌ ▄▀ «Manda el negocio a hacer puñetas y búscate un buen
empleo.» ▌ «Igual nos manda a hacer puñetas por venir a estas horas...» Miguel
Martín, *Iros todos a hacer puñetas.* ▌ «...dan
ganas de echarlo todo a rodar y mandar el
servicio a hacer puñetas.» Ignacio Aldecoa, *El fulgor y la sangre.* ▌ «Está tentado de
colgar el auricular y enviarlo todo a hacer
puñetas.» Andreu Martín, *Prótesis.* ▌ «...lo
cual sonó como si le mandara a hacer puñetas...» Manuel Hidalgo, *Azucena, que
juega al tenis.*

13. ni puñetas *expr.* expresión de nega-
ción.
«Yo ya no soy ni colaborador ni puñetas.
Tuvimos muy mal empiece.» Francisco
García Pavón, *El rapto de las sabinas,* citado
por CJC en su DE.

14. puñetas *adv.* equivale a demonios,
diantre, caramba.
«Dinos cómo puñetas se escribe tu nombre.» Ragazza, n.° 101. ▌ ▄▀ «¿Por qué puñetas has llegado tan tarde?»

15. que la puñeta *expr.* mucho.
«Me he apeado en una glorieta de la que
salen más calles que la puñeta.» C. Pérez
Merinero, *Días de guardar.*

16. ser la puñeta *expr.* el colmo, el no va
más.
«Esta gente es la puñeta, te lo digo yo.»
CO, L. C. Ladish. ▌ «Las fotos guarras de
esta revista tienen unas gachises que son la
puñeta, macho.» DCB.

puñetería *s.* puñeta.
«...frecuentes equivocaciones en las cuentas de los Bancos y otras pequeñeces por el
orden... Puñeterías, vamos.» A. Zamora Vicente, *Historias de viva voz.* ▌ «Algo más habrá en esa puñetería.» Jose-Vicente Torrente, *Los sucesos de Santolaria.*

puñetero *adj.* dificultoso.
«Lo más puñetero de trabajar aquí, protesta...» El Mundo, 31.3.95. ▌ «Me he debido
quedar frita pensando en el puñetero dine-

ro.» C. Rico-Godoy, *Cómo ser una mujer y no
morir en el intento.* ▌ «...que así de puñetero y
complicado es este maldito oficio...» José
Jiménez Lozano, *El grano de maíz rojo,* 1988,
RAE-CREA.

2. maldito.
«...era necesario el mismo movimiento
continuo de esa bolita puñetera.» Arturo
Pérez-Reverte, *La piel del tambor.* ▌ «...no tenían ni puñetera idea de qué iba la película...» María Antonia Valls, *Para qué sirve un
marido.* ▌ «La verdad es que no me hacía ni
puñetera gracia oír su nombre...» Ray Loriga, *Lo peor de todo.* ▌ «Venga, vete de una puñetera vez.» Juan Madrid, *Cuentas pendientes.* ▌ «...que lo de hacer ganchillo, pasar la
aspiradora, quitarle la caca al nene y todas
esas cosas, para tu puñetero padre.» Felipe
Navarro (Yale), *Los machistas.* ▌ «Iros a mear
la casa de vuestro puñetero padre...» Miguel Martín, *Iros todos a hacer puñetas.* ▌
«...gente a la que puñetera la falta le hacía
casarse.» María Antonia Valls, *Para qué sirve
un marido.* ▌ «...ni puñetera idea de lo que supone ser católico.» Miguel Martín, *Iros todos
a hacer puñetas.* ▌ «¿Quieres decirme de una
puñetera vez qué coño pasa?» Luis Camacho, *La cloaca.* ▌ «...y en casa oyes gritos repetidos de que cuelgues el teléfono de una
puñetera vez.» A. Gómez Rufo, *Cómo ligar
con ese chico que pasa de ti o se hace el duro.* ▌
«...parece pedir a gritos que le estrangulen
de una puñetera vez.» R. Montero, *Diccionario de nuevos insultos...* ▌ «Nos largaremos
[...] en toa la puñetera vía volveremos a poner los pies en España.» Juan Goytisolo, *La
resaca,* citado por CJC en su DE.

3. persona indeseable.
«¿Y la Paulita? ¡Qué fea es la puñetera!» C.
J. Cela, *Mazurca para dos muertos.* ▌ «...o
aquellos tercetos de un soneto del puñetero estevado, donde enseña...» Jaime
Campmany, ABC, 8.2.98. ▌ «¡Calla, puñetero!» Álvaro de Laiglesia, *Hijos de Pu.* ▌ «Seguro que están en algún sitio calentito, los
muy puñeteros...» A. Zamora Vicente, *Desorganización.* ▌ «Tan llegó a entenderla el
puñetero que, de inmediato, se lio...» Fernando Repiso, *El incompetente.* ▌ «¿Qué tendrán las puñeteras, que un día...» Cristóbal
Zaragoza, *Y Dios en la última playa.* ▌ ▄▀ «Eres

un puñetero, un mierda, que sólo piensas en fastidiar a la gente.»

puño, como puños *expr.* grandes, importantes.

«...y si me ves con unos lagrimones como puños haciéndole la entrevista...» Lorenzo Díaz, *La radio en España,* 1992, RAE-CREA. ▌ «...escondiendo realidades como puños...» Carlos Pérez San Emeterio, *Pilotos y aventuras,* 1991, RAE-CREA. ▌ «...los locos sueltan verdades como puños.» J. M.ª Gironella, *Los hombres lloran solos,* 1986, RAE-CREA.

2. ser de puño en rostro (cerrado) *expr.* miserable, tacaño.

«La avaricia y la usura son plagas [...] A esta perversión corresponden muchos insultos: agarrado [...] apretado [...] cuentagarbanzos [...] rácano, roña, roñica, roñoso, tacaño [...] catalán, puño en rostro [...] cicatero...» AI. ▌ «Por ser de puño cerrado / te canto este fandanguillo...» José M.ª Zabalza, *Letreros de retrete y otras zarandajas.* ▌▪ «A ese no le vengas con el cuento. No te prestará ni un duro porque es de puño en rostro.»

3. verdades como puños ▸ *verdad, verdades como puños.*

pupa *s.* daño, dolor, herida.

«Le hace pupa, ¿no?» Corín Tellado, *Mamá piensa casarse.* ▌ «También suelen hacer pupa...» José M.ª Zabalza, *Letreros de retrete y otras zarandajas.* ▌ «...tenemos que echarle más huevos al asunto, hacer más pupa...» Juan Marsé, *Si te dicen que caí.* ▌✓ DRAE: «En el lenguaje infantil, cualquier daño o dolor corporal».▌

2. pupas *s.* que tiene muchas desgracias.

«El pupas. También llamado gafe o cenizo. A éste le pasa de todo.» M. Ángel García, *La mili que te parió.* ▌ «...cuya pésima campaña en el campeonato de Liga ha vuelto a reforzar su apodo de *El Pupas*...» El País, 4.5.99.

pupila *s.* prostituta.

«...son las zorras de Santolaria [...] las pupilas de la Fulgencia.» Jose-Vicente Torrente, *Los sucesos de Santolaria.* ▌ «Sus adversarios aseguran que de joven fue pupila en un lenocinio del extrarradio...» Máximo, *Animales políticos.* ✓ DRAE: «1. f. Prostituta».▌

pupú *s.* excremento.

«...para no seguir siendo una buena pupú la vida entera...» Pedro Vergés, *Sólo cenizas hallarás (bolero),* 1980, RAE-CREA. ▌ «Hasta hace poco los latinoamericanos éramos pupú de perro.» El Nacional, Venezuela, 19.1.97. ▌▪ «Anda, Sofía, limpia el pupú de tu hijo, que se lo ha vuelto a hacer encima.» ✓ ▸ *popó.*▌

puré, hecho puré *expr.* muy cansado, estropeado.

«...y lo espachurró bien espachurrado. Al final quedó hecho puré.» C. Pérez Merinero, *Días de guardar,* 1981, RAE-CREA. ▌▪ «He trabajado tantas horas que he acabado hecho puré.»

pureta *s.* anciano.

«Pureta: anciano.» Manuel Giménez, *Antología del timo.* ▌ «Dinero tienen que tener todos los días, porque los puretas van y meten pasta, ¿no?» José Luis Martín Vigil, *Los niños bandidos.* ▌ «¡Cállate ya, pureta de mierda! El Neque llegaba hasta el anciano...» Andreu Martín, *Lo que más quieras.* ▌ «Si te veo otra vez con esta chorba te voy a pinchar, pureta.» Raúl del Pozo, *La novia.* ✓ Luis Besses reseña *puré* como antiguo.▌

2. *s.* reaccionario, puritano.

«Efectivament se trataba de una orden del comisario de zona, un pureta en asuntos de sexo...» Jaime Romo, *Un cubo lleno de cangrejos.* ▌ «Son los puretas, los que lo programan todo, los que se comen el coco...» José Luis Martín Vigil, *Los niños bandidos.* ▌ «No quiero pecar de pureta, pero es que...» El Jueves, 10-16 marzo, 1999.

purgaciones *s. pl.* blenorragia, enfermedad venérea.

«Hubo un papa muy pillín y muy ufano / que de putas llenó el Vaticano / por no tomar las debidas precauciones / ha cogido unas tremendas purgaciones.» Amelia Díe y Jos Martín, *Antología popular obscena.* ▌ «...pero los golfos [...] llevaban las modestas purgaciones hasta en las orejas.» Miguel Martín, *Iros todos a hacer puñetas.* ▌

«Aquella noche eché uno de los mejores polvos de mi vida con una jamaicana que me pegó unas purgaciones de caballo.» Fernando Martínez Laínez, *La intentona del dragón*. ▌«...y contagiarme purgaciones de garabatillo...» Álvaro de Laiglesia, *Hijos de Pu*. ▌«¿Quién ha oído hablar de mandar al hospital a un hombre simplemente porque tiene purgaciones?» Rafael García Serrano, *Diccionario para un macuto*. ▌«...que si una biafreña le pasó unas purgaciones...» Ramón Ayerra, *Los ratones colorados*. ▌«El padre Angulo le pegó purgaciones en el culo...» Nicolás Fernández de Moratín, *Arte de putear*, RAE-CREA. ▌«Yo fui a tu sórdida despedida de soltero y pillé unas purgaciones.» Luis Ignacio Parada, ABC, 5.9.99.

purguetas ▸ *purgaciones.*

puro *s.* castigo, sanción.
«Esta pizzería viola absolutamente todas las normas de sanidad. ¡Le va a caer un buen puro, señor mío.! ¡Un buen puro!» El Jueves, 11-17 febrero, 1998. ▌«Al final le metí un puro que doblaba el presupuesto...» Miguel Martín, *Iros todos a hacer puñetas*. ▌«Ahora, por una cosa de éstas te pueden meter un puro.» El Gran Wyoming, *Te quiero personalmente*. ▌«Si pasa algo el puro me lo meten a mí.» Jaime Romo, *Un cubo lleno de cangrejos*. ▌«Te mete un puro por la menor tontería...» M. Ángel García, *La mili que te parió*.

pus *s.* semen.
«Pus: semen.» JMO. ▌«Pus. Semen.» S. ▌«Pus. Lefa, semen.» Ra. ▌«Pus: el semen.» JV. ▌◾«Si sigues meneándomela se me va a salir el pus antes de hora y luego veremos cómo follamos.» ✔ no se ha podido documentar fuera de diccionarios.▌

pusca *s.* pistola.
«Pusca. Escopeta, pistola.» LB. ▌«Pusca. Pistola.» JGR. ▌«Pusca. Pipa, pistola.» Ra. ▌«Pusca: pistola.» JMO. ▌«Pusca. Pistola.» VL. ▌«Esta pusca del cuarenta y cinco te va a costar una pasta.» DCB. ✔ no se ha podido documentar fuera de diccionarios.▌

puta *adj.* maldita.
«Esta puta niebla..., dijo.» Francisco Umbral, *Balada de gamberros*. ▌«¡A la puta calle,

hala!» El Jueves, 21-28 enero, 1998. ▌«...dícese como calificación denigratoria (me quedé en la puta calle)...» DE. ▌«...la puerta por donde entran las visitas y luego la puta calle...» Mariano Sánchez, *Carne fresca*. ▌«No puedo salir de estas tres putas paredes de cristal.» Álex de la Iglesia, *Payasos en la lavadora*. ▌«Lo dijo [Felipe] González: *ni puta falta que hace*.» Juan Francisco Martín Seco, El Mundo, 30.7.99. ✔ ▸ *puto.*▌

2. *s.* prostituta.
«Cuando murió, las putas le compraron una corona de flores.» C. J. Cela, *Mazurca para dos muertos*. ▌«¿sabe lo que le digo?, que su vecino me ha preguntado por usted y yo no he querido decirle que era puta, por si acaso.» María Antonia Valls, *Para qué sirve un marido*. ▌«Llevo muchos años buscándome la vida sola y no de puta...» C. J. Cela, *Mazurca para dos muertos*. ▌«A las putas nos tienen que echar la culpa de todo.» El Jueves, n.° 1079. ▌«Ni ella es puta, ni lo fue su madre, ni lo será ninguna de las dos.» Miguel de Cervantes, *El ingenioso hidalgo don Quijote de la Mancha*. ▌«...mamá siempre dice fulana, porque puta es una palabra que le hace daño.» Lourdes Ortiz, *Picadura mortal*. ▌«Soy una guarra, soy una puta, soy una cerda, soy...» El Gran Wyoming, *Te quiero personalmente*. ▌«Puta la madre, puta la hija, puta la manta que las cobija.» ref. ▌«Amor de puta y convite de mesonero siempre cuesta dinero.» ref. ✔ Covarrubias en su *Tesoro de la lengua castellana o española* de 1611 dice de esta palabra: «La ramera o ruin muger. Díjose quasi putida, porque está siempre escalentada.» El *Diccionario de autoridades* dice de esta voz: «La ramera o ruin muger. Dixose *quasi putida*, porque está siempre escalentada y de mal olor.»▌

3. *s.* mujer indeseable.
«¡Cállate, tía puta, y túmbate en la cama.» C. J. Cela, *Mazurca para dos muertos*. ▌«Puta, so puta, más que puta!» Almudena Grandes, *Modelos de mujer*. ▌«...una *puta* podría ser una profesora que suspende mucho, una vecina que nos ha denunciado..., una funcionaria que nos dice que ya es tarde para entregar una solicitud...» AI. ▌◾«La puta de la jefa me ha dicho que me despide ya.»

4. *s.* en la baraja, la sota.

«Las sotas unos putones.» Raúl del Pozo, *Noche de tahúres.* ▌ «Me cago en la puta de oros. ¡Ya me he dejado las llaves dentro otra vez!» DE. ▌◼ «La puta gana al siete, de toda la vida, macho.»

5. *s.* hombre indeseable.

«...es una función especial, decía el puta...» Juan Marsé, *Si te dicen que caí.* ▌ «Ahora vas a pagar como un puta, ya te digo yo que sí...» Andreu Martín, *Prótesis.*

6. cagarse en la puta ▶ *cagar, me cago en la puta.*

7. callarse como putas *expr.* no hablar, no comentar nada.

«...¡y os callasteis como putas!» Miguel Martín, *Iros todos a hacer puñetas.* ▐✔ ▶ *puto, callar como un puto.*▌

8. casa de putas *s.* prostíbulo.

«Hay locos que van por las casas de putas pidiendo a los pecadores que se arrepientan.» M. Vázquez Montalbán, *La rosa de Alejandría.* ▌◼ «Han abierto una nueva casa de putas en la calle Espronceda.» ▐✔ ▶ *casa, casa de putas.*▌

9. chulo de putas ▶ *chulo, chulo de putas.*

10. de puta madre *expr.* estupendo, maravilloso.

«A partir de ahora, cámaras de televisión en los balones de fútbol ¡De puta madre!» Manda Güebos, n.° 27. ▌ «...pero en cambio llevo mi negocio de puta madre.» Terenci Moix, *Garras de astracán.* ▌ « Contra todos los pronósticos me encontraba de puta madre.» Almudena Grandes, *Malena es un nombre de tango.* ▌ «Había que decirlo porque ha sido una cena de puta madre...» M. Vázquez Montalbán, *La rosa de Alejandría.* ▌ «...un jersey rojo que le sentaba de puta madre.» María Antonia Valls, *Para qué sirve un marido.* ▌ «...he de deciros que lo hacéis de putísima madre, valga la expresión.» Rambla, n.° 19. ▌ «...se ha informao del mundillo de las discotecas y todo eso *pa* poderlo reflejar de puta madre.» Antonio Baños, Qué leer, junio, 1998. ▌ «Esta tía es fuego y en la cama funciona de puta madre.» María Antonia Valls, *Tres relatos de diario.* ▌ «¿Por qué no habrá seguido [...] si sabe escribir de puta madre?» Álvaro Pombo, *Los delitos insignificantes.* ▌ «...este coche va de puta madre, reina...» Jaime Romo, *Un cubo lleno de cangrejos.* ▌ «Las compañías son como las novias, al principio de puta madre, luego...» El Mundo, 19.2.99.

11. de una puta vez *expr.* por fin, ya de una vez.

«...no queriendo dar su brazo a torcer, no queriendo irse de una puta vez al otro mundo.» C. Pérez Merinero, *El ángel triste.* ▌ ◼ «A vez si arreglas el televisor de una puta vez.»

12. hijo de puta ▶ *hijo, hijo de puta.*

13. ir de putas *expr.* frecuentar el trato de prostitutas.

«¡Vámonos de putas!» Mariano Sánchez, *Carne fresca.* ▌ «...hay que ver lo que se espabila un hombre cuando va de putas.» Care Santos, *El tango del perdedor.* ▌ «Daniel iba de putas...» Andreu Martín, *Por amor al arte.* ▌ «...después de comer se marcharía de putas...» M. Sánchez Soler, *Festín de tiburones.* ▌ «Benitiño Lacrau va de putas una vez al mes, para eso trabaja y gana buen dinero.» C. J. Cela, *Mazurca para dos muertos.* ▌ «...se organizan muy bien y en vez de ir de putas se pasan el día cavilando...» C. J. Cela, *Mazurca para dos muertos.* ▌ «...irse de putas por las afueras.» M. Vázquez Montalbán, *La rosa de Alejandría.* ▌ «Si ir de putas desgravara a Hacienda como gastos personales...» A. Matías Guiu, *Cómo engañar a Hacienda.*

14. la gran puta *excl.* exclamación de enojo.

«¡La gran puta, que se lo he dado todo y mira cómo me paga!» Jose-Vicente Torrente, *Los sucesos de Santolaria.*

15. mala puta *expr.* mujer muy indeseable.

«Si estos cuadros no valieran un real, la mala puta de la condesa no los tendría.» Andrés Bosch, *Mata y calla.* ▌ «...cada vez que pensaba en aquella babosa asquerosa, en la mala puta que era Gina...» Andreu Martín, *El señor Capone no está en casa.* ▌ «¡Largo de aquí, guarra! ¡Mala puta!» Cristóbal Zaragoza, *Y Dios en la última playa.*

16. ¡me cago en la puta (madre)! *excl.* exclamación de enfado, insulto.

«¡Cágate en la puta madre del director!» El Jueves, n.° 1079. ▌ «Me cago en la puta.» José Ángel Mañas, *Mensaka.* ▌▪ «¡Me cago en la puta! Ya has vuelto a comerte el jamón que tenía para los invitados.»

17. meterse a puta *expr.* prostituirse la mujer.

«¿Usted cree que una mujer se mete a puta por gusto?» C. J. Cela, *Mazurca para dos muertos.* ▌ «Antes me meto a puta.» Lucía Etxebarría, *Amor, curiosidad, prozac y dudas.*

18. no tener ni puta idea *expr.* no saber en absoluto, ignorar.

«Pijos camuflados de moteros hay de dos tipos: el que no tiene ni puta idea...» Mala impresión, revista de humor con caspa, n.° 1. ▌ «El presidente no tiene ni puta idea.» Francisco Umbral, *La derechona.* ▌ «Yo es que no tengo ni puta idea de qué podemos hacer.» Miguel Martín, *Iros todos a hacer puñetas.* ▌ «De técnica narrativa no tienes ni puta idea.» Álvaro de Laiglesia, *Hijos de Pu.* ▌ «¿a qué no tenías ni puta idea?» Andrés Berlanga, *La gaznápira.* ▌ «De las actividades de ella, ni puta idea.» Carlos Boyero, El Mundo, 23.10.98. ▌ «¡Eres un pardillo, no tienes ni puta idea de dónde te has metido!» Mariano Sánchez, *Carne fresca.* ▌ «No tengo ni puta idea.» Jaime Romo, *Un cubo lleno de cangrejos.* ▌ «De lo de la caspa no tengo ni puta idea...» B. Pérez Aranda *et al., La ex siempre llama dos veces.*

19. pasarlas putas *expr.* pasarlo mal.

«El Álex las va a pasar putas...» José Ángel Mañas, *Historias del Kronen.* ▌ «Un marido casado las pasa muy putas...» M. Vázquez Montalbán, *La rosa de Alejandría.* ▌ «...será porque las paso putas, supercanutas...» Iván Vikinski, A las barricadas, 1-7 junio, 1998. ▌ «A lo mejor las pasaste putas, y ahora con el paso del tiempo, te crees que te diste la gran vida.» C. Pérez Merinero, *Días de guardar.* ▌ «Lo cierto de esta salvajada es que las pasé putísimas.» Eleuterio Sánchez, *Camina o revienta.* ▌ «Recuerda que las pasabas putas en matemáticas.» Jaime Romo, *Un cubo lleno de cangrejos.*

20. puta barata *s.* prostituta rastrera, de baja estofa.

«¿Acaso no somos lo más parecido a una puta barata?» Mariano Sánchez, *Carne fresca.* ▌ «...llegó riente y perfumada y empolvada de sol como una puta barata.» Juan Marsé, *Si te dicen que caí.*

21. puta de postín *s.* prostituta cara.

«...una puta de postín no una fletera de la calle...» Guillermo Cabrera Infante, *La Habana para un infante difunto,* 1986, RAE-CREA.

22. puta tirada *s.* prostituta de baja estofa.

«...esos horribles zapatos de charol con plataforma que llevan las putas más tiradas...» Almudena Grandes, *Las edades de Lulú.* ✓ ▶ **tirada.**▌

23. ser más puta que las gallinas *expr.* prostituta, mujer liberal.

«...con esa cara de mona vestida de seda y pelona, más puta que todas las gallinas del universo...» A. Zamora Vicente, *Mesa, sobremesa.* ▌ «Y ten cuidado con aquella [...] es más puta que las gallinas.» José María Amilibia, *Españoles todos.* ▌ «¡Hay que joderse con las tías! [...] Desde luego son más putas que las gallinas.» C. Pérez Merinero, *Días de guardar.* ▌ «...más puta que las gallinas! ¡Alegre como unas castañuelas y siempre dispuesta a hacer un favor.» Juan Marsé, *La oscura historia de la prima Montse,* citado por C. J. Cela, DE. ▌ «...lo que tiene su hija es que es más puta que las gallinas...» Ángel Palomino, *Un jaguar y una rubia.* ▌ «...esa niña del garaje [...] más puta que las gallinas.» Juan Marsé, *La oscura historia de la prima Montse.* ▌ «La negra, que seguro que era más puta que las gallinas de Kentucky...» C. Pérez Merinero, *Días de guardar.* ▌ «...más puta que las gallinas y clavando el rollo de yo no soy como esas...» Ramón Ayerra, *Los ratones colorados.*

24. una puta (de) *expr.* se refiere a algo o alguien desagradable.

«La jefa de Concha es una puta de jefa, eso es lo que es.» CO, Lorraine C. Ladish ▌▪ «La puta (de la) caída en la calle fue lo que me jodió y me dejó cojo de por vida.»

putada *s.* tarea, faena difícil.

«También pueden presentarse bajo la forma de putada...» Mala impresión, revista de humor con caspa, n.° 1. ▌■" «Este trabajo que me han encomendado es una putada y me va a llevar mucho tiempo hacerlo.»

2. *s.* mala pasada, mala acción.

«Es una putada —contesté—. Una gigantesca y asquerosa putada. No hay derecho.» Almudena Grandes, *Malena es un nombre de tango.* ▌ «Franco puede proclamar mañana la república, o establecer la regencia, o poner en marcha la mayor putada, que se le pueda ocurrir.» Luis María Anson, *Don Juan.* ▌ «...ligar con aquella guarra me parecía una putada...» C. Rico-Godoy, *Cómo ser una mujer y no morir en el intento.* ▌ «¡Si me haces a mí la putada que le has hecho a Garrido te rompo la pierna...» Miguel Martín, *Iros todos a hacer puñetas.* ▌ «Quique no me puede hacer esta putada.» Luis Camacho, *La cloaca.* ▌ «Me dije: ¡Qué putada! Esto no es para mí.» Alejandro Sanz, La Revista del Mundo, 30.8.98. ▌ «Qué putada: sábado y de retén...» María Antonia Valls, *Tres relatos de diario.* ▌ «No me hagas la putada.» El Gran Wyoming, *Te quiero personalmente.* ▌ «...en cuanto te confiabas ¡zas! te hacían la putada.» Ilustración, Comix internacional, 5.

3. *s.* engañar, engaño.

«No cortan directamente y se dedican a hacerte putaditas...» Ragazza, n.° 101. ▌ «...qué quieres que te diga, a mí me parecía más bien una putada...» Almudena Grandes, *Malena es un nombre de tango.* ▌ «Todos los años la misma putada.» Miguel Martín, *Iros todos a hacer puñetas.* ▌ «...esas tías os han hecho una putada.» Miguel Martín, *Iros todos a hacer puñetas.*

putarranco *s.* prostituta.

«¡Te sobra finura, putarranco!» Eduardo Mendoza, *La verdad sobre el caso Savolta.*

puteador *s.* persona que putea, perjudica, explota.

«Abuelo o abuelaca. Es el segundo en la escala de puteadores.» M. Ángel García, *La mili que te parió.*

putear *v.* molestar, incordiar, perjudicar a alguien.

«Fraga es la Gran Berta de una derecha puteada...» Francisco Umbral, *La derechona.* ▌

«Y creen que el ciudadano es un esclavo [...] al que pueden multar, exonerar y putear a placer.» A. Matías Guiu, *Cómo engañar a Hacienda.* ▌■" «El jefe se pasa la vida puteándome.»

2. *v.* maltratar, explotar.

«Han toreado mal y han puteado mucho, y ya se sabe: a la puta y al torero, a la vejez los espero.» Jaime Campmany, ABC, 11.2.98. ▌ «Cuando los tengas delante, diles lo que nos putean.» El Jueves, n.° 1083. ▌ «...o porque las putea la droga o una secta religiosa...» M. Vázquez Montalbán, *La rosa de Alejandría.* ▌ «...eras un ejemplo en la Comisaría... el único que le gritaba al jefe, que protestaba cuando nos puteaban...» Juan Madrid, *Las apariencias no engañan.* ▌ «Es atentísimo con la clientela [...] y putea a los empleados.» Gomaespuma, *Familia no hay más que una.* ▌ «Si consigues que no te vean, es imposible que puedan putearte...» M. Ángel García, *La mili que te parió.* ▌ «A mí no me putea nadie en un taller.» José Luis Martín Vigil, *Los niños bandidos.*

3. *v.* ejercer la prostitución.

«...a los quince años empezó a putear bajo una manta, dicen...» Juan Marsé, *Si te dicen que caí* (citado en *Diccionario del erotismo* de CJC). ▌ «Me he puteado por ti.» M. Vázquez Montalbán, *El delantero centro fue asesinado al atardecer.*

puteo *s.* acción de putear, prostitución.

«...Avenida del Generalísimo o a la Costa Fleming, todavía no declarada, milagrosamente, Zona Nacional, sino Zona del Puteo.» Felipe Navarro (Yale), *Los machistas.* ▌ «Porque atufados como estamos con esa nacional mezcla de ramplonería y puteo que nos invade...» Gloria Otero, A las barricadas, 22-28 junio, 1998. ▌ «...porque no sacaba más dinero de sus puteos con el del colmado y el tabernero...» A. Matías Guiu, *Cómo engañar a Hacienda.*

2. de puteo *expr.* de juerga, de farra.

«¡¡A ver qué hacíais de puteo por...!!» Cómic Jarabe, n.° 4, 1996.

putería *s.* prostitución.

«...en la putería, que había comenzado a los dieciséis años...» Guillermo Cabrera Infante, *La Habana para un infante difunto,* 1986, RAE-CREA. ❚ «...cuando entiendan que enseña la voz mía / tan gran ciencia como es la putería.» Nicolás Fernández de Moratín, *Arte de las putas.* ✔ ▶ *puterío.*❘

puteril *adj.* relativo a putería.
«...en el hueco de un callejón del barrio puteril de la ciudad...» Fernando Martínez Laínez, *Andante mortal.*

puterío *s.* prostitución, prostitutas.
«Charo tenía contactos entre las muchachas que trabajaban en el puterío de teléfono y lujo.» M. Vázquez Montalbán, *La historia es como nos la merecemos.* ❚ «...jo, pues es fina, verás; el padre, que era militar y muy putero, de este personal que se trabaja el puterío con seriedad, a conciencia...» Ramón Ayerra, *Los ratones colorados.*

putero *s.* mujeriego; cliente de prostituta.
«¡Cerdo incivil! ¡Putero indigno!» Terenci Moix, *Garras de astracán.* ❚ «Era amigo de Bermúdez, muy puteros los dos.» Juan Madrid, *Cuentas pendientes.* ❚ «...buen navegante, gran fornicador, por no decir putero...» A. Ussía, *Coñones del Reino de España.* ❚ «¿Que él era un putero y eso no le gusta a una mujer casada? Bueno...» M. Vázquez Montalbán, *La rosa de Alejandría.* ❚ «¡de joven putero y de viejo santero!» Miguel Martín, *Iros todos a hacer puñetas.* ❚ «Fíjate tú que todos los grandes escritores, excepto los maricones, han sido muy puteros...» Manuel Hidalgo, *Azucena, que juega al tenis.* ❚ «Yo soy algo putero pero ella es muy...» Cómic erótico, tomo IV, n.° 21 al 24. ❚ «Navarrao siempre fue un putero.» Juan Madrid, *Flores, el gitano.* ❚ «Ése que te hablé, mi amigo, era un putero, y desde que vino a Colores no se mueve de la iglesia.» Juan Marsé, *La oscura historia de la prima Montse.* ❚ «...cayó sobre ella, con un salto feroz y asfixiante que los puteros definen como *el salto del tigre,* pero que no era más que el escarceo de un paquidermo.» Mariano Sánchez, *Carne fresca.* ❚ «...para que Luisa comprendiera que el viejo putero y la joven ramera...» Andreu Martín, *Amores que matan, ¿y qué?* ❚ «...jo, pues es fina, verás; el padre,

que era militar y muy putero, de este personal que se trabaja el puterío con seriedad, a conciencia...» Ramón Ayerra, *Los ratones colorados.*✔ DRAE: «dícese del hombre que mantiene relaciones sexuales con prostitutas».❘

2. *s.* persona que hace malas acciones.
«Este tipo de putadas no se realiza a través de llamadas, sino enganchando el teléfono del bromista (o putero, en este caso).» Mala impresión, revista de humor con caspa, n.° 1. ✔ porque *putea.*❘

putiberio, club de putiberio *expr.* club de alterne.
«...tiendas, bares, pubs, discotecas, locales de maquinitas de juego, algún club de putiberio...» Pilar Urbano, *Yo entré en el Cesid.*

putíbulo *s.* prostíbulo.
«...tonticie y putíbulo en la obra *De carne y sexo* de A. Palomino...» Ricardo Senabre, El Cultural, El Mundo, 24.10.99.

puticlub *s.* bar de alterne donde hay prostitutas.
«¿Estás interesado? Nosotras te ponemos bien [...] disfrutarás más. Puticlub Manoli.» El Jueves, n.° 1083. ❚ «Tendría que haber puticlubs de guardia, como las farmacias. Así me iría ahora [...] y perdería el tiempo echando algún caliqueño que otro.» C. Pérez Merinero, *Días de guardar.* ❚ «...en un puticlub de motel...» Francisco Umbral, *La derechona.* ❚ «Esto es un anuncio de un puticlub.» El Jueves, 6-12 octubre, 1993. ❚ «Un topless no es una casa de putas, aunque lo llamen puticlub.» A. Matías Guiu, *Cómo engañar a Hacienda.* ❚ «De entrada, la luz roja del hall daba la sensación de que uno entraba en un puti-club.» Manuel Hidalgo, *Azucena, que juega al tenis.* ❚ «En los alrededores de Telefónica, la Ballesta seguía siendo el prostíbulo más rastrero y castizo de la ciudad, con sus pensiones y puticlubs...» Mariano Sánchez, *Carne fresca.* ❚ «Ambiente de puticlub fronterizo.» Mariano Sánchez, *La sonrisa del muerto.* ❚ «...pero era muy resultón en los puticlubs.» Miguel Sánchez-Ostiz, *Un infierno en el jardín,* 1995, RAE-CREA.

putiferio *s.* prostitución.

«La mayoría de los bares estaban cerrados y no te digo los del putiferio y alterne.» El Jueves, 8.4.98.

putilla *s.* mujer promiscua, prostituta joven.

«...magreado por los maricas de turno, y acosado por las putillas del distrito...» A. Zamora Vicente, *Mesa, sobremesa.* ▌«El celestinazgo de Ana respetaba escrupulosamente ese principio, y no admitía en su local ni putillas ni putones desorejados.» Pedro Casals, *La jeringuilla.* ▌«Tampoco a doña Concha le interesaba pregonar el refugio que le daba a la putilla en su cocina...» M. Vázquez Montalbán, *El delantero centro fue asesinado al atardecer.* ▌«¿Quieres decir una putilla fina?» Eduardo Mendoza, *La verdad sobre el caso Savolta.* ▌«Nada, hijo, dice Amalia más putilla que nunca...» José Ángel Mañas, *Sonko95.* ▌«No me interesan sólo las putillas que pudieran tener sino...» Andreu Martín, *Amores que matan, ¿y qué?* ✓ también *putita.*▌

putiplista ▶ *puta.*

putiplística ▶ *puta.*

puto *adj.* difícil, complicado.

«El puto transporte público.» R. Gómez de Parada, *La universidad me mata.* ▌◼«Es puto tener que apencar tanto en la oficina.»

2. *adj.* maldito.

«Se jode muy mal en el puto suelo.» Terenci Moix, *Garras de astracán.* ▌«Él sigue sin hacer ni puto caso a los astros...» Manda Güebos, n.° 27. ▌«Como no salimos en el *Boletín Oficial*, pues no nos hacen ni puto caso.» Juan Madrid, *Cuentas pendientes.* ▌«...cinco vueltas a la manzana para encontrar donde estacionar el puto coche...» C. Rico-Godoy, *Cómo ser una mujer y no morir en el intento.* ▌«Ni puto caso.» Fernando Martínez Laínez, *La intentona del dragón.* ▌«Misas y rosarios todo el puto día, ya veréis.» Juan Marsé, *La oscura historia de la prima Montse.* ▌«Anda, desconecta el puto contestador.» Jaime Romo, *Un cubo lleno de cangrejos.* ▌«...regresamos a casa a pie. Más que por hacer ejercicio porque no hay un puto taxi en París...» C. Rico-Godoy, *Cómo*

ser infeliz y disfrutarlo. ▌«Todo el día obsesionado con el puto tabaco...» Fernando G. Tola, *Mis tentaciones.*

3. *s.* homosexual, prostituto.

«Que no, que está buenísimo. Y, además, le gusto. Así que me voy con él. Lo que pasa es tú eres un puto.» Terenci Moix, *Garras de astracán.* ▌«...yo me atreví a defender el derecho de los lujuriosos a follar con los putos sin la absurda necesidad de exigirles el carnet de identidad para saber si la fuente de su placer tenía 17 años...» Carlos Boyero, El Mundo, 8.4.98. ▌«Tu amigo Andrés es el que trabaja de puto en una casa de masajes.» M. Vázquez Montalbán, *La rosa de Alejandría.* ▌«...pervertidos de todas las razas y tamaños, putos, putas, travestis...» Fernando Martínez Laínez, *La intentona del dragón.* ▌«...te voy a capar por puto. ¡Regresa maricón!» David Martín del Campo, *Las rojas son las carreteras*, 1976, RAE-CREA. ✓ *Diccionario de autoridades*, 1726-1739: «Puto. Hombre que comete el pecado nefando.» Joan Corominas documenta la palabra en *Coplas del provincial*, del siglo XV. Guim, en su *Nuevo diccionario de la lengua castellana*, define *puto* como «sugeto de quien abusan los libertinos». Y el DRAE: «m. El que tiene concúbito con persona de su sexo».▌

4. *s.* persona indeseable.

«...maridos sonados, expertos en adulterios, putos, bufones...» Ángel Palomino, *Madrid, costa Fleming.* ▌«...porque el puto de Contreras...» José Raúl Bedoya, *La universidad del crimen.* ▌◼«El puto de tu hermano no me quiere hacer un favor.»

5. *s.* cobarde.

«En México le decimos puto al cobarde, a la persona que no tiene valor para concretar algo.» J. M. Gómez, canción de Molotov, El Mundo, La luna del siglo XXI, 9.10.98.

6. callar como un puto *expr.* no decir nada, callarse.

«...que lo que me tocaba por ser muger, era callar como un puto...» Diego de Torres Villarroel, *Historia de historias,* citado por CJC, *Diccionario del erotismo.* ✓ ▶ *puta, callarse como putas.*▌

putón *s.* prostituta, aumentativo de puta.

«Admitámoslo: a sus ojos yo soy un putón.» Lucía Etxebarría, *Amor, curiosidad, prozac y dudas.* ▌«Sólo faltaría, iba pensando Onofre, que ahora me tropezara con el señor Braulio disfrazado de putón.» Eduardo Mendoza, *La ciudad de los prodigios.* ▌«...le está llamando trilero o putón...» A las barricadas, 22-28 junio, 1998. ▌«...no voy a ir por ahí de putón como la vecina...» Fernando G. Tola, *Cómo hacer absolutamente infeliz a un hombre.* ▌«Sí, el del ridículo putón...» Jesús Ferrero, *Lady Pepa.* ▌«...sus compañeras de trabajo. Todas tenían una pinta de putón alarmante.» El Gran Wyoming, *Te quiero personalmente.* ▌«...son para los europeos que han nacido millonarios o para putones de Huston...» J. Giménez-Arnau, *Cómo forrarse y flipar con la gente guapa.* ▌«¡Aquella tía era un putón!» José Luis Martín Vigil, *Los niños bandidos.*

2. putón barato *s.* prostituta de baja estofa.

«Funda para el volante de tipo [...] putón barato...» P. Antilogus, J. L. Festjens, *Antiguía de los conductores.*

3. putón desorejado *s.* prostituta de baja estofa.

«...no admitía en su local ni putillas ni putones desorejados.» Pedro Casals, *La jeringuilla.* ▌«Una fresca, un putón desorejado.» Manuel Hidalgo, *Azucena, que juega al tenis.* ▌«...una furcia esmirriada con zapatos rojos de putón desorejada...» Juan Marsé, *Si te dicen que caí.*

4. putón verbenero *s.* mujer muy promiscua.

«Hija mía, a tu lado la propia Virgen del Rocío es un putón verbenero.» Lucía Etxebarría, *Amor, curiosidad, prozac y dudas.* ▌«Sí, tu Eduardo, sí, ¿y el putón verbenero que te lo ha quitado?» María Antonia Valls, *Para qué sirve un marido.* ▌«El Bellotero era una mezcla de putón verbenero y estibador de puerto...» Andreu Martín, *Lo que más quieras.* ▌▪«La mujer de Miguel es un putón verbenero que se acuesta hasta con el conserje.» ▍✓ ▶ también *pendón, pendón verbenero; pingo, pingo verbenero.*▍

putona *s.* prostituta.

«Un poco putona sí que es esta chavala...» José Luis Martín Vigil, *Los niños bandidos.*

putorra ▶ *puta.*

Qq

¿qué va a ser? ▶ *ser, ¿qué va a ser?*

quedar(se), quedarse con alguien *expr.* engañar, burlarse.

«¿Por qué tenemos que aguantarlo, comisario? Se está quedando con nosotros.» Juan Madrid, *Cuentas pendientes.* ▌«¿O es que te quieres quedar conmigo?» A. Zamora Vicente, *Historias de viva voz.* ▌«¿Te vas a quedar conmigo?» M. Vázquez Montalbán, *La rosa de Alejandría.* ▌«En serio, venga, va; no te quedes conmigo, macha.» Andrés Berlanga, *La gaznápira.* ▌«¿Te estás quedando conmigo, Luciano?» Juan Madrid, *Crónicas del Madrid oscuro.*

2. quedarse con alguien *expr.* enamorarse.

«Helen liga mogollón pero está súper quedada con su novio.» Ragazza, n.° 101.

quedón *s.* bromista.

«O es que es usted un quedón de órdago y...» A. Zamora Vicente, *Historias de viva voz.*

*quejarse cf. (afines) barrilar, llorica, piar, piarlas.

quejica *s.* que se queja mucho.

«...ni pelotilleros obsequiosos, ni quejicas pidiéndome algo...» A. Zamora Vicente, *Historias de viva voz.* ▌«...habían transformado al apasionado creyente de antaño en un perpetuo quejica...» Fernando Schwartz, *La conspiración del golfo.* ▌«¡Un quejica! ¡Eso es lo que es el Edipo ese, un quejica!» Virtudes, *Rimel y castigo.* ▌«No seas quejica, mamá...» Ignacio Aldecoa, *El fulgor y la san-*

gre. ▌«Inconsolable y petardo quejica que...» R. Montero, *Diccionario de nuevos insultos...* ✓ estándar.▌

*quejicoso cf. (afines) barrilero, llorica, llorón, maljode, quejica.

quel ▶ *queli.*

queli *s.* casa.

«Vamos, vente a mi kely una mañana que tengas libre.» José Ángel Mañas, *Mensaka.* ▌«¿Dónde lo vamos a hacer? En tu quel.» Almudena Grandes, *Las edades de Lulú.* ▌«Tienes un quel dabuti, eh, primo.» Juan Madrid, *Flores, el gitano.* ▌«Con tres máquinas y las tres viviendo en paz en el mismo quel...» Andreu Martín, *Lo que más quieras.* ✓ también ▶ *quelo, quel, kely.*▌

quelo *s.* casa.

«En buga a quelo. En coche a casa.» R. Gómez de Parada, *La universidad me mata.* ✓ ▶ *queli.*▌

quema, librarse de la quema *expr.* escapar, evitar castigo.

«Lo que no me explico es cómo pudo usted librar de la quema.» Marisa López Soria, *Alegría de nadadoras.*

quemado, estar quemado *expr.* cansado, harto, sin ánimos.

«E. estaba quemado.» ABC, 23.1.98. ▌«...la historia de un tipo muy quemado que saca al animal que lleva dentro...» Aristónico Casas, El Gato Encerrado, 3-9 julio, 1998. ▌«Este tipo está ya bastante quemao...»

Rambla, n.° 19. ▌«Todo con tal de que se vayan de ahí esos tíos, que me tienen quemao.» Gomaespuma, *Grandes disgustos de la historia de España.* ▌«Lo de mi nulo interés por su felicidad era más que cierto, pero bastante quemado andaba yo con preservar la mía...» C. Pérez Merinero, *El ángel triste.* ▌«...y después de haber pasado por casi todas las tareas, me siento lo suficientemente quemada...» María Antonia Valls, *Tres relatos de diario.* ▌«...está quemado porque ya lleva mucho tiempo esperando el ascenso.» M. Ángel García, *La mili que te parió.* ▌◼ «No le hables hoy porque dice que está muy quemado.»

quemar *v.* cansar, fatigar.

«Es que eso de estar todo el día cargando bandejas, quema mucho.» Ragazza, n.° 101.

2. quemar caucho *v.* conducir a gran velocidad.

«...en segunda fila y delante de la puerta, listo para quemar caucho a la salida...» José Luis Martín Vigil, *Los niños bandidos.* ▌◼ «A ese loco le gusta quemar caucho así que no le prestes el coche.»

3. quemar neumático *expr.* acelerar automóvil.

«...me tiré de cabeza en el coche y salí quemando los neumáticos...» Pgarcía, *El método Flower.*

4. quemarse las pestañas (cejas) *expr.* estudiar mucho.

«...se ha dejado las pestañas y las meninges entre las páginas de aburridos libros de texto.» Fernando Martín, *Cómo aprobar todo sin dar ni chapa.* ▌«Montserrat Vilá dejó de quemarse las pestañas estudiando cuando decidió...» Jaime Romo, *Un cubo lleno de cangrejos.* ▌◼ «Me he estado quemando las cejas durante más de un mes pero no he conseguido aprobar física.» ☑ se estudiaba a la luz de una vela o candil.▐

*quemarse al sol *cf.* (afines) achicharrarse.

queo, dar el queo *expr.* dar el aviso, avisar.

«El peculiar Alfonso Guerra se pasó mucho tiempo dando el queo: 'Que viene la dere-

cha'.» Francisco Umbral, *La derechona.* ▌«Me aligeré por la verdú en cuanto me dieron el queo...» Raúl del Pozo, *Noche de tahúres.* ▌«Fue él *[C. J. Cela]* quien me dio el queo.» Jaime Campmany, *El callejón del gato.* ▌«De vez en cuando, se asoma a la puerta, para dar el ja, o el queo, si viene la goma, porque el juego está prohibido y a veces hay que *hacerse un fuego,* que no es otra cosa que pirarse...» José M.ª Zabalza, *Letreros de retrete y otras zarandajas.* ▌«Hemos dado un queo de amenaza de bomba.» El Gran Wyoming, *Te quiero personalmente.* ▌«...y le daba el queo a su patrón de que todo iba en orden...» Ramón Ayerra, *Los ratones colorados.*

querer, como quien no quiere la cosa *expr.* con disimulo.

«Como quien no quiere la cosa, no estaría demás dejar un par de zapatillas por ahí, tiradas.» Juanma Iturriaga, *Con chandal y a lo loco.* ▌«Como quien no quiere la cosa, logró encaminarla con toda su cara hasta un descampado...» P. Perdomo Azopardo, *La vida golfa de don Quijote y Sancho.* ▌«El coche tiraba que no vean, y él conducía como quien no quiere la cosa.» C. Pérez Merinero, *Días de guardar.*

2. quiero y no puedo *expr.* cubrir, salvar las apariencias, fingir que se es importante, rico.

«...no estaba dispuesta a hacer el ridículo con fiestas de quiero y no puedo...» María Antonia Valls, *Tres relatos de diario.* ▌«La palabra *pis* es un *quiero y no puedo* de la elegancia verbal. Es cursi... la usan los empleados...» Álvaro de Laiglesia, *Sólo se mueren los tontos,* citado en DS. ▌«...de quienes se debaten entre el quiero y no puedo.» Luis Mateo Díez, *El expediente del náufrago,* 1992, RAE-CREA.

3. quiero y no puedo *s.* persona que aparenta ser lo que no es.

«...el quiero y no puedo de la clase media...» ABC Cultural, 3.5.96. ▌«Una de esas personas quiero y no puedo que se sumergen en la cursilería...» Mercedes Salisachs, *La gangrena,* 1975, RAE-CREA. ▌◼ «De todos los grandes defectos que tiene Pablo, el peor es que es un quiero y no puedo.»

*querida cf. (afines) ▶ *amante.*

querida *s.* amante.

«Luego se la trajeron al pueblo unos cuantos señores para querida a medias.» Ángel María de Lera, *Los clarines del miedo.* ▌ «...doña Clara, la respetable Clara, era la querida del respetable don Ceferino.» Ángel Palomino, *Madrid, costa Fleming.* ▌ «...ella se había largado a Honolulú con su querida.» Pgarcía, *El método Flower.* ▌ «Soy tu mujer. No soy tu querida.» B. Pérez Aranda *et al., La ex siempre llama dos veces.* |✔ ▶ *querido.*|

querido *s.* amante.

«—el que fue senador y dos veces subsecretario de Hacienda— que había sido querido suyo...» C. J. Cela, *La colmena.* ▌ «Mi amante con su querido me está poniendo los cuernos.» A. Ussía, *Coñones del Reino de España.* ▌ «Algunas van acompañadas de su novio o querido.» José Gutiérrez-Solana, *Madrid, escenas y costumbres, Obra literaria, I.*

querindonga *s.* amante.

«Lo bueno es que luego el marido tuvo otra querindonga...» Carlos Zeda, *Historias de Benidorm.*

queso, darla con queso *expr.* engañar.

«...eh, paisanos, Saturnino y el otro, que os la dan con queso, que no os vais con mujeres, que ese par de pingos son tíos...» Ramón Ayerra, *Los ratones colorados.* |✔ ▶ *dar, darla con queso.*|

2. estar como un queso *expr.* ser atractiva una persona.

«Ese que está ahí sentado es tu invitado, el señor Liaño. Está como un queso.» B. Pérez Aranda *et al., La ex siempre llama dos veces.* ▌ «¡Y los tíos! Ya mayoría están como quesos.» Ragazza, n.° 100. ▌ «El cantante de Ocean está como un verdadero queso.» Ragazza, n.° 101. ▌ «Oye, ¿quién era la piba ésa? porque estaba como un queso.» José Ángel Mañas, *Historias del Kronen.* ▌ «La mujer del tío de fuera suele estar como un queso.» Gomaespuma, *Familia no hay más que una.* ▌ «Está como un queso y además va de tierno y buen chico.» You, enero, 1998. |✔ también *quesito.*|

quesos *s. pl.* pies.

«Te cantan los quesos.» AI. ▌■[□] «Le cantan los quesos una barbaridad a esa mujer.»

quiá *excl.* no, nada.

«...y la Pepa no tomó el billete, quiá, se arrugó...» Ramón Ayerra, *Los ratones colorados.* ▌ «Quiá. Denota negación, duda o falta de fe.» IND.

quicio, sacar de quicio *expr.* enfadar.

«La rutina le saca de quicio.» Ragazza, agosto, 1997. ▌ «...el que te saca de quicio dándote paños calientes...» R. Montero, *Diccionario de nuevos insultos...* ▌ «...con ese temblor de piernas que te está sacando de quicio.» Andreu Martín, *Prótesis.* ▌■[□] «Me enfada, me saca de quicio que interrumpas cuando hablo.»

quico, ponerse como el quico *expr.* comer mucho.

«Nos pusimos como el Quico. Y servido el café...» Antonio Díaz-Cañabate, *Historia de una tertulia,* 1952, RAE-CREA. ▌ «La abuela nos tenía preparada una bandeja grandísima de bizcotelas y tocinos de cielo y nos pusimos como el quico y eso que durante el convite habíamos comido una barbaridad.» Eduardo Mendicutti, *El palomo cojo,* 1991, RAE-CREA. ▌ «...mi hermana y yo nos poníamos como el Quico.» C. Pérez Merinero, *Días de guardar.*

quié *s.* preso peligroso.

«En aquella época, había en la séptima dos quíes que mangoneaban todas las rutinas. Se llama rutinas a los diversos chanchullos que se dan en la cárcel...» Andreu Martín, *Lo que más quieras.* ▌■[□] «Un quié es un preso muy peligroso que está en el talego de por vida.»

quiero y no puedo ▶ *querer, quiero y no puedo.*

quilar *s.* sodomizar, copular.

«Los demás hasta se pusieron malos y todo y no pudieron quilar.» Juan Madrid, *Crónicas del Madrid oscuro.* ▌■[□] «Intentó quilar al chaval pero el chico no se dejó.»

quilate *s.* kilogramo.

«Ya engordé dos quilates. Pues verán cuando me la haya zampado.» C. Pérez Merinero, *Días de guardar.*

quile *s.* cópula.

«...y cumplió con las lumis para demostrarles que le interesaba más el quile que la charla.» Andreu Martín, *Lo que más quieras.*

quilo ▸ *kilo.*

quilombo *s.* lío, jaleo, alboroto.

«Aquí montábamos unos quilombos que ríete tú de...» El Jueves, 6-12 julio, 1994.

química *s.* afinidad entre dos personas.

«...los envolvió en una química desconocida...» J. J. Armas Marcelo, *Madrid, distrito federal,* 1994, RAE-CREA. ▌■ «Aurora y yo tenemos buena química.»

quina, tragar quina *expr.* aguantar.

«Después de haber tragado quina con la boda de su hijo...» Carmen Rigalt, El Mundo, 7.8.99.

quinaor *s.* ladrón.

«...mató por cuatro perras a dos capitalistas modestísimos, un chatarrero quinaor y el mozo de noche de una gasolinera...» Ángel Palomino, *Las otras violaciones.*

quinar *v.* robar.

«Quinar: robar.» Manuel Giménez, *Antología del timo.* ▌«Quinar. Robar.» JGR. ▌«Quinar. Chorar, pillar, levantar.» Ra. ▌■ «Un quinaor es uno que quina, que roba.»

quinqué, tener quinqué *expr.* ingenio, conocimientos.

«...en fín, hay que tener vista, quinqué que le dicen, porque como te dejes achantar...» A. Zamora Vicente, *Mesa, sobremesa.* ▌«Tener quinqué: ser perspicaz.» JMO. ▌■ «Pregúntale a Pedro que tiene mucho quinqué y se lo sabe todo.»

quinqui *s.* ladrón, timador, maleante.

«...le gustaba y le apetecía aquel quinqui o lo que fuese.» Francisco Umbral, *Madrid 650.* ▌«Como si le hubiera dicho que estaba allí un quinqui.» M. Vázquez Montalbán, *La rosa de Alejandría.* ▌«Mira aquel; tiene pinta de quinqui.» Ángel Palomino, *Todo incluido.* ▌«Ni puto caso. Quinquis que se matan entre ellos.» Fernando Martínez Laínez, *La intentona del dragón.* ▌«Desde entonces fuimos *quincalleros* o, como les gusta a los periodistas *quinquis.*» Eleuterio Sán-

chez, *Camina o revienta.* ▌«Los mercheros, mal llamados *quinquis,* son un grupo étnico descendiente de los antiguos andarríos o vagabundos de Castilla...» JGR. ▌«...muy propio para los merodeos matinales de un quinqui...» Ramón Ayerra, *Los ratones colorados.*

quinta, ser de la misma quinta que uno *expr.* tener la misma edad.

«El señor Joaquín, jugando al dominó con tres parroquianos de su misma quinta.» Eduardo Mendoza, *Sin noticias de Gurb.*

quinto *s.* soldado raso.

«¿Yo? Ni que fuera un quinto, hombre...» Rafael García Serrano, *Diccionario para un macuto.* ▌«¿No sabes que los quintos son unos granujas que sólo buscan tirarse a las tontas como tú...?» Juan Marsé, *Últimas tardes con Teresa.* ▌■ «Los quintos de este reemplazo parecen niños.» ✔ DRAE: «m. Mozo desde que sortea hasta que se incorpora al servicio militar».▌

2. en el quinto infierno *expr.* muy lejos.

«Esta calle está en el quinto infierno...» F. Vizcaíno Casas, *Hijas de María.* ▌■ «Me voy a ir a vivir al quinto infierno con tal de no verte.»

3. en el quinto pino *expr.* muy lejos.

«...cerca de Barcelona, pero lejos de todo, en el quinto pino.» M. Vázquez Montalbán, *Los alegres muchachos de Atzavara.* ▌«...algo que [...] te permita fardar y [...] no te obligue a ir al quinto pino...» Juanma Iturriaga, *Con chandal y a lo loco.* ▌«Los chaletistas acosados justifican su domiciliación a extramuros de la gran ciudad (lo que antes se llamaba el quinto pino...» Ladislao de Arriba, *Cómo sobrevivir en un chalé adosado.* ▌«...algo así como ver venir a un tren mercancías en el quinto pino...» Ramón Ayerra, *Los ratones colorados.* ▌«Pues no, eso está en el quinto pino.» Elvira Lindo, *Manolito gafotas.*

quiosco de necesidad *s.* retrete.

«Retrete: excusado, común, cien, secreta, letrina, garita, casilla, beque, evacuatorio, quiosco de necesidad.» José M.ª Zabalza, *Letreros de retrete y otras zarandajas.* ▌«...y quiosco de necesidad, por ser edificio para cumplir lo dicho.» José M.ª Zabalza, *Letreros de retrete y otras zarandajas.*

quiqui *s.* cópula, coito.

«...a menos que prefieras subir directamente a las habitaciones a hacer el kiki. ¿Te apetece? Follo de maravilla. Te la chupo y me lo trago.» Jaume Ribera, *La sangre de mi hermano,* 1988, RAE-CREA. ❚ «...eso de no darle al kiki.» Rafael Mendizábal, *La abuela echa humo,* 1990, RAE-CREA. ❚ «¿Quién se anima a echar un quiqui?» JM. ❚ «Echar un quiqui: fornicar.» JMO. ❚ «Quiqui. Cópula sexual.» VL. ❚ «Quiqui. Kiki, [...] caliche, polvo.» Ra. ❚ «Kiki/quiqui. Cópula sexual.» S. ✔ también *kiki.*❙

quirófano *s.* antigua tortura policial. Se coloca encima de una mesa al detenido esposado y con la cabeza y el tronco colgando.

«El yonqui cantó de plano en cuanto le hicieron el quirófano y Seisdedos dio con sus huesos en el talego.» Mariano Sánchez, *Carne fresca.* ❚ «Para él, mantenerse callado era peor tortura que la bañera o el quirófano juntas.» M. Sánchez Soler, *Festín de tiburones.*

quisque, todo (cada) quisque *expr.* todo el mundo.

«Eso sí: todo quisqui la ve.» Borja Hermoso, «Judit Mascó,» El Mundo, 21.8.99. ❚ «Si no me hubiera gastado la última peseta en hacer regalos a todo quisque...» Eduardo Mendoza, *Sin noticias de Gurb.* ❚ «...no parará de hacer cochinadas a todo quisque...» A. Zamora Vicente, *Mesa, sobremesa.* ❚ «Lo que pasa es que a cada quisque le llega su hora...» J. L. Castillo-Puche, *Hicieron partes.* ❚ «Cuando empezó en el cuartel en Cam-

pamento sufrió la quintada como cada quisque.» J. Jiménez Martín, *Ligar no es pecado.* ❚ «Al margen del drama personal de cada quisque...» Ernesto Parra, *Soy un extraño para ti.* ❚ «Persona obesa que flagela a todo quisqui...» R. Montero, *Diccionario de nuevos insultos...* ❚ «...si cada quisque pensara como esos impertinentes...» Fernando Repiso, *El incompetente.* ✔ *quisque* o *quisqui.*❙

quisqui ▶ *quisque.*

quitar(se), quitar de en medio *expr.* matar, asesinar.

«...Carlos se parecía a su padre, por eso los otros no le tragaban y acabaron quitándoselo de en medio.» Lourdes Ortiz, *Picadura mortal.* ❚ «Se quitó de en medio a la tía paliza que tenía por mujer...» C. Pérez Merinero, *El ángel triste.* ❚■❚ «No creo que sea posible quitar de en medio al jefe colombiano de la cocaína porque está muy bien protegido.»

2. quitarse de encima *expr.* deshacerse de.

«...al mes siguiente ya estaba arrepentido y lo único que deseaba era quitársela de encima...» Lourdes Ortiz, *Picadura mortal.* ❚ «Yo procuraba lidiarla con las mentiras de rigor hasta que me la quitaba de encima...» C. Pérez Merinero, *El ángel triste.* ❚ «Arturo pensó que podía quitarse de encima a aquella mujer.» El Gran Wyoming, *Te quiero personalmente.* ❚ «...no ha habido modo de quitármelo de encima.» José Luis Martín Vigil, *Los niños bandidos.*

quite, estar al quite *expr.* estar preparado por si hay que actuar.

«El chofer, que estaba al quite, les vio por el retrovisor...» Pedro Casals, *Disparando cocaína.*

Rr

raba, echar la raba *expr.* vomitar.

«...me entran las arcadas y echo la raba en el primer portal.» José Ángel Mañas, *Sonko95*.

rábano, (no) importar un rábano *expr.* no importar, tener sin cuidado.

«Si el debate sobre el estado de la nación fuera realmente un debate sobre el estado de la nación, a todo el mundo le importaría un rábano.» El Jueves, 13.5.98. ▌ «¡Me importa un rábano!» Pgarcía, *El método Flower.* ▌ «Y, además, eso me importa un rábano.» Corín Tellado, *Mamá piensa casarse.* ▌ «Me importa un rábano.» Juan Marsé, *Últimas tardes con Teresa.* ▌ «Ahora ya me importa todo un rábano.» José María Amilibia, *Españoles todos.*

rabar *v.* vomitar.

«Me los he comido todos, pero todos, no te creas, hasta que he rabado.» José Ángel Mañas, *Historias del Kronen.*

rabiar, a rabiar *expr.* mucho.

«A María le gustaban a rabiar las novelas radiofónicas.» L. Palou, *Carne apaleada,* 1975, RAE-CREA. ▌ «Nosotros, entusiasmados, aplaudimos a rabiar...» Beatriz Guido, *La invitación,* 1979, RAE-CREA. ▌ «Fue lo más divertido del mundo: sudamos a rabiar.» Mercedes Salisachs, *La gangrena,* 1975, RAE-CREA.

rabo *s.* pene.

«...y ella me coge el rabo y empieza a moverlo, frotándolo contra su clítoris.» José Ángel Mañas, *Mensaka.* ▌ «Yo, tronco, paso de que me toque el rabo un tío...» José Ángel Mañas, *Historias del Kronen.* ▌ «Lo hace / con cuatro golpes de rabo / y me va tocando el nabo / por la calle de Alcalá.» Amelia Díe y Jos Martín, *Antología popular obscena.* ▌ «...y esto no ha terminado [...] tendrás otros rabos muy gruesos...» C. Ducón, *El hotel de las orgías.* ▌ «...el Yeti es un aborto. ¡Pero con un rabo así de grande!» José Luis Martín Vigil, *Los niños bandidos.* ▌ «A ésas les importa poco, se abren de patas y ¡hala!, p'alante. Lo único que quieren es rabo.» Juan Madrid, *Crónicas del Madrid oscuro.* ▌ «...y qué rabos que se gastaban los pipiolos,...» Jaime Romo, *Un cubo lleno de cangrejos.* ▌ «...las cremas para conservar la dureza del miembro durante horas y horas, un siglo con el rabo tieso...» Ramón Ayerra, *Los ratones colorados.*

2. nalgas, trasero.

«Rabo. Probablemente del latín *rapum*, nabo. 1. Trasero, culo.» DE.

3. ir con el rabo entre (las) piernas *expr.* cabizbajo, triste, vencido.

«Y como entré, salí: con el rabo entre las piernas.» Chumy Chúmez, *Por fin un hombre honrado.* ▌ «El patillas [...] farolero, currante... se va con el rabito entre las piernas, cagándose en mi puta madre.» C. Pérez Merinero, *Días de guardar.* ▌ «Y si has tomado esa decisión no será para volver al cabo de unos días o unos meses, con el rabo entre las piernas.» Juan Benet, *En la penumbra.* ▌ «Huyó de ella con el rabo entre las piernas y las ingles bien escaldadas...»

Jesús Ferrero, *Lady Pepa*. ❚ «...y abandonó la jefatura con el rabo entre las piernas.» Eduardo Mendoza, *La verdad sobre el caso Savolta*. ❚ «Con el rabo entre las piernas (perdón: quiero decir cabizbajo).» Eduardo Mendicutti, El Mundo, 9.8.99.

4. poner (meter) un rabo *expr.* sodomizar, copular.

«Como no te andes con cuidado en ese bar te ponen un rabo y ni te enteras, ¡vaya nido de maricones!» DE. ❚ «El profesor de química le puso un rabo al director del colegio.» DCB. ❚ «...la voy a llevar a casa y le voy a meter un rabo...» José Ángel Mañas, *Sonko95*.

rabona, hacer rabona *expr.* faltar a obligación.

«Hacer rabona: faltar a una cita u obligación.» JMO. ❚ «Hacer mutis, hacer novillos, hacer rabona.» DTE.

raca ▶ *rácano.*

racanear *v.* haraganear, estar ocioso.

«Racanear: holgazanear.» JV. ❚ «Racanear: ser vago.» JMO. ❚ «Racanear. Gandulear, rehuir el trabajo.» VL. ❚ «Racanear. Vaguear, holgazanear.» Ra. ❚ ▪ «No trabaja nada; racanea todo el día.» ✓ no se ha podido documentar fuera de diccionarios.❚

racaneo *s.* acción de racanear.

«...sólo hallo divagación, racaneo y mangancia...» Ramón Ayerra, *La lucha inútil*, 1984, RAE-CREA.

racanería *s.* acción de racanear.

«...que la orfandad es peor que la racanería...» Fanny Rubio, *La sal del chocolate*, 1992, RAE-CREA.

rácano *s.* miserable, tacaño.

«El falangista Bautista en su casa era un rácano...» Carlos Giménez, A las barricadas, 18-24 mayo, 1998. ❚ «La avaricia y la usura son plagas [...] A esta perversión corresponden muchos insultos: agarrado [...] apretado [...] cuentagarbanzos [...] rácano, roña, roñica, roñoso, tacaño [...] catalán, puño en rostro [...] cicatero...» AI.

2. haragán.

«Alcahuete y rácano.» R. Montero, *Diccionario de nuevos insultos...* ❚ «Rácano: vago.»

JMO. ❚ ▪ «¡Levántate de la cama, rácano, que ya son las doce!»

radar *s.* oído.

«No se enterarán, son dos matusas, tienen ya oxidado el radar.» Ángel Palomino, *Todo incluido*.

*radio cf. (afines) arradio, loro, tocata.

radio macuto *s.* habladurías, rumores, bulos.

«Si lo que cuenta Radio Macuto suena excesivamente a fantasía...» Rafael García Serrano, *Diccionario para un macuto*. ❚ «...sobre el tema del otro pasajero, y teniendo en cuenta cómo funciona radio macuto, ni una sola palabra...» Jaime Romo, *Un cubo lleno de cangrejos*.

raja *s.* vulva, órgano sexual de la mujer.

«Por taparle la raja a la criada...» Amelia Díe y Jos Martín, *Antología popular obscena*. ❚ «Sólo adornos ridículos / llamaban a la raja y los testículos /» Manuel del Palacio, *La creación*, ▶ C. J. Cela, Revista de Occidente, Tercera época, n.° 4. ❚ «...abrió los muslos, mostrando la raja peluda, de labios rojos...» Antonio Escohotado, tr., *Mi vida secreta*. ❚ «...las tías [...] no buscan más que darle gusto a la raja...» Pgarcía, *El método Flower*.

raja(d)o *adj.* cobarde.

«Tenéis razón, soy un rajao.» J. L. Castillo-Puche, *Hicieron partes*. ❚ «Rajado. Acobardado, amedrentado, acojonado.» Ra.

rajar *v.* hablar, conversar, charlar.

«...ese sacamuelas que viene de Molina raja por cuatro...» Andrés Berlanga, *La gaznápira*. ❚ «...y había que oírle rajar...» Ramón Ayerra, *Los ratones colorados*. ❚ ▪ «No dirás que no le gusta rajar a Pedro, te ha tenido de palique más de una hora.»

rajarse *v.* eludir responsabilidades, cambiar de opinión, echarse atrás.

«Entonces, la mayoría de las veces, se rajaban y demostraban su miedo.» Francisco Candel, *Donde la ciudad cambia su nombre*. ❚ «Lo que pasó es que se rajaron.» Gomaespuma, *Grandes disgustos de la historia de España*. ❚ ▪ «Dijo que invertiría muchos millones pero en el último momento se rajó y no aportó ni un céntimo.» ✓ DRAE: «prnl.

fig. y fam. Volverse atrás, acobardarse o desistir de algo a última hora».|

rallar ▸ *rayar.*

rama, andarse (irse) por las ramas *expr.* divagar, apartarse del tema.

«Pero ya no eran chiquillos, no podían andarse por las ramas.» J. Jiménez Martín, *Ligar no es pecado.* ▌ «No nos vayamos por las ramas.» Pedro Casals, *Disparando cocaína.* ▌ «Veo que no te andas por las ramas.» M. Ángel García, *La mili que te parió.*

ramalazo, tener un ramalazo *expr.* ser afeminado, homosexual.

«...creyó que nadie lo veía y empezó a mover el culo con aires de marica, como si de pronto sintiera un ramalazo...» Ángel Palomino, *Las otras violaciones.* ▌ «Espera; ¡porque el de negro tiene un ramalazo...!» Miguel Martín, *Iros todos a hacer puñetas.* ▌ «Aunque eso sí, con un ramalazo gay que...» El Gato Encerrado, 3-9 julio, 1998.

ramera *s.* prostituta.

«...me puse a oscilar el culo como una ramera, con una lascivia que no pocas bailarinas de cabaret habrían envidiado...» C. Ducón, *El hotel de las orgías.* ▌ «...y preguntar por Rosiña que era una ramera que él amparaba...» Germán Sánchez Espeso, *La reliquia.* ▌ «...pelo color zanahoria de la mujer desnuda la novia de tu primo o la delicada ramera de la arteriosclerosis...» C. J. Cela, *Oficio de tinieblas 5.* ▌ «Todas las rameras se habían tenido que fugar por falta de clientes...» Ramón Escobar, *Negocios sucios y lucrativos de futuro.* ▌ «¡Todas las rameras se ponen nombres celestiales!» Jesús Ferrero, *Lady Pepa.* ▌ «Bueno, ¿y cómo lo llamamos? ¿Prostituta, ramera, mujerzuela, meretriz, cortesana, zorra, golfa, suripanta, perdida, hetaira, pendón...?» Ana Diosdado, *Trescientos veintiuno, trescientos veintidós,* 1991, RAE-CREA. |✓| «Mujer que por oficio tiene relación carnal con hombres», informa el DRAE.|

ramo, ser del ramo (del agua) *expr.* ser homosexual.

«...no hay forma de saber si son hombres o mujeres. Si esto sigue así yo me hago del ramo del agua...» Eduardo Mendoza, *La*

ciudad de los prodigios. ▌■ «Tu amigo Alfredo es del ramo del agua, se nota enseguida, por la manera que tiene de mover las caderas al andar.»

rana *s.* billete de cinco mil pesetas.

«Rana: Billete de cinco mil pesetas.» JGR.

2. cuando las ranas críen pelo *expr.* nunca.

«Pues yo he oído que para el 18 de julio quieren venir a bendecirlo. ¡Más bien será cuando las ranas críen pelos!» Andrés Berlanga, *La gaznápira.* ▌ «¿Y cuando va a ser? ¿Cuando las ranas críen pelo?» C. Pérez Merinero, *Días de guardar.* ▌ «Sí, eso será cuando las ranas críen pelo...» Ilustración, Comix internacional, 5. ▌ «...cuando las ranas críen pelos...» DTE.

3. salir rana *expr.* defraudar.

«...y tú que parecías oro puro me has salido rana.» Ángel Palomino, *Las otras violaciones.* ▌ «¿Y si Arturo Prat me sale rana...?» Pedro Casals, *La jeringuilla.* ▌ «También las modernas-antiguas salen rana.» Manuel Hidalgo, *Azucena, que juega al tenis.* ▌ «...ya me está saliendo rana este tipejo.» Eleuterio Sánchez, *Camina o revienta.*

rancio *adj.* antiguo.

«...y hasta empezó a vestir de forma más rancia que antes...» Jesús Ferrero, *Lady Pepa.* |✓| DRAE: «fig. Dícese de las cosas antiguas y de las personas apegadas a ellas. *Rancia estirpe; filósofo rancio*».|

randa *s.* ladrón.

«Eran los tales tipos muy madrileños y pertenecían al gremio de los randas. El uno era descuidero...» B. Pérez Galdós, *Fortunata y Jacinta.* ▌ «...peleones, cornudos y randas...» Ramón Ayerra, *La lucha inútil,* 1984, RAE-CREA. ▌ «Randa: ladrón, usado frecuentemente como insulto.» JMO.

2. delator.

«...y acabó a lo randa...» José M.ª Zabalza, *Letreros de retrete y otras zarandajas.* ▌■ «Jacinto es un randa que trabaja en la calle con unos trileros.»

3. sinvergüenza, mala persona.

«...era difícil adivinar dónde terminaba el caballero y dónde comenzaba el randa...» Ramón Ayerra, *Los ratones colorados.*

randar *v.* robar, hurtar.

«Randar. Robar.» LB. ▌ «Les randaron unos pendientes de perlas.» JM. ▌ «Randar. Hurtar, robar.» VL. ▌ «Randar: robar.» JMO. ▌ «Randar. Hurtar, robar.» S. ▌ ▪ «Les han randao las maletas en la estación de Chamartín a esos dos tipos con pinta de guiris.» ✔ no se ha podido documentar fuera de diccionarios.▌

ranura *s.* vulva, órgano sexual de la mujer.

«...buscando con mis dedos de niño la ranura de Laura, que, sin abrir los ojos, comenzó a mover las piernas en seguida...» Juan José Millás, *Tonto, muerto, bastardo e invisible.*

rapapolvo *s.* reprimenda, regañina.

«Tal vez fuese un rapapolvo sincero.» Pgarcía, *El método Flower.* ▌ «El chico, claro, no habla, pero espera el rapapolvos.» Gomaespuma, *Familia no hay más que una.* ✔ DRAE: «m. fam. Reprensión áspera».▌

***rápido** cf.* (afines) a cien por hora, a marchas forzadas, a toda caña, a toda hostia, a toda leche, a toda mecha, a toda pastilla, a toda velocidad, a todo gas, a todo trapo, cagando hostias, cagando leches, como alma que lleva el diablo, como el rayo, como una bala, como una moto, con la lengua fuera, correr que se las pela, darse *aire, deprisa y corriendo, disparado, echando *leches, echando *virutas, en menos que se santigua un *cura loco, en un santiamén, escopetado, irse a la carrera, patas para qué os quiero, pies en polvorosa, pisar el *acelerador, pitando, quemar goma, salir por patas, salir por piernas, velocidad del rayo, volar, zumbar.

rarillo *adj.* amanerado, afeminado.

«...y no es casualidad que ya a los niños rarillos se les vea inclinación, desde muy pequeños, a tener oficios de mujeres...» M. Vázquez Montalbán, *Los alegres muchachos de Atzavara.*

raro, más raro que un perro verde *expr.* muy raro, extraño, excéntrico.

«...decía que Colón era [...] más raro que un perro verde...» A. Sopeña Monsalve, *El florido pensil.* ▌ «Estarás más rarita que un perro verde.» Ragazza, julio, 1997.

rasca *s.* detective privado.

«Rasca: Detective privado.» JGR. ▌ «Rasca. Olisqueador. Detective privado...» Ra. ▌ ▪ «Su mujer descubrió que se la pegaba con Pilar porque contrató a un rasca.» ✔ no se ha podido documentar fuera de diccionarios.▌

rascar, rascarse el bolsillo *expr.* pagar, gastar dinero.

«...algo que [...] te haga sentirte mejor, y no te obligue a rascarte el bolsillo...» Juanma Iturriaga, *Con chandal y a lo loco.* ▌ «...para que el franqueo de la votación se pague en destino y el aficionado no tenga que rascarse el bolsillo.» Cómic Zona 84, n.° 43. ▌ «Para ello no tendrás que rascarte el bolsillo, porque las copas tienen unos precios de lo más asequibles...» La Noche de Madrid, enero, 1999. ▌ «Que se rasque el bolsillo si quiere acción...» Manuel Quinto, *Estigma.* ▌ ▪ «A ver si te rascas el bolsillo y me compras un regalito.»

2. rascarse la barriga *expr.* haraganear, estar ocioso.

«...abanicándose con el periódico y rascándose la barriga...» Isabel Allende, *Eva Luna,* 1987, RAE-CREA. ▌ ▪ «Se pasa el día rascándose la barriga y no va a terminar la tarea nunca.»

rascatripas *s.* sinvergüenza, persona indeseable, desgraciado.

«...en cuanto la dé el telele con el primer rascatripas que se la camele todo se marcha a hacer puñetas volando...» Ramón Ayerra, *Los ratones colorados.* ✔ DRAE: «com. Persona que con poca habilidad toca el violín u otro instrumento de arco».▌

rata *s.* tacaño, miserable.

«Ese Zazá es un rata.» Juan Madrid, *Las apariencias no engañan.* ▌ ▪ «El rata de tu hermano debe de haber ahorrado mucho para poder viajar como lo hace.»

2. haragán.

«Decía en sus discursos verdaderas atrocidades sobre esta pobre gente, que si les olían los pis, que si eran ratas, que si le robaban el bocadillo...» Gomaespuma, *Grandes disgustos de la historia de España.*

3. ni una rata *expr.* nadie.

«Sábado al medio día: tráfico fluido. Hubo suerte [...] frío a fin de mes. Ni una rata, vamos.» Ernesto Parra, *Soy un extraño para ti.*

4. rata de sacristía *s.* beato, santurrón.

«Los insultos religiosos [...] se podrían clasificar en varios grupos [...] los insultos que muestran un celo religioso excesivo [...] beato, cagacirios, comehostias, [...] pichasanta, meapilas, measalves... tragasantos, tragavemarías [...] chupacirios [...] comehostias [...] rata de sacristía.» AI. ▪ «Teófilo se ha convertido en un rata de sacristía que se pasa el día comulgando y confesándose.»

ratero *s.* carterista, ladrón.

«Una familia duerme sobre un banco de hierro, debajo de un letrero que advierte: Cuidado con los rateros.» C. J. Cela, *Viaje a la Alcarria.* ▪ «No sabía que Agudo Benítez tuviera una pistola [...] Era un ratero.» Eleuterio Sánchez, *Camina o revienta.* ▪ «Carteristas hay mil, rateros diez mil...» José M.ª Zabalza, *Letreros de retrete y otras zarandajas.* ▪ «...pululan verdaderas hordas de rateros, ladrones, chorizos, peristas, sañeros, palquistas y chulos capaces de tirar de cabritera por un quítame allá esas pajas...» Isidro, ABC, 10.4.56. ▪ «Hace años ponían carteles en los parques que decían: Cuidado con los rateros.» ✓ *Diccionario de autoridades*: «Se llama al ladrón que hurta cosas de poco valor u de las faltriqueras.»▪

rato *s.* mucho, muy.

«...últimamente se ha vuelto un rato gili...» Eduardo Mendoza, *Sin noticias de Gurb.* ▪ «Era un culo fuera de serie, que yo de eso entiendo un rato.» Pgarcía, *El método Flower.* ▪ «...encantadora joven que está un rato maciza...» Manuel Giménez, *Antología del timo.* ▪ «Esa casa es un rato cara, ¿eh?»

2. para rato *expr.* para mucho tiempo.

«Te dará por ordenarlo todo y tendrás para rato.» Ragazza, agosto, 1997. ▪ «...y hay para rato porque algunas tienen un morro...» B. Pérez Aranda *et al., La ex siempre llama dos veces.*

3. ratos perdidos *expr.* momentos libres, sin ocupación.

«He escrito una función en los ratos perdidos, eso es todo.» Fernando Fernán Gómez, *El viaje a ninguna parte,* 1985, RAE-CREA. ✓ DRAE: «Aquellos en que uno se ve libre de ocupaciones obligatorias y puede dedicarse a otros quehaceres y tareas. Ú. m. en la loc. adv. *A ratos perdidos*».▪

4. todo el rato *expr.* siempre.

«...el Imbécil la quiere tener abrazada todo el rato y a ella eso no le gusta.» Elvira Lindo, MiPaís, El País, 31.7.99.

ratón de biblioteca *s.* intelectual, estudioso.

«...la mansión, hogaño reducto de ratones de biblioteca...» Fernando Martínez Laínez, *Andante mortal.* ▪ «...mentís y más que mentís, señor ratón de biblioteca...» P. Perdomo Azopardo, *La vida golfa de don Quijote y Sancho.* ▪ «Mi padre es un ratón de biblioteca que se pasa el día entre libros.» ✓ DRAE: «fig. Erudito que con asiduidad escudriña muchos libros. Tómase por lo común en sentido peyorativo».▪

ratoncito Pérez *s.* ratón imaginario que trae regalos al niño que pierde un diente de leche.

«Mire: si es usted bueno, el ratoncito Pérez le traerá un futbolín...» Fernando Repiso, *El incompetente.*

raya *s.* dosis de cocaína para aspirar por la nariz.

«Rara vez va sin una raya puesta.» Raúl del Pozo, *Noche de tahúres.* ▪ «¿Una rayita?» Jesús Ferrero, *Lady Pepa.* ▪ «Prada terminó de esnifar una enorme raya de coca...» Juan Madrid, *Flores, el gitano.* ▪ «Le parece que la forma fácil de escapar consiste en aspirar una nueva raya.» Pedro Casals, *Disparando cocaína.* ▪ «¿Es coca? [...] Le contesté que sí y, sin perder un minuto, la esnifó en tres o cuatro rayas. Estaba puesto, muy puesto.» M. Sánchez Soler, *Festín de tiburones.*

2. pasarse de la raya *expr.* exagerar, excederse.

«Es que ya se pasa de la raya.» B. Pérez Aranda *et al., La ex siempre llama dos veces.*

3. tener (mantener) a raya *expr.* controlar a alguien, tener a alguien bajo control para que no se propase.

«Al mismo tiempo contentaría al viejo y volvería a tenerle a raya para...» Juan Marsé, *Últimas tardes con Teresa.* ▌ «...un verdadera hijo de puta es un tío que mantiene a raya a los memos...» Ray Loriga, *Lo peor de todo.*

rayadura *s.* locura.

«...lleva diez años viviendo con un hacha en la cabeza, qué rayadura colega.» José Ángel Mañas, *Sonko95.*

rayar *v.* enloquecer, trastornar.

«Robbie Williams está rayado por el éxito de Jason...» Ragazza, junio, 1998. ▌ «Este trabajo de ave nocturna te ha rayado la cabeza.» Fernando Martínez Laínez, *Andante mortal.*

2. rayarse *v.* drogarse.

«...ahora se desviven por rayarse en Carpa-Dance...» Onofre Varela, A las barricadas, 18-24 mayo, 1998. ▌ «Estás rayada.» Fernando Martínez Laínez, *Andante mortal.* ▌ «Hermidótilo, tú te rayas y yo me ocupo de filmártelo todo.» R. Montero, *Diccionario de nuevos insultos...* ▌ «No veas lo rayao que me tienen las pirulas que me ha recetado el médico.» José Ángel Mañas, *Sonko95.*

rayo, como un rayo *expr.* con rapidez, deprisa.

«El tipo no se cortó un pelo y allá donde nos movíamos aparecía como un rayo...» B. Pérez Aranda *et al.*, *La ex siempre llama dos veces.* ✓ ▸ *velocidad, velocidad del rayo.*▌

2. que nos (me, te) parta un rayo *expr.* frase de maldición que implica fastidio y resignación.

«Y a los demás, que nos parta un rayo.» C. Pérez Merinero, *Días de guardar.*

3. saber (oler) a rayos *expr.* saber, oler muy mal.

«...el padre lo que tiene es una trapería que huele a rayos.» Ángel Palomino, *Un jaguar y una rubia.*

razón, entrar en razón *expr.* convencer(se), aceptar razonamientos.

«Para que vaya entrando en razón y no dé

más la lata le aplaudo el belfo un par de veces.» C. Pérez Merinero, *Días de guardar.*

2. tener más razón que un santo *expr.* tener mucha razón.

«...hay que reconocerlo, tenía más razón que un santo...» Carmen Martín Gaite, *Nubosidad variable,* 1992, RAE-CREA. ▌ «...comprendió que tenía más razón que un santo.» Javier Tomeo, *Amado monstruo,* 1985, RAE-CREA.

*reaccionario cf. (afines) facha.

real, dos reales *expr.* poco dinero.

«Tú ganarás dos reales, maja, pero bien los luces.» Miguel Delibes, *La hoja roja,* 1986, RAE-CREA. ▌▪ «Por dos reales que te ha costado la pluma, ¿qué quieres?»

2. ni un real *expr.* nada de dinero.

«¡Yo le deshereno, ni un real!» J. Jiménez Martín, *Ligar no es pecado.*

3. no valer un (dos) real(es) *expr.* no valer nada, tener escaso valor.

«...la pareja que formamos ya no vale un real.» Alfredo Bryce Echenique, *La vida exagerada de Martín Romaña,* 1981, RAE-CREA. ▌ «La orquesta esa no vale dos reales.» Miguel Delibes, *La hoja roja,* 1986, RAE-CREA.

4. sin un real *expr.* sin dinero.

«Tu tío se ha quedado sin un real.» Miguel Delibes, *Madera de héroe,* 1987, RAE-CREA. ▌ «...la pobre se había quedado sin un real.» Eduardo Mendicutti, *El palomo cojo,* 1991, RAE-CREA. ▌ «¿Otra vez estás sin un real? ¿En qué te gastas el dinero?» DCB.

rebañabotes *s.* drogadicto que emplea la droga desechada por otros.

«Me convertí en un *rebañabotes* que es como llaman en los poblados a los *yonquis* que recogen los restos de droga que dejan en los cacharros...» El Mundo, 5.10.99.

rebotar(se) *v.* enfadar(se), alterarse.

«Rebotarse. Alterarse una persona.» MM. ▌ «fam. Conturbar, poner fuera de sí a una persona, diciéndole injurias, dándole malas nuevas o causándole cualquier susto. Ú. m. c. prnl.» DRAE. ▌ «Lo que me rebotó fue la ironía con que me dio la enhorabuena.» CL.

rebote *s.* enfado.

«...Álvaro se podía coger un rebote de narices...» B. Pérez Aranda *et al.*, *La ex siempre llama dos veces.*

*recadero cf. (afines) manzanillo.

recañí *s.* ventana.

«...y se dio el lote por la recañí...» Ramón Ayerra, *Los ratones colorados.* ▌ «Recañí. Ventana.» Ra.

rechistar, sin rechistar *expr.* sin decir palabra, sin protestar.

«...pide una caja de *guerra en porciones* y el tendero se la da sin rechistar.» Miguel Martín, *Iros todos a hacer puñetas.*

recochineo, hacer algo de recochineo *expr.* para molestar, para incordiar, importunar.

«Lo de Antena 3 es de chiste. Tras la fechoría de sobremesa, como recochineo, obsequian a los niños con insomnio...» Federico Marín Bellón, ABC, 10.1.99. ▌ «Si te ocurre algún percance, aprovecha a hacer recochineo y...» El Jueves, 13.5.98. ▌ ▪ «Rosa le ha contado mis problemas a mi mujer de recochineo, para dejarme mal aunque diga que ha sido un desliz.»

recórcholis ▶ *córcholis.*

recortada *s.* escopeta con los cañones recortados.

«...ahora estaría encerrado en un supermercado disparando con una recortada...» Ray Loriga, *Lo peor de todo.* ▌ «...choris de poca monta, atracas de recortada, descuideros, peras...» Raúl del Pozo, *Noche de tahúres.* ▌ «Por supuesto que ellos no son mancos e intentan sobrevivir manejando la navaja o empuñando la pipa o la recortada...» José Luis Martín Vigil, *Los niños bandidos.* ▌ ▪ «Llevaban una recortada y dos pistolas.»

recto *s.* ano.

«...la universidad granadina concedió al conocido poeta su estandarte histórico que le fue impuesto por el recto.» Andrés Berlanga, *La gaznápira.* ✓ DRAE: «Zool. Dícese de la última porción del intestino de los gusanos, artrópodos, moluscos, procordados y vertebrados, que termina en el ano.

En los mamíferos forma parte del intestino grueso y está situada a continuación del colon. Ú. t. c. s. m.».▌

¡rediez! *excl.* exclamación eufemística por rediós.

«¡Déjeme entrar, rediez, que me estoy helando.» Terenci Moix, *Garras de astracán.* ▌ «Rediez, si tengo tres mechas rubias...» Virtudes, *Rimel y castigo.* ✓ *rediós.*▌

¡rediós! *excl.* exclamación de mucho enfado.

«Ya que esto se acaba sin remisión, ¡rediós!» Andrés Berlanga, *La gaznápira.* ▌ «Qué difícil pillarte, rediós.» Juan Marsé, *Si te dicen que caí.*

redondo *s.* bisexual.

«redondo. Bisexual o polisexual. Abierto a toda clase de relaciones sexuales.» Francisco Umbral, *Diccionario cheli.*

2. caer redondo *expr.* perder el conocimiento y caer.

«...y el chileno cayó redondo a tu lado...» Anacristina Rossi, *María la noche,* 1985, RAE-CREA. ▌ «Se desmayó, se cayó redondo al suelo.» J. M.ª Gironella, *Los hombres lloran solos,* 1986, RAE-CREA. ▌ ▪ «La Pepa cayó redonda del guantazo que le metió el marido.»

refanfinflar, me la refanfinfla *expr.* tener sin cuidado, no importar.

«...¿y si alguien te ve entrar con él? —Me la refanfinfla.» Jaime Romo, *Un cubo lleno de cangrejos.* ✓ ▶ *repamfinflar.*▌

refrito *s.* escrito publicado varias veces.

«Refrito de la edición analógica.» A las barricadas, 3-14 junio, 1998. ▌ «Es posible que publique un nuevo libro, de esos que saca, refritos de sus artículos en el periódico.» Álex de la Iglesia, *Payasos en la lavadora.* ▌ ▪ «Ese libro que dice que es nuevo, es un refrito que publicó hace años.» ✓ DRAE: «fig. Cosa rehecha o recompuesta. Se usa comúnmente hablando de la refundición de una obra dramática o de otro escrito».▌

regadera, estar como una regadera *expr.* demente, loco.

«Dirían ustedes que en este diario estamos como una regadera.» Javier Ortiz, El Mundo, 25.9.99. ▌«La señora Adela, su mujer, seguía como una regadera, haciendo viajes al cielo en sus sueños...» J. Jiménez Martín, *Ligar no es pecado.* ▌«En fin, que estoy como una regadera.» C. Rico-Godoy, *Cómo ser infeliz y disfrutarlo.* ▌■▪ «Por favor, no hagas cosas raras en público porque van a pensar que estás como una regadera.»

regalar los oídos ▸ *oído, regalar los oídos.*

regalo, no ser un regalo *expr.* resultar una cosa peor de lo que aparenta.

«Lo tuyo no es un regalo.» Juan José Alonso Millán, *Sólo para parejas,* 1993, RAE-CREA. ▌■▪ «Que te haya tocado de herencia esa casa vieja no es precisamente un regalo.»

***regañar** cf. (afines) coger por *banda, echar la *bronca, poner a *caldo, cantar las cuarenta, dar el *cante, dar *caña, llamar a *capítulo, dar la *charla, montarse a la *chepa, montar un *cirio, ajustar las *cuentas, mandar al *cuerno, sentar el *culo a alguien, mandar a *freír espárragos, mandar a *freír monas, pagarla con, dar la *paliza, acabar a *palos, poner a *parir, pelar vivo, echar los *perros, sacudir el *polvo, dar la *regañina, dar un *repaso, poner en *solfa, poner a *tono, dar un *toque, poner como un *trapo, dar la *vara, poner *verde, poner de *vuelta y media.

regañina, dar la regañina *expr.* regañar.

«La bola de pan es motivo de regañina por parte del padre.» Gomaespuma, *Familia no hay más que una.* |✓ DRAE: «f. Reprimenda, regaño, rapapolvo».|

***regentadora de prostíbulo** cf. (afines) ama, ama de putas, dueña de burdel, madama, madame, sultana.

registrar, a mí que me registren *expr.* expresión que indica ignorancia.

«Pero a mí que me registren, allá cada cual con su conciencia.» C. Pérez Merinero, *Días de guardar.*

registro *s.* especialidad delictiva.

«entre los que tocan este palo o registro hay de todo...» Manuel Giménez, *Antología del timo.* |✓ tocar un registro o tocar un palo es

practicar una especialidad delictiva concreta. ▸ Jesús García Ramos, *Lenguajes marginales.*|

regla, tener (estar con, venir) la regla *expr.* menstruar.

«...ya quería salir de noche; y es que con 11 años ya tenía la regla...» Judit Mascó, El Mundo, 21.8.99. ▌«Pero bueno, tía, ¿tienes la regla o vas mal follada?» P. Antilogus, J. L. Festjens, *Anti-guía de los conductores.* ▌ «Tengo jaqueca o estoy con la regla.» María Antonia Valls, *Para qué sirve un marido.* ▌ «Es que esta mañana se ha levantado muy malita con la regla...» María Teresa Campos, *Cómo librarse de los hijos antes de que sea demasiado tarde.* ▌«Y yo qué sé, le habrá venido la regla...» María Antonia Valls, *Tres relatos de diario.* ▌«Verdades y mentiras sobre el sexo. No se puede hacer si se tiene la regla.» You, marzo, 1998. ▌■▪ «No le hagas caso a Macarena que cuando está con la regla se pone muy borde.»

regulín, regulán *expr.* así, así.

«Me lo hizo adrede para vengarse porque la verdad es que nos llevábamos regulín, regulán.» C. Rico-Godoy, *Cómo ser una mujer y no morir en el intento.* ▌«...dijo que en su departamento las ventas iban regulín regulán.» Ángel Palomino, *Todo incluido.* ▌«¿Y a ti cómo te van las representaciones? —Regulín.» Cristóbal Zaragoza, *Y Dios en la última playa.*

rehostia, la rehostia *expr.* el colmo.

«Si es qu'esto es la rehostia.» C. Rico-Godoy, *Cómo ser una mujer y no morir en el intento.* ▌«Dice que soy la rehostia frita con el capote...» Rodolfo Santana, *Mirando al tendido,* 1991, RAE-CREA, ▌■▪ «¡Lo que haces en público es simplemente la rehostia!»

reinona *s.* homosexual, travestido.

«Los aumentativos suelen tener buena fortuna en nuestra lengua: cabrón, mamonazo, putón, mujerona, reinona...» Francisco Umbral, *La derechona.* ▌«reinona. Vale por carroza.» Francisco Umbral, *Diccionario cheli.* ▌«...si un conductor estuvo a punto de atropellarnos, podemos gritarle *maricón* o *mariconazo* pero es muy poco probable que lo tildemos de *mariposa, pluma, reinona.*» AI.

I ◾ «Fernando es una reinona y sale de noche vestido que tenías que verlo.» I «Drag Queen. Travestidos que se ataviaban con trajes exagerados y espectaculares. Tradúzcase como reinona, en cursiva.» El País, *Libro de estilo.*

reír, reír a mandíbula batiente *expr.* reír mucho.

«Pensó que tal vez el teniente Miaja se podía estar riendo a mandíbula batiente...» Jaime Romo, *Un cubo lleno de cangrejos.*

2. reír que se mata *expr.* reír mucho.

«Pedro ríe que se mata...» Juan José Alonso Millán, *Oportunidad: bonito chalet familiar,* 1991, RAE-CREA.

rejas, entre rejas *expr.* cárcel, prisión.

«...banqueros, financieros, empresarios y comparsas han conocido la vida entre rejas...» ABC, 14.3.98. I «Es distinto estar preso habiendo estado solo cuando se era libre, a estar tras las rejas alejado de la novia...» Victoriano Corral, *Delitos y condenas.* I ◾ «Pepe está entre rejas desde ayer por intento de robo a mano armada.»

releche *adj.* difícil, complicado, el colmo.

«Rafa es la leche, la releche y la Biblia en verso...» El Mundo, 25.5.96. I ◾ «Pintar la casa en un día es la releche.»

2. exclamación eufemística.

«¡Releche!, exclamó Martín.» Terenci Moix, *Garras de astracán.*

relumbrón, de relumbrón *expr.* de importancia, de relieve.

«...el paso inicial, o sea hacerse pasear por alguien de relumbrón...» Carmen Posadas, *Yuppies, jet set, la movida y otras especies.* I «Los escritores segundones [...] llevaban ellos mismos sus originales [...] a veces también se acercaban los de relumbrón...» Andrés Berlanga, *La gaznápira.*

remedio *s.* abogado, procurador.

«Remedio. Abogado de turno de oficio.» JGR. I «Remedio. Procurador.» Ra.

remiendo *s.* trabajo, tarea mal hecha, improvisación.

«Por eso el remiendo del Conde de Mayalde...» El Mundo, 1.7.96. I «...los líderes encargaron el remiendo a sus ministros de Exteriores.» El País Digital, 9.7.97.

remo *s. pl.* pierna, pata.

«Otro frágil heredero que conocí en mi adolescencia, fino de remos, de ojos grandes y delirantes...» Francisco Nieva, ABC, 12.4.98. I «...de finos remos y cabeza airosa...» C. J. Cela, *El gallego y su cuadrilla.* I «...se despidió de ella con una gran patada en el rostro [...] lo que se dejaba suponer que se trataba de un criminal duro de remos.» Fernando Martínez Laínez, *Andante mortal.* I «Incluso la oveja, si hubiese marchado bien de remos, no hubiese aguantado la perorata.» Ernesto Parra, *Soy un extraño para ti.* I «Los remos no le respondieron...» C. Pérez Merinero, *La mano armada.*

2. meter el remo *expr.* equivocarse.

«Meter la pata, el remo. Hacer una cosa equivocadamente, inoportunamente.» LB. I «...no abrí la boca, no fuera a meter el remo.» C. Pérez Merinero, *La mano armada.*

remolón, hacerse el remolón *expr.* vago, perezoso, gandul.

«La capacidad de trabajo es casi una virtud, por lo que la correspondiente ristra de insultos fustiga a quienes huyen de él: [...] remolón;... manta;... rompesillas;... escaqueao;... zanguango;... más vago que la chaqueta de un guardia;...; no dar golpe; [...] no pegar golpe;...» AI. I ◾ «Siempre que tenemos que fregar los platos, los hombres de la casa se hacen los remolones.»

renacuajo *s.* persona pequeña, niño.

«Soy maestro y tengo en clase a veinte renacuajos.» CL. I «En cuanto a los menudos [...] su estatura los hermana en el grupo de los retacos: [...] canijo [...] chaparro; chaparrete [...] enano... esmirriado... mediohombre; [...] microbio; pigmeo; renacuajo; retaco; [...] taponcete...» AI. I «...las circunstancias que acompañan al escritor son dos renacuajos, Eduardo y Diego...» Qué leer, 27.11.98. I «Se pirra, desde que era un renacuajo, por Kim Basinger.» Ragazza, agosto, 1997. I «...siempre abre la misma renacuaja de puntillas...» Juan Marsé, *Si te dicen que caí.* I ◾ «Pepe es un renacuajo que no levanta un palmo del suelo.»

rengue *s.* ferrocarril.

« Los que trincaban en el rengue, en el tren para que me entienda...» Raúl del Pozo, *Noche de tahúres.*

renuncio *s.* mentira, embuste.

«Pero tanto colaborador cogido en renuncio y tanta mentira por intentar salvar la cara...» El Mundo, 15.1.95. ❘■" «Si le pillo en un renuncio, le pongo de patitas en la calle.»

reoca, ser la reoca *expr.* ser el colmo, extraordinario.

«Ese muchacho es la reoca porque nunca le veo estudiando y siempre aprueba con buenas notas.» CL. ❘■" «Nos reímos mucho en la reunión. Fue la reoca.»

repajolero *adj.* maldito.

«...vete a saber en qué cárcel de este repajolero país...» A. Zamora Vicente, *Mesa, sobremesa.* ❘ «...dos cosas de las que usted no tiene repajolera idea...» A. Zamora Vicente, *Historias de viva voz.* ❘ «Hasta creo que..., que tiene once hijos, ha dicho con su repajolera gracia andaluza...» Felipe Navarro (Yale), *Los machistas.* ❘ «¡Mírala, qué repajolera gracia tiene para agarrar la escopeta!» C. J. Cela, *El gallego y su cuadrilla.* ❘■" «La repajolera cuenta ha sido más alta de lo que yo esperaba.» ❘✔ ▸ también *pajolero.*❘

repamfinflar *s.* no importar, tener sin cuidado.

«A pesar de la amenaza del castigo divino, (George) Bush dice que se la repamfinfla y que no piensa dimitir...» María Antonia Valls, *Tres relatos de diario.* ❘✔ ▸ *refanfinflar.*❘

repanocha, ser la repanocha *expr.* el colmo, extraordinario.

«...cuentas en el extranjero, y casas aquí y allá, viajes, la repanocha...» A. Zamora Vicente, *Mesa, sobremesa.* ❘ «Lolo es la repanocha, cada capítulo mejor que el anterior.» Rambla, n.° 19. ❘ «¡La panocha, qué cochino mundo!» Carlos Arniches, *Chico peñuelas,* RAE. ❘ «...el colmo de las cosas, la repanocha, el copón...» Ramón Ayerra, *Los ratones colorados.*

repaso, dar un repaso *expr.* regañar, golpear.

«Nos han dado un repaso...» Felipe Navarro (Yale), *Los machistas.* ❘ «Dicen que por el boquete que le hice se le veía la sesada. Buen repaso le di.» B. Pérez Galdós, *Fortunata y Jacinta.* ❘ «Si ves que te sigue sobrando, cojones, me vienes a ver al despacho y te doy otro repaso.» El Gran Wyoming, *Te quiero personalmente.* ❘■" «Le voy a dar un repaso a mi hijo tan pronto llegue a casa.» ❘■" «Tienes que darle un buen repaso a tu marido, ¿sabes?»

2. dar un repaso *expr.* sobar, toquetear.

«...al estar la habitación a oscuras, parece ser que le dio un pequeño repaso. Purita gritó...» Juanma Iturriaga, *Con chandal y a lo loco.* ❘ «...le daba un repaso demasié. Con una mano le trasegaba el culo enseñando al personal sus braguitas...» A. Matías Guiu, *Cómo engañar a Hacienda.*

repatear *v.* enfadar, molestar, fastidiar.

«He notado que te repateaba lo que decía.» M. Vázquez Montalbán, *Los alegres muchachos de Atzavara.* ❘ «Me repatea tener que madrugar tanto.» CL. ❘ «A mí es que la cocina me repatea...» Eloy Arenas, *Los vecinos de mis vecinos son mis vecinos.* ❘■" «Me repatea que estés todo el día sin hacer nada.» ❘✔ DRAE: «tr. fam. Fastidiar, desagradar mucho una cosa. Ú. t. c. intr.».❘

repe *s.* repetido, especialmente objetos de colección.

«Los cromos del verano ya han llegado. Son cromos repes en su mayoría...» Carmen Rigalt, El Mundo, 1.8.98.

repelente *s.* inaguantable.

«...el empollón no tiene por qué ser ese niño repelente...» La Luna, TVE1, 26.1.89. ❘ «...me caes repelente...» Sergi Belbel, *Caricias,* 1991, RAE-CREA. ❘■" «El hijo de los Martínez es un repelente, inaguantable, asqueroso.»

repelús, dar repelús *expr.* dar repugnancia, asco, miedo.

«A mí misma me daría un poco de repelús que Sergio o Diego se enamoraran de un vejestorio como yo...» C. Rico-Godoy, *Cómo ser una mujer y no morir en el intento.* ❘

«Te dan repelús los asuntos familiares.» Ragazza, agosto, 1997. ❙ «El aborto le da mucho repelús y cree de verdad que es como...» C. Rico-Godoy, *Cómo ser infeliz y disfrutarlo.* ❙ «Odio los gatos. Me dan repelús.» B. Pérez Aranda *et al., La ex siempre llama dos veces.*

repera *s.* el colmo.
«...para los detalles padre era la repera.» Ramón Ayerra, *Los ratones colorados.* ❙ «...detuve a un estudiante de Filosofía y fue la repera.» C. Pérez Merinero, *La mano armada.*

repetidor *s.* alumno que repite asignatura.
«Los exámenes de repetidores estaban al caer...» M. Vázquez Montalbán, *Los alegres muchachos de Atzavara.* ❙ «Quimi y Valle, que son repetidores, consiguen aprobarlo todo.» SúperPop, junio, 1999.

requetebién *adv.* muy bien.
«Requetebién. Eso se llama visión de futuro, no diga que no.» A. Zamora Vicente, *Historias de viva voz.*

resaca *s.* dolor de cabeza y malestar matutino por haber bebido alcohol.
«Imperia lo atribuyó a la resaca de la noche anterior.» Terenci Moix, *Garras de astracán.* ❙ «...se saldó con la incomparecencia ante la prensa de Steve Hewitt, con una resaca monumental que le mantuvo en el hotel.» Carlos Moral, El Mundo, La luna del siglo XXI, 9.10.98. ❙ «Estilo de conversación execrable, pero el único que me permiten las resacas.» Juan Marsé, *La oscura historia de la prima Montse.* ❙ «...temió los residuos de la resaca...» Álvaro Pombo, *Los delitos insignificantes.* ❙ «Cuba celebra con resaca cuarenta años de revolución.» El Mundo, 2.1.99. ❙ «Era una época de fuertes resacas políticas...» C. García Campoy, ABC, 9.10.99. ❙✔ DRAE: «Malestar que padece al despertar quien ha bebido en exceso». ▶ *resacón.*❘

resacón *s.* dolor de cabeza y malestar matutino por haber bebido alcohol.
«Llegó a la redacción [...] por la mañanita con un careto de resacón que te pasas...» Ragazza, junio, 1998. ❙▪ «Anoche bebí demasiado y ahora tengo un resacón de miedo.»

resbalar *v.* ignorar, no importar, ser indiferente.
«No es nada ambiciosa. El mundo del poder y del dinero le resbala.» Ragazza, n.° 101. ❙ «A Onofre Bouvila, sin embargo, todo esto le resbalaba por el momento.» Eduardo Mendoza, *La ciudad de los prodigios.* ❙ «Le resbaló el comentario...» M. Vázquez Montalbán, *La historia es como nos la merecemos.* ❙ «Los hechos y las personas parecen resbalarle.» Fernando Martínez Laínez, *Bala perdida.* ❙ «Parece que las preguntas le resbalan, o no entiende nada...» Álex de la Iglesia, *Payasos en la lavadora.* ❙✔ DRAE: «fr. verbal. Dejar indiferente, no afectar lo que se oye o lo que sucede».❘

*resignarse cf. (afines) ▶ *paciencia.*

respiración, cortar la respiración *expr.* sorprender, impresionar.
«...un requetehotel de esos que te cortan la respiración.» B. Pérez Aranda *et al., La ex siempre llama dos veces.*

respirar tranquilo *v.* sentirse tranquilo, aliviado.
«...las personas [...] que han llevado a Liaño a esta situación, puedan respirar tranquilos, gozosos.» Carlos Dávila, ABC, 9.10.99. ❙ «Y así, sólo respiró tranquilo cuando ella inició la conversación...» Ángeles Caso, *El peso de las sombras,* 1994, RAE-CREA. ❙ «Sáinz puede respirar tranquilo y los jugadotes también.» ABC Electrónico, 9649, 1997, RAE-CREA. ❙▪ «Puedes respirar tranquilo porque ya se ha ido la policía.»

respiro *s.* pausa, descanso.
«El gobierno dice que ETA pone excusas para tomarse un respiro.» El Mundo, 28.8.99. ❙ «En cuanto termine de mecanografiar la carta me tomaré un respiro.» CL. ❙▪ «¡Tomemos un respiro para fumar un cigarrillo!» ✔ DRAE: «fig. Rato de descanso en el trabajo, para volver a él con nuevo aliento».❘

respondón *s.* el que contradice y cuestiona la autoridad.
«...la operación tiene su dificultad: de vez en cuando sale algún respondón, tú a mí

no me mandas, y Onofre tiene que emplearse a fondo...» Miguel Martín, *Iros todos a hacer puñetas.*

*restaurante cf. (afines) bodegón, bodegoncillo, casa de comidas, chino, comedero, fondín, fondelo, italiano.

resto *s.* cantidad de dinero.

«Para muchos de los sistemas que harían saltar la banca se necesita un resto...» Raúl del Pozo, *Noche de tahúres.*

2. echar el resto *expr.* esforzarse, trabajar con ahínco.

«El chico no era muy inteligente, así que tuvo que echar el resto para poder aprobar el examen.» FV.

3. para los restos *expr.* para siempre.

«No se sabe si es que se quedará ya así para los restos, o porque, como todos los bebés, tiene cara de pepino.» Gomaespuma, *Familia no hay más que una.* ▌ «...o la vuelve loca para los restos.» Fernando Quiñones, *Las mil y una noches de Hortensia Romero,* 1979, RAE-CREA.

restregar algo por las narices ▶ *narices, pasar (restregar) algo por las narices a alguien.*

resultón *adj.* atractivo, que gusta.

«Lourdes piensa que Mario es un tío resultón, buen conversador...» Jesús Cacho, *Asalto al poder,* 1988, RAE-CREA. ▌ «...pero era muy resultón en los puticlubs.» Miguel Sánchez-Ostiz, *Un infierno en el jardín,* 1995, RAE-CREA. ▌ «No es guapa pero es muy resultona.» CL. ▌ «Resultón: atractivo.» JMO. |✔ DRAE: «adj. fam. Que gusta por su aspecto agradable».▌

retablo *s.* viejo, anciano.

«Si usted no quiere pasar por retablo, carroza, o retro; si ya no se puede decir que sea un bollicao o una yogurcito...» Luis Ignacio Parada, ABC, 13.12.98. ▌ «La mejor manera de engatusar a estos retablos es haciéndoles creer que no se han enrollado a una puta.» Andreu Martín, *Amores que matan, ¿y qué?* ▌ ◾ «Mi abuela se reúne con otros retablos para jugar a las cartas.»

retaco *s.* persona pequeña.

«Estefanía mide 1,76 y tú eres un retaco...» Ladislao de Arriba, *Cómo sobrevivir en un chalé adosado.* ▌ «En cuanto a los menudos [...] su estatura los hermana en el grupo de los retacos: [...] canijo [...] chaparro; chaparrete [...] enano... esmirriado... mediohombre; [...] microbio; pigmeo; renacuajo; retaco; [...] taponcete...» AI. ▌ ◾ «El novio de Eva es un retaco que no levanta un palmo del suelo.»

retaguardia *s.* nalgas, ano.

«Cubre la retaguardia, amanerado anda cerca.» R. Gómez de Parada, *La universidad me mata.* ▌ «...se las arregló para pincharme la retaguardia con el mango del plumero...» Pgarcía, *El método Flower.* ▌ «...si fuese a tener complejos porque los hombres empiecen a fijarse en una por la retaguardia.» Ángel Palomino, *Un jaguar y una rubia.* ▌ «El cura, que sabía defender la retaguardia, pues la había logrado salvar de varias embestidas sufridas en el seminario...» El Gran Wyoming, *Te quiero personalmente.* ▌ «El del brazo en cabestrillo aprovecha el susto de la tía del lacito para arrimarse todavía más a ella. Le está poniendo la retaguardia a caldo.» C. Pérez Merinero, *Días de guardar.*

2. dar (atacar) por la retaguardia *expr.* sodomizar.

«...y a mí no saben que todos me dan por la mismísima retaguardia.» A. Zamora Vicente, *Mesa, sobremesa.* ▌ «Cuando la recluta lleve bandera roja, deberá prever que el enemigo ataque por la retaguardia.» A. Jiménez, *Picardía mexicana,* en DE.

retambufa *s.* nalgas, trasero.

«El plan hidrológico nacional se fue a tomar por retambufa y...» Jaime Campmany, ABC, 1.3.98. ▌ «...cualquier día le van a dar por retambufa...» Francisco Umbral, *Madrid 650.* ▌ «Ten cuidado con ese sitio que está lleno de maricones. A la que te descuidas te están dando por la retambufa.» DE.

retestinado *s.* antipático, triste.

«...más amargado que el culo de un pepino; retestinao...» AI.

retirar *v.* convertir a una mujer en amante. «...decidió aplazar su oferta del plan del *jubilación prematuro* que pretendía hacerle a Sara... O dicho en lenguaje coloquial, en ese momento no la podía *retirar*.» El Gran Wyoming, *Te quiero personalmente.*

retorcido *adj. y s.* persona de malas ideas e intenciones. «¡Qué hombre más retorcido!» Ángel Vázquez, *La vida perra de Juanita Narboni,* 1976, RAE-CREA. ❚ «No te hagas el retorcido, que no te va!» Carmen Resino, *Pop y patatas fritas,* 1991, RAE-CREA. ✔ DRAE: «adj. fam. Dícese de la persona de intención sinuosa».❚

*retrasado cf. (afines) ▶ *tonto.*

retrasado *s.* necio, tonto. «El crítico/profesor peca tanto si no reconoce los méritos de las supuestas lumbreras como si catea a los retrasados.» María Sarmiento, La Esfera, El Mundo, 8.5.99.

2. retrasado mental *s.* necio, tonto. «...sarta de retrasados mentales con sueldos de genios...» Ramón Escobar, *Negocios sucios y lucrativos de futuro.* ❚ «El retrasado mental, por otra parte, observaba desde su oscura condición...» Juan José Millás, *Tonto, muerto, bastardo e invisible.* ❚ «...retrasado mental que se burla constantemente de los demás.» R. Montero, *Diccionario de nuevos insultos...* ❚ «Se buscó la compañía de un animal llamado Guzzler, una especie de retrasado mental...» Andreu Martín, *El señor Capone no está en casa.* ❚ «Me enamoré como una retrasada mental.» José Luis Muñoz, *Pubis de vello rojo.*

retratarse *v.* pagar, abonar, arriesgar. «...un pleito no es nada fácil, ay amigo, hay que retratarse.» Miguel Sánchez-Ostiz, *Un infierno en el jardín,* 1995, RAE-CREA. ❚ «O se retrata o va al juzgado.» JM. ❚◼ «Cuando llega la época de la declaración de la renta para Hacienda, todos tenemos que retratarnos.»

*retrete cf. (afines) ▶ *baño.*

retro *adj.* antiguo, anciano. «Si usted no quiere pasar por retablo, carroza, o retro; si ya no se puede decir que sea un bollicao o una yogurcito...» Luis Ignacio Parada, ABC, 13.12.98. ❚◼ «En el asilo de ancianos sólo ponen música retro, de los años cuarenta.»

revendedor ▶ *reventa.*

reventa *s.* el que vende más caro entradas para un espectáculo, compradas de antemano. «Vamos a buscar un reventa —digo.» José Ángel Mañas, *Historias del Kronen.* ❚ «El Jaro es un reventa conocido...» El Mundo, 3.12.96. ❚◼ «Vamos a comprar las entradas al reventa ése para no tener que esperar la cola.»

2. *s.* actividad ilegal de venta clandestina de entradas a locales. «La reventa había acaparado fondos...» ABC Electrónico, 8157, 1997.

reventado *adj.* cansado, fatigado. «Despejen la calzada, por favor, que estos hombres vienen reventados...» Miguel Martín, *Iros todos a hacer puñetas.* ❚ «...se aturdía en el trabajo hasta caer reventado en el lecho...» Carmen Gómez Ojea, *Cántiga de agüero,* 1982, RAE-CREA. ❚◼ «He bailado tanto esta noche que estoy reventada.»

reventar *v.* enfadar, contrariar. «Me revienta la gente que va por la vida de espectador...» M. Vázquez Montalbán, *Los alegres muchachos de Atzavara.* ❚ «Al cura le reventó el encuentro.» Ramón Ayerra, *La lucha inútil,* 1984, RAE-CREA. ❚◼ «El nuevo director me revienta cada vez que me llama para darme la tabarra.»

2. estropear, causar un mal. «No quería reventar el drama.» Fernando Arrabal, *La torre herida por el rayo,* 1983, RAE-CREA. ❚ «¡Increíble! ¡Me ha reventado usted!» Alfredo Bryce Echenique, *La vida exagerada de Martín Romaña,* 1981, RAE-CREA. ❚◼ «No dejes que sus bobadas revienten el proyecto.»

3. forzar cajas de caudales o pisos para robar. «Reventar. Robar cajas de caudales.» JGR. ❚ «Revienta pisos y chalets y luego lo vende.» Rambla, n.º 29.

4. morir.

«...trabajó durante dieciocho años de limpiabotas hasta que reventó.» Juan Madrid, *Un beso de amigo.* ▌ «¡Todos reventamos antes o después!» Jesús Ferrero, *Ópium,* 1986, RAE-CREA.

5. a reventar *expr.* muy lleno, atiborrado.

«La playa del hotel estaba a reventar.» Ignacio Carrión, *Cruzar el Danubio,* 1995, RAE-CREA.

revienta pisos *s.* ladrón de pisos.

«La pasma, que es una exagerada, dice que soy un revienta pisos.» A. Matías Guiu, *Cómo engañar a Hacienda.*

revolcar *v.* suspender examen.

«...Cristóbal se sacó el carné después de que lo revolcaran siete veces...» Andrés Berlanga, *La gaznápira.*

2. revolcarse *v.* copular.

«El italianini debía estar ansioso por revolcarse con ella...» Andreu Martín, *El señor Capone no está en casa.* ▌ «¡Dime cabrona, con quién anduviste revolcando...» David Martín del Campo, *Las rojas son las carreteras,*1976, RAE-CREA.

revolcón *s.* cópula, copular.

«¡Estás para darte un revolcón!» Ragazza, n.° 101. ▌ «...tenga que irse a Londres para que el fruto de su vientre y del revolcón amoroso pueda ostentar los apellidos de sus padres.» Felipe Navarro (Yale), *Los machistas.* ▌ «Cobro por revolcones, no por amistad.» Pgarcía, *El método Flower.* ▌ «Quiero algo seguro, no ir y venir a esta casa como el cobrador del gas para que me des un revolcón.» Juan Madrid, *Las apariencias no engañan.* ▌ «Lo que necesitas es un buen revolcón...» Jaime Romo, *Un cubo lleno de cangrejos.* ▌■ «Esa tía necesita un buen revolcón, que la follen bien follada.»

2. dar(se) un revolcón *expr.* copular.

«En la boda había bebido como una sepia, y sólo pensaba en el revolcón que me iba a dar con Mari Jose en el hotel...» ¿Qué me dices?, 11.4.98. ▌ «Ésa necesita que alguien le dé un buen revolcón.» Care Santos, *El tango del perdedor.* ▌ «Paco y Sonia se dieron un buen revolcón anoche, que los vi.» DCB.

ricacho *s.* persona muy rica.

«Y a cuántos ricachos...» Juan Marsé, *Si te dicen que caí.*

ricitos de oro *s.* persona de cabello rubio.

«Cálmate, hermanita, ricitos de oro, ojos de azabache...» Ednodio Quintero, *La danza del jaguar,* 1991, RAE-CREA. ▌■ «Oye, ricitos de oro, guapa, ven aquí que te quiero hablar.»

*rico cf. (afines) estar *forrao, tener *forro, millonetis, montado en el dólar, tener mucha *pasta, tener pelas, tener *perras, de posibles, tener el *riñón bien cubierto.

rico *adj.* guapo, atractivo.

«...darle un azotillo en el culete a Mari Pili que está muy rica...» Ángel Palomino, *Insultos, cortes e impertinencias.* ✔ el DRAE no contempla esta acepción.▌

ricura *s.* encanto, agradable; palabra de afecto.

«Y tú no tengas miedo, ricura.» Juan Marsé, *Si te dicen que caí.* ▌ «...era una monada, una ricura...» José Donoso, *La casa de campo,* 1978, RAE-CREA. ▌■ «Oye, ricura, guapita, ¿por qué no me das un besito?» ▌ «¡Qué ricura!» Gilberto Chávez, *El batallador,* 1986, RAE-CREA. ▌ «¡Y tú prepárate, ricura!» José Luis Martín Vigil, *En defensa propia,* 1985, RAE-CREA. ▌■ «Es una ricura de apartamento.»

ridi *s.* ridículo.

«...están haciendo mucho daño a la noble causa catalana y poniendo en ridi al honorable.» Francisco Umbral, El Mundo, 28.1.98. ▌ «Sentir que está haciendo el ridi en público.» Ragazza, julio, 1997. ▌ «No seas ridi.» Juan Marsé, *Si te dicen que caí.* ▌■ «Les he contado la anécdota del jefe y ya la sabían todos, he hecho el ridi.»

rienda, dar rienda suelta *expr.* no poner freno a algo.

«...justo antes de despedirse, darán rienda suelta a sus sentimientos.» SúperPop, junio, 1999. ▌ «Dio rienda suelta a su indignación.» LA.

rifo *s.* niño utilizado por mendigos para pedir limosna.

> «Los padres del rifo cobran un fijo o comisión sobre la recaudación...» Manuel Giménez, *Antología del timo.* ∎ «Rifo: Niño que se emplea para pedir limosna, previo un pago de alquiler a su familia.» JGR.

ril *s.* flatulencia.

> «Ril: ventosidad, pedo.» JV. ∎ «Ril: pedo.» JMO. ∎ ▪ «Ese ril que te has tirao huele que apesta, macho.» ✓ no se ha podido documentar fuera de diccionarios.∎

rilado *s.* cobarde, miedoso.

> «...insultos doblemente ofensivos gracias al elemento escatológico y tabú para manchar (nunca mejor dicho) el honor del interpelado: [...] cagón, cagajón, cagarria, jiñado, rilado, culeras, mojaculos [...] mierda, mierdica...» AI.

rilar(se) *v.* peer.

> «Rilarse: peerse...» JMO. ∎ «Rilar: ventosear.» JV. ∎ «Rilarse. Ventosearse, peerse.» VL. ∎ «Rilarse. Tirarse pedos.» S. ∎ «Rilarse. Peerse. Soltar un muerto.» Ra. ✓ no se ha podido documentar fuera de diccionarios.∎

2. echarse atrás, rajarse.

> «Empezamos a correr el kilómetro y el menda se me rila a la mitad. Espera, me dice, voy a reponerme.» El Gato Encerrado, 3-9 julio, 1998. ∎ «Mariano Rubio que aun no se rilaba...» El Mundo, 30.5.96.

rincón, tener un (buen) rincón *expr.* ahorros, ahorrillos.

> «Últimamente nos iba muy, muy bien. Sí. Tenía un buen rincón.» Pedro Casals, *La jeringuilla.* ∎ ▪ «Me consta que Fernando tiene un buen rincón y no está tan pobre como dice.»

ringorrango, de ringorrango *expr.* de afectada y superflua importancia.

> «...productos culturales de noble ringorrango e impecable factura.» El Mundo, 1.6.94. ∎ «...organismos oficiales y particulares de gran ringorrango.» Manuel Hidalgo, *Azucena, que juega al tenis.* ∎ ▪ «Los Antúnez se nota enseguida que son gente de ringorran-

go. Son muy finolis todos ellos.» ✓ para el DRAE es: «fig. y fam. Cualquier adorno superfluo y extravagante. Ú. m. en pl.».∎

riñón, costar un riñón *expr.* costar mucho, ser caro.

> «...pero se juega uno los bronquios, el pulmón y el corazón, aparte de costarle un riñón, en el más exacto sentido...» José M.ª Zabalza, *Letreros de retrete y otras zarandajas.* ✓ ▶ costar, costar (salir por, valer) un riñón (un ojo de la cara).∎

2. riñones *s.* testículos, valor, arrojo.

> «En el cielo manda Dios; / [...] / y en el pueblo de Campillo / los riñones de Atiliano.» Rafael García Serrano, *Diccionario para un macuto.* ∎ «...y no ha nacido todavía quien me rompa la cabeza. Inténtelo si tiene riñones.» Juan Madrid, *Un beso de amigo.* ∎ «...invitándoles a que le sigan, si tienen riñones, hasta la taberna del Chepa...» José Gutiérrez-Solana, *Madrid, escenas y costumbres, Obra literaria, I.* ∎ «...esa definición extraña del valor que se concreta en la palabra riñones y que ha sido y será el causante de todas nuestras desdichas.» Eugenio Noel, citado por Rafael García Serrano, *Diccionario para un macuto.* ✓ C. J. Cela, *Diccionario secreto*: «...el pueblo español supone que el valor reside en los cojones (o por ext., en el hígado o en los riñones o donde fuere)...».∎

3. tener el riñón bien cubierto *expr.* tener dinero, ser rico.

> «Aquí ha hecho dinero, se ha casado y se hace viejo con el riñón bien cubierto, pues el negocio le funciona...» Fernando Martínez Laínez, *Andante mortal.* ∎ «Además, el padre de ella, de Bertita, también tenía los riñones bien cubiertos...» J. Jiménez Martín, *Ligar no es pecado.* ∎ «...que sólo aspira a tener el riñón cubierto, y a la chita callando intenta atizar...» José M.ª Zabalza, *Letreros de retrete y otras zarandajas.* ∎ «...pero tendrán que esperar a que dé otra vez la vuelta la tortilla y cuando eso suceda tenemos que tener bien cubierto el riñón.» Jaime Romo, *Un cubo lleno de cangrejos.*

risa, partirse (cagarse, descojonarse, mearse, mondarse, morirse, revolcarse) de risa *expr.* reírse mucho.

> «...es decir, que no te partes de risa por cual-

quier tontería.» You, marzo, 1998. ▌ «...literalmente se tenían que cagar de risa...» Alfredo Bryce Echenique, *Magdalena peruana y otros cuentos,* 1986, RAE-CREA. ▌ «Era como para morirse de risa.» Fernando Arrabal, *La torre herida por el rayo,* 1982, RAE-CREA. ▌«Más de 400.000 espectadores murieron de risa el pasado fin de semana.» ABC, 19.3.99. ▌ «Sería para morirse de risa.» C. Pérez Merinero, *Días de guardar.* ▌ «Mi mujer se mondaba de risa.» Luis Ignacio Parada, ABC, 5.9.99. ▌ «Reír: revolcarse de risa.» DTE. ✓ ▸ también *mondarse (de risa).*▌

2. de risa *expr.* poco serio.

«Con las empresas que tiene, solamente con las que hemos visto, doce millones parecen de risa.» Juan Madrid, *El cebo.* ▌ «Los controles de seguridad que se establecieron en la entrada del nuevo y flamante estadio sevillano eran de pura risa...» El Mundo, 22.8.99.

3. echar (hacer) unas risas *expr.* divertirse.

«...si quiere saber dónde se pueden echar unas risas...» Luis Ignacio Parada, ABC, 13.12.98. ▌ «Cuando [...] trabajan también se echan unas risas de impresión.» Ragazza, agosto, 1997. ▌ «Sólo risas, risas, risas. Toda la noche haciendo risas, ya verás.» Álex de la Iglesia, *Payasos en la lavadora.*

4. partirse de risa *expr.* reír mucho.

«...mientras Mario se partía de risa quitándole importancia...» José Luis Martín Vigil, *Los niños bandidos.*

5. qué risa, María Luisa (tía Felisa) *expr.* expresión jocosa.

«¡Qué risa, María Luisa!» Felipe Navarro (Yale), *Los machistas.* ▌ «Crítica de cine: *Very Bad Things:* qué risa, tía Felisa.» E. Rodríguez Marchante, ABC, 9.1.999.

6. (risita) de conejo *expr.* risa fingida de burla.

«—Ji, ji —su risita de conejo me ponía más nervioso todavía...» Care Santos, *El tango del perdedor.* ✓ DRAE: La del que se ríe sin ganas».▌

7. ser una risa *expr.* gracioso, divertido, chusco.

«Verdaderamente es una risa...» Santiago Moncada, *Siempre en otoño,* 1993, RAE-

CREA. ▌ ▪ «Es una risa escuchar al presidente del gobierno.»

8. tomar a risa *expr.* tomar a broma.

«El *e-mail* puede ser personal, pero para mucha gente es una herramienta de trabajo, por lo que no se puede tomar a risa.» Julio María Plágaro Repollés, *Herramientas electrónicas para autores y traductores.*

Rita (la cantaora) *expr.* persona innominada, uno, uno cualquiera, cualquiera.

«Si lo llego a saber, se iba a casar contigo Rita la Cantaora.» C. Pérez Merinero, *El ángel triste.* ▌ «...iba a ocuparse de otra cosa Rita la cantaora...» Ramón Ayerra, *Los ratones colorados.*

rizo, rizar el rizo *expr.* exagerar, complicar.

«¿Lo ves abuela? Esto es rizar el rizo.» Marisa López Soria, *Alegría de nadadoras.*

2. rizos *s.* calvo.

«Rizos: Calvo.» Ángel Palomino, *Insultos, cortes e impertinencias.*

*robar cf. (afines) afanar, aligerar, aliviar, bailar, birlar, choricear, chorizar, currelar, datilear, desplumar, distraer, fatigar, guindar, llevar al *huerto, levantar, limpiar, mangar, merchar, murciar, picar, pispar, quinar, randar, topear, trabajar el dos, trincar, trollar, zumbar.

*robo cf. (afines) atraco, birle, jalón, palo, pispa, sirle, tirón, tope.

robo (a mano armada) *s.* precio, cantidad exorbitante, carísimo.

«Esto no es justicia, señora, es un robo a mano armada.» Jaime Bayly, *Los últimos días de la prensa,* 1996, RAE-CREA. ▌ «¡El estado es un robo!» El País Digital, 9.7.97. ▌ ▪ «La cuenta en el restaurante ha sido un robo, un robo a mano armada.»

roca *s.* dosis de crack.

«Sí, reina, —señaló, coqueto, con la punta de la nariz—, me han pasado una roca que rompe, ¿hace un tirito?» Jaime Romo, *Un cubo lleno de cangrejos.* ▌ «Roca: porción o dosis de crack.» JGR.

rocódromo *s.* lugar para escalar, usualmente en la ciudad.

«Cómo suda: Escalando en un rocódromo.» Henrique Mariño, La Luna, El Mundo, 23.7.99.

roda *s.* coche.

«Roda: taxi.» JV. ▮ «Roda: coche.» JMO. ▮ «Roda. Automóvil.» VL. ▮ «Roda. Buga, raca, gomas.» Ra. ▮ «Roda. Coche.» S. ▮ ✔ «El Chiqui se ha comprao un roda de miedo.» ✔ no se ha podido documentar fuera de diccionarios.▮

rodado *adj.* ebrio.

«...entraba Bertín Osborne encabezando un grupo de gente de buen tono, con todo el aire de venir ya rodados.» Ángel A. Jordán, *Marbella story.*

rodaje *s.* experiencia.

«...es sin duda el Reino Unido el que tiene más rodaje en este terreno.» El Mundo, 17.10.99.

rodante *s.* coche, automóvil.

«Yo vi a la chica que subía en el rodante.» Juan Madrid, *Turno de noche.* ✔ también *roda.*▮

Rodríguez, quedarse (estar) de Rodríguez *expr.* marido que trabaja mientras la familia veranea fuera.

«...cuando su mujer se va con los niños a la montaña y él se queda de Rodríguez en la ciudad...» A las barricadas, 3-14 junio, 1998. ▮ «¡Me quedo de Rodríguez!» Cómic erótico, tomo IV, n.° 21 al 24. ▮ «...pasábamos los meses de julio, agosto y septiembre, mientras mi padre se quedaba de Rodríguez en Madrid...» María Antonia Valls, *Tres relatos de diario.* ▮ ✔ «Mi amigo Juan está de Rodríguez este mes. Su familia veranea en Cádiz. ¡Qué suerte tiene el tío!»

rogelio *s.* rojo, comunista.

«Del mismo modo que los rojos nos llamaban fachas [...] nosotros les llamábamos a ellos [...] bermellones, rogelios...» Rafael García Serrano, *Diccionario para un macuto.* ▮ «Juanito se pasó de rojo. Bien está un rogelio burocrático...» Francisco Umbral, El Mundo, 26.2.98. ▮ «Rojo o rojelio

se le dice a cualquiera que observe conducta algo más liberal.» Ángel Palomino, *Insultos, cortes e impertinencias.*

rojelio ▸ *rogelio.*

rojeras *s.* rojo, comunista, socialista.

«Los rojeras empezaron con que si sois unos cobardones, que si por vuestra falta de firmeza va a surgir un Mussolini...» Gomaespuma, *Grandes disgustos de la historia de España.*

rojo como un tomate *expr.* rubor que denota vergüenza.

«...usted no sabe a cual se refiere y se pone roja como un tomate.» Juana Fondona, *Deporte y gimnasia para masoquistas.* ▮ «...y yo fui cambiando de color hasta acabar rojo como un tomate...» You, enero, 1998.

ro(c)kero *adj.* y *s.* de rock and roll.

«...con un cubata en la mano y siguiendo el compás de los rokeros...» A. Zamora Vicente, *Historias de viva voz.* ▮ «En una moto con luces y sirenas, un futuro rokero...» Ignacio Fontes, *Acto de amor y otros esfuerzos.* ▮ «Talavera es una ciudad con extensa tradición rockera...» El Mundo, 24.8.98.

rollazo *s.* plática muy aburrida, cosa pesada, molesta.

«Las plantitas son un rollazo, hay que mantener brigadas de regantes...» A. Matías Guiu, *Cómo engañar a Hacienda.* ▮ «Es un rollazo de cuidado.» C. Pérez Merinero, *Días de guardar.* ✔ ▸ *rollo.*▮

rollero *s.* charlatán, embaucador, hablador.

«Jo, no seas rollero...» Lourdes Ortiz, *Luz de la memoria,* 1976, RAE-CREA.

rollo *s.* mentira, embuste.

«¡Me tuvo cuarenta años engañada con el rollo de su felicidad!» El Jueves, 11-17 febrero, 1998. ▮ «Se preguntó por qué Lourdes no cambiaba el rollo de vez en cuando.» Terenci Moix, *Garras de astracán.* ▮ «Que no tía. Que me dejes sobar, paso de tu rollo.» Jaime Romo, *Un cubo lleno de cangrejos.* ▮ ✔ «La profesora de francés me ha contado un rollo de no sé qué, que no he entendido bien.»

2. molestia, encordio, aburrimiento.

> «Han decidido pasar de ese rollo y...» Ragazza, n.° 101. ▌«...se comprometieron a ir al cine [...] *Los cinco mil dedos del doctor T.* Será un rollo.» M. Vázquez Montalbán, *La rosa de Alejandría.* ▌«Vaya rollo, me ha tocado la loto.» El Jueves, 6-12 octubre, 1993. ▌◾ «Este pueblo es un rollo.»

3. plática aburrida, pesada, molesta.

> «Vamos, que empieza con su rollo y es largo como ella misma.» Terenci Moix, *Garras de astracán.* ▌«Y que nadie nos venga con el rollo de que los camioneros son buena gente.» P. Antilogus, J. L. Festjens, *Anti-guía de los conductores.* ▌«A mí no me cuentes rollos, que paso.» Juan Madrid, *Flores, el gitano.* ▌«A los curdas —sobre todo si son tías— hay que seguirles el rollo.» C. Pérez Merinero, *Días de guardar.*

4. lo que gusta.

> «...¡igual le va el rollo y no se ha dado cuenta!» El Mundo, 19.4.98. ▌«Mi rollo no es lavar, planchar y fregar, desde luego.» DCB.

5. asunto.

> «...en el negociejo, o sea, en el rollo...» A. Zamora Vicente, *Mesa, sobremesa.* ▌«...los asientos forrados y todo ese rollo.» P. Antilogus, J. L. Festjens, *Anti-guía de los conductores.* ▌«Me voy yo y se acabaron los rollos.» Andreu Martín, *Amores que matan, ¿y qué?* ▌«Ese rollo está más visto que el tebeo.» Pedro Casals, *La jeringuilla.*

6. cortar (parar, cambiar) el rollo *expr.* cambiar, parar el tema, la actividad.

> «Corta el rollo y vamos a un parque.» José Ángel Mañas, *Historias del Kronen.* ▌«Corta el rollo, cara pollo.» Joseba Elola, *Diccionario de jerga juvenil,* El País semanal, 3.3.96. ▌«Venga, para el rollo y dime a qué hora quedamos...» José Ángel Mañas, *Historias del Kronen.* ▌«Y llevas ya demasiadas páginas sin cortar el rollo...» Álvaro de Laiglesia, *Hijos de Pu.* ▌«Laura (como queriendo cortar el rollo)...» Alfonso Sastre, *Los hombres y sus sombras,* 1991, RAE-CREA. ▌«Lo siento por haberte cortado el rollo.» José Ángel Mañas, *Historias del Kronen.* ▌«...porque a Gayolita la ha llamado alguien y ha cortado el rollo.» Cristóbal Zaragoza, *Y Dios en la última playa.*

7. largar (clavar, soltar) el rollo *expr.* aburrir contando algo.

> «Peláez cambió de expresión. Ya había soltado el rollo.» Arturo Uslar Pietri, *Oficio de difuntos,* 1976, RAE-CREA. ▌«...más puta que las gallinas y clavando el rollo de yo no soy como esas...» Ramón Ayerra, *Los ratones colorados.* ▌«El viejo comienza a soltar el rollo de la guerra.» José Ángel Mañas, *Historias del Kronen.* ▌◾ «Pedro me largó el rollo y tuve que escucharle durante hora y media.»

8. mal rollo *expr.* experiencia mala, desagradable.

> «A Rubén le parece imposible que lleguen a tener un mal rollo como...» Ragazza, n.° 101. ▌«...porque los viejos tienen un mal rollo y si dejas que te coman el coco...» Andrés Berlanga, *La gaznápira.* ▌«...y existe el peligro de que se creen malos rollos.» You, enero, 1998. ▌«Lo que pasa es que cuando se encontraba con alguien que le daba mal rollo le comía la cara a mordiscos.» Álex de la Iglesia, *Payasos en la lavadora.* ▌◾ «Mi estancia en aquella empresa fue un mal rollo.»

9. rollo macabeo *expr.* plática, asunto aburrido, tedioso.

> «...pero sus novelas me parecen rollos macabeos...» Javier Tomeo, A las barricadas, 18-24 mayo, 1998. ▌◾ «¡Déjate de rollos macabeos y dime exactamente lo que pasó!»

10. rollo patatero *expr.* plática, persona, asunto aburrido, tedioso.

> «Es que no me gustas, Felipe; además, ya me dijo mi hermana que eras un rollo patatero.» Gomaespuma, *Grandes disgustos de la historia de España.* ▌«...pero no voy a veniros con rollos patateros en torno a...» SúperPop, mayo 1989. ▌◾ «Paco me soltó un rollo patatero durante más de una hora.»

11. rollo patatero *expr.* bobada, sandez.

> «Es un rollo patatero, sensiblón y vulgar, una de las cintas más malas...» José María Carrascal, ABC, 25.1.98. ▌«La verdad es que aquello es un rollo patatero.» Eduardo Mendoza, *Sin noticias de Gurb.*

12. rollo repollo *expr.* algo aburrido, tedioso.

> «...porque jugar a joselito [...] se convierte en un rollo repollo.» Elvira Lindo, *Manolito gafotas.*

13. tirarse el rollo *expr.* alardear, presumir.

«...siempre viene con historias de éstas para tirarse el rollo...» Elvira Lindo, *Manolito gafotas.*

14. tragarse el rollo *expr.* dejarse embaucar, engañar.

«Ya sé que los norteamericanos se están tragando el rollo como si fuera una obra de arte.» José María Carrascal, ABC, 25.1.98.

romance *s.* relación amorosa.

«Elissa habla ahora de su más reciente romance... Un banquero de Caracas...» Ednodio Quintero, *La danza del jaguar,* 1991, RAE-CREA. ❙ «...se ha separado de su esposa y vive un romance con Melanie Griffith.» Hola, 1.6.95. ❙ ▪ «Clotilde tiene un romance con el conde de las Torres Altas.» ❘✔ DRAE: «Relación amorosa pasajera». La gente de baja estofa tiene *líos* o *apaños.*❘

romano *s.* agente de policía.

«Romano: policía antidisturbios.» Manuel Giménez, *Antología del timo.* ❙ ▪ «A un policía uniformado se le llama romano por lo del uniforme.»

rompecorazones *s.* persona que enamora a muchos.

«Se han pasado calificándome de rompecorazones.» Ragazza, julio, 1997. ❙ ▪ «Tu hermana Juana es una rompecorazones que trae de cabeza a medio insti.»

romper *v.* terminar relación sentimental.

«¿Por qué ha roto con Lola...?» Fanny Rubio, *La sal del chocolate,* 1992, RAE-CREA. ❙ «Pero no ha roto con él hasta hace unos minutos.» Santiago Moncada, *Cena para dos,* 1991, RAE-CREA. ❙ ▪ «Roberto y yo rompimos hace ya mucho tiempo.»

2. tener éxito.

«Con ese vestido tan espectacular seguro que rompes en la fiesta.» CL. ❙ «Creo que este disco nuevo va a romper.» DCB.

3. de rompe y rasga *expr.* atractivo e interesante, importante.

«...la Maica, una especie de Bonnie vallecana de evidente rompe y rasga.» José

Luis Martín Vigil, *Los niños bandidos.* ❙ «...una entrevista de rompe y rasga...» Javier Lorenzo, El Mundo, 7.8.99. ❙ «Realmente da el tipo de rompe y rasga.» Carmen Rigalt, La Revista del Mundo, 8.8.99.

4. romper el culo a patadas ▶ *culo, romper el culo (a patadas).*

5. romper (moler) las costillas *expr.* pegar, golpear.

«A ver si somos formales, porque como me entere de algo malo, te rompo las costillas.» Ignacio Aldecoa, *El fulgor y la sangre.* ❙ «...que no me entere yo de nada malo, que te muelo las costillas.» Ignacio Aldecoa, *El fulgor y la sangre.*

6. romperse el culo trabajando ▶ *culo, romperse el culo (trabajando, estudiando).*

7. romperse (hincar) los codos ▶ *codo, romperse (darle a, hincar) los codos.*

rompesillas *s.* vago, gandul, perezoso.

«La capacidad de trabajo es casi una virtud, por lo que la correspondiente ristra de insultos fustiga a quienes huyen de él: [...] remolón;... manta;... rompesillas;... escaqueo;... zanguango;... más vago que la chaqueta de un guardia;...; no dar golpe; [...] no pegar golpe;...» AI.

ronco *s.* caja de caudales, caja donde se guarda dinero.

«Ronco: cajón del dinero.» JGR. ❙ «Roncú. Cajón con dinero.» LB. ❙ ▪ «Guarda toda la recaudación en el ronco antes de cerrar la tienda.» ❘✔ no se ha podido documentar fuera de diccionarios.❘

rondar, y lo que te rondaré, morena *expr.* y mucho más.

«...me van a dar el latazo [...] estropearme el fin de semana, y lo que te rondaré, morena.» Ángel Palomino, *Las otras violaciones.*

rondón, de rondón *expr.* sin permiso.

«...y el grupo, cayendo en la cuenta de que alguien se ha metido de rondón, se escinde en opiniones diversas.» Fernando Martínez Laínez, *Andante mortal.*

ronear *v.* callejear buscando.

«Ronear. Buscar ligue, buscar plan.» VL. ❙ «Ronear. Merodear con malas intenciones.

rom

660

Buscar ligue.» Ra. ▌ «Ronear. Buscar un romance.» S. ▌ «Ronear: Buscar aventuras amorosas / deambular de forma extraña.» JGR. ✓ no se ha podido documentar fuera de diccionarios.▌

roña *s.* tacaño, miserable.

«Sí, pero hablando de aspirinas, ¡naranjas de la China!, las tías roñas.» A. Zamora Vicente, «En la plaza, media mañana», en *Antología del cuento español.* ▌ «Evidentemente que nuestros lectores más roñicas [...] alegarán que el método alemán es extremadamente costoso.» P. Antilogus, J. L. Festjens, *Anti-guía de los conductores.* ▌ «Gracias, tío roña.» El Jueves, 6-12 julio, 1994. ▌ «La avaricia y la usura son plagas [...] A esta perversión corresponden muchos insultos: agarrado [...] apretado [...] cuentagarbanzos [...] rácano, roña, roñica, roñoso, tacaño [...] catalán, puño en rostro [...] cicatero...» AI. ▌ «Anda, mamá, no seas roña.» Jaime Romo, *Un cubo lleno de cangrejos.* ✓ DRAE: «fig. y fam. Mezquindad, roñería».▌

roñica ▸ *roña.*

roñoso *s.* tacaño, mezquino.

«Todos los ricos son unos roñosos.» Pgarcía, *El método Flower.* ✓ DRAE: «fig. y fam. Miserable, mezquino, tacaño».▌

ropa ▸ *ligero de ropa.*

roque, quedarse (estar, seguir) roque *expr.* dormir.

«Sigue roque gracias a ti.» Terenci Moix, *Garras de astracán.* ▌ «...y cada vez que había leído dos páginas me quedaba roque...» M. Vázquez Montalbán, *Los alegres muchachos de Atzavara.* ▌ «El cabeza de familia se queda roque en su sillón...» Gomaespuma, *Familia no hay más que una.* ▌ ▪■ «Tan pronto me metí en la cama me quedé roque.» ✓ DRAE: «adj. fam. dormido. Ú. más con los verbos estar y quedarse».▌

rorro *s.* niño, bebé.

«Dale el biberón a tu rorro.» CL. ▌ «Rorro. m. fam. Niño pequeñito.» DRAE. ▌ «El rorro amorrado a la teta...» Pau Faner, *Flor de sal.* ▌ ▪■ «Tiene tres hijos, uno de ellos es un rorro gordito guapísimo.» ✓ DRAE: «m. fam. Niño pequeñito».▌

rosa, estar como una rosa *expr.* tener buen aspecto físico.

«Aunque ya veo que está usted como una rosa.» Jaime Romo, *Un cubo lleno de cangrejos.*

rosario, acabar como el rosario de la aurora *expr.* acabar de mala manera.

«...lo que comenzó como una romántica historia acabó como el rosario de la aurora.» Marisa López Soria, *Alegría de nadadoras.* ▌ «...terminó como el rosario de la aurora.» B. Pérez Aranda *et al., La ex siempre llama dos veces.* ✓ J. M.ª Iribarren: «A farolazos. La frase alude a la procesión de la Cofradía del Rosario, que recorre las calles cantándolo al asomar la aurora. [...] A la hora de salir el rosario solían andar las rondas de mozos pendencieros por las calles...»▌

rosca *s.* halagador, adulador.

«Rosca: adulador, hablador.» JV. ▌ «Rosca. Adulón, lameculos...» Ra. ▌▪■ «Leopoldo es un rosca y por eso está siempre haciéndole la rosca al jefe.» ✓ no se ha podido documentar fuera de diccionarios.▌

2. hacer la rosca *expr.* halagar, engatusar, tratar de enamorar.

«No creas, que ha estado haciéndome la rosca.» Fernando Fernán Gómez, *El viaje a ninguna parte,* 1985, RAE-CREA. ▌ «Un chico que le hacía la rosca.» Álvaro Pombo, *El metro de platino iridiado,* 1990, RAE-CREA. ▌▪■ «Le hago la rosca para ver si me da permiso el próximo lunes.» ✓ DRAE: «fr. fig. y fam. rondarle, halagarle para obtener algo».▌

3. no comerse una rosca *expr.* no tener éxito amoroso o sexual.

«...en cuestiones amorosas te espera una larga temporada de frialdad. En otras palabras: que no te vas a comer una rosca en mucho tiempo.» El Jueves, 11-17 febrero, 1998. ▌ «Las secretarias tragan todas [...] se dejan, pero con el jefe de otra, nosotros no nos comemos una rosca...» Ángel Palomino, *Las otras violaciones.* ▌ «...me hace ilusión que me presupongan cierta perversidad, a mí, que no me como una rosca.» María Antonia Valls, *Para qué sirve un marido.* ▌ «...sin olvidar nunca las flores, sin flores no te comerás una rosca...» Ramón Ayerra, *Los ratones colorados.* ✓ ▸ también *rosco, (no) comerse un rosco.*▌

4. pasarse de rosca *expr.* ir más allá de lo normal, excederse, estar harto y cansado.

«...me siento pasado de rosca. Vetusto.» A. Matías Guiu, *Cómo engañar a Hacienda.* ▌ «—Carlos... —Se pasa de rosca.» Juan Marsé, *Últimas tardes con Teresa.* ▌ «...pero mucho ojo, que a la menor se pasa uno de rosca y...» Ramón Ayerra, *Los ratones colorados.* ▌ «...estoy ya muy pasado de rosca como para que me afecte la opinión de un crítico...» Álex de la Iglesia, *Payasos en la lavadora.*

rosco *s.* cero.

«Rosco. Cero en una calificación.» VL. ▌ «Rosco: cero.» JMO. ▌ «Rosco. Cero en un examen o ejercicio.» S. ▌■ «Otro rosco en mates, y va el tercero.» ✓ no se ha podido documentar fuera de diccionarios.▌

2. (no) comerse un rosco *expr.* (no) conseguir algo, lo que se desea, no tener relaciones sexuales.

«Jodie Foster es esa clase de tías desagradables que no se comen un rosco...» Álex de la Iglesia, *Payasos en la lavadora.* ▌ «A ver si os coméis un rosco...» José Luis Alegre Cudós, *Locus amoenus,* 1989, RAE-CREA. ▌ «Tal como está la calle no nos comemos un rosco.» José Luis Martín Vigil, *En defensa propia,* 1985, RAE-CREA. ▌ «...que no se haga ilusiones que no se va a comer un rosco.» Cambio 16, 9.7.90. ✓ ▸ *rosca, no comerse una rosca.*▌

roscón ▸ *rosco.*

rositas, de rositas *expr.* sin contribuir, sin pagar, sin hacer esfuerzo.

«Espera que no te vas a ir de rositas...» J. M.ª Rodríguez Méndez, *Bodas que fueron famosas del Pingajo y la Fandanga,* 1976, RAE-CREA. ▌ «La vida de las demás tampoco es de rositas...» Antonio Martínez Ballesteros, *Pisito clandestino,* 1990, RAE-CREA. ▌■ «No te vas a ir de rositas, tienes que pagar.» ✓ DRAE: «loc. adv. fam. De balde, sin esfuerzo alguno».▌

*rostro cf. (afines) ▸ *cara.*

rostro, tener (mucho) rostro *expr.* frescura, desfachatez, descaro.

«...este tío tiene un rostro que no se puede medir...» A. Zamora Vicente, *Mesa, sobre-*

mesa. ▌ «Tienes mucho rostro viniendo aquí a pedirme otro favor.» DCB. ✓ ▸ *cara, jeta.*▌

rubia *s.* antigua moneda de peseta.

«...y además mediante el pago de casi dos mil de estas beatas, leandras, rubias, claudias o bernabeas a punto de desaparecer sumergidas en el euro.» Jaime Campmany, ABC, 31.1.99. ▌ «Le dio al niño una rubia de propina y se guardó el paquete de Chester.» Juan Marsé, *Últimas tardes con Teresa.*

2. *s.* cerveza.

«Ahora, muchos españoles siguen tomando cerveza pero [...] A la rubia le han salido dos duros competidores: el buen tinto y los refrescos.» Su dinero, El Mundo, 20.6.99.

3. rubia de bote (de frasco) *s.* rubia teñida.

«Rubia de bote. Sensual. Culazo.» El Jueves, 8-14 abril, 1998. ▌ «Chica rubia de bote.» Gomaespuma, *Familia no hay más que una.* ✓ también *rubia oxigenada.*▌

4. rubia oxigenada *s.* rubia teñida.

«Por fin se consigue dar con ella. Es inconfundible: rubia oxigenada...» R. Gómez de Parada, *La universidad me mata.* ▌ «...no una rubia oxigenada, flaca y pálida...» Juan Marsé, *Si te dicen que caí.* ▌ «...el servicio corre a cargo de una simpática oxigenada con muchas horas de vuelo.» Manuel Quinto, *Estigma.* ▌■ «Manuel sale ahora con una rubia oxigenada que tiene un culo enorme.» ✓ ▸ *rubia, rubia de bote.*▌

rubiales *s.* persona rubia.

«Ayúdala —digo a una rubiales con cara de caballo...» C. Pérez Merinero, *Días de guardar.* ▌ «...tíos buenos, macizos, rubiales, marchosos, de quita y pon, follables...» Andrés Berlanga, *La gaznápira.* ✓ DRAE: «pl. usado c. sing. fam. Dícese de la persona rubia y, por lo común, joven. Ú. m. c. s.».▌

rubianca *s.* mujer rubia.

«La rubianca es bonita, qué labios...» A. Zamora Vicente, *Historias de viva voz.* ▌ «Gracias, rubianca.» Juan Marsé, *Si te dicen que caí.*

rubio, néctar rubio *s.* cerveza.

«...están las cervezas de ginger, las elaboradas con manzana [...] que delata su amor por el néctar rubio.» Guillem Balagué, El Mundo, 7.8.99. |✔ ▶ *rubia*.|

rue *s.* calle.

«Escogí la pura rue, tiré hacia Retiro...» Fernando Sánchez-Dragó, «Anábasis», en *Antología del cuento español.* ▌ «...de la rue Mayor...» Ira Mix, A las barricadas, 22-28 junio, 1998. ▌ «...reconté mi dinero y me lancé a la rúe a lo que viniera.» Ángel A. Jordán, *Marbella story.* ▌ «...que en una de estas me ponen en la puta rue...» Ramón Ayerra, *Los ratones colorados.* ▌ ▪▪ «Se pasa la vida en la rue el pibe ése.»

rueda, sobre ruedas *expr.* estupendo, bien, sin problemas.

«Como además de publicar mis escritos me los pagaban, pude vivir de la pluma [...] aún de adolescente ya recorría esos caminos como sobre ruedas.» Álvaro de Laiglesia, *Hijos de Pu.* ▌ «...su noviazgo iría como sobre ruedas...» P. Perdomo Azopardo, *La vida golfa de don Quijote y Sancho.* ▌ «...y todo marchará sobre ruedas...» C. Rico-Godoy, *Cómo ser infeliz y disfrutarlo.* ▌ «Piensa que si se lo digo con tacto y le propongo además que venga, todo irá sobre ruedas.» B. Pérez Aranda *et al., La ex siempre llama dos veces.* ▌ «...y dicen que de ahí en adelante todo fue sobre ruedas...» Ramón Ayerra, *Los ratones colorados.* ▌ «Todo marchaba sobre ruedas...» C. Pérez Merino, *La mano armada.*

rugir *v.* oler mal.

«Rugir: Oler.» JV. ▌ «Rugir: oler mal.» JMO. ▌ «Rugir. Apestar, oler mal.» VL. ▌ «Rugir. Oler, cantar, chillar.» Ra. ▌ «Rugir. Apestar. Oler mal.» R. ▌ ▪▪ «A tu novio le rugen los pies cantidá, tía.» |✔ no se ha podido documentar fuera de diccionarios.|

rula *s.* coche, automóvil.

«Rula. Vehículo.» JGR. ▌ «Rula. Buga, gomas, raca, carro. Por extensión cualquier tipo de vehículo.» Ra.

rular *v.* callejear en coche.

«Rular: Pasear/callejear.» JGR. ▌ «Rular. Deambular, pasear.» VL. ▌ «Rular: deambular.» JMO. ▌ ▪▪ «Esta noche vamos a rular por ahí porque es sábado.» |✔ no se ha podido documentar fuera de diccionarios.|

2. funcionar, marchar.

«...mechachis en diez, bueno, esto parece que rula...» Ramón Ayerra, *Los ratones colorados.*

rulé *s.* nalgas, ano.

«...el rulé de la catalana cuarentona no suele ser pantalonable...» C. J. Cela, *Viaje al Pirineo de Lérida.* ▌ ▪▪ «Me dio tal patá en el rulé que me cagué en su puta madre.» |✔ del francés *rouler*, rodar.|

2. dar por el rulé *expr.* sodomizar.

«El padre que no era ñoño / gritó poniéndose en pie: / según me ha dicho el de Ordoño / te han dado por el rulé.» Amelia Díe y Jos Martín, *Antología popular obscena.*

rulo, darse un rulo *expr.* pasear, dar un paseo.

«Rulo. Paseo, caminata.» Ra. ▌ «Tus tíos se han ido a dar un rulo por la plaza de España.» DCB. |✔ no se ha podido documentar fuera de diccionarios.|

run run *expr.* habladurías, ruido de voces.

«El run run de las informaciones se convirtió en un paisaje sonoro de fondo...» M. Vázquez Montalbán, *El delantero centro fue asesinado al atardecer.* |✔ DRAE: «fam. Voz que corre entre el público».|

runra *s.* motocicleta.

«Runra: Motocicleta de gran cilindrada.» JGR. ▌ «Runra. Rula, raca, buga.» Ra. |✔ no se ha podido documentar fuera de diccionarios.|

rupia *s.* peseta.

«El botín de cincuenta mil rupias de la captura de...» Javier Maqua, *Invierno sin pretexto,* 1992, RAE-CREA. ▌ «...quiero devolverte hasta la última rupia de la cantidad que has pagado por mí.» Fernando Sánchez-Dragó, *El camino del corazón,* 1990, RAE-CREA. ▌ ▪▪ «¿Tienes un par de rupias para comprar tabaco?»

rutina *s.* pequeño negocio carcelario.

«En aquella época, había en la séptima dos quíes que mangoneaban todas las rutinas. Se llama rutinas a los diversos chanchullos que se dan el la cárcel...» Andreu Martín, *Lo que más quieras.*

Ss

sábado, hacer sábado *expr.* hacer tareas domésticas.

«Llevo una hora haciendo sábado y ya no puedo más.» Eduardo Mendoza, *Sin noticias de Gurb.*

sábana *s.* billete de mil pesetas.

«Sábana: billete de 1.000 pesetas.» Manuel Giménez, *Antología del timo.*

*saber *cf.* (afines) entender de, estar al cabo de la *calle, estar en la *onda, estar en la *pomada, estar *puesto, saber al dedillo, saber como la palma de la *mano, saber más que Lepe, tener *pestaña.

saber, hasta donde uno sabe *expr.* que uno sepa, con la información que uno tiene.

«Hasta donde él sabía, sólo la Nunciatura en Madrid y [...] habían sido informados...» Arturo Pérez-Reverte, *La piel del tambor.* ✓ del inglés *as far as one knows.*|

2. no saber de la misa la mitad ▸ *misa, no saber de la misa la media (la mitad).*

3. no saber ni torta *expr.* no saber nada.

«Estar tonto: no saber ni torta.» DTE. ▌ «...porque no sabe ni torta de catecismo.» M. Romero Esteo, *El vodevil de la pálida, pálida, pálida rosa,* 1979, RAE-CREA. ✓ ▸ *torta, ni torta.*|

4. no saber por dónde van los tiros ▸ *tiro, no saber por dónde van (vienen) los tiros.*

5. saber al dedillo *expr.* saber muy bien.

«...que, como usted sabe al dedillo...» Fer-

nando Repiso, *El incompetente.* ▌ «Saber: saber al dedillo.» DTE.

6. saber de buena tinta ▸ *tinta, saber algo de buena tinta.*

7. saber de memoria *expr.* saber muy bien.

«...se sabía el trabajo de memoria.» Juan Marsé, *Si te dicen que caí.*

8. saber (entender) de qué va la cosa *expr.* saber de qué trata un asunto.

«Creo que los espectadores de esta obra también agradecerán oír de qué va la cosa.» Alfonso Sastre, *Los últimos días de Emmanuel Kant,* 1989, RAE-CREA. ▌ «...le tenemos cogido por los huevos, y además así sabemos de qué va la cosa...» Juan Luis Cebrián, *La rusa,* 1989, RAE-CREA. ▌ ▰ «No quise decir nada porque no sabía de qué iba la cosa.»

9. saber latín ▸ *latín, saber latín.*

10. saber más que Lepe *expr.* saber mucho, ser listo.

«Saber: saber más que Lepe.» DTE. ▌ «Claro que sabes más que Lepe.» Rosa Chacel, *Barrio de Maravillas,* 1976, RAE-CREA. ▌ «...y sabía más que Lepe el tío.» C. Pérez Merinero, *Días de guardar.* ▌ Éste se conoce todos los trucos que hay para no pagar impuestos; sabe más que Lepe.» FV. ✓ J. M.ª Iribarren explica que alude la frase a Pedro de Lepe y Dirantes (1640-1700), obispo de Calahorra, hombre de gran cultura. La frase tiene las variantes: *más listo que Lepe, sa-*

ber más que Lepe y Lepillo, saber más que Lepe, Lepijo y su hijo.»

11. saber un huevo ▶ *huevo*.

12. saberlo hasta el gato *expr.* ser de conocimiento general.

«Ellos lo saben, yo lo sé, y tú; aquí lo sabe hasta el gato...» Ángel Palomino, *Las otras violaciones*. ▪ «Lo he dicho tantas veces que ya lo deben saber hasta los gatos...» Ilustración, Comix internacional, 5.

13. sabérselas todas *expr.* ser astuto, taimado.

«Porque hoy en día los niñatos de ambos sexos se las saben todas.» Álvaro de Laiglesia, *Hijos de Pu*. ▪ «Un amigo mío, treintón corrido y hombre que se las sabía todas...» Rafael García Serrano, *Diccionario para un macuto*. ▪ «El camarero, que se las sabe todas, saluda a los clientes por su nombre...» José M.ª Zabalza, *Letreros de retrete y otras zarandajas*. ▪ «No estaba mal: el tipo duro que se las sabe todas, moreno y nervudo...» Lourdes Ortiz, *Picadura mortal*. ▪ «En realidad tú te las sabes todas.» A. Gómez Rufo, *Cómo ligar con ese chico que pasa de ti o se hace el duro*. ▪ «Se las saben todas.» Pedro Casals, *Disparando cocaína*.

***saber, no saber** cf. (afines) estar en *ayunas, no saber un *carajo, no enterarse de la película, confundir la *gimnasia con la magnesia, no tener *idea, estar en el *limbo, no saber de la *misa la media, estar en *pañales, no saber ni *papa, no saber lo que se *pesca, no saber ni pijo, no saber un *pito, no tener ni *puta idea, no saber ni torta, no saber por dónde van los *tiros, estar a dos *velas, estar *verde, no tener ni zorra idea.

sabihondo *s.* persona pedante que cree saberlo todo.

«Pero como es muy sabihondo suele dar por hecho que quien no le entienda...» Jesús Díaz, *La piel y la máscara*, 1996, RAE-CREA. ▪ «Y a los cuarenta, señor sabihondo, ¿qué?» Antonio Gala, *Los bellos durmientes*, 1994, RAE-CREA. ▪ «Juan cree que lo sabe todo, es un sabihondo.» ✓ también *sabiondo*.»

sablazo, dar un sablazo *expr.* pedir y obtener dinero prestado.

«No querrás darme un sablazo, ¿verdad?» C. Pérez Merinero, *El ángel triste*. ▪ «Lourdes me ha dado un sablazo de diez mil pesetas.»

sablear *v.* cobrar en exceso; pedir dinero prestado.

«...se abordan dos temas de interés general: lo que te puede *sablear* un electricista...» Encarna Jiménez, El Mundo, 5.10.99. ✓ el DRAE sólo reseña: «intr. fig. y fam. Sacar dinero a alguien dándole sablazos, esto es, con petición hábil o insistente y sin intención de devolverlo. Ú. t. c. tr.».»

sablista *s.* el que toma prestado sin intención de devolver.

«...fueron viendo algunas caras conocidas, maricas, pobres, descuideros, tomadores del dos, sablistas de oficio...» C. J. Cela, *La colmena*. ✓ DRAE: «adj. fig. y fam. Que tiene por hábito sablear. Ú. m. c. s.».»

sabueso *s.* policía, detective.

«El sabueso volvió a la carga y preguntó a Óscar León:» Pedro Casals, *Disparando cocaína*. ✓ DRAE: «m. fig. Pesquisidor, persona que sabe indagar, que olfatea, descubre, sigue o averigua los hechos».»

sacamantecas *s.* ente imaginario para asustar a los niños.

«...y algunos lloraban porque habían visto al hombre del saco o al tío sacamantecas...» Luciano G. Egido, *El corazón inmóvil*, 1995, RAE-CREA.

sacamuelas *s.* persona habladora.

«...aunque ese sacamuelas [...] raja por cuatro.» Andrés Berlanga, *La gaznápira*. ▪ «El sacamuelas del vecino me ha tenido en la calle, hablándome, más de media hora.» ✓ DRAE: «fig. Persona que habla mucho e insustancialmente».»

2. *s.* dentista.

«No quiero espantarle al sacamuelas [...] era uno de esos dentistas que ganaban el dinero a espuertas.» Pedro Casals, *La jeringuilla*.

sacar trapos sucios a relucir ▶ *trapo, trapos sucios*.

sacarla *v.* extraer el pene (de la vagina, culo, boca o bragueta).

«Referido al pene, retirarlo de la vagina o de aquella otra parte del cuerpo donde se hubiese introducido... Referido al pene, exhibirlo.» DE.

*sacerdote cf. (afines) ▸ *cura.*

saco *s.* cárcel.

«Trullo. Prevención, corrección, calabozo, chirona, saco.» JGR. ▌ «Saco. Saco, maco, grilo, trullo.» Ra. ▌ «Saco: Cárcel.» JGR. ▌ «Saco: cárcel.» JMO.

2. *s.* trasero, culo.

«Culo: nalgas, cachas, culamen, pompis, popa, posteridad, jebe, ojete, saco.» José M.ª Zabalza, *Letreros de retrete y otras zarandajas.* ▌ «Es castellano coloquial y se utiliza especialmente en las frases *dar* o *tomar por el saco.*» DE.

3. mil pesetas.

«Un negocio de sacos. Un negocio de muchos sacos.» Andreu Martín, *Prótesis.*

4. dar (tomar) por (el) saco *expr.* sodomizar.

«¡Vete a tomar por el saco!» A. Zamora Vicente, *Mesa, sobremesa.* ▌ «Pues a usted también que le den por el saco.» Rafael Mendizábal, *¡Viva el cuponazo!,* 1992, RAE-CREA. ▌▪ «Al parecer ayer le dieron por el saco al chico de los recados en un callejón.»

5. dar por (el) saco *expr.* molestar, explotar, aprovecharse de.

«...resulta que estoy de acuerdo con el Gobierno para que me dé por saco, hablando mal y pronto, y me destine donde quiera.» Antonio Burgos, El Mundo, 15.2.98. ▌ «Dar por el saco: fastidiar, molestar.» JMO. ▌▪ «No intente darme por el saco porque yo no me dejo aprovechar por nadie.»

6. dar por (el) saco *expr.* expresión de rechazo e insulto.

«¡Que le den por el saco a las 300 pesetas...» Eleuterio Sánchez, *Camina o revienta.* ▌ «...que le den por saco a la tesis de las generaciones.» J. Giménez-Arnau, *Cómo forrarse y flipar con la gente guapa.* ▌ «A tomar pol saco los retenes.» El Jueves, 6-12 octubre, 1993. ▌ «¡Que le den por saco a ese

niño!» Ángel Vázquez, *La vida perra de Juanita Narboni,* 1976, RAE-CREA.

7. disfrutar a saco ▸ *disfrutar a saco.*

8. echar (caer) en saco roto *expr.* no tener en cuenta, desaprovechar.

«El machadiano vicepresidente no debería echar en saco roto...» Rafael Sánchez Ferlosio, *Vendrán más años malos y nos harán más ciegos,* 1993, RAE-CREA. ▌ «...pero sus argumentos caían en saco roto...» Eduardo Mendoza, *La ciudad de los prodigios.* ▌ «El aviso no cayó en saco roto.» J. M.ª Gironella, *Los hombres lloran solos,* 1986, RAE-CREA.

9. hombre del saco ▸ *hombre, hombre del saco.*

10. ir(se) a tomar por (el) saco *expr.* estropearse, malograrse.

«...medio zoo de cristal que iba a tomar por saco.» Pedro J. Ramírez, El Mundo. ▌▪ «El jarrón de la entrada se ha ido a tomar por el saco; se ha hecho añicos.»

11. irse a tomar por (el) saco *expr.* expresión de rechazo.

«Le dije que se fuera a tomar por el saco.» Pgarcía, *El método Flower.* ▌ «Tienes órdenes de irte a tomar por el saco.» Juan Marsé, *Si te dicen que caí.* ▌ «Hala, que te den mucho por el saco, viejo chocho.» Juan Marsé, *El embrujo de Shangai,* 1993, RAE-CREA. ▌ «Iros todos a tomar por saco.» Extremoduro, CD, 1997. ▌ «¡Vete a tomar por saco!» Rafael Mendizábal, *Mala yerba,* 1989, RAE-CREA. ▌ «¡Vete a tomar por el saco!» A. Zamora Vicente, *Mesa, sobremesa.*

12. ¡que te den por el saco! *excl.* expresión de rechazo.

«...anda y que te den por saco!» Fernando Quiñones, *Las mil y una noches de Hortensia Romero,* 1979, RAE-CREA.

13. saco de huesos *s.* persona muy delgada.

«Si uno es alto, flaco y más bien endeble, se le llamará: alambre [...] chupado [...] escoba [...] espárrago [...] espingarda; fideo [...] palillo [...] saco de huesos...» AI. ▌▪ «Tu secretaria es guapa de cara pero está delgadísima, es un saco de huesos.»

14. saco de la mierda *s.* ano, nalgas.

«Saco de la mierda: culo.» JMO. ▌ «El saco

de la mierda. El culo.» VL. ❙ «El saco de la mierda: el culo.» JV. ❙ «Saco de la mierda. Nalgas.» S. ❙ «Saco de la mierda. Culo, bullaca.» Ra. ❙■ «Parece de muy mal gusto decir saco de la mierda por culo.» ✔ no se ha podido documentar fuera de diccionarios.❙

15. saco de patatas *s.* persona gruesa, obesa.

«...con la gravedad de un voluminoso saco de patatas que tuviera brazos y malas intenciones...» Luciano G. Egido, *El corazón inmóvil,* 1995, RAE-CREA. ❙ «Era igual que si Ramón fuera un saco de patatas.» José Luis Martín Vigil, *En defensa propia,* 1985, RAE-CREA. ❙■ «Mi mujer dice que estoy hecho un saco de patatas.»

sacudir *v.* golpear, pegar.

«No dejé de sacudirle hasta que pude echarla a un lado.» Juan Madrid, *Un beso de amigo.* ❙ «¿Quién le ha sacudido a Prada?» Juan Madrid, *Flores, el gitano.* ❙■ «¡Sacúdele fuerte con la escoba al cabrón de tu marido, que lo que te ha hecho no tiene perdón de Dios!» ✔ DRAE: «Golpear, dar golpes. *Sacudir a uno.* Ú. t. c. prnl.».❙

sacudírsela *v.* masturbarse el hombre.

«Vi a Daniel cogerse la gruesa polla, muy tiesa, y empezar a sacudírsela cínicamente ante mis ojos...» C. Ducón, *El hotel de las orgías.* ❙ «Que se la froten, que se la sacudan, que le hagan alcanzar el orgasmo como sea...» Luis Goytisolo, *Recuento,* citado por CJC en *Diccionario del erotismo.* ❙■ «Si no puedes joder con una tía, sacúdetela y te sentirás mejor.»

sadomasoquista *s.* el que disfruta con sexualidad de violencia y sufrimiento.

«Sólo un sadomasoquista pudo inventar esta modalidad de festejo y hacernos creer que la siguiente situación pueda ser deseable...» Carmen Posadas, *Yuppies, jet set, la movida y otras especies.* ❙ «¿A que va a resultar que mi madre era sadomasoquista...?» María Antonia Valls, *Tres relatos de diario.*

sagrario, visitar sagrarios *expr.* ir de bar en bar.

«Visitar sagrarios: Deambular emborrachándose, de taberna en taberna.» Germán Suárez Blanco, *Léxico de la borrachera.*

salchicha *s.* pene.

«La mujer es como el ketchup, sirve para mojar la salchicha.» R. Gómez de Parada, *La universidad me mata.*

salchichón *s.* pene.

«Metédmela sin piedad / Don Juan de mi corazón / que ya llevo un mes y medio / sin probar el salchichón.» Amelia Díe y Jos Martín, *Antología popular obscena.*

saldo, de saldo *expr.* barato, de mala calidad.

«...se pasa el día viendo películas porno de saldo y bebiendo latas de cerveza.» El Jueves, 6-12 julio, 1994.

salida *s.* broma, chiste, ocurrencia.

«...vi con asombro que el primero en festejar la salida con carcajadas fue el propio camarero.» Geno Díaz, *Genocidio.* ❙■ «Esa salida no les ha hecho ninguna gracia, ¿sabes?» ✔ DRAE: «fig. y fam. Dicho agudo, ocurrencia».❙

2. posibilidad de empleo.

«Contenido de la sesión: Explicación del régimen académico, requisitos de admisión, financiación privilegiada y salidas profesionales.» ABC, 22.3.98. ❙■ «¿Qué salidas tiene ahora la carrera de derecho?»

salido *adj.* y *s.* sexualmente excitado.

« Carlos Echevarría estaba muy salido, pero aun así, no me creo que se tirase a su madre.» Ray Loriga, *Lo peor de todo.* ❙ «Y tú, un salido y un imbécil.» Almudena Grandes, *Malena es un nombre de tango.* ❙ «...una dueña que no quiso colaborar con el ardor de un caballero salido...» A. Ussía, *Coñones del Reino de España.* ❙ «...este tío es un salido de cojones...» A. Zamora Vicente, *Mesa, sobremesa.* ❙ «Muy salido tiene que estar para olvidarse de todo...» Francisco Umbral, El Mundo, 12.2.99. ❙ «Para mí que eran unos salidos sexuales.» Pgarcía, *El método Flower.* ❙ «...Catalina pasaba desapercibida; pero si unos moros salidos...» Miguel Martín, *Iros todos a hacer puñetas.* ❙ «Ideal para salidos o para casados con focas como Adela.» Manuel Hidalgo, *Azucena, que juega al tenis.* ❙ «La directora se callaba en ese punto. Estaba muy salida y se frotaba con la mano.» Almudena Grandes, *Las edades de Lulú.* ❙

«Pasará una velada deliciosa y además tendrá la ocasión de dejar a estos viejos salidos.» Lourdes Ortiz, *Picadura mortal.* ▍ «...pues en este país se piensa que cuando una mujer dice que es muy demócrata quiere decir que es muy abierta, o sea muy libertina, una lanzada, una loca, una salida, una perdida, lo que ustedes quieran.» Francisco Umbral, Diario de Mallorca, 17.3.76, citado en DE. ▍ «...me siento mucho más próxima al mundo de mi amigo el fotógrafo, homosexual o no, que al de mi amigo el forense, tan salido como él.» María Antonia Valls, *Tres relatos de diario.* ▍ «Y dos chavalillas con pinta de salidas...» Pedro Casals, *Disparando cocaína.*

2. salido mental *expr.* persona que siempre está sexualmente excitada.

«Luego, en la calle, vas de estrecha corporal y salida mental; un lío, vamos...» A. Gómez Rufo, *Cómo ligar con ese chico que pasa de ti o se hace el duro.* ▍◼ «Rodolfo es un salido mental. No habla de otra cosa que de follar.»

salir, salir de estampida *expr.* salir rápidamente.

«Sin parar motores ni decir ni mu salieron de estampida a la vez...» B. Pérez Aranda *et al., La ex siempre llama dos veces.* ▍ «...la miro otro ratito más y salgo de estampida.» C. Pérez Merinero, *Días de guardar.*

2. salir de naja ▸ *naja, ir (salir) de naja.*

3. salir disparado ▸ *disparado, ir (correr, salir) disparado.*

4. salir ganando *expr.* obtener provecho.

«...te advierto que cualquier cosa que tus primos te den, saldrás ganando...» Jorge Ibargüengoitia, *Dos crímenes,* 1977, RAE-CREA. ▍ «Bueno, ¿y eso es malo? A la larga saldrás ganando.» Mercedes Salisachs, *La gangrena,* 1975, RAE-CREA. ▍◼ «Si aguantas y tienes un poco de paciencia con esto verás como a la larga saldremos ganando.»

5. salir pitando *expr.* irse precipitadamente.

«¿No te das cuenta de que salió pitando sin entretenerse en llenar con agua el depósito vacío?» Ángel Palomino, *Todo incluido.* ▍ «...y salió pitando a avisar.» Juan

Marsé, *Si te dicen que caí.* ▍ «...salir pitando hacia el parking de unos almacenes...» B. Pérez Aranda *et al., La ex siempre llama dos veces.* ▍ «...me hace salir pitando del trabajo todas las tardes.» El Mundo, La Luna, 23.4.99. ▍ «Han salido pitando.» Pau Faner, *Flor de sal.* ▍ «Mamá, ponme un plato, que tengo que salir pitando.» José Ángel Mañas, *Sonko95.*

6. salir por patas *expr.* marcharse de prisa.

«...un 15 por cien llamarían a su madre y un 5 por cien saldrían por patas.» Manda Güebos, n.° 41.

7. salir por piernas *expr.* marcharse de prisa.

«Por eso, cuando alguien sale por piernas, se dice...» Juanma Iturriaga, *Con chandal y a lo loco.* ▍ «...los Baguettes tuvieron que salir por piernas de Francia.» B. Pérez Aranda *et al., La ex siempre llama dos veces.* ▍ «Salimos de allí por piernas.» Lucía Etxebarría, *Amor, curiosidad, prozac y dudas.*

8. salir zumbando *expr.* irse precipitadamente.

«¿Tenéis coche? Si, hija, sí, y deseando salir zumbando.» Mariano Tudela, *Últimas noches del corazón.* ▍ «...saldrá zumbando otra vez...» Miguel Martín, *Iros todos a hacer puñetas.* ▍ «Sal zumbando.» Fernando Martínez Laínez, *La intentona del dragón.* ▍ «Deja el coche de manera que podamos salir zumbando.» M. Vázquez Montalbán, *El delantero centro fue asesinado al atardecer.* ▍ «...Álvaro y yo salimos zumbando hacia nuestro próximo destino...» B. Pérez Aranda *et al., La ex siempre llama dos veces.*

9. salirle a uno de la peineta *expr.* porque sí, porque uno quiere o le apetece.

«No digo el nombre del hotel porque no me sale de la peineta...» Carmen Rigalt, El Mundo, 24.8.98.

10. salirle a uno del bigote *expr.* porque sí, porque uno quiere o le apetece.

«...esa noche corría de su cuenta porque tenía dinero fresco y [...] le salía del bigote el invitarle.» Ángel A. Jordán, *Marbella story.*

salir de esta vida ▸ *vida, salir (marcharse, irse) de esta vida.*

saliva, gastar saliva (en balde) *expr.* hablar inútilmente, en vano.

«No merece la pena gastar saliva con los que no saben y presumen...» Juan Madrid, *Un beso de amigo.* ❚ «No quiero gastar saliva en balde...» Fernando G. Tola, *Cómo hacer absolutamente infeliz a un hombre.* ❚ «Es inútil que gastes saliva.» William Shand, *La transacción,* 1980, RAE-CREA.

2. intercambiar saliva *expr.* besarse.

«Están en el pasillo intercambiando saliva.» R. Gómez de Parada, *La universidad me mata.*

salta, estar a la que salta *expr.* estar a la expectativa, esperando una oportunidad.

«...a ver, si todo el mundo está a la que salta...» A. Zamora Vicente, *Desorganización.* ❚ «De todas formas, hoy estás a la que salta, así que serénate...» B. Pérez Aranda *et al., La ex siempre llama dos veces.*

saltar, no se lo salta un torero (un camello) *expr.* grande, importante.

«...y con un hambre de joder que no se lo salta un torero...» Ramón Ayerra, *Los ratones colorados.*

2. saltarse (algo) a la torera *expr.* no cumplir una obligación, hacer caso omiso.

«Eduardo Chillida, que el próximo 10 de enero cumplirá 75 años, ha decidido, sin embargo, saltarse a la torera todos los consejos.» Rafael Sierra, El Mundo, 13.12.98. ❚ «Angustias también se saltó a la torera el horario infantil...» B. Pérez Aranda *et al., La ex siempre llama dos veces.* ❚ «Entonces, la policía, saltándose a la torera el visto bueno de sus superiores...» Eduardo Mendicutti, El Mundo, 5.6.99.

3. saltarse la clase *v.* no asistir a clase.

«...uno de los mayores atractivos que encuentra el estudiante recién llegado a la universidad es saltarse las clases...» R. Gómez de Parada, *La universidad me mata.* ❚✏ «Jaimito se ha saltado la clase de matemáticas otra vez.»

salto, a salto de mata *expr.* de manera improvisada, sin preparación, precariamente.

«...tras dieciocho años de vida delictiva, a salto de mata...» Victoriano Corral, *Delitos y condenas.*

salva sea la parte *expr.* testículos.

«...corría tras el perro de Clinton enarbolando unas enormes tijeras con ánimo de amputarle salva sea la parte...» ABC, Alfa Omega, 12.4.98. ❚ «...le sentó, fácil es comprenderlo, como una patada en salva sea la parte.» C. Pérez Merinero, *El ángel triste.* ❚ «El oficial, en lugar de pegarle a papá una patada en salvas sean las partes le explicó...» Álvaro de Laiglesia, *Hijos de Pu.*

salvarse por los pelos *expr.* salvarse por pequeño margen.

«Se han salvado por los pelos...» M. Vázquez Montalbán, *El delantero centro fue asesinado al atardecer.* ❚✔ ▸ *pelo, por los pelos.*❚

San Fernando, ir en el coche de San Fernando (unos ratos a pie y otros andando) *expr.* caminar, ir a pie.

«Ir en el coche de San Fernando, un ratito a pie y otro andando... ir andando.» JMO. ❚ «Ir en el coche de San Fernando, unos ratos a pie y otros andando. Ir a pie.» S. ❚ «Otra expresión popular parecida a la de *andar en la mula de San Francisco* es la de *Ir en el coche de San Fernando: un ratico a pie y otro andando,* donde *San Fernando* se puso por consonante de *andando.*» J. M.ª Iribarren, *El porqué de los dichos.* ❚✔ Ac. 1936: «Caminar, o ir, uno en el coche de San Francisco. fr. fig. fam. Caminar o ir a pie». No se ha podido documentar fuera de diccionarios.❚

San Quintín, armar(se) la de San Quintín *expr.* trifulca, jaleo, alboroto.

«Mira que aquí me huele a chamusquina y se va a armar la de San Quintín.» Jose-Vicente Torrente, *Los sucesos de Santolaria.* ❚ «Y se armó la de San Quintín.» Pedro Casals, *La jeringuilla.* ❚ «Como éstos saquen a relucir su mal café, se va a armar la de San Quintín.» Ignacio Aldecoa, *El fulgor y la sangre.* ❚ «Lo tengo previsto todo, majestad. Vamos a armar la de San Quintín.» Gomaespuma, *Grandes disgustos de la historia de España.*

sandgüich *s.* bocadillo.

«...conviene guardar las formas y contemporizar con los verdugos regalándoles sandgüiches de mortadela de chino...» C. J. Cela, ABC, 8.3.98.

sanduich *s.* bocadillo, emparedado.

«¡Chicos, qué sanduiches!» A. Zamora Vicente, *Desorganización.*

*****sangre** cf. (afines) arate.

sangre, no llegar la sangre al río *expr.* las consecuencias no serán graves.

«La sangre nunca llega al río.» Carmen Pérez Tortosa, *¡Quiero ser maruja!*

sanjoderse (cayó en lunes) *expr.* tener paciencia, aguantarse.

«A lo que respondía el ministro al día siguiente con expresiones como [...] 'sanjoderse cayó en lunes' (con lo que se invita a tener paciencia)...» Eduardo Mendoza, *La ciudad de los prodigios.* ❚ «Y a sanjoderse. Y a echar la cremallera.» Pedro Casals, *Disparando cocaína.*

sano *adj.* honrado.

«Sano. Íntegro, honrado, honesto.» JV. ❚ «Sano. Persona de carácter abierto y de comportamiento honorable.» JMO. ❚ 🔲 «Carlos es una buena persona, un tío sano, honrado a carta cabal.» ✔ DRAE: «5. fig. Libre de error o vicio, recto, saludable moral o psicológicamente. *Principios sanos; doctrina, crítica sana*».❚

sanseacabó *interj.* y punto, y ya está.

«...si se le ocurre hacer alguna maniobra nos plantamos todos y sanseacabó.» Miguel Martín, *Iros todos a hacer puñetas.* ❚ «...nosotras podríamos simplemente adherirnos a sus máximas y sanseacabó...» Virtudes, *Rimel y castigo.* ❚ «Tú y Montse quedaréis como buenos amigos, y sanseacabó.» Juan Marsé, *La oscura historia de la prima Montse.*

santa *s.* mujer, esposa.

«Además, que dejando aparte a mi santa en sus momentos de mayor peso, estoy largamente enamorado...» Jaime Campmany, ABC, 1.2.98. ❚ «Todos los años vamos mi santa y yo a la finca...» Francisco Umbral, *La derechona.* ❚ «...tenía que soportar el escarnio de ser presentado ante su esposa como un cruel sátiro, pues se solía avisar por la comisaría a la santa del detenido...» Antonio J. Gómez Montejano, *Las doce en punto y sereno.* ❚ «Sueña el marido la

san

fulminación arcangélica de la muy amada esposa; la santa...» Gabriel Albiac, El Mundo, 16.8.99.

Santas Pascuas ▸ *pascua, y Santas Pascuas.*

santero *s.* el que recoge información para actos delictivos.

«Santero: persona que informa a los delincuentes de datos imprescindibles para cometer un delito.» Manuel Giménez, *Antología del timo.*

santiamén, en un santiamén *expr.* rápido, de prisa.

«Le largué una libra que cogió en un santiamén.» Juan Madrid, *Las apariencias no engañan.* ❚ «Le abro en un santiamén.» Eduardo Mendoza, *La verdad sobre el caso Savolta.* ❚ «...habían mermado sus dotes de amante... Se corría en un santiamén...» Mariano Sánchez, *Carne fresca.* ❚ «...estas tías que van como locas, ala, y se despelotan en un santiamén...» Ramón Ayerra, *Los ratones colorados.* ❚ «Lo de vivir juntos lo decidimos en un santiamén.» B. Pérez Aranda *et al.*, *La ex siempre llama dos veces.* ❚ «¡Quietas las zarpas! ¡Tú pasas al magreo en un santiamén!» Miguel Ángel Rellán, *Crónica indecente de la muerte del cantor,* 1985, RAE-CREA.

santísima, hacer la santísima *expr.* causar un mal, hacer un quebranto.

«La pregunta de don Paco le sienta como una ducha de agua fría. Le hace la santísima por las buenas.» Mariano Tudela, *Últimas noches del corazón.* ❚ «A mí con tal de que le hagan la santísima a don Casimiro...» Jose-Vicente Torrente, *Los sucesos de Santolaria.* ❚ «¡Vamos, que esa tía le ha hecho la santísima!» Carmen Resino, *Pop y patatas fritas,* 1991, RAE-CREA. ✔ *santísima puñeta.*❚

santo, a santo de qué... *expr.* por qué...

«...no sé a qué santo se levanta una tan temprano.» Carmen Martín Gaite, *Fragmentos de interior,* 1976, RAE-CREA. ❚ «¿A santo de qué?» Pau Faner, *Flor de sal.*

2. írsele a uno el santo al cielo *expr.* ensimismarse, aturdirse, despistarse.

«Caramba, pues es verdad; como me han puesto el chaqué entre usted y Sor Adelaida [...] se me ha ido el santo al cielo...»

Ángel Palomino, *Un jaguar y una rubia.* ▌ «Pero papito... ¿se te ha ido el santo al cielo?» Jaime Romo, *Un cubo lleno de cangrejos.* ▌ «Se le ha ido el santo al cielo...» Andreu Martín, *Por amor al arte.* ▌ «...con unas cosas y con otras, se me ha ido el santo al cielo...» Fernando Repiso, *El incompetente.* ▌ «...y con la cabeza de vacaciones, se me fue el santo al cielo...» B. Pérez Aranda *et al., La ex siempre llama dos veces.* ✔ DRAE: «fr. fig. y fam. Olvidársele lo que iba a decir o lo que tenía que hacer».▐

3. llegar y besar el santo *expr.* conseguir lo que se quiere al punto, sin esperar.
«Joder, es como llegar y besar el santo.» C. Pérez Merinero, *Días de guardar.*

4. mano de santo *expr.* remedio muy eficaz.
«Como lo oyen: pipas de girasol. Decía que eran mano de santo.» C. Pérez Merinero, *Días de guardar.*

5. no ser santo de la devoción de uno *expr.* no gustar.
«...(Antonio) Gala no es santo de mi devoción.» Tía Julia, Qué leer, septiembre, 1998. ▌ «...vamos, que no era precisamente santo de mi devoción.» Carmen Martín Gaite, *Nubosidad variable,* 1992, RAE-CREA. ▌ «He de admitir que no era santo de mi devoción.» Yolanda Arenales, *Desde Aranco,* 1992, RAE-CREA.

6. quedarse para vestir santos *expr.* quedarse soltera una mujer.
«...más de una de esas señoritas del pan pringado se han quedado para vestir santos...» Jose-Vicente Torrente, *Los sucesos de Santolaria.*

7. tener más razón que un santo ▶ *razón, tener más razón que un santo.*

8. tener pasta de santo *expr.* persona muy bondadosa y buena.
«El gobernador tiene pasta de santo.» Carlos Rojas, *El ingenioso hidalgo y poeta Federico García Lorca,* 1980, RAE-CREA.

9. todo el santo (puñetero) día *expr.* todo el día.
«Que está todo el santo día diciendo paridas...» R. Montero, *Diccionario de nuevos insultos...* ▌ «...y se pasaba todo el santo día

empeñado en que...» Eduardo Mendicutti, *Fuego de marzo,* 1995, RAE-CREA. ▌ «...mi padre no sabe qué hacer ahora en todo el santo día.» Manuel Hidalgo, *Azucena, que juega al tenis.* ▌ «Casi nada. Todo el santo día.» Juan Marsé, *Si te dicen que caí.* ▌ «Todo el santo día se lo pasaban pegados al teléfono...» Gomaespuma, *Grandes disgustos de la historia de España.* ▌ «...todo el santo día preguntando...» Jaime Romo, *Un cubo lleno de cangrejos.*

saña *s.* cartera.
«El cerillero era carterista, aun después de retirarse guindaba de broma [...] y devolvía las sañas.» Raúl del Pozo, *Noche de tahúres.*

sañero *s.* carterista, ladrón.
«Los mejores sañeros del mundo, ya retirados [...] aun dan clases a los nuevos.» Raúl del Pozo, *Noche de tahúres.* ▌ «...pululan verdaderas hordas de rateros, ladrones, chorizos, peristas, sañeros, palquistas y chulos capaces de tirar de cabritera por un quítame allá esas pajas...» Isidro, ABC, 10.4.56.

sapo, sapo (verde) *s.* policía, guardia civil.
«Sapo: Guardia Civil.» JGR. ▌ «Sapo verde. Guardia civil.» S. ▌ «Sapos verdes: guardias civiles.» JMO. ▌ «Sapo. Aceituno, picoleto.» Ra. ✔ por el uniforme de color verde. No se ha podido documentar fuera de diccionarios.▐

2. echar sapos y culebras ▶ *echar, echar sapos y culebras.*

saquero *s.* funcionario de prisiones.
«Saquero. Funcionario de prisiones.» JGR. ▌ «Saquero: funcionario, vigilante de prisiones.» JMO. ▌ «Saquero: funcionario de prisiones.» JV. ▌ «Saquero. Boqui, funcionario de prisiones.» Ra. ▌ «Saquero. Vigilante de prisiones.» S. ▌◼ «Los saqueros son buena gente en esta cárcel y se portan bien con los reclusos.» ✔ no se ha podido documentar fuera de diccionarios.▐

sarasa *s.* homosexual.
«Mi sobrino Elíseo, que de eso entiende porque es sarasa...» Terenci Moix, *Garras de astracán.* ▌ «...eran babosos vejestorios que iban a verles las cachas a las vedettes y a reír con el cómico sarasa...» M. Vázquez

Montalbán, *Los alegres muchachos de Atzavara.* ❚ «...treinta y seis años, fofo, voz de flautín, andares de sarasa...» Ángel Palomino, *Madrid, costa Fleming.* ❚ «...encerrarle en el calabozo con los porreros y los sarasas...» Miguel Martín, *Iros todos a hacer puñetas.* ❚ «...un odio acérrimo contra (Antonio) Gala, acusándolo de sarasa.» R. Montero, *Diccionario de nuevos insultos...* ❚ «Un pobre sarasa muerto de hambre...» Juan Marsé, *Si te dicen que caí.* ❚◼️ «Ese sarasa dice que eres muy guapo. ¿Qué te parece?» ✔ para el DRAE es *hombre afeminado y marica.*❚

2. afeminado.

«Usa dos tonos de voz, uno grave [...] otro, relamido y tirando a sarasa para conseguir un diálogo más fácil, impúdico y divertido.» Ángel Palomino, *Las otras violaciones.* ❚◼️ «El nuevo director general parece un poco sarasa en su manera de hablar y andar. ¿Qué te parece?»

sarasate *adj.* afeminado.

«...tiene un amigo quisquero, Enrique Eugenio, un poco sarasate, que...» Francisco Umbral, *Madrid 650.*

sarasón ▸ *sarasa.*

sardina *s.* pene.

«Mira, papá, a Ferrerons se le ve la sardina.» M. Vázquez Montalbán, *Los alegres muchachos de Atzavara.*

sardineta *s.* pene.

«Cuando logró que la niña le confirmara que le había tocado la sardineta a su padre, le preguntó si ésta estaba 'dura o blanda y si era grande o pequeña'.» Montserrat Martínez, El Mundo, 12.2.99.

sardo *s.* sargento.

«sardo. Sargento de la civila.» Ra. ❚ «Sardo. Sargento de la legión.» S. ❚ «Sardo: sargento de la Guardia Civil.» JV. ❚ «Sardo. Sargento legionario.» VL. ❚ «Sardo: Sargento de la Guardia Civil.» JGR. ✔ no se ha podido documentar fuera de diccionarios.❚

sargento *s.* mujer dominante y vocinglera.

«...sargento, guardia civil, civilón, civilona, para un autoritarismo excesivo en la mujer.» AI. ❚◼️ «La mujer del Presidente del gobierno es un sargento en casa, dicen por ahí.» ✔ el DRAE reseña *sargentona* como «fig. Mujer autoritaria».❚

sartén, tener la sartén por el mango *expr.* tener el control de una situación o decisión.

«¡No te preocupes que tengo la sartén por el mango!» DF. ❚ «Aquí sabemos quién tiene la sartén por el mango y acatamos sus órdenes.» CL. ❚ «¿No ve que tengo la sartén del mango?» Fernando Repiso, *El incompetente.* ❚ «...por los azares de la guerra tuvo su facción la sartén del mango...» Ramón Ayerra, *Los ratones colorados.* ❚ «Telemando o telemango. Por lo de tener la sartén bien agarrada del mango y controlar...» Beatriz Pottecher, El Mundo, 31.7.99.

secas, a secas *expr.* sin añadidos, solo.

«...deja de ser un adulterio a secas para convertirse en un escándalo.» Virtudes, *Rímel y castigo.* ❚ «O quizá el Elías no dice *señor cura* sino *cura* a secas...» Andrés Berlanga, *La gaznápira.* ❚ «...algunos forofos de la novela policial que compran todo, pero la mayoría de ellos adquieren novelas a secas.» Juan Madrid, *La novela negra,* 1990.

seco, dejar seco ▸ *dejar, dejar seco.*

2. estar seco *expr.* sin dinero.

«...el pago de la pensión, con el aumento y la extra navideña, mi chico se quedó más seco que un palo.» B. Pérez Aranda *et al.,* *La ex siempre llama dos veces.* ❚ «No tiene un duro, está más seco que la lengua de un loro.» R. Montero, *Diccionario de nuevos insultos...*

3. estar seco *expr.* muerto.

«Cuando llegué al compartimento para pedirle el pasaporte ya estaba seco. [...] ¿Tiene usted alguna pista de quien le ha dado matarile?» Mariano Sánchez, *La sonrisa del muerto.*

secre *s.* secretario, secretaria.

«Ha tenido líos con becarias, misses, senadoras, secres, dependientas...» El Jueves, 11-17 febrero, 1998. ❚ «Es que las secres de tu oficina son todas una panda de marus.» Lucía Etxebarría, *Amor, curiosidad, prozac y dudas.* ❚ «Susanita, la secre de marras...» A. Zamora Vicente, *Historias de viva voz.* ❚ «Me siento en la mesa de la secre.» C. Rico-Godoy, *Cómo ser una mujer y no morir en el intento.* ▌«Fue llegar el secre con el auto y yo partir en compañía de la señora...» José Raúl Bedoya, *La universidad del crimen.* ▌«La secre salió de detrás de su mesa y enfiló su cuerpo serrano...» C. Pérez Merinero, *Días de guardar.*

secreta *s.* retrete.

«Retrete: excusado, común, cien, secreta, letrina, garita, casilla, beque, evacuatorio, quiosco de necesidad.» José M.ª Zabalza, *Letreros de retrete y otras zarandajas.*

2. policía secreta.

«...tener excusas para todo en previsión de una nueva visita de los secretas.» Mariano Sánchez, *Carne fresca.* ▌«La cafetería estaba atestada de periodistas, de chivatos de baja estofa, de médicos, de secretas disfrazados de secretas, y de uniformes varios...» Jaime Romo, *Un cubo lleno de cangrejos.* ▌«El Torégano era de la bofia, de la secreta.» Francisco Candel, *Donde la ciudad cambia su nombre.*

secreto a voces *s.* secreto conocido por todos.

«...y todo el mundo lo sabía, era un secreto a voces.» Juan Marsé, *Si te dicen que caí.*

seda, hacer seda ▶ *hacer, hacer seda.*

seguida ▶ *de seguida.*

segundas, con segundas *expr.* con motivo ulterior, con segunda intención.

«No sé a qué viene lo de pareja, estaba dicho con segundas, para fastidiar.» Manuel Hidalgo, *Azucena, que juega al tenis.* ▌«El caso es que nadie se atreve a decir lo de *qué niño tan mono* por si acaso los padres se creen que va con segundas.» Gomaespuma, *Familia no hay más que una.*

segundo, de segundo *expr.* refiriéndose a comida, el segundo plato.

«¿Y de segundo?» Luis Landero, *Juegos de la edad tardía,* 1989, RAE-CREA. ▌◾ «De primero tenemos fabada y de segundo conejo en pepitoria.»

segundón *s.* el que ocupa el puesto número dos.

«...y se encara vagamente con el hermoso segundón.» Francisco Umbral, *La leyenda del César visionario,* 1991. ▌«...acababa de regalar la herencia de mis padres, siendo yo el primogénito, a cambio de las caricias de un segundón.» Manuel Vicent, *Balada de Caín,* 1987, RAE-CREA. ▌◾ «Mi tío fue segundón en el concurso de feos.»

segurata *s.* guardia de seguridad.

«Los seguratas son siempre agresivos...» Telecinco, 21.8.98.

seiscientos *s.* automóvil Seat 600.

«Cualquiera diría que llevas un seiscientos [...] Métele el pedal a fondo.» José Ángel Mañas, *Historias del Kronen.*

sello, pegar el sello *expr.* trabajar.

«Son personajes que trabajan, que pegan el sello, y no exigen privilegios.» Roseta Campos, El Mundo, 9.5.99.

semáforo, estar con el semáforo rojo *expr.* tener la menstruación.

«Estar con el semáforo rojo: tener la menstruación.» JMO. ▌«Estar con el semáforo rojo. Estar con la menstruación.» VL. ▌«Estar con el semáforo. Estar con la menstruación.» S. ▌◾ «Como Claudia está con el semáforo rojo no ha podido venir a patinar hoy.» ✓ no se ha podido documentar fuera de diccionarios.▐

semáforos *s. pl.* ojos.

«Semáforo. Cliso, acai.» Ra. ▌«Semáforos: ojos.» JV. ▌«Semáforo. Ojo. El ojo, como el semáforo, se abre y se cierra.» S. ▌◾ «La novia de Julián tiene unos semáforos azules que quitan el hipo.» ✓ no se ha podido documentar fuera de diccionarios.▐

*semen *cf.* (afines) calostro, esperma, lechada, leche, lefa, mascada, nevar, polvo, pus.

semental *s.* hombre muy viril.

«...hombre joven, en la flor de la edad, [...] una posición honorable y una planta de semental prolífico...» Luciano G. Egido, *El corazón inmóvil,* 1995, RAE-CREA. ▌«...al interpretar el papel de sempiterno semental que se fornica a todo lo que se mueve...» Guillermo Cabrera Infante, *La Habana para un infante difunto,* 1986, RAE-CREA.

semos *v.* somos.

«...pero mis hermanas y yo semos muy limpias.» Enrique Espinosa, *Jesús el bisabuelo y otros relatos,* 1995, RAE-CREA. ❙ «No grites tanto, que no semos sordos.» J. M.ª Rodríguez Méndez, *Bodas que fueron famosas del Pingajo y la Fandanga,* 1976, RAE-CREA. ❙ ▪" «Cuando ven un féretro pasar las viejas siempre comentan que no semos naide.»

senda de los elefantes *expr.* zona de bares donde alterna la juventud.

«En la colonia Mirasierra se han detectado también robos en domicilios y problemas vecinales con los toxicómanos que acuden a los poblados marginales cercanos a través de la denominada *senda de los elefantes*.» ABC, 3.1.99.

*senos cf. (afines) ▸ *pechos.*

sentada *s.* acto de protesta.

«La sentada de las prostitutas de Santolaria [...] enrareció aún más el signo que hasta entonces había precedido el asunto...» Jose-Vicente Torrente, *Los sucesos de Santolaria.* ❙ ▪" «Los estudiantes de tercero han hecho una sentada en el despacho del decano.»

sentar como un tiro (una patada, una bofetada) *expr.* sentar muy mal.

«Me sentó como una patada...» J. L. Alonso de Santos, *Pares y Nines,* 1989, RAE-CREA. ❙ «Eso le sentó como una bofetada.» Javier Tomeo, *Amado monstruo,* 1985, RAE-CREA. ❙ «A mí me sentó como un tiro, pero puse buena cara.» José María Amilibia, *Españoles todos.* ❙ «...sabía muy bien que la noticia les iba a sentar como un tiro.» J. L. Castillo-Puche, *Hicieron partes.* ❙✓ ▸ *tiro, sentar como un tiro.*❘

sentencias *s.* persona pesada, aburrida y dogmática.

«...lo que a mis oídos llegó sobre él es que era un aburrido, un sentencias y un terco.» Marisa López Soria, *Alegría de nadadoras.*

sentimentaloide *adj.* sentimental.

«...en una contemplación sentimentaloide del problema...» Ramón Rubín, *Los rezagados,* 1991, RAE-CREA. ❙ «...alguien había dicho que era una mujer sentimentaloide y

sensiblera...» Fernando del Paso, *Palinuro de México,* 1977, RAE-CREA. ❙ ▪" «Estos culebrones de la tele me hacen llorar; es que soy un poco sentimentaloide.»

seño *s.* maestra, profesora.

«...la escuela se ha convertido en un escenario de mediocridad en el que los papeles se han degradado. Así [...] ha pasado a ser un colega, una seño...» C. F. Fernández-Carnicero, ABC, 17.5.98. ❙ «Seño: señorita, profesora.» JMO. ❙ ▪" «La seño me ha dicho que no me tienes que pegar.» ❘✓ de *señorita.*❘

señora *s.* esposa, mujer.

«Aquí es mi señora [...] Tanto gusto.» Miguel Martín, *Iros todos a hacer puñetas.* ❙ «...un servidor es número del Cuerpo pero pedí el pase al Parque Móvil por enfermedad de mi señora.» Jaime Romo, *Un cubo lleno de cangrejos.* ❙ «Menos mal que la prensa no utiliza términos como *parienta, jefa,* mi *señora* o *costilla,* de uso, entre popular y castizo...» Manuel Hidalgo, El Mundo, 23.7.99.

2. señora (señorita) estupenda *s.* mujer guapa.

«Después de muchos años, Ruby nos devuelve la moda de las señoritas estupendas, que eran estupendas precisamente por sus carnes...» Carmen Rigalt, El Mundo, 25.4.98. ❙ «...en las fotos contrastaba la emoción del caballero con la indiferencia de la estupenda señora.» El Gran Wyoming, *Te quiero personalmente.*

señores *s. pl.* policía.

«En caliente (argot de los delincuentes) policía se dice: maderos, pasma, plasta, planchaos, señores, pestañi.» Juan Madrid, *Crónicas del Madrid oscuro.*

señorita de la noche *s.* prostituta.

«Antes dijo usted que sale mucho con rameras. —Dije señoritas de la noche.» Terenci Moix, *Garras de astracán.*

señoritingo *s.* personajillo que adopta poses de grandeza.

«Muchas señoritingas caprichosas...» El Gato Encerrado, 3-9 julio, 1998. ❙ «...porque leer, como todo el mundo sabe, es un deporte de señoritingos intelectuales...» Sergi Pàmies, A las barricadas, 18-24 mayo, 1998. ▌ «...se enfadó mucho con Perales al que llamo el señoritingo por su pretensión de tener un criado.» Álvaro de Laiglesia, *Hijos de Pu.* ▌ «...estos señoritingos de mierda prometieron consumir todo el marisco...» Ladislao de Arriba, *Cómo sobrevivir en un chalé adosado.* ▌ «¡Señoritiiiinga, señoritiiiinga!, entona entre dientes una murciana que vive en una barraca...» Juan Marsé, *La oscura historia de la prima Montse.* ✔ para el DRAE es: «despect. de señorito».▌

sepultura, estar con un pie en la sepultura ▶ *mundo, estar con un pie en el otro mundo (en la sepultura, en el hoyo).*

ser, ¿qué va a ser? *expr.* ¿qué desea?
«¿Qué va a ser, señor?» Luis Camacho, *La cloaca.*

2. ser lo de uno *expr.* lo que gusta.
«...has dicho antes que lo mío es el streptease *(sic)* solitario...» Carmen Martín Gaite, *Nubosidad variable,* 1992, RAE-CREA.

serio, más serio que Abraham Lincoln *expr.* muy serio.
«...era más serio que Abraham Lincoln...» Daniel Leyva, *Una piñata llena de memoria,* 1984, RAE-CREA.

2. más serio que un guardia civil *expr.* muy serio.
«Más serio que un guardia civil en el entierro de un compañero...» C. Pérez Merinero, *Días de guardar.*

3. más serio que un monje español *expr.* muy serio.
«Estaba más serio que un monje español...» Osvaldo Soriano, *A sus plantas rendido un león,* 1986, RAE-CREA.

4. más serio que un palo *expr.* muy serio.
«Don Antonio Rodríguez-Moñino... cultivaba una prosopopeya que le sirviera de coraza y solía mostrarse más serio que un palo.» Francisco Rico, Qué leer, 27.11.98. ▌ «Va serio como un palo.» Javier García Sánchez, *El Alpe d'Huez,* 1994, RAE-CREA.

5. más serio que un piano *expr.* muy serio.
«¡Cuéntame tu vida, tito, joder, que estás más serio que un piano...» Andreu Martín, *Prótesis.*

servicio(s) *s.* retrete.
«¿Admite, tolera o disculpa que se llame servicio al retrete?» C. J. Cela, ABC, 5.7.98. ▌ «Ni váter, ni servicios, ni aseos, ni lavabos.» A. Ussía, *Tratado de las buenas maneras.* ▌ «El báter, el servicio, el excusado, la toilette. El cuarto de baño.» Carmen Posadas, *Yuppies, jet set, la movida y otras especies.* ▌ «Hasta ahora las casas más modestas de protección oficial tienen un baño y un servicio como se dice.» Chumy Chúmez, *Por fin un hombre honrado.* ▌ «...por ejemplo retrete, excusado, lavabos, servicio, cuarto de baño, water, etc.» Margarita Fraga Iribarne, ABC, 9.8.98. ▌ «Antes de que la denominación de estos lugares, donde se tienen los vasos para exonerar el vientre [...] llevaban los nombres de evacuatorios, servicios e incluso retrete, pasó tiempo.» José M.ª Zabalza, *Letreros de retrete y otras zarandajas.*

2. ir al servicio *expr.* defecar, orinar.
«...no nos ponemos de acuerdo ni para ir al servicio...» Gomaespuma, *Grandes disgustos de la historia de España.*

servidor *s.* yo, la persona que habla.
«Bueno, un servidor no discute pero a un servidor se le hace que las cosas están ahora peor.» C. J. Cela, «Noviciado, salida noviciado», en *Antología del cuento español.* ▌ «La criada siempre lo ha sido servidor de ustedes,...» Chumy Chúmez, *Por fin un hombre honrado.* ▌ «...porque servidora que lo ha leído...» Marisa López Soria, *Alegría de nadadoras.* ▌ «¡Lástima que un servidor desconfíe tanto de las frases bonitas...» Jesús Ferrero, *Lady Pepa.* ▌ «¿Habrá mayor besugo que un servidor?» Ramón Gil Novales, *El doble otoño de mamá bis,* 1979, RAE-CREA. ▌ «O sea, gana el triple que una servidora, y además sin gastar un átomo del fósforo del cacumen.» Ernesto Parra, *Soy un extraño para ti.* ▌ «¿Puede su señoría ponerse al teléfono y dignarse a que esta su servidora le exprese lo que tiene que expresarle?» M. Vázquez Montalbán, *El delantero centro fue asesinado al atardecer.* ▌ «Aquí está su seguro servidor, para lo que gusten mandar.» Fernando Repiso, *El incompetente.* ▌ «Lo que pasa es que un servidor no tiene tiempo para dedicar a esos bajos menesteres...» Fernando Repi-

so, *El incompetente.* ▌ «...pero cuando se encabronan, madre e hija, quien acaba pagando el pato es una servidora.» B. Pérez Aranda *et al.*, *La ex siempre llama dos veces.*

servilleta, doblar la servilleta *expr.* morir.

«...para sepultar a quien, recién doblada la servilleta, decía adiós a este mundo.» Ramón Ayerra, *La lucha inútil,* 1984, RAE-CREA. ▌◤ «Cuando el abuelo doble la servilleta, yo me quedo con el reloj de pared.»

sesenta y nueve *expr.* sexo oral simultáneo.

«Gozamos por donde quieras [...] mientras realizamos 69. Besos. Caricias.» ABC, 7.1.98. ▌ «Se revolcaron por la cama en complicadas posturas, dedicándole al sesenta y nueve más tiempo del que...» Andreu Martín, *El señor Capone no está en casa.* ▌ «...meternos vibradores, hacernos sesenta y nueve hasta el final, luego relajarnos...» Anuncios clasificados, El Mundo, 23.7.99. ▌◤ «Cuando entré en el despacho, estaban en el suelo haciendo un sesenta y nueve.»

sesera *s.* cabeza.

«Pero que se te meta esto en la sesera: todo tiene una explicación...» Andrés Berlanga, *La gaznápira.* ▌ «Malos pensamientos tiene en la sesera este hombre.» P. Perdomo Azopardo, *La vida golfa de don Quijote y Sancho.* ▌ «Pero nunca está de más abrirse la tapa de la sesera...» ABC Cultural, 30.7.96.

2. calentarse la sesera *expr.* preocuparse.

«...cuelga a los dos y no te calientes la sesera con negocios baladíes...» Ramón Ayerra, *Los ratones colorados.*

seso, devanarse los sesos *expr.* cavilar.

«Sus abogados se devanaban los sesos buscando una solución.» C. Pérez Merinero, *Días de guardar.*

2. levantar(se) la tapa de los sesos *expr.* asesinar, suicidarse, matarse.

«...tres escandinavos pulquérrimos y bienolientes —se asegura que maricas—, han optado por levantarse la tapa de los sesos...» Ramón Ayerra, *Los ratones colorados.* ▌ «Le pueden saltar la tapa de los sesos...» Raúl del Pozo, El Mundo, 28.8.99.

seta *s.* vulva, órgano genital de la mujer.

«Coño: agujero, almeja, aparato, castaña, chichi, concha, chocho, chumino, chupajornales, conejo, higo, raja, seta.» José M.ª Zabalza, *Letreros de retrete y otras zarandajas.* ▌ «El médico me ha dicho que me lave la seta después de follar.» DCB. ▌ «Seta. Chocho, chichi, parrús.» Ra.

2. ser un seta *expr.* halagador.

«Pedro saca buenas notas porque es un seta.» CO, María Gallego, 15.4.1998.

seven *s.* establecimiento de comestibles y bebidas.

«No te mosquees que sí vamos a jamar a un seven.» José Ángel Mañas, *Historias del Kronen.*

sex shop *s.* tienda de objetos sexuales o eróticos.

«...va a acabar de muestrario en un sex shop para superdotados.» Chumy Chúmez, *Por fin un hombre honrado.*

sexi *adj.* que provoca interés o atracción sexual.

«...otra más sexi y más llamativa de lo que eres...» Antonio Martínez Ballesteros, *Pisito clandestino,* 1990, RAE-CREA. ▌ «¡Y sal en plan sexi!» Juan José Alonso Millán, *Pasarse de la raya,* 1991, RAE-CREA. ▌ «Es un disco muy sexy...» SúperPop, junio, 1999. ▌◤ «El nuevo alcalde es un tío muy sexi que lleva de cabeza a todas las mujeres del ayuntamiento.» ✓ también *sexy.*▌

sexo *s.* órgano sexual externo.

«Se quitó la diminuta braga y mostró el sexo grande y negro.» Juan Madrid, *Un beso de amigo.* ▌ «Se bajó la cremallera, extrajo su sexo con la mano derecha y comenzó a acariciarlo.» Almudena Grandes, *Las edades de Lulú.* ▌ «...la arroba de sexos de varón y de hembra...» C. J. Cela, *Oficio de tinieblas 5.* ▌ «Aquello si algo era un sexo, es decir, la condición orgánica que distingue al macho de la hembra.» C. Pérez Merinero, *La mano armada.*

2. sexo oral *s.* sexo oral, felación, cunnilingus.

«No le gustaba el sexo oral ni...» José Luis Muñoz, *Pubis de vello rojo.*

*sexo oral cf. (afines) ▸ *cunnilinguo; felación.*

*sexualmente excitado cf. (afines) cachondo, calentón, calentorro, caliente, picarle a una el **coño, tenerla *dura, tenerla *gorda, picar un *huevo, salido.

*sí cf. (afines) ▸ *afirmación.*

*sida cf. (afines) sidaca, sidazo, sidoso.

sidaca *s.* persona afectada de sida.
«¿Para qué beberá con la pinta de sidaca que tiene?» Ladislao de Arriba, *Cómo sobrevivir en un chalé adosado.* I✔ ▸ *sidoso.*I

sidazo *s.* sida.
«Mientras no nos peguen un sidazo.» El Víbora, n.° 143. I «Las putas te pegan un sidazo.» Mala impresión, revista de humor con caspa, n.° 1. I «Tengo sidazo. ¿Vale?» J. Giménez-Arnau, *Cómo forrarse y flipar con la gente guapa.*

sidoso *s.* persona afectada de sida.
«Existe el —oso de gotoso; pero *sidoso* horripila.» Fernando Lázaro Carreter, *El dardo en la palabra.* I «Se va María la Coja, con su abuelita o tal vez con alguno de esos sidosos que la frecuentan...» Raúl del Pozo, *La novia.* I✔ ▸ *sidaca.*I

sietemachos *s.* fanfarrón, presumido, jactancioso.
«Se llama fanfarrones a quienes se dicen valientes y no lo son... El fanfarrón tiene muchas variantes: sietemachos... gallito... valentón... matón... bocazas...tragahombres... matasiete...» AI.

sifilazo *s.* enfermedad venérea, sífilis.
«Si pillara unas buenas ladillas o un sifilazo se le quitarían todas las puñetas.» M. Vázquez Montalbán, *La rosa de Alejandría.* I «...cada vez más tirada en el arroyo, más famélica, más podrida de sifilazo, más solitaria y enferma...» Juan Marsé, *Si te dicen que caí.* I «He echado un polvo enorme con una puta de Bilbao, que me ha pegado un sifilazo.» Manuel Hidalgo, *Azucena, que juega al tenis.*

sifón, hacer el sifón *expr.* felación.
«Hacer el sifón, realizar la felación completa tragándose la esperma eyaculada.» DE.

sillita de la reina *expr.* manera de transporte juntando los brazos.
«Le hago toda clase de zalemas y reverencias, le llevo en la sillita de la reina...» Fernando Repiso, *El incompetente.*

*sin dinero cf. (afines) ▸ *dinero, sin dinero.*

sin hueso ▸ *hueso, la sin hueso.*

sindicato, del sindicato de la harina *expr.* lesbiana.
«...ahora que reparaba en ello debía ser más del sindicato de la harina que de otra cosa...» C. Pérez Merinero, *La mano armada.* I «Del sindicato de la harina: lesbianas.» JMO. I «del sindicato de la harina. Lesbiana.» VL. I «Ser del sindicato de la harina. Ser lesbiana.» S. I ◾ «Como Paquita sólo va con mujeres, se rumorea que es del sindicato de la harina.» I✔ porque hace *bollos.*I

sindicato de las prisas ▸ *casarse, casarse por el sindicato de las prisas.*

sinpa *s.* abandonar bar, restaurante, hotel, sin pagar.
«Jesucristo y sus apóstoles hicieron uno de los primeros sinpa de la historia.» Manda Güebos, n.° 27. I ◾ «El cabrón de la mesa cuatro se ha ido sinpa.» I✔ de *sin pagar;* utilizado en hostelería.I

*sinvergüenza cf. (afines) ▸ *descarado.*

sirla *s.* cuchillo, navaja.
«Sirlero es el que sirla, o sea, roba con una navaja que también se llama sirla, baldeo, mojá, cheira...» Juan Madrid, *Crónicas del Madrid oscuro.* I ◾ «Los sirleros usan sirla para asaltar a la gente por las calles.»

2. atraco con arma blanca.
«...tres condenas por sirlas, intento de violación...» Juan Madrid, *Turno de noche.* I✔ ▸ *sirle.*I

sirlar *v.* atracar con arma blanca.
«...prefiero que ese dinero sirlado alevosamente a la calderilla del escritor vaya a parar...» Francisco Umbral, *La derechona.* I «Y por eso le he contado que yo no pude ser el que sirló a ese nota en San Bernardo...» Juan Madrid, *Crónicas del Madrid oscuro.*

sirle *s.* robo con intimidación.

«Sirle: robo con intimidación de arma blanca.» JGR. ❙ «Sirla. Atraco. Asalto callejero con arma blanca.» Ra. ✔ no se ha podido documentar fuera de diccionarios. ▶ *sirla.*❙

sirlero *s.* navajero.

«Sirlero. Navajero.» JGR. ❙ «Pues pon de patas arriba a todos los sirleros de Madrid. Diles que si no aparece pronto el que lo hizo...» Fernando Martínez Laínez, *La intentona del dragón.* ❙ «...y con antecedentes como descuidero, topista, sirlero...» Juan Madrid, *Flores, el gitano.* ❙ «Sirlero es el que sirla, o sea, roba con una navaja que también se llama sirla, baldeo, mojá, cheira...» Juan Madrid, *Crónicas del Madrid oscuro.* ❙ «...un soplagaitas, un mindundi aguardentoso de los que terminan vigilando a las sirleras en la calle.» Jaime Romo, *Un cubo lleno de cangrejos.* ❙ «...Agus ya no era más que el sirlero más viejo, más borracho y más sucio de todo Madrid.» Javier Memba, *Homenaje a Kid Valencia,* 1989, RAE-CREA. ❙ «...tirones de bolsos, por sirleros de nueve años...» M. Sánchez Soler, *Festín de tiburones.*

sir

678

sita *s.* maestra, profesora.

«Eso no lo digo yo, lo dice mi sita Asunción que, además de maestra, es futuróloga...» Elvira Lindo, *Manolito gafotas.*

sitio, dejar en el sitio *expr.* matar.

«...le arreo una leche con una maceta [...] y le dejo en el sitio.» C. Pérez Merinero, *Días de guardar.*

2. quedarse en el sitio *expr.* morir.

«...le da un patatús y se queda en el sitio.» Manuel Hidalgo, *Azucena, que juega al tenis.*

soba *s.* paliza.

«Le voy a meter una soba que se va a ir derechito al camino del bien.» El Gran Wyoming, *Te quiero personalmente.*

***sobaco** cf. (afines) alerón.

sobaquina, olor (hedor, tufo) a sobaquina *expr.* olor corporal.

«El olor a sobaquina puede dejar embarazada.» El Jueves, 8-14 abril, 1998. ❙ «El sudor de la carrera desde el Retiro había reposado ya y comenzaba a exhalar un incipiente hedor a sobaquina.» Pedro Ca-

sals, *Disparando cocaína.* ❙ «...que se prohíba también oler a pies, o cantar a sobaquina...» A. Ussía, ABC, 4.7.99. ✔ DRAE: «f. Sudor de los sobacos, que tiene un olor característico y desagradable».❙

***sobar** cf. (afines) ▶ *acariciar.*

sobar *v.* dormir.

«No, tío, yo me voy a casa a sobarla, que no puedo con mi alma.» Lucía Etxebarría, *Beatriz y los cuerpos celestes.* ❙ «Para sentirse cachas y bien, el ser humano necesita sobar entre seis y ocho horitas.» El Jueves, n.° 1083. ❙ «Yo estaba cansado de sobar, porque en el campo se duerme a todas horas...» José Luis Martín Vigil, *Los niños bandidos.* ❙ «He sobado ocho horas y, claro, estoy más despejado que la hostia.» C. Pérez Merinero, *Días de guardar.* ❙ «...lo único que hacen es drogarte para que sobes...» José Ángel Mañas, *Mensaka.* ❙ «Nos abrimos a sobar.» Joseba Elola, *Diccionario de jerga juvenil,* El País Semanal, 3.3.96. ❙ «Espera un rato prudencial hasta que su padre se queda sobando en el sillón y la madre se mete en la cocina a fregar.» Gomaespuma, *Familia no hay más que una.* ❙ «En casa tomo dos o tres pastillas, me meto en la piltra y a sobar, caigo como una piedra.» Juan Madrid, *Crónicas del Madrid oscuro.* ❙ «Que no tía. Que me dejes sobar, paso de tu rollo.» Jaime Romo, *Un cubo lleno de cangrejos.*

2. manosear, acariciar, tocar.

«A don Felipe Gamero ya se le había pasado la edad, pero sobaba a su pareja por partes, como cumpliendo con un obligado rito.» José Manuel Caballero Bonald, *Dos días de setiembre,* citado por Cela en DE. ❙◼ «¡Vengo negra! ¡Me han sobao el culo bien en el metro! ¡Me han puesto hasta cachonda!» ✔ DRAE: «fig. Manosear a una persona».❙

sobo *s.* tocamiento, caricia.

«...y cuando pasa alguna paisana conocida, le dan una buena mano de sobos.» José Gutiérrez-Solana, *Madrid callejero, Obra literaria, II.*

sobón *s.* hombre que soba a las mujeres.

«Di en voz alta: *No seas sobón.*» Fernando G. Tola, *Cómo hacer absolutamente infeliz a un* hombre. |✓ DRAE: «adj. fam. Que por su excesiva familiaridad, caricias y halagos se hace fastidioso. Ú. t. c. s.».|

*sobornar cf. (afines) astilla, engrasar, mordida, sobre, tarugo, untar, estar *vendido.

sobre s. cama.

«Las nueve. Hoy a las once al sobre.» El Jueves, n.º 1083. ▌ «...aquella misma noche [...] ya se la había camelado para llevársela al sobre.» Felipe Navarro (Yale), *Los machistas.* ▌ «Yo me tiré del sobre y me vestí...» José Luis Martín Vigil, *Los niños bandidos.* ▌ ◾ «¿Ya estás en el sobre? ¡Qué tío!»

2. soborno.

«Donde medre un buen enchufe a escala local y el consiguiente sobre, según se dice en España —al otro lado del mar se conoce como mordida...» J. Giménez-Arnau, *Cómo forrarse y flipar con la gente guapa.*

3. el jornal, la paga, el sueldo.

«...con el sobre de la quincena despanzurrado y los billetes...» Tomás Mojarro, *Yo, el valedor,* 1985, RAE-CREA.

sobredosis s. dosis mortal de droga.

«...el forense concluyó con voz hueca: Falleció por sobredosis.» Pedro Casals, *La jeringuilla.*

socia s. mujer, esposa.

«...estuvo liada [...] con un degollador de cerdos [...] que murió consumido por los malos tratos de la socia.» José Gutiérrez-Solana, *Madrid, escenas y costumbres, Obra literaria, I.* ▌ «Pues que el hombre debía estar ya algo gastadillo y no le daba a la socia lo que ella necesitaba...» Jaime Romo, *Un cubo lleno de cangrejos.*

sociata s. militante del partido socialista.

«¡Caña a los sociatas, que los vote su madre!» El Jueves, 21-28 enero, 1998. ▌ «Los conejos para los sociatas que son unos parvenus.» Terenci Moix, *Garras de astracán.* ▌ «...y luego me quieren vender el rollo sociata no te jode si es que estoy hasta la polla...» José Ángel Mañas, *Mensaka.* ▌ «...catalanes, madrileños, sociatas, peperos, aficionados al fútbol...» P. Antilogus, J. L. Festjens, *Anti-guía de los conductores.* ▌ «...qué

entremés de sociatas...» Francisco Umbral, El Mundo, 2.7.98. ▌ «...ha conseguido introducir en la miopía del sociata...» J. Giménez-Arnau, *Cómo forrarse y flipar con la gente guapa.*

*socio que paga cf. (afines) caballo blanco, pagaderas, paganini, pagano, querido.

sodomía s. coito anal.

«...pensar que alguna vez podría ver follar a dos hombres [...] cómo me gustaba pronunciar es palabra sodomía, y escribirla...» Almudena Grandes, *Las edades de Lulú.* ▌ «Citas lésbicas, sodomía, tríos, escenas de celos, camas redondas, peleas a brazo partido entre machos y hembras...» Luis Antonio de Villena, El Mundo, 6.8.99. |✓ DRAE: «f. Concúbito entre varones o contra el orden natural». Aparece en Ac. en 1770: «concúbito entre personas de un mismo sexo, ó en vaso indebido».|

sodomita s. el que practica coito anal.

«Tanto el desconocido como su inmediato amante, sodomitas, eran sin duda ganado de gimnasio.» Almudena Grandes, *Las edades de Lulú.* ▌ «...es sodomita pasivo la alcoba de tu primo es grandecita.» C. J. Cela, *Oficio de tinieblas 5.* ▌ «...acertó a decir el sodomita.» C. Pérez Merinero, *La mano armada.*

sod

679

sodomizador s. el que practica coito anal.

«Los sodomizadores platónicos de...» Cómic Jarabe, n.º 4, 1996.

*sodomizar cf. (afines) atizar por detrás, cabalgar, dar por *cofa, dar por el *columbio, dar por el *culo, poner el culo como un bebedero de patos, dar, dar por donde amargan los pepinos, dar por *detrás, empalar, encular, dar *morcilla, dar por el *ojete, porculear, porculizar, quilar, poner un *rabo, dar por la *retaguardia, dar por el *rulé, dar por el *saco, sodomizar, dar por el *trasero, hacer el tren, poner una *vara, poner una varilla.

sodomizar v. penetración anal, copular por el ano.

«Perdone, pero ¿no salió Ud. ayer en la tele sodomizando a un repollo?» A las barricadas, 11-17 mayo, 1998. ❚ «...no pensaba sodomizar a Regina y en cosas por el estilo.» Manuel Hidalgo, *Azucena, que juega al tenis.* ❚ «Sentí un extraño regocijo, sodomía, sodomizar, dos de mis palabras predilectas...» Almudena Grandes, *Las edades de Lulú.* ❚ «...yo no tengo miedo a que me sodomice...» Ladislao de Arriba, *Cómo sobrevivir en un chalé adosado.* ❚ «...lo que más me irrita es cómo miran el culo de las otras, parece que las están sodomizando...» Fernando G. Tola, *Cómo hacer absolutamente infeliz a un hombre.* ❚ «Me gustaría sodomizarte.» Almudena Grandes, *Las edades de Lulú.* ❚ «¿Sería tal vez la política una forma de sodomizar a toda la sociedad?» Jaime Romo, *Un cubo lleno de cangrejos.* ❚ «Está muy borracho cuando la sodomiza.» José Luis Muñoz, *Pubis de vello rojo.* ❚ «...en otras épocas cortaban el miembro a los que sodomizaban a sus mujeres...» Raúl del Pozo, *La novia.* ❚ «Un eslavo de enorme cipote la sodomizó entre espasmos violentos.» Pau Faner, *Flor de sal.* ✔ tanto el DRAE como MM prefieren ignorar este verbo.❚

sofoquina *s.* sofoco.

«Y su padre, tras soportar la sofoquina y todas las quejas del profesor...» Marisa López Soria, *Alegría de nadadoras.* ✔ DRAE: «f. fam. Sofoco, por lo común intenso».❚

soga, estar con (ponerse) la soga al cuello *expr.* estar en una situación crítica, difícil.

«Te has puesto la soga al cuello tú solito.» M. Vargas Llosa, *La tía Julia y el escribidor,* 1977, RAE-CREA.

sohez *adj. y s.* ordinario, vulgar, chabacano.

«...estos no son caballeros, sino gente sohez y de baxa ralea...» Miguel de Cervantes, *El ingenioso hidalgo don Quijote de la Mancha.* ❚ «Pero de vosotros, sohez, y baxa canalla, no hago caso.» Miguel de Cervantes, *El ingenioso hidalgo don Quijote de la Mancha,* tom. I, cap. 3., DA. ❚ «Venid acá, gente sohez y malnacida.» Miguel de Cervantes, *El ingenioso hidalgo don Quijote de la Mancha.* ❚ « /porque no muriese a silbos / en el bullicio soez.» Francisco de Quevedo y Villegas, *Poesías,* 1597. ❚ «¿Se casa por fin Elisa con ese novio soez?» Manuel Bretón de los Herreros, *El pelo de la dehesa,* 1840. ❚ «...pronto degeneró en soez y envilecido vulgo, como la plebe romana...» Joaquín Costa, *Historia crítica de la revolución en España,* 1875. ❚ «Todo Madrid le parecía ordinario, soez, un lugarón poblado de la gente más zafia...» B. Pérez Galdós, *La de Bringas,* 1884. ❚ «Un día que Ramirín soltó una expresión soez que había aprendido en la calle...» Miguel de Unamuno, *La tía Tula,* 1921. ❚ «...es barato, soez y, a veces, bastante feo de ver.» Max Aub, *La calle de Valverde,* 1961. ❚ «...su fiebre erótica, su lenguaje soez, tan vívido y cutre...» Miguel Delibes, *Madera de héroe,* 1987. ❚ «...supone la expresión de un machismo soez, vomitivo.» El Mundo, 28.2.98.

sol, no dejar ni a sol ni a sombra *expr.* no dejar en paz, importunar constantemente.

«...no te vamos a dejar ni a sol ni a sombra, y en cuanto cometas un desliz, ¡zas!...» Mariano Sánchez, *Carne fresca.* ❚ «...no nos deja ni a sol ni a sombra.» B. Pérez Aranda et al., *La ex siempre llama dos veces.* ✔ DRAE: «fr. fig. y fam. Perseguirlo con importunidad a todas horas y en todo sitio».❚

2. salga el sol por donde salga *expr.* pase lo que pase.

«Pero Ud. sabe que un servidor acostumbra a cantarlas claras, salga el sol por donde salga...» Fernando Repiso, *El incompetente.*

3. sol ▸ *solete.*

4. sol y sombra *s.* mezcla de coñac y anís.

«...brindaron con mistela, los hombres con sol y sombra de anís y coñac...» Andrés Berlanga, *La gaznápira.* ❚▪ «Un solisombra doble, por favor, que paga aquí mi señora.»

solateras *s.* solo.

«Yo lo miraba y le decía, ya te pescaré de solateras, Agustín, cabrón, maricón.» Juan Madrid, *Crónicas del Madrid oscuro.*

*soldado cf. (afines) abuelaca, abuelo, baluba, bisa, chusquero, lejiata, militroncho, peluso, pipi, pistolo, quinto, sorche.

soleche *s.* bobo, necio, engreído.

«Soleche: Estúpido o engreído.» Ángel Palomino, *Insultos, cortes e impertinencias.*

solete *s.* encanto, amor.

«Unos soletes. Anda, y el mío también otro solete.» A. Zamora Vicente, ABC, 17.5.98. ▌«¡Pero si debí de ser un sol de criatura!» Álvaro de Laiglesia, *Hijos de Pu.* ▌ «Aunque sólo fuese para complacer y dar la razón a aquel solete de redactor jefe...» Ángel A. Jordán, *Marbella story.*

2. sol.

«Lucía un buen solete y había gente que aprovechaba la tibieza en las terrazas de los cafés.» Eduardo Mendoza, *La verdad sobre el caso Savolta.*

solfa, poner en (pegar una) solfa *expr.* regañar.

«...Alfonso le pegó una solfa: [...] qué se puede esperar, si vive con tres locas, [...] que si esa no es la educación apropiada...» María Antonia Valls, *Tres relatos de diario.* ▌ «Una quincena de artistas y colectivos madrileños ha ocupado sus espacios para poner en solfa la esquizofrenia contemporánea...» La Luna, El Mundo, 18.6.99.

solipandi *adj.* solo, sin compañía.

«Búscate compañía para salir. No te quedes solipandi.» Ragazza, agosto, 1997.

solivato *adj.* solo.

«A ver, no se va a dejar a los currelas que se tiren el folio en plan solivato.» JV.

***solo** *cf.* (afines) colgado, de non, a pelo, a secas, solateras, solipandi, solivato, más solo que un quinto, más solo que la una.

solo, estar más solo que la una *expr.* no estar acompañado, solitario.

«...estaba sentadita en un rincón más sola que la una...» Juan Madrid, *Crónicas del Madrid oscuro.* ▌ «Ha sido la primera Nochevieja de mi vida que he pasado más solo que la una...» Eduardo Mendicutti, El Mundo, 2.1.99. ▌ «Estoy completamente solo [...] Más solo que la una.» Ragazza, julio, 1997. ▌ «No hay nada peor que tener que soportar a una ex que, además, está más sola que la una.» B. Pérez Aranda *et al.,*

La ex siempre llama dos veces. ▌ «Más solos que la una.» José María Amilibia, *Españoles todos.* ▌ «...y Colón, más solo que la una.» Andreu Martín, *Prótesis.* ▌ «—¿Solo? —Como la una.» Cristóbal Zaragoza, *Y Dios en la última playa.*

2. estar más solo que un quinto (que bastón de ciego, que una mona) *expr.* no estar acompañado, solitario.

«...más sola que un quinto y sin comerme una rosca...» María Antonia Valls, *Para qué sirve un marido.* ▌ «...vivía más solo que bastón de ciego.» Luis Sepúlveda, *Un viejo que leía novelas de amor,* 1989, RAE-CREA. ▌ «...y te dejo más solo que una mona...» Manuel Martínez Mediero, *Lola, la divina,* 1988, RAE-CREA.

soltar *v.* pagar, entregar dinero.

«...tenían fama de preferir la muerte antes que soltar un peso de oro...» Guillermo Chao Ebergenyl, *De los altos,* 1991, RAE-CREA. ▌◾ «Me hicieron soltar treinta millones por el pisito aquél.»

2. soltar la mosca (la pasta, la tela)
▸ *mosca, aflojar (soltar) la mosca.*

somanta *s.* paliza.

«...lo mejor que podían hacer los camareros es darle una somanta a doña Rosa...» C. J. Cela, *La colmena.* ▌ «...les habría dado una somanta a los ingleses que ya hubiéramos visto...» Gomaespuma, *Grandes disgustos de la historia de España.* ▌ «...se puso a forcejear con rabia de macho para darle una somanta y ver si la tumbaba.» P. Perdomo Azopardo, *La vida golfa de don Quijote y Sancho.* ▌ «A ver qué dice el mamón de la somanta del otro día.» Andreu Martín, *El señor Capone no está en casa.* ▌✔ DRAE: «f. fam. Tunda, zurra».▌

sombra *s.* cárcel.

«Lo más probable es que pasemos a la sombra lo que nos queda de vida.» Miguel Martín, *Iros todos a hacer puñetas.* ▌ «Tres meses a la sombra. Pero fue la primera vez que no me pegaron los guardias...» Rafael García Serrano, *Diccionario para un macuto.* ▌ «...el premio al mejor chiste político, que era de veinte años a la sombra.» José M.ª Zabalza, *Letreros de retrete y otras zarandajas.*

❚ «...robo del que saqué quinientas veinte pesetas y por el que me tiré dos meses a la sombra...» Victoriano Corral, *Delitos y condenas*. ❚ «Los agentes de Seguridad la tenían por blasfema, y la llevaban de cuando en cuando a la sombra a pasar una quincena.» Pío Baroja, *El árbol de la ciencia*. ❚ ▪ «Por el atraco le echaron cinco años a la sombra.»

2. mala sombra ▸ *mal, mala sombra.*

sonado *adj.* famoso.

«Su especialidad son las bodas sonadas. No hay boda de postín a la que no asista.» Carmen Rigalt, El Mundo, 1.8.98. ❚ «Liz Taylor y Richard Burton mantuvieron durante décadas un sonado romance que tuvo como colofón...» Ragazza, agosto, 1997. ❚ ▪ «Macario es un pianista muy sonao en el mundillo de la música.»

2. impresionante, de éxito.

«...el año pasado... la que organizaron fue sonada.» Miguel Martín, *Iros todos a hacer puñetas*. ❚ «...merece una sonada inauguración.» J. Giménez-Arnau, *Cómo forrarse y flipar con la gente guapa*. ❚ «...que aquella sí que fue sonada...» José Luis Martín Vigil, *Los niños bandidos*.

3. demente, loco.

«...señoras acompañadas por maridos medio sonados...» Ángel Palomino, *Todo incluido*. ❚ «...coño con la viejales, qué se habrá creído, están todas sonadas...» A. Zamora Vicente, *Mesa, sobremesa*. ❚ «...jovencitas meritoras, cuarentonas destarifadas, maridos sonados...» Ángel Palomino, *Madrid, costa Fleming*. ❚ «Tipo tan sonao que tiene las neuronas en paro.» R. Montero, *Diccionario de nuevos insultos...*

sonaja *adj.* demente, loco.

«Y sólo a un sonaja o chalupa se le puede haber ocurrrido...» Francisco Umbral, El Mundo, 8.7.98.

sonanta *s.* guitarra.

«Sonanta. Guitarra.» VL. ❚ «Sonanta: la guitarra.» JMO. ❚ «Sonanta. Guitarra.» S. ❚ ▪ «Saca la sonanta y toca algo alegre.» ✓ no se ha podido documentar fuera de diccionarios.❙

soñar, ni lo sueñes *expr.* no hacerse ilusiones.

«...porque, ni lo sueñes, no va a venir nadie.» Ángel Vázquez, *La vida perra de Juanita Narboni,* 1976, RAE-CREA. ❚ «¡Ya!, qué gracia; ni lo sueñes.» Jorge Márquez, *La tuerta suerte de Perico Galápago,* 1995, RAE-CREA. ❚ ▪ «Ni lo sueñes, no pienso acompañarte a la fiesta.»

soñarrera *s.* ladrón que roba a los dormidos.

«Los que trincaban en el rengue, los soñarreras o ladrones del sueño...» Raúl del Pozo, *Noche de tahúres*. ✓ a esta actividad Luis Besses le da el nombre de *buscador de sornas.*❙

sopa *s.* gasolina.

«La cabrona de mi hermana siempre consigue dejarme el depósito a cero. En la plaza de la entrada le echo sopa y el gasolinero...» José Ángel Mañas, *Historias del Kronen*.

2. estar sopa *expr.* estar ebrio, borracho.

«...ver doble, estar sopa...» AI.

3. quedarse sopa *expr.* dormir, quedarse dormido.

«...tú te quedas dormida siempre, y está el problema de que yo me quedo medio sopa, pero no del todo...» Manuel Hidalgo, *Azucena, que juega al tenis*. ❚ «Lo leas en ABC o lo veas en la tele, siempre te quedarás sopa.» R. Montero, *Diccionario de nuevos insultos...* ❚ «Y allí me quedo sopa hasta que el ruido de la puerta me despierta.» José Ángel Mañas, *Sonko95*.

4. vivir de (andar, comer) la sopa boba *expr.* vivir sin trabajar a costa de otros.

«Ya eres talludito para estar viviendo de la sopa boba.» C. J. Cela, *El gallego y su cuadrilla*. ❚ «...treintañeros, que con sus vidas resueltas económica y profesionalmente siguen en casa a la sopa boba.» María Teresa Campos, *Cómo librarse de los hijos antes de que sea demasiado tarde*. ❚ «Allí estaba, con su oscuro sueño, comiendo la sopa boba...» P. Perdomo Azopardo, *La vida golfa de don Quijote y Sancho*.

sopapo, arrear (largar) un sopapo *expr.* golpear, pegar con la mano.

«A veces le arrea un sopapo al halcón temerario...» Máximo, *Animales políticos*. ❚ «Si estuviera detenido, ya le habría vuelto la cara de un sopapo.» Andreu Martín, *Prótesis*. ❙ «Si te pilla el profe haciéndote una gayola en clase te va a arrear un sopapo de padre y muy señor mío.» DCB.

sopear *v.* comer.
«...no reventara de felicidad en ninguna de las dos temporadas que vino a sopear a mi casa.» Ernesto Parra, *Soy un extraño para ti.*

sopetón, de sopetón *expr.* repentinamente.
«Éstos opinan que se ha vuelto majareta porque, claro, pasar de la nada al todo de sopetón no es muy normal.» B. Pérez Aranda *et al.*, *La ex siempre llama dos veces.*

soplado ▸ *sopla(d)o.*

sopla(d)o *adj.* ebrio, borracho.
«No hagas mucho caso de aquel chaval, que está muy soplao desde temprano.» Geno Díaz, *Genocidio*. ❙ ◼ «A las diez de la mañana ya está Carlos soplao, para que te hagas idea de lo borrachín que es.»

soplagaitas *s.* bobo, necio.
«Mal empieza este soplagaitas...» A. Zamora Vicente, *Mesa, sobremesa*. ❙ «Estaba claro que aquello era la voz de un soplagaitas, un mindundi aguardentoso...» Jaime Romo, *Un cubo lleno de cangrejos*. ❙ «...soplagaitas que irrumpe en el baño sin llamar...» R. Montero, *Diccionario de nuevos insultos...* ❙ «Pero recuerda, no estáis tratando con soplagaitas.» M. Sánchez Soler, *Festín de tiburones*. ❙✓ eufemismo por *soplapollas.*❙

soplamocos *s.* golpe en la cara, bofetada.
«En otros tiempos [...] le habría propinado a Cipriano Císcar un soplamocos sarcástico y le habría dejado convertido en un ninot para la *cremá*.» Jaime Campmany, ABC, 24.5.98. ❙ «...que su madre tenga luego que darle cuatro soplamocos por dejarse la culera de los pantalones en el trance...» Andrés Berlanga, *La gaznápira*. ❙ «...lo habría hecho callar de un soplamocos.» Andreu Martín, *El señor Capone no está en casa.* ❙✓ DRAE: «m. fig. y fam. Golpe que se da a uno en la cara, especialmente tocándole en las narices».❙

soplapichas *s.* bobo, necio.
«Es un espectáculo muy indicado para soplapichas que se creen al cabo de la calle.» DE.

soplapijas *s.* bobo, necio.
«Los soplapijas piden vermú con guinda, que hace muy distinguido.» DE.

soplapitos *s.* bobo, necio.
«...a quien se le ocurra ir por ahí de *self-made man*, lo tomarán, en el mejor de los supuestos, por un soplapitos.» J. Giménez-Arnau, *Cómo forrarse y flipar con la gente guapa.*

soplapollas *s.* persona que hace felación, sexo oral al hombre.
«...soplapollas.» R. Montero, *Diccionario de nuevos insultos...* ❙ «Rodrigo es un soplapollas. Lo sé porque me la chupó el otro día, en el baño.» DCB. ❙ «...la soplapollas que atendía nuestra zona se nos acercó...» C. Pérez Merinero, *La mano armada.*

2. persona indeseable.
«Si lo que he robado todos estos años para el soplapollas de García...» Miguel Martín, *Iros todos a hacer puñetas*. ❙ «Al conductor de un Simca, llámele soplapollas.» P. Antilogus, J. L. Festjens, *Anti-guía de los conductores.* ❙ «¿Ves? Ya te decía yo que Filstrup era un soplapollas.» Ignacio Fontes, *Acto de amor y otros esfuerzos*. ❙ «Haragán, dejado, apático, soplapollas.» R. Montero, *Diccionario de nuevos insultos...* ❙ «Debe de ser un soplapollas.» Pedro Casals, *Disparando cocaína*. ❙ «...pero un tipejo vestido de pingüino y con cara de soplapollas...» Javier Memba, *Homenaje a Kid Valencia,* 1989, RAE-CREA. ❙ ◼ «No te fíes del nuevo jefe porque me han dicho que es un soplapollas de miedo, el tío. Te la jugará, seguro.»

3. bobo, necio.
«Ríete, soplapollas; cuando te diga de qué se trata...» Miguel Martín, *Iros todos a hacer puñetas*. ❙ «A lo mejor estuvo una vez en Andorra y se cree el muy soplapollas que conoce el mundo.» C. Pérez Merinero, *Días de guardar*. ❙ «...en lo mejor de la fiesta, magreo, despelote y tal, iba la soplapollas y se apartaba...» Ramón Ayerra, *Los ratones colorados*. ❙ «Mira... soplapollas.» M. Vázquez Montalbán, *La histo-*

ria es como nos la merecemos. ❙ «Insultos a la inteligencia: ser un soplapollas.» DTE.

soplapollez *s.* tontería, bobada.

«...el gesto autoritario con que apoya cualquier soplapollez que dice...» Miguel Martín, *Iros todos a hacer puñetas.*

soplar *v.* beber.

«...hay que pasar por la barra, casi desierta, con un par de señoritas soplando coñac...» C. J. Cela, *La colmena.* ❙ «Nos soplamos el tributo de la casa que consistió en dos coñás con sifón...» Rafael García Serrano, *Diccionario para un macuto.* ❙ «...bien es verdad que iba cargado, llevaba unas copas, pero leche, todos soplamos, eso le puede ocurrir a cualquiera...» Ramón Ayerra, *Los ratones colorados.* ❙◗ «El hermano de la Aurora sopla que es un gusto. Está siempre borracho.»

2. informar confidencialmente.

«Le pedimos que nos soplara los mejores trucos para cazar a un chico.» Ragazza, n.° 101. ❙ «...es una solución muy sencilla que nos han soplado nuestros amigos Marcelo y Pilarín...» P. Antilogus, J. L. Festjens, *Anti-guía de los conductores.* ❙ «¿Quién te lo ha soplado?» Manuel Hidalgo, *Azucena, que juega al tenis.*

3. dar respuestas de un examen.

«...la estudiante fue sorprendida por los profesores que vigilaban la prueba escrita cuando escuchaba por un transmisor las respuestas que le *soplaba* un compañero desde fuera.» ABC, 24.7.99. ❙✔ DRAE: «fig. Sugerir a uno una cosa que debe decir y no acierta o ignora».❙

4. soplársela *v.* copular el hombre.

«...por estar casado con una chica tan guapa que los demás me envidiaban seguramente por ello y, furtivos, me la soplaban.» Manuel Hidalgo, *Azucena, que juega al tenis.* ❙ «...tirar, soplar, meter, trajinar.» José M.ª Zabalza, *Letreros de retrete y otras zarandajas.* ❙◗ «Paco me dijo que se sopló a la vecina, la que está muy buena, en el coche, en la parte trasera.»

soplata *s.* delator.

«...ellos son funcionarios municipales como ustedes, hijos de puta, escribientes, soplatas, cabrones...» Francisco Umbral, *Madrid 650.*

sople *s.* bebida.

«...sabe un huevo y la yema del otro este Roque en materia de sople...» Ramón Ayerra, *Los ratones colorados.* ❙ «...devoto del sople...» Ramón Ayerra, *La lucha inútil,* 1984, RAE-CREA.

sopleo *s.* bebida.

«El sopleo: la bebida.» JV. ❙ «Sopleo. Cualquier bebida alcohólica.» Ra. ❙◗ «A Juan le encanta el sopleo un montón. Siempre está de bares.» ✔ no se ha podido documentar fuera de diccionarios. ▶ *sople.*❙

soplillo *s.* oreja grande.

«Soplillos. Orejas.» VL. ❙ «Soplillos. Orejas.» S. ❙◗ «Francisco tiene una cabeza gorda, unos soplillos que parecen de elefante. ¡Una mierda de tío!» ✔ no se ha podido documentar fuera de diccionarios.❙

soplo *s.* denuncia, información.

«También había gastado lo obtenido a cambio del soplo sobre la mujer, o ex mujer, de su jefe.» Arturo Pérez-Reverte, *La piel del tambor.* ❙ «Se pretende evitar así los divertidos y tradicionales soplos y copias de examen...» R. Gómez de Parada, *La universidad me mata.* ❙ «Muchos exámenes los aprobó gracias a mis soplos.» A. Matías Guiu, *Cómo engañar a Hacienda.* ❙ «...por ejemplo, la detención y la cárcel— que se podían derivar de su soplo.» C. Pérez Merinero, *El ángel triste.* ❙ «Que no puedo atender tu llamada porque he recibido un soplo de Pitita Ridruejo mediante el cual me informa que la Virgen va a aparecerse...» María Antonia Valls, *Tres relatos de diario.* ❙ «...si hubiesen dado un soplo, no tendría un policía...» Ernesto Parra, *Soy un extraño para ti.* ❙ «Si un policía me dio el soplo puede haber más que sepan de lo nuestro...» José Luis Martín Vigil, *Los niños bandidos.*

soplón *s.* delator.

«Muza, un soplón, contrabandista, que traía talegos de polvo...» Raúl del Pozo, *Noche de tahúres.* ❙ «...vagabundos supervivientes del último invierno, soplones macarras de putas de diez duros...» Juan Madrid, *Un beso de amigo.* ❙ «No soy soplona, pero me gustaría ver si pueden tomar alguna medida...» Lourdes Ortiz, *Picadura mortal.* ▌«No pago a los soplones.» Eduardo Mendoza, *La verdad sobre el caso Savolta.* ▌«...fiel a su lema de mantenerse alejada de la madera por una cuestión de principios [...] y por evitar falsas sospechas de soplona entre los colegas.» Fernando Martínez Laínez, *Bala perdida.* |✔ Juan Villarín, *Diccionario de argot,* reseña la variante *soplonero.*|

sorche *s.* soldado.

«...pero Mario, si no hay sorches, ¿quieres decirme para qué necesitamos los capitanes generales?» Miguel Delibes, *Cinco horas con Mario.* ▌«El sorche, con el brazo en cabestrillo...» J. M.ª Rodríguez Méndez, *Bodas que fueron famosas del Pingajo y la Fandanga,* 1976, RAE-CREA. ▌«Son dos chorchis que hacen la mili en la Cruz Roja...» Manuel Quinto, *Estigma.* ▌«Un sorche pelado escribía a una máquina; el comandante lo mandó retirar.» Gonzalo Torrente Ballester, *Filomeno, a mi pesar,* 1988, RAE-CREA. |✔ también *sorchi, chorchis.*|

sorderas *s.* sordo.

«(audición) sorderas; poste; duro de oído...» AI.

***sordo** cf. (afines) oídos de mercader, sorderas, sordo como una tapia, tapia, teniente.

sordo, hacerse el sordo *expr.* hacerse el desentendido, fingir que no se oye o entiende.

«El poli se hizo el sordo...» José Raúl Bedoya, *La universidad del crimen.* ▌«Los transeúntes se hacían los sordos.» Eduardo Mendoza, *La verdad sobre el caso Savolta.*

2. sordo como una tapia *expr.* muy sordo.

«La verdulera es sorda como una tapia.» C. J. Cela, *Viaje a la Alcarria.* ▌«...tan joven, tan guapa y como una tapia, ya sabes los sordos sonríen para que creas que te oyen...» Ángel Palomino, *Las otras violaciones.* ▌«...sordo como una tapia.» Ángel Palomino, *Insultos, cortes e impertinencias.* ▌«...y se quedan dormidas, sordas como una tapia.» José Gutiérrez-Solana, *Madrid callejero, Obra literaria, II.* ▌«...duro de oído; estar más sordo que una tapia...» AI. ▌«Allí sí

que es verdad que los ojos ven por tela de cedazo y que los oídos están más sordos que una tapia.» M. F. Suárez, *Sueños,* RAE. ▌«...estar más sordo que una tapia; tardo; teniente; oír por la bragueta...» AI. |✔ DRAE: «más sordo que una tapia. 1. fr. fig. y fam. Muy sordo».|

sose ▶ *sosegón.*

sosegón *s.* narcótico elaborado con pentazocina.

«Es un figura auténtico del ácido. [...] caballo si cae, si no sosegón, ácido anfetamínico...» Ernesto Parra, *Soy un extraño para ti.*

sota *s.* prostituta.

«...anda de ahí, sota, más que sota...» Ramón Ayerra, *Los ratones colorados.* ▌«A la prostituta se le llama sota por su parecido a la figura representada en el naipe de la baraja.» JGR. ▌«...sota, la de debajo;...» AI. ▌«Era un caballero, cacho sota, carantigua...» Ramón Ayerra, *La lucha inútil,* 1984, RAE-CREA. ▌◼«La sota ésa con la que vas, más puta que las gallinas, va a ser tu perdición.»

speed *s.* anfetamina.

«La metamfetamina es una droga [...] En América se llama speed...» Fernando Martínez Laínez, *La intentona del dragón.* ▌«Parecen cinco gramos de lo que ha venido a llamarse *speed,* una mezcla de anfetamina en polvo adulterada...» Álex de la Iglesia, *Payasos en la lavadora.* |✔ también *espid.*|

speedball *s.* mezcla de cocaína y heroína.

«La jeringuilla [...] contenía restos de speedball.» Pedro Casals, *La jeringuilla.*

sponsorizar *v.* patrocinar.

«El gobierno, queriendo rematar a ETA, sponsorizó —¡tremenda paradoja!— su lanzamiento de notoriedad y de fama mundial.» Pilar Urbano, *Yo entré en el Cesid.* |✔ del inglés *to sponsor.*|

stradivarius *s.* coche robado, con números de fabricación cambiados.

«En el caso de que le hubieran colocado un stradivarius es probable que además se hubiera quedado sin coche.» Manuel Giménez, *Antología del timo.* ▌«Los stradivarius son vehículos robados en un país y posteriormente sometidos a una operación quirúrgica conocida en el argot como violín...» Manuel Giménez, *Antología del timo.*

suave, poner suave *expr.* golpear, pegar. «poner suave. Regañar, dar una paliza.» VL. ❚ «Poner suave a alguien. Dar una paliza.» S. ❚◗ «El jefe te ha puesto suave. Te ha roto las narices por lo menos.» ✔ no se ha podido documentar fuera de diccionarios.❘

subidón *s.* alegría, estado de euforia. «Qué subidón volver a verte después de tanto tiempo...» Álex de la Iglesia, *Payasos en la lavadora.* ❚ «...el subidón de dopamina que experimentamos...» Juan Manuel de Prada, ABC, Blanco y Negro, 19.9.99.

subir pieles *v.* masturbarse el hombre. «Subir pieles: masturbarse.» R. Gómez de Parada, *La universidad me mata.* ❚◗ «Los chavales de mi clase se suben pieles siempre que pueden.»

submarino *s.* bocadillo, emparedado. «Blimpie. Submarinos — Ensaladas — Bollería — Café.» Anuncio de restaurante rápido, Madrid. ✔ del inglés *submarine sandwich.*❘

2. policía infiltrado.
«Que te digan quién es el submarino que los ha informado de las andanzas de Eulalia.» Pedro Casals, *La jeringuilla.*

subnormal *s.* bobo, necio, retrasado mental.
«Nos ha convertido en los subnormales del mundo.» M. Vázquez Montalbán, *Los alegres muchachos de Atzavara.* ❚ «...preguntó una jovencita, evidentemente subnormal.» F. Vizcaíno Casas, *Hijos de papá.* ❚ «...pervertidos de todas las razas y tamaños, putos, putas, travestis, especuladores, beatos, chiflados, violadores, subnormales...» Fernando Martínez Laínez, *La intentona del dragón.* «...vuelvo a casa agotada de trabajar y de cuidar subnormales, que ya estoy harta de llamarlos disminuidos psíquicos para no ofender a los familiares.» Chumy Chúmez, *Por fin un hombre honrado.* ❚ «Con esos padres tan subnormales no me extraña que...» C. Pérez Merinero, *El ángel triste.* ❚ «...la otra recordaba una escena antigua en la que era subnormal...» Juan José Millás, *Tonto, muer-*

to, bastardo e invisible. ❚ «...no eres uno de esos subnormales capaces de soplar las velas de una tarta con el agujero del culo.» Ray Loriga, *Héroes,* 1993, RAE-CREA.

suciedad en ropa interior cf. (afines) palomino, zurrapa, zurraspa.

sucio cf. (afines) adán, ir hecho un *asco, cagado, cerdo, cochino, gitano, gorrino, piojoso.

sucio *adj.* rijoso, libidinoso.
«A kid le gustaba que aquellas putas le hablasen porque era tan sucio y tan vulgar lo que susurraban...» Javier Memba, *Homenaje a Kid Valencia,* 1989, RAE-CREA. ❚◗ «El jefe es un tío sucio que te desnuda con la mirada y te magrea si puede.»

sudaca *s.* sudamericano.
«Según Aurelio, ahora los albergues están llenos de atorrantes, parados, yonquis, sudacas, negratas...» Juan Madrid, *Crónicas del Madrid oscuro.* ❚ «...defender el país de moros [...] de yonquis, de gitanos, de sudacas y basura extranjera.» El Banquillo, 28.1.98. ❚ «Hay un asqueroso culebrón sudaca y voy a cambiar el canal...» José Ángel Mañas, *Mensaka.* ❚ «Hay un sudaca que estuvo liado con ella.» Raúl del Pozo, *Noche de tahúres.* ❚ «Los tíos no sé quienes son [...] Parecían sudacas.» Juan Madrid, *Las apariencias no engañan.* ❚ «...en las que sobrevivían sudacas y moros senegaleses y viejos...» M. Vázquez Montalbán, *El delantero centro fue asesinado al atardecer.* ❚ «Se me había olvidado que los sudacas no entienden el castellano...» C. Rico-Godoy, *Cómo ser infeliz y disfrutarlo.* ❚ «Venían sudacas o moracas o italianos cargados de papelinas, enganchaban a las niñas al caballo...» Andreu Martín, *Lo que más quieras.* ✔ también *sudata.*❘

sudadera *s.* prenda deportiva.
«...parecen adefesios con esa horrible prenda llamada sudadera...» Ladislao de Arriba, *Cómo sobrevivir en un chalé adosado.* ✔ del inglés *sweat shirt.*❘

sudar, sudar la camiseta (el kilo) sudar mucho, esforzarse, trabajar.
«Hay que sudar la camiseta, oyes. Tú has hecho carrera y vives como un Preysler...»

Francisco Umbral, *La derechona*. ❙ «Donde las élites sudan el kilo.» Ladislao de Arriba, *Cómo sobrevivir en un chalé adosado.* ❙ «Hay que sudar las camisetas [...] en este juego limpio que es el fútbol.» Matías Prats *et al.*, *Guía erótica del fútbol.*

2. sudar la gota gorda *expr.* sudar mucho; esforzarse.

«...y sudando la gota gorda debajo de media docena de mantas...» Eduardo Mendicutti, El Mundo, 2.1.99. ❙ «...aquí me tiene de nuevo, sudando la gota gorda pero feliz.» La Luna, El Mundo, 18.6.99. ❙ «El mar y las piscinas son buenos amigos de aquéllos que no quieren sudar la gota gorda en verano.» Mónica Sánchez García, El Mundo, 30.7.99.

3. sudar tinta *expr.* esforzarse, trabajar mucho.

«...han trabajado mucho y honradamente; han sudado tinta durante el trajín del día...» José Gutiérrez-Solana, *Madrid callejero, Obra literaria, II.* ❙ «Es tan cabezota que te costará sudar tinta para que entre en razón...» Ragazza, agosto, 1997. ❙ «Tres de los matones del gángster habían sudado tinta para sujetarla.» Andreu Martín, *El señor Capone no está en casa.*

4. sudársela a alguien *expr.* ser indiferente, no importar.

«Está rico, sí, pero me la suda.» Manuel Hidalgo, *Azucena, que juega al tenis.* ❙ «Pronto me volverán a llevar para allá. Me la suda; no les tengo miedo...» José Luis Martín Vigil, *Los niños bandidos.* ❙ «José, eso a mí me la suda.» Rafael Mendizábal, *¡Viva el cuponazo!*, 1992, RAE-CREA. ❙ ■ «A mí la actitud del jefe me la suda, me trae sin cuidado.» ❙ «...se la suda que haya o no beneficios.» José Ángel Mañas, *Sonko95.*

sudata *s.* sudamericano.

«...ya tenía un rollo macabro para proponerle al sudata.» Ernesto Parra, *Soy un extraño para ti.* ❙✔ también *sudaca.*❙

sueco, hacerse el sueco *expr.* hacerse el despistado, fingir que no se sabe.

«No te hagas el sueco, hijo.» Jaime Romo, *Un cubo lleno de cangrejos.* ❙ «...pero Sergio se hace el sueco.» Susana Mateu, El Mundo, La Luna, 23.4.99.

suela, no llegarle a uno (ni) a la suela de los zapatos *expr.* ser inferior, no estar a la altura de alguien.

«No es que el tío pueda compararse a Rita Hayworth —no le llega ni a la suela de los zapatos—» C. Pérez Merinero, *Días de guardar.*

sueldo de hambre *expr.* jornal, paga miserable.

«...muchas secretarias con sueldos de hambre.» C. Pérez Merinero, *El ángel triste.*

suelos, por los suelos *expr.* mal.

«¡Te felicito, Flores, habéis puesto a la policía por los suelos.» Juan Madrid, *Flores, el gitano.* ❙ «...con la moral por los suelos...» Carmen Martín Gaite, *Nubosidad variable,* 1992, RAE-CREA. ❙ «...pero con los modales por los suelos...» Ramón Ayerra, *La lucha inútil,* 1984, RAE-CREA.

sueño, morirse de sueño *expr.* tener mucho sueño.

«Me muero de sueño, Mebusen, por fin me muero de sueño...» Jesús Ferrero, *Lady Pepa.*

2. quitar el sueño *expr.* importar, preocupar, interesar.

«...la reina Isabel II vivía fenomenal,... sin que ningún asunto político le quitara el sueño.» Gomaespuma, *Grandes disgustos de la historia de España.* ❙ «...cosa que a los valencianos no les quitaba el sueño.» Rafael García Serrano, *Diccionario para un macuto.* ❙ «Su salida no iba a quitarme el sueño.» Ernesto Parra, *Soy un extraño para ti.* ❙ «Sé que a nadie le quita el sueño, pero...» José Luis Martín Vigil, *Los niños bandidos.*

3. sueño eterno *s.* muerte.

«...yacía sumido en el sueño eterno que a todos llega con más o menos retraso.» Fernando Martínez Laínez, *La intentona del dragón.* ❙ ■ «Pepe no tiene buen aspecto. Se le acerca la hora del sueño eterno.»

4. sueños húmedos *s. pl.* eyaculación mientras se duerme por soñar con temas sexuales.

«Corruptora allí donde vayas. Húmedos sueños [...] Placer enlodado.» Ramón Escobar, *Negocios sucios y lucrativos de futuro.*

*suerte, mala suerte cf. (afines) ir de *ano, tener el *cenizo, mandar *cojones, ir de *cráneo, mala *folla, gafado, gafancia, gafar, gafe, mala *leche, mala sombra, nacer de *culo, tener la *negra, pasarlas *negras, mala *pata.

suertudo *adj.* con suerte.
«...con lo cual el muy suertudo se va a perder la aventura...» C. Rico-Godoy, *Cómo ser una mujer y no morir en el intento.* ▌ «Por lo demás, confiamos en usted, jodido suertudo.» P. Antilogus, J. L. Festjens, *Anti-guía de los conductores.*

*suicidarse cf. (afines) cavar uno su propia *fosa, morir por su propia mano, levantarse la tapa de los *sesos.

suje *s.* sujetador.
«Nada de pensar en el quirófano, que el mundo es tuyo. Pasa de llevar suje.» Ragazza, n.° 93. ▌ «¿No te pondrás suje, verdad?» B. Pérez Aranda *et al.*, *La ex siempre llama dos veces.*

sultana *s.* regentadora de prostíbulo.
«Sultana: Dueña de un burdel o encargada de regentarlo.» JGR. ▌ «Sultana. Sobaja, celestina.» Ra. ▌ «Sultana. Alcahueta. Mujer que regenta un prostíbulo.» S. ▌◼ «La Pepa es la sultana de la casa de putas donde trabaja mi mujer.» ✔ no se ha podido documentar fuera de diccionarios.▐

súper *adv.* bueno, excelente, muy.
«Para que me enamore de una chica, tiene que ser dulce, cariñosa y súper sincera.» Ragazza, n.° 100. ▌ «¿Por qué no me contáis algo que os haya pasado súper divertido?» Marisa López Soria, *Alegría de nadadoras.* ▌ «Preposición [sic] latiguillo que denota preeminencia, superioridad, abundancia o exceso [...] superhortera, superguay, supermodelo, superguapa, superchulo...» Beatriz Pottecher, El Mundo, 30.7.99. ✔ DRAE: «elem. compos. cuyo significado propio es *encima de*».▐

2. *s.* supermercado.
«¿Quién me lo iba a decir a mí cuando te vi por primera vez tan modosita en el súper?» José María Carrascal, *Mientras tenga mis piernas.* ▌ «Luego paso por el súper y compro algo de comer.» Lucía Etxebarría, *Bea-*

triz y los cuerpos celestes. ▌ «Ideal para promocionar súpers.» El Jueves, 13.5.98.

superculo *s.* nalgas grandes.
«Karla. Superpechos y superculo.» El Jueves, 11-17 febrero, 1998.

superdotado *s.* que posee órganos genitales de gran tamaño.
«Bruno. Deportista. Superdotado.» Anuncio clasificado, ABC, 12.7.98.

superliado *adj.* muy ocupado.
«...además mamá últimamente estaba superliada en el banco y casi no nos veíamos.» Luis Camacho, *La cloaca.*

surco *s.* vulva, órgano genital de la mujer.
«Entonces ella agarró mi mano y la hundió en el surco caliente entremuslero al tiempo que apretaba las piernas...» Cristóbal Zaragoza, *Y Dios en la última playa.*

suscribe, el que suscribe *s.* yo, el que habla.
«La Niña y el que suscribe controlaremos al cura alto.» Arturo Pérez-Reverte, *La piel del tambor.* ▌◼ «El que suscribe no tié nenguna intención de pagar esta cuenta, ¿sausté?»

susodicho *s.* individuo, sujeto.
«Y ¡cómo no!, enfrentarme al pitote que la susodicha tenía servido a la mesa...» Ernesto Parra, *Soy un extraño para ti.* ✔ DRAE: «adj. Dicho arriba, mencionado con anterioridad. Ú. t. c. s.».▐

*suspender examen cf. (afines) dar *calabazas, catear, colgar, revolcar, tumbar.

susto *s.* cuenta, factura.
«Susto. La cuenta, el importe.» VL. ▌ «El susto: la cuenta, la factura.» JMO. ▌ «Susto. Factura. Cuenta.» S. ▌ «Llama al camarero y pídele el susto.» DCB. ✔ no se ha podido documentar fuera de diccionarios.▐

2. no ganar para sustos *expr.* recibir muchos sustos, estar siempre en vilo.
«Menos mal que se ha ido porque no se gana para sustos.» J. Jiménez Martín, *Ligar no es pecado.* ▌ «Doña Fernanda no ganaba para sustos.» B. Pérez Aranda *et al.*, *La ex*

siempre llama dos veces. ▌«Los consumidores no ganan para sustos.» Pilar Portero, El Mundo, 20.6.99. ▌«¡Y yo no gano para sustos!» Griselda Gambaro, *Del sol naciente,* 1984, RAE-CREA.

3. susto de muerte *expr.* gran susto.

«...tiene un susto de muerte en el cuerpo.» Galán y Garcumartín, *La posada del arenal,* 1990, RAE-CREA. ▌«...en las películas cuando se llevan un susto de muerte.» Eduardo Mendicutti, *Fuego de marzo,* 1995, RAE-CREA. ▌«...se puede llevar un susto de muerte oyendo a su padre dar alaridos...» C. Rico-Godoy, *Cómo ser una mujer y no morir en el intento.*

suty *s.* sujetador.

«Suty. Sujetador, sostén.» A. Ussía, *Tratado de las buenas maneras.*

suyo, hacer uno de las suyas *expr.* hacer males, barrabasadas, travesuras.

«...donde los lobos no pudieran hacer de las suyas con las indefensas ovejas.» J. Jiménez Martín, *Ligar no es pecado.*

Tt

tabarra *s.* perorata, charla molesta y pesada.

«...pero eso no les da derecho a que tengamos que soportar sus tabarras...» Fernando Martínez Laínez, *Andante mortal.*

2. dar la tabarra *expr.* molestar, importunar, aburrir.

«Plomizo idiota [...] que da la tabarra...» R. Montero, *Diccionario de nuevos insultos...* ▌ «Nos estuvieron dando la tabarra toda la tarde.» LA. ✓ DRAE: «1. f. Molestia causada por algo pesado e insistente. Ú. especialmente en la fr. dar la tabarra». Aparece en Ac. por primera vez en 1914.▐

tabas, mover las tabas *expr.* bailar.

«...cuando la vieron muy repintada en aquel baile de barriada remeneando todas las tabas.» L. Riaza, *Retrato de dama con perrito,* 1976, RAE-CREA. ▐■ «Vamos a bailar, a mover las tabas un poco.»

tabernáculo *s.* bar, taberna de baja estofa.

«Tabernáculo. Taberna.» VL. ▌ «Tabernáculo. Taberna.» S. ▌ «Tabernáculo. Taberna.» JMO. ✓ no se ha podido documentar fuera de diccionarios.▐

tabernario *adj.* propio de tabernas, de baja estofa, grosero.

«...se reservaban para sí el castellano como idioma tabernario y comercial...» Carlos Trías, *El encuentro,* 1990, RAE-CREA. ▌ «...como el Lancelot tabernario...» Félix de Azúa, *Diario de un hombre humillado,* 1987, RAE-CREA. ▌ «...para proferir algún denuesto tabernario.» Eduardo Mendoza, *La verdad sobre el caso Savolta.* ✓ DRAE: «fig. Bajo, grosero, vil».▐

tabla *s.* marcador de tanteo en juegos y deportes.

«...con empate de ambos equipos en la tabla.» Gomaespuma, *Grandes disgustos de la historia de España.*

2. tablas *s. pl.* experiencia, soltura, aplomo.

«¿Qué prefieres, cine, teatro o televisión? Cine y teatro, aunque la televisión te da tablas.» You, enero, 1998. ✓ DRAE: «fig. Soltura en cualquier actuación ante el público».▐

tablón *s.* borrachera.

«Tenía un tablón como el muro de una presa, tío.» Juan Madrid, *Cuentas pendientes.* ▌ «...los vocablos pedo y mierda, que expresan una intoxicación etílica, capitaneando [...] mona, merluza, melopea, pítima, tajada, moco, tablón, cogorza, moscorra, castaña, melocotón...» José M.ª Zabalza, *Letreros de retrete y otras zarandajas.* ▌ «Es la primera vez que agarras un tablón de esta categoría.» Luis Mateo Díez, *La fuente de la edad,* 1986, RAE-CREA. ▐■ «Anoche pillamos un tablón en la fiesta de padre y muy señor mío.»

*tacaño cf. (afines) agarrado, más agarrado que un chotis, apretado, catalán, cicatero, gastar menos que un *ciego en novelas, cuentagarbanzos, curichi, gastar menos que Tarzán en corbatas, no dar ni

tab

690

la *hora, pesetas, pesetero, ser de puño en *rostro, rácano, rata, roña, roñoso.

tacha *s.* colilla de cigarrillo.
«Tacha. Colilla.» VL. ▮ «Tacha. Colilla.» S. ▮ ▪ «No tires esa tacha, que yo me las fumo.» ✔ no se ha podido documentar fuera de diccionarios.▮

tachines *s. pl.* pies.
«...te jumean los tachines.» AI. ▮ «¡Qué peste echaban sus tachines!» JM. ▮ «Tachín. Pie, pinrel...» Ra. ▮ «Tachines: pies.» JV. ▮ ▪ «A la Lola le apestan los tachines tanto que da arcadas bailar con ella.»
2. zapatos.
«Tachín: pie, zapato.» JMO. ▮ «Tachines. Pies.» S. ▮ ▪ «Matías el Chepa se ha comprao unos tachines guay.» ✔ no se ha podido documentar fuera de diccionarios.▮

taco *s.* pelea, trifulca, alboroto.
«...voy a armar el taco... Ya veréis, ya veréis...» Manuel Martínez Mediero, *El niño de Belén,* 1991, RAE-CREA. ▮ ▪ «¡Qué taco tuvieron los vecinos el día de nochebuena! ¡Por poco se matan!»
2. lío.
«Qué taco se está armando el niño.» Manuel Martínez Mediero, *El niño de Belén,* 1991, RAE-CREA. ▮ ▪ «Me he hecho un taco con las instrucciones porque no están claras y no hay quien las entienda.»
3. palabra considerada malsonante y ofensiva.
«Malas lenguas sostienen que después del viva lanza cuatro tacos...» A. Zamora Vicente, *Historias de viva voz.* ▮ «Las órdenes y los tacos se suceden alternativamente...» Miguel Martín, *Iros todos a hacer puñetas.* ▮ «La brigada en pleno fue siguiendo la evolución y los matices de los tacos que ladraba el jefe.» Pedro Casals, *La jeringuilla* ▮ «...fuman como carreteros, beben como cosacos y dicen tacos...» Manuel Hidalgo, *Azucena, que juega al tenis.* ▮ «Javi, por favor, ¡no digas tacos!» Luis Camacho, *La cloaca.*
4. refiriéndose a la edad de una persona, años.
«...ya tengo veinticinco tacos. No voy a pasarme toda la vida viviendo con ellos.» José Ángel Mañas, *Historias del Kronen.* ▮

«...su hermana Zaina (17 tacos)...» Ragazza, junio, 1998. ▮ «Sobre todo teniendo en cuenta que tienes cuarenta y pico tacos...» Rambla, n.° 29. ▮ «Julián Sancristóbal [...] sale también con 13 tacos.» Francisco Umbral, El Mundo, 27.7.98. ▮ «Oye, que tengo ya sesenta y seis tacos.» Ángel A. Jordán, *Marbella story.* ▮ «...tampoco es plan de seguir en casa de tus padres con 30 tacos...» You, enero, 1998. ▮ «El chico, veinte tacos, lampista...» J. Giménez-Arnau, *Cómo forrarse y flipar con la gente guapa.* ▮ «¡Hola! Soy Sara y tengo 12 tacos...» SúperPop, junio, 1999. ▮ «...conducido por alguien con el pelo rizado, ya bastante tarra, como de unos treinta tacos o así...» Juan Madrid, *Crónicas del Madrid oscuro.* ▮ «...residente en Portugalete y con 48 tacos a sus espaldas...» Jaime Torroja, PC Plus, octubre, 1999.

taconera *s.* prostituta.
«Taconeras. Prostitutas.» JV. ▮ «Taconera. Lumi...» Ra. ▮ «Taconera. Prostituta.» S. ▮ ▪ «Las taconeras de la calle Capitán Haya de Madrid son todas negras ahora.» ✔ no se ha podido documentar fuera de diccionarios.▮

tafutería *s.* en los naipes, trampa.
«¿Tafuterías? Sí, trampas.» Raúl del Pozo, *Noche de tahúres.*

tagamina *s.* bebedor de vino tinto.
«...y las que llegan incluso a especializarse, como *tagamina,* que en Andalucía cataloga a los borrachos de vino tinto.» José M.ª Zabalza, *Letreros de retrete y otras zarandajas.*

***taimado** cf. (afines) ▶ *astuto.*

tajada *s.* borrachera.
«Pese a su tajada, la pelirroja se las arregló para dirigirle una mirada perversa.» Pgarcía, *El método Flower.* ▮ «Se pillan buenas tajadas cada weekend.» Ragazza, n.° 101. ▮ «...sabes que no es que me siente mal, sino que cojo unas tajadas de muerte...» José María Amilibia, *Españoles todos.* ▮ «...y se conoce que le han zumbado bien esta vez [...] lleva una buena tajada...» Juan Marsé, *Últimas tardes con Teresa.* ✔ Luis Besses ya reseña la palabra en 1906. DRAE: «fam. Embriaguez, borrachera».▮

2. parte, provecho.

«Intentarán sacar tajada.» Ángel Palomino, *Las otras violaciones.* ▌«Azalea quiere hacerse con una buena tajada de la fortuna familiar.» Pgarcía, *El método Flower.* ▌«...es utilizado a veces por avispados delincuentes para sacar tajada...» Manuel Giménez, *Antología del timo.* ▌«Sus secretarios [...] se llevaron una tajada importante, pero estaban en su derecho.» Ian Gibson, Qué leer, junio, 1998. ✓ DRAE: «fr. fig. y fam. Conseguir con maña alguna ventaja, y en especial parte de lo que se distribuye entre varios».▌

3. *adj.* ebrio, borracho.

«Pero, hombre, ¿no ves que está tajada como tú?» Fernando Martínez Laínez, *Andante mortal.*

tal, el (la) (muy) tal *expr.* eufemismo por hijo de puta; prostituta.

«Y la muy tal añadió que yo olía mal.» A. Zamora Vicente, *Desorganización.* ▌«...porque seguro dirían que si es una tal o una cual...» J. Jiménez Martín, *Ligar no es pecado.* ▌«...una elementa; una tal; una cualquiera; una de esas; una tipa; una fulana; una andova; [...] una individua...» AI. ✓ Casares: «una tal, una ramera».▌

2. otro que tal (parascual) *expr.* otro igual.

«Luego dimos a Felipe segundo, que fue un rey *muy prudente, católico y poderoso* que tenía los ojos garzos, otro que tal...» A. Sopeña Monsalve, *El florido pensil.* ▌«¿Pedro? Otro que tal, parascual.» DF.

3. y tal *expr.* muletilla conversacional.

«...con su prosa desgarrada y mucho sufrimiento y tal.» Antonio Baños, Qué leer, junio, 1998. ▌«Antes, los chicos hacían cosas muy raras, leer a Gide y tal, pero no hay que tenerlo en cuenta...» Manuel Hidalgo, El Mundo, 4.9.99.

taladrarla a una *expr.* copular con una mujer.

«...cada vez que se sentía marchoso y luego taladrarme con aquel pene ganchudo...» Terenci Moix, *Garras de astracán.* ▌«El amante que la taladra...» José Luis Muñoz, *Pubis de vello rojo.*

talegario *s.* lenguaje penitenciario.

«Se llama *talegario*, y es el argot peculiar que se desarrolla entre los internos de las distintas cárceles...» JGR. ▌«Talegario. Germanía propia de los presos.» Ra.

talego *s.* cárcel.

«...sólo por la pinta que tenemos los dos, a buen seguro que nos mandan al talego, de donde saldremos ambos con sida y con pulgas.» Eduardo Mendoza, *Sin noticias de Gurb.* ▌«Su tesis era elemental: los ricos a la calle y los pobres al talego.» M. Vázquez Montalbán, *La rosa de Alejandría* ▌«Peter ha ido a la cárcel, también llamada trena y talego.» Felipe Navarro (Yale), *Los machistas.* ▌«Vais a pasar el mono en el talego.» Juan Madrid, *Turno de noche.* ✓ DRAE: «vulg. cárcel».▌

2. billete de mil pesetas.

«Dame cinco talegos y te cuento lo que quieras del Nené.» Juan Madrid, *Cuentas pendientes.* ▌«No me levanto los lunes con la cabeza vacía y veinte talegos (billetes de mil pesetas) menos.» Cristina Pérez Schlichting, ABC, 19.4.98. ▌«...un llavero de cinco papeles, unos calzoncillos de tres bonis o un cinturón de siete talegos.» R. Gómez de Parada, *La universidad me mata.* ▌«...y me dice que tiene un curro para mí de tres talegos...» Juan Madrid, *Un beso de amigo.* ▌«...me dijo que había pasao ocho talegos, o sea, ocho mil púas.» Ernesto Parra, *Soy un extraño para ti.* ▌«...y nada pueden ya contra mí todos los negros anhelos de mis odiados y envidiosos compañeros de trabajo: poseo una fotografía de mi propia aura —cuatro talegos tienen la culpa...» Jorge Márquez, ABC, 14.3.99. ▌«...ni siquiera hubiera aceptado los doscientos talegos.» Andreu Martín, *Lo que más quieras.*

taleguero *s.* reo, preso.

«Taleguero. Delincuente que habitualmente está preso.» Ra. ▌«Taleguero. Preso habitual.» VL. ▌«Taleguero: Delincuente que frecuentemente está en prisión.» JGR. ▌«Taleguero. Preso reincidente.» S. ▌«Taleguero: relativo a la cárcel.» JMO. ✓ no se ha podido documentar fuera de diccionarios.▌

tallo *s.* pene.

«Con la mano derecha le sacude expertamente el tallo y, con la otra, le cosquillea expertamente los testículos, todavía repletos.» C. Ducón, *El hotel de las orgías.*

tamaño, tamaño gigante *adj.* grande.

«...una jeringuilla y dos cápsulas B12 tamaño gigante.» Fernández de Castro, *La novia del capitán,* 1987, RAE-CREA. ▌▪■ «Hemos comprado un sofá tamaño gigante.»

2. tamaño natural *adj.* grande.

«...no hay que fiarse de estos tipos escurridos y más si son como éste un vaina de tamaño natural...» A. Zamora Vicente, *Mesa, sobremesa.*

tanga *s.* cómplice de timador.

«...tenía a dos tangas a los que pagaba mil pesetas por cada primo que pescaban.» Juan Madrid, *Flores, el gitano.*

tangana *s.* timo, engaño.

«Tangana: Fraude.» JGR. ▌ «Tangana. Fraude, dolo, estafa, timo.» Ra. ▌ «Tangana: engaño, fraude.» JMO. ▌ «Tangana: mentira, engaño, falsedad, fraude, truco, embaucamiento.» JV. ▌ ▪■ «¡Vaya tangana que me han metido con el arreglo de la casa!» ▌✓ también *tangada.* No se ha podido documentar fuera de diccionarios.▌

tangar *v.* engañar, timar.

«Por que para cerciorarme de que no me tangabas...» El Jueves, n.° 1079 ▌ «...hacen ver que son poseedores de una cualificación profesional para tangar o guindar a sus víctimas.» Manuel Giménez, *Antología del timo.* ▌ «Yo seré un chorizo, pero con cojones, no me tengo que poner un uniforme para ir tangando por ahí.» El Gran Wyoming, *Te quiero personalmente.* ▌ ▪■ «Me ha tangao bien el gachó ése con el coche que me ha vendido.» ▌✓ DRAE: «tr. fam. Engañar, estafar».▌

tanguista *s.* prostituta.

«También tuve una tanguista. Aquella sí que sabía, la desalmada...» P. Perdomo Azopardo, *La vida golfa de don Quijote y Sancho.* ▌✓ Casares: «Bailarina profesional contratada en un café cantante».▌

tano *s.* italiano.

«—¿Los Tanos? El apodo se lo habían puesto los argentinos, que llaman así a los italianos...» Andreu Martín, *Lo que más quieras.* ✓ de *napolitano.*▌

tantas, a (hasta) las tantas *expr.* muy tarde, hasta altas horas.

«Unas copas de sobremesa que se prolongan hasta las tantas...» Gomaespuma, *Familia no hay más que una.* ▌ «...a veces predica hasta las tantas de la madrugada.» Jesús Ferrero, *Lady Pepa.* ▌ «Yo le dije que no viniera más tarde de las diez y llegó a las tantas.» Gomaespuma, *Grandes disgustos de la historia de España.* ▌ «Vamos a estar liados aquí hasta las tantas.» Ángel Palomino, *Un jaguar y una rubia.* ▌ «...se encontraron con no sé quién y les dieron las tantas.» María Antonia Valls, *Tres relatos de diario.*

tanto, al tanto que va de canto *expr.* ir con mucho cuidado.

«...no es normal que alguien ofrezca intereses desorbitados por nuestro dinero [...] al tanto que va de canto.» Manuel Giménez, *Antología del timo.*

tapa de los sesos *expr.* cabeza.

«¿Acaso un tiro de cañón tocante [...] no le habría levantado la tapa de los sesos?» M. Sánchez Soler, *Festín de tiburones.*

2. levantarse la tapa de los sesos ▶ *seso, levantar(se) la tapa de los sesos.*

tapadillo, de tapadillo *expr.* subrepticiamente, a escondidas.

«Lorenzo Broto frecuentaba de tapadillo la casa de la Amparito...» Jose-Vicente Torrente, *Los sucesos de Santolaria.* ▌▪■ «Se ve de tapadillo con un vecino de su casa.» ✓ DRAE: «loc. adv. fig. A escondidas, con disimulo».▌

tapeo *s.* acción de tomar tapas, aperitivos.

«Por ejemplo, ajedrez, futbolín, petanca [...] tapeo...» Juanma Iturriaga, *Con chandal y a lo loco.*

tapia *s.* cómplice de delincuente.

«...funcionaba como aprendiz, sirviendo a Ángel de tapia, o sea, cubriéndole para que nadie se percatara de sus maniobras...» Victoriano Corral, *Delitos y condenas.* ▌ «Tapia: Cómplice del carterista que actúa interponiéndose entre el ladrón y la víctima o empujando a ésta, de forma que facilita la operación delictiva con su distracción intencionada.» JGR. ❙ «Tapia. Cómplice del piquero.» Ra. ❙ «Tapia. Cómplice del carterista.» S. ❙▪■ «Tapia es el cómplice del carterista y se llama así porque se interpone para facilitar la labor de éste.»

2. sordo.

«...si se quiere insultar a alguien [...] reprochándole el haber oído o entendido mal a quien habla, basta decirle: ¡Tapia!» Ángel Palomino, *Insultos, cortes e impertinencias.*

3. sordo como una tapia ▶ *sordo, sordo como una tapia.*

tapón *s.* persona pequeña y regordeta.
«...*El Pituso*, un tapón fornido y dicharachero, tieso y más callado que un muerto.» M. Sánchez Soler, *Festín de tiburones.* ✔ DRAE: «fig. y fam. Persona rechoncha; puede usarse con complementos como *tapón* de cuba, de alberca, etc.».❙

2. pastilla.

«...el otro día me dijo Borja que querías pillar pirulas. Si todavía las quieres hay unas cojonudas a novecientas. Unos tapones fantásticos, tronco, de esos guapos guapos...» José Ángel Mañas, *Sonko95.*

taponazo *s.* trago de bebida alcohólica.
«...estaba tan nerviosa y los taponazos me sentaron tan bien (demasiado bien) que por arte de birlibirloque mis manos no respondían...» B. Pérez Aranda *et al.*, *La ex siempre llama dos veces.*

taponcete *s.* persona pequeña.
«En cuanto a los menudos [...] su estatura los hermana en el grupo de los retacos: [...] canijo [...] chaparro; chaparrete [...] enano... esmirriado... mediohombre; [...] microbio; pigmeo; renacuajo; retaco; [...] taponcete...» AI.

taquimeca *s.* taquimecanógrafa, mujer que sabía taquigrafía y mecanografía.
«...cantaban cuplés con letra alusiva a la frivolidad de las taquimecas...» Ángel Palomino, *Las otras violaciones.* ✔ las *taquimecas* desaparecieron con la llegada de los ordenadores.❙

tarado *s.* necio, tonto.
«Los tarados de los bandidos...» A. Sopeña Monsalve, *El florido pensil.* ❙ «Pero no parecía un tarado de esos de la aguja...» M. Vázquez Montalbán, *El delantero centro fue asesinado al atardecer.* ❙ «...todos lo tratan como lo que es, un perfecto tarado.» R. Montero, *Diccionario de nuevos insultos...* ❙ «...y me voy a volver loca y tarada para siempre...» C. Rico-Godoy, *Cómo ser infeliz y disfrutarlo.* ❙ «...como si me considerase un tarado mental.» C. Pérez Merinero, *La mano armada.*

tararí *adv.* no, negación, rechazo.
«Pues que la policía hace continuamente tararí. Ante cualquier delito, ante cualquier desastre, ella tararí.» Jesús Ferrero, *Lady Pepa.* ❙▪■ «No quiere ayudarnos. Me ha dicho que tararí.» ✔ DRAE: «interj. fam. Expresión burlona o con que se quiere mostrar la total disconformidad con algo que ha propuesto otro».❙

2. tararí que te vi *expr.* no, negación jocosa.
«Usado como interjección de negación, rechazo, burla... [T. tararí que te vi.]» JM. ❙ «Ya estamos aquí, tararí, tararí que te vi...» Manuel Martínez Mediero, *El niño de Belén,* 1991, RAE-CREA. ❙▪■ «Si no quieres ayudarme, ¿sabes lo que te digo? Pues, tararí que te vi.»

tarde, nunca es tarde si la dicha es buena *expr.* frase de consuelo para justificar una tardanza.
«Pero, como nunca es tarde si la dicha es buena, hoy voy a hacerlo...» Fernando Repiso, *El incompetente.*

targui *s.* cárcel, prisión.
«Cárcel. Targui.» JGR. ❙ «Targui. Trena, maco...» Ra. ❙ «Targuí. Prisión.» S. ❙▪■ «Lucas está siempre entrando y saliendo de la targui.» ✔ no se ha podido documentar fuera de diccionarios.❙

tarifar *v.* pelear, discutir.
«Después lo extendieron en la camilla [...] y salieron tarifando.» Mariano Sánchez, *La sonrisa del muerto.* ❙ «...primero salió tarifando con José Carlos Plaza...» María Sarmiento, El Mundo, 25.9.99. ✔ DRAE: «intr. fam. Reñir con uno, enemistarse».❙

tap

694

tarjetero *s.* repartidor de publicidad.

«Los que reparten la publicidad de los clubes, los *tarjeteros*...» El Mundo, 29.8.99.

tarra *s.* persona mayor, vieja.

«...conducido por alguien con el pelo rizado, ya bastante tarra, como de unos treinta tacos o así...» Juan Madrid, *Crónicas del Madrid oscuro*. |✔ DRAE: «com. vulg. Persona vieja».|

tarro *s.* cabeza.

«Anda que como ahora me diga que le duele el tarro, es para matarla.» El Jueves, 11-17 febrero, 1998. ▌«...están quemaos del tarro y se dedican a...» Mala impresión, revista de humor con caspa, n.° 1. ▌«...que no nos la vayan a desgraciar mientras le damos al tarro...» Miguel Martín, *Iros todos a hacer puñetas*. ▌«Pero tú estás mal del tarro...» Juan Madrid, *Crónicas del Madrid oscuro*. |✔ DRAE: «fig. y fam. cabeza humana».|

2. comer(se) el tarro *expr.* considerar, preocuparse.

«Claro que se comen bastante el tarro para no aburrir a la gente.» Ragazza, n.° 101. ▌«Le escuché decir que la culpa de todo la tenía Ventura, que era un carcamal y se dejaba comer el tarro.» Juan Madrid, *Cuentas pendientes*. ▌«Empiezas a comerte el coco... a devorar el tarro...» El Jueves, 8-14 abril, 1998. ▌«...esta modalidad de venta [...] se queda reducida a una comida de tarro o de coco...» Manuel Giménez, *Antología del timo*. ▌«...no es como una novela que es mucho más complicado, es una comida de tarro.» El Gato Encerrado, 3-9 julio, 1998. ▌«...prefirió volverse a casa por Navidad y dejar de comerse el tarro...» Gomaespuma, *Grandes disgustos de la historia de España*. «Los militares sólo quieren comerte el tarro.» Ernesto Parra, *Soy un extraño para ti*. ▌«...y aseguró que le tenía tan comido el tarro a mi chico...» B. Pérez Aranda *et al.*, *La ex siempre llama dos veces*. ▌«...y les comió el tarro y se juntaron con él.» Andreu Martín, *Lo que más quieras*. ▌«cada vez que te miro te como el higo / cada vez que te miro me como el tarro /» Extremoduro, CD, 1997: *Iros todos a tomar por culo, Quemando tus recuerdos*.

tartamuda *s.* metralleta.

«...Jaime Viñas sentado al volante con la tartamuda entre las piernas...» Juan Marsé, *Si te dicen que caí*. ▌«Tartamuda. Tartaja, metralleta.» Ra.

tartana *s.* coche viejo.

«Como que si yo pudiera pagarme un Volkswagen Gold, iba a ir en esta tartana.» María Antonia Valls, *Para qué sirve un marido*. |✔ DRAE: «Cosa vieja e inútil. Ú. especialmente tratándose de automóviles».|

tarugo *s.* bobo, necio.

«...menudo tarugo, no sabe dónde tiene la mano derecha...» A. Zamora Vicente, *Mesa, sobremesa*. ▌«Para el carro, tarugo.» Rosa Montero, *La hija del caníbal*. ▌«Quince minutos eran suficiente tiempo para que aquel tarugo con medallas...» Jaime Romo, *Un cubo lleno de cangrejos*. ▌«Si metemos el caso en manos de un tarugo...» M. Vázquez Montalbán, *El delantero centro fue asesinado al atardecer*. ▌«Hombre, en política, maderos, tarugos y zoquetes siempre los hay...» Jaime Campmany, ABC, 7.2.99. |✔ DRAE: «fig. y fam. Persona de rudo entendimiento, zoquete».|

2. soborno.

«...porque el policía es un ser humano y participa de las mismas tentaciones que los demás seres humanos... Igual que hay médicos que aceptan el tarugo, porque son ambiciosos...» Andreu Martín, *Amores que matan, ¿y qué?* ▌«Tarugo. Soborno, sobre.» Ra. ▌«Tarugo. Práctica fraudulenta de los médicos que recetan medicamentos de determinados laboratorios a cambio de comisión.» VL.

tarumba *adj.* demente, loco.

«Pues sí, se volvió algo tarumbilla...» A. Zamora Vicente, *Historias de viva voz*. ▌«Lo de la calle es esencial porque te puedes volver tarumba si resulta que...» You, marzo, 1998. ▌«Deja de juguetear con el mando a distancia que me estás volviendo tarumba.» C. Rico-Godoy, *Cómo ser infeliz y disfrutarlo*. |✔ DRAE: «fr. fam. Atolondrarlo, confundirlo. Ú. t. el verbo como prnl. *Volverse uno tarumba*».|

tarzán *s.* hombre atractivo y fuerte.

«...entre los brazos de aquel tarzán...» Eduardo Mendicutti, *El palomo cojo,* 1991, RAE-CREA. ▮ «Tarzán: robusto, atlético, fuerte, fibroso, corpulento.» JV. ▮ ▰ «Tu marido se cree un tarzán pero, chica, es un esmirriao.»

tasabar *v.* matar, asesinar.

«Tasabar. Matar.» VL. ▮ «Tasabar: Matar, ejecutar.» JV. ▮ «Tasabar. Mullar, asesinar.» Ra. ▮ ▰ «En lenguaje marginal de bajos fondos, tasabar quiere decir matar.» ▯ no se ha podido documentar fuera de diccionarios.▮

tasca *s.* bar, taberna.

«...nos metimos en una tasca de aspecto asturiano...» Joaquín Leguina, *Tu nombre envenena mis sueños,* 1992, RAE-CREA. ▮ «Solemos cenar en una tasca.» Eduardo Mendoza, *La verdad sobre el caso Savolta.* ▮ «En esa tasca se bebe y se pica de maravilla, tú.» DCB. ▯ DRAE: «2. taberna».▮

tascorro *s.* taberna barata.

«Corro a refugiarme en un tascorro.» Eduardo Mendoza, *Sin noticias de Gurb.*

tascucio *s.* bar, taberna, tasca.

«Crucé la glorieta, localicé un tascucio y me acomodé junto a una furcia...» Fernando Sánchez-Dragó, «Anábasis», en *Antología del cuento español.* ▮ ▰ «A Mariano le gusta alternar en tascucios de mala muerte.»

tasilar *v.* matar.

«—Eso suena muy mal. Parece como si nos fueran a *tasilar.* —¿Tasilar? ¿Dónde has aprendido eso?» El Gran Wyoming, *Te quiero personalmente.*

tasquear *v.* frecuentar bares y tascas.

«Hemos salido a dar una vuelta de tascas [...] ¿De tasqueo?» Luis Goytisolo, *Las afueras.* ▮ ▰ «Tu marido se pasa el día tasqueando con los amigos, de bar en bar, en vez de trabajar.» ▯ DRAE: «intr. Frecuentar tascas o tabernas».▮

tate *excl.* vale, ya está.

«¡Ya está! ¡Tate!» A. Ussía, *Tratado de las buenas maneras.* ▮ «¡Tate! Me he dejado el dinero en casa.» DCB. ▯ DRAE: «1. Voz que equivale a ¡cuidado! o poco a poco. Ú. t. repetida. 2. Denota además haberse venido en conoci-

miento de algo que antes no se ocurría o no se había podido comprender. Ú. t. repetida».▮

2. *s.* hachís.

«el *costo,* el chocolate o *tate,* la *mandanga* o el *fumo* designan el hachís...» Fernando Lázaro Carreter, *El dardo en la palabra.*

*taxista cf. (afines) pesetas, pesetero, peseto.

tea *s.* borrachera.

«Pero es que vas a coger una tea que va a ser demasiado...» José Luis de Tomás García, *La otra orilla de la droga,* 1984, RAE-CREA. ▮ «Tea, borrachera.» VL. ▮ «Tea. [...] borrachera, toña.» Ra. ▮ «Tea: borrachera.» JMO. ▮ «Tea: borrachera.» JV. ▮ ▰ «Anoche vino mi cuñada con una tea de miedo. ¡Cómo olía a vino!»

teatro, hacer teatro *expr.* fingir.

«Si está haciendo teatro, no he conocido a nadie con esa pasión por el drama...» Jesús Ferrero, *Lady Pepa.*

tebeo, más visto que el tebeo *expr.* muy conocido, conocido hasta el aburrimiento.

«Ese rollo está más visto que el tebeo.» Pedro Casals, *La jeringuilla.*

teca *s.* discoteca.

«teca. Discoteca.» Francisco Umbral, *Diccionario cheli.* ▮ «Teca: discoteca.» JMO. ▮ «Teca. Discoteca.» S. ▮ ▰ «Ayer estuvimos bailando en una teca nueva de Argüelles.»

techo, los sin techo *s.* gente marginada y sin hogar que malvive en la calle.

«Muchos de los sin techo que pueblan Nueva York...» Jordi Sierra i Fabra, *El regreso de Johnny Pickup,* 1995, RAE-CREA. ▮ «En Capital Federal, los sin techo son otra legión creciente...» Diario Clarín, Argentina, 39934, 1997. ▮ ▰ «Los sin techo lo pasan mal, siempre a la intemperie, especialmente en invierno.» ▮ «...Washington, la capital del imperio norteamericano, plagada de personas sin techo.» El País, 16.10.99.

teja *s.* orinal.

«—Mira dentro de la teja. —¿Qué teja? —Donde mea, imbécil.» M. Vázquez Montalbán, *El delantero centro fue asesinado al atardecer.*

tejado *s.* cabeza.

«El tejao: los cabellos, los pelos de la cabeza.» JV. ▌ «Tejado. Cabeza.» VL. ▌ «Tejado: la cabeza, el pelo.» JMO. ▌ «Tejado. Cabeza.» S. ✔ no se ha podido documentar fuera de diccionarios.▌

tejanos *s. pl.* pantalones vaqueros.

«Vestida con tejanos y...» You, n.° 3. ▌ «...una joven extranjera con mochila, tejanos y camiseta a rayas azules...» Arturo Pérez-Reverte, *La piel del tambor.* ▌ «...siente alegría porque esa máquina de pedir dinero con tejanos se aleje durante un tiempo...» M. Ángel García, *La mili que te parió.* ▌ ▪ «Esos tejanos que llevan te sientan muy bien. Te hacen un culo muy chulo.» ✔ DRAE: «m. pl. pantalón tejano».▌

tejo *s.* cinco pesetas.

«...tejo o *guil*, duro...» Fernando Lázaro Carreter, *El dardo en la palabra.*

2. tirar (echar) los tejos *expr.* demostración de interés amoroso.

«...una viuda que le echaba los tejos...» Ramón Ayerra, *Los ratones colorados.* ▌ «Fue en una fiesta cuando me di cuenta que me tiraba los tejos.» Ragazza, n.° 100. ▌ «...como habla poco, en lugar de tirarme los tejos, me tira los bolos...» Virtudes, *Rimel y castigo.* ✔ DRAE: «fr. fig. y fam. Insinuarle a una persona el interés que se tiene puesto en ella, o manifestarle indirectamente lo que de ella se espera».▌

tela *adv.* mucho, gran cantidad.

«He visto así de embarazos menopáusicos. Y a ti además te falta tela para que se te retire.» C. Rico-Godoy, *Cómo ser una mujer y no morir en el intento.* ▌ «He visto vuestro anuncio y me va tela.» Metal Hurlant, 1981. ▌ «Juan Ramírez, estrecho de pecho y largo de miras [...] promete tela» Carmen Rigalt, El Mundo, 17.7.99. ▌ ▪ «Despidieron a gente tela en mi empresa el mes pasado.»

2. *s.* dinero.

«Ya sé yo con quienes me juego la tela.» C. J. Cela, *La colmena.* ▌ «A ti te falta tela...» C. Rico-Godoy, *Cómo ser una mujer y no morir en el intento.* ▌ «Fuimos a sacarle la tela. Y se la sacamos. Nos llevamos che-ques, pagarés y pelucos de oro.» Raúl del Pozo, *Noche de tahúres.* ▌ «Eso es mucha tela...» Ladislao de Arriba, *Cómo sobrevivir en un chalé adosado.* ▌ «...les retiraron la publicidad, porque había mucha tela en juego.» María Antonia Valls, *Tres relatos de diario.* ▌ «A soltar la tela y a callar.» P. Perdomo Azopardo, *La vida golfa de don Quijote y Sancho.*

3. tela marinera *expr.* mucho, gran cantidad.

«Pues léala porque hay tela marinera en esa novela...» M. Vázquez Montalbán, *Los alegres muchachos de Atzavara.* ▌ «¿Qué minuta vas a colocar con ese nuevo enredo...? Tela marinera.» Pedro Casals, *La jeringuilla.* ▌ «Llamada también repollo y col, tiene la característica, que no es tela marinera, de, en colaboración con las alubias y otras legumbres, de ser promotora del llamado *cataplá.*» José M.ª Zabalza, *Letreros de retrete y otras zarandajas.* ▌ «¡Tela marinera!» Ragazza, agosto, 1997. ▌ «...sólo hace falta una cosa: tela marinera. Pasta en cantidad.» C. Pérez Merinero, *Días de guardar.* ▌ ▪ «Este encargo te va a costar tela marinera, ¿sabes?» ✔ DRAE: «expresa abundancia o magnitud».▌

telanda ▶ *tela.*

tele *s.* televisión.

«¿Y si decide quedarse toda la noche viendo la tele?» Lucía Etxebarría, *Beatriz y los cuerpos celestes.* ▌ «...sobre todo si han echado por la tele Grease hace poco...» Mala impresión, revista de humor con caspa, n.° 1. ▌ «...ha acudido a llevarse un buen pellizco a los concursos de la tele.» A. Zamora Vicente, *Historias de viva voz.* ▌ «...hace zulos y ha salido en la tele su foto.» María Teresa Campos, *Cómo librarse de los hijos antes de que sea demasiado tarde.* ▌ «¿Éste no será aquel tío que salió una vez en la tele hablando sobre la familia?» Mariano Sánchez, *Carne fresca.*

teleadicto *s.* persona que mira mucho la televisión.

«La gorda se ríe con la serie, hipnotizada como una verdadera teleadicta.» José Ángel Mañas, *Sonko95.*

telebasura *s.* programación televisiva de mala calidad.

«¡Socorro! Sí, me equivoqué con lo de telebasura...» El Mundo, La luna del siglo XXI, n.º 11, 18.12.98. ❙ «...cuando me confesó que, abominando de la telebasura...» C. García Campoy, ABC, 9.10.99.

teleco *s.* telecomunicaciones.

«...mamá consiguió la beca para que yo pudiera estudiar teleco...» Luis Camacho, *La cloaca.*

telediario, durar dos telediarios *expr.* durar muy poco.

«Las que no lo hagan durarán como se dice coloquialmente *dos telediarios.*» Nueva economía, El Mundo, 3.10.99.

telefonazo *s.* llamada telefónica.

«...llegó el telefonazo de Romano citándola...» Héctor Aguilar Camín, *El error de la luna,* 1995, RAE-CREA. ❙ «Me preocupó mucho el telefonazo de ayer...» Héctor Aguilar Camín, *Morir en el golfo,* 1986, RAE-CREA. ❙✔ DRAE: «m. Llamada telefónica».❙

telele, darle a uno el telele *expr.* soponcio, sofoco, berrinche.

«...en cuanto la dé el telele...» Ramón Ayerra, *Los ratones colorados.* ❙ «...en cuanto la dé el telele con el primer rascatripas que se la camele todo se marcha a hacer puñetas...» Ramón Ayerra, *Los ratones colorados.* ❙✔ DRAE: «m. fam. Patatús, soponcio».❙

telenovela *s.* serial televisado.

«Usaron el tema de Alan como una telenovela...» Alan García, *El mundo de Maquiavelo,* 1994, RAE-CREA. ❙ «...volvió a dramatizar en estilo telenovela.» Jorge Andrade, *Un solo Dios verdadero,* 1993, RAE-CREA. ❙ ❙ «Nunca me pierdo la telenovela de las tres de la tarde.»

temblar, echarse a temblar *expr.* asustarse.

«...que sea lo que Dios quiera, tampoco es para echarse a temblar...» Ángel Palomino, *Todo incluido.* ❙ «...un pecado nefando, o una doble vida ya puedes echarte a temblar.» Manuel Vicent, El País, 25.7.99. ❙ ❙ «El tío ese se ha echado a temblar cuando le he dicho que soy hijo del dueño.»

témpano de hielo *expr.* persona seria que no exterioriza emociones.

«...permanecía quieta y callada como un témpano de hielo.» Javier García Sánchez, *La historia más triste,* 1991, RAE-CREA. ❙ «Porque si yo ahora intentase erotizarte para vivir esas nuevas sensaciones de las que hablas, tropezaría contra un témpano de hielo.» José Luis Alegre Cudós, *Locus amoenus,* 1989, RAE-CREA.

templo *s.* bar, taberna de moda.

«Templo. Discoteca, discobar o pub de moda.» Ra. ❙ «Templo. Bar de moda.» S. ❙ «Templo: Bar de moda.» JGR. ❙✔ no se ha podido documentar fuera de diccionarios.❙

tener, tenerlos en el sitio de uno *expr.* ser valiente, arrojado, intrépido.

«Petra la Marota los tiene en su sitio.» DS. ❙✔ se refiere a los testículos.❙

2. tenerlos bien puestos ▸ *puesto, tenerlos bien puestos.*

teniente *adj.* sordo.

«...estar más sordo que una tapia; tardo; teniente; oír por la bragueta...» AI. ❙ «Teniente: Sordo.» Ángel Palomino, *Insultos, cortes e impertinencias.* ❙ ❙ «Tienes que hablarle muy alto a Luis porque está teniente el pobre.» ❙✔ DRAE: «fam. Algo sordo, o tardo en el sentido del oído».❙

tente mientras cobro *expr.* chapuza, trabajo mal hecho o improvisado, que no dura.

«¿Servirán como sucedáneo de tente mientras cobro, sólo de momento...?» Fernando Sánchez-Dragó, *El camino del corazón,* 1990, RAE-CREA. ❙ «Esta casa está mal construida. Esto es un tente mientras cobro.» DCB.

tercera edad *s.* anciano(s).

«...nunca se llama a los viejos la tercera edad.» Carmen Posadas, *Yuppies, jet set, la movida y otras especies.* ❙ «...y seguramente habrá más de un miembro de la tercera edad que recordará con ilusión el Botijo Rock...» El Mundo, 24.8.98. ❙ ❙ «Los de la tercera edad se reúnen en ese café para hablar de los tiempos buenos.»

tercerola *s.* de tercera clase.

«Me sentaron en un rincón de un departamento, tercerola,...» A. Zamora Vicente, *Historias de viva voz.*

tercio, cambiar de tercio *expr.* cambiar de tema de conversación.

«Cambiemos de tercio —dijo Tony con desgana.» Corín Tellado, *Mamá piensa casarse.*

*****terco** cf. (afines) burro, cabeza cuadrada, cabezón, cabezota, farruco, como una mula, de Zaragoza.

teresas *s. pl.* pechos.

«Teresa. Teta, pecho, seno.» Ra. ❚ «Teresa. Pecho.» S. ❚ «Teresitas. Senos.» JM. ❚ «Las teresas: tetas, senos, pechos.» JV. ❚ ◾ «¡Qué teresas me acaba de enseñar Lupe, Dios mío! ¡Qué tía!» ✓ también *teresitas.* No se ha podido documentar fuera de diccionarios.❚

terrazo *s.* cabeza.

«¿Estás mal del terrazo?» Juan Madrid, *Cuentas pendientes.*

terremoto *s.* persona activa.

«...Pero mientras el primero es un terremoto interior y bastante culto...» ABC Cultural, 17.5.96. ❚ ◾ «Tu hijo es un terremoto que no se está quieto ni un minuto.»

terreno, todo terreno ▶ *todo, todo terreno.*

terror, una de terror (miedo) *s.* película, historia de terror, de miedo.

«...Alien, una de terror cósmico...» El Mundo, 15.3.96. ❚ «Una película sobre apariciones sobrenaturales ni una de terror ni un western...» El Mundo, 13.4.96. ❚ ◾ «Esta noche vamos a ver una de terror en el canal siete que dicen que es muy buena.»

testar *v.* probar, comprobar.

«Por ello, buena parte de los exámenes consistían en testar su fuerza dialéctica, su vigor retórico...» Pilar Urbano, *Yo entré en el Cesid.* ❚ «...estará prohibida la experimentación con animales para testar productos cosméticos...» Ragazza, n.° 101.

testiculamen *s.* testículos.

«Se quedaron mirando el testiculamen del gachó del cuadro.» JM. ❚ «Testiculamen: tes-

tículos.» JMO. ❚ «Cuando tienes el testiculamen hinchado, es hora de hacer algo.» DCB.

testiculario *s.* testículos.

«Lo mismo que hoy ha entregado la cabeza noble, dura y sacrificada de Vidal-Quadras, puede entregar mañana el testiculario de un periodista...» Francisco Umbral, *La derechona.*

*****testículos** cf. (afines) aberronchos, aceitunas, alegrías, arco de triunfo, atributos, bemoles, bolas, bolamen, bolo, bolsa, borlas, botones, bragueta, bulto, tenerlos como el *caballo de Espartero, candonga, canicas, cáscaras, castañas, cataplines, chismes, ciruelas, cojines, cojinetes, cojón, cojonamen, cojonazos, cojonera, cojones, cojones de caballo, colgajos, colgantes, colgar algo de la entrepierna, criadillas, dotado, forros, tenerlos *gordos, güevas, güevo, güito, hígados, huevamen, huevazos, huevos, melocotones, mercancía, mismísimos, mondongo, nuez, paquetamen, paquete, marcar *paquete, pelendengues, pelés, pelotas, pelotamen, péndulos, perendengues, pesas, lo que tiene uno entre las *piernas, riñones, salva sea la parte, testiculamen, testiculario, timbales, virilidades glandulares, yemas.

testículo de tierra *s.* trufa.

«Trufa. También llamada testículo de tierra...» Isabel Allende, *Afrodita.* ✓ ▶ *turma de tierra.*❚

teta *adj. y s.* bueno, estupendo, maravilloso.

«Fue en la recta antes de llegar a Aranjuez, que es una recta teta, oye...» José María Amilibia, *Españoles todos.* ❚ «Una chica teta [...] Estoy teta [...] Un libro teta...» Rafael García Serrano, *Diccionario para un macuto.* ❚ «Era un letrero teta porque nadie lo entendía.» José M.ª Zabalza, *Letreros de retrete y otras zarandajas.* ❚ ◾ «Estupendo, maravilloso, teta de verdad.»

2. pecho de mujer.

«¡Vaya unas piernas, un culo y unas tetas que tiene!» Anónimo, *Obsesiones impúdicas.* ❚ «Se quitó el sujetador, liberando dos tetas perfectas...» C. Ducón, *El hotel de las orgías.*

❚ «Me colgué de su teta, la besaba, la chupaba, la mordía...» Almudena Grandes, *Las edades de Lulú.* ❚ «El vino es la teta del viejo.» ref. ❚ «Tiran más dos tetas que dos carretas.» ref. ❚■" «Cuando bailamos arrimaos la Maruja me pone las tetas encima y me pongo a cien.»

3. estar hasta las tetas *expr.* harto.

«Estoy hasta las tetas de que te lleves la pela de...» Francisco Umbral, *Madrid 650.* ❚ «La única con hijos mayores, sin obligaciones, estaba hasta las tetas de tanta interrupción.» Eloy Arenas, *Los vecinos de mis vecinos son mis vecinos.*

4. pasarlo teta *expr.* pasarlo bien, divertirse.

«El cabrón del maitre observa la jugada y se lo está pasando teta.» C. Pérez Merinero, *Días de guardar.* ❚■" «Lo pasé teta con la gachí. Fue una gozada.»

*tetas cf. (afines) ▶ *pechos.*

tetamen *s.* pechos.

«La guarrona que antes se ha sacado el parné del tetamen, salta y dice que de eso nada, monada.» Eduardo Mendoza, *Sin noticias de Gurb.* ❚ «Eran dos tipos de la raza: el pelotamen de él estaba a juego con el tetamen de ella.» DE. ❚ «Teticas. Diminutivo al pecho de la mujer, llamado también escaparate, limones, mostrador, tetamen, etc.» José M.ª Zabalza, *Letreros de retrete y otras zarandajas.* ❚ «Balconada. El conjunto de ambos pechos de la mujer, tetamen.» DE. ❚ «...dándole vueltas al bolso, con el morro rojo, y con medio tetamen fuera...» Jaime Romo, *Un cubo lleno de cangrejos.* ❚ «Empiezo a morderle el cuello [...] y a hurgarle el tetamen...» C. Pérez Merinero, *Días de guardar.*

tetazas *s. pl.* pechos voluminosos.

«¿Qué te parece, muñeca? Sí, tú, la de las tetazas.» P. Antilogus, J. L. Festjens, *Antiguía de los conductores.* ❚■" «Las tetazas de la tía del quinto derecha me tienen loco, macho.»

tete *s.* amigo, compañero.

«Tete, estás muy bolingas.» Joseba Elola, *Diccionario de jerga juvenil,* El País semanal, 3.3.96.

teticas *s. pl.* pechos.

«Teticas. Diminutivo al pecho de la mujer, llamado también escaparate, limones, mostrador, tetamen, etc.» José M.ª Zabalza, *Letreros de retrete y otras zarandajas.*

tetillas *s.* pechos pequeños.

«...Lucrecia lo besó en el cuello y mordisqueó sus tetillas...» M. Vargas Llosa, *Elogio de la madrastra,* 1988, RAE-CREA. ❚ «Colgaba de sus tetillas argollas de hierro candente...» Pau Faner, *Flor de sal.* ❚■" «Esa chica tiene unas tetillas muy graciosas, ¿verdad?»

tetitas ▶ *tetillas.*

tetona *s.* mujer de pecho voluminoso.

«...un calendario que representaba una señorita muy aparente y más bien tetona.» C. J. Cela, *Viaje al Pirineo de Lérida.* ❚ «...tampoco iba a estropearme un traje de quinientos pavos por una tetona beoda.» Pgarcía, *El método Flower.* ❚ «Me estará pequeña, seguro, soy mucho más tetona que tú.» Almudena Grandes, *Las edades de Lulú.* ❚✓ ▶ *tetuda.*❚

tetorras *s. pl.* pechos grandes.

«...le eché un vistazo a las tetorras. Las llevaba al aire...» C. Pérez Merinero, *Días de guardar.* ❚■" «Vaya tetorras que tiene la señora.»

tetuda *s.* mujer de pecho voluminoso.

«Ante la duda, la más tetuda.» R. Gómez de Parada, *La universidad me mata.* ❚ «La tetuda rockerilla Tata Naches se había presentado...» Terenci Moix, *Garras de astracán.* ❚ «...y alguna otra casada o soltera , jovenzuelas ellas, tetudas y culonas...» Francisco Candel, *Donde la ciudad cambia su nombre.* ❚ «...ahora tengo que ver cómo se tima con la nueva empleada, una valenciana como está mandado, o sea, tetuda...» A. Zamora Vicente, *Mesa, sobremesa.* ❚ «...el pobre andaba haciéndose marranadas con las tetudas de las revistas.» Chumy Chúmez, *Por fin un hombre honrado.* ❚ «Tetuda, ojos grandes y oscuros, pelo negro...» Andreu Martín, *Amores que matan, ¿y qué?* ❚ «Lo mejor de esto de tirar de calcetín es que no se le escapa a uno [...] ninguna tía. Las hay de todos los colores. Altas, bajitas, tetudas, de Castellón de la Plana; culonas, sin culo...» C. Pérez Merinero, *Días de guardar.* ▌«En la duda, la más tetuda.» Pedro Casals, *Hagan juego.* |✓ ▸ *tetona.*|

tía *s.* mujer.

«Esa tía estaba ahí, metida entre mis sábanas...» Jaime Campmany, ABC, 1.2.98. ▌«Si pasa de ti para no perder oportunidades con otras tías, mándale el cuerno.» Ragazza, n.° 101. ▌«¡Qué locas están las tías!» Rambla, n.°24. ▌▰ «Esas dos tías en la esquina preguntan por ti, Paco.» |✓ ▸ también en *tío.*|

2. mujer indeseable.

«Viví con una tía un tiempo, pero me dejó la cabrona.» C. Rico-Godoy, *Cómo ser infeliz y disfrutarlo.* ▌«Seguro que aquella tía guarra, aquella pérfida bruja...» Javier García Sánchez, *La historia más triste,* 1991, RAE-CREA.

3. tía buena *s.* mujer sexualmente atractiva.

«...estás que lo tiras, hija, preciosa, guapísima, tía buena, que eres una tía buena...» Carmen Resino, *Pop y patatas fritas,* 1991, RAE-CREA. ▌▰ «¿Quién es esa tía buena que va del brazo de Ángel? Preséntamela, anda.»

4. (no hay) tu tía *expr.* no hay remedio, imposible.

«Todos hemos empleado la expresión *no hay tu tía* cuando no conseguimos abrir una lata de conserva; cuando le contamos a un amigo cómo se resiste la dama de nuestros sueños...» Luis Ignacio Parada, ABC, 21.6.98. ▌«¡Bueno, coño, tu tía!» Fernando Fernán Gómez, *El viaje a ninguna parte,* 1985, RAE-CREA. ▌«...resulta que, te pongas como te pongas, no hay tu tía.» Fernando Repiso, *El incompetente.*

tiarrón *s.* hombre fuerte y atractivo.

«...como mi tío José que es un tiarrón...» M. Vázquez Montalbán, *Los alegres muchachos de Atzavara.* ▌«¡Vaya tiarrón que eres!» Juan Madrid, *Un beso de amigo.* ▌«Qué tiarrón —musitó, cuando el joven hubo terminado su número.» Care Santos, *El tango del perdedor.* ▌▰ «Tu hermano está ya hecho un tiarrón buenísimo.» |✓ no en el DRAE.|

tiburón *s.* el que se hace ilegalmente con el control de las acciones de una empresa.

«Así se han hecho multimillonarios muchos tiburoncetes.» M. Sánchez Soler, *Festín de tiburones.*

tiempo, con el tiempo y una caña *expr.* con mucha paciencia.

«...bien pudiera él haberse habilitado de obispo, con el tiempo y una caña.» Rafael García Serrano, *Diccionario para un macuto.*

2. estar pillado de tiempo *expr.* andar escaso de tiempo.

«Mira, te explico esta noche, que voy pillado de tiempo.» José Ángel Mañas, *Sonko95.*

3. tiempo (año) de maricastaña *expr.* tiempos antiguos.

«...con una estufa de carbón vegetal del año de maricastaña...» Fernando Sánchez-Dragó, 1990, RAE-CREA. ▌«...baúles llenos de ropa de los tiempos de maricastaña.» Eduardo Mendicutti, *El palomo cojo,* 1991, RAE-CREA. |✓ Ac. 1884: «Personaje proverbial, símbolo de antigüedad muy romota».|

tiento *s.* trago de bebida.

«...va a dar un tiento a la garrafa...» Miguel Martín, *Iros todos a hacer puñetas.* ▌«Casi todos nos sofocamos del susto, y, desde luego, hubo necesidad de darle un tiento a la botella.» Rafael García Serrano, *Diccionario para un macuto.* ▌«...mientras comían churros y daban largos tientos a la bota.» José Gutiérrez-Solana, *Madrid callejero, Obra literaria, II.* ▌▰ «Toma un tiento de este vinillo y verás que bueno está.» |✓ MM: «beber un trago».|

2. con tiento *expr.* con cuidado, con precaución.

«Hablaba con tiento, nada más que con tiento.» Javier Marías, *Corazón tan blanco.* ▌«Si me permite decírselo, ande con tiento...» Antonio Buero Vallejo, *Las trampas del azar,* 1994, RAE-CREA. ▌«Si no me ando con tiento, a la que me descuide...» Eduardo Mendoza, *La ciudad de los prodigios.* ▌«Bebe con tiento, Carlitos...» Fernando Fernán Gómez, *El viaje a ninguna parte,* 1985, RAE-CREA. |✓ el DRAE ignora este significado de tiento.|

tierra, bajo tierra *expr.* muerto.

«Pero a decir verdad, quisiera ya estar bajo tierra.» Severo Sarduy, *Pájaros de la playa,* 1993, RAE-CREA. ❚ «Me temo que no pueda usted conocerlo. Está dos metros bajo tierra.» Felipe Hernández, *Naturaleza,* 1989.

2. echar (tirar) por tierra *expr.* rechazar, desestimar, malograr.

«...aquel niñato callado y taciturno lo echó por tierra...» Juan Madrid, *El cebo.* ❚ «Mi profesor siempre echa por tierra todas las ideas que tengo.» DCB.

3. echar tierra a algo *expr.* cubrirlo, taparlo, ignorarlo.

«...se tomó muchas molestias para echar tierra al asunto.» Manuel Quinto, *Estigma.*

4. tragarse la tierra a alguien *expr.* desaparecer.

«Pero parecía como si se la hubiese tragado la tierra.» P. Perdomo Azopardo, *La vida golfa de don Quijote y Sancho.* ❚◗ «Y cuando le vi salir en calzoncillos dije para mí, tierra trágame.»

tiesa, tenerla (ponerse) tiesa *expr.* pene en erección.

«Seguro que tenían la polla bien tiesa a los dieciséis...» Ray Loriga, *Lo peor de todo.* ❚ «Vi a Daniel cogerse la gruesa polla, muy tiesa, y empezar a sacudírsela cínicamente ante mis ojos...» C. Ducón, *El hotel de las orgías.* ❚ «recuerdo su olor y se me pone tiesa.» Extremoduro, CD, 1997: *Iros todos a tomar por culo, Deltoya.* ❚◗ «Mientras bailaba con Pedro he notado que la tenía tiesa, y me la restregaba.»

tieso, estar (quedarse, dejar) tieso *expr.* sin dinero.

«¿Que todavía no has planeado las vacas porque estás tiesa de pelas?» Ragazza, junio, 1998. ❚ «Vamos que si tú no le dejas tieso, este hombre nos resuelve el problema.» Miguel Martín, *Iros todos a hacer puñetas.* ❚ «Las solteras están siempre tiesas, y las casadas no creo que le pudieran explicar a sus maridos el haber pagado una factura de esas.» Luis Camacho, *La cloaca.* ❚ «De ello se infiere que, del moreno —completamente tieso...» J. Giménez-Arnau,

Cómo forrarse y flipar con la gente guapa. ❚ «...entre cuarenta y cincuenta mil pesetas, por ese precio te dejan tieso a un tipo...» Ramón Ayerra, *Los ratones colorados.* ❚◗ «Dice que está tieso pero lleva un traje nuevo.»

2. estar (quedarse, dejar) tieso *expr.* muerto.

«...ha amanecido colgado [...] tan normal y tan muerto, sin sangre y sin drama, pero tieso, lo que se dice tieso.» Francisco Umbral, *Madrid 650.* ❚ «Si no rechista, se ha quedado sin cataplines y más tieso que una tabla.» Felipe Navarro (Yale), *Los machistas.* ❚ «El pobre se quedó tieso...» A. Matías Guiu, *Cómo engañar a Hacienda.* ❚ «Si la pillo, la dejo tiesa.» El Gran Wyoming, *Te quiero personalmente.* ❚ «Por poco te dejan tieso en Chamberí...» Pedro Casals, *Disparando cocaína.*

3. estar (quedarse, dejar) tieso *expr.* impresionado, asustado.

«...cuando te diga de qué se trata te vas a quedar más tieso que la verga de un garañón.» Miguel Martín, *Iros todos a hacer puñetas.*

4. quedarse tieso *expr.* morir.

«...en efecto, se quedó tieso justo después del postre.» Almudena Grandes, *Modelos de mujer.* ❚◗ «Estuvo con fiebres durante tres días y al cuarto se quedó tieso.»

5. tenerlo tieso *expr.* tener el pene en erección.

«A joder cita al Hermano / Pilla un nabo largo, sano, / Tieso, gordo y bien repleto.» J. de Vargas Ponce, *Lo que es y lo que será,* citado por Cela en DE. ✓ ▸ *tiesa.*❚

tiesto *s.* orinal.

«Orinar es desbeber [...] y se hace en un bacín, [...] , tiesto, [...] chata, perico, vaso de noche... que son acepciones del orinal.» José M.ª Zabalza, *Letreros de retrete y otras zarandajas.*

2. salirse del tiesto *expr.* desmandarse, romper con las normas.

«...sentía que era preciso cambiar sus vidas, salirse del tiesto de una vez, aunque fuera por tiempo limitado.» Mariano Sánchez, *Carne fresca.*

tifa *s.* excremento.

«¿Por qué no me has dibujado cagando, sí, cagando una buena tifa...» Juan Marsé, *El embrujo de Shangai,* 1993, RAE-CREA.

tigre *s.* retrete.

«...el agujero horadado en el hormigón que sirve de water... En una palabra, el *tigre*...» Eleuterio Sánchez, *Camina o revienta.* ▌«...y se baja a echarle una ojeada al tigre y comprueba que la Conchi ha currado bien aunque la cisterna...» José Ángel Mañas, *Sonko95.* ▌«Tigre: retrete.» Manuel Giménez, *Antología del timo.* ▌◼ «Juan se ha metido otra vez en el tigre y está cagando.»

2. mal olor.

«Vuelvo al local, donde el ambiente cargado puede cortarse con tijeras, y el tigre sería imposible eliminarlo con ningún desodorante.» José M.ª Zabalza, *Letreros de retrete y otras zarandajas.*

3. oler a tigre *expr.* tener mal olor corporal.

«Yo creo que debíamos oler a tigre.» A. Zamora Vicente, *Historias de viva voz.* ▌«...seguro que el lecho de Bruce huele a tigre.» Carmen Rigalt, El Mundo, 17.7.99. ▌«Porque olían a tigre...» Jaime Romo, *Un cubo lleno de cangrejos.* ▌«Aquí huele a tigre. A ver si ventila la habitación, señor Eusebio. ¡Vaya una leonera!» Javier Maqua, *Invierno sin pretexto,* 1992, RAE-CREA.

4. salto del tigre *expr.* modalidad de posición sexual.

«...cayó sobre ella, con un salto feroz y asfixiante que los puteros definen como *el salto del tigre,* pero que no era más que el escarceo de un paquidermo.» Mariano Sánchez, *Carne fresca.*

tigresa *s.* mujer seductora.

«La sexy y llamativa, con tejanos y descuidada, y la otra en plan tigresa.» You, n.º 3.

tilín, hacer tilín *expr.* gustar.

«El Escorial no le hizo tilín...» A. Zamora Vicente, *Historias de viva voz.* ▌«...y sin saber por qué le ha hecho tilín a uno de los hijos.» Gomaespuma, *Familia no hay más que una.* ▌«...vivir una aventurilla peliculera con Brad Pitt, o con ese cañón que nos hace tilín...» Ragazza, julio, 1997. ▌«Se ve que al abuelo, cazar un alga no le hace tanto tilín como cazar un rebeco...» Eduardo Mendicutti, El Mundo, 19.8.99.

tima *s.* timador.

«...ha dedicado [...] gran parte de su vida profesional a advertir de lo linces que son los timas y lo primos que son los julais.» Manuel Giménez, *Antología del timo.*

*timador cf. (afines) birlador, colla, cuentero, echador, espabilado, gitano, matutero, nazareno, palero, petardista, quinqui, tanga, tima, trilero.

*timar cf. (afines) burrear, camelar, changar, cuento, dar el camelo, dar la *castaña, desplumar, hacer el *avión, hacer el *túnel, hacer la *puñeta, hacérsela a alguien, joder, jugársela a alguien, llevar al *huerto, pastelear, pegar un palo, sacar los *cuartos, tangar, trapichear, trilar, ver venir.

timbales *s. pl.* testículos.

«Timbales. Testículos.» JMO. ▌«Timbales. Cojones.» VL. ▌«Timbales. Testículos.» S. ▌◼ «Roberto se bajó los pantalones y nos enseñó los timbales a todas, el muy guarro.» ✓ no se ha podido documentar fuera de diccionarios.▌

*timo cf. (afines) borregas, camelo, changa, engañabobos, estafa, estampita, juego de los pastos, juego de los triles, palo, pasteleo, pirula, tangana, timo de la estampita, tocomocho, trampa, truque.

timo de la estampita *s.* timo en el que se venden papeles que parecen billetes de banco.

«Cucky no utililizaba el llamado timo de la estampita, ni el décimo premiado...» L. Palou, *Carne apaleada,* 1975, RAE-CREA. ▌◼ «A Alberto le acaban de dar el timo de la estampita en la calle Preciados.»

tinieblas, juego de las tinieblas *s.* consiste en buscarse los jugadores en habitaciones oscuras.

«Había que localizarla. En esto consistía el juego de las tinieblas. El que la reconociese al tacto, ganaba.» Juanma Iturriaga, *Con chandal y a lo loco.*

tino, sacar de tino *expr.* enfadar.

«A mí estas discusiones interminables me sacan de tino.» FV. ❚ ▪ «Es que me saca de tino que mi suegra le pegue a su marido.»

tinta, cargar las tintas *expr.* exagerar.

«Si cargas las tintas con un tono carbón en los ojos...» You, marzo, 1998.

2. saber algo de buena tinta *expr.* saber de fuente fidedigna, de fiar.

«Sabemos, de buena tinta, que personalidades dignas de todo respeto...» Jose-Vicente Torrente, *Los sucesos de Santolaria.* ❚ «Y porque no quiero alarmarte, pero sé de buena tinta...» Marisa López Soria, *Alegría de nadadoras.* ❚ «...se oyen voces que afirman saber, de buena tinta, que puede caer tal o cual tema.» Fernando Martín, *Cómo aprobar todo sin dar ni chapa.* ❚ «...porque ella sabía de buena tinta que estaba hasta la coronilla de su marido...» María Antonia Valls, *Tres relatos de diario.* ❚ «Lo que sabemos de buena tinta es que vive solo...» Ragazza, julio, 1997. ❚ «...sé de buena tinta que podría ser una que ahora vive en el Ritz...» Juan Marsé, *Si te dicen que caí.* ❚ DRAE: «fr. fig. y fam. Estar informado de ella por conducto digno de crédito».❚

tintorro *s.* vino tinto de baja calidad.

«...si te gustara probar el whisky o el vodca, o simplemente el tintorro...» A. Zamora Vicente, *Historias de viva voz.* ❚ ▪ «Los vecinos le pegan al tintorro una barbaridad; siempre andan alegres.»

tiñoso *s.* persona indeseable, desastrada y sucia.

«¡Envidiosas, tiñosas!, grita la Claramunt...» Juan Marsé, *La oscura historia de la prima Montse.* ❚ DRAE: «fig. y fam. Escaso, miserable y ruin. Ú. t. c. s.».❚

tío *s.* hombre, sujeto, individuo.

«¿Quieres saberlo todo de los tíos más macizos de la música?» Ragazza, n.° 101. ❚ «Los tíos os preocupáis mucho por vuestra virilidad.» Juan Madrid, *Cuentas pendientes.* ❚ «¡Quiero ser un tío, Antonio, quiero ser un tío, un hombre!» C. Rico-Godoy, *Cómo ser una mujer y no morir en el intento.* ❚ «Pero qué dices, tío, si fue un toque maestro.»

Rosa Montero, *La hija del caníbal.* ❚ «Pero, tío, en serio, no te pases...» Almudena Grandes, *Las edades de Lulú.* ❚ «Tantas horas tratando de convencer a estos tíos...» Ángel Palomino, *Un jaguar y una rubia.* ❚ ▶ también en *tía.*❚

2. tío bueno *s.* hombre atractivo.

«Si fuera un tío bueno, sin ningún problema...» Miguel Sierra, *Palomas intrépidas,* 1990, RAE-CREA. ❚ ▪ «Tu marido es un tío bueno y todas las del barrio suspiran por sus músculos.» ❚ ▶ *tía, tía buena.*❚

tiorra *s.* lesbiana dominante.

«...mezcla de bestia apayasada y de hermafrodita, tiorra y lesbiana...» Cristóbal Zaragoza, *Y Dios en la última playa.* ❚ ▪ «¿Ves a esas dos? Parecen lesbianas y la de la izquierda debe ser la tiorra de las dos.»

tipa *s.* mujer de baja estofa.

«En cuanto a la tipa que vino, nadie la conoce en este barrio.» Juan Madrid, *Un beso de amigo.* ❚ «Me encanta poner en su sitio a las tipas que se creen que están buenas.» Pgarcía, *El método Flower* ❚ «El cabrón de Ricardo se estaba dando el lote con una tipa. Desde que me cepillé a su mujer no hacía otra cosa.» C. Pérez Merinero, *El ángel triste.* ❚ «Le han visto con una tipa que parecía una pelandusca.» DCB.

2. prostituta.

«...una elementa; una tal; una cualquiera; una de esas; una tipa; una fulana; una andova; [...] una individua...» AI. ❚ «Tipa. Tiparraca, lumi, puta.» Ra.

tiparraco *s.* persona rara, indeseable.

«No serían ellas las que tocasen a una tiparraca de esa categoría.» Juan Madrid, *Flores, el gitano.*

tipazo *s.* tipo, cuerpo impresionante, bonito.

«Sólo fichan a las chicas con tipazo.» Ragazza, n.° 101. ❚ «Tipazo es un regalo para la vista.» R. Gómez de Parada, *La universidad me mata.* ❚ «Pero si tu meta es tener un tipazo...» You, enero, 1998. ❚ «...con ese tipazo y un rostro así de seductor, lo tiene chupado...» Ragazza, julio, 1997. ❚ «Carla era un tipazo...» Andreu Martín, *El señor*

Capone no está en casa. ✓ DRAE: «Individuo, hombre, frecuentemente con matiz despectivo.»|

tipo *s.* sujeto, individuo, hombre.
«Uno de los tipos que le acompañaban...» Juan Madrid, *Las apariencias no engañan.* ❚ «...nos decía un tipo que era igualito al Ratón Macías...» Sealtiel Alatriste, *Por vivir en quinto patio,* 1985, RAE-CREA. ❚ «Yo buscaba como loco un tipo que me escriba el libro en quince días...» Vlady Kociancich, *La octava maravilla,* 1982, RAE-CREA. ❚ «Dijo que buscaba a tres tipos para un golpe, y aquí estamos.» Andreu Martín, *Prótesis.* ❚▪■ «¿Quién era ese tipo con el que hablabas?»

tiquismiquis *s.* quisquilloso, remilgado.
«...otra cosa no será, pero a tiquismiquis no hay quien le gane.» Elvira Lindo, *La ley de la selva,* 1995, RAE-CREA. ❚ «Y si no, con cualquiera; yo no soy tiquismiquis...» Antonio Gala, *Los bellos durmientes,* 1994, RAE-CREA. ❚▪■ «Se está quejando de todo porque es un tiquismiquis.» ✓ DRAE: «m. pl. Escrúpulos o reparos vanos o de poquísima importancia».|

tira, la tira *expr.* mucho.
« Lo que es seguro es que nadie puede tragarse los que vengo soltando desde hace la tira de tiempo...» Javier Marías, *Mañana en la batalla piensa en mí.* ❚ «...se va a quedar allí la tira de tiempo.» El Jueves, 11-17 febrero, 1998. ❚ «...la honestidad, la justicia y la tira de virtudes...» A. Zamora Vicente, *Mesa, sobremesa.* ❚ «Dígale a este señor lo que le puede caer por esto. La tira.» M. Vázquez Montalbán, *La rosa de Alejandría* ❚ «Estos personajes llevan saliendo la tira de años...» El Jueves, 6-12 octubre, 1993. ❚ «El español tiene el juego metido dentro, y juega la tira en cuanto puede y lo hace a punta de pala...» José M.ª Zabalza, *Letreros de retrete y otras zarandajas.* ❚ «La tira de veces...» María Antonia Valls, *Tres relatos de diario.* ❚ «Llevo la tira de tiempo...» C. Pérez Merinero, *Días de guardar.* ❚ «...coño, Capo, eres un palizas, llevo la tira esperando...» Ramón Ayerra, *Los ratones colorados.* ❚ «Como pasan por delante la tira de coches...» Javier Ortiz, El Mundo, 31.7.99.

tirada *s.* prostituta, mujer libertina.
«Tirada. Eres una tirada.» Juan Madrid, *Cuentas pendientes.* ❚ «Ésa e una tía tirá que lo único que tiene'e mucha cara.» Ángel A. Jordán, *Marbella story.* ❚ «Unas fachadas sucias adornadas por el deambular de las viejas tiradas, los travestis latinoamericanos...» Mariano Sánchez, *Carne fresca.* ❚ «...el nene nos ha salío bujarrona, y la nena una tirá.» J. Giménez-Arnau, *Cómo forrarse y flipar con la gente guapa.* ❚ «Las tiradas de la calle Montera...» M. Sánchez Soler, *Festín de tiburones.* ❚▪■ «La madre de Jaime es una tirada, la tía, que hace la carrera en la Plaza del Callao.»

tirado *adj.* fácil.
«Robar ropa aquí debe ser tirado.» C. Pérez Merinero, *Días de guardar.* ❚ «Tirado: muy fácil.» JMO. ❚ «Tirado. Fácil» VL. ❚▪■ «Esta carrera de bicis está tirada. Ya verás como gano yo.»

2. muy barato.
«El servicio [...] anda tirado, habiendo overbooking en el mercado servil.» J. Giménez-Arnau, *Cómo forrarse y flipar con la gente guapa.* ❚▪■ «Dicen que los pisos están tirados en Ciudad Real.»

3. dejar tirado *expr.* abandonar a alguien.
«No era razonable que metidos en un asunto como este, Quique le dejase tirado por un enfado.» Luis Camacho, *La cloaca.*

4. quedarse (dejar) tirado *expr.* tener problemas con el automóvil.
«...y se quedará usted tirado en la carretera con cara de tonto.» P. Antilogus, J. L. Festjens, *Anti-guía de los conductores.*

5. tirado como una colilla *expr.* abandonado, solo.
«Que su chica le deje tirado como una colilla.» Ragazza, julio, 1997. ❚ «O me vienes como se debido o te dejo más tirado que una colilla y me voy sola...» Ángel A. Jordán, *Marbella story.*

tiraduros *s.* malgastador, derrochador.
«Lo que no soy es un tiraduros porque me cuesta mucho ganarlo.» El Mundo, 8.8.96. ❚▪■ «Tu marido no es pecisamente un tiraduros.»

tirahuevos *s.* adulador.

«Tirahuevos: adulador, manso.» JV. ▌ «Tirahuevos. Persona servil.» S. ▌ «Tirahuevos. Trepa, lameculos.» Ra. ✓ no se ha podido documentar fuera de diccionarios.▌

tiralevitas *s.* adulador.

«...por orden de González fue, y es tiralevitas particular del Canciller Helmut Kohl.» El Mundo, 15.12.95. ▌◾ «No me gusta ese tipo en absoluto; creo que es un tiralevitas rastrero, siempre lamiendo culos.» ✓ DRAE: «com. pelotillero». ▶ *tirar, tirar (de) la levita.*▌

tirapedos *s.* ano, nalgas.

«Tirapedos. Culo.» VL. ▌ «El tirapedos: el culo.» JV. ▌ «Tirapedos. Jeve, veo, bullaca.» Ra. ▌◾ «Pues, a mi, chica, la palabra tirapedos por culo me pone cachonda.» ✓ no se ha podido documentar fuera de diccionarios.▌

tirar, estar una mujer que lo tira *expr.* estar una mujer muy guapa, muy atractiva.

«...estás que lo tiras, hija, preciosa, guapísima, tía buena, que eres una tía buena...» Carmen Resino, *Pop y patatas fritas,* 1991, RAE-CREA.

2. ir tirando *expr.* aguantar y sobrellevar.

«...hacen recomendaciones para seguir tirandillo...» A. Zamora Vicente, *Mesa, sobremesa.* ▌ «...con un sueldo que dé para ir tirando...» Moisés Cayetano, *Autonomías, ocio...,* 1980, RAE-CREA. ▌ «...como si fuese suficiente ir tirando, sin robar ni matar.» J. M. Escrivá de Balaguer, *Surco,* 1986, RAE-CREA.

3. tirar (de) la levita *expr.* halagar, dar coba.

«Hay que andar tirándoles de la levita a unos y a otros y otras cosas más difíciles.» Fernando Quiñones, *Las mil y una noches de Hortensia Romerosia Romero,* 1979, RAE-CREA. ▌◾ «El jefe me ha dado un ascenso y un aumento porque he sabido tirarle de la levita en el momento justo.»

4. tirar (echar) la casa por la ventana *expr.* gastar en exceso, no reparar en gastos.

«...echarán la casa por la ventana, gastarán sin tasa...» Eduardo Mendoza, *La ciudad de*

los prodigios. ▌ «...en París y en Nueva York se disponen a tirar la casa por la ventana...» Javier Ortiz, El Mundo, 25.9.99. ▌ «...su única heredera decidía echar la casa por la ventana...» Isabel Allende, *La casa de los espíritus,* 1982, RAE-CREA.

5. tirarse a alguien *v.* copular.

«En mi clase había un tío que me juró que se tiraba a su madre.» Ray Loriga, *Lo peor de todo.* ▌ «Sepa que este Escribano se quería tirar a mi sobrino.» Terenci Moix, *Garras de astracán.* ▌ «Vienes a tirarte a mi otra hermana?» Juan Madrid, *Cuentas pendientes.* ▌ «Si te quieres tirar a la que amas / no te andes nunca por las ramas /» Amelia Díe y Jos Martín, *Antología popular obscena.* ▌ «Puedo ofrecerte una canadiense para que te la tires...» M. Vázquez Montalbán, *La rosa de Alejandría.* ▌ «...sus maridos sólo se tiraban a sus mejores amigas.» Virtudes, *Rimel y castigo.* ▌ «¿Sabe que tiene un tipo espléndido? Los carcas de la familia habrán intentado tirársela.» Lourdes Ortiz, *Picadura mortal.* ▌ «Bueno, voy a salir con ella para tirármela.» A. Gómez Rufo, *Cómo ligar con ese chico que pasa de ti o se hace el duro.* ▌ «Nunca me tiré a Jane Russell.» C. Pérez Merinero, *El ángel triste.* ▌ «Sin renunciar a follarse a una, a jodérsela, a picársela, zumbársela, tirársela, calzársela, cepillársela, apalancársela.» Luis Goytisolo, *Recuento,* en DE. ▌◾ «Me costó un poco convencerla pero me la tiré en el baño.»

6. tirarse el moco ▶ *moco, tirarse el moco.*

7. tirarse el pegote ▶ *pegote, tirarse (marcarse) el pegote(s).*

tirillas *s.* hombre enclenque.

«Fuerza para estrangular a un tirillas como el chico...» Ernesto Parra, *Soy un extraño para ti.* ▌ «...machos, tirillas...» J. Giménez-Arnau, *Cómo forrarse y flipar con la gente guapa.* ▌ «Duarte coge una foto de periódico que le tiende Rosa en la que se ve a un tirillas...» José Ángel Mañas, *Sonko95.*

tirito *s.* acción de aspirar droga por la nariz.

«Sí, reina —señaló, coqueto, con la punta de la nariz—, me han pasado una roca que rompe, ¿hace un tirito?» Jaime Romo, *Un cubo lleno de cangrejos.* ▌«Es curioso, pero el primer *tiro* no te gusta, el segundo sientes algo y al tercero lo disfrutas. Y ya estás pillado.» El Mundo, 5.10.99. ▌«Antes de entrar nos ponemos un tiro en el ascensor.» José Ángel Mañas, *Sonko95.*

tiro ▶ *tirito.*

tiro, de tiros largos *expr.* elegante, bien ataviado.

«...quedó bien servida porque le comuniqué un mal muy temido por la gente de tiros largos...» Ramón Ayerra, *Los ratones colorados.* ▌«Bertita se había puesto de tiros largos para recibir en su casa a Casimiro...» J. Jiménez Martín, *Ligar no es pecado.* ▌«Una de tiros (largos).» C. Rico-Godoy, *Cuernos de mujer.*

2. ni a tiros *expr.* nunca, en absoluto.

«Vuestros gustos son diferentes y no coincidís ni a tiros.» You, marzo, 1998. ▌«Además, no tenía erecciones. No se me levantaba ni a tiros.» Andrés Bosch, *Mata y calla.* ▌«...cuatro abuelos y ocho bisabuelos que no cascaban ni a tiros.» Eduardo Mendoza, *Sin noticias de Gurb.*

3. no saber por dónde van (vienen) los tiros *expr.* no saber lo que pasa, las intenciones.

«...y me supongo que ya debes de saber por dónde van los tiros.» Pedro Casals, *Disparando cocaína.* ▌«¿Se sabe por dónde van los tiros?» Pedro Casals, *Hagan juego.*

4. sentar como un tiro *expr.* sentar mal, no gustar.

«A mí me sentó como un tiro, pero puse buena cara.» José María Amilibia, *Españoles todos.* ▌«...sabía muy bien que la noticia les iba a sentar como un tiro.» J. L. Castillo-Puche, *Hicieron partes.* ▌«Sin embargo la toña me ha sentado como un tiro...» Mariano Tudela, *Últimas noches del corazón.* ▌«Los japoneses son muy aficionados a la chistera [...] Les sienta como un tiro.» Ángel Palomino, *Todo incluido.* ▌«...a veces se ponen de moda y te sientan como un tiro.» A. Gómez Rufo, *Cómo ligar con ese chico que pasa de ti o se hace el duro.* ▌«...te ha sentado como un tiro.» Álvaro Pombo, *Los delitos insignificantes.* ▌«Eso sí que me sienta como un tiro...» Fernando Repiso, *El incom-*

petente. ▌«...una cuarentona con una gafotas que le sientan como un tiro y una cara de pedorra...» C. Pérez Merinero, *Días de guardar.* ✓ ▶ *sentar como un tiro (una patada, una bofetada).*▌

tirón *s.* robo perpetrado tirando del objeto.

«Es la misma diferencia que hay entre un atraco perfecto al Banco de Inglaterra y un tirón...» Manuel Hidalgo, *Azucena, que juega al tenis.* ▌«Tirón. Procedimiento para robar las cosas colgadas en las tienda.» LB. ▌«...un día de sirlas y tirones por muy mal que se te dé, equivalía a un mes entero de trabajo jodido y sucio...» Juan Madrid, *Flores, el gitano.* ▌«Un atraco o algo de eso [...] Marta, yo no tengo cojones para eso. Para dar un tirón, bueno.» M. Vázquez Montalbán, *El delantero centro fue asesinado al atardecer.* ▌«Quinientos tirones —estirones, como decía él—, cuarenta atracos a garajes...» José Luis Martín Vigil, *Los niños bandidos.*

2. de un tirón *expr.* sin parar, sin descanso.

«Verdaderamente es una historia muy interesante la suya, y que se lee de un tirón.» Victoriano Corral, *Delitos y condenas.*

tironero *s.* ladrón que roba dando el tirón.

«...un muchacho alto y espigado detenido la noche anterior, acusado de tironero.» Juan Madrid, *Turno de noche.*

títere, no dejar títere con cabeza *expr.* destruir, romper, desbaratarlo todo.

«Si aparece por el pub el pistolero ese no va a dejar títere con cabeza.» Pedro Casals, *Disparando cocaína.* ▌«No van a dejar títere con cabeza.» Antonio Gala, *Petra Regalada,* 1979, RAE-CREA.

titi *s.* prostituta.

«Hay un tanto por siento de titis que...» El Jueves, 6-12 julio, 1994. ▌«Las titis: prostitutas.» Ra.

2. chica joven.

«Deja que las titis se acerquen a mí.» Antena 3 TV, La parodia nacional, 7.2.98. ▌«Como tengan quince años o menos (las titis, no las tetas...» El Jueves, n.° 1083. ▌

«Como son jóvenes, guapos, atléticos y el trabajo no les agobia en demasía, se enrollan con las titis...» Ladislao de Arriba, *Cómo sobrevivir en un chalé adosado.* ▌«Paso, titi —declara el melenas...» Andreu Martín, *Prótesis.*

tito *s.* tío, tía, hermano, hermana del padre.
«...pasó una temporada con tita Remedios en Madrid.» El Caballero Audaz, *El demonio en el corazón.*

titola *s.* pene.
«...cuando me acerco a la Zodiac y veo a toda esa gente con la titola por delante...» M. Vázquez Montalbán, *Los alegres muchachos de Atzavara.* ▌«...esos tipejos vestidos de buzo que no sacan la titola ni para mear.» M. Vázquez Montalbán, *La rosa de Alejandría.*

to *adv.* todo.
«...¿de dónde has salido tú, pendón de arrastre, si aún dices, tó, crocreta y pos?» A. Zamora Vicente, *Mesa, sobremesa.* ▌«Tocamos a más de to: más agua pa los huertos...» Andrés Berlanga, *La gaznápira.* ▌«Y hago colas sin parar / en la puerta de algún bar / yo borracho consumo las horas.» Extremoduro, CD, 1997: *Iros todos a tomar por culo, Buscando la luna.* ▌■ «To el mundo.»

toalla, tirar (arrojar, echar) la toalla *expr.* rendirse, abandonar, desistir.
«Estaba tan enfadado con Enrique que lo que de verdad le apetecía era tirar la toalla.» Luis Camacho, *La cloaca.* ▌«...y habló en términos muy deportivos de arrojar la toalla.» Ángel A. Jordán, *Marbella story.* ▌«Es preciso amar locamente la libertad para no echar la toalla...» Eleuterio Sánchez, *Camina o revienta.* ▌«...lleva años jodiendo la marrana con su promesa de tirar la toalla.» R. Montero, *Diccionario de nuevos insultos...* ▌«¿Por qué tienen que tirar la toalla precisamente ahora?» Pedro Casals, *Disparando cocaína.*

toba *s.* colilla de cigarrillo.
«El pitillo ardía indolentemente en la mano de la ciega hasta rozar sus dedos, pero en el último momento, cuando la toba alcanzaba su mínima expresión...» Javier Maqua, *Invierno sin pretexto,* 1992, RAE-CREA.

▌■ «Fumo tobas porque el tabaco está más fuerte, y es mucho más barato así.»

2. golpe.
«El Loco ha enganchado a Raúl por el cuello y le está dando tobas con la mano libre.» José Ángel Mañas, *Sonko95.*

tocacojones *s.* persona molesta y pesada.
«Pero reconozco que, a la larga, es usted un poco tocacojones. ¿No podría cerrar la boca durante cinco minutos?» P. Antilogus, J. L. Festjens, *Anti-guía de los conductores.*

tocado (de la cabeza) *adj.* y *s.* demente.
«Estás un poco tocado de la cabeza, tú.» José María Amilibia, *Españoles todos.* ▌«Estás tocado y, además, muy tocado. Me temo que tan tocado que...» Corín Tellado, *Mamá piensa casarse.* ▌■ «Roberto es un tocado que se pasa el día en casa sin poder salir por sus fobias.» ✔ DRAE: «3. fig. Medio loco, algo perturbado».▌

*tocar(se) *cf.* (afines) ▸ *acariciar.*

tocarse los huevos ▸ *huevo, tocarse los huevos.*

tocársela *v.* masturbarse.
«El mundo se derrumba y el Papa se la toca pero a ti no te importa.» Ray Loriga, *Héroes,* 1993, RAE-CREA. ▌■ «No te la toques tanto que te vas a quedar ciego.»

tocata *s.* aparato de radio.
«...¿sabes leer?, pero mejor escucha, o pon música, ahí tienes el tocata...» Francisco Umbral, *Madrid 650.* ▌«Insisto, no son tus alerones: los vecinos tienen el tocata a todo trapo.» Forges, El Jueves, 13.5.98. ▌«No creas que sólo movemos color, también cassetes, tocatas, pelucos, pastillas, en fin todas chucherías que producen manteca.» Rambla, n.º 3. ▌«Entre risas, coquetos, velitas y Sade sonando en el tocata...» B. Pérez Aranda *et al., La ex siempre llama dos veces.* ▌■ «Me he comprao un tocata chupi, ya verás que bien suena.»

tocateja, a tocateja *expr.* al contado.
«...estas cifras libres de impuestos [...] y a tocateja...» Ramón Escobar, *Negocios sucios y lucrativos de futuro.* ✔ DRAE: «loc. adv. a toca teja».▌

tocha *s.* nariz.

«Tocha: nariz.» JMO. ▌«Tocha. Nariz.» VL. ▌«Tocha. Toña, picota.» Ra. ▌«Tocha. Nariz.» S. ▌◆ «Tiene boquita de piñón, ojitos pitarrosos y una tocha descomunal.» ✔ no se ha podido documentar fuera de diccionarios.▌

tocho *s.* libro grueso, grande.

«...que consiste en llevar debajo del brazo un libro más o menos tocho...» Mala impresión, revista de humor con caspa, n.° 1. ▌«Saqué de la cartera un tocho de discursos y se los di.» C. Rico-Godoy, *Cómo ser una mujer y no morir en el intento.* ▌«Se abre el tocho de matemáticas (por ejemplo)...» Juanma Iturriaga, *Con chandal y a lo loco.* ▌«ésta se trae entre manos un *business* tocho.» El Gran Wyoming, *Te quiero personalmente.* ▌«Joer, no pretenderás que me lea este tocho para mañana...» C. Rico-Godoy, *Cómo ser infeliz y disfrutarlo.* ▌«¡Qué tocho, tío!» Oral, 1991, RAE-CREA.

tocinera *s.* coche de policía.

«Tocinera: Furgoneta policial.» JGR. ▌«Tocinera. Autocar de la policía.» S. ▌«Tocinera. Autocar de la policía.» VL. ▌«Tocinera. Furgoneta de las fuerzas de seguridad del Estado, para el traslado de presos.» Ra. ▌«Tocinera. Autobús de la Policía Nacional.» JMO. ✔ no se ha podido documentar fuera de diccionarios.▌

tocomocho *s.* timo: vender como premiado un billete de lotería falso.

«Hay los nacionalistas de la nación y los nacionalistas del tocomocho...» Francisco Umbral, El Mundo, 1.5.99. ▌«Timo que consiste en ofrecer un décimo de lotería, supuestamente agraciado, a cambio de una cierta cantidad de dinero...» JGR. ▌«En realidad, en la foto no se veía demasiado [...] que aquello fuera el timo del tocomocho...» Francisco Candel, *Los hombres de la mala uva.* ▌«...me imagino que están amaestrados para sorprender esposos en concubinato in fraganti, malversaciones de fondos y tocos mochos parecidos.» Ernesto Parra, *Soy un extraño para ti.*

tocón *s.* hombre que toca, soba a las mujeres.

«Voy a librarte de todos los pellizcos, de todos los tocones y de todas las manos muertas que rozaron tus nalgas...» Fernando G. Tola, *Cómo hacer absolutamente infeliz a un hombre.* ▌«...al tocón se le ha ido la mano hacia el culo de la secretaria.» ABC, 10.10.87.

todas, de todas todas *expr.* por completo, con toda seguridad.

«...uno que no sabe que el contrario se va a caer de todas todas...» Ángel Palomino, *Un jaguar y una rubia.* ✔ DRAE: «1. loc. adv. Con seguridad, irremediablemente».▌

todo, a todo meter ▸ *meter, a todo meter.*

2. enseñarlo (vérsele) todo *expr.* exhibir partes del cuerpo.

«...pero, si oyen un comentario del estilo de ésa va enseñándolo todo, se cortan...» A. Gómez Rufo, *Cómo ligar con ese chico que pasa de ti o se hace el duro.*

3. todo terreno *adj.* bisexual.

«...iba a motor y a vela, había los dos palos, era un todo terreno.» Raúl del Pozo, *Noche de tahúres.* ▌◆ «Creo que a nuestro amigo David le va todo, es todo terreno y le es igual follarse a un tío que acostarse con una tía.»

tole, coger el tole *expr.* marcharse, irse.

«...un día cojo el tole y me voy a Puerto del Rosario...» Ramón Ayerra, *Los ratones colorados.* ▌«Como me canséis cojo el tole y me largo.» JM.

tolili *s.* bobo, tonto, necio.

«...un tolili que se cree qué se yo porque fue a Italia y le tocó la lotería.» Andreu Martín, *Lo que más quieras.*

tomadura de pelo ▸ *pelo, tomadura de pelo.*

tomar *v.* ser sodomizado.

«Era muy versátil. Hacía pajas, mamadas, daba y tomaba según lo que estuvieras dispuesto a pagar.» Almudena Grandes, *Las edades de Lulú.* ▌«Era una presencia tan ridícula —su aparato, quiero decir—, que estuve a punto de proponerle que me tomara por detrás, sabiendo que no me dolería.» Lucía Etxebarría, *Amor, curiosidad, prozac y dudas.*

tomate *s.* asunto, intríngulis, lío, pelea. «Apunta para arriba [...] no vayamos a tener tomate.» C. J. Cela, *El gallego y su cuadrilla.* ❚ «En dos zancadas se plantó en La Luna. Efectivamente, había tomate.» Francisco Candel, *Donde la ciudad cambia su nombre.* ❚ «...también ignora lo fresca que es su hija, hasta que descubre el tomate...» A. Ussía, *Coñones del Reino de España.* ❚ «Aquí va a haber tomate como los americanos se líen la manta a la cabeza.» M. Vázquez Montalbán, *La rosa de Alejandría.* ❚ «Allí había tomate.» Pgarcía, *El método Flower.* ❚ «Vaya [...] parece que hay tomate.» Pedro Casals, *La jeringuilla.* ❚ «Va a haber tomate en la plaza del Dos de Mayo.» Juan Madrid, *Un beso de amigo.* ❚ «Mucho tomate es lo que hay detrás del asinato de Hugo.» Pedro Casals, *Disparando cocaína.*

2. copular. «A la Sonia le va el tomate cantidá.» JM. ❚ «A ésta le gusta el tomate —deslizó Martín al oído de Sarnita, los dos sujetándola por las piernas. Vomitará todo lo que sabe, pero antes quiere probar el boniato.» Juan Marsé, *Si te dicen que caí,* citado en DE. ❚ «...parece haber sido dispuesto para que las dos se abran de piernas, tanto si les gusta el tomate como si no, y ellas se abren.» Juan Marsé, *Si te dicen que caí.*

3. roto en el talón de calcetín o media. «...se remienden los tomates de las medias con un huevo de madera...» José Gutiérrez-Solana, *Madrid callejero, Obra literaria, II.* ❚ «Roto, particularmente si es redondo y en el talón, en una media o calcetín.» MM.

4. colorado (rojo) como un tomate *expr.* muy azorado, avergonzado. «Y papá colorado como un tomate.» Ángel Vázquez, *La vida perra de Juanita Narboni,* 1976, RAE-CREA. ❚ «...roja como un tomate, dijo en un tono íntimo...» Alejandro Jodorowsky, *Donde mejor canta un pájaro,* 1992, RAE-CREA.

5. tener el tomate *expr.* menstruar, menstruación. «Tomate. Menstruación, regla.» Ra. ❚ «Tomate. Menstruación.» S. ❚ «Tomate: menstruación.» JMO. ❚◼ «Alicia no ha podido venir a follar porque dice que tiene el tomate hoy, y el primer día es el peor.» ✓ no se ha podido documentar fuera de diccionarios.❚

tomo y lomo *expr.* importante, grande. «Hay que ser un cateto de tomo y lomo para creerse...» A. Zamora Vicente, *Historias de viva voz.* ❚ «Un descuidado de tomo y lomo.» Ernesto Parra, *Soy un extraño para ti.* ❚ «Que eres un cabronazo de tomo y lomo.» Juan Marsé, *Últimas tardes con Teresa.* ❚ «...lucían una cogorza de tomo y lomo...» Ramón Ayerra, *Los ratones colorados.*

tonel *s.* obeso, grueso. «El vicio de la bebida le había puesto como un tonel.» Mercedes Salisachs, *La gangrena,* 1975, RAE-CREA. ❚ «Te tienes que cuidar tú. Ahora estás hecho un tonel.» Andreu Martín, *Prótesis.* ❚◼ «Te estás poniendo hecha un tonel de tanto comer dulces.»

tono, poner a tono *expr.* llamar al orden, regañar. «...le suelta dos sopapos que le pone a tono.» Gomaespuma, *Familia no hay más que una.*

2. subido de tono *adj.* obsceno, pornográfico. «...mi suegro cambiaba con el zapping unas escenas subidas de tono...» Chumy Chúmez, *Por fin un hombre honrado.*

tontaina *s.* necio, tonto. «Tontaina. com. fam. Persona tonta. Ú. t. c. adj.» DRAE. ❚ «...se mató en un accidente por culpa del tontaina de Ansaldo...» Luis María Anson, *Don Juan.* ❚ «...la mujer de Paquito —una tontaina...» C. Pérez Merinero, *Días de guardar.* ❚◼ «Ese tontaina se quiere casar con mi hermana.»

tontarra *s.* necio, tonto. «Tontarra. Tonto, simple, necio.» Ra. ❚ «Tontarra: imbécil, tonto.» JV. ❚ «Tontarra. Tonto, bobo.» VL. ❚ «Tontarra. Tonto, lelo.» S. ✓ no se ha podido documentar fuera de diccionarios.❚

tontas, a tontas y a locas *expr.* irreflexivamente, sin meditar.

«Prohibido comprar a tontas y a locas.» *You,* enero, 1998.

tonteras *s.* necio, tonto.

«Su Adolfo —grandón y tonteras, que para algo era trecemesino...» Andrés Berlanga, *La gaznápira.*

*tontería cf. (afines) ▶ *bobadas.*

tonticomio *s.* hospital siquiátrico.

«...mírala arrastrando el trauma, no debe haber vacantes en el tonticomio...» Ángel Palomino, *Las otras violaciones.*

*tonto cf. (afines) adoquín, agilipollado, alcornoque, alelado, anormal, atontao, atrasao, bendito, berzas, berzotas, besugo, bobalicón, bobalis, bóbiles, boludo, boniato, botarate, burro, cabeza de alcornoque, cabeza de caca, cabeza de chorlito, canelo, capullo, carapijo, carapolla, cateto, cebollo, cenutrio, ceporro, cerebro de mosquito, cerrado de mollera, chorlito, chorra, chuparse el dedo, ciruelo, comemierda, concheto, cretino, de pocos alcances, descerebrado, disminuido psíquico, duro de *entendederas, duro de mollera, engañabobos, forrapelotas, gamboso, gaznápiro, gili, giliflautas, gilimierdas, gilipichi, gilipija, gilipollas, gilipuertas, gilito, gilitonto, gilorio, güevón, huevón, inflagaitas, inflapollas, lechuzo, lelo, leto, lila, lipendi, lirio, macaco, majadero, mamporrero, más tonto que Abundio, mascachapas, mastuerzo, melón, meloncio, membrillo, memo, mentecato, merluzo, mico, oligo, palurdo, panoli, papanatas, pardillo, pasmado, pasmarote, payaso, pazguato, pedazo de carne con ojos, pelotudo, percebe, pichón, pobre diablo, pollaboba, primarrón, primavera, primo, pringao, retrasado mental, soplagaitas, soplapichas, soplapijas, soplapitos, soplapollas, subnormal, tarado, tarugo, tolili, tontaina, tontarra, tonteras, tontili, tonto de baba, tonto de capirote, tonto de la mierda, tonto de la pija, tonto de la polla, tonto de los cojones, tonto de los huevos, tonto de nacimiento, tonto del bolo, tonto del bote, tonto del culo, tonto del haba, tonto del pijo, tonto del pueblo, tontoelculo, tontoleche, tontorrón, zombi, zopenco, zoquete, zote.

tonto, a lo tonto *expr.* fingiendo no darse cuenta; porque sí.

«¿Te dejas tú toquetear en público y a lo tonto?» Juan García Hortelano, *Mucho cuento,* 1987, RAE-CREA. ▌ «...vi con sorpresa que, a lo tonto, Rosita se emparejaba con Carlitos...» Fernando Fernán Gómez, *El viaje a ninguna parte,* 1985, RAE-CREA.

2. el tonto del pueblo *expr.* bobo, necio.

«...es el tonto del pueblo...» Guillermo Morón, *El gallo de las espuelas de oro,* 1986, RAE-CREA.

3. hacer el tonto *expr.* hacer reír, ser objeto de burla.

«Pero no, sólo habíamos hecho el tonto...» Luis Clemente, *Kiko Veneno,* 1995, RAE-CREA.

4. hacer(se) el tonto *expr.* fingir; eludir responsabilidades.

«...el confitero se hace el tonto sin el menor esfuerzo.» Miguel Martín, *Iros todos a hacer puñetas.* ▌ «...y si nos conocían se hacían el tonto.» Virtudes, *Rimel y castigo.* ▌ «...por el amor de Dios, no te hagas el tonto...» Eduardo Mendoza, *La verdad sobre el caso Savolta.*

5. más tonto que Abundio *expr.* bobo, necio.

«Lo cierto es que se casó con un millonario. Más tonto que Abundio.» Manuel Hidalgo, *Azucena, que juega al tenis.* ▌ «¡Soy más tonto que Abundio!» C. Pérez Merinero, *Días de guardar.*

6. más tonto que hecho de encargo *expr.* muy tonto.

«Ser más tonto que hecho de encargo.» JM.

7. más tonto que pichote *expr.* muy tonto.

«Retrasado. Ser más tonto que Pichote.» DTE.

8. más tonto que un retrasado mental *expr.* bobo, necio.

«...es más tonto que un retrasado mental, aunque a su novia le parezca el Ortega y Gasset.» José María Amilibia, *Españoles todos.*

9. no tener (un) pelo de tonto ▸ *pelo, no tener un pelo de tonto (mentiroso, etc.).*

10. tomar por tonto *expr.* engañar.

«Una capricornio soporta cualquier cosa menos que la tomen por tonta...» Jesús Ferrero, *Lady Pepa.* ▌ «¿Me tomas por tonto?» Jaume Ribera, *La sangre de mi hermano,* 1988, RAE-CREA. ▌ «Pero es que no sería, me tomas por tonto, una revolución...» Vicente Molina Foix, *La quincena soviética,* 1988, RAE-CREA.

11. tonto (idiota) de baba *s.* bobo, necio.

«El tal Francisco, o es tonto de baba, o es un listo de mucho cuidado.» Felipe Navarro (Yale), *Los machistas.* ▌ «Porque son gilipollas, tontos de baba, maricones y esbirros a sueldo del Vaticano.» Fernando Sánchez-Dragó, «Anábasis», en *Antología del cuento español.* ▌ «Pero cómo explicárselo a esa idiota de baba.» C. Pérez Merinero, *El ángel triste.* ▌ «Este López Rodó debe creer que soy tonto de baba...» Luis María Anson, *Don Juan.*

12. tonto de capirote *expr.* bobo, necio.

«...tontos, más que tontos, que sois tontos de capirote.» Miguel Delibes, *Cinco horas con Mario.* ▌ «A mi no me coges, tonta de capirote.» Marisa López Soria, *Alegría de nadadoras.* ▌ «Alguien próximo, tonto de capirote, quiso ser gracioso...» José M.ª Zabalza, *Letreros de retrete y otras zarandajas.*

13. tonto de la mierda *expr.* bobo, necio.

«...tonto de la mierda... muy tonto.» JMO. ▌◾ «El tonto de la mierda ése no dice más que gilipolleces.»

14. tonto de la pija *s.* bobo, necio.

«Tonto de la pija. Muy tonto.» DS.

15. tonto de la polla *s.* bobo, necio.

«El pobre no tiene arreglo, es tonto de la polla.» DS. ▌ «¡Que se da un pote el tonto de la polla con su coche nuevo!» JM.

16. tonto de las narices ▸ *narices, de las narices.*

17. tonto de los cojones ▸ *cojones, tonto de los cojones.*

18. tonto de los huevos *s.* bobo, necio.

«Tonto de los huevos. Muy tonto.» DS.

19. tonto de nacimiento *expr.* bobo, necio.

«...se puede presumir de ateo o se puede ser tonto de nacimiento.» Miguel Martín, *Iros todos a hacer puñetas.* ▌ «Pito es tonto de nacimiento.» Ángel Palomino, *Un jaguar y una rubia.*

20. tonto de remate *expr.* muy necio, tonto.

«A veces pareces tonto de remate.» José Luis Alegre Cudós, *Minotauro a la cazuela,* 1982, RAE-CREA. ▌ «...un tonto de remate.» Eduardo Mendoza, *La verdad sobre el caso Savolta.* ▌ «Y el que se enfada por ello es tonto de remate.» Antonio Vergara, *Comer en el País Valencià,* 1981, RAE-CREA.

21. tonto del bolo *expr.* tonto, necio.

«A ti te ha metido un cuento el comisario, tonto del bolo...» Ángel Palomino, *Un jaguar y una rubia.*

22. tonto del bote *expr.* bobo, necio.

«...tolondro, tontolín, tonto del bote...» A. Ussía, *Coñones del Reino de España.* ▌ «La tonta del bote tenía una colección de risas de lo más completita...» C. Pérez Merinero, *Días de guardar.* ▌ «...eso es lo que soy, un tonto del bote...» Luis Landero, *Juegos de la edad tardía,* 1989, RAE-CREA. ▌ «Aunque todavía hay tontos del bote que con un pie en el otro barrio...» Pedro J. Ramírez, *David contra Goliat,* 1995, RAE-CREA. ▌✔ ▸ J. M.ª Iribarren, *El porqué de los dichos.*▌

23. tonto del culo *s.* bobo, necio.

«Tiene un cuerpo bonito, pero es tonta del culo.» José Ángel Mañas, *Historias del Kronen.* ▌ «Buen tonto del culo estás tú hecho...» A. Zamora Vicente, *Mesa, sobremesa.* ▌ «No se llama Nancy ni Barbi sino Rubi, que también suena a tonta del culo.» Carmen Rigalt, El Mundo, 25.4.98. ▌ «Pero es tonta del culo, muchacho.» F. Vizcaíno Casas, *Hijos de papá.* ▌ «¡Todavía me faltaba tener un yerno tonto del culo!» Cómic erótico, tomo IV, n.° 21 al 24. ▌ «...el tío le parecía un desgraciao, un toto'l culo...» Fernando Quiñones, *Las mil y una noches de Hortensia Romero,* 1979, RAE-CREA. ▌ «...la heroína que la gastan los tontos del culo...» Pedro Casals, *Disparando cocaína.* ▌ «Tenga usted un hijo (aunque a lo peor le salga feísimo o tonto del culo...» Fernando Repiso, *El incompetente.* ‖ «Cuando entro con la maleta en el edificio donde tengo alquilado un apartamento, el tonto del culo del portero...» C. Pérez Merinero, *Días de guardar.*

24. tonto del haba *expr.* bobo, necio.
«Broma. Te la suele gastar un niño o tonto del haba...» Mala impresión, revista de humor con caspa, n.° 1. ‖ «...Rocío le dio el esquinazo al tontolaba de Quintanilla...» Manuel Hidalgo, *Azucena, que juega al tenis.* ‖ «Mándala a la capital, no seas tontolaba; es por su bien.» Andrés Berlanga, *La gaznápira.* ‖ «Serás tontolaba.» El Jueves, 10-16 marzo, 1999.

25. tonto del pijo *s.* bobo, necio.
«Tonto del pijo. Muy tonto.» DS. ‖ «¿Has encontrado ya la llave de contacto, tonto del pijo?» JM.

tontódromo *s.* sitio frecuentado por tontos.
«El niñato de Serrano, la niñata de Serrano —el tontódromo, dicen, de Madrid.» Ángel Palomino, *Todo incluido.*

tontoelculo *s.* bobo, necio.
«Los hermanos se cachondeaban de ella y la llamaban finolis, estrecha y tontalculo.» Juan Madrid, *Crónicas del Madrid oscuro.* ‖ «Tú supones, mamón, tontoelculo, que no quiero confesar porque me hago pajas. Pajas como las que tú te haces, ¿verdad?» Juan Marsé, *La oscura historia de la prima Montse.* ‖ ▪ «El tontoelculo del jefe dice que me va a despedir.» |✓ ▸ *tontolculo; tonto, tonto del culo.*|

tontoelhigo ▸ *tonto, tonto del culo.*

tontolaba ▸ *tonto, tonto del haba.*

tontolculo *s.* bobo, necio.
«Un tontolculo —Palau riendo.» Juan Marsé, *Si te dicen que caí.* |✓ ▸ *tontoelculo.*|

tontoleche *s.* bobo, necio.
«Tú a la comisaría a entregar el sobre y otra vez te callas, tontoleche, que eres un tontoleche...» Ángel Palomino, *Las otras violaciones.*

tontorrón *s.* bobo, necio.
«...cualquier memo del New York Times, pongo por ejemplo de periódico tan solemne e importante como tontorrón...» Rafael García Serrano, *Diccionario para un macuto.* ‖ «...y verá lo que pasa, tontorrón.» Fernando Repiso, *El incompetente.*

toña *s.* borrachera.
«...luego ayer me cogí la toña. ¿Qué demonios pasó ayer?» Mariano Tudela, *Últimas noches del corazón.* ‖ «Dos margaritas. —Pero Miguel, que nos vamos a agarrar una toña impresionante.» C. Rico-Godoy, *Cómo ser infeliz y disfrutarlo.* ‖ «¿Estás versado acerca de los cuelgues [...] toñas, cegueras...?» J. Giménez-Arnau, *Cómo forrarse y flipar con la gente guapa.* ‖ ▪ «Con esa toña no se te ocurra ir al trabajo, porque hueles a vino a la legua.»

tope, *adv.* estupendo.
«Soy feliz. ¡Me ha venido la regla! —Tope, más vale tarde que nunca.» Rambla, n.° 29. ‖ «O sea, tope de auténtico y de guay.» Antonio Baños, Qué leer, junio, 1998.

2. *s.* veinte años de condena carcelaria.
«Lo más probable es que, debido a su enfermedad, y a lo mucho que sufre, no aguante el tope.» Eleuterio Sánchez, *Camina o revienta.*

3. *s.* robo.
«Tope: Robo con fuerza en las cosas.» JGR. ‖ «Tope. Forma de robo con palanca.» S. ‖ «Tope. Robo, hurto o latrocinio generalmente perpetrados por la fuerza.» Ra. |✓ no se ha podido documentar fuera de diccionarios.|

4. a tope *adv.* mucho, gran cantidad, en gran medida; estupendamente.
«Divertirse a tope.» Ragazza, n.° 100. ‖ «Eres deportista a tope.» Ragazza, n.° 101. ‖ «La campaña *A tope sin drogas* inducía por error al consumo de estupefacientes en su traducción al euskera.» La Razón, 23.11.99. ‖ «Por gustar gusto, pero tengo la tensión a tope y si me deja escoger le acepto el vino.» M. Vázquez Montalbán, *La rosa de Alejandría.* ‖ «Esa frustración le impide ser feliz a tope.» Miguel Martín, *Iros todos a hacer puñetas.* ‖ «...la vida es breve y hay que disfrutarla a tope.» A. Matías Guiu, *Cómo engañar a Hacienda.* ‖ «...me revendo las fotocopias y pongo gasolina a tope.» Iván Vikinski, A las barricadas, 1-7 junio, 1998. ‖ «Un baño tibio la relajó a tope...»

Ángel A. Jordán, *Marbella story.* ❙ «Me pongo triste a tope...» Juan Madrid, *Crónicas del Madrid oscuro.* ❙ «A las 9 un buen desayuno para cargar pilas a tope.» Ragazza, julio, 1997. ❙ «Para perder unos kilos es mejor bailar a tope...» SúperPop, junio, 1999.

5. hasta los topes *expr.* lleno.

«La discoteca está hasta los topes.» Andreu Martín, *Por amor al arte.* ❙ «...porque todo estaba hasta los topes de guiris.» B. Pérez Aranda *et al., La ex siempre llama dos veces.* ❙ «Con madres así no me extraña que estén hasta los topes las consultas de los sicólogos...» B. Pérez Aranda *et al., La ex siempre llama dos veces.* ✓ Según Iribarren es de origen marinero.❙

topear *v.* robar utilizando palanqueta.

«Topear: perpetrar robos con fuerza.» JGR. ❙▪ «Julián el Manitas topea por los barrios ricos de Valencia.» ✓ sólo se ha podido documentar en este diccionario.❙

topero *s.* ladrón que roba con fractura.

«...atracas de recortada, descuideros, peras, toperos de palanqueta...» Raúl del Pozo, *Noche de tahúres.* ❙ «...una cola interminable de sirleros, camellos baratos, trileros, desparramadores, toperos, drogatas, mecheros...» Juan Madrid, *Crónicas del Madrid oscuro.* ❙ «...todos los delincuentes habituales: toperos, espadistas, piqueros, mecheros...» Victoriano Corral, *Delitos y condenas.*

topista *s.* ladrón que roba con fractura utilizando palanqueta.

«...y con antecedentes como descuidero, topista, sirlero...» Juan Madrid, *Flores, el gitano.* ✓ ▶ *topero.*❙

toplessera *s.* trabajadora de un bar topless.

«Era que en aquel un refugio de la masculinidad sólo entraban dos personas: la asistenta diaria y la también cotidiana toplessera Ketty.» Terenci Moix, *Garras de astracán.*

topo *s.* guardia de seguridad.

«Topo: Vigilante de seguridad del Metro.» JGR.

toque, dar un toque *expr.* llamar, comunicarse con; regañar.

«Habrá que ir pensando en moverse. Voy a darle un toque a éste, a ver si viene.» José Ángel Mañas, *Historias del Kronen.* ❙ «Me prometió que le daría un toque a don Jaime.» Severiano F. Nicolás, *Las influencias.* ❙ «...llamé al servicio de Telefónica para que me diera un toque a las nueve y media...» María Antonia Valls, *Tres relatos de diario.* ❙ «Antes de intentar hablar con él, le daría un toque a Juan Pedro, el cura amigo suyo...» José Luis Martín Vigil, *Los niños bandidos.* ❙ «Ahora mismo le doy un toque a un amiguete...» Pedro Casals, *La jeringuilla.*

toquetear *v.* tocar, acariciar, sobar.

«¿Te dejas tú toquetear en público y a lo tonto?» Juan García Hortelano, *Mucho cuento,* 1987, RAE-CREA. ❙ «...subieron al ático y ella se dejó toquetear...» Ignacio Carrión, *Cruzar el Danubio,* 1995, RAE-CREA. ❙ «Ese guarro me ha estado toqueteando las tetas.» DCB. ❙ «...este tío me ha toqueteado todo lo que le ha dado la gana.» C. Rico-Godoy, *Cómo ser una mujer y no morir en el intento.*

2. toquetearse *v.* masturbarse.

«Pero me imagino que tú sí que te estarás toqueteando, ¿o no?» Ignacio Carrión, *Cruzar el Danubio,* 1995.

torcer la cabeza *expr.* morir.

«El padre Celestino ha torcido la cabeza.» Mercedes Salisachs, *La gangrena,* 1975, RAE-CREA. ❙▪ «Estuvimos con ella en el hospital todo el día y por fin torció la cabeza, la pobre.»

torcido, salir torcido *expr.* quedar mal, salir mal.

«...nosotros nunca teníamos suerte. Que todo nos sale torcido.» Asenjo Sedano, *Eran los días largos,* 1982, RAE-CREA. ❙ «Uno se levanta con la pata izquierda y todo sale torcido.» Marco Antonio Flores, *La seguamonta,* 1993, RAE-CREA.

torda *s.* prostituta.

«Entiende. Por eso no puede ver a las tordas.» Raúl del Pozo, *Noche de tahúres.*

torero *s.* cliente de prostituta.

«Torero. Cliente de prostituta.» VL. ❙ «Torero: cliente de prostituta.» JMO. ❙ «Torero. Cliente de la prostituta.» S. ❙ «Torero. El

que va habitualmente con lumis.» Ra. ▌▪
«Ése es un torero que se acerca una vez
al mes a la calle de la Ballesta a aliviarse.»
▎✓ no se ha podido documentar fuera de
diccionarios.▎

tornillo, aflojársele a uno los tornillos
expr. perder la razón.

«Aflojársele los tornillos: Perder la serenidad, el juicio...» Caballero, *Dicc. Modismos,*
DH. ▌ «...abrirle las tripas con un cuchillo
de cocina a otro hay que tener un tornillo
flojo...» Manuel Hidalgo, *Azucena, que juega al tenis.*

2. apretar los tornillos a alguien *expr.*
obligar, forzar.

«Te apretarán los tornillos y acabarás cantando...» Andreu Martín, *Por amor al arte.*
▌ «Me vinieron a ver los de Capone, me
apretaron los tornillos...» Andreu Martín,
El señor Capone no está en casa.

3. faltar un tornillo *s.* demente, loco.

«No hizo mal el ejercicio, aunque sigo creyendo que le falta algún tornillo.» Severiano F. Nicolás, *Las influencias.* ▌ «¡Cómo si
me faltara un tornillo!» Marisa López Soria, *Alegría de nadadoras.*

***torpe** cf. (afines) adoquín, maleta,
malo, manazas, manta, pato mareao, patoso, torpón.

torpón *s.* inútil, inepto.

«Los ineptos [...] tampoco están muy bien
considerados [...] torpón [...] patoso [...]
manazas [...] desastre [...] negao [...] más
inútil que la polla del Papa...» AI. ▌▪ «Para
las cuestiones sexuales, Juan es bastante
torpón el pobre.» ▎✓ DRAE: «adj. aum. de
torpe, desmañado y rudo».▎

torrado *s.* cabeza.

«La toma de nuevo en sus manos y da
muestras de asentimiento con su torrado.»
C. Pérez Merinero, *Días de guardar.* ▌ «El torrao. La cabeza.» JV. ▌ «Torrado (torrao).
Torra, coco, guisante, azotea.» Ra. ▌ «Torrao: cabeza.» JMO. ▌ «Torrado. Cabeza.»
S. ▌ «Torra(d)o. Cabeza.» VL. ▌ «Ponte algo
en el torra(d)o, que calienta mucho el sol.»
JM. ▌▪ «Ponte algo en el torrao que te va a
dar una insolación.»

torrija *adj.* y *s.* borracho.

«...y yo completamente torrija tratando de
encontrar mi cama...» José María Guelbenzu, *El río de la luna,* 1981, RAE-CREA. ▌▪
«Tu marido va siempre torrija y ya se ha
ido al bar con los amigotes.»

2. *s.* borrachera.

«La Sisí está ya con la torrija encima.»
Ángel Palomino, *Madrid, costa Fleming.* ▌ «Es
un relojero de Bilbao que coge unas torri-
jas que no se lame.» Miguel Martín, *Iros todos a hacer puñetas.* ▌ «Pero aunque estaba
con esa torrija encima, no vayas tú a creer-
te que era tonta...» Fernando Quiñones,
*Las mil y una noches de Hortensia Romerosia
Romero,* 1979, RAE-CREA. ▌▪ «No puedes
hablar con Manuel porque hace dos días
que tiene una torrija de espanto.»

torta *s.* golpe, bofetada.

«El colegio es un sitio horrible y sólo hay
una manera de que no te toquen las narices: a tortas.» Ray Loriga, *Lo peor de todo.* ▌
«...un mamporro, o una leche, o una torta
o un coscorrón.» A. Ussía, *Coñones del Reino de España.* ▌ «...la llamó mañosa y anto-
jadiza y le dio media docena de tortas...»
C. J. Cela, *El gallego y su cuadrilla.* ▌ «Desde
luego al que pillasen lo inflaban a tortas...»
B. Pérez Aranda *et al., La ex siempre llama
dos veces.* ▌▪ «¡Tu hijo necesita una torta!»
▎✓ DRAE: «fig. y fam. Bofetada en la cara».▎

2. ni torta *expr.* nada.

«Es decir que los chicos no estudiaban ni
torta...» A. Zamora Vicente, *Historias de viva
voz.* ▌ «A mí lo que más me preocupa es
que no veo ni torta...» Miguel Martín, *Iros
todos a hacer puñetas.* ▌ «¿Vas cazando? Ni
torta.» Juan Madrid, *Un beso de amigo.* ▌
«...pues que no hablaba ni torta de español...» A. Zamora Vicente, *Mesa, sobremesa.*
▌ «...no sabe ni torta de catecismo.»
M. Romero Esteo, *El vodevil de la pálida, pálida, pálida rosa,* 1979, RAE-CREA. ▎✓ ▶ *saber, no saber ni torta.*▎

tortazo *s.* golpe, bofetada grande.

«¡A ver si te doy un tortazo, so hueso!»
José Gutiérrez-Solana, *Madrid callejero,
Obra literaria, II.* ▌ «Por un momento pensé
que Lidia le iba a sacudir un tortazo...»
Juan Madrid, *Las apariencias no engañan.* ▌

«¡Miguelito o me das la llave o te rompa la cara de un tortazo!» Eloy Arenas, *Los vecinos de mis vecinos son mis vecinos.* ▌ «O le pegarás un tortazo a uno que te moleste...» Andreu Martín, *Por amor al arte.* ✔ DRAE: «m. fig. y fam. Bofetada en la cara».▐

torti *s.* lesbiana.

«Pero puedo decirle que el sentimiento es mutuo, torti.» Pgarcía, *El método Flower.* ▌▪▪ «La torti de la tienda me tira los tejos.» ✔ de *tortillera.*▐

tortilla *s.* lesbianismo.

«...un tatuaje: Rachel y Lola. ¡Vivan las tortillas!» José Gutiérrez-Solana, *Madrid callejero, Obra literaria, II.* ▌ «Tortilla. Cópula sexual entre mujeres.» VL.

2. dar la vuelta a la tortilla *expr.* cambiar las tornas, invertirse la situación.

«...en lugar de querer evolucionar sobre lo ya andado, pretendía dar la vuelta a la tortilla...» Gomaespuma, *Grandes disgustos de la historia de España.* ▌ «Durante todo el siglo XIX la vuelta de la tortilla acarreaba para muchos el quedarse sin ella, apartados de los comedores burocráticos por el vaivén de la política.» Rafael García Serrano, *Diccionario para un macuto.* ▌ «...pero tendrán que esperar a que dé otra vez la vuelta la tortilla...» Jaime Romo, *Un cubo lleno de cangrejos.*

3. hacer tortilla *expr.* practicar el lesbianismo.

«No era allí donde las sacerdotisas hacían sus tortillas con las seguidoras del culto...» Pgarcía, *El método Flower.*

tortillera *s.* lesbiana.

«...las mujeres estamos más solas que los hombres, por eso hay más tortilleras que maricas...» C. J. Cela, *Mazurca para dos muertos.* ▌ «La plaza de Chueca es un vivero de maricas y tortilleras.» José Ángel Mañas, *Sonko95.* ▌ «Desde que soy tortillera veo la vida de otro modo.» Terenci Moix, *Garras de astracán.* ▌ «Cuando la boca de la tortillera parecía menos activa sobre mi coño...» C. Ducón, *El hotel de las orgías.* ▌ «...dejándome con dos palmos de narices porque era tan tortillera como la tetuda Bugle.» Pgarcía, *El método Flower.* ▌ «¿No

será el que tenía amores con doña Gúdula? ¿La tortillera?» C. J. Cela, *Soliloquio de la amanecida,* ABC, 28.6.98. ▌ «...la población penal se transforma en un atajo de maricones y tortilleras.» Andrés Bosch, *Mata y calla.* ▌ «Y hubo quien sugirió que eran tortilleras.» Andreu Martín, *Amores que matan, ¿y qué?* ✔ DRAE: «m. y f. Guat. y Méj. Persona que por oficio hace o vende tortillas, principalmente de maíz».▐

tortolito *s.* enamorado.

«Es la hora de los tortolitos.» Juan Marsé, *Si te dicen que caí.* ▌ «...organizar la cita y montarlo todo para que Spaldi sorprendiera a los tortolitos...» Andreu Martín, *El señor Capone no está en casa.* ▌ «Ahí tienen a los dos tortolitos recién casados...» B. Pérez Aranda *et al., La ex siempre llama dos veces.* ✔ DRAE: «pl. Pareja de enamorados».▐

*tosco cf. (afines) ▶ *ignorante.*

toser *s.* achantar, apabullar, dominar.

«Se las daba de gran señor y ni siquiera Legrand le tosía.» C. Pérez Merinero, *Días de guardar.* ▌ «No haber quien le tosa.» DTE.

tostada *s.* borrachera.

«Tostarse: agarrarse una tostada.» R. Gómez de Parada, *La universidad me mata.*

2. olerse la tostada *expr.* percatarse de algo.

«Y aunque el muy zorro se había olido la tostada con la invitación...» Ángel A. Jordán, *Marbella story.* ▌ «...pero se olieron la tostada y prefirieron dejarnos solitos.» B. Pérez Aranda *et al., La ex siempre llama dos veces.* ▌ «...mira por donde, se olió la tostada...» Ramón Ayerra, *Los ratones colorados.*

tostado *adj.* ebrio, borracho.

«Me voy a mi cuarto. Estoy muy tostado. Todo el cuerpo me pesa...» José Ángel Mañas, *Historias del Kronen.* ▌ «...carretadas de europeos tostados, bien bebidos, bien jodidos...» Ramón Ayerra, *Los ratones colorados.*

tostadón *s.* borrrachera, intoxicación.

«Me ducho con agua fría para que se me quite el tostadón de ayer.» José Ángel Mañas, *Historias del Kronen.*

tostarse *v.* emborracharse, embriagarse.

«Tostarse: agarrarse una tostada. Cogerse una borrachera.» R. Gómez de Parada, *La universidad me mata.*

tostón *s.* aburrimiento.

«Y se aburrió muchísimo, porque la película era un tostón.» F. Vizcaíno Casas, *Hijos de papá.* ▌«...y para que no piensen que el libro va a ser un tostón de cifras y elucubraciones...» B. Pérez Aranda *et al.*, *La ex siempre llama dos veces.* ✓ DRAE: «Tabarra, lata. 8. Persona habladora y sin sustancia».▌

2. dar el tostón *expr.* aburrir.

«Y para no daros el tostón con tanta tontería...» *Mala impresión,* revista de humor con caspa, n.° 1.

*trabajador *cf.* (afines) currante, currata, currela, curreta, currelante, currito, productor, proleta.

trabajador *s.* en los casinos, jugador sobre seguro.

«Es lo que en los casinos llaman trabajadores. Los que van todos los días a llevarse mil duros.» Francisco Umbral, El Mundo, 23.4.99.

trabajadora de la calle *expr.* prostituta que trabaja en la calle.

«...en el folleto [...] que se ha repartido entre las trabajadoras de la calle en varias zonas de la capital madrileña...» El Mundo, 22.2.98. ▌«Una trabajadora que era un manojo de huesos... —Señora, para acostarme con usted me tiene que dar encima veinte duros.» P. Perdomo Azopardo, *La vida golfa de don Quijote y Sancho.*

trabajar, matarse a (de) trabajar *expr.* trabajar mucho.

«¡No hay derecho! Nos matamos de trabajar en las fortificaciones y...» Rafael García Serrano, *Diccionario para un macuto.*

2. romperse el culo trabajando ▶ *culo, romperse el culo (trabajando, estudiando).*

3. trabajar como un burro *expr.* trabajar mucho.

«Si me casara pondría a mi marido a trabajar como un burro...» P. Perdomo Azopardo, *La vida golfa de don Quijote y Sancho.*

4. trabajar como un chino *expr.* trabajar mucho.

«Trabajamos todos como chinos en el restaurante.» Cómic Jarabe, n.° 4, 1996.

5. trabajar como un negro *expr.* trabajar mucho.

«...pues estas pobres gentes trabajan como negros para poder sostener tan mísera y perra vida.» José Gutiérrez-Solana, *Madrid callejero, Obra literaria, II.*

6. trabajar el dos *expr.* robar carteras.

«Trabajar el dos: robar carteras con los dedos (índice y corazón, generalmente).» JV. ▌«El dos, hacer el dos: tipo de robo de carteras y billeteros que se efectúa usando los dedos índice y corazón.» JMO. ▌«Hacer el dos. Hurtar al introducir los dedos índice y corazón en el bolso o en el bolsillo de la víctima.» S. ✓ porque se emplean dos dedos. No se ha podido documentar fuera de diccionarios.▌ ▶ *dos, tomador (tocador) del dos.*

7. trabajarse *expr.* copular.

«Y además a ésta no te la trabajas...» Terenci Moix, *Garras de astracán.* ▌«A lo que íbamos de las gachís... La del alcalde es una rosquilla, hijo. Pero vamos de paso y no tenemos tiempo para trabajarla.» Ángel María de Lera, *Los clarines del miedo.* ▌«Y el que hacía de pastor sátiro, invitado a la bacanal, trabajándose a la cabra por detrás, con exagerados golpes de pelvis...» Jaime Romo, *Un cubo lleno de cangrejos.*

trabajo sucio *s.* actividad delictiva, desagradable.

«Anguita ha venido a hacer el trabajo sucio a terceros.» El País, 4.10.97. ▌«...sino que incluso se prestó a hacer un trabajo sucio contra Damborenea...» El Mundo, 28.7.95.

tracatá *s.* cópula.

«A mi ex sólo le tira el golf; que lo que es del tracatá, nada de nada.» F. Vizcaíno Casas, *Hijos de papá.* ✓ Cela en su DE reseña *tacatá.*▌

tragahombres *s.* fanfarrón, presumido, jactancioso.

«Se llama fanfarrones a quienes se dicen valientes y no lo son... El fanfarrón tiene muchas variantes: sietemachos... gallito... valentón... matón... bocazas...tragahombres... matasiete...» AI.

tragaldabas *s.* persona que come mucho y con voracidad.

«...los clientes tragaldabas se multiplicaron.» A. Matías Guiu, *Cómo engañar a Hacienda.* ❚ «...han florecido los pícaros, los tragaldabas y los claros ingenios...» Rafael García Serrano, *Diccionario para un macuto.* ❚ «La Abuela no le llamaba por su nombre: decía *el cascarra, el tragaldabas*...» Andrés Berlanga, *La gaznápira.* ✔ DRAE: «fam. Persona muy tragona».❙

tragaperras *s.* máquina de juego con monedas.

«Lotería, quinielas, primitiva, tragaperras, cartas, dados, ruleta...» El Mundo, 2.9.97. ❚ «...el rito de alternar, las tragaperras están logrando lo propio...» Carmen Pérez Tortosa, *¡Quiero ser maruja!*

tragar *v.* comer mucho.

«¡Se lo tragaban todo!» El Jueves, 13.5.98. ❚ «...traga como una lima y bebe por lo hondo...» Mariano Tudela, *Últimas noches del corazón.* ❚ ◾ «No invites a tu cuñado a cenar, que traga mucho.» ✔ DRAE: «fig. Comer vorazmente».❙

2. aceptar, aguantar.

«Habrá que hacerse amigo de Pepe, aunque no lo trago.» R. Gómez de Parada, *La universidad me mata.* ❚ «Es más, él daba por supuesto que tú ibas a tragar, porque piensa que las mujeres que trabajan son muy ambiciosas.» C. Rico-Godoy, *Cómo ser una mujer y no morir en el intento.* ❚ «...mujer, es mi madre, yo también trago con las palizas de tu padre...» Fernando G. Tola, *Cómo hacer absolutamente infeliz a un hombre.* ❚ «...Carlos se parecía a su padre, por eso los otros no le tragaban...» Lourdes Ortiz, *Picadura mortal.*

3. ser promiscua una mujer; aceptar una mujer insinuaciones de carácter sexual.

«...empezó a recibir invitaciones de amigos de su profesor, a quienes éste había hecho saber que tragaba (sí, así de cruda es la expresión).» Isabel San Sebastián, ABC, 19.2.98. ❚ «La secretarias tragan todas...» Ángel Palomino, *Las otras violaciones.* ❚ «Esa tragaba. Se lo digo yo que sé de esas cosas.» C. Pérez Merinero, *Días de guardar.* ❚ «¿Has visto cómo nos ha mirado? ¡Ésa seguro que traga!» Carlos Giménez, A las barricadas, 18-24 mayo, 1998. ❚ «El fulano les dio dentera hablando de las mujeres, que según él tragaban de lo lindo.» Rafael García Serrano, *Diccionario para un macuto.* ❚ «—¿Y por qué le arrimas la rodilla a la mujer de Poli? —A ver si traga.» Fernando G. Tola, *Mis tentaciones.*

4. creer, aceptar.

«...tampoco es cuestión de que te tragues todo lo que te cuentan...» You, marzo, 1998. ❚ «Es un hombre que se traga todo lo que le dicen.» Rafael García Serrano, *Diccionario para un macuto.* ❚ «Pero la muy cínica es tan buena actriz que me lo tragué.» B. Pérez Aranda *et al., La ex siempre llama dos veces.*

5. tragar saliva *expr.* tener paciencia.

«...dijo tía Victoria, tragando saliva y haciendo de tripas corazón...» Eduardo Mendicutti, *El palomo cojo,* 1991, RAE-CREA. ❚ ◾ «Cuando hay problemas tenemos que tragar saliva y esperar a que mejore todo.»

tragasantos *s.* santurrón.

«Los insultos religiosos [...] se podrían clasificar en varios grupos [...] los insultos que muestran un celo religioso excesivo [...] beato, cagacirios, comehostias, [...] pichasanta, meapilas, measalves... tragasantos, tragavemarías [...] chupacirios [...] comehostias [...] rata de sacristía.» AI.

trago *s.* bebida.

«Yo la destapé y me aticé un trago...» Juan Madrid, *Las apariencias no engañan.* ✔ DRAE: «Col. Por ext., licor, bebida alcohólica».❙

2. contratiempo, situación complicada.

«Las pasadas eran breves y malísimos tragos, de cuya angustia...» Rafael García Serrano, *Diccionario para un macuto.* ❚ «Entonces le contó lo que había sucedido en la comisaría y el mal trago que le habían hecho pasar.» Luis Camacho, *La cloaca.* ❚ «...las viudas suspiran, acordándose cada una de su mal trago...» Andrés Berlanga, *La gaznápira.* ❚ «...perder es duro, un mal trago.» SúperPop, abril, 1990. ❚ «...tapear es el único consuelo que nos queda para pasar tanto trago.» Carmen Pérez Tortosa, *¡Quiero ser maruja!*

3. echar (atizarse) un trago *expr.* tomar una bebida alcohólica.

«Yo la destapé y me aticé un trago de lo menos diez minutos.» Juan Madrid, *Las apariencias no engañan.* ❚ ⬛ «Llego tarde porque he echado un trago con los amiguetes.»

tragón *s.* glotón, persona que come mucho.

«Y si encima come mucho, más delito tiene, por tragón, carpanta, comilón,... tragaldabas, zampabollos, [...] zampatortas, come más que una lima...» AI. ❚ ⬛ «Es un tragón porque se traga la comida con voracidad.» ✓ DRAE: «adj. fam. Que traga, o come mucho. Ú. t. c. s.».❚

tragona *s.* mujer promiscua.

«Era la mayor tragona de la Corte...» Néstor Luján, *Los espejos paralelos,* 1991, RAE-CREA. ❚ «Predisponerse al coito: ser una tragona.» DTE. ❚ ⬛ «Le metí mano a las tetas y al culo y no dijo nada porque resulta que es una tragona y le gusta que la manoseen.»

traje, cortar trajes *expr.* criticar, hablar mal de alguien.

«...entra la Adelina Ceregumil en un salón de té a gilipollear con otras finolis y a cortar un traje a la fulanita porque si le va o no le va el lápiz de labios que usa...» Ramón Ayerra, *Los ratones colorados.*

2. traje de los domingos *s.* traje nuevo.

«...con el cuerpo de jarana y algunos hasta con el traje de los domingos...» Luciano G. Egido, *El corazón inmóvil,* 1995, RAE-CREA. ❚ «...la primera vez que salimos a tomar vinos metí la pata porque le dije que dónde iba con el traje de los domingos.» José María Amilibia, *Españoles todos.*

3. traje (vestir) de pingüino *s.* traje de hombre, chaquet.

«...pero un tipejo vestido de pingüino y con cara de soplapollas...» Javier Memba, *Homenaje a Kid Valencia,* 1989, RAE-CREA. ❚ «...hasta parece que el traje de pingüino le queda un pelín grande.» Carmen Rigalt, El Mundo, 8.5.99. ❚ «Mira tu madre la maña que se ha dado para vestiros de pingüino.» Elvira Lindo, *Manolito gafotas.*

4. traje de romano *s.* uniforme.

«...vestido de romano...» C. Pérez Merinero, *Días de guardar,* 1981, RAE-CREA. ❚ «...o incluso disfrazarse de romano y ceder estoicamente a la ciudad el porte, el ademán y la mirada...» Carlos Trías, *El encuentro,* 1990, RAE-CREA.

trajinar *v.* copular.

«Además, ya me he enterado de que te trajinas muy bien a las chavalas...» F. Vizcaíno Casas, *Hijos de papá.* ❚ «¡Qué mujer rara ésa! ¿Te la estás trajinando?» Juan Madrid, *Un beso de amigo.* ❚ «...y ahora no hace más que trajinarse chavalas. Todos los días una nueva.» C. Pérez Merinero, *El ángel triste.* ❚ «Pero ¿te la has trajinado?» Jaime Romo, *Un cubo lleno de cangrejos.* ❚ «Para lograr algo tangible hay que traginarlas escudándose en el embuste...» P. Perdomo Azopardo, *La vida golfa de don Quijote y Sancho.* ❚ «Y encima —las hay egoístas—, quiere ganar un bingo y que me la trajine.» C. Pérez Merinero, *Días de guardar.* ❚ «...y además me trajino a mis dos secretarias...» El Jueves, 10-16 marzo, 1999.

trallazo *s.* trago de bebida alcohólica.

«...desde la primera calada hasta el trallazo.» Álvaro Pombo, *El metro de platino iridiado,* 1990, RAE-CREA. ❚ «...antes acércame una botella, necesito un trallazo...» Ramón Ayerra, *La lucha inútil,* 1984, RAE-CREA.

trampa *s.* problema, ardid, subterfugio para engañar.

«Pienso que hay trampa...» Juan Carlos Onetti, *Dejemos hablar al viento,* 1979, RAE-CREA. ❚ ⬛ «Como era muy barato lo compré sin darme cuenta de que tenía trampa.» ✓ DRAE: «fig. Ardid para burlar o perjudicar a alguno».❚

2. deuda.

«Trampa. Deuda.» LB. ❚ «Trampa. Deuda.» JMO. ❚ «Trampas. Deudas.» JV. ❚ ⬛ «Desde que me quedé sin empleo que tengo muchas trampas.»

3. timo.

«...sobrevive porque yo le he prestado el dinero que necesitó cuando la trampa de la inmobiliaria.» A. Zamora Vicente, *Mesa, sobremesa.*

tranca *s.* borrachera.

«No le he visto hoy [...] Debe tener una tranca de aúpa.» Juan Madrid, *Un beso de amigo.* ▌◗ «El dolor de cabeza debe ser por la tranca que pesqué anoche.»

2. pene.

«...las trancas de veinticinco centímetros no suponen la regla, sino la excepción.» Lucía Etxebarría, *Amor, curiosidad, prozac y dudas.* ▌ «...es una de tus amiguitas que estuvo el otro día comiéndole la tranca a Ordallaba...» José Ángel Mañas, *Sonko95.*

3. a trancas y barrancas *expr.* con dificultad, con esfuerzo.

«A trancas y barrancas, con períodos de inactividad que amenazaban el cierre [...] El negocio clandestino de las motocicletas robadas siguió adelante...» Juan Marsé, *Últimas tardes con Teresa.*

tranqui *adj.* tranquilo, calma.

«Tranqui, ya verás como lo hacemos.» Película *El día de la bestia.* ▌ «Ya sabes, como en las pelis: música tranqui, velas, champán...» Ragazza, n.° 100. ▌ «Bueno, tranqui. Te veo alterado.» Fernando Martínez Laínez, *La intentona del dragón.* ▌ «Pero tranquis, coleguis...» Rambla, n.° 18. ▌ «...y entonces le dije: tranqui, tu problema es que no estás en paz con Dios...» Cómic Jarabe, n.° 4, 1996.

2. *s.* pastilla tranquilizante.

«...los que pregonan la venta de *tranquis* (pastillas tranquilizantes) a veinte duros.» ABC, 14.3.99.

tranquillo, cogerle el tranquillo a algo *expr.* aprender a hacer una cosa a fuerza de tesón.

«Me pongo a jugar contra la máquina y, una vez que le he cogido el tranquillo, organizo un campeonato contra ella...» C. Pérez Merinero, *Días de guardar.* ✔ DRAE: «m. fig. Hábito especial que se logra a fuerza de repetición y con el que se consigue realizar más fácilmente un trabajo. *Encontrar, coger el tranquillo».*▌

tranquilo ▶ *tranqui.*

trapa *s.* cárcel.

«Trapa. Prisión.» JGR. ▌◗ «En talegario tra-

pa quiere decir cárcel.» ✔ no se ha podido documentar fuera de diccionarios.▌

trapicha *s.* vendedor de droga.

«Trapicha: Vendedor de drogas al menudeo.» JGR. ▌ «Trapicha. Trapichero...» Ra. ✔ no se ha podido documentar fuera de diccionarios.▌

trapichear *v.* timar, estafar.

«...pero otros no vienen aquí a comer, vienen aquí a trapichear.» El Banquillo, 28.1.98. ▌ «...nunca te vas a hacer rico por mucho que trapichees...» Jesús Ferrero, *Lady Pepa.* ▌ «Le acusaron de trapichear con droga.» M. Sánchez Soler, *Festín de tiburones.* ✔ DRAE: «Comerciar al menudeo».▌

trapicheo *s.* negocio sucio al por menor.

«y levantar las alfombras / del palacio del Gobierno / por barrer todos los polvos / de anteriores trapicheos...» A. Ussía, *Coñones del Reino de España.* ▌ «trapicheo. Negocio menudo y sucio.» Francisco Umbral, *Diccionario cheli.* ▌◗ «Ha sido un trapicheo de poca monta.»

trapillo, de trapillo *expr.* vestido de manera informal.

«...vestidos casi de playa, de trapillo, tíos en pantaloncín y pavas con poca tela encima.» Ramón Ayerra, *Los ratones colorados.* ✔ Iribarren: «Sbarbi [...] y Montoto [...] dicen que esta expresión proviene de la romería madrileña, llamada del *Trapillo...*»▌

trapo, a todo trapo *expr.* a mucha velocidad, rápido, fuerte.

«...rasgando la atmósfera somnolienta de calefacción a todo trapo.» Pedro Casals, *Disparando cocaína.* ▌ «Es lógico que para enriquecerse de manera expeditiva haya de conseguirse el botín a todo trapo.» J. Giménez-Arnau, *Cómo forrarse y flipar con la gente guapa.* ▌ «Recogía neuronas a todo trapo, se las echaba en la testa a la buena ventura...» Fernando Repiso, *El incompetente.*

2. poner (tratar) como un trapo *expr.* regañar, maltratar.

«Tendremos que dejar lo nuestro si sigues tratándome como un trapo sucio.» El Jueves, 6-12 octubre, 1993. ▌ «...puso a Mary como un trapo...» Eduardo Mendicutti, *El*

tra
720

palomo cojo, 1991, RAE-CREA. ❙ «...me pondría como un trapo, me dirá el nombre del puerco...» Eduardo Mendoza, *La ciudad de los prodigios.* ❙ ▪ «Mi familia me trata como un trapo, en especial mi suegra.»

3. trapos *s. pl.* ropa.

«Me encanta verla con trapos que le favorecen.» Ragazza, n.° 101. ❙ «...tienen una conversación muy limitada y se gastan la pasta en trapos...» Manuel Hidalgo, *Azucena, que juega al tenis.* ❙ «...qué frívola, oye, cuánto le interesan los trapos...» Fernando G. Tola, *Cómo hacer absolutamente infeliz a un hombre.*

4. trapos sucios *expr.* secreto vergonzosos.

«...los trapos sucios es mejor guardarlos y lavarlos en casa...» Luciano G. Egido, *El corazón inmóvil,* 1995, RAE-CREA. ❙ «Me descubre los trapos sucios de su familia...» Gonzalo Torrente Ballester, *Filomeno, a mi pesar,* 1988, RAE-CREA. ❙ «No me gusta sacar trapos sucios a relucir.» DF.

traque *s.* ventosidad.

«Pedo. Es una ventosidad que se repele por el ano, y que, como sinónimos, tiene: cuesco, traque, pedorrera, ventear, irse,... zullón...» José M.ª Zabalza, *Letreros de retrete y otras zarandajas.*

traquero *s.* ladrón.

«Traquero. Atracador, sirlero.» Ra. ❙ «Traquero. Atracador.» S. ❙ «Traque. Atraco.» JMO. ❙ «Traquero. Atracador.» JGR. ✓ no se ha podido documentar fuera de diccionarios.❙

tras *s.* nalgas, trasero.

«El tras. El trasero.» A. Ussía, *Tratado de las buenas maneras.* ❙ «...hay cosas que un hombre no debe hacer a una mujer [...] O sea, que nunca me hizo aprecio por el tras.» Manuel Hidalgo, *El pecador impecable.* ❙ «Sara Agudo es una ordinariez, de eso no te quepa la menor polla, —de las otras— por el tras.» Andrés Berlanga, *La gaznápira.*

trasero *s.* nalgas.

«Que el trasero de (Camilo José) Cela está adquiriendo cada vez más relevancia que su propia obra, que parece despertar cada vez menos interés...» Leopoldo Alas, A las barricadas,

22-28 junio, 1998. ❙ «Nadie escarmienta en trasero ajeno.» Fernando López Agudín, El Mundo, 30.7.99. ❙ «Doña Rosa va y viene [...] tropezando a los clientes con su tremendo trasero...» C. J. Cela, *La colmena.* ❙ «Pero peor aun que viéndose con el trasero al aire haya reaccionado...» Pedro J. Ramírez, El Mundo, 8.3.98. ❙ «Era ancha y algo hundida y cuando me sentaba se me escurría un poco el trasero (con perdón)...» C. J. Cela, *La familia de Pascual Duarte.* ❙ «Aun no me has besado el trasero» Anónimo, *Obsesiones impúdicas.* ❙ «Quiero decir de enseñar el trasero en el Crazy Horse, joven.» Fernando Schwartz, *La conspiración del golfo.* ❙ «...y sobra papel para que se limpien el trasero.» Miguel Martín, *Iros todos a hacer puñetas.* ❙ «...y yo a trabajar para todos limpiando traseros y poniendo inyecciones...» Chumy Chúmez, *Por fin un hombre honrado.* ❙ «...el moreno acariciaba con una mano de vez en cuando el trasero del que iba vestido de blanco...» Almudena Grandes, *Las edades de Lulú.* ❙ «...ese chico no lleva ninguna marca en el trasero que diga...» You, enero, 1998. ❙ «...algunos se han puesto en el trasero una sartén por debajo de las sayas...» José Gutiérrez-Solana, *Madrid callejero, Obra literaria, II.* ❙ «...viendo pasar mujeres meneando el trasero...» Juan Marsé, *Si te dicen que caí.* ❙ «...una mujer no muy alta, rubia, de trasero más que interesante...» Rafael Ramírez Heredia, *Al calor de campeche.* ✓ DRAE: «m. culo, asentaderas».❙

2. dar por el trasero *expr.* sodomizar.

«...porque no quiero ir a chirona y que los presos me den por el trasero.» José Luis Martín Vigil, *Los niños bandidos.*

traste, irse (dar) al traste *expr.* malograrse, estropearse.

«...Las leyes sanitarias han dado al traste con los mercados tradicionales...» Miguel Sánchez-Ostiz, ABC, 9.10.99. ❙ «Que el recuerdo del papá se ha ido al traste. ¿Y quién contribuyó a que se fuera al traste?» Corín Tellado, *Mamá piensa casarse.* ❙ «La gestión empresarial se parece mucho a un rally: una biela puede dar al traste con el buen hacer de todo un ejercicio.» José María García de Tomás, ABC, 6.12.98. ❙ «El final de la guerra dio al traste con las expectativas comerciales...» Eduardo Mendoza, *La verdad sobre el caso Savolta*. ❘ «...y en consecuencia, de dar al traste con más altas y decisivas empresas de espíritu.» Juan Marsé, *Últimas tardes con Teresa*. ❘ «El invento se va al traste.» Gabriel Albiac, El Mundo, 19.8.99. ✓ Iribarren: «Aunque no lo parece, se trata de un término marinero antiguo, que significa *naufragar una embarcación*».❘

trasto *s.* niño travieso, persona inútil.

«¡Soy un trasto, como ella me calificó durante la cena.» Eduard José, *Buster Keaton está aquí,* 1991, RAE-CREA. ❘ «Eres un trasto inútil...» Eduardo Mendoza, *La verdad sobre el caso Savolta*. ❘ «Alberto es un trasto y no sé como hemos podido tenerlo callado.» Antena 3 TV, 17.12.98. ✓ DRAE: «fig. y fam. Persona inútil o informal».❘

2. pene.

«Trasto, pija.» DS. ❘ «...me resultaba chocante andarle en el trasto a un gachó...» Ramón Ayerra, *Los ratones colorados*.

3. pistola.

«En menos que se santigua un cura loco me tuvo a sus espaldas, dispuesto a bautizarle con la bocacha del trasto apoyada en la coronilla.» Ernesto Parra, *Soy un extraño para ti.*

4. tirarse los trastos a la cabeza *expr.* pelear.

«¿No cree que tal circunstancia es pero que muy extraña, tantos años sin habernos tirado los trastos a la cabeza?» A. Zamora Vicente, *Mesa, sobremesa*. ❘ «...que les hacía tragar quina y tirar los trastos a la cabeza a los que sin concesiones amenazaban...» José M.ª Zabalza, *Letreros de retrete y otras zarandajas*. ❘ «Hay gente capaz de hablar como los ángeles, con esa misma brillantez, que sin embargo acaban tirándose los trastos a la cabeza.» Álvaro Pombo, *Los delitos insignificantes*. ❘ «Si están a punto de tirarse los trastos a la cabeza...» Pedro Casals, *Disparando cocaína.*

tratar a patadas *expr.* maltratar.

«Aceptan que las tratemos a patadas.» Pedro Casals, *Hagan juego*. ❘ «...no me habla y me trata a patadas.» José María Amilibia, *Españoles todos.*

trato carnal *expr.* cópula, coito.

«El médico no había hallado semen en sus órganos genitales, indicativo de haber tenido trato carnal...» Andrés Bosch, *Mata y calla.*

travelo *s.* travestido.

«Podríamos buscarnos un travelo...» José Ángel Mañas, *Historias del Kronen*. ❘ «Travelo. ¡Toda un tío!» R. Gómez de Parada, *La universidad me mata.*

travero *s.* travestido.

«En Gran Vía las putas, los traveros y los negros se hacían dueños de la noche...» Raúl del Pozo, *La novia.*

travesti *s.* travestido.

«...la plaza de Chueca, llena de yonquis y travestis...» Lucía Etxebarría, *Beatriz y los cuerpos celestes*. ❘ «...pervertidos de todas las razas y tamaños, putos, putas, travestis...» Fernando Martínez Laínez, *La intentona del dragón*. ❘ «...un hombre [...] feliz padre de familia quizás, negociaba discretamente con dos travestis...» Almudena Grandes, *Las edades de Lulú*. ❘ «De todas partes del local llegan risas de travestís, de putas...» Jesús Ferrero, *Lady Pepa*. ❘ «...Paquito se despendoló. Ahora se llama Estefanía. Es travesti.» María Antonia Valls, *Tres relatos de diario.*

travestón *s.* travestido.

«Señora inquietante que me pareció un travestón con bolso y abrigo...» Antonio Burgos, El Mundo, 8.3.98. ❘ «...en las pollas purulentas de los travestones esos...» Jesús Ferrero, *Lady Pepa*. ❘ «Sin peineta ni caracolillo, la nacional se encuentra perdida y no sabe si hacerse progre o travestón...» Francisco Umbral, «La boda», El Mundo, 23.10.98.

travestona *s.* travestido.

«Eso, a sobar putas y travestonas.» Jaime Romo, *Un cubo lleno de cangrejos.*

trece, mantenerse (seguir, permanecer) uno en sus trece *expr.* obstinarse, no cambiar de opinión.

«...se crecieron y arremetieron con más fuerza contra los judíos que seguían en sus trece.» Gomaespuma, *Grandes disgustos de* la historia de España. ▌«Así, si resisten y siguen en sus trece, diciendo que no tienen nada que ver con el asunto...» Lourdes Ortiz, *Picadura mortal*. ▌«Usted ni caso, usted en sus trece.» J. Giménez-Arnau, *Cómo forrarse y flipar con la gente guapa.*

tremenda, tomárselo (todo) a la tremenda *expr.* tomárselo todo con excesiva seriedad.

«No te lo tomes todo a la tremenda...» You, marzo, 1998.

trempar *v.* poner el pene erecto.

«¿De verdad que no te gustó cómo lo hice? Tu trempaste, Migue... Di, ¿no te gustó?» Andreu Martín, *Prótesis*. ✓ ▶ *destrempar.*▌

tren, a todo tren *expr.* con gran boato, con derroche.

«Lo segundo fue matricular a Mari Puri y Milagritos en uno de esos colegios a todo tren...» María Antonia Valls, *Tres relatos de diario*. ▌«...una rubia platino que vivía a todo tren en el Ritz...» Juan Marsé, *Si te dicen que caí.* ▌«Una casa de putas por todo lo alto que se han montado los Tanos cerca de la Diagonal. A todo tren.» Andreu Martín, *Lo que más quieras.*

2. estar como un tren *expr.* persona muy atractiva.

«...la expresión *estar como un tren* para referirse a las personas anatómicamente espectaculares y dignas de admiración.» Sergi Pàmies, A las barricadas, 1-7 junio, 1998 ▌«...una zaragozana algo burra, pero que estaba como un tren...» A. Zamora Vicente, *Historias de viva voz.* ▌«El Charlton Heston es un poco facha y la Ava Gardner estaba como un tren.» Juan Madrid, *Crónicas del Madrid oscuro.* ▌«...el primo de Paqui, que estaba como un tren, como solía decir Paqui...» M. Vázquez Montalbán, *La rosa de Alejandría.* ▌«...no tengo nada contra los negros, ni mucho menos contra las negras, que muchas de ellas están como trenes...» Jaime Campmany, ABC, 14.6.98. ▌«Aquí tenemos una que está también como un tren.» Juan Madrid, *Las apariencias no engañan.* ▌«...no era para asustarse porque Gabriela dijera que el tal Moisés estaba como un tren...» Andrés Berlanga, *La gaznápira.* ▌

«La niña está buenísima, ¿eh?... Como un tren, ¿verdad?» Juan Madrid, *Flores, el gitano.* ✓ el artículo de Sergi Pàmies, A las barricadas, 1-7 junio, 1998, explica más sobre la locución.▌

3. estar como para parar un tren *expr.* persona muy atractiva.

«...aquella morenaza estaba para parar un tren...» Mariano Sánchez, *La sonrisa del muerto.*

4. hacer el tren *expr.* sodomizarse varios hombre en cadena.

«Darse por detrás varios hombres a la vez, en cadena, se llama hacer el tren.» CO, Carlos Martín de los Santos.

5. para parar un tren (carro) *expr.* mucho, gran cantidad.

«...a mí se me están ocurriendo preguntas y respuestas como para parar un tren...» A. Zamora Vicente, *Mesa, sobremesa.* ▌«...y tiene medios y millones p'a parar un tren.» Pedro Casals, *Disparando cocaína.* ▌«...hay para parar un tren.» J. Giménez-Arnau, *Cómo forrarse y flipar con la gente guapa.* ▌«...hubo sorpresas y emociones fuertes para parar un carro.» B. Pérez Aranda *et al.*, *La ex siempre llama dos veces.* ▌«...aquí hay de todo, putas para parar un tren...» Ramón Ayerra, *Los ratones colorados.*

6. perder el tren *expr.* perder la oportunidad.

«...hacía mucho tiempo que había perdido el tren de la nueva tecnología.» María Antonia Valls, *Tres relatos de diario.*

trena *s.* cárcel.

«...y el padre no vuelve porque está en la trena...» A. Zamora Vicente, *Mesa, sobremesa.* ▌«Ya estaría en la trena por moroso.» El Jueves, 13.5.98. ▌«...el método napolitano presenta también algunos problemas: Dos años de trena.» P. Antilogus, J. L. Festjens, *Anti-guía de los conductores.* ▌«En los buenos tiempos [...] ese chorizo estaría ya en la trena.» Fernando Martínez Laínez, *La intentona del dragón.* ▌«Peter ha ido a la cárcel, también llamada trena y talego.» Felipe Navarro (Yale), *Los machistas.* ▌«Y en tal caso, toda una vida en la trena...» Ernesto Parra, *Soy un extraño para ti.*

trencilla s. árbitro.

«...de pasar por amigo del árbitro de la contienda, el trencilla del silbato...» Manuel Prado, El Mundo, 11.11.95. ❙ «Trencilla. Árbitro.» VL. ❙ ▪ «El trencilla no ve los penaltis; debe estar medio cegato.»

trenecito, hacer el trenecito ▶ tren, hacer el tren.

trepa s. arribista.

«...hemos estado hablando de Quintanilla, que Regina dice que es un trepa y un hijo de puta...» Manuel Hidalgo, Azucena, que juega al tenis. ❙ «Mar por trepa.» You, n.º 3. ❙ «...ha llegado el momento de desmitificar al tan vilipendiado trepa.» Carmen Posadas, Yuppies, jet set, la movida y otras especies. ❙ «...por jodío trepa.» Andrés Berlanga, La gaznápira. ❙ «...es un trepa equivocado que piensa que...» Jaime Romo, Un cubo lleno de cangrejos. ❙ «Es todo un trepa que sabe lo que quiere y al que no le importa recurrir a cualquier cosa para conseguir información al precio que sea...» You, enero, 1998. ❙ «El gobernador huele a trepa a cien kilómetros a la redonda...» C. Pérez Merinero, Días de guardar.

tres, ni a la de tres expr. de ningún modo, de ninguna manera.

«...turistas vociferantes y sudorosos que no se están quietos ni a la de tres.» C. Rico-Godoy, Cómo ser infeliz y disfrutarlo. ❙ «...que no se pone a tono ni a la de tres.» Andreu Martín, Amores que matan, ¿y qué? ❙ «No paraba el carro ni a la de tres.» Ramón Ayerra, La lucha inútil, 1984, RAE-CREA. ✓ DRAE: «expr. fig. y fam. De ningún modo».❙

tres al cuarto ▶ cuarto, de tres al cuarto.

tres cuartos de lo mismo ▶ cuarto, tres cuartos de lo mismo.

triángulo de las Bermudas expr. vulva, órgano genital de la mujer.

«Le bajo las bragas y me encuentro con todo su triángulo de las Bermudas al aire. La punta de mi carajo se dirige hacia allí...» C. Pérez Merinero, Días de guardar.

tricornio, los del tricornio expr. Guardia Civil.

«Es persona de calidad, bien relacionado con la pasma y los del tricornio.» Fernando Martínez Laínez, Bala perdida. ❙ «...tuvo un encuentro con los del tricornio.» Cristóbal Zaragoza, Y Dios en la última playa.

trifulca s. discusión, pelea.

«Como vuelva a haber trifulca la eslomo...» M. Lázaro, Humo de Beleño, 1986. ❙ ▪ «Las trifulcas con los vecinos siempre acaban mal.» ✓ MM: «Disputa o riña con mucho alboroto.»❙

trigo, (no) ser trigo limpio expr. (no) ser honrado, de fiar.

«...él tampoco era trigo limpio; la policía le tenía fichado por mover mierda en varias ocasiones.» Eduard José, Buster Keaton está aquí, 1991, RAE-CREA. ❙ «¿Es trigo limpio?» Pedro Casals, Disparando cocaína. ❙ «—Mala gente... No son trigo limpio.» Andreu Martín, Amores que matan, ¿y qué? ✓ DRAE: «fr. fig. y fam. No ser un asunto o la conducta de una persona tan intachable como a primera vista parece, o adolecer de un grave defecto».❙

trijul s. la luna.

«Trijul. Luna.» Ra. ❙ «Trijul. La luna.» JV. ❙ ▪ «La trijul anda llena esta noche.» ✓ no se ha podido documentar fuera de diccionarios.❙

trilar v. estafar, timar, engañar.

«Y es que Suiza hay que ganársela, señor Roldán [...] y Suiza no se compra ni se vende con la sucia pela de un pícaro español del trilar dinero...» Francisco Umbral, El Mundo, 28.2.98. ❙ «En el Madrid caliente, el que trila dinero, tú ya no pintas nada...» Francisco Umbral, El Mundo, 2.7.98.

trile s. propio de trileros.

«...gente del trile, consortes que actuaban de primos...» Raúl del Pozo, Noche de tahúres.

trilero s. estafador, timador, ladrón.

«A Pedro le basta con ir poniendo en fila, sobre la repisa de la Historia, un etarra, un gal, un muerto un trilero político...» Francisco Umbral, El Mundo, 18.2.98. ❙ «...tal vez deberíamos hablar de cibernauta, prestidigitador o trilero...» Alberto Rodríguez de la Rivera, ABC, 14.3.98. ❙ «Ahora ya está a punto de terminar la era de los buscadores de aventuras light, los tahúres, los trileros...» Luis Ignacio Parada, ABC, 8.5.98. ▌«Ese día [...] se divirtió un rato con los trileros de la Gran Vía.» Raúl del Pozo, *Noche de tahúres* ▌«...le está llamando trilero...» A las barricadas, 22-28 junio, 1998. ▌ «...una cola interminable de sirleros, camellos baratos, trileros, desparramadores, toperos, drogatas, mecheros...» Juan Madrid, *Crónicas del Madrid oscuro.*

triles ▸ *juego de los triles.*

trinar, estar que trina uno *expr.* muy enfadado, enojado.

«El FBI está que trina, con toda la razón.» Fernando Martínez Laínez, *La intentona del dragón.* ▌«Enrique está que trina con vosotros.» Luis Camacho, *La cloaca.* ▌«La hija no lo lleva mal [...] pero el padre está que trina.» Gomaespuma, *Familia no hay más que una.* ▌«Los ancianos están que trinan. No es para menos.» José M.ª Zabalza, *Letreros de retrete y otras zarandajas.* ▌«Mi jefe, el comisario Rodrigo, está que trina.» Manuel Quinto, *Estigma.*

trincar *v.* arrestar, detener, pescar, agarrar.

« Mi nuevo amigo me cuenta que lo han trincado por error, porque él en su vida ha abierto un coche para llevarse nada.» Eduardo Mendoza, *Sin noticias de Gurb.* ▌«Lo trincamos Venancio y yo y lo llevamos a la comisaría.» Juan Madrid, *Cuentas pendientes.* ▌«...pero trinqué la pasta y le eché el mal de ojo...» C. Rico-Godoy, *Cómo ser una mujer y no morir en el intento.* ▌«Vamos, que lo trinca la Susana [...] y se convierte en la reina de los mares.» Felipe Navarro (Yale), *Los machistas.* ▌«¡Huye muchacho, que te trinca!» C. J. Cela, *El gallego y su cuadrilla.* ▌«El ministro en persona me ha pedido que trinquemos al atraca que le ha quitado la cartera a ese tío...» Fernando Martínez Laínez, *La intentona del dragón.* ▌«Llegar el último, trincar el botín en sus propias narices y salir indemne era demasiado morro.» El Gran Wyoming, *Te quiero personalmente.* ▌«Necesitamos trincar al que lo hizo o identificarle para poner su foto en portada...» Jaime Romo, *Un cubo lleno de cangrejos.*

2. matar, asesinar.

«...qué esperas de esta cabrona ciudad de chivatos, que te trinquen?» Juan Marsé, *Si te dicen que caí.* ▌ ◗ «Al criminal ése de las drogas lo trincaron ayer en la calle, a plena luz, a tiros.»

3. copular con.

«¡A ésta me la trinco!» P. Perdomo Azopardo, *La vida golfa de don Quijote y Sancho.* ▌«...y si nos sale de los huevos hasta nos las trincamos aquí...» Ramón Ayerra, *Los ratones colorados.*

4. robar.

«Y esta madrugada, una vez trincadas las motos, en lugar de llevarlas al taller...» Juan Marsé, *Últimas tardes con Teresa.*

trinque *s.* bebida.

«¡Se acabó el trinque! —y Maxi mostró la botella vacía.» Ángel María de Lera, *Los clarines del miedo.* ▌«...celebraban la liberación del Alcázar con desfile, gaitas y trinque.» Rafael García Serrano, *Diccionario para un macuto.* ▌«Con tanto rollo, estoy aquí a palo seco, sin darle al trinque ni nada.» C. Pérez Merinero, *Días de guardar.* ▌«...por lo que le tenía jodido por la cosa de las damas, pero tanto rollo y tanto trinque es lo que traen...» Ramón Ayerra, *Los ratones colorados.* ▌◗ «Si no le gustase tanto el trinqui Paco sería una persona encantadora, normal.» ✔ para Luis Besses, *Diccionario de argot español,* es *trinquis*: trago, brindis.▌

trip *s.* heroína y coca.

«Pero a mí me parece un *trip*. O sea, caballo y coca.» Juan Madrid, *Flores, el gitano.*

tripa, hacer de tripas corazón *expr.* resignarse, no arredrarse.

«El rostro de la víctima incorpora a su expresión un hacer de tripas corazón, que la delata.» J. Giménez-Arnau, *Cómo forrarse y flipar con la gente guapa.* ▌«Aquella noche toledana, había hecho el pobre de tripas corazón.» Fernando Repiso, *El incompetente.* ▌«Haciendo de tripas corazón —¡Joder qué asco!— me acerco a Robledo...» C. Pérez Merinero, *Días de guardar.* ▌«...dijo tía Victoria, tragando saliva y haciendo de tripas corazón...» Eduardo Mendicutti, *El palomo cojo,* 1991, RAE-CREA. ▌«...estuve bastante atenta aunque al principio hice de tripas corazón...» B. Pérez Aranda *et al.*, *La ex siempre llama dos veces.*

2. ¿qué tripa se te ha roto? *expr.* ¿qué te ocurre?

«—Hola, Salinas. ¿Qué tripa se te ha roto?» Pedro Casals, *Disparando cocaína.* ▮ «...y subió como una flecha por ver qué tripa se le había roto al cabeza del Municipio...» Ramón Ayerra, *La lucha inútil,* 1984, RAE-CREA.

3. sacar la tripa de mal año ▸ *barriga, sacar la barriga de mal año.*

4. tripa cervecera *s.* estómago voluminoso.

«...José Pulido, con su tripa cervecera y su calvicie casposa...» Mariano Sánchez, *La sonrisa del muerto.* ✓ del inglés *beer belly.*▮

5. tripa suelta (revuelta) *expr.* diarrea.

«...anda muy revuelto de tripa. Se pasó la noche camino del trono.» Ladislao de Arriba, *Cómo sobrevivir en un chalé adosado.*

tripear *v.* comer con glotonería.

«Anda, tronqui, que tengo que ir a tripear.» J. Giménez-Arnau, *Cómo forrarse y flipar con la gente guapa.* ▮ «Tripear: comer.» JMO.

tripero *s.* tragón, persona que come mucho.

«...por borde y por tripero...» Ramón Ayerra, *Los ratones colorados.* ▮ «No eres tan tripero como tu hermano pero también comes mucho.» CL. ▮ «Tripero: comilón.» JMO.

tripis *s. pl.* gotas de LSD empapadas en papeles.

«Vivía de trabajillos temporales y trapicheaba con ácido [...] y con tripis...» Cristina Pérez Schlichting, ABC, 19.4.98. ▮ «...bajo la ingestión de cocaína y de *tripis*...» Carlos Boyero, El Mundo, 11.9.99. ▮ «...ni tripis, ni anfetas; un porro a veces, que el chocolate es sano, te relaja...» José Luis Martín Vigil, *Los niños bandidos.* ▮ «Sin duda se trata de lo que algunos llaman *tripi*, una droga alucinógena...» Álex de la Iglesia, *Payasos en la lavadora.* ▮ «Hachís, cocaína, tripis y éxtasis.» Chica hoy, revista juvenil, n.° 130.

tris, en un tris de *expr.* a punto de.

«Estoy en un tris de hacerle una paja para que el pobrecito se vaya al patio de los ca-

llados con un buen recuerdo.» C. Pérez Merinero, *Días de guardar.* ▮ «...estuvo en un tris de aplastar la inmundicia.» Fernando Repiso, *El incompetente.* ▮ «La policía estuvo en un tris de detenerla.» Eduardo Mendoza, *La verdad sobre el caso Savolta.* ▮ «Estoy en un tris de unirme a ellos...» C. Pérez Merinero, *Días de guardar.*

triscar *v.* comer.

«Bueno, si os parece bien vamos a triscar, que la mesa siempre me ha merecido un respeto.» El Gran Wyoming, *Te quiero personalmente.*

*triste, persona triste cf. (afines) agonías, asfixiado, aguafiestas, amargado, avinagrado, cenizo, chochotriste, deprimente, llorón, maljode, miserias, pichatriste, hecho *polvo, pupas, rabo entre las piernas, retestinado. ✓ ▸ *pesimista.*▮

tristrás, en un tristrás *expr.* rápidamente.

«...María de los Ángeles tomó la decisión en un tristrás...» Marisa López Soria, *Alegría de nadadoras.*

trizas, hacer trizas *expr.* pegar, golpear.

«Mi mujer está hecha trizas.» Andrés Bosch, *Mata y calla.* ▮◾ «A Pablo le han hecho la cara trizas a golpes.»

2. hecho trizas *expr.* fatigado, cansado, destrozado.

«...debilitado, hecho trizas con fiebre...» J. M.ª Gironella, *Los hombres lloran solos,* 1986. ▮ «Me quedé en los huesos y con los nervios hechos trizas...» Victoriano Corral, *Delitos y condenas.*

troche, a troche y moche *expr.* sin pensar, sin reflexionar, sin orden ni concierto.

«...y firman cheques a troche y moche que ni te cuento.» Ramón Escobar, *Negocios sucios y lucrativos de futuro.*

trola *s.* mentira, embuste.

«No quería tragarme ni las trolas negras de los resentidos, ni las trolas...» Pilar Urbano, *Yo entré en el Cesid.* ▮ «...no es la primera vez que me has contado trolas.» Álvaro Pombo, *Los delitos insignificantes.* ▮ «Pero las madres suspicaces no nos tragamos esas trolas...» C. Rico-Godoy, *Cómo ser infeliz y disfrutarlo.* ▌«Esto es una trola.» Juan Marsé, *Si te dicen que caí.* ▐✔ DRAE: «f. fam. Engaño, falsedad, mentira».▐

trollar *v.* robar.

«Trollar. Robar en el interior de las viviendas.» Ra. ▌«Trollar. Robar en pisos.» S. ▌«Trollar. Robar en viviendas.» JGR. ▌▗ «El trollista es el que trolla, el que roba en pisos.» ▐✔ no se ha podido documentar fuera de diccionarios.▐

trollista *s.* ladrón especializado robar el pisos.

«Trollista. Ladrón de pisos.» JGR. ▌«Trollista. Ladrón de pisos.» JMO. ▌«Trollista. Ladrón de pisos.» S. ▌«Trollista. Choro especializado en el robo de pisos.» Ra. ▌▗ «El trollista se especializa en robar en casas y pisos, nada más.» ▐✔ no se ha podido documentar fuera de diccionarios.▐

tromba, **como una tromba** *expr.* con rapidez, premura.

«Yo estaba durmiendo en la pensión y él entró como una tromba...» José Luis Martín Vigil, *Los niños bandidos.*

trompa *adj.* borracho, ebrio.

«Tengo ojos grandes, oscuros y tristes y uno de ellos lo tuerzo un poco, casi no se nota, solo cuando estoy muy cansada o trompa.» C. Rico-Godoy, *Cómo ser una mujer y no morir en el intento.* ▌«...tomaron otra media combinación (con lo que se metieron en cuatro pesetas por barba) y bastante trompas...» F. Vizcaíno Casas, *Hijos de papá.* ▌«Me parece que estás un poco trompa.» Fernando Martínez Laínez, *Andante mortal.* ▌«Te advierto —tartajeó Quirós— que borracho, o sea, completamente, no estoy trompa...» Álvaro Pombo, *Los delitos insignificantes.* ▌«Iba trompa perdida...» Andreu Martín, *Por amor al arte.* ▌«Me importaba un bledo estar trompa, incluso hacer el ridículo.» C. Rico-Godoy, *Cómo ser infeliz y disfrutarlo.* ▌«Está trompa. Por mi madre, que está trompa.» C. Pérez Merinero, *Días de guardar.* ▌«...estoy ya completamente trompa.» C. Rico-Godoy, *Cuernos de mujer.*

2. *s.* nariz, parte delantera de vehículo o avión.

«La trompa del Boeing se inclinó hacia el río...» Osvaldo Soriano, *A sus plantas rendido un león,* 1986, RAE-CREA. ▌«Y clavó la trompa de su vehículo en un poste...» Tomás Eloy Martínez, *Santa Evita,* 1995, RAE-CREA. ▌▗ «Pepe tiene unos ojos pequeñitos y una trompa así de enorme.»

3. *s.* borrachera.

«Agarraba cada trompa de miedo.» Francisco Candel, *Donde la ciudad cambia su nombre.* ▌«...porque ése tiene cara de bruto y como se le pase la trompa antes de tiempo le sacude a Ernesto...» Ángel Palomino, *Madrid, costa Fleming.* ▌«...el día que se muera tu madre cogerás una trompa de las gordas.» C. Pérez Merinero, *El ángel triste.* ▌«Estabas con una buena trompa y empezaste a darte el lote con la rubia...» José María Guelbenzu, *El río de la luna,* 1981, RAE-CREA. ▌«La de borracheras que habré cogido en los diecisiete meses que estuve en la trena. Si no salí a una media de trompa por día...» C. Pérez Merinero, *Días de guardar.* ▌«...echarme una siesta bañada en sudor o coger una trompa en el bar.» C. Rico-Godoy, *Cómo ser infeliz y disfrutarlo.* ▌«Las trompas solían durarles hasta después de comer...» Andreu Martín, *El señor Capone no está en casa.*

4. *s.* borracho, ebrio.

«Borrachuzo es el trompa de la faja a rastra...» Ángel Palomino, *Insultos, cortes e impertinencias.* ▌«...la conversación monótona [...] incluso el jeroglífico verbal del trompa...» Ramón Ayerra, *Los ratones colorados.*

5. **trompas** *s. pl.* borracho, ebrio.

«El trompas. No suele molestar mucho... Salvo los casos que la cogorza le da violenta...» M. Ángel García, *La mili que te parió.* ▐✔ ▸ *trompa.*▐

trompeta *s.* cigarrillo de marihuana.

«...el *porro,* la *trompeta,* el *canuto,* el *cono* o *varillo* aluden al cigarro de tabaco con achís o marihuana...» Fernando Lázaro Carreter, *El dardo en la palabra.*

2. hacer (tocar) la trompeta *expr.* sexo oral, felación.

«Tocar la trompeta: hacer la felación.» JMO.

❚ «Tocar la trompeta. Realizar una felación.» S. ❚ «El chico de los recados está haciéndole la trompeta al jefe de negociado.» DCB. ☑ no se ha podido documentar fuera de diccionarios.❙

trompo *s.* mensajero, repartidor.
«Nada de eso. Yo siempre he sido el trompo...» R. Humberto Moreno-Durán, *El toque de Diana*, 1981, RAE-CREA. ❚ ▪ «Manda a un trompo con esta carta urgente para el Director General.»

tron *s.* tronco, amigo, compañero.
«tron. Apócope de tronco.» Francisco Umbral, *Diccionario cheli.*

tronado *adj.* loco, demente.
«Mosén Bizancio, que estaba ya muy viejo y tronado, no quería morir sin ir a Roma...» Eduardo Mendoza, *La ciudad de los prodigios.* ❚ «Hasta nos contó que hay un escritor bastante tronado...» F. Vizcaíno Casas, *Hijas de María.* ❚ «Por muy tronados que estemos la mayoría, nadie confunde...» Leopoldo Alas, A las barricadas, 18-24 mayo, 1998. ❚ «...sólo puede ocurrir en la esquina de España donde la gente tiene la cabeza troná...» Raúl del Pozo, El Mundo, 15.8.98. ❚ «González Ferrari cita en la introducción al lúcido tronao don Quijote...» Carlos Boyero, El Mundo, 23.4.99. ❚ «...y que nos toca sufrir al público que todavía no está irremediablemente *tronado.*» Carlos Boyero, El Mundo, 11.9.99.

tronchante *adj.* gracioso, que hace reír.
«¡Trato carnal! [...] Tiene usted una manera de hablar que es tronchante, vamos.» Manuel Hidalgo, *El pecador impecable.* ❚ ▪ «Ha sido tronchante la manera que ha tenido de contar el chiste.»

troncharse *v.* reírse.
«Me entero de que un japonés se troncha viendo cómo un compatriota mío se deja los dientes de esa manera...» Elvira Lindo, *La ley de la selva,* 1995, RAE-CREA. ☑ troncharse de risa.❙

tronco *s.* compañero, amigo.
«Esta vez pagáis vosotros, ¿vale, troncos?» El Jueves, 21-28 enero, 1998. ❚ «Tranqui, tronca, que si todavía no la has visto, te la

vamos a contar...» Ragazza, n.° 101. ❚ «También tengo los anillos de la tronca...» Lucía Etxebarría, *Beatriz y los cuerpos celestes.* ❚ «...es gay, ¿sabes?, de toda la vida, ese rubito es su tronco...» Almudena Grandes, *Las edades de Lulú.* ❚ «Dice que no tiene para pagarnos, y se quiere dar el piro con la tronca al Brasil.» El Gran Wyoming, *Te quiero personalmente.* ❚ «...o le espere su tronco en una comuna de Salamanca...» Ernesto Parra, *Soy un extraño para ti.* ❚ «—Y usted es el escritor. —El tronco de éste. —Dabuti.» José Luis Martín Vigil, *Los niños bandidos.* ❚ «Hacen lo que les da la gana y qué quieres que le haga tronco...» José Ángel Mañas, *Mensaka.* ❚ «...te quiero mucho —farfulla el tronco entre sueños.» C. Rico-Godoy, *Cómo ser una mujer y no morir en el intento.*

2. quedarse (dormir) como un tronco *expr.* dormir profundamente.
«...todas las noches se repetía las mismas palabras [...] hasta quedar dormida como un tronco (si es que los troncos duermen.» Marisa López Soria, *Alegría de nadadoras.*

tronío, de tronío *expr.* importante.
«...las mujeres que fueron de tronío y supieron administrarse...» Fernando Fernán Gómez. ABC, 19.7.98. ☑ DRAE: «m. fam. Ostentación y rumbo».❙

trono *s.* retrete, taza del váter.
«...anda muy revuelto de tripa. Se pasó la noche camino del trono.» Ladislao de Arriba, *Cómo sobrevivir en un chalé adosado.* ❚ ▪ «Cuando Pilar se sienta en el trono para cagar, se tira horas.»

tronqui *s.* amigo, compañero.
«¿Por qué, tronqui? ¿Tan mal te ha ido en la pequeña pantalla?» Ragazza, n.° 101. ❚ «¡Hola, tronquis! Soy Esther.» Ragazza, n.° 101. ☑ de *tronco.*❙

tropecientos *adv.* mucho, muchos.
«De tropecientos mil presentados, seleccionaron a trescientos.» Pilar Urbano, *Yo entré en el Cesid.* ❚ «...acaba matando tropecientos soldados sin recargar la ametralladora...» El Jueves, 6-12 octubre, 1993. ❚ «Pues esto le va a costar tropecientos millones de duros.» Rambla, n.° 3. ❚ «...una

botella de coñac que debió costar, al menos, tropecientos dólares.» Andreu Martín, *El señor Capone no está en casa.* ▮ «...una vez arreglado el malentendido, de entre los tropecientos tíos y tías...» B. Pérez Aranda et al., *La ex siempre llama dos veces.*

trota ▸ *trotacalles.*

trotacalles *s.* prostituta que trabaja en la calle.

«Arrogancia que había pagado con su sangre, y todo porque la *Esquelética,* una trotacalles sin importancia, se lo había rogado.» El Caballero Audaz, *Amor de media noche,* citado en DE. ▮ «...suele ser ladronzuela y trotacalles.» Máximo, *Animales políticos.*

trote, de (para) todo (mucho) trote *expr.* para uso diario.

«Necesita ropa de todo trote...» Francisco Umbral, *La derechona.* ▮ «...porque estas cosas de mucho trote se estropean en seguida...» Ignacio Aldecoa, *El fulgor y la sangre.*

2. no estar para muchos trotes *expr.* no tener muchos ánimos, energías.

«...ya soy un trotamundo que no está para muchos trotes.» Álvaro de Laiglesia, *Hijos de Pu.* ▮ «El tipo ojeroso y mal afeitado que me mira no parece que ande para muchos trotes.» C. Pérez Merinero, *Días de guardar.* ▮ «...ya no estaba para esos trotes y jadeaba...» Juan Madrid, *Flores, el gitano.* ▮ «Abuelo, le dice él medio agradecido, que ya no está usted para esos trotes.» Juan Marsé, *La oscura historia de la prima Montse.* ▮ «Pues él tampoco está para muchos trotes.» C. Rico-Godoy, *Cómo ser infeliz y disfrutarlo.*

trotera ▸ *trotacalles.*

trucar *v.* arreglar, amañar, cambiar.

«En otras ocasiones se utilizan los medios de comunicación para trucar las reglas democráticas.» Juan Francisco Martín Seco, El Mundo, 26.2.98. ▮ «...nadie puede correr en un coche trucado. Los jueces poseen todos los instrumentos para hacer justicia.» El Mundo, 16.6.94.

truco *s.* puñetazo.

«Si se pone gallito, le das un truco y se abuchara.» El Gran Wyoming, *Te quiero personalmente.*

trufar *v.* llenar, colmar, plagar, atiborrar.

«...una voz que parecía trufada con cristalitos de brillantes y coloreados reflejos...» C. J. Cela, ABC, 31.10.99. ▮ «Aquello estaba trufado de civilones...» Pilar Urbano, *Yo entré en el Cesid.* ▮ «...una etapa convulsa en la historia de España trufada de guerras civiles...» Qué leer, septiembre, 1998. ▮ «...este mundo [...] pronto le descubrí trufado de cerdos, zorros y cuervos...» R. Levillier, *Tienda espejos,* RAE. ▮ «No hay nasalidad que omitan, ni gangosidad que ahorren al trufar su parla con nombres de canciones, de músicos, de orquestas...» Fernando Lázaro Carreter, *El dardo en la palabra.* ▮ «Lo fácil sería hacer una historia chorra, trufada de chistes...» El Jueves, 21-28 enero, 1998. ▮ «...de su universo plástico, tan rico y tan trufado de sutilezas...» ABC Cultural, 26.4.96. ▮ «El socialismo francés, todavía trufado de nacionalismo económico...» Caretas, Perú, 37803, 1997, RAE-CREA. ▮ «Encontronazos más o menos afortunados con la censura... trufan su historia.» ABC Cultural, 19.1.96. ✓ DRAE: «rellenar con trufas o criadillas de tierra las aves u otras comidas». María Moliner define: «poner trufas en una vianda». Y el *Clave* define la voz como «mezclar o confundir».▮

truja *s.* cigarrillo.

«La mujer hizo un gesto de sorpresa y encendió un truja...» Juan Madrid, *Un beso de amigo.* ▮ «Truja: cigarrillo. Por extensión, tabaco.» Manuel Giménez, *Antología del timo.* ▮ ▪ «Un truja es un cigarrillo en lenguaje marginal.» ✓ *truján* es tabaco para Luis Besses, *Diccionario de argot español,* 1905.▮

trullo *s.* cárcel, prisión.

«Visitaron el trullo Javier de la Rosa, Mariano Rubio, Manuel de la Concha o José María Ruiz-Mateos.» Jaime Campmany, ABC, 14.3.98. ▮ «...te has cargado a Ventura y te vamos a mandar al trullo.» Juan Madrid, *Cuentas pendientes.* ▮ «...ha estado a punto de que le quiten la moto y lo lleven al trullo.» Francisco Umbral, *Madrid 650.* ▮ «Ya estáis jodidos. De momento, tres días en el truyo.» Juan Madrid, *Turno de noche.* ▮ «Trullo. Prevención, corrección, calabozo, chirona, saco.» Rafael García Serrano, *Dic-*

cionario para un macuto. ▮ «En argot cárcel se puede decir, maco, talego, trullo y estaribel que es caló gitano.» Juan Madrid, *Crónicas del Madrid oscuro.*

truño *s.* excremento.

«Lo más jodón de todo es que el truño...» Pedro Vergés, *Sólo cenizas hallarás (bolero),* 1980, RAE-CREA. ▮ «¿Es esto un cruasant o un truño?» DCB.

truque *s.* timo, engaño, estafa.

«Truque. Timo, maulería, argucia.» *Ra.* ▮ «Truque. Engaño.» S. ▮ «Truque: engaño, timo.» JMO. ▮ «Truque: timo.» JV. ✔ no se ha podido documentar fuera de diccionarios. No aparece en *Lenguajes marginales,* de Jesús García Ramos.▮

truqui *s.* truco.

«...para preguntarme cualquier duda sobre ropa, disimular defectillos, aprender truquis...» Ragazza, n.° 101. ▮ «Esos pequeños truquis...» Gomaespuma, *Grandes disgustos de la historia de España.* ▮ «...agradecimiento a Angustias Arriba por desvelarme algunos truquis...» B. Pérez Aranda *et al., La ex siempre llama dos veces.*

truyo ▸ *trullo.*

tú, de tú a tú *expr.* con confianza.

«...os expresáis de tú a tú...» You, enero, 1998. ▮ «...500 estudiantes hablando de tú a tú con un ídolo de carne y hueso intelectual...» Caretas, Perú, 42917, 1997, RAE-CREA. ▮ «...una especie de conversación privada, de un tú a tú sólo desvelado posteriormente...» ABC Cultural, 21.6.96. ▮ «...conversar con Dios de tú a tú.» Augusto Roa Bastos, *Vigilia del almirante,* 1992, RAE-CREA.

2. ¡tu tía! *excl.* exclamación de enfado y rechazo.

«¡Bueno, coño, tu tía!» Fernando Fernán Gómez, *El viaje a ninguna parte,* 1985, RAE-CREA. ▮▪ «No sabes lo que te pescas y no pienso ayudarte. ¡Tu tía!» ✔ ▸ *tía.*▮

tubo *s.* cárcel, prisión.

«Tubo, presidio.» JGR. ▮ «Mario Conde saldrá del tubo el día 10 de agosto...» Raúl del Pozo, El Mundo, 14.7.99. ▮ «Tubo. Maco, grilo, saco.» Ra.

2. vaso estrecho y largo.

«...se pule media copa de un trago y deja el tubo en el suelo.» José Ángel Mañas, *Sonko95.* ▮ «Un tubo de cerveza.» CO, oído en un bar, Delfín Carbonell.

3. teléfono.

«No veas cómo largan esas pájaras tortilleras por el tubo.» Juan Madrid, *Cuentas pendientes.* ▮ «...Vale. ¡Adiós, chata! —Colgó el tubo, me miró...» Geno Díaz, *Genocidio.* ▮ «...obligándole a colgar el tubo. —¡Espera! ¡Luego te llamo!» Andreu Martín, *El señor Capone no está en casa.*

4. ferrocarril subterráneo, metro.

«Ahora me meto en el tubo por si las flais.» Francisco Umbral, *Madrid 650.* ✔ *por si las flais* es traducción literal a un inexistente inglés de la expresión castellana *por si las moscas. Flais* sería *flies,* en todo caso.▮

5. hacer pasar por el tubo *expr.* obligar.

«Tenía también un sistema para hacerme pasar por el tubo.» L. Palou, *Carne apaleada,* 1975, RAE-CREA. ▮▪ «Me hicieron pasar por el tubo y pagué lo que me pidieron. ¡Y ahora, mira lo que ha pasado!»

6. por un tubo *expr.* mucho, gran cantidad.

«...el abuelete (Fernando) Schwartz firmando por un tubo...» Aníbal Lector, Qué leer, junio, 1998. ▮ «...nos estaba dando morbo por un tubo.» Francisco Umbral, El Mundo, 10.5.98. ▮ «Y además, como no vas a parar, harás amigos por un tubo.» Ragazza, n.° 101. ▮ «...tomando pastillas por un tubo.» Ladislao de Arriba, *Cómo sobrevivir en un chalé adosado.* ▮ «Tendrás música por un tubo.» You, n.° 3. ▮ «Vamos a hacer pasta por un tubo, macho.» El Jueves, 6-12 julio, 1994. ▮ «Mi hermano Luis sabe matemáticas por un tubo...» Juan Madrid, *Crónicas del Madrid oscuro.* ▮ «Consume porro por un tubo...» Ernesto Parra, *Soy un extraño para ti.* ▮ «A algunos que tenían oro por un tubo.» Paloma Pedrero, *Invierno de luna alegre,* 1989, RAE-CREA.

tuercas, apretar las tuercas *expr.* obligar a alguien para que cumpla.

«Déjalo de mis manos... Nos conviene a los dos apretarle las tuercas.» Pedro Casals,

Disparando cocaína. ▌«No estaba mal pensado, si le apretaban las tuercas, la Blasa diría que se lo había pedido un cliente.» M. Vázquez Montalbán, *La historia es como nos la merecemos.*

tuercebotas *s.* pobre, desgraciado.

«No obstante, como se veía que no era un tuercebotas...» José M.ª Zabalza, *Letreros de retrete y otras zarandajas.*

tumba, a tumba abierta *expr.* arrostrando peligros.

«Ya veo, por lo que dices, que otra vez una parte del ejército se ha lanzado a la aventura del pronunciamiento. ¡Y a tumba abierta!» Fernando Arrabal, El Mundo, 19.4.98.

2. ser una tumba *expr.* permanecer callado, no decir nada.

«Pierda cuidado, don Julio, yo soy una tumba.» Juan Madrid, *El cebo.*

tumbar *v.* suspender examen.

«Le tumbaron en todos los exámenes...» B. Pérez Aranda *et al.*, *La ex siempre llama dos veces.* ▌«Tumbar, entre estudiantes, suspender un examen.» JMO. ▌«Vanessa tumbará a Dan en filosofía y...» SúperPop, junio, 1999. ▌◾ «Me han tumbado en mates por tercera vez.»

2. copular.

«...nunca pudo imaginarse que la primera mujer que iba a tumbarse sería negra...» José María Carrascal, *Mientras tenga mis piernas.* ▌«...muchas princesas exiliadas que hacen pasarela por aquí a ver si se tumban un príncipe...» Francisco Umbral, El Mundo, 7.2.98.

3. matar.

«...son esos mozos que tienen inclinación a la muerte y que asesinan por capricho, hasta que un día la Guardia Civil los tumba a ellos...» Ignacio Aldecoa, *El fulgor y la sangre.*

4. tumbar la aguja *v.* conducir un coche a gran velocidad.

«Gabriela le contó que nunca había tumbado tanto la aguja del dos caballos...» Andrés Berlanga, *La gaznápira.* ▌◾ «Tendremos que tumbar la aguja para pescar a ese hijoputa.»

túnel, hacer el túnel *expr.* engañar.

«Hacer el túnel a alguien: engañarle.» JMO. ▌«Hacer el túnel: jugada, burla...» JV. ▌«Túnel. Engaño.» S. ▐✔ no se ha podido documentar fuera de diccionarios.▌

tupé *s.* pelo.

«Para muñecos que no puedan pasar sin cardarse el tupé...» J. Giménez-Arnau, *Cómo forrarse y flipar con la gente guapa.*

2. tener tupé *expr.* tener desfachatez, ser atrevido.

«De todas maneras, tiene tupé el señor Pedraza.» C. Rico-Godoy, *Cómo ser una mujer y no morir en el intento.* ▌«Tupé, desfachatez, atrevimiento.» LB. ▌«...a los que sin concesiones amenazaban [...] con bastante tupé, con quemar [...] su iglesias...» José M.ª Zabalza, *Letreros de retrete y otras zarandajas.*

turca *s.* borrachera.

«En mi vida, puedes creerlo, he cogido una turca como la que cogí anoche.» B. Pérez Galdós, *Fortunata y Jacinta.* ▌«El jardinero duerme una turca que no dejará en muchas horas.» G. Gómez de Avellaneda, *El artista barquero*, 1861, RAE-CREA. ▌◾ «Las turcas de tu mujer cada vez son más frecuentes y duran más tiempo.» ✔ el *Diccionario de argot español*, 1905, de Luis Besses, reseña la palabra. Para el DRAE: «Germ. Vino de uvas».▌

turma de tierra *s.* patata.

«...turmas de tierra, que era como entonces se llamaban las patatas.» José Jiménez Lozano, ABC, 14.2.99.

turre, dar el turre *expr.* molestar, incomodar, aburrir.

«Quintanilla, que es un macarra, le estuvo dando el turre todo el tiempo.» Manuel Hidalgo, *Azucena, que juega al tenis.*

turulato, dejar (quedarse) turulato *expr.* sorprendido, anonadado.

«Esto causaba un gran revuelo y ellos, presionados por parientes y vecinos, acababan casando aquellas esclavas con masoveros turulatos.» Eduardo Mendoza, *La ciudad de los prodigios.* ▌«...te aseguro que me quedé turulata, deslumbrada...» A. Zamora Vicente, *Mesa, sobremesa.* ▌«Al saltar por los obstáculos de los asientos y ense-

ñar las piernas, nos quedamos turulatos...»
José Gutiérrez-Solana, *Madrid callejero, Obra literaria, II.* ❚▪■ «Ese grito que ha dado me ha dejado turulato.» ☑ DRAE: «adj. fam. Alelado, estupefacto».❚

tururú *adv.* no, nada, negativo.
«Unos cabrones impotentes hijoputas sois todos. Todo se os va en la lengua. Y el pito, ¡tururú!» A. Matías Guiu, *Cómo engañar a Hacienda.* ❚ «— [...] por lo visto también va a tener un guardaespaldas. —¡Tururú!» Eduardo Mendicutti, El Mundo, 16.8.99.

tute, dar(se) un tute *expr.* esforzarse, hacer algo con ahínco.
«...dieron puerta a los moros que su rey se dio un tute de llorar.» A. Sopeña Monsalve, *El florido pensil.* ❚ «Trabajar: darse un tute.» DTE.

tutiplén a, mucho, gran cantidad.
«...compra sacos de abono a tutiplén...» Andrés Berlanga, *La gaznápira.* ❚ «El médico y su novia mataban fetos a tutiplén...» Juan Manuel de Prada, «Aquel verano, aquel bañador», El Mundo, 1.8.98. ❚ «...vivían a tutiplén...» Gomaespuma, *Grandes disgustos de la historia de España.* ❚ «Y es extraña la ausencia de una locución tan frecuente como a *tuti plen*, que podría haberse documentado, por ejemplo, en la novela *Aventuras de Manga Ranglan* (1992) de E. Iglesias.» Ricardo Senabre, El Cultural, El Mundo, 24.10.99.

Uu

último, último grito *expr.* última moda. «Bragas, sujetador, ligueros (Le pone las tetas delante.) Es el último grito.» Rafael Mendizábal, *La abuela echa humo,* 1990, RAE-CREA. ❙ «...se veía que ese de tergal, el último grito...» Eduardo Mendicutti, *El palomo cojo,* 1991, RAE-CREA. ❙ ▪ «Esta primavera las minifaldas son el último grito.»

2. último mono *s.* la persona menos importante. «Pero si soy el último mono y además no soy de plantilla.» Antonio Martínez Ballesteros, 1990, RAE-CREA. ❙ «Yo era un novato, el último mono como quien dice...» Luis Goytisolo, *Estela de fuego que se aleja,* 1984, RAE-CREA. ❙ «Hasta el último Manolito García, que soy yo, el último mono.» Elvira Lindo, *Manolito gafotas.*

ultra *s.* persona radical en política. «...opinó que yo era un ultra —y eso ¿qué es?» Rafael García Serrano, *Diccionario para un macuto.*

una leche ▶ leche(s), ¡(y) una leche!

universidad *s.* cárcel, presidio. «Acabo de salir de la universidad y tengo muchas ganas y necesidad de verte.» José Raúl Bedoya, *La universidad del crimen.* ❙ «Universidad. Penal.» Ra.

uno, lo de uno *expr.* lo que gusta a uno. «Lo mío son las serpientes.» Ángel Palomino, *Todo incluido.* ❙ «...pero cuando eso se acabó, me di cuenta de que lo mío era otra

cosa.» You, enero, 1998. ❙ ▪ «No te preocupes por mi. ¡Tú a lo tuyo!»

untar *v.* sobornar. «Da la impresión de que todos esos andan untados y bien untados.» Pedro Casals, *La jeringuilla.* ❙ «...eleváis un escrito al ministerio y tal vez, si untáis por allí un poco...» J. Jiménez Martín, *Ligar no es pecado.* ❙ «Sólo su confesor conocía el alcance de sus bienes terrenales y a él lo untaba oportunamente para que no se fuera de la lengua.» María Antonia Valls, *Tres relatos de diario.* ❙ ▪ «Al alcalde hay que untarle bien si quieres que te dé los permisos de rigor.» ✔ de *untar el carro* para que las ruedas giren bien.❙

uñas, tener las uñas afiladas *expr.* ser proclive a hurtar. «Nuria se despachó a gusto: con las uñas afiladas.» Fernando Arrabal, *La torre herida por el rayo,* 1983, RAE-CREA. ❙ ▪ «¡Cuidado con mi sobrino cuando te visite porque tiene las uñas afiladas y te robará algo!»

2. uñas de luto *expr.* uñas sucias. «Sus uñas, de luto...» Andrés Berlanga, *La gaznápira.* ❙ «...los granos en el cogote y la corona de luto de las uñas» C. J. Cela, ABC, 11.10.98.

upa *adv.* arriba, en brazos. «A Schopenhauer, que vivía de una pensión odiando a su madre porque nunca lo cogió a upa...» I. Ruiz Quintano, ABC, 26.4.98. ❙ «...todos a una , y voy y digo [...] aaaa... upa.» A. Zamora Vicente, *Desorganización.* ❙ «La última pregunta, el último peldaño, el último aúpa...» Francisco Umbral, El Mundo, 25.7.98.

urraca *s.* comprador de objetos robados.
«El receptor de joyas robadas recibe el nombre de urraca al compararle con este pájaro que lleva a su nido objetos brillantes.» JGR. ❚ «Urraca. Perista que compra joyas robadas.» Ra. ❚▪ «El urraca es un perista que se especializa en joyas.»

usar *s.* copular.
«Había noches que la usaban quince hombres. Pagaban alrededor de treinta mil pesetas por ella.» Juan Madrid, *Flores, el gitano.*

uva, (como) hecho una uva *expr.* ebrio, borracho.
«Estoy como una uva...» Ednodio Quintero, *La danza del jaguar,* 1991, RAE-CREA. ❚▪ «Ése va hecho una uva, el tío.»

2. con mala uva *expr.* con mala intención.
«Retratos con mala uva.» Qué leer, junio, 1998.

3. de mala uva *expr.* enfadado, enojado.
«A veces la mala uva pone buena cara.» C. J. Cela, *La colmena.* ❚ «Me voy de una mala uva que no te quiero contar.» Terenci

Moix, *Garras de astracán.* ❚ «¿Ves ése que mira con ojos de mala uva?» Jose-Vicente Torrente, *Los sucesos de Santolaria.*

4. de uvas a peras *expr.* rara vez.
«Yo hablaba muy poquito. ¿Recuerdas? Sólo de uvas a peras.» Fernando Repiso, *El incompetente.*

5. montarse en la uva *expr.* emborracharse.
«...con lo cerriles que se ponen muchos cuando se montan en la uva...» Ramón Ayerra, *Los ratones colorados.*

6. ponerse de mala uva *expr.* enfadarse, enojarse.
«Alfonso, que estaba empezando a ponerse de mala uva...» María Antonia Valls, *Tres relatos de diario.*

7. tener mala uva *expr.* tener mal carácter.
«Tiene la mala uva de don Manuel Azaña...» Jaime Campmany, ABC, 6.2.98. ❚ «...no os divierte más que el desenfreno y tenéis muy mala uva...» Ángel Palomino, *Madrid, costa Fleming.* ❚ «El hijo del panadero es más radical de ideas y de procedimientos y tiene peor uva.» Jaime Campmany, ABC, 26.4.98.

Vv

vaca *s.* persona gorda y fea.

«...se le acerca un gordo asqueroso, una auténtica vaca...» José Ángel Mañas, «Recuerdo», Áccent, julio-agosto, 1999. ▌ «...casi se vino abajo cuando le cayó encima aquella vaca que abierta en canal pesaba al menos trescientas toneladas...» M. Vázquez Montalbán, *Los alegres muchachos de Atzavara.* ▌ «¿La Dora? ¿Se refiere a esa vaca vieja?» Juan Madrid, *Un beso de amigo.* ▌ «ballena; barrigón; bola de sebo; [...] vaca; fofona; fondona;...» AI. ▌ «La hija de la señora Venencia era una vaca sin cencerro.» Pío Baroja, *El árbol de la ciencia.* ▌ «También a ella se le han formado bolsas bajo los ojos y también tiene mirada turbia, y se ha puesto hecha una vaca.» Andreu Martín, *Prótesis.* ▌ «...y foca, vaca o ballena a una dama metida en carnes?» Fernando Lázaro Carreter, *El dardo en la palabra.* ▌ ▪ «La vaca de tu cuñada dice que eres un maltrabaja.»

2. hacer la vaca *expr.* broma o castigo: ensuciar a la fuerza la punta del pene de alguien.

«...y te harán la vaca si no hablas.» Juan Marsé, *Si te dicen que caí.*

3. vacas *s. pl.* vacaciones.

«¿Que todavía no has planeado las vacas porque estás tiesa de pelas?» Ragazza, junio, 1998.

4. vacas flacas *expr.* malos tiempos, de escasez.

«...también estamos viviendo épocas de vacas flacas y los trabajadores resienten el impacto...» La Hora, 30.4.97. ▌ «...no tienen nada que ver con nuestras pobres vacas flacas de estos tiempos tan difíciles...» El Nacional, Venezuela, 19.1.97.

5. vacas gordas *expr.* buenos tiempos, de abundancia.

«Me hice la casa que usted conoce, compré negocios y seguí, era tiempo de vacas gordas, recibiendo mis buenas perronas...» A. Zamora Vicente, *Historias de viva voz.*

vaciar, vaciar el depósito *expr.* orinar.

«Recuerda, chavalita, que no ligarás mucho si te ven despatarrada vaciando el depósito...» Mala impresión, revista de humor con caspa, n.° 1.

2. vaciarse *v.* eyacular.

«Vaciarse. Tener el orgasmo el hombre. Eyacular.» VL. ▌ «Vaciarse. Eyacular el hombre.» S. ▌ «Creo que ya te has vaciado, ¿no?» DCB. ✔ no se ha podido documentar fuera de diccionarios.▐

vacilar *v.* burlarse, tomar el pelo, guasearse.

«Venga, Roberto, ¿no ves que te está vacilando?» José Ángel Mañas, *Historias del Kronen.* ▌ «...iban por la vida regateando y no porque lo necesitaran, sino por simple vacilar.» M. Vázquez Montalbán, *Los alegres muchachos de Atzavara.* ▌ «¿Me vacilas?» Fernando Martínez Laínez, *La intentona del dragón.* ▌ «Estás de buen humor porque vacilas.» M. Vázquez Montalbán, *El delantero centro fue asesinado al atardecer.*

vacile *s.* burla, guasa.

«vacile. Burla, ironía, broma, engaño gratuito.» Francisco Umbral, *Diccionario cheli.* ▌ «Repasemos, pues, algunos padecimientos profesionales, algunos en serio, y otros para vacile y regocijo.» Excelsior, 11171, 1996, RAE-CREA.

vacilón *adj.* ebrio, borracho.

«No sabes lo que es desayunar con champán. Estás después todo el día vacilón.» Raúl del Pozo, *La novia.*

2. burlón, guasón.

«¡Anda ya! No seas vacilón.» Paloma Pedrero, *Invierno de luna alegre,* 1989, RAE-CREA.

vacío, hacer el vacío a alguien *expr.* ignorar, menospreciar a alguien.

«No es que te haga el vacío, es que no se da cuenta.» Ragazza, n.° 101. ▌ «...exhortar a los ciudadanos de Iberia a hacer el vacío a todo lo fabricado más allá de los Pirineos.» F. Vizcaíno Casas, *Historias puñeteras.* ▌ «Pero en cuanto se supo le hicimos el vacío y se tuvo que marchar...» Ángel Palomino, *Madrid, costa Fleming.* ▌ «Pero sus propios compañeros de PSOE le hicieron el vacío...» Gomaespuma, *Grandes disgustos de la historia de España.*

2. ir (volver) de vacío *expr.* sin nada, sin nadie.

«En cada viaje [...] al final siempre volvieron de vacío.» El Mundo, 29.12.94. ▌ «...el millonario tejano que se marchó de vacío...» El Mundo, 10.11.94. ▌◼ «Los taxistas nunca vuelven de vacío cuando van al aeropuerto.»

vaginera *s.* mujer que transporta droga en la vagina.

«Trabajé una temporada en la Aduana de Algeciras [...] con una compañera que palpaba a las vagineras que venían del moro.» Raúl del Pozo, *Noche de tahúres.*

*vago *cf.* (afines) ▶ *haragán.*

vago, más vago que la chaqueta de un guardia *expr.* muy vago, gandul, perezoso.

«Pero al buen hombre también le venía bien el mote porque es más vago (vago-vaguete) que la chaqueta de un guardia.» B.

Pérez Aranda *et al., La ex siempre llama dos veces.* ▌ «La capacidad de trabajo es casi una virtud, por lo que la correspondiente ristra de insultos fustiga a quienes huyen de él: [...] remolón;... manta;... rompesillas;... escaqueao;... zanguango;... más vago que la chaqueta de un guardia;...; no dar golpe; [...] no pegar golpe;...» AI.

vagoneta *s.* perezoso, haragán.

«...propóntelo de una vez, so vagoneta.» Andrés Berlanga, *La gaznápira.*

vagueras *s.* perezoso, haragán.

«Vagueras: vago.» JMO. ▌ «Vagueras: vago, haragán.» JV. ▌ «Vagueras. Vago.» S. ▌ «Vagueras. Vagoneta, vago.» Ra. ✔ no se ha podido documentar fuera de diccionarios.▌

vaina *s.* persona indeseable.

«...comienza a ser preciso un revulsivo, un aceite de ricino que ponga a todos esos vainas en su sitio...» Javier Lorenzo, El Mundo, 2.1.99. ▌ «...no hay que fiarse de estos tipos escurridos y más si son como éste un vaina...» A. Zamora Vicente, *Mesa, sobremesa.* ▌ «...Cristóbal es un ceborrero, vaina, sabandija...» Andrés Berlanga, *La gaznápira.*

2. pene.

«En Colombia, México y Panamá, pene.» DE. ✔ también en otros países.▌

3. bobadas, sandez, tontería.

«Y que no nos vinieran con vainas.» Pedro Casals, *Disparando cocaína.*

4. echar una vaina *expr.* copular.

«...echar un polvo, un casquete, una vaina...» DE. ▌ «¡Diez vainas me echó Megía!» Ambrosio de la Carabina, *Don Juan notorio.*

vale *adv.* sí, entiendo, de acuerdo.

«Otro día vuelvo y terminamos la charla, ¿vale?» Juan Madrid, *Un beso de amigo.* ▌ «Vale, vale, pido disculpas.» Santiago Moncada, *Entre mujeres,* 1988, RAE-CREA. ▌ «Expresar el acuerdo: decir sí. Vale.» DTE. ▌ «...dice bajando la voz, ¿vale?» José Ángel Mañas, *Sonko95.*

2. ¡vale ya! *excl.* ya está bien, para, déjalo ya.

«¡Vale ya! ¿No? Es una cría.» El Jueves, 13.5.98. ▌◼ «¡Ya está bien! ¡Vale ya!»

valentón *s.* fanfarrón, presumido, jactancioso.

«Se llama fanfarrones a quienes se dicen valientes y no lo son... El fanfarrón tiene muchas variantes: sietemachos... gallito... valentón... matón... bocazas...tragahombres... matasiete...» AI.

***valer, no valer** cf.(afines) no valer un *bledo, no valer ni lo que costó de *hacer, no valer una leche, no valer una mierda, no valer nada, no valer un pimiento (higo), no valer un *pito, no valer un *carajo.

valer, no valer nada *expr.* no ser atractivo.

«¿Que os gusta X? Pero si no vale nada y además es tontísima.» R. Gómez de Parada, *La universidad me mata.*

2. no valer un carajo ▶ *carajo, no valer un carajo.*

3. no valer un pimiento ▶ *pimiento, no valer (importar, apetecer) un pimiento (higo).*

4. no valer una gorda *expr.* no valer nada.

«Esa fulana no vale una gorda.» P. Perdomo Azopardo, *La vida golfa de don Quijote y Sancho.*

5. no valer una mierda *expr.* no valer nada.

«...aquello no valía una mierda.» José Manuel Caballero Bonald, *Toda la noche oyeron pasar pájaros,* 1981, RAE-CREA.

6. valer alguien o algo su peso en oro *expr.* valer mucho.

«Pues aquí te va una información superexclusiva que vale su peso en oro.» Ragazza, julio, 1997.

7. valer un peine ▶ *peine, enterarse uno de lo que vale un peine.*

¡vamos anda! *excl.* exclamación de incredulidad.

«¡Amos, anda, que se te ve el plumero, Felipe!» José María Amilibia, *Españoles todos.* I ▪ «¡Cuéntale esas historias a otra! ¡Vamos anda!» I✓ ▶ *¡amos anda!*I

vampi *s.* vampiresa, mujer sensual y seductora.

«Vampi. Vampiresa.» VL. I «Vampi. Ver vampiresa.» JMO. I «Vampi. Mujer seduc-

tora.» S. I ▪ «La tía ésa que va de vampi quiere hablar contigo, tío.» I✓ *vampiresa.* No se ha podido documentar fuera de diccionarios.I

vampiro *s.* guardia civil.

«Eso debería estar mandado por los vampiros, o séase, por los civiles.» A. Zamora Vicente, *Desorganización.*

vanguardia *s.* pechos.

«...se llamó también Frente Popular a la vanguardia de las señoras un tanto excesivas...» Rafael García Serrano, *Diccionario para un macuto.*

vaqueros *s. pl.* pantalones vaqueros.

«Raúl, con sus vaqueros ajustadísimos [...] podía obtener un notable éxito en los madriles.» Terenci Moix, *Garras de astracán.* I ▪ «Me he comprado unos vaqueros un poco ajustados, pero muy bonitos.»

vara *s.* persona importante, jefe.

«El vara: capataz, encargado, jefe.» JV. I «Vara. Jefe, bos, amo.» Ra. I✓ no se ha podido documentar fuera de diccionarios.I

2. pene.

«...antes de que la vara del caminante exhausto penetre en la húmeda gruta...» El Jueves, n.° 1089. I «pijo, pija, pito, salchichón, minina, vara...» Amelia Díe y Jos Martín, *Antología popular obscena.* I ▪ «Jaime tenía la vara tiesa y Marta estaba espatarrada en la cama. Tú me dirás.»

3. dar la vara *expr.* molestar, importunar.

«Son cuatro preguntas de nada; respuestas rápidas de sí o no, y no te doy la vara...» Pilar Urbano, *Yo entré en el Cesid.* I «Hay que darles más la vara a los proletarios...» Francisco Umbral, *La derechona.* I «Empiezas a comerte el coco... a devorar el tarro...a darte la vara...» El Jueves, 8-14 abril, 1998. I «vara. Disgusto, contratiempo.» Francisco Umbral, *Diccionario cheli.* I «...el primer día que llegó a la sucursal yo no me lancé, como los demás, a darle la vara.» Manuel Hidalgo, *Azucena, que juega al tenis.*

4. dar la vara *expr.* regañar, amonestar.

«Doy la vara a todos mis amigos para emplear los días de descanso en cansarme.» Juanma Iturriaga, *Con chandal y a lo loco.* I «...para inspeccionar y dar la vara a la gente...» Ladislao de Arriba, *Cómo sobrevivir en un chalé adosado.* ‖ «Está bien, hombre. No me des la vara, que no pasa nada.» Luis Camacho, *La cloaca.* ‖ «Brasas. El tío pesado que no te deja ni a sol ni a sombra, o tu madre cuando te da la vara para que salgas del baño...» Ragazza, julio, 1997.

5. poner una vara *expr.* sodomizar, copular.

«Poner varitas: sodomizar.» R. Gómez de Parada, *La universidad me mata.* ‖ «Ahora le pondrá una vara a dos lumis...» Jaime Romo, *Un cubo lleno de cangrejos.* ‖ «A ése le puse yo anoche una vara bien puesta.» |✓ ▸ *varilla.*|

vareta, irse de vareta *expr.* tener diarrea.

«Te vas a ir de este pueblo. Pero primero te vas a ir de vareta. Llévatelo al cuartelillo, Arévalo, y que le zurren la badana.» Antonio Gala, *Petra Regalada,* 1980, RAE-CREA. ‖ «Si vas a esos países tercermundistas, no bebas agua del grifo porque irás de vareta hasta que vuelvas.»

2. copular, eyacular.

«...se juraba por lo bajini ser contenido con las putas para que le durase más el disfrute, que irte de bareta...» Ramón Ayerra, *Los ratones colorados.* |✓ también *bareta.*|

3. tirar de vareta *expr.* copular, eyacular.

«...te dan ganas de olvidarte de que es lunes y de que la tienes un poco floja y de ponerte sobre ella y tirar de vareta. Se iba a despertar con toda la mandanga dentro...» C. Pérez Merinero, *Días de guardar.*

variar, para variar *expr.* ser siempre lo mismo, sin cambios.

«Encuentro Umbral/Aberasturi que, para variar, tiene faringitis.» B. Pérez Aranda *et al., La ex siempre llama dos veces.*

varilla, poner una varilla (varita) *expr.* sodomizar.

«Poner varitas: sodomizar.» R. Gómez de Parada, *La universidad me mata.* ‖ «El viejo me puso una varilla que me gustó, aunque luego me dolía el culo mucho.» |✓ ▸ *vara, poner una vara.*|

varillo *s.* cigarrillo de marihuana.

«...el *porro,* la *trompeta,* el *canuto,* el *cono* o *varillo* aluden al cigarro de tabaco con achís o marihuana...» Fernando Lázaro Carreter, *El dardo en la palabra.*

vaso, vaso de noche *s.* orinal.

«Orinar es desbeber [...] y se hace en un bacín, [...] , tiesto, [...] chata, perico, vaso de noche... que son acepciones del orinal.» José M.ª Zabalza, *Letreros de retrete y otras zarandajas.*

2. gafas culo de vaso ▸ *gafas, gafas de culo de vaso (de botella).*

***váter** cf. (afines) ▸ *baño.*

váter, ir al váter *expr.* defecar, orinar.

«Porque al váter no va nadie decente. El váter no existe.» A. Ussía, *Tratado de las buenas maneras.* ‖ «...ni siquiera para ir al váter.» Álvaro Pombo, *El héroe de las mansardas de Mansard,* 1983, RAE-CREA. ‖ «...se bajó de la silla y se fue al váter otra vez.» Elvira Lindo, MiPaís, El País, 16.10.99. ‖ «Voy al váter un momento.» |✓ también *water* y *báter,* del inglés *water closet.*|

¡vaya una cosa! *excl.* exclamación de sorpresa, incredulidad.

«...como dijo el tal Pedrosa, ¡vaya una cosa!» José Martín Recuerda, *Las arrecogías del beaterio de Santa María Egipciaca,* 1977, RAE-CREA.

vegetar *v.* dormir.

«Y para vegetar se busca un suelo a tono. Por ejemplo, junto al sofá, frente a la chimenea.» Ernesto Parra, *Soy un extraño para ti.*

vejancona *s.* anciana.

«...no merece que se enturbie su fama por haberse dejado querer de una cursi vejancona...» A. Zamora Vicente, *Mesa, sobremesa.*

vejestorio *s.* anciano.

«Dos zorrones, dos vejestorios que llevan la cara llena de cal...» José Gutiérrez-Solana, *Madrid, escenas y costumbres, Obra literaria, I.* ‖ «¿Un vejestorio con bigotes y tetas caídas?» Juan Marsé, *Si te dicen que caí.* |✓ DRAE: «m. despect. Persona muy vieja».|

vejete *s.* anciano.

«...te animaba el vejete.» Andrés Berlanga, *La gaznápira.* ‖ «Seguro que no hay más que vejetes bailando pasodobles.» Ragazza, agosto, 1997. ▌▪▀ «Ese par de vejetes no paran de darme la tabarra con lo cara que está la vida hoy.»

vejiga, desahogar la vejiga *expr.* orinar.

«No se podía ir al lavabo a desahogar la vejiga porque estaba lleno de tipos pinchándose...» A. Matías Guiu, *Cómo engañar a Hacienda.*

vela, estar a dos velas *expr.* pobre, sin dinero, sin nada.

«...Lucía se quedó a dos velas, sólo a expensas del dinero que su hermano...» Javier Maqua, *Invierno sin pretexto,* 1992, RAE-CREA. ▌ «Encima no tengo vitaminas, que estoy a dos velas.» José Ángel Mañas, *Historias del Kronen.* ▌ «...limas de tal modo que al paso que llevas vas a dejarnos a todos a dos velas.» Luis Mateo Díez, *La fuente de la edad,* 1986, RAE-CREA. |✔ porque los pobres no se podían costear muchas velas en las iglesias.|

2. estar a dos velas *expr.* ignorar, no saber.

«...y me quedaba a dos velas de lo que sabía la Mary...» Eduardo Mendicutti, *El palomo cojo,* 1991, RAE-CREA.

3. no dar vela en un entierro *expr.* no permitir a alguien que intervenga en un asunto.

«¡Nadie te da vela en este entierro, rata!» Eduardo Mendoza, *La verdad sobre el caso Savolta.* ▌ «...sin que nadie le haya dado vela en el entierro.» B. Pérez Aranda *et al.*, *La ex siempre llama dos veces.*

4. quedarse a dos velas *expr.* quedarse sin nada; no entender.

«Lo principal es echar el ojo a las carreras de los otros, no sea que aparezca un filón y me quede a dos velas.» Pedro Casals, *Hagan juego.* ▌ «...pero los pringaos que combatían de soldados rasos se van a quedar a dos velas.» Carlos Boyero, El Mundo, 18.6.99.

5. velas *s. pl.* mucosidad nasal muy acuosa.

«Velas: mocos que cuelgan a los niños.» IND. ▌ «Las velas: los mocos.» JV. ▌ «Velas: mocos que se deslizan por el labio superior.» JMO. ▌ «Vela. Moco que cuelga de la

nariz.» VL. ▌ «Vela. Moco colgando de la nariz.» S. ▌ «Vela. Moco...» Ra. ▌ «Vela. Moco colgante de la nariz.» MM. |✔ no se ha podido documentar fuera de diccionarios.|

velocidad, a toda velocidad *expr.* de prisa.

«Ellos están siempre borrachos, y conducen a toda velocidad...» Jesús Ferrero, *Lady Pepa.*

2. velocidad del rayo *expr.* muy de prisa.

«...porque el individuo, con la velocidad del rayo, había colocado...» M. Sánchez Soler, *Festín de tiburones.*

vena, darle a uno la vena *expr.* sentir deseos de algo, empecinarse.

«...cuando te da la vena, no he visto tío más cerril en todos los días de mi vida...» Ramón Ayerra, *Los ratones colorados.*

2. vena azul *s.* pene.

«Se me había inflamado la vena azul. Tenía una erección...» Pgarcía, *El método Flower.* |✔ del inglés *blue veiner.*|

venado *s.* hombre cuya mujer es infiel.

«Según otros autores es también imbécil, basto, venado, histérico, snob, cabezón...» Ignacio Fontes, *Acto de amor y otros esfuerzos.*

vender, vender(se) como rosquillas (como churros) *expr.* venderse algo bien, mucho.

«Y es un material que se obtiene fácilmente y que se vende como rosquillas.» Álvaro de Laiglesia, *Hijos de Pu.* ▌ «...porque seguro que se venderá como rosquillas...» María Antonia Valls, *Tres relatos de diario.* ▌ «...que los editores venden como churros.» Marcos Ricardo Barnatán, *Con la frente marchita,* 1989, RAE-CREA.

2. no vender(se) una escoba *expr.* haber escasa venta; no conseguir nada.

«¡No se vende una escoba!» C. J. Cela, *Viaje a la Alcarria.* ▌ «...el eslogan no vende una escoba; lo que vende es...» Ángel Palomino, *Un jaguar y una rubia.* ▌ «Y yo, treinta y ocho años y sin vender una escoba...» María Antonia Valls, *Tres relatos de diario.* ▌ «Llevaba todo el día de arriba para abajo y sin vender una escoba.» Ernesto Parra, *Soy un extraño para ti.* ▌ «Porque no vendería una escoba, hijo.» Fernando Repiso, *El incompetente.*

vendido, estar vendido *expr.* aceptar sobornos.

«Que Franco piense que Beigbeder está vendido a nuestro servicio secreto.» José María del Val, *Llegará tarde a Hendaya,* 1981, RAE-CREA.

venéreo, comercio venéreo *expr.* prostitución.

«Los hijos de mujeres dedicadas al comercio venéreo suelen...» Ángel Palomino, *Insultos, cortes e impertinencias.*

venga *excl.* bien, bueno, de acuerdo, sí.

«Sí, sí, está estupendamente, venga, vámonos...» Miguel Sánchez-Ostiz, *Un infierno en el jardín,* 1995. ▌ «—Pues, venga, Carlos, vamos tú y yo solos.» José Ángel Mañas, *Historias del Kronen.* ▌ «Expresar el acuerdo: decir sí. Venga.» DTE. ▌■ «Muchas gracias por tu ayuda, Tomás! ¡Venga!»

2. ¡venga ya! *excl.* exclamación de incredulidad y rechazo.

«¡Venga ya! Con esos modales...» Virtudes, *Rimel y castigo.* ▌ «Venga, venga ya.» Santiago Moncada, *Siempre en otoño,* 1993, RAE-CREA. ▌ «¡Venga ya, Lulú, me cago en tus muertos, vete a tomar por el culo...» Almudena Grandes, *Las edades de Lulú.* ▌ «Venga ya, que gastas menos que Tarzán en corbatas.» Juan Marsé, *Últimas tardes con Teresa.*

*venir cf. (afines) ▶ *llegar.*

venir, ¡se veía venir! *expr.* exclamación fatalista.

«Decidimos romper nuestra relación, se veía venir.» Sergi Belbel, *Caricias,* 1991. ▌ «Lo de Sebas se veía venir...» Manuel Hidalgo, *Azucena, que juega al tenis.* ▌ «...eso lo veían venir.» Jesús Ferrero, *Lady Pepa.* ▌■ «Sabía que pasaría. ¡Se veía venir!»

2. venir(se) *v.* eyacular.

«Querida Irene / Querida Irene / deja de menearte / que ya me viene.» Amelia Díe y Jos Martín, *Antología popular obscena.* ▌ «Sí, ya me viene [...] no puedo más, me corro.» SM Comix, n.° 29. ▌ «¡Me viene! [...] ¡Ya!» Juan Madrid, *Crónicas del Madrid oscuro.* ▌■

«El tío ése se viene enseguida, apenas meterla.»

3. venirse abajo *expr.* frustrarse, malograrse algo.

«Quirós pensó: Esto se viene abajo.» Álvaro Pombo, *Los delitos insignificantes.* ▌■ «Con toda la presión que tenía en el trabajo, un día se vino abajo el pobre.»

venir (estar con) la cosa ▶ *cosa, estar con la cosa.*

ventana ▶ *tirar, tirar (echar) la casa por la ventana.*

ventilarse *v.* popular.

«Angelina no necesita escalas para ser seducida, a petición propia, por Germán, que a su vez se ventila a su madre, doña Marcela...» A. Ussía, *Coñones del Reino de España.* ▌ «...de igual manera se ventilan a un ejecutivo de Altos Hornos que a un pasota...» Felipe Navarro (Yale), *Los machistas* ▌ «Esto que te voy a decir me lo contó la propia Inés, con quien tuve un par de charlas [...] —Por el tono con que lo dice, me da que usted se la ventiló.» Fernando Martínez Laínez, *Bala perdida.* ▌■ «¿Ya te has ventilado a la mujer del jefe?»

2. matar, asesinar.

«Ventilarse. Matar.» VL. ▌ «Ventilarse a alguien: matarle; fornicar con él.» JMO. ▌ «Ventilar: acabar, vencer, matar.» JV. ▌ «Ventilarse. Matar.» S. ▌ «Asesinar. Asesinar, ejecutar, dar mulé.» Ra. ▌✓ no se ha podido documentar fuera de diccionarios.▌

*ventosidad cf. (afines) ▶ *gas intestinal.*

ventosidad *s.* flatulencia, gas intestinal.

«...llegando incluso a sacralizar las defecaciones y ventosidades en un intento de demostrar la existencia de ese ave Fénix que es la libertad.» José M.ª Zabalza, *Letreros de retrete y otras zarandajas.* ▌ «(Larga pausa y se escucha una poderosa ventosidad.)» J. I. Cabrujas, *Acto cultural,* 1979, RAE-CREA. ▌ «Lanza el GRAN CABRÓN una formidable ventosidad...» Domingo Miras, *Las brujas de Barahona,* 1978, RAE-CREA.

2. soltar ventosidades *expr.* peer.

«Este simpático irlandés amenaza con envenenar la atmósfera con sus ventosidades.» El Jueves, n.° 1079. ❚ «...a una señorita ovetense, empleada en la Compañía Telefónica Nacional de España, se le escapó una ventosidad en horas de trabajo...» Felipe Navarro (Yale), *Los machistas.* ❚ «...las citas clandestinas de unos y otros; las ventosidades.» Ladislao de Arriba, *Cómo sobrevivir en un chalé adosado.* ❚ «...desde que vino a vivir con nosotros mi cuñada se oyen a medianoche unas ventosidades sobrecogedoras que estallan en la habitación...» Chumy Chúmez, *Por fin un hombre honrado.* ❚ «...y lloran en el momento oportuno después del coito sin fundadas razones pero con un mohín que suele agradecerse con una ventosidad.» C. J. Cela, *Oficio de tinieblas 5.*

ver, de buen ver *adj.* atractiva.
«Es una señora aun de cierto buen ver...» C. J. Cela, *La colmena.* ❚ «Tomo anfetaminas, vivo con mi abuela y estoy de buen ver.» Metal Hurlant, 1981. ❚ «Si es usted una dama de buen ver...» J. Giménez-Arnau, *Cómo forrarse y flipar con la gente guapa.* ❚ «...acababa de cumplir los treinta y cinco, por entonces, y estaba de buen ver, siempre que se la contemplara por su perfil derecho...» José Luis Martín Vigil, *Los niños bandidos.* ❚ «...cuando todavía estaba de buen ver, la hizo su criada para todo.» Fernando Martínez Laínez, *Bala perdida.* ❚ «Una moza de muy buen ver.» Eduardo Mendoza, *Sin noticias de Gurb.*

2. no querer (poder) ver ni (pintado) en pintura *expr.* no tener deseos de ver o tratar a alguien.
«Le tengo dicho y redicho que no le quiero ver en la oficina ni en pintura...» Manuel Hidalgo, *Azucena, que juega al tenis.* ❚ «No me extraña que Murray no le pueda ver ni pintado.» Pau Faner, *Flor de sal.*

3. no ver más allá de las narices de uno ▸ *narices, no ver (atisbar) más allá de las narices de uno.*

4. no ver tres (dos) en un burro *expr.* ser muy miope, tener poca visión.
«Aquí no ven tres en un burro.» Pedro Casals, *La jeringuilla.* ❚ «Cuando no veían dos en un burro y no distinguían...» A. Sopeña Monsalve, *El florido pensil.* ❚ «...y el crítico de arte, que aunque no ve tres en un burro, es

una autoridad mundial...» C. Rico-Godoy, *Cómo ser infeliz y disfrutarlo.*

5. que no veas *expr.* grande, fuerte.
«Y se armó una bronca que no veas.» José Ángel Mañas, *Historias del Kronen.* ❚ «...y que llevo un hambre que no veas.» Francisco Umbral, *Mortal y rosa.*

6. tener que ver con *expr.* tener amoríos con alguien.
«Tú has tenido que ver con Ramón.» Juan Benet, *En la penumbra.*

7. ver doble *expr.* estar ebrio, borracho.
«pillar una toña, ver doble, estar sopa,...» AI. ❚ «Ver doble: estar algo borracho.» Germán Suárez Blanco, *Léxico de la borrachera.*

8. ver las estrellas *expr.* sentir gran dolor físico.
«...pero el menor roce en el pecho le hacía ver las estrellas.» Luis Camacho, *La cloaca.*

9. ver venir *expr.* engañar, timar.
«Las feministas los ven venir...» El País Digital, 9.10.97. ❚ ▪ «Si has pagado esa cantidad por el coche, te han visto venir, tío.»

10. ver venir *expr.* barruntar.
«...eso lo veían venir.» Jesús Ferrero, *Lady Pepa.* ❚ ✓ ▸ *venir, ¡se veía venir!*❘

veras, de veras *expr.* en serio.
«Como la sopa de letras, de veras.» María Luisa Puga, *La forma del silencio,* 1987, RAE-CREA. ❚ «De modo que si no tenés nada, de veras, que pedirme...» Juan Carlos Onetti, *Dejemos hablar al viento,* 1979, RAE-CREA. ❚ ▪ «¿Te marchas de veras?»

verdad, decir (cantar) las verdades del barquero *expr.* decir la verdad aunque haga sufrir.
«...y que conste que no lo digo por hacerte gracia, que menuda bruta soy yo cuando me pongo a cantar las verdades del barquero.» Eduardo Mendoza, *La verdad sobre el caso Savolta.*

2. la pura verdad *expr.* la verdad.
«...eso que le dije es la pura verdad.» Jorge López Páez, *Doña Herlinda y su hijo y otros hijos,* 1993, RAE-CREA. ❚ «Porque la pura verdad es que la fiesta duró hasta que...»

Antonio Skármeta, *El cartero de Neruda,* 1986, RAE-CREA.

3. la verdad sea dicha *expr.* para decir la verdad.

«Aunque allí en la selva, la verdad sea dicha, no le importaba mucho...» Jaime Collyer, *Cien pájaros volando,* 1995, RAE-CREA. ❙ «A Alejandro, la verdad sea dicha, ni lo uno ni lo otro...» Agustín Cerezales, *Escaleras en el limbo,* 1991, RAE-CREA. ❙ ◾ «Pedro es una bellísima persona, a pesar de todos sus grandes defectos, la verdad sea dicha.»

4. verdades como puños *expr.* verdad que no se quiere aceptar.

«...temor de Dios, culto a las tumbas y verdades como puños.» M. Sánchez Soler, *Festín de tiburones.* ❙ «...los locos sueltas verdades como puños.» J. M.ª Gironella, *Los hombres lloran solos,* 1986, RAE-CREA. ✓ ▸ *puño, verdades como puños.*❙

verde *adj.* indecente, obsceno, procaz.

«Por cierto que la película debe ser verdísima.» F. Vizcaíno Casas, *Hijas de María.* ❙ «Los chistes, cuentos, libros obscenos no eran verdes...» Fernando Lázaro Carreter, *El dardo en la palabra.* ❙ ◾ «Hemos visto una película un poco verde que nos ha puesto cachondos.»

2. *s.* lujurioso, rijoso, libidinoso.

«Recuerden el entusiasmo con que los pollitos pera y ciertos verdes [...] se apostaban en las paradas de los tranvías para verles los tobillos...» F. Vizcaíno Casas, *Hijas de María.* ❙ ◾ «Por la manera cachonda que mira a tu mujer, creo que ese tío es un verde.»

3. *s.* billete de mil pesetas.

«Cinco verdes porque me caes bien; tú eres andaluz, ¿no?; pues por eso, cinco mil.» Ángel Palomino, *Las otras violaciones.* ❙ «Pensé en los diez verdes que lleva en el bolsillo y me dije que los negocios son los negocios.» Lourdes Ortiz, *Picadura mortal.* ❙ «...pues detentan esos billetes verdes que son los pergaminos de nuestros tiempos.» P. Perdomo Azopardo, *La vida golfa de don Quijote y Sancho.* ❙ «Y niñas-niñas. Allí en los pueblos, por un verde, un virgo.» Fernando Quiñones, *Las mil y una noches de*

Hortensia Romerosia Romero, 1979, RAE-CREA. ❙ «¿Trae los cinco verdes para mí, ¿eh?» Andreu Martín, *Prótesis.* ❙ «Se la compré a un gitano y siete verdes me costó...» José Luis Martín Vigil, *Los niños bandidos.* ❙ ◾ «He pagado diez verdes por el arreglo del coche.» ✓ ▸ *billete, billete verde.*❙

4. *s.* guardia civil.

«...hasta para los picoletos, toda la jerarquía de los verdes, querían verme como si fuese el hombre de las nieves.» Eleuterio Sánchez, *Camina o revienta.*

5. chiste verde ▸ *chiste, chiste verde.*

6. darse un verde *expr.* divertirse, ir de juerga, tener escarceos sexuales.

«Darse el verde: meterse mano, sobarse.» Ra. ❙ «Darse un verde. Darse el filete.» JM. ❙ «Darse o pegarse un verde con alguien: tener con él retozos sexuales.» JMO. ❙ «Darse o pegarse un verde. Sobar(se).» VL. ✓ para el DRAE: «fr. fig. y fam. Hacer alguna cosa hasta la saciedad». No se ha podido documentar fuera de diccionarios.❙

7. estar (andar) verde *expr.* no saber mucho, tener poca experiencia.

«Porque ése sabrá mucho de cuentas y de negocios, pero me parece a mí que de letras anda verde.» Jose-Vicente Torrente, *Los sucesos de Santolaria.*

8. poner verde *expr.* regañar.

«Son como mulas, se cuelan, te empujan, y no les digas nada porque te ponen verde.» M. Vázquez Montalbán, *La rosa de Alejandría.* ❙ «Y so no sería nada si además no te pusieran verde gritándote delante de todo el mundo.» Ramón Escobar, *Negocios sucios y lucrativos de futuro.* ❙ «...ponerle verde y al final daros un beso...» SúperPop, junio, 1999. ❙ ◾ «Voy a poner verde a Carlos cuando asome la cara por aquí.»

9. poner verde *expr.* criticar, censurar.

«...y ponerse verdes las unas a las otras.» Lucía Etxebarría, *Amor, curiosidad, prozac y dudas.* ❙ «Me parece que allí te están poniendo verde...» F. Vizcaíno Casas, *Hijas de María.* ❙ «Felipe Bayo reconoció que así había sucedido y que, efectivamente, puso verde al juez instructor.» ABC, 13.3.98. ❙ «Ponle verde delante de todo el mundo...» Ragazza, agosto, 1997. ❙ «No sigo porque me estoy poniendo verde a mí mismo...» Elvira Lindo, *Manolito gafotas.*

10. poner (estar) verde de envidia *expr.* despertar envidia.

«...se te hará ceremoniosa entrega de un regalo, distinto cada semana, que pondrá verdes de envidia a todos tus conocios...» El Mundo, La luna del siglo XXI, 9.10.98. ▌ «...lo que pasa es que estabais verdes de envidia...» María Antonia Valls, *Tres relatos de diario.*

verdú, aligerarse por la verdú ▶ *aligerar, aligerarse por la verdú.*

verdulera *s.* mujer tosca y malhablada.
«Lola, no me seas descarada como si fueras una verdulera de La Latina.» Manuel Martínez Mediero, *Lola, la divina,* 1989, RAE-CREA. ▌ «...se puso en jarras como una verdulera...» Terenci Moix, *No digas que fue un sueño,* 1984, RAE-CREA. ▌ «...siempre que escupa sobre el protocolo y realce su imagen verdulera.» J. Giménez-Arnau, *Cómo forrarse y flipar con la gente guapa.* ✔ DRAE: «f. fig. y fam. Mujer descarada y ordinaria».▌

vereda, meter (entrar, poner) en vereda *expr.* dominar a alguien, obligar a alguien a hacer algo.
«...va a surgir un Mussolini a la española y nos va a meter a todos en vereda...» Gomaespuma, *Grandes disgustos de la historia de España.* ▌ «Le dijiste que lo ponga en vereda al calzonudo de Correa?» Jaime Bayly, *Los últimos días de la prensa,* 1996, RAE-CREA. ▌ «...en fin, el contable había entrado en vereda sin demasiada resistencia...» Javier Maqua, *Invierno sin pretexto,* 1992, RAE-CREA. ✔ DRAE: «fr. fig. y fam. Obligarle al cumplimiento de sus deberes».▌

verga *s.* pene.
«¿Qué clase de perverso era aquel, que sacaba de pronto una verga...» Lucía Etxebarría, *Amor, curiosidad, prozac y dudas.* ▌ «Erguía él su verga, definitivamente aumentada, se la acariciaba...» Terenci Moix, *Garras de astracán.* ▌ «Y él mismo le metió la verga en la boca, casi ahogándole.» Álvaro Pombo, *Los delitos insignificantes.* ▌ «No tenemos prejuicios a la hora de succionar una

verga...» Anónimo, *Obsesiones impúdicas.* ▌ «¡Una tía impresionante, con dos pares de tetas, pero también con un par de cojones y una verga haciendo juego con los colgantes.» Felipe Navarro (Yale), *Los machistas.* ▌ «La verga estaba tiesa y consistente...» Ignacio Fontes, *Acto de amor y otros esfuerzos.* ▌ «...no nos importa su verga de liebre su verga de toros verga de caballo...» C. J. Cela, *Oficio de tinieblas 5.* ▌ «...Bartolo sacó su verga de las entrañas de Luci...» Mariano Sánchez, *Carne fresca.* ▌ «...babeaban como si ya hubieran conseguido penetrarla con sus vergas...» Andreu Martín, *El señor Capone no está en casa.* ▌ «...cuando te diga de qué se trata te vas a quedar más tieso que la verga de un garañón.» Miguel Martín, *Iros todos a hacer puñetas.* ✔ ▶ del latín *virga,* palo. *Se llama también al miembro de la generación de los animales mayores,* dice el *Diccionario de autoridades.*▌

vergajo ▶ *verga.*

*vergüenza cf. (afines) alipori, lipori.

¡vergüenza debiera darte! *excl.* deberías avergonzarte.
«A un republicano, vergüenza debiera darle.» Manuel Martínez Mediero, *Las hermanas de Buffalo Bill,* 1988, RAE-CREA. ▌ ◾ «No le hables así a tu abuela. ¡Vergüenza debiera darte!»

vergüenzas *s. pl.* órganos sexuales externos.
«...un fraile motilón baila el cancán subiéndose la sotana hasta las vergüenzas.» C. J. Cela, *Mazurca para dos muertos.* ▌ «A veces se pierden las peleas y se ganan los pactos, es cierto, pero a veces, no, y entonces nos quedamos sin libros y con las vergüenzas al aire.» C. J. Cela, ABC, 24.5.98. ▌ «...vea a esos prójimos y prójimas triscar con las vergüenzas al aire...» Jose-Vicente Torrente, *Los sucesos de Santolaria.* ▌ «A los judíos los metían en manadas en las cámaras de gas [...] aterrorizados y desnudos, y un último pudor les hacía taparse con las manos las vergüenzas tristes y macilentas...» Jaime Campmany, ABC, 12.7.98. ▌ «...y nos han deleitado con una autopsia del tal Urquiola con todas sus vergüenzas al aire.»

M. Sánchez Soler, *Festín de tiburones.* ▌ «...a algunos les han puesto las faldas de sus hermanas para tapar sus vergüenzas.» José Gutiérrez-Solana, *Madrid, escenas y costumbres, Obra literaria, I.* ✓ Para C. J. Cela es *piadosísmo* y su definición es *partes naturales del hombre.* ▸ su *Diccionario secreto.* Aparece ya en *El Corbacho, del* Arcipreste de Talavera.: *Una muger cortó sus vergüenças a un onbre enamorado suyo...*▐

vérselas y deseárselas uno *expr.* hacer gran esfuerzo, trabajo.

«Me las veía y me las deseaba para sacar adelante un rollo de drogas o un tinglado de clubs.» C. Pérez Merinero, *Días de guardar.* ▌ «Desesperar: vérselas y deseárselas.» DTE.

vértigo, de vértigo *expr.* impresionante.

«Bárbara. Cuerpo de vértigo. Me excito sólo con la forma de mirarme los hombres.» Anuncio clasificado, ABC, 12.7.98. ▌ «...se propagó por todo el país a una velocidad de vértigo...» Rafael García Serrano, *Diccionario para un macuto.* ▌ «Al que le quedan de vértigo es a...» Ragazza, julio, 1997. ▌ «...llegar a casa a velocidades de vértigo.» B. Pérez Aranda *et al., La ex siempre llama dos veces.* ▌▪ «La mujer del jefe tiene unas tetas y un culo de vértigo, chico. ¡Qué estupenda!»

***vestido,** bien vestido cf. (afines) ▸ *elegante.*

veta, irse de veta *v.* eyacular.

«Irse de veta. Eyacular, correrse.» Ra. ▌ «Irse de veta: eyacular.» JV. ▌▪ «Me fui de veta tan pronto me tocó la verga.» ✓ no se ha podido documentar fuera de diccionarios.▐

¡vete a hacer gárgaras! ▸ *gárgaras, ir(se, mandar) a hacer gárgaras.*

¡vete a la mierda! ▸ *mierda, ¡vete a la mierda!*

¡vete a paseo! *excl.* exclamación de repulsa, rechazo.

«No quiero que me molestes más con tus bobadas. ¡Vete a paseo!» DCB.

¡vete, salmonete! *expr.* expresión humorística de rechazo.

«Anda vete, salmonete.» Elvira Lindo, *Manolito gafotas.*

vía, de vía estrecha *expr.* de poca importancia.

«...como es un adefesio va de ligón de vía estrecha, de esos que las mata con la mirada.» B. Pérez Aranda *et al., La ex siempre llama dos veces.* ▌ «Déjeme tranquilo, predicador de vía estrecha, santurrón de zarzuela...» Eduardo Mendoza, *La verdad sobre el caso Savolta.* ✓ DRAE: «loc. adj. fig. y fam. que se aplica a personas o cosas de poca importancia o valía».▐

viaje *s.* efecto de la droga.

«Viaje: Tiempo que dura la acción de un alucinógeno.» JGR. ▌ «...se iba con cualquiera que le diera diez mil pesetas para meterse un viaje.» Raúl del Pozo, *Noche de tahúres.* ▌ «...y mocitos granujientos que han *viajado* lo suyo a lomos de un porro.» Álvaro de Laiglesia, *Hijos de Pu.*

viajero, mal de viajero *expr.* diarrea.

«Así el grueso de las ventas son las aspirinas y remedios para la colitis, y, en fin, las cosas demandadas por los turistas... los males propios de viajero.» ABC, 11.10.98

vibraciones *s. pl.* química entre personas.

«¿Y a qué se deben tus malas vibraciones?» Fernando Lázaro Carreter, *El dardo en la palabra.* ▌▪ «Desde que lo conocí me di cuenta de que no habría buenas vibraciones con Tomás.»

vibrador *s.* pene artificial.

«¿Le has comprado ya el regalo a Fierro? Sí, un vibrador verde...» José Ángel Mañas, *Historias del Kronen.* ▌ «Cuando Zoe accionó el interruptor que ponía el vibrador en marcha [...] el efecto se parecía mucho al que se experimentaba con una polla...» Vanessa Davies, *Un premio inesperado.* ▌ «...se rió el playboy de los vibradores eléctricos para que la conversación no decayera.» Álvaro de Laiglesia, *Hijos de Pu.* ▌ «...me excita que me veas haciendo gimnasia desnuda, con mi vibrador en la cintura haremos el amor.» Anuncios clasificados, El Mundo, 30.10.98.

vicaría, pasar por la vicaría *expr.* casarse.

«...lo que mamá suponía es que todos mis problemas, incluido el económico, los solucionaría una pasada por la vicaría.» Isabel Hidalgo, *Todas hijas de su madre,* 1988, RAE-CREA. ▌■* «Asunción y Carlos ya han pasado por la vicaría, por fin, después de vivir tres años juntos, amancebados.»

vicio, vicio ínfimo *s.* prostitución.

«Estas mujeres llenan las calles, dedicadas al vicio ínfimo, pálidas, blancas como la cera...» José Gutiérrez-Solana, *Madrid callejero, Obra literaria, II.*

2. vicio solitario *s.* masturbación.

«Cientos y cientos de bachilleres caen en el íntimo, en el sublime y delicadísimo vicio solitario.» C. J. Cela, *La colmena.* ▌«—¿Pensamientos lujuriosos? —No, no, mucho peor... —¿Vicio solitario?» F. Vizcaíno Casas, *Hijas de María.* ▌«...porque él, me temo practicaba el vicio solitario...» Chumy Chúmez, *Por fin un hombre honrado.*

vicioso *adj.* que gusta del sexo, especialmente desviacionista.

«Sí, de acuerdo, soy una viciosa, una pervertida, una golfa, una puta.» Manuel Hidalgo, *El pecador impecable.* ✓ DRAE: «Entregado a los vicios. Ú. t. c. s.»▌

*víctima *cf.* (afines) bartolo, dupa, julay, palomo, pardillo, primarrón, primavera, primo, pringao.

vida *s.* prostitución.

«...acabaría abandonando el pueblo para hacerse de la vida en la ciudad, una mujer que ahora...» Juan Marsé, *La oscura historia de la prima Montse.* ▌«Llegaba una de la vida o no de la vida, que la habían dejao preñá.» Fernando Quiñones, *Las mil y una noches de Hortensia Romero,* 1979, RAE-CREA.

2. ¡así es la vida! *expr.* exclamación fatalista de resignación.

«Pero, así es la vida, tronco.» José Ángel Mañas, *Historias del Kronen.* ▌«Como todos, hijo, así es la vida...» Eduardo Mendoza, *La verdad sobre el caso Savolta.*

3. buscarse la vida *expr.* arreglárselas uno, valerse por uno mismo.

«No te dejes comer el coco, si a ti no te apetece, que se busquen la vida.» You, marzo, 1998. ▌«Que si mi madre falta, yo tengo que salir a buscarme la vida por ahí.» José Luis Martín Vigil, *Los niños bandidos.*

4. dar señales de vida *expr.* ponerse en contacto, dar noticias.

«Y, bueno, Maime no puede tardar en dar señales de vida.» Ernesto Parra, *Soy un extraño para ti.* ▌«No daban señales de vida.» Andreu Martín, *El señor Capone no está en casa.*

5. darse la gran vida *expr.* vivir bien.

«Quirós sabía de sobra que la verdad era todo lo contrario y que, a su manera ñoña, se daba la gran vida.» Álvaro Pombo, *Los delitos insignificantes.* ▌«Ninguna mujer se ha dado nunca la gran vida; eso es más bien cosa de hombres.» Álvaro Pombo, *El metro de platino iridiado,* 1990, RAE-CREA.

6. darse la vida padre ▸ *padre, darse la vida padre.*

7. echarse a la vida *expr.* prostituirse.

«...desde meterse monja hasta echarse a la vida, todo le parece mejor que seguir en su casa.» C. J. Cela, *La colmena.*

8. hacer la vida imposible *expr.* amargar a alguien, ponerle a alguien las cosas difíciles.

«Francisco José se empeñaba en hacerle la vida imposible.» Ana María Moix, *Vals negro,* 1994, RAE-CREA.

9. hacer por la vida *expr.* comer.

«...le saluda alguien al pasar y él contesta de oficio, sin ganas: aquí, haciendo por la vida, que la muerte ya vendrá ella sola.» Andrés Berlanga, *La gaznápira.*

10. la mala vida *expr.* prostitución.

«Además ahora hace la mala vida, dicen [...] Una furcia.» Juan Marsé, *Si te dicen que caí.*

11. pasar (mandar) a mejor vida *expr.* morir, matar.

«...antes de que pudiera darse cuenta de lo que ocurría [...] había pasado a mejor vida.» Alberto Vázquez-Figueroa, *Manaos.* ▌«...cuando el Ledesmes pase a mejor vida y cobre las cuatro perras del seguro...» Luis Mateo Díez, *El expediente del náufrago,* 1992, RAE-CREA. ▌«No vaya a ser que me echen a mí la culpa de haber mandado a mejor vida a algún...» C. Pérez Merinero, *Días de guardar.* ❚ «...se les para el corazón y pasan a mejor vida.» Francisco Rabal, La Revista del Mundo, 8.8.99. ❚ ◾ «Federico pasó a mejor vida la semana pasada. Que en paz descanse.»

12. pegarse una buena vida *expr.* vivir bien, disfrutar de la vida.

«Qué buena vida te pegas, Fina, este año en Torremolinos.» Ángel Palomino, *Un jaguar y una rubia.*

13. salir (marcharse, irse) de esta vida *expr.* morir.

«...nos iremos de esta vida, que en definitiva...» Luis Olmo, *Marina,* 1995, RAE-CREA. ❚ «...como que decidió marcharse de esta vida...» Gonzalo Torrente Ballester, *Filomeno, a mi pesar,* 1988, RAE-CREA.

vidorra *s.* buena vida.

«...que menuda vidorra. Hombre, si lo sabré yo.» A. Zamora Vicente, *Mesa, sobremesa.* ❚ «¡Menuda vidorra se lleva el angelito!» J. L. Castillo-Puche, *Hicieron partes.* ❚ «Lo que ocurre es que ya no está para la vidorra de siempre...» Mariano Tudela, *Últimas noches del corazón.* ❚ «¡Qué vidorra se pega!» R. Gómez de Parada, *La universidad me mata.* ❚ «Y pido desde aquí que aumenten sus pensiones para que su vida alcance la categoría de vidorra.» Álvaro de Laiglesia, *Hijos de Pu.*

vidrio *s.* bebida.

«...es quien lo larga todo cuando se le va la mano con el vidrio.» Jaime Romo, *Un cubo lleno de cangrejos.*

2. vidrios *s. pl.* gafas.

«Vidrios: gafas.» JMO. ❚ «Vidrio. Gafas.» S. ❚ «Vidrios. Gafas, antiparras.» Ra. ❚ ◾ «Se me han roto los vidrios otra vez y como no veo ni torta sin ellos, no puedo conducir el coche.» ✔ no se ha podido documentar fuera de diccionarios.❙

vieja *s.* mujer, esposa, cónyuge.

«...fíjese que mi vieja tiene diabetes, la pobre...» Felipe Victoria Zepeda, *La casta divina,* 1995, RAE-CREA. ❚ «Ay, mi vieja, ahora sí que me cansé...» Cristina Bain, *El dolor de la ceiba,* 1993, RAE-CREA. ❚ ◾ «La vieja,

vid
746

digo mi mujer, no me deja hablar con tías guapas. Sólo con tías feas.»

2. vieja chismosa *s.* mujer mayor que lleva chismes.

«...nadie iba a prestarle atención a una vieja chismosa.» Jesús Díaz, *La piel y la máscara,* 1996, RAE-CREA. ❚ «Ahí tiene el teléfono, vieja chismosa...» Francisco Herrera Luque, *En la casa del pez que escupe el agua,* 1985, RAE-CREA.

viejales *s.* anciano.

«...soy un viejales arruinado...» A. Zamora Vicente, *Mesa, sobremesa.* ❚ «...me encontré con un compañero bastante viejales...» Rafael García Serrano, *Diccionario para un macuto.* ❚ «¿Ese viejales? ¡ése no toca ya ni la zambomba!» Ángel A. Jordán, *Marbella story.* ❚ «Iba detrás de un viejales de camisa jubilada...» Pedro Casals, *Disparando cocaína.* ❚ ◾ «Esa discoteca está llena de viejales.»

*****viejo** cf. (afines) ▶ *anciano.*

viejo-a *s.* padre, madre.

«A mi, mi vieja, cuando era nano no me compraba ni un puto juego...» Lucía Etxebarría, *Beatriz y los cuerpos celestes.* ❚ «Mi vieja dice que ya tengo bigotillo...» Iván Vikinski, A las barricadas, 18-24 mayo, 1998. ❚ «...mola mazo, tu vieja.» Jaime Romo, *Un cubo lleno de cangrejos.*

2. más viejo que Carracuca *expr.* muy viejo.

«...es viuda desde hace veinticinco años y más vieja que Carracuca...» Manuel Hidalgo, *Azucena, que juega al tenis.*

3. viejo chocho *s.* persona mayor que chochea.

«Me estoy convirtiendo en un viejo chocho.» Juan Madrid, *Flores, el gitano.* ❚ «Nunca he tenido ganas de matar, viejo chocho...» Mariano Sánchez, *Carne fresca.* ❚ «Tal vez sólo obtendré un magreo de viejo chocho...» Juan Marsé, *La muchacha de las bragas de oro.*

4. viejo verde *s.* hombre mayor y libidinoso.

«Me ofendo si me llaman viejo verde.» Vicente Aranda, El Mundo, 7.2.98. ❚ «No pienses mal, no me tomes por un viejo verde.» Terenci Moix, *Garras de astracán.* ❚ «...como si prefiriera pasar a la posteridad más como viejo verde que como presumible brillante arquitecto...» M. Vázquez Montalbán, *Los alegres muchachos de Atzavara.* ❚ «...el miope delgadito, el viejo bastante verde, el sabio germánico...» Álvaro de Laiglesia, *Hijos de Pu.* ❚ «Apuesto a que me consideras un viejo verde.» Corín Tellado, *Mamá piensa casarse.* ❚ «Debe cuidarse, mis tíos son dos viejos verdes...» Lourdes Ortiz, *Picadura mortal.* ❚ «No creas que soy un viejo verde.» Álvaro Pombo, *Los delitos insignificantes.* ❚ «...le obligó a tomar conciencia de que era viejo, un viejo verde ridículo...» Andreu Martín, *Amores que matan, ¿y qué?*

5. viejos *s. pl.* el padre y la madre de uno.

«Cuando llegamos, sus viejos no estaban.» José Ángel Mañas, «Recuerdo», Áccent, julio-agosto, 1999. ❚ «Para una vez que encuentro curro y que sea para cuidar niños [...] y encima gracias a mis viejos.» Rambla, n.º 29. ❚ «Mis viejos son unos carcas...» SúperPop, abril, 1990. ❚ «...yo siempre he visto a mis amigos que no aguantan a sus viejos...» José Luis Martín Vigil, *Los niños bandidos.*

viento *s.* flatulencia.

«¡Mejor es que se te escape un viento!» Geno Díaz, *Genocidio.*

2. beber los vientos por *expr.* gustar, estar enamorado de, estar interesado en.

«Bebía los vientos por apartarle de la delincuencia...» José Luis Martín Vigil, *Los niños bandidos.* ❘✔ DRAE: «fr. fig. y fam. Estar muy enamorado de una persona».❘

3. contra viento y marea *expr.* pase lo que pase.

«...el instinto poco común de resistir contra viento y marea...» B. Pérez Aranda *et al.*, *La ex siempre llama dos veces.*

4. ir (mandar) a tomar viento *expr.* expresión de rechazo.

«...y se va a tomar viento.» Pedro Casals, *La jeringuilla.* ❚ «¡Y a tomar viento los dentistas!» Geno Díaz, *Genocidio.* ❚ «A los cuatro días me mandarías a tomar vientos.» Álvaro Pombo, *Los delitos insignificantes.* ❚ «A tomar viento.» P. Perdomo Azopardo, *La vida golfa de don Quijote y Sancho.* ❚ «...pero si vienes a insultarme y a darme lecciones, ya te puedes ir a tomar viento.» Eduardo Mendoza, *La verdad sobre el caso Savolta.* ❚ «Escamilla se le rio en la cara y le mandó a tomar viento...» C. Pérez Merinero, *La mano armada.* ❘✔ eufemismo por *tomar por el culo.*❘

5. mandar (despachar, irse, largarse) con viento fresco *expr.* despachar, echar, tirar, marcharse, ir, sin contemplaciones.

«...y lo despachó con viento fresco.» Adolfo Marsillach, *Se vende ático*, 1995, RAE-CREA. ❚ «Ya te puedes largar con viento fresco.» Francisco Nieva, *Corazón de arpía*, 1989, RAE-CREA. ❚ «Excusas amables, pero que me vaya con viento fresco...» Antonio Buero Vallejo, *Lázaro en el laberinto*, 1986, RAE-CREA. ❚ «...y se largó con viento fresco...» Cristóbal Zaragoza, *Y Dios en la última playa.*

6. viento en popa *expr.* perfectamente, muy bien.

«...la cosa iba viento en popa con Marta, y la Física no me había vuelto a dar problemas.» M. Ángel García, *La mili que te parió.* ❚ «El negocio marchaba viento en popa.» Eduardo Mendoza, *La verdad sobre el caso Savolta.* ❘✔ DRAE: «loc. adv. fig. Con buena suerte, dicha o prosperidad. *Ir, caminar viento en popa*».❘

vientre, descargar el vientre *expr.* defecar.

«Excretar: descargar el vientre.» DTE.

2. evacuar el vientre *expr.* defecar.

«Letrina es el primer nombre que se encuentra en nuestro idioma como definitorio del lugar donde se evacua el vientre...» José M.ª Zabalza, *Letreros de retrete y otras zarandajas.*

3. exonerar el vientre (intestino) *expr.* defecar.

«...donde se tienen los vasos para exonerar el vientre y satisfacer otras necesidades semejantes...» José M.ª Zabalza, *Letreros de retrete y otras zarandajas.* ❚ «Nuestro Premio Nobel, el mejor escritor español vivo, no es alguien que se pase la ley por el forro de sus cojones, ni que exonere el intestino en el tejado de la justicia.» Matías Antolín, El Mundo, 12.9.99.

4. hacer de vientre *expr.* defecar.

«...se ha hecho de vientre con la placidez de la muerte.» Francisco Umbral, *Madrid 650.* ▌«Ayer me pasé el día haciendo de vientre.» A. Ussía, *Tratado de las buenas maneras.* ▌«Cagar, groseramente hacer de vientre.» José M.ª Zabalza, *Letreros de retrete y otras zarandajas.* ▌«...tan acuciante como el hambre y la sed y el sueño y el hacer de vientre.» Fernando Repiso, *El incompetente.* ▌◾ «El médico me ha preguntado si hago de vientre todos los días y si orino claro.»

5. vientre con vientre *expr.* copular.

«Cuando estuvieres con él vientre con vientre, no le digas cuanto se te viniere a lamente.» Geno Díaz, *Genocidio.*

6. vientre (tripa) suelto *expr.* diarrea.

«...la señorita Elvira que tiene el vientre suelto, que se pasó la noche yendo y viniendo del water a la alcoba...» C. J. Cela, *La colmena.*

vin

748

vino *s.* bebida en general.

«...no eran sus líos amorosos, sino su afición al vino.» Juan Marsé, *El embrujo de Shangai,* 1993, RAE-CREA.

2. con vino *expr.* ebrio, bebido.

«Un hombre insultivo, insultante, es como un hombre con vino, dice lo que siente y como lo siente.» Francisco Umbral, El Mundo, 22.1.99.

3. darle al vino *expr.* beber vino.

«¡Serán borrachos los tíos, mira, mira como le dan al vino peleón!» Mariano Sánchez, *La sonrisa del muerto.*

4. ir de vinos *expr.* visitar tabernas para beber vino.

«A ver si un día nos vamos por ahí de vinos.» M. Ángel García, *La mili que te parió.* ▌«...la primera vez que salimos a tomar vinos metí la pata porque le dije que dónde iba con el traje de los domingos.» José María Amilibia, *Españoles todos.*

5. mal vino *expr.* mal carácter, mal humor.

«...y haciendo gala de su inevitable mal vino, se negó en redondo.» Cómic Jarabe, n.° 4, 1996.

violinista *s.* el que altera la apariencia de un coche robado.

«Hay que aclarar que los violinistas son expertos soldadores y es realmente difícil descubrir la falsificación...» Manuel Giménez, *Antología del timo.*

vip *s.* gente importante.

«...no viene a cuento colocar en la lista de vips...» El Mundo, 21.9.95. ▌«...eso sí, sin salirse de la zona vip...» El País Digital, 9376, 1996, RAE-CREA. ▌◾ «Este es el salón de los vips.» ✓ del inglés *very important person.*▐

*virgen cf. (afines) sin estrenar, virgo, virguito.

virgo *adj.* y *s.* virgen, virginidad.

«...yo lo que quiero [...] es quitarme el virgo, quitarme el virgo que me tiene aburrida y consumida a más no poder.» Manuel Hidalgo, *El pecador impecable.* ▌«Aquélla sí que sabía, la desalmada; tanto que llegó a hacerme creer que era virgo...» P. Perdomo Azopardo, *La vida golfa de don Quijote y Sancho.* ▌«Y niñas-niñas. Allí en los pueblos, por un verde, un virgo.» Fernando Quiñones, *Las mil y una noches de Hortensia Romero,* 1979, RAE-CREA.

virguería *s.* algo bonito, delicado, primoroso.

«Los coches traen hoy en día muchas virguerías...» El Jueves, 21-28 enero, 1998. ▌«...saliendo con el balón sobre tu cabeza y haciendo virguerías dignas del mundial...» Ragazza, junio, 1998. ▌«Detesto las virguerías ortográficas...» Juan Marsé, *La muchacha de las bragas de oro.* ✓ DRAE: «f. Adorno, refinamiento añadido a alguna cosa o trabajo».▐

virguero *adj.* bueno, estupendo.

«Pues es un título virguero para una canción, un título que rompería...» Carmen Martín Gaite, *Nubosidad variable,* 1992, RAE-CREA. ▌«Un arma virguera a corta distancia...» Fernando Martínez Laínez, *Bala perdida.*

virguito *s.* chica atractiva; chica que es virgen.

«Dabuti, tío. Yo nunca había estado con un

virguito así...» José Luis Martín Vigil, *En defensa propia,* 1985, RAE-CREA. ❚▪" «Estoy saliendo con un virguito de impresión, con un culito así de duro.»

virilidades glandulares *expr.* testículos.

«Creo que en España [...] ha sido vicio eso de traducir las ideas en virilidades glandulares.» Rafael García Serrano, *Diccionario para un macuto.*

viru ▶ *viruta.*

viruta *s.* dinero.

«...has tenido que poner viruta de tu propio bolsillo para comprar ese trabajo...» Fernando Martín, *Cómo aprobar todo sin dar ni chapa.* ❚ «El pollo que lleva la viruta es un gil. Le haces un registro rutinario y le levantas la pasta.» El Gran Wyoming, *Te quiero personalmente.*

2. echando virutas *expr.* muy deprisa, corriendo.

«Me las dan y salgo echando virutas, dejándoles con la boca abierta.» C. Pérez Merinero, *Días de guardar.*

visionar *v.* ver.

«Matoncito sudamericano que, tras visionar catorce mil telefilms norteamericanos...» Máximo, *Animales políticos.*

visita, tener visita *expr.* menstruar, menstruación.

«...luego, bajito, me dijo. No le ocurre nada. Es que tiene visita.» Josefina R. Aldecoa, *Mujeres de negro,* 1994, RAE-CREA. ❚ «Tener la visita, tener visitas... tener la menstruación.» JMO.

visitar al Sr. Roca *expr.* defecar, orinar.

«Visitar al Sr. Roca. Ir al váter.» VL. ❚ «Visitar al Sr. Roca. Ir al retrete.» S. ❚▪" «Un momento, por favor, que voy a visitar al Sr. Roca que me estoy meando.» ❚✔ no se ha podido documentar fuera de diccionarios.❚

vista, a la vista está *expr.* claro, de fácil entendimiento y comprensión.

«...nosotros somos incapaces de una acción concertada [...] a la vista está...» A. Zamora Vicente, *Historias de viva voz.*

2. hacer la vista gorda *expr.* disimular, fingir que no se sabe o se ve.

«Lo sabe pero ha hecho la vista gorda.» Manuel Hidalgo, *Azucena, que juega al tenis.* ❚ «Sebas, que hacía la vista gorda...» J. Jiménez Martín, *Ligar no es pecado.* ❚ «...y hasta los jefes nos han dicho que hagamos la vista gorda porque si nos ponemos a las malas puede afectar el turismo...» Ángel Palomino, *Un jaguar y una rubia.* ❚ «Efectivamente se trataba de una orden del comisario de zona, un pureta en asuntos de sexo pero que había hecho la vista gorda para sus jefes en temas de contrabando...» Jaime Romo, *Un cubo lleno de cangrejos.* ❚ «¡Bastante tengo con hacer la vista gorda!» Juan Madrid, *El cebo.* ❚ «La de proponer que el gobierno hiciera la vista gorda ante el narcotráfico.» Pedro Casals, *Disparando cocaína.* ❚ «Puede hacer la vista gorda ante una sonrisa torpe...» Fernando Repiso, *El incompetente.*

3. primer golpe de vista *expr.* la primera impresión.

«...está claro que el primer golpe de vista puede dejar pasmado a más de uno...» You, enero, 1998.

4. saltar a la vista *expr.* ser obvio.

«¿Qué hacía la señorita aquí? Pues saltaba a la vista...» Juan Marsé, *Últimas tardes con Teresa.* ❚ «...saltaba a la vista que se trataba del lugar de trabajo...» Juan Benet, *En la penumbra.*

5. vista de águila (de lince) *s.* buena vista ocular, tener perspicacia.

«...una demostración de los avances a los que había llegado en esta fecha para que, con vista de lince, asegurarse la calidad del lugar...» José M.ª Zabalza, *Letreros de retrete y otras zarandajas.*

vistazo, echar (dar) un vistazo *expr.* mirar, inspeccionar.

«Pero te aconsejo que le eches un vistazo [...] al Antiguo Testamento...» Marisa López Soria, *Alegría de nadadoras.* ❚ «Échale un vistazo a la nueva secretaria. Está como un tren. Imponente.» DCB.

vitrinas *s. pl.* gafas, lentes.

«Vitris. Gafa.» JGR. ❚ «Vitrina. Gafas, antiparras, vidrios.» Ra. ❚ «Vitrina. Gafas.» S. ❚

«Las vitrinas: las gafas.» JV. |✔ no se ha podido documentar fuera de diccionarios.|

viuda, consuelo de viuda *expr.* zanahoria.

«Zanahoria. Esta raíz, vulgarmente llamada *consuelo de viuda* empezó a cultivarse en Europa en el siglo XVII.» Isabel Allende, *Afrodita.*

viudo *adj.* básico, sin aderezos, simple.

«...viudos como el reputado gazpacho viudo de trilladores.» M. Vázquez Montalbán, *La rosa de Alejandría.* | «Me he tomado una taza de chocolate viudo que estaba de rechupete.» DCB. | «Algo más tendrás que echar en la olla, porque sólo patatas viudas no saben a nada.» FV.

vivalavirgen *s.* persona irresponsable y despreocupada.

«...que personificaba Toni Leblanc, era un tipo corriente entonces, y he conocido algún vivalavirgen que vivía muy bien...» Rafael García Serrano, *Diccionario para un macuto.* | «Nacho era un vivalavirgen y me estaba dejando sin patrimonio...» M. Sánchez Soler, *Festín de tiburones.* |✔ DRAE: «viva la virgen, loc. adj. fam. que se aplica a persona informal, que no se preocupa por nada. Ú. t. c. s. m.».|

vivales *s.* sinvergüenza, fresco, gorrón.

«...qué tío vivales, estaba en todo, a ver, todo...» A. Zamora Vicente, *Mesa, sobremesa.* | «Existen sablistas y gorrones que se las arreglan para actuar sin rubor... caradura, cara, tener más cara que espalda, carota, fresco, frescales, [...] jeta, jetudo [...] vivales [...] tener un morro que se lo pisa...» AI. |✔ DRAE: «com. vulg. Persona vividora y desaprensiva».|

vivir, casa de mal vivir ▶ *casa, casa de mal vivir.*

2. vivir como un rey *expr.* vivir bien.

«Yo aquí vivo como un rey...» M. Vázquez Montalbán, *El delantero centro fue asesinado al atardecer.*

3. vivir de puta madre ▶ *vivir, vivir en (a lo) grande.*

4. vivir del aire *expr.* vivir sin recursos económicos.

«Tenía mucho arte para esto. Y para vivir del aire.» L. Palou, *Carne apaleada,* 1975, RAE-CREA. | «No se puede vivir del aire. Yo ya estoy viejo.» Felipe Hernández, *Naturaleza,* 1989, RAE-CREA. | ▪ «¿Quieres que vivamos del aire mientras tú escribes diccionarios?»

5. vivir en (a lo) grande *expr.* vivir bien.

«...con sus veintiocho años vive a lo grande en casa de sus padres...» Josefina R. Aldecoa, *Mujeres de negro,* 1994, RAE-CREA. | ▪ «Los Gómez viven a lo grande desde que se murió su tía de América.»

*****vivir bien** cf. (afines) ir en canoa, vivir como un cura, vivir como Dios, montárselo uno, darse la gran vida, pegarse una buena vida, vivir como un rey, vivir a lo grande.

vivo *s.* sinvergüenza, aprovechado, caradura.

«Harto de esperar, malvendió los títulos por el décimo de su valor, a un vivo con influencia en Madrid...» Jose-Vicente Torrente, *Los sucesos de Santolaria.* |✔ DRAE: «Listo, que aprovecha las circunstancias y sabe actuar en beneficio propio».|

vizconde *s.* bizco.

«Vizconde-sa: Bizco.» Ángel Palomino, *Insultos, cortes e impertinencias.*

voceras *s.* cantamañanas, engreído.

«Un buen hombre, Afrodisio. Y esa voceras lo desgració.» Ramón Ayerra, *La lucha inútil,* 1984, RAE-CREA. | «Es un malnacido y un voceras que no puede guardar un secreto más de dos minutos.» DCB. | «Yo no soy un voceras, y además...» C. J. Cela, *Viaje a la Alcarria.* | «...un solo periodista, un simple voceras.» Jordi Sierra i Fabra, *El regreso de Johnny Pickup,* 1995, RAE-CREA.

2. chivato, informador.

«Paso de pestañí. Yo no soy un voceras.» Raúl del Pozo, *Noche de tahúres.*

volar *v.* irse, marcharse.

«...comprende uno que el pájaro a volado, que ya no está.» Francisco Umbral, *Mortal y rosa.* | «Lo que yo me temía —dijo Fermín. —O ha volado, que lo dudo, o se ha metido...» José Manuel Caballero Bonald, *Toda la noche oyeron pasar pájaros,* 1981, RAE-CREA.

2. ir deprisa.

«...y entre pláticas y bromas el tiempo se iba volando...» Laura Esquivel, *Como agua para chocolate,* 1989, RAE-CREA. ❚ «...en cuanto la dé el telele con el primer rascatripas que se la camele todo se marcha a hacer puñetas volando...» Ramón Ayerra, *Los ratones colorados.* ❚ ■· «Cuando la vi en el coche, volaba la tía. ¡Qué de prisa iba!»

volcado *adj.* sin dinero.

«volcado. Sin dinero. Más volcado que un autobús infantil.» Francisco Umbral, *Diccionario cheli.* ❚ «Estoy completamente volcado. No tengo un duro.» DCB.

voltio, dar(se) un voltio *expr.* pasear, dar un paseo.

«Cuando Aznar se da un voltio por las academias del jardín.» Jaime Campmany, ABC, 22.1.98. ❚ «Te montas en un minisubmarino y te dan un voltio a unos 45 metros por debajo del agua.» Ragazza, n.º 101. ❚ «...que es la farmacéutica de guardia para cuando Dios se da un voltio en el papamóvil.» Francisco Umbral, *La derechona.* ❚ «Julio, Newton y Ampere se fueron a dar un voltio y les dieron por el culombio.» R. Gómez de Parada, *La universidad me mata.* ❚ «...está deseando darse un voltio por ahí y estirar un poco las piernas.» C. Pérez Merinero, *Días de guardar.*

voluntad *s.* propina.

«Son doscientas y la voluntad —dijo con desparpajo.» Luis Camacho, *La cloaca.*

vomitado *s.* vómito.

«El líquido subía desde mi estómago [...] iba a ahogarme en mi propio vomitado.» Juan Madrid, *Un beso de amigo.*

*vomitar cf. (afines) basca, cambiar la *peseta, devolver, devolver la *mascada, echar la *papilla, echar la *pava, echar la *pota, echar la *raba, echar las *gachas, echar las *natillas, potar, rabar, vomitado, vomitera, vomitona.

vomitera *s.* vómito.

«El Charli estaba tirado al pie [...] de su propia vomitera rojiza.» Juan Madrid, *Un* beso de amigo. ❚ «...curso ancho de un río que le echa la vomitera a un gran lago...» Ramón Ayerra, *Los ratones colorados.* ❚ ■· «No pises esa vomitera de la acera.» ✓ DRAE: «vómito grande».❚

vomitina *s.* vómito.

«...es espectáculo de las jóvenes en plena vomitina, es de mal gusto...» Beatriz Pottecher, El Mundo, 30.7.99.

vomitivo *adj.* malo, repugnante.

«...supone la expresión de un machismo soez, vomitivo.» El Mundo, 28.2.98. ❚ «Llamadas a midianoche informando del supuesto accidente de un familiar. Son totalmente vomitivas.» Mala impresión, revista de humor con caspa, n.º 1. ❚ «...has tenido tiempo a acostumbrarte a tu físico y no te puede parecer vomitivo.» A. Gómez Rufo, *Cómo ligar con ese chico que pasa de ti o se hace el duro.* ❚ ■· «Este curso que dicta el catedrático López es un coñazo, es verdaderamente vomitivo.»

vomitona *s.* vómito.

«...y lo que primero fueron abrazos, luego son vomitonas y peleas...» Francisco Candel, *Donde la ciudad cambia su nombre.* ❚ «...con las escalerillas corroídas por las vomitonas de los mendigos.» Fernando Martínez Laínez, *Andante mortal.* ❚ «...las primeras borracheras, las primeras vomitonas...» Almudena Grandes, *Las edades de Lulú.* ❚ «...miles de individuos amarrrados a litronas llenas de calimocho y las botas insumisas manchadas de vomitonas.» La Luna, El Mundo, 18.6.99. ❚ «...la comida se me subió a la boca y tuve que luchar como un titán para no soltar la vomitona allí mismo.» C. Pérez Merinero, *La mano armada.*

voz, correr(se) la voz *expr.* divulgar noticia de palabra.

«...pero tuvieron todos buen cuidado de no correr la voz...» José Gutiérrez-Solana, *Madrid, escenas y costumbres, Obra literaria, I.* ❚ «Un buen día se corrió la voz de que una extremeña...» María Antonia Valls, *Tres relatos de diario.* ❚ «He hecho correr la voz, ya sabes...» José Luis Martín Vigil, *Los niños bandidos.*

2. llevar la voz cantante *expr.* ser el responsable, el que toma las decisiones, el que manda.

«La que llevaba la voz cantante [...] era ella.» C. Pérez Merinero, *El ángel triste.*

3. voz de pito *expr.* voz estridente y desagradable.

«Y esa voz de pito tan desagradable, que cuando grita no se sabe si está cabreada...» Eloy Arenas, *Los vecinos de mis vecinos son mis vecinos.* ❚ «Parásito cuya voz de pito no deja nunca de pedir algo.» R. Montero, *Diccionario de nuevos insultos...* ❚ «...dijo Alfredo con su voz de pito...» C. Rico-Godoy, *Cómo ser infeliz y disfrutarlo.* ❚ «...tenía una sospechosilla voz de pito que me hizo dudar...» B. Pérez Aranda *et al., La ex siempre llama dos veces.*

4. voz en cuello *expr.* a gritos, a voces.

«Damos vueltas a la Sagrada Familia cantando a voz en cuello.» Eduardo Mendoza, *Sin noticias de Gurb.*

vuelo, horas de vuelo *expr.* experiencia.

«Horas de vuelo. Veteranía, saber, manera, suma experiencia, alta práctica.» Rafael García Serrano, *Diccionario para un macuto.* ❚ «...nos regalaba su insulsa conversación, a la que sin duda, le faltaban muchas horas de vuelo...» Care Santos, *El tango del perdedor.* ❚ «...el servicio corre a cargo de una simpática oxigenada con muchas horas de vuelo.» Manuel Quinto, *Estigma.*

2. levantar el vuelo *expr.* irse, marcharse.

«Los dos varones levantaron el vuelo en cuanto se hicieron hombres...» C. J. Cela, *El espejo y otros cuentos.* ❚ «Y un buen día levantó el vuelo, cerró la trapería y se marchó...» Juan Marsé, *Si te dicen que caí.*

vuelta, a la vuelta de la esquina *expr.* muy cerca.

«...y las elecciones están a la vuelta de la esquina...» Jaime Campmany, ABC, 14.3.99. ❚ «Con el verano a la vuelta de la esquina...» TVE1, Informativos, 14.5.99.

2. a la vuelta lo venden tinto *expr.* expresión de enojo y rechazo.

«...mala sombra, a la vuelta lo venden tinto, finiquito y carretera, y no se supo más de él...» Ramón Ayerra, *Los ratones colorados.* I✔ DRAE: «fr. fig. y fam. usada para desentendernos de lo que nos piden».❚

3. darle vueltas *expr.* considerar, reflexionar.

«Mira, no le des más vueltas, esas consejas que vais a aplaudir...» Rosa Chacel, *Barrio de Maravillas,* 1976, RAE-CREA. ❚ «...paciente le escuchaba, le dijo ya no le des vueltas, Sara Lirio, te deja porque va a casarse...» Ricardo Elizondo, *Setenta veces siete,* 1987, RAE-CREA. ❚ «Llevo tiempo dándole vueltas...» J. Giménez-Arnau, *Cómo forrarse y flipar con la gente guapa.* ❚ «Está tan claro que no hace falta darle más vueltas al asunto.» B. Pérez Aranda *et al., La ex siempre llama dos veces.*

4. poner de vuelta y media *expr.* regañar, reñir, reprender.

«...salvo que la mujer de Guerrero lo pusiera de vuelta y media.» Ignacio Solares, *Nen, la inútil,* 1994, RAE-CREA. ❚ «...se le achucha, se le candonguea, se le pone de vuelta y media.» Francisco Nieva, *Coronada y el toro,* 1982, RAE-CREA. ❚◼ «Cuando venga Antonio lo voy a poner de vuelta y media, ya verás.»

vulgaris *adj.* vulgar, de mal gusto.

«Cuando vivía en Barcelona tenía una bañera vulgaris, marca Roca...» Cambio 16, 16.2.90. ❚◼ «No me va la gente con modales así, vulgaris, ¿sabes?»

*vulva cf. (afines) agujero, alcachofa, almeja, arrope, asunto, bacalada, bacalao, barba, beo, bollo, breva, castaña, chichi, chima, chipichí, chirimbolo, chirla, chisme, chocha, chochete, chochín, chocho, chochuelo, chumino, chupajornales, concha, conejo, coñete, coño, cosa, felpudo, gatito, guardapolvos, hendidura, higo, lo, madriguera, minino, ñoca, pájara, panocha, papo, parrús, patata, pelambrera, potorro, raja, ranura, seta, surco, triángulo de las Bermudas.

Ww - Yy

wáter closet *s.* retrete.

«¡Hemos estado en el wáter closet! ¿No se dice así?» Miguel Martín, *Iros todos a hacer puñetas.* ❙ «...por ejemplo retrete, excusado, lavabos, servicio, cuarto de baño, water, etc.» Margarita Fraga Iribarne, ABC, 9.8.98.

ya *adv.* sí, de acuerdo, entiendo.

«Ya. Lo siento. Es que estaba...» José Ángel Mañas, *Historias del Kronen.* ❙ «Ya, pero yo aspiro a algo más.» José Ángel Mañas, *Historias del Kronen.* ❙ «Ya, por fin te tengo.» DCB. ❙◗ «Ya, creo que sí.»

2. inmediatamente, ahora mismo.

«Pues hay que salir, pero ya.» Gomaespuma, *Grandes disgustos de la historia de España.* ❙ «No podemos esperar ni un minuto más. Esto hay que hacerlo ya.» DCB.

yemas *s. pl.* testículos.

«¡Qué yemas tienen tan ricas / las hermanas Dominicas.» A. Ussía, *Coñones del Reino de España.* ❙ «...algún vinito generoso y algunas yemas de monjas, que endulzar yemas a las monjas, se les da como a nadie.» Germán Sánchez Espeso, *La reliquia.* ❙◗ «¡Me pegó una patada en las yemas que me dejó turulato!»

yet *s.* gente bien, fatuos nuevos ricos.

«...Octavio Acebes, el vidente de la yet, debuta sobre tablas...» El Mundo, 20.2.96. ❙◗ «Los de la yet dan fantásticas fiestas en Marbella.» ✓ del inglés *jet set.* ▶ *jet.*❙

yeti *s.* persona fea.

«...aquellos otros que te den un cierto, aunque lejano, parecido al abominable hombre de las nieves, también conocido como el Yeti.» A. Gómez Rufo, *Cómo ligar con ese chico que pasa de ti o se hace el duro.* ❙ «Yeti: Feo.» Ángel Palomino, *Insultos, cortes e impertinencias.*

yeyé *s.* condena carcelaria.

«Al Neque le había caído la *yeyé,* que es como le llaman allí a la pena de prisión menor, de cuatro años, dos meses y un día...» Andreu Martín, *Lo que más quieras.*

***yo** cf. (afines) chache, este cura, el hijo de mi madre, mi menda, mi menda lerenda, servidor, el que suscribe.

yogur ▶ *yogurcito.*

yogurcito *s.* chica atractiva.

«Si usted no quiere pasar por retablo, carroza, o retro; si ya no se puede decir que sea un bollicao o una yogurcito...» Luis Ignacio Parada, ABC, 13.12.98. ❙ «La niña yogur, de talle esbelto, de labios de pez, labios pintados de negro...» Raúl del Pozo, *La novia.* ❙ «Los *yogurcitos* de la casa se atiborran...» Luis Ignacio Parada, ABC, 1.8.99. ❙◗ «Mira esa yogurcito qué buena está la tía.» ✓ ▶ *yogurina.*❙

yogurín ▶ *yogurina.*

yogurina *s.* chica atractiva.

«Las yogurinas seguían patinando en biquini...» Francisco Umbral, El Mundo, 30.8.98. ❙ «...las lenguas anabolenas marujean que las mamás están buscando casar a la yogurina con el heredero.» Francisco Umbral, El Mundo, 2.1.99. ▌ «Sin problemas, seguro que me lo paso genial con esos yogurines.» Ragazza, agosto, 1997. ✓ *yogurín* es masculino. ▸ *yogurcito*.▐

yogurtera *s.* coche de la policía.
«Yogurtera: coche zeta de la policía.» JMO. ▌ «Yogurtera. Coche blanco de la guardia urbana.» S. ▌ «Yogurtera. Coche blanco de la policía.» JGR. ▌ ▪ «Una yogurtera con cinco polis ha estado persiguiendo a los ladrones.» ✓ no se ha podido documentar fuera de diccionarios.▐

yonkarra *s.* drogadicto.
«¡Askeroso!, ¡Guarro!, ¡Yonkarra de mierda!» José Ángel Mañas, *Sonko95*.

yonki *s.* drogadicto.
«...podría llevar a Tabacalera a los tribunales por haberme convertido en un yonki de la combustión de la nicotina...» Felipe Benítez Reyes, ABC, 25.1.98 ▌ «yonqui. Drogadicto que se inyecta en vena.» Francisco Umbral, *Diccionario cheli*. ▌ «¿Era un yonqui?» Pedro Casals, *La jeringuilla*. ▪ «Los pobres junkies tienen que esperar turno para que les den la dosis.» ✓ también *yonqui*.▐

yonqui *s.* drogadicto.
«...y tenían esa expresión en los ojos entre alelada y astuta que poseen los yonquis...» Juan Madrid, *Flores, el gitano*. ▌ «Esto me pasa por asociarme con yonquis, caviló mientras arrinconaba el gran cubo...» Mariano Sánchez, *Carne fresca*. ▌ «...una irónica y descreída yonqui...» El Mundo, Metrópoli, 23.4.99. ▌ «En cuanto al danés de Calahorra y sus aficiones de yonqui...» Ernes-

to Parra, *Soy un extraño para ti.* ✓ ▸ también *yonki*. Del inglés *junkie, junky*.▐

yuma *s.* extranjero.
«Yoya no era señorita, pero jamás había estado con un yuma.» Las Provincias, revista MH, 17-23 julio, 1999.

yupi *s.* ejecutivo joven.
«Sí, pero anda que no hay que aguantarle pijadas al yupi de Pat.» José Ángel Mañas, *Historias del Kronen*. ▌ «...porque el motociclista era un yupi jovencito...» Francisco Umbral, *Madrid 650*. ▌ «Tiene aspecto de yuppi y lo es a su modo...» A. Matías Guiu, *Cómo engañar a Hacienda*. ▌ «El yuppi se dopa con coca y el colegial con sellos de correos...» Francisco Umbral, El Mundo, 21.7.98. ▌ «...el argumento es como sigue: un gil, yuppy, ejecutivo él...» Juan Madrid, *Crónicas del Madrid oscuro*. ✓ anglicismo, *young urban professional,* que se escribe en castellano de diferentes maneras: *yupi, yuppi, yuppie, yupy*. Para el *Diccionario Clave* proviene de «Young Urban and Proffesional *(sic)* People».▐

yute *s.* anciano.
«Yute: anciano.» JGR. ▌ «Yute. Viejo.» S. ▌ «Yute. Anciano, octogenario.» Ra. ▌ ▪ «Es un yute, un viejo tonto.» ✓ no se ha podido documentar fuera de diccionarios.▐

yuyu *s.* miedo, temor.
«...una comida extremadamente rica en colesterol, el gran yuyu del joggista.» Juanma Iturriaga, *Con chandal y a lo loco*. ▌ «...tengo bajones y eso que desde que me dio el yuyu una noche...» José Ángel Mañas, *Sonko95*.

Zz

zambombazo, dar un zambombazo *expr.* golpear, pegar.

«...tu compañero lanzó un zambombazo con la zurda...» Varios autores, *Cuentos de fútbol,* 1995, RAE-CREA. ▮ «...sin inquietarle que un zambombazo le costase algo más que perder la peluca...» Pau Faner, *Flor de sal.* |✓ de *estampido* o *golpe fuerte.* Para el DRAE es un *porrazo, golpazo.*|

zampa *s.* comida.

«La zampa: la comida.» JMO. ▮ «La zampa: la comida.» JV. ▮ «Cuando menos lo piensas llega el azar y se los zampa, mierda.» Fanny Rubio, *La sal del chocolate,* 1992, RAE-CREA. ▮ «Me gustaría tener una cocinera que me plantara la zampa sin que yo tuviese que decir nada.» C. Pérez Merinero, *Días de guardar.*

zampabollos *s.* persona que come mucho, glotón.

«La Abuela no le llamaba por su nombre: decía *el cascarra, el tragaldabas, el zampabollos...*» Andrés Berlanga, *La gaznápira.* ▮ «...zampabollos en edad de merecer pero corto de luces...» Ramón Ayerra, *Los ratones colorados.* |✓ DRAE: «com. fam. zampatortas, comilón, tragón».|

zampar *v.* comer.

«Y debutó ¡zampándose un whopper!» Ragazza, n.° 101. ▮ «...ya se podían sentar a la mesa de una vez y no zamparse más tapas...» A. Zamora Vicente, *Mesa, sobremesa.* ▮ «Finita, disimulando, agarró con los dedos un mejillón y se lo zampó en un san-

tiamén.» F. Vizcaíno Casas, *Hijas de María.* ▮ «Comen con apetito de gente acostumbrada a zamparse un panecillo sin pensar en las calorías.» Ángel Palomino, *Todo incluido.* ▮ «...y se zampaba tres porras con el café...» Manuel Hidalgo, *Azucena, que juega al tenis.* ▮ «...bromeando con que si seguía zampando así iba a acabar como un tonelete...» Andrés Berlanga, *La gaznápira.* ▮ «Tenía la angustiosa sensación de zamparme un polvorón...» Ernesto Parra, *Soy un extraño para ti.* ▮ «Ya engordé dos quilates. Pues verán cuando me la haya zampado.» C. Pérez Merinero, *Días de guardar.* |✓ DRAE: «comer o beber apresurada o excesivamente».|

zampatortas *s.* glotón, persona que come mucho.

«Y si encima come mucho, más delito tiene, por tragón, carpanta, comilón,... tragaldabas, zampabollos, [...] zampatortas, come más que una lima...» AI. ▮ «...tenemos que reconocer que este zampatortas, dueño de la taberna, es un tío con toda la barba...» José Gutiérrez-Solana, *Madrid callejero, Obra literaria, II.* |✓ DRAE: «com. fam. zampatortas, comilón, tragón».|

zanahoria *s.* pene.

«Zanahoria. Es met. formal (la pija semeja una zanahoria). Pija.» DS. ▮ «Conejitas. Me encanta comer zanahorias. ¿Traes una para mí?» Anuncio clasificado, ABC, 12.7.98. ▮ «Zanahoria: el pene.» JV. ▮ «Zanahoria: pene.» JMO. ▮ «Zanahoria. Esta raíz, vulgarmente llamada *consuelo de viuda* empezó a cultivarse en Europa en el siglo XVII.» Isabel Allende, *Afrodita.* ☑ ▸ para más información el *Diccionario secreto* de C. J. Cela.|

zancadilla, poner (echar, hacer) la zancadilla *expr.* obstaculizar para perjudicar a alguien.

«Alguien empieza a envidiarte y querrá ponerte la zancadilla pero no se saldrá con la suya.» SúperPop, junio, 1999.

zangolotino *s.* jovencillo, mozalbete, imberbe.

«Aquel zangolotino con patas de gallo me estaba dando el día.» Fernando Repiso, *El incompetente.*

zanguango *s.* haragán, perezoso.

«Lo que pasa es que algunos no tienen los pantalones donde deben, para tenérselas tiesas a esa zanguanga...» Andrés Berlanga, *La gaznápira.* ▮ «La capacidad de trabajo es casi una virtud, por lo que la correspondiente ristra de insultos fustiga a quienes huyen de él: [...] remolón;... manta;... rompesillas;... escaqueao;... zanguango;... más vago que la chaqueta de un guardia;...; no dar golpe; [...] no pegar golpe;...» AI. ☑ DRAE: «adj. fam. Indolente, embrutecido por la pereza. Ú. m. c. s.».|

zanquilargo *s.* persona alta, de piernas largas.

«Era un tipo zanquilargo y musculoso, sin cuello, cara redonda...» Andreu Martín, *Amores que matan, ¿y qué?*

zapas *s. pl.* zapatillas.

«¿Dónde están tus zapas? ¿Y tus calcetines?» ABC, 20.2.98. ▮ «Hoy lleva unas zapas como las mías.» José Ángel Mañas, *Mensaka.*

zapatazo *s.* regatear con el balón.

«...el arte del regate y del chut, también llamado ahora zapatazo...» Fernando Lázaro Carreter, *El dardo en la palabra.*

zapatiesta *s.* jaleo, trifulca, pelea.

«Los dejé solos un momento y ¡menuda zapatiesta organizaron!» CL. ▮ «Zapatiesta. Trapatiesta, riña, jaleo, alboroto.» VL. ▮ «Zapatiesta: escándalo, alboroto.» JMO. ☑ no la reseña el DRAE.|

zapatobús, ir en zapatobús *expr.* caminar, andar, ir a pie.

«Zapatobús, en zapatobús. A pie, andando.» VL. ▮ «En zapatobús: andando.» JMO. ▮ «Ir en zapatobús. Ir andando.» S. ☑ no se ha podido documentar fuera de diccionarios.|

*****zapatos** *cf.* (afines) calcos, calcorros, papos, tachines.

zapear *v.* cambiar los canales de televisión con un mando a distancia.

«Mando en mano iba zapeando los canales de la televisión...» Lucía Etxebarría, *Beatriz y los cuerpos celestes.* ▮ «Razones para zapear...» El Mundo, La Luna, 30.4.99. ☑ del inglés *to zap: to skip or delete (TV commercials).*|

zapin, hacer zapin *expr.* cambiar constantemente de canal de televisión.

«...al ver que mi suegro cambiaba con el zaping unas escenas subidas de tono.» Chumy Chúmez, *Por fin un hombre honrado.* ▮ «Me pone muy nerviosa que en medio de una película te pongas a hacer zapping.» CL. ▮ «Cristina, sin inmutarse, practicaba el zapping en un vano intento de escaparse de la publicidad...» Eloy Arenas, *Los vecinos de mis vecinos son mis vecinos.* ▮ «Tras cinco minutos de compresas y uno de papel higiénico, regreso al zapping...» El Mundo, La luna del siglo XXI, n.° 11, 18.12.98. ▮ ▪ «A mi madre le encanta hacer zapin. No se puede ver nada en la tele cuando ella está con el mando en la mano.» ☑ *zapin, zaping, zapping,* del inglés.|

zaquizamí *s.* casa.

«En los tiempos de roja bohemia en que andábamos buscando un zaquizamí por Madrid [...] huíamos con pavor de los pisos con vieja.» Francisco Umbral, El Mundo, 15.7.98. ▮ «...habría faltado que alguien hubiese encontrado un zaquizami camuflado...» Miguel Sánchez-Ostiz, *La gran ilusión,* 1989, RAE-CREA.

Zaragoza, ser de Zaragoza *expr.* terco, obstinado.

«No hay quien haga cambiar de opinión a Nicanor, es de Zaragoza el tío.» DCB. ☑ los zaragozanos tienen fama de ser porfiados. Con la expresión *A Zaragoza o al char-*

co explica J. M.ª Iribarren en su *El porqué de los dichos* la supuesta tozudez de los aragoneses.|

zarpa *s.* mano.
«Me puso la zarpa en el brazo.» Juan Madrid, *Un beso de amigo.* | «El recluso Seisdedos pasaba los días leyendo cuantos libros caían en sus zarpas...» Mariano Sánchez, *Carne fresca.* | «¡Quietas las zarpas! ¡Tú pasas al magreo en un santiamén!» Miguel Ángel Rellán, *Crónica indecente de la muerte del cantor,* 1985, RAE-CREA.

2. echarle la zarpa a *expr.* apresar, detener, pescar.
«Sólo cuando la pasma le echa la zarpa...» Francisco Umbral, *Madrid 650.* | ▪ «Cuando la poli te eche la zarpa lo vas a pasar mal, ya verás.»

zarrapastroso *s.* desaliñado, indeseable.
«¡Abandone esta casa, zarrapastroso!» Juan Madrid, *Un beso de amigo.* | «Con los vestidos sucios, rotos o descuidados.» MM. | «Zarrapastroso. Persona despreciable, andrajosa y vil.» IND. | ▪ «Perico va muy sucio y con la ropa hecha jirones, es un zarrapastroso. Yo creo que no es cuestión de dinero, es que le gusta ir así.» |✔ es estándar.|

¡zas! *excl.* onomatopeya que indica rapidez.
«...y de pronto, zas, a otra cosa mariposa.» Ramón Escobar, *Negocios sucios y lucrativos de futuro.* | «Me despidieron por pretender ser honrado (zas)...» Jesús Ferrero, *Lady Pepa.* | «Y ¡zas!, me pegó un par de hostias en la cara.» DCB. | «...pues puede aparecer el encargado y, ¡zas!, te jode, te quita media hora.» Juan Madrid, *Crónicas del Madrid oscuro.* | «...no te vamos a dejar ni a sol ni a sombra, y en cuanto cometas un desliz, ¡zas!...» Mariano Sánchez, *Carne fresca.* | «...en cuanto te confiabas ¡zas! te hacían la putada.» Ilustración, Comix internacional, 5.

zeta *s.* coche de la policía.
«Dos coches Zeta de la policía estaban aparcados...» Juan Madrid, *Las apariencias no engañan.* | «Zeta coche patrulla de la policía.» VL. | «Zeta. Coche patrullero de la policía nacional.» JMO. | «Varios zetas lle-

garon al lugar de los hechos.» CL. | «Los Zetas han dejado los faros encendidos y las radios grillan en la oscuridad.» José Ángel Mañas, *Sonko95.*

zi *adv.* pronunciación ñoña de sí.
«Zí, ¿qué quieres?» DCB.

zipizape *s.* riña, pelea escandalosa.
«Se organizó un zipizape de aquí te espero.» Juan Madrid, *Un beso de amigo.* | ▪ «¡Menudo zipizape se armó!»

2. alboroto.
«Menudo zipizape armó el gato intentando cazar un ratón.» CL. | «Voy a ir a la tienda y voy a armar un zipizape para que me devuelvan el dinero.» DCB. |✔ según José M.ª Iribarren, *El porqué de los dichos,* es una fórmula de repetición, carente de sentido y de explicación como *rifi-rafe, trochi-mochi, tiquis-miquis...* Es castellano estándar.|

zoca *s.* zurdo.
«Zoca: zurdo.» JMO. | «Zoca: zurdo, zocato.» JV. | «Zoco-a, zurdo.» MM. | «Zoca. Zurdo.» Ra. | «Zoco (zurdo)...» IND. |✔ no se ha podido documentar fuera de diccionarios.|

zombi *s.* bobo, necio, atontado.
«Sin duda estará zombi.» Terenci Moix, *Garras de astracán.* | «Se volvió y vio a Javi paseando por el piso como un zombi.» Luis Camacho, *La cloaca.* | «...callejeaban como zombis los exhaustos participantes en el jolgorio...» Manuel Hidalgo, El Mundo, 2.1.99. | «Durante tres semanas estuve absolutamente zombi.» M. Ángel García, *La mili que te parió.* | ▪ «Es un zoquete, un bobo, parece un muerto viviente, un zombi que no comprende nada.» |✔ se supone que un zombi es un muerto viviente.|

zopenco *s.* necio, tonto.
«Que si es muy listo, que si es muy guapo, que si es un gran deportista..., aunque el niño sea un zopenco.» Gomaespuma, *Familia no hay más que una.* | «Zopenco. Se le dice al tonto y abrutado.» IND. | «Mitad ganso, mitad zopenco.» R. Montero, *Diccionario de nuevos insultos...* | «...aunque va de intelectual, es bastante zopenca.» B. Pérez Aranda *et al., La ex siempre llama dos veces.* | ▪ «Tu marido es un zopenco ignorante

que nunca llegará a nada.» ✓ DRAE: «adj. fam. Tonto y abrutado. Ú. t. c. s.».|

zoquete *s.* necio, tonto. torpe.

«Eres un zoquete y ya no sé qué hacer para que me entiendas.» CL. ▌ «Inteligentes y cultos o auténticos zoquetes...» A. Gómez Rufo, *Cómo ligar con ese chico que pasa de ti o se hace el duro.* ▌ «Hombre, en política, maderos, tarugos y zoquetes siempre los hay...» Jaime Campmany, ABC, 7.2.99. ▌■ «Es muy lento en comprender lo que se le dice, es un zoquete.» ✓ quizá porque es un trozo de madera, un tarugo.|

zorra *s.* mujer promiscua.

«Has visto a esa zorra de Amalia?» Francisco Umbral, *Balada de gamberros.* ▌ «¿Qué decía esa zorra?» Rosa Montero, *La hija del caníbal.* ▌ «Se autodefinen como grandes conocedores de la fauna bacalao, ganados, gallinas, cerdas, zorras...» R. Gómez de Parada, *La universidad me mata.* ▌ «Mi hija, como siempre, que me ha salido zorra...» Chumy Chúmez, *Por fin un hombre honrado.* ▌ «Encima de zorra es una extraterrestre con miedo a los pinchazos» Jaime Romo, *Un cubo lleno de cangrejos.*

2. prostituta.

«A esta zorra le pasa algo.» Francisco Umbral, *Balada de gamberros.* ▌ «¡Hasta en la Casa Civil del Jefe del Estado saben que eres una zorra!» Miguel Martín, *Iros todos a hacer puñetas.* ▌ «...pensó que no sólo parecía la zorra más maciza con la que se había topado en su vida...» Fernando Martínez Laínez, *La intentona del dragón.* ▌ «...es un antro de zorras.» Juan Madrid, *Las apariencias no engañan.* ✓ *Diccionario de autoridades*: «Llaman alusivamente a la mala muger, o ramera.» DRAE: «Prostituta, mujer pública». ▸ *zorrilla.*|

3. mujer indeseable.

«Pide por esos labios de zorra.» Terenci Moix, *Garras de astracán.* ▌ «¡Zorra, más que zorra!» Terenci Moix, *Garras de astracán.* ▌ «Todavía están esperando Celia y Rosa que les pida perdón aquel salvaje diputado socialista que las llamó zorras.» Jaime Campmany, ABC, 1.3.98. ▌ «La zorra sigue tecleando hasta que le arranco la hoja de la máquina de escribir.» José Ángel Mañas,

Mensaka. ▌ «Estás liada con el gitano, zorra.» Juan Madrid, *Flores, el gitano.* ▌ «...la llamó tía zorra, borracha, perra, y añadió que su marido era un cabronazo.» Pío Baroja, *El árbol de la ciencia.*

4. no tener ni zorra (idea) *expr.* no saber, ignorar completamente.

«...que no tiene ni zorra idea de dibujar...» Manuel Hidalgo, *Azucena, que juega al tenis.* ▌ «¿A qué no sabes lo que significa...? —Ni zorra.» Mariano Sánchez, *Carne fresca.* ▌ «...no tengo ni zorra idea.» C. Pérez Merinero, *Días de guardar.* ▌■ «Eres un ignorante y no tienes ni zorra idea de nada de nada.»

5. pillar una zorra *expr.* embriagarse.

«Para indicar que un individuo se ha embriagado, en toda América y en España usan locuciones como éstas: [...] Pillar una mona o una zorra.» J. Sánchez Camacho, *Dicc. Hsantandereana*, RAE. ✓ DRAE: «fig. y fam. Embriaguez, borrachera».|

zorrilla *s.* joven disoluta, prostituta joven.

«Pero esa zorrilla supo ver hasta detrás de las gafas...» Ángel Palomino, *Las otras violaciones.* ▌ «¿Qué niña? Esa zorrilla; no te hagas el tonto.» Ángel Palomino, *Todo incluido.* ▌■ «La Pepa ya a sus catorce años es una zorrilla.» ✓ diminutivo de *zorra.*|

zorro *s.* hombre astuto, sagaz y taimado.

«¡Eres un viejo zorro!» Luis Camacho, *La cloaca.* ▌ «...es zorro viejo y ha tejido una complicada tela de araña en la que han caído...» J. Martínez Reverte, *Demasiado para Gálvez,* 1979, RAE-CREA. ▌ «...por su prestigio y su habilidad de zorro viejo...» Isabel Allende, *Eva Luna,* 1987, RAE-CREA. ✓ no se emplea en femenino por tener *zorra* otro significado.|

2. hecho unos zorros *expr.* cansado, en mal estado.

«...y con una enfermera poderosa a la que metía mano, resultaba más que normal que estuviese como unos zorros.» Pgarcía, *El método Flower.* ▌ «...quedará también hecho unos zorros.» P. Antilogus, J. L. Festjens, *Anti-guía de los conductores.* ▌ «...pensando en sus colegas, hechos unos zorros.» Fernando Martín, *Cómo aprobar todo sin dar ni chapa.* I «He vuelto a casa hecha unos zorros...» María Antonia Valls, *Tres relatos de diario.* I ▪ «He quedado hecho unos zorros de tanto pencar.» ✓ María Moliner: «zorros: utensilio para sacudir el polvo de los muebles, etc. hecho con tiras de piel...».I

zorrón *s.* mujer promiscua, prostituta.

«...con eso de tener los labios gruesos y una pinta de zorrón de aquí te espero, se los lleva de calle...» A. Gómez Rufo, *Cómo ligar con ese chico que pasa de ti o se hace el duro.* I «Dos zorrones, dos vejestorios que llevan la cara llena de cal...» José Gutiérrez-Solana, *Madrid, escenas y costumbres, Obra literaria, I.* I «Y os digo, por más que os cause enojo, / que son tan necesarios los zorrones.» José de Espronceda, *La casada.* ✓ ▸ C. J. Cela, *Revista de Occidente, Tercera época, n.° 4.* Aumentativo de zorra.I

zorrona *s.* mujer promiscua, indeseable.

«...Bea y yo estamos como reyes pero me toca la polla que haya gente como las zorronas esas...» José Ángel Mañas, *Mensaka.* I «¡Qué mojada está la muy zorrona!» C. Ducón, *El hotel de las orgías.* I «¿Y el mejor modo de hacerlo es dejar que esa zorrona insulte a tu futura esposa?» Care Santos, *El tango del perdedor.* I ▪ «La del quinto es una zorrona que va detrás de todos los tíos casados del barrio.» ✓ aumentativo de zorra.I

zote *s.* necio, tonto.

«Yo me hice mayor con la absoluta creencia de que era un zote con buena voluntad para el estudio.» Marisa López Soria, *Alegría de nadadoras.* I «No seas zote, Pucha.» Manuel Quinto, *Estigma.* I «...que para follar a manta no hay que ser zote, que hay que ser listo...» Ramón Ayerra, *Los ratones colorados.* I «Pero los muy zotes me miraron sin comprender...» C. Pérez Merinero, *La mano armada.* I ▪ «El zote de tu hermano ha vuelto a suspender historia.»

zullón *s.* ventosidad.

«Pedo. Es una ventosidad que se repele por el ano, y que, como sinónimos, tiene: cuesco, traque, pedorrera, ventear, irse,... zullón...» José M.ª Zabalza, *Letreros de retrete y otras zarandajas.*

zulo *s.* mazmorra de terroristas.

«...que deriva del vasco zulo, agujero pequeño.» Rafael García Serrano, *Diccionario para un macuto.* I «...a mí este señor me recuerda a ese *machaparru* que hace zulos y ha salido en la tele su foto.» María Teresa Campos, *Cómo librarse de los hijos antes de que sea demasiado tarde.* I «Más que un dormitorio, aquello parecía un zulo.» El Gran Wyoming, *Te quiero personalmente.*

zumbado *adj.* y *s.* demente, loco.

«Aquí, donde todo el mundo aporta confusión, fantasía mala, imaginación de policía zumbado...» Francisco Umbral, El Mundo, 18.2.98. I «...llegó al casino de Torrelodones con el fabricante de pan, un zumbao, según la propia definición de Blasfemo...» Raúl del Pozo, *Noche de tahúres.* I «Creo que estás zumbado, compadre.» Juan Madrid, *Las apariencias no engañan.* I ▪ «Carlos parece que está más zumbao que el tambor de un indio.»

zumbar *v.* ir de prisa.

«Zumba a ciento veinte por la autopista de barajas...» Ángel Palomino, *Todo incluido.* I «Vio que salía zumbando hacia Madrid...» Ernesto Parra, *Soy un extraño para ti.*

2. robar.

«Zumbar: Robar con violencia.» JGR. I ▪ «La Petra ahora se dedica a zumbar bolsos en el supermercado.»

3. golpear.

«A nosotros nos dice: Zumba a ése, y zumbamos a ése. No hay nada personal.» Andreu Martín, *El señor Capone no está en casa.* I «...y se conoce que le han zumbado bien esta vez [...] lleva una buena tajada...» Juan Marsé, *Últimas tardes con Teresa.* ✓ DRAE: «tr. fam. Tratándose de golpes, dar, atizar. *Le zumbó una bofetada*».I

4. zumbarse *v.* masturbarse.

«¡Que dejes de zumbártela!» El Víbora, n.° 143. I «Zumbársela: masturbarse el hombre.» JMO. I «De vez en cuando se la zumbaba en el sobrao.» JM.

5. zumbarse *v.* comer, beber.

«Después de zumbarse unas cuantas de las cajas de whisky que se apilaban allí...» Andreu Martín, *El señor Capone no está en casa.*

6. zumbarse a alguien *v.* copular el hombre.

«Se la zumbó un hombre madurito que a ella le gustaba mucho.» JM. ▌«Hasta tías me zumbé allí dentro.» C. Pérez Merinero, *Días de guardar.* ▌«Sin renunciar a follarse a una, a jodérsela, a picársela, zumbársela, tirársela, calzársela, cepillársela, apalancársela.» Luis Goytisolo, *Recuento,* en DE. ▌«...esta noche traigo una jai y me la zumbo.» José Luis Martín Vigil, *Los niños bandidos.* ▌«...el que se zumba a Basilisa...» Ramón Ayerra, *Los ratones colorados.* ▌◼ «¿Te la has zumbado ya a la profesora de inglés?»

zumo de vaca *expr.* leche.

«Zumo de vaca: leche.» JMO. ▌«Zumo de vaca: leche.» Ra. ▌◼ «Yo prefiero siempre un buen vino al zumo de vaca.» ✔ no se ha podido documentar fuera de diccionarios.▌

zurcir, ¡que te zurzan! *excl.* exclamación de rechazo.

«Ya no aguanto más porque estoy de ti hasta el bigote. ¡Que te zurzan!» Idígoras y Pachi, El Mundo, 9.8.99. ▌«Y las chuletas, que las zurzan, coño!» A. Zamora Vicente, *Desorganización.* ▌«¿Sabes lo que te digo, majo? ¡Que te zurzan!» JM. ▌«Si no quieres venir, que te zurzan.» CL. ▌«...adiós Monchel; ¡y que te zurzan!» Andrés Berlanga, *La gaznápira.* ▌«¡Anda y que te zurzan!» C. Pérez Merinero, *El ángel triste.* ▌«...le decía cosas del tipo de *anda y que te zurzan.*» María Antonia Valls, *Tres relatos de diario.* ▌«Anda que te zurzan el virgo, so puta.» C. Pérez Merinero, *Días de guardar.*

zuri, darse el zuri *expr.* irse, marcharse.

«¡Date el zuri, chavea, si no quieres que te avíe.» JM. ▌«...en cuanto comen, se dan el zuri.» Ignacio Aldecoa, *El fulgor y la sangre.* ▌◼ «Nos dimos el zuri porque la cosa se ponía fea.»

zurra, dar una zurra *expr.* golpear, pegar.

«...sus maridos les daban una zurra.» Isabel Allende, *La casa de los espíritus,* 1982, RAE-CREA. ▌«¿Qué importa una zurra? Duelen más otras cosas...» Paloma Pedrero, *Besos de lobo,* 1987, RAE-CREA. ▌«Como seas malo te daré una zurra.» CL. ▌◼ «¡Te prohí-

bo que zurres a tu suegra! La pobre está llena de cardenales por todo el cuerpo.» ✔ es estándar.▌

zurrado *adj.* derrotado, vencido.

«...aquel ángel de criatura, con sus seis añitos y ya zurrado para los restos...» Ramón Ayerra, *La lucha inútil,* 1984, RAE-CREA. ▌◼ «El Real Madrid quedó zurrado bien en el Bernabeu anoche.»

2. estropeado, usado, viejo.

«...atiende a la voz de un tipo muy zurrado...» Ramón Ayerra, *Los ratones colorados.*

zurrapa *s.* mancha fecal en la ropa interior baja.

«Pues bien, con esta orina, alias meada, y estas heces sobrenombradas zurrapa...» José M.ª Zabalza, *Letreros de retrete y otras zarandajas.* ▌«Zurrapa. 2. Coloquial: mancha de excremento en la ropa interior.» CL. ✔ ▸ también *palomino(s), zurraspa.* Para María Moliner es *pequeña porción de cualquier sustancia blanda que constituye suciedad...*▌

zurrar *v.* golpear, pegar.

«Pensó para sus adentros: A éste le voy a zurrar.» J. M.ª Gironella, *Los hombres lloran solos,* 1986, RAE-CREA. ▌«...a los niños de los ricos sus madres los tienen que zurrar para que coman.» Asenjo Sedano, *Eran los días largos,* 1982, RAE-CREA. ▌«...me han zurrado y machacado...» El Mundo, 15.12.96. ▌◼ «El gordo de la cabeza rapada dice que te va a zurrar a la salida.» ✔ DRAE: «fig. y fam. Castigar a uno, especialmente con azotes o golpes».▌

2. zurrar la badana ▸ *badana, zurrar (curtir, tundir, sobar, sacudir, zumbar, cascar, tostar, calentar) la badana.*

zurraspa *s.* pueblerino, ignorante.

«Zurraspa: ignorante, pobre, desprotegido.» JV. ▌«Zurraspa. Zorrocotronco, garrulo, rústico.» Ra.

2. mancha de suciedad en calzoncillos o bragas.

«Zurraspas: restos de excremento humano en la ropa interior.» IND. ▌«Zurraspa: suciedad, adherencia fecal.» JMO. ✔ ▸ también *palomino(s).*▌

zurre *s.* paliza.

«Jodeeer, qué zurre les hemos metido en el cuerpo.» Miguel Martín, *Iros todos a hacer puñetas.*

zurriagazo *s.* trago, bebida.

«Es memorable el capítulo en el que se muestra al padre de Jon alternando entre la oración y el zurriagazo.» Norma Sturniolo, El Mundo, 2.1.99. ▍«Un par de zurriagazos en ese bar te pondrán como nuevo y te quitarán el dolor de cabeza, tío.» DCB.

2. cópula, coito.

«Dio un zurriagazo en un hotel de las afueras de Madrid.» JM.

LISTADO de **personas citadas**

Luján, Néstor
Luque, Juan de Dios
Machado, Antonio
Madrid, Juan
Magnabosco, Ana
Mahieu, Roma
Maldonado, Concepción
Mañas, José Ángel
Maqua, Javier
María, Gerardo
Marías, Javier
Marín Bellón, Federico
Marina, Lorenzo
Mariño, Henrique
Márquez, Jorge
Márquez Reviriego, Víctor
Marsé, Juan
Marshall, Delfín C.
Marsillach, Adolfo
Martín, Andreu
Martín, Fernando
Martín, Jaime
Martín, Jos
Martín, Miguel
Martín Artajo, J.
Martín de los Santos, Carlos
Martín del Campo, David
Martín Elices, Mariano
Martín Ferrand, Manuel
Martín Gaite, Carmen
Martín Prieto, José Luis
Martín Recuerda, José
Martín Santos, Luis
Martín Seco, Juan Francisco
Martín Vigil, José Luis
Martínez, Montserrat
Martínez, Tomás Eloy
Martínez Álvarez, J.
Martínez Ballesteros, Antonio
Martínez Kleiser, Luis
Martínez Laínez, Fernando
Martínez Mediero, Manuel
Martínez Mesanza, Julio
Martínez Reverte, Jorge
Mas, J.
Mascó, Judit
Mateo, Juan
Mateo Díez, Luis
Mateu, Susana
Matías Guiu, Armando
Maurell, Pilar
Máximo
Melgares, Francisco
Melús, Javier
Memba, Javier

Mendicutti, Eduardo
Mendizábal, Rafael
Mendoza, Eduardo
Mendoza, María Luisa
Merino, Ignacio
Metlikovez, Rafael
Miguel, Amando de
Mihura, Miguel
Millán, José Antonio
Millás, Juan José
Mingote, Antonio
Miralles, Alberto
Miras, Domingo
Misrahi, Alicia
Moix, Ana María
Moix, Terenci
Mojarro, Tomás
Molina Foix, Vicente
Moliner, María
Moncada, Santiago
Montado, Alejo
Montaño, Alfredo
Montarco, El Conde de
Montelongo, Chano
Montero, Mayra
Montero, Ricardo
Montero, Rosa
Montoya, Adolfo
Mora Montes-Figueroa, A.
Moral, Carlos
Moral, Rafael del
Morales, Alejandro
Morena, José Ramón de la
Moreno, José Luis
Moreno Sandoval, Antonio
Moreno-Durán, Roberto Humberto
Morón, Guillermo
Muñoz, José Luis
Muñoz Molina, Antonio
Murciano, Carlos
Murillo Gómez, M.
Najenson, José Luis
Naranjo, Mónica
Nasarre, Pilar
Navarro, Felipe (Yale)
Nicolás, Severiano F.
Nieva, Francisco
Noel, Eugenio
Núñez Alonso, Alejandro
O'Shanahan, Alfonso
Ocampo, Silvina
Ocampo, Victoria
Oliver, Juan
Oliver, Juan Manuel
Olmo, Lauro

Rodríguez, Fermín
Rodríguez Barroso, Juan Ramón
Rodríguez de la Rivera, Alberto
Rodríguez Juliá, Edgardo
Rodríguez Marchante, E.
Rodríguez-Méndez, J. M.
Rojas, Carlos
Rojo, José Andrés
Romero, Luis
Romero Esteo, Miguel
Romo, Jaime
Rosenblat, Ángel
Rossetti, Ana
Rossi, Anacristina
Rovner, Eduardo
Rubí, Darío
Rubín, Ramón
Rubio, Fanny
Rueda, Lope de
Ruiz, Antonio
Ruiz de Alarcón, Juan
Ruiz Morcuende, F.
Ruiz-Castillo Ucelay, José
Sábato, Ernesto
Sáinz Rodríguez, Pedro
Salazar, Boris
Salazar, E.
Salazar, Luis
Salisachs, Mercedes
Salom, Jaime
Salvador, Tomás
Sampedro, José Luis
Sánchez, C. Cuauhtémoc
Sánchez, Carlos
Sánchez, Clara
Sánchez, Eleuterio
Sánchez, Florencio
Sánchez, Mariano
Sánchez, Raúl
Sánchez Boudy, José
Sánchez Camacho, José
Sánchez Dragó, Fernando
Sánchez Espeso, Germán
Sánchez Ferlosio, Rafael
Sánchez García, Mónica
Sánchez Ostiz, Miguel
Sánchez Rodríguez, Ana
Sánchez Soler, Mariano
Sánchez-Albornoz, Claudio
Sanchis Sinisterra, José
Sandoval, Lisandro
Sanmartín Sáez, Julia
Santamaría, F. J.
Santana, Ana
Santana, Rodolfo

Santander, Felipe
Santos, Care
Sanz, Alejandro
Sanz, José María (Loquillo)
Sarduy, Severo
Sarmiento, María
Sastre, Alfonso
Satué, J.
Savater, Fernando
Schmidhuber de la Mora, Guillermo
Schwartz, Fernando
Sedano, Asenjo
Segurola, Santiago
Selgas, L.
Semprún, Jorge
Senabre, Ricardo
Sepúlveda, Luis
Serna, Víctor de la
Serrano, Marcela
Serrat, Joan Manuel
Shand, William
Sierra, Miguel
Sierra i Fabra, Jordi
Signes Mengual, Miguel
Sirera, Rodolf
Skármeta, Antonio
Solares, Ignacio
Soler Fuente, J. J.
Sopeña Monsalve, Andrés
Soriano, Osvaldo
Sturniolo, Norma
Suárez, Gema
Suárez, Gonzalo
Suárez, Marcial
Suárez Blanco, Germán
Suárez de Puga, Enrique
Tamayo y Baus, Manuel
Tapia, L.
Teitelboim, Volodia
Tellado, Corín
Terán, Phanor
Terreros y Pando, Esteban de
Teso, Kosme del
Tirado Zarco, Miguel
Tobón Betancourt, A.
Tomás García, José Luis de
Tomeo, Javier
Torbado, Jesús
Toro, Carlos
Torreblanca, M.
Torrente, José-Vicente
Torrente Ballester, Gonzalo
Torres, Maruja
Torres Villarroel, Diego de
Torroja, Jaime

BIBLIOGRAFÍA de **primera mano**

A las barricadas, revista *Interviú*, varios números.
ABC, diario de Madrid, varios números.
Aldecoa, Ignacio: *El fulgor y la sangre*, 1954.
Alós, Concha: *Los enanos*, 1962.
Amilibia, José María: *Españoles todos*, 1978.
Anónimo: *Obsesiones impúdicas*, 1990.
Anson, Luis María: *Don Juan*, 1994.
Antilogus, P. et al.: *Anti-guía de los conductores*, 1992.
Arbó, Sebastián Juan: *La espera*, 1971.
Arenas, Eloy: *Los vecinos de mis vecinos son mis vecinos,* 1992.
Arriba, Ladislao de: *Cómo sobrevivir en un chalé adosado*, 1991.
Asturias, Miguel Ángel: *El Papa verde,* 1954.
Aub, Max: *La calle de Valverde*, 1961.
Ayerra, Ramón: *Los ratones colorados*, 1979.
Baroja, Pío: *El árbol de la ciencia*, 1911.
Bedoya, José Raúl: *La universidad del crimen*, 1979.
Benet, Juan: *En la penumbra*, 1989.
Berlanga, Andrés: *La gaznápira*, 1985.
Besses, Luis: *Diccionario de argot español o lenguaje jergal gitano, delincuente profe-sional y popular*, 1905.
Blanco y Negro, revista semanal de Madrid.
Bosch, Andrés: *Mata y calla*, 1982.
Caballero Audaz, El: *El demonio en el corazón*, 1965.
Cacho, Jesús: *M.C. un intruso en el laberinto de los elegidos*, 1994.
Camacho, Luis: *La cloaca*, 1994.
Campmany, Jaime: *Artículos, ABC*.
Campos, María Teresa: *Cómo librarse de los hijos antes de que sea demasiado tarde*, 1993.
Canals, Cuca: *La hescritora*, 1998.
Candel, Francisco: *Donde la ciudad cambia su nombre*, 1957.
— *Los hombres de la mala uva*, 1975.
Carabina, Ambrosio de la: *Don Juan Notorio*, 1999.
Carbonell, Reyes: *El hombre sobre el armario*, 1964.
Carbonell Basset, Delfín: *Diccionario castellano e inglés de argot y lenguaje informal*, 1997.
— *Diccionario fraseológico*, 1995.
— *Diccionario malsonante, inglés-castellano-inglés*, 1992.
Carbonell Ladish, Lorraine: *Aprender a querer*, 1996.
— *Me siento gorda*, 1998.

Carrascal, José María: *Mientras tenga mis piernas*, 1975.
— *Nunca podrás volver a casa*, 1997.
Casals, Pedro: *Disparando cocaína*, 1986.
— *Hagan juego*, 1988.
— *La jeringuilla*, 1986.
Casares, Julio: *Diccionario ideológico de la lengua española*, 1959.
Castillo-Puche, José Luis: *Hicieron partes*, 1967.
Cebrián, Juan Luis: *La rusa*, 1986.
Cela, Camilo José: Artículos, *ABC*.
— «Papeleta breve de la primera acepción de una voz repescada por la Academia.» en *Revista de Occidente,* febrero, 1976.
— *Diccionario del erotismo*, 1976.
— *Diccionario secreto*, 1971.
— *El espejo y otros cuentos*, 1981.
— *El gallego y su cuadrilla*, 1951.
— *La colmena*, 1951.
— *La familia de Pascual Duarte*, 1942.
— *Mazurca para dos muertos*, 1992.
— *Oficio de tinieblas 5*, 1973.
— *Viaje a la Alcarria*, 1948.
— *Viaje al Pirineo de Lérida*, 1965.
Chica hoy, revista juvenil, varios números.
Chúmez, Chumy: *Por fin un hombre honrado*, 1994.
Clarín, diario de Argentina.
Clave: *Diccionario de uso del español actual*, 1997.
Coromines, Joan: *Breve diccionario etimológico de la lengua castellana*, 1961.
Coromines, Joan; Pascual, José: *Diccionario crítico etimológico castellano e hispánico*, 1954-57.
Corral, Victoriano: *Delitos y condenas*, 1975.
Cortázar, Julio: *Rayuela*, 1968.
Covarrubias, Sebastián de: *Tesoro de la lengua castellana o española*, 1611.
Davies, Vanessa: *Un premio inesperado,* 1996.
Deleito y Piñuela, José: *La mala vida en la España de Felipe IV*, 1950.
Delibes, Miguel: *Cinco horas con Mario*, 1966.
— *Diario de un emigrante*, 1958.
Diario 16, diario de Madrid, varios números.
Díaz, Geno: *Genocidio*, 1973.
Díe, Amelia; Martín, Jos: *Antología popular obscena*, 1978.
Domene, Francisco: *Narrativa actual almeriense*, 1992.
Ducón, C.: *El hotel de las orgías*, 1996.
El Diario Vasco.
El Jueves, revista, varios números.
El Mundo, diario de Madrid, varios números.
El País, diario de Madrid, varios números.
— *Libro de estilo*, 1996.
Escobar, Ramón: *Negocios sucios y lucrativos del futuro*, 1990.
Espasa: *Diccionario enciclopédico abreviado*, 1957.
Etxebarría, Lucía: *Amor, curiosidad, prozac y dudas*, 1997.
— *Beatriz y los cuerpos celestes*, 1998.
Extremoduro: *Iros todos a tomar por culo* (CD), 1997.
Faner, Pau: *Flor de sal*, 1986.
Fernández de la Reguera, Ricardo: *Perdimos el paraíso*, 1955.
— *Vagabundos provisionales*, 1976.
Fernández de Moratín, Nicolás: *El arte de las putas*, 1898.
Fernández Flórez, Wenceslao: *La nube enjaulada*, 1958.

Ferrero, Jesús: *Lady Pepa*, 1988.
Fondona, Juana: *Deportes y gimnasia para masoquistas*, 1990.
Fontes, Ignacio: *Acto de amor y otros esfuerzos*, 1992.
Gala, Antonio: *La regla de tres*, 1996.
— *Más allá del jardín*, 1995.
Ganivet, Ángel: *Los trabajos del infatigable creador Pío Cid*, 1898.
García, Miguel Ángel: *La mili que te parió*, 1994.
García Márquez, Gabriel: *Cien años de soledad*, 1995.
García Ramos, Jesús: *Lenguajes marginales*, 1994.
García Serrano, Rafael: *Diccionario para un macuto*, 1979.
García Tola, Fernando: *Cómo hacer absolutamente infeliz a un hombre*, 1989.
— *Mis tentaciones*, 1989.
Giménez, Manuel: *Antología del timo*, 1993.
Giménez-Arnau, Jimmy: *Cómo forrarse y flipar con la gente guapa*, 1991.
Gomaespuma: *Familia no hay más que una*, 1990.
— *Grandes disgustos de la historia de España*, 1998.
Gómez de Parada, Rafael: *La universidad me mata*, 1995.
Gómez Montejano, Antonio J.: *Las doce en punto y sereno*, 1997.
Gómez Rufo, Antonio: *Cómo ligar con ese chico que pasa de ti o se hace el duro*, 1992.
González Ledesma, Francisco: *La dulce señorita Cobos*, 1990.
Goytisolo, Luis: *Las afueras*, 1958.
Gracia, Fernando: *El libro de los cuernos*, 1992.
Gran Wyoming, El: *Te quiero personalmente*, 1994.
Grandes, Almudena: *Las edades de Lulú*, 1989.
— *Malena es un nombre de tango*, 1994.
— *Modelos de mujer*, 1996.
Guim, J. B.: *Nuevo diccionario de la lengua castellana*, 1863,
Gutiérrez Solana, José: *Obra literaria, I, II* (Fundación Central Hispano), 1998.
Hernández, Ramón et al.: *Antología del cuento español*, 1985.
Hidalgo, Manuel: *Azucena, que juega al tenis*, 1988.
— *El pecador impecable*, 1986.
Iglesia, Álex de la: *Payasos en la lavadora*, 1998.
Hola, revista semanal.
Ilustración-Comix Internacional.
Iribarren, José María: *El porqué de los dichos*, 1993.
Iturriaga, Juanma: *Con chándal y a lo loco*, 1993.
Jiménez Martín, Javier: *Ligar no es pecado*, 1988.
Jordán, Ángel: *Marbella story*, 1989.
Karsen, Olga: *La depravada*, 1994.
La Razón, diario de Madrid.
La Vanguardia, diario de Barcelona, varios números.
Laiglesia, Álvaro de: *Los hijos de Pu*, 1979.
Larousse: *Diccionario práctico de locuciones*, 1993.
Larousse: *Gran diccionario de la lengua española*, 1996.
Las Provincias, diario de Valencia.
Leer, revista, varios números.
León, Víctor: *Diccionario de argot español*, 1980.
Lera, Ángel María de: *Bochorno*, 1960.
— *Los clarines del miedo*, 1968.
Lindo, Elvira, *Manolito gafotas*, 1996.
López Soria, Marisa: *Alegría de nadadoras*, 1997.
Loriga, Ray: *Lo peor de todo*, 1992.
Luque, Juan de Dios et al.: *El arte del insulto*, 1997.
Madrid, Juan: *Crónicas del Madrid oscuro*, 1994.
— *Cuentas pendientes*, 1997.

— *El cebo*, 1989.
— *Flores, el gitano*, 1989.
— *La novela negra*, 1990.
— *Las apariencias no engañan*, 1987.
— *Turno de noche*, 1990.
— *Un beso de un amigo*, 1987.
Maldonado, Concepción: *El fondo de las palabras*, s.a.
Mañas, José Ángel: *Historias del Kronen*, 1994.
— *Mensaka*, 1995.
— «Rekuerdo», Áccent, julio-agosto, 1999.
— *Sonko95*, 1999.
Marías, Javier: *Mañana en la batalla piensa en mí*, 1994.
Marsé, Juan: *La muchacha de las bragas de oro*, 1978.
— *La oscura historia de la prima Montse*, 1970.
— *Si te dicen que caí*, 1973.
— *Últimas tardes con Teresa*, 1966.
Martín, Andreu: *Amores que matan, ¿y qué?*, 1991.
— *El señor Capone no está en casa*, 1979.
— *Lo que más quieras*, 1990.
— *Por amor al arte*, 1982.
— *Prótesis*, 1980.
Martín, Fernando: *Cómo aprobarlo todo sin dar ni chapa*, 1994.
Martín, Jaime: *Diccionario de expresiones malsonantes del español*, 1978.
Martín, Miguel: *Iros todos a hacer puñetas*, 1987.
Martín Gaite, Carmen: *Irse de casa*, 1998.
Martín Vigil, José Luis: *Los niños bandidos*, 1982.
Martínez Laínez, Fernando: *Andante mortal*, 1992.
— *Bala perdida,* 1990.
— *La intentona del dragón*, 1991.
Matías Guiu, Armando: *Cómo engañar a hacienda*, 1990.
Máximo: *Animales políticos*, 1977.
Mendoza, Eduardo: *La ciudad de los prodigios*, 1986.
— *La verdad sobre el caso Savolta*, 1975.
— *Sin noticias de Gurb*, 1990.
Moix, Terenci: *Garras de astracán*, 1991.
Moliner, María: *Diccionario de uso del español*, 1966.
Montero, Ricardo: *Diccionario de nuevos insultos, maldiciones y expresiones soeces*, 1990.
Moral, Rafael del: *Diccionario temático del español*, 1998.
MS Comix, revista, varios números.
Muñoz, José Luis: *Pubis de vello rojo*, 1990.
Navarro, Felipe (Yale): *Los machistas*, 1980.
Nicolás, Severiano F.: *Las influencias*, 1975.
Oliver, Juan Manuel: *Diccionario de argot*, 1987.
Ortiz, Lourdes: *Picadura mortal*, 1979.
Palomino, Ángel: *Insultos, cortes e impertinencias*, 1988.
— *Las otras violaciones*, 1979.
— *Madrid, costa Fleming*, 1973.
— *Todo incluido*, 1975.
— *Un jaguar y una rubia*, 1972.
Parra, Ernesto: *Soy un extraño para ti*, 1981.
PC Plus, varios números.
Perdomo Azopardo, Pedro: *La vida golfa de don Quijote y Sancho*, 1981.
Pérez Aranda, Beatriz; Domínguez, Mari Pau: *La ex siempre llama dos veces*, 1993.
Pérez Galdós, Benito: *Fortunata y Jacinta*, 1886.

— *La familia de León Roch*, 1878.
— *Miau*, 1888.
Pérez Merinero, Carlos: *Días de guardar*, 1981.
— *El ángel triste*, 1983.
— *La mano armada*, 1986.
Pérez Tortosa, Carmen: *¡Quiero ser maruja!*, 1994.
Pérez-Reverte, Arturo: *La piel del tambor*, 1996.
Pgarcía: *El método Flower*, 1991.
Pino, Marina: *Cómo montártelo por el morro*, 1990.
Plágaro Repollés, Julio María *et al.*: *Herramientas electrónicas para autores y traducto-res*, 1998.
Pombo, Álvaro: *Los delitos insignificantes*, 1986.
Posadas, Carmen: *Yuppies, jet set, la movida y otras especies*, 1987.
Pozo, Raúl del: *La novia*, 1995.
— *Noche de tahúres*, 1994.
Prats, Matías *et al.*: *Guía erótica del fútbol*, 1991.
Qué leer, revista, varios números.
Quinto, Manuel: *Estigma*, 1990.
Ragazza, revista, varios números.
Rambla, revista, varios números.
Ramírez Heredia, Rafael: *Al calor de campeche*, 1990.
Ramoncín: *El tocho cheli*, 1993.
Real Academia Española: *Diccionario de la lengua española*. Vigésima primera edición, 1992.
— *Diccionario histórico*, 1972.
— *Diccionario... con las phrases o modos de hablar, los proverbios o refranes y otras co-sas convenientes al uso de la lengua* (llamado *Diccionario de autoridades*), 1726-39.
Repiso, Fernando: *El incompetente*, 1977.
Rico-Godoy, Carmen: *Cómo ser infeliz y disfrutarlo*, 1991.
— *Cómo ser una mujer y no morir en el intento*, 1990.
— *Cuernos de mujer*, 1992.
Romo, Jaime: *Un cubo lleno de cangrejos*, 1998.
Ruiz-Castillo Ucelay, José: *Relatos inciertos*, 1985.
Sampedro, José Luis: *La sonrisa etrusca*, 1985.
Sánchez, Eleuterio: *Camina o revienta*,1987.
Sánchez, Mariano: *Carne fresca*, 1988.
— *La sonrisa del muerto*, 1990.
Sánchez, Raúl: *Adriana*, 1978.
Sánchez Dragó, Fernando: «Anábasis», en *Antología del cuento español*, 1985.
Sánchez Espeso, Germán: *La reliquia*, 1983.
Sánchez Ferlosio, Rafael: *El Jarama*, 1967.
Sánchez Soler, Mariano: *Festín de tiburones*, 1991.
Sanmartín Sáez, Julia: *Diccionario de argot*, 1998.
Santos, Care: *El tango del perdedor*, 1997.
Schwartz, Fernando: *La conspiración del golfo*, 1982.
Sopeña Monsalve, Andrés: *El florido pensil*, 1994.
Suárez Blanco, Germán: *Léxico de la borrachera*, 1989.
SúperPop, revista de Barcelona, varios números.
Tellado, Corín: *Mamá piensa casarse*, 1993.
Terreros y Pando, Esteban de: *Diccionario castellano con las voces de ciencias y artes y sus correspondientes en las tres lenguas, francesa, latina e italiana*, 1786-93.
Tiempo, revista, varios números.
Tirado Zarco, Miguel: *Indiccionario*, 1989.
Torrente, José-Vicente: *Los sucesos de Santolaria*, 1974.
Tudela, Mariano: *Últimas noches del corazón*, 1977.